陈桥驿先生（1923—2015）

中国国家历史地理

陈桥驿全集

【第五卷】

陈桥驿 著

人民出版社

《中国国家历史地理》

主　　编：黄书元

副 主 编：于　青

策　　划：张秀平　关　宏

《中国国家历史地理·陈桥驿全集》编辑委员会

主　　任：罗卫东

副 主 任：冯建荣

委　　员（以姓氏笔画为序）：

　　　　　王永太　王　苑　方志伟　邱志荣　张秀平

　　　　　张环宙　陈汉林　范今朝　周复来　闻继威

　　　　　徐建春　屠剑虹　夏群科　阚维民　瞿国庆

　　　　　颜越虎

主　　编：罗卫东　周复来　范今朝

责任编辑：关　宏　张秀平

特邀编辑：王京阳　白建献　华天惠　肖三华

　　　　　欧薇薇　张文品　张兆勇　陈雪兰

浙江大学

浙江大学理学部，浙江大学社会科学研究院，浙江大学地球科学学院

浙江大学地球科学学院地理科学系，浙江大学城市与区域发展研究所

绍兴市城市建设档案馆　绍兴市鉴湖研究会

协助

目　　録

導　讀

壹、有關《水經注》一書的概況

一、《水經注》的作者及成書情況

《水經注》是北魏酈道元(公元? —五二七年)的著作,酈道元字善長,范陽涿縣(今河北涿州)人,是一位偉大的地理學家。他出身官宦世家,曾在北魏出任過治書侍御史、潁川太守、東荊州刺史、河南尹、御史中尉等職,最後在關右大使任上為叛臣蕭寶夤殺害。

酈道元的畢生經歷,史書記載不詳,《魏書》本傳只有三百零九字,《北史》本傳也只有六百一十二字,還包括抄錄《魏書》三百零九字在內。除此以外,歷史上沒有其他有關酈道元的傳記,直至現代,才有人為他寫作傳記。

酈道元撰寫《水經注》,《魏書》和《北史》都有記載:"道元好學,歷覽奇書,撰《注水經》四十卷、《本志》三十篇、又為《七聘》及諸文,皆行於世。"但對於其撰寫過程及成書情況等,則絕未言及。此書寫於何時,成於何時,歷來議論甚多,說法紛紜。全書中出現的最後一個可以明確計數的年代是延昌四年[①](公元五一五年),但《注》文中某些可以比勘年代的內容,還有晚於延昌四年的,其中最晚的是在卷二十六《沭水注》中提及

---

① 《水經注》卷二十九《比水》:"余以延昌四年,蒙除東荊州刺史。"

的：“魏正光中，齊王之鎮徐州也，立大堨，遏水西流。”北魏正光是公元五二○一五二五年，距酈氏被害已很接近，所以《水經注》當是正光年代完成的。

《水經注》一書，顧名思義是《水經》的注釋，所以《魏書》、《北史》和隋、唐的某些文獻稱為《注水經》。根據《隋書·經籍志》及《舊唐書·經籍志》、《新唐書·藝文志》的著錄，我國歷史上曾有兩種《水經》和《水經注》。其中一種《水經》為漢朝人桑欽所撰，晉人郭璞作注，但已經亡佚。另一種是三國魏人所撰，撰者的姓名不傳，由酈道元作注。《唐六典》卷七《工部》水部郎中注說：“桑欽《水經》所引天下之水百三十七，江河在焉。酈善長注《水經》，引其枝流一千二百五十二。”所以從河流數量來說，《水經注》比《水經》幾乎多十倍。而從內容來說，雖然現在的《水經注》已經有缺佚，但仍大於《水經》二十餘倍。所以酈道元《水經注》是一部獨立的專著。

《水經注》首見於《隋書·經籍志》著錄，共四十卷，說明此書稿本或鈔本當時收藏於隋東都也就是北魏首都洛陽。從北魏覆亡到隋一統之間，歷時五十餘年，這段時間，洛陽曾多次遭受兵燹。東魏武定五年（公元五四七年），全城斷垣殘壁，廬舍為墟，為《洛陽伽藍記》作者楊衒之所目擊。此書竟在戰火瀰漫的浩劫之中安然無恙，真是我國文化史上的一次奇蹟和幸遇。

二、《水經注》的版本、注疏及校勘本

《水經注》從北魏直到隋唐，一直為朝廷所收藏，外間估計絕未流傳。直到北宋之初，情況仍然如此。北宋太平興國年代（公元九七六一九八四年），朝廷修纂大型類書和地理書如《太平御覽》、《太平寰宇記》等，引及此書甚多。到景祐年間（公元一○三四一一○三八年），朝廷編纂藏書目錄《崇文總目》，《水經注》已經缺佚五卷，與後來的本子比勘，則缺佚的五卷當包括今本所不見的《涇水》、《（北）洛水》、《滹沱水》等篇，其餘如《江水》篇，今本也不完整，恐亦缺佚在此五卷之內。

不過宋代景祐（公元一○三四一一○三八年）以後，此書大概開始傳入民間。原書既已缺佚，加上輾轉傳抄，結果是以訛傳訛，錯漏連篇。在元祐（公元一○八六一一○九四年）以前此書的第一種刊本成都府學宮刊本問世時，全書已僅三十卷，而內容只有原書的三分之一。元祐二年（公元一○八七年），此書第二種刊本雖然經過整理補充，恢復四十卷原數，但不僅缺佚甚多，而且《經》《注》混淆，竟至不堪卒讀。此後明初有《永樂大典》本，雖較當時諸本為佳，但缺佚依舊。而黃省曾、吳琯等校本雖在明代流行一時，卻也都是《經》《注》混淆，錯漏甚多之本。明萬曆年間，朱謀㙔下了極大的校勘功夫，校成《水經注箋》一書，清初顧炎武曾稱譽此書為“三百年來一部書”，[①]為入清以

---

①　參見清代閻若璩《古文尚書疏證》卷六下，引顧炎武語。

後的許多佳本建立了基礎。乾隆年間出現了全（祖望）、趙（一清）、戴（震）三大家，他們以畢生精力從事校勘考據，校出了酈學史上最佳的版本。全氏的《七校水經注》，趙氏的《水經注釋》，戴氏的武英殿本《水經注》，都是名重一時，至今流傳的版本。特別是戴氏之本（通常簡稱殿本），在三家中為時最晚，吸取了各家的校勘成果，把長期來混淆的《經》文和《注》文完全分清，補正缺漏，刪除妄增，糾正臆改。除了宋初缺佚的五卷無法彌補外，基本上恢復了此書原貌。此三家以後，又有光緒年間的王先謙，以趙、戴二本為基礎，吸取了其他一些版本的優點，稱為《合校水經注》，流傳也廣。《水經注》的最後一種佳本，是清末民初楊守敬創始，而其學生熊會貞繼事的《水經注疏》。此書的注釋量約為酈《注》全書的四倍，是歷來注釋最詳細的版本。但直到三〇年代熊氏謝世之時，僅有幾部鈔本，當時尚未流傳。

《水經注》版本由於以上所述的複雜過程，所以歷代流傳的鈔本和刊本極多。歷來收藏《水經注》版本最多的是胡適，他曾於一九四八年十二月，為了慶祝北京大學建校五十週年紀念（當時他任校長），舉辦了一次《水經注》版本展覽，展出了他自藏的和從各處借來的九類《水經注》版本，計有：宋刻本、明鈔宋本、明刻本、清代校勘朱謀㙔《箋》本、清早期重要版本、十八世紀四大家之一沈炳巽各本、十八世紀四大家之二趙一清各本、十八世紀四大家之三全祖望各本、十八世紀四大家之四戴震各本。以上九類，共達四十一種之多①。

胡適展出的版本當然稱多，但仍未包括此書現存的所有重要版本。胡適當時就在展覽目錄下說明，由於海鹽朱伯商出國，他家所藏的一種明鈔宋本不能參加展覽。而在這次展覽以後，又出現幾種名本，都不在此展覽之列，西安發現了清朝沈欽韓《水經注疏證》稿本（現藏西北大學圖書館）。此後，熊會貞《水經注疏》鈔本之一，由武漢書商徐行可收藏，五〇年代初出售予科學院圖書館，並於一九五七年由科學出版社影印出版。另一部鈔本由臺灣中央圖書館收藏，於一九七一年由臺北中華書局影印出版。一九八三年，陳橋驛在日本京都大學人文科學研究所又發現了《水經注疏》的第三部鈔本。

此外，自從三〇年代以來，《水經注》的鉛排本也陸續出版。主要有商務印書館的《四部叢刊》本和《國學基本叢書》本，中華書局的《四部備要》本以及世界書局排印本等，除《四部備要》本以合校本作底本外，其餘均以殿本為底本。出版前曾經作過舊式標點，但錯誤較多。一九四九年以後，又出版過《永樂大典》本的鉛排本。一九八四年，上海人民出版社出版了王國維校的明朱謀㙔《水經注箋》的排印本，定名為《水經注

① 參見《胡適手稿》四集中冊，《我的三櫃水經注目錄》。

《校》，由於標點者的疏忽，錯誤迭出，有損名本的光彩。

最近幾年間，又出版了兩種排印名本，一種是段熙仲點校，陳橋驛復校的《水經注疏》，由江蘇古籍出版社於一九八九年出版，全書包括序跋和各種附錄達二百餘萬字，是歷來規模最大的酈《注》版本。另一種是陳橋驛點校的武英殿本《水經注》，由上海古籍出版社於一九九〇年出版，是歷來惟一的殿本點校本。

《水經注》也有若干外文譯本。最早的外文譯本是一九〇五年的《通報》（Toung - Pao）所載的《水經注》卷二《河水》的法文譯本，由法國漢學家沙畹譯成，並於篇首加案語稱：《水經注》為研究古代地理最重要之史料。"另一種為日本譯本，由日本酈學家、京都大學人文科學研究所所長森鹿三教授主譯，參加翻譯的有日比野丈夫、藤善真澄、日原利國、勝村哲也諸氏。譯本內容包括《河水》、《汝水》、《洇水》、《沂水》、《江水》等篇，僅全書的四分之一，書名作《水經注（抄）》，於一九七九年由東京平凡社出版。卷末有森鹿三所撰的《水經注解釋》一文。此外，吳曉鈴說："我於四十年代在印度孟加拉邦的國際大學中國學院任教時，曾和漢學家師覺月博士合作翻譯過《永樂大典》本《水經注》。"但此書是用英語抑或印地語翻譯，有否譯成及出版，均不得而知。

三、古今對《水經注》的研究情況

《水經注》一書，從唐朝開始就有學者從事研究。唐朝編纂的類書如《初學記》，地理書如《元和郡縣志》等，均引及此書。唐末詩人陸龜蒙詩："山經水疏不離身。"北宋名家蘇軾詩："嗟我樂何深，《水經》亦屢讀。"說明此書的廣泛流傳和受人喜愛。但這些都還僅僅是內容摘錄和詞章欣賞，並非深入研究。南宋時，金禮部郎中蔡珪撰寫了《補正水經》三卷，這才是學者研究《水經注》的嚆矢。雖然此書已佚，但從至今尚存的元歐陽元、蘇天爵所撰的該書元刊本序跋，可以窺及當年蔡珪的研究，不同於前代對酈《注》詞句的簡單剪輯，而是對該書的補充和修正。從此以後歷明、清兩代，《水經注》研究之風甚盛，學者前後相繼，形成了一門包羅宏富的酈學，並且按各學者研究的方法和內容，出現了考據、詞章、地理三個學派。明朱謀㙔開創了考據學派，而由清全、趙、戴三家繼承發展，終於使這部《經》《注》混淆，錯漏連篇的殘籍成為一部基本完整可讀的典籍。明鍾惺、譚元春，繼承前代對此書詞章的讚美欣賞，創立了酈學研究的詞章學派。而清末民初的楊守敬、熊會貞師生，則重視此書的地理學內容，開創了後來居上的地理學派。現代學者對《水經注》的研究，是以這三個學派為基礎而繼續發展的。

最近數十年來，學者對《水經注》的研究，國內外都有所發展，其成就可以說已經超過了前代。這一時期《水經注》研究的首要成果是版本的搜集和整理，這是明清兩代所望塵莫及的。明清酈學家對版本的見聞甚稀，當時交通不便，傳遞困難，縱然聞知版本之名，亦難得獲致。而且由於酈學家多半孤軍作戰，即使偶得一珍稀版本，所能見者亦

僅一家而已。例如明柳大中抄宋本及趙琦美三校本，清初葉石君有此二本，孫潛校鄜，
於康熙六年（公元一六六七年）從葉石君處借得此二本，過錄於其校本之上，以後此二
本為小玲瓏山館所有，隨即不知所終。被胡適奉為清初四大家之一的沈炳巽，在其校
本《水經注集釋訂訛》的《凡例》中說："是書宋本既不可得，今世所行，惟嘉靖間黃氏刊
本。其他如朱鬱儀、鍾伯敬及休寧吳氏諸本，亦僅或有之。余家所藏止黃氏一本。"說
明像沈炳巽這樣的治鄜名家，也僅有黃省曾校本一種。楊守敬是晚清著名的鄜學家，
但他的版本見聞也十分有限。熊會貞在其親筆所寫的《十三頁》①上明白指出："先生
未見殘宋本、《大典》本、明鈔本。"甚至連流行較廣的合校本，要到出書後四年才得獲
致。足見當時搜求版本的困難。

　　辛亥革命以後，在各方的努力尋覓下，《水經注》的珍稀版本陸續出現。最早獲致
的是宋本，係光緒、宣統間故舍人吳縣曹氏、寶應劉氏掇拾於大庫廢紙堆中，傅增湘於
一九一六年起收拾殘卷，共得卷五末七頁，又卷六至卷八，卷十六至卷十九，卷三十四，
卷三十八至卷四十，共十一卷有餘。繼此殘宋本以後，原在大庫的《永樂大典》本亦接
踵而出，此書原裝八冊，前四冊為烏程蔣氏傳書堂所得，後四冊為北平李玄伯所得，以
後八冊均歸涵芬樓，商務印書館於一九三五年影印出版。此外還有海鹽朱氏藏本，北
京圖書館的何焯、顧廣圻校明抄本，天津圖書館的明練湖書院抄本及全謝山五校鈔本
等等，一時之間，集版本之大成。

　　隨着《水經注》版本在這一時期的廣泛搜集，學者對各種版本的研究也就同時獲得
了空前未有的成果。王國維於一九二三年起開始對若干珍稀版本和流行版本進行校
勘，並撰寫《跋尾》，到一九二七年，一共寫成了包括殘宋本、《大典》本、明鈔本在內的
《水經注跋尾》八篇，在鄜學界有很大影響。鄭德坤於一九三三年撰成《水經注版本
考》一文，至為詳盡。以後又有鍾鳳年的《評我所見的各本水經注》及拙作《論水經注
的版本》等文。在版本研究中著述最豐的是胡適。他所撰的有關鄜《注》版本的文章，
除了通論性的《水經注版本考》、《水經注考》和《我的三櫃水經注目錄》以外，專論某一
種或某幾種版本的文章，據我從《胡適手稿》一至六集的約略統計，約有七十餘篇之多。

　　除了版本以外，這一時期《水經注》研究的第二項成就是校勘的深入。關於此書的
校勘，明、清兩代的考據學派鄜學家已經做了大量工作，但是遺留的問題還是不少的。
這一時期的校勘成果，是在明、清學者校勘基礎上的繼續深入，下面可以舉一點例子。

　　卷三十五《江水》《經》"又東北至江夏沙羨縣西北，沔水從北來注之"《注》云："通

---

　　①　熊會貞晚年所寫修改《水經注疏》稿本的意見，共十三頁，影印附於臺北本《水經注疏》卷首，因被人冒稱
　　　　"遺言"，惑眾取利，而原件實無"遺言"或其他題目，故稱《十三頁》。

金女、大文、桃班三治,吳舊屯所,在荊州界盡此。"對於上列"三治",歷來無人能解。李鴻章在同治間為李兆洛《歷代地理志韻編今釋》作序說:"金女、大文、桃班、陽口、歷口之類,皆不見于諸志……亦不能無疑也。"這個問題,是由熊會貞的深入校勘而解決的。卷三十五《江水》《經》"鄂縣北"《注》云:"江津南入,歷樊山上下三百里,通新興、馬頭二治。"此處,熊會貞疏云:"《晉志》:武昌縣有新興、馬頭鐵官。《唐志》:武昌有鐵。《御覽》八百三十三引《武昌記》:北濟湖本是新興冶塘湖,元嘉初,發水冶……《一統志》:新興冶在大冶縣南。"由於熊疏找到了新興冶的確切依據,可以充分證明金女、大文、桃班、新興、馬頭五處,酈《注》中的"治"字,均是"冶"字之誤。

王國維在校勘中也有不少貢獻,他在《潁水注》中,對"舊潁州治"一句,把諸本皆作"潁州"的"潁",按明鈔本勘正為"預州"的"預"("預"是"豫"的別字),又在《漸江水注》中,對"入山采薪"一句,諸本皆作薪,而他按殘宋本將此句勘為"入山采旅","薪"字是後人對"旅"字的"臆改"。像這樣一類校勘,沒有深厚的功底,不經周密的思考,是得不到這樣的成就的。

由於今本酈《注》中存在問題還有不少,所以學者的校勘工作至今仍在進行,而且仍能有所收穫。例如卷十八《渭水》《經》"又東過武功縣北"《注》云:"渭水又東,溫泉水注之,水出太一山,其水沸涌如湯,杜彥達曰:可治百病,世清則疾愈,世濁則無驗。"對於這一溫泉的記載,目前能見的酈《注》各本均同,但溫泉療疾竟與"世清"、"世濁"拉扯在一起,實在牽強附會。由於沒有版本依據,明知其訛而無法勘定。但我終於在康熙《隴州志》所引的《水經注》中獲得了校勘根據。此《志》卷一《方輿》、《溫泉》引《水經注》云:"然水清則愈,濁則無驗。"說明今本"世"實是"水"的音訛。

在這方面,不少現代酈學家如岑仲勉、汪辟疆、胡適、段熙仲、鍾鳳年等,都有卓著的成就。

現代《水經注》研究的第三項重要成就是對於《水經注》記載的各種資料的整理。這種酈學研究工作,在前代酈學家中除了明楊慎有《水經注碑錄》一種外,絕無其他例子。但這種研究在最近幾十年中不僅獲得發展,而且成果甚多,已經公開發表或出版的,主要有鄭德坤的《水經注引得》、《水經注故事鈔》、《水經注引書考》,陳橋驛的《水經注·文獻錄》、《水經注·金石錄》,施蟄存的《水經注碑錄》,趙永復的《水經注通檢今釋》,謝鴻喜的《水經注山西資料輯釋》等。新的成果仍在不斷湧現。

現代《水經注》研究的第四項成就是地理研究的加強。酈學研究的地理學派是由清末民初的楊守敬及其弟子熊會貞創立的。楊氏去世後,熊氏繼續從事《水經注疏》的修訂二十餘年,他的疏文特別重視地理學內容。我也於六〇年代撰成《水經注的地理學資料與地理學方法》一文,整理酈《注》中的地理學資料,把其中有關自然地理學和人文地理學的內容,進行專題研究,所有成果除分別發表外,均收入於拙著《水經注研究》。此外,學者以《水經注》的記載的依據,進行歷史地理學與現代地理學的研究,成就卓著。例如史念海根據卷四《河水注》研究壺口瀑布的位置遷移,成功地推算出黃河這一河段的溯源侵蝕速度。陳吉余根據《河水注》、《濡水注》、《鮑丘水注》、《淄水注》等資料,研究古代渤海海岸的變遷,也獲得了令人滿意的成績。吳壯達根據《浪水注》研究古代廣州城市的形成與發展,也有很好的收穫。

現代酈學研究的最後一項重要進展,就是酈學史和酈學家的研究。對於這個課題,前代幾乎是一片空白,而現在已成果卓著。鄭德坤與吳天任的《水經注研究史料彙編》可以說是這方面的開創之作。而吳天任的《酈學研究史》則是更為重要的專著。對於酈道元本人的研究,我除了撰有《酈道元生平考》以及用英文撰寫在英國發表的《酈道元傳》二文外,並有《酈道元評傳》一書,比較詳細地作了他生平思想業績的介紹。對於歷代以來的酈學家,我曾撰有《歷代酈學家治酈傳略》一篇,把古今中外的酈學家一百二十六人,作了簡要的介紹。

貳、《水經注》內容的綜合評述

《水經注》是我國歷史上的一部不朽地理名著。此書之所以獲得崇高成就,除了作者酈道元的卓越天才和無比努力以外,其時代背景也起了重要作用。

中國從四世紀初期起,開始了一場規模很大的混亂,在歷史上稱為"五胡亂華",在地理上叫做"地理大交流"。在這段時期中,原來生活在長城以北的許多以遊牧為生的民族,先後進入華北,他們放棄了"天蒼蒼,野茫茫"的草原生活,進入華北定居,從事農業。而原來居住在華北的漢族,則放棄了乾燥坦蕩的小麥雜糧區,大批遷移到低窪潮溼的南方稻作區。廣大集團的人群,在自然地理環境和人文地理環境上發生了深刻的變異。不論在中國的北方和南方,數量巨大的人群,都面臨著完全陌生的地理環境。新舊地理環境構成了他們現實生活和思想上的強烈對比,空前地擴大了他們的眼界和豐富了他們的地理知識。這就是中國歷史上的所謂"地理大交流"。

"地理大交流"的結果是培養了許多地理學家,撰寫了大量地理著作。這些地理著作與古代的地理著作如《山海經》、《禹貢》、《穆天子傳》等完全不同。這些古代地理著作,作者十分缺乏自己的實踐基礎,其中大量內容根據第二手資料,包括許多假設和想像。但"地理大交流"所培養出來的地理學家,其重要特點就是實踐。他們有的是自己的親眼目擊,有的則是吸取了別人的實踐經驗。在這樣的基礎上撰寫出來的地理著作,當然不同凡響。後來,人們把這一時期湧現出來的大量地理著作,統稱為"六朝地志"，而《水經注》正是六朝地志中最最傑出的一種。這就是清代學者陳運溶在《荊州記序》中所說的："酈《注》精博,集六朝地志之大成。"

酈道元撰寫《水經注》的重要依據是他的實踐,也就是野外地理考察。他在《水經注序》中指出："脈其枝流之吐納,診其沿途之所躔,訪瀆搜渠,緝而綴之。"所以野外考察是他的重要治學方法。在北部中國,他到各地作過細心的調查考察。所以他的著作中,反映了大量的考察成果。除了野外考察以外,酈道元撰寫《水經注》的另一重要依據是他所占有的大量資料。《水經注》一書到底引用了多少資料,現在已經很難估計。我從全書指名的引用文獻和碑銘進行整理統計,共得各種文獻四百八十種,各種碑銘三百五十七種①。由於許多文獻他不曾指名,所以實際引用的當然遠遠不止此數。說明他所占有的資料確實十分豐富。當時,雕板印刷尚未出現,所有引用的文獻均須通過傳鈔獲得,其工作量之大,可以想見。而《水經注》一書的價值,也就不言而喻。

《水經注》是一部包羅宏富的著作,現在有許多學科都利用它進行各種研究,不同專業的學者,都從此書中挖掘自己所需要的資料。但從此書記載的主要內容來看,它畢竟是一部地理著作,所以要評述《水經注》內容,首先應該從地理學說起。地理學是一門綜合性的科學,它包括自然地理學和人文地理學兩大門類。讓我先從自然地理學方面對它進行評述。

一、自然地理學

顧名思義,《水經注》研究的主要對象是河流,它在自然地理學上的貢獻,首先在河流水文方面。全書記載的河流達一千多條,對這許多河流,《水經注》大都記載了它們的發源、流程與歸宿,都能緊緊地扣住這些河流的自然地理特點,並非千篇一律。以清水(今衛河)、沁水(今沁河)、淇水(今淇河)三條河流為例,它們都是發源於太行山南麓或西麓的一般小河。對於這種同一地區的一般河流,《注》文仍能很清楚地寫出它們的不同上源。

卷九《清水注》描述了清水的上源："黑山在(脩武)縣北白鹿山東,清水所出也。上承諸陂散泉,積以成川。"這說明清水是以太行山南麓的一些陂池和泉水為水源的河流,其源地很可能是一塊地下水豐富的小盆地。

卷九《沁水》的情況就不同,《注》文說："沁水即涅水也,或言出穀遠縣羊頭山世靡谷,三源奇注,逕瀉一隍。又南會三水,歷落出左右近溪,參差翼注之也。"這段《注》文清楚地說明,沁水的上源大概是太行山西麓一片比較寬廣的沖積扇,因此,河流的上源擁有許多支流。

_____

① 參見《水經注·文獻錄》和《水經注·金石錄》。

　　卷九《淇水注》中，《注》文描寫淇水的上源說："《山海經》曰：淇水出沮洳山。水出山側，頹波潨注，衝激橫山。山上合下開，可減六七十步，巨石礚碣，交積隍潤，傾瀾漭盪，勢同雷轉，激水散氛，曖若霧合。"從《注》文中可見，淇水的發源與清水、沁水都不同，淇水的源地地形複雜，其水源由瀑布急流形成。從上述三條並不出名的河流的發源地的描述中，可見酈道元對於河流發源地的研究是十分認真的。這對我們研究歷史自然地理和現代河流水文等方面，都具有重要的意義。

　　《水經注》記載了各種河流從源地開始的整個流程中，沿途的河床寬度、灘瀨、瀑布、急流等情況，都有比較仔細的描述。例如卷三十三《江水》對岷江上游各段的河床寬度的描述就是這樣，《注》文說："兩山相對，其形如闕，謂之天彭門，亦曰天彭闕，江水自此已上至微弱，所謂發源濫觴者也。"接著，《注》文就從天彭闕按流程逐段進行描述："江水自天彭闕東逕汶關，而歷氐道縣北……自白馬嶺回行二十餘里至龍涸，又八十里至蠶陵縣，又南下六十里至石鏡，又六十餘里而至北部，始百許步。又西百二十餘里至汶山故郡，乃廣二百餘步。又西南百八十餘里至濕坂，江稍大矣。"

　　在上述《注》文中，岷江從上游發源起，每個河段的長度和寬度都寫得清楚明白，以這樣的古代自然地理資料，與現代情況作比較，則這一河段在歷史上的變化，就可以瞭如指掌了。

　　在河流流程中，峽谷和灘瀨等，都是河川自然地理的重要研究對象。《水經注》在這方面的內容也相當豐富。不僅是重要的峽谷，如黃河的孟門、龍門、三門諸峽，洛水的伊闕，長江的三峽，珠江的高要峽，湘江的空冷峽等，《注》文都有非常詳細的描述。即使並不出名的峽谷，作者也不曾疏忽，全書記載的峽谷將近三百處之多。此外，在河川自然地理的研究中，灘瀨對於研究河床變化具有重要意義，而《水經注》在這方面也提供了大量資料，僅僅在《漸江水注》一篇之中，就記及灘瀨達六十餘處。

　　瀑布在自然地理研究中也有重要價值，它不僅是河床岩石構造和岩性變化的重要依據，同時也是河流溯源侵蝕的顯著標誌。《水經注》在這方面提供的資料尤為豐富。雖然，形成瀑布的原因是多種多樣的，火山爆發引起的熔岩堰塞，地震引起的岩石崩塌，滑坡，以及冰川作用形成的懸岩等，都可以造成瀑布現象。但是，多數巨大的瀑布，都是由於河流的溯源侵蝕而形成的。在河流溯源侵蝕的過程中，由於遇到堅硬的岩層而造成落差，因此就生成瀑布。為此，我們通過古今瀑布的位置移動，就可以算出河流溯源侵蝕的速度。《水經注》全書共記載瀑布六十多處，不僅地理位置準確，還記及不少瀑布的高度。因此，利用此書記載的瀑布位置，同今天的瀑布位置進行對比計算，往往可以精確地得出河流溯源侵蝕的速度。我國著名歷史地理學家史念海教授，曾經根據酈《注》記載的孟門瀑布（今壺口瀑布）的位置與唐《元和郡縣志》記載的位置對比，計算的結果是從北魏孝昌三年(公元五二七年)起到唐元和八年(公元八一三年)之間的二百八十六年中,瀑布每年平均退縮五點一米;從唐元和到現在的一千一百多年中,瀑布每年平均退縮三點三米。

除了上述在河流流程中對於峽谷、灘瀬和瀑布的記載以外,《水經注》對於河流尾間即沿海平原的地理概況,也有細緻的描寫。《河水》中關於黃河尾間馬常坑一帶的描述即是其例。《注》文說:"又東北為馬常坑,坑東西八十里,南北三十里,亂河枝流而入于海……河盛則通津委海,水耗則微涓絕流。"這裡記載的馬常坑,是河口三角洲的一片季節性積水窪地。在黃河的洪水季節,這片窪地成為一片茫茫大湖,但在黃河的枯水季節,就成為一片"微涓絕流"的河口沼澤。《水經注》描述是非常逼真的。

《水經注》對於河流的記載,除了上述有關河流的地貌現象外,在河流水文方面,諸如河流的含沙量、水位、流速、冰期等重要的水文要素,也多有詳細記載。以黃河為例,黃河河水的含沙量是世界罕見的。在這方面,《水經注》有一項著名的記錄,即《河水》的:"河水濁,清澄一石水,六斗泥。"對於河流的水位,《水經注》記下了不少河流的枯水位、一般水位和洪水位,例如《河水》記載的黃河下游支流白鹿淵水:"又東為白鹿淵水,南北三百步,東西千餘步,深三丈餘。其水冬清而夏濁,渟而不流,若夏水洪泛,水深五丈,方乃通注。"

對於我國河流的冰期,《水經注》也常有記載,例如《河水》記載的黃河中可以採冰的幾個河段:"常以十二月採冰于河津之隘,峽石之阿,北陰之中。"上述三個河段中在夏曆十二月的採冰,規模甚大,據酈《注》所記:"朝廷又置冰室于斯阜,室內有冰井。"這是朝廷用以藏冰的採鑿,對於說明這個河段的冰層厚度和積蓄量,都很有價值。

除了河流以外,《水經注》還記載了許多湖泊,總數超過五百處。這中間有大量的排水湖(淡水湖),如洞庭湖、彭蠡(今鄱陽湖)、太湖以及如今已經湮廢的北方大湖,如鉅野澤、圃田澤等等。也有許多非排水湖(鹹水湖),如蒲昌海(今羅布泊)、居延海等等。《水經注》記載的湖泊,在湖泊地貌和湖泊水文等方面,都提供了許多資料。例如,湖泊形成以後,在地質循環和生物循環的過程中,總是不斷淤淺,甚至全部湮廢。這個過程,在自然地理學上稱為湖泊沼澤化現象。酈《注》在這方面的記載也很詳細,例如《渠水注》所記載的圃田澤的湮廢過程:"(圃田)澤在中牟縣西,西限長城,東極官渡,北佩渠水,東西四十許里,南北二十許里,中有沙岡,上下二十四浦,津流徑通,淵潭相接,各有名焉:有大漸、小漸、大灰、小灰、義魯、練秋、大白楊、小白楊、散嚇、禹中、羊圈、大鵠、小鵠、龍澤、蜜羅、大哀、小哀、大長、小長、大縮、小縮、伯丘、大蓋、牛眼等。浦水盛則北注,渠溢則南播。"

圃田澤原來是個中原大湖,在《詩經》中已見記載,但是由於湖泊的沼澤化現象,到了北魏,這個大湖已經分成二十四個小湖。《注》文中所說的"中有沙岡","沙岡"就是沼澤化的產物,湖泊的這種由大到小,由整體到分散的過程,具體地說明了圃田澤的沼澤化過程,為後世研究湖泊的沼澤化現象,提供了重要的數據。

上述河流和湖泊,在自然地理學中統稱地表水,除了地表水以外,《水經注》也記載了許多有關地下水的資料,主要是泉水和井。全書記載了泉水二百多處,溫泉三十八處。在溫度沒有計量標準的古代,酈道元用"冬溫夏冷"、"冬夏常溫"、"炎熱"、"沸湧"、"可燖雞豚"等級別,來記載不同溫泉的水溫。《水經注》記載了分布於全國的井,並且記及了它們的深度。例如《河水》所記的疏勒城井,"深一十五丈",虎牢城井,"深四十丈"等,均是其例。這對於我們了解古代各地的地下水位,是很有價值的資料。

在自然地理學方面,《水經注》還擁有大量植物地理學和動物地理學的資料,這對研究歷史時期我國各地動植物的分布及其變遷,具有重要價值。全書記載的植物品種多達一百四十餘種,而且在地理分布上也記載得相當清楚。包括在我國占最大優勢的溫帶森林和亞熱帶森林,並涉及西北乾燥地區的草原和荒漠植被。例如《河水注》記載的今新疆羅布泊一帶的荒漠植被。《注》文說:"土地沙鹵少田,仰穀旁國,國出玉,多葭葦、檉柳、胡桐、白草。國在東垂,當白龍堆,乏水草。"直到今天,這項記載對於該地區仍是十分逼真的。

《水經注》還記載了我國南方以及今中南半島地區的動植物和自然景觀。《溫水》中說:"林棘荒蔓,榛梗冥鬱,藤盤筀秀,參錯際天。"這就是古代林邑國的熱帶森林景觀。《溫水》還記載了九真郡咸驩(今越南榮市以北地區)的原始生物景觀,《注》文說:"《林邑記》曰:外越、紀粟、望都,紀粟出浦陽,渡便州,至典由,渡故縣,至咸驩。咸驩屬九真。咸驩已南,獐麂滿岡,鳴咆命疇,警嘯聆野,孔雀飛翔,蔽日籠山。"真把熱帶自然景觀,寫得惟妙惟肖。

天然植物按照南北氣候條件的不同,在地理分布上出現這種南北遞變的規律性,這在自然地理學上稱為緯度地帶性現象。除此以外,由於地形高度不同,植物從低處到高處,其分布也同樣存在規律性的差異,在地理學上稱為垂直地帶性現象。這種現象也同樣為《水經注》所記載。《漸江水》說:"自平地以取山頂七里,懸隥孤危,徑路險絕……山上無甚高木,當由地迴多風所致。"這就是會稽秦望山的植物垂直分布現象。

《水經注》記載了我國的許多古代動物,而且地區明確。其中有的動物在地理分布上如今已有很大變化,也有些動物則已在我國境內絕跡。所以酈《注》的記載對於研究動物地理和古今動物地理的變遷很有裨益。《沔水》中記載的"水虎",就是一個很好的例子。《注》文說:"沔水又南與疎水合,水出中廬縣西南,東流至邔縣北界,東入沔水,謂之疎口也。水中有物如三四歲小兒,鱗甲如鯪鯉,射之不可入,七八月中,好在磧上自曝,刾頭似虎,掌爪常沒水中,出刾頭,小兒不知、欲取弄戲,便殺人。或曰,人有生得者,摘其皋厭,可小小使,名為水虎者也。"

按《山海經·中山經》:"伊水出焉,而東流注于洛。有獸焉,其名曰馬腹,其狀如人面虎身,其音如嬰兒,是食人。"清郝懿行案:"《刀劍錄》云:漢章帝建初八年(公元八三年),鑄一金劍,令投伊水中,以厭人膝之怪……《荊州記》云:陵水中有物,如馬甲,如鯪鯉,不可人。七八月中,好在磧上自曝,膝頭如虎掌爪,小兒不知,欲取戲弄,便殺人。或曰:生得者摘其鼻厭,可小小便,名為水盧。"

酈道元記載這種"水虎",其地理位置在今漢江襄陽與宜城之間的河段中,《注》文中的疏口,當在今小河鎮附近。這個地區南北朝時代屬南朝版圖,酈氏足跡所不能到。他的記載,分明是引的《荊州記》,其中如"水虎"、"水盧"、"可小小使"、"可小小便"、"皋厭"、"鼻厭"等,都是傳鈔之誤。其所記載的這種動物,顯然是揚子鱷,記載之中,除了"便殺人"一語不符合事實外,其餘各項,說的都是揚子鱷無疑。我在拙作《讀水經注札記》中曾經指出:"揚子鱷雖然是食肉爬蟲類動物,但並不是猛獸,平日只吃魚、蛙、鼠等小動物,不像馬來鱷那樣兇猛,吞食大動物甚至人。《注》文中說'小兒不知,欲取弄戲,便殺人'。可能是因為小兒在沙灘上戲弄牠,不慎落水中,使牠得到殺人的罪名。"

如上所述,在漢章帝建初八年(公元八三年),伊水中還有許多揚子鱷。但到了北魏,酈道元在《水經注·伊水》中,已經沒有記及這種動物,而南邊的漢水中卻還存在。時至今日,《沔水》中記及的襄陽、宜城一帶,這種動物也已絕跡。今天,揚子鱷分布最多的地區,是安徽省的清弋江流域和江蘇、浙江二省間的太湖流域。我們把《刀劍錄》、《荊州記》、《水經注》等幾種文獻對照一下,就可以看到在過去二千多年時間裡,揚子鱷的分布地區逐漸向東南縮小。不僅地區縮小,數量也大大減少。這就是我們今天必須對這種動物進行保護的原因。

在卷三十七《浪水》,《注》文又記載了另外一種動物:"建安中,吳遣步騭為交州,騭到南海,見土地形勢,觀尉佗舊治處,負山帶海,博敞渺目,高則桑土,下則沃衍,林麓鳥獸,于何不有,海怪魚鱉,黿鼉鮮鰐,珍怪異物,千種萬類,不可勝記。"這裡"黿鼉鮮鰐"一語,"鼉"就是揚子鱷。《詩·大雅·靈臺》:"鼉鼓逄逄。"孔穎達疏:"鼉如蜥蜴,長六七尺。"古人用其製鼓,所以稱為"鼉鼓"。步騭是淮陰人,曾服官於吳,所以長江流域的鼉,也就是《水經注·沔水》的"水虎",他一定是見過的。初到南方,在珠江流域驟然見到形狀似鼉而身軀比鼉大得多的鱷,或許就不能分辨清楚,所以籠統地稱該地有"黿鼉鮮鰐"。其實,西晉的張華在其《博物志》卷九中曾清楚地指出:"南海有鱷魚,形似鼉。"說明鼉與鱷,只是形狀相似,並非一種動物。步騭不及見到張華的書,所以他的說法比較含糊。步騭所說的鼉,顯然就是馬來鼉。直到唐朝韓愈在潮州當刺史時,這種動物還很多。這是一種兇猛的食肉動物,所以韓愈特地寫了一篇《祭鱷魚文》,要這種動物:"其率醜類,南徙于海。"現在,《浪水》記載的馬來鼉早已在廣東沿海絕跡。從全世界來說,也已經成為一種珍稀動物了。

以上只是就自然地理學舉了一些例子。《水經注》在自然地理學方面提供的資料是豐富多彩的。它為我們今天研究自然地理學,特別是歷史自然地理學帶來了很大的便利。

二、人文地理學

在人文地理學的各個分支中,《水經注》也擁有大量資料。其中首先是在經濟地理學的方面,而特別是有關農田水利的資料。由於《水經注》是一部記載河流的地理書,所以它有大量的篇幅涉及農田水利。在現代經濟地理學中,這些都是屬於農業地理學的研究對象。《水經注》記載的農田水利工程不勝枚舉,其中灌溉效益顯著的如鄭渠、都安大堰、車箱渠、白起渠、馬仁陂、長湖等等,《注》文都作了詳細的說明。

《水經注》關於農業地理的記載遍及全國,並且還記及域外。例如《注》文詳細地列述了漢代在今新疆地區所經營的屯田。例如,《河水》記載的:"(敦薨之水)又西南流,逕連城別注,裂以為田。桑弘羊曰:臣愚以為連城以西,可遣屯田,以威西國。"按桑弘羊(公元前一五二一前八〇年)在漢武帝時任治粟都尉,領大司農。在桓寬編撰的《鹽鐵論》一書中,主要就是他在漢昭帝始元六年(公元前八一年)的一次全國性的鹽鐵會議中的發言。他是一位傑出的農業家和經濟學家,他建議屯田的地區,即今新疆的焉耆、庫爾勒、尉犁一帶,其真知灼見,令人嘆服。酈《注》記及的這個地區的漢代屯田,有伊循城屯田、樓蘭屯田、莎車屯田、輪臺屯田等等。並且記載了漢索勘在此興修水利,屯田積粟的故事:"大田三年,積粟百萬,威服外國。"這其實就是桑弘羊的思想。

此外,《水經注》有關這方面的記載中,還包括各種耕作制度的資料。例如卷三十六《溫水》中所說:"知耕以來,六百餘年,火耨耕藝,法與華同。名白田,種白穀,七月火作,十月登熟;名赤田,種赤穀,十二月作,四月登熟,所謂兩熟之稻也。"這裡,《注》文把林邑國一年兩熟的耕作制度,包括耕作、作物品種、收穫季節月令等,都記得清楚明白。所以資料是很有價值的。

在酈道元的時代,工業還處於很落後的手工業階段,分布不多,規模不大。但儘管如此,《水經注》記載的工業地理資料,內容仍然相當完整。從手工業的部門說,全書記載的包括採礦、冶金、機器、紡織、造紙、食品等,可稱門類完備。在酈道元的時代,各種礦物在工業中已具有重要地位。《水經注》記載了能源礦物中的煤炭、石油、天然氣,金屬礦物中的金、銀、銅、鐵、錫、汞,非金屬礦物中的雄黃、硫磺、鹽、石墨、雲母、石英、玉、

石材等。對於它們的地理分布和用途等方面,都有介紹。下面是一個卷三《河水》記載的今陝西省北部和河西走廊石油的例子:

> 故言高奴縣有洧水,肥可爇,水上有肥,可接取用之。《博物志》稱酒泉延壽縣南山出泉水,大如筥,注地為溝,水有肥如肉汁,取著器中,始黃後黑,如凝膏,然極明,與膏無異,膏車及水碓缸甚佳,彼方人謂之石漆。水肥亦所在有之,非止高奴縣洧水也。

這項材料記載兩地的石油分布情況,並描述了這種礦物的性狀和當時的用途。除了石油以外,如《江水》記載蜀中的天然氣,《湘水》記載萌渚嶺的錫礦等,也都是較有價值的資料。

《水經注》記載了許多地區的冶金工業,其中《河水》所記載的今新疆地區的一處冶金工業,是一個很典型的例子。《注》文說:“釋氏《西域記》曰:屈茨北二百里有山,夜則火光,晝日但煙,人取此山石炭,冶此山鐵,恆充三十六國用。故郭義恭《廣志》云:龜茲能鑄冶。”這項記載不僅敘述了冶金工業的原料和燃料地,並且還記載了產品的市場,是一項完整的工業地理資料。

《水經注》雖然是一部六世紀初期的古代地理著作,但書內卻已經有了機器製造和應用的記載。《榖水》說:“榖水又逕白超壘南,……壘側舊有塢,故冶官所在。魏晉之日,引榖水為水冶,以經國用,遺跡尚存。”這裡值得注意的是“水冶”。水冶稱得上是我國古代的一種機器。據王禎《農書》卷十九稱,水冶即水排,後漢杜詩始作。《後漢書·杜詩傳》說:“冶鑄者為排以吹炭,令激水以鼓之也。”《三國志·魏書·韓暨傳》以為水排始於韓暨,所謂:“舊時冶,作馬排,每一熟石用馬百匹。更作人排,又費功力,暨乃因長流以為水排,計其利益,三倍于前。”所以這是一種利用水力鼓風進行冶鑄的機器。魏晉時代在榖水上使用的這種水冶,到北魏時雖然已經僅存遺跡,但酈道元仍然把它寫入注文。酈道元沒有料到他死後不過十幾年,高隆之在漳水支流洹水流域又造起這種機器。據《北齊書》和《北史》兩書的《高隆之傳》並記:“以漳水近于帝城,起長堤以防汛溢之患,又鑿渠引漳水周流城郭,造治碾磑,並有利于時。”這裡的“碾磑”即是與上述“水冶”相似的一種利用水力的機器。“水冶”用以鼓風,“碾磑”顧名思義,或許是用於研磨。高隆之服官於北魏,後來又入仕於東魏和北齊。從“漳水近于帝城”一語中,可見“碾磑”是東魏都鄴以後的事,其事當在元象元年(公元五三八年)以後。從“鑿渠引漳水周流城郭”一語中,可知他修造碾磑當在鄴都城邊的洹水之上。明嘉靖《彰德府志》卷一安陽縣水冶條,肯定了洹水上的這種水冶:“周圍四十步,在縣西四十里,《舊經》曰:後魏時引水鼓爐名水冶,僕射高隆之監造,深一尺,闊一步。”《彰德府志》所說的“後魏”恐怕是“東魏”之誤。因為後魏都城在洛陽,東魏才遷到鄴城來。可惜酈道元來不及看到高隆之的這種創造,否則《水經·洹水注》中一定能留下詳細的記載。

在所有手工業部門中,記載最多的是製鹽工業。在古代,鹽是國計民生中的頭等大事,這可能是酈《注》特別重視的原因。酈《注》記載的製鹽工業,包括海鹽、池鹽、井鹽、岩鹽等。其地域範圍東起沿海,西及域外。例如卷二《河水》記載西域岩鹽,《注》文說:"山西有大水,名新頭河……有石鹽,白如水精,大段則破而用之。康泰曰:安息、月氏、天竺至伽那調御,皆仰此鹽。"又如《江水》記載蜀中井鹽。《注》文說:"(湯溪水)南流歷縣,翼帶鹽井一百所,巴、川資以自給。粒大者方寸,中央隆起,形如張繖,故因名之曰繖子鹽。有不成者,形亦必方,異于常鹽矣。王隱《晉書·地道記》曰:入湯口四十三里,有石煮以為鹽,石大者如升,小者如拳,煮之水竭鹽成,蓋蜀火井之倫,水火相得,乃佳矣。"《涑水》記載了解池池鹽,《注》文說:"《地理志》曰:鹽池在安邑西南。許慎謂之鹺。長五十一里,廣七里,周百一十六里。從鹽省古聲。呂忱曰:夙沙初作煮海鹽,河東鹽池謂之鹺。今池水東西七十里,南北十七里,紫色澄渟,潭而不流。水出石鹽,自然印成,朝取夕復,終無減損。惟山水暴至,雨澍潢潦奔洪,則鹽池用耗。故公私共堨水徑,防其淫濫,謂之鹽水,亦謂之堨水。《山海經》謂之鹽販之澤也。"《淇水》記載了渤海沿岸的海鹽。《注》文說:"清河又東逕漂榆邑故城南,俗謂之角飛城。《趙記》云:石勒使王述煮鹽于角飛,即城異名矣。《魏土地記》曰:高城縣東北百里,北盡漂榆,東臨巨海,民咸煮海水,藉鹽為業,即此城也。"

如上所述,《水經注》所記載的,無論岩鹽、井鹽、池鹽、海鹽,都是細緻清楚的。全書記載的鹽礦和鹽場多達二十餘處,以上僅僅是略舉數例而已。

《水經注》在交通運輸地理方面,也有大量記載。首先當然是水運。全書記載的河流水道,絕大部分都涉及航運。在前面自然地理學部分所提及的峽谷、灘瀨等,常被作為航運的條件加以評價。例如《河水》記載了黃河自砥柱山以下:"合有十九灘,水流迅急,勢同三峽,破害舟船,自古所患。"《耒水》記載了耒水自汝城縣以下三十里中有十四瀨:"潈流奔急,竹節相次,亦為行旅游涉之艱難也。"《漸江水》記及浙江的航行:"浙江又東逕壽昌縣南,自建德至此八十里中,有十二瀨,瀨皆峻險,行旅所難。"此外,河流水位的季節變化,也常常與航行條件同時提出,例如《泗水》記載:"泗水又東南流,丁溪水注之,溪水上承泗水于呂縣,東南流,北帶廣隰,山高而注于泗川。泗水冬春淺澀,常排沙通道,是以行者多從此溪。即陸機《行思賦》所云:乘丁水之捷岸,排泗川之積沙者也。"全書中像這樣一類的記載,是很多的。

對於天然河流的航行,當然是全書十分關心的問題,例如《江水》記載了當時長江中游的航行,已經出現了"載坐直之士三千人"的大型船舶。《河水》記載了"魏尚書僕射杜畿,以帝將幸許,試樓船"。說明黃河中游在三國時代已經作了航行大型船舶的嘗試。當然,嘗試沒有成功,酈《注》只簡單地說了一句:"覆于陶河。"《三國志‧魏書‧杜畿傳》說:"受詔作御樓船,於陶河試船,遇風沒。"這裡的陶河,也就是孟津,在今河南孟津以南。

《水經注》也記載了許多運河,其中特別具有價值的是《濟水》中記載的古代黃河和淮河間的運河。《注》文說:"偃王治國,仁義著聞,欲舟行上國,乃通溝陳、蔡之間。得朱弓矢,以得天瑞,遂因名為號,自稱徐偃王,江淮諸侯服從者三十六國。"這裡敘述的是一種傳說,但卻說明了相當重要的問題。徐偃王是個傳說中的人物,其時約在西周穆王之世,時當西周中葉,其時估計在公元前十世紀之初,所謂"通溝陳、蔡之間",正是古代黃淮之間的鴻溝水系。這種傳說反映了這樣一種事實,即黃、淮之間所存在的溝通這兩個水系的河道,比這個地區見諸歷史記載的運河開鑿可能還要早四五個世紀。

儘管《水經注》的內容以水路為主,但酈道元在交通運輸方面的記載並不忽視陸路。全書記載的各種類型的道路,有國際上的交通要道,如《河水》中的蔥嶺、天竺道:"度蔥嶺,已入北天竺境,于此順嶺西南行十五日,其道艱阻,崖岸險絕,其山惟石,壁立千仞,臨之目眩,欲進則投足無所,下有水,名新頭河。昔人有鑿石通路施倚梯者,凡度七百梯,度已,躡懸絚過河,河兩岸,相去咸八十步,九譯所絕,漢之張騫、甘英皆不至也。"又同卷記載的林楊、金陳道:"竺枝《扶南記》曰:林楊去金陳國,步道二千里,車馬行,無水道。"此外,《河水》又記載了窳渾出雞鹿塞道,《溫水》則記載了彭龍、區粟通逵和扶南、林邑步道等,也都是我國古代與域外交通的國際道路。至於國內的著名陸道也無不收入,例如《河水》記載的函谷關道:"邃岸天高,空谷幽深,澗道之峽,車不方軌,號曰天險。"《沔水》中記載的通關勢,是一條溝通關中與漢中之間的重要道路。《注》文說:"壻水南歷壻鄉溪,出山東南流,逕通關勢南。山高百餘丈,上有匈奴城,方五里,塹壍三重。高祖北定三秦,蕭何守漢中,欲偹北道通關中,故名為通關勢。"通關勢當然是一條險峻的道路,但酈《注》中還有不少比這更險峻的道路,例如《沔水》記載的"棧道"。《注》文說:"(褒)水西北出衙嶺山,東南逕大石門,歷故棧道下谷,俗謂千梁無柱也。諸葛亮《與兄瑾書》云:前趙子龍退軍,燒壞赤崖以北閣道。緣谷百餘里,其閣梁一頭入山腹,其一頭立柱于大水中,今水大而急,不得安柱,此其窮極,不可強也。"

中國西南的多山地區,交通當然是非常困難的。《水經注》對這個地區也有不少記載。例如《若水》所記:"(朱提)郡西南二百里得所綰堂琅縣,西北行,上高山,羊腸繩屈八十餘里,或攀木而升,或繩索相牽而上,緣陟者若將階天。故袁休明《巴蜀志》云:高山嵯峨,巖石磊落,傾側縈迴,下臨峭壑,行者扳緣,牽援繩索。三蜀之人,及南中諸郡,以為至險。"同卷還描述了從朱提到僰道之間水陸交通的艱難。《注》文說:"自朱提至僰道有水步道,水道有黑水、羊官水,至險難,三津之阻,行者苦之。故俗為之語曰:楢溪、赤水,盤蛇七曲,盤羊烏櫳,氣與天通,看都濩泚,住柱呼伊,庲降賈子,左擔七里。又有牛叩頭、馬搏頰坂,其艱險如此也。"這裡所說的"庲降賈子,左擔七里",這樣的道路,古代稱為左擔道。庲降是當時的建寧郡治,約在今雲南曲靖附近。從庲降到那裡去的商販,由於山道險窄,有時在連續七里的行程中,只能用左肩挑擔,不得換肩,其險峻可以想見。

由於大量的水陸道路在《注》文中出現,這就必然要牽涉到水陸道路的交錯地點,於是《注》文中同時也出現了大量的橋梁和津渡。全書記載的橋梁和津渡近二百處。在這些橋梁中,包括石拱橋、木橋、木石混合橋、索橋、浮橋等等,其中有的橋梁十分宏大,例如,《渭水》記載的秦渭橋:"秦始皇作離宮于渭水南北……南有長樂宮,北有咸陽宮,欲通二宮之間,故造此橋,廣六丈,南北三百八十步,六十八間,七百五十柱,百二十二梁。""南北三百八十步",按秦制一步為六尺(一尺合今二十三點一釐米),周制一尺為今二十一釐米,漢制一尺約為今二十三釐米,則全橋長約合今五百公尺,即使在今天,也不失為一座大橋。記載中還有一些建築講究的石拱橋,《穀水》的旅人橋即是其例:"(旅人)橋去洛陽宮六七里,下圓以通水,可受大舫過也。""可受大舫過也",說明這是一座淨空很大的石拱橋,於此可見古代橋梁建築技術風格於一斑。

在《水經注》記述的津渡之中,有不少歷史上著名的渡口,例如《河水》各篇中的孟門津、采桑津、孟津,《濁漳水》中的薄落津,《渠水》中的官渡,《施水》中的逍遙津。像官渡和逍遙津,在歷史上都發生過著名的戰役。

在《水經注》全書記載的津渡中,也記及一處海渡,《溫水》中說:"王氏《交廣春秋》曰:朱崖、儋耳二郡,與交州俱開,皆漢武帝所置。大海中,南極之外,對合浦徐聞縣……從徐聞對渡,北風舉帆,一日一夜而至。"這裡所記的徐聞、朱崖渡,即今日的瓊州海峽,朱崖就是海南島。

農業地理、工業地理和交通運輸業地理,是經濟地理學最主要的三個分支,從以上所列舉的《水經注》在這些方面的記載中,可見此書在經濟地理領域中的豐富資料。

除了經濟地理學以外,人文地理的另一重要分支學科是城市地理學。《水經注》在這方面的記載也稱得上豐富多彩。全書記載的縣級城市和其他城邑共二千八百餘處,古都一百八十餘處,其中對某些古都的記載特別詳細,例如《渭水》中記載的秦、漢古都長安,舉凡城門、城郭、街衢、宮殿、園苑等,無不一一記載。《穀水》中記載的洛陽,是酈道元目擊的北魏當代的首都,他竟用七千餘字的篇幅,詳細地描述了這座都城。在全部《水經注》的每一句《經》文以後,這是最長的一篇《注》文。此外,《漯水》記載的平城,是北魏的舊都,描述也非常詳細。又如在《濁漳水》中記載了所謂五都:"魏因漢祚,復都洛陽,以譙為先人本國,許昌為漢之所居,長安為西京之遺迹,鄴為王業之本基,故號五都也。"《江水》中記載了所謂三都:"洛水又南逕新都縣,蜀有三都,謂成都、廣都,此其一也。"所有這些,都是很有價值的歷史城市地理資料。

《水經注》不僅記載了國內的城市,並且還記載了部分國外城市。例如《河水》中記載了許多今印度河、恆河流域的古代國都,如波羅奈城、巴連弗邑、王舍新城、瞻婆國城等,其中有的都城具有很大的規模。《溫水》中記載了古代林邑國的重要都城,包括軍事要地區粟城和國都典沖城,均位於今越南中部沿海地帶。《注》文把這兩座城市的地理位置、山川形勢、城垣建設、城市規模等,描述得細緻無遺。酈道元對這兩個域外城市的長篇記載,是從《林邑記》抄錄的,現在《林邑記》早已亡佚,因此,《水經注》記載,已經成為孤本,是今天我們研究這兩個中南半島古代城市的惟一文字資料,所以極為寶貴。

除了古都、城邑等以外,小於城邑的聚落,包括鎮、鄉、亭、里、聚、村、墟、戍、塢、堡等十類,《水經注》也有大量記載,總數約有一千處。這些當然都是較小的聚落,其中有不少現在已經消失,但是它們在我們的某些研究工作中,有時能起很大的作用,作為歷史聚落地理的研究對象,仍然具有重要的意義。

在人口與民族地理方面,《水經注》也有不少重要的資料。酈道元的時代,正是國家戰亂,人口流動頻繁的時代,《水經注》反映了許多當時人口的流動情況。《江水》中說:"(塗水)西北流逕汝南僑郡故城南,咸和中,寇難南逼,戶口南渡,因置斯郡,治于塗口。"這段《注》文,實際上就是我所提出的"地理大交流"①的過程。東晉咸和年間(公元三二六—三三四年)確實是"地理大交流"的全盛時代,南遷的漢人,常常在南方建立與他們原籍同名的郡縣,這就是這一時期僑郡、僑縣大量出現的原因。《注》文所說的汝南郡即是其中之一。汝南僑郡治原在上蔡(今河南上蔡西南),轄境在今河南境內的潁河與淮河之間,則當時在塗口(今武昌西南長江南岸)建立的汝南僑郡,其居民主要來自今河南上蔡一帶。

《水經注》提供了許多有關少數民族的資料,《注》文中記及的少數民族有匈奴、犬戎、羯、于越、駱越、五溪蠻、三苗、馬流、雕題、文狼等,不勝枚舉。《水經注》不僅記載了他們的分布和活動,有時還記載了他們的語言和風俗習慣,包括他們與漢族之間的關係,這些也都是非常可貴的資料。

在人文地理學各分支中,《水經注》的記載還涉及大量軍事地理資料,這中間的一個方面,是把曾經在戰場起過重要作用的自然地理要素和人文地理要素如河川、山嶽、

---

①　參見陳橋驛《酈道元評傳》,南京大學出版社,公元一九九四年出版。

關隘、橋梁、津渡、道路、聚落、倉庫等,在軍事上進行評價,例如《漾水》中描述的劍閣。《注》文說:"(清水)又東南逕小劍戍北,西去大劍三十里,連山絕險,飛閣通衢,故謂之劍閣也。張載《銘》曰:一人守險,萬夫趑趄。信然。故李特至劍閣而歎曰:劉氏有如此地而面縛于人,豈不奴才也。"又如《河水》中描述的高闕。《注》文說:"《史記》,趙武靈王既襲胡服,自代並陰山下,至高闕為塞。山下有長城,長城之際連山刺天,其山中斷,兩岸雙闕,善能雲舉,望若闕焉。即狀表目,故有高闕之名也。自闕北出荒中,闕口有城,跨山結局,謂之高闕戍,自古迄今,常置重捍,以防塞道。"

除了上述對這些地理事物從軍事上作評價以外,《水經注》有關軍事地理記載的另一個方面,就是描述歷史上的重要戰爭。其中有些戰役,《注》文記載得十分詳細,而且常常與戰場的山川地形相聯繫,所以具有重要的軍事地理價值。例如《渭水》中記載了諸葛亮對陳倉城的進攻和失利過程。《注》文說:"(陳倉)縣有陳倉山……魏明帝遣將軍太原郝昭築陳倉城,成。諸葛亮圍之。亮使昭鄉人靳詳說之,不下。亮以數萬攻昭千餘人,以雲梯、衝車,地道逼射昭,昭以火射連石拒之,亮不利而還。"在明人羅貫中的《三國演義》中,描寫了許多諸葛亮與司馬懿在戰場上鬥智的故事,在羅貫中的筆下,諸葛亮無疑勝過司馬懿。《水經注》中也記載了此二人多次戰爭的故事,諸葛亮其實常常失利。所以我在拙作《讀水經注札記之四》中指出:"從《水經注》的記載評論此二人,司馬或許高諸葛一籌。說得穩妥一點,也只是棋逢敵手。"例如在上述《注》文記載中的陳倉城戰役中,魏方實際上也是司馬懿指揮的。由於陳倉城建立在形勢險要的陳倉山上,守禦甚為有利,諸葛亮以數十倍的兵力,使用了雲梯、衝車等當時的先進武器,並且挖掘了地道,但仍然無法攻下這座城堡。對於蜀方進攻所以失利的原因,《注》文中引用諸葛亮致其兄諸葛瑾的信中說:"山崖絕險,溪水縱橫,難用行軍。"諸葛亮的這段話,其實就是軍事地理的分析,看來是正確的。《江水》中記載了一次發生在長江三峽地區蜀劉備與吳陸遜之間的戰役,也描寫得有聲有色。《注》文說:"江水又東逕石門灘,灘北岸有山,山上合下開,洞達東西,緣江步路所由。劉備為陸遜所破,走逕此門。追者甚急,備乃燒鎧斷道。孫桓為遜前驅,奮不顧命,斬上夔道,截其要徑。備踰山越險,僅乃得免。"這段記載把發生於這個險要地區的敵我雙方的殊死戰鬥,寫得淋漓盡致。敗者固然施盡一切阻敵自保的手段,如"燒鎧斷道"、"踰山越險",而勝者也盡其一切可能,"奮不顧命,斬上夔道,截其要徑"。戰鬥的激烈,宛如親睹。而整段戰役的記載又和石門灘北岸的這種險峻萬狀的山川形勢緊密結合,的確是不可多得的歷史軍事地理資料。

最後,在現代人文地理學領域中,旅遊地理學是一門新興的學科,但一千四百多年前寫成的《水經注》,卻已為我們積累了大量旅遊地理的資料。酈道元在《注》文中對祖國各地的河山風景,作了大量生動的描寫。此外,他又對各地的名勝古蹟,宮殿樓閣,祠廟寺院、塔臺園苑等,作了詳盡的記載。所以《水經注》不僅是古代遊記的典範,而且在開發現代旅遊資源,復原古代名勝古蹟等方面,也都具有重要的價值。

以上是對《水經注》在地理學方面的卓越貢獻的評述。除了地理學以外,《水經注》對地名學這門學科,也有重要的價值,下面一節將簡要地加以評述。

三、地名學

地名學是一門研究地名的學科,它研究地名的形成、發展和變遷,以及地方命名的原則和得名的淵源。在我國,早在西漢成書的《穀梁傳》中,就提出了為後世廣泛使用的地方命名原則之一:"水北為陽,山南為陽。"這就是說,聚落(或城邑)位於山嶽以南或河流北岸者,命名為陽,如衡陽、瀏陽等;位於山嶽以北或河流南岸者,命名為陰,如華陰、淮陰等。另一本成書於先秦而到後漢重加整理的《越絕書》中,也提出了"因事名之"的地方命名原則。例如《水經注》中的《漸江水》提到的"秦望山",《注》文說:"秦始皇登之,以望南海。"又如《渭水》中的"霸水",《注》文說:"古曰滋水矣,秦穆公霸世,更名滋水為霸水,以顯霸功。"所有這些例子,都說明地名研究在我國發軔甚早。

在人類活動的早期,由於生產力水平很低人口不多,人的流動性也很小,所以地名是很少的。但以後隨著生產力的發展和人口的增加,人們的活動範圍擴大,地名也就不斷增加。成書於戰國時代的《禹貢》,是我國古代的一本虛構派地理名著。《禹貢》的虛構在於時代,書中的地名都是實有的,不過全書地名為數很少,不過一百三十處。《山海經》的成書年代比較複雜,其中《五藏山經》的成書,可能早於《禹貢》,但另外的部分如《海內經》和《大荒經》,都是秦以後到漢的作品,所以涉及地名就達一千三百餘處。此後最重要的地理著作是《漢書·地理志》,記有地名四千五百多處。但所有這些古地理書,與《水經注》相比,在地名數量上都是望塵莫及的。《水經注》記載的各類地名,為數約在二萬處上下。作為一部地理書,擁有如此大量地名,確是前所未有的。《水經注》記載的大量地名,成為後世地名學研究的重要資料。

《水經注》是一部以敘述河流為主的地理著作,因此,河流地名是各類地名中數量最大的。前面已經提到《唐六典》所謂《水經》所引天下之水百三十七,而《水經注》引其支流一千二百五十二。但《水經注》記載的河流地名,實際上比《唐六典》大得多,約占全書所載地名的百分之二十。

我們知道,凡是一個地名,往往由專名和通名兩部分構成。例如北京市、昌平縣、太行山、永定河,這裡的北京、昌平、太行、永定都是專名,而市、縣、山、河則是通名。在《水經注》記載的河流地名中,單單通名就有河、水、江、川、瀆、津、溪、澗、溝、流、究等多種。而各種通名,往往有它們的地域習慣。例如"河"在古代是黃河的專名,"江"在古代是長江的專名。這些專名後來都作為通名使用。所以北方河流多稱"河",而南方河流多稱“江”。西南山區的河流多稱“究”，人工開鑿的河流多稱“渠”等等。這些都是以《水經注》研究地名學首先必須具備的知識。

上面說到，《水經注》記載的全部河流，包括幹支流在內，總數為一千多條，但全書河流地名的總數竟達四千左右。主要原因是，每一條河流往往有許多旁名別稱，從地名學研究的角度來說，這些都是很重要的資料。以黃河為例，這條北方大河，按不同習慣、地區和段落，在《水經注》中就有河水、河、大河、黃河、濁河、逢留河、上河、孟津河等許多不同名稱。當然，黃河是一條全國性的大河，這樣的大河，有一些旁名別稱是難免的。但較小的河流也常常有許多別名，《巨洋水》中列舉了巨洋水的許多別名：“巨洋水，即《國語》所謂具水矣，袁宏謂之巨昧，王韶之以為巨蔑，亦或曰胸瀰，皆一水也。”像這樣一條小河，卻也有五個名稱，河流地名中的一地多名現象，於此可見。

在地名學研究中，除了一地多名以外，還有一種異地同名的現象，而《水經注》在這方面也提供了大量資料。從河流地名來說，這種現象就叫異河同名。通過《水經注》進行研究，可知河流地名中最容易發生異河同名現象的是方位詞命名的河流，如南水、北水、上河、下河等等。以《漾水》為例，在此一篇中，共有冠以方位詞“南”的河流二條，冠以方位詞“西”的河流七條，冠以方位詞“東”和“北”的河流各六條。造成大量異地同名的現象。另一種容易造成異河同名現象的是色澤命名的河流，如黃水、白水、清河、濁河等等。以卷一到卷五的五篇《河水》為例，五篇之中，共有以“黑”為名的河流五條，以“白”為名的河流四條，以“赤”或“丹”為名的河流四條，以“黃”為名的河流三條。

以上所舉的一河多名和異河同名現象，只是一地多名和異地同名現象在河流中的表現。在其他地名中也是一樣。《水經注》眾多的地名，為地名學研究提供了豐富的資料。

前面已經提到中國古籍中所記載的一些地方命名的原則，這實際上就是我國早期的地名學研究。地方命名的原則，直接關係到地名淵源的解釋。我國古籍中最早涉及地方命名原則的，是上面已經提到的《穀梁傳》和《越絕書》等。但上述二書在這方面的闡述都比較簡單。到了《水經注》，對地方命名的原則，就開始全面化和系統化。卷二《河水》說：

> 應劭《地理風俗記》曰：敦煌（殿本在此下案云：此當有脫文）、酒泉，其水甘若酒味故也；張掖，言張國臂掖，以威羌狄……《漢官》曰：秦用李斯議，分天下為三十六郡。凡郡，或以列國，陳、魯、齊、吳是也；或以舊邑，長沙、丹陽是也；或以山陵，太山、山陽是也；或以川原，西河、河東是也；或以所出，金城城下得金，酒泉泉味如酒，豫章樟樹生庭，雁門雁之所育是也；或以號令，禹合諸侯，大計東冶之山，因名會稽是也。

以上所列舉的，特別是引《漢官》的一段，所說其實就是我國郡名的命名原則。雖然秦按這個原則命名時,郡數只有三十六,而到了漢代,郡國之數就超過一百。到了南北朝,劉宋的郡國超過三百,蕭齊的郡國更超過四百,而酈道元所在的北魏,郡國竟超過六百。數量雖然大為增加,但命名的原則卻並無變化。

地方命名的原則當然重要,但是到底還是一個總的原則,不可能代替具體的地名解釋。因此,以後的不少地理書,開始負擔起解釋地名的任務。在我國古籍中,最早解釋地名的是《越絕書》和《漢書·地理志》。對於前者,我在拙撰《點校本越絕書序》中曾經指出:"我國的傳統地名學以地名淵源的解釋為主流。《漢書·地理志》有四十餘處地名解釋,曾被認為是我國地名學研究的嚆矢。其實,《越絕書》成書早於《漢志》,而其中地名淵源解釋超過三十處,所以此書在地名研究中的意義,並不下於《漢書·地理志》。"至於《漢書·地理志》,它所作的地名淵源解釋,如在京兆尹下解釋華陰:"太華山在南。"這就是《穀梁傳》"水北為陽,山南為陽"的命名原則。又如在敦煌縣下解釋瓜州:"地生美瓜。"這就是《越絕書》"因事名之"的命名原則。《漢書·地理志》以後,不少地理書都增加了解釋地名的內容。到了晉代,京相璠編纂的《春秋土地名》一書,其實就是《春秋》一書的地名詞典,可惜早已亡佚。在所有這些解釋地名的古代地理書中,解釋地名數量最大的無疑是《水經注》。它所解釋的地名,共有二千四百多處,是它以前的一切地理書所不可比擬的。

《水經注》的地名解釋,不僅數量大,而且內容豐富多彩。把它所解釋的二千四百多處地名,按其性質歸納整理一下,大概可以分成二十四類。現在把這二十四類地名列成一表,每類舉幾個地名,並選出其中一個,寫出《水經注》所解釋的內容,全表如下:

地名類別	地名舉例	地名解釋舉例
人物地名	項羽堆(《濟水》)、白起臺(《沁水》)、石勒城(《汾水》)、子胥瀆(《沔水》)。	卷七《濟水》《經》"與河合流,又東過成皋縣北,又東過滎陽縣北,又東至礫溪南,東出過滎澤北"《注》:"羽還廣武,為高壇,置太公其上,曰:漢不下。吾烹之。高祖不聽,將害之。項伯曰:為天下者不顧家,但益怨耳。羽從之。今名其壇曰項羽堆。"
史蹟地名	黃巾固(《濟水》)、薄落津(《濁漳水》)、磨笄山(《灢水》)、萬人散(《渠》)。	卷二十二《渠》《經》"又屈南至扶溝縣北"《注》:"王莽之篡也,東郡太守翟義興兵討莽,莽遣奮威將軍孫建擊之于圉北,義師大敗,尸積萬數,血流溢道,號其處為萬人散。"
故國地名	胡城(《潁水》)、上庸郡(《沔水》)、鄚聚(《消水》)、葉榆縣(《葉榆河》)。	卷二十二《潁水》《經》"又東南至新陽縣北、澈蒍渠水從西北來注之"《注》:"潁水又東南流逕胡城東,故胡子國也。"

地名類別	地名舉例	地名解釋舉例
部族地名	倭城(《大遼水》)、平曩縣(《渭水》)、僰道縣(《江水》)、文狼究(《溫水》)。	卷三十三《江水》《經》"又東南過僰道縣北,若水,淹水合從西來注之;又東,渚水北流注之"《注》:"(僰道)縣,本僰人居之。"
方言及外來語地名	半達鉢愁(《河水》)、唐述山(《河水》)、五泄(《漸江水》)、阿步干鮮卑山(《河水》)。	卷一《河水》《經》"屈從其東南流,入渤海"《注》:"菩薩于瓶沙隨樓那果園中住一日,日暮便去半達鉢愁宿。半達,晉言白也;鉢愁,晉言山也。"
動物地名	雁門(《河水》)、神蛇戍(《漾水》)、豬蘭橋(《沔水》)、弔鳥山(《葉榆河》)。	卷三十七《葉榆河》《經》"益州葉榆河,出其縣北界,屈從縣東北流"《注》:"眾鳥千百為群,其會鳴呼啁唧,每歲七八月至,十六七日則止,一歲六至……俗言鳳凰死于此山,故眾鳥來弔。"
植物地名	榆林塞(《河水》)、藂桑河(《灢水》)、香陘山(《鮑丘水》)、菊水(《湍水》)。	卷二十九《湍水》《經》"湍水出酈縣北芬山,南流過其縣東,又南過冠軍縣東"《注》:"(菊)水出西北石㵎山芳菊溪……源旁悉生菊草,潭㵎滋液,極成甘美。"
礦物地名	倉谷(《清水》)、玉石山(《聖水》)、北井縣(《江水》)、錫方(《湘水》)。	卷三十八《湘水》《經》"又東北過泉陵縣西"《注》:"其山多錫,亦謂之錫方矣。"
地形地名	平原郡(《河水》)、平皋城(《濟水》)、一合塢(《洛水》)、高平山(《泗水》)。	卷五《河水》《經》"又東北過楊虛縣東,商河出焉"《注》:"《地理風俗記》曰:原,博平也,故曰平原矣。"
土壤地名	沙州(《河水》)、斥漳(《濁漳水》)。	卷十《濁漳水》《經》"又東北過斥漳縣南"《注》:"應劭曰:其國斥鹵,故曰斥漳。"
天候地名	風山(《河水》)、風穴(《灢水》)、伏凌山(《鮑丘水》)、風井山(《夷水》)。	卷十四《鮑丘水》《經》"鮑丘水從塞外來,南過漁陽縣東"《注》:"山高峻,巖郭寒深,陰崖積雪,凝冰夏結,事同《離騷》峨峨之詠,故世人因以名山也。"
色澤地名	白水(《漾水》)、墨山(《丹水》)、白鹽崖(《江水》)、赤瀨(《漸江水》)。	卷二十《漾水》《經》"又東南至廣魏白水縣西,又東南至葭萌縣,東北與羌水合"《注》:"白水西北出于臨洮縣西南西傾山,水色白濁。"
音響地名	灅灅水(《沁水》)、嵐谷(《沔水》)、石鍾山(拙著《水經注研究·水經注佚文》)。	卷九《沁水》《經》"南過穀遠縣東,又南過猗氏縣東"《注》:"(沁水)又南與灅灅水合,水出東北巨駿山,乘高瀉浪,觸石流響,世人因聲以納稱。"
方位地名	河北縣(《河水》)、南鄀(《洛水》)、丙穴(《沔水》)、北井(《江水》)。	卷二十七《沔水》《經》"沔水出武都沮縣東狼谷中"《注》:"褒水又東南得丙水口,水上承丙穴,穴出嘉魚,常以三月出,十月入地……穴口向丙,故曰丙穴。"

地名類別	地名舉例	地名解釋舉例
陰陽地名	淇陽城(《淇水》)、蒙陰水(《沂水》)、朝陽縣(《白水》)、營郡縣(《湘水》)。	卷三十八《湘水》《經》"又東北過泉陵縣西"《注》:"營水又東北逕營浦縣南,營陽郡治也……在營水之陽,故以名郡矣。"
形象地名	靈鷲山(《河水》)、雞翹洪(《洹水》)、明月池(《汭水》)、石匱山(《漸江水》)。	卷二十七《沔水》《經》"又東過成固縣南,又東過魏興安陽縣南,涔水出自旱山北注之"《注》:"(壻水)北有七女池,池東有明月池,狀如偃月。"
比喻地名	劍閣(《漾水》)、黃金成(《沔水》)、鐵城(《沔水》)、騰沸水(《渭水》)。	卷二十《漾水》《經》"又東南至廣魏白水縣西,又東南至葭萌縣,東北與羌水合"《注》:"連山絕險,飛閣通衢,故謂之劍閣。"
相關地名	金城河(《河水》)、安民亭(《濟水》)、馬溺水(《滱水》)、春陵鄉(《湘水》)。	卷二《河水》《經》"又東過金城允吾縣北"《注》:"河至金城縣,謂之金城河,隨地為名也。"
對稱地名	北輿縣(《河水》)、內黃縣(《淇水》)、小成固(《沔水》)、南新市(《滇水》)。	卷三《河水》《經》"又東過雲中楨陵縣南,又東過沙南縣北,從縣東屈南,過沙陵縣西"《注》:"(武泉)水南流又西屈,逕北輿縣故城南,按《地理志》,五原有南輿縣,王莽之南利也,故此加北。"
數字地名	四瀆(《河水》)、十二嶼(《淇水》)、九渡水(《澧水》)、五嶺(《湘水》)。	卷三十七《澧水》《經》"又東過零陽縣之北"《注》:"澧水又東,九渡水注之……水自下歷溪,曲折透迤傾注。行者間關,每所褰沂,山水之號,蓋亦因事生也。"
詞義地名	景山(《濟水》)、鯨灘(《沔水》)、棟山(《漸江水》)、敦煌(《水經注佚文》)。	《水經注佚文》:"應劭《地理風俗記》曰:敦煌,敦,大也;煌,盛也。"
複合地名	郟鄏(《穀水》)、牂柯水(《溫水》)、贛縣(《贛水》)。	卷三十六《溫水》《經》"東北入于鬱"《注》"牂柯,亦江中兩山名也。"
神話地名	馬邑(《灅水》)、陳寶雞鳴祠(《渭水》)、逃石(《溱水》)、怪山(《漸江水》)。	卷四十《漸江水》《經》"北過餘杭,東入于海"《注》:"本琅邪郡之東武縣山也,飛來徙此,壓殺數百家。《吳越春秋》稱:怪山者,東武海中山也。一名自來山,百姓怪之,號曰怪山。"
傳訛地名	寒號城(《聖水》)、樹亭川(《渭水》)、寡婦水(《汝水》)、千令洲(《江水》)。	卷二十一《汝水》《經》"又東南過潁川郟縣南"《注》:"逕賈復城北復南,擊郾所築也,俗語訛謬,謂之寡婦城,水曰寡婦水。"

《水經注》以後,地名淵源的研究,幾乎成為我國一切地理書中的必有項目,而且常常引用《水經注》的成果。經過長期的積累,我們在地名淵源的解釋中,已經擁有了大量的資料,而《水經注》在這方面,起了十分重要的作用。

四、語言文字的運用

《水經注》當然是一部學術著作，而並不是一部文學著作，但酈道元撰寫此書，除了占有大量資料，使此書具有十分豐富的學術內容外，也同時重視語言文字的運用，使全書寫得生動活潑，趣味盎然，在語言和文學上也有很高的價值。

《水經注》所運用的語言是非常豐富的，在我國歷史上，酈道元素被稱為描寫風景的能手。他描寫風景的特點之一，就是語言新穎，不用前人的套語濫調。例如按《水經注》內容，必然要描寫河流上源的許多清澈的溪泉。關於這方面，酈道元的描寫手法就顯然高人一籌，他在《洧水》描寫泌泉的清澈：“俯視游魚，類若空懸矣。”在《澧水》中描寫茹水的清澈：“水色清澈，漏石分沙。”明末清初的學者張岱在其《跋寓山注二則》[①]一文中曾經說：“古人記山水，太上酈道元，其次柳子厚，近時則袁中郎。”柳子厚就是唐宋八大家之一的柳宗元，他的名著《永州八記》中有一篇《至小丘西小石潭記》，這裡也描寫了潭水的清澈：“潭中魚可百許頭，皆若空游而無所依。”“皆若空游而無所依”，實在就是從酈氏的“魚若空懸”一語中得來的。

《水經注》在語言運用上的另一特點是多變。因為儘管是十分生動的語言，但在經過多次使用以後，也會使人感到枯燥刻板。因此，酈道元經常注意語言的變化。即使同一性質的事物，他在描寫時也努力做到語言上的推陳出新，使讀者有新鮮生動之感。例如瀑布，這是《水經注》經常描寫的事物，但酈道元並不一成不變地使用瀑布這個詞彙，在全書中，他所使用的、作為瀑布同義詞的詞彙，還有“瀧”、“洪”、“懸流”、“懸水”、“懸濤”、“懸泉”、“懸澗”、“懸波”、“頹波”、“飛清”等等，語言變化，真是層出不窮。

《水經注》語言所以特別生動豐富，一個很重要的原因，是酈道元善於吸取群眾的語言。他用這樣的語言來充實自己的著作，真是事半功倍。例如，酈道元為了反對和譴責秦始皇的暴政，他在卷三《河水》中用了楊泉《物理論》所引的一段民歌：“生男慎勿舉，生女哺用餔，不見長城下，尸骸相支拄。”酈道元在這段民歌以後，用自己的語言只說了一句：“其冤痛如此矣。”這是因為他懂得，要揭露這個大暴君的殘酷無道，利用上述民歌，比寫多少聲討的文章都能感人心弦。

《水經注》經常要描寫各種河川航道，在這方面，酈道元往往利用當地的漁歌和船謠，這就使他的著作生色不少。在卷三十四《江水》中，他描寫長江三峽中礁石參差，河道曲折的河段，《注》文說：

> 江水又東逕黃牛山，下有灘名曰黃牛灘。南岸重嶺疊起，最外高崖間有石，色

---

① 參見《娜嬛文集》卷五。

如人負刀牽牛,人黑牛黃,成就分明。既人跡所絕,莫得究焉。此巖既高,加以江湍迂迴,雖途經信宿,猶望見此物。故行者謠曰:朝發黃牛,暮宿黃牛,三朝三暮,黃牛如故。言水路紆深,迴望如一矣。

如上文,黃牛一謠,雖然短短四句,但以之描寫山高江曲,真是絕妙好文,千古不移。在《湘水》中,《注》文又運用漁歌描寫湘水的曲折:"自長沙至北,江湘七百里中,有九向九背。漁者歌曰:帆隨湘轉,望衡九面。"當然,不管江道曲折到何種程度,要看到衡山各個角度,總是不可能的。但漁歌是一種民間文學,這是民間文學所採用的一種誇張手法,也是民間文學的語言精華。酈道元吸取了這樣的語言精華,豐富了他的著作。在《水經注》全書中,酈氏吸取的這種民間語言是很多的。例如卷十八《渭水》,為了描寫秦嶺之高,《注》文採取了俗諺:"武功太白,去天三百。"又如卷十九《渭水》中,《注》文利用百姓歌謠,鞭撻禍國殃民的王氏五侯。《注》文說:

> 前漢之末,王氏五侯大治地宅,引沴水進長安城。故百姓歌之曰:五侯初起,曲陽最怒,壞決高都,竟連五杜,土山漸台,像西白虎。

像上述這許多歌謠諺語的運用,大大豐富了《水經注》的語言,增加了《注》文的感染力,使此書倍增光彩。

《水經注》的語言運用,還有一個重要的特色,就是酈道元不迴避外來語言,例如卷二《河水》中記及的阿步干鮮卑山,就是一個鮮卑語地名。清初酈學家全祖望曾在他的《七校水經注》中作了考證:

> 阿步干,鮮卑語也。慕容廆思其兄吐谷渾,因作《阿干之歌》,蓋胡俗稱其兄曰阿步干。阿干,阿步干之省也。今蘭州阿干山谷、阿干河、阿干城、阿干堡、金人置阿干縣,皆以《阿干之歌》得名。

由此可知,阿步干在鮮卑語中是"兄"的意思。這類外來語在《水經注》中很多,卷三《河水》中的薄骨律也是一例,《注》文說:"河水又北,薄骨律鎮城在河渚上,赫連果城也,桑果餘林,仍列洲上。但語出戎方,不究城名。"這裡所說的"語出戎方",指的是赫連勃勃,即十六國時期的夏的建立者,他屬於匈奴的鐵弗部。因此,薄骨律鎮可能是一種匈奴語系的地名。酈道元所在的時代,正是"地理大交流"的時代,從北方草原進入華北的許多操不同語言的民族,他們有的把自己的地名帶到新領地,這種情況與華北漢人到江南建立僑郡、僑縣一樣。有的則以自己的語言在新領地命名。由於民族和語言都很複雜,所以地名也很複雜。在北魏當代,這些地名已經難以解釋,酈道元只好把這些無法解釋的地名,籠統地稱為"北俗謂之"。酈氏自己世居華北,他所說的"北俗",當然指的華北以北。酈道元把這些地名記錄下來,也就是把許多民族的語言保存了下來,真是功德不淺。僅在卷三《河水》"又南過赤城東,又南過定襄桐過縣西"這樣

一條《經》文之下,《注》文就用"北俗謂之"一語記載了今山西境内的許多民族語言的地名,見下表所列:

山 嶽	河 川	城 邑	其 他
大浴真山、貸敢山、烏伏真山、吐文山	大浴真水、貸敢水、可不埿水、吐文水、太羅水、災豆渾水、大谷北水、諾升袁河、樹頹水	北右突城、可不埿城、昆新城、故槃迴城、太羅城	契吳亭、倉鶴徑、大谷北堆

《水經注》在卷二《河水》一篇中,記載了古代西域這個民族眾多、語言紛歧的地區,酈《注》記載的這些地名,現在成為這個民族和語言歷史博物館的見證。凡是研究古代西域,都必須研究《水經注》記載的西域地名。正如我在新疆大學蘇北海教授所著《西域歷史地理》一書的序言中所指出的:"我從《西域歷史地理》一書中又一次看到了地名學與歷史地理學之間的密切關係,在此書不少專題的討論中,地名學好像是一把鑰匙,它能解決其中許多關鍵的問題。"

在古代西域包括甘肅一帶,歷來流行的語言有佉盧語、維吾爾語、粟特語、吐火羅語(包括焉耆語和龜茲語)、梵語、波斯語等,例如佉盧語,原來是一種印度俗語,流行於古代印度西北部。但它在三—四世紀,即印度的貴霜王朝時期,曾在今新疆塔里木盆地流行,斯坦因曾在南疆尼雅遺址(今民豐境)獲得大量佉盧文書。卷二《河水》中記載的地名如精絕、子合等,就都是佉盧語。而至今仍然存在的疏勒一名,維吾爾語作Qasar,但一說來自佉盧語的Kharostra,一說來自粟特語的Sogdag,猶待進一步研究。而《水經注》記載的這個地區的一些外來語地名,卻是十分容易找到語言根據的。例如在前面有關地名解釋中列表的"方言及外來語地名"中的半達鉢愁。《水經注》對這個地名的解釋:"半達,晉言白也;鉢愁,晉言山也。"完全正確,因為它其實就是梵語白山一詞的音譯。

從地理分布來說,語言並不是固定不變的,使用某種語言的人群發生了遷移現象,語言也隨著遷移。而語言遷移最清楚的標誌之一就是地名。例如,在春秋戰國甚至更遠古的時代,今浙東一帶是越族聚居的地區,流行越語,當時的地名當然也都是越語地名。秦始皇占領這個地區以後,越族被迫流散,輾轉播遷到今西南地區,即所謂百越。隨著語言的遷移,地名也同時遷移。浙東的越語地名,最常見的用詞是"無"、"句"、"朱"、"烏"、"餘"等。現在,我們從《水經注》記載的東南地區河流如《沔水》、《漸江水》等篇中與西南地區的河流如《溫水》、《葉榆河》、《若水》等篇相比較,可以清楚地看出這種地名遷移也就是語言遷移的現象。

■含"無"、"毋"的地名

東南地區		西南地區	
沔　水	無錫縣	若　水	小會無、會無、會無縣
		存　水	毋斂水
漸江水	無餘國、句無、句無縣	溫　水	無變、無勞究、無勞湖、毋掇縣、毋單縣、毋斂縣、毋血水
		葉榆河	無切縣

■含"句"的地名

東南地區		西南地區	
沔　水	句章、句章縣、句餘、句餘山、句餘縣	若　水	烏句山
漸江水	句無、句無縣、句章縣	溫　水	句町縣、句町國
		葉榆河	句漏縣

■含"朱"的地名

東南地區		西南地區	
		桓　水	朱提郡
		若　水	朱提山、朱提縣、朱提郡
漸江水	朱室、朱室塢	溫　水	朱崖、朱崖州、朱崖郡、朱崖水、朱吾浦、朱吾縣
		葉榆河	朱戴縣

■含"烏"的地名

東南地區		西南地區	
沔　水	烏上城	若　水	烏櫳、烏句山
漸江水	烏程縣、烏傷縣		

■含"姑"的地名

東南地區		西南地區	
沔　水	姑熟縣、姑胥	若　水	姑復縣
漸江水	姑蔑	淹　水	姑復縣
		葉榆河	姑復縣

■含"餘"的地名

東南地區		西南地區	
沔　水	餘杭縣、餘姚縣、餘暨縣	葉榆河	餘發縣
漸江水	餘杭縣、餘衍縣、餘發溪、餘暨縣、餘干大溪、三餘		

以上所列的都是《水經注》記載的少數民族和外來語地名。除了地名以外,《水經注》還記入了不少少數民族和外來語的一般詞彙。例如《漸江水》中記載五洩瀑布:"此是瀑布,土人號為洩也。"現在這一帶沒有人再稱瀑布為"洩",所以"洩"很可能就是古代越語。在卷一《河水》中,《注》文涉及不少梵語,例如:"王田去宮一據,據者,晉言十里也。"這個"據"是梵語據盧舍的省譯,是古代印度流行的一種度量單位。卷一《河水》中還有一個古代印度的度量單位:"維邪離國去王舍城五十由旬。"又"渡河南下一由巡"。這裡的"由旬"和"由巡",都是梵文 Yodjana 的音譯。由旬(由巡)的解釋比較複雜,說法較多,以艾德爾①所說為是。此卷《注》文中又說:"河邊左右,有二十'僧伽藍'。""僧伽藍"是梵語 Sangharama 的音譯,其意譯就是寺院。此外,《注》文中提到:"或人覆以數重吉貝。""吉貝"一詞,《水經注》之文當然來自梵語,但其實原始於馬來語 Kapoq,意譯就是木棉。從這些例子可見,酈道元撰寫《水經注》,並不迴避方言和外來語。這不僅豐富了他的寫作語言;從今天來看,使此書在語言學研究中也具有很大價值。

除了語言學以外,《水經注》在文學上的價值也是眾所公認的。《水經注》全書中有許多描寫自然風景的精彩篇章。例如在《河水注》中描寫孟門瀑布的一段:

> 孟門,即龍門之上口也。實為黃河之巨阨,兼孟門津之名矣。此石經始禹鑿,河中漱廣,夾岸崇深,傾崖返捍,巨石臨危,若墜復倚,古之人有言,水非石鑿,而能入石,信哉。其中水流交衝,素氣雲浮,往來遙觀者,常若霧露沾人,窺深悸魄。其水尚崩浪萬尋,懸流千丈,渾洪贔怒,鼓若山騰,濬波頹疊,迄于下口。方知《慎子》下龍門,流浮竹,非駟馬之追也。

又如卷三十四《江水》描寫長江三峽的一段:

> 自三峽七百里中,兩岸連山,略無闕處。重巖疊嶂,隱天蔽日,自非停午夜分,不見曦月。至于夏水襄陵,沿泝阻絕,或王命急宣,有時朝發白帝,暮到江陵,其間

---

① 艾德爾認為由旬(由巡)是一種距離的度量單位,為各種不同計算的一日行程(四千六百五十英尺)或四十或三十或十六里(即三十三又二分之一或十或一又二分之一英里)。

千二百里,雖乘奔御風,不以疾也。春冬之時,則素湍綠潭,迴清倒影,絕巘多生怪柏,懸泉瀑布,飛漱其間,清榮峻茂,良多趣味。每至晴初霜旦,林寒澗肅,常有高猿長嘯,屬引淒異,空谷傳響,哀轉久絕。故漁者歌曰:巴東三峽巫峽長,猿鳴三聲淚沾裳。

以上兩段都是《水經注》真實地描寫自然風景的例子。這種真實的基礎,有的是酈道元自己的親身實踐,有的則是他人的親身實踐。在這種真實的基礎上,加以文字的誇張和渲染。這樣的描寫,既沒有脫離事物的本來面貌,又能使事物表現得栩栩如生。

除了真實性以外,酈道元也常常注意使寫作富於故事性。故事性不僅可以吸引讀者,提高興趣;而故事的本身,又具有褒貶人物,表達作者意願的作用。所以酈道元總是不遺餘力地搜羅各種故事,穿插在他的著作之中。例如卷十九《渭水》中記及虎圈這個地名時,《注》文引述了一個生動的故事:

霸水又北逕秦虎圈東,《列士傳》曰:秦昭王會魏王,魏王不行,使朱亥奉璧一雙。秦王大怒,置朱亥虎圈中,亥瞋目視虎,眥裂血出濺虎,虎不敢動,即是處也。

這樣的故事,真是有聲有色,可使一座皆驚。朱亥,當然是作者所要讚賞的一位英雄。在同篇中,為了解釋戲水這個地名,作者又引述了一個故事:

渭水又東,戲水注之……昔周幽王悅褒姒,姒不笑,王乃擊鼓舉烽火,以徵諸侯,諸侯至,無寇,褒姒乃笑,王甚悅之。及犬戎至,王又舉烽以徵諸侯,諸侯不至,遂敗幽王于戲水之上,身死于麗山之北。

這個故事的意義和酈道元為什麼要在他的著作中穿插這樣的故事,都是顯而易見的。在全部《水經注》中,這樣的故事多得不勝枚舉。故事當然具有警世勸人的意義,但是也增添了著作的趣味,並且大大提高了《水經注》的文學價值。

此外,酈道元還使用其他許多文學手法以提高他描寫事物的生動性和感染力,《洛水》中對鵜鶘山的描寫即是其例:

(黃亭溪)水出鵜鶘山,山有二峰,峻極于天,高崖雲舉,亢石無階,猿徒喪其捷巧,鼯族謝其輕工,及其長霄冒嶺,層霞冠峰,方乃就辨優劣耳。故有大小鵜鶘之名矣。

"猿徒喪其捷巧,鼯族謝其輕工"。用這樣的生動語言來烘托山的高峻,真是別出心裁。這種修辭手法在《水經注》中是常見不鮮的。

概括的手法,也是酈道元常用的文學技巧。這種手法的運用,使《水經注》文字簡潔,內容精煉。例如卷十九《渭水》中記載的阿房宮。以此宮之大,如要詳細描寫,就需要大塊文章,好像後來唐杜牧所寫的《阿房宮賦》一樣。但酈道元抓住要領,突出其中的"可坐萬人,下可建五丈旗",說明建築的龐大和崇高,真是高度的概括。同篇又記載了漢武帝建造的建章宮,對於這座奢華的巨大宮殿,《注》文也不作冗複的描述,只是指出:"建章宮,漢武帝造,周二十餘里,千門萬戶。""周二十餘里,千門萬戶。"這兩句話,概括了這座占了如此地面的巨大建築中的多少宮殿室宇,亭臺樓閣,園苑亭榭。

《水經注》在語言和文學上所取得的成就,當然是此書對後世的重大貢獻。而且對我們來說,也是一種重要的啟發。枯燥、刻板,並不是學術著作不可避免的特點,學術著作是可以寫得生動活潑,甚至富有文學價值的。當然,這就要求我們的科學家也能學一點文學,講究一些寫作技巧。在這方面,一千四百多年前的《水經注》已經為我們做出了榜樣。

五、歷史學及其他

《水經注》除了在地理學、地名學、語言學和文學等幾個方面做出了重要的貢獻外,對其他許多學科,如歷史學、考古學、金石學、碑版學、文獻學等方面,也無疑提供了有用的資料,做出了貢獻。

首先是歷史學,《水經注》雖然是一部地理書,但是它也擁有大量的歷史資料,在歷史學的研究中很有價值。可以舉一個例子,中國從漢朝起,封建帝王除了將土地分封給自己的子孫外,同時也分封一部分土地給將相大臣中的各式代表人物,這種分封的地區一般稱為侯國。侯國是十分不穩定的,由於士大夫官僚集團內部的傾軋鬥爭,受封者隨時可以得咎罷黜,因而時封時廢,變化頻仍,歷代史籍往往疏於記載。但《水經注》在這方面顯然比其他史籍記載得更為完整。清代的著名史學家錢大昕,就是根據《水經注》的記載,對歷史上的侯國作了詳細的研究。他在其所撰《潛研堂答問》卷九中說:"漢初功臣侯者百四十餘人,其封邑所在,班孟堅已不能言之,酈道元注《水經》始考得十之六七。"這裡說明,由於侯國建置的極不穩定,班固(孟堅)在撰《漢書》時就已經無法考實,但酈道元在其後四個多世紀,卻考出了十之六七,說明了酈氏用功之勤,也說明了《水經注》在這方面的史料價值竟超過《漢書》。

錢大昕所發現的關於《水經注》在侯國記載上超過《漢書》的這個事實,在史學上具有重要意義。因為歷代以來,學者們以正史為權威,特別是像《漢書》這樣的正史,不少人認作經典。他們常常習慣於據正史批評他書,據正史以校勘他書。當然,一般說來,以正史為圭臬,或許不致造成多大偏差。但是假使不加區別地迷信正史,其結果就會適得其反。《水經注》也還有在其他方面超過正史的例子。

上面說到在侯國的建置興廢中,《水經注》的記載超過《漢書》。其實,在行政區劃中,不僅是侯國,即使是相對穩定的郡、縣,《水經注》的記載,也有可以校勘正史之誤的。例如卷二十九《沔水》中記及的牛渚縣。在此卷的一條《經》文中說:"又東過牛渚縣南,又東至石城縣。"在這條《經》文之下,戴震在殿本中加案語說:"案牛渚乃山名,非縣名。"趙一清在注釋本中說得更清楚:"牛渚圻名,漢未嘗置縣也。"楊守敬在注疏本中說:"《通典》,當塗縣有牛渚磯,《地理通釋》十二引《輿地志》,牛渚山北謂之採石。"這些學者的見解,主要是,第一,因為《漢書·地理志》和《後漢書·郡國志》均不載牛渚縣,所以他們說:"漢未嘗置縣也。"第二,因為《通典》和《輿地志》等書都有牛渚圻或牛渚山的記載,所以他們認為《水經》的牛渚縣是牛渚圻或牛渚山之誤。

酈道元撰《水經注》,凡是《經》文有訛,《注》文必加以糾正,但在這條《經》文之下,《注》文說:"《經》所謂石城縣者,即宣城郡之石城縣也。牛渚在姑熟、烏江兩縣界中,于石城東北減五百許里,安得逕牛渚而方屆石城也。蓋《經》之謬誤也。"這裡,《水經注》確實糾正了《水經》的錯誤,但所糾正的只是牛渚縣的位置,並非此縣的建置。為了糾正牛渚縣的位置,《注》文提出了姑熟、烏江這兩個縣名。其中的姑熟縣,恰恰也是《漢書·地理志》和《後漢書·郡國志》所不載的。《水經》所記的縣名中,上述《兩漢志》不載的尚多,如《淹水》篇中的臨渠縣,《禹貢山水澤地所在》篇中的金蘭縣等均是其例。這些縣名,《水經注》不僅不加以糾正,而且有時還加以肯定。以金蘭縣為例,《決水》說:"其水導源廬江金蘭縣西北東陵鄉大蘇山,即淮水也。"這裡,這個《兩漢志》所不載,其實也是《晉書·地理志》、《宋書·州郡志》、《南齊書·州郡志》所不載的金蘭縣,《水經注》不僅說出它所屬的廬江郡,並且還說出了它所屬的東陵鄉,言之鑿鑿,說明這個縣是存在的。那麼,同樣為上述五志所不載的牛渚縣和姑熟縣,我們也沒有理由否定它們的建置。

學者們認為牛渚是山名,不錯,牛渚圻(磯)或牛渚山是存在的。牛渚圻首見於唐《通典》,但比《通典》早得多的《越絕書》卷八所記秦始皇到會稽的路程中已有牛渚的記載:"道度牛渚,奏東安,東安,今富春,丹陽、溧陽、鄣故、餘杭,軻亭南,東奏槿頭,道度諸暨,大越。"上述路程中的地名,一望而知,都是城邑。則牛渚作為一個城邑,在先秦即已存在。到了三國時代,據《吳書·全琮傳》:"得精兵萬人,出屯牛渚。"則牛渚已是一個可以屯兵萬人的重鎮。《通鑑地理通釋》卷十二說:"孫皓時,以何植為牛渚督。"這是全琮在此屯兵萬人的旁證。到了東晉,牛渚就升格為一個僑州的州治,據《通鑑》晉穆帝永和十一年(公元三五五年)"鎮壽春"胡三省注:"南渡初,祖逖以豫州刺史,治譙城;永昌四年,祖約退屯壽春;成帝咸和四年,庾亮以豫州刺史,治蕪湖;咸康四年,毛寶以豫州刺史,治邾城;永和元年,趙胤以豫州刺史,治牛渚。"這段注文清楚說明,牛渚在四世紀中期曾經作豫州這個僑州的州治。豫州這個僑州是數經播遷的,但曾經作過州治的譙、蕪湖、邾三地,都是見於《兩漢志》的縣名,則牛渚縣為《兩漢志》所遺漏,大概可以無疑。

用《水經注》校勘《漢書》,不僅縣名可得補正,比縣名少得多的郡名也能校補。例如《渠水》中的一段《注》文:"(陳縣)城內有漢相王君造'四縣邸碑',文字剝缺,不可悉識,其略曰:惟茲陳國,故曰淮陽郡云云。"如上文,則淮陽在漢代曾經建郡,但《漢書·地理志》僅列淮陽國,無此郡名。又在《睢水》中的一段《注》文:"相縣,故宋地也;秦始皇二十三年,以為泗水郡,漢高帝四年,改曰沛郡,治此。漢武帝元狩六年,封南越桂林監居翁為侯國,曰湘成也。王莽更名,郡曰吾符,縣曰吾符亭。"這裡,《水經注》把相縣數百年來的歷史沿革,地名變遷,寫得完整明白,一目了然。如和《漢書·地理志》對比一下,相縣之下,只有"莽曰吾符亭"一語。所以《水經注》記載的郡縣沿革勝過《漢書·地理志》,實非虛語。

除了《兩漢志》以外,《水經注》郡縣記載,對《晉書·地理志》也具有很大的校勘、補正價值。現在通行的《晉書》是唐太宗領銜主修的,比《水經注》晚出得多,但在不少地方仍有賴於酈注的修補。例如卷三十五《江水》記及:"晉咸和中,庾翼為西陽太守。"但《晉書·地理志》卻失記西陽郡名。我們可以列舉《水經注》記載有建置年代的晉朝縣份,卻都不見於《晉書》。例如卷三十五《江水》:"沌水上承沌陽縣之太白湖……有沌陽都尉治。晉永嘉六年,王敦以陶侃為荊州,鎮此。"《沫水》:"靈道縣,一名靈關道……縣有銅山,有利慈渚。晉太始九年,黃龍二見于利慈池,縣令董玄之率民吏觀之,以白刺史王濬,晉朝改護龍縣也。"《澧水》:"澧水又逕溇陽縣,右會溇水,水出建平郡,東逕溇陽縣南,晉太康中置。"《贛水》:"循水出艾縣西,東北逕豫寧縣,故西安也,晉太康元年更從今名。"

上列各例中的沌陽、護龍、溇陽、豫寧四縣,按《水經注》所記,明明都是有建置年代可考的晉代縣名,但《晉書·地理志》均失載。清朝畢沅根據《水經注》等書的記載,撰成《晉書地理志新補正》五卷,他在此書序中說:"撰《晉書》者,王隱、虞預、臧榮緒、謝靈運、干寶諸家,其王隱《晉書·地道記》及不著姓氏《晉書·地理志》與《晉地記》,見于酈道元《水經注》,類皆搜采廣博,十倍于今。"這說明《水經注》之所以能夠糾正史之謬,補正史之缺,是由於它的"搜采廣博"。

以上所述的是《水經注》在歷史學研究中的價值,不過略舉數端而已。與歷史學有關的科學技術史,特別是水利史,《水經注》也能提供大量資料。《注》文中記載了許多水利工程,內容詳細,舉凡工程的主要結構、工程效益、修建過程等,對今天的水利史研究都甚有裨益。此外,《水經注》記載了大量不同性質、不同時代、不同風格和不同建造技巧的古代建築。這在我國的建築史研究中具有重要意義。《水經注》記載了許多古代宮殿,如《渭水》中的阿房宮、建章宮、未央宮等,都是名聞遐邇的高大建築。即使是一般建築,也是各具風格,很有值得研究之處。例如《灅水》中"白臺",《注》文說:"臺甚高廣,臺基四周列壁,閣道自內而升。國之圖篆祕籍,悉積其下。"由此可知,白臺是北魏的檔案庫。閣道自內而升,不僅安全,並且升登方便。而臺基四周列壁,除了從檔案庫的安全考慮外,還可以增加臺在外觀上的雄偉。

卷二十八《沔水》中記載了南北朝初期建於郢城的大暑台:"秀宇層明,通望周博,遊者登之,以暢遠情。"說明此臺的設計者非常重視臺的視野。即所謂"通望周博"。這是一座別具風格的建築物。

《水經注》對我國古代的園林建築有大量記載,例如《穀水》中記載的芳林園和華林園,《注》文描寫得十分細膩,舉凡園林的結構布局,園林內部的土石山水,亭臺樓閣,都敘述得非常明白。對研究我國古代的造園藝術,具有重要的價值。

甚至對一般的祠廟寺觀,《水經注》也常從建築物的角度進行記載,《鮑丘水》中記載的土垠縣觀雞寺即是其例:"(觀雞)水東有觀雞寺,寺內起大堂,甚高廣,可容千僧。下悉結石為之,上加塗墍,基內疏通,枝經脈散,基側室外,四出爨火,炎勢內流,一堂盡溫,蓋以此土寒嚴,霜氣肅猛,出家沙門,率皆貧薄,施主慮闕道業,故崇斯構,以是志道者多栖托焉。"這個觀雞寺,其建築不僅擁有可容千僧的大堂,又具有適於低溫地區的這種特殊的取暖保溫結構,確是我國古代建築中的卓越創造。像這樣一類的例子,在《水經注》全書中不勝枚舉。

《水經注》的許多記載,對今日考古學的研究也很有裨益。近年以來,我國考古學界曾利用此書記載,獲得許多研究的線索和成果。以我國古代的佛塔建築為例,古代的不少佛塔,由於年久塌圮,考證困難。但《水經注》在這方面的記載,使考古學者在考古發掘中獲得了可以對證的文字依據。例如《穀水》中記載的洛陽永寧寺九層浮圖:"(渠)水西有永寧寺,熙平中始創也。作九層浮圖,浮圖下基方十四丈,自金露槃下至地四十九丈,取法代都七級,而又高廣之。雖二京之盛,五都之富,利剎靈圖,未有若斯之構。"這座浮圖建於北魏熙平元年(公元五一六年),到永熙三年(公元五三四年),就被大火燒毀,其存在時間還不到二十年。所以除了酈道元目擊記載以外,其他記載極少,而且多是第二手材料。中國科學院考古研究所洛陽工作隊,根據《水經注》記載的資料,對洛陽城進行了考古發掘,在一九七三年發表了《漢魏洛陽城初步勘查》一文,對於永寧寺浮圖的結論是:"這與《水經注》所載永寧寺浮圖下基方十四丈面積近似。"這說明《水經注》記載的翔實可靠,它對今日的考古發掘工作很有價值。

《水經注》是我國第一部比較系統而完整的著錄我國古代金石碑版的著作,為金石學和碑版學的研究提供了大量資料。全書記載的各種金石碑版共達三百五十七種,其內容包括河川、水利、山嶽、交通、城邑、經界、地名、建築、經籍、歷史、人物、祠廟、陵墓等等。《水經注》記載的金石碑版,事實上就是一部從上古到北魏的金石錄。在《水經注》以前,我國沒有專門研究金石碑版的著作,在《水經注》以後,我國專門研究金石碑版的著作以宋歐陽修的《集古錄》、南宋趙明誠的《金石錄》為著名。這些後來的金石彙編,雖然搜集的數量比《水經注》大得多,但在時間上要比《水經注》晚五百年以上。酈道元所目擊的金石碑版,到那時絕大部分不僅早已損毀,就是拓本也多未流傳。所以《水經注》著錄的古代金石碑版,在這些後來的金石彙編中,大都已不存在。例如有關河川水利的金石碑版,《水經注》著錄的從上古到北魏,總數超過二十種,但《集古錄》和《金石錄》在同一時代都沒有這一類金石碑版的著錄。足見《水經注》著錄的金石碑版在金石、碑版學研究中的重要意義。

　　《水經注》全書指名引用的古代文獻達四百八十種。這是《水經注》對後世文獻學研究的重要貢獻。在《水經注》引用的古代文獻中,有很大一部分現在都早已亡佚。其中有的古籍,如三國魏蔣濟《三州論》,晉庾仲雍《漢水記》等,除《水經注》外,絕未見他書著錄;有的古籍,如《林邑記》、《漢武帝故事》等,所引內容,除《水經注》外,絕未見他書引及。所以都是價值連城的資料。多少年來,學者在考據、校勘、輯佚等許多文獻學研究中,實際上已經大量地利用了《水經注》的成果。《水經注》對於後世文獻學的價值不言而喻。

　　此外,《水經注》對我們古代民族、宗教、藝術等許多方面的研究工作,都有重要的意義,這裡就不再逐一贅述了。

　　　　　　　　　　　　　　　　　　　　　　　　　　　　　　陳橋驛

校上案語

【題　解】《水經注》版本甚多,本書底本採用當前最好的武英殿聚珍版本(殿本),亦即清戴震校注的《四庫全書》本。《四庫全書》收書達三千五百零三種,每書校注完成後,都有一篇簡短的《提要》供乾隆過目。後來由永瑢和紀昀於乾隆四十六年(公元一七八一年)將各書(包括收錄的和存目的)《提要》彙編成《四庫全書總目提要》二〇〇卷。由於戴震在《水經注》的校注中,《經》文和《注》文下也常有案語,所以我的校本就把《提要》稱為《校上案語》,以示與"注内案語"的區別。《校上案語》由總纂官紀昀等署名呈上,但其實是校注者戴震的作品,紀昀不過略或修潤而已,各書《提要》大都如此。這篇《校上案語》如前面《導讀》中指出,是一篇很不老實的文章,但其中也包括了戴震校勘的重要成果。這裡僅作注,不作語譯。

　　臣等謹案:《水經注》四十卷,後魏酈道元撰。道元字善長,范陽人,官至御史中尉。自晉以來,注《水經》者凡二家,郭璞注三卷,杜佑作《通典》時猶見之,今惟道元所注存。《崇文總目》稱其中已佚五卷,故《元和郡縣志》、《太平寰宇記》所引溹沱水、涇水、洛水,皆不見于今書。然今書仍作四十卷,疑後人分析以足原數也。是書自明以來,絕無善本,惟朱謀㙔所校盛行于世,而舛謬亦復相仍①。今以《永樂大典》所引,各按水名,逐條參校②,非惟字句之訛,層出疊見,其中脫簡,有自數十字至四百餘字者。其道元《自序》一篇,諸本皆佚,亦惟《永樂大典》僅存③。蓋當時所據,猶屬宋槧善本也④。謹排比原文,與近本鉤稽校勘,凡補其闕漏者,二千一百二十八字;刪其妄增者,一千四百四十八字;正其臆改者,三千七百一十五字。神明煥然,頓還舊觀。三四百年之疑寶，一旦曠若發蒙。是皆我皇上稽古右文，經籍道盛，瑯嬛宛委之祕，響然竝臻，遂使前代遺編，幸逢昌運，發其光于蠹簡之中，若有神物撝呵，以待聖朝而出者，是亦曠世之一遇矣。至于《經》文《注》語，諸本率多混淆，今考驗舊文，得其端緒：凡水道所經之地，《經》則云過，《注》則云逕；《經》則統舉都會，《注》則兼及繁碎地名；凡一水之名，《經》則首句標明，後不重舉，《注》則文多旁涉，必重舉其名以更端；凡書內郡縣，《經》則但舉當時之名，《注》則兼考故城之迹。皆尋其義例，一一釐定，各以案語，附于下方。至塞外羣流，江南諸派，道元足跡皆所未經，故于灤河之正源，三藏水之次序，白檀、要陽之建置，俱不免附會乖錯，甚至以浙江妄合姚江，尤爲傳聞失實。自我皇上命使履視，盡得脈絡曲折之詳。

　　御製《熱河考》、《灤源考證》諸篇，爲之抉摘舛謬，條分縷擘，足永訂千秋耳食沿訛。謹録弁簡端，永昭定論。又《水經》作者，《唐書》題曰桑欽，然班固嘗引欽說，與此《經》文異；道元《注》亦引欽所作《地理志》，不曰《水經》。觀其涪水條中，稱廣漢已爲廣魏，則決非漢時；鍾水條中，稱晉寧仍曰魏寧，則未及晉代。推尋文句，大抵三國時人[5]。今既得道元《原序》，知竝無桑欽之文，則據以削去舊題，亦庶幾闕疑之義爾。乾隆三十九年十月恭校上。

總纂官侍讀臣　紀　昀

侍讀臣　陸錫熊

總修官舉人臣　戴　震

【注　釋】　①惟朱謀㙔所校二句　此處所謂朱謀㙔本，即是成書於明萬曆四十三年（公元一六一五年）的《水經注箋》。《案語》說此書"舛謬亦復相仍"，屬於有意貶低。在清初各種佳本尚未問世之時，學者對此書曾有很高評價。如顧炎武稱此爲"三百年來一部書"（清閻若璩《古文尚書疏證》卷六下），意謂明朝一代中的佳作。直到民國初年，王國維在《朱謀㙔水經注箋跋》（《觀堂集林》卷十二）文中仍讚揚此書："朱氏之箋，實大有功于酈書。"以後全、趙、戴三家所校，雖然超過朱氏甚多，但都是在朱氏的基礎上提高的。②今以永樂大典所引三句　《永樂大典》按韻分割的編纂體例是學者都知道的，所以《河水》可能收入於"五歌"韻下，《江水》則收入於"三江"韻下。乾隆帝當然翻閱過《永樂大典》，因而對戴震此語毫不懷疑。特製《六韻》以褒戴震之功。《六韻》中有"笑他割裂審無術"一句，即是批評《大典》體例之語。此句下乾隆自注："《永樂大典》所載之書，類多散入各韻，分析破碎，殊無體例，是書亦其一也。"但後來《大典》公之於世，學者發現《水經注》一書並不按各水之名入韻，而是按"水"字將全書收入於"八賄"韻下，絕未破碎割裂。所以近人張元濟在《永樂大典本水經注跋》文中指出乾隆《六韻》的錯誤："余誦其言（按指《六韻》），初疑必以一水名分列一韻，今睹是本，乃知不然，于此益信爲學之道之不可以耳食矣。"戴震在《校上案語》中作此虛構之言，可爲文人無行的例子。③僅存　顯係誇大之詞。除《永樂大典》外，此《序》尚存於盧文弨所見武進臧氏絳雲樓所得宋本,趙一清所見孫潛夫過錄明柳大中本等,但以《大典》本最為完整。④蓋當時所據二句　"宋槧善本"的話不確。前輩學者已論定宋槧《水經注》無善本。清全祖望《五校鈔本》卷首《題辭》:"今世得一宋槧,則校書者憑之,以為鴻寶。宋槧雖間有誤,然終不至大錯也。而獨不可以論于《水經》,蓋《水經》初雕時,已不可問矣。"後來傅增湘於民國初年獲得一種宋刊殘本(共十二卷,首尾完整的僅十卷,存北京圖書館),確實《經》、《注》混淆,而缺佚與《大典》本同。證明了全祖望所說屬實。⑤大抵三國時人　楊守敬已考定是三國魏人所作,證據確鑿。他在《水經注疏凡例》中指出:"《沔水》《經》'東過魏興安陽縣南',魏興為曹氏所立之郡,《注》明言之。趙氏疑此條為後人所續增,不知此正魏人作《經》之明證。古淇水入河,至建安十九年,曹操始遏淇水東入白溝,而《經》明云:'東過內黃縣南為白溝'。此又魏人作《經》之切證。……"

序

【題　解】　酈道元作《水經注》原來有《序》，後來因為輾轉傳鈔，現存的大多數版本都失落了此《序》。但也有一些明、清酈學家從宋本中看到或錄出此《序》。清盧文弨撰《群書拾補》，說他在武進臧氏絳雲樓宋本中見到此《序》，共四百八十一字。清趙一清《水經注釋》，卷首有此《序》，是從清孫潛鈔錄明柳大中鈔自宋本的，但僅二百五十六字。現在所錄的此《序》，來自清《四庫全書》本，《四庫全書》則來自明《永樂大典》。戴震在四庫館校勘《水經注》，從當時僅存於四庫館中的《永樂大典》錄得此《序》，共四百八十四字，是至今尚存的《水經注序》中最完整的一篇。

　　《序》曰：《易》①稱天以一生水，故氣微于北方，而爲物之先也。《玄中記》②曰：天下之多者水也，浮天載地，高下無所不至，萬物無所不潤。及其氣流屆石，精薄膚寸，不崇朝而澤合靈宇者，神莫與竝矣。是以達者不能測其淵沖，而盡其鴻深也。昔《大禹記》③著山海，周而不備；《地理志》④其所錄，簡而不周；《尚書》、《本紀》⑤與《職方》⑥俱略；都賦⑦所述，裁不宣意；《水經》雖粗綴津緒，又闕旁通。所謂各言其志，而罕能備其宣導者矣。今尋圖訪賾者，極聆州域之說，而涉土遊方者，寡能達其津照，縱髣髴前聞，不能不猶深屏營也。

　　余少無尋山之趣，長違問津之性，識絕深經，道淪要博，進無訪一知二之機，退無觀隅三反之慧。獨學無聞，古人傷其孤陋；捐喪辭書，達士嗟其面牆。默室求深，閉舟問遠，故亦難矣。然毫管闚天，歷筩時昭，飲河酌海，從性斯畢。竊以多暇，空傾歲月，輒述《水經》，布廣前文。《大傳》⑧曰：大川相間，小川相屬，東歸于海。脈其枝流之吐納，診其沿路之所躔,訪瀆搜渠,緝而綴之。《經》有謬誤者,考以附正文所不載;非經水常源者,不在記注之限。但縣古芒昧,華戎代襲,郭邑空傾,川流戕改,殊名異目,世乃不同,川渠隱顯,書圖自負,或亂流而攝詭號,或直絕而生通稱,枉渚交奇,洄湍決澓,躔絡枝煩,條貫系夥。十二經通,尚或難言,輕流細漾,固難辯究,正可自獻逞見之心,備陳輿圖之說,其所不知,蓋闕如也。所以撰證本《經》,附其枝要者,庶備忘誤之私,求其尋省之易。

【注　釋】　①易　指《周易·繫辭上》:"天一地二。"《尚書·洪範》:"水曰潤下。"《正義》:"天一生水。"酈道元說"《易》稱天一生水",是概言之。其實"天一生水"是《尚書正義》中的話。但古人熟悉古書,所以酈道元可以概括幾種書的話。②玄中記　書名。《江水注》、《夷水注》也引及此書,但歷來不見於公私著錄,不知撰者和年代,已亡佚。今僅存清馬國翰《玉函山房輯佚書》輯本(以後簡稱馬氏輯本)。③大禹記　書名。有的版本作《大禹經》,未見歷來公私著錄,不知撰者和年代,已亡佚。④地理誌　即《地理志》。西漢桑欽撰有《地理志》,其書已亡佚。班固撰《漢書》,其中有《地理志》,是正史(二十四史)有"地理志"之始。此處所指"地理誌",是桑欽所撰抑班固所撰,不詳。⑤本紀　書名。或即《禹本紀》,早已亡佚。但司馬遷曾見此書,《史記·大宛列傳》太史公曰:"《禹本紀》言河出崑崙。"⑥職方　篇名。是《尚書》中的一篇,約成書於戰國時代。其書體例與《禹貢》相似,分天下為九州,記敘各州山川地理等。但九州州名,與《禹貢》稍有不同。⑦都賦　古代文字的一種體裁,即詩詞歌賦的"賦"。《水經注》曾引及《蜀都賦》、《西京賦》、《東京賦》、《南都賦》、《齊都賦》、《魯都賦》、《趙都賦》、《吳都賦》等多篇。原文均已亡佚,今僅存後人輯本。⑧大傳　書名。全稱《尚書大傳》,《漢書·藝文志》著錄四十一篇,西漢伏生撰。全書早已亡佚,今存後人編輯之本。《四庫全書》有《尚書大傳》四卷,補遺一卷。

【語　譯】

《序》說:《易經》說,天以太一化生為水,所以氣發微於北方,成為萬物的開始。《玄中記》說:天下最多的東西是水,天上浮著的,地上載著的,無論高處低處,它無處不到達;世上萬物,無不受它滋潤。待到它的精氣流動時,觸及巖石的紋理而出,渾然無間地融成一體了,於是頃刻天地間就普降甘霖,連神明也難以企及。所以博學多聞之士也不能探測它的淵深,完全了解它的奧祕。從前《大禹記》所記載的山海,雖然包羅萬象,卻並不詳盡;《地理志》的記述,簡約而不夠全面;《尚書》、《本紀》與《職方》,都很簡略;都賦的描述,限於體裁,也不能把意思說得很清楚;《水經》雖然大致上把河流的頭緒理清了,卻又缺少論述其間相通的地方。這真是所謂各說各的話,但很少能詳盡透徹地疏通其間的關係。現在按地圖尋訪舊跡的人,關於州郡疆域的闡述都聽得極其詳盡了,而周遊五湖四海的旅行家,也很少能夠獲得河道變動的根據,縱使與先前所知的情況彷彿相似,但還是不能不深感無所適從。

　　我年少時沒有尋訪名山的興趣,長大以後也不大有探索江河的愛好。論學識,沒有讀過艱深玄奧的經典;論修養,又缺少專精淵博的學問。欲進,沒有見其一而知其二的機靈;思退,又沒有觀一隅而推見三隅的睿智。獨自為學而見聞狹隘,古人以孤陋寡聞而傷懷;喪失了經史典籍,通達之士也為不學無術而咨嗟。默坐靜室欲求達到高深的造詣,泊舟涯岸要想知道遠地的情形,也是難以辦到的。可是以細管窺天,從竹筒裡有時也可以看得很分明;喝幾口江河裡的水,其屬性如何也是完全可以了解的。我想閒暇的時間頗多,虛度年華也是可惜,於是就來闡述《水經》,為前人的著述作一番旁徵博引。《大傳》說:大河彼此相間隔,小河相互連在一起,滾滾東流,奔向大海。我就來探尋支流的匯入和分出,觀察其沿途所經的路線,多方考察,搜集資料,加以整理。《水經》有錯誤的地方,就加以訂正;典籍中未見記載的,不屬常流不斷的水源,在記述作注時,也不加限制。但遠古的事渺茫難知,華胡各民族的皇朝相互嬗替,其間城邑荒廢,河流改道的情況不少,各個時代河流名稱又更改無常,異名也很多。同時河渠也有隱有顯,各種地理書籍的輿圖本身就不相一致。有的交錯亂流因而帶上別名,有的徑直穿過因而產生通稱。水灣縈紆交錯,水流沖決河道重又回流,水網錯綜複雜,頭緒紛亂如麻。縱然通讀了十二經,能不能釐清還很難說,至於小溪細流,本來就是很難講得清楚,說得明白的。情況既然如此,所以我正可以奉獻上個人的一點心得,詳細陳述地理學家的論點,至於我所不知道的,就只好略而不論了。我之所以根據《水經》撰文論證,並附記支流及其重要資料,無非是聊供自己參考,以求查閱方便罷了。

卷一 河水

【題 解】 河水即今黃河。在古代,“河”是黃河的專名,“江”是長江的專名。“河”、“江”,與現在淮河的“淮”,珠江的“珠”一樣。當時河流的通名為“水”,黃河稱“河水”,長江稱“江水”。以後才逐漸把“河”、“江”兩字作為河流的通名。“黃河”一名在《河水》各卷中也出現過五次,但在這五處中,“河”仍是專名,“黃”只是說明當時這條河流已經黃濁。這五處“黃河”,與今天的黃河是兩種不同的概念。《河水》共分五卷,是全部《水經注》中最長的一篇。

按照《水經注》的體例,全書四十卷,有的是數卷共敘一水(如《河水》、《濟水》、《渭水》、《沔水》、《江水》),有的是一卷專敘一水(如《灄水》、《汝水》、《淮水》),而多數則是一卷共敘數水。本書的體例,通常是,凡數卷合敘一水的,每卷作為一篇;一卷專敘一水的,一卷作為一篇;一卷合敘數水的,則不論河流大小,每水各作一篇。

唯一例外的就是卷一《河水》與卷二《河水》,因為這二卷與全書其他三十八卷的體例不同。卷一《河水》全卷七千餘言,內容並不專敘黃河,而是包括了三個不同的部分,也就是三篇。第一篇是黃河概述,第二篇是今印度概述和佛陀故事,第三篇是崑崙傳說。三篇之中雖然有些枝節上的穿插,但各篇的內容主旨是完整的。所以點校語譯本在全書四十卷中,卷一與卷二和別卷不同,卷一作三篇處理,卷二作兩篇處理。

第 一 篇

崑崙^①墟在西北，

1　三成爲崑崙丘。《崑崙説》^②曰：崑崙之山三級，下曰樊桐，一名板桐；二曰玄圃，一名閬風；上曰層城，一名天庭，是爲太帝之居。

去嵩高^③五萬里，地之中也。

2　《禹本紀》^④與此同。高誘^⑤稱河出崑山^⑥，伏流地中萬三千里，禹導而通之，出積石山。按《山海經》，自崑崙至積石千七百四十里。自積石出隴西郡至洛，準地志可五千餘里。又按《穆天子傳》^⑦，天子自崑山入于宗周，乃里西土之數，自宗周瀍水以西，至于河宗之邦，陽紆之山，三千有四百里，自陽紆西至河首四千里，合七千四百里。《外國圖》^⑧又云：從大晉國正西七萬里，得崑崙之墟，諸仙居之。數説不同，道阻且長，經記縣裰，水陸路殊，徑復不同，淺見末聞，非所詳究，不能不聊述聞見，以誌差違也。

其高萬一千里，

3　《山海經》稱方八百里，高萬仞。郭景純^⑨以爲自上二千五百餘里，《淮南子》^⑩稱高萬一千里百一十四步三尺六寸。

河水

4　《春秋説題辭》^⑪曰：河之爲言荷也，荷精分布，懷陰引度也。《釋名》^⑫曰：河，下也，隨地下處而通流也。《考異郵》^⑬曰：河者，水之氣，四瀆之精也，所以流化。《元命苞》^⑭曰：五行始焉，萬物之所由生，元氣之腠液也。《管子》^⑮曰：水者，地之血氣，如筋脈之通流者，故曰水具財也。五害之屬，水最爲大，水有大小，有遠近，水出山而流入海者，命曰經水；引佗水入于大水及海者，命曰枝水；出于地溝，流于大水，及于海者，又命曰川水也。《莊子》^⑯曰：秋水時至，百川灌河，經流之大。《孝經援神契》^⑰曰：河者，水之伯，上應天漢。《新論》^⑱曰：四瀆之源，河最高而長，從高注下，水流激峻，故其流急。徐幹《齊都賦》^⑲曰：川瀆則洪河洋洋，發源崑崙，九流分逝，北朝滄淵，驚波沛厲，浮沫揚奔。《風俗通》^⑳曰：江、河、淮、濟爲四瀆。瀆，通也，所以通中國垢濁。《白虎通》^㉑曰：其德著大，故稱瀆。《釋名》曰：瀆，獨也。各獨出其所而入海。

出其東北陬，

5　《山海經》曰：崑崙墟在西北，河水出其東北隅。《爾雅》曰：河出崑崙虛，色白，所渠并千七百一川，色黃。《物理論》[22]曰：河色黃者，眾川之流，蓋濁之也。百里一小曲，千里一曲一直矣。漢大司馬張仲議曰[23]：河水濁，清澄一石水，六斗泥，而民競引河漑田，令河不通利。至三月，桃花水[24]至則河決，以其嚏不洩也。禁民勿復引河，是黃河兼濁河之名矣。《述征記》[25]曰：盟津、河津恒濁，方江爲狹，比淮、濟爲闊，寒則冰厚數丈。冰始合，車馬不敢過，要須狐行，云此物善聽，冰下無水乃過，人見狐行，方渡。余按《風俗通》云：里語稱狐欲渡河，無如尾何？且狐性多疑，故俗有狐疑之説。亦未必一如緣生之言也。

屈從其東南流，入渤海。

6　《山海經》曰：南即從極之淵也，一曰中極之淵，深三百仞，惟馮夷[26]都焉。《括地圖》[27]曰：馮夷恒乘雲車駕二龍。河水又出于陽紆陵門之山，而注于馮逸之山。《穆天子傳》曰：天子西征，至陽紆之山，河伯馮夷之所都居，是惟河宗氏，天子乃沈珪璧禮焉。河伯乃與天子披圖視典，以觀天子之寶器，玉果、璇珠、燭銀、金膏等物，皆《河圖》[28]所載，河伯以禮，穆王視圖，方乃導以西邁矣。粤在伏羲，受《龍馬圖》[29]于河，八卦是也。故《命歷序》[30]曰：《河圖》，帝王之階，圖載江河、山川、州界之分野。後堯壇于河，受《龍圖》，作《握河記》[31]。逮虞舜、夏、商，咸亦受焉。

7　李尤《盟津銘》[32]：洋洋河水，朝宗于海，徑自中州，《龍圖》所在。《淮南子》曰：昔禹治洪水，具禱陽紆，蓋于此也。高誘以爲陽紆秦藪，非也。釋氏《西域記》[33]曰：阿耨達太山[34]，其上有大淵水，宮殿樓觀甚大焉。山，即崑崙山也。

【篇　旨】　此篇包括“崑崙墟在西北”、“去嵩高五萬里，地之中也”、“其高萬一千里”、“河水”、“出其東北陬”四條《經》文及《經》文“屈從其東南流，入渤海”下的一段。《注》文述及崑崙山的若干傳説，但主要內容在於黃河的發源、水文及其他概況。

【注　釋】　①崑崙　《水經》與《水經注》均從“崑崙”開篇，但並不對此詞作出解釋。“崑崙”是一個外來語，成書於戰國時代的《山海經》和《禹貢》都已記及此名，故這個外來語地名很早就已傳入華夏，一直作爲一種神話地名。直到漢武帝時，才因一些附會的湊合，把于闐（今新疆和田）南山定爲崑崙山，也就是當今地圖上的崑崙山。正是因爲“崑崙”不是漢語，所以此名從西域到南海多有出現，而且迻譯紛歧。僅《水經注》同書中就有“金陳”（《河水注》一）、“金潾”（《溫水注》）等不同音譯。《溫水注》也有把“崑崙”作爲人名或族名的。岑仲勉在《南海崑崙與崑崙山之最初譯名及其附近諸國》（《中外史地考證》上冊，中華書局，一九六二年出版）文中，又以“金鄰”爲“崑崙”的別譯：“金鄰之還原當作 Kumran 或 Kunrun，……崑崙國與 Kaurun 之即金鄰，蓋無致疑之餘地。”元汪大淵《島夷志略》敘今越南湄公河口的崑崙島：“古者崑崙山又名軍屯山。”故“崑崙”又譯“軍屯”。②崑崙説　書名。未見歷來公私著錄，不知何代何人所撰，已亡佚。③嵩高　指今河南嵩山。《史記·封禪書》：“昔三

代之君皆在河洛之間,故嵩高為中嶽。"④禹本紀　書名。未見歷來公私著錄。本書《序》中言及的
《本紀》疑亦即此書。司馬遷曾見此書,亡佚已久。⑤高誘　東漢末涿郡人,曾為《戰國策》、《呂氏春
秋》、《淮南子》等書作注。此文引自《淮南子·墜形》。⑥崑山　即崑崙山的簡稱。《史記·趙世
家》:"昆山之玉不出。"或是這種簡稱之始。⑦穆天子傳　書名。《隋書·經籍志》著錄六卷。西晉
太康二年(公元二八一年),汲郡(今河南汲縣西)人不准,盜發戰國魏襄王墓,得竹簡數十車,除《竹
書紀年》外,並有《穆天子傳》五篇,內容為周穆王西遊見西王母故事,純係神話。此書中曾八次提及
"崑崙",但不稱山。⑧外國圖　書名。隋唐諸志不著錄,不知何代何人所撰,已亡佚,《後漢書注》、
《文選》、《藝文類聚》等引及。⑨郭景純　名璞(公元二七六—三二四年),晉河東(今山西)聞喜人。
著述甚多,尤以注釋古書著名。曾注《穆天子傳》、《山海經》、《楚辭》、《爾雅》等。⑩淮南子　書名。
《漢書·藝文志》著錄《內篇》、《外篇》共五十四卷,漢劉安撰。今存版本較多,以清王念孫精校本為
較佳。⑪春秋說題辭　書名。不見於歷來公私著錄,不知何代何人所撰,已亡佚。今有《漢學堂叢
書》等輯本。⑫釋名　書名。《隋書·經籍志》著錄八卷,東漢劉珍撰,劉熙續。內容有《釋天》、《釋
地》、《釋山》、《釋水》等三十篇,已殘佚,僅存二十七篇。⑬考異郵　書名。是《春秋考異郵》的略稱。
《漢志》及隋唐諸志皆不著錄,不知何代何人所撰,已亡佚。今有《漢學堂叢書》等輯本。⑭元命苞
書名。是《春秋元命苞》的略稱。《漢志》及隋唐諸志皆不著錄,不知何代何人所撰,已亡佚。今有
《漢學堂叢書》等輯本。⑮管子　書名。《漢書·藝文志》著錄八十六篇,春秋管仲所撰。管仲(公
元? —前六四五年),字夷吾,潁上(今安徽境)人。一說是後人託他之名的著作。今存七十六篇,內
容廣泛,包括天文、曆數、輿地、經濟、農業等。⑯莊子　書名。《漢書·藝文志》著錄五十二篇,戰國
莊周撰。莊周(公元前三六九—前二八〇年),宋國蒙城(今安徽蒙城)人。原書缺佚多篇,今存《內
篇》七,《外篇》十五,《雜篇》十一。⑰孝經援神契　書名。曾樸《補後漢書藝文志》著錄十二卷,東漢
翟酺撰,已亡佚。今存馬氏輯本二卷。翟酺,字子超,廣漢(今四川彭縣)人。⑱新論　書名。《隋
書·經籍志》著錄共十七卷,二十九篇,東漢桓譚(約公元前四〇—約三二年)撰,已亡佚。因晉夏侯
湛亦撰《新論》,故《河水注》所引《新論》,是桓書抑夏侯書,不得而知。⑲齊都賦　詩賦名。東漢末
徐幹撰。徐幹(公元一七一—二一八年),字偉長,北海(今山東昌樂西)人,建安七子之一。《隋書·
經籍志》著錄《徐幹集》五卷,原書已亡佚。清嚴可均輯有《徐幹集》,此賦在內。⑳風俗通　書名。
《隋書·經籍志》著錄作《風俗通義》三十一卷,東漢應劭撰。應劭,字仲瑗(遠),汝南南頓(今河南項
城西)人。清嚴可均有輯本,較完整。㉑白虎通　書名。《隋志》著錄,不著撰人。《新唐志》著錄作
《白虎通義》六卷,東漢班固等撰。班固(公元三二—九二年),字孟堅,扶風安陵(今陝西咸陽附近)
人。已缺佚,今本尚存四卷。㉒物理論　書名。《舊唐書·經籍志》著錄十六卷,晉楊泉撰,已亡佚,
今有清孫星衍及黃奭等輯本。㉓漢大司馬張仲議曰　殿本戴震案:"《漢書》,大司馬史長安張戎。
師古曰:《新論》云字仲功。此脫'史'、'功'二字。"張戎,見《漢書·溝洫志》。㉔桃花水　春日桃花
開時,"眾流猥集,波瀾盛長"(《漢書·溝洫志》顏師古注),謂之"桃花水",又稱"桃花汛"。㉕述征
記　書名。《隋書·經籍志》著錄二卷,南朝宋郭緣生撰,已亡佚。㉖馮夷　即河伯,傳說中的黃河河
神。以下《注》文中有"河伯馮夷"語。㉗括地圖　書名。隋唐諸志不著錄,不知何代何人所撰,已亡
佚。㉘河圖　圖名。《隋書·經籍志》著錄:"《河圖》二十卷,梁《河圖洛書》二十四卷,目錄一卷,

亡。"㉙龍馬圖　即傳說中的《河圖》。《易·繫辭上》有"河出圖"句。未見歷來公私著錄。㉚命歷序　書名。即《春秋命歷序》，未見歷來公私著錄，不知撰者和撰述年代，已亡佚。今有《漢學堂叢書》等輯本。㉛握河記　書名。《注》文說是堯所著。《初學記》卷九引《帝王世紀》："堯率諸侯群臣，沉璧于洛河，受圖書，今《尚書中候·握河記》之篇是也。"未見歷來公私著錄。《尚書中候》七卷，據《隋書·經籍志》，鄭康成曾為此書作《序》五卷，已亡佚。今有《黃氏逸書考》、《守山閣叢書》等輯本。㉜盟津銘　碑刻銘文。東漢李尤撰。李九，字伯仁，廣漢人。此《銘》為《水經注》獨引，可貴。㉝西域記　書名。也作《西域志》，隋唐諸志不著錄。據《藝文類聚》所引作釋道安《西域志》。道安是晉代人。所記多是天竺(今印度)事，已亡佚。㉞阿耨達太山　《注》文稱此山即崑崙山，岑仲勉《水經注卷一箋校》(《中外史地考證》上冊)注："梵言為 Anavtapta。"此說明"崑崙"不是梵語。

【語　譯】

崑崙墟在西北，

1　分為三重的山是崑崙丘。《崑崙說》說：崑崙山有三級：底下一級叫樊桐，又名板桐；第二級叫玄圃，又名閬風；頂上一級叫層城，又名天庭，是天帝的居處。

去嵩高五萬里，地之中也。

2　《禹本紀》也是這樣說。高誘說：河水發源於崑山，在地下潛流了一萬三千里，經禹疏導暢通後，才從積石山流出。按《山海經》，從崑崙到積石，計一千七百四十里，從積石出隴西郡到洛，按各種地理典籍的推算，約五千餘里。又按《穆天子傳》，周穆王從崑山到周朝京城，是按西方的里程計算的，從周朝都城瀍水以西到河神的國度陽紆山，計三千四百里；從陽紆以西到河首是四千里，共計七千四百里。《外國圖》又說：從大晉國向正西方行七萬里，就到崑崙山，仙人們都住在那裡。以上幾種說法各不相同，但路途遙遠，險阻難行，經籍記載因年代遙遠，脫略難考，水路陸路又互有差異，往返也不一樣。我見聞淺陋，沒有做過詳細的研究，只是不得不把我所見所聞隨便說一說，記下諸說互不一致的地方罷了。

其高萬一千里，

3　《山海經》說：崑崙山方圓八百里，高萬仞。郭景純以為上去有二千五百餘里。《淮南子》說：山高一萬一千里一百一十四步三尺六寸。

河水

4　《春秋說題辭》說：河，意思就是載荷。載荷著天地的精氣，分布到四方，懷藏著屬陰的水，引導它流向各處。《釋名》說：河，就是下，沿著地勢低窪處流動。《考異郵》說：河是水的精氣，四瀆的精華，全仗它的流布來化育萬物。《元命苞》說：五行始於水，萬物賴水而生，水是元氣的血液。《管子》說：水是大地的血氣，正像血液在筋脈裡流通一樣，所以說水能提供財貨。五害之類以水為最嚴重。水有大有小,有遠有近。水從山間流出,奔流入海的,叫經水;引導別的水匯入大水,流向海洋的,叫枝水;從地溝流出來,流入大水而流到海洋的,叫川水。《莊子》說:秋水應時而至,百川都灌注入河水,經水流量十分洪大。《孝經援神契》說:河在諸水中居首位,與天上的銀河相對應。《新論》說:四瀆的源頭,以河為最高最長,它從高處奔流而下,水勢迅猛,所以水流湍急。徐幹《齊都賦》說:川流有浩浩湯湯的大河,發源於崑崙;九條支流分道流逝,往北匯聚於滄海。驚濤駭浪浩瀚兇猛,激起一片浮沫浪花。《風俗通》說:江、河、淮、濟合稱四瀆。瀆,意思是通,憑著這些水流疏通蕩滌中原的穢垢。《白虎通》說:這四條水流的特性都是洪大而昭著,所以稱瀆。《釋名》說:瀆就是單獨的意思,各自從所在之處單獨流出,注入大海。

出其東北陬,

5　《山海經》說:崑崙山在西北,河水發源於它的東北角。《爾雅》說:河水發源於崑崙山時,水色是澄清的,把一千七百條支流合併為一條後,水色就變得黃濁了。《物理論》說:河水之所以呈黃色,是因為眾川的水流把它弄濁的緣故。河道百里一小彎,千里有一段彎道、一段直道。漢大司馬張仲評議說:河水十分渾濁,把一石水加以澄清,含泥竟達六斗。可是民眾卻紛紛引河水灌溉田畝,弄得河也不能通航了。到了三月,桃花水一來,河就決堤,這是因為水道阻塞,排水不暢的緣故。因此下了禁令,不許民眾再引河水灌溉,於是黃河又兼有濁河之稱了。《述征記》說:盟津、河津經常是渾濁的,這些河段比江水要狹,但比淮水、濟水卻要寬闊。嚴寒的冬季,河水結冰厚達數丈。當河面剛剛封凍時,車馬還不敢過河,要待到狐狸在行走了,才敢過河。說是狐狸這種動物聽覺十分靈敏,聽到冰下沒有水流的響聲了,才敢過去;人們看見狐狸在行走了,於是也就放心過河了。我查考《風俗通》說:俗語道,狐狸想渡河,只是對那條長尾巴沒奈何。而且狐狸生性多疑,所以俗話有狐疑一詞,但也未必都像郭緣生所說的那樣。

屈從其東南流,入於渤海。

6　《山海經》說:南方是從極淵,又稱中極淵,深三百仞,是馮夷的居處。《括地圖》說:馮夷常常乘坐雲車,駕著兩條龍行駛。河水又從陽紆山和陵門山流出,流向馮逸山。《穆天子傳》說:周穆王西行,到了陽紆山,那是河伯馮夷居住的地方,他就是河宗氏。穆王把圭璧投入水中,作為對河伯的獻禮。於是河伯和穆王一起批閱圖卷,審視河伯的禮物,觀看天子的寶器,如玉果、璇珠、燭銀、金膏等物,《河圖》中都有記載。這些都是河伯贈送給穆王的禮物。看過圖卷後,河伯才領穆王西行。從前伏羲也在河水上接受過《龍馬圖》,這就是八卦。所以《命歷序》說:《河圖》是帝王賴以治國的根本,圖中記載著江河、山川、州界的分野。後來堯在河上築壇,接受《龍圖》，並作《握河記》。到了虞舜、夏、商，也都接受過《河圖》。

7　李尤《盟津銘》說：浩浩湯湯的河水，匯聚於大海。它流經中州，那是《龍圖》的所在。《淮南子》說：從前禹治理洪水，親自在陽紆山禱告，說的就是這地方。高誘認為陽紆就是秦藪，他弄錯了。釋氏《西域記》說：阿耨達太山上有個很大的深池，山上宮殿樓觀十分宏大，這座山就是崑崙山。

【研　析】　在《水經注》以前，對黃河"重源"已有各種記載。唐杜佑批評酈道元對"重源"的錯誤不作詳正。但這是酈氏當時所無法做到的。他自己承認對此是："淺見未聞，非所詳究。""數說不同，道阻且長。"他對黃河河源的記敍，只是"聊述聞見"而已。但全篇對黃河的寬度和冰期等的記敍，都很有價值。如"方江為狹，比淮、濟為闊"，又如"寒則冰厚數丈"等，都是酈書以前所罕見的。特別是對於黃河的含沙量，中國古籍雖已有記敍，如《左傳》襄公八年："《周詩》有之曰：俟河之清，人壽幾何？"但這類文字都只有性狀的描述，沒有數量的記錄。酈氏則引《漢書》"一石水，六斗泥"之語，從數量上說明了黃河的含沙量，所以值得稱道。

第 二 篇

1　《穆天子傳》曰：天子升于崑崙，觀黃帝之宮，而封豐隆之葬。豐隆，雷公也。黃帝宮，即阿耨達宮也。其山出六大水，山西有大水，名新頭河[①]。郭義恭《廣志》曰：甘水也，在西域之東，名曰新陶水，山在天竺國西，水甘，故曰甘水。有石鹽，白如水精，大段則破而用之。康泰[②]曰：安息[③]、月氏[④]、天竺[⑤]至伽那調御[⑥]，皆仰此鹽。

2　釋法顯[⑦]曰：度蔥嶺，已入北天竺境，于此順嶺西南行十五日，其道艱阻，崖岸險絕，其山惟石，壁立千仞，臨之目眩，欲進則投足無所，下有水，名新頭河。昔人有鑿石通路施倚梯者，凡度七百梯，度已，躡懸絚過河，河兩岸，相去咸八十步，九譯所絕，漢之張騫、甘英皆不至也。余診諸史傳，即所謂罽賓之境，有盤石之隥，道狹尺餘，行者騎步相持，絚橋相引，二十許里，方到懸度，阻險危害，不可勝言。郭義恭曰：烏秅之西，有懸度之國，山溪不通，引繩而度，故國得其名也。其人山居，佃于石壁間，累石爲室，民接手而飲，所謂猨飲也。有白草、小步馬，有驢無牛，是其懸度乎。

3　釋法顯又言，度河便到烏長國。烏長國即是北天竺，佛所到國也，佛遺足跡于此，其跡長短在人心念，至今猶爾，及曬衣石尚在。新頭河又西南流，屈而東南流，逕中天竺國，兩岸平地，有國名毗荼，佛法興盛。又逕蒲那般河。河邊左右，有二十僧伽藍[⑧]。此水逕摩頭羅國，而下合新頭河。自河以西，天竺諸國，自是以南，皆爲中國[⑨]，人民殷富。中國者，服食與中國同，故名之爲中國也。

4　泥洹已來，聖衆所行，威儀法則，相承不絕。自新頭河至南天竺國，迄于南海，四萬里也。釋氏《西域記》曰：新頭河經罽賓、犍越、摩訶剌諸國，而入南海是也。阿耨達山西南有水，名遙奴；山西南小東有水，名薩牢；小東有水，名恒伽。此三水同出一山，俱入恒水。康泰《扶南傳》曰：恒水之源，乃極西北，出崑崙山中，有五大源，諸水分流，皆由此五大源。枝扈黎大江出山西北流，東南注大海。枝扈黎，即恒水也。故釋氏《西域記》有恒曲之目。

5　恒北有四國，最西頭恒曲中者是也。有拘夷那褐國，《法顯傳》曰：恒水東南流，逕拘夷那褐國南，城北雙樹間，有希連禪河，河邊，世尊于此北首般泥洹[10]，分舍利[11]處。支僧載《外國事》[12]曰：佛泥洹後，天人以新白㲲裹佛，以香花供養，滿七日，盛以金棺，送出王宮，度一小水，水名醯蘭那，去王宮可三里許，在宮北，以旃檀木爲薪，天人各以火燒薪，薪了不燃，大迦葉從流沙還，不勝悲號，感動天地，從是之後，他薪不燒而自燃也。王斂舍利，用金作斗，量得八斛四斗，諸國王、天龍神王各得少許，齎還本國，以造佛寺。阿育王起浮屠于佛泥洹處，雙樹及塔，今無復有也。此樹名娑羅樹，其樹花名娑羅佉也。此花色白如霜雪，香無比也。

6　竺枝《扶南記》[13]曰：林楊國去金陳國[14]步道二千里，車馬行，無水道。舉國事佛，有一道人命過燒葬，燒之數千束樵，故坐火中，乃更著石室中，從來六十餘年，尸如故不朽，竺枝目見之。夫金剛常住，是明永存，舍利剎見，畢天不朽，所謂智空罔窮，大覺難測者矣。其水亂流注于恒。

7　恒水又東逕毗舍利城北，釋氏《西域記》曰：毗舍利，維邪離國也。支僧載《外國事》曰：維邪離國去王舍城五十由旬[15]，城周圓三由旬，維詰家在大城裏宮之南，去宮七里許，屋宇壞盡，惟見處所爾。釋法顯云：城北有大林重閣，佛住于此，本奄婆羅女家施佛起塔也。城之西北三里，塔名放弓仗。恒水上流有一國，國王小夫人生肉胎，大夫人妒之，言汝之生，不祥之徵，即盛以木函，擲恒水中，下流有國王遊觀，見水上木函，開看，見千小兒端正殊好，王取養之，遂長大，甚勇健，所往征伐，無不摧服。次欲伐父王本國，王大愁憂，小夫人問：何故愁憂？王曰：彼國王有千子，勇健無比，欲來伐吾國，是以愁爾。小夫人言：勿愁，但于城西作高樓。賊來時，上我置樓上，則我能卻之。王如是言。賊到，小夫人于樓上語賊云：汝是我子，何故反作逆事？賊曰：汝是何人，云是我母。小夫人曰：汝等若不信者，盡張口仰向。小夫人即以兩手将乳，乳作五百道，俱墜千子口中。賊知是母，即放弓仗。父母作是思惟，皆得辟支佛[16]，今其塔猶在，後世尊成道，告諸弟子，是吾昔時放弓仗處。後人得知，于此處立塔，故以名焉。千小兒者，即賢劫千佛也。

8　釋氏《西域記》曰：恒曲中次東，有僧迦扇柰揭城，佛下三道寶階國也。《法顯傳》

曰：恒水東南流，逕僧迦施國南，佛自忉利天[17]東下三道寶階，爲母説法處。寶階既
没，阿育王于寶階處作塔，後作石柱，柱上作師子像，外道少信，師子爲吼，怖效
心誠。

9　恒水又東逕罽賓饒夷城[18]，城南接恒水，城之西北六七里，恒水北岸，佛爲諸弟子説
法處。恒水又東南逕沙祇國北，出沙祇城南門道東，佛嚼楊枝刺土中，生長七尺，
不增不減，今猶尚在。

10　恒水又東南，逕迦維羅衛城北，故淨王宮[19]也。城東五十里有王園，園有池水，夫人
入池洗浴，出北岸二十步，東向舉手，扳樹生太子，太子墮地，行七步，二龍吐水浴
太子，遂成井池。衆僧所汲養也。太子與難陀等撲象角力，射箭入地，今有泉水，
行旅所資飲也。釋氏《西域記》曰：城北三里恒水上，父王迎佛處，作浮圖，作父抱
佛像。《外國事》曰：迦維羅越國今無復王也。城池荒穢，惟有空處，有優婆塞姓
釋，可二十餘家，是昔淨王之苗裔，故爲四姓，住在故城中，爲優婆塞，故尚精進，猶
有古風。彼日浮圖壞盡，條王彌[20]更脩治一浮圖，私訶條王送物助成，今有十二道
人住其中。

11　太子始生時，妙后所扳樹，樹名須訶。阿育王以青石作后扳生太子像。昔樹無復
有，後諸沙門取昔樹栽種之，展轉相承到今，樹枝如昔，尚蔭石像。又太子見行七
步足跡，今日文理見存。阿育王以青石挾足跡兩邊，復以一長青石覆上，國人今日
恒以香花供養，尚見足七形，文理分明。今雖有石覆無異，或人復以數重吉貝[21]，重
覆貼著石上，逾更明也。太子生時，以龍王夾太子左右，吐水浴太子，見一龍吐水
煖，一龍吐水冷，遂成二池，今尚一冷一煖矣。

12　太子未出家前十日，出往王田閻浮樹下坐，樹神以七寶奉太子，太子不受，于是思
惟欲出家也。王田去宮一據[22]，據者，晉言十里也。太子以三月十五日夜出家，四
天王來迎，各捧馬足。爾時諸神天人側塞，空中散天香花。此時以至河南摩彊水，
即于此水邊作沙門。河南摩彊水在迦維羅越北，相去十由旬。此水在羅閲祇瓶沙
國，相去三十由旬。菩薩于是暫過，瓶沙王出見菩薩，菩薩于瓶沙隨樓那果園中住
一日，日暮便去半達鉢愁[23]宿。半達，晉言白也；鉢愁，晉言山也。白山北去瓶沙國
十里，明旦便去，暮宿曇蘭山，去白山六由旬。于是徑詣貝多樹，貝多樹在閲祇北，
去曇蘭山二十里。太子年二十九出家，三十五得道，此言與《經》異，故記所不同。

13　竺法維曰：迦維衛國，佛所生天竺國也，三千日月、萬二千天地之中央也。康泰《扶
南傳》曰：昔范旃時，有嚪楊國人家翔梨，嘗從其本國到天竺，展轉流賈至扶南，爲
旃説天竺土俗，道法流通，金寶委積，山川饒沃，恣所欲，左右大國，世尊重之。旃
問云：今去何時可到，幾年可迴？梨言：天竺去此，可三萬餘里，往還可三年踰。及

行,四年方返,以爲天地之中也。

14　恒水又東逕藍莫塔,塔邊有池,池中龍守護之。阿育王欲破塔,作八萬四千塔,悟龍王所供,知非世有,遂止。此中空荒無人,羣象以鼻取水洒地,若蒼梧、會稽,象耕、鳥耘㉑矣。恒水又東至五河口,蓋五水所會,非所詳矣。

15　阿難從摩竭國向毗舍利,欲般泥洹,諸天告阿闍世王,王追至河上,梨車聞阿難來,亦復來迎,俱到河上,阿難思惟,前則阿闍世王致恨,卻則梨車復怨,即于中河,入火光三昧,燒具兩般泥洹。身二分,分各在一岸,二王各持半舍利,還起二塔。

16　渡河南下一由巡,到摩竭提國巴連弗邑,邑,即是阿育王所治之城。城中宮殿皆起牆闕,雕文刻鏤,累大石作山,山下作石室,長三丈,廣二丈,高丈餘,有大乘婆羅門子,名羅汰私婆,亦名文殊師利,住此城裏,爽悟多智,事無不達,以清淨自居,國王宗敬師事之。賴此一人,宏宣佛法,外不能陵。凡諸國中,惟此城爲大,民人富盛,競行仁義。

17　阿育王壞七塔,作八萬四千塔。最初作大塔,在城南二里餘,此塔前有佛跡,起精舍,北戶向塔,塔南有石柱,大四五圍,高三丈餘,上有銘,題云:阿育王以閻浮提布施四方,僧還以錢贖塔。塔北三百步,阿育王于此作泥犁城,城中有石柱,亦高三丈餘,上有師子柱,有銘記,作泥犁城因緣,及年數日月。

18　恒水又東南逕小孤石山,山頭有石室,石室南向,佛昔坐其中,天帝釋以四十二事問佛,佛一一以指畫石,畫跡故在。恒水又西逕王舍新城,是阿闍世王所造,出城南四里,入谷至五山裏,五山周圍,狀若城郭,即是瓶沙王舊城也。東西五六里,南北七八里,阿闍世王始欲害佛處。其城空荒,又無人徑,入谷傅山,東南上十五里,到耆闍崛山,未至頂三里,有石窟南向,佛坐禪處。西北四十步,復有一石窟,阿難坐禪處。天魔波旬化作雕鷲恐阿難,佛以神力,隔石舒手摩阿難肩,怖即得止。鳥跡、手孔悉存,故曰雕鷲窟也。其山峰秀端嚴,是五山之最高也。釋氏《西域記》云:耆闍崛山在阿耨達王舍城東北,西望其山,有兩峰雙立,相去二三里,中道鷲鳥,常居其嶺,土人號曰耆闍崛山。胡語耆闍,鷲也。又竺法維云:羅閱祇國有靈鷲山,胡語云耆闍崛山。山是青石,石頭似鷲鳥。阿育王使人鑿石,假安兩翼、兩腳,鑿治其身,今見存,遠望似鷲鳥形,故曰靈鷲山也。數說不同,遠邇亦異,今以法顯親宿其山,誦《首楞嚴》㉕,香華供養,聞見之宗也。

19　又西逕迦那城南三十里,到佛苦行六年坐樹處,有林木。西行三里,到佛入水洗浴,天王按樹枝得扳出池處。又北行二里,得彌家女奉佛乳糜處。從此北行二里,佛于一大樹下石上,東向坐食糜處,樹石悉在,廣長六尺,高減二尺。國中寒暑均調,樹木或數千歲,乃至萬歲。從此東北行二十里,到一石窟,菩薩入中,西向結跏跌坐，心念：若我成道，當有神驗。石壁上即有佛影見，長三尺許，今猶明亮。時天地大動，諸天在空言，此非過去當來諸佛成道處，去此西南行，減半由旬，貝多樹下，是過去當來諸佛成道處。諸天導引菩薩起行，離樹三十步，天授吉祥草㉖，菩薩受之，復行十五步，五百青雀飛來，繞菩薩三帀西去。菩薩前到貝多樹下，敷吉祥草，東向而坐。時魔王遣三玉女從北來試菩薩，魔王自從南來，菩薩以足指按地，魔兵卻散，三女變爲老姥，不自服。佛于尼拘律樹下方石上東向坐，梵天來詣佛處，四天王捧鉢處皆立塔。

20　《外國事》曰：毗婆梨，佛在此一樹下六年，長者女以金鉢盛乳麋上佛，佛得乳麋，住足尼連禪河浴。浴竟，于河邊噉麋竟，擲鉢水中，逆流百步，鉢没河中。迦梨郊龍王接取在宮供養，先三佛鉢亦見。佛于河傍坐摩訶菩提樹，摩訶菩提樹去貝多樹二里，于此樹下七日，思惟道成，魔兵試佛。釋氏《西域記》曰：尼連水南注恒水，水西有佛樹，佛于此苦行，日食麋六年。西去城五里許，樹東河上，即佛入水浴處。東上岸尼拘律樹下坐脩，舍女上麋于此。于是西度水，于六年樹南貝多樹下坐，降魔得佛也。佛圖調㉗曰：佛樹中枯，其來時更生枝葉。竺法維曰：六年樹去佛樹五里，書其異也。

21　法顯從此東南行，還巴連弗邑，順恒水西下，得一精舍，名曠野，佛所住處。復順恒水西下，到迦尸國波羅奈城。竺法維曰：波羅奈國在迦維羅衛國南千二百里，中間有恒水，東南流，佛轉法輪處，在國北二十里，樹名春浮，維摩所處也。法顯曰：城之東北十里許，即鹿野苑，本辟支佛住此，常有野鹿栖宿，故以名焉。

22　法顯從此還，居巴連弗邑。又順恒水東行，其南岸有瞻婆大國。釋氏《西域記》曰：恒曲次東有瞻婆國城，南有卜佉蘭池，恒水在北，佛下説戒處也。恒水又逕波麗國，即是佛外祖國也。

23　法顯曰：恒水又東到多摩梨軒國，即是海口也。釋氏《西域記》曰：大秦一名梨軒。康泰《扶南傳》曰：從迦那調洲西南入大灣，可七八百里，乃到枝扈黎大江口，度江逕西行，極大秦也。又云：發拘利口，入大灣中，正西北入，可一年餘，得天竺江口，名恒水。江口有國，號擔袟，屬天竺。遣黃門字興爲擔袟王。釋氏《西域記》曰：恒水東流入東海。蓋二水所注，兩海所納，自爲東西也。

24　《釋氏論》：佛圖調列《山海經》曰：西海之南，流沙之濱，赤水之後，黑水之前，有大山，名崑崙。又曰：鍾山西六百里有崑崙山，所出五水，祖以《佛圖調傳》也。又近推得康泰《扶南傳》，《傳》崑崙山正與調合。如《傳》，自交州至天竺最近。泰《傳》亦知阿耨達山是崑崙山。釋云：賴得調《傳》，豁然爲解，乃宣爲《西域圖》，以語法汰，法汰以常見怪，謂漢來諸名人，不應河在敦煌南數千里，而不知崑崙所在也。

釋云：復書曰：按《穆天子傳》，穆王于崑崙側、瑤池上觴西王母，云去宗周瀍、澗，萬有一千一百里，何得不如調言？子今見秦《傳》，非爲前人不知也。而今以後，乃知崑崙山爲無熱丘，何云乃胡國外乎？

25　余考釋氏之言，未爲佳證。《穆天子》、《竹書》及《山海經》，皆埋緼歲久，編韋稀絕，書策落次，難以緝綴；後人假合，多差遠意，至欲訪地脈川，不與《經》符，驗程準途，故自無會。釋氏不復根其衆歸之鴻致，陳其細趣，以辨其非，非所安也。

【篇　旨】　此篇從《經》文“屈從其東南流，入渤海”條下的《注》文：“《穆天子傳》曰：天子升于崑崙，……其山出六大水，山西有大水，名新頭河。”起，到同條《經》文下的《注》文：“釋氏不復根其衆歸之鴻致，陳其細趣，以辨其非，非所安也。”止，是卷一《河水》三篇中篇幅最大的一篇。全篇由傳說中發源於崑崙山的一條名爲新頭河的河流開篇，記敍了天竺(古代印度)的自然和人文，兼及大量有關佛陀(釋迦牟尼)的故事。酈氏爲《水經》作注，非常重視擴大地域範圍和增加文字內容，此篇即是其例。

【注　釋】　①新頭河　與下句新陶水都是同名異譯。新頭、新陶、天竺、天篤、身毒、賢豆等等，都是印度的別譯，其中有一些見於《水經注》。此詞在梵語作 Sindhu，在波斯語作 Hindu，新頭、新陶等，都是此詞的不同音譯。②康泰　三國吳人，著有《扶南傳》，已亡佚。今有《麓山精舍叢書》輯本。③安息　古代中亞大國。位於伊朗高原，是絲綢之路上的要衝。④月氏　古代中亞國名。位於今阿富汗境域。⑤天竺　古代南亞大國。國境主要在今印度及其附近。參見注釋①。⑥伽那調御　地名。各本稱謂不同，“御”恐爲“洲”之誤。或應作伽那調洲。⑦釋法顯　法顯是晉代僧人，但此篇中的釋法顯，是指《法顯傳》書名。此書名稱很多，如《佛國記》、《歷游天竺記傳》、《佛游天竺記》等。⑧僧伽藍　梵語 Sangharama 的漢譯。原義作衆園，亦引申作寺院。⑨中國　《注》文有解釋：“服食與中國同，故名之爲中國。”此解釋錯誤。此“中國”是梵語 Madhyadesa 的意譯。Medhya 意爲“中間的”，Desa 意爲“國家”。所以此“中國”意爲“中間的國家”。其實就是古代恆河中游的中印度。⑩般泥洹　亦作般涅槃，是梵語 Parinivana 的漢譯。佛經上也譯“入滅”、“圓寂”等。實即僧人去世。⑪舍利　梵語 Sarira 的漢譯。僧人死後火化的遺骨，也常稱“佛骨”。⑫支僧載外國事　《外國事》，書名。隋唐諸志不著錄。支僧載不知何代人，《藝文類聚》卷七十六引此書有“由旬者，晉言四十里”語，故當爲晉代人。書已亡佚，今有《麓山精舍叢書》輯本。⑬竺枝扶南記　《扶南記》，書名。隋唐諸志不著錄。竺枝不知是何代何地人。岑仲勉《晉宋間外國地理佚書輯略》(《中外史地考證》上冊)以爲是劉宋人。扶南是今柬埔寨地。書已亡佚，今有《麓山精舍叢書》輯本。⑭金陳國　岑仲勉認爲金陳是崑崙的別譯。見《晉宋間外國地理佚書輯略》。⑮由旬　古代印度的里程單位。亦作“由巡”、“踰善那”等，是梵語 Yogana 的漢譯。支僧載謂“晉言四十里”，但梵語原義是“一日軍行里程”。“四十里”是一般譯法。⑯辟支佛　“辟支”是梵語“各各獨行”之意，“佛”在此處是“覺”的意思，所以“辟支佛”的漢義是“獨覺”。⑰忉利天　從梵語譯來，是佛教世界的神話，大意是須彌山頂的一座大城。

與中國神話的崑崙相似。⑱罽賓饒夷城　除殿本外,各本多作"饒夷城"或"罽饒夷城"。岑仲勉《水經注卷一箋校》:"按《法顯傳》祇作'罽饒夷(彝)',即今之 Kananj,蓋後人因涉罽賓而誤也。"⑲淨王宮　岑仲勉《水經注卷一箋校》作"白淨王宮"。岑氏說:"朱、全、趙三本均作'故曰淨王宮也'。戴則以'曰'字為衍文。按酈注自上文《法顯傳》起,至下文'行旅所資飲也'一段,全是傳文之略出,此句亦不能在例外;但今傳文云,'白淨王故宮處作太子母形像,及太子乘白象入母胎時,太子出城東門見病人迴車還處,皆起塔'。兩為比勘,便知'曰淨'乃'白淨'之舛。"⑳條王彌　"王"或是"三"之訛。《御覽》卷七〇一《服用部》三"承塵"條:"斯訶調國有大富長者條三彌,與佛作金薄承塵,一佛作兩重承塵。"㉑吉貝　植物名。是木棉科落葉大喬木。又稱"美洲木棉"或"爪哇木棉"。宋法雲《翻譯名義集》卷七:"即木棉也。"說明我國在宋代已稱此物為木棉。在宋以前,我國對此種棉物的譯名很多。《水經注疏》引《四分律》作"劫貝",又引玄應《一切經音義》作"劫波育"、"劫婆娑"、"迦波羅"。古籍中最早提出"吉貝"一名的是三國吳丹陽太守萬震所撰的《南洲異物志》,但此書已亡佚。《宋書》、《齊書》都稱"古貝",所以《水經注》是現存古籍中最早提出"吉貝"一名的文獻。"吉貝"之名並非出於梵語,而是馬來語 Kapoq 的音譯。㉒據　殿本在此下有案語:"近刻訛作'據左一據據右'六字。"但各本與殿本多有不同。《水經注箋》作:"王曰去宮一據據左一據據右,晉言十里也。"全、趙二本改"曰"為"由",改"右"為"者",餘與《水經注箋》同。岑仲勉《水經注卷一箋校》作:"王田去宮一據櫨舍。一據櫨舍,晉言十里也。"岑氏的這一校勘是根據日藤田豐八的《東亞交涉史研究》的說法。藤田說:"一據據者,應為一據櫨舍之訛,即梵語 Krosa 之譯音。"此處,岑仲勉與藤田豐八的說法都不錯,但殿本與《水經注疏》作"據"亦不錯,因為梵漢對譯時歷來有一種稱為"省譯"的通例。《大唐西域記》卷一:"窣堵波,所謂浮圖也。"玄應《一切經音義》卷六"寶塔"條:"正言窣睹波。"《水經注》卷一對此詞有三種譯法:即"浮圖"、"浮屠"、"塔"。三者都不錯。其中"塔"就是 Stupa 的"省譯"。所以 Krosa 一詞,殿本等作"據",也是"省譯",不必更改。㉓半達鉢愁　梵語的音譯。半達,梵語作 Punda。鉢愁,梵語作 Vasu。㉔象耕鳥耘　《越絕書》卷八:"當禹之時,舜死蒼梧,象為民田也。"同卷又說因為禹死會稽,"無以報民功,教民鳥田"。作為一種自然現象,象耕、鳥耘在古代確實存在,但與舜、禹無關。漢王充在《論衡》的《偶會》篇和《書虛》篇已經作了科學的解釋。㉕首楞嚴　佛經名。即《首楞嚴經》,佛經的一種,東漢支讖譯。㉖吉祥草　植物名。梵語 Kusa,音譯作"姑尸"、"短尸";意譯作"上茅"、"茆草"。是生長在溼地上的一種茅草,佛教中常用作坐禪的敷物。㉗佛圖調　僧人名。以下《注》文有《佛圖調傳》。但其人是何代何處人,不明。岑仲勉《水經注卷一箋校》說:"此之佛圖調,乃東晉竺佛調,或謂天竺人,事佛圖澄為師。"

【語　譯】

1　《穆天子傳》說:周穆王登上崑崙山,瞻仰黃帝的宮殿,給豐隆的墳頭堆上泥土。豐隆就是雷神。黃帝宮就是阿耨達宮。崑崙山是六條大水的發源地。山西有一條大水,叫新頭河。郭義恭《廣志》說:就是甘水。在西域的東方,叫新陶水。山在天竺國西,水味甘洌,所以稱為甘水。那裡產石鹽,潔白有如水晶;有的成大塊,就把它敲成小塊食用。康泰說:安息、月氏、天竺到伽那調御,調味都靠這裡的石鹽供給。

2　法顯和尚說：翻過葱嶺，就進入北天竺國境了。從這裡沿著山嶺向西南行走十五日，道路崎嶇險阻，崖岸陡峭之極。山上全是巖石，削壁千仞，身臨崖岸，令人頭暈目眩，想再上前一步，就無處立足了。崖下有一條河流，叫新頭河。前人在崖壁上鑿石開路，架設豎梯，一共要爬七百道梯子。爬完以後，再踩著索橋過河。沿河兩岸，相距都有八十來步。在這樣的絕域，語言不通，翻譯斷絕，漢朝的張騫、甘英都沒有到過。我根據史傳考證，這就是所謂罽賓的國境。這裡行路要走磐石磴道，極狹，寬僅一尺餘。過往行人騎馬的、步行的，大家小心翼翼地相扶著走，憑著索橋過河。這樣走了二十來里，才到懸度。一路上的險阻和危害，真是說也說不完。郭義恭說：烏秅以西，有個懸度國，山溪阻隔不通，要靠攀著繩索渡過去，因此國名叫懸度。懸度國的人民都住在山上，在石壁之間闢地耕種，把石塊疊起來作房子，飲水時用手捧，就是所謂的猿飲。山區多白草、小步馬，有驢無牛，這大概就是懸度國了吧。

3　法顯和尚又說：渡過河水便到烏長國。烏長國就是北天竺，佛陀到過這個國家。佛陀在這裡留下足印，足印的長短能隨人的意念而變化，現在也還是如此；佛陀的曬衣石也還在。新頭河又西南流，轉向東南，流經中天竺國，這裡兩岸都是平地，有個國家叫毗荼，佛法興盛。又流經蒲那般河，兩岸有二十座佛寺。這條河又流經摩頭羅國，在下游與新頭河匯合。自河以西，都是天竺諸國，自此以南，則都是"中國"地方了，人民十分富裕。這個國度之所以稱為"中國"，是因為飲食衣著都與中天竺國相同，所以叫中國。

4　自從佛陀涅槃以來，眾聖徒所奉行的禮儀法度，一脈相承，綿延不絕。從新頭河到南天竺國，直到南海為止，路途四萬里。釋氏《西域記》說：新頭河流經罽賓、犍越、摩訶刺諸國，注入南海。阿耨達山西南有一條水，名叫遙奴；山的西南稍東，有一條水，叫薩罕；稍東又有一條水，叫恒伽。這三條水都發源於同一座山，又都匯合於恒水。康泰《扶南傳》說：恒水的水源在西北盡頭，從崑崙山流出。山間有五大水源，諸水都是由這五條大水源分出來的。枝扈黎大江出山後西北流，轉向東南注入大海。枝扈黎就是恒水，所以釋氏《西域記》有恒曲的名目。

5　恒水以北有四國，就是最西頭恒曲中間那幾個國家。有個拘夷那褐國。《法顯傳》說：恒水東南流，流經拘夷那褐國南，都城北邊雙樹間有希連禪河，河邊就是世尊面向北方涅槃的地方。諸王也是在那裡分舍利的。支僧載《外國事》說：佛陀涅槃後，天界的神人用新的白衣把他裹起來，用香花供養。滿七日後，把他殮入金棺，運出王宮。王宮以北約三里，有一條小河，叫醯蘭那河，渡過這條小河後，就用旃

檀木作柴火。天界的神人都用火來點柴,但都點不著。大迦葉從流沙回來,哀號
慟哭,悲不自勝,感動了天地,以後不用點火,柴枝就自行燃燒起來。國王收拾了
舍利,用金斗來量,共得八斛四斗。諸國王、諸天、眾龍、神王各分得少許,大部分
送回本國,修建佛寺。後來阿育王在佛陀涅槃處造佛塔,但那兩棵樹和佛塔現在
都湮沒了。那兩棵樹叫娑羅樹,開的花叫娑羅佉,花色白如霜雪,芳香無比。

6　竺枝《扶南記》說:林楊國距金陳國陸路二千里,往來只能乘車馬,沒有水路。全國
人民都信佛教。有個和尚去世後舉行火葬,燒了幾千把柴火仍端坐火中,於是把
他移到石室中,自此以後六十餘年,屍體還是像原來一樣,絲毫沒有腐爛。這是竺
枝親眼所見。金剛之身永不敗壞,大智慧永遠長存,舍利在佛土顯現,天長地久永
不朽腐,真所謂智空無窮,大徹大悟者深不可測了。此水亂流注入恒水。

7　恒水又東流經毗舍利城北。釋氏《西域記》說:毗舍利是維邪離國的都城。支僧載
《外國事》說:維邪離國距王舍城五十由旬,城牆周圍長三由旬。維詰家在大城內,
王宮以南,離王宮七里左右,但殿宇都已塌毀,只能看到基址了。法顯和尚說:城
北有大樹林和樓閣,佛陀在這裡住過。這原是奄婆羅女家施捨給佛陀造塔處。城
西北三里,有一座佛塔叫放弓仗塔。恒水上流有個國度,國王的小夫人生了個肉
胎,大夫人嫉妒她,就說:你生了這東西,是不祥的徵兆,就用木盒子裝了,投到恒
水中去。恰巧下流有個國王在遊覽,看見水上有個木盒子,就撈了起來,打開一
看,只見裡面有一千個嬰兒,個個生得眉清目秀,就把他們收養起來。孩子長大後
十分壯健驍勇,南征北戰,到處望風而降。接著,就要去打父王的本國了,國王十
分愁憂。小夫人問:為什麼發愁呢?國王說:那國王有一千個兒子,英勇威武無
比,就要來打我們國家了,所以憂愁。小夫人說:你別愁,只要在城西造一座高樓,
敵兵來時,把我安置在樓上,我能讓他們退兵。國王照辦了。敵人來了,小夫人在
樓上對敵人說:你們都是我的兒子,為什麼反而要謀逆?敵兵說:你是什麼人,膽
敢自稱是我們的母親。小夫人說:你們如果不信,都把口張開,仰面朝著我。小夫
人就用雙手擠奶,兩隻乳房都射出五百道乳汁,道道落到一千個兒子的口中。敵
人這才知道真是自己的母親,就立即把弓箭兵器都放下了。父母心中這樣一想,
就都成了辟支佛。現在那座塔還在。後來世尊得道,告訴諸弟子,這就是我從前
放下弓箭兵器的地方。後人得知這一事跡,就在這地方造塔,稱為放弓仗塔。那
一千個孩子就是賢劫千佛。

8　釋氏《西域記》說:恒曲中稍東,有個僧迦扇柰揭城,就是佛陀走下三道寶階的都
城。《法顯傳》說:恒水東南流,流經僧迦施國南,佛陀從忉利天往東走下三道寶
階,這裡就是他為母親說法的地方。寶階湮沒了以後,阿育王就在寶階處造塔,後

　　來又造了石柱,石柱上雕了獅子像;旁門邪教心不信佛,獅子就會怒吼,嚇得他誠
心皈依。

9　　恒水又東流經罽賓饒夷城。罽賓饒夷城南瀕恒水,西北六七里,恒水北岸,就是佛
陀為諸弟子說法的地方。恒水又東南流經沙祇國北。出了沙祇城南門,路東一
處,佛陀咬斷一根楊柳條,插入土中,楊柳條長成七尺高的楊樹後,就不增不減了,
現在還在。

10　　恒水又東南流經迦維羅衛城北,這就是從前淨飯王宮殿所在的地方。城東五十里
有御園,園中有池水,夫人到池中沐浴,出北岸走了二十步,朝東,舉手扳住樹枝,
生下了太子。太子落地後走了七步,兩條龍噴水給太子沐浴,就成了井池。僧人
們都在這裡汲水飲用。太子和難陀等擲象較量力氣,射箭入地,現在那地方有一
泓泉水,過往行人都靠這泉水飲用。釋氏《西域記》說:城北三里,恒水岸上父王迎
接佛陀的地方,造了一座佛塔,塔上有父王抱著佛陀的雕像。《外國事》說:迦維羅
越國現在沒有國王了。城池已經荒廢蕪穢,只留一片空地。但這裡還住著大約二
十餘家優婆塞,姓釋,都是淨飯王的後裔,依舊分四個種姓;住在舊城中的是優婆
塞,重視修行,還有些古風。那時佛塔全都毀壞了,條王彌重新修建了一座佛塔,
是私訶條王贈送財物資助修建的,現在有十二個修道的人住在裡面。

11　　太子初生時,妙后所扳的樹叫須訶樹。阿育王用青石雕了王后扳樹生太子像。從
前的樹現在沒有了,後來僧人們拿了同種的樹栽上,輾轉流傳到如今,樹枝還像從
前一樣,依然蔭蔽著石像。此外,太子走了七步的足印,今天痕跡也還在,阿育王
用青石在兩邊把足印夾在中間,又用長條青石蓋在上面。現在國人常用香花供
養,還可以看到七個足印,痕跡清清楚楚。現在雖然仍舊蓋著青石,同從前一模一
樣,有人又在上面蓋上幾層吉貝葉,一層一層蓋在青石上,但足印反而更清楚了。
太子生時,龍王在左右兩邊夾住太子,噴水給太子沐浴,一條龍噴的是冷水,另一
條噴的是暖水,於是成了兩口水池,直到今天也還是一冷一暖。

12　　太子出家前十日,出宮到國王田裡的閻浮樹下坐著,樹神拿了七寶奉獻給太子,太
子不肯接受,於是心裡前思後想,打算出家。國王的田離王宮一據。一據,用晉語
說,就是十里。太子於三月十五日夜裡出家,四天王前來迎接他,各人都捧著馬
腳。這時空中兩旁擠滿了諸神和天人,從空中散下香花。這時太子去河南摩強
水,就在水邊當了沙門。河南摩強水在迦維羅越北,距離十由旬。這條水在羅閱
祇瓶沙國,距離三十由旬。菩薩臨時經過瓶沙,瓶沙王出來會見菩薩。菩薩在瓶
沙隨樓那果園裡住了一日,天晚時就到半達鉢愁去住宿。半達,晉語是白;鉢愁,
晉語是山。白山在瓶沙國北十里。天明後菩薩離開白山,晚上宿在曇蘭山。曇蘭

山距白山六由旬。他從這裡一直向貝多樹走去。貝多樹在閱祇北,離曇蘭山二十里。太子二十九歲出家,三十五歲得道,這裡的說法與佛經不一致,所以我把不同處記下來。

13　竺法維說:迦維衛國就是佛陀出生的天竺國,位於三千日月、一萬二千天地的中央。康泰《扶南傳》說:從前范旃時,有個嘽楊國人名叫家翔梨,從他本國到天竺去,一路做買賣,輾轉到了扶南,對范旃講述天竺的風土習俗。他說那裡佛教流行,金銀財寶積聚成堆,山川豐饒肥沃,要什麼有什麼。相鄰各國都很尊重這個國家。范旃問道:現在就去,幾時走得到,幾年回得來?家翔梨說:天竺離這裡三萬餘里,來往大約要三年多。他真的去了,結果四年方才回來,認為確實是天地的中央。

14　恒水又東流經藍莫塔。塔邊有池,池中有龍守護。阿育王想拆掉此塔,分建八萬四千座塔;後來忽然醒悟,知道這是龍王所供奉,不是人世上所能有的,這才作罷。這一帶空寂荒涼,沒有人煙,象群以長鼻吸水灑地,有如蒼梧、會稽的象耕地、鳥耘田似的。恒水又東流,流到五河口。那大概是五條河水匯合的地方,詳情就不知道了。

15　阿難從摩竭國去向毗舍利,想在那裡涅槃。諸天把這消息告知阿闍世王,阿闍世王追到河上;梨車聽說阿難來了,也來相迎,他們都到了河上。阿難心想:往前走,阿闍世王會惱恨;向後退,梨車又會抱怨。於是他就在河心進入火中火化解脫,身體分為兩半,兩岸各有一半。兩位國王各自拿了一半舍利回去,造了兩座塔。

16　渡河後,南下一由旬,到了摩竭提國的巴連弗城,這就是阿育王建都的城。城中的宮殿都建造了牆闕,雕刻了各種圖像,又用大石塊堆疊成假山。假山下築石室,長三丈,寬二丈,高丈餘。有一位大乘婆羅門之子,名羅汰私婆,又名文殊師利,住在這城裡。此人很有悟性而且足智多謀,諸事都很明達通曉,獨自過著清淨自在的日子。國王很敬重他,就尊奉他為師。全靠有了這位婆羅門弘揚佛法,外國就不能來欺負和侵犯了。在所有諸國中,這座城要算最大的了,人民富裕興盛,大家爭著行仁義的好事。

17　阿育王拆毀七塔,另造八萬四千座塔。最初在城南二里餘造了一座大塔,塔前有佛陀足跡,因此在那裡修建了一座寺院。寺院北門朝向佛塔,塔南有石柱,粗約四五圍,高三丈餘。柱上有銘文,刻的是:阿育王以閻浮提布施四方僧人,回來後又以錢贖回此塔。塔北三百步,有阿育王所建的泥犁城。城中有石柱,高度也有三丈餘,柱頭雕著獅子,柱身刻有銘文,記述建築泥犁城的緣由及年數日月。

18　恒水又東南流經小孤石山,山頭有石洞,石洞朝南,佛陀從前坐在洞中,天帝釋以四十二件事問他,他就一一用指頭在石上劃上記號,劃痕還在。恒水又西流經王舍新城。此城是阿闍世王所建。出城往南走四里,進入山谷,到了五山裡面。五山環繞著山谷,就像城郭一樣,這就是莽沙王的舊城。舊城東西約五六里,南北約七八里,這就是阿闍世王當年想謀害佛陀的地方。這座城已經空寂荒蕪了,也沒有人可行走的路。進入山谷,沿山往東南上行十五里,就到耆闍崛山。離山頂還有三里光景,有個石窟,朝南,這是佛陀坐禪的地方。往西北四十步,又有一座石窟,這是阿難坐禪的地方。天魔波旬變成一頭雕鷲來恐嚇阿難,佛陀隔著石壁以神力伸手穿入,撫摩阿難的肩膀,阿難就不再害怕了。現在雕鷲的爪痕和佛陀伸手的孔洞都還在,所以石窟就叫雕鷲窟。這座山峰秀麗峻偉,是五山中的最高峰。釋氏《西域記》說:耆闍崛山在阿耨達王舍城東北,西望耆闍崛山,雙峰並峙,相距二三里,雙峰中間的道路有鷲鳥,常在嶺上棲息。當地人叫耆闍崛山。胡語稱耆闍,是鷲的意思。竺法維也說:羅閱祇國有靈鷲山,胡語叫做耆闍崛山,山上全是青石,巖頭像鷲鳥,阿育王派人去雕鑿巖石,給裝上兩隻假翼、兩隻假腳,而且把鳥身也雕琢過,現在都還在。遠遠望去,活像一頭鷲鳥,所以叫靈鷲山。以上幾種說法都不一樣,遠近也有差別。但法顯曾親自在山上住宿,又念過《首楞嚴經》,而且以香花供養,他的記述應當算是權威的見聞了。

19　恒水又西流經迦那城南三十里,到了佛陀坐在樹下苦修六年的地方,這裡有一片樹林。西行三里,到了佛陀入水沐浴處,天王按下樹枝,佛陀才得以扳著樹枝從池子裡上岸。又北行二里,到了彌家女端上牛奶粥給佛陀的地方。從這裡又北行二里,就是佛陀朝東坐在一棵大樹下的石頭上吃奶粥的地方。樹和石頭都還在,石頭長寬各六尺,高不到兩尺。這個國度氣候溫和,樹齡有的數千年,有的甚至上萬年。從這裡往東北行走二十里,就到一處石窟。菩薩走進石窟,朝西結跏趺坐,心想:如果我成道了,一定會有奇蹟顯現。他這麼一想,石壁上立即現出佛影,長三尺左右,直到現在還很明亮。這時天地忽然劇烈震動起來,諸天在空中說:這裡不是過去將來諸佛成道的地方;離開這裡往西南走,不到半由旬,有一棵貝多樹,這棵樹下才是過去將來諸佛成道的地方。諸天在前面引路,菩薩起立行走。離樹三十步,上天授予他吉祥草,菩薩接過吉祥草,又走了十五步,有五百隻青雀飛來,在菩薩頭上繞了三圈,然後向西飛去。菩薩前行,到了貝多樹下,鋪好吉祥草,朝東坐了下來。這時魔王派了三位玉女,從北方過來試探菩薩,魔王本人則從南方過來試探菩薩。菩薩用腳趾頭按在地上,魔兵就退卻逃散了,三個玉女變成了老太婆,再也不能恢復為玉女了。佛陀在尼拘律樹下一塊方石上朝東坐下,梵天向佛陀走來的地方,四天王捧缽的地方,都造了塔。

20　《外國事》說:佛陀在毗婆梨樹下坐了六年,長者女以金缽盛奶粥奉獻給佛陀,佛陀
接過奶粥,就到尼連禪河中去沐浴。沐浴後,就在河邊吃奶粥,吃完了奶粥,把金
缽丟到水中,金缽在水上逆流漂浮了一百步,才沉入河中。迦梨郊龍王把金缽拿
去,在宮中供養著,先前的三隻佛缽也出現了。佛陀在河邊坐在摩訶菩提樹下,摩
訶菩提樹離貝多樹二里。佛陀就坐在這棵樹下,經過七天的冥思苦想,終於得道
成佛。也就是在那時候,魔兵來試探佛陀。釋氏《西域記》說:尼連水南流注入恒
水。水西有佛樹,佛陀在這棵樹下苦練修行,天天吃粥,接連吃了六年。離城西約
莫五里,樹東河上,就是佛陀下水沐浴的地方。佛陀從東邊上岸,在尼拘律樹下打
坐修行,舍女就在這裡端了奶粥給他。他在這裡渡水走向西方,在六年樹南的貝
多樹下打坐,降伏了魔王,終於得道成佛。佛圖調說:佛樹曾一度枯死,佛陀來時
重新生了枝葉。竺法維說:六年樹離佛樹五里。這裡列舉以上諸說,不過記下其
間的不同之處罷了。

21　法顯從這裡往東南走,回到巴連弗城,從恒水順流西下,到了一座佛寺,叫曠野寺,
這是佛陀住過的地方。他又沿恒水順流西下,到了迦尸國波羅奈城。竺法維說:
波羅奈國在迦維羅衛國南一千二百里,中間有恒水,東南流。佛陀轉法輪處,是在
該國以北二十里。有一棵樹,叫春浮樹,是維摩所在的地方。法顯說:城東北十里
左右,就是鹿野苑,辟支佛曾住過這地方。當時常常有野鹿到這裡來棲宿,所以叫
鹿野苑。

22　法顯從這裡回到巴連弗城居住。他又沿著恒水東行,南岸有瞻婆大國。釋氏《西
域記》說:恒曲稍東,有瞻婆國城,城南有卜佉蘭池恒水在北邊是佛陀下來講述戒
律的地方。恒水又流經波麗國,這是佛陀外祖父的國度。

23　法顯說:恒水又東流到多摩梨軒國,就到海口了。釋氏《西域記》說:大秦又名梨
軒。康泰《扶南傳》說:從迦那調洲往西南進入大灣,航行約莫七八百里,就到枝扈
黎大江口。渡江一直往西走,盡頭就是大秦了。又說:從拘利口出發,進入大灣
裡,向西北方進去,約一年餘,才到天竺江口,這條江叫恒水,江口有個國度,國名
擔袟,附屬天竺。天竺派了黃門侍郎字興去當擔袟王。釋氏《西域記》說:恒水東
流,注入東海。原來兩條水注入兩個海域,就成為一東一西了。

24　釋氏發表議論:佛圖調列舉《山海經》說:西海南邊,流沙岸邊,赤水後面,黑水前
面,有大山,名叫崑崙。又說:鍾山西六百里,有崑崙山,發源於此山有五條水。他
就是以《佛圖調傳》為依據的。又查考康泰《扶南傳》,書中記述的崑崙山,也與
《佛圖調傳》相符合。照《扶南傳》,從交州到天竺最近,康泰《扶南傳》也知道阿耨
達山就是崑崙山。釋氏說:幸虧有《佛圖調傳》,疑問才迎刃而解。於是他繪成《西

域圖》,並對法汰講起這件事。法汰覺得他提這種常識性問題很奇怪,他說,自漢朝以來,許多名人都知道河在敦煌以南數千里,不應當不知道崑崙山的所在的。釋氏回信說:據《穆天子傳》,周穆王在崑崙山旁的瑤池上向西王母祝酒,說這裡距周朝京城瀍澗一萬一千一百里。為什麼同佛圖調說的不一樣呢? 你現在看到康泰《扶南傳》,說明並非前人不知道。從今以後,才知道崑崙山就是無熱丘,怎麼能說在胡人國家外呢?

25　我揣量釋氏的話,以為不算什麼可靠的證據。《穆天子傳》《竹書紀年》和《山海經》,都在地下埋藏了很久,編竹簡的皮條都斷了,竹簡前後錯亂,很難按次序重新加以整理。後人勉強湊合起來,往往與原意相差很遠。至於想實地考察山川,與《水經》文句是不會都相一致的,要核查道路準確的里程,本來就很難相合。釋氏不再根據各種說法的大同之處,而抓住細枝瑣節,來論證它的錯誤,這種做法是不妥當的。

【研 析】　這一篇記敘內容不在黃河,曾經受到後世學者的議論和批評。有的稱酈氏"過于嗜奇,引繁稱博"(清全祖望《水經注附錄》卷上),有的說他"但嗜奇博,讀者眩焉"(清凌揚藻《蠡勺篇》卷二十一)。也有專指此篇的批評,如明楊慎《水經序》:"厭其枝蔓太繁,頗無關涉。首注'河水'二字,泛佛經怪誕之說,幾數千言,亦贅已。"明周嬰在《析酈》(《卮林》卷一)一文中說:"皆躡法顯之行踪,想恆流之洞泆,其間水陸未辨,道里難明,所計差池,厥類亦眾。"對於"引繁稱博"之類的議論姑置不論,而從全書的體例格局來說,楊慎和周嬰的意見並非沒有道理。不過周氏說他"皆躡法顯之行踪"的話則嫌片面。因此篇記敘天竺等地,曾引釋氏《西域記》《外國事》《廣志》等十種,《法顯傳》無非是其中之一而已。而《注》文中引釋氏《西域記》達十五處,引《法顯傳》僅八處。何況酈氏自己也看到他所引的這些文獻並不一定可靠。他在全篇最後指出:"釋氏不復根其眾歸之鴻致,陳其細趣,以辨其非,非所安也。"此外,從今天來說,《水經注》作為一種歷史文化遺產,這一篇的價值仍然不菲。歐洲漢學家佩特奇(L. Petech)曾撰寫《水經注記載的北印度》(*Northern India According to the Shui Ching Chu*)的長篇論文,發表於一九五〇年出版的《羅馬東方叢書》第二卷(*Serie Orientale Roma II*),是此篇價值的有力例證。

第 三 篇

1　今按《山海經》曰:崑崙墟在西北,帝之下都。崑崙之墟,方八百里,高萬仞,上有木禾,面有九井,以玉為檻,面有九門,門有開明獸守之,百神之所在。郭璞曰:此自別有小崑崙也。又按《淮南之書》[①]，崑崙之上，有木禾、珠樹、玉樹、璇樹，不死樹在其西，沙棠、琅玕在其東，絳樹在其南，碧樹、瑤樹在其北。旁有四百四十門，門間四里，里間九純，純丈五尺。旁有九井，玉橫[②]維其西北隅，北門開，以納不周之風，傾宮、旋室、縣圃、涼風、樊桐，在崑崙閶闔之中，是其疏圃，疏圃之池，浸之黃水，黃水三周復其源，是謂丹水，飲之不死。河水出其東北陬，赤水出其東南陬，洋水出其西北陬，凡此四水，帝之神泉，以和百藥，以潤萬物。崑崙之丘或上倍之，是謂涼風之山，登之而不死；或上倍之，是謂玄圃之山，登之乃靈，能使風雨；或上倍之，乃維上天，登之乃神，是謂太帝之居。

2　禹乃以息土填鴻水，以爲名山，掘崑崙虛以爲下地。高誘曰：地或作池。則以髣髴近佛圖調之說。阿耨達六水，蔥嶺、于闐二水之限，與經史諸書，全相乖異。又按《十洲記》[③]，崑崙山在西海之戍地，北海之亥地。去岸十三萬里，有弱水，周币繞山，東南接積石圃，西北接北戶之室，東北臨大闊之井，西南近承淵之谷。此四角大山，寔崑崙之支輔也。積石圃南頭，昔西王母告周穆王云，去咸陽四十六萬里，山高平地三萬六千里，上有三角，面方，廣萬里，形如偃盆，下狹上廣。故曰崑崙山有三角。其一角正北，干辰星之輝，名曰閬風巔；其一角正西，名曰玄圃臺；其一角正東，名曰崑崙宮。其處有積金，爲天墉城，面方千里，城上安金臺五所，玉樓十二。其北戶山、承淵山又有墉城，金臺玉樓，相似如一。淵精之闕，光碧之堂，瓊華之室，紫翠丹房，景燭日暉，朱霞九光，西王母之所治，真官仙靈之所宗。上通旋機，元氣流布，玉衡常理，順九天而調陰陽，品物羣生，希奇特出，皆在于此，天人濟濟，不可具記。

3　其北海外，又有鍾山，上有金臺玉闕，亦元氣之所含，天帝居治處也。考東方朔之言，及《經》五萬里之文，難言佛圖調、康泰之《傳》是矣。六合之內，水澤之藏，大非爲巨，小非爲細，存非爲有，隱非爲無，其所苞者廣矣。于中同名異域，稱謂相亂，亦不爲寡。至如東海方丈，亦有崑崙之稱，西洲銅柱，又有九府之治。東方朔《十洲記》曰：方丈在東海中央，東西南北岸，相去正等，方丈面各五千里，上專是羣龍所聚，有金玉琉璃之宮，三天司命所治處，羣仙不欲升天者，皆往來也。

4　張華叙東方朔《神異經》曰：崑崙有銅柱焉，其高入天，所謂天柱也。圍三千里，圓周如削，下有迴屋，仙人九府治。上有大鳥，名曰希有，南向，張左翼覆東王公，右翼覆西王母，背上小處無羽，萬九千里，西王母歲登翼上，之東王公也。故其柱銘曰：崑崙銅柱。其高入天，圓周如削，膚體美焉。其鳥銘曰：有鳥希有，綠赤煌煌，不鳴不食，東覆東王公，西覆西王母，王母欲東，登之自通，陰陽相須，惟會益工。《遁甲開山圖》[④]曰：五龍見教，天皇被跡，望在無外柱州崑崙山上。榮氏《注》云：

五龍治在五方,爲五行神。五龍降天皇兄弟十二人,分五方爲十二部,法五龍之跡,行無爲之化。天下仙聖治,在柱州崑崙山上,無外之山,在崑崙東南萬二千里,五龍、天皇皆在此中,爲十二時神也。《山海經》曰:崑崙之丘,寔惟帝之下都,其神陸吾,是司天之九部,及帝之囿時。然六合之内,其苞遠矣。幽致沖妙,難本以情,萬像邈淵,思絶根尋,自不登兩龍于雲轍,騁八駿于龜途,等軒轅之訪百靈,方大禹之集會計,儒墨之説,孰使辨哉。

又出海外,南至積石山下,有石門。

5　《山海經》曰:河水入渤海,又出海外,西北入禹所導積石山。山在隴西郡河關縣西南羌中。余考羣書⑤,咸言河出崑崙,重源潛發,淪于蒲昌,出于海水。故《洛書》⑥曰:河自崑崙,出于重野。謂此矣。逕積石而爲中國河。故成公子安《大河賦》⑦曰:覽百川之宏壯,莫尚美于黃河;潛崑崙之峻極,出積石之嵯峨。釋氏《西域記》曰:河自蒲昌,潛行地下,南出積石,而《經》文在此,似如不比,積石宜在蒲昌海下矣。

【篇　旨】　此篇從《經》文"屈從其東南流,入渤海"條下的《注》文"今按《山海經》曰"起,包括《經》文"又出海外,南至積石山下,有石門"條下的全部《注》文,也就是全卷的末尾。此卷以崑崙開篇,但第一篇並未詳敍,第二篇又轉敍天竺,故此篇據《山海經》及《淮南子》等專敍崑崙。並從崑崙敍及積石山。崑崙是河源所出,積石山是重源潛發。卷一《河水》因第二篇"枝蔓太繁,頗無關涉"。有此第三篇以河源始而以重源終,全卷仍歸本題。

【注　釋】　①淮南之書　指《淮南子·墜形》。②玉橫　玉器名。舊注謂"橫,猶光也。橫或作彭。彭,受不死藥器也"。③十洲記　書名。亦作《海内十洲記》,《隋書·經籍志》及《兩唐志》著錄均一卷,西漢東方朔撰。東方朔(公元前一五四—前九三年),字曼倩,平原厭次(今山東惠民附近)人。此書今收入於《道藏·洞玄部》、《粤雅堂叢書》、《十萬卷樓叢書》等。④遁甲開山圖　書名。《隋書·經籍志》著錄三卷,榮氏撰。榮氏不知其名,約為南朝梁人,書亦有一卷、二卷、三卷之説,已亡佚。今有宛委山堂《説郛》等輯本,已無圖。⑤余考群書　此語説明,"黃河重源"之説在當時是對黃河發源的唯一説法。⑥洛書　書名。《隋書·經籍志》著錄:"梁《河圖洛書》二十四卷,目錄一卷,亡。"《隋志》又説:"其書出于前漢,有《河圖》九篇,《洛書》六篇。"已亡佚,今有《漢唐地理書鈔》輯本。⑦成公子安大河賦　詩賦名。《隋書·經籍志》著錄《成公綏集》九卷,梁有十卷,殘缺。成公綏(公元二三一—二七三年),字子安,西晉人。《大河賦》原收入於《成公綏集》,今集已亡佚,但此賦為清嚴可均《全晉文》輯存。

【語　譯】

1　現在按《山海經》説:崑崙山在西北,是天帝在下界的都城。崑崙山方圓八百里,高

萬仞,山上有木禾。四面有九口井,用玉來做井欄;四面還有九座城門,門口有開
明獸守衛,這是諸天神所在的地方。郭璞說:除此之外,另外還有個小崑崙。又按
《淮南子》,崑崙山上面,有木禾、珠樹、玉樹、璇樹,西邊有不死樹,東邊有沙棠樹、
琅玕樹,南邊有絳樹,北邊有碧樹、瑤樹。旁邊有四百四十座城門,各門間隔四里,
一里間隔九純,一純長一丈五尺。旁有九井,有接受不死之藥的器皿玉橫拴在山
的西北角,打開北門,可以引來不周山的風。傾宮、旋室、縣圃、涼風、樊桐,都在崑
崙山的閶闔門內,這些都是菜園,菜園裡的水池儲存著黃水,黃水繞了三圈又回到
它的源頭,稱為丹水,喝了能長生不死。河水發源於崑崙山的東北角,赤水發源於
東南角,洋水發源於西北角。這四條水都是天帝的神泉,可以配製各種藥材,可以
滋潤萬物。從崑崙山上去高一倍,叫涼風山,登上去能長生不死;再高一倍,叫玄
圃山,登上去就有了法力,能呼風喚雨;又上去高一倍,就與上天相連了,爬上去就
是神仙了,這就是太帝的住所。

2　於是大禹以息土來堵遏洪水,製造出大山,掘低崑崙山,使成為下界之地。高誘
說:地字有人寫成池字,那就有點近似於佛圖調的說法了。阿耨達山有六條水,葱
嶺、于闐阻隔開這兩條水。這與各種經史典籍的說法完全不同。又按《十洲記》,
崑崙山在西海的西北偏西,北海的西北偏北,離海岸十三萬里,有弱水繞山而流。
崑崙山東南與積石圃相接,西北與北戶室相接,東北面臨大闊井,西南鄰近承淵
谷。這四角的大山,實際上是崑崙山的支脈。從前西王母曾告訴周穆王說:積石
圃的南頭,距咸陽四十六萬里,高出平地三萬六千里,上端有三角,方圓一萬里,形
狀像一隻仰放的盆,下面狹,上面寬。所以說崑崙山有三角:一隻角在正北,高得
遮住星辰的光芒,叫閶風巔;一隻角在正西,叫玄圃臺;一隻角在正東,叫崑崙宮。
那地方有黃金堆積成的天墉城,方圓一千里,城上築了五座金臺,十二座玉樓。北
戶山和承淵山也有墉城,城上也有金臺玉樓,和天墉城一模一樣。有淵精闕、光碧
堂、瓊華室、紫紅翠綠的丹房,光輝映日,閃耀著虹彩般的光芒。西王母就在那裡
治理著仙界,仙官和神靈都來朝見她。那裡上與北斗七星的旋機相通,把元氣流
布到四方,玉衡星和諧地運行,使其能與九天保持順暢,與陰陽相互調和。於是萬
物蓬勃生長,希珍奇物也脫穎而出,這都是由此決定的。天上的神人也濟濟一堂,
這些就無法一一記述了。

3　北海外又有鍾山,山上有金臺玉闕,也是元氣所蘊藏之處,天帝居住和治理的地
方。考證東方朔所說的話以及《水經》五萬里的記載,就很難說佛圖調和康泰的話
是正確的了。宇宙以內,水澤之中,深藏著的東西,大的未必就大,小的未必就小;
存在著的未必就有,看不見的未必就無,真是包羅萬象,十分廣大。其中地名相同

而地域相異的,名稱相混淆的,為數也不少。正如東海方丈也有崑崙的名稱,西洲銅柱又有九府的治所。東方朔《十洲記》說:方丈在東海中央,東西南北四岸,距離完全相等。方丈每邊各五千里,上面專門供群龍會聚,有金玉琉璃建築的宮殿,是三天司命管轄的地方。不想升天的仙人們都在這裡往來。

4　張華記述東方朔的《神異經》說:崑崙山有銅柱,直立高入天庭,就是所謂天柱。銅柱周圍長三千里,圓周像切削過似的。下面有迴屋圍繞,這是仙人九府的治所。上面有大鳥,名叫希有,向南而立,張開左翼遮蔽東王公,張開右翼遮蔽西王母,背上寬廣一萬九千里,一小片無毛。西王母每年登上鳥翼,去與東王公相會。所以柱銘說:崑崙銅柱,高插天上,圓周如同削成,通體優美非常。鳥銘說:有隻鳥兒叫希有,紅翎綠羽亮晃晃,牠不叫也不吃,東翼遮蔽東王公,西翼遮蔽西王母。王母心裡想往東,登上鳥背自會通。陰陽相互須依存,會合時美妙無窮。《遁甲開山圖》說:五龍來賜教,天王配合他們的事跡,守望在無外柱州崑崙山上。榮氏注說:五龍是五行的神祇,治理著五方。五龍下來,天皇兄弟十二人,把五方分為十二部,仿效五龍的事跡,實行無為的教化,天下的仙人和聖人,都在柱州崑崙山上治理。無外山在崑崙山東南一萬二千里,五龍和天王都是山中來的,是十二時辰的神祇。《山海經》說:崑崙丘其實是天帝在下界的都城,山神陸吾的職司,是主管九州的部界以及天地園圃的時節。可是宇宙之內,所包括的範圍十分遙遠。神靈幽渺的情趣淡泊而微妙,很難根據人情來推斷;千奇百怪的現象深遠難知,凡人的思想不可能尋根究柢。要不是乘上兩龍飛奔於雲端,駕著八駿馳騁於萬里長途,對於軒轅氏訪問諸神,大禹會諸侯於會稽這類事,作一番衡量比較,儒家墨家的學說誰是誰非,哪裡分辨得清楚呢。

又出海外,南至積石山下,有石門。

5　《山海經》說:河水注入渤海,又流出海外。往西北流入禹所疏導過的積石山。積石山在隴西郡河關縣西南的羌中。我查考諸書,都說河水發源於崑崙山,潛流入地下後,再次發源,就是說在蒲昌海隱沒,在海水中重又冒出。所以《洛書》說:河水自崑崙山在重野流出,說的就是這種情況。河水流經積石山,成為中國的河流。所以成公子安《大河賦》說:展望百川宏壯的雄姿,沒有一條比黃河更美,它在極高的崑崙山潛流,從積石山的崇山峻嶺間出來。釋氏《西域記》說:河水自蒲昌海潛流於地下,南到積石山方才流出。經文在這裡似乎把次序顛倒了,積石山應當是在蒲昌海以下的。

【研　析】　崑崙為古人所高度崇奉,又相傳為河源所出,故《河水注》首卷對此評敘,當然順理成章。而黃河"重源"之說,由來甚早,流傳至久,直到清代,仍有學者深信不疑。《水經注》是一部古代名著,但從今天人們的科學知識來說,全書存在許多錯誤,其中最大的莫過於黃河"重源"。唐杜佑是古代第一位對此書提出批評的學者,他所批評的即是對黃河"重源"之訛,酈道元"都不詳正"。他提出此言時,"重源"之訛已經為人所知。唐初貞觀九年(公元六三五年),侯君集等征吐谷渾而"至于柏海"(今札陵、鄂陵湖),"北望積玉山,觀河源所出"(據《舊唐書·侯君集傳》。此處"積玉山",同書《西戎·吐谷渾傳》作"積石山",《新唐書》亦作"積石山")。《新唐書·西戎吐谷渾傳》:"(李)道宗曰,柏海近河源,古未有至者。"又《舊唐書·吐蕃傳》所載,貞觀十五年(公元六四一年):"太宗以文成公主妻之,令禮部尚書江夏郡王(李)道宗主婚,持節送公主於吐蕃,弄贊率其部兵次于柏海,親迎于河源。"這些掌故,都比杜佑早百餘年。所以其所知議論酈氏,於事實非公正。何況酈氏對崑崙神話和"重源"之說,當時也都有懷疑。前者,《注》文說:"等軒轅之訪百靈,方大禹之集會計,儒墨之說,孰使辨哉。"後者,由於:"余考群書,咸言河出崑崙,重源潛發。"所以從他所在的時代,他只唯沿襲。但是一面強調"逕積石而為中國河",一面又批評《經》文:"《經》文在此,似如不比,積石宜在蒲昌海下矣。"所以按酈氏撰述年代而論,此篇不失為卷一《河水》的完美結尾。

卷二　河水

【題　解】　此《河水》第二卷，在《經》文"又南入蔥嶺山，又從蔥嶺出而東北流"及"其一源出于闐國南山，北流與蔥嶺所出河合"下近四千字，其記述地區仍在今新疆兼及中亞，而且內容又大量涉及黃河"重源"。《注》文記及"河水又東注于泑澤，即《經》所謂蒲昌海也"。對於蒲昌海(即今已乾涸的羅布泊)，《注》文說："廣輪四百里。其水澄渟，冬夏不減，其中洄湍電轉，為隱淪之脈。當其澴流之上，飛禽奮翮于霄中者，無不墜于淵波矣。即河水之所潛，而出于積石也。"這就是唐杜佑在《通典》中批評的"灼然荒唐"。全篇從《經》文"又東入塞，過敦煌、酒泉、張掖郡南"條下《注》文"河水自河曲"起，至卷末"東至富平"(今寧夏吳忠一帶)，《注》文所敍才是今黃河上游。

第　一　篇

又南入蔥嶺山，又從蔥嶺出而東北流。

1　河水重源有三，非惟二也。一源西出捐毒之國①，蔥嶺之上，西去休循二百餘里，皆故塞種也。南屬蔥嶺，高千里，《西河舊事》②曰：蔥嶺在敦煌西八千里，其山高大，上生蔥，故曰蔥嶺也。河源潛發其嶺，分爲二水，一水西逕休循國南，在蔥嶺西。郭義恭《廣志》曰：休循國居蔥嶺，其山多大蔥。又逕難兜國北，北接休循，西南去罽賓國三百四十里，河水又西逕罽賓國北。月氏之破，塞王南君罽賓，治循鮮城。

土地平和,無所不有,金銀珍寶,異畜奇物,踰于中夏,大國也。山險,有大頭痛、小頭痛之山,赤土、身熱之阪,人畜同然。

2　河水又西逕月氏國南,治監氏城,其俗與安息同。匈奴冒頓單于破月氏,殺其王,以頭爲飲器。國遂分,遠過大宛,西居大夏,爲大月氏;其餘小衆不能去者,共保南山羌中,號小月氏。故有大月氏、小月氏之名也。

3　又西逕安息國南,城臨嬀水,地方數千里,最大國也。有商賈、車船行旁國,畫革旁行爲書記也。河水與蜆羅跂禘水同注雷翥海。釋氏《西域記》曰:蜆羅跂禘出阿耨達山之北,西逕于闐國。《漢書・西域傳》曰:于闐之西,水皆西流,注西海。

4　又西逕四大塔北,釋法顯所謂紲尸羅國。漢言截頭也。佛爲菩薩時,以頭施人,故因名國。國東有投身飼餓虎處,皆起塔。又西逕揵陀衛國北,是阿育王子法益所治邑。佛爲菩薩時,亦于此國以眼施人,其處亦起大塔。又有弗樓沙國,天帝釋變爲牧牛小兒,聚土爲佛塔,法王因而成大塔,所謂四大塔也。

5　《法顯傳》曰:國有佛鉢,月氏王大興兵衆,來伐此國,欲持鉢去,置鉢象上,象不能進;更作四輪車載鉢,八象共牽,復不進,王知鉢緣未至,于是起塔留鉢供養。鉢容二斗,雜色而黑多,四際分明,厚可二分,甚光澤。貧人以少花投中便滿;富人以多花供養,正復百千萬斛,終亦不滿。佛圖調曰:佛鉢,青玉也,受三斗許,彼國寶之。供養時,願終日香花不滿,則如言;願一把滿,則亦便如言。又按道人竺法維所説,佛鉢在大月支國,起浮圖,高三十丈,七層,鉢處第二層,金絡絡鎖縣鉢,鉢是青石。或云懸鉢虛空。須菩提置鉢在金机上,佛一足跡與鉢共在一處,國王、臣民悉持梵香,七寶、璧玉供養。塔跡、佛牙、袈裟、頂相舍利,悉在弗樓沙國。

6　釋氏《西域記》曰:揵陀越王城西北有鉢吐羅越城,佛袈裟王城也。東有寺。重復尋川水,西北十里有河步羅龍淵,佛到淵上浣衣處,浣石尚存。其水至安息,注雷翥海。又曰:揵陀越西,西海中有安息國。竺枝《扶南記》曰:安息國去私訶條國二萬里,國土臨海上,即《漢書》天竺安息國也。户近百萬,最大國也。《漢書・西域傳》又云:黎軒、條支臨西海。長老傳聞,條支有弱水,西王母亦未嘗見。自條支乘水西行,可百餘日,近日所入也。或河水所通西海矣。故《涼土異物志》[③]曰:蔥嶺之水,分流東西,西入大海,東爲河源,《禹記》所云崑崙者焉。

7　張騫使大宛而窮河源,謂極于此,而不達于崑崙也。河水自蔥嶺分源,東逕迦舍羅國。釋氏《西域記》曰:有國名伽舍羅逝。此國狹小,而總萬國之要道無不由。城南有水,東北流,出羅逝西山,山即蔥嶺也。逕岐沙谷,出谷分爲二水。一水東流,逕無雷國北,治盧城,其俗與西夜、子合同。又東流逕依耐國北,去無雷五百四十里,俗同子合。河水又東逕蒲犁國北,治蒲犁谷,北去疏勒五百五十里,俗與子合同。河水又東逕皮山國北,治皮山城,西北去莎車三百八十里。

其一源出于闐國南山,北流與蔥嶺所出河合,又東注蒲昌海。

8　河水又東與于闐河合,南源導于闐南山,俗謂之仇摩置,自置北流,逕于闐國西,治西城。土多玉石。西去皮山三百八十里,東去陽關五千餘里。釋法顯自烏帝西南行,路中無人民,沙行艱難,所逕之苦,人理莫比。在道一月五日,得達于闐。其國殷庶,民篤信,多大乘學,威儀齊整,器鉢無聲。城南十五里有利剎寺,中有石靽,石上有足跡,彼俗言是辟支佛跡也。法顯所不傳,疑非佛跡也。又西北流,注于河。即《經》所謂北注蔥嶺河也。

9　南河又東逕于闐國北,釋氏《西域記》曰:河水東流三千里,至于闐,屈東北流者也。《漢書·西域傳》曰:于闐已東,水皆東流。南河又東北逕扜彌國北,治扜彌城,西去于闐三百九十里。南河又東逕精絕國北,西去扜彌四百六十里。南河又東逕且末國北,又東,右會阿耨達大水。釋氏《西域記》曰:阿耨達山西北有大水,北流注牢蘭海者也。

10　其水北流逕且末南山,又北逕且末城西,國治且末城,西通精絕二千里,東去鄯善七百二十里,種五穀,其俗略與漢同。又曰:且末河東北流逕且末北,又流而左會南河,會流東逝,通爲注濱河。

11　注濱河又東逕鄯善國北,治伊循城,故樓蘭之地也。樓蘭王不恭于漢,元鳳四年,霍光遣平樂監傅介子刺殺之,更立後王。漢又立其前王質子尉屠耆爲王,更名其國爲鄯善。百官祖道橫門,王自請天子曰:身在漢久,恐爲前王子所害,國有伊循城,土地肥美,願遣將屯田積粟,令得依威重。遂置田以鎮撫之。

12　敦煌索勱,字彥義,有才略,刺史毛奕表行貳師將軍,將酒泉、敦煌兵千人,至樓蘭屯田。起白屋,召鄯善、焉耆、龜兹三國兵各千,橫斷注濱河。河斷之日,水奮勢激,波陵冒堤。勱厲聲曰:王尊[4]建節,河堤不溢,王霸精誠,呼沱不流[5]。水德神明,古今一也。勱躬禱祀,水猶未減,乃列陣被杖,鼓譟讙叫,且刺且射,大戰三日,水乃迴減,灌浸沃衍,胡人稱神。大田三年,積粟百萬,威服外國。

13　其水東注澤。澤在樓蘭國北扜泥城,其俗謂之東故城,去陽關千六百里,西北去烏壘千七百八十五里,至墨山國千八百六十五里,西北去車師千八百九十里。土地沙鹵少田,仰穀旁國。國出玉,多葭葦、檉柳、胡桐、白草。國在東垂,當白龍堆,乏水草,常主發導,負水擔糧,迎送漢使,故彼俗謂是澤爲牢蘭海也。釋氏《西域記》曰:南河自于闐東於北三千里,至鄯善入牢蘭海者也。

14　北河自岐沙東分南河,即釋氏《西域記》所謂二支北流,逕屈茨、烏夷、禪善,入牢蘭海者也。北河又東北流,分爲二水,枝流出焉。北河自疏勒逕流南河之北,《漢書‧西域傳》曰：蔥嶺以東，南北有山，相距千餘里，東西六千里，河出其中。暨于溫宿之南，左合枝水，枝水上承北河于疏勒之東；西北流逕疏勒國南，又東北與疏勒北山水合；水出北溪，東南流逕疏勒城下，南去莎車五百六十里，有市列，西當大月氏、大宛、康居道。釋氏《西域記》曰：國有佛浴牀，赤真檀木作之，方四尺，王于宮中供養。

15　漢永平十八年，耿恭以戊己校尉，爲匈奴左鹿蠡王所逼，恭以此城側㵎傍水，自金蒲遷居此城，匈奴又來攻之，壅絕㵎水。恭于城中穿井，深一十五丈，不得水，吏士渴乏，笮馬糞汁飲之。恭乃仰天嘆曰：昔貳師拔佩刀刺山，飛泉湧出，今漢德神明，豈有窮哉？整衣服，向井再拜，爲吏士禱之。有頃，水泉奔出，眾稱萬歲。乃揚水以示之，虜以爲神，遂即引去。

16　後車師叛，與匈奴攻恭，食盡窮困，乃煮鎧弩，食其筋革。恭與士卒同生死，咸無二心。圍恭不能下，關寵上書求救。建初元年，章帝納司徒鮑昱之言，遣兵救之。至柳中，以校尉關寵分兵入高昌壁，攻交河城，車師降，遣恭軍吏范羌，將兵二千人迎恭。遇大雪丈餘，僅能至，城中夜聞兵馬，大恐，羌遙呼曰：我范羌也。城中皆稱萬歲，開門相持涕泣。尚有二十六人，衣屨穿決，形容枯槁，相依而還。

17　枝河又東逕莎車國南，治莎車城，西南去蒲犂七百四十里。漢武帝開西域，屯田于此。有鐵山，出青玉。枝河又東逕溫宿國南，治溫宿城，土地物類，與鄯善同。北至烏孫赤谷六百一十里，東通姑墨二百七十里，于此，枝河右入北河。

18　北河又東逕姑墨國南，姑墨川水注之，水導姑墨西北，歷赤沙山，東南流逕姑墨國西，治南城。南至于闐，馬行十五日，土出銅鐵及雌黃。其水又東南流，右注北河。

19　北河又東逕龜茲國南，又東，左合龜茲川水，有二源，西源出北大山南，釋氏《西域記》曰：屈茨北二百里有山，夜則火光，晝日但煙，人取此山石炭，冶此山鐵，恒充三十六國用。故郭義恭《廣志》云：龜茲能鑄冶。其水南流逕赤沙山。釋氏《西域記》曰：國北四十里，山上有寺，名雀離大清淨。又出山東南流，枝水左派焉。又東南，水流三分，右二水俱東南流，注北河。

20　東川水出龜茲東北，歷赤沙、積梨南流，枝水右出，西南入龜茲城，音屈茨也，故延城矣。西去姑墨六百七十里，川水又東南流逕于輪臺之東也。昔漢武帝初通西域，置校尉，屯田于此。搜粟都尉桑弘羊奏言：故輪臺以東，地廣，饒水草，可溉田五千頃以上。其處溫和，田美，可益通溝渠，種五穀，收穫與中國同。時匈奴弱，不敢近西域，于是徙莎車，相去千餘里，即是臺也。

21　其水又東南流，右會西川枝水，水有二源，俱受西川，東流逕龜茲城南，合爲一水，水間有故城，蓋屯校所守也。其水東南注東川，東川水又東南逕烏壘國南，治烏壘

城，西去龜茲三百五十里，東去玉門陽關二千七百三十八里，與渠犁田官相近，土
地肥饒，于西域爲中，故都護治焉。漢使持節鄭吉，并護北道，故號都護，都護之
起，自吉置也。其水又東南注大河。

22　大河又東，右會敦薨之水，其水出焉耆之北敦薨之山，在匈奴之西，烏孫之東。《山
海經》曰：敦薨之山，敦薨之水出焉，而西流注于泑澤⑥。出于崑崙之東北隅，實惟
河源者也。二源俱道，西源東流，分爲二水，左水西南流，出于焉耆之西，逕流焉耆
之野，屈而東南流，注于敦薨之渚。右水東南流，又分爲二，左右焉耆之國。城居
四水之中，在河水之洲，治員渠城，西去烏壘四百里，南會兩水，同注敦薨之浦。

23　東源東南流，分爲二水，澗瀾雙引，洪湍濬發，俱東南流，逕出焉耆之東，導于危須
國西。國治危須城，西去焉耆百里。又東南注，流于敦薨之藪。川流所積，潭水斯
漲，溢而爲海。《史記》曰：焉耆近海多魚鳥。東北隔大山與車師接。

24　敦薨之水自西海逕尉犁國，國治尉犁城，西去都護治所三百里，北去焉耆百里。其
水又西出沙山鐵關谷，又西南流，逕連城別注，裂以爲田。桑弘羊曰：臣愚以爲連
城以西，可遣屯田，以威西國。即此處也。其水又屈而南，逕渠犁國西。故《史記》
曰：西有大河。即斯水也。

25　又東南流，逕渠犁國，治渠犁城，西北去烏壘三百三十里。漢武帝通西域，屯渠犁，
即此處也。南與精絕接，東北與尉犁接。又南流注于河。《山海經》曰：敦薨之水，
西流注于泑澤。蓋亂河流自西南注也。河水又東逕墨山國南，治墨山城，西至尉
犁二百四十里。河水又東逕注賓城南，又東逕樓蘭城南而東注。蓋墢田士所屯，
故城禪國名耳。

26　河水又東注于泑澤，即《經》所謂蒲昌海也。水積鄯善之東北，龍城之西南。龍城，
故姜賴之虛，胡之大國也。蒲昌海溢，盪覆其國，城基尚存而至大，晨發西門，暮達
東門。澮其崖岸，餘溜風吹，稍成龍形，西面向海，因名龍城。地廣千里，皆爲鹽而
剛堅也。行人所逕，畜産皆布氈臥之，掘發其下，有大鹽，方如巨枕，以次相累，類
霧起雲浮，寡見星日，少禽，多鬼怪。西接鄯善，東連三沙，爲海之北隘矣。故蒲昌
亦有鹽澤之稱也。

27　《山海經》曰：不周之山，北望諸毗之山，臨彼岳崇之山，東望泑澤，河水之所潛也。
其源渾渾泡泡者也。東去玉門陽關千三百里，廣輪四百里。其水澄渟，冬夏不減，
其中洄湍電轉，爲隱淪之脈。當其澴流之上，飛禽奮翮于霄中者，無不墜于淵波
矣。即河水之所潛，而出于積石也。

又東入塞，過敦煌、酒泉、張掖郡南，

28　河自蒲昌，有隱淪之證，並間關入塞之始。自此，《經》當求實致也。河水重源，又

發于西塞之外,出于積石之山。《山海經》曰:積石之山,其下有石門,河水冒以西流,是山也,萬物無不有,《禹貢》所謂導河自積石也。山在西羌之中,燒當所居也。

29　延熹二年,西羌燒當犯塞,護羌校尉段熲討之,追出塞,至積石山,斬首而還。司馬彪曰:西羌者,自析支以西,濱于河首左右居也。河水屈而東北流,逕析支之地,是爲河曲矣。應劭曰:《禹貢》,析支屬雍州,在河關之西,東去河關千餘里,羌人所居,謂之河曲羌也。

30　東北歷敦煌、酒泉、張掖南。應劭《地理風俗記》曰:敦煌⑦,酒泉,其水甘若酒味故也;張掖,言張國臂掖,以威羌狄。《說文》⑧曰:郡制,天子地方千里,分爲百縣,縣有四郡。故《春秋傳》⑨曰:上大夫縣,下大夫郡。至秦,始置三十六郡,以監縣矣。

31　從邑,君聲。《釋名》曰:郡,羣也,人所羣聚也。黃義仲《十三州記》⑩曰:郡之言君也,改公侯之封而言,君者,至尊也。郡守專權,君臣之禮彌崇,今郡字,君在其左,邑在其右,君爲元首,邑以載民,故取名于君,謂之郡。

32　《漢官》⑪曰:秦用李斯議,分天下爲三十六郡。凡郡,或以列國,陳、魯、齊、吳是也;或以舊邑,長沙、丹陽是也;或以山陵,太山、山陽是也;或以川原,西河、河東是也;或以所出,金城城下得金,酒泉泉味如酒,豫章樟樹生庭,雁門雁之所育是也;或以號令,禹合諸侯,大計東冶之山,因名會稽是也。

33　河逕其南而纏絡遠矣。

【篇　旨】　此篇仍記敍天竺,並及於天竺以外的中亞各地。而重點則在漢代的西域並包括河西走廊,特別記敍了漢朝對西域的開拓經營。《山海經》仍是此篇所據的重要文獻。發源於崑崙(蔥嶺)的河水,到泑澤(蒲昌海)而隱淪,以後伏流入塞,到積石而復出,這就是當時傳襲的"重源"之說。

【注　釋】　①捐毒之國　有不少版本誤作"身毒之國",這種錯誤始於唐顏師古注《漢書·西域傳》:"捐毒即身毒,天篤也,本皆一名,語有輕重耳。""身毒"、"天篤"都是"天竺"的別譯,即今印度。而"捐毒"(Yuandu)是古代西域的一個游牧部落,在今新疆烏恰境。②西河舊事　書名。《隋志》不著錄,《唐志》著錄一卷,不著撰者,故不知何代何人所撰,已亡佚。今有《二酉堂叢書》輯本。③涼土異物志　書名。《隋書·經籍志》著錄二卷,《兩唐志》同,不知何代何人所撰,已亡佚。今有《二酉堂叢書》輯本。④王尊　漢東郡太守,其事跡在卷五《河水注》中有記載。⑤王霸精誠二句　王霸,東漢初人。"呼沱不流"的故事在《後漢書·王霸傳》中有記載。⑥泑澤　即蒲昌海,後之羅布泊,今已乾涸。⑦敦煌　殿本在此案云:"下酒泉、張掖,皆釋其義,此當有脫文。"⑧說文　指漢許慎撰《說文解字》。⑨春秋傳　書名。《注》文所引"上大夫縣,下大夫郡",出於《左傳》哀公二年,故此《春秋傳》實指《左傳》。⑩十三州記　書名。隋唐諸志不著錄,晉黃義仲撰,已亡佚。有宛委山堂《說郛》輯本。⑪漢官　書名。應劭注,《隋書·經籍志》著錄五卷,已亡佚。有《平津館叢書》等輯本。

【語　譯】

又南入蔥嶺山,又從蔥嶺出而東北流。

1　河水發源後潛入地下重又冒出的地方,有三處而不只兩處。一支水源出自西方捐毒國的蔥嶺上,西距休循二百餘里,兩國都是舊時塞族人居住的地區。該區南與蔥嶺相連,嶺高一千里。《西河舊事》說:蔥嶺在敦煌以西八千里,山極高大,山上生蔥,所以叫蔥嶺。河水的源頭自此嶺地下潛流而出,分成兩條。一條西流經休循國南,休循在蔥嶺西。郭義恭《廣志》說:休循國,在蔥嶺,山上多大蔥。又流經難兜國北,該國北方與休循接壤,西南距罽賓國三百四十里。河水又西流,流經罽賓國北。月氏被打垮時,塞王在南方罽賓為王,建都於循鮮城。罽賓地勢平坦,物產豐富,應有盡有。金銀珍寶,稀有的牲畜,奇異的物品,超過華夏,是個大國。但山地險惡,有大頭痛、小頭痛等山,赤土、身熱等坡,無論是人還是牲口經過那裡,都會犯病。

2　河水又西流經月氏國南,國都監氏城,風俗同安息一樣。匈奴冒頓單于打垮了月氏,殺了月氏國王,用他的髑髏做酒杯。國家因此事而分裂,大部分月氏人遠道越過大宛西遷,定居於大夏,這就是大月氏;留下的小部分月氏人走不了,一道守住南山羌中,號稱小月氏。所以有大月氏、小月氏的稱呼。

3　河水又西流經安息國南。安息國都城瀕媯水,版圖廣數千里,是一方最大的國度。國中商人乘車或坐船與鄰國相往來時,都在皮革上記事,文字是橫寫的。河水與蜺羅跂禘水一同注入雷翥海。釋氏《西域記》說:蜺羅跂禘水發源於阿耨達山以北,西流經于闐國。《漢書·西域傳》說:于闐以西,水都西流,注入西海。

4　河水又西流經四大塔以北,這就是法顯和尚所說的糺尸羅國,漢語意為斷頭。佛陀前生做菩薩時,曾將自己的頭施捨給別人,因以斷頭為國名。國都東又有佛陀前生將自己的肉體飼餵餓虎的地方,那些地方都建了佛塔。又西流經揵陀衛國北,這是阿育王兒子法益所治理的城邑。佛陀做菩薩時又在這個國家將自己的眼睛施捨給別人,那地方也造了大塔。還有個弗樓沙國,天帝釋變成牧童,用泥土堆成一座佛塔,法王就憑這座小塔造了一座大塔。以上幾處的塔,就是所謂四大塔。

5　《法顯傳》說:弗樓沙國有佛缽,月氏王大規模調動軍隊來攻打這個國家,想把佛缽搶去。他把佛缽放在象背上運,可是大象卻走不動。他又造了一輛四輪車來裝載佛缽,用八頭大象來拉,還是拉不動。月氏王知道佛缽的緣分沒有到,於是造了一座塔,把佛缽留下來供養。佛缽盛得下兩斗,顏色斑斑駁駁,但以黑色居多;四邊輪廓分明,厚約二分,光滑鋥亮。窮人投入一點兒花,缽中就會裝滿;富人用很多花供養,即使千籮萬擔,還是始終裝不滿。佛圖調說:佛缽是用青玉做的,能盛三斗左右,那個國家把它當作國寶。供養的時候,心中希望它終日香花不滿,就會如人所願;希望一把便滿,也會如人所願。又按竺法維和尚所說:佛鉢藏在大月氏國,為它造了一座塔,高三十丈,共七層,佛鉢放在第二層。佛鉢用青石製成,用金鎖鏈絡起來懸掛著。又有人說,佛鉢是凌空懸著的。須菩提把佛鉢安放在金几上,佛陀的一隻足印與佛鉢同在一處,國王、臣民手裡都拿著梵香、七寶、璧玉,來供養。佛塔和足印、佛牙、袈裟、頂相舍利,都在弗樓沙國。

6　釋氏《西域記》說:揵陀越王城西北,有鉢吐羅越城,這就是佛袈裟王城。城東有一座寺院。再去尋找川水西北十里的地方,有個河步羅龍潭,佛陀到龍潭上洗衣服的地方,洗衣石還在。蜺羅跂禘水流到安息,注入雷翥海。又說:揵陀越以西是西海,那裡有個安息國。竺枝《扶南記》說:安息國距私訶條國二萬里,國土瀕臨海邊,就是《漢書》的天竺安息國。國中戶口近一百萬,是最大的國家。《漢書·西域傳》又說:梨軒、條支臨西海。據老人傳聞,條支有弱水,還有西王母,但也沒有人見過。從條支沿水路向西走,約百餘日,就快到太陽沉沒的地方了。也許這就是河水所通的西海了。所以《涼土異物志》說:蔥嶺的水分為東西兩條,西邊的水流入大海,東邊的水就是河水的源頭。這蔥嶺也就是《禹記》所說的崑崙山。

7　張騫出使大宛,走到河水源泉的盡頭,以為河水就到此為止了,並沒有通到崑崙山。河水源頭從蔥嶺分流後,東流經迦舍羅國。釋氏《西域記》說:有個叫迦舍羅逝的國度,疆域雖小,卻是諸國交通要道必經之地。城南有一條水東北流,從羅逝西山流出,這山就是蔥嶺。又流經岐沙谷,出谷後分為兩條。一條東流,流經無雷國北,該國都城盧城,風俗與西夜、子合相同。又東流,流經依耐國北,這裡距無雷國五百四十里,風俗與子合相同。河水又東流,流經蒲犁國北,都城在蒲犁谷,北距疏勒五百五十里,風俗與子合相同。河水又東流,流經皮山國北,都城皮山城,西北距莎車三百八十里。

其一源出于闐國南山,北流與蔥嶺所出河合,又東注蒲昌海。

8　河水又東流,與于闐河匯合。于闐河南源出自闐南山,俗稱仇摩置。水源從仇摩置北流,流經于闐國西,國都西城。這地方盛產玉石。西距皮山三百八十里,東距陽關五千餘里。法顯和尚從烏帝往西南方走,一路不見人跡,跋涉於大漠荒沙之中,所經歷的勞瘁辛苦,真不是世人所能想像的。路上走了一個月又五天,才到于闐。于闐很富庶,人民信仰佛教很虔誠,大多數人修習大乘,禮儀十分嚴肅整齊,器鉢都不輕易發聲。城南十五里有一座利刹寺,寺內有石靴,巖石上有足印。據當地民間傳說,這是辟支佛留下的足跡。但法顯沒有提到此事,恐怕不是佛陀的足跡了。于闐河又西北流,注入河水。這就是《水經》所說的:北流注入蔥嶺河。

9　南河又東流經于闐國北。釋氏《西域記》說：河水東流三千里，到了于闐，折而東北流，就指此而言。《漢書·西域傳》說：于闐以東，水都東流。南河又東北流經扜彌國北，都城扜彌城，西距于闐三百九十里。南河又東流經精絕國北，該國西距扜彌四百六十里。南河又東流經且末國北，又東流，在右岸匯合阿耨達大水。釋氏《西域記》說：阿耨達山西北有大水，北流注入牢蘭海，即指此水。

10　大水北流經且末南山，又北流經且末城西，且末城是國都，西邊通精絕，相距二千里，東距鄯善七百二十里。那裡種植五穀，風俗大致上與漢人相同。又說：且末河東北流經且末北，又往前流，在左岸與南河匯合。匯合後往東流逝，自此以下通稱注濱河。

11　注濱河又東流經鄯善國北，國都伊循城，舊時是樓蘭的領土。樓蘭王對漢朝不恭，元鳳四年(公元前七七年)霍光派平樂監傅介子去刺殺了他，另外立了一位國王，漢朝又把樓蘭前王留漢作人質的兒子尉屠耆立為國王，改國名為鄯善。尉屠耆回國時，漢朝文武百官在橫門為他餞行，王向漢朝天子請求道：我留在漢朝很久了，回去以後恐怕會被前王的兒子殺害。我們國家有個伊循城，土壤肥沃，希望陛下派遣將軍去屯田開墾，積聚糧食，使我也能依仗大國的聲威，得以自保。於是漢朝就在那裡設置屯田，來鎮撫鄯善。

12　敦煌索勱，字彥義，為人有才氣和謀略，刺史毛奕上表推薦他為貳師將軍，率領酒泉、敦煌兵一千名，到樓蘭去屯田。他搭了茅草屋，調了鄯善、焉耆、龜茲三個國家的軍隊各一千人，動工在注濱河上截流築壩。河道被截斷那天，水勢洶湧峻急，水浪漫過堤壩。索勱屬聲喝道：王尊執持符節，河堤就不溢水；王霸志決心誠，呼沱河就結冰不流。水的德性是有神靈的，古往今來莫不如此。說罷他親自舉行祭祀祈禱，可是水勢還是沒有減弱，於是他擺起陣勢，士兵都手持武器，鼓噪吶喊，以槍刺，以箭射，大戰了三日，水勢才逐漸減退，河水灌溉著肥沃的原野，胡人都把他看作神人。他耕種了三年，積聚的糧食多達百萬石，聲威震懾外國。

13　注濱河東流，注入湖澤中。這片湖澤坐落在樓蘭國北面的扜泥城，當地人稱為東故城，距陽關一千六百里，西北距烏壘一千七百八十五里，到墨山國一千八百六十五里，西北距車師一千八百九十里。那一帶地方土地斥鹵多沙，少有水田，吃糧仰賴鄰國供應，但出產寶玉、蘆葦、檉柳、梧桐、白草等也很多。國都在東部邊境，位於白龍堆前，缺少水草，常當嚮導，背著水，挑著糧食，迎送漢朝的使節。所以當地人把這片湖澤稱為牢蘭海。釋氏《西域記》說：南河從于闐以東，北流三千里，到鄯善注入牢蘭海，即指此。

14　北河從岐沙以東分出南河，就是釋氏《西域記》所說的：兩條水北流，經屈茨、烏夷、

禪善,注入牢蘭海。北河又東北流,分出一條支流。北河從疏勒起,在南河以北徑
直流去。《漢書·西域傳》說:蔥嶺以東,南北都有山,相距一千餘里,東西綿亙六
千里,河水就從兩山之間流出。到了溫宿南,在左岸匯合了一條支流。支流上口
在疏勒以東承接北河,西北流經疏勒國南;又東北流,與疏勒北山水匯合。北山水
源出自北溪,東南流經疏勒城下。此城南距莎車五百六十里,商行店鋪成列,西邊
是通大月氏、大宛、康居的交通要道。釋氏《西域記》說:該國有佛陀浴床,以赤紅
色真檀木製成,面積四尺見方。國王把它供養在宮中。

15 漢永平十八年(公元七五年),耿恭當時擔任戊己校尉,受到匈奴左鹿蠡王的脅迫,
他認為疏勒城一側傍近有山澗,有水可以倚靠,就從金蒲遷居到這裡來。匈奴又
來進攻,堵斷了澗水。耿恭在城中挖井,已挖到地下十五丈深了,可是仍然不見有
水。官吏士卒口渴難當,竟以馬糞榨點水汁來喝。耿恭仰天嘆息道:從前貳師將
軍拔出佩刀刺山,就有泉水迸湧而出;現在大漢國運興旺如有神助,難道會到窮途
末路了嗎?於是他整了整衣服,向著井拜了兩拜,為官吏士卒祈禱。一會兒,泉水
噴湧而出,眾人都高呼慶賀。於是就舉水給匈奴人看,匈奴人把他視為神人,立即
領兵退去。

16 後來車師反叛,與匈奴人聯合起來攻打耿恭。城裡糧食都吃光了,處境十分艱難,
甚至把鎧甲和弓弩都煮了,拿上面的牛筋牛皮來吃。耿恭與士卒誓同生死,萬眾
一心,忠貞不二。匈奴圍攻耿恭仍攻不進城,關寵上書向朝廷求救。建初元年(公
元六七年),漢章帝採納了司徒鮑昱的建議,派兵去營救。軍隊到達柳中,由校尉關
寵分兵進入高昌的營寨,攻打交河城,車師投降了。於是派遣耿恭的軍吏范羌領
兵二千人去迎接耿恭。當時正下大雪,雪深丈餘,兵馬勉強才到達。城中夜裡聽
到兵馬的喧囂聲,非常驚恐。范羌遠遠地高叫道:我是范羌啊。城中才歡呼慶祝,
開門迎接,大家相抱哭泣。這時城中活著的只有二十六人了,衣服鞋襪都已破爛
不堪,面色憔悴消瘦,彼此相扶著回來。

17 支流東流經莎車國南,國都莎車城,西南距蒲犁七百四十里。漢武帝開拓西域,曾
在這裡屯田。莎車國有鐵山,出產青玉。支流又東流經溫宿國南,國都溫宿城,地
理環境以及物產種類,與鄯善相同。溫宿北距烏孫赤谷六百一十里,東通姑墨二
百七十里。在這裡,支流從右岸注入北河。

18 北河又東流經姑墨國南,姑墨川水注入。川水發源於姑墨西北,流經赤沙山,東南
流經姑墨國西,國都為南城。乘馬往南到于闐,行程需十五日。姑墨國產銅鐵及
雌黃。川水又東南流,從右岸注入北河。

19 北河又東流經龜茲國南,又東流,左岸匯合龜茲川。龜茲川水有兩個源頭,西邊那

個源頭發源於北大山南。釋氏《西域記》說：屈茨北二百里有山，夜間可以看到火光，白天只見冒煙。人們開採了山上的石炭，來冶煉山上的鐵礦，能經常供應三十六個國家的需用。所以郭義恭《廣志》說：龜茲能冶鐵和鑄鐵。此水南流經赤沙山。釋氏《西域記》說：龜茲國以北四十里，山上有寺，叫雀離寺，十分清淨。又出山東南流，左岸分出支流。又東南流，水流分為三條，右邊兩條都往東南流，注入北河。

20　東川水發源於龜茲東北，經赤沙、積梨南流。支流從右岸分出，往西南流入龜茲城龜茲，音屈茨，就是舊時的延城。龜茲城西距姑墨六百七十里。川水又東南流，流經輪臺東。從前漢武帝開始通西域時，曾設置校尉，在這裡屯田。搜粟都尉桑弘羊奏道：舊時輪臺以東，原野廣袤，水草豐饒，川水可以灌漑五千頃以上的田畝。那裡氣候溫和，土壤肥沃，可以多開些溝渠，種植五穀，收穫當可與中國相比。當時匈奴還弱小，不敢接近西域，於是就遷徙到相距千餘里外的莎車去。桑弘羊說的就是這地方。

21　川水又東南流，在右岸匯合西川支水。支水有兩個源頭，都是接納了西川的水，東流經龜茲城南，又匯合為一條。兩水之間有座舊城，就是屯田校尉所守的地方。此水東南流，注入東川。東川水又東南流，流經烏壘國南。國都烏壘城，西距龜茲三百五十里，東距玉門陽關二千七百三十八里，與渠犁田官的駐地相近。這裡土壤肥沃，位於西域的中部，是舊時的都尉治所。漢朝派遣使節鄭吉駐此，也兼管北道，所以號稱都護。都護的由來，就是從鄭吉時設置開始。東川水又東南流，注入大河。

22　大河又東流，在右岸匯合敦薨水。敦薨水發源於焉耆以北的敦薨山，在匈奴以西，烏孫以東。《山海經》說：敦薨山，是敦薨水的發源地，西流注入泑澤。此水源出崑崙山的東北角，其實是河水的源頭。兩條水源一路流來，西源往東流，分為兩條：左邊一條西南流，從焉耆以西流出，流經焉耆的原野，折向東南，注入敦薨水之濱；右邊一條東南流，又一分為二，流經焉耆國都左右兩側。都城四面環水，成為河水中央的一個島嶼。這個國都就是員渠城，西距烏壘四百里。南流兩水匯合後，一同注入敦薨浦。

23　東源東南流，也分為兩條，潤水波瀾滾滾，往前奔流，洪流既急且深，一齊流向東南，從焉耆以東、危須以西流過。危須國都危須城，西距焉耆一百里。又東南流，注入敦薨藪。由於水流在這裡積瀦起來，淵潭不斷高漲，向四方溢出，於是就成了內海。《史記》說：焉耆接近海邊，因此魚類和鳥類都很多。東北隔著大山與車師接壤。

24 敦薨水從西海流經尉犁國,國都尉犁城,西距都護治所三百里,北距焉耆一百里。
此水又西流,從沙山鐵關谷流出;又西南流,流經連城時引水分流,灌溉田畝。桑
弘羊說:依我的淺見,以為連城以西可派兵屯田,以威懾西域諸國。他指的就是這
地方。此水又折而南流,流經渠犁國西。所以《史記》說:西方有大河,指的就是
此水。

25 又東南流,流經渠犁國。國都渠犁城,西北距烏壘三百三十里。漢武帝通西域,在
渠犁屯田,就是這地方。渠犁南與精絕相鄰,東北與尉犁接境。又南流,注入河
水。《山海經》說:敦薨水西流注入泑澤。此水是穿過河水從西南注入澤中的。河
水又東流經墨山國南。國都墨山城,西至尉犁二百四十里。河水又東流經注賓城
南。又東流,流經樓蘭城南,然後往東流去。這裡原來是屯田士兵駐紮之地,所以
國名也就成了城名了。

26 河水又東流,注入泑澤,這就是《水經》所說的蒲昌海。這片水域位於鄯善東北部,
龍城西南部。龍城就是舊時的姜賴虛,是胡人的大國都。因蒲昌海洪水氾濫,把
這座都城沖毀了。今天城的遺址還在,面積很大,早晨從西門動身,傍晚才能到達
東門。水從岸邊流出,水浪經輕風吹拂,就成為有點像龍形的水紋,西面向海,因
此稱為龍城。這裡原野曠闊,地方千里,但都是鹽鹹,又硬又堅實。游牧民族經過
時,牛羊都要鋪上氈毯才可躺下。如果掘下去,地下有很大的鹽塊,方方的,像是
大枕頭,一塊挨一塊堆著。這地方氣候惡劣,經常是霧罩雲遮,很少能見到星星和
太陽;少有禽鳥,多的是鬼怪。西方與鄯善相鄰,東方與三沙接境,是蒲昌海以北
的險要之地。所以蒲昌海也有鹽澤的稱呼。

27 《山海經》說:不周山,北望諸毗山,俯視岳崇山,東望泑澤,是河水潛流於地下的地
方,水源汩汩嘩嘩地響,說的就是這裡。泑澤東距玉門陽關一千三百里,周圍四百
里。澤中的水澄清而不流動,冬夏不減。澤中旋渦湍急有如雷電,這就是潛流的
水脈。在旋渦急轉的上空,鼓翼翱翔於雲霄的飛鳥,沒有不掉入深淵的。這就是
河水潛流於地下的地方,到積石方才又湧出地面。

又東入塞,過敦煌、酒泉、張掖郡南,

28 河水自蒲昌海潛入地下是確有證據的,也是從這裡起,輾轉流入邊塞。從這裡開
始,《水經》應當探究實際的情況了。河水再次發源,又從西塞之外重新出現,從積
石山流出。《山海經》說:積石山,山下有石門,河水從石門冒出西流。積石山上,
萬物無所不有。這就是《禹貢》所說的自積石疏導河水。積石山位於西羌境內,是
燒當羌居住的地方。

29 延熹二年(公元一五九年),西羌中的燒當羌侵犯邊境,護羌校尉段潁領兵征討,一

直追到塞外,到積石山殺了一些羌人方才回來。司馬彪說:西羌這個民族,是從析支以西沿著河首左右兩岸定居的。河水折而東北流,流經析支地區,這就是河曲。應劭說:《禹貢》裡所說的析支屬於雍州,其地在河關西,東距河關一千餘里,是羌人居住的地區。這一帶的羌人叫河曲羌。

30　河水東北流經敦煌、酒泉、張掖以南。應劭《地理風俗記》說:敦煌,酒泉,因水味甘美如酒,故名;張掖,意謂張開國家的臂腋,以威懾羌狄。《說文》說:按照郡制,天子所領疆域廣一千里,分為一百個縣,每縣有四郡。所以《春秋傳》說:上大夫領縣,下大夫領郡。到了秦朝,才設置三十六郡來管轄各縣。

31　郡字偏旁從邑,音君。《釋名》說:郡,就是群的意思,是人們群聚在一起的地方。黃義仲《十三州記》說:郡,指的就是君,把公侯的封地改稱為君,是表示至高無上的意思。郡守獨攬大權,君臣之間的禮數極其隆重。現在的郡字,君字偏旁在左,邑字偏旁在右,君是元首,邑是百姓安身的地方,因而以君取名,稱為郡。

32　《漢官》說:秦朝採納李斯的建議,把天下分為三十六郡。所置諸郡,有的以原來的列國為名,如陳、魯、齊、吳就是;有的以原有舊城為名,如長沙、丹陽就是;有的以山陵為名,如太山、山陽就是;有的以川流原野為名,如西河、河東就是;有的以物產得名,如金城,因為城下得金,酒泉,因為泉味如酒,豫章,因為樟樹生於庭院,雁門,是大雁繁育之地;有的以號令得名,如禹召集諸侯,在東冶山評議功績,所以名為會稽。

33　河水回環曲折地流經三郡以南,距離三郡還是很遠的。

【研　析】　此篇除了在天竺和中亞地區提供於今難得的資料以外,特別值得珍視的是西域的煤炭煉鐵工業和有關地名學的內容。在《經》文"其一源出于闐國南山,北流與蔥嶺所出河合,又東注蒲昌海"下,《注》文引釋氏《西域記》:"屈茨北二百里有山,夜則火光,晝日但煙,人取此山石炭,冶此山鐵,恆充三十六國用。故郭義恭《廣志》云:龜茲能鑄冶。"這條記載,不僅是今新疆地區煤炭、煉鐵工業的最早記載,而且內容完整,把燃料、礦石原料和成品市場都和盤托出,是一種珍貴的經濟地理資料。在《經》文"又東入塞,過敦煌、酒泉、張掖郡南"下,《注》文記敘了秦代郡名的命名原則。對於古代地名的命名,《穀梁》、《越絕書》、《漢書·地理志》等都有記及,但都沒有此篇所引《漢官》的完整,是地名學研究的重要貢獻。

第 二 篇

1　河水自河曲,又東逕西海郡南。漢平帝時,王莽秉政,欲耀威德,以服遠方,諷羌獻西海之地,置西海郡,而築五縣焉。周海亭燧相望。莽篡政紛亂,郡亦棄廢。

2　河水又東逕允川,而歷大榆、小榆谷北。羌迷唐、鍾存所居也。永元五年,貫友代聶尚爲護羌校尉,攻迷唐,斬獲八百餘級,收其熟麥數萬斛,于逢留河上築城以盛麥,且作大船,于河峽作橋渡兵,迷唐遂遠依河曲。

3　永元九年,迷唐復與鍾存東寇而還。十年,謁者王信、耿譚,西擊迷唐,降之。詔聽還大、小榆谷。迷唐謂漢造河橋,兵來無時,故地不可居,復叛,居河曲,與羌爲讎,種人與官兵擊之允川。去迷唐數十里,營止,遣輕兵挑戰,因引還,迷唐追之,至營因戰,迷唐敗走。于是西海及大、小榆谷,無復聚落。

4　隃糜相曹鳳上言:建武以來,西戎數犯法,常從燒當種起。所以然者,以其居大、小榆谷,土地肥美,又近塞內,與諸種相傍,南得鍾存,以廣其衆;北阻大河,因以爲固,又有西海魚鹽之利,緣山濱河,以廣田蓄,故能彊大,常雄諸種。今黨援沮壞,親屬離叛,其餘勝兵,不過數百,宜及此時,建復西海郡、縣,規固二榆,廣設屯田,隔塞羌胡交關之路,殖穀富邊,省輸轉之役。上拜鳳爲金城西部都尉,遂開屯田二十七部,列屯夾河,與建威相首尾。後羌反,遂罷。

5　按段國《沙州記》[①],吐谷渾于河上作橋,謂之河厲,長百五十步,兩岸纍石作基陛,節節相次,大木從橫更鎮壓,兩邊俱平,相去三丈,並大材以板橫次之,施鉤欄甚嚴飾。橋在清水川東也。

又東過隴西河關縣北,洮水從東南來流注之。

6　河水右逕沙州北。段國曰:澆河西南百七十里有黃沙,沙南北百二十里,東西七十里,西極大楊川。望黃沙,猶若人委乾糒于地,都不生草木,蕩然黃沙,周迴數百里,沙州于是取號焉。《地理志》曰:漢宣帝神爵二年,置河關縣,蓋取河之關塞也。《風俗通》曰:百里曰同,總名爲縣。縣,玄也,首也,從系倒首,舉首易偏矣。言當玄靜,平徭役也。《釋名》又曰:縣,懸也,懸于郡矣。黃義仲《十三州記》曰:縣,弦也,弦以貞直,言下體之居,鄰民之位,不輕其誓,施繩用法,不曲如弦,弦聲近縣,故以取名,今系字在半也。

7　漢高帝六年,令天下縣邑城。張晏曰:令各自築其城也。河水又東北流,入西平郡界,左合二川,南流入河。又東北,濟川水注之,水西南出濫瀆,東北流入大谷,謂之大谷水,北逕澆河城西南,北流注于河。河水又東逕澆河故城北,有二城東西角倚,東北去西平二百二十里。宋少帝景平中[②],拜吐谷渾阿豺爲安西將軍澆河公,即此城也。河水又東北逕黃川城,河水又東逕石城南,左合北谷水。昔段潁擊羌于石城,投河墜坑而死者八百餘人,即于此也。河水又東北逕黃河城南,西北去西平二百一十七里。河水又東北逕廣違城北,右合烏頭川水,水發遠川,引納枝津,北逕城東而北流,注于河。河水又東逕邯川城南,城之左右,歷谷有二水,導自北山,南逕邯亭,注于河。河水又東,臨津溪水注之,水自南山,北逕臨津城西而北流,注于河。河水又東逕臨津城北,白土城南。《十三州志》曰:左南津西六十里有白土城,城在大河之北,而爲緣河濟渡之處。魏涼州刺史郭淮破羌,遮塞于白土,即此處矣。河水又東,左會白土川水,水出白土城西北下③,東南流逕白土城北,又東南注于河。河水又東北會兩川,右合二水,參差夾岸連壤,負險相望。

8 河北有層山,山甚靈秀,山峯之上,立石數百丈,亭亭桀豎,競勢爭高,遠望嶒嶒,若攢圖之託霄上。其下層巖峭舉,壁岸無階,懸巖之中,多石室焉。室中若有積卷矣,而世士罕有津達者,因謂之積書巖。巖堂之內,每時見神人往還矣,蓋鴻衣羽裳之士,練精餌食之夫耳。俗人不悟其仙者,乃謂之神鬼,彼羌目鬼曰唐述,復因名之爲唐述山。指其堂密之居,謂之唐述窟。其懷道宗玄之士,皮冠淨髮之徒,亦往樓託焉。故《秦川記》④曰:河峽崖傍有二窟,一曰唐述窟,高四十丈;西二里有時亮窟,高百丈,廣二十丈,深三十丈,藏古書五笥。亮,南安人也。下封有水⑤,導自是山溪水,南注河,謂之唐述水。

9 河水又東得野亭南⑥,又東北流,歷研川,謂之研川水,又東北注于河,謂之野亭口。河水又東歷鳳林北。鳳林,山名也。五巒俱峙。耆彥云:昔有鳳鳥,飛遊五峰,故山有斯目矣。《秦州記》⑦曰:枹罕原北名鳳林川,川中則黃河東流也。河水又東與灕水合,水導源塞外羌中,故《地理志》曰:其水出西塞外,東北流,歷野虜中,逕消銅城西,又東北逕列城東。考《地説》⑧無目,蓋出自戎方矣。左合列水,水出西北溪,東北流逕列城北,右入灕水,城居二水之會也。灕水又北逕可石孤城西,西戎之名也。又東北,右合黑城溪水,水出西北山下,東南流逕黑城南,又東南,枝水左出焉。又東南入灕水。

10 灕水又東北逕榆城東,榆城溪水注之。水出素和細越西北山下,東南流逕細越川,夷俗鄉名也。又東南出狄周峽,東南右合黑城溪之枝津,津水上承溪水,東北逕黑城東,東北注之榆溪,又東南逕榆城南,東北注灕水。灕水又東北逕石門口,山高險峻絶,對岸若門,故峽得厥名矣。疑即皋蘭山門也。漢武帝元狩三年,驃騎霍去病出隴西,至皋蘭,謂是山之關塞也。應劭《漢書音義》曰:皋蘭在隴西白石縣塞外,河名也。孟康曰:山關名也。今是山去河不遠,故論者疑目河山之間矣。灕水又東北,皋蘭山水自山左右翼注灕水。灕水又東,白石川水注之,水出縣西北山下,東南流,枝津東注焉。白石川水又南逕白石城西而注灕水。灕水又東逕白石縣故城南,王莽更曰順礫。闞駰曰:白石縣⑨在狄道西北二百八十五里,灕水逕其北。今灕水逕其南,而不出其北也。灕水又東逕白石山北,應劭曰:白石山在東。

羅溪水注之。水出西南山下，東入灢水。灢水又東，左合罕开南溪水。水出罕开西，東南流逕罕开南注之。《十三州志》：廣大阪在枹罕西北，罕开在焉。昔慕容吐谷渾自燕歷陰山西馳，而創居于此。灢水又東逕枹罕縣故城南，應劭曰：故枹罕侯邑也。《十三州志》曰：枹罕縣在郡西二百一十里，灢水在城南門前東過也。灢水又東北，故城川水注之，水有二源，南源出西南山下，東北流逕金紐大嶺北，又東北逕一故城南，又東北與北水會。北源自西南逕故城北，右入南水。亂流東北注灢水。灢水又東北，左合白石川之枝津，水上承白石川，東逕白石城北，又東絕罕开溪，又東逕枹罕城南，又東入灢水，灢水又東北出峽，北流注于河。《地理志》曰：灢水出白石縣西塞外，東至枹罕入河。

11　河水又逕左南城南，《十三州志》曰：石城西一百四十里有左南城者也，津亦取名焉。大河又東逕赤岸北，即河夾岸也。《秦州記》：枹罕有河夾岸，岸廣四十丈。義熙中，乞佛于此河上作飛橋，橋高五十丈，三年乃就。河水又東，洮水注之。《地理志》曰：水出塞外羌中。《沙州記》曰：洮水與墊江水俱出強臺山，山南即墊江源，山東則洮水源。《山海經》曰：白水出蜀。郭景純《注》云：從臨洮之西傾山東南流入漢，而至墊江，故段國以爲墊江水也。洮水同出一山，故知強臺，西傾之異名也。洮水東北流，逕吐谷渾中。吐谷渾者，始是東燕慕容之枝庶，因氏其字，以爲首類之種號也，故謂之野虜。自洮強南北三百里中，地草徧是龍鬚，而無樵柴。洮水又東北流逕洮陽曾城北，《沙州記》曰：強城東北三百里有曾城，城臨洮水者也。

12　建初二年，羌攻南部都尉于臨洮，上遣行車騎將軍馬防與長水校尉耿恭救之，諸羌退聚洮陽，即此城也。洮水又東逕洪和山南，城在四山中。洮水又東逕迷和城北，羌名也。又東逕甘枳亭，歷望曲，在臨洮西南，去龍桑城二百里。洮水又東逕臨洮縣故城北。禹治洪水，西至洮水之上，見長人，受《黑玉書》于斯水上。洮水又東北流，屈而逕索西城西。建初二年，馬防、耿恭從五溪祥檔谷出索西，與羌戰，破之，築索西城，徙隴西南部都尉居之，俗名赤水城，亦曰臨洮東城也。《沙州記》曰：從東洮至西洮百二十里者也。

13　洮水又屈而北，逕龍桑城西而西北流。馬防以建初二年，從安故五溪出龍桑，開通舊路者也。俗名龍城。洮水又西北逕步和亭東，步和川水注之。水出西山下，東北流出山，逕步和亭北，東北注洮水。洮水又北出門峽，歷求厥川，蕈川水注之，水出桑嵐西溪，東流歷桑嵐川，又東逕蕈川北，東入洮水。洮水又北歷峽，逕偏橋，出夷始梁，右合蕈塏川水。水東南出石底橫下，北歷蕈塏川，西北注洮水。洮水又東北逕桑城東，又北會藍川水。水源出求厥川西北溪，東北流逕藍川，歷桑城北，東入洮水。洮水又北逕外羌城西，又北逕和博城東，城在山內，左合和博川水。水出城西南山下,東北逕和博城南,東北注于洮水。洮水北逕安故縣故城西,《地理志》,隴西之屬縣也。《十三州志》曰:縣在郡南四十七里,蓋延轉擊狄道、安故、五溪反羌,大破之,即此也。洮水又北逕狄道故城西,闞駰曰:今曰武始也。洮水在城西北流。又北,隴水注之,即《山海經》所謂濫水也。水出鳥鼠山西北高城嶺,西逕隴坻,其山岸崩落者,聲聞數百里。故揚雄稱響若坻頹是也。又西北歷白石山下,《地理志》曰:狄道東有白石山,濫水又西北逕武街城南,又西北逕狄道故城東。《百官表》曰:縣有蠻夷謂之道,公主所食曰邑。應劭曰:反舌左衽,不與華同,須有譯言,乃通也。漢隴西郡治,秦昭王二十八年置。應劭曰:有隴坻在其東,故曰隴西也。

14　《神仙傳》[⑩]曰:封君達,隴西人,服鍊水銀,年百歲,視之如年三十許,騎青牛,故號青牛道士。王莽更郡縣之名,郡曰厭戎,縣曰操虜也。昔馬援爲隴西太守六年,爲狄道開渠,引水種秔稻,而郡中樂業,即此水也。濫水又西北流,注于洮水。

15　洮水右合二水,左會大夏川水。水出西山,二源合舍而亂流,逕金紐城南。《十三州志》曰:大夏縣西有故金紐城,去縣四十里,本都尉治。又東北逕大夏縣故城南。《地理志》,王莽之順夏。《晉書·地道記》曰:縣西有禹廟,禹所出也。又東北出山,注于洮水。洮水又北,翼帶三水,亂流北入河。《地理志》曰:洮水北至枹罕,東入河是也。

又東過金城允吾縣北,

16　金城郡治也。漢昭帝始元六年置,王莽之西海也。莽又更允吾爲脩遠縣。河水逕其南,不在其北,南有湟水出塞外,東逕西王母石室、石釜、西海、鹽池北,故闞駰曰:其西即湟水之源也。《地理志》曰:湟水所出。湟水又東南流逕龍夷城,故西零之地也。《十三州志》曰:城在臨羌新縣西三百一十里。王莽納西零之獻,以爲西海郡,治此城。湟水又東南逕卑禾羌海北,有鹽池。闞駰曰:縣西有卑禾羌海者也。世謂之青海。東去西平二百五十里。湟水東流逕湟中城北,故小月氏之地也。《十三州志》曰:西平、張掖之間,大月氏之別,小月氏之國。范曄《後漢書》曰:湟中月氏胡者,其王爲匈奴所殺,餘種分散,西踰蔥嶺,其弱者南入山,從羌居止,故受小月氏之名也。《後漢·西羌傳》曰:羌無弋爰劍者,秦厲公時,以奴隸亡入三河,羌怪爲神,推以爲豪。河、湟之間多禽獸,以射獵爲事,遂見敬信,依者甚衆,其曾孫忍,因留湟中,爲湟中羌也。

17　湟水又東,右控四水,導源四溪,東北流注于湟。湟水又東逕赤城北,而東入經戎峽口,右合羌水,水出西南山下,逕護羌城東,故護羌校尉治,又東北逕臨羌城西,東北流,注于湟。湟水又東逕臨羌縣故城北,漢武帝元封元年,以封孫都爲侯國,王莽之監羌也。謂之綏戎城，非也。湟水又東，盧溪水注之。水出西南盧川，東北流，注于湟水。湟水又東逕臨羌新縣故城南。闞駰曰：臨羌新縣在郡西百八十里，湟水逕城南也。城有東、西門，西北隅有子城。湟水又東，右合溜溪、伏溜、石杜、蠡四川，東北流注之。左會臨羌溪水，水發新縣西北，東南流，歷縣北，東南入湟水。湟水又東，龍駒川水注之，水右出西南山下，東北流逕龍駒城，北流注于湟水。

18　湟水又東，長寧川水注之，水出松山，東南流逕晉昌城，晉昌川水注之。長寧水又東南，養女川水注之。水發養女北山，有二源，皆長湍遠發，南總一川，逕養女山，謂之養女川。闞駰曰：長寧亭北有養女嶺，即浩亹山，西平之北山也。亂流出峽，南逕長寧亭東，城有東、西門，東北隅有金城，在西平西北四十里。《十三州志》曰六十里，遠矣。長寧水又東南與一水合，水出西山，東南流，水南山上，有風伯祠，春秋祭之。其水東南逕長寧亭南，東入長寧水。長寧水又東南流，注于湟水。

19　湟水又東，牛心川水注之，水出西南遠山，東北流，逕牛心堆東，又北逕西平亭西，東北入湟水。湟水又東逕西平城北，東城，即故亭也。漢景帝六年，封隴西太守北地公孫渾邪爲侯國。魏黃初中，立西平郡，憑倚故亭，增築南、西、北三城以爲郡治。湟水又東逕土樓南，樓北倚山原，峯高三百尺，有若削成。樓下有神祠，雕牆故壁存焉。闞駰曰：西平亭北有土樓神祠者也。今在亭東北五里。右則五泉注之，泉發西平亭北，雁次相綴，東北流至土樓南，北入湟水。湟水又東，右合蔥谷水。水有四源，各出一溪，亂流注于湟。湟水又東逕東亭北，東出漆峽，山峽也。東流，右則漆谷常溪注之，左則甘夷川水入焉。湟水又東，安夷川水注之，水發遠山，西北流，控引衆川，北屈逕安夷城西北，東入湟水。湟水又東逕安夷縣故城，城有東、西門，在西平亭東七十里。闞駰曰四十里。湟水又東，左合宜春水。水出東北宜春溪，西南流至安夷城南，入湟水。湟水又東，勒且溪水注之。水出縣東南勒且溪，北流逕安夷城東，而北入湟水。湟水有勒且之名，疑即此號也。闞駰曰：金城河初與浩亹河合，又與勒且河合者也。湟水又東，左則承流谷水南入，右會達扶東、西二溪水，參差北注，亂流東出，期頓、雞谷二水北流注之。又東，吐那孤①、長門兩川，南流入湟水。六山，名也。湟水又東逕樂都城南，東流，右合來谷、乞斤二水，左會陽非、流溪、細谷三水，東逕破羌縣故城南。應劭曰：漢宣帝神爵二年置，城省南門。《十三州志》曰：湟水河在南門前東過。六谷水自南，破羌川自北，左右翼注。湟水又東南逕小晉興城北，故都尉治。闞駰曰：允吾縣西四十里有小晉興城。湟水又東與閣門河合，即浩亹河也。出西塞外，東入塞，逕敦煌、酒泉、張掖南，東南逕西平之鮮谷塞尉故城南，又東南與湛水合。水有二源，西水出白嶺下，東源發于白岸谷，合爲一川。東南流至霧山，注閣門河。閣門河又東逕養女北山東南,左合南流川水,水出北山,南流入于閣門河。閣門河又東逕浩亹縣故城南,王莽改曰興武矣。闞駰曰:浩,讀閣也。故亦曰閣門水,兩兼其稱矣。又東流注于湟水。故《地理志》曰:浩亹水東至允吾入湟水。湟水又東逕允吾縣北爲鄭伯津,與澗水合,水出令居縣西北塞外,南流逕其縣故城西。漢武帝元鼎二年置,王莽之罘虜也。又南逕永登亭西,歷黑石谷南流,注鄭伯津。湟水又東逕允街縣故城南,漢宣帝神爵二年置,王莽之脩遠亭也。縣有龍泉,出允街谷,泉眼之中,水文成交龍,或試撓破之,尋平成龍。畜生將飲者,皆畏避而走,謂之龍泉,下入湟水。湟水又東逕枝楊縣,逆水注之。水出允吾縣之參街谷,東南流逕街亭城南,又東南逕陽非亭北,又東南逕廣武城西,故廣武都尉治。郭淮破叛羌,治無戴,于此處也。

20 城之西南二十許里,水西有馬蹄谷。漢武帝聞大宛有天馬,遣李廣利伐之,始得此馬,有角爲奇。故漢武帝《天馬之歌》曰:天馬來兮歷無草,逕千里兮循東道。胡馬感北風之思,遂頓羈絶絆,驤首而馳,晨發京城,夕至敦煌北塞外,長鳴而去,因名其處曰候馬亭。今晉昌郡南及廣武馬蹄谷盤石上,馬跡若踐泥中,有自然之形,故其俗號曰天馬徑,夷人在邊效刻,是有大小之迹,體狀不同,視之便別。

21 逆水又東逕枝陽縣故城南,東南入于湟水。《地理志》曰:逆水出允吾東,至枝陽入湟。湟水又東流,注于金城河,即積石之黃河也。闞駰曰:河至金城縣,謂之金城河,隨地爲名也。釋氏《西域記》曰:牢蘭海東伏流龍沙堆,在屯皇東南四百里阿步干鮮卑山[12]。東流至金城爲大河。河出崑崙,崑崙即阿耨達山也。河水又東逕石城南,謂之石城津。闞駰曰:在金城西北矣。河水又東南逕金城縣故城北。應劭曰:初築城得金,故曰金城也。《漢書集註》薛瓚云:金者,取其堅固也,故《墨子》有金城湯池之言矣。王莽之金屏也。《世本》曰:鯀作城。《風俗通》曰:城,盛也,從土成聲。《管子》曰:内爲之城,城外爲之郭,郭外爲之土閬。地高則溝之,下則隄之,命之曰金城。

22 《十三州志》曰:大河在金城北門。東流,有梁泉注之,出縣之南山。按耆舊言:梁暉,字始娥,漢大將軍梁冀後,冀誅,入羌。後其祖父爲羌所推,爲渠帥而居此城。土荒民亂,暉將移居柇罕,出頓此山,爲羣羌圍迫,無水,暉以所執榆鞭豎地,以青羊祈山,神泉湧出,榆木成林,其水自縣北流注于河也。

又東過榆中縣北,

23 昔蒙恬爲秦北逐戎人,開榆中之地。按《地理志》,金城郡之屬縣也。故徐廣《史記音義》[13]曰:榆中在金城,即阮嗣宗《勸進文》[14]所謂榆中以南者也。

又東過天水北界,

24　苑川水出勇士縣之子城南山,東北流,歷此成川,世謂之子城川。又北逕牧師苑,
　　故漢牧苑之地也。羌豪迷吾等萬餘人,到襄武、首陽、平襄、勇士,抄此苑馬,焚燒
　　亭驛,即此處也。又曰:苑川水地,爲龍馬之沃土,故馬援請與田户中分以自給也。
　　有東、西二苑城,相去七十里。西城,即乞佛所都也。又北入于河也。

又東北過武威媼圍縣南,

25　河水逕其界東北流,縣西南有泉源,東逕其縣南,又東北入河也。

又東北過天水勇士縣北,

26　《地理志》曰:滿福也,屬國都尉治,王莽更名之曰紀德。有水出縣西,世謂之二十
　　八渡水。東北流,溪澗縈曲,途出其中,逕二十八渡,行者勤于溯涉,故因名焉。北
　　逕其縣而下注河。又有赤蒳川水,南出赤蒿谷,北流逕赤蒳川,又北逕牛官川。又
　　北逕義城西北,北流歷三城川,而北流注于河也。

又東北過安定北界麥田山,

27　河水東北流,逕安定祖厲縣故城西北。漢武帝元鼎三年,幸雍,遂踰隴登空同,西
　　臨祖厲河而還,即于此也。王莽更名之曰鄉禮也。李斐曰:音賴。又東北,祖厲川
　　水注之,水出祖厲南山,北流逕祖厲縣而西北流,注于河。河水又東北逕麥田城
　　西,又北與麥田泉水合,水出城西北,西南流注于河。河水又東北逕麥田山西谷,
　　山在安定西北六百四十里。河水又東北逕于黑城北,又東北,高平川水注之,即苦
　　水也。水出高平大隴山苦水谷,建武八年,世祖征隗囂,吳漢從高平第一城苦水谷
　　入,即是谷也。

28　東北流逕高平縣故城東,漢武帝元鼎三年置,安定郡治也。王莽更名其縣曰鋪睦。
　　西十里有獨阜,阜上有故臺,臺側有風伯壇,故世俗呼此阜爲風堆。其水又北,龍
　　泉水注之,水出縣東北七里龍泉。東北流,注高平川。川水又北出秦長城,城在縣
　　北一十五里。又西北流,逕東、西二土樓故城門北,合一水。水有五源,咸出隴山
　　西。東水發源縣西南二十六里湫淵,淵在四山中,湫水北流,西北出長城北,與次
　　水會,水出縣西南四十里長城西山中,北流逕魏行宮故殿東,又北,次水注之。出
　　縣西南四十里山中,北流逕行宮故殿西。又北合次水,水出縣西南四十八里,東北
　　流,又與次水合,水出縣西南六十里酸陽山,東北流,左會右水,總爲一川。東逕西
　　樓北,東注苦水。段熲爲護羌校尉,于安定、高平、苦水討先零,斬首八千級于是水
　　之上。苦水又北與石門水合。水有五源,東水導源高平縣西八十里,西北流,次水
　　注之,水出縣西百二十里如州泉,東北流,右入東水,亂流左會三川,參差相得,東
　　北同爲一川,混濤歷峽,峽,即隴山之北垂也,謂之石門口,水曰石門水,在縣西北

八十餘里。石門之水又東北注高平川。川水又北,自延水注之,水西出自延溪,東流歷峽,謂之自延口,在縣西北百里。又東北逕延城南,東入高平川。川水又北逕廉城東,按《地理志》,北地有廉縣。闞駰言,在富平北。自昔匈奴侵漢,新秦之土,率爲狄場,故城舊壁,盡從胡目。地理淪移,不可復識,當是世人誤證也。川水又北,苦水注之。水發縣東北百里山,流注高平川。川水又北,逕三水縣西,肥水注之。水出高平縣西北二百里牽條山西,東北流,與若勃溪合。水有二源,總歸一瀆,東北流入肥。肥水又東北流,違泉水注焉。泉流所發,導于若勃溪東,東北流入肥。

29　肥水又東北出峽,注于高平川,水東有山,山東有三水縣故城,本屬國都尉治,王莽之廣延亭也。西南去安定郡三百四十里。議郎張奐,爲安定屬國都尉,治此。羌有獻金馬者,奐召主簿張祁入于羌前,以酒酹地曰:使馬如羊,不以入厩;使金如粟,不以入懷。盡還不受,威化大行。

30　縣東有温泉,温泉東有鹽池。故《地理志》曰:縣有鹽官。今于城之東北有故城,城北有三泉,疑即縣之鹽官也。高平川水又北入于河。河水又東北逕眴卷縣故城西,《地理志》曰:河水別出爲河溝,東至富平,北入河。河水于此有上河之名也。

【篇　旨】　本篇以《經》文"又東入塞,過敦煌、酒泉、張掖郡南"下《注》文"河水自河曲"始,"河曲"指今青海省境內黃河曲折處,所以《河水》從卷一到卷二,而實際上至此才是黃河記敍之始。此後全篇為《經》文七條作《注》,直到篇末黃河北折至今寧夏境內。

【注　釋】　①沙州記　書名。南北朝宋段國撰,隋唐諸志均不著錄,《藝文類聚》、《初學記》等多有引及。此沙州在今青海東北貴南一帶,是一片沙漠。書已亡佚,有《二酉堂叢書》輯本。②宋少帝景平中　這是《水經注》中第一次所見的南朝年號。清全祖望曾懷疑這是後人抄錄中的錯誤,酈氏家族都任官北朝,怎能使用南朝年號。其實全書中使用的南朝年號甚多,胡適曾對此作過專門研究(《胡適手稿》第六集中冊)。③西北下　《疏》本"下"前有"嶺"字。此按《疏》本語譯於後。④秦川記　書名。不少版本作《秦州記》,殿本作《秦川記》,亦恐是《秦州記》之誤。在以下的《注》文中,殿本也多次引及《秦州記》。⑤下封有水　殿本在此有戴震案語:"下封未詳,疑是地名。"⑥河水又東得野亭南　此句有脫誤。今據《疏》本熊會貞注語譯於後。⑦秦州記　書名。南朝宋郭仲產撰,隋唐諸志不著錄,《後漢書注》、《御覽》、《寰宇記》多有引及,已亡佚。有《說郛》等輯本。⑧地說　書名。未見歷來公私著錄,故不知撰者及撰述年代。卷十《濁漳水》,《注》文說:"鄭玄注《尚書》引《地說》云。"則知此書成於東漢末以前。《水經注疏要刪》認為:"《地記》(按此書卷十五《洛水》篇引及)未詳撰著人,疑《地說》之誤。"⑨闞駰曰二句　此處有佚文一條。《方輿紀要》卷六十《陝西》九《臨洮府·河州·枹罕縣·蕢谷》引《水經注》:"隴右白石縣有开渡。"當為此段中佚文。⑩神仙傳　書名。

《隋書·經籍志》著錄，《兩唐志》同。晉葛洪撰。葛洪(公元二八四—三六三年)，字稚川，號抱朴子，書共十卷，今存，但已有殘缺。⑪吐那孤　包括《大典》本在內的多種版本都作“吐孤”。⑫阿步干鮮卑山　清趙一清在《水經注箋刊誤》卷一引全祖望語，認為阿干是鮮卑語阿步干的略稱，阿步干胡語語意為“兄”，慕容廆思其兄吐谷渾，作《阿干之歌》，今蘭州附近的阿干河、阿干鎮、阿干堡等，均因《阿干之歌》而得名。但此說近年來已有人提出不同意見，加拿籍華人陳三平先後在《中國歷史地理論叢》一九九三年第四輯及一九九六年德國出版的英文《亞洲歷史雜誌》，專為“阿干”撰文。陳文考證了古代流行於中亞的各種語言以及《前燕書》、《宋書》、《魏書》等各種史籍，指出：“全氏的論點，大致可以否定。”即“阿干”不是“阿步干”的省譯。⑬史記音義　書名。《隋書·經籍志》著錄十二卷，南朝宋徐野民撰。野民是徐廣字，故各書引及多稱徐廣撰。此書歷來是注釋《史記》的名作，受到學者的重視。⑭勸進文　文名。三國魏阮嗣宗撰。嗣宗，阮籍字。此文收入於《文選》卷四十，題作《為鄭沖勸晉王牋》。《文選》引臧榮緒《晉書》：“鄭沖，字文和，滎陽人也，位至太傅。又曰，魏帝封晉太祖為晉公，太原等十郡為邑，進位相國，備禮九錫。太祖讓不受，公卿將校皆詣府勸進，阮籍為其辭。魏帝，高貴相公也；太祖，晉文帝也。”此文亦收入於《晉書·文帝紀》。

【語　譯】

1　河水自河曲來，又東流，流經西海郡南。漢平帝時，王莽執政，他想誇耀國威和德惠，使遠方諸國歸順，於是暗示羌人把西海奉獻給漢朝，設置了西海郡，並築了五座縣城。環繞西海，邊防烽火臺相望。王莽篡位後時局混亂，西海郡也就廢棄了。

2　河水又東流經允川，穿過大榆谷和小榆谷北。這是迷唐、鍾存兩個羌人部族居住的地方。永元五年(公元九三年)貫友接替聶尚當護羌校尉，進攻迷唐羌，殺了八百多人，收割了幾萬斛已經成熟的麥子，並在逢留河上築城貯存，又在河峽造大船、搭橋運兵和渡兵。於是迷唐羌就逃離大榆谷和小榆谷，遠去河曲定居了。

3　永元九年(公元九七年)，迷唐羌又與鍾存羌聯合起來東侵，回到原來的居地。十年(公元九八年)，謁者王信、耿譚西征討伐迷唐，迷唐投降，皇帝下詔允許他們回到大榆谷和小榆谷。迷唐以為漢軍建造河橋，隨時都可以過來，舊地已經不能再居住了，重又反叛而遷居到河曲去。因而他們和當地羌人結下了仇怨。羌族人與官兵一起到允川去攻打他們，在離迷唐還有數十里的地方紮下營寨，只派少股兵馬前去挑戰，隨著又退回。迷唐追到營地，就打了起來，結果迷唐戰敗退走了。於是西海及大榆谷、小榆谷都再也沒有居民聚落了。

4　隃糜侯國丞相曹鳳上書說：建武(公元二五—三一年)以來，西戎屢次進犯，常常都是燒當羌發起的。推究其原因，那是因為他們居住在大榆谷和小榆谷，土地肥沃；又接近塞內，與各族羌人相鄰，南邊得到鍾存羌的支援，擴大了他們的人力資源；北有大河的阻障，可以憑險固守；同時又有西海的魚鹽之利，依山瀕河，可以推廣農耕和畜牧業，所以能夠強大，在羌人各族中稱雄。現在他們的黨羽都衰敗零落了，

眾叛親離,剩下的精兵不過數百人。我們正好趁此良機,重新恢復西海郡縣,設法
鞏固大榆谷和小榆谷,大規模設置屯田,阻斷羌人與胡人之間交通聯絡的道路。
我們還可以種植稻穀,使邊疆富裕起來,省卻了從內地輾轉運輸的人力。於是皇
上封曹鳳為金城西部都尉,開闢了屯田二十七部。大河兩岸屯田綿延不絕,與建
威頭尾連成一片。後來羌人重又反叛,屯田也就廢棄了。

5　按段國《沙州記》:吐谷渾在大河上造橋,稱為河厲,也就是河橋的意思。這座河橋
長一百五十步,兩岸用石塊砌成臺階,一級一級排列得很整齊。橋梁用粗大的木
材縱橫相壓著,兩邊都十分平整,相距三丈;又用巨木鋸板橫鋪,兩邊做了欄杆,裝
飾得十分華美。這座橋在清水川東。

又東過隴西河關縣北,洮水從東南來流注之。

6　河水右岸流經沙州北。段國說:澆河西南一百七十里有黃沙。這片沙漠南北一百
二十里,東西七十里,西邊的盡頭直到大楊川為止。一眼望去,這片黃沙就像有人
把乾糧倒在地上似的,沙上草木不生,周圍數百里都是茫茫黃沙,一望無際。沙州
就是因此取名的。《地理志》說:漢宣帝神爵二年(公元前六〇年),設置河關縣,是
以河的關塞的意思取名的。《風俗通》說:地方百里叫同,總名叫縣。縣,是玄,是
首的意思,偏旁從系,首字顛倒。縣字,就是倒首與系互換偏旁而成的。意思是應
當幽遠寧靜,徭役平和。《釋名》又說:縣,是懸的意思,是懸附於郡。黃義仲《十三
州記》說:縣,是弦的意思,弦是正直的,就是說屈身居於下面,地位與老百姓相鄰,
不輕易違背自己的誓言,執法不枉曲,像弦一樣直。弦字讀音與縣字相近,所以取
名為縣。弦,異體作絃或紘,取縣字偏旁的一半。

7　漢高帝六年(公元前二〇一年),下令天下縣邑都要築城。張晏說:命令各縣自行修
築城牆。河水又東北流,流入西平郡境,在左岸匯合了兩條川流,南流注入河水。
又東北流,濟川水注入。濟川水發源於西南方的濫瀆,往東北流入大谷,稱為大谷
水,北流經澆河城西南,北流注入河水。河水又東流經澆河舊城北。城有兩座,在
東西兩邊相對峙,東北距西平二百二十里。宋少帝景平年間(公元四二三年),封吐
谷渾阿豺為安西將軍澆河公,治所就在此城。河水又東北流經黃川城。河水又東
流經石城南,在左岸匯合北谷水。從前段穎在石城攻打羌人,羌人投河墜坑而死
的有八百餘人,就是這地方。河水又東北流經黃河城南,此城西北距西平二百一
十七里。河水又東北流經廣違城北,在右岸匯合烏頭川水。川水發源於遠處的溪
流,引入支水,往北經城東而北流,注入河水。河水又東流經邯川城南。邯川城左
右兩邊,有兩條發源於北山的水,穿過山谷,流經邯亭注入河水。河水又東流,臨
津溪水注入。臨津溪水發源於南山,北流經臨津城西,又北流注入河水。河水又

東流經臨津城北、白土城南。《十三州志》說:左南津西六十里,有白土城。城在大河北岸,是沿河過渡的地點。魏涼州刺史郭淮在白土擊潰遮塞部的羌人,就是這地方。河水又東流,在左岸匯合白土川水。川水發源於白土城西北嶺下,東南流經白土城北,又東南流,注入河水。河水又東北流,匯合了兩條水,右岸又匯合了兩條,參差錯落地從兩岸流來,連片土地憑險相望。

8　大河北岸群山層沓,峰巒十分靈秀。山峰頂上有巨巖高達數百丈,陡峭地巍然聳立,勢若與群山爭高,遠遠望去,高低起伏,上入雲霄,有如畫圖。下面層巖峭拔高起,石壁似的崖岸沒有立足的臺階,懸崖中間有很多石窟。石窟裡面,看去好像有成堆的書,因此叫積書巖,可是世間的書生卻很少能渡水到達那裡的。在巖穴內,時常可以見到神人來來往往,都是些道士仙人,講究服食修煉的高人之流吧。世俗凡人沒有想到他們是仙人,卻說他們是鬼神。羌人稱鬼為唐述,於是把山叫唐述山;把那幽深隱蔽的密室叫唐述窟。那些修仙學道、戴皮冠或削髮的人士也到那裡去棲身。所以《秦川記》說:河峽的崖邊有兩個石窟,一個叫唐述窟,高四十丈;西二里有時亮窟,高百丈,寬二十丈,深三十丈,藏有五竹箱古書。時亮,是安南人。下封有一條水,發源於此山的溪水往南注入河水,稱為唐述水。

9　河水又東流,匯合野亭水,此水發源於野亭南。又東北流經研川,稱為研川水。又東北流,注入河水,匯流處叫野亭口。河水又東流經鳳林北。鳳林是山名,五座峰巒並峙。據有聲望的老人說:從前有鳳凰在五峰間飛翔遨遊,所以山也因此得名了。《秦州記》說:枹罕原北方名叫鳳林川,黃河就在這片平川中往東奔流。河水又東流,與灘水匯合,灘水發源於羌人地區。所以《地理志》說:此水發源於西塞外,東北流,通過野虜地區,流經消銅城西,又東北流經列城東。我查考《地說》並無灘水之名,那麼水名大概是來自戎人的了。灘水左岸匯合列水,列水發源於西北溪,東北流經列城北,自右岸注入灘水;列城就在兩水的匯流處。灘水又北流,流經可石孤城西,這是西戎地名。又東北流,右岸匯合黑城溪水。黑城溪水發源於西北山下,東南流經黑城南,又東南流,左岸分出一條支流,又東南流,注入灘水。

10　灘水又東北流經榆城東,榆城溪水注入。榆城溪水發源於素和細越西北山下,東南流,流經細越川,這是夷人鄉名的俗稱。又往東南從狄周峽流出,往東南在右岸匯合黑城溪的支流。這條支流上口承接溪水,東北流經黑城東,東北注入榆溪。又東南流經榆城南,往東北注入灘水。灘水又東北流經石門口。這裡的山峰巍峨險峻,在兩岸對峙,狀如門戶,溪峽因而得了石門的名稱,想來也許就是皋蘭山門吧。漢武帝元狩三年(公元前一二○年),驃騎大將軍霍去病率兵出隴西,到了皋蘭,說這地方是此山的隘口要地。應劭《漢書音義》說:皋蘭在隴西白石縣塞外,是河名。孟康卻說:皋蘭是山關名。現在此山離河不遠,所以有些學者懷疑皋蘭的地名指的就是河山之間的地帶。灘水又東北流,皋蘭山水從山的左右兩邊注入灘水。灘水又東流,白石川水注入。白石川水發源於縣城西北山下,東南流,分出支水東流。白石川水又南流,流經白石城西,注入灘水。灘水又東流經白石縣舊城南。王莽時改名為順礫。闞駰說:白石縣在狄道西北二百八十五里,灘水流經縣北。但現在灘水流經城南,並不流經城北。灘水又東流經白石山北。應劭說:白石山在東,羅溪水注入。羅溪水發源於西南山下,東流注入灘水。灘水又東流,在左岸匯合罕开南溪水。南溪水發源於罕开西,東南流經罕开南,注入灘水。《十三州志》說:廣大阪在枹罕西北,罕开就在那裡。從前慕容吐谷渾從燕經陰山西進,就在這裡安家定居。灘水又東流經枹罕縣舊城南。應劭說:就是舊時的枹罕侯邑。《十三州志》說:枹罕縣在郡西二百一十里,灘水在城南門前東流而過。灘水又東北流,故城川水注入。故城川水有兩個源頭,南源發源於西南山下,東北流經金紐大嶺北,又東北流經一座舊城南,又東北流,與北水匯合。北源從西南流經舊城北,在右岸注入南水;然後往東北亂流,注入灘水。灘水又東北流,在左岸匯合白石川的支水,支水上口承接白石川,東流經白石城北,又東流穿過罕开溪,又東流經枹罕城南,又東流注入灘水。灘水又東北流,從山峽流出,北流注入河水。《地理志》說:灘水發源於白石縣西塞外,東流到枹罕注入河水。

11　河水又流經左南城南。《十三州志》說:石城西一百四十里有左南城,即指此城,渡口也依此取名。大河又東流經赤岸北,赤岸就是河夾岸。《秦州記》說:枹罕有河夾岸,岸闊四十丈。義熙年間(公元四〇五—四一八年),乞佛在這條河上造了一座高架的橋,橋高五十丈,三年方才造成。河水又東流,洮水注入。《地理志》說:洮水發源於塞外羌人地區。《沙州記》說:洮水和墊江水都發源於強臺山,山南就是墊江的源頭,山東就是洮水的源頭。《山海經》說:白水發源於蜀。郭景純《注》說:從臨洮的西傾山往東南流,注入漢水,流到墊江。所以段國以為就是墊江水。洮水發源於同一座山,由此可知強臺就是西傾的別名。洮水東北流,流經吐谷渾地區,吐谷渾最初是東燕慕容的旁支,因而就以這個名字作為種族的稱號,所以稱為野虜。洮強南北三百里之間的地方,遍地都是龍鬚草,卻沒有木柴。洮水又東北流,流經洮陽曾城北。《沙州記》說:強城東北三百里有曾城,城瀕洮水,即指此城。

12　建初二年(公元七七年),羌人在臨洮進攻南部都尉,皇上派行車騎將軍馬防和長水校尉耿恭去救援,羌人各族退兵結集於洮陽,說的就是此城。洮水又東流經洪和山南,那裡有一座城坐落在群山環抱之中。洮水又東流經迷和城北,迷和是個羌語地名。又東流經甘枳亭,流過望曲;望曲在臨洮西南,距龍桑城二百里。洮水又東流經臨洮縣舊城北,禹治洪水時,西行到了洮水上,看見一個身軀高大的神人,並在這條水上接受了《黑玉書》。洮水又東北流,轉彎流經索西城西。建初二年,馬防、耿恭沿著五溪祥櫺谷出兵索西,與羌人作戰,打垮了羌人,築了索西城,把隴西南部都尉調到這裡來駐守。索西城俗稱赤水城,也叫臨洮東城。《沙州記》說:從東洮到西洮路程一百二十里,即指此城。

13　洮水又轉彎北流,流經龍桑城西,轉而西北流。馬防於建初二年領兵從安故五溪出龍桑,重新開通了一條古時的交通路線,即指此城。龍桑城俗名龍城。洮水又西流經步和亭東,步和川水注入。步和川水發源於西山下,東北流,出山後流經步和亭北,往東北注入洮水。洮水又北流,出門峽後流經求厥川,罿川水注入。罿川水發源於桑嵐西溪,東流通過桑嵐川北,又東流經罿川北,東流注入洮水。洮水又北流通過山峽,流經偏橋,流出夷始梁,在右岸匯合罿墢川水。罿墢川水發源於東南方的石底橫下,北流通過罿墢川,西北流注入洮水。洮水又東北流經桑城東,又北流匯合藍川水。藍川水發源於求厥川西北溪,東北流經藍川,經過桑城北,東流注入洮水。洮水又北流經外羌城西,又北流經和博城東,城在群山裡面,在左岸匯合和博川水。和博川水發源於和博城西南的山下,東北流經和博城南,東北流,注入洮水。洮水北流經安故縣舊城西,這是《地理志》中隴西郡的屬縣。《十三州志》說:縣在郡南四十七里。蓋延回師攻擊狄道、安故五溪叛羌,把他們打得大敗,就是此處。洮水又北流,經狄道舊城西。闞駰說:狄道,即今日的武始。洮水在城邊西北流,又北流,隴水注入。隴水即《山海經》所說的濫水。濫水發源於鳥鼠山西北的高城嶺,西流經隴坻,此山的溪岸曾發生過劇烈的崩坍,數百里外都能聽到巨響。所以揚雄說聲響就像隴坻崩坍似的。又西北流,流過白石山下。《地理志》說:狄道東有白石山。濫水又西北流經武街城南,又西北流經狄道舊城東。《百官表》說:縣裡有蠻夷的叫道,公主所領的封地叫邑。應劭說:蠻夷說話捲著舌頭,衣襟開在左邊,與華人不同,說話需要經過翻譯,彼此才能聽懂。狄道舊城是漢朝隴西郡的治所,是秦昭王二十八年(公元前二七九年)開始設置的。應劭說:因為東邊有隴坻,所以叫隴西。

14　《神仙傳》說:封君達,隴西人,他以水銀煉丹服食,活到一百歲時,看來還好像是三十歲左右的人。他常騎一頭青牛,所以號稱青牛道士。王莽時郡縣大改名,把郡名改為厭戎,縣名改為操虜。從前馬援在隴西當了六年太守,為狄道開鑿水渠,引水種植粳稻,一郡百姓都安居樂業,就是這條水。濫水又西北流,注入洮水。

15　洮水右岸匯合了兩條水,左岸匯合了大夏川水。大夏川水發源於西山,兩個源頭

合併後亂流,流經金紐城南。《十三州志》說:大夏縣西有舊時的金紐城,距縣城四
十里,原來是都尉治所。又東北流,流經大夏縣舊城南。即《地理志》裡王莽時的
順夏。《晉書·地道記》說:縣裡有禹廟,是禹出生的地方。又東北流出山,注入洮
水。洮水又北流,兩側接納了三條潤水,往北亂流,注入河水。《地理志》說:洮水
北流到枹罕,東流注入河水。

又東過金城允吾縣北,

16　允吾縣是金城郡的治所,設置於漢昭帝始元六年(公元前八一年),就是王莽時的西
海。王莽又把允吾改名為脩遠縣。河水流經縣城南,不在城北。南有湟水,發源
於塞外,東流經西王母石室、石釜、西海、鹽池北,所以闞駰說:西邊就是湟水的源
頭。《地理志》說:是湟水發源的地方。湟水又東南流經龍夷城,這是舊時西零所
轄的地方。《十三州志》說:城在臨羌新縣西三百一十里。王莽接受了西零所獻之
地,立為西海郡,治所就在此城。湟水又東南流經卑禾羌海北,有鹽池。闞駰說:
縣西有卑禾羌海,就指這地方。人們稱為青海,東距西平二百五十里。湟水東流
經湟中城北,舊時是小月氏的領土。《十三州志》說:西平、張掖之間,是大月氏的
一個分支小月氏的領土。范曄《後漢書》說:湟中的月氏胡人,國王被匈奴所殺,殘
餘部族分散了,大部分西過蔥嶺,其中較弱的一支南遷進入山區,跟羌人一起居
住,所以被稱為小月氏。《後漢書·西羌傳》羌族有個無弋爰劍,秦厲公時是個奴
隸,逃亡到三河,羌人覺得此人頗為怪異,以為是神人,於是都推舉他為首領。河
水與湟水之間禽獸很多,無弋爰劍以射獵為能事,於是得到人們的敬畏和信仰,投
靠他的人很多。因而他的曾孫忍就留在湟中,部眾就稱為湟中羌。

17　湟水又東流,右岸引入四條水,諸水源於四條溪澗,東北流注入湟水。湟水又東流
經赤城北,東流而入,流經戎峽口,在右岸匯合羌水。羌水發源於西南方的山下,
流經護羌城東,舊時這裡是護羌校尉的治所。又東北流經臨羌城西,東北流,注入
湟水。湟水又東流經臨羌縣舊城北。漢武帝元封元年(公元前一一〇年),把臨羌封
給他的孫子劉都為侯國,就是王莽時的監羌。把它稱為綏戎城就不對了。湟水又
東流,盧溪水注入。盧溪水發源於西南方的盧川,東北流,注入湟水。湟水又東流
經臨羌新縣舊城南。闞駰說:臨羌新縣在郡西一百八十里,湟水流經城南。城有
東門和西門,西北角有子城。湟水又東流,在右岸匯合溜溪、伏溜、石杜和蠡這四
條水,諸水都是東北流注入湟水的。左岸匯合臨羌溪水,這條溪水發源於新縣西
北,東南流經縣北,往東南注入湟水。湟水又東流,龍駒川水注入。龍駒川水發源
於右岸西南方的山下,東北流經龍駒城,北流注入湟水。

18　湟水又東流,長寧川水注入。長寧川水發源於松山,東南流經晉昌城,晉昌川水注

入。長寧水又東南流,養女川水注入。養女川發源於養女北山,有兩個源頭,都是水長流急,南流匯成一條,流經養女山,稱為養女川。闞駰說:長寧亭北有養女嶺,即浩亹山,是西平的北山。此水從山峽亂流而出,南流經長寧亭東。長寧亭的城有東西兩座城門,東北角有金城,在西平西北四十里。《十三州志》說是六十里,太遠了。長寧水又東南流,與一條水匯合。此水發源於西山,東南流。水南山上有風伯祠,春秋兩季都要舉行祭祀。此水東南流經長寧亭南,東流注入長寧水。長寧水又東南流,注入湟水。

19　湟水又東流,牛心川水注入。牛心川水發源於西南方遙遠的山中,東北流,經牛心堆東,又北流經西平亭西,東北流,注入湟水。湟水又東流經西平亭北。東城就是舊時的亭。漢景帝六年(公元前一五一年),把這地方封給隴西太守北地公孫渾邪為侯國。魏黃初年間(公元二二○—二二六年),設置西平郡,以舊時的亭址為基礎,在南西北三面增築了城牆,作為郡治。湟水又東流經土樓南。土樓北面依山,山峰高達三百尺,陡峭有如斧削而成。土樓下面有神祠,有雕飾的殘牆斷壁至今還在。闞駰說:西平亭北有土樓神祠,指的就是這裡。神祠今在亭的東北五里。湟水右岸有五條泉水注入。這五條泉水發源於西平亭以北,依次排列開來往東北流,到了土樓南,北流注入湟水。湟水又東流,在右岸匯合蔥谷水。蔥谷水有四個源頭,各出自一條溪流,亂流注入湟水。湟水又東流經東亭北,東經漆峽流出,漆峽是個山峽。湟水東流,右岸有漆谷常溪注入,左岸有甘夷川水注入。湟水又東流,安夷川水注入。安夷川水發源於遙遠的山間,西北流,接納了許多溪流,轉向北方,流經安夷城西北,東流注入湟水。湟水又東流,流經安夷縣舊城,舊城有東門和西門,在西平亭東七十里。闞駰說是四十里。湟水又東流,在左岸匯合了宜春水。宜春水發源於東北方的宜春溪,西南流到安夷城南,注入湟水。湟水又東流,勒且溪水注入。此水發源於該縣東南的勒且溪,北流經安夷城東,北流注入湟水。湟水有勒且水之名,想來可能就是因這條水而來的。闞駰說:金城河先與浩亹河匯合,接著又與勒且河匯合。湟水又東流,左岸有承流谷水南流注入,右岸匯合達扶東溪和達扶西溪,這兩條水參差不整地往北流奔,成為亂流東流而出,期頓、雞谷兩條水北流注入。又東流,吐那孤、長門兩條水南流注入湟水。以上六條溪水分別發源於六座山,且以山名來命名。湟水又東流經樂都城南,自此東流,右岸匯合來谷、乞斤兩條水,左岸匯合陽非、流溪、細谷三條水,東流經破羌縣舊城南。應劭說:破羌縣是漢宣帝神爵二年(公元前六○年)所置。縣城沒有南門。《十三州志》說:湟水河在南門前東流而過,六谷水從南面,破羌川從北面,在左右兩岸注入。湟水又東南流經小晉興城北,此城是舊時的都尉治所。闞駰說:允吾縣西四十里,有小晉興城。湟水又東流，與閤門河匯合，閤門河也就是浩亹河。此水發源於西塞外，東流入塞，流經敦煌、酒泉、張掖南，東南流經西平的鮮谷塞尉舊城南，又東南流，與湛水匯合。湛水有兩個源頭，西邊一支發源於白嶺山下，東邊一支發源於白岸谷，二水合為一條，東南流，抵達霧山，注入閤門河。閤門河又東流經養女北山東南，左岸匯合南流川水。此水發源於北山，南流注入閤門河。閤門河又東流經浩亹縣舊城南，王莽時改名為興武。闞駰說，浩，讀作閤。所以浩亹水也叫閤門水。這樣，就二名兼用了。又東流，注入湟水。所以《地理志》說：浩亹水東流至允吾縣注入湟水。湟水又東流經允吾縣北，即鄭伯津，與澗水匯合。澗水發源於令居縣西北的塞外，南流經令居縣舊城西。令居縣設置於漢武帝元鼎二年（公元前一一五年），就是王莽時的虜。又南流經永登亭西，穿過黑石谷南流，注入鄭伯津。湟水又東流經允街縣舊城南，允街縣設置於漢宣帝神爵二年（公元前六〇年），就是王莽時的脩遠亭。允街縣有龍泉，發源於允街谷，泉眼之中漣漪輕漾，水紋交織成為龍形，如果有人想把它攪亂，一會兒水波平靜之後，又成為龍形了。牲口剛想喝水，一見龍紋都嚇得逃走了。因此人們就把這一泓泉水叫龍泉。龍泉水下游注入湟水。湟水又東流經枝陽縣，逆水注入。逆水發源於允吾縣參街谷，東南流經街亭城南，又東南流經陽非亭北，又東南流經廣武城西，就是從前廣武都尉治所。郭淮打垮了反叛的羌人，就是在這裡統治羌人無戴族的。

20　城西南二十里左右，逆水西岸有馬蹄谷。漢武帝聽說大宛出產天馬，派李廣利出兵征討，才獲得此馬；天馬有角，這是牠奇特的地方，所以漢武帝《天馬之歌》說：天馬歸來呵，經過莽莽黃沙萬里無垠，沿著東來的道路呵，疾如風馳電迅。有感於北風吹來，胡馬動了鄉思，於是就掙斷韁繩，昂首飛馳，長鳴而去，早晨從京城出發，傍晚就到敦煌以北的塞外了。因此就把那地方名為候馬亭。如今晉昌郡南和廣武馬蹄谷的石坡上，還有馬蹄的印痕，彷彿是馬蹄踩在爛泥上留下似的，形狀十分自然，所以當地人稱為天馬徑。胡人在旁邊仿刻了一些，卻形狀不同，大小不一，一看就分辨得出來。

21　逆水又東流經枝陽縣舊城南，往東南注入湟水。《地理志》說：逆水發源於允吾東，流到枝陽注入湟水。湟水又東流，注入金城河，就是積石的黃河。闞駰說：河水流到金城縣，稱為金城河，那是隨著所經之地而取名的。釋氏《西域記》說：牢蘭海東，河水在地下潛流經龍沙堆，在屯皇東南四百里的阿步干這是個鮮卑山名，東流到金城，稱為大河。河水發源於崑崙，這崑崙就是阿耨達山。河水又東流，流經石城南，稱為石城津。闞駰說：這地方已在金城西北了。河水又東南流，流經金城縣舊城北。應劭說：當初築城掘地時掘出黃金，所以叫金城。在《漢書集註》裡，薛瓚說:以金字命名,是取其堅固之意,所以墨子有金城湯池的說法。金城,就是王莽時的金屏。《世本》說:金城是鯀築的城。《風俗通》說:城,就是盛,也就是容納的意思,偏旁從土,音成。《管子》說:內重築的叫城,城外築的叫郭,郭外築的叫土閭。地勢高處就開溝,地勢低處就築堤,稱為金城。

22　《十三州志》說:大河在金城北門。東流,有梁泉注入。梁泉發源於縣境內的南山。據老人們說:梁暉,字始娥,是漢朝大將軍梁冀的後裔。梁冀獲罪被殺後,子孫逃亡到羌人地區。後來他祖父被羌人擁戴為首領,居住於此城。到了梁暉時,境內發生饑荒,百姓作亂,梁暉打算移居枹罕去,出城駐紮於此山。他們被各族羌人所包圍和逼迫,而山上卻無水。梁暉將手中所持的榆樹條鞭子插在地上,以青羊來祭祀山神,祈求保佑;於是忽然神泉湧出,這根榆樹條鞭子後來也成長為密林了。梁泉從縣城北流,注入河水。

又東過榆中縣北,

23　從前蒙恬為秦朝北征,驅逐了戎人,開拓了榆中這個地區。按《地理志》,榆中是金城郡的屬縣。所以徐廣《史記音義》說:榆中在金城。阮嗣宗《勸進文》所謂的榆中以南,就指這地方。

又東過天水北界,

24　苑川水發源於勇士縣的子城山,東北流,經過此成川,人們卻叫做子城川。又北流經牧師苑,就是舊時漢朝的牧苑地方。羌人首領迷吾等萬餘人抵達襄武、首陽、平襄、勇士等地,掠奪了這個苑裡的馬匹,焚燒了亭和驛站,說的就是此處。又說:苑川水這一帶地方,是出產龍馬的沃土,所以馬援申請與屯田戶平分,以維持自己的生活。這裡有東苑城和西苑城,相距七十里。西苑城就是乞佛建都的地方。又北流,注入河水。

又東北過武威媼圍縣南,

25　河水流經媼圍縣邊界,東北流。縣境西南有水源,東流經縣南,又東北流,注入河水。

又東北過天水勇士縣北,

26　《地理志》說:勇士縣就是滿福縣,是個屬國都尉治所,王莽時改名為紀德。有一條水發源於縣西,人們把它叫做二十八渡水。東北流,溪澗彎彎曲曲,道路穿過其間,要渡水二十八次,行人忙於涉水,所以叫二十八渡。北流經縣城,下注河水。又有赤暉川水,發源於南方的赤蒿谷,北流經赤暉川,又北流經牛官川,又北流經義城西北,北流經三城川,而後北流注入河水。

又東北過安定北界麥田山，

27　河水東北流，流經安定郡祖厲縣舊城西北。漢武帝於元鼎三年(公元前一一四年)，巡行雍州，於是就翻過隴山，登上空同山，西行到達祖厲河邊然後回來，就是這地方。王莽時改名為鄉禮。李斐說：祖厲之厲，音賴。又東北流，祖厲川水注入。祖厲川水發源於祖厲南山，北流經祖厲縣而西北流，注入河水。河水又東北流經麥田城西，又北流，與麥田泉水匯合。麥田泉水發源於麥田城西北，西南流，注入河水。河水又東北流經麥田山西麓的山谷，山在安定西北六百四十里。河水又東北流經黑城北，又東北流，高平川水注入。高平川水就是苦水，發源於高平大隴山苦水谷。建武八年(公元三三年)，世祖討伐隗囂，吳漢從高平第一城苦水谷進入，就是這山谷。

28　苦水東北流經高平縣舊城東。這是漢武帝元鼎三年所置，是安定郡的治所。王莽時改縣名為鋪睦。縣西十里有座孤丘，丘上有座舊臺，臺旁有風伯壇，所以人們把土丘稱為風堆。苦水又北流，龍泉水注入。此水發源於縣城東北七里的龍泉，東北流，注入高平川。高平川水又往北流出秦時的長城，長城在縣北十五里。又西北流，流經東西兩座土樓舊城的城門北，匯合了一條水。這條水有五個源頭，都發源於隴山西麓。東邊的一條發源於縣城西南二十六里的深潭，此潭在四周群山的環抱之中。潭水北流，往西北流出長城北，與另一條水匯合。這條水發源於縣城西南四十里長城西山中，北流經魏行宮老殿以東，又北流，另一條水注入。這條水發源於縣城西南四十八里，東北流，又與另一條水匯合。這條水發源於縣城西南六十里的酸陽山，東北流，在左岸匯合右方流來的水，五水匯合為一條，東流經西樓北，東流注入苦水。段潁當護羌校尉，在安定、高平、苦水討伐先零，就在這條水上斬下八千先零人的首級。苦水又北流，與石門水匯合。石門水有五個源頭。東邊的一條發源於高平縣西八十里，西北流，另一條水注入。這條水發源於縣城西一百二十里的如州泉，東北流，向右注入東邊那條水後，成為亂流，在左岸匯合三條溪流，參差錯落地互相匯合，往東北流合成一條，波濤滾滾地穿過山峽。這山峽，就是隴山北面的邊界，稱為石門口；水就叫石門水，在縣城西北八十餘里。石門水又東北流，注入高平川。高平川水又北流，自延水注入。自延水發源於西方的自延溪，東流穿過山峽，稱為自延口，在縣城西北一百里。又東流經延城南，東流注入高平川。高平川水又北流經廉城東。按《地理志》，北地郡有廉縣。闞駰說：廉縣在富平北。自從過去匈奴侵犯漢朝，新秦一帶地方，大部分成為狄族的領土，舊時的城堡營壘，都改為胡人的地名了，地理變化很大，已經無法辨認了，這一定是世人引證的錯誤造成的。川水又北流，苦水注入。苦水發源於廉縣東北的百里山,流注高平川。川水又北流,流經三水縣西,肥水注入。肥水發源於高平縣西北二百里的牽條山西麓,東北流,與若勃溪匯合。若勃溪有兩個源頭,合併為一條,東北流注入肥水。肥水又東北流,違泉水注入。這條溪流發源於若勃溪東,東北流注入肥水。

29　肥水又往東北流出山峽,注入高平川。此水以東有山,山東有三水縣舊城,本來是個屬國都尉治所,就是王莽時的廣延亭,西南距安定郡三百四十里。議郎張奐當安定屬國都尉,治所就在這裡。羌族有人來獻黃金和馬匹,張奐傳主簿張祁進來,在羌人面前以酒灑地,正色道:即使馬多如羊,我也不關進馬棚;金子多如穀子,我也不藏進懷裡。他悉數退還不收。於是聲威和教化遠播四方。

30　縣東有溫泉,溫泉東有鹽池。所以《地理志》說:縣裡有鹽官。現在縣城東北有舊城,城北有三條泉水,想來這就是鹽官的駐地了。高平川水又北流注入河水。河水又東北流經眗卷縣舊城西。《地理志》說:河水分支旁流而出成為河溝,東流至富平,北流注入河水。河水在這個地區的一段,有個名稱叫上河。

【研　析】　由於黃河"重源"在當時為公眾所一致確認,所以卷二《河水》幾乎仍有一半篇幅記敘"重源"。直到此篇才承卷一第三篇"逕積石而為中國河",成為《水經注》記敘中國河川的開端。從此可以窺及酈氏此書以河流為綱的體例格局。此書記敘一條作為卷篇題目的幹流,常常要同時記及這條幹流的一級及二級支流,包括流域中的郡縣城邑和歷史掌故,如此篇所記的黃河支流如洮水、濟川水、北谷水、烏頭川水等等,都是如此。也有一些支流在《注》文中沒有名稱,但《注》文也加以記敘。例如在西平郡界內,"左合二水,南流入河",這"二川"都是黃河的一級支流,卻不知河名。說明楊守敬在其《水經注圖序》中所說"昔酈氏據圖以為書"的話是不錯的。酈氏在其撰述時,曾經查看若干他能夠獲致的簡要地圖,這就是《注》文中有河無名的原因,這種情況在全書中非常多見。由於這河川有的至今仍然存在,所以此書的記載可供古今核對,因而具有價值。

卷三　河水

【題　解】　卷三《河水》緊接上卷，從今寧夏境內北流東屈，經過陰山以南的今內蒙境域，然後南下在今山西、陝西二省之間，《注》文記敍到今山西離石一帶。所以此卷記敍的黃河流程，屬於以後稱為河套的大部分。語云："黃河百害，只富一套。"從此卷所記，也已經看到了沿河的富庶情況。例如河中有洲，洲上有城，植桑栽果，成為一座"果城"。沿河支流眾多，還有許多湖泊和鹽澤，歷代郡縣建置不少，而經營也多稱佳。又有長城興建的記敍，都是此卷要旨。

又北過北地富平縣西，

1　河側有兩山相對，水出其間，即上河峽也，世謂之青山峽。河水歷峽北注，枝分東出。河水又北逕富平縣故城西，秦置北部都尉，治縣城，王莽名郡爲威戎，縣曰持武。建武中，曹鳳字仲理，爲北地太守，政化尤異，黃龍應于九里谷高岡亭，角長三尺，大十圍，梢至十餘丈，天子嘉之，賜帛百匹，加秩中二千石。河水又北，薄骨律鎮①城在河渚上，赫連果城也。桑果餘林，仍列洲上。但語出戎方，不究城名。訪諸耆舊，咸言故老宿彥云：赫連之世，有駿馬死此，取馬色以爲邑號，故目城爲白口騮，韻之謬，遂仍今稱，所未詳也。

2　河水又逕典農城東，世謂之胡城。又北逕上河城東，世謂之漢城。薛瓚②曰：上河在西河富平縣，即此也，馮參爲上河典農都尉所治也。河水又北逕典農城東，俗名之爲呂城,皆參所屯,以事農畝。河水又東北逕廉縣故城東,王莽之西河亭。《地理志》曰:卑移山在西北。河水又北與枝津合,水受大河,東北逕富平城,所在分裂,以溉田圃,北流入河,今無水。《爾雅》曰:灉,反入。言河決復入者也。河之有灉,若漢之有潛也。

3　河水又東北逕渾懷障西,《地理志》渾懷都尉治塞外者也。太和初,三齊平,徙歷下民居此,遂有歷城之名矣,南去北地三百里。河水又東北歷石崖山西,去北地五百里,山石之上,自然有文,盡若虎馬之狀,粲然成著,類似圖焉,故亦謂之畫石山[③]也。

又北過朔方臨戎縣西,

4　河水東北逕三封縣故城東,漢武帝元狩三年置。《十三州志》曰:在臨戎縣西百四十里。河水又北逕臨戎縣故城西,元朔五年立,舊朔方郡治,王莽之所謂推武也。河水又北,有枝渠東出,謂之銅口,東逕沃野縣故城南,漢武帝元狩三年立,王莽之綏武也。枝渠東注以溉田,所謂智通在我矣。河水又北,屈而爲南河出焉。河水又北迤西溢于窳渾縣故城東,漢武帝元朔二年,開朔方郡縣,即西部都尉治。有道,自縣西北出雞鹿塞,王莽更郡曰溝搜,縣曰極武。其水積而爲屠申澤,澤東西百二十里,故《地理志》曰:屠申澤在縣東。即是澤也。闞駰謂之窳渾澤矣。

屈從縣北東流,

5　河水又屈而東流,爲北河。漢武帝元朔二年,大將軍衛青絕梓嶺,梁北河是也。東逕高闕南。《史記》:趙武靈王既襲胡服,自代並陰山下,至高闕爲塞。山下有長城,長城之際,連山刺天,其山中斷,兩岸雙闕,善能雲舉,望若闕焉。即狀表目,故有高闕之名也。自闕北出荒中,闕口有城,跨山結局,謂之高闕戍。自古迄今,常置重捍,以防塞道。漢元朔四年,衛青將十萬人,敗右賢王于高闕。即此處也。河水又東逕臨河縣故城北,漢武帝元朔三年,封代恭王子劉賢爲侯國,王莽之監河也。

至河目縣西,

6　河水自臨河縣東逕陽山南,《漢書注》曰:陽山在河北。指此山也。東流逕石跡阜西,是阜破石之文,悉有鹿馬之跡,故納斯稱焉。南屈逕河目縣,在北假中,地名也。自高闕以東,夾山帶河,陽山以往,皆北假也。《史記》曰:秦使蒙恬將十萬人,北擊胡,度河取高闕,據陽山北假中,是也。北河又南合南河。南河上承西河,東逕臨戎縣故城北,又東逕臨河縣南,又東逕廣牧縣故城北,東部都尉治。王莽之鹽官也。逕流二百許里,東會于河。

7　河水又南逕馬陰山西,《漢書音義》曰:陽山在河北,陰山在河南。謂是山也。而即實不在河南。《史記音義》曰:五原安陽縣北有馬陰山。今山在縣北,言陰山在河南,又傳疑之,非也。余按南河、北河及安陽縣以南,悉沙阜耳,無佗異山。故《廣志》曰:朔方郡北移沙七所,而無山以擬之,是《義》、《志》之僻也。陰山在河東南則可矣。

8　河水又東南逕朔方縣故城東北④,《詩》所謂城彼朔方也。漢元朔二年,大將軍衛青取河南地爲朔方郡,使校尉蘇建築朔方城,即此城也。王莽以爲武符者也。按《地理志》云:金連鹽澤、青鹽澤並在縣南矣。又按《魏土地記》曰:縣有大鹽池,其鹽大而青白,名曰青鹽,又名戎鹽,入藥分,漢置典鹽官。池去平城宮千二百里,在新秦之中。服虔曰:新秦,地名,在北方千里。如淳曰:長安以北,朔方以南也。薛瓚曰:秦逐匈奴,收河南地,徙民以實之,謂之新秦也。

屈南過五原西安陽縣南,

9　河水自朔方東轉,逕渠搜縣故城北。《地理志》,朔方有渠搜縣,中部都尉治,王莽之溝搜亭也。《禮·三朝記》⑤曰:北發渠搜,南撫交趾。此舉北對南。《禹貢》之所云析支、渠搜矣。河水又東,逕西安陽縣故城南,王莽更之曰漳安矣。河水又東,逕田辟城南。《地理志》曰:故西部都尉治也。

屈東過九原縣南,

10　河水又東逕成宜縣故城南,王莽更曰艾虜也。河水又東逕原亭城南。闞駰《十三州志》曰:中部都尉治。河水又東逕宜梁縣之故城南。闞駰曰:五原西南六十里,今世謂之石崖城。河水又東逕稒陽城南,東部都尉治。又逕河陰縣故城北,又東逕九原縣故城南,秦始皇置九原郡,治此。漢武帝元朔二年,更名五原也。王莽之獲降郡、成平縣矣。西北接對一城,蓋五原縣之故城也,王莽之填河亭也。《竹書紀年》⑥,魏襄王十七年,邯鄲命吏大夫奴遷于九原,又命將軍大夫適子戍吏,皆貉服矣。其城南面長河,北背連山,秦始皇逐匈奴,並河以東,屬之陰山,築亭障爲河上塞。徐廣《史記音義》曰:陰山在五原北。即此山也。始皇三十三年,起自臨洮,東暨遼海,西並陰山,築長城及開南越地,晝警夜作,民勞怨苦,故楊泉《物理論》曰:秦始皇使蒙恬築長城,死者相屬,民歌曰:生男慎勿舉,生女哺用餔,不見長城下,尸骸相支拄。其冤痛如此矣。蒙恬臨死曰:夫起臨洮,屬遼東,城塹萬餘里,不能不絕地脈,此固當死也。

又東過臨沃縣南,

11　王莽之振武也。河水又東,枝津出焉。河水又東流,石門水南注之,水出石門山。

《地理志》曰：北出石門障。即此山也。西北趣光禄城。甘露三年，呼韓邪單于還，詔遣長樂衛尉高昌侯董忠、車騎都尉韓昌等，將萬六千騎，送單于居幕南，保光禄徐自爲所築城也，故城得其名矣。城東北，即懷朔鎮城也。其水自障東南流，逕臨沃城東，東南注于河。河水又東逕稒陽縣故城南，王莽之固陰也。《地理志》曰：自縣北出石門障。河水決其西南隅，又東南，枝津注焉。水上承大河于臨沃縣，東流七十里，北溉田，南北二十里，注于河，河水又東逕塞泉城南而東注。

又東過雲中楨陵縣南，又東過沙南縣北，從縣東屈南，過沙陵縣西。

12　大河東逕咸陽縣故城南，王莽之賁武也。河水屈而流，白渠水注之，水出塞外，西逕定襄武進縣故城北，西部都尉治，王莽更曰伐蠻，世祖建武中，封趙慮爲侯國也。白渠水西北逕成樂城北。《郡國志》[⑦]曰：成樂，故屬定襄也。《魏土地記》[⑧]曰：雲中城東八十里有成樂城。今雲中郡治，一名石盧城也。

13　白渠水又西逕魏雲中宮南，《魏土地記》曰：雲中宮在雲中縣故城東四十里。白渠水又西南逕雲中故城南，故趙地。《虞氏記》[⑨]云：趙武侯自五原河曲築長城，東至陰山。又于河西造大城，一箱崩不就，乃改卜陰山河曲而禱焉。晝見羣鵠遊于雲中，徘徊經日，見大光在其下，武侯曰：此爲我乎？乃即于其處築城，今雲中城是也。秦始皇十三年，立雲中郡，王莽更郡曰受降，縣曰遠服矣。

14　白渠水又西北逕沙陵縣故城南，王莽之希恩縣也。其水西注沙陵湖。又有芒干水出塞外，南逕鍾山，山即陰山。故郎中侯應言于漢曰：陰山東西千餘里，單于之苑囿也。自孝武出師，攘之于漠北，匈奴失陰山，過之，未嘗不哭。謂此山也。其水西南逕武皋縣，王莽之永武也。又南逕原陽縣故城西，又西南與武泉水合，其水東出武泉縣之故城西南，縣，即王莽之所謂順泉者也。水南流又西屈，逕北輿縣故城南。按《地理志》，五原有南輿縣，王莽之南利也，故此加北。舊中部都尉治。《十三州志》曰：廣陵有輿，故此加北。疑太疎遠也。其水又西南入芒干水。芒干水又西南逕白道南谷口，有城在右，縈帶長城，背山面澤，謂之白道城。自城北出有高阪，謂之白道嶺。沿路惟土穴，出泉，挹之不窮[⑩]。余每讀《琴操》[⑪]，見《琴慎相和雅歌録》[⑫]云：飲馬長城窟。及其跋陟斯途，遠懷古事，始知信矣，非虛言也。顧瞻左右，山椒之上，有垣若頽基焉。沿溪亘嶺，東西無極，疑趙武靈王之所築也。芒干水又西南，逕雲中城北，白道中溪水注之，水發源武川北塞中，其水南流，逕武川鎮城，城以景明中築，以禦北狄矣。其水西南流，歷谷，逕魏帝行宮東，世謂之阿計頭殿。宮城在白道嶺北阜上，其城圓角而不方，四門列觀，城内惟臺殿而已。其水又西南歷中溪，出山西南流，于雲中城北，南注芒干水。

15　芒干水又西，塞水出懷朔鎮東北芒中，南流逕廣德殿西山下。余以太和十八年，從高祖北巡,屆于陰山之講武臺,臺之東,有高祖《講武碑》[13],碑文是中書郎高聰之辭也。自臺西出南上山,山無樹木,惟童阜耳,即廣德殿所在也。其殿四注兩夏,堂宇綺井,圖畫奇禽異獸之象。殿之西北,便得焜煌堂,雕楹鏤桷,取狀古之溫室也。其時,帝幸龍荒,遊鸞朔北。南秦王仇池楊難當捨蕃委誠,重譯拜闕,陛見之所也。故殿以廣德爲名。魏太平真君三年,刻石樹碑,勒宣時事。《碑頌》云:肅清帝道,振懾四荒,有蠻有戎,自彼氐羌,無思不服,重譯稽顙,恂恂南秦,斂斂推亡,峨峨廣德,奕奕焜煌。侍中、司徒東郡公崔浩之辭也。碑陰題宣城公李孝伯、尚書盧遐等從臣姓名,若新鏤焉。其水歷谷南出山,西南入芒干水。芒干水又西南注沙陵湖,湖水西南入于河。

16　河水南入楨陵縣西北,緣胡山,歷沙南縣東北,兩山、二縣之間而出。余以太和中爲尚書郎,從高祖北巡,親所逕涉。縣在山南,王莽之楨陸也,北去雲中城一百二十里。縣南六十許里,有東、西大山,山西枕河,河水南流,脈水尋《經》,殊乖川去之次,似非關究也。

又南過赤城東,又南過定襄桐過縣西,

17　定襄郡,漢高帝六年置,王莽之得降也。桐過縣,王莽更名椅桐者也。河水于二縣之間,濟有君子之名,皇魏桓帝十一年,西幸榆中,東行代地。洛陽大賈齎金貨隨帝後行,夜迷失道,往投津長曰:子封送之。渡河,賈人卒死,津長埋之。其子尋求父喪,發冢舉尸,資囊一無所損。其子悉以金與之,津長不受。事聞于帝,帝曰:君子也。即名其津爲君子濟。濟在雲中城西南二百餘里。

18　河水又東南,左合一水,水出契吳東山,西逕故里南,北俗謂之契吳亭。其水又西流注于河。河水又南,樹頹水注之,水出東山,西南流,右合中陵川水,水出中陵縣西南山下,北俗謂之大浴真山,水亦取名焉。東北流,逕中陵縣故城東,北俗謂之北右突城,王莽之遮害也。《十三州志》曰:善無縣南七十五里有中陵縣,世祖建武二十五年置。其水又西北,右合一水,水出東山,北俗謂之貸敢山,水又受名焉。其水西北流,注于中陵水。中陵水又西北流,逕善無縣故城西,王莽之陰館也。《十三州志》曰:舊定襄郡治。《地理志》,雁門郡治。其水又西北流,右會一水,水出東山下,北俗謂之吐文水,山又取名焉。北流逕鋤亭南,又西流逕土壁亭南,西出峽,左入中陵水。中陵水又北分爲二水,一水東北流,謂之沃水,又東逕沃陽縣故城南,北俗謂之可不逕城,王莽之敬陽也。又東北逕沃陽城東,又東合可不逕水,水出東南六十里山下,西北流注沃水。沃水又東,逕參合縣南,魏因參合陘以即名也。北俗謂倉鶴陘。道出其中,亦謂之參合口。陘在縣之西北,即《燕書》[14]所謂太子寶自河西還師參合,三軍奔潰,即是處也。魏立縣以隸涼城郡,西去沃陽

縣故城二十里。縣北十里,有都尉城。《地理志》曰:沃陽縣西部都尉治者也。北俗謂之阿養城。其水又東合一水,水出縣東南六十里山下,北俗謂之災豆渾水。西北流,注于沃水。沃水又東北流,注鹽池。《地理志》曰:鹽澤在東北者也。今鹽池西南去沃陽縣故城六十五里,池水澂渟,淵而不流,東西三十里,南北二十里。池北七里,即涼城郡治。池西有舊城,俗謂之涼城也,郡取名焉。《地理志》曰:澤有長、丞。此城即長、丞所治也。城西三里有小阜,阜下有泉,東南流注池。北俗謂之大谷北堆,水亦受目焉。中陵川水自枝津西北流,右合一水于連嶺北,水出沃陽縣東北山下,北俗謂之烏伏真山,水曰誥升袁河。西南流逕沃陽縣,左合中陵川,亂流西南與一水合,北俗謂之樹頹水。水出東山下,西南流,右合誥升袁水,亂流西南注,分謂二水。左水枝分南出,北俗謂之太羅河;右水西逕故城南,北俗謂之昆新城。其水自城西南流,注于河。

19　河水又南,太羅水注之,水源上承樹頹河,南流西轉,逕武州縣故城南,《十三州志》曰:武州縣在善無城西南百五十里。北俗謂之太羅城,水亦藉稱焉。其水西南流,一水注之,水導故城西北五十里,南流逕城西北,俗名之曰故槃迴城。又南流注太羅河。太羅河又西南流,注于河。

20　河水又左得湳水口,水出西河郡美稷縣,東南流,《東觀記》[15]曰:郭伋,字細侯,爲并州牧,前在州,素有恩德,老小相攜道路,行部到西河美稷,數百小兒各騎竹馬迎拜,伋問:兒曹何自遠來? 曰:聞使君到,喜,故迎。伋謝而發去,諸兒復送郭外。問:使君何日還? 伋計日告之。及還,先期一日,念小兒,即止野亭,須期至乃往。

21　其水又東南流,羌人因水以氏之。漢沖帝時,羌湳狐奴歸化,蓋其渠帥也。其水,俗亦謂之爲遄波水,東南流入長城東。鹹水出長城西鹹谷,東入湳水。湳水又東南,渾波水出西北窮谷,東南流注于湳水。湳水又東逕西河富昌縣故城南,王莽之富成也。湳水又東流入于河。

22　河水左合一水,出善無縣故城西南八十里,其水西流,歷于呂梁之山,而爲呂梁洪。其山巖層岫衍,澗曲崖深,巨石崇竦,壁立千仞,河流激盪,濤湧波襄,雷渀電洩,震天動地。昔呂梁未闢,河出孟門之上,蓋大禹所闢,以通河也。司馬彪曰:呂梁在離石縣西。今于縣西歷山尋河,竝無過岨,至是乃爲河之巨險,即呂梁矣,在離石北以東可二百有餘里也。

又南過西河圜陽縣東,

23　西河郡,漢武帝元朔四年置,王莽改曰歸新。圜水出上郡白土縣圜谷,東逕其縣南。《地理志》曰:圜水出西,東入河。王莽更曰黃土也。東至長城,與神銜水合,水出縣南神銜山,出峽,東至長城,入于圜。圜水又東逕鴻門縣,縣,故鴻門亭。

《地理風俗記》曰：圜陰縣西五十里有鴻門亭、天封苑、火井廟，火從地中出。圜水又東，梁水注之，水出西北梁谷，東南流，注圜水。圜水又東逕圜陰縣北，漢惠帝五年立，王莽改曰方陰矣。又東，桑谷水注之，水出西北桑溪，東北流，入于圜。圜水又東逕圜陽縣南，東流注于河。

24　河水又東，端水入焉。水西出號山。《山海經》曰：其木多漆椶，其草多穹窮，是多泠石，端水出焉，而東流注于河。河水又南，諸次之水入焉，水出上郡諸次山。《山海經》曰：諸次之山，諸次之水出焉。是山多木無草，鳥獸莫居，是多象蛇。其水東逕榆林塞，世又謂之榆林山，即《漢書》所謂榆溪舊塞者也。自溪西去，悉榆柳之藪矣。緣歷沙陵，屆龜兹縣西北，故謂廣長榆也。王恢云：樹榆爲塞。謂此矣。蘇林以爲榆中在上郡，非也。按《始皇本紀》[16]，西北逐匈奴，自榆中並河以東。屬之陰山。然榆中在金城東五十許里，陰山在朔方東，以此推之，不得在上郡。《漢書音義》蘇林爲失是也。其水東入長城，小榆水合焉。歷澗西北，窮谷其源也。又東合首積水，水西出首積溪，東注諸次水，又東入于河。《山海經》曰：諸次之水，東流注于河。即此水也。河水又南，湯水注之。《山海經》曰：水出上申之山，上無草木，而多硌石，下多榛楛，湯水出焉。東流注于河也。

又南離石縣西[17]，

25　奢延水注之，水西出奢延縣西南赤沙阜，東北流，《山海經》所謂生水出孟山者也。郭景純曰：孟或作明。漢破羌將軍段熲破羌于奢延澤，虜走洛川。洛川在南，俗因縣土謂之奢延水，又謂之朔方水矣。東北流，逕其縣故城南，王莽之奢節也。赫連龍昇七年，于是水之北，黑水之南，遣將作大匠梁公叱干阿利改築大城，名曰統萬城[18]。蒸土加功。雉堞雖久，崇墉若新，並造五兵，器銳精利，乃咸百鍊，爲龍雀大鐶，號曰大夏龍雀。銘其背曰："古之利器，吳、楚湛盧，大夏龍雀，名冠神都，可以懷遠，可以柔逋，如風靡草，威服九區。"世甚珍之。又鑄銅爲大鼓，及飛廉、翁仲、銅駝、龍虎，皆以黃金飾之，列于宮殿之前。則今夏州治也。

26　奢延水又東北與溫泉合。源西北出沙溪，而東南流注奢延水。奢延水又東，黑水入焉，水出奢延縣黑澗，東南歷沙陵，注奢延水。奢延水又東合交蘭水，水出龜兹縣交蘭谷，東南流注奢延水。奢延水又東北流，與鏡波水合，水源出南邪山南谷，東北流，注于奢延水。奢延水又東逕膚施縣，帝原水西北出龜兹縣，東南流。縣因處龜兹降胡著稱。又東南注奢延水。奢延水又東逕膚施縣南，秦昭王三年置，上郡治。漢高祖并三秦，復以爲郡。王莽以漢馬員爲增山連率[19]，歸世祖以爲上郡太守。司馬彪曰：增山者，上郡之別名也。東入五龍山。《地理志》曰：縣有五龍山、帝、原水。自下亦爲通稱也。歷長城東，出于白翟之中。又有平水，出西北平

溪,東南入奢延水。奢延水又東,走馬水注之,水出西南長城北陽周縣故城南橋
山,昔二世賜蒙恬死于此。王莽更名上陵時,山上有黃帝塚故也。帝崩,惟弓劍存
焉,故世稱黃帝仙矣。其水東流,昔段熲追羌出橋門至走馬水,聞羌在奢延澤,即
此處也。門,即橋山之長城門也。始皇令太子扶蘇與蒙恬築長城,起自臨洮,至于
碣石,即是城也。其水東北流入長城,又東北注奢延水,奢延水又東,與白羊水合,
其水出于西南白羊溪,循溪東北,注于奢延水。奢延水又東入于河。《山海經》曰:
生水東流注于河。河水又南,陵水注之,水出陵川北溪,南逕其川,西轉入河。河
水又南得離石水口,水出離石北山,南流逕離石縣故城西,《史記》云:秦昭王伐趙
取離石者也。漢武帝元朔三年,封代共王子劉綰爲侯國。後漢西河郡治也。其水
又南出西轉逕隰城縣故城南,漢武帝元朔三年,封代共王子劉忠爲侯國,王莽之慈
平亭也。胡俗語訛,尚有千城之稱。其水西流,注于河也。

又南過中陽縣西,

27　中陽縣故城在東,東翼汾水,隔越重山,不濱于河也。

又南過土軍縣西,

28　吐京郡治。故城,即土軍縣之故城也[①]。胡、漢譯言,音爲訛變矣。其城圓長而不
方,漢高帝十一年,以封武侯宣義爲侯國。縣有龍泉,出城東南,道左山下牧馬川
上多產名駒駿,同滇池天馬。其水西北流,至其城東南。土軍水出道左高山,西南
注之。龍泉水又北屈逕其城東,西北入于河。河水又南合契水,傍溪東入窮谷,其
源也。又南至禄谷水口,水源東窮此溪也。河水又南得大蛇水。發源溪首,西流
入河。

29　河水又南,右納辱水。《山海經》曰:辱水出鳥山,其上多桑,其下多楮,陰多鐵,陽
多玉,其水東流,注于河。俗謂之秀延水。東流得浣水口,傍溪西轉,窮溪便即浣
水之源也。辱水又東會根水,西南溪下,根水所發,而東北注辱水。辱水又東南,
露跳水出西露溪,東流,又東北入辱水,亂流注于河。河水又南,左合信支水,水發
源東露溪,西流入于河。河水又南,左會石羊水,循溪東入,導源窮谷,西流注
于河。

又南過上郡高奴縣東,

30　域谷水東啟荒原,西歷長溪,西南入于河。河水又南合孔溪口。水出孔山南,歷溪
西流,注于河。孔山之上有穴,如車輪三所,東西相當,相去各二丈許,南北直通,
故謂之孔山也。山在蒲城西南三十餘里。

31　河水又右會區水。《山海經·西次四經》之首曰:陰山,西北百七十里曰申山,其上

多穀、柞，其下多杻、橿，其陽多金、玉，區水出焉，而東流注于河。世謂之清水，東流入上郡長城。逕老人山下，又東北流，至老人谷，傍水北出，極溪便得水源。清水又東得龍尾水口，水出北地神泉障北山龍尾溪，東北流注清水。清水又東會三湖水，水出南山三湖谷，東北流入清水。清水又東逕高奴縣，合豐林水。《地理志》謂之洧水也。故言高奴縣有洧水，肥可䑺，水上有肥，可接取用之。《博物志》[21]稱酒泉延壽縣南山出泉水，大如笡，注地爲溝，水有肥如肉汁，取著器中，始黃後黑，如凝膏，然極明，與膏無異，膏車及水碓缸甚佳，彼方人謂之石漆。水肥亦所在有之，非止高奴縣洧水也。項羽以封董翳爲翟王，居之三秦，此其一也。漢高祖破以縣之，王莽之利平矣。民俗語訛，謂之高樓城也。豐林川長津瀉注，北流會清水。清水又南，奚谷水注之，水西出奚川，東南流入清水。清水又東注于河。

32　河水又南，蒲川水出石樓山，南逕蒲城東。即重耳所奔之處也。又南歷蒲子縣故城西，今大魏之汾州治。徐廣《晉紀》[22]稱，劉淵自離石南移蒲子者也。闞駰曰：蒲城在西北，漢武帝置。其水南出，得黃盧水口[23]，水東出蒲子城南，東北入谷，極溪便水之源也。蒲水又南，合紫川水，水東北出紫川谷[24]，西南合江水。江水出江谷，西北入紫川水。紫川水又西北入蒲水，蒲水又西南入于河水。

33　河水又南合黑水，水出定陽縣西山，二源奇發，同瀉一壑，東南流逕其縣北，又東南流，右合定水，俗謂之白水也。水西出其縣南山定水谷，東逕定陽縣故城南。應劭曰：縣在定水之陽也。定水又東注于黑水，亂流東南入于河。

【注　釋】　①薄骨律鎮　地名。爲赫連所置。赫連氏是匈奴姓氏之一，東晉義熙三年（公元四〇七年），赫連曾自稱大夏天王。酈氏距此不過六七十年，但已經不諳其意。酈氏對非漢語地名的解釋謹慎，此是一例，以後這類例子甚多。②薛瓚　指《漢書集注》。③畫石山　地名。並下文所記的石跡阜，均在今内蒙古陰山一帶。近年來，文物工作者已在《注》文記敘地區，即陰山西段的狼山一帶，西起阿拉善左旗，經磴口縣、潮格旗，東至烏拉特東聯合旗，東西長約三百公里，南北寬約四十至七十公里，發現了一千多幅古代游牧民族的巖畫，即《注》所謂"盡若虎馬之狀"和"悉有鹿馬之跡"。④河水又東南句　此處有佚文一條。《晏元獻公類要》卷六《陝西路·夏·濛水》引《水經注》："朔方縣有濛水，合金河而流。"當是此段中佚文。⑤禮三朝記　《大戴禮記》中的一篇。《大戴禮記》亦作《大戴記》或《大戴禮》，傳爲西漢戴德編著，原有八十五篇，今尚存三十九篇。⑥竹書紀年　書名。《隋書·經籍志》著錄十二卷，今存二卷。《注》文引此書甚多，或稱《竹書》，或稱《汲冢書》，或稱《紀年》等。晉太康二年（公元二八一年），汲郡人不准盜發魏襄王冢，得竹簡甚多，共古書七十五篇，中有《竹書紀年》十三篇，編年敘夏、商、周歷史，接以晉事，至三家分晉後則專敘魏事，至魏襄王二十年（公元二九九年）而終。⑦郡國志　指司馬彪所撰《續漢書·郡國志》。今二十四史的《後漢書》，實由范曄的《後漢書》和司馬彪的《續漢書》合成。書内各志，均爲司馬彪所撰。⑧魏土地記　書名。

隋唐諸志不著錄,《御覽》引此作《大魏土地記》,已亡佚。有《漢唐地理書鈔》輯本。⑨虞氏記　書名。不知撰者和撰述年代。《隋書・經籍志》著錄有《虞氏家記》五卷,虞覽撰,不知是否此書,已亡佚。⑩挹之不窮　此處有佚文一條。《文選》卷二十七“樂府”上《飲馬長城窟行》引《水經注》:“其下往往有泉窟可飲馬。”當是此段中佚文。⑪琴操　書名。隋唐諸志不著錄。有數種:《琴操》三卷,《琴操鈔》二卷,《琴操鈔》一卷。傳為晉孔衍撰,均已亡佚。有《平津館叢書》等輯本,但作蔡邕撰。⑫琴慎相和雅歌錄　書名。不知撰者和撰述年代,已亡佚。《漢書・藝文志》著錄有《雅歌詩》四篇,不知是否即此。⑬講武碑　宋趙明誠《金石錄》存此碑目。按《注》文,當是太和十八年北巡時事,而立碑於太和二十年。⑭燕書　書名。《隋書・經籍志》著錄二十卷,前燕尚書范亨撰,記前燕第二代國君慕容儁事,已亡佚。《廣雅書局叢書》有輯本一卷。⑮東觀記　書名。即《東觀漢記》。《隋書・經籍志》著錄一四三卷,漢長水校尉劉珍等撰,參與撰寫的有李尤、優無忌、馬日磾、蔡邕等多人,是一部陸續撰成的官書,上起光武,下迄靈帝。晉時,《史記》、《漢書》與此書並稱“三史”。唐時已缺佚,北宋後散佚。今有清人輯本,收入於《湖北先正遺書》,作二十四卷。《四部備要》、《四部叢刊》等也有輯本。⑯始皇本紀　即《史記・秦始皇本紀》。《注》文記敘事,在其在位的第三十三年。⑰又南離石縣西　殿本戴震在這條《經》文下加了案語:“‘又南’下脱‘過’字。”⑱統萬城　《注》文說建於赫連龍昇七年(按指十六國夏赫連勃勃。但龍昇七年改元鳳翔元年,是年號交錯的年分,公元四一三年),距酈氏不過五十年左右,但《注》文未及地名意義,說明酈氏對匈奴語系甚疏。而修於唐初的《晉書》在《赫連勃勃載記》中,稱“統萬城”是“統一天下,君臨萬邦”之意,以後從《元和志》、《通鑑》直至今《辭海》均循此說。但近人也提出得自當時墓誌中的確鑿證據,“統萬”亦稱“吐萬”,是胡語的不同漢譯。對此,《中國歷史地名大辭典》(中國社會科學出版社二〇〇六年出版)上冊卷首陳橋驛序中已有較詳說明。⑲連率　封號名。王莽時置《法典》,改了許多漢時的封號和官名。如“公”稱“牧”,“侯”稱“卒正”,“伯”稱“連率”,無封爵者稱“尹”。王莽又大改地名,原上郡改為增山。馬員為增山連率,即馬員為此郡太守。王莽所改的封號名、職官和地名,到東漢均廢除復原。⑳吐京郡治三句　此處有佚文一條。《寰宇通志》卷八十二《遼州・土京水》引《水經注》:“西陽水出西陽溪。”當是此段中佚文。㉑博物志　書名。《隋書・經籍志》著錄十卷,《兩唐志》同,晉張華撰。張華(公元二三二—三〇〇年),字茂先,范陽方城(今河北固安附近)人。此書已有殘缺,今收入於《子書百家》、《四部備要》等。㉒晉紀　書名。《隋書・經籍志》著錄四十五卷,南朝宋徐廣撰。徐廣(公元三五二—四二五年),字野民,東莞姑幕(今山東安丘附近)人。已亡佚。今有《玉函山房輯佚書補編》輯本。㉓得黃盧水口　此處有佚文一條。《初學記》卷八《河東道》第四《黃谷》引《水經注》:“黃櫨水出隰川縣東北黃櫨谷。”當是此段中佚文。㉔水東北出紫川谷　此處有佚文一條。《初學記》卷八《河東道》第四《紫川》引《水經注》:“紫川水源出隰川縣東紫谷也。”當是此段中佚文。

【語　譯】

又北過北地富平縣西,

1　河畔有兩座山峰相對並峙,河水就從兩山之間流出,這山峽就是上河峽,人們稱為青山峽。河水穿過山峽北流,分出一條支流往東流奔。河水又北流經富平縣舊城西,秦朝設置北部都尉,治所就在這個縣城。王莽時稱郡為威戎,縣叫持武。建武年間(公元二五—五七年),曹鳳,字仲理,當北地郡太守,他施政教化成績優異,因此黃龍在九里谷高岡亭出現。龍角長三尺,龍身粗十圍,尾長十餘丈。皇帝嘉獎他,賞賜絲綢百匹,並把他的官階晉升為中二千石。河水又北流,在河中的洲渚上有薄骨律鎮城,就是赫連的果園。至今洲上還有一片片桑林、果林的殘留遺跡。但薄骨律一詞來自戎語,不知城名語義。訪問當地老人,都說:據博聞廣識的前輩相傳,赫連那時候,有一匹駿馬死在這裡,以駿馬的毛色為城取名,所以叫白口騮,一音之訛,於是至今一直叫薄骨律。詳情就不得而知了。

2　河水又流經典農城東,人們稱此城為胡城。又北流經上河城東,人們稱之為漢城。薛瓚說:上河在西河富平郡,就是此城。馮參當上河典農都尉時,治所就在這裡。河水又北流經典農城東,民間稱之為呂城,也是馮參屯駐的地方,以管理農民。河水又東北流經廉縣舊城東,這地方就是王莽時的西河亭。《地理志》說:卑移山在西北。河水又北流,與支流匯合。這條支流上口承接大河,東北流經富平城,所經之地,隨處被分導以灌溉田畝,北流入河,現在已經枯涸無水了。《爾雅》說:灉,返回重新流入,是說河水決口後重又流入的意思。河水有灉水,正像漢水有潛水一樣。

3　河水又東北流經渾懷障西。《地理志》說:渾懷都尉治理塞外,說的就是這裡。太和(公元二二七—二三三年)初年,平定了三齊,把歷下的百姓遷移到這裡來居住,於是就有歷城的地名。這裡南距北地三百里。河水又東北流經過石崖山西,這裡距北地五百里。山巖上面,有天然形成的斑紋,有的像馬,有的像虎,輪廓鮮明顯著,像是畫成的一般,所以又稱畫石山。

又北過朔方臨戎縣西,

4　河水東北流經三封縣舊城東。三封縣設置於漢武帝元狩三年(公元前一二〇年)。《十三州志》說:三封縣在臨戎縣西一百四十里。河水又北流,流經臨戎縣舊城西,臨戎置於元朔五年(公元前一二四年),原是朔方郡的治所,王莽時叫推武。河水又北流,有支渠往東分出,分水口叫銅口。東流經沃野縣舊城南,此城是漢武帝元狩三年所置,王莽時叫綏武。這條支渠引水東流,來灌溉田畝,這就是所謂的引水流通,全靠我們自己的智慧。河水又北流,轉彎分出南河。河水又北流,從西邊在窳渾縣舊城東漫溢而出。漢武帝元朔二年(公元前一二七年),開拓朔方郡縣,窳渾縣就是西部都尉治所。有一條大路從縣城西北通往雞鹿塞,王莽時改郡名為溝搜,縣名為極武。河水漫溢積瀦為屠申澤,這片沼澤東西廣達一百二十里。所以《地理志》說:屠申澤在縣東,說的就是此澤。闞駰則稱為窳渾澤。

屈從縣北東流，

5　河水又折而東流，這就是北河。漢武帝元朔二年，大將軍衛青越過梓嶺，在北河上
　架橋，即指此河。北河東流經高闕南。《史記》載：趙武靈王採用胡人服裝後，從代
　郡傍著陰山腳下直到高闕，都建了要塞。山下有長城，長城旁邊，連綿的山脈高插
　雲天，山脈中間有個缺口，兩岸高崖巍然聳立，高入霄漢，望去就像宮闕似的。以
　形狀取名，所以名為高闕。從高闕往北出荒中，闕口有城，跨山構築，稱為高闕戍。
　從古代直到今天，常常駐紮重兵守衛，以防守要塞的交通要道。漢朝元朔四年（公
　元前一二五年），衛青率領十萬大軍，在高闕打敗右賢王，就是這地方。河水又東流
　經臨河縣舊城北。漢武帝元朔三年（公元前一二六年），把該縣封給代恭王的兒子劉
　賢為侯國，就是王莽時的監河。

至河目縣西，

6　河水從臨河縣東流經陽山南。《漢書注》說：陽山在河北，即指此山。河水東流經
　石跡阜西。這座山丘上的巖石，碎裂以後露出的斑紋，都有馬或鹿的蹄痕，因而得
　名。河水轉彎南流，流經河目縣，該縣在北假中，這是個地名。從高闕以東，河道
　兩岸都是連山，直到陽山更遠的地方，都是北假地區。《史記》說：秦派蒙恬率領十
　萬軍隊北上攻打胡人，渡河奪取高闕，佔據了陽山北假。北河又南流，與南河匯
　合。南河上流承接西河，東流經臨戎縣舊城北，又東流經臨河縣南，又東流經廣牧
　縣舊城北，舊城是東部都尉治所，王莽時叫鹽官。南河一直流了二百里左右，往東
　與河水匯合。

7　河水又南流經馬陰山西。《漢書音義》說：陽山在河北，陰山在河南。指的就是此
　山。可是按照實際情況，陰山卻不在河南。《史記音義》說：五原安陽縣北有馬陰
　山。現在山在縣北，說陰山在河南，這又是把疑難問題輾轉沿傳下來造成的錯誤。
　我查考過，南河、北河和安陽縣以南，都是沙丘，沒有別的不同的山。所以《廣志》
　說：朔方郡以北，有七處流動的沙丘，但沒有相當的山，這是《音義》和《廣志》的偏
　見。說陰山在河水東南那還差不多。

8　河水又東南流經朔方縣舊城東北，《詩經》說在朔方築城，就指此城。漢元朔二年
　（公元前一二七年），大將軍衛青佔領了河南一帶地區立為朔方郡，派校尉蘇建去築
　朔方城，就是此城。王莽時改名為武符。按《地理志》說：金連鹽澤、青鹽澤都在縣
　南。又按《魏土地記》說：縣裡有大鹽池，鹽池所產的鹽顆粒粗大、色澤青白，叫青
　鹽；又叫戎鹽，可入藥。漢朝設置典鹽官。鹽池距平城宮一千二百里，在新秦地帶
　以內。服虔說：新秦，是個地名，在北方，方圓一千里。如淳說：新秦在長安以北，
　朔方以南。薛瓚說：秦驅逐了匈奴，把河南一帶納入版圖，把百姓遷移到那裡以補

充人口,稱為新秦。

屈南過五原西安陽縣南,

9　河水從朔方轉而東流,流經渠搜縣舊城北。按《地理志》,朔方有渠搜縣,是中部都
尉治所,就是王莽時的溝搜亭。《禮記‧三朝記》說:北方開拓渠搜,南方安撫交
趾。這裡是舉了北方的地名來與南方的地名相對而言。也就是《禹貢》中所說的
析支和渠搜。河水又東流,流經西安陽縣舊城南,王莽時改名為漳安。河水又東
流,流經田辟城南。《地理志》說:這就是舊時的西部都尉治所。

屈東過九原縣南,

10　河水又東流經成宜縣舊城南,王莽時改名為艾虜。河水又東流經原亭城南。闞駰
《十三州志》說:這裡是中部都尉治所。河水又東流經宜梁縣舊城南。闞駰說:城
在五原西南六十里,如今人們稱為石崖城。河水又東流經稒陽城南,這是東部都
尉治所。又流經河陰縣舊城北;又東流經九原縣舊城南,秦始皇設置九原郡,治所
就在這裡。漢武帝元朔二年(公元前一二七年),改名為五原,也就是王莽時的獲降
郡、成平縣。舊城西北與對一城相接近,是五原縣的舊城,就是王莽時的填河亭。
《竹書紀年》載:魏襄王十七年(公元前三〇二年),邯鄲朝廷命令吏大夫的奴僕遷居
到九原,又命令將軍大夫的嫡子及駐防邊境的官吏,都穿上胡人的服裝。舊城南
朝長河,北倚連山。秦始皇驅逐了匈奴,在河水以東直到陰山一帶都修築了堡壘,
作為河上的要塞。徐廣《史記音義》說:陰山在五原北,指的就是此山。秦始皇三
十三年(公元前二一四年),在北方修築長城,西從臨洮開始,東到遼海為止,西邊傍
著陰山,南方則用武力在南越拓邊,白天警戒,夜晚施工,百姓勞苦不堪,怨聲載
道。所以楊泉《物理論》說:秦始皇派蒙恬修築長城,遍地都是死屍。民歌道:生兒
你別去撫養,生女你餵她成長。你沒看見長城底下,遍地是屍骨縱橫。老百姓的
怨恨痛苦,已到了這種地步。蒙恬臨死時說:從臨洮直到遼東,築城掘壕萬餘里,
不可能不掘斷地脈,這本來就該辦死罪的了。

又東過臨沃縣南,

11　臨沃就是王莽時的振武。河水又東流,有支流分出。河水又東流,石門水南流注
入。石門水發源於石門山。《地理志》說:發源於北方的石門障,指的就是此山。
從這裡往西北走,可抵光祿城。甘露三年(公元前五一年),呼韓邪單于回國,魏帝詔
令派遣長樂衛尉高昌侯董忠、車騎都尉韓昌等,率領一萬六千名騎兵護送單于駐
紮幕南,防護光祿城。光祿城是光祿大夫徐自為所築,城也因而得名。光祿城東
北方,就是懷朔鎮城。石門水從石門障東南流,流經臨沃城東,往東南注入河水。
河水又東流經稒陽城舊城南,就是王莽時的固陰。《地理志》說:從縣北出石門障,

河水沖決了西南角,又東南流,有支流注入。支流上口在臨沃縣承接大河,東流了七十里,灌漑著北岸南北二十里間的田畝,然後注入河水。河水又東流經塞泉城南東流而去。

又東過雲中楨陵縣南,又東過沙南縣北,從縣東屈南,過沙陵縣西。

12　大河東流經咸陽縣舊城南,就是王莽時的賁武。河水屈曲奔流,白渠水注入。白渠水發源於塞外,西流經定襄郡武進縣舊城北,這是西部都尉的治所,王莽時改名為伐蠻。世祖建武年間(公元二五—五六年),封給趙盧為侯國。白渠水西北流經成樂城北。《郡國志》說:成樂,從前屬於定襄郡。《魏土地記》說:雲中城以東八十里,有成樂城。現在是雲中郡的郡治,又名石盧城。

13　白渠水又西流經魏雲中宮南。《魏土地記》說:雲中宮在雲中縣舊城東四十里。白渠水又西南流經雲中舊城南,從前是趙國的疆域。《虞氏記》說:趙武侯從五原郡河曲縣築長城,東端直到陰山;又在河西造大城,一角崩坍沒有築成。於是又改在陰山郡河曲縣另卜新址,祈禱神靈呵護。一天看到一群天鵝在雲中翱翔,整天盤旋不去,天鵝底下出現很大的一片亮光。武侯說:莫非天鵝是為我而來的嗎?於是就在那裡築城,這就是今天的雲中城。秦始皇十三年(公元前二三四年),設置雲中郡,王莽改郡名為受降,縣名為遠服。

14　白渠水又西北流經沙陵縣舊城南,這就是王莽時的希恩縣。此水西流注入沙陵湖。又有芒干水,發源於塞外,南流經鍾山,鍾山就是陰山。從前郎中侯應對漢朝皇帝說:陰山東西千餘里,可說是單于的皇家園林。自從孝武帝出兵漠北奪取了它,匈奴喪失了陰山,每次經過那裡時,沒有不痛哭流涕的。他說的就是此山。芒干水西南流,流經武皋縣,就是王莽時的永武。又南流經原陽縣舊城西,又西南流,與武泉水匯合。武泉水發源於東方的武泉縣舊城西南,就是王莽時所謂的順泉縣。此水南流,又折而西轉,流經北興縣舊城南。按《地理志》,五原郡有南興縣,就是王莽時的南利縣。因為有南興,所以稱此縣為北興。舊時是中部都尉治所。《十三州志》說:廣陵有興縣,所以此縣稱北興。但兩地相距太遠,恐怕不是以南北命名的真正原因。武泉水又西南流,注入芒干水。芒干水又西南流經白道南谷口。右岸有城,傍著長城,背後依山,前面朝向沼澤,稱為白道城。從城北出去,有一道高坡,叫白道嶺。沿著路邊有個土洞,洞中有泉水湧出,汲取永不窮盡。我每次讀《琴操》,都會在《琴慎相和雅歌錄》中見到這句詩:放馬在長城的洞窟中飲水。待到走了這條路,追思往古時的事,才知道確實是可信的,並非虛言。眺望左右兩邊,山頂上有一道像是坍毀了的城牆廢址。沿著溪岸和山嶺蜿蜒伸展,東西兩邊都看不到盡頭,想來可能是趙武靈王所築。芒干水又西南流,流經雲中城北,白道中溪水注入。此水發源於武川北塞,溪水南流,流經武川鎮城。此城是景明年間(公元五〇〇—五〇三年)為防禦北狄而築。芒干水西南流,穿過山谷,流經魏帝行宮東,人們把行宮稱為阿計頭殿。宮城在白道嶺以北的山丘上,城角呈圓形,並不方正。四座城門上建了城樓,城內只有高臺殿宇而已。水又西南流經中溪,出山後往西南流,在雲中城北往南注入芒干水。

15 芒干水又西流,塞水發源於懷朔鎮東北芒中,南流經廣德殿西山下。我在太和十八年(公元四九四年)隨從高祖去北方巡察,到了陰山的講武臺。講武臺東有高祖"講武碑",碑文是中書郎高聰所作。從講武臺西出去,往南上山,山上沒有樹木,只是一座光禿禿的山丘,這就是廣德殿所在的地方。殿宇四面披檐,兩邊有廂房,廳堂和藻井都畫著珍禽異獸。廣德殿西北,是焜煌堂,楹柱方椽都是精雕細琢,以古時溫室殿的建構和圖形作為範本建成。當時高祖鸞駕臨幸北方荒漠的邊塞,南秦王仇池楊難當撤去藩國稱號,前來投誠歸順,通過翻譯來宮闕前朝拜高祖,這就是他在殿前觀見的地方,因此稱為廣德殿。魏太平真君三年(公元四四二年)刻石立碑,頌揚當時這件盛事,碑文的頌詞說:肅清皇帝治國的障礙,威懾四境的邊疆。無論是蠻夷各族,還是那冥頑的氏羌,無人不心悅誠服,攜帶翻譯前來叩頭瞻仰。南秦恭順地俯首聽命,敬畏地納土請降。巍峨的廣德殿,壯麗的焜煌堂。這是侍中、司徒、東郡公崔浩所作的頌詞。碑的背面題著宣城公李孝伯、尚書盧遐等隨從大臣的姓名,看來就像是新刻的一樣。此水經過山谷南流出山,往西南注入芒干水。芒干水又往西南注入沙陵湖。湖水西南流,注入河水。

16 河水南流進入楨陵縣西北,流經緣胡山,流過沙南縣東北,從兩山、二縣之間流出。我在太和年間(公元四七七—四九九年)任尚書郎,隨從高祖到北方巡視,那一帶是我親身行走過的地方。楨陵縣在山南,就是王莽時的楨陸,北距雲中城一百二十里。縣南六十里左右有東、西兩座大山,大山西邊臨河,河水是往南流的。按照河道的流程來核對《水經》,其中記述河流所經地點的先後次序,卻頗多錯亂之處,似乎是沒有搞清楚的。

又南過赤城東,又南過定襄桐過縣西,

17 定襄郡是漢高帝六年(公元前二〇一年)所設置,就是王莽時的得降。桐過縣,王莽時改名為椅桐。河水在二縣之間,有一處渡口叫君子濟。魏桓帝十一年,西則臨幸榆中,東則巡行代郡各地。洛陽有個大商人,帶了金銀和貨物跟著皇帝車駕走。夜裡迷了路,於是去渡口的津長子封那裡,跟他說:子封送我過去吧。津長送他渡河,不料這位大商人暴病而死,津長就把他埋葬了。商人的兒子來尋父親的遺體,掘開墳墓,抬出屍體,所帶的行李財物一點也沒有少,商人兒子把所有的金銀都贈送給津長,津長卻不接受。這件事傳到皇帝那裡,皇帝說:真是一位君子。於是就把這個渡口名為君子濟。渡口在雲中城西南二百餘里。

18　河水又東南流,左岸匯合了一條水。這條水發源於契吳東山,西流經故里南,北方民間稱為契吳亭。此水又西流,注入河水。河水又南流,樹頹水注入。樹頹水發源於東山,西南流,右岸匯合了中陵川水。中陵川水發源於中陵縣西南山下,北方民間稱為大浴真山,水也以山為名,東北流,流經中陵縣舊城東。這座舊城北方民間稱為北右突城,就是王莽時所謂的遮害。《十三州志》說:善無縣南七十五里有中陵縣,置於世祖建武二十五年(公元四九年)。中陵川水又西北流,在右岸匯合一條水。此水發源於東山,北方民間稱為貸敢山,水也因山而得名。此水西北流,注入中陵水。中陵水又西北流,流經善無縣舊城西,就是王莽時的陰館。《十三州志》說:這是舊時定襄郡的治所。按《地理志》,則是雁門郡的治所。此水又西北流,在右岸匯合一條水。此水發源於東山下,北方民間稱為吐文水,山也因水而得名。水北流經鋤亭南,又西流,流經土壁亭南,往西流出山峽,從左岸注入中陵水。中陵水又北流,分為兩條,一條東北流,叫沃水。又東流經沃陽縣舊城南,北方民間稱為可不塗城,就是王莽時的敬陽。又東北流經沃陽城東,又東流,與可不塗水匯合。可不塗水發源於東南六十里的山下,西北流,注入沃水。沃水又東流,流經參合縣南,魏國因參合陘而命名的,北方民間則稱為倉鶴陘。有一條道路從中間通過,那個山口也叫參合口。山口在縣城西北,就是《燕書》所謂:太子寶從河西領兵回到參合,三軍潰散奔逃的地方。魏國立為縣,隸屬於涼城郡。該縣西距沃陽縣舊城二十里。縣城以北十里,有個都尉城。《地理志》說:沃陽縣是西部都尉治所。北方民間稱為阿養城。沃水又東流,匯合了一條水,此水發源於縣城東南六十里的山下,北方民間稱為災豆渾水,西北流,注入沃水。沃水又東北流,注入鹽池。《地理志》說:鹽池在東北。現在鹽池西南距沃陽縣舊城六十五里,池水澄清靜止,淵深不流,東西三十里,南北二十里。池北七里,就是涼城的郡治。池西有舊城,民間稱為涼城,郡也照此取名為涼城郡。《地理志》說:鹽澤有長、丞等官職,此城就是由長、丞治理的。城西三里有一座小丘,小丘下面有泉水,東南流,注入鹽池。北方民間稱為大谷北堆,水也以小丘為名。中陵川水從支流分出處往西北流,右岸在連嶺北匯合了一條水。此水發源於沃陽縣東北山下,北方民間稱此山為烏伏真山,水叫誥升袁河。西南流經沃陽縣,在左岸匯合中陵川,往西南亂流與一條水匯合,北方民間稱為樹頹水。樹頹水發源於東山下,西南流,在右岸匯合誥升袁水,往西南亂流奔瀉,分為二水。左邊一條分出支流往南流,北方民間稱為太羅河;右邊一條西流經舊城南,北方民間叫昆新城。水從此城往西南流,注入河水。

19　河水又南流,太羅河注入。太羅河上源承接樹頹水,南流又折向西邊,流經武州縣舊城南。《十三州志》說:武州縣在善無城西南一百五十里,北方民間稱為太羅城,水也以城為名。此水西南流,有一條水注入。此水發源於舊城西北五十里,往南流經舊城西北方,民間稱此城為故槃迴城。又南流注入太羅河。太羅河又西南流,注入河水。

20　河水左岸有湳水口,在此口入河的水,發源於西河郡美稷縣,東南流。《東觀記》說:郭伋,字細侯,任并州牧。他先前在州任職時,一向對老百姓有恩德,因此老人牽挽著小孩,在路上迎接他。他到西河郡視察時,美稷縣小孩數百名,各自跨著竹馬前來迎接拜見他。郭伋問道:你們這些孩子為什麼老遠地到這裡來?孩子們答道:我們聽說您老人家到了,非常高興,所以特地來迎接您。郭伋向他們告辭後就動身出發,孩子們又把他送到城外,問道:您老人家哪天回來呀?郭伋算了算行程,把回來的日子告訴他們。但回來卻早了一天,想到與孩子們有約,就在野外的亭子裡留宿,等待到約定的日子才前往。

21　水又東南流,羌人即以水為姓氏。漢沖帝時,羌人湳狐奴歸化於漢,他是羌人的酋長。這條水,民間也叫遄波水,東南流入長城東。鹹水發源於長城西的鹹谷,東流注入湳水。湳水又東南流,渾波水發源於西北方的窮谷,東南流注入湳水。湳水東流,流經西河郡富昌縣舊城南,富昌就是王莽時的富成。湳水又東流,注入河水。

22　河水左岸匯合了一條水。此水發源於善無縣舊城西南八十里,西流經呂梁山,就是呂梁洪。此山巖石層沓,峰巒綿延,山澗彎彎曲曲,崖岸又高又深,巨巖高聳,陡峭千丈,水流湍急,波濤洶湧,勢如雷鳴電閃,轟鳴之聲震天動地。從前呂梁山還沒有開鑿時,河水從孟門上面流出,今天的河道,是大禹為疏導河水而開鑿的。司馬彪說:呂梁在離石縣西。現在從縣西爬山越嶺去考察河水,都看不到什麼過高的阻障,到了這裡,才成為河水的巨險,這就是呂梁了。地點在離石北偏東約二百餘里。

又南過西河圁陽縣東,

23　西河郡是漢武帝元朔四年(公元前一二五年)所置,王莽時改名為歸新。圁水發源於上郡白土縣的圁谷,東流經縣南。《地理志》說:圁水發源於西方,東流注入河水。王莽時把白土改名為黃土。東流到長城,與神銜水匯合。神銜水發源於縣南的神銜山,出峽後東流到長城,注入圁水。圁水又東流,流經鴻門縣。鴻門縣就是舊時的鴻門亭。《地理風俗記》說:圁陰縣西五十里有鴻門亭、天封苑、火井廟,廟內有火從地下噴出。圜水又東流,梁水注入。梁水發源於西北方的梁谷,東南流,注入圜水。圜水又東流,流經圜陰縣北。圜陰縣置於漢惠帝五年(公元前一九○年),王莽時改名為方陰。又東流,桑谷水注入。桑谷水發源於西北方的桑溪,東北流,注入圜水。圜水又東流,流經圜陽縣南,東流注入河水。

24　河水又東流,端水注入。端水發源於西方的號山。《山海經》說:山上的樹,大都是漆棕,山上的草,大都是芎藭,且多泠石。端水就發源在這裡,東流注入河水。河水又南流,諸次水注入。諸次水發源於上郡的諸次山。《山海經》說:諸次山,是諸次水的發源地。山上樹木繁多,但不長草,鳥獸都不來棲息,多的是大象和蛇。諸次水東流經榆林塞。榆林塞人們又稱為榆林山,就是《漢書》所說的榆溪舊塞。從山溪往西走,都是長滿榆樹、柳樹的澤地,沿著沙陵一直延展到龜茲縣西北,所以叫廣長榆。王恢說:種植榆樹作為要塞,說的就是這裡。蘇林以為榆中在上郡,他弄錯了。按《始皇本紀》,在西北把匈奴驅逐出去,從榆中傍著河水以東,一直與陰山相接。可是榆中在金城以東約五十里,而陰山則在朔方以東。照此推斷,榆中是不可能在上郡的了。《漢書音義》以為是蘇林說得不對,這話一點也不錯。諸次水東流進入長城,與小榆水相匯合。沿著山澗往西北走,到了山谷的盡頭,就是小榆水的源頭。小榆水又東流,匯合了首積水。首積水發源於西方的首積溪,東流注入諸次水;又東流,注入河水。《山海經》說:諸次水東流注入河水,說的就是此水。河水又南流,湯水注入。《山海經》說:湯水發源於上申山,山上沒有草木,卻多巨石,山下多榛樹和楛樹。湯水發源在這裡,東流注入河水。

又南離石縣西,

25　奢延水注入。奢延水在西方發源於奢延縣西南的赤沙阜,東北流。《山海經》所謂生水發源於孟山,即指此水。郭景純說:孟字也有寫作明字的。漢朝的破羌將軍段熲,在奢延澤擊潰了羌人,羌人都逃往洛川。洛川在南方,民間因此水流經縣境,稱為奢延水,又叫朔方水,東北流經舊縣城南,就是王莽時的奢節。赫連勃勃龍昇七年,派遣將作大匠梁公叱干阿利,在奢延水以北,黑水以南改築大城,稱為統萬城。城牆以蒸過的泥土精工修築,非常堅固,雖然年代已經久遠,但高城雉堞仍舊像新建的一樣。又製造了各種兵器,千錘百鍊,極其鋒利精良。他造了一把寶刀,裝上雕著龍雀的大環,號稱大夏龍雀。刀背上刻的銘文說:古代最銳利的兵器,吳、楚寶劍號稱湛盧。今日有大夏龍雀,聲名盛極於京都。可使遠方諸國歸順,可將逃亡者安撫。雄威震懾天下,有如疾風吹草偃伏。世人都十分珍視這把寶刀。他又以銅鑄成大鼓,以及飛廉、翁仲、銅駝、龍虎等等,都用黃金來裝飾,排列在宮殿前面。這統萬城就是現在的夏州治所。

26　奢延水又東北流,與溫泉匯合。溫泉源出西北的沙溪,東南流,注入奢延水。奢延水又東流,黑水注入。黑水發源於奢延縣的黑澗,東南流經沙陵,注入奢延水。奢延水又東流,與交蘭水匯合。交蘭水發源於龜茲縣的交蘭谷,東南流,注入奢延水。奢延水又東北流,與鏡波水匯合。鏡波水發源於南邪山的南谷,東北流,注入奢延水。奢延水又東流,流經膚施縣,帝原水發源於西北方的龜茲縣,東南流。該縣因安頓過歸降的胡人而著稱。又東南流,注入奢延水。奢延水又東流經膚施縣南。膚施縣置於秦昭王三年(公元前三〇四年),是上郡的治所。漢高祖把三秦併入領土,重新設置為郡。王莽任命漢將馬員為增山連率,王莽敗亡後,馬員歸降世祖,仍任上郡太守。司馬彪說:增山是上郡的別名。奢延水東流進入五龍山。《地理志》說:縣裡有五龍山、帝原水。自此起,下流也都可通稱了。水流經長城東,從白翟地區流出。又有平水,發源於西北方的平溪,東南流,注入奢延水。奢延水又東流,走馬水注入。走馬水發源於西南方長城北、陽周縣舊城南的橋山。從前秦二世就是在這裡令蒙恬自殺的。王莽時把橋山改名為上陵時,因為山上有黃帝墓的緣故。黃帝死後,只留下弓和劍,所以世人說黃帝升仙了。走馬水東流,從前段潁追擊羌人出橋門,直到走馬水,聽說羌人在奢延澤,就是這地方。這門,就是橋山的長城門。秦始皇命令太子扶蘇和蒙恬去築長城,西起臨洮,東至碣石,說的就是這座城。此水東北流,進入長城,又東北流,注入奢延水。奢延水又東流,與白羊水匯合。白羊水發源於西南方的白羊溪,循著溪澗東北流,注入奢延水。奢延水又東流,注入河水。《山海經》說:生水東流,注入河水。河水又南流,陵水注入。陵水發源於陵川北溪,往南流經平川,折而西流注入河水。河水又南流,流到離石水口。流入此口的水發源於離石北山,南流經離石縣舊城西。《史記》說:秦昭王征伐趙國,奪取了離石,說的就是此城。漢武帝元朔三年(公元前一二六年),封給代共王的兒子劉綰為侯國,後漢時是西河郡的治所。此水又南流西轉,流經隰城縣舊城南。漢武帝元朔三年,將隰城縣封給代共王的兒子劉忠為侯國,就是王莽時的慈平亭。胡人民間語訛,至今還有千城的稱呼。此水西流,注入河水。

又南過中陽縣西,

27　中陽縣舊城在東方,東臨汾水,隔著重重的山嶺,並不瀕臨河水。

又南過土軍縣西,

28　土軍縣是吐京郡的治所。舊城,就是土軍縣的舊城。胡語與漢語對譯,讀音就變樣了。城形呈橢圓,而不方正。漢高帝十一年(公元前一九六年),把此城封給武侯宣義為侯國。縣裡有龍泉,發源於縣城東南,道路左邊山下的牧馬川出產名馬,同滇池的天馬一般雄駿。龍泉水西北流,流到縣城東南。土軍水發源於道路左邊的高山上,往西南注入龍泉水。龍泉水又北流,轉彎流經城東,西北流注入河水。河水又南流,與契水匯合。沿著溪澗往東進入山谷盡頭,就是水源了。又南流,流到祿谷水口,流入此口的水,源頭就在這條溪澗東邊的盡處。河水又南流,接納了大蛇水。大蛇水發源於溪澗的盡頭,西流注入河水。

29　河水又南流,在右岸接納了辱水。《山海經》說:辱水發源於鳥山,山上多桑樹,山下多楮樹,山陰多產鐵,山陽多產玉。水東流,注入河水。辱水,民間稱為秀延水,東流,有浣水口,沿溪行,往西轉,到了溪澗的盡頭,就是浣水的源頭了。辱水又東流,與根水匯合。根水發源於西南方的溪澗,東北流注入辱水。辱水又東南,露跳水發源於西露溪,東流,又東北流注入辱水,亂流注入河水。河水又南流,在左岸匯合信支水。此水發源於東露溪,西流注入河水。河水又南流,在左岸匯合石羊水。沿著溪澗往東進入山谷,盡頭就是水源,西流注入河水。

又南過上郡高奴縣東,

30　域谷水從東方荒涼的原野奔流而出,西經漫長的溪澗,往西南注入河水。河水又南流,在孔溪口接納一水。此水發源於孔山南麓,循著溪澗西流,注入河水。孔山上有洞穴三處,大如車輪,東西兩邊相距都差不多,約莫兩丈左右,南北則穿山直通,所以叫孔山。孔山在蒲城西南三十餘里。

31　河水又在右岸匯合區水。《山海經・西次四經》開頭的山,就是陰山,西北一百七十里是申山,山上多長小米和柞樹,山下多杻樹和橿樹,山南多產金礦和美玉,區水就發源於此山,東流注入河水。世人則稱為清水,東流進入上郡長城,流經老人山下,又東北流,流到老人谷。從水邊往北走,到了溪流的盡頭,便是水源了。清水又東流,在龍尾水口接納一水。此水發源於北地神泉障北山的龍尾溪,東北流,注入清水。清水又東流,匯合三湖水。三湖水發源於南山的三湖谷,東北流注入清水。清水又東流經高奴縣,匯合了豐林水;《地理志》則稱為洧水。所以說高奴縣有洧水。水上有油,能燃燒,採集起來有用處。《博物志》說:酒泉延壽縣南山有泉水流出,大如籬筐,在地上沖刷出一條水溝,水上有油,稠膩有如肉汁,舀來盛在水桶裡,開始時是黃的,後來就變成黑色,像是凝凍的油脂。這油點了火燒得很亮,同油脂沒有兩樣。用這油來油漆車子和水碓的缸臼極好,當地人稱為石漆。水上浮油也到處都有,並非只限於高奴縣的洧水一處。項羽封董翳為翟王,讓他定都於高奴,所謂三秦,這就是其中之一。漢高祖擊潰董翳,設高奴為縣,就是王莽時的利平;民間語訛,則稱為高樓城。豐林川遙遠地奔瀉而來,北流匯合於清水。清水又南流,奚谷水注入。此水發源於西方的奚川,東南流注入清水。清水又東流,注入河水。

32 河水又南流,蒲川水發源於石樓山,南流經蒲城東,這就是重耳避難的地方。又南
   流經過蒲子縣舊城西,就是現在大魏汾州的治所。徐廣《晉紀》談到劉淵從離石南
   遷於蒲子,說的就是這地方。闞駰說:蒲城在西北,是漢武帝所置。蒲川水發源於
   南方,在黃盧水口接納了一條水。此水發源於東方蒲子城南,東北流,進入山谷,
   到了溪澗的盡頭,便是水源了。蒲水又南流,匯合紫川水。紫川水發源於東北的
   紫川谷,西南流,匯合了江水。江水發源於江谷,西北流注入紫川水。紫川水又西
   北流,注入蒲水。蒲水又西南流,注入河水。

33 河水又南流,匯合了黑水。黑水發源於定陽縣西山,兩個水源成雙成對地流來,一
   同沖刷出一條山溝往東南流,流經縣城以北,又東南流,在右岸匯合定水,民間則
   稱為白水。定水發源於定陽縣南山的定水谷,東流經定陽縣舊城南。應劭說:縣
   城在定水的北岸。定水又東流,注入黑水,往東南亂流,注入河水。

【研　析】　此卷主要是記敘了後來稱為"河套"(此詞出於《明史·韃靼傳》)的黃河
段,從今寧夏境內一直到今山、陝兩省之間的陝西延安以東為止。由於河套一段在公
元五世紀由匈奴的鐵弗部赫連氏一族建立了十六國的夏,到酈氏時代還不足百年,所
以遺跡均在,掌故不少,酈氏就其所知作了詳細記敘,如薄骨律鎮和統萬城等。特別是
對夏的創始者赫連勃勃的都城統萬城,從築城的工程師(將作大匠)起,包括在寒冷地
區的"蒸土加工"等建築過程,都記入《注》文,這些資料,對於今天研究十六國夏,都很
有價值。例如對於赫連的薄骨律鎮城,酈氏認為"語出戎方,不究城名"。但當時尚有
以訛傳訛的所謂"有駿馬死此,取馬色以為邑號"的牽強附會。所以"目城為白口驑,韻
之謬"(楊、熊《水經注疏》作"白馬驑。轉韻之謬")。漢人把不少非漢語地名作出各種
附會的解釋,在地名學上稱為地名的漢化或半漢化,酈氏所記,對地名學研究是一種有
益的貢獻。又如《注》文對畫石山和石跡阜的記敘,使寶貴的古代陰山巖畫得以重現於
世。充分說明《水經注》是一種值得重視、值得研究的文化資源。

卷四 河水

【題　解】　此卷從北屈縣(今山西吉縣附近)到鄧(今河南孟縣附近),記敘了黄河中游的主要河段。黄河從今山、陝二省界上經晉、陝、豫三省間拐了一個大彎,由北南流向轉為西東流向。黄河在此卷中經歷了全河流程中最主要的峽谷禹門、龍門和三門,並接納了全河最大的支流汾水、渭水和伊洛水。從此以下,黄河的大支流就很少了。所以此卷是《河水》五卷中很重要的一卷。

又南過河東北屈縣西,

1　河水南逕北屈縣故城西,西四十里有風山,上有穴如輪,風氣蕭瑟,習常不止,當其衝飄也,略無生草,蓋常不定,衆風之門故也。風山西四十里,河南孟門山。《山海經》曰:孟門之山,其上多金玉,其下多黄堊、涅石。《淮南子》曰:龍門未闢,吕梁未鑿,河出孟門之上,大溢逆流,無有丘陵,高阜滅之,名曰洪水。大禹疏通,謂之孟門。故《穆天子傳》曰:北登孟門,九河之隥。孟門,即龍門之上口也。寔爲河之巨阨,兼孟門津之名矣。

2　此石經始禹鑿,河中漱廣,夾岸崇深,傾崖返捍,巨石臨危,若墜復倚,古之人有言,水非石鑿,而能入石,信哉。其中水流交衝,素氣雲浮,往來遥觀者,常若霧露沾人,窺深悸魄。其水尚崩浪萬尋,懸流千丈,渾洪贔怒,鼓若山騰,濬波頽疊,迄于下口。方知《慎子》,下龍門,流浮竹,非駟馬之追也[①]。

3　又有燕完水注之，異源合舍，西流注河。河水又南得鯉魚，歷澗東入，窮溪首便其源也。《爾雅》曰：鱣，鮪也[②]。出鞏穴，三月則上渡龍門，得渡爲龍矣。否則，點額而還。非夫往還之會，何能便有茲稱乎？

4　河水又南，羊求水入焉，水東出羊求川，西逕北屈縣故城南，城，即夷吾所奔邑也，王莽之朕北也。《汲郡古文》[③]曰：翟章救鄭，次于南屈。應劭曰：有南，故加北。《國語》[④]曰：二五言于獻公曰：蒲與二屈，君之疆也。其水西流，注于河。河又南爲採桑津。《春秋》[⑤]僖公八年，晉里克敗狄于採桑是也。赤水出西北罷谷川東，謂之赤石川，東入于河。河水又南合蒲水。西則兩源並發，俱導一山，出西河陰山縣，王莽之山寧也。陰山東麓，南水東北與長松水合，水西出丹陽山東，東北流，左入蒲水，蒲水又東北與北溪會，同爲一川，東北注河。河水又南，丹水西南出丹陽山，東北逕冶官東，俗謂之丹陽城。城之左右，猶有遺銅矣。其水東北會白水口，水出丹山東，而西北注之，丹水又東北入河。河水又南，黑水西出丹山東，而東北入于河。河水又南至崿谷，傍谷東北窮澗，水源所導也，西南流注于河。河水又南，洛水自獵山枝分東派，東南注于河。昔魏文侯築館洛陰，指謂是水也。

又南過皮氏縣西，

5　皮氏縣，王莽之延平也。故城在龍門東南，不得延逕皮氏，方屈龍門也。

又南出龍門口，汾水從東來注之。

6　昔者，大禹導河積石，疏決梁山，謂斯處也。即《經》所謂龍門矣。《魏土地記》曰：梁山北有龍門山，大禹所鑿，通孟津河口，廣八十步，巖際鐫跡，遺功尚存。岸上並有廟祠，祠前有石碑三所，二碑文字紊滅，不可復識，一碑是太和中立。《竹書紀年》，晉昭公元年，河赤于龍門三里。梁惠成王四年，河水赤于龍門三日。京房《易妖占》[⑥]曰：河水赤，下民恨。

7　河水又南，右合暢谷水，水自溪東南流，逕夏陽縣西北，東南注于河。河水又南逕梁山原東，原自山東南出至河，晉之望也，在馮翊夏陽縣之西北，臨于河上。山崩，壅河三日不流，晉侯以問伯宗，即是處也。《春秋穀梁傳》[⑦]曰：成公五年，梁山崩，遏河水，三日不流。召伯尊。遇輦者不避，使車右鞭之。輦者曰：所以鞭我者，其取道遠矣。伯尊因問之，輦者曰：君親縞素，率羣臣哭之，斯流矣。如其言，而河流。

8　河水又南，崌谷水注之，水出縣西北梁山，東南流，橫溪水注之，水出三累山，其山層密三成，故俗以三累名山。按《爾雅》，山三成爲崑崙丘。斯山豈亦崑崙丘乎？山下水際，有二石室，蓋隱者之故居矣。細水東流，注于崌谷。側溪山南有石室，西面有兩石室，北面有二石室，皆因阿結牖，連扃接闥，所謂石室相距也。東廂石上，猶傳杵臼之跡。庭中亦有舊宇處，尚髣髴前基，北坎室上，有微涓石溜，豐周瓢飲，似是栖遊隱學之所。昔子夏教授西河，疑即此也，而無以辨之。溪水又東南逕夏陽縣故城北，故少梁也。秦惠文王十一年，更從今名矣。王莽之冀亭也。其水東南注于河。昔韓信之襲魏王豹也，以木罌自此渡。

9　河水又南，右合陶渠水，水出西北梁山，東南流逕漢陽太守殷濟精廬南，俗謂之子夏廟。陶水又南逕高門南，蓋層阜墮缺，故流高門之稱矣[8]。又東南逕華池南，池方三百六十步，在夏陽城西北四里許。故司馬遷《碑文》云：高門華池，在茲夏陽。今高門東去華池三里。溪水又東南逕夏陽縣故城南。服虔曰：夏陽，虢邑也，在大陽東三十里。又歷高陽宮北，又東南逕司馬子長墓北，墓前有廟，廟前有碑。永嘉四年，漢陽太守殷濟瞻仰遺文，大其功德，遂建石室，立碑樹桓[9]。《太史公自敘》[10]曰：遷生于龍門。是其墳墟所在矣。溪水東南流入河。昔魏文侯與吳起浮河而下，美河山之固，即于此也。

10　河水又南，徐水注之，水出西北梁山，東南流逕漢武帝登仙宮東，東南流，絶彊梁原。右逕劉仲城北，是漢祖兄劉仲之封邑也。故徐廣《史記音義》曰：郃陽，國名也。高祖八年，侯劉仲是也。其水東南逕子夏陵北，東入河。河水又南逕子夏石室東，南北有二石室，臨側河崖，即子夏廟室也。

又南過汾陰縣西，

11　河水東際汾陰脽，縣故城在脽側，漢高帝六年，封周昌爲侯國。《魏土地記》曰：河東郡北八十里有汾陰城，北去汾水三里，城西北隅曰脽丘，上有后土祠。《封禪書》[11]曰：元鼎四年，始立后土祠于汾陰脽丘是也。又有萬歲宮，漢宣帝神爵元年幸萬歲宮，東濟大河，而神魚舞水矣。昔趙簡子沈欒徼于此，曰：吾好聲色，而是子致之；吾好士，六年不進一人。是長吾過而黜吾善。君子以爲能譴矣。

12　河水又逕郃陽城東[12]，周威烈王之十七年，魏文侯伐秦至鄭，還築汾陰郃陽，即此城也。故有莘邑矣，爲太姒之國。《詩》[13]云：在郃之陽，在渭之涘。又曰：纘女維莘，長子維行。謂此也。

13　城北有瀵水，南去二水各數里，其水東逕其城內，東入于河。又于城內側中，有瀵水東南出城，注于河。城南又有瀵水，東流注于河[14]。水南猶有文母廟，廟前有碑，去城十五里，水，即郃水也，縣取名焉。故應劭曰：在郃水之陽也。河水又南，瀵水入焉。水出汾陰縣南四十里，西去河三里，平地開源，濆泉上湧，大幾如輪，深則不測，俗呼之爲瀵魁。古人壅其流以爲陂水，種稻。東西二百步，南北百餘步[15]，與郃陽瀵水夾河，河中渚上，又有一瀵水，皆潛相通。故呂忱曰：《爾雅》，異出同流爲瀵水。其水西南流,歷蒲坂西,西流注于河。

14　河水又南逕陶城西,舜陶河濱,皇甫士安以爲定陶,不在此也。然陶城在蒲坂城北,城,即舜所都也。南去歷山不遠,或耕或陶,所在則可,何必定陶,方得爲陶也。舜之陶也,斯或一焉。孟津有陶河之稱,蓋從此始之。南對蒲津關。汲冢《竹書紀年》,魏襄王七年,秦王來見于蒲坂關;四月,越王使公師隅來獻乘舟始罔及舟三百,箭五百萬,犀角、象齒焉。

又南過蒲坂縣西,

15　《地理志》曰:縣,故蒲也。王莽更名蒲城。應劭曰:秦始皇東巡,見有長坂,故加坂也。孟康曰:晉文公以賂秦,秦人還蒲于魏,魏人喜,曰:蒲反矣,故曰蒲反也。薛瓚注《漢書》曰:《秦世家》[16]以垣爲蒲反。然則本非蒲也。皇甫謐曰:舜所都也。或言蒲坂,或言平陽及潘者也。今城中有舜廟。魏秦州刺史治。太和遷都罷州,置河東郡。郡多流雜,謂之徙民。民有姓劉名墮者,宿擅工釀,採挹河流,醞成芳酎,懸食同枯枝之年,排于桑落之辰,故酒得其名矣。然香醑之色,清白若滫漿焉,別調氛氳,不與佗同,蘭薰麝越,自成馨逸,方土之貢,選最佳酌矣。自王公庶友,牽拂相招者,每云:索郎有顧,思同旅語。索郎反語爲桑落[17]也,更爲籍徵之雋句、中書之英談。

16　郡南有歷山,謂之歷觀,舜所耕處也。有舜井,嬀、汭二水出焉。南曰嬀水,北曰汭水,西逕歷山下,上有舜廟。周處《風土記》[18]曰:舊説,舜葬上虞。又《記》云:耕于歷山。而始寧、剡二縣界上,舜所耕田,于山下多柞樹,吳、越之間,名柞爲櫪,故曰歷山。余按周處此志爲不近情,傳疑則可,證實非矣。安可假木異名,附山殊稱?彊引大舜,即比甯壤,更爲失誌記之本體,差實録之常經矣。歷山、嬀汭,言是則安,于彼乖矣。《尚書》所謂釐降二女于嬀汭也。孔安國曰:居嬀水之内。王肅[19]曰:嬀汭,虞地名。皇甫謐[20]曰:納二女于嬀水之汭。馬季長[21]曰:水所出曰汭,然則,汭似非水名,而今見有二水異源同歸,渾流西注入于河。

17　河水南逕雷首山西,山臨大河,北去蒲坂三十里,《尚書》所謂壺口雷首者也。俗亦謂之堯山,山上[22]有故城,世又曰堯城。闞駰曰:蒲坂,堯都。按《地理志》曰:縣有堯山、首山祠,雷首山在南。事有似而非,非而似,千載眇邈,非所詳耳。又南,涑水注之,水出河北縣雷首山,縣北與蒲坂分,山有夷齊廟。闞駰《十三州志》曰:山,一名獨頭山,夷、齊所隱也。山南有古冢,陵柏蔚然,攢茂丘阜,俗謂之夷齊墓也。其水西南流,亦曰雷水。《穆天子傳》曰:壬戌,天子至于雷首,犬戎胡觴天子于雷首之阿,乃獻良馬四六,天子使孔牙受之于雷水之干是也。昔趙盾田首山,食祁彌明翳桑之下,即于此也。涑水又西南流,注于河,《春秋左傳》謂之涑川者也,俗謂之陽安潤水。

又南至華陰潼關,渭水從西來注之。

18　汲郡《竹書紀年》曰:晉惠公十五年,秦穆公帥師送公子重耳,涉自河曲。《春秋左
氏》僖公二十四年,秦伯納之,及河,子犯以璧授公子曰:臣負羈紲,從君巡于天下,
臣之罪多矣,臣猶知之,而況君乎? 請由此亡。公子曰:所不與舅氏同心者,有如
白水。投璧于此。子推笑曰:天開公子,子犯以爲功,吾不忍與同位,遂逃焉。

19　河水歷船司空,與渭水會。《漢書・地理志》,舊京兆尹之屬縣也。左丘明《國
語》[23]云:華岳本一山當河,河水過而曲行,河神巨靈,手盪腳蹋,開而爲兩,今掌足
之跡,仍存華巖。《開山圖》[24]曰:有巨靈胡者,徧得坤元之道,能造山川,出江、河,
所謂巨靈贔屭,首冠靈山者也。常有好事之士,故升華岳而觀厥跡焉。自下廟歷
列柏南行十一里,東迴三里,至中祠,又西南出五里,至南祠,謂之北君祠,諸欲升
山者,至此皆祈請焉。從此南入谷七里,又屆一祠,謂之石養父母,石龕、木主存
焉。又南出一里,至天井,井裁容人,穴空,迂迴頓曲而上,可高六丈餘,山上又有
微涓細水,流入井中,亦不甚沾人,上者皆所由陟,更無別路,欲出井望空視明,如
在室窺牖也。

20　出井東南行二里,峻坂斗上斗下,降此坂二里許,又復東上百丈崖,升降皆須扳繩
挽葛而行矣。南上四里,路到石壁,緣旁稍進,逕百餘步,自此西南出六里,又至一
祠,名曰胡越寺,神像有童子之容,從祠南歷夾嶺,廣裁三尺餘,兩箱懸崖數萬仞,
窺不見底,祀祠有感,則雲與之平,然後敢度,猶須騎嶺抽身,漸以就進,故世謂斯
嶺爲搦嶺矣。

21　度此二里,便屆山頂。上方七里,靈泉二所,一名蒲池,西流注于澗;一名太上泉,
東注澗下。上宮神廟近東北隅,其中塞實雜物,事難詳載。自上宮東北出四百五
十步,有屈嶺,東南望巨靈手跡,惟見洪崖、赤壁而已。都無山下上觀之分均矣。

22　河在關內南流,潼激關山,因謂之潼關。濩水注之。水出松果之山,北流逕通谷,
世亦謂之通谷水,東北注于河,《述征記》[25]所謂潼谷水者也。或説因水以名地也。

23　河水自潼關東北流,水側有長坂,謂之黃巷坂。坂傍絶澗,陟此坂以升潼關,所謂
泝黃巷以濟潼矣。歷北出東崤,通謂之函谷關也。邃岸天高,空谷幽深,澗道之
峽,車不方軌,號曰天險。故《西京賦》[26]曰:巖險周固,衿帶易守,所謂秦得百二,
并吞諸侯也。是以王元説隗囂曰:請以一丸泥,東封函谷關,圖王不成,其弊足霸
矣。郭緣生《記》曰:漢末之亂,魏武征韓遂、馬超,連兵此地。今際河之西,有曹公
壘。道東原上,云李典營。義熙十三年,王師曾據此壘。《西征記》[27]曰:沿路逶
迤,入函道六里,有舊城,城周百餘步,北臨大河,南對高山,姚氏置關以守峽,宋武

帝入長安,檀道濟、王鎮惡,或據山爲營,或平地結壘,爲大小七營,濱帶河險,姚氏亦保據山原陵阜之上,尚傳故跡矣。關之直北,隔河有層阜,巍然獨秀,孤峙河陽,世謂之風陵。戴延之所謂風堆者也。南則河濱姚氏之營,與晉對岸。

24　河水又東北,玉澗水注之,水南出玉溪,北流逕皇天原西。《周固記》:開山^㉘東首上平博,方可里餘,三面壁立,高千許仞,漢世祭天于其上,名之爲皇天原。上有漢武帝思子臺。又北逕閺鄉城西,《郡國志》曰:弘農湖縣有閺鄉,世謂之閺鄉水也。魏尚書僕射閺鄉侯河東衛伯儒之故邑。其水北流注于河。河水又東逕閺鄉城北,東與全鳩澗水合,水出南山,北逕皇天原東。《述征記》曰:全節,地名也。其西名桃原,古之桃林,周武王克殷,休牛之地矣。《西征賦》曰:咸徵名于桃原者也。《晉太康地記》^㉙曰:桃林在閺鄉南谷中,其水又北流注于河。

又東過河北縣南,

25　縣與湖縣分河。蓐水出襄山蓐谷,西南注于河。河水又東,永樂澗水注之,水北出于薄山,南流逕河北縣故城西,故魏國也。晉獻公滅魏,以封畢萬。卜偃曰:魏大名也,萬後其昌乎。後乃縣之,在河之北,故曰河北縣也。今城南、西二面竝去大河可二十餘里,北去首山十許里,處河山之間,土地迫隘,故《魏風》著《十畝》之詩也。城內有龍泉,南流出城,又南,斷而不流。永樂溪水又南入于河。

26　余按《中山經》,即渠豬之水也。太史公《封禪書》稱,華山以西名山七,薄山其一焉。薄山,即襄山也。徐廣曰:蒲坂縣有襄山。《山海經》曰:蒲山之首,曰甘棗之山,其水出焉,而西流注于河。東則渠豬之山,渠豬之水出焉,而南流注于河。如準《封禪書》,二水無西南注河之理。今診蓐水,川流所趣,與共水相扶。永樂溪水導源注于河,又與渠豬勢合。蒲山統目總稱,亦與襄山不殊。故揚雄《河東賦》曰:河靈矍踢,掌華蹈襄。《注》云:襄山在潼關北十餘里。以是推之,知襄山在蒲坂溪水,即渠豬之水也。

27　河水自河北城南,東逕芮城。二城之中,有段干木冢。干木,晉之賢人也,魏文侯過其門,式其廬,所謂德尊萬古,芳越來今矣。汲冢《竹書紀年》曰:晉武公元年,尚一軍。芮人乘京,荀人、董伯皆叛。匪直大荔故芮也,此亦有焉。《紀年》又云:晉武公七年,芮伯萬之母芮姜逐萬,萬出奔魏。八年,周師、虢師圍魏,取芮伯萬而東。九年,戎人逆芮伯萬于郊。斯城亦或芮伯之故畫也。河水右會槃澗水,水出湖縣夸父山,北逕漢武帝思子宮、歸來望思臺東,又北流入于河。

28　河水又東逕湖縣故城北,昔范叔入關,遇穰侯于此矣。湖水出桃林塞之夸父山,廣圓三百仞^㉚。武王伐紂,天下既定,王巡嶽瀆,放馬華陽,散牛桃林,即此處也。其中多野馬,造父于此得驊騮、綠耳、盜驪之乘,以獻周穆王,使之馭以見西王母。

29　湖水又北逕湖縣東,而北流入于河。《魏土地記》曰:弘農湖縣有軒轅黃帝登仙處。黃帝採首山之銅,鑄鼎于荊山之下,有龍垂胡于鼎,黃帝登龍,從登者七十人,遂升于天。故名其地爲鼎胡。荊山在馮翊,首山在蒲坂,與湖縣相連。《晉書·地道記》[31]、《太康記》並言胡縣也。漢武帝改作湖。俗云黃帝自此乘龍上天也。《地理志》曰:京兆湖縣有周天子祠二所,故曰胡,不言黃帝升龍也。《山海經》曰:西九十里曰夸父之山,其木多椶、枏,多竹箭,其陽多玉,其陰多鐵,其北有林焉,名曰桃林,其中多馬,湖水出焉,北流注于河。故《三秦記》曰:桃林塞在長安東四百里,若有軍馬經過,好行則牧華山,休息林下;惡行則決河漫延,人馬不得過矣。

30　河水又東合柏谷水,水出弘農縣南石隄山。山下有石隄祠,《銘》云:魏甘露四年,散騎常侍、征南將軍、豫州刺史、領弘農太守南平公之所經建也。其水北流,逕其亭下,晉公子重耳出亡,及柏谷,卜適齊、楚。狐偃曰:不如之翟。漢武帝嘗微行此亭,見餽亭長妻。故潘岳《西征賦》曰:長徵[32]客于柏谷,妻覩貌而獻餐。謂此亭也。谷水又北流入于河。

31　河水又東,右合門水,門水,即洛水之枝流者也。洛水自上洛縣東北,于拒陽城西北,分爲二水,枝渠東北出,爲門水也。門水又東北歷陽華之山,即《山海經》所謂陽華之山,門水出焉者也。又東北歷峽,謂之鴻關水。水東有城,即關亭也;水西有堡,謂之鴻關堡。世亦謂之劉項裂地處,非也。余按上洛有鴻臚圍池,是水津渠沿注,故謂斯川爲鴻臚澗,鴻關之名,乃起是矣。門水又東北歷邑川,二水注之。左水出于陽華之陰,東北流,逕盛墻亭西,東北流,與右水合;右水出陽華之陽,東北流,逕盛墻亭東,東北與左水合。即《山海經》所謂緒姑之水出于陽華之陰,東北流注于門水者也。又東北,燭水注之,水有二源,左水南出于衙嶺,世謂之石城山,其水東北流,逕石城西,東北合右水;右水出石城山,東北逕石城東,東北入左水。《地理志》曰:燭水出衙嶺下谷。《開山圖》曰:衙山在函谷山西南。是水亂流,東注于緒姑之水。二水悉得通稱矣。歷澗東北出,謂之開方口,水側有阜,謂之方伯堆。宋奮武將軍魯方平、建武將軍薛安都等,與建威將軍柳元景北入,軍次方伯堆者也。堆上有城,即方平所築也。又東北逕邑川城南,即漢封竇門之故邑,川受其名,亦曰竇門,城在函谷關南七里。又東北,田渠水注之,水出衙山之白石谷,東北流逕故丘亭東,是薛安都軍所從城也。其水又逕鹿蹄山西,山石之上有鹿蹄,自然成著,非人功所刊。歷田渠川,謂之田渠水,西北流注于燭水。

32　燭水又北入門水,水之左右,即函谷山也。門水又北逕弘農縣故城東,城即故函谷關校尉舊治處也,終軍棄繻于此。燕丹、孟嘗,亦義動雞鳴于其下,可謂深心有感,志誠難奪矣。

33　昔老子西入關,尹喜望氣于此也。故《趙至與嵇茂齊書》③曰:李叟入秦,及關而歎。亦言與嵇叔夜書,及關尹望氣之所,異説紛綸,竝未知所定矣。漢武帝元鼎四年,徙關于新安縣,以故關爲弘農縣,弘農郡治。王莽更名右隊。劉桓公爲郡,虎相隨渡河,光武問而善之。

34　其水側城北流,而注于河。河水于此,有湢津之名。説者咸云,漢武微行柏谷,遇辱竇門,又感其妻深識之饋,既返玉階,厚賞賚焉,賜以河津,令其鬻渡,今竇津是也。故潘岳《西征賦》③云:酬匹婦其已泰,胡厥夫之謬官。袁豹之徒,竝以爲然。余按河之南畔,夾側水濆有津,謂之湢津。河北縣有湢水,南入于河,河水故有湢津之名,不從門始,蓋事類名同,故作者疑之。《竹書·穆天子傳》曰:天子自竇輪,乃次于湢水之陽,丁亥,入于南鄭。考其沿歷所踵,路直斯津,以是推之,知非因門矣。俗或謂之偃鄉澗水也。

35　河水又東,左合一水,其水二源疏引,俱導薄山,南流會成一川。其二水之内,世謂之閑原,言虞、芮所爭之田,所未詳矣。又南注于河。河之右,曹水注之,水出南山,北逕曹陽亭西,陳涉遣周章入秦,少府章邯斬之于此。魏氏以爲好陽。《晉書·地道記》曰:亭在弘農縣東十三里。其水西北流,入于河。河水又東,菑水注之,水出常烝之山,西北逕曲沃城南,又屈逕其城西,西北入河。諸注述者,咸言曲沃在北,此非也。魏司徒崔浩,以爲曲沃地名也。余按《春秋》文公十三年,晉侯使詹嘉守桃林之塞,處此以備秦。時以曲沃之官守之故,曲沃之名,遂爲積古之傳矣。

36　河水又東得七里澗,澗在陝城西七里,故因名焉。其水自南山通河,亦謂之曹陽坈。是以潘岳《西征賦》曰:行于漫瀆之口,憩于曹陽之墟。袁豹、崔浩亦不非其地矣。余按《漢書》,昔獻帝東遷,逼以寇難,李傕、郭汜追戰于弘農澗,天子遂露次曹陽,楊奉、董承,外與傕和,内引白波、李樂等破傕,乘輿于是得進。復來戰,奉等大敗,兵相連綴,四十餘里方得達陝。以是推之,似非曹陽。然以《山海經》求之,菑、曹字相類,是或有曹陽之名也。河水又東合潐水,水導源常烝之山,俗謂之爲干山,蓋先後之異名也。山在陝城南八十里,其川二源雙導,同注一壑,而西北流注于河。

又東過陝縣北,

37　橐水出橐山,西北流。又有崖水,出南山北谷,逕崖峽,北流與干山之水會,水出干山東谷,兩川合注于崖水。又東北注橐水,橐水北流出谷,謂之漫澗矣。與安陽溪水合,水出石崤南,西逕安陽城南,漢昭帝封上官桀爲侯國。潘岳所謂我徂安陽也。東合漫澗水,水北有逆旅亭,謂之漫口客舍也。又西逕陝縣故城南,又合一水,謂之瀆谷水,南出近溪,北流注橐。橐水又西北逕陝城西,西北入于河。

38　河北對茅城,故茅亭,茅戎邑也。《公羊》③曰:晉敗之大陽者也。津亦取名焉。
《春秋》文公三年,秦伯伐晉,自茅津濟,封崤尸而還是也。東則咸陽澗水注之,水
出北虞山南,至陝津注河,河南即陝城也。昔周、召分伯,以此城爲東、西之別,東
城即虢邑之上陽也。虢仲之所都,爲南虢,三虢,此其一焉。其大城中有小城,故
焦國也,武王以封神農之後于此。王莽更名黃眉矣。戴延之云:城南倚山原,北臨
黃河,懸水百餘仞,臨之者咸悚惕焉。西北帶河,水湧起方數十丈,有物居水中,父
老云:銅翁仲所没處。又云:石虎載經于此沈没,二物竝存,水所以湧,所未詳也。
或云:翁仲頭髻常出,水之漲減,恒與水齊。晉軍當至,髻不復出,今惟見水異耳,
嗟嗟有聲,聲聞數里。

39　按秦始皇二十六年,長狄十二見于臨洮,長五丈餘,以爲善祥,鑄金人十二以象之,
各重二十四萬斤,坐之宮門之前,謂之金狄。皆銘其胸云:皇帝二十六年,初兼天
下,以爲郡縣,正法律,同度量,大人來見臨洮,身長五丈,足六尺。李斯書也。故
衛恒《叙篆》③曰:秦之李斯,號爲工篆,諸山碑及《銅人銘》,皆斯書也。漢自阿房
徙之未央宮前,俗謂之翁仲矣。地皇二年,王莽夢銅人泣,惡之,念《銅人銘》有皇
帝初兼天下文,使尚方工鐫滅所夢銅人膺文。後董卓毀其九爲錢。其在者三,魏
明帝欲徙之洛陽,重不可勝,至霸水西停之。《漢晉春秋》③曰:或言金狄泣,故留
之。石虎取置鄴宮,符堅又徙之長安,毀二爲錢,其一未至而符堅亂,百姓推置陝
北河中,于是金狄滅。余以爲鴻河巨瀆,故應不爲細梗蹲湍;長津碩浪,無宜以微
物屯流。斯水之所以濤波者,蓋《史記》所云:魏文侯二十六年,虢山崩,壅河所致
耳。獻帝東遷,日夕潛渡,墜坑爭舟,舟指可掬,亦是處矣。

又東過大陽縣南,

40　交澗水出吴山,東南流入河。河水又東,路澗水亦出吴山,東逕大陽城西,西南流,
入于河。河水又東逕大陽縣故城南。《竹書紀年》曰:晉獻公十有九年,獻公會虞
師伐虢,滅下陽;虢公醜奔衛,獻公命瑕父、吕甥邑于虢都。《地理志》曰:北虢也,
有天子廟,王莽更名勤田。應劭《地理風俗記》曰:城在大河之陽也。

41　河水又東,沙澗水注之,水北出虞山,東南逕傅巖,歷傅説隱室前,俗名之爲聖人
窟。孔安國《傳》:傅説隱于虞、虢之間。即此處也。傅巖東北十餘里,即巔軨坂
也。《春秋左傳》所謂入自巔軨者也。有東、西絶澗,左右幽空窮深,地壍中則築以
成道,指南北之路,謂之軨橋也。傅説備隱,止息于此,高宗求夢得之是矣。橋之
東北有虞原,原上道東有虞城,堯妻舜以嬪于虞者也。周武王以封太伯後虞仲于
此,是爲虞公。《晉太康地記》所謂北虞也。城東有山,世謂之五家冢,冢上有虞公
廟,《春秋穀梁傳》曰:晉獻公將伐虢,荀息曰:君何不以屈産之乘,垂棘之璧,假道

于虞。公曰:此晉國之寶也。曰:是取中府置外府也。公從之,及取虢滅虞,乃牽馬操璧,璧則猶故,馬齒長矣。即宮之奇所謂:虞、虢其猶輔車相依,脣亡齒寒,虢亡,虞亦亡矣。其城北對長坂二十許里,謂之虞坂。戴延之曰:自上及下,七山相重。《戰國策》[38]曰:昔騏驥駕鹽車上于虞坂,遷延負轅而不能進。此蓋其困處也。橋之東北山溪中,有小水西南注沙澗,亂流逕大陽城東,河北郡治也。沙澗水南流注于河。河水又東,左合積石、土柱二溪,並北發大陽之山,南流入于河。是山也,亦通謂之爲薄山矣。故《穆天子傳》曰:天子自鹽,己丑,南登于薄山寶轄之隥,乃宿于虞是也。

又東過砥柱間,

42　砥柱,山名也。昔禹治洪水,山陵當水者鑿之,故破山以通河。河水分流,包山而過,山見水中若柱然,故曰砥柱也。三穿既決,水流疏分,指狀表目,亦謂之三門矣。山在虢城東北,大陽城東也。《搜神記》[39]稱齊景公渡于江、沈之河,黿銜左驂,没之,衆皆惕。古冶子于是拔劍從之,邪行五里,逆行三里,至于砥柱之下,乃黿也,左手持黿頭,右手挾左驂,燕躍鵠踴而出,仰天大呼,水爲逆流三百步,觀者皆以爲河伯也。亦或作江、沅字者也,若因地而爲名,則宜在蜀及長沙,按《春秋》,此二土竝景公之所不至,古冶子亦無因而騁其勇矣。劉向叙《晏子春秋》[40],稱古冶子曰,吾嘗濟于河,黿銜左驂以入砥柱之流,當是時也,從而殺之,視之乃黿也。不言江、沅矣。又考《史遷記》云:景公十二年,公見晉平公;十八年,復見晉昭公。旌軒所指,路直斯津。從黿砥柱事或在兹。又云:觀者以爲河伯,賢于江、沅之證,河伯本非江神,又河可知也。

43　河之右側,崤水注之。水出河南盤崤山,西北流,水上有梁,俗謂之鴨橋也。歷澗東北流,與石崤水合,水出石崤山。山有二陵:南陵,夏后皋之墓也;北陵,文王所避風雨矣。言山徑委深,峯阜交蔭,故可以避風雨也。秦將襲鄭,蹇叔致諫而公辭焉,蹇叔哭子曰:吾見其出,不見其入,晉人禦師必于崤矣,余收爾骨焉。孟明果覆秦師于此。崤水又北,左合西水,亂流注于河。

44　河水又東,千崤之水注焉。水南導于千崤之山,其水北流,纏絡二道。漢建安中,曹公西討巴漢,惡南路之險,故更開北道,自後行旅,率多從之。今山側附路有石銘[41]云:晉太康三年,弘農太守梁柳修復舊道。太崤以東,西崤以西,明非一崤也。西有二石,又南五十步,臨溪有《恬漠先生翼神碑》,蓋隱斯山也。其水北流注于河。

45　河水翼岸夾山,巍峯峻舉,羣山疊秀,重嶺干霄。鄭玄按《地説》,河水東流,貫砥柱,觸閼流,今世所謂砥柱者,蓋乃閼流也。砥柱當在西河,未詳也。余按,鄭玄所説非是,西河當無山以擬之。自砥柱以下,五户已上,其間百二十里,河中竦石傑出,勢連襄陸,蓋亦禹鑿以通河,疑此閟流也。其山雖闢,尚梗湍流,激石雲洄,澴波怒溢,合有十九灘,水流迅急,勢同三峽[42],破害舟船,自古所患。漢鴻嘉四年,楊焉言,從河上下,患砥柱隘,可鐫廣之。上乃令焉鐫之,裁没水中,不能復去,而令水益湍怒,害甚平日。魏景初二年二月,帝遣都督沙丘部、監運諫議大夫寇慈,帥工五千人,歲常修治,以平河阻。晉泰始三年正月,武帝遣監運大中大夫趙國、都匠中郎將河東樂世,帥衆五千餘人,修治河灘,事見《五户祠銘》[43]。雖世代加功,水流潏洊,濤波尚屯,及其商舟是次,鮮不踟蹰難濟,故有衆峽諸灘之言。五户,灘名也,有神祠,通謂之五户將軍,亦不知所以也。

又東過平陰縣北,清水從西北來注之。

46　清水出清廉山之西嶺,世亦謂之清營山。其水東南流,出峽,峽左有城,蓋古關防也。清水歷其南,東流逕皐落城北。服虔曰:赤翟之都也。世謂之倚亳城,蓋讀聲近轉,因失實也。《春秋左傳》所謂晉侯使太子申生伐東山皐落氏者也。與倚亳川水合,水出北山礦谷,東南流注于清。清水又東逕清廉城南,又東南流,右會南溪水,水出南山,而東注清水。清水又東合乾棗澗水,水出石人嶺下,南流,俗謂之扶蘇水。又南歷奸苗北馬頭山,亦曰白水原,西南逕垣縣故城北。《史記》:魏武侯二年城安邑至垣。即是縣也。其水西南流,注清水。水色白濁,初會清流,乃有玄素之異也。清水又東南逕陽壺城東,即垣縣之壺丘亭,晉遷宋五大夫所居也。清水又東南流注于河。

47　河水又東與教水合,水出垣縣北教山,南逕輔山,山高三十許里,上有泉源,不測其深,山頂周圓五六里,少草木。《山海經》曰:孟門東南有平山,水出于其上,潛于其下。又是王屋之次,疑即平山也。其水南流,歷鼓鍾上峽,懸洪五丈,飛流注壑,夾岸深高,壁立直上,輕崖秀翠,百有餘丈,峰次青松,巖懸頳石,于中歷落,有翠柏生焉,丹青綺分,望若圖繡矣。水廣十許步,南流歷鼓鍾川,分爲二澗:一澗西北出,百六十許里,山岫迴岨,纔通馬步,今聞喜縣東北谷口,猶有乾河里,故溝存焉,今無復有水。一水歷冶官西,世人謂之鼓鍾城,城之左右,猶有遺銅及銅錢也。城西皐下有大泉,西流注澗,與教水合,伏入石下,南至下峽。《山海經》曰:鼓鍾之山,帝臺之所以觴百神。即是山也。其水重源又發,南至西馬頭山東截坡下,又伏流南十餘里,復出,又謂之伏流水,南入于河。《山海經》曰:教山,教水出焉,而南流注于河。是水冬乾夏流,寔惟乾河也,今世人猶謂之爲乾澗矣。

48　河水又與畛水合,水出新安縣青要山,今謂之疆山,其水北流入于河。《山海經》曰:青要之山,畛水出焉。即是水也。河水又東,正回之水入焉,水出騩山,疆山東阜也。東流,俗謂之疆川水,與石瓜疇川合,水出西北石澗中,東南流注于疆川水。疆川水又東逕疆冶鐵官東,東北流注于河。

49　河水又東合庸庸之水,水出河東垣縣宜蘇山,俗謂之長泉水。《山海經》曰:水多黃貝,伊、洛門也。其水北流,分爲二水,一水北入河,一水又東北流注于河。河水又東逕平陰縣北,《地理風俗記》曰:河南平陰縣,故晉陰地,陰戎之所居。又曰:在平城之南,故曰平陰也。三老董公説高祖處,陸機所謂嶓嶓董叟,謨我平陰者也。魏文帝改曰河陰矣。河水又會瀁水,水出垣縣王屋山西瀁溪,夾山東南流,逕故城東,即瀁關也。漢光武建武二年,遣司空王梁北守瀁關、天井關,擊赤眉別校,皆降之。獻帝自陝北渡安邑,東出瀁關,即是關也。瀁水西屈,逕關城南,歷軹關南,逕苗亭西。亭,故周之苗邑也。又東流注于河。《經》書清水,非也。是乃瀁水耳。

又東至鄧。

50　洛陽西北四十二里,故鄧鄉矣。

【注　釋】①其中水流交衝十五句　本段對龍門瀑布的描寫栩栩如生,是《水經注》全書中描寫自然風景的最精彩文字之一。近人史念海在《河山集·二集》(三聯書店,一九八一年出版)中《歷史時期黃河中游的下切》一文中評論這段文章:"這完全是壺口的一幅素描,到現在還這樣。到過壺口的人,一定會感到這話說得親切。"慎子,書名。隋唐諸志不著錄,不知撰者和撰述年代。此處"下龍門,流浮竹"句,曾爲《御覽》卷四十引及,已亡佚。無輯本。②鱣鮪也　鱣魚古稱鮪魚,今稱鱘魚。由於古代大鯉亦名鱣,故古人將鮪鱣與大鯉相混,即爲今人所熟知之"鯉魚躍龍門"。③汲郡古文　書名。即《竹書紀年》。④國語　書名。《漢書·藝文志》著錄,春秋左丘明撰,共二十一篇,記周穆王征犬戎到智伯覆亡(公元前四五三年)之間,共周、魯、齊、晉、鄭、楚、吳、越八國史事,今存。⑤春秋　書名。《漢書·藝文志》著錄《春秋古經》十二篇,魯國編年史,相傳由孔子據魯國史官所編《春秋》整理刪定而成。從魯隱公元年(公元前七二二年)到魯哀公十四年(公元前四八一年),共二四二年。文字簡單,每年僅寥寥數言。其中最長一篇爲定公四年,計四十七字;最短一篇爲隱公八年,僅一個"螟"字。歷來儒家一直奉爲至高的經書和史書。⑥易妖占　書名。《隋書·經籍志》著錄作《周易占》十二卷,漢京房撰,故此書亦稱《周易占》,是一種讖緯占卜之書,已亡佚。有馬氏輯本。⑦春秋穀梁傳　書名。《漢書·藝文志》著錄《春秋傳》,即是此書。漢穀梁子撰,各家所傳穀梁子名,有喜、俶、寘、赤四種不同,一人四名,未知孰是。其書共十一卷,因《春秋》文字甚簡,所以有解釋《春秋》的所謂《春秋三傳》,即《左傳》、《穀梁》、《公羊》,均按《春秋》年代撰寫。⑧故流高門之稱矣　此處有佚文一條。《寰宇記》卷二十八《關西道》四《同州·韓城縣》引《水經注》:"高門原南有層阜,秀出雲表,俗謂馬門原。"當是此段中佚文。⑨立碑樹桓　此碑今已不存。⑩太史公自敘　《史記》中的一篇。⑪封禪書　《史記》中的一篇。⑫河水又逕郃陽城東　此處有佚文一條。《方輿紀要》卷五十四《陝西》三《西安府》下,《同州·郃陽縣·姚武壁》引《水經注》:"河水又逕姚武壁南。"當是此段中佚文。⑬詩　指《詩經·大雅·大明》。⑭東流注于河　此處有佚文一條。《方輿紀要》卷五十四《陝西》三《郃陽縣·刬首水》引《水經注》:"與刬首水相近。"五校鈔本和七校本已在此處加入此句。⑮南北百餘步　此處有佚文一條。《水經注釋》引《元豐九域志·河中府·古迹》所錄《水經注》佚文:"周圍一百八十步,冬溫夏冷,清澈見底。"當是此段中佚文。⑯秦世家　此處所引,實為《史記·秦本紀》語。⑰索郎反語為桑落　反語,魏晉南北朝時的一種隱語。以兩個字先正切,再倒切,成為另外兩個字。索郎反切為桑,郎索反切為落,索郎之反語即為桑落。⑱風土記　書名。《隋書·經籍志》著錄,晉周處撰,有三卷、十卷之說,因書已亡佚,無可查考。今有宛委山堂《說郛》及《五朝小說》等輯本。⑲王肅　指其所撰《尚書注》,《隋書·經籍志》著錄十一卷,已亡佚。王肅,《三國志·魏書》有傳。今有馬氏輯本二卷。⑳皇甫謐　指其所撰《帝王世紀》,《隋書·經籍志》著錄十卷,起三皇,盡漢魏。已亡佚。今存宛委山堂《說郛》等輯本。皇甫謐,《晉書》有傳。㉑馬季長　指東漢經學家馬融(公元七九——一六六年),字季長。此指其所撰《尚書傳》,《隋書·經籍志》著錄十一卷,已亡佚。今存馬氏輯本四卷。㉒山上　殿本"上"作"土",顯係誤字,已據崇文、三味、合校等多本改為"山上"。㉓左丘明國語　今本《國語》並無《注》文所引語。實係薛綜《西京賦注》所引。《水經注疏》改作"古語云"。㉔開山圖　書名。即卷一之《遁甲開山圖》。㉕述征記　書名。《隋書·經籍志》著錄二卷,南朝宋郭緣生撰,已亡佚。《北堂書鈔》、《藝文類聚》、《初學記》、《御覽》等引及。㉖西京賦　詩賦名。漢張衡撰。張衡(公元?—一六一二年),字建平,河內(今河南泌陽一帶)人。尚存,收入於《文選》卷上。㉗西征記　書名。晉戴延之撰。《水經注》引此書較多,但書名不一,又作《從征記》。卷十五《洛水注》見此書全名作《從劉武王西征記》。已亡佚。有宛委山堂《說郛》輯本。㉘周固記二句　楊守敬認為,《周固記》一書未聞,此處疑為"《開山圖》曰:關"之顛倒錯亂。㉙太康地記　書名。《舊唐書·經籍志》著錄作《晉太康地記》。晉太康三年(公元二八二年)撰,不知撰者,五卷,但亦有六卷之說。此書名稱甚多,如《太康記》、《太康三年地志》、《地志》等,《水經注》引及時亦稱《地記》,已亡佚。有《漢學堂叢書》輯本。㉚仞　《水經注疏》本作"里",按《疏》本語譯。㉛晉書地道記　晉書,書名。《隋書·經籍志》著錄八十六卷,晉王隱撰。此《晉書·地道記》或作《晉地道記》、《地道記》,當是其《晉書》中的數卷,已亡佚。有《漢學堂叢書》等輯本。㉜徵　《水經注疏》本作"傲",按《疏》本語譯。㉝與嵇茂齊書　書信名。趙至字景真,晉代郡人,寓居洛陽,與嵇康兄子嵇蕃(字茂齊)友善,至將遠去遼西,臨行作書致茂齊。此書載《晉書·趙至傳》。㉞西征賦　詩賦名。晉潘岳(公元二四七—三〇〇年)撰,收入於《文選》卷十。㉟公羊　書名,《漢書·藝文志》著錄作《公羊傳》,《春秋三傳》之一,十一卷,按《春秋》年代記敘。齊人公羊子撰。《漢書·藝文志》作公羊高撰,據後世學者考證,實為漢景帝時,公羊高玄孫公羊壽及其弟子胡毌生根據先秦流傳資料撰成。㊱敘篆　此實非篇名。據《隋書·經籍志》著錄作《四體書勢》一卷,晉衛恒撰。原書已亡佚,今存《晉書·衛恒傳》中。㊲漢晉春秋　書名。《隋書·經籍志》著錄,晉習鑿齒撰。習鑿齒(公元?—約三八三年),字彥威,襄陽(今湖北襄樊)人。原書四十七卷,起東漢光武帝,終西晉愍帝,先後二八一年,今已缺佚。《叢書集成初編》輯為十七卷,又補遺一卷。㊳戰國策　書名。《漢書·藝文志》著錄,亦作《國策》,撰者不詳。書共三十三篇,記春秋後事,經漢劉向整理而成。今存西周、東周各一篇,秦五篇,齊六篇,楚、趙、魏各四篇,韓、燕、齊各三篇,宋、衛合一篇。㊴搜神記　書名。《隋書·經籍志》著錄,東晉干寶撰。原書三十三卷,今存二十卷,收入於《叢書集成初編》等多種叢書。⑩晏子春秋　書名。春秋晏嬰撰。隋唐三志著錄作《晏子春秋》,《漢書·藝文志》著錄作《晏子》。晏嬰(公元?—前五○○年),字平仲,夷維(今山東高密附近)人。書共八篇,今本作八卷(或七卷),收入於《叢書集成初編》等。⑪石銘　此石銘及以下"翼神碑",歷來各碑記均不收,碑、銘亦均不存。⑫自砥柱以下十四句　本段如孟門瀑布一樣,是酈氏目擊記敘,是《水經注》描寫自然風景的傑作之一。⑬五戶祠銘　此是治河碑記,碑已不存。

【語　譯】

又南過河東北屈縣西,

1　河水南流經北屈縣舊城西。城西四十里有風山,山上有個洞穴,大如車輪,洞中常有一股蕭蕭瑟瑟的寒風吹個不停。風口上寒風強勁處,寸草不生;起風時間不定,因為這裡是各方來風所經的門戶的緣故。風山西四十里,是河南的孟門山。《山海經》說:孟門山上多金礦和玉礦,山下多黃堊和涅石。《淮南子》說:龍門還沒有開闢,呂梁還沒有鑿通的時候,河水是在孟門上頭流出來的,水流過於盛大,而至於漫溢倒流,沒有丘陵高阜可以阻擋水勢,叫做洪水。大禹鑿山加以疏通,稱為孟門。所以《穆天子傳》說:在北方登上孟門,這是九河的險坡。孟門是龍門的上口,實在是大河的巨險,又名孟門津。

2　孟門的巖石是禹時開始鑿通的,在河中被沖刷得愈來愈寬,兩岸極高極深;斜欹的崖壁互相撐持著,頂上的巨石看來岌岌可危,好像搖搖欲墜似的,卻又被頂住了。古人有句話說:水不是石鑿,卻能鑽入巖石,這話真是一點也不錯。河道中急流相互沖激,升騰起一片白茫茫的水霧;過往行人遠遠地佇立眺望,常常好像有霧露沾溼人身體,俯視下面的深淵,令人心驚膽戰。河中還是巨浪滔天,千丈飛瀑凌空直下,渾濁的洪濤狂奔怒突,騰湧得像山一般高;淵深的河水翻著層層疊疊的波浪,一直奔向下流的水口。目睹這裡的水勢,才知道《慎子》所說:河水直下龍門,帶著漂浮的竹子順流而下,快得連四匹馬駕著的車子也追不上,確非虛言。

3　又有燕完水注入。燕完水是由幾個不同的源頭匯合而成,西流注入河水。河水又南流,匯合了鯉魚澗。沿著澗水東行,到了溪澗的盡頭,就是山澗的源頭了。《爾雅》說:鱣魚,就是鮪魚。出產於鞏穴,三月間逆水上渡龍門,渡得過去就成為龍;渡不過去,一頭撞上石壁就游了回來。如果不是往來會聚的地方,怎麼會有這樣的名稱呢?

4　河水又南流,羊求水注入。這條水發源於東方的羊求川,西流經北屈縣舊城南。此城,是夷吾逃亡時曾到過的,也就是王莽時的朕北。《汲郡古文》說:翟章去援救鄭國,屯兵於南屈。應劭說:因為有個南屈,所以這裡稱北屈。《國語》說:梁五與東關五兩人對獻公說：蒲與二屈，都是您的領土。此水西流注入河水。河水又南流，就到採桑津。《春秋》僖公八年(公元前六五二年)，晉里克在採桑打敗狄族，就是這地方。赤水發源於西北的罷谷川東，稱為赤石川，東流注入河水。河水又南流，與蒲水匯合。兩支水源都來自西方同一座山間，發源於西河郡陰山縣。陰山，就是王莽的山寧。在陰山東麓，南水東北流，與長松水匯合。長松水發源於西方丹陽山東麓，東北流，在左岸注入蒲水。蒲水又東北流，與北溪匯合成一條，東北流，注入河水。河水又南流，丹水發源於西南方的丹陽山，往東北流經冶官東，民間則稱為丹陽城。城旁還有當時遺留下來的銅。丹水東北流，在白水口與白水匯合。白水發源於丹山東麓，西北流注入丹水，丹水又東北流注入河水。河水又南流，黑水發源於西方丹山東麓，東北流注入河水。河水又南流到嶀谷，山谷東北方山澗的盡頭，就是水源流出的地方，西南流注入河水。河水又南流，洛水從獵山分支東流而出，東南流注入河水。從前魏文侯在洛陰建築館舍，指的就是這條水。

又南過皮氏縣西，

5　皮氏縣，就是王莽時的延平。舊城在龍門東南，不可能遠達皮氏縣後，方才再到龍門的。

又南出龍門口，汾水從東來注之。

6　從前大禹在積石疏導河水，把梁山鑿通，說的就是這地方。也就是《水經》所說的龍門。《魏土地記》說：梁山北有龍門山，大禹加以開鑿，使河水與孟津河口相通。開鑿處寬八十步，至今巖上還留有鑿痕。岸上還有一座祠廟，廟前有三塊石碑。其中兩塊碑，碑上的字跡都已漫漶不可辨認了，一塊是太和(公元四七七—四九九年)年間所立。《竹書紀年》載，晉昭公元年(公元前五三一年)，龍門河水發紅長達三里。梁惠成王四年(公元前三六六年)，龍門河水接連三日發紅。京房《易妖占》說：河水發紅，小民怨恨。

7　河水又南流，在右岸匯合暢谷水。暢谷水自溪澗東南流，流經夏陽縣西北，往東南注入河水。河水又南流，流經梁山原東。這片高地從山的東南伸出，直達河水邊岸，是晉國祭祀山川的地方，位於馮翊郡夏陽縣西北，瀕河水。梁山崩坍，堵塞了河道，河水三日不流。晉侯就此事向伯宗諮詢，就是這地方。《春秋穀梁傳》說：成公五年(公元前五八六年)，梁山崩坍，堵塞了河水，三日不能流通。成公召喚伯尊，伯尊在途中碰到一個拉車人不肯讓路，就叫車夫用鞭子打他。拉車人說：你為此鞭打我，就更遠離道義了。伯尊聽他出言不凡，因而向他請教。拉車人說：君主要親自穿白衣，率領群臣哭祭，水就會流了。成公照著他的話辦，河水果然就流通了。

8　河水又南流，崌谷水注入。崌谷水發源於縣城西北的梁山，東南流，橫溪水注入。橫溪水發源於三累山，這座山層層相疊，分成三重，所以民間以三累作為山名。按《爾雅》，山分成三重的是崑崙丘。這座山難道也是崑崙丘嗎？山下水邊有兩個石窟，原來是山林隱逸之士的故居。細水東流，注入崌谷。溪邊山南有個石窟，西面有兩個石窟，北面也有兩個石窟都在邊角處開窗，門戶相連，這就是所謂的石窟相對。東邊側室的石上，還留有石杵和石臼的痕跡，廳堂裡還有舊時住人的地方，遺址依稀可辨。北面崖壁的石窟上方，有一縷涓涓細流從石澗流下，足供飲用，看來像是隱居棲身、休憩講學的地方。從前子夏在西河教授學生，也許就是這地方吧，可是卻無法確證。溪水又東南流，流經夏陽縣舊城北，這就是舊時的少梁。秦惠文王十一年（公元前三二七年），改為今名，也就是王莽時的冀亭。此水東南流，注入河水。從前韓信襲擊魏王豹，就是在這裡以木桶渡河的。

9　河水又南流，在右岸匯合陶渠水。陶渠水發源於西北方的梁山，東南流，從漢陽太守殷濟的學舍南流過，民間稱為子夏廟。陶水又南流，流經高門南，這裡丘岡崩塌，留下一個缺口，所以就流傳下高門的稱呼了。又東南流，流經華池南。池周圍三百六十步，在下陽城西北四里左右。所以司馬遷《碑文》中有這樣的話：高門華池，就在這裡夏陽。現在高門東距華池三里。溪水又東南流經夏陽縣舊城南。服虔說：夏陽，是虢國的城邑，在大陽東三十里。又流經高陽宮北，又東南流經司馬子長墓北。墓前有廟，廟前有碑。永嘉四年（公元三一〇年），漢陽太守殷濟瞻仰碑上遺文，弘揚他的功德，於是就建造石窟，立碑並樹立華表。《太史公自敘》說：我生於龍門。那麼這裡該是他墳墓所在的地方了。溪水東南流，注入河水。從前魏文侯與吳起泛舟河上，順流而下，讚美河山的險固，就是在這地方。

10　河水又南流，徐水注入。徐水發源於西北方的梁山，往東南流經漢武帝登仙宮東，往東南穿過彊梁原。右岸流經劉仲城北，這裡是漢高祖兄劉仲的封邑。所以徐廣《史記音義》說：郃陽是個國名。漢高祖八年（公元前一九九年），封劉仲為侯國。此水東南流經子夏陵北，東流注入河水。河水又南流經子夏石窟東。南北兩邊有兩座石窟，都在河邊的崖岸上，這就是子夏的廟室。

又南過汾陰縣西，

11　河水東岸靠近汾陰脽，舊縣城就在這座小山丘旁邊。漢高帝六年（公元前二〇一年），將該縣封給周昌為侯國。《魏土地記》說：河東郡北八十里，有個汾陰城，北距汾水三里，縣城西北角有脽丘，山丘上有后土祠。《封禪書》說：元鼎四年（公元前一一六年），開始在汾陰脽立后土祠。又有萬歲宮。漢宣帝神爵元年（公元前六一年），皇帝臨幸萬歲宮，東渡大河，神魚在水上歡舞。從前趙簡子在這裡將欒徼投入水中淹死。他說：我喜歡音樂和女色，你就賣力地找來獻給我；我也喜歡人才，你卻接連六年沒有給我推薦過一個。你這是助長我的過失，葬送我的優點。有德之士以為批評得對。

12　河水又流經郃陽城東。周威烈王十七年（公元前四〇九年），魏文侯攻打秦國，到了鄭國，退兵時築了汾陰、郃陽，說的就是此城。這是舊時有莘的城邑，是太姒的國家。《詩經》說：在郃水之北，在渭水之濱。又說：莘國有個好姑娘，長女正好配文王。說的就是這地方。

13　城北有瀵水，南距這兩條水各數里。此水東流經城內，往東注入河水。城內一側有瀵水，往東南流出城外，注入河水。城南還有一條瀵水，東流注入河水。水南至今還有文母廟，廟前有碑，離城十五里。這條水就是郃水，郃陽縣是因水得名的。所以應劭說：在郃水之北。河水又南流，瀵水注入。瀵水發源於汾陰縣南四十里，西距河水三里，水源從平地噴湧而出，約莫有車輪那麼大小，深不可測，民間稱為瀵魁。古人攔河築壩，蓄水成為陂塘，用以種植水稻。陂塘東西二百步，南北百餘步，與郃陽的瀵水把河水夾在中間。河水中間的沙洲上又有一條瀵水，這幾條瀵水地下都有水脈相通。所以呂忱說：按《爾雅》的解釋，異源而同流，叫瀵水。瀵水西南流，經蒲坂西，西流注入河水。

14　河水又南流經陶城西。舜在河水岸邊製陶。皇甫士安以為舜製陶之處在定陶，不在這裡。但是陶城在蒲坂城北，此城就是舜定都之處，南離歷山不遠。舜到處都可以耕田製陶，何必非要在定陶，才能製陶。這裡也許只是一處。孟津有陶河之稱，就是從這裡開始的。陶城南對蒲津關，汲冢《竹書紀年》載：魏襄王七年（公元前三一二年），秦王前來會見於蒲坂關。四月，越王派遣公師隅來進貢一條叫始罔的遊船，此外還有其他船隻三百條，箭五百萬支，以及犀角、象牙等。

又南過蒲坂縣西，

15　《地理志》說：蒲坂縣，就是從前的蒲。王莽時改名為蒲城。應劭說：秦始皇去東方巡視，看見有一道長長的山坡，因此增坂字，叫蒲坂。孟康說：晉文公以蒲賄賂秦國，秦人將蒲歸還給魏國，魏人心裡高興，說：蒲又返回了，所以叫蒲反。薛瓚給《漢書》加注時說：《秦世家》以垣為蒲反。那麼本來並非蒲了。皇甫謐說：這是舜建都的地方。有人說是蒲坂，也有人說是平陽及潘。現在城中還有舜廟。蒲坂是魏秦州刺史的治所，太和年間（公元四七七—四九九年）遷都後，撤去秦州，設置河東郡。這個郡裡流民雜戶很多，稱為徙民。徙民中有個姓劉名墮的人，一向善於釀酒，他汲取河水，釀成芳洌的美酒，懸繩製麴直到枝葉凋枯、桑葉凋落的時候開釀，所以酒也因此得名，叫桑落酒了。但這種美酒呈乳白色，有點像淘米水似的，不過又別有一種芳香,與別的酒不同。幽如蘭花,郁如麝香,自有一種高雅的芬芳。在可以選作貢品的地方土特產中,這是最稱上乘的名酒了。上自王公貴人,下至平民百姓,大家相牽相挽,相招相引,前去飲酒,總是說:索郎正在等著大家,想念著你們前去開懷暢飲呢。索郎,是桑落的交叉反切。這句話尤其是人們喜歡引用的絕妙辭語,成為文人學士的佳話了。

16 郡南有歷山,山上有觀,稱為歷觀,是舜耕田的地方。那裡有個舜井。嬀水、汭水都發源在那裡。南流的是嬀水,北流的是汭水,西流經歷山下。山上有舜廟。周處《風土記》說:舊時傳說,舜葬於上虞。《風土記》又說:舜耕於歷山。在始寧和剡縣接境處,舜所耕的田在山下,那裡柞樹很多,在吳越一帶,柞樹稱為櫪樹,所以山也叫歷山。我認為周處這裡的記載不近情理,存疑倒還可以,拿它來印證史實,那就不對了。怎能以樹木的異名來附會山的別稱呢?勉強地提了大舜的事跡,與始寧的耕地拉到一起,這更不合志記本來的體例,違背實錄通常須遵循的原則了。如以為歷山、嬀汭指的就是這裡,那就是安然接受那種不符實際的說法了。對《尚書》所說的把兩個女兒下嫁到嬀汭,孔安國說:住在嬀水的內灣。王肅說:嬀汭,是虞的地名。皇甫謐說:在嬀水的內灣娶了兩個姑娘。馬季長說:水流出的地方稱為汭。那麼,汭似乎不是地名了。現在看到有兩條異源的水,合流成為一條,濁流滾滾,往西注入河水。

17 河水南流經雷首山西,此山瀕臨大河,北距蒲坂三十里,就是《尚書》所說的壺口雷首。民間也叫堯山,山上有舊城,世人又稱堯城。闞駰說:蒲坂,是堯的都城。按《地理志》說:縣裡有堯山、首山祠,雷首山在南。有的事看來相似,實則不同;有的事看來不對,而實際上卻是對的。遠古的事,時隔千年,渺渺茫茫,現在很難弄得清了。河水又南流,涑水注入。涑水發源於河北縣雷首山,河北縣北方與蒲坂縣以山為分界,有伯夷、叔齊廟。闞駰《十三州志》說:此山又名獨頭山,是伯夷、叔齊隱居的地方。山南有古墓,墓地上柏樹密密叢叢,生長得很旺盛。民間稱為伯夷叔齊墓。涑水西南流,又稱雷水。《穆天子傳》說:壬戌那天,天子抵達雷首山,犬戎胡在雷首山邊為天子擺酒接風,然後進獻良馬二十四匹,天子命孔牙到雷水之濱去接收。從前趙盾在首山打獵,在翳桑請祁彌明吃飯,就是這地方。涑水又西南流,注入河水。《春秋左傳》稱為涑川,民間則叫陽安澗水。

又南至華陰潼關,渭水從西來注之。

18 汲郡《竹書紀年》說:晉惠公十五年(公元前六三六年),秦穆公領兵護送公子重耳,從河曲涉水過河。《春秋左氏傳》載:僖公二十四年(公元前六三六年),秦伯接納了他。到了河邊,子犯把玉璧交給公子,說:我駕著馬車隨您巡行天下,罪狀夠多了,我自己心裡都明白,何況您呢？請讓我就在這裡告辭吧。公子說:我如不與舅父同心同德,河神明鑑。說罷,就在這裡把玉璧投入河中。介子推笑道:老天爺對公子開恩,子犯卻居功自傲,我不願和這樣的人共事。於是就不告而別。

19　河水流經船司空,與渭水匯合。《漢書・地理志》稱:先前這是京兆尹的屬縣。左丘明的《國語》說:華山本來是整座的,阻擋住河水,河水流到這裡,就得繞道而流。河神是個巨大的神靈,手推腳踏,把山分成兩半,現在華山巖石上還留著他的掌痕和腳印。《開山圖》說:有個山神名叫胡,是個巨大的神靈,獨自修得大地的道術,能創造山川,開闢江河。所謂巨靈力大無窮,昂首高出於靈山頂上。常常有些多事的人,特地攀上華山去觀看這些痕跡。從下廟穿過成行的翠柏,往南走十一里,然後向東轉彎行走三里,就到中祠;又向西南行走五里,就到南祠了,稱為北君祠。想要登山的人,一到這裡,就都要祈禱。從這裡向南進入山谷七里,又到了一座祠廟,稱為石養父母祠,但只留下石龕和木頭牌位了。又南行一里,就到天井。天井極小,只有一個人可以容身,是個空石洞,迂迴曲折地往上爬,高約六丈餘。山上又有一道涓涓細流,淌到天井裡面,但也不大會把人弄溼。登山的人都要從這裡上去,此外再沒有別的路徑了。出天井時仰望天空,就像在房中望著窗子那樣明亮。

20　出了天井向東南行走二里,沿著峻峭的山坡忽上忽下,下坡兩里左右,又重新向東攀上百丈崖,上落都得攀援繩索或葛藤行走了。向南攀登四里,山路就到石壁上了,沿著石壁邊岸走百餘步,從這裡又向西南行六里,又到一座祠廟,稱為胡越寺,神像的面容像是個童子。從祠南走過夾嶺,山路寬度只有三尺餘,兩邊都是高達幾萬仞的懸崖削壁,俯視深不見底。在廟裡祈禱有靈驗,就有雲湧起與路齊平,人們才敢走。就是那樣,人們還要扒著山背,挪動身子,慢慢地爬過去。所以人們把這條嶺叫做搦嶺。

21　過了搦嶺兩里,就到山頂了。山頂上方圓七里,有靈泉兩處:一處叫蒲池,西流注入山澗裡;另一處叫太上泉,東流瀉於山澗下面。上宮神廟接近東北角,廟內堆滿了雜物,難以一一詳述。從上宮向東北四百五十步,有屈嶺,朝東南遙望巨靈手跡,看到的惟有巨崖和赭紅色的石壁而已,都沒有像山下仰望時那麼清晰。

22　河水在關內南流,衝擊著關山,所以叫潼關。漢水就在這裡注入河水。漢水發源於松果山,北流經通谷,人們也稱為通谷水,東北流注入河水,這就是《述征記》所謂的潼谷水。也有人說,地名是由水名而來的。

23　河水從潼關往東北流,水邊有一條長長的山坡,稱為黃巷坂。山坡旁邊是深澗,爬上這條山坡可以登潼關,就是人們常說的:上溯黃巷渡水到潼關。往北出東崤,就通稱函谷關了。深邃的崖岸高入天際,空寥的山谷幽寂深遠,澗邊的道路狹得容不下兩輛車子,號稱天險。所以《西京賦》說:四周險崖環抱,固若金湯,地勢險要,易守難攻。人們常說,秦有以二當百的優勢,於是併吞了諸侯。所以王元向隗囂建議說:讓我們用一顆泥丸封住東端的函谷關,縱使做不成帝王,起碼也可以稱霸一方了。郭緣生《述征記》說:漢朝末年天下大亂,魏武帝征討韓遂、馬超,在這裡會戰。現在河水西岸還有曹公壘。路東的原野上,據說是李典的軍營。義熙十三年(公元四一七年),朝廷的軍隊曾占領過這座堡壘。《西征記》說:沿著彎彎曲曲的道路,進入隘道走了六里,有一座舊城,城周圍百餘步,北瀕大河,南對高山,這是姚氏建築的雄關,以防守峽谷。宋武帝進入長安,檀道濟、王鎮惡或依山紮營,或在平地上構築城堡,大大小小共有七座營盤,依託大河的天險防守。姚氏也占據著山地丘陵,現在還留有遺跡。函谷關正北,隔河有層疊的山嶺,巍然獨自聳峙在河水北岸,人們稱之為風陵,就是戴延之所謂的風塠。南岸河濱就是姚氏的軍營,與晉軍隔岸相望。

24 河水又東北流,玉澗水注入。玉澗水發源於玉溪,北流經皇天原西。《開山圖》說:潼關東端,頂上平坦寬廣,方圓約一里有餘。三面削壁聳峙,高約千仞。漢朝在山上祭天,稱之為皇天原。上面有漢武帝思子臺。又北流,經閿鄉城西。《郡國志》說:弘農湖縣有閿鄉。人們就把水稱為閿鄉水。閿鄉是魏尚書僕射閿鄉侯河東衛伯儒舊時的封邑。此水北流,注入河水。河水又東流經閿鄉城北,東流與全鳩澗水匯合。全鳩澗水發源於南山,北流經皇天原東。《述征記》說:全節是地名。西面是桃原,就是古代的桃林。周武王攻下殷商,曾在這裡放牛。《西征賦》說:都以桃源來驗證其地名。《晉太康地記》說:桃林在閿鄉南谷中。水又北流,注入河水。

又東過河北縣南,

25 河北縣與湖縣以河水為分界。蓼水發源於襄山蓼谷,西南流注入河水。河水又東流,永樂澗水注入。此水發源於北方的薄山,南流經河北縣舊城西,這裡是舊時的魏國。晉獻公滅魏,把該縣封給畢萬。卜偃說:魏是個氣派很大的名字,畢萬的後代大概是會昌盛的吧。後來設置為縣,因為地理位置在河水以北,所以名為河北縣。如今縣城南、西兩面都距大河約二十餘里,北距首山十來里,位於河山之間,地方狹隘,所以《魏風》裡有《十畝》一詩。城內有龍泉,南流出城,又往南,水就枯竭斷流了。永樂溪水又南流,注入河水。

26 我查考《中山經》,這條水就是渠豬水。太史公《封禪書》說:華山以西有七座名山,其中一座就是薄山。薄山就是襄山。徐廣說:蒲坂縣有襄山。《山海經》說:蒲山的第一座,叫甘棗山,是共水的發源地,西流注入河水。東邊是渠豬山,是渠豬水的發源地,南流注入河水。如果依照《封禪書》的說法,那麼這兩條水都不可能西南流注入河水的。現在考察蓼水的流向,與共水是互相依傍的。永樂溪水發源後注入河水,也同渠豬水的流向一致。蒲山是個總名,與襄山也並無不同。所以揚雄《河東賦》說:河神受驚,手推華山,腳蹬襄山。《注》說:襄山在潼關北十餘里。照此推斷,可知襄山的蒲坂溪水,就是渠豬水了。

27　河水從河北城以南東流經芮城。這兩座城之間,有段干木墓。段干木是晉國的賢人,魏文侯經過他的門前,總要向他的小屋致敬;真所謂德行千秋萬代受人尊崇,美名百世留芳了。汲冢《竹書紀年》說:晉武公元年(公元前六七八年),掌管一軍。芮人侵犯京師,荀人、董伯也都反叛了。不但大荔是舊時的芮國,這裡也有芮族的居地。《竹書紀年》又說:晉武公七年(公元前六七二年),芮伯萬的母親芮姜把他放逐出去,他就出奔到魏國。八年,周國和虢國的軍隊包圍了魏國,俘虜了芮伯萬東去。九年,戎人在郊迎接芮伯萬。這座城或許也是芮伯萬原來的領地。河水在右岸匯合槃澗水,槃澗水發源於湖縣的夸父山,北流經漢武帝思子宮、歸來望思臺東,又北流注入河水。

28　河水又東流經湖縣舊城北。從前范叔入關,就是在這裡遇見穰侯的。湖水發源於桃林塞的夸父山,這座山方圓三百里。武王征伐商紂,天下平定後,武王就巡視名山大川,在華陽放馬,在桃林放牛,就是這地方。這一帶多野馬,造父就是在這裡得到驊騮、綠耳、盜驪等騎乘進獻給周穆王的。周穆王派他駕車去見西王母。

29　湖水又北流經湖縣東,北流注入河水。《魏土地記》說:弘農湖縣,有軒轅黃帝升天成仙的地方。黃帝開採了首山的銅,在荊山下鑄鼎,有一條龍把鬍子拖下來攔在鼎上。黃帝登上龍背,隨著他爬上去的共七十人,全部都升天了。所以把那地方叫做鼎胡。荊山在馮翊,首山在蒲坂,與湖縣相連。《晉書・地道記》和《太康記》都稱胡縣。漢武帝改胡為湖,民間傳說黃帝是在這裡乘龍升天的。《地理志》說:京兆湖縣有周天子祠兩處,湖縣舊時叫胡縣,但沒有說到黃帝登龍升天的事。《山海經》說:西九十里稱夸父山,山上的樹大都是棕樹和楠樹之類,還有很多箭竹;山南多玉,山北多鐵。北方有個樹林,名叫桃林,林子裡多馬,湖水就發源在這裡,北流注入河水。所以《三秦記》說:桃林塞在長安以東四百里。如果有兵馬經過,軍紀好的,就在華山放牧,在林下休息;軍紀壞的,就決河堤放水,氾濫得一片汪洋,人馬都不能通過了。

30　河水又東流,與柏谷水匯合。柏谷水發源於弘農縣南石隄山。山下有石隄祠,銘文刻的是:魏甘露四年(公元二五九年),散騎常侍、征南將軍、豫州刺史、兼弘農太守南平公修建。柏谷水北流,流經亭下。晉公子重耳流亡出走,到了柏谷時,想占卜

一下,到底該去齊國還是楚國。狐偃說:還是去翟為妥。漢武帝曾微服出行,到了
此亭,受到亭長妻子的宴請。所以潘岳《西征賦》說:亭長在柏谷對待客人倨傲無
禮,他妻子見客人狀貌非凡,卻獻食款待,說的就是此亭。谷水又北流,注入河水。

31　河水又東流,在右岸匯合門水。門水是洛水的支流。洛水自上洛縣東北流,在拒
陽城西北分為兩條,支渠東北流,這就是門水。門水又東北流經陽華山,這就是
《山海經》所說的:陽華山是門水的發源地。又東北流經峽谷,叫鴻關水。水東有
城,就是關亭;水西有座城堡,叫鴻關堡。人們也說這裡是劉邦、項羽割地為界處,
其實不是。我查考過,上洛有鴻臚圍池,是水渠流注形成的,所以把這條水稱為鴻
臚澗。鴻關一名就源出於此。門水又東北流,流經邑川,有兩條水注入。左邊一
條發源於陽華山北麓,東北流,流經盛墻亭西,東北流,與右邊那條水匯合。右邊
那條發源於陽華山南麓,東北流,流經盛墻亭東,東北流,與左邊那條水匯合。這
也就是《山海經》所說的:緒姑水發源於陽華山北麓,東北流,注入門水。又東北
流,燭水注入。燭水有兩個源頭,左邊一條發源於南方的衙嶺,人們稱為石城山。
左水東北流,流經石城西,東北流與右邊那條水匯合。右邊那條水發源於石城山,
東北流經石城東,東北流,往東北注入左邊那條水。《地理志》說:燭水發源於衙嶺
下谷。《開山圖》說:衙山在函谷山西南。這條水亂流,東流注入緒姑水。於是這
兩條水就都有了通稱了。燭水流經山澗,往東北流出山,山口叫開方口。水邊有
座小丘,叫方伯堆。宋奮武將軍魯方平、建武將軍薛安都等,與建威將軍柳元景揮
師北進,駐紮在方伯堆。山丘上有城,就是魯方平所築。又東北流經邑川城南,這
就是漢朝封給竇門的舊城,水也因此而得名了。舊城也叫竇門城,在函谷關南七
里。又東北流,田渠水注入。田渠水發源於衙山的白石谷,東北流,流經故丘亭
東,薛安都的部隊來時在這裡築城。此水又流經鹿蹄山西,山上的巖石上有鹿蹄
的痕跡,是天然形成的,並非人工所鑿。水流經田渠川,稱為田渠水,西北流,注入
燭水。

32　燭水又北流,注入門水,這條水的左右兩岸,就是函谷山。門水又北流經弘農縣舊
城東,這座城就是函谷關校尉原來的治所,終軍就是在這裡丟棄關吏給他的入關
憑證的。燕太子丹和孟嘗君的義氣感動門客,也曾在關下作雞鳴,可謂用心極深
足以感人,意志極堅不可動搖了。

33　從前老子西遊入關,尹喜曾在這裡望氣。所以趙至《與嵇茂齊書》說:李老來到秦
國,到關前時喟然嘆息。也有人說這句話出自給嵇叔夜的書信,並且這裡還是關
尹望氣的地方。眾說紛紜難辨,不知該如何作出定論。漢武帝元鼎四年(公元前一
一三年),把關址遷到新安縣,而在舊關設置弘農縣,是弘農郡的治所。王莽改名為

右隊。劉桓公當郡守時,老虎也跟著他渡河,光武帝聽說此事,很是稱讚他。

34　門水沿著城邊北流,注入河水。河水到了這裡,有個地方叫涅津,傳說漢武帝微服出行到柏谷,受到寶門的凌辱,但其妻慧眼識英雄,設宴款待,使他受到感動,回到皇宮後,就給予重賞,並賜以河津,讓他們得以藉擺渡謀生,這就是現在的寶津。所以潘岳的《西征賦》說:酬謝那婦人已經太過分了,怎能又給她丈夫濫加封官。袁豹等人也以為這話說得不錯。我查考南岸水濱有個渡口,叫涅津。河北縣有涅水,南流入河,河水早就有涅津的名稱了,並不是從寶門時才開始的。不過因為所發生的事件相似,而地名又相同,所以作者搞混了。竹書《穆天子傳》說:天子從寶輢到涅水北岸歇宿,丁亥日,進入南鄭。考察他沿途足跡所經的地方,剛好到過這個渡口。照此推斷,可知地名並非因寶門而來的了。涅水,民間也有人稱為偃鄉澗水。

35　河水又東流,在左岸匯合了一條水,這條水有兩個源頭,都發源於薄山,南流匯合成一條。兩條水中間有一片平原,人們稱為閑原,據說虞國與芮國曾爭奪這片田地,詳情就不大了解了。水又南流,注入河水。河水右岸有曹水注入。曹水發源於南山,北流經曹陽亭西。陳涉派周章攻入秦境,少府章邯在這裡殺了他。後來魏武帝改曹陽為好陽。《晉書·地道記》說:亭在弘農縣東十三里。此水西北流,注入河水。河水又東流,菑水注入。菑水發源於常烝山,西北流經曲沃城南,又轉彎流經城西,西北流注入河水。諸家注述時都說曲沃在北方,實際上卻不對。魏司徒崔浩以為曲沃是地名。我查考過《春秋》,文公十三年,晉侯派詹嘉防守桃林塞,駐軍於此,防備秦國。因為當時以曲沃的官員在此駐守,曲沃一名就從古流傳至今了。

36　河水又東流,有七里澗注入。此澗在陝城以西七里,因而得名。澗水從南山通入河水,也叫曹陽坑。所以潘岳《西征賦》說:我走到漫澗水口,在曹陽墟休息。袁豹、崔浩也不以為那地方不是。我查考《漢書》,從前獻帝因流寇之禍被迫東遷,李傕、郭汜追到了弘農澗,於是獻帝就在曹陽露宿。楊奉、董承表面上與李傕和好,暗地裡卻引了白波軍、李樂等擊潰李傕,獻帝的車駕才得以前進。但他們重新又打了回來,楊奉等大敗,士兵相連四十里,方才抵達陝縣。照此推斷,好像又不是曹陽。但依據《山海經》來探究,菑、曹字形相似,也許因訛而有曹陽的地名了。河水又東流,與譙水匯合。譙水發源於常烝山,民間稱為干山,是時代前後的異名。此山在陝城南八十里,譙水有兩個源頭,同流注入一處深谷,西北流注入河水。

又東過陝縣北,

37　橐水發源於橐山,西北流。又有崖水發源於南山北谷,流經崖峽,北流與干山水匯合。干山水發源於干山東谷,兩條水一同注入崖水。又東北流,注入橐水。橐水北流出谷,叫漫澗,與安陽溪水匯合。安陽溪水發源於石崤南,西流經安陽城南。漢昭帝封安陽給上官桀為侯國。潘岳說:我前往安陽,指的就是這地方。安陽溪水東流與漫澗水匯合。漫澗水北岸有逆旅亭,稱為漫口客舍。又西流經陝縣舊城南,又匯合一條水,叫瀆谷水。瀆谷水發源於南方近處的溪澗,北流注入橐水。橐水又西北流經陝城西,西北流注入河水。

38　河水北岸正對茅城,即舊時的茅亭,是茅戎的城邑。《公羊傳》說:晉國在大陽打敗了茅戎。於是津渡也就取名為茅津了。《春秋》文公三年,秦伯討伐晉國,從茅津渡河,在崤山秦軍埋屍處封土,然後退回。河水東流,咸陽澗水注入。咸陽澗水發源於北虞山,南流至陝津注入河水。河南就是陝城。從前周公、召公分疆,以陝城作為東西的分界。東城就是虢邑的上陽,是虢仲定都的地方,即南虢。三虢,這就是其中之一。這座大城裡面,還有一座小城,是舊時焦國的都城。武王把它封給神農的後裔。王莽時改名為黃眉。戴延之說:此城南傍山地,北瀕黃河,瀑布下瀉百餘仞,登臨城上俯視,人們都不禁會膽戰心驚。城西北有河水流過,在方圓數十丈的範圍內浪濤洶湧,看來水下有個什麼東西隱藏著。父老們說:這是銅人沉沒的所在。又說:石虎裝載石經,也是在這裡沉沒的。因為這兩件東西都沉在這裡,所以才引起水浪洶湧,不知確否。有人說:銅人的頭髻常常露出水面,不論水漲水退,頭髻常常與水面相平。晉軍來時,頭髻就不再露出來了。現在只見水流異常,而且嘩嘩作響,數里外都能聽到。

39　我查考過,秦始皇二十六年(公元前二二一年),在臨洮出現過十二個巨人,長五丈餘,人們以為這是祥瑞之兆,於是鑄造了十二個銅人為象徵。銅人各重二十四萬斤,把它們放在宮門前,稱為金狄。銅人胸前都刻有銘文:皇帝二十六年,首次一統天下,設置郡縣,制定法律,統一度量衡。於是巨人在臨洮出現,身高五丈,腳長六尺。這是李斯的手筆。所以衛恒《敘篆》說:秦國李斯,號稱善於篆書,各處山上的石碑及銅人銘文,都是李斯所作。漢朝把銅人從阿房宮遷到未央宮前,民間稱為翁仲。地皇二年(公元二一年),王莽夢見銅人流淚,心裡覺得很討厭,想到銅人的銘文有皇帝首次一統天下等字樣,就命令尚方工人鑿去夢中所見銅人胸前的文字。後來董卓銷毀九個銅人,用來製造錢幣。剩下的三個銅人,魏明帝想搬到洛陽,但太重了,搬不動,到了霸水西,就停下來了。《漢晉春秋》說:也有人說銅人流淚,所以留了下來。石虎將銅人搬去,放在鄴宮。苻堅又把它們搬到長安,銷毀掉兩個,鑄成錢幣,最後一個還沒有搬到,苻堅國內就大亂了,老百姓把銅人推到陝北河中,於是銅人就一個也不留了。依我想來,大江巨流應當不會因一點細小的障礙而阻擋住它的急流，長河大浪也不會因為微乎其微的物件而至於水流不暢的。此水之所以波濤洶湧，是因為《史記》所說，魏文侯二十六年(公元前四二〇年)，虢山崩坍，堵塞了河水而引起的。獻帝東遷，天晚時偷渡，兵卒從高岸墜下，爭先恐後地想爬到船上來，船中被砍下的手指多得可以用手來捧。這件事也發生在這裡。

又東過大陽縣南，

40　交澗水發源於吳山，東南流，注入河水。河水又東流，路澗水也發源於吳山，東流經大陽城西，西南流，注入河水。河水又東流經大陽縣舊城南。《竹書紀年》說：晉獻公十九年(公元前六五八年)，獻公聯合虞軍進攻虢國，攻陷了下陽，虢公醜逃亡到衛國，獻公命令瑕父呂甥建都於虢都。《地理志》說：這就是北虢，有天子廟，王莽時改名為勤田。應劭《地理風俗記》說：城在大河北岸。

41　河水又東流，沙澗水注入。沙澗水發源於北方的虞山，東南流經傅巖，流過傅說隱居的石室前面，民間稱為聖人窟。孔安國《傳》載：傅說隱於虞、虢之間，指的就是此處。傅巖東北十餘里，就是巔軨坂。《春秋左傳》說的從巔軨而入，即指此處。巔軨坂東西兩邊都是深澗，左右是幽僻的空谷，中間築了一條貫通南北的道路，稱為軨橋。傅說隱居為傭工，曾棲息在這裡。高宗尋求夢中所見的聖人，就在這裡找到了他。軨橋東北有虞原，原上路東有虞城，堯把女兒許配給舜，下嫁到虞，就在這裡。周武王把太伯的後代虞仲分封在這裡，稱為虞公。這就是《晉太康地記》所謂的北虞。城東有山，民間叫五家冢，墓上有虞公廟。《春秋穀梁傳》說：晉獻公想攻打虢國。荀息說：您為什麼不拿屈產的良馬、垂棘的璧玉贈送虞國，向它借路呢。獻公說：這都是晉國的國寶呀。荀息說：這不過是從中府裡取出來，存放到外府罷了。獻公接受了他的意見。待到奪取了虢國，滅掉了虞國，於是牽馬持璧回來。璧還是原來的璧，馬呢，牙齒卻比原先增長了。正像宮之奇所說：虞國、虢國相輔相依，脣亡則齒寒，虢國被滅，虞國也就亡了。虞城北方面對一座長長的山坡，綿延二十餘里，叫虞坂。戴延之說：從上到下，有七座山峰互相重疊。《戰國策》說：從前駿馬騏驥拉著鹽車在虞坂上坡，背上套著車轅卻不能前進。這裡就是駿馬被困的地方。軨橋東北山溪裡，有一條細水西南流，注入沙澗，亂流經大陽城東，這裡就是河北郡的治所。沙澗水南流注入河水。河水又東流，在左岸匯合積石、土柱這兩條溪水。二溪發源於北方的大陽山，南流注入河水。大陽山也通稱薄山。所以《穆天子傳》說：天子從鹽池出發，己丑日，往南攀登薄山竇軨的山坡，於是宿於虞，指的就是這裡。

又東過砥柱間，

42　砥柱是山名。從前禹治洪水,凡有山陵擋住水流,就把它鑿去,開山以通河水。河水分道流瀉,繞著山的兩邊流過,山在兩水之間,狀如石柱,所以稱砥柱。水路鑿開三道大口,河水疏導分流,以形命名,就稱為三門了。山在虢城東北,大陽城以東。《搜神記》說:齊景公在江、沈渡河,有巨黿叼住左邊那匹駕車的馬沒入水中,眾人都大驚失色。於是古冶子拔劍下水去追趕,斜行了五里,又逆行三里,一直追到砥柱之下,一看原來是一頭巨黿。他斬了巨黿,左手提著黿頭,右臂挾著那匹馬,身輕如燕,從水裡一躍而出,仰天大叫,震得使河水倒流了三百步,岸上圍觀的人都以為是河伯。江、沈二字,也有寫作江、沅的。假如是以地點來指名的話,那麼應當是在蜀及長沙了。但我查考《春秋》,這兩處景公都沒有到過,古冶子也無從施展他的神勇了。劉向為《晏子春秋》作序,說古冶子曾說過這樣的話:我曾在大河渡水,巨黿叼住車左的馬沉入砥柱的急流,那時我追殺了牠,一看原來是一頭巨黿。他沒有說是江、沅。我又查考司馬遷的《史記》,書中說:景公十二年(公元前五三六年),景公見晉平公;十八年(公元前五三〇年),又會見晉昭公。一路上旌旗招展,經過這個渡口。在砥柱追逐巨黿,也許就是在這裡發生的。又說:圍觀的人以為是河伯。這記載也比說事情發生於江、沅更說得通。河伯本來就不是江神,可知記載中的地點是河水。

43　河水右岸,有崤水注入。崤水發源於河南盤崤山,西北流,水上有橋,民間稱為鴨橋。崤水通過山澗東北流,與石崤水匯合。石崤水發源於石崤山,山上有兩座陵墓:南陵是夏后皋的墳墓;北陵,文王曾避過風雨。人們說,因為山徑曲折幽深,峰巒與丘岡夾峙遮蔭,所以可避風雨。秦準備襲擊鄭國,蹇叔進諫而穆公不納,蹇叔為他兒子哀哭道:我看他出去,看不到他回來了。晉人一定會在崤山抵抗我軍,我來給你收屍吧。孟明率領的秦軍果然在這裡覆沒。崤水又北流,在左岸匯合西水,亂流注入河水。

44　河水又東流,千崤水注入。千崤水發源於南方的千崤山,往北流,彎彎曲曲地穿過兩條古道。漢朝建安年間(公元一九六—二二〇年),曹操西征巴郡、漢中,怕南路太險,所以另外在北面再開了一條路,以後來往的行人,大多都走這條路了。現在山邊路旁有石碑,碑文說:晉太康三年(公元二八二年),弘農太守梁柳重修了老路。太崤以東,西崤以西,可知分明不只一座崤山。西面有兩塊巖石,又南流五十步,溪邊有"恬漠先生翼神碑",這位先生當在這裡隱居過。千崤水北流注入河水。

45　河水兩岸峰巒巍然高聳,蒼翠的群山層層疊疊,直沖霄漢。鄭玄按《地說》的說法:河水東流,穿過砥柱之間,沖擊著阻塞水流的礁石。今天所謂砥柱,大概就是礁石。砥柱應當是在西河,詳情卻不清楚。我認為,鄭玄的說法是不正確的,西河那

邊並沒有可相比擬的山。從砥柱以下，五戶以上，其間流程一百二十里，河中礁石
參差矗立，其走勢與岸上高地相連，大概也是禹所開鑿，以疏導河水的。想來所謂
阻塞水流的，就是這些礁石了。這裡的山雖然開鑿過了，但還是阻礙著洶湧的急
流。怒濤沖擊著礁石，騰起一片雲霧；旋渦迅疾迴流，向四方猛烈散溢。這一段水
道共有十九處險灘，水流極其湍急，水勢兇險，同三峽相似，舟行到此，常常船覆人
亡，自古以來，人們視為莫大的禍患。漢鴻嘉四年（公元前一七年），楊焉建議，船隻
從大河不論上水下水，都苦於砥柱的兇險狹隘，應當開得寬廣一些。於是皇上就
命令楊焉去開鑿。可是剛鑿到水面以下，就無法再鑿掉礁石了，而水流反而更加
湍急凶猛，危害也比平日更甚。魏景初二年（公元二三八年）二月，明帝派都督沙丘
部、監運諫議大夫寇慈，帶領了五千名工人，常年進行治理，以剷除河中的險阻。
晉泰始三年（公元一六七年）正月，武帝派監運大中大夫趙國、都匠中郎將河東樂世，
帶領了五千餘人去治理河中險灘，《五戶祠銘》中有關於這件事的記載。以後雖然
世世代代都要施工整治，但水流還是奔騰澎湃，波濤洶湧，商船到了這裡，很少能
不望險躊躇，深感渡河的艱難的。所以這許多山峽和險灘，常常成為人們的話題。
五戶是灘名，那裡有個神祠，人們都稱為五戶將軍，但卻不知道其來歷。

又東過平陰縣北，清水從西北來注之。

46　清水發源於清廉山的西嶺，此山人們也叫清營山。此水往東南流出山峽。山峽左
邊有城，大概是古代駐防的關隘。清水流經城南，東流經皋落城北。服虔說：這是
赤翟的都城。人們稱為倚亳城，大概因為讀音相近，輾轉相傳而致失實的緣故。
《春秋左傳》說，晉侯派遣太子申生去討伐東山皋落氏，就指這個地方。清水與倚
亳川水匯合。倚亳川水發源於北山礦谷，東南流，注入清水。清水又東流經清廉
城南，又東南流，在右岸匯合南溪水。南溪水發源於南山，東流注入清水。清水又
東流，與乾棗澗水匯合。乾棗澗水發源於石人嶺下，南流，民間叫扶蘇水。又南
流，流經奸苗以北的馬頭山，也叫白水原，西南流經垣縣舊城北。《史記》載：魏武
侯二年（公元前三九四年），在安邑至垣縣築城，指的就是該縣。這條澗水往西南流，
注入清水。水色白而渾濁，剛匯合於清水時，一邊水白，一邊水藍，二水涇渭分明。
清水又東南流，流經陽壺城東，就是垣縣的壺丘亭，晉國把宋國的五位大夫遷居於
此。清水又東南流，注入河水。

47　河水又東流，與教水匯合。教水發源於垣縣北方的教山，南流經輔山。輔山高約
三十里，山上泉水源頭有個深潭，深不可測。山頂周圍面積約五六里，野草樹木極
少。《山海經》說：孟門東南有平山，水發源於山上，潛流到山下。又與王屋山相
鄰，想來就是平山了。此水南流，流經鼓鐘上峽，成為一道高達五丈的瀑布，飛流

直下,奔瀉入深淵中。兩岸極其峻高陡峭,削壁巍然直上,斷崖凌空突起,高達百餘丈。松嶺上青松羅列,巖壁上赤石高懸,其間參差錯落地長著些蒼翠的柏樹,赤崖與翠柏相映,色彩鮮豔分明,望去就像畫成或繡成的一般。山澗寬十來步,南流經鼓鍾川,分為兩條。一條西北流出山,長約一百六十里,其間峰巒與巖谷迂迴曲折,險阻難行,只有單人獨馬才可通過。現在聞喜縣東北的谷口,還留有乾河里老溝,但已經枯涸無水了。另一條流經冶官西,人們稱為鼓鍾城。城旁還有當時留下的銅屑和銅錢。城西丘岡下有一條水勢頗大的泉水,西流注入山澗,與教水匯合,然後又潛流經巖石底下,南流到下峽。《山海經》說:鼓鍾山神祇帝臺在這裡邀請諸神歡宴。指的就是此山。教水重又流出地表,南流到西馬頭山,東流為山坡所阻,又潛入地下南流了十餘里,再次冒出地表,因此又稱伏流水,南流入河。《山海經》說:教山是教水的發源地,南流注入河水。這條水冬天乾涸,夏季流通,其實只是一條無水河,現在人們還把它叫做乾澗。

48 河水又與畛水匯合。畛水發源於新安縣的青要山,現在叫疆山,此水北流注入河水。《山海經》說:青要山是畛水的發源地,說的就是這條水。河水又東流,正回水注入。此水發源於騩山,是疆山以東的陵阜。此水東流,民間稱為疆川水,與石瓜疇川匯合。此水發源於西北的石澗之中,東南流,注入疆川水。疆川水又東流,流經疆冶鐵官東,東北流,注入河水。

49 河水又東流,匯合庸庸水。庸庸水發源於河東垣縣的宜蘇山,民間稱為長泉水。《山海經》說:水裡有很多黃色的貝類,是伊水、洛水的門戶。此水北流,分為兩條,一條北流入河,另一條又東北流,注入河水。河水又東流經平陰縣北。《地理風俗記》說:河南平陰縣,舊時是晉陰地方,陰戎就居住在那裡。又說:在平城以南,所以叫平陰。三老董公勸說高祖的地方,陸機所謂白髮滿頭的董老,在我們的平陰出謀劃策,就是指這裡。魏文帝改名為河陰。河水又匯合瀑水。瀑水發源於垣縣王屋山西麓的瀑溪,在兩山相夾之間東南流,流經舊城東,舊城就是瀑關。漢光武帝建武二年(公元二六年),派司空王梁守衛北方的瀑關、天井關,攻擊赤眉軍的別校,他們都投降了。獻帝從陝縣北渡安邑,往東出了瀑關,說的就是此關。瀑水向西轉彎,流經關城西,流過軹關南,又流經苗亭西。曲亭,就是周朝時的苗邑。又東流,注入河水。《水經》說是清水,是弄錯了。其實這是瀑水。

又東至鄧。

50 洛陽西北四十二里,是舊時的鄧鄉。

【研 析】 古今學者常稱《水經注》是一部遊記,但酈道元是北人,足跡未到江南,即以北方而言,他與明徐霞客不同,畢生為官,還帶兵作戰,匆忙一生,也不能遍及各處。

故若以此書為遊記，則此書記敍，大部分屬於所謂“第二手遊記”，即從文獻資料從事擷取寫作。由於他的文筆生動，選材嚴謹，所以即使是“第二手遊記”，也獲得後人的讚嘆。但此卷與全書中的其他不少卷篇不同。北魏原來建都於平城（今山西大同附近），孝文帝遷都洛陽，正值酈氏入仕為官之時，所以平城、洛陽之間，包括今山、陝二省沿河一帶，是他往返必經之途。所以從遊記而言，此卷無疑是他親身目擊的第一手遊記。因而諸如孟門瀑布、砥柱三門等的描寫，都是栩栩如生的千古文章。當然，從歷史地理方面評價，由於此卷所敍，都是他親身履歷，所以景物描寫還在其次，主要是此卷是黃河支流最多，人文景觀最複雜，歷史地理掌故最豐富的一段，所以在《河水》五卷之中，具有重要的地位。

卷五　河水

【題　解】　此是《河水》的最後一卷,開卷從河陽(今河南洛陽北孟縣西)寫起,直到黃河按《禹貢》從碣石入海。因為碣石其地歷來甚有爭論,而酈氏時黃河已在今山東省境流入渤海,所以酈氏書明:"河之入海,舊在碣石,今川流所導,非禹瀆也。"這一卷記敘黃河,流程最長,全程幾乎歷今河南全省及河北、山東各省,所經郡縣最多,又有洛水、濟水等支流,包括河口三角洲的所謂"九河",故瀆新川,錯綜繁雜,所以篇幅最大。

又東過平縣北,湛水從北來注之。

1　河水又東逕河陽縣故城南,《春秋經》書天王狩于河陽,壬申,公朝于王所,晉侯執衛侯歸于京師。《春秋左傳》僖公二十八年,冬,會于溫,執衛侯。是會也,晉侯召襄王以諸侯見,且使王狩。仲尼曰:以臣召君,不可以訓。故書曰:天王狩于河陽。言非其狩地。服虔、賈逵曰:河陽,溫也。班固《漢書·地理志》、司馬彪、袁山松《郡國志》、《晉太康地道記》、《十三州志》:河陽別縣,非溫邑也。漢高帝六年,封陳涓爲侯國,王莽之河亭也。《十三州志》曰:治河上,河,孟津河也。郭緣生《述征記》曰:踐土,今冶坂城。是名異《春秋》焉。非也。今河北見者,河陽城故縣也,在冶坂西北,蓋晉之溫地,故羣儒有溫之論矣。《魏土地記》曰:冶坂城舊名漢祖渡,城險固,南臨孟津河。河水右逕臨平亭北。《帝王世紀》①曰:光武葬臨平亭南,西望平陰者也。

2　河水又東逕洛陽縣北,河之南岸有一碑,北面題云:洛陽北界,津水二渚,分屬之也。上舊有河平侯祠,祠前有碑,今不知所在。郭頒《世語》^②曰:晉文王之世,大魚見孟津,長數百步,高五丈,頭在南岸,尾在中渚,河平侯祠即斯祠也。

3　河水又東逕平縣故城北。漢武帝元朔三年,封濟北貞王子劉遂爲侯國,王莽之所謂治平矣,俗謂之小平也。有高祖講武場,河北側岸有二城相對,置北中郎府,徙諸徒隷府户,並羽林虎賁領隊防之。河水南對首陽山,《春秋》所謂首戴也。《夷齊之歌》^③所以曰登彼西山矣。上有夷齊之廟,前有二碑,竝是後漢河南尹廣陵陳導、雒陽令徐循,與處士平原蘇騰、南陽何進等立,事見其碑。又有周公廟。魏氏起玄武觀于芒垂,張景陽《玄武觀賦》所謂高樓特起,竦時岧嶢,直亭亭以孤立,延千里之清飆也。朝廷又置冰室于斯阜,室內有冰井。《春秋左傳》曰:日在北陸而藏冰。常以十二月採冰于河津之隘,峽石之阿,北陰之中,即《邠詩》^④:二之日鑿冰沖沖矣。而内于井室,所謂納于凌陰者也。

4　河南有鉤陳壘,世傳武王伐紂,八百諸侯所會處,《尚書》所謂不期同時也。紫微有鉤陳之宿,主鬭訟兵陣,故遁甲攻取之法,以所攻神與鉤陳並氣,下制所臨之辰,則決禽敵,是以壘資其名矣。河水于斯,有盟津之目。《論衡》^⑤曰:武王伐紂,升舟,陽侯波起,疾風逆流,武王操黃鉞而麾之,風波畢除,中流,白魚入于舟,燔以告天,與八百諸侯咸同此盟。《尚書》所謂不謀同辭也。故曰孟津,亦曰盟津。《尚書》所謂東至于孟津者也,又曰富平津。《晉陽秋》曰:杜預造河橋于富平津,所謂造舟爲梁也。又謂之爲陶河。魏尚書僕射杜畿,以帝將幸許,試樓船,覆于陶河,謂此也。昔禹治洪水,觀于河,見白面長人,魚身,出曰:吾河精也。授禹《河圖》^⑥而還于淵。及子朝篡位,與敬王戰,乃取周之寶玉,沈河以祈福。後二日,津人得之于河上,將賣之,則變而爲石;及敬王位定,得玉者獻之,復爲玉也。

5　河水又東,漫水入焉。《山海經》曰:和山,上無草木,而多瑶碧,寔惟河之九都。是山也,五曲,九水出焉,合而北流,注于河。其陽多蒼玉,吉神泰逢司之,是于萯山之陽,出入有光。《吕氏春秋》^⑦曰:夏后氏孔甲,田于東陽萯山,遇大風雨,迷惑,入于民室。皇甫謐《帝王世紀》以爲即東首陽山也。蓋是山之殊目矣。今于首陽東山,無水以應之,當是今古世懸,川域改狀矣。昔帝堯脩壇河、洛,擇良議沈,率舜等升于首山,而遵河渚,有五老遊焉。相謂《河圖》將來,告帝以期,知我者,重瞳也。五老乃翻爲流星而升于昂,即于此也。又東,濟水注焉。

又東過鞏縣北,

6　河水于此有五社渡,爲五社津。建武元年,朱鮪遣持節使者賈彊、討難將軍蘇茂,將三萬人,從五社津渡,攻温。馮異遣校尉與寇恂合擊之,大敗,追至河上,生擒萬餘人,投河而死者數千人。縣北有山臨河,謂之釜原丘。其下有穴,謂之鞏穴,言潛通淮浦,北達于河。直穴有渚,謂之鮪渚。成公子安《大河賦》[8]曰:鱣鯉王鮪,春暮來遊。《周禮》:春薦鮪。然非時及佗處則無。故河自鮪穴已上,又兼鮪稱。《呂氏春秋》稱武王伐紂至鮪水,紂使膠鬲候周師,即是處矣。

洛水從縣西,北流注之。

7　洛水于鞏縣,東逕洛汭,北對琅邪渚,入于河,謂之洛口矣。自縣西來,而北流注河,清濁異流,瞭焉殊別。應瑒《靈河賦》[9]曰:資靈川之遐源,出崑崙之神丘,涉津洛之阪泉,播九道于中州者也。

又東過成皋縣北,濟水從北來注之。

8　河水自洛口又東,左逕平皋縣南,又東逕懷縣南,濟水故道之所入,與成皋分河。河水右逕黃馬坂北,謂之黃馬關。孫登之去楊駿,作書與洛中故人處也。

9　河水又東逕旋門坂北,今成皋西大坂者也。升陟此坂,而東趣成皋也。曹大家《東征賦》[10]曰:望河、洛之交流,看成皋之旋門者也。河水又東逕成皋大伾山下,《爾雅》曰:山一成謂之伾。許慎、呂忱等,竝以爲丘一成也。孔安國以爲再成曰伾,亦或以爲地名,非也。《尚書·禹貢》曰:過洛汭,至大伾者也。鄭康成曰:地喉也,沇出伾際矣。在河內脩武、武德之界,濟沇之水與滎播澤出入自此。然則大伾即是山矣。伾北,即《經》所謂濟水從北來注之者也。今濟水自溫縣入河,不于此也。所入者,奉溝水耳,即濟沇之故瀆矣。成皋縣之故城在伾上,縈帶伾阜,絶岸峻周,高四十許丈,城張翕險,崎而不平。《春秋傳》曰:制,巖邑也,虢叔死焉,即東虢也。魯襄公二年七月,晉成公與諸侯會于戚,遂城虎牢以逼鄭求平也。蓋脩故耳。《穆天子傳》曰:天子射鳥獵獸于鄭圃,命虞人掠林,有虎在于葭中,天子將至,七萃之士高奔戎生捕虎而獻之天子,命之爲柙,畜之東虢,是曰虎牢矣。然則虎牢之名,自此始也。秦以爲關,漢乃縣之。城西北隅有小城,周三里,北面列觀,臨河岩岩孤上。景明中,言之壽春,路值茲邑,升眺清遠,勢盡川陸,羈途遊至,有傷深情。河水南對玉門,昔漢祖與滕公潛出,濟于是處也。門東對臨河,側岸有土穴,魏攻北司州刺史毛德祖于虎牢,戰經二百日,不克。城惟一井,井深四十丈,山勢峻峭,不容防捍,潛作地道取井。余頃因公至彼,故往尋之,其穴處猶存。

10　河水又東合汜水[11],水南出浮戲山,世謂之曰方山也。北流合東關水。水出嵩渚之山,泉發于層阜之上,一源兩枝,分流瀉注,世謂之石泉水也。東爲索水,西爲東關之水。西北流,楊蘭水注之,水出非山,西北流注東關水。東關水又西北,清水入焉。水自東浦西流,與東關水合,而亂流注于汜。汜水又北,右合石城水,水出石城山,其山複澗重嶺,敧疊若城,山頂泉流,瀑布懸瀉,下有濫泉,東流洩注,邊有數十石畦,畦有數野蔬,巖側石窟數口,隱跡存焉,而不知誰所經始也。又東北流注于汜水。汜水又北合鄢水,水西出婁山,至冬則煖,故世謂之温泉。東北流逕田鄢谷,謂之田鄢溪水,東流注于汜水。汜水又北逕虎牢城東,漢破司馬欣、曹咎于是水之上。汜水又北流注于河。《征艱賦》[12]所謂步汜口之芳草,弔周襄之鄙館者也。余按昔儒之論,周襄所居在潁川襄城縣,是乃城名,非爲水目,原夫致謬之由,俱以汜鄭爲名故也,是爲爽矣。又按郭緣生《述征記》、劉澄之《永初記》[13],竝言高祖即帝位于是水之陽,今不復知舊壇所在,盧諶、崔雲,亦言是矣。余按高皇帝受天命于定陶汜水,不在此也。于是求壇,故無髣髴矣。

11　河水又東逕板城北,有津,謂之板城渚口。河水又東逕五龍塢北,塢臨長河,有五龍祠。應劭云:崐崙山廟在河南滎陽縣。疑即此祠,所未詳。

又東過滎陽縣北,蒗蕩渠出焉。

12　大禹塞滎澤,開之以通淮、泗。即《經》所謂蒗蕩渠也。漢平帝之世,河、汴決壞,未及得脩,汴渠東侵,日月彌廣,門閭故處,皆在水中。漢明帝永平十二年,議治汳渠,上乃引樂浪人王景問水形便,景陳利害,應對敏捷,帝甚善之,乃賜《山海經》、《河渠書》[14]、《禹貢圖》[15]及以錢帛。後作隄,發卒數十萬,詔景與將作謁者王吳治渠,築隄防脩堨,起自滎陽,東至千乘海口,千有餘里,景乃商度地勢,鑿山開澗,防遏衝要,疏決壅積,十里一水門,更相迴注,無復滲漏之患。明年渠成,帝親巡行,詔濱河郡國置河隄員吏,如西京舊制。景由是顯名,王吳及諸從事者,皆增秩一等。順帝陽嘉中,又自汴口以東,緣河積石,爲堰通渠,咸曰金隄。靈帝建寧中,又增脩石門,以遏渠口。水盛則通注,津耗則輟流。

13　河水又東北逕卷之扈亭北,《春秋左傳》曰:文公七年,晉趙盾與諸侯盟于扈。《竹書紀年》:晉出公十二年,河絶于扈。即于是也。河水又東逕八激隄北。漢安帝永初七年,令謁者太山于岑,于石門東積石八所,皆如小山,以捍衝波,謂之八激隄。河水又東逕卷縣北,晉、楚之戰,晉軍爭濟,舟中之指可掬,楚莊祀河告成而還,即是處也。河水又東北逕赤岸固北,而東北注。

又東北過武德縣東,沁水從西北來注之。

14　河水自武德縣。漢獻帝延康元年,封曹叡爲侯國,即魏明帝也。東至酸棗縣西,濮水東出焉。漢興三十有九年,孝文時,河決酸棗,東潰金隄,大發卒塞之。故班固云:文埋棗野,武作《瓠歌》[16]。謂斷此口也。今無水。

15　河水又東北,通謂之延津。石勒之襲劉曜,途出于此,以河冰泮爲神靈之助,號是處爲靈昌津。昔澹臺子羽齎千金之璧渡河，陽侯波起，兩蛟夾舟。子羽曰：吾可以義求，不可以威劫。操劍斬蛟，蛟死波休，乃投璧于河。三投而輒躍出，乃毀璧而去，示無吝意。趙建武中，造浮橋于津上，採石爲中濟，石無大小，下輒流去，用工百萬，經年不就。石虎親閱作工，沈璧于河，明日，璧流渚上，波蕩上岸，遂斬匠而還。

16　河水又逕東燕縣故城北，河水于是有棘津之名，亦謂之石濟津，故南津也。《春秋》僖公二十八年，晉將伐曹，曹在衛東，假道于衛，衛人不許，還自南河濟，即此也。晉伐陸渾，亦于此渡。宋元嘉中，遣輔國將軍蕭斌，率寧朔將軍王玄謨北入，宣威將軍垣護之，以水軍守石濟，即此處也。河水又東，淇水入焉。又東逕遮害亭南，《漢書·溝洫志》曰：在淇水口東十八里，有金隄，隄高一丈。自淇口東，地稍下，隄稍高，至遮害亭，高四五丈。又有宿胥口，舊河水北入處也。河水又東，右逕滑臺城北，城有三重，中小城謂之滑臺城，舊傳滑臺人自脩築此城，因以名焉。城即故鄭廩延邑也，下有延津。《春秋傳》曰：孔悝爲蒯聵所逐，載伯姬于平陽，行于延津是也。廩延南故城，即衛之平陽亭也，今時人謂此津爲延壽津。宋元嘉中，右將軍到彥之，留建威將軍朱脩之守此城，魏軍南伐，脩之執節不下，其母悲憂，一旦乳汁驚出，母乃號踊，告家人曰：我年老，非有乳時，今忽如此，吾兒必已沒矣。脩之絕援，果以其日陷沒。城，故東郡治。《續漢書》曰：延熹九年，濟陰、東郡、濟北、平原，河水清。襄楷上疏曰：《春秋》注記未有河清，而今有之。《易乾鑿度》曰：上天將降嘉應，河水先清。京房《易傳》曰：河水清，天下平，天垂異，地吐妖，民屬疫，三者並作而有河清，《春秋》，麟不當見而見，孔子書以爲異。河者，諸侯之象；清者，陽明之徵。豈獨諸侯有窺京師也。明年，宮車宴駕，徵解瀆侯爲漢嗣，是爲靈帝。建寧四年二月，河水又清也。

又東北過黎陽縣南，

17　黎，侯國也。《詩·式微》，黎侯寓于衛是也。晉灼曰：黎山在其南，河水逕其東。其山上《碑》云：縣取山之名，取水之陽，以爲名也。王莽之黎蒸也。今黎山之東北故城，蓋黎陽縣之故城也。山在城西，城憑山爲基，東阻于河。故劉楨《黎陽山賦》[17]曰：南蔭黃河，左覆金城，青壇承祀，高碑頌靈。昔慕容玄明自鄴率衆南徙滑臺，既無舟楫，將保黎陽，昏而流澌冰合，于夜中濟訖，旦而冰泮，燕民謂是處爲天橋津。東岸有故城，險帶長河，戴延之謂之逯明壘，周二十里，言逯明，石勒十八騎中之一，城因名焉。郭緣生曰：城，袁紹時築。皆非也。余按《竹書紀年》，梁惠成王十一年，鄭釐侯使許息來致地，平丘、户牖、首垣諸邑，及鄭馳道[18]，我取枳道與鄭鹿，即是城也。今城內有故臺，尚謂之鹿鳴臺，又謂之鹿鳴城。王玄謨自滑臺走鹿鳴者也。濟取名焉,故亦曰鹿鳴津,又曰白馬濟。津之東南有白馬城,衞文公東徙,渡河都之,故濟取名焉。袁紹遣顏良攻東郡太守劉延于白馬,關羽爲曹公斬良以報效,即此處也。白馬有韋鄉、韋城,故津亦有韋津之稱。《史記》所謂下脩武,渡韋津者也。

18　河水舊于白馬縣南泆通濮、濟、黃溝,故蘇代説燕曰:決白馬之口,魏無黃、濟陽。《竹書紀年》,梁惠成王十二年,楚師出河水,以水長垣之外者也。金隄既建,故渠水斷,尚謂之白馬瀆,故瀆東逕鹿鳴城南,又東北逕白馬縣之涼城北。《耆舊傳》[19]云:東郡白馬縣之神馬亭,實中層峙,南北二百步,東西五十許步,狀丘斬城也[20]。自外耕耘墾斫,削落平盡,正南有躔陛陟上,方軌是由,西南側城有神馬寺,樹木脩整,西去白馬津可二十許里,東南距白馬縣故城可五十里,疑即《開山圖》之所謂白馬山也。山下常有白馬羣行,悲鳴則河決,馳走則山崩。《注》云:山在鄭北,故鄭也,所未詳。劉澄之云:有白馬塞,孟達登之長歎。可謂于川土疎妄矣。亭上舊置涼城縣,治此。白馬瀆又東南逕濮陽縣,散入濮水,所在決會,更相通注,以成往復也。河水自津東北逕涼城縣,河北有般祠。《孟氏記》[21]云:祠在河中,積石爲基,河水漲盛,恒與水齊。戴氏《西征記》曰:今見祠在東岸,臨河累石爲壁,其屋宇容身而已。殊似無靈,不如孟氏所記,將恐言之過也。

19　河水又東北,逕伍子胥廟南,祠在北岸頓丘郡界,臨側長河。廟前有碑,魏青龍三年立。河水又東北爲長壽津。《述征記》曰:涼城到長壽津六十里,河之故瀆出焉。《漢書·溝洫志》:河之爲中國害尤甚,故導河自積石,歷龍門,二渠以引河。一則漯川,今所流也。一則北瀆,王莽時空,故世俗名是瀆爲王莽河也。故瀆東北逕戚城西,《春秋》哀公二年,晉趙鞅率師,納衞太子蒯聵于戚,宵迷,陽虎曰:右河而南必至焉。今頓丘衞國縣西戚亭是也。爲衞之河上邑。漢高帝十二年,封將軍李必爲侯國矣。故瀆又逕繁陽縣故城東,《史記》,趙將廉頗伐魏取繁陽者也。北逕陰安縣故城西,漢武帝元朔五年,封魏不疑爲侯國。故瀆又東北逕樂昌縣故城東,《地理志》,東郡之屬縣也,漢宣帝封王稚君爲侯國。故瀆又東北逕平邑郭西,《竹書紀年》:晉烈公二年,趙城平邑;五年,田公子居思伐邯鄲,圍平邑;九年,齊田肸及邯鄲韓舉,戰于平邑,邯鄲之師敗逋,獲韓舉,取平邑新城。又東北逕元城縣故城西北,而至沙丘堰[22]。《史記》曰:魏武侯公子元食邑于此,故縣氏焉。

20　郭東有五鹿墟,墟之左右多陷城。《公羊》曰:襲邑也。《説》曰:襲,陷矣。《郡國志》曰:五鹿,故沙鹿,有沙亭。周穆王喪盛姬,東征舍于五鹿,其女叔娣屆此思哭,是曰女娣之丘,爲沙鹿之異名也。《春秋左傳》僖公十四年,沙鹿崩。晉史卜之曰:陰爲陽雄,土火相乘,故有沙鹿崩。後六百四十五年,宜有聖女興,其齊田乎? 後王翁孺自濟南徙元城,正直其地,日月當之。王氏爲舜後,土也,漢火也,王禁生政君,其母夢見月入懷,年十八,詔入太子宮,生成帝,爲元后。漢祚道汙,四世稱制,故曰:火土相乘而爲雄也。及崩,大夫揚雄作誄曰:太陰之精,沙鹿之靈,作合于漢,配元生成者也。

21　獻帝建安中,袁紹與曹操相禦于官渡,紹逼大司農鄭玄載病隨軍,屆此而卒。郡守已下受業者,衰経赴者千餘人。玄注《五經》、《讖緯》、《候》、《歷》、《天文經》通于世,故范曄《贊》曰:孔書遂明,漢章中輟矣。縣北有沙丘堰,堰障水也。《尚書·禹貢》曰:北過降水。不遵其道曰降,亦曰潰,至于大陸,北播爲九河。《風俗通》曰:河播也,播爲九河自此始也。《禹貢》沇州:九河既道。謂徒駭、太史、馬頰、覆釜、胡蘇、簡、潔、句盤、鬲津也,同爲逆河。鄭玄曰:下尾合曰逆河。言相迎受矣。蓋疏潤下之勢,以通河海,及齊桓霸世,塞廣田居,同爲一河。故自堰以北,館陶、廮陶、貝丘、鬲、般、廣川、信都、東光、河間、樂城以東,城地竝存,川瀆多亡。漢世河決金隄,南北離其害,議者常欲求九河故迹而穿之,未知其所。是以班固云:自兹距漢,北亡八枝者也。河之故瀆,自沙丘堰南分,屯氏河出焉。河水故瀆東北逕發干縣故城西,又屈逕其北,王莽之所謂戢楯矣。漢武帝以大將軍衛青破右賢王功,封其子登爲侯國。大河故瀆又東逕貝丘縣故城南。應劭曰:《左氏傳》,齊襄公田于貝丘是也。余按京相璠[22]、杜預竝言在博昌,即司馬彪《郡國志》所謂貝中聚者也。應《注》于此事近違矣。

22　大河故瀆又東逕甘陵縣故城南,《地理志》之所謂厝也,王莽改曰厝治者也。漢安帝父孝德皇,以太子被廢爲王,薨于此,乃葬其地,尊陵曰甘陵,縣亦取名焉。桓帝建和二年,改清河曰甘陵。是周之甘泉市地也。陵在瀆北,丘墳高巨,雖中經發壞,猶若層陵矣,世謂之唐侯冢。城曰邑城,皆非也。昔南陽文叔良,以建安中爲甘陵丞,夜宿水側,趙人蘭襄夢求改葬,叔良明循水求棺,果于水側得棺,半許落水。叔良顧親舊曰:若聞人傳此,吾必以爲不然。遂爲移殯,醊而去之。

23　大河故瀆又東逕艾亭城南,又東逕平晉城南,今城中有浮圖五層,上有金露盤,題云:趙建武八年,比釋道龍和上竺浮圖澄,樹德勸化,興立神廟。浮圖已壞,露盤尚存,煒煒有光明。大河故瀆又東北逕靈縣故城南,王莽之播亭也。河水于縣別出爲鳴犢河。河水故瀆又東逕鄃縣故城東,呂后四年,以父嬰功,封子佗襃爲侯國,王莽更名之曰善陸。

24　大河故瀆又東逕平原縣故城西,而北絶屯氏三瀆,北逕繹幕縣故城東北,西流逕平原鬲縣故城西。《地理志》曰:鬲,津也,王莽名之曰河平亭,故有窮后羿國也。應劭曰:鬲,偃姓,咎繇後。光武建武十三年,封建義將軍朱祜爲侯國。大河故瀆又北逕脩縣故城東,又北逕安陵縣西,本脩之安陵鄉也。《地理風俗記》曰:脩縣東四十里有安陵鄉,故縣也。又東北至東光縣故城西,而北與漳水合。

25　一水分大河故瀆,北出爲屯氏河,逕館陶縣東,東北出。《漢書·溝洫志》曰:自塞宣防,河復北決于館陶縣,分爲屯氏河,廣深與大河等。成帝之世,河決館陶及東郡金隄,上使河隄謁者王延世塞之,三十六日隄成,詔以建始五年爲河平元年,以延世爲光禄大夫,是水亦斷。

26　屯氏故瀆水之又東北,屯氏別河出焉。屯氏別河故瀆又東北逕信成縣,張甲河出焉。《地理志》,張甲河首受屯氏別河于信成縣者也。張甲河故瀆北絕清河于廣宗縣,分爲二瀆,左瀆逕廣宗縣故城西,又北逕建始縣故城東。田融[24]云:趙武帝十二年,立建興郡,治廣宗,置建始、興德五縣隸焉。左瀆又北逕經城東、繚城西,又逕南宮縣西,北注絳瀆。右瀆東北逕廣宗縣故城南,又東北逕界城亭北,又東北逕長樂郡棗彊縣故城東。長樂,故信都也,晉太康五年,改從今名。

27　又東北逕廣川縣,與絳瀆水故道合。又東北逕廣川縣故城西,又東逕棘津亭南[25],徐廣曰:棘津在廣川。司馬彪曰:縣北有棘津城,呂尚賣食之困,疑在此也。劉澄之云:譙郡鄼縣東北有棘津亭,故邑也,呂尚所困處也。余按《春秋左傳》,伐巢、克棘、入州來,無津字。杜預《春秋釋地》[26]又言:棘亭在鄼縣東北,亦不云有津字矣。而竟不知澄之于何而得是説?然天下以棘爲名者多,未可咸謂之棘津也。又《春秋》昭公十七年,晉侯使荀吳帥師涉自棘津,用牲于洛,遂滅陸渾。杜預《釋地》闕而不書。服虔曰:棘津,猶孟津也。徐廣《晉紀》[27]又言:石勒自葛陂寇河北,襲汲人向冰于枋頭,濟自棘。棘津在東郡、河内之間,田融以爲即石濟南津也。雖千古茫昧,理世玄遠,遺文逸句,容或可尋,沿途隱顯,方土可驗。

28　司馬遷云:呂望,東海上人也,老而無遇,以釣干周文王。又云:呂望行年五十,賣食棘津;七十,則屠牛朝歌;行年九十,身爲帝師。皇甫士安云:欲隱東海之濱,聞文王善養老,故入釣于周。今汲水城亦言有呂望隱居處。起自東海,迄于鄆雍,緣其逕趣,趙、魏爲密,厝之譙、宋,事爲疎矣。

29　張甲故瀆又東北至脩縣東會清河。《十三州志》曰:張甲河東北至脩縣入清漳者也。屯氏別河又東,枝津出焉,東逕信成縣故城南,又東逕清陽縣故城南,清河郡北,魏自清陽徙置也。又東北逕陵鄉南,又東北逕東武城縣故城南,又東北逕東陽縣故城南。《地理志》曰:王莽更之曰胥陵矣。俗人謂之高黎郭,非也。應劭曰:東武城東北三十里有陽鄉,故縣也。又東散絕,無復津逕。

30　屯氏別河又東北逕清河郡南,又東北逕清河故城西。漢高帝六年,封王吸爲侯國。《地理風俗記》曰:甘陵郡東南十七里有清河故城者,世謂之鵲城也。又東北逕繹幕縣南,分爲二瀆,屯氏別河北瀆東逕繹幕縣故城南,東絕大河故瀆,又東北逕平原縣,枝津北出,至安陵縣遂絕。

31 屯氏別河北瀆又東北逕重平縣故城南。應劭曰:重合縣西南八十里有重平鄉,故縣也。又東北逕重合縣故城南,又東北逕定縣故城南。漢武帝元朔四年,封齊孝王子劉越爲侯國。《地理風俗記》曰:饒安縣東南三十里有定鄉城,故縣也。屯氏別河北瀆又東入陽信縣,今無水。又東爲咸河,東北流逕陽信縣故城北。《地理志》,渤海之屬縣也,東注于海。

32 屯氏別河南瀆自平原東絕大河故瀆,又逕平原縣故城北,枝津右出,東北至安德縣界,東會商河。屯氏別河南瀆又東北于平原界,又有枝渠右出,至安德縣遂絕。屯氏別河南瀆自平原城北首受大河故瀆,東出,亦通謂之篤馬河。即《地理志》所謂平原縣有篤馬河,東北入海,行五百六十里者也。東北逕安德縣故城西,又東北逕臨齊城南。始東齊未賓,大魏築城以臨之,故城得其名也。又屈逕其城東,故瀆廣四十步,又東北逕重丘縣故城西。《春秋》襄公二十五年,秋,同盟于重丘,伐齊故也。應劭曰:安德縣北五十里有重丘鄉,故縣也。又東北逕西平昌縣故城北,北海有平昌縣,故加西。漢宣帝元康元年,封王長君爲侯國。

33 故渠川派,東入般縣爲般河。蓋亦九河之一道也。《後漢書》稱公孫瓚破黃巾于般河,即此瀆也。又東爲白鹿淵水,南北三百步,東西千餘步,深三丈餘。其水冬清而夏濁,淳而不流,若夏水洪泛,水深五丈,方乃通注。般瀆又逕般縣故城北,王莽更之曰分明也。東逕樂陵縣故城北。《地理志》曰:故都尉治。伏琛、晏謨言平原邑,今分爲郡。又東北逕陽信縣故城南,東北入海。

34 屯氏河故瀆自別河東逕甘陵之信鄉縣故城南。《地理志》曰:安帝更名安平。應劭曰:甘陵西北十七里有信鄉,故縣也。屯氏故瀆又東逕甘陵縣故城北,又東逕靈縣北,又東北逕鄃縣,與鳴犢河故瀆合,上承大河故瀆于靈縣南。《地理志》曰:河水自靈縣別出爲鳴犢河者也。東北逕靈縣東,東入鄃縣,而北合屯氏瀆。屯氏瀆兼鳴犢之稱也。又東逕鄃縣故城北,東北合大河故瀆,謂之鳴犢口。《十三州志》曰:鳴犢河東北至脩入屯氏,考瀆則不至也。

又東北過衛縣南,又東北過濮陽縣北,瓠子河出焉。

35 河水東逕鐵丘南,《春秋左氏傳》哀公二年,鄭罕達帥師,郵無恤御簡子,衛太子爲右,登鐵上,望見鄭師,衛太子自投車下,即此處也。京相璠曰:鐵,丘名也。杜預曰:在戚南。河之北岸,有古城,戚邑也。東城有子路冢,河之西岸有竿城。《郡國志》曰:衛縣有竿城者也。河南有龍淵宮,武帝元光中,河決濮陽,氾郡十六,發卒十萬人塞決河,起龍淵宮。蓋武帝起宮于決河之傍,龍淵之側,故曰龍淵宮也。

36　河水東北流而逕濮陽縣北,爲濮陽津。故城在南與衛縣分水,城北十里有瓠河口,
有金隄、宣房堰。粵在漢世,河決金隄,涿郡王尊,自徐州刺史遷東郡太守,河水盛
溢,泛浸瓠子,金隄決壞,尊躬率民吏,投沈白馬,祈水神河伯,親執圭璧,請身填
隄,廬居其上,民吏皆走,尊立不動,而水波齊足而止。公私壯其勇節。

37　河水又東北逕衛國縣南,東爲郭口津。河水又東逕鄄城縣北,故城在河南十八里,
王莽之鄄良也,沇州舊治。魏武創業始自于此。河上之邑最爲峻固。《晉八王故
事》[28]曰:東海王越治鄄城,城無故自壞七十餘丈,越惡之,移治濮陽。城南有魏使
持節征西將軍太尉方城侯鄧艾廟,廟南有《艾碑》,秦建元十二年,廣武將軍沇州刺
史關內侯安定彭超立。河之南岸有新城,宋寧朔將軍王玄謨前鋒入河所築也。北
岸有新臺,鴻基層廣高數丈,衛宣公所築新臺矣。《詩》[29]齊姜所賦也。爲盧關津。
臺東有小城,崎嶇頹側,臺址枕河,俗謂之邸閣城。疑故關津都尉治也,所未詳矣。

38　河水又東北逕范縣之秦亭西,《春秋經》書築臺于秦者也。河水又東北逕委粟津,
大河之北,即東武陽縣也。左會浮水故瀆,故瀆上承大河于頓丘縣而北出,東逕繁
陽縣故城南。應劭曰:縣在繁水之陽。張晏曰:縣有繁淵。《春秋》襄公二十年,
《經》書公與晉侯、齊侯盟于澶淵。杜預曰:在頓丘縣南,今名繁淵。澶淵,即繁淵
也,亦謂之浮水焉。昔魏徙大梁,趙以中牟易魏。故《志》曰:趙南至浮水繁陽。即
是瀆也。故瀆東絕大河,故瀆東逕五鹿之野,晉文公受塊于野人,即此處矣。京相
璠曰:今衛縣西北三十里,有五鹿城,今屬頓丘縣。浮水故瀆又東南逕衛國邑城
北,故衛公國也。漢光武以封周後也。又東逕衛國縣故城南,古斟觀。應劭曰:夏
有觀扈,即此城也。《竹書紀年》:梁惠成王二年,齊田壽率師伐我,圍觀,觀降。浮
水故瀆又東逕河牧城而東北出。《郡國志》曰:衛本觀故國,姚姓。有河牧城,又東
北入東武陽縣,東入河。又有漯水[30]出焉,戴延之謂之武水也。河水又東逕武陽縣
東、范縣西而東北流也。

又東北過東阿縣北,

39　河水于范縣東北流爲倉亭津。《述征記》曰:倉亭津在范縣界,去東阿六十里。《魏
土地記》曰:津在武陽縣東北七十里,津,河濟名也。河水右歷柯澤,《春秋左傳》襄
公十四年,衛孫文子敗公徒于阿澤者也。又東北逕東阿縣故城西,而東北出流注
河水。枝津東出,謂之鄧里渠也。

又東北過茌平縣西,

40　河自鄧里渠東北逕昌鄉亭北,又東北逕碻磝城西,《述征記》曰:碻磝,津名也,自黃
河泛舟而渡者,皆爲津也。其城臨水,西南崩于河。宋元嘉二十七年,以王玄謨爲

寧朔將軍,前鋒入河,平碻磝,守之。都督劉義恭以沙城不堪守,召玄謨令毀城而還,後更城之。魏立濟州,治此也。河水衝其西南隅,又崩于河,即故茌平縣也。應劭曰:茌,山名也,縣在山之平地,故曰茌平也,王莽之功崇矣。《經》曰大河在其西,鄧里渠歷其東,即斯邑也。昔石勒之隸師懽,屯耕于茌平,聞皷角鞞鐸之聲于是縣也。西與聊城分河。

41　河水又東北與鄧里渠合,水上承大河于東阿縣西,東逕東阿縣故城北,故衛邑也。應仲瑗曰:有西,故稱東。魏封曹植爲王國。大城北門内西側,皋上有大井,其巨若輪,深六七丈,歲嘗煮膠,以貢天府。《本草》③所謂阿膠也。故世俗有阿井之名。縣出佳繒縑,故《史記》云:秦昭王服太阿之劍,阿縞之衣也。又東北逕臨邑縣,與將渠合。又北逕茌平縣東,臨邑縣故城西,北流入于河。

42　河水又東北流逕四瀆津,津西側岸。臨河有四瀆祠,東對四瀆口。河水東分濟,亦曰濟水受河也。然滎口石門水斷不通,始自是出東北流,逕九里與清水合。故濟瀆也。自河入濟,自濟入淮,自淮達江,水徑周通,故有四瀆之名也。昔趙殺鳴犢,仲尼臨河而歎,自是而返曰:丘之不濟,命也。夫《琴操》以爲孔子臨狄水而歌矣。曰:狄水衍兮風揚波,船楫顛倒更相加。余按臨濟,故狄也。是濟所逕,得其通稱也。河水又逕楊墟縣之故城東,俗猶謂是城曰陽城矣。河水又逕茌平城東,疑縣徙也。城内有故臺,世謂之時平城,非也。蓋茌、時音相近耳。

又東北過高唐縣東,

43　河水于縣,漯水注之。《地理志》曰:漯水出東武陽。今漯水上承河水于武陽縣東南,西北逕武陽新城東,曹操爲東郡所治也。引水自東門石竇北注于堂池,池南故基尚存。城内有一石甚大,城西門名冰井門,門内曲中,冰井猶存。門外有故臺,號武陽臺,帀臺亦有隅雉遺迹。

44　水自城東北逕東武陽縣故城南。應劭曰:縣在武水之陽,王莽之武昌也。然則漯水亦或武水矣。臧洪爲東郡太守,治此。曹操圍張超于雍丘,洪以情義,請袁紹救之,不許,洪與紹絕。紹圍洪,城中無食,洪呼吏士曰:洪于大義,不得不死,諸君無事,空與此禍。衆泣曰:何忍捨明府也。男女八千餘人,相枕而死。洪不屈,紹殺洪。邑人陳容爲丞,謂曰:寧與臧洪同日死,不與將軍同日生。紹又殺之,士爲傷歎。今城四周,紹圍郭尚存。

45　水帀隍壍,于城東北合爲一瀆,東北出郭,逕陽平縣之岡成城西。《郡國志》曰:陽平縣有岡成亭。又北逕陽平縣故城東,漢昭帝元平元年,封丞相蔡義爲侯國。漯水又北絕莘道,城之西北,有莘亭。《春秋》桓公十六年,衛宣公使伋使諸齊,令盜待于莘,伋、壽繼殞于此亭。京相璠曰:今平原陽平縣北十里,有故莘亭,陁限蹊要,自衛適齊之道也。望新臺于河上,感二子于夙齡,詩人《乘舟》[32],誠可悲矣。今縣東有二子廟,猶謂之爲孝祠矣。

46　漯水又東北逕樂平縣故城東,縣,故清也。漢高帝八年,封室中同于清,宣帝封許廣漢少弟翁孫于樂平,立爲侯國。王莽之清治矣。漢章帝建初中,更從今名也。漯水又北逕聊城縣故城西,城内有金城,周帀有水,南門有馳道,絶水南出,自外泛舟而行矣。東門側有層臺,秀出雲表,魯仲連[33]所謂還高唐之兵,卻聊城之衆者也。漯水又東北逕清河縣故城北,《地理風俗記》曰:甘陵,故清河。清河在南十七里,今于甘陵縣故城東南,無城以擬之。直東二十里有艾亭城,東南四十里有此城,擬即清河城也。後蠻居之,故世稱蠻城也。漯水又東北逕文鄉城東南,又東北逕博平縣故城南,城内有層臺秀上,王莽改之曰加睦也。右與黄溝同注川澤。

47　黄溝承聊城郭水,水泛則津注,水耗則輟流。自城東北出,逕清河城南,又東北逕攝城北,《春秋》所謂聊攝以東也。俗稱郭城,非也。城東西三里,南北二里,東西隅[34]有金城,城卑下,墟郭尚存,左右多墳壠。京相璠曰:聊城縣東北三十里有故攝城,今此城西去聊城二十五六里許,即攝城者也。又東逕文鄉城北,又東南逕王城北。魏太常七年,安平王鎮平原所築,世謂之王城。太和二十三年,罷鎮立平原郡,治此城也。黄溝又東北流,左與漯水隱覆,勢鎮河陸[35],東出于高唐縣,大河右迆,東注漯水矣。

48　桑欽《地理志》[36]曰:漯水出高唐。余按《竹書·穆天子傳》稱:丁卯,天子自五鹿東征,釣于漯水,以祭淑人,是曰祭丘;己巳,天子東征,食馬于漯水之上。尋其沿歷逕趣,不得近出高唐也。桑氏所言,蓋津流所出,次于是間也。俗以是水上承于河,亦謂之源河矣。

49　漯水又東北逕援縣故城西,王莽之東順亭也。杜預《釋地》[37]曰:濟南祝阿縣西北有援城。漯水又東北逕高唐縣故城東。昔齊威王使肸子守高唐,趙人不敢漁于河,即魯仲連子謂田巴曰:今楚軍南陽,趙伐高唐者也。《春秋左傳》哀公十年,趙鞅帥師伐齊,取犂及轅,毀高唐之郭。杜預曰:轅即援也。祝阿縣西北有高唐城。

50　漯水又東北逕漯陰縣故城北。縣,故犂邑也,漢武帝元光三年封匈奴降王,王莽更名翼城。歷北漯陰城南。伏琛謂之漯陽,城南有《魏沇州刺史劉岱碑》[38]。《地理風俗記》曰:平原漯陰縣,今巨漯亭是也。漯水又東北逕著縣故城南,又東北逕崔氏城北。《春秋左傳》襄公二十七年,崔成請老于崔者也。杜預《釋地》曰:濟南東朝陽縣西北有崔氏城。漯水又東北逕東朝陽縣故城南,漢高帝七年,封都尉宰寄爲侯國。《地理風俗記》曰:南陽有朝陽縣,故加東。《地理志》曰:王莽之脩治也。

51　漯水又東逕漢徵君伏生墓南,碑碣尚存,以明《經》爲秦博士。秦坑儒士,伏生隱焉。漢興,教于齊、魯之間,撰《五經》、《尚書大傳》,文帝安車徵之。年老不行,乃使掌故歐陽生等受《尚書》于徵君,號曰伏生者也。

52　漯水又東逕鄒平縣故城北,古鄒侯國,舜後姚姓也。又東北逕東鄒城北。《地理志》,千乘郡有東鄒縣。漯水又東北逕建信縣故城北,漢高帝七年,封婁敬爲侯國。應劭曰:臨濟縣西北五十里有建信城,都尉治故城者也。漯水又東北逕千乘縣二城間,漢高帝六年,以爲千乘郡,王莽之建信也。章帝建初四年爲王國;和帝永元七年,改爲樂安郡,故齊地。伏琛曰:千乘城在齊城西北百五十里,隔會水,即漯水之別名也。

53　又東北爲馬常坈,坈東西八十里,南北三十里,亂河枝流而入于海。河海之饒,玆焉爲最。《地理風俗記》曰:漯水東北至千乘入海,河盛則通津委海,水耗則微涓絶流。《書》:浮于濟、漯,亦是水者也。

又東北過楊虛縣東,商河出焉。

54　《地理志》:楊虛,平原之隸縣也。漢文帝四年,以封齊悼惠王子將閭爲侯國也。城在高唐城之西南,《經》次于此,是不比也。商河首受河水,亦漯水及澤水所潭也。淵而不流,世謂之清水。自此雖沙漲填塞,厥迹尚存。歷澤而北,俗謂之落里坈。逕張公城西,又北,重源潛發,亦曰小漳河,商、漳聲相近,故字與讀移耳。

55　商河又北逕平原縣東,又逕安德縣故城南,又東北逕平昌縣故城南,又東逕般縣故城南,又東逕樂陵縣故城南,漢宣帝地節四年,封侍中史子長爲侯國。商河又東逕朸縣故城南,高后八年,封齊悼惠王子劉辟光爲侯國,王莽更之曰張鄉。應劭曰:般縣東南六十里有朸鄉城,故縣也。沙溝水注之,水南出大河之陽,泉源之不合河者二百步,其水北流注商河。

56　商河又東北流逕馬嶺城西北,屈而東注南轉,逕城東。城在河曲之中,東海王越斬汲桑于是城。商河又東北逕富平縣故城北,《地理志》曰:侯國也。王莽曰樂安亭。應劭曰:明帝更名厭次。闞駰曰:厭次縣本富平侯、車騎將軍張安世之封邑。非也。按《漢書》,昭帝元鳳六年,封右將軍張安世爲富平侯。薨,子延壽嗣國,在陳留別邑,在魏郡。《陳留風俗傳》[39]曰:陳留尉氏縣安陵鄉,故富平縣也,是乃安世所食矣。歲入租千餘萬,延壽自以身無功德,何堪久居先人大國,上書請減户。天子以爲有讓,徙封平原,並食一邑,户口如故,而税減半。《十三州志》曰:明帝永平五年,改曰厭次矣。按《史記·高祖功臣侯者年表》,高帝六年,封元頃爲侯國。徐廣《音義》曰:《漢書》作爰類。是知厭次舊名,非始明帝,蓋復故耳。

57　縣西有東方朔冢,冢側有祠,祠有神驗。水側有雲城,漢武帝元封四年,封齊孝王子劉信爲侯國也。商河又分爲二水,南水謂之長叢溝,東流傾注于海。溝南海側,有蒲臺,臺高八丈,方二百步。《三齊略記》[40]曰:鬲城東南有蒲臺,秦始皇東遊海上,于臺上蟠蒲繫馬,至今每歲蒲生,縈委若有繫狀,似水楊,可以爲箭。今東去海三十里。北水世又謂之百薄瀆,東北流注于海水矣。

58　大河又東北逕高唐縣故城西,《春秋左傳》襄公十九年,齊靈公廢太子光而立公子牙,以夙沙衛爲少傅,齊侯卒,崔杼逆光,光立,殺公子牙于句瀆之丘,衛奔高唐以叛。京相璠曰:本平原縣也,齊之西鄙也。大河逕其西而不出其東,《經》言出東,誤耳。

59　大河又北逕張公城,臨側河湄,衛青州刺史張治此,故世謂之張公城。水有津焉,名之曰張公渡。河水又北逕平原縣故城東。《地理風俗記》曰:原,博平也,故曰平原矣。縣,故平原郡治矣。漢高帝六年置,王莽改曰河平也。晉灼曰:齊西有平原。河水東北過高唐,高唐,即平原也。故《經》言,河水逕高唐縣東。非也。按《地理志》曰:高唐,漯水所出,平原,則篤馬河導焉。明平原非高唐,大河不得出其東,審矣。大河右溢,世謂之甘棗溝,水側多棗,故俗取名焉。河盛則委泛,水耗則輟流。故溝又東北歷長隄,逕漯陰縣北,東逕著城北,東爲陂淀,淵潭相接,世謂之穢野薄。河水又東北逕阿陽縣故城西,漢高帝六年,封郎中萬訢爲侯國。應劭曰:漯陰縣東南五十里有阿陽鄉,故縣也。

又東北過漯陽縣北,

60　河水自平原左逕安德城東,而北爲鹿角津。東北逕般縣、樂陵、朸鄉至厭次縣故城南,爲厭次河。漢安帝永初二年,劇賊畢豪等數百,乘船寇平原,縣令劉雄,門下小吏所輔,浮舟追至厭次津,與賊合戰,立爲賊擒,求代雄,豪縱雄于此津,所輔可謂孝盡愛敬,義極君臣矣。

61　河水右逕漯陰縣故城北,王莽之巨武縣也。河水又東北爲漯沃津,在漯沃縣故城南,王莽之延亭者也。《地理風俗記》曰:千乘縣西北五十里有大河,河北有漯沃城,故縣也。魏改爲後部亭,今俗遂名之曰右輔城。河水又東逕千乘城北,伏琛之所謂千乘北城者也。

又東北過利縣北,又東北過甲下邑,濟水從西來注之,又東北入于海。

62　河水又東分爲二水,枝津東逕甲下城南,東南歷馬常坈注濟。《經》言濟水注河,非也。河水自枝津東北流,逕甲下邑北,世謂之倉子城。又東北流,入于海。《淮南子》曰:九折注于海,而流不絕者,崑崙之輸也,《尚書·禹貢》曰:夾右碣石入于河。《山海經》曰:碣石之山,繩水出焉,東流注于河。

63　河之入海，舊在碣石，今川流所導，非禹瀆也。周定王五年，河徙故瀆。故班固曰：商竭，周移也。又以漢武帝元光二年，河又徙東郡，更注渤海。是以漢司空掾王璜言曰：往者，天嘗連雨，東北風，海水溢，西南出侵數百里。故張折⑪云：碣石在海中。蓋淪于海水也。昔燕、齊遼曠，分置營州，今城屆海濱，海水北侵，城垂淪者半。王璜之言，信而有徵；碣石入海，非無證矣。

【注　釋】　①帝王世紀　書名。見卷四《河水》"皇甫謐"注釋。②世語　書名。《隋書‧經籍志》著錄《魏晉世語》十卷，晉郭頒撰。《注》文省"魏晉"二字。已亡佚。③夷齊之歌　詩歌名。夷齊，指商末孤竹國(今河北盧龍一帶)君長子伯夷，少子叔齊。此歌載《史記‧伯夷列傳》。④邠詩　指《詩經‧豳風‧七月》。⑤論衡　書名。《隋書‧經籍志》著錄，東漢王充撰。王充(公元二七一約九七年)，字仲任，會稽上虞(今浙江上虞)人。原書一百篇，今存八十五篇，其中《招致》一篇有目無文，故實為八十四篇。⑥河圖　見卷一《河水》第一篇《龍馬圖》及《河圖》注。《隋書‧經籍志》著錄二十卷，又著錄《河圖洛書》二十四卷，已亡佚。今有《山右叢書》等輯本。⑦呂氏春秋　書名。《漢書‧藝文志》著錄，戰國末呂不韋(公元? 一前二三五年)輯，智略士作。《史記‧呂不韋列傳》："呂不韋乃使其客人，人著作聞，集論以為八覽、六論、十二紀，二十餘萬言，以為備天地萬物古今之事，號曰《呂氏春秋》。"故此書實為呂不韋門客所合撰，非智略士一人之作。因書中有八覽，所以書名又稱《呂覽》。原書一百六十篇，加《序意》一篇，合為一百六十一篇，其中《八覽》已亡佚一篇，故今存一百六十篇。收入於《子書百家》、《四部備要》、《四部叢刊》等。⑧大河賦　見卷一《河水》第三篇注。⑨靈河賦　詩賦名。三國魏應瑒撰。應瑒，字德璉，汝南南頓(今河南項城一帶)人，建安七子之一。此賦收入於《古文苑》卷二十一。⑩東征賦　詩賦名。漢班昭撰。班昭，適曹世叔，故稱曹大家。此賦收入於《文選》卷九。⑪河水又東合汜水　此處有佚文一條。雍正《河南通志》卷十二《河防》一《鄭州汜水》引《水經注》："汜者，取水決復入之義，北逕虎牢城東北，又北由孤村嘴以下入河。"當是此段中佚文。⑫征艱賦　詩賦名。晉盧諶撰，已亡佚。清嚴可均《全晉文》輯存。⑬永初記　書名。南北朝齊劉澄之撰，《隋書‧經籍志》著錄作《永初山川古今記》，已亡佚。輯本收入於《漢唐地理書鈔》等。⑭河渠書　《史記》中的一篇。⑮禹貢圖　圖名。又稱《禹貢地域圖》，共十八篇，已亡佚。《晉書‧裴秀傳》載有《序》一篇，內有中國傳統的製圖理論，即所謂"製圖六體"。此圖署晉裴秀撰，經專家考證，實為其門客京相璠的作品。⑯瓠歌　詩歌名。即《瓠子歌》。漢武帝撰，《漢書‧溝洫志》載其全篇，也收入於《水經‧瓠子河注》。⑰黎陽山賦　詩賦名。三國魏劉楨撰，已亡佚。有清嚴可均《全晉文》輯本。⑱鄭馳道　此處"道"字，別本多有作"地"字者，清孫詒讓認為"地"字是，"馳地"是易地之意，有《戰國策‧秦策》可以為證。⑲耆舊傳　書名。但《水經注》引《耆舊傳》甚多，全書計有二十處，其實是一種泛稱，也有全名引用的，如《京兆耆舊傳》。⑳狀丘斬城也　此句有脫誤，姑譯之如後。㉑孟氏記　書名。未見歷來公私著錄，不知撰者和撰述年代，已亡佚。㉒而至沙丘堰　此處有佚文一條。《寰宇記》卷五十四《河北道》三《魏州‧大名縣》引《水經注》："沙邱堰有貴鄉。"當是此段中佚文。㉓京相璠　晉裴秀門客，撰《春秋土地名》五卷(或稱《春秋地名》)。前列《禹貢圖》雖署裴秀名,其實也是他的作品。書已亡佚,今有馬氏輯本。㉔田融　指燕田融所撰《趙書》十卷,已亡佚,不見歷來公私著錄,亦無輯本。㉕又東逕棘津亭南　此處有佚文一條。《名勝志》卷八《冀州棗彊縣》引《水經注》:"清河又東北逕棗強縣故城西,又東北逕棘津,津上有古臺,耆舊相傳,呂望賣漿臺。"當是此段中佚文。㉖春秋釋地　書名。晉杜預撰。杜預(公元二二二—二八四年),字元凱,京兆杜陵(今陝西西安以南)人。《隋書·經籍志》著錄作《春秋釋例》十五卷,當是此書,已亡佚。有《微波榭叢書》輯本。㉗晉紀　書名。《隋書·經籍志》著錄四十五卷,南朝宋徐廣撰,已亡佚。有《漢學堂叢書》等輯本。㉘晉八王故事　書名。晉盧琳撰,《隋書·經籍志》著錄十卷(或作十二卷),已亡佚。有《漢學堂叢書》等輯本。㉙詩　所引在《詩經·邶風·新臺》。㉚又有漯水　此處有佚文一條。《寰宇記》卷五十四《河北道》三《博州·聊城縣》引《水經注》:"武水東流從石柱北是也。"當是此段中佚文。㉛本草　書名。《隋書·經籍志》著錄作《神農本草》八卷。也有作《神農本草經》的。不知撰者和撰述年代。又有《蔡邕本草》七卷、《華佗弟子吳普本草》六卷等,不勝枚舉。今《本草》輯本多作魏吳普等述,收入於《叢書集成初編》等,均作三卷。㉜詩人乘舟　指《詩經·邶風·二子乘舟》。㉝魯仲連　戰國齊人,或稱魯連、魯連子。《漢書·藝文志》著錄《魯仲連子》十四篇,已亡佚。今有馬氏輯本。㉞東西隅　此處之"東西隅"無理,譯文按《疏》改為"東南隅"。㉟左與漯水隱覆二句　此處有脫誤,後按《疏》意譯。㊱桑欽地理志　《漢書·地理志》曾引桑欽語六處,但未言引自何書。酈氏引桑欽《地理志》,或確有其書,參見酈書原序。㊲釋地　書名。即杜預《春秋釋地》(或作《春秋地名》)。本卷前已有注。㊳魏沇州刺史劉岱碑　此碑不見各種金石碑錄,碑已不存。㊴陳留風俗傳　書名。《隋書·經籍志》著錄三卷,東漢圈稱撰,已亡佚。有宛委山堂《說郛》等輯本。㊵三齊略記　書名。又稱《齊記》。晉伏琛撰,六卷,與卷八《濟水注》所引《齊記》(晉晏謨撰)不是同書。此書隋唐諸志不著錄,已亡佚。今有馬氏輯本等。㊶張折　《水經注疏》作"張君",但別本多作張折。張折不知為何許人。

【語　譯】

又東過平縣北,湛水從北來注之。

1　河水又東流經河陽縣舊城南。《春秋經》記載:天王在河陽打獵。壬申那日,僖公到周王的寓所朝見他。晉侯拘捕了衛侯,回到京師。《春秋左傳》僖公二十八年(公元前六三二年),冬,在溫會盟,拘捕了衛侯。這次會盟,晉侯召喚周襄王,約諸侯去會見他,並且請襄王去打獵。仲尼說:以臣子的身分召喚君王,這樣的事不可效法。所以《春秋》的記載只說:天王在河陽打獵。意思是說這不是王打獵的地方。服虔、賈逵說:河陽就是溫。班固《漢書·地理志》,司馬彪、袁山松《郡國志》、《晉太康地道記》、《十三州志》都說:河陽是別的縣份,並非溫邑。漢高帝六年(公元前二〇一年),封給陳涓為侯國,就是王莽的河亭。《十三州志》說:縣治在河上。這條河,就是孟津河。郭緣生《述征記》說:踐土,就是現在的冶坂城。這個地名與《春秋》的地名不同,不是踐土。現在河北所見的,是河陽城的舊縣城,在冶坂西北,是晉國溫的地域,所以眾多學者所持的論點,以為河陽是溫。《魏土地記》說:冶坂城舊時稱漢祖渡,這座城很險峻牢固,南瀕孟津河。河水右岸流經臨平亭北。《帝王世紀》說:光武帝葬在臨平亭南,西與平陰相望,說的就是這地方。

2　河水又東流經洛陽縣北,河水南岸有一塊碑,北面題的是:洛陽北界。水中有兩個沙洲,分屬兩縣。沙洲上從前有河平侯祠,祠前原來有一塊碑,現在已不知此祠的原址了。郭頒《世語》說:晉文王時,孟津出現過一條大魚,長幾百步,高五丈,頭在南岸,尾巴在河心沙洲上的河平侯祠,說的就是此祠。

3　河水又東流經平縣舊城北。漢武帝元朔三年(公元前一二六年),將平縣封給濟北貞王的兒子劉遂為侯國,這就是王莽時所謂的治平,民間則稱為小平。這裡有高祖的講武場。河北岸邊有兩城相對,城中設北中郎府,把服勞役的人遷過去編入府中戶口,並由羽林、虎賁領隊防守。河水南岸朝向首陽山,《春秋》稱為首戴。《伯夷叔齊之歌》中唱道:攀登上那兒的西山。山上有伯夷叔齊廟,廟前有兩塊石碑,都是後漢河南尹廣陵陳導、雒陽令徐循,同平原蘇騰、南陽何進兩位處士所立,立碑的事碑上都有記載。山上還有周公廟。魏朝皇帝在北芒的邊境建造玄武觀。張景陽《玄武觀賦》寫道:高樓拔地而起,巍然凌空高聳;孤獨亭亭屹立,招來千里清風。朝廷又在山上建造冰室,室內有冰井。《春秋左傳》說:太陽軌道傾斜到了虛宿,就開始藏冰。常於十二月在河津的隘口,峽石的角隅,朝北的陰處採冰。《邠風》詩中說:十二月裡鑿冰敲得咚咚響。採得的冰,藏在地窖內,就是詩中所謂的納於凌陰。

4　河水南岸有鉤陳壘,傳說這裡是武王討伐紂王時,八百諸侯會集的地方。《尚書》說:事先沒有約定,卻都同時到達。紫微垣有鉤陳六星,掌管打鬥訴訟、用兵布陣等事,所以奇門遁甲攻取的方法,是以所攻的神與鉤陳星二氣相合,在下界制約著攻戰的日期,就一定能俘獲敵人,這座營壘也因而得名了。河水流到這裡,有個地方叫盟津。《論衡》說:武王討伐紂王,上船時,水神陽侯掀起巨浪,刮起狂風使河水倒流。武王手持黃鉞揮動著,就風平浪靜了。船到中流,一條白魚跳入船艙,武王以火烤魚向天禱告,與八百諸侯一同盟誓。就是《尚書》所說:沒有事先商量,卻眾口一辭。所以叫孟津,又稱盟津。《尚書》所謂東到孟津,即指此處,又叫富平津。《晉陽秋》說:杜預在富平津造河橋,就是所謂造船鋪設浮橋。此水又稱陶河。魏尚書僕射杜畿,因皇帝將臨幸許昌,試開樓船,卻在陶河覆沒,指的就是此地。從前禹治洪水,在河邊視察,看見一個白面魚身的長人,從水中出來,對禹說:我是河水的精靈。他把《河圖》交給了禹,又回到深淵裡去了。待到王子朝篡位,與敬王作戰時,才拿出周朝的寶玉,投入水中祈求福祿。兩天以後,擺渡的船夫在河邊拾到這塊寶玉,想把它賣掉,卻變成了石頭。待到敬王坐穩了王位以後,船夫把拾到的寶玉獻給敬王,於是又變成了寶玉。

5　河水又東流,湨水注入。《山海經》說:和山,山上沒有草木,卻有很多瑤碧一類的美玉,這裡事實上是大河九條水源的集中地。這座山有五個山彎,九條水從這裡流出後匯合北流,注入河水。山南多蒼玉,由吉神泰逢掌管,他喜居萯山南面,出入都有靈光。《呂氏春秋》說:夏后氏孔甲,在東陽萯山田獵,碰到狂風暴雨,迷了路,躲進老百姓家裡。皇甫謐《帝王世紀》以為這就是東首陽山,大概是這座山的別名吧。但如今在首陽的東山卻沒有相應的水,那一定是因為古今時代相距遙遠,水流地貌都已有很大的變化的緣故。從前堯帝在河水、洛水修築祭壇,商量選擇吉日良辰沉璧祭河。他帶領了舜等攀登首山,然後又沿著河邊走。這時有五位老人也在嬉遊,他們相互談話間說:《河圖》就要來了,把日期告知堯帝吧,知道我們的,就是那位有兩個眸子的人了。說罷,五位老人就都化作流星,飛向昴宿去了。這一奇蹟就發生在這裡。河水又東流,濟水注入。

又東過鞏縣北,

6　河水流到這裡有個五社渡,又叫五社津。建武元年(公元二五年),朱鮪派遣持有符節的使者賈彊、討難將軍蘇茂,率領三萬士兵從五社津渡河,攻打溫縣。馮異派遣校尉與寇恂聯合反擊,大敗敵軍,一直追擊到河上,俘獲萬餘人,投河而死的,也有數千人。縣北河邊有一座山,叫釜原丘,山下有個山洞,叫鞏穴。據說在地下暗通淮浦,往北遠達河水。山洞直對著一個沙洲,叫鮪渚。成公子安《大河賦》說:鱣魚、鯉魚、王鮪魚,暮春時節都游到這裡來。《周禮》載:春季進獻鮪魚。但如果不是魚汛季節以及在別的地方,都沒有這種魚。所以河水從鮪穴以上,又兼有鮪水的名稱了。《呂氏春秋》說:周武王討伐紂王,進軍到了鮪水,紂王派了膠鬲去守候周朝的部隊,就是在這地方。

洛水從縣西,北流注之。

7　洛水從鞏縣東流,流經洛汭洛汭北對琅邪渚注入河水,這個入河處叫洛口。洛水從縣西流來,北流注入河水。這兩條水一清一濁,水色涇渭分明。應瑒《靈河賦》說:若要問神靈的大河遙遠的源泉,它就出自崑崙山神仙所居的山丘。它流過津洛的阪泉,在中原大地散布開九條大支流。

又東過成皋縣北,濟水從北來注之。

8　河水從洛口又東流,左岸流經平皋縣南。又東流經懷縣南,濟水舊河道就在這裡注入河水,懷縣與成皋便以河水為分界。河水右岸流經黃馬坂北,稱為黃馬關。孫登離開楊駿,寫信給洛陽故友,就在這地方。

9　河水又東流經旋門坂北,這就是今天成皋西的大山坡。登上這道山坡,往東去就是成皋。曹大家《東征賦》說:眺望河洛二水匯合而同流,觀看成皋的旋門,就是描寫這地方。河水又東流經成皋大伾山腳下。《爾雅》說:山一重稱為伾。許慎、呂忱等人,都以為伾是一重的山丘。孔安國卻以為山有兩重叫伾,也有人以為伾是地名,都是不對的。《尚書·禹貢》說:過了洛汭,就到大伾。鄭康成說:大伾山是大地的喉嚨。沇水就發源於大伾山的旁邊。大伾山在河內郡脩武、武德二縣的邊界上。濟水、沇水與滎播澤都是從這裡出入的。那麼大伾山就是這座山了。大伾山以北,就是《水經》所說的:濟水從北方流來注入。現在濟水是從溫縣而不是在這裡注入河水的。在這裡注入的,是奉溝水,也就是濟水、沇水的舊河道。成皋縣的舊城在大伾山上,環繞著山,周圍的崖岸險峻陡絕,高四十餘丈,城的開合極其險峻,崎嶇不平。《春秋傳》說:制,是個地勢險要的城,虢叔就死在這裡。也就是東虢。魯襄公二年(公元前五七一年)七月,晉成公與諸侯會盟於戚,就在虎牢築城進逼鄭國,以求議和。那是利用舊城重修而成的。《穆天子傳》說:天子在鄭圃射鳥獵獸,命令虞人去砍伐山林,有一頭老虎藏身在蘆葦中。天子將到這裡時,禁衛軍勇士高奔戎活捉了這頭老虎獻給天子。天子命令他做了一個虎籠,把老虎養在東虢,因而稱為虎牢。這樣看來,虎牢這個地名,是從那時才有的。秦朝在那裡設關,漢朝才立縣。城的西北角有一座小城,周長三里,北面河邊,建了一排樓觀,巍然凌空高聳。景明年間(公元五〇〇—五〇三年),我去壽春,途經此城,登樓遠眺,山川形勝一覽無遺,旅途中漫遊來到這裡,不免感慨傷懷起來。河水南面朝向玉門,從前漢高祖與滕公逃出此城,就是在這裡渡河的。玉門東面臨河,水岸上有個土洞。魏軍在虎牢圍攻北司州刺史毛德祖,圍攻了兩百天,仍攻不進去。城裡只有一口井,深四十丈,而山勢峻峭,攻城時無處掩蔽,不能防備守軍,於是暗中挖了一條地道,奪取此井。這次我因公事到那裡去,所以前去尋找,看到所挖的洞穴還在。

10　河水又東流,與汜水匯合。汜水發源於南方的浮戲山世人稱為方山,北流與東關水匯合。東關水發源於嵩渚山,泉水從層沓的丘岡上流出,一處水源裂成兩支,分道而流,人們稱為石泉水。東流的一條叫索水,西流的一條叫東關水。東關水往西北流,楊蘭水注入。楊蘭水發源於非山,西北流,注入東關水。東關水又西北流,清水注入。清水從東浦西流,與東關水匯合,亂流注入汜水。汜水又北流,在右岸匯合石城水。石城水發源於石城山,這座山澗水縱橫,山嶺重沓,互相斜疊著,就像城牆一樣。山頂的泉流,在陡崖上成為瀑布傾瀉下來,下面有地下泉湧出,東向流注。旁邊有幾十處在巖石間開出的畦圃,種著幾種野菜。巖邊有幾處

石窟,還留著有人隱居過的痕跡,但不知是誰營建的。石城水又東北流,注入汜
水。汜水又北流,匯合鄔水。鄔水發源於西方的婁山,到了冬天,水變得溫暖,所
以世人稱為溫泉。東北流,流經田鄔谷,稱為田鄔溪水,東流注入汜水。汜水又北
流經虎牢城東。漢軍在這條水上打垮了司馬欣和曹咎。汜水又北流,注入河水。
《征艱賦》所說的:走過汜口青青的草坪,憑弔周襄王的別館。我查考舊時學者的
說法,周襄王的住所在潁川襄城縣的氾城,那是城邑名而不是水名。推究造成謬
誤的原因,想來都是以汜、鄭為地名的緣故,於是就發生差錯了。又查考郭緣生
《述征記》、劉澄之《永初記》,都說漢高祖是在這條水的北岸即帝位的,但現在已
不知舊壇的所在了。盧諶、崔雲也是這樣說的。我查考過,高皇帝是在定陶汜水
即帝位的,並不是在這裡。無怪在這裡尋求壇跡,連影子也找不到了。

11　河水又東流經板城北,這裡有個渡口,叫板城渚口。河水又東流經五龍塢北。五
龍塢坐落在長河之旁,有五龍祠。應劭說:崑崙山廟在河南滎陽縣。想來也許就
是這座祠廟吧,但也搞不清楚。

又東過滎陽縣北,蒗蕩渠出焉。

12　大禹堵塞了滎澤,開渠與淮水、泗水相通。這就是《水經》所謂的蒗蕩渠。漢平帝
時河水、汴水決堤,來不及修治,汴渠向東侵蝕,日積月累,侵蝕得愈來愈寬廣了,
連原來的聚落房舍,都被水淹沒了。漢明帝永平十二年(公元六九年),商議治理汴
渠,於是皇上引見樂浪人王景,詢問如何利用地形之便來治水。王景陳述了得失
利弊,對答如流,明帝十分滿意。於是賜予他《山海經》、《河渠書》、《禹貢圖》以及
錢幣布匹等物。後來築堤時調動了數十萬兵丁,下詔命王景和將作謁者王吳治
渠。所修築的堤防堰壩,以滎陽為起點,向東一直延伸到千乘海口,長達一千餘
里。王景研究測度地形,鑿山開澗,防護險要的地方,把淤積堵塞的地方加以疏
導,每十里設置一座水門,以往回調節水流,這樣也就沒有滲水漏水的弊病了。次
年,水渠築成,明帝親自巡行視察,詔令瀕臨河水諸郡國,都要按照西京的傳統制
度,設置管理河堤的官員。王景於是聲名大著,王吳以及參加這一工作的人員,官
階也都提升一級。順帝陽嘉年間(公元一三二──一三五年),又從汴口以東,沿河疊石
築堰,與水渠相通,人們都把這道堤堰稱為金隄。靈帝建寧年間(公元一六八──一七
二年),又增建石門,可以開關渠口。水大時就開閘放水,水枯時就關閘斷流。

13　河水又東北流經卷縣的扈亭以北,《春秋左傳》說:文公七年(公元前六二〇年),晉趙
盾與諸侯在扈會盟。《竹書紀年》載:晉出公十二年(公元前四六三年),河水在扈斷
流,就是在這地方。河水又東流經八激隄北,漢安帝永初七年(公元一一三年),命令
謁者太山于岑,在石門東的八處地方,把巖石堆積得像小山一樣高,以防禦波浪的

沖擊,稱為八激隄。河水又東流經卷縣北,晉國與楚國作戰,晉軍爭著渡水,競相攀緣船舷企圖登船,被船中人砍下手指,落在船內的手指多得可以用手來捧。楚莊王祭祀河神,宣告得勝回來,就在這地方。河水又東北流經赤岸固北,直向東北流去。

又東北過武德縣東,沁水從西北來注之。

14　武德縣,於漢獻帝延康元年(公元二二〇年)封給曹叡為侯國,曹叡即日後的魏明帝。河水從武德縣東流到酸棗縣西,濮水在此向東分支流出。漢朝興起三十九年以後,到了孝文帝時,河水在酸棗決堤,在東邊沖毀了金隄,朝廷調遣了大量部隊去堵塞潰決處。所以班固說:文帝堵塞酸棗野,武帝創作《瓠子歌》。說的就是阻斷這個水口的事。現在已經枯涸無水了。

15　河水又東北流,這一段通稱延津。石勒襲擊劉曜,行軍路線就經過此處。因為當時結冰的河水正好開始融化解凍,石勒以為是神靈幫助他,所以把那地方稱為靈昌津。從前澹臺子羽攜著價值千金的玉璧渡河,水神陽侯掀起巨浪,兩條蛟龍在兩邊把他的船夾在中間。子羽說:你可以正大光明地求我,但不能用暴力來劫持我。於是揮劍斬了蛟龍。蛟龍被殺,河中也就波平浪靜了。澹臺子羽於是把玉璧投入河中,可是一投下去玉璧卻又重新從水中跳了出來。如此接連三次,於是他只得砸破玉璧回去,表示並不吝惜。趙建武年間(公元三三五—三四八年),在渡口建造浮橋,採石在河心築墩,可是石塊無論大小,一投下去立即就被水沖走了。枉費了百萬人工,一整年還是築不成。石虎親自來督工,把玉璧投入河中致祭。可是第二天玉璧卻漂流到沙洲上,水波把它激蕩上岸,他就殺了匠人回去。

16　河水又流經東燕縣舊城北。在這裡,河水有個渡口叫棘津,又叫石濟津,這就是舊時的南津。《春秋》僖公二十八年(公元前六三二年),晉國將要攻打曹國,而曹國在衛國以東,因而要向衛國借路。可是衛人不同意,晉軍只得返回從南河過渡,就是這地方。晉國攻打陸渾,也是在這裡渡河的。宋元嘉年間(公元四二四—四五三年),派遣輔國將軍蕭斌率領寧朔將軍王玄謨進軍北方,宣威將軍垣護之,以水軍防守石濟,就是這地方。河水又東流,淇水注入。又東流經遮害亭南。《漢書·溝洫志》說:在淇水口東十八里,有金隄,堤高一丈。從淇口以東,地勢漸低,堤則漸高,到了遮害亭,堤就高達四五丈了。還有宿胥口,從前是河水北流的入口。河水又東流,右岸流經滑臺城北。城有三重,中央的小城叫滑臺城,相傳是滑臺人自己修築的,因此叫滑臺城。這座城就是從前鄭國的廩延邑,下流有延津。《春秋傳》說:孔悝被蒯聵追逐,在平陽以車載了伯姬一直走向延津。廩延南邊的舊城,就是衛國的平陽亭。現時人們把這個渡口叫做延壽津。宋元嘉年間(公元四二四—四五三

年),右將軍到彥之把建威將軍朱脩之留下駐守此城,魏軍南下攻打他,朱脩之守
節不屈。他母親非常憂愁悲傷,一天忽然吃驚地發現流出乳汁來。於是母親頓足
捶胸,號咷大哭,對家人說:我老了,到了這年紀,本來是不該有奶的時候了,現在
忽然出現這樣的怪事,我兒子一定戰死了。朱脩之得不到援軍,果然就在那天城
陷陣亡了。這座城,舊時是東郡的治所。《續漢書》說:延熹九年(公元一六六年),
濟陰、東郡、濟北、平原各地,河水忽然變清了。襄楷呈上奏疏說:《春秋》沒有河水
變清的記載,但今天卻有這樣的事。《易·乾鑿度》說:上天將要下降吉兆,河水首
先變清。京房《易傳》說:河水變清,天下太平。現在上天昭示異象,地上出現妖
異,民間疫癘流行,這三件事同時出現,河水卻反而變清了。《春秋》裡可以見到麒
麟不應當出現卻出現的事,孔子把它當作災異記載下來。河是諸侯的表徵,水清
是興盛光明的象徵,難道諸侯中有人企圖襲擊京師嗎?次年,桓帝死了,徵召解瀆
侯來做漢室的後嗣,就是靈帝。建寧四年(公元一七一年)二月,河水又變清了。

又東北過黎陽縣南,

17　黎是侯國。《詩經·式微》說:黎侯寓於衛,可以說明。晉灼說:黎山在縣南,河水
流經縣東。山上有一塊石碑,碑文說:縣以山取名,又以其坐落位置在水北,所以
叫黎陽。這就是王莽時的黎蒸。現在黎山東北有一座舊城,大概就是黎陽縣的老
城。山在城西,城牆就以山石為基礎築成,東邊有河水阻隔。所以劉楨《黎陽山
賦》說:南以黃河為屏障,左有堅城為防,青壇上舉行祭祀,高碑將神靈頌揚。從前
慕容玄明從鄴率領部屬遷徙到南方的滑臺,因為沒有船隻渡河,就打算據守黎陽。
可是到了傍晚,流動的冰塊卻封凍了,於是全軍就連夜踏冰過河,第二天一早,冰
又化了。因而燕人就把這地方叫做天橋津。東岸有一座老城,瀕臨長河天險,戴
延之稱為逯明壘,周長二十里。據說逯明是石勒十八個騎兵部隊之一,城也因此
得名了。郭緣生說:此城是袁紹時所築。其實這些說法都不對。我查考過《竹書
紀年》:梁惠成王十一年(公元前三五九年),鄭釐侯派許息來贈地,包含平丘、戶牖、
首垣等城,直到鄭國的馳道為止。結果我國取得枳道與鄭鹿。說的就是此城。現
在城內留有一座古臺,人們還稱它為鹿鳴臺,城又叫鹿鳴城。王玄謨從滑臺退向
鹿鳴,指的就是此城。渡口也依城取名,所以叫鹿鳴津,也叫白馬濟。渡口東南有
白馬城,衛文公遷徙到東方,渡河在這裡建都,所以渡口也因而得名。袁紹派顏良
在白馬城攻打東郡太守劉延,關羽替曹公殺了顏良,報答他的恩惠,就是在這地
方。白馬有韋鄉和韋城,所以渡口也以韋津為名了。《史記》所說的攻下脩武,渡
過韋津,即指此處。

18　河水從前在白馬縣以南漫溢而出,與濮水、濟水、黃溝相通,所以蘇代遊說燕王道:

在白馬毀堤決口,魏國的黃城、濟陽就完蛋了。《竹書紀年》說:梁惠成王十二年(公元前三五八年),楚軍決河水,來淹沒長垣城外之地。築了堅固的堤防以後,老渠道的水就斷流了,但還是稱為白馬瀆。老渠道東流經鹿鳴城南,又東北流經白馬縣的涼城以北。《耆舊傳》說:東郡白馬縣的神馬亭,建築堅固,層疊聳峙,南北二百步,東西約五十步,看來就像一座山丘。人們在城外耕耘開墾,逐步蠶蝕,慢慢就把這座城掘平了。正南有臺階可上登,寬度約可容得下兩輛車子。西南城邊有神馬寺,樹木栽種得整整齊齊,西距白馬津約二十里,東南距白馬縣老城約五十里。也許就是《開山圖》所謂的白馬山吧。山下常有白馬成群奔走,假如白馬悲鳴,河水就要決口;假如白馬奔馳,山就會崩塌。《注》說:此山位於鄭國北方,原屬鄭地,但詳情不清楚。劉澄之說:山上有白馬塞,孟達攀登到塞上,不禁喟然長嘆。他對山川地理,可謂太淺陋無知了。亭上從前設置涼城縣,治所就在這裡。白馬瀆又東南流經濮陽縣,分散亂流,注入濮水,同時也散流匯合於諸水,往復可以相通。河水從白馬津東北流經涼城縣,河水北岸有般祠。《孟氏記》說:祠在河中,用石塊結集成地基,河水漲滿時,水面常與地基相平。戴氏《西征記》說:現在見到的祠是在東岸,靠近河邊,用石塊砌疊成牆壁,屋宇很小,只不過能容身罷了。看來並不像孟氏所記那麼神靈顯赫,恐怕是言過其實了。

19　河水又東北流,流經伍子胥廟南,這座廟坐落在河水北岸頓丘郡邊界上,傍著長河。廟前有碑,是魏青龍三年(公元二三五年)所立。河水又東北流,就是長壽津。《述征記》說:涼城到長壽津六十里,河水有一條舊水道從這裡分出。《漢書·溝洫志》說:河水對中原的禍害特別嚴重,所以從積石開始就疏導河水,流經龍門時,分出兩條渠道來引導河水。一條是漯川,現在還流通;另一條是北瀆,王莽時已枯涸無水了,所以民間稱為王莽河。舊水道東北流經戚城西。《春秋》哀公二年(公元前四九三年),晉國趙鞅率領部隊,在戚迎接衛國太子蒯聵,夜裡迷了路。陽虎說:沿著河水右岸向南走,一定會走到的。戚,就是現在頓丘衛國縣西的戚亭,當時是衛的河上邑。漢高帝十二年(公元前一九五年),把這裡封給將軍李必為侯國。舊河道又通過繁陽縣舊城東。《史記》載:趙國將軍廉頗攻打魏國,奪取了繁陽,即指此城。北流經陰安縣舊城西。漢武帝元朔五年(公元前一二四年),把陰安縣封給魏不疑為侯國。舊河道又往東北,通過樂昌縣老城東。《地理志》載:樂昌是東郡的屬縣,漢宣帝把它封給王稚君為侯國。舊河道又通往東北,通過平邑外城西。《竹書紀年》載:晉烈公二年(公元前四一四年),趙國在平邑築城。五年(公元前四一一年),田公子居思攻打邯鄲,包圍了平邑。九年(公元前四〇七年),齊田朌與邯鄲韓舉在平邑作戰,邯鄲的軍隊戰敗逃走,韓舉被俘,田朌奪取了平邑、新城。舊河道又通往東北,通過元城縣老城西北,直達沙丘堰。《史記》說:魏武侯公子元的食邑就在這裡。所以縣就叫元城縣。

20　城郭東有五鹿墟,五鹿墟一帶有不少城牆沉陷。《公羊傳》說:這是一座襲邑。《說》解釋道:襲,就是沉陷的意思。《郡國志》說:五鹿,就是古時的沙鹿,有個沙亭。周穆王的盛姬亡故了,穆王東行,把靈柩停放在五鹿。盛姬的女兒叔娃到了這裡哀思哭泣,於是這裡又稱為女娃之丘,是沙鹿的異名。《春秋左傳》僖公十四年(公元前六四六年),沙鹿山崩。晉國太史經占卜後說:陰凌駕於陽之上,火繼於土之後,因而導致沙鹿山崩。六百四十五年之後,應當有聖女出世,難道這就是齊田嗎?後來王翁孺從濟南遷徙到元城,當他正到那地方時,算算時間也吻合六百四十五之數。王氏是虞舜的後代,屬土;漢朝則屬火。王禁生女兒政君時,她母親夢見月亮飛入懷中,她十八歲時,皇帝詔令她進入太子宮中,以後生了成帝,就成了元帝的皇后。漢朝的國運腐化衰敗了,皇后接連四代臨朝執政,所以說土繼於火之後而稱雄。皇后死後,大夫揚雄寫了一篇祭文說:太陰的精英,沙鹿的神靈,結合於漢室,許配元帝把成帝降生。

21　獻帝建安年間(公元一九六—二二○年),袁紹與曹操在官渡相對峙,袁紹逼迫大司農鄭玄帶病隨軍,到了這裡就死了。郡守以下受過他的教導的學生,披麻戴孝來送殯的,多達千餘人。鄭玄注《五經》、《讖緯》、《候》、《歷》、《天文經》,流傳於世上。所以范曄《贊》說:孔子的書雖已闡釋明白,而漢朝的典章卻中斷了。元城縣北有沙丘堰。堰是為了攔截水流的。《尚書·禹貢》說:北流過降水。水不循水道而流稱為降,也叫潰。直到大陸,往北分道散播,成為九條河流。《風俗通》說:河,就是散播,散播成九條河流,就是從這裡開始的。《禹貢》:沇州的九條河流都疏通了。指的就是徒駭河、太史河、馬頰河、覆釜河、胡蘇河、簡河、潔河、句盤河、鬲津河。這幾條河流都是逆河。鄭玄說:下端相匯合的河稱為逆河,就是說這些河流相遇而互相匯合。那是以水能潤物而其勢向下的特點加以疏導,使它通向江河海洋。到了齊桓公稱霸時,為了擴大耕地和居民區,就把諸河堵塞了,合併成一條。所以從沙丘堰以北,館陶縣、廮陶縣、貝丘縣、鬲縣、般縣、廣川縣、信都縣、東光縣以及河間郡樂城縣以東,城池及地域都還存在,但河流卻大都湮廢了。漢代河水在大堤決口,南北各地同時受災。討論治河的人常常想尋求九河的遺跡,重新加以開鑿,可是卻不知道到底在什麼地方。所以班固說:從那時直到漢代,北方的八條河流都消失了。河水的舊河道,從沙丘堰以南分流,屯氏河就從這裡分出。河水的舊河道通往東北,經發干縣老城西,又轉彎經縣北,就是王莽時所謂的戢楯。漢武帝因大將軍衛青擊潰右賢王的功勳,把該縣封給他的兒子衛登為侯國。大河的舊河道又通往東方,經過貝丘縣舊城南。應劭說:《左氏傳》所載,齊襄公在貝丘田獵,就指這裡。我查考過,京相璠、杜預都說在博昌,也就是司馬彪《郡國志》所謂的貝中聚。應劭的《注》在這一點上是弄錯了。

22　大河的舊河道又往東方通過甘陵縣老城南。就是《地理志》所說的厝,王莽改名為厝治。漢安帝的父親孝德皇,因為太子被廢黜為王,死在這裡,於是就葬在這地方,把他的陵墓尊稱為甘陵,縣也以陵墓取名。桓帝建和二年(公元一四八年),把清河改名為甘陵。這是周時的甘泉市地方。陵墓在舊河道以北,築成山丘般的墳墓又高又大,雖然曾經被盜掘過,卻還是像山陵一樣雄偉,世人稱為唐侯冢;把城稱為邑城,都弄錯了。從前南陽文叔良,在建安時(公元一九六—二二〇年)當甘陵丞,晚上宿在水濱,趙人蘭襄託夢請求替他改葬。叔良次日循著水濱尋求棺柩,果然在水邊找到了,有一半已經沉沒在水裡。叔良環顧身邊的親信和下屬說:假如這只是從別人口中聽來的傳聞,我一定不會相信。於是就移棺遷葬別處,祭祀之後方才離去。

23　大河舊河道又往東通過艾亭城南;又往東通過平晉城南。如今城中有一座五層的磚塔,塔上有金露盤。題詞說:趙建武八年(公元三四二年),僧人道龍和尚竺浮圖澄,為了樹立道德,勸人行善,因而建立這座神廟。佛塔已經毀壞,但露盤還在,燁燁地發光。大河的舊河道又往東北通過靈縣老城南,就是王莽時的播亭。河水在該縣分流而出,這就是鳴犢河。河水舊河道又往東經過鄃縣老城東。呂后四年(公元前一八四年),因她父親呂嬰的功績,把鄃縣封給其子呂佗,作為世襲侯國。王莽更改地名,稱為善陸。

24　大河舊河道又往東通過平原縣老城西,往北穿過三條屯氏河,北流經繹幕縣老城東北,西流經平原郡鬲縣老城西。《地理志》說:鬲是渡口,王莽改名為河平亭,是古代有窮氏后羿的王國。應劭說:鬲,姓偃,是咎繇的後代。光武帝建武十三年(公元三七年),將鬲縣封給建義將軍朱祐為侯國。大河舊河道又往北,通過脩縣老城東,又往北,通過安陵縣西,這裡原來是脩縣的安陵鄉。《地理風俗記》說:脩縣東四十里有安陵鄉,舊時原來是縣。又往東北抵達東光縣老城西,往北與漳水匯合。

25　從大河舊河道分出一條水,這就是屯氏河,流經館陶縣東,往東北流去。《漢書·溝洫志》說:自從堵塞了河水決口處,堤上建宣防宮後,河水又在北方的館陶縣決口,分出屯氏河,又闊又深,與大河差不多。成帝時,河水在館陶縣以及東郡的大堤潰決,皇上派遣河堤謁者王延世堵上決口,三十六天後河堤建成。為此特下詔令,把建始五年(公元前二八年)改為河平元年,並封王延世為光祿大夫。於是這條水也斷流了。

26　屯氏舊河道水又東北流,又分出屯氏別河。屯氏別河舊河道又往東北流經信成縣,分出了張甲河。《地理志》說:張甲河上流在信成縣引入屯氏別河,即指此。張甲河舊河道北流,在廣宗縣穿過清河,分為兩條:左邊一條流經廣宗縣老城西,又北流經建始縣老城東。田融說:趙武帝十二年(公元三四六年),設立建興郡,治所在廣宗縣,又設置建始、興德等五縣隸屬該郡。左支又北流經經城東、繚城西,又流經南宮縣西,北流注入絳瀆。右邊一條東北流經廣宗縣老城南,又東北流經界城亭北,又東北流經長樂郡棗彊縣老城東。長樂,就是從前的信都,晉太康五年(公元二八四年)改為今名。

27　又東北流經廣川縣,與絳瀆水舊河道匯合。又東北流經廣川縣老城西,又東流經棘津亭南。徐廣說:棘津在廣川。司馬彪說:縣北有棘津城,呂尚窮困時以販賣點心為生,想來就在這裡。劉澄之說:譙郡鄼縣東北有棘津亭,是古時的老城,就是呂尚窮困潦倒的地方。我查考《春秋左傳》只說:討伐巢,攻下棘,進入州來。棘下沒有津字。杜預《春秋釋地》又說:棘亭在鄼縣東北,也沒有說有個津字。我們竟不知道劉澄之從哪裡找到這樣的說法? 可是天下以棘為名的地方多得很,總不能都認為就是棘津吧。又《春秋》昭公十七年,晉侯派荀吳帶領隊伍從棘津涉水過河,在洛用牛羊祭祀,就把陸渾滅亡了。杜預《釋地》對此事略而不載。服虔說:棘津就是孟津。徐廣《晉紀》又說:石勒從葛陂進入河北劫掠,在枋頭襲擊汲人向冰,從棘津渡河。棘津在東郡、河內之間,田融認為就是石濟的南津。雖然遠古已渺茫難知,世事情理朦朧遙遠,可是殘留下來的隻言片語的記載,也許還是找得到的,而且沿途的遺跡有的明顯、有的隱隱約約,在地址上還是可以驗證的。

28　司馬遷說:呂望,是東海人,到老還沒有遇到知音,於是以釣魚來求見周文王。又說:呂望五十歲時在棘津販賣點心;七十歲時,在朝歌宰牛;九十歲時,則成為帝王的老師。皇甫士安說:他原來想居隱於東海之濱,聽說文王能尊敬優待德高望重的老人,因而到周國去釣魚。如今汲水城據說也有呂望隱居的地方。從東海起直到鄆雍為止,追蹤他足跡所到的地方,以棘津在趙、魏境內較為貼切,把棘津的地點置於宋境的譙郡,那就不對頭了。

29　張甲舊河道又東北流,到了脩縣東邊,與清河匯合。《十三州志》說:張甲河東北流,到了脩縣注入清漳。屯氏別河又東流,分出一條支流,東流經信成縣老城南,又東流經清陽縣老城南、清河郡北。這是魏從清陽遷移過來設置於此的。又東北流經陵鄉南;又東北流經東武城縣老城南;又東北流經東陽縣老城南。《地理志》說:王莽改名為胥陵,一般人稱為高黎郭,其實不對。應劭說:東武城東北三十里有陽鄉,舊時是縣。又東流,逐漸分散而至於消失,再也沒有水道了。

30　屯氏別河又東北流經清河郡南;又東北流經清河老城西。漢高帝六年(公元前二〇
一年),把清河封給王吸為侯國。《地理風俗記》說:甘陵郡東南十七里,有個清河
老城,世人則把它叫做鵲城。又東北流經繹幕縣南,分成兩條。屯氏別河北支,東
流經繹幕縣老城南,東流穿過大河舊河道,又東北流經平原縣,支流往北分出,到
了安陵縣就斷了。

31　屯氏別河北支又東北流經重平縣老城南。應劭說:重合縣西南八十里,有重平鄉,
舊時原來是縣。又東北流經重合縣老城南,又東北流經定縣老城南。漢武帝元朔
四年(公元前一二五年),把定縣封給齊孝王的兒子劉越為侯國。《地理風俗記》說:
饒安縣東南三十里有定鄉城,舊時原來是縣。屯氏別河北支又東流,流入陽信縣,
現在已經無水了。又東流就是咸河,東北流經陽信縣老城北,東流注入大海。據
《地理志》:陽信縣是北海郡的屬縣。

32　屯氏別河南支從平原縣東流橫穿過大河舊河道,又流經平原縣老城北,支流自右
岸分出,東北流到了安德縣邊界,東流與商河匯合。屯氏別河南支又東北流,在平
原縣邊界,又有支渠從右岸分出,到了安德縣就斷流了。屯氏別河南支上流從平
原城北承接大河舊河道,向東流去,也通稱篤馬河,《地理志》所謂平原縣有篤馬
河,東北流注入大海,流程五百六十里,即指此河。篤馬河往東北流經安德縣老城
西,又東北流經臨齊城南。先前東齊沒有歸順,大魏築城防備它,所以城也因而得
名了。又折而流經該城以東寬約四十步的舊河道,又東北流經重丘縣老城西。
《春秋》襄公二十五年(公元前二四八年),秋,在重丘會盟,為的是討伐齊國。應劭
說:安德縣北五十里有重丘鄉,舊時原來是縣。又東北流經西平昌縣老城北,北海
有個平昌縣,所以這裡叫西平昌縣。漢宣帝元康元年(公元前六五年),把該縣封給
王長君為侯國。

33　舊渠道的分支,東流進入般縣稱般河。也是九河中的一條。《後漢書》提到公孫瓚
在般河打垮了黃巾軍,指的就是這條河道。又東流,稱白鹿淵水,南北三百步,東
西千餘步,深三丈餘。淵裡的水冬天澄清,而夏天卻變得渾濁,靜止而不流動。如
果夏天洪水氾濫,水深到達五丈,才能流通注入般河。般河又流經般縣老城北,王
莽時改名為分明。東流經樂陵縣老城北,《地理志》說:這座老城從前原來是都尉
的治所。伏琛、晏謨說,老城原屬平原縣,現在分出立郡了。又東北流經陽信縣老
城南,往東北注入大海。

34　屯氏河舊河道從別河東流經甘陵郡的信鄉縣老城南。《地理志》說:安帝把信鄉改
名為安平。應劭說:甘陵西北十七里有信鄉,舊時原來是縣。屯氏舊河道又東流

經甘陵縣老城北,又東流經靈縣北;又東北流經鄃縣,與鳴犢河舊河道匯合,這條舊河道的上口在靈縣南承接大河舊河道。《地理志》說:河水從靈縣分出,叫鳴犢河。東北流經靈縣東,東流進入鄃縣然後北流與屯氏河匯合。於是屯氏河也兼有鳴犢河的稱呼了。又東流經鄃縣老城北,東北流與大河舊河道匯合,匯流處叫鳴犢口。《十三州志》說:鳴犢河東北流到了脩縣,匯入屯氏河。可是考察這條河流,卻沒有流到脩縣。

又東北過衛縣南,又東北過濮陽縣北,瓠子河出焉。

35　河水東流經鐵丘南。《春秋左氏傳》:哀公二年(公元前四九三年),鄭國罕達率領部隊,郵無恤為簡子駕車,衛太子任車右,車子登上了鐵上,望見鄭國的軍隊,衛太子嚇得跌下車來,就是在這地方。京相璠說:鐵,是丘名。杜預說:鐵丘在戚邑南。河水北岸有古城,就是戚邑。東城有子路冢,河水西岸有竿城。《郡國志》說:衛縣有竿城,即指此。河南有龍淵宮,武帝元光年間(公元前一三四—前一二九年),河水在濮陽決口,淹沒了十六個郡,調動了十萬兵丁去堵塞決口,建造了龍淵宮。武帝在河水決口處旁,龍淵邊上建造了這座宮殿,所以名為龍淵宮。

36　河水東北流經濮陽縣北,就到了濮陽津,老城在南邊,與衛縣以水為分界。城北十里有瓠河口,有金隄和宣房堰。漢朝時候,河水在金隄決口,涿郡王尊從徐州刺史調任東郡太守,河水猛漲大氾濫,淹沒了瓠子,金隄也崩塌決口了。王尊親自率領老百姓和官吏,把白馬沉入河中致祭,祈求水神河伯保佑。他還親自捧著圭璧,請求以自己的肉體來填塞決口的河堤,並在堤上搭起草棚,住在裡面。老百姓和官吏都避走了,王尊卻一動也不動地站在堤上,河水直漲到與他的腳一樣高方才停止。朝野人士同聲讚揚他的英勇和毅力。

37　河水又東北流經衛國縣南,東邊是郭口津。河水又東流經鄄城縣北,老城在河水以南十八里,就是王莽時的鄄良,是兗州舊時的治所。魏武帝就是在這裡開創他的大業的。河水上這座城最為險峻堅固。《晉八王故事》說:東海王司馬越治所在鄄城,城牆卻無緣無故地塌毀了七十餘丈,司馬越覺得不吉,就把治所遷到濮陽。城南有魏使持節征西將軍太尉方城侯鄧艾廟,廟南有“鄧艾碑”,是秦建元十二年(公元三七六年),廣武將軍兗州刺史關內侯安定縣人彭超所立。河水南岸有新城,是宋寧朔將軍王玄謨的前鋒,進入大河時所築。北岸有新臺,臺基宏大,層層高起達數丈,這就是衛宣公所築的新臺。《詩經》裡有齊姜所作的《新臺》。這地方也就是盧關津。新臺東方有一座小城,道路崎嶇,城牆也已歪斜頹敗,臺的基址傍著河邊,民間叫邸閣城。推想起來,這大概是舊時關津都尉的治所。是否如此,現在我們也弄不清楚了。

38　河水又東北流經范縣秦亭西。《春秋經》載:築臺於秦,即指此亭。河水又東北流經委粟津,大河北岸,就是東武陽縣。河水左岸與浮水舊河道相匯合。舊河道上口在頓丘縣承接大河,往北分出,東流經繁陽縣老城南。應劭說:該縣在繁水北岸。張晏說:縣裡有繁淵。《春秋》襄公二十年(公元前五五三年),《經》記載道:襄公與晉侯、齊侯在澶淵會盟。杜預說:澶淵在頓丘縣南,現在叫繁淵。澶淵就是繁淵,也叫浮水。從前魏遷都大梁,趙國以中牟與魏交換繁淵,所以《地理志》說:趙國邊境南至浮水的繁陽。指的就是此水。浮水舊河道往東橫穿過大河,舊河道往東流經五鹿的田野,晉文公接受了當地土人給他的土塊,就是在這地方。京相璠說:現在衛縣西北三十里有五鹿城,目前屬頓丘縣。浮水舊河道又東南流經衛國邑城北,舊時是衛公的封國。漢光武帝把該城封給周朝後代。又東流經衛國縣老城南,就是古代的斟觀。應劭說:夏有觀扈,就是此城。《竹書紀年》:梁惠成王二年(公元前三六八年),齊國田壽率領軍隊進攻我國,包圍了觀,觀投降了。浮水舊河道又東流經河牧城而轉向東北流去。《郡國志》說:衛本來是觀的故國,姓姚,有河牧城。又東北流入東武陽縣,東流注入河水。又有漯水分出。戴延之則稱為武水。河水又東流經武陽縣東、范縣西,往東北流去。

又東北過東阿縣北,

39　河水在范縣東北流到了倉亭津。《述征記》說:倉亭津在范縣邊界,距東阿縣六十里。《魏土地記》說:倉亭津在武陽縣東北七十里。倉亭津,是大河渡口名。河水右岸流經柯澤。《春秋左傳》襄公十四年(公元前五五九年),衛國孫文子在阿澤打敗了衛獻公的部眾。又東北流經東阿縣老城西,往東北流去,注入河水。有支流往東分出,稱為鄧里渠。

又東北過荏平縣西,

40　河水從鄧里渠東北流經昌鄉亭北,又東北流經碻磝城西。《述征記》說:碻磝,是渡口名。從黃河撐船過渡的地方,都是渡口。碻磝城瀕水,西南角崩塌於河中。宋元嘉二十七年(公元四五〇年),任命王玄謨為寧朔將軍,前鋒從河水進攻,平定了碻磝,駐軍防守。都督劉義恭考慮到建於沙土上的城是不堅固的,不能守,召回王玄謨,命令他毀城撤軍退回,後來又重新築城。魏設置濟州,治所就在這裡。河水沖擊城的西南角,城牆又崩塌入河中了。碻磝城,就是舊時的荏平縣。應劭說:荏是山名,縣城位於山上平坦的地方,所以叫荏平。這就是王莽時的功崇。《水經》說:大河在荏平縣西,鄧里渠流經城東,指的就是此城。從前石勒在師懽家當奴僕,屯駐於荏平從事農耕,在該縣聽到聲鼓號角和振鈴擊鼓的聲音。西以河水與聊城分界。

41　河水又東北流,與鄧里渠匯合。這條水渠上源在東阿縣西承接大河,東流經東阿縣老城北,老城就是舊時的衛邑。應仲瑗說:因為有個西阿城,所以這裡稱東阿城。魏封給曹植為王國。大城北門裡面的西邊高地上有一口大井,井口大如車輪,深六七丈,每年汲水煮膠,朝貢朝廷,置之府庫。這就是《本草》所說的阿膠。所以世俗稱此井為阿井。縣裡出產優質的絲織品,所以《史記》說:秦昭王佩帶太阿寶劍,穿著東阿的綢衣。又東北流經臨邑縣,與將渠相匯合。又北流經茌平縣東、臨邑縣老城西,北流注入大河。

42　河水又東北流經四瀆津,渡口在西邊河岸旁。瀕河有四瀆祠,東邊對著渡口。河水向東分出濟水,也有人說是濟水承接大河。但滎口石門的水已斷而不再流通了,所以才從這裡分出,東北流,流經九里,與清水相匯合,這就是舊時的濟水。從大河流入濟水,從濟水流入淮水,從淮水流到江水,這四條大水之間,水道都四通八達,所以有四瀆之稱。從前趙殺鳴犢,仲尼到河邊時聽到消息,長嘆一聲,就從這裡掉頭返回了。他說:我不能過這條河,恐怕是天命了。《琴操》則以為孔子是到了狄水才作歌吟唱的。歌詞道:狄水漫衍,狂風激起巨浪,船隻劇烈顛簸,彼此互相碰撞。我查考過,臨濟,就是古時的狄。因為濟水流經這裡,也就得了狄水的通稱了。河水又流經楊墟縣老城東,民間還把此城稱為陽城。河水又流經茌平城東,推想起來大概是縣址遷徙的緣故。城內有個古臺,世人稱為時平城,是弄錯了,這是因為茌、時讀音相近而致訛的。

又東北過高唐縣東,

43　河水流到高唐縣,漯水注入。《地理志》說:漯水發源於東武陽。現在漯水上流在武陽縣東南承接河水,西北流經武陽新城東,這是曹操當東郡太守時的治所。從東門的石溝引水北流注入堂池,池南的舊址至今還在。城內有一塊極大的巨石,此城西門叫冰井門,門內一處隱蔽的角落裡,冰井還在。門外有個古臺,稱為武陽臺,周圍也還有牆角雉堞的遺跡。

44　水從東武陽新城東北流經東武陽縣老城南。應劭說:縣在武水北岸,就是王莽時的武昌。那麼漯水也許就是武水了。臧洪當東郡太守,治所就在這裡。曹操把張超圍困在雍丘,臧洪因與張超的交誼,請求袁紹去援救他。袁紹拒絕了。臧洪於是與袁紹絕交。袁紹就包圍了臧洪。城中沒有糧食,臧洪向下屬呼叫道:我臧洪出於大義,不能不死,此事與諸君無關,不要白白地與我一起遭此大禍。部眾都哭泣道:我們怎能忍心拋棄大人您呀。於是男女八千餘人都相互枕藉而死。臧洪堅強不屈,袁紹就殺掉臧洪。縣人陳容當縣丞,說道:我寧願與臧洪同日死,也不願與將軍您同日生。袁紹又殺了他。士人都為他傷悼嘆息。現在城的四周,袁紹包圍時的城郭還在。

45　水環繞著護城河,在城的東北匯合成一條,往東北流出城郭,流經陽平縣的岡成城西。《郡國志》說:陽平縣有岡成亭。又北流經陽平縣老城東。漢昭帝元平元年(公元前七四年),把陽平封給丞相蔡義為侯國。漯水又北流,穿過莘道,城的西北有莘亭。《春秋》桓公十六年(公元前六九六年),衛宣公派伋出使齊國,叫強盜在莘等候他,伋和壽相繼在此亭被盜所殺。京相璠說:現在平原郡陽平縣北十里,有舊時的莘亭,地當小路上的險要之處,是從衛去齊的必經之路。在河上觀望新臺,感慨兩位公子年少被害,詩人作《二子乘舟》詠漢此事,真是太可悲了。現在縣東有二子廟,至今還有人稱為孝祠。

46　漯水又東北流經樂平縣老城東。樂平縣,就是舊時的清縣。漢高帝八年(公元前一九九年),把室中同封於清縣,宣帝把許廣漢的小弟翁孫封於樂平,都是侯國。這就是王莽時的清治。漢章帝建初年間(公元七六—八四年),才改為今名。漯水又北流經聊城縣老城西,城內有金城,四周有水,南門有馳道,橫穿過護城河向南直去,從這裡出外,可以乘船而行。東門旁有層臺,高入雲端,魯仲連所謂擊退高唐的士卒,打敗聊城的大兵,即指此。漯水又東北流經清河縣老城北。《地理風俗記》說:甘陵,就是舊時的清河。清河在南十七里,但今天在甘陵縣老城東南,卻沒有一座相應的城。正東二十里有艾亭城,東南四十里有此城,想來就是清河城了。後來蠻人住在這裡,所以世人稱為蠻城。漯水又東北流經文鄉城東南;又東北流經博平縣老城南。城內有層臺高高矗立,王莽改名為加睦。西與黃溝一同注入河水。

47　黃溝上流承接聊城護城河水,水滿時與河水相通,枯竭時就斷流了。黃溝水從老城往東北流去,流經清河城南,又東北流經攝城北。《春秋》所說的聊攝以東,即指此城。民間稱為郭城,是弄錯了。城東西三里,南北二里,東南角有金城,城牆很低矮,但廢墟還在,近旁墳墓很多。京相璠說:聊城縣東北三十里,有舊時的攝城。現在此城西距聊城二十五、六里左右,那就是攝城了。又東流經文鄉城北,又東南流經王城北。王城是魏太常七年(公元四二二年),安平王鎮守平原時所築,因此世人稱為王城。太和二十三年(公元四九九年),撤消鎮的建制,改置平原郡,治所就在此城。黃溝又東北流,東與漯水相混流,往東從高唐縣流出去;大河從右岸分支流出,東流注入漯水。

48　桑欽《地理志》說:漯水發源於高唐縣,我查考過竹書《穆天子傳》說:丁卯日,天子從五鹿東行,在漯水釣魚,以祭祀淑人,所以叫祭丘。己巳日,天子東行,在漯水上餵馬。探尋他沿途所經的地方,漯水是不可能發源於高唐這麼近的地方的。桑氏所說的話,是指河道流經這裡。民間因為這條水上流承接河水,所以也叫它源河。

49　漯水又東北流經援縣老城西,這就是王莽時的東順亭。杜預《釋地》說:濟南祝阿
縣西北有援城。漯水又東北流經高唐縣老城東。從前齊威王派肹子防守高唐,趙
人就不敢在河裡捕魚了。就是魯仲連子對田巴所說:目前楚國軍隊防駐於南陽,
趙國則要討伐高唐。《春秋左傳》哀公十年(公元前四八五年),趙鞅率軍攻打齊國,
攻取了犁及轅,並破壞了高唐的城牆。杜預說:轅就是援。祝阿縣西北有高唐城。

50　漯水又東北流經漯陰縣老城北。漯陰縣,就是從前的犁邑。漢武帝元光三年(公元
前一三二年),將漯陰封給降於漢朝的匈奴王,王莽時改名為翼城。漯水流經北漯
陰城南。伏琛稱為漯陽。城南有"魏沇州刺史劉岱碑"。《地理風俗記》說:平原
郡漯陰縣,就是今天的巨漯亭。漯水又東北流經著縣老城南;又東北流經崔氏城
北。《春秋左傳》襄公二十七年(公元前五四六年),崔成請求讓他退休告老,到崔去
居住。杜預《釋地》說:濟南郡東朝陽縣西北有崔氏城。漯水又東北流經東朝陽縣
老城南。漢高帝七年(公元前二〇〇年),將該縣封給都尉宰寄為侯國。《地理風俗
記》說:南陽有朝陽縣,所以這裡叫東朝陽縣。《地理志》說:這就是王莽時的脩治。

51　漯水又東流經漢朝徵士伏生墓南,如今碑碣還在。伏生以明經為秦博士,秦活埋
儒生,伏生逃走隱藏起來。漢朝興起後,他在齊魯之間從事教學,編纂《五經》、《尚
書大傳》。文帝備車去徵召他,因年老沒有去。於是派遣掌管禮樂制度的官員歐
陽生等向他學習《尚書》,號稱伏生。

52　漯水又東流經鄒平縣老城北。這就是古代的鄒國,是舜的後代,姓姚。又東北流
經東鄒城北。《地理志》載:千乘郡有東鄒縣。漯水又東北流經建信縣老城北。漢
高帝七年,將建信縣封給婁敬為侯國。應劭說:臨濟縣西北五十里,有建信城,是
都尉治的老城。漯水又東北流經千乘縣二城之間。漢高帝六年(公元前二〇一年),
改為千乘郡,王莽時又稱建信。章帝建初四年(公元七九年),立為王國;和帝永元
七年(公元九五年),改為樂安郡,古時是齊國的土地。伏琛說:千乘城在齊城西北
一百五十里,二城之間隔著一條會水。會水也就是漯水的別名。

53　又東北流,就是馬常坈。這片沼澤地東西八十里,南北三十里,漯水穿過河水的支
流而流入大海。河海的物產,以這裡最為豐饒了。《地理風俗記》說:漯水東北流,
到千乘流入大海。河水升漲時,則水流暢通,瀉入大海;水流枯竭時,就只有一縷
微涓,以至於斷流了。《尚書》說:航行於濟水、漯水,指的也就是此水。

又東北過楊虛縣東,商河出焉。

54　《地理志》:楊虛,是平原郡的屬縣。漢文帝四年(公元前一七六年),將楊虛封給齊悼
惠王的兒子將閭為侯國。城在高唐城西南,《水經》的序次卻把它排在這裡,是逆
而不順的。商河上流承接河水,也是漯水和澤水所積瀦的地方,淵深而不流動,世

人稱為清水。此後雖因漲沙堵塞了，但遺跡還在。經沼澤而北流，民間稱為落里坑。經張公城西，又北，潛隱在地下的水流重又冒出來了，也叫小漳河。商、漳讀音相近，所以字與讀音都改變了。

55　商河又北流經平原縣東；又流經安德縣老城南；又東北流經昌平縣老城南；又東流經般縣老城南；又東流經樂陵縣老城南。漢宣帝地節四年（公元前六六年），將樂陵封給侍中史子長為侯國。商河又東流經枌縣老城南。高后八年（公元前一八〇年），將枌縣封給齊悼惠王的兒子劉辟光為侯國。王莽時改名為張鄉。應劭說：般縣東南六十里有枌鄉城，舊時原來是縣。沙溝水注入。沙溝水發源於南方的大河北岸，源泉與大河相隔了有二百步。水北流，注入商河。

56　商河又東北流經馬嶺城西北，折而東流南轉，流經城東。城在河水彎曲處，東海王司馬越就在這座城裡殺了汲桑。商河又東北流經富平縣老城北。《地理志》說：這是個侯國。王莽時叫做樂安亭。應劭說：明帝改名厭次。闞駰說：厭次縣本來是富平侯、車騎將軍張安世的封邑。但他搞錯了。據《漢書》，昭帝元鳳六年（公元前七五年），封右將軍張安世為富平侯。張安世死後，其子張延壽繼承，都城在陳留，陪都在魏郡。《陳留風俗傳》說：陳留尉氏縣安陵鄉，就是從前的富平縣，這是張安世的食邑。每年收入的租賦千餘萬，延壽以為自身沒有功德，不能長久地居住在祖先的大國，於是上書請減封地戶口。天子認為他謙讓，把他的封地遷到平原去，並以一城作為他的食邑，戶口還是和原來一樣，但租賦減半。《十三州志》說：明帝永平五年（公元六二年），就改名為厭次了。據《史記·高祖功臣侯者年表》，高帝六年（公元前二〇一年），將厭次封給元頃為侯國。徐廣《音義》說：《漢書》作爰類。由此可知厭次之名原來就有，並非始於明帝，不過是恢復舊名罷了。

57　縣西有東方朔墓，墓旁有祠，非常靈驗。水邊有雲城，漢武帝元封四年（公元前一〇三年），將雲城封給齊孝王的兒子劉信為侯國。商河又分為兩條，南邊的一條叫長叢溝，東流瀉入大海。溝南的海邊，有蒲臺，臺高八丈，方圓二百步。《三齊略記》說：鬲城東南有蒲臺。秦始皇東遊到海上時，在臺上把蒲柳盤結起來拴馬。直到現在，每年蒲柳生長時，還是盤曲起來好像繫了什麼的樣子。蒲柳有點像水楊，可以做箭。現在這裡東方離海三十里。北邊的一條人們又叫百薄瀆，東北流，注入海水。

58　大河又東北流經高唐縣老城西。《春秋左傳》襄公十九年（公元前五五四年），齊靈公廢黜了太子光，另立公子牙，任命夙沙衛為少傅。齊侯死後，崔杼迎太子光，太子光即位，在句瀆丘殺了公子牙。夙沙衛逃到高唐反叛了。京相璠說：高唐本來是平原郡的屬縣，齊國的西部邊陲。大河流經縣西，而不是流經縣東，《水經》說從縣東流出去,是搞錯了。

59　大河又北流經張公城。此城臨近河濱,衛青州刺史張某的治所就在這裡。所以世人稱為張公城。水邊有個渡口,叫張公渡。河水又北流經平原縣老城東。《地理風俗記》說:原,廣大而平坦的意思,所以叫平原。平原縣,是舊時平原郡的治所。漢高帝六年設置,王莽時改名為河平。晉灼說:齊的西部有平原縣。河水東北流過高唐縣,高唐縣也就是平原縣。所以《水經》說:河水流經高唐縣東,是弄錯的。據《地理志》說:高唐,是漯水的發源地,平原縣則是篤馬河經過的地方。這清清楚楚地說明平原不是高唐,大河不可能在其東流過,這是明明白白的事。大河從右岸溢出,世人稱為甘棗溝,水邊多棗,所以民間取了這個地名。河水上漲時可以泛舟入海,枯水時就斷流。老溝又東北流經長堤,流過漯陰縣北,東流經著城北,在東方積潴成一片湖蕩,潭水一片連接著一片,世人稱為穢野薄。河水又東北流經阿陽縣老城西。漢高帝六年,將阿陽封給郎中萬訢為侯國。應劭說:漯陰縣東南五十里有阿陽鄉,舊時原來是縣。

又東北過漯陽縣北,

60　河水從平原縣左岸流經安德城東,北方是鹿角津。東北流經般縣、樂陵縣、枌鄉,直到厭次縣老城南,就是厭次河。漢安帝永初二年(公元一〇八年),大盜畢豪等數百人乘船搶劫平原,縣令劉雄與下屬小吏所輔開船追到厭次津,與強盜戰鬥,兩人都被強盜俘虜了。所輔請求代替劉雄受死,畢豪就在這個渡口放掉劉雄。所輔可說在孝道上盡了敬愛之心,在義氣上做到下屬對上級盡忠的極致了。

61　河水右岸流經漯陰縣老城北,這就是王莽時的巨武縣。河水又東北流,就到了漯沃津,這個渡口在漯沃縣老城南,就是王莽時的延亭。《地理風俗記》說:千乘縣西北五十里,有大河,河北有漯沃城,舊時原來是縣。魏時改為後部亭,現在民間就把它叫做右輔城了。河水又東流經千乘城北,就是伏琛所謂的千乘北城。

又東北過利縣北,又東北過甲下邑,濟水從西來注之,又東北入于海。

62　河水又東流,分為兩條,支流東流經甲下城南,東南流經馬常坑注入濟水。《水經》說濟水注入河水,這說法是錯誤的。河水從支流分出處東北流,流經甲下邑北,世人稱為倉子城。又東北流,注入大海。《淮南子》說:河水經過九個大轉彎,注入大海,水流之所以仍能源源不絕,那是因為有崑崙山不斷供水的緣故。《尚書‧禹貢》說:右方傍著碣石進入大河。《山海經》說:繩水出自碣石山,東流注入大河。

63　河水從前在碣石入海,現在水道變化,已非大禹時代的河了。周定王五年(公元前六〇二年),河水水道移徙。所以班固說:商朝河水枯竭,周朝河道移徙。漢武帝元光二年(公元前一三三年),河水又移徙到東郡,改道注入渤海。所以漢司空掾王璜說：從前天接連下雨，刮東北風，海水橫溢，向西南方流湧，入侵數百里。所以張折說：碣石在海中。大概當時碣石已經淹沒在海水中了。從前燕、齊土地遼闊，分地設置營州，現在城已接近海濱了，海水向北入侵，城中一半已淹水了。王璜說得不錯，而且已有確證；碣石沉陷於海中，不是毫無憑據的。

【研　析】　此卷為《河水》五卷之中篇幅最大的一卷。因為此卷所記，不僅流程長，而且河情複雜。全卷從今洛陽以東寫起，隨即進入黃河下游。黃河河性，自古就是善淤、善決、善徙，這種河性，都集中在這個河段，所以古來治河之事都在這個河段。《注》文記及的漢明帝"引樂浪人王景問水形便"以下一段，就記及自古治河最主要的方法即堤防修築："後作隄，發卒數十萬，詔景與將作謁者王吳治渠，築隄防修堨，起自滎陽，東至千乘海口，千有餘里。"這一段文字很長，築成的堤，包括主堤與支堤，都稱為"金隄"。這一段記敘，以後引起許多水利學家的關注，如此一項浩大工程，一年就修築完成。在當時的技術條件下，儘管"發卒數十萬"，也是不可能做到的。記敘中如"十里一水門，更相迴注，無復滲漏之患"等，現在的水利學者也常常研討，不可理解。但這是中國歷史上記載黃河堤防最詳細的早期文獻，所以很有價值。一年完成的事，說明了黃河中游早已有了堤防，王景的工程，只是重修和加固，並增修了一些閘堰等水工措施。其所以稱為"金隄"，顯然有"固若金湯"之意。以後又記敘了漢安帝永初七年修築的"八激隄"。所以這一段記敘，對黃河下游至關重要。

由於黃河不斷決溢改道，而酈氏尊奉古代經書，所以不得不把所謂"禹河"，即《禹貢》所記的黃河寫入卷內，而當時黃河河道實在早已多次遷徙，"禹河"與所謂"碣石"，已經無法查考，因而使他的記敘有了許多困難。例如《禹貢》提出"九河"一詞，這實在是河口三角洲支流紛歧的自然地理現象，"九"是表示多的意思，但漢《爾雅·釋水》卻定出了九條河流的具體名稱，酈氏當然照錄不誤。不過《注》文最後還是寫出："漢武帝元光二年，河又徙東郡，更注渤海。"至於河口三角洲，《注》文記敘中最形象的一段是"馬常坈"。"坈"就是河口三角洲常有的一種季節性沼澤，《注》文說："坈東西八十里，南北三十里，亂河枝流而入于海。河海之饒，茲焉為最。"所以此卷既寫了傳統說法，又寫了當時現狀，這就是酈書的優異之處。

卷六　汾水　澮水　涑水　文水　原公水
洞過水　晉水　湛水

【題　解】　卷六所記敘的是今山西省境內的八條河流,都是黃河支流,其中除了涑水和湛水獨流入黃河(一級支流)外,其餘的澮、文、原公、洞過、晉五水,都是汾水的支流(黃河的二級支流)。汾水是黃河在山西省的最大支流,也是黃河支流中僅次於渭水的第二大支流。此水今稱汾河,全長六百九十餘公里,流域面積近四萬平方公里。涑水今稱涑水河,全長約二百公里,流域面積約五千五百平方公里,在今永濟縣蒲州附近注入黃河。湛水是一條小支流,發源於山西省,南流從今河南省境內注入黃河。在近代的大型地圖上尚繪有這條河流,但已不注記河名。澮水今稱澮河,在今新絳縣附近注入汾河。文水今稱文峪河,《注》文說:"水注文湖,不至汾也。"其實它利用汾河故道,經文湖後仍然注入汾河,所以仍是汾河支流。原公水今稱禹門河,洞過水今稱蒲河,都是汾河支流。汾河從今山西省中部發源,流經縣市達二十之多,最後於萬榮縣以北注入黃河。

汾　水

汾水出太原汾陽縣北管涔山,

　1　《山海經》曰:《北次二經》之首,在河之東,其首枕汾,曰管涔之山,其上無木,而下多玉,汾水出焉①,西流注于河。《十三州志》曰:出武州之燕京山。亦管涔之異名也。其山重阜脩巖,有草無木,泉源導于南麓之下,蓋稚水濛流耳。又西南,夾岸連山,聯峯接勢。劉淵族子曜嘗隱避于管涔之山,夜中忽有二童子入,跪曰:管涔王使小臣奉謁趙皇帝。獻劍一口,置前,再拜而去。以燭視之,劍長二尺,光澤非常,背有《銘》曰:神劍御,除衆毒。曜遂服之,劍隨時變爲五色也,後曜遂爲胡王矣。

2　汾水又南,與東、西温溪合。水出左右近溪,聲流翼注,水上雜樹交蔭,雲垂煙接。自是水流潭漲,波襄轉泛。又南逕一城東,憑墉積石,側枕汾水,俗謂之代城。又南出二城間,其城角倚,翼枕汾流,世謂之侯莫干城,蓋語出戎方,傳呼失實也。

3　汾水又南逕汾陽縣故城東,川土寬平,峘山夷水。《地理志》曰:汾水出汾陽縣北山,西南流者也。漢高帝十一年,封靳彊爲侯國。後立屯農,積粟在斯,謂之羊腸倉。山有羊腸坂,在晉陽西北,石隥縈行,若羊腸焉,故倉坂取名矣。漢永平中,治呼沱、石臼河。按司馬彪《後漢郡國志》,常山南行唐縣有石臼谷,蓋資承呼沱之水,轉山東之漕,自都慮至羊腸倉,將憑汾水以漕太原,用實秦、晉。苦役連年,轉運所經,凡三百八十九隥,死者無算。拜鄧訓爲謁者,監護水功。訓隱括知其難立,具言肅宗,肅宗從之,全活數千人。和熹鄧后之立,叔父陔以爲訓積善所致也。羊腸即此倉也。又南逕秀容城東。《魏土地記》曰:秀容,胡人徙居之,立秀容護軍治。東去汾水六十里,南與酸水合,水源西出少陽之山,東南流注于汾水。

4　汾水又南出山,東南流,洛陰水注之。水出新興郡,西流逕洛陰城北,又西逕盂縣故城南。《春秋左傳》昭公二十八年,分祁氏七縣爲大夫之邑,以盂丙爲盂大夫。洛陰水又西,逕狼盂縣故城南,王莽之狼調也。左右夾澗幽深,南面大壑,俗謂之狼馬澗。舊斷澗爲城,有南、北門,門闌故壁尚在。洛陰水又西南逕陽曲城北,《魏土地記》曰:陽曲,胡寄居太原界,置陽曲護軍治。其水西南流,注于汾水。汾水又南逕陽曲城西南注也。

東南過晉陽縣東,晉水從縣南東流注之。

5　太原郡治晉陽城,秦莊襄王三年立。《尚書》所謂既脩太原者也。《春秋説題辭》曰:高平曰太原。原,端也,平而有度。《廣雅》②曰:大鹵,太原也。《釋名》曰:地不生物曰鹵,鹵,鑪也。《穀梁傳》曰:中國曰太原,夷狄曰大鹵。《尚書大傳》曰:東原底平,大而高平者謂之太原,郡取稱也。《魏土地記》曰:城東有汾水南流,水東有《晉使持節都督并州諸軍事鎮北將軍太原成王之碑》。水上舊有梁,青荓殞于梁下,豫讓死于津側,亦襄子解衣之所在也。汾水西逕晉陽城南,舊有介子推祠,祠前有碑,廟宇傾頽,惟單碑獨存矣。今文字剥落,無可尋也。

又南,洞過水從東來注之。

6　汾水又南逕梗陽縣故城東,故榆次之梗陽鄉也。魏獻子以邑大夫魏戊也。京相璠曰:梗陽,晉邑也。今太原晉陽縣南六十里榆次界有梗陽城③。汾水又南,即洞過水會者也。

又南過大陵縣東,

7　昔趙武靈王遊大陵,夢處女,鼓琴而歌,想見其人,吳廣進孟姚焉,即于此縣也。王莽改曰大寧矣。汾水于縣左地爲鄔澤。《廣雅》曰:水自汾出爲汾陂。其陂東西四里,南北十餘里,陂南接鄔。《地理志》曰:九澤在北,并州藪也。《吕氏春秋》謂之大陸。又名之曰漚洟之澤,俗謂之鄔城泊。許慎《説文》曰:漹水出西河中陽縣北沙,南入河。即此水也。漹水又會嬰侯之水,《山海經》稱謁戾之山,嬰侯之水出于其陰,北流注于祀水,水出祀山,其水殊源共舍,注于嬰侯之水,亂流逕中都縣南,俗又謂之中都水。侯甲水注之,水發源祁縣胡甲山,有長坂,謂之胡甲嶺,即劉歆《遂初賦》④所謂越侯甲而長驅者也。蔡邕曰:侯甲,亦邑名也,在祁縣。

8　侯甲水又西北歷宜歲郊,逕太谷,謂之太谷水。出谷西北流,逕祁縣故城南,自縣連延,西接鄔澤,是爲祁藪也。即《爾雅》所謂昭餘祁矣,賈辛邑也。辛貌醜,妻不爲言,與之如皐,射雉雙中之則笑也。王莽之示縣也。

9　又西逕京陵縣故城北,王莽更名曰致城矣。于《春秋》爲九原之地也。故《國語》曰:趙文子與叔向遊于九原,曰:死者若可作也,吾誰與歸? 叔向曰:其陽子乎? 文子曰:夫陽子行并植于晉國,不免其身,智不足稱。叔向曰:其舅犯乎? 文子曰:夫舅犯見利不顧其君,仁不足稱。吾其隨會乎? 納諫不忘其師,言身不失其友,事君不援而進,不阿而退。其故京尚存。漢興,增陵于其下,故曰京陵焉。

10　侯甲水又西北逕中都縣故城南,城臨際水湄。《春秋》昭公二年,晉侯執陳無宇于中都者也。漢文帝爲代王,都此。武帝元封四年,上幸中都宮,殿上見光,赦中都死罪以下。侯甲水又西,合于嬰侯之水,逕鄔縣故城南,晉大夫司馬彌牟之邑也。謂之鄔水,俗亦曰慮水,慮、鄔聲相近,故因變焉。又西北入鄔陂,而歸于汾流矣。

又南過平陶縣東,文水從西來流注之。

11　汾水又南與石桐水合,即綿水也。水出界休縣之綿山,北流逕石桐寺西,即介之推之祠也。昔子推逃晉文公之賞,而隱于綿上之山也。晉文公求之不得,乃封綿爲介子推田。曰:以志吾過,且旌善人。因名斯山爲介山。故袁山松《郡國志》曰:界休縣有介山、綿上聚、子推廟。王肅《喪服要記》⑤曰:昔魯哀公祖載其父,孔子問曰:寧設桂樹乎? 哀公曰:不也。桂樹者,起于介子推。子推,晉之人也。文公有內難,出國之狄,子推隨其行,割肉以續軍糧。後文公復國,忽忘子推,子推奉唱而歌,文公始悟,當受爵禄,子推奔介山,抱木而燒死,國人葬之,恐其神魂賈于地,故作桂樹焉。吾父生于宮殿,死于枕席,何用桂樹爲? 余按夫子尚非璠璵送葬,安能間桂樹爲禮乎? 王肅此證,近于誣矣。

12　石桐水又西流注于汾水。汾水又西南逕界休縣故城西,王莽更名之曰界美矣。城東有徵士郭林宗、宋子浚二碑。宋沖以有道司徒徵⑥,林宗縣人也。辟司徒,舉太尉,以疾辭。其《碑》文云:將蹈洪崖之遐迹,紹巢、由之逸軌,翔區外以舒翼,超天衢以高峙,禀命不融,享年四十有二,建寧二年⑦正月丁亥卒。凡我四方同好之人,永懷哀痛,乃樹碑表墓,昭銘景行云。陳留蔡伯喈、范陽盧子幹、扶風馬日磾等,遠來奔喪,持朋友服。心喪期年者如韓子助、宋子浚等二十四人,其餘門人著錫衰者千數。蔡伯喈謂盧子幹、馬日磾曰:吾爲天下碑文多矣,皆有慙容,惟郭有道,無愧于色矣。汾水之右有左部城,側臨汾水,蓋劉淵爲晉都尉所築也。

又南過冠爵津,

13　汾津名也,在界休縣之西南,俗謂之雀鼠谷。數十里間道險隘,水左右悉結偏梁閣道,纍石就路,縈帶巖側,或去水一丈,或高五六尺,上戴山阜,下臨絶澗,俗謂之爲魯般橋,蓋通古之津隘矣,亦在今之地險也。

又南入河東界,又南過永安縣西,

14　故彘縣也,周厲王流于彘,即此城也。王莽更名黃城,漢順帝陽嘉三年,改曰永安。縣,霍伯之都也。

歷唐城東,

15　薛瓚注《漢書》云:堯所都也。東去彘十里。汾水又南與彘水合,水出東北太岳山,《禹貢》所謂岳陽也。即霍太山矣。上有飛廉墓,飛廉以善走事紂,惡來多力見知。周武王伐紂,兼殺惡來。飛廉先爲紂使北方,還無所報,乃壇于霍太山而致命焉。得石棺,《銘》曰:帝令處父,不與殷亂,賜汝石棺以葬。死,遂以葬焉。霍太山有岳廟,廟甚靈,鳥雀不棲其林,猛虎常守其庭,又有靈泉以供祭祀,鼓動則泉流,聲絶則水竭。湘東陰山縣有侯曇山,上有靈壇,壇前有石井深數尺,居常無水,及臨祈禱,則甘泉湧出,周用則已,亦其比也。

16　彘水又西流逕觀阜北,故百邑也。原過之從襄子也,受《竹書》于王澤,以告襄子。襄子齋三日,親自剖竹,有朱書曰:余霍太山山陽侯天使也,三月丙戌,余將使汝反滅智氏,汝亦立我于百邑。襄子拜受三神之命,遂滅智氏,祠三神于百邑,使原過主之,世謂其處爲觀阜也。彘水又西流逕永安縣故城南,西南流,注于汾水。汾水又南逕霍城東，故霍國也。昔晉獻公滅霍，趙夙爲御，霍公求奔齊。晉國大旱，卜之曰：霍太山爲祟。使趙夙召霍君奉祀。晉復穰。蓋霍公求之故居也。汾水又逕趙城西南，穆王以封造父，趙氏自此始也。汾水又南，霍水入焉，水出霍太山，發源成潭，漲七十步而不測其深。西南逕趙城南，西流注于汾水⑧。

又南過楊縣東，

17　澗水東出穀遠縣西山，西南逕霍山南，又西逕楊縣故城北，晉大夫僚安之邑也。應劭曰：故楊侯國。王莽更名有年亭也。其水西流入于汾水。汾水逕楊城西，不于東矣。《魏土地記》曰：平陽郡治楊縣，郡西有汾水南流者是也。

西南過高梁邑西，

18　黑水出黑山，西逕楊城南，又西與巢山水會。《山海經》曰：牛首之山，勞水出焉，西流注于潏水，疑是水也。潏水，即巢山之水也。水源東南出巢山東谷，北逕浮山東，又西北流與勞水合，亂流西北逕高梁城北，西流入于汾水。汾水又南逕高梁故城西，故高梁之墟也。《春秋》僖公二十四年，秦穆公納公子重耳于晉，害懷公于此。《竹書紀年》：晉出公十三年，智伯瑤城高梁，漢高帝十二年以爲侯國，封恭侯酈疥于斯邑也。

又南過平陽縣東，

19　汾水又南逕白馬城西，魏刑白馬而築之，故世謂之白馬城。今平陽郡治。汾水又南逕平陽縣故城東，晉大夫趙鼂之故邑也。應劭曰：縣在平河之陽，堯、舜立都之也。《竹書紀年》：晉烈公元年，韓武子都平陽。漢昭帝封度遼將軍范明友爲侯國，王莽之香平也。魏立平陽郡，治此矣。水側有堯廟，廟前有碑。《魏土地記》曰：平陽城東十里，汾水東原上有小臺，臺上有堯神屋石碑。永嘉三年，劉淵徙平陽，于汾水得白玉印，方四寸，高二寸二分，龍紐。其文曰：有新寶之印，王莽所造也。淵以爲天授，改永鳳二年爲河瑞元年。

20　汾水南與平水合，水出平陽縣西壺口山，《尚書》所謂壺口治梁及岐也。其水東逕狐谷亭北，春秋時，狄侵晉，取狐廚者也。又東逕平陽城南，東入汾。俗以爲晉水，非也。汾水又南歷襄陵縣故城西，晉大夫郤犨之邑也，故其地有犨氏鄉亭矣。西北有晉襄公陵，縣，蓋即陵以命氏也。王莽更名曰幹昌矣。

又南過臨汾縣東，

21　天井水出東陘山西南，北有長嶺，嶺上東西有通道，即鈃隥也。《穆天子傳》曰：乙酉，天子西絕鈃隥，西南至鹽是也。其水三泉奇發，西北流，總成一川，西逕堯城南，又西流入汾。

又屈從縣南西流，

22 汾水又逕絳縣故城北，《竹書紀年》：梁武王二十五年[9]，絳中地坼，西絶于汾，汾水西逕虒祁宫北，横水有故梁，截汾水中，凡有三十柱，柱徑五尺，裁與水平，蓋晉平公之故梁也。物在水，故能持久而不敗也。又西逕魏正平郡南，故東雍州治。太和中，皇都徙洛，罷州立郡矣。又西逕王澤，澮水入焉。

又西過長脩縣南，

23 汾水又西與古水合，水出臨汾縣故城西黄阜下，其大若輪，西南流，故溝横出焉，東注于汾，今無水。又西南逕魏正平郡北，又西逕荀城東，古荀國也。《汲郡古文》：晉武公滅荀以賜大夫原氏也。古水又西南入于汾。汾水又西南逕長脩縣故城南，漢高帝十一年以爲侯國，封杜恬也。有脩水出縣南，而西南流入汾。

24 汾水又西逕清原城北，故清陽亭也。城北有清原，晉侯蒐清原，作三軍處也。汾水又逕冀亭南，昔臼季使，過冀野，見郤缺耨，其妻饁之，相敬如賓，言之文公，文公命之爲卿，復與之冀。京相璠曰：今河東皮氏縣有冀亭，古之冀國所都也。杜預《釋地》曰：平陽皮氏縣東北有冀亭，即此亭也。

25 汾水又西與華水合，水出北山華谷，西南流逕一故城西，俗謂之梗陽城，非也。梗陽在榆次不在此。按《故漢上谷長史侯相碑》云：侯氏出自倉頡之後，踰殷歷周，各以氏分，或著楚、魏，或顯齊、秦，晉卿士蔿，斯其胄也。食采華陽，今蒲坂北亭，即是城也。其水西南流注于汾。汾水又逕稷山北，在水南四十許里，山東西二十里，南北三十里，高十三里，西去介山十五里。山上有稷祠，山下稷亭。《春秋》宣公十五年，秦桓公伐晉，晉侯治兵于稷，以畧狄土是也。

又西過皮氏縣南，

26 汾水西逕鄈丘北，故漢氏之方澤也。賈逵云：漢法，三年祭地。汾陰方澤，澤中有方丘，故謂之方澤。丘即鄈丘也。許慎《説文》稱從邑，癸聲。河東臨汾地名矣，在介山北，山即汾山也。其山特立，周七十里，高三十里。文穎言在皮氏縣東南，則可三十里，乃非也。今準此山可高十餘里，山上有神廟，廟側有靈泉，祈祭之日，周而不耗，世亦謂之子推祠。揚雄《河東賦》曰：靈輿安步，周流容與，以覽于介山，嗟文公而愍推兮，勤大禹于龍門。《晉太康記》及《地道記》與《永初記》，竝言子推所逃隱于是山，即實非也。余按介推所隱者，綿山也。文公環而封之，爲介推田，號其山爲介山。杜預曰：在西河界休縣者是也。

27 汾水又西逕耿鄉城北，故殷都也。帝祖乙自相徙此，爲河所毁，故《書》叙曰：祖乙圮于耿。杜預曰：平陽皮氏縣東南耿鄉是也。盤庚以耿在河北，迫近山川，乃自耿遷亳。晉獻公滅耿,以封趙夙,後襄子與韓、魏分晉,韓康子居平陽,魏桓子都安邑,號爲三晉,此其一也。漢武帝行幸河東,濟汾河,作《秋風辭》于斯水之上。汾水又西逕皮氏縣南,《竹書紀年》:魏襄王十二年,秦公孫爰率師伐我,圍皮氏,翟章率師救皮氏圍,疾西風。十三年,城皮氏者也。漢河東太守潘係穿渠引汾水以漑皮氏縣,故渠尚存,今無水也。

又西至汾陰縣北,西注于河。

28　水南有長阜,背汾帶河,阜長四五里,廣二里餘,高十丈,汾水歷其陰,西入河。《漢書》謂之汾陰脽。應劭曰:脽,丘類也。汾陰男子公孫祥望氣,寶物之精上見,祥言之于武帝,武帝于水獲寶鼎焉。遷于甘泉宮,改其年曰元鼎,即此處。

【注　釋】　①汾水出焉　此處有佚文一條。《御覽》卷四十五《地部》十《管涔山》引《水經注》:"管涔山,汾水所出,土人亦云箕管山,見多管草以爲名。"但《水經注疏》認爲此非《水經注》佚文:"酈《注》完備無缺,此當他書之文誤爲《水經注》。"②廣雅　書名。三國魏張揖撰,《隋書·經籍志》著錄作三卷,《兩唐志》著錄均作十卷。今通行本作十卷,或是後人分裂而成。張揖撰《廣雅》,實爲補充《爾雅》之不足,故內容較《爾雅》更爲廣博,是中國最早的辭書之一。③今太原晉陽縣句　此處有佚文一條。《名勝志·山西》卷二《太原府屬縣·清源縣》引《水經注》:"有白石山水、中隱水,俱來注之。"當是此段中佚文。④遂初賦　詞賦名。西漢劉歆撰。劉歆字子駿,沛(今江蘇沛縣)人,與父劉向共享文名。其著述多亡佚,此賦尚存,收入於《古文苑》卷五。⑤喪服要記　書名。三國魏王肅撰,《隋書·經籍志》著錄一卷。但晉賀循亦撰《喪服要記》十卷。二書均已亡佚。王肅書今尚有馬氏輯本。⑥宋沖以有道司徒徵　殿本戴震在此處有案語:"此句有脫誤,未詳。"⑦二年　《水經注疏》作"七年"。《疏》:"趙云,按《漢隸字源》載此碑,作乙亥,《文選》同。《後漢書·靈帝紀》,建寧四年正月甲子,是有乙亥,無丁亥,《注》文誤。守敬按,《隸釋》載此碑作年四十有三,建寧四年正月丁亥卒。宋時大碑尚存,洪氏親見其碑,與酈氏合,故無說。"⑧西流注于汾水　此處有佚文一條。《寰宇記》卷四十三《河東道》四《晉州·洪洞縣》引《水經注》:"霍水源出趙城縣東三十八里廣勝寺大郎神,西流至洪洞縣。"五校鈔本、七校本均已在此處加入此句。⑨梁武王二十五年　據《水經注疏》,梁無武王,當作"惠成王","二十五年"即公元前三四五年。

【語　譯】

汾水出太原汾陽縣北管涔山,

1　《山海經》說:《北次二經》的第一座山,在河水以東,山頭靠近汾水岸邊。這座山叫管涔山,山上不長樹木,山下多玉,汾水就發源於此,西流注入河水。《十三州志》說:汾水發源於武州的燕京山。也是管涔山的異名。這座山重巒疊障,巨巖峻壁,蔓草叢生,卻不長樹木。水源從南麓之下流出時,不過是涓涓細流罷了。又西南流,兩岸山脈連綿,峰巒緊密相接。劉淵的同宗子侄劉曜,曾隱避在管涔山上。

夜裡,忽然進來兩個小孩,向他下跪稟告道:管涔王差我們倆拜謁趙皇帝。於是獻上一把寶劍,放在他面前,又拜了兩拜才辭去。劉曜點起蠟燭看劍,劍長二尺,光澤照人。劍背上的銘文刻道:佩帶神劍,可除各種邪毒。劉曜就把此劍佩在身上,這把神劍隨時都能變幻五彩,光輝熠熠。後來劉曜就當了胡人的帝王了。

2　汾水又南流,與東溫溪、西溫溪匯合。這兩條溪水都發源於鄰近一帶的小溪,發出淙淙的水聲從兩邊流來,水上各種雜樹繁蔭交錯,就像一片雲煙。二水匯合後水流盛大,波濤升漲氾濫。又南流經一座城東,城腳疊砌了許多巖石,城邊瀕臨汾水,民間稱為代城。又南流,從二城之間流出。這兩座城互成犄角之勢,坐落在汾水兩岸,世人稱為侯莫干城,這是因為城名原就來自戎族語言,流傳失實之故。

3　汾水又南流經汾陽縣老城東。這裡土地寬廣平曠,山小而高,水緩而靜。《地理志》說:汾水發源於汾陽縣北山,西南流。漢高帝十一年(公元前一九六年),將汾陽封給靳彊為侯國。後來屯田農墾,把糧食都屯積在這裡,稱為羊腸倉。山上有羊腸坂,在晉陽西北,山徑石級盤桓曲折,好像羊腸一般,所以糧倉和山坡都因此得名。漢永平年間(公元五八—七五年),治理呼沱、石臼河。按司馬彪《後漢書·郡國志》,常山南行唐縣有石臼谷,當時是想憑藉呼沱河水,轉運山東的漕米,從都慮到羊腸倉,企圖利用汾水運糧到太原,以補秦、晉的不足。開鑿水道連年苦役,轉運所經的水道中,有三百八十九個險隘之處,工程死人無數。於是任命鄧訓為謁者,監督水道工程。鄧訓審度後,知道難以成功,就詳盡地稟報肅宗,肅宗也聽取了他的意見,終止了這項工程,使數千人得以保全性命。和帝時他女兒立為鄧后,叔父鄧陔以為這是鄧訓積德行善的好報。這裡提到的就是這座羊腸倉。又南流,經秀容城東。《魏土地記》說:秀容,胡人遷居於此,設立秀容護軍治。這裡東距汾水六十里,汾水南流與酸水匯合。酸水發源於西方的少陽山,東南流注入汾水。

4　汾水又南流出山,東南流,洛陰水注入。洛陰水發源於新興郡,西流經洛陰城北,又西流經盂縣老城南。《春秋左傳》昭公二十八年(公元前五一四年),把祁氏的田地分為七縣,作為大夫的食邑,並以盂丙為盂大夫。洛陰水又西流,流經狼孟縣老城南,就是王莽時的狼調。老城左右兩邊都是幽深的山澗,南對大溝,民間稱為狼馬澗。舊時截斷山澗築城,有南門、北門,城門和老城牆還在。洛陰水又西南流經陽曲城北。《魏土地記》說:陽曲的胡人寄居在太原邊界,設置了陽曲護軍治。洛陰水西南流,注入汾水。汾水又南流經陽曲城向西南流去。

東南過晉陽縣東,晉水從縣南東流注之。

5　太原郡治晉陽城,是秦莊襄王三年(公元前二四七年)設置的。《尚書》所說的既修太原,即指此城。《春秋說題辭》說:地勢高而平坦,叫太原。原,就是端正的意思,平坦而有一定的程度。《廣雅》說：大片的斥鹵之地，就是太原。《釋名》說：土地不生長植物，叫鹵。鹵，就是火爐，《穀梁傳》說：中國叫太原，夷狄叫大鹵。《尚書大傳》說：東原的洪水已經治平了。土地遼闊高大而且平坦，稱為太原，郡也因而取名。《魏土地記》說：城東有汾水南流，汾水東岸有“晉使持節都督并州諸軍事鎮北將軍太原成王之碑”。水上舊時有橋，青荓就死在橋下，豫讓則死於橋邊，這也是趙襄子脫衣的地方。汾水西流經晉陽城南，從前有介子推祠。祠前有碑，但廟宇已經坍毀，只有這塊孤零零的石碑還豎立著。但如今文字也都剝落，無法辨認了。

又南，洞過水從東來注之。

6　汾水又南流經梗陽縣老城東，這裡從前是榆次的梗陽鄉。魏獻子把它賜給大夫魏戊作為食邑。京相璠說：梗陽，是晉國的城邑。今天太原郡晉陽縣南六十里榆次的邊界上有梗陽城。汾水又南流，就是洞過水匯合的地點。

又南過大陵縣東，

7　從前趙武靈王遊覽大陵，夢見有個姑娘在彈琴歌唱，他很想見見那位姑娘，於是吳廣將自己女兒孟姚獻給他，這件事就發生在這裡。王莽時改名稱為大寧。汾水在該縣向左分支流出，積潦成鄔澤。《廣雅》說：水從汾水分流而出，積成汾陂。這片陂塘東西四里，南北十餘里，陂塘南與鄔澤相連接。《地理志》說：九澤在北，是并州的大澤。《呂氏春秋》稱為大陸，又名為漚洟澤，民間則稱為鄔城泊。許慎《說文》說：漹水發源於西河中陽縣北沙，南流入河。說的就是此水。漹水又與嬰侯水匯合。《山海經》說，謁戾山，嬰侯水發源於它的北麓，北流注入祀水。祀水發源於祀山，這條水有幾個不同的源頭，合為一條後流注於嬰侯水，亂流經中都縣南，民間又稱為中都水。侯甲水注入。侯甲水發源於祁縣胡甲山，有一條很長的山坡，稱為胡甲嶺，就是劉歆《遂初賦》所說的：越過侯甲山而向前挺進。蔡邕說：侯甲，也是個城名，在祁縣。

8　侯甲水又西北流過宜歲郊，流經太谷，稱為太谷水。流出山谷後往西北流，流經祁縣老城南，從縣城向西延伸，與鄔澤相連接，就形成祁藪。這就是《爾雅》所謂的昭餘祁了。祁縣是賈辛的食邑。賈辛相貌醜陋，妻子不同他講話，但同她一起到沼澤岸邊射雉，兩人都射中時才嫣然一笑。祁縣即王莽時的示縣。

9　又西流經京陵縣老城北，王莽改名為致城。在《春秋》裡，這是九原地方。所以《國語》說：趙文子與叔向在九原遊覽，他對叔向說：如果死人會復活的話，我該隨著誰走呢？叔向說：想來陽子也許可以吧？文子說：陽子在晉國專權而剛愎自用，不能免於殺身之禍，他的智慧不值得稱道。叔向說：那麼舅犯可以吧？文子說：舅犯見到利益就不顧他的君主，仁德不值得稱道。我還是同隨會為好吧？隨會接受批評,不忘記老師;考慮自身利益,不忘記朋友;服務君主,不攀附他人而進身,也不曲意逢迎而引退。他舊時的墓地還在。漢朝興起後,在下面增建陵墓,所以叫京陵。

10　侯甲水又西北流經中都縣老城南,此城瀕臨水濱。《春秋》昭公二年(公元前五四〇年),晉侯在中都逮捕了陳無宇,即指此城。漢文帝封為代王時,就建都在這裡。武帝元封四年(公元前一〇七年),皇上臨幸中都宮,宮殿上有祥光出現,因而赦免中都死罪以下的罪犯。侯甲水又西流,與嬰侯水匯合。匯合後流經鄔縣老城南鄔縣是晉大夫司馬彌牟的食邑稱為鄔水,民間也叫慮水,慮與鄔音近,所以字也改變了。水又西北流,注入鄔陂,然後流入汾水。

又南過平陶縣東,文水從西來流注之。

11　汾水又南流,與石桐水相匯合,就是綿水。綿水發源於界休縣的綿山,北流經石桐寺西,這就是介子推的祠。從前介子推逃避晉文公的賞賜,隱居於綿上山上。晉文公找不到他,於是把綿立為介子推田。他說:留下這地方來表示我的過失,同時也用以旌表好人。因此把這座山叫介山。所以袁山松《郡國志》說:界休縣有介山、綿上聚、子推廟。王肅《喪服要記》說:從前魯哀公祭路神,以車載他父親的遺體。孔子問道:要立一棵桂樹嗎? 哀公說:不用了。桂樹起於介子推。介子推是晉國人。文公遇到國內有難,出國逃避到狄去。子推隨著他出走,因軍糧吃完了,就割下自己身上的肉給文公吃。後來文公回國,因疏忽而忘記了子推。子推獻唱了一首歌,文公方才醒悟,子推應當受封爵祿。但他卻逃入介山,抱樹被燒死了。國人安葬他時,恐怕他的魂魄會倒地而滅,所以立了桂樹。我父親生活在宮殿裡,死在床席之間,哪裡用得著桂樹呢? 我查考過,夫子甚至反對用美玉來送葬,怎麼能詢問以桂樹做葬禮呢? 王肅這番證詞,有點近於誣衊了。

12　石桐水又西流,注入汾水。汾水又西南流經界休縣老城西,王莽時改名為界美。城東有郭林宗、朱子浚兩位不肯應聘做官的士人的石碑。宋沖受徵召為有道司徒,郭林宗是本縣人,徵召他當司徒,授以太尉的官職,他都藉口有病辭謝了。他的碑文說:他步仙人洪崖的後塵,走高士巢父、許由的道路,展翅高翔於絕塵的天外,超越飛黃騰達之路而傲然獨峙。享壽不長,只活到四十二歲。建寧二年(公元一六九年)正月丁亥日亡故。凡是來自四面八方與我們志同道合的人,心中永遠懷著哀痛之情,在墓前立碑,以旌表他的崇高德行。陳留蔡伯喈、范陽盧子幹、扶風馬日磾等,遠來奔喪,穿朋友身分的喪服。守心喪滿一年的,如韓子助、宋子浚等二十四人,其餘門人披麻戴孝的,人數以千計。蔡伯喈對盧子幹、馬日磾說:我作的碑文很多,但想起來都有點慚愧,只有為郭有道寫這篇碑文,可以毫無愧色了。

汾水右岸有左部城,傍倚著汾水,這是劉淵當晉國都尉時所築。

又南過冠爵津,

13　冠爵津是汾水上的渡口名,在界休縣西南,民間稱為雀鼠谷。山谷裡數十里長的小路險阻難行,汾水左右兩邊都架設了險橋和棧道,沿著彎彎曲曲的崖邊,用巖石砌疊起來築路,有時距水面一丈,有時高只有五六尺。仰望是險岡,俯視是絕澗,民間稱為魯般橋,自古以來就是到渡口去的險道,當今也是險要之地。

又南入河東界,又南過永安縣西,

14　永安縣,即舊時的彘縣,周厲王流放到彘,就是這座城。王莽時改名黃城。漢順帝陽嘉三年(公元一三四年),改名永安。這也是霍伯的都城。

歷唐城東,

15　薛瓚注《漢書》說:堯曾建都於此。唐城東距彘十里。汾水又南流,與彘水匯合。彘水發源於東北方的太岳山,就是《禹貢》所謂的岳陽,即霍太山。山上有飛廉墓。飛廉以善於行路為紂王效力,惡來以身強力壯而知名。周武王討伐紂王,同時也殺了惡來。飛廉早先為紂王出使北方,回來後卻沒有人可以彙報了。於是就在霍太山築壇致祭,以身殉紂。他在修築祭壇的時候,挖掘到一口石棺,刻著這些字樣:天帝命令你老人家不要參預殷朝的動亂,賜你石棺安葬。飛廉死後,就把他葬在石棺中。霍太山有奉祀山神的廟宇,十分靈驗,鳥雀不在那裡的山林棲息,猛虎常常在廟宇的庭院裡守護。又有靈泉可供祭祀之用,鼓聲一響,泉水就流出來;鼓聲停止,泉水也就枯竭了。湘東陰山縣有一座侯曇山,山上有個靈壇。壇前有一口石井,深約數尺。平常井裡無水,但有人祈禱時,就有甘冽的泉水湧出來。大家都用夠了,水也停了。也是同一類的事。

16　彘水又西流經觀阜北,這就是先前的百邑。原過隨從趙襄子,在王澤接受了竹書,他把此事報告了襄子。襄子設齋三日,親自剖開竹子,裡面有朱紅色的字,寫道:我是霍太山山陽侯,是天帝的使者。三月丙戌日,我將派你回去消滅智氏,你也要在百邑為我立祠。襄子跪拜接受三神的使命,消滅了智氏,在百邑為三神立祠,讓原過主持祭祀,世人稱那地方為觀阜。彘水又西流經永安縣老城南,西南流,注入汾水。汾水又南流經霍城東,這裡就是舊時的霍國。從前晉獻公滅了霍國,趙夙駕車,霍公求逃奔到齊國去。晉國大旱,請巫師占卜,說是因為霍太山作祟。於是派遣趙夙召請霍君回來主持祭祀,晉國才又獲得了豐收。霍城是從前霍公求定居的地方。汾水又流經趙城西南,穆王將趙城封給造父,趙氏就是從此開始的。汾水又南流,霍水注入。霍水發源於霍太山,流水積成深潭,寬七十步,深不可測。霍水西南流經趙城南,西注汾水。

又南過楊縣東，

17　澗水發源於東方穀遠縣的西山，西南流經霍山南，又西流經楊縣老城北。這是晉
國大夫僚安的食邑。應劭說：這是從前的楊侯國。王莽改名為有年亭。澗水西流
注入汾水。汾水流經楊城西，而不是流經城東。《魏土地記》說：平陽郡，郡治在楊
縣，郡西有汾水南流。

西南過高梁邑西，

18　黑水發源於黑山，西流經楊城南；又西流，與巢山水匯合。《山海經》說：牛首山是
勞水的發源地，西流注入潏水，想來可能就是這條水。潏水，就是巢山水。水源出
自東南方的巢山東谷，北流經浮山東，又西北流與勞水匯合，往西北亂流，流經高
梁城北，西流注入汾水。汾水又南流經高梁老城西，就是舊時的高梁墟。《春秋》
僖公二十四年（公元前六三六年），秦穆公接納了晉國的公子重耳，並在這裡殺害了
懷公。《竹書紀年》載：晉出公十三年（公元前四六二年），智伯瑤在高梁築城。漢高
帝十二年（公元前一九五年），將高梁立為侯國，封給恭侯酈疥。

又南過平陽縣東，

19　汾水又南流經白馬城西，魏殺白馬祭祀後築了此城，所以世人稱為白馬城。現在
是平陽郡的治所。汾水又南流經平陽縣老城東，是晉大夫趙壼從前的食邑。應劭
說：該縣坐落在平河北岸，堯、舜都曾在這裡建都過。《竹書紀年》：晉烈公元年（公
元前四一五年），韓武子建都於平陽。漢昭帝將平陽封給度遼將軍范明友為侯國，就
是王莽時的香平。魏立為平陽郡，治所就在這裡。水邊有堯的祠廟，廟前有碑。
《魏土地記》說：平陽城東十里，汾水東岸的平原上有一座小臺，臺上有堯廟的石
碑。永嘉三年（公元三〇九年），劉淵遷都平陽，在汾水得到一方白玉印，大小四寸見
方，高二寸二分，上雕龍形印紐。印文刻的是：有新寶之印，原來是王莽所製。劉
淵以為這是上天所授，於是把永鳳二年（公元三〇九年）改為河瑞元年。

20　汾水南流與平水匯合。平水發源於平陽縣西方的壺口山，就是《尚書》所謂的繼壺
口山之後，又治理了梁山及岐山。平水東流經狐谷亭北，春秋時，狄族入侵晉國，
奪取了狐廚。又東流經平陽城南，東流注入汾水。民間以為這是晉水，那是弄錯
了。汾水又南流過襄陵縣老城西。這是晉大夫郤犨的食邑，所以那裡有犨氏鄉
亭。西北有晉襄公陵，襄陵縣就是以陵墓命名的。王莽時改名為幹昌。

又南過臨汾縣東，

21　天井水發源於東陘山西南，北有長嶺，嶺上有一條東西向的通道，這就是鈃陘。
《穆天子傳》說：乙酉日，天子西行，越過鈃陘，往西南到鹽，指的就是這地方。這條

水的源頭有三道奇泉湧出,西北流匯合成一條,西流經堯城南,又西流注入汾水。

又屈從縣南西流,

22　汾水又流經絳縣老城北,《竹書紀年》載:梁武王二十五年,絳中地面開裂,延伸跨過汾水。汾水西流經虒祁宮北,橫駕在水上有一條老橋,截斷汾水,共有三十根橋柱,橋柱周長五尺,剛好與水面一樣高,這是晉平公時的老橋。木頭浸在水裡,所以能經久不腐。又西流,流經魏正平郡南,舊時是東雍州的治所。太和年間(公元四七七—四九九年),國都遷往洛陽,廢州而另立為郡。又西流經王澤,澮水注入。

又西過長脩縣南,

23　汾水又西流與古水匯合。古水發源於臨汾縣老城西黃阜下,水流之大有如車輪,西南流,有故溝橫流而出,東流注入汾水,今天已枯竭無水了。又西南流經魏正平郡北,又西流經荀城東,這裡是古代的荀國。據《汲郡古文》,晉武公滅荀,把它賜給大夫原氏。古水又西南流,注入汾水。汾水又西南流經長脩縣老城南,漢高帝十一年(公元前一九六年),將它立為侯國,封給杜恬。有脩水發源於縣南,西南流,注入汾水。

24　汾水又西流經清原城北,這是舊時的清陽亭。城北有清原,晉侯在清原打獵,建立三軍,就是在這地方。汾水又流經冀亭南,從前臼季奉使經過冀野,看見郤缺在田間耨草,他妻子給他送飯,兩人相敬如賓,於是告訴文公,文公就任命郤缺做大臣,並將冀這地方賜給他。京相璠說:現在河東郡皮氏縣東北有冀亭,是古代冀國建都的地方。杜預《釋地》說:平陽郡皮氏縣東北有冀亭,就是此亭。

25　汾水又西流,與華水匯合。華水發源於北山華谷,西南流經一座老城西,民間稱為梗陽城,是弄錯了。梗陽在榆次,不在這裡。據"故漢上谷長史侯相碑"說:侯氏出身於倉頡的後代,經商、周兩朝,各支系分成不同的姓氏,有的在楚國或魏國出名,有的在齊國和秦國顯耀,晉國大臣士蒍,也是這個氏族的後代。他的食邑華陽,即今天蒲坂的北亭,也就是此城。華水西南流注入汾水。汾水又流經稷山北,此山在水南四十來里,山東西寬二十里,南北長三十里,高十三里,西距介山十五里。山上有稷祠,山下有稷亭。《春秋》宣公十五年(公元前五九四年),秦桓公攻打晉國,晉侯在稷練兵,強奪狄族的土地,說的就是這件事。

又西過皮氏縣南,

26　汾水西流經郖丘北,這裡從前是漢代的方澤。賈逵說:漢朝習俗,每三年要在汾陰的方澤舉行祭地。澤中有個方丘,所以稱為方澤。這個山丘,也就是郖丘。許慎《說文》說:郖字偏旁從邑,讀作癸。是河東郡臨汾縣的地名,在介山北;介山也就是汾山。這座山巍然高聳於群山之上,周圍七十里,高三十里。文穎認為,說介山在皮氏縣東南倒還差不多,說它高三十里那就不對了。現在據目測,此山高約十餘里,山上有神廟,廟旁有靈泉,在祈禱祭祀那天,泉水源源不斷,世人也稱之為子推祠。揚雄《河東賦》說:天子的車駕緩緩前行,在四周從容不迫地漫遊,在介山觀賞風光。他為文公嗟嘆,為介子推而悲傷,並在龍門稱頌大禹的辛勞。《晉太康地記》及《地道記》、《永初記》,都說介子推逃避隱居於此山,但以史實來印證,卻不在這裡。我查考過,介子推所隱居的地方,其實是綿山。文公繞山劃定疆界,稱為介推田,名此山為介山。杜預說:在西河郡界休縣那座山才是介山。

27　汾水又西流經耿鄉城北,古時是殷商的都城。帝祖乙從相遷移到這裡,被河水沖毀,所以《尚書·敘》說:祖乙在耿的都城被沖毀了。杜預說:耿,就是平陽郡皮氏縣東南的耿鄉。盤庚以為耿在河北,近山臨水,地極狹隘,於是從耿遷都於亳。晉獻公滅了耿,把它封給趙夙,後來趙襄子與韓、魏瓜分了晉國,韓康子居於平陽,魏桓子建都安邑,號稱三晉,這裡就是其中之一。漢武帝巡行河東,渡過汾水,就在汾水上作《秋風辭》。汾水又西流經皮氏縣南。《竹書紀年》:魏襄王十二年(公元前三〇七年),秦國公孫爰率軍攻打中國,包圍了皮氏縣城,翟章領兵援救皮氏縣之圍,當時西風猛烈。十三年(公元前三〇六年)給皮氏縣築城。漢河東太守潘係鑿渠引汾水來灌溉皮氏縣,老渠道還在,但今天沒有水了。

又西至汾陰縣北,西注于河。

28　汾水以南有一條長長的山岡,背依汾水,河水從旁繞過。山岡長四五里,寬二里餘,高十丈。汾水流經山北,西注河水。《漢書》把這道長長的山岡叫做汾陰脽。應劭說:脽,是丘陵的一類。汾陰男子公孫祥能望氣,他看到寶物的靈光浮現在上頭,就去稟報武帝。武帝在水裡撈到一隻寶鼎。他把寶鼎搬到甘泉宮,改年號為元鼎,就在這地方。

澮　水

澮水出河東絳縣東澮交東高山,

1　澮水東出絳高山,亦曰河南山,又曰澮山。西逕翼城南。按《詩譜》言:晉穆侯遷都于絳,暨孫孝侯,改絳為翼,翼為晉之舊都也。後獻公北廣其城,方二里,又命之為絳。故司馬遷《史記·年表》稱,獻公九年,始城絳都。《左傳》莊公二十六年,晉士蔿城絳以深其宮是也。其水又西南合黑水,水導源東北黑水谷,西南流逕翼城北,右引北川水,水出平川,南流注之,亂流西南入澮水。

2　澮水又西南與諸水合,謂之澮交。《竹書紀年》曰:莊伯十二年,翼侯焚曲沃之禾而還,作爲文公也①。又有賀水,東出近川,西南至澮交入澮。又有高泉水,出東南近川,西北趣澮交注澮。又南,紫谷水東出白馬山白馬川。《遁甲開山圖》曰:絳山東距白馬山。謂是山也。西逕熒庭城南,而西出紫谷,與乾河合,即教水之枝川也。《史記‧白起傳》稱,涉河取韓安邑,東至乾河是也。其水西與田川水合,水出東溪,西北至澮交入澮。又有于家水出于家谷。《竹書紀年》曰:莊伯以曲沃叛,伐翼,公子萬救翼,荀叔軫追之至于家谷。有范壁水出于壁下,並西北流,至翼廣城。昔晉軍北入翼,廣築之,因即其姓以名之②。二水合而西北流,至澮交入澮。

3　澮水又西南與絳水合,俗謂之白水,非也。水出絳山東,寒泉奮湧,揚波北注,懸流奔壑,一十許丈。青崖若點黛,素湍如委練,望之極爲奇觀矣。其水西北流注于澮。應劭曰:絳水出絳縣西南,蓋以故絳爲言也。《史記》稱,智伯率韓、魏引水灌晉陽,不没者三版。智氏曰:吾始不知水可以亡人國,今乃知之。汾水可以浸安邑,絳水可以浸平陽。時,韓居平陽,魏都安邑,魏桓子肘韓康子,韓康子履魏桓子,肘足接于車上,而智氏以亡。魯定公問,一言可以喪邦,有諸?孔子以爲幾乎,余覩智氏之談矣。汾水灌安邑,或亦有之;絳水灌平陽,未識所由也。

西過其縣南,

4　《春秋》成公六年,晉景公謀去故絳,欲居郇、瑕。韓獻子曰:土薄水淺,不如新田,有汾、澮以流其惡。遂居新田。又謂之絳,即絳陽也。蓋在絳、澮之陽。漢高帝六年,封越騎將軍華無害爲侯國。縣南對絳山,面背二水。《古文瑣語》③曰:晉平公與齊景公乘至于澮上,見乘白駿八駟以來,有大④貍身狐尾,隨平公之車。公問師曠,對首陽之神,有大貍身狐尾,其名曰者,飲酒得福,則徵之,蓋于是水之上也。

又西南過虒祁宮南,

5　宮在新田絳縣故城西四十里,晉平公之所搆也。時有石言于魏榆,晉侯以問師曠,曠曰:石不能言,或憑焉。臣聞之,作事不時,怨讟動于民,則有非言之物言也。今宮室崇侈,民力彫盡,石言不亦宜乎。叔向以爲子野之言,君子矣。其宮也,背汾面澮,西則兩川之交會也。《竹書紀年》曰:晉出公五年,澮絕于梁,即是水也。

又西至王澤,注于汾水。

6　晉智伯瑤攻趙襄子,襄子奔保晉陽,原過後至,遇三人于此澤,自帶以下不見,持竹二節與原過曰:爲我遺無邮。原過受之于是澤,所謂王澤也。

【注　釋】　①作為文公也　殿本戴震在此處有案語:“此句有訛舛,未詳。”《水經注疏》在此處疏:“趙云,‘作’字疑誤。守敬按,不獨末句有誤,上有澮交,不涉翼侯及曲沃事,則引《竹書》于此為無

著,當是錯簡。"語譯亦略去未譯。②因即其姓以名之　原句有誤,此按《疏》注譯出。③古文瑣語
書名。是《汲冢書》之一,與《竹書紀年》同時出土。《晉書・束晳傳》:汲郡人得《竹書》,《瑣語》十一
篇,記諸國卜夢妖怪相書也。已亡佚。今有馬氏輯本一卷。④大　《胡適手稿》第四集上册《記鐵琴
銅劍樓瞿氏藏明鈔本水經注》文,胡氏據此本,認為"大"是"犬"之誤。此說在校勘上甚有價值。因
"大"與"犬"字形相似,極易致誤。此段《注》文中前後兩"大"字改為"犬"字,不僅文義可釋,句讀亦
甚分明。

【語　譯】

澮水出河東絳縣東澮交東高山,

1　澮水發源於東方的絳高山,也稱河南山,又叫澮山,西流經翼城南。據《詩譜》說:
　　晉穆侯遷都於絳,到了孫子孝侯時,把絳改名為翼。翼是晉國的舊都。後來獻公
　　把此城向北擴展,方圓二里,又稱為絳了。所以司馬遷《史記・年表》說:獻公九年
　　(公元前六六八年),方才在絳都築城。《左傳》莊公二十六年(公元前六六八年),晉國
　　士蒍為絳築城,以便把他的宮殿造得更加深廣。澮水又西南流,與黑水匯合。黑
　　水發源於東北方的黑水谷,西南流,流經翼城北,右岸引入北川水。北川水發源於
　　平原,南流,往西南亂流注入澮水。

2　澮水又西南流,與諸水匯合,稱為澮交。《竹書紀年》說:莊伯十二年,翼侯焚燒了
　　曲沃的莊稼退回。……又有一條賀水,發源於東方近處的溪流,西南流,到澮交注
　　入澮水。又有高泉水,發源於東南近處的溪澗,西北流向澮交,注入澮水。澮水又
　　南流,紫谷水發源於東方白馬山的白馬川。《遁甲開山圖》說:絳山東與白馬山相
　　隔。說的就是此山。紫谷水流經熒庭城南,往西流出紫谷,與教水的支流乾河匯
　　合。《史記・白起傳》說:涉水過河,攻下韓國的安邑,東到乾河為止,說的即此河。
　　此水西流與田川水匯合。田川水發源於東溪,西北流到澮交,注入澮水。又有于
　　家水發源於于家谷。《竹書紀年》說:莊伯據有曲沃,起兵反叛,攻打翼。公子萬前
　　來救援,荀叔軫隨後追擊,直到于家谷。有范壁水發源於壁下,二水都往西北流,
　　流到翼廣城。從前晉軍北上攻入翼,擴大修築此城,所以叫翼廣城。二水匯合後
　　西北流,到澮交注入澮水。

3　澮水又西南流,與絳水匯合,民間稱絳水為白水,是弄錯的。絳水發源於絳山東,
　　寒冷的泉水洶湧奔流,波浪滔滔地北流而去,從高達十來丈的懸崖奔瀉而下,直奔
　　深谷。蒼黝的崖壁有如畫圖中點上的青黛,白如霜雪的瀑布像是懸掛著的白絹,
　　縱目眺望,真是壯觀極了。絳水西北流注入澮水。應劭說:絳水發源於絳縣西南,
　　這是就舊絳城所說的。《史記》說:智伯率領了韓、魏兩國軍隊引水來淹沒晉陽,城
　　牆沒有淹沒的約有二丈餘。智伯說:我先前不知道水可以滅亡別人的國家,現在

才知道了。汾水可以淹沒安邑,絳水可以淹沒平陽。當時韓國建都於平陽,魏國建都於安邑。魏桓子用手肘碰碰韓康子,韓康子用鞋子踏踏魏桓子,兩人的手腳在車上一接觸,智伯就滅亡了。魯定公問:一句話足以招致亡國之禍,有這樣的事嗎? 孔子以為幾乎是可能的。我從智伯的話裡就看到一個實例。以汾水來淹沒安邑,也許是可行的,但以絳水來淹沒平陽,卻不知道水能從哪裡流過去。

西過其縣南,

4　《春秋》成公六年（公元前五八五年）,晉景公圖謀離開老絳城,去郇瑕居住。韓獻子說:郇瑕土薄水淺,不如住到新田去,那裡有汾水和澮水可以滌蕩穢髒有害的東西。於是就遷居到新田去。新田也叫絳,就是絳陽。因為這地方坐落在絳水和澮水的北岸。漢高帝六年（公元前二〇一年）,封越騎將軍華無害為侯國。該縣南對絳山,背依二水。《古文瑣語》說:晉平公與齊景公駕車到澮上,看見有人乘車由八匹白馬駕著而來,有一頭怪獸,長著大貍的身子,狐狸的尾巴,跟著平公的車子。平公問師曠,師曠答道:首陽山的神靈,有貍身而狐尾,名叫者,飲酒得福就會招致它來的。這事就發生在這條水上。

又西南過虒祁宮南,

5　虒祁宮在新田絳縣老城西四十里,是晉平公所築。這時魏榆有一塊石頭開口說話了,晉侯又問師曠。師曠說:石頭本來是不會講話的,也許有什麼東西附著在石頭上說話。我聽說,做事不合時宜,民怨沸騰,那麼本來不會說話的東西也會說話了。現在宮殿屋宇高大而奢侈,民間的財力都耗費盡了,石頭說話,不是很自然的嗎。叔向以為子野所說真是一個品德崇高的人的話。虒祁宮前對澮水,後靠汾水,西邊是二水交會之處。《竹書紀年》說:晉出公五年（公元前四七〇年）,澮水在梁斷流。就是這條水。

又西至王澤,注于汾水。

6　晉智伯瑤進攻趙襄子,趙襄子出逃到晉陽,守城自衛。原過隨後來到,在這個大沼澤碰到三個人,但腰帶以下卻看不到下身。他們拿著兩節長的竹筒交給原過,對他說:請替我們交給無卹。原過就是在這片沼澤上接受竹筒的,這裡就是所謂的王澤。

涑　水

涑水出河東聞喜縣東山黍葭谷,

1　涑水所出,俗謂之華谷,至周陽與洮水合,水源東出清野山,世人以爲清襄山也。

其水東逕大嶺下,西流出謂之唅口,又西合涑水。鄭使子産問晉平公疾,平公曰:卜云臺駘爲祟。史官莫知,敢問。子産曰:高莘氏有二子,長曰閼伯,季曰實沈,不能相容,帝遷閼伯于商丘,遷實沈于大夏。臺駘,實沈之後,能業其官,帝用嘉之,國于汾川。由是觀之,臺駘,汾、洮之神也。賈逵曰:汾、洮,二水名。司馬彪曰:洮水出聞喜縣,故王莽以縣爲洮亭也。然則涑水殆亦洮水之兼稱乎?

西過周陽邑南,

2　其城南臨涑水,北倚山原。《竹書紀年》:晉獻公二十五年正月,翟人伐晉,周有白兔舞于市。即是邑也。漢景帝以封田勝爲侯國。涑水西逕董澤陂南,即古池,東西四里,南北三里。《春秋》文公六年,蒐于董,即斯澤也。涑水又與景水合,水出景山北谷。《山海經》曰:景山南望鹽販之澤,北望少澤,其草多藷藇、秦椒,其陰多赭,其陽多玉。郭景純曰:鹽販之澤即解縣鹽池也。按《經》不言有水,今有水焉,西北流,注于涑水也。

又西南過左邑縣南,

3　涑水又西逕仲郵郳北,又西逕桐鄉城北。《竹書紀年》曰:翼侯伐曲沃,大捷,武公請成于翼,至桐乃返者也。《漢書》曰:武帝元鼎六年,將幸緱氏,至左邑桐鄉,聞南越破,以爲聞喜縣者也。涑水又西與沙渠水合,水出東南近川,西北流注于涑水。涑水又西南逕左邑縣故城南,故曲沃也。晉武公自晉陽徙此,秦改爲左邑縣,《詩》[①]所謂從子于鵠者也。《春秋傳》曰:下國有宗廟,謂之國。在絳曰下國矣,即新城也。王莽之洮亭也。涑水自城西注,水流急濬,輕津無緩,故詩人以爲激揚之水,言不能流移束薪耳。水側,即狐突遇申生處也。《春秋傳》曰:秋,狐突適下國,遇太子,太子使登,僕,曰:夷吾無禮,吾請帝以畀秦。對曰:神不歆非類,君其圖之。君曰諾,請七日見我于新城西偏。及期而往,見于此處。故《傳》曰:鬼神所憑,有時而信矣。

4　涑水又西逕王官城北,城在南原上。《春秋左傳》成公十三年,四月,晉侯使呂相絶秦曰:康猶不悛,入我河曲,伐我涑川,俘我王官。故有河曲之戰是矣。今世人猶謂其城曰王城也。

又西南過安邑縣西,

5　安邑,禹都也。禹娶塗山氏女,思戀本國,築臺以望之,今城南門,臺基猶存。余按《禮》,天子諸侯,臺門隅阿相降而已,未必一如《書》傳也。故晉邑矣,春秋時,魏絳自魏徙此。昔文侯懸師經之琴于其門,以爲言戒也。武侯二年,又城安邑,蓋增廣之。秦始皇使左更白起取安邑,置河東郡。王莽更名洮隊,縣曰河東也。有項寧都,學道升仙,忽復還此,河東號曰斥仙。漢世又有閔仲叔,隱遁市邑,罕有知者,後以識瞻[2]而去。

6　涑水西南逕監鹽縣故城,城南有鹽池,上承鹽水。水出東南薄山,西北流逕巫咸山北。《地理志》曰:山在安邑縣南。《海外西經》曰:巫咸國在女丑北,右手操青蛇,左手操赤蛇,在登葆山,羣巫所從上下也。《大荒西經》云:大荒之中有靈山,巫咸、巫即、巫肦、巫彭、巫姑、巫真、巫禮、巫抵、巫謝、巫羅十巫,從此升降,百藥爰在。郭景純曰:言羣巫上下靈山,採藥往來也。蓋神巫所遊,故山得其名矣。谷口嶺上,有巫咸祠。

7　其水又逕安邑故城南,又西流注于鹽池。《地理志》曰:鹽池在安邑西南。許慎謂之鹽。長五十一里,廣七里,周百一十六里,從鹽省古聲。呂忱曰:夙沙初作煮海鹽,河東鹽池謂之鹽。今池水東西七十里,南北十七里,紫色澄渟,潭而不流。水出石鹽,自然印成,朝取夕復,終無減損。惟山水暴至,雨澍潢潦奔泆,則鹽池用耗。故公私共塌水徑,防其淫濫,謂之鹽水,亦謂之爲塌水。《山海經》謂之鹽販之澤也。澤南面層山,天巖雲秀,地谷淵深,左右壁立,間不容軌,謂之石門,路出其中,名之曰徑[3],南通上陽,北暨鹽澤。池西又有一池,謂之女鹽澤,東西二十五里,南北二十里,在猗氏故城南。《春秋》成公六年,晉謀去故絳,大夫曰:郇、瑕,地沃饒近鹽。服虔曰:土平有溉曰沃,鹽,鹽池也。土俗裂水沃麻,分灌川野,畦水耗竭,土自成鹽,即所謂鹹鹺也,而味苦,號曰鹽田,鹽鹽之名,始資是矣。本司鹽都尉治,領兵千餘人守之。周穆王、漢章帝竝幸安邑而觀鹽池。故杜預曰:猗氏有鹽池。後罷尉司,分猗氏、安邑,置縣以守之。

又南過解縣東,又西南注于張陽池。

8　涑水又西逕猗氏縣故城北。《春秋》文公七年,晉敗秦于令狐,至于刳首,先蔑奔秦,士會從之。闞駰曰:令狐即猗氏也。刳首在西三十里,縣南對澤,即猗頓之故居也。《孔叢》[4]曰:猗頓,魯之窮士也,耕則常饑,桑則常寒。聞朱公富,往而問術焉。朱公告之曰:子欲速富,當畜五牸。于是乃適西河,大畜牛羊于猗氏之南,十年之間,其息不可計,貲擬王公,馳名天下,以興富于猗氏,故曰猗頓也。

9　涑水又西逕郇城,《詩》[5]云郇伯勞之。蓋其故國也。杜元凱《春秋釋地》云:今解縣西北有郇城。服虔曰:郇國在解縣東,郇瑕氏之墟也。余按《竹書紀年》云,晉惠公十有四年,秦穆公率師送公子重耳,圍令狐,桑泉、臼衰,皆降于秦師,狐毛與先軫禦秦,至于廬柳,乃謂秦穆公,使公子縶來與師言,退舍,次于郇,盟于軍。京相璠《春秋土地名》曰:桑泉、臼衰竝在解東南,不言解,明不至解。可知《春秋》之文,與《竹書》不殊。今解故城東北二十四里有故城,在猗氏故城西北,鄉俗名之爲郇城,考服虔之説,又與俗符,賢于杜氏單文孤證矣。

10　涑水又西南逕解縣故城南。《春秋》:晉惠公因秦返國,許秦以河外五城,内及解梁,即斯城也。涑水又西南逕瑕城,晉大夫詹嘉之故邑也。《春秋》僖公三十年,秦、晉圍鄭,鄭伯使燭之武謂秦穆公曰:晉許君焦、瑕,朝濟而夕設版者也。京相璠曰:今河東解縣西南五里有故瑕城。涑水又西南逕張陽城東,《竹書紀年》:齊師逐鄭太子齒,奔張城、南鄭者也。《漢書》之所謂東張矣。高祖二年,曹參假左丞相,別與韓信東攻,魏將孫遫軍東張,大破之。蘇林曰:屬河東,即斯城也。

11　涑水又西南屬于陂。陂分爲二,城南面兩陂,左右澤渚。東陂世謂之晉興澤,東西二十五里,南北八里,南對鹽道山。其西則石壁千尋,東則磻溪萬仞,方嶺雲迴,奇峯霞舉,孤標秀出,罩絡羣山之表,翠柏蔭峯,清泉灌頂。郭景純云:世所謂鴛漿也。發于上而潛于下矣。厥頂方平,有良藥。《神農本草》曰:地有固活、女疎、銅芸、紫菀之族也。是以緇服思元之士、鹿裘念一之夫,代往遊焉。路出北巘,勢多懸絶,來去者咸援蘿騰崟,尋葛降深,于東則連木乃陟,百梯方降,巖側縻鎖之跡,仍今存焉,故亦曰百梯山也。水自山北流五里而伏,云潛通澤渚,所未詳也。西陂即張澤也,西北去蒲坂十五里,東西二十里,南北四五里,冬夏積水,亦時有盈耗也。

【注　釋】　①詩　即《詩經・唐風・揚之水》。②識瞻　據《水經注疏》:"'識瞻'二字不可解,疑當作'識瞻'。"按《疏》本語譯。③名之曰徑　《疏》本於"徑"上補"白"字。按《疏》本語譯。④孔叢　書名。《隋書・經籍志》著錄七卷,陳勝博士孔鮒撰。也稱《孔叢子》。宋陳振孫《書錄解題》認為孔鮒是孔子八世孫。此書今收入於《子書百家》等多種叢書。《舊唐書・經籍志》作孔翩撰,"鮒"、"翩"恐是音誤。⑤詩　即《詩經・曹風・下泉》。

【語　譯】

涑水出河東聞喜縣東山黍葭谷,

1　涑水的發源地,民間稱為華谷,流到周陽與洮水匯合。洮水源出自東方的清野山,世人稱為清襄山。此水東流經大嶺下,西流出山,山口稱為唅口,又西流,與涑水匯合。鄭派子產向晉平公探病。平公說:我請人占卜過,說是臺駘作祟。史官都不知道臺駘是什麼神,請問您是否知道。子產說:高莘氏有兩個兒子,長子叫閼伯,小兒子叫實沈,二人不能相容,帝嚳把閼伯放逐到商丘,把實沈放逐到大夏。臺駘就是實沈的後裔,能繼承先人的職責,帝嚳嘉獎他,讓他在汾水建國。從這裡可以看出,臺駘是汾水和洮水的水神。賈逵說:汾、洮是二水名。司馬彪說:洮水發源於聞喜縣,從前王莽以該縣為洮亭。那麼涑水難道也是洮水的兼稱嗎?

西過周陽邑南，

2　此城南瀕涑水，北依山地。《竹書紀年》：晉獻公二十五年(公元前六五二年)正月，翟人攻打晉國，周有白兔在市場上跳舞。周，即指周陽邑。漢景帝將周陽邑封給田勝為侯國。涑水西流經董澤陂南，陂即古池，東西四里，南北三里。《春秋》文公六年(公元前六二一年)，在董田獵，指的就是此澤。涑水又與景水匯合。景水發源於景山北谷。《山海經》說：景山南對鹽販澤，北對少澤，山上的草多藷蕷、秦椒，山北多赭石，山南多玉。郭景純說：鹽販澤就是解縣鹽池。《水經》沒有說有水，可是今天卻有水，西北流，注入涑水。

又西南過左邑縣南，

3　涑水又西流經仲郵郏北，又西流經桐鄉城北。《竹書紀年》說：翼侯攻打曲沃，大勝，武公請求在翼議和，到了桐才回去。《漢書》說：武帝元鼎六年(公元前一一一年)，將去緱氏巡察，到了左邑桐鄉，聽說已打垮了南越，就把它改名為聞喜縣。涑水又西流，與沙渠水匯合。沙渠水發源於東南近處的溪流，西北流注入涑水。涑水又西南流經左邑縣老城南，就是從前的曲沃。晉武公從晉陽遷都到這裡，秦改為左邑縣。《詩經》所說的隨著您來到鵠，即指此處。《春秋傳》說：曲沃因為有宗廟在此，可以稱之為國。在晉遷都絳後便稱為下國，也就是新城。王莽時叫洮亭。涑水從左邑城西流，水流湍急，到渡口也不緩慢下來，所以詩人以為激揚之水，說連一捆柴也沖不走。水邊，就是狐突遇見申生的地方。《春秋傳》說：秋，狐突去下國，遇見太子，太子命他登車駕御，說道：夷吾無禮，我請求天帝把晉給予秦國了。狐突答道：鬼神不歆享異族的祭祀，您還是好好考慮一下吧。太子說：好的，請於七日後在新城偏西處來見我。狐突依約前去，就在這裡見到太子。所以《左傳》說：鬼神依附於巫師身上，有時也很守信的。

4　涑水又西流經王官城北，此城在南原上。《春秋左傳》成公十三年(公元前五七八年)四月，晉侯派遣呂相與秦絕交，說道：康公還不思悔改，侵入我河曲，攻打我涑川，俘虜我們王官。因而有河曲之戰。現在人們還把這座城叫王城。

又西南過安邑縣西，

5　安邑，是大禹的都城。禹娶了塗山氏的女兒，她思念故國，禹就築了一座高臺讓她可以瞭望家鄉，現在安邑城的南門，高臺的遺址還在。我查考過，《禮記》規定，天子與諸侯的臺門，不過視地位的尊卑按級別而依次降低而已，也未必都與書裡所說的一模一樣。安邑是古時晉國的城，春秋時，魏絳從魏遷到這裡。從前文侯把師經的琴掛在門上，作為對待批評的鑑戒。武侯二年(公元前三九四年)，又在安邑築城，以擴大其規模。秦始皇派左更、白起去奪取安邑，建置河東郡。王莽時改郡名為洮隊,縣則稱河東。有個人叫項寧都,學道升天成為仙人,忽然又回到這裡,河東人都叫他斥仙。漢時又有閔仲叔,隱居於市廛之間,很少有人知道他,以後被人認識了,又來周濟他,他才離去。

6　涑水西南流經監鹽縣老城。城南有鹽池,上流承接鹽水。鹽水發源於東南方的薄山,西北流經巫咸山北。《地理志》說:山在安邑縣南。《海外西經》說:巫咸國在女丑北,右手拿著青蛇,左手拿著赤蛇,在登葆山,成群的巫師都跟著他們上山下山。《大荒西經》說:大荒之中有靈山,巫咸、巫即、巫盼、巫彭、巫姑、巫真、巫禮、巫抵、巫謝、巫羅這十個巫師都從這裡上山下山,山上各種各樣的藥草都有。郭景純《注》說:這裡是說群巫在靈山上上下下,往來採藥。因為山是群巫所遊的地方,所以也因而得名了。谷口嶺上,有巫咸祠。

7　鹽水又流經安邑老城南,又西流,注入鹽池。《地理志》說:鹽池在安邑西南。許慎稱之為鹽。長五十一里,寬七里,周圍一百一十六里。鹽字從鹽,筆畫較簡,音古。呂忱說:夙沙氏開始燒煮海水,提取食鹽,河東鹽池稱為鹽。現在池水東西七十里,南北十七里,澄清而帶紫色,靜止而不流動。水裡出產石鹽,全是自然生成,早上取鹽,晚上又會再生,始終不會減少。只有在山洪暴發,時雨不止,積水橫流成澇時,鹽池裡的鹽才會耗竭。所以官民協力築堤約束水道,防止氾濫,這條水就叫鹽水,又稱堨水。《山海經》稱為鹽販澤。鹽澤南對層巒疊嶂,凌霄的危巖高入青雲,山間的幽谷險峻淵深,左右兩旁山崖陡峻如壁,狹窄得容不下一輛車子,稱為石門,通過這裡的山徑叫白徑。往南可通上陽,往北可達鹽澤。池西又有池塘,稱為女鹽澤,東西二十五里,南北二十里,在猗氏老城南。《春秋》成公六年(公元前五八五年),晉國人計畫離開舊都絳城,大夫說:郇、瑕土地肥沃而且離鹽很近。服虔說:土地平坦有水可以灌溉叫沃,鹽是鹽池。當地風俗引水分流來給麻地澆水,分頭灌溉大片原野,田壟裡的水枯竭乾燥了,泥土就自行結成鹽層,這就是所謂的鹹醝,帶有苦味。這種田稱為鹽田。鹽鹽的名稱,就是由此而開始的。鹽池本來屬司鹽都尉管轄,帶領了千餘士兵駐守在這裡。周穆王、漢章帝兩人都曾來巡視安邑,參觀鹽池。所以杜預說:猗氏有鹽池。後來撤消了尉司,分為猗氏、安邑,設縣來防守。

又南過解縣東,又西南注于張陽池。

8　涑水又西流經猗氏縣老城北。《春秋》文公七年(公元前六二〇年),晉國在令狐打敗了秦國,直打到刳首。先蔑逃奔到秦國,士會也跟著他走。闞駰說:令狐也就是猗氏。刳首在西三十里,猗氏縣南朝沼澤,就是猗頓的故居。《孔叢子》說:猗頓,是魯國的窮書生,他耕田,卻經常挨餓;植桑,卻經常挨凍。他聽說朱公很富有,就前去請教致富的方法。朱公告訴他說:您想很快致富,就應當蓄養五種母畜。於是他就去西河,在猗氏以南大規模飼養牛羊,十年之間,獲利無算,財產可與王公相比,成為天下知名的人士了。因為他是在猗氏發家致富的,所以叫猗頓。

9　涑水又西流經郇城。《詩經》說:全靠郇伯為他們操勞。這裡就是郇伯的故都。杜元凱《春秋釋地》說:今天解縣西北有郇城。服虔說:郇國在解縣東,是郇瑕氏的遺址。我查考《竹書紀年》說:晉惠公十四年(公元前六三七年),秦穆公領兵送公子重耳,包圍了令狐,桑泉、臼衰都投降秦軍了。狐毛與先軫抵抗秦軍,來到廬柳,要求秦穆公派公子縶來與晉軍談判,於是晉軍退兵三十里,屯駐於郇,就在軍中締結了盟約。京相璠《春秋土地名》說:桑泉、臼衰都在解縣東南,這裡沒有提到解縣,說明軍隊沒有到達解縣。可知《春秋》的文字與《竹書》並無不同。現在解縣老城東北二十四里還有一座老城,在猗氏老城西北,鄉間習慣上稱為郇城,考證服虔的說法,又與鄉俗的說法相符,那麼這就比杜預的獨家之說要可靠了。

10　涑水又西南流經解縣老城南。《春秋》:晉惠公因秦國放他回國,答應把河外五城割讓給秦,並把河東的解梁也列入其中,就是此城。涑水又西南流經瑕城,這是從前晉大夫詹嘉的食邑。《春秋》僖公三十年(公元前六三〇年),秦、晉包圍了鄭國。鄭伯派燭之武對秦穆公說:晉國許諾把焦、瑕二城割讓給您,早上渡河回國,晚上就築城來防備您了。京相璠說:現今河東解縣西南五里有舊時的瑕城。涑水又西南流經張陽城東。《竹書紀年》:齊軍驅逐鄭太子齒,太子就逃奔到張城南鄭。張城就是《漢書》所說的東張。高祖二年(公元前二〇五年),曹參代理左丞相,分兵與韓信向東進攻,魏將孫遫駐軍於東張,被打得大敗。蘇林說:東張屬河東郡,即指此城。

11　涑水又西南流,與陂塘相連,陂塘分為兩個部分,張城南朝兩個陂塘,左右都是沼澤。東面的陂塘世人稱為晉興澤,東西二十五里,南北八里,南朝鹽道山。西面是高聳的石壁,東邊則是萬仞高崖下的磻溪,方嶺擋住飄蕩的浮雲,奇峰高接異彩的晚霞,風姿出眾,凌霄直上,遠遠地高出群山之上。翠柏以濃蔭遮蔽山峰,清泉以湍流從山頂飛瀉而下。郭景純說:這就是世人所謂的䳌漿。發源於山上,而潛流至於山下。山頂方而平,有良藥。《神農本草》說:那地方有固活、女疎、銅芸、紫菀之類,所以歷代都有穿黑衣的僧人、修仙學道的道士,還有披鹿皮衣隱逸苦修的人士,到那裡去遊覽。山路從北面的險峰間通出,山勢多懸崖絕壁,往來行人都須攀緣著藤蘿或葛蔓,才能登上高山或降下谷底。東邊以木材相連,築成棧道才走得過去,要爬下上百道天梯,才能到達山下。連接欄杆梯子的痕跡,現在還在,所以又名百梯山。水從山中北流五里就潛入地下了,據說與湖澤相通,詳情就不得而知了。西邊的陂塘就是張澤,西北離蒲坂十五里。張澤東西二十里,南北四五里,冬夏都有積水,但水位也常有高低消長的變化。

文　水

文水出大陵縣西山文谷,東到其縣,屈南到平陶縣東北,東入于汾。

文水逕大陵縣故城西而南流,有泌水注之。縣西南山下,武氏穿井給養,井至幽深,後一朝水溢平地,東南注文水。文水又南逕平陶縣之故城東,西逕其城內,南流出郭,王莽更曰多穰也。文水又南逕縣,右會隱泉口,水出謁泉山之上頂,俗云:暘雨衍時,是謁是禱,故山得其名,非所詳也。其山石崖絕險,壁立天固,崖半有一石室,去地可五十餘丈,爰有層松飾巖,列柏綺望,惟西側一處得歷級升陟,頂上平地十許頃,沙門釋僧光表建二刹。泉發于兩寺之間,東流瀝石,沿注山下,又東,津渠隱沒而不恒流,故有隱泉之名矣。雨澤豐澍,則通入文水。

文水又南逕茲氏縣故城東爲文湖,東西十五里,南北三十里,世謂之西湖,在縣直東十里。湖之西側,臨湖又有一城,謂之潴城。水澤所聚謂之都,亦曰潴,蓋即水以名城也。

文湖又東逕中陽縣故城東,案《晉書·地道記》、《太康地記》,西河有中陽城,舊縣也。文水又東南流,與勝水合,水西出狐岐之山,東逕六壁城南,魏朝舊置六壁于其下,防離石諸胡,因爲大鎮。太和中罷鎮,仍置西河郡焉。勝水又東合陽泉水,水出西山陽溪,東逕六壁城北,又東南流注于勝水。勝水又東逕中陽故城南,又東合文水,文水又東南,入于汾水也。

【語　譯】

文水出大陵縣西山文谷,東到其縣,屈南到平陶縣東北,東入于汾。

文水流經大陵縣老城西,轉而南流,有泌水注入。該縣西南山下,有武姓之家鑿井汲水。井鑿得極深,後來有一天忽然井水溢出,氾濫平地,往東南注入文水。文水又南流經平陶縣老城東,轉西流經城內,南流出城。王莽時把平陶改名為多穰。文水又南流經縣境,在右岸隱泉口匯合一水。這條水發源於謁泉山頂上,民間俗語說:無論久晴久雨,都要上山來朝拜祈禱,所以山就因此得名了,但實際情況就不得而知了。這座山石崖極險峻,壁立險固全是天然形成。懸崖半腰有一個石窟,離地約五十餘丈,山巖上點綴著層層的蒼松,繁茂的翠柏望去極為華美,只有崖壁的西側有一處可以拾級攀登。山頂上平地十來頃,有個僧人叫釋僧光,在山

上建了兩座寺院。泉水發源於兩寺之間,向東沿石上漫流,往山下流瀉。又東流,
渠水時常會隱沒,而不是長流不輟的,所以稱為隱泉。雨水豐沛時,就通到文水。
文水又南流經茲氏縣老城東,就是文湖。湖東西十五里,南北三十里,世人稱為西
湖,在該縣正東十里。湖的西邊,臨湖又有一座城,叫潞城。水匯聚成片稱為都,
也叫潞,城就是按水命名的。

文湖又東經中陽縣老城東,據《晉書·地道記》及《太康地記》,西河有中陽城,舊
時原來是個縣城。文水又東南流,與勝水相匯合。勝水發源於西方的狐岐山,東
流經六壁城南,魏朝從前曾在城下設置六道壁壘,以防備離石的各族胡人,於是成
為大鎮。太和年間(公元四七七—四九九年),撤消鎮的建制,仍舊設置西河郡。勝水
又東流,與陽泉水匯合,陽泉水發源於西山陽溪,東流經六壁城北,又東南流,注入
勝水。勝水又東流經中陽老城南,又東流,與文水匯合。文水東南流,注入汾水。

原公水

原公水出茲氏縣西羊頭山,東過其縣北,

縣,故秦置也,漢高帝更封沂陽侯嬰為侯國,王莽之茲同也。魏黃初二年,分太原,
復置西河郡。晉徙封陳王斌于西河,故縣有西河繆王司馬子政廟。《碑文》云:西
河舊處山林,漢末擾攘,百姓失所。魏興,更開疆宇,分割太原四縣,以為邦邑,其
郡帶山側塞矣。王以咸寧三年,改命爵土,明年十二月喪國。臣太農閭崇、離石令
宗羣等二百三十四人,刊石立碑,以述勳德。碑北廟基尚存也。

又東入于汾。

水注文湖,不至汾也。

【語　譯】

原公水出茲氏縣西羊頭山,東過其縣北,

茲氏縣,是從前秦時設置,漢高帝改封沂陽侯夏侯嬰為侯國。王莽時叫茲同。魏
黃初二年(公元二二一年),從太原分地重新設置西河郡。晉時改封陳王司馬斌於西
河,所以縣裡有西河繆王司馬子政廟。碑文說:西河從前在山林裡面,漢末天下大
亂,百姓流離失所。曹魏興起後,重新劃分疆界,把太原郡的四個屬縣劃給西河,
於是該郡的領域就一邊依山,同時又靠近要塞了。繆王於咸寧三年(公元二七七
年),更改爵位與封地,次年十二月亡故。大臣太農閭崇、離石縣令宗群等二百三

十四人刻石立碑,記述他的功勳和德行。石碑以北,祠廟的廢基如今還在。

又東入于汾。

水注入文湖,沒有流到汾水。

洞過水

洞過水出沾縣北山,

其水西流,與南溪水合,水出南山,西北流注洞過水。洞過水又西北,黑水西出山,三源合舍,同歸一川,東流南屈,逕受陽縣故城東。按《晉太康地記》,樂平郡有受陽縣,盧諶《征艱賦》所謂歷受陽而總轡者也。其水又西南入洞過水。洞過水又西,蒲水南出蒲谷,北流注之。洞過水又西與原過水合,近北便水源也。水西阜上有原過祠,蓋懷道協靈,受書天使,憂結宿情,傳芳後日,棟宇雖淪,攢木猶茂,故水取名焉。其水南流,注于洞過水也。

西過榆次縣南,又西到晉陽縣南,

榆次縣,故涂水鄉,晉大夫智徐吾之邑也。《春秋》昭公八年,晉侯築虒祁之宮,有石言晉之魏榆。服虔曰:魏,晉邑;榆,州里名也。《漢書》曰:榆次。《十三州志》以爲涂陽縣矣。王莽之太原亭也。縣南側水有鑿臺,韓、魏殺智伯瑤于其下,剖腹絕腸,折頸摺頤處也。其水又西南流,逕武灌城西北。盧諶《征艱賦》曰:逕武館之故郛,問厥塗之遠近。洞過水又西南爲淳湖,謂之洞過澤。澤南,涂水注之,水出陽邑東北大嶷山涂谷,西南逕蘿蘑亭南,與蔣谷水合,水出縣東南蔣溪。《魏土地記》曰:晉陽城東南百一十里至山有蔣谷大道,度軒車嶺,通于武鄉。水自蔣溪西北流,西逕箕城北。《春秋》僖公三十三年,晉人敗狄于箕,杜預《釋地》曰:城在陽邑南,水北即陽邑縣故城也。《竹書紀年》曰:梁惠成王九年,與邯鄲榆次、陽邑者也。王莽之繁穰矣。蔣溪又西合涂水,亂流西北入洞過澤也。

西入于汾,出晉水下口者也。

劉琨之爲并州也,劉曜引兵邀擊之,合戰于洞過,即是水也。

【語　譯】

洞過水出沾縣北山,

此水西流,與南溪水匯合。南溪水發源於南山,西北流,注入洞過水。洞過水又西北流,有黑水從西方山裡流出,三個源頭匯合成一條,東流南轉,流經受陽縣老城

東。據《晉太康地記》，樂平郡有受陽縣，盧諶《征艱賦》所說的經過受陽而繫馬小
憩，就是指這裡。黑水又西南流，注入洞過水。洞過水又西流，有蒲水發源於南方的
蒲谷，北流注入。洞過水又西流，與原過水匯合，原過水的源頭就在北方的近處。水
西的山岡上，有原過祠。原過心懷仁義之道，協助神靈，接受天帝的使者所授的竹
書，他為舊情而憂思百結，忠忱流芳後世。現在祠廟殿堂雖然已經傾圮，但樹木長得
還茂盛，於是水也因而取名了。原過水南流，注入洞過水。

西過榆次縣南，又西到晉陽縣南，

榆次縣就是從前的涂水鄉，是晉大夫智徐吾的食邑。《春秋》昭公八年（公元前五三
四年），晉侯建築虒祁宮，晉國的魏榆有塊石頭竟開口說話了。服虔說：魏是晉國的
城邑；榆是鄉里地名。《漢書》稱為榆次；《十三州志》則以為即涂陽縣；也就是王
莽時的太原亭。縣南水邊有鑿臺，韓、魏在臺下殺掉智伯瑤，將他剖腹斷腸、砍下
頭顱、砸爛下巴。此水又西南流，流經武灌城西北，盧諶《征艱賦》說：行經武館的
舊城，詢問路途有多遠。洞過水又西南流，那就是淳湖了，又稱為洞過澤。在澤
南，有涂水注入。涂水發源於陽邑縣東北的大嫌山涂谷，西南流流經蘿藦亭南，與
蔣谷水匯合。蔣谷水發源於陽邑縣東南的蔣溪。《魏土地記》說：晉陽城東南一百
一十里有蔣谷大道直通到山裡，越過軒車嶺，通到武鄉。水從蔣溪西北流，西流經
箕城北。《春秋》僖公三十三年（公元前六二七年），晉人在箕打敗狄人。杜預《釋
地》說：城在陽邑南，蔣谷水北岸就是陽邑縣老城。《竹書紀年》說：梁惠成王九年
（公元前三六一年），魏國把榆次、陽邑割讓給趙國。陽邑也就是王莽時的繁穰。蔣
溪又西流，與涂水匯合，往西北亂流注入洞過澤。

西入于汾，出晉水下口者也。

劉琨當并州太守時，劉曜引兵阻擊他，在洞過會戰，就是指這條水。

晉　水

晉水出晉陽縣西懸甕山，

縣，故唐國也。《春秋左傳》稱唐叔未生，其母邑姜夢帝謂己曰：余名而子曰虞，將
與之唐，屬之參。及生，名之曰虞。《呂氏春秋》曰：叔虞與成王居，王援桐葉爲珪，
以授之曰：吾以此封汝。虞以告周公，周公請曰：天子封虞乎？王曰：余戲耳。公
曰：天子無戲言。時唐滅，乃封之于唐。縣有晉水，後改名爲晉。故子夏叙《詩》[①]
稱此晉也，而謂之唐，儉而用禮，有堯之遺風也。《晉書‧地道記》及《十三州志》

竝言晉水出龍山,一名結絀山,在縣西北,非也。《山海經》曰:懸甕之山,晉水出
焉。今在縣之西南。昔智伯之遏晉水以灌晉陽,其川上溦,後人踵其遺跡,蓄以爲
沼,沼西際山枕水,有唐叔虞祠②。水側有涼堂,結飛梁于水上,左右雜樹交蔭,希
見曦景,至有淫朋密友,羈遊宦子,莫不尋梁契集,用相娛慰,于晉川之中,最爲
勝處。

又東過其縣南,又東入于汾水。

沼水分爲二派,北瀆即智氏故渠也。昔在戰國,襄子保晉陽,智氏防山以水之,城
不没者三版,與韓、魏望歎于此,故智氏用亡。其瀆乘高,東北注入晉陽城,以周灌
溉。漢末赤眉之難,郡掾劉茂負太守孫福匿于城門西下空穴中,其夜奔盂。即是
處也。東南出城流,注于汾水也。其南瀆于石塘之下伏流,逕舊溪東南出,逕晉陽
城南,城在晉水之陽,故曰晉陽矣。《經》書晉荀吳帥師敗狄于大鹵。杜預曰:大
鹵,晉陽縣也,爲晉之舊都。《春秋》定公十三年,趙鞅以晉陽叛,後乃爲趙矣。其
水又東南流入于汾。

【注　釋】　①詩　即《詩經·唐風·蟋蟀》。②有唐叔虞祠　此處有佚文一條。《方輿紀要》卷四
十《山西》二《太原府·太原縣·臺駘澤》引《水經注》:"晉祠有難老、善利二泉,大旱不涸,隆冬不凍,
漑田百餘頃,又有泉出祠下,曰滴瀝泉,其泉導流為晉水,瀦為晉澤。"《古文尚書疏證》卷六下第九
十:"晉祠之泉,酈注已詳。"所指當也是此條佚文。

【語　譯】

晉水出晉陽縣西懸甕山,

晉陽縣就是從前的唐國。《春秋左傳》說:唐叔尚未出生時,他母親邑姜夢見天帝
對她說:我給你的兒子取名為虞,並將把唐交給他,那地方屬參星的分野。出生
後,就取名為虞。《呂氏春秋》說:叔虞與成王在一起,成王拿桐葉作珪,交給他說:
我把這個封給你。虞告訴了周公,周公問道:天子封虞了嗎? 成王說:我是鬧著玩
的。周公說:天子說話是不能鬧著玩的。當時唐已被滅了,於是就把唐封給叔虞。
縣裡有晉水,以後就改名為晉。所以子夏為《詩經》作序說:這裡是晉。但又稱為
唐,因為人民謙讓有禮,有堯的遺風。《晉書·地道記》及《十三州志》都說晉水發
源於龍山,又名結絀山,在縣城西北,其實不是。《山海經》說:懸甕山是晉水的發
源地,今天在縣城西南。從前智伯堵截晉水來淹沒晉陽,後人沿舊水道上溯,依著
遺跡,蓄水成為沼澤。沼澤西邊依山臨水,有唐叔虞祠。水邊有涼堂,在水面上建
造高橋,左右兩岸,雜樹的濃蔭互相交錯在一起,繁密得連陽光也看不到。因此那
些浪蕩親昵的好友,離鄉別井外出求仕的人士,無不結伴同來橋上遊樂,尋求慰

藉。在晉水中，這是最為佳勝之處了。

又東過其縣南，又東入于汾水。

沼水分為兩支，北方的一條就是智氏故渠。從前戰國時，襄子據守晉陽，智伯堵截山水來淹沒晉陽，城牆沒有被淹沒的只有兩三丈，他同韓、魏兩國的諸侯在這裡觀望興嘆，於是智氏遭到滅亡。那條渠道乘高而下，往東北注入晉陽城，以供灌溉。漢朝末年赤眉之禍時，郡中屬吏劉茂背負著太守孫福躲在城門西邊下面的洞穴中，那天夜裡逃奔到盂，就是此處。渠水往東南出城流去，注入汾水。南邊的一條在石塘下潛流，經舊溪往東南流出，流經晉陽城南，城在晉水北岸，所以叫晉陽。《春秋經》寫道：晉荀吳率軍在大鹵打敗狄人。杜預說：大鹵，就是晉陽縣，是晉國的舊都。《春秋》定公十三年(公元前四九七年)，趙鞅據有晉陽，舉兵反叛，後來就成了趙國。渠水又東南流，注入汾水。

湛　水

湛水出河內軹縣西北山，

湛水出軹縣南原湛溪，俗謂之椹水也。是蓋聲形盡鄰，故字讀俱變，同于三豕之誤[1]耳。其水自溪出南流。

東過其縣北，又東過波縣之北，

湛水南逕向城東而南注。

又東過毋辟邑南，

原《經》所注，斯乃溴川之所由，非湛水之閒關也。是乃《經》之誤證耳。湛水自向城東南逕湛城東，時人謂之椹城，亦或謂之隰城矣。溪曰隰澗。隰城在東，言此非矣。《後漢郡國志》曰：河陽縣有湛城是也。

又東南當平縣之東北，南入于河。

湛水又東南逕鄧，南流注于河，故河濟有鄧津之名矣。

【注　釋】　①三豕之誤　據《呂氏春秋·慎行論·察傳》，衛國人讀晉史，誤將“己亥涉河”讀成“三豕涉河”。後便以“三豕涉河”指文字訛誤或傳聞失實。

【語　譯】

湛水出河內軹縣西北山，

湛水發源於軹縣南原湛溪，民間稱為椹水。這是因為讀音與字形都非常相近，所以字與音都變了。這就像衛人將"己亥"誤為是"三豕"所犯的錯誤一樣。此水從山溪出來而南流。

東過其縣北,又東過波縣之北,

湛水南流經向城東而往南流注。

又東過毋辟邑南,

推原《水經》所注,這是溴川流過的地方,並非湛水所流的路徑。是《水經》搞錯了。湛水從向城東南流經湛城東,當時人們稱為椹城,也有人叫隰城,溪就叫隰溪。隰城在東,說這是隰城,是搞錯了。《後漢書·郡國志》說:河陽縣有湛城,即指此城。

又東南當平縣之東北,南入于河。

湛水又東南流經鄧縣,南流注於河水。所以河水又有個名叫鄧津的渡口。

【研 析】 今山西省是拓跋鮮卑歷史發展過程中的重要基地,酈道元未入仕前,北魏首都即建於今晉北平城(今大同附近),所以這個地區是酈氏早年親履之地。當地的山川地理,必然相當熟悉,所以此卷記敘翔實。在以上卷四、卷五兩篇《河水》中,《注》文已記敘了西流和南流入黃河的支流(包括二三級支流)達五十條之譜。卷六標名的八水,其中汾水是黃河次於渭水的最大支流,故此卷以汾水為首。包括獨流入黃河的涑、湛二水外,《注》文記敘的支流達二十七條(包括二三級支流)之多。涉及內容也特別豐富。例如在《經》文"又西南過安邑縣西"下,對於今解池的記敘甚詳。因為鹽在古代對國計民生的重要關係,故《注》文對鹽池的地理位置、面積,鹽的製作及其重要意義,都十分詳盡。成為後世研究解池的重要資料。

卷七　濟水

【題　解】　"濟"字有兩種寫法,《禹貢》、《水經》等作"濟",《周禮·職方》、《漢書·地理志》等作"泲"。濟水是古代北方大河,所以《爾雅·釋水》稱江、河、淮、濟為"四瀆"。《禹貢·兗州》稱"濟河惟兗州"。說明在戰國時代,濟水在北方與黃河並列,是一條獨流入海的大河。《水經注》遵循古義和《水經》的體例,把濟水分成兩卷。而實際上,卷七的濟水與卷八的濟水並非同一條河流。由於《禹貢》說:"導沇水,東流為濟,入于河,溢為滎。"所以《禹貢》以後的典籍都尊重《禹貢》的說法,把從今山西發源的一條黃河支流和從黃河分支南流的另一條支流按"入于河,溢為滎"的《禹貢》經文,兩河合一,稱為濟水。此中原委,在卷七《經》文"與河合流,又東過成皋縣北,又東過滎陽縣北,又東至礫溪南,東出過滎澤北"中已經明白寫出。"與河合流",也就是黃河以北的這條支流已經注入黃河。"又東過成皋縣北,又東過滎陽縣北,又東至礫溪南",指的已是黃河流程,與這條"濟水"無涉。所以卷七《濟水》,到《經》文"又南當鞏縣北,南入于河"已經結束。以後的《經》、《注》文字,都是因遵循《禹貢》而作。

濟水出河東垣縣東王屋山,爲沇水;

1　《山海經》曰:王屋之山,聯水出焉,西北流,注于泰澤。郭景純[①]云:聯、沇聲相近,即沇水也。潛行地下,至共山南,復出于東丘[②]。今原城東北有東丘城。孔安國曰:泉源爲沇,流去爲濟。《春秋說題辭》曰:濟,齊也;齊,度也,貞也。《風俗通》

曰:濟出常山房子縣贊皇山,廟在東郡臨邑縣。濟者,齊也,齊其度量也。余按二濟同名,所出不同,鄉原亦別,斯乃應氏之非矣。今濟水重源出軹縣西北平地,水有二源:東源出原城東北,昔晉文公伐原以信,而原降,即此城也。俗以濟水重源所發,因復謂之濟源城。其水南逕其城東故縣之原鄉。杜預曰:沁水縣西北有原城者是也。南流與西源合。西源出原城西,東流水注之。水出西南,東北流注于濟。濟水又東逕原城南,東合北水,亂流東南注,分爲二水,一水東南流,俗謂之爲衍水,即沇水也。衍、沇聲相近,轉呼失實也。濟水又東南,逕絺城北而出于溫矣。其一水枝津南流,注于溴。溴水出原城西北原山勳掌谷,俗謂之爲白澗水,南逕原城西。《春秋》:會于溴梁,謂是水之墳梁也。《爾雅》曰:梁莫大于溴梁。梁,水堤也。

2 溴水又東南逕陽城東,與南源合,水出陽城南溪,陽亦樊也。一曰陽樊。《國語》曰:王以陽樊賜晉,陽人不服,文公圍之。倉葛曰:陽有夏、商之嗣典,樊仲之官守焉。君而殘之,無乃不可乎。公乃出陽人。《春秋》,樊氏叛,惠王使虢公伐樊,執仲皮歸于京師,即此城也。其水東北流,與漫流水合,水出軹關南,東北流,又北注于溴,謂之漫流口。

3 溴水又東合北水,亂流東南,左會濟水枝渠。溴水又東逕鍾繇塢北,世謂之鍾公壘。又東南,塗溝水注之。水出軹縣西南山下,北流東轉,入軹縣故城中,又屈而北流出軹郭。漢文帝元年,封薄昭爲侯國也。又東北流注于溴。溴水又東北逕波縣故城北。漢高帝封公上不害爲侯國。溴水又東南流,天漿澗水注之。水出軹南皋向城北,城在皋上,俗謂之韓王城,非也。京相璠曰:或云今河內軹西有城,名向,今無。杜元凱《春秋釋地》亦言是矣。蓋相襲之向,故不得以地名而無城也。闞駰《十三州志》曰:軹縣南山西曲有故向城,即周向國也。《傳》曰:向姜不安于莒而歸者矣。汲郡《竹書紀年》曰:鄭侯使韓辰歸晉陽及向。二月,城陽、向,更名陽爲河雍,向爲高平。即是城也。

4 其水有二源俱導,各出一溪,東北流,合爲一川,名曰天漿溪。又東北逕一故城,俗謂之冶城,水亦曰冶水。又東流注于溴。溴水又東南流,右會同水,水出南原下,東北流逕白騎塢南,塢在原上,爲二溪之會,北帶深隍,三面阻險,惟西版築而已。東北流逕安國城西,又東北注溴水。溴水東南逕安國城東,又南逕毋辟邑西,世謂之無比城,亦曰馬鞲城,皆非也。朝廷以居廢太子,謂之河陽庶人。溴水又南注于河。

又東至溫縣西北,爲濟水。又東過其縣北,

5 濟水于溫城西北與故瀆分,南逕溫縣故城西,周畿内國,司寇蘇忿生之邑也。《春

秋》僖公十年,狄滅溫,溫子奔衛,周襄王以賜晉文公。濟水南歷虢公臺西。《皇
覽》③曰:溫城南有虢公臺,基趾尚存。濟水南流注于河。郭緣生《述征記》曰:濟
水河内溫縣注于河,蓋沿歷之實證,非爲謬説也。

6　濟水故瀆于溫城西北東南出,逕溫城北,又東逕虢公冢北。《皇覽》曰:虢公冢在溫
縣郭東,濟水南大冢是也。濟水當王莽之世,川瀆枯竭,其後水流逕通,津渠勢改,
尋梁脈水,不與昔同。

屈從縣東南流,過隰城西,又南當鞏縣北,南入于河。

7　濟水故瀆東南合奉溝水,水上承朱溝于野王城西,東南逕陽鄉城北,又東南逕李城
西。秦攻趙,邯鄲且降,傳舍吏子李同説平原君勝,分家財饗士,得敢死者三千人,
李同與赴秦軍,秦軍退。同死,封其父爲李侯。故徐廣曰:河内平皋縣有李城,即
此城也。于城西南爲陂水,淹地百許頃,兼葭萑葦生焉,號曰李陂。

8　又逕隰城西,屈而東北流,逕其城北,又東逕平皋城南。應劭曰:邢侯自襄國徙此。
當齊桓公時,衛人伐邢,邢遷于夷儀,其地屬晉,號曰邢丘。以其在河之皋,勢處平
夷,故曰平皋。瓚注《漢書》云:《春秋》,狄人伐邢,邢遷夷儀,不至此也。今襄國
西有夷儀城,去襄國百餘里。平皋是邢丘,非國也。余按《春秋》宣公六年,赤狄伐
晉,圍邢丘。昔晉侯送女于楚,送之邢丘,即是此處也,非無城之言。《竹書紀年》
曰:梁惠成王三年,鄭城邢丘。司馬彪《後漢郡國志》云:縣有邢丘,故邢國,周公子
所封矣。漢高帝七年,封碭郡長項佗爲侯國,賜姓劉氏,武帝以爲縣。其水又南注
于河也。

與河合流④,又東過成皋縣北,又東過滎陽縣北,又東至礫溪南,東出過滎澤北。

9　《釋名》曰:濟,濟也,源出河,北濟河而南也。《晉地道志》曰:濟自大伾入河,與河
水鬭,南泆爲滎澤。《尚書》曰:滎波既豬。孔安國曰:滎澤波水已成遏豬。闞駰
曰:滎播,澤名也。故吕忱云:播水在滎陽。謂是水也。昔大禹塞其淫水而于滎陽
下引河,東南以通淮、泗,濟水分河東南流。

10　漢明帝之世,司空伏恭薦樂浪人王景,字仲通,好學多藝,善能治水。顯宗詔與謁
者王吳始作浚儀渠,吳用景法,水乃不害,此即景、吳所脩故瀆也。渠流東注,浚儀
故復,謂之浚儀渠⑤。明帝永平十五年,東巡至無鹽,帝嘉景功,拜河堤謁者。靈帝
建寧四年,于敖城西北壘石爲門,以遏渠口,謂之石門,故世亦謂之石門水。門廣
十餘丈,西去河三里,石《銘》云:建寧四年十一月,黄場石也。而主吏姓名,磨滅不
可復識。魏太和中,又更脩之,撤故增新,石字淪落,無復在者。水北有石門亭,戴

延之所云新築城,城周三百步,滎陽太守所鎮者也。水南帶三皇山,即皇室山,亦謂之爲三室山也。

11　濟水又東逕西廣武城北,《郡國志》:滎陽縣有廣武城。城在山上,漢所城也。高祖與項羽臨絶澗對語,責羽十罪,羽射漢祖中胸處也。山下有水,北流入濟,世謂之柳泉也。

12　濟水又東逕東廣武城北,楚項羽城之。漢破曹咎,羽還廣武,爲高壇,置太公其上,曰:漢不下,吾烹之。高祖不聽,將害之。項伯曰:爲天下者不顧家,但益怨耳。羽從之。今名其壇曰項羽堆。夾城之間,有絶澗斷山,謂之廣武澗。項羽叱婁煩于其上,婁煩精魄喪歸矣。

13　濟水又東逕敖山北,《詩》[6]所謂薄狩于敖者也。其山上有城,即殷帝仲丁之所遷也。皇甫謐《帝王世紀》曰:仲丁自亳徙囂于河上者也。或曰敖矣。秦置倉于其中,故亦曰敖倉城也。濟水又東合滎瀆,瀆首受河水,有石門,謂之爲滎口石門也,而地形殊卑,蓋故滎播所導,自此始也。門南際河,有故《碑》云:惟陽嘉三年二月丁丑,使河堤謁者王誨,疏達河川,通荒庶土,往大河衝塞,侵齧金隄,以竹籠石葺土而爲竭,壞隤無已,功消億萬,請以濱河郡徒,疏山采石壘以爲障。功業既就,徭役用息,未詳[7]詔書,許誨立功,府卿規基經始,詔策加命,遷在沇州,乃簡朱軒,授使司馬登,令續茂前緒,稱遂休功。登以伊、洛合注大河,南則緣山,東過大伾,回流北岸,其勢鬱懞,濤怒湍急激疾,一有決溢,彌原淹野,蟻孔之變,害起不測,蓋自姬氏之所常蹙。昔崇鯀所不能治,我二宗之所劬勞。于是乃跋涉躬親,經之營之,比率百姓,議之于臣,伐石三谷,水匠致治,立激岸側,以捍鴻波,隨時慶賜,說以勸之,川無滯越,水土通演,役未踰年,而功程有畢,斯乃元勳之嘉謀,上德之弘表也。昔禹脩九道,《書》[8]録其功;后稷躬稼,《詩》列于《雅》[9]。夫不憚勞謙之勤,夙興厥職,充國惠民,安得湮没而不章焉。故遂刊石記功,垂示于後。其辭云云。使河堤謁者山陽東緡司馬登,字伯志;代東萊曲成王誨,字孟堅;河內太守宋城向豹,字伯尹;丞汝南鄧方,字德山;懷令劉丞,字季意;河堤掾匠等造。陳留浚儀邊韶,字孝先頌。石銘歲遠,字多淪缺,其所滅,蓋闕如也。

14　滎瀆又東南流,注于濟,今無水。次東得宿須水口,水受大河,渠側有扈亭水,自亭東南流,注于濟,今無水。宿須在河之北,不在此也,蓋名同耳。自西緣帶山隰,秦、漢以來,亦有通否。濟水與河渾濤東注。晉太和中,桓溫北伐,將通之,不果而還。義熙十三年,劉公西征,又命寧朔將軍劉遵考仍此渠而漕之,始有激湍東注,而終山崩壅塞,劉公于北十里更鑿故渠通之。今則南瀆通津,川澗是導耳。濟水于此,又兼邲目。《春秋》宣公十三年[10],晉、楚之戰,楚軍于邲。即是水也。音卞。

京相璠曰：在敖北。

15　濟水又東逕滎陽縣北，曹太祖與徐榮戰，不利，曹洪授馬于此處也。濟水又東，礫石溪水注之。水出滎陽城西南李澤，澤中有水，即古馮池也。《地理志》曰：滎陽縣，馮池在西南是也。東北流，歷敖山南。《春秋》，晉、楚之戰，設伏于敖前，謂是也。逕虢亭北，池水又東北逕滎陽縣北斷山，東北注于濟，世謂之礫石澗，即《經》所謂礫溪矣。《經》云濟出其南，非也。

16　濟水又東，索水注之，水出京縣西南嵩渚山，與東關水同源分流，即古旃然水也。其水東北流，器難之水注之。《山海經》曰：少陘之山，器難之水出焉，而北流注于侵水。即此水也。其水北流逕金亭，又北逕京縣故城西，入于旃然之水。城，故鄭邑也。莊公以居弟段，號京城大叔。祭仲曰：京城過百雉⑪，國之害也。城北有壇山岡。《趙世家》成侯二十年，魏獻滎陽，因以爲壇臺岡也。其水亂流，北逕小索亭西。京相璠曰：京有小索亭。《世語》以爲本索氏兄弟居此，故號小索者也。又爲索水。

17　索水又北逕大柵城東，晉滎陽民張卓、董邁等遭荒，鳩聚流雜保固，名爲大柵塢。至太平真君八年，豫州刺史崔白，自虎牢移州治此，又東開廣舊城，創制改築焉。太和十七年，遷都洛邑，省州置郡。索水又屈而西流，與梧桐澗水合，水出西南梧桐谷，東北流注于索。斯水亦時有通塞，而不常流也。

18　索水又北屈，東逕大索城南，《春秋傳》曰：鄭子皮勞叔向于索氏，即此城也。《晉地道志》所謂京有大索、小索亭。《漢書》京、索之間也。索水又東逕虢亭南。應劭曰：滎陽，故虢公之國也，今虢亭是矣。司馬彪《郡國志》曰：縣有虢亭，俗謂之平桃城。城內有大冢，名管叔冢，或亦謂之爲虢桃城，非也。蓋虢、虢字相類，字轉失實也。《風俗通》曰：俗説高祖與項羽戰于京、索，遁于薄中，羽追求之，時鳩止鳴其上，追之者以爲必無人，遂得脱。及即位，異此鳩，故作鳩杖以扶老。案《廣志》，楚鳩一名嗥喁，虢桃之名，蓋因鳩以起目焉，所未詳也。

19　索水又東北流，須水右入焉。水近出京城東北二里榆子溝，亦曰奈榆溝也，又或謂之爲小索水。東北流，木蓼溝水注之，水上承京城南淵，世謂之車輪淵，淵水東北流，謂之木蓼溝。又東北入于須水。須水又東北流，于滎陽城西南北注索。

20　索水又東逕滎陽縣故城南。漢王之困滎陽也，紀信曰：臣詐降楚，王宜間出。信乃乘王車出東門，稱漢降楚。楚軍稱萬歲，震動天地，王與數十騎出西門得免楚圍。羽見信大怒，遂烹之。信冢在城西北三里。故蔡伯喈《述征賦》曰：過漢祖之所隘，弔紀信于滎陽。其城跨倚岡原，居山之陽，王莽立爲祈隊，備周六隊之制。

21　魏正始三年，歲在甲子，被癸丑詔書，割河南郡縣，自鞏、闕以東，創建滎陽郡，並户二萬五千,以南鄉筑陽亭侯李勝,字公昭,爲郡守。故原武典農校尉,政有遺惠,民爲立祠于城北五里,號曰李君祠。廟前有石躍,躍上有石的,《石的銘》具存。其略曰:百族欣戴,咸推厥誠。今猶祀禱焉。

22 索水又東逕周苛冢北。漢祖之出滎陽也,令御史大夫周苛守之,項羽拔滎陽獲苛曰:吾以公爲上將軍,封三萬户侯,能盡節乎?苛瞋目罵羽,羽怒,烹之。索水又東流,北屈西轉,北逕滎陽城東,而北流注濟水。杜預曰:旃然水出滎陽成皋縣,東入汳。《春秋》襄公十八年,楚伐鄭,右師涉潁,次于旃然,即是水也。濟渠水斷汳溝,惟承此始,故云汳受旃然矣。亦謂之鴻溝水,蓋因漢、楚分王,指水爲斷故也。《郡國志》曰:滎陽有鴻溝水是也。蓋因城地而變名,爲川流之異目。

23 濟水又東逕滎澤北,故滎水所都也。京相璠曰:滎澤在滎陽縣東南與濟隧合。濟隧上承河水于卷縣北河,南逕卷縣故城東,又南逕衡雍城西。《春秋左傳》襄公十一年,諸侯伐鄭,西濟于濟隧。杜預闕其地,而曰水名也。京相璠曰:鄭地也。言濟水滎澤中北流,至衡雍西,與出河之濟會,南去新鄭百里,斯蓋滎播、河、濟,往復徑通矣。出河之濟即陰溝之上源也。濟隧絕焉。故世亦或謂其故道爲十字溝。自于岑造八激堤于河陰,水脈徑斷,故瀆難尋,

24 又南會于滎澤。然水既斷,民謂其處爲滎澤。《春秋》:衛侯及翟人戰于滎澤,而屠懿公,弘演報命納肝處也。有垂隴城,濟瀆出其北。《春秋》文公二年,晉士穀盟于垂隴者也。京相璠曰:垂隴,鄭地。今滎陽東二十里有故垂隴城,即此是也。世謂之都尉城,蓋滎陽典農都尉治,故變垂隴之名矣。瀆際又有沙城,城左佩濟瀆。《竹書紀年》:梁惠成王九年,王會鄭釐侯于巫沙者也。瀆際有故城,世謂之水城。《史記》:秦昭王三十二年,魏冉攻魏,走芒卯,入北宅,即故宅陽城也。《竹書紀年》曰:惠成王十三年,王及鄭釐侯盟于巫沙,以釋宅陽之圍,歸釐于鄭者也。《竹書紀年》:晉出公六年,齊、鄭伐衛,荀瑤城宅陽。俗言水城,非矣。濟水自澤東出,即是始矣。王隱曰:河決爲滎,濟水受焉。故有濟堤矣。謂此濟也。

25 濟水又東南逕釐城東,《春秋經》書公會鄭伯于時來,《左傳》所謂釐也。京相璠曰:今滎陽縣東四十里有故釐城也。濟水右合黃水,水發源京縣黃堆山,東南流,名祝龍泉,泉勢沸湧,狀若巨鼎揚湯。西南流,謂之龍項口,世謂之京水也。又屈而北注,魚子溝水入焉,水出石暗澗。東北流,又北與潨潨水合,水出西溪東流,水上有連理樹,其樹,柞櫟也,南北對生,凌空交合,溪水歷二樹之間,東流注于魚水,魚水又屈而西北注黃水。

26 黃水又北逕高陽亭東,又北至故市縣,重泉水注之。水出京城西南少陘山,東北流,又北流逕高陽亭西,東北流注于黃水。又東北逕故市縣故城南。漢高帝六年,

封閭澤赤爲侯國,河南郡之屬縣也。黃水又東北至滎澤南,分爲二水:一水北入滎澤,下爲船塘,俗謂之郊城陂,東西四十里,南北二十里。《竹書・穆天子傳》曰:甲寅,天子浮于滎水,乃奏《廣樂》是也。一水東北流,即黃雀溝矣。《穆天子傳》曰:壬寅,天子東至于雀梁者也。又東北與靖水枝津合,二水之會爲黃淵,北流注于濟水。

又東過陽武縣南,

27　濟水又東南流入陽武縣,歷長城東南流,蒗蕩渠^⑫出焉。濟水又東北流,南濟也。逕陽武縣故城南,王莽更名之曰陽桓矣。又東爲白馬淵,淵東西二里,南北百五十步,淵流名爲白馬溝。又東逕房城北。《穆天子傳》曰:天子里甫田之路,東至于房。疑即斯城也。郭《注》以爲趙郡房子也。余謂穆王里鄭甫而郭以趙之房邑爲疆,更爲非矣。濟水又東逕封丘縣南,又東逕大梁城北,又東逕倉垣城,又東逕小黃縣之故城北。縣有黃亭,說濟又謂之曰黃溝^⑬。縣,故陽武之東黃鄉也,故水以名縣。沛公起兵野戰,喪皇姊于黃鄉。天下平定,乃使使者以梓宮招魂幽野。于是丹蛇自水濯洗,入于梓宮,其浴處有遺髮焉。故謚曰昭靈夫人,因作寢以寧神也。

28　濟水又東逕東昏縣故城北,陽武縣之戶牖鄉矣。漢丞相陳平家焉。平少爲社宰,以善均肉稱,今民祠其社。平有功于高祖,封戶牖侯,是後置東昏縣也,王莽改曰東明矣。濟水又東逕濟陽縣故城南,故武父城也。城在濟水之陽,故以爲名,王莽改之曰濟前者也。光武生濟陽宮,光明照室,即其處也。《東觀漢記》曰:光武以建平元年生于濟陽縣,是歲有嘉禾生,一莖九穗,大于凡禾,縣界大熟,因名曰秀。

又東過封丘縣北,

29　北濟也。自滎澤東逕滎陽卷縣之武脩亭南,《春秋左傳》成公十年,鄭子然盟于脩澤者也,鄭地矣。杜預曰:卷東有武脩亭。濟水又東逕原武縣故城南,《春秋》之原圃也。《穆天子傳》曰:祭父自圃鄭來謁天子,夏,庚午,天子飲于洧上,乃遣祭父如圃鄭是也。王莽之原桓矣。濟瀆又東逕陽武縣故城北,又東絕長城。按《竹書紀年》:梁惠成王十二年,龍賈率師築長城于西邊。自亥谷以南,鄭所城矣。《竹書紀年》云是梁惠成王十五年築也。《郡國志》曰:長城自卷逕陽武到密者是矣。

30　濟瀆又東逕酸棗縣之烏巢澤,澤北有故市亭。《晉太康地記》曰:澤在酸棗之東南,昔曹太祖納許攸之策,破袁紹運處也。濟瀆又東逕封丘縣北,南燕縣之延鄉也,其在《春秋》爲長丘焉。應劭曰:《左傳》,宋敗狄于長丘,獲長狄緣斯是也。漢高帝封翟盱爲侯國,濮水出焉。濟瀆又東逕大梁城之赤亭北而東注。

又東過平丘縣南，

31　北濟也。縣，故衛地也。《春秋》魯昭公十三年，諸侯盟于平丘是也。縣有臨濟亭，田儋死處也。又有曲濟亭，皆臨側濟水者。

又東過濟陽縣北，

32　北濟也，自武父城北。闞駰曰：在縣西北，鄭邑也。東逕濟陽縣故城北，圈稱⑪《陳留風俗傳》曰：縣，故宋地也。《竹書紀年》：梁惠成王三十年城濟陽。漢景帝中六年，封梁孝王子明爲濟川王。應劭曰：濟川，今陳留濟陽縣是也。

又東過冤朐縣南，又東過定陶縣南，

33　南濟也，濟瀆自濟陽縣故城南，東逕戎城北。《春秋》隱公二年，公會戎于潛。杜預曰：陳留濟陽縣東南有戎城是也。濟水又東北，菏水東出焉。濟水又東北逕冤朐縣故城南，呂后元年，封楚元王子劉執爲侯國，王莽之濟平亭也。濟水又東逕秦相魏冉冢南。冉，秦宣太后弟也。代客卿壽燭爲相，封于穰，益封于陶，號曰穰侯，富于王室。范雎説秦，秦王悟其擅權，免相，就封出關，輜車千乘，卒于陶，而因葬焉，世謂之安平陵，墓南崩碑尚存。

34　濟水又東北逕定陶恭王陵南，漢哀帝父也。帝即位，母丁太后建平二年崩，上曰：宜起陵于恭皇之園，送葬定陶，貴震山東。王莽秉政，貶號丁姬，開其槨户，火出炎四五丈，吏卒以水沃滅，乃得入，燒燔槨中器物，公卿遣子弟及諸生、四夷十餘萬人，操持作具，助將作掘，平共王母傅太后墳及丁姬冢，二旬皆平。莽又周棘其處，以爲世戒云。時有羣燕數千，銜土投于丁姬竈中，今其墳冢，巍然尚秀，隅阿相承，列郭數周，面開重門，南門内夾道有崩碑二所，世尚謂之丁昭儀墓，又謂之長隧陵。蓋所毀者，傅太后陵耳。丁姬墳墓，事與書違，不甚過毀，未必一如史説也。墳南，魏郡治也。世謂之左城，亦名之曰葬城，蓋恭王之陵寢也。

35　濟水又東北逕定陶縣故城南，側城東注。縣，故三鬷國也。湯追桀，伐三鬷，即此。周武王封弟叔振鐸之邑，故曹國也。漢宣帝甘露二年，更濟陰爲定陶國，王莽之濟平也。戰國之世，范蠡既雪會稽之恥，乃變姓名寓于陶，爲朱公。以陶天下之中，諸侯四通，貨物之所交易也。治產致千金，富好行德，子孫修業，遂致巨萬。故言富者，皆曰陶朱公也。

又屈從縣東北流，

36　南濟也。又東北右合菏水，水上承濟水于濟陽縣東，世謂之五丈溝。又東逕陶丘北。《地理志》曰：《禹貢》，陶丘在定陶西南。陶丘亭在南，墨子以爲釜丘也。《竹書紀年》：魏襄王十九年，薛侯來會王于釜丘者也。《尚書》所謂導菏水自陶丘北，謂此也。菏水東北出于定陶縣北，屈左合氾水，氾水西分濟瀆，東北逕濟陰郡南。《爾雅》曰：濟別爲濋。吕忱曰：水決復入爲氾。廣異名也。氾水又東合于菏瀆。昔漢祖既定天下，即帝位于定陶氾水之陽。張晏曰：氾水在濟陰界，取其氾愛弘大而潤下也。氾水之名，于是乎在矣。菏水又東北，逕定陶縣南，又東北，右合黄水枝渠，渠上承黄溝，東北合菏而北注濟瀆也。

【注　釋】　①景純　晉郭璞字。此處所引指郭璞所注《山海經》。②潛行地下三句　《水經》與《水經注》所記敘的濟水，常有伏流和重現的過程。《注》文在此引郭璞"復出于東丘"，以後又有"重源出軹縣西北平地"，以致後人傳說濟水所謂"三伏三現"甚至"三伏四現"等附會之誤。"伏"與"現"，其實是說明了這個地區因黄河的遷徙改道而河川變異頻仍的現象。③皇覽　書名。《隋書·經籍志》著錄一百二十卷，繆襲等撰。又有梁《皇覽》一百二十三卷，何承天合。又有《皇覽》五十卷，徐爰合。《舊唐書·經籍志》及《新唐書·藝文志》均著錄《皇覽》一百二十二卷，何承天撰。說明古來撰、注、解《皇覽》者不少。書已亡佚，今有《漢學堂叢書》等輯本。④與河合流　整句《經》文與《經》文下的有關《注》文，按現代自然地理學評論當然完全錯誤。近人地質學家翁文灝在其《錐指集·中國地理學中幾個錯誤的原則》批判這種錯誤："夫濟水既已入於河而混於河水矣，又豈能復出。即使入地下，而其地皆沖積層，水入其中，百流皆合，濟水又何能獨自保存。"翁氏所批甚是。⑤渠流東注三句　段熙仲《水經注疏》斷句作："渠流東注浚儀，故復謂之浚儀渠。"語譯據此。⑥詩　指《詩經·小雅·車攻》。⑦未詳　《疏》本作"辛未"。語譯據此。⑧書　指《尚書·禹貢》。⑨雅　指《詩經·大雅·生民》。⑩春秋宣公十三年　《春秋》敘此在"宣公十二年"，作"十三年"實誤。趙一清《水經注釋》已改"十二年"。⑪百雉　城牆高一丈、長三百丈。古代侯爵、伯爵國大都的定制為城方一里又兩百步，每面城牆長百雉。雉，古代計算城牆面積的單位，長三丈、高一丈為一雉。⑫蒗渠　河川名。是古代運河之一，即《史記·河渠書》的"鴻溝"。《漢書·地理志》作"狼湯渠"，《水經注》各本亦多不同名稱，如"蒗蕩渠"、"莨蕩渠"、"狼蕩渠"等。⑬說濟又謂之曰黄溝　殿本此處有戴震案語："此句之上當有脫文，未詳。"《疏》本楊守敬按："黄溝詳《泗水注》，據彼文，黄水出小黄縣黄鄉黄溝，此句上當有'黄水出焉'四字，今增。"語譯據《疏》本補上。⑭圈稱　人名。東漢人，《隋書·經籍志》著錄其所撰《陳留風俗傳》三卷，《舊唐書·經籍志》則誤"圈"為"闕"，已亡佚。《藝文類聚》、《初學記》、《御覽》等都有引及。

【語　譯】

濟水出河東垣縣東王屋山，為沇水；

1　《山海經》說：王屋山是聯水的發源地，西北流，注入泰澤。郭景純說：聯、沇讀音相近，聯水就是沇水。水在地下潛流，到共山南重新從東丘冒出。現在原城東北有東丘城。孔安國說：泉水的源頭沇水，流出去叫濟水。《春秋說題辭》說：濟，就是齊的意思。齊，就是度量，就是穩定的意思。《風俗通》說：濟水發源於常山房子縣贊皇山,廟在東郡臨邑縣。濟,就是齊的意思,使其度量整齊劃一。我查考過,兩條濟水同名,但發源不同,流過的鄉野地域也不一樣,這是應氏的錯誤。現在濟水重發的源頭從軹縣西北平地流出,水有兩個源頭:東源出自原城東北。從前晉文公攻打原,能重誠信,因而原就投降了,指的就是此城。民間因為濟水再次發源於原城,所以又稱它為濟源城。這條水南流經城東舊縣城的原鄉。杜預說:沁水縣西北有原城,就是此城。水南流,與西源匯合。西源出自原城西,東流水注入。東流水發源於西南,東北流,注入濟水。濟水又東流經原城南,東流與北水匯合,亂流往東南而去,分為兩條:一條東南流,民間稱為衍水,也就是沇水。衍、沇讀音相近,輾轉相傳,因此失真了。濟水又東南流,流經絺城北,而往溫縣流出去。另一條分支南流,注入溴水。溴水發源於原城西北原山勳掌谷,民間稱為白澗水,南流經原城西。《春秋》:在溴梁會盟,說的就是此水的堤梁。《爾雅》說:在各地的梁中,沒有比溴梁更大的了。梁,就是河堤。

2　溴水又東南流經陽城東,與南源匯合。這條水發源於陽城南溪,陽城,也就是樊城,又名陽樊。《國語》說:周王以陽樊賜給晉國,陽人不服,文公把陽城包圍起來。倉葛說:陽城有繼承夏、商的典章制度,由樊仲的官員守護,您把它破壞了,恐怕不妥吧。於是文公放陽人出來。《春秋》:樊氏反叛,惠王派遣虢公去伐樊,逮捕了樊仲皮回到京師,說的就是此城。此水東北流,與漫流水匯合。漫流水發源於軹關南,東北流,又北流注入溴水,匯流處稱為漫流口。

3　溴水又東流,與北水匯合,然後往東南亂流,在左岸與濟水支渠匯合。溴水又東流經鍾繇塢北,世人稱為鍾公壘。又東南流,塗溝水注入。塗溝水發源於軹縣西南山下,北流然後東轉,流入軹縣老城,又轉彎北流,流出軹城。漢文帝元年(公元前一七九年),把軹縣封給薄昭為侯國。又東北流注入溴水。溴水又東北流經波縣老城北。漢高帝將波縣封給公上不害為侯國。溴水又東南流,天漿澗水注入。天漿澗水發源於軹縣南邊的高地,在向城北面,城在高地上,民間稱為韓王城,其實不對。京相璠說:有人說現在河內軹縣西有個地方,名叫向,但現在卻沒有城了。杜元凱《春秋釋地》也這樣說。因為向是沿襲下來的名稱,所以不能單說到地名卻不說有城。闞駰《十三州志》說:軹縣南山西邊的山彎裡有舊時的向城,就是周時的向國。《左傳》說:向姜在莒不能安心,因此就回來了。汲郡《竹書紀年》說:鄭侯派韓辰把陽及向歸還晉國。二月,在陽、向二地築城,把陽改名為河雍,把向改名為高平,這裡說的向就是此城。

4　天漿澗水有兩個源頭,各自出於一條溪流,東北流,匯合為一條,名叫天漿溪。又東北流經一座老城,民間叫冶城,水也就叫冶水。又東流,注入溴水。溴水又東南

流,在右岸匯合同水。同水發源於南原下,東北流經白騎塢南。白騎塢這座土堡
坐落在一片平原上,位於兩溪的匯流處,北邊圍繞著很深的城壕,三面都有險峻的
懸崖峭壁,只有西面築了城牆。同水東北流經安國城西,又東北注入溴水。溴水
東南流經安國城東,又南流經毋辟邑西,世人稱為無比城,也叫馬鞭城,都不對。
朝廷廢黜了太子,把他謫居於此,稱為河陽庶人。溴水又南流,注入河水。

又東至溫縣西北,為濟水。又東過其縣北,

5　濟水在溫城西北與舊河道分流,南流經溫縣老城西,這是周朝京畿以內的封國,是
司寇蘇忿生的食邑。《春秋》僖公十年(公元前六五〇年),狄滅了溫,溫子逃奔衛國,
周襄王就把溫賜給晉文公。濟水南流經虢公臺西。《皇覽》說:溫城南有虢公臺,
遺址還在。濟水南流注入河水。郭緣生《述征記》說:濟水在河內溫縣注入河水。
這是根據水道沿途所經的實況說的,並非信口雌黃。

6　濟水舊河道在溫城西北通往東南,經過溫城北,又往東通過虢公冢北。《皇覽》說:
虢公冢在溫縣城東,是濟水南岸的一座大墳。在王莽那個時代,濟水已經枯涸,以
後水流雖又暢通了,但水道卻已改變。考察今天的水道,與往日已經迥然不同了。

屈從縣東南流,過隤城西,又南當鞏縣北,南入于河。

7　濟水舊河道東南流,與奉溝水匯合。奉溝水上流在野王城西承接朱溝,東南流經
陽鄉城北,又東南流經李城西。秦攻打趙國,邯鄲眼看就要投降了。驛站小吏的
兒子李同,對平原君趙勝提出建議,請他把自己的家產犒賞戰士,招募了三千名敢
死隊。李同帶領他們一同衝向秦軍,把秦軍打退了,可是李同也戰死了。因此平
原君封他的父親為李侯。徐廣說:河內平皋縣有李城,就是此城。奉溝水在李城
西南積成陂塘,淹沒了一百頃左右的土地,裡面長滿蘆葦,稱為李陂。

8　又流經隤城西,轉彎東北流,流經城北,又東流經平皋城南。應劭說:邢侯自襄國
遷移到這裡。齊桓公時,衛人攻打邢,邢遷徙到夷儀,那地方屬晉國,稱為邢丘。
因為位於河水邊岸高地上,地勢平坦,所以叫平皋。薛瓚注《漢書》說:《春秋》提
到狄人攻打邢,邢遷徙到夷儀,並沒有遷到這裡。現在襄國西有夷儀城,距襄國百
餘里。平皋是邢丘,不是國家。我查考過,《春秋》宣公六年(公元前六〇三年),赤狄
攻打晉國,包圍了邢丘。從前晉侯送女兒到楚國,直送到邢丘,就是這地方,並沒
有說到這地方無城。《竹書紀年》說:梁惠成王三年(公元前三六七年),鄭國在邢丘
築城。司馬彪《後漢書‧郡國志》說:縣裡有邢丘,是從前的邢國,周公的兒子就封
在那裡。漢高帝七年(公元前二〇〇年),把邢丘封給碭郡長項佗為侯國,賜姓劉氏。
武帝廢國設縣。水又南流,注入河水。

與河合流,又東過成皋縣北,又東過滎陽縣北,又東至礫溪南,東出過滎澤北。

9　《釋名》說：濟，就是渡過的意思。源流出自大河以北，渡過大河而南流。《晉地道志》說：濟水從大伾注入河水，與河水相沖擊，自南邊溢出成為滎澤。《尚書》說：滎波澤已經蓄水了。孔安國說：滎澤波水已經阻遏而積滯起來。闞駰說：滎播，是個澤名。所以呂忱說：播水在滎陽。說的就是此水。從前大禹堵塞住漫流四溢的水，而在滎陽下引導河水往東南與淮水、泗水相通，而把濟水從河水支分出去，往東南流。

10　漢明帝時代，司空伏恭將樂浪人王景推薦給明帝，王景字仲通，好學而多才多藝，善於治水。到顯宗時，下詔令他與謁者王吳一同開工疏鑿浚儀渠。王吳使用王景的辦法，才杜絕了水災，這條舊渠道就是他們兩人修成的。渠水往東流注浚儀，所以又叫浚儀渠。明帝永平十五年（公元七二年），東巡到了無鹽，他嘉獎王景的功勳，封他為河隄謁者。靈帝建寧四年（公元一七一年），在敖城西北用石塊砌築了一座水門，用以攔截渠口，稱為石門。所以世人又把這條水渠稱為石門水。水門寬十餘丈，西距河水三里。石門上刻著：建寧四年十一月，以黃場石築成。但主持工程的主要官吏姓名卻已漫漶不清，磨蝕得無法辨認了。魏太和年間（公元四七七—四九九年），又重修石門，拆除舊石，加添新石，刻字的石條也不知去向了。濟水北有石門亭，就是戴延之所說新築的城。城周圍三百步，是滎陽太守鎮守的地方。濟水南依三皇山，即皇室山，也叫三室山。

11　濟水又東流經西廣武城北。《郡國志》：滎陽縣有廣武城，城在山上，是漢時所築。高祖與項羽在深澗兩岸對話，高祖責罵項羽十大罪狀，項羽以箭射漢高祖，射中胸部，就在這地方。山下有水，北流注入濟水，世人稱為柳泉。

12　濟水又東流經東廣武城北，此城是楚項羽所築。漢軍打垮曹咎，項羽回到廣武，築了一座高壇，把高祖的父親推到壇上，向漢高祖宣稱：你不立刻投降，我就把老頭子投入大鍋裡活活煮了。高祖置之不理，項羽想殺害太公。項伯說：打天下的人是不顧家庭的，殺了他只不過加深仇恨罷了。項羽聽從了項伯的意見。現在把那座壇稱為項羽堆。在東、西兩座廣武城之間，有一條深澗截斷山丘，稱為廣武澗。項羽在澗上厲聲怒斥婁煩，婁煩嚇得魂飛魄散，急急忙忙逃回軍營中去了。

13　濟水又東流經敖山北，《詩經》所說的在敖山狩獵，即指此山。山上有城，就是殷帝仲丁遷都的地方。皇甫謐《帝王世紀》說：仲丁把都城從亳遷到河上的囂，即指此城。也叫敖。秦朝在那裡設置了糧倉，所以也叫敖倉城。濟水又東流，與滎瀆相匯合。滎瀆上口承接河水，有石門，稱為滎口石門，但地形十分低窪，古時滎播澤所疏導的水，就是從這裡開始的。石門南瀕河水，有古碑刻著這些字樣：陽嘉三年（公元一三四年）二月丁丑日，派遣河堤謁者王誨，疏通河道，擴大百姓的土地。從前大河沖積淤塞，侵蝕了大堤，過去總是以竹籠裝入土石來築堤，堤防時常毀壞，引起潰決，枉費了億萬人工。因此請求以臨河各郡的民伕開山採石，砌築堤防。工程完成以後，徭役也就可以停止了。辛未日朝廷頒發詔書，嘉許王誨立功，少府卿著手規劃基址，下詔頒發策書，給予賞賜，並把他升遷到沇州。於是挑選了一輛馬車，封司馬登為使者，命令他繼承前人的事業，以求完成大功。司馬登考慮到伊水和洛水匯合後注入大河，南岸沿著山邊，東流過了大伾後，就回流向北岸沖擊，水勢盛大，怒濤湍急迅猛，一旦決堤氾濫，那就會淹沒連片的原野。一個小小的蟻穴，就會釀成意想不到的大禍。自從周代姬氏以來，就常常為此而擔憂。從前崇伯鯀治水失敗，本朝兩位皇上為此也弄得勞瘁不堪。於是他親自跋山涉水，經營策劃，率領百姓，並與大臣商議，從三處山谷裡採石，命治水工匠來治理。他們在岸邊建築防波堤，來阻擋巨浪，隨時給予賞賜，以資勉勵。經過這次治理，河道既不阻滯不暢，也不會波濤洶湧；河水長流，土地滋潤。施工不到一年，工程就順利完成了。這是諸位有大功的賢臣督導有方，皇上仁德宏大昭彰的緣故。從前禹疏通了九條河道，《尚書》記載了他的功績；后稷親自從事稼穡，《詩經》就在《大雅》裡予以表揚。今天這些治水人員，不怕辛勤勞苦，每天一早就起來履行職責，為了富國利民而努力，怎能埋沒他們的勞績，使他們沒沒無聞呢。所以就刻石記功，使其流芳百世。頌詞從略；參加的人員有：使臣河堤謁者山陽郡東緡縣司馬登，字伯志；代理人東萊郡曲成縣王誨，字孟堅；河內太守宋城向豹，字伯尹；丞汝南鄧方，字德山；懷縣縣令劉丞，字季意；以及河堤屬官工匠等造。陳留郡浚儀縣邊韶，字孝先，作頌詞。碑文因歲月悠久，文字大都已經漫漶殘缺，完全看不出來的地方，就從略了。

14　滎瀆又東南流，注入濟水，今天已經乾涸無水了。稍東，有宿須水口。宿須水上流承接大河，水渠旁有扈亭水，從此亭東南流，注入濟水，現在也已乾涸無水了。宿須在河水以北，不在這裡，不過地名相同而已。這條水從西邊沿著山邊低地流過，秦、漢以來，也時通時塞。濟水與河水匯合後波濤滾滾東流。晉太和年間(公元三六六─三七一年)，桓溫北伐，打算疏通水流，但沒有成功就退回了。義熙十三年(公元四一七年)，劉裕西征，又下令寧朔將軍劉遵考沿這條渠道運糧，開始時有急流滾滾東去，最後卻因山崩堵塞河道，於是劉裕在北方十里處另鑿舊渠道以通航。現在南瀆仍然暢通，因為引了溪澗裡的水來增加流量。濟水在這裡，又兼有邲水一名。《春秋》宣公十三年(公元前五九六年)，晉、楚兩國交戰，楚軍駐紮於邲城，就在此水之濱。邲，音卞。京相璠說：邲城在敖北。

15　濟水又東流經滎陽縣北。曹太祖與徐榮交戰，打了敗仗，曹洪在這裡把自己的馬

讓給他。濟水又東流,礫石溪水注入。礫石溪水發源於滎陽城西南李澤,澤中有
水,就是古代的馮池。《地理志》說:滎陽縣,馮池在西南。礫石溪水東北流,流經
敖山南。《春秋》載,晉、楚之戰,在敖山前部署伏兵,即指此處。又流經虢亭北。
池水又東北流經滎陽縣北的斷山,東北流注入濟水,世人稱為礫石澗,就是《水經》
所說的礫溪。《水經》說:濟水的水道在礫溪之南,這是弄錯了。

16　濟水又東流,索水注入。索水發源於京縣西南嵩渚山,與東關水同源而分道流逝,
就是古時的旃然水。此水東北流,器難水注入。《山海經》說:少陘山是器難水的
發源地,北流注入侵水,指的就是此水。器難水北流經金亭,又北流經京縣舊城
西,流入旃然水。京縣舊城從前是鄭國的城邑。莊公把他的弟弟段遷居在這裡,
號稱京城大叔。祭仲說:京城每面城牆超過了三百丈,就會成為國家的禍害。城
北有壇山岡。《趙世家》說:成侯二十年(公元前三五五年),魏國獻滎陽,因而在岡上
築壇臺。此水亂流,北經小索亭西。京相璠說:京縣有小索亭。《世語》以為原來
索氏兄弟住在這裡,所以叫小索亭。水也叫索水了。

17　索水又北流經大柵城東。晉時滎陽人張卓、董邁等遭遇饑荒,結集了一批流民雜
戶在這裡堅守,叫大柵塢。到了太平真君八年(公元四四七年),豫州刺史崔白,把州
治從虎牢遷移到這裡,又向東拓寬舊城,把它改造得更加廣大。太和十七年(公元
四九三年),遷都到洛邑,撤除州的建制,改置為郡。索水又轉彎西流,與梧桐澗水
匯合。梧桐澗水發源於西南的梧桐谷,東北流,注入索水。這條水也有時流通,有
時斷流,不是長流不息的。

18　索水又北轉,東流經大索城南。《春秋左傳》說:鄭子皮在索氏慰勞叔向,指的就是
此城。《晉地道志》說到京縣有大索亭和小索亭;《漢書》也有京、索之間的說法。
索水又東流經虢亭南。應劭說:滎陽是從前虢公的封國,就是現在的虢亭。司馬
彪《郡國志》說:縣裡有虢亭,民間稱為平桃城。城內有座大墳,叫管叔冢,也有人
稱為虢眺城,是不對的。因為虢、虢字形相近,所以輾轉傳抄以致失實。《風俗通》
說:民間傳說,高祖與項羽在京、索之間打仗,高祖逃入林莽中,項羽追尋搜索他。
這時斑鳩在高祖藏身之處的樹上鳴叫,追兵以為那裡一定不會有人,因此才得以
脫身。待到他即位以後,覺得這隻斑鳩有點神異,所以做了鳩杖,給老人行走時支
身。據《廣志》,楚國把鳩又叫做嗥啁,虢眺之名大概是因為斑鳩而來的,不知是否
如此。

19　索水又東北流,須水從右岸注入。須水發源於京城東北二里近處的榆子溝,也叫
奈榆溝,或者又稱小索水。東北流,木蓼溝水注入。木蓼溝水上流承接京城的南
淵,世人稱為車輪淵,淵水東北流,稱為木蓼溝。又東北流,注入須水。須水又東

北流,在滎陽城西南,北流注入索水。

20　索水又東流經滎陽縣老城南。漢王被圍困於滎陽,紀信說:我喬裝為大王向楚王
　　投降,您就乘間逃出去。於是紀信就乘著漢王的車子從東門出城,宣稱:漢向楚投
　　降了。楚軍歡呼慶祝,喊聲震天動地;漢王則帶了數十人馬從西門出走,得以逃脫
　　楚軍的包圍。項羽走近一看原來是紀信,勃然大怒,於是就把他投進沸水鍋中活
　　活煮了。紀信墓在城西北三里。所以蔡伯喈《述征賦》說:經過高祖受困之處,在
　　滎陽憑弔紀信。滎陽城憑依著丘陵的平坦處而建,位於山峰南面,王莽設置為祈
　　隊,完全按照周代六隊的建制。

21　魏正始三年(公元二四二年),正值甲子之年,按照癸丑詔書,劃出河南郡縣,從鞏、闕
　　以東,創建滎陽郡,共有二萬五千戶,以南鄉筑陽亭侯李勝為郡守。李勝,字公昭,
　　曾在原武任典農校尉,施政惠及鄉里,老百姓在城北五里處為他立祠,稱為李君
　　祠。祠廟前有一塊腳掌狀的大石,上面有石箭靶,《石的銘》現在還保存得很完好,
　　大意是說:百姓都欣然擁戴他,大家都出於一片至誠。直到今天,人們還來祭祀
　　祈禱。

22　索水又東流經周苛墓北。漢高祖逃出滎陽,命令御史大夫周苛駐守。項羽攻下滎
　　陽,俘虜了周苛,對他說:我任命您為上將軍,封為三萬戶侯,您能盡忠職守嗎?周
　　苛睜大眼睛大罵項羽,項羽大怒,就把他投入沸水鍋裡活活煮了。索水又東流,先
　　折而向北,然後又轉而向西,北流經滎陽城東,最後北流注入濟水。杜預說:旃然
　　水發源於滎陽郡成皋縣,東流注入汳水。《春秋》襄公十八年(公元前五五五年),楚
　　國攻打鄭國,右翼軍隊涉水渡過潁水,駐紮在旃然,指的就是此水。濟水斷流後水
　　源由汳溝承接,汳溝就是從這裡開始承接此水的,所以說汳水承接旃然水。這條
　　水也叫鴻溝水,因為漢、楚劃地分王,指定以此水為分界的緣故。《郡國志》說:滎
　　陽有鴻溝水。這些水名,都因所經的城邑和地區而改變,成為河流的異名。

23　濟水又東流經滎澤北,是從前滎水積瀦而成的。京相璠說:滎澤在滎陽縣東南,與
　　濟隧匯合。濟隧上口在卷縣北河承接河水,南流經卷縣老城東,又南流經衡雍城
　　西。《春秋左傳》襄公十一年(公元前五六二年),諸侯討伐鄭國,在濟隧渡水西進。
　　杜預漏掉了地名,只提到水名。京相璠說:濟隧是鄭國的屬地。說是濟水從滎澤
　　北流,到了衡雍西,與從河水分出的濟水匯合,南距新鄭一百里,那麼滎澤、播水、
　　河水、濟水,都是往來相通的了。從河水分出的濟水,就是陰溝的上源,濟隧枯涸
　　斷流了。所以世人有的也把它的舊河道稱為十字溝。自從于岑在河水南岸造八
　　激堤後,水脈斷絕,舊河道也就很難尋找了。

24　濟隧又南流,匯合於滎澤。水雖已斷流,而人們仍舊把那地方叫做滎澤。《春秋》

載,衛侯與翟人在滎澤開戰,殺了懿公。這裡就是弘演以身殉主,自剖其腹,把懿公的肝納入自己體內的地方。澤旁有垂隴城,濟水從城北流過。《春秋》文公二年(公元前六二五年),晉士縠在垂隴會盟,即指此城。京相璠說:垂隴是鄭國的轄地。現在滎陽東二十里有垂隴舊城,就是這座城。世人稱為都尉城,因為這裡是滎陽典農都尉的治所,垂隴的地名因此也就改了。水旁又有沙城,此城東邊傍著濟水。《竹書紀年》載,梁惠成王九年(公元前三六一年),惠成王在巫沙會見鄭釐侯,即指此城。水濱有一座舊城,世人稱為水城。《史記》載,秦昭王三十二年(公元前二七五年),魏冉攻打魏國,進軍芒卯,攻入北宅,就是從前的宅陽城。《竹書紀年》說:惠成王十三年(公元前三五七年),惠成王與鄭釐侯在巫沙會盟,以解除宅陽之圍,把釐歸還給鄭國。《竹書紀年》,晉出公六年(公元前四六九年),齊國同鄭國攻打衛國,荀瑤在宅陽築城。民間稱為水城,這不對。濟水從澤中往東流出,就是從這裡開始的。王隱說:河水決口,成為滎水,濟水承接了此水,所以有濟堤,指的就是這條濟水。

25　濟水又東南流經釐城東。《春秋經》說隱公在時來會見鄭伯,就是《左傳》所說的釐。京相璠說:現在滎陽縣東四十里有舊時的釐城。濟水在右岸匯合黃水。黃水發源於京縣的黃堆山,東南流,叫祝龍泉,泉水初出時,水勢沸騰洶湧,好像巨大的鼎鑊燒開水時那樣奔騰激揚。水往西南流,到一處水口,叫龍項口,世人稱為京水。又轉彎北流,魚子溝水注入。魚子溝水發源於石暗澗,東北流;又北流,與潨潨水匯合。潨潨水發源於西溪,往東流,水上有連理樹。這是兩棵柞櫟樹,在南北兩岸相對而生,凌空交合糾結在一起。溪水流經兩樹之間,東流注入魚水。魚水又轉彎往西北,注入黃水。

26　黃水又北流經高陽亭東,又北流到故市縣,重泉水注入。重泉水發源於京城西南的少陘山,東北流,又北流經高陽亭西,東北流注入黃水。黃水又東北流經故市縣老城南。漢高帝六年(公元前二〇一年),把該縣封給閻澤赤為侯國,是河南郡的屬縣。黃水又東北流,到了滎澤南,分為兩條:一條北流注入滎澤,下端是船塘,民間稱為郊城陂,東西四十里,南北二十里。竹書《穆天子傳》說:甲寅日,天子在滎水泛舟,奏《廣樂》,即指滎澤。另一條東北流,就是黃雀溝。《穆天子傳》說:壬寅日,天子東行,直到雀梁,即指此水。又東北流,與靖水的支流匯合,這兩條水的匯流處就是黃淵,北流注入濟水。

又東過陽武縣南,

27　濟水又東南流,進入陽武縣,經過長城往東南流,蒗蕩渠分流而出。濟水又東北流,這就是南濟水。流經陽武縣老城南,王莽改名為陽桓。又東流,就是白馬淵。

這條淵潭東西長二里,南北寬一百五十步,深潭名為白馬溝。又東流經房城北。《穆天子傳》說:天子按照制度規劃園圃的道路,東到房城為止。想來就是此城。郭璞《注》以為這裡指的是趙郡的房子縣。我以為穆王規劃鄭圃,郭璞卻以趙郡的房邑為疆界,那就更不對了。濟水又東流經封丘縣南,又東流經大梁城北,又東流經倉垣城,又東流經小黃縣老城北。縣裡有黃亭,靠近濟水,黃水就發源於此,又稱黃溝。小黃縣是從前陽武的東黃鄉,是以水為縣名的。沛公起兵後在曠野打仗,他母親死於黃鄉,天下平定後,就派遣使者帶了棺柩到這幽寂無人的曠野來招魂。有一條赤練蛇在水中洗澡,爬入棺柩,蛇沐浴處還留有些頭髮。因而諡號稱為昭靈夫人,並修建陵墓讓她的神靈得以安息。

28　濟水又東流經東昏縣舊城北,這就是陽武縣的戶牖鄉。漢丞相陳平的老家就在這裡。陳平少年時在村里中擔任祭祀時負責主持分配祭肉的職務,每次分配祭肉都十分公正,因而受到稱許,現在老百姓還在他家所在的里社為他立祠。陳平對漢高祖有功,封為戶牖侯,後來才設置東昏縣。王莽時改縣名為東明。濟水又東流,經濟陽縣老城南,就是從前的武父城。城在濟水北岸,所以叫濟陽。王莽時改名稱為濟前。光武帝生於濟陽宮,出生時有亮光照耀室內,就是這地方。《東觀漢記》說:光武於建平元年(公元前六年)生於濟陽縣,這一年有嘉禾生長,一根稻莖有九個稻穗,比普通的稻子大得多。縣境之內都得到大豐收,因此給他取名為秀。

又東過封丘縣北,

29　這是北濟水。水從滎澤東流經滎陽郡卷縣的武脩亭南。《春秋左傳》成公十年(公元前五八一年),鄭子然在脩澤會盟,這是鄭國地方。杜預說:卷縣東有武脩亭。濟水又東流經原武縣老城南,這就是《春秋》的原圃。《穆天子傳》說:祭父自圃鄭來朝見天子。夏天,庚午日,天子在洧上飲酒,於是派遣祭父去圃鄭。王莽時這地方叫原桓。濟水又東流經陽武縣老城北,又東流穿過長城。據《竹書紀年》,梁惠成王十二年(公元前三五八年),龍賈率領軍隊在西邊修築長城。從亥谷以南,是鄭國修築的。《竹書紀年》說是梁惠成王十五年(公元前三五五年)修築的。《郡國志》說:長城從卷縣經過陽武縣直到密縣,就是當時所築。

30　濟水又東流經酸棗縣的烏巢澤。澤北有舊時的市亭。《晉太康地記》說:澤在酸棗東南,從前曹太祖採用了許攸的計策,就在這裡焚毀了袁紹的軍用物資。濟水又東流經封丘縣北,就是南燕縣的延鄉,也就是《春秋》所說的長丘。應劭說:《左傳》載,宋在長丘打敗狄人,俘獲長狄緣斯,指的就是這地方。漢高帝封給翟盼為侯國。濮水就發源於這裡。濟水又東流經大梁城的赤亭北,向東流逝而去。

又東過平丘縣南,

31 這條是北濟水。平丘縣從前是衛國地方。《春秋》魯昭公十三年(公元前五二九年),諸侯在平丘會盟。平丘縣有臨濟亭,田儋就死在這裡。又有曲濟亭,都是瀕臨濟水岸邊的。

又東過濟陽縣北,

32 這是北濟水。從武父城北流過。闞駰說:武父城在濟陽縣西北,是鄭國的城邑。東流經濟陽縣老城北,圈稱《陳留風俗傳》說:濟陽縣從前是宋國地方。《竹書紀年》載,梁惠成王三十年(公元前三四〇年),修築濟陽城。漢景帝中元六年(公元前一四四年),封梁孝王的兒子劉明為濟川王。應劭說:濟川,就是現在陳留郡的濟陽縣。

又東過冤朐縣南,又東過定陶縣南,

33 這是南濟水。濟水從濟陽縣老城南,東流經戎城北。《春秋》隱公二年(公元前七二一年),隱公在潛會見戎人。杜預說:陳留郡濟陽縣東南有戎城,即指此城。濟水又東北流,菏水往東分出。濟水又東北流經冤朐縣老城南。呂后元年(公元前一八七年),將該縣封給楚元王的兒子劉執為侯國。王莽時叫濟平亭。濟水又東流經秦丞相魏冉墓南。魏冉是秦宣太后的弟弟,取代客卿壽燭當丞相,封於穰,後又以陶加封給他,號稱穰侯,財富超過王室。范雎遊說秦王,秦王才警覺到他太專權了,就罷免了他的相位。他出關到他的新封地去時,運貨的車輛達千餘之多,後來死於陶,就葬在那裡。世人把他的陵墓稱為安平陵,墳墓南崩斷的殘碑還在。

34 濟水又東北流經定陶恭王陵墓南。恭王是哀帝的父親,哀帝即位後,他母親丁太后於建平二年(公元前五年)亡故。哀帝說:在恭王陵園裡建造陵墓最好。於是就把她葬於定陶貴震山東麓。王莽執政後,把太后之號貶稱丁姬,打開放置棺柩的墓門,裡面忽然冒出高達四五丈的火焰,士兵澆水把火撲滅,才能進入。這陣火把墓中陪葬的器皿都燒壞了。朝中大臣派了子弟、諸生及四方異族共十餘萬人,拿了工具,協助將作大匠掘平共王母傅太后和丁姬的墳墓,歷時二十天兩座墳墓都掘平了。王莽又在四周種植荊棘,作為世人的戒鑑。這時有數千隻燕群,銜了泥土投在丁姬墓穴中,現在她的墳墓還是高高地顯得相當突出,四角相承,圍牆築了好幾重,每面開了幾重門戶。南門內的夾道上有兩座崩斷的墓碑,世人還稱為丁昭儀墓,又叫長隧陵。原來被毀的只是傅太后的陵墓,至於丁姬的墳墓,事實上並沒有遭到太嚴重的破壞,不一定同史籍的記載相同。墳墓南,就是魏郡的治所。世人稱為左城,又名葬城,恭王的陵墓在那裡。

35 濟水又東北流經定陶縣老城南,沿著城邊往東流。定陶縣就是從前的三鬷國。商

湯追擊夏桀,討伐三鬷,就在這地方。周武王封給他弟弟叔振鐸的,也就是此城,
從前這是曹國地方。漢宣帝甘露二年(公元前五二年),把濟陰改為定陶國。王莽時
叫濟平。戰國時代,范蠡雪了會稽之恥,於是改名換姓寓居於陶,稱為朱公。因陶
位於天下的中心,與各方諸侯四通八達,是貨物交易的集散地。朱公經商賺了成
千成萬的鉅款,他富有而喜歡做好事,子孫經營產業成了百萬富翁。所以人們談
到財富,都要說到陶朱公。

又屈從縣東北流,

36　這是南濟水。又東北流,在右岸匯合菏水。菏水上流在濟陽縣東承接濟水,世人
稱為五丈溝。又東流經陶丘北。《地理志》說:據《禹貢》,陶丘在定陶西南。陶丘
亭在南,墨子以為是釜丘。《竹書紀年》載,魏襄王十九年(公元前三〇〇年),薛侯來
到釜丘會見襄王,就指這裡。《尚書》所說的從陶丘以北疏導菏水,指的就是這裡。
菏水自定陶縣北往東北流出,左轉與氾水相匯合。氾水向西分出濟水,東北流經
濟陰郡南。《爾雅》說:濟水分流成為濋水。呂忱說:水決口以後重新又流進來叫
氾水。這又增廣了此水不同的名稱。氾水又東流,與菏水匯合。從前漢高祖平定
了天下,在定陶氾水北岸即帝位。張晏說:氾水在濟陰境內,取其博愛宏大,能夠
滋潤下流的意思。於是乎就有了氾水的名稱了。菏水又東北流,流經定陶縣南,
又東北流,在右岸匯合黃水的支渠。支渠上流承接黃溝,東北流與菏水匯合,北流
注入濟水。

【研　析】《水經》此卷係按《禹貢》"導沇水,東流為濟,入于河,溢為滎"立篇的。但
早在《水經》以前,《漢書‧地理志》已循《禹貢》之說,在其《河東郡‧垣縣》下說:"《禹
貢》,王屋山在東北,沇水所出,東南至武德入河。"《水經注》寫作的時代,雖然河川的
實際情況與《禹貢》已全不相符,但既然《漢書‧地理志》和《水經》都按《禹貢》立篇,尊
重《禹貢》之論,酈道元當然也只好因循沿襲。《禹貢》當然是一部價值很高的地理古
籍,但書內顯然存在中國多數古籍中的附會,例如此書所傳的導山導水,有不少其實都
是第四紀甚或第三紀的地質活動結果。《禹貢》說沇水出王屋山,王屋山的位置古今不
變,此山的幾座主峰如舜王坪(二三二二米)和析城山(一八八六米)等,確都有河川南
流入黃河,但除了東緣的沁水(卷九已立篇)外,其他均非大河,所以從此山導源的沇水
(濟水)其實並不存在。則卷七《濟水》若非虛立之篇,也是小水大敘之篇。不過對於
古代地理書,特別是像《水經注》這樣的名著,這類卷篇屬於瑕不掩瑜。何況篇內所記
敘的其他許多史事掌故,都仍很有價值。

卷八　濟水

【題　解】　卷七《濟水》《經》文"東出過滎澤北"以下，《注》文引了不少古籍記敘滎澤，因為滎澤確實是古代存在於黄河以南的一個較大湖澤，但從西漢起即已湮廢不存。卷八《濟水》記敘的這條黄河以南的濟水，經過滎澤後，又瀦為鉅野澤，《注》文中記敘的不少河流如蒗蕩渠等，均是古代鴻溝水系河流，河川錯綜複雜，頭緒紛繁。《注》文最後指出此濟水入淮而不入海，說明到了酈道元時代，濟水早已不是"四瀆"大水，而只是淮水的一條支流了。

又東至乘氏縣西，分爲二：

1　《春秋左傳》僖公三十一年，分曹地東傅于濟。濟水自是東北流，出鉅澤。

其一水東南流，其一水從縣東北流，入鉅野澤。

2　南爲菏水，北爲濟瀆，逕乘氏縣與濟渠、濮渠合。北濟自濟陽縣北，東北逕煮棗城南。《郡國志》曰：冤朐縣有煮棗城，即此也。漢高祖十二年，封革朱爲侯國。北濟又東北逕冤朐縣故城北，又東北逕吕都縣故城南，王莽更名之曰祁都也。又東北逕定陶縣故城北，漢景帝中六年，以濟水出其北，東注，分梁，于定陶置濟陰國，指北濟而定名也。又東北與濮水合，水上承濟水于封丘縣，即《地理志》所謂濮渠水首受濟者也。闞駰曰：首受别濟，即北濟也。其故瀆自濟東北流，左地爲高梁陂，方三里。濮水又東逕匡城北，孔子去衛適陳，遇難于匡者也。又東北，左會別濮，水受河于酸棗縣。故杜預云：濮水出酸棗縣，首受河。《竹書紀年》曰：魏襄王十年十月，大霖雨疾風，河水溢酸棗郛。漢世塞之，故班固云：文堙棗野。今無水。其故瀆東北逕南、北二棣城間。《左傳》襄公五年，楚子囊伐陳，公會于城棣以救之者也。濮渠又東北逕酸棗縣故城南，韓國矣。圈稱曰：昔天子建國名都，或以令名，或以山林，故豫章以樹氏郡，酸棗以棘名邦，故曰酸棗也。《漢官儀》①曰：舊河堤謁者居之。

3　城西有韓王望氣臺。孫子荊《故臺賦叙》②曰：酸棗寺門外，夾道左右有兩故臺，訪之故老云：韓王聽訟觀臺，高十五仞，雖樓榭泯滅，然廣基似于山嶽。召公大賢，猶舍甘棠，區區小國，而臺觀隆崇，驕盈于世，以鑒來今，故作賦曰：蔑丘陵之邐迤，亞五嶽之嵯峨。言壯觀也。

4　城北，韓之市地也。聶政爲濮陽嚴仲子刺韓相俠累，遂皮面而死，其姊哭之于此。城內有《後漢酸棗令劉孟陽碑》。濮水北積成陂，陂方五里，號曰同池陂。又東逕胙亭東注，故胙國也。富辰所謂邢、茅、胙、祭，周公之胤也。濮渠又東北逕燕城南，故南燕姞姓之國也。有北燕，故以南氏縣。東爲陽清湖，陂南北五里，東西三十里，亦曰燕城湖。逕桃城南，即《戰國策》所謂酸棗、虛、桃者也。漢高帝十二年，封劉襄爲侯國。而東注于濮，俗謂之朝平溝。

5　濮渠又東北，又與酸水故瀆會。酸瀆首受河于酸棗縣，東逕酸棗城北、延津南，謂之酸水。《竹書紀年》曰：秦蘇胡率師伐鄭，韓襄敗秦蘇胡于酸水者也。酸瀆水又東北逕燕城北，又東逕滑臺城南，又東南逕瓦亭南。《春秋》定公八年，公會晉師于瓦，魯尚執羔，自是會始也。又東南會于濮，世謂之百尺溝，濮渠之側有漆城。《竹書紀年》：梁惠成王十六年，邯鄲伐衛，取漆富丘，城之者也。或亦謂之宛濮亭。《春秋》：甯武子與衛人盟于宛濮。杜預曰：長垣西南近濮水也。京相璠曰：衛地也。似非關究，而不知其所。《竹書紀年》：梁惠成王五年，公子景賈率師伐鄭，韓明戰于陽，我師敗逋。澤北有壇陵亭，亦或謂之大陵城，非所究也。又有桂城。《竹書紀年》：梁惠成王十七年，齊田期伐我東鄙，戰于桂陽，我師敗逋，亦曰桂陵。案《史記》，齊威王使田忌擊魏，敗之桂陵，齊于是彊，自稱爲王，以令天下。濮渠又東逕蒲城北，故衛之蒲邑。孔子將之衛，子路出于蒲③者也。韓子④曰：魯以仲夏起長溝，子路爲蒲宰，以私粟饋衆。孔子使子貢毀其器焉。余案《家語》⑤言，仲由爲邱宰，脩溝瀆，與之簞食瓢飲，夫子令賜止之，無魯字。又入其境，三稱其善，身爲大夫，終死衛難。濮渠又東逕韋城南，即白馬縣之韋鄉也。《史遷記》曰：夏伯豕韋之故國矣。城西出而不方，城中有六大井，皆隧道下，俗謂之江井也。有馳道，自城屬于長垣。

6　濮渠東絶馳道，東逕長垣縣故城北，衛地也，故首垣矣。秦更從今名，王莽改爲長固縣。《陳留風俗傳》曰：縣有防垣，故縣氏之。孝安帝以建光元年，封元舅宋俊爲侯國。縣有祭城，濮渠逕其北，鄭大夫祭仲之邑也。杜預曰：陳留長垣縣東北有祭城者也。圈稱又言，長垣縣有羅亭，故長羅縣也，漢封後將軍常惠爲侯國。《地理志》曰：王莽更長羅爲惠澤，後漢省并。

7　長垣有長羅澤，即吳季英牧豬處也。又有長羅岡、蘧伯玉岡。《陳留風俗傳》曰：長垣縣有蘧伯鄉，一名新鄉，有蘧亭、伯玉祠、伯玉冢。曹大家《東征賦》曰：到長垣之境界兮，察農野之居民；覿蒲城之丘墟兮，生荊棘之榛榛；蘧氏在城之東南兮，民亦嚮其丘墳；惟令德之不朽兮，身既没而名存。

8　昔吳季札聘上國，至衛，觀典府，賓亭父疇，以衛多君子也。濮渠又東分爲二瀆，北濮出焉。濮渠又東逕須城北，《衛詩》[6]云：思須與曹也。毛云[7]：須，衛邑矣。鄭云[8]：自衛而東逕邑，故思。濮渠又北逕襄丘亭南，《竹書紀年》曰：襄王七年，韓明率師伐襄丘；九年[9]，楚庶章率師來會我，次于襄丘者也。濮水又東逕濮陽縣故城南，昔師延爲紂作靡靡之樂，武王伐紂，師延東走，自投濮水而死矣。後衛靈公將之晉，而設舍于濮水之上，夜聞新聲，召師涓受之于是水也。

9　濮水又東逕濟陰離狐縣故城南，王莽之所謂瑞狐也。《郡國志》曰：故屬東郡。濮水又東逕葭密縣故城北。《竹書紀年》：元公三年，魯季孫會晉幽公于楚丘，取葭密，遂城之。濮水又東北逕鹿城南，《郡國志》曰：濟陰乘氏縣有鹿城鄉，《春秋》僖公二十一年，盟于鹿上。京、杜竝謂此亭也。濮水又東與句瀆合，瀆首受濮水枝渠于句陽縣東南，逕句陽縣故城南，《春秋》之穀丘也。《左傳》以爲句瀆之丘矣。縣處其陽，故縣氏焉。又東入乘氏縣，左會濮水，與濟同入鉅野。故《地理志》曰：濮水自濮陽南入鉅野，亦《經》所謂濟水自乘氏縣兩分，東北入于鉅野也。

10　濟水故瀆又北，右合洪水。水上承鉅野薛訓渚，歷澤西北，又北逕闞鄉城西。《春秋》桓公十有一年，《經》書公會宋公于闞。《郡國志》曰：東平陸有闞亭。《皇覽》曰：蚩尤冢在東郡壽張縣闞鄉城中，冢高七尺，常十月祠之。有赤氣出如絳，民名爲蚩尤旗。《十三州志》曰：壽張有蚩尤祠。又北與濟瀆合，自渚迄于北口百二十里，名曰洪水。桓温以太和四年率衆北入，掘渠通濟。至義熙十三年，劉武帝西入長安，又廣其功。自洪口已上，又謂之桓公瀆，濟自是北注也。《春秋》莊公十八年，《經》書夏公追戎于濟西。京相璠曰：濟水自鉅野至濟北是也。

又東北過壽張縣西界安民亭南，汶水從東北來注之。

11　濟水又北，汶水注之，戴延之所謂清口也。郭緣生《述征記》曰：清河首受洪水，北

注濟。或謂清即濟也。《禹貢》,濟東北會于汶。今枯渠注鉅澤,鉅澤北則清口,清
水與汶會也。李欽⑩曰:汶水出太山萊蕪縣,西南入濟是也。

12　濟水又北逕梁山東,袁宏《北征賦》⑪曰:背梁山,截汶波。即此處也。劉澄之引是
山以證梁父,爲不近情矣。山之西南有吕仲悌墓。河東岸有石橋,橋本當河,河
移,故厠岸也。古老言:此橋東海吕母起兵所造也。山北三里有吕母宅,宅東三里
即濟水。濟水又北逕須朐城西,城臨側濟水,故須朐國也。《春秋》僖公二十一年,
子魚曰:任、宿、須朐、顓臾,風姓也。寔司太皞,與有濟之祀。杜預曰:須朐在須昌
縣西北,非也。《地理志》曰:壽張西北有朐城者是也。濟水西有安民亭,亭北對安
民山,東臨濟水,水東即無鹽縣界也。山西有《冀州刺史王紛碑》⑫,漢中平四年
立,濟水又北逕微鄉東;《春秋》莊公二十八年,《經》書冬築郿。京相璠曰:《公羊
傳》謂之微。東平壽張縣西北三十里,有故微鄉,魯邑也。杜預曰:有微子冢。濟
水又北分爲二水,其枝津西北出,謂之馬頰水者也。

又北過須昌縣西,

13　京相璠曰:須朐,一國二城兩名。蓋遷都須昌,朐是其本。秦以爲縣,漢高帝十一
年,封趙衍爲侯國。濟水于縣,趙溝水注之。濟水又北逕魚山東,左合馬頰水。水
首受濟,西北流,歷安民山北,又西流,趙溝出焉,東北注于濟。馬頰水又逕桃城
東,《春秋》桓公十年,《經》書公會衛侯于桃丘,衛地也。杜預曰:濟北東阿縣東南
有桃城,即桃丘矣。

14　馬頰水又東北流逕魚山南,山,即吾山也。漢武帝《瓠子歌》所謂吾山平者也。山
上有柳舒城,魏東阿王曹子建每登之,有終焉之志。及其終也,葬山西,西去東阿
城四十里。其水又東注于濟,謂之馬頰口也。

15　濟水自魚山北逕清亭東,《春秋》隱公四年,公及宋公遇于清。京相璠曰:今濟北東
阿東北四十里,有故清亭,即《春秋》所謂清者也。是下濟水通得清水之目焉。亦
水色清深,用兼厥稱矣。是故燕王曰:吾聞齊有清濟、濁河以爲固,即此水也。

又北過穀城縣西,

16　濟水側岸有尹卯壘,南去魚山四十餘里,是穀城縣界。故《春秋》之小穀城也。齊
桓公以魯莊公二十三年⑬城之,邑管仲焉。城内有夷吾井。《魏土地記》曰:縣有
穀城山,山出文石,陽穀之地。《春秋》,齊侯、宋公會于陽穀者也。縣有黄山臺。
黄石公與張子房期處也。又有狼水,出東南大檻山狼溪,西北逕穀城西。又北有
西流泉,出城東近山,西北逕穀城北,西注狼水。以其流西,故即名焉。又西北入
濟水,城西北三里,有項王羽之冢,半許毀壞,石碣尚存,題云:項王之墓。《皇覽》

云：冢去縣十五里。謬也。今彭城穀陽城西南，又有項羽冢，非也。余按《史遷記》，魯爲楚守，漢王示羽首，魯乃降，遂以魯公禮葬羽于穀城，寧得言彼也。

17　濟水又北逕周首亭西，《春秋》文公十有一年，左丘明云：襄公二年，王子成父獲長狄僑如弟榮如，埋其首于周首之北門，即是邑也。今世謂之盧子城，濟北郡治也。京相璠曰：今濟北所治盧子城，故齊周首邑也。

又北過臨邑縣東，

18　《地理志》曰：縣有濟水祠，王莽之穀城亭也。水有石門，以石爲之，故濟水之門也。《春秋》隱公五年，齊、鄭會于石門，鄭車僨濟。即于此也。京相璠曰：石門，齊地。今濟北盧縣故城西南六十里，有故石門，去水三百步，蓋水潰流移，故側岸也。

19　濟水又北逕平陰城西，《春秋》襄公十八年，晉侯沈玉濟河，會于魯濟，尋湨梁之盟，同伐齊，齊侯禦諸平陰者也。杜預曰：城在盧縣故城東北。非也。京相璠曰：平陰，齊地也，在濟北盧縣故城西南十里。平陰城南有長城，東至海，西至濟，河道所由，名防門，去平陰三里。齊侯塹防門，即此也。其水引濟，故瀆尚存。今防門北有光里，齊人言廣，音與光同，即《春秋》所謂守之廣里者也。又云：巫山在平陰東北，昔齊侯登望晉軍，畏衆而歸。師曠、邢伯聞鳥烏之聲，知齊師潛遁。人物咸淪，地理昭著，賢于杜氏東北之證矣。今巫山之上有石室，世謂之孝子堂。濟水右迤，遏爲湄湖，方四十餘里。濟水又東北逕垣苗城西，故洛當城也。伏韜《北征記》[⑭]曰：濟水又與清河合流，至洛當者也。宋武帝西征長安，令垣苗鎮此，故俗又有垣苗城之稱。河水自四瀆口東北流而爲濟。《魏土地記》曰：盟津河別流十里與清水合，亂流而東，逕洛當城北，黑白異流，涇渭殊別，而東南流注也。

又東北過盧縣北，

20　濟水東北與湄溝合，水上承湄湖，北流注濟。《爾雅》曰：水草交曰湄，通谷者微。犍爲舍人曰：水中有草木交合也。郭景純曰：微，水邊通谷也。《釋名》曰：湄，眉也，臨水如眉臨目也。

21　濟水又逕盧縣故城北，濟北郡治也。漢和帝永元二年，分泰山置，蓋以濟水在北故也。濟水又逕什城北，城際水湄，故邸閣也。祝阿人孫什，將家居之，以避時難，因謂之什城焉。濟水又東北與中川水合，水東南出山茌縣之分水嶺，溪一源兩分，泉流半解，亦謂之分流交。半水南出太山，入汶；半水出山茌縣，西北流逕東太原郡南，郡治山爐固，北與賓溪水合。水出南格馬山賓溪谷，北逕盧縣故城北、陳敦戍南，西北流與中川水合，謂之格馬口。其水又北逕盧縣故城東，而北流入濟，俗謂之爲沙溝水。

22　濟水又東北,右會玉水,水導源太山朗公谷,舊名琨瑞溪,有沙門竺僧朗,少事佛圖澄,碩學淵通,尤明氣緯,隱于此谷,因謂之朗公谷。故車頻《秦書》⑮云:苻堅時,沙門竺僧朗嘗從隱士張巨和遊,巨和常穴居,而朗居琨瑞山,大起殿舍,連樓累閣,雖素飾不同,竝以靜外致稱,即此谷也,水亦謂之琨瑞水也。其水西北流逕玉符山,又曰玉水。

23　又西北逕獵山東,又西北枕祝阿縣故城東、野井亭西。《春秋》昭公二十五年,《經》書齊侯唁公于野井是也。《春秋》襄公十九年,諸侯盟于祝柯,《左傳》所謂督陽者也。漢興,改之曰阿矣。漢高帝十一年,封高邑爲侯國,王莽之安成者也。故俗謂是水爲祝阿澗水,北流注于濟。建武五年,耿弇東擊張步,從朝陽橋濟渡兵,即是處也。

24　濟水又東北,瀑水入焉,水出歷城縣故城西南,泉源上奮,水涌若輪。《春秋》桓公十八年,公會齊侯于瀑是也。俗謂之爲娥姜水,以泉源有舜妃娥英廟故也。城南對山,山上有舜祠,山下有大穴,謂之舜井,抑亦茅山禹井之比矣。《書》:舜耕歷山,亦云在此,所未詳也。其水北爲大明湖,西即大明寺,寺東北兩面側湖,此水便成淨池也。池上有客亭,左右楸桐,負日俯仰,目對魚鳥,水木明瑟,可謂濠梁之性,物我無違矣。湖水引瀆,東入西郭,東至歷城西而側城北注,陂水上承東城,歷祀下泉,泉源競發。其水北流逕歷城東,又北,引水爲流杯池,州僚賓燕,公私多萃其上。分爲二水,右水北出,左水西逕歷城北,西北爲陂,謂之歷水,與瀑水會。又北,歷水枝津首受歷水于歷城東,東北逕東城西而北出郭,又北注瀑水。又北,聽水出焉。瀑水又北流注于濟,謂之瀑口也。

25　濟水又東北,華不注山單椒秀澤,不連丘陵以自高;虎牙桀立,孤峯特拔以刺天。青崖翠發,望同點黛。山下有華泉。故京相璠《春秋土地名》曰:華泉,華不注山下泉水也。《春秋左傳》成公二年,齊頃公與晉郤克戰于鞌,齊師敗績,逐之。三周華不注,逢丑父與公易位⑯,將及華泉,驂絓于木而止。丑父使公下,如華泉取飲,齊侯以免。韓厥獻丑父,郤子將戮之,呼曰:自今無有代其君任患者,有一于此,將爲戮矣。郤子曰:人不難以死免其君,我戮之不祥,赦之以勸事君者。乃免之。即華水也。北絕聽瀆二十里,注于濟。

又東北過臺縣北。

26　巨合水南出雞山西北,北逕巨合故城西,耿弇之討張步也,守巨里,即此城也。三面有城,西有深坑,坑西即弇所營也,與費邑戰,斬邑于此。巨合水又北合關盧水,水導源馬耳山,北逕博亭城西,西北流至平陵城,與武原水合。水出譚城南平澤中,世謂之武原淵。北逕譚城東,俗謂之布城也。又北逕東平陵縣故城西,故陵城也,後乃加平,譚國也。齊桓之出過譚,譚不禮焉;魯莊公九年即位,又不朝。十年,滅之。城東門外有《樂安任照先碑》,濟南郡治也。漢文帝十六年,置爲王國,景帝二年爲郡,王莽更名樂安。其水又北逕巨合城東,漢武帝以封城陽頃王子劉發爲侯國。其水合關盧水,西出注巨合水。巨合水西北逕臺縣故城南,漢高帝六年,封東郡尉戴野爲侯國,王莽之臺治也。其水西北流,白野泉水注之,水出臺城西南白野泉北,逕留山西北流,而右注巨合水。巨合水又北,聽水注之,水上承瀝水,東流北屈,又東北流,注于巨合水,亂流又北入于濟。濟水又東北,合芹溝水,水出臺縣故城東南,西北流,逕臺城東,又西北入于濟水。

又東北過菅縣南,

27　濟水東逕縣故城南,漢文帝四年,封齊悼惠王子罷軍爲侯國。右納百脈水,水出土鼓縣故城西,水源方百步,百泉俱出,故謂之百脈水。其水西北流,逕陽丘縣故城中,漢孝文帝四年,以封齊悼惠王子劉安爲陽丘侯。世謂之章丘城,非也。城南有女郎山,山上有神祠,俗謂之女郎祠,左右民祀焉。其水西北出城,北逕黃巾固,蓋賊所屯,故固得名焉。百脈水又東北流注于濟。濟水又東,有楊渚溝水,出逢陵故城西南二十里,西北逕土鼓城東,又西北逕章丘城東,又北逕甯戚城西,而北流注于濟水也。

又東過梁鄒縣北,

28　隴水南出長城中,北流至般陽縣故城西,南與般水會,水出縣東南龍山,俗亦謂之爲左阜水。西北逕其城南,王莽之濟南亭也。應劭曰:縣在般水之陽,故資名焉。其水又南屈,西入隴水。隴水北逕其縣,西北流至萌水口,水出西南甲山,東北逕萌山西,東北入于隴水。隴水又西北至梁鄒東南與魚子溝水合,水南出長白山東柳泉口。山,即陳仲子夫妻之所隱也。《孟子》曰:仲子,齊國之世家,兄戴禄萬鍾,仲子非而不食,避兄離母,家于於陵,即此處也。其水又逕於陵縣故城西,王莽之於陸也。世祖建武十五年,更封則鄉侯侯霸之子昱爲侯國。其水北流注于隴水,隴水,即古袁水也。故京相璠曰:濟南梁鄒縣有袁水者也。隴水又西北逕梁鄒縣故城南,又北屈逕其城西,漢高祖六年,封武虎爲侯國。其水北注濟。城之東北,又有時水西北注焉。

又東北過臨濟縣南,

29　縣,故狄邑也,王莽更名利居。《漢記》[17]:安帝永初二年,改從今名,以臨濟故。《地理風俗記》云:樂安太守治。晏謨《齊記》[18]曰:有南北二城隔濟水,南城即被陽縣之故城也,北枕濟水。《地理志》曰:侯國也。如淳曰:一作疲,音罷,軍之罷也。

《史記・建元以來王子侯者年表》曰：漢武帝元朔四年，封齊孝王子敬侯劉燕之國也。今渤海僑郡治。

30　濟水又東北，迤爲淵渚，謂之平州[19]。漯沃縣側有平安故城，俗謂之會城，非也。案《地理志》：千乘郡有平安縣，侯國也，王莽曰鴻睦也。應劭曰：博昌縣西南三十里有平安亭，故縣也。世尚存平州之名矣。濟水又東北逕高昌縣故城西，案《地理志》：千乘郡有高昌縣，漢宣帝地節四年，封董忠爲侯國。世謂之馬昌城，非也。濟水又東北逕樂安縣故城南，伏琛《齊記》[20]曰：博昌城西北五十里有南、北二城，相去三十里，隔時、濟二水。指此爲博昌北城，非也。樂安與博昌、薄姑分水，俱同西北，薄姑去齊城六十里，樂安越水差遠，驗非尤明。班固曰：千乘郡有樂安縣。應劭曰：取休令之名矣。漢武帝元朔五年，封李蔡爲侯國。城西三里有任光等冢，光是宛縣人，不得爲博昌明矣。

31　濟水又經薄姑城北，《後漢郡國志》曰：博昌縣有薄姑城。《地理書》曰：呂尚封于齊郡薄姑。薄姑故城在臨淄縣西北五十里，近濟水。史遷曰：獻公徙薄姑。城內有高臺，《春秋》昭公二十年，齊景公飲于臺上，曰：古而不死，何樂如之。晏平仲對曰：昔爽鳩氏始居之，季萴因之，有逢伯陵又因之，薄姑氏又因之，而後太公因之。臣以爲古若不死，爽鳩氏之樂，非君之樂。即于是臺也。濟水又東北逕狼牙固西而東北流也。

又東北過利縣西，

32　《地理志》：齊郡有利縣，王莽之利治也。晏謨曰：縣在齊城北五十里也。

又東北過甲下邑，入于河。

33　濟水東北至甲下邑南，東歷琅槐縣故城北，《地理風俗記》曰：博昌東北八十里有琅槐鄉，故縣也。《山海經》曰：濟水絶鉅野注渤海，入齊琅槐東北者也。又東北，河水枝津注之。《水經》以爲入河，非也。斯乃河水注濟，非濟入河，又東北入海。郭景純曰：濟自滎陽至樂安博昌入海。今河竭，濟水仍流不絶；《經》言入河，二説竝失。然河水于濟、漯之北，別流注海。今所輟流者，惟漯水耳。郭或以爲濟注之，即實非也。尋經脈水，不如《山經》之爲密矣。

其一水東南流者，過乘氏縣南，

34　菏水分濟于定陶東北，東南右合黃溝枝流，俗謂之界溝也。北逕己氏縣故城西，又北逕景山東，《衛詩》[21]所謂景山與京者也。毛公曰：景山，大山也。又北逕楚丘城西，《郡國志》曰：成武縣有楚丘亭。杜預云，楚丘在成武縣西南，衛懿公爲狄所滅，衛文公東徙渡河，野處曹邑，齊桓公城楚丘以遷之。故《春秋》稱邢遷如歸，衛國忘

亡。即《詩》[22]所謂升彼虛矣，以望楚矣，望楚與堂，景山與京。故鄭玄言，觀其旁
邑及山川也。又東北逕成武城西，又東北逕郈城東，疑郈徙也，所未詳矣。又東北
逕梁丘城西，《地理志》曰：昌邑縣有梁丘鄉。《春秋》莊公三十二年，宋人、齊人會
于梁丘者也。杜預曰：高平昌邑縣西南有梁丘鄉。又東北于乘氏縣西而北注菏
水。菏水又東南逕乘氏縣故城南，縣，即《春秋》之乘丘也。故《地理風俗記》曰：
濟陰乘氏縣，故宋乘丘邑也。漢孝景中五年，封梁孝王子買爲侯國也。《地理志》
曰：乘氏縣，泗水東南至睢陵入淮。《郡國志》曰：乘氏有泗水。此乃菏澤也。《尚
書》有導菏澤之說，自陶丘北，東至于菏，無泗水之文。又曰：導菏澤，被孟豬。孟
豬在睢陽縣之東北，闞駰《十三州記》曰：不言入而言被者，明不常入也。水盛，方
乃覆被矣。澤水森漫，俱鍾淮、泗，故《志》有睢陵入淮之言，以通苞泗名矣。然諸
水注泗者多不止此，可以終歸泗水，便得擅通稱也。或更有泗水亦可是水之兼其
目，所未詳也。

又東過昌邑縣北，

35　菏水又東逕昌邑縣故城北。《地理志》曰：縣，故梁也。漢景帝中六年，分梁爲山陽
國；武帝天漢四年，更爲昌邑國，以封昌邑王髆[23]。賀廢國除，以爲山陽郡，王莽之
鉅野郡也。後更爲高平郡，後漢沇州治。縣令王密，懷金謁東萊太守楊震，震不
受，是其慎四知[24]處也。大城東北有金城，城內有《沇州刺史河東薛季像碑》，以郎
中拜剡令，甘露降園。熹平四年遷州，明年甘露復降殿前樹，從事馮巡、主簿華操
等相與襃樹，表勒棠政。次西有《沇州刺史茂陵楊叔恭碑》，從事孫光等以建寧四
年立。西北有《東太山成人班孟堅碑》，建和十年[25]，尚書右丞拜沇州刺史從事秦
閭等，刊石頌德政，碑咸列焉。

又東過金鄉縣南，

36　《郡國志》曰：山陽有金鄉縣。菏水逕其故城南，世謂之故縣，城北有金鄉山也。

又東過東緡縣北，

37　菏水又東逕漢平狄將軍扶溝侯淮陽朱鮪冢。墓北有石廟。菏水又東逕東緡縣故
城北，故宋地。《春秋》僖公二十三年，齊侯伐宋圍緡。《十三州記》曰：山陽有東
緡縣。鄒衍曰：余登緡城以望宋都者也。後漢世祖建武十一年，封馮異長子璋爲
侯國。

又東過方與縣北，爲菏水。

38　菏水東逕重鄉城南，《左傳》所謂臧文仲宿于重館者也。菏水又東逕武棠亭北，《公
羊》以爲濟上邑也。城有臺，高二丈許，其下臨水，昔魯侯觀魚于棠，謂此也。在方

與縣故城北十里，《經》所謂菏水也。菏水又東逕泥母亭北，《春秋左傳》僖公七年，秋，盟于甯母，謀伐鄭也。菏水又東與鉅野黃水合，菏澤別名也。黃水上承鉅澤諸陂，澤有濛淀、盲陂。黃湖水東流，謂之黃水。又有薛訓渚水，自渚歷薛村前，分爲二流，一水東注黃水，一水西北入澤，即洪水也。

39　黃水東南流，水南有漢荆州刺史李剛墓。剛字叔毅，山陽高平人，熹平元年卒。見其碑。有石闕、祠堂、石室三間，椽架高丈餘，鏤石作椽，瓦屋施平天造，方井側荷梁柱，四壁隱起，雕刻爲君臣、官屬、龜龍、麟鳳之文，飛禽走獸之像。作制工麗，不甚傷毀。

40　黃水又東逕鉅野縣北。何承天曰：鉅野湖澤廣大，南通洙、泗，北連清、濟，舊縣故城，正在澤中，故欲置戍于此城，城之所在，則鉅野澤也。衍東北出爲大野矣。昔西狩獲麟于是處也。《皇覽》曰：山陽鉅野縣有肩髀冢，重聚大小，與闞冢等。傳言蚩尤與黃帝戰，克之于涿鹿之野，身體異處，故別葬焉。

41　黃水又東逕咸亭北，《春秋》桓公七年，《經》書焚咸丘者也。水南有金鄉山，縣之東界也。金鄉數山，皆空中穴口，謂之隧也。戴延之《西征記》曰：焦氏山北數里，漢司隸校尉魯峻㉕，穿山得白蛇、白兔，不葬，更葬山南，鑿而得金，故曰金鄉山。山形峻峭，冢前有石祠、石廟，四壁皆青石隱起，自書契以來，忠臣、孝子、貞婦、孔子及弟子七十二人形像，像邊皆刻石記之，文字分明。又有石牀，長八尺，磨瑩鮮明，叩之聲聞遠近。時太尉從事中郎傅珍之、諮議參軍周安穆拆敗石牀，各取去，爲魯氏之後所訟，二人竝免官。

42　焦氏山東即金鄉山也，有冢，謂之秦王陵。山上二百步得冢口，堑深十丈，兩壁峻峭，廣二丈，入行七十步，得埏門，門外左右皆有空，可容五六十人，謂之白馬空。埏門內二丈，得外堂，外堂之後，又得內堂。觀者皆執燭而行，雖無他雕鏤，然治石甚精。或云是漢昌邑哀王冢，所未詳也。

43　東南有范巨卿冢，名件猶存。巨卿名式，山陽之金鄉人，漢荆州刺史，與汝南張劭、長沙陳平子石交，號爲死友矣。

44　黃水又東南逕任城郡之亢父縣故城西，夏后氏之任國也。漢章帝元和元年，別爲任城在北，王莽之延就亭也。縣有詩亭，《春秋》之詩國也，王莽更之曰順父矣。《地理志》：東平屬縣也。世祖建武二年，封劉隆爲侯國。其水謂之桓公溝，南至方與縣，入于菏水。菏水又東逕秦梁，夾岸積石一里，高二丈，言秦始皇東巡所造，因以名焉。

菏水又東過湖陸縣南，東入于泗水。

45　澤水所鍾也。《尚書》曰：浮于淮、泗，達于菏是也。《東觀漢記》曰：蘇茂殺淮陽太守,得其郡,營廣樂。大司馬吳漢圍茂,茂將其精兵突至湖陵,與劉永相會濟陰、山陽,濟兵于此處也。

又東南過沛縣東北,

46　濟與泗亂,故濟納互稱矣。《東觀漢記・安平侯蓋延傳》曰:延爲虎牙大將軍,與永等戰,永軍反走,溺水者半,復與戰,連破之,遂平沛、楚,臨淮悉降。延令沛脩高祖廟,置嗇夫、祝宰、樂人,因齋戒祠高廟也。

又東南過留縣北,

47　留縣故城,翼佩泗、濟,宋邑也。《春秋左傳》所謂侵宋呂、留也。故繁休伯《避地賦》[27]曰:朝余發乎泗洲,夕余宿于留鄉者也。張良委身漢祖,始自此矣。終亦取封焉,城內有張良廟也。

又東過彭城縣北,獲水從西來注之。

48　濟水又南逕彭城縣故城東北隅,不東過也。獲水自西注之,城北枕水湄。濟水又南逕彭城縣故城東,不逕其北也。蓋《經》誤證。

又東南過徐縣北,

49　《地理志》曰:臨淮郡,漢武帝元狩五年置,治徐縣,王莽更之曰淮平,縣曰徐調,故徐國也。《春秋》昭公三十年,吳子執鍾吾子,遂伐徐,防山以水之,遂滅徐。徐子奔楚,楚救徐弗及,遂城夷以處之。張華《博物志》錄著作令史茅溫所爲送[28]。

50　劉成國《徐州地理志》[29]云徐偃王之異,言:徐君宮人娠而生卵,以爲不祥,棄之于水濱。孤獨母有犬,名曰鵠倉,獵于水側,得棄卵,銜以來歸,孤獨母以爲異,覆煖之,遂成兒,生時偃,故以爲名。徐君宮中聞之,乃更錄取。長而仁智,襲君徐國。後鵠倉臨死,生角而九尾,寔黃龍也。偃王葬之徐中,今見有狗壟焉。偃王治國,仁義著聞,欲舟行上國,乃通溝陳、蔡之間。得朱弓矢,以得天瑞,遂因名爲號,自稱徐偃王,江、淮諸侯服從者三十六國。周王聞之,遣使至楚,令伐之。偃王愛民不鬭,遂爲楚敗,北走彭城武原縣東山下,百姓隨者萬數,因名其山爲徐山,山上立石室廟,有神靈,民人請禱焉。依文即事,似有符驗,但世代綿遠,難以詳矣。

51　今徐城外有徐君墓,昔延陵季子解劍于此,所謂不違心許也。

又東至下邳睢陵縣南,入于淮。

52　濟水與泗水,渾濤東南流,至角城,同入淮。《經》書睢陵,誤耳。

【注　釋】　①漢官儀　書名。《隋書・經籍志》著錄十卷,漢應劭撰。書名也作《漢官》,也有誤作《漢官記》的。内容為漢朝廷制度,百官典式之類。已亡佚,有《漢學堂叢書》等輯本。②故臺賦敍詞賦名。晉孫子荊撰。已亡佚，僅見《寰宇記》等引及。③子路出于蒲　楊《疏》作“路出于蒲”，認為此乃《家語》“孔子適衛，路出于蒲”之“路”。淺人以下有子路事，妄添“子”字。全、趙、戴均不檢察，全、趙又添“迎”字，大誤。語譯據《疏》本。④韓子　書名。即《韓非子》。戰國韓非（約公元前二八〇—前二三三年）撰。《漢書・藝文志》著錄五十五篇，《隋書・經籍志》著錄作二十卷，目一卷。今本為二十卷，五十六篇，收入於《子書百家》等叢書。⑤家語　書名。即《孔子家語》。《漢書・藝文志》著錄有《孔子家語》二十七卷，王肅撰。肅字子雍，三國魏東海（今山東郯城附近）人。則《漢書・藝文志》著錄此書必非他所撰。南宋王柏撰《家語考》，稱《家語》是王肅所偽造。但《隋書・經籍志》著錄《孔子家語》二十一卷，魏王肅解。說明《家語》成書甚早，後有各家補寫或注解。今收入於《子書百家》等叢書，作十卷。⑥衛詩　指《詩經・邶風・泉水》。⑦毛云　《水經注疏》作“毛傳云”。“毛傳”指漢毛亨撰《毛詩故訓傳》，或作《詩故訓傳》，共三十卷，今存《四庫・毛詩正義》四十卷。⑧鄭云　指東漢鄭玄撰《詩箋》二十卷。今存《四庫》孔穎達《正義》本四十卷。⑨九年　《水經注疏》作“十年”。楊守敬按：“今本隱王六年，以魏計，在今王十年，今王即襄王也。”楊說是。⑩李欽　《水經注疏》認為“李”字誤，應作“桑欽”。此說有見地。⑪北征賦　詞賦名。《隋書・經籍志》著錄，晉袁宏撰。袁有《袁宏集》十五卷，此賦當在集中。今集亡賦佚，佚文散缺，清嚴可均《全晉文》輯存。⑫冀州刺史王紛碑　此碑，趙明誠《金石錄》卷一、目卷一、第八十七著錄，作“漢冀州刺史王純碑”，延熹四年八月立。又卷九，跋尾九“冀州刺史王純碑”云：“合冀州刺史王純碑，延熹四年立，桑欽《水經》云，濟水北逕須句城西。酈道元注，濟水西有安民山，山西有冀州刺史王紛碑，漢中平四年立。按地理書，須句即今中都縣，此碑在中都，又其官與姓皆合，疑即是也。然以純為紛，以延熹為中平，則疑《水經》之誤。”⑬二十三年　按《春秋》經書，“莊公三十二年城小穀”。則“二十三年”當是“三十二年”之誤。⑭北征記　書名。晉伏韜撰。隋唐諸志均不見著錄。書已亡佚，僅見《文選注》、《藝文類聚》等引及。⑮秦書　書名。隋唐諸志均不著錄。南朝宋車頻撰，記符堅事。書已散佚，今有《廣雅書局叢書》等輯本，作一卷。《隋書・經籍志》著錄《秦書》八卷，何仲熙撰，記符健事。則與車頻《秦書》不是同書。⑯逢丑父與公易位　本是齊頃公居中，逢丑父為車右。今逢丑父居中，齊頃公為車右。韓厥未曾見此二人，不能分辨其貌，而古代兵服，國君與將佐同，故易位是以欺騙敵人，亦即假冒身分。⑰漢記　書名。《隋書・經籍志》著錄三十卷，魏荀悅撰。但《隋書》作《漢紀》，故《注》文“記”當是“紀”之誤。此書今存。⑱齊記　書名。《新唐書・藝文志》著錄作《齊地記》三卷，晉晏謨撰。書已亡佚，有《說郛》等輯本。⑲平州　《注》文說：“濟水又東北，迆為淵渚，謂之平州。”但其他各本如《五校鈔本》、《水經注釋》、《水經注疏》等均作“平州阬”。按“阬”在《河水注》如卷四“曹陽阬”，卷五“馬常阬”、“落里阬”等已多見，本卷中也有“深阬”。考殘宋本，此“阬”是“坑”的別體字，則此處“迆為淵渚”，當以“平州阬”為是。⑳齊記　書名。即卷五《河水》注釋的《三齊略記》。晉伏琛撰，隋唐諸志均不著錄。書已亡佚，今有馬氏輯本等。㉑衛詩　指《詩經・鄘風・定之方中》。㉒詩　指《詩經・鄘風・定之方中》。㉓以封昌邑王髆　此句原文下脫“子賀嗣”三字，語譯據《疏》本補上。㉔四知　指天知、地知、你知、我知。王密以為更深人靜，贈金之事無人知曉，遭楊震以此四知喝斥。時人因此稱楊震為“四知先生”。㉕西北有東太山成人班孟堅碑二句　碑、年均有誤。據楊守敬考，成縣並不屬東太山郡，且漢桓帝建和年號僅用三年。㉖漢司隸校尉魯峻　此句原文下脫“墓”

字,語譯據《疏》本補上。㉗避地賦　詞賦名。三國魏繁欽撰。已亡佚,清嚴可均《全晉文》輯存。㉘
所為送　殿本有戴震案語:"此三字,當有脫誤,未詳。"語譯略去未譯。㉙徐州地理志　書名。劉成
國撰。隋唐諸志均不著錄,除《水經注》外,別無他書引及。書已亡佚,無輯本。

【語　譯】

又東至乘氏縣西,分為二:

1　《春秋左傳》僖公三十一年(公元前六二九年),瓜分了曹國的土地,東到濟水為止。
　　濟水從這裡往東北流,從鉅澤流出去。

其一水東南流,其一水從縣東北流,入鉅野澤。

2　南方那條是菏水,北方那條是濟水,流經乘氏縣,與濟渠、濮渠匯合。北濟水從濟
　　陽縣北往東北流,流經煮棗城南。《郡國志》說:宛胸縣有煮棗城,就是此城。漢高
　　祖十二年(公元前一九五年),將煮棗封給革朱為侯國。北濟水又東北流經宛胸縣老
　　城北,又東北流經呂都縣老城南,王莽改名為祁都。又東北流經定陶縣老城北。
　　漢景帝中元六年(公元前一四四年),因濟水經過城北,往東流,於是從梁國劃分出定
　　陶,設置濟陰國,這是依北濟水而定名的。又東北流,與濮水匯合。濮水上流在封
　　丘縣承接濟水,就是《地理志》所說的:濮渠水上口承接濟水。闞駰說:上口承接別
　　濟水,指的就是北濟水。濮水的舊河道從濟水東北流,左岸分流積瀦成高梁陂,方
　　圓三里。濮水又東流經匡城北。孔子離開衛國去陳國,在匡遭難被扣留。又東北
　　流,在左岸與別濮水匯合。別濮水在酸棗縣承接河水,所以杜預說:濮水發源於酸
　　棗縣,上口承接河水。《竹書紀年》說:魏襄王十年(公元前三〇九年)十月,狂風暴雨
　　大作,河水氾濫,漫入酸棗外城。漢時堵塞了決口,所以班固說:文帝堵塞了酸棗
　　之野。現在已經沒有水了。舊河道東北流,流經南棣城和北棣城之間。《左傳》襄
　　公五年(公元前五六八年),楚子囊攻打陳國,襄公在城棣會盟,以拯救陳國。濮渠又
　　東北流經酸棗縣老城南,這是韓國地方了。圈稱說:從前天子建國,為都城命名,
　　有的選取美好的名稱,有的根據山林,所以豫章以樹木作郡名,酸棗以多刺的棗樹
　　作政區名。《漢官儀》說:從前河堤謁者就住在這裡。

3　城西有韓王望氣臺。孫子荊《故臺賦敘》說:酸棗寺門外,道路左右兩旁有兩座古
　　臺,訪問老人,據說是韓王的聽訟觀臺,高十五仞,雖然樓榭都已湮滅,但宏偉的臺
　　基仍舊像山嶽一樣高大。召公是一位大賢人,尚且住在甘棠樹下,而小小一個韓
　　國,卻把臺觀建造得如此雄偉壯麗,其驕奢已為舉世所矚目,可以作為後世的鑑戒
　　了。所以孫子荊作賦說:對迤邐的丘陵不屑一顧,巍峨的五嶽也拜倒腳下。賦中
　　的文辭極言其壯觀。

4　城北是韓國市場的所在地。聶政為濮陽嚴仲子刺殺韓國丞相俠累,然後以刀剖面

而死，他的姐姐就在這裡為他哀哭。城内有“後漢酸棗令劉孟陽碑”。濮水北流，積瀦成陂塘，方圓五里，稱為同池陂。又東流經胙亭，往東流逝。胙亭就是從前的胙國。富辰所謂邢、茅、胙、祭，都是周公的後裔。濮渠又東北流經燕城南，這裡是古代南燕姞姓的封國。因為有個北燕，所以這裡叫南燕。東流即陽清湖，此湖南北五里，東西三十里，又名燕城湖。流經桃城南，就是《戰國策》所說的酸棗、虛、桃。漢高帝十二年（公元前一九五年），將桃城封給劉襄為侯國。然後東流注入濮水，民間叫朝平溝。

5　濮渠又東北流，又與酸水舊河道匯合。酸瀆水上口在酸棗縣承接河水，東流經酸棗城北、延津南，稱為酸水。《竹書紀年》說：秦蘇胡率領軍隊攻打鄭國，韓襄在酸水打敗秦蘇胡，即指此水。酸瀆水又東北流經燕城北，又東流經滑臺城南，又東南流經瓦亭南。《春秋》定公八年（公元前五〇二年），定公在瓦亭與晉軍會師，魯國迎賓之禮，崇尚手執羔羊，就是從這次會見開始的。又東南流，與濮水匯合，世人稱為百尺溝。濮渠旁邊有漆城。《竹書紀年》載：梁惠成王十六年（公元前三五四年），邯鄲攻打衛國，奪取了漆、富丘，並築城防衛。也有人稱為宛濮亭的。《春秋》：甯武子與衛人在宛濮會盟。杜預說：宛濮在長垣西南，與濮水相鄰近。京相璠說：宛濮是衛國地方。似乎都不相關，但不知道究竟在什麼地方。《竹書紀年》：梁惠成王五年（公元前三六五年），公子景賈率領軍隊攻打鄭，韓明在陽作戰，我軍敗退。澤北有壇陵亭，也有人叫大陵城，我也沒有弄清楚。又有桂城。《竹書紀年》：梁惠成王十七年（公元前三五三年），齊國田期攻打我國東部邊疆，在桂陽作戰，我軍敗退。桂陽也叫桂陵。據《史記》，齊威王派田忌進攻魏國，在桂陵打敗魏軍，齊國於是強大起來，自稱為王，號令天下。濮渠又東流經蒲城北，就是從前衛國的蒲邑。孔子將到衛國去，取道於蒲。《韓子》說：魯國在仲夏時節動工修建長溝，子路在蒲任地方官，拿他自己個人的祿米分贈民工。孔子差了子貢去砸了他的器皿。我查考《家語》所說，仲由在邱任地方官，修治溝渠，送茶飯給民工吃，孔夫子叫賜去制止他。文中並無魯字。孔子又進入仲由的轄境，三次讚揚他的政績。仲由位居大夫，最後竟死於衛國的國難。濮渠又東流經韋城南，就是白馬縣的韋鄉。司馬遷《史記》說：韋城是舊時夏伯豕韋的封國。韋城向西突出，不成方形，城中有六口大井，都有路通到下面。民間稱為江井。還有馳道，從城中通到長垣。

6　濮渠東流，穿過馳道，東流經長垣縣老城北，這是衛國地方，就是從前的首垣。秦時改為今名。王莽又改為長固縣。《陳留風俗傳》說：縣裡有防垣，所以縣也因此取名。孝安帝於建光元年（公元一二一年），將長垣封給他的大舅宋俊為侯國。縣裡有祭城，濮渠流經城北，這是鄭大夫祭仲的封邑。杜預說：陳留長垣縣東北有祭

城,即指此城。圈稱又說:長垣縣有羅亭,就是從前的長羅縣。漢朝封給後將軍常
惠為侯國。《地理志》說:王莽把長羅改名為惠澤。後漢時撤消長羅,合併於長垣。

7　長垣有長羅澤,就是吳季英牧豬的地方。又有長羅岡、蘧伯玉岡。《陳留風俗傳》
說:長垣縣有蘧伯鄉,又名新鄉,有蘧亭、伯玉祠、伯玉墓。曹大家《東征賦》說:進
入了長垣縣境之內,觀察農村鄉野的居民。眺望蒲城的廢墟遺址,荊棘生長得正
茂盛。蘧氏安葬在城的東南,人們也來祭祀他的墳塋。高尚的德行永垂不朽,其
人雖逝而令名永存。

8　從前吳季札去訪問上國,到了衛國,參觀了存放典章的府庫、客舍,會見了父老。
他覺得衛國有很多才德出眾的人士。濮渠又東流,分為兩條,北濮於是分出。濮
渠又東流經須城北。《衛詩》說:思念著須與曹。毛亨說:須是衛國的城邑。鄭玄
說:從衛國東行,經過城邑,所以思念故國。濮渠又北流經襄丘亭南,《竹書紀年》
說:襄王七年(公元前三一二年),韓明領兵去攻打襄丘;九年(公元前三一〇年),楚國
庶章領兵來與我國會師,屯駐在襄丘。濮水又東流經濮陽縣老城南。從前師延為
紂王作頹靡淫逸的音樂,武王討伐紂王,師延往東逃避,自己投入濮水而死。後來
衛靈公將到晉國去,在濮水上安排住宿,夜裡聽到新奇的音樂,就把師涓召來,在
這條水上學會了這支樂曲。

9　濮水又東流經濟陰郡離狐縣老城南。離狐,即王莽時的瑞狐。《郡國志》說:離狐
從前屬東郡。濮水又東流經葭密縣老城北。《竹書紀年》:元公三年(公元前六三四
年),魯季孫在楚丘與晉幽公會盟,奪取了葭密,就在那裡築城。濮水又東北流經
鹿城南。《郡國志》說:濟陰郡乘氏縣有鹿城鄉。《春秋》僖公二十一年(公元前六三
九年),在鹿上會盟。京相璠和杜預都說指的就是此城。濮水又東流,與句瀆會合。
句瀆上口在句陽縣東南承接濮水支渠,流經句陽縣老城南。那地方就是《春秋》的
穀丘。《左傳》則認為是句瀆丘。句陽縣位於瀆丘南麓,所以縣即以丘命名。又東
流,進入乘氏縣,左岸匯合濮水,與濟水一同流入鉅野,所以《地理志》說:濮水從濮
陽南流注入鉅野澤。也就是《水經》所說濟水從乘氏縣分為兩條,東北流,進入鉅
野澤。

10　濟水舊河道又北流,在右岸匯合洪水。洪水上口承接鉅野澤的薛訓渚,經此澤西
北流,又北流經闞鄉城西。《春秋》桓公十一年(公元前七〇一年),《經》記載:桓公
在闞會見宋公。《郡國志》說:東平陸有闞亭。《皇覽》說:蚩尤墓在東郡壽張縣闞
鄉城中,墓高七尺,常在十月間祭祀。墓上有紅色的霧氣冉冉升起,有點像紅綢,
人們把它叫蚩尤旗。《十三州志》說:壽張縣有蚩尤祠。又北流,與濟水匯合。從
薛訓渚到北口共一百二十里,名為洪水。桓溫於太和四年(公元三六九年)率領大軍

北上,開鑿了一條渠道與濟水相通。到了義熙十三年(公元四一七年),劉武帝西征,進入長安,又拓寬了渠道。從洪口以上,又稱桓公瀆,濟水就是從這裡北流的。《春秋》莊公十八年(公元前六七六年),《經》記載:夏天,莊公追擊戎人於濟西。京相璠說:濟水從鉅野澤流到濟北。

又東北過壽張縣西界安民亭南,汶水從東北來注之。

11　濟水又北流,汶水注入,水口就是戴延之所說的清口。郭緣生《述征記》說:清河上口承接洪水,北流注入濟水。也有人說,清河就是濟水。《禹貢》:濟水東北流,與汶水匯合。現在枯渠注入鉅澤,鉅澤北就是清口,這就是清水與汶水的匯流處。李欽說:汶水發源於太山萊蕪縣,西南流,注入濟水。

12　濟水又北流經梁山東,袁宏《北征賦》說:背依梁山,直渡汶水,就是在這裡。劉澄之引了這座山來印證梁父山,實在不近情理。梁山西南有呂仲悌墓。河水東岸有石橋,橋原來是跨在河上的,因河流改道,所以現在位於河邊岸上了。據老人們說:這座橋本來是東海呂母起兵時所造。山北三里,有呂母故居,故居東三里就是濟水。濟水又北流經須朐城西。城就坐落在濟水的水濱,是從前的須朐國。《春秋》僖公二十一年(公元前六三九年),子魚說:任、宿、須朐、顓臾諸國,都是姓風的,由這四國主持對太皞和濟水的祭祀。杜預說:須朐在須昌縣西北,他弄錯了。《地理志》說:壽張西北有朐城,就是此城。濟水西有安民亭,此亭北方朝向安民山,東濱濟水,水東就是無鹽縣的邊界。安民山西有“冀州刺史王紛碑”,是漢中平四年(公元一八七年)所立。濟水又北流經微鄉東。《春秋》莊公二十八年(公元前六六六年),《經》記載:冬天,在郿築城。京相璠說:《公羊傳》稱為微。東平郡壽張縣西北三十里,有舊時的微鄉,是魯國的城邑。杜預說:那裡有微子墓。濟水又北流,分為兩條,支流往西北流出,稱為馬頰水。

又北過須昌縣西,

13　京相璠說:須朐,一國二城而有兩個名字。因為該國遷都須昌,朐則是其本城。秦時立縣,漢高帝十一年(公元前一九六年),封給趙衍為侯國。濟水在該縣有趙溝水注入。濟水又北流經魚山東,在左岸匯合馬頰水。馬頰水上口承接濟水,西北流,流過安民山北,又西流,分出趙溝,然後東北流注入濟水。馬頰水又流經桃城東。《春秋》桓公十年(公元前七〇二年),《經》載:桓公在桃丘會見衛侯。桃丘在衛國境內。杜預說:濟北郡東阿縣東南有桃城,就是桃丘。

14　馬頰水又東北流經魚山南。魚山就是吾山。漢武帝《瓠子歌》說的吾山平,指的就是此山。山上有柳舒城。魏東阿王曹子建每次登上此山,心頭就會浮起在此終老的願望。他死後安葬於此山西麓,西距東阿城四十里。馬頰水又東流,注入濟水。

匯流處稱為馬頰口。

15　濟水從魚山北流經清亭東。《春秋》隱公四年(公元前七一九年)，隱公與宋公在清相
　　遇。京相璠說：現在濟北郡東阿縣東北四十里，有舊時的清亭，就是《春秋》所說的
　　清。濟水從這裡直到下游，就都通稱清水了。水色也確實清澈而淵深，這也是得
　　到這個通稱的原因。所以燕王說：我聽說齊國有清濟、濁河可作堅固的防線，指的
　　就是此水。

又北過穀城縣西，

16　濟水岸邊有尹卯壘，南離魚山四十餘里，是穀城縣的邊界。即從前《春秋》中的小
　　穀城。齊桓公於魯莊公二十三年(公元前六七一年)在這裡築城，作為管仲的食邑。
　　城內有夷吾井。《魏土地記》說：縣裡有穀城山，山上出產文石。此山在陽穀境內。
　　就是《春秋》裡提到的，齊侯、宋公會盟的陽穀。縣裡有黃山臺，是黃石公與張子房
　　約定相見的地方。又有狼水，發源於東南方大檻山的狼溪，西北流經穀城西。又
　　北流，有西流泉，發源於城東附近的山間，西北流經穀城北，西流注入狼水。因為
　　此水向西流，所以叫西流泉。又西北流，注入濟水。城西北三里，有項羽墓，約一
　　半已經毀壞，但石碣還在，題著"項王之墓"的字樣。《皇覽》說：墓離縣城十五里，
　　真是胡說。現在彭城郡穀陽城西南，又有項羽墓，也不是。我查考司馬遷《史記》，
　　魯為楚國而堅守，漢王拿項羽的頭給他們看，魯的父兄方才投降了，於是就以魯公
　　的身分以禮葬項羽於穀城。怎麼又能說在彭城郡的穀陽城呢。

17　濟水又北流經周首亭西。《春秋》文公十一年(公元前六一六年)，左丘明說：襄公二
　　年(公元前五七一年)，王子成的父親俘獲了長狄僑如的弟弟榮如，把他的首級埋葬
　　在周首的北門，指的就是此城。現在世人稱為盧子城，是濟北郡的治所。京相璠
　　說：現在濟北郡所管轄的盧子城，就是從前齊國的周首城。

又北過臨邑縣東，

18　《地理志》說：縣裡有濟水祠，就是王莽時的穀城亭。水有石門，是用石塊築成的，
　　先前是濟水的門戶。《春秋》隱公五年(公元前七一八年)，齊國與鄭國在石門會盟，
　　鄭國的車翻入濟水中，就在這地方。京相璠說：石門，是齊國地方。現在濟北盧縣
　　老城西南六十里，有一座古石門，離水三百步，這是因為水道遷徙，所以石門也在
　　岸上了。

19　濟水又北流經平陰城西。《春秋》襄公十八年(公元前五五五年)，晉侯把玉璧沉入水
　　中祭河後，渡過河水，在魯濟會盟，重修溴梁的盟誓，一同攻打齊國。齊侯在平陰
　　抵抗，即指此城。杜預說：平陰城在盧縣老城東北，他說得不對。京相璠說：平陰，
　　是齊國地方，在濟北郡盧縣老城西南十里。平陰城南有長城，東到大海為止，西到

濟水。河道通過長城處,叫防門,距平陰三里。齊侯在防門掘濠防禦,就是這地方。濠水是從濟水引過來的,舊河道今天還在。現在防門北有光里,齊人對廣字的讀音與光字相同,就是《春秋》所說的在廣里防守。又說:巫山在平陰東北,從前齊侯登巫山瞭望晉軍,看到晉軍人數眾多,害怕得逃了回來。師曠、邢伯聽到烏鴉的叫聲,就知道齊軍偷偷地逃走了。人物雖然都早已泯滅了,但地理條件卻仍舊清清楚楚,這比杜預所說在盧縣老城東北的話,要可靠得多了。現在巫山上有石室,世人稱為孝子堂。濟水從右岸分流而出,截流蓄水成為湄湖,方圓四十餘里。濟水又東北流,流經垣苗城西,這就是從前的洛當城。伏韜《北征記》說:濟水又與清河合流,直流到洛當,即指此城。宋武帝西征長安,命令垣苗在這裡鎮守,所以民間又有垣苗城之稱。河水從四瀆口東北流成為濟水。《魏土地記》說:盟津河分流了十里與清水匯合,向東亂流,經過洛當城北,一清一濁迥然有別,涇渭分明,向東南流逝。

又東北過盧縣北,

20　濟水東北流,與湄溝匯合。這條水上口承接湄湖,北流注入濟水。《爾雅》說:水與草相接叫湄,與山谷相通的叫微。犍為舍人說:湄,就是水中有草木雜生,交接在一起。郭景純說:微,水邊與山谷相通。《釋名》說:湄,就是眉,接近水邊,正如眉毛接近眼睛一樣。

21　濟水又流經盧縣老城北,盧縣是濟北郡的治所。漢和帝永元二年(公元九〇年),從泰山郡分設該郡,因為濟水在北,所以稱濟北。濟水又流經什城北,什城臨近水邊,從前設倉庫。祝阿人孫什,帶了一家人居住在這裡避難,因此叫什城。濟水又東北流,與中川水匯合。中川水發源於東南方山茌縣的分水嶺,溪水的源頭一分為二,分水處也叫分流交。一條水往南流出太山,注入汶水。另一條水從山茌縣流出,西北流經東太原郡郡治在山爐固以南,北流與賓溪水匯合。賓溪水發源於南格馬山賓溪谷,北流經盧縣老城北、陳敦戍南,西北流與中川水匯合,匯流處叫格馬口。此水又北流,流經盧縣老城東,北流注入濟水,民間稱為沙溝水。

22　濟水又東北流,右岸匯合玉水。玉水發源於太山朗公谷,舊名琨瑞溪,有個僧人叫竺僧朗,少年時曾拜佛圖澄為師,學問淵博精通,對望氣和讖緯之學尤其有研究。他隱居於這山谷中,因此稱為朗公谷。所以車頻《秦書》說:苻堅時,僧人竺僧朗曾同隱士張巨和相交遊,張巨和時常居住在山洞中,但竺僧朗卻住在琨瑞山,大規模興建殿堂房屋,樓閣連綿,參差重疊。二人雖然作風迥然不同,一個崇尚素樸,一個看重華飾,但都以能不受外界干擾,清心靜修而著稱。他們同遊處就是這個山谷,水也稱為琨瑞水。此水西北流經玉符山,又稱玉水。

23　又西北流經獵山東，又西北流，沿著祝阿縣老城東、野井亭西。《春秋》昭公二十五年(公元前五一七年)，《春秋經》記載，齊侯在野井慰問昭公，即指此地。《春秋》襄公十九年(公元前五五四年)，諸侯在祝柯會盟。就是《左傳》所說的督陽。漢朝興起，把它改名為祝阿。漢高帝十一年(公元前一九六年)，將祝阿封給高邑為侯國，就是王莽時的安成。所以民間把這條水稱為祝阿潤水，北流注入濟水。建武五年(公元二九年)，耿弇東進，攻擊張步，從朝陽架橋於濟水上，以供部隊過河，就是這地方。

24　濟水又東北流，濼水注入。濼水發源於歷城縣老城西南，源泉向上騰湧，水頭大如車輪。《春秋》桓公十八年(公元前六九四年)，桓公在濼水會見齊侯，指的就是此水。民間稱為娥姜水，因為源泉上有舜的妃子娥英的廟的緣故。此城南邊與山陵相對，山上有舜祠，山下有個大地洞，稱為舜井，大概也是茅山禹井之類。據《尚書》，舜在歷山耕田，也有人說是在這裡，事實如何卻不大清楚。此水北流就是大明湖，西邊是大明寺。此寺東北兩面都靠近湖邊，這一泓湖水就成為淨池了。池上有客亭，左右兩旁都是楸樹和桐樹。一邊曬著太陽，一邊仰望樹上的小鳥，俯視水下的遊魚，湖水與岸樹澄明潔淨，真有如莊子與惠子在濠梁之上那樣，自我的心情與整個自然環境融成一片了。湖水循著水渠東流進入西邊的城牆內，東流到歷城西，沿著城邊北流注入陂塘。陂水上流承接東城歷祠的下泉，泉源從地下汨汨奔湧而出，北流經歷城東，又北流，引水蓄成流杯池，州郡的官吏設宴招待賓客，常常都在這裡會聚。水分為兩條：右邊那條北流，左邊那條西流經歷城北，西北流是陂塘。這條水叫歷水，與濼水相匯合。又北流，歷水支流上口在歷城東承接歷水，東北流經東城西，然後北流出城。又北流，注入濼水。又北流，聽水分支流出。濼水又北流注入濟水，匯流處稱為濼口。

25　濟水又東北流，華不注山峰頂峻峭而秀麗，不與丘陵相連而獨超於群山之上；山巖銳如虎牙蠹立，孤峰兀然拔起，直刺青霄。青蒼的崖壁翠色濃豔，遠望就如同點上青黛似的。山下有華泉。所以京相璠《春秋土地名》說：華泉，是華不注山下的泉水。《春秋左傳》成公二年(公元前五八九年)，齊頃公與晉郤克在鞌作戰，齊軍打了敗仗，晉軍在後面追趕，在華不注山腳繞了三圈。逢丑父與頃公調換了位置，快到華泉時，駕車的馬被樹絆住，停了下來。逢丑父叫頃公下車，到華泉去取水來喝，齊侯才得以逃脫。韓厥俘虜了逢丑父獻上，郤克要殺他。逢丑父高聲呼叫道：從今以後，再也沒有人肯為他的君主受難了！這裡有了一個，就要被殺了。郤克說：人家為了使君主脫身而毅然赴死，我卻殺他，這也不吉；不如赦免了他，以勉勵忠君的人。於是就放了他。這件事就發生在華水。華水北流，穿過聽水後二十里注入濟水。

又東北過臺縣北。

26　巨合水在南方發源於雞山西北,北流經巨合老城西。耿弇討伐張步時,駐守在巨里,就是此城。巨里三面都有城牆,西面是個深坑;耿弇就在深坑西紮營。他與費邑打仗,在這裡殺了費邑。巨合水又北流,與關盧水匯合。關盧水發源於馬耳山,北流經博亭城西,西北流,到了平陵城與武原水匯合。武原水發源於譚城南的平澤中,世人稱為武原淵。水北流,經譚城東,民間稱為布城。又北流經東平陵縣老城西,就是從前的陵城,以後才加了個平字,成為平陵。譚是個小國。齊桓公即位前出奔在外,途經譚國,譚國對他無禮;魯莊公九年(公元前六八五年),桓公即位,又不去朝覲,次年就把它滅亡了。譚城東門外有"樂安任照先碑",這裡是濟南郡的治所。漢文帝十六年(公元前一六四年),將該郡設置為王國。景帝二年(公元前一五五年),又改郡。王莽時改名樂安。武原水又北流經巨合城東,漢武帝將此城封給城陽頃王的兒子劉發為侯國。水與關盧水匯合,向西流逝,注入巨合水。巨合水西北流經臺縣老城南。漢高帝六年(公元前二〇一年),封給東郡尉戴野為侯國。王莽時叫臺治。水往西北流,白野泉水注入。白野泉水發源於臺城西南的白野泉北,經留山西北流,從右岸注入巨合水。巨合水又北流,聽水注入。聽水上流承接濼水,東流而後北轉,又東北流,注入巨合水,亂流又往北注入濟水。濟水又東北流,匯合芹溝水。芹溝水發源於臺縣老城東南,西北流,流經臺城東,又西北流注入濟水。

又東北過菅縣南,

27　濟水東流經菅縣老城南。漢文帝四年(公元前一七六年),將該縣封給齊悼惠王兒子罷軍為侯國。右岸接納了百脈水,此水發源於土鼓縣老城西,水源方圓一百步,百泉同時一起湧出,所以叫百脈水。百脈水西北流,流經陽丘縣老城內。漢孝文帝四年,將陽丘縣封給齊悼惠王的兒子劉安為陽丘侯。世人稱為章丘城,是弄錯了。城南有女郎山,山上有神祠,民間稱為女郎祠,臨近一帶的老百姓都來祭祀。百脈水西北流出城,北流經黃巾固,因為黃巾寇兵曾駐紮在這裡,所以得了這個地名。百脈水又東北流,注入濟水。濟水又東流,有楊渚溝水發源於逢陵老城西南二十里,西北流經土鼓城東,又西北流經章丘城東,又北流經甯戚城西,然後北流注入濟水。

又東過梁鄒縣北,

28　隴水在南方發源於長城山中,北流到般陽縣老城西,南流與般水匯合。般水發源於般陽縣東南的龍山,民間也叫左阜水。西北流經城南,就是王莽時的濟南亭。

應劭說：縣在般水北邊，所以叫般陽縣。般水又轉而向南，西流注入隴水。隴水北流經該縣，西北流到了萌水口。萌水發源於西南方的甲山，東北流經萌山西，東北流注入隴水。隴水又西北流，到了梁鄒縣東南，與魚子溝水匯合。魚子溝水發源於南方長白山東麓的柳泉口。此山就是陳仲子夫妻隱居之處。《孟子》說：仲子，是齊國的世家，其兄戴，享有俸祿萬鍾，陳仲子以為不正當，不肯吃他的飯，於是離開母親和哥哥，定居於於陵，就是這裡。魚子溝水又流經於陵縣老城西，就是王莽時的於陸。世祖建武十五年（公元三九年），將於陵改封給則鄉侯侯霸的兒子侯昱為侯國。此水北流，注入隴水。隴水，就是古時的袁水。所以京相璠說：濟南梁鄒縣有袁水，即指此水。隴水又西北流經梁鄒縣老城南，又北轉流經城西。漢高祖六年（公元前二○一年），將該縣封給武虎為侯國。隴水北流，注入濟水。城的東北，又有時水往西北注入。

又東北過臨濟縣南，

29　臨濟縣就是從前的狄邑。王莽時改名為利居。《漢記》：安帝永初二年（公元一○八年），改為今名，因為臨近濟水的緣故。《地理風俗記》說：臨濟，是樂安太守的治所。晏謨《齊記》說：隔著濟水有南北兩座城，南城就是被陽縣的老城，北臨濟水。《地理志》說：這是個侯國。如淳說：被陽的被，一作疲，讀作罷軍的罷。《史記·建元以來王子侯者年表》說：漢武帝元朔四年（公元前一二五年），臨濟是封給齊孝王的兒子敬侯劉燕的封國。現在是渤海僑郡的治所。

30　濟水又東北流，分流積瀦為淵深的水泊，以平州為名。漯沃縣旁有平安老城，民間稱為會城，是搞錯了。據《地理志》，千乘郡有平安縣，是個侯國，王莽時叫鴻睦。應劭說：博昌縣西南三十里有平安亭，從前是個縣。世上還有平州的地名。濟水又東北流經高昌縣老城西，據《地理志》，千乘郡有高昌縣，漢宣帝地節四年（公元前六六年），封給董忠為侯國。世人稱為馬昌城，是不對的。濟水又東北流經樂安縣老城南。伏琛《齊記》說：博昌城西北五十里有南北兩城，相距三十里，隔著時水和濟水。以此城為博昌北城，卻弄錯了。樂安與博昌、薄姑以水為分界，都在西北，薄姑距齊城六十里，樂安隔水較遠，經此實地驗證，尤其清楚看出樂安不是博昌北城。班固說：千乘郡有樂安縣。應劭說：樂安，是取吉祥美好的地名。漢武帝元朔五年（公元前一二四年），將樂安封給李蔡為侯國。城西三里，有任光等人的墓。任光，是宛縣人，那麼樂安不是博昌，這就更明白了。

31　濟水又流經薄姑城北。《後漢書·郡國志》說：博昌縣有薄姑城。《地理書》說：呂尚封於齊郡薄姑。薄姑老城在臨淄縣西北五十里，鄰近濟水。司馬遷說：獻公遷徙到薄姑。城內有高臺。《春秋》昭公二十年（公元前五二二年），齊景公在臺上飲

酒,說:人老了如果能不死,該有多麼快樂啊。晏平仲答道:從前爽鳩氏開始住在
這裡,接下去是季萠住在這裡,有逢伯陵接著又住在這裡,薄姑氏又接著住在這
裡,以後是太公接著住在這裡。我以為,人老了如能不死,那麼享受快樂的是爽鳩
氏,而不是您了。他們的對話就在這臺上。濟水又東北流,經狼牙固西,然後向東
北流去。

又東北過利縣西,

32　《地理志》:齊郡有利縣,就是王莽時的利治。晏謨說:利縣在齊城北五十里。

又東北過甲下邑,入于河。

33　濟水東北流,到了甲下邑南,東流經琅槐縣老城北。《地理風俗記》說:博昌東北八
十里,有琅槐鄉,舊時原是個縣。《山海經》說:濟水穿過鉅野澤,注入渤海,其間流
入齊琅槐東北,即指此城。又東北流,河水支流注入。《水經》以為濟水注入河水,
這是搞錯了。其實是河水注入濟水,並非濟水注入河水。又東北流,注入大海。
郭景純說:濟水自滎陽到樂安博昌入海。現在河水已經枯竭,濟水卻依舊長流不
斷。《水經》說濟水注入河水。那麼《水經》與郭景純這兩種說法都錯了。但河水
在濟水、漯水以北,還有另一條支流注入大海。今天斷流的只有漯水罷了。郭景
純或者以為濟水注入河水,但與實際情況對照起來,卻並非如此。現場考察水脈
的流程,郭景純的說法不及《山海經》縝密。

其一水東南流者,過乘氏縣南,

34　菏水在定陶東北分出濟水,東南流在右岸匯合黃溝支流,民間稱為界溝。北流經
已氏縣老城西,又北流經景山東。《衛詩》所說的景山與京,即指此。毛公說:景
山,是一座大山。又北流經楚丘城西。《郡國志》說:成武縣有楚丘亭。杜預說:楚
丘在成武縣西南。衛懿公被狄人所滅,衛文公東遷渡河,在曹邑的村野裡生活。
齊桓公在楚丘築城,把他遷到城裡去住。所以《春秋》說:邢人離鄉遷移異地,就像
回家一樣;衛人有了安身之處,忘了亡國之痛。《詩經》也提到:登上那邊的高丘
上,向著楚丘眺望:眺望那楚丘和堂水,眺望那景山和京岡。所以鄭玄說:觀望旁
近的城邑和山川。又東北流經成武城西,又東北流經邧城東,想來可能是邧邑所
遷移的地方,但不大清楚。又東北流經梁丘城西。《地理志》說:昌邑縣有梁丘鄉。
《春秋》莊公三十二年(公元前六六二年),宋人、齊人在梁丘會盟。杜預說:高平郡昌
邑縣西南有梁丘鄉。又東北流在乘氏縣西轉而北流,注入菏水。菏水又東南流,
流經乘氏縣老城南。乘氏縣,就是《春秋》的乘丘。所以《地理風俗記》說:濟陰郡
乘氏縣,就是從前宋國的乘丘邑。漢孝景帝中元五年(公元前一四五年),將乘氏縣
封給梁孝王的兒子劉買為侯國。《地理志》說:乘氏縣,泗水東南流,到了睢陵匯入

淮水。《郡國志》說：乘氏縣有泗水，這就是菏澤。《尚書》有疏導菏澤的說法；自
陶丘北，東到菏水，但沒有提起泗水。又說：疏導菏澤，淹沒孟豬。孟豬在睢陽縣
東北。闞駰《十三州記》說：不說注入，而說淹沒，這句話說明水不是經常性地流
入，而是當水大時，方能流到。澤中水面一片汪洋，都匯合於淮水和泗水，所以《地
理志》有到了睢陵匯入淮水的話，同時把泗水也一同包括進來了。可是諸水注入
泗水的很多，不止這一條，不能因為最後都匯合於泗水，就可以隨便通稱的。或者
另外還有一條泗水，那還可說，但此水為何兼有泗水之名，原因卻說不清楚了。

又東過昌邑縣北，

35　菏水又東流經昌邑縣老城北。《地理志》說：昌邑縣，就是從前的梁國。漢景帝中
　　元六年（公元前一四四年），把梁國分出山陽國。武帝天漢四年（公元前九七年），改為
　　昌邑國，把它封給昌邑王劉髆，由他的兒子劉賀來繼承；以後劉賀被廢黜，封國也
　　就撤消了，改為山陽郡。就是王莽時的鉅野郡。後來改為高平郡，後漢時是沇州
　　的治所。縣令王密，懷裡藏著金子去拜謁東萊太守楊震，楊震不肯接受，這裡就是
　　他表示應警惕四知的地方。大城東北有金城，城內有"沇州刺史河東薛季像碑"，
　　薛季以郎中受任為剡縣的縣令，有甘露降落在園裡。熹平四年（公元一七五年）遷移
　　州址，次年甘露又降於殿前樹上。從事馮巡、主簿華操等一同褒揚樹碑，以記載他
　　的德政。又往西，有"沇州刺史茂陵楊叔恭碑"，是建寧四年（公元一七一年）從事孫
　　光等所立。西北有"東太山成人班孟堅碑"。建和十年，尚書右丞受任沇州刺史從
　　事秦閏等，刻石頌揚班孟堅的德政，這些石碑現在都還在。

又東過金鄉縣南，

36　《郡國志》說：山陽郡有金鄉縣。菏水流經該縣老城南，世人稱為老縣城。北有金
　　鄉山。

又東過東緡縣北，

37　菏水又東流經漢平狄將軍扶溝侯淮陽朱鮪墓。墓北有石廟。菏水又東流經東緡
　　縣老城北，這從前是宋國地方。《春秋》僖公二十三年（公元前六三七年），齊侯攻打
　　宋國，包圍了緡城。《十三州記》說：山陽有東緡縣。鄒衍說：我登上緡城，眺望著
　　宋都，即指此。後漢世祖建武十一年（公元三五年），將緡縣封給馮異長子馮璋，立
　　為侯國。

又東過方與縣北，為菏水。

38　菏水東流經重鄉城南。《左傳》所說的臧文仲宿於重館，即指重鄉。菏水又東流經
　　武棠亭北，《公羊傳》以為就是濟上邑。縣城有一座高臺，高二丈左右，臺下臨水。

從前魯侯在棠觀魚,就指這地方。臺在方與縣老城北十里,就是《水經》所說的菏水。菏水又東流經泥母亭北。《春秋左傳》僖公七年(公元前六五三年),秋天,在甯母會盟,是為了策劃討伐鄭國。菏水又東流,與鉅野黃水匯合,這就是菏澤的別名。黃水上流承接鉅野澤諸陂塘,鉅野澤有濛淀、盲陂。黃湖水東流,稱為黃水。又有薛訓渚水,從此渚流過薛村前,分成兩條:一條東流注入黃水,另一條西北流,注入澤中,就是洪水。

39　黃水東南流,南岸有漢荊州刺史李剛墓。李剛字叔毅,山陽郡高平縣人。熹平元年(公元一七二年)亡故,這可以從碑上的記載看出來。還有石闕、祠堂、石屋三間,梁椽構架高丈餘,以石材雕成椽瓦的形狀,屋內頂上襯以平整的天花板,構建成方形的藻井旁邊以梁柱為支承。四壁的浮雕有君臣、官屬,以及烏龜、天龍、鳳凰、麒麟等圖案,還有飛禽走獸的形象。製作工巧優美,沒有受到多少傷損和破壞。

40　黃水又東流經鉅野縣北。何承天說:鉅野縣湖澤廣大,南通洙水和泗水,北連清水和濟水,舊縣和老城正好位於湖澤上,所以擬在此城設置駐防軍。城所在的地址則是鉅野澤。向東北延伸出去,就是大野澤了。從前去西方狩獵,獲得一頭麒麟,就是在這裡。《皇覽》說:山陽郡鉅野縣有埋葬著蚩尤肩髀的墳墓,堆土的大小與闞鄉城的蚩尤墓差不多。傳說蚩尤與黃帝作戰,在涿鹿之野戰敗被殺,身體被砍成數塊分散於各地,所以就分別安葬了。

41　黃水又東流經咸亭北。《春秋》桓公七年(公元前七〇五年),《經》載,焚毀了咸丘,即指此處。水南有金鄉山,是該縣東部的邊界。金鄉有好幾座山,內部都是空的,外有洞口,稱為隧洞。戴延之《西征記》說:焦氏山北數里,有漢司隸校尉魯峻墓,在山上掘墓穴時,掘出了白蛇、白兔,因而不在那裡安葬,而移葬山南。鑿山時得到黃金,所以叫金鄉山。山形很峻峭,墓前有石祠、石廟,四壁都用青石築成,石上有契以來的忠臣、孝子、貞婦、孔子及七十二弟子的浮雕人像,人像邊都有刻石記述,文字清晰。又有石床,長八尺,磨得光滑明亮,敲擊它會發出清越的聲音,遠近都能聽到。當時太尉從事中郎傅珍之、諮議參軍周安穆拆掉石床,各人分頭拿去,被魯氏的後裔提起訴訟,兩人都被撤職。

42　焦氏山以東,就是金鄉山,山上有墓,叫秦王陵。上山二百步,有墓口,掘了一條深溝,深達十丈,兩壁峻峭,寬二丈。進洞走七十步,就到墓道門口。門外左右兩邊都有挖空的洞廳,可以容納五六十人,叫白馬空。進入墓道門內二丈,有外堂。外堂後面,又有內堂。參觀的人都手持蠟燭行走。墓內雖然沒有別的雕刻,但石工非常精緻。有人說這是漢昌邑哀王墓,但詳情就不大清楚了。

43　東南有范巨卿墓,各種名目物件還在。范巨卿名式,山陽郡金鄉縣人,漢朝荊州刺史。他同汝南張劭、長沙陳平子石交誼深厚,號稱死友。

44　黃水又東南流經任城郡亢父縣老城西,這是古代夏后氏的任國。漢章帝元和元年(公元八四年),在北方分出了任城,就是王莽時的延就亭。縣裡有詩亭,就是《春秋》的詩國。王莽時改名為順父。《地理志》說:這是東平郡的屬縣。世祖建武二年(公元二六年),封給劉隆為侯國。這裡的水就叫桓公溝,南流到方與縣,注入菏水。菏水又東流經秦梁,兩岸積疊起來的石塊長達一里,高二丈,據說是秦始皇東巡時所造,因而得名。

菏水又東過湖陸縣南,東入于泗水。

45　泗水是湖澤裡的水留積而成的。《尚書》說:在淮水、泗水航行,到達菏水。《東觀漢記》說:蘇茂殺了淮陽太守,奪取了他所領轄的郡,興建起廣樂堡。大司馬吳漢包圍了蘇茂,蘇茂率領他的精兵突圍到了湖陵,與劉永在濟陰、山陽相會合,軍隊就在這裡渡水。

又東南過沛縣東北,

46　濟水與泗水穿錯亂流,所以濟水也與泗水可互相通稱了。《東觀漢記·安平侯蓋延傳》說:蓋延當虎牙大將軍,與劉永等作戰。劉永軍隊回頭逃跑,一半人在水中溺死。又再與他作戰,接連打敗劉永軍,於是就平定了沛郡、楚郡,臨淮也全軍投降了。蓋延命令沛郡修建高祖廟,設置嗇夫、祝宰、樂人,於是齋戒沐浴,祭祀高祖廟。

又東南過留縣北,

47　留縣老城,瀕臨泗水和濟水,是宋國的城邑。《春秋左傳》所說的侵入宋國的呂、留二縣,其留縣指的就是這裡。所以繁休伯《避地賦》說:早上我從泗洲動身,晚上我住宿在留鄉。張良奉事漢高祖,就是在這裡開始,最後也是在這裡受封的。城內有張良廟。

又東過彭城縣北,獲水從西來注之。

48　濟水又南流經彭城縣老城東北角,不是從東面流過的。獲水從西邊流來注入。城北臨水濱。濟水又南流經彭城縣老城東,不是流經城北。《水經》是誤證了。

又東南過徐縣北,

49　《地理志》說:臨淮郡,漢武帝元狩五年(公元前一一八年)所置,治所在徐縣。王莽時改郡名為淮平,縣名為徐調,就是從前的徐國。《春秋》昭公三十年(公元前五一二年),吳子拘留了鍾吾子,於是就去攻打徐國。他在山口築壩,攔水淹城,就把徐滅亡了。徐子逃到楚國去,楚出兵相救,可是來不及了,只好在夷築城,以安頓徐子。

張華《博物志》記載著作令史茅溫……。

50　劉成國《徐州地理志》記載徐偃王的奇事：據說徐君的宮女懷孕生了一顆肉蛋，以為是個不祥的東西，就把它丟棄在水邊。孤獨母有一隻狗，名叫鵠倉，在水濱尋找獵物，找到這個被丟棄的肉蛋，就把它衕了回來。孤獨母覺得有點神異，就用被服把它蓋起來保溫，竟變成一個嬰兒。嬰兒生下時是仰臥的，所以取名偃。徐君在宮中聽到這消息，就重新把他領回來。孩子長大以後又仁厚，又聰明，繼承了徐國國君之位。後來鵠倉臨死時，頭生角，又有九條尾巴，原來是條黃龍。偃王把牠葬在徐中，現在還可以看到狗墳。偃王治理國家，以仁義著稱。他想乘船到上國去訪問，於是在陳國與蔡國之間開了一條渠道。開渠掘地時，挖出紅色的弓箭，以為是上天昭示祥瑞，於是就以自己的名字為號，自稱徐偃王，江淮一帶的諸侯，擁戴他的有三十六國。周王聽到這個消息，派了使者到楚國去，命令楚國出兵討伐。徐偃王愛惜百姓，不肯叫他們去打仗送死，於是就被楚國打敗了。他往北逃到彭城郡武原縣東山腳下，百姓跟著他的數以萬計，因此把那座山叫徐山。山上建了石室廟，很靈驗，人們都去祈禱。依照文字記載，與事實互相印證，似乎有相符且可驗證的地方，但世代久遠，很難詳細了解了。

51　現在徐城外有徐君墓，從前延陵季子在徐君墳前解下佩劍，表明自己已經心許贈劍，即使徐君已逝，也決不違背。

又東至下邳睢陵縣南，入于淮。

52　濟水與泗水，前波混著後浪滾滾東南流，到了角城，一同注入淮水。《水經》卻說到達睢陵，是弄錯了。

【研　析】　此卷與卷七不同，卷七《濟水》如上所述實為遵循《禹貢》而立篇，其實在河川記敘上僅止於《經》文“與河合流”。而此卷則不同，《經》、《注》所記，均為古代“四瀆”舊跡，但從三國到北魏，濟水已非獨流入海的北方大河，《經》、《注》在卷末均敘明，此時的濟水，已成淮水的一條支流，而古代濟水獨流入海的廣大地域，由於黃河的南北擺移，水道變遷，錯綜分歧。《經》文對此，只不過略敘數語，而《注》文必須細敘其詳。所以卷八《濟水》在全部酈《注》中，實在是難度極大的一篇。酈氏平生雖多有親履這個地區的經歷，但為《水經》作《注》，而且事涉古代濟水，溯古論今，涉獵至廣，故記敘時需要查閱大量文獻，其中像伏琛《齊記》之類是隋唐諸志均不著錄之書，當時就是珍稀之本。而《徐州地理志》是酈氏一家獨引之書，尤屬可貴。說明酈氏為了記敘此篇，在文獻搜求上就費功甚巨。故古代濟水在當時雖已不存，但酈氏提供的資料，至今仍有重要價值。

卷九　清水　沁水　淇水　蕩水　洹水

【題　解】　此卷所記的五條河流,在漢魏以前,清水、沁水和淇水都是黃河支流,蕩水和洹水則是漳水支流。東漢建安九年(公元二〇四年),曹操為了進攻北方的袁尚,在淇水入黃之處用大枋木築堰,遏淇水東入白溝,以資軍運。從此,清水和淇水均稱白溝,成為海河水系的衛河(即南運河的一段)。在《清水》篇中,《水經》的最後一句:"東入于河。"這就是曹操開白溝以前的情況。酈道元在《注》文中說明:"曹公開白溝,遏水北注,方復故瀆矣。"因為在酈道元的時代,清水不再入黃,所以《注》文作了修正。

沁水今名沁河,現在已是上列五河中唯一注入黃河的支流。清水如上述已經不再存在這條河名。淇水今稱淇河。蕩水也是白溝的支流,因為其水甚小,今地圖上已經不標出此河。洹水今稱安陽河,現在是衛河的支流,北流注入衛河。

關於洹水的河源,《水經》說:"洹水出上黨泫氏縣。"《水經注》說:"水出洹山,山在長子縣也。"河南安陽近年來曾組織隊伍,對洹水上源作了實地考察,並進行論證,結果認為《水經》與《水經注》的說法都是錯誤的。孫曉奎的《洹河考述》(《安陽古都研究》,安陽市地方志辦公室、安陽古都學會合編)一文有較詳說明:"為了弄清洹河的源頭所在,安陽市地名辦公室於一九八六年十月二十一日和十一月五日,組織安陽縣、林縣、安陽市郊區地名辦公室的同志,在安陽市水利局的配合下,兩次赴山西、林縣進行了實地考察。之後,又於同年十二月九日,邀請河南省地質一隊工程師劉振江、安陽市水利局總工程師丘培佳、萬金渠管理處工程師白雪村、林縣水利局工程師林廣栓等同志，就洹河發源地問題專門進行了學術討論。經過充分論證，得出結論：洹河發源於林縣林慮山。（下略）”

清　水

清水出河内脩武縣之北黑山，

1　黑山在縣北白鹿山東，清水所出也。上承諸陂散泉，積以成川。南流西南屈，瀑布乘巖，懸河注壑二十餘丈，雷赴之聲，震動山谷。左右石壁層深，獸跡不交，隍中散水霧合，視不見底。南峰北嶺，多結禪栖之士；東巖西谷，又是刹靈之圖。竹柏之懷，與神心妙遠，仁智之性，共山水效深，更爲勝處也。其水歷澗飛流，清泠洞觀[①]，謂之清水矣。溪曰瑤溪，又曰瑤澗。清水又南，與小瑤水合，水近出西北窮溪，東南流注清水。

2　清水又東南流，吳澤陂水注之，水上承吳陂于脩武縣故城西北。脩武，故甯也，亦曰南陽矣。馬季長曰：晉地自朝歌以北至中山爲東陽，朝歌以南至軹爲南陽。故應劭《地理風俗記》云：河内，殷國也，周名之爲南陽。又曰：晉始啓南陽。今南陽城是也。秦始皇改曰脩武。徐廣、王隱竝言始皇改。瓚注《漢書》云：案《韓非書》，秦昭王越趙長平，西伐脩武。時秦未兼天下，脩武之名久矣。余案《韓詩外傳》[②]言，武王伐紂，勒兵于甯，更名甯曰脩武矣。魏獻子田大陸還，卒于甯是也。漢高帝八年，封都尉魏遬爲侯國。亦曰大脩武，有小，故稱大。小脩武在東，漢祖與滕公濟自玉門津，而宿小脩武者也。大陸即吳澤矣。《魏土地記》曰：脩武城西北二十里有吳澤水。陂南北二十許里，東西三十里，西則長明溝入焉。水有二源，北水上承河内野王縣東北界溝，分枝津爲長明溝。東逕雍城南，寒泉水注之，水出雍城西北，泉流南注，逕雍城西。《春秋》僖公二十四年，王將以狄伐鄭，富辰諫曰：雍，文之昭也。京相璠曰：今河内山陽西有故雍城。又東南注長明溝。

3　溝水又東逕射犬城北，漢大司馬張揚爲將楊醜所害，眭固殺醜屯此，欲北合袁紹。《典略》[③]曰：眭固字白兔，或戒固曰：將軍字兔，而此邑名犬，兔見犬，其勢必驚，宜急去。固不從。漢建安四年，魏太祖斬之于此。以魏种爲河内太守，守之。沇州叛，太祖曰：惟种不棄孤。及走，太祖怒曰：种不南走越，北走胡，不汝置也。射犬平，禽之。公曰：惟其才也，釋而用之。

4　長明溝水東入石澗，東流，蔡溝水入焉。水上承州縣北，白馬溝東分，謂之蔡溝。東會長明溝水，又東逕脩武縣之吳亭北，東入吳陂。次北有苟泉水入焉，水出山陽縣故脩武城西南，同源分派，裂爲二水。南爲苟泉，北則吳瀆，二瀆雙導，俱東入陂。山陽縣東北二十五里有陸真阜,南有皇母、馬鳴二泉,東南合注于吳陂也。次陸真阜之東北,得覆釜堆,堆南有三泉,相去四五里,參差次合,南注于陂。泉在濁鹿城西,建安二十五年,魏封漢獻帝爲山陽公,濁鹿城,即是公所居也。陂水之北際澤,側有隤城,《春秋》隱公十一年,王以司寇蘇忿生之田,攢茅、隤十二邑與鄭者也。京相璠曰:河內脩武縣北有故隤城,實中。今世俗謂之皮垣,方四百步,實中,高八丈。際陂,北隔水十五里,俗所謂蘭丘也,方二百步。西十里又有一丘際山,世謂之敕丘,方五百步,形狀相類,疑即古攢茅也。杜預曰:二邑在脩武縣北,所未詳也。又東,長泉水注之,源出白鹿山東南,伏流逕十三里,重源濬發于鄧城西北,世亦謂之重泉水也。

5　又逕七賢祠東,左右筠篁列植,冬夏不變貞萋。魏步兵校尉陳留阮籍,中散大夫譙國嵇康,晉司徒河內山濤,司徒琅邪王戎,黃門郎河內向秀,建威參軍沛國劉伶,始平太守阮咸等,同居山陽,結自得之遊,時人號之爲竹林七賢④。向子期所謂山陽舊居也,後人立廟于其處,廟南又有一泉,東南流注于長泉水。郭緣生《述征記》所云,白鹿山東南二十五里有嵇公故居,以居時有遺竹焉,蓋謂此也。

6　其水又南逕鄧城東,名之爲鄧瀆,又謂之爲白屋水也。昔司馬懿征公孫淵,還達白屋,即于此也。其水又東南流逕隤城北,又東南歷澤注于陂。陂水東流,謂之八光溝,而東流注于清水,謂之長清河。而東周永豐塢,有丁公泉發于焦泉之右。次東得焦泉,泉發于天門之左,天井固右。天門山石自空,狀若門焉,廣三丈,高兩匹,深丈餘,更無所出,世謂之天門也。東五百餘步,中有石穴西向,裁得容人,東南入,逕至天井⑤,直上三匹有餘,扳躋而升,至上平,東西二百步,南北七百步,四面險絕,無由升陟矣。上有比丘釋僧訓精舍,寺有十餘僧,給養難周,多出下平,有志者居之。寺左右雜樹疎頒。有一石泉,方丈餘,清水湛然,常無增減,山居者資以給飲。北有石室二口,舊是隱者念一之所,今無人矣。

7　泉發于北阜,南流成溪,世謂之焦泉也。次東得魚鮑泉,次東得張波泉,次東得三淵泉,梗河參連,女宿相屬,是四川在重門城西竝單川南注也。重門城,昔齊王芳爲司馬師廢之,宮于此,即《魏志》所謂送齊王于河內重門者也。城在共縣故城西北二十里,城南有安陽陂,次東又得卓水陂,次東有百門陂⑥,陂方五百步,在共縣故城西。漢高帝八年,封盧罷師爲共侯,即共和之故國也。共伯既歸帝政,逍遙于共山之上。山在國北,所謂共北山也。仙者孫登之所處,袁彥伯《竹林七賢傳》⑦:嵇叔夜嘗採藥山澤,遇之于山,冬以被髮自覆,夏則編草爲裳,彈一絃琴,而五聲和。其水三川南合,謂之清川。又南逕凡城東。司馬彪、袁山松《郡國志》曰:共縣有凡亭,周凡伯國。《春秋》隱公七年,《經》書王使凡伯來聘是也。杜預曰:汲郡共縣東南有凡城。今在西南。其水又西南與前四水總爲一瀆，又謂之陶水，南流注于清水。清水又東周新豐塢，又東注也[⑧]。

東北過獲嘉縣北，

8　《漢書》稱越相呂嘉反，武帝元鼎六年，巡行于汲郡中鄉，得呂嘉首，因以爲獲嘉縣。後漢封侍中馮石爲侯國。縣故城西有漢桂陽太守趙越墓，冢北有碑。越字彥善，縣人也。累遷桂陽郡、五官將、尚書僕射，遭憂服闋，守河南尹，建寧中卒。碑東又有一碑，碑北有石柱、石牛、羊、虎俱碎，淪毀莫記。清水又東周新樂城，城在獲嘉縣故城東北，即汲之新中鄉也。

又東過汲縣北，

9　縣，故汲郡治，晉太康中立。城西北有石夾水，飛湍濬急，人亦謂之磻溪，言太公嘗釣于此也。城東門北側有太公廟，廟前有碑，《碑》云：太公望者，河内汲人也。縣民故會稽太守杜宣白令崔瑗曰：太公本生于汲，舊居猶存。君與高、國同宗太公，載在《經》《傳》，今臨此國，宜正其位，以明尊祖之義。于是國老王喜，廷掾鄭篤，功曹邠勤等咸曰：宜之。遂立壇祀，爲之位主。城北三十里，有太公泉，泉上又有太公廟，廟側高林秀木，翹楚競茂。相傳云：太公之故居也。晉太康中，范陽盧無忌爲汲令，立碑于其上。太公避紂之亂，屠隱市朝，避釣魚水，何必渭濱，然後磻溪，苟愜神心，曲渚則可，磻溪之名，斯無嫌矣。

10　清水又東逕故石梁下，梁跨水上，橋石崩褫，餘基尚存。清水又東與倉水合，水出西北方山，山西有倉谷，谷有倉玉、珉石，故名焉。其水東南流，潛行地下，又東南復出，俗謂之黿水，東南歷坶野。自朝歌以南，南暨清水，土地平衍，據皋跨澤，悉坶野矣。《郡國志》曰：朝歌縣南有牧野。《竹書紀年》曰：周武王率西夷諸侯伐殷，敗之于坶野。《詩》[⑨]所謂坶野洋洋，檀車煌煌者也。

11　有殷大夫比干冢，前有石銘，題隸云：殷大夫比干之墓。所記惟此。今已中折，不知誰所誌也。太和中，高祖孝文皇帝南巡，親幸其墳，而加弔焉。刊石樹碑，列于墓隧矣。黿水又東南入于清水。清水又東南逕合城南，故三會亭也，以淇、清合河，故受名焉。清水又屈而南逕鳳皇臺東北南注也。

又東入于河。

12　謂之清口，即淇河口也，蓋互受其名耳。《地理志》曰：清河水出内黃縣南。無清水可來，所有者惟鍾是水耳。蓋河徙南注，清水瀆移，匯流逕絶，餘目尚存。故東川有清河之稱，相嗣不斷。曹公開白溝，遏水北注，方復故瀆矣。

【注　釋】　①其水歷澗飛流二句　別本此句多作"其水歷澗流,飛清洞觀"。清孫潛校本說:"朱本,《御覽》引此作清泠洞觀。按《注》中屢用'飛清'二字,不必旁引他書以證明也。"《水經注》常稱瀑布為"飛清",全書中例子甚多,孫潛所見甚是。②韓詩外傳　書名。漢韓嬰撰。《漢書·藝文志》著錄《韓內傳》四卷,《韓外傳》六卷,隋唐三志著錄作十卷。此書今收入《漢魏叢書》、《四部叢刊》等。清陳士珂有《韓詩外傳疏證》十卷,周廷寀有《韓詩外傳校注》十卷,都是後世研究此書的著作。③典略　書名。三國魏魚豢撰。《隋書·經籍志》著錄八十九卷。魚豢另有《魏略》一書,與《典略》不同。《魏略》只記魏事,而《典略》所記,時代自古代至魏,內容亦甚廣。書已亡佚,今輯本多作《三國典略》一卷,收入於宛委山堂《說郛》、《五朝小說大觀》等。④竹林七賢　指魏晉間七位文人學士。《三國志·魏書·嵇康傳·裴松之注》引《魏氏春秋》:"(嵇康)與陳留阮籍、河內山濤、河南向秀、籍兄子咸、琅邪王戎、沛人劉伶相與友善,游于竹林,號為七賢。"⑤徑至天井　此處有佚文一條:《御覽》卷四十五《地部》十《天門山》引《水經注》:"謂之百家巖,下可容百家,故以為名。山有石穴,狀如門,才得通人,自平地東南入,便至天井。"當是此句下佚文。⑥次東有百門陂　此處有佚文一條:唐辛怡練《百門陂碑銘并序》(道光《輝縣志》卷十四《碑碣》)引《水經注》:"百門陂出自汲縣共山下。"當是此段下佚文。⑦竹林七賢傳　書名。晉袁彥伯撰。在當時即是稀本,隋唐諸志均無著錄。早已亡佚,亦無輯本。⑧又東注也　此處有佚文一條:趙一清《水經注釋》在此案:"《太平寰宇記·修武縣》下引《水經注》云:'五里泉在修武鄉。'今本無之。"此句在《寰宇記》卷五十二《河北道》二《懷州·修武縣》,當是此段內佚文。⑨詩　指《詩經·大雅·大明》。

【語　譯】

清水出河內脩武縣之北黑山,

1　黑山在脩武縣北白鹿山東,是清水的發源地。清水上口承接陂塘散流的水,匯集成河,南流然後折而西南流,從二十餘丈的高崖上乘勢直瀉而下,成為一道瀑布,傾瀉入深壑中,轟雷般的巨響震動了山谷。左右兩邊,都是層層疊疊的幽深的石壁,連野獸也到不了那裡。深澗中急流飛濺,升騰起一層霧氣,俯視深不見底。旁近一帶的山嶺上,幽居著不少修道的人,巖谷間也散布著不少佛塔和寺院。清高絕俗的情懷,與敏悟的心靈相結合,達到微妙而幽遠的境界;仁人智士的至性,得山水之美而愈益深厚,使得這地方成為更加美妙的勝境了。水流穿過山澗而飛奔,清涼而澄澈見底,稱為清水。溪叫瑤溪,又名瑤澗。清水又南流,與小瑤水匯合。小瑤水就發源於西北附近深山絕處的溪澗裡,東南流,注入清水。

2　清水又東南流,吳澤陂水注入。此水上口在脩武縣老城西北承接吳陂。脩武縣就是從前的甯,也叫南陽。馬季長說:晉國地方從朝歌以北到中山叫東陽,朝歌以南到軹叫南陽。所以應劭《地理風俗記》說:河內,是殷商的封國,周朝稱為南陽。又說:晉開始開發南陽,這就是現在的南陽城。秦始皇時改名為脩武。徐廣、王隱都說是秦始皇改的。薛瓚注《漢書》說:按《韓非子》,秦昭王越過趙國的長平,從西方討伐脩武。當時秦國還沒有統一天下各國,由此可見脩武這個地名是由來已久了。我查考《韓詩外傳》的說法,武王討伐紂王,在甯練兵,把甯改名為脩武。魏獻子在大陸打獵回來,死於甯,即指此處。漢高帝八年(公元前一九九年),把這地方封給都尉魏遫為侯國。也叫大脩武。因為有個小脩武,所以這地方叫大脩武。小脩武在東方,漢高祖與滕公在玉門津渡水,夜宿小脩武,就指這地方。大陸就是吳澤。《魏土地記》說:脩武城西北二十里有吳澤水。陂塘南北二十里左右,東西三十里,西邊有長明溝注入。長明溝有兩個源頭,北邊一條,上口在河內郡野王縣東北承接界溝,分出一條支流,叫長明溝。東流經雍城南,寒泉水注入。寒泉水發源於雍城西北,泉水南流,流經雍城西。《春秋》僖公二十四年(公元前六三六年),周王打算利用狄人去攻打鄭國,富辰勸諫道:要知道,雍是文王子孫的封國啊。京相璠道:現在河內郡山陽縣西,有個舊時的雍城。又東南流,注入長明溝。

3　溝水又東流經射犬城北,漢朝大司馬張揚被將軍楊醜所害,眭固殺掉楊醜後,在這裡駐軍,打算與北方的袁紹會合。《典略》說:眭固字白菟。有人警告眭固說:將軍字菟,這座城卻名叫犬。兔子見了狗一定會驚嚇,你應該及早離開。但眭固不聽。漢建安四年(公元一九九年),魏太祖在這裡殺了他。於是任命魏种為河內太守,駐守於此。沇州反叛,太祖說:只有魏种不會拋棄我。待到他逃走以後,太祖生氣地說:魏种不往南方逃到越人那邊,又不往北方逃到胡人那邊,我是不會赦免你的。平定了射犬之亂後,逮捕了魏种。曹公說:看他的才能面上,姑且把他放了,繼續使用。

4　長明溝水東流入石澗,東流,蔡溝水注入。蔡溝水上口在州縣以北承接白馬溝,向東分流,稱為蔡溝。東流匯合長明溝水,又東流經脩武縣吳亭北,東流注入吳陂。稍北,有苟泉水注入。苟泉水發源於山陽縣舊時的脩武城西南,同一個水源分成兩條:南邊的叫苟泉,北邊的叫吳瀆,這兩條水分道並流,都往東流入陂中。山陽縣東北二十五里有陸真阜,南有皇母、馬鳴兩條泉水,東南流,一起注入吳陂。稍近陸真阜東北,有覆釜堆,堆南有三條泉水,相距四五里,參差合流,南流注入吳陂。泉水在濁鹿城西。建安二十五年(公元二二〇年),魏封漢獻帝為山陽公,濁鹿城就是他所居住的地方。陂水北方,靠近沼澤旁邊有隤城。《春秋》隱公十一年(公元前七一二年),周王把司寇蘇忿生的土地,即攢茅、隤等十二城給鄭國,即指此城。京相璠說:河內郡脩武縣北有舊時的隤城,很牢固。現在世俗稱為皮垣,方圓四百步,很牢固,高八丈。陂邊以北隔水十五里,就是民間所稱的蘭丘,方圓二百步。西邊十里,陂邊又有一座小丘,世人稱為勑丘,方圓五百步,形狀相似,可能就是古代的攢茅了。杜預說:兩座城都在脩武縣北,現在也弄不清楚了。又東流,長泉水注入。長泉水發源於白鹿山東南,在地下潛流了十三里,在鄧城西北重新冒出地面,世人也稱為重泉水。

5　又流經七賢祠東,兩岸都是成行的翠竹,秀色蘢蔥,冬夏都不改變。魏步兵校尉陳留阮籍、中散大夫譙國嵇康、晉司徒河內山濤、司徒琅邪王戎、黃門郎河內向秀、建威參軍沛國劉伶、始平太守阮咸等,都一起住在山陽,結伴同遊,怡然自得,當時人們把他們稱為竹林七賢。這就是向子期所說的山陽舊居,後人就在那裡立廟紀念。廟南又有一道泉水,東南流,注入長泉水。郭緣生《述征記》曾提到白鹿山東南二十五里有嵇公故居,因為他當時居住在那裡,還有竹子遺留下來,說的就是那地方。

6　那條水又南流經鄧城東,稱為鄧瀆,又名白屋水。從前司馬懿攻打公孫淵,回來時到了白屋,指的就是這裡。水又東南流經隤城北,又東南流,流過沼澤,注入陂中。陂水東流,稱為八光溝,東流注入清水,叫長清河。長清河東流繞著永豐塢,有丁公泉,發源於焦泉右邊。稍東又接納了焦泉,此泉發源於天門左邊,天井固右邊。天門山的巖石天然形成空缺,形狀像是門戶,寬三丈,高八丈,深丈餘,別無出口,世人稱為天門。東邊五百餘步,裡面有個石洞,朝西,只能容得下一個人,從東南進去,可直達天井;一直往上攀登大約十二丈餘,手扳腳踏,直爬到上面,卻是一片平坦的山頂,東西二百步,南北七百步,四面都是極險的石壁,無處可以攀登。山上有一座名叫釋僧訓的僧人所建的寺院,寺內有十多個僧人,生活必需品很難供應周全,多數要由下面平原裡背上來,只有修煉意志十分堅決的人才能來這裡居住。寺旁雜樹疏疏落落,有一泓石泉,方圓丈餘,極其清冽,終年不增不減,住在山上的人都靠此泉飲用。北面有兩個石室,舊時是隱居者潛心修煉的地方,現在已經無人居住了。

7　泉水發源於北邊的小丘間,南流成為溪澗,世人稱為焦泉。稍東有魚鮑泉,稍東有張波泉,稍東有三淵泉,正像梗河三星先後相連,並與女宿聯繫在一起一樣,這四條溪流在重門城西合併為一條,往南流注。從前齊王芳被司馬師廢黜後,就是在重門城建宮居住。《魏志》說到送齊王於河內郡的重門城,即指此城。城在共縣老城西北二十里,城南有安陽陂。稍東又有卓水陂,稍東又有百門陂,此陂方圓五百步,在共縣老城西。漢高帝八年(公元前一九九年),封盧罷師為共侯,這裡就是古代共伯和攝政時的共和時期的故都。共和伯還政於宣王,在共山上逍遙自在地過著隱居的生活。山在國都北方,就是所謂的共北山。修仙的孫登就住在山上。據袁彥伯《竹林七賢傳》,嵇叔夜曾在山澤間採藥,在山上碰到他。冬天披頭散髮,來遮蔽身體,夏天則編草做成衣裳。他彈奏一張獨弦琴,但卻能彈得五音和諧。這條水是由三條水南流匯合而成,稱為清川。又南流經凡城東。司馬彪、袁山松《郡國志》說:共縣有凡亭,是周朝凡伯的封國。《春秋》隱公七年(公元前七一六年),《春秋經》記載,周王派遣凡伯前來訪問。杜預說:汲郡共縣東南有凡城。現在卻在西南。此水又西南流,與前面那四條水匯合為一條,又叫陶水,南流注入清水。清水又東流,環繞著新豐塢,又往東流去。

東北過獲嘉縣北,

8　《漢書》說,越國丞相呂嘉謀反,武帝元鼎六年(公元前一一一年),在汲郡中鄉巡察,得到了呂嘉的頭顱,因此叫獲嘉縣。後漢封給侍中馮石為侯國。獲嘉縣老城西有漢朝桂陽太守趙越墓,墓北有碑。趙越字彥善,本縣人。他歷任桂陽郡太守、五官將、尚書僕射,因父母喪亡,守孝三年期滿後,任河南尹,死於建寧年間(公元一六八—一七二年)。碑東又有一塊碑,碑北有石柱、石牛、石羊、石虎,都已破碎了,無可記述。清水又東流,繞著新樂城,城在獲嘉縣老城東北,就是汲縣的新中鄉。

又東過汲縣北,

9　汲縣舊時是汲郡的郡治,是晉太康年間(公元二八○—二八九年)設置的。城西北有石夾水,急流飛濺,水深浪高,人們也叫磻溪,據說太公曾在這裡釣魚。城東門北邊有太公廟,廟前有碑,碑文說:太公望是河內郡汲縣人。縣人前會稽太守杜宣稟告縣令崔瑗說:太公本來就生於汲縣,故居至今還存在。您與高氏、國氏都是太公的後代,在經傳裡都有記載。現在您來這裡當父母官,應當擺正太公的地位,以弘揚尊祖的傳統。於是國老王喜、廷掾鄭篤、功曹邠勤等都一致附議說:確實應當如此。於是就建祠立壇,設置神位。城北三十里,有太公泉,泉上又有太公廟,廟旁叢林高聳,樹木蘢蔥,競相爭高競茂。據民間相傳,這就是太公的故居。晉太康年間,范陽盧無忌任汲縣縣令,曾在故居立碑。太公為避紂王之亂,隱居於市場當屠夫,避世在水濱垂釣,又何必非要在渭水之濱,然後又到磻溪呢,只要使高遠的情懷稱意,一彎曲水就可以了,磻溪這個地名也就無可置疑了。

10　清水又東流經舊時的石橋底下,石橋橫跨在水上,但築橋的石塊已經崩坍了,只留下橋墩還在。清水又東流,與倉水匯合。倉水發源於西北的方山,方山西麓有倉谷,谷中有倉玉,珉石,因而得名。倉水東南流,潛入地下,又從東南重新冒出,民間稱為黿水。東南流,穿過坶野。從朝歌以南,南到清水,土地低平肥沃,據有岡阜和沼澤,全都屬於坶野的地域。《郡國志》說:朝歌縣南有牧野。《竹書紀年》說:周武王率領西夷諸侯討伐殷商,在坶野打敗了它。《詩經》所謂的坶野戰場平坦而寬廣,檀木兵車浩蕩又堂皇,指的就是這裡。

11　這裡有殷商大夫比干墓,墳前刻石勒碑,以隸書題著:殷大夫比干之墓。所記載的就只這麼幾個字。現在石碑已攔腰折斷,也不知是誰寫的。太和年間(公元四七七—四九九年),高祖孝文皇帝到南方巡察,親臨此墓,憑弔祭掃,並刻石立碑,安置在墓道上。雹水又東南流,注入清水。清水又東南流,流經合城南,就是從前的三會亭,因為淇水與清水一同合注於河水,所以得名。清水又轉彎南流經鳳皇臺東北,往南注於河水。

又東入于河。

12　清水入河處稱為清口,也就是淇河口。這是因為兩條河流相互通稱的緣故。《地理志》說:清河水發源於內黃縣南。清河並沒有水流到內黃來,流過來的只有這條淇水。因為河水改道南流,清水的河道也移徙了,匯流的水路也就斷絕了,但留下的名稱還在。所以東川有清河的名稱,相承不絕。曹操開鑿白溝,堵截河水北流,方才恢復了舊河道。

沁　水

沁水出上黨涅縣謁戾山,

1　沁水即涅水也,或言出穀遠縣羊頭山世靡谷,三源奇注,逕瀉一隍。又南會三水,歷落出左右近溪,參差翼注之也。

南過穀遠縣東,又南過猗氏縣東,

2　穀遠縣,王莽之穀近也。沁水又南逕猗氏縣故城東,劉聰以詹事魯繇為冀州,治此也。沁水又南歷猗氏關,又南與驫驫水合,水出東北巨駿山,乘高瀉浪,觸石流響,世人因聲以納稱。西南流注于沁。沁水又南與秦川水合,水出巨駿山東,帶引衆溪,積以成川。又西南逕端氏縣故城東。昔韓、趙、魏分晉,遷晉君于端氏縣,即此是也。其水南流,入于沁水。

又南過陽阿縣東,

3　沁水南逕陽阿縣故城西,《魏土地記》曰:建興郡治陽阿縣。郡西四十里有沁水南流。沁水又南與濩澤水合,水出濩澤城西白澗嶺下,東逕濩澤。《墨子》曰:舜漁濩澤。應劭曰:澤在縣西北。又東逕濩澤縣故城南,蓋以澤氏縣也。《竹書紀年》:梁惠成王十九年,晉取玄武、濩澤者也。其水際城東注,又東合清淵水,水出其縣北,東南逕濩澤城東,又南入于澤水。澤水又東得陽泉口,水出鹿臺山。山上有水,淵而不流,其水東逕陽陵城南[①],即陽阿縣之故城也。漢高帝七年,封卞訢為侯國。水歷嶕嶢山東,下與黑嶺水合,水出西北黑嶺下,即開隥也。其水東南流逕北鄉亭下,又東南逕陽陵城東,南注陽泉水。

4　陽泉水又南注濩澤水。澤水又東南,有上澗水注之,水導源西北輔山,東逕銅于崖南,歷析城山北,山在濩澤南,《禹貢》所謂砥柱、析城,至于王屋也。山甚高峻,上平坦,下有二泉,東濁西清,左右不生草木,數十步外多細竹。其水自山陰東入濩澤水。濩澤又東南注于沁水。

5　沁水又東南,陽阿水左入焉,水北出陽阿川,南流逕建興郡西,又東南流逕午壁亭東,而南入山。其水沿波漱石,漰澗八丈,環濤轂轉,西南流入于沁水。沁水又南五十餘里,沿流上下,步徑栽通,小竹細筍,被于山渚,蒙蘢茂密,奇爲翳薈也。

又南出山,過沁水縣北,

6　沁水南逕石門,謂之沁口。《魏土地記》曰:河內郡野王縣西七十里有沁水,左逕沁水城西,附城東南流也。石門是晉安平獻王司馬孚之爲魏野王典農中郎將之所造也。按其《表》云:臣孚言,臣被明詔,興河內水利。臣既到,檢行沁水,源出銅鞮山,屈曲周迴,水道九百里,自太行以西,王屋以東,層巖高峻,天時霖雨,衆谷走水,小石漂迸,木門朽敗,稻田汎濫,歲功不成。臣輒按行,去堰五里以外,方石可得數萬餘枚。臣以爲累方石爲門,若天暘旱,增堰進水,若天霖雨,陂澤充溢,則閉防斷水,空渠衍澇,足以成河。雲雨由人,經國之謀,暫勞永逸,聖王所許,願陛下特出臣《表》,勑大司農府給人工,勿使稽延,以贊時要。臣孚言。詔書聽許。于是夾岸累石,結以爲門,用代木門枋,故石門舊有枋口之稱矣。溉田頃畝之數,間二歲月之功,事見門側石銘矣。

7　水西有孔山,山上石穴洞開,穴內石上,有車轍、牛跡,《耆舊傳》云:自然成著,非人功所就也。其水南分爲二水,一水南出爲朱溝水。沁水又逕沁水縣故城北,蓋藉水以名縣矣。《春秋》之少水也。京相璠曰:晉地矣。又云:少水,今沁水也。沁水又東逕沁水亭北,世謂之小沁城。沁水又東,右合小沁水,水出北山臺渟淵[2],南流爲臺渟水,東南入沁水。沁水又東,倍澗水注之,水北出五行之山,南流注于沁水。

又東過野王縣北,

8　沁水又東,邘水注之,水出太行之阜山,即五行之異名也。《淮南子》曰:武王欲築宮于五行之山。周公曰:五行險固,德能覆也,內貢迴矣,使吾暴亂,則伐我難矣。君子以爲能持滿。高誘云:今太行山也,在河內野王縣西北上黨關。詩[3]所謂徒殆野王道,傾蓋上黨關。即此山矣。其水南流逕邘城西,故邘國也。城南有邘臺,《春秋》僖公二十四年,王將伐鄭,富辰諫曰:邘,武之穆也。京相璠曰:今野王西北三十里有故邘城、邘臺是也。今故城當太行南路,道出其中,漢武帝封李壽爲侯國。

9　邗水又東南逕孔子廟東。廟庭有碑，魏太和元年，孔靈度等以舊宇毀落，上求脩
復。野王令范崇愛、河内太守元真、刺史咸陽公高允表聞，立碑于廟。治中劉明、
別駕吕次文、主簿向班虎、荀靈龜，以宣尼大聖，非碑頌所稱，宜立記焉。云仲尼傷
道不行，欲北從趙鞅，聞殺鳴鐸，遂旋車而反。及其後也，晉人思之，于太行嶺南爲
之立廟，蓋往時迴轅處也。余按諸子書及史籍之文，竝言仲尼臨河而歎曰：丘之不
濟，命也。夫是非太行迴轅之言也。《碑》云：魯國孔氏，官于洛陽，因居廟下，以奉
蒸嘗。斯言是矣。蓋孔氏遷山下，追思聖祖，故立廟存饗耳。其猶劉累遷魯，立堯
祠于山矣。非謂迴轅于此也。邗水東南逕邗亭西。京相璠曰：又有亭在臺西南三
十里。今是亭在邗城東南七八里，蓋京氏之謬耳。或更有之，余所不詳。其水又
南流注于沁。

10　沁水東逕野王縣故城北，秦昭王四十四年，白起攻太行，道絶而韓之野王降。始皇
拔魏東地，置東郡，衛元君自濮陽徙野王，即此縣也。漢高帝元年爲殷國，二年爲
河内郡，王莽之後隊，縣曰平野矣。魏懷州刺史治，皇都遷洛，省州復郡。水北有
華嶽廟，廟側有攢柏數百根，對郭臨川，負岡蔭渚，青青彌望，奇可翫也，懷州刺史
頓丘李洪之之所經構也。廟有碑焉，是河内郡功曹山陽荀靈龜以和平四年造，天
安元年立。沁水又東，朱溝枝津入焉。

11　又東與丹水合，水出上黨高都縣故城東北阜下，俗謂之源源水。《山海經》曰：沁水
之東有林焉，名曰丹林，丹水出焉。即斯水矣。丹水自源東北流，又屈而東注，左
會絶水。《地理志》曰：高都縣有莞谷，丹水所出，東南入絶水是也。絶水出泫氏縣
西北楊谷，故《地理志》曰：楊谷，絶水所出。東南流，左會長平水，水出長平縣西北
小山，東南流逕其縣故城，泫氏之長平亭也。《史記》曰：秦使左庶長王齕攻韓，取
上黨，上黨民走趙，趙軍長平，使廉頗爲將，後遣馬服君之子趙括代之，秦密使武安
君白起攻之，括四十萬衆降起，起坑之于此。《上黨記》[④]曰：長平城在郡之南，秦
壘在城西，二軍共食流水，澗相去五里。秦坑趙衆，收頭顱築臺于壘中，因山爲臺，
崔嵬桀起，今仍號之曰白起臺。城之左右沿山亘隰，南北五十許里，東西二十餘
里，悉秦、趙故壘，遺壁舊存焉。漢武帝元朔二年，以封將軍衛青爲侯國。其水東
南流，注絶水。絶水又東南流逕泫氏縣故城北。《竹書紀年》曰：晉烈公元年，趙獻
子城泫氏。絶水東南與泫水會，水導源縣西北泫谷，東流逕一故城南，俗謂之都鄉
城。又東南逕泫氏縣故城南，世祖建武六年，封萬普爲侯國。而東會絶水，亂流東
南入高都縣，右入丹水。《上黨記》曰：長平城在郡南山中。

12　丹水出長平北山，南流，秦坑趙衆，流血丹川，由是俗名爲丹水，斯爲不經矣。丹水

又東南流注于丹谷。即劉越石《扶風歌》⑤所謂丹水者也。《晉書·地道記》曰：縣有太行關，丹溪爲關之東谷，途自此去，不復由關矣。丹水又逕二石人北，而各在一山，角倚相望，南爲河内，北曰上黨，二郡以之分境。丹水又東南歷西巖下，巖下有大泉湧發，洪流巨輪，淵深不測。蘋藻茭芹，竟川含緑。雖嚴辰肅月，無變暄姜。

13　丹水又南，白水注之，水出高都縣故城西，所謂長平白水也，東南流歷天井關⑥。《地理志》曰：高都縣有天井關。蔡邕曰：太行山上有天井關，在井北，遂因名焉。故劉歆《遂初賦》曰：馳太行之險峻，入天井之高關。太元十五年，晉征虜將軍朱序破慕容永于太行，遣軍至白水，去長子百六十里。白水又東，天井溪水會焉，水出天井關，北流注白水，世謂之北流泉。白水又東南流入丹水，謂之白水交。

14　丹水又東南出山，逕郊城西，城在山際，俗謂之期城，非也。司馬彪《郡國志》曰：山陽有郊城。京相璠曰：河内山陽西北六十里有郊城。《竹書紀年》曰：梁惠成王元年，趙成侯偃、韓懿侯若伐我葵，即此城也。丹水又南屈而西轉，光溝水出焉。丹水又西逕苑鄉城北，南屈東轉，逕其城南，東南流注于沁，謂之丹口。《竹書紀年》曰：晉出公五年，丹水三日絕，不流；幽公九年，丹水出，相反擊。即此水也。沁水又東，光溝水注之，水首受丹水，東南流，界溝水出焉，又南入沁水。沁水又東南流逕成鄉城北，又東逕中都亭南，左合界溝水，水上承光溝，東南流，長明溝水出焉，又南逕中都亭西，而南流注于沁水也。

又東過州縣北，

15　縣，故州也。《春秋左傳》隱公十有一年，周以賜鄭公孫段。六國時，韓宣子徙居之。有白馬溝水注之，水首受白馬湖。湖一名朱管陂，陂上承長明溝，湖水東南流，逕金亭西，分爲二水，一水東出爲蔡溝，一水南注于沁也。

又東過懷縣之北，

16　《韓詩外傳》曰：武王伐紂到邢丘，更名邢丘曰懷。春秋時，赤翟伐晉圍懷是也。王莽以爲河内，故河内郡治也。舊三河之地矣。韋昭曰：河南、河東、河内爲三河也。縣北有沁陽城，沁水逕其南而東注也。

又東過武德縣南，又東南至滎陽縣北，東入于河。

17　沁水于縣南，水積爲陂，通結數湖，有朱溝水注之。其水上承沁水于沁水縣西北，自枋口東南流，奉溝水右出焉。又東南流，右泄爲沙溝水也。其水又東南，于野王城西，枝渠左出焉，以周城溉。東逕野王城南，又屈逕其城東而北注沁水。朱溝自枝渠東南，逕州城南，又東逕懷城南，又東逕殷城北。郭緣生《述征記》曰：河之北岸，河内懷縣有殷城。或謂楚、漢之際，殷王卬治之，非也。余按《竹書紀年》云：秦

師伐鄭,次于懷,城殷。即是城也。然則殷之爲名久矣,知非從𨛬始。昔劉曜以郭
默爲殷州刺史,督緣河諸軍事,治此。朱溝水又東南注于湖。

18 湖水右納沙溝水,水分朱溝南派,東南逕安昌城西。漢成帝河平四年,封丞相張禹
爲侯國。今城之東南有古冢,時人謂之張禹墓。余按《漢書》,禹,河内軹人,徙家
蓮勺,鴻嘉元年,禹以老乞骸骨,自治冢塋,起祠堂于平陵之肥牛亭,近延陵,奏請
之,詔爲徙亭。哀帝建平二年薨,遂葬于彼,此則非也。沙溝水又東逕隙城北,《春
秋》僖公二十五年,取大叔于温,殺之于隙城是也。京相璠曰:在懷縣西南。又逕
殷城西,東南流入于陂,陂水又值武德縣,南至滎陽縣北,東南流入于河。先儒亦
咸謂是溝爲濟渠。故班固及闞駰竝言濟水至武德入河。蓋濟水枝瀆條分,所在布
稱,亦兼丹水之目矣。

【注　釋】　①其水東逕陽陵城南　此處有佚文一條:雍正《澤州府志》卷六《山川·沁水縣·石樓
山》引《水經注》:"其水東逕陽陵城南山,有文石岡、雙蟾嶺,巔時聞仙樂聲,東接夫妻嶺,北連石樓
山,皆約二十里許。"當是此段下佚文。②水出北山臺淳淵　此處有佚文一條:《初學記》卷八《河東
道》第四《午臺》引《水經注》:"午臺亭在晉城縣界。"當是此段中佚文。③詩　此"詩"不指《詩經》。
《水經注疏》刪"詩"字,楊守敬按:"不言何人詩,今無考,'詩'上當有脫字。"④上黨記　書名。此書
在當時即屬稀本,隋唐三志均不著錄,亦不知撰者與撰述年代。書早已亡佚,亦無輯本。⑤扶風歌
詩歌名。《隋書·經籍志》著錄晉太尉劉越石《劉琨集》九卷,梁有十卷,後明人編成《劉越石集》,此
歌當收於集中。但集已亡佚,歌收入於《文選》卷二十八、《古詩鈔》卷二及丁福保《全晉詩》。⑥東南
流歷天井關　此處有佚文一條:《名勝志·山西》卷八《澤州》引《水經注》:"天井關上有宣聖回車轍
迹,深入尺許,長百餘步。"當是此段下佚文。

【語　譯】

沁水出上黨涅縣謁戾山,

1 沁水就是涅水,也有人說發源於穀遠縣羊頭山世靡谷,三條源流徑直傾瀉入一條
深澗中。又南流,匯合了三條水,這些山泉都從左右兩邊溪澗錯落流來,參差地從
兩岸注入沁水。

南過穀遠縣東,又南過陭氏縣東,

2 穀遠縣,就是王莽時的穀近縣。沁水又南流經陭氏縣老城東。劉聰以詹事魯繇為
冀州牧,治所就在這裡。沁水又南流經陭氏關,又南流,與驫驫水匯合。驫驫水發
源於東北的巨駿山,從高處奔瀉而下,浪濤沖擊著巖石,發出轟隆的巨響。世人就
是以水聲取名的。西南流,注入沁水。沁水又南流與秦川水匯合。秦川發源於巨
駿山東,引來了許多山溪,匯成河流。又西南流經端氏縣老城東。從前韓、趙、魏

　　瓜分了晉國,把晉君遷貶到端氏縣,就是這地方。秦川水南流,注入沁水。

又南過陽阿縣東,

3　沁水南流經陽阿縣老城西。《魏土地記》說:建興郡治在陽阿縣。郡西四十里有沁水,往南流。沁水又南流,與濩澤水匯合。濩澤水發源於濩澤城西的白澗嶺下,東流經濩澤。《墨子》說:舜在濩澤捕魚。應劭說:濩澤在縣城西北。又東流經濩澤縣老城南,縣名就是因澤名而來的。《竹書紀年》載:梁惠成王十九年(公元前三五一年),晉奪取了玄武和濩澤。濩澤水沿著城邊往東奔流,又東流與清淵水匯合。清淵水發源於縣北,東南流經濩澤城東,又南流,注入澤水。澤水又東流,到了陽泉口,匯合於這個水口的水,發源於鹿臺山。山上有一泓泉水,深沉而不流動,此水東流經陽陵城南,這就是陽阿縣的老城。漢高帝七年(公元前二〇〇年),把陽阿縣封給卞訢為侯國。此水流經嶕嶢山東,下流與黑嶺水匯合。黑嶺水發源於西北黑嶺下,黑嶺就是開隥。水往東南流經北鄉亭下。又東南流經陽陵城東,南流注入陽泉水。

4　陽泉水又南流,注入濩澤水。澤水又東南流,有上澗水注入。上澗水發源於西北輔山,東流經銅于崖南,經析城山北。析城山在濩澤南,就是《禹貢》所說的砥柱、析城,至於王屋了。山極高峻,上面平坦,下面有兩條泉水,東邊一條很渾濁,西邊一條很清澈,左右兩岸不生草木,數十步外多細竹。水從山北東流注入濩澤水。濩澤水又東南流,注入沁水。

5　沁水又東南流,陽阿水從左岸注入。陽阿水在北方發源於陽阿川,南流經建興郡西,又東南流經午壁亭東,往南流入山中。此水波濤滾滾,沖刷著山石,絕澗深達八丈,轟隆震耳,掀起旋渦如車輪急轉,西南流注入沁水。沁水又南流五十餘里,沿著澗水的上流和下流,只有一條步道小徑勉強可以通行,細小的竹子和嫩筍,蔭蔽著山間的水濱,蓊蓊鬱鬱,茂密非常,景色真是清奇極了。

又南出山,過沁水縣北,

6　沁水南流經石門,稱為沁口。《魏土地記》說:河內郡野王縣西七十里有沁水,左岸流經沁水城西,貼近城牆東南流。石門,是晉安平獻王司馬孚當了魏的野王典農中郎將時所造。司馬孚呈遞給朝廷的奏章表說:臣孚言,臣秉承明君詔諭,來興修河內水利。臣一到這裡,就去沁水視察,了解到沁水的源頭出於銅鞮山,水道縈迴曲折,長達九百里,從太行山以西,王屋山以東,層沓的山巖極其高峻。每逢大雨連綿的季節,條條山谷都山洪橫溢,小石塊紛紛被沖走;木造的水門年久朽腐,以致稻田氾濫,一年的辛勤勞動,就都顆粒無收了。臣立即去巡視,發現離堰壩五里以外,可以取得數萬餘大石塊。臣以為把方形的石塊砌疊起來,建成水門,如逢天時亢旱,就增高堰壩進水;如果久雨成澇,陂塘沼澤水滿泛溢,則關閉閘門斷水,那時切斷上源的空渠道,單憑排澇,也足以成河了。如此,雲雨都可以由人力控制,這實在是治國的大計,一勞永逸,皇上聖明,該會同意的吧。懇請陛下把臣的奏表頒發下去,敕令大司農府派出人工,不要拖延,以助成當前這件要事。這是臣個人的意見。朝廷下詔准許。於是在兩岸砌築起石門,以代替木質的門枋,所以石門舊時有枋口的名稱。石門建成之後灌溉田畝多少,在漫長的歲月裡歷次重修的曲折經過,石門旁邊的銘刻都有記載。

7　水西有孔山,山上有石洞,洞口大開,洞內巖石上有車輪碾過的痕跡和牛隻的蹄印。《耆舊傳》說:這些都是自然形成,並非人工雕鑿出來的。沁水南流分為兩條:一條向南分出,稱為朱溝水。沁水又流經沁水縣老城北,那是以水名來取縣名的。沁水就是《春秋》的少水。京相璠說:這是晉國地方;又說:少水就是今天的沁水。沁水又東流經沁水亭北,世人稱為小沁城。沁水又東流,在右岸匯合小沁水。小沁水發源於北山臺渟淵,南流叫臺渟水,東南流注入沁水。沁水又東流,倍澗水注入。倍澗水發源於北方的五行山,南流注入沁水。

又東過野王縣北,

8　沁水又東流,邘水注入。邘水發源於太行山的阜山太行山就是五行山的別名。《淮南子》說:武王想在五行山上建造宮殿。周公說:五行山十分險要而閉塞,如果我們修德能遍及天下,來向我們納貢的道路固然縈紆曲折;但如果我們施政暴虐而淫亂,那麼天下人來討伐我們也很困難。有識之士以為周公能守成。高誘說:五行山就是現在的太行山,在河內郡野王縣西北的上黨關。有一首詩說:在野王道上走得困倦不堪,到上黨關喜逢摯友訴衷腸。就是指此山。邘水南流經邘城西,就是從前的邘國。城南有邘臺。《春秋》僖公二十四年(公元前六三六年),周王想討伐鄭國,富辰勸阻道:邘是武王的後代啊。京相璠說:現在野王縣西北三十里有舊時的邘城及邘臺。現在老城正好坐落在太行南路,道路從城中通出。漢武帝把邘城封給李壽為侯國。

9　邘水又東南流經孔子廟東。祠廟的庭院裡有碑,魏太和元年(公元四七七年),孔靈度等看到老廟屋宇毀壞崩頹,上書申請重修。野王縣令范眾愛、河內太守元真、刺史咸陽公高允等向朝廷上表奏明情況,在廟內立碑。治中劉明、別駕呂次文、主簿向班虎、荀靈龜,以為被諡為文宣王的孔子是一位偉大的聖人,碑頌這種形式是不相稱的,還是碑記更妥當。碑記中說:仲尼因大道不能推行而感傷,想北上去投靠趙鞅。途中聽說殺了鳴鐸,於是就掉轉車頭回來。到了後世,晉人追思他,才在太行嶺南為他立廟,那地方就是從前他掉轉車頭返程的地方。我查考諸子書以及史籍的記載,都說仲尼面臨河水而嘆息:我不能渡河,大概是命中注定的了。那麼這就不是說在太行掉轉車頭了。碑文說:魯國孔氏,在洛陽任職,因住在廟下,主持祭祀。這樣說就對了。孔氏遷居山下,追思祖上的聖人,所以立廟維持祭祀。這也正像劉累遷居到魯縣,在山上建立堯的祠廟一樣。並不是說孔子在這裡掉轉車頭。邘水東南流經邘亭西。京相璠說:又有亭在臺西南三十里。現在這亭在邘城東南七八里,那是京相璠搞錯了。也許還另有一個亭,可是我不知道。邘水又南流,注入沁水。

10　沁水東流經野王縣老城北。秦昭王四十四年(公元前二六三年),白起攻打太行道,切斷了道路,韓國的野王投降了。秦始皇攻下了魏國東部土地,設置了東郡。衛元君從濮陽遷到野王,就是此縣。漢高帝元年(公元前二○六年)這裡是殷國,二年改河內郡。王莽時此郡稱後隊,縣名平野。魏時是懷州刺史的治所。國都遷到了洛陽後,撤州重新恢復為郡。沁水北岸有華嶽廟,廟旁柏樹密植成叢,約有百餘株,面城臨水,背後依著山岡,水岸上繁蔭蔽空,滿眼一片青蔥,是很值得玩賞的奇景。這座華嶽廟是懷州刺史頓丘李洪之主持修建的。廟前有碑,是河內郡功曹山陽荀靈龜於和平四年(公元四六三年)所造,到天安元年(公元四六六年)才樹立起來。沁水又東流,朱溝支流注入。

11　沁水又東流,與丹水匯合。丹水發源於上黨郡高都縣老城東北的丘岡之下,民間稱為源源水。《山海經》說:沁水以東有樹林,稱為丹林,丹水就是從那裡流出的,說的就是這條水。丹水從源頭東北流,又轉彎向東流去,在左岸匯合絕水。《地理志》說:高都縣有莞谷,是丹水的發源地,東南流注入絕水,即指此水。絕水發源於泫氏縣西北的楊谷,所以《地理志》說:楊谷,是絕水的發源地。東南流,左岸匯合長平水。長平水發源於長平縣西北的小山,東南流經該縣老城,就是泫氏縣的長平亭。《史記》說:秦朝派左庶長王齕攻打韓國,奪取了上黨,上黨的老百姓逃到趙國。趙駐軍於長平,任廉頗為大將,以後又派馬服君的兒子趙括來替換他。秦國祕密派武安君白起去進攻,趙括的四十萬軍隊都投降了白起,白起就在這裡把趙軍都活埋了。《上黨記》說:長平城在郡城以南,秦國的軍營在城西,兩軍共飲同一條溪澗裡的水,相距不過五里。秦活埋了趙軍,把他們的頭顱收集起來,在營地裡築起高臺,高臺利用山勢建成,高高地拔地而起,現在還是叫白起臺。城的左右兩邊,沿著山邊,橫跨低地,南北約五十里,東西二十餘里,從前都是秦軍和趙軍的營壘,頹牆殘壁,遺跡至今還在。漢武帝元朔二年(公元前一二七年),把長平封給將軍衛青為侯國。長平水東南流,注入絕水。絕水又東南流經泫氏縣老城北。《竹書紀年》說:晉烈公元年(公元前四一五年),趙獻子在泫氏築城。絕水東南流,與泫水匯合。泫水發源於泫氏縣西北的泫谷,東流經一座老城南,民間稱為都鄉城。又東南流經泫氏縣老城南。世祖建武六年(公元三〇年),把該縣封給萬普為侯國。泫水東流,與絕水匯合,亂流往東南奔瀉,流入高都縣,在右岸注入丹水。《上黨記》說:長平城在郡城南邊的山中。

12　丹水發源於長平北山,南流,秦軍活埋了趙國降卒,流血把水都染紅了,因此民間稱為丹水。這真是胡說八道。丹水又東南流,注入丹谷,這就是劉越石《扶風歌》所說的丹水。《晉書·地道記》說:縣裡有太行關,丹溪是太行關的東谷,道路由這裡出去,不再經過關口了。丹水又流經二個石人北,兩個石人各在一座山上,互相挺立對峙,南為河內,北為上黨,二郡的分界就在這裡。丹水又東南流經過西巖下,巖下有大泉噴湧而出,洪水強勁地奔騰洶湧,深不可測。整條河流長滿了蘋藻荇芹之類的水草,綠油油的一片,即使是嚴冬酷寒的時節,也還是生意欣欣,一點也沒有改變。

13　丹水又南流,白水注入。白水發源於高都縣老城西,就是所謂的長平白水,東南流經天井關。《地理志》說:高都縣有個天井關。蔡邕說:太行山上有天井,關在井北,於是就以井取名了。所以劉歆《遂初賦》說:奔馳於險峻的太行山,進入高大的天井關。太元十五年(公元三九〇年),晉朝征虜將軍朱序在太行山大敗慕容永,派兵到白水,離長子一百六十里。白水又東流,匯合了天井溪水。天井溪水發源於天井關,北流注入白水,世人稱為北流泉。白水又東南流,注入丹水,稱為白水交。

14　丹水又往東南流出山間,流經郳城西。城在山邊,民間稱為期城,這不對。司馬彪《郡國志》說:山陽有郳城。京相璠說:河內郡山陽縣西北六十里有郳城。《竹書紀年》說:梁惠成王元年(公元前三六九年),趙成侯偃、韓懿侯若攻打我們的葵,指的就是此城。丹水又向南轉彎,然後折而西流,支分流出光溝水。丹水又西流經苑鄉城北,向南彎,向東轉,流經城南,東南流注入沁水,匯流處稱為丹口。《竹書紀年》說:晉出公五年(公元前四七〇年),丹水斷流三日;幽公九年(公元前四二五年),丹水洶湧奔騰而出,與沁水相互沖激,即指此水。沁水又東流,光溝水注入。光溝水上游承接丹水,東南流,分出界溝水。又南流注入沁水。沁水又東南流經成鄉城北,又東流經中都亭南,在左岸匯合界溝水。界溝水上流承接光溝,東南流,長明溝水分流而出,又南流經中都亭西,然後南流注入沁水。

又東過州縣北,

15　州縣,就是舊時的州。《春秋左傳》隱公十一年(公元前七一二年),周朝把州賜給鄭國的公孫段。六國時,韓宣子遷居到這裡。有白馬溝水注入,此水上流承接白馬湖。白馬湖又名朱管陂,此陂上流承接長明溝。湖水東南流,流經金亭西,分為兩條：一條往東流出叫蔡溝，一條往南注入沁水。

又東過懷縣之北，

16　《韓詩外傳》說：武王討伐紂王，到了邢丘，把邢丘改名為懷。春秋時，赤翟攻打晉國，包圍了懷，即指此處。王莽改為河內，是舊時河內郡的治所。是從前三河的領域。韋昭說：河南、河東、河內稱為三河。縣城以北有沁陽城，沁水流經城南，往東奔流而去。

又東過武德縣南，又東南至滎陽縣北，東入于河。

17　沁水在縣城以南，積水成為陂湖，把好幾個湖泊都連結在一起，有朱溝水注入。朱溝水上流在沁水縣西北承接沁水，從枋口東南流，奉溝水在右岸分流而出。又東南流，在右岸排出沙溝水。此水又東南流，在野王城西，左岸又分出支渠，以灌溉城邊一帶的田地。東流經野王城南，又轉彎流經城東，北流注入沁水。朱溝從支渠分出處東南流，流經州城南，又東流經懷城南，又東流經殷城北。郭緣生《述征記》說：河水北岸，河內郡懷縣有殷城。也有人說，楚漢爭霸時，殷王司馬卬的治所在這裡，其實不是。我查考《竹書紀年》說：秦軍攻鄭國時，駐軍於懷，在殷築城，就是此城。那麼殷這個地名很久以前早就有了，不是從司馬卬時才有的。從前劉曜任郭默為殷州刺史，負責督察沿河各部隊的事務，治所就在這裡。朱溝水又東南流，注入湖中。

18　湖水右岸接納了沙溝水。沙溝水分出朱溝南支，東南流經安昌城西。漢成帝河平四年（公元前二五年），把安昌封給丞相張禹為侯國。現在安昌城東南有一座古墓，當時人們都說是張禹墓。我查考《漢書》：張禹，河內郡軹縣人，一家人遷居到蓮勺。鴻嘉元年（公元前二〇年），張禹年老，奏請回家養老，親自營建墳墓，並在平陵的肥牛亭修建祠堂，地點接近延陵。他向朝廷申請，皇帝下了詔書為他把亭遷往他處。張禹死於哀帝建平二年（公元前五年），就葬在那裡，那麼這裡就不是他的墳墓了。沙溝水又東流經隰城北。《春秋》僖公二十五年（公元前六三五年）：在溫逮捕了大叔，在隰城殺了他，即指此城。京相璠說：隰城在懷縣西南。又流經殷城西，往東南流入陂中。陂水又流到武德縣，南流到滎陽縣北，東南流，注入河水。從前學者也都說這條溝就是濟渠。所以班固和闞駰都說濟水到武德注入河水。因為濟水分出的支渠很多，各處支渠各有名目，也就兼有丹水之名了。

淇　水

淇水出河內隆慮縣西大號山，

1　《山海經》曰:淇水出沮洳山。水出山側,頹波漰注,衝激橫山。山上合下開,可減六七十步,巨石磥砢,交積隍澗,傾瀾漭盪,勢同雷轉,激水散氛,曖若霧合。又東北,沾水注之,水出壺關縣東沾臺下,石壁崇高,昂藏隱天,泉流發于西北隅,與金谷水合,金谷即沾臺之西溪也。東北會沾水,又東流注淇水。

2　淇水又逕南羅川,又歷三羅城北,東北與女臺水合,水發西北三女臺下,東北流注于淇。淇水又東北歷淇陽川,逕石城西北,城在原上,帶澗枕淇。淇水又東北,西流水注之,水出東大嶺下,西流逕石樓南,在北陵,石上練垂桀立,亭亭極峻。其水,西流水也。又東逕馮都壘南,世謂之淇陽城,在西北三十里。

3　淇水又東出山,分爲二水,水會立石堰,遏水以沃白溝。左爲菀水,右則淇水,自元甫城東南逕朝歌縣北。《竹書紀年》:晉定公十八年,淇絕于舊衛,即此也。淇水又東,右合泉源水[1],水有二源,一水出朝歌城西北,東南流。老人晨將渡水而沈吟難濟,紂問其故,左右曰:老者髓不實,故晨寒也。紂乃于此斮脛而視髓也。其水南流東屈,逕朝歌城南。《晉書·地道記》曰:本沫邑也。《詩》[2]云:爰采唐矣,沫之鄉矣。殷王武丁始遷居之,爲殷都也。紂都在《禹貢》冀州大陸之野。即此矣。

4　有糟丘、酒池之事焉,有新聲靡樂,號邑朝歌。晉灼曰:《史記·樂書》,紂作《朝歌》之音,朝歌者,歌不時也。故墨子聞之,惡而迴車,不逕其邑。《論語比考讖》[3]曰:邑名朝歌,顏淵不舍,七十弟子捫目,宰予獨顧,由蹙墮車。宋均曰:子路患宰予顧視凶地,故以足蹙之使墮車也。今城內有殷鹿臺,紂昔自投于火處也。《竹書紀年》曰:武王親禽帝受辛于南單之臺,遂分天之明。南單之臺,蓋鹿臺之異名也。武王以殷之遺民封紂子武庚于茲邑,分其地爲三:曰邶、鄘、衛。使管叔、蔡叔、霍叔輔之,爲三監。叛,周討平以封康叔爲衛。箕子佯狂自悲,故《琴操》有《箕子操》[4]。逕其墟,父母之邦也,不勝悲,作《麥秀歌》[5]。

5　後乃屬晉。地居河、淇之間,戰國時皆屬于趙,男女淫縱,有紂之餘風。土險多寇,漢以虞詡爲令,朋友以難治致弔,詡曰:不遇盤根錯節,何以別利器乎?

6　又東與左水合,謂之馬溝水,水出朝歌城北,東流南屈,逕其城東。又東流與美溝合,水出朝歌西北大嶺下,東流逕駱駝谷,于中逶迤九十曲,故俗有美溝之目矣。歷十二崿,崿流相承,泉響不斷,返水捍注,捲復深隍,隍間積石千通,水穴萬變,觀者若思不周賞,情乏圖狀矣。其水東逕朝歌城北,又東南流注馬溝水,又東南注淇水,爲肥泉也。故《衛詩》[6]曰:我思肥泉,茲之永歎。毛《注》云:同出異歸爲肥泉。《爾雅》曰:歸異出同曰肥。《釋名》曰:本同出時,所浸潤水少,所歸枝散而多,似肥者也。犍爲舍人曰:水異出流行,合同曰肥。今是水異出同歸矣。《博物志》謂之澳水。《詩》[7]云:瞻彼淇、澳,菉竹猗猗。毛云:菉,王芻也;竹,編竹也。漢武帝塞決河,斬淇園之竹木以爲用。寇恂爲河內,伐竹淇川,治矢百餘萬,以輸軍資。今通望淇川,無復此物。惟王芻編草不異。毛興又言:澳,隈也。鄭亦不以爲津源,而張司空專以爲水流入于淇,非所究也。然斯水即《詩》⑧所謂泉源之水也。故《衛詩》⑨云:泉源在左,淇水在右,衛女思歸。指以爲喻淇水左右,蓋舉水所入爲左右也。

7　淇水又南歷枋堰,舊淇水口,東流逕黎陽縣界,南入河。《地理志》曰:淇水出共,東至黎陽入河。《溝洫志》曰:遮害亭西十八里至淇水口是也。漢建安九年,魏武王于水口下大枋木以成堰,遏淇水東入白溝以通漕運,故時人號其處爲枋頭。是以盧諶《征艱賦》曰:後背洪枋巨堰,深渠高堤者也。自後遂廢。魏熙平中復通之,故渠歷枋城北,東出今瀆,破故堨。其堰,悉鐵柱木石參用,其故瀆南逕枋城西,又南分爲二水,一水南注清水,水流上下更相通注,河清水盛,北入故渠自此始矣。一水東流,逕枋城南,東與菀口合。菀水上承淇水于元甫城西北,自石堰東、菀城西,屈逕其城南,又東南流歷土軍東北,得舊石逗,故五水分流,世號五穴口。今惟通并爲二水,一水西注淇水,謂之天井溝;一水逕土軍東分爲蓼溝,東入白祀陂。又南分東入同山陂,溉田七十餘頃。二陂所結,即臺陰野矣。菀水東南入淇水。

8　淇水右合宿胥故瀆,瀆受河于頓丘縣遮害亭東、黎山西,北會淇水處立石堰,遏水令更東北注。魏武開白溝,因宿胥故瀆而加其功也。故蘇代曰:決宿胥之口,魏無虛、頓丘。即指是瀆也。

9　淇水又東北流,謂之白溝,逕雍榆城南。《春秋》襄公二十三年,叔孫豹救晉,次于雍榆者也。淇水又北逕其城東,東北逕同山東,又東北逕帝嚳冢西,世謂之頓丘臺,非也。《皇覽》曰:帝嚳冢在東郡濮陽頓丘城南,臺陰野中者也。又北逕白祀山東,歷廣陽里,逕顓頊冢西,俗謂之殷王陵,非也。《帝王世紀》曰:顓頊葬東郡頓丘城南,廣陽里大冢者是也。

10　淇水又北屈而西轉,逕頓丘北,故闞駰云:頓丘在淇水南。《爾雅》曰:山一成謂之頓丘。《釋名》謂一頓而成丘,無高下小大之殺也。《詩》⑩所謂送子涉淇,至于頓丘者也。魏徙九原、西河、土軍諸胡,置土軍于丘側,故其名亦曰土軍也。又屈逕頓丘縣故城西,《古文尚書》⑪以爲觀地矣。蓋太康弟五君之號曰五觀者也。《竹書紀年》:晉定公三十一年城頓丘。《皇覽》曰:頓丘者,城門名頓丘道,世謂之殷。皆非也。蓋因丘而爲名,故曰頓丘矣。淇水東北逕枉人山東、牽城西。《春秋左傳》定公十四年,公會齊侯、衛侯于牽者也。杜預曰:黎陽東北有牽城。即此城矣。淇水又東北逕石柱岡,東北注矣。

東過內黃縣南,爲白溝,

11　淇水又東北逕并陽城西,世謂之辟陽城,非也。即《郡國志》所謂內黃縣有并陽聚
　　者也。白溝又北,左合蕩水。又東北流逕內黃縣故城南,縣右對黃澤。《郡國志》
　　曰:縣有黃澤者也。《地理風俗記》曰:陳留有外黃,故加內。《史記》曰:趙廉頗伐
　　魏取黃,即此縣。

屈從縣東北,與洹水合,

12　白溝自縣北逕戲陽城東,世謂之羛陽聚。《春秋》昭公十年,晉荀盈如齊逆女,還,
　　卒戲陽是也。白溝又北逕高城亭東,洹水從西南來注之。又北逕問亭東,即魏界
　　也,魏縣故城。應劭曰:魏武侯之別都也。城內有武侯臺,王莽之魏城亭也。左與
　　新河合,洹水枝流也。白溝又東北逕銅馬城西,蓋光武征銅馬所築也,故城得其名
　　矣。白溝又東北逕羅勒城東,又東北,漳水注之,謂之利漕口。自下清漳、白溝、淇
　　河,咸得通稱也。

又東北過館陶縣北,又東北過清淵縣西,

13　白溝水又東北逕趙城西,又北,阿難河出焉。蓋魏將阿難所導,以利衡瀆,遂有阿
　　難之稱矣。白溝又東北逕空陵城西,又北逕喬亭城西,東去館陶縣故城十五里,
　　縣,即《春秋》所謂冠氏也,魏陽平郡治也。其水又屈逕其縣北,又東北逕平恩縣故
　　城東,《地理風俗記》曰:縣,故館陶之別鄉也。漢宣帝地節三年置,以封后父許伯
　　為侯國。《地理志》:王莽之延平縣矣。其水又東過清淵縣故城西,又歷縣之西北
　　為清淵,故縣有清淵之名矣。世謂之魚池城,非也。其水又東北逕榆陽城北,漢武
　　帝封太常江德為侯國。文穎曰:邑在魏郡清淵,世謂之清淵城,非也。

又東北過廣宗縣東,為清河,

14　清河東北逕廣宗縣故城南,和帝永元五年,封皇太子萬年為王國。田融言,趙立建
　　興郡于城內,置臨清縣于水東,自趙石始也。清河之右有李雲墓,雲字行祖,甘陵
　　人,好學,善陰陽,舉孝廉,遷白馬令。中常侍單超等,立掖庭民女亳氏為后,后家
　　封者四人,賞賜巨萬。雲上書移副三府曰:孔子云,帝者,諦也,今尺一拜用,不經
　　御省,是帝欲不諦乎? 帝怒,下獄殺之。後冀州刺史賈琮使行部,過祠雲墓,刻石
　　表之,今石柱尚存,俗猶謂之李氏石柱。

15　清河又東北逕界城亭東,水上有大梁,謂之界城橋。《英雄記》[12]曰:公孫瓚擊青州
　　黃巾賊,大破之,還屯廣宗。袁本初自往征瓚,合戰于界橋南二十里,紹將麴義破
　　瓚于界城橋,斬瓚。冀州刺史嚴綱又破瓚殿兵于橋上,即此梁也。世謂之鬲城橋,
　　蓋傳呼失實矣。

16　清河又東北逕信鄉西,《地理風俗記》曰:甘陵西北十七里有信鄉,故縣也。清河又

北逕信成縣故城西,應劭曰:甘陵西北五十里有信成亭,故縣也。趙置水東縣于此城,故亦曰水東城。清河又東北逕清陽縣故城西,漢高祖置清河郡,治此。景帝中三年,封皇子乘爲王國,王莽之平河也。

17　漢光武建武二年,西河鮮于冀爲清河太守,作公廨未就而亡,後守趙高計功用二百萬。五官黃秉、功曹劉適言:四百萬錢。于是冀乃鬼見白日,道從入府,與高及秉等對共計校,定爲適、秉所割匿。冀乃書表自理,其略言:高貴不尚節,晦墮之夫,而箕踞遺類,研密失機,婢妾其性,媚世求顯,偷竊很鄙,有辱天官,《易》譏負乘,誠高之謂。臣不勝鬼言。謹因千里驛聞,付高上之。便西北去三十里,車馬皆滅不復見。秉等皆伏地物故。高以狀聞,詔下,還冀西河田宅妻子焉。兼爲差代,以弭幽中之訟。漢桓帝建和三年,改清河爲甘陵王國,以王妖言,徙,其年立甘陵郡,治此焉。

又東北過東武城縣西,

18　清河又東北逕陵鄉西,應劭曰:東武城西南七十里有陵鄉,故縣也。後漢封太僕梁松爲侯國,故世謂之梁侯城,遂立侯城縣治也。清河又東北逕東武城縣故城西,《史記》:趙公子勝,號平原君,以解邯鄲之功,受封于此。定襄有武城,故加東矣。清河又東北逕復陽縣故城西,漢高祖七年,封右司馬陳胥爲侯國,王莽更名之曰樂歲。《地理風俗記》曰:東武城西北三十里有復陽亭,故縣也。世名之曰檻城,非也。清河又東北流,逕棗彊縣故城西,《史記·建元以來王子侯者年表》云:漢武帝元朔二年,封廣川惠王子晏爲侯國也。應劭《地理風俗記》曰:東武城縣西北五十里,有棗彊城,故縣也。

又北過廣川縣東,

19　清河北逕廣川縣故城南,闞駰曰:縣中有長河爲流,故曰廣川也。水側有羌壘,姚氏之故居也。今廣川縣治。清河又東北逕歷縣故城南,《地理志》:信都之屬縣也,王莽更名曰歷寧也。應劭曰:廣川縣西北三十里有歷城亭,故縣也。今亭在縣東如北,水濟尚謂之爲歷口渡也。

又東過脩縣南,又東北過東光縣西,

20　清河又東北,左與張甲屯、絳故瀆合,阻深堤高鄣,無復有水矣。又逕脩縣故城南,屈逕其城東,脩音條,王莽更名之曰脩治。《郡國志》曰:故屬信都。清河又東北,左與橫漳枝津故瀆合,又東北逕脩國故城東,漢文帝封周亞夫爲侯國,故世謂之北脩城也。清河又東北逕邸閣城東,城臨側清河,晉脩縣治。城內有《縣長魯國孔明碑》。清河又東至東光縣西,南逕胡蘇亭。《地理志》:東光有胡蘇亭者也。世謂之羌城,非也。又東北,右會大河故瀆,又逕東光縣故城西,後漢封耿純爲侯國。初平二年,黃巾三十萬人入渤海,公孫瓚破之于東光界,追奔是水,斬首三萬,流血丹水,即是水也。

又東北過南皮縣西,

21 清河又東北,無棣溝出焉。東逕南皮縣故城南,又東逕樂亭北,《地理志》之臨樂縣故城也,王莽更名樂亭。《晉書·地道志》、《太康地記》:樂陵國有新樂縣。即此城矣。又東逕新鄉城北,即《地理志》高樂故城也,王莽更之曰爲鄉矣。無棣溝又東分爲二瀆,無棣溝又東逕樂陵郡北,又東屈而北出,又東轉逕苑鄉縣故城南,又東南逕高成縣故城南,與枝瀆合。枝瀆上承無棣溝,南逕樂陵郡西,又東南逕千童縣故城東,《史記·建元以來王子侯者年表》曰:故重也,一作千鍾。漢武帝元朔四年,封河間獻王子劉陰爲侯國。應劭曰:漢靈帝改曰饒安也,滄州治。枝瀆又南東屈,東北注無棣溝。無棣溝又東北逕一故城北,世謂之功城也。又東北逕鹽山東北入海。《春秋》僖公四年,齊、楚之盟于召陵也,管仲曰:昔召康公賜命先君太公履,北至于無棣,蓋四履之所也。京相璠曰:舊説無棣在遼西孤竹縣。二説參差,未知所定。然管仲以責楚,無棣在此,方之爲近,既世傳已久,且以聞見書之。

22 清河又東北逕南皮縣故城西,《十三州志》曰:章武有北皮亭,故此曰南皮也,王莽之迎河亭。《史記·惠景侯者年表》云:漢景帝後七年,封孝文后兄子彭祖爲侯國。建安中,魏武擒袁譚于此城也。清河又北逕北皮城東,左會滹沱別河故瀆,謂之合口,城謂之合城也。《地理風俗記》曰:南皮城北五十里有北皮城,即是城矣。

又東北過浮陽縣西,

23 清河東北流,浮水故瀆出焉。按《史記》:趙之南界有浮水焉。浮水在南,而此有浮陽之稱者。蓋浮水出入,津流同逆混并,清、漳二瀆,河之舊道,浮水故迹,又自斯別,是縣有浮陽之名也。首受清河于縣界,東北逕高成縣之苑鄉城北,又東逕章武縣之故城北,漢景帝後七年,封孝文后弟竇廣國爲侯國。王莽更名桓章,晉太始中立章武郡,治此。浮水故瀆又東逕篋山北,《魏土地記》曰:高成東北五十里有篋山,長七里,浮瀆又東北逕柳縣故城南,漢武帝元朔四年,封齊孝王子劉陽爲侯國。《地理風俗記》曰:高成縣東北五十里有柳亭,故縣也。世謂之辟亭,非也。浮瀆又東北逕漢武帝望海臺,又東注于海。應劭曰:浮陽縣,浮水所出,入海,朝夕往來,日再。今溝無復有水也。清河又北分爲二瀆,枝分東出,又謂之浮瀆。清河又北逕浮陽縣故城西,王莽之浮城也。建武十五年,更封驍騎將軍平鄉侯劉歆爲侯國,浮陽郡治。又東北,滹沱別瀆注焉,謂之合口也。

又東北過滌邑北，

24　滌水出焉。

又東北過鄉邑南，

25　清河又東，分爲二水，枝津右出焉。東逕漢武帝故臺北，《魏土地記》曰：章武縣東百里有武帝臺，南北有二臺，相去六十里，基高六十丈，俗云：漢武帝東巡海上所築。又東注于海。清河又東北逕紵姑邑南，俗謂之新城，非也。

又東北過窮河邑南，

26　清河又東北逕窮河邑南，俗謂之三女城，非也。東北至泉州縣，北入漳沱水。《經》曰：笥溝東南至泉州縣與清河合，自下爲派河尾也。又東，泉州渠出焉。

又東北過漂榆邑，入于海。

27　清河又東逕漂榆邑故城南，俗謂之角飛城。《趙記》⑬云：石勒使王述煮鹽于角飛。即城異名矣。《魏土地記》曰：高城縣東北百里，北盡漂榆，東臨巨海，民咸煮海水，藉鹽爲業。即此城也。清河自是入于海。

【注　釋】　①右合泉源水　此處有佚文一條：《寰宇記》卷五十六《河北道》五《衛州·衛縣》引《水經注》："卷水出魏郡朝歌。""卷水"之名爲今各本所無，佚名臨趙琦美、孫潛等諸家校本，已將此句增入《注》文，但"卷水"作"港水"。今各本作"泉源水"，"泉源"與"卷"音近，《寰宇記》"卷水"或即"泉源水"之訛，則此"卷水"未必爲佚文。②詩　指《詩經·鄘風·桑中》。③論語比考讖　書名。隋唐諸志均不著錄，故知在酈道元時代已屬稀籍，亦不知撰者與撰述年代。書名當是古代讖緯書的一種。書已亡佚，今輯本多署魏宋均注。有馬氏、《墨海金壺》、《叢書集成初編》等輯本。④箕子操　詩文名。或作《琴操箕子操》。不知撰者與撰述年代。已亡佚。⑤麥秀歌　詩歌名。傳爲箕子所作，不可信。《史記·宋微子世家》："其後箕子朝周，過故殷墟，感宮室毀壞，生禾黍，箕子傷之。欲哭則不可，欲泣其爲近婦人，乃作《麥秀之詩》以歌詠之。其詩曰：'麥秀漸漸兮，禾黍油油，彼狡童兮，不與我好兮。'所謂狡童者，紂也。殷民聞之皆爲流涕。"此歌又收入於《樂府詩集》卷五十七。⑥衛詩　指《詩經·邶風·泉水》。⑦詩　指《詩經·衛風·淇澳》。⑧詩　指《詩經·邶風·泉水》。⑨衛詩　指《詩經·衛風·竹竿》。⑩詩　指《詩經·衛風·氓》。⑪古文尚書　書名。《漢書·藝文志》著錄《尚書古文經》四十六卷。《隋書·經籍志》著錄《古文尚書》十三卷。《漢志》說："《古文尚書》者出孔子壁中。"孔子後裔西漢經學家孔安國，傳其曾得孔子住宅壁中所藏故《尚書》。《尚書》焚於秦火，漢初經伏生口述者，均以西漢文字（即今文）書寫，而孔安國書因藏於壁中而幸免，其書是先秦原物，故爲古文，因稱《古文尚書》。此書以輾轉傳鈔，卷篇文字，不無訛奪，三國時王肅曾爲此作《尚書、詩、論語、三禮解》，東晉梅賾曾以之奏上。清代學者究心古學，深加考證，論定梅賾所獻孔安國《古文尚書》，實爲王肅所僞造，即所謂"僞孔"。故此書淵源古老，經歷複雜，今存版本與輯本（如馬氏輯本），卷篇文字，多有異同，已成為一門學者專門之學。⑫英雄記　書名。東漢王粲撰。《隋書·經籍志》著錄作《漢末英雄記》八卷，《舊唐書·經籍志》、《新唐書·藝文志》著錄均作《漢書英雄記》。《水經注》作《英雄記》是此書略稱。其書已散佚，今有《廣漢魏叢書》、宛委山堂《說郛》等輯本。⑬趙記　書名。《隋書·經籍志》著錄作十卷，無撰者名。《北齊書·李公緒傳》："公緒字穆叔，撰《趙語》十三卷。"《御覽·州郡部》引李公緒《趙記》，《寰宇記·河東道》引李穆叔《趙記》，故知《北齊書》之《趙語》，"語"字是"記"字之誤。但北齊人所撰之書，酈氏何能見及。故《水經注》所引《趙記》當非李公緒所撰，必另有其書。

【語　譯】

淇水出河內隆慮縣西大號山，

1　《山海經》說：淇水發源於沮洳山。水從山邊出來，奔瀉直下，發出轟隆巨響，沖激著橫山。橫山山頂合攏，山下卻分開，大約不到六七十步，深澗裡散落著累累的巨石，錯雜地交疊在一起，狂濤駭浪橫沖怒激，迅疾有如雷電，水花飛迸，飄散成一片濛濛的水霧。又東北流，沾水注入。沾水發源於壺關縣東沾臺下，沾臺石壁高峻，把天空都遮蔽了。泉流從西北角奔流而出，與金谷水匯合。金谷水就是沾臺的西溪。東北流匯合了沾水，又東流注入淇水。

2　淇水又流經南羅川，又流過三羅城北，東北流，與女臺水匯合。女臺水發源於西北三女臺下，東北流注入淇水。淇水又東北流經淇陽川，流經石城西北。城在原野上，靠近澗邊，瀕臨淇水。淇水又東北流，西流水注入。此水發源於東大嶺下，西流經石樓南，在北陵的巖壁上直垂下來，有如一匹從極高處掛下的白練，極其高峻而秀麗，這條水就是西流水。又東流經馮都壘南，世人稱為淇陽城，在西北三十里。

3　淇水又東流出山，分成兩條。兩水交會處建立石堰，截斷水流以灌注白溝。左邊是菀水，右邊是淇水。從元甫城往東南流經朝歌縣北。《竹書紀年》載：晉定公十八年（公元前四九四年），淇水在舊時的衛斷流，即指此。淇水又東流，在右岸匯合泉源水。泉源水有兩個源頭：一條發源於朝歌城西北，東南流。有個老人大清早時想渡河，但卻躊躇著感到為難。紂王詢問這是什麼緣故，隨從者說：老人骨髓枯乾了，所以早晨怕冷。紂王於是就在這裡砍斷老人的腿骨，要看看他的骨髓。此水南流東轉，流經朝歌城南。《晉書·地道記》說：朝歌城本來是沬邑。《詩經》說：哪兒去採菟絲啊，就去沬的鄉野。殷王武丁開始遷居到那裡，作為殷商的國都。據《禹貢·冀州》記載，紂王的國都在大陸的原野，就是這地方。

4　紂王荒淫，作糟丘、酒池，又製作新曲，都是靡靡之音，又把都城稱為朝歌。晉灼說：《史記·樂書》，紂王作《朝歌》的樂曲，所謂朝歌，就是歌唱不合時宜。所以墨子聽到了,厭惡這歌聲就掉轉車頭往回走,不從那座城經過。《論語比考讖》說:城名朝歌,顏淵不肯在那裡住宿,七十弟子也把眼睛蒙起來。只有宰予一個人回頭看,仲由踢了他一腳,使他跌下車來。宋均說:子路惱恨宰予回顧這不祥之地,所以用腳踢得他掉到車下。現在城內有殷時鹿臺,是從前紂王自己投身火窟的地方。《竹書紀年》說:武王親自在南單臺俘獲了商帝受辛,接受了上天的大命。南單臺,就是鹿臺的異名。武王封紂王的兒子武庚於此,讓他統率殷的遺民,並把他的領地分成三個部分:即邶、鄘、衛,派管叔、蔡叔、霍叔去輔佐他,這就是所謂的三監。三監後來反叛了,周朝出兵討伐,平定了叛亂,把那地方封給康叔,稱為衛。箕子裝傻作瘋,悲悼自己,所以《琴操》有《箕子操》。他經過故都廢墟,那是他父母的邦國,不禁悲從中來,於是作了《麥秀歌》。

5　後來朝歌舊地歸屬晉國。那地方位於河水與淇水之間,戰國時屬於趙國。男女都淫亂放縱,有紂王時的遺風。那裡地勢險惡,盜寇很多,漢朝派虞詡去當縣令,朋友都覺得那地方很難治理,特地前往慰問他。虞詡說:砍樹時如果不碰到樹根盤屈、枝節錯雜的地方,又怎能識別快刀呢?

6　又東流,與左水匯合,稱為馬溝水。馬溝水發源於朝歌城北,東流南轉,流經城東。又東流,與美溝水匯合。美溝水發源於朝歌西北大嶺下,東流經駱駝谷,在谷中曲曲折折地轉了九十道彎,所以民間給它取了美溝的名目。水流經過十二座山崖,崖崖相接,其間水聲淙淙,接連不斷,急流沖激著崖岸又被擋了回來,回流又倒捲入深澗裡,澗中堆積的巨石成千成萬,巖穴間的水流變化萬千,遊人真是目不暇接,景象的奇幻很難以筆墨描摹了。美溝水又東流經朝歌城北,又東南流注入馬溝水;馬溝水又東南流,注入淇水,那就是肥泉。所以《衛詩》說:我思念著肥泉,徒然長嘆傷心。毛亨《注》道:發源相同,流向不同叫肥泉。《爾雅》說:到達地點不同,而源流相同叫肥。《釋名》說:水源同出時,土地受到滋潤的水很少,所匯合的支流卻分散而且繁多,就像是肥大起來似的。犍為舍人說:水發源不同,流通時匯合在一起叫肥。現在這條水就是發源不同而歸宿相同的。《博物志》稱為澳水。《詩經》說:眺望那淇水的水灣,那菉竹是多麼修長而秀美。毛亨說:菉,就是藎草;竹,就是萹竹。河水決口時,漢武帝砍下淇園的竹木來堵塞決口。寇恂當河內太守,在淇水砍竹,製箭百餘萬,以供軍用物資。今天遍望淇水,再也沒有這些竹子了,只有藎草還同毛注時一樣。毛亨又說:澳,是水灣的意思。鄭玄也不認為是水源,惟獨張司空卻以為水流注入淇水,叫人弄不清楚。但此水就是《詩經》所說的泉源水,所以《衛詩》說:泉源在左,淇水在右。衛國的姑娘想回娘家,指水作喻來表達自己的心情,稱淇水的左右,是以水所注入的位置來分左右方位的。

7　淇水又南流經枋堰,也就是舊淇水口,東流經黎陽縣界,南流注入河水。《地理志》說:淇水發源於共縣,東流到黎陽注入河水。《溝洫志》說:遮害亭西十八里到淇水口,即指此。漢建安九年(公元二〇四年),魏武王在水口沉下大枋木築成堰壩,堵截淇水往東流入白溝,以便通航運糧,因此當時人們把那地方叫做枋頭。所以盧諶《征艱賦》說:後面憑依大枋巨堰,深渠高堤。此後就湮廢了。魏熙平年間(公元五一六—五一八年),又重新使它通水。舊渠道流經枋城北,向東流去,當今那條渠道沖破舊堰壩,堰壩都以鐵柱加固,也混著使用木材和石塊。舊渠道南流經枋城西,南流又分為兩條:一條南流注入清水,水流上下游互相流通,河水澄清,水勢盛大,北流進入舊渠道就是從這裡開始的。另一條東流,經枋城南,東流與菀口匯合。菀水上流在元甫城西北承接淇水,從石堰東、菀城西,轉彎流經城南,又東南流經土軍東北,流到一條石砌舊水溝。從前這裡有五水分流,世人號稱五穴口。現在互相合併,只剩兩條了:一條西流,注入淇水,稱為天井溝;另一條流經土軍東,分出蓼溝,東流入白祀陂。又向南分出,東流注入同山陂,可灌溉田畝七十餘頃。兩個陂湖相連結的地域,就是臺陰野了。菀水東南流,注入淇水。

8　淇水右岸匯合了宿胥舊河道,舊河道在頓丘縣遮害亭東、黎山西接納了河水。北與淇水匯合處,修建了一道石堰,以攔截水流,使水流往東北更遠處流注。魏武帝開鑿白溝,就是利用宿胥舊河道加工而成的。所以蘇代說:決掉宿胥口,魏就沒有虛和頓丘了。他就是指此水而言的。

9　淇水又東北流,叫白溝,流經雍榆城南。《春秋》襄公二十三年(公元前五五〇年),叔孫豹援救晉國,駐軍於雍榆,即指此城。淇水又北流經城東,東北流經同山東,又東北流經帝嚳墓西,世人稱為頓丘臺,其實不是。《皇覽》說:帝嚳墓在東郡濮陽頓丘城南的臺陰野之中。又北流經白祀山東,穿過廣陽里,流經顓頊墓西,民間叫殷王陵,也不是。《帝王世紀》說:顓頊葬於東郡頓丘城南,廣陽里的大墓就是。

10　淇水又向北曲折,然後向西轉彎,流經頓丘城北。所以闞駰說:頓丘在淇水南。《爾雅》說:山只有一層的叫頓丘。《釋名》說:有一層即可成為山丘,沒有高低大小的差別。《詩經》所謂:送你涉過淇水,一直送到頓丘。魏把九原、西河、土軍各族胡人遷走,把土軍胡人安置於頓丘旁邊,所以地名也叫土軍。又轉彎流經頓丘縣老城西,《古文尚書》以為就是古時觀的所在地。因為太康五兄弟號稱五觀。《竹書紀年》:晉定公三十一年(公元前四八一年),在頓丘築城。《皇覽》說:所謂頓丘,是因為城門名頓丘道。世人卻稱為殷丘,這都不對。因為這是按照山丘而命名的,所以叫頓丘。淇水東北流,流經柱人山東,牽城西。《春秋左傳》定公十四年(公元前四九六年),定公在牽會見齊侯、衛侯,即指牽城。杜預說:黎陽東北有牽城,就是此城。淇水又東北流經石柱岡,往東北流去。

東過内黄縣南,為白溝,

11　淇水又東北流經并陽城西,世人稱為辟陽城,其實不是。這就是《郡國志》說到的內黄縣的并陽聚。白溝又北流,左岸匯合了蕩水;又東北流經內黄縣舊城南,舊縣城西邊與黄澤相對。《郡國志》說:內黄縣有黄澤。《地理風俗記》說:陳留有外黄,所以這裡叫內黄。《史記》說:趙國將軍廉頗進攻魏國,奪取了黄,即指此縣。

屈從縣東北,與洹水合,

12　白溝從縣城北流經戲陽城東,世人稱為羛陽聚。《春秋》昭公十年（公元前五三二年）,晉國荀盈到齊國去迎接一位女子,回來時,死於戲陽,即指此城。白溝又北流經高城亭東,洹水從西南流來注入。又北流經問亭東,就是魏縣的邊界了。關於魏縣老城,應劭說:這是魏武侯的別都。城內有武侯臺,就是王莽時的魏城亭。左岸與新河匯合,這是洹水的支流。白溝又東北流經銅馬城西。這是光武帝征討銅馬時所築,所以城名叫銅馬。白溝又東北流經羅勒城東,又東北流,漳水注入,匯流處稱為利漕口。從利漕口起,清漳、白溝或淇河都可互用為通稱了。

又東北過館陶縣北,又東北過清淵縣西,

13　白溝水又東北流經趙城西,又北流,分支流出阿難河。因為魏將軍阿難,為了便利衡漳的通航,疏導過這條河流,於是就有了阿難河的名稱了。白溝又東北流經空陵城西,又北流經喬亭城西,東距館陶縣老城十五里。館陶縣,就是《春秋》所說的冠氏,是魏國陽平郡的治所。這條水又轉彎流經縣北,又東北流經平恩縣老城東。《地理風俗記》說:平恩縣,就是從前館陶縣的別鄉。漢宣帝地節三年（公元前六七年）設置,把它封給皇后的父親許伯為侯國。據《地理志》的記載,是王莽時的延平縣。這條水又東流經清淵縣老城西,又流過縣城西北,就是清淵,所以該縣就有了清淵一名了。世人稱為魚池城,這不對。此水又東北流經榆陽城北。漢武帝封給太常江德為侯國。文穎說:城在魏郡清淵縣,世人稱為清淵城,是不對的。

又東北過廣宗縣東,為清河,

14　清河東北流經廣宗縣老城南。和帝永元五年（公元九三年）,把廣宗封給太子萬年為王國。田融說:趙國立建興郡於城內,把臨清縣設置於水東,這是從趙石開始的。清河右岸有李雲墓。李雲,字行祖,甘陵人,喜歡讀書,善於陰陽之學,因而被推薦為孝廉,調到白馬縣當縣令。中常侍單超等,把嬪妃中出身於平民百姓人家的姑娘亳氏立為皇后,皇后一家人受封的共四人,得到的賞賜無可計數。李雲上書朝廷,並把副本送交三府。他在上書中說:孔子說,所謂帝,就是諦,也就是審察的意思。現在憑著一紙詔書,就封官進爵,不經過御省的同意,難道陛下不想審察自己的行為了嗎?皇帝大怒,把他打入大牢殺害了。後來冀州刺史賈琮出使視察部屬,途中經過時祭掃了李雲墓,並刻碑勒石旌表他。現在石柱還在,民間還叫它李氏石柱。

15　清河又東北流經界城亭東,水上有大橋,稱為界城橋。《英雄記》說:公孫瓚攻打青州的黃巾賊,打垮了賊兵,凱旋歸來時屯兵在廣宗。袁本初親自去打公孫瓚,會戰於界橋南二十里。袁紹的大將麴義在界城橋大敗公孫瓚,殺了他。冀州刺史嚴綱又在橋上大敗公孫瓚的後援部隊,指的就是這座橋。世人稱為鬲城橋,這是因為口頭相傳以致失真的緣故。

16　清河又東北流經信鄉西。《地理風俗記》說:甘陵西北十七里有信鄉,舊時是個縣。清河又北流經信成縣老城西。應劭說:甘陵西北五十里有信成亭,舊時是個縣城。趙國在這座城中設置水東縣,所以又稱水東城。清河又東北流經清陽縣老城西,漢高祖設置清河郡,治所就在這裡。景帝中元三年(公元前一四七年),將該郡封給皇子劉乘為王國。王莽時叫平河。

17　漢光武帝建武二年(公元二六年),西河鮮于冀任清河太守,營建官署房屋,尚未竣工就亡故了;後任太守趙高計算營建費用為二百萬,五官黃秉、功曹劉適說需要四百萬錢。於是鮮于冀的鬼魂出現,於光天化日之下,帶了一批隨從進入官府,與趙高和黃秉等當面對質核算,核定是劉適、黃秉兩人隱瞞私分公款。於是鮮于冀寫了奏表,為自己申辯。大意說:趙高顯貴卻不重視節操,他原來是個鄉野村夫,卻傲慢自大,瞧不起遺族。他未能抓緊時機,識破下屬的密謀,那些小人又奴顏婢膝成性,諂媚求榮,偷竊的手段極其卑鄙。趙高失職,有辱朝廷命官的身分。《易經》譏笑那種居於君子之位的小人,趙高就是這一類。我為鬼不能盡所欲言,謹憑郵驛千里上書,交付趙高呈上。於是便向西北而去,三十里後車馬都無蹤無影,再也看不到了。黃秉等俯伏在地上,都死了。趙高把情況報告朝廷,於是皇帝下詔,發還鮮于冀在西河的田產、住宅,和充為官婢的妻子,並派人代為管理,以平息這場幽冥的訟案。漢桓帝建和三年(公元一四九年),把清河郡改為甘陵王國。後來甘陵王因涉及妖言事件,遭到遷徙。當年設置甘陵郡,治所就在這裡。

又東北過東武城縣西,

18　清河又東北流經陵鄉西。應劭說:東武城西南七十里有陵鄉,舊時是縣。後漢時將陵鄉封給太僕梁松為侯國,所以世人叫它梁侯城,遂設為侯城縣治所。清河又東北流經東武城縣老城西。《史記》載:趙國公子趙勝號平原君,因為解除了邯鄲之圍有功,被封在這裡。定襄有武城,所以這裡叫東武城。清河又東北流經復陽縣老城西。漢高祖七年(公元前二〇〇年)，將復陽縣封給右司馬陳胥為侯國，王莽改名為樂歲。《地理風俗記》說：東武城西北三十里有復陽亭，從前是個縣。世人叫它檻城，是弄錯了。清河又東北流，流經棗彊縣老城西。《史記·建元以來王子侯者年表》說：漢武帝元朔二年(公元前一二七年)，將棗彊封給廣川惠王的兒子劉晏為侯國。應劭《地理風俗記》說：東武城縣西北五十里，有棗彊城，從前是個縣城。

又北過廣川縣東，

19　清河北流經廣川縣老城南，闞駰說：縣中有長河為水流，所以叫廣川。水邊有羌人的城堡，是羌人姚氏舊時所居之地，現在是廣川縣的治所。清河又東北流經歷縣老城南。據《地理志》，歷縣是信都郡的屬縣。王莽改名為歷寧。應劭說：廣川縣西北三十里，有歷城亭，是個舊縣。現在亭在縣東偏北，渡口今天還叫歷口渡。

又東過脩縣南，又東北過東光縣西，

20　清河又東北流，左岸與張甲河舊河道、屯氏別河舊河道及絳水舊河道匯合。因為有高堤阻障，不再有水了。又流經脩縣老城南，轉彎流經城東。脩，音條，王莽時改名為脩治。《郡國志》說：從前屬信都郡。清河又東北流，左岸與橫漳支流舊河道匯合。又東北流經脩國老城東，漢文帝將其地封給周亞夫為侯國，所以世人叫它北脩城。清河又東北流經邸閣城東，此城瀕臨清河邊，晉時是脩縣的治所。城內有“縣長魯國孔明碑”。清河又東流，到了東光縣西，南流經胡蘇亭。據《地理志》，東光有胡蘇亭。世人稱它為羌城，是搞錯了。又東北流，右岸匯合大河舊河道，又流經東光縣老城西，後漢時封給耿純為侯國。初平二年(公元一九一年)，黃巾三十萬人進入渤海郡，公孫瓚在東光邊界大敗黃巾軍，追奔到這條水，殺了三萬人，流血染紅了流水，指的就是此水。

又東北過南皮縣西，

21　清河又東北流，無棣溝分流而出。東流經南皮縣老城南，又東流經樂亭北。據《地理志》，樂亭就是臨樂縣老城。王莽時改名為樂亭。《晉書·地道志》、《太康地記》都提到樂陵國有新樂縣，就是此城。又東流經新鄉城北，就是《地理志》的高樂舊城。王莽時改名叫為鄉。無棣溝又東流分為兩條，無棣溝又東流經樂陵郡北，又往東轉彎，然後往北流去，又東轉流經苑鄉縣老城南，又東南流經高成縣老城南，與支流匯合。支流上流承接無棣溝，南流經樂陵郡西，又東南流經千童縣老城東。《史記·建元以來王子侯者年表》說：千童縣，就是從前的重，又作千鍾。漢武帝元朔四年(公元前一二五年)，封給河間獻王的兒子劉陰為侯國。應劭說：漢靈帝改為饒安，是滄州的治所。支流又南流東轉，東北流，注入無棣溝。無棣溝又東北流經一座老城北，世人稱為功城。又東北流經鹽山東北，流入大海。《春秋》僖公四年(公元前六五六年),齊、楚二國在召陵會盟,管仲說:從前召康公指定我先君太公得以征伐的範圍,北方可到無棣,這是四方所劃定的邊界。京相璠說:舊時的說法,無棣在遼西孤竹縣。兩種說法不相一致,不知應以哪一個為準。但管仲用這些話責難楚國,無棣在這裡,照方位看來,是比較貼近的。但世上相傳已久,姑且把所見所聞記錄下來。

22　清河又東北流經南皮縣老城西。《十三州志》說:章武有北皮亭,所以這裡叫南皮亭,就是王莽時的迎河亭。《史記・惠景侯者年表》說:漢景帝後元七年(公元前一五七年),把這地方封給孝文皇后哥哥的兒子彭祖為侯國。建安年間(公元一九六—二二〇年),魏武帝就在此城俘獲了袁譚。清河又北流經北皮城東,左岸匯合了滹沱別河舊河道,匯流處稱為合口,城就叫合城。《地理風俗記》說:南皮城北五十里,有北皮城,就是此城。

又東北過浮陽縣西,

23　清河東北流,浮水舊河道分流而出。據《史記》,趙國的南疆有浮水。浮水在南,但這裡卻有浮陽的名稱,大概是因為浮水出入的地方,水流同向與逆向的混雜在一起,清河、漳河都循河水的舊道而流,浮水的遺跡又在這裡分開來,所以該縣就有浮陽的名稱了。浮水上口在浮陽縣邊界承接了清河水,東北流經高成縣的苑鄉城北,又東流經章武縣老城北。漢景帝後元七年,把章武縣封給孝文皇后的弟弟竇廣國為侯國。王莽時改名為桓章。晉太始年間(公元二六五—二七四年),設置章武郡,治所就在這裡。浮水舊河道又東流經篋山北。《魏土地記》說:高成東北五十里有篋山,長七里。浮水又東流經柳縣老城南。漢武帝元朔四年(公元前一二五年),將柳縣封給齊孝王的兒子劉陽為侯國。《地理風俗記》說:高成縣東北五十里有柳亭,舊時是個縣。世人稱為辟亭,是不對的。浮水又東北流經漢武帝望海臺,又東流,注入大海。應劭說:浮陽縣是浮水的發源地,流入大海,潮汐漲落每天兩次,現在溝中不再有水了。清河又北流,分成兩條,支流從東邊分出,又叫浮水。清河又北流經浮陽縣老城西,就是王莽時的浮城。建武十五年(公元三九年),將浮陽改封給驍騎將軍平鄉侯劉歆為侯國,是浮陽郡的治所。又東北流,滹沱別河注入,匯流處稱為合口。

又東北過滅邑北,

24　滅水就發源於此。

又東北過鄉邑南,

25　清河又東流,分為兩條,在右岸分出一條支流。東流經漢武帝老臺北。《魏土地記》說:章武縣東一百里,有武帝臺,南北有兩個臺,相距六十里,臺基高六十丈。

據民間的說法,是漢武帝東巡海上時所築。又東流注入大海。清河又東北流經絆
姑邑南,民間稱為新城,是弄錯了。

又東北過窮河邑南,

26　清河又東北流經窮河邑南,民間稱為三女城,不對。東北流,到泉州縣,北流注入
潞沱水。《水經》說:笥溝東南流到泉州縣與清河匯合,從這裡起,下流是派河的尾
端。又東流,泉州渠分流而出。

又東北過漂榆邑,入于海。

27　清河又東流經漂榆邑老城南,民間叫角飛城。《趙記》說:石勒派王述在角飛煮鹽,
就是漂榆城的別名。《魏土地記》說:高城縣東北一百里,北方到漂榆為止,東方到
大海之濱,民眾都燒煮海水,以製鹽為業,說的就是此城。清河從這裡入海。

蕩　水

蕩水出河內蕩陰縣西山東,

蕩水出縣西石尚山,泉流逕其縣故城南,縣因水以取名也。晉伐成都王穎,敗帝于
是水之南。盧綝《四王起事》[①]曰:惠帝征成都王穎,戰敗時,舉輦司馬八人,輦猶
在肩上,軍人競就殺舉輦者,乘輿頓地,帝傷三矢,百僚奔散,唯侍中嵇紹扶帝。士
將兵之,帝曰:吾吏也,勿害之。眾曰:受太弟命,惟不犯陛下一人耳。遂斬之,血
汙帝袂。將洗之,帝曰:嵇侍中血,勿洗也。此則嵇延祖殞命之所。

又東北至內黃縣,入于黃澤。

羑水出蕩陰西北韓大牛泉。《地理志》曰:縣之西山,羑水所出也。羑水又東逕韓
附壁北,又東流逕羑城北,故羑里也。《史記音義》曰:牖里在蕩陰縣。《廣雅》:
牖,獄犴也。夏曰夏臺,殷曰羑里,周曰囹圄,皆圜土。昔殷紂納崇侯虎之言,囚西
伯于此。散宜生、南宮括見文王,乃演《易》用明否泰始終之義焉。羑城北,水積成
淵,方十餘步,深一丈餘,東至內黃與防水會,水出西山馬頭澗,東逕防城北,盧諶
《征艱賦》所謂越防者也。其水東南流注于羑水,又東歷黃澤入蕩水。《地理志》
曰:羑水至內黃入蕩者也。

蕩水又東與長沙溝水合,其水導源黑山北谷,東流逕晉鄙故壘北,謂之晉鄙城,名
之為魏將城,昔魏公子無忌矯奪晉鄙軍于是處。故班叔皮《遊居賦》[②]曰:過蕩陰
而弔晉鄙,責公子之不臣者也。其水又東,謂之宜師溝,又東逕蕩陰縣南,又東逕
枉人山,東北至內黃縣,右入蕩水,亦謂之黃雀溝。是水,秋夏則泛,春冬則耗。蕩

水又逕內黃城南,陳留有外黃,故稱內也。東注白溝。

【注　釋】　①四王起事　書名。晉盧綝撰。《隋書·經籍志》著錄作《晉四王起事》。書已亡佚,今有《漢學堂叢書》等輯本。②遊居賦　詩賦名。《隋書·經籍志》著錄後漢徐令《班彪集》二卷,此賦當在集中。今集已亡佚,賦輯存於清嚴可均《全漢文》。

【語　譯】

蕩水出河內蕩陰縣西山東,

　　蕩水發源於蕩陰縣西方的石尚山,水流經過該縣老城南,蕩陰縣就是以水取名的。晉討伐成都王司馬穎,惠帝卻在這條水的南邊打了敗仗。盧綝《四王起事》說:惠帝征伐成都王司馬穎,打敗時,抬轎子的司馬八人,轎子還在肩頭,兵丁就一擁而上,把抬轎的人殺了,轎子掉落地上,惠帝也中了三箭,百官都逃散了,只有侍中嵇紹把惠帝扶起來。士兵要用刀槍殺他,惠帝說:他是我手下的官員,你們不要殺害他。士兵們說:我們接到皇太弟的命令,只有陛下一個人是不能侵犯的。就把他殺了。惠帝的衣袖上,濺滿了嵇紹的血。後來人們要給他洗衣,惠帝說:別洗了,這是嵇侍中的血啊。這裡就是嵇延祖被殺的地方。

又東北至內黃縣,入于黃澤。

　　羑水發源於蕩陰西北的韓大牛泉。《地理志》說:蕩陰縣的西山,是羑水的發源地。羑水又東流經韓附壁北,又東流經羑城北,羑城就是從前的羑里。《史記音義》說:牖里在蕩陰縣。《廣雅》說:牖,就是牢獄。夏朝叫夏臺,殷朝叫羑里,周朝叫囹圄,都是用土牆圍建成的牢獄。從前商朝紂王聽了崇侯虎的話,把西伯關在這裡。散宜生、南宮括見文王,於是文王以《易經》推演說明吉凶和始終的道理。羑城北,水流積聚成為深潭,方圓十餘步,深一丈餘。羑水東流到內黃,與防水匯合。防水發源於西山馬頭澗,東流經防城北。盧諶《征艱賦》所說的越過了防,即指防城。此水東南流,注入羑水。羑水又東流經黃澤,注入蕩水。《地理志》說:羑水流到內黃,注入蕩水。

　　蕩水又東流與長沙溝水匯合。這條水發源於黑山北谷,東流經晉鄙舊城堡北,人們把這個城堡稱為晉鄙城,又名魏將城。從前魏公子無忌就在這裡假託王命,奪取了晉鄙的兵權。所以班叔皮《遊居賦》說:路過蕩陰,憑弔晉鄙,意思是指摘公子僭越臣子的本分。此水又東流,稱為宜師溝,又東流經蕩陰縣南,又東流經枉人山,東北流到內黃縣,從右岸注入蕩水。又叫黃雀溝。這條水夏秋季節時常氾濫,春冬兩季則又乾涸無水了。蕩水又流經內黃城南。陳留有個外黃,所以這裡稱為內黃。蕩水東流,注入白溝。

洹　水

洹水出上黨泫氏縣，

1　水出洹山，山在長子縣也。

東過隆慮縣北，

2　縣北有隆慮山，昔帛仲理之所遊神也。縣因山以取名，漢高帝六年，封周竈爲侯國。應劭曰：殤帝曰隆，故改從林也。縣有黃華水，出于神囷之山黃華谷北崖上[①]。山高十七里，水出木門帶，帶即山之第三級也。去地七里，懸水東南注壑，直瀉巖下，狀若雞翹，故謂之雞翹洪，蓋亦天台、赤城之流也。其水東流至谷口，潛入地下，東北十里復出，名柳渚，渚周四五里，是黃華水重源再發也。東流，葦泉水注之，水出林慮山北澤中，東南流，與雙泉合，水出魯般門東，下流入葦泉水。葦泉水又東南，流注黃華水，謂之陵陽水。又東，入于洹水[②]也。

又東北出山，過鄴縣南，

3　洹水出山，東逕殷墟北。《竹書紀年》曰：盤庚即位，自奄遷于北蒙，曰殷。昔者，項羽與章邯盟于此地矣。洹水又東，枝津出焉，東北流逕鄴城南，謂之新河。又東，分爲二水，一水北逕東明觀下。昔慕容儁夢石虎齧其臂，寤而惡之，購求其尸，而莫之知。後宮嬖妾言，虎葬東明觀下，于是掘焉，下度三泉，得其棺，剖棺出尸，尸僵不腐，儁罵之曰：死胡，安敢夢生天子也。使御史中尉陽約數其罪而鞭之。此蓋虎始葬處也。又北逕建春門，石梁不高大，治石工密，舊橋首夾建兩石柱，螭矩趺勒甚佳。乘輿南幸，以其作制華妙，致之平城東側西闕，北對射堂，綠水平潭，碧林側浦，可遊憩矣。其水西逕魏武玄武故苑，苑舊有玄武池以肆舟楫，有魚梁、釣臺、竹木、灌叢，今池林絕滅，略無遺跡矣。

4　其水西流注于漳。南水東北逕女亭城北，又東北逕高陵城南，東合埇溝，又東逕鸐鸆陂，北與台陂水合。陂東西三十里，南北[③]注白溝河，溝上承洹水，北絕新河，北逕高陵城東，又北逕斥丘縣故城西，縣南角有斥丘，蓋因丘以氏縣，故乾侯矣。《春秋經》書，昭公二十八年，公如晉，次于乾侯也。漢高帝六年，封唐厲爲侯國，王莽之利丘矣。又屈逕其城北，東北流注于白溝，洹水自鄴東逕安陽縣故城北，徐廣《晉紀》曰：石遵自李城北入，斬張豺于安陽是也。《魏土地記》曰：鄴城南四十里有安陽城，城北有洹水東流者也。洹水又東至長樂縣，左則枝溝出焉。洹水又東逕長樂縣故城南，按《晉書·地理志》曰：魏郡有長樂縣也。

又東過內黃縣北，東入于白溝。

5　洹水逕內黃縣北東流，注于白溝，世謂之洹口也。許慎《説文》④、呂忱《字林》⑤，並云洹水出晉、魯之間。昔聲伯夢涉洹水，或與己瓊瑰而食之，泣而又爲瓊瑰，盈其懷矣。從而歌曰⑥：濟洹之水，贈我以瓊瑰，歸乎，歸乎，瓊瑰盈吾懷乎。後言之，之暮而卒。即是水也。

【注　釋】　①黃華谷北崖上　此處有佚文一條：《北堂書鈔》卷一五八《地理部》二《穴篇》十三引《水經注》："黃谷內西洪邊有一洞，深數丈，去地千餘仞，俗謂之聖人穴。"當是此句下佚文。②入于洹水　此處有佚文一條：《名勝志·河南》卷五《漳德府·臨漳縣》引《水經注》："有黃衣水注之。"當是此段中佚文。③南北　殿本在此有戴震案語："此下有脫文。下云注白溝河，溝上承洹水，亦訛脫不可考。"語譯略去。④説文　書名。《隋書·經籍志》著錄漢許慎撰，十五卷。今通行本共十四篇，許慎作解十三萬三千四百四十一字，故又稱此書爲《說文解字》。全書分爲五百四十部，是中國歷史上出現的第一部字典。中國漢字的文字結構稱"六書"，即指事、象形、形聲、會意、轉注、假借。即以此書爲始。⑤字林　書名。晉呂忱撰。《隋書·經籍志》著錄七卷。此書部目依《說文》，收字一萬二千八百二十四，是補充《說文》疏漏的著作。書已散佚，今有《西城樓叢書》、宛委山堂《說郛》等本，均已不全。⑥從而歌曰　此下不知其歌何名，但全文載《左傳》成公十七年。

【語　譯】
洹水出上黨泫氏縣，
1　洹水發源於洹山，這座山在長子縣。

東過隆慮縣北，
2　縣北有隆慮山，是從前帛仲理仙遊的地方。該縣就是依山取名的。漢高帝六年（公元前二〇一年），把該縣封給周竃爲侯國。應劭說：殤帝名隆，爲避諱改隆慮爲林慮。縣裡有黃華水，發源於神囷山黃華谷北的山崖上。山高十七里，水從木門帶流出，木門帶是神囷山的第三級，離地七里，山崖上的瀑布直瀉而下，往東南注入深壑，直瀉到巖下，形狀就像雞的長尾巴，所以叫雞翹洪，正像天台山上的巖石狀如赤紅色的城牆，所以叫赤城一樣。這條水東流到了谷口，潛入地下，在東北十里處又重新冒出，名叫柳渚。柳渚周圍四五里，是黃華水再次發源形成的。水往東流，葦泉水注入。葦泉水發源於林慮山北麓的沼澤中，東南流，與雙泉匯合。雙泉發源於魯般門東，往下流入葦泉水。葦泉水又東南流，注入黃華水，合流後稱陵陽水。又東流，注入洹水。

又東北出山，過鄴縣南，
3　洹水出山後，東流經殷墟北。《竹書紀年》說：盤庚即位，從奄遷到北蒙，稱爲殷。

從前項羽與章邯在這裡訂立盟約。洹水又東流,分出一條支流,東北流經鄴城南,稱為新河。又東流,分為兩條:一條北流經東明觀下。從前慕容儁夢見石虎咬他的臂膀,醒後覺得很憎惡,便出賞榜徵求他的屍體,但沒有人知道在哪裡。後宮有個寵妾說,石虎葬於東明觀下,於是掘地覓屍,直掘到地下深處,才掘出他的棺材。撬開了棺材,拖出他的屍體,已經變成僵屍了,沒有腐爛。慕容儁罵道:你這死胡,怎麼敢託夢給在世的天子。令御史中尉陽約列舉他的罪狀加以鞭打。這裡就是石虎初葬之處。又北流經建春門石橋,石橋並不高大,但石工製作得十分精緻,舊橋橋頭兩邊樹立石柱,柱上的盤龍和柱座都雕得十分精美。皇上乘車南巡時,看到石柱製作得華麗精妙,於是拆下移到平城來,放置在東邊的西闕,北面對著射堂。這裡有綠水平潭,水濱長著一片鬱鬱蔥蔥的叢林,是個遊憩的好地方。此水西流經舊時魏武帝的玄武苑,苑內舊時有玄武池,可以學習泛舟,又設有魚梁、釣臺,還有竹木、灌叢。現在水池和林木都已蕩然無存,連一點遺跡也沒有了。

4　此水西流,注入漳水。南邊那一條東北流經女亭城北,又東北流經高陵城南,東流與坰溝匯合,又東流經鸐鷂陂,北流與台陂水匯合。陂塘東西三十里,南北……。注入白溝。河溝上流承接洹水,北流穿過新河,北流經高陵城東,又北流經斥丘縣老城西。縣城南角有斥丘,是以丘名為縣名的,這裡就是從前的乾侯。《春秋經》載,昭公二十八年(公元前五一四年),昭公到晉國去,在乾侯歇宿。漢高帝六年(公元前二〇一年),將乾侯封給唐厲為侯國,就是王莽時的利丘。又轉彎流經城北,東北流,注入白溝。洹水從鄴東流經安陽縣老城北。徐廣《晉紀》說:石遵從李城向北入侵,在安陽殺了張豺。《魏土地記》說:鄴城南四十里有安陽城,城北有洹水東流。洹水又東流,到長樂縣,左岸有支溝流出。洹水又東流經長樂縣老城南。據《晉書·地理志》說:魏郡有長樂縣。

又東過內黃縣北,東入于白溝。

5　洹水經過內黃縣北,東流注入白溝,匯流處世人稱為洹口。許慎《說文》、呂忱《字林》都說洹水發源於晉、魯之間。從前聲伯夢見涉過洹水,有人送給他美玉和寶珠,他把這些都吃了,流下的眼淚又變成了美玉寶珠,把懷裡都裝滿了。於是他歌唱道:渡過洹水,贈我美玉寶珠,回去吧,回去吧,美玉寶珠把我懷裡都裝滿了。以後他講起夢裡的事,到傍晚就死了。說的就是此水。

【研　析】　《水經注》記敘河川,對河源非常重視,因為河源是一條河川的開端,記好河源,全文就有一個確實的開始。所以凡作者足跡所到之地,他都要親自考察河源,全書中例子不少,因而《注》文對河源都有翔實細緻的描述,絕非千篇一律。其中特別是今山西、河南二省,因這一帶是他生平多所親履之地,所以都能按其目擊,作出生動的記敘。此卷中的清水、沁水、淇水三川，雖然都是發源在太行山東麓或黄土高原的河流，但顯然都經過他的親自考察，所以《注》文都如實地描述了它們各不相同的河源類型。《清水注》說："黑山在縣北白鹿山東，清水所出也。上承諸陂散泉，積以成川。"《沁水注》說："沁水即涅水也，或言出穀遠縣羊頭山世靡谷，三源奇注，逕瀉一隍。又南會三水，歷落出左右近溪，參差翼注之也。"《淇水注》則說："淇水出沮洳山。水出山側，頽波瀄注，衝激橫山。山上合下開，可減六七十步，巨石碣砢，交積隍澗，傾瀾漭盪，勢同雷轉，激水散氛，曖若霧合。"由此可知，清水是一條以山麓分布的諸陂散泉為水源的河流，沁水是一條以山澗小溪為河源的河流，而淇水則是一條以山崖斷層的瀑布為水源的河流。這樣，在同一卷又基本上是同一地區的三條河流，《注》文卻能生動而細緻地描述了它們的不同特點。當然，即使在今晋、豫二省，他也不可能對每一條河流都進行實地考察，從上面《題解》中可見，對洹水上源，他就足跡未及，所以雖然《注》文顯然比《經》文翔實，並且也提及了林慮山，但畢竟仍然存在錯誤。

卷十　濁漳水　清漳水

【題　解】　卷十包括《濁漳水》、《清漳水》二篇，濁漳水今稱濁漳河，清漳水今稱清漳河，二河均發源於今山西省境內，在今河北涉縣與今山東林縣之間匯合，稱為漳河。從此沿今河南、河北二省邊界折向東流，進入近代在此修建的岳城水庫，從水庫復出而入今河北境，在今山東冠縣與河北館陶之間注入衛河。今漳河全長近四百六十公里，流域面積一萬九千餘平方公里。此卷二篇以濁漳水為主，清漳水只是一條支流。濁漳水支流除此以外，尚有滏水、隅(渦)水、泜水、洺水等，今本《注》文頗有遺佚。清趙一清《水經注釋》曾收輯佚文，增補滏、洺二水，今按其所補附於卷末。

濁漳水

濁漳水出上黨長子縣西發鳩山，

1　漳水出鹿谷山，與發鳩連麓而在南。《淮南子》謂之發苞山，故異名互見也。左則陽泉水注之，右則繳蓋水入焉。三源同出一山，但以南北為別耳。

東過其縣南，

2　又東，堯水自西山東北流，逕堯廟北，又東逕長子縣故城南，周史辛甲所封邑也。《春秋》襄公十八年，晉人執衛行人石買于長子，即是縣也。秦置上黨郡，治此。其水東北流入漳水。漳水東會于梁水，梁水出南梁山，北流逕長子縣故城南。《竹書紀年》曰:梁惠成王十二年,鄭取屯留、尚子、涅。尚子,即長子之異名也。梁水又北入漳水。

屈從縣東北流,

3　陶水南出陶鄉,北流逕長子城東,西轉逕其城北[①],東注于漳水。

又東過壺關縣北,又東北過屯留縣南,

4　漳水東逕屯留縣南,又屈逕其城東,東北流,有絳水注之。水西出穀遠縣東發鳩之谷,謂之爲濫水也。東逕屯留縣故城南,故留吁國也。潞氏之屬。《春秋》襄公十八年,晉人執孫蒯于純留是也。其水東北流入于漳。故桑欽云:絳水出屯留西南,東入漳。漳水又東,涷水注之,水西出發鳩山,東逕余吾縣故城南,漢光武建武六年,封景丹子尚爲侯國。涷水又東逕屯留縣故城北,《竹書紀年》:梁惠成王元年,韓共侯、趙成侯遷晉桓公于屯留。《史記》:趙肅侯奪晉君端氏而徙居之此矣。其水又東流注于漳。故許慎曰:水出發鳩山入漳,從水,東聲也。

5　漳水又東北,逕壺關縣故城西,又屈逕其城北,故黎國也。有黎亭,縣有壺口關,故曰壺關矣。呂后元年,立孝惠後宮子武爲侯國。漢有壺關三老公乘興上書訟衛太子,即邑人也。縣在屯留東,不得先壺關而後屯留也。

6　漳水歷鹿臺山與銅鞮水[②]合,水出銅鞮縣[③]西北石隓山,東流與專池水合,水出八特山,東北流入銅鞮水。銅鞮水又東南合女諫水,水西北出好松山,東南流,北則葦池水與公主水合而右注之,南則榆交水與皇后水合而左入焉,亂流東南,注于銅鞮水。銅鞮水又東逕李憙墓,墓前有碑,碑石破碎,故李氏以太和元年立之。其水又東逕故城北,城在山阜之上,下臨岫壑,東、西、北三面,阻衺二里[④],世謂之斷梁城,即故縣之上虒亭也。銅鞮水又東逕銅鞮縣故城北,城在水南山中,晉大夫羊舌赤銅鞮伯華之邑也。漢高祖破韓王信于此縣。

7　銅鞮水又東南流逕頃城西,即縣之下虒聚也。《地理志》曰:縣有上虒亭、下虒聚者也。銅鞮水又南逕胡邑西,又東屈逕其城南,又東逕襄垣縣,入于漳。漳水又東北流逕襄垣縣故城南,王莽之上黨亭。

潞縣北,

8　縣,故赤翟潞子國也。其相豐舒有儁才,而不以茂德。晉伯宗數其五罪,使荀林父滅之。闞駰曰:有潞水,爲冀州浸,即漳水也。余按《燕書》,王猛與慕容評相遇于潞川也。評障錮山泉,鬻水與軍,入絹匹,水二石,無佗大川,可以爲浸,所有巨浪長湍,惟漳水耳。故世人亦謂濁漳爲潞水矣。縣北對故臺壁,漳水逕其南,本潞子所立也,世名之爲臺壁。慕容垂伐慕容永于長子,軍次潞川,永率精兵拒戰,阻河

自固,垂陣臺壁,一戰破之,即是處也。漳水于是左合黃須水口,水出臺壁西張諱
巖下,世傳巖赤則土罹兵害,故惡其變化無常,恒以石粉汙之令白,是以俗目之爲
張諱巖。其水南流,逕臺壁西,又南入于漳。

9　漳水又東北歷望夫山,山之南有石人竚于山上,狀有懷于雲表,因以名焉。有涅水
西出覆甑山,而東流與西湯溪水合,水出涅縣西山湯谷,五泉俱會,謂之五會之泉,
交⑤東南流,謂之西湯水,又東南流注涅水。涅水又東逕涅縣故城南,縣氏涅水也。
東與白雞水合,水出縣之西山,東逕其縣北,東南流入涅水。涅水又東南,武鄉水
會焉。水源出武山西南,逕武鄉縣故城西,而南得清谷口。水源出東北長山清谷,
西南與輨轄、白壁二水合,南入武鄉水,又南得黃水口,黃水三源,同注一壑,東南
流與隱室水合,水源西北出隱室山,東南注黃水。又東入武鄉水。武鄉水又東南
注于涅水。涅水又東南流,注于漳水。

10　漳水又東逕磻陽城北,倉谷水入焉。水出林慮縣之倉谷溪,東北逕魯班門西,雙闕
昂藏,石壁霞舉,左右結石脩防,崇基仍存。北逕偏橋東,即林慮之嶠嶺抱犢固也。
石隥西陛,陟踵脩上五里餘,峛路中斷四五丈,中以木爲偏橋,劣得通行,亦言故有
偏橋之名矣。自上猶須攀蘿捫葛,方乃自津,山頂,即庾袞眩墜處也。倉谷溪水又
北合白木溪。溪水出壺關縣東白木川,東逕百畮城北,蓋同仇池百頃之稱矣。又
東逕林慮縣之石門谷,又注于倉溪水。倉溪水又北逕磻陽城東而北流,注于漳水。
漳水又東逕葛公亭北而東注矣。

又東過武安縣,

11　漳水于縣東,清漳水自涉縣東南來注之。世謂決入之所爲交漳口也。

又東出山,過鄴縣西,

12　漳水又東逕三戶峽爲三戶津。張晏曰:三戶,地名也,在梁期西南。孟康曰;津,峽
名也,在鄴西四十里。又東,汙水注之,水出武安縣山,東南流逕汙城北。昔項羽
與蒲將軍英布濟自三戶,破章邯于是水。汙水東注于漳水,漳水又東逕武城南,世
謂之梁期城,梁期在鄴北,俗亦謂之兩期城,皆爲非也。司馬彪《郡國志》曰:鄴縣
有武城,武城即期城矣。漳水又東北逕西門豹祠前,祠東側有碑,隱起爲字,祠堂
東頭石柱勒銘曰:趙建武中所脩也。魏文帝《述征賦》⑥曰:羨西門之嘉迹,忽遙睇
其靈宇。漳水右與枝水合。其水上承漳水于邯會西,而東別與邯水合。水發源邯
山東北,逕邯會縣故城西,北注枝水,故曰邯會也。張晏曰:漳水之別,自城西南與
邯山之水會,今城旁猶有溝渠存焉。漢武帝元朔二年,封趙敬肅王子劉仁爲侯國。
其水又東北入于漳。

13　昔魏文侯以西門豹爲鄴令也,引漳以溉鄴,民賴其用。其後至魏襄王,以史起爲鄴令,又堰漳水以灌鄴田,咸成沃壤,百姓歌之。魏武王又竭漳水,迴流東注,號天井堰。二十里中,作十二墱,墱相去三百步,令互相灌注,一源分爲十二流,皆懸水門。陸氏《鄴中記》⑦云:水所溉之處,名曰堰陵澤。故左思之賦魏都⑧,謂墱流十二,同源異口者也。

14　魏武之攻鄴也,引漳水以圍之,《獻帝春秋》⑨曰:司空鄴城圍周四十里,初淺而狹,如或可越,審配不出爭利,望而笑之,司空一夜增脩,廣深二丈,引漳水以注之,遂拔鄴。

15　本齊桓公所置也,故《管子》曰:築五鹿、中牟、鄴,以衛諸夏也。後屬晉,魏文侯七年,始封此地,故曰魏也。漢高帝十二年,置魏郡,治鄴縣,王莽更名魏城。後分魏郡,置東、西部都尉,故曰三魏。魏武又以郡國之舊,引漳流自城西東入,逕銅雀臺下,伏流入城東注,謂之長明溝也。渠水又南逕止車門下,魏武封于鄴爲北宮,宮有文昌殿。溝水南北夾道,枝流引灌,所在通溉,東出石竇堰下,注之隍水,故魏武《登臺賦》⑩曰:引長明,灌街里。謂此渠也。石氏于文昌故殿處,造東、西太武二殿,于濟北穀城之山採文石爲基,一基下五百武直宿衛。屈柱跌瓦,悉鑄銅爲之,金漆圖飾焉。又徙長安、洛陽銅人,置諸宮前,以華國也。城之西北有三臺,皆因城爲之基,巍然崇舉,其高若山,建安十五年魏武所起,平坦略盡。《春秋古地》⑪云:葵丘,地名,今鄴西三臺是也。謂臺已平,或更有見,意所未詳。中曰銅雀臺,高十丈,有屋百一間,臺成,命諸子登之,竝使爲賦。陳思王下筆成章,美捷當時。亦魏武望奉常王叔治之處也。

16　昔嚴才與其屬攻掖門,脩聞變,車馬未至,便將官屬步至宮門,太祖在銅雀臺望見之曰:彼來者必王叔治也。相國鍾繇曰:舊京城有變,九卿各居其府,卿何來也?脩曰:食其禄,焉避其難,居府雖舊,非赴難之義。時人以爲美談矣。石虎更增二丈,立一屋,連棟接榱,彌覆其上,盤迴隔之,名曰命子窟。又于屋上起五層樓,高十五丈,去地二十七丈,又作銅雀于樓巔,舒翼若飛。南則金虎臺,高八丈,有屋百九間。北曰冰井臺,亦高八丈,有屋百四十五間,上有冰室,室有數井,井深十五丈,藏冰及石墨焉。石墨可書,又燃之難盡,亦謂之石炭。又有粟窖及鹽窖,以備不虞。今窖上猶有石銘存焉。左思《魏都賦》曰:三臺列峙而崢嶸者也。城有七門:南曰鳳陽門,中曰中陽門,次曰廣陽門,東曰建春門,北曰廣德門,次曰廐門,西曰金明門,一曰白門。鳳陽門三臺洞開,高三十五丈,石氏作層觀架其上,置銅鳳,頭高一丈六尺。東城上,石氏立東明觀,觀上加金博山,謂之"鏘天"。北城上有齊斗樓,超出羣榭,孤高特立。其城東西七里,南北五里,飾表以塼。百步一樓,凡諸宮殿，門臺、隅雉，皆加觀榭。層甍反宇，飛檐拂雲，圖以丹青，色以輕素。當其全盛之時，去鄴六七十里，遠望苕亭，巍若仙居。魏因漢祚，復都洛陽，以譙爲先人本國，許昌爲漢之所居，長安爲西京之遺迹，鄴爲王業之本基，故號五都也。今相州刺史及魏郡治。漳水自西門豹祠北逕趙閱馬臺西，基高五丈，列觀其上，石虎每講武于其下，升觀以望之。虎自臺上放鳴鏑之矢，以爲軍騎出入之節矣。

17　漳水又北逕祭陌西，戰國之世，俗巫爲河伯取婦，祭于此陌。魏文侯時，西門豹爲鄴令，約諸三老曰：爲河伯娶婦，幸來告知，吾欲送女。皆曰：諾。至時，三老、廷掾賦斂百姓，取錢百萬，巫覡行里中，有好女者，祝當爲河伯婦，以錢三萬聘女，沐浴脂粉如嫁狀。豹往會之，三老、巫、掾與民咸集赴觀。巫嫗年七十，從十女弟子。豹呼婦視之，以爲非妙，令巫嫗入報河伯，投巫于河中。有頃曰：何久也？又令三弟子及三老入白，竝投于河。豹磬折曰：三老不來，奈何？復欲使廷掾、豪長趣之，皆叩頭流血，乞不爲河伯取婦。淫祀雖斷，地留祭陌之稱焉。

18　又慕容儁投石虎尸處也。田融以爲紫陌也。趙建武十一年，造紫陌浮橋于水上，爲佛圖澄先造生墓于紫陌；建武十五年卒，十二月葬焉，即此處也。

19　漳水又對趙氏臨漳宮，宮在桑梓苑，多桑木，故苑有其名。三月三日及始蠶之月，虎帥皇后及夫人採桑于此，今地有遺桑，墉無尺雉矣。

20　漳水又北，滏水入焉[12]。漳水又東逕梁期城南，《地理風俗記》曰：鄴北五十里有梁期城，故縣也。漢武帝元鼎五年，封任破胡爲侯國。晉惠帝永興元年，驃騎王浚遣烏丸渴末逕至梁期，候騎到鄴，成都王穎遣將軍石超討末，爲末所敗于此也。又逕平陽城北，《竹書紀年》曰：梁惠成王元年，鄴師敗邯鄲師于平陽者也。司馬彪《郡國志》曰：鄴有平陽城，即此地也。

又東過列人縣南，

21　漳水又東，右逕斥丘縣北，即裴縣故城南，王莽更名之曰即是也。《地理風俗記》曰：列人縣西南六十里有即裴城，故縣也。漳水又東北逕列人縣故城南，王莽更名之爲列治也。《竹書紀年》曰：梁惠成王八年，惠成王伐邯鄲取列人者也。于縣右合白渠故瀆，白渠水出魏郡武安縣欽口山，東南流逕邯鄲縣南，又東與拘澗水合。水導源武始東山白渠，北俗猶謂是水爲拘河也。拘澗水又東，又有牛首水入焉，水出邯鄲縣西堵山，東流分爲二水，洪湍雙逝，澄映兩川。漢景帝時，七國悖逆，命曲周侯酈寄攻趙，圍邯鄲，相捍七月，引牛首拘水灌城，城壞，王自殺。其水東入邯鄲城，逕溫明殿南，漢世祖擒王郎、幸邯鄲晝臥處也。其水又東逕叢臺南，六國時，趙王之臺也。《郡國志》曰：邯鄲有叢臺。故劉劭《趙都賦》[13]曰：結雲閣于南宇，立叢臺于少陽者也。今遺基舊墉尚在。

22　其水又東歷邯鄲阜，張晏所謂邯山在東城下者也。曰單，盡也，城郭從邑，故加邑，
邯鄲之名，蓋指此以立稱矣。故趙郡治也。《長沙耆舊傳》[⑬]稱，桓楷爲趙郡太守，
嘗有遺囊粟于路者，行人掛囊粟于樹，莫敢取之，即于是處也。其水又東流出城，
又合成一川也。又東，澄而爲渚，渚水東南流，注拘澗水，又東入白渠，又東，故瀆
出焉。一水東爲澤渚，曲梁縣之雞澤也。《國語》所謂雞丘矣。東北通澄湖，白渠
故瀆南出所在，枝分右出，即邯溝也。歷邯溝縣故城東，蓋因溝以氏縣也。《地理
風俗記》曰：即裴城，西北二十里有邯溝城，故縣也。又東逕肥鄉縣故城北，《竹書
紀年》曰：梁惠成王八年，伐邯鄲取肥者也。《晉書·地道記》曰：太康中立以隸廣
平也。渠道交徑，互相纏縻，與白渠同歸，逕列人右會漳津，今無水。《地理志》曰：
白渠東至列人入漳是也。

又東北過斥漳縣南，

23　應劭曰：其國斥鹵，故曰斥漳。漢獻帝建安十八年，魏太祖鑿渠，引漳水東入清、洹
以通河漕，名曰利漕渠。漳津故瀆水斷，舊溪東北出，涓流瀸注而已。《尚書》所謂
覃懷底績，至于衡漳者也。孔安國曰：衡，橫也，言漳水橫流也。又東北逕平恩縣
故城西，應劭曰：縣，故館陶之別鄉，漢宣帝地節三年置，以封后父許伯爲侯國，王
莽更曰延平也。

又東北過曲周縣東，又東北過鉅鹿縣東，

24　衡漳故瀆東北逕南曲縣故城西。《地理志》：廣平有南曲縣。應劭曰：平恩縣北四
十里有南曲亭，故縣也。又逕曲周縣故城東。《地理志》曰：漢武帝建元四年置，王
莽更名直周。余按《史記》，大將軍酈商以高祖六年封曲周縣爲侯國。又考《漢
書》同。是知曲周舊縣，非始孝武。嘯父，冀州人，在縣市補履數十年，人奇其不
老，求其術而不能得也。

25　衡漳又北逕巨橋邸閣西，舊有大梁橫水，故有巨橋之稱。昔武王伐紂，發巨橋之
粟，以賑殷之饑民。服虔曰：巨橋，倉名。許慎曰：鉅鹿水之大橋也。今臨側水湄，
左右方一二里中，狀若丘墟，蓋遺囷故窨處也。

26　衡水又北逕鉅鹿縣故城東，應劭曰：鹿者，林之大者也。《尚書》曰：堯將禪舜，納之
大麓之野，烈風雷雨不迷，致之以昭華之玉，而縣取目焉。路溫舒，縣之東里人，父
爲里監門，使溫舒牧羊澤中，取蒲牒用寫書，即此澤也。鉅鹿郡治。秦始皇二十五
年滅趙以爲鉅鹿郡，漢景帝中元年，爲廣平郡，武帝征和二年，以封趙敬肅王子爲
平于國，世祖中興，更爲鉅鹿也。鄭玄注《尚書》引《地説》[⑮]云：大河東北流，過絳
水千里，至大陸爲地腹[⑯]，如《志》之言大陸在鉅鹿。《地理志》曰：水在安平信都。

鉅鹿與信都相去不容此數也[17]。水土之名變易，世失其處，見降水則以爲絳水，故依而廢讀，或作絳字，非也。今河内共北山，淇水出焉，東至魏郡黎陽入河，近所謂降水也。降讀當如郤降于齊師之降，蓋周時國于此地者，惡言降，故改云共耳。又今河所從去大陸遠矣，館陶北屯氏河，其故道與？余按鄭玄據《尚書》，有東過洛汭，至于大伾；北過降水，至于大陸。推次言之，故以淇水爲降水，共城爲降城，所未詳也。稽之羣書，共縣本共和之故國，是有共名，不因惡降而更稱。禹著《山經》，淇出沮洳。《淇澳》衛詩，列目又遠，當非改絳，革爲今號。但是水導源共北山，玄欲成降義，故以淇水爲降水耳。即如玄引《地説》，黎陽鉅鹿，非千里之逕，直信都于大陸者也。惟屯氏北出館陶，事近之矣。按《地理志》云：絳水發源屯留，下亂漳津。是乃與漳俱得通稱，故水流間關，所在著目，信都復見絳名，而東入于海。尋其川脈，無他殊瀆，而衡漳舊道，與屯氏相亂，乃《書》有過降之文，與《地説》千里之誌，即之途致，與《書》相鄰，河之過降，當應此矣。下至大陸，不異《經》説，自甯迄于鉅鹿，出于東北，皆爲大陸。語之纏絡，厥勢眇矣。九河既播，八枝代絶。遺迹故稱，往往時存，故鬲、般列于東北，徒駭瀆聯漳、絳，同逆之狀粗分，陂障之會猶在。按《經》考瀆，自安故目矣。

27　漳水又歷經縣故城西，水有故津，謂之薄落津。昔袁本初還自易京，上已屆此，率其賓從，禊飲于斯津矣。衡漳又逕沙丘臺東，紂所成也，在鉅鹿故城東北七十里，趙武靈王與秦始皇並死于此矣。

28　又逕銅馬祠東，漢光武廟也。更始三年秋，光武追銅馬于館陶，大破之，遂降之。賊不自安，世祖令其歸營，乃輕騎行其壘，賊乃相謂曰：蕭王推赤心置人腹中，安得不投死乎？遂將降人分配諸將，衆數十萬人，故關西號世祖曰銅馬帝也。祠取名焉。

29　廟側有碑，述河内脩武縣張導，字景明，以建和三年爲鉅鹿太守，漳津汎濫，土不稼穡，導披按地圖，與丞彭參、掾馬道嵩等，原其逆順，揆其表裏，脩防排通，以正水路，功績有成，民用嘉賴。題云：《漳河神壇碑》。而俗老耆儒，猶揭斯廟爲銅馬劉神寺。是碑頃因震裂，餘半不可復識矣。

30　又逕南宮縣故城西，漢惠帝元年，以封張越人子買爲侯國，王莽之序中也。其水與隔醴通爲衡津[18]。又有長蘆淫水之名，絳水之稱矣。今漳水既斷，絳水非復纏絡矣。又北，絳瀆出焉，今無水。故瀆東南逕九門城南，又東南逕南宮城北，又東南逕繚城縣故城北。《十三州志》曰：經縣東五十里有繚城，故縣也。左逕安城南，故信都之安城鄉也。更始二年，和戎卒正邳彤，與上會信都南安城鄉，上大悅，即此處也。故瀆又東北逕辟陽亭，漢高帝六年，封審食其爲侯國，王莽之樂信也。《地理風俗記》曰：廣川西南六十里有辟陽亭，故縣也。絳瀆又北逕信都城東，散入澤渚，西至于信都城，東連于廣川縣之張甲故瀆，同歸于海。故《地理志》曰：《禹貢》，絳水在信都東入于海也。

又北過堂陽縣西，

31　衡水自縣，分爲二水，其一水北出，逕縣故城西，世祖自信都以四千人先攻堂陽降水者也。水上有梁，謂之旅津渡，商旅所濟故也。其右水東北注，出石門，門石崩褫，餘基殆在，謂之長蘆水，蓋變引葭之名也。長蘆水東逕堂陽縣故城南，應劭曰：縣在堂水之陽。《穀梁傳》曰：水北爲陽也。今于縣故城南，更無別水，惟是水東出，可以當之，斯水蓋包堂水之兼稱矣。長蘆水又東逕九門城北，故縣也。又東逕扶柳縣故城南，世祖建武三十年，封寇恂子損爲侯國。又東屈北逕信都縣故城西，信都郡治也，漢高帝六年置。景帝中二年，爲廣川惠王越國，王莽更爲新博，縣曰新博亭，光武自薊至信都是也。明帝永平十五年，更名樂成，安帝延光中，改曰安平。城內有《漢冀州從事安平趙徵碑》，又有《魏冀州刺史陳留丁紹碑》，青龍三年立。城南有《獻文帝南巡碑》。其水側城北注，又北逕安陽城東，又北逕武陽城東。《十三州志》曰：扶柳縣東北武陽城，故縣也。又北爲博廣池，池多名蟹佳蝦，歲貢王朝，以充膳府。又北逕下博縣故城東，而北流注于衡水也。

又東北過扶柳縣北，又東北過信都縣西。

32　扶柳縣故城在信都城西，衡水逕其西。縣有扶澤，澤中多柳，故曰扶柳也。衡水又北逕昌城縣故城西，《地理志》，信都有昌城縣。漢武帝以封城陽頃王子劉差爲侯國。闞駰曰：昌城本名阜城矣。應劭曰：堂陽縣北三十里有昌城，故縣也。世祖之下堂陽，昌城人劉植率宗親子弟據邑以奉世祖是也。又逕西梁縣故城東，《地理風俗記》曰：扶柳縣西北五十里有西梁城，故縣也。世以爲五梁城，蓋字狀致謬耳。

33　衡漳又東北逕桃縣故城北，漢高祖十二年，封劉襄爲侯國，王莽改之曰桓分也。合斯洨故瀆，斯洨水首受大白渠，大白渠首受綿蔓水，綿蔓水上承桃水，水出樂平郡之上艾縣，東流，世謂之曰桃水，東逕靖陽亭南，故關城也。又北流，逕井陘關下，注澤發水[19]，亂流東北逕常山蒲吾縣西，而桃水出焉。南逕蒲吾縣故城西，又東南流逕桑中縣故城北，世謂之石勒城，蓋趙氏增城之，故擅其目，俗又謂之高功城。《地理志》曰：侯國也。桃水又東南流，逕綿蔓縣故城北，王莽之綿延也。世祖建武二年，封郭況爲侯國，自下通謂之綿蔓水。綿蔓水又東流，逕樂陽縣故城西，右合井陘山水，水出井陘山，世謂之鹿泉水。東北流，屈逕陳餘壘西，俗謂之故壁城。昔在楚、漢，韓信東入，餘拒之于此，不納左車之計，悉衆西戰，信遣奇兵自間道出，立幟于其壘,師奔失據,遂死沘上。其水又屈逕其壘南,又南逕城西,東注綿蔓水。綿蔓水又屈從城南,俗名曰臨清城,非也。《地理志》曰:侯國矣。王莽更之曰暢苗者也。《東觀漢記》曰:光武使鄧禹發房子兵二千人,以銚期爲偏將軍,別攻真定、宋子餘賊,拔樂陽稟肥壘者也[20]。

34　綿蔓水又東逕烏子堰,枝津出焉。又東,謂之大白渠,《地理志》所謂首受綿蔓水者也。白渠水又東南逕關縣故城北,《地理志》:常山之屬縣也。又東爲成郎河,水上有大梁,謂之成郎橋。又東逕耿鄉南,世祖封前將軍耿純爲侯國,世謂之宜安城。又東逕宋子縣故城北,又謂之宋子河。漢高帝八年,封許瘝爲侯國,王莽更名宜子。昔高漸離擊筑備工,自此入秦。又東逕敬武縣故城北,按《地理志》:鉅鹿之屬縣也。漢元帝封女敬武公主爲湯沐[21]邑。闞駰《十三州記》曰:楊氏縣北四十里有敬武亭,故縣也。今其城實中,小邑耳,故俗名之曰敬武壘,即古邑也。白渠水又東,謂之斯洨水,《地理志》曰:大白渠東南至下曲陽入斯洨者也。東分爲二水,枝津右出焉,東南流,謂之百尺溝,又東南逕和城[22]北,世謂之初丘城,非也。漢高帝十一年,封郎中公孫昔爲侯國。又東南逕賁城西,漢高帝六年,封呂博爲侯國。百尺溝東南散流,逕歷鄉東而南入沘湖,東注衡水也。斯洨水自枝津東逕賁城北,又東積而爲陂,謂之陽縻淵。淵水左納白渠枝水,俗謂之沘水[23],水承白渠于藥城縣之烏子堰。又東逕肥纍縣之故城南,又東逕陳臺南,臺甚寬廣,今上陽臺屯居之[24]。又東逕新豐城北,按《地理志》云:鉅鹿有新市縣,侯國也。王莽更之曰樂市,而無新豐之目,所未詳矣。

35　其水又東逕昔陽城南,世謂之曰直陽城,非也,本鼓聚矣。《春秋左傳》昭公十五年,晉荀吳帥師伐鮮虞,圍鼓三月,鼓人請降。穆子曰:猶有食色,不許。軍吏曰:獲城而弗取,勤民而頓兵,何以事君?穆子曰:獲一邑而教民怠,將焉用邑也。賈怠無卒,棄舊不祥,鼓人能事其君,我亦能事吾君,率義不爽,好惡不愆,城可獲也。有死義而無二心,不亦可乎?鼓人告食竭力盡,而後取之,克鼓而返,不戮一人,以鼓子鳶鞮歸,既獻而返之。鼓子又叛,荀吳略東陽,使師偽糴,負甲息于門外,襲而滅之。以鼓子鳶鞮歸,使涉佗守之者也。《十三州志》曰:今其城,昔陽亭是矣。京相璠曰:白狄之別也。下曲陽有鼓聚,故鼓子國也。

36　白渠枝水又東逕下曲陽城北,又逕安鄉縣故城南,《地理志》曰:侯國也。又東逕賁縣,入斯洨水。斯洨水又東逕西梁城南,又東北逕樂信縣故城南,《地理志》:鉅鹿屬縣,侯國也。又東入衡水。衡水又北爲袁譚渡,蓋譚自鄴往還所由,故濟得厥名。

又東北過下博縣之西,

37　衡水又北逕鄡縣故城東,《竹書紀年》:梁惠成王三十年,秦封衛鞅于鄔,改名曰商,即此是也。故王莽改曰秦聚也。《地理風俗記》曰：縣北有鄡阜，蓋縣氏之。又右逕下博縣故城西，王莽改曰閏博。應劭曰：太山有博，故此加下。漢光武自滹沱南出，至此失道，不知所以。遇白衣老父曰：信都爲長安守，去此八十里。世祖赴之，任光開門納焉，漢氏中興治基之矣。尋求老父不得，議者以爲神。衡漳又東北歷下博城西，透迤東北注，謂之九絳。西逕樂鄉縣故城南，王莽更之曰樂丘也。又東，引葭水注之。

又東北過阜城縣北，又東北至昌亭，與滹沱河會。

38　《經》叙阜城于下博之下，昌亭之上。考地非比，于事爲同。勃海阜城又在東昌之東，故知非也。漳水又東北逕武邑郡南，魏所置也。又東逕武強縣北，又東北逕武隧縣故城南，按《史記》，秦破趙將扈輒于武隧，斬首十萬，即于此處也。王莽更名桓隧矣。白馬河注之，水上承滹沱，東逕樂鄉縣北、饒陽縣南，又東南逕武邑郡北，而東入衡水，謂之交津口。衡漳又東逕武邑縣故城北，王莽之順桓也。晉武帝封子于縣以爲王國。後分武邑、武隧、觀津爲武邑郡，治此。衡漳又東北，右合張平口，故溝上承武強淵，淵之西南，側水有武強縣故治，故淵得其名焉。

39　《東觀漢記》曰：光武拜王梁爲大司空，以爲侯國。耆宿云：邑人有行于途者，見一小蛇，疑其有靈，持而養之，名曰擔生，長而吞噬人，里中患之，遂捕繫獄，擔生負而奔，邑淪爲湖，縣長及吏咸爲魚矣。今縣治東北半里許落水。淵水又東南結而爲湖，又謂之郎君淵。耆宿又言：縣淪之日，其子東奔，又陷于此，故淵得郎君之目矣。

40　淵水北通，謂之石虎口，又東北爲張平澤。澤水所泛，北決堤口，謂之張刀溝，北注衡漳，謂之張平口，亦曰張平溝。水溢則南注，水耗則輟流。衡漳又逕東昌縣故城北，《經》所謂昌亭也，王莽之田昌也。俗名之曰東相，蓋相、昌聲韻合，故致兹誤矣。西有昌城，故目是城爲東昌矣。衡漳又東北，左會滹沱故瀆，謂之合口。衡漳又東北，分爲二川，當其水泆處，名之曰李聰渙。

又東北至樂成陵縣北別出，

41　衡漳于縣無別出之瀆，出縣北者，乃滹沱別水，分滹沱故瀆之所纏絡也。衡漳又東，分爲二水，左出爲向氏口，瀆水自此決入也。衡漳又東，逕弓高縣故城北，漢文帝封韓王信之子韓隤當爲侯國，王莽之樂成亭也。衡漳又東北，右合柏梁溠，水上承李聰渙，東北爲柏梁溠，東逕蒲領縣故城南，漢武帝元朔三年，封廣川惠王子劉嘉爲侯國。《地理風俗記》云：脩縣西北八十里有蒲領鄉，故縣也。又東北會桑社枝津，又東北逕弓高城北，又東注衡漳，謂之柏梁口。

42　衡漳又東北,右會桑社溝,溝上承從陂,世稱盧達從薄,亦謂之摩訶河。東南通清河,西北達衡水。春秋雨泛,觀津城北方二十里,盡爲澤藪,蓋水所鍾也。其瀆逕觀津縣故城北,樂毅自燕降趙,封之于此邑,號望諸君,王莽之朔定亭也。又南屈東逕竇氏青山南,側堤東出青山,即漢文帝竇后父少翁冢也。少翁是縣人,遭秦之亂,漁釣隱身,墜淵而死。景帝立,后遣使者填以葬父,起大墳于觀津城東南,故民號曰青山也。又東逕董仲舒廟南。仲舒,廣川人也,世猶謂之董府君祠,春秋禱祭不輟。舊溝又東逕脩市縣故城北,漢宣帝本始四年,封清河綱王子劉寅爲侯國,王莽更之曰居寧也。俗謂之温城,非也。《地理風俗記》曰:脩縣西北二十里有脩市城,故縣也。又東會從陂,陂水南北十里,東西六十步,子午㉕潭漲,淵而不流,亦謂之桑社淵。從陂南出,夾堤東派,逕脩縣故城北,東合清漳。漳泛則北注,澤盛則南播,津流上下,互相逕通。從陂北出,東北分爲二川,一川北逕弓高城西而北注柏梁溠,一川東逕弓高城南。又東北,楊津溝水出焉。

43　衡水東逕阜城縣故城北、樂成縣故城南,河間郡治。《地理志》曰:故趙也。漢文帝二年,別爲國。應劭曰:在兩河之間也。景帝九年,封子德爲河間王,是爲獻王。王莽更名,郡曰朔定,縣曰陸信。褚先生㉖曰:漢宣帝地節三年㉗,封大將軍霍光兄子山爲侯國也。章帝封子開于此,桓帝追尊祖父孝王開爲孝穆王,以其邑奉山陵,故加陵曰樂成陵也。今城中有故池,方八十步,舊引衡水北入城注池,池北對層臺,基隍荒蕪,示存古意也。

又東北過成平縣南,

44　衡漳又東逕建成縣故城南,按《地理志》:故屬勃海郡。褚先生曰:漢昭帝元鳳三年㉘,封丞相黃霸爲侯國也。成平縣故城在北,漢武帝元朔三年,封河間獻王子劉禮爲侯國,王莽之澤亭也。城南北相直。衡漳又東,右會楊津溝水,水自陂東逕阜城南,《地理志》:勃海有阜城縣。王莽更名吾城者,非《經》所謂阜城也。建武十五年,世祖更封大司馬王梁爲侯國。楊津溝水又東北逕建成縣,左入衡水,謂之楊津口。衡漳又東,左會滹沱別河故瀆,又東北入清河,謂之合口。又逕南皮縣之北皮亭,而東北逕浮陽縣西,東北注也。

【注　釋】　①西轉逕其城北　此處有佚文一條:乾隆《長治縣志》卷五《山川・陶水》引《水經注》:"陶水南出南陶,北流至長子城東,西轉逕其城北,至沙河口,東注于漳水。"文中"至沙河口"一句,當是此段中佚文。②與銅鞮水　此處有佚文一條:《寰宇記》卷五十《河東道》十一《威勝軍・銅鞮縣》引《水經注》:"銅鞮出覆斧山,逕襄垣縣道。"當是此段下佚文。③水出銅鞮縣　此處有佚文一條:《寰宇記》卷五十《河東道》五十《威勝軍・銅鞮縣》引《水經注》:"銅鞮縣有梯山,高一千九百尺。"當是此段下佚文。④阻亥二里 《疏》本作“阻澗，廣亥二里”，後文據《疏》本語譯。⑤交 段、陳本作“又”，語譯據此。⑥述征賦 詩賦名。三國魏文帝曹丕撰。《隋書·經籍志》著錄《魏文帝集》十卷，賦當在集中。清嚴可均輯有《全三國文》，此賦輯存。⑦鄴中記 書名。晉陸翽撰。《隋書·經籍志》著錄二卷。已殘佚，今有宛委山堂《說郛》、《叢書集成初編》等輯本。⑧左思之賦魏都 指左思所撰《魏都賦》，篇內以下敘銅雀樓時亦引及。左思（公元約二六〇—約三〇五年），字太沖，西晉學者，臨淄（今山東淄博附近）人，曾撰有《三都賦》，《魏都賦》是其中之一。此賦收入於《文選》卷六及清嚴可均《全晉文》。⑨獻帝春秋 書名。《隋書·經籍志》著錄十卷，三國吳袁曄撰。書已散佚，《北堂書鈔》、《御覽》多有引存。⑩登臺賦 詩賦名。亦作《魏武登臺賦》。《隋書·經籍志》著錄。已亡佚，全賦僅存此篇所引“引長明，灌街里”六字。⑪春秋古地 書名。《隋書·經籍志》著錄，是否即京相璠《春秋古地名》，存疑。《水經注疏》說：“此《春秋古地》當是京相璠《春秋古地名》，《注》引之。”其說近是。⑫滏水入焉 此處有佚文數條：《御覽》卷六十四《地部》二十九《滏水》引《水經注》：“滏水發源出石鼓山南巖下，泉奮湧若滏水之湯矣。其水冬溫夏冷，崖上有魏世所立銘，水上有祠，能興雲雨，滏水又東流注于漳，又謂之合河。”又《御覽》卷九三〇《鱗介部》二《龍下》引《水經注》：“《浮圖澄別傳》曰：石虎時，自正月不雨至六月，澄詣滏口祠，稽首暴露，即日，二白龍降於祠下，於是雨遍千里。”又《後漢書·郡國志》“有故大河，有滏水”劉昭補注引《水經》：“鄴西北，滏水熱，故名滏口。”又《方輿紀要》卷四十九《河南》四《懷慶府·磁州·神麕山》引《水經注》：“漳滏合流在鄴。”當均是此段下佚文。⑬趙都賦 詩賦名。三國魏劉劭撰。已亡佚，僅有《藝文類聚》卷六十一引及，為清嚴可均《全三國文》輯存。⑭長沙耆舊傳 書名。晉劉惑撰。《隋書·經籍志》著錄《長沙耆舊傳贊》三卷，當是此書。書已亡佚，今有宛委山堂《說郛》、《麓山精舍叢書》等輯本。⑮引地說云 此處有佚文二條：《方輿紀要》卷十四《直隸》五《真定府·趙州·寧晉縣·楊氏廢縣》引《水經注》：“楊紆即大陸澤。”又“胡盧河”：“酈道元以為即楊紆藪，亦謂之薄洛水。”當是此段下佚文。⑯為地腹 此處有佚文一條：《通鑑》卷一九〇《唐紀》六（高祖武德五）“夜宿沙河”胡注引《水經注》：“渳水出趙郡襄國縣西山，東過沙河縣，沙河在縣南五里。”當是此段下佚文。⑰如志之言五句 《疏》本注曰：“王鳴盛移‘大陸在鉅鹿’五字於《地理志》曰’下，移‘如《志》之言’四字於‘鉅鹿與信都云云’上。”語譯按《疏》本。⑱通為衡津 此處有佚文一條：《寰宇記》卷六十五《河北道》十四《滄州·清池縣》引《水經注》：“長蘆水出洺州列人縣，以其旁多蘆葦為名。”當是此段下佚文。⑲注澤發水 此處有佚文一條：《元和郡縣志》卷十三《河東道》三《太原府·廣陽縣·董卓壘》引《水經注》：“澤發水出董卓壘東。”當是此句下佚文。⑳拔樂陽稾肥壘者也 《水經注疏》作“拔樂陽、藁城、肥壘者也”。楊、熊認為，“藁”作“稾”是朱謀㙔《水經注箋》之誤。藁城縣以下另有記敘。㉑湯沐邑 天子賜給諸侯的封邑，邑內收入供諸侯作淋浴之用。又叫“朝宿邑”，意謂備朝見時供食宿之用。後指國君、皇后、公主等受封者收取賦稅的私邑。㉒又東南逕和城 此處有佚文二條：《寰宇記》卷五十九《河北道》八《邢州·南和縣》引《水經注》：“北有和城縣，故此縣云南。”又：“南和西官冶東有便水，一名鴛鴦水。”當均是此段下佚文。㉓俗謂之泜水 此處有佚文數條：隆慶《趙州志》卷一《地理·山川·泜水》引《水經注》：“泜水其源有二。”《方輿紀要》卷十四《直隸》五《真定府·元氏縣·泜水》引《水經注》：“泜水即井陘山水也。”《寰宇記》卷六十《河北道》九《趙州·臨城縣》引《水經注》：“泜水出房子城西,出白土,細滑如膏,可用濯錦,色奪霜雪,光彩異于常錦,俗以為美談,言房子之纊也,抑亦蜀錦之得濯江矣,歲貢其錦以為御府。"又:"泜水東逕柏暢亭。"《詩地理考》卷一《召南‧干言》引《水經注》:"泜水又東南逕干言山。"當均是此段下佚文。㉔今上陽臺屯居之　此句有脫誤,語譯時暫不譯出。㉕子午　此處之"子午"若指時辰,陂水升漲似不可能。除非是潮汐,則一天內可以兩次升漲。但潮汐時間也不會都在子午。古有以干支配月份之法,以寅為正月,依次類推,則午為五月,子為十一月。㉖褚先生　指西漢史學家褚少孫,潁川(今河南禹縣)人,曾為《史記》作補,以後常尊稱他為"褚先生"。他的文字後經匯集,明代輯有《褚先生集》。㉗三年　《水經注疏》作"二年",並引沈炳巽(按《水經注集釋訂譌》):"《漢表》作二年。"楊守敬按:"《霍光傳》亦作二年。"㉘漢昭帝元鳳三年　《水經注疏》作"漢宣帝五鳳三年"。按《史記‧高祖功臣侯者年表》應作"宣帝五鳳三年"。朱謀㙔《水經注箋》作"昭帝",作"元鳳",殿本因循而誤。

【語　譯】

濁漳水出上黨長子縣西發鳩山,

1　漳水發源於鹿谷山,鹿谷山與發鳩山山麓相連,位置在南。《淮南子》稱為發苞山,山名各處所見互有不同。左岸有陽泉水注入,右岸有繳蓋水流進來。三個源頭都發源於同一座山,只不過有南北的區別而已。

東過其縣南,

2　又東流,堯水從西山東北流,經過堯廟北,又東流經長子縣老城南,這是周朝太史辛甲所封的城邑。《春秋》襄公十八年(公元前五五五年),晉人在長子逮捕了衛國的行人石買,指的就是此縣。秦朝設置上黨郡,治所就在這裡。堯水東北流,注入漳水。漳水東流,匯合梁水。梁水發源於南梁山,北流經長子縣老城南。《竹書紀年》說:梁惠成王十二年(公元前三五八年),鄭國奪取了屯留、尚子、涅。尚子,就是長子的異名。梁水又北流,注入漳水。

屈從縣東北流,

3　陶水發源於南方的陶鄉,北流經長子城東,西轉流經城北,往東注入漳水。

又東過壺關縣北,又東北過屯留縣南,

4　漳水東流經屯留縣南,又轉彎流經城東,東北流,有絳水注入。絳水發源於西方穀遠縣東的發鳩谷,稱為濫水。東流經屯留縣老城南,這裡是從前的留吁國,是潞氏的屬國。《春秋》襄公十八年(公元前五五五年),晉人在純留抓住了孫蒯,即指此地。絳水東北流,注入漳水。所以桑欽說:絳水發源於屯留西南,東流注入漳水。漳水又東流,涷水注入。涷水發源於西方的發鳩山,東流經余吾縣老城南。漢光武帝建武六年(公元三〇年),把余吾封給景丹的兒子景尚為侯國。涷水又東流經屯留縣老城北。《竹書紀年》載:梁惠成王元年(公元前三六九年),韓共侯、趙成侯把晉桓公遷到屯留。《史記》:趙肅侯奪取了晉君的端氏,把他遷居到這裡。涷水又東流,注入漳水。所以許慎說:涷水發源於發鳩山,注入漳水。涷字偏旁從水,音東。

5　漳水又東北流,流經壺關縣老城西,又轉彎流經城北,這就是從前的黎國。有黎亭,縣裡有壺口關,所以叫壺關縣。呂后元年(公元前一八七年),把壺關縣封給孝惠帝後宮所生的兒子劉武,立為侯國。漢朝有上書控告衛太子的壺關三老公乘興,就是本縣人。壺關縣在屯留東,水不可能先流經壺關,然後再到屯留的。

6　漳水流經鹿臺山與銅鞮水匯合。銅鞮水發源於銅鞮縣西北的石隄山,東流與專池水匯合。專池水發源於八特山,東北流注入銅鞮水。銅鞮水又東南流,匯合女諫水。女諫水發源於西北方的好松山,東南流,北方有葦池水與公主水匯合,從右岸注入,南方有榆交水與皇后水匯合,從左岸注入,往東南亂流,注入銅鞮水。銅鞮水又東流經李憙墓,墓前有碑,碑石已經破碎,是太和元年(公元四七七年)李氏的後裔所立。銅鞮水又東流經老城北。城在山岡上,往下俯臨深谷,東、西、北三面都有深澗阻隔,寬廣約二里,世人稱為斷梁城,就是舊縣的上虒亭。銅鞮水又東流經銅鞮縣老城北,城在水南山中,是當時號為銅鞮伯華的晉大夫羊舌赤的封邑。漢高祖就在此縣擊破韓王信。

7　銅鞮水又東南流經頃城西,就是銅鞮縣的下虒聚。《地理志》說:該縣有上虒亭和下虒亭。銅鞮水又南流經胡邑西,又向東轉彎流經城南,又東流經襄垣縣,注入漳水。漳水又東北流經襄垣縣老城南,就是王莽時的上黨亭。

潞縣北,

8　潞縣,是從前赤翟的潞子國。潞子國的丞相豐舒有傑出的才能,但沒有高尚的德行。晉伯宗列舉了他的五條罪狀,派荀林父去滅了潞子國。闞駰說:潞縣有潞水,是冀州的汪洋大水,就是漳水。我查考《燕書》,王猛與慕容評在潞水相遇,慕容評堵截了山間的泉水,賣水給軍隊,交絹一匹,給水兩擔。這裡沒有別的大河流可以灌溉,僅有的長河大川,就只有漳水罷了。所以世人也把濁漳水稱為潞水。潞縣北邊與舊時的臺壁相對,漳水流經臺壁南,這原來是潞子所立,世人稱為臺壁。慕容垂在長子攻打慕容永,軍隊駐紮在潞水。慕容永率領精兵抵禦,憑依大河的險阻堅守;慕容垂在臺壁擺好陣勢,只一仗就把慕容永打垮了,就是在這地方。漳水左岸在這裡匯合黃須水於黃須水口。黃須水發源於臺壁西的張諱巖下。傳說巖石變紅,地方上就會遭到戰禍,人們討厭這巖石變化無常,都用石粉把它刷成白色,所以民間叫它張諱巖。黃須水南流,經臺壁西,又南流,注入漳水。

9　漳水又東北流過望夫山。山的南端有石人佇立其上,姿態像是在盼望雲天外的丈夫,因此得名。有涅水發源於西方的覆甑山,東流與西湯溪水匯合。西湯水發源於涅縣西山湯谷,有五條泉水匯成一條,稱為五會泉。又東南流,稱為西湯水;西湯水又東南流,注入涅水。涅水又東流經涅縣老城南,涅縣就是因涅水而得名。涅水東流與白雞水匯合。白雞水發源於涅縣西山,東流經縣北,東南流注入涅水。涅水又東南流,與武鄉水匯合。武鄉水源頭出於武山西南,流經武鄉縣老城西,然後南流在清谷口匯合一水。此水發源於東北方長山的清谷,西南流與鞞轄、白璧二水匯合,南流注入武鄉水;武鄉水又南流,在黃水口匯合黃水。黃水有三個源頭,一同注入一條深澗,東南流與隱室水匯合。隱室水發源於西北的隱室山,東南流注入黃水。黃水又東流,注入武鄉水。武鄉水又東南流,注入涅水。涅水又東南流,注入漳水。

10　漳水又東流經磻陽城北,倉谷水流入。倉谷水發源於林慮縣的倉谷溪,東北流經魯班門西。這裡兩側山崖相對猶如高峻的宮闕,石壁凌雲直上,左右兩岸用石塊修築成堤防,高聳的遺址至今仍然存在。北流經偏橋東,這裡就是林慮的嶠嶺,也叫抱犢固。循著石級往西攀登而上,約行五里有餘,崖邊的山路就斷絕了,中間有一段長約四五丈,用木材架設為偏橋,勉強才可通行,所以聽說這裡也叫偏橋。從這裡上山,還需要攀藤援葛,方才可以到達山頂,這就是庾袞眩暈墜崖身亡的地方。倉谷溪水又北流,匯合了白木溪。溪水發源於壺關縣東的白木川,東流經百畮城北,這也正如仇池百頃之類名稱一樣。又東流經林慮縣的石門谷,又注入倉溪水。倉溪水又北流經磻陽城東而北流,注入漳水。漳水又東流經葛公亭北,然後往東流逝。

又東過武安縣,

11　漳水流到縣東,清漳水從涉縣往東南流來注入。世人把水流匯入的地方稱為交漳口。

又東出山,過鄴縣西,

12　漳水又東流經三戶峽,就是三戶津。張晏說:三戶是個地名,在梁期西南。孟康說:三戶津是一條山峽名,在鄴縣西四十里。又東流,汙水注入。汙水發源於武安縣山,東南流經汙城北。從前項羽與蒲將軍英布從三戶渡河,就在這條水上打垮了章邯。汙水東流,注入漳水。漳水又東流經武城南,世人稱它為梁期城。梁期在鄴縣北,民間又叫兩期城,都不對。司馬彪《郡國志》說:鄴縣有武城,武城就是期城。漳水又東北流經西門豹祠前,祠廟東有碑,碑上隱約看得出有凸起的字跡,祠堂東頭石柱上刻有銘文,說:趙建武年間(公元三三五—三四八年)修建。魏文帝《述征賦》說:景慕西門豹值得稱道的事跡,忽然遠遠地望見他的祠廟。漳水右岸與支流匯合。這條支流上口在邯會西承接漳水,向東分出與邯水匯合。邯水發源於邯山東北,流經邯會縣老城西,北流注入支水,所以縣稱邯會。張晏說:漳水分出的支流,從城西南與邯山流來的水匯合,現在城邊還有溝渠存在。漢武帝元朔二年(公元前一二七年),將邯會封給趙敬肅王的兒子劉仁為侯國。此水又東北流,注入漳水。

13　從前魏文侯任命西門豹去當鄴縣縣令,引導漳水來灌溉鄴縣的田地,老百姓都依靠這條水用。以後到魏襄王時,任命史起當鄴縣縣令,又在漳水築堰,來灌溉鄴縣土地,大片耕地成為肥沃的良田,百姓都歌頌他。魏武王又在漳水攔河築壩,號稱天井堰,扭轉水頭向東流注。在長二十里的渠道中,建造了十二道壩級,每座壩級相距三百步,使水流互相灌注。一個源頭分為十二道水流,都建有水門。陸氏《鄴中記》說:水所灌溉的地方,名叫堰陵澤。所以左思為魏都作賦,說壩級高低十二道,同一源頭有不同出口。

14　魏武帝攻打鄴城,引漳水圍困此城。《獻帝春秋》說:司空曹操圍鄴城,在周圍掘了四十里的長濠,起初又淺又狹窄,看來似乎走得過去,審配不出城爭取戰機,卻冷眼觀望著訕笑他。可是司空連夜趕修,城濠驟然增至深廣各達二丈。曹操引了漳水來淹灌,於是就攻克鄴城。

15　鄴城本來是齊桓公所修築,所以《管子》說:築五鹿、中牟、鄴,以保衛諸夏。以後屬晉;魏文侯七年(公元前四三九年),才開始封在這裡,所以叫魏。漢高帝十二年(公元前一九五年),設置魏郡,治所就在鄴縣。王莽時改名為魏城。後來分開魏郡,設置東部都尉和西部都尉,所以稱為三魏。魏武帝又利用郡國的舊跡,引漳水通過暗溝從城西東流入城,流經銅雀臺下,從下水道入城東流,稱為長明溝。渠水又南流,經止車門下。魏武帝被封於鄴的時候,修建了北宮,宮裡有文昌殿。溝水在道路南北兩邊流通,以支流引水,到處都能得到灌溉。水從石竇堰下東流而出,注入城濠。所以魏武帝《登臺賦》說:引了長明溝,灌溉街坊,說的就是這條水渠。石虎在文昌殿故址所在之處,建造了東太武殿和西太武殿,在濟北的穀城山開採有花紋的石材來砌築殿基,一座殿基下面,布置了五百武士輪值警衛。彎形的柱子與半圓的筒瓦,全都用銅鑄成,還貼金塗漆,描成圖案裝飾。又把長安、洛陽的銅人搬運過來,放置在宮前,把國都裝點得堂皇瑰麗。城西北有三座高臺,都利用城牆為基礎,巍然高聳,就像山一樣高。都是建安十五年(公元二一〇年)魏武帝所築,如今卻都差不多夷為平地了。《春秋古地》說:葵丘,是個地名,就是今天鄴城西面三座高臺所在之處。說三臺都已經削平了,也許另外還有所見的資料,這就不大清楚了。中央一座叫銅雀臺,高十丈,有房屋一百零一間,高臺建成後,魏武帝叫兒子們去登臺,還要他們作賦。陳思王下筆一揮而就,文辭優美,才思敏捷,當時無人可以同他相比。銅雀臺也是魏武帝望見奉常王叔治的地方。

16　從前嚴才及其僚屬攻打掖門,王脩一聽到發生事變,不待車馬來到,便率領部屬徒步來到宮門。太祖在銅雀臺上遠遠看到了,說:趕著前來的人一定是王叔治。相國鍾繇說:舊時京城發生事變,九卿各自都留守在自己的官署,您為什麼卻要來呢? 王脩說:享受人家的俸祿,人家有難,又怎能躲避? 各人都留守官署雖是舊制,可是卻不是奔赴國難,盡忠效命的行為。當時人們以此作為美談。石虎卻在銅雀臺舊址上再增高二丈,建造一座屋宇,棟柱相連,桷椽相接,把高臺頂上全都遮蔽住了,屋內房子環繞成圈,分隔成一間一間,名叫命子窟。又在屋上建五層樓,高十五丈,離地二十七丈,又在樓頂造了一隻銅雀,張開翅膀,好像要飛起的樣子。南有金虎臺,高八丈,有屋一百零九間。北方建有冰井臺,也高八丈,有屋一百四十五間,上有冰室,室內有好幾口井,井深十五丈,室內藏著冰和石墨。石墨可以書寫,而且點著了火,也難以燒完,也叫石炭。又有儲藏穀物和鹽的地窖,以防備意外事件。現在窖上還有石銘存留著。左思《魏都賦》說:三座高臺羅列聳峙,高峻非常,寫的就是這些高臺。城上開有七座城門,南門稱鳳陽門,中門稱中陽門,旁邊一門稱廣陽門,東門稱建春門,北門稱廣德門,旁邊一門稱廄門,西門稱金明門,又稱白門。鳳陽門城門大開,上有三座高臺,高三十五丈,石氏在臺上建築層樓,放置著一隻銅鳳,頭高一丈六尺。東城上,石虎又建了一座東明觀,觀上裝了一座金博山,稱為鏘天。北城上有齊斗樓,對比起周圍的臺榭,愈顯得孤高出眾。城東西七里,南北五里,城牆外面都用磚塊裝飾,每百步建一座城樓,所有宮殿的門臺及隅雉,都附建觀榭。層沓的屋脊,反仰的屋簷,高翹的簷角高入青雲,以濃重的色彩及輕淡的素白描繪花紋。在它全盛的時候,離鄴城六七十里,遠遠望去,就看得到高聳接天,彷彿是神仙的住所。魏承襲了漢朝政權,也建都於洛陽,以譙縣為祖先的本國,許昌為漢朝的居地,長安為西京的遺跡,鄴為王業的基礎,所以號稱五都。現在鄴縣是相州刺史及魏郡的治所。漳水自西門豹祠北流經趙閱馬臺西,臺基高五丈,臺上建築了成排的望樓,石虎在臺下講武時,總要登樓眺望。石虎從臺上放射響箭,作為兵將出入的信號。

17　漳水又北流經祭陌西。戰國時代,民間的巫婆為河伯娶新娘,都在這裡的陌上致祭。魏文侯時,西門豹當鄴縣縣令,他與三老們約定說:為河伯娶新娘那天,希望來告知我,我也要來送送那位姑娘。於是大家都答道:好的。到了那時候,三老、廷掾向百姓徵稅,收取到的稅款數達百萬之多。男巫女巫在鄉里各處巡行,看到有漂亮的姑娘,說是她應當給河伯做新娘,就拿出三萬現金,作為女方的聘禮,給她沐浴更衣,塗脂抹粉,打扮得就像要出嫁的新娘一樣。西門豹前往赴會,三老、巫婆、廷掾以及人山人海的民眾,趕去看熱鬧。巫婆已經七十歲了,跟從她的有十來個女弟子。西門豹叫了新娘來看了看,說還不夠好,叫巫婆入水通報河伯,就把巫婆投入河中。等了一會兒,他說:為什麼這樣久還不回來? 又命令三個弟子及三老進去稟報,也把他們都投入河中。西門豹恭恭敬敬地鞠躬說:三老也不回來,怎麼辦呢? 又想派廷掾和地方上有勢力的豪長前往,這些人都叩頭流血,請求不再為河伯娶新娘了。雖然這種荒唐的祭祀儀式取消了,但那地方至今還留著祭陌的名稱。

18　此外,這裡也是慕容儁把石虎的屍體投入河中的地方。田融稱為紫陌。趙建武十一年(公元三四五年),在河上造紫陌浮橋,並為還在世的佛圖澄在紫陌先行建造墳墓。建武十五年(公元三四九年)佛圖澄圓寂,十二月就給他下葬,那地方就是這裡。

19　漳水又面對趙氏的臨漳宮,宮殿在桑梓苑,那裡有很多桑樹,這座皇家園囿就因此而得名。三月三日到開始養蠶的月份,石虎帶領皇后及夫人在這裡採桑。現在那裡還留下些桑樹,可是卻連斷垣殘壁也蕩然無存了。

20　漳水又北流,滏水注入。漳水又東流經梁期城南。《地理風俗記》說:鄴北五十里有梁期城,是個老縣城。漢武帝元鼎五年(公元前一一二年),把此城封給任破胡為侯國。晉惠帝永興元年(公元三〇四年),驃騎將軍王浚派遣烏丸渴末徑直到梁期,等待騎兵到了鄴,成都王司馬穎派遣將軍石超去討伐渴末,結果在這裡被渴末打敗。又流經平陽城北。《竹書紀年》說:梁惠成王元年(公元前三六九年),鄴軍在平陽打敗邯鄲軍。司馬彪《郡國志》說:鄴有平陽城,就是這地方。

又東過列人縣南,

21　漳水又東流,右岸流經斥丘縣北,即裴縣舊城南,王莽改名叫即是。《地理風俗記》說:列人縣西南六十里,有即裴城,是個老縣城。漳水又東北流經列人縣老城南,王莽時改名為列治。《竹書紀年》說:梁惠成王八年(公元前三六二年),惠成王攻打邯鄲,奪取列人,即指此城。漳水在縣右與白渠舊河道匯合。白渠水發源於魏郡武安縣欽口山,東南流經邯鄲縣南,又東流,與拘澗水匯合。拘澗水的水源,是從武始縣東山的白渠引導而來,北方民間還稱此水為拘河。拘澗水又東流,又有牛首水匯入。牛首水發源於邯鄲縣西堵山,東流分而為二,兩條滾滾的急流一同往前流逝,水流澄澈如鏡,映照著兩岸的景色。漢景帝時,七國叛逆,景帝命令曲周侯酈寄去攻打趙國,包圍了邯鄲,雙方對峙了七個月,酈寄引了牛首、拘水來灌城,城崩坍了,趙王自殺。牛首水東流進入邯鄲城,流經溫明殿南,這是漢世祖俘獲王郎,巡視邯鄲時,曾經午睡過的地方。牛首水又東流經叢臺南,六國時,叢臺是趙王的臺。《郡國志》說:邯鄲有叢臺。所以劉劭《趙都賦》說:在南方的殿宇旁構築高閣,在少陽山下高築叢臺,即指此臺。現在遺址上還存留著些頹垣殘壁。

22　牛首水又東流過邯鄲阜。張晏所謂在東城下的邯山,即指此山。以單為名,那是中止、窮盡的意思;城郭偏旁從邑,所以加邑;邯鄲這個地名,就是因山名而來的,舊時是趙郡的治所。《長沙耆舊傳》說:桓楷在趙郡當太守時,有人在路上丟了一袋米,行人把這袋米掛在樹上,沒有人敢拿回家去,就是在這裡。此水又東流出城,又匯合成一條了。又東流,成為澄澈平靜的陂塘。陂水東南流,注入拘澗水;拘澗水又東流,注入白渠;白渠又東流,分出舊渠道。一條東流成為沼澤,就是曲梁縣的雞澤,即《國語》所謂的雞丘。雞澤東北與澄湖相通,白渠舊河道南流出澤,到處分出支流,從右岸分出的,就是邯溝。邯溝流經邯溝縣老城東,縣名就是從溝名而來的。《地理風俗記》說:即裴城,西北二十里有邯溝城,是個舊縣城。又東流經肥鄉縣老城北。《竹書紀年》說:梁惠成王八年(公元前三六二年),攻打邯鄲,奪取了肥,即指此城。《晉書‧地道記》說:太康年間(公元二八○—二八九年),設置肥鄉縣,隸屬廣平郡。渠道交錯,相互糾纏,與白渠一起流經列人縣,都從右岸匯合於漳水,現在已經乾涸無水了。《地理志》說:白渠東流到列人縣注入漳水,說的就是這條水。

又東北過斥漳縣南,

23　應劭說:那個國家土地鹹鹵,無法耕種,所以叫斥漳。漢獻帝建安十八年(公元二一三年),魏太祖鑿渠,引導漳水東流,匯入清水和洹水,以便通航,漕運糧食,取名利漕渠。漳水舊河道斷流以後,舊溪向東北方流出,只不過涓涓細流,一縷如線而已。《尚書》所謂:覃懷一帶直到衡漳,治水也卓有成效了。孔安國說:衡,就是橫,這就是說漳水橫流。又東北流經平恩縣老城西。應劭說:平恩縣是舊時館陶的別鄉,漢宣帝地節三年(公元前六七年)設置,用以封給皇后的父親許伯為侯國,王莽時改名為延平。

又東北過曲周縣東,又東北過鉅鹿縣東,

24　衡漳舊河道東北流經南曲縣老城西。《地理志》:廣平國有南曲縣。應劭說:平恩縣北四十里,有南曲亭,是個舊縣城。又流經曲周縣老城東。《地理志》說:曲周縣,漢武帝建元四年(公元前一三七年)設置,王莽改名為直周。我查考《史記》,大將軍酈商,於高祖六年(公元前二○一年)封於曲周縣,為侯國。又參考《漢書》,記載也相同。因而知道曲周這個舊縣,不是從孝武帝時開始的。嘯父,冀州人,在曲周縣市場上補鞋已有數十年了,人們看到他始終保持年輕不老,都覺得奇怪;但向他求教祕術,卻得不到。

25　衡漳又北流經巨橋倉儲西,過去有一座大橋橫架在水上,所以有巨橋這個名稱。

從前武王討伐紂王,把巨橋的糧倉打開,以賑濟殷商的飢民。服虔說:巨橋是個倉名。許慎說:巨橋,是鉅鹿水的大橋。如今臨近水濱,左右一二里方圓範圍內,有隆起有如土丘的地方,就是從前糧倉地窖的遺跡。

26　衡水又北流經鉅鹿縣老城東。應劭說:鹿,就是很大的森林。《尚書》說:堯將要把帝位禪讓給舜的時候,在大麓野引見他。當時正遇狂風雷雨,但舜沒有迷路,於是堯把一塊昭華寶玉交給他。縣就是因此取名的。路溫舒,鉅鹿縣東里人,父親在鄉里當監門,叫他到澤地去牧羊,他採了菖蒲葉來寫字,就是在東里的這片澤地。縣城也是鉅鹿郡的治所。秦始皇二十五年(公元前二二二年),滅了趙國,設立了鉅鹿郡;漢景帝中元元年(公元前一四九年),改為廣平郡;武帝征和二年(公元前九一年),將該郡封給趙敬肅王的兒子,立為平干國;世祖中興,改為鉅鹿。鄭玄注《尚書》,引了《地說》來解釋:大河東北流,流過絳水千里,到了大陸,即是大地的中央。《地理志》說:大陸在鉅鹿,絳水在安平信都。按照《地理志》的說法,鉅鹿與信都的距離,不該有那麼遠。水土的名稱隨時代會有改變,世人弄不清地點了,看見降水,就以為即是絳水,於是就照此廢去原字,或改為絳字,其實不對。現在河內郡共北山,是淇水的發源地,東流到魏郡黎陽流入河水,這條河與所謂的降水倒比較接近。降字應當讀作郲向齊軍投降的降,這是因為周時在這裡建國的人,不願說投降,所以改為共字。而且河水所流經的地方,離大陸已很遠了,館陶以北的屯氏河,是否就是舊河道呢? 我查考以上鄭玄這番話,大概是因為按照《尚書》,有:東過洛汭,直到大伾,北過降水,直到大陸之語,就以此為據,來推斷水流所經次序,所以就以淇水為降水,共城為降城了,不知是否如此。參考各種典籍,共縣本來是共和時期的故都,所以地名中有共字,並不是因為討厭說投降因而改了地名的。禹著《山經》,說淇水發源於沮洳山,衛詩《淇澳》所指的水又很遠,應當不是改掉降水的名稱成為今日絳水的稱呼的。但此水發源於共北山,而鄭玄為了讓使用降字解釋其意義的說法成立,所以就把淇水當降水了。假使如鄭玄所引的《地說》,黎陽、鉅鹿就沒有千里之遙,豈但信都與大陸沒有呢。只有屯氏河發源於北方的館陶,看來還比較切近。據《地理志》說:絳水發源於屯留,下流穿過漳水。因而與漳水都可以互相通稱了,所以水流宛轉曲折,所到之處各有名稱,到了信都,又出現絳水的名稱,而東流入海。考察水道的來龍去脈,也別無其他的河流,而衡漳的舊河道,又與屯氏河交互穿插;因而《尚書》才有經過降水直到大陸的文字,《地說》又有相距千里的記載。考察水道的流程,與《尚書》的記載還比較相近,河水流過降水,當與此相應了。下游到了大陸,與《水經》所說無異,從甯直到鉅鹿為止,往東北出去,都是大陸。說到水流的曲折流勢,確實是很遙遠的了。九河分道奔流之後,其中的八條卻都斷流了。但遺跡和舊名,有時往往仍然保存著:所以鬲河、般河位置列於東北,徒駭河水道與漳水、絳水相連,流向相同或相反的情勢大體上可以分辨得清楚,陂塘堤岸相交接的遺跡仍然存在。按照《水經》來考察水道,舊名自然都有著落了。

27　漳水又流經經縣老城西,水濱有個老渡口,稱為薄落津。從前袁本初從易京回來,皇上已經到了這裡,帶領了隨從人員,當時正是修禊的日子,就在這個渡口歡飲。衡漳又流經沙丘臺東,此臺是紂王所造,在鉅鹿舊城東北七十里,趙武靈王與秦始皇都死在這裡。

28　又流經銅馬祠東,這是漢光武帝的廟宇。更始三年(公元二五年)秋,光武帝追擊銅馬軍,在館陶把他們打得大敗,迫使他們投降。叛賊心中卻惶惶不安,世祖叫他們回到軍營裡,自己則輕裝簡從,騎馬到他們的營地去巡行。賊兵於是自相談論道:蕭王真是推心置腹,如此至誠相待,我們怎能不捨命效死呢? 於是就把歸降的數十萬人分配給諸將,所以關西把世祖稱為銅馬帝。祠也就叫銅馬祠了。

29　廟旁有碑,記載河內郡脩武縣張導,字景明,於建和三年(公元一四九年)任鉅鹿太守,當時漳水氾濫,土地不能耕種,張導展閱地圖,按照地勢,與府丞彭參、屬吏馬道嵩等,推原水流順逆的方向,估測河流內外的形勢,修築堤防,排除積潦,調整了水路,治水的功績頗有成效,老百姓因而受益非淺。碑題是:"漳河神壇碑"。而民間的老人和舊儒,還說此廟是銅馬劉神寺。這塊碑近來因為受震破裂,留下的一半已經再也看不清了。

30　又流經南宮縣老城西,漢惠帝元年(公元前一九四年),將該縣封給張越人的兒子張買為侯國,就是王莽時的序中。漳水與隅醴相通,稱為衡津。又有長蘆淫水之名和絳水之稱。現在漳水既已斷流了,絳水也就不再縈紆而流了。又往北,絳水分出,現在無水。舊河道往東南流經九門城南,又東南流經南宮城北,又東南流經繚城縣老城北。《十三州志》說:經縣東五十里有繚城,是個舊縣城。左岸流經安城南,就是從前信都的安城鄉。更始二年(公元二四年),和戎郡太守邳彤在信都南的安城鄉與光武帝會見,光武帝十分高興,即指此處。舊河道又往東北流經辟陽亭。漢高帝六年(公元前二○一年),將此亭封給審食其為侯國,王莽時叫樂信。《地理風俗記》說:廣川西南六十里有辟陽亭,是個舊縣城。絳水又北流經信都城東,散流入沼澤中,西到信都城,東與廣川縣的張甲舊河道相連,一同歸於大海。所以《地理志》說:據《禹貢》,絳水在信都東流入大海。

又北過堂陽縣西,

31　衡水從堂陽縣開始分為兩條:一條北流,流經該縣老城西。世祖從信都率領四千兵馬,先進攻堂陽降水。水上有橋,叫旅津渡,是商人旅客過渡的地方。右邊的一條東北流,流出石門,門上的石頭已經崩坍不堪了,只留下些殘餘的基址。這條水叫長蘆水,是引葭水的變名。長蘆水東流經堂陽縣老城南。應劭說:該縣在堂水朝陽的一岸。《穀梁傳》說:水北為朝陽。現在堂陽縣老城南再也沒有別的水,只有這條向東奔流的長蘆水,可以看作堂陽縣是因它而得名的水,那麼這條水也就包含著堂水的兼稱了。長蘆水又東流經九門城北,這是個舊縣城。又東流經扶柳縣老城南。世祖建武三十年(公元五四年),將扶柳縣封給寇恂的兒子寇損為侯國。又向東轉彎,北流經信都縣老城西,該縣是信都郡的治所,置於漢高帝六年(公元前二〇一年)。景帝中元二年(公元前一四八年),這裡是廣川惠王的越國。王莽時改名為新博,縣名則稱新博亭。光武帝從薊到信都,即指此城。明帝永平十五年(公元七二年),改名為樂成。安帝延光年間(公元一二二——一二五年),改為安平。城內有"漢冀州從事安平趙徵碑",又有"魏冀州刺史陳留丁紹碑",青龍三年(公元二三五年)立。城南有"獻文帝南巡碑"。那條水沿著城邊北流,又北流經安陽城東,又北流經武陽城東。《十三州志》說:扶柳縣東北有武陽城,是個舊縣城。又北流,就是博廣池,池裡多產蝦蟹,以鮮美馳名,每年進貢朝廷,以充實王宮御廚的府庫。又北流經下博縣老城東,北流注入衡水。

又東北過扶柳縣北,又東北過信都縣西。

32　扶柳縣老城在信都城西,衡水流經縣西。縣裡有扶澤,澤中多柳,所以名縣為扶柳。衡水又北流經昌城縣老城西。《地理志》:信都有昌城縣。漢武帝將它封給城陽頃王的兒子劉差為侯國。闞駰說:昌城本名阜城。應劭說:堂陽縣北三十里有昌城,是個老縣城。世祖攻克堂陽時,昌城人劉植帶領宗親子弟據守此城以擁戴世祖。又流經西梁縣老城東。《地理風俗記》說:扶柳縣西北五十里有西梁城,是個舊縣城,世人以為是五梁城,那是因為字形相似而致誤的。

33　衡漳又東北流經桃縣老城北。漢高祖十二年(公元前一九五年),將桃縣封給劉襄為侯國,王莽時改名為桓分。衡漳匯合了斯洨舊河道。斯洨水上口承接大白渠,大白渠上口承接綿蔓水,綿蔓水上流承接桃水。桃水發源於樂平郡的上艾縣,東流,世人稱為桃水,東流經靖陽亭南,就是舊時的關城。又北流經井陘關下,注入澤發水,往東北亂流經常山郡蒲吾縣西,桃水在此分流而出。南流經蒲吾縣老城西,又東南流經桑中縣老城北,世人稱為石勒城。因為後趙石勒增建了城牆,因而得名,民間又稱為高功城。《地理志》說:這是個侯國。桃水又東南流,流經綿蔓縣老城北,就是王莽時的綿延。世祖建武二年(公元二六年),封給郭況為侯國。自此到下游,通稱綿蔓水。綿蔓水又東流,流經樂陽縣老城西,右岸匯合了井陘山水。井陘山水發源於井陘山,世人稱為鹿泉水,東北流,轉彎流經陳餘壘西,民間叫故壁城。從前楚漢相爭時,韓信東進,陳餘在這裡抵抗,不採納李左車的計策,卻集中全部兵力到西線作戰。韓信派出一支奇兵從小路殺出,在陳餘的營壘上插上漢軍的旗幟;陳餘的部隊失卻了據點,驚慌逃奔,他本人也在泜水上被殺。此水又轉彎流經營壘南,又南流經城西,東流注入綿蔓水。綿蔓水又轉向城南,民間稱此城為臨清城,是不對的。《地理志》說:樂陽是個侯國。王莽時改名為暢苗。《東觀漢記》說:光武帝派鄧禹調動房子縣兵二千人,以銚期為偏將軍,分攻真定、宋子的殘餘賊兵,攻克了樂陽、槀、肥壘等縣。

34　綿蔓水又東流經烏子堰,分出一條支流。又東流,稱為大白渠。《地理志》說的上口承接綿蔓水,即指此水。白渠水又東南流經關縣老城北。據《地理志》,這是常山的屬縣。又東流,稱為成郎河。水上有大橋,稱為成郎橋。又東流經耿鄉南,世祖封給前將軍耿純為侯國。世人稱為宜安城。又東流經宋子縣老城北,又叫宋子河。漢高帝八年(公元前一九九年),封給許瘝為侯國。王莽改名為宜子。從前高漸離善擊筑,為人當僕役,就是從這裡進入秦國的。又東流經敬武縣老城北。據《地理志》,敬武縣,是鉅鹿郡的屬縣。漢元帝封給女兒敬武公主作為湯沐邑。闞駰《十三州記》說:楊氏縣北四十里有敬武亭,是個舊縣城。現在這座城還很堅固,不過只是個小城,所以民間稱為敬武壘,是個古城。白渠水又東流,稱為斯洨水。《地理志》說:大白渠東南流,到下曲陽,注入斯洨水。東流分為兩條,支流從右岸分出,東南流,稱為百尺溝,又東南流經和城北,世人稱為初丘城,是不對的。漢高帝十一年(公元前一九六年),封給郎中公孫昔為侯國。又東南流經貰城西。漢高帝六年(公元前二〇一年),將貰城封給呂博為侯國。百尺溝往東南散流,流經歷鄉東,南流注入泜湖,東流注入衡水。斯洨水分支流後東流,經貰城北,又東流,積潴成為陂塘,稱為陽縻淵。淵水左岸接納了白渠支流,民間稱為泜水,泜水在藁城縣的烏子堰承接白渠。又東流經肥纍縣老城南,又東流經陳臺南,臺很寬廣,……。又東流經新豐城北。據《地理志》說:鉅鹿有新市縣,是個侯國,王莽改名叫樂市,但沒有新豐這個地名,情況就不大清楚了。

35　此水又東流經昔陽城南,世人稱為直陽城,是不對的。這裡本來叫鼓聚。《春秋左傳》昭公十五年(公元前五二七年),晉荀吳領兵攻打鮮虞,包圍鼓城三個月,鼓人請求投降。穆子說:還看不出飢餓的樣子,就不許他們投降。軍官們說:這座城分明可以拿到手了,你卻不取,苦了百姓又損壞了兵器,這怎麼能為君王效勞呢?穆子說:雖然攻取了一座城,卻使百姓怠惰了,又怎麼能治理這座城呢。獲一城卻招致了人民怠惰,是不會有好結果的;拋棄了舊傳統,也很不吉。鼓人能為他們的君王效勞,我也能為自己的君王效勞。遵循著道義行事不會有差錯,賞善罰惡沒有失誤,才能真正取得此城。人民能為義而死,而堅貞不屈,這不是很好嗎？鼓人宣稱糧食告罄,已經精疲力竭了,然後穆子才來取城。晉軍攻克了鼓得勝而歸,不殺一人,只俘虜了鼓子鳶鞮回來,把他獻給君王,然後又遣送他回國。可是鼓子又反叛了,荀吳奪取了東陽,派軍隊假裝成去買糧,穿著鎧甲在城門外歇息,突然發起攻擊,消滅了鼓國。他抓了鼓子鳶鞮回來,派涉佗去守城。《十三州志》說:今天的鼓城,就是昔陽亭。京相璠說:鼓人是白狄的一個分支。下曲陽有鼓聚,就是從前的鼓子國。

36　白渠支流又東流經下曲陽城北,又流經安鄉縣老城南。《地理志》說:安鄉是個侯國。又東流經貰縣,注入斯洨水。斯洨水又東流,經西梁城南,又東北流經樂信縣老城南。《地理志》說:樂信縣是鉅鹿郡的屬縣,是個侯國。又東流,注入衡水。衡水又北流,有袁譚渡,袁譚從鄴往來都要經過這裡,渡口就因而得名了。

又東北過下博縣之西,

37　衡水又北流經鄡縣老城東。《竹書紀年》:梁惠成王三十年(公元前三四〇年),秦封衛鞅於鄡,改名為商,就是此城。所以王莽改名為秦聚。《地理風俗記》說:縣北有鄡阜,縣就因此阜而得名。又在右岸流經下博縣老城西,王莽改名為閏博。應劭說:太山有個博縣,所以這裡稱下博縣。漢光武帝從滹沱南下,到這裡迷了路,不知怎麼辦。他碰到一位白衣老人,告訴他說:信都是為漢而守城的,離這裡八十里。世祖前往,任光開了城門迎接他。漢朝的中興就此開始奠定了基礎。以後去尋求這位老人卻沒有找到,人們談論這件奇事,以為是神明相助。衡漳又東北流經下博城西,彎彎曲曲地往東北流逝,稱為九絳。西流經樂鄉縣老城南,王莽改名為樂丘。又東流,引葭水注入。

又東北過阜城縣北,又東北至昌亭,與滹沱河會。

38　《水經》把阜城放在下博的下流、昌亭的上流來敘述,考察地點的位置,雖然先後的次序不對,卻又事出有因。勃海郡的阜城又在東昌之東,可知這裡並非指這個阜城。漳水又東北流經武邑郡南,該郡是魏時所設置。又東流經武強縣北,又東北流經武隧縣老城南。據《史記》,秦在武隧打垮趙國將軍扈輒,斬首十萬,就在此處。王莽改名為桓隧,白馬河注入。這條河上流承接滹沱河,東流經樂鄉縣北,饒陽縣南,又東南流經武邑郡北,然後往東注入衡水,匯流處叫交津口。衡漳又東流經武邑縣老城北,就是王莽時的順桓。晉武帝把他的兒子封於該縣,立為王國,後來把武邑、武隧、觀津分併於武邑郡,治所就設在這裡。衡漳又東北流,右岸在張平口匯合一條老溝,這條溝水上流承接武強淵,淵水西南水邊,有武強縣舊治所,所以淵也以縣為名了。

39　《東觀漢記》說：光武帝封王梁為大司空，立為侯國。據老人們說：縣裡有個人在路上行走，看見一條小蛇，心裡覺得小蛇似乎有點靈異，就把牠帶回家裡飼養，取名擔生。蛇長大以後，卻把人也吞吃了，鄰里中人都很害怕牠，就把養蛇人逮捕了，送進監牢。擔生把他背起來逃奔，縣遂沉陷為湖，縣裡的長官和下屬，都成了魚。現在縣治東北半里左右的地方都沉入水中。淵水又東南流，連結成為湖泊，又稱郎君淵。老人們又說：縣沉那天，養蛇人的兒子向東奔跑，又在這裡沉陷了，所以淵也得了郎君淵的名目。

40　淵水通往北方，稱為石虎口，又東北，叫張平澤。澤水氾濫，在北方的堤岸決口流出，叫張刀溝，北流注入衡漳。匯流處叫張平口，也叫張平溝。水滿氾濫時就往南流注，水枯涸時就斷流。衡漳又流經東昌縣老城北，就是《水經》所說的昌亭，即王莽時的田昌。民間稱為東相，因為相、昌兩字聲韻相合，因而致誤。西有昌城，所以把這座城名為東昌。衡漳又東北流，左岸匯合滹沱舊河道，匯流處叫合口。衡漳又東北流，分為兩條，在水滿氾濫處，名為李聰渙。

又東北至樂成陵縣北別出，

41　在陵縣，衡漳沒有支分外流的河道，在縣北流出去的是滹沱河的別支，從滹沱河舊河道分出而縈紆纏繞的。衡漳又東流，分為兩條，左岸分出的是向氏口，河水就是從這裡流進來的。衡漳又東流，流經弓高縣老城北，漢文帝封給韓王信的兒子韓隤當為侯國，也就是王莽時的樂成亭。衡漳又東北流，右岸匯合了柏梁溠。這條水上游承接李聰渙，往東北流叫柏梁溠，東流經蒲領縣老城南。漢武帝元朔三年（公元前一二六年），封給廣川惠王的兒子劉嘉為侯國。《地理風俗記》說：脩縣西北八十里有蒲領鄉，是個舊縣城。又東北流，匯合了桑社支流，又東北流經弓高城北，又東流注入衡漳。匯流處叫柏梁口。

42　衡漳又東北流，右岸匯合桑社溝。此溝上流承接從陂，世人稱為盧達從薄，又叫摩訶河，東南與清河相通，西北直到衡水。春秋兩季多雨氾濫，觀津城北，方圓二十里的地方，都成了沼澤，這是因為水流匯聚在這裡的緣故。桑社溝流經觀津縣老城北。樂毅從燕國歸降於趙國，受封於此城，號稱望諸君，就是王莽時的朔定亭。又向南轉，東流經竇氏青山南，傍著堤岸東流而出。青山，就是漢文帝竇皇后父親竇少翁的墳墓。竇少翁是本縣人，當時秦朝天下大亂，他隱居山林釣魚，掉入深淵而死。景帝登基後，竇皇后派人把深淵填掉以安葬她父親，在觀津城東南建造大墓，老百姓號稱青山。又東流經董仲舒廟南。董仲舒，廣川人，世人至今還稱呼此廟為董府君祠。每年春秋兩季，祭祀禱告從未中斷過。舊溝又東流經脩市縣老城

286

北。漢宣帝本始四年(公元前七〇年),將此縣封給清河綱王的兒子劉寅為侯國,王莽改名為居寧,民間卻叫溫城,其實不是。《地理風俗記》說:脩縣西北二十里有脩市城,是個舊縣城。又東流與從陂匯合,陂水南北十里,東西六十步,五月、十一月陂水升漲,淵深而不流,也叫桑社淵。從陂水南流而出,從堤岸間分支東流,流經脩縣老城北,東流與清漳匯合。漳水汜濫則北注,澤水盛漲則南灌,水流上下都可相通。從陂水北流而出,東北流分為兩條:一條北流經弓高城西,北注柏梁溠;一條東流經弓高城南。又東北流,楊津溝水分支而出。

43　衡水東流經阜城縣老城北、樂成縣老城南。樂成縣是河間郡的治所。《地理志》說:這裡是古時的趙國。漢文帝二年(公元前一七八年),劃分作為封國。應劭說:這地方位於兩條河流之間。景帝九年(公元前一五五年),封他的兒子劉德為河間王,就是獻王。王莽改名,郡稱朔定,縣名陸信。褚少孫先生說:漢宣帝地節三年(公元前六七年),封給大將軍霍光哥哥的兒子霍山為侯國。章帝也封他的兒子劉開於此。桓帝追封他的尊祖父孝王劉開為孝穆王的尊號,把該縣的稅收作為祭掃陵墓之用。所以把陵墓增加封號,稱為樂成陵。現在城中還有一口古池,方圓八十步,舊時引衡水北流入城,注入池中。池北與一座高臺相對,臺基與溝壑都已荒蕪了,只是留著表示保存古蹟的意思罷了。

又東北過成平縣南,

44　衡漳又東流經建成縣老城南。據《地理志》,從前屬勃海郡。褚少孫先生說:漢昭帝元鳳三年(公元前七八年),封給丞相黃霸為侯國。成平縣老城在北。漢武帝元朔三年(公元前一二六年),封給河間獻王的兒子劉禮為侯國,就是王莽時的澤亭。二城一南一北相正對。衡漳又東流,在右岸匯合楊津溝水。楊津溝水從陂中東流經阜城南。《地理志》:勃海郡有阜城縣。王莽改名為吾城的那座城,並非《水經》所說的阜城。建武十五年(公元三九年),世祖改封給大司馬王梁為侯國。楊津溝水又東北流經建成縣,從左岸注入衡水,匯流處稱為楊津口。衡漳又東流,左岸匯合溽沱別河的舊河道,又東北流,注入清河,匯流處稱為合口。又流經南皮縣的北皮亭,東北流經浮陽縣西,往東北流去。

清漳水

又東北過章武縣西,又東北過平舒縣南,東入海。

清漳逕章武縣故城西,故濊邑也,枝瀆出焉,謂之濊水。東北逕參戶亭,分為二瀆。應劭曰:平舒縣西南五十里有參戶亭,故縣也。世謂之平虜城。枝水又東注,謂之蔡伏溝。又東積而爲淀。一水逕亭北,又逕東平舒縣故城南。代郡有平舒城,故加東。《地理志》:勃海之屬縣也。《魏土地記》曰:章武郡治。故世以爲章武故城,非也。又東北分爲二水,一右出爲淀,一水北注滹沱,謂之㴇口。清漳亂流而東注于海。

清漳水出上黨沾縣西北少山大要谷,南過縣西,又從縣南屈,

《淮南子》曰:清漳出謁戾山。高誘云:山在沾縣。今清漳出沾縣故城東北,俗謂之沾山。後漢分沾縣爲樂平郡,治沾縣。水出樂平郡沾縣界。故《晉太康地記》曰:樂平縣舊名沾縣。漢之故縣矣。其山亦曰鹿谷山,水出大要谷,南流逕沾縣故城東,不歷其西也。又南逕昔陽城。《左傳》昭公十二年,晉荀吳僞會齊師者,假道于鮮虞,遂入昔陽。杜預曰:樂平沾縣東有昔陽城者是也。其水又南得梁榆水口,水出梁榆城西大嶧山,水有二源,北水東南流,逕其城東南,注于南水,南水亦出西山,東逕文當城北,又東北逕梁榆城南,即閼與故城也。秦伐趙閼與,惠文王使趙奢救之,奢納許歷之説,破秦于閼與,謂此也。司馬彪、袁山松《郡國志》竝言涅縣有閼與聚。盧諶《征艱賦》曰:訪梁榆之虛郭,弔閼與之舊都。闞駰亦云:閼與,今梁榆城是也。漢高帝八年,封馮解散爲侯國。其水左合北水,北水又東南入于清漳。清漳又東南與轑水相得。轑水出轑陽縣西北轑山①,南流逕轑陽縣故城西南,東流至粟城,注于清漳也。

東過涉縣西,屈從縣南,

按《地理志》:魏郡之屬縣也。漳水于此有涉河之稱,蓋名因地變也。

東至武安縣南黍窖邑,入于濁漳。

【注　釋】　①西北轑山　此處有佚文二條:《初學記》卷八《河東道》第四《黃巖》引《水經注》:"黃嵩水源出遼山縣西黃崗下。"《寰宇記》卷五十四《河東道》五《遼州·遼山縣》引《水經注》:"清谷水口源出東北長山清谷,亦云遼山縣西南黃巖山畛流出。"當是此段下佚文,二句同而又異,可以互補。

【語　譯】

又東北過章武縣西,又東北過平舒縣南,東入海。

清漳流經章武縣老城西,這就是從前的㴇邑。有一條支流分出,稱爲㴇水,東北流經參戶亭,分爲兩條。應劭說:平舒縣西南五十里有參戶亭,是個舊縣城。世人稱爲平虜城。支流又往東流逝,叫蔡伏溝;又東流,積潴成爲一個淺水湖。另一條流經亭北,又流經東平舒縣老城南。代郡有平舒城,所以這裡加東字,叫東平舒城。《地理志》:東平舒是勃海郡的屬縣。《魏土地記》說:這是章武郡的治所。所以世

人以為是章武的老城,其實不是。又東北流分為兩條:一條從右岸分流而出,積潴為淺水湖;另一條往北注入滹沱河,匯流處叫澱口。清漳亂流,向東流瀉,注入大海。

清漳水出上黨沾縣西北少山大要谷,南過縣西,又從縣南屈,

《淮南子》說:清漳發源於謁戾山。高誘說:謁戾山在沾縣。現在清漳發源於沾縣老城東北,民間稱為沾山。後漢把沾縣分屬樂平郡,治所就在沾縣。清漳水發源於樂平郡沾縣邊界。所以《晉太康地記》說:樂平縣舊名沾縣。是漢朝的舊縣。那座山也叫鹿谷山,水發源於大要谷,南流經沾縣老城東,並不流過城西。又南流經昔陽城。《左傳》昭公十二年(公元前五三〇年),晉國荀吳裝著要去會見齊軍,向鮮虞借路經過,遂進入昔陽。杜預說:樂平郡沾縣東有昔陽城。水又南流,在梁榆水口又匯合一水。這條水發源於梁榆城西的大嶰山,有兩個源頭:北水東南流,流經城的東南注入南水;南水也發源於西山,東流經文當城北,又東北流經梁榆城南,此城即閼與舊城。秦國攻打趙國閼與,惠文王派趙奢去救援,趙奢採納許歷的策略,在閼與打垮秦軍,說的就是此城。司馬彪、袁山松《郡國志》都說涅縣有閼與聚。盧諶《征艱賦》說:尋訪梁榆空荒的城郭,憑弔閼與舊時的都城。闞駰也說:閼與,就是今天的梁榆城。漢高帝八年(公元前一九九年),將梁榆封給馮解散為侯國。此水又在左岸匯合北水,北水又東南流,注入清漳。清漳又東南流,與轑水相合流。轑水發源於轑陽縣西北的轑山,南流經轑陽縣老城西南,東流到粟城,注入清漳。

東過涉縣西,屈從縣南,

據《地理志》:涉縣是魏郡的屬縣。漳水在這裡有涉河之稱,這是水名因地而改變的緣故。

東至武安縣南黍窖邑,入于濁漳。

【研　析】　漳河是今海河水系的一條普通河流,但在古代,沿河的鄴城是一座名城,戰國時的西門豹故事,長期傳頌感人,三國時為魏都,城邑擴大,成為當時全國著名的"五都"(洛陽、譙、許昌、長安、鄴)之一,建有銅雀、金虎、冰井三臺,有城門七座,東西七里,南北五里,門臺、隅雉,百步一樓,宮殿羅列,如《注》文所記:"當其全盛之時,去鄴六七十里,遠望苕亭,巍若仙居。"為了記敘這座名城,酈氏曾廣覽精讀,囊括了當時可見的一切文獻如《鄴中記》、《魏都賦》、《銅雀臺賦》等等,而所有這些文獻現在大多亡佚或殘缺不全,《濁漳水》篇的記敘成為今日研究這座歷史名城的重要依據,所以彌足珍貴。

卷十附錄　補滏水　補洺水

【題　解】　滏水是漳水支流,屬於今海河水系。今名滏陽河,是海河支流之一子牙河的南源,在今河北獻縣與滹沱河匯合,從此稱為子牙河,全長三百七十五公里,流域面積一萬四千五百餘平方公里。洺水今稱洺河,即古代的易水,在今河北任縣以東匯入大陸澤,它是滏水的小支流,當然也屬海河水系。

補滏水

《山海經·北山經》曰:又北三百里曰神囷之山,滏水出焉而東流,注於歐水。《御覽》引《水經注》:滏水發源出石鼓山南巖下,泉源奮涌若滏之揚湯矣。其水冬溫夏冷,崖上有魏世所立銘,水上有祠,能興雲雨,又東流注于漳,謂之合河。又曰:《水經注》云:《浮圖澄別傳》①曰:石虎時,自正月不雨至六月,澄日詣滏祠,稽首暴露,即日,二白龍降于祠下,于是雨徧千里。劉昭《郡國志》補注②引《水經》:鄴西北,滏水熱,故名滏口。滏亦合漳之大川也。

【注　釋】　①浮圖澄別傳　書名。《隋書·經籍志》不著錄,在當年就屬稀籍。浮圖澄即佛圖澄(公元二三二─三四八年),十六國後趙高僧,本姓帛,晉永嘉四年(公元三一〇年)來洛陽傳揚佛教,其著名弟子有釋道安、竺法雅等。曾在洛陽及其他地方興建寺院八百餘所。此書早已亡佚,《世說新語注》引此稱《佛圖澄別傳》,《藝文類聚》引此稱《浮圖澄傳》。②郡國志補注 《郡國志》是《二十四史》中的《後漢書》中的一篇。其實,今《後漢書》是由范曄的《後漢書》和西晉司馬彪的《續漢書》二書拼合而成,今《後漢書》中的紀、傳是范曄所撰,而其中的志是司馬彪所撰。劉昭是南朝宋史學家,他為司馬彪《續漢書》的八志作注。

【語　譯】

《山海經·北山經》說:又向北三百里是神囷之山,滏水發源東流,注入歐水。《御覽》引用《水經注》說:滏水從石鼓山南巖下發源而出,泉源像鑊裡沸騰的湯水。這水冬天溫暖夏天寒涼,巖崖上有三國魏時所立的石碑銘文,水邊建有祠廟,能夠興雲作雨。這條河川又向東流注入漳水,叫做合河。又說:《水經注》引用《浮圖澄別傳》的記載:在十六國後趙皇帝石虎時代,有一年從正月到六月不下雨,浮圖澄每天到滏水邊的祠廟中去,脫掉衣服叩頭,沒有幾天,就有兩條白龍下降到祠廟邊上,千里之間都下了雨。劉昭補注的《郡國志》引用《水經》說:鄴城西北的滏水是熱水,所以叫做滏口。滏水也是匯注到漳水的一條大河。

補洺水

《初學記·邢州》下引《水經注》曰:洺水一名漳水,俗名千步。又《水經注》曰:洺水東逕柏暢亭。又《洺州》下引《水經注》曰:狗山頂上有狗迹,今在臨洺縣西。又《水經注》曰:洺水東北逕廣平縣故城東,水積於大澤之中,為澄泉,南北四十里,東西二十里,亦謂之黃塘泉。《寰宇記·磁州·武安縣》下引《水經注》云:洺水出易陽縣西山。《洺州·永年縣》下云:《風土記》[1]云:南易水本名漳水,源出三門山西,自肥鄉縣界流入。《趙地記》[2]云:六國時,此水名易水。《埤蒼》[3]及《水經》云,洺水之目不知誰改,俗謂山之下地名洺,水因《經》之故曰洺水。《九域志[4]·邢州·古跡》引《水經》云:洺水東流逕曲梁城。按曲梁城見《漳水》篇列入縣注中,蓋清濁二漳會流于漊池[5],斯有洺水之目,今文絕無此水,然蛛絲馬跡,猶可尋求也。

【注　釋】　①風土記　書名。見本書卷四《河水》注釋。②趙地記　書名。即《趙記》。見本書卷九注釋。③埤蒼　書名。《隋書·經籍志》著錄三卷,魏張揖撰。亦作《埤倉》。清《四庫提要》卷四十《經部·小學類》著錄"張揖撰《廣雅》十卷"條下,稱張揖著"《埤倉》、《廣雅》、《古今字詁》",又說:"今《埤倉》、《字詁》皆久佚,惟《廣雅》存。"故此書已久佚,亦無輯本。④九域志　書名。即《元豐九域志》。宋王存編,十卷,元豐八年(公元一○八五年)頒布。書以熙寧、元豐間四京、二十三路

為基礎,分路記敘府、州、軍、縣、戶口、鎮戍、山川、道里等,對各地區間的四至八到記敘甚詳。⑤滹池
　　水名。即滹沱水,今稱滹沱河。《漢書·地理志》作"滹池"。子牙河的最大支流,全長五百八十餘
公里,流域面積一萬四千餘平方公里。《水經注》未缺佚時,此水可能單獨成篇,但今本已缺佚。

【語　譯】

　　《初學記》在《邢州》之下引用《水經注》說:洺水的另一名稱叫漳水,還有一個俗名
叫千步。《初學記》又引《水經注》說:洺水向東流,經過柏暢亭。《初學記》在《洺
州》之下還引《水經注》說:狗山頂上有狗跡,現在在臨洺縣以西。《水經注》又說:
洺水向東北流經過廣平縣故城以東,水流積成一個很大的湖澤,稱為澄泉,南北四
十里,東西二十里,也叫做黃塘泉。《寰宇記》在《磁州·武安縣》之下引用《水經
注》說:洺水發源於易陽縣西山。在《洺州·永年縣》之下引用《風土記》說:南易
水原來名叫漳水,發源於三門山西,從肥鄉縣縣界流來。《趙地記》說,六國時,這
條河川稱為易水。《埤蒼》和《水經》說,不知是誰把易水改名為洺水的,一般認為
因山下有個稱洺的地方,所以《水經》才稱其為洺水。《九域志》在《邢州·古跡》
之下引《水經》說:洺水向東流經過曲梁城。曲梁城在《漳水》篇內見於列人縣
《注》文中。清漳水和濁漳水匯合於滹池水,從此而有洺水的名稱。現在的《經》、
《注》文字從未記及洺水,但蛛絲馬跡還是查得到的。

【研　析】　　《水經注》從宋初以後就成為一部殘籍,殿本在《校上案語》中說:"《崇文總
目》稱其中已佚五卷,故《元和郡縣志》、《太平寰宇記》所引滹沱水、涇水、洛水,皆不見
于今書。"所以清代酈學家,其中特別是全祖望、趙一清,都很重視對酈注的輯佚工作,
而趙氏則在其《水經注釋》,併合佚文,在相關卷篇以後,補入了他的輯佚成果。此處所
補滹、洺二水,滹水是至今仍繪入地圖的海河三級支流。洺水是條小水,現在的一般地
圖上已經不見,但此水在歷史掌故上很有影響。《補注》文引《趙地記》:"六國時(按當
指戰國時秦以外的六國),此水名易水。"所以特別要指出"六國時",顯然是為了荊軻
刺秦的故事:"風瀟瀟兮易水寒,壯士一去兮不復還。"所以洺水雖小,但輯補仍然不無
價值。

卷十一 易水 滱水

【題 解】 此卷包括《易水》、《滱水》二篇。易水今仍稱易水,又名中易水,全長五十餘公里,流域面積五百四十餘平方公里。經易縣安各莊水庫東流,匯合南拒馬河,然後注入大清河。滱水發源於今山西境內,《水經注疏》熊會貞按:"今渾源州南七里有翠屏山,為恒岳西麓,唐河源出此,即古滱水。"如滱水按熊氏說,確為今唐河。唐河經太行山峽谷流入河北,在新安境注入白洋淀,全長約三百三十餘公里,流域面積約五千餘平方公里。

趙一清在其校本《水經注釋》卷十一之末,又收輯佚文,增補了《滹沱水》、《洀水》、《滋水》三篇,他認為此三水在《水經注》未缺佚前都各自成篇。滹沱水在前卷十中已述及,洀水與滋水,趙一清認為都與滱水有關,或是滱水支流。但現在已經無法考實。但他所輯補此三水,本書亦收附於此卷卷末,以供讀者參考。

易 水

易水出涿郡故安縣閻鄉西山,

1　易水出西山寬中谷,東逕五大夫城南,昔北平侯王譚,不從王莽之政,子興生五子,竝避時亂,隱居此山,故其舊居,世以為五大夫城,即此。《岳讚》①云:五王在中,龐葛連續者也。易水又東,左與子莊溪水合,水北出子莊關,南流逕五公城西,屈

逕其城南。五公，即王興之五子也。光武即帝位，封爲五侯：元才北平侯，益才安
憙侯，顯才蒲陰侯，仲才新市侯，季才爲唐侯，所謂中山五王也。俗又以五公名居
矣。二城竝廣一里許，俱在岡阜之上，上斜而下方，其水東南入于易水。

2　易水又東，右會女思谷水，水出西南女思澗，東北流注于易，謂之三會口。易水又
東屆關門城西南，即燕之長城門也。與樊石山水合，水源西出廣昌縣之樊石山，東
流逕覆釜山下，東流注于易水。易水又東歷燕之長城，又東逕漸離城南，蓋太子丹
館高漸離處也。易水又東逕武陽城南，蓋易自寬中歷武夫關東出，是兼武水之稱，
故燕之下都，擅武陽之名。左得濡水枝津故瀆。武陽大城東南小城，即故安縣之
故城也，漢文帝封丞相申屠嘉爲侯國。城東西二里，南北一里半。高誘云：易水逕
故安城南城外東流。即斯水也。誘是涿人，事經明證。今水被城東南隅，世又謂
易水爲故安河。武陽，蓋燕昭王之所城也，東西二十里，南北十七里。故傅逮《述
遊賦》②曰：出北薊，歷良鄉，登金臺，觀武陽，兩城遼廓，舊迹冥芒。蓋謂是處也。
易水東流而出于范陽。

東過范陽縣南，又東過容城縣南，

3　易水逕范陽縣故城南。秦末，張耳、陳餘爲陳勝畧地，燕、趙命蒯通説之，范陽先下
是也。漢景帝中二年，封匈奴降王代爲侯國，王莽之順陰也。昔慕容垂之爲范陽
也，戍之即斯③。意欲圖還上京，阻于行旅，造次不獲，遂中④。易水又東與濡水
合，水出故安縣西北窮獨山南谷，東流與源泉水合，水發北溪，東南流注濡水。濡
水又東南逕樊於期館西，是其授首于荆軻處也。

4　濡水又東南流逕荆軻館北，昔燕丹納田生之言，尊軻上卿，館之于此。二館之城，
澗曲泉清，山高林茂，風煙披薄，觸可棲情，方外之士，尚憑依舊居，取暢林木。

5　濡水又東逕武陽城西北⑤，舊堨濡水，枝流南入城，逕柏冢西，冢垣城側，即水塘也。
四周塋域深廣，有若城焉。其水側有數陵，墳高壯，望若青丘，詢之古老，訪之史
籍，竝無文證，以私情求之，當是燕都之前故墳也。或言燕之墳塋，斯不然矣。

6　其水之故瀆南出，屈而東轉，又分爲二瀆。一水逕故安城西⑥，側城南注易水，夾塘
崇峻，邃岸高深。左右百步，有二釣臺，參差交峙，迢遞相望，更爲佳觀矣。其一水
東出注金臺陂，陂東西六七里，南北五里，側陂西北有釣臺高丈餘，方可四十步，陂
北十餘步有金臺，臺上東西八十許步，南北如減。北有小金臺，臺北有蘭馬臺，竝
悉高數丈，秀峙相對。翼臺左右，水流徑通，長廡廣宇，周旋被浦，棟堵咸淪，柱礎
尚存，是其基構，可得而尋訪。諸耆舊咸言，昭王禮賓，廣延方士，至如郭隗、樂毅
之徒，鄒衍、劇辛之儔，宦遊歷説之民，自遠而屆者多矣。不欲令諸侯之客，伺隙燕
邦，故脩連下都，館之南垂，言燕昭創之于前，子丹踵之于後，故雕牆敗館，尚傳鐫

刻之石,雖無經記可憑,察其古跡,似符宿傳矣。

7　濡水自堰又東逕紫池堡西,屈而北流,又有渾塘溝水注之,水出遒縣西白馬山南溪中,東南流入濡水。濡水又東至塞口,古累石堰水處也。濡水舊枝分南入城東大陂,陂方四里,今無水。陂內有泉,淵而不流,際池北側,俗謂聖女泉。濡水又東得白楊水口,水出遒縣西山白楊嶺下,東南流入濡水,時人謂之虎眼泉也。濡水東合檀水,水出遒縣西北檀山西南,南流與石泉水會,水出石泉固東南隅,水廣二十許步,深三丈。固在衆山之內,平川之中,四周絕澗阻水,八丈有餘。石高五丈,石上赤土,又高一匹,壁立直上,廣四十五步,水之不周者,路不容軌,僅通人馬,謂之石泉固。固上宿有白楊寺,是白楊山神也。寺側林木交蔭,叢柯隱景。沙門釋法澄建刹于其上,更爲思玄之勝處也。

8　其水南流注于檀水,故俗有并溝之稱焉。其水又東南流,歷故安縣北而南注濡水。濡水又東南流,于容城縣西北大利亭東南合易水而注巨馬水也。故《地理志》曰:故安縣閻鄉,易水所出,至范陽入濡水。闞駰亦言是矣。又曰濡水合渠。許慎曰:濡水入淶。淶、渠二號,即巨馬之異名。然二易俱出一鄉,同入濡水。南濡、北易至涿郡范陽縣會北濡,又立亂流入淶。是則易水與諸水互攝通稱,東逕容城縣故城北[7],渾濤東注,至勃海平舒縣與易水合。闞駰曰:涿郡西界代之易水。而是水出代郡廣昌縣東南郎山東北燕王仙臺東。臺有三峰,甚爲崇峻,騰雲冠峰,高霞翼嶺,岫壑沖深,含煙罩霧。耆舊言:燕昭王求仙處。其東謂之石虎岡,范曄《漢書》[8]云:中山簡王焉之空也。厚其葬,採涿郡山石,以樹墳塋,陵隧碑獸,竝出此山,有所遺二石虎,後人因以名岡。山之東麓,即泉源所導也,《經》所謂閻鄉西山。其水東流,有毖水南會,渾波同注,俗謂之爲雹河。司馬彪《郡國志》曰:雹水出故安縣,世祖令耿況擊故安西山賊吳耐蠡,符雹上十餘營,皆破之。即是水者也。

9　易水又東逕孔山北[9],山下有鍾乳穴,穴出佳乳,採者篝火尋沙,入穴里許,渡一水,潛流通注,其深可涉,于中衆穴奇分,令出入者疑迷不知所趣,每于疑路,必有歷記,返者乃尋孔以自達矣。上又有大孔,豁達洞開,故以孔山爲名也。其水又東逕西故安城南,即閻鄉城也。歷送荊陘北。耆舊云:燕丹餞荊軻于此,因而名焉,世代已遠,非所詳也。遺名舊傳,不容不詮,庶廣後人傳聞之聽。

10　易水又東流屈逕長城西,又東流南逕武隧縣南、新城縣北。《史記》曰:趙將李牧伐燕,取武隧方城是也。俗又謂是水爲武隧津,津北對長城門,謂之汾門。《史記·趙世家》云:孝成王十九年,趙與燕易土,以龍兌、汾門與燕,燕以葛城、武陽與趙。即此也。亦曰汾水門,又謂之梁門矣。易水東分爲梁門陂,易水又東,梁門陂水注之,水上承易水于梁門,東入長城,東北入陂。陂水北接范陽陂,陂在范陽城西十里,方十五里,俗亦謂之爲鹽臺陂。陂水南通梁門淀,方三里。淀水東南流,出長城注易,謂之范水。易水自下,有范水通目。又東逕范陽縣故城南,即應劭所謂范水之陽也。易水又東逕樊輿縣故城北,漢武帝元朔五年,封中山靖王子劉脩爲侯國,王莽更名握符矣。《地理風俗記》曰:北新城縣東二十里有樊輿亭,故縣也。

11　易水又東逕容城縣故城南,漢高帝六年⑩,封趙將夜于深澤;景帝中三年,以封匈奴降王唯徐盧于容城。皆爲侯國,王莽更名深澤也。易水又東,埿水注之,水上承二陂于容城縣東南,謂之大埿淀、小埿淀。其水南流注易水,謂之埿洞口。水側有渾埿城,易水逕其南,東合滱水。故桑欽曰:易水出北新城西北,東入滱。自下滱、易互受通稱矣。

12　易水又東逕易京南,漢末,公孫瓚害劉虞于薊下,時童謠云:燕南垂,趙北際,惟有此中可避世。瓚以易地當之,故自薊徙臨易水,謂之易京城,在易城西四五里。趙建武四年,石虎自遼西南達易京,以京障至固,令二萬人廢壞之。今者,城壁夷平,其樓基尚存,猶高一匹。餘基上有井,世名易京樓,即瓚所保也。故《瓚與子書》⑪云:袁氏之攻,狀若鬼神,衝梯舞于樓上,鼓角鳴于地中。即此樓也。

13　易水又東逕易縣故城南,昔燕文公徙易,即此城也。闞駰稱太子丹遣荆軻刺秦王,與賓客知謀者,祖道于易水上。《燕丹子》⑫稱,荆軻入秦,太子與知謀者,皆素衣冠送之于易水之上,荆軻起爲壽,歌曰:風蕭蕭兮易水寒,壯士一去兮不復還。高漸離擊筑,宋如意和之,爲壯聲,士髮皆衝冠;爲哀聲,士皆流涕。疑于此也。余按遺傳舊跡,多在武陽,似不餞此也。漢景帝中三年,封匈奴降王僕黥爲侯國也。

又東過安次縣南,

14　易水逕縣南、鄚縣故城北,東至文安縣與滹沱合。《史記》:蘇秦曰:燕,長城以北,易水以南。正謂此水也。是以班固、闞駰之徒,咸以斯水謂之南易。

又東過泉州縣南,東入于海。

15　《經》書水之所歷,沿次注海也。

【注　釋】　①岳讚　書名。不見歷來公私著錄,不知撰者與撰述年代。已亡佚。②述遊賦　詞賦名。傅逮撰。不見歷來公私著錄,亦不詳其爲何代人。已亡佚。③昔慕容垂二句　爲范陽,《疏》本指出"爲"字爲"奔"字之誤,後文按《疏》本語譯。戍之即斯,殿本在此下有戴震案語:"即斯下,當有脫文。"④遂中　殿本在此下有戴震案語:"上下當有脫文,未詳。"⑤濡水又東逕武陽城西北　此處有佚文二條,《寰宇記》卷五十四《河北道》三《魏州·莘縣》引《水經注》:"武陽城有一石臺,在天城門外,號曰武陽臺。"《方輿紀要》卷十二《直隸》三《保定府·易州·武陽城》引《水經注》:"武陽,燕昭王所城,東西二十里,南北十七里。"當均是此段下佚文。⑥一水逕故安城西　此處有佚文一條。

明鍾芳《黃金臺記》(《天下名勝諸山一覽記》卷二)引《水經注》:"固安縣有黃金臺。"《天下郡國利病書》卷二《北直》一引《水經注》與此同。康熙《保定府志》卷六《古迹·黃金臺》引《水經注》:"固安縣有黃金臺遺址。"亦同,當是此段下佚文。⑦東逕容城縣故城北　此處有佚文一條。《寰宇記》卷六十七《河北道》十六《雄州·容城縣》引《水經注》:"漢景帝改為亞谷城,封東胡降王盧它父為亞谷侯。"當是此段下佚文。⑧范曄漢書　《漢書》應為《後漢書》。《水經注疏》已改作"范曄《後漢書》"。楊守敬在此處按:范書原文"無採山石云云,此當是他家《後漢書》之文,傳寫為范書也"。⑨易水又東逕孔山北　此處有佚文一條。《名勝志》卷五《保定府》二《易州》引《水經注》:"其山有孔,表裡通徹,狀如星月,俗謂之星月巖。山下有穴,出鍾乳,石上往往有仙人及龍迹。西谷又有一穴,大如車輪,春則風出東,夏出南,秋出西,冬出北。有沙門法猛,以夏日入其東穴,見石堂、石人,故欲窮之,內有人厲聲云:法師,其餘三穴皆如東者,不宜更入。猛仍行不息,湏臾不覺身已在穴外矣。"當是此段下佚文。⑩六年　《水經注疏》作"八年"。楊守敬按:"《史》、《漢》《表》俱在八年,今訂。"⑪瓚與子書　書信名。公孫瓚,東漢人,《後漢書》有傳。此書信已亡佚。⑫燕丹子　書名。《隋書·經籍志》著錄一卷。丹,燕王喜太子。此書述燕太子質於秦及荆軻刺秦王故事。不知撰者和撰述年代。書已亡佚,輯本較多,如《四部備要》、《叢書集成初編》等。

【語　譯】

易水出涿郡故安縣閻鄉西山,

1　易水從西山寬中谷潺出,東流經五大夫城南。從前北平侯王譚,不肯依附王莽政權,他兒子王興生了五個兒子,都為避亂隱居此山,所以世人把他的舊居稱為五大夫城,就是此城。《岳讚》說:五王在城中,裙帶相連,是個大族。易水又東流,左岸與子莊溪水匯合。此水發源於北方的子莊關,南流經五公城西,折而流經城南。五公,就是王興的五個兒子。光武帝即位,封他們為五侯:元才為北平侯,益才為安憙侯,顯才為蒲陰侯,仲才為新市侯,季才為唐侯。這就是所謂的中山五王。民間又把他們的居地稱為五公城。五大夫城及五公城方圓都有一里左右,都建於山岡上,上部歪斜,下端方正。子莊溪水東南流,匯合於易水。

2　易水又東流,右岸與女思谷水匯合。女思谷水發源於西南方的女思澗,東北流,注入易水,匯流處稱為三會口。易水又東流到關門城西南,這裡就是燕國的長城門,易水於此與樊石山水匯合。礬石山水源出西方廣昌縣的樊石山,東流經覆釜山下,東流注入易水。易水又東流過燕國的長城,又東流經漸離城南,這是燕太子丹為高漸離設館安居的地方。易水又東流經武陽城南,因為易水從寬中谷經武夫關東流而出,就兼有武水一名,所以燕的下都,就有了武陽之稱了。左岸匯合了濡水支流的舊河道。武陽大城東南的小城,就是故安縣的老城,漢文帝封給丞相申屠嘉為侯國。城東西二里,南北一里半。高誘說:易水流經故安城南城外東流,即指此水。高誘是涿郡人,他的記載是經過明確的查證的。現在易水到達城的東南角,世人因此又稱易水為故安河。武陽城,是燕昭王所築,東西二十里,南北十七里。所以傅逮《述遊賦》說:走出北薊,經過良鄉,登上金臺,眺望武陽,這兩座城空曠遼闊,舊時遺跡已是渺渺茫茫,說的就是此處。易水東流,從范陽流出去。

東過范陽縣南,又東過容城縣南,

3　易水流經范陽縣故城南。秦末,張耳、陳餘為陳勝攻取燕、趙兩國的土地,叫蒯通去遊說,范陽最先降服。漢景帝中元二年(公元前一四八年),將范陽封給歸順於漢的匈奴王代為侯國,王莽時叫順陰。從前慕容垂逃奔到范陽,設兵駐守,就是這裡。慕容垂心想回到上京去,但行旅中受阻,倉促間不能遂願。易水又東流,與濡水匯合。濡水發源於故安縣西北的窮獨山南谷,東流與源泉水匯合。源泉水發源於北溪,東南流注入濡水。濡水又東南流經樊於期館西,這裡就是樊於期把自己的頭顱交給荊軻的地方。

4　濡水又東南流經荊軻館北,從前燕太子丹採用了田光的建議,尊奉荊軻為上卿,在這裡為他建館居住。這兩座館舍所在的小城,山澗曲折,泉水澄清,山高林茂,飄散著淡淡的煙霧,眺望著這樣的景色,令人心曠神怡;出家離世的人士,還棲身於這些舊地,在清靜的山林中怡然自得。

5　濡水又東流經武陽城西北。舊時在濡水築堰,引支流南流入城,流經柏冢西。墓園圍牆所在的城邊,有個水塘。四周的墓地範圍很大,有如城邑。水邊有幾座陵墓,高大壯觀,望去就像綠草萋萋的山丘。詢問老人,翻閱史籍,卻找不到文字記載的證據。但我個人從情理上推想,這應當是燕都以前的古墳;有人說這是燕的墳墓,想來大概不是的。

6　濡水舊河道南流,轉向東方,又分為兩條:其中一條流經故安城西,沿著城邊南流,注入易水。兩邊水岸,高崖峻壁,左右相隔百來步,有兩座釣臺,參差對峙,遙遙相望,風光更加秀麗。另一條東流注入金臺陂,這片湖水東西六七里,南北五里,湖邊西北有一座釣臺,高丈餘,方圓約略四十步,湖水以北十餘步有金臺,臺上東西長約八十來步,南北稍狹。北有小金臺,臺北又有蘭馬臺,都高好幾丈,相對聳峙。在這些臺的左右兩邊,都有水流相通,長長的廊廡,寬廣的屋宇,環繞著水濱。但現在梁棟牆垣都已坍毀,只有柱礎還在,所以建築的基址和結構還約莫看得出來。老人們都說:燕昭王以禮厚待賓客,廣泛招聘四方人才,所以像郭隗、樂毅、鄒衍、劇辛這一類才能出眾的人士,還有那些求官覓爵、遊說於諸侯之間的人,從遠道來投奔的才不可勝數。但昭王為防備諸侯的門客到燕國來刺探虛實,所以又修建了下都,把他們安排在南部邊境的館舍裡住宿。老人們又說:燕昭王開創於前,他兒子太子丹又續建於後,所以雕牆破館之間,還留下一些鐫刻過的殘石。這傳說雖然沒有經籍的記載可以作為證據,但考察留下的古蹟,似乎與歷來的傳說還是相符合的。

7　濡水從堰壩又東流經紫池堡西,轉彎北流,又有渾塘溝水注入。渾塘溝水發源於逎縣西白馬山南溪中,東南流匯合於濡水。濡水又東流到塞口,這裡是古代砌築石堰攔截水流的地方。濡水舊時分支南流,流入城東大陂。池塘方圓四里,現在已經乾涸無水了。靠近池塘北邊,池內有一泓泉水,水深而不流動,民間稱為聖女泉。濡水又東流到了白楊水口。流入這水口的水,發源於逎縣西山白楊嶺下,東南流注入濡水,當時人們都叫它虎眼泉。濡水東流,與檀水匯合。檀水發源於逎縣西北檀山西南,南流與石泉水匯合。石泉水發源於石泉固東南角,水寬二十來步,深三丈。石泉固在群山環抱中的一片平川裡面,四周環繞著一條深澗,寬約八丈餘,水流洶湧,成為一道屏障。一邊的山巖高五丈,巖上有赭紅色的山土,高四丈,陡峭直上,有如牆壁。上面寬廣四十五步,水沒有流到的地方,山路極窄,容不下一輛車子,只有單人獨馬才可通過,稱為石泉固。上面古來就有一座白楊寺,是供奉白楊山的山神的。寺旁林木交織成一片繁蔭,叢叢的林木把陽光都掩蔽住了。僧人釋法澄在那裡修建了一座寺院,更成為修禪冥思的勝地。

8　石泉水南流,注入檀水,所以民間叫它并溝。水又東南流經故安縣北,南流注入濡水。濡水又東南流,在容城縣西北大利亭東南與易水匯合,注入巨馬水。所以《地理志》說:故安縣閻鄉,是易水的發源地,流到范陽注入濡水。闞駰也是這樣說的。又說濡水與渠水匯合。許慎說:濡水匯合於淶水。無論淶水或渠水,都是巨馬水的異名。可是兩條易水都發源於一鄉之內,而且同流注入濡水。南濡水、北易水到了涿郡范陽縣與北濡水匯合,又都亂流入淶水,那麼易水與諸水都可相互通稱了。此水東流經容城縣老城北,波濤滾滾相混向東流瀉,到了勃海郡平舒縣與易水匯合。闞駰說:涿郡西部與代郡以易水為界。此水發源於代郡廣昌縣東南、郎山東北的燕王仙臺東。此臺有三座山峰,極其高峻,峰嶺之巔,常有雲霞飄蕩;山谷極其幽深,有煙霧輕籠淺罩。老人們說:這是燕昭王求仙的地方。仙臺東為石虎岡,范曄《後漢書》說:這裡是中山簡王劉焉的陵墓。葬物非常豐厚,開採了涿郡的山石來修建墳墓,墓道上的石碑石獸,都是用這座山上的巖石雕成的。現在還留下兩隻石虎,因此後人叫它石虎岡。山的東麓,就是泉源所出處,《水經》稱為閻鄉西山。此水東流,有毖水南流相匯合,合流後滔滔同流,民間叫雹河。司馬彪《郡國志》說:雹水發源於故安縣。世祖命令耿況去剿滅故安西山盜寇吳耐蠢,賊眾沿著雹水紮營十餘座,耿況全都把他們擊潰了,就在這條水。

9　易水又東流經孔山北,山下有鐘乳石溶洞,洞裡出產美麗的鐘乳石,採石的人打著燈籠去尋覓,入洞約一里,渡過一條地下河,水在洞中潛流,並不深,可以涉水而過。裡面洞穴分支很多,像迷宮似的使人出入迷失方向,不知該怎樣走;所以在容易迷路的地方,一定要做個標記,回來時才能找到從洞中外出的通道。上面又有大孔,朝天洞開,所以名為孔山。水又東流經西故安城南,就是閻鄉城。流過送荊陘北。老人們說:燕太子丹在這裡為荊軻餞行,因此得名。但時代遙遠,也難弄得清楚了。不過對這些留下的地名和傳說,也不能不作些說明,以便擴大後人的見聞。

10　易水又東流,折而流經長城西,又東流,在南方流經武隧縣南、新城縣北。《史記》說:趙國將軍李牧攻打燕國,奪取了武隧、方城兩處地方。民間又把此水叫武隧津。武隧津北對長城門,叫汾門。《史記‧趙世家》說:孝成王十九年(公元前二四七年),趙國與燕國交換土地,趙把龍兌、汾門給燕,燕則把葛城、武陽給趙,指的就是這地方。汾門又叫汾水門,也稱梁門。易水東流,分支流出梁門陂。易水又東流,梁門陂水注入。陂水上流在梁門承接易水,東流進入長城,東北流,進入陂中。陂水北面承接范陽陂,這片湖水在范陽城西四十里,方圓十五里,民間也叫鹽臺陂。陂水南與梁門淀相通,此淀方圓三里。淀水東南流,流出長城注入易水。稱為范水。易水從這裡到下游,也就可通稱范水了。又東流經范陽縣老城南,就是應劭所謂范水之陽了。易水又東流經樊輿縣老城北。漢武帝元朔五年(公元前一二四年),把它封給中山靖王的兒子劉條為侯國。王莽改名為握符。《地理風俗記》說:北新城縣東二十里,有樊輿亭,是個舊縣城。

11　易水又東流經容城縣老城南。漢高帝六年(公元前二〇一年),把趙將夜封於深澤。景帝中元三年(公元前一四七年),把降於漢的匈奴王唯徐盧封於容城,都是侯國。王莽改名為深澤。易水又東流,埿水注入。埿水上流在容城縣東南承接這兩個陂湖,稱為大埿淀、小埿淀。兩條水南流,都注入易水,匯流處稱為埿洞口。水邊有渾埿城,易水流經城南,東流與滱水匯合。所以桑欽說:易水發源於北新城西北,東流注入滱水。從這裡到下游,滱水、易水都可以相互通稱了。

12　易水又東流經易京南。漢朝末年,公孫瓚在薊下謀害了劉虞,當時童謠說:燕國南疆,趙國北境,只有這地方可以避亂世。公孫瓚以為童謠所指就是易水一帶地方,所以從薊遷到易水旁邊,稱為易京城,這裡在易城西四五里。趙建武四年(公元三三八年),石虎從遼西南下,來到易京,看到易京的城牆十分牢固,便派了二萬人把它破壞了。現在城牆已被夷平,但樓基還在,高度還有四丈有餘。遺址上有一口井,世人把這座城樓稱為易京樓,這就是公孫瓚據以自保的地方。《瓚與子書》中說:袁氏的進攻,來勢就像鬼神一樣,衝梯在城樓上亂舞,鼓角在地上齊鳴。他說的就是此樓。

13　易水又東流經易縣老城南。從前燕文公遷到易縣，就是此城。闞駰說：太子丹派荊軻去刺殺秦王，與知道這起密謀的賓客在易水上給他餞行。《燕丹子》說：荊軻到秦國去，太子與知道密謀的人，都穿著白衣，戴著白帽，送他到易水上。荊軻起身為太子丹祝壽，唱道：風蕭蕭兮易水寒，壯士一去兮不復還。高漸離擊筑，宋如意伴唱，歌聲激昂慷慨，人們激動得頭髮直豎，把帽子都頂了起來；歌聲又轉為哀惋淒涼，人們都涕淚交流。這次悲壯的送行，可能就在此處。我查考遺留下來的舊跡，多在武陽，好像並非在這裡餞行。漢景帝中元三年(公元前一四七年)，把易縣封給降於漢的匈奴王僕黥為侯國。

又東過安次縣南，

14　易水流經安次縣南、鄭縣老城北，東流到文安縣，與滹沱河匯合。《史記》載，蘇秦說：燕長城以北，易水以南。說的正是此水。所以班固、闞駰等人，都以為此水叫南易水。

又東過泉州縣南，東入于海。

15　《水經》敍述水流沿途所經地點的次序，直到注入大海。

滱　水

滱水出代郡靈丘縣高氏山，

1　即漚夷之水也，出縣西北高氏山。《山海經》曰：高氏之山，滱水出焉，東流注于河者也。其水東南流，山上有石銘，題言：冀州北界。故世謂之石銘陘也。其水又南逕候塘，川名也。又東合溫泉水，水出西北暄谷，其水溫熱若湯，能愈百疾，故世謂之溫泉焉。東南流逕興豆亭北，亭在原上，攲傾而不正，故世以攲城目之。水自原東南注于滱。滱水又東，莎泉水注之，水導源莎泉南流，水側有莎泉亭，東南入于滱水。

2　滱水又東逕靈丘縣故城南，應劭曰：趙武靈王葬其東南二十里，故縣氏之。縣，古屬代，漢靈帝光和元年，中山相臧昊上請別屬也。瓚注《地理志》曰：靈丘之號，在武靈王之前矣。又按司馬遷《史記》：趙敬侯九年[①]，敗齊于靈丘，則名不因武靈王事，如瓚《注》。滱水自縣南流入峽，謂之隘門，設隘于峽，以譏禁行旅。歷南山，南峰隱天，深溪埒谷，其水沿澗西轉，逕御射臺南，臺在北阜上，臺南有《御射石碑》。南則秀嶂分霄，層崖刺天，積石之峻，壁立直上，車駕沿游，每出是所遊藝焉。滱水西流，又南轉東屈逕北海王詳之石碣南、《御射碑》石柱北而南流也。

東南過廣昌縣南，

3　滱水東逕嘉牙川[②]，有一水南來注之，水出恒山北麓，稚川三合，逕嘉牙亭東而北流，注于滱水。水之北，山行即廣昌縣界。滱水又東逕倒馬關，關山險隘，最爲深峭，勢均詩人高岡之病良馬，傅險之困行軒，故關受其名焉。關水出西南長溪下，東北歷關注滱。滱水南，山上起御坐于松園，建祇洹于東圃，東北二面，岫嶂高深，霞峰隱日，水望澄明，淵無潛甲。行李所逕，鮮不徘徊忘返矣。

又東南過中山上曲陽縣北，恒水從西來注之。

4　滱水自倒馬關南流與大嶺水合，水出山西南大嶺下，東北流出峽，峽右山側，有祇洹精廬，飛陸陵山，丹盤虹梁[③]，長津泛瀾，縈帶其下，東北流注于滱。滱水又屈而東合兩嶺溪水，水出恒山北阜，東北流歷兩嶺間，北嶺雖層陵雲舉，猶不若南巒峭秀。自水南步遠峯，石隥逶迤，沿途九曲，歷睇諸山，咸爲劣矣，抑亦羊腸、邛崍之類者也。齊、宋通和，路出其間。其水東北流，注于滱水。又東，左合懸水，水出山原岫盤谷，輕湍瀄下，分石飛懸，一匹有餘，直灌山際，白波奮流，自成潭渚。其水東南流，揚湍注于滱。滱水又東流歷鴻山，世謂是處爲鴻頭，疑即《晉書·地道記》所謂鴻上關者也。關尉治北平而畫塞于望都，東北去北平不遠，兼縣土所極也。滱水于是，左納鴻上水，水出西北近溪，東南流注于滱水也。

又東過唐縣南，

5　滱水又東逕左人城南，應劭曰：左人城在唐縣西北四十里。縣有雹水，亦或謂之爲唐水也。水出中山城之西如北，城内有小山，在城西，側而銳上，若委粟焉，疑即《地道記》所云望都縣有委粟關也。俗以山在邑中，故亦謂之中山城；以城中有唐水，因復謂之爲廣唐城也。《中山記》[④]以爲中人城，又以爲鼓聚，殊爲乖謬矣。言城中有山，故曰中山也，中山郡治。京相璠曰：今中山望都東二十里有故中人城。望都城東有一城名堯姑城，本無中人之傳，璠或以爲中人，所未詳也。《中山記》所言中人者，城東去望都故城十餘里，二十里則減，但苦其不東，觀夫異説，咸爲爽矣。今此城于盧奴城北如西六十里，城之西北，泉源所導，西逕郎山北，郎、唐音讀近，寔兼唐水之傳。西流歷左人亭注滱水。

6　滱水又東，左會一水，水出中山城北郎阜下，亦謂之唐水也。然于城非在西，俗又名之爲雹水，又兼二名焉。西南流入滱，竝所未詳，蓋傳疑耳。

7　滱水又東，恒水從西來注之。自下滱水兼納恒川之通稱焉。即《禹貢》所謂恒、衛既從也。滱水又東，右苞馬溺水，水出上曲陽城東北馬溺山，東北流逕伏亭。《晉書‧地道記》曰：望都縣有馬溺關。《中山記》曰：八渡、馬溺，是山曲要害之地，二關勢接，疑斯城即是關尉宿治，異目之來，非所詳矣。馬溺水又東流注于滱。

8　滱水又東逕中人亭南，《春秋左傳》昭公十三年，晉荀吳率師侵鮮虞及中人，大獲而歸者也。滱水又東逕京丘北，世謂之京陵，南對漢中山頃王陵。滱水北對君子岸，岸上有哀王子憲王陵，坎下有泉源積水，亦曰泉上岸。滱水又東逕白土北，南即靖王子康王陵，三墳竝列者是。滱水又東逕樂羊城北，《史記》稱，魏文侯使樂羊滅中山。蓋其故城中山所造⑤也，故城得其名。滱水又東逕唐縣故城南，此二城俱在滱水之陽，故曰滱水逕其南。城西又有一水，導源縣之西北平地，泉湧而出，俗亦謂之爲唐水也。東流至唐城西北隅，竭而爲湖，俗謂之唐池。蓮荷被水，嬉遊多萃其上，信爲勝處也。其水南入小溝，下注滱水，自上歷下，通禪唐川之兼稱焉。

9　應劭《地理風俗記》曰：唐縣西四十里得中人亭。今于此城取中人鄉，則四十也。唐水在西北入滱，與應符合。又言堯山者在南，則無山以擬之，爲非也。闞駰《十三州志》曰：中山治盧奴，唐縣故城在國北七十五里。駰所說北則非也。《史記》曰：帝嚳氏沒，帝堯氏作，始封于唐。望都縣在南，今此城南對盧奴故城，自外無城以應之。考古知今，事義全違，俗名望都故城則八十許里，距中山城⑥則七十里，驗途推邑，宜爲唐縣。城北去堯山五里，與七十五里之說相符。然則俗謂之都山，即是堯山，在唐東北望都界。皇甫謐曰：堯山一名豆山。今山于城北如東，嶄絶孤峙，虎牙桀立，山南有堯廟，是即堯所登之山者也。《地理志》曰：堯山在南。今考此城之南，又無山以應之，是故先後論者，咸以《地理記》⑦之說爲失。又即俗說以唐城爲望都城者，自北無城以擬之，假復有之，途程紆遠，山河之狀全乖，古證傳爲疎罔。是城西北豆山西足，有一泉源，東北流逕豆山，下合蘇水，亂流轉注東入滱，是豈唐水乎？所未詳也。又于是城之南如東十餘里，有一城，俗謂之高昌縣城，或望都之故城也。縣在唐南，皇甫謐曰：相去五十里。稽諸城地，猶十五里，蓋書誤耳。此城之東，有山孤峙，世以山不連陵，名之曰孤山，孤、都聲相近，疑即所謂都山也。《帝王世記》曰：堯母慶都所居，故縣目曰望都。張晏曰：堯山在北，堯母慶都山在南，登堯山見都山，故望都縣以爲名也。

10　唐亦中山城也，爲武公之國，周同姓。周之衰也，國有赤狄之難，齊桓霸諸侯，疆理邑土，遣管仲攘戎狄，築城以固之。其後，桓公不恤國政，周王問太史餘曰：今之諸侯，孰先亡乎？對曰：天生民而令有別，所以異禽獸也。今中山淫昏康樂，逞慾無度，其先亡矣。後二年果滅。魏文侯以封太子擊也，漢高祖立中山郡，景帝三年爲王國，王莽之常山也。魏皇始二年，破中山，立安州，天興三年，改曰定州，治水南盧奴縣之故城。昔耿伯昭歸世祖于此處也。

11　滱水之右,盧水注之,水上承城内黑水池。《地理志》曰:盧水出北平,疑爲疎闊;闞
　　駰、應劭之徒,咸亦言是矣。余按盧奴城内西北隅有水,淵而不流,南北百步,東西
　　百餘步,水色正黑,俗名曰黑水池。或云水黑曰盧,不流曰奴,故此城藉水以取名
　　矣。池水東北際水,有漢中山王故宮處,臺殿觀榭,皆上國之制。簡王尊貴,壯麗
　　有加,始築兩宮,開四門,穿北城,累石爲竇,通池流于城中,造魚池、釣臺、戲馬之
　　觀。歲久頹毀,遺基尚存。今悉加土,爲利刹靈圖。池之四周,居民駢比,填編穢
　　陋,而泉源不絕。暨趙石建武七年,遣北中郎將始築小城,興起北榭,立宮造殿,後
　　燕因其故宮,建都中山小城之南,更築隔城,興復宮觀,今府榭猶傳故制,自漢及
　　燕。池水逕石竇,石竇既毀,池道亦絕,水潛流出城,潭積微漲,洇水東北注于滱。

12　滱水又東逕漢哀王陵北,冢有二墳,故世謂之兩女陵,非也。哀王是靖王之孫,康
　　王之子也。滱水又東,右會長星溝,溝出上曲陽縣西北長星渚。渚水東流又合洛
　　光水,水出洛光溝,東入長星水,亂流東逕恒山下廟北,漢末喪亂,山道不通,此舊
　　有下階神殿,中世以來,歲書法族焉⑧。晉、魏改有東西二廟,廟前有碑闕,壇場列
　　柏焉。其水又東逕上曲陽縣故城北,本岳牧朝宿之邑也。古者,天子巡狩,常以歲
　　十一月至于北岳,侯伯皆有湯沐邑,以自齋潔。周昭王南征不還,巡狩禮廢,邑郭
　　仍存。秦罷井田,因以立縣。城在山曲之陽,是曰曲陽;有下,故此爲上矣。王莽
　　之常山亭也。又東南流,胡泉水注之,水首受胡泉,逕上曲陽縣南,又東逕平樂亭
　　北,左會長星川,東南逕盧奴城南,又東北,川渠之左有張氏墓,冢有《漢上谷太守
　　議郎張平仲碑》,光和中立。川渠又東北合滱水,水有窮通,不常津注。

又東過安憙縣南,

13　縣,故安險也。其地臨險,有井、塗之難,漢武帝元朔五年,封中山靖王子劉應爲侯
　　國,王莽更名寧險,漢章帝改曰安憙。《中山記》曰:縣在唐水之曲,山高岸險,故曰
　　安險;邑豐民安,改曰安憙。秦氏建元中,唐水汎漲,高岸崩頹,城角之下有大積
　　木,交横如梁柱焉。後燕之初,此木尚在,未知所從。余考記稽疑,蓋城地當初,山
　　水淬盪,漂淪巨栧,阜積於斯,沙息壤加,漸以成地,板築既興,物固能久耳。滱水
　　又東逕鄉城北,舊盧奴之鄉也。《中山記》曰:盧奴有三鄉,斯其一焉,後隸安憙。
　　城郭南有漢明帝時《孝子王立碑》。

又東過安國縣北,

14　滱水歷縣東分爲二水,一水枝分,東南流逕解瀆亭南,漢順帝陽嘉元年,封河間孝
　　王子淑于解瀆亭爲侯國,孫宏,即靈帝也。又東南逕任丘城南,又東南逕安郭亭
　　南,漢武帝元朔五年,封中山靖王子劉傳富爲侯國。其水又東南流,入于溏沱。滱

　　水又東北流逕解瀆亭北而東北注。

又東過博陵縣南，

15　滱水東北逕蠡吾縣故城南，《地理風俗記》曰：縣，故饒陽之下鄉者也。自河間分屬博陵。漢安帝元初七年，封河間王開子翼爲都鄉侯，順帝永建五年，更爲侯國也。又東北逕博陵縣故城南，即古陸成。漢武帝元朔二年，封中山靖王子劉貞爲侯國者也。《地理風俗記》曰：博陵縣，《史記》蠡吾故縣矣。漢質帝本初元年，繼孝沖爲帝，追尊父翼陵曰博陵，因以爲縣，又置郡焉。漢末，罷還安平，晉太始年復爲郡，今謂是城爲野城。滱水又東北逕侯世縣故城南，又東北逕陵陽亭東，又北，左會博水，水出望都縣，東南流逕其縣故城南，王莽更名曰順調矣。又東南，潛入地下。博水又東南循瀆，重源湧發，東南逕三梁亭南，疑即古勺梁也。《竹書紀年》曰：燕人伐趙，圍濁鹿，趙武靈王及代人救濁鹿，敗燕師于勺梁者也。今廣昌東嶺之東有山，俗名之曰濁鹿邏。城地不遠，土勢相鄰，以此推之，或近是矣，所未詳也。

16　博水又東南逕穀梁亭南，又東逕陽城縣，散爲澤渚。渚水瀁漲，方廣數里，匪直蒲筍是豐，寔亦偏饒菱藕，至若變婉卬童，及弱年崽子，或單舟採菱，或疊舸折芰，長歌陽春，愛深綠水，掇拾者不言疲，謠詠者自流響，于時行旅過矚，亦有慰于羈望矣。世謂之爲陽城淀也。陽城縣故城近在西北，故陂得其名焉。《郡國志》曰：蒲陰縣有陽城者也。今城在縣東南三十里。其水又伏流循瀆，屆清梁亭西北，重源又發。

17　博水又東逕白堤亭南，又東逕廣望縣故城北，漢武帝元朔二年，封中山靖王子劉忠爲侯國。又東合堀溝⑨，溝上承清梁陂。又北逕清涼城東，即將梁也，漢武帝元朔二年，封中山靖王子劉朝平爲侯國。其水東北入博水。博水又東北，左則濡水注之，水出蒲陰縣西昌安郭南。《中山記》曰：郭東有舜氏甘泉，有舜及二妃祠。稽諸傳記，無聞此處，世代云遠，異説之來，于是乎在矣。其水自源東逕其縣故城南，枉渚迴湍，率多曲復，亦謂之爲曲逆水也。張晏曰：濡水于城北曲而西流，是受此名，故縣亦因水名而氏曲逆矣。《春秋左傳》哀公四年，齊國夏伐晉，取曲逆是也。漢高帝擊韓王信，自代過曲逆，上其城，望室宇甚多，曰壯哉！吾行天下，惟洛陽與是耳。詔以封陳平爲曲逆侯。王莽更名順平。

18　濡水又東與蘇水合，水出縣西南近山，東北流逕堯姑亭南，又東逕其縣入濡。濡水又東得蒲水口，水出西北蒲陽山，西南流，積水成淵，東西百步，南北百餘步，深而不測。蒲水又東南流，水側有古神祠，世謂之爲百祠，亦曰蒲上祠，所未詳也。又南逕陽安亭東，《晉書・地道記》曰：蒲陰縣有陽安關，蓋陽安關都尉治，世俗名斯川爲陽安壙。蒲水又東南歷壙,逕陽安關下,名關皐爲唐頭坂。出關北流,又東流逕夏屋故城,實中險絕。《竹書紀年》曰:魏殷臣、趙公孫哀伐燕,還取夏屋,城曲逆者也。其城東側,因阿仍墉築一城,世謂之寡婦城,賈復從光武追銅馬、五幡于北平所作也。世俗音轉,故有是名矣。

19　其水又東南流逕蒲陰縣故城北,《地理志》曰:城在蒲水之陰。漢章帝章和二年,行巡北岳,以曲逆名不善,因山水之名,改曰蒲陰焉。水右合魚水,水出北平縣西南魚山,山石若巨魚,水發其下,故世俗以物色名川。又東流注于蒲水,又東入濡。故《地理志》曰:蒲水、蘇水,並從縣東入濡水。又東北逕樂城南,又東入博水,自下博水亦兼濡水通稱矣。《春秋》昭公七年,齊與燕盟于濡上。杜預曰:濡水出高陽縣東北,至河間鄚縣入易水。是濡水與滹沱、滱、易互舉通稱矣。博水又東北,徐水注之,水西出廣昌縣東南大嶺下,世謂之廣昌嶺。嶺高四十餘里,二十里中委折五迴,方得達其上嶺,故嶺有五迴之名。下望層山,盛若蟻蛭,實兼孤山之稱,亦峻竦也。

20　徐水[10]三源奇發,齊瀉一澗,東流北轉逕東山下,水西有《御射碑》。徐水又北流西屈逕南崖下,水陰又有一碑。徐水又隨山南轉逕東崖下,水際又有一碑。凡此三銘,皆翼對層巒,巖障深高,壁立霞峙。石文云:皇帝以太延元年十二月,車駕東巡,逕五迴之險邃,覽崇岸之竦峙,乃停駕路側,援弓而射之,飛矢踰于巖山,刊石用讚元功。夾碑並有層臺二所,即御射處也。碑陰皆列樹碑官名。

21　徐水東北屈逕郎山,又屈逕其山南,衆岑競舉,若豎鳥翅,立石嶄巖,亦如劍杪,極地險之崇峭。漢武之世,戾太子以巫蠱出奔,其子遠遁斯山,故世有郎山之名。山南有《郎山君碑》,事具其文。徐水又逕郎山君中子觸鋒將軍廟南,廟前有碑,晉惠帝永康元年八月十四日壬寅,發詔錫君父子,法祠其碑。劉曜光初七年,前頓丘太守郎宣、北平太守陽平邑振等,共脩舊碑,刻石樹頌焉。

22　徐水又逕北平縣,縣界有漢熹平四年幽、冀二州以戊子詔書,遣冀州從事王球、幽州從事張昭,郡縣分境,立石標界,具揭石文矣。徐水又東南流歷石門中,世俗謂之龍門也。其山上合下開,開處高六丈,飛水歷其間,南出乘崖,傾澗洩注,七丈有餘,濟盪之音,奇爲壯猛,觸石成井,水深不測,素波自激,濤襄四陸,瞰之者驚神,臨之者駭魄矣。東南出山逕其城中,有故碑,是《太白君碑》,郎山君之元子也。其水又東流,漢光武追銅馬、五幡于北平,破之于順水北,乘勝追北,爲其所敗,短兵相接,光武自投崖下,遇突騎王豐,于是授馬退保范陽。順水,蓋徐州之別名也。徐水又東逕蒲城北,又東逕清苑城,又東南與盧水合,水出蒲城西,俗謂之泉頭水也。《地理志》曰:北平縣有盧水。即是水也。東逕其城,又東南,左入徐水。《地

理志》曰:東至高陽入博,今不能也。徐水又東,左合曹水,水出西北朔寧縣曹河
澤,東南流,左合岐山之水,水出岐山,東逕邢安城北,又東南入曹河。曹水又東南
逕北新城縣故城南,王莽之朔平縣也。曹水又東入于徐水。徐水又東南逕故城
北,俗謂之祭隅城,所未詳也。徐水又東注博水。《地理志》曰:徐水出北平,東至
高陽入于博,又東入滱。《地理志》曰:博水自望都,東至高陽入于滱是也。

又東北入于易。

23　滱水又東北逕依城北,世謂之依城河。《地說》無依城之名,即古葛城也。《郡國
志》曰:高陽有葛城,燕以與趙者也。滱水又東北逕阿陵縣故城東,王莽之阿陸也,
建武二年,更封左將軍任光爲侯國。滱水東北至長城注于易水者也。

【注　釋】　①九年　《水經注疏》作"二年"。熊會貞按:"《史記·趙世家》,敬侯二年,敗齊于靈
邱。又云:九年伐齊至靈邱,即《六國表》所載也。是二年敗齊,九年伐齊,明係兩事。此《注》引《趙
世家》二年事,不誤。朱(謀㙔)乃據《六國表》九年事,以表異同,殊為失考。全、趙、戴亦貿然從之,
疏矣。"②滱水東逕嘉牙川　此處有佚文二條。《寰宇記》卷五十一《河東道》十二《蔚州·飛狐縣》引
《水經注》:"廣昌縣南有交牙城,未詳所築,以地有交牙川為名。"又:"廣昌郡南有古板殿城。"當均是
此段下佚文。③飛陸陵山二句　丹盤虹梁,趙一清《水經注釋》作"丹虹盤梁"。殿本此處有戴震案
語:"此二語有舛誤。"今姑以意度解為:飛簷上凌山峰,彩繪遍布畫梁。④中山記　書名。此書不見
隋唐諸志著錄。章宗源《隋書經籍志考證》卷六說:"《中山記》,卷亡,張曜撰,不著錄。"除《水經注》
外,此書僅見《通典》、《御覽》、《寰宇記》引及,說明亡佚已久,亦無輯本,撰者張曜不知為何代人,生
平事跡不詳。⑤其故城中山所造　《疏》本以為"故城"下脫"攻",今按《疏》本語譯於後。⑥距中山
城　《疏》本以為"距中山"上脫"此城"二字,今依《疏》本語譯於後。⑦地理記　書名。當為應劭
《地理風俗記》。《水經注疏》作《地理志》。熊會貞按:"應(劭)說亦本《地理志》,論者當言《地理志》
之失,不當言《地理記》之失。"今按《疏》本語譯於後。⑧中世以來二句　"中世以來"句後原文有誤,
意義不明,語譯從略。⑨又東合堀溝　此處有佚文一條。《寰宇記》卷六十七《河北道》十六《易州·
滿城縣》引《水經注》:"五回山南七里有鬬雞臺。"當是此段下佚文。五校鈔本及七校本在《經》文"又
東過博陵縣南"下《注》文中已加入此句。⑩徐水　此處有佚文一條。《通鑑》卷一九〇《唐紀》六"高
祖武德五年"(戰于徐河)胡注引《水經注》:"徐水東北逕五回縣。"當是此段下佚文。

【語　譯】

滱水出代郡靈丘縣高氏山,

1　滱水就是漚夷水,發源於靈丘縣西北高氏山。《山海經》說:高氏山,是滱水的發源
地,東流注入河水。滱水東南流,山上有摩崖石刻,題著"冀州北界"四字。所以世
人稱為石銘陘。滱水又南流經候塘,這是個川原名。又東流,與溫泉水匯合。溫
泉水發源於西北方的暄谷,泉水溫熱如湯,能治療百病,所以世人稱它為溫泉。溫

泉水東南流經興豆亭北,亭在南原上,欹斜而不端正,所以世人把它命名為欹城。水從南原東南流,注入滱水。滱水又東流,莎泉水注入。莎泉水發源於莎泉,南流,水邊有莎泉亭,東南流,注入滱水。

2　滱水又東流經靈丘縣老城南。應劭說:趙武靈王葬於老城東南二十里,因此名為靈丘縣。靈丘縣古時屬代郡,漢靈帝光和元年(公元一七八年),中山丞相臧昊上書請求改屬他郡。薛瓚注《地理志》說:靈丘之名,在武靈王之前就有了。又據司馬遷《史記》,趙敬侯九年(公元前三七八年),在靈丘打敗齊軍。這樣看來,正如薛瓚所注,靈丘一名就不是因著武靈王而來的了。滱水從縣城南流入山峽,峽口稱為隘門;那裡設了關隘,以稽查行旅,防止意外。滱水流過南山,高峰遮蔽藍天,深溪流過谷底。滱水沿著山澗西轉,流經御射臺南。御射臺在北山上,臺南有御射石碑。更南,則奇峰高插雲霄,層層的崖壁矗立藍天,山石險峻,壁立直上,皇上的車駕沿河往來,常到這裡來遊藝。滱水西流,又向南轉彎,又向東屈曲,流經北海王拓拔詳石碣南、御射碑石柱北,向南奔流而去。

東南過廣昌縣南,

3　滱水東流經嘉牙川,有一條水南流而來注入。此水發源於恆山北麓,三條小流匯合在一起,流經嘉牙亭東,然後向北流去,注入滱水。滱水北岸,沿山路走去,就是廣昌縣界。滱水又東流經倒馬關,這裡是關山險要之地,極其幽深陡峭。詩人詠嘆高岡崔巍,使良馬也疲憊難行;傅巖險峻,使行車受阻不前。這裡山勢之險也與此相彷彿,所以關就得了此名了。關水發源於西南的長溪下,東北流經過關口,注入滱水。滱水南邊山上的松園裡建有皇上的座位,東邊的園圃裡則建有佛寺,東北兩面,山高谷深,雲霞繚繞的高峰,蔭天蔽日,流水池潭,一望澄澈見底。水潭雖深,但隱藏不住魚鱉。行旅途經此處,沒有不流連忘返的。

又東南過中山上曲陽縣北,恒水從西來注之。

4　滱水從倒馬關南流,與大嶺水匯合。大嶺水發源於中山西南方的大嶺下,東北流出了山峽,山峽右方山邊,有一座佛寺,飛簷上凌山峰,彩繪遍布畫梁,長長的溪流蕩著碧波,蜿蜒地從下面流過,東北流,注入滱水。滱水又折而東流,與兩嶺溪水匯合。此水發源於恆山北麓的山丘,東北流經過兩嶺之間。北嶺雖然層巒高插雲霄,但不及南山的峻峭秀麗。從滱水南岸徒步攀登遠處的山峰,石級迢迤而上,一路上七轉八彎,遍覽群山都與這座山峰相形見絀。可說也是羊腸、邛崍之類的峻嶺險峰。南朝的齊、宋和我們和平通好時,道路是從山間往來的。溪水東北流,注入滱水。又東流,左岸匯合懸水。懸水發源於山上的高原岫盤谷,急湍輕捷地從懸崖上飛瀉而下,為巖石所阻,成為分散的飛瀑,高四丈有餘,從山邊傾瀉而下,激起一片白雪似的飛沫,奔騰流湧,在崖下沖擊成一片深潭。懸水東南流,波濤滾滾地注入滱水。滱水又東流經過鴻山,世人把這地方叫鴻頭。我猜想這可能就是《晉書·地道記》所說的鴻上關。關尉的治所在北平,卻把邊界劃到望都,東北離北平不遠,縣的轄境也到這裡為止了。滱水左岸在這裡承接了鴻上水。鴻上水發源於西北方不遠處的一條溪水,東南流,注入滱水。

又東過唐縣南,

5　滱水又東流經左人城南。應劭說:左人城在唐縣西北四十里。唐縣有雹水,也有人叫唐水。唐水發源於中山城西偏北的地方,城內有小山,坐落在城西,側面陡峻直上,很像倒在那裡的穀堆,可能就是《地道記》所說的:望都縣有委粟關。民間以為山在縣城內,所以又稱為中山城;因為城中有唐水,於是又稱為廣唐城。《中山記》以為是中人城,又以為是鼓聚,實在是大錯特錯了。說城中有山,所以叫中山,是中山郡的治所。京相璠說:現在中山郡望都縣東二十里有舊時的中人城。望都城東有一座城,名叫堯姑城,本來沒有傳下中人城一名,而京相璠卻認為叫中人城,不知有何依據。《中山記》所說的中人城,城東距望都老城十餘里,不到二十里,只是可惜不在望都縣東邊。綜觀各種不同的說法,都有錯誤的地方。現在此城在盧奴城北偏西六十里。城的西北,是唐水的發源地,西流經郎山北。郎、唐讀音相近,雹水兼有唐水之稱,實際上就是由此而來的。唐水西流經左人亭注入滱水。

6　滱水又東流,左岸匯合一條水。這條水發源於中山城北的郎阜下,也叫唐水。但此水不在城的西邊,民間又稱為雹水,那麼這條水又兼有兩個水名了。此水西南流,注入滱水。這些情況都叫人搞不清楚,無非錄下來作為存疑罷了。

7　滱水又東流,恆水從西方流來注入。從此到下游,滱水又兼有恆水的通稱了。《禹貢》所說的:恆水、衛水已經順著河道流通,即指此水。滱水又東流,在右岸納入馬溺水。馬溺水發源於上曲陽城東北的馬溺山,東北流經伏亭。《晉書·地道記》說:望都縣有馬溺關。《中山記》說:八渡、馬溺,都是山彎裡險要的地方,這兩座關塞地點相接近,說不定這座城就是從前關尉的治所,至於異名的由來,則不得而知了。馬溺水又東流,注入滱水。

8　滱水又東流經中人亭南。《春秋左傳》昭公十三年(公元前五二九年),晉國荀吳領兵入侵鮮虞及中人,擄掠了大量戰利品而回。滱水又東流經京丘北,世人稱它為京陵,南與漢中山頃王陵相望。滱水北對君子岸,岸上有哀王的兒子憲王的陵墓,坎下有泉源積水,又名泉上岸。滱水又東流經白土北,南邊就是靖王的兒子康王的陵墓,三座墳墓並列的就是此陵了。滱水又東流經樂羊城北。《史記》說:魏文侯派樂羊滅中山。那座城就是他攻中山時所造,所以城就因此得名。滱水又東流經唐縣老城南,這兩座城都在滱水北岸,所以說滱水流經城南。城西又有一水,發源於唐縣西北的平地上,泉水從地下湧出,民間也叫它唐水。東流到唐城西北角,攔河築堤,積聚為一片湖泊,民間稱為唐池。蓮葉荷花把水面都蓋住了,成了遊人群集的佳勝之地。池水南流,注入小溝,下注滱水。水的上游和下游,又都流傳著唐水的兼稱了。

9　應劭《地理風俗記》說:唐縣西四十里有中人亭。今天從此城到中人鄉,也正好四十里。唐水在西北注入滱水,也與應劭的說法相合。又說堯山在南,卻沒有一座山與此相當,那就不對了。闞駰《十三州志》說:中山的國都在盧奴縣,唐縣老城在中山國北七十五里。闞駰這裡說是在北邊,就不對了。《史記》說:帝嚳死後,帝堯興起,開始時封於唐。望都縣在南,今天唐城南與盧奴老城相對,除此之外,更無一座其他的城邑可與此相當。考古可以知今,記載與實際情況完全不同。民間所說的望都老城,相距八十里左右,此城距中山城則七十里,驗證路程來推算城邑,那麼這裡應該是唐城沒錯。此城北距堯山五里,與七十五里的說法一致。那麼民間所謂的都山,也就是堯山了,其坐落位置在唐縣東北望都的邊界上。皇甫謐說:堯山又名豆山。現在此山在唐城以北偏東,山勢高峻,孤峰獨上,有如虎牙矗立。山南有堯廟,那麼這就是堯所登的山了。《地理志》說:堯山在南。現在考察此城南邊又沒有一座山與此相當,所以歷代研究地理的學者,都認為《地理志》的記述是有失誤的。又據民間的說法,以為唐城就是望都城,但在此以北並沒有一座城邑與此相當。即使有城,路途也十分遙遠,山河的地形地貌已全然不同,可見古人留下的憑據與傳說是有謬誤的。唐城西北豆山西麓有一道泉水,東北流經豆山,往下流與蘇水匯合,亂流轉向東方,注入滱水。難道這條水就是唐水嗎?這也不得而知了。又在唐城南偏東十餘里,有一座城邑,民間叫它高昌縣城,也許就是望都老城吧。縣城在唐水南。皇甫謐說:兩地相距五十里。現在經核實,兩城相距尚且有十五里,這大概是書寫時的錯誤了。此城以東,有一座山孤零零地聳峙著,世人將不與丘陵相連的山稱為孤山,孤、都讀音相近,也許就是所謂的都山了。《帝王世紀》說:這裡是堯的母親慶都居住過的地方,所以該縣取名望都。張晏說:堯山在北,堯母慶都山在南,攀登堯山就看到都山了,所以望都縣就因此得名了。

10　唐城也是中山城,是武公的國都,武公是周的同姓宗族。周朝衰落後,國家遭到赤狄入侵的災難。齊桓公稱霸諸侯,確立封疆加以管理,派管仲去抵抗戎狄,築城鞏固邊防。以後桓公不理國家政事,周王問太史餘道:今天的諸侯,哪一個將首先亡國?太史餘答道:天生了人民,又使他們各有不同,這就是人所以有別於禽獸的地方。現在中山的君主昏庸淫樂,縱欲無度,中山或許會首先亡國吧。兩年以後,中山果然滅亡了。魏文侯把中山封給太子擊。漢高祖立中山郡,景帝三年(公元前一五四年)立為王國。王莽時叫常山。魏皇始二年(公元三九七年),攻破中山,設立安州。天興三年(公元四〇〇年),改名定州,州治設在滱水南盧奴縣老城。從前耿伯昭就是在這裡投奔世祖的。

11　滱水右岸,有盧水注入。盧水上口承接城內的黑水池。《地理志》說:盧水發源於北平。想來有點太遙遠了;闞駰、應劭等人也都這麼說。我查考盧奴城內西北角有個池塘,水深而不流動,南北百步,東西百餘步,水色深黑,民間叫黑水池。有人說:水黑叫盧,不流動叫奴,所以此城是因此水而取名的。池水東北靠近水邊的地方,是漢中山王故宮的所在地,殿閣樓觀臺榭,都按照帝皇京都的體制來建造。中山簡王身分尊貴,宮殿也建築得特別壯麗。先造了兩座宮殿,開了四座宮門;接著又掘溝穿過北城,用石塊砌造下水道,引水通入城中水池;又造魚池、釣臺,以及觀看馬術表演的樓觀。年久以後都頹敗坍毀了,只留下一片廢墟。現在都填上泥土,建成佛寺了。池的四周,都是鱗次櫛比的民房,狹窄而擁擠,骯髒不堪,可是泉水卻始終流動不斷。到了後趙石虎建武七年(公元三四一年),才派北中郎將開始修築小城,興建北榭,動工大造宮殿。後燕就沿用這座舊宮,在中山小城以南又築了一道隔城,重修宮觀;今天的府邸臺榭還保存著舊時的規制。從漢代直到後燕,都是引導池水流經下水道的,下水道坍毀以後,池水的通道也就斷絕了,水從地下潛流出城,積水稍微上漲時,才有一縷細流往東北流入滱水。

12　滱水又東流經漢哀王陵北,這座陵墓有兩座墳,所以世人稱為兩女陵,其實不是。哀王是靖王的孫子,康王的兒子。滱水又東流,右岸匯合了長星溝。長星溝發源於上曲陽縣西北的長星渚。渚水東流,又匯合了洛光水。洛光水發源於洛光溝,東流注入長星水,亂流東經恆山下廟北。漢朝末年天下大亂,山路不通,從前這裡有下階神殿,中世以來……晉、魏兩朝,改為東西二廟,廟前有石碑石闕,壇場上柏樹成行。洛光水又東流經上曲陽縣老城北,此城本來是供四岳十二牧朝見天子時住宿的。古代天子出來巡行視察,常常在十一月來到北嶽恆山,諸侯都有湯沐邑,以便齋戒沐浴,潔淨身心。周昭王南征沒有回來,巡行視察的制度從此廢棄,但城牆仍然存在。秦時廢除井田制,改立為縣。城在山彎的南面,因而名為曲陽縣;因為有個下曲陽,所以這裡就叫上曲陽了。王莽時叫常山亭。水又東南流,胡泉水注入。胡泉水上流承接胡泉,流經上曲陽縣南,又東流經平樂亭北,左岸匯合長星川,東南流經盧奴城南,又東北流,水道左岸有張氏墓,墓地上有"漢上谷太守議郎張平仲碑",是光和年間(公元一七八—一八三年)所立。長星川又東北流,匯合於滱水。這條水有時乾涸無水,有時又水流通暢,不是長流不斷的。

又東過安憙縣南,

13　安憙縣,就是舊時的安險。那地方地勢險惡,像井陘、三塗那樣艱險難行。漢武帝元朔五年(公元前一二四年),把該縣封給中山靖王的兒子劉應為侯國,王莽改名為寧險,漢章帝又改名安憙。《中山記》說:安憙縣在唐水的水彎上,山高岸險,所以叫安險;縣裡殷富,百姓安寧,又改名安憙。前秦建元年間(公元三六五—三八四年),唐水滿漲氾濫,高岸坍垮,城角地下露出巨大的木材堆積在一起,縱橫交疊,有如梁柱。後燕初年,這些木材還在,不知道是從哪裡來的。我查閱過從前的記載,想弄清楚這個疑難問題,大概當初在這個建城的地方,曾發生過山洪爆發,漂下大木筏,堆積在此處。以後沙土淤積,逐漸變成了陸地。又興工築城,由於木材埋在地下,所以能經久不腐。滱水又東流經鄉城北,這裡從前是盧奴縣的一個鄉。《中山記》說:盧奴有三個鄉,這是其中之一,後來屬於安憙。城郭南有漢明帝時的"孝子王立碑"。

又東過安國縣北,

14　滱水流經安國縣東,分成兩條:一條分支東南流經解瀆亭南。漢順帝陽嘉元年(公元一三二年),把河間孝王的兒子劉淑封於解瀆亭為侯國。他的孫子劉宏就是後來的靈帝。這條支流又東南流經任丘城南,又東南流經安郭亭南。漢武帝元朔五年(公元前一二四年),封給中山靖王的兒子劉傳富為侯國。此水又東南流,注入滹沱河。滱水又東北流,經解瀆亭北向東北流去。

又東過博陵縣南,

15　滱水東北流經蠡吾縣老城南。《地理風俗記》說:蠡吾縣是舊時饒陽的下鄉,是從河間郡劃分出來,改屬博陵郡的。漢安帝元初七年(公元一二〇年),封河間王劉開的兒子劉翼為都鄉侯。順帝永建五年(公元一三〇年),又改為侯國。又東北流經博陵縣老城南,博陵就是古代的陸成。漢武帝元朔二年(公元前一二七年),把它封給中山靖王的兒子劉貞為侯國。《地理風俗記》說:博陵縣,就是《史記》裡的蠡吾舊縣。漢質帝於本初元年(公元一四六年)繼承孝沖帝登上帝位後,追尊他父親劉翼的陵墓為博陵。於是將它立縣,後來又設置為郡。漢朝末年,撤消了該郡,將它重又劃回安平郡。晉太始年間(公元二六五—二七四年),重新立郡,現在稱此城為野城。滱水又東北流經侯世縣舊城南,又東北流經陵陽亭東,又北流,左岸匯合博水。博水發源於望都縣,東南流經該縣老城南,王莽改名為順調。又東南流,潛入地下。博水接著又東南沿著河道再次湧出地面,東南流經三梁亭南,這可能就是古代的勺梁。《竹書紀年》說:燕人攻打趙國,包圍了濁鹿,趙武靈王聯合代人救援濁鹿,在ㄅ梁打敗燕軍。現在廣昌東嶺以東有一座山,民間稱為濁鹿邏。離ㄅ梁不遠,地勢也相近,照此推斷,也許這就是當年的ㄅ梁了,不知是否如此。

16 博水又東南流經穀梁亭南,又東流經陽城縣,水流分散,成為沼澤。沼澤裡的水高漲時,方圓達數里,不但盛產香蒲和竹筍,而且菱角和蓮藕也特別多。那些紮著雙丫角的可愛的幼童和少年,有的獨自划著小船,有的幾隻船結伴,那都是去採菱的。他們在這三月陽春歡樂歌唱,深愛著這一片碧綠的湖水;採菱的不覺得疲倦,唱山歌的音韻悠揚;過路行人看到這動人的情景,他鄉羈旅的心情,也可得到慰藉了。世人把這一片湖蕩稱為陽城淀。陽城縣老城就在西北近處,湖蕩即因此得名。《郡國志》說:蒲陰縣有陽城,即指此城。現在陽城在縣城東南三十里。博水又在地下潛流,再循著水道直到清梁亭西北才又湧出地面。

17 博水又東流經白堤亭南,又東流經廣望縣老城北。漢武帝元朔二年(公元前一二七年),將廣望縣封給中山靖王的兒子劉忠為侯國。又東流,與堀溝匯合。崛溝上口承接清梁陂,又北流經清涼城東,清涼,也就是將梁。漢武帝元朔二年,把將梁封給中山靖王的兒子劉朝平為侯國。崛溝東北流注入博水。博水又東北流,左岸有濡水注入。濡水發源於蒲陰縣西的昌安郭南邊。《中山記》說:城郭東有舜的甘泉,有舜及二妃祠。稽考傳記,卻沒有聽說有這個地方。時代已經十分遙遠,各種不同的傳說,於是就產生了。這條水從源頭東流經該縣老城南,有許多彎彎曲曲的河濱和湍急的迴流,所以也叫曲逆水。張晏說:濡水在城北彎曲西流,因此得名,縣也因水而得曲逆縣之名了。《春秋左傳》哀公四年(公元前四九一年),夏,齊國進攻晉國,奪取了曲逆,即指此城。漢高帝攻打韓王信,從代郡經過曲逆。他登城眺望,看到城內房屋很多,慨嘆道:好大的一座城呀!我走遍天下,所見大城,不過洛陽和這裡罷了。於是下詔封陳平為曲逆侯。王莽改名為順平。

18 濡水又東流,與蘇水匯合。蘇水發源於縣城西南近處的山中,東北流經堯姑亭南,又東流經該縣,注入濡水。濡水又東流,在蒲水口承接了蒲水。蒲水發源於西北方的蒲陽山,西南流,積瀦成為深潭,東西一百步,南北百餘步,深不可測。蒲水又東南流,水邊有一座古老的神祠,世人稱為百祠,也叫蒲上祠,具體情況就不得而知了。又南流經陽安亭東。《晉書·地道記》說:蒲陰縣有陽安關,是陽安關都尉治所,民間稱這一帶的平川為陽安壙。蒲水又東南流過陽安壙,流經陽安關下,關口的山峰被稱為唐頭坂。蒲水出關北流,又東流經夏屋老城,此城堅固而且極險要。《竹書紀年》說:魏殷臣、趙公孫哀聯軍攻燕,返回時奪取了夏屋,在曲逆築城,說的就是此城。此城東邊,利用山曲和舊城牆又築了一座城,世人稱為寡婦城。是賈復隨光武帝追擊銅馬、五幡於北平時所築。因為民間口頭相傳,導致音訛,因而就把賈復城轉為寡婦城了。

19　蒲水又東南流經蒲陰縣老城北。《地理志》說：城在蒲水南邊。漢章帝章和二年（公元八八年），巡行視察北嶽，覺得曲逆這個地名不好，於是按山水名改為蒲陰。蒲水右岸匯合魚水。魚水發源於北平縣西南的魚山，山上有巨石，形狀像是大魚，水就是從石下流出，所以世人就用物象為水命名了。又東流，注入蒲水。蒲水又東流，注入濡水。所以《地理志》說：蒲水、蘇水都從縣東注入濡水。又東北流經樂城南，又東流，注入博水。從這裡直到下游，博水也兼有濡水的通稱了。《春秋》昭公七年（公元前五三五年），齊國與燕國在濡上會盟。杜預說：濡水發源於高陽縣東北，流到河間郡鄚縣注入易水。於是濡水與溥沱、滱水、易水都互相通稱了。博水又東北流，徐水注入。徐水發源於西邊廣昌縣東南大嶺下，世人稱為廣昌嶺。嶺高四十餘里，山腰以上的後段二十里山路，迴環曲折，要轉五個大彎，才能到達嶺頭高處，所以有五迴嶺之稱。俯瞰底下，峰巒層沓，密密麻麻地就像蟻巢一樣，因此這座孤峻特拔的高峰，又兼有孤山之稱了。

20　徐水有三個源頭，一起流瀉入一條山澗，東流北轉，流經東山腳下，水西有"御射碑"。徐水又北流西曲流經南崖下，水南又有一塊石碑。徐水又隨山勢轉而向南流經東崖底下，水邊又有一塊石碑。這三座碑都在兩側面對重山，懸崖峭壁高峻聳立，直上雲霄。石碑的銘文說：皇帝於太延元年（公元四三五年）十二月，乘坐車駕到東方巡察，行經山深路險的五迴嶺，縱目眺望那高高聳峙的河岸，於是在路旁停下車駕，挽弓奮射。那支箭竟飛越過巖峰，落到山後去了。因此刻石立碑，以稱頌這一偉大事跡。碑石兩旁，還有兩處層臺，就是皇上射箭的地方，石碑背面，都刻了立碑者的官名。

21　徐水往東北轉彎流經郎山，又轉彎流經山南，無數尖峭的小山峰競相高舉，就像紛紛豎立的鳥翅。直立的巉巖也尖削如劍鋒，地勢真是高峻險惡到極點了。漢武帝時，戾太子因為巫蠱之禍出逃，他的兒子老遠地逃亡到這深山裡，所以世人給此山取名為郎山。山南有"郎山君碑"，碑文裡有關於此事的記載。徐水又流經郎山君排行居中的兒子觸鋒將軍廟南，廟前有碑。晉惠帝永康元年（公元二九一年）八月十四日壬寅，頒發詔令，賜郎山君父子建立祠廟。劉曜光初七年（公元三二四年），前頓丘太守郎宣、北平太守陽平人邑振等，共同修理舊碑，刻石作頌詞。

22　徐水又流經北平縣。縣界有界碑，是漢熹平四年（公元一七五年）所立。幽、冀二州遵照戊子日頒發的詔書，派遣冀州從事王球、幽州從事張昭，為了給郡縣劃分轄境，立石作為分界的標誌，石碑上的文字都作了清楚的說明。徐水又東南流過石門之中，民間稱為龍門。那座山上合下開，洞開處高六丈，飛奔的澗水通過石門中間,南流出洞,沿著懸崖飛瀉入山澗中,高七丈有餘,轟隆的水聲雄豪威猛,底下的巖石被沖蝕出一口深潭,深不可測,激起一片白浪,滾滾的浪濤湧上四岸。身臨高岸,俯視這壯偉的飛瀑,不覺令人驚心動魄。徐水往東南出山,流經城中,有一座古碑,叫"太白君碑",太白君是郎山君的長子。徐水又東流,漢光武帝在北平追擊銅馬、五幡軍,在順水北岸把他們打得大敗,他乘勝往北追擊,反而被敵軍打敗。雙方短兵相接,光武帝自己跳到崖下,剛好遇上突擊騎兵王豐,王豐把馬給了光武帝,退回范陽堅守。這裡提到的順水,就是徐州的別名。徐水又東流經蒲城北,又東流經清苑城,又東南流,與盧水匯合。盧水發源於蒲城西,民間稱為泉頭水。《地理志》說:北平縣有盧水,即指此水。東流經北平城,又東南流,左注於徐水。《地理志》說:東流到高陽注入博水。但現在流不到高陽了。徐水又東流,在左岸匯合曹水。曹水發源於西北朔寧縣的曹河澤,東南流,左岸匯合岐山水。岐山水發源於岐山,東流經邢安城北,又東南流注入曹河。曹水又東南流經北新城縣老城南,這就是王莽時的朔平縣。曹水又東流,流入徐水。徐水又東南流經舊城北面,民間稱為祭隅城,至於地名的由來,那就不大清楚了。徐水又東流,注入博水。《地理志》說:徐水發源於北平,東流到高陽注入博水,又東流,注入滱水。《地理志》說:博水從望都東流到高陽,注入滱水。

又東北入于易。

23　滱水又東北流經依城北,世人稱為依城河。《地說》沒有依城這個地名,其實它就是古代的葛城。《郡國志》說:高陽有葛城,燕將它割讓給趙國。滱水又東北流經阿陵縣老城東,就是王莽時的阿陸。建武二年(公元二六年),改封給左將軍任光為侯國。滱水東北流到長城注入易水。

【研　析】　此二水都是大清河的支流,是海河的二級支流,但《水經注》作為一卷,各自成篇,說明在古代,海河上游有不少支流受到酈氏的重視。《易水》篇中,《注》文顯然突出《燕丹子》所敘"荊軻入秦"一段。"太子與知謀者,皆素衣冠送之于易水之上……風蕭蕭兮易水寒,壯士一去兮不復還。"是古今傳誦的悲壯之句。《滱水》篇中,酈氏充分發揮了他的寫景技巧,例如陽城淀,從"渚水潴漲"到"亦有慰于羈望矣"一段,把這個小小池沼,寫得躍然如畫。又如敘石門徐水瀑布:"其山上合下開,開處高六丈,飛水歷其間,南出乘崖,傾澗洩注,七丈有餘,濟盪之音,奇為壯猛,觸石成井,水深不測,素波自激,濤襄四陸,瞰之者驚神,臨之者駭魄矣。"酈氏當年必然是親履其境的,所以能寫得如此出神入化。這也是他所以把這條不大的支流選為一篇的原因。

卷十一附錄　補滹沱水　補㴇水　補滋水

【題　解】　卷十一之末,趙一清廣輯佚文,撰成《滹沱水》、《㴇水》、《滋水》三篇的補編,其中《滹沱水》的缺佚,見於殿本卷首《校上案語》之中。由於古人引書不規範,常有簡引及雜以己意等情,何況原文散佚,輯佚屬於掛一漏萬,故趙氏所補絕非完璧,但吉光片羽,於讀酈亦不無小補,所以凡王先謙《合校水經注》收錄各補篇,本書也都錄入,以供讀者參閱。

補滹沱水①

《禹貢錐指》②曰:禹主名山川,曲阳以下之滱,本名恒;靈壽以下之滹沱,本名衛。其出高是泰戲者,則恒、衛之別源。自《周禮》以虖池、嘔夷為并州之川,其名著,而恒、衛之名遂隱矣。又曰:或問恒、衛、滱、滹沱,《漢志》明列為四水。子謂恒即滱、衛即滹沱,亦有所據乎?曰:有之。《水經注》云:滱水東過上曲陽縣北,恒水從西來注之。自下滱水兼納恒川之通稱,即《禹貢》所謂恒衛即從也。此非恒即滱之明證耶?《水經》無滹沱之目,見《濁漳》、《易》、《滱》、《巨馬》諸篇中,僅一二語,故衛水無考。然酈《注》凡二水合流,言自下互受通稱者,不可枚舉,則滹沱受衛之後亦得通稱衛水,可知也。又曰:滹沱大川也,《水經》當自為一篇。頃閱《寰宇記·鎮州·真定縣·蒲澤》下引《水經注》云:滹沱河水東逕常山城北,又東南為蒲澤,濟水有梁也,俗謂之蒲澤口。又《滋水》下引《水經》云:滋水又東至新市縣入滹沱河。又《深州·饒陽縣·枯白馬渠》下引《水經》云:滹沱河又東,有白馬渠出焉。又《瀛州·河間縣·大浦淀》下引《水經注》云:大浦淀下導,陂溝競奔,咸注滹沱,是故人因決入之處謂之百道口。此四條檢今本無之,則似《水經》原有《滹沱水》篇,宋初尚存,而其後散逸,滹沱原委不可得詳,惜哉。一清按:《滹沱水》篇失亡,猶幸有宋初原本見於載籍,得以尋其川脈。第東樵所引《寰宇記》之文,尚有未盡,謹補綴之如左:《忻州·秀容縣》下引《水經注》云:滹沱南歷忻中口,俯會忻水,水出西管涔山東也。《程侯山》下引《注水經》云:忻川東歷程侯北山,山甚層銳,其下舊有採金處,俗謂之金山。《九域志》《忻州·古跡》引《水經注》云:程侯北山下有採金穴。樂《記》③處字疑穴字之誤。又《定襄縣·三會水》下引《水經》云:三會水出九原縣西,東入滹沱水,逕定襄界。又《代州·雁門縣·句注》下引《水經》云:雁門郡北對句注,東陘其南,九塞之一也。晉咸寧元年,《句注碑》曰:蓋北方之險,有盧龍、飛狐,句注為之首,天下之所阻,所以分別外內也。漢高祖欲伐匈奴,不從婁敬之說,械擊于廣武,遂踰句注,困于平城,謂此處也。《漢志·雁門郡》下云:句注在陰館北。《太原郡·廣武縣》下云:河主賈屋山在北河,河主是句注之誤。又《龍泉》下引《注水經》云:龍泉出雁門縣平地,其大三輪,泉源沸湧,騰波奮發,以巨石投之,輒噴出。亦云潛通燕京山之天池也。《方輿紀要·雁門》下云:龍躍泉,《水經注》謂之雲龍泉,相傳與靜樂縣之天池潛通。較樂《記》所引多一雲字。又《五臺縣·五臺山》下引《水經注》云:五臺山五巒巍然,故謂之五臺山。晉永嘉三年,雁門郡葰人縣五百餘家避亂入此山,見山人為之先驅,因而不返,遂寧巖野,往還之士,稀有望見其村居者。至詣尋訪,莫知所在,故俗人謂此山為仙者之都矣。中臺之頂方三里,近西北陬有一泉水不流,謂之太華泉。蓋五臺之層秀,《仙經》④云:此山名紫府,常有紫氣,仙人居之,《內經》⑤以為清涼山。《御覽》引此注云:其北臺之上,冬夏常冰雪,不可居。文殊師利常鎮毒龍之所,今多佛寺,四方僧徒善信之士多禮焉。又《聖人阜》下引《水經注》云:滹沱水東逕聖人阜,阜下有泉,泉側石上有二手跡,其西復有二腳跡,甚大,莫窮所自,在縣西四十八里。又云:仙人山在五臺縣東南五十里,石嵒上有人坐跡,山腹石上有手跡,山下石上有雙腳跡,皆西向立。《初學記》引《注水經》曰:代州專池水,西注五臺。專池即虖池之誤。又思陽水東有獨山,山上有嵩,嵩上有人坐跡,山腹石上有兩手跡,山下石上有兩腳跡,俗名曰仙人山也。據此則樂《記》所稱仙人山,亦是酈《注》原文,而思陽水一語,尤足補其闕逸。《魏書·地形志》:肆州永安郡驢夷縣有思陽城,蓋因水以得名。故《魏昌城》下引《水經》云:《李克書》⑥曰:魏文侯時,克為中山相,

苦陘之吏上計而入多其前,克曰:苦陘上無山原林麓之饒,下無谿谷牛馬之息,
而入多其前,是苦吾百姓。遂執而免之。漢光武時,封大將軍杜茂為苦陘侯。
漢章帝北巡,改曰漢昌。至魏文帝改漢昌為魏昌城。又《鎮州·行唐縣·輪井
水》下引《水經注》云:行唐城上西南隅有大井若輪,水深不測。《王山祠》下引
《水經》云:行唐城內北門東側祠後有神女廟,廟前有碑,其文云:王山將軍,故燕
薊之神童,後為城神聖女者,此土華族石神夫人之元女。趙武靈王初營斯邑,城
彌載不立。聖女發歎,應與人俱,遂妃神童,潛刊貞石,百堵皆興,不日而就。故
此神後之靈應不泯焉。《莫州·任邱縣·狐狸淀》下引《水經注》云:鄚縣東南
隅水有狐狸淀,俗亦謂掘鯉淀,非也。《溿沱水》篇之殘簡文見于《寰宇記》者如
此,為之隨方辨證焉。

【注　釋】　①溿沱水　今海河一級支流子牙河的支流。此水歷來名稱極多,《山海經》作"虖勺",
《周禮》作"虖池",《史記》作"嘑池"等,不勝枚舉。此水發源於今山西恆山與五臺山之間的泰戲山,
西流南折,經太行山峽谷進入今河北境內,東流與滏陽河匯合後稱為子牙河。全長五百八十餘公里,
流域面積二萬七千餘平方公里。②禹貢錐指　書名。清胡渭撰。胡渭(公元一六三三—一七一四
年),字胐明,明末清初著名地理學家。晚年埋頭撰此書二十卷,是歷來研究《禹貢》的權威著作。書
名取《莊子·秋水》"以管窺天,以錐指地",寓自謙之意。曾因此書獲得康熙"耆年篤學"扁額褒獎。
原書刻成於康熙四十一年(公元一七〇二年),歷來翻刻甚多,今有鄒逸麟整理,上海古籍出版社一九
九六年排印本,最稱完整。③樂記　指宋樂史所編《太平寰宇記》。④仙經　書名。不知撰者和撰述
年代,不見於歷來公私著錄。已亡佚。⑤內經　書名。通常是《黃帝內經》的簡稱。⑥李克書　書
名。《漢書·藝文志》著錄七篇。李克是子夏的弟子,曾為魏文侯相。

【語　譯】
《禹貢錐指》說:禹疏導名山大川,曲陽以下的滱水,原來名為恆水;靈壽以下的溿
沱水,原來名為衛水。特別高的泰戲山,是恆水和衛水的另一發源地。自從《周
禮》將虖池和嘔夷作為并州的大川以後,虖池、嘔夷的名稱就顯揚,恆水和衛水的
名稱就少為人知了。《禹貢錐指》又說:或許有人問:恆水、衛水、滱水、溿沱水,《漢
書·地理志》明明列為四條河流。則你所說恆水就是滱水、衛水就是溿沱水的話,
有沒有根據呢? 我說:有的。因為《水經注》說:滱水向東經過上曲陽縣以北,恆水
從西來匯注。從此以下,滱水就兼有恆水的通稱了。這就是《禹貢》所說的恆水和
衛水合流了。這不就是恆水即滱水的證明嗎?《水經》沒有溿沱水的篇目,只在
《濁漳水》、《易水》、《滱水》、《巨馬水》各篇中說到一二句,所以衛水就無從查考
了。然而在酈《注》之中,凡是二水合流,說從此至下游可以互相通稱的,不勝枚
舉,所以溿沱水在承接衛水以後也可以通稱衛水,這是可想而知的。又說:溿沱水

是一條大水,《水經》應當為它設置一篇。現在讀《寰宇記·鎮州·真定縣·蒲澤》下,引用《水經注》說:滹沱河水向東流經常山城以北,再向東南流是蒲澤,跨河有橋梁,通常稱為蒲澤口。《寰宇記·滋水》下引《水經》說:滋水又向東流到新市縣注入滹沱河。又在《深州·饒陽縣·枯白馬渠》下引《水經》說:滹沱河又向東流,有白馬渠流來。又在《瀛州·河間縣·大浦淀》下引《水經注》說:大浦淀向下流注,湖陂和溝渠很多,都注入滹沱河,所以人們把這許多湖陂溝渠注入之處稱為百道口。上列《寰宇記》所引的四條,現在的《水經》和《水經注》中是沒有的。所以看來《水經》原來有《滹沱水》一篇,宋朝初年還存在,以後就散佚了,以致滹沱水的源流不能詳細獲悉,真是可惜。(趙)一清按,《滹沱水》篇亡佚,幸虧還有從宋初原本中摘載的其他古籍,可以尋找此水的脈絡。但(胡)東樵所引的《寰宇記》文字有所不足,現在補充如下:《寰宇記·忻州·秀容縣》下引《水經注》說:滹沱水南流經忻中口,下與忻水匯合。忻水從西邊的管涔山以東流出。《程侯山》下引《注水經》說:忻川水向東流,經過程侯北山,此山層級很多而且高峻,山下有以前採掘金礦的地方,世俗稱為金山。《元豐九域志·忻州·古跡》引《水經注》說:程侯北山下有採掘金礦的洞穴。樂史《太平寰宇記》“處”字可能是“穴”字的錯寫。又此書《定襄縣·三會水》下引《水經》說:三會水發源於九原縣以西,向東流入滹沱水,經過定襄縣縣界。又此書《代州·雁門縣·句注》下引《水經》說:雁門郡北與句注相對,向東經過它的南面,是“九塞”之一。晉朝咸寧元年(公元二七五年)的“句注碑”說:北方的險要之處有盧龍和飛狐,而句注是其中的首要,這是天下的分隔,內外的區別。漢高祖想討伐匈奴,沒有聽從婁敬的勸說,反把他拘禁在廣武,自己跨越句注,結果被圍困在平城,就是這個地方。《漢書·地理志·雁門郡》下說:句注在陰館縣以北。《太平寰宇記》又在《太原郡·廣武縣》下說:河主賈屋山在北河,“河主”是“句注”的誤寫。又在《龍泉》下引《注水經》說:龍泉發源於雁門縣平地,有三個車輪那樣大,泉水發源處沸騰洶湧,波浪上沖,把大石投進去,常常被噴出來。也有說這處泉水和燕京山的天池是潛通的。《方輿紀要·雁門》下說:龍躍泉在《水經注》中稱為雲龍泉,相傳此泉和靜樂縣的天池相潛通。《方輿紀要》所引的文字比樂史《太平寰宇記》多了一個“雲”字。又《太平寰宇記·五臺縣·五臺山》下引《水經注》說:五臺山有五個山巒高高聳立,所以叫做五臺山。晉永嘉三年(公元三〇九年),雁門郡葰人縣有五百餘家因躲避戰亂而進入此山,由於看到有山人為他們引路,所以就不再回來,安居在那個山巖野地之中,來往的人,很少有看到他們村舍的。去到那裡尋訪,也不見他們的所在,所以世俗人叫這座山為“仙者之都”。五臺之中,中臺的頂部方圓三里,西北近緣有一處不流

動的泉水，叫做太華泉。由於五臺的山高水秀，所以《仙經》稱此山為紫府，常常有
紫氣，是仙人居住的地方。《內經》稱此山為清涼山。《御覽》引了這段話，並且作
注說：五臺之中的北臺上，冬天與夏天都有冰雪，不可居住，這是文殊師利鎮壓毒
龍的地方，現在多有佛寺，從四方來的僧徒和善男信女經常到這裡禮拜。《太平寰
宇記》又在《聖人阜》下引《水經注》說：滹沱水向東流過聖人阜，阜下有泉水，泉水
旁邊的石上有兩個手跡，它的西邊又有一雙腳跡，很大，不知是怎樣來的，它們在
縣西四十八里。又說：仙人山在五臺縣東南五十里，巖石上有人坐過的痕跡，山腹
的石上有兩個手跡，山下石上有一雙腳跡，皆向西而立。《初學記》引《注水經》
說：代州的專池水，西流注入五臺山。「專池」即是「虖池」的誤稱。再者，思陽水
東有獨山，山上有塊巖石，巖石上有人坐過的痕跡，山腹的石頭上有雙手的手跡，
山下的石頭上有雙腳的腳跡，世俗稱此山為仙人山。這樣看來，則《太平寰宇記》
所稱的仙人山，也是《水經注》的原文，而「思陽水」一句，尤其可以補足文字的缺
佚。《魏書·地形志》記道：肆州永安郡驢夷縣有思陽城，是因為思陽水而得名的。
所以《太平寰宇記》在《魏昌城》下引《水經》說：《李克書》說：魏文侯時，李克做中
山國相，苦陘的收入比以前要多。李克說：苦陘上無山林的富饒，下無牛馬的收
入，而收入比以前多，這其實是苦了這裡的百姓。就拿下這些官吏而免除了百姓
的負擔。漢光武帝時，封大將軍杜茂為苦陘侯。漢章帝到北方巡視，將苦陘改名
為漢昌。到魏文帝時，又改漢昌為魏昌城。《太平寰宇記》又在《鎮州·行唐縣·
輪井水》下引《水經注》說：行唐城上西南邊有大井像車輪一樣，井水深不可測。又
在《王山祠》下引《水經》說：行唐城內北門的東側，祠的後面有神女廟，廟前有碑，
碑文說：王山將軍，是前燕薊地方的神童；後來成為城神聖女的，則是這裡有名的
大族石神夫人的長女。趙武靈王開始經營這個城邑的時候，城牆好幾年都築不起
來。聖女發出要求，說她應該和人在一起，因而讓她作了神童的妃子，不事聲張地
只將此事刻在貞石之上。於是各處城牆都興建起來，沒有幾天就建成了。所以這
位神明以後一直顯存靈應。《太平寰宇記·莫州·任邱縣·狐狸淀》下引《水經
注》說：鄚縣東南邊的水澤有狐狸淀，世俗也稱為掘鯉淀，但這是錯誤的。《滹沱
水》篇的殘缺文字為《寰宇記》所收錄的有這樣多，可以讓我們按方位加以考證。

補泒水 [①]

一清按，《水經》本有《泒水》篇，今失亡矣。《寰宇記·定州·安喜縣·泒水》下引
《水經注》云：泒水歷天井澤南流，所播為澤，俗名為天井淀。《初學記》引《水經

注》云:定州㴔水北流逕大核山。大核山疑是大㴔山之訛。大㴔山在今阜平縣西北五里,其東又有小㴔山,以㴔河所經得名。《說文》:㴔水出雁門葰人戍夫山,東北入海。按《山海經》郭璞注曰:今滹沱水出雁門鹵城縣南武夫山戍。夫武夫皆泰戲之一名,顧祖禹[2]曰:蓋以滹沱為㴔水也。此說非是,蓋㴔水與滹沱同出一山耳。㴔水源見《說文》,尾見本《注》,其中所歷之道,僅有定州一語,較之他篇,脫失尤甚。

【注　釋】　①㴔水　此水始見於《說文解字》卷十一上:"㴔水起雁門葰人戍夫山,東北入海。"趙引《寰宇記》:"㴔水歷天井澤南流。"據此,則此水上游為豬龍河上游大沙河,是海河一級支流大清河的支流。②顧祖禹　字端五,號景範,江蘇無錫人。精通輿地之學,著有《讀史方輿紀要》。

【語　譯】

趙一清按,《水經》原來有《㴔水》篇,現在已經亡佚了。《寰宇記·定州·安喜縣·㴔水》下引《水經注》說:㴔水經過天井澤向南流,散播成為湖澤,俗名天井淀。《初學記》引《水經注》說:定州㴔水向北流經大核山。大核山可能是大㴔山的誤稱。大㴔山在今阜平縣西北五里,它的東邊又有小㴔山,此山因有㴔河經過而得名。《說文》說:㴔水發源於雁門郡葰人縣的戍夫山,從東北流入海。按照郭璞在《山海經》所注,今滹沱水發源於雁門郡鹵城縣以南的武夫山戍。武夫山是泰戲山的另一名稱。顧祖禹說:這是把滹沱水作為㴔水了。這個說法是不對的,因為㴔水和滹沱水發源於同一座山岳。㴔水的發源見於《說文》,它的終結見於本《注》,它所經歷的流程,只有"定州"一句,與另外幾篇相比,缺佚更多。

補滋水[1]

一清按,《方輿紀要·山西·蔚州·靈邱縣》下云:《山海經》云:高是之山,滋水出焉。滋水在縣北,《水經注》:滋水逕枚迴嶺,懸流五丈,湍激之聲,響動山谷。《元和志》:滋水出靈邱縣西南枚迴山,懸河五丈,湍激之聲,嚮動山谷,樵栨之士,咸由此渡。巨木淪渭,久乃方出,或落崖石,無不粉碎也。《土地記》云:枚迴嶺與高是山連麓接勢。李吉甫所引,疑是酈《注》原文。《紀要》又云:石銘陘在縣西,《水經注》:滋水逕枚迴嶺東南,過石銘陘。有石銘其上云:冀州北界。石銘陘亦見《滱水注》,滋水與滱水,發源最近,故其事兩隸,而班固《地理志》、許慎《說文》俱謂滋水出牛飲山白陘谷,在南行唐。今行唐西去靈邱四百餘里,水源安得便出于此。《名勝志·行唐縣》下引《水經注》云:滋水至行唐縣,鹿水出焉,謂之木刀溝,入滹沱河。《寰宇記·真定縣》下引《水經》云:滋水又東至新市縣,入溥沱河。又《鎮州·鼓城縣》下云:雷源,《中山記》:雷河溝水源出鼓城縣。《名勝志·晉州》下引《水經注》云:溥沱水流入雷河溝水,過舊曲陽北。據此則衛水與滋水通波沿注,隨地易稱矣。今山西廣靈縣有滋水,流為壺流河,亦名葫蘆河。《元和志》、《寰宇記》謂之瓠瓤河,云上槽狹,下槽闊,有似瓠瓤,故名。亦謂嘔夷河,蓋與滱水道近也。而其下流則北入于桑乾,疑與出行唐之滋水有別。然《山海經》本云:高是之山,滋水出焉,而南流注于溥沱。則當日滋水惟南入溥沱,不北入桑乾,不知何時分一支北流。今酈《注》既亡,無從可證。又嵐州紇真山,夏恒積雪,鳥雀死者,一日千數。《寰宇記·朔州·鄯陽縣》下引《冀州圖》[②]云:紇真山在城東北三十里,登之望桑乾、代郡,數百里內宛然。夏恒積雪。彼人語曰:紇真山頭凍殺雀,何不飛去生處樂。紇真山即紇干山,虜語紇真,華言千里。二語唐昭宗嘗稱之,蓋古謠諺也。又《祁州·無極縣·故安城》下引《水經》云:故安城即魏之安鄉城。《魏志》云:明帝太和元年,封外祖甄逸為安鄉侯,嫡孫象襲爵。青龍二年,追謚后兄儼為安鄉侯。即此城也。《故新城》下引《水經》云:後魏太武帝南巡,行宮築亦曰資城。滋亦作資,又作咨,此城因滋水所經得名。《水經》本有《滋水》篇,今脫亡爾。

【注　釋】　①滋水　此水在古籍中有兩種說法。按趙氏所補,此水是溥沱河支流,溥沱河注入子牙河,故此水是今海河的三級支流。但按《元和郡縣志》(趙氏亦引及)卷十四靈邱縣滋水:“水出靈邱縣西南枚回山,……東流入唐河。”唐河按水系屬於大清河支流。②冀州圖　圖名。《崇文總目》二著錄:“《冀州圖》二卷。不知撰者和撰繪年代,已亡佚。”

【語　譯】
趙一清按,《方輿紀要·山西·蔚州·靈邱縣》下說:《山海經》說:滋水發源於高是之山。滋水在靈邱縣北。《水經注》說:滋水經過枚回嶺,瀑布有五丈高,湍激的聲音,使整個山谷都受到響動。《元和郡縣志》說:滋水發源於靈邱縣西南的枚回山,瀑布有五丈高,湍激的聲音,使整個山谷都受到震動,採樵伐木的人,都從此過渡。巨大的木材在水流中很久才漂出來,或者掉落到巖石上,沒有不摔得粉碎的。《土地記》說:枚回嶺與高是山,峰巒互相連接。李吉甫《元和郡縣志》所引的,或許就是《水經注》的原文。《讀史方輿紀要》又說:石銘陘在縣的西部,《水經注》說:滋水經過枚回嶺東南,再流過石銘陘。石上刻有銘文說:冀州北界。石銘陘也在《滱水注》中提到。滋水和滱水發源很接近,所以此事兩者都有寫到。班固的《漢書·地理志》和許慎的《說文解字》都說滋水發源於牛飲山白陘谷,屬於南行唐縣。現在行唐縣離靈邱縣四百多里,滋水哪能在這裡發源。《名勝志·行唐縣》

下引《水經注》說：滋水到行唐縣，鹿水在這裡發源，稱為木刀溝，注入滹沱河。《寰宇記·真定縣》下引《水經》說：滋水又向東流到新市縣，注入滹沱河。《寰宇記》又在《鎮州·鼓城縣》下說：雷河溝水的源頭，據《中山記》說：雷河溝水發源於鼓城縣。《名勝志·晉州》下引《水經注》說：滹沱水流入雷河溝水，經過舊曲陽縣以北。這樣看來，衛水和滋水是連通流注的，兩條河流其實只是各地的不同稱謂。現在山西省廣靈縣有滋水，沿流稱為壺流河，又稱葫蘆河。《元和志》和《寰宇記》稱為瓠瓝河，說它因為上流河槽狹，下流河槽闊，形狀像葫蘆，所以有這樣的名稱。也稱它為嘔夷河，這是因為它與㴲水很接近的緣故。它的下流向北注入桑乾河，所以和發源於行唐縣的滋水可能是兩條不同的河流。但是《山海經》說：滋水發源於高是之山，向南流注入滹沱河。所以當時滋水是南流注入滹沱河，不是北流注入桑乾河，不知道什麼時候分出一條北流的支流。現在《水經注》此篇已經亡佚，也就無從證明了。又說嵐州紇真山，夏季經常積雪，每天要凍死幾千隻鳥雀。《寰宇記·朔州·鄯陽縣》下引《冀州圖》說：紇真山在鄯陽城東北三十里，在山上可以望見桑乾河和代郡，幾百里內看得清清楚楚，夏天常常積雪。有句話說：紇真山頭凍殺雀，何不飛去生處樂。"紇真山"就是"紇干山"，胡人言語裡的"紇真"，就是華語的"千里"。這兩句話唐昭宗曾引述之，這是古代的歌謠諺語。又《寰宇記·祁州·無極縣·故安城》下引《水經》說：故安城就是魏的安鄉城。《魏志》說：魏明帝太和元年(公元二二七年)，封他的外祖父甄逸為安鄉侯，其嫡孫甄象繼承爵位。青龍二年(公元二三四年)，追諡皇后之兄儼為安鄉侯，就是這座城。《寰宇記》在《故新城》下引《水經》說：後魏太武帝到南方巡行，所築的行宮也叫資城。滋，也作資或咨，所以此城是因為有滋水流經而得名的。《水經》本來有《滋水》篇，但現在已經亡佚了。

【研　析】　趙一清廣輯酈佚，補成此三篇，可謂煞費苦心。如此做學問，是值得稱讚的。前面題解中已經指出，古人引書並沒有一定的規律，簡略引述並雜以己意者甚為常見。所以不少酈語，看似酈佚，但其實並非酈書原文，這當然是無可奈何之事。而趙氏在其所補各篇中，亦就佚文加以議論，其意當然是為了說明其補綴今本所缺之篇，但從體例評議，也略具"考"的性質。如《補滹沱水》，也可易題為《滹沱水考》。當然，整體評價，所補各篇，對於後來研讀酈氏作品者，仍然不無價值。

卷十二　聖水　巨馬水

【題　解】　雖然可以確定聖水為今拒馬河支流，但當今何水，已經無法考實。或說是今白溝河，但也無確證。由於這個地區歷史上河流交錯，河流的襲奪現象比較普遍，古今河道已有很大改易，所以很難論定。譚其驤主編《中國歷史地圖集》第四冊北朝、魏《相冀幽平等州圖》中繪有聖水，其中有一段與今永定河重合，或可供參考。

　　巨馬水今稱拒馬河，發源於今河北淶源以西的山西境內，上游分南拒馬河與北拒馬河二支，全長二百三十餘公里，流域面積四千八百餘平方公里。

聖　水

聖水出上谷，

1　故燕地，秦始皇二十三年置上谷郡。王隱《晉書・地道志》曰：郡在谷之頭，故因以上谷名焉。王莽更名朔調也。水出郡之西南聖水谷，東南流逕大防①嶺之東首。山下，有石穴，東北洞開，高廣四五丈，入穴轉更崇深，穴中有水。《耆舊傳》言：昔有沙門釋惠彌者，好精物隱，嘗蓺火尋之，傍水入穴三里有餘，穴分為二：一穴殊小，西北出，不知趣詣；一穴西南出，入穴經五六日方還，又不測窮深。其水夏冷冬溫，春秋有白魚出穴，數日而返，人有採捕食者，美珍常味，蓋亦丙穴②嘉魚之類也。是水東北流入聖水。聖水又東逕玉石山，謂之玉石口，山多珉玉、燕石，故以玉石名之。其水伏流里餘,潛源東出,又東,頹波瀉澗,一丈有餘,屈而南流也。

東過良鄉縣南,

2　聖水南流,歷縣西轉,又南逕良鄉縣故城西,王莽之廣陽也。有防水注之,水出縣西北大防山南,而東南流逕羊頭阜下,俗謂之羊頭溪。其水又東南流,至縣東入聖水。聖水又南與樂水合,水出縣西北大防山南,東南流,歷縣西而東南流注聖水。聖水又東逕其縣故城南,又東逕聖聚南,蓋藉水而懷稱也。又東與俠河合,水出良鄉縣西甘泉原東谷,東逕西鄉縣故城北,王莽之移風也,世謂之都鄉城。按《地理志》:涿郡有西鄉縣而無都鄉城,蓋世傳之非也。又東逕良鄉城南,又東北注聖水,世謂之俠活河,又名之曰非理之溝也。

又東過陽鄉縣北,

3　聖水自涿縣東與桃水合,水首受淶水于徐城東南良鄉,西分垣水,世謂之南沙溝,即桃水也。東逕遒縣北,又東逕涿縣故城下與涿水合。世以爲涿水,又亦謂之桃水,出涿縣故城西南奇溝東八里大坎下,數泉同發,東逕桃仁墟北,或曰因水以名墟,則是桃水也。或曰終仁之故居,非桃仁也。余按《地理志》:桃水上承淶水,此水所發,不與《志》同,謂終爲是。

4　又東北與樂堆泉合,水出堆東,東南流注于涿水。涿水又東北逕涿縣故城西,注于桃。應劭曰:涿郡,故燕,漢高帝六年置。其南有涿水,郡蓋氏焉。闞駰亦言是矣。今于涿城南無水以應之,所有惟西南有是水矣。應劭又云:涿水出上谷涿鹿縣,余按涿水自涿鹿東注漯水。漯水東南逕廣陽郡與涿郡分水,漢高祖六年,分燕置涿郡,涿之爲名,當受涿水通稱矣,故郡、縣氏之。但物理潛通,所在分發,故在匈奴爲涿耶水。山川阻闊,並無沿注之理,所在受名者,皆是經隱顯相關,遙情受用,以此推之,事或近矣,而非所安也。

5　桃水又東逕涿縣故城北,王莽更名垣翰,晉大始元年,改曰范陽郡。今郡理涿縣故城,城內東北角有《晉康王碑》,城東有《范陽王司馬虓廟碑》。桃水又東北與垣水會,水上承淶水,于良鄉縣分桃水,世謂之北沙溝。故應劭曰:垣水出良鄉,東逕垣縣故城北。《史記音義》曰:河間有武垣縣,涿有垣縣。漢景帝中三年,封匈奴降王賜爲侯國,王莽之垣翰亭矣。世謂之頃城,非也。又東逕頃,亦地名也。故有頃上言,世名之頃前河。又東,洛水注之,水上承鳴澤渚,渚方十五里,漢武帝元封四年,行幸鳴澤者也。服虔曰:澤名,在遒縣北界。即此澤矣。西則獨樹水注之,水出遒縣北山,東入渚。北有甘泉水注之,水出良鄉西山,東南逕西鄉城西,而南注鳴澤渚。渚水東出爲洛水,又東逕西鄉城南,又東逕垣縣而南入垣水。垣水又東逕涿縣北,東流注于桃。故應劭曰:垣水東入桃。闞駰曰:至陽鄉注之。今按《經》脈而不能屆也③。桃水東逕陽鄉,東注聖水。聖水又東,廣陽水注之,水出小廣陽西山,東逕廣陽縣故城北;又東,福禄水注焉。水出西山,東南逕廣陽縣故城南,東入廣陽水,亂流東南至陽鄉縣,右注聖水。

6　聖水又東南逕陽鄉城西,不逕其北矣。縣,故涿之陽亭也。《地理風俗記》曰:涿縣東五十里有陽鄉亭,後分爲縣。王莽時,更名章武,即長鄉縣也。按《太康地記》,涿有長鄉而無陽鄉矣。聖水又東逕長興城南,又東逕方城縣故城北,李牧伐燕取方城是也。魏封劉放爲侯國。聖水又東,左會白祀溝,溝水出廣陽縣之婁城東,東南流,左合婁城水,水出平地,導源東南流,右注白祀水,亂流東南逕常道城西,故鄉亭也,西去長鄉城四十里,魏少帝璜甘露三年所封也。又東南入聖水。聖水又東南逕韓城東,《詩·韓奕》④章曰:溥彼韓城,燕師所完,王錫韓侯,其追其貊,奄受北國。鄭玄曰:周封韓侯,居韓城爲侯伯,言爲獫夷所逼,稍稍東遷也。王肅曰:今涿郡方城縣有韓侯城,世謂之寒號城,非也。聖水又東南流,右會清淀水,水發西淀,東流注聖水,謂之劉公口也。

又東過安次縣南,東入于海。

7　聖水又東逕勃海安次縣故城南,漢靈帝中平三年,封荆州刺史王敏爲侯國。又東南流注于巨馬河而不達于海也。

【注　釋】　①大防　楊守敬按,《御覽》九百三十六引此有"嶺下"二字,以"嶺之東首"四字下屬。如此文義更合。語譯據此。②丙穴　地名。詳見本書卷二十七《沔水》:"褒水又東南得丙水口,水承丙穴,穴出嘉魚,常以三月出,十月入地。……穴口向丙,故曰丙穴。"③今按經脈而不能屆也　《水經注疏》作"今按經脈水而不能屆也"。以增一"水"字爲是。④詩韓奕　即《詩經·大雅·韓奕》。

【語　譯】

聖水出上谷,

1　上谷是古時燕國地方。秦始皇二十三年(公元前二二四年),設立上谷郡。王隱《晉書·地道記》說:上谷郡在河谷上端,所以取名上谷。王莽時改名爲朔調。聖水發源於該郡西南的聖水谷,東南流經大防嶺下。此嶺的東端,山下有個石洞,朝向東北大開,高度和寬度都有四五丈。進去以後,洞穴變得愈高愈深了,洞中還有水。《耆舊傳》說:從前有個和尚名叫釋惠彌,對隱祕的事物喜歡尋根究底,曾打著燈籠進去探尋。沿著水邊進洞後,走了三里餘,洞分成兩個:一個很小,通向西北,不知到達哪裡;一個通向西南,進去走了五六日,還是沒到盡頭,只好回來,也不知道究竟有多深,又通到哪裡。洞裡的水冬暖夏涼,每年春秋兩季,有白魚從洞中游出,幾天之後,又會游回洞內。有人曾捕到這種魚吃過,比平常的魚要鮮美得多,大概也是丙穴嘉魚之類。洞裡出來的水東北流,注入聖水。聖水又東流經玉石山,那地方叫玉石口。由於山上多珉玉、燕石,所以就以玉石作為山名。水流潛入地下,潛流了一里左右,又在東邊冒出地面;又東流,在一丈多高的山澗奔瀉而下,然後折而南流。

東過良鄉縣南,

2　聖水南流,流過良鄉縣轉而西流,又南流經良鄉縣老城西,就是王莽時的廣陽。有防水注入。防水發源於縣城西北大防山南,東南流經羊頭阜下,民間稱為羊頭溪。溪水又東南流,流到縣東注入聖水。聖水又南流,與樂水匯合。樂水發源於該縣西北大防山南,東南流,流經縣西往東南注入聖水。聖水又東流經該縣老城南,又東流經聖聚南,聖聚便是因聖水而得名的。又東流,與俠河匯合。俠河發源於良鄉縣西甘泉原的東谷,東流經西鄉縣老城北,就是王莽時的移風,世人卻叫它都鄉城。據《地理志》:涿郡有西鄉縣,卻沒有都鄉城,這是民間口頭相傳造成的錯誤。俠河又東流經良鄉城南,又東北流注入聖水,世人稱為俠活河,又名非理溝。

又東過陽鄉縣北,

3　聖水從涿縣東流與桃水匯合。桃水上口在徐城東南的良鄉承接淶水,並在西邊分出垣水,人們稱為南沙溝,就是桃水。桃水東流經逎縣北,又東流經涿縣老城下,與涿水匯合。人們叫它涿水,又叫桃水,發源於涿縣老城西南奇溝東八里的大坎下。有好幾個泉源同時湧出,東流經桃仁墟北,有人以為桃仁墟是因水而得名的,那麼此水就是桃水了。也有人以為這裡是終仁的故居,不是桃仁。我查考《地理志》,桃水上流承接淶水,但此水的發源地與《地理志》的記載不同,因此稱為終仁才對。

4　桃水又東北流,與樂堆泉匯合。樂堆泉發源於樂堆東,東南流,注入涿水。涿水又東北流經涿縣老城西,注入桃水。應劭說:涿郡是古時燕國地方,漢高帝六年(公元前二〇一年)才設置為郡。郡南有涿水,郡即以水命名。闞駰也是這樣說的。現在涿城以南卻沒有一條相應的水,有的只有西南這條水。應劭又說:涿水發源於上谷涿鹿縣。我查考過,涿水從涿鹿東注入㶟水。㶟水東南流經廣陽郡,與涿郡以水為分界。漢高祖六年,從燕分地設置涿郡。郡以涿為名,應當是受涿水通稱的影響之故,所以涿郡、涿縣都是因水得名的。但事物之間的聯繫往往是隱而不顯的,隨處支分派生,所以在匈奴就成了涿耶水。但山川阻隔,不可能一路流注,但在各處卻得到相同的名稱,那是因為水流雖然或隱或顯,卻是互有關聯,所以相距雖然遙遠,名稱仍相互通用。照此推斷起來,情況雖然相近,可是究竟不是穩妥的說法。

5　桃水又東流經涿縣老城北,王莽時改名為垣翰。晉太始元年(公元二六五年),又改
為范陽郡。現在郡治就在涿縣老城。城內東北角有"晉康王碑",城東有"范陽王
司馬虓廟碑"。桃水又東北流,與垣水匯合。垣水上流承接淶水,在良鄉縣分出桃
水,人們稱為北沙溝。所以應劭說:垣水發源於良鄉,東流經垣縣老城北。《史記
音義》說:河間郡有武垣縣,涿郡有垣縣。漢景帝中元三年(公元前一四七年),封給
降於漢的匈奴王賜為侯國,就是王莽時的垣翰亭。人們卻叫頃城,是不對的。又
東流經頃,頃也是個地名。所以有頃上的說法,人們稱為頃前河。又東流,洛水注
入。洛水上流承接鳴澤渚,這片沼澤方圓十五里,漢武帝元封四年(公元前一〇七
年),巡行蒞臨鳴澤,即指此。服虔說:鳴澤,是澤名,在遒縣北界。說的就是此澤。
鳴澤西面又有獨樹水注入。獨樹水發源於遒縣北山,東流入澤渚。北面有甘泉水
注入。甘泉水發源於良鄉西山,東南流經西鄉城西,然後南流注入鳴澤渚。渚水
向東流出,稱為洛水,又東流經西鄉城南,又東流經垣縣而南入垣水。垣水又東流
經涿縣北,東流注入桃水。所以應劭說:垣水東流注入桃水。闞駰說:垣水到陽鄉
注入桃水。現在按照圖籍來尋找水脈,垣水卻不能到達陽鄉。桃水東流經陽鄉,
往東注入聖水。聖水又東流,廣陽水注入。廣陽水發源於小廣陽的西山,東流經
廣陽縣老城北,又東流,福祿水注入。福祿水發源於西山,東南流經廣陽縣老城
南,東流注入廣陽水,然後往東南亂流到陽鄉縣,向右注入聖水。

6　聖水又東南流經陽鄉城西,並不經城北。陽鄉縣,就是舊時涿縣的陽亭。《地理風
俗記》說:涿縣東五十里有陽鄉亭,後來才分出立縣。王莽時,改名章武,就是長鄉
縣。據《太康地記》,涿縣有長鄉,卻沒有陽鄉。聖水又東流經長興城南,又東流經
方城縣老城北。李牧攻打燕國,奪取方城,即指此城。魏封給劉放為侯國。聖水
又東流,左岸匯合白祀溝。白祀溝發源於廣陽縣的婁城東,東南流,左岸匯合婁城
水。婁城水從平地湧出,循地勢東南流,向右注入白祀水,往東南亂流經常道城
西,這就是原來的鄉亭,西距長鄉城四十里。魏甘露三年(公元二五八年),少帝璜受
封於此。白祀溝又東南流,注入聖水。聖水又東南流經韓城東。《詩經‧大雅‧
韓奕》六章說:那廣大的韓城,是燕人所築,周王封給韓侯,有追,有貊,擁有北方諸
國。鄭玄說:周封韓侯,居於韓城,號為侯伯,後為獫狁所逼,才稍稍向東遷移。王
肅說:現在涿郡方城縣有韓侯城,人們稱為寒號城,是不對的。聖水又東南流,右
岸匯合清淀水。清淀水發源於西淀,東流注入聖水,匯流處稱為劉公口。

又東過安次縣南,東入于海。

7　聖水又東流經勃海郡安次縣舊城南。漢靈帝中平三年(公元一八六年),封給荊州刺

史王敏爲侯國。聖水又東南流，注入巨馬河，並沒有流到大海。

巨馬水

巨馬河出代郡廣昌縣淶山，

1　即淶水也，有二源，俱發淶山，東逕廣昌縣故城南，王莽之廣屏矣，魏封樂進爲侯國。淶水又東北逕西射魚城東南而東北流，又逕東射魚城南，又屈逕其城東，《竹書紀年》曰：荀瑤伐中山，取窮魚之丘。窮、射字相類，疑即此城也，所未詳矣。淶水又逕三女亭西，又逕樓亭北，左屬白澗溪，水有二源，合注一川，川石皓然，望同積雪，故以物色受名。其水又東北流，謂之石槽水，伏流地下，溢則通津委注，謂之白澗口。淶水又東北，桑谷水注之，水南發桑溪，北注淶水。淶水又北逕小黌東，又東逕大黌南，蓋霍原隱居教授處也。徐廣云：原隱居廣陽山，教授數千人，爲王浚所害，雖千古世懸，猶表二黌之稱。既無碑頌，竟不知定誰居也。淶水又東北歷紫石溪口與紫水合，水北出聖人城北大亘下，東南流，左會磊砢溪水，蓋山崩委澗，積石淪隍，故溪澗受其名矣。水出東北，西南流注紫石溪水。紫石溪水又逕聖人城東，又東南，右會檐車水，水出檐車硎，東南流逕聖人城南，南流注紫石水，又南注于淶水。淶水又東南逕榆城南，又屈逕其城東，謂之榆城河。淶水又南逕藏刀山下，層巖壁立，直上干霄，遠望崖側，有若積刀，鐶鐶相比，咸悉西首。淶水東逕徐城北，故瀆出焉，世謂之沙溝水。又東，督亢溝出焉。一水東南流，即督亢溝也；一水西南出，即淶水之故瀆矣。水盛則長津宏注，水耗則通波潛伏，重源顯于逎縣，則舊川矣。

東過逎縣北，

2　淶水上承故瀆于縣北垂，重源再發，結爲長潭，潭廣百許步，長數百步，左右翼帶湟流，控引衆水，自成淵渚。長川漫下十許里，東南流逕逎縣故城東，漢景帝中三年，以封匈奴降王隆彊爲侯國，王莽更名逎屏也。謂之巨馬河，亦曰渠水也。又東南流，袁本初遣別將崔巨業攻固安不下，退還，公孫瓚追擊之于巨馬水，死者六七千人，即此水也。又東南逕范陽縣故城北，易水注之[1]。

又東南過容城縣北，

3　巨馬水又東，酈亭溝水注之。水上承督亢溝水于逎縣東，東南流，歷紫淵東。余六世祖樂浪府君，自涿之先賢鄉爰宅其陰，西帶巨川，東翼兹水，枝流津通，纏絡墟圃，匪直田漁之贍可懷，信爲遊神之勝處也。其水東南流，又名之爲酈亭溝。其水又西南轉,歷大利亭南入巨馬水。

4　又東逕容城縣故城北。又東,督亢溝水注之,水上承淶水于淶谷,引之則長津委注,遏之則微川輟流,水德含和,變通在我。東南流逕遒縣北,又東逕涿縣酈亭樓桑里南,即劉備之舊里也。又東逕督亢澤,澤苞方城縣,縣故屬廣陽,後隷于涿。《郡國志》曰:縣有督亢亭。孫暢之《述畫》②有《督亢地圖》③,言燕太子丹使荆軻齎入秦,秦王殺軻,圖亦絶滅。地理書《上古聖賢冢地記》曰:督亢地在涿郡。今故安縣南有督亢陌,幽州南界也。《風俗通》曰:沆,漭也。言乎淫淫漭漭,無崖際也。沆澤之無水,斥鹵之謂也。其水自澤枝分,東逕涿縣故城南,又東逕漢侍中盧植墓南,又東,散爲澤渚,督亢澤也。北屈注于桃水。督亢水又南,謂之白溝水,南逕廣陽亭西,而南合枝溝,溝水西受巨馬河,東出爲枝溝,又東注白溝,白溝又南,入于巨馬河。巨馬河又東南逕益昌縣,護淀水右注之,水上承護陂于臨鄉縣故城西,東南逕臨鄉城南,漢封廣陽頃王子雲爲侯國。《地理風俗記》曰:方城南十里有臨鄉城,故縣也。淀水又東南逕益昌縣故城西,南入巨馬水。

5　巨馬水東逕益昌縣故城南,漢封廣陽頃王子嬰爲侯國,王莽之有秩也。《地理風俗記》曰:方城縣東八十里有益昌城,故縣也。又東,八丈溝水注之,水出安次縣東北平地,東南逕安次城東,東南逕泉州縣故城西,又南,右合溏沱河枯溝,溝自安次西北,東逕常道城東、安次縣故城西,晉司空劉琨所守以拒石勒也。又東南至泉州縣西南,東入八丈溝,又南入巨馬河,亂流東注也。

又東過勃海東平舒縣北,東入于海。

6　《地理志》曰:淶水東南至容城入于河。河,即濡水也,蓋互以明會矣。巨馬水于平舒城北,南入于溏沱,而同歸于海也。

【注　釋】　①易水注之　此處有佚文一條。《寰宇記・易州・易縣・加夷城》下引《水經》:“巨馬水東流逕加夷山,即膝子於山中養無目父母之所也。”當是此段中佚文。②述畫　書名。《隋書・經籍志》著錄有孫暢之《畫記》,當為此書。孫暢,南朝宋人,有《毛詩引辨》等著作。行歷不詳,書已亡佚。③督亢地圖　圖名。不見公私著錄,亦不知撰者和撰繪年代。已亡佚。督亢是古地區之名,此卷《經》文“又東南過容城縣北”下《注》文:“督亢地在涿郡。”《注》文並記及此處有督亢澤、督亢亭、督亢陌,並引孫暢之《述畫》:“有《督亢地圖》,言燕太子丹使荆軻齎入秦,秦王殺軻,圖亦絶滅。”

【語　譯】

巨馬河出代郡廣昌縣淶山,

1　巨馬河就是淶水,有兩個源頭,都是從淶山出來的。東流經廣昌縣老城南,就是王莽時的廣屏。魏封給樂進為侯國。淶水又東北流經西射魚城東南而東北流,又流經東射魚城南,又轉而流經城東。《竹書紀年》說:荀瑤攻打中山,奪取了窮魚丘。窮、射字形相似,可能就是此城,是否如此就不得而知了。淶水又流經三女亭西,又流經樓亭北,左與白澗溪相連。白澗溪有兩個源頭,同注一條溪澗,溪澗裡的石塊白燦燦的,一眼望去就像積雪一樣,所以溪是因石色而得名的。溪水又東北流,稱為石槽水,水到這裡潛流地下,只有水滿時才能流通,注入淶水,匯合處稱為白澗口。淶水又東北流,桑谷水注入。桑谷水發源於南邊的桑溪,北流注入淶水。淶水又北流經小黌東,又東流經大黌南,這是霍原隱居教授生徒的地方。徐廣說:霍原隱居廣陽山,教授數千人,被王浚所害。雖然時代相隔遙遠,但還是留下大黌、小黌的地名。不過既然沒有碑刻頌詞的記載,也就不知道到底是誰在這裡隱居過了。淶水又東北流經紫石溪口與紫水匯合。紫水發源於北方聖人城北的大亘下,東南流,在左岸匯合磊砢溪水,因為山石坍方,堆滿溪澗,溪水也因而得名了。水出於東北,西南流,注入紫石溪水。紫石溪水又流經聖人城東,又東南流,右岸匯合檐車水。檐車水發源於檐車硎,東南流經聖人城南,南流注入紫石溪水,又南流,注入淶水。淶水又東南流經榆城南,又轉彎流經城東,稱為榆城河。淶水又南流經藏刀山下,此山巖石層疊,陡峭如壁,高高聳立天際,遠望層崖的側面,就像無數刀鋒聚集成堆,刀環一個個排列在一起,刀鋒都朝向西方。淶水東流經徐城北,舊河道分支流出,人們稱為沙溝水。又東流,督亢溝分流而出。有一條水東南流,這就是督亢溝了;一條向西南而出,就是淶水舊河道。水升漲時長河滔滔流奔,水枯時就潛流地下,直到遒縣才重新出現於地面,那就是舊河道了。

東過遒縣北,

2　淶水上流在遒縣北方邊境承接舊河道,潛流地下後重新發源,積聚為長潭。水潭寬百來步,長數百步;兩邊匯合了許多細小的水流,形成深潭。這條長河浩浩蕩蕩地奔流了十來里,往東南流經遒縣老城東。漢景帝中元三年(公元前一四七年),將該縣封給降於漢的匈奴王隆疆為侯國,王莽時改名遒屏。這條河稱為巨馬河,也叫渠水。又東南流,袁本初派遣別將崔巨業進攻固安,卻打不進去,只得退兵返回。公孫瓚追擊到了巨馬水,殺死了六七千人,就是指這條水。又東南流經范陽縣老城北,易水注入。

又東南過容城縣北,

3　巨馬水又東流,酈亭溝水注入。酈亭溝水上流在遒縣東承接督亢溝水,東南流,流過紫淵東。我的第六代先祖是樂浪太守,從涿縣先賢鄉遷居到這裡,在水南造了房子。住宅西臨大河,東傍酈亭溝,支流暢通,逶迤曲折地流布於田園之間。這裡不但有魚米之富令人懷想,實在也是暢遊怡情的佳勝之處。此水東南流,又名為酈亭溝。水又轉向西南,流過大利亭,南流注入巨馬水。

4　巨馬水又東流經容城縣老城北。又東流,督亢溝水注入。督亢溝水上流在淶谷承
接淶水。打開水口,便長流滔滔奔流不斷;關閉水口,就水流一線,至於斷絕。水
性和順,全靠我們自己加以改造和利用。東南流經遒縣北,又東流經涿縣酈亭樓
桑里南,這裡就是劉備的故鄉。又東流經督亢澤。這片沼澤圍抱著方城縣,該縣
從前隸屬於廣陽郡,後來又屬涿郡了。《郡國志》說:縣裡有督亢亭,孫暢之《述
畫》有《督亢地圖》,據說燕太子丹派遣荊軻到秦國去獻圖,秦王殺了荊軻,圖也從
此不見了。地理書《上古聖賢冢地記》說:督亢地址在涿郡。現在故安縣南有督亢
陌,是幽州的南部邊界。《風俗通》說:沆,就是廣闊茫茫。是說煙波浩淼,無邊無
際的意思。無水的窪地叫沆,就是鹽鹼地的意思。此水從澤中分支而出,東流經
涿縣老城南,又東流經漢侍中盧植墓南,又東流,分散成為一片沼澤,這就是督亢
澤。然後轉向北方,注入桃水。督亢水又南流,稱為白溝水,南流經廣陽亭西,然
後南流與支溝匯合。溝水在西方承接巨馬河,向東分出支溝,又東流,注入白溝。
白溝又南流,注入巨馬河。巨馬河又東南流經益昌縣,護淀水從右岸注入。護淀
水上流在臨鄉縣老城西承接護陂,東南流經臨鄉城南。漢將臨鄉封給廣陽頃王的
兒子劉雲為侯國。《地理風俗記》說:方城南十里有臨鄉城,是個老縣城。淀水又
東南流經益昌縣老城西,往南注入巨馬水。

5　巨馬水東流經益昌縣老城南,漢將該縣封給廣陽頃王的兒子劉嬰為侯國,就是王
莽時的有秩。《地理風俗記》說:方城縣東八十里有益昌城,是個老縣城。又東流,
八丈溝水注入。八丈溝水發源於安次縣東北平地上,東南流經安次城東,東南流
經泉州縣老城西,又南流,右岸匯合滹沱河乾涸無水的枯溝,這條溝從安次西北,
東經常道城東、安次縣老城西。晉司空劉琨曾駐守在這裡,抗拒石勒。又東南流,
到了泉州縣西南,東流入八丈溝,又南流,注入巨馬河,然後亂流往東流逝。

又東過勃海東平舒縣北,東入于海。

6　《地理志》說:淶水東南流,到容城入於河。這裡所謂的河,也就是濡水,那麼也可
以說這兩條水相互流注匯合了。巨馬水在平舒城北南流注入滹沱河,一同歸於
大海。

【研　析】　此卷在《經》文“又東南過容城縣北”下,有兩條《注》文甚有價值。其一為:
“巨馬水又東,酈亭溝水注之。水上承督亢溝水于遒縣東,東南流,歷紫淵東。余六世
祖樂浪府君,自涿之先賢鄉爰宅其陰,西帶巨川,東翼茲水,枝流津通,纏絡墟圃,匪直
田漁之贍可懷,信為遊神之勝處也。”此段《注》文描寫酈氏家鄉的自然風光,在全書中
甚為可貴。酈氏故居在今河北涿州南,今名道元村,已於一九九五年建成酈道元紀念

館。其二為《注》文："（巨馬水）又東,督亢溝水注之。水上承淶水于淶谷,引之則長津委注,過之則微川輟流,水德含和,變通在我。"一部《水經注》,記載了許多人定勝天的故事,主要是人與水的關係。而這一句"水德含和,變通在我",是酈道元在這個問題上的總結,是《水經注》全書中的名言。

卷十三　灤水

【題　解】　灤水之名，在《水經注》的不同版本中也有作濕水的。此水發源於今山西寧武以南的管涔山，即《注》文所稱的累頭山，發源處今名陽方口，從今山西流入今河北，上游今名桑乾河，經官廳水庫，下游稱為永定河，是海河的五大支流之一。但在《水經注》的時代，灤水河道與今永定河河道並不完全一致。酈氏記敘的河道，在今永定河之北，東南流經漁陽郡雍奴縣西（今河北武清附近）注入潞河（《經》文稱為笥溝，是潞河別名），就是今北運河。灤水並非大河，但此篇不僅單獨成卷，而且篇幅不小，在首句《經》文“灤水出鴈門陰館縣，東北過代郡桑乾縣南”下，《注》文長達六千字左右，是酈《注》中的長篇之一。這是因為此水流經北魏舊都平城（今山西大同東側），附近有許多舊都故跡，而且均為酈道元所親見，所以記敘特詳，小水大篇，原因在此。

灤水出鴈門陰館縣，東北過代郡桑乾縣南，

1　灤水出于累頭山，一曰治水。泉發于山側，沿波歷澗，東北流出山，逕陰館縣故城西，縣，故樓煩鄉也。漢景帝後三年置，王莽更名富臧矣。魏皇興三年，齊平，徙其民于縣，立平齊郡。

2　灤水又東北流，左會桑乾水，縣西北上平①，洪源七輪，謂之桑乾泉，即漯涫水者也。耆老云：其水潛通，承太原汾陽縣北燕京山之大池，池在山原之上，世謂之天池，方里餘，澄渟鏡淨，潭而不流，若安定朝那之湫淵也。清水流潭，皎焉沖照，池中嘗無

斥草,及其風籟有渝,輒有小鳥翠色,投淵銜出,若會稽之秏鳥也。其水陽熯不耗,
陰霖不濫,無能測其淵深也。古老相傳,言嘗有人乘車于池側,忽過大風,飄之于
水,有人獲其輪于桑乾泉,故知二水潛流通注矣。

3　池東隔阜又有一石池,方可五六十步,清深鏡潔,不異大池。桑乾水自源東南流,
右會馬邑川水,水出馬邑西川,俗謂之磨川矣。蓋狄語音訛,馬、磨聲相近故爾。
其水東逕馬邑縣[②]故城南,干寶《搜神記》曰:昔秦人築城于武州塞內以備胡,城將
成而崩者數矣。有馬馳走一地,周旋反覆,父老異之,因依以築城,城乃不崩,遂名
之爲馬邑。或以爲代之馬城也,諸記紛競,未識所是。漢以斯邑封韓王信,後爲匈
奴所圍,信遂降之。王莽更名之曰章昭。其水東注桑乾水。桑乾水又東南流,水
南有故城,東北臨河。又東南,右合灅水,亂流枝水南分。桑乾水又東,左合武州
塞水,水出故城,東南流出山,逕日沒城南,蓋夕陽西頹,戎車所薄之城故也。東有
日中城,城東又有早起城,亦曰食時城,在黃瓜阜北曲中。其水又東流,右注桑
乾水。

4　桑乾水又東南逕黃瓜阜曲西,又屈逕其堆南。徐廣曰:猗盧廢嫡子曰利孫于黃瓜
堆者也。又東,右合枝津,枝津上承桑乾河,東南流逕桑乾郡北,大魏因水以立,郡
受厥稱焉。又東北,左合夏屋山水,水南出夏屋山之東溪,西北流逕故城北,所未
詳也。又西北入桑乾枝水,桑乾枝水又東流,長津委浪,通結兩湖,東湖西浦,淵潭
相接,水至清深,晨鳧夕鴈,泛濫其上,黛甲素鱗,潛躍其下,俯仰池潭,意深魚鳥,
所寡惟良木耳。俗謂之南池。池北對洼陶縣[③]之故城,故曰南池也。南池水又東
北注桑乾水,爲灅水,自下竝受通稱矣。

5　灅水又東北逕石亭西,蓋皇魏天賜三年之所經建也。灅水又東北逕白狼堆南,魏
烈祖道武皇帝於是遇白狼之瑞,故斯阜納稱焉。阜上有故宮廟,樓榭基雄尚崇,每
至鷹隼之秋,羽獵之日,肆閱清野,爲升眺之逸地矣。

6　灅水又東流四十九里,東逕巨魏亭北,又東,崞川水注之,水南出崞縣故城南,王莽
之崞張也。縣南面玄岳[④],右背崞山,處二山之中,故以崞張爲名矣。其水又西出
山,謂之崞口,北流逕繁畤縣故城東,王莽之當要也。又北逕巨魏亭東,又北逕劇
陽縣故城西,王莽之善陽也。按《十三州志》曰:在陰館縣東北一百三里。其水又
東注于灅水。

7　灅水又東逕班氏縣南,如渾水注之,水出涼城旋鴻縣西南五十餘里,東流逕故城
南,北俗謂之獨谷孤城,水亦即名焉。東合旋鴻池水,水出旋鴻縣東山下,水積成
池,北引魚水,水出魚溪,南流注池。池水吐納川流,以成巨沼,東西二里,南北四
里,北對涼川城之南池,池方五十里,俗名乞伏袁池。雖隔越山阜,鳥道不遠,雲霞

之間，常有⑤，西南流逕旋鴻縣南，右合如渾水，是總二水之名矣。如渾水又東南流逕永固縣，縣以太和中，因山堂之目以氏縣也。右會羊水，水出平城縣之西苑外武州塞，北出東轉，逕燕昌城南，按《燕書》，建興十年，慕容垂自河西還，軍敗于參合，死者六萬人。十一年，垂衆北至參合，見積骸如山，設祭弔之禮，死者父兄皆號泣，六軍哀慟，垂慙憤嘔血，因而寢疾焉。輿過平城北四十里，疾篤，築燕昌城而還，即此城也。北俗謂之老公城。

8　羊水又東注于如渾水，亂流逕方山南，嶺上有文明太皇太后陵，陵之東北有高祖陵，二陵之南有永固堂，堂之四周隅，雉列樹、階、欄、檻，及扉、戶、梁、壁、椽、瓦，悉文石也。檐前四柱，採洛陽之八風谷黑石爲之，雕鏤隱起，以金銀間雲矩，有若錦焉。堂之內外，四側結兩石趺，張青石屏風，以文石爲緣，並隱起忠孝之容，題刻貞順之名。廟前鐫石爲碑獸，碑石至佳，左右列柏，四周迷禽闇日。院外西側，有《思遠靈圖》，圖之西有齋堂，南門表二石闕，闕下斬山，累結御路，下望靈泉宮池，皎若圓鏡矣。

9　如渾水又南至靈泉池，枝津東南注池，池東西百步，南北二百步。池渚舊名白楊泉，泉上有白楊樹，因以名焉，其猶長楊、五柞之流稱矣。南面舊京，北背方嶺，左右山原，亭觀繡峙，方湖反景，若三山之倒水下。如渾水又南逕北宮下，舊宮人作薄所在。

10　如渾水又南，分爲二水，一水西出南屈，入北苑中，歷諸池沼，又南逕虎圈東，魏太平真君五年，成之以牢虎也。季秋之月，聖上親御圈，上敕虎士効力于其下，事同奔戎，生制猛獸，即《詩》⑥所謂“祖禓暴虎，獻于公所”也。故魏有《捍虎圖》⑦也。又逕平城西郭內，魏太常七年所城也。城周西郭外有郊天壇，壇之東側有《郊天碑》，建興四年立。其水又南屈，逕平城縣故城南。《史記》曰：高帝先至平城。《史記音義》曰：在鴈門。即此縣矣。王莽之平順也。魏天興二年，遷都于此。太和十六年，破安昌諸殿，造太極殿，東、西堂及朝堂，夾建象魏、乾元、中陽、端門、東西二掖門、雲龍、神虎、中華諸門，皆飾以觀閣。東堂東接太和殿，殿之東階下有一碑，太和中立，石是洛陽八風谷之緇石也。太和殿之東北，接紫宮寺，南對承賢門，門南即皇信堂，堂之四周，圖古聖、忠臣、烈士之容，刊題其側。是辯章郎彭城張僧達、樂安蔣少游筆。堂南對白臺，臺甚高廣，臺基四周列壁，閣道自內而升，國之圖錄秘籍，悉積其下。臺西即朱明閣，直侍之官，出入所由也。其水夾御路，南流逕蓬臺西，魏神瑞三年，又建白樓，樓甚高竦，加觀榭于其上，表裏飾以石粉，皛曜建素，赭白綺分，故世謂之白樓也。後置大鼓于其上，晨昏伐以千椎，爲城裏諸門啟閉之候，謂之戒晨鼓也。

11　又南逕皇舅寺西,是太師昌黎王馮晉國所造,有五層浮圖,其神圖像皆合青石爲之,加以金銀火齊,衆綵之上,煒煒有精光。又南逕永寧七級浮圖西,其制甚妙,工在寡雙。又南,遠出郊郭,弱柳蔭街,絲楊被浦,公私引裂,用周園溉,長塘曲池,所在布濩,故不可得而論也。

12　一水南逕白登山西,服虔曰:白登,臺名也,去平城七里。如淳曰:平城旁之高城若丘陵矣。今平城東十七里有臺,即白登臺也。臺南對岡阜,即白登山也。故《漢書》稱上遂至平城,上白登者也。爲匈奴所圍處。孫暢之《述畫》曰:漢高祖被圍七日,陳平使能畫作美女,送與冒頓。閼氏恐冒頓勝漢,其寵必衰,説冒頓解圍于此矣。

13　其水又逕寧先宮東,獻文帝之爲太上皇,所居故宮矣。宮之東次,下有兩石柱,是石虎鄴城東門石橋柱也。按柱勒,趙建武中造,以其石作工妙,徙之于此。余爲尚書祠部,與宜都王穆羆同拜北郊,親所經見,柱側悉鏤雲矩,上作蟠螭,甚有形勢,信爲工巧,去《子丹碑》則遠矣。

14　其水又南逕平城縣故城東,司州代尹治。皇都洛陽,以爲恒州。水左有大道壇廟,始光二年,少室道士寇謙之所議建也。兼諸嶽廟碑,亦多所署立,其廟階三成,四周欄檻,上階之上,以木爲圓基,令互相枝梧,以版砌其上,欄陛承阿,上圓制如明堂,而專室四户,室内有神坐,坐右列玉磬,皇輿親降,受籙靈壇,號曰天師,宣揚道式,暫重當時。壇之東北,舊有靜輪宮,魏神麚四年造,抑亦柏梁之流也。臺榭高廣,超出雲間,欲令上延霄客,下絕囂浮。太平真君十一年,又毀之。物不停固,白登亦繼褫矣。水右有三層浮圖,真容鷲架,悉結石也。裝制麗質,亦盡美善也。東郭外,太和中閹人宕昌公鉗耳慶時,立祇洹舍于東臯,椽瓦梁棟,臺壁櫺陛,尊容聖像,及牀坐軒帳,悉青石也。圖制可觀,所恨惟列壁合石,疎而不密。庭中有《祇洹碑》,碑題大篆,非佳耳。然京邑帝里,佛法豐盛,神圖妙塔,桀跱相望,法輪東轉,兹爲上矣。

15　其水自北苑南出,歷京城内,河干兩湄,太和十年累石結岸,夾塘之上,雜樹交蔭,郭南結兩石橋,横水爲梁。又南逕藉田及藥圃西、明堂東,明堂上圓下方,四周十二堂九室,而不爲重隅也。室外柱内,綺井之下,施機輪,飾縹碧,仰象天狀,畫北道之宿焉,蓋天也。每月隨斗所建之辰,轉應天道,此之異古也。加靈臺于其上,下則引水爲辟雍,水側結石爲塘,事準古制,是太和中之所經建也。

16　如渾水又南與武州川水會,水出縣西南山下,二源翼導,俱發一山,東北流,合成一川,北流逕武州縣故城西,王莽之桓州也。又東北,右合黄水,水西出黄阜下,東北流,聖山之水注焉。水出西山,東流注于黄水。黄水又東注武州川,又東歷故亭北，右合火山西溪水，水導源火山，西北流，山上有火井，南北六七十步，廣減尺許，源深不見底，炎勢上升，常若微雷發響，以草爨之，則煙騰火發。東方朔《神異傳》云：南方有火山焉，長四十里，廣四五里，其中皆生不爐之木，晝夜火燃，得雨猛風不滅。火中有鼠，重百斤，毛長二尺餘，細如絲，色白，時時出外，以水逐而沃之則死，取其毛績以爲布，謂之火浣布。是山亦其類也，但卉物則不能然。其山以火從地中出，故亦名燎臺矣。火井東五六尺，又東有湯井，廣輪與火井相狀，熱勢又同，以草内之，則不燃，皆沾濡露結，故俗以湯井爲目。井東有火井祠，以時祀祭焉。

17　井北百餘步有東、西谷，廣十許步，南崖下有風穴，厥大容人，其深不測，而穴中蕭蕭，常有微風，雖三伏盛暑，猶須襲裘，寒吹陵人，不可暫停。而其山出雛烏，形類雅烏，純黑而姣好，音與之同，續采紺髮，觜若丹砂，性馴良而易附，卑童幼子，捕而執之。赤觜烏亦曰阿雛烏，按《小爾雅》⑧，純黑反哺，謂之慈烏；小而腹下白，不反哺者謂之雅烏；白脰而羣飛者，謂之燕烏；大而白脰者，謂之蒼烏。《爾雅》曰：鸒斯，卑居也。孫炎曰：卑居，楚烏。犍爲舍人以爲壁居。《説文》謂之雅。雅，楚烏。《莊子》曰：雅，賈矣。馬融亦曰：賈，烏也。又按《瑞應圖》⑨，有三足烏、赤烏、白烏之名，而無記于此烏，故書其異耳。自恒山已北，竝有此矣。

18　其水又東北流注武州川水。武州川水又東南流，水側有石祇洹舍并諸窟室，比丘尼所居也。其水又東轉逕靈巖南，鑿石開山，因巖結構，真容巨壯，世法所希。山堂水殿，煙寺相望，林淵錦鏡，綴目新眺。

19　川水又東南流出山，《魏土地記》曰：平城西三十里武州塞口者也。自山口枝渠東出入苑，溉諸園池苑。有洛陽殿，殿北有宮館。一水自枝渠南流東南出，火山水注之，水發火山東溪，東北流出山，山有石炭，火之，熱同樵炭。又東注武州川，逕平城縣南，東流注如渾水。又南流逕班氏縣故城東，王莽之班副也。闞駰《十三州志》曰：班氏縣在郡西南百里，北俗謂之去留城也。如渾水又東南流注于灅水。

20　灅水又東逕平邑縣故城南，趙獻侯十三年，城平邑。《地理志》：屬代，王莽所謂平胡也。《十三州志》曰：城在高柳南百八十里，北俗謂之醜寅城。灅水又東逕沙陵南，魏金田之地也，事同曹武鄴中定矣⑩。灅水又東逕狋氏縣故城北，王莽更名之曰狋聚也。《十三州志》曰：縣在高柳南百三十里，俗謂之苦力干城矣。

21　灅水又東逕道人縣故城南，《地理志》：王莽之道仁也。《地理風俗記》曰：初築此城，有仙人遊其地，故因以爲城名矣。今城北有淵，潭而不流，故俗謂之爲平湖也。《十三州志》曰：道人城在高柳東北八十里，所未詳也。

22　灅水又東逕陽原縣故城南，《地理志》：代郡之屬縣也。北俗謂之比郍州城。灅水又東，安陽水注之，水出縣東北潭中，北俗謂之太拔迴水，自潭東南流注于灅水。

又東逕東安陽縣故城北,趙惠文王三年,主父封長子章爲代安陽君,此即章封邑,王莽之竟安也。《地理風俗記》曰:五原有西安陽,故此加東也。

23　漯水又東逕昌平縣,温水注之。水出南墳下,三源俱導,合而南流,東北注漯水。漯水又東逕昌平縣故城北,王莽之長昌也。昔牽招爲魏鮮卑校尉,屯此。漯水又東北逕桑乾縣故城西,又屈逕其城北,王莽更名之曰安德也。《魏土地記》曰:代城北九十里有桑乾城,城西渡桑乾水,去城十里,有温湯,療疾有驗。《經》言出南,非也,蓋誤證矣。魏任城王彰以建安二十三年伐烏丸,入涿郡,逐北遂至桑乾,正于此也。

24　漯水又東流,祁夷水注之,水出平舒縣,東逕平舒縣之故城南澤中。《史記》:趙孝成王十九年,以汾門予燕易平舒。徐廣曰:平舒在代。王莽更名之曰平葆,後漢世祖建武七年,封揚武將軍馬成爲侯國。其水控引衆泉,以成一川。《魏土地記》曰:代城西九十里有平舒城,西南五里,代水所出,東北流,言代水非也。祁夷水又東北逕蘭亭南,又東北逕石門關北,舊道出中山故關也。又東北流,水側有故池,按《魏土地記》曰:代城西南三十里有代王魚池,池西北有代王臺,東去代城四十里。祁夷水又東北得飛狐谷,即廣野君所謂杜飛狐之口也。蘇林據酈公之説,言在上黨,即實非也。如淳言在代,是矣。晉建興中,劉琨自代出飛狐口,奔于安次,即于此道也。《魏土地記》曰:代城南四十里有飛狐關,關水西北流逕南舍亭西,又逕句瑣亭西,西北注祁夷水。

25　祁夷水又東北流逕代城西,盧植言:初築此城,板幹一夜自移于此,故代西南五十里大澤中營城自護,結葦爲九門。于是就以爲治城,圓而不方,周四十七里,開九門,更名其故城曰東城。趙滅代[①],漢封孝文爲代王。梅福上事曰:代谷者,恒山在其南,北塞在其北,谷中之地。上谷在東,代郡在西,是其地也。王莽更之曰厭狄亭。《魏土地記》曰:城内有二泉,一泉流出城西門,一泉流出城北門,二泉皆北注代水。祁夷水又東北,熱水注之,水出綾羅澤,澤際有熱水亭,其水東北流,注祁夷水。祁夷水又東北,谷水注之,水出昌平縣故城南,又東北入祁夷水。祁夷水右會逆水,水導源將城東,西北流逕將城北,在代城東北十五里,疑即東代矣,而尚傳將城之名。盧植曰:此城方就而板幹自移。應劭曰:城徙西南,去故代五十里,故名代曰東城。或傳書倒錯,情用疑焉,而無以辨之。逆水又西,注于祁夷之水。逆之爲名,以西流故也。

26　祁夷水東北逕青牛淵,水自淵東注之。耆彦云:有潛龍出于茲浦,形類青牛焉,故淵潭受名矣。潭深不測,而水周多蓮藕生焉。祁夷水又北逕一故城西,西去代城五十里,又疑是代之東城,而非所詳也。又逕昌平郡東,魏太和中置,西南去故城六十里。又北,漣水入焉,水出雊瞀縣東,西北流,逕雊瞀縣故城南,又西逕廣昌城南,《魏土地記》曰:代南二百里有廣昌城,南通大嶺。即實非也。《十三州記》曰:平舒城東九十里有廣平城,疑是城也。尋其名狀,忖理爲非。

27　又西逕王莽城南,又西,到剌山水注之,水出到剌山西,山甚層峻,未有升其巔者。《魏土地記》曰:代城東五十里有到剌山,山上有佳大黃也。其水北流逕一故亭東,城北有石人,故世謂之石人城,西北注漣水。漣水又北逕當城縣故城西,高祖十二年,周勃定代斬陳豨于當城,即此處也。應劭曰:當桓都山作城,故曰當城也。又逕故代東而西北流注祁夷水。祁夷水西有隨山,山上有神廟,謂之女郎祠,方俗所祠也。祁夷水又北逕桑乾故城東,而北流注于灅水。《地理志》曰:祁夷水出平舒縣,北至桑乾入灅是也。

28　灅水又東北逕石山水口,水出南山,北流逕空侯城東,《魏土地記》曰:代城東北九十里有空侯城者也。其水又東北流注灅水。灅水又東逕潘縣故城北,東合協陽關水,水出協溪。《魏土地記》曰:下洛城西南九十里有協陽關,關道西通代郡。其水東北流,歷笄頭山,闞駰曰:笄頭山在潘城南,即是山也。又北逕潘縣故城,左會潘泉故瀆,瀆舊上承潘泉于潘城中。或云,舜所都也。《魏土地記》曰:下洛城西南四十里有潘城,城西北三里,有歷山,山上有虞舜廟。《十三州記》曰:廣平城東北百一十里有潘縣,《地理志》曰:王莽更名樹武。其泉從廣十數步,東出城,注協陽關水。雨盛則通注,陽旱則不流,惟洴泉而已。關水又東北流,注于灅水。灅水又東逕雍洛城南,《魏土地記》曰:下洛城西南二十里有雍洛城,桑乾水在城南東流者也。灅水又東逕下洛縣故城南,王莽之下忠也,魏燕州廣甯縣,廣甯郡治。《魏土地記》曰:去平城五十里,城南二百步有堯廟。灅水又東逕高邑亭北,又東逕三臺北,灅水又東逕無鄉城北,《地理風俗記》曰:燕語呼毛爲無,今改宜鄉也。

29　灅水又東,溫泉水注之,水上承溫泉于橋山下,《魏土地記》曰:下洛城東南四十里有橋山,山下有溫泉,泉上有祭堂。雕簷華宇,被于浦上;石池吐泉,湯湯其下。炎涼代序,是水灼焉無改,能治百疾,是使赴者若流。池水北流,入于灅水。灅水又東,左得于延水口,水出塞外柔玄鎮西長川城南小山。《山海經》曰:梁渠之山,無草木,多金玉,脩水出焉。東南流逕且如縣故城南。應劭曰:當城西北四十里有且如城,故縣也。代稱不拘,名號變改,校其城郭,相去遠矣。《地理志》曰:中部都尉治。于延水出縣北塞外,即脩水也。

30　脩水又東南逕馬城縣故城北,《地理志》曰:東部都尉治。《十三州志》曰:馬城在高柳東二百四十里。俗謂是水爲河頭,河頭出戎方,土俗變名耳。又東逕零丁城南,右合延鄉水,水出縣西山,東逕延陵縣故城北,《地理風俗記》曰:當城西北有延陵鄉,故縣也。俗指爲琦城。又東逕羅亭,又東逕馬城南,又東注脩水,又東南于大甯郡北,右注鴈門水。《山海經》曰:鴈門之水,出于鴈門之山。鴈出其門,在高柳北。高柳在代中,其山重巒疊巘,霞舉雲高,連山隱隱,東山遼塞。其水東南流逕高柳縣故城北,舊代郡治。秦始皇二十三年虜趙王,遷以國爲郡,王莽之所謂厭狄也。建武十九年,世祖封代相堪爲侯國,昔牽招斬韓忠于此處。城在平城東南六七十里,于代爲西北也。

31　鴈門水又東南流,屈逕一故城,背山面澤,北俗謂之叱險城。鴈門水又東南流,屈而東北,積而爲潭,其陂斜長而不方,東北可二十餘里,廣十五里,兼葭藜生焉。敦水注之,其水導源西北少咸山之南麓,東流逕參合縣故城南,《地理風俗記》曰:道人城北五十里有參合鄉,故縣也。敦水又東,澾水注之,水出東阜下,西北流逕故城北,俗謂之和堆城,又北合敦水,亂流東北注鴈門水。故《山海經》曰:少咸之山,敦水出焉,東流注于鴈門之水。郭景純曰:水出鴈門山,謂斯水也。

32　鴈門水又東北入陽門山,謂之陽門水,與神泉水合。水出葦壁北,水有靈焉,及其密雲不雨,陽旱愆期,多禱請焉。水有二流,世謂之比連泉,一水東北逕一故城東,世謂之石虎城,而東北流注陽門水,又東逕三會亭北,又東逕西伺道城北,又東,託台谷水注之,水上承神泉于葦壁北,東逕陽門山南託台谷,謂之託台水,汲引泉溪,渾濤東注,行者間十餘渡。東逕三會城南,又東逕託台亭北,又東北逕馬頭亭北,東北注鴈門水。

33　鴈門水又東逕大甯郡,北魏太和中置。有脩水注之,即《山海經》所謂脩水東流注于鴈門水也。《地理志》有于延水而無鴈門、脩水之名,《山海經》有鴈門之目,而無說于延河,自下亦通謂之于延水矣。水側有桑林,故時人亦謂是水爲藂桑河也。斯乃北土寡桑,至此見之,因以名焉。于延水又東逕岡城南,按《史記》,蔡澤,燕人也,謝病歸相,秦號岡成君。疑即澤所邑也,世名武岡城。于延水又東,左與寧川水合,水出西北,東南流逕小甯縣故城西,東南流注于延水。

34　于延水又東,逕小甯縣故城南,《地理志》:寧縣也,西部都尉治,王莽之博康也。《魏土地記》曰:大甯城西二十里有小甯城,昔邑人班丘仲居水側,賣藥于甯百餘年,人以爲壽,後地動宅壞,仲與里中數十家皆死,民人取仲尸棄于延水中,收其藥賣之。仲被裘從而詰之,此人失怖,叩頭求哀。仲曰:不恨汝,故使人知我耳,去矣。後爲夫餘王驛使來甯,此方人謂之謫仙也。

35　于延水又東,黑城川水注之,水有三源,出黑土城西北,奇源合注,總爲一川,東南逕黑土城西,又東南流逕大甯縣西而南入延河。延河又東逕大甯縣故城南,《地理志》云:廣寧也。王莽曰廣康矣。《魏土地記》曰:下洛城西北百三十里有大甯城。

于延水又東南逕茹縣故城北,王莽之穀武也。世謂之如口城。《魏土地記》曰:城在鳴雞山西十里,南通大道,西達寧川。

36　于延水又東南逕鳴雞山西。《魏土地記》曰:下洛城東北三十里有延河東流,北有鳴雞山。《史記》曰:趙襄子殺代王于夏屋而并其土,襄子迎其姊于代。其姊,代之夫人也,至此曰:代已亡矣,吾將何歸乎?遂磨笄于山而自殺。代人憐之,爲立祠焉。因名其山爲磨笄山。每夜有野雞,羣鳴于祠屋上,故亦謂之爲鳴雞山。《魏土地記》云:代城東南二十五里有馬頭山,其側有鍾乳穴,趙襄子既害代王,迎姊,姊代夫人,夫人曰:以弟慢夫,非仁也;以夫怨弟,非義也。磨笄自刺而死,使者自殺,民憐之,爲立神屋于山側,因名之爲磨笄之山。未詳孰是。

37　于延水又南逕且居縣故城南,王莽之所謂久居也。其水東南流,注于灢水。《地理志》曰:于延水東至廣寧入沽。非矣。

又東過涿鹿縣北,

38　涿水出涿鹿山,世謂之張公泉,東北流逕涿鹿縣故城南,王莽所謂抪陸也。黃帝與蚩尤戰于涿鹿之野,留其民于涿鹿之阿。即于是也。其水又東北與阪泉合,水導源縣之東泉。《魏土地記》曰:下洛城東南六十里有涿鹿城,城東一里有阪泉,泉上有黃帝祠。《晉太康地理記》曰:阪泉亦地名也。泉水東北流與蚩尤泉會,水出蚩尤城,城無東面。《魏土地記》稱,涿鹿城東南六里有蚩尤城。泉水淵而不流,霖雨併則流注阪泉,亂流東北入涿水。涿水又東逕平原郡南,魏徙平原之民置此,故立僑郡,以統流雜。涿水又東北逕祚亭北,而東北入灢水。亦云涿水枝分入匈奴者,謂之涿邪水。地理潛顯,難以究昭,非所知也。灢水又東南,左會清夷水,亦謂之滄河也。水出長亭南,西逕北城村故城北,又西北,平鄉川水注之,水出平鄉亭西,西北流注清夷水。清夷水又西北逕陰莫亭,在居庸縣南十里。清夷水又西會牧牛山水。《魏土地記》曰:沮陽城東八十里有牧牛山,下有九十九泉,即滄河之上源也。山在縣東北三十里,山上有道武皇帝廟。耆舊云:山下亦有百泉競發,有一神牛駁身,自山而降,下飲泉竭,故山得其名。今山下導九十九泉,積以成川,西南流,谷水與浮圖溝水注之,水出夷輿縣故城西南,王莽以爲朔調亭也。其水俱西南流,注于滄水。滄水又西南,右合地裂溝,古老云:晉世地裂,分此界間成溝壑。有小水,俗謂之分界水,南流入滄河。滄河又西逕居庸縣故城南,魏上谷郡治。昔劉虞攻公孫瓚不克,北保此城,爲瓚所擒。有粟水入焉,水出縣下,城西枕水,又屈逕其縣南,南注滄河。

39　滄河又西,右與陽溝水合,水出縣東北,西南流逕居庸縣故城北,西逕大翮、小翮山南,高巒截雲,層陵斷霧,雙阜共秀,競舉羣峰之上。郡人王次仲,少有異志,年及

弱冠,變蒼頡舊文爲今隸書。秦始皇時官務煩多,以次仲所易文簡,便于事要,奇
而召之,三徵而輒不至。次仲履真懷道,窮數術之美。始皇怒其不恭,令檻車送
之。次仲首發于道,化爲大鳥,出在車外,翻飛而去,落二翮于斯山,故其峯巒有大
翮、小翮之名矣。《魏土地記》曰:沮陽城東北六十里有大翮、小翮山,山上神名大
翮神,山屋東有温湯水口。其山在縣西北二十里,峯舉四十里,上廟則次仲廟也。
右出温湯,療治萬病。泉所發之麓,俗謂之土亭山。此水炎熱,倍甚諸湯,下足便
爛人體。療疾者要須別引,消息用之耳,不得言。大翮山東。

40　其水東南流,左會陽溝水,亂流南注滄河。滄河又左得清夷水口,《魏土地記》曰:
牧牛泉西流,與清夷水合者也。自下二水互受通稱矣。清夷水又西,靈亭水注之,
水出馬蘭西澤中,衆泉瀉溜歸于澤,澤水所鍾,以成溝瀆。瀆水又左與馬蘭溪水
會,水導源馬蘭城,城北負山勢,因阿仍溪,民居所給,惟仗此水。南流出城,東南
入澤水。澤水又南逕靈亭北,又屈逕靈亭東,次仲落鳥翮于此,故是亭有靈亭之稱
矣。其水又南流,注于清夷水。

41　清夷水又西與泉溝水會,水導源川南平地,北注清夷水。清夷水又西南得桓公泉,
蓋齊桓公霸世,北征山戎,過孤竹西征,束馬懸車,上卑耳之西極,故水受斯名也。
水源出沮陽縣東,而西北流入清夷水。清夷水又西逕沮陽縣故城北,秦上谷郡治
此,王莽改郡曰朔調,縣曰沮陰。闞駰曰:涿鹿東北至上谷城六十里。《魏土地記》
曰:城北有清夷水西流也。其水又屈逕其城西,南流注于漯水。漯水南至馬陘山,
謂之落馬洪。

又東南出山,

42　漯水又南出山,瀑布飛梁,懸河注壑,淵湍十許丈,謂之落馬洪,抑亦孟門之流也。
漯水自南出山,謂之清泉河,俗亦謂之曰千水,非也。漯水又東南逕良鄉縣之北
界,歷梁山南,高梁水出焉。

過廣陽薊縣北,

43　漯水又東逕廣陽縣故城北,謝承《後漢書》曰:世祖與銚期出薊至廣陽,欲南行。即
此城也。謂之小廣陽。漯水又東北逕薊縣故城南,《魏土地記》曰:薊城南七里有
清泉河,而不逕其北。蓋《經》誤證矣。昔周武王封堯後于薊,今城內西北隅有薊
丘,因丘以名邑也。猶魯之曲阜、齊之營丘矣。武王封召公之故國也。秦始皇二
十三年滅燕,以爲廣陽郡,漢高帝以封盧綰爲燕王,更名燕國,王莽改曰廣有,縣曰
代戎。城有萬載宮、光明殿。東掖門下,舊慕容儁立銅馬像處,昔慕容廆有駿馬,
赭白有奇相,逸力至儁。光壽元年,齒四十九矣,而駿逸不虧。儁奇之,比鮑氏驄,

命鑄銅以圖其像,親爲銘讚,鐫頌其傍,像成而馬死矣。

44　大城東門内道左,有《魏征北將軍建成鄉景侯劉靖碑》。晉司隸校尉王密表靖,功加于民,宜在祀典。以元康四年九月二十日刊石建碑,揚于後葉矣。灢水又東與洗馬溝水合,水上承薊水,西注大湖。湖有二源,水俱出縣西北,平地導源,流結西湖。湖東西二里,南北三里,蓋燕之舊池也。綠水澄澹,川亭望遠,亦爲遊矚之勝所也。湖水東流爲洗馬溝,側城南門東注,昔銚期奮戟處也。其水又東入灢水。

45　灢水又東逕燕王陵南,陵有伏道,西北出薊城中。景明中造浮圖建刹,窮泉掘得此道,王府所禁,莫有尋者。通城西北大陵,而是二墳,基趾磐固,猶自高壯,竟不知何王陵也。灢水又東南,高梁之水注焉。水出薊城西北平地,泉流東注,逕燕王陵北,又東逕薊城北,又東南流。《魏土地記》曰:薊東十里有高梁之水者也。其水又東南入灢水。

又東至漁陽雍奴縣西,入笥溝。

46　漢光武建武二年,封潁川太守寇恂爲雍奴侯。魏遣張郃、樂進圍雍奴,即此城矣。笥溝,潞水之別名也。《魏土地記》曰:清泉河上承桑乾河,東流與潞河合。灢水東入漁陽,所在枝分,故俗諺云:高梁無上源,清泉無下尾。蓋以高梁微涓淺薄,裁足津通,憑藉涓流,方成川甽。清泉至潞,所在枝分,更爲微津,散漫難尋故也。

【注　釋】　①上平　《疏》改“上下”,此依《疏》語譯於後。②東逕馬邑縣　此處有佚文一條。清宮夢仁《讀書紀數略》卷十一《地部·山川類·桑乾河·七泉》引《水經注》:“伏流至朔州馬邑縣雷山之陽,匯爲七泉。”當是此段下佚文。③洼陶縣　地名。殿本在此有戴震案語:“洼,‘汪’古字。”④玄岳　此處有佚文一條。《新鐫海内奇觀》卷一《恒岳圖說》引《水經注》:“玄岳高三千九百丈,福地著其周三百里,爲總玄之天。”爲今本所無。但明喬宇《晉陽游記》(載《古今天下名山勝概記》)云:“《水經》著其高三千九百丈,爲玄岳;《福地記》著其周圍一百三十里,爲總玄之天。”是知《新鐫海内奇觀》“福地”下漏“記”字,故“福地”下當非鄘佚,而“玄岳高三千九百丈”一句,當是此段下佚文。⑤常有　殿本在此處有戴震案語:“此下有脱文。”語譯從略。⑥詩　即《詩經·鄭風·太叔于田》。⑦捍虎圖　圖名。已亡佚。《水經注疏》引《厄林》:“《後魏書》曰:王叡,字洛誠,晉陽人,姿貌偉麗,文明太后臨朝,叡見幸,爲侍中、吏部尚書,受寵日隆。太和二年,高祖及太后率百僚臨虎圈,有逸虎登門閣道,幾至御坐。侍御驚靡,叡執戟禦之,虎乃退,親任轉重,進爵中山王。叡薨,太后親臨哀慟,葬城東,高祖登城樓望之,立祠都南,又詔褒叡,圖其捍虎狀于諸殿,高允爲贊,京師士女,造新聲而弦歌之,名曰《中山樂》。善長託喻奔戎,蓋晦其事微露,捍虎亦迂詞也。全云:《注》云太平真君五年始作虎圈耳,非謂捍虎即在此年,全說失之。”⑧小爾雅　書名。《漢書·藝文志》著錄一卷,不著撰人。唐以後,始以此書爲《孔叢子》第十一篇,題孔鮒撰。故學者多以爲不盡可靠。但晉杜預注《左傳》已引及,故成書必在晉前,是中國古代詞典之一。今亦收入於《續百川學海》甲集、《廣漢魏叢書》等。

⑨瑞應圖　圖名。南朝梁孫柔之撰。《舊唐書·經籍志》著錄《瑞應圖敘》二卷,梁孫柔之撰。圖已亡佚,輯本一卷,收入於《玉函山房輯佚書續編》。又收入於《觀古堂所著書》,作《瑞應圖記》一卷。⑩事同曹武鄴中定矣　殿本在此處有戴震案語:"此語有脫誤。"裴松之注《三國志》引《魏略》云:"河北始開以王脩為司金中郎將。《續漢書·百官志》本注云:曹公始置司金中郎將,利權悉歸於上矣。"趙一清《水經注釋》認為:"金田即銀礦,《禹貢·揚州》貢金三品,叔治黃白異議,蓋舍銅而專言金銀也。"語譯從略。⑪趙滅代　殿本在此處有戴震案語:"此下有脫文。"趙一清《水經注釋》亦作是說。全祖望《七校水經注》刪"趙滅代漢封孝文王為代王"十一字,以為是衍文。又於後"舊代郡治下"增"趙滅代"三字。《水經注疏》楊守敬按:"不當刪此增彼,趙滅代詳《史記·趙世家》。"

【語　譯】

濕水出鴈門陰館縣,東北過代郡桑乾縣南,

1　濕水發源於累頭山,又名治水。泉水從山邊流出,揚著輕波淌過山澗,往東北流出山間,流經陰館縣老城西。陰館縣就是從前的樓煩鄉。漢景帝後元三年(公元前一四一年)設置,王莽改名為富臧。魏皇興三年(公元四六九年),平定了齊國,把齊人遷到這裡來,設置了平齊郡。

2　濕水又東北流,左岸匯合桑乾水。陰館縣西北一帶,有七道流量很大的山泉,稱為桑乾泉,就是漯涫水。據老年人說:此水在地下與太原汾陽縣以北燕京山的大池相通,大池位於山間的高地上,世人稱為天池,方圓約一里有餘,池水澄澈平靜,明潔如鏡,淵深而不流動,有點像安定郡朝那縣的湫淵的樣子。清泉流入潭中,皎潔得一望見底,池中寸草不生,如有輕風吹來,飄下竹箬沉入水中,就有翠色的小鳥投身潛入池裡,把它銜出,正像會稽耘田的小鳥一樣。淵水久旱不涸,陰雨綿綿也不氾濫,無人能探測得出它有多深。老人相傳,說有人曾乘車經過池畔,忽然起了一陣狂風,把車子捲入水中,後來有人在桑乾泉中撿到車輪,這才知道兩處的水在地下是有暗流相通的。

3　池水以東,隔著一座小山又有一口石池,方圓五六十步,水清而潔淨有如明鏡,與大池一模一樣。桑乾水從源頭東南流,右岸匯合馬邑川水。馬邑川水發源於馬邑西川,民間叫磨川。這是因為狄族語言音訛造成的,馬、磨兩字音近,產生音訛也就十分自然了。此水東流經馬邑縣老城南,干寶《搜神記》說:從前秦人在武州邊塞內築城,以防胡人入侵。城就快築成時卻崩塌了,接連好幾次都是這樣。後來有一匹馬在一處不斷地跑了一圈又一圈,父老們都覺得很驚異,於是循著馬跡築城,城就再也不坍了,因而取名馬邑。但也有人以為這是代郡的馬城。真是眾說紛紜,莫衷一是了。漢朝把此城封給韓王信,後來他被匈奴包圍,投降了匈奴。王莽時改名為章昭。馬邑川水東流,注入桑乾水。桑乾水又東南流,南岸有一座老城,東北瀕河;又東南流,右岸匯合灢水,向南分散成漫亂的支流。桑乾水又東流,左岸匯合武州塞水。武州塞水發源於老城,往東南流出山間,流經日沒城南,因為兵車到達這裡時,大都已是夕陽銜山,因而得名。東有日中城,城東又有早起城,也叫食時城,在黃瓜阜北的山彎中。武州塞水又東流,從右岸注入桑乾水。

4　桑乾水又東南流經黃瓜阜山彎西,又折而流經這座小丘以南。徐廣說:猗盧廢黜了他的長子利孫,把他貶謫到黃瓜堆。又東流,在右岸匯合支流。這條支流上流承接桑乾河,東南流經桑乾郡北,大魏因水立郡,郡也因水而得名。又東北流,左岸匯合夏屋山水。夏屋山水發源於南方夏屋山的東溪,西北流經老城北,詳情也不大清楚。又西北流,注入桑乾支水。桑乾支水又東流,浪濤滾滾,把兩個湖泊都連結起來,一東一西,深潭緊挨著深潭相連在一起。潭水極其澄淨深沉,早晨的野鴨,黃昏的大雁,在湖面上游弋;黛青色的龜鱉,白閃閃的游魚,在水底跳躍嬉遊。站立在湖邊,仰觀飛鳥,俯察游魚,達到了物我相融的至高境界,只可惜少了些蔭蔭綠樹而已。此湖民間稱為南池,池水北與淮陶縣老城相對,所以叫南池。南池水又往東北注入桑乾水,自此直到下游就是灢水,並且都可通稱了。

5　灢水又東北流經石亭西,石亭是魏天賜三年(公元四〇六年)建造的。灢水又東北流經白狼堆南,魏烈祖道武皇帝曾在這裡遇見白狼,以為是祥瑞之兆,所以稱這座小山為白狼堆。小山上有舊時留下的宮觀廟宇,樓榭的臺基和牆垣都還巍峨高大,每年秋獵的日子,攜帶著鷹隼,登樓縱目,眺望曠闊的原野,這裡真是極佳的攬勝之地。

6　灢水又東流四十九里,東流經巨魏亭北,又東流,崞川水注入。崞川水發源於南方崞縣老城南,就是王莽時的崞張。縣城南對玄岳,右依崞山,位於兩山之中,所以取崞張之名。崞川水又西流出山,山口叫崞口。北流經繁時縣老城東,就是王莽時的當要。又北流經巨魏亭東,又北流經劇陽縣老城西,就是王莽時的善陽。按《十三州志》說:劇陽在陰館縣東北一百零三里。崞川水又往東注入灢水。

7　灢水又東流經班氏縣南,如渾水注入。如渾水發源於涼城郡旋鴻縣西南五十餘里,東流經老城南,北方民間稱為獨谷孤城,水也叫獨谷孤水。東流與旋鴻池水匯合。旋鴻池水發源於旋鴻縣東山下,水積聚成池,從北方引入魚水。魚水發源於魚溪,南流注入池中。池中諸水出入流通,積成大澤,東西二里,南北四里,北方與涼川城的南池相對。南池方圓五十里,民間稱為乞伏袁池。雖然其間隔著山陵丘岡,但有崎嶇的山徑相通,也並不很遠。……旋鴻池水西南流經旋鴻縣南,右岸匯合如渾水,兩條水都可稱為如渾水。如渾水又東南流經永固縣。永固縣是太和年

間(公元四七七—四九九年)以一所山堂的名稱來命名的。如渾水右岸匯合羊水。羊
水發源於平城縣西苑外的武州塞,北流出塞後東轉流經燕昌城南。據《燕書》,建
興十年(公元三九五年),慕容垂從河西返回,軍隊在參合打了一場大敗仗,死了六萬
人。十一年,慕容垂的部隊北上到了參合,看到堆積如山的屍骨,於是舉行祭奠之
禮,死者的父兄都悲號痛哭,全軍也悲痛之極。慕容垂悲憤羞愧交集,就吐血而病
倒了。車駕過了平城北四十里,慕容垂病重,於是築了燕昌城就回來了。他築的
就是此城,北方民間稱為老公城。

8　　羊水又東流,注入如渾水,亂流經方山南。嶺上有文明太皇太后陵,此陵東北又有
高祖陵。兩座陵墓以南有永固堂,堂的四周牆角,布置著臺榭、臺階、欄杆、門檻,
以及門戶、棟梁、牆壁、椽子、瓦片等等,全都是用紋石雕成。簷前的四根柱子,是
開採了洛陽八風谷的黑石製成,浮雕微微凸起,用金銀鑲嵌成雲紋圖案,像錦緞那
樣燦爛奪目。堂的內外,四邊都構建了兩個石座,張開青石屏風,以紋石鑲嵌邊
緣,屏風上浮雕忠臣孝子的形象,題刻節婦淑女的姓名。廟前有雕成的石碑石獸,
碑石極佳,左右兩邊有成行的柏樹,四周密集的鳥群蔭天蔽日。院外西側,有《思
遠靈圖》,圖西有齋堂;南門外建有兩座石闕,石闕下面,劈山鑿石,壘砌成御路,俯
視靈泉宮殿和池水,皎潔有如明鏡。

9　　如渾水又南流到了靈泉池,分出一條支流,東南流注入池中。此池東西百步,南北
二百步,從前名叫白楊泉,泉邊有白楊樹,因而得名。正像長楊、五柞二宮,也都是
因樹木而得名一樣。靈泉池南方朝向舊京,北依方嶺,左右都是平坦的山地。亭
臺樓觀聳立有如圖畫,景色映入湖中,猶如三神山在水下的倒影。如渾水又南流
經北宮下,這是舊時宮女染織的地方。

10　　如渾水又南流,分為兩條:一條西流而出,然後南轉流入北苑裡,穿過幾個池沼,又
南流經虎圈東。虎圈是魏太平真君五年(公元四四四年)所建,用以關虎。暮秋季
節,皇上親臨虎圈,命令勇士在虎圈裡奮力搏虎,制服猛獸,就同周穆王時勇士高
奔戎的事跡相仿。《詩經》說:袒胸露臂活捉猛虎,進獻於公的住所。所以魏有《捍
虎圖》。又流經平城西的外城內,外城是魏泰常七年(公元四二二年)所建。平城西
側外城外面,有郊天壇,天壇東側有"郊天碑",是建興四年(公元三一六年)所立。
水又南轉,流經平城縣老城南。《史記》說:漢高祖先到平城。《史記音義》說:平
城縣在鴈門郡,即指此縣。王莽時稱平順。魏天興二年(公元三九九年),遷都到這
裡。太和十六年(公元四九二年),拆除了安昌殿等幾座宮殿,興建太極殿、東堂、西
堂及朝堂,兩邊建象魏、乾元、中陽、端門、東西二掖門、雲龍、神虎、中華等城門,都
配置望樓。東堂以東與太和殿相連接,太和殿東石階下有一座石碑,是太和年間

（公元四七七—四九九年）所立。此碑是以洛陽八風谷的黑石建造而成。太和殿東北與紫宮寺相連接，南對承賢門；承賢門南就是皇信堂，此堂四周，畫了古代聖人、忠臣、烈士的人像，在旁邊刻上題記。這是辯章郎彭城張僧達、樂安蔣少游的手筆。皇信堂南對白臺，這座臺非常高大開闊，臺基四周建了圍牆，有複道從裡面上升，國家的圖冊和祕藏典籍，都集中收藏在下面。臺西就是朱明閣，是值班的官員出入所經的地方。水從御街兩旁南流經蓬臺西。魏神瑞三年（公元四一六年），又建白樓，樓極高，上面還加建了觀榭，內外都飾以石粉，皓白耀眼，但也間著些赭紅色，相映愈加分明，所以世人稱為白樓。後來在白樓上放了一面大鼓，每天早晚定時擊鼓，作為城門和街坊諸門開關的信號，叫戒晨鼓。

11　又南流經皇舅寺西，此寺是太師昌黎王馮晉國所建，寺旁有五層的佛塔，塔上的佛像都是拼合青石雕成，再用金銀寶石裝飾，色彩絢麗，燁燁發光。此水又南流經永寧七層寶塔西，寶塔建造得十分精緻美妙，工藝真是天下無雙。又南流，遠遠流出城外郊區，街道旁綠柳成蔭，柔枝拂水，公家和私人都競相開溝引水，灌溉田園，到處布滿了長塘曲池。關於這條支水，真是說也說不完。

12　另一條支水南流經白登山西。服虔說：白登，是個臺名，離平城七里。如淳說：白登是平城旁邊的高城，高大有如丘陵。現在平城東十七里有個高臺，這就是白登臺了。此臺南對一座山岡，這就是白登山。所以《漢書》說，高祖到平城去，登上了白登，這裡就是他被匈奴包圍的地方。孫暢之《述畫》說：漢高祖被圍七日，陳平派畫工畫了美女像，要送給匈奴的單于冒頓。冒頓的皇后怕冒頓戰勝了漢，自己定會失寵，因此勸冒頓解了平城之圍。

13　此水又流經寧先宮東，這就是獻文帝做太上皇時所居的故宮。故宮東邊近處，下面有兩支石柱，這是石虎時鄴城東門的石橋柱。按柱上所刻的字來看，是後趙建武年間（公元三三五—三四八年）所造。因為石柱雕刻得非常精美，就把它移到這裡來了。我任尚書祠部時，與宜都王穆罷一同在北郊祭祀，曾親眼見過這兩支橋柱。柱側雕滿了雲紋，柱上有蟠龍，氣勢磅礴，確實非常精巧，不過與“子丹碑”相比，那就差得遠了。

14　此水又南流經平城縣老城東，這是司州代尹的治所。遷都洛陽後，改司州為恆州。此水左岸有大道壇廟，是始光二年（公元四二五年），少室道士寇謙之倡議修建的。還有其他諸嶽的廟碑，也大多是他撰文樹立的。廟裡的臺階有三層，四周圍著欄杆，上層石階之上，以木材搭成圓形的底基，使它們互相支撐著，上面用木板鋪砌，四周欄杆與臺階曲折相連，上部呈圓形，格局有如明堂。專用房間有四道門，室內設神座，神座右邊擺著玉磬，皇上親自來到靈壇上接受天書。寇謙之被封以天師的尊號,宣揚道教儀式,名重一時。壇的東北,舊時有靜輪宮,是魏神𪊽四年(公元四三一年)建造,可與柏梁臺等相媲美。臺榭高大寬廣,直上雲霄,要使它上能迎接天外的神仙,下能隔絕塵世的紛擾。太平真君十一年(公元四五〇年),卻又把它拆毀了。事物是不會停滯不變的,靜輪宮被廢棄,白登宮又繼起了。水的右岸有一座三層的佛塔,佛像及佛座都用石材拼砌雕琢而成。裝飾製作都極其富麗堂皇,盡善盡美。東邊城外,太和年間(公元四七七—四九九年),太監宕昌公鉗耳慶時,在東邊水岸上修建了一座佛寺,椽瓦棟梁、臺基牆壁、窗櫺臺階、莊嚴的佛像,以及坐椅門帳等,都是青石雕成。圖像製作精美可觀,只可惜四壁的石板拼合得太粗陋,不夠緊密。庭院中有"祇洹碑",碑題的大篆寫得不好,不過京城帝都,佛法十分興盛,壯麗的寶塔聳峙相望,佛法東傳,這樣的建築也可稱上乘的了。

15　水從北苑南流而出,流過京城內。太和十年(公元四八六年),河濱兩岸的水邊,都用石塊砌疊得整整齊齊,兩邊的堤塘上,雜樹交織成一片綠蔭,城郭南面,築了兩座石橋,橫架於水上。又南流,從皇上親耕的田地及藥圃以西、明堂以東流過。明堂上圓下方,四周有十二堂九室,但四角不再建屋。室外柱內的天花板下,裝有旋轉的機輪,塗飾成淡青色,仰望象徵天空形狀,上畫北斗七星,以象徵天空。每月隨著北斗七星斗柄所指的位置而旋轉,與天象相對應,這一點與古制不同。明堂上面加建靈臺,下面引水成為天子所設的大學辟雍,水濱用石塊砌成堤岸,這一切都是以古代的制度為依據,是太和年間(公元四七七—四九九年)建成的。

16　如渾水又南流與武州川水匯合。武州川水發源於縣城西南的山下,兩個源頭都出自同一座山,從兩邊流出,東北流,匯合成一條,北流經武州縣老城西,就是王莽時的桓州。又東北流,右岸匯合黃水。黃水發源於西方的黃阜下,東北流,聖山水注入。聖山水發源於西山,東流注入黃水。黃水又東流注入武州川,又東流經故亭北,右岸匯合火山西溪水。火山西溪水發源於火山,西北流。山上有火井,南北六七十步,寬度略少一尺左右,深不見底,熱氣騰騰,常有像輕雷似的隆隆聲。將草放進去,立即就會冒煙起火。東方朔《神異傳》說:南方有火山,長四十里,寬四五里,山中生長的樹木,都不會燒成灰。晝夜都有火在燃燒,雖然下雨刮大風都不熄滅。火中有鼠,重達百斤,毛長二尺餘,纖細如絲,呈白色。這種老鼠時常會出來,如果追上去向牠澆水,就會把牠澆死。剪下鼠毛織布,叫火浣布。現在這座山大概也是同一類的吧,但山上的草木卻不會燃燒。山上的火因為是從地中噴出,所以又名燚臺。火井以東五六尺,又有湯井,大小與火井差不多,也是一樣熱氣騰騰。但把草投進去,卻不燃燒,只是全都溼漉漉的沾滿露水,所以民間取名為湯井。湯井以東有火井祠,歲時舉行祭祀。

17　井北百餘步,有東谷和西谷,寬約十來步;南崖下有個風洞,洞口大小僅能容得下一個人,深不可測。洞中常有瑟瑟的微風,雖然是三伏酷暑,還需要穿上皮襖。寒風逼人,片刻也不可停留。山上有雛烏,形狀同雅烏差不多,羽毛純黑而帶點紺青的光彩,樣子很好看,啼聲也像雅烏一樣,嘴紅,有如丹砂。這種雛烏生性馴良,人很容易接近,常常被小孩捉住。紅嘴烏也叫阿雛烏,按《小爾雅》,純黑而能反哺的,叫慈烏;形體小而腹下白、不會反哺的叫雅烏;白頸而成群飛翔的,叫燕烏;形體大而白頸的叫蒼烏。《爾雅》說:鸒斯,就是卑居。孫炎說:卑居,是楚國的烏鴉。犍為舍人以為叫壁居。《說文》稱為雅。雅,就是楚國的烏鴉。《莊子》說:雅,就是賈。馬融也說:賈,就是烏鴉。又據《瑞應圖》,有三足烏、赤烏、白烏等名,而關於這種雛烏卻沒有記載,因此我特別記下這種奇特的烏鴉。從恆山以北,都有這種烏鴉。

18　火山西溪水又東北流注入武州川水。武州川水又東南流,水邊有石窟寺,還有許多石窟石室,都是尼姑居住的。武州川水又轉而東流經靈巖南。靈巖鑿石開山,在崖壁上建構石窟寺,佛像容相莊嚴雄偉,世上所稀有。山間水邊的佛殿廳堂,寺上輕煙繚繞,彼此相近,舉目即可相望。林間的淵潭明澈如鏡,眺望著這一片景色,真是令人耳目一新。

19　武州川水又往東南流出山間。《魏土地記》所說的:平城西三十里有武州塞口,就是指這裡。支渠往東流出山口,流進苑中,灌溉著那些園囿、池塘和林苑。苑內有洛陽殿,殿北有宮館,有一條水從支渠南流,往東南流出去,火山水注入。火山水發源於火山東溪,往東北流出山,山上有石炭,點上火,燒著了就像木炭一樣熾熱。又東流注入武州川,流經平城縣南,東流注入如渾水。如渾水又南流經班氏縣老城東,就是王莽時的班副。闞駰《十三州志》說:班氏縣在郡城西南一百里,北方民間稱為去留城。如渾水又東南流注入灢水。

20　灢水又東流經平邑縣老城南。趙獻侯十三年(公元前四一一年)在平邑築城。平邑在《地理志》中屬代郡,王莽時叫平胡。《十三州志》說:城在高柳南一百八十里,北方民間稱為醜寅城。灢水又東流經沙陵南,原來是曹魏銀礦所在的地方,……灢水又東流經狋氏縣老城北,王莽改名為狋聚。《十三州志》說:狋氏縣在高柳南一百三十里,民間叫苦力干城。

21　灢水又東流經道人縣老城南。《地理志》說:就是王莽時的道仁。《地理風俗記》說:開始築此城時,有仙人來此遨遊,城就因此得名。現在城北有個深潭,潭水靜止不流,所以民間稱為平湖。《十三州志》說:道人城在高柳東北八十里,不知是否如此。

22　灢水又東流經陽原縣老城南。《地理志》:這是代郡的屬縣。北方民間稱它為比邸州城。灢水又東流,有安陽水注入。安陽水發源於陽原縣東北的潭中,北方民間稱它為太拔迴水,從潭東南流,注入灢水。灢水又東流經東安陽縣老城北。趙惠文王三年(公元前二九六年),主父武靈王封長子章為代郡安陽君,這裡就是章的封邑。王莽時叫竟安。《地理風俗記》說:五原有個西安陽,因此這裡加個"東"字叫東安陽。

23　灢水又東流經昌平縣,溫水注入。溫水發源於南墳下,三個源頭並發,匯合南流,往東北注入灢水。灢水又東流經昌平縣老城北,就是王莽時的長昌。從前牽招當魏鮮卑校尉,便屯駐在灢水上。灢水又東北流經桑乾縣老城西,又折而流經城北,王莽時改名為安德。《魏土地記》說:代城北九十里有桑乾城,從桑乾城西渡過桑乾水,離城十里,有溫泉,治療疾病有神效。《水經》說灢水流經桑乾縣南,不是的,這裡舉證錯了。建安二十三年(公元二一八年),魏任城王曹彰討伐烏丸,入涿郡,向北直追到桑乾,就是這地方。

24　灢水又東流,有祁夷水注入。祁夷水發源於平舒縣,東流經平舒縣老城南的沼澤。《史記》趙孝成王十九年(公元前二四七年),趙以汾門來交換燕國的平舒。徐廣說:平舒縣在代郡。王莽時改名為平葆。東漢世祖建武七年(公元三一年),把平舒封給揚武將軍馬成為侯國。此水引入許多泉水,匯合成一條川流。《魏土地記》說:代城西九十里有平舒城,西南五里,是代水源泉流出的地方,東北流。說這是代水,卻弄錯了。祁夷水又東北流經蘭亭南,又東北流經石門關北,有一條老路一直通出中山老關口。又東北流,水邊有個老池塘。據《魏土地記》說:代城西南三十里,有代王魚池,池西北有代王臺,東距代城四十里。祁夷水又東北流到了飛狐谷。廣野君酈食其所謂堵塞住飛狐口,即指此。蘇林據酈食其之說,以為飛狐谷在上黨,但與實地相對照卻不是。如淳說:飛狐谷在代郡,這才對了。晉建興年間(公元三一三—三一七年),劉琨從代城出了飛狐口,奔向安次,就是從這條路走的。《魏土地記》說:代城南四十里有飛狐關,關水西北流經南舍亭西,又流經句瑣亭西,往西北注入祁夷水。

25　祁夷水又東北流經代城西。盧植說:初築代城時,築城用的夾板和橫木,一夜之間自動搬移到老代城西南五十里大澤中,形成城牆自衛,並以蘆葦編結了九座城門。於是就以這裡為治所。城呈圓形而不方正,周圍四十七里,開了九座城門,把老城改名為東城。趙滅了代,漢封當時還是王子的孝文帝為代王。梅福在奏事時說:代谷,可說是谷中之地,恆山在其南,北塞在其北,上谷在東,代郡在西。說的就是這裡。王莽時改名為厭狄亭。《魏土地記》說:城內有兩條泉水:一條流出城西門,一條流出城北門,兩條泉水都北流注入代水。祁夷水又東北流,熱水注入。熱水發源於綾羅澤,澤旁有熱水亭。熱水東北流,注入祁夷水。祁夷水又東北流,有谷水注入。谷水發源於昌平縣老城南,又東北流注入祁夷水。祁夷水右岸匯合逆水。逆水發源於將城東,西北流經將城北。將城在代城東北十五里,推想起來可能就是東代,不過還留傳著將城的地名。盧植說:此城剛築成時,夾板和橫木自動搬移了。應劭說:城遷到西南,離開老代城五十里,所以把代城名為東城。也許是輾轉傳抄,造成顛倒錯亂,令人懷疑,但已無法辨明了。逆水又西流,注入祁夷水。之所以稱為逆水,是因為此水西流的緣故。

26　祁夷水東北流經青牛淵,水自淵潭東流注入。據老人們說:有一條潛伏在淵潭中的龍,曾在水邊出現過,形狀有點像青牛,淵潭就因此得名。潭水深不可測,但水邊卻蔓生著許多蓮藕。祁夷水又北流經一座老城西,西距代城五十里,這又使人懷疑它是代郡的東城了,但也搞不清楚。祁夷水又流經昌平郡東,這是魏太和年間(公元四七七—四九九年)所設置,西南距老城六十里。又北流,連水注入。連水發源於雊瞀縣東,西北流經雊瞀縣老城南,又西流經廣昌城南。《魏土地記》說:代城南二百里有廣昌城,南通大嶺。但與實地相對照,卻不是。《十三州記》說:平舒城東九十里有廣平城,可能就是此城。可是探索地名及其情況,按邏輯推斷,卻又不是如此。

27　祁夷水又西流經王莽城南,又西流,有到刺山水注入。到刺山水發源於到刺山西山,極其高峻,沒有人曾攀登上山頂。《魏土地記》說:代城東五十里有到刺山,山上產優質大黃。到刺山水北流經一處舊亭東,城北有石人,所以人們稱它為石人城,西北流,注入連水。連水又北流經當城縣老城西。高祖十二年(公元前一九五年),周勃平定了代城,在當城殺了陳豨,就是此處。應劭說:當著桓都山築城,所以叫當城。又流經老代城東,西北流,注入祁夷水。祁夷水西有隨山,山上有神廟,叫女郎祠,是民間所奉祠的。祁夷水又北流經桑乾老城東,北流注於灅水。《地理志》說:祁夷水發源於平舒縣,北流到桑乾縣流入灅水。

28　灅水又東北流經石山水口。匯合於水口的水發源於南山,北流經空侯城東。《魏土地記》說:代城東北九十里有空侯城,即指此城。此水又東北流,注入灅水。灅水又東流經潘縣老城北,東流與協陽關水匯合。協陽關水發源於協溪。《魏土地記》說:下洛城西南九十里有協陽關,關口的道路西通代郡。此水東北流,經過笄頭山。闞駰說:笄頭山在潘城南,說的就是此山。又北流經潘縣老城,左岸匯合潘泉舊河道,這條舊河道從前在潘城城內承接潘泉。也有人說,舜曾建都於此。《魏土地記》說:下洛城西南四十里有潘城,城的西北三里有歷山,山上有虞舜廟。《十三州記》說:廣平城東北一百一十里有潘縣。《地理志》說:王莽改名為樹武。這條泉水,其水道的痕跡寬廣十餘步,東流出城,注入協陽關水。下大雨時就水流通暢,亢旱時就不流了,只有一灘一灘可以洗洗衣服的小水窪罷了。協陽關水又東北流,注入灄水。灄水又東流經雍洛城南。《魏土地記》說:下洛城西南二十里有雍洛城,桑乾水在城南向東流。灄水又東流經下洛縣老城南,就是王莽時的下忠,也是魏燕州的廣甯縣,廣甯郡的治所就在這裡。《魏土地記》說:廣甯縣離平城五十里,城南二百步有堯廟。灄水又東流經高邑亭北,又東流經三臺北。灄水又東流經無鄉城北。《地理風俗記》說:燕語稱毛為無,現在已改為宜鄉了。

29   灄水又東流,有溫泉水注入。溫泉水上流在橋山下承接溫泉。《魏土地記》說:下洛城東南四十里有橋山,山下有溫泉,溫泉上面有祭堂。華麗的屋宇,伸出飛簷蔭蔽著水濱。石池裡的溫泉,從底下滔滔地噴湧而上,不論炎夏寒冬,季節如何更替,這溫泉總是始終灼熱不變,能治百病,所以來這裡的人川流不息。池水北流,注入灄水。灄水又東流,左岸在于延水口匯合于延水。于延水發源於塞外柔玄鎮西、長川城南的小山。《山海經》說:梁渠山草木不生,卻多金玉,脩水就發源在這裡。脩水東南流經且如縣老城南。應劭說:當城西北四十里有且如城,是個老縣城。姑且不管城的別稱和地名的改變,光考察城郭的位置,距離就已經差太遠了。《地理志》說:且如城是中部都尉的治所。于延水發源於縣北的塞外,就是脩水。

30   脩水又東南流經馬城縣老城北。《地理志》說:馬城是東部都尉的治所。《十三州志》說:馬城在高柳東二百四十里。民間把脩水叫做河頭;河頭發源於戎族地區,這不過是鄉土方俗的變名罷了。又東流經零丁城南,右岸匯合延鄉水。延鄉水發源於該縣西山,東流經延陵縣老城北。《地理風俗記》說:當城西北有延陵鄉,是個舊縣城。民間稱為琦城。延鄉水又東流經羅亭,又東流經馬城南,又東流注入脩水。又東南流,在大甯郡北,向右注入雁門水。《山海經》說:雁門水發源於雁門山,雁群從山門飛出。雁門在高柳北,高柳在代中。雁門山重巒疊嶂,高插於雲霞之上,連綿的山脈隱隱綽綽,向東延伸到遼東的邊塞。此水東南流經高柳縣老城北,這是舊時代郡的治所。秦始皇二十三年(公元前二二四年)俘虜了趙王,把趙國領土設立為郡。就是王莽時的厭狄。建武十九年(公元四三年),世祖封給代國丞相堪為侯國。從前牽招在這裡殺了韓忠。高柳城在平城東南六七十里,對代說來是在西北。

31   雁門水又東南流,轉彎流經一座舊城,此城背後依山,前面向著沼澤,北方民間稱為叱險城。雁門水又東南流,轉向東北,積潴成為深潭,堤岸偏斜呈長形而不方,東北約二十餘里,寬十五里,蘆葦叢生。有敦水注入。敦水發源於西北少咸山的南麓,東流經參合縣老城南。《地理風俗記》說:道人城北五十里有參合鄉,從前是個縣。敦水又東流,有瀺水注入。瀺水發源於東阜山下,西北流經老城北,民間稱為和堆城。又北流與敦水匯合,向東北亂流,注入雁門水。所以《山海經》說:少咸山,是敦水的發源地,東流注入雁門水。郭景純說:雁門水發源於雁門山,他說的就是此水。

32　雁門水又東北流入陽門山,稱為陽門水,與神泉水匯合。神泉水發源於葦壁北,此水頗有神靈,每當天上黑雲密布,卻又滴雨不下,或亢旱過久的時候,人們就來這裡禱告求雨。神泉水有兩條,人們稱為比連泉。一條東北流經一座老城東,人們稱為石虎城,東北流,注入陽門水。又東流經三會亭北,又東流經西伺道城北,又東流,有託台谷水注入。託台谷水上口在葦壁北承接神泉,東流經陽門山南託台谷,稱為託台水。託台水引入山間的流泉潤水,匯合成滾滾的波濤向東流逝,其間行人須渡水十餘次。接著又東流經三會城南,又東流經託台亭北,又東北流經馬頭亭北,然後往東北注入雁門水。

33　雁門水又東流經大甯郡,北魏太和年間(公元四七七—四九九年)所置,有脩水注入。這就是《山海經》所說的:脩水東流注於雁門水。《地理志》有于延水卻沒有雁門水和脩水等水名,《山海經》有雁門水的名稱卻沒有提到于延河。從這裡起直到下游,也都可通稱為于延水了。水邊有桑林,所以時人也把此水稱為藂桑河。這是因為北方桑樹很稀有,到了這裡卻看到有這麼多桑樹,就因而得名了。于延水又東流經岡城南。據《史記》,蔡澤是燕國人,以病辭去相位,秦國封他為岡成君。這裡可能就是他的封邑,人們稱之為武岡城。于延水又東流,左岸與甯川水匯合。甯川水發源於西北,東南流經小甯縣老城西,東南流,注入于延水。

34　于延水又東流,流經小甯縣老城南,這就是《地理志》所說的甯縣,是西部都尉的治所。王莽時叫博康。《魏土地記》說:大甯城西二十里有小甯城。從前縣城裡有個人叫班丘仲,住在水邊,在甯城賣藥一百多年,人們都認為他很長壽。後來有一次地震時房屋倒塌,班丘仲與街坊中幾十戶人家都被壓死了。有人把班丘仲的屍體投入于延水中,撿起他的藥去賣。班丘仲披著皮衣跟上來責問,那人嚇壞了,向他叩頭哀求。班丘仲說:我不恨你,只是特地要讓人們知道我罷了。我去了。後來他當了夫餘王的驛站信使來到甯城,這個地區的人都稱他為謫仙。

35　于延水又東流,有黑城川水注入。黑城川水有三個源頭,出自黑土城西北,這些奇特的泉源匯合起來,成為一條水流,東南流經黑土城西,又東南流經大甯縣西,往南流入延河。延河又東流經大甯縣老城南。《地理志》說:大甯就是廣寧,王莽時叫廣康。《魏土地記》說:下洛城西北一百三十里有大甯城。于延水又東南流經茹縣老城北,王莽時稱為穀武,人們叫它如口城。《魏土地記》說:城在鳴雞山西十里,城南有一條康莊大道相通,西行可到達寧川。

36　于延水又東南流經鳴雞山西。《魏土地記》說:下洛城東北三十里有延河東流,北有鳴雞山。《史記》說:趙襄子在夏屋殺了代王,併吞了他的土地,同時派人去代城迎回他的姐姐。他姐姐是代王的夫人。到了這座山,她說:代國已經滅亡了,我將到哪裡去呢?於是就拔下髮髻上的簪子,在山石上磨得鋒利而自殺了。代人憐憫她,為她立祠,並把山名為磨笄山。每天夜晚,有野雞成群地在祠屋上鳴叫,所以又稱鳴雞山。《魏土地記》說:代城東南二十五里有馬頭山,山邊有鐘乳石溶洞。趙襄子既殺害了代王,就接回姐姐。他姐姐是代王夫人。她說:為了弟弟而怠慢了丈夫,這是不仁;為了丈夫而怨恨弟弟,這是不義。就磨簪刺死自己。使者也自殺了。人們憐憫她,為她在山邊建了一座祠廟,因此把那座山叫磨笄山。不知哪一種說法是正確的。

37　于延水又南流經且居縣老城南,就是王莽時的久居。于延水東南流,注入灅水。《地理志》說:于延水東流到了廣寧注入沽水,這是弄錯了。

又東過涿鹿縣北,

38　涿水發源於涿鹿山,人們稱為張公泉,東北流經涿鹿縣老城南,就是王莽時的抪陸。黃帝與蚩尤在涿鹿的曠野作戰,把他的百姓留在涿鹿的山灣裡,就是這地方。涿水又東北流,與阪泉相匯合。阪泉發源於涿鹿縣的東泉。《魏土地記》說:下洛城東南六十里有涿鹿城,城東一里有阪泉,泉上有黃帝祠。《晉太康地理記》說:阪泉也是個地名。泉水東北流,與蚩尤泉匯合。蚩尤泉發源於蚩尤城,城的東面沒有修築城牆。《魏土地記》說,涿鹿城東南六里有蚩尤城。蚩尤泉深沉而不流動,大雨連綿,泉水滿溢就注入阪泉,往東北亂流,注入涿水。涿水又東流經平原郡南,魏把平原的百姓遷移到這裡居住,所以設立僑郡,收留流民雜戶。涿水又東北流經祚亭北,往東北流入灅水。也有人說涿水分支流入匈奴,叫涿邪水。地理情況有的明顯,有的隱晦,很難弄得清楚,不是都能知道的。灅水又東南流,左岸匯合清夷水,也叫滄河。清夷水發源於長亭南,西流經北城村老城北,又西北流,有平鄉川水注入。平鄉川水發源於平鄉亭西,西北流注入清夷水。清夷水又西北流經陰莫亭,此亭在居庸縣南十里。清夷水又西流,匯合牧牛山水。《魏土地記》說:沮陽城東八十里有牧牛山,山下有九十九泉,就是滄河的上源。牧牛山在居庸縣東北三十里,山上有道武皇帝廟。老人們說:山下有一百道泉眼紛紛流湧而出,有一頭毛色斑駁的神牛從山上下來,把一條泉水飲乾了,山即因此得名。現在山下流出的九十九泉,積聚成為一條川流,西南流,有谷水與浮圖溝水注入。這兩條水都發源於夷輿縣老城西南,王莽時名為朔調亭。這兩條水都西南流,注入滄水。滄水又西南流,右岸匯合地裂溝。老人們說:晉朝時候地裂,把這地方分隔開來,形成溝壑。有一條小水,民間稱為分界水,南流注入滄河。滄河又西流經居庸縣老城南,這裡是魏上谷郡的治所。從前劉虞攻打公孫瓚攻不下來,退回北方防守此城,結果被公孫瓚所俘。滄河在這裡有粟水注入。粟水發源於居庸縣境內,縣城西面瀕水。又折而流經縣南,南流注入滄河。

39　滄河又西流,右岸與陽溝水匯合。陽溝水發源於居庸縣東北,西南流經居庸縣老城北,西流經大翮山和小翮山南。這些高聳的山峰攔截飛雲,層沓的岡巒阻斷朝霧,這兩座高峰風姿秀麗,高高挺拔於群峰之上。郡人王次仲,年少時就胸懷大志,到二十來歲時,把蒼頡的古文字改為今日的隸書。秦始皇時,政務繁忙,因次仲所改的文字簡易,便於記錄要事,以為他是個奇才,召他入朝,但三次徵召他都不來。王次仲遵循本性,懷抱道心,專精占卜及陰陽五行之術,達於至深至善之境。秦始皇對他的不恭感到非常震怒,下令用囚車把他解押進京。王次仲剛上路,就變成一隻大鳥,從囚車裡出來,展翅奮飛而去,在這座山上掉下兩片羽毛,因此這裡的山峰就有了大翮、小翮的名稱。《魏土地記》說:沮陽城東北六十里有大翮山和小翮山,山上的神靈叫大翮神。這座山上的祠廟東邊有溫湯水口。這座山在居庸縣城西北二十里,山峰高四十里,上面的廟就是王次仲廟。山的右邊有溫泉,能治百病,溫泉流出的山麓,民間叫土亭山。這裡的溫泉,要比別處的溫泉熱好幾倍,把腳伸下去,便會燙爛。治病的人必須先把溫泉引到別處,待稍涼後方才可使用。說溫泉在大翮山以東是弄錯了。

40　此水東南流,左岸匯合陽溝水,亂流往南注入滄河。滄河又在左岸流到清夷水口。《魏土地記》說:牧牛泉西流,與清夷水匯合,說的就是這條水。從這裡直到下游,兩條水都可以互相通稱了。清夷水又西流,有靈亭水注入。靈亭水發源於馬蘭西澤,許多泉流匯集到沼澤中來,沼澤中積聚的水,又形成溝渠。渠水又在左岸與馬蘭溪水匯合。馬蘭溪水的源頭出於馬蘭城,此城北面依山,靠著山灣和小溪,居民引用的水完全倚賴這條溪水。溪水南流出城,往東南注入澤水。澤水又南流經靈亭北,又轉彎流經靈亭東,王次仲化身為鳥時掉的羽毛就是在這裡飄落的,所以這座亭有靈亭的稱呼。靈亭水又南流,注入清夷水。

41　清夷水又西流與泉溝水匯合。泉溝水的源頭出自河川以南的平地上,北流注入清夷水。清夷水又西南流,匯合了桓公泉。齊桓公稱霸時,北伐山戎,途經孤竹西征,從極其艱險難行的山徑,登上卑耳山最西的山峰,水也因此得名了。桓公泉發源於沮陽縣東,西北流,注入清夷水。清夷水又西流經沮陽縣老城北,秦時上谷郡的治所就在這裡。王莽時改郡名為朔調,縣名叫沮陰。闞駰說:涿鹿東北到上谷城六十里。《魏土地記》說:城北有清夷水西流,即指此水。清夷水又轉彎流經城西,南流注入灅水。灅水南流到馬陘山,叫落馬洪。

又東南出山,

42 灅水又南流出山,成為一條高達十餘丈的瀑布,從高崖飛瀉直下,發出轟隆巨響,注入深壑,叫落馬洪。這水也同孟門這樣的險流差不多。灅水從南方出山,稱為清泉河,民間也叫千水,其實是不對的。灅水又東南流經良鄉縣北境,流經梁山南,高梁水在這裡分支而出。

過廣陽薊縣北,

43 灅水又東流經廣陽縣老城北。謝承《後漢書》說:世祖與銚期出了薊縣,來到廣陽,想到南方去,說的就是這座城,稱為小廣陽。灅水又東北流經薊縣老城南。《魏土地記》說:薊城南七里有清泉河,並不流經縣北,《水經》弄錯了。從前周武王把堯的後裔封在薊城,現在城內西北角有薊丘,城便是依此丘而命名的。正像魯國的曲阜、齊國的營丘一樣。這也是周武王封給召公的故國。秦始皇二十三年(公元前二二四年)滅了燕國,立為廣陽郡。漢高帝將它封給盧綰,號為燕王,改名為燕國。王莽時改郡名為廣有,縣叫伐戎。城內有萬載宮、光明殿,東掖門下面,是舊時慕容儁立銅馬像之處。從前慕容廆有一匹駿馬,毛色赭紅間著皎白,狀貌奇特而有神力。到慕容儁光壽元年(公元三五七年),馬齡已四十九歲了,但奔跑神速,仍不減當年。慕容儁覺得牠很奇特,可與鮑宣的驄馬相比,便下令為牠鑄造銅像,並親自撰寫讚頌之辭,刻於像旁。銅像鑄成之後,馬卻死了。

44 大城東門內路左,有“魏征北將軍建成鄉景侯劉靖碑”。晉司隸校尉王密向朝廷上表,稱頌劉靖對百姓有功,應當立祠供奉。於是在元康四年(公元二九四年)九月二十日為他刻石立碑,使其揚名後世。灅水又東流與洗馬溝水匯合。洗馬溝水上流承接薊水,西流注入大湖。大湖有兩個源頭,水源都出自薊縣的西北方,泉水在平地漫流,匯聚成城西的大湖。大湖東西二里,南北三里,是燕國舊時的池塘。碧綠的湖水澄澈平靜,在亭子裡縱目遠眺,也是觀光遊覽的佳勝之地。湖水東流叫洗馬溝,傍著城的南門東流。這是從前銚期持戟奮力驅散圍觀民眾,為光武帝開路的地方。洗馬溝水又東流注入灅水。

45 灅水又東流經燕王陵南。這座陵墓有一條地下暗道,往西北通出薊城。景明年間(公元五○○—五○三年),築佛塔,建佛寺,挖掘地基時發現了這條暗道。這裡是王府的禁地,無人敢來探尋。暗道通往薊城西北的大陵,那是兩座墳墓,基址十分堅固,陵墓也還很高大雄偉,卻不知是哪位帝王的陵墓。灢水又東南流,有高梁水注入。高梁水發源於薊城西北的平地,泉水東流經燕王陵北,又東流經薊城北,又東南流。《魏土地記》說:薊東十里有高梁水。高梁水又東南注入灢水。

又東至漁陽雍奴縣西,入笥溝。

46　漢光武帝建武二年(公元二六年),封潁川太守寇恂為雍奴侯。曹魏派張郃、樂進去包圍雍奴,就是此城。笥溝,是潞水的別名。《魏土地記》說:清泉河上口承接桑乾河,東流與潞河匯合。灢水東流進入漁陽,到處分出支流,所以俗諺說:高梁水上游沒有源頭,清泉河下游沒有盡頭。因為高梁水流細水淺,只是勉強能流通,靠著這些細流,方才形成田間的溝渠。清泉河流到潞縣,到處分支流出,水流也更細更小,分散漫流,連找也找不到了。

【研　析】《灢水》是《水經注》全書中小水大篇的主要例子,這是因為此水流經北魏舊都平城之故。北魏遷都以前的京城盛況,為酈氏所目睹。《注》文從"魏天興二年,遷都于此"始,是至今尚存的記敘北魏舊都最詳盡的文獻。而平城附近地區,在前所引《燕書》建興十年下,也詳細描述,備載無遺。全《注》引用文獻甚多,特別是《魏土地記》,指名引及的就多達二十七次。故此卷是今日研究北魏舊都最珍貴的資料。

卷十四　濕餘水　沽河　鮑丘水　濡水　大遼水　小遼水　浿水

【題解】　濕餘水在《水經注》的不同版本中作　餘水。譚其驤主編《中國歷史地圖集》及鄭德坤《重編水經注圖·總圖部分》(附於吳天任《酈學研究史》及陳橋驛《水經注全譯》下冊卷末)也均作　餘水。在中國其他古籍中,此水也有作溫水、溫餘水、溫榆河等名稱的。濕餘水今稱溫榆河,其上游有北沙河、藺溝等支流,南流東折,在通縣以東匯合潮白河。現在的潮白河在密雲水庫以北,支流眾多,如潮河、湯河、黑河、白河等,都是《水經注》所記載的。其中最清楚的是濕餘水,在比例尺較大的地圖上,仍然繪有此河。例如侯仁之主編的《北京歷史地圖集》(北京出版社,一九八八年出版)的北朝《北魏》圖上,就繪入此河。

沽河即今白河,在密雲縣附近與潮河匯合,稱為潮白河,全長一百七十餘公里,流域面積九千餘平方公里。

鮑丘水今稱湯河,是白河支流,全長一百一十餘公里,流域面積約一千四百平方公里。《注》文記及:"又東南流與溫泉水合。水出北山溫溪,即溫源也。"至今沿湯河,仍有不少溫泉。

濡水今稱灤河,與上述濕餘水等無關,是一條獨流入海的河流,全長八百八十餘公里,流域面積約四萬五千平方公里。《水經注》記敍的濡水,其中有不少錯誤,清乾隆帝曾為此派人實地考察,並自己動手寫了《熱河考》、《灤河灤水源考證》,糾正了《水經注》的錯誤。戴震在殿本的《校上案語》中特指出此事,殿本卷首並附載了乾隆的這幾篇文章。

大遼水即今遼河,是中國東北南部的最長河流,全長一千四百餘公里,流域面積十九萬餘平方公里,水系發育,支流眾多,歷史上河道變遷頻繁。

小遼水即今渾河,全長四百餘公里,流域面積一萬一千餘平方公里,古代的大遼水曾與小遼水匯合,從今渾河下游河道入海。今已分流,遼河在盤山以南入海,渾河在營口以南入海,互不相干。

浿水是《水經注》記載的當時的域外河流。中國古籍記及浿水的不少,但所記互不相同,浿水為今朝鮮何水,歷來也有不同見解。《水經》說:"浿水出樂浪鏤方縣,東南過臨浿縣,東入於海。"這肯定是錯誤的。中國大陸的主要河流,都是西東流向而東入於海,但朝鮮與此相反,主要大河都是東西流向而西入於海。《水經》作者按中國情況想當然地記敘朝鮮河流,所以鑄成大錯。酈道元在《注》文中駁斥了《經》文的錯誤,為了弄清事實,他特地訪問了當時朝鮮到北魏聘問的使節,基本上考定了這條河流。參閱陳橋驛《水經·浿水篇箋校兼考中國古籍記載的朝鮮河流》,載《韓國研究》(杭州大學出版社,一九九五年出版),又收入於《水經注研究四集》(杭州出版社,二○○三年出版)。

濕餘水

濕餘水出上谷居庸關東,

關在沮陽城東南六十里居庸界,故關名矣。更始使者入上谷,耿況迎之于居庸關,即是關也。其水導源關山,南流歷故關下。溪之東岸有石室三層,其戶牖扇扉,悉石也,蓋故關之候臺矣。南則絕谷,累石為關垣,崇墉峻壁,非輕功可舉,山岫層深,側道褊狹,林鄣邃險,路才容軌,曉禽暮獸,寒鳴相和,羈官遊子,聆之者莫不傷思矣。其水歷山南逕軍都縣界,又謂之軍都關[1]。《續漢書》曰:尚書盧植隱上谷軍都山是也。其水南流出關,謂之下口,水流潛伏十許里也。

東流過軍都縣南,又東流過薊縣北,

濕餘水故瀆東逕軍都縣故城南,又東,重源潛發,積而為潭,謂之濕餘潭。又東流,易荊水注之,其水導源西北千蓼泉,亦曰丁蓼水,東南流逕郁山西,謂之易荊水。公孫瓚之敗于鮑丘也,走保易荊,疑阻此水也。易荊水又東,左合虎眼泉水,出平川,東南流入易荊水。又東南與孤山之水合,水發川左,導源孤山,東南流入易荊

水,謂之塔界水。又東逕薊城,又東逕昌平縣故城南,又謂之昌平水。《魏土地記》
曰:薊城東北百四十里有昌平城,城西有昌平河,又東流注濕餘水。濕餘水又東南
流,左合芹城水,水出北山,南逕芹城,東南流注濕餘水。濕餘水又東南流逕安樂
故城西,更始使謁者韓鴻北徇,承制拜吳漢爲安樂令,即此城也。

又北屈東南至狐奴縣西,入于沽河。

昔彭寵使狐奴令王梁南助光武,起兵自是縣矣。濕餘水於縣西南東入沽河。故
《地理志》曰:濕餘水自軍都縣東至潞南入沽是也。

【注　釋】　①軍都關　此處有佚文一條。《通鑑》卷一五〇《梁紀》六"武帝普通六年"(譚屯居庸
關)胡注引《水經注》:"軍都關在居庸山西。"當是此段下佚文。

【語　譯】

濕餘水出上谷居庸關東,

居庸關在沮陽城東南六十里居庸縣的邊界上,關即因此得名。更始帝的使者進入
上谷,耿況在居庸關迎接他,指的就是此關。濕餘水發源於這座關口的山上,南流
經古關之下。溪澗東岸有個三層的石室,石室的門窗及其框架,完全是巖石鑿成
的,原來是這座古關的瞭望臺。南邊是極深的峽谷,用石塊砌成關隘的城牆,牆高
壁峭,可不是一項輕易可以完成的工程。這裡峰巒層疊,絕谷淵深,密林巖嶂又深
又險,狹窄的山徑僅能容得下一輛車子。早晨的山鳥,黃昏的野獸,在寒風中哀鳴
應和;他鄉任職的官員和旅人,聽到了沒有不引起思鄉的傷感的。濕餘水流過山
南,流經軍都縣邊界,這裡也有個關口,叫軍都關。《續漢書》說:尚書盧植隱居於
上谷郡軍都山,即指此處。此水南流出關,關口稱為下口。水到這裡就潛入地下,
伏流十來里。

東流過軍都縣南,又東流過薊縣北,

濕餘水舊河道東流經軍都縣老城南,又東,潛流地下的水源又重新流出地面,積聚
成潭,叫濕餘潭。又東流,有易荊水注入。易荊水發源於西北方的千蓼泉,也稱丁
蓼水,東南流經郁山西,稱為易荊水。公孫瓚在鮑丘打了敗仗,企圖退回易荊固
守,可能即被此水所阻。易荊水又東流,左岸匯合虎眼泉水。虎眼泉水發源於平
原上,東南流匯入易荊水。易荊水又東南流,與孤山水匯合。孤山水出自平原之
東,發源於孤山,東南流匯入易荊水,稱為塔界水。塔界水又東流經薊城,又東流
經昌平縣老城南,又稱為昌平水。《魏土地記》說:薊城東北一百四十里有昌平城,
城西有昌平河,昌平河又東流注入濕餘水。濕餘水又東南流,左岸匯合芹城水。
芹城水發源於北山,南流經芹城,東南流注入濕餘水。濕餘水又東南流經安樂縣

老城西。更始帝派謁者韓鴻往北方巡視，奉命任吳漢爲安樂縣縣令，就是此城。

又北屈東南至狐奴縣西，入于沽河。

　　從前彭寵敦促狐奴縣縣令王梁，協助南方的光武帝，就是自此縣起兵的。濕餘水在狐奴縣西南，東流注入沽河。所以《地理志》說：濕餘水從軍都縣東流，到潞縣後，南流注入沽河。

沽　河

沽河從塞外來，

1　　沽河出禦夷鎮西北九十里丹花嶺下，東南流，大谷水注之。水發鎮北大谷溪，西南流，逕獨石北界，石孤生，不因阿而自峙。又南，九源水注之，水導北川，左右翼注，八川共成一水，故有九源之稱。其水南流，至獨石注大谷水。大谷水又南逕獨石西，又南逕禦夷鎮城西，魏太和中，置以捍北狄也。又東南，尖谷水注之，水源出鎮城東北尖溪，西南流逕鎮城東，西南流注大谷水，亂流南注沽水。又南出峽，夾岸有二城，世謂之獨固門。以其藉險憑固，易爲依据，巖壁升聳，疏通若門，故得是名也。沽水又南，左合乾溪水，引北川西南逕一故亭東，又西南注沽水。沽水又西南逕赤城東，趙建武年，并州刺史王霸爲燕所敗，退保此城。城在山阜之上，下枕深隍，溪水之名，藉以變稱，故河有赤城之號矣。沽水又東南與鵲谷水合，水有二源，南即陽樂水也，出且居縣。《地理志》曰：水出縣東，南流逕大翮山、小翮山北，歷女祁縣故城南。《地理志》曰：東部都尉治，王莽之祁縣也。世謂之橫水，又謂之陽田河。

2　　又東南逕一故亭，又東，左與候鹵水合，水出西北山，東南流逕候鹵城北，城在居庸縣西北二百里，故名云候鹵，太和中，更名禦夷鎮。又東南流注陽樂水。陽樂水又東南傍狼山南，山石白色特上，亭亭孤立，超出羣山之表。又東南逕溫泉東，泉在山曲之中。又逕赤城西，屈逕其城南，東南入赤城河。河水又東南，右合高峯水，水出高峯戍東南，城在山上，其水西南流，又屈而東南，入沽水。

3　　沽水又西南流出山，逕漁陽縣故城西，而南合七度水。水出北山黃頒谷，故亦謂之黃頒水，東南流注於沽水。沽水又南，漁水注之，水出縣東南平地泉流，西逕漁陽縣故城南，應劭曰：在漁水之陽也。考諸地說，則無聞；脈水尋川，則有自。今城在斯水之陽，有符應說，漁陽之名當屬此，秦發閭左戍漁陽，即是城也。漁水又西南入沽水。沽水又南與螺山之水合，水出漁陽城南小山。《魏土地記》曰：城南五里有螺山，其水西南入沽水。沽水又南逕安樂縣故城東，《晉書‧地道記》曰：晉封劉禪爲公國。俗謂之西潞水也。

南過漁陽狐奴縣北，西南與濕餘水合，爲潞河；

4　沽水西南流逕狐奴山西，又南逕狐奴縣故城西。漁陽太守張堪，于縣開稻田，教民種殖，百姓得以殷富。童謠歌曰：桑無附枝，麥秀兩岐，張君爲政，樂不可支。視事八年，匈奴不敢犯塞。

5　沽水又南，陽重溝水注之，水出狐奴山，南轉逕狐奴城西，王莽之所謂舉符也。側城南注，右會沽水。沽水又南，濕餘水注之。沽水又南，左會鮑丘水，世所謂東潞也。沽水又南逕潞縣爲潞河。《魏土地記》曰：城西三十里有潞河是也。

又東南至雍奴縣西，爲笥溝；

6　㶟水入焉，俗謂之合口也。又東，鮑丘水於縣西北而東出。

又東南至泉州縣，與清河合，東入於海。清河者，派河尾也。

7　沽河又東南逕泉州縣故城東，王莽之泉調也。沽水又東南合清河，今無水。清、淇、漳、洹、滱、易、淶、濡、沽、滹沱，同歸于海。故《經》曰派河尾也。

【語　譯】

沽河從塞外來，

1　沽河發源於禦夷鎮西北九十里的丹花嶺下，東南流，有大谷水注入。大谷水發源於禦夷鎮北方的大谷溪，西南流，經獨石北方邊界。這裡有一塊巨石，不依附於丘陵，而孤零零地矗立於平原上。大谷水又南流，有九源水注入。九源水發源於北方的溪澗，從左右兩岸流來，八條溪流共同匯合為一條，因此有九源之稱。九源水南流到獨石，注入大谷水。大谷水又南流經獨石西，又南流經禦夷鎮城西。此鎮是魏太和年間（公元四七七—四九九年）為防禦北狄入侵而設置的。大谷水又東南流，有尖谷水注入。尖谷水源出鎮城東北的尖溪，西南流經鎮城東，西南流，注入大谷水，然後亂流往南注入沽水。沽水又往南流出峽谷，有兩座城夾岸對峙，世人稱為獨固門，因為二城依靠險要的地形，易於防守。兩邊巖壁高聳，一水流過其間，狀如門戶，就因而得名了。沽水又南流，左岸匯合乾溪水。乾溪水引了北川往西南流經一個舊亭東，又西南流，注入沽水。沽水又西南流經赤城東。後趙建武年間（公元三三五—三四八年），并州刺史王霸被前燕打敗，退回此城堅守。赤城在山丘上，城下便是深澗，溪名因城名而改變，所以這條水也叫赤城河了。沽水又東南流，與鵲谷水匯合。鵲谷水有兩個源頭，南邊的一條叫陽樂水，發源於且居縣。《地理志》說：陽樂水發源於且居縣東，南流經大翩山、小翩山北，流過女祁縣老城南。《地理志》說：這是東部都尉的治所。王莽時叫祁縣。世人稱陽樂水為橫水，又叫陽田河。

2　陽樂水又東南流經一個舊亭，又東流，左岸與候鹵水匯合。候鹵水發源於西北山上，東南流經候鹵城北。候鹵城在居庸縣西北二百里，所以名叫候鹵。太和年間（公元四七七—四九九年），改名為禦夷鎮。又東南流，注入陽樂水。陽樂水又傍著狼山南麓東南流，山上巖石呈白色，孤峰亭亭聳立，高出群山之上。陽樂水又東南流經溫泉東，溫泉在山彎裡面。又流經赤城西，折而流經城南，往東南流入赤城河。赤城河又東南流，右岸匯合高峰水。高峰水發源於高峰戍城東南。城堡在山上，高峰水西南流，又折而東南流，注入沽水。

3　沽水又往西南流出山間，流經漁陽縣老城西，然後南流與七度水匯合。七度水發源於北山的黃頒谷，所以水也叫黃頒水，東南流注入沽水。沽水又南流，有漁水注入。漁水是一條發源於漁陽縣東南平地上的泉流，往西流經漁陽縣老城南。應劭說：漁陽在漁水之北。查閱各種地理著作，卻沒有看到這樣的記載；但對河流作實地考察，卻又確實是有根有據的。現在漁陽城也確在漁水之北，與應劭的說法相符，漁陽一名應當是指這裡的了。秦調派鄉里貧民駐守漁陽，指的就是此城。漁水又西南流，注入沽水。沽水又南流，與螺山水匯合。螺山水發源於漁陽城南小山。《魏土地記》說：城南五里有螺山，螺山水往西南流入沽水。沽水又南流經安樂縣老城東。《晉書·地道記》說：晉將安樂縣封給劉禪為公國。民間又稱沽水為西潞水。

南過漁陽狐奴縣北，西南與濕餘水合，為潞河；

4　沽水西南流經狐奴山西，又南流經狐奴縣老城西。漁陽郡太守張堪，在縣裡開墾稻田，教百姓種植水稻，百姓因此富裕起來。童謠唱道：桑樹沒有弱枝，雙穗的麥子苗壯生長。張太守施政為民，老百姓喜氣洋洋。張堪督察政事八年，匈奴不敢侵犯邊塞。

5　沽水又南流，有陽重溝水注入。陽重溝水發源於狐奴山，南轉而流經狐奴城西，就是王莽時所稱的舉符。溝水沿著城邊南流，在右岸匯合沽水。沽水又南流，有濕餘水注入。沽水又南流，左岸匯合鮑丘水，就是人們所說的東潞水。沽水又南流經潞縣，稱為潞河。《魏土地記》說：城西三十里有潞河，即指此水。

又東南至雍奴縣西，為笥溝；

6　灅水在這裡注入，民間稱匯流處為合口。沽水又東流，鮑丘水在縣城西北向東流去。

又東南至泉州縣，與清河合，東入於海。清河者，派河尾也。

7　沽河又東南流經泉州縣老城東，就是王莽時的泉調。沽水又東南流，與清河匯合，現在已經乾涸無水了。清河、淇水、漳水、洹水、滱水、易水、淶水、濡水、沽水、滹沱水，這幾條水都一同流入大海。所以《水經》說：清河是眾河的末尾。

鮑丘水

鮑丘水從塞外來，南過漁陽縣東，

1　鮑丘水出禦夷北塞中，南流逕九莊嶺東，俗謂之大楡河。又南逕鎮東南九十里西密雲戍西，又南，左合道人溪水，水出北川，南流逕孔山西，又歷密雲戍東，左合孟廣峴水，水出峴下，峴甚層峻，峨峨冠眾山之表。其水西逕孔山南，上有洞穴開明，故土俗以孔山流稱。峴水又西南至密雲戍東，西注道人水，亂流西南逕密雲戍城南，右會大楡河，有東密雲，故是城言西矣。大楡河又東南流，白楊泉水注之，北發白楊溪，望離，右注大楡河。又東南，龍芻溪水自坎注之[1]。大楡河又東南出峽，逕安州舊漁陽郡之滑鹽縣南，左合縣之北溪水，水出縣北廣長塹南，太和中，掘此以防北狄。其水南流逕滑鹽縣故城東，王莽更名匡德也，漢明帝改曰鹽田，右承治，世謂之斛鹽城，西北去禦夷鎮二百里。南注鮑丘水，又南逕俿奚縣故城東，王莽更之曰敦德也。鮑丘水又西南逕獷平縣故城東，王莽之所謂平獷也。又南合三城水，水出臼里山，西逕三城，謂之三城水。又逕香陘山，山上悉生棻本香，世故名焉。又西逕石窟南，窟內寬廣，行者依焉；窟內有水，淵而不流，棲薄者取給焉。又西北逕伏凌山南，與石門水合，水出伏凌山，山高峻，巖鄣寒深，陰崖積雪，凝冰夏結，事同《離騷》峨峨之詠，故世人因以名山也。一水西南流注之，是水有桑谷之名，蓋沿出桑溪故也。又西南逕獷平城東南，而右注鮑丘水。鮑丘水又東南逕漁陽縣故城南，漁陽郡治也。秦始皇二十二年置，王莽更名通潞，縣曰得漁。鮑丘水又西南流，公孫瓚既害劉虞，烏丸思劉氏之德，迎其子和，合眾十萬，破瓚于是水之上，斬首一萬。鮑丘水又西南歷狐奴城東，又西南流注于沽河，亂流而南。

又南過潞縣西，

2　鮑丘水入潞，通得潞河之稱矣。高梁水注之，水首受灢水於戾陵堰，水北有梁山，山有燕剌王旦之陵，故以戾陵名堰。水自堰枝分，東逕梁山南，又東北逕《劉靖碑》北。其詞云：魏使持節都督河北道諸軍事征北將軍建城鄉侯沛國劉靖，字文恭，登梁山以觀源流，相灢水以度形勢，嘉武安之通渠，羨秦民之殷富。乃使帳下丁鴻，督軍士千人，以嘉平二年，立遏於水，導高梁河，造戾陵遏，開車箱渠。其《遏表》

云：高梁河水者，出自并州，潞河之別源也。長岸峻固，直截中流，積石籠以爲主遏，高一丈，東西長三十丈，南北廣七十餘步。依北岸立水門，門廣四丈，立水十丈②。山水暴發，則乘遏東下；平流守常，則自門北入。灌田歲二千頃。凡所封地，百餘萬畮。至景元三年辛酉，詔書以民食轉廣，陸廢不贍，遣謁者樊晨更制水門，限田千頃，刻地四千三百一十六頃，出給郡縣，改定田五千九百三十頃。水流乘車箱渠，自薊西北逕昌平，東盡漁陽潞縣，凡所潤含，四五百里，所灌田萬有餘頃。高下孔齊，原隰底平，疏之斯溉，決之斯散，導渠口以爲濤門，灑滮池以爲甘澤，施加于當時，敷被于後世。

3　晉元康四年，君少子驍騎將軍平鄉侯弘，受命使持節監幽州諸軍事，領護烏丸校尉寧朔將軍，遏立積三十六載，至五年夏六月，洪水暴出，毀損四分之三，剩北岸七十餘丈，上渠車箱，所在漫溢，追惟前立遏之勳，親臨山川，指授規略，命司馬關內侯逄惲，內外將士二千人，起長岸，立石渠，脩主遏，治水門，門廣四丈，立水五尺，興復載利，通塞之宜，準遵舊制，凡用功四萬有餘焉。諸部王侯，不召而自至，繩負而事者，蓋數千人。《詩》③載經始勿亟，《易》④稱民忘其勞，斯之謂乎。於是二府文武之士，感秦國思鄭渠之績，魏人置豹祀之義，乃遐慕仁政，追述成功。元康五年十月十一日，刊石立表，以紀勳烈，并記遏制度，永爲後式焉。事見其碑辭。

4　又東南流，逕薊縣北，又東至潞縣，注于鮑丘水。又南逕潞縣故城西，王莽之通潞亭也。漢光武遣吳漢、耿弇等破銅馬、五幡于潞東，謂是縣也。屈而東南流，逕潞城南，世祖拜彭寵爲漁陽太守，治此。寵叛，光武遣游擊將軍鄧隆伐之，軍於是水之南，光武策其必敗，果爲寵所破，遺壁故壘存焉。鮑丘水又東南入夏澤，澤南紆曲渚十餘里，北佩謙澤，眇望無垠也。

又南至雍奴縣北，屈東入於海。

5　鮑丘水自雍奴縣故城西北，舊分笥溝水東出，今笥溝水斷，衆川東注，混同一瀆，東逕其縣北，又東與泃河合。水出右北平無終縣西山白楊谷，西北流逕平谷縣，屈西南流，獨樂水入焉。水出北抱犢固南，逕平谷縣故城東。後漢建武元年，光武遣十二將，追大槍、五幡及平谷，大破之於是縣也。其水南流入於泃。

6　泃水又左合盤山水，水出山上，其山峻險，人跡罕交，去山三十許里，望山上水，可高二十餘里。素湍皓然，頹波歷溪，沿流而下，自西北轉注于泃水。泃水又東南逕平谷縣故城，東南與泇河會，水出北山，山在傂奚縣故城東南，東南流逕博陸故城北，又屈逕其城東，世謂之平陸城，非也。漢武帝璽書，封大司馬霍光爲侯國。文穎曰：博大陸平，取其嘉名而無其縣，食邑北海、河東。薛瓚曰：按漁陽有博陸城，謂此也。今城在且居山之陽，處平陸之上，帀帶川流，面據四水，文氏所謂無縣目，嘉美名也。洳水又東南流逕平谷縣故城西,而東南流注於泃河。

7　泃河又南逕絫城東,而南合五百溝水。水出七山北,東逕平谷縣之絫城南,東入于泃河。泃河又東南逕臨泃城北,屈而歷其城東,側城南出。《竹書紀年》:梁惠成王十六年,齊師及燕戰於泃水,齊師遁,即是水也。泃水又南入鮑丘水。

8　鮑丘水又東合泉州渠口,故瀆上承滹沱水於泉州縣,故以泉州爲名。北逕泉州縣東,又北逕雍奴縣東,西去雍奴故城百二十里。自滹沱北入其下,歷水澤百八十里,入鮑丘河,謂之泉州口。陳壽《魏志》曰:曹太祖以蹋頓擾邊,將征之,從泃口鑿渠逕雍奴、泉州以通河海者也。今無水。鮑丘水又東,庚水注之,水出右北平徐無縣北塞中,而南流歷徐無山得黑牛谷水,又得沙谷水,並西出山,東流注庚水。昔田子泰避難居之,衆至五千家。

9　《開山圖》曰:山出不灰之木,生火之石。按《注》云:其木色黑似炭而無葉,有石赤色如丹,以二石相磨,則火發,以然無灰之木,可以終身,今則無之。其水又逕徐無縣故城東,王莽之北順亭也。《魏土地記》曰:右北平城東北百一十里有徐無城。其水又西南與周盧溪水合,水出徐無山,東南流注庚水。庚水又西南流,灅水注之,水出右北平俊靡縣,王莽之俊麻也。東南流,世謂之車軬水。又東南流與溫泉水合,水出北山溫溪,即溫源也。養疾者不能澡其炎漂,以其過灼故也。《魏土地記》曰:徐無城東有溫湯。即此也。其水南流百步,便伏流入于地下,水盛則通注。

10　灅水又東南逕石門峽,山高嶄絕,壁立洞開,俗謂之石門口。漢中平四年,漁陽張純反,殺右北平太守劉政、遼東太守陽紘。中平五年,詔中郎將孟益率公孫瓚討純,戰于石門,大破之。灅水又東南流,謂之北黃水,又屈而爲南黃水。又西南逕無終山,即帛仲理所合神丹處也,又于是山作金五千斤以救百姓。

11　山有陽翁伯玉田,在縣西北有陽公壇社,即陽公之故居也。《搜神記》曰:雍伯,洛陽人,至性篤孝,父母終歿,葬之於無終山,山高八十里,而上無水,雍伯置飲焉,有人就飲,與石一斗,令種之,玉生其田。北平徐氏有女,雍伯求之,要以白璧一雙,媒者致命,伯至玉田求得五雙,徐氏妻之,遂即家焉。《陽氏譜叙》[5]言:翁伯是周景王之孫[6],食采陽樊,春秋之末,爰宅無終,因陽樊而易氏焉。愛人博施,天祚玉田,其《碑文》云:居於縣北六十里翁同之山,後潞徙于西山之下,陽公又遷居焉,而受玉田之賜,情不好寶,玉田自去,今猶謂之爲玉田陽。干寶曰:於種石處,四角作大石柱,各一丈,中央一頃之地,名曰玉田,至今相傳云。玉田之揭,起于此矣,而今不知所在,同於《譜叙》自去文矣。

12　藍水注之,水出北山,東流屈而南,逕無終縣故城東,故城,無終子國也。《春秋》襄公四年,無終子嘉父使孟樂如晉,因魏絳納虎豹之皮,請和諸戎是也,故燕地矣。

秦始皇二十二年⑦滅燕,置右北平郡,治此,王莽之所謂北順也。漢世李廣爲郡,出遇伏石,謂虎也,射之飲羽,即此處矣。《魏土地記》曰:右北平城西北百三十里有無終城。其水又南入灅水,灅水又西南入于庚水。《地理志》曰:灅水出俊靡縣南,至無終東入庚水。庚水,世亦謂之爲柘水也。南逕燕山下,懸巖之側有石鼓,去地百餘丈,望若數百石囷,有石梁貫之。鼓之東南,有石援枹,狀同擊勢。耆舊言,燕山石鼓,鳴則土有兵。庚水又南逕北平城西,而南入鮑丘水,謂之柘口。鮑丘水又東逕右北平郡故城南,《魏土地記》曰:薊城東北三百里有右北平城。

13　鮑丘水又東,巨梁水注之,水出土垠縣北陳宮山,西南流逕觀雞山,謂之觀雞水。水東有觀雞寺,寺内起大堂,甚高廣,可容千僧,下悉結石爲之,上加塗墍,基内疎通,枝經脈散,基側室外,四出爨火,炎勢内流,一堂盡温。蓋以此土寒嚴,霜氣肅猛,出家沙門,率皆貧薄,施主慮闕道業,故崇斯構,是以志道者多栖託焉。其水又西南流,右合區落水,水出縣北山,東南流入巨梁水。巨梁水又南逕土垠縣故城西,左會寒渡水,水出縣東北,西南流至縣,右注梁河。梁河又南,潤于水注之,水出東北山,西南流逕土垠縣故城東,西南流入巨梁水。巨梁水又東南,右合五里水,水發北平城東北五里山,故世以五里名溝,一名田繼泉。西流南屈,逕北平城東,東南流注巨梁河,亂流入于鮑丘水。自是水之南,南極漊沱,西至泉州、雍奴,東極於海,謂之雍奴藪。其澤野有九十九淀,枝流條分,往往逕通,非惟梁河、鮑丘歸海者也。

【注　釋】　①望離四句　離、坎二字,據《疏》本趙一清改云:“‘坎’與上‘離’字相照,離南坎北,蓋用代字法耳。”此依《疏》本語譯於後。②立水十丈　《疏》本增二字:“立水遏,長十丈。”此據《疏》本語譯於後。③詩　《詩經・大雅・靈臺》。④易　《易・兌卦・象辭》。⑤陽氏譜敘　書名。不見古今著錄,不知撰者與撰述年代,僅見《御覽》引及。⑥周景王之孫　此處有佚文一條。《御覽》卷四十五《地部》十《無終山》引《水經注》:“翁伯周末避亂,適無終山,山前有泉水甚清,夏嘗澡浴,得玉藻架一雙于泉側。”當是此段下佚文。⑦秦始皇二十二年　《水經注疏》作“秦始皇二十一年”。楊守敬按:“《史記・秦始皇本紀》,二十一年,破燕太子軍,取燕薊城,燕王東收遼東而王之。二十五年,攻燕遼東,得燕王喜,皆非二十二年事。此所云滅燕,蓋指取薊城言,則當作‘二十一年’。”

【語　譯】

鮑丘水從塞外来,南過漁陽縣東,

1　鮑丘水發源於禦夷鎮的北塞,南流經九莊嶺東,民間稱為大榆河。又南流經九莊鎮東南九十里西的密雲戍城西,又南流,左岸匯合道人溪水。道人溪水發源於北川,南流經孔山西,又流過密雲戍城東,左岸匯合孟廣峴水。孟廣峴水發源於孟廣

峋下,此峰極其高峻,高高聳峙於群山之上。此水西流經孔山南,山上有個洞穴,
洞口開敞而明亮,所以當地民間稱為孔山。峋水又西南流,到密雲戍城東,西流注
入道人水,往西南亂流經密雲戍城南,在右岸匯合大榆河。因為有個東密雲,所以
這座城就稱為西密雲了。大榆河又東南流,有白楊泉水注入。白楊泉水發源於北
方的白楊溪,往南流,向右注入大榆河。大榆河又東南流,龍芻溪水從北方流來注
入。大榆河又往東南流出山峽,流經安州舊時漁陽郡的滑鹽縣南,在左岸匯合滑
鹽縣的北溪水。北溪水發源於縣北的廣長塹南,太和年間(公元四七七—四九九年)
挖掘這條深溝以防北狄侵犯。北溪水南流經滑鹽縣老城東,王莽時改名為匡德。
漢明帝時又改為鹽田,是鹽官右丞的治所,人們稱為斛鹽城,西北距禦夷鎮二百
里。北溪水南流注入鮑丘水,鮑丘水又南流經傂奚縣老城東,王莽時改名為敦德。
鮑丘水又西南流經獷平縣老城東,就是王莽時的平獷。又南流與三城水匯合。三
城水發源於臼里山,西流經三城,稱為三城水。三城水又流經香陘山,山上到處長
滿菓本香,這座山便因而得名。又西流經石窟南,洞窟裡面很寬敞,過往行人常在
此歇息。窟內有個深潭,潭水不外流,家住旁近的人,都從這裡汲水飲用。三城水
又西北流經伏凌山南,與石門水匯合。石門水發源於伏凌山,山極高峻,巖壑險障
之處極其寒冷,北面的山崖,都是積雪,夏天也結冰不化。正如《離騷》所歌詠的增
冰峨峨一樣。所以人們把此山名為伏凌山。有一條水西南流注入石門水。這條
水被稱為桑谷水,是因為它沿著桑溪流出的緣故。三城水又西南流經獷平城東
南,向右注入鮑丘水。鮑丘水又東南流經漁陽縣老城南,這裡是漁陽郡的治所。
秦始皇二十二年(公元前二二五年)所設置,王莽時改郡名為通潞,縣名為得漁。鮑
丘水又西南流。公孫瓚殺害了劉虞,烏丸王感念劉氏的恩德,迎接了他的兒子劉
和,集合了十萬兵眾,就在這條水上打垮了公孫瓚,斬首一萬。鮑丘水又西南流經
狐奴城東,又西南流注入沽河,往南亂流而去。

又南過潞縣西,

2   鮑丘水流入潞縣境內,統稱潞河。有高梁水注入。高梁水上口在戾陵堰從灅水分
支而出,水北有梁山,山上有燕刺王劉旦的陵墓戾陵,所以把堰稱為戾陵堰。高梁
水從堰壩處分出後,東流經梁山南,又東北流經"劉靖碑"北。碑文說:魏使持節、
都督河北道各部軍隊事務、征北將軍、建城鄉侯沛國人劉靖,字文恭,登梁山而觀
望源流,覽灅水而勘察地形地勢。他讚揚武安君開鑿水渠,羨慕秦國百姓的富裕。
於是命令部下丁鴻,督率士兵一千人,於嘉平二年(公元二五○年)攔河築壩,引導高
梁河,砌築戾陵堰,開通車箱渠。堰壩碑說:高梁河水發源於并州,是潞河的一條
源流。長堤陡峭而堅固,橫截河水,以石籠為主壩,高一丈,東西長三十丈,南北寬

七十餘步。在北岸建了一道水門，寬四丈，又建了一條水壩，長十丈。山洪暴發時，水就漫過壩頂，東流而下；水流平靜如常時，就從水門北流而入，每年能灌溉田畝二千頃。全部分封的田地共一百餘萬畝。到了景元三年(公元二六二年)辛酉日，詔書中說，近年百姓所需糧食增多，陸路運糧供應不上。因此派遣謁者樊晨改建水門，把灌溉封地的農田減少一千頃，又從封地中劃出四千三百一十六頃交給郡縣，另外又將五千九百三十頃封地的所有權作了調整。水流沿著車箱渠，從薊縣西北流經昌平縣，東到漁陽郡潞縣，得到滋潤的土地，達四五百里。所灌溉的田畝達一萬餘頃。無論高處低處，廣袤的田野都能均勻地得到灌溉之利。疏導水流，田畝就得到灌溉；開放各處水口，水就分支流散。打開渠口的水門，水流就滔滔滾滾奔流而出；把渠水引向四方，就成為滋潤作物的甘霖。工程施於當時，福利及於後世。

3　晉元康四年(公元二〇四年)，劉靖的小兒子驍騎將軍、平鄉侯劉弘，受命使持節、監督幽州各部軍隊事務，領有護烏丸校尉、寧朔將軍的職銜。堰壩築成三十六年後，到元康五年夏六月，洪水暴發，堰壩被沖毀四分之三，只留下北岸七十餘丈，車箱渠的上段，到處洪流橫溢。劉弘追思先人築堰的功勳，於是親自到現場考察山川，指導制訂治理規劃。他命令司馬關內侯逄惲，內外將士二千人，砌築長堤，建造石渠，修治主堰，安裝水門。水門闊四丈，屹立水上高五尺。興修這項水利工程時，凡有關疏導壅塞、便利灌溉的辦法，完全遵照舊時的規定。整個工程耗費人工四萬餘。當地各部族的王侯，不召自來，甚至背著嬰兒來參加的婦女也有數千人。《詩經》說：動工時不要急躁；《易經》說：百姓忘了勞苦，說的就是這種情況吧。於是丞相、御史、文武百官，聯想到秦國百姓追思鄭國開渠的功績，魏國民眾為西門豹立祠的情義，因而也十分欽仰這件利民的善政，覺得應當追述工程的成就。於是，於元康五年(公元二〇五年)十月十一日，刻石立碑，以紀念這件重大的功勳，並記載護堰的制度，永遠作為後世遵守的準則。這些情況在碑文裡都有所記載。

4　高梁水又東南流，經薊縣北，又東流到潞縣，注入鮑丘水。鮑丘水又南流經潞縣老城西，就是王莽時的通潞亭。漢光武帝派吳漢、耿弇等在潞縣東大敗銅馬、五幡軍，說的就是此縣。鮑丘水轉而東南流，流經潞城南，世祖任命彭寵為漁陽太守，治所就在這裡。彭寵謀反後，光武帝派游擊將軍鄧隆來討伐他，鄧隆的軍隊就屯駐於此水南岸。光武帝通過占卜，知道鄧隆一定要打敗仗，果然被彭寵打垮。當時留下的營壘殘壁，至今還在。鮑丘水又東南流，注入夏澤，這片沼澤南邊彎彎曲曲的水岸長達十餘里，北傍謙澤，煙波浩淼，一望無際。

又南至雍奴縣北，屈東入於海。

5　鮑丘水舊時從雍奴縣老城西北,分出笴溝水往東流去。如今笴溝水已經斷流,許
　多東流的水都混成一條,東流經雍奴縣北,又東流,與泃河匯合。泃河發源於右北
　平郡無終縣西山的白楊谷,西北流經平谷縣,折而西南流,有獨樂水注入。獨樂水
　發源於北抱犢固南,流經平谷縣老城東。後漢建武元年(公元二五年),光武帝派遣
　十二位將領追擊大槍、五幡諸部到平谷,就在此縣把他們打得大敗。此水南流,注
　入泃水。

6　泃水又在左岸匯合盤山水。盤山水發源於山上,山極險峻,人跡罕至。離開此山
　三十里左右,遙望山上的水,約高二十餘里。於其上瀉下一道白練般的飛瀑,山泉
　沿著溪澗順流而下,從西北轉注於泃水。泃水又東南流經平谷縣老城,東南與汭
　河匯合。汭河發源於北山北山在俇奚縣老城東南東南流經博陸老城北,又折而流
　經城東,世人稱此城為平陸城,是不對的。漢武帝下了詔書,將博陸封給大司馬霍
　光為侯國。文穎說:博大而陸平,取了個美名但沒有這麼一個縣,霍光的食邑是在
　北海、河東。薛瓚說:漁陽有博陸城,說的就是此城。現在城在且居山以南,位於
　平坦的陸地上,周圍有川流環繞,四面臨水。文氏所謂的沒有縣名,而有美稱,指
　的就是這裡。汭水又東南流經平谷縣老城西,而東南流注入泃河。

7　泃河又南流經絫城東,而南流與五百溝水匯合。五百溝水發源於七山北,東流經
　平谷縣的絫城南,往東流入泃河。泃河又東南流經臨泃城北,轉向城東,沿著城邊
　南流而去。《竹書紀年》載,梁惠成王十六年(公元前三五四年),齊軍與燕軍在泃水
　作戰,齊軍敗逃,說的就是此水。泃水又南流,注入鮑丘水。

8　鮑丘水又東流,在泉州渠口與泉州渠匯合,泉州渠的舊河道上流在泉州縣承接滹
　沱水,所以名為泉州渠。渠水北流經泉州縣東,又北流經雍奴縣東,這裡西距雍奴
　老城一百二十里。渠水從滹沱水分出往北流,經一百八十里的水澤,注入鮑丘河,
　匯流處稱為泉州口。陳壽《魏志》說:曹太祖因蹋頓騷擾邊境,準備出兵征討,於是
　以泃口為起點開渠,經過雍奴、泉州以通河海。現在已經乾涸無水了。鮑丘水又
　東流,有庚水注入。庚水發源於右北平郡徐無縣北方的邊塞,南流經徐無山,匯合
　了黑牛谷水,又匯合了沙谷水,兩條水都從西邊山裡流出,東流注入庚水。從前田
　子泰居住在這裡避難,跟隨他的民眾多達五千家。

9　《開山圖》說:這座山上長有一種樹木,燃燒後不會有灰;還有一種石頭,二石相擊,
　會發出火花。其《注》云:這種樹木顏色像炭一般黑,沒有樹葉;石頭顏色赤紅有如
　朱砂,用兩塊石頭互相磨擦,就會發出火花,用這火來燒無灰的樹木,可以終日不
　滅。現在已經沒有這些東西了。庚水又流經徐無縣老城東,這就是王莽時的北順
　亭。《魏土地記》說:右北平城東北一百一十里,有徐無城。庚水又西南流,與周盧

溪水匯合。周盧溪水發源於徐無山,東南流,注入庚水。庚水又西南流,有灅水注入。灅水發源於右北平郡俊靡縣,就是王莽時的俊麻。東南流,世人稱為車箳水。又東南流,與溫泉水匯合。溫泉水發源於北山的溫溪,就是溫源。治病的人不能在熱泉裡洗澡,因為太燙了。《魏土地記》說:徐無城東有溫湯,就是指這裡。溫泉水南流一百步,就潛流進入地下,水盛漲時才會暢通,注入灅水。

10　灅水又東南流經石門峽。這裡的山極高而又險峻,山峽兩邊陡峭如壁,中間敞開如口,民間稱為石門口。漢中平四年(公元一八七年),漁陽張純謀反,殺了右北平太守劉政、遼東太守陽紘。中平五年(公元一八八年),詔令中郎將孟益率領公孫瓚討伐張純,在石門交戰,把張純打得大敗。灅水又東南流,稱為北黃水,又轉彎成為南黃水。又西南流經無終山,就是帛仲理配製神丹的地方。他又在此山煉製成黃金五千斤,救濟百姓。

11　山裡有陽翁伯玉田,在縣城西北,有陽公壇社,就是陽公的故居。《搜神記》說:雍伯,洛陽人,生性極其孝順,父母亡故後,把他們葬在無終山。山高八十里,但山上無水,雍伯常常在墳前放著水杯。有個人喝了他的水,送給他一斗石頭,叫他把石頭種下去,於是在他的田裡就生出玉來。北平徐氏有個女兒,雍伯請媒人向她家求婚,徐家要他送一雙白璧來定親。媒人回去將徐家的要求稟報雍伯,雍伯就到玉田去取了五雙白璧送去,徐氏就把女兒嫁給他。於是雍伯就在山上安家了。《陽氏譜敘》說:翁伯是周景王的孫子,陽樊是他的采邑,春秋末年遷居到無終山,從而以他的采邑陽樊而改姓為陽。他懷抱仁愛之心,普遍施惠於眾人,因而上天賜福,賞以玉田。他的碑文說:陽公原來住在縣北六十里的翁同山,後來潞人遷居到西山之下,陽公又遷居到這裡,得到天賜玉田。他素性並不喜愛寶物,玉田也自行消失了。那地方現在還叫玉田陽。干寶說:在種玉的地方,四角都立了大石柱,各高一丈,中央一頃的地方名叫玉田,一直流傳至今。玉田為人所知,就是從那時開始的。但現在已不知所在,這與《譜敘》所說自行消失的話是一致的。

12　灅水流到這裡,有藍水注入。藍水發源於北山,東流又轉而南流,流經無終縣老城東。這座老城,是從前的無終子國。《春秋》襄公四年(公元前五六九年),無終子嘉父派遣孟樂出使晉國,通過魏絳進獻虎豹的毛皮,請求晉侯與戎族各部議和,就是這地方。這裡從前也是燕國的領土。秦始皇二十二年(公元前二二五年)滅燕國,置右北平郡,郡治就在這裡;也就是王莽時的北順。漢朝李廣當郡守時,有次出去看到有一塊在草叢裡半隱半現的巖石,以為是一隻老虎,他引弓發箭,箭桿深深地穿進巖石中,就在這裡。《魏土地記》說:右北平城西北一百三十里,有無終城。藍水南流,注入灅水。灅水西南流,注入庚水。《地理志》說:灅水發源於俊靡縣南,到了無終,東流入庚水。庚水,世人也叫柘水,南流經燕山下,懸崖旁邊有石鼓,離地一百餘丈,遠望好像可裝數百石的圓形大糧倉,有一道石橋通到那裡。石鼓東南有一塊石頭,如人舉著鼓槌要擊鼓的樣子。老人傳說,燕山的石鼓響時,地方上就有兵禍。庚水又南流經北平城西,然後往南流入鮑丘水,匯流處稱為柘口。鮑丘水又東流經右北平郡老城南。《魏土地記》說:薊城東北三百里有右北平城。

13 鮑丘水又東流,有巨梁水注入。巨梁水發源於土垠縣北陳宮山,西南流經觀雞山,稱為觀雞水。水的東岸有觀雞寺。寺內建了大堂,規模很大,可以容納一千名僧人,大堂下面都用石板鋪砌,上面都塗了泥,地基下面都建了通道,如經脈廣布,遍及四面八方。大堂室外基底的四面,都有地坑可以燒火,熱氣從灶口流進裡面,一堂就都溫暖如春了。因為北方嚴冬酷寒,霜氣凜冽,出家的僧徒大都家道貧寒,供養僧徒的俗家信徒恐怕影響他們推行教化的事業,所以把這座殿堂造得特別高大。因此有志於修道的人來這裡棲身寄託的很多。此水又西南流,右岸匯合了區落水。區落水發源於土垠縣北山,往東南流入巨梁水。巨梁水又南流經土垠縣老城西,左岸匯合寒渡水。寒渡水發源於土垠縣東北,西南流到了縣城,向右注入梁河。梁河又南流,有澗于水注入。澗于水發源於東北山上,西南流經土垠縣老城東,西南流,注入巨梁水。巨梁水又東南流,右岸匯合五里水。五里水發源於北平城東北的五里山,所以世人把它稱為五里水,又叫田繼泉。西流南轉,流經北平城東,東南流,注入巨梁河,亂流注入鮑丘水。從這條水以南,南到滹沱河為止,西到泉州、雍奴,東至大海,這一帶稱為雍奴藪。這片遍是沼澤地的荒野,有九十九淀,支流條條分出,常常互相流通,並非只有梁河、鮑丘二水同歸大海的。

濡　水

濡水從塞外來,東南過遼西令支縣北,

1 濡水出禦夷鎮東南,其水二源雙引,夾山西北流,出山,合成一川。又西北逕禦夷故城東,鎮北百四十里北流,左則連淵水注之,水出故城東,西北流逕故城南,又西北逕綠水池南,池水淵而不流。其水又西屈而北流,又東逕故城北,連接兩沼,謂之連淵浦。又東北注難河,難河右則汙水入焉。水出東塢南,西北流逕沙野南,北人名之曰沙野。鎮東北二百三十里,西北入難河,濡、難聲相近,狄俗語訛耳。濡水又北逕沙野西,又北逕箕安山東,屈而東北流,逕沙野北,東北流逕林山北,水北有池,潭而不流。濡水又東北流逕孤山南,東北流,呂泉水注之,水出呂泉塢西,東南流,屈而東,逕塢南東北流,三泉水注之。其源三泉雁次,合為一水,鎮東北四百

里，東南注呂泉水。呂泉水又東逕孤山北，又東北，逆流水注之，水出東南，導泉西流，右屈而東北注，木林山水會之。水出山南，東注逆水，亂流東北注濡河。

2　濡河又東，盤泉入焉，水自西北、東南流，注濡河。濡河又東南，水流迴曲，謂之曲河。鎮東北三百里，又東出峽入安州界，東南流逕漁陽白檀縣故城。《地理志》曰：濡水出縣北蠻中。漢景帝詔李廣曰：將軍其帥師東轅，弭節白檀者也。又東南流，右與要水合，水出塞外，三川竝導，謂之大要水也。東南流逕要陽縣故城東，本都尉治，王莽更之曰要術矣。要水又東南流，逕白檀縣而東南流，入于濡。

3　濡水又東南，索頭水注之，水北出索頭川，南流逕廣陽僑郡西，魏分右北平，置今安州治。又南流，注于濡。濡水又東南流，武列水入焉，其水三川派合，西源右爲溪水，亦曰西藏水，東南流出溪，與蟠泉水合。泉發州東十五里，東流九十里，東注西藏水。西藏水又西南流，東藏水注之，水出東溪，一曰東藏水。西南流出谷，與中藏水合。水導中溪，南流出谷，南注東藏水。故目其川曰三藏川，水曰三藏水。東藏水又南，右入西藏水，亂流右會龍泉水，水出東山下，淵深不測，其水西南流，注于三藏水。三藏水又東南流，與龍芻水合，西出于龍芻之溪，東流入三藏水。又東南流逕武列溪，謂之武列水。東南歷石挺下，挺在層巒之上，孤石雲舉，臨崖危峻，可高百餘仞。牧守所經，命選練之士，彎張弧矢，無能屆其崇標者。其水東合流入濡。

4　濡水又東南，五渡水注之，水北出安樂縣丁原山，南流逕其縣故城西，本三會城也。其水南入五渡塘，于其川也，流紆曲，溯涉者頻濟，故川塘取名矣。又南流注於濡。濡水又與高石水合，水東出安樂縣東山，西流歷三會城南，西入五渡川，下注濡水。濡水又東南逕盧龍塞，塞道自無終縣東出渡濡水，向林蘭陘，東至清陘。盧龍之險，峻坂縈折，故有九緛之名矣。燕景昭元璽二年，遣將軍步渾治盧龍塞道，焚山刊石，令通方軌，刻石嶺上，以記事功，其銘尚存。而庾杲之《注揚都賦》[①]，言盧龍山在平岡城北，殊爲孟浪，遠失事實。余按盧龍東越清陘，至凡城二百許里。自凡城東北出，趣平岡故城可百八十里，向黃龍則五百里。故陳壽《魏志》：田疇引軍出盧龍塞，塹山堙谷，五百餘里逕白檀，歷平岡，登白狼，望柳城。平岡在盧龍東北遠矣。而仲初言在南，非也。

5　濡水又東南逕盧龍故城東，漢建安十二年，魏武征蹋頓所築也。濡水又南，黃洛水注之，水北出盧龍山，南流入于濡。濡水又東南，洛水合焉，水出盧龍塞西，南流注濡水。濡水又屈而流，左得去潤水，又合敖水，二水竝自盧龍西注濡水。濡水又東南流逕令支縣故城東，王莽之令氏亭也。秦始皇二十二年分燕置，遼西郡令支隸焉。《魏土地記》曰：肥如城西十里有濡水，南流逕孤竹城西，右合玄水，世謂之小濡水,非也。水出肥如縣東北玄溪,西南流逕其縣東,東屈南轉,西迴逕肥如縣故城南,俗又謂之肥如水。故城,肥子國。應劭曰:晉滅肥,肥子奔燕,燕封于此,故曰肥如也。漢高帝六年,封蔡寅爲侯國。西南流,右會盧水,水出縣東北沮溪,南流謂之大沮水,又南,左合陽樂水,水出東北陽樂縣溪。《地理風俗記》曰:陽樂,故燕地,遼西郡治,秦始皇二十二年置。《魏土地記》曰:海陽城西南有陽樂城。其水又西南入于沮水,謂之陽口。沮水又西南,小沮水注之,水發冷溪,世謂之冷池。又南得溫泉水口,水出東北溫溪,自溪西南流,入于小沮水。小沮水又南流與大沮水合,而爲盧水也。桑欽《説盧子之書》[2]言:晉既滅肥,遷其族于盧水。盧水有二渠,號小沮、大沮,合而入于玄水。又南與溫水合,水出肥如城北,西流注於玄水。《地理志》曰:盧水南入玄。

6　玄水又西南逕孤竹城北,西入濡水。故《地理志》曰:玄水東入濡,蓋自東而注也。《地理志》曰:令支有孤竹城,故孤竹國也。《史記》曰:孤竹君之二子伯夷、叔齊,讓國於此,而餓死於首陽。漢靈帝時,遼西太守廉翻夢人謂己曰:余,孤竹君之子,伯夷之弟,遼海漂吾棺槨,聞君仁善,願見藏覆。明日視之,水上有浮棺,吏嗤笑者皆無疾而死,於是改葬之。《晉書·地道志》曰:遼西人見遼水有浮棺,欲破之,語曰:我孤竹君也,汝破我何爲? 因爲立祠焉。祠在山上,城在山側,肥如縣南十二里,水之會也。

又東南過海陽縣西,南入于海。

7　濡水自孤竹城東南逕西鄉北,瓠溝水注之,水出城東南,東流注濡水。濡水又逕故城南,分爲二水,北水枝出,世謂之小濡水也。東逕樂安亭北,東南入海。濡水東南流,逕樂安亭南,東與新河故瀆合,瀆自雍奴縣承鮑丘水東出,謂之鹽關口。魏太祖征蹋頓,與泃口俱導也。世謂之新河矣。陳壽《魏志》云:以通海也。新河又東北絶庚水,又東北出,逕右北平,絶泃渠之水,又東北逕昌城縣故城北,王莽之淑武也。新河又東分爲二水,枝瀆東南入海。新河自枝渠東出合封大水,謂之交流口。水出新安平縣,西南流逕新安平縣故城西,《地理志》:遼西之屬縣也。又東南流,龍鮮水注之,水出縣西北,世謂之馬頭水。二源俱導,南合一川,東流注封大水。《地理志》曰:龍鮮水,東入封大水者也。亂流南會新河,南注于海。《地理志》曰:封大水于海陽縣南入海。新河又東出海陽縣與緩虛水會,水出新平縣東北,世謂之大籠川,東南流逕令支城西,西南流與新河合,南流注于海。《地理志》曰:緩虛水與封大水,皆南入海。新河又東與素河會,謂之白水口。水出令支縣之藍山,南合新河,又東南入海。新河又東至九過口,枝分南注海。新河又東逕海陽縣故城南,漢高祖六年,封搖母餘爲侯國。《魏土地記》曰:令支城南六十里有海陽城者也。新河又東與清水會，水出海陽縣，東南流逕海陽城東，又南合新河，又南流十許里，西入九過注海。新河東絕清水，又東，木究水出焉，南入海。新河又東，左迤爲北陽孤淀，淀水右絕新河，南注海。新河又東會於濡。

8　濡水又東南至絫縣碣石山，文穎曰：碣石在遼西絫縣，王莽之選武也。絫縣並屬臨渝，王莽更臨渝爲馮德。《地理志》曰：大碣石山在右北平驪成縣西南，王莽改曰揭石也[3]。漢武帝亦嘗登之以望巨海，而勒其石於此。今枕海有石如甬道數十里，當山頂有大石如柱形，往往而見，立於巨海之中，潮水大至則隱，及潮波退，不動不沒，不知深淺，世名之天橋柱也。狀若人造，要亦非人力所就，韋昭亦指此以爲碣石也。

9　《三齊略記》曰：始皇於海中作石橋，海神爲之豎柱。始皇求與相見，神曰：我形醜，莫圖我形，當與帝相見。乃入海四十里，見海神，左右莫動手，工人潛以腳畫其狀。神怒曰：帝負約，速去。始皇轉馬還，前腳猶立，後腳隨崩，僅得登岸，畫者溺死于海，衆山之石皆傾注，今猶岌岌東趣，疑即是也。濡水於此南入海，而不逕海陽縣西也。蓋《經》誤證耳。

10　又按《管子》：齊桓公二十年，征孤竹，未至卑耳之溪十里，闟然止，瞠然視，援弓將射，引而未發，謂左右曰：見前乎？左右對曰：不見。公曰：寡人見長尺而人物具焉，冠，右袪衣，走馬前，豈有人若此乎？管仲對曰：臣聞豈山之神有偷兒，長尺人物具，霸王之君興，則豈山之神見。且走馬前，走，導也；袪衣，示前有水；右袪衣，示從右方涉也。至卑耳之溪，有贊水[4]者，從左方涉，其深及冠；右方涉，其深至膝。已涉大濟，桓公拜曰：仲父之聖至此，寡人之抵罪也久矣。今自孤竹南出，則巨海矣，而滄海之中，山望多矣，然卑耳之川若贊溪者，亦不知所在也。昔在漢世，海水波襄，吞食地廣，當同碣石，苞淪洪波也。

【注　釋】　①注揚都賦　應指《揚都賦注》，書名。《注》文作《注揚都賦》，實爲酈氏變文。南朝齊庾杲之撰。已亡佚，僅見《藝文類聚》、《北堂書鈔》及《御覽》等引及。清嚴可均《全上古三代秦漢三國六朝文》輯存。②說盧子之書　書名。但其書不見。《水經注疏》楊守敬按："桑欽說惟見《漢書·地理志》，而《藝文志》不載，當酈氏時，未必其書尚存，酈《注》所引，大抵皆本《地理志》，而《地理志》盧水下不載桑欽說，此恐是他家之說，而誤爲桑欽者。"熊會貞按："《灅水注》代城下引盧植說，此盧子當即盧植。《御覽》卷一百六十一引植《冀州風土記》，蓋即《注》所指之書也。"③王莽改曰揭石也　此處有佚文一條。《通鑑地理通釋》卷五"碣石"注引《水經注》："秦始皇刻碣石門，登之以望巨海。"當是此句下佚文。④贊水　非水名，《注》文稍後又有"然卑耳之川若贊溪者"語，說明酈氏誤贊水爲水名。以後的治酈學者如宋程大昌《禹貢論》、清胡渭《禹貢錐指》、趙一清《水經注釋》，也均循酈氏之誤，以贊水為水名。清孫詒讓在其《札迻》卷三中，先引述上列《濡水注》原文，然後評論說：
"案上引《管子》，齊桓公至卑耳之溪，有贊水者，從左方涉，其深及冠；右方涉，其深至膝。文見《小問》篇。房注云（按指唐房玄齡）：贊水，謂贊引渡水者。是彼水即指卑耳溪水，贊者，謂導贊知津之人，語桓公從右方涉耳，非卑耳之旁，別有溪水名贊者也。酈氏殆誤會其旨。"

【語　譯】

濡水從塞外來，東南過遼西令支縣北，

1　濡水發源於禦夷鎮東南，水有兩個源頭，沿著山兩旁西北流，出山後匯合成一條川流。又西北流經禦夷鎮老城東，在鎮北一百四十里北流，左岸有連淵水注入。連淵水發源於老城東，西北流經老城南，又西北流經綠水池南，池水淵深不流。連淵水又往西，然後轉而北流，又東流經老城北，把兩個沼澤連結起來，稱為連淵浦。又東北流，注入難河。難河右岸有汙水注入。汙水發源於東塢南，西北流經沙野南，沙野是北方人取的地名。在鎮東北二百三十里，往西北注入難河。濡、難二字讀音相近，這是狄族人的語訛。濡水又北流經沙野西，又北流經箕安山東，轉彎往東北流，流經沙野北，東北流經林山北。濡水北岸有個池塘，池水平靜不流。濡水又東北流經孤山南，東北流，有呂泉水注入。呂泉水發源於呂泉塢西，東南流，又轉彎東流經塢南而東北流，有三泉水注入。三泉水有三個源頭，依次排列，匯合成一條水流，在禦夷鎮東北四百里，往東南注入呂泉水。呂泉水又東流經孤山北，又東北流，有逆流水注入。逆流水發源於東南，一路西流，右轉而往東北流去，與木林山水匯合。木林山水發源於山南，東流注入逆水，亂流往東北注入濡河。

2　濡河又東流，盤泉注入。盤泉從西北方往東南流，注入濡河。濡河又東南流，水流彎彎曲曲，稱為曲河。曲河在禦夷鎮東北三百里，又往東流出山峽，流進安州境內，東南流經漁陽郡白檀縣老城。《地理志》說：濡水發源於縣北蠻人地區。漢景帝給李廣的詔書上說：著令將軍領兵東進，在白檀歇息。又東南流，右岸與要水匯合。要水發源於塞外，三條水並流，稱為大要水，東南流經要陽縣老城東，原來是個都尉治所，王莽時改名為要術。要水又東南流，經白檀縣往東南注入濡水。

3　濡水又東南流，有索頭水注入。索頭水發源於北方的索頭川，南流經廣陽僑郡西，該郡是魏從右北平郡分地設置的。現在是安州的治所。又南流，注入濡水。濡水又東南流，有武列水注入。武列水由三條川流合併而成，西邊的源頭右邊是溪水，也叫西藏水，東南流出溪與蟠泉水匯合。蟠泉水發源於州城東十五里，東流九十里，往東注入西藏水。西藏水又西南流，東藏水注入。東藏水發源於東溪，又名東藏水，往西南流出山谷，與中藏水匯合。中藏水導源於中溪，南流出了山谷，南流注入東藏水。因此把這一片平川命名為三藏川，這條水就叫三藏水。東藏水又南流,從右岸注入西藏水,散漫亂流,在右岸匯合龍泉水。龍泉水發源於東山下,深不可測,往西南流,注入三藏水。三藏水又東南流,與龍芻水匯合。龍芻水發源於西方的龍芻溪,東流入三藏水。又東南流經武列溪,稱為武列水。東南流經一座孑然聳立的石峰下,這座石峰高出層巒之上,孤峰直插雲霄,陡崖險峻至極,高約百餘仞。州牧郡守經過這裡時,常令經過訓練選拔出來的弓箭手彎弓射箭,但卻沒有一個能射到這樣的高度。武列水東流匯合於濡水。

4　濡水又東南流,五渡水注入。五渡水發源於北方安樂縣的丁原山,南流經該縣老城西,本來是三會城。五渡水往南流入五渡塘,在這片平川裡,水流縈紆曲折,行人要接二連三地過渡,平川與水塘都因而得名了。又南流,注入濡水。濡水又與高石水匯合,高石水發源於東邊的安樂縣東山,西流經三會城南,西流注入五渡川。下游注入濡水。濡水又東南流經盧龍塞。盧龍塞的道路從無終縣向東通出,渡過濡水,通向林蘭陘,東到清陘。盧龍塞十分險要,陡峻的山坡縈紆曲折,所以有九紆之名。燕景昭元璽二年(公元三五三年),派將軍步渾修築盧龍塞道路,燒山劈石,拓寬山路,使得二車可以並行,並在嶺上刻石記載這項工程,碑文至今尚存。庾杲之《注揚都賦》說:盧龍山在平岡城北,這實在太粗忽了,與實際相去太遠。我查考過,盧龍往東越過清陘,到凡城約有二百里左右。從凡城向東北走,去平岡老城約有一百八十里,去黃龍則有五百里。所以陳壽《魏志》說:田疇率領軍隊出盧龍塞,一路上掘山填谷,走了五百餘里,經白檀,過平岡,登上白狼山,直指柳城。平岡在盧龍東北很遠,而仲初卻說在南,那就錯了。

5　濡水又東南流經盧龍老城東。這座老城是漢建安十二年(公元二〇七年),魏武帝征伐蹋頓時所築。濡水又南流,有黃洛水注入。黃洛水發源於北方的盧龍山,南流匯合入濡水。濡水又東南流,與洛水匯合。洛水發源於盧龍塞西,南流注入濡水。濡水又轉彎而流,左岸承接了去潤水,又匯合了敖水,這兩條水都從盧龍西流注入濡水。濡水又東南流經令支縣老城東,這就是王莽時的令氏亭。秦始皇二十二年(公元前二二五年),劃分燕地置遼西郡,令支就是該郡的一個屬縣。《魏土地記》說:肥如城西十里,有濡水,南流經孤竹城西,在右岸匯合玄水,世人說是小濡水,是不對的。玄水發源於肥如縣東北的玄溪,西南流經縣城東,東彎南轉,然後西迴流經肥如縣老城南,民間又稱為肥如水。老城是從前的肥子國。應劭說:晉國滅肥,肥子逃到燕國,燕封他於此縣,所以叫肥如。漢高帝六年(公元前二〇一年),將肥如封給蔡寅為侯國。玄水西南流,在右岸匯合盧水。盧水發源於肥如縣東北的沮溪,南流稱為大沮水;又南流,左岸匯合陽樂水。陽樂水發源於東北陽樂縣溪。《地理風俗記》說:陽樂,從前是燕國的領土,後來是遼西郡的治所,是秦始皇二十二年

（公元前二二五年）所置。《魏土地記》說:海陽城西南有陽樂城。陽樂水又西南流注入沮水。匯流處稱為陽口。沮水又西南流,有小沮水注入。小沮水發源於冷溪,世人稱為冷池。又南流匯合了溫泉水。溫泉水發源於東北的溫溪,從此溪西南流,注入小沮水。小沮水又南流與大沮水匯合,稱為盧水。桑欽《說盧子之書》說:晉國滅了肥子國後,把該國族人遷到盧水一帶。盧水有兩條渠道,稱為小沮和大沮,合流後注入玄水。盧水又南流,與溫水匯合。溫水發源於肥如城北,西流注入玄水。《地理志》說:盧水南流入玄水。

6　玄水又西南流經孤竹城北,西流注入濡水。所以《地理志》說:玄水東流注入濡水。指的是玄水是從東方注入的。《地理志》說:令支有孤竹城,是從前的孤竹國。《史記》說:孤竹君的兩個兒子伯夷、叔齊,在這裡彼此辭讓王位,而餓死於首陽山。漢靈帝時,遼西太守廉翻夢見有人對他說:我是孤竹君的兒子,伯夷的弟弟,我的棺材在遼東海上漂流,聽說你心地仁慈善良,希望你能把我掩埋了。翌日去查看,水上果然有浮棺,那些嗤笑他的小吏都無疾而死,於是把他改葬了。《晉書·地道志》說:遼西人看見遼水上有浮棺,想把它打開來。忽然聽到裡面有聲音說:我是孤竹君,你把我的棺材打開做什麼? 因此為他立祠。祠在山上,城在山邊。肥如縣南十二里,就是兩水匯合的地方。

又東南過海陽縣西,南入于海。

7　濡水從孤竹城東南流經西鄉北,有瓠溝水注入。瓠溝水發源於孤竹城東南,東流注入濡水。濡水又流經老城南,分為兩條,北邊一條分支流出,世人稱為小濡水,東流經樂安亭北,往東南流入大海。濡水東南流,經樂安亭南,東流與新河舊河道匯合。舊河道從雍奴縣承接鮑丘水,東流而出,水口稱為鹽關口。魏太祖征伐蹋頓,同時疏導了泃口,所開的渠道,世人稱為新河。陳壽《魏志》說:開新河以通大海。新河又東北流,穿過庚水,又往東北流出去,流經右北平,穿過泃渠水,又東北流經昌城縣老城北,就是王莽時的淑武。新河又東流分為兩條,支渠往東南流入大海。新河從支渠口東流而出,匯合了封大水,水口稱為交流口。封大水發源於新安平縣,西南流經新安平縣老城西。《地理志》說:新安平縣是遼西郡的屬縣。封大水又東南流,龍鮮水注入。龍鮮水發源於該縣西北,世人稱為馬頭水。兩個源頭並流,南流匯合成一條水,東流注入封大水。《地理志》說:龍鮮水東流注入封大水。亂流往南與新河匯合,往南流入大海。《地理志》說:封大水在海陽縣南入海。新河又從海陽縣東流而出,與緩虛水匯合。緩虛水發源於新平縣東北,世人稱為大籠川,東南流經令支城西,西南流,與新河匯合,南流注入大海。《地理志》說:緩虛水與封大水都是南流入海的。新河又東流,與素河匯合,匯流處稱為白水

口。素河發源於令支縣的藍山,南流與新河匯合,又東南流入海。新河又東流到
九過口,分出支流往南注入大海。新河又東流經海陽縣老城南。漢高祖六年(公元
前二〇一年),將海陽縣封給搖母餘為侯國。《魏土地記》說:令支城南六十里有海
陽城。新河又東流,與清水匯合。清水發源於海陽縣,東南流經海陽城東,又南流
與新河匯合。又南流十來里,西流入九過水,注入大海。新河東流穿過清水,又東
流,木究水分支流出,南流入海。新河又東流,在左岸流積成北陽孤淀;淀水向右
橫穿過新河,南流注入大海。新河又東流,匯合濡水。

8　濡水又東南流到了絫縣碣石山。文穎說:碣石在遼西絫縣,就是王莽時的選武。
絫縣撤併入臨渝,王莽時改臨渝為馮德。《地理志》說:大碣石山在右北平郡驪成
縣西南,王莽時改名為揭石。漢武帝也曾登此山眺望浩淼的大海,並在這裡刻石
立碑。現在海邊有塊形狀如甬道的巨石,長數十里,山頂則有石柱形的大石,常常
露出水面,屹立於大海之中,潮水大漲時就隱沒,潮退之後,不動也不隱沒,不知深
淺,世人名為天橋柱。石柱的形狀好像是人所建造,但實際上卻不是人力所能辦
到的,韋昭也認為這就是碣石。

9　《三齊略記》說:秦始皇在海中造石橋,海神替他立柱。秦始皇請求海神出來相見,
海神說:我的相貌很醜,您不要畫我的形貌,我就出來見您。於是進入海中四十
里,見到了海神。隨從者都沒有人動手,只有個巧匠卻暗中用腳畫他的形貌。海
神發怒了,說道:您不守約,快點給我滾。秦始皇勒轉馬頭返回,前腳還站著,後腳
所立處卻崩塌了,僥倖才得登岸,而巧匠就被淹死在海裡,群山的巖石都傾瀉入海
中,至今還向東陡斜,這裡可能就是碣石了。濡水在此山以南入海,並不流經海陽
縣西。《水經》引證錯了。

10　又據《管子》,齊桓公二十年(公元前六六六年),出征孤竹,到了離卑耳溪還有十里的
地方,突然停了下來,吃驚地瞪著雙眼,拉弓就準備要射箭了。當箭還沒有射出的
時候,他對隨從們說:你們看到前面那東西嗎? 隨從們都說:沒有看到。桓公說:
我看見那東西,只有一尺長短,卻完全是人的樣子,戴著帽子,右邊袒開衣襟,走在
馬前,難道有人長得像這個樣子的嗎? 管仲答道:我聽說豈山有個山神叫偷兒,身
長只有一尺,人形畢具,稱霸天下的君王興起時,豈山的山神就會出現。而且他走
在馬前,走,就是引路的意思;袒開衣襟,就是指點前面有水;右邊袒開,就是指點
要從右方涉水。到了卑耳溪,有個涉水的嚮導說,從左邊涉水,水深到達帽子;從
右邊涉水,水深只到膝蓋。於是軍隊全都渡過了河。桓公拱手道:仲父,你真是無
所不曉啊,我的罪早該受到懲罰了。現在從孤竹往南走,就是大海,而滄海之中,
可辨認得出的山也多得很,可是那位嚮導引渡的卑耳川,卻不知所在了。從前漢

朝時候,海水上漲淹沒了大片陸地,想來碣石也同樣已沉沒在大海裡了。

大遼水

大遼水出塞外衛白平山,東南入塞,過遼東襄平縣西。

1　遼水亦言出砥石山,自塞外東流,直遼東之望平縣西,王莽之長説也。屈而西南流,逕襄平縣故城西,秦始皇二十二年,滅燕置遼東郡,治此。漢高帝八年,封紀通爲侯國,王莽之昌平也,故平州治。又南逕遼隊縣故城西[①],王莽更名之曰順睦也。公孫淵遣將軍畢衍拒司馬懿于遼隊,即是處也。

又東南過房縣西,

2　《地理志》:房,故遼東之屬縣也。遼水右會白狼水,水出右北平白狼縣東南,北流西北屈,逕廣成縣故城南,王莽之平虜也,俗謂之廣都城。又西北,石城川水注之,水出西南石城山,東流逕石城縣故城南,《地理志》:右北平有石城縣。北屈逕白鹿山西,即白狼山也。

3　《魏書·國志》曰:遼西單于蹋頓尤强,爲袁氏所厚,故袁尚歸之。數入爲害。公出盧龍,塹山堙谷五百餘里,未至柳城二百里,尚與蹋頓將數萬騎逆戰,公登白狼山望柳城,卒與虜遇,乘其不整,縱兵擊之,虜衆大崩,斬蹋頓,胡、漢降者二十萬口。《英雄記》曰:曹操于是擊馬牽,於馬上作十片[②],即于此也。

4　《博物志》曰:魏武于馬上逢獅子[③],使格之,殺傷甚衆,王乃自率常從健兒數百人擊之,獅子吼呼奮越,左右咸驚。王忽見一物從林中出,如貍,超上王車軛上,獅子將至,此獸便跳上獅子頭上,獅子即伏不敢起。于是遂殺之,得獅子而還。未至洛陽四十里,洛中雞狗皆無鳴吠者也。

5　其水又東北入廣成縣。東注白狼水。白狼水北逕白狼縣故城東,王莽更名伏狄。白狼水又東,方城川水注之,水發源西南山下,東流北屈,逕一故城西,世謂之雀目城。東屈逕方城北,東入白狼水。白狼水又東北逕昌黎縣故城西,《地理志》曰:交黎也,東部都尉治,王莽之禽虜也。應劭曰:今昌黎也。高平川水注之,水出西北平川,東流逕倭城北,蓋倭地人徙之。又東南逕乳樓城北,蓋逕戎鄉,邑兼夷稱也。又東南注白狼水。

6　白狼水又東北,自魯水注之,水導西北遠山,東南注白狼水。白狼水又東北逕龍山西,燕慕容皝以柳城之北、龍山之南,福地也,使陽裕築龍城,改柳城爲龍城縣,十二年,黑龍、白龍見于龍山,皝親觀龍,去二百步,祭以太牢,二龍交首嬉翔,解角而去。皝悦,大赦,號新宫曰和龍宫,立龍翔祠于山上。

7　白狼水又北逕黄龍城東,《十三州志》曰:遼東屬國都尉治昌遼道有黄龍亭者也。
魏營州刺史治。《魏土地記》曰:黄龍城西南有白狼河,東北流,附城東北下,即是
也。又東北,濫真水出西北塞外,東南歷重山,東南入白狼水。白狼水又東北出,
東流分爲二水,右水疑即渝水也。《地理志》曰:渝水首受白狼水,西南循山,逕一
故城西,世以爲河連城,疑是臨渝縣之故城,王莽曰馮德者矣。渝水南流東屈,與
一水會,世名之曰檻倫水,蓋戎方之變名耳,疑即《地理志》所謂侯水北入渝者也。
《十三州志》曰:侯水南入渝。《地理志》蓋言自北而南也。又西南流注于渝。渝
水又東南逕一故城東,俗曰女羅城。又南逕營丘城西,營丘在齊而名之於遼、燕之
間者,蓋燕、齊遼迥,僑分所在。其水東南入海。《地理志》曰:渝水自塞外南入海。
一水東北出塞爲白狼水,又東南流至房縣注于遼。《魏土地記》曰:白狼水下入
遼也。

又東過安市縣西,南入於海。

8　《十三州志》曰:大遼水自塞外,西南至安市入于海。

【注　釋】　①遼隊縣故城西　此處有佚文一條。《方輿紀要》卷三十七《山東》八《遼東都指揮
司·海川衛·遼隊城》引《水經注》:"遼隊縣在遼水東岸。"當是此段下佚文。②於馬上作十片　本
句"十片"不可解,《疏》本改"忭舞"。此按《疏》本語譯於後。③馬上逢獅子　陳橋驛《酈學札記》
(上海書店出版社,二〇〇〇年出版)《獅子》:"記載中曹操遇見獅子的地方,在中國動物地理區劃
中,屬於古北界、東北區的松遼平原亞區,這個地區,在歷史時期是東北虎(P. t. amurensis)出沒的地
方,曹操和他的官兵,大多去自華北,平時看到的,只有華南虎(P. t. amoyensis)。……只見過體軀較
小的華南虎的人,突然看到一隻碩大斑斕的東北虎,倉卒之間,把它訛作傳說中的聽到過的或圖畫中
看到過的獅子,這當然是很可能的。"

【語　譯】

大遼水出塞外衛白平山,東南入塞,過遼東襄平縣西。

1　也有人說遼水發源於砥石山,從塞外東流,正好經過遼東郡望平縣西,就是王莽時
的長說。轉彎西南流,流經襄平縣老城西。秦始皇二十二年(公元前二二五年),滅
燕國置遼東郡,治所就在這裡。漢高帝八年(公元前一九九年),將襄平縣封給紀通
為侯國,就是王莽時的昌平,從前是平州的治所。又南流經遼隊縣老城西,王莽時
改名稱為順睦。公孫淵派遣將軍畢衍在遼隊抵禦司馬懿,就是這裡。

又東南過房縣西,

2　《地理志》:房縣,是從前遼東郡的屬縣。遼水在右岸匯合白狼水。白狼水發源於右北平郡白狼縣東南,北流轉向西北,流經廣成縣老城南,這就是王莽時的平虜,民間稱為廣都城。又西北流,有石城川水注入。石城川水發源於西南的石城山,東流經石城縣老城南。《地理志》:右北平有石城縣。水北轉流經白鹿山西,也就是白狼山。

3　《魏書·國志》說:遼西單于蹋頓特別強大,受到袁氏的優遇,所以袁尚投靠他。這個部族屢次入侵,成為禍害。曹公取道盧龍,劈山填谷五百餘里,離柳城還有兩百里時,袁尚與蹋頓便率領數萬騎兵迎戰。曹公登白狼山觀望柳城,終於與敵兵相遇,乘著敵兵還沒有整頓好隊伍,就向他們發起攻擊。敵兵被打得落花流水,殺了蹋頓,胡人和漢人投降的達二十萬人。《英雄記》說:曹操於是敲著馬鞍,在馬上歡舞起來,就是在這地方。

4　《博物志》說:魏武帝在馬上遇到獅子,命將士去打死牠,但被獅子咬死咬傷了很多人。於是魏武帝親自率領數百親兵去打,獅子怒吼著愈加兇暴,隨從都很驚駭。魏武帝忽見林中跳出一隻怪物,形狀像貍貓,躍上魏武帝的車軛上。獅子快衝到時,這隻怪獸就跳上獅子頭上,獅子立即伏下不敢再動了。於是才把牠殺死,抬了死獅回來。離洛陽還有四十里時,這一帶都聽不到雞啼犬吠聲。

5　石城川水又東北流,進入廣成縣,東流注入白狼水。白狼水北流經白狼縣老城東,王莽時改名為伏狄。白狼水又東流,有方城川水注入。方城川水發源於西南山下,東流北折,流經一座老城西,世人稱為雀目城。東轉流經方城北,東流注入白狼水。白狼水又東北流經昌黎縣老城西。《地理志》說:昌黎就是交黎,是東部都尉的治所,也就是王莽時的禽虜。應劭說:就是今天的昌黎。高平川水在這裡注入白狼水。高平川水發源於西北方的平野,東流經倭城北,是倭人移居此地所建。水又東南流經乳樓城北,原來水流過戎人地區,城也就兼有異族的稱呼了。水又東南流,注入白狼水。白狼水又東北流,有自魯水注入。自魯水發源於西北方的遠山,東南流,注入白狼水。

6　白狼水又東北流經龍山西,燕慕容皝以為柳城以北、龍山以南是福地,於是派陽裕築龍城,改柳城為龍城縣。十二年(公元三四五年),龍山出現黑龍與白龍,慕容皝親自前去看龍,在離龍二百步處,以豬、牛、羊三牲為祭禮,二龍交首嬉戲飛翔,最後分開龍角飛去。慕容皝很高興,就大赦天下,把他新建的王宮名為和龍宮,並在山上建立龍翔祠。

7　白狼水又北流經黃龍城東,《十三州志》說:黃龍城是遼東屬國都尉的治所,昌遼道有黃龍亭。這裡也是魏營州刺史的治所。《魏土地記》說:黃龍城西南有白狼河,東北流,傍著城邊往東北流下,即指此水。又東北流,濫真水發源於西北塞外,東南流經重山,東南流入白狼水。白狼水又往東北流出,東流分為兩條,右邊的一條可能就是渝水。《地理志》說:渝水上流承接白狼水,西南沿著山邊流經一座老城西邊,世人以為是河連城,可能就是臨渝縣老城,即王莽時的馮德。渝水南流東轉,與一條水匯合,世人名為檻倫水,這是戎族地區的變名。可能就是《地理志》所說的北流注入渝水的侯水。《十三州志》說:侯水南流注入渝水。《地理志》卻說是自北而南。又西南流注入渝水。渝水又東南流經一座老城東,民間叫女羅城。又南流經營丘城西。營丘在齊,但卻以此為遼、燕之間的城命名,這是因為燕、齊雖遙遠,但有流民僑居在此之故。渝水往東南流入大海。《地理志》說:渝水自塞外南流入海。有一條水東北流出塞,就是白狼水,又東南流,到了房縣注入遼水。《魏土地記》說:白狼水下流注入遼水。

又東過安市縣西,南入於海。

8　《十三州志》說:大遼水從塞外流來,西南流到安市縣入海。

小遼水

又玄菟高句麗縣有遼山,小遼水所出,

縣,故高句麗,胡之國也。漢武帝元封二年[①],平右渠,置玄菟郡于此,王莽之下句麗。水出遼山,西南流逕遼陽縣與大梁水會,水出北塞外,西南流至遼陽入小遼水。故《地理志》曰:大梁水西南至遼陽入遼。《郡國志》曰:縣,故屬遼東,後入玄菟。其水西南流,故謂之為梁水也。小遼水又西南逕襄平縣為淡淵,晉永嘉三年涸。小遼水又逕遼隊縣入大遼水。司馬宣王之平遼東也,斬公孫淵于斯水之上者也。

西南至遼隊縣,入於大遼水也。

【注　釋】　①漢武帝元封二年　《水經注疏》作“漢武帝元封三年”。《疏》:“朱(按指《水經注箋》)‘三’作‘二’,戴仍,趙改‘二’作‘三’。守敬按:趙改是也。《漢書·武帝紀》、《朝鮮傳》並作‘三年’。《地理志》稱,玄菟郡,元封四年開,亦誤。戴不察,故沿朱之誤。”

【語　譯】

又玄菟高句麗縣有遼山,小遼水所出,

高句麗縣,從前是高句麗國,是胡人所建的國家。漢武帝元封二年(公元前一〇九

年），平定了右渠，在此處置玄菟郡，就是王莽時的下句麗。小遼水發源於遼山，西
南流經遼陽縣，與大梁水匯合。大梁水發源於北塞外，西南流到了遼陽注入小遼
水。所以《地理志》說：大梁水西南流，到遼陽注入遼水。《郡國志》說：遼陽縣從
前屬遼東郡，後來劃歸玄菟郡。水西南流，所以稱為梁水。小遼水又西南流經襄
平縣蓄水成為淡淵。晉永嘉三年（公元三○九年）枯涸。小遼水又流經遼隊縣，注入
大遼水。司馬宣王平定遼東時，就在這條水上殺了公孫淵。

西南至遼隊縣，入於大遼水也。

浿　水

浿水出樂浪鏤方縣，東南過臨浿縣，東入于海。

許慎云：浿水出鏤方，東入海。一曰出浿水縣。《十三州志》曰：浿水縣在樂浪東
北，鏤方縣在郡東。蓋出其縣南逕鏤方也。昔燕人衛滿自浿水西至朝鮮。朝鮮，
故箕子國也。箕子教民以義，田織信厚，約以八法，而下知禁，遂成禮俗。戰國時，
滿乃王之，都王險城，地方數千里，至其孫右渠。漢武帝元封二年，遣樓船將軍楊
僕、左將軍荀彘討右渠，破渠于浿水，遂滅之。若浿水東流，無渡浿之理，其地今高
句麗之國治，余訪蕃使，言城在浿水之陽。其水西流逕故樂浪朝鮮縣，即樂浪郡
治，漢武帝置，而西北流。故《地理志》曰：浿水西至增地縣入海。又漢興，以朝鮮
爲遠，循遼東故塞至浿水爲界[①]。考之今古，於事差謬，蓋《經》誤證也。

【注　釋】　①浿水為界　此處有佚文一條。《山海經·南山經》"曰青邱之山"郭璞注引《水經
注》："《上林賦》云：秋田于青邱。"趙一清《水經注附錄》卷上："此句疑是《浿水注》之佚文。"

【語　譯】

浿水出樂浪鏤方縣，東南過臨浿縣，東入於海。

許慎說：浿水發源於鏤方縣，東流入海。又有人說，是發源於浿水縣。《十三州志》
說：浿水縣在樂浪郡東北，鏤方縣則在郡東。原來此水是發源於縣南，而流經鏤方
縣的。從前燕人衛滿從浿水往西到朝鮮去。朝鮮，就是古時箕子的封國。箕子教
百姓要正正當當地做人，耕田織布誠信敦厚；他訂立了八條約法，百姓也知道遵守
禁令，於是就成了禮俗。戰國時，衛滿在朝鮮稱王，建都於王險城，國土數千里。
到了他的孫子右渠時，漢武帝元封二年（公元前一○九年），派了樓船將軍楊僕、左將
軍荀彘去討伐右渠，在浿水大敗右渠，就滅了他的國家。如果浿水東流，那就沒有
渡浿水的理由了。那地方現在是高句麗的國都。我訪問這個國家的使者，說城在

浿水北岸。此水西流經舊時樂浪郡朝鮮縣，往西北流。朝鮮縣即樂浪郡的治所，是漢武帝時設置的。所以《地理志》說：浿水西流，到增地縣入海。而且漢朝興起後，因為朝鮮太遠，就以循著遼東從前的邊疆到浿水為國界。考證今天和古代的史實，同事實相差很遠，《水經》的引證錯了。

【研　析】　此卷有後人拼湊的可能，宋初之本是否如此尚可研究。或許是前四水成一卷，後三水另成一卷，現在已經很難核實。《校上案語》謂《崇文總目》稱已佚五卷，今四十卷疑後人分析之數。而後人整理之時，除分析外，或亦有拼合，而此卷兼塞內外並域外河川，酈氏原書或不至於此。

《濡水》篇中有幾處重要錯誤，如《校上案語》所說：「故于灤河之正源，三藏水之次序，白檀、要陽之建置，俱不免附會乖錯。」戴震之所以把此寫入《校上案語》，主要是為了以此稱道「自我皇上命使履視，盡得脈絡曲折之詳」。而其實，《注》文中的錯誤，何止於此。當然是由於「道元足跡皆所未經」之故。而酈氏作《注》，「足跡皆所未經」之處，實居全書多數，又何止區區濡水一地而已。

《浿水注》中「余訪蕃使」一段，說明他著述的盡心竭力。而此段中「言城在浿水之陽」數語，可為歷來各界爭論不休之浿水是今大同江之實證，酈氏對此作出了貢獻。

卷十五　洛水　伊水　瀍水　澗水

【題　解】　此卷合洛、伊、瀍、澗四水。此四水都是北魏京畿附近的河川，所以合成一卷。四水以洛水為首，因為它是古代名水。今四水合稱伊洛河。

　　洛水是伊洛河的最大支流，今稱洛河，全長近四百五十公里，流域面積包括伊河近二萬平方公里。伊河全長約二百七十公里，流域面積約六千平方公里。洛河發源於今陝西藍田華山山脈，東流進入河南省，在偃師附近與伊河匯合，即稱伊洛河，然後注入黃河。

　　瀍水今稱瀍河，是洛水的一條小支流，今一般地圖對此水已不作注記。由於西周時周公曾在此占卜建城，又流經洛陽城注入洛河，所以顯得重要，酈注因而列入篇名。

　　澗水今稱澗河，也是洛河支流，發源於河南澠池北，在今洛陽王城公園南注入洛河，全長僅一百二十餘公里，流域面積一千三百餘平方公里。

洛　水

洛水出京兆上洛縣讙舉山，

1　《地理志》曰：洛出冢嶺山。《山海經》曰：出上洛西山。又曰：讙舉之山，洛水出焉，東與丹水合，水出西北竹山，東南流注于洛。洛水又東，尸水注之，水北發尸山，南流入洛。洛水又東得乳水，水北出良餘山，南流注于洛。洛水又東會於龍餘之水,水出蠱尾之山,東流入洛。

2　洛水又東至陽虛山,合玄扈之水。《山海經》曰:洛水東北流,注于玄扈之水是也。又曰:自鹿蹄之山以至玄扈之山,凡九山。玄扈亦山名也,而通與讙舉爲九山之次焉。故《山海經》曰:此二山者,洛間也。是知玄扈之水,出于玄扈之山,蓋山水兼受其目矣。其水逕于陽虛之下。《山海經》又曰:陽虛之山,臨于玄扈之水,是爲洛汭也。《河圖玉版①》曰:倉頡爲帝,南巡,登陽虛之山,臨于玄扈、洛汭之水。靈龜負書,丹甲青文以授之。即于此水也。

3　洛水又東歷清池山,東合武里水,水南出武里山,東北流注于洛。洛水又東,門水出焉。《爾雅》所謂洛別爲波也。洛水又東,要水入焉。水南出三要山,東北逕拒陽城西,而東北流入于洛。洛水又東與獲水合,水南出獲輿山,俗謂之備水也。東北逕獲輿川,世名之爲卻川,東北流,注于洛。洛水又東逕熊耳山北,《禹貢》所謂導洛自熊耳。《博物志》曰:洛出熊耳,蓋開其源者是也。

東北過盧氏縣南,

4　洛水逕鴞渠關北,鴞渠水南出鴞渠山,即荀渠山也。其水一源兩分,川流半解,一水西北流,屈而東北,入于洛。《山海經》曰:熊耳之山,浮豪之水出焉,西北流注于洛。疑即是水也。荀渠,蓋熊耳之殊稱,若太行之歸山也。故《地説》曰:熊耳之山,地門也,洛水出其間。是亦總名矣。其一水東北逕鴞渠城西,故關城也。其水東北流,注于洛。洛水又東逕盧氏縣故城南,《竹書紀年》:晉出公十九年,晉韓龍取盧氏城。王莽之昌富也。有盧氏川水注之。水北出盧氏山,東南流逕盧氏城東,東南流注于洛。洛水又東,翼合三川,竝出縣之南山,東北注洛。《開山圖》曰:盧氏山宜五穀,可避水災,亦通謂之石城山。山在宜陽山西南,千名之山,咸處其內,陵阜原隰,易以度身者也。又有葛蔓谷水,自南山流注洛水。洛水又東逕高門城南,即《宋書》所謂後軍外兵龐季明入盧氏,進達高門木城者也。洛水東與高門水合,水出北山,東南流合洛水枝津。水上承洛水,東北流逕石勒城北,又東逕高門城北,東入高門水,亂流南注洛。洛水又東,松陽溪水注之,水出松陽山,北流注于洛。洛水又東逕黃亭南,又東合黃亭溪水。水出鵜鶘山,山有二峰,峻極于天,高崖雲舉,亢石無階,猨徒喪其捷巧,顧族謝其輕工,及其長霄冒嶺,層霞冠峰,方乃就辨優劣耳。故有大、小鵜鶘之名矣。溪水東南流歷亭下,謂之黃亭溪水,又東南入于洛水。洛水又東得荀公溪口,水出南山荀公澗,即龐季明所入荀公谷者也。其水歷谷東北流,注于洛水。洛水又東逕檀山南,其山四絕孤峙,山上有塢聚,俗謂之檀山塢。義熙中,劉公西入長安,舟師所屆,次于洛陽,命參軍戴延之與府舍人虞道元即舟遡流,窮覽洛川,欲知水軍可至之處。延之屆此而返,竟不達其源也。洛水又東，庫谷水注之，水自宜陽山南，三川並發，合爲一溪，東北流注于洛。洛水又東得鵜鶘水口，水北發鵜鶘澗，東南流入於洛。洛水又逕僕谷亭北，左合北水，水出北山，東南流注于洛。洛水又東，侯谷水出南山，北流入于洛。洛水又東逕龍驤城北，龍驤將軍王鎮惡，從劉公西入長安，陸行所由，故城得其名。洛水又東，左合宜陽北山水，水自北溪南流注洛。洛水又東，廣由澗水注之，水出南山由溪，北流逕龍驤城東，而北流入于洛。洛水又東，右得直谷水，水出南山，北逕屯城，西北流注于洛水也。

又東北過蠡城邑之南，

5　城西有塢水，出北四里山上，原高二十五丈，故黽池縣治。南對金門塢，水南五里，舊宜陽縣治也。洛水右會金門溪水，水南出金門山，北逕金門塢，西北流入于洛。洛水又東合款水，其水二源並發，兩川逕引，謂之大款水也，合而東南入于洛。洛水又東，黍良谷水入焉。水南出金門山，《開山圖》曰：山多重，固在韓[2]。建武二年，強弩大將軍陳俊轉擊金門、白馬，皆破之，即此也。而東北流注于洛。洛水又東，左合北溪，南流入于洛也。

又東過陽市邑南，又東北過于父邑之南[3]，

6　太陰谷水南出太陰溪，北流注于洛。洛水又東合白馬溪水，水出宜陽山，澗有大石，厥狀似馬，故溪澗以物色受名也。溪水東北流注于洛。洛水又東，有昌澗水注之，水出西北宜陽山，而東南流，逕宜陽故郡南，舊陽市邑也，故洛陽都典農治，此後改爲郡。其水又南注于洛。洛水又東逕一合塢南，城在川北原上，高二十丈，南、北、東三箱，天險峭絕，惟築西面即爲固，一合之名，起于是矣。劉曜之將攻河南也，晉將軍魏該奔于此，故于父邑也。洛水又東合杜陽澗水，水出西北杜陽溪，東南逕一合塢，東與槃谷水合，亂流東南入洛。洛水又東，渠谷水出宜陽縣南女几山，東北流逕雲中塢，左上迢遞層峻，流煙半垂，纓帶山阜，故塢受其名。

7　渠谷水又東北入洛水。臧榮緒《晉書》[4]稱，孫登嘗經宜陽山，作炭人見之與語，登不應，作炭者覺其情神非常，咸共傳說，太祖聞之，使阮籍往觀與語，亦不應。籍因大嘯，登笑曰：復作向聲。又爲嘯，求與俱出，登不肯，籍因別去。登上峰行且嘯，如簫韶笙簧之音，聲振山谷。籍怪而問作炭人，作炭人曰：故是向人聲。籍更求之，不知所止，推問久之，乃知姓名。余按孫綽之叙《高士傳》[5]，言在蘇門山，又別作《登傳》[6]。孫盛《魏春秋》[7]亦言在蘇門山，又不列姓名。阮嗣宗感之，著《大人先生論》[8]，言吾不知其人，既神遊自得，不與物交。阮氏尚不能動其英操，復不識何人而能得其姓名。

又東北過宜陽縣南，

8　洛水之北有熊耳山，雙巒競舉，狀同熊耳，此自別山，不與《禹貢》導洛自熊耳同也。
昔漢光武破赤眉樊崇，積甲仗與熊耳平，即是山也。山際有池，池水東南流，水側
有一池，世謂之澠池矣。又東南逕宜陽縣故城西，謂之西度水，又東南流入于洛。

9　洛水又東逕宜陽縣故城南。秦武王以甘茂爲左丞相，曰：寡人欲通三川，窺周室，
死不朽矣。茂請約魏以攻韓，斬首六萬，遂拔宜陽城。故韓地也，後乃縣之，漢哀
帝封息夫躬爲侯國。城之西門，赤眉樊崇與盆子及大將等，奉璽綬劍璧處。世祖
不即見，明日，陳兵于洛水見盆子等，謂盆子丞相徐宣曰：不悔乎？宣曰：不悔。上
歎曰：卿庸中皦皦，鐵中錚錚也。

10　洛水又東與厭染之水合，水出縣北傅山大陂，山無草木，其水自陂北流，屈而東南
注，世謂之五延水。又東南流逕宜陽縣故城東，東南流注于洛。洛水又東南，黃中
澗水出北皇，二源奇發，總成一川，東流注于洛。洛水又東，祿泉水注之，其水北出
近溪。洛水又東，共水入焉。水北出長石之山，山無草木，其西有谷焉，厥名共谷，
共水出焉。南流得尹溪口，水出西北尹谷，東南注之。共水又西南與左澗水會，水
東出近川，西流注于共水。共水又南與李谷水合，水出西北李溪，東南注蓁水。蓁
水發源蓁谷，西南流與李谷水合，而西南流入共水。共水，世謂之石頭泉，而南流
注于洛。洛水又東，黑澗水南出陸渾西山，歷于黑澗，西北入洛。洛水又東，臨亭
川水注之，水出西北近溪，東南與長澗水會，水出北山，南入臨亭水，又東南歷九曲
西，而南入洛水也。

又東北出散關南，

11　洛水東逕九曲南，其地十里，有坂九曲。《穆天子傳》所謂天子西征，升于九阿。此
是也。洛水又東與豪水會，水出新安縣密山，南流歷九曲東，而南流入于洛。洛水
之側有石墨山，山石盡黑，可以書疏，故以石墨名山矣。洛水又東，枝瀆左出焉。
東出關，絕惠水。又逕清女冢南，冢在北山上，《耆舊傳》云：斯女清貞秀古，跡表來
今矣。枝瀆又東，逕周山，上有周靈王冢，《皇覽》曰：周靈王葬于河南城西南周山
上，蓋以王生而神，故諡曰靈，其冢，人祠之不絕。又東北逕柏亭南，《皇覽》曰：周
山在柏亭西北。謂斯亭也。又東北逕三王陵東北出，三王，或言周景王、悼王、定
王也。魏司徒公崔浩注《西征賦》⑨云：定當爲敬，子朝作難，西周政弱人荒，悼、敬
二王，與景王俱葬于此，故世以三王名陵。《帝王世紀》曰：景王葬于翟泉，今洛陽
太倉中大冢是也。而復傳言在此，所未詳矣。又悼、敬二王，稽諸史傳，復無葬處，
今陵東有石碑，錄叙王以上世王名號，考之《碑記》，周墓明矣。枝瀆東北歷制鄉，

逕河南縣王城西,歷郟鄏陌。杜預《釋地》曰:縣西有郟鄏陌。謂此也。枝瀆又北入穀,蓋經始周啟,瀆久廢不脩矣。

12　洛水自枝瀆又東出關,惠水右注之,世謂之八關水。戴延之《西征記》謂之八關澤,即《經》所謂散關。郭自南山,橫洛水,北屬于河,皆關塞也,即楊僕家僮所築矣。惠水出白石山之陽,東南流與瞻水合,水東出婁涿之山,而南流入惠水。惠水又東南,謝水北出瞻諸之山,東南流,又有交觸之水,北出厷山,南流,俱合惠水。惠水又南流逕關城北,二十里者也[10]。其城西阻塞垣,東枕惠水。靈帝中平元年,以河南尹何進爲大將軍,率五營士屯都亭,置函谷、廣城、伊闕、大谷、轘轅、旋門、小平津、孟津等八關,都尉官治此,函谷爲之首,在八關之限,故世人總其統目,有八關之名矣。其水又南流入于洛水。《山海經》曰:白石之山,惠水出其陽,而南流注于洛。謂是水也。洛水又與虢水會,水出扶豬之山,北流注于洛水。之南則鹿蹏之山也,世謂之非山。其山陰則峻絕百仞,陽則原阜隆平,甘水發于東麓,北流注于洛水也。

又東北過河南縣南,

13　《周書》[11]稱周公將致政,乃作大邑成周于中土,南繫于洛水,北因于郟山,以爲天下之大湊。《孝經援神契》曰:八方之廣,周洛爲中,謂之洛邑。《竹書紀年》:晉定公二十年,洛絕于周。魏襄王九年,洛入成周,山水大出。南有甘洛城,《郡國志》所謂甘城也。《地記》曰:洛水東北過五零陪尾[12],北與澗、瀍合,是二水,東入千金渠,故瀆存焉。

又東過洛陽縣南,伊水從西來注之。

14　洛陽,周公所營洛邑也。故《洛誥》[13]曰:我卜瀍水東,亦惟洛食。其城方七百二十丈,南繫于洛水,北因于郟山,以爲天下之湊。方六百里,因西八百里,爲千里。《春秋》昭公三十二年,晉合諸侯大夫戍成周之城,故亦曰成周也。司馬遷《自序》云:太史公留滯周南。摯仲治曰:古之周南,今之洛陽。漢高祖始欲都之,感婁敬之言,不日而駕行矣。屬光武中興,宸居洛邑,逮于魏晉,咸兩宅焉。故《魏略》[14]曰:漢火行忌水,故去其水而加隹,魏爲土德,土,水之牡也,水得土而流,土得水而柔,除隹加水。

15　《長沙耆舊傳》云:祝良,字召卿,爲洛陽令,歲時亢旱,天子祈雨不得,良乃曝身階庭,告誠引罪,自晨至中,紫雲水起,甘雨登降。人爲歌曰:天久不雨,烝人失所,天王自出,祝令特苦,精符感應,滂沱下雨[15]。

16　則縣司及河南尹治,司隸,周官也,漢武帝使領徒隸,董督京畿,後因名司州焉。

《地記》曰：洛水東入于中提山間，東流會于伊是也。

17　昔黃帝之時，天大霧三日，帝遊洛水之上，見大魚，殺五牲以醮之，天乃甚雨，七日七夜魚流，始得圖書，今《河圖視萌⑯》篇是也。昔王子晉好吹鳳笙，招延道士，與浮丘同遊伊、洛之浦，含始又受玉雞之瑞于此水，亦洛神宓妃之所在也。洛水又東，合水南出半石之山，北逕合水塢，而東北流注于公路澗，但世俗音譌，號之曰光祿澗，非也。上有袁術固，四周絶澗，迢遞百仞，廣四五里，有一水，淵而不流，故溪澗即其名也。合水北與劉水合，水出半石東山，西北流逕劉聚，三面臨澗，在緱氏西南，周畿内劉子國，故謂之劉澗。其水西北流注于合水，合水又北流注于洛水也。

又東過偃師縣南，

18　洛水東逕訾素渚，中朝時，百國貢計所頓，故渚得其名。又直偃師故縣南，與緱氏分水。又東，休水自南注之，其水導源少室山，西流逕穴山南，而北與少室山水合，水出少室北溪，西南流注休水。休水又左會南溪水，水發大穴南山，北流入休水。休水又西南北屈，潛流地下，其故瀆北屈出峽，謂之大穴口。北歷覆釜堆東，蓋以物象受名矣。又東屈零星塢，水流潛通，重源又發，側緱氏原，《開山圖》謂之緱氏山也。亦云仙者升焉，言王子晉控鵠斯阜，靈王望而不得近，舉手謝而去，其家得遺屣。俗亦謂之爲撫父堆，堆上有子晉祠。或言在九山，非此。世代已遠，莫能辨之。劉向《列仙傳》⑰云：世有簫管之聲焉。休水又逕延壽城南，緱氏縣治，故滑費，《春秋》滑國所都也。王莽更名中亭，即緱氏城也。城有仙人祠，謂之仙人觀。休水又西轉北屈，逕其城西，水之西南有《司空密陵元侯鄭袞廟碑》，文缺不可復識。又有《晉城門校尉昌原恭侯鄭仲林碑》，晉泰始六年立。休水又北流注于洛水。

19　洛水又東逕百谷塢北，戴延之《西征記》曰：塢在川南，因高爲塢，高十餘丈，劉武王西入長安，舟師所保也。洛水又北，陽渠水注之。《竹書紀年》：晉襄公六年，洛絶于泂。即此處也。洛水又北逕偃師城東，東北歷鄩中，水南謂之南鄩，亦曰上鄩也。逕訾城西，司馬彪所謂訾聚也，而鄩水注之。水出北山鄩溪，其水南流，世謂之溫泉水。水側有僵人穴，穴中有僵尸，戴延之《從劉武王西征記》⑱曰：有此尸，尸今猶在。夫物無不化之理，魄無不遷之道，而此尸無神識，事同木偶之狀，喻其推移，未若正形之速遷矣。鄩水又東南，于訾城西北東入洛水。故京相璠曰：今鞏洛渡北，有鄩谷水東入洛，謂之下鄩。故有上鄩、下鄩之名，亦謂之北鄩，于是有南鄩、北鄩之稱矣。又有鄩城，蓋周大夫鄩肸之舊邑。

20　洛水又東逕訾城北，又東，羅水注之。水出方山羅川，西北流，蒲池水注之。水南出蒲陂，西北流合羅水，謂之長羅川。亦曰羅中也。蓋肸子鄩羅之宿居，故川得其名耳。羅水又西北，白馬溪水注之。水出嵩山北麓，逕白馬塢東，而北入羅水。西北流，白桐澗水注之。水出嵩麓桐溪，北流逕九山東，又北，九山溪水入焉。水出百稱山東谷，其山孤峰秀出，嶕嶢分立。仲長統曰：昔密有卜成者，身遊九山之上，放心不拘之境，謂是山也。山際有九山廟，廟前有碑云：九顯靈府君者，太華之元子，陽九列名，號曰九山府君也。南據嵩岳，北帶洛瀍，晉元康二年九月，太歲在戊，帝遣殿中中郎將、關内侯樊廣、緱氏令王與、主簿傅演，奉宣詔命，興立廟殿焉。又有《百蟲將軍顯靈碑》，碑云：將軍姓伊氏，諱益，字隤敳，帝高陽之第二子伯益者也。晉元康五年七月七日，順人吴義等建立堂廟，永平元年二月二十日刻石立頌，贊示後賢矣。其水東北流入白桐澗。又北逕袁公塢東，蓋公路始固有此也，故有袁公之名矣。北流注于羅水。羅水又西北逕袁公塢北，又西北逕潘岳父子墓前，有碑。岳父芘，瑯琊太守，碑石破落，文字缺敗。《岳碑》題云：《給事黄門侍郎潘君之碑》。碑云：君遇孫秀之難，闔門受禍，故門生感覆醢以增慟，乃樹碑以記事。太常潘尼之辭也。羅水又于訾城東北入于洛水也。

又東北過鞏縣東，又北入於河。

21 洛水又東，明樂泉水注之。水出南原下，三泉[19]竝導，故世謂之五道泉，即古明溪泉也。《春秋》昭公二十二年，師次于明溪者也。洛水又東逕鞏縣故城南，東周所居也，本周之畿内鞏伯國也。《春秋左傳》所謂尹文父涉于鞏。即于此也。洛水又東，濁水注之，即古黄水也。水出南原，京相璠曰：訾城北三里有黄亭，即此亭也。《春秋》所謂次于黄者也。洛水又東北，洞水發南溪石泉，世亦名之爲石泉水也。京相璠曰：鞏東地名坎欿，在洞水東。疑即此水也。又逕盤谷塢東，世又名之曰盤谷水。司馬彪《郡國志》：鞏有坎欿聚。《春秋》僖公二十四年，王出及坎欿。服虔亦以爲鞏東邑名也。今考厥文若狀焉，而不能精辨耳。《晉太康地記》、《晉書・地道記》，竝言在鞏西，非也。其水又北入洛。

22 洛水又東北流，入于河。《山海經》曰：洛水成皐西入河是也。謂之洛汭，即什谷也。故張儀説秦曰：下兵三川，塞什谷之口。謂此川也。《史記音義》曰：鞏縣有鄩谷水者也。黄帝東巡河，過洛，脩壇沈璧，受《龍圖》于河，《龜書》于洛[20]，赤文緑字。堯帝又脩壇河、洛，擇良即沈，榮光出河，休氣四塞，白雲起，迴風逝，赤文緑色，廣袤九尺，負理平上，有列星之分，七政之度[21]。《帝王録》記興亡之數，以授之堯。又東沈書于日稷，赤光起，玄龜負書背甲，赤文成字，遂禪於舜。舜又習堯禮，沈書於日稷，赤光起，玄龜負書至於稷下，榮光休至，黄龍卷甲，舒圖壇畔，赤文緑錯以授舜。舜以禪禹。殷湯東觀于洛，習禮堯壇，降璧三沈，榮光不起，黄魚雙躍，出濟于壇,黑烏以浴,隨魚亦上,化爲黑玉赤勒之書,黑龜赤文之題也。湯以伐桀,故《春秋説題辭》曰:河以道坤出天苞,洛以流川吐地符②,王者沈禮焉。《竹書紀年》曰:洛伯用與河伯馮夷鬭,蓋洛水之神也。昔夏太康失政,爲羿所逐,其昆弟五人,須于洛汭,作《五子之歌》㉓于是地矣。

【注　釋】　①玉版　篇名。《河圖》中的一篇。已亡佚,輯本收入於《古微書》、《墨海金壺》、《叢書集成初編》等。參見本書卷一《河水》篇《河圖》注釋。②山多重二句　此二句不可解。據《疏》本熊會貞考證,此二句或爲:"山出竹,可爲律管。"此按《疏》本考證語譯於後。③又東過陽市邑南二句　此處有佚文一條。《寰宇記》卷一四一《山南西道》九《商州·洛南縣》引《水經注》:"洛水北起文邑。"當是此段下佚文。④晉書　書名。南朝齊臧榮緒撰。《隋書·經籍志》及《兩唐志》著錄一百一十卷。臧榮緒,《南齊書》有傳。書已亡佚,輯本收入於《廣雅書局叢書》及《叢書集成初編》等,均作十七卷,又補遺一卷。又收入於《漢學堂叢書》、《玉函山房輯佚書補編》等,均作一卷。⑤高士傳　書名。晉孫綽撰。《隋書·經籍志》著錄孫綽撰《至人高士傳讚》二卷,不知是否此書。清嚴可均《全晉文》中,《孫綽集》輯存《傳讚》十二首。⑥登傳　書名。或即《孫登別傳》。《藝文類聚》及《御覽》均引孫綽《孫登別傳》。⑦魏春秋　書名。晉孫盛撰。《隋書·經籍志》著錄作《魏氏春秋》二十卷,《兩唐志》著錄作《魏武春秋》二十卷,當是同書。已亡佚,輯本收入於宛委山堂《說郛》号五十九及《古今說部叢書》等。⑧大人先生論　篇名。三國魏阮籍撰。《隋書·經籍志》著錄步兵校尉《阮籍集》十卷,此文即在集中。清嚴可均所輯作《大人先生傳》。⑨西征賦　後魏崔浩注。《隋書·經籍志》著錄後魏祕書丞相崔浩撰《賦集》八十六卷,此賦當在其中。今集與賦均已亡佚。⑩二十里者也　殿本在此處有戴震案語:"此有脱誤。"於後語譯從略。⑪周書　書名。《漢書·藝文志》著錄《周書》七十一篇。後人因其內容係《尚書·周書》之逸篇,故稱《逸周書》。但《隋書·經籍志》及《新唐書·藝文志》著錄均作《汲冢周書》,以爲得自汲冢。《四庫提要》史部別史類說:"考《隋經籍志》、《唐藝文志》俱稱此書以晉太康二年得於魏安釐王冢中,則汲冢之說其由來已久,然《晉書·武帝紀》及《荀勖、束皙傳》載汲郡人不准所得《竹書》七十五篇,俱有篇名,無所謂《周書》,杜預《春秋集解後序》載汲冢諸書,亦不列《周書》之目。是《周書》不出汲冢也。"今此書《漢魏叢書》、《抱經堂叢書》、《叢書集成初編》諸本,均已稱《逸周書》。⑫五零陪尾　《水經注疏》楊守敬按:"五零陪尾無考。"⑬洛誥　篇名。是《尚書》中的一篇。⑭魏略　書名。晉魚豢撰。《舊唐書·經籍志》著錄三十八卷,《新唐書·藝文志》著錄五十八卷。已亡佚,輯本收入於《玉函山房輯佚書補編》。⑮滂沱下雨　五校鈔本在此下注:"下有脱文。"《水經注釋》在此下亦注:"下有脱文。"⑯視萌　篇名。《河圖》中的一篇。已亡佚,輯本收入於《喬勤恪公全集》、《山右叢書初編》及《緯書》等。參見卷一《河水》篇中《河圖》注釋。⑰列仙傳　書名。《隋書·經籍志》著錄《列仙傳讚》二卷,劉向撰,晉郭元祖讚;又《列仙傳讚》三卷,劉向撰,酈續、孫綽讚。此書記古來仙人,自赤松子至元俗凡七十一人,又各有讚,篇末並有總讚。《四庫提要》子部道家類引陳振孫《書錄解題》:"不類西漢文字,必非向撰,或魏晉間方士爲之,托名于向耶?"⑱從劉武王西征記　書名。《隋書·經籍志》著錄有戴祚《西征記》,又有戴延之

《西征記》。《水經注》在《河水四》、《渭水三》、《汳水》、《泗水》等篇常引《西征記》。《河水五》稱戴氏《西征記》,《濟水二》、《洛水》、《穀水》稱戴延之《西征記》。此外,在《汶水》、《洙水》、《淄水》等篇,又引《從征記》。《兩唐志》著錄均作戴祚《西征記》,無戴延之書。其實,《西征記》與《從征記》均是《從劉武王西征記》的簡稱。而從古代人名、字相關的習慣揣摩,延之當是祚之字。故隋唐三志著錄,實為同人同書,即戴祚(延之)《從劉武王西征記》。劉武王,即南朝宋開國之君劉武帝,名劉裕(公元三六三—四二二年),曾西征北伐,相繼滅南燕、後秦等,永初元年(公元四二〇年)建國號宋。⑲三泉 《疏》本作"五泉"。據下文"五道泉"一名,"三"係刊板之誤。此據《疏》本語譯於後。⑳受龍圖于河二句 《水經注疏》熊會貞按:"《類聚》九十八引《尚書中候》,河出《龍圖》,洛出《龜書》曰:威赤文像字,以授軒轅。《御覽》九十七引同。又《開元占經》一百二十分作河出《龍圖》,赤文綠字,以授軒轅;《龜書》威赤文綠字,以授軒轅。"所以《龍圖》、《龜書》,實在是一種傳說。㉑迴風逝六句 據《疏》本楊守敬考證,"迴風逝"應作"迴風搖",下有脫文"龍馬銜甲"四字;"負理"應作"圓理";"七政"應作"斗政"。此按《疏》本考證語譯於後。㉒河以道坤二句 此二句原文有脫誤,《疏》本作:"河以通乾出天苞,洛以流坤吐地符。"天苞,指《河圖》。此按《疏》本語譯於後。㉓五子之歌 詩歌名。不見公私著錄。已亡佚。

【語　譯】

洛水出京兆上洛縣讙舉山,

1　《地理志》說:洛水發源於冢嶺山。《山海經》說:發源於上洛西山。又說:讙舉山,是洛水的發源地,東流與丹水匯合。丹水發源於西北方的竹山,東南流注入洛水。洛水又東流,屍水注入。屍水發源於北方的屍山,南流注入洛水。洛水又東流,引入乳水。乳水發源於北方的良餘山,南流注入洛水。洛水又東流,匯合於龍餘水。龍餘水發源於蠱尾山,東流注入洛水。

2　洛水又東流到了陽虛山,與玄扈水匯合。《山海經》說:洛水東北流,注入玄扈水。又說:從鹿蹄山到玄扈山,共有九座山,玄扈也是山名,而與讙舉山相連,一同構成九山的序列。所以《山海經》說:洛水在二山之間。可知玄扈水發源於玄扈山,山與水都兼有玄扈的名稱。玄扈水流經陽虛山腳下。《山海經》又說:陽虛山在玄扈水旁邊,這就是洛汭。《河圖·玉版》說:倉頡伴隨著黃帝,巡行南方,登上陽虛山,到了玄扈和洛汭水濱。有一隻靈龜背著寶書出來交給他,寶書以青色的文字寫在紅色的龜甲上。此事就發生在這條水上。

3　洛水又東流經清池山,東流與武里水匯合。武里水發源於南方的武里山,東北流,注入洛水。洛水又東流,分出門水。《爾雅》所說的洛水分支流出,成為波水,就是指此水。洛水又東流,要水注入。要水發源於南方的三要山,東北流經拒陽城西,然後東北流,注入洛水。洛水又東流與獲水匯合。獲水發源於南方的獲輿山,民間稱為備水。東北流經獲輿川,世人稱為卻川。東北流,注入洛水。洛水又東流經熊耳山北,就是《禹貢》所說的從熊耳山疏導洛水。《博物志》說:洛水發源於熊耳山,那是指開發它的源頭。

東北過盧氏縣南,

4　洛水流經鴞渠關北,鴞渠水發源於南方的鴞渠山,就是苟渠山。這條水的源頭一分為二,成為兩半,一條西北流,轉而東北流,注入洛水。《山海經》說:熊耳山,是浮豪水的發源地,浮豪水西北流注入洛水,想來就是此水。苟渠是熊耳的別名,正像太行山也叫歸山一樣。所以《地說》說:熊耳山,是大地的門戶,洛水就在這門戶間流出。那麼熊耳也是個總名了。另一條東北流經鴞渠城西,就是從前的關城。水往東北流,注入洛水。洛水又東流經盧氏縣老城南。《竹書紀年》:晉出公十九年(公元前四五六年),晉國的韓龍奪取了盧氏城,這就是王莽時的昌富。有盧氏川水在這裡注入。盧氏川水發源於北方的盧氏山,東南流經盧氏城東,東南流,注入洛水。洛水又東流,兩岸匯合了三條水。這三條水都發源於盧氏縣的南山,東北流,注入洛水。《開山圖》說:盧氏山宜於種植五穀,不會遭受水災,也通稱石城山。此山在宜陽山西南,其中包括著成千成百的山名,在這片丘陵高地和低漥地帶,是安身立命的好地方。又有葛蔓谷水,從南山流注洛水。洛水又東流經高門城南,《宋書》所說的後軍外兵龐季明攻入盧氏縣,直達高門木城,指的就是這地方。洛水東流與高門水匯合,高門水發源於北山,東南流與洛水支流匯合。支流上口承接洛水,東北流經石勒城北,又東流經高門城北,東流匯入高門水,往南亂流注入洛水。洛水又東流,松陽溪水注入。松陽溪水發源於松陽山,北流注入洛水。洛水又東流經黃亭南,又東流與黃亭溪水匯合。黃亭溪水發源於鵜鶘山,鵜鶘山有兩座險峰,峻峭至極,上接天際,高崖插雲,崖上絕無可立足的臺階,即使矯捷有如猿猴,輕巧有如鼯鼠,也難以施展其飛縱自如、騰躍無阻的絕技了。待到連綿的雲氣遮住嶺頭,繽紛的彩霞籠罩著峰巒,才能顯現出這些山峰的高低。所以有大鵜鶘和小鵜鶘之稱。溪水東南流,從亭下流過,叫黃亭溪水,又東南流,注入洛水。洛水又東流,流到苟公溪口,在這裡注入的水,發源於南山的苟公澗,就是龐季明曾經進入的苟公谷。這條水經過山谷往東北流,注入洛水。洛水又東流經檀山南,這座山峰四周不與山陵相連,而孤峰孑然聳峙,山上有個聚落,民間稱為檀山塢。義熙年間(公元四○五—四一八年),劉裕西入長安,水軍駐紮於洛陽。他命令參軍戴延之與府舍人虞道元乘船溯流而上,把洛水完全考察清楚,以探明水軍船隻可以到達的地方。戴延之到了這裡就回去了,竟不能到達源頭。洛水又東流,庫谷水注入。庫谷水發源於宜陽山南麓,三條水源同流,匯合成一條溪澗,東北流注入洛水。洛水又東流,到了鵜鶘水口。鵜鶘水發源於北方的鵜鶘澗,東南流,注入洛水。洛水又流經僕谷亭北,左岸匯合北水。北水發源於北山,東南流注入洛水。洛水又東流,侯谷水發源於南山,北流注入洛水。洛水又東流經龍驤城北。龍驤將軍王鎮惡隨從劉裕西入長安,從陸路行軍經過這裡,所以城也因此得名了。洛水又東流,左岸匯合宜陽北山水。宜陽北山水從北溪南流,注入洛水。洛水又東流,廣由澗水注入。廣由澗水發源於南山由溪,北流經龍驤城東,北流注入洛水。洛水又東流,右岸匯合直谷水。直谷水發源於南山,北流經屯城,西北流,注入洛水。

又東北過蠡城邑之南,

5　城西有塢水,發源於北方四里的山上,山上有一片高原,隆起達二十五丈高,從前是黽池縣治所的所在地。這裡南對金門塢,塢水南五里,是舊時宜陽縣的治所。洛水右岸匯合金門溪水。金門溪水發源於南方的金門山,北流經金門塢,西北流注入洛水。洛水又東流匯合款水。款水有兩個源頭同時流出,兩水並流,稱為大款水。匯合後東南流注入洛水。洛水又東流,黍良谷水注入。黍良谷水發源於南方的金門山。《開山圖》說:山上出產小竹,可製簫笙之類的樂器。建武二年(公元二六年),強弩大將軍陳俊回軍攻打金門、白馬,都攻下了,指的就是此處。黍良谷水往東北流,注入洛水。洛水又東流,左岸匯合北溪,南流注入洛水。

又東過陽市邑南,又東北過于父邑之南,

6　太陰谷水發源於南方的太陰溪,北流注入洛水。洛水又東流,匯合白馬溪水。白馬溪水發源於宜陽山,山澗裡有大石,形狀像馬,所以這條溪澗是以巖石的形狀而得名的。溪水東北流注入洛水。洛水又東流,有昌澗水注入。昌澗水發源於西北方的宜陽山,東南流,經宜陽舊郡南,就是從前的陽市邑,從前洛陽都典農的治所就在這裡,後來改為郡。昌澗水又南流,注入洛水。洛水又東流經一合塢南,此城在洛水北岸的高原上,高二十丈,南、北、東三面是陡峭的天險,只要在西面築城,就堅不可摧了。城堡取名一合,就是因此而來的。劉曜將要攻打河南時,晉將軍魏該逃到這裡,就是從前的于父邑。洛水又東流,與杜陽澗水匯合。杜陽澗水發源於西北方的杜陽溪,東南流經一合塢,東流與槃谷水匯合,往東南亂流,注入洛水。洛水又東流,有渠谷水發源於宜陽縣南的女几山,東北流經雲中塢。山塢左側上方層沓高峻,飄渺的煙霧繚繞著山腰,所以有雲中塢之稱。

7　渠谷水又東北流,注入洛水。臧榮緒《晉書》說:孫登曾經過宜陽山,燒炭人看見他和他搭話,孫登卻不應答。燒炭人見他情態迥異常人,就紛紛傳說開了。晉太祖聽到消息,派阮籍前往看個究竟。阮籍和他談話,他也不應。阮籍因而仰天長嘯。孫登笑道:再嘯一回聽聽看。阮籍又長嘯起來,並請他一起出山,孫登卻不肯。阮

籍於是和他作別而去。孫登向山頂走去,邊走邊嘯,聲音如簫管笙簧齊奏,響聲振盪山谷。阮籍很驚奇,去問燒炭人,燒炭人說:那人先前也是發出這樣的聲音的。阮籍再去尋他,卻已不知去向了。打聽了好久,才知道他的姓名。我查考孫綽《高士傳》的記述,說孫登隱於蘇門山;又另外有一部《孫登傳》。孫盛《魏春秋》也說此事發生在蘇門山,但不載其姓名。阮嗣宗心有所感,撰著了《大人先生論》,說我不知道那人是誰。他既然神遊自得,不與人交往,阮氏尚且不能打動他的超凡絕俗的情操,那就更不知還有誰人能打聽到他的姓名了。

又東北過宜陽縣南,

8　洛水以北有熊耳山,雙峰並舉,形狀就像熊耳。這是另一座山,與《禹貢》所說從熊耳疏導洛水的那座熊耳山不同。從前漢光武帝大敗赤眉軍首領樊崇,繳獲的兵器堆積得與熊耳山一樣高,說的就是這座山。山邊有池,池水東南流,水邊又有一池,世人稱為澠池。又東南流經宜陽縣老城西,稱為西度水,又東南流,注入洛水。

9　洛水又東流經宜陽縣老城南。秦武王任命甘茂為左丞相,說:我想開通到三川的道路,窺伺周朝王室,死後也可以不朽了。甘茂建議聯合魏國進攻韓國,殺了六萬人,攻克了宜陽城。宜陽原來是韓國的領土,以後才設縣。漢哀帝將此地封給息夫躬為侯國。宜陽城西門是赤眉首領樊崇與劉盆子以及各大將軍等,捧著玉璽、綬帶、寶劍、玉璧來投降的地方。光武帝不立即接見他們,第二天,才集合軍隊於洛水之濱,接見劉盆子等人。他對劉盆子的丞相徐宣說:你們不後悔嗎?徐宣說:不後悔。光武帝感嘆道:你真是庸庸碌碌之輩中的佼佼者,鐵漢中的錚錚者。

10　洛水又東流與厭染水匯合。厭染水發源於宜陽縣城北傅山上一個很大的陂湖中。山上不長草木,水自湖中往北流,轉而東南流,世人稱為五延水。又東南流經宜陽縣老城東,東南流,注入洛水。洛水又東南流,有黃中澗水發源於北阜,兩個源頭合成一條,東流注入洛水。洛水又東流,祿泉水注入。祿泉水發源於北方近處的溪澗。洛水又東流,共水注入。共水發源於北方的長石山,山上草木不生,西邊有個山谷,名為共谷,共水就發源於那裡。共水南流到尹溪口,匯合於此口的水發源於西北的尹谷,東南流注入共水。共水又西南流,與左澗水匯合。左澗水發源於東方近處的溪流,西流注入共水。共水又南流與李谷水匯合。李谷水發源於西北的李溪,東南流注入蓁水。蓁水發源於蓁谷,西南流與李谷水匯合,西南流注入共水。人們稱共水為石頭泉,南流注入洛水。洛水又東流,有黑澗水發源於南方的陸渾西山,流過黑澗,西北流注入洛水。洛水又東流,臨亭川水注入。臨亭川水發源於西北近處的溪流,東南流與長澗水匯合。長澗水源出北山,南流注入臨亭水,又東南流,從九曲西面流過,往南注入洛水。

又東北出散關南，

11　洛水東流經九曲南，那地方方圓十里，有一處山坡曲曲折折有九道彎子。《穆天子傳》所說的天子西征，攀登上九阿，就是這地方。洛水又東流與豪水匯合。豪水發源於新安縣的密山，往南流過九曲東，然後南流注入洛水。洛水旁有石墨山，山上的巖石全都是黑色的，可以書寫奏疏，所以稱此山為石墨山。洛水又東流，左岸分出一條支流，往東流出散關，橫穿惠水，又流經清女冢南。這座墳墓在北山上。《耆舊傳》說：這位女子清白堅貞，是古代的優秀人物，她的事跡可作當今和後世的表率。支渠又東流，流經周山，山上有周靈王墓。《皇覽》說：周靈王葬於河南城西南的周山上，因為他生下來就有點神異，因而以靈字作為他的諡號。到他墳前來祭祀的人往來不絕。又東北流經柏亭南。《皇覽》說：周山在柏亭西北，即指此亭。又東北流經三王陵，往東北流去。三王，有人說就是周景王、悼王和定王。魏司徒崔浩注《西征賦》說：定字應當作敬字。子朝作亂，西周政權衰落，人才短缺，悼王、敬王兩位帝王與景王都葬在這裡，所以世人把陵墓稱為三王陵。《帝王世紀》說：景王葬於翟泉，現在洛陽太倉中的大墓就是景王墓。但為什麼又傳說在這裡，這就不清楚了。此外，查考史籍傳記，都沒有提到悼王和敬王葬在哪裡，現在陵墓東有石碑，記載著赧王以前諸王的名號，就碑記來考證，這是周朝的陵墓已是很清楚的了。支渠東北流過制鄉，流經河南縣王城西，流過郟鄏陌。杜預《釋地》說：縣西有郟鄏陌，說的就是這裡。支渠又北流注入穀水，自從動工開鑿這條渠道以來，久已荒廢未曾修治過了。

12　洛水從支渠分出處又東流出關，有惠水從右注入，世人稱之為八關水。戴延之《西征記》稱為八關澤，就是《水經》所說的散關。城牆從南山橫跨洛水，往北直到黃河，這一帶全是關隘要塞，都是楊僕家裡的僕役所築。惠水發源於白石山南麓，東南流與瞻水匯合。瞻水發源於東方的婁涿山，南流注入惠水。惠水又東南流，有謝水發源於北方的瞻諸山，東南流，又有交觴水發源於北方的庱山，南流，都注入惠水。惠水又南流經關城北，……關城西面有關塞城牆的阻隔，東面臨近惠水。靈帝中平元年(公元一八四年)，任命河南尹何進為大將軍，率領五營士兵屯駐於都亭，設函谷、廣城、伊闕、大谷、轘轅、旋門、小平津、孟津等八關，都尉官員的治所就設在這裡。函谷關為第一關，在八關之列，因此人們就將它作為八關的總稱。惠水又南流，注入洛水。《山海經》說：惠水發源於白石山南麓，南流注入洛水。說的就是此水。洛水又與虢水匯合。虢水發源於扶豬山，北流注入洛水。扶豬山以南則是鹿蹄山，世人稱為非山。這座山的北面極其峻峭，高達百仞，南面則是廣袤而平坦的高原及丘陵地。有甘水發源於東麓，北流注入洛水。

又東北過河南縣南，

13　《周書》說周公將要把政權交還成王時，在中原地區營建大城成周，南臨洛水，北接
郟山，以為這是天下的中樞。《孝經援神契》說：八方極其廣大，周洛則是中心，稱
為洛邑。《竹書紀年》載：晉定公二十年（公元前四九二年），洛水在周的境內斷流。
魏襄王九年（公元前三一〇年），山洪暴發，洛水氾濫，流入成周城。南方有甘洛城，
就是《郡國志》所說的甘城。《地記》說：洛水東北流過五零陪尾，北流與澗水、瀍
水匯合。這兩條水東流入千金渠，舊河道至今還在。

又東過洛陽縣南，伊水從西來注之。

14　洛陽就是周公所營建的洛邑。所以《洛誥》說：我在瀍水以東占卜，也只有洛邑可
以定都。這座城周圍七百二十丈，南臨洛水，北接郟山，作為天下的中樞。周朝王
畿方圓六百里，連同西方的八百里，就是千里了。《春秋》昭公三十二年（公元前五
一〇年），晉聯合諸侯大夫駐防成周城，所以也叫成周。司馬遷《自序》說：太史公滯
留在周南。摯仲治說：古代的周南，就是今天的洛陽，漢高祖當初想在那裡建都，
但聽了婁敬一席話心有所感，沒幾天就動身離開了。到了光武帝中興時，定都洛
陽，一直到魏、晉，也都是以洛陽為都。因此《魏略》說：漢在五行屬火，忌水，所以
去掉洛字偏旁的水，而加上佳，改為雒；魏則屬土，土，是水的依託，水有了土才能
流動，土有了水才能柔軟，於是又去掉佳而加上水，仍為洛字。

15　《長沙耆舊傳》說：祝良，字召卿，當洛陽縣令。一年天大旱，天子求雨，然而天卻不
下雨，於是祝良站在階下的庭院裡，讓烈日曝曬，誠心誠意地向上天請罪，從早晨
直站到中午，終於湧起團團的紫雲，甘霖沛然而降。人們為他編了一首歌謠道：上
天久晴不雨，百姓流離失所；天子親自出馬，祝令更是辛苦。精誠感應上天，降下
滂沱大雨。

16　洛陽縣是司州及河南尹的治所。司隸，是周時的官職，漢武帝時以司隸統領役夫
及囚犯，巡察京城，因此後世名為司州。《地記》說：洛水東流，進入中提山間，東流
匯合伊水。

17　從前黃帝時，連續發了三天大霧，黃帝在洛水上遊覽，看見一條大魚，就殺了五牲
來祭祀，於是天接連下了七天七夜大雨，大魚能游動了，才得到圖譜及祕籍，這就
是今天的《河圖·視萌》篇。從前王子晉喜歡吹鳳笙，招聘道士，與浮丘一同在伊
水與洛水的水濱遊覽，漢高祖的母親含始又在此水上得到玉雞的祥瑞之兆，同時
這也是洛神宓妃所在的地方。洛水又東流，有合水發源於南方的半石山，北流經
合水塢，然後往東北流，注入公路澗，但世俗音訛，卻稱為光祿澗，這是錯誤的。山
上有袁術固，堡壘四周圍繞著極為險峻的山澗，高達百仞，方圓四五里；有一潭水，

極深但不流動,所以溪澗也就因而得名了。合水北流與劉水匯合,劉水發源於半石東山,西北流經劉聚。劉聚三面臨澗,位於緱氏縣西南,是周時王畿以內的劉子國,所以叫劉澗。此水西北流,注入合水。合水又北流,注入洛水。

又東過偃師縣南,

18　洛水東流經計素渚。中朝時,各國計官進京朝貢,途中都要在這裡留宿,渚也因而得名了。又流經偃師舊縣南,偃師縣與緱氏縣就以此水為分界。又東流,休水從南方流來注入。休水發源於少室山,西流經穴山南,然後北流與少室山水匯合。少室山水發源於少室北溪,西南流,注入休水。休水又在左岸匯合南溪水。南溪水發源於大穴南山,北流注入休水。休水又西南流,北轉,潛流入地下,這條水的舊水道轉而往北流出山峽,出峽的山口叫大穴口。北流經覆釜堆東,覆釜堆是因巖石的形狀而得名。又東流到零星塢,水流在地下暗通,傍著緱氏原,重新又冒出地面。緱氏原,《開山圖》稱為緱氏山。也有人說,有仙人在這裡升天。傳說王子晉乘天鵝停駐在這座山上,靈王遙望著他卻無法接近,他向靈王揮手告別,飛升而去,他的家人拾到他掉下的鞋子。民間又把這地方稱為撫父堆,山丘上有子晉祠。也有人說此事發生於九山,不是在這裡。但時代已很遙遠,也弄不清楚了。劉向《列仙傳》說:這裡時常還有笙管的聲音。休水又流經延壽城南,這是緱氏縣的治所,古時的滑費,也就是《春秋》所說的滑國建都的地方。王莽時改名為中亭,就是緱氏城。城內有仙人祠,叫仙人觀。休水又向西轉,向北彎,流經城西,此水西南有"司空密陵元侯鄭袤廟碑",但文字已剝蝕殘缺,不能辨認了。又有"晉城門校尉昌原恭侯鄭仲林碑",是晉泰始六年(公元二七○年)所立。休水又北流,注入洛水。

19　洛水又東流經百谷塢北。戴延之《西征記》說:堡壘在平川南,利用地勢高峻築堡,高十餘丈。劉裕西入長安時,水軍就駐防於這座堡壘。洛水又北流,陽渠水注入。《竹書紀年》載:晉襄公六年(公元前六二二年),洛水至洞斷流,就是此處。洛水又北流經偃師城東,東北流經鄩中。水南稱為南鄩,也叫上鄩。流經訾城西,就是司馬彪所說的訾聚,鄩水在這裡注入。鄩水發源於北山的鄩溪,南流,世人稱為溫泉水。水邊有個僵人洞,洞中有僵屍。戴延之《從劉武王西征記》說:洞中確有僵屍,如今還在。物體沒有不滅的道理,魂魄沒有不散的事例,這具僵屍沒有精神和意識,就像木偶一樣,而它的變化,也沒有正常的形體那樣迅速。鄩水又東南流,在訾城西北東流,注入洛水。所以京相璠說:現在從鞏洛渡水到北方,有鄩谷水,東流注入洛水。那地方叫下鄩,所以有上鄩、下鄩的地名;也叫北鄩,於是又有南鄩、北鄩的名稱。又有鄩城,那是周朝大夫鄩肸原來的封邑。

20　洛水又東流經訾城北,又東流,羅水注入。羅水發源於方山的羅川,西北流,蒲池水注入。蒲池水發源於南方的蒲陂，西北流，匯合羅水，稱為長羅川，也叫羅中。是肸子鄩羅的故居，水也因而得名了。羅水又西北流，白馬溪水注入。白馬溪水發源於嵩山北麓，流經白馬塢東，然後北流注入羅水。羅水西北流，白桐澗水注入。白桐澗水發源於嵩麓桐溪，北流經九山東，又北流，九山溪水注入。九山溪水出自百稱山東谷，這座山孤峰挺秀，高峻峭削，不與眾山相連。仲長統說：從前密縣有個人叫卜成，他身子遊於九山之上，精神則馳騁於無拘無束之境，說的就是此山。山邊有九山廟，廟前有碑說：九顯靈府君是太華的嫡長子，列名於陽九災年，號稱九山府君。南有嵩岳憑依，北有洛瀍環繞。晉元康二年（公元二九二年）九月，太歲星在西北偏西的方位，皇上派遣的殿中中郎將關內侯樊廣、緱氏令王與、主簿傅演，奉命頒布詔令，興工建造祠廟殿宇。又有“百蟲將軍顯靈碑”，碑文說：將軍姓伊，名益，字隤敳，就是高陽帝顓頊的第二個兒子伯益。晉元康五年（公元二九五年）七月七日，順人吳義等建立廟堂，永平元年（公元二九一年）二月二十日刻碑立頌詞，以昭示後世的賢者。九山溪水東北流，注入白桐澗。白桐澗又北流經袁公塢東，因為袁公路當初曾堅守在這裡，所以叫袁公塢。白桐澗北流注入羅水。羅水又西北流經袁公塢北，又西北流經潘岳父子墓前，墓前有碑。潘岳父親潘茈，是瑯琊太守。但碑石已破碎剝落，文字也殘缺損壞了。“潘岳碑”完整的標題是：“給事黃門侍郎潘君之碑”。碑文說：先生慘遭孫秀陷害，全家都受株連被殺，門生追思此禍的慘酷而倍加傷痛，因此樹碑記載這一事件。碑文是太常潘尼所撰。羅水又在訾城東北注入洛水。

又東北過鞏縣東，又北入於河。

21　洛水又東流，明樂泉水注入。明樂泉水發源於南原下，五條山泉一齊流出，所以人們稱為五道泉，這就是古代的明溪泉。《春秋》昭公二十二年（公元前五二〇年），軍隊駐紮在明溪，即指此水。洛水又東流經鞏縣老城南，這是東周王室所居的地方，原來是周朝王畿以內的鞏伯國。《春秋左傳》說尹文父在鞏涉水，指的就是這地方。洛水又東流，濁水注入，這就是古代的黃水。黃水發源於南原。京相璠說：訾城北三里有黃亭，就是此亭。《春秋》所說的在黃亭住宿，即指此亭。洛水又東北流，有洞水發源於南溪石泉，人們也叫它石泉水。京相璠說：鞏東有個地方叫坎欿，在洞水東，想來可能就指此水。洞水又流經盤谷塢東，世人又稱為盤谷水。司馬彪《郡國志》說，鞏縣有個坎欿聚。《春秋》僖公二十四年（公元前六三六年），王出行，到了坎欿。服虔也以為這是鞏東地區的城名。現在查考這篇文章，情況倒有點相似，只是難以仔細地分辨清楚罷了。《晉太康地記》、《晉書·地道記》都說坎欿在鞏西，這卻不對。洞水又北流注入洛水。

22　洛水又東北流,注入河水。《山海經》說:洛水在成皋西入河,說得不錯。洛水入河處叫洛汭,就是什谷。所以張儀遊說秦王道:向三川進兵,封鎖什谷的谷口,說的就是這條水。《史記音義》說:鞏縣有鄩谷水。黃帝東巡河水時過了洛水,修築祭壇,把白璧投入水中祭祀水神,在河水得到《龍圖》,在洛水得到《龜書》,有紅色的紋理,綠色的文字。堯帝又在河水、洛水修築祭壇,選擇吉日良辰沉璧致祭,那天河上透出一片五色祥光,四周瑞氣彌漫,白雲冉冉升起,旋風飛騰上升。龍馬銜著龜甲從河中出來交給堯。龜甲有紅色的紋理,綠色的文字,寬達九尺,圓形而上平,有各種星座的分布,治理天下的施政法度,關於帝王的記載以及興亡的定數。龍馬便將這件神物交給堯。以後堯又在東方的日稷沉下刻有文字的玉璧,於是水上升起一片紅光,一隻黑龜背圖卷出來,龜甲背上有紅色的文字,於是堯就把帝位禪讓給舜。後來舜又遵照堯的禮儀,在日稷沉下刻有文字的玉璧,紅光升起,黑龜背負著圖卷,來到稷下,五色祥光燦爛奪目,黃龍鬆開鱗甲,在壇邊把圖卷展開,紅色的文字間著綠色的花紋,把它交給舜。舜就將帝位禪讓給禹。殷湯往東視察洛水,仿效堯設壇祭祀的禮儀,連續三次投下玉璧,但沒有五色祥光升起,卻有一對黃色的魚從水中躍出,渡水到壇前;還有一隻黑烏鴉在水中沐浴,隨著魚也上來了,化成一塊刻著紅色文字的黑玉和題著紅色文字的黑色龜甲。商湯就據此來討伐夏桀。所以《春秋說題辭》說:河水因與上天相通而推出《河圖》,洛水因在大地流動而吐出大地的符瑞,所以帝王要沉璧舉行祭禮。《竹書紀年》說:洛伯用與河伯馮夷爭鬥,這洛伯就是洛水的神靈。從前夏太康不理朝政,被后羿所驅逐,他的五個兄弟來到洛汭等待他,在這裡作了《五子之歌》。

伊　水

伊水出南陽魯陽縣西蔓渠山,

1　《山海經》曰:蔓渠之山,伊水出焉。《淮南子》曰:伊水出上魏山。《地理志》曰:出熊耳山。即麓大同,陵巒互別耳。伊水自熊耳東北逕鸞川亭北,菴水出菴山,北流際其城東而北入伊水。世人謂伊水爲鸞水,菴水爲交水,故名斯川爲鸞川也。又東爲淵潭,潭渾若沸,亦不測其深淺也。伊水又東北逕東亭城南,又屈逕其亭東,東北流者也。

東北過郭落山,

2　陽水出陽山陽溪,世人謂之太陽谷,水亦取名焉。東流入伊水,伊水又東北,鮮水入焉,水出鮮山,北流注于伊。伊水又與蠻水合,水出盧氏縣之蠻谷,東流入于伊。

又東北過陸渾縣南,

3　《山海經》曰:瀟瀟之水,出于鼇山,南流注于伊水。今水出陸渾縣之西南王母澗,澗北山上有王母祠,故世因以名溪,東流注于伊水,即瀟瀟之水也。伊水歷崖口,山峽也。翼崖深高,壁立若闕,崖上有塢,伊水逕其下,歷峽北流,即古三塗山也。杜預《釋地》曰:山在縣南。闞駰《十三州志》云:山在東南。今是山在陸渾故城東南八十許里。《周書》:武王問太公曰:吾將因有夏之居,南望過于三塗,北瞻望于有河。《春秋》昭公四年,司馬侯曰:四嶽、三塗、陽城、太室、荊山,中南,九州之險也。服虔曰:三塗、大行、轘轅、崤、澠,非南望也。京相璠著《春秋土地名》亦云:山名也。以服氏之説,塗,道也。準《周書》南望之文,或言宜爲轘轅、大谷、伊闕,皆爲非也。《春秋》,晉伐陸渾,請有事于三塗。知是山明矣。

4　有七谷水注之,水西出女几山之南七溪山,上有西王母祠,東南流注于伊水。又北,蚤谷水注之,水出女几山之東谷,東逕故亭南,東流入于伊水。伊水又東北逕伏流嶺東,嶺上有崑崙祠,民猶祈焉。劉澄之《永初記》稱,陸渾縣西有伏流坂者也。今山在縣南崖口北三十里許,西則非也。北與溫泉水合,水出新城縣之狼臯山西南阜下,西南流會于伊水。伊水又東北逕伏睍嶺,左納焦澗水,水西出鹿髀山,東流逕孤山南,其山介立豐上,單秀孤峙,故世謂之方山,即劉中書澄之所謂縣有孤山者也。東歷伏睍嶺南,東流注于伊。

5　伊水又東北,涓水注之,水出陸渾西山,即陸渾都也。尋郭文之故居,訪胡昭之遺像,世去不停,莫識所在。其水有二源,俱導而東注。虢略在陸渾縣西九十里也,司馬彪《郡國志》曰:縣西虢略地,《春秋》所謂東盡虢略者也。北水東流合侯澗水,水出西北侯溪,東南流注于涓水。涓水又東逕陸渾縣故城北,平王東遷,辛有適伊川,見有被髮而祭于野者曰:不及百年,此其戎乎？魯僖公二十二年,秦、晉遷陸渾之戎于伊川,故縣氏之也。

6　涓水東南流,左合南水,水出西山七谷,亦謂之七谷水。阻澗東逝,歷其縣南,又東南,左會北水,亂流左合禪渚水,水上承陸渾縣東禪渚,渚在原上,陂方十里,佳饒魚葦,即《山海經》所謂南望禪渚,禹父之所化。郭景純《注》云:禪,一音暖,鯀化羽淵而復在此,然已變怪,亦無往而不化矣。世謂此澤爲慎望陂,陂水南流注于涓水。

7　涓水又東南注于伊水。昔有莘氏女采桑于伊川,得嬰兒于空桑中,言其母孕于伊水之濱,夢神告之曰:臼水出而東走,母明視而見臼水出焉。告其鄰居而走,顧望其邑,咸爲水矣。其母化爲空桑,子在其中矣。莘女取而獻之,命養于庖,長而有賢德,殷以爲尹,曰伊尹也。

又東北過新城縣南,

8　馬懷橋長水出新城西山,東逕《晉使持節征南將軍宗均碑》南。均字文平,縣人也。其碑,太始三年十二月立。其水又東流入于伊。又有明水出梁縣西狼皋山,俗謂之石澗水也。西北流逕楊亮壘南,西北合康水,水亦出狼皋山,東北流逕范塢北與明水合,又西南流入于伊。《山海經》曰:放皋之山,明水出焉,南流注于伊水是也。

9　伊水又與大戟水會,水出梁縣西,有二源,北水出廣成澤,西南逕楊志塢北與南水合,水源南出廣成澤,西流逕陸渾縣南。《河南十二縣境簿》①曰:廣成澤在新城縣界黄皋。西北流,屈而東,逕楊志塢南,又北屈逕其塢東,又逕塢北,同注老倒澗,俗謂之老倒澗水,西流入于伊。伊水又北逕新城東與吳澗水會,水出縣之西山,東流南屈,逕其縣故城西,又東轉逕其縣南,故蠻子國也。縣有鄾聚,今名蠻中是也,漢惠帝四年置縣。其水又東北流,注于伊水。

10　伊水又北逕當階城西,大狂水入焉。水東出陽城縣之大嶅山,《山海經》曰:大嶅之山多瑑琈之玉,其陽,狂水出焉,西南流,其中多三足龜,人食之者無大疾,可以已腫。狂水又西逕綸氏縣故城南,《竹書紀年》曰:楚吾得帥師及秦伐鄭圍綸氏者也。左與倚薄山水合,水北出倚薄之山,南逕黄城西,又南逕綸氏縣故城東,而南流注于狂水。狂水又西,八風溪水注之,水北出八風山,南流逕綸氏縣故城西,西南流入于狂水。狂水又西得三交水口,水有三源,各導一溪,並出山南流合舍,故世有三交之名也。石上菖蒲,一寸九節,爲藥最妙,服久化僊。其水西南流注于狂水。狂水又西逕缶高山北,西南與湮水合。水出東北湮谷,西南流逕武林亭東北,又屈逕其亭南,其水又西南逕湮陽亭東,蓋藉水以名亭也。又東南流入于狂。狂水又西逕湮陽城南,又西逕當階城南,而西流注于伊。伊水又北,土溝水出玄望山西,東逕玄望山南,又東逕新城縣故城北,東流注于伊水。

11　伊水又北,板橋水入焉,水出西山,東流入于伊水。伊水又北會厭澗水,水出西山,東流逕郟垂亭南,《春秋左傳》文公十七年,秋,周甘歜敗戎于郟垂者也。服虔曰:郟垂在高都南。杜預《釋地》曰:河南新城縣北有郟垂亭。司馬彪《郡國志》曰:新城有高都城。今亭在城南七里,遺基存焉。京相璠曰:舊説言郟垂在高都南,今上黨有高都縣。余謂京論疎遠,未足以證,無如虔説之指密矣。其水又東注于伊水。伊水又北逕高都城東,徐廣《史記音義》曰:今河南新城縣有高都城。《竹書紀年》:梁惠成王十七年,東周與鄭高都利者也。又來儒之水出于半石之山,西南流逕斌輪城北,西歷艾澗,以其水西流,又謂之小狂水也。其水又西南逕大石嶺南,《開山圖》所謂大石山也。山下有《大石嶺碑》,河南隱士通明,以漢靈帝中平六年八月戊辰,于山堂立碑,文字淺鄙,殆不可尋。魏文帝獵于此山,虎超乘輿,孫禮拔劍投虎于是山。山在洛陽南,而劉澄之言在洛東北,非也。山阿有魏明帝高平陵,王隱《晉書》曰:惠帝使校尉陳總仲元詣洛陽山請雨,總盡除小祀,惟存大石而祈之,七日大雨。即是山也。來儒之水又西南逕赤眉城南,又西至高都城東,西入伊水,謂之曲水也。

又東北過伊闕中,

12　伊水逕前亭西,《左傳》昭公二十二年,晉箕遺、樂徵、右行詭濟師,取前城者也。京相璠曰:今洛陽西南五十里伊闕外前亭矣。服虔曰:前讀爲泉,周地也。伊水又北入伊闕,昔大禹疏以通水。兩山相對,望之若闕,伊水歷其間北流,故謂之伊闕矣。《春秋》之闕塞也。昭公二十六年,趙鞅使女寬守闕塞是也。陸機云:洛有四闕,斯其一焉。東巖西嶺,立鐫石開軒,高甍架峰。西側靈巖下,泉流東注,入于伊水。傅毅《反都賦》[2]曰:因龍門以暢化,開伊闕以達聰也。闕左壁有《石銘》云:黃初四年六月二十四日辛巳,大出水,舉高四丈五尺,齊此已下。蓋記水之漲減也。右壁又有《石銘》云:元康五年,河南府君循大禹之軌,部督郵辛曜、新城令王琨、部監作掾董猗、李褒,斬岸開石,平通伊闕,石文尚存也。

又東北至洛陽縣南,北入於洛。

13　伊水自闕東北流,枝津右出焉。東北引溉,東會合水,同注公路澗,入于洛,今無水。《戰國策》曰:東周欲爲田,西周不下水,蘇子見西周君曰:今不下水,所以富東周也,民皆種他種。欲貧之,不如下水以病之,東周必復種稻,種稻而復奪之,是東周受命于君矣。西周遂下水,即是水之故渠也。

14　伊水又東北,枝渠左出焉,水積成湖,北流注于洛,今無水。伊水又東北至洛陽縣南,逕圜丘東,大魏郊天之所,準漢故事建之。《後漢書‧郊祀志》[3]曰:建武二年,初制郊兆于洛陽城南七里,爲圜壇八陛,中又爲重壇,天地位其上,皆南向。其外壇,上爲五帝位,其外爲壝。重營皆紫,以像紫宮。按《禮》,天子大裘而冕,祭昊天上帝于此,今袞冕也。壇壝無復紫矣。伊水又東北流,注于洛水。《廣志》曰:鯢魚聲如小兒嗁,有四足,形如鮟鱧,可以治牛,出伊水也。司馬遷謂之人魚,故其著《史記》曰:始皇帝之葬也,以人魚膏爲燭。徐廣曰:人魚似鮎而四足,即鯢魚也。

【注　釋】　①河南十二縣境簿　書名。無公私著錄,不知撰者和撰述年代。已亡佚,《文選》潘岳《閒居賦》等引及。②反都賦　詩賦名。後漢傅毅撰。《隋書‧經籍志》及《兩唐志》著錄後漢車騎司馬《傅毅集》二卷,此賦當在集中,但集早已亡佚,賦亦散佚。輯本收入於清嚴可均《全後漢文》。③後漢書郊祀志　應作《續漢書‧郊祀志》。

【語　譯】

伊水出南陽魯陽縣西蔓渠山，

1　《山海經》說:蔓渠山是伊水的發源地。《淮南子》說:伊水發源於上魏山。《地理志》說:發源於熊耳山。以上諸山山麓相連大致相同,不過峰巒互有區別而已。伊水從熊耳山東北流經鸞川亭北。蒵水發源於蒵山,傍著魯陽縣城的東邊北流,往北注入伊水。世人稱伊水為鸞水,蒵水為交水,所以把這條水叫鸞川。伊水又東流,積成深潭,潭水混濁,噴騰如沸,也不知道有多深。伊水又東北流經東亭城南,又轉彎流經亭東,而往東北流去。

東北過郭落山，

2　陽水發源於陽山的陽溪,世人稱為太陽谷,水也因此得名。東流匯入伊水。伊水又東北流,鮮水注入。鮮水發源於鮮山,北流注入伊水。伊水又與蠻水匯合,蠻水發源於盧氏縣的蠻谷,東流注入伊水。

又東北過陸渾縣南，

3　《山海經》說:潚潚水發源於蠡山,南流注入伊水。但現在此水發源於陸渾縣西南的王母澗,澗北山上有王母祠,所以人們就把這條溪澗也叫王母澗了。溪水東流,注入伊水,也就是潚潚水。伊水流經崖口,這是一處山峽,兩邊懸崖極高,直立有如城闕。崖上有個城堡,伊水流經堡下,經山峽北流,這就是古代的三塗山。杜預《釋地》說:三塗山在縣南。闞駰《十三州志》說:三塗山在東南。現在此山在陸渾縣老城東南約八十里處。《周書》,武王問太公說:我承襲夏朝舊都,朝南可望祭比三塗更遠的山,朝北可望祭大河。《春秋》昭公四年(公元前五三八年)司馬侯說:四嶽、三塗、陽城、太室、荊山、中南,都是九州的險要之地。服虔說:三塗、大行、轘轅、崤、澠,都是不能朝南望祭的。京相璠所著《春秋土地名》也說:三塗是山名。照服虔的解說,塗,就是道路。據《周書》朝南望祭的話看,有人說應當是指轘轅、大谷、伊闕,但也都不對。《春秋》載,晉攻打陸渾時,要求舉行祭祀三塗的儀式,可知那分明是山了。

4　有七谷水在這裡注入伊水。七谷水發源於西方女几山以南的七溪山,山上有西王母祠,七谷水東南流注入伊水。又北流,蚤谷水注入。蚤谷水發源於女几山的東谷,東流經一個舊亭南,東流注入伊水。伊水又東北流經伏流嶺東,嶺上有崑崙祠,民眾至今還到那裡去祈禱。劉澄之《永初記》說:陸渾縣西有伏流坂,即指此山。現在這座山卻在縣城南崖口北三十里左右,說在縣西就不對了。伊水北流與溫泉水匯合。溫泉水發源於新城縣的狼皋山西南的山下,西南流,匯合於伊水。伊水又東北流經伏睹嶺,左岸匯合焦澗水。焦澗水發源於西方的鹿髀山,東流經孤山南。孤山與諸山相離不連，山頂平廣，孤峰秀麗聳峙，所以世人稱為方山，就是中書劉澄之所謂縣裡有古孤山的那座山。焦澗水東流經伏睹嶺南，東流注入伊水。

5　伊水又東北流，涓水注入。涓水發源於陸渾西山，就是陸渾都。尋覓郭文的故居，探訪胡昭的遺像，但都因年代久遠，不知究竟在什麼地方了。涓水有兩個源頭，一起往東流到虢略。虢略在陸渾縣西九十里。司馬彪《郡國志》說：縣西有虢略這個地方，《春秋》所說的東到虢略為止，即指這裡。涓水北支往東流，與侯澗水匯合。侯澗水發源於西北方的侯溪，東南流，注入涓水。涓水又東流經陸渾縣老城北。平王往東遷都時，辛有去伊川，看見有個人披頭散髮在曠野致祭，口裡說：用不到一百年，這裡恐怕就要變成戎人的地方了吧？魯僖公二十二年（公元前六三八年），秦、晉二國把陸渾的戎人遷移到伊川去，所以縣也以陸渾為名了。

6　涓水東南流，左岸匯合南水。南水發源於西山七谷，也叫七谷水。由於澗水受阻而東流，流經縣南，又東南流，在左岸匯合北水，成為亂流，在左岸匯合禪渚水。禪渚水上口承接陸渾縣東的禪渚，這片沼澤位於平原上，方圓十里，盛產各種魚類，長滿蘆葦。這就是《山海經》所說的南望禪渚，是禹的父親變化成熊的地方。郭景純《注》說：禪，又可讀作暖，鯀是在羽淵化為黃熊的，可是又說是在這裡；但既已變成精怪，那麼就不管到哪裡都會變的了。世人把這片沼澤稱為慎望陂，陂水南流，注入涓水。

7　涓水又東南流注入伊水。從前有莘氏的女兒在伊水採桑，在一棵空心的桑樹中撿到一個嬰兒，說是嬰兒的母親在伊水之濱懷了孕，夢見神人告訴她：你看到石臼裡有水流出來，就趕快向東逃走。第二天那位母親果然看見石臼裡有水流出，就告訴鄰居趕忙逃走，回頭看他們的城，都成為一片汪洋了。嬰兒母親變成了一棵空心的桑樹，嬰兒就在樹洞裡面。有莘氏的女兒就抱了孩子獻給國王，國王把他交給廚子撫養。孩子長大後有賢德，殷王任命他為尹，就名叫伊尹。

又東北過新城縣南，

8　馬懷橋的長水發源於新城縣西山，東流經“晉使持節征南將軍宗均碑”南。宗均字文平，本縣人，碑是泰始三年（公元二六七年）十二月所立。長水又東流注入伊水。又有明水發源於梁縣西的狼皋山，民間稱為石澗水，西北流經楊亮壘南，西北流與康水匯合。康水也發源於狼皋山，東北流經范塢北，與明水匯合。明水又西南流，注入伊水。《山海經》說：放皋山是明水的發源地，南流注入伊水。

9　伊水又與大戟水匯合。大戟水發源於梁縣西，有兩個源頭，北面的一條發源於廣成澤，西南流經楊志塢北，與南面的一條匯合。水源出自南方的廣成澤，西流經陸渾縣南。《河南十二縣境簿》說：廣成澤在新城縣境內的黃阜。西北流，轉而東流，流經楊志塢南，又北轉流經塢東，又流經塢北，一同注入老倒澗，民間稱為老倒澗水，西流注入伊水。伊水又北流經新城東，與吳澗水匯合。吳澗水發源於縣裡的西山，東流，然後南轉流經該縣老城西，又東轉，流經縣南。這裡是舊時的蠻子國。縣裡有鄤聚，現在名為蠻中。漢惠帝四年（公元前一九一年），設置為縣。吳澗水又東北流，注入伊水。

10　伊水又北流經當階城西，有大狂水注入。大狂水發源於東方陽城縣的大𡾋山。《山海經》說：大𡾋山，多產瑋珏玉，狂水發源於此山南麓，西南流，水中多三腳龜，人吃了就不會生大病，也可以消腫。狂水又西流經綸氏縣老城南。《竹書紀年》說：楚國吾得率領軍隊聯合秦國攻打鄭國，包圍了綸氏。左岸與倚薄山水匯合。倚薄山水發源於北方的倚薄山，南流經黃城西，又南流經綸氏縣老城東，然後南流注入狂水。狂水又西流，八風溪水注入。八風溪水發源於北方的八風山，南流經綸氏縣老城西，西南流，注入狂水。狂水又西流，在三交水口與三交水匯合。三交水有三個源頭，各自都導流於一條溪水，一起南流出山相併合，所以有三交的水名。水邊石上有菖蒲，一寸裡密密地長有九個節，藥用極好，長期服食可以成仙。三交水西南流，注入狂水。狂水又西流經缶高山北，西南流與湮水匯合。湮水發源於東北方的湮谷，西南流經武林亭東北，又轉彎流經亭南，湮水又西南流經湮陽亭東，此亭即是因這條水而得名。又東南流注入狂水。狂水又西流經湮陽城南，又西流經當階城南，繼續西流注入伊水。伊水又北流，土溝水發源於玄望山西，東流經玄望山南，又東流經新城縣老城北，東流注入伊水。

11　伊水又北流，板橋水注入。板橋水發源於西山，東流注入伊水。伊水又北流，匯合了厭澗水。厭澗水發源於西山，東流經郟垂亭南。《春秋左傳》文公十七年（公元前六一〇年）：秋，周朝甘歜在郟垂打敗戎人，說的就是這地方。服虔說：郟垂在高都南。杜預《釋地》說：河南新城縣北有郟垂亭。司馬彪《郡國志》說：新城有高都城。現在亭在城南七里，遺址還存在。京相璠說：從前都說郟垂在高都南，而現在上黨卻有高都縣。我要說京相璠的說法太粗疏了，不足以作為證據，不如服虔說得正確。厭澗水又東流，注入伊水。伊水又北流經高都城東。徐廣《史記音義》說：現在河南新城縣有高都城。《竹書紀年》：梁惠成王十七年（公元前三五三年），東周把高都給予鄭國。又有來儒水發源於半石山，西南流經㟭輪城北，西流經過艾澗，因為這條水西流，又稱為小狂水。來儒水又西南流經大石嶺南，就是《開山圖》所說的大石山。山下有"大石嶺碑"，河南隱士通明於漢靈帝中平六年（公元一八九年）八月戊辰日，在山堂立碑，文字膚淺粗俗，幾乎無法看出條理來。魏文帝在這座山上打獵,一隻老虎躍上他乘坐的車子,孫禮拔劍飛擲老虎,也就在這座山上。山在洛陽南,而劉澄之卻說是在洛陽東北,他弄錯了。山灣裡有魏明帝的高平陵。王隱《晉書》說:惠帝派校尉陳總仲元到洛陽去求雨,陳總把山上的小神廟一概廢除,單單留下大石來求雨,果然七日以後就下起大雨來。也是在這座山上。來儒水又西南流經赤眉城南,又西流到高都城東,西流注入伊水,稱為曲水。

又東北過伊闕中,

12　伊水流經前亭西。《左傳》昭公二十二年(公元前五二〇年),晉國箕遺、樂徵、右行詭的軍隊渡過伊水,奪取了前城,即指前亭。京相璠說:現在洛陽西南五十里,伊闕外面就是前亭。服虔說:前,讀作泉。是周的疆域。伊水又北流,流入伊闕。從前大禹在這裡疏浚河道以通水。這地方兩邊山峰相對,望去就像門闕一般,伊水經其間北流,所以稱為伊闕。這就是《春秋》的闕塞。昭公二十六年(公元前五一六年),趙鞅派女寬防守闕塞,就是指伊闕。陸機說:洛陽有四闕,這就是其中的一個。東西兩邊的山嶺,都鑿了石窟,開出窗戶,山峰上橫架著高高的屋脊。西邊靈巖下,有一條泉水東流,注入伊水。傅毅《反都賦》說:憑藉龍門來發揚教化,開啟伊闕來通暢見聞。伊闕左邊的石壁上刻有銘文說:黃初四年(公元二二三年)六月二十四日辛巳,發大水,水位升高四丈五尺,與此線相平。原來這是記錄水位高低的標誌。右邊石壁上也有石刻銘文,說:元康五年(公元二九五年),河南太守依照大禹治水的辦法,率領督郵辛曜,新城令王琨,部監作掾董猗、李褒,開鑿兩岸巖石,鑿平伊闕,使水流暢通。石上的銘文還在。

又東北至洛陽縣南,北入於洛。

13　伊水從伊闕東北流,右岸分出支流,引水流向東北灌溉農田,東流匯合合水,一同注入公路澗,流入洛水。現在已經乾涸無水了。《戰國策》說:東周想開墾水稻田,西周不肯放水。蘇子去見西周的國君說:您現在不放水,正好富了東周,他們的農民都改種別的莊稼了;您如果要使他們貧困,不如放水來破壞,那麼東周一定又種水稻了,待他們種下水稻,您又給他們斷水,這一來東周就不得不由您擺布了。於是西周就放水,當時水就是通過這條水的舊渠道排放的。

14　伊水又東北流,左岸分出支流,水積聚成為湖泊,北流注入洛水。現在已經沒有水了。伊水又東北流到了洛陽縣南,流經圜丘東,這是大魏在城郊祭天的地方,是按照漢朝舊制建造的。《後漢書‧郊祀志》說:建武二年(公元二六年),首先在洛陽城南七里處劃定郊壇的界域,築了一座圓壇,有八道階陛,中央又增築重壇,天地位於頂上,都面向南方;外壇上是五帝之位,壇外是圍牆,共兩層,都塗成紫色,象徵紫宮。依據《周禮》,天子身穿大皮袍,頭戴冠冕,在這裡祭祀皞天上帝。現在則穿龍袍,戴冠冕,祭壇和圍牆不再塗成紫色了。伊水又東北流,注入洛水。《廣志》說:鯢魚的聲音好像嬰兒啼哭,有四條腿,形狀如同穿山甲,可以治療牛瘟。這種魚就是出產於伊水。司馬遷稱牠為人魚,所以他著的《史記》說:秦始皇下葬時,用人魚膏做蠟燭。徐廣說:人魚像鯰魚,有四隻腳,就是鯢魚。

瀍　水

瀍水出河南穀城縣北山,

縣北有晉亭,瀍水出其北梓澤中,梓澤,地名也。澤北對原阜,即裴氏墓塋所在,碑闕存焉。其水歷澤東南流,水西有一原,其上平敞,古晉亭之處也。即潘安仁《西征賦》所謂越街郵者也。

東與千金渠合,

《周書》曰:我卜瀍水西。謂斯水也。東南流,水西南有帛仲理墓,墓前有《碑》,題云:真人帛君之表。仲理名護,益州巴郡人,晉永寧二年十一月立。瀍水又東南流,注于穀。穀水自千金堨東注,謂之千金渠也。

又東過洛陽縣南,又東過偃師縣,又東入于洛。

【語　譯】

瀍水出河南穀城縣北山,

穀城縣北有晉亭,瀍水發源於此亭北的梓澤中。梓澤是個地名。這片沼澤北朝丘陵和原野,裴氏的墳墓就在那裡,墓碑和墓闕至今還在。瀍水經沼澤東南流,水西有一片高起的山原,上面平坦開敞,是古時晉亭所在之處。潘安仁《西征賦》說的越過街郵,指的就是這地方。

東與千金渠合,

《周書》說:我在瀍水以西占卜,說的就是此水。瀍水東南流,水的西南方有帛仲理墓,墓前有一座石碑,題著:真人帛君之墓表。帛仲理名護,益州巴郡人,晉永寧二年(公元三○二年)十一月立。瀍水又東南流,注入穀水。穀水自千金堨往東流逝,稱為千金渠。

又東過洛陽縣南,又東過偃師縣,又東入于洛。

澗　水

澗水出新安縣南白石山，

《山海經》曰：白石之山，惠水出于其陽，東南注于洛；澗水出于其陰，北流注于穀。世謂是山曰廣陽山，水曰赤岸水，亦曰石子澗。《地理志》曰：澗水在新安縣，東南入洛。是爲密矣。東北流歷函谷東坂東，謂之八特坂。

東南入于洛。

孔安國曰：澗水出澠池山。今新安縣西北有一水，北出澠池界，東南流逕新安縣，而東南流入于穀水。安國所言當斯水也。然穀水出澠池，下合澗水，得其通稱，或亦指之爲澗水也。竝未之詳耳。今孝水東十里有水，世謂之慈澗，又謂之澗水。按《山海經》則少水也，而非澗水，蓋習俗之誤耳。又按河南有離山水，謂之爲澗水，水西北出離山，東南流歷郟山，于穀城東而南流注于穀。舊與穀水亂流，南入于洛；今穀水東入千金渠，澗水與之俱東入洛矣。或以是水竝爲周公之所相卜也。呂忱曰：今河南死水。疑其是此水也。然意所未詳，故竝書存之耳。

【語　譯】

澗水出新安縣南白石山，

《山海經》說：白石山，惠水發源於此山南麓，東南流，注入洛水；澗水發源於此山北麓，北流注入穀水。人們把此山叫廣陽山，水叫赤岸水，又叫石子澗。《地理志》說：澗水在新安縣，東南流，注入洛水。這話說得很正確。澗水東北流經函谷關東坂東，稱爲八特坂。

東南入於洛。

孔安國說：澗水發源於澠池山。現在新安縣西北有一條水，發源於北方的澠池縣邊界，東南流經新安縣，然後東南流注入穀水。孔安國所說的，應當就是指這條水。可是穀水發源於澠池，下流匯合澗水，可以通稱，或許有的人也就稱它爲澗水了。不過這些情況卻難以搞得清楚了。現在孝水東十里有一條水，人們稱爲慈澗，又稱爲澗水。我查考《山海經》則稱少水，而不是澗水，這大概是民間說慣了，於是相沿成俗造成的錯誤。我又查考，河南有離山水，也叫澗水。澗水發源於西北方的離山，東南流經過郟山，在穀城東南流注入穀水。舊時與穀水一起亂流，往南流入洛水。現在穀水卻東流注入千金渠，澗水也與此渠一同東流注入洛水。有

　　人以為這條水也是周公占卜的地方。呂忱說:現在河南的死水,猜想起來也許就
是此水。但都搞不清楚,只不過都記錄下來備考而已。

【研　析】　此四水都是北魏近畿名川,但酈氏雖然立卷置篇,卻並未在此四篇中大肆
鋪張。周公占卜於此而建王城,這是洛陽之始,而《注》文僅提《洛誥》一次。在《經》文
"又東過洛陽縣南,伊水從西來注之"下,《注》文提及:"其城方七百二十丈,南繫于洛
水,北因于郟山,以為天下之湊。"在《經》文"又東過偃師縣南"下,《注》文提及:"洛水
東逕訾素渚,中朝時,百國貢計所頓,故渚得其名。"在《經》文"又東北過鞏縣東,又北
入於河",《注》文提及洛水的重要掌故:"黃帝東巡河,過洛,脩壇沉璧,受《龍圖》于河,
《龜書》于洛,赤文綠字。"但從整卷細讀,他雖然重視這座周公開創的處天下之中的名
城,而全卷從歷史到地理,都只是記敍北魏首都的外圍概況,而把洛陽京城留在一條小
水穀水中詳敍。酈道元的這種卷篇設計,實在稱得上匠心獨運,煞費心計。

卷十六　穀水　甘水　漆水
滻水　沮水

【題　解】　此卷記敍了穀水、甘水等五條河流，都是支流小水，其中穀、甘二水均是今伊洛河的支流，而漆、滻、沮三水，則是今涇渭水系的支流。五條兩個水系的小水而合成一卷，也可能是宋初缺佚以後的一種湊合。宋初原本，可能是穀水成為一卷，甘水附於卷末，而漆、滻、沮三水，則在以下《渭水》卷中。

穀水是洛水（今伊洛河）的小支流，由於上游發源於澠池縣，所以稱為澠水，下游其實就是卷十五的澗水，小水大篇，情況與卷十三的濕水同，而且超過濕水，因為它流經酈氏當代的北魏首都洛陽，並有若干天然和人工水道環繞洛陽城（護城河）且進入城內。北魏舊都的濕水既然單獨成卷，則穀水成為一卷，這是順理成章。後人把不同水系的漆、滻、沮三水附入此卷，顯然是一種附會。

穀　水

穀水出弘農澠池縣南墦塚林穀陽谷，

1　《山海經》曰：傅山之西有林焉，曰墦塚，穀水出焉，東流注于洛，其中多珚玉。今穀水出千崤東馬頭山穀陽谷，東北流歷澠池川，本中鄉地也。漢景帝中二年，初城，徙萬户爲縣，因崤澠之池以目縣焉，亦或謂之彭池。故徐廣《史記音義》曰：澠，或作彭,穀水出處也。穀水又東逕秦、趙二城南,司馬彪《續漢書》曰:赤眉從黽池自利陽南,欲赴宜陽者也。世謂之俱利城。耆彥曰:昔秦、趙之會,各據一城,秦王使趙王鼓瑟,藺相如令秦王擊缶處也。馮異又破赤眉于是川矣。故光武《璽書》[①]曰:始雖垂翅回溪,終能奮翼黽池,可謂失之東隅,收之桑榆矣。

2　穀水又東逕土崤北,所謂三崤也。穀水又東,左會北溪,溪水北出黽池山,東南流注于穀。疑即孔安國所謂澗水也。穀水又東逕新安縣故城南,北夾流而西接崤黽。昔項羽西入秦,坑降卒二十萬于此,國滅身亡,宜矣。

3　穀水又東逕千秋亭南,其亭累石爲垣,世謂之千秋城也。潘岳《西征賦》曰:亭有千秋之號,子無七旬之期。謂是亭也。又東逕雍谷溪,回岫縈紆,石路阻峽,故亦有峽石之稱矣。穀水歷側,左與北川水合,水有二源,竝導北山,東南流合成一水,自乾注巽,入于穀。穀水又東逕缺門山,山阜之不接者里餘,故得是名矣。二壁爭高,斗聳相亂,西瞻雙阜,右望如砥。穀水自門而東,廣陽川水注之,水出廣陽北山,東南流注于穀。南望微山,雲峰相亂。穀水又逕白超壘南,戴延之《西征記》云:次至白超壘,去函谷十五里,築壘當大道,左右有山夾立,相去百餘步,從中出北,乃故關城,非所謂白超壘也。是壘在缺門東十五里,壘側舊有塢,故冶官所在。魏晉之日,引穀水爲水冶[②],以經國用,遺跡尚存。

4　穀水又東,石默溪水出微山東麓石默溪,東北流入于穀。穀水又東,宋水北流注于穀。穀水又東逕魏將作大匠毌丘興墓南,二碑存焉。儉父也。《管輅別傳》[③]曰:輅嘗隨軍西征,過其墓而歎,謂士友曰:玄武藏頭,青龍無足,白虎銜尸,朱雀悲哭,四危已備,法應滅族。果如其言。

5　穀水又東逕函谷關南,東北流,皁澗水注之,水出新安縣,東南流逕毌丘興墓東,又南逕函谷關西,關高險陜,路出廛郭。漢元鼎三年,樓船將軍楊僕數有大功,恥居關外,請以家僮七百人,築塞徙關于新安,即此處也。昔郭丹西入關,感慨于其下曰:不乘駟馬高車,終不出此關也。去家十二年,果如志焉。皁澗水又東流入于穀。穀水又東北逕函谷關城東,右合爽水。《山海經》曰:白石山西五十里曰穀山,其上多穀,其下多桑,爽水出焉。世謂之紵麻澗,北流注于穀。其中多碧綠。

6　穀水又東,澗水注之。《山海經》曰:婁涿山西四十里曰白石之山,澗水出焉,北流注于穀。摯仲治《三輔決錄注》[④]云:馬氏兄弟五人,共居澗、穀二水之交,作五門客,因舍以爲名[⑤]。今在河南西四十里。以《山海經》推校,里數不殊仲治所記,水會尚有故居處。斯則澗水也,即《周書》所謂我卜澗水東。言是水也。自下通謂澗水爲穀水之兼稱焉。故《尚書》曰:伊、洛、瀍、澗,既入于河。而無穀水之目,是名亦通稱矣。劉澄之云:新安有澗水,源出縣北;又有淵水,未知其源。余考諸地記,竝無淵水,但淵、澗字相似,時有字錯爲淵也。故闞駰《地理志》曰:《禹貢》之淵水。是以知傳寫書誤,字繆舛真,澄之不思所致耳。既無斯水,何源之可求乎?

7 穀水又東,波水注之。《山海經》曰:瞻諸山西三十里婁涿之山,無草木,多金玉,波水出于其陰。世謂之百答水,北流注于穀。其中多茈石、文石。穀水又東,少水注之。《山海經》曰:麃山西三十里曰瞻諸之山,其陽多金,其陰多文石,少水出于其陰。控引衆溪,積以成川,東流注于穀,世謂之慈澗也。穀水又東,俞隨之水注之。《山海經》曰:平蓬山西十里麃山,其陽多琂珒之玉,俞隨之水出于其陰,北流注于穀。世謂之孝水也。潘岳《西征賦》曰:澡孝水以濯纓,嘉美名之在茲。是水在河南城西十餘里,故呂忱曰:孝水在河南。而戴延之言在函谷關西⑥。劉澄之又云出檀山。檀山在宜陽縣西,在穀水南,無南入之理。考尋茲説,當承緣生《述征》謬誌耳。緣生從戍行旅,征途訊訪,既非舊土,故無所究。今川瀾北注,澄映泥濘,何得言枯涸也⑦。皆爲疏僻矣。

東北過穀城縣北,

8 城西臨穀水,故縣取名焉。穀水又東逕穀城南,不歷其北。又東,洛水枝流入焉,今無水也。

又東過河南縣北,東南入于洛。

9 河南王城西北,穀水之右有石磧,磧南出爲死穀,北出爲湖溝。魏太和四年,暴水流高三丈,此地下停流以成湖渚,造溝以通水,東西十里,決湖以注滻水。穀水又逕河南王城西北,所謂成周矣。《公羊》曰:成周者何?東周也。何休曰:名爲成周者,周道始成,王所都也。《地理志》曰:河南河南縣,故郟、鄏地也。京相璠曰:郟,山名;鄏,地邑也。卜年定鼎,爲王之東都,謂之新邑,是爲王城。其城東南名曰鼎門,蓋九鼎所從入也。故謂是地爲鼎中。楚子伐陸渾之戎,問鼎于此。《述征記》曰:穀、洛二水,本于王城東北合流,所謂穀、洛鬬也。今城之東南缺千步,世又謂之穀、洛鬬處。俱爲非也。余按史傳,周靈王之時,穀、洛二水鬬,毀王宮。王將堨之,太子晉諫王,不聽,遺堰三堤尚存。《左傳》襄公二十五年⑧,齊人城郟,穆叔如周賀。韋昭曰:洛水在王城南,穀水在王城北,東入于滻。至靈王時,穀水盛出于王城西,而南流合于洛,兩水相格,有似于鬬,而毀王城西南也。穎容著《春秋條例》⑨言,西城梁門枯水處,世謂之死穀是也。始知緣生行中造次,入關經究,故事與實違矣。考王封周桓公于是爲西周,及其孫惠公,封少子于鞏爲東周,故有東、西之名矣。秦滅周,以爲三川郡,項羽封申陽爲河南王,漢以爲河南郡,王莽又名之曰保忠信卿。光武都洛陽,以爲尹。尹,正也,所以董正京畿,率先百郡也。

10　穀水又東流逕乾祭門北,子朝之亂,晉所開也,東至千金堨。《河南十二縣境簿》曰:河南縣城東十五里有千金堨。《洛陽記》[⑩]曰:千金堨舊堰穀水,魏時更脩此堰,謂之千金堨。積石爲堨而開溝渠五所,謂之五龍渠。渠上立堨,堨之東首,立一石人,石人腹上刻勒云:太和五年二月八日庚戌造築此堨,更開溝渠,此水衡渠上其水,助其堅也,必經年歷世,是故部立石人以記之云爾。蓋魏明帝脩王、張故績也。堨是都水使者陳協所造。《語林》[⑪]曰:陳協數進阮步兵酒,後晉文王欲脩九龍堰,阮舉協,文王用之。掘地得古承水銅龍六枚,堰遂成。水歷堨東注,謂之千金渠。

11　逮于晉世,大水暴注,溝瀆泄壞,又廣功焉,石人東脇下文云:太始七年六月二十三日,大水迸瀑,出常流上三丈,蕩壞二堨,五龍泄水,南注瀉下,加歲久漱齧,每澇即壞,歷載消棄大功,今故無令遏,更于西開泄,名曰代龍渠,地形正平,誠得爲泄至理。千金不與水勢激爭,無緣當壞,由其卑下,水得踰上漱齧故也。今增高千金于舊一丈四尺,五龍自然必歷世無患。若五龍歲久復壞,可轉于西更開二堨。二渠合用二十三萬五千六百九十八功,以其年十月二十三日起作,功重人少,到八年四月二十日畢。代龍渠即九龍渠也。後張方入洛,破千金堨[⑫]。永嘉初,汝陰太守李矩、汝南太守袁孚脩之,以利漕運,公私賴之。水積年,渠堨頹毀,石砌殆盡,遺基見存,朝廷太和中脩復故堨。按千金堨石人西脇下文云:若溝渠久疏,深引水者當于河南城北、石磧西,更開渠北出,使首狐丘[⑬]。故溝東下,因故易就,磧堅便時,事業已訖,然後見之。加邊方多事,人力苦少,又渠堨新成,未患于水,是以不敢預脩通之。若于後當復興功者,宜就西磧,故書之于石,以遺後賢矣。雖石磧淪敗,故跡可憑,準之于文,北引渠東合舊瀆。

12　舊瀆又東,晉惠帝造石梁于水上,按橋西門之南頰文,稱晉元康二年十一月二十日,改治石巷、水門,除豎枋,更爲函枋,立作覆枋屋,前後辟級續石障,使南北入岸,築治漱處,破石以爲殺矣。到三年三月十五日畢訖。并紀列門廣長深淺于左右巷,東西長七尺,南北龍尾廣十二丈,巷瀆口高三丈,謂之皋門橋。潘岳《西征賦》曰:駐馬皋門。即此處也。

13　穀水又東,又結石梁,跨水制城,西梁也。穀水又東,左會金谷水,水出太白原,東南流歷金谷,謂之金谷水,東南流逕晉衛尉卿石崇之故居。石季倫《金谷詩集叙》[⑭]曰:余以元康七年,從太僕出爲征虜將軍,有別廬在河南界金谷澗中,有清泉茂樹,衆果、竹、柏、藥草備具。金谷水又東南流入于穀。

14　穀水又東逕金墉城北,魏明帝于洛陽城西北角築之,謂之金墉城。起層樓于東北隅,《晉宮閣名》[⑮]曰:金墉有崇天堂。即此。地上架木爲榭,故白樓矣。皇居創徙,宮極未就,止蹕于此。搆宵榭于故臺,所謂臺以停停也。南曰乾光門,夾建兩觀,觀下列朱桁于墊,以爲御路。東曰含春門,北有遣門,城上西面列觀,五十步一睥睨,屋臺置一鍾以和漏鼓。西北連廡函蔭,墉比廣榭。炎夏之日,高視[16]常以避暑。爲綠水池一所,在金墉者也。穀水逕洛陽小城北,因阿舊城,憑結金墉,故向城也。永嘉之亂,結以爲壘,號洛陽壘。故《洛陽記》曰:陵雲臺西有金市,金市北對洛陽壘者也。

15　又東歷大夏門下,故夏門也。陸機《與弟書》[17]云:門有三層,高百尺,魏明帝造。門內東側,際城有魏明帝所起景陽山,餘基尚存。孫盛《魏春秋》曰:景初元年,明帝愈崇宮殿,雕飾觀閣,取白石英及紫石英及五色大石于太行穀城之山,起景陽山于芳林園,樹松竹草木,捕禽獸以充其中。于時百役繁興,帝躬自掘土,率羣臣三公已下,莫不展力。山之東,舊有九江。陸機《洛陽記》曰:九江直作圓水。水中作圓壇三破之,夾水得相逕通。《東京賦》[18]曰:濯龍、芳林,九谷八溪,芙蓉覆水,秋蘭被涯。今也,山則塊阜獨立,江無復髣髴矣。

16　穀水又東,枝分南入華林園,歷疏圃南,圃中有古玉井,井悉以珉玉爲之,以緇石爲口,工作精密,猶不變古,璨焉如新。又逕瑤華宮南,歷景陽山北,山有都亭,堂上結方湖,湖中起御坐石也。御坐前建蓬萊山,曲池接筵,飛沼拂席,南面射侯,夾席武峙。背山堂上,則石路崎嶇,巖嶂峻險,雲臺風觀,繽巒帶阜,遊觀者升降阿閣,出入虹陛,望之狀鳧沒鸞舉矣。其中引水飛皐,傾瀾瀑布,或枉渚聲溜,漰漰不斷,竹柏蔭于層石,繡薄叢于泉側,微飈暫拂,則芳溢于六空,寔爲神居矣。

17　其水東注天淵池,池中有魏文帝九華臺,殿基悉是洛中故碑累之,今造釣臺于其上。池南直魏文帝茅茨堂,前有《茅茨碑》,是黃初中所立也。其水自天淵池東出華林園,逕聽訟觀南,故平望觀也。魏明帝常言,獄,天下之命也,每斷大獄,恒幸觀聽之。以太和三年,更從今名。

18　觀西北接華林隸簿,昔劉楨磨石處也。《文士傳》[19]曰:文帝之在東宮也,宴諸文學,酒酣,命甄后出拜,坐者咸伏,惟劉楨平視之。太祖以爲不敬,送徒隸簿。後太祖乘步牽車乘城,降閱簿作,諸徒咸敬,而楨拒坐[20],磨石不動。太祖曰:此非劉楨也,石如何性? 楨曰:石出荊山玄巖之下,外炳五色之章,內秉堅貞之志,雕之不增文,磨之不加瑩,稟氣貞正,稟性自然。太祖曰:名豈虛哉? 復爲文學。

19　池水又東流,入洛陽縣之南池,池,即故翟泉也,南北百一十步,東西七十步,皇甫謐曰:悼王葬景王于翟泉,今洛陽太倉中大冢是也。《春秋》定公元年,晉魏獻子合諸侯之大夫于翟泉,始盟城周。班固、服虔、皇甫謐咸言翟泉在洛陽東北,周之墓地。今按周威烈王葬洛陽城內東北隅,景王冢在洛陽太倉中,翟泉在兩冢之間,側廣莫門道東、建春門路北。路,即東宮街也,于洛陽爲東北。後秦封呂不韋爲洛陽十萬户侯,大其城,并得景王冢矣,是其墓地也。及晉永嘉元年,洛陽東北步廣里地陷,有二鵝出,蒼色者飛翔沖天,白色者止焉。陳留孝廉董養曰:步廣,周之翟泉,盟會之地,今色蒼,胡象矣,其可盡言乎? 後五年,劉曜、王彌入洛,帝居平陽。陸機《洛陽記》曰:步廣里在洛陽城内,宮東是翟泉所在,不得于太倉西南也。京相璠與裴司空彦季脩《晉興地圖》[21],作《春秋地名》,亦言今太倉西南池水名翟泉。又曰:舊説言翟泉本自在洛陽北苌弘城,成周乃繞之[22]。杜預因其一證,謂必是翟泉,而即實非也。後遂爲東宮池。

20 《晉中州記》[23]曰:惠帝爲太子,出聞蝦蟇聲,問人爲是官蝦蟇、私蝦蟇? 侍臣賈胤對曰:在官地爲官蝦蟇,在私地爲私蝦蟇。令曰:若官蝦蟇,可給廩。先是有讖云:蝦蟇當貴。昔晉朝收愍懷太子于後池,即是池也。

21 其一水自大夏門東逕宣武觀,憑城結構,不更增墉,左右夾列步廊,參差翼跂,南望天淵池,北矚宣武場。《竹林七賢論》曰:王戎幼而清秀,魏明帝于宣武場上爲欄,苞虎牙,使力士袒褐,迭與之搏,縱百姓觀之。戎年七歲,亦往觀焉,虎乘間薄欄而吼,其聲震地,觀者無不辟易顛仆,戎亭然不動。帝于門上見之,使問姓名而異之。

22 場西故賈充宅地。穀水又東逕廣莫門北,漢之穀門也。北對芒阜,連嶺脩亘,苞總衆山,始自洛口,西踰平陰。悉芒壠也。《魏志》曰:明帝欲平北芒,令登臺見孟津。侍中辛毗諫曰:若九河溢涌,洪水爲害,丘陵皆夷,何以禦之? 帝乃止。

23 穀水又東屈南,逕建春門石橋下,即上東門也。阮嗣宗《詠懷詩》曰步出上東門者也[24]。一曰上升門,晉曰建陽門。《百官志》[25]曰:洛陽十二門,每門候一人,六百石。《東觀漢記》曰:郅惲爲上東門候,光武嘗出,夜還,詔開門欲入,惲不内。上令從門間識面。惲曰:火明遼遠。遂拒不開,由是上益重之。亦袁本初掛節處也。橋首建兩石柱,橋之右柱《銘》云:陽嘉四年乙酉壬申,詔書以城下漕渠,東通河、濟,南引江、淮,方貢委輸,所由而至,使中謁者魏郡清淵馬憲監作石橋梁柱,敦敕工匠盡要妙之巧,攢立重石,累高周距,橋工路博,流通萬里云云。河南尹邳崇隴、丞渤海重合雙福、水曹掾中牟任防、史王蔭、史趙興、將作吏睢陽申翔、道橋掾成皋卑國、洛陽令江雙、丞平陽降監掾王騰之、主石作右北平山仲,三月起作,八月畢成。其水依柱,又自樂里道屈而東出陽渠。昔陸機爲成都王穎入洛,敗北而返。水南即馬市,舊洛陽有三市,斯其一也。亦嵇叔夜爲司馬昭所害處也。

24 北則白社故里,昔孫子荆會董威輦于白社,謂此矣。以同載爲榮,故有《威輦圖》[26]。又東逕馬市石橋,橋南有二石柱,並無文刻也。漢司空漁陽王梁之爲河南也,將引穀水以漑京都,渠成而水不流,故以坐免。後張純堰洛以通漕,洛中公私穰贍。是渠今引穀水，蓋純之創也。按陸機《洛陽記》、劉澄之《永初記》言，城之西面有陽渠，周公制之也。昔周遷殷民于洛邑，城隍偪狹，卑陋之所耳。晉故城成周以居敬王，秦又廣之，以封不韋，以是推之，非專周公可知矣。亦謂之九曲瀆，《河南十二縣境簿》云：九曲瀆在河南鞏縣西，西至洛陽。又按傅暢《晉書》[27]云：都水使者陳狼鑿運渠，從洛口入，注九曲，至東陽門。是以阮嗣宗《詠懷詩》所謂朝出上東門，遙望首陽岑；又言遥遥九曲間，裴徊欲何之者也。陽渠水南暨閶闔門，漢之上西門者也。《漢宮記》[28]曰：上西門所以不純白者，漢家厄于戌，故以丹鏤之。太和遷都，徙門南側，其水北乘高渠，枝分上下，歷故石橋東入城，逕望先寺，中有碑，碑側法《子丹碑》，作龍矩勢，于今作則佳，方古猶劣。

25　渠水又東歷故金市南，直千秋門，右宮門也。又枝流入石逗伏流，注靈芝九龍池。魏太和中，皇都遷洛陽，經構宮極，脩理街渠，務窮隱，發石視之，曾無毁壞。又石工細密，非今知所擬，亦奇爲精至也，遂因用之。其一水自千秋門南流逕神虎門下，東對雲龍門，二門衡栱之上，皆刻雲龍風虎之狀，以火齊薄之。及其晨光初起，夕景斜輝，霜文翠照，陸離眩目。又南逕通門、掖門西，又南流東轉，逕閶闔門南。案《禮》，王有五門：謂臯門、庫門、雉門、應門、路門，路門一曰畢門，亦曰虎門也。魏明帝上法太極于洛陽南宮，起太極殿于漢崇德殿之故處，改雉門爲閶闔門。昔在漢世，洛陽宮殿門題，多是大篆，言是蔡邕諸子。自董卓焚宮殿，魏太祖平荆州，漢吏部尚書安定梁孟皇善師宜官八分體[29]，求以贖死。太祖善其法，常仰繫帳中愛翫之，以爲勝宜官，北宮榜題，咸是鵠筆，南宮既建，明帝令侍中京兆韋誕以古篆書之。皇都遷洛，始令中書舍人沈含馨以隸書書之；景明、正始之年，又敕符節令江式以大篆易之。今諸桁榜題，皆是式書。

26　《周官》[30]：太宰以正月懸治法于象魏。《廣雅》曰：闕，謂之象魏。《風俗通》曰：魯昭公設兩觀于門，是謂之闕，從門，欮聲。《爾雅》曰：觀謂之闕。《說文》曰：闕，門觀也。《漢官典職》[31]曰：偃師去洛四十五里，望朱雀闕，其上鬱然與天連，是明峻極矣。《洛陽故宮名》[32]有朱雀闕、白虎闕、蒼龍闕、北闕、南宮闕也。《東觀漢記》曰：更始發洛陽，李松奉引，車馬奔，觸北闕鐵柱門，三馬皆死，即斯闕也。《白虎通》曰：門必有闕者何？闕者，所以飾門。別尊卑也。今閶闔門外夾建巨闕，以應天宿，雖不如禮，猶象而魏之，上加復思，以易觀矣。《廣雅》曰：復思謂之屏。《釋名》曰：屏，自障屏也；罦思在門外。罦，復也。臣將入，請事于此，復重思之也。漢末兵起，壞園陵罦思，曰無使民復思漢也。故《鹽鐵論》[33]曰：垣闕罦思。言樹屏隅角所架也。穎容又曰：闕者，上有所失，下得書之于闕，所以求論譽于人，故謂之闕矣。今闕前水南道右，置登聞鼓以納諫。昔黄帝立明堂之議，堯有衢室之問，舜有

告善之旌,禹有立鼓之訊,湯有總街之誹,武王有靈臺之復,皆所以廣設過誤之
備也。

27　渠水又枝分,夾路南出,逕太尉、司徒兩坊間,謂之銅駝街。舊魏明帝置銅駝諸獸
于閶闔南街。陸機云:駝高九尺,脊出太尉坊者也。水西有永寧寺,熙平中始創
也,作九層浮圖,浮圖下基方十四丈,自金露槃下至地四十九丈,取法代都七級,而
又高廣之㉞。雖二京之盛,五都之富,利剎靈圖,未有若斯之搆。按《釋法顯行
傳》㉟,西國有爵離浮圖,其高與此相狀,東都西域,俱爲莊妙矣。

28　其地是曹爽故宅,經始之日,于寺院西南隅得爽窟室,下入土可丈許,地壁悉纍方
石砌之,石作細密,都無所毀,其石悉入法用,自非曹爽,庸匠亦難復制此。桓氏有
言,曹子丹生此豚犢,信矣。渠左是魏、晉故廟地,今悉民居,無復遺墉也。渠水又
西歷廟社之間,南注南渠。廟社各以物色辨方。《周禮》,廟及路寢,皆如明堂,而
有燕寢焉。惟祧廟則無,後代通爲一廟,列正室于下,無復燕寢之制。《禮》:天子
建國,左廟右社,以石爲主,祭則希冕。今多王公攝事,王者不親拜焉。咸寧元年,
洛陽大風,帝社樹折,青氣屬天,元王東渡,魏社代昌矣。

29　渠水自銅駝街東逕司馬門南,魏明帝始築,闕崩,壓殺數百人,遂不復築,故無闕
門。南屏中舊有置銅翁仲處,金狄既淪,故處亦襳,惟壞石存焉。自此南直宣陽
門,經緯通達,皆列馳道,往來之禁,一同兩漢。曹子建嘗行御街,犯門禁,以此見
薄。渠水又東逕杜元凱所謂翟泉北,今無水。坎方九丈六尺,深二丈餘,似是人功
而不類于泉陂,是驗非之一證也。又皇甫謐《帝王世紀》云:王室定,遂徙居,成周
小,不受王都,故壞翟泉而廣之。泉源既塞,明無故處,是驗非之二證也。杜預言:
翟泉在太倉西南。既言西南,于洛陽不得爲東北,是驗非之三證也。稽之地説,事
幾明矣,不得爲翟泉也。

30　渠水歷司空府前,逕太倉南,出東陽門石橋下,注陽渠。穀水自閶闔門而南逕土山
東,水西三里有坂,坂上有土山,漢大將軍梁冀所成,築土爲山,植木成苑。張璠
《漢記》㊱曰:山多峭坂,以象二崤,積金玉,採捕禽獸,以充其中,有人殺苑兔者,迭
相尋逐,死者十三人。南出逕西陽門,舊漢氏之西明門也,亦曰雍門矣。舊門在
南,太和中以故門邪出,故徙是門,東對東陽門。

31　穀水又南逕白馬寺東,昔漢明帝夢見大人,金色,項佩白光。以問羣臣,或對曰:西
方有神名曰佛,形如陛下所夢,得無是乎?于是發使天竺,寫致經像,始以榆檀盛
經,白馬負圖,表之中夏。故以白馬爲寺名。此榆檀後移在城内愍懷太子浮圖中,
近世復遷此寺。然金光流照,法輪東轉,創自此矣。

32　穀水又南逕平樂觀東,李尤《平樂觀賦》㊲曰:乃設平樂之顯觀,章秘偉之奇珍。華

嶠《後漢書》㊳曰：靈帝于平樂觀下起大壇，上建十二重，五采華蓋高十丈㊴。壇東北爲小壇，復建九重，華蓋高九丈㊵，列奇兵騎士數萬人，天子住大蓋下。禮畢，天子躬擐甲，稱無上將軍，行陣三帀而還，設祕戲以示遠人。故《東京賦》曰：其西則有平樂都場，示遠之觀，龍雀蟠蜿，天馬半漢。應劭曰：飛廉神禽，能致風氣，古人以良金鑄其象。明帝永平五年，長安迎取飛廉并銅馬，置上西門外平樂觀。今于上西門外無他基觀，惟西明門外獨有此臺，巍然廣秀，疑即平樂觀也。又言皇女稚殤，埋于臺側，故復名之曰皇女臺。晉灼曰：飛廉，鹿身，頭如雀有角，而蛇尾豹文。董卓銷爲金用，銅馬徙于建始殿東階下，胡軍喪亂，此象遂淪。

33 穀水又南逕西明門，故廣陽門也㊶。門左枝渠東派入城，逕太社前，又東逕太廟南，又東于青陽門右下注陽渠。穀水又南，東屈逕津陽門南，故津門也。昔洛水泛泆漂害者衆，津陽城門校尉將築以遏水，諫議大夫陳宣止之曰：王尊臣也，水絶其足，朝廷中興，必不入矣。水乃造門而退。

34 穀水又東逕宣陽門南，故苑門也。皇都遷洛，移置于此，對閶闔門南，直洛水浮桁。故《東京賦》曰：泝洛背河，左伊右瀍者也。夫洛陽考之中土，卜惟洛食，寔爲神也㊷。門左即洛陽池處也。池東，舊平城門所在矣，今塞。北對洛陽南宮，故蔡邕曰：平城門，正陽之門，與宮連屬，郊祀法駕所由從出，門之最尊者。《洛陽諸宮名》㊸曰：南宮有謻臺、臨照臺。《東京賦》曰：其南則有謻門曲榭，邪阻城洫。《注》云：謻門，冰室門也；阻，依也；洫，城下池也。皆屈曲邪行，依城池爲道。故《説文》曰：隍，城池也。有水曰池，無水曰隍矣。謻門即宣陽門也，門內有宣陽冰室，《周禮》有冰人，日在北陸而藏之，西陸朝覿而出之。冰室舊在宣陽門內，故得是名。門既擁塞，冰室又罷。

35 穀水又逕靈臺，北望雲物也。漢光武所築，高六丈，方二十步。世祖嘗宴于此臺，得鼮鼠于臺上。亦諫議大夫第五子陵之所居，倫少子也，以清正㊹，洛陽無主人，鄉里無田宅，寄止靈臺，或十日不炊，司隸校尉南陽左雄、尚書廬江朱孟興等，皆倫故孝廉功曹，各致禮餉，竝辭不受，永建中卒。

36 穀水又東逕平昌門南，故平門也。又逕明堂北，漢光武中元元年立。尋其基構，上圓下方，九室重隅十二堂。蔡邕《月令章句》㊺同之，故引水于其下爲辟雝也。穀水又東逕開陽門南，《晉宮閣名》曰：故建陽門也。《漢官》曰：開陽門始成，未有名宿，昔有一柱來，在樓上。琅琊開陽縣上言：縣南城門，一柱飛去。光武皇帝使來，識視良是，遂堅縛之，因刻記年、月、日以名焉。何湯字仲弓，嘗爲門候，上微行夜還，湯閉門不內，朝廷嘉之。

37 又東逕國子太學《石經》北，《周禮》有國學，教成均之法。《學記》㊻曰：古者，家有塾,黨有庠,遂有序,國有學。亦有虞氏之上庠、下庠,夏后氏之東序、西序,殷人之左學、右學,周人之東膠、虞庠。《王制》⑪云:養國老于上庠,養庶老于下庠,故有太學、小學,教國之子弟焉,謂之國子。漢魏以來,置太學于國子堂⑱。東漢靈帝光和六年,刻石鏤碑載《五經》,立于太學講堂前,悉在東側。

38　蔡邕以熹平四年,與五官中郎將堂谿典,光祿大夫楊賜,諫議大夫馬日磾,議郎張馴、韓説,太史令單颺等,奏求正定《六經》文字。靈帝許之。邕乃自書丹于碑,使工鐫刻,立于太學門外。于是後儒晚學,咸取正焉。及碑始立,其觀視及筆寫者,車乘日千餘輛,填塞街陌矣。今碑上悉銘刻蔡邕等名。魏正始中,又立古、篆、隸《三字石經》。古文出于黄帝之世,倉頡本鳥跡爲字,取其孳乳相生,故文字有六義焉。自秦用篆書,焚燒先典,古文絶矣。魯恭王得孔子宅書,不知有古文,謂之科斗書。蓋因科斗之名,遂效其形耳。言大篆出于周宣之時,史籀創著。平王東遷,文字乖錯,秦之李斯及胡母敬,又改籀書,謂之小篆,故有大篆、小篆焉。然許氏《字説》⑲專釋于篆,而不本古文,言古隸之書起于秦代,而篆字文繁,無會劇務。故用隸人之省,謂之隸書。或云即程邈于雲陽增損者,是言隸者,篆捷也。孫暢之嘗見青州刺史傅弘仁説臨淄人發古冢,得桐棺,前和外隱爲隸字,言齊太公六世孫胡公之棺也。惟三字是古,餘古今書,證知隸自出古,非始于秦。魏初,傳古文出邯鄲淳,《石經》古文,轉失淳法,樹之于堂西,石長八尺,廣四尺,列石于其下,碑石四十八枚,廣三十丈。魏明帝又刊《典論》⑳六碑,附于其次。陸機言,《太學贊》别一碑,在講堂西,下列《石龜碑》,載蔡邕、韓説、堂谿典等名。《太學弟子贊》復一碑,在外門中。今二碑竝無。《石經》東有一碑,是漢順帝陽嘉元年立,碑文云:建武二十七年造太學,年積毁壞。永建六年九月,詔書脩太學,刻石記年,用作工徒十一萬二千人,陽嘉元年八月作畢。碑南面刻頌,表裏鏤字,猶存不破。《漢石經》北有晉《辟雍行禮碑》,是太始二年立。其碑中折,但世代不同,物不停故,《石經》淪缺,存半毁幾,駕言永久,諒用憮焉。考古有三雍之文,今靈臺太學,竝無辟雍處。晉永嘉中,王彌、劉曜入洛,焚毁二學,尚髣髴前基矣。

39　穀水于城東南隅枝分北注,逕青陽門東,故清明門也,亦曰税門,亦曰芒門。又北逕東陽門東,故中東門也。又北逕故太倉西,《洛陽地記》㉑曰:大城東有太倉,倉下運船常有千計。即是處也。又北入洛陽溝。穀水又東,左池爲池。又東,右出爲方湖,東西百九十步,南北七十步,故水衡署之所在也。穀水又東南轉屈而東注,謂之阮曲,云阮嗣宗之故居也。穀水又東注鴻池陂,《百官志》曰:鴻池,池名也。在洛陽東二十里,丞一人,二百石。池東西千步,南北千一百步,四周有塘池,中又有東西橫塘,水溜徑通,故李尤《鴻池陂銘》曰:鴻澤之陂,聖王所規,開源東注，出自城池也。

40 其水又東，左合七里澗，《晉後畧》(52)曰：成都王穎使吴人陸機爲前鋒都督，伐京師，輕進，爲洛軍所乘，大敗于鹿苑，人相登躡，死于塹中及七里澗，澗爲之滿，即是澗也。澗有石梁，即旅人橋也。昔孫登不欲久居洛陽，知楊氏榮不保終，思欲遯跡林鄉，隱淪妄死，楊駿埋之于此橋之東，駿後尋亡矣。《搜神記》曰：太康末，京洛始爲《折楊之歌》，有兵革辛苦之辭。駿後被誅，太后幽死，折楊之應也。

41 凡是數橋，皆壘石爲之，亦高壯矣。制作甚佳，雖以時往損功，而不廢行旅。《朱超石與兄書》(53)云：橋去洛陽宫六七里，悉用大石，下圓以通水，可受大舫過也。題其上云：太康三年十一月初就功，日用七萬五千人，至四月末止。此橋經破落，復更脩補，今無復文字。

42 陽渠水又東流逕漢廣野君酈食其廟南(54)，廟在北山上，成公綏所謂偃師西山也。山上舊基尚存，廟宇東向，門有兩石人對倚，北石人胸前《銘》云：門亭長。石人西有二石闕，雖經頽毁，猶高丈餘。闕西，即廟故基也。基前有碑，文字剥缺，不復可識。子安仰澄芬于萬古，讚清徽于廟像，文字厥集矣。

43 陽渠水又東逕亳殷南，昔盤庚所遷，改商曰殷此始也。班固曰：尸鄉，故殷湯所都者也。故亦曰湯亭。薛瓚《漢書注》、皇甫謐《帝王世紀》，竝以爲非，以爲帝嚳都矣。《晉太康記》、《地道記》，竝言田横死于是亭，故改曰尸鄉。非也。余按司馬彪《郡國志》，以爲《春秋》之尸氏也，其澤、野負原，夾郭多墳隴焉。即陸士衡會王輔嗣處也。袁氏《王陸詩叙》(55)，機初入洛，次河南之偃師，時忽結陰，望道左若民居者，因往逗宿，見一少年，姿神端遠，與機言玄，機服其能而無以酬折，前致一辯，機題緯古今，綜檢名實，此少年不甚欣解。將曉，去，税駕逆旅，嫗曰：君何宿而來？自東數十里無村落，止有山陽王家墓。機乃怪悵，還睇昨路，空野霾雲，攢木蔽日，知所遇者，審王弼也。

44 此山即祝雞翁之故居也。《搜神記》曰：祝雞翁者，洛陽人也，居尸鄉北山下(56)，養雞百年餘，雞至千餘頭，皆有名字，欲取，呼之名，則種别而至。後之吴山，莫知所去矣。穀水又東逕偃師城南，皇甫謐曰：帝嚳作都于亳，偃師是也。王莽之所謂師氏者也。穀水又東流注于洛水矣。

【注　釋】 ①光武璽書　“光武”是否指後漢光武帝不可知。璽書，此書不見何種著錄。已亡佚。②水冶　是一種利用河流水力從事冶鑄的機器。陳橋驛《酈學札記》在《水冶》篇中提及：“元王楨《農書》卷十九的解釋是，水冶又稱水排，後漢杜詩始作。案《後漢書・杜詩傳》：‘冶鑄者為排以吹炭令激水以鼓之者也。’説明這是一種利用水力的鼓風裝置。因為對於冶金工業來説，鼓風（送氧）是十分重要的關鍵。《三國志·魏書·韓暨傳》云：'舊時冶，作馬排，每一熟石用馬百匹；更作人排，又費功力。暨乃因長流為水排，計其利益，三倍于前。'《杜詩傳》和《韓暨傳》都提到作水冶之事，但王楨只言杜詩，這當然是因為杜詩早於韓暨之故。不過這種機器，在初創以後，總有不斷改進的過程。不妨認為，後漢杜詩初創，而三國韓暨作了改進。經過改進的水冶，其效率已經比馬力高出三倍，而其時尚在距今十七個世紀以前，所以不能不說這是中國古代在水力利用和冶金工業上的卓越成就。"
"《水經注》記載的水冶，位於今河南省西部的穀水之上，而且只是魏晉的遺跡，說明當時已經廢棄不用。但其實酈道元所在的北魏時代，水冶在這一帶仍然使用於冶金工業。據天一閣所藏明嘉靖《彰德府志》卷一《安陽縣·水冶》所載的這種水冶：'在縣西四十里，《舊經》曰，後魏時引水鼓爐，名水冶，僕射高隆之監造，深一尺，闊一步。'案《彰德府志》，高隆之監造的這個水冶，位於洹水之上。但由於高隆之是東魏末葉人，以後入官於齊，酈道元已不及見，所以《洹水注》中沒有這方面的記載。"
③管輅別傳　書名。《隋書·經籍志》著錄《管輅傳》三卷，管辰撰。《兩唐志》著錄俱作二卷。此三志著錄是否即是《注》文所引，或另有《別傳》，因書已亡佚，無可核實。管輅，字公明。《三國志·魏書》有傳。④三輔決錄注　書名。《隋書·經籍志》著錄《三輔決錄》七卷，趙岐撰，摯虞注。《後漢書·趙岐傳》稱岐著《三輔決錄》，傳於時。章懷太子注《後漢書》曾引趙岐自序，稱"三輔者雍州之地"。《晉書·摯虞傳》稱虞注解《三輔決錄》。書已散佚，古籍如《文選》、《顏氏家訓》以及《北堂書鈔》、《御覽》等類書多有引及，今存《玉函山房輯佚書續編》等輯本。⑤作五門客二句　《水經注疏》在卷十五《澗水》篇《經》文"澗水出新安縣南白石山下"，《注》文作"作五門客舍，因以為名"。⑥戴延之言句　殿本在此處有戴震案語："案上所引，不言南入，當有脫文。"⑦何得言枯澗也　殿本在此處有戴震案語："上所引無枯荄之語，當有脫文。"⑧二十五年　《水經注疏》作"二十四年"。《疏》："朱作二十五年，全、趙、戴同。守敬按：《左傳》是二十四年，今訂。"⑨春秋條例　書名。《隋書·經籍志》著錄十卷，漢公車徵士穎容撰。《後漢書·穎容傳》："容善《春秋左氏》。……著《春秋左氏條例》五萬餘言。"書已亡佚，今僅存《玉函山房輯佚書》輯本一卷。⑩洛陽記　書名。《隋書·經籍志》及《兩唐志》著錄一卷，晉陸機撰（《唐志》"機"作"璣"，當是誤字）。已亡佚，輯本收入於宛委山堂《說郛》弓六十一及《蟄淡廬叢稿》等。陸機（公元二六一—三〇三年），字士衡，《晉書》有傳。⑪語林
書名。東晉裴啟撰。《隋書·經籍志》《燕丹子》注云："《語林》十卷，東晉處士裴啟撰。亡。"今有馬氏輯本二卷。⑫後張方入洛二句　《水經注疏》在此下有"京師水碓皆涸"六字。《疏》："朱無'京師'以下二十七字。全云：張方破堨，何以反云公私賴之？據《晉書·李矩傳》補'京師水碓皆涸，永嘉初，汝陰太守李矩、汝南太守袁孚脩之以利漕運'二十七字。戴亦補，但失補'京師水碓皆枯'六字。"⑬使首狐丘　此句有脫誤。語譯從略。⑭金谷詩集敘　文章名。晉石季倫撰。《隋書·經籍志》著錄晉衛尉卿《石崇集》六卷。今集已亡佚，此文收入於《世說新語·品藻》篇及清嚴可均《全三國六朝文》。石崇（公元二四九—三〇〇年），字季倫。西晉大臣。《晉書》有傳。⑮晉宮閣名　書名。不見於隋唐諸志著錄，不知撰者和撰述年代。已亡佚。書名或作《晉宮閣記》、《晉宮闕部》。《北堂書鈔·舟部》、《初學記·居處部》、《御覽·居處部》等均有引及。⑯視　應為"祖"字之誤。《疏》本注云全祖望、趙一清改"視"為"祖"。今依此語譯於後。⑰與弟書　書信名。《隋書·經籍志》著錄《陸機集》十四卷，《兩唐志》著錄作十五卷。其弟名雲，《晉書》亦有傳。今集已亡佚，而清嚴

可均《全三國六朝文》輯存此文,作《與弟雲書》。⑱東京賦　詩賦名。漢張衡撰。《隋書·經籍志》
著錄《張衡集》十一卷,此賦收入於《文選》卷三及清嚴可均《全後漢文》。⑲文士傳　書名。《隋書·
經籍志》著錄《文士傳》五十卷,張隱撰。《舊唐書·經籍志》著錄作張隱《文林傳》。已亡佚,《初學
記》、《御覽》、《文選注》等均引及此書。⑳而楨拒坐　殿本在此處有戴震案語:"拒坐未詳。近刻作
摳坐。朱謀㙔云:一作匡坐。"㉑京相璠與裴司空胙　與,應作"為"或"替"解。彥季,當作"季彥"。
裴秀(公元二三四—二七一年),西晉大臣,地理學家,字季彥。晉輿地圖,圖名。已亡佚。此圖實為
京相璠作品。京為裴門客,故其事載於《晉書·裴秀傳》。㉒舊說二句　此處《疏》本斷句作"舊說言
翟泉本自在洛陽北,萇弘城成周,乃繞之"。今依《疏》本語譯為後。㉓中州記　書名。此書不見隋
唐諸志著錄,不知撰者和撰述年代。文廷式《補晉書藝文志》著錄作《晉中州記》。自來僅酈氏《穀水
注》引及。已亡佚,亦無輯本。㉔阮嗣宗詠懷詩曰二句　詠懷詩,三國魏阮嗣宗撰。嗣宗,阮籍字。
《文選》卷二十三收入阮嗣宗《詠懷詩》十七首,《注》文所引"步出上東門",在十七首中為第十首。清
吳汝綸《古詩鈔》卷二收入阮籍《詠懷詩》三十九首,《注》文所引者為第九首。篇末云:"顏延年云:阮
公身事亂朝,常恐遇禍,因茲咏懷,雖在刺譏,而文多隱避,百代之下,難以情測。"㉕百官志　書名。
不見隋唐諸志著錄,不知撰者和撰述年代。《注》文只作《百官志》,但鄭德坤《水經注引書考》(臺北
藝文印書館,一九七四年出版)第二八九種作《晉百官志》,並按《舊唐書·經籍志》著錄作《晉百官
志》四十卷(《新唐書·藝文志》作十四卷)。但謝沈《後漢書》、袁山松《後漢書》、司馬彪《續漢書》均
可能有《百官志》。故此"百官志"未必是《晉百官志》,因諸書俱佚,無可定論。㉖威輦圖　圖名。未
見公私著錄,不知撰繪者。已亡佚。㉗晉書　書名。晉傅暢撰。《隋書·經籍志》著錄《晉書》凡八
種,獨無傅暢《晉書》。《隋志》著錄《晉諸公贊》二十一種,晉祕書監傅暢撰。則《注》文所引是否即是
此書,因書已亡佚,無可核實。㉘漢宮記　書名。此書不見隋唐諸志著錄,不知撰者和撰述年代。
《水經注疏》作《漢官儀》,《疏》:"朱作《漢官記》,箋曰;官誤作宮。蓋本《玉海》,全、趙、戴皆依改宮。
守敬按:《續漢書·百官志》引應劭《漢官》曰,上西門所以不純白者,漢家初成,故丹鏤之。與此各有
誤。此《漢官記》是《漢官儀》之誤。"㉙師宜官八分體　《水經注疏》守敬按:"《書斷》曰:後漢師宜
官,南陽人也。靈帝好書,徵天下工書于鴻都門,至數百人,八分稱宜官為最。"㉚周官　書名。即《周
禮》。㉛漢官典職　書名。《隋書·經籍志》著錄《漢官職典儀式選用》二卷,漢衛尉蔡質撰。《新唐
書·藝文志》作蔡質《漢官典儀》一卷。已亡佚,輯本收入於《平津館叢書》、《知不足齋叢書》第七函、
《四部備要》、《叢書集成初編》等。㉜洛陽故宮名　書名。隋唐諸志不著錄。章宗源《隋書經籍志考
證》卷六:"《洛陽故宮名》,卷亡,不著錄。"《後漢書·安帝紀注》引作《洛陽宮闕名》。《初學記》、《藝
文類聚》、《御覽》等所引均作《洛陽故宮名》。又《隋志》著錄另有《洛陽宮殿簿》一卷,《舊唐志》作三
卷,不知是否就是此書。㉝鹽鐵論　書名。《漢書·藝文志》著錄《鹽鐵論》六十篇,漢桓寬撰。今本
作十卷或十二卷,內容記錄西漢昭帝時,各地賢良、文學六十餘人在京城會議的各種意見,議論廣泛,
其中涉及對鹽鐵官營的批評。故書此名。㉞而又高廣之　此處有佚文一條。《方輿紀要》卷四十八
《河南》三《河南府·洛陽縣·永寧寺》引《水經注》:"高百丈,最為壯麗。"當是此段下佚文。㉟釋法
顯行傳　書名。即《法顯傳》,或稱《佛國記》。卷一《河水注》曾多次引及此書。㊱漢記　書名。《隋
書·經籍志》著錄《後漢紀》三十卷,張璠撰。已亡佚,輯本收入於《七家後漢書》等。《魏書·三少帝

紀》說："張璠,晉之令史,撰《後漢紀》,雖似未成,辭藻可觀。"故此書可能並非完帙。《注》文作《漢記》,當脫"後"字。㊲平樂觀賦　詩賦名。漢李尤撰,《隋書·經籍志》著錄樂安相《李尤集》五卷,此賦當在其中。今集與賦俱亡佚,僅見《藝文類聚》卷六十三引及。尤字伯仁,《後漢書》有傳。㊳後漢書　書名。《隋書·經籍志》著錄十七卷,本九十七卷,晉華嶠撰。今殘缺。《兩唐志》著錄均作三十七卷,當是殘籍。已亡佚,輯本收入於《七家後漢書》、《漢學堂叢書》、《黃氏逸書考》、《玉函山房輯佚書補編》等,均作一卷。㊴十二重二句　此處《疏》本斷句作"十二重五采華蓋,高十丈"。今依《疏》本語譯於後。㊵九重二句　此處《疏》本斷句作"九重華蓋,高九丈"。今依《疏》本語譯於後。㊶故廣陽門也　此處有佚文一條。清畢沅《晉書地理志新補正》卷二《河南郡》(西有廣陽)引《水經注》:"郭緣生《述征記》:廣陽門西南有劉曜壘、試弩棚,西北有鬬雞臺、射雉觀。"當是此段下佚文。㊷宲為神也　殿本在此處有戴震案語:"此語有訛誤。"《水經注疏》楊守敬按:"'神'字下當有'都'字。"今依《疏》本語譯於後。㊸洛陽諸宮名　書名。不見隋唐諸志著錄。"諸"當是"故"之訛,則此書是《洛陽故宮名》。參見前注。㊹以清正　朱謀㙔《水經注箋》在此下箋云:"此下疑脫'為郡功曹'四字。"㊺月令章句　書名。蔡邕撰,《隋書·經籍志》著錄十二卷。已亡佚,輯本作一卷或二卷,收入於《漢魏遺書鈔》、《漢學堂叢書》、《南菁書院叢書》等。㊻學記　篇名。《禮記》的一篇,敘述古代的教育思想和教學制度等。清劉光蕡的《學記臆解》一卷、近人王樹柟的《學記箋證》四卷等,均是後人研究《學記》的著作。㊼王制　篇名。《禮記》的一篇,在今本《禮記》中分為三卷,敘述古代帝王及公侯將相的各種制度。㊽置太學于國子堂　《疏》本郭守敬按,郭緣生《述征記》:"國學在辟雍東北五里,太學在國學東二百步。"則下句之"東"字應繫於此句,為"置太學于國子堂東"。今依此語譯於後。㊾字說　書名。即許慎《說文解字》。酈氏引書常有隨意簡稱之例。㊿典論　書名。魏文帝撰。《三國志·魏書·文帝紀》:"帝以素書所著《典論》及詩賦餉孫權,又以紙寫一通與張昭。"原有五卷,已佚,僅其中《論文》一篇,為《文選》收存。51洛陽地記　書名。此書,隋唐諸志均不著錄。《隋志》及《兩唐志》均有《洛陽記》著錄。抑或酈氏引書之隨意,其書即《洛陽記》。《水經注疏》疏云:"疑衍'地'字。"即是此意。52晉後略　書名。《隋書·經籍志》著錄《晉後略記》五卷,下邳太守荀綽撰。《晉書》本傳綽撰《晉後書》十五篇,傳於世。《新唐書·藝文志》著錄作《晉後略》。已亡佚,《御覽》等有引及。53朱超石與兄　書信名。朱超石兄名石齡,南朝宋人,《宋書》及《南史》均有傳。朱超石事跡附見於其兄本傳。此書信已亡佚,清嚴可均據《藝文類聚》及《御覽》引存此書凡六條。54陽渠水又東句　殿本在此處有戴震案語:"穀水自閶闔門而南以下并陽渠水,原本及近刻獨此處及下逕亳殷忽兩稱陽渠,後復稱穀水,考其地相比次,非有錯紊,而稱名參錯,或後人臆改使然,今姑仍之。"55王陸詩敘　詩書名。袁氏撰。隋唐諸志及一切公私著錄均不見,亦不知袁氏為何許人。已亡佚。56居尸鄉北山下　此處有佚文一條。《東晉疆域志》卷二《洛陽》引《水經注》:"尸鄉南有亳坂,東有桐城,即太甲所放處。"當是此段下佚文。

【語　譯】

穀水出弘農黽池縣南墦塚林穀陽谷,

1　《山海經》說:傅山西有一片森林,稱為墦塚,穀水就發源在那裡,東流注入洛水,水中多瑉玉。現在榖水發源於千崤山東的馬頭山榖陽谷,東北流經黽池川,這裡原來是中鄉地區。漢景帝中元二年(公元前一四八年),開始築城,遷來一萬戶居民,把它設立為縣,並按崤黽池來取縣名,也有稱為彭池的。所以徐廣《史記音義》說:黽,也有寫作彭字的,是榖水的發源地。榖水又東流經秦國和趙國的兩座城南。司馬彪《續漢書》說:赤眉軍從黽池取道利陽南,打算去宜陽。人們稱為俱利城。據老人們說:從前秦、趙兩國會盟,雙方各自據守一城,秦王要趙王彈瑟,藺相如則要脅秦王擊缶,就在這地方。馮異也是在此水上大敗赤眉軍的。所以光武帝的《璽書》說:開頭雖然在回溪打了敗仗而洩氣,最後卻在黽池得勝而重振雄威,可謂失之東隅,收之桑榆了。

2　榖水又東流經土崤北,這就是所謂的三崤了。榖水又東流,在左岸匯合北溪。溪水發源於北方的黽池山,東南流注入榖水。推想起來,可能就是孔安國所說的澗水了。榖水又東流經新安縣老城南,與城北的分支南北夾城而流,西與崤黽池相接。從前項羽往西攻入秦國境內,就在這裡活埋了二十萬投降的秦兵。他最後國滅身亡,真是咎由自取。

3　榖水又東流經千秋亭南,此亭用石頭砌築成城牆,人們稱為千秋城。潘岳《西征賦》說:亭有千秋的名號,但我兒卻無七十日之壽。說的就是此亭。又東流經雍谷溪,這裡山谷回環,多石的山徑縈紆曲折地通過峽谷的險阻,所以也有峽石的稱呼。榖水流經谷側,左岸與北川水匯合。北川水有兩個源頭,都出自北山,東南流,合併成一條,從西北流向東南,注入榖水。榖水又東流經缺門山,山岡間約有一里餘的空缺,斷而不連,因而得名。兩邊巖壁爭高,陡峭聳峙,難分高下,向西遠眺兩山,就像兩塊巨大的磨石。榖水從缺門東流,廣陽川水注入。廣陽川水發源於廣陽北山,東南流注入榖水。南望微山,雲霧繚繞的群峰,朦朦朧朧,難辨難分。榖水又流經白超壘南,戴延之《西征記》說:接著到了白超壘,距函谷關十五里。城堡就建築在大道上,左右兩邊有山夾道聳立,相距百餘步,道路就從中間通向北方。這裡其實是舊時的關城,並不是所謂的白超壘。這個堡壘在缺門東十五里,堡壘旁邊舊時有個小城,是從前冶官的駐地。魏晉時期,引了榖水利用水力鼓風冶煉,以供國家的需用,遺跡至今還在。

4　榖水又東流,有石默溪水發源於微山東麓的石默溪,東北流注入榖水。榖水又東流,宋水北流注入榖水。榖水又東流經魏將作大匠毌丘興墓南,如今還留有兩塊墓碑。毌丘興是毌丘儉的父親。《管輅別傳》說:管輅曾隨軍西征,經過毌丘興的墳墓而喟然長嘆,對他的朋友們說:玄武縮頭,青龍無腳,白虎銜著屍體,朱雀悲哀痛哭,四種危象都已具備,按理應當滅族。真的被他說中了。

5　穀水又東流經函谷關南,東北流,阜澗水注入。阜澗水發源於新安縣,東南流經毌丘興墓東,又南流經函谷關西。函谷關又高又險,道路就從關城通出去。漢元鼎三年(公元前一一四年),樓船將軍楊僕,屢次建立大功,以居於關外為恥,請求派七百名僮僕修築要塞,把關口遷到新安去,就是此處。從前郭丹從西方入關,在關下感慨地說:如果我不能乘坐駟馬高車,就永遠不出此關。他離家十二年,果然實現了他的志願。阜澗水又東流,注入穀水。穀水又東北流經函谷關城東,在右岸匯合了爽水。《山海經》說:白石山西五十里有穀山,山上多穀,山下多桑,爽水就發源於此。人們叫它紵麻澗,北流注入穀水。澗中多產孔雀石。

6　穀水又東流,澗水注入。《山海經》說:婁涿山西四十里,有白石山,澗水就發源在那裡,北流注入穀水。摯仲治《三輔決錄注》道:馬氏兄弟五人,一起住在澗水和穀水交匯之處,他們造了一座有五扇門的客舍,即以此命名。現在那地方在河南以西四十里。以《山海經》來推算,里數與摯仲治的記載並無不同。二水相匯合處還有馬氏故居的舊址。那麼這就是澗水了。《周書》所說的我在澗水以東占卜,說的就是這條水。自此到下游,也通稱澗水,是穀水的兼稱。所以《尚書》說:伊水、洛水、瀍水、澗水,都注入河水。沒有提到穀水,即可看出澗水也是通稱了。劉澄之說:新安有澗水,源頭出自縣北;又有淵水,不知水源在哪裡。我考察各種地記,並沒有淵水,但淵、澗兩字很相似,時常有把澗字錯成淵字的。所以闞駰《地理志》說:《禹貢》的淵水。可知是輾轉傳抄造成的錯誤,錯字弄亂了正字,劉澄之不動腦筋,因而受惑了。既然本來就沒有這條水,那又怎能找到它的源頭呢?

7　穀水又東流,波水注入。《山海經》說:瞻諸山西三十里,有婁涿山,山上沒有草木,卻有很多金玉,波水發源於山北,人們稱為百答水,北流注入穀水。其中多紫石和文石。穀水又東流,少水注入。《山海經》說:廆山西三十里有瞻諸山,山南多金,山北多文石,少水發源於山北。少水引來眾多的山澗,積成一條溪流,東流注入穀水,人們稱為慈澗。穀水又東流,俞隨水注入。《山海經》說:平蓬山西十里的廆山,山南多琈珤玉。俞隨水發源於山北,北流注入穀水。人們稱為孝水。潘岳《西征賦》說:在孝水沐浴並洗滌帽纓,讚美這裡有個美名。此水在河南城西十餘里,所以呂忱說:孝水在河南郡。而戴延之則說在函谷關西,劉澄之又說發源於檀山。檀山在宜陽縣西,是在穀水以南,孝水絕沒有南流注入穀水的道理的。考證這個說法,一定是因為受郭緣生《述征記》記述錯誤的影響的緣故。郭緣生隨從駐防部隊行軍,沿途查訪,但所到之處都不是他原來熟悉的地方,所以他也無從研究。現在溪水滾滾北流,澄澈的碧水映出水底的汙泥,怎麼可以說已經枯涸無水了呢。這些話都說得太輕率武斷了。

東北過穀城縣北，

8　穀城西瀕穀水，所以縣也因此得名。穀水又東流經穀城南，並不流經城北。又東流，洛水支流注入，現在已經乾涸無水了。

又東過河南縣北，東南入于洛。

9　河南王城西北，穀水右岸有石灘，從石灘南流而出的是死穀水，北流而出的是湖溝。魏太和四年(公元四八〇年)洪水暴漲，高達三丈，這裡地勢低窪，水積成湖，於是開溝通水，東西長達十里，疏導湖水流注入滻水。穀水又流經河南王城西北，這裡就是所謂的成周。《公羊傳》說：成周是什麼？就是東周。何休說：之所以名為成周，是因為當時周朝政制剛剛成立，這是周王建都的地方之故。《地理志》說：河南郡的河南縣，是古代的郟、鄏地方。京相璠說：郟是山名；鄏是個地方的城邑。占卜安置九鼎定都的年分，把這裡建為周王的東都，稱為新邑，這就是王城。這座城東南的城門叫鼎門，是因為九鼎從此門進入，所以把這地方稱為鼎中。楚子攻打陸渾的戎人，就在這裡詢問鼎的大小輕重，有圖謀王位的野心。《述征記》說：穀水和洛水本來是在王城東北合流的，這就是所謂的穀、洛相鬥。現在城東南方有個長一千步的缺口，人們又說是穀、洛相鬥之處。但這些說法都是不對的。我查考史籍傳記，周靈王時，穀、洛二水相沖擊，沖毀了王宮，靈王想要把水堵住，太子晉勸阻靈王，靈王不聽，現在還留著三道堤堰的遺跡。《左傳》襄公二十五年(公元前五四八年)，齊人在郟築城，穆叔到周去祝賀。韋昭說：洛水在王城以南，穀水在王城以北，東流注入滻水。到了靈王時，穀水水勢很大，從王城以西流過，南流與洛水匯合。兩條水互相沖擊，有點像是猛鬥的樣子，於是把王城西南也沖毀了。穎容著《春秋條例》說：西城梁門枯涸無水的地方，世人稱為死穀。於是我們才知道郭緣生途中匆促，入關後調查古時事跡所得的資料，與實況是頗不相符的。考王把周桓公封在這裡，叫西周，到了他的孫子惠公，把小兒子封在鞏，就是東周，所以有東周和西周的名稱。秦滅了周，置為三川郡；項羽封申陽為河南王，漢置為河南郡，王莽又名為保忠信卿。光武帝建都洛陽，叫做尹。尹是匡正的意思，是藉以匡正京畿，對天下百郡起帶頭作用。

10　穀水又東流經乾祭門北，是子朝作亂時晉所開的，東邊直至千金堨。《河南十二縣境簿》說：河南縣城東十五里有千金堨。《洛陽記》說：千金堨從前是為攔截穀水所築，魏時再次修建此堰，稱為千金堨。當時用石塊砌築成堰，開鑿了五處溝渠，稱為五龍渠。渠上立石堨，石堨東端，立了一個石人，石人腹上刻著：太和五年(公元二三一年)二月八日庚戌，築成此堨，又開鑿溝渠，當水沖激渠道時，可以攔截大水，以保渠道堅固，經久不壞。因此立這石人記載此事。這是魏明帝重修王梁、張純的舊堰時所立。石堰是都水使者陳協所造。《語林》說:陳協屢次請阮步兵喝酒,後來晉文王想修築九龍堰,阮步兵推薦陳協,得到文王的任用。掘地時掘出六枚古代接水用的銅龍,堰也就築成了。水經過此堰向東流,稱為千金渠。

11　到了晉朝,大水暴漲狂沖,溝渠都被沖壞了,於是又擴大工程。石人東邊脅下刻的文字說:泰始七年(公元二七一年)六月二十三日,大水漲勢兇猛,水位高出平常三丈,把兩座石堰也都沖毀了。五龍渠排放的水流,往南奔瀉而下,加上年長月久的沖蝕,每逢水潦,就會毀壞,歷年的巨大工程,就都前功盡棄了。所以現在不再築堰截流,而於西邊開渠洩流,名叫代龍渠。這裡地形平整,確實是掌握了洩流排洪的正確規律了。千金渠不正面迎著兇猛的水勢,原當不會被沖壞;但由於地勢低窪,水就可能漫過堰上,逐漸侵蝕。現在把千金堨比原來再加高一丈四尺,五龍渠自然定會經久不遭水災了。假如五龍渠年久以後又被沖壞,可以轉到西邊再築兩座石堰。兩條渠道合計耗費二十三萬五千六百九十八工,於當年十月二十三日開工,但因工程巨大,人力不足,直到八年(公元二七二年)四月二十日方竣工。代龍渠就是九龍渠。後來張方攻入洛陽,破壞了千金堨。永嘉(公元三○七—三一三年)初,汝陰太守李矩、汝南太守袁孚重修石堰,以便運糧,官府和百姓都要依賴它。年久之後渠道和石堰又都湮廢了,砌堰的石塊差不多都被沖走了,只有遺址還在。朝廷在太和年間(公元四七七—四九九年),修復了這條舊堰。據千金堨石人西邊脅下的文字說:假如溝渠年久失修,進行深濬引水工程者,應當在河南城以北、石灘以西再開一條渠道通向北方,……舊渠是向東流下的,利用舊渠施工較為容易,石灘牢固,易於固堤,有利於農事。竣工以後,方能看到效益。加以邊境有外敵侵擾,苦於人力不足,而且渠道和堤堰剛剛建成,還沒有受到水災的威脅,所以也不敢貿然就預先把它修通。假如日後需要重新興工,以在西邊的石灘施工為宜。所以把這些意見刻在石上,留給後世賢者參考。現在雖然石灘也被淹沒了,但還有遺跡可作為憑證。照石人的銘文,引渠北出,是往東與舊渠匯合的。

12　舊渠又東流,晉惠帝在水上造了一座石橋。據石橋西門南壁的銘文說:晉元康二年(公元二九二年)十一月二十日,改建石巷、水門,拆除豎式枋柱,改為捲洞式枋門,又在橋上建廊屋,前後在兩面橋頭加砌石級,與堤岸相接,使南北兩頭都通到岸上。又為防止水流沖蝕,破石以減煞水勢。到三年三月十五日竣工。並在各門左右兩面記載寬度、長度及其高低。石巷東西長七尺,南北護堤龍尾寬廣十二丈,橋巷通道橋頭的入口高三丈。此橋叫皋門橋。潘岳《西征賦》說:駐馬皋門,就指這地方。

13　穀水又東流,又造了一座石橋,橫跨水上,以削弱入城的水勢,這就是西梁。穀水又東流,左岸匯合金谷水。金谷水發源於太白原,東南流經過金谷,稱為金谷水,東南流經晉衛尉卿石崇故居。石崇《金谷詩集敍》說:元康七年(公元二九七年),我任征虜將軍隨從太僕出征。我有一座別墅在河南邊界的金谷澗中,那裡有澄清的泉流,茂密的樹林,還有各種果木、綠竹、翠柏、藥草等,應有盡有。金谷水又東南流,注入穀水。

14 穀水又東流經金墉城北。這是魏明帝在洛陽城西北角築的,稱為金墉城。又在東北角建造層樓,《晉宮閣名》說:金墉城有崇天堂,即指此樓。在平地上,用木材架構成榭,就是從前的白樓。剛開始遷都時,宮殿還沒有建成,皇上臨時暫住於此。在舊臺上建造小榭,真所謂樓臺高聳了。南門叫乾光門,兩邊建了樓觀,樓觀下面,在護城河上放置紅色浮橋,專供皇帝行走。東門叫含春門,北門叫遄門。城上西面樓觀羅列,五十步有一道雉堞,屋臺上放著一口鐘,配合報更漏的大鼓。西北廊廡相接,可以遮蔭,城牆靠近高臺大榭。夏天酷熱的日子,高祖常在這裡避暑,還在金墉城裡建了一口綠水池。穀水流經洛陽小城北,靠近老城,與金墉城聯結在一起,就是從前的向城。永嘉之亂時,把它築成營壘,稱為洛陽壘。所以《洛陽記》說:陵雲臺西有金市,金市北對洛陽壘。

15 穀水又東流,從大夏門下流過。這就是舊時的夏門。陸機《與弟書》說:門有三層,高百尺,魏明帝造。門內東側,靠近城邊,有魏明帝所造的景陽山,遺址還在。孫盛《魏春秋》說:景初元年(公元二三七年)明帝把宮殿建得愈高,大肆雕飾觀閣,在太行穀城山開採白石英及紫石英,還有五色大石,在芳林園築景陽山,種植松竹草木,捕珍禽異獸放養於其中。當時各種工程勞役頻繁徵集,明帝還親自掘土,率領群臣參加建設工程,自三公以下無人不奮發出力。景陽山以東,舊時有九江。陸機《洛陽記》說:九江匯合處形成一個圓池,池中造了一個圓壇,築堤把它分隔成三個部分,隔水兩岸都可相通。《東京賦》說:濯龍和芳林二園,九谷和八溪二池,紅荷遮蔽了水面,秋蘭披覆著水濱,但是今天,景陽山只遺下一個孤單的小丘,九江也杳無蹤跡了。

16 穀水又東流,分出支渠南流進入華林園,從疏圃以南流過。圃中有古時的玉井,這口古井全用珉玉砌成,用黑石砌築井口,石工做得十分精緻,今天看來,這口古井一點也沒有改變,仍是璀璨如新。又流經瑤華宮南,流過景陽山以北,山上有都亭,殿堂與方湖相接,湖中用石頭砌築成御座。御座前建蓬萊山,彎彎曲曲的池岸與座位相接,飛泉的水花飄拂著坐席;南面設立了箭靶,在座位兩旁威武地聳立著。依恃著山巒而設置的殿堂上方,則是崎嶇的石徑和陡峭險峻的巖峰,在峰巒陵阜之間,散布著高高的樓臺等建築。遊人在樓閣中上上下下,從弧形的臺階進進出出,遠遠望去,就像鵝鴨潛水,鸞鳳翔空一樣。其中又引水從高岸上傾瀉而下,形成瀑布;或在彎曲的水濱潺潺不絕地發出淙淙的清響,綠竹翠柏隱蔽著層巖,繁花灌叢聚集於泉邊,微風飄拂,芳香散遍四方,這真是神仙的居處啊。

17　穀水往東注入天淵池,池中有魏文帝時建的九華臺,殿基都是洛陽舊碑壘砌而成,現在於殿上造了一座釣臺。池南正對魏文帝的茅茨堂,前面有"茅茨碑",是黃初年間(公元二二〇—二二六年)所立。穀水從天淵池東流出華林園,流經聽訟觀南,這就是舊時的平望觀。魏明帝時常說:訟案,是天下人命關天的大事。每次判決刑獄大案,他都時常親自去聽審。太和三年(公元二二九年),把平望觀改為今天的聽訟觀。

18　聽訟觀西北,連接華林園的隸簿。這是從前劉楨磨石的地方。《文士傳》說:文帝在東宮的時候,設宴邀請各位文人,酒喝得正高興時,叫甄后出來和大家見面行禮。一座的人都低頭不敢仰視,只有劉楨正面直視著她。太祖認為他無禮,就把他送到囚犯勞役的地方。後來太祖乘坐步挽車登城,下車視察犯人的勞動。所有的犯人都對他畢恭畢敬的,但劉楨卻坦然磨石如故,動也不動。太祖說:這不是劉楨嗎,這石頭的性質怎麼樣? 劉楨說:這石頭是從荊山黑巖之下採來的,外觀上是五彩花紋,燁燁有光,其內質則素性堅貞,志不可奪;雕琢它不能增加它的美麗,研磨它也不會使它更為光澤:它秉賦的氣質就是堅貞剛正,天生的性格就是樸質自然。太祖說:你的名聲豈有半點虛假? 於是又恢復了他文學的職務。

19　池水又東流,流入洛陽縣的南池,這就是從前的翟泉,南北一百一十步,東西七十步。皇甫謐說:悼王葬景王於翟泉,就是現在洛陽太倉中的大墳。《春秋》定公元年(公元前五〇九年),晉魏獻子在翟泉會合諸侯的大夫,開始為成周築城。班固、服虔、皇甫謐都說翟泉在洛陽東北,是周的墓地。現在經過考察,周威烈王葬在洛陽城內東北角,景王墓在洛陽太倉中,翟泉在兩墓之間,在廣莫門路東的一側,建春門路北,這條路就是東宮街,就洛陽而言,位置是在東北方。後來秦封呂不韋為洛陽十萬戶侯,把城改建得更大,並且發現了景王墓,太倉確是他的墓地。到了晉永嘉元年(公元三〇七年),洛陽東北步廣里地面下陷,飛出了兩隻天鵝,一隻蒼色,衝天直上,一飛而去,另一隻白色,卻停了下來。陳留孝廉董養說:步廣里,就是周朝的翟泉,是會盟之地。現在一鵝色蒼,這是胡人的象徵呀,大事可不好了,怎麼能說透呢? 五年以後,劉曜、王彌侵入洛陽,晉帝遷都於平陽。陸機《洛陽記》說:步廣里在洛陽城內,王宮以東是翟泉所在之處,不可能在太倉西南的。京相璠和司空裴秀修編《晉興地圖》,作《春秋地名》,也說現在太倉西南的池水叫翟泉。又說:按照舊說,以為翟泉本來在洛陽北方,萇弘築成周城時,才把它圍了進來。杜預就引了這條資料作證,說這一定就是翟泉,但經過實地考察,卻發現它不是。以後就把它建為東宮池了。

20 晉《中州記》說:惠帝還是太子時,有次出宮聽到青蛙的叫聲,問人們說:這是官家的青蛙還是私人的青蛙? 侍臣賈胤答道:在官家田地裡的是官家青蛙,在私人田地裡的就是私人青蛙。於是惠帝下令道:如果是官家青蛙,就撥些官糧給牠。先前有一句預言說:青蛙要居尊位。從前晉朝在後池拘捕了愍懷太子,就是此池。

21 一條渠水從大夏門東流經宣武觀,此觀附建於城牆上,不再築牆,左右兩邊都建了步廊,參差地向外彎彎曲曲,向南可以遙望天淵池,朝北可以憑眺宣武場。《竹林七賢論》說:王戎小時長得眉清目秀,魏明帝在宣武場上做了個虎欄,折斷老虎的爪牙,令勇士赤膊與虎搏鬥,任百姓前往觀看。王戎只有七歲,也去看鬥虎。老虎乘人不備,撲向虎欄大吼,吼聲使大地也震動了,觀眾沒有一個不嚇得紛紛逃退,跌跌撞撞亂作一團的,只有王戎一人安然不動。明帝在門上看到了,覺得很是驚異,就差人去問他姓名。

22 宣武場西是舊時賈充的宅地。穀水又東流,經廣莫門北,就是漢朝時候的穀門。此門北朝芒阜,連綿延伸的峰嶺,從洛口起向西直越過平陰,都叫芒壠。《魏志》說:明帝想削平北芒,使得登臺就可以看到孟津。侍中辛毗勸諫道:假如九河氾濫,洪水釀成災害,這時丘陵都被削平了,又要憑什麼去阻擋呢? 明帝這才打消了這想法。

23 穀水又東流南轉,流經建春門石橋下,建春門就是上東門。阮嗣宗《詠懷詩》說:步行走出上東門,即指此門。又名上升門,晉時叫建陽門。《百官志》說:洛陽有十二門,每門都有一個人守候,薪俸每年六百石。《東觀漢記》說:郅惲當上東門的守門人,光武帝有一次出城,夜裡回來,便命令他開門好進城。郅惲不肯放他進來。光武帝叫他從門縫裡認清他的面貌,郅惲說:火光太遠了,看不清。就是拒不開門。因而光武帝更加器重他。這裡也是袁本初掛節辭官的地方。橋頭豎立著兩根石柱,橋上右邊石柱的銘文說:陽嘉四年(公元一三五年)乙酉、壬申二日的兩次詔書指示,城下運糧的水道東通河水、濟水,南引江水、淮水,各方的貢品,都要從這條水道運進來。因此指派中謁者魏郡清淵縣馬憲監督建造石橋梁柱,督促工匠施展出最巧妙的技能,把極重的巨石拼砌起來,把拱門砌得高高的。橋梁務必精美,道路務必寬闊,才能通行萬里,如此等等。河南尹下邳崇隗、丞渤海郡重合縣雙福、水曹掾中牟縣任防、史官王蔭、史官趙興、將作吏睢陽縣申翔、道橋掾成皋縣卑國、洛陽令江雙、丞平陽縣降監掾王騰之、主石作右北平郡山仲,三月開工,八月竣工。此水依傍著橋柱而流,又從樂里道轉彎東流,從陽渠流出。從前陸機為成都王司馬穎進軍洛陽,兵敗而返。穀水南岸就是馬市,從前洛陽有三市,馬市就是其中之一。這裡也是嵇叔夜被司馬昭所害的地方。

24　北岸則是白社舊址。從前孫子荊在白社會見董威輦,說的就是這地方。孫子荊以能與董威輦同車為榮耀,所以有《威輦圖》。又東流經馬市石橋,橋南有兩支石柱,但沒有刻上文字。漢朝司空漁陽郡王梁當河南尹,打算引穀水來灌溉京都,可是渠道開鑿完成之後,水卻不能流通。因而獲罪被免職。後來張純在洛水築堰,以通漕運,洛陽一帶官民都得到豐足的供應。這條渠現在還是引了穀水流通的,這是張純首創的功績。據陸機《洛陽記》、劉澄之《永初記》所說,城西有陽渠,是周公所建。從前周把殷商的百姓遷移到洛邑,城牆和護城河都很局促狹窄,是個卑陋的地方。所以晉在成周築城,以供周敬王居住,秦又擴大了此城,封給呂不韋。照此情況推論起來,可知河渠並非全是周公所開。陽渠又名九曲瀆。《河南十二縣境簿》說:九曲瀆在河南鞏縣西,西到洛陽。又據傅暢《晉書》說:都水使者陳狼鑿運渠,從洛口引水注入九曲瀆,直到東陽門。所以阮嗣宗《詠懷詩》說:早上走出了上東門,遙望那高高的首陽山;又說:在遙遙的九曲瀆之間,徘徊著想往哪裡走。陽渠水南通閶闔門,就是漢朝的上西門。《漢宮記》說:上西門之所以不塗成純白色,是因為漢朝天子曾在西北方被困,所以用紅色來塗漆雕刻。太和年間(公元四七七—四九九年)遷都,把城門移到南側,此水乘著渠道較高的地勢,分支下流,從舊石橋東經過望先寺,東流入城。寺中有碑,石碑側面仿效“子丹碑”,雕鏤了蟠龍的形狀。比起今天的石雕還算好,但與古代的雕刻相比,卻顯得拙劣了。

25　渠水又東流,打從舊時的金市南流過。金市正對著千秋門,右邊即宮門。支流又流入石砌的下水道,從地下注入靈芝九龍池。魏太和年間(公元四七七—四九九年)京都遷到洛陽,規劃建造宮殿,修理街旁溝渠,要求務必查明隱蔽的處所,於是打開石板來看,發現這條下水道竟毫無損壞。而且石工極其精細,不是今天所做可比,真是出奇的精良,於是仍舊留下使用。另一條水從千秋門南流經神虎門下,此門東對雲龍門,這兩座門的橫梁上都雕著雲龍風虎的形狀,以玫瑰珠石來裝飾;在朝陽初出,夕照西斜的時候,映照出絢麗的光彩,燦爛奪目。又南流經通門、掖門西,又南流東轉,流經閶闔門南。按照《周禮》,帝王有五門,稱為:皋門、庫門、雉門、應門、路門。路門又稱畢門,也叫虎門。魏明帝在洛陽南宮仿效太極,在漢朝崇德殿的故址建造太極殿,把雉門改為閶闔門。從前漢朝時代,洛陽宮殿門額上的題字,用的多是大篆,據說大都是蔡邕等人所題。自從董卓焚燒了宮殿後,魏太祖平定荊州,漢吏部尚書安定人梁孟皇善於書寫師宜官的八分體,請求以書法免他一死。太祖賞識他的書法,時常把他的字高懸在帳子裡玩賞,覺得他的字還超過師宜官。北宮牌額的題字，都是梁鵠的手筆。南宮建成以後，明帝令侍中京兆韋誕以古篆書寫，遷都洛陽後，才叫中書舍人沈含馨以隸書來書寫。景明（公元五〇〇—五〇三年）、正始（公元五〇四—五〇八年）年間，又下令符節令江式以大篆來替換。現在殿內梁上的匾額，都是江式所寫。

26　《周官》：太宰於正月時在象魏上張貼法令。《廣雅》說：皇宮外的門闕叫象魏。《風俗通》說：魯昭公在宮門口建了兩座樓觀，叫闕。闕字偏旁從門，讀作欹聲。《爾雅》說：樓觀叫闕。《說文》說：闕，就是門口的樓觀。《漢官典職》說：偃師離洛陽四十五里，遙望朱雀闕，一派蓬蓬勃勃的氣象，就像與天相連似的，真是高大之極了。《洛陽故宮名》有朱雀闕、白虎闕、蒼龍闕、北闕、南宮闕。《東觀漢記》說：更始帝從洛陽出發，李松導引車駕，馬拉著車狂奔，撞到北闕的鐵柱門，三匹馬都撞死了，說的就是此闕。《白虎通》說：門為什麼必須有闕呢？闕這種建築，是用以裝飾大門，區別尊卑的。現在閶闔門外兩邊建了巨闕，是與天上的星宿相對應的，雖然沒有全都依照禮法的規定，但也還是如同象魏一樣，在上面加建復思，來代替樓觀。《廣雅》說：復思叫屏。《釋名》說：屏，就是給自己遮蔽身體；罦思設置在門外。罦，就是復，臣子將要進宮奏事，可以在這裡再重新思考一下。漢朝末年四處紛紛起兵，把園陵的罦思都砸了，說是不使百姓再思念漢朝。所以《鹽鐵論》說：牆闕設罦思，這是說在邊角上立屏風，架設起來的就是罦思。潁容又說：立闕的用意是，在上的如有錯失，臣下可以寫在闕上，是徵求人們的批評的，所以叫闕。今天則在闕前水南道路右邊放了一面登聞鼓，來聽取下面的批評意見。從前黃帝建立明堂議政制度，堯在大路旁造屋諮詢百姓意見，舜有旌旗持以宣告善事，禹設鼓徵求民間意見，湯在大街傾聽百姓非議政事，武王在靈臺接見稟報者：這些都是為了廣泛徵求批評意見而採取的措施。

27　渠水又分支沿御道兩旁南流，從太尉、司徒兩坊間流過，那條街叫銅駝街。從前魏明帝在閶闔南街放置了了銅駝等獸的鑄像。陸機說：銅駝高九尺，脊背高出太尉坊。水西有永寧寺，創建於熙平年間（公元五一六—五一八年），造了一座九層寶塔，塔基方圓十四丈，從塔頂的金露盤到地面高四十九丈，是仿照代都的七層寶塔建造的，但造得更高大，雖然繁華如二京，富饒如五都，但那裡的寺院寶塔，卻都不及這裡雄偉。我查考《釋法顯行傳》，西域有爵離浮圖，高與此塔相仿，那麼東都與西域二塔，風姿的莊嚴精妙是可相媲美了。

28　那地方原是曹爽的故居，開工那一天，在寺院西南角掘出了曹爽的地下室，築在地下一丈左右，四壁都用方整的石塊砌疊而成，石工細緻精密，一點都沒有毀壞。這些石塊就都拿來作為造塔之用。要不是曹爽，平庸的匠人也是難以複製的。因而桓氏有句話說:曹子丹生了這沒出息的畜牲。確實不錯。水渠左岸是魏晉時的祖廟舊址,現在全都成了民居,連斷垣殘壁也不留了。渠水又西流經太廟與社壇之間,南流注入南渠。太廟和社壇都憑各種事物來辨別方向。《周禮》:太廟和聽政的路寢都和明堂一樣,但設有叫燕寢的內室,只有奉祀遠祖的祧廟裡沒有。後代就籠統地只設一廟,在下方設置正室,不再有設燕寢的規制。《禮》:天子建都,左邊設宗廟,右邊立社壇,神位以石雕成,祭祀時穿葛衣、戴禮冠。現在多由王公來主持,帝王本人一般不親自去祭拜了。咸寧元年(公元二七五年)洛陽刮大風,社壇的樹折斷了,一股青氣直透天庭,於是元帝東渡,魏就取代晉室而昌盛起來了。

29 渠水從銅駝街東流經司馬門南。魏明帝開始築闕時,門闕崩塌下來,壓死了數百人,於是就不再建築,所以沒有闕。門南屏風內從前放著銅人,以後銅人被移走,舊址也廢圮了,只留下一堆亂石。從這裡往南直通宣陽門,道路縱橫通達,都鋪了馳道,往來通行的規定,完全與兩漢時一樣。曹子建曾從御街行走,違犯了門禁,因而受到冷落。渠水又東流經杜元凱所說的翟泉以北,現在已經沒有水了。那地方的坑窪方圓九丈六尺,深二丈餘,看來像是人工挖掘成的,不像泉穴。這是它不是翟泉的第一個證據。此外皇甫謐《帝王世紀》說:皇室安定下來以後就遷都到成周,因成周太小,容納不下皇家的都城,所以毀掉翟泉加以擴大。泉水已經填塞了,原來的地點分明早就不存在了,這是它不是翟泉的第二個證據。杜預說:翟泉在太倉西南。既說是西南,對洛陽來說就不應在東北,這是它不是翟泉的第三個證據。據地理典籍來考證,事情大致上可以搞清楚了:那不可能是翟泉。

30 渠水流過司空府前,流經太倉南,從東陽門石橋下流出,注入陽渠。穀水從閶闔門南流經土山東。水西三里有一道山坡,坡上有土山,是漢朝大將軍梁冀所造。梁冀積土成山,植樹建造園林。張璠《漢記》說:山嶺陡坡很多,就拿它來象徵東、西兩座崤山,在裡面積聚了許多金銀珠玉。又捕捉了各種飛禽走獸飼養在苑內。有人殺了苑裡的兔子,就不斷地搜尋追捕,被殺的達十三人。水南流經西陽門而出。西陽門就是漢時的西明門,也叫雍門。舊門原在南,太和年間(公元四七七—四九九年)因舊門方向偏斜,所以把這座城門遷走,東與東陽門相對。

31 穀水又南流經白馬寺東。從前漢明帝夢見個金色巨人,頸上圍著一圈白光。他詢問諸大臣,有人回答道:西方有個大神,名叫佛,樣子就同陛下夢見的一樣,說不定那就是佛吧? 於是就遣使去天竺,抄寫佛經、描繪佛像帶回。起初用榆木盒子裝經卷,用白馬馱著佛像回來,在中國予以宣揚。所以就建寺以白馬為名。這些榆木經盒後來移到城內愍懷太子的寶塔中存放,近世又遷回到白馬寺中。金光流照,法輪東轉,就是從那時開始的。

32　穀水又南流經平樂觀東。李尤《平樂觀賦》說：於是建造了名震一時的平樂觀，把
　　祕藏的奇珍公諸於世。華嶠《後漢書》說：靈帝在平樂觀下築了個大壇，壇上豎起
　　十二重五彩華蓋，高十丈；大壇東北又築了個小壇，又豎起九重華蓋，高九丈。又
　　調動了奇兵騎士數萬人排成隊伍，皇帝則坐在大華蓋底下。典禮完畢之後，皇帝
　　親自身穿鎧甲，號稱無上將軍，在列陣中走了三圈然後回去，並演戲招待遠方客
　　人。所以《東京賦》說：西邊有平樂會場，招待遠方來客觀看，有神獸龍雀蟠繞，大
　　宛天馬騰空。應劭說：飛廉神禽能刮風，古人用優質金屬給牠鑄像。明帝永平五
　　年(公元六二年)，長安迎取飛廉和銅馬，放在上西門外的平樂觀裡。現在上西門外
　　並沒有別的樓觀基址，只有西明門外留有這座土臺，顯得高大巍峨，也許就是平樂
　　觀遺址了。又說皇帝的女兒幼時就夭折了，埋葬在臺旁，所以又叫皇女臺。晉灼
　　說：飛廉，身子是鹿，頭卻像雀，有角，長著蛇的尾巴，豹的斑紋。董卓把它熔化了，
　　鑄成錢幣使用，而把銅馬搬到建始殿東階下。胡軍入侵，戰亂中銅馬也喪失了。

33　穀水又南流流經西明門，就是舊時的廣陽門。此門左邊，一條支渠往東分出，流入
　　城中，流經太社前面，又東流經太廟南，又東流，在青陽門右注入陽渠。穀水又南
　　流，轉而東流經津陽門南，就是舊時的津門。從前洛水氾濫，被洪水沖走淹死的人
　　很多，津陽城門校尉打算築堤防水，諫議大夫陳宣勸阻他說：以前王尊是臣子，水
　　漫到他的腳上就停止了，何況現在朝廷中興，水一定不會入城的。果然水淹到城
　　門就退了。

34　穀水又東流經宣陽門南，這就是舊時的苑門。遷都洛陽後，把城門移到這裡，與閶
　　闔門南相望，面對著洛水浮橋。所以《東京賦》說：上溯洛水，背靠河水，左有伊水，
　　右有瀍水。洛陽這地方，在中原地區進行考察，占卜時只有洛邑為吉，實在是個有
　　神靈佑護的京都。門的左邊就是洛陽池舊址，池東就是舊時平城門所在的地方，
　　現在已經堵塞了。此門北對洛陽南宮，所以蔡邕說：平城門，正陽之門，與宮殿相
　　連通，皇帝去郊外祭天地時，車駕都是從此門出去的，在諸門中最為尊貴。《洛陽
　　諸宮名》說：南宮有謻臺與臨照臺相對。《東京賦》說：其南則有謻門曲榭，邪阻城
　　洫。《注》說：謻門，是藏冰室的門；阻，是依傍的意思；洫，就是城牆底下的護城河。
　　謻門的臺榭，都是彎彎曲曲地偏斜伸展，依傍著護城河鋪路。《說文》說：隍，就是
　　護城河；有水的稱池，無水的稱隍。謻門就是宣陽門，門內有宣陽冰室。《周禮》中
　　有掌管冰室的人。太陽的軌道移到北方虛宿的位置時，就採冰入藏；移到西方昴
　　宿的位置，黎明看到星星出現時，就取出藏冰。冰室從前在宣陽門內，所以叫宣陽
　　冰室。宣陽門早已封死，冰室也取消了。

35　穀水又流經靈臺，此臺是用以朝北觀測天文氣象的。靈臺是漢光武帝所築，高六

丈,方圓二十步。世祖曾在臺上開設宴會,捉住一隻鼬鼠;諫議大夫第五子陵也曾住過這裡。第五子陵是第五倫的小兒子,以清廉剛正聞名。他的妻子不在洛陽,在家鄉也沒有田園宅第,就棲身於靈臺,有時甚至接連十日不燒飯。司隸校尉南陽左雄、尚書廬江朱孟興等,都是第五倫從前所推薦的孝廉和功曹,兩人都送了禮品和食物給他,他都婉辭不受。他死於永建年間(公元一二六—一三二年)。

36　穀水又東流經平昌門南,就是舊時的平門。又流經明堂北,明堂建於漢光武帝中元元年(公元五六年)。考其結構,是上圓下方,內有九室、雙重的屋角,還有十二個廳堂。蔡邕《月令章句》說法也相同。從前引水通到堂下,作為辟雍。穀水又東流經開陽門南。《晉宮閣名》說:這就是從前的建陽門。《漢官》說:開陽門初建成時,還沒有命名,忽然有一根柱子在樓上出現。琅琊郡開陽縣上報:縣南城門,有一根柱子向天飛去了。光武帝叫人來辨認,果然就是那根飛走的柱子,於是就把它牢牢地捆住,並刻上年月日,名為開陽門。何湯,字仲弓,曾當過守門人。光武帝微服出行到夜間回來,何湯緊閉城門不放他進來,朝廷因而嘉獎他。

37　穀水又東流經國子太學石經北。《周禮》有國學,教授禮儀法度。《學記》說:古時家庭有私塾,一黨之中有庠,一遂之中有序,國家則有國學。也就是虞舜時代的大學上庠和小學下庠,夏禹時的大學東序和小學西序,殷商時的大學右學和小學左學,周朝時的大學東膠和小學虞庠。《王制》說:把退休的卿大夫供養在上庠,把士人的老者供養在下庠,所以有太學、小學來教公卿大夫的子弟,稱為國子。漢魏以來,在國子堂東設置太學。東漢靈帝光和六年(公元一八三年),把《五經》刻在石碑上,立在太學講堂前面,都在偏東的一側。

38　熹平四年(公元一七五年),蔡邕與五官中郎將堂谿典,光祿大夫楊賜,諫議大夫馬日磾,議郎張馴、韓說,太史令單颺等,上書請求訂正《六經》文字,得到靈帝的批准。於是蔡邕親筆用朱砂寫在碑上,叫石匠去刻,碑成後就立在太學門外。於是後輩的儒生學者,就都以此作為訂正經文的標準。碑剛立好時,人們紛紛前來觀看和抄寫,每天來的車子多達千餘輛,把街巷都堵塞了。現在碑上都刻著蔡邕等人的姓名。魏正始年間(公元二四〇—二四九年),又立了古文、篆書和隸書三種字體的《三字石經》。古文是黃帝時創造出來的,倉頡依照鳥的足跡造字,加以發展變化,所以文字有六書的造字規律。自從秦朝採用篆書,焚燒了前朝的典籍以來,古文就失傳了。魯恭王在孔子故宅裡發現一批古代經書,當時不知道有古文,把它稱為蝌蚪文,大概是因形狀像蝌蚪所以取名的,於是就仿照這種字體來書寫。據說大篆起於周宣王時,是史籀所創。平王東遷後,文字錯亂反常,秦時李斯和胡母敬又把史籀文字加以改造,稱為小篆,於是有了大篆和小篆。但許慎的《字說》,專門解釋篆文,而不以古文為依據。他說古代隸書起源於秦代,篆文筆畫繁複,不適應於繁忙的政務,所以就採用差役的簡筆字體,稱為隸書。也有人說這就是程邈在雲陽增減筆畫整理而成的,稱為隸書,是篆文的簡化。孫暢之曾聽到青州刺史傅弘仁說:臨淄人發掘古墓,掘出了一口桐棺,桐棺前端外側刻有隸字,說是齊太公六世孫胡公的棺槨,只有三個字是古文,其餘都與今文相同。這證明了隸書自古就有了,並非創始於秦時。魏初,傳習古文的人是邯鄲淳培養出來的。但《石經》的古文卻不依邯鄲淳的筆法。《石經》碑文立於廳堂西側,碑長八尺,寬四尺,下有成排的石座。碑共四十八塊,從頭到尾排開長達三十丈。魏明帝又刻了六塊《典論》碑文,附在旁邊。陸機說:又有一塊刻有《太學贊》的碑,立在講堂西頭,下有"石龜碑",上面刻著蔡邕、韓說、堂谿典等人的姓名。又有一塊刻有《太學弟子贊》的碑,立在外門中間。現在這兩塊碑都不存在了。《石經》以東有一塊碑,是漢順帝陽嘉元年(公元一三二年)所立,碑文說:建武二十七年(公元五一年)創建太學,年久逐漸毀壞。永建六年(公元一三一年)九月,詔書修建太學,刻碑記年,共費人工十一萬二千,陽嘉元年八月竣工。碑的南面刻了頌詞。正反兩面刻的字都還完好無損。漢《石經》北,有晉"辟雍行禮碑",是泰始二年(公元二六六年)所立,已經攔腰折斷了。但時代不同,物換星移,《石經》也已殘缺不全了,至今所存不過半數,要想把它永遠留傳下去,實在不免令人失望了。查考典籍,古代有辟雍、明堂、靈臺等所謂的三雍,但今天有靈臺、太學,卻沒有辟雍所在之處。晉永嘉年間(公元三○七—三一三年),王彌、劉曜打進洛陽,焚毀了二學,但遺址依稀仍在。

39　穀水在城東南角分支北流,經青陽門東,就是舊時的清明門,又稱稅門,也叫芒門。又北流經東陽門東,就是舊時的中東門。又北流經舊時的太倉西。《洛陽地記》說:大城東有太倉,倉下運糧船隻常以千計,說的就是此處。又北流入洛陽溝。穀水又東流,左岸分支流出積成池沼,又東流,右岸分支流出成為方湖。方湖東西一百九十步,南北七十步,從前水衡署就在這裡。穀水又東流南轉,然後折而東流,這一段叫阮曲,據說是阮嗣宗故居所在地。穀水又往東,注入鴻池陂。《百官志》說:鴻池是池名,在洛陽以東二十里,有丞一人,薪俸二百石。池東西一千步,南北一千一百步,四周有塘,池中又有東西走向的橫塘,水流可以相通。所以李尤《鴻池陂銘》說:鴻澤的陂塘,是聖王所築,引水往東流注,從城池中流出。

40　水又東流,在左岸匯合七里澗。《晉後略》說:成都王司馬穎派吳人陸機為前鋒都督,出兵討伐京師。因為他輕率冒進,被洛陽軍隊乘機攻擊,在鹿苑打了個大敗仗,士兵自相踐踏,在護城河和七里澗死了很多人,把澗都填滿了。指的就是這條澗。澗上有石橋,就是旅人橋。從前孫登不想在洛陽久住,他知道楊氏眼前雖然榮華富貴,但不會有好結果,因而想退隱到鄉野山林裡去,終於沒沒無聞地死去了,楊駿把他埋葬在石橋東邊。不久以後楊駿也死了。《搜神記》說:太康(公元二八〇—二八九年)末年,京城洛陽開始唱《折楊》的歌,歌中有描寫戰爭之苦的詞句。楊駿後來被殺,太后也被幽禁而死,《折楊》真的應驗了。

41　這裡的幾座橋都是用石塊砌成的,巍峨壯麗,石工製作也極好,雖然隨著時光的流逝而略有損毀,但行人來往仍然無礙。《朱超石與兄書》說:橋離洛陽宮六七里,全用大石築成,下面砌成圓拱門,以通水流,可容大船通過。橋上題字說:太康三年(公元二八二年)十一月初開工,每日需用七萬五千人工,到次年四月底建成。這座橋曾崩了幾丈,以後重新進行了修補,現在所刻文字已經不存了。

42　陽渠水又東流經漢廣野君酈食其廟南。廟在北山上,就是成公綏所說的偃師西山。山上還留有舊廟基,廟宇朝東,門前有兩尊石人相對而立,北側石人胸前刻的字是:門亭長。石人西邊有兩座石闕,雖然已經破毀,但還有一丈多高。石闕西邊就是廟宇的舊基,廟基前面有石碑,文字已剝蝕缺損,看也看不清楚了。子安景仰酈食其萬古不朽的令名,對神像讚美他高潔堅貞的節操,但這篇碑文卻殘缺了。

43　陽渠水又東流經亳殷南,從前盤庚遷都於此,把商改名為殷就是由此開始的。班固說:尸鄉,從前曾是殷湯建都的地方,所以又稱湯亭。薛瓚《漢書注》、皇甫謐《帝王世紀》都以為不是殷湯,而是帝嚳建都的地方。《晉太康記》、《地道記》都說田橫死在此亭,所以改名尸鄉,其實不是。我查考司馬彪《郡國志》,認為這就是《春秋》的尸氏,那裡的沼澤荒野背依高地,城郭兩邊墳墓很多,就是陸士衡與王輔嗣相遇的地方。袁氏《王陸詩敘》:陸機初到洛陽時,途中在河南偃師過夜。當時忽然烏雲密布,看見道路左邊好像有人家,於是就去投宿。他看見一個少年,風姿神態端莊而有點深不可測的樣子。他與陸機談論玄學,陸機很佩服他的才能,而無法駁倒他,於是提出一個論辯題目。陸機列舉了古往今來的許多史事,從名實上進行檢討,這位少年卻不很喜歡,也不很理解。天將破曉時,陸機就告別上路了,在一家旅店裡歇息。老闆娘問道:您昨晚在哪裡住宿的? 這裡往東好幾十里都沒有村莊,只有山陽王家的墳墓呀。陸機於是感到又驚異又惆悵,回頭遙望昨日走過來的道路,只見一片空荒的原野和慘戚的陰雲,高高的樹叢蔭天蔽日,這才知道昨晚所遇的少年,一定是王弼了。

44　這座山就是祝雞翁的故居。《搜神記》說:祝雞翁是洛陽人,住在尸鄉北山下,養雞百餘年,雞數達到一千餘隻,每隻雞都有名字,要想捉雞時,只要叫牠的名字,那隻雞就會從雞群裡走到他面前。後來他到了吳山,就不知去向了。穀水又東流經偃師城南。皇甫謐說:帝嚳建都於亳,就是偃師。王莽稱為師氏。穀水又東流,注入洛水。

甘　水

甘水出弘農宜陽縣鹿蹄山，

山在河南陸渾縣故城西北，俗謂之縱山。水之所導，發于山曲之中，故世人目其所爲甘掌焉。

東北至河南縣南，北入洛。

甘水發源東北流，北屈逕一故城東，在非山上，世謂之石城也。京相璠曰：或云甘水西山上，夷汙而平，有故甘城，在河南城西二十五里，指謂是城也。余按甘水東十許里洛城南，有故甘城焉。北對河南故城，世謂之鑒洛城，鑒、甘聲相近，即故甘城也，爲王子帶之故邑矣。是以昭叔有甘公之稱焉。甘水又與非山水會，水出非山東谷，東流入于甘水。甘水又于河南城西北入洛。《經》言縣南，非也。京相璠曰：今河南縣西南，有甘水，北入洛。斯得之矣。

【語　譯】

甘水出弘農宜陽縣鹿蹄山，

鹿蹄山在河南陸渾縣老城西北，民間稱為縱山。水從山彎中流出，所以世人把那地方稱為甘掌。

東北至河南縣南，北入洛。

甘水發源後東北流，北轉流經一座老城東。城在非山上，世人稱為石城。京相璠說：有人說，甘水所出的西山上面，凹陷而平坦，有舊時的甘城，在河南城以西二十五里，指的就是這座城。我查考甘水東十來里的洛城南，有舊時的甘城，北與河南舊城相對，世人稱為鑒洛城。鑒、甘讀音相近，就是舊時的甘城，是從前王子帶的食邑，所以昭叔有甘公之稱。甘水又與非山水匯合。非山水發源於非山東的山谷，東流注入甘水。甘水又在河南城西北注入洛水。《水經》說從縣南入洛，是搞錯了。京相璠說：現在河南縣西南有甘水，北流注入洛水。這就說對了。

漆　水

漆水出扶風杜陽縣俞山東，北入于渭。

《山海經》曰：瑜次之山，漆水出焉，北流注于渭。蓋自北而南矣。《尚書‧禹貢》、太史公《禹本紀》云：導渭水東北至涇，又東過漆、沮，入于河。孔安國曰：漆、沮，一水名矣，亦曰洛水也，出馮翊北。周太王去邠，度漆踰梁山，止岐下。故《詩》[①]云：民之初生，自土沮、漆。又曰：率西水滸，至于岐下。是符《禹貢》、《本紀》之説。許慎《説文》稱：漆水出右扶風杜陽縣岐山，東入渭，從水，桼聲。又云：一曰漆城池也。潘岳《關中記》[②]曰：關中有涇、渭、灞、滻、酆、鄗、漆、沮之水，酆、鄗、漆、沮四水，在長安西南酆縣，漆、沮皆南注，酆、鄗水北注。《開山圖》曰：麗山西北有溫池。溫池西南八十里岐山，在杜陽北。長安西有渠，謂之漆渠。班固《地理志》云：漆水在漆縣西。闞駰《十三州志》又云：漆水出漆縣西，北至岐山，東入渭。今有水出杜陽縣岐山北漆溪，謂之漆渠，西南流注岐水。但川土奇異，今説互出，考之經史，各有所據，識淺見浮，無以辨之矣。

【注　釋】　①詩　《詩經·大雅·緜》。②關中記　書名。《兩唐志》著錄一卷，晉潘岳撰。已亡佚，輯本收入於宛委山堂《說郛》弓六十一及《擊淡廬叢稿》等，均一卷。

【語　譯】

漆水出扶風杜陽縣俞山東，北入于渭。

《山海經》說：漆水發源於榆次之山，北流注入渭水。這裡的意思是說水是從北往南流的。《尚書·禹貢》、太史公《禹本紀》說：疏導渭水東北流到涇水，又東流過漆沮，注入河水。孔安國說：漆沮是一條水的名稱，又叫洛水，發源於馮翊以北。周太王離開邠，渡過漆水，翻過梁山，就在岐山腳下停下來。所以《詩經》說：先人創業之初，從土水來到漆水之濱。又說：從邠西的岸邊，來到岐山腳下。這些話都與《禹貢》、《本紀》的說法相符。許慎《說文》說：漆水發源於右扶風郡杜陽縣的岐山，東流注入渭水。漆字偏旁從水，音桼。又說：又名漆城池。潘岳《關中記》說：關中有涇、渭、灞、滻、酆、鄗、漆、沮等水。酆、鄗、漆、沮四條水，在長安西南的酆縣，漆水、沮水都南流，酆水、鄗水則北注。《開山圖》說：麗山西北有溫池。溫池西南八十里的岐山，在杜陽北方。長安西有一條渠道，叫漆渠。班固《地理志》說：漆水在漆縣西。闞駰《十三州志》又說：漆水發源於漆縣西，北流到岐山，東流注入渭水。現在有一條水，發源於杜陽縣岐山北麓的漆溪，稱為漆渠，西南流，注入岐水。但川流與地區變遷很大，諸說紛紜，查核經史，又人人都有依據。我本人見識淺陋，也無從鑑別孰是孰非了。

滻　水

滻水出京兆藍田谷，北入于灞。

《地理志》曰：滻水出南陵縣之藍田谷，西北流與一水合，水出西南莽谷，東北流注滻水。滻水又北歷藍田川，北流注于灞水。《地理志》曰：滻水北至霸陵入霸水。

【語　譯】

滻水出京兆藍田谷，北入于灞。

《地理志》說：滻水發源於南陵縣的藍田谷，西北流，匯合了一條水。此水發源於西南方的莽谷，東北流注入滻水。滻水又北流穿過藍田川，北流注入灞水。《地理志》說：滻水北流到霸陵注入霸水。

沮　水

沮水出北地直路縣，東過馮翊祋祤縣北，東入于洛。

《地理志》曰：沮出直路縣西，東入洛。今水自直路縣東南，逕譙石山東南流，歷檀臺川，俗謂之檀臺水。屈而夾山西流，又西南逕宜君川，世又謂之宜君水。又得黃嶔水口，水西北出雲陽縣石門山黃嶔谷，東南流注宜君水。又東南流逕祋祤縣故城西，縣以漢景帝二年置，其水南合銅官水，水出縣東北，西南逕銅官川，謂之銅官水。又西南流逕祋祤縣東，西南流逕其城南原下，而西南注宜君水。宜君水又南出土門山西，又謂之沮水。又東南歷土門南原下，東逕懷德城南，城在北原上。又東逕漢太上皇陵北，陵在南原上。

沮水東注鄭渠。昔韓欲令秦無東伐，使水工鄭國間秦鑿涇引水，謂之鄭渠。渠首上承涇水于中山西邸瓠口，所謂瓠中也。《爾雅》以爲周焦穫矣。爲渠立北山，東注洛三百餘里，欲以漑田。中作而覺，秦欲殺鄭國，鄭國曰：始臣爲間，然渠亦秦之利。卒使就渠，渠成而用注填閼之水，漑澤鹵之地四萬餘頃，皆畮一鍾，關中沃野，無復凶年，秦以富彊，卒并諸侯，命曰鄭渠。

渠瀆東逕宜秋城北，又東逕中山南。《河渠書》曰：鑿涇水自中山西。《封禪書》：漢武帝獲寶鼎于汾陰，將薦之甘泉，鼎至中山，氤氳有黃雲蓋焉。徐廣《史記音義》曰：關中有中山，非冀州者也。指證此山，俗謂之仲山，非也。鄭渠又東逕捨車宮南絶冶谷水。鄭渠故凟又東逕巀嶭山南,池陽縣故城北,又東絶清水。又東逕北原下,濁水注焉。自濁水以上,今無水。濁水上承雲陽縣東大黑泉,東南流,謂之濁谷水,又東南出原,注鄭渠。又東歷原,逕曲梁城北,又東逕太上陵南原下,北屈逕原東與沮水合,分爲二水,一水東南出,即濁水也。至白渠與澤泉合,俗謂之漆水,又謂之爲漆沮水。絶白渠,東逕萬年縣故城北爲櫟陽渠。城,即櫟陽宮也。漢高帝葬皇考于是縣,起墳陵,署邑號,改曰萬年也。《地理志》曰:馮翊萬年縣,高帝置,王莽曰異赤也。故徐廣《史記音義》曰:櫟陽,今萬年矣。闞駰曰:縣西有涇、渭,北有小河。謂此水也。其水又南屈,更名石川水,又西南逕郭菠城西與白渠枝渠合,又南入于渭水也。其一水東出,即沮水也。東與澤泉合,水出沮東澤中,與沮水隔原,相去十五里,俗謂是水爲漆水也。東流逕薄昭墓南,冢在北原上。又逕懷德城北,東南注鄭渠,合沮水。又自沮直絶注濁水,至白渠合焉,故濁水得漆沮之名也。沮循鄭渠,東逕當道城南,城在頻陽縣故城南,頻陽宮也,秦厲公置。城北有頻山,山有漢武帝殿,以石架之。縣在山南,故曰頻陽也。應劭曰:縣在頻水之陽。今縣之左右,無水以應之,所可當者,惟鄭渠與沮水。又東逕蓮芍縣故城北,《十三州志》曰:縣以草受名也。沮水又東逕漢光武故城北,又東逕粟邑縣故城北,王莽更名粟城也。後漢封騎都尉耿夔爲侯國。其水又東北流,注于洛水也。

【語　譯】

沮水出北地直路縣,東過馮翊祋祤縣北,東入于洛。

《地理志》說:沮水發源於直路縣西,東流注入洛水。現在沮水從直路縣東南流,經譙石山東南流,穿過檀臺川,民間稱檀臺水。轉彎在兩山之間西流,又西南流經宜君川,世人又稱為宜君水。又流到黃嶔水口。黃嶔水發源於西北方雲陽縣石門山的黃嶔谷,東南流,注入宜君水。又往東南流經祋祤縣老城西,祋祤縣置於漢景帝二年(公元前一五五年),南流與銅官水匯合。銅官水發源於縣城東北,往西南流經銅官川,稱為銅官水。又往西南流經祋祤縣東,往西南流經縣城南原下,然後往西南注入宜君水。宜君水又南流從土門山西流而出,又稱沮水。又東南流,穿過土門南原下,東流經懷德城南,城在北原上。又東流經漢太上皇陵北,陵墓在南原上。

沮水東流注入鄭渠。從前韓國想使秦國不打到東方來,派了水利工程人員鄭國去刺探秦國,開渠引入涇水,稱為鄭渠。水渠上口在中山西的邸瓠口承接涇水,就是所謂的瓠中。《爾雅》以為這是周的焦穫。鄭國傍著北山開渠,往東注入洛水,渠長三百餘里,企圖用以灌溉田地。工程進行期間,被秦發覺了。秦想殺掉鄭國,鄭國說:我當初雖然是來做間諜,但開了這條渠道對秦國也有利。於是秦就讓他把渠道開好。渠道完工之後,引了帶有淤泥的水來灌溉鹽鹼地四萬餘頃,每畝收穫高達一鍾,關中成為一片沃野,不再有荒年,秦國因而富強起來,最後吞併了諸侯。於是這條水渠就被命名為鄭渠。

渠道東流通過宜秋城北,又東流通過中山南。《河渠書》說:從中山西開渠引涇水。《封禪書》說:漢武帝在汾陰得到寶鼎,想送到甘泉宮去獻祭,到了中山時,升起一片黃雲,彌漫開來籠罩在鼎上。徐廣《史記音義》說:關中有中山,不是冀州的中山。這裡指的就是此山,民間稱為仲山,是不對的。鄭渠又東流經捨車宮南,穿過冶谷水。鄭渠舊道又東流經巀嶭山南、池陽縣舊城北,又東流橫穿過清水,又東流經北原下,有濁水注入。從濁水入口處起,上流現在已經乾涸無水了。濁水上流承接雲陽縣東的大黑泉,東南流稱為濁谷水,又東南流出高地,注入鄭渠。又往東通過高地,流經曲梁城北,又東流經太上陵南原下,北轉流經高地以東與沮水匯合。然後又分成兩條。一條往東南分出,就是濁水,到了白渠與澤泉匯合,民間稱為漆水,又稱漆沮水。此水橫穿過白渠,東流經萬年縣舊城北,叫櫟陽渠。舊城就是櫟陽宮所在地。漢高帝把他父親葬在櫟陽縣,建造了陵墓,並把城名改為萬年。《地理志》說:馮翊郡萬年縣,是漢高帝所置,王莽稱為異赤。所以徐廣《史記音義》說:櫟陽,就是現在的萬年。闞駰說:縣西有涇水、渭水,北有小河,指的就是此水。水又南轉,改名為石川水。又西南流經郭猨城西,與白渠支渠匯合,又往南注入渭水。另一條東流,就是沮水,東流與澤泉匯合。澤泉發源於沮水東的沼澤中,與沮水隔著一片高地,相距十五里,民間稱此水為漆水,東流經薄昭墓南。墓在北原上。又流經懷德城北,東南流注入鄭渠,與沮水匯合。又從沮水直穿而過,注入濁水,到白渠相匯合,所以濁水得了漆沮這個名稱。沮水循著鄭渠,東流經當道城南。當道城在頻陽縣老城南,是秦厲公所建頻陽宮的所在地。城北有頻山,山上有漢武帝殿,是用石材構架而成。縣城在山南,所以叫頻陽。應劭說:縣城在頻水以北。現在縣城附近一帶沒有一條相應的水,約略與之相當的,只有鄭渠與沮水罷了。水又東流經蓮芍縣老城北。《十三州志》說:該縣是以草得名的。沮水又東流經漢光武帝老城北,又東流經粟邑縣老城北,王莽把它改名為粟城。後漢把粟邑封給騎都尉耿夔為侯國。水又往東北流,注入洛水。

【研　析】《水經注》全書中,小水大注,《穀水》當是其中第一。在《經》文"又東過河南縣北,東南入于洛"下,《注》文長達七千餘言,是全書第一長注,實在就是一篇完整的北魏洛陽城市地理。從"洛陽十二門"起,舉凡城垣、郊廓、街市、衢路、川渠、橋梁、宮殿、樓閣、寺廟、浮圖、園林勝景以至碑碣古蹟、歷史掌故等等,無一不在《注》中。酈氏撰《注》,除了山川景物是他特長以外,也非常重視城市都會。當時學術界雖然流行很多描述都城的所謂"都賦",但這類韻文體裁的詩賦,除了詞藻以外,內容實在都很空泛,所以他曾在卷首《序》中抱怨:"都賦所述,裁不宣意。"儘管他在《注》文中引用了當時可見的許多都賦,但是要從這類詩賦中記敘都城的細節實屬不能。他曾在《濁漳水注》和《穀水注》提出了當時的所謂"五都",這"五都"都是歷來著名的都城,而且除了蜀中的成都以外,都曾為他所親歷。只是因為這些都城興建時代距北魏都已稍遠,他只能利用所見遺跡和所存文獻記敘,例如對於鄴城,他確實盡了很大努力,但仍不能盡如人意。在全書記敘的所有都城中,除了北魏舊都平城以外,把一座都城詳敘細述和盤托出的唯有洛陽。而時隔四十餘年,羊衒之重去洛陽時,全城已經成為一片廢墟。以《穀水注》與《洛陽伽藍記》對比,令人不勝感慨。所以《穀水注》對於洛陽在公元六世紀初的記敘,是中國在歷史都城中十分珍貴的文獻。今天,我們在中國古都,特別是洛陽歷史地理的研究中,《穀水注》仍然是權威資料。

卷十七 渭水

【題　解】　渭水今稱渭河,是黄河的最大支流,發源於甘肅定西與臨洮之間的馬銜山,東流經陝西,在潼關縣風陵渡注入黄河。全長八百餘公里,流域面積一百三十餘萬平方公里。現存《水經注》的卷篇設置,已非宋初缺佚前原貌。今《渭水》分成三卷,其中卷十八《渭水》在全書四十卷中篇幅最為短小,所以分析之跡甚明。江、河、淮、濟都是單獨入海的巨川,《河水》五卷,《江水》三卷,《淮水》一卷,《濟水》二卷,此外分卷者還有《沔水》三卷,但第三卷實為《江水》的第四卷。渭水雖是黄河的最大支流,流域中又有周、秦、漢首都,分卷屬於順理,但估計不可能與《江水》等同。《渭水》可能分為二卷,《涇水》與《(北)洛水》合為一卷,因後二水亡佚,故《渭水》衍為三卷。不過本卷敘渭水發源地隴西郡首陽縣(今甘肅渭源附近)到陳倉(今陝西寶雞附近),屬於渭水上游,是《渭水》的重要一篇。

渭水出隴西首陽縣渭谷亭南鳥鼠山①,

1　渭水出首陽縣首陽山渭首亭南谷,山在鳥鼠山西北。此縣有高城嶺,嶺上有城,號渭源城,渭水出焉。三源合注,東北流逕首陽縣西與別源合,水南出鳥鼠山渭水谷,《尚書·禹貢》所謂渭出鳥鼠者也。《地説》曰:鳥鼠山,同穴之枝榦也。渭水出其中,東北過同穴枝間,既言其過,明非一山也。又東北流而會于殊源也。渭水東南流,逕首陽縣南,右得封溪水,次南得廣相溪水,次東得共谷水,左則天馬溪水,次南則伯陽谷水,竝參差翼注,亂流東南出矣。

東北過襄武縣北,

2　廣陽水出西山,二源合注,共成一川,東北流注于渭。渭水又東南逕襄武縣東北,荊頭川水入焉。水出襄武西南鳥鼠山荊谷,東北逕襄武縣故城北,王莽更名相桓。漢護羌校尉溫序行部,爲隗囂部將苟宇所拘,銜鬚自刎處也。其水東北流注于渭。渭水常若東南,不東北也。又東,枲水注之,水出西南雀富谷,東北逕襄武縣南,東北流入于渭。《魏志》稱,咸熙二年,襄武上言,大人見,身長三丈餘,跡長三尺二寸,白髮,著黃單衣巾,拄杖呼民王,始語云:今當太平,十二月天祿永終,歷數在晉。遂遷魏而事晉。

又東過獂道縣南,

3　右則岑溪水,次則同水,俱左注之,次則過水右注之。渭水又東南逕獂道縣故城西,昔秦孝公西斬戎之獂王,應劭曰:獂,戎邑也。漢靈帝中平五年,別爲南安郡,赤亭水出郡之東山赤谷,西流逕城北,南入渭水。渭水又逕城南得粟水,水出西南安都谷,東北流注于渭。渭水又東,新興川水出西南鳥鼠山,二源合舍,東北流與彰川合,水出西南溪下,東北至彰縣南,本屬故道候尉治,後漢縣之,永元元年,和帝封耿秉爲侯國也。萬年川水出南山,東北流注之,又東北注新興川,又東北逕新興縣北,《晉書・地道記》,南安之屬縣也。其水又東北與南川水合,水出西南山下,東北合北水,又東北注于渭水。渭水又東逕武城縣[②]西,武城川水入焉。津源所導,出鹿部西山,兩源合注,東北流逕鹿部南,亦謂之鹿部水。又東北,昌丘水出西南丘下,東北注武城水,亂流東北注渭水。渭水又東入武陽川,又有關城川水出南,安城谷水出北,兩川參差注渭水。渭水又東,有落門西山東流三谷水注之,三川統一,東北流注于渭水。有落門聚,昔馮異攻落門,未拔而薨。建武十年,來歙又攻之,擒隗囂子純,隴右平。渭水自落門東至黑水峽,左右六水夾注:左則武陽溪水,次東得土門谷水,俱出北山,南流入渭;右則溫谷水,次東有故城溪水,次東有閭里溪水,亦名習溪水,次東有黑水,竝出南山,北流入渭。渭水又東出黑水峽,歷冀川。

又東過冀縣北,

4　渭水自黑水峽至岑峽,南北十一水注之。北則溫谷水,導平襄縣南山溫溪,東北流逕平襄縣故城南,故襄戎邑也,王莽之所謂平相矣。其水東南流,歷三堆南,又東流南屈,歷黃槐川,梗津渠,冬則輟流,春夏水盛,則通川注渭。次則牛谷水,南入渭水。南有長塹谷水,次東有安蒲溪水,次東有衣谷水,竝南出朱圉山,山在梧中聚,有石鼓,不擊自鳴,鳴則兵起。漢成帝鴻嘉三年,天水冀南山有大石自鳴,聲隱隱如雷,有頃止,聞于平襄二百四十里,野雞皆鳴,石長丈三尺,廣厚略等。著崖脅,去地百餘丈,民俗名曰石鼓,石鼓鳴則有兵。是歲廣漢鉗子[3]攻死囚,盜庫兵,略吏民,衣繡衣,自號爲仙君,黨與漫廣,明年冬伏誅,自歸者三千餘人。信而有徵矣。

5　其水北逕冀縣城北,秦武公十年伐冀戎,縣之,故天水郡治,王莽更名鎮戎,縣曰冀治。漢明帝永平十七年,改曰漢陽郡,城,即隗囂稱西伯所居也。後漢馬超之圍冀也,涼州別駕閻伯儉潛出水中,將告急夏侯淵,爲超所擒,令告城無救,伯儉曰:大軍方至,咸稱萬歲。超怒數之,伯儉曰:卿欲令長者出不義之言乎? 遂殺之。

6　渭水又東合冀水,水出冀谷。次東有濁谷水,次東有當里溪水,次東有託里水,次東有渠谷水,次東有黃土川水,俱出南山,北逕冀城東,而北流注于渭。渭水又東出岑峽,入新陽川,逕新陽下城南,溪谷、赤蒿二水竝出南山,東北入渭水。渭水又東與新陽崖水合,即隴水也,東北出隴山。其水西流右逕瓦亭南,隗囂聞略陽陷,使牛邯守瓦亭,即此亭也。一水亦出隴山,東南流歷瓦亭北,又西南合爲一水,謂之瓦亭川。西南流逕清賓溪北,又西南與黑水合。水出黑城北,西南逕黑城西,西南流,莫吾南川水注之,水東北出隴垂,西南流歷黑城,南注黑水。黑水西南出懸鏡峽,又西南入瓦亭水。又有濋水,自西來會,世謂之鹿角口。又南逕阿陽縣故城東,中平元年,北地羌胡與邊章侵隴右,漢陽長史蓋勳屯阿陽以拒賊,即此城也。其水又南與燕無水合,水源延發東山,西注瓦亭水。瓦亭水又南,左會方城川,西注瓦亭水。瓦亭水又南逕成紀縣東,歷長離川,謂之長離水。右與成紀水合,水導源西北當亭川,東流出破石峽,津流遂斷,故瀆東逕成紀縣,故帝太皞、庖犧所生之處也。漢以爲天水郡,縣,王莽之阿陽郡治也。又東,潛源隱發,通入成紀水,東南入瓦亭水。瓦亭水又東南,與受渠水相會,水東出大隴山,西逕受渠亭北,又西南入瓦亭水。

7　瓦亭水又西南流,歷僵人峽,路側巖上有死人僵尸巒穴,故岫壑取名焉。釋鞌就穴直上,可百餘仞,石路透迤,劣通單步,僵尸倚窟,枯骨尚全,惟無膚髮而已。訪其川居之士,云其鄉中父老作童兒時,已聞其長舊傳,此當是數百年骸矣。

8　其水又西南,與略陽川水合,水出隴山香谷西,西流,右則單溪西注,左則閣川水入焉。其水又西歷蒲池郊,石魯水出東南石魯溪,西北注之。其水又西歷略陽川,西得破社谷水,次西得平相谷水,又西得金里谷水,又西得南室水,又西得躓谷水,竝出南山,北流于略陽城東,揚波北注川水。又西逕略陽道故城北,埿渠水出南山,北逕埿峽北入城。

9　建武八年,中郎將來歙與祭遵所部護軍王忠、右輔將軍朱寵,將二千人,皆持卤刀斧,自安民縣之楊城。元始二年,平帝罷安定溥沱苑以爲安民縣,起官寺市里,從番須、回中伐樹木,開山道至略陽,夜襲擊囂拒守將金梁等,皆殺之,因保其城。隗囂聞略陽陷,悉衆以攻歙,激水灌城,光武親將救之,囂走西城,世祖與來歙會于此。其水自城北注川,一水二川,蓋囂所堨以灌略陽也。

10　川水西得白楊泉,又西得蒲谷水,又西得蒲谷西川,又西得龍尾溪水,與蒲谷水合,俱出南山,飛清北入川水。川水又西南得水洛口,水源東導隴山,西逕水洛亭,西南流,又得犢奴水口,水出隴山,西逕犢奴川,又西逕水洛亭南,西北注之,亂流西南逕石門峽,謂之石門水,西南注略陽川。略陽川水又西北流入瓦亭水。瓦亭水又西南出顯親峽,石宕水注之,水出北山,山上有女媧祠,庖羲之後有帝女媧焉,與神農爲三皇矣。其水南流注瓦亭水。瓦亭水又西南逕顯親縣故城東南,漢封大鴻臚竇固爲侯國。自石宕次得蝦蟆溪水,次得金黑水,又得宜都溪水,咸出左右,參差相入瓦亭水。又東南合安夷川口,水源東出胡谷,西北流歷夷水川,與東陽川水會,謂之取陽交。又西得何宕川水,又西得羅漢水,竝自東北、西南注夷水,夷水又西逕顯親縣南,西注瓦亭水。瓦亭水又東南得大華谷水。又東南得折里溪水,又東得六谷水,皆出近溪湍峽,注瓦亭水。又東南出新陽峽,崖岫壁立,水出其間,謂之新陽崖水,又東南注于渭也。

又東過上邽縣,

11　渭水東歷縣北邽山之陰,流逕固嶺東北,東南流,蘭渠川水出自北山,帶佩衆溪,南流注于渭。渭水東南與神澗水合,《開山圖》所謂靈泉池也,俗名之爲萬石灣,淵深不測,寔爲靈異,先後漫遊者,多罹其斃。渭水又東南得歷泉水,水北出歷泉溪,東南流注于渭。

12　渭水又東南出橋亭西,又南得藉水口,水出西山,百澗聲流,總成一川,東歷當亭川,即當亭縣治也。左則當亭水,右則曾席水注之。又東與大弁川水合,水出西山,二源合注,東歷大弁川,東南流注于藉水。藉水又東南流與竹嶺水合,水出南山竹嶺,二源同瀉,東北入藉水。藉水又東北逕上邽縣,左佩四水,東會占溪水,次東有大魯谷水,次東得小魯谷水,次東有楊反谷水,咸自北山,流注藉水。藉水右帶四水:竹嶺東得亂石溪水,次東得木門谷水,次東得羅城溪水,次東得山谷水,皆導源南山,北流入藉水。藉水又東,黃瓜水注之,其水發源黃瓜西谷,東流逕黃瓜縣北,又東,清溪、白水左右夾注,又東北,大旱谷水南出旱溪,歷澗北流,泉溪委漾,同注黃瓜水。黃瓜水又東北歷赤谷,咸歸于藉。藉水又東得毛泉谷水,又東逕上邽城南,得覇泉水,竝出南山,北流注于藉。

13　藉水即洋水也。北有濛水注焉，水出縣西北邽山，翼帶衆流，積以成溪，東流南屈，逕上邽縣故城西，側城南出。上邽，故邽戎國也。秦武公十年伐邽，縣之，舊天水郡治。五城相接，北城中有湖水，有白龍出是湖，風雨隨之，故漢武帝元鼎三年，改爲天水郡。其鄉居悉以板蓋屋，《詩》④所謂西戎板屋也。濛水又南注藉水，《山海經》曰：邽山，濛水出焉，而南流注于洋，謂是水也。藉水又東得陽谷水，又得宕谷水，並自南山，北入于藉。藉水又東合段溪水，水出西南馬門溪，東北流合藉水。藉水又東入于渭。

14　渭水又歷橋亭南，而逕綿諸縣東，與東亭水合，亦謂之爲橋水也，清水又或爲通稱矣。水源東發小隴山，衆川瀉注，統成一水，西入東亭川爲東亭水，與小祗、大祗二水合。又西北得南神谷水，三川並出東南，差池瀉注。又有埋蒲水，翼帶二川，與延水並西南注東亭水。東亭水又西，右則歡溝水，次西得麴谷水，水出東南，二溪西北流，注東亭川。東亭川水右則溫谷水出小隴山，又西，莎谷水出南山莎溪，西南注東亭川水。東亭川水又西得清水口，水導源東北隴山，二源俱發，西南出隴口，合成一水，西南流歷細野峽，逕清池谷，又逕清水縣故城東，王莽之識睦縣矣。其水西南合東亭川，自下亦通謂之清水矣。又逕清水城南，又西與秦水合，水出東北大隴山秦谷，二源雙導，歷三泉，合成一水，而歷秦川。川有故秦亭，秦仲所封也，秦之爲號，始自是矣。秦水西逕降隴縣故城南，又西南，自亥、松多二水出隴山，合而西南流，逕降隴城北，又西南注秦水。秦水又西南歷隴川，逕六槃口，過清水城，西南注清水。清水上下，咸謂之秦川。又西，羌水注焉，水北出羌谷，引納衆流，合以成溪。潗水星會，謂之小羌水。西南流，左則長谷水西南注之，右則東部水東南入焉。羌水又南入清水。清水又西南得綿諸水口，其水導源西北綿諸溪，東南有長思水，北出長思溪，南入綿諸水。又東南歷綿諸道故城北，東南入清水。清水東南注渭。

15　渭水又東南合涇谷水，水出西南涇谷之山，東北流與橫水合，水出東南橫谷，西北逕橫水壙，又西北入涇谷水，亂流西北出涇谷峽，又西北，軒轅谷水注之，水出南山軒轅溪，南安姚瞻以爲黄帝生于天水，在上邽城東七十里軒轅谷。皇甫謐云：生壽丘，丘在魯東門北。未知孰是也。其水北流注涇谷水。涇谷水又西北，白城溪東北流，白娥泉水出其西，東注白城水。白城水又東北入涇谷水，涇谷水又東北歷董亭下，楊難當使兄子保宗鎮董亭，即是亭也。其水東北流注于渭。《山海經》曰：涇谷之山，涇水出焉，東南流注于渭是也。

16　渭水又東，伯陽谷水入焉，水出刑馬之山伯陽谷，北流，白水出東南白水溪，西北注伯陽水。伯陽水又西北歷谷，引控羣流，北注渭水。渭水又東歷大利，又東南流，苗谷水注之,水南出刑馬山,北歷平作,西北逕苗谷,屈而東逕伯陽城南,謂之伯陽川,蓋李耳西入,往逕所由,故山原畎谷,往往播其名焉。渭水東南流,眾川瀉浪,鴈次鳴注:左則伯陽東溪水注之,次東得望松水,次東得毛六溪水,次東得皮周谷水,次東得黃杜東溪水,出北山,南入渭水;其右則明谷水,次東得丘谷水,次東得丘谷東溪水,次東有鉗巖谷水,竝出南山,東北注渭。

17　渭水又東南出石門,度小隴山,逕南由縣南,東與楚水合,世所謂長蛇水,水出汧縣之數歷山也。南流逕長蛇戍東,魏和平三年築,徙諸流民以遏隴寇。楚水又南流注于渭。闞駰以是水爲汧水焉。渭水又東,汧、汧二水入焉。余按諸《地志》,汧水出汧縣西北。闞駰《十三州志》與此同,復以汧水爲龍魚水,蓋以其津流逕通而更攝其通稱矣。

18　渭水東入散關,《抱朴子》[5]《神仙傳》[6]曰:老子西出關,關令尹喜候氣,知真人將有西遊者,遇老子,彊令之著書,耳不得已,爲著《道德二經》[7],謂之《老子書》也。有老子廟。干寶《搜神記》云:老子將西入關,關令尹喜好道之士,覩真人當西,乃要之途也。皇甫士安《高士傳》[8]云:老子爲周柱下史,及周衰,乃以官隱,爲周守藏室史,積八十餘年,好無名接,而世莫知其真人也。至周景王十年,孔子年十七,遂適周見老聃。然幽王失道,平王東遷,關以捍移,人以職徙,尹喜候氣,非此明矣。往逕所由,茲焉或可。

19　渭水又東逕西武功北,俗以爲散關城,非也。褚先生乃曰:武功,扶風西界小邑也,蜀口棧道近山,無他豪,易高者是也[9]。渭水又與扞水合,水出周道谷,北逕武都故道縣之故城西,王莽更名曰善治也。故道縣有怒特祠,《列異傳》[10]曰:武都故道縣有怒特祠,云神本南山大梓也,昔秦文公二十七年,伐之,樹瘡隨合,秦文公乃遣四十人持斧斫之,猶不斷。疲士一人,傷足不能去,臥樹下,聞鬼相與言曰:勞攻戰乎?其一曰:足爲勞矣。又曰:秦公必持不休。答曰:其如我何?又曰:赤灰跋于子何如。乃默無言。臥者以告,令士皆赤衣,隨所斫以灰跋,樹斷化爲牛入水,故秦爲立祠。其水又東北歷大散關而入渭水也。渭水又東南,右合南山五溪水,夾澗流注之。

又東過陳倉縣西,

20　縣有陳倉山,山上有陳寶雞鳴祠。昔秦文公感伯陽之言,遊獵于陳倉,遇之于此坂,得若石焉,其色如肝,歸而寶祠之,故曰陳寶。其來也自東南,暉暉聲若雷,野雞皆鳴,故曰雞鳴神也。《地理志》曰:有上公、明星、黃帝孫、舜妻盲冢祠。有羽陽宮,秦武王起。應劭曰:縣氏陳山。姚睦曰:黃帝都陳,言在此。榮氏《開山圖注》曰:伏犧生成紀,徙治陳倉,非陳國所建也。魏明帝遣將軍太原郝昭築陳倉城,成,

諸葛亮圍之。亮使昭鄉人靳祥説之，不下，亮以數萬攻昭千餘人，以雲梯、衝車、地
道逼射昭；昭以火射連石拒之，亮不利而還。今汧水對亮城，是與昭相禦處也。陳
倉水出于陳倉山下，東南流注于渭水。

21　渭水又東與綏陽溪水合，其水上承斜水，水自斜谷分注綏陽溪，北屆陳倉入渭。故
諸葛亮《與兄瑾書》曰：有綏陽小谷，雖山崖絕險，溪水縱橫，難用行軍，昔邏候往
來，要道通入，今使前軍斫治此道，以向陳倉，足以扳連賊勢，使不得分兵東行者也。

22　渭水又東逕郁夷縣故城南，《地理志》曰：有汧水祠，王莽更之曰郁平也。《東觀漢
記》曰：隗囂圍來歙于略陽，世祖詔曰：桃花水出船檥，皆至郁夷、陳倉，分部而進者
也。汧水入焉⑪，水出汧縣之蒲谷鄉弦中谷，決爲弦蒲藪。《爾雅》曰：水決之澤爲
汧，汧之爲名，寔兼斯舉。水有二源，一水出縣西山，世謂之小隴山，巖嶂高險，不
通軌轍，故張衡《四愁詩》⑫曰：我所思兮在漢陽，欲往從之隴坂長。其水東北流，
歷澗，注以成淵，潭漲不測，出五色魚，俗以爲靈，而莫敢採捕，因謂是水爲龍魚水，
自下亦通謂之龍魚川⑬。

23　川水東逕汧縣故城北，《史記》：秦文公東獵汧田，因遂都其地是也。又東歷澤，亂
流爲一。右得白龍泉，泉徑五尺，源穴奮通，淪漪四泄，東北流注于汧。汧水又東
會一水，水發南山西側，俗以此山爲吳山，三峰霞舉，疊秀雲天，崩巒傾返，山頂相
捍，望之恒有落勢。《地理志》曰：吳山在縣西，《古文》⑭以爲汧山也。《國語》所謂
虞矣。山下石穴廣四尺，高七尺，水溢石空，懸波側注，漰濟震盪，發源成川，北流
注于汧。自水會上下，咸謂之爲龍魚川。

24　汧水又東南逕隃麋縣故城南，王莽之扶亭也。昔郭歙恥王莽之徵，而遯跡于斯。
建武四年，光武封耿況爲侯國矣。汧水東南歷慈山，東南逕郁夷縣平陽故城南，
《史記》：秦寧公二年徙平陽。徐廣曰：故郿之平陽亭也。城北有《漢邠州刺史趙融
碑》，靈帝建安元年立。汧水又東流注于渭。

25　渭水之右，磻溪水注之，水出南山兹谷，乘高激流，注于溪中，溪中有泉，謂之兹泉。
泉水潭積，自成淵渚，即《呂氏春秋》所謂太公釣兹泉也。今人謂之丸谷，石壁深
高，幽隍邃密，林障秀阻，人跡罕交。東南隅有一石室，蓋太公所居也。水次平石
釣處，即太公垂釣之所也。其投竿跽餌，兩䠆遺跡猶存，是有磻溪之稱也。其水清
泠神異，北流十二里注于渭，北去維堆城七十里。

26　渭水又東逕積石原，即北原也。青龍二年，諸葛亮出斜谷，司馬懿屯渭南，雍州刺
史郭淮，策亮必爭北原而屯，遂先據之，亮至，果不得上。渭水又東逕五丈原北，
《魏氏春秋》⑮曰：諸葛亮據渭水南原，司馬懿謂諸將曰：亮若出武功，依山東轉者，
是其勇也。若西上五丈原，諸君無事矣。亮果屯此原，與懿相禦。渭水又東逕郿

縣故城南,《地理志》曰:右輔都尉治。《魏春秋》:諸葛亮寇郿,司馬懿據郿拒亮。即此縣也。

27　渭水又東逕郿塢南,《漢獻帝傳》[16]曰:董卓發卒築郿塢,高與長安城等,積穀爲三十年儲。自云:事成,雄據天下;不成,守此足以畢老。其愚如此。

【注　釋】　①鳥鼠山　《經》文首言鳥鼠山,《注》文數言此山。鳥鼠山,又名青雀山,在今甘肅渭源西南十五里。《禹貢》稱為鳥鼠同穴山。在古代對此有許多傳說。《爾雅·釋鳥》:"鳥鼠同穴,其鳥名鵌,其鼠為鼵。"晉郭璞注:"鼵如人家鼠而尾短;鵌似鵽而小,黃黑色。穴入地三四尺,鼠在內,鳥在外。"由於渭水是漢族發祥聚居之地,所以對此水上源特別崇奉,傳說甚多。②武城縣　縣名。上起《漢書·地理志》,下至《魏書·地形志》,均不見記載,按酈氏所注,此縣當然存在,是個正史失載的縣名。③鉗子　受鉗刑的勞役犯人。④詩　《詩經·秦風·小戎》。⑤抱朴子　書名。《隋書·經籍志》著錄內篇二十一卷,外篇三十卷,葛洪撰。今有《道藏》本,作五十卷。清嚴可均《全晉文》亦有輯存。⑥神仙傳　書名。《隋書·經籍志》、《兩唐志》均著錄十卷,葛洪撰。⑦道德二經　書名。《隋書·經籍志》著錄《老子道德經》二卷,周柱下史李耳撰,漢文帝時,河上公注,即是此書。今通行本多為晉王弼注本,作二卷。⑧高士傳　書名。《隋書·經籍志》著錄六卷,皇甫謐撰。《舊唐志》作七卷,《新唐志》作十卷。《御覽》卷五一〇引《高士傳序》:"自堯至魏凡九十餘人。"今存三卷,《四庫提要》有考證。⑨無他豪二句　此二句有脫誤,姑以意度語譯於後。⑩列異傳　書名。《隋書·經籍志》著錄三卷,魏文帝撰。《舊唐志》作張華《列異傳》三卷,《新唐志》作張華《列異傳》一卷。已亡佚,輯本收入於《舊小說》甲集及魯迅《古小說鉤沉》等。⑪汧水入焉　此處有佚文一條。《寰宇記》卷三十三《關西道》八《隴州·吳山縣》引《水經注》:"南由縣有白環水,源出白環谷。"當是此段下佚文。《水經注釋》收此條於卷十九《補涇水注》內,謝鍾英《水經注洛涇二水補》云:"如南由縣有白環水一條,考《寰宇記》,南由縣在隴州西南一百二十里,去涇甚遠,決非《涇水》篇佚文。"《方輿紀要》卷五十五《陝西》四《鳳翔府·隴州·南由縣》云:"州東南百二十里,本漢汧縣地。"則白環水當為汧水支流。汧水見本卷《經》文"又東過陳倉縣西"下《注》文內,則此條當為卷十七《渭水》篇佚文。⑫四愁詩　詩名。《隋書·經籍志》著錄《張衡集》十一卷,後漢張衡撰。《四愁詩》收在集中,見《文選·溫泉賦序》,清嚴可均輯存。⑬龍魚川　此處有佚文一條。陸佃《埤雅》卷一《魚部·龍》引《水經注》:"魚龍以秋日為夜。"或是此段下佚文。⑭古文　此"古文"是否《古文尚書》尚可研究。《水經注疏》不用書名號。《水經注箋》則作"古之汧山也"。五校鈔本亦作"古之汧山也"。趙一清《水經注釋》始作"《古文》以為汧山也"。殿本與《水經注疏》從趙本,但段熙仲點校、陳橋驛復校《水經注疏》,"古文"不加書名號。⑮魏氏春秋　書名。即《魏春秋》。參見本書卷十五《魏春秋》注釋。⑯漢獻帝傳　書名。《隋書·經籍志》著錄有《獻帝春秋》十卷,袁曄撰。《兩唐志》同。又有《漢獻帝起居注》五卷,不知是否此書,或另有他書。

【語　譯】
渭水出隴西首陽縣渭谷亭南鳥鼠山,

1　渭水發源於首陽縣首陽山渭首亭的南谷，首陽山在鳥鼠山西北。該縣有高城嶺，嶺上有城，稱為渭源城。渭水就發源在那裡。三條水源相匯合，東北流經首陽縣西，與另一水源匯合。此水源出南方的鳥鼠山渭水谷。《尚書‧禹貢》所說的渭水發源於鳥鼠山，即指此而言。《地說》說：鳥鼠山是同穴山的支脈。渭水就發源於這座山間，東北流，從同穴山的支脈間流過。既然說流過，那麼顯然就不是同一座山了。又東北流與另一個源頭相匯合。渭水又東南流，流經首陽縣南，右岸匯合了封溪水；稍南，又匯合了廣相溪水；稍東，又匯合了共谷水；左岸有天馬溪水；稍南，有伯陽谷水，諸水都參差不齊地從兩邊注入，向東南亂流而出。

東北過襄武縣北，

2　廣陽水發源於西山，兩個源頭相匯合，成為一條川流，東北流注入渭水。渭水又東南流經襄武縣東北，荊頭川水注入。荊頭川水發源於襄武縣西南鳥鼠山的荊谷，東北流，從襄武縣老城北方流過。王莽把襄武改名為相桓。漢護羌校尉溫序視察下屬，被隗囂部將苟宇拘捕，就在這裡銜鬚自刎。此水東北流注入渭水。渭水總是東南流，而不是東北流的。又東流，枲水注入。枲水發源於南方的雀富谷，東北流經襄武縣南，東北流注入渭水。《魏志》說：咸熙二年（公元二六五年），襄武縣上書說：有個巨人出現，身長三丈餘，足跡長三尺二寸，白髮，穿著黃色的單衣和頭巾，拄著拐杖高呼民王，呼畢才說：現在天下會太平了。到十二月，上天賦予的王位就要永遠終結了，由晉朝來繼承。於是就廢魏轉而尊晉朝。

又東過獂道縣南，

3　右岸有岑溪水，接著有同水，都由左注入；接著又有過水由右注入。渭水又東南流經獂道縣老城西。從前秦孝公西征，殺了戎族的獂王。應劭說：獂，是戎族的城。漢靈帝中平五年（公元一八八年），另設為南安郡。赤亭水發源於南安郡東山的赤谷，西流經城北，南流注入渭水。渭水又流經城南，匯合了粟水。粟水發源於西南方的安都谷，東北流注入渭水。渭水又東流，新興川水發源於西南方的鳥鼠山，兩個源頭相合併，東北流與彰川匯合。彰川發源於西南方的溪潤下，東北流到了彰縣南。彰縣原來隸屬於故道候尉的治所，後漢時設立為縣，永元元年（公元八九年），和帝把該縣封給耿秉為侯國。萬年川水發源於南山，東北流注入彰川，彰川又東北流注入新興川。新興川又東北流經新興縣北。據《晉書‧地道記》，新興縣是南安郡的屬縣。此水又東北流，與南川水匯合。南川水發源於西南方的山下，東北流與北水匯合，又東北流注入渭水。渭水又東流經武城縣西，武城川水注入。武城川水源出鹿部的西山，兩條水源匯合後，往東北流經鹿部南，也叫鹿部水。又東北流，昌丘水發源於西南方的山丘下，東北流注入武城水，亂流往東北注入渭水。渭水又東流進武陽川，又有關城川水來自南方，安城谷水來自北方，這兩條水都參差地注入渭水。渭水又東流，有落門西山東流的三谷水注入。三條水流合為一條，東北流注入渭水。這裡有個落門聚，從前馮異攻打落門，沒有攻下就死了。建武十年（公元三四年），來歙又來攻打，俘獲了隗囂的兒子隗純，平定了隴右。渭水從落門東流到了黑水峽，左右兩邊有六條水接連注入：左邊有武陽溪水，稍東有土門谷水，這兩條水都發源於北山，南流注入渭水；右邊則是溫谷水，稍東有故城溪水，稍東有閭里溪水，又名習溪水，稍東有黑水，都發源於南山，北流注入渭水。渭水又東流出黑水峽，從冀川流過。

又東過冀縣北，

4　渭水從黑水峽到岑峽，南北共有十一條水注入。北方有溫谷水，導源於平襄縣南山的溫溪，往東北流經平襄縣老城南，就是從前的襄戎城。王莽則稱平相。溫谷水東南流，從三堆南流過，又東流南轉，流過黃槐川，水流有點梗塞，冬天則完全斷流；到了春夏水流豐沛時，才能通暢地注入渭水。接著有牛谷水，南流注入渭水。南方有長塹谷水，稍東有安蒲溪水，稍東有衣谷水，都發源於南方的朱圉山，此山在梧中聚，山上有石鼓，無人敲擊卻能發聲，鼓響就有戰事。漢成帝鴻嘉三年（公元前一八年），天水冀南山有大石忽然發出聲響，隱隱約約好像雷聲似的，響了一陣才停下來。二百四十里以外的平襄都聽得到，野雞都驚叫起來。這塊巨石長一丈三尺，寬度和厚度大體上相等，它位在懸崖上的裂隙間，離地一百餘丈，民間稱為石鼓，石鼓響就有戰事。那年廣漢郡受鉗刑的勞役犯人劫獄，釋放死囚犯，盜竊倉庫裡的兵器，劫掠官民。這些強盜身穿繡花衣裳，自稱仙君，黨羽分布很廣，翌年冬天才被正法，招降歸順的三千餘人。可見石鼓的傳說確非虛言，而且已經應驗了。

5　這幾條水北流經冀縣城北，秦武公十年（公元前六八八年），討伐冀戎，把戎人地區設立為縣。此縣是舊時天水郡的郡治。王莽改郡名為鎮戎，縣名叫冀治。漢明帝永平十七年（公元七四年），改名漢陽郡，這座城就是隗囂自封為西伯時居住的地方。後漢馬超包圍冀縣城，涼州別駕閻伯儉潛水泅出城中，要去向夏侯淵告急，卻被馬超所俘。馬超要他告訴城中說救援不會來了。伯儉卻說：大軍就要到了。城中居民都歡呼慶賀。馬超發怒並責備他。伯儉說：您想要叫長者講不義的話嗎？於是馬超就殺了他。

6　渭水又東流，與冀水匯合。冀水發源於冀谷。稍東有濁谷水，稍東有當里溪水，稍東有託里水，稍東有渠谷水，稍東有黃土川水，都發源於南山，北流經冀城東，而北流注入渭水。渭水又往東流出岑峽，流入新陽川，流經新陽下城南；溪谷、赤蒿這兩條水都發源於南山，東北流注入渭水。渭水又東流與新陽崖水匯合。此水即隴水,發源於東北方的隴山。隴水西流,右岸經瓦亭南。隗囂聽說略陽已經陷落,派牛邯守瓦亭,就是此亭。有一條水也發源於隴山,東南流,從瓦亭北流過,又西南流,匯合成一條,稱為瓦亭川。瓦亭川西南流經清賓溪北,又西南流,與黑水匯合。黑水出自黑城北,西南流經黑城西,西南流,莫吾南川水注入。莫吾南川水發源於東北方的隴垂,往西南流經黑城,南流注入黑水。黑水往西南流出懸鏡峽,又西南流注入瓦亭水。又有㴀水從西邊流來相匯合,匯流處世人稱為鹿角口。瓦亭水又南流經阿陽縣老城東。中平元年(公元一八四年),北地羌胡與邊章侵犯隴右,漢陽長史蓋勳屯兵於阿陽抵抗敵人,就是此城。瓦亭水又南流與燕無水匯合。燕無水源頭出自東山,西流注入瓦亭水。瓦亭水又南流,左岸匯合方城川,川水西流注入瓦亭水。瓦亭水又南流經成紀縣東,過了長離川,就稱為長離水,右岸與成紀水匯合。成紀水發源於西北方的當亭川,東流出了破石峽,水就斷流了,舊河道往東通過成紀縣,這是古代帝王太皞、庖犧的出生地。成紀縣,漢朝設置為天水郡,是王莽時阿陽郡的治所。又往東,潛伏的水源又從隱沒中流出地面,通進成紀水,然後東南流注入瓦亭水。瓦亭水又東南流,與受渠水相匯合。受渠水發源於東方的大隴山,西流經受渠亭北,又西南流注入瓦亭水。

7　瓦亭水又西南流,從僵人峽流過,路旁巖上的山洞中有人死後成為僵屍,所以山谷也因此取名為僵人了。下馬向巖洞一直爬上去,約有七八丈,石徑彎彎曲曲,勉強只能容一人通過,僵屍靠著洞壁,枯骨還完好,不過頭髮皮膚都沒有了。訪問住在水邊的人,說是這裡鄉中的父老在小的時候,就已經聽到長輩們講起這具僵屍,那麼它應當是數百年前的骸骨了。

8　瓦亭水又西南流,與略陽川水匯合。略陽川水發源於隴山香谷西,西流,右岸有單溪向西流注,左岸有閣川水注入。略陽川水又西流經蒲池郊,石魯水發源於東南方的石魯溪,往西北注入。略陽川水又西流經略陽川;西流匯合了破社谷水;稍西,又有平相谷水;又西,匯合了金里谷水;又西流,匯合了南室水;又西流,匯合了蹊谷水,這些水都發源於南山,北流於略陽城東,波濤滾滾地往北注入川水。又西流經略陽道老城北,堙渠水出自南山,北流經堙峽北,流入城中。

9　建武八年(公元三二年),中郎將來歙與祭遵部下的護軍王忠、右輔將軍朱寵率領二千名兵士,都手持盾牌、刀斧,從安民縣開到楊城去。元始二年(公元二年),平帝撤銷了安定縣的滹沱苑,設立安民縣,修建了官署、街市和里巷。從番須、回中開始,砍伐樹木,開闢山路直到略陽,乘夜襲擊隗囂的守將金梁等,把他們都殺了。於是占領了此城。隗囂聽說略陽失陷,就調動了所有的軍隊攻打來歙,並決水來淹沒略陽城。光武帝親自領兵去救援,隗囂敗退到西城,光武帝與來歙就在西城會師。

堨渠水從城北注入川中，一水分成兩條，這是隗囂攔河引水來淹沒略陽時形成的。

10　略陽川水西流，與白楊泉匯流；又西流，與蒲谷水匯合；又西流，與蒲谷西川匯合；又西流，與龍尾溪水匯合，再與蒲谷水匯合。這些水都發源於南山，清泉飛奔，北流注入略陽川水。川水又西南流，到了水洛口。水洛口的水源出自東方的隴山，西流經水洛亭，西南流，又到了犢奴水口。犢奴水口的水出自隴山，西流經犢奴川，又西流經水洛亭南，往西北注入川水，然後向西南亂流經石門峽，稱為石門水，西南流注入略陽川。略陽川水又西北流注入瓦亭水。瓦亭水又往西南流出顯親峽，石宕水注入。石宕水發源於北山，山上有女媧祠。庖羲以後有女媧，與神農合稱三皇。石宕水南流注入瓦亭水。瓦亭水又西南流經顯親縣老城東南，漢朝把該縣封給大鴻臚竇固為侯國。自石宕起，接著有蝦蟆溪水，接著有金黑水，又有宜都溪水，都是從左右兩邊流出，參差地相互注入瓦亭水。瓦亭水又東南流，匯合於安夷川口。這條水的源頭出自東方的胡谷，西北流經過夷水川，與東陽川水匯合，稱為取陽交。又西流，與何宕川水匯合；又西流，與羅漢水匯合二水都從東北流來，西南流注入夷水。夷水又西流經顯親縣南，西流注入瓦亭水。瓦亭水又東南流，匯合了大華谷水。又東南流，匯合了折里溪水，又東流，匯合了六谷水，這些水都出自近處湍急溪流的峽谷，注入瓦亭水。又往東南流出新陽峽，這裡崖塹峰巒峻峭如壁，水就發源於其間，稱為新陽崖水，又東南流注入渭水。

又東過上邽縣，

11　渭水東流經過上邽縣北邽山的北麓，流經固嶺東北，東南流。蘭渠川水發源於北山，聚集了眾多的溪流，南流注入渭水。渭水又東南流，與神澗水匯合。這就是《開山圖》所謂的靈泉池，民間稱為萬石灣。此灣深不可測，確實非常靈異，先後有不少遊人在這裡淹死。渭水又東南流，匯合了歷泉水。歷泉水發源於北方的歷泉溪，東南流注入渭水。

12　渭水又東南流出橋亭西，又南流，到了藉水口。藉水口的水發源於西山，群山間有無數泉流淙淙流瀉，匯集成一條川流，往東從當亭川流過，當亭縣的治所就在這裡。此水左岸有當亭水，右岸有曾席水注入。又東流，與大弁川水匯合。大弁川水發源於西山，兩條源頭匯合在一起，東流經大弁川，東南流注入藉水。藉水又東南流，與竹嶺水匯合。竹嶺水發源於南山的竹嶺，兩條水源一同流瀉，往東北注入藉水。藉水又東北流經上邽縣，左岸引來四條水：東流匯合了占溪水，稍東有大魯谷水，稍東匯合了小魯谷水，稍東有楊反谷水，這四條水都來自北山，流注於藉水。藉水右岸引來四條水：竹嶺東匯合了亂石溪水，稍東匯合了木門谷水，稍東匯合了羅城溪水，稍東匯合了山谷水，這四條水都發源於南山，北流注入藉水。藉水又東流,黃瓜水注入。黃瓜水發源於黃瓜西谷,東流經黃瓜縣北,又東流,清溪、白水從左右兩邊注入,又東北流,大旱谷水發源於南方的旱溪,經山澗北流,清流逶迤長流,碧波盪漾,一同注入黃瓜水。黃瓜水又東北流穿過赤谷,也都匯合於藉水。藉水又東流,匯合了毛泉谷水,又東流經上邽城南,匯合了羃泉水,二水都出自南山,北流注入藉水。

13　藉水就是洋水。北有濛水注入。濛水發源於縣城西北的邽山,兩岸都引來許多澗水,匯聚成一條溪流,東流南轉,流經上邽縣老城西,沿著城邊往南流出上邽。上邽就是從前的邽,是個戎族小國。秦武公十年(公元前六八八年)攻占了邽,設立為縣,是舊時天水郡的治所。該郡的五座城相互鄰接,北城中有湖水,湖中曾出現過白龍,白龍飛出時,帶來一陣風雨,所以漢武帝元鼎三年(公元前一一四年),就改名為天水郡。郡中鄉間的民房,都用木板蓋成,就是《詩經》裡說的西戎板屋。濛水又往南注入藉水。《山海經》說:邽山是濛水的發源地,南流注入洋水,指的就是此水。藉水又東流,匯合了陽谷水,又匯合了宕谷水,二水都是從南山北流注入藉水的。藉水又東流,與段溪水匯合。段溪水發源於西南方的馬門溪,東北流,匯合於藉水。藉水又東流注入渭水。

14　渭水又從橋亭南流過,流經綿諸縣東,與東亭水匯合,此水也稱為橋水。有時也通稱為清水。水源出自東邊的小隴山,許多溪澗從山上流瀉而下,最後匯合成一條,西流注入東亭川,這就是東亭水,與小衹、大衹二水匯合。又西北流,匯合了南神谷水。這三條水都發源於東南方,參差錯落地流瀉著。又有埋蒲水,兩邊引來兩條水,與延水一起都往西南注入東亭水。東亭水又西流,右岸匯合了歎溝水;再往西,匯合了麴谷水。麴谷水發源於東南方,兩條溪水西北流,注入東亭川。東亭川水的右岸,則有溫谷水發源於小隴山,又西流,莎谷水發源於南山莎溪,西南流注入東亭川水。東亭川水又西流,流到了清水口。流入此口的水發源於東北方的隴山,兩個源頭一齊流出,往西南流出隴口,匯合成一條,西南流經細野峽,流經清池谷,又流經清水縣老城東,這就是王莽時的識睦縣。此水西南流,與東亭川匯合,自此直到下游,也就通稱為清水了。又流經清水城南,又西流,與秦水匯合。秦水發源於東北方大隴山的秦谷,兩個源頭一齊流出,經過三泉匯合成一條,流過秦川。秦川上有古時的秦亭,是秦仲的封地,秦這個稱號,就是從此時開始的。秦水西流經降隴縣老城南,又西南流,自亥、松多這兩條水從隴山流出,匯合成一條,西南流,流經降隴城北,又西南流,注入秦水。秦水又西南流過隴川,流經六槃口,流過清水城,往西南注入清水。清水的上游和下游,都叫秦川。又西流,羌水注入。羌水發源於北方的羌谷,接納了許多山泉,合併成一條溪流。澁水也流來相匯合,稱為小羌水。西南流,左岸有長谷水往西南注入,右岸有東部水往東南注入。羌水又南流注入清水。清水又西南流,流到綿諸水口。流入此口的水發源於西北方的綿諸溪,東南有長思水,源出北方的長思溪,南流注入綿諸水,又東南流過綿諸道老城北,東南流注入清水。清水往東南注入渭水。

15　渭水又東南流,匯合了涇谷水。涇谷水發源於西南方的涇谷山,東北流與橫水匯合。橫水發源於東南的橫谷,西北流經橫水壙,又西北流注入涇谷水,然後往西北亂流出了涇谷峽,又西北流,軒轅谷水注入。軒轅谷水源出南山軒轅溪。南安姚瞻以為黃帝生於天水,在上邽城東七十里的軒轅谷。皇甫謐說:黃帝生於壽丘,此丘在魯國東門北。不知誰說得對。軒轅谷水北流注入涇谷水。涇谷水又西北流,有白城溪東北流,白娥泉水來自西邊,東流注入白城水。白城水又東北流注入涇谷水。涇谷水又東北流過董亭下。楊難當派他哥哥的兒子保宗鎮守董亭,就是此亭。涇谷水東北流注入渭水。《山海經》說:涇谷山,是涇水的發源地,東南流注入渭水。

16　渭水又東流,伯陽谷水注入。伯陽谷水發源於刑馬山的伯陽谷,北流,有白水出自東南方的白水溪,西北流注入伯陽水。伯陽水又往西北穿過山谷,匯集了諸澗水流,北流注入渭水。渭水又東流經大利,又東南流,苗谷水注入。苗谷水源出南方的刑馬山,北流經過平作,西北流經苗谷,轉彎東流經伯陽城南,稱為伯陽川。原來李耳西去,走的就是這條路,所以山峰、原野、山谷,往往都留有他的名字。渭水東南流,帶著滾滾的波浪奔流,依次淙淙地注入:左岸有伯陽東溪水注入,稍東有望松水,稍東有毛六溪水,稍東有皮周谷水,稍東有黃杜東溪水,五水都發源於北山,南流注入渭水;右岸有明谷水,稍東有丘谷水,稍東有丘谷東溪水,稍東有鉗巖谷水,四水都出自南山,東北流注入渭水。

17　渭水又東南流,出了石門,流過小隴山,流經南由縣南,東流與楚水匯合,世人稱為長蛇水。長蛇水發源於汧縣的數歷山,南流經長蛇戍東,這個邊防城堡是魏和平三年(公元四六二年)所築,把流民遷徙過來,以阻止隴地的盜寇入侵。楚水又南流注入渭水。闞駰認為此水就是汧水。渭水又東流,汧、汗二水注入。我查考《地理志》,汧水發源於汧縣西北。闞駰《十三州志》的說法也與此相同。又以汧水為龍魚水,都是因為此水的幹流與支流互相流通,於是都兼有通稱了。

18　渭水往東流入散關,《抱朴子》和《神仙傳》說:老子西行出關,關令尹喜望氣,知道真人將要西遊,他遇見老子,逼著他著書。李耳不得已,給他撰著了《道經》、《德經》兩種經書,稱為《老子書》。那裡還建有老子廟。干寶《搜神記》說:老子將要西行入關,關令尹喜是個喜歡學道的人,他望氣知道會有真人西來,於是在途中強行留住他。皇甫士安《高士傳》說:老子在周朝當柱下史,到了周朝衰落時,就藉做官而隱居起來,他為周朝守護書庫裡的史籍達八十餘年之久,樂於自隱無名,世人因而都不知道他是真人。到了周景王十年(公元前五三五年),孔子剛十七歲,就遠道去周拜望老聃。但幽王無道,平王東遷,關址因疆域的變化而遷移了,人員因職務的調動也離開了,尹喜望氣,顯然不在這裡。但老子經過這裡,倒也還是可能的。

19　渭水又東流經西武功北,民間以為這是散關城,是弄錯了。褚少孫先生於是說:武功是扶風郡西部邊界上的小城,谷口蜀地棧道近處的山峰,再沒有別的大山比它們更高的了。渭水又與扞水匯合。扞水發源於周道谷,北流經武都郡故道縣老城西,王莽改名為善治。故道縣有怒特祠,《列異傳》說:武都郡故道縣有怒特祠,傳說祠裡所祀奉的神祇本來是南山的大梓樹。從前秦文公二十七年(公元前七三九年),砍伐此樹,但樹上砍出的創口,邊砍邊又合攏。於是秦文公派了四十人持著斧頭去砍伐,但還是砍不斷。一個筋疲力盡的伐木工傷了腳走不動了,就躺在樹下。他聽到鬼和樹神在談話。一個說:這一仗打得夠累了吧? 另一個說:確實夠累了。又說:秦公一定不肯就此罷休的。樹神答道:他又能把我怎樣呢? 一個又說:如果拿火紅的灰爐把你圍起來又怎麼樣。樹神才默不則聲了。躺在樹下的工人去報告文公,於是文公叫伐木工都穿上紅衣,邊砍邊用熱灰把樹圍起來,樹就被砍斷了,變成一頭牛逃到水中,所以秦為它立祠。扞水又東北流經大散關注入渭水。渭水又東南流,右岸匯合南山五溪水。溪水在山澗兩邊奔流,分頭注入渭水。

又東過陳倉縣西,

20　陳倉縣有陳倉山,山上有陳寶雞鳴祠。從前秦文公聽了伯陽的話而心動,到陳倉去打獵,在山坡上得到一塊寶石,石色如肝,回來以後十分珍愛,就當作寶物造祠把它供奉起來,所以稱為陳寶。寶石是從東南方來的,光輝燁燁,聲如雷鳴,野雞都啼起來,所以叫雞鳴神。《地理志》說:山上有上公、明星、黃帝孫及舜妻盲的墳墓和祠堂,還有羽陽宮,是秦武王建造的。應劭說:陳倉縣是因陳山而得名的。姚睦說:黃帝建都於陳,據說就在這地方。榮氏《開山圖注》說:伏犧生成紀,把治所遷移到陳倉,陳倉並非陳國所建。魏明帝派遣將軍太原人郝昭築陳倉城,城築成之後,諸葛亮的軍隊把它包圍起來。諸葛亮派了郝昭的同鄉靳祥去遊說他,但沒有成功。於是諸葛亮以數萬軍隊猛攻郝昭的千餘人,以雲梯、衝車、挖地道等攻城器具及戰術攻擊郝昭。郝昭也用火射連石來防禦,諸葛亮失利,只好撤兵回來。現在汧水的對亮城,就是當年諸葛亮和郝昭對抗之處。陳倉水發源於陳倉山下,東南流注入渭水。

21　渭水又東流,與綏陽溪水匯合。綏陽溪水上口承接斜水。斜水從斜谷分支流出,
　　注入綏陽溪,北流到陳倉注入渭水。所以諸葛亮《與兄瑾書》說:有綏陽小谷,雖然
　　山崖極其險峻,溪水縱橫交錯,行軍有很大困難,但從前巡邏守望的士兵來往不
　　絕,有要道通向谷內。現在派遣先頭部隊劈山開路,通向陳倉,這就足以牽制敵人
　　的兵力,使他們不能分兵東進了。

22　渭水又東流經郁夷縣老城南。《地理志》說:該縣有汧水祠,王莽改縣名為郁平。
　　《東觀漢記》說:隗囂在略陽包圍了來歙,光武帝下詔書說:船艘的桃花水漲,已可
　　以直接開到郁夷、陳倉,分兵前進。汧水在這裡注入渭水。汧水發源於汧縣的蒲
　　谷鄉弦中谷,潰決而漫溢成為弦蒲藪。《爾雅》說:水潰決形成的沼澤叫汧,汧水之
　　名,實際上就兼有這一意義。汧水有兩個源頭:一條出自汧縣的西山,世人稱為小
　　隴山,山高峰險,車馬不通。所以張衡《四愁詩》說:我所思念的人在漢陽,想去依
　　從他,怎奈隴坂太長。汧水東北流,經山澗積聚成為深潭,潭水升漲深不可測。潭
　　中有五色魚,民間以為是神靈,不敢去捕捉,因此稱此水為龍魚水,從這裡到下游,
　　也就通稱龍魚川了。

23　川水東流經汧縣老城北。《史記》:秦文公往東去汧田打獵,於是就在那裡建都。
　　說的就是這地方。又東流過沼澤,亂流合併成一條,右岸匯合了白龍泉。此泉直
　　徑五尺,地下水從泉穴奔騰洶湧而出,水流向四方溢出,東北流注入汧水。汧水又
　　東流,匯合了一條水。這條水發源於南山西側,民間稱此山為吳山,三座峰巒高入
　　彩霞,在雲端映現出層層秀色。崩裂的巖峰,峰頂斜欹相撐持著,看來就像隨時都
　　會塌下的樣子。《地理志》說:吳山在縣西,《古文》記載稱為汧山,就是《國語》所
　　說的虞山。山下石洞寬四尺,高七尺,水從石洞中湧出,從懸崖上直瀉而下,轟隆
　　之聲振盪著山谷,發源成為川流,北流注入汧水。兩水匯合處的上游和下游,都叫
　　龍魚川。

24　汧水又東南流經隃糜縣老城南,這就是王莽時的扶亭。從前郭歆以王莽徵召他為
　　恥,而隱遁於此。建武四年(公元二八年),光武帝將隃糜縣封給耿況為侯國。汧水
　　東南流經慈山,東南流經郁夷縣平陽老城南。《史記》:秦寧公二年(公元前七一四
　　年)遷都於平陽。徐廣說:就是從前郿縣的平陽亭。城北有“漢邠州刺史趙融碑”,
　　是靈帝建安元年(公元一九六年)所立。汧水又東流注入渭水。

25　渭水右岸有磻溪水注入。磻溪水發源於南山茲谷,乘著高處急瀉而下,注入溪中。
　　溪中有泉水,稱為茲泉。泉水積瀦起來,自成深潭,就是《呂氏春秋》所說,太公垂
　　釣的茲泉。現在人們稱為丸谷,這裡石壁又深又高,幽谷裡的絕澗又深又隱蔽,林
　　木秀美,巖障險阻,人跡很少到這樣的地方。東南角有個石窟,傳說太公曾居住在

這裡。水邊有一塊平坦的巖石,就是太公垂釣的處所。他投放釣竿,跪著裝魚餌,兩膝跪過的遺跡還在,因而有磻溪的稱呼。這條溪水清涼得有點神異,北流十二里注入渭水。這裡北距維堆城七十里。

26　渭水又東流經積石原,也就是北原。青龍二年(公元二三四年),諸葛亮出兵斜谷,司馬懿屯駐在渭南,雍州刺史郭淮,料定諸葛亮必定會爭奪北原作為駐兵的營地,於是先去占領。諸葛亮到達之後,果然就上不去了。渭水又東流經五丈原北。《魏氏春秋》說:諸葛亮占據了渭水的南原,司馬懿對諸將說:諸葛亮如果出兵武功,依山勢繞向東方,這就是他的膽略了;如果向西上五丈原,你們諸位就都平安無事了。諸葛亮果然屯兵五丈原,與司馬懿對陣。渭水又東流經郿縣老城南。《地理志》說:郿縣是右輔都尉的治所。《魏氏春秋》:諸葛亮侵犯郿縣,司馬懿堅守此城抗擊諸葛亮,說的就是此縣。

27　渭水又東流經郿塢南。《漢獻帝傳》說:董卓調兵修築郿塢,築得與長安城一樣高,在城內貯糧可供三十年食用。自以為霸業如果成功,則可以稱雄天下;不成功,守住此城也可以終老了。其愚蠢竟一至於此。

【研　析】　渭水上游是漢族的重要發祥之地,所以《注》文引及不少漢族先祖的傳說,如庖羲、女媧、軒轅等等,其中不少故事在《經》文“又東過陳倉縣西”之下,如:“黃帝都陳,言在此。”“伏犧生成紀,徙治陳倉。”傳說不同,但都出於這個地區,說明漢族祖先確曾生活於渭水上游各地。這個地區在三國時代是魏、蜀相爭之地。諸葛亮所謂“六出祁山”就在這一帶。酈《注》時代距三國較近,所以對蜀魏之戰也多有記敘,而且敘事真實,不像後來因蜀為漢統而偏袒。按《注》文所記的蜀魏之戰,諸葛亮未曾打過一次勝仗,此卷所記他進攻陳倉城不下,即是蜀魏之戰中蜀方的第一次敗衄,屬於信史。

卷十八　渭水

【題　解】　此卷在宋初以前的原本中可能包含在卷十七之中。按《渭水》在《水經》中有《經》文十四條，今卷十七、卷十九各占六條，共十二條，而此卷只有二條，與其他二卷相比，實在不能成卷。以字數言，雖然清初治酈學者從宋本和其他本子中查得所缺一頁，補入從"所得白玉"到"謬志也"之間計四百二三十字，但在《水經注》全書中，仍是篇幅最小的一卷（約僅二千字），其記敍地域也仍不出渭河上游。所以本卷是後人分析之誤因而成卷，實在很有可能。但今本既已獨立成卷，"分析"之事，只作以後治酈學者的討論，當然也應該看到，這是酈書卷篇中存在的一個值得探索的課題。

又東過武功縣北，

1　渭水于縣，斜水自南來注之。水出縣西南衙嶺山，北歷斜谷，逕五丈原東，諸葛亮《與步騭書》①曰：僕前軍在五丈原，原在武功西十里餘。水出武功縣，故亦謂之武功水也。是以諸葛亮《表》②云：臣遣虎步監孟琰據武功水東，司馬懿因水長攻琰營，臣作竹橋，越水射之，橋成馳去。其水北流注于渭。《地理志》曰：斜水出衙嶺，北至郿注渭。渭水又東逕馬冢北③，諸葛亮《與步騭書》曰：馬冢在武功東十餘里，有高勢，攻之不便，是以留耳。

2　渭水又逕武功縣故城北，王莽之新光也。《地理志》曰：縣有太一山。《古文》以爲終南，杜預以爲中南也。亦曰太白山，在武功縣南，去長安二百里，不知其高幾何。

俗云：武功太白，去天三百。山下軍行，不得鼓角，鼓角則疾風雨至。杜彥達曰：太白山南連武功山，于諸山最爲秀傑，冬夏積雪，望之皓然。

3　山上有谷春祠，春，櫟陽人，成帝時病死，而尸不寒。後忽出櫟南門及光門上，而入太白山，民爲立祠于山嶺，春秋來祠中上宿焉。山下有太白祠，民所祀也。

4　劉曜之世，是山崩，長安人劉終于崩所得白玉，方一尺，有文字曰：皇亡皇亡敗趙昌，井水竭，構五梁，咢西小衰困嚚喪。嗚呼嗚呼，赤牛奮靷其盡乎④？時羣官畢賀，中書監劉均進曰：此國滅之象，其可賀乎？終如言矣。

5　渭水又東，温泉水注之，水出太一山，其水沸涌如湯，杜彥達曰：可治百病，世清則疾愈，世濁則無驗⑤。其水下合溪流，北注十三里入渭。渭水又東逕斄縣故城南，舊邰城也，后稷之封邑矣。《詩》⑥所謂即有邰家室也。城東北有姜嫄祠，城西南百步有稷祠，郿之犛亭也。王少林之爲郿縣也，路逕此亭。亭長曰：亭凶殺人。少林曰：仁勝凶邪，何鬼敢忤。遂宿，夜中聞女子稱冤之聲。少林曰：可前來理。女子曰：無衣不敢進。少林投衣與之。女子前訴曰：妾夫爲涪令，之官，過宿此亭，爲亭長所殺。少林曰：當爲理寢冤，勿復害良善也。因解衣于地，忽然不見。明告亭長，遂服其事，亭遂清安。

6　渭水又東逕雍縣南，雍水注之⑦，水出雍山，東南流歷中牢溪，世謂之中牢水，亦曰冰井水。南流逕胡城東，俗名也，蓋秦惠公之故居，所謂祈年宮也，孝公又謂之爲橐泉宮。按《地理志》曰：在雍。崔駰曰：穆公冢在橐泉宮祈年觀下，《皇覽》亦言是矣。劉向曰：穆公葬無丘壟處也。《史記》曰：穆公之卒，從死者百七十七人，良臣子車氏奄息、仲行、鍼虎，亦在從死之中，秦人哀之，爲賦《黃鳥》⑧焉。余謂崔駰及《皇覽》，謬志也⑨。惠公、孝公，竝是穆公之後，繼世之君矣，子孫無由起宮于祖宗之墳陵矣，以是推之，知二證之非實也。

7　雍水又東，左會左陽水，世名之西水，水北出左陽溪，南流逕岐州城西，魏置岐州刺史治。左陽水又南流注于雍水。雍水又與東水合，俗名也。北出河桃谷，南流右會南源，世謂之返眼泉，亂流南逕岐州城東，而南合雍水。州居二水之中，南則兩川之交會也，世亦名之爲淬空水。東流，鄧公泉注之，水出鄧艾祠北，故名曰鄧公泉。數源俱發于雍縣故城南，縣，故秦德公所居也。《晉書·地道記》以爲西虢地也。《漢書·地理志》以爲西虢縣。《太康地記》曰：虢叔之國矣。有虢宮，平王東遷，叔自此之上陽，爲南虢矣。

8　雍有五畤祠⑩，以上祠祀五帝。昔秦文公田于汧、渭之間，夢黃蛇自天下屬地，其口止于鄜衍，以爲上帝之神，于是作鄜畤祀白帝焉。秦宣公作密畤于渭南，祀青帝焉。靈公又于吳陽作上畤，祀黃帝；作下畤，祀炎帝焉。獻公作畦畤于櫟陽而祀白帝。漢高帝問曰：天有五帝，今四何也？博士莫知其故，帝曰：我知之矣，待我而五。遂立北畤祀黑帝焉。應劭曰：四面積高曰雍。闞駰曰：宜爲神明之隩，故立羣祠焉。

9　又有鳳臺、鳳女祠。秦穆公時，有簫史者，善吹簫，能致白鵠、孔雀，穆公女弄玉好之，公爲作鳳臺以居之。積數十年，一旦隨鳳去。云雍宮世有簫管之聲焉。今臺傾祠毀，不復然矣。鄧泉東流注于雍，自下雖會他津，猶得通稱，故《禹貢》有雍、沮會同之文矣[11]。

10　雍水又東逕召亭南，世謂之樹亭川，蓋召、樹聲相近，誤耳。亭，故召公之采邑也。京相璠曰：亭在周城南五十里。《後漢·郡國志》[12]曰：郿縣有召亭。謂此也。雍水又東南流與橫水合，水出杜陽山，其水南流，謂之杜陽川。東南流，左會漆水，水出杜陽縣之漆溪，謂之漆渠。故徐廣曰：漆水出杜陽之岐山者是也。漆渠水南流，大巒水注之。水出西北大道川，東南流入漆，即故岐水也。《淮南子》曰：岐水出石橋山，東南流。相如《封禪書》曰：收龜于岐。《漢書音義》曰：岐，水名也。謂斯水矣。二川并逝，俱爲一水，南與橫水合，自下通得岐水之目，俗謂之小橫水，亦或名之米流川。逕岐山西，又屈逕周城南，城在岐山之陽而近西，所謂居岐之陽也。非直因山致名，亦指水取稱矣。又歷周原下，北則中水鄉成周聚，故曰有周也。水北，即岐山矣。昔秦盜食穆公馬處也。

11　岐水又東逕姜氏城南爲姜水，按《世本》：炎帝，姜姓。《帝王世紀》曰：炎帝，神農氏，姜姓。母女登遊華陽，感神而生炎帝。長于姜水，是其地也。東注雍水。雍水又南，逕美陽縣之中亭川，合武水，水發杜陽縣大嶺側，東西三百步，南北二百步，世謂之赤泥峴。沿波歷澗，俗名大橫水也，疑即杜水矣。其水東南流，東逕杜陽縣故城，世謂之故縣川。又故虢縣有杜陽山，山北有杜陽谷，有地穴北入，亦不知所極，在天柱山南[13]，故縣取名焉，亦指是水而攝目矣，即王莽之通杜也。故《地理志》曰：縣有杜水。杜水又東，二坑水注之，水有二源，一水出西北，與潰隹水合，而東歷五將山，又合鄉谷水，水出鄉溪，東南流入杜水，謂之鄉谷川。又南，莫水注之，水出好畤縣梁山大嶺東，南逕梁山宮西，故《地理志》曰：好畤有梁山宮，秦始皇起。水東有好畤縣故城，王莽之好邑也，世祖建武二年，封建威大將軍耿弇爲侯國。又南逕美陽縣之中亭川，注雍水，謂之中亭水。雍水又南逕美陽縣西，章和二年，更封彰侯耿秉爲侯國。其水又南流注于渭。渭水又東，洛谷之水出其南山洛谷，北流逕長城西，魏甘露三年，蜀遣姜維出洛谷，圍長城，即斯地也。

又東，芒水從南來流注之。

12　芒水出南山芒谷，北流逕玉女房，水側山際有石室，世謂之玉女房。芒水又北逕盩厔縣之竹圃中,分為二水。漢沖帝詔曰:翟義作亂于東,霍鴻負倚盩厔芒竹。即此也。其水分為二流,一水東北為枝流,一水北流注于渭也。

【注　釋】　①與步騭書　書信名。此書收入於《諸葛忠武侯集》文集卷一。步騭,字子山,三國吳大臣。赤烏九年(公元二四六年),曾為吳丞相。②諸葛亮表　此《表》,《諸葛忠武侯集》文集卷一據《御覽》卷七十三收入,題作《上事表》,但文字與《渭水注》小異。《水經注》在本卷、卷二十《漾水》及卷三十六《若水》皆引“諸葛亮《表》”,但非同一篇。③渭水又東逕馬冢北　此處有佚文一條。《關中水道記》卷三《渭水》引《水經注》:“武功縣渭水又東,五谷水北注之,亦名乾溝河。”或是此段下佚文。④皇亡皇亡敗趙昌六句　屬纖語一類,語意晦澀難明,無法譯出,故僅照錄原文於後。⑤世清則疾愈二句　清孫潛校本改“世濁則無驗”為“世亂則無驗。”全祖望、趙一清二本均從孫潛,改“濁”為“亂”,此外各本均與殿本同。但溫泉療疾與“世清”、“世濁”(亂)實無關係。按康熙《隴州志》卷一《方輿·溫泉》引《水經注》:“然水清則愈,濁則無驗。”較今各本為勝。⑥詩　《詩經·大雅·生民》。⑦雍水注之　此處有佚文一條。《名勝志·陝西》卷三《乾州·武功縣》引《水經注》:“雍水俗名白水,亦曰圍川水,西北從扶風界流入。”當是此段下佚文。⑧黃鳥　《詩經·秦風·黃鳥》。⑨謬志也　殿本在此處有戴震案語:“案‘所得白玉’至此句‘謬’字止,共四百三十七字,近刻脫落,據原本補。”戴所案“近刻脫落,據原本補”之語,頗涉含糊。趙一清在前文“長安人劉終于崩所得白玉”下釋:“劉終以下文理不屬,蓋簡也。按孫潛用柳僉鈔本補四百二十字,真希世之寶也。”所以此中經過,近代酈學家多已明白。鄭德坤《水經注板本考》(收入於鄭氏《水經注引書考》,臺北藝文印書館,一九七四年出版)“柳僉鈔本”下云:“又補《渭水》篇脫文凡四百二十餘字,首有功于酈書。”胡適《記孫潛過錄的柳僉水經注鈔本與趙琦美三校水經注本并記此本上的袁廷檮校記》(《胡適手稿》四集中冊)云:“卷十八有脫葉一整葉,孫潛自記云:戊申(按公元一六六八年)正月九日補寫缺葉。”按孫潛係用朱謀㙔《水經注箋》作底過錄柳、趙二本,則知柳本卷十八《渭水》較朱本多一整葉。至於柳本這一整葉從何而來,則汪辟疆《水經注與水經注疏》(《汪辟疆文集》,上海古籍出版社,一九八八年出版)敘說甚明:“傅民(按指傅增湘)取《大典》本與此本互校,其脫葉之文及字句異同,與殘宋本八九合,乃知大典本《水經注》即據此本鈔錄,《渭水》篇卷十八中柳僉據宋本所補四百一十八字脫文,正在此殘宋本十八卷第二葉,真人間瓖寶也。”殘宋本是景祐缺佚以後的本子,但尚較以後輾轉傳鈔的本子完整。而“柳僉鈔本”即錄自此類版本,為孫潛所過錄得以傳世。朱謀㙔所見宋本,卻因缺失一葉,以致有卷十八《渭水》之漏。殘宋本之復出,對於證明柳鈔之功,甚有價值。至於所漏字數有四百二十餘字(《水經注疏》云:但細核趙本,實止四百一十九字)至四百三十七字之別,或因起訖計算不同,或如《水經注疏》云:“全、戴皆有增加,故字數各異。”此事來龍去脈既已清楚,字數稍有出入,不足計較。⑩雍有五時祠　此處有佚文一條。《方輿紀要》卷五十四《陝西》三《乾州·武功縣·六門堰》引《水經注》:“五泉渠西自扶風縣流入,經三時原。”或是此段下佚文。⑪故禹貢有雍沮句　殿本在此處有戴震案語:“此句舛誤。”《水經注釋》在此下注:“全氏曰:善長誤矣,豈可以兗州之灉沮釋岐西之水道乎?”⑫後漢郡國志　應作《續漢·郡國志》。酈氏明知《後漢》、《續漢》之別,但書寫常隨意致訛。⑬在天柱

山南　此處有佚文一條。《寰宇記》卷三十《關西道》六《鳳翔府·岐山縣》引《水經注》：“天柱山有鳳凰洞，或云其高峻，迥出諸山，狀若柱，因以為名。”當是此句下佚文。五校鈔本已錄入此文。

【語　譯】

又東過武功縣北，

1　渭水到了武功縣，斜水從南方流來注入。斜水發源於武功縣西南的衙嶺山，往北流過斜谷，流經五丈原東。諸葛亮《與步騭書》說：我的先頭部隊在五丈原，這片高地平原在武功西十里餘，斜水發源於武功縣，所以也叫武功水。因此諸葛亮《表》說：臣派虎步監孟琰占據武功水東岸，司馬懿利用溪水升漲進攻孟琰的營地，臣造了竹橋，向對岸敵軍放箭，竹橋造好以後，敵軍也逃走了。武功水北流注入渭水。《地理志》說：斜水發源於衙嶺，北流到郿縣注入渭水。渭水又東流經馬冢北，諸葛亮《與步騭書》說：馬冢在武功東十餘里，地勢較高，不易攻取，所以把它留著。

2　渭水又流經武功縣老城北，就是王莽時的新光。《地理志》說：武功縣有太一山。《古文》以為是終南山，杜預則以為叫中南山，也有叫太白山的。此山在武功縣南，距長安二百里，也不知有多高。俗語說：武功太白，離天三百。山下行軍，不可吹號打鼓；如果吹號打鼓，就會有狂風暴雨。杜彥達說：太白山南與武功山相連，在群山中最為高峻特出，無論冬夏，山巔都積雪不化，遠遠望去，一片白皚皚的。

3　山上有谷春祠。谷春是櫟陽人，成帝時病死，可是屍體卻保持溫暖不冷。後來忽然出現在櫟陽的南門及光門上，然後進入太白山。人們在山嶺上為他立祠，春秋二季，都來祭祀，並在祠中留宿。山下有太白祠，民眾也常來祭祀。

4　劉曜在位時，太白山崩，長安人劉終在山崩處找到一塊白玉，大小一尺見方，上有文字道：皇亡皇亡敗趙昌，井水竭，構五梁，咢西小衰困囂喪。嗚呼嗚呼，赤牛奮靷其盡乎？當時群官都來慶賀，中書監劉均進諫道：這是亡國之兆，怎麼能慶賀呢？以後他果然言中了。

5　渭水又東流，溫泉水注入。溫泉水發源於太一山，泉水就像開水一樣沸騰，杜彥達說：可以治療百病；不過時勢清明，病才能治好；世道汙濁，治病就不靈驗了。泉水流下來與溪水匯合，北流十三里注入渭水。渭水又東流經氂縣老城南，就是古代的邰城，是后稷的封邑。《詩經》所說的：來到有邰去成家，就指此城。邰城東北有姜嫄祠，城的西南一百步有稷祠，這裡就是郿縣的氂亭。王少林去郿縣當縣令，路過此亭。亭長說：亭裡有鬼，會害人。王少林說：仁德會壓倒凶邪，什麼鬼膽敢冒犯我。就在亭裡住宿。夜半裡聽到有女人呼冤的聲音，王少林說：你上來申訴吧。女人說：我沒穿衣服，不敢上來。王少林把衣服丟給她。女人前來控訴道：我丈夫是涪縣的縣令，去上任時，路過這裡，在亭裡住宿，被亭長殺害了。王少林說：我定會為你洗雪這件冤案的,你不要再傷害好人了。女人脫下衣裳丟在地上,忽然就不見了。翌日訊問亭長,亭長只得服罪,亭裡也不再鬧鬼了。

6　渭水又東流經雍縣南,雍水注入。雍水發源於雍山,東南流,從中牟溪流過,世人稱為中牟水,也叫冰井水。南流經胡城東,胡城是民間的名稱。這是秦惠公的故居,就是所謂的祈年宮。秦孝公又稱之為橐泉宮。據《地理志》,祈年宮在雍縣。崔駰說:穆公墓在橐泉宮祈年觀下,《皇覽》也是這樣說的。劉向說:穆公葬在沒有墳壟的地方。《史記》說:穆公死後,殉葬者多達一百七十七人,賢臣子車氏的奄息、仲行、鍼虎三兄弟,也在殉葬者之內。秦人哀悼他們,為他們作《黃鳥》一詩。我要說,崔駰及《皇覽》的記載都是荒唐的。惠公、孝公都是穆公的後代,是世代繼承的國君,子孫是不能在祖宗的墳墓上建造宮殿的。照此推論,可知這兩條證言是不正確的。

7　雍水又東流,左岸匯合了左陽水,人們稱為西水。左陽水出自北方的左陽溪,南流經岐州城西,魏時設岐州刺史,治所就在此城。左陽水又南流注入雍水。雍水又與東水匯合,東水是民間的名稱,源出北方的河桃谷,南流,在右岸匯合南源,人們稱為返眼泉,亂流往南經過岐州城東,然後南流與雍水匯合。州城位於兩水之間,南邊則是兩水匯合之處,人們也稱為淬空水。東流,鄧公泉注入。此水源出鄧艾祠北,所以叫鄧公泉,好幾個源頭都是從雍縣老城南流出來的。雍縣是古時秦德公所住的地方。《晉書·地道記》認為這是西虢地方。《漢書·地理志》說是西虢縣,《太康地記》則說:這是虢叔的封國,城裡有虢宮。周平王東遷後,虢叔就離開這裡去上陽,改稱南虢。

8　雍縣有五畤祠,以奉祀五帝。從前秦文公在汧水、渭水之間打獵,夢見黃蛇從天上垂下來直到地上,蛇口則擱在鄜衍。他以為這是上帝的神靈,於是建鄜畤奉祀白帝。秦宣公在渭南建密畤時,奉祀青帝。靈公又在吳陽建上畤奉祀黃帝,建下畤時奉祀炎帝。獻公在櫟陽建畦畤時奉祀白帝。漢高帝問道:上天有五帝,可是現在只有四位,那是什麼緣故呢?博士也搞不清楚。高帝道:我知道了,等到我來時,就會有五位了。於是就建立北畤來奉祀黑帝。應劭說:把四面堆高,叫雍。闞駰說:這地方宜於做神明的居處,所以建了許多祠廟。

9　又有鳳臺和鳳女祠。秦穆公時有個簫史,擅長吹簫,簫聲能把白天鵝、孔雀等靈鳥都召來。穆公的女兒弄玉愛上了他,穆公建了鳳臺給他倆居住。過了數十年,一天,他倆騎著鳳凰飛去了。據說雍宮時常有簫管聲。現在臺塌了,祠也毀了,再也聽不到簫聲了。鄧泉東流注入雍水。自此直到下游,雖然也與別的水相匯合,但還是保存了這個通稱。所以《禹貢》有雍水、沮水相匯合的文句。

10　雍水又東流經召亭南,人們稱為樹亭川,因為召、樹讀音相近,所以造成錯誤。召亭是從前召公的采邑。京相璠說:亭在周城南五十里。《後漢書‧郡國志》說:鄷縣有召亭,即指此而言。雍水又東南流,與橫水匯合。橫水發源於杜陽山,南流,稱為杜陽川。東南流,左岸匯合漆水。漆水發源於杜陽縣的漆溪,稱為漆渠。所以徐廣說:漆水發源於杜陽縣的岐山。漆渠水南流,大巒水注入。大巒水發源於西北方的大道川,東南流注入漆水,就是古代的岐水。《淮南子》說:岐水發源於石橋山,東南流。司馬相如《封禪書》說:在岐山旁獲龜。《漢書音義》說:岐是水名,指的就是此水。兩條水合流,成為一條,南流與橫水匯合,自此到下游,都有岐水的通稱了,民間則稱為小橫水,也有稱為米流川的,流經岐山西,又轉彎流經周城南。周城在岐山南面而接近西邊,所謂居於岐山之陽,指的就是周城。這個地名不但是因山而來,同時也是因水而來的。又流經周原下面,北方是中水鄉成周聚,所以叫有周。水北就是岐山。是從前秦的鄉野村民偷吃了穆公馬匹的地方。

11　岐水又東流經姜氏城南,稱為姜水。據《世本》:炎帝姓姜。《帝王世紀》說:炎帝即神農氏,姓姜。他的母親女登在華陽閒遊時,受到神的感應而生下炎帝。炎帝在姜水長大,就是這地方。姜水東流注入雍水。雍水又南流,流經美陽縣的中亭川,匯合了武水。武水發源於杜陽縣大嶺旁,東西三百步,南北二百步,人們稱為赤泥峴。清波沿著山澗流過,民間稱為大橫水,可能就是杜水。此水東南流,然後東流經杜陽縣老城,人們稱為故縣川。此外,古時的虢縣有杜陽山,山北有杜陽谷,有個地洞向北通入,也不知道盡頭在哪裡,地點在天柱山南。所以杜陽縣既是因山而得名,同時也是因水而得名的。這就是王莽時的通杜。所以《地理志》說:縣裡有杜水。杜水又東流,二坑水注入。二坑水有兩個源頭,一條出自西北,與潰雉水匯合,東流經五將山,又匯合了鄉谷水。鄉谷水發源於鄉溪,東南流注入杜水,稱為鄉谷川。又南流,莫水注入。莫水發源於好時縣的梁山大嶺東,南流經梁山宮西。所以《地理志》說:好時有梁山宮,是秦始皇所建。莫水東岸有好時縣老城,就是王莽時的好邑。世祖建武二年(公元二六年),把該縣封給建威大將軍耿弇為侯國。莫水又南流經美陽縣中亭川,注入雍水,稱為中亭水。雍水又南流經美陽縣西。章和二年(公元八八年),改封給彰侯耿秉為侯國。雍水又南流,注入渭水。渭水又東流,有洛谷水發源於南山的洛谷,北流經長城西。魏甘露三年(公元二五八年),蜀漢派遣姜維出兵洛谷,包圍了長城,就是這地方。

又東,芒水從南來流注之。

12　芒水發源於南山芒谷,北流經玉女房。水岸山邊有個石窟,人們稱為玉女房。芒水又北流經盩厔縣的竹圃中,分為兩條。漢沖帝詔書說:翟義在東方作亂,霍鴻倚恃著盩厔芒竹據守,就是這地方。芒水分為兩條:一條往東北流,這是支流;一條北流注入渭水。

【研　析】　此卷所記敘的地區甚小,在自然地理上全是黃土高原景觀,如五丈原、馬冢、周原,都是黃土高原地貌所特具,有些地名至今尚存。在人文地理上則為周、秦二族接壤之處,武功、藜縣等,都是秦人基地,秦惠公、孝公均活動於此,穆公冢也在此處。而岐山、周原則是周人發祥之地。所以這一帶流傳的上古傳說甚多,如姜嫄、后稷、炎帝、神農等都記入此卷。《注》文如"炎帝,神農氏,姜姓。母女登遊華陽,感神而生炎帝",屬於漢族的最早傳說之一。三國時代,這個地區魏蜀之戰頻仍,涉及諸葛亮、司馬懿以至姜維等,其所記敘,都是戰場和戰役實績。所以篇幅雖然短小,分析之跡亦很明顯,但《注》文內容在歷史學與歷史地理學研究中甚有價值。

卷十九　渭水

【題　解】　此卷記敘渭水中下游,不論此水在宋初原本上作二卷抑三卷,但此卷所敘渭水,從周、秦、漢京畿到注入黃河,無疑是各卷記敘的重點。開卷的槐里縣,即今陝西興平附近,最後在船司空(今陝西潼關東北)注入黃河,結束了黃河最大支流的流程。全卷在《經》文"又東過長安縣北"及"又東過霸陵縣北,霸水從縣西北流注之"下,《注》文長達六千餘言,因為這兩條《經》文下,記及盛朝故都,情況與卷十三《灞水》和卷十六《穀水》相似。所以《注》文也寫得相當細緻。

又東過槐里縣南,又東,澇水從南來注之。

1　渭水逕縣之故城南,《漢書集注》,李奇謂之小槐里,縣之西城也。又東與芒水枝流合,水受芒水于竹圃,東北流,又屈而北入于渭。渭水又東北逕黃山宮南,即《地理志》所云,縣有黃山宮,惠帝二年起者也。《東方朔傳》曰:武帝微行,西至黃山宮。故世謂之遊城也。就水注之,水出南山就谷,北逕大陵西,世謂之老子陵。昔李耳為周柱史,以世衰入戎,于此有冢。事非經證,然莊周著書云:老聃死,秦失弔之,三號而出。是非不死之言,人稟五行之精氣,陰陽有終變,亦無不化之理。以是推之,或復如傳,古人許以傳疑,故兩存耳。

2　就水歷竹圃北,與黑水合,水上承三泉,就水之右,三泉奇發,言歸一瀆,北流,左注就水。就水又北流注于渭。渭水又東合田溪水,水出南山田谷,北流逕長楊宮西,

又北逕盩厔縣故城西，又東北與一水合。水上承盩厔縣南源，北逕其縣東，又北逕
思鄉城西，又北注田溪。田溪水又北流，注于渭水也。縣北有蒙蘢渠，上承渭水于
郿縣，東逕武功縣爲成林渠[①]，東逕縣北，亦曰靈軹渠，《河渠書》以爲引堵水。徐
廣曰：一作諸川是也。

3　渭水又東逕槐里縣故城南，縣，古犬丘邑也，周懿王都之，秦以爲廢丘，亦曰舒丘。
中平元年，靈帝封左中郎將皇甫嵩爲侯國。縣南對渭水，北背通渠。《史記·秦本
紀》云：秦武王三年，渭水赤三日；秦昭王三十四年，渭水又大赤三日。《洪範五行
傳》[②]云：赤者，火色也；水盡赤，以火沴水也；渭水，秦大川也；陰陽亂，秦用嚴刑，敗
亂之象。後項羽入秦，封司馬欣爲塞王，都櫟陽；董翳爲翟王，都高奴；章邯爲雍
王，都廢丘。爲三秦。漢祖北定三秦，引水灌城，遂滅章邯。三年，改曰槐里，王莽
更名槐治也，世謂之爲大槐里。晉太康中，始平郡治也。其城遞帶防陸，舊渠尚
存，即《漢書》所謂槐里環堤者也。

4　東有漏水，出南山赤谷，東北流逕長楊宮東，宮有長楊樹，因以爲名。漏水又北歷
葦圃西，亦謂之仙澤。又北逕望仙宮，又東北，耿谷水注之，水發南山耿谷，北流與
柳泉合，東北逕五柞宮西，長楊、五柞二宮，相去八里，竝以樹名宮，亦猶陶氏以五
柳立稱。故張晏曰：宮有五柞樹，在盩厔縣西。其水北逕仙澤東，又北逕望仙宮
東，又北與赤水會[③]，又北逕思鄉城東，又北注渭水。

5　渭水又東合甘水，水出南山甘谷，北逕秦文王萯陽宮西，又北逕五柞宮東，又北逕
甘亭西，在水東鄠縣[④]，昔夏啟伐有扈作誓于是亭。故馬融曰：甘，有扈南郊地名
也。甘水又東得澇水口，水出南山澇谷，北逕漢宜春觀東，又北逕鄠縣故城西，澇
水際城北出合美陂水，水出宜春觀北，東北流注澇水。澇水北注甘水，而亂流入于
渭。即上林故地也。

6　東方朔稱武帝建元中微行，北至池陽，西至黃山，南獵長楊，東遊宜春。夜漏十刻，
乃出，與侍中、常侍、武騎、待詔及隴西、北地良家子能騎射者，期諸殿下，故有期門
之號。旦明，入山下，馳射鹿、豕、狐、兔，手格熊羆，上大驩樂之。上乃使大中大夫
虞丘壽王與待詔能用算者，舉籍阿城以南，盩厔以東，宜春以西，提封頃畝及其賈
直，屬之南山以爲上林苑。東方朔諫秦起阿房而天下亂，因陳泰階六符之事，上乃
拜大中大夫，給事中，賜黃金百斤，卒起上林苑。故相如請爲天子遊獵之賦，稱烏
有先生、亡是公而奏《上林》[⑤]也。

又東，豐水從南來注之。

7　豐水出豐溪，西北流分爲二水：一水東北流爲枝津，一水西北流，又北，交水自東入
焉，又北，昆明池水注之，又北逕靈臺西，又北至石墩注于渭。《地說》云：渭水又東

與豐水會于短陰山內,水會無他高山異巒,所有惟原阜石激而已。水上舊有便門橋,與便門對直,武帝建元三年造。張昌曰:橋在長安西北茂陵東。如淳曰:去長安四十里。渭水又逕太公廟北,廟前有《太公碑》,文字褫缺,今無可尋。渭水又東北與鄗水合,水上承鄗池于昆明池北,周武王之所都也。故《詩》⑥云:考卜維王,宅是鄗京,維龜正之,武王成之。自漢武帝穿昆明池于是地,基搆淪褫,今無可究。

8　《春秋後傳》⑦曰:使者鄭容入柏谷關,至平舒置,見華山有素車白馬,問鄭容安之?答曰:之咸陽。車上人曰:吾華山君使,願託書致鄗池君,子之咸陽,過鄗池,見大梓下有文石,取以款列梓,當有應者,以書與之,勿妄發,致之得所欲。鄭容行至鄗池,見一梓下果有文石,取以款梓,應曰:諾。鄭容如睡覺而見宮闕,若王者之居焉。謁者出,受書入。有頃,聞語聲言祖龍死。神道茫昧,理難辨測,故無以精其幽致矣。

9　鄗水又北流,西北注與滮池合,水出鄗池西,而北流入于鄗。《毛詩》⑧云:滮,流浪也。而世傳以爲水名矣。鄭玄曰:豐、鄗之間,水北流也。鄗水北逕清泠臺西,又逕磁石門西,門在阿房前,悉以磁石爲之,故專其目。令四夷朝者,有隱甲懷刃入門而脅之以示神,故亦曰卻胡門也。鄗水又北注于渭。

10　渭水北有杜郵亭,去咸陽十七里,今名孝里亭,中有白起祠。嗟乎!有制勝之功,慚尹商之仁,是地即其伏劍處也。渭水又東北逕渭城南,文穎以爲故咸陽矣。秦孝公之所居離宮也。獻公都櫟陽,天雨金,周太史儋見獻公曰:周故與秦國合而別,別五百歲復合,合七十歲而霸王出。至孝公作咸陽、築冀闕而徙都之。故《西京賦》曰:秦里其朔,寔爲咸陽。太史公曰:長安,故咸陽也。漢高帝更名新城,武帝元鼎三年,別爲渭城,在長安西北渭水之陽,王莽之京城也。始隸扶風,後并長安。南有沈水注之,水上承皇子陂于樊川,其地即杜之樊鄉也。漢祖至櫟陽,以將軍樊噲灌廢丘,最,賜邑于此鄉也。

11　其水西北流逕杜縣之杜京西,西北流逕杜伯冢南,杜伯與其友左儒仕宣王,儒無罪見害,杜伯死之,終能報恨于宣王。故成公子安《五言詩》⑨曰:誰謂鬼無知,杜伯射宣王。沈水又西北逕下杜城,即杜伯國也。沈水又西北枝合⑩故渠,渠有二流,上承交水,合于高陽原,而北逕河池陂東,而北注沈水。沈水又北與昆明故池會,又北逕秦通六基⑪東,又北逕竭水陂東,又北得陂水,水上承其陂,東北流入于沈水。

12　沈水又北逕長安城,西與昆明池水合,水上承池于昆明臺,故王仲都所居也。桓譚《新論》稱元帝被病,廣求方士,漢中送道士王仲都。詔問所能,對曰:能忍寒暑。乃以隆冬盛寒日,令祖載駟馬于上林昆明池上,環冰而馳,御者厚衣狐裘寒戰,而仲都獨無變色,臥于池臺上,曛然自若。夏大暑日,使曝坐,環以十爐火,不言熱,又身不汗。

13 池水北逕鄗京東、秦阿房宮西,《史記》曰:秦始皇三十五年,以咸陽人多,先王之宮小,乃作朝宮于渭南,亦曰阿城也。始皇先作前殿阿房,可坐萬人,下可建五丈旗,周馳爲閣道,自殿直抵南山。表山巔爲闕,爲複道自阿房度渭,屬之咸陽,象天極,閣道絕漢抵營室也。《關中記》⑫曰:阿房殿在長安西南二十里,殿東西千步,南北三百步,庭中受十萬人。

14 其水又屈而逕其北,東北流注竭水陂。陂水北出,逕漢武帝建章宮東,于鳳闕南,東注沇水。沇水又北逕鳳闕東,《三輔黃圖》⑬曰:建章宮,漢武帝造,周二十餘里,千門萬户,其東鳳闕,高七丈五尺,俗言貞女樓,非也。《漢武帝故事》⑭云:闕高二十丈。《關中記》曰:建章宮圓闕,臨北道,有金鳳在闕上,高丈餘,故號鳳闕也。故繁欽《建章鳳闕賦》⑮曰:秦漢規模,廓然毀泯,惟建章鳳闕,巋然獨存,雖非象魏之制,亦一代之巨觀也。

15 沇水又北,分爲二水,一水東北流,一水北逕神明臺東。《傅子宮室》⑯曰:上于建章中作神明臺、井榦樓,咸高五十餘丈,皆作懸閣,輦道相屬焉。《三輔黃圖》曰:神明臺在建章宮中,上有九室,今人謂之九子臺,即實非也。沇水又逕漸臺東,《漢武帝故事》曰:建章宮北有太液池,池中有漸臺三十丈。漸,浸也,爲池水所漸。一説星名也。南有璧門三層,高三十餘丈,中殿十二間,階陛咸以玉爲之,鑄銅鳳五丈,飾以黃金,樓屋上椽首,薄以玉璧。因曰璧玉門也。沇水又北流注渭,亦謂是水爲漪水也。故呂忱曰:漪水出杜陵縣。《漢書音義》曰:漪,水聲,而非水也。亦曰高都水。前漢之末,王氏五侯大治池宅,引沇水入長安城。故百姓歌之曰:五侯初起,曲陽最怒,壞決高都,竟連五杜,土山漸臺,像西白虎。即是水也。

又東過長安縣北,

16 渭水東分爲二水,《廣雅》曰:水自渭出爲澩,其猶河之有雍也。此瀆東北流逕《魏雍州刺史郭淮碑》南,又東南合一水,逕兩石人北。秦始皇造橋,鐵鐓重不勝,故刻石作力士孟賁等像以祭之,鐓乃可移動也。

17 又東逕陽侯祠北,漲輒祠之,此神能爲大波,故配食河伯也。後人以爲鄧艾祠,悲哉。讒勝道消,專忠受害矣。此水又東注渭水,水上有梁,謂之渭橋,秦制也,亦曰便門橋。秦始皇作離宮于渭水南北,以象天宮,故《三輔黃圖》曰:渭水貫都,以象天漢,橫橋南度,以法牽牛。南有長樂宮,北有咸陽宮,欲通二宮之間,故造此橋。廣六丈,南北三百八十步,六十八間,七百五十柱,百二十二梁。橋之南北有堤,激立石柱,柱南,京兆主之;柱北,馮翊主之。有令丞,各領徒千五百人。橋之北首,壘石水中,故謂之石柱橋也。舊有忖留神像,此神嘗與魯班語,班令其人出。忖留曰:我貌很醜,卿善圖物容,我不能出。班于是拱手與言曰:出頭見我。忖留乃出首,班于是以腳畫地,忖留覺之,便還没水,故置其像于水,惟背以上立水上。後董卓入關,遂焚此橋,魏武帝更脩之,橋廣三丈六尺。忖留之像,曹公乘馬見之驚,又命下之。《燕丹子》曰:燕太子丹質于秦,秦王遇之無禮,乃求歸。秦王爲機發之橋,欲以陷丹,丹過之橋,不爲發。又一説,交龍扶轝而機不發。但言[17],今不知其故處也。

18　渭水又東與沉水枝津合,水上承沉水,東北流逕鄧艾祠南,又東分爲二水,一水東入逍遥園注藕池,池中有臺觀,蓮荷被浦,秀實可翫。其一水北流注于渭。

19　渭水又東逕長安城北,漢惠帝元年築,六年成,即咸陽也。秦離宮無城,故城之,王莽更名常安。十二門:東出北頭第一門,本名宣平門,王莽更名春王門正月亭,一曰東都門,其郭門亦曰東都門,即逢萌掛冠處也。第二門,本名清明門,一曰凱門,王莽更名宣德門布恩亭,内有藉田倉,亦曰藉田門。第三門,本名霸城門,王莽更名仁壽門無疆亭,民見門色青,又名青城門,或曰青綺門,亦曰青門。門外舊出好瓜,昔廣陵人邵平爲秦東陵侯,秦破,爲布衣,種瓜此門,瓜美,故世謂之東陵瓜。是以阮籍《詠懷詩》云:昔聞東陵瓜,近在青門外,連畛拒阡陌,子母相鉤帶。指謂此門也。南出東頭第一門,本名覆盎門,王莽更名永清門長茂亭。其南有下杜城,應劭曰:故杜陵之下聚落也,故曰下杜門,又曰端門,北對長樂宮。第二門,本名安門,亦曰鼎路門,王莽更名光禮門顯樂亭,北對武庫。第三門,本名平門,又曰便門,王莽更名信平門誠正亭,一曰西安門,北對未央宮。西出南頭第一門,本名章門,王莽更名萬秋門億年亭,亦曰光華門也。第二門,本名直門,王莽更名直道門端路亭,故龍樓門也。張晏曰:門樓有銅龍。《三輔黃圖》曰:長安西出第二門,即此門也。第三門,本名西城門,亦曰雍門,王莽更名章義門著義亭,其水北入有函里,民名曰函里門,亦曰突門。北出西頭第一門,本名橫門,王莽更名霸都門左幽亭。如淳曰:音光,故曰光門。其外郭有都門、有棘門。徐廣曰:棘門在渭北。孟康曰:在長安北,秦時宮門也。如淳曰:《三輔黃圖》曰棘門在橫門外,按《漢書》:徐厲軍于此備匈奴,又有通門、亥門也。第二門,本名廚門,又曰朝門,王莽更名建子門廣世亭,一曰高門。蘇林曰:高門,長安城北門也。其内有長安廚官在東,故名曰廚門也。如淳曰:今名廣門也。第三門,本名杜門,亦曰利城門,王莽更名進和門臨水亭,其外有客舍,故民曰客舍門,又曰洛門也。凡此諸門,皆通逵九達,三途洞開,隱以金椎,周以林木,左出右入,爲往來之徑,行者升降,有上下之别。漢成帝之爲太子,元帝嘗急召之,太子出龍樓門不敢絶馳道,西至直城門方乃得度。

上怪遲,問其故,以狀對,上悦,乃著令令太子得絶馳道也。

20　渭水東合昆明故渠,渠上承昆明池東口,東逕河池陂北,亦曰女觀陂。又東合沇水,亦曰漕渠,又東逕長安縣南,東逕明堂南,舊引水爲辟雍處,在鼎路門東南七里,其制上圓下方,九宫十二堂,四嚮五室,堂北三百步有靈臺,是漢平帝元始四年立。渠南有漢故圜丘,成帝建始二年,罷雍五畤,始祀皇天上帝于長安南郊。應劭曰:天郊在長安南,即此也。故渠之北有白亭博望苑,漢武帝爲太子立,使通賓客,從所好也。太子巫蠱事發,斫杜門東出,史良娣死,葬于苑北,宣帝以爲戾園,以倡優千人樂思后園廟,故亦曰千鄉。

21　故渠又東而北屈逕青門外,與沇水枝渠會,渠上承沇水于章門西,飛渠引水入城,東爲倉池,池在未央宫西,池中有漸臺。漢兵起,王莽死于此臺。又東逕未央宫北,高祖在關東,令蕭何成未央宫,何斬龍首山而營之。山長六十餘里,頭臨渭水,尾達樊川,頭高二十丈,尾漸下,高五六丈,土色赤而堅,云昔有黑龍從南山出飲渭水,其行道因山成跡,山即基,闕不假築,高出長安城。北有玄武闕,即北闕也。東有蒼龍闕,闕内有閶闔、止車諸門。未央殿東有宣室、玉堂、麒麟、含章、白虎、鳳皇、朱雀、鵷鸞、昭陽諸殿,天禄、石渠、麒麟三閣。未央宫北,即桂宫也。周十餘里,内有明光殿、走狗臺、柏梁臺,舊乘複道,用相逕通。故張衡《西京賦》曰:鉤陳之外,閣道穹隆,屬長樂與明光。逕北通于桂宫。

22　故渠出二宫之間,謂之明渠也。又東歷武庫北,舊樗里子葬于此,樗里子名疾,秦惠王異母弟也,滑稽多智,秦人號曰智囊。葬于昭王廟西,渭南陰鄉樗里,故俗謂之樗里子。云我百歲後,是有天子之宫夾我墓。疾,以昭王七年卒,葬于渭南章臺東。至漢,長樂宫在其東,未央宫在其西,武庫直其墓。秦人諺曰:力則任鄙,智則樗里是也。明渠又東逕漢高祖長樂宫北,本秦之長樂宫也。周二十里,殿前列銅人,殿西有長信、長秋、永壽、永昌諸殿,殿之東北有池,池北有層臺,俗謂是池爲酒池,非也。故渠北有樓,豎《漢京兆尹司馬文預碑》。

23　故渠又東出城分爲二渠,即《漢書》所謂王渠者也。蘇林曰:王渠,官渠也,猶今御溝矣。晉灼曰:渠名也,在城東覆盎門外。一水逕楊橋下,即青門橋也,側城北逕鄧艾祠西,而北注渭,今無水。其一水右入昆明故渠,東逕奉明縣廣城鄉之廉明苑南。史皇孫及王夫人葬于郭北,宣帝遷苑南,卜以爲悼園,益園民千六百家,立奉明縣,以奉二園。園在東都門,昌邑王賀自霸御法駕,郎中令龔遂驂乘,至廣明東都門是也。故渠東北逕漢太尉夏侯嬰冢西,葬日,柩馬悲鳴,輕車罔進,下得《石槨銘》云:于嗟滕公居此室。故遂葬焉。冢在城東八里飲馬橋南四里,故時人謂之馬冢。

故渠又北分爲二渠：東逕虎圈南而東入霸，一水北合渭，今無水。

又東過霸陵縣北，霸水從縣西北流注之。

24　霸者，水上地名也，古曰滋水矣。秦穆公霸世，更名滋水爲霸水，以顯霸功。水出藍田縣藍田谷，所謂多玉者也。西北有銅谷水[18]，次東有輞谷水，二水合而西注，又西流入㶚水。㶚水又西逕嶢關，北歷嶢柳城。東、西有二城，魏置青㶚軍于城内，世亦謂之青㶚城也。秦二世三年，漢祖入，自武關攻秦，趙高遣將距于嶢關者也。《土地記》[19]曰：藍田縣南有嶢關，地名嶢柳道，通荆州[20]。《晉地道記》曰：關當上洛縣西北。㶚水又西北流入霸，霸水又北歷藍田川，逕藍田縣東。《竹書紀年》：梁惠成王三年，秦子向命爲藍君，蓋子向之故邑也。川有漢臨江王榮冢，景帝以罪徵之，將行，祖于江陵北門，車軸折，父老泣曰：吾王不反矣。榮至，中尉郅都急切責王，王年少，恐而自殺，葬于是川，有燕數萬，銜土置冢上，百姓矜之。

25　霸水又左合滻水，歷白鹿原東，即霸川之西，故芷陽矣。《史記》：秦襄王葬芷陽者是也。謂之霸上，漢文帝葬其上，謂之霸陵。上有四出道以瀉水，在長安東南三十里。故王仲宣賦詩[21]云：南登霸陵岸，迴首望長安。漢文帝嘗欲從霸陵上西馳下峻坂，袁盎攬轡于此處。上曰：將軍怯也。盎曰：臣聞千金之子，坐不垂堂，百金之子，立不倚衡，聖人不乘危，今馳不測，如馬驚車敗，奈高廟何？上乃止。

26　霸水又北，長水注之，水出杜縣白鹿原，其水西北流，謂之荆溪。又西北，左合狗枷川水，水有二源，西川上承磈山之䃟磐谷，次東有苦、谷二水合，而東北流逕風涼原西，《關中圖》[22]曰：麗山之西，川中有阜，名曰風涼原，在磈山之陰，雍州之福地。即是原也。其水傍溪北注，原上有漢武帝祠。其水右合東川，水出南山之石門谷，次東有孟谷，次東有大谷，次東有雀谷，次東有土門谷。五水北出谷，西北歷風涼原東，又北與西川會。原爲二水之會，亂流北逕宣帝許后陵東，北去杜陵十里，斯川于是有狗枷之名。川東亦曰白鹿原也，上有狗枷堡。《三秦記》曰：麗山西有白鹿原，原上有狗枷堡，秦襄公時，有大狗來，下有賊則狗吠之，一堡無患，故川得厥目焉。川水又北逕杜陵東，元帝初元元年，葬宣帝杜陵，北去長安五十里。陵之西北有杜縣故城，秦武公十一年縣之，漢宣帝元康元年，以杜東原上爲初陵，更名杜縣爲杜陵，王莽之饒安也。其水又北注荆溪，荆溪水又北逕霸縣，又有溫泉入焉。水發自原下，入荆溪水，亂流注于霸，俗謂之滻水，非也。《史記音義》：文帝出安門，《注》云：在霸陵縣，有故亭，即《郡國志》所謂長門亭也。《史記》云：霸、滻，長水也。雖不在祠典，以近咸陽秦、漢都；涇、渭，長水，盡得比大川之禮。

27　昔文帝居霸陵北，臨廁指新豐路示慎夫人曰：此走邯鄲道也。因使慎夫人鼓瑟，上自倚瑟而歌，悽愴悲懷，顧謂羣臣曰：以北山石爲槨，用紵絮斮陳漆其間，豈可動哉。釋之曰：使其中有可欲，雖錮南山猶有隙；使無可欲，雖無石槨，又何戚焉。文帝曰：善。拜廷尉。韋昭曰：高岸夾水爲廁，今斯原夾二水也。霸水又北會兩川，又北，故渠右出焉。

28　霸水又北逕王莽九廟南。王莽地皇元年，博徵天下工匠，壞撤西苑、建章諸宮館十餘所，取材瓦以起九廟。算及吏民，以義入錢穀，助成九廟。廟殿皆重屋，太初祖廟，東西南北各四十丈，高十七丈，餘廟半之，爲銅薄櫨，飾以金銀雕文，窮極百工之巧，褫高增下，功費數百巨萬，卒死者萬數。霸水又北逕枳道，在長安縣東十三里，王莽九廟在其南。漢世有白蛾羣飛，自東都門過枳道，呂后祓除于霸上，還見倉狗戟脅于斯道也。

29　水上有橋，謂之霸橋。地皇三年，霸橋木災[23]自東起，卒數千以水汎沃救不滅，晨燔夕盡。王莽惡之，下書曰：甲午火橋，乙未，立春之日也，予以神明聖祖，黃、虞遺統受命，至于地皇四年，爲十五年，正以三年終冬，絕滅霸駁之橋，欲以興成新室，統一長存之道，其名霸橋爲長存橋。

30　霸水又北，左納漕渠，絕霸右出焉。東逕霸城北，又東逕子楚陵北，皇甫謐曰：秦莊王葬于芷陽之麗山，京兆東南霸陵山。劉向曰：莊王大其名立墳者也。《戰國策》[24]曰：莊王字異人，更名子楚，故世人猶以子楚名陵。又東逕新豐縣，右會故渠，渠上承霸水，東北逕霸城縣故城南，漢文帝之霸陵縣也，王莽更之曰水章。

31　魏明帝景初元年，徙長安，金狄重不可致，因留霸城南，人有見薊子訓與父老共摩銅人曰：正見鑄此時，計爾日已近五百年矣。

32　故渠又東北逕劉更始冢西，更始二年，爲赤眉所殺，故侍中劉恭夜往取而埋之，光武使司徒鄧禹收葬于霸陵縣。更始尚書僕射行大將軍事鮑永，持節安集河東，聞更始死，歸世祖，累遷司隸校尉，行縣經更始墓，遂下拜哭，盡哀而去。帝問公卿，大中大夫張湛曰：仁不遺舊，忠不忘君，行之高者。帝乃釋。

33　又東北逕新豐縣，右合漕渠，漢大司農鄭當時所開也。以渭難漕，命齊水工徐伯發卒穿渠引渭。其渠自昆明池，南傍山原，東至于河，且田且漕，大以爲便，今無水。

34　霸水又北逕秦虎圈東，《列士傳》[25]曰：秦昭王會魏王，魏王不行，使朱亥奉璧一雙。秦王大怒，置朱亥虎圈中，亥瞋目視虎，眥裂血出濺虎，虎不敢動。即是處也。霸水又北入于渭水。

35　渭水又東會成國故渠。渠，魏尚書左僕射衛臻征蜀所開也，號成國渠，引以澆田。其瀆上承汧水于陳倉東，東逕郿及武功槐里縣北，渠左有安定梁嚴冢，碑碣尚存。又東逕漢武帝茂陵南，故槐里之茂鄉也。應劭曰：帝自爲陵，在長安西北八十餘里。《漢武帝故事》曰：帝崩後見形，謂陵令薛平曰：吾雖失勢，猶爲汝君，奈何令吏卒上吾陵磨刀劍乎？自今以後，可禁之。平頓首謝，因不見。推問陵傍，果有方石，可以爲礪，吏卒常盜磨刀劍。霍光欲斬之，張安世曰：神道茫昧，不宜爲法。乃止。故阮公《詠懷詩》曰：失勢在須臾，帶劍上吾丘。

36　陵之西而北一里，即李夫人冢，冢形三成，世謂之英陵。夫人兄延年知音，尤善歌舞，帝愛之，每爲新聲變曲，聞者莫不感動。常侍上起舞，歌曰：北方有佳人，絕世而獨立，一顧傾人城，再顧傾人國。寧不知傾城復傾國，佳人難再得。上曰：世豈有此人乎？平陽主曰：延年女弟。上召見之，妖麗善歌舞，得幸，早卒，上憫念之，以后禮葬，悲思不已，賦詩悼傷。

37　故渠又東逕茂陵縣故城南，武帝建元二年置。《地理志》曰：宣帝縣焉，王莽之宣成也。故渠又東逕龍泉北，今人謂之溫泉，非也。渠北故坂北，即龍淵廟。如淳曰：《三輔黄圖》有龍淵宮，今長安城西有其廟處，蓋宮之遺也。故渠又東逕姜原北，渠北有漢昭帝陵，東南去長安七十里。又東逕平陵縣故城南，《地理志》曰：昭帝置，王莽之廣利也。故渠之南有竇氏泉，北有徘徊廟。又東逕漢大將軍魏其侯竇嬰冢南，又東逕成帝延陵南，陵之東北五里，即平帝康陵坂也。故渠又東逕渭陵南，元帝永光四年，以渭城壽陵亭原上爲初陵，詔不立縣邑。又東逕哀帝義陵南，又東逕惠帝安陵南，陵北有安陵縣故城。《地理志》曰：惠帝置，王莽之嘉平也。渠側有杜郵亭。又東逕渭城北，《地理志》曰：縣有蘭池宮。秦始皇微行，逢盜于蘭池，今不知所在。又東逕長陵南，亦曰長山也。秦名天子冢曰山，漢曰陵，故通曰山陵矣。《風俗通》曰：陵者，天生自然者也，今王公墳壟稱陵。《春秋左傳》曰：南陵，夏后皋之墓也。《春秋説題辭》曰：丘者，墓也，冢者，種也，種墓也，羅倚于山，分卑尊之名者也。故渠又東逕漢丞相周勃冢南，冢北有亞夫冢。故渠東南謂之周氏曲，又東南逕漢景帝陽陵南，又東南注于渭，今無水。

38　渭水又東逕霸城縣北，與高陵分水，水南有定陶恭王廟、傅太后陵。元帝崩，傅昭儀隨王歸國，稱定陶太后。後十年，恭王薨，子代爲王，徵爲太子，太子即帝位，立恭王寢廟于京師，比宣帝父悼皇故事。元壽元年，傅后崩，合葬渭陵。潘岳《關中記》：漢帝后同塋，則爲合葬不共陵也，諸侯皆如之。恭王廟在霸城西北，廟西北，即傅太后陵，不與元帝同塋。渭陵，非謂元帝陵也。蓋在渭水之南，故曰渭陵也。陵與元帝齊者，謂同十二丈也。王莽奏毁傅太后冢，冢崩，壓殺數百人；開棺，臭聞數里。公卿在位，皆阿莽旨，入錢帛，遣子弟及諸生、四夷，凡十餘萬人，操持作具，助將作掘傅后冢，二旬皆平，周棘其處，以爲世戒。今其處積土猶高，世謂之增墀，又亦謂之增阜，俗亦謂之成帝初陵處，所未詳也。

39　渭水又逕平阿侯王譚墓北，冢次有碑，左則涇水注之。渭水又東逕郿縣西，蓋隴西郡之鄭徙也。渭水又東得白渠枝口,又東與五丈渠合,水出雲陽縣石門山,謂之清水,東南流逕黃嶔山西,又南入役栩縣,歷原南出,謂之清水口。東南流絕鄭渠,又東南入高陵縣,逕黃白城西,本曲梁宮也。南絕白渠,屈而東流,謂之曲梁水。又東南逕高陵縣故城北,東南絕白渠瀆,又東南入萬年縣,謂之五丈渠,又逕藕原東,東南流注于渭。

40　渭水右逕新豐縣故城北,東與魚池水會,水出麗山東北,本導源北流,後秦始皇葬于山北,水過而曲行,東注北轉,始皇造陵,取土其地,汙深水積成池,謂之魚池也。在秦皇陵東北五里,周圍四里,池水西北流,逕始皇冢北。秦始皇大興厚葬,營建冢壙于麗戎之山,一名藍田㉖,其陰多金,其陽多玉,始皇貪其美名,因而葬焉。斬山鑿石,下錮三泉,以銅爲槨,旁行周迴三十餘里,上畫天文星宿之象,下以水銀爲四瀆、百川、五嶽、九州,具地理之勢。宮觀百官,奇器珍寶,充滿其中。令匠作機弩,有所穿近,輒射之。以人魚膏㉗爲燈燭,取其不滅者久之。後宮無子者,皆使殉葬甚衆。墳高五丈,周迴五里餘,作者七十萬人,積年方成。而周章百萬之師,已至其下,乃使章邯領作者以禦難,弗能禁。項羽入關,發之,以三十萬人三十日運物不能窮。關東盜賊,銷槨取銅,牧人尋羊燒之,火延九十日不能滅。

41　北對鴻門十里,池水又西北流,水之西南有溫泉,世以療疾。《三秦記》曰:麗山西北有溫水,祭則得入,不祭則爛人肉。俗云:始皇與神女遊而忤其旨,神女唾之生瘡,始皇謝之,神女爲出溫水,後人因以澆洗瘡。張衡《溫泉賦序》㉘曰:余出麗山,觀溫泉,浴神井,嘉洪澤之普施,乃爲之賦云。此湯也,不使灼人形體矣。

42　池水又逕鴻門西,又逕新豐縣故城東,故麗戎地也。高祖王關中,太上皇思東歸,故象舊里,制茲新邑,立城社,樹枌榆,令街庭若一,分置豐民以實茲邑,故名之爲新豐也。漢靈帝建寧三年,改爲都鄉,封段熲爲侯國。後立陰槃城,其水際城北出,世謂是水爲陰槃水。又北絕漕渠,北注于渭。

43　渭水又東逕鴻門北,舊大道北下坂口名也。右有鴻亭。《漢書》:高祖將見項羽。《楚漢春秋》㉙曰:項王在鴻門,亞父曰:吾使人望沛公,其氣衝天,五色采相繆,或似龍,或似雲,非人臣之氣,可誅之。高祖會項羽,范增目羽,羽不應。樊噲杖盾撞人入,食豕肩于此,羽壯之。《郡國志》曰:新豐縣東有鴻門亭者也。郭緣生《述征記》,或云霸城南門曰鴻門也。項羽將因會危高祖,羽仁而弗斷,范增謀而不納,項伯終護高祖以獲免。既抵霸上,遂封漢王。按《漢書注》:鴻門在新豐東十七里,則霸上應百里。按《史記》:項伯夜馳告張良,良與俱見高祖,仍使夜返。考其道里,不容得爾。今父老傳在霸城南門數十里,于理爲得。按緣生此記,雖歷覽《史》、《漢》,述行涂經見,可謂學而不思矣。今新豐縣故城東三里有坂,長二里餘,塹原通道,南北洞開,有同門狀,謂之鴻門。孟康言,在新豐東十七里,無之。蓋指縣治而言,非謂城也。自新豐故城西至霸城五十里,霸城西十里則霸水,西二十里則長安城。應劭曰:霸,水上地名,在長安東二十里,即霸城是也。高祖舊停軍處,東去新豐既遠,何由項伯夜與張良共見高祖乎? 推此言之,知緣生此記乖矣。

44　渭水又東,石川水南注焉。渭水又東,戲水注之,水出麗山馮公谷,東北流,又北逕麗戎城東,《春秋》:晉獻公五年伐之,獲麗姬于是邑。麗戎,男國也,姬姓,秦之麗邑矣。又北,右總三川,逕鴻門東,又北逕戲亭東。應劭曰:戲,弘農湖縣西界也。地隔諸縣,不得爲湖縣西。蘇林曰:戲,邑名,在新豐東南四十里。孟康曰:乃水名也,今戲亭是也。

45　昔周幽王悅褒姒,姒不笑,王乃擊鼓舉烽火以徵諸侯,諸侯至,無寇,褒姒乃笑,王甚悅之。及犬戎至,王又舉烽以徵諸侯,諸侯不至,遂敗幽王于戲水之上,身死于麗山之北,故《國語》③曰:幽滅者也。

46　漢成帝建始二年,造延陵爲初陵,以爲非吉,于霸曲亭南更營之。鴻嘉元年,于新豐戲鄉爲昌陵縣,以奉初陵。永始元年,詔以昌陵卑下,客土疏惡,不可爲萬歲居,其罷陵作,令吏民反,故徙將作大匠解萬年燉煌。《關中記》曰:昌陵在霸城東二十里,取土東山,與粟同價,所費巨萬,積年無成。即此處也。

47　戲水又北分爲二水,竝注渭水。渭水又東,泠水入焉,水南出肺浮山,蓋麗山連麓而異名也。北會三川,統歸一壑,歷陰槃、新豐兩原之間,北流注于渭。渭水又東,酉水南出倒虎山,西總五水,單流逕秦步高宮東,世名市丘城。歷新豐原東而北逕步壽宮西,又北入渭。渭水又東得西陽水,又東得東陽水,竝南出廣鄉原北垂,俱北入渭。渭水又東逕下邽縣故城南,秦伐邽,置邽戎于此。有上邽,故加下也。渭水又東與竹水合,水南出竹山北,逕媚加谷,歷廣鄉原東,俗謂之大赤水,北流注于渭。

48　渭水又東得白渠口,大始二年,趙國中大夫白公奏穿渠引涇水,首起谷口,出于鄭渠南,名曰白渠。民歌之曰:田于何所,池陽谷口,鄭國在前,白渠起後。即水所始也。東逕宜春城南,又東南逕池陽城北,枝瀆出焉。東南歷藕原下,又東逕郿縣故城北,東南入渭,今無水。

49　白渠又東,枝渠出焉,東南逕高陵縣故城北,《地理志》曰:左輔都尉治,王莽之千春也。《太康地記》謂之曰高陸也。車頻《秦書》曰:苻堅建元十四年③,高陸縣民穿井得龜,大二尺六寸,背文負八卦古字,堅以石爲池養之,十六年而死,取其骨以問吉凶,名爲客龜。大卜佐高魯夢客龜言:我將歸江南,不遇,死于秦。魯于夢中自解曰:龜三萬六千歲而終,終必亡國之徵也。爲謝玄破于淮、肥,自縊新城浮圖中,秦祚因即淪矣。

50　又東逕櫟陽城北，《史記》:秦獻公二年，城櫟陽，自雍徙居之；十八年，雨金于是處也。項羽以封司馬欣爲塞王。按《漢書》:高帝克關中始都之，王莽之師亭也。後漢建武二年，封驃騎大將軍景丹爲侯國。丹讓，世祖曰:富貴不還故鄉，如衣錦夜行，故以封卿。白渠又東逕秦孝公陵北，又東南逕居陵城北、蓮芍城南，又東注金氏陂，又東南注于渭。故《漢書·溝洫志》曰:白渠首起谷口，尾入櫟陽是也。今無水。

又東過鄭縣北，

51　渭水又東逕戀都城北，故蕃邑，殷契之所居。《世本》曰:契居蕃。闞駰曰:蕃在鄭西。然則今戀城是矣。俗名之赤城，水曰赤水，非也。苻健入秦，據此城以抗杜洪。小赤水即《山海經》之灌水也，水出石脆之山，北逕蕭加谷于孤柏原西，東北流與禺水合。水出英山，北流與招水相得，亂流西北注于灌，灌水又北注于渭。渭水又東，西石橋水南出馬嶺山，積石據其東，麗山距其西，源泉上通，懸流數十，與華岳同體。其水北逕鄭城西，水上有橋，橋雖崩褫，舊跡猶存，東去鄭城十里，故世以橋名水也。而北流注于渭，闞駰謂之新鄭水。

52　渭水又東逕鄭縣故城北，《史記》:秦武公十年³²縣之，鄭桓公友之故邑也。《漢書》薛瓚《注》言:周自穆王已下，都于西鄭，不得以封桓公也。幽王既敗，虢、儈又滅，遷居其地，國于鄭父之丘，是爲鄭桓公。無封京兆之文。余按遷《史記》，考《春秋》、《國語》、《世本》言，周宣王二十二年，封庶弟友于鄭。又《春秋》、《國語》竝言桓公爲周司徒，以王室將亂，謀于史伯，而寄帑與賄于虢、儈之間。幽王實于戲，鄭桓公死之。平王東遷，鄭武公輔王室，滅虢、儈而兼其土。故周桓公言于王曰:我周之東遷，晉、鄭是依。乃遷封于彼。《左傳》隱公十一年，鄭伯謂公孫獲曰:吾先君新邑于此，其能與許爭乎? 是指新鄭爲言矣。然班固、應劭、鄭玄、皇甫謐、裴頠、王隱、闞駰及諸述作者，咸以西鄭爲友之始封，賢于薛瓚之單説也。無宜違正經而從逸録矣。

53　赤眉樊崇于郭北設壇，祀城陽景王，而尊右校卒史劉俠卿牧牛兒盆子爲帝，年十五，被髮徒跣，爲具絳單衣，半頭赤幘，直綦履。顧見衆人拜，恐畏欲啼。號年建世，後月餘，乘白蓋小車，與崇及尚書一人，相隨向鄭北，渡渭水，即此處也。

54　城南山北有五部神廟，東南向華岳，廟前有碑，後漢光和四年，鄭縣令河東裴畢字君先立。渭水又東與東石橋水會，故沈水也³³，水南出馬嶺山，北流逕武平城東。按《地理志》:左馮翊有武城縣，王莽之桓城也。石橋水又逕鄭城東，水有故石梁，《述征記》曰:鄭城東、西十四里各有石梁者也。又北逕沈陽城北，注于渭。《漢書

·地理志》：左馮翊有沈陽縣，王莽更之曰制昌也。蓋藉水以取稱矣。

55　渭水又東，敷水注之，水南出石山之敷谷，北逕告平城東，奢舊所傳，言武王伐紂，
告太平于此，故城得厥名，非所詳也。敷水又北逕集靈宮西，《地理志》曰：華陰縣
有集靈宮，武帝起，故張昶《華嶽碑》稱，漢武慕其靈，築宮在其後。而北流注于渭。
渭水又東，糧餘水注之，水南出糧餘山之陰，北流入于渭，俗謂之宣水也。渭水又
東合黃酸之水，世名之爲千渠水，水南出升山，北流注于渭。渭水又東逕平舒城
北，城側枕渭濱，半破淪水，南面通衢。昔秦始皇之將亡也，江神素車白馬，道華山
下，返璧于華陰平舒道曰：爲遺鎬池君。使者致之，乃二十八年渡江所沈璧也。即
江神返璧處也。渭水之陽即懷德縣界也。城在渭水之北，沙苑之南，即懷德縣故
城也。世謂之高陽城，非矣。《地理志》曰：《禹貢》北條荆山在南山下，有荆渠，即
夏后鑄九鼎處也。王莽更縣曰德驩。渭水又東逕長城北，長澗水注之，水南出太
華之山，側長城東而北流，注于渭水。《史記》：秦孝公元年，楚、魏與秦接界，魏築
長城，自鄭濱洛者也。

又東過華陰縣北，

56　洛水入焉，闞駰以爲漆沮之水也。《曹瞞傳》[33]曰：操與馬超隔渭水，每渡渭，輒爲
超騎所衝突，地多沙，不可築城，婁子伯説，今寒可起沙爲城，以水灌之，一宿而成。
操乃多作縑囊以埋水，夜汲作城，比明城立于是水之次也。

57　渭水逕縣故城北，《春秋》之陰晉也，秦惠文王五年，改曰寧秦，漢高帝八年，更名華
陰，王莽之華壇也。縣有華山[35]。《山海經》曰：其高五千仞，削成而四方，遠而望
之，又若華狀，西南有小華山也。韓子曰：秦昭王令工施鈎梯上華山，以節柏之心
爲博箭，長八尺，棊長八寸，而勒之曰：昭王嘗與天神博于是。《神仙傳》曰：中山衛
叔卿嘗乘雲車，駕白鹿，見漢武帝。帝將臣之，叔卿不言而去，武帝悔，求得其子度
世，令追其父，度世登華山，見父與數人博于石上，勑度世令還。山層雲秀，故能懷
靈抱異耳。山上有二泉，東西分流，至若山雨滂湃，洪津泛灑，掛溜騰虛，直瀉山
下。有漢文帝廟，廟有石闕數碑，一碑是建安中立，漢鎮遠將軍段熲更脩祠堂，碑
文漢給事黃門侍郎張昶造，昶自書之。文帝又刊其二十餘字，二書存，垂名海內。
又刊侍中司隸校尉鍾繇、弘農太守毌丘儉姓名，廣六行，鬱然脩平。是太康八年，
弘農太守河東衛叔始爲華陰令，河東裴仲恂役其逸力，脩立壇廟，夾道樹柏，迄于
山陰，事見永興元年華百石所造碑。

58　渭水又東，沙渠水注之。水出南山北流，西北入長城，城自華山北達于河。《華嶽
銘》曰：秦、晉爭其祠，立城建其左者也。郭著《述征記》指證魏之立長城，長城在
後，不得在斯，斯爲非矣。渠水又北注于渭。《三秦記》曰：長城北有平原，廣數百

里,民井汲巢居,井深五十尺。渭水又東逕定城北,《西征記》曰:城因原立。《述征記》曰:定城去潼關三十里,夾道各一城。渭水又東,泥泉水注之,水出南山靈谷,而北流注于渭水也。渭水又東合沙渠水,水即符禺之水也,南出符石,又逕符禺之山,北流入于渭。

東入於河。

59　《春秋》之渭汭也。《左傳》閔公二年,虢公敗犬戎于渭隊。服虔曰:隊謂汭也。杜預曰:水之隈曲曰汭。王肅云:汭,入也。呂忱云:汭者,水相入也。水會,即船司空所在矣。《地理志》曰:渭水東至船司空入河。服虔曰:縣名,都官。《三輔黃圖》有船庫官,後改爲縣。王莽之船利者也。

【注　釋】　①成林渠　殿本在此處有戴震案語:"此有脫誤,《漢書·地理志》'右扶風'下云,成國渠首受渭,東北至上林苑爲蒙蘢渠。"《水經注疏》熊會貞按:"《溝洫志》亦作成國渠,與《地理志》同,別無成林渠之稱。"②洪範五行傳　書名。五行,指金、木、水、火、土,故亦是占卜讖緯之書。已亡佚,輯本收入於《左海全集》、《漢魏遺書鈔》等。③與赤水會　此處有佚文一條。清吳燾《游蜀日記》引《水經注》:"赤水即竹水,一名箭谷水。"當是此段下佚文。④在水東鄠縣　此處有佚文一條。《寰宇記》卷二十六《關西道》二《雍州》二《鄠縣》引《水經注》:"亭在甘水之東。"又云:"扈水上承扈陽池。"當是此段下佚文。⑤上林　詩賦名。事見《漢書·司馬相如傳》。⑥詩　《詩經·大雅·文王有聲》。⑦春秋後傳　書名。《隋書·經籍志》著錄三十一卷,晉著作郎樂資撰。書記戰國至秦末史事。《兩唐志》著錄作三十卷。已亡佚,輯本收入於《漢學堂叢書》及《漢魏遺書鈔》等。⑧毛詩　《詩經·小雅·白華》。⑨五言詩　詩名。晉成公綏撰。《隋書·經籍志》著錄《成公綏集》九卷,《兩唐志》著錄作十卷。但集中不收此詩,唯丁福保《全晉詩》卷二收錄。成公綏字子安,《晉書》有傳。⑩枝合　《疏》本作"左合",此依《疏》本語譯於後。⑪秦通六基　《水經注疏》熊會貞按:"秦通六基無考,當在今長安縣西。"⑫關中記　書名。《兩唐志》著錄一卷,晉潘岳撰。已亡佚,輯本收入於宛委山堂《說郛》弓六十一及《擊淡廬叢稿》等,均一卷。⑬三輔黃圖　書名。《隋書·經籍志》著錄作《黃圖》一卷。《兩唐志》作《三輔黃圖》一卷。其書撰於後漢,但不著撰人。漢景帝時分內史爲左、右內史和主爵中尉,同治長安城內京畿之地,故稱三輔。此書記敘秦漢三輔的各種城市建設,內容詳盡而清楚,故甚有價值。今收入於《古今逸史》、《關中叢書》、《寶顏堂祕笈》、宛委山堂《說郛》弓六十等,又有單行本,如陳直著《三輔黃圖校正》。⑭漢武帝故事　書名。《隋書·經籍志》及《兩唐志》著錄二卷,不著撰人,亦有題漢班固撰者。已亡佚,輯本甚多,如《古今說海》、《古今逸史》、《玉函山房輯佚書補編》等。⑮建章鳳闕賦　詩賦名。《隋書·經籍志》及《兩唐志》著錄後漢丞相主簿《繁欽集》十卷,此賦當在集中。今賦隨集亡,僅見《三輔黃圖》及宋敏求《長安志》等引及。參見本書卷八《濟水》篇中《避地賦》注釋。⑯傅子宮室　書名。此書不見於歷來公私著錄,不知撰者和撰述年代,除酈注外亦不見他書引及。已亡佚。⑰但言　殿本在此處有戴震案語:"此下有脫文。"朱謀㙔《水經注箋》說:"謝(按指謝兆申)云:疑有脫誤。"語譯從略。⑱銅谷水　此處有佚文。宋敏求《熙寧長安志》卷十六《縣》六《藍田·銅谷水》引《水經注》:"其水右合東川水,水出南山之石門谷。"又云:"石門谷東有銅谷水。"此二"石門谷"不同,"石門谷東有銅谷水"句中,"石門谷"三字,當為此句下佚文。⑲土地記　書名。不見隋唐諸志著錄。文廷式《補晉書藝文志》卷二云:"張氏《土地記》,郭璞於注《山海經·海內南經》引之。"本卷《經》文"又東過霸陵縣北,霸水從縣西北流注之"下,《注》文引及此書。同卷《經》文"又東過槐里縣南,又東,潦水從南來注之"下,《注》引及"張晏"之名,但未及此書。姚振宗《三國藝文志》著錄有張晏《土地記》一種,疑即張氏《土地記》。晏字子博,三國魏人,其書亡佚已久,亦無輯本。⑳地名嶢柳道二句　《疏》本斷句為:"地名嶢柳,道通荊州。"今依《疏》本語譯於後。㉑王仲宣賦詩　指王粲所著之《七哀詩》,收錄於《昭明文選》。仲宣為王粲字。㉒關中圖　圖名。不見隋唐諸志著錄,亦不知撰者和撰繪年代。已亡佚,《玉海》卷十四《漢長安圖》下引及此圖。但《水經注疏》認為此圖是《開山圖》之誤。《疏》:"朱《開山圖》訛作《關中圖》,全、趙、戴同。守敬按:《初學記》八,《文選》王元長《曲水詩序注》,《寰宇記》並引此條,語有詳略,皆作《遁甲開山圖》,則'關中'當作'開山'無疑。"㉓霸橋木災　《疏》本校記按:《漢書·王莽傳》無"木"字。沈炳巽云:"木"字疑衍。下文所述皆是霸橋被火焚毀之事,此"木"字不可解。㉔戰國策　《戰國策·秦策》。㉕列士傳　書名。《隋書·經籍志》及《兩唐志》著錄二卷,漢劉向撰。已亡佚,輯本收入於《玉函山房輯佚書補編》。㉖藍田　此處有佚文一條。宋敏求《熙寧長安志》卷十六《縣》六《藍田·劉谷水》引《水經注》:"劉谷水出藍田山之東谷,俗謂之劉谷,西北與石門水合。"當是此段下佚文。㉗人魚膏　人魚熬成的油。人魚,《正義》引《廣志》謂其"聲如小兒啼,有四足"。蓋即今之所謂鯢,俗稱娃娃魚。㉘溫泉賦序　詩賦名。賦及序均收入於《古文苑》卷五及清嚴可均《全後漢文》。㉙楚漢春秋　書名。《漢書·藝文志》著錄九卷,漢陸賈撰。已亡佚,有《漢學堂》輯本。㉚國語　《國語·魯語》。㉛苻堅建元十四年　《水經注疏》作"苻堅建元十二年"。《疏》:"戴改作'十四年',守敬按:《十六國春秋》作'十二年正月'。"㉜秦武公十年　《水經注疏》作"秦武公十一年"。《疏》:"朱無'一'字,全、趙、戴同。會貞按:《秦本紀》,武公十一年,初縣鄭。此脫'一'字,今增。"㉝故沈水也　此處有佚文一條。《寰宇記》卷二十九《關西道》五《華州·鄭縣》引《水經注》:"沈水北逕沈城之西。"當是此段下佚文。㉞曹瞞傳　書名。《兩唐志》著錄《曹瞞傳》一卷。《舊唐志》並云吳人作。曹操,字孟德,小名阿瞞。已亡佚,《世說新語注》及《文選注》有引及。㉟縣有華山　此處有佚文一條。《方輿紀要》卷五十二《陝西》一《泰華》引《水經注》:"華嶽有三峰,直上數千仞,基廣而峰峻疊秀,迄于嶺表,有如削成。"當是此句下佚文。

【語　譯】

又東過槐里縣南,又東,潦水從南來注之。

1　渭水流經槐里縣老城南。《漢書集注》:李奇稱老城為小槐里,是槐里縣的西城。渭水又東流與芒水支流匯合。芒水的支流在竹圃匯合了芒水,東北流,又轉彎北流注入渭水。渭水又東北流經黃山宮南,就是《地理志》所說的:縣裡有黃山宮,是惠帝二年(公元前一九三年)所建。《東方朔傳》說:武帝微服出行,西到黃山宮。所以人們稱為遊城。在這裡有就水注入。就水發源於南山的就谷,北流經大陵西,人們稱為老子陵。從前李耳在周朝當柱史,因為周朝衰落了,於是避世去到戎族地區,他的墳墓就在這裡。此事並無確實的證據,但莊周著書說:老聃死後,秦失去弔唁他,號哭了三聲就出來。這裡沒有說老子是不死的,而且人秉承了五行的精氣,而陰陽的變化也總是有個盡頭的,人也絕沒有不死的道理。照此推斷,也許流傳下來的說法是可信的。古人容許保留疑點,所以把兩種說法都記下來。

2　就水流過竹圃北,與黑水匯合。黑水上流承接三泉,在就水右岸,三條源泉分頭流出,最後合併成一條,北流,向左注入就水。就水又北流注入渭水。渭水又東流匯合了田溪水。田溪水發源於南山田谷,北流經長楊宮西,又北流經鄠屋縣老城西,又東北流,匯合了一條水。此水上流承接鄠屋縣的南源,北流經該縣東,又北流經思鄉城西,又北流注入田溪。田溪水又北流,注入渭水。鄠屋縣北有蒙蘢渠,上口在郿縣承接渭水,東流經武功縣叫成林渠,東流經縣北,又叫靈軹渠。《河渠書》以為是從堵水引流的。徐廣說:此渠又叫諸川,一點也沒錯。

3　渭水又東流經槐里縣老城南,槐里縣就是古代的犬丘邑,周懿王建都在這裡。秦朝叫廢丘,又叫舒丘。中平元年(公元一八四年),靈帝把該縣封給左中郎將皇甫嵩為侯國。該縣南臨渭水,北依通渠。《史記·秦本紀》說:秦武王三年(公元前三〇八年),渭水接連三天發紅;秦昭王三十四年(公元前二七三年),渭水又接連三天大發紅。《洪範五行傳》說:紅是火的顏色,水完全變紅,是火克水的象徵。渭水是秦國的大河流,陰陽錯亂,這是秦使用嚴刑,導致敗亂的徵兆。後來項羽入秦,封司馬欣為塞王,定都櫟陽;封董翳為翟王,定都高奴;封章邯為雍王,定都廢丘:這就是三秦。漢高祖北征,平定三秦,引水來淹灌廢丘城,消滅了章邯。三年(公元前二〇四年),把廢丘改名為槐里。王莽又改名為槐治。人們稱為大槐里。晉太康年間(公元二八〇—二八九年),是始平郡的郡治。槐里城有環繞如帶的堤道,舊渠至今仍在,這堤道就是《漢書》所謂的槐里環堤。

4　東有漏水,發源於南山的赤谷,東北流經長楊宮東,長楊宮裡有長楊樹,因而以樹為名。漏水又北流經葦圃西,也叫仙澤。又北流經望仙宮,又東北流,耿谷水注入。耿谷水發源於南山的耿谷,北流與柳泉匯合;東北流經五柞宮西。長楊、五柞這兩座宮殿,相距八里,都是以樹木為宮名的。這也正像陶潛以五柳為號一樣。所以張晏說:宮裡有五柞樹,在鄠屋縣西。耿谷水北流經仙澤東,又北流經望仙宮東,又北流與赤水匯合,又北流經思鄉城東,又北流注入渭水。

5　渭水又東流,匯合了甘水。甘水發源於南山的甘谷,北流經秦文王的萯陽宮西,又北流經五柞宮東,又北流經甘亭西,亭在水東鄠縣。從前夏啟討伐有扈氏,就在這個亭子裡立誓。所以馬融說:甘是有扈氏南郊的地名。甘水又東流到了潦水口。從這裡流入的水,發源於南山的潦谷,北流經漢宜春觀東,又北流經鄠縣老城西,潦水沿著城邊北流,匯合了美陂水。美陂水自宜春觀北流而出,東北流注入潦水。潦水又北流注入甘水,然後亂流注入渭水。這裡就是上林苑的故址。

6　東方朔說:建元年間(公元前一四○—前一三五年),漢武帝微服出行,北到池陽,西到黃山,南在長楊狩獵,東在宜春遊覽。夜間更漏到了十刻,就出來與侍中、常侍、武騎、待詔,以及隴西、北地的良家子弟善於騎射者,在殿下相會,所以這地方就叫期門了。天明以後,這一行人馬都去到山下,騎馬奔馳,射獵鹿、野豬、狐狸和兔子,而且還徒手與熊羆格鬥,皇上十分高興。皇上於是命大中大夫虞丘壽王與能運算的待詔,登記阿城以南、盩厔以東、宜春以西所轄田畝及其價值,把這片土地逕直延伸到與南山相連,都劃為上林苑。東方朔以秦建阿房宮而天下大亂的歷史教訓來進諫,又陳述了按泰階六符來觀察天象、預卜吉凶的道理,皇上於是封他為大中大夫、給事中,賞賜黃金百斤,但還是建造了上林苑。所以司馬相如請求撰寫了一篇天子遊獵的賦,文中假託烏有先生、亡是公,並把此《上林賦》呈獻給武帝。

又東,豐水從南來注之。

7　豐水發源於豐溪,西北流分為兩條:一條東北流,是支流;一條西北流,然後又北流,有交水從東方流來注入;又北流,有昆明池水注入;又北流經靈臺西,又北流到石墩而注入渭水。《地說》說:渭水又東流,在短陰山內與豐水匯合。兩水相匯合的地方,沒有別的高山奇嶺,所有的不過是原野丘陵和石堤而已。水上從前有便門橋,與便門直對,建於武帝建元三年(公元前一三八年)。張昌說:橋在長安西北茂陵東。如淳說:距長安四十里。渭水又流經太公廟北,廟前有"太公碑",文字都已剝落殘缺,現在無法辨認了。渭水又東北流與鄗水匯合。鄗水上流在昆明池北承接鄗池,這就是周武王建都的地方。所以《詩經》說:武王前來占卜,建都選定鄗京,靈龜昭示大吉,武王把它建成。自從漢武帝在這裡開鑿昆明池,周朝故都已湮沒,現在已再也無法探尋了。

8　《春秋後傳》說:使者鄭容進了柏谷關,來到平舒置時,看見華山有素車白馬,車上人問鄭容要到哪裡去? 鄭容答道:到咸陽去。車上人說:我是華山君的使者,想請您帶一封信給鄗池君。您到咸陽,要經過鄗池,您會看到大梓樹下有一塊有花紋的石頭,您拿來敲一下這棵梓樹,就會有人出來接應您的。請把信交給他,但不要擅自拆閱;信交到後,就可以得到您想要的東西了。鄭容到了鄗池,看到一棵梓樹下面果然有一塊有花紋的石頭,他拿來敲了一下梓樹,裡面有人應聲道:來了。鄭容恍如睡夢裡一般,看見有一座宮闕,像是帝王的居處。一位侍者出來,接過信就進去了。一會兒,聽到裡面有人說話的聲音,說是祖龍死了。鬼神的事渺渺茫茫,難以按常理來推測,因而也無從細究它的祕奧了。

9　鄗水又北流,西北流與滈池匯合。滈池的水出自鄗池西,北流注入鄗水。《毛詩》說:滈,是水流的波浪。但世代傳說卻以為是水名。鄭玄說:豐水、鄗水之間,水都是北流的。鄗水北流經清泠臺西,又流經磁石門西。磁石門在阿房宮前,因為全都是用磁石造成的,所以就以磁石為門名。四夷來朝覲的人,如果身上隱藏著鎧甲刀劍進門,就會被發現而可以制止他們,由於此門如此神妙,所以又名卻胡門。鄗水又北流注入渭水。

10　渭水北有杜郵亭,距咸陽十七里,現在叫孝里亭,裡面有白起祠。可嘆呀! 白起有克敵制勝的本領,卻愧無尹商的仁德,這裡就是他拔劍自刎的地方。渭水又東北流經渭城南,文穎以為就是古代的咸陽,是秦孝公所居的離宮。獻公建都於櫟陽,天上下金雨,周太史儋見獻公說:周從前與秦國由合而分,分後五百年又合,合後七十年而出了一位霸王。到了孝公時建咸陽,築冀闕,於是就遷都到那裡。所以《西京賦》說:秦的居處在北方,就是咸陽。太史公說:長安,就是古時的咸陽。漢高帝改名為新城。武帝元鼎三年(公元前一一四年),另建渭城,在長安西北渭水的北岸,就是王莽時的京城。初時隸屬扶風,後來併入長安。南有沇水注入。沇水上口在樊川承接皇子陂,這裡就是杜縣的樊鄉。漢高祖到了櫟陽,因為將軍樊噲曾水淹廢丘,功勞最大,就把此鄉賜給他作為食邑。

11　沇水西北流經杜縣的杜京西,西北流經杜伯墓南。杜伯和他的朋友左儒在宣王朝中做官,左儒無罪被害,杜伯為他而死,最後向宣王報了仇。所以成公子安《五言詩》說:誰說鬼無知,杜伯射宣王。沇水又西北流經下杜城,就是杜伯國。沇水又西北流,左岸匯合舊渠。渠道有兩條水流,上口承接交水,在高陽原匯合為一條,北流經河池陂東,北流注入沇水。沇水又北流與昆明舊池匯合,又北流經秦通六基東,又北流經竭水陂東,又北流匯合了陂水。陂水上流承接該陂,東北流注入沇水。

12　沇水又北流經長安城,西流與昆明池水匯合。昆明池水上流在昆明臺承接昆明池,昆明臺就是從前王仲都所住的地方。桓譚《新論》說:元帝患病,徵求天下方士,於是漢中送去了道士王仲都。元帝下詔問他有什麼本領,王仲都回答道:能經得起寒暑。於是在隆冬酷寒的日子,叫他在上林昆明池上打赤膊乘坐馬車,繞著結冰的池水奔跑。駕車人穿著厚厚的狐皮襖還顫抖不止,唯獨王仲都一人坦然面不改色;他躺在池臺上,也若無其事似的。夏天酷暑的日子,叫他坐在驕陽之下曝曬,四面還圍繞著十個火爐,他卻不說熱,而且身上也不出汗。

13　池水北流經鄗京東、秦阿房宮西。《史記》說：秦始皇三十五年（公元前二一二年），因咸陽官員眾多，先王的宮殿太小，於是在渭南建朝宮，也叫阿城。秦始皇先造前殿阿房宮，宮中坐得下萬人，殿下可豎立高達五丈的旌旗。四周建造閣道，從宮殿直達南山。將南山的山頭給朝宮做宮前的雙闕，從阿房宮建造複道跨過渭水，與咸陽相連，以象徵天極閣道橫渡銀河，直通營室星。《關中記》說：阿房宮在長安西南二十里，宮殿的規模東西一千步，南北三百步，庭中可容納十萬人。

14　昆明池水又轉彎流經宮殿北，東北流注入鎬水陂。陂水從北面流出，流經漢武帝建章宮東，在鳳闕南東流注入沉水。沉水又北流經鳳闕東。《三輔黃圖》說：建章宮，漢武帝所建，周圍二十餘里，宮中有成千上萬的門窗。東邊是鳳闕，高七丈五尺，民間稱為貞女樓，這不對。《漢武帝故事》說：宮闕高二十丈。《關中記》說：建章宮的門闕呈圓形，面對通向北方的道路，闕上有金鳳，高丈餘，所以稱為鳳闕。繁欽《建章鳳闕賦》說：秦漢時的規模，已經消蹤滅跡，只有建章宮的鳳闕，還巍然獨存。鳳闕雖然不合象魏的規制，但也是一代偉大的樓觀了。

15　沉水又北流，分為兩條：一條東北流，一條北流經神明臺東。《傅子宮室》說：皇上在建章宮中築神明臺、井幹樓，高度都達到五十餘丈，而且上面都造了懸閣，下面鋪了車路相通。《三輔黃圖》說：神明臺在建章宮，上面有九個房間，現在人們稱為九子臺，但實際上卻不是。沉水又流經漸臺東。《漢武帝故事》說：建章宮北有太液池，池中有漸臺，高三十丈。漸，意思是浸；就是說被池水所浸。但據另一種說法，漸是星名。南有璧門三層，高三十餘丈；中殿十二間，臺階都用玉砌成。又鑄銅鳳高五丈，以黃金裝飾；樓屋上的椽子頭上，都貼上了玉璧。因此稱為璧玉門。沉水又北流注入渭水。也有人把這條水叫滴水的。所以呂忱說：滴水發源於杜陵縣。《漢書音義》說：滴是水流聲，不是水名。也叫高都水。前漢末年，王氏五侯大規模開鑿水池，修建宮室，把沉水引入長安城。所以老百姓的歌謠道：五侯開始興起，曲陽侯最為殷富。毀掉高都堤防，占地直到五杜。土山還有漸臺，象徵西方白虎。說的就是這條水。

又東過長安縣北，

16　渭水東流，分為兩條。《廣雅》說：從渭水分出的是氵榮水，正像河水有雍水一樣。這條水道往東北流經"魏雍州刺史郭淮碑"南，又東南流與一條水匯合，流經兩個石人北。秦始皇造橋，鐵鐓太重，沒人抬得動，所以雕了兩個石人，代表大力士孟賁等像，向他們致祭，鐵鐓這才搬得動了。

17　水又東流經陽侯祠北，水漲時就要祭祀。這位神祇能掀起大浪，所以與河伯一起享祭。後人卻以為這是鄧艾祠，這真可悲。譖謗者得志，世道淪喪，忠良的人就要受害了。滈水又東流注入渭水。水上有橋,稱為渭橋,是秦時建造的,也叫便門橋。秦始皇在渭水南北兩岸都建了離宮,象徵天宮,所以《三輔黃圖》說:渭水直穿都城,以象徵天上銀河,跨河造橋通南岸,以仿效牽牛星。南有長樂宮,北有咸陽宮,要使兩宮可以相通,所以造了這座橋。橋寬六丈,南北長三百八十步,橋上有六十八個房間,共七百五十根柱子,一百二十二條大梁。橋的南北兩端都有堤防,豎立著石柱,柱南由京兆尹主管,柱北由左馮翊主管。有令丞等官員,每人都帶領役徒一千五百人。橋的北端,在水中堆疊石塊,所以叫石柱橋。舊時有忖留神像。這位神祇曾與魯班談話,魯班請他出來。忖留說:我的相貌很醜陋,而你又擅長描繪人物的容貌,我不能出來。魯班於是拱手作揖,對他說:請把您的頭露出來與我相見就好了。忖留才把頭露出來。於是魯班用腳在地上描畫。忖留覺察到了,就重新沒入水中。所以他的像是放在水中的,只有背部以上露出水面。後來董卓入關,燒了這座橋,魏武帝重建此橋,橋寬三丈六尺。忖留的像,因曹操騎馬看見時吃了一驚,又叫人把它移去。《燕丹子》說:燕太子丹留在秦國當人質,秦王待他無禮,於是請求回國。秦王在橋上裝了機關,想謀害太子丹,但太子丹過橋時機關卻沒有觸發。還有一個傳說,說是兩條龍交在一起,抬起他的車子,所以機關就不能觸發了。……現在已不知橋的原址了。

18　渭水又東流與沇水支流匯合。沇水的支流上流承接沇水,東北流經鄧艾祠南,又東流分為兩條:一條東流進入逍遙園,注入藕池,池中有臺觀,岸邊荷葉荷花遮蓋了水面,秀麗悅目;另一條北流注入渭水。

19　渭水又東流經長安城北。長安城是漢惠帝元年(公元前一九四年)開始修築,六年時建成,這就是咸陽城。秦時的離宮原來是沒有築城的,所以築了城牆。王莽改名為常安。咸陽有十二座城門,從東城出去,北端第一座城門原叫宣平門,王莽改名為春王門正月亭,又叫東都門;外城的城門也叫東都門。這就是逢萌掛冠辭官而去的地方。第二座城門原叫清明門,又叫凱門,王莽改名為宣德門布恩亭,裡面有藉田倉,也叫藉田門。第三門原叫霸城門,王莽改名為仁壽門無疆亭;老百姓看到門呈青色,又叫它青城門,或者叫青綺門,又叫青門。從前城門外出產好瓜,廣陵人邵平,秦時做過東陵侯,秦亡,當了老百姓,在此門外種瓜,瓜很甜美,人們稱為東陵瓜。阮籍《詠懷詩》說:從前聽說東陵瓜,就在青門外近畔;瓜田一畦連一畦,大瓜小瓜連成串。指的就是此門。從南城出去,東端第一座城門原叫覆盎門,王莽改名為永清門長茂亭,南面有下杜城。應劭說:就是從前杜陵的下聚落,所以叫下杜門,又叫端門,北對長樂宮。第二座城門原叫安門,也叫鼎路門,王莽改名為光禮門顯樂亭,北對武庫。第三門原叫平門,又叫便門,王莽改名為信平門誠正

亭,又叫西安門,北對未央宮。出西城,南端第一門原叫章門,王莽改名為萬秋門
億年亭,又叫光華門。第二門原叫直門,王莽改名為直道門端路亭,就是從前的龍
樓門。張晏說:門樓有銅龍。《三輔黃圖》說:長安西出第二門,就是這座門。第三
門原叫西城門,又叫雍門,王莽改名為章義門著義亭。渭水北流進入有函里,老百
姓稱為函里門,又叫突門。出北城,西端第一門原叫橫門,王莽改名為霸都門左幽
亭。如淳說:橫,音光,所以叫光門,外城有都門、有棘門。徐廣說:棘門在渭水北。
孟康說:在長安北,是秦時的宮門。如淳說:《三輔黃圖》說棘門在橫門外。據《漢
書》:徐厲駐軍在這裡,以防備匈奴。又有通門、亥門。第二門原叫廚門,又叫朝
門,王莽改名為建子門廣世亭,又名高門。蘇林說:高門是長安城北門。門內有長
安廚官在東,所以叫廚門。如淳說:現在叫廣門。第三門原叫杜門,也叫利城門,
王莽改名叫進和門臨水亭;外面有客舍,所以老百姓叫它客舍門,又叫洛門。所有
這些城門,都有通衢大道四通八達,每座大開的城門都有三條大道通過。修路時
以大鐵錐夯土,大路兩旁種植樹木,從左邊出城,右邊進城,往來通行都有一定的
途徑;行路的人或升或降,有上下等級的差別。漢成帝還是太子時,元帝有急事召
喚他,太子出了龍樓門,不敢橫穿馳道,就一直往西走到直城門方才能穿過大路。
皇上奇怪他為什麼來得這樣晚,問他什麼緣故,太子說明原因,皇上十分高興,於
是下了命令,特許太子可以橫穿馳道。

20　渭水東流與昆明舊渠匯合。此渠上流承接昆明池東邊的水口,東流經河池陂北,
河池陂也叫女觀陂。又東流與沈水匯合,沈水也叫漕渠。又東流經長安縣南,東
流經明堂南,就是舊時引水圍繞的辟雍,在鼎路門東南七里。明堂的規制上圓下
方,內有九宮十二堂,四面有五個房間,堂北三百步有靈臺,是漢平帝元始四年(公
元四年)所建。渠南有漢朝原來祭天的圜丘,成帝建始二年(公元前三一年)撤銷雍縣
五畤,才在長安南郊奉祀皇天上帝。應劭說:天郊在長安南,就是此處。舊渠以北
有白亭博望苑,是漢武帝依太子的喜好而建的,以便他與賓客交往。巫蠱事起,太
子砍開杜門往東逃走,史良娣自殺,葬於苑北,宣帝稱為戾園,又因有戲子千人在
思后的園廟作樂,所以也叫千鄉。

21　舊渠又東流北轉,流經青門外,與沈水支渠匯合。支渠上流在章門西承接沈水,渠
道引水入城,東為倉池,池在未央宮西,池中有漸臺。漢朝起兵討伐王莽後,王莽
便是死於此臺。舊渠又東流經未央宮北。高祖在關東時,命令蕭何興建未央宮,
蕭何掘平龍首山的前端來營建此宮,龍首山長六十餘里,前端瀕渭水,山尾延伸到
樊川,山頭高二十丈,尾端逐漸降低,高僅五六丈。山土呈紅色,十分堅硬,傳說從
前有黑龍從南山出來到渭水飲水,龍所經過的道路依山而形成痕跡,宮殿以山為

基,宮闕也無需另築臺址,就已高出長安城了。北有玄武闕,就是北闕。東有蒼龍闕,闕內有閶闔、止車諸門。未央宮東有宣室、玉堂、麒麟、含章、白虎、鳳皇、朱雀、鵷鸞、昭陽諸殿,天祿、石渠、麒麟三閣。未央宮北,就是桂宮。周圍十餘里,內有明光殿、走狗臺、柏梁臺,從前有複道相通。所以張衡《西京賦》說:後宮之外,閣道彎彎曲曲,把長樂宮和明光殿相連起來,往北通到桂宮。

22　舊渠在二宮之間流出,稱為明渠。又東流經武庫北,從前樗里子就葬在這裡。樗里子名疾,是秦惠王的異母弟,為人滑稽而富於智謀,秦人稱他為智囊。他葬於昭王廟西,渭南陰鄉的樗里,所以民間稱他為樗里子。他說:待我百年之後,會有天子的宮殿把我的墳墓夾在中間。嬴疾死於昭王七年(公元前三〇〇年),葬於渭南章臺東。到了漢朝,長樂宮在他墓東,未央宮在他墓西,武庫正對他的墳墓。秦人諺語說:力氣要數任鄙,智慧要數樗里。明渠又東流經漢高祖長樂宮北,這裡本來是秦時的長樂宮。周圍二十里,殿前排列著銅人,殿西有長信、長秋、永壽、永昌等殿。殿的東北有池,池北有層臺,民間稱此池為酒池,其實不對。舊渠以北有樓,立著"漢京兆尹司馬文預碑"。

23　舊渠又東流出城,分為兩條,就是《漢書》所謂的王渠。蘇林說:王渠,就是官渠。正像現在的御溝。晉灼說:王渠是渠名,在城東覆盎門外。一條水流經楊橋就是青門橋下,沿著城邊北流經鄧艾祠西,北流注入渭水,現在已經枯涸無水了。另一條向右流入昆明舊渠,東流經奉明縣廣城鄉的廉明苑南。史皇孫及王夫人葬在城北,宣帝把此墓遷到苑南,經占卜選為修建悼園的地點。為增加人口,遷入民戶一千六百家,並設置奉明縣,以奉祀兩個陵園。陵園在東都門,昌邑王劉賀從霸駕駛著皇帝的車駕,郎中令龔遂陪乘,到了廣明東都門,就是此門。舊渠東北流經漢太尉夏侯嬰墓西,夏侯嬰下葬那天,駕柩車的馬悲鳴,柩車不能前進,掘地發現的《石槨銘》說:唉,就讓滕公住在這所房子裡吧。於是就葬在這裡。墓在城東八里,飲馬橋南四里,所以當時人們稱為馬冢。

舊渠又北流,分為兩條:一條東流經虎圈南,往東注入霸水;一條北流匯合渭水,現在已經枯涸無水了。

又東過霸陵縣北,霸水從縣西北流注之。

24　霸,是個水上的地名,霸水古代稱為滋水。秦穆公稱霸時,把滋水改名為霸水,藉以顯耀自己稱霸的功業。此水發源於藍田縣藍田谷,其地以富於玉礦而聞名。西北有銅谷水,稍東有輞谷水,二水匯合而西流,又往西注入埏水。埏水又西流經嶢關,北流經過嶢柳城。東西兩邊二城並峙,魏在城內駐紮青埏軍,所以世人也叫它青埏城。秦二世三年(公元前二〇七年),漢高祖從武關攻秦,趙高派遣將軍在嶢關

抵抗。《土地記》說:藍田縣南有嶢關,地名嶢柳,有道路通荊州。《晉·地道記》
說:嶢關在上洛縣西北。涅水又西北流注入霸水。霸水又往北流過藍田川,流經
藍田縣東。《竹書紀年》:梁惠成王三年(公元前三六七年),秦子向受命為藍君,藍田
就是子向從前的食邑。藍田川有漢朝臨江王劉榮墓。景帝以他有罪徵召他,臨行
時父老們在江陵北門與他餞別,車軸卻忽然斷了,父老們哭泣道:我們的大王不會
回來了。劉榮來到後,中尉郅都立即嚴厲地斥責了他一頓,臨江王年輕膽小,心裡
害怕,就自殺了。他被葬於藍田川,當時有數萬隻燕子銜泥堆在墳上,百姓也很憐
憫他。

25　霸水又在左岸匯合滻水,流過白鹿原東。白鹿原在霸川西,是從前的芷陽。《史
記》:秦襄王葬於芷陽,就是這地方,稱為霸上;漢文帝葬在那裡,稱為霸陵,在長安
東南三十里。陵墓上有水池,水池四面都有水道排水。王仲宣賦詩道:往南登上
霸陵的高岸,回頭遙望著長安。漢文帝曾想乘車從霸陵的陡坡上西馳而下,袁盎
就在這裡勒住車駕的韁繩。文帝說:將軍你膽子也太小了。袁盎說:我曾聽說過:
家有千金的公子,不坐在堂前的簷下;家有百金的公子,不倚著樓殿的欄杆站立。
聖人是不去冒險的,現在您要乘車奔跑下坡,就難保不出事,萬一馬受了驚,車也
翻了,怎麼對得起高祖呢? 文帝這才作罷。

26　霸水又北流,長水注入。長水發源於杜縣白鹿原,水西北流,稱為荊溪。又西北
流,左岸匯合狗枷川水。狗枷川水有兩個源頭,西川上源承接魂山的斫槃谷,稍東
有苦、谷兩條水匯合,東北流經風涼原西。《關中圖》說:麗山以西,一片平川中有
個山丘,名叫風涼原,在魂山北,是雍州的福地。指的就是這座山原。此水沿溪北
流,原上有漢武帝祠。水在右岸匯合東川。東川發源於南山的石門谷,稍東有孟
谷,稍東有大谷,稍東有雀谷,稍東有土門谷。這五條水北流出谷,西北流過風涼
原東,又北流與西川匯合。風涼原是兩條水匯合的地方,匯合後往北亂流經宣帝
許后陵東,北距杜陵十里。水流到這裡名叫狗枷川,川東也叫白鹿原。上面有狗
枷堡。《三秦記》說:麗山西有白鹿原,原上有狗枷堡。秦襄公時,有大狗來到這
裡,原下有賊狗就會狂吠,因此全堡都平安無事,水也因而得名了。川水又北流經
杜陵東。元帝初元元年(公元前四八年),把宣帝葬在杜陵,北距長安五十里。陵墓
西北有杜縣老城,秦武公十一年(公元前六八七年),在這裡設縣,漢宣帝元康元年
(公元前六五年),以杜縣東原上為初陵,把杜縣改名為杜陵,就是王莽時的饒安。狗
枷川水又北流注入荊溪。荊溪水又北流經霸縣,又有溫泉注入。溫泉水發源於原
下,注入荊溪水,亂流注入霸水。民間叫滻水,是不對的。《史記音義》:文帝出安
門。《注》說:安門在霸陵縣,有個老亭,就是《郡國志》所謂的長門亭。《史記》說:

霸水、滻水,都是很長的河流,雖然不在祭祀的禮儀制度之列,但因接近秦漢的都城咸陽,所以涇水、渭水兩條長河也都得到可與大川相比的祭禮了。

27　從前文帝站在霸陵北坡,在坡邊指著去新豐的路對慎夫人說:這就是到邯鄲去的道路。於是叫慎夫人鼓瑟,文帝本人伴著樂曲歌唱,不禁引起淒愴悲切的情懷。他環顧群臣道:以北山的石材做棺槨,用苧麻、棉絮浸了陳漆緊緊地嵌入縫隙間,難道還撬得開嗎。張釋之說:如果裡面有人家想要的東西,即使把整座南山封得嚴嚴實實的,也還是有隙可乘的;如果沒有人家想要的東西,即使沒有石棺,又何必擔憂呢。文帝說:你說得不錯。於是封他為廷尉。韋昭說:高岸兩邊有水叫廁,現在這片山原就夾在兩水之間。霸水又北流,匯合了兩條水,又北流,舊渠在右岸分出。

28　霸水又北流經王莽九廟南。王莽地皇元年(公元二〇年),大規模徵集天下工匠,把西苑、建章等十幾處宮館拆毀,利用拆下的木材、磚瓦建造九廟;人頭稅攤派到下級官吏和平民百姓,捐錢捐穀,以助成九廟的建築。廟殿都建成雙層,上古始祖的祠廟,東西南北各四十丈,高十七丈,其餘廟宇減半;斗拱以銅製成,用金銀雕成花紋裝飾。建廟時把百工絕頂的精工巧藝全都使上了,截高補低,工程費用高達數百萬,兵卒民夫死者以萬計。霸水又北流經枳道,在長安縣東十三里。王莽九廟在縣南。漢時有白蛾成群而飛,從東都門飛過枳道。呂后在霸上禳災祈福,回來時看到一隻青灰色的狗,撲上來用爪子抓她的腋下,就是在這條路上。

29　水上有橋,叫霸橋。地皇三年,霸橋發生火災,從東頭先起火,數千兵士用水來澆,都不能撲滅。早晨起火,到了傍晚就把橋燒光了。王莽對這場火災覺得很討厭,就下了詔書說:甲午火燒霸橋,乙未正好是立春日。我以神明的聖祖黃帝、虞舜後裔的身分受命為天子,到了地皇四年就有十五個年頭了,正好在地皇三年將盡的冬天,毀掉這座不正的橋梁,這正是要振興新朝,促進統一長存之道,宜將霸橋改名為長存橋。

30　霸水又北流,左岸匯合了漕渠,橫穿過霸水從右岸流出。東流經霸城北,又東流經子楚陵北。皇甫謐說:秦莊王葬於芷陽的麗山。京兆東南的霸陵山,劉向說:莊王看重此山的大名,因而在那裡營建陵墓。《戰國策》說:莊王字異人,又名子楚。所以人們至今還是叫它子楚陵。又東流經新豐縣,右岸匯合舊渠。舊渠上流承接霸水,東北流經霸城縣老城南,就是漢文帝時的霸陵縣。王莽改名為水章。

31　魏明帝景初元年(公元二三七年),想把長安的銅人搬到洛陽來,但因銅人太重了,無法搬到,只得將它們留在霸城南。有人見到薊子訓與父老一起撫摩銅人,說:我恰好有看到澆鑄銅人的情形,推算日子,已經快五百年了。

32 舊渠又東北流經劉更始墓西。更始帝於二年（公元二四年）被赤眉所殺，前侍中劉
恭乘夜潛往，把他的屍體運回來掩埋了。光武帝派司徒鄧禹把他安葬於霸陵縣。
更始帝的尚書僕射、行大將軍事鮑永，持節把軍隊結集在河東，聽到更始帝已死，
就投效光武帝，逐級升遷到司隸校尉。他在巡察京畿時，途經更始帝墓，就下馬跪
拜痛哭，極盡哀悼弔唁之禮，方才離去。光武帝問公卿，大中大夫張湛說：仁愛的
人不遺棄舊交，忠貞的人不忘記君主，這是德行崇高的人啊。光武帝心中的疑慮
方才消除了。

33 舊渠又東北流經新豐縣，在右岸匯合漕渠，此渠是漢大司農鄭當時所開鑿。因為
渭水運糧困難，於是令齊國的水利專家徐伯調兵開渠，引入渭水以利運糧。渠道
從昆明池起，南邊沿著山地，往東直達河水，既可灌溉田畝，又可運輸糧食，好處很
多，可是今天已經乾涸無水了。

34 霸水又北流經秦虎圈東。《列士傳》說：秦昭王約魏王相會，魏王不去，差朱亥奉送
一對玉璧給他。秦王大怒，把朱亥放進虎欄。朱亥怒目圓睜，直瞪著老虎，把眼角
都睜裂了，鮮血直濺到老虎身上。老虎怕得動都不敢動，就是在這地方。霸水又
北流注入渭水。

35 渭水又東流與成國舊渠匯合。這條渠道，是魏尚書左僕射衛臻征伐蜀國時所開，
號稱成國渠，用以引水灌溉田畝。渠道上口在陳倉以東承接汧水，東流經郿縣及
武功郡槐里縣北，渠道左岸有安定梁嚴墓，如今墓碑還在。又東流經漢武帝茂陵
南，就是從前槐里的茂鄉。應劭說：武帝親自營建陵墓，在長安西北八十餘里。
《漢武帝故事》說：武帝死後顯靈對守陵吏薛平說：我雖然失勢了，但到底還是你的
君王。怎麼可以讓小吏兵丁到我的陵上來磨刀劍呢？今後你要禁止他們。薛平
叩頭謝罪，鬼魂一眨眼就不見了。他去查問時，發現陵墓旁果然有一塊方石可以
當磨石使用，下吏兵士常常偷偷地到這裡來磨刀劍。霍光想殺了他們，張安世說：
鬼神的事渺茫難知，不宜作為執法的依據。於是霍光才作罷。阮籍《詠懷詩》說：
轉瞬間就失去權勢，讓人帶劍上我的陵墓。

36 茂陵西邊偏北一里，就是李夫人墓，墓有三層，人們稱為英陵。李夫人的哥哥李延
年精通音律，尤其擅長歌舞，武帝很喜歡他。每當他作了新歌或變調樂曲，聽眾無
不感動。他時常在侍候武帝時跳舞唱歌，唱道：北方有一位美人兒，姿容秀麗舉世
無雙。盼一眼令人城破，再盼一眼令人國亡。豈不知城破國又亡，再找個這樣的
美人可別想。武帝說：世上難道真有這樣的美人嗎？平陽公主說：有，就是延年的
妹妹。武帝召她進宮，見她妖豔無比，而且能歌善舞，於是大為寵愛。但她不幸早
逝，武帝心傷，就以皇后的喪禮安葬她；他時時刻刻思念她，並作詩悼亡。

37　舊渠又東流經茂陵縣老城南，是武帝建元二年（公元前一三九年）所置。《地理志》說：宣帝設立為縣。就是王莽時的宣成。舊渠又東流經龍泉北，現在人們叫溫泉，這不對。渠道北邊原來的山坡以北，有龍淵廟。如淳說：《三輔黃圖》有龍淵宮，現在長安城西有龍淵廟所在之處，就是龍淵宮的遺址。舊渠又東流經姜原北，渠北有漢昭帝陵，東南距長安七十里。又東流經平陵縣老城南。《地理志》說：平陵縣是昭帝所設置，就是王莽時的廣利。舊渠南有竇氏泉，北有徘徊廟。又東流經漢大將軍魏其侯竇嬰墓南，又東流經成帝延陵南，陵墓東北五里，就是平帝康陵的山坡。舊渠又東流經渭陵南。元帝永光四年（公元前四〇年），以渭城壽陵亭原上為初陵，詔書說明不立縣城。又東流經哀帝義陵南，又東流經惠帝安陵南，陵墓北有安陵縣老城。《地理志》說：安陵縣是惠帝所置。王莽時叫嘉平。渠道旁邊有杜郵亭。又東流經渭城北。《地理志》說：縣裡有蘭池宮。秦始皇微服出行，在蘭池碰到強盜，但現在已不知在什麼地方了。又東流經長陵南，也叫長山。秦朝稱天子的墳墓為山，漢朝則稱陵，所以通常叫山陵。《風俗通》說：陵是天然形成的，現在王公的墳墓叫陵。《春秋左傳》說：南陵是夏朝帝皋的墳墓。《春秋說題辭》說：丘，就是墳墓，冢，就是腫，像是隆腫起來的墳墓。羅列依傍於山邊，藉以區別尊卑的名分。舊渠又東流經漢丞相周勃墓南，墓北有周亞夫墳。舊渠東南流，稱為周氏曲，又東南流經漢景帝陽陵南，又東南流注入渭水，現在已經乾涸無水了。

38　渭水又東流經霸城縣北，與高陵縣以水為分界。水南有定陶恭王廟、傅太后陵。元帝死後，傅昭儀隨恭王回到封國，稱為定陶太后。十年後，恭王亡故，他的兒子嗣位為王，並受徵召為太子。太子即帝位，沿襲宣帝父親悼皇的先例，在京師建立恭王的宗廟。元壽元年（公元前二年），傅太后死，與恭王合葬於渭陵。潘岳《關中記》：漢朝皇帝與皇后同葬一個墓地，就算合葬也不共陵。諸侯也都援此例。恭王廟在霸城西北，該廟的西北方，就是傅太后陵，不與元帝同一個墓地。渭陵並不是元帝的陵墓。因為在渭水以南，所以叫渭陵。傅太后陵與元帝陵平級，這是說高度都是十二丈。王莽上書拆毀傅太后墓，墳墓崩塌，壓死了數百人，開棺時好幾里外都能聞到臭氣。在位的公卿都迎合王莽的旨意，繳納錢幣，派遣子弟、諸生及四方的夷人共十餘萬，人人持著掘墓工具，幫助將作大匠掘毀傅太后墳，二十天後才全部掘平。接著在四周種植荊棘，作為天下的鑑誡。現在那裡堆積的泥土還很高，人們稱為增墀，又叫增阜。民間又說是成帝初陵處。這些稱呼的由來也弄不清楚。

39　渭水又流經平阿侯王譚墓北，墓旁有碑，左岸有涇水注入。渭水又東流經郿縣西，這是從隴西郡的郿縣遷移過來的。渭水又東流到了白渠支渠的水口；又東流與五

丈渠匯合。五丈渠發源於雲陽縣的石門山,叫清水,東南流經黃嶔山西;又南流,
進入祋祤縣境,流過原野南,叫清水口。東南流,橫穿過鄭渠;又東南流,進入高陵
縣,流經黃白城西,這裡原來是曲梁宮。又南流橫穿過白渠,轉彎東流,稱為曲梁
水。又東南流經高陵縣老城北,往東南橫穿過白渠瀆,又東南流入萬年縣,稱為五
丈渠。又流經藕原東,東南流注入渭水。

40　渭水往右流經新豐縣老城北,東流與魚池水匯合。魚池水發源於麗山東北,原來
是引水北流的,後來秦始皇葬於山北,水經過這裡就繞了個彎前進,東流北轉。秦
始皇築陵時,在這裡取土,挖成深坑,於是積水成池,稱為魚池。魚池在秦始皇陵
東北五里,周圍四里,池水西北流,流經秦始皇陵北。秦始皇大興厚葬,在麗戎山
營建墓穴。麗戎山又叫藍田,山北多金,山南多玉。秦始皇愛慕此山的美名,所以
葬在那裡。造陵時劈山鑿石,在墓穴下面堵死三條地下水,以銅鑄造棺槨;墓地周
圍三十餘里。墓室上面,畫著天文星宿,下面用水銀比擬天下的四條大河和無數
小河,以及五嶽、九州,地理形勢完備無遺。墓穴內還安置著宮觀、百官,奇異的器
皿、珍貴的寶物,把墓內堆得滿滿的。還叫匠人製作裝了機關的弓弩,有人入墓走
近,弓弩就會發箭將他射死。又以人魚的脂膏做燈燭,因為能經久不滅。後宮沒
有生過兒子的妃嬪,殉葬的很多。墳高五丈,周圍五里餘,參加造陵的達七十萬
人,接連好幾年方才建成。這時周章百萬大軍已經打到陵墓下面了,於是派章邯
率領築陵役夫去抵抗,但卻約束不住他們。項羽入關,掘開陵墓,以三十萬人來搬
運陵墓裡的器物,接連搬了三十日還是搬不完。關東的盜賊把銅棺熔化了,取銅
利用;牧人尋找羊群,又把墓給燒了,大火延燒了九十日還不能撲滅。

41　始皇陵北十里,與鴻門相對。池水又西北流,水的西南方有溫泉,人們都用來治
病。《三秦記》說:麗山西北有溫泉,須先致祭才能下水沐浴,不祭就會燙爛皮肉。
據民間傳說,秦始皇與神女同遊,觸犯了她的意旨,神女向他吐口水,使得他生瘡。
始皇向她道歉,神女才為他變出溫泉,後人就利用它來洗瘡。張衡《溫泉賦序》說:
我途經麗山,觀看溫泉,在神井沐浴,讚頌這偉大的神水施惠於千萬民眾,於是為
它作賦。這溫泉,是不會再燙壞人的身體了。

42　池水又流經鴻門西,又流經新豐縣老城東,這裡從前是麗戎地區。漢高祖在關中
稱王,太上皇思鄉想回到東方去,所以仿照故鄉的風物,建造了這座新城,建立土
地廟,種植白榆樹,使得街道庭院都和故鄉一樣;並把豐縣的百姓遷過來,補充縣
裡的人口,所以叫新豐。漢靈帝建寧三年(公元一七○年),改名都鄉,把它封給段熲
為侯國。以後設立陰槃城。此水沿著城邊北流,世人稱為陰槃水。又北流,橫穿
過漕渠,北流注入渭水。

43　渭水又東流經鴻門北,這是舊時從北而下的大道經過山坡缺口的地名。右邊有鴻
　　亭。《漢書》:高祖將要去見項羽。《楚漢春秋》說:項王在鴻門,亞父說:我差人給
　　沛公望氣,看到他頭上有一股氣直沖天庭,五彩錯雜相間,或者像龍,或者像雲,這
　　不是做臣子的氣,不如先殺了他。高祖會見項羽,范增向項羽使了個眼色,但項羽
　　不理會他。樊噲持盾推開門衛闖了進來,在這裡吃了一隻豬腿,項羽誇他豪壯。
　　《郡國志》說:新豐縣東有鴻門亭,即指此處。郭緣生《述征記》:有人說霸城南門
　　叫鴻門。項羽想利用會見的機會來殺害高祖,但項羽心軟,下不了決心;范增為他
　　出謀,他卻不採納;項伯終於掩護著高祖,使他得以幸免。高祖到了霸上,就自封
　　漢王。據《漢書注》:鴻門在新豐東十七里,那麼距霸上應當有一百里了。據《史
　　記》:項伯乘夜飛馬去告訴張良,張良和他一起見高祖,仍舊叫他連夜回去。根據
　　這些情況來判斷里程,不可能有這麼遠。現在父老相傳鴻門在霸城南門數十里,
　　情理上是說得通的。郭緣生寫這篇記述,雖然遍讀《史記》、《漢書》,但記述沿途
　　所見,卻可說只會讀書而不會思考。現在新豐縣老城東三里有山坡,長二里餘,在
　　那裡深挖了一道溝子以便通行,南北兩頭都開了大口子,就像門戶一樣,稱為鴻
　　門。孟康說:鴻門在新豐東十七里,可是事實上卻沒有。大概他是指縣治而言,而
　　非指新豐城。從新豐老城西到霸城有五十里,霸城西十里則是霸水,西二十里則
　　是長安城。應劭說:霸,是個水上的地名,在長安東二十里,就是霸城。高祖從前
　　曾在這裡駐軍,東離新豐既遠,項伯怎麼能乘夜與張良去見高祖呢? 根據這一點
　　來推論,就可以知道郭緣生這條記載是錯誤的。

44　渭水又東流,石川水南流注入。渭水又東流,戲水注入。戲水發源於麗山馮公谷,
　　東北流,又北流經麗戎城東。《春秋》:晉獻公五年(公元前六七二年),討伐麗戎,在
　　此城得到麗姬。麗戎是男爵一級的封國,姓姬,就是秦時的麗邑。又北流,右岸匯
　　合了三條溪流,流經鴻門東,又北流經戲亭東。應劭說:戲,是弘農郡湖縣的西部
　　邊界。但這裡與湖縣之間隔了好幾個縣,不可能是湖縣的西部。蘇林說:戲是城
　　名,在新豐東南四十里。孟康說:戲是水名,就是今天的戲亭水。

45　從前周幽王想博得褒姒高興,但褒姒不笑,於是幽王就敲鼓並燒起烽火徵召諸侯,
　　諸侯來到以後,一看卻沒有敵兵,褒姒這才笑了起來,幽王也十分高興。以後犬戎
　　來了,幽王又燒了烽火徵召諸侯,諸侯卻不來了,於是幽王就在戲水上打了敗仗,
　　在麗山以北被殺。所以《國語》說:幽王滅亡了。

46　漢成帝建始二年(公元前三一年),在延陵建築初陵,但以為不吉利,於是又在霸曲亭
　　南重新興建。鴻嘉元年(公元前二〇年),把新豐縣戲鄉立為昌陵縣,以奉祀初陵。
　　永始元年(公元前一六年),下詔說昌陵地勢低窪,位置偏僻,環境惡劣,不可作為帝

王安眠的地方,著即停止陵寢的建造工程,使官吏人民返回原地,並把將作大匠解萬年貶謫至燉煌。《關中記》說:昌陵在霸城東二十里,要到東山去取土,運土的工本等同於稻米的價格,耗資巨萬,而連續數年卻一無所成。就是在這地方。

47　戲水又北流,分為兩條,都注入渭水。渭水又東流,泠水注入。泠水發源於南方的肺浮山,此山山麓與麗山相連但山名不同。泠水北流匯合三條溪流,一同流入一條深溝,流經陰槃、新豐兩處原野之間,北流注入渭水。渭水又東流,有酒水發源於南方的倒虎山,西流總匯了五條溪澗,合為一水,流經秦步高宮東,世人將此宮所在地稱為市丘城。流過新豐原東,而北流經步壽宮西,又北流注入渭水。渭水又東流匯合了西陽水,又東流匯合了東陽水,兩水都發源於南方的廣鄉原北界,都北流注入渭水。渭水又東流經下邽縣老城南。秦攻打邽,在邽地的戎人安置在這裡。因為有個上邽,所以把這裡叫下邽。渭水又東流與竹水匯合。竹水發源於南方的竹山北麓,流經媚加谷,流經廣鄉原東,民間稱為大赤水,北流注入渭水。

48　渭水又東流到了白渠口。太始二年(公元前九五年),趙國中大夫白公上書建議開鑿渠道,引導涇水,上端從谷口開始,沿著鄭渠南端流出,名叫白渠。民間歌謠道:在哪裡耕田呀,在池陽的谷口。鄭國開渠在前,白渠繼起在後。這裡說的池陽谷口,就是白渠起始的地方。渠水東流經宜春城南,又東南流經池陽城北,這裡分出一條支渠,東南流經藕原下,又東流經鄗縣老城北,往東南流入渭水,但今天已經乾涸無水了。

49　白渠又東流,分出一條支渠,東南流經高陵縣老城北。《地理志》說:該縣是左輔都尉的治所。王莽時叫千春。《太康地記》稱為高陸。車頻《秦書》說:苻堅建元十四年(公元三七八年),高陸縣有人挖井,捉到一隻大烏龜,大二尺六寸,龜背上有八卦古字。苻堅用石頭造了個水池來飼養牠。十六年後死了,取龜骨來占卜吉凶,稱為客龜。大卜佐高魯夢見客龜說:我想回到江南去,但生不逢時,結果死於秦。高魯在夢中自己解夢道:龜壽達三萬六千年而終,龜死定是亡國的徵兆。苻堅在淮水、肥水之間被謝玄打得大敗,自縊於新城佛塔中,前秦於是也滅亡了。

50　又東流經櫟陽城北。《史記》:秦獻公二年(公元前三八三年),在櫟陽築城,從雍遷都到那裡;十八年,天降金雨,就是在這裡。項羽把櫟陽封給司馬欣為塞王。據《漢書》:高帝攻克關中後方才建都於此;這就是王莽時的師亭。後漢建武二年(公元二六年),把這裡封給驃騎大將軍景丹為侯國。景丹謙讓,世祖說:做人有了榮華富貴卻不回故鄉,正如枉穿了綾羅綢緞在黑夜裡行走一樣,所以要封你。白渠又東流經秦孝公陵北,又東南流經居陵城北、蓮芍城南,又東流注入金氏陂,又東南流注入渭水。所以《漢書·溝洫志》說:白渠上端起於谷口,尾端流入櫟陽。現在已經乾涸無水了。

又東過鄭縣北，

51 渭水又東流經巒都城北，就是古時的蕃邑，殷契就住在那裡。《世本》說：契居於
蕃。闞駰說：蕃在鄭西。這樣說來，那就是今天的巒城了。民間叫赤城，水叫赤
水，但都不對。苻健進入秦地，占據此城來抵抗杜洪。小赤水就是《山海經》的灌
水。灌水發源於石脆山，北流經孤柏原西邊的蕭加谷，東北流與禹水匯合。禹水
發源於英山，北流與招水相匯合，往西北亂流注入灌水。灌水又北流注入渭水。
渭水又東流，有西石橋水發源於南方的馬嶺山，積石山盤踞於水東，麗山對峙於水
西，水源從山上流下來，成為數十道瀑布，山與華山連成一體。西石橋水北流經鄭
城西，水上有橋，雖然已經崩塌了，但遺跡還在。此橋東距鄭城十里，所以人們以
橋來取水名。此水北流注入渭水，闞駰稱為新鄭水。

52 渭水又東流經鄭縣老城北。《史記》：秦武公十年（公元前六八八年），在這裡設縣。
這裡原來是鄭桓公姬友的食邑。《漢書》薛瓚《注》說：周朝從穆王以下各代，一直
建都於西鄭，不可能封給桓公的。幽王敗後，虢、鄶又都滅亡了，於是遷到那裡，建
都於鄭父丘，這就是鄭桓公。但沒有封於京兆的記載。我查考過司馬遷的《史
記》，也查考了《春秋》、《國語》和《世本》的說法，周宣王二十二年（公元前八〇六
年），封庶母所生的弟弟姬友於鄭。此外，《春秋》、《國語》都說桓公在周任司徒，因
王室將亂，與史伯商量，而把庫藏的錢幣與貨物寄存於虢、鄶之間。幽王死於戲，
鄭桓公也為他而死。平王遷都於東方，鄭武公輔助王室，滅了虢、鄶，兼併了兩國
的土地，所以周桓公對平王說：我們周王室東遷時，是依靠晉國與鄭國的。於是把
兩國的土地轉封給它們。《左傳》隱公十一年（公元前七一二年），鄭伯對公孫獲說：
我的祖先在這裡新建城邑，我哪裡能與許國爭奪呢？指的就是新鄭。但班固、應
劭、鄭玄、皇甫謐、裴頠、王隱、闞駰以及許多著作家，都認為西鄭是姬友初封之地，
這些都比薛瓚獨家的說法來得可靠。違反嚴肅的經籍而以稗官野史為依據，是不
適當的。

53 赤眉樊崇在城郭北面設壇，奉祀城陽景王，把右校卒史劉俠卿的放牛童盆子尊奉
為帝。劉盆子只有十五歲，披頭散髮，赤腳無鞋，為他準備了紅色的單衣，紮了半
個頭的紅頭巾，直紋緞鞋。他看見眾人下拜，害怕得幾乎要哭了起來。於是建王
朝，立年號。月餘之後，乘著白蓋小車，與樊崇及尚書一人，相伴著向鄭北進發，渡
過渭水。就是這地方。

54 城南山北有五座神廟，東南面向華山，廟前有碑，是後漢光和四年（公元一八一年），
鄭縣縣令河東裴畢字君先所立。渭水又東流與東石橋水匯合。這就是從前的沈

水。沈水發源於南方的馬嶺山,北流經武平城東。據《地理志》:左馮翊有武城縣,就是王莽時的桓城。石橋水又流經鄭城東,水上有一座老石橋。《述征記》說:鄭城東、西十四里,兩頭各有一座石橋。水又北流經沈陽城北,注入渭水。《漢書·地理志》:左馮翊有沈陽縣,王莽改名叫制昌。沈陽,是因沈水而得名的。

55 渭水又東流,敷水注入。敷水發源於南方石山的敷谷,北流經告平城東。據老人相傳,說是武王伐紂,曾在這裡祭天,宣告天下太平,城即因此得名。但事實如何卻不得而知。敷水又北流經集靈宮西。《地理志》說:華陰縣有集靈宮,是武帝所造,所以張昶《華嶽碑》說:漢武帝仰慕華山的神靈,因此在山後建築宮殿。敷水北流注入渭水。渭水又東流,糧餘水注入。糧餘水發源於南方糧餘山的山北,北流注入渭水,民間稱為宣水。渭水又東流與黃酸水匯合,世人稱為千渠水。黃酸水發源於南方的升山,北流注入渭水。渭水又東流經平舒城北,此城一側瀕臨渭水岸邊,城牆崩塌,一半已沒入水中了,城南面向通衢大道。從前秦始皇即將亡國時,江神駕著素車白馬,途經華山腳下,就在華陰平舒道將璧玉託予使者,說:請替我交給鄗池君。使者將璧玉交到後,才知道那原來是秦始皇二十八年(公元前二一九年)出遊渡江時所沉的璧玉。這裡就是江神還璧玉的地方。渭水北岸,就是懷德縣的邊界。城在渭水以北,沙苑以南,就是懷德縣老城。世人叫高陽城,是不對的。《地理志》說:《禹貢》北條荊山在南山下,有荊渠,就是夏禹王鑄九鼎的地方。王莽改縣名叫德驪。渭水又東流經長城北,長澗水注入。長澗水發源於南方的太華山,沿著長城東而北流,注入渭水。《史記》:秦孝公元年(公元前三六一年),楚、魏與秦接境,魏從鄭開始,沿著洛水之濱修築長城。

又東過華陰縣北,

56 洛水在這裡注入。闞駰以為這是漆沮水。《曹瞞傳》說:曹操與馬超隔著渭水對峙,每次渡渭水時,曹軍就要受到馬超騎兵的衝擊。那地方多沙,不能築城。婁子伯說:現在天氣極冷,可以用沙來築城,用水來澆灌,一夜功夫就築好了。於是曹操做了許多絹袋來堵水,夜裡汲水築城,到了天明,城就赫然聳立在水邊了。

57 渭水流經華陰縣老城北,就是《春秋》的陰晉。秦惠文王五年(公元前三三三年),改名為寧秦;漢高帝八年(公元前一九九年),改名華陰。王莽時則叫華壇。華陰縣有華山。《山海經》說:山高五千仞,四方好像切削而成似的,遠遠望去,卻又像花,西南有小華山。韓子說:秦昭王命令工匠以鉤梯爬上華山,用節柏的樹心製作博弈用的博箭,長八尺,棋長八寸。在上面刻道:昭王曾與天神在這裡博弈。《神仙傳》說:中山衛叔卿曾乘雲車,駕白鹿,去見漢武帝。武帝想要他做臣子,衛叔卿不發一言就走了。武帝後悔,找到了他的兒子度世,叫他去追回他父親。度世登上華山,看見他父親和好幾個人一起在巖上玩博戲,並叫度世回去。華山峰巒層沓峻高,雲霞秀美奇異,所以能懷藏仙靈,含蘊神異之氣。山上有兩條泉水,向東西兩邊分流。每逢山雨滂沱,山洪就湍急奔流,瀑布也騰空乘崖,直瀉山下了。山上有漢文帝廟,廟前有石闕和幾塊石碑,一塊是建安年間(公元一九六—二二〇年)所立,記載漢鎮遠將軍段煨重修祠堂的事,碑文是漢給事黃門侍郎張昶親自撰文並書寫的。文帝又刻了二十餘字。這兩種題刻都還在,海內享有盛名。又刻了侍中司隸校尉鍾繇、弘農太守毌丘儉姓名,寬六行,書法氣勢蓬勃,勻稱優美。太康八年(公元二八七年),弘農太守河東衛叔始任華陰令時,與河東裴仲恂大力修築壇廟,道路兩旁還種植翠柏,一直通到山北為止。重修祠堂的事,在永興元年(公元三〇四年)華百石所造的碑上有所記載。

58　渭水又東流,沙渠水注入。沙渠水發源於南山而北流,往西北流入長城。長城從華山往北直通到河水。《華嶽銘》說:秦、晉二國爭奪華山祠,築城立於祠左。郭緣生著《述征記》指證魏築的長城,是在後面,不可能在這裡,這說法是不對的。沙渠水又北流注入清水。《三秦記》說:長城北有平原,廣闊數百里,居民從井裡汲水,住的是窯洞,井深達五十尺。渭水又東流經定城北。《西征記》說:定城是依據平原而建立的。《述征記》說:定城距潼關三十里,道路兩邊各有一座城。渭水又東流,泥泉水注入。泥泉水發源於南山的靈谷,北流注入渭水。渭水又東流匯合了沙渠水。沙渠水也就是符禺水,發源於南方的符石,又流經符禺山,北流注入渭水。

東入於河。

59　渭水就是《春秋》的渭汭。《左傳》閔公二年(公元前六六〇年),虢公在渭隊打敗了犬戎。服虔說:隊,就是汭的意思。杜預說:水彎曲處叫汭。王肅說:汭,就是入的意思。呂忱說:所謂汭,就是兩條水相互注入,也就是水的匯合處,即船司空的所在地。《地理志》說:渭水東流到船司空注入河水。服虔說:船司空是個縣名,有都官。《三輔黃圖》有船庫官,後來改為縣。就是王莽時的船利。

【研　析】　本卷在《渭水》三卷(或二卷)中最關重要。因為秦、漢京都,均在本卷之中。除了"題解"中指出的兩條《經》文下的細緻記敘外,古都盛況,其實貫穿全卷。例如秦在渭水兩岸所建阿房宮,"東西千步,南北三百步",其前殿"可坐萬人,下可建五丈旗","庭中受萬人"。秦始皇在離宮南北所建的"渭橋"(便門橋),橋南為長樂宮,橋北為咸陽宮。此橋,"廣六丈,南北三百八十步,六十八間,七百五十柱,百二十二梁"。為了管理此橋,南北"有令丞,各領徒千五百人"。又如蕭何為漢高祖建未央宮,"斬龍首山而營之。山長六十餘里,頭臨渭水,尾達樊川,頭高二十丈,尾漸下,高五、六丈,……

高出長安城"。漢武帝也曾大興土木,《注》文說:"建章宮,漢武帝造,周二十餘里,千門萬戶。"用"千門萬戶"四字記敘這座宮殿的宏偉巨大,實在簡潔而得其要領。此外如麗山的秦始皇陵,長安城的漢建十二門等等,《注》文都有細緻的記敘。所以這一卷內容可謂豐富多彩,具有重要的存史價值。但是也必須看到,這個地區在秦漢以前,已是西周都城豐鎬,但《注》文未有一語記及,說明西周概況,當時已經所知甚少。

卷十九附錄　補洛水一　補洛水二　補豐水　補涇水一　補涇水二　補芮水

【題　解】　殷本《校上案語》中指出唐代及宋初諸書"所引灉沱水、涇水、洛水,皆不見于今書"。歷代治酈學者常有輯佚之舉,也有以所輯成果補成卷篇者。清趙一清用功最深,在其《水經注釋》中補撰《補灉水》、《補洺水》、《補洛水》等十餘篇,又清謝鍾英亦補撰《洛水》、《涇水》等篇。雖不能盡復酈書原貌,但畢竟於酈有功。故王先謙纂《合校水經注》時,對趙、謝所補各篇收錄其中,以供後學參考。其所收錄,多附於同卷水系之後,流域完整,便於參閱。本書卷十六"題解"中指出,該卷之漆、潼、沮三水,屬於渭河水系而編入伊洛河水系卷中,恐是前人分析之誤,因今本沿歷已久,明見其訛而只能因循。但合校本所附各補篇,趙、謝所補《洛水》亦置於卷十六之末,實為不妥,補篇不同於正篇,不必因循其訛,故將此《補洛水》二篇移於卷十九《渭水》之末,俾流域完整,水系不紊。

　　洛水在《水經注》有同名二篇,卷十五洛水今稱伊洛河,已見上文。趙、謝所補洛水今稱北洛河,是渭河支流,發源於陝西省北部定邊縣南梁山,南流至華陰縣附近注入渭河;全長六百五十餘公里,流域面積近二萬七千平方公里。尚有補豐、涇、芮等共四篇,與《補洛水》合置於本卷篇末。

豐水今稱灃河,是渭河支流,發源於西安南秦嶺,全長不及百里,在西安市附近注入渭河。

涇水今稱涇河,發源於寧夏回族自治州涇源縣六盤山,另一源出甘肅平涼崆峒山。兩源在甘肅匯合,至陝西高陵東注入渭河,全長四百五十餘里,流域面積四萬五千餘平方公里。

芮水今稱黑河或黑水河,發源於甘肅華亭西北六盤山,至陝西長武附近注入涇河,全長僅一百六十餘公里。

補洛水一[①]

《禹貢錐指》曰:《禹貢》豫有洛而雍無洛。洛水之名其昉于殷周之際乎?《周禮》雍州之浸曰渭洛。《水經》無洛水之目,唯《沮水》、《渭水》注中一見,然《寰宇記·慶州·安化縣·尉李城》下引《水經注》云:洛川南逕尉李城,東北合馬嶺水,號白馬水。華池縣子午山舊名翟道山,一謂之雞山。引《水經》云:有烏雞水出焉,西北注于洛水。樂蟠縣有水出縣西北引《水經注》云:與青山水合。《寧州·安定縣·洛水》下引《水經》一名馬嶺川水,《注》云:洛水又南,逕枸邑故城北與新陽川水合。《珊瑚谷水》下引《水經》云:珊瑚水東南至枸邑入洛。《襄樂縣·大延水》下引《水經注》云:大延、小延水出油水南延溪,西南流逕襄樂縣南,於延城西二水合流。《油水》下引《水經》云:與追語川水并出東翟道山。《鄜州·洛交縣·白水》下引《水經》云:白水源出分水嶺。《三川縣·葦谷水》下引《水經注》云:自葦谷東南流入三川。《黃原水》下引《水經注》云:砂羅谷水南流逕黃原祠東合葦川。《坊州·中部縣·石堂山》下引《水經注》云:豬水西出翟道縣西石堂山,本名翟道山,《穆天子傳》曰:癸酉,天子命駕八駿之駟,造父為御,南征朔野,逕絕翟道,升于太行。翟道,即縣之石堂山也,郭璞以為隴右狄道,非也。《淺石川》下引《水經》云:淺石川水出翟道山。《香川水》下引《水經注》云:香川水出中部縣北香山,在縣西南三十七里。自宜君縣界來,南香水在縣南三十五里,出遺谷。《泥水》下引《水經》云:泥水出翟道縣泥谷。《蒲水》下引《水經注》云:蒲谷水源出中部縣蒲谷原。《丹州·宜川縣·丹陽川》下引《水經》云:蒲川水自鄜州洛川縣流入丹陽川。《延州·膚施縣·清水》下引《水經注》云:清水出上郡,北流至老人谷,俗謂老人谷水,又東逕高奴縣合豐林水。《同州·馮翊縣·商原》下引《水經注》云:洛水南逕商原西,俗謂許原也。《沙阜》下引《水經注》云:洛水東逕沙阜北,其阜東西八十里,南北三十里,俗名之曰沙苑。《澄城縣·新城》下引《水經注》云:雲門谷水源出澄城縣界。《朝邑縣・朝坂》下引《水經注》云：洛水東南歷彊梁原，俗所謂朝坂。此皆言洛水而今本無之，是《水經》原有《洛水》篇，宋初尚存，後乃亡之耳。一清按，胡氏所引《寰宇記》清水一條已見卷三《河水注》，蓋偶有不照也。《漢志・北地郡・郁郅縣》泥水出北蠻夷中有牧師苑官，又有泥陽縣，莽曰泥陰，蓋泥水所逕也。《說文》作沂水，沂、泥字通用。蒲谷水亦見《渭水注》中。又《寰宇記・安化縣》下云：《周地圖記》云：郁郅城今名尉李城，《注水經》云：尉李城亦曰不窟城。《澄城縣・溫泉》下引《水經注》云：水有三源，奇川鴻瀉，西注于洛，亦曰帝嚳泉。《丹州・汾川縣》下引《水經注》云：汾川縣西有殺狗嶺。《初學記・丹州》引《水經注》云：烏川水出汾川縣西北。按汾川縣本漢上郡地，魏太和八年置安平縣，屬北汾州，其州在河西三堡鎮東，更有南汾州，魏大統十八年省北汾州，乃取丹陽川號立汾川縣。道元卒於孝昌三年，下距大統十八年，已歷二十六年，何緣知有置縣事乎？且西魏文帝殂于大統十七年三月，明年廢帝欽元年，亦非十八年也。汾川縣之文得無誤耶？《魏書・地形志》云：汾州延和三年為鎮，太和十二年置州，治蒲子城，孝昌中陷，移治西河，事見《北史・裴延儁傳》。延儁從祖弟良稍遷尚書考功郎中，時汾州吐京胡薛羽等作逆，以良兼尚書左丞，為西北道行臺，山胡劉蠡升自云有聖術，胡人信之，咸相影附。以良為汾州刺史加輔國將軍行臺如故。良以城人饑窘，夜率眾奔西河。汾州之居西河，自良始也。又《初學記》云：丹州豬水流逕柏城。遼州兔川西南流注洛水。蒲州小蒲川水東南流入坊州。《太平御覽》引《水經》曰：自於山今名女郎山，上多松柏，下多榜櫟，其獸多牸牛、羱羊，鳥多白鷯，洛水出于其陽，東注于渭也。又洛水源出縣北白於山。按《括地志》曰：白於山在慶州洛源縣，所謂縣北，即洛源縣之北也。《山海經》曰：盂山西百五十里曰白於之山，其鳥多鷯。郭璞曰：鷯似鳩而青色。盛宏之《荊州記》云：有鳥如雌雞，其名為鷯，楚人謂之鵬。《史記索隱》引《水經》曰：洛水出上郡彫陰泰冒山，過華陰入渭。此真漢代《經》文，洛水之源委具焉。《漢志・北地郡・歸德縣》下云：洛水出北蠻夷中，入河左馮翊。《懷德縣》下云：洛水東南入渭。蓋由渭以達于河也。又《河水注》云：河水又南，洛水自獵山枝分東派，東南注于河。全祖望曰：此洛水即雍州北地之所出也。經流則合漆沮以入渭，而支流則自上郡入河。《史記》晉文公攘戎翟居于圁洛之間，是洛水地望之見於七國之先者。《地理志》引《職方》冀州之寖曰汾潞。闞駰以為潞即濁漳是也。而師古曰：潞出歸德，蓋以潞為洛，繆之甚矣。

【注　釋】　①補洛水一　此篇為趙一清所補，從合校本錄入。

【語　譯】

《禹貢錐指》說:《禹貢》豫州有洛,而雍州無洛。洛水這個名稱,是在殷周之間開始的嗎?《周禮》說:雍州的水澤叫渭洛。《水經》中沒有洛水的名稱,只在《沮水》和《渭水》中出現一次,但《寰宇記·慶州·安化縣·尉李城》下引《水經注》說:洛川南流經過尉李城,東北流與馬嶺水匯合,稱為白馬水。(《寰宇記》)華池縣的子午山,舊名翟道山,還有一名叫雞山。此處引《水經》說:烏雞水發源於此,西北流注入洛水。(《寰宇記》)樂蟠縣有水從西北流出,這裡引《水經注》說:和青山水匯合。(《寰宇記》)《寧州·安定縣·洛水》下引《水經》說:一名馬嶺川水。《水經注》說:洛水又向南,經過栒邑故城北和新陽川水匯合。(《寰宇記》)《珊瑚谷水》下引《水經》說:珊瑚水向東南到栒邑注入洛水。(《寰宇記》)《襄樂縣·大延水》下引《水經注》說:大延水和小延水出於油水以南的延溪,西南流經過襄樂縣南,在延城以西二水匯合。(《寰宇記》)《油水》下引《水經》說:油水與追語川水共同發源於東翟道山。(《寰宇記》)《鄜州·洛交縣·白水》下引《水經》說:白水發源於分水嶺。(《寰宇記》)《三川縣·葦谷水》下引《水經注》說:葦谷水從葦谷東南流入三川縣。(《寰宇記》)《黃原水》下引《水經注》說:砂羅谷水向南流經過黃原祠以東與葦川匯合。(《寰宇記》)《坊州·中部縣·石堂山》下引《水經注》說:豬水從西邊翟道縣以西的石堂山流出,石堂山本名翟道山,《穆天子傳》說:癸酉這天,天子下命令,用八匹駿馬的車駕,由造父駕御,向南征討朔野。經過整個翟道,升登上太行山。翟道,即翟道縣的石堂山。郭璞(《穆天子傳注》)以為就是隴山以西的狄道,是錯誤的。(《寰宇記》)《淺石川》下引《水經》說:淺石川水發源於翟道山。(《寰宇記》)《香川水》下引《水經注》說:香川水發源於中部縣北的香山,香山在中部縣西南三十七里。香川水從宜君縣界來,南香水發源於中部縣南三十五里的遺谷。(《寰宇記》)《泥水》下引《水經》說:泥水發源於翟道縣泥谷。(《寰宇記》)《蒲水》下引《水經注》說:蒲谷水發源於中部縣蒲谷原。(《寰宇記》)《丹州·宜川縣·丹陽川》下引《水經》說:蒲川水從鄜州洛川縣流入丹陽川。(《寰宇記》)《延州·膚施縣·清水》下引《水經注》說:清水發源於上郡,北流到老人谷,俗稱老人谷水,又向東經過高奴縣與豐林水匯合。(《寰宇記》)《同州·馮翊縣·商原》下引《水經注》說:洛水向南經過商原以西,俗稱許原。(《寰宇記》)《沙阜》下引《水經注》說:洛水向東經過沙阜以北,沙阜東西八十里,南北三十里,俗稱沙苑。(《寰宇記》)《澄城縣·新城》下引《水經注》說:雲門谷水發源於澄城縣界。(《寰宇記》)《朝邑縣·朝坂》下引《水經注》說:洛水向東南經過彊梁原,俗稱朝坂。以上所說的都是洛水,但今本都沒有,說明《水經》原來有《洛水》篇,宋初時尚在,以後就亡佚了。一清按:胡氏所引的《寰宇記》中,清水一條已經在卷三《河水注》中見到,這是他偶然沒有對照到的地方。《漢書·地理志·北地郡·郁郅縣》,泥水發源於北方蠻夷中,有牧師苑官,又有泥陽縣,王莽改稱泥陰,這是泥水所經過的地方。《說文》中稱為沂水,因為"沂"、"泥"二字是通用的。蒲谷也見於《渭水注》中。又《寰宇記》在《安化縣》下說:《周地圖記》說:郁郅城現在稱為尉李城,《水經注》說:尉李城又稱為不窋城。(《寰宇記》)《澄城縣·溫泉》下引《水經注》說:這水有三個源頭,奇異的河流傾瀉下來,向西注入洛水,也叫做帝嚳泉。(《寰宇記》)《丹州·汾川縣》下引《水經注》說:汾川縣以西有殺狗嶺。《初學記·丹州》引《水經注》說:烏川水發源於汾川縣西北。汾川縣原來是漢上郡轄地,北魏太和八年(公元四八四年)設置安平縣,屬於北汾州,這個州在河西三堡鎮以東。另外還有南汾州。西魏大統十八年(公元五五二年)省去北汾州,並以丹陽川的名號設置汾川縣。酈道元死於孝昌三年(公元五二七年),大統十八年已在他死後二十六年,他怎能知道設置汾川縣的事呢?而且西魏文帝死於大統十七年三月,第二年是廢帝欽元年,也不是大統十八年。設置汾川縣的文字怎麼可能沒有錯誤呢?《魏書·地形志》說:汾州在延和三年建鎮,到太和十二年成為州,州治在蒲子城,孝昌年間淪陷,於是州治遷到西河。此事在《北史·裴延儁傳》有記載。裴延儁的叔祖裴良,任尚書考功郎中的官職,當時,汾州吐京的胡人薛羽等叛逆造反,又讓裴良兼任尚書左丞,做西北道行臺的官。山上的胡人劉蠡升,自稱有高明的法術,胡人相信他,都追隨擁護他。而裴良仍然任官汾州刺史,加補輔國將軍銜行臺。裴良因為城內百姓飢餓困難,在夜間帶領眾人奔走到西河。所以汾州移治到西河是裴良開始的。又《初學記》說:丹州的豬水流過柏城。(《初學記》說:)遼州的兔川向西南流,注入洛水。(《初學記》說:)蒲州小蒲川水向東南流入坊州。《太平御覽》引《水經》說:白於山現在名叫女郎山,山上多松柏樹,山下多橰櫟樹,野獸多牸牛和羖羊,鳥類多白鶂,洛水發源在此山之南,向東流注入渭水。又說洛水發源於縣北的白於山。據《括地志》說:白於山在慶州洛源縣,(《太平御覽》)所說的"縣北",就是洛源縣以北。《山海經》說:盂山以西一百五十里有山叫白於之山,山中的鳥類多鶂。郭璞說:鶂是一種顏色青而像鳩的鳥。盛宏之《荊州記》說:有一種鳥長得像母雞,其名為鶂,楚人叫牠作鵗。《史記索隱》引《水經》說:洛水發源於上郡彫陰縣泰冒山,經過華陰縣注入渭河。這是真正的漢代《經》文,洛水的真正情況已經寫清楚了。《漢書·地理志·北地郡·歸德縣》下說:洛水發源於北方的蠻夷地區,在左馮翊注入黃河。(《漢書·地理志》)《懷德縣》下說:洛水從東南注入渭河,從渭河而匯入黃河。又《河水注》說:河水又向南流,洛水從獵山有支流東流,從東南注入黃河。全祖望說:這洛水是從雍州北地郡流出來的,它的幹流與漆沮水匯合而注入渭河,它的支流則從上郡注入黃河。《史記》記載,晉文公因抵禦戎翟而住在圄洛之間,這是洛水一名在戰國七國之前就出現的記載。《地理志》引《職方》說:冀州的水澤叫做汾潞。闞駰認為潞就是濁漳水。唐顏師古說:潞水發源於歸德,(闞駰)把潞水作為洛水,這是很大的錯誤。

補洛水二^①

《水經注》逸《洛水》篇,胡氏渭、趙氏一清輯洛水遺文數十條,然其中舛誤百出,可據為洛水者無幾。《寰宇記·慶州·安北縣》《水經注》云:尉李城亦曰不窋城,洛川南逕尉李城,東北合馬嶺水,號白馬水。《華池縣·雞山》《水經注》有烏雞水出焉,西北流注于洛水。樂蟠縣有水出縣西北,《水經注》云:與青山水合。考泥水一名馬嶺水,尉李城今慶陽府治,雞山在合水縣東南五十里,馬嶺、青山均在今合水縣西一里,自白於山南至翟道山,山東水入洛,山西水皆入泥注涇。即古今水道變遷而山不容移也。然則所謂洛水,皆泥水之譌,顧宛溪知其誤而不知其所以誤。胡氏渭不審地望,遂據為洛水遺文,貽誤後學不少。《安定縣》引《水經注》云:洛水又南逕栒邑故城,北與栒陽水合,珊瑚谷水東南至栒邑入洛。考栒邑故城在三水縣北二十五里,無論洛水不逕其地,即泥水亦不逕也。《寰宇記》所引洛水并不知何水之譌矣。又《襄樂縣》引《水經注》云:大延、小延水出油水南延溪,西南流逕襄樂縣南,於延城西,二水合流。油水與追語川水并東出翟道山。考襄樂縣今甯州東六十里,翟道山又在其東,《水經注》明言延水西南流,洛水翟道山東,豈有自襄樂縣西南流可以入洛者耶? 此實《涇水》篇文而誤以為洛水也。又以《丹州·宜川縣》引《水經注》云:蒲川水自鄜州洛川縣流入丹陽川。考洛川在今洛川縣北,宜川縣有丹陽水東流入河,《水經注》云:河水又南得丹陽水口,水出丹陽山,俗謂之丹陽城。顧宛溪曰:蒲川水、丹陽川均入黃河。然則此為《河水》篇逸文而誤以為洛水也。至於《丹州·汾川縣》引《水經注》云:汾川縣西有殺狗嶺。《初學記·丹州》引《水經注》云:烏川水出汾川縣西北。《寰宇記·洛川縣》引《水經注》云:白水源出分水嶺。考汾川縣今宜川縣東北七十里,殺狗嶺當在延安、甘泉之間,洛交縣今鄜州治,《丹州》下既云蒲川水流入丹陽川,《鄜州》下復云南流入坊州,豈水異而名偶同耶? 凡此數條,或彼此相舛,或源流不備,入洛與否,皆不可知者,編為《洛水》篇,疑非是者缺焉。隋唐以下所見之水皆不取,甯缺無妄,蓋其慎也。若今洛水及所受之水,源流備于《水道提綱》矣,故不贅。

洛水出上郡雕陰秦冒山,過華陰入渭[②]。

洛水源出洛源縣北白於山,《山海經》曰:盂山西北五十里曰白於之山,其鳥多鶀。白於山今名女郎山,上多松柏,下多檽櫟,其獸多牯牛、羬羊,鳥多白鶀。洛水出其陽,東注于渭也。《地理志》云:洛水出北地歸德蠻夷中。閼駰謂之漆沮水也。東南流逕上郡雕陰縣秦望山南,南流為三川水。葦谷水自葦谷東南流,破羅谷川南流逕黃原祠東合葦川,葦谷水東流入三川。豬水西出翟道縣西石堂山,本名翟道山。《穆天子傳》曰:癸酉,天子命駕八駿之駟,造父為御,南征朔野,逕絕翟道,升于太行。翟道即縣之石堂山,郭璞以為隴西狄道,非也。豬水流逕柏城,遼川、兔川西南流注洛水。洛水又南逕中部縣東,沮水入焉,故洛水亦名漆沮水。沮水出子午嶺,俗號子午水。《禹貢》云,漆、沮二水出馮翊北。即子午水也。東南流,淺石川水合南、北二香水注之。淺石川水出翟道山,與泥谷水及南、北二香水合流。泥谷水出翟道泥谷,東流入淺石川。香水出中部縣香山,在縣西南三十七里,自宜君縣界來,香水在縣南三十五里出遺谷,與淺石川水合流入沮水,沮水又東少北入洛水。洛水又東南逕馮翊衙縣地,左合雲門谷水。雲門谷水源出澄城縣界,南流注洛水。洛水又南得溫泉水口。水有三源,奇川鴻瀉,西注于洛,亦曰帝嚳泉。洛水又南,甘泉水自東北、白水自西北來注之。甘泉水出匱谷中,其水尤甘美堪造酒。泉東至新里,僖公十八年,梁伯益其國而不能實也,命曰新里,秦取之即此也。下流注洛水。白水出白水縣北,其境東南谷多白土,因名白水。東南流至甘泉口,南入洛水。洛水東逕商原西,俗謂之許原也。洛水東逕沙阜北,其阜東西八十里,南北三十里,俗名之曰沙苑。洛水東南歷強梁原,俗謂之朝坂。洛水又東逕懷德縣故城東,南入渭。

【注　釋】　①補洛水二　此篇為謝鍾英所補,從合校本錄入。②洛水出上郡二句　謝鍾英《補洛水》,前一段是議論胡渭、趙一清對於收錄《洛水》篇佚文的得失,從這條《經》文開始,是其《補洛水》正文。此條《經》文得自《史記索隱・匈奴列傳》"放逐戎夷涇洛之北"。

【語　譯】

《水經注・洛水》篇亡佚,胡渭和趙一清,收輯洛水遺文數十條,但其中錯誤百出,可以作為洛水佚文的沒有多少。《寰宇記・慶州・安化縣》引《水經注》說:尉李城也叫不窋城,洛水從南面經過尉李城,在東北與馬嶺水匯合,叫做白馬水。(《寰宇記》)《華池縣・雞山》引《水經注》說:雞山有烏雞水發源而出,向西北流注入洛水。(《寰宇記》說:)樂蟠縣西北有河流發源而出,《水經注》說此河與青山水匯合。據考證,泥水一名馬嶺水,尉李城是現在的慶陽府城,雞山在合水縣東南五十里,馬嶺和青山都在今合水縣以西一里。從白於山南到翟道山,山以東的河流都注入洛水,山以西的河流都通過泥水注入涇水。古今水道是會變遷的,但山岳不會移動,所以胡渭和趙一清所說的洛水,實在是泥水之誤。顧宛溪(指《方輿紀要》著者顧祖禹)知道其中的錯誤,但不知道為什麼會發生這樣的錯誤。胡渭不查考地理位置,而把這些當做是洛水的遺文,造成後來學者的不少誤解。(《寰宇記》)《安定縣》引《水經注》說:洛水又南流經過枸邑故城,向北流和枸陽水匯合,珊瑚谷水從東南到枸邑注入洛水。經過考證,枸邑故城在三水縣以北二十五里,不論是洛水還是泥水,都不經過這裡,所以《寰宇記》所引的洛水,還不知道是什麼水的訛誤呢。(《寰宇記》)《襄樂縣》又引《水經注》說:大延水和小延水都發源於油水以南的延溪,從西南流經過襄樂縣南,在延城以西二水匯合。油水與追語川水,都從翟道山發源東流而出。經過考證,襄樂縣在今甯州以東六十里,翟道山又在襄樂縣以東,《水經注》明明說延水向西南流,洛水在翟道山東,延水從襄樂縣西南流怎能注入洛水呢? 這實在是《涇水》篇的文字訛誤作洛水了。(《寰宇記》)《丹州·宜川縣》又引《水經注》說:蒲川水從鄜州洛川縣流入丹陽川。經過考證,洛川在今洛川縣以北,宜川縣有丹陽水東流入黃河。《水經注》說:河水又南流到丹陽水口,與丹陽水匯合。丹陽水發源於丹陽山,俗稱丹陽城。顧宛溪說:蒲川水和丹陽川都流入黃河。那麼這應是《河水》篇的佚文,但卻被誤以為是洛水。至於(《寰宇記》)在《丹州·汾川縣》引《水經注》說:汾川縣以西有殺狗嶺。《初學記·丹州》引《水經注》說:烏川水發源於汾川縣西北。《寰宇記·洛川縣》引《水經注》說:白水發源於分水嶺。經過考證,汾川縣在今宜川縣東北七十里,則殺狗嶺當在延安與甘泉之間。洛交縣是今鄜州州治,既然《丹州》下說蒲川水流入丹陽川,而《鄜州》下又說蒲川水向南流入坊州,難道是不同河流而名稱偶然相同嗎? 以上所舉數條,有的是彼此矛盾,有的是發源不清,這些河流是否注入洛水,都是不明不白的。將這些河流編為《洛水》篇,是值得懷疑的。當然,他們對隋唐以後所見的河流都不收取,寧缺勿濫,這是他們的謹慎之處。對於今日洛水以及所接納的河流,它們的源流都完整地寫在《水道提綱》上,不再贅敘了。

洛水出上郡雕陰秦冒山,過華陰入渭。

　　　洛水發源於洛源縣北的白於山,《山海經》說:孟山西北五十里有白於之山,山中多有稱為鴞的鳥類。白於山今日名叫女郎山,山上多松柏樹,山下多枏櫟樹,野獸多牛和羊,鳥類多白鴞。洛水發源於此山之南,向東流注入渭水。《地理志》說:洛水發源於北地郡歸德縣的蠻夷地方。也就是闞駰所稱的漆沮水。此水向東南流經過上郡雕陰縣秦望山以南,向南流稱為三川水。葦谷水從葦谷向東南流,破羅谷川向南流經過黃原祠東與葦川匯合,葦谷水向東流注入三川。豬水發源於西邊翟道縣以西的石堂山,此山本名翟道山。《穆天子傳》說:癸酉這一天,天子命令,用八匹駿馬拉引的車駕,由造父駕御,向南征討朔野。經過整個翟道,升登到太行山。翟道就是翟道縣的石堂山。郭璞以為這就是隴西的狄道,這是錯誤的。豬水奔流經過柏城,遼川和兔川向西南流注於洛水。洛水又向南經過中部縣以東,沮水在此注入洛水,所以洛水又名漆沮水。沮水發源於子午嶺,世俗稱為子午水。《禹貢》說:漆沮二水發源於馮翊以北,就是子午水。向東南流,有淺石川水匯合了南、北二香水注入。淺石川水發源於翟道山,與泥谷水及南北二香水匯合。泥谷水發源於翟道泥谷,向東流注入淺石川。香水發源於中部縣香山,山在此縣西南三十七里,從宜君縣界延伸而來。香水從中部縣南三十五里流出遺谷,與淺石川水匯合,注入沮水。沮水又向東偏北注入洛水。洛水又東南流經過馮翊衙縣地界,東與雲門谷水匯合。雲門谷水發源於澄城縣界,向南流注入洛水。洛水又南流到溫泉水口。溫泉水有三個源頭,奇異的河流傾瀉下來,向西注入洛水,也叫帝嚳泉。洛水又向南流,甘泉水從東北、白水從西北匯注而入。甘泉水發源於匱谷中,其水特別甘美,可以釀酒。泉水東流到新里。僖公十八年,梁伯多築城邑,卻沒有人去居住,他將這些城邑稱為新里,而秦就把這些地方取去。甘泉水下流注入洛水。白水發源於白水縣以北,縣境東南的谷地中多白土,所以起名叫白水。白水向東南流到甘泉口,向南注入洛水。洛水東流經過商原以西,俗稱許原。洛水向東流經過沙阜以北,沙阜東西八十里,南北三十里,俗稱沙苑。洛水向東南流經過強梁原,俗稱朝坂。洛水向東經過懷德縣故城以東,向南注入渭河。

補豐水^①

宋敏求《長安志·長安縣》下引《水經注》曰:豐水出豐溪,西北流分為二水,一水東北流,又北,交水自東入焉,又北,昆明池水注之,又北逕靈臺西,又北至石堨,注於渭。《萬年縣》下云:福水即交水也。《水經注》曰:水承樊川、御宿諸水,出縣南山石壁谷南三十里與谷水合,亦名子午谷水。《長安縣》下引《水經注》曰:交水又西南流,與豐水枝津合,其北又有漢故渠出焉,又西至石堨,分為二水:一水西流注豐水,一水自石堨北逕細柳諸原,北流入昆明池。又《石闥堰》下引《水經注》云:交水西至石堨,漢武帝元狩三年,穿昆明池所造。一清按,《漢書·地理志·右扶風·鄠縣》:豐水出東南,北過上林苑入渭,宋氏^②所引《水經注》,今本失之,而豐水源流較班《志》^③尤詳也。《禹貢錐指》曰:先儒皆云,豐涇大川故曰會,漆沮小水故曰過。嘗考渭南本周之舊都,西漢因之,其後隋唐復建都于此,歷代相承,鑿引諸川以資汲取、便轉輸、溉民田、灌苑囿,津渠交絡,離合不常,凡地志、水經,所言類非禹跡之舊。《詩》④曰:豐水東注,維禹之績。則渭南諸川,唯豐為大。自漢鴻嘉中,王商穿長安城引内豐水注第中,而其流漸微。逮唐貞觀中,堰豐鎬入昆明池。二水于是斷流,又于京城西北引豐水為漕渠,合鎬水北流,由禁苑入渭,而豐水之流愈微矣。竊疑豐西之澇,豐東之鎬、潏、霸、滻,禹時悉合豐以入渭,故豐得成其大。且《詩》言東注,而《漢志》言北過上林苑入渭。則是北流而非東注矣。按豐水入昆明池不始于唐。東樵云云,由未見《水經注》逸文故也。

【注　釋】　①補豐水　此為趙一清所補,《水經注釋》及《合校水經注》均列於卷十九《渭水》篇末。②宋氏　指宋敏求《長安志》。此志成於北宋熙寧年間,故亦可書作《熙寧長安志》。③班志　即班固《漢書·地理志》。④詩　《詩經·大雅·文王有聲》。

【語　譯】
宋敏求的《長安志》在《長安縣》下引《水經注》說:豐水發源於豐溪,向西北流分為二水,其中一水向東北流,又向北,交水從東邊注入,又向北,昆明池水注入,又向北經過靈臺以西,又向北到石堨,注入渭水。(《長安志》)在《萬年縣》下說:福水就是交水。《水經注》說:此水接納樊川、御宿各水,從萬年縣南山石壁谷以南三十里與谷水匯合,也叫子午谷水。(《長安志》)《長安縣》下引《水經注》說:交水又向西南流,和豐水支流匯合,它的北邊又有漢代的故渠流來,又向西流到石堨,分為二水:其中一水西流注入豐水,另一水從石堨向北經過細柳諸原,北流注入昆明池。(《長安志》)又在《石闥堰》下引《水經注》說:交水向西流到石堨,此石堨是漢武帝元狩三年,貫穿昆明池而造成的。趙一清按:《漢書·地理志·右扶風·鄠縣》下說:豐水從東南發源而來,向北經過上林苑注入渭水。宋敏求所引《水經注》各句,今本已經缺佚,他所引的豐水源流,比《漢書·地理志》尤為詳細。《禹貢錐指》說:前輩儒者都說,豐、涇是大河,所以稱為"會";漆、沮是小水,所以稱為"過"。曾經考證,渭南原是周的舊都,西漢繼續建都,後來隋唐又建都於此,歷代繼承,開鑿這幾條河渠,用來作汲取之需、從事運輸、灌溉民田和園苑,所以津渠交錯如脈絡,又常有分支合流,所以地志和水經等,凡是記敘這個地區,都已不是舊時的禹跡了。《詩經》說:豐水向東流注,這是禹的業績。所以渭水以南的各條河川,以豐水為最大。自從漢鴻嘉年間(公元前二〇一—前十七年),王商把豐水引入長安城內府第中,這條河渠才漸漸枯竭了。到了唐朝貞觀年間(公元六二七—六四九年),在豐水和鎬水築堰,引入昆明池,這兩條水渠從此斷流。又於京城西北引豐水作為漕渠,與鎬水匯合北流，從王室禁苑流入渭水，豐水就更為枯竭了。我以為豐水以西的澇水，豐水以東的鎬、潏、霸、滻諸水，在夏禹時都匯合豐水注入渭水，所以豐水才得以成為大河。《詩經》說豐水向東流，但《漢書·地理志》說它北過上林苑注入渭水。那麼它應該是北流而不是東注。豐水注入昆明池並不始於唐朝，所以胡東樵在《禹貢錐指》中所說的種種話，是因為沒有見過《水經注》佚文的緣故。

補涇水一①

《禹貢錐指》曰：《周禮》，雍州，其川涇汭。《水經》無《涇水》之目，《渭水》篇中于入渭處僅附見一語，而《寰宇記·原州·平高縣·笄頭山一名崆峒山》下引《水經注》云：蓋大隴山之異名，《莊子》②謂黃帝學道于廣成子，蓋在此山。《百泉縣·涇水》下引《水經》云：涇水出自安定涇陽縣高山。《注》云：《山海經》曰：高山，涇水出焉，東流注于渭。入關謂之八水。《彈箏峽》下引《水經注》云：涇水逕都盧山，山路之內，常如有彈箏之聲，行者聞之，鼓舞而去。又云以弦歌之山，峽口水流，風吹滴崖，響如彈箏之韻，因名。《涇州·靈臺縣·蒲川水》下引《水經注》云：蒲川水出南山蒲谷，東北合細川水，又東北合且氏水，《邠州·宜祿縣·芹川》下引《水經注》云：出羅川縣千子山，山一名千子嶺，東流逕宜祿縣北。《寧州·真寧縣·大陵水》下引《水經注》云：大陵、小陵水出巡河南殊川，西南逕寧陽城，故《豳詩》③曰：夾其皇澗。陵水即皇澗。《乾州·永壽縣·高泉》下引《水經注》云：甘泉山即高泉山也。《耀州·雲陽縣·涇水》下引《水經注》云：涇水東流歷峽，謂之涇峽。《五龍谷泉》下引《水經注》云：五龍水出雲陽宮西南。《雍州·醴泉縣·谷口城》下引《水經注》云：九崚山東、仲山西謂之谷口。本文是九崚山東連仲山、西當涇水處，故謂之谷口，即寒門也。此皆言涇水而今本無之。是《水經》原有《涇水》篇，宋初尚存，後乃亡之耳。一清按，《寰宇記·渭州·潘源縣》下引《水經注》云：良源縣有銅城山水出，歷白石城。《隴州·吳山縣》下引《水經注》云：南由縣有白環水，出白環谷。二條皆涇水注文，而東樵失引之。又《漢書·地理志·安定郡·烏氏縣》都盧山在西。師古曰：氏音支。《九域志》曰：都盧峽即彈箏峽。又《文選·北征賦》登赤須之長坂，入義渠之舊城。李善注云：赤須坂在北地郡。《水經注》：赤須水出赤須谷，西南流注羅水。《寰宇記》曰：真寧縣羅川水出羅山，寧州古公劉邑，《春秋》為義渠。戎國有義渠城，即《漢書·地理志》北地郡義渠道也。又《初學記》引《水經注》曰：梁谷水西南注于涇。又曰：涇水逕望夷宮北，臨涇水以望北夷，秦二世將祠涇，沉四白馬于涇，齋于此宮內。又曰：涇水逕長平觀北，甘露三年,呼韓邪單于入朝,上登長平觀,詔單于無謁,即是觀也。又《長安志·醴泉縣》下引《水經注》曰:涇水導源安定朝那縣西笄頭山,秦始皇巡地西出笄頭山,即是山也。蓋大隴之異名。又《名勝志·邠州·淳化縣》下引《水經注》云:五龍水泉流逕長箱坂下。《方輿紀要》云:車箱坂《水經》謂之長箱坂。諸所引文又在《寰宇記》之外。《錐指》又曰:《元和志》云:漆水在新平縣西九里,北流注于涇。《寰宇記》云:《注水經》曰:漆水自宜祿界來,又東過漆縣北。今縣西九里有白土川,東北流逕白土原東、陳陽原西,又東北流注涇水。此條亦是《涇水》篇逸文,故不見于漆水《注》中也。又《漢志》鹵縣濯水出西,此則未知所在矣。

【注　釋】　①補涇水一　此篇為趙一清所補,《水經注釋》及《合校水經注》均列於卷十九《渭水》篇末。②莊子　《莊子·外篇·在宥》:"黃帝為天子十九年,聞廣成子在空同之山,故往見之。曰:我聞吾子達於至道,敢問至道之精。"③豳詩　《詩經·大雅·公劉》。

【語　譯】

《禹貢錐指》說:《周禮》:雍州境內的河川是涇汭。《水經》沒有《涇水》的篇目,《渭水》篇中也只有在注入渭水處附了一句,而《寰宇記·原州·平高縣·笄頭山一名崆峒山》下引《水經注》說:笄頭山是大隴山的別名,《莊子》說:黃帝向廣成子學道,就在此山。(《寰宇記》)《百泉縣·涇水》下引《水經》說:涇水發源於安定郡涇陽縣的高山。《注》文說:《山海經》說:涇水發源於高山,向東流注入渭水,入關後稱為八水。(《寰宇記》)《彈箏峽》下引《水經注》說:涇水經過都盧山,山路之內,常常有像彈箏的聲音,行路的人聽到,都感到興奮鼓舞地前行。又說:這座弦歌之山,水在峽口流動,風吹巖崖水滴,響聲好像彈箏的音韻,所以稱為彈箏峽。(《寰宇記》)《涇州·靈臺縣·蒲川水》下引《水經注》說:蒲川水發源於南山蒲谷,東北匯合細川水,又東北匯合且氏水。(《寰宇記》)《邠州·宜祿縣·芹川》下引《水經注》說:芹川發源於羅川縣千子山此山又名千子嶺東流經過宜祿縣北。(《寰宇記》)《寧州·真寧縣·大陵水》下引《水經注》說:大陵水和小陵水發源於巡河以南的另一條河川,西南流經過寧陽城,所以《豳詩》說:夾在皇澗之中。陵水就是皇澗。(《寰宇記》)《乾州·永壽縣·高泉》下引《水經注》說:甘泉山就是高泉山。(《寰宇記》)《耀州·雲陽縣·涇水》下引《水經注》說:涇水向東流經過一處山峽,叫做涇峽。(《寰宇記》)《五龍谷泉》下引《水經注》說:五龍水發源於雲陽宮西南。(《寰宇記》)《雍州·醴泉縣·谷口城》下引《水經注》說:九嵕山以東,仲山以西,叫做谷口。《水經注》本文是:九嵕山東與仲山相連,西邊面對著涇水之處,以前叫做谷口,也就是寒門。以上都說到涇水,但今本不見。所以《水經》原有《涇水》篇,宋朝初年還存在，以後就亡佚了。趙一清按，《寰宇記·渭州·潘源縣》下引《水經注》說：良源縣有銅城山水流出，經過白石城。（《寰宇記》）《隴州·吳山縣》下引《水經注》說：南由縣有白環水，發源於白環谷。以上兩條都是涇水注文，而東樵在《禹貢錐指》中都錯誤地引用了。又《漢書·地理志·安定郡·烏氏縣》：都盧山在西。顏師古說：氏音支。《九域志》說：都盧峽就是彈箏峽。又《文選·北征賦》：登赤須之長坂，入義渠之舊城。李善注說：赤須坂在北地郡，《水經注》：赤須水發源於赤須谷，向西南流注入羅水。《寰宇記》說：真寧縣羅川水發源於羅山。寧州是古代公劉的城邑，《春秋》稱為義渠，戎國有義渠城，就是《漢書·地理志》北地郡的義渠道。又《初學記》引《水經注》說：梁谷水從西南注入涇水。又說：涇水經過望夷宮之北，在涇水邊上可以望見北夷。秦二世將為涇水建祠，用四匹白馬沉入涇水，設齋於此宮內。又說：涇水經過長平觀以北，甘露三年，呼韓邪單于前來朝聘，皇上登臨長平觀，詔令單于不必朝謁，就是這座宮觀。又《長安志·醴泉縣》下引《水經注》說：涇水發源於安定郡朝那縣以西的笄頭山，秦始皇出巡，從西邊出笄頭山，就是此山，是大隴山的別名。又《名勝志·邠州·淳化縣》下引《水經注》說：五龍水的泉流經過長箱坂下。《方輿紀要》說：車箱坂在《水經注》中叫做長箱坂。以上所舉的《水經注》引文，都在《寰宇記》以外。《禹貢錐指》又說：《元和志》說：漆水在新平縣以西九里，向北流注入涇水。《寰宇記》說：《水經注》說：漆水從宜祿縣界流來，又東過漆縣以北。今漆縣西九里有白土川，從東北流經過白土原以東、陳陽原以西，又向東北流，注入涇水。這一條也是《涇水》篇佚文，所以不見於漆水的《注》文中。又《漢書·地理志》載灈水發源於鹵縣縣西，這條河流就不知它所在了。

補涇水二①

《水經注》逸《涇水》篇，胡氏渭補之，皆著本朝州縣，是今涇水，非《水經注》涇水也。《涇水》逸文，胡氏渭、趙氏一清收集者十數條，今採是者，次其前後。復採誤作洛水者以次補入。不足，又取《地理志》、《元和志》、《寰宇記》、《方輿紀要》、《水道提綱》諸書，編為《涇水》篇，其故事之關涉水地者從略，志完舊帙，非廣異聞也。

涇水出安定涇陽縣高山涇谷，

《山海經》曰：高山，涇水出焉，東流注于渭。入關謂之八水。《地理志》：涇陽縣西开頭山，《禹貢》：涇水所出。涇水導源安定朝那縣笄頭山，秦始皇巡北地，西出笄頭山，即是山也，蓋大隴之異名。一名崆峒，《莊子》謂黃帝學道于廣成子，蓋在此山。涇水逕都盧山，山路之內，常如有彈箏之聲，行者聞之，鼓舞而去，一名弦歌之山，峽口水流，風吹滴崖，響如彈箏之韻，因謂之彈箏峽。涇水從彈箏峽口東流逕隴東郡北，又東南流逕潘原縣南得銅城山水口。潘原縣有銅城山水出，歷白石城，注于涇。涇水又東南逕安定故城南，又東南逕宜祿縣北，汭水自西來注之。汭水出小隴山，其川名汭。汭水又東逕宜祿縣，俗謂之宜祿川水。芹川水出羅川縣千子山，山一名千子嶺，東流逕宜祿縣北，注宜祿川。宜祿川過淺水原又東合涇水。涇水又東，左合泥水。《地理志》云：泥水出北蠻夷中。應劭曰：泥水出郁郅北蠻中略畔道。泥水南流逕尉李城東北，尉李城亦曰不窋城，合馬嶺水，號白馬水，故泥水一名馬嶺水。有水出略畔道故城西北，與青山水合，南流注泥水。泥水又南，有烏雞水出雞山，西北流注于泥水。又有油水，與追語川水並東出翟道山，西流注于泥。泥水又南合大延、小延水。大延、小延水出油水南延溪，西南流逕襄樂縣南於延城西，二水合流。延水又西注泥水。泥水南流合羅水，羅水出羅山，又曰羅山水。西流合大陵水，大陵、小陵水出巡和殊川，西南逕甯陽城，故《豳詩》曰：夾其皇澗。陵水即皇澗也。羅水又西合赤須水，赤須水出赤須谷，西南流注羅水。羅水又西注泥水，泥水南流入涇水。涇水又東南流逕宜祿縣東，蒲川水自西來注之。蒲川水出南山蒲谷，東北合細川水，又東北合且氏川水，東入涇。涇水東南逕漆縣故城北，漆水自宜祿縣界來，又東過扶風漆縣北，又東南逕甘泉山東，甘泉即高泉山也。涇水又東南逕雲陽縣故城東，五龍泉水出雲陽宮，西南流逕長箱坂下，入涇水。涇水東流歷峽，謂之涇峽。

涇水東南流經瓠口，鄭白二渠出焉。

涇水逕九嵕山東、中山西，謂之谷口，即寒門也。涇水逕長平觀北，甘露三年，呼韓邪單于入朝，上登長平觀，詔單于毋謁，即是觀也。涇水又東逕望夷宮，北臨涇水，以望北夷。秦二世將祠涇，沉四白馬于涇，齋於宮內。涇水又東南至陽陵故城，東入渭。

【注　釋】　①補涇水二　此篇為謝鍾英所補，從合校本錄入。
【語　譯】
《水經注·涇水》篇亡佚，胡渭補了它，用的卻都是清朝的州縣名稱，因而今天的涇水，已經不是《水經注》的涇水了。對於《涇水》篇的佚文，胡渭和趙一清收集了十多條，採集這些當代的文字，排列其前後，另外又採集誤作洛水的佚文逐一補入。還有不足的，又採用《漢書·地理志》、《元和郡縣志》、《太平寰宇記》、《讀史方輿紀要》、《水道提綱》等書,編成這篇《涇水》。採集之中,凡是有關地理掌故而不涉河川的都從略,因為目的是為了完成舊篇,不是為了廣採博聞。

涇水出安定涇陽縣高山涇谷,

《山海經》說:涇水發源於高山,向東流注入渭水。入關後稱為八水。《漢書·地理志》說:涇陽縣以西有开頭山。《禹貢》說此山就是涇水發源之處。涇水發源於安定郡朝那縣的笄頭山,秦始皇出巡到北地郡,從笄頭山向西而出,就是此山。此山的別名是大隴山,還有一個名稱叫崆峒山。《莊子》說:黃帝向廣成子學道,就在此山。涇水流過都盧山,這條山路之內,常常有好像彈箏一樣的聲音,行路之人聽到,都感到興奮鼓舞地前行,所以又名弦歌之山。水在峽口流動,風吹巖崖水滴,響聲好像彈箏的音韻,所以名為彈箏峽。涇水從彈箏峽口向東流經過隴東郡以北,又向東南流經過潘原縣以南,在銅城山水口匯合了銅城山水。銅城山水發源於潘原縣,經過白石城,注入涇水。涇水又向東南流經過安定縣老城以南,又向東南流經過宜祿縣城以北,有汭水由西方流來注入。汭水發源於小隴山,流域中的這片平川稱為汭川。汭水又東流經宜祿縣,俗稱宜祿川水。芹川水發源於羅川縣千子山,此山一名千子嶺,東流經宜祿縣北,注入宜祿川。宜祿川流過淺水原又東與涇水匯合。涇水又東流,左與泥水匯合。《漢書·地理志》說:泥水發源於北方蠻夷之地。應劭說:泥水發源於郁郅以北蠻夷之地的略畔道。泥水向南流經過尉李城東北,尉李城也叫不窋城,泥水在這裡和馬嶺水匯合,稱為白馬水,所以泥水的另一名稱叫馬嶺。有水發源於略畔道老城西北,和青山水匯合,向南流注入泥水。泥水又向南流,有從雞山發源的烏雞水,從西北流來注入泥水。又有油水,和追語川水都發源於東邊的翟道山,向西流注入泥水。泥水又向南流和大延水及小延水匯合。大延、小延二水都發源於油水以南的延溪,向西南流經過襄樂縣南、於延城西,而二水匯合。延水向西流注入泥水。泥水向南流和羅水匯合,羅水發源於羅山,又叫羅山水,向西流匯合大陵水,大陵水和小陵水從巡和的另一處河川流出來,向西南流經過甯陽城。所以《豳詩》說:夾在皇澗之中。陵水就是皇澗。羅水又向西流與赤須水匯合,赤須水發源於赤須谷,西南流注入羅水。羅水又西流注入泥水,泥水南流注入涇水。涇水又向東南流經過宜祿縣以東,蒲川水從西面流來注入涇水。蒲川水發源於南山蒲谷,向東北流與細川水匯合,又向東北流與且氏川水匯合,東流注入涇水。涇水向東南流經過漆縣故城以北,有漆水從宜祿縣界流來,又向東流經過扶風漆縣以北,又向東南流經過甘泉山以東,甘泉山就是高泉山。涇水又向東南流經過雲陽縣故城以東,從雲陽宮流出來的五龍泉水,向西南流經過長箱坂下,到此注入涇水。涇水向東流經過一個山峽,稱為

　　涇峽。

涇水東南流經瓠口,鄭白二渠出焉。

　　涇水經過九嵕山以東、中山以西,稱為谷口,也就是寒門。涇水經過長平觀以
北,甘露三年,呼韓邪單于前來朝聘。皇上登於長平觀,詔令單于不必進謁,就是
這座宮觀。涇水又向東流經過望夷宮。此宮北臨涇水,在此可以遙望北方夷境。
秦二世將在涇水建祠,以四匹白馬沉入涇水,設齋於這座宮內。涇水又向東南流
到陽陵縣故城,東流注入渭水。

補芮水[1]

　　《太平寰宇記·隴州·汧源縣》下引《水經注》云:芮水出小隴山,其川名汭。《邠
州·宜祿縣·芮水》下引《水經注》云:芮水又逕宜祿川,俗謂之宜祿川水。《通
典》引《水經》云:汭水逕宜祿川,俗曰宜祿水。《方輿紀要》云:芮水出鳳翔府隴州
西四十里弦蒲藪,東北流入平涼府華亭縣南,又東逕崇信縣北至涇州城北,又東南
過長武縣北,而東流合于涇水。《禹貢錐指》曰:涇屬渭汭。傳曰:水北曰汭。《春
秋傳注》曰:水之隈曲曰汭。《說文》:汭,水相入也。按二義適相成而不相悖。蓋
兩水相入,其水會襟帶處必有限曲。《詩·大雅》[2]芮鞫之即,芮即《職方》涇汭之
汭,水名也。《漢志·扶風汧縣》下云:芮水出西北,東入涇,《詩》芮阨,雍州川也。
師古曰:阨讀與鞫同。余因悟水北曰汭之義。蓋涇水東南流,至邠州長武縣東,芮
水自平涼府靈臺縣界流,逕縣南而東注于涇。公劉所居故豳城,正在二水相會內
曲之處。及其後人眾而地不能容,則又營其外曲以居。故曰:止旅迺密,芮鞫之
即。鄭箋曰:水之內曰隩,水之外曰鞫。外即南,內即北也。一清按:涇汭各源,汭
流稍短,不若涇耳。《職方》以二水為雍州川,《水經》宜列于篇目,故採擷群書以
補逸文。

【注　釋】　①補芮水　此篇為趙一清所補,《水經注釋》及《合校水經注》均列於卷十九《渭水》篇
末。②詩大雅　《詩經·大雅·公劉》。

【語　譯】
　　《太平寰宇記·隴州·汧源縣》下引《水經注》說:芮水發源於小隴山,流域中的這
片平川稱為汭川。(《寰宇記》)《邠州·宜祿縣·芮水》下引《水經注》說:芮水東流
又經過宜祿川,俗稱宜祿川水。《通典》引《水經》說:汭水經過宜祿川,俗稱宜祿
水。《方輿紀要》說:芮水發源於鳳翔府隴州西四十里的弦蒲藪,從東北流入平涼

府的華亭縣南面，又向東經過崇信縣以北到涇州城北，又向東南經過長武縣以北，向東流注入涇水。《禹貢錐指》說：涇水是渭水以北的支流。古代的文獻說：水的北面稱為汭。《春秋傳注》說：河流的曲折之處稱為汭。《說文》說：汭就是水相匯合。這兩種解釋相通而不矛盾。因為兩條河流匯合，匯合連接的地方，一定有曲折。《詩經‧大雅》說：芮鞫之即。這個芮，就是《職方》所說涇汭的汭，是河流的名稱。《漢書‧地理志‧扶風汧縣》下說：芮水發源於西北，向東注入涇水。《詩經》中的芮阸是雍州的河川。顏師古說：“阸”的讀音與“鞫”相同，我因此領悟到“水北曰汭”的意義。因為涇水向東南流，到邠州長武縣以東，芮水從平涼府靈臺縣界流出來，經過靈臺縣南而東流注入涇水。公劉所居的故豳城，正在這兩條河流匯合曲折之處，到後來因為人口增多而容納不下，所以又經營二水匯合曲折以外的地區作為居地。所以說：止旅迺密，芮鞫之即。鄭玄注釋說：河灣以內稱為隩，河灣以外稱為鞫。河灣以外即河流以南，河灣以內即河流以北。趙一清按，涇水和汭水各有它們的源頭，汭水稍短，不及涇水。所以《職方》以這兩條川水作為雍州的河流。《水經》應該列入篇目，因而採錄群書的佚文加以補充。

【研　析】　以上《補洛水》二篇，《補涇水》二篇，《補豐水》、《補芮水》各一篇，共六篇。都是收輯從各種古籍中引及的酈佚湊合而成。此外還參以其他文獻加以議論考證。清代為此者，除趙一清與謝鍾英所輯見於此六篇外，其餘如此篇中議及的胡渭、顧祖禹等學者。他們為了使酈注成為完璧，確實費了極大精力。只是所補者僅是酈注字句，未能補出酈注文采。輯佚難，輯酈佚尤難。這些學者明知其難而為之，精神固可讚佩，而對後學也不無參考價值。

卷二十　漾水　丹水

【題　解】　本卷包括《漾水》、《丹水》二篇，其中《漾水》占了全卷的大部分篇幅，但實際上卻是一條記敍錯誤的河流。因為《禹貢》有"嶓冢導漾，東流為漢"的話，這實際上是《禹貢》的錯誤，因為它把漾水作為漢水的上源。《水經》繼承了《禹貢》的錯誤，它開頭就說："漾水出隴西氐道縣嶓冢山，東至武都沮縣為漢水。"其實，東至武都沮縣的不是漢水，而是西漢水。西漢水和漢水是兩條完全不同的河流，但古人誤以為西漢水就是漢水的上源，所以才有這樣的錯誤。這種錯誤同樣也發生在酈道元的《注》文中，他說："常璩《華陽國志》曰：漢水有二源：東源出武都氐道縣漾山，為漾水，《禹貢》導漾東流為漢是也；西源出隴西西縣嶓冢山，會白水逕葭萌入漢。始源曰沔。"酈道元引《華陽國志》和《禹貢》作《注》，認為西漢水就是漢水的西源。東、西兩源匯合，稱為沔水，沔水就是漢水的古稱。酈道元說："會白水逕葭萌入漢。"白水即今白龍江，所以"會白水"是不錯的，但"逕葭萌入漢"卻全是附會。葭萌是南朝益州之地，酈道元根本沒有到過這個地方，所以他無法糾正古人的錯誤。現在可以肯定的是，《水經》和《水經注》所稱的漾水，就是今西漢水，是四川省境內的長江支流嘉陵江的上流，源出甘肅禮縣秦嶺山脈，經陝西省過略陽縣附近注入嘉陵江。全長二百四十餘公里，流域面積約一萬平方公里。

　　丹水今稱丹江，是漢江的最大支流，發源於陝西藍田與商縣之間的分水嶺，與渭河水系僅一山之隔，幹流經河南省，並經丹江水庫到湖北省的丹江口注入漢江，幹流全長三百八十公里，流域面積約一萬六千平方公里。

漾　水

漾水出隴西氐道縣嶓冢山，東至武都沮縣爲漢水。

1　常璩《華陽國志》[①]曰：漢水有二源，東源出武都氐道縣漾山爲漾水，《禹貢》導漾東流爲漢是也；西源出隴西西縣嶓冢山，會白水逕葭萌入漢。始源曰沔。按沔水出東狼谷，逕沮縣入漢。《漢中記》[②]曰：嶓冢以東，水皆東流；嶓冢以西，水皆西流。即其地勢源流所歸，故俗以嶓冢爲分水嶺。即此推沔水無西入之理。劉澄之[③]云：有水從阿陽縣南至梓潼、漢壽入大穴，暗通岡山。郭景純[④]亦言是矣。岡山穴小，本不容水，水成大澤而流與漢合。庚仲雍[⑤]又言：漢水自武遂川南入蔓葛谷，越野牛逕至關城，合西漢水。故諸言漢者，多言西漢水至葭萌入漢。又曰：始源曰沔。是以《經》云：漾水出氐道縣，東至沮縣爲漢水，東南至廣魏白水。診其沿注，似與三説相符，而未極西漢之源矣。然東、西兩川，俱受沔、漢之名者，義或在兹矣。

2　班固《地理志》，司馬彪、袁山松《郡國志》[⑥]，並言漢有二源，東出氐道，西出西縣之嶓冢山。闞駰云：漢或爲漾，漾水出崐崘西北隅，至氐道重源顯發而爲漾水。又言，隴西西縣，嶓冢山在西，西漢水所出，南入廣魏白水。又云：漾水出豲道，東至武都入漢。許慎、呂忱並言：漾水出隴西豲道，東至武都爲漢水。不言氐道，然豲道在冀之西北，又隔諸川，無水南入，疑出豲道之爲謬矣。又云：漢，漾也，東爲滄浪水。《山海經》曰：嶓冢之山，漢水出焉，而東南流注于江。然東、西兩川，俱出嶓冢而同爲漢水者也。

3　孔安國曰：泉始出爲漾，其猶濛耳。而常璩專爲漾山、漾水，當是作者附而爲山水之殊目矣。余按《山海經》，漾水出崐崘西北隅，而南流注于醜塗之水。《穆天子傳》曰：天子自春山西征，至于赤烏氏，己卯，北征；庚辰，濟于洋水；辛巳，入于曹奴。曹奴人戲，觴天子于洋水之上，乃獻良馬九百，牛羊七千，天子使逢固受之；天子乃賜之黄金之鹿，戲乃膜拜而受。余以太和中從高祖北巡，狄人猶有此獻。雖古今世殊，而所貢不異，然川流隱伏，卒難詳照，地理潛閟，變通無方，復不可全言闞氏之非也。雖津流派別，枝渠勢懸，原始要終，潛流或一，故俱受漢、漾之名，納方土之稱，是其有漢川、漢陽、廣漢、漢壽之號，或因其始，或據其終，縱異名互見，猶爲漢、漾矣。川共目殊，或亦在斯。今西縣嶓冢山，西漢水所導也，然微涓細注，若通冪歷，津注而已。

4　西流與馬池水合，水出上邽西南六十餘里，謂之龍淵水，言神馬出水，事同余吾、來淵之異,故因名焉。《開山圖》曰:隴西神馬山有淵池,龍馬所生。即是水也。其水西流謂之馬池川,又西流入西漢水。西漢水又西南流,左得蘭渠溪水,次西有山黎谷水,次西有鐵谷水,次西有石耽谷水,次西有南谷水,竝出南山,揚湍北注。右得高望谷水,次西得西溪水,次西得黃花谷水,咸出北山,飛波南入。西漢水又西南,資水注之,水北出資川,導源四壑,南至資峽,總爲一水,出峽西南流,注西漢水。西漢水又西南得峽石水口,水出苑亭、西草、黑谷三溪,西南至峽石口,合爲一瀆。東南流,屈而南注西漢水。

5 西漢水又西南合楊廉川水,水出西谷,衆川瀉流,合成一川,東南流逕西縣故城北。秦莊公伐西戎,破之。周宣王與其先大駱犬丘之地,爲西垂大夫,亦西垂宮也。王莽之西治矣。建武八年,世祖出阿陽,竇融等悉會,天水震動。隗囂將妻子奔西城從楊廣,廣死,囂愁窮城守。時穎川賊起,車駕東歸,留吳漢、岑彭圍囂。岑等雍西谷水,以繍幔盛土爲堤灌城,城未沒丈餘,水穿雍不行,地中數丈涌出,故城不壞。王元請蜀救至,漢等退還上邽。但廣、廉字相狀,後人因以人名名之,故習謬爲楊廉也,置楊廉縣焉。又東南流,右會茅川水,水出西南戎溪,東北流逕戎丘城南,吳漢之圍西城,王捷登城向漢軍曰:爲隗王城守者皆必死無二心,願諸將亟罷,請自殺以明之,遂刎頸而死。又東北流注西谷水,亂流東南入于西漢水。

6 西漢水又西南逕始昌峽,《晉書·地道記》曰:天水,始昌縣故城西也[7],亦曰清崖峽。西漢水又西南逕宕備戍南,左則宕備水自東南、西北注之,右則鹽官水南入焉。水北有鹽官,在嶓冢西五十許里,相承營煮不輟,味與海鹽同。故《地理志》云:西縣有鹽官是也。其水東南逕宕備戍西,東南入漢水。漢水又西南合左谷水,水出南山窮溪,北注漢水。又西南,蘭皋水出西北五交谷,東南歷祁山軍,東南入漢水。漢水又西南逕祁山軍南,雞水南出雞谷,北逕水南縣,西北流注于漢。漢水又西,建安川水入焉。其水導源建威西北山白石戍東南,二源合注,東逕建威城南,又東與蘭坑水會,水出西南近溪,東北逕蘭坑城西,東北流注建安水。

7 建安水又東逕蘭坑城北、建安城南,其地,故西縣之歷城也。楊定自隴右徙治歷城,即此處也。去仇池百二十里,後改爲建安城。其水又東合錯水,水出錯水戍東南,而東北入建安水。建安水又東北,有雉尾谷水;又東北,有太谷水;又北,有小祁山水。竝出東溪,揚波西注。又北,左會胡谷水,水西出胡谷,東逕金盤、歷城二軍北,軍在水南層山上,其水又東注建安水。建安水又東北逕塞峽,元嘉十九年,宋太祖遣龍驤將軍裴方明伐楊難當,難當將妻子北奔,安西參軍魯尚期追出塞峽,即是峽矣。左山側有石穴洞,人言潛通下辦,所未詳也。其水出峽,西北流注漢水。漢水北,連山秀舉,羅峰競峙。祁山在嶓冢之西七十許里,山上有城,極爲巖

固。昔諸葛亮攻祁山,即斯城也。漢水逕其南,城南三里有亮故壘,壘之左右猶豐
茂宿草,蓋亮所植也,在上邽西南二百四十里。《開山圖》曰:漢陽西南有祁山,蹊
徑逶迤,山高巖險,九州之名阻,天下之奇峻。今此山于衆阜之中,亦非爲傑矣。
漢水又西南與甲谷水合,水出西南甲谷,東北流注漢水。漢水又西逕南岈、北岈
中,上下有二城相對,左右墳壠低昂,亘山被阜。古諺云:南岈、北岈,萬有餘家。
諸葛亮《表》[8]言:祁山去沮縣五百里,有民萬户。矖其丘墟,信爲殷矣。

8　漢水西南逕武植戍南。武植戍水發北山,二源奇發,合于安民戍南,又南逕武植戍
西,而西南流,注于漢水。漢水又西南逕平夷戍南,又西南,夷水注之。水出北山,
南逕其戍西,南入漢水。漢水又西逕蘭倉城南,又南,右會兩溪,俱出西山,東流注
于漢水。張華《博物志》云:温水出鳥鼠山,下注漢水。疑是此水,而非所詳也。漢
水又南入嘉陵道而爲嘉陵水,世俗名之爲階陵水,非也。漢水又東南得北谷水,又
東南,得武街水,又東南得倉谷水。右三水,竝出西溪,東流注漢水。

9　漢水又東南逕瞿堆西,又屈逕瞿堆南,絕壁峭峙,孤險雲高,望之形若覆唾壺。高
二十餘里,羊腸蟠道三十六迴,《開山圖》謂之仇夷,所謂積石嵯峨,嶔岑隱阿者也。
上有平田百頃,煮土成鹽,因以“百頃”爲號。山上豐水泉,所謂清泉湧沸,潤氣上
流者也,漢武帝元鼎六年,開以爲武都郡,天池大澤在西,故以都爲目[9]矣。王莽更
名樂平郡,縣曰循虜。常璩、范曄云,郡居河池,一名仇池,池方百頃,即指此也。
左右悉白馬氐矣。漢獻帝建安中,有天水氐楊騰者,世居隴右,爲氐大帥,子駒,勇
健多計,徙居仇池,魏拜爲百頃氐王。漢水又東合洛谷水,水有二源,同注一壑,逕
神蛇戍西,左右山溪多五色蛇,性馴良,不爲物毒。洛谷水又南逕虎馗戍東,又南
逕仇池郡西、瞿堆東,西南入漢水。

10　漢水又東合洛溪水,水北發洛谷,南逕威武戍南,又西南與龍門水合,水出西北龍
門谷,東流與横水會,東北窮溪,即水源也。又南逕龍門戍東,又東南入洛溪水。
又東南逕上禄縣故城西,脩源濬導,逕引北溪,南總兩川,單流納漢。漢水又東南
逕濁水城南,又東南會平樂水。水出武街東北四十五里,更馳[10]。南溪導源東北
流,山側有甘泉涌波,飛清下注平樂水。又逕甘泉戍南,又東逕平樂戍南,又東入
漢,謂之會口。漢水東南逕脩城道南,與脩水合,水總二源,東北合漢。漢水又東
南于槃頭郡南與濁水合,水出濁城北,東流,與丁令溪水會,其水北出丁令谷,南逕
武街城西,東南入濁水。濁水又東逕武街城南,故下辨縣治也。李珙、李稚以氐王
楊難敵妻死葬陰平,襲武街,爲氐所殺于此矣。今廣業郡治。濁水又東,宏休水注
之,水出北溪,南逕武街城東,而南流注于濁水。

11　濁水又東逕白石縣南,《續漢書》曰:虞詡爲武都太守,下辨東三十餘里有峽,峽中

白水生大石,障塞水流,春夏輒潰溢,敗壞城郭,詡使燒石,以醯灌之,石皆碎裂,因鐫去焉,遂無泛溢之害。濁水即白水之異名也。

12　濁水又東南,埿陽水北出埿谷,南逕白石縣東,而南入濁水。濁水又東南與仇鳩水合,水發鳩溪,南逕河池縣故城西,王莽之樂平亭也。其水西南流注濁水。濁水又東南與河池水合,水出河池北谷,南逕河池戍東,西南入濁水。濁水又東南,兩當水注之,水出陳倉縣之大散嶺⑪,西南流入故道川,謂之故道水。西南逕故道城東,魏征仇池,築以置戍,與馬鞍山水合,水東出馬鞍山,歷谷西流,至故道城東,西入故道水。西南流,北川水注之,水出北洛樾山南,南流逕唐倉城下,南至困冢川,入故道水。故道水又西南歷廣香交,合廣香川水,水出南田縣利喬山,南流至廣香川,謂之廣香川水,又南注故道水,謂之廣香交。故道水又西南入秦岡山,尚婆水注之,山高入雲,遠望增狀,若嶺紆曦軒,峰枉月駕矣。懸崖之側,列壁之上,有神象,若圖指狀婦人之容,其形上赤下白,世名之曰聖女神,至于福應愆違,方俗是祈。水源北出利喬山,南逕尚婆川,謂之尚婆水。歷兩當縣之尚婆城南,魏故道郡治也。西南至秦岡山,入故道水。故道水又右會黃盧山水,水出西北天水郡黃盧山腹,歷谷南流,交注故道水。

13　故道水南入東益州之廣業郡界,與沮水枝津合,謂之兩當溪水,上承武都沮縣之沮水瀆,西南流,注于兩當溪。虞詡爲郡,漕穀布在沮,從沮縣至下辨,山道險絕,水中多石,舟車不通,驢馬負運,僦五致一⑫。詡乃于沮受僦直,約自致之,即將吏民按行,皆燒石櫛木,開漕船道,水運通利,歲省萬計,以其僦廩與吏士,年四十餘萬也。又西南注于濁水。

14　濁水南逕槃頭郡東,而南合鳳溪水,水上承濁水于廣業郡,南逕鳳溪,中有二石雙高,其形若闕,漢世有鳳凰止焉,故謂之鳳凰臺。北去郡三里,水出臺下,東南流,左注濁水。濁水又南注漢水。漢水又東南歷漢曲,逕挾崖與挾崖水合,水西出擔潭交,東流入漢水。漢水又東逕武興城南,又東南與北谷水合,水出武興東北,而西南逕武興城北,謂之北谷水。南轉逕其城東,而南與一水合,水出東溪,西流注北谷水,又南流注漢水。漢水又西南逕關城北,除水出西北除溪,東南流入于漢。漢水又西南逕通谷,通谷水出東北通溪,上承漾水,西南流爲西漢水。漢水又西南,寒水注之,水東出寒川,西流入漢。漢水又西逕石亭戍,廣平水西出百頃川,東南流注漢,又有平阿水出東山,西流注漢水。漢水又逕晉壽城西,而南合漢壽水,水源出東山,西逕東晉壽故城南,而西南入于漢水也。

又東南至廣魏白水縣西,又東南至葭萌縣,東北與羌水合。

15　白水西北出于臨洮縣西南西傾山,水色白濁,東南流與黑水合,水出羌中,西南逕黑水城西,又西南入白水。白水又東逕洛和城南,洛和水西南出和溪,東北流逕南黑水城西,而北注白水。白水又東南逕鄧至城南,又東南與大夷祝水合,水出夷祝城西南窮溪,北注夷水。又東北合羊洪水,水出東南羊溪,西北逕夷祝城東,又西北流,屈而東北注于夷水,夷水又東北入白水。白水又東與安昌水會,水源發衛大西溪,東南逕鄧至、安昌郡南,又東南合無累水,無累水出東北近溪,西南入安昌水,安昌水又東南入白水。白水又東南入陰平,得東維水,水出西北維谷,東南逕維城西,東南入白水。白水又東南逕陰平道故城南,王莽更名摧虜矣,即廣漢之北部也。廣漢屬國都尉治,漢安帝永初三年,分廣漢蠻夷置。又有白馬水,出長松縣西南白馬溪,東北逕長松縣北,而東北注白水。白水又東逕陰平大城北,蓋其渠帥自故城徙居也。白水又東,偃溪水出西南偃溪,東北流逕偃城西,而東北流入白水。白水又東逕偃城北,又東北逕橋頭,昔姜維之將還蜀也,雍州刺史諸葛緒邀之于此,後期不及,故維得保劍閣而鍾會不能入也。白水又與羌水合,自下羌水又得其通稱矣。白水又東逕郭公城南,昔郭淮之攻廖化于陰平也,築之,故因名焉。白水又東,雍川水出西南雍溪。東北注白水。白水又東合空泠水,傍溪西南窮谷,即川源也。白水又東南與南五部水會,水有二源:西源出五部溪,東南流;東源出郎谷,西南合注白水。白水又東南逕建昌郡東,而北與一水合,二源同注,共成一溪,西南流入于白水。白水又東南逕白水縣故城東,即白水郡治也。《經》云:漾水出其西,非也。白水又東南與西谷水相得,水出西溪,東流逕白水城南,東南入白水。白水又南,左會東流水,東入極溪,便即水源也。白水又南逕武興城東,又東南,左得刺稽水口,溪東北出,便水源矣。

16　白水又東南,清水左注之,庾仲雍曰:清水自祁山來合白水。斯為孟浪也。水出于平武郡東北矚累亘下,南逕平武城東,屈逕其城南,又西歷平洛郡東南,屈而南,逕南陽僑郡東北,又東南逕新巴縣東北,又東南逕始平僑郡南,又東南逕小劍戍北,西去大劍三十里,連山絕險,飛閣通衢,故謂之劍閣也。張載《銘》[13]曰:一人守險,萬夫趑趄。信然。故李特至劍閣而歎曰:劉氏有如此地而面縛于人,豈不奴才也。小劍水西南出劍谷,東北流逕其戍下入清水。

17　清水又東南注白水。白水又東南于吐費城南,即西晉壽之東北也,東南流注漢水。西晉壽,即蜀王弟葭萌所封為苴侯邑,故遂名城為葭萌矣。劉備改曰漢壽;太康中,又曰晉壽。水有津關[14]。段元章善風角,弟子歸,元章封笥藥授之。曰:路有急難,開之。生到葭萌,從者與津吏諍,打傷。開笥得書言:其破頭者,可以此藥裹之。生乃歎服,還卒業焉。亦廉叔度抱父柩自沈處也。

又東南過巴郡閬中縣,

18　巴西郡治也。劉璋之分三巴，此其一焉。闞駰曰：强水出陰平西北强山，一曰强川。姜維之還也，鄧艾遣天水太守王頎敗之于强川，即是水也。其水東北逕武都、陰平、梓潼、南安入漢水。漢水又東南逕津渠戍東，又南逕閬中縣東，閬水出閬陽縣，而東逕其縣南，又東注漢水。昔劉璋之攻霍峻于葭萌也，自此水上。張達、范彊害張飛于此縣。漢水又東南得東水口，水出巴嶺，南歷獠中，謂之東遊水。李壽之時，獠自牂柯北入，所在諸郡，布滿山谷。其水西南逕宋熙郡東，又東南逕始平城東，又東南逕巴西郡東，又東入漢水。漢水又東與濩溪水合，水出獠中，世亦謂之爲清水也。東南流注漢水。漢水又東南逕宕渠縣東，又東南合宕渠水。水西北出南鄭縣巴嶺，與槃余水同源，派注南流，謂之北水，東南流與難江水合，水出東北小巴山，西南注之，又東南流逕宕渠縣，謂之宕渠水，又東南入于漢。

又東南過江州縣東，東南入于江。

19　涪水注之，庾仲雍所謂涪內水者也。

【注　釋】　①華陽國志　書名。晉常璩撰。《隋書·經籍志》著錄作十二卷，《舊唐志》作三卷（當漏"十"字），《新唐志》作十三卷。今本十二卷，前四卷為地志，計《巴志》、《漢中志》、《蜀志》、《南中志》各一卷；後七卷為人物志，計《公孫述劉二牧志》、《劉先主志》、《劉後主志》、《大同志》、《李特雄期壽勢志》、《先賢士女總贊》、《後賢志》各一卷，末卷為《序志并益、梁、寧三州先後以來士女名目錄》。全書體例格式已和日後地方志近似，故清洪良吉《澄城縣志序》云："一方之志，始于《越絕》，後有《華陽國志》。"此書除各種單行本外，尚收入《古今逸史》、《函海》、《叢書集成初編》等。②漢中記　書名。此書不見於隋唐諸志及其他公私著錄，不知撰者和撰述年代。除《水經注》外，尚有《輿地紀勝》卷一八三、一九〇各卷引，說明宋時尚在。今亡佚已久，亦無輯本流傳。③劉澄之　此指其所撰《永初山川古今記》，或簡稱《永初山川記》及《永初記》，參見卷五《河水》注釋。"永初"（公元四二〇—四二二年）是南朝宋武帝劉裕年號。④郭景純　即晉郭璞。所注有《山海經》及《爾雅》等。⑤庾仲雍　此指其所撰《漢水記》。參見卷二八《沔水注》中《漢水記》的注釋。⑥郡國志　篇名。因撰者晉人袁山松曾撰《後漢書》，此"郡國志"當指其所撰《後漢書》中之志。已亡佚。⑦天水二句　始昌縣，漢之西縣，晉改始昌，屬天水郡。守敬按：《晉志》無西縣，天水郡有始昌縣。……朱"西城"誤作"城西"。趙云：當互倒作"西城"。⑧諸葛亮表　此《表》如卷十八《渭水》，亦收入於《諸葛忠武侯集》文集卷一，題作《祁山表》。⑨故以都為目　因水澤所聚叫"都"，所以稱為"都郡"。⑩更馳　《疏》本楊守敬按："'更'，疑當作'東'，'馳'字斷句，此以馬之馳喻水之流也。"此按《疏》本考證語譯。⑪大散嶺　此處有佚文一條。《御覽》卷一六七《州郡部》十三《鳳州》引《水經注》："大散水流入黃花川，黃花縣因水得名。"當是此句下佚文。⑫饟五致一　饟，指運費。致，指運到目的地的糧食、布匹。⑬張載銘　《隋書·經籍志》著錄中書郎《張載集》七卷，《兩唐志》亦均著錄，但卷數各異（《舊唐志》作三卷，《新唐志》作一卷），清嚴可均有此集輯本，但未收其銘文，故已亡佚。⑭水有津關

　此處有佚文一條。《通鑑》卷一二二《宋紀》四“文帝元嘉十一年”（置戍於葭萌水）胡注引《水經注》：“白水東南流至葭萌縣北，因謂之葭萌水，水有津關，即所謂白水關也。”當是此句下佚文。

【語　譯】

漾水出隴西氐道縣嶓冢山，東至武都沮縣為漢水。

1　常璩《華陽國志》說：漢水有兩個源頭：東源出自武都氐道縣的漾山，就是漾水，即《禹貢》所說的疏導漾水，東流為漢水。西源出自隴西西縣的嶓冢山，匯合了白水，流經葭萌注入漢水。上源叫沔水。沔水發源於東狼谷，流經沮縣注入漢水。《漢中記》說：嶓冢山以東，水都東流；嶓冢山以西，水都西流。源流各自循著地勢流向一方，所以人們以為嶓冢山是分水嶺。由此推論起來，沔水絕沒有西流的道理。劉澄之說：有一條水從阿陽縣南流到梓潼、漢壽，流進一個大洞，山洞在地下與岡山相通。郭景純也是這樣說的。岡山洞小，本來容不了多少水，但水積成了大沼澤，流出去與漢水匯合。所以庾仲雍又說：漢水從武遂川南流進入蔓葛谷，越過野牛，直至關城，與西漢水匯合。所以諸家談論漢水，大都說西漢水到葭萌注入漢水。又說：上源叫沔水。所以《水經》說：漾水發源於氐道縣，東流到沮縣就是漢水，東南流到廣魏白水。考察水流一路的流程，似乎與上面三種說法相符合，但卻沒有追溯到西漢水水源的盡頭。不過東、西兩條漢水都有沔水和漢水的名稱，道理也許就在這裡。

2　班固《漢書·地理志》，司馬彪、袁山松《郡國志》都說漢水有兩個源頭，東源出自氐道縣，西源出自西縣的嶓冢山。闞駰說：漢水有人說即是漾水；漾水發源於崑崙山西北角，流到氐道縣，潛流於地下的源頭才重新流出地面，稱為漾水。又說：隴西郡西縣，嶓冢山在西，西漢水就從那裡流出，南流注入廣魏白水。又說：漾水發源於隴西郡獂道縣，東流到了武都注入漢水。許慎、呂忱都說：漾水發源於隴西郡獂道縣，東流到了武都就叫漢水。他們都沒有說到氐道，但獂道縣在冀縣西北，又隔著許多川流，沒有一條水是流進南方的，我懷疑發源於獂道縣的說法是錯誤的。又說：漢水就是漾水，東邊是滄浪水。《山海經》說：嶓冢山是漢水的發源地，東南流注入江水。那麼東、西兩條水都發源於嶓冢山，而且都是漢水。

3　孔安國說：泉水初出時叫漾水，意思就是水流很細。但常璩卻擅自提出漾山、漾水等名，這一定是作者把山水牽連在一起而造出的異名。我查考《山海經》，漾水發源於崑崙山西北角，南流注入醜塗水。《穆天子傳》說：天子從舂山西征，到了赤烏氏；己卯日，北征；庚辰日，渡過洋水；辛巳日，進入曹奴。曹奴有個叫戲的人，在洋水上宴請天子，獻給他好馬九百匹，牛羊七千頭，天子派逢固去接收；天子也賜給他黃金製成的鹿，戲於是向他頂禮膜拜，然後接受。太和年間（公元四七七—四九九年)我曾隨從高祖去北方巡察,狄人還有這種獻禮。雖然古今時代不同了,朝貢的禮品還是一樣,但川流隱伏於地下,很難詳細了解,地理隱祕奧深,變化毫無規律可循,也不能都說闞駰說得不對。雖然水道分支流出,支渠相隔遙遠,但推究其源頭和歸宿,隱蔽於地下的水流有時卻同屬一條,所以都有漢水或漾水之名,同時又採用一些地方名稱,因而有漢川水、漢陽水、廣漢水、漢壽水等等名稱。有時是按照上源立名,有時是按照歸宿稱呼,即使水名互有不同,但指的還是漢水或漾水。同一條水而名稱各異,也許正是這緣故。今天西縣的嶓冢山,是西漢水的發源地,初發時不過一縷細流,只不過與遍布四方的涓涓細水相通,最後都匯集在一起罷了。

4　西漢水西流與馬池水匯合。馬池水發源於上邽西南六十餘里,稱為龍淵水。據說有神馬從水裡出來,與余吾、來淵的奇蹟相類似,因此取名龍淵。《開山圖》說:隴西神馬山有淵池,是龍馬出生的地方。說的就是這條水。龍淵水西流,叫馬池川,又西流注入西漢水。西漢水又西南流,左岸匯合了蘭渠溪水,再西流有山黎谷水,再西流有鐵谷水,再西流有石耽谷水,再西流有南谷水,都發源於南山,急流滾滾地往北奔流。右岸匯合了高望谷水,再西流匯合了西溪水,再西流匯合了黃花谷水,都發源於北山,清波飛濺,南流注入西漢水。西漢水又西南流,資水注入。資水發源於北方的資川,源流自四面的溝壑流來,南流到資峽,合為一條;出了山峽,往西南流,注入西漢水。西漢水又西南流到了峽石水口,峽石水發源於苑亭、西草、黑谷三條溪澗,西南流到了峽石口,匯合為一條,東南流,轉而往南注入西漢水。

5　西漢水又西南流匯合了楊廉川水。楊廉川水發源於西谷,谷內諸澗從四面奔瀉而來,匯合成一條,東南流經西縣老城北。秦莊公討伐西戎,把西戎擊潰。周宣王把秦莊公的祖先大駱於犬丘的封地賜給他,號為西垂大夫,這也是西垂宮所在的地方。王莽改名為西治。建武八年(公元三二年),光武帝來到阿陽,竇融等都領兵前來會合。大軍壓境,天水人心動搖。隗囂帶了妻子兒女逃到西城去投奔楊廣。楊廣死後,隗囂因孤城防守陷入困境,心中十分憂愁。這時潁川盜寇蠭起,光武帝回到東方,留下吳漢、岑彭包圍隗囂。岑彭等用帳幕布來做土包,築堤堵住西谷水來淹沒西城,但城牆還有丈餘沒有被淹時,水卻沖破堤壩,從地下數丈處湧出,城因而沒有被水毀壞。加上王元向蜀請得的救兵到達,吳漢等只得退回上邽。但廣、廉二字字形相似,後人以人為城命名,把楊廣誤作楊廉,以訛傳訛,就稱為楊廉城,並設楊廉縣。又東南流,右岸匯合茅川水。茅川水發源於西南戎溪,東北流經戎丘城南。吳漢包圍西城時,王捷登上城頭,向漢軍說:為隗王守城的士卒都抱著必死的決心,絕無三心兩意。希望諸位將領從速退兵,讓我們以自殺來表明我們的決志。於是大家都刎頸自殺了。又東北流注入西谷水,往東南亂流注入西漢水。

6　西漢水又西南流經始昌峽。《晉書·地道記》說:在天水郡,始昌縣就是舊時的西城,也叫清崖峽。西漢水又西南流經宕備戍南,左岸有宕備水從東南往西北注入,右岸有鹽官水往南注入。鹽官水北岸有個地方叫鹽官,在嶓冢西約五十里,人們世世代代在這裡以煮鹽為業,從未中斷過。這裡的鹽,味道與海鹽相同。所以《地理志》說:西縣有鹽官。鹽官水東南流經宕備戍西,東南流注入漢水。漢水又西南流與左谷水匯合。左谷水發源於南山深處的溪澗,北流注入漢水。又西南流,有蘭皋水發源於西北的五交谷,東南從祁山軍流過,往東南注入漢水。漢水又西南流經祁山軍南,雞水發源於南方的雞谷,北流經水南縣,西北流注入漢水。漢水又西流,建安川水注入。建安川水發源於建威西北山白石戍東南,兩個源頭合流,東流經建威城南,又東流與蘭坑水匯合。蘭坑水出自西南方近處的溪流,東北流經蘭坑城西,東北流注入建安水。建安水又東流經蘭坑城北、建安城南,這地方就是舊時西縣的歷城。楊定把治所從隴右遷移到歷城,就是這地方。這裡離仇池一百二十里,後來改為建安城。建安水又東流與錯水匯合。錯水發源於錯水戍東南,東北流注入建安水。建安水又東北流,有雉尾谷水;又東北流,有太谷水;又北流,有小祁山水,都發源於東溪,揚著清波西流。又北流,左岸匯合胡谷水,胡谷水發源於西方的胡谷,東流經金盤、歷城兩個駐防城堡北,城堡在水南層沓的山嶺上,這條水又往東注入建安水。

7　建安水又東北流經塞峽。元嘉十九年(公元四四二年),南朝宋太祖派龍驤將軍裴方明討伐楊難當,楊難當帶了妻室子女北逃,安西參軍魯尚期追擊出了塞峽,指的就是此峽。左邊山旁有石洞,據說暗通下辨縣,不知是否屬實。建安水流出山峽,西北流注入漢水。漢水北岸,連綿的群山秀色映著晴空,峰巒競相聳峙。祁山在嶓冢山以西約七十里,山上有城,非常險固,從前諸葛亮進攻祁山,就是這座城。漢水流經城南,城南三里有諸葛亮軍營的遺址,遺址近旁,荒草還很豐盛,那是諸葛亮當年種植的。那地方在上邽西南二百四十里。《開山圖》說:漢陽西南有祁山,山徑盤迴曲折,山高巖險,是九州著名的險要之地,天下罕見的高山峻嶺。但今天在周圍群山之中,卻也不見得怎麼峻高突出。漢水又西南流與甲谷水匯合。甲谷水發源於西南方的甲谷,東北流注入漢水。漢水又西流經南岈、北岈中間,上下有兩座城相對峙,左右兩邊,漫山遍野都是高低起伏的墳墓。古時有諺語說:南岈、北岈,一萬多家。諸葛亮《祁山表》說:祁山距沮縣五百里,有居民萬餘家。只要看一看那裡的大片墓地,就可以知道是個富裕之區了。

8　漢水西南流經武植戍南。武植戍水發源於北山,兩個源頭流出來顯得特異,匯合
於安民戍南,又南流經武植戍西,往西南注入漢水。漢水又西南流經平夷戍南,又
西南流,夷水注入。夷水發源於北山,南流經平夷戍西,往南注入漢水。漢水又西
經蘭倉城南,又南流,右岸匯合兩條都發源於西山的溪流,東流注入漢水。張華
《博物志》說:溫水發源於鳥鼠山,從山上流下,注入漢水。可能即是此水,但也說
不準。漢水又南流進入嘉陵道,稱為嘉陵水,民間卻叫階陵水,這不對。漢水又東
南流匯合了北谷水,又東南匯合了武街水,又東南匯合了倉谷水。右邊這三條水
都出自西溪,東流注入漢水。

9　漢水又東南流經瞿堆西,又轉彎流經瞿堆南,這裡絕壁陡峭聳峙,險峻的孤峰高入
青雲,一眼望去,山形好像倒置的痰盂。山高二十餘里,盤旋曲折的山道,有三十
六道彎子,《開山圖》稱為仇夷,所謂層沓的山巖險巇巍峨,高峰峻嶺隱蔽著山塢,
就是描寫這地方。山上有平坦的田地一百頃,煮泥可以煮出食鹽,因此以百頃為
地名。山上水源豐沛,正像人們所說的清泉湧沸,溼氣上騰。漢武帝元鼎六年(公
元前一一一年),把這個地區開闢為武都郡,天池大澤在西,因此以都為郡名。王莽
改郡名為樂平,縣名則稱循虜。常璩、范曄說:郡在河池,又叫仇池,池方圓百頃,
就指此池。附近一帶居民都是白馬氏族。漢獻帝建安年間(公元一九六—二二〇
年),天水郡氏族有個叫楊騰的,世居隴右,是氏族的大帥。他的兒子楊駒,勇武而
足智多謀,遷居到仇池,魏封他為百頃氏王。漢水又東流匯合了洛谷水。洛谷水
有兩個源頭,一同注入一條深溝,流經神蛇戍西,兩邊的山溪多五色蛇,生性很馴
良,無毒,不會害人。洛谷水又南流經虎枙戍東,又南流經仇池郡西、瞿堆東,往西
南注入漢水。

10　漢水又東流匯合了洛溪水。洛溪水發源於北方的洛谷,南流經威武戍南,又西南
流與龍門水匯合。龍門水發源於西北方的龍門谷,東流與橫水匯合。東北方山谷
盡頭的溪澗,就是它的水源。又南流經龍門戍東,又東南流注入洛溪水。又東南
流經上祿縣老城西,源長水深,又引入北溪,南流匯合兩條川流,成為一條,注入漢
水。漢水又東南流經濁水城南,又東南流匯合了平樂水。平樂水發源於武街東北
四十五里,東流。南溪疏導水源往東北流,山邊有甘洌的清泉,飛奔下注平樂水。
又流經甘泉戍南,又東流經平樂戍南,又東流注入漢水。匯流處稱為會口。漢水
東南流經脩城道南,與脩水匯合。脩水總匯了兩個源頭,東北流與漢水匯合。漢
水又東南流,在槃頭郡南與濁水匯合。濁水發源於濁城北,東流,與丁令溪水匯
合。丁令溪水發源於北方的丁令谷,南流經武街城西,東南流注入濁水。濁水又
東流經武街城南,此城是舊時下辨縣的治所。李琀、李稚乘氏王楊難敵的妻子死

後葬在陰平的機會,襲擊武街,就在這裡被氐人所殺。武街現在是廣業郡的治所。濁水又東流,宏休水注入。宏休水發源於北溪,南流經武街城東,南流注入濁水。

11　濁水又東流經白石縣南。《續漢書》說:虞詡任武都太守時,下辨東三十餘里有個山峽,峽中的白水有一塊大石,堵住水流,到了春夏雨季,水浪奔騰漫溢,沖壞城郭。虞詡派人以火燒巨石,以醋澆灌,巨石都碎裂了,然後把它鑿去,於是再也沒有洪水氾濫的災害了。濁水就是白水的異名。

12　濁水又東南流,埿陽水發源於北方的埿谷,南流經白石縣東,然後南流注入濁水。濁水又東南流與仇鳩水匯合。仇鳩水發源於鳩溪,南流經河池縣老城西,就是王莽時的樂平亭。仇鳩水西南流注入濁水。濁水又東南流與河池水匯合。河池水發源於河池北谷,南流經河池戍東,西南流注入濁水。濁水又東南流,兩當水注入。兩當水發源於陳倉縣的大散嶺,往西南流入故道川,稱為故道水,西南流經故道城東。魏征討仇池時,築此城駐防。故道水與馬鞍山水匯合,馬鞍山水發源於東方的馬鞍山,穿過山谷西流,到了故道城東,西流注入故道水。故道水西南流,北川水注入。北川水發源於北洛樋山南,南流經唐倉城下,南流到困冢川,流入故道水。故道水又西南流過廣香交,匯合了廣香川水。廣香川水發源於南田縣利喬山,南流到廣香川稱為廣香川水,又往南注入故道水,匯流處稱為廣香交。故道水又西南流進秦岡山,尚婆水注入。秦岡山高插雲霄,遠遠望去,峰巒層層疊疊,彷彿這些高峰峻嶺,會迫使日神羲和以及月神嫦娥的車駕,都要繞彎通過似的。懸崖旁邊的石壁上,有個好像畫成神像的圖樣,容貌像個婦女,圖像上部紅色,下部白色,世人稱為聖女神,地方民眾常到這裡來祈求福祿,避免禍殃。水源出自北方的利喬山,南流經尚婆川,叫尚婆水。流經兩當縣的尚婆城南,這是魏故道郡的治所。尚婆水西南流到了秦岡山,注入故道水。故道水又在右岸匯合黃盧山水。黃盧山水發源於西北方天水郡黃盧山的半山腰,穿過山谷南流,注於故道水。

13　故道水南流進入東益州的廣業郡邊界,與沮水支流匯合,稱為兩當溪水,上源承接武都郡沮縣的沮水瀆,西南流注入兩當溪。虞詡任郡守時,要把沮縣的糧食和布匹從沮縣運到下辨。當時山路極險,而水中礁石又很多,無論水路陸路,或車或船,都無法通行。如果以驢馬背負,運費極其高昂,運到的貨物,要付價值五倍的運費。於是虞詡就在沮縣與民夫議定運費,約定由各人自行送到。他率領屬吏和百姓開闢水道,親自督察巡行,用柴火燒裂礁石,開闢出一條運糧水道。水運暢通了,每年節省的運費數以萬計。他把作為運費的存糧分給下屬官吏及兵丁,年達四十萬餘。兩當溪又往西南注入濁水。

14　濁水南流經槃頭郡東,南與鳳溪水匯合。鳳溪水上流在廣業郡承接濁水,南流經鳳溪,溪中有兩塊巨石成雙高聳,形狀好像門闕,漢代有鳳凰在石上棲止,所以叫鳳凰臺。北距郡城三里,水流從臺下流出,東南流,向左注入濁水。濁水又南流注入漢水。漢水又往東南流過漢曲,流經挾崖與挾崖水匯合。挾崖水發源於西方的擔潭交,東流注入漢水。漢水又東流經武興城南,又東南流與北谷水匯合。北谷水發源於武興城東北,西南流經武興城北,稱為北谷水。然後折而南流經城東,南流與一條水匯合。這條水源出東溪,西流注入北谷水,又南流注入漢水。漢水又西南流經關城北,除水發源於西北方的除溪,東南流注入漢水。漢水又西南流經通谷。通谷水發源於東北方的通溪,通溪上口承接漾水,西南流稱為西漢水。漢水又西南流,寒水注入。寒水出自東方的寒川,西流注入漢水。漢水又西流經石亭戍,廣平水出自西方的百頃川,東南流注入漢水;又有平阿水出自東山,西流注入漢水。漢水又流經晉壽城西,然後南流匯合了漢壽水。漢壽水源出東山,西流經東晉壽老城南,然後西南流注入漢水。

又東南至廣魏白水縣西,又東南至葭萌縣,東北與羌水合。

15 白水在西北方發源於臨洮縣西南的西傾山,水色白濁,東南流與黑水匯合。黑水發源於羌中,西南流經黑水城西,又西南流注入白水。白水又東流經洛和城南,洛和水發源於西南方的和溪,東北流經南黑水城西,然後北流注入白水。白水又東南流經鄧至城南,又東南流與大夷祝水匯合。大夷祝水發源於夷祝城西南方的窮溪,北流注入夷水。夷水又東北流匯合羊洪水。羊洪水出自東南方的羊溪,西北流經夷祝城東,又西北流,轉向東北注入夷水。夷水又東北流注入白水。白水又東流與安昌水匯合。安昌水源出衛大西溪,東南流經鄧至、安昌郡南,又東南流匯合無累水。無累水發源於東北方近處的溪澗,西南流注入安昌水。安昌水又東南流注入白水。白水又東南流,進入陰平,匯合了東維水。東維水出自西北方的維谷,東南流經維城西,東南流注入白水。白水又東南流經陰平道老城南,王莽改名為摧虜,就在廣漢北部。廣漢屬國都尉治所,是漢安帝永初三年(公元一〇九年),從廣漢蠻夷分出設置的。又有白馬水,發源於長松縣西南的白馬溪,東北流經長松縣北,然後往東北注入白水。白水又東流經陰平大城北,是羌人首領從老城遷來居於此的。白水又東流,偃溪水發源於西南的偃溪,東北流經偃城西,然後往東北流入白水。白水又東流經偃城北,又東北流經橋頭。從前姜維將要回蜀時,雍州刺史諸葛緒在這裡攔截他,但遲來了一步,沒有追上他,所以姜維得以保住劍閣,而鍾會不能攻入。白水又與羌水匯合,自此直到下游,羌水也可通稱白水了。白水又東流經郭公城南。從前郭淮在陰平攻打廖化,築了此城,因有此名。白水又東流,雍川水發源於西南方的雍溪,東北流注入白水。白水又東流匯合了空泠水,

溪流近旁西南方的深谷,就是這條水的源頭。白水又東南流與南五部水匯合。這
條水有兩個源頭:西邊的源頭出自五部溪,東南流;東邊的源頭出自郎谷,西南流
合為一條,注入白水。白水又東南流經建昌郡東,北流與一條水匯合,兩個源頭合
流成為一條溪水,西南流注入白水。白水又東南經白水縣老城東,這裡就是白水
郡的治所。《水經》說:漾水從縣城西流過,不是的。白水又東南流與西谷水相匯
合。西谷水源出西溪,東流經白水城南,東南流注入白水。白水又南流,左岸匯合
東流水。向東進入溪流的盡頭,就是這條水的源頭了。白水又南流經武興城東,
又東南流,左岸有刺稽水口,從流入此口的溪水往東北,便是刺稽水的水源了。

16　白水又東南流,清水向左岸注入。庾仲雍說:清水從祁山流來與白水匯合。真是
一派胡言。清水發源於平武郡東北,矚累亘之下,南流經平武城東,轉彎流經城
南,又西流經平洛郡東南,折而南流經南陽僑郡東北,又東南流經新巴縣東北,又
東南流經始平僑郡南,又東南流經小劍戍北。這裡西距大劍山三十里,山脈連綿,
極其險峻,全憑凌空架設的棧道通行,所以稱為劍閣。張載的《劍閣銘》說:一人守
住絕險,千軍萬馬也卻步不前。確實如此。無怪李特到劍閣時感嘆道:劉氏有如
此險要之地,卻向人束手求降,豈不是太不中用的奴才了嗎。小劍水發源於西南
方的劍谷,東北流經邊防城堡底下,注入清水。

17　清水又東南流注入白水。白水又東南流經吐費城南,臨近西晉壽的東北方,東南
流注入漢水。西晉壽,就是蜀王弟葭萌封為苴侯的城邑,因而就把此城名為葭萌。
劉備改名為漢壽;太康年間(公元二八〇—二八九年),又名為晉壽。白水上有個關
口。段元章擅長觀風占卜,他的弟子要回家時,段元章裝了一盒藥給他,對他說:
路上遇到急難時,把它打開。弟子到了葭萌,隨從的人與關吏發生爭執,被打傷
了。他打開盒子,見有字條寫道:頭被打破,可用此藥敷上。弟子這才傾心佩服
了,重新回去完成學業。這裡也是廉叔度抱著父親的靈柩投水而死的地方。

又東南過巴郡閬中縣,

18　閬中縣是巴西郡的郡治。劉璋劃分三巴,這是其中之一。闞駰說:強水發源於陰
平西北的強山,又叫強川。姜維退兵時,鄧艾派天水太守王頎在強川打敗了他,就
是這條水。強水東北流經武都、陰平、梓潼、南安後注入漢水。漢水又東南流經津
渠戍東,又南流經閬中縣東。閬水發源於閬陽縣,東流經該縣南,又往東注入漢
水。從前劉璋在葭萌進攻霍峻,就是從這條水上來的。張達、范彊也就是在該縣
殺害張飛的。漢水又東南流到東水口。流入水口的水發源於巴嶺,南流經過獠
中,稱為東遊水。李壽時,獠人從牂柯向北方入侵,所到諸郡,漫山遍野都是獠人。
東遊水西南流經宋熙郡東;又東南流經始平城東;又東南流經巴西郡東;又東流注

入漢水。漢水又東流與濩溪水匯合。濩溪水發源於獠中,世人也稱為清水。東南流注入漢水。漢水又東南流經宕渠縣東,又東南流與宕渠水匯合。宕渠水發源於西北方南鄭縣的巴嶺,與槃余水同一個源頭,而分道南流,稱為北水,東南流與難江水匯合。難江水發源於東北的小巴山,往西南流去,又東南流經宕渠縣,稱為宕渠水。又東南流注入漢水。

又東南過江州縣東,東南入於江。

19　有涪水注入。涪水就是庾仲雍所說的涪內水。

丹　水

丹水出京兆上洛縣西北冢嶺山,

1　一名高豬嶺也。丹水東南流與清池水合,水源東北出清池山,西南流入于丹水。

東南過其縣南,

2　縣,故屬京兆,晉分爲郡。《地道記》曰:郡在洛上,故以爲名。《竹書紀年》:晉烈公三年,楚人伐我南鄙,至于上洛。楚水注之,水源出上洛縣西南楚山,昔四皓隱于楚山,即此山也。其水兩源合舍于四皓廟東,又東逕高車嶺南,翼帶衆流,北轉入丹水。嶺上有四皓廟。丹水自倉野又東歷兔和山,即《春秋》所謂左師軍于兔和,右師軍于倉野者也。

又東南過商縣南,又東南至于丹水縣,入于均。

3　契始封商,魯連子曰:在太華之陽。皇甫謐、闞駰立以爲上洛商縣也。殷商之名,起于此矣。丹水自商縣東南流注,歷少習,出武關。應劭曰:秦之南關也,通南陽郡。《春秋左傳》哀公四年,楚左司馬使謂陰地之命大夫士蔑曰:晉、楚有盟,好惡同之,不然將通于少習以聽命者也。京相璠曰:楚通上洛,阤道也。漢祖下析、酈,攻武關。文穎曰:武關在析縣西百七十里,弘農界也。丹水又東南流入白口,歷其戍下,又東南,析水出析縣西北弘農盧氏縣大嵩山,南流逕脩陽縣故城北,縣,即析之北鄉也。又東入析縣,流結成潭,謂之龍淵,清深神異。《耆舊傳》云:漢祖入關,逕觀是潭,其下若有府舍焉。事既非恒,難以詳矣。其水又東逕其縣故城北,蓋《春秋》之白羽也。《左傳》昭公十八年,楚使王子勝遷許于析是也。郭仲產云:相承言,此城漢高所築,非也,余按《史記》:楚襄王元年,秦出武關,斬衆五萬,取析十五城。漢祖入關,亦言下析、酈,非無城之言,脩之則可矣。

4　析水又歷其縣東,王莽更名縣爲君亭也。而南流入丹水縣注于丹水。故丹水會均有析口之稱。丹水又東南逕一故城南,名曰三户城。昔漢祖入關,王陵起兵丹水,以歸漢祖,此城疑陵所築也。丹水又逕丹水縣故城西南,縣有密陽鄉,古商密之地,昔楚申息之師所成也。《春秋》之三户矣。杜預曰:縣北有三户亭。《竹書紀年》曰:壬寅,孫何侵楚,入三户郛者是也。水出丹魚,先夏至十日,夜伺之,魚浮水側,赤光上照如火,網而取之,割其血以塗足,可以步行水上,長居淵中。

5　丹水東南流至其縣南,黃水北出芬山黃谷,南逕丹水縣,南注丹水。黃水北有墨山,山石悉黑,績彩奮發,黝焉若墨,故謂之墨山。今河南新安縣有石墨山,斯其類也。丹水南有丹崖山,山悉楨壁霞舉,若紅雲秀天,二岫更爲殊觀矣。丹水又南逕南鄉縣故城東北,漢建安中,割南陽右壤爲南鄉郡,逮晉封宣帝孫暢爲順陽王。因立爲順陽郡,而南鄉爲縣。舊治酇城,永嘉中,丹水浸没,至永和中,徙治南鄉故城。城南門外,舊有郡社柏樹,大三十圍,蕭欣爲郡,伐之。言有大蛇從樹腹中墜下,大數圍,長三丈,羣小蛇數十,隨入南山,聲如風雨。伐樹之前,見夢于欣,欣不以厝意,及伐之,更少日,果死。丹水又東逕南鄉縣北,興寧末,太守王靡之改築今城,城北半據在水中,左右夾澗深長,及春夏水漲,望若孤洲矣。城前有《晉順陽太守丁穆碑》,郡民范甯立之。丹水逕流兩縣之間,歷於中之北,所謂商於者也。故張儀說楚絕齊,許以商於之地六百里,謂以此矣。《吕氏春秋》曰:堯有丹水之戰以服南蠻,即此水也。又南合均水,謂之析口。

【語　譯】

丹水出京兆上洛縣西北冢嶺山,

1　冢嶺山又叫高豬嶺。丹水東南流與清池水匯合。清池水發源於東北的清池山,西南流注入丹水。

東南過其縣南,

2　上洛縣從前屬京兆郡,晉朝分出另立爲郡。《地道記》說:郡在洛水上,因以爲名。《竹書紀年》:晉烈公三年(公元前四一三年),楚人攻打我國南部邊境,直打到上洛。楚水注入。楚水源出上洛縣西南的楚山。從前有東園公、綺里季、夏黃公、角里先生合稱四皓,隱於楚山,就是這座山。楚水的兩個源頭在四皓廟東合流,又東流經高車嶺南,兩邊引來許多小澗,北轉注入丹水。嶺上有四皓廟。丹水從倉野又東流經兔和山,就是《春秋》所說的左翼部隊駐紮在兔和,右翼部隊駐紮在倉野。

又東南過商縣南,又東南至于丹水縣,入於均。

3　契最初封於商,魯連子說:商在太華山南。皇甫謐、闞駰都以爲即是上洛郡的商縣。殷商之名,就是起源於此的。丹水從商縣往東南流注,經過少習,流出武關。

應劭說:武關就是秦時的南關,通南陽郡。《春秋左傳》哀公四年(公元前四九一年),楚國左司馬遣使對陰地的命大夫士蔑說:晉、楚有盟約,有共同的愛憎。如不信守盟約,我們只好往少習山那邊去,聽候秦國的吩咐了。京相璠說:武關是楚國通上洛的險隘山道,漢高祖攻下析、酈二縣,又進攻武關。文穎說:武關在析縣西一百七十里,在弘農的邊界上。丹水又東南流入臼口,流過邊防城堡下。又東南流,析水發源於析縣西北,弘農郡盧氏縣的大蒿山,南流經脩陽縣老城北。脩陽縣即是析縣的北鄉。又東流進入析縣,水流積聚成潭,稱為龍淵,水極清而有神異。《耆舊傳》說:漢高祖入關時經過這裡,俯視這個深潭,看見水下好像有府邸房屋。既然這樣的奇事並不是經常出現的,也就很難弄得清楚了。析水又東流經該縣老城北,就是《春秋》的白羽。《左傳》昭公十八年(公元前五二四年),楚國派王子勝把許人遷到析。郭仲產說:相傳此城是漢高祖所築,其實不是。我查考《史記》,楚襄王元年(公元前二九八年),秦出兵武關,殺了五萬人,奪取了析十五座城。有人說,漢高祖入關,也曾攻下析、酈。以上這些記載,都沒有明確指出原本析是沒有城的,但漢高祖重修過析城卻是可能的。

4　析水又流過縣東,王莽把縣名改為君亭。析水往南流入丹水縣,注入丹水。所以丹水匯合均水,有析口之名。丹水又東南流經一座老城南,名叫三戶城。從前漢高祖入關,王陵在丹水起兵,歸順漢高祖。此城可能就是王陵所築。丹水又流經丹水縣老城西南,縣裡有密陽鄉,是古時的商密地方,從前楚國申息的軍隊屯戍於此,也就是《春秋》的三戶。杜預說:丹水縣北有三戶亭。《竹書紀年》說:壬寅日,孫何入侵楚國,進入三戶外城。水中出丹魚,在夏至前十日,在夜間等待,魚在水邊浮到水上,紅光上照如火,用漁網去捕,剖魚取血塗在腳上,可以在水上步行,長時間停留在水中。

5　丹水東南流到了縣南,黃水發源於北方芬山的黃谷,南流經丹水縣,往南注入丹水。黃水北有墨山,山上的石頭都是黑色的,光彩煥發,黑油油的有如墨錠,所以稱為墨山。現在河南新安縣有石墨山,也是這一類。丹水南有丹崖山,山上全是淺紅色的石壁,好像紅霞映照天際,兩山一黑一紅,更顯出一派奇觀了。丹水又南流經南鄉縣老城東北。漢建安年間(公元一九六—二一九年),劃出南陽郡右邊的轄地設置南鄉郡,到了晉時封宣帝孫劉暢為順陽王,因此立為順陽郡,把南鄉設立為縣。舊時的治所是酇城。永嘉年間(公元三〇七—三一三年),酇城被丹水淹沒,到了永和年間(公元三四五—三五六年),就把治所遷到南鄉老城了。老城南門外,舊時郡中土地廟有一棵柏樹,大三十圍,蕭欣當郡守時砍了這棵大樹,據說有大蛇從樹洞中墜下,蛇身大數圍,長三丈,一群數十條小蛇跟著牠爬入南山,發出有如風雨般的聲音。砍樹前,巨蛇曾託夢給蕭欣,可是蕭欣不以為意,到了伐樹之後,沒有幾天,蕭欣果然死了。丹水又東流經南鄉縣北,興寧末年(公元三六五年),太守王靡之把這座城改築成今天的樣子,城北有一半已陷入水中,左右兩邊都是深長的山澗,到了春天夏天,溪水上漲,看去就像孤島的樣子。城的前面,有"晉順陽太守丁穆碑",是郡民范甯所立。丹水流經兩縣之間,流過於中北,這就是商於。所以張儀遊說楚國與齊國絕交,允諾把商於地區六百里割讓給楚國,即指這地方。《呂氏春秋》說:堯發起丹水之戰,以征服南蠻,說的就是此水。又南流與均水匯合,匯流處稱為析口。

【研　析】　由於漾水是一條錯誤的河流,《水經》循《禹貢》之誤,《水經注》又循《水經》之誤,故此卷有損於存史價值。不過酈氏其實已經改正了其中的不少錯誤,《注》文記敘的今嘉陵江上游白水,即今白龍江,仍能差強人意。又如所敘益州廣業郡守虞詡整治從沮縣至下辨的水道以利航運的故事,在水利航運史上都具有意義。至於丹水,在卷內雖篇幅短小,但此水當今為南水北調中的重要通道,所以也值得研究。

卷二十一　汝水

【題　解】　汝水今稱汝河,是發源於河南省境內的淮河支流之一。淮河是一條支流極多的河流,發源於河南省境內的淮河支流,流域面積超過一百平方公里的就有二百六十餘條。從現代的汝河來看,在淮河諸支流中,不過是條二級小支流,從伏牛山東麓發源以後東流,到新蔡以東就注入淮河的另一支流洪河,流程不出河南省境,全長僅二百餘公里,流域面積七千餘平方公里。但古代汝水是淮河的最大支流之一,《漢書·地理志》所記的此水:“過郡四,行千三百四十里。”確為一條大河,故《水經注》為其單獨成卷。《水經》說:“又東至原鹿縣,南入于淮。”《水經》撰於三國時代,當時的原鹿縣,位於今安徽阜南南、河南淮濱東。具體位置在今安徽省地理城附近。《水經注》說:“所謂汝口,側水有汝口戍,淮、汝之交會也。”在南北朝齊代,北魏與南齊以淮河為界,汝水入淮在北魏轄境之內。到了梁代,北魏南疆北縮,汝水入淮已在南梁轄境之內。古代汝水是淮水的一級支流,而今汝河是淮河的二級支流。《水經注》所記的汝口,即今洪河入淮之處,位於淮濱縣谷堆附近。

汝水出河南梁縣勉鄉西天息山,

1　《地理志》曰:出高陵山,即猛山也。亦言出南陽魯陽縣之大盂山,又言出弘農盧氏縣還歸山①。《博物志》曰:汝出燕泉山。竝異名也。余以永平中蒙除魯陽太守,會上臺下列《山川圖》②,以方誌③參差,遂令尋其源流。此等既非學徒,難以取悉,既在逕見，不容不述。今汝水西出魯陽縣之大盂山蒙柏谷，巖郭深高，山岫邃密，石徑崎嶇，人蹟裁交，西即盧氏界也。

2　其水東北流逕太和城西，又東流逕其城北，左右深松列植，筍柏交蔭，尹公度之所棲神處也。又東屆堯山西嶺下，水流兩分，一水東逕堯山南，爲滍水也。即《經》所言滍水出堯山矣。一水東北出爲汝水，歷蒙柏谷，左右岫壑爭深，山阜競高，夾水層松茂柏，傾山蔭渚，故世人以名也。津流不已，北歷長白沙口，狐白溪水注之，夾岸沙漲若雪，因以取名。其水南出狐白川，北流注汝水，汝水又東北趣狼皐山者也。

東南過其縣北，

3　汝水自狼皐山東出峽，謂之汝阣也。東歷麻解城北，故郙鄉城也，謂之蠻中。《左傳》④所謂單浮餘圍蠻氏，蠻氏潰者也。杜預曰：城在河南新城縣之東南，伊洛之戎陸渾蠻氏城也。俗以爲麻解城，蓋蠻、麻讀聲近故也。汝水又逕周平城南，京相璠曰：霍陽山在周平城東南者也。汝水又東與三屯谷水合，水出南山，北流逕石碣東，柱側刊云：河南界。又有一碣題言：洛陽南界。碑柱相對，既無年月，竟不知何代所表也。其水又北流，注于汝水。

4　汝水又東與廣成澤水合，水出狼皐山北澤中，安帝永初元年，以廣成遊獵地假與貧民。元初二年，鄧太后臨朝，鄧騭兄弟輔政，世士以爲文德可興，武功宜廢，寢蒐狩之禮，息戰陣之法。于時，馬融以文武之道，聖賢不墜，五材之用，無或可廢，作《廣成頌》⑤云：大漢之初基也，揆厥靈囿，營于南郊，右礜三塗，左枕嵩嶽，面據衡陰，背箕王屋，浸以波、溠，演以滎、洛，金山、石林，殷起乎其中，神泉側出，丹水、涅池，怪石浮磬，燿焜于其陂。桓帝延熹元年，校獵廣成，遂幸函谷關。

5　其水自澤東南流，逕溫泉南，與溫泉水合。溫水數源，揚波于川左泉上，華宇連蔭，茨薆交拒，方塘石沼，錯落其間，頤道者多歸之。其水東南流注廣成澤水，澤水又東南入于汝水。汝水又東得魯公水口，水上承陽人城東魯公陂。城，古梁之陽人聚也，秦滅東周，徙其君于此。陂水東南流，合于㵎水，水出北山，南流注之，又亂流注于汝水。汝水之右，有霍陽聚，汝水逕其北，東合霍陽山水，水出南山，杜預曰：河南梁縣有霍山者也。其水東北流逕霍陽聚東，世謂之華浮城，非也。《春秋左傳》哀公四年，楚侵梁及霍。服虔曰：梁、霍，周南鄙也。建武二年，世祖遣征虜將軍祭遵攻蠻中山賊張滿，時，厭新、柏華餘賊合，攻得霍陽聚。即此。霍陽山水又逕梁城西，按《春秋》，周小邑也，于戰國爲南梁矣。故《經》云汝水逕其縣北。俗謂之治城，非也，以北有注城故也，今置治城縣，治霍陽山。水又東北流，注于汝水。汝水又左合三里水，水北出梁縣西北，而東南流逕其縣故城西，故罷狐聚也。

《地理志》云:秦滅西周徙其君于此,因乃縣之。杜預曰:河南縣西南有梁城,即是縣也。水又東南逕注城南,司馬彪曰:河南梁縣有注城。《史記》:魏文侯三十二年,敗秦于注者也。又與一水合,水發注城東坂下,東南流注三里水,三里水又亂流入于汝。汝水又東逕成安縣故城北,按《地理志》,潁川郡有成安縣,侯國也。《史記‧建元以來功臣侯者年表》曰:漢武帝元朔五年,校尉韓千秋擊南越,死,封其子韓延年爲成安侯,即此邑矣。世謂之白泉城,非也,俗謬耳。

6　汝水又東爲周公渡,藉承休之徽號,而有周公之嘉稱也。汝水又東,黃水注之。水出梁山東南,逕周承休縣故城東,爲承休水。縣,故子南國也。漢武帝元鼎四年,幸洛陽,巡省豫州,觀于周室,邈而無祀,詢問耆老。乃得孽子嘉,封爲周子南君,以奉周祀。按《汲冢古文》⑥,謂衛將軍文子爲子南彌牟,其後有子南勁。《紀年》:勁朝于魏,後惠成王如衛,命子南爲侯。秦并六國,衛最後滅,疑嘉是衛後,故氏子南而稱君也。

7　初元五年,爲周承休邑,《地理志》曰:侯國也,元帝置。元始二年,更曰鄭公,王莽之嘉美也。故汝渡有周公之名,蓋藉邑以納稱。世謂之黃城,水曰黃水,皆非也。其水又東南逕白茅臺東,又南逕梁瞿鄉西,世謂之期城,非也。按《後漢書》,世祖自潁川往梁瞿鄉,馮魴先詣行所,即是邑也。水積爲陂,世謂之黃陂,東轉逕其城南東流,右合汝水。

又東南過潁川郟縣南,

8　汝水又東與張磨泉合,水發北阜,春夏水盛,則南注汝水。汝水又東分爲西長湖,湖水南北五十餘步,東西三百步。汝水又東,扈澗水北出大劉山,南逕木蓼堆東郟城西,南流入于汝。汝水又右迆爲湖,湖水南北八九十步,東西四五百步,俗謂之東長湖。湖水下入汝,古養水也。水出魯陽縣北將孤山北長岡下,數泉俱發,東歷永仁三堆南,又東逕沙川,世謂之沙水。歷山符壘北,又東逕沙亭南,故養陰里也。司馬彪《郡國志》曰:襄城有養陰里。京相璠曰:在襄城郟縣西南,養,水名也。俗以是水爲沙水,故亦名之爲沙城,非也。又城處水之陽,而以陰爲稱,更用惑焉。但流襟閒居,裂洳互移,致令川渠異容,津途改狀,故物望疑焉。又右會董溝水,水出沛公壘西六十許步。蓋漢祖入關,往征是由,故地擅斯目矣。其水東北注養水。養水又東北入東長湖,亂流注汝水也。

9　汝水又逕郟縣故城南,《春秋》昭公十九年,楚令尹子瑕之所城也。激水注之,水出魯陽縣之將孤山,東南流。許慎云:水出南陽魯陽,入父城,從水,敫聲。呂忱《字林》亦言在魯陽。激水東入父城縣與桓水會,水出魯陽北山,水有二源奇導,于賈復城合爲一瀆,逕賈復城北復南,擊酈所築也,俗語訛謬,謂之寡婦城,水曰寡婦水。此瀆水有窮通，故有枯渠之稱焉。其水東北流至父城縣北，右注潕水，亂流又東北至郟入汝。

10　汝水又東南，左合藍水，水出陽翟縣重嶺山，東南流逕紀氏城，西有層臺，謂之紀氏臺。《續漢書》曰：世祖車駕西征，盜賊羣起，郟令馮魴爲賊延裦所攻，力屈，上詣紀氏，羣賊自降，即是處，在郟城東北十餘里。其水又東南流逕黃阜東，而南入汝水。汝水又東南流，與白溝水合，水出夏亭城西，又南逕龍城西，城西北，即摩陂也，縱廣可十五里。魏青龍元年，有龍見于郟之摩陂，明帝幸陂觀龍于是，改摩陂曰龍陂，其城曰龍城。其水又南入于汝水。

11　汝水又東南與龍山水會，水出龍山龍溪，北流際父城縣故城東，昔楚平王大城城父，以居太子建，故杜預曰：即襄城之父城縣也。馮異據之以降世祖，用報巾車之恩也。其水又東北流與二水合，俱出龍山，北流注之，又東北入于汝水。汝水又東南逕襄城縣故城南，王隱《晉書·地道記》曰：楚靈王築。劉向《説苑》[7]曰：襄城君始封之日，服翠衣，帶玉珮，徙倚于流水之上。即是水也。楚大夫莊辛所説處，後乃縣之。呂后元年，立孝惠後宮子義爲侯國，王莽更名相成也。黃帝嘗遇牧童于其野，故稽叔夜《讚》[8]曰：奇矣難測，襄城小童，倦遊六合，來憩茲邦也。其城南對汜城，周襄王出鄭居汜，即是此城也。《春秋》襄公二十六年，楚伐鄭，涉汜而歸。杜預曰：涉汝水于汜城下也。晉襄城郡治。京相璠曰：周襄王居之，故曰襄城也。今置關于其下。汝水又東南流逕西不羹城南，《春秋左傳》昭公十二年，楚靈王曰：昔諸侯遠我而畏晉，今我大城陳、蔡、不羹，賦皆千乘，諸侯其畏我乎？《東觀漢記》曰：車騎馬防以前參藥，勤勞省闥，增封侯國襄城羹亭千二百五十户，即此亭也。汝水又東南逕繁丘城南，而東南出也。

又東南過定陵縣北，

12　湛水出犨縣北魚齒山西北，東南流，歷魚齒山下爲湛浦，方五十餘步。《春秋》襄公十六年，晉伐楚，報楊梁之役。楚公子格及晉師，戰于湛阪，楚師敗績，遂侵方城之外。今水北悉枕翼山阜，于父城東南、湛水之北，山有長阪，蓋即湛水以名阪，故有湛阪之名也。湛水又東南逕蒲城北，京相璠曰：昆陽縣北有蒲城，蒲城北有湛水者是也。湛水又東，于汝水九曲北東入汝。杜預亦以是水爲湛水矣。《周禮》：荊州其浸潁、湛。鄭玄云：未聞。蓋偶有不照也。今考地則不乖其土，言水則有符《經》文矣。汝水又東南逕定陵縣故城北，漢成帝元延三年，封侍中衛尉淳于長爲侯國，王莽更之曰定城矣。《東觀漢記》曰：光武擊王莽二公，還到汝水上，于滬以手飲水，澡頰塵垢，謂傅俊曰：今日疲倦，諸君寧憊也。即是水也。水右則滍水左入焉，左則百尺溝出矣。溝水夾岸層崇，亦謂之爲百尺隄也。自定陵城北通潁水于襄城縣,潁盛則南播,汝洮則北注。溝之東有澄潭,號曰龍淵,在汝北四里許,南北百步,東西二百步,水至清深,常不耗竭,佳饒魚筍。湖溢則東注漷水矣。

13　汝水又東南,昆水注之,水出魯陽縣唐山,東南流逕昆陽縣故城西。更始元年,王莽徵天下能爲兵法者,選練武衛,招募猛士,旌旗輜重,千里不絕。又驅諸獷獸虎、豹、犀、象之屬,以助威武,自秦、漢出師之盛,未嘗有也。世祖以數千兵徼之陽關,諸將見尋、邑兵盛,反走入昆陽。世祖乃使成國上公王鳳、廷尉大將軍王常留守,夜與十三騎出城南門,收兵于郾。尋、邑圍城數十重,雲車十餘丈,瞰臨城中,積弩亂發,矢下如雨。城中人負户而汲,王鳳請降,不許。世祖帥營部俱進,頻破之,乘勝以敢死三千人,徑衝尋、邑兵,敗其中堅于是水之上,遂殺王尋。城中亦鼓譟而出,中外合勢,震呼動天地。會大雷風,屋瓦皆飛,莽兵大潰。

14　昆水又屈逕其城南,世祖建武中,封侍中傅俊爲侯國,故《後漢郡國志》[9]有昆陽縣,蓋藉水以氏縣也。昆水又東逕定陵城南,又東注汝水。汝水又東南逕奇頟城西北,今南潁川郡治也。潧水出焉,世亦謂之大濦水。《爾雅》曰:河有雝,汝有潧。然則潧者,汝別也。故其下夾水之邑,猶流汝陽之名,是或潧、濦之聲相近矣,亦或下合濦、潁,兼統厥稱耳。

又東南過郾縣北,

15　汝水逕奇頟城西東流,其城衿帶兩水,側背雙流。汝水又東南流逕郾縣故城北,故魏下邑也。《史記》:楚昭陽伐魏取郾是也。汝水又東得醴水口,水出南陽雉縣,亦云導源雉衡山。即《山海經》云衡山也。郭景純以爲南岳,非也。馬融《廣成頌》曰:面據衡陰,指謂是山。在雉縣界,故世謂之雉衡山。依《山海經》,不言有水。然醴水東流歷唐山下,即高鳳所隱之山也。醴水又東南與皋水合,水發皋山,郭景純言或作章山,東流注于醴水。醴水又東南逕唐城北,南入城而西流出城,城蓋因山以即稱矣。醴水又屈而東南流,逕葉縣故城北,《春秋》昭公十五年,許遷于葉者也。楚盛周衰,控霸南土,欲爭强中國,多築列城于北方,以逼華夏,故號此城爲萬城,或作方字。唐勒《奏土論》[10]曰:我是楚也[11],世霸南土,自越以至葉,垂弘境萬里,故號曰萬城也。余按《春秋》,屈完之在召陵,對齊侯曰:楚國方城以爲城。杜預曰:方城,山名也,在葉南。未詳孰是。

16　楚惠王以封諸梁子高,號曰葉公城。即子高之故邑也。葉公好龍,神龍下之。河東王喬之爲葉令也,每月望,常自詣臺朝帝,怪其來數而不見車騎,顯宗密令太史伺望之,言其臨至,輒有雙鳧從東南飛來,于是候鳧至,舉羅張之,但得一隻舄,乃詔尚方診視,則四年中所賜尚書官屬履也。每當朝時,葉門下鼓不擊自鳴,聞于京師。後天下玉棺于堂前,吏民推排,終不搖動。喬曰:天帝獨欲召我耶? 乃沐浴服飾寢其中,蓋便立覆,宿昔葬于城東,土自成墳。其夕,縣中牛皆流汗喘乏,而人無知者。百姓爲立廟,號葉君祠,牧守每班録,皆先謁拜之,吏民祈禱,無不如應,若有違犯,亦立能爲祟。帝乃迎取其鼓,置都亭下,略無復聲焉。或云,即古仙人王喬也,是以干氏書之于神化。

17　醴水又逕其城東與燒車水合,水西出苦菜山,東流側葉城南,而下注醴水。醴水又東逕葉公廟北,廟前有《沈子高諸梁碑》,舊秦漢之世,廟道有雙闕几筵,黃巾之亂,殘毀積闕,魏太和、景初中,令長脩飾舊宇,後長汝南陳晞,以正始元年立碑,碑字破落,遺文殆存,事見其碑。

18　醴水又東與葉西陂水會,縣南有方城山,屈完所謂楚國方城以爲城者也。山有湧泉北流,畜之以爲陂,陂塘方二里,陂水散流,又東逕葉城南而東北注醴水。醴水又東注葉陂,陂東西十里,南北七里,二陂並諸梁之所堨也。陂水又東逕潕陽縣故城北,又東逕定陵城南,東與芹溝水合,其水導源葉縣,東逕潕陽城北,又東逕定陵縣南,又東南流注醴。其水逕流昆、醴之間,纏絡四縣之中,疑即吕忱所謂岷水也。今于定陵更無別水,惟是水可當之。醴水東逕郾縣故城南,左入汝。《山海經》曰:醴水東流注于潩水也。汝水又東南流逕鄧城西,《春秋左傳》桓公二年,蔡侯、鄭伯會于鄧者也。汝水又東南流,潕水注之。

又東南過汝南上蔡縣西,

19　汝南郡,楚之別也[12],漢高祖四年置,王莽改郡曰汝汾。縣,故蔡國,周武王克殷,封其弟叔度于蔡。《世本》曰:上蔡也。九江有下蔡,故稱上。《竹書紀年》曰:魏章率師及鄭師伐楚,取上蔡者也。永初元年,安帝封鄧騭爲侯國。汝水又東逕懸瓠城北,王智深云:汝南太守周矜起義于懸瓠者是矣。今豫州刺史汝南郡治。城之西北,汝水枝別左出,西北流,又屈西東轉,又西南會汝,形若垂瓠。耆彦云:城北名馬灣,中有地數頃,上有栗園,栗小,殊不竝固安之實也,然歲貢三百石,以充天府。水渚即栗州也。樹木高茂,望若屯雲積氣矣。林中有栗堂,射埻甚閒敞,牧宰及英彦多所遊薄。其城上西北隅,高祖以太和中幸懸瓠,平南王肅起高臺于小城,建層樓于隅阿,下際水湄,降眺栗渚,左右列樹,四周參差競跱,奇爲佳觀也。

又東南過平輿縣南,

20　溱水出浮石嶺北青衣山,亦謂之青衣水也。東南逕朗陵縣故城西,應劭曰:西南有朗陵山,縣以氏焉。世祖建武中,封城門校尉臧宮爲侯國也。溱水又南屈逕其縣南,又東北逕北宜春縣故城北,王莽更名之爲宜孱也。豫章有宜春,故加北矣。元初三年,安帝封后父侍中閻暢爲侯國。溱水又東北逕馬香城北,又東北入汝。汝水又東南逕平興縣南,安成縣故城北,王莽更名至成也。漢武帝元光六年,封長沙定王子劉蒼爲侯國矣。汝水又東南,陂水注之,水首受慎水于慎陽縣故城南陂,陂水兩分,一水自陂北逕慎陽城四周城壍。

21　穎川荀淑遇縣人黃叔度于逆旅,與語移日,曰:子,吾師表也。范奕論曰:黃憲言論風旨,無所傳聞。然士君子見之者,靡不服深遠,去疵吝,將以道周性全,無得而稱乎。

22　壍水又自瀆東北流注北陂。一水自陂東北流積爲銅陂,陂水又東北又結而爲陂,世謂之窖陂。陂水上承慎陽縣北陂,東北流積而爲土陂,陂水又東爲窖陂,陂水又東南流注壁陂,陂水又東北爲太陂,陂水又東入汝。汝水又東南逕平陵亭北,又東南逕陽遂鄉北,汝水又東逕櫟亭北,《春秋》之棘櫟也。杜預曰:汝陰新蔡縣東北有櫟亭,今城在新蔡故城西北,城北半淪水。汝水又東南逕新蔡縣故城南,昔管、蔡間王室,放蔡叔而遷之。其子胡,能率德易行,周公舉之爲卿士,以見于王,王命之以蔡,申呂地也,以奉叔度祀,是爲蔡仲矣。宋忠曰:故名其地爲新蔡,王莽所謂新遷者也。世祖建武二十八年,封吳國爲侯國。《汝南先賢傳》[13]曰:新蔡鄭敬,字次都,爲郡功曹,都尉高懿廳事前有槐樹,白露類甘露者。懿問掾屬,皆言是甘露。敬獨曰:明府政未能致甘露,但樹汁耳。懿不悅,託疾而去。

23　汝水又東南,左會澺水,水上承汝水別流于奇頟城東,東南流爲練溝,逕召陵縣西,東南流注,至上蔡西岡北爲黃陵陂,陂水東流,于上蔡岡東爲蔡塘,又東逕平興縣故城南,爲澺水。縣,舊沈國也,有沈亭。《春秋》定公四年,蔡滅沈,以沈子嘉歸,後楚以爲縣。《史記》曰:秦將李信攻平興,敗之者也。建武三十年,世祖封銚統爲侯國,本汝南郡治。昔費長房爲市吏,見王壺公懸壺郡市,長房從之,因而自遠同入此壺,隱淪仙路,骨謝懷靈,無會而返,雖能役使鬼神,而終同物化。

24　城南里餘有神廟,世謂之張明府祠,水旱之不節則禱之。廟前有圭碑,文字紊碎,不可復尋,碑側有小石函。按《桂陽先賢畫讚》[14]:臨武張熹,字季智,爲平興令。時天大旱,熹躬禱雩,未獲嘉應,乃積薪自焚,主簿侯崇、小吏張化從熹焚焉,火既燎,天靈感應,即澍雨,此熹自焚處也。

25　澺水又東南,左迤爲葛陂,陂方數十里,水物含靈,多所苞育,昔費長房投杖于陂,而龍變所在也。又勌東海君于是陂矣。陂水東出爲銅水,俗謂之三丈陂,亦曰三嚴水。水逕銅陽縣故城南,應劭曰:縣在銅水之陽。漢明帝永平中,封衛尉陰興子慶爲侯國也。縣有葛陵城,建武十五年,更封安成侯銚丹爲侯國。城之東北有楚武王冢,民謂之楚王琴。城北祝社里下,土中得銅鼎,《銘》云:楚武王。是知武王隧也。銅陂東注爲富水,水積之處,謂之陂塘,津渠交絡,枝布川隰矣。澺水自葛

陂東南迤新蔡縣故城東,而東南流注于汝。汝水又東南迤下桑里,左迆爲橫塘陂,
又東北爲青陂者也。汝水又東南迤壺丘城北,故陳地。《春秋左傳》文公九年,楚
侵陳,克壺丘,以其服于晉是也。汝水又東與青陂合,水上承慎水于慎陽縣之上慎
陂。右溝,北注馬城陂,陂西有黃丘亭。陂水又東迤新息亭北,又東爲綱陂,陂水
又東迤新息縣,結爲牆陂,陂水又東迤遂鄉東南而爲壁陂,又東爲青陂,陂東對大
呂亭。《春秋外傳》[15]曰:當成周時,南有荊蠻、申、呂,姜姓矣,蔡平侯始封也。西
南有小呂亭,故此稱大也。側陂南有青陂廟,廟前有陂,漢靈帝建寧三年,新蔡長
河南緱氏李言,上請俻復青陂,司徒臣訓、尚書臣襲,奏可洛陽宮,于青陂東塘南樹
碑,碑稱青陂在縣坤地,源起桐柏淮川別流,入于潺湲,迤新息牆陂,衍入褒信界,
灌溉五百餘頃。陂水又東分爲二水,一水南入淮,一水東南迤白亭北,又東迤吳城
南。《史記》:楚惠王二年,子西召太子建之子勝于吳,勝入居之,故曰吳城也。又
東北屈迤壺丘東而北流,注于汝水,世謂之薄溪水。汝水又東迤褒信縣故城北而
東注矣。

又東至原鹿縣,

26　汝水又東南迤縣故城西,杜預《釋地》曰:汝陰有原鹿縣也。

南入于淮。

27　所謂汝口,側水有汝口戍,淮、汝之交會也。

【注　釋】　①弘農盧氏縣還歸山　此處有佚文一條。《方輿紀要》卷五十一《河南》六《南陽府·
汝州·霍陽聚》引《水經注》:"宏農有柏華聚。"當是此段下佚文。②山川圖　圖名。可能是一幅大
區域圖中的一個小區。因未見公私著錄,圖亦亡佚,無可核實。③方誌　在現存古籍中,"方誌"之名
始見於此。又卷二十二《渠沙水注》,《注》文作"方志"。"誌"與"志"通用。④左傳　事見《左傳》哀
公四年。⑤廣成頌　銘頌名。《隋書·經籍志》及《兩唐志》著錄後漢南郡太守《馬融集》九卷,此頌
當在集中。今集已亡佚,頌仍存於《後漢書·馬融傳》中。⑥汲冢古文　書名。即《竹書紀年》。亦
作《汲郡古文》、《汲冢書》。常簡稱《紀年》,卷二十二《渠沙水注》稱汲郡墓《竹書紀年》。此亦《注》
文中一書多名之例。⑦說苑　書名。《漢書·藝文志》著錄六十七篇。《隋書·經籍志》著錄二十
卷,劉向撰。《漢書》本傳說劉向"采傳記行事,著《新序》、《說苑》凡五十篇"。今存《四庫全書》本,
共二十卷。⑧嵇叔夜讚　篇名。《隋書·經籍志》著錄《聖賢高士傳讚》三卷,嵇康撰。嵇康,字叔
夜,三國魏人,竹林七賢之一。此讚當是《聖賢高士傳讚》中之一篇,已亡佚。⑨後漢郡國志　應作
《續漢·郡國志》。⑩奏土論　書名。隋唐諸志均不著錄。《注》文稱唐勒,此人僅見於《史記·屈原
賈生列傳》:"屈原既死之後,楚有宋玉、唐勒、景差之徒者,皆好辭而以賦見稱,然皆祖屈原之從容辭
令,終莫敢直諫。"據此,則知唐勒為戰國楚人。但全文已亡佚,所存僅此《注》所引二十餘字。清嚴
可均輯本,亦盡於此,想必從此輯存。⑪我是楚也　殿本在此處有戴震案語:"此語有舛誤。"此語今

僅見於《屈原賈生列傳》,戴震所案,不知其所據為何書。⑫楚之別也　此句意義不明,刪略。⑬汝南先賢傳　書名。《隋志》及《新唐志》著錄作五卷,《舊唐志》作三卷。不知撰述年代和撰人。已亡佚,輯本收入於宛委山堂《說郛》弓五十八及《五朝小說大觀》、《玉函山房輯佚書補編》等,均作一卷。⑭桂陽先賢畫讚　書名。《隋書·經籍志》著錄一卷,吳左中郎張勝撰。《兩唐志》均作五卷。今《麓山精舍叢書》第一集輯有吳張勝撰《桂陽先賢傳》一卷。當以畫佚傳存,故書名去畫而留傳。⑮春秋外傳　書名。《後漢書·楊終傳》稱楊終"著《春秋外傳》十二篇"。《華陽國志》所記與此同。《隋書·經籍志》著錄《春秋外傳章句》一卷,王肅撰。肅書或是注釋楊終之書。因二書均已亡佚,無可核實。

【語　譯】

汝水出河南梁縣勉鄉西天息山,

1　《地理志》說:汝水發源於高陵山,就是猛山。也有人說發源於南陽郡魯陽縣的大盂山,又說發源於弘農郡盧氏縣的還歸山。《博物志》說:汝水發源於燕泉山,都是一山的異名。我在永平年間(公元五〇八─五一二年)受命出任魯陽太守,上任時正值上級長官蒞臨,展示《山川圖》,但因地方誌說法參差不一,就命我們探尋諸水的源流。參加工作的,既未經過專門學習,就很難取得詳盡正確的資料;本人既是親眼所見,就不得不作具體敘述了。現在汝水發源於西方魯陽縣大盂山的蒙柏谷,那一帶斷崖高峭峻險,山谷幽深密布,石徑崎嶇,人跡罕至,西邊接近盧氏縣邊界。

2　汝水東北流經太和城西,又東流經城北,左右兩岸青松茂密成行,修竹與翠柏枝蔭交錯,這是尹公度棲隱修仙之處。又東流到堯山西嶺下,分為兩條:一條東流經堯山南,叫滍水,就是《水經》所說發源於堯山的滍水;另一條東北流,就是汝水,穿過蒙柏谷。兩岸布滿高山深谷,密層層的蒼松,綠沉沉的翠柏,深林高樹長滿山上,繁枝密葉隱蔽著水濱,所以世人名為蒙柏谷。泉流滔滔不絕,北流經長白沙口,狐白溪水注入。兩岸沙漲如雪,因而得名。狐白溪水出自南方的狐白川,北流注入汝水;汝水又東北向狼皋山奔流而去。

東南過其縣北,

3　汝水從狼皋山東流出峽,稱為汝隉。東流經麻解城北,這就是從前的酈鄉城,稱為蠻中。《左傳》所說的單浮餘包圍了蠻氏,蠻氏被擊潰,即指此處。杜預說:城在河南新城縣東南,是伊洛的戎族,陸渾蠻氏的城邑。民間叫麻解城,這是因為蠻、麻二字讀音相似而致訛的。汝水又流經周平城南。京相璠說:霍陽山在周平城東南,即指此城。汝水又東流與三屯谷水匯合。三屯谷水發源於南山,北流經石碣東。柱旁刻字說:河南界。又有一塊界碑,碑上刻著:洛陽南界。石碑與石柱相對,沒有標明年月,也不知道是哪個時代所立的。三屯谷水又北流,注入汝水。

4　汝水又東流與廣成澤水匯合。廣成澤水發源於狼皋山北的沼澤中。安帝永初元年(公元一〇七年)，將廣成皇家遊獵之地借給貧民。元初二年(公元一一五年)，鄧太后臨朝，鄧騭兄弟輔佐處理政事，文士發表意見，以為應當大興文治，廢除武功，把皇家狩獵的禮儀、列陣作戰的方法，全都束之高閣。當時，馬融卻以為，文治與武功這兩種統治方法，聖賢從不偏廢；就如同金木水火土五種材料，都是有用的，沒有一件可以廢棄。於是寫了《廣成頌》說：大漢建國初期，劃定這片園林福地，在南郊把它建設起來。園林右望三塗，左憑嵩嶽；前面對著衡山之北，背後有王屋山屏護；得波、溠二水的灌溉，有滎、洛兩川的滋潤；金山、石林在中間高聳，神泉在旁邊湧出；丹水、涅池，怪石如浮於水上，在陂塘中燁燁生輝。桓帝延熹元年(公元一五八年)，在廣成圍獵，接著就來到函谷關。

5　廣成澤水從沼澤東南流，流經溫泉南，與溫泉水匯合。溫泉水有好幾個源頭，在川流左岸的溫泉上飛波跳躍，該處有連片華麗的屋宇，屋脊縱橫交錯。其間錯落地散布著砌築得方整的池塘，很多修道者都喜歡到這裡來。溫泉水東南流注入廣成澤水。澤水又東南流注入汝水。汝水又往東流到魯公水口。這條水上流承接陽人城東的魯公陂。陽人城就是古代梁國的陽人聚，秦滅了東周，把東周國王遷徙到這裡。陂水東南流，匯合於澗水。澗水發源於北山，南流注入陂水，又亂流注入汝水。汝水右岸有霍陽聚，汝水流經聚北，東流與霍陽山水匯合。霍陽山水發源於南山，杜預說：河南梁縣有霍山，即指此山。霍陽山水東北流經霍陽聚東，世人稱為華浮城，這不對。《春秋左傳》哀公四年(公元前四九一年)楚國入侵梁、霍。服虔說：梁、霍，是周的南部邊境。建武二年(公元二六年)，世祖派征虜將軍祭遵進攻蠻中的山寇張滿，當時厭新、柏華等殘餘盜寇聯合起來進攻，攻下了霍陽聚，指的就是這地方。霍陽山水又流經梁城西。據《春秋》，梁城是周的小城，戰國時叫南梁。所以《水經》說：汝水流經該縣北。民間稱為治城，這不對。這是因為北方有個注城的緣故。現在設了治城縣，縣治在霍陽山。霍陽山水又東北流，注入汝水。汝水又在左岸匯合了三里水，三里水發源於北方的梁縣西北，東南流經該縣老城西，這就是古時的罳狐聚。《地理志》說：秦滅了西周後，把周王遷到這裡，因而設立為縣。杜預說：河南縣西南有梁城，就是此縣。三里水又東南流經注城南，司馬彪說：河南梁縣有注城。《史記》：魏文侯三十二年(公元前四一四年)，在注城打敗了秦國。又與一條水匯合，此水發源於注城東的山坡下，東南流，注入三里水。三里水又亂流，注入汝水。汝水又東流經成安縣老城北。據《地理志》，潁川郡有成安縣，是個侯國。《史記‧建元以來功臣侯者年表》說：漢武帝元朔五年(公元前一二四年)，校尉韓千秋攻打南越時戰死，於是封他的兒子韓延年為成安侯，他的封邑就在這裡。但人們卻稱為白泉城，其實不是，這完全是民間傳聞失實之故。

6　汝水又東流就是周公渡,這裡是周時的承休邑,由於這個至善的地名,因而有了周公的美稱。汝水又東流,黃水注入。黃水發源於梁山後東南流,流經周時的承休縣老城東,叫承休水。承休縣是從前的子南國。漢武帝元鼎四年(公元前一一三年),來到洛陽,巡察豫州,他看到周朝王室因年代久遠,無人祭祀了,於是詢問老人,才找到周的後裔庶子嘉,封為周子南君,讓他負責對周朝先人的祭祀。據《汲冢古文》,衛國將軍文子就是子南彌牟,他的後裔有子南勁。《竹書紀年》載:子南勁朝覲魏王。後來惠成王去衛,封子南為侯。秦統一了六國,衛是最後滅亡的國家。推想嘉可能是衛國的後代,因而以子南為姓氏,且稱為君。

7　初元五年(公元前四四年),這裡是周承休邑。《地理志》說:這是個侯國,是元帝設立的。元始二年(公元二年),改稱鄭公,王莽時叫嘉美。所以汝水的渡口叫周公渡,是因城得名的。人們卻把城叫黃城,把水叫黃水,都是不對的。此水又東南流經白茅臺東,又南流經梁瞿鄉西,人們叫期城,這不對。據《後漢書》,世祖從潁川到梁瞿鄉去,馮魴事先去行宮,就是此城。水流積聚成為陂塘,人們稱為黃陂。水東轉,經城南東流,從右岸匯合於汝水。

又東南過潁川郏縣南,

8　汝水又東流與張磨泉匯合。張磨泉發源於北方的丘陵地,春夏水盛漲時,就南流注入汝水。汝水又東流,分支積聚為西長湖,湖水南北五十餘步,東西三百步。汝水又東流,扈澗水發源於北方的大劉山,南流經木蓼堆東、郏城西,南流注入汝水。汝水又從右岸旁出,積成湖泊,湖水南北八九十步,東西四五百步,民間稱為東長湖。湖水下流注入汝水,就是古養水。古養水出自魯陽縣北將孤山北長岡之下,幾條泉水同時噴發,東流經永仁三堆南,又東流經沙川,人們稱為沙水,流過山符壘北,又東流經沙亭南,就是從前的養陰里。司馬彪《郡國志》說:襄城有養陰里。京相璠說:在襄城郟縣西南。養是水名,民間以此水為沙水,所以把城也稱為沙城,這不對。此城又處於養水北岸,但卻稱為養陰,這更使人困惑難解了。但流民雜戶混雜居住,開溝引水灌溉,位置常有變動,溝渠形狀常有改變,致使後世的學者也弄不清了。又在右岸匯合菫溝水。菫溝水發源於沛公壘西六十來步。沛公入關,出征時是從這裡出發的,地方也就因此得名了。菫溝水東北流,注入養水。養水又東北流注入東長湖,亂流注入汝水。

9　汝水又流經郟縣老城南。《春秋》昭公十九年(公元前五二三年),楚國令尹子瑕築成此城。潐水注入。潐水發源於魯陽縣將孤山,東南流。許慎說:潐水發源於南陽郡魯陽縣,流入父城。潐字偏旁從水,音敖。呂忱《字林》也說此水在魯陽。潐水東流進入父城縣,與桓水匯合。桓水發源於魯陽北山,有兩個源頭,流到賈復城匯合成一條,流經賈復城北又南流,此城是賈復攻打郾縣時所築。民間語訛,稱為寡婦城,把水也稱為寡婦水。這條水有時會斷流,有時又會流通,因此有枯渠之稱。此水東北流到了父城縣北,在右岸注入滶水,亂流又往東北到郟縣,注入汝水。

10　汝水又東南流,左岸匯合藍水。藍水發源於陽翟縣重嶺山,東南流經紀氏城,城西有層臺,稱為紀氏臺。《續漢書》說:世祖車駕西征,盜賊蠭起,郟縣縣令馮魴被寇兵延袤所攻,兵力不敵。此時皇上來到紀氏,賊兵自行投降,指的就是這地方。這裡在郟城東北十餘里。藍水又東南流經黃阜東,往南注入汝水。汝水又東南流,與白溝水匯合。白溝水發源於夏亭城西,又南流經龍城西,龍城西北就是摩陂。縱寬約十五里。魏青龍元年(公元二三三年),有龍出現於郟縣摩陂,明帝來到陂邊,就在這裡看龍,並把摩陂改名為龍陂。城就稱為龍城。白溝水又往南注入汝水。

11　汝水又東南流與龍山水匯合。龍山水發源於龍山的龍溪,沿著父城縣老城東往北流。從前楚平王在城父大規模築城,給太子建居住。所以杜預說:城父,就是襄城的父城縣。馮異占據了此城,投降世祖,以報答他在巾車鄉開釋之恩。此水又東北流與二水匯合,這兩條水都出自龍山,往北流注,又東北流注入汝水。汝水又東南流經襄城縣老城南。王隱《晉書·地道記》說:襄城是楚靈王所築。劉向《說苑》說:襄城君初封那天,穿著翠綠色的衣服,戴著玉佩,徘徊於流水上,指的就是此水。楚國大夫莊辛曾在此向他遊說過。以後立為縣。呂后元年(公元前一八七年),封給孝惠帝與後宮所生的兒子劉義為侯國,王莽改名為相成。黃帝曾在那裡的田野裡遇到牧童,嵇叔夜《聖賢高士傳讚》說:奇事真是難測,黃帝倦遊天下,迷途時遇到襄城小童,才到這裡來休息。襄城南對氾城,周襄王離開鄭國,定居於氾城,指的就是此城。《春秋》襄公二十六年(公元前五四七年),楚國討伐鄭國,涉水過氾城而歸。杜預說:在氾城之下涉過汝水。氾城晉時是襄城郡治。京相璠說:周襄王住在那裡,所以叫襄城。現在於城下設關。汝水又東南流經西不羹城南。《春秋左傳》昭公十二年(公元前五三○年),楚靈王說:從前諸侯因我們僻遠而害怕晉國,現在我們大興土木,修築陳、蔡、不羹等城,兵車都有千乘,諸侯難道不害怕我們嗎?《東觀漢記》說:車騎馬防因進奉參藥,進宮探病很勤,給他的侯國增加了襄城、羹亭一千二百五十戶,就是此亭。汝水又東南流經繁丘城南,然後向東南流去。

又東南過定陵縣北,

12　湛水發源於㸌縣北魚齒山西北,東南流,經過魚齒山下就是湛浦,方圓五十餘步。《春秋》襄公十六年(公元前五五七年),晉攻楚,報復楊梁之役。楚公子格與晉軍在湛阪作戰,楚軍戰敗,於是晉軍進入方城以外的地方。現在湛水以北都憑依山陵,在父城東南、湛水北岸,有一條長長的山坡,這道山坡就是以湛水命名的,所以叫湛阪。湛水又東南流經蒲城北。京相璠說:昆陽縣北有蒲城,蒲城北有湛水。湛水又東流,在汝水九曲北,東流注入汝水。杜預也以此水為湛水。《周禮》:荊州的大川有潁水、湛水。鄭玄卻說:沒聽說過有這兩條水。他偶然也有疏失之處。現在經實地考察,這些記載與當地情況並無不合,所記川流與《水經》也是相一致的。汝水又東南流經定陵縣老城北。漢成帝元延三年(公元前一〇年),封給侍中衛尉淳于長為侯國,王莽改名為定城。《東觀漢記》說:光武帝進攻王莽的兩個大臣,回來到了汝水上,在水邊用手掬水喝,並潑水洗去塵垢,對傅俊說:今天確實很勞累了,但諸君難道就累垮了嗎。他這話就是在這條水上說的。汝水右岸,有滍水向左注入,左岸有百尺溝流出。溝水兩岸有高高的河堤,也叫百尺堤。溝水從定陵城以北,在襄城縣與潁水相通,潁水上漲時就南流,汝水氾濫時就北流。溝水東有個清澈的水潭,叫龍淵,在汝水北岸約四里;水潭南北百步,東西二百步,水極清澈幽深,常年不涸。這一帶盛產魚類和竹筍。潭水滿溢時就東流注入瀙水。

13　汝水又東南流,昆水注入。昆水發源於魯陽縣的唐山,東南流經昆陽縣老城西。更始元年(公元二三年),王莽徵召天下擅長兵法的軍事人才,選拔訓練武衛部隊,招募猛士,旌旗輜重千里絡繹不絕,作戰時又驅使各種猛獸,如虎、豹、犀、象之類,以助軍威。從秦漢以來,出兵時的這種盛況是不曾有過的。世祖派數千兵馬在陽關攔截敵軍,諸將見王尋、王邑兵多勢盛,就退回昆陽。於是世祖就派遣成國上公王鳳、廷尉大將軍王常留守,連夜帶領十三名輕騎從南門出城,到郾縣去調集軍隊。王尋、王邑把昆陽城圍了數十重,靠近城邊布置了高達十餘丈的樓車,居高臨下地偵察城中動態,並用弓弩向城中亂射,箭如雨下,城中人只得背負著門板去汲水。王鳳請求投降,但王尋等不許。世祖率各路兵馬一同進攻,屢次打敗敵軍,繼而又乘勝組織了敢死隊三千人,直衝王尋、王邑軍隊,在昆水上大敗敵軍主力,殺了王尋。此時城中守軍也擊鼓吶喊,衝出城外,內外夾擊,喊殺聲震天動地。當時正逢大雷雨,狂風大作,刮得屋上瓦片亂飛,王莽軍大敗。

14　昆水又轉彎流經昆陽城南。世祖建武年間(公元二五—五六年),把昆陽封給侍中傅俊為侯國。所以《後漢書·郡國志》有昆陽縣,便是因水而得名的。昆水又東流經定陵城南,又東流注入汝水。汝水又東南流經奇頟城西北,現在是南潁川郡的治所。瀙水就發源於此,人們也稱為大瀙水。《爾雅》說:河水有雍水,汝水有瀙水。那麼瀙水其實就是汝水的分支了,因而下游兩水之間的城邑中,今天還有一個叫汝陽。或許是因為瀙、瀙兩字讀音相近,又或許是因為汝水下游與瀙水、潁水匯合,於是也就籠統地兼稱了吧。

又東南過郾縣北，

15　汝水經奇頷城西往東南流，城在兩水之間；側面和背後兩邊都臨水。汝水又東南流經郾縣老城北，老城是舊時魏的下邑。《史記》說：到楚國昭陽伐魏取郾，就指此城。汝水又東流到了醴水口。醴水發源於南陽雉縣，也有人說導源於雉衡山，就是《山海經》說的衡山。郭景純以為這就是南嶽，其實不是。馬融《廣成頌》說：面對衡山之北，指的就是此山。山在雉縣邊界，所以人們叫它雉衡山。據《山海經》，沒有提到衡山有水，但醴水東流經唐山下，就是高鳳隱居的山。醴水又東南流與皋水匯合。皋水發源於皋山。郭景純說，皋山，有人稱為章山，東流注入醴水。醴水又東南流經唐城北，南流入城，然後西流出城，城就是因山而得名的。醴水又折向東南，流經葉縣老城北。《春秋》昭公十五年(公元前五二七年)：把許遷到葉，就指葉縣。楚盛周衰，楚國稱霸於南方，還想在中原爭強，在北方修築了許多城邑，來進逼華夏，因稱此城為萬城，萬字也有寫作方字的。唐勒《奏土論》說：我們楚國世代稱霸南方，從越到葉的邊界，國境遼闊萬里，因此號稱萬城。我查考《春秋》，屈完在召陵，對齊侯說：楚國以方城為城。杜預說：方城是山名，在葉縣南。不知誰的說法正確。

16　楚惠王把葉縣封給諸梁子高，號為葉公城。葉縣老城就是子高的封邑。葉公好龍，神龍於是下凡。河東王喬當葉縣縣令，每月十五日，常常親自赴京朝見皇上，皇上見他常來，卻又不見有車馬，覺得很奇怪，顯宗暗裡派太史監視他。太史報告說，他來時常有一對野鴨從東南方飛來，於是等待野鴨飛來時，就張開鳥網捕捉；但網住的卻是一隻鞋子。於是皇帝叫尚方令仔細查驗，發現這是近四年來賜給尚書官吏的鞋子。每當上朝時，葉縣衙門下大鼓不擊自鳴，京城都能聽到。後來，在縣府大堂前從天上降下一口玉棺。無論人們怎樣用力推，都推不動。王喬說：天帝只想召我一個人去吧？於是沐浴更衣，穿戴齊整躺入棺中，棺蓋馬上自動蓋上了。不久他被安葬在城東，泥土自動堆築成墳墓。當天晚上，縣裡的牛都大汗淋漓，喘息得有氣無力，人們都不知什麼緣故。百姓為他立廟，稱為葉君祠，州郡長官每當封爵授官時，都要先來廟裡拜謁，官民前來祈禱，總是有求必應的。如果有人做壞事，也會立即作祟。於是皇帝前來迎取這面鼓，放在都亭下，但從此再也不響了。有人說：他就是古時的仙人王喬。所以後來干寶把這件事寫入《搜神記·神化》中。

17　醴水又流經城東與燒車水匯合。燒車水發源於西方的苦菜山，傍著葉城南邊東流，注入醴水。醴水又東流經葉公廟北，廟前有"沈子高諸梁碑"。從前秦漢時候，廟道上有兩座門闕和祭席等物，黃巾之亂後，都被破壞得殘缺不堪了，魏太和(公元二二七—二三二年）、景初（公元二三七—二三九年）年間，縣令重新修葺了舊廟，後任縣官汝南陳晞於正始元年（公元二四○年）立碑。現在碑上刻的字已殘破損毀，但遺文基本上還在，所記事跡可從碑上看到。

18　醴水又東流與葉縣西陂水匯合，縣南有座方城山，屈完所說楚國以方城為城，就是此山。山上有泉水湧出，北流積聚成陂塘。陂塘方圓二里，陂水散流，又東流經葉城南，然後往東北注入醴水。醴水又東流注入葉陂。此陂東西十里，南北七里。兩個陂塘都是葉公諸梁所築。陂水又東流經滍陽縣老城北，又東流經定陵城南，東流與芹溝水匯合。芹溝水導源於葉縣，東流經滍陽城北，又東流經定陵縣南，然後東南流注入醴水。這支水流經昆水、醴水之間，彎彎曲曲地流過四縣，可能就是呂忱所說的峴水。今天在定陵再也沒有別的水與峴水相當。醴水東流經郾縣老城南，向左注入汝水。《山海經》說：醴水東流，注入溵水。汝水又東南流經鄧城西。《春秋左傳》桓公二年（公元前七一○年），蔡侯、鄭伯在鄧相會，就是此城。汝水又東南流，溵水注入。

又東南過汝南上蔡縣西，

19　汝南郡……漢高祖四年（公元前二○三年）設置，王莽改郡名為汝汾。上蔡縣就是舊時的蔡國，周武王征服殷後，把蔡封給他的弟弟叔度。《世本》說：就是上蔡；因為九江有個下蔡，所以稱上蔡。《竹書紀年》說：魏章率軍並聯合鄭軍攻楚，奪取上蔡。永初元年（公元一○七年），安帝將上蔡封給鄧騭為侯國。汝水又東流經懸瓠城北。王智深說：汝南太守周矜在懸瓠起義，指的就是這地方。今天，上蔡是豫州刺史和汝南郡的治所。城的西北，汝水的一條支流從左邊分出，西北流，又西折東轉，又西南流與汝水匯合，河道彎曲，狀如倒掛的葫蘆。老年人說：城北名叫馬灣，灣中有土地數頃，還有個栗園，栗子很小，與固安的栗子相比差得遠了，但每年上貢三百石，以充實朝廷的府庫。這個水中的沙洲就是栗洲，沙洲上樹木參天，樹蔭茂密，望去好像一片蓊蓊鬱鬱的綠雲。樹林中有栗堂、靶場，十分清幽寬敞，當地州縣長官和名人常來這裡遊樂。太和年間（公元四七七—四九九年），高祖曾巡察懸瓠城，平南將軍王肅在小城西北角修築高臺，建造層樓，下臨水濱，俯眺栗渚，兩邊都是水榭，四周景物參差競峙，堪稱勝景了。

又東南過平輿縣南，

20　溱水發源於浮石嶺北的青衣山，又稱青衣水。東南流經朗陵縣老城西。應劭說：西南有朗陵山，朗陵縣就因山而得名。世祖建武年間（公元二五—五六年），將該縣封給城門校尉臧宮為侯國。溱水又南轉流經縣南，又東北流經北宜春縣老城北，王莽改名為宜屛。豫章有個宜春，因此這裡叫北宜春。元初三年（公元一一六年），安帝將該縣封給皇后之父侍中閻暢為侯國。溱水又東北流經馬香城北,又東北流注入汝水。汝水又東南流經平輿縣南、安成縣老城北,王莽改名為至成。漢武帝元光六年(公元前一二九年),將安成封給長沙定王的兒子劉蒼為侯國。汝水又東南流,陂水注入。陂水上流在慎陽縣老城旁的南陂承接慎水。陂水分為兩條,一條從陂北流出,環繞慎陽城四周的城壕。

21 潁川荀淑在客舍裡遇到本縣同鄉黃叔度,與他傾心長談之後,對他說:您真是我的表率啊。范奕評論說:黃憲言論中的意旨,沒有流傳下來。但凡見過他的有才德之士,無不佩服他思想的深邃,借鑑他克服自身的缺點和錯誤,使仁義之道得到發揚,人的至性臻於完美。豈不是值得稱道的嗎。

22 城壕水又從渠中東北流,注入北陂。另一條水從陂塘東北流出,積聚成為鲖陂。陂水又東北流,又積聚成陂塘,人們稱為窖陂。陂水上流承接慎陽縣的北陂,往東北流,積聚成土陂。陂水又東流,就是窖陂。陂水又東南流,注入壁陂。陂水又東北流,就是太陂;陂水又東流,注入汝水。汝水又東南流經平陵亭北,又東南流經陽遂鄉北。汝水又東流經櫟亭北,就是《春秋》所說的棘櫟。杜預說:汝陰郡新蔡縣東北有櫟亭。今天此城在新蔡縣老城西北,城北一半已沉入水中。汝水又東南流經新蔡縣老城南。從前管、蔡二國離間周王室,蔡叔被放逐,遷貶於此。他的兒子胡,能遵循祖先的德行,端正行為,周公推薦他做卿士,引他朝見周王,周王以原屬申呂的蔡封給他,讓他掌管對叔度的祭祀,這就是蔡仲。宋忠說:於是把這地方稱作新蔡。也就是王莽時的新遷。世祖建武二十八年(公元五二年),將新蔡封給吳國,立為侯國。《汝南先賢傳》說:新蔡鄭敬,字次都,廬郡功曹。都尉高懿官署廳前有槐樹,樹上的白露看來有點像甘露。高懿問下屬,都說是甘露,只有鄭敬一人卻說:您的政績還不能使天降甘露,這只不過是樹汁罷了。高懿很不高興,就藉口身體不適離開了。

23 汝水又東南流,在左岸匯合了澺水。澺水上流在奇頟城東承接汝水分支,東南流,稱為練溝;流經召陵縣西,往東南奔流,到上蔡西岡北,就是黃陵陂;陂水東流,在上蔡岡東積成蔡塘,又東流經平輿縣老城南,稱為澺水。平輿縣是從前的沈國,有沈亭。《春秋》定公四年(公元前五〇六年),蔡滅沈,俘虜了沈子嘉回國,後來楚立為縣。《史記》說:秦將李信攻平輿,擊敗守軍。建武三十年(公元五四年),世祖把平輿封給銚統為侯國,這裡本來是汝南郡的治所。從前費長房當市吏,看見王壺公把壺掛在郡裡的市場上,費長房就跟著他,因而從遠處和他一同進入壺中,從此他就隱遁修仙,但他的氣質缺少靈氣,未能領悟仙道就返回人間,雖然能遣使鬼神,但最後還是死了。

24　城南一里餘有神廟,人們稱為張明府祠,每逢水旱失常,人們就在那裡祈禱。廟前有一塊上尖下方的石碑,碑上文字剝落破損,已看不清楚了,碑旁有一個小石匣。據《桂陽先賢畫讚》,臨武張熹,字季智,當平興縣令。當時天正大旱,張熹親自設祭祈求降雨,但並無靈驗,於是他就堆了柴垛自焚;主簿侯崇、小吏張化也跟他一起自焚。大火熊熊燒起來時,上天的神靈受了感動,立即降了一場大雨,這裡就是張熹自焚的地方。

25　澧水又東南流,左岸分出支水,積聚成葛陂。陂塘方圓數十里,水生的動物都含有靈氣,湖裡所藏所長育的東西很多,這裡就是以前費長房把手杖投到陂裡變成龍的地方;他又在這裡彈劾東海君。陂水東流而出叫鮦水,民間稱為三丈陂,也叫三嚴水。鮦水流經鮦陽縣老城南。應劭說:鮦陽縣在鮦水北岸。漢明帝永平年間(公元五八—七五年),把鮦陽封給衛尉陰興的兒子陰慶為侯國。鮦陽縣有葛陵城。建武十五年(公元三九年),把鮦陽改封給安成侯銚丹為侯國。城的東北有楚武王墓,民間稱為楚王琴。在城北祝社里下的土中,挖出了一隻銅鼎,上有銘文題著:楚武王。由此可知這是武王墓的隧道。鮦陂水東流叫富水,流水積聚之處叫陂塘,這裡溝渠交錯,遍布這一片低窪地。澧水從葛陂東南流經新蔡縣老城東,往東南注入汝水。汝水又東南流經下桑里,向左分支流出積成橫塘陂,又東北流是青陂。汝水又東南流經壺丘城北,這是舊時陳國地方。《春秋左傳》文公九年(公元前六一八年),楚國入侵陳國,攻下壺丘,因為陳臣服於晉。汝水又東流與青陂匯合。青陂水上流在慎陽縣的上慎陂承接慎水。右溝北流,注入馬城陂。馬城陂西有黃丘亭。陂水又東流經新息亭北,又東流是綢陂;陂水又東流經新息縣,積成牆陂。陂水又東流經遂鄉東南形成壁陂。又東流積成青陂,青陂東對大呂亭。《春秋外傳》說:成周時候,南方有荊蠻、申、呂,都姓姜,最初受封在這裡的是蔡平侯。因西南有小呂亭,所以這裡稱為大呂亭。陂塘旁邊,南有青陂廟,廟前有池塘。漢靈帝建寧三年(公元一七○年),河南緱氏李言當新蔡縣官,向朝廷請求修復青陂,司徒許訓、尚書聞人襲在洛陽宮向皇帝上奏獲准,在青陂東塘南立碑,碑文說青陂座落在該縣西南,發源於桐柏山的淮川的一條分支,匯入溵溰水,流經新息縣的牆陂,延伸流入褒信邊界,灌溉田地五百餘頃。陂水又東流,分成兩條:一條南流注入淮水;另一條東南流經白亭北,又東流經吳城南。《史記》說:楚惠王二年(公元前四八七年),子西從吳召回太子建的兒子勝,勝來後就住在這裡,所以稱為吳城。水又東北轉,經壺丘東而北流,注入汝水,人們稱為薄溪水。汝水又東流經褒信縣老城北,然後往東流去。

又東至原鹿縣,

26　汝水又東南流經原鹿縣老城西。杜預《釋地》說:汝陰郡有原鹿縣。

南入于淮。

27　入淮處就是所謂汝口,水邊有汝口戍,位於淮水和汝水的匯流處。

【研　析】　河川與山岳不同,歷代常有變遷。特別是其中下游,改道之事實所常見。但河流的發源處則基本穩定,所以古代對於河源的考察探索,歷來都很重視。上起國君,下至州郡,多對此有所作為。漢武帝遣張騫探尋黃河河源,因受《禹本紀》等傳說而致訛,但以後各朝,對此仍賡續不輟,到唐朝而基本否定"重源"之說。歷元至清,終於大致探索清楚。黃河是全國巨流,其他次要河川如汝水之類,其河源也在當局探查之列。此卷《注》文,酈氏首敍汝源的不同傳說,然後在"余以永平中蒙除魯陽太守,會上臺下列《山川圖》"一段,記述了他親自勘查的事實。所以在《注》文"既在遐見,不容不述"下,所敍是他自己親自考察的結果。我國歷代有關河川水利之書,如《水經》、《水經注》,包括各史《河渠志》以至清《水道提綱》等等,都有大量實地考察的成果,而酈道元在這方面尤值得推崇。

卷二十二　潁水　洧水　潩水
潧水　渠 沙水

【題　解】　此卷包括五條河流，都是淮河的支流。其中潁水今稱潁河，是淮河最大的支流，發源於河南登封附近的嵩山，東南流在安徽潁上附近注入淮河，全長約六百公里，流域面積約四萬平方公里。

　　洧水今稱洧河，是潁水的支流，上游稱為雙洎河，在河南彭店以東注入賈魯河，從今洧川到彭店一段，雨季有水，乾季枯水，形成一種季節河現象，全長約七十公里。

　　潩水今稱潩河，發源於河南許昌以西，東南流至西華縣逍遙鎮以東匯合清流河而注入潁河，因為河流短小，今一般地圖已不標此河。

　　潧水又名溱水，是洧河的支流，河流短小，一般地圖也已不標此河。

　　渠是淮河的一級支流，但這條水的名稱很有一些問題。武英殿本《水經注》在卷首目錄中只用一個"渠"字，但在卷二十二標題中，"渠"字之下又用小一號字加"沙水"二字，總目錄與分卷目錄不統一，殿本僅此一處。趙一清《水經注釋》稱為"渠水"。朱謀㙔《水經注箋》總目錄與分卷目錄均無此水名稱，但卷內緊接潧水以後仍敍此水，內容並無缺漏。楊、熊《水經注疏》的總目和分卷目錄均作"渠沙水"。從不同版本之間的差異和殿本從總目和分卷目錄的差異來看，說明這條河流比較複雜。有人認為殿本總目錄作"渠"，這是受《水經》的影響，因為《水經》第一句就作"渠出滎陽北河，東南過中牟縣之北"。並無"渠水"或"渠沙水"字樣。但有人則認為《經》文原為"蒗蕩"（也作狼湯，殿本作潢　）渠出滎陽北河，傳鈔時脫去“菠蕩”二字。《水經注釋》作“渠水”，不稱“渠”。殿本在分卷目錄下用小一號字加“沙水”二字，這是因為《經》文“又東至浚儀縣”下，《注》文最後提出了“沙水”這個名稱。《注》文說：“新溝又東北流逕牛首鄉北，謂之牛建城，又東北注渠，即沙水也。”從此以後，《注》文不再提渠水，只說沙水。直到最後說：“沙水東流注于淮，謂之沙汭。”由於這條河流名稱多，歷來變遷也多，所以比較複雜。此河實為古代鴻溝，後稱菠蕩渠，又稱沙水，又稱蔡水。總之是古代溝通黃河和淮河之間的一片水系。現在河道變遷，已經找不到這條河流了。今各本地圖，多不繪此水。但譚其驤主編《中國歷史地圖集》第四冊仍繪有此水，並括注（菠蕩渠），北起成皋（今滎陽北）以東黃河，經浚儀（今開封）南到項縣（今沈丘）入淮。

潁　水

潁水出潁川陽城縣西北少室山，

1　秦始皇十七年滅韓，以其地爲潁川郡，蓋因水以著稱者也。漢高帝二年[①]，以爲韓國，王莽之左隊也。《山海經》曰：潁水出少室山。《地理志》曰：出陽城縣陽乾山。今潁水有三源奇發，右水出陽乾山之潁谷，《春秋》潁考叔爲其封人。其水東北流。中水導源少室通阜，東南流逕負黍亭東，《春秋》定公六年，鄭伐馮、滑、負黍者也。馮敬通《顯志賦》[②]曰：求善卷之所在，遇許由于負黍。京相璠曰：負黍在潁川陽城縣西南二十七里，世謂之黃城也。亦或謂是水爲瀱水，東與右水合。左水出少室南溪，東合潁水。故作者互舉二山，言水所發也。《呂氏春秋》曰：卞隨恥受湯讓，自投此水而死。張顯《逸民傳》[③]、嵇叔夜《高士傳》竝言投洞水而死。未知其孰是也。

東南過其縣南，

2　潁水又東，五渡水注之，其水導源密高縣東北太室東溪。縣，漢武帝置，以奉太室山，俗謂之崧陽城。及春夏雨泛，水自山頂而迭相灌澍，崿流相承，爲二十八浦也。暘旱輟津，而石潭不耗，道路遊憩者，惟得餐飲而已，無敢澡盥其中，苟不如法，必數日不豫，是以行者憚之。山下大潭，周數里，而清深肅潔。水中有立石，高十餘丈，廣二十許步，上甚平整，緇素之士，多泛舟升陟，取暢幽情。其水東南逕陽城西，石溜縈委，溯者五涉，故亦謂之五渡水，東南流入潁水。

3　潁水逕其縣故城南，昔舜禪禹，禹避商均，伯益避啓[④]，竝于此也。亦周公以土圭測日景處。漢成帝永始元年，封趙臨爲侯國也。縣南對箕山，山上有許由冢，堯所封也。故太史公曰:余登箕山,其上有許由墓焉。山下有牽牛墟,側潁水有犢泉,是巢父還牛處也,石上犢跡存焉。又有許由廟,碑闕尚存,是漢潁川太守朱寵所立。潁水逕其北,東與龍淵水合,其水導源龍淵,東南流逕陽城北,又東南入于潁。潁水又東,平洛溪水注之,水發玉女臺下平洛澗,世謂之平洛水。呂忱所謂勺水出陽城山。蓋斯水也。又東南流,注于潁。潁水又東出陽關,歷康城南,魏明帝封尚書右僕射衛臻爲康鄉侯,此即臻封邑也。

又東南過陽翟縣北,

4　潁水東南流逕陽關聚,聚夾水相對,俗謂之東、西二土城也。潁水又逕上棘城西,又屈逕其城南,《春秋左傳》襄公十八年,楚師伐鄭,城上棘以涉潁者也。縣西有故堰,堰石崩褫,頹基尚存,舊遏潁水枝流所出也。其故瀆東南逕三封山北,今無水。渠中又有泉流出焉,時人謂之崌水,東逕三封山東,東南歷大陵西連山,亦曰啟筮亭[⑤]。啟享神于大陵之上,即鈞臺也。《春秋左傳》曰:夏啟有鈞臺之饗是也。杜預曰:河南陽翟縣南有鈞臺。其水又東南流,水積爲陂,陂方十里,俗謂之鈞臺陂,蓋陂指臺取名也。又西南流逕夏亭城西,又屈而東南爲郟之靡陂。潁水自堨東逕陽翟縣故城北,夏禹始封于此爲夏國,故武王至周曰:吾其有夏之居乎?遂營洛邑。徐廣曰:河南陽城、陽翟,則夏地也。《春秋經》書:秋,鄭伯突入于櫟。《左傳》桓公十五年,突殺檀伯而居之。服虔曰:檀伯,鄭守櫟大夫;櫟,鄭之大都。宋忠曰:今陽翟也。周末,韓景侯自新鄭徙都之。王隱曰:陽翟本櫟也。故潁川郡治也。城西有《郭奉孝碑》,側水有《九山祠碑》。叢柏猶茂,北枕川流也。

又東南過潁陽縣西,又東南過潁陰縣西南,

5　應劭曰:縣在潁水之陽,故邑氏之。按《東觀漢記》,漢封車騎將軍馬防爲侯國。防,城門校尉,位在九卿上,絕席。潁水又南逕潁鄉城西,潁陰縣故城在東北,舊許昌典農都尉治也,後改爲縣,魏明帝封侍中辛毗爲侯國也。潁水又東南逕柏祠曲東,歷岡丘城南,故汾丘城也。《春秋左傳》襄公十八年,楚子庚治兵于汾。司馬彪曰:襄城縣有汾丘。杜預曰:在襄城縣之東北也。逕繁昌故縣北,曲蠡之繁陽亭也。《魏書·國志》曰:文帝以漢獻帝延康元年,行至曲蠡,登壇受禪于是地,改元黃初。其年,以潁陰之繁陽亭爲繁昌縣。城內有三臺,時人謂之繁昌臺。壇前有二碑,昔魏文帝受禪于此。自壇而降曰:舜、禹之事,吾知之矣。故其石銘曰:遂于繁昌築靈壇也。于後其碑六字生金,論者以爲司馬金行,故曹氏六世遷魏而事晉也。潁水又東南流逕青陵亭城北,北對青陵陂,陂縱廣二十里,潁水逕其北,枝入爲陂。陂西則潩水注之,水出襄城縣之邑城下,東流注于陂。陂水又東入臨潁縣

之狼陂。潁水又東南流而歷臨潁縣也。

又東南過臨潁縣南，又東南過汝南㶏強縣北，洧水從河南密縣東流注之。

6　臨潁，舊縣也。潁水自縣西注，小㶏水出焉。《爾雅》曰：潁別爲沙。郭景純曰：皆大水溢出，別爲小水之名也，亦猶江別爲沱也。潁水又東南逕皋城北，即古皋城亭矣。《春秋經》書，公及諸侯盟于皋鼬者也。皋、澤字相似，名與字乖耳。潁水又東逕㶏陽城南，《竹書紀年》曰：孫何取㶏陽。㶏強城在東北，潁水不得逕其北也。潁水又東南，潩水入焉，非洧水也。

又東過西華縣北，

7　王莽更名之曰華望也。有東，故言西矣。世祖光武皇帝建武中，封鄧晨爲侯國。漢濟北戴封，字平仲，爲西華令，遇天旱，慨治功無感，乃積柴坐其上以自焚，火起而大雨暴至，遠近歎服。永元十三年[6]，徵太常焉。縣北有習陽城，潁水逕其南，《經》所謂洧水流注之也。

又南過女陽縣北，

8　縣故城南有汝水枝流，故縣得厥稱矣。闞駰曰：本汝水別流，其後枯竭，號曰死汝水，故其字無水。余按汝、女乃方俗之音，故字隨讀改，未必一如闞氏之説，以窮通損字也。潁水又東，大㶏水注之，又東南逕博陽縣故城東，城在南頓縣北四十里，漢宣帝封邴吉爲侯國，王莽更名樂嘉。

又東南過南頓縣北，㶏水從西來流注之。

9　㶏水于樂嘉縣入潁，不至于頓。頓，故頓子國也，周之同姓。《春秋》僖公二十五年，楚伐陳，納頓子于頓是也。俗謂之潁陰城，非也。潁水又東南逕陳縣南，又東南，左會交口者也。

又東南至新陽縣北，滍蕩渠水從西北來注之。

10　《經》云滍蕩渠者，百尺溝之名別[7]也。潁水南合交口新溝，自是東出。潁上有堰，謂之新陽堰，俗謂之山陽堨，非也。新溝自潁北東出，縣在水北，故應劭曰：縣在新水之陽。今縣故城在東，明潁水不出其北，蓋《經》誤耳。潁水自堰東南流，逕項縣故城北，《春秋》僖公十七年，魯滅項是矣。潁水又東，右合谷水，水上承平鄉諸陂，東北逕南頓縣故城南，側城東注。《春秋左傳》所謂頓迫于陳而奔楚，自頓徙南，故曰南頓也。今其城在頓南三十餘里。又東逕項城中，楚襄王所郭，以爲別都。都內西南小城，項縣故城也，舊潁州治[8]。谷水逕小城北，又東逕魏豫州刺史賈逵祠北。王隱言，祠在城北。非也。廟在小城東，昔王凌爲宣王司馬懿所執，屈廟而歎曰:賈梁道,王凌魏之忠臣,惟汝有靈知之。遂仰鴆而死。廟前有碑,碑石金生。
干寶曰:黃金可採,爲晉中興之瑞。谷水又東流出城,東注潁。

11　潁水又東,側潁有公路城,袁術所築也,故世因以術字名城矣。潁水又東逕臨潁城
北,城臨水闕南面,又東逕雲陽二城間,南北翼水,竝非所具。又東逕丘頭,丘頭南
枕水,《魏書·郡國志》⑨曰:宣王軍次丘頭,王凌面縛水次,故號武丘矣。潁水又
東南流,于故城北,細水注之,水上承陽都陂,陂水枝分,東南出爲細水。東逕新陽
縣故城北,又東南逕宋縣故城北,縣,即所謂郪丘者也。秦伐魏取郪丘,謂是邑矣。
漢成帝綏和元年,詔封殷後于沛,以存三統。平帝元始四年,改曰宋公。章帝建初
四年,徙邑于此,故號新郪,爲宋公國也,王莽之新延矣。細水又南逕細陽縣,新溝
水注之。溝首受交口,東北逕新陽縣故城南,漢高帝六年,封呂青爲侯國,王莽更
名曰新明也。故應劭曰:縣在新水之陽,今無水,故渠舊道而已。東入澤渚而散流
入細。細水又東南逕細陽縣故城南,王莽更之曰樂慶也,世祖建武中,封岑彭子遵
爲侯國。細水又東南,積而爲陂,謂之次塘,公私引裂,以供田溉。又東南流,屈而
西南入潁。《地理志》曰:細水出細陽縣,東南入潁。

12　潁水又東南流逕胡城東,故胡子國也。《春秋》定公十五年,楚滅胡,以胡子豹歸是
也。杜預《釋地》曰:汝陰縣西北有胡城也。潁水又東南,汝水枝津注之,水上承汝
水別瀆于奇洛城東三十里,世謂之大灈水也。東南逕召陵縣故城南,《春秋左傳》
僖公四年,齊桓公師于召陵,責楚貢不入,即此處也。城內有大井,徑數丈,水至清
深。闞駰曰:召者,高也。其地丘墟,井深數丈,故以名焉。又東南逕征羌縣,故召
陵縣之安陵鄉安陵亭也。世祖建武十一年,以封中郎將來歙,歙以征定西羌功,故
更名征羌也。闞駰引《戰國策》以爲秦昭王欲易地,謂此,非也。汝水別瀆又東逕
公路臺北,臺臨水,方百步,袁術所築也。汝水別溝又東逕西門城,即南利也,漢宣
帝封廣陵屬王子劉昌爲侯國。縣北三十里有黏城,號曰北利,故瀆出于二利之間,
間關女陽之縣,世名之死汝縣,取水名,故曰女陽也。又東逕南頓縣故城北,又東
南逕鮦陽城北,又東逕邸鄉城北,又東逕固始縣故城北,《地理志》:縣,故寢也。寢
丘在南,故藉丘名縣矣。王莽更名之曰閏治。孫叔敖以土浸薄,取而爲封,故能綿
嗣,城北猶有《叔敖碑》。建武二年,司空李通又慕叔敖受邑,故光武以嘉之,更名
固始。別汝又東逕蔡岡北,岡上有平陽侯相蔡昭冢。昭字叔明,周后稷之冑,冢有
石闕,闕前有二碑,碑字淪碎,不可復識,羊虎傾低,殆存而已。枝汝又東北流逕胡
城南,而東歷女陰縣故城西北,東入潁水。

13　潁水又東逕女陰縣故城北,《史記·高祖功臣侯者年表》曰:高祖六年,封夏侯嬰爲
侯國,王莽更名之曰汝墳也。縣在汝水之陰,故以汝水納稱。城西有一城,故陶丘

鄉也,汝陰郡治。城外東北隅有舊臺翼城若丘,俗謂之女郎臺,雖經頹毀,猶自廣崇。上有一井,疑故陶丘鄉,所未詳。

又東南至慎縣東,南入于淮。

14　潁水東南流,左合上吳、百尺二水,俱承次塘細陂,南流注于潁。潁水又東南,江陂水注之,水受大漴陂,陂水南流,積爲江陂,南逕慎城西,側城南流入于潁。潁水又逕慎縣故城南,縣,故楚邑,白公所居以拒吳。《春秋左傳》哀公十六年,吳人伐慎,白公敗之。王莽之慎治也。世祖建武中,封劉賜爲侯國。潁水又東南逕蜩蟟郭東,俗謂之鄭城矣。又東南入于淮。《春秋》昭公十二年,楚子狩于州來,次于潁尾,蓋潁水之會淮也。

【注　釋】　①漢高帝二年　《水經注疏》亦作“二年”,但楊守敬按:“《漢志》潁川郡,高帝五年爲韓國,六年復故。考《史記·高祖紀》五年,立韓信爲韓王,都陽翟,六年,徙太原。《信傳》同。此二年爲五年之誤,無疑。”②顯志賦　詩賦名。後漢馮敬通撰。賦存《後漢書·馮衍傳》。敬通是馮衍之字。③逸民傳　書名。《隋書·經籍志》著錄七卷,張顯撰。《兩唐志》著錄因避太宗諱作《逸人傳》三卷,張顯撰。《御覽》亦引張顯《逸民傳》。④伯益避啟　此儒家相傳上古帝位禪讓之說。儒學諸書都是如此記敘。但古本《竹書紀年·夏后氏》篇下有“益干啟位,啟殺之”一條。《史通》在《疑古》、《雜說》兩篇中,均引此作“益爲后啟所誅”。酈氏在《注》文中多處引及《紀年》,但此獨不引,說明酈道元的儒學思想。⑤連山亦曰啟筮亭　清孫詒讓《札迻》卷三:“案此文‘連山亦曰啟筮亭’七字有誤,考《御覽》八十二引《歸藏易》云:‘昔夏后啟筮享神于大陵而上鈞臺枚占,皋陶曰不吉。’(《初學記》二十二亦引其略)此文疑當作‘《連山易》曰:啟筮享神于大陵之上’。蓋《連山》、《歸藏》兩《易》皆有此文,抑或本出《歸藏》,酈氏誤憶爲《連山》,皆未可知。今本‘連山亦’,‘亦’即‘易’之誤(易、亦音相近),‘啟筮亭’三字又涉下‘啟筮享’三字而衍(亭、享形相近)。文字傳訛,虛構成實,遂若此地自有山名連,亭名啟筮者。不知酈意,但引《連山易》以釋大陵耳。安得陵之外別有山與亭乎?”《連山易》及《歸藏易》傳爲《周易》以前的古《易》,《玉函山房輯佚書》輯有此二《易》各一卷。⑥永元十三年　《水經注疏》熊會貞按:“范書本傳(指《後漢書·戴封傳》)作十二年。”⑦名別　《水經注疏》作“別名”。《疏》:“戴‘別名’誤作‘名別’。”⑧舊潁州治　王國維《明抄本水經注跋》(《觀堂集林》第十二卷):“潁水又東逕項城中,楚襄王所郭以爲別都,都內西南有小城,項縣故城也,舊預州治。案預者,豫之別字,諸本並訛作潁。考項縣在漢魏時本屬豫州汝南郡,至後魏孝昌四年始置潁州,不得爲項縣地,而天平二年置北揚州,乃治項城,當是舊豫州治,不得爲後魏潁州治也。且下文云:又東逕刺史賈逵祠,刺史上不著州名,乃承上文舊豫州治言之(《魏書》本傳,逵爲豫州刺史),則此本作預州是,諸本作潁州者誤也。”⑨魏書郡國志　《魏書》作《地形志》而不作《郡國志》。《水經注疏》楊守敬按:“王沈有《魏書》,豈酈所引乎? 然《齊書·禮志》言,王沈《魏書》無志。則此當指陳壽《三國志》。觀《渠水注》亦載宣王事,稱《魏書·國志》,則‘郡’字是衍文。”

【語　譯】

潁水出潁川陽城縣西北少室山，

1　秦始皇十七年(公元前二三〇年)滅了韓國，把它的疆域設置為潁川郡，郡是以水來命名的。漢高帝二年(公元前二〇五年)，立為韓國。王莽改名為左隊。《山海經》說：潁水發源於少室山。《地理志》說：潁水發源於陽城縣陽乾山。現在潁水有三個源頭，右邊的一條發源於陽乾山的潁谷。《春秋》記載，潁考叔任潁谷邊防長官之職。水往東北流。中間一條發源於少室山的通阜，東南流經負黍亭東。《春秋》定公六年(公元前五〇四年)，鄭國攻打馮、滑、負黍等地。馮敬通《顯志賦》說：尋求高士善卷所在的地方，在負黍遇到許由。京相璠說：負黍在潁川郡陽城縣西南二十七里，人們稱為黃城。也有人稱這條水為㶏水，東流與右邊那條水匯合。左邊的一條發源於少室山的南溪，東流與潁水匯合。因此，各家作者在提到潁水的發源地時，都互舉上述這兩座山。《呂氏春秋》說：卞隨以接受湯的讓位為恥，自投潁水而死。張顯《逸民傳》、嵇叔夜《高士傳》都說卞隨投洞水而死，不知誰說得對。

東南過其縣南，

2　潁水又東流，五渡水注入。五渡水發源於嵩高縣東北的太室山東溪。嵩高縣是漢武帝時為奉祀太室山而設置的，民間稱為崧陽城。每逢春夏多雨時，一條又一條的山泉從山頂流瀉而下，崖水和溪流相接，形成二十八個水口。乾旱季節山澗溪流斷水，但石潭仍不乾涸，過往行人遊客在此歇息，只能舀點水喝罷了，沒有人敢在潭水洗澡或洗手，如果有人不遵守這個規矩，一定有好幾天身體要不舒服，因此行人都有點畏懼。山下有個大潭，周圍數里，潭水清深潔淨。水中有一塊屹立的巨石，高十餘丈，寬廣二十來步，頂端非常平整。僧俗人士常划船到那裡，爬到巖頂上，情懷為之一暢。五渡水往東南流經陽城西，石澗縈回曲折，過往行人要反復涉水，因此也叫五渡水。水往東南流，注入潁水。

3　潁水流經陽城縣舊城南，從前舜讓位給禹，禹避讓商均，伯益又避讓啟，都是在這裡。這裡也是周公用土圭測日影的地方。漢成帝永始元年(公元前一六年)，把陽城縣封給趙臨為侯國。縣城南對箕山，山上有許由墓，是堯時所築。因此太史公說：我登箕山，山上有許由墓，山下有牽牛墟。在潁水旁有一條犢泉，是巢父還牛的地方，巖石上牛的足跡還在。還有許由廟，石碑墓闕都還在，是漢朝潁川太守朱寵所建。潁水流經廟北，東流與龍淵水匯合。龍淵水發源於龍淵，東南流經陽城北，又往東南注入潁水。潁水又東流，平洛溪水注入。平洛溪水發源於玉女臺下的平洛澗，世人稱為平洛水。呂忱所說的勺水發源於陽城山，指的就是這條水。又東南流，注入潁水。潁水又東流出陽關，流經康城南。魏明帝封尚書右僕射衛臻為康鄉侯,這裡就是他的封邑。

又東南過陽翟縣北,

4　潁水東南流經陽關聚。陽關聚夾水相對,民間稱為東土城和西土城。潁水又流經上棘城西,又拐彎流經城南。《春秋左傳》襄公十八年(公元前五五五年),楚國軍隊攻打鄭國,修築了上棘城,以便渡過潁水。縣西有舊堰,堰石已崩毀,但殘破的堰基還在。從前這道堤堰是攔截潁水、從潁水引出支流處。舊渠道往東南通過三封山北,今天已沒有水了。渠道中又有泉流湧出,當時人們稱為崌水,東流經三封山東,東南流經大陵西的連山,又稱啟筮亭。啟在大陵上祭神,那就是鈞臺。《春秋左傳》說:夏啟在鈞臺祭神。杜預說:河南郡陽翟縣南有鈞臺。水又往東南流,水流積聚成陂塘,方圓十里,民間稱為鈞臺陂,就是以臺來取名的。又西南流經夏亭城西,又轉向東南,形成郟縣的靡陂。潁水從堰壩東流經陽翟縣舊城北,夏禹最初封在這裡,稱夏國,所以武王到周時說:我還是住到夏的老家去好吧?於是,就開始營建洛邑。徐廣說:夏住在河南陽城,陽翟是夏的舊地。《春秋經》記載:秋天,鄭伯突進入櫟。《左傳》桓公十五年(公元前六九七年),突殺了檀伯,就在櫟居住下來。服虔說:檀伯是鄭國守衛櫟的大夫,櫟是鄭國的大都。宋忠說:櫟就是今天的陽翟。周朝末年,韓景侯自新鄭遷都到這裡。王隱說:陽翟原來是櫟,是舊時潁川郡的治所。城西有"郭奉孝碑",水旁有"九山祠碑",柏樹林還很茂密,北面緊靠川流。

又東南過潁陽縣西,又東南過潁陰縣西南,

5　應劭說:縣城在潁水之北,因此以潁陽作為縣名。根據《東觀漢記》,漢朝時把潁陽封給車騎將軍馬防為侯國。馬防當城門校尉,地位在九卿之上,不與人同席。潁水又南流經潁鄉城西。潁陰縣舊城在東北,過去是許昌典農都尉的治所。後來改為縣,魏明帝時把潁陰封給侍中辛毗為侯國。潁水又東南流經柏祠曲東,流過岡丘城南,岡丘城就是過去的汾丘城。《春秋左傳》襄公十八年(公元前五五五年),楚子庚在汾練兵。司馬彪說:襄城縣有汾丘。杜預說:汾在襄城縣東北。潁水流經繁昌縣老城北,就是曲蠡的繁陽亭。《魏書·國志》說:文帝在漢獻帝延康元年(公元二二〇年)巡行到曲蠡,在此地登壇接受了帝位,改元黃初。同年,把潁陰的繁陽亭改為繁昌縣。城內有三座臺,當時人稱為繁昌臺。壇前有兩座石碑。當年魏文帝在此受禪,從壇上走下來說:舜、禹的事情我知道了。所以石碑上的銘文說:於是就在繁昌修築了靈壇。後來石碑上的六個字長了金,評論者認為司馬氏五行屬金,所以曹氏六世而魏亡晉立。潁水又東南流經青陵亭城北,此城北對青陵陂,陂塘南北寬二十里,潁水流經陂北,支流注入成為陂塘。陂西有潩水注入。潩水發

源於襄城縣的邑城下，東流注入陂中。陂水又東流，注入臨潁縣的狼陂。潁水又東南流經臨潁縣。

又東南過臨潁縣南，又東南過汝南澺強縣北，洧水從河南密縣東流注之。

6　臨潁是個舊縣。潁水從縣西流過，小澺水在這裡流出。《爾雅》說：潁水分支為沙水。郭景純說：都是大河溢出，分為小支流的名稱，也正如江水分支成為沱水一樣。潁水又東南流經皋城北，就是古時的皋城亭。《春秋經》記載：定公和諸侯會盟於皋鼬。皋、澤字形相似，因而造成了名與字不相一致。潁水又東流經澺陽城南。《竹書紀年》說：孫何攻取澺陽。澺強城在東北，潁水是不可能流經此城以北的。潁水又東南流，注入的是潩水，而不是洧水。

又東過西華縣北，

7　西華縣，王莽改名為華望。因為有東華，所以此城稱西華。世祖光武帝建武年間（公元二五—五六年），把西華縣封給鄧晨為侯國。漢朝濟北人戴封，字平仲，當西華縣縣令，有一年天大旱，他慨嘆自己政績平庸，沒有感動上天，就堆起柴垛，坐在上面自焚，火點燃後暴雨驟降，遠近都讚嘆佩服他。永元十三年（公元一○一年），他被朝廷徵召擔任太常之職。縣北有習陽城，潁水流經城南，這就是《水經》中所說的，洧水流注於潁水的地方。

又南過女陽縣北，

8　女陽縣舊城南有汝水支流，因此叫女陽。闞駰說：此水原是汝水支流，後來枯竭了，稱為死汝水，因而汝字偏旁無水。我查考過：汝、女二字方言讀音相近，所以字也隨著讀音而改了，未必就像闞氏所說，因水枯不通而削去原字偏旁的。潁水又東流，大澺水注入；又東南流經博陽縣舊城東，舊城在南頓縣北四十里，漢宣帝把該縣封給邴吉為侯國。王莽改名為樂嘉。

又東南過南頓縣北，澺水從西來流注之。

9　澺水在樂嘉縣注入潁水，並沒有流到南頓縣。頓就是從前的頓子國，與周同姓。《春秋》僖公二十五年（公元前六三五年），楚國討伐陳國，將頓子送回頓。民間稱頓為潁陰城，其實不對。潁水又東南流經陳縣南；又東南流，左岸匯合於交口。

又東南至新陽縣北，蒗蕩渠水從西北來注之。

10　《水經》說的蒗蕩渠，是百尺溝的別名。潁水南流，與新溝匯合於交口，新溝從這裡向東分支流出。潁水上有堰，稱為新陽堰，民間稱山陽堨，是弄錯了。新溝從潁水北岸向東流出。新陽縣在新溝水以北，所以應劭說：新陽縣在新水北岸。今天舊縣城在東，顯然潁水不可能流經該縣以北，《水經》是搞錯了。潁水從新陽堰往東

南流,流經項縣舊城北。《春秋》僖公十七年_(公元前六四三年),魯國滅了項國。潁
水又東流,右岸與谷水匯合。谷水上源承接平鄉諸陂,往東北流經南頓縣舊城以
南,從城旁向東流去。《春秋左傳》說:頓受到陳的脅迫而投奔楚國,從頓南遷,所
以稱南頓。現在此城在頓南三十餘里。水又往東流經項城中,楚襄王修築外城,
把項城作為別都。都內西南的小城就是項縣的舊城,從前是潁州的治所。谷水流
經小城北,又東流經魏豫州刺史賈逵祠北。王隱說:祠在城北。其實不是。廟在
小城東。從前王凌被宣王司馬懿俘獲,到了此廟嘆息道:賈梁道啊,王凌是魏的忠
臣,只有你有靈才知道我呀。於是就飲毒酒而死。廟前有一塊石碑,碑石上生出
黃金。干寶說:黃金能採下來,這是晉朝中興的吉祥徵兆。谷水又東流出城,東流
注入潁水。

11　潁水又東流,岸邊有公路城,是袁術所築,所以世人用袁術的字來命名。潁水又東
流經臨潁城北。此城瀕水,南面沒有城牆。又東流經雲陽二城之間,二城位於潁
水南北兩岸,城牆都不完全。潁水又東流經丘頭,丘頭南面瀕水。《魏書·郡國
志》說:宣王軍隊駐紮丘頭,王凌在潁水旁自縛投降,所以又稱武丘。潁水又東南
流,細水在舊城北注入。細水上流承接陽都陂。陂水分支流出,東南流的是細水,
東流經新陽縣舊城北,又東南流經宋縣舊城北。宋縣就是所謂的郪丘。秦國進攻
魏國,奪取了郪丘,說的就是此城。漢成帝綏和元年_(公元前八年),下詔將沛封給
殷的後代,以便保存夏商周三代的正朔。平帝元始四年_(公元四年),改稱宋公。章
帝建初四年_(公元七九年),把封邑遷到這裡,因此稱新郪,是宋公國。王莽時叫新
延。細水又南流經細陽縣,新溝水注入。新溝水上流承接交口,東北流經新陽縣
舊城南。漢高帝六年_(公元前二〇一年),把新陽封給呂青為侯國,王莽改名為新明。
所以應劭說:新陽縣在新水北岸,現在已經沒有水了,只不過還留有舊渠道而已。
新溝水往東注入沼澤,然後散流匯入細水。細水又往東南流經細陽縣舊城南。王
莽改名為樂慶。世祖建武年間_(公元二五-五六年),把細陽封給岑彭的兒子岑遵為
侯國。細水又東南流,積水成為陂塘,稱為次塘,公田和私田都開渠引水灌溉。又
東南流,拐彎轉向西南,注入潁水。《地理志》說:細水發源於細陽縣,往東南注入
潁水。

12　潁水又東南流經胡城東,這裡從前是胡子國。《春秋》定公十五年_{(公元前四九五}
_{年)},楚國滅了胡子國,俘獲胡子豹回來。杜預《釋地》說:汝陰縣西北有胡城。潁
水又東南流,汝水支流注入,這條支流上流在奇洛城東三十里承接汝水支流,世人
稱為大㶏水。東南流經召陵縣舊城南。《春秋左傳》僖公四年_(公元前六五六年),齊
桓公率軍到了召陵,責問楚國不納貢賦,就在這裡。城內有一口大井,直徑數丈,

水極清且深。闞駰說：召，是高的意思。這一帶空寂荒涼，有數丈深的大井，所以
名為召陵。此水又東南流經征羌縣，這是從前召陵縣的安陵鄉，就是安陵亭。世
祖建武十一年（公元三五年），把安陵封給中郎將來歙，來歙因出征定西羌有功，所
以改地名為征羌。闞駰引《戰國策》認為：秦昭王想調換土地而改名，其實不是如
此。汝水支流又東流經公路臺北，此臺臨水，方圓百步，是袁術所築。汝水支流又
東流經西門城，就是南利。漢宣帝將南利封給廣陵厲王的兒子劉昌為侯國。縣北
三十里有執城，又稱北利。舊河道穿過南利和北利之間，輾轉流經女陽縣，世人稱
為死汝縣。該縣是因水而取名，所以叫女陽。又東流經南頓縣舊城北，又東南流
經銅陽城北，又東流經邸鄉城北，又東流經固始縣舊城北。《地理志》說：固始縣是
從前的寖。因為寖丘在縣南，因此就以丘來取縣名。王莽改名為閏治。孫叔敖因
為這裡土地潮溼貧瘠，領了它作為封地，所以能使後代綿延不絕。城北還有"叔敖
碑"。建武二年（公元二六年），司空李通也敬慕孫叔敖，領受此地為封邑，所以光武
帝嘉獎他，並改地名為固始。汝水支流又東流經蔡岡北，岡上有平陽侯宰相蔡昭
的墳墓。蔡昭字叔明，是周朝先祖后稷的後代。墳墓有石闕，石闕前有兩塊石碑，
碑上文字已剝蝕破碎，不能辨認了，墓前的石羊石虎也已倒下，只不過還留著罷
了。汝水支流又往東北流經胡城南，又東流經女陰縣舊城西北，東流注入潁水。

13　潁水又東流經女陰縣舊城北。《史記‧高祖功臣侯者年表》說：高祖六年（公元前
二○一年），把女陰封給夏侯嬰為侯國。王莽改名為汝墳。該縣在汝水南岸，是因
汝水而得名的。城西有一座城，從前是陶丘鄉，是汝陰郡的治所。城外東北角有
座舊臺，靠著城邊，像小丘一樣，民間叫女郎臺，雖然已經頹毀，但舊基還很高大，
上面還有一口井。推想起來可能就是從前的陶丘鄉，但詳情不清。

又東南至慎縣東，南入于淮。

14　潁水東南流，左邊匯合了上吳、百尺兩條水，這兩條水都承接次塘細陂，南流注入
潁水。潁水又東南流，江陂水注入。江陂水接納了大瀇陂，陂水南流，積聚成江
陂，南流經慎城西，沿著城旁南流注入潁水。潁水又流經慎縣舊城南，慎縣是從前
的楚邑，白公據守在這裡，抗拒吳國。《春秋左傳》哀公十六年（公元前四七九年），吳
人攻慎，白公打敗了他們。王莽時叫慎治。世祖建武年間（公元二五—五六年），把
慎縣封給劉賜為侯國。潁水又往東南流經蜩蟟郭東，民間稱為鄭城。又往東南注
入淮水。《春秋》昭公十二年（公元前五三○年），楚子在州來狩獵，在潁尾住宿，這是
潁水和淮水的匯流處。

洧　水

洧水出河南密縣西南馬領山，

1　水出山下。亦言出潁川陽城山，山在陽城縣之東北，蓋馬領之統目焉。洧水東南流，逕一故臺南，俗謂之陽子臺。又東逕馬領塢北，塢在山上，塢下泉流北注，亦謂洧別源也，而入于洧水。洧水東流，綏水會焉，水出方山綏溪，即《山海經》所謂浮戲之山也。東南流，逕漢弘農太守張伯雅墓，塋域四周，壘石爲垣，隅阿相降，列于綏水之陰，庚門表二石闕，夾對石獸于闕下。冢前有石廟，列植三碑，碑云：德字伯雅，河南密人也。碑側樹兩石人，有數石柱及諸石獸矣。舊引綏水南入塋域，而爲池沼，沼在丑地，皆蟾蠩吐水，石隍承溜。池之南，又建石樓、石廟，前又翼列諸獸。但物謝時淪，凋毀殆盡，夫富而非義，比之浮雲，況復此乎？王孫、士安，斯爲達矣[1]。綏水又東南流逕上郭亭南，東南注洧。

2　洧水又東，襄荷水注之。水出北山子節溪，亦謂之子節水，東南流注于洧。洧水又東會瀝滴泉水，出深溪之側，泉流丈餘，懸水散注，故世士以瀝滴稱，南流入洧水也。

東南過其縣南，

3　洧水又東南流，與承雲二水合，俱出承雲山，二源雙導，東南流注于洧，世謂之東、西承雲水。洧水又東，微水注之，水出微山，東北流入于洧，洧水又東逕密縣故城南，《春秋》謂之新城，《左傳》僖公六年，會諸侯伐鄭圍新密，鄭所以不時城也。今縣城東門南側，有漢密令卓茂祠。茂字子康，南陽宛人，溫仁寬雅，恭而有禮。人有認其馬者，茂與之，曰：若非公馬，幸至丞相府歸我。遂挽車而去，後馬主得馬，謝而還之。任漢黃門郎，遷密令，舉善而教，口無惡言，教化大行，道不拾遺，蝗不入境，百姓爲之立祠，享祀不輟矣。洧水又左會璅泉水，水出玉亭西，北流注于洧水。

4　洧水又東南與馬關水合，水出玉亭下，東北流歷馬關，謂之馬關水，又東北注于洧。洧水又東合武定水，水北出武定岡，西南流，又屈而東南，流逕零鳥塢西，側塢東南流。塢側有水，懸流赴壑，一匹有餘，直注澗下，淪積成淵，嬉遊者矚望，奇爲佳觀，俗人覩此水挂于塢側，遂目之爲零鳥水，東南流入于洧。洧水又東與虎牘山水合，水發南山虎牘溪，東北流入洧。洧水又東南，赤澗水注之，水出武定岡，東南流逕皇臺岡下，又歷岡東，東南流注于洧。洧水又東南流，潩水注之。

5　洧水又東南逕鄶城南,《世本》曰:陸終娶于鬼方氏之妹,謂之女隤,是生六子,孕三年。啟其左脅,三人出焉;破其右脅,三人出焉。其四曰萊言,是爲鄶人。鄶人者,鄭是也。鄭桓公問于史伯,曰:王室多難,予安逃死乎? 史伯曰:虢、鄶,公之民,遷之可也。鄭氏東遷,虢、鄶獻十邑焉。劉楨云:鄶在豫州外方之北,北鄰于虢,都滎之南,左濟右洛,居兩水之間,食溱、洧焉。徐廣曰:鄶在密縣,妘姓矣,不得在外方之北也。洧水又東逕陰坂北,水有梁焉,俗謂是濟爲參辰口。《左傳》襄公九年,晉伐鄭,濟于陰坂,次于陰口而還是也。杜預曰:陰坂,洧津也。服虔曰:水南曰陰,口者,水口也,參、陰聲相近,蓋傳呼之謬耳。又晉居參之分,實沈之土,鄭處大辰之野,閼伯之地[②],軍師所次,故濟得其名也。

又東過鄭縣南,潧水從西北來注之。

6　洧水又東逕新鄭縣故城中,《左傳》襄公元年,晉韓厥、荀偃帥諸侯伐鄭,入其郛,敗其徒兵于洧上是也。《竹書紀年》晉文侯二年,周惠王子多父伐鄶,克之,乃居鄭父之丘,名之曰鄭,是曰桓公。皇甫士安《帝王世紀》云:或言縣故有熊氏之墟,黃帝之所都也,鄭氏徙居之,故曰新鄭矣。城內有遺祠,名曰章乘是也。洧水又東爲洧淵水,《春秋·傳》曰:龍鬭于時門之外洧淵,即此潭也。今洧水自鄭城西北入而東南流,逕鄭城南城之南門內,舊外蛇與內蛇鬭,內蛇死。六年,大夫傅瑕殺鄭子,納厲公,是其徵也。

7　水南有鄭莊公望母臺,莊姜惡公寤生,與段京居,段不弟,姜氏無訓,莊公居夫人于城穎,誓曰:不及黃泉,無相見也。故成臺以望母,用伸在心之思。感考叔之言,忻大隧之賦,洩洩之慈有嘉,融融之孝得常矣。

8　洧水又東與黃水合,《經》所謂潧水,非也。黃水出太山南黃泉,東南流逕華城西,史伯謂鄭桓公曰:華君之土也。韋昭曰:華,國名矣。《史記》:秦昭王三十三年,白起攻魏,拔華陽,走芒卯,斬首十五萬。司馬彪曰:華陽,亭名,在密縣。嵇叔夜常采藥于山澤,學琴于古人,即此亭也。黃水東南流,又與一水合,水出華城南岡,一源兩分,泉流派別,東爲七虎澗水,西流即是水也。其水西南流注于黃水。黃,即《春秋》之所謂黃崖也。故杜預云:苑陵縣西有黃水者也。又東南流,水側有二臺,謂之積粟臺,臺東,即二水之會也。捕獐山水注之,水東出捕獐山,西流注于黃水。黃水又南至鄭城北,東轉于城之東北,與黃溝合,水出捕獐山東,南流至鄭城,東北入黃水。黃水又東南逕龍淵東南,七里溝水注之,水出隙候亭東南平地,東注,又屈而南流,逕升城東,又南歷燭城西,即鄭大夫燭之武邑也,又南流注于洧水也。

又東南過長社縣北,

9　洧水東南流,南濮、北濮二水入焉。濮音僕。洧水又東南與龍淵水合,水出長社縣西北,有故溝上承洧水,水盛則通注龍淵水,減則津渠輟流,其瀆中滲泉南注,東轉爲淵,綠水平潭,清潔澄深,俯視游魚,類若乘空矣,所謂淵無潛鱗也。又東逕長社縣故城北,鄭之長葛邑也。《春秋》隱公五年,宋人伐鄭,圍長葛是也。後社樹暴長,故曰長社,魏潁川郡治也。余以景明中出宰茲郡,于南城西側脩立客館,版築既興,于土下得一樹根,甚壯大,疑是故社怪長暴茂者也。稽之故說,縣無龍淵水名,蓋出近世矣。京相璠《春秋土地名》曰:長社北界有稟水,但是水導于隍壍之中,非北界之所謂。又按京、杜《地名》③,竝云長社縣北有長葛鄉,斯乃縣徙于南矣。然則是水即稟水也,其水又東南逕棘城北,《左傳》所謂楚子伐鄭救齊,次于棘澤者也。稟水又東,左注洧水。洧水又東南分爲二水,其枝水東北流注沙,一水東逕許昌縣,故許男國也,姜姓,四岳之後矣。《穆天子傳》所謂天子見許男于洧上者也。漢章帝建初四年,封馬光爲侯國。《春秋佐助期》④曰:漢以許失天下,及魏承漢歷,遂改名許昌也。城內有景福殿基,魏明帝太和中造,準價八百餘萬。洧水又東入汶倉城內,俗以是水爲汶水,故有汶倉之名,非也。蓋洧水之邸閣⑤耳。洧水又東逕鄢陵縣故城南。李奇曰:六國爲安陵也,昔秦求易地,唐且受使于此。漢高帝十二年,封都尉朱濞爲侯國,王莽更名左亭。洧水又東,鄢陵陂水注之,水出鄢陵南陂東,西南流注于洧水也。

又東南過新汲縣東北,

10　洧水自鄢陵東逕桐丘南,俗謂之天井陵,又曰岡,非也。洧水又屈而南流,水上有梁,謂之桐門橋,藉桐丘以取稱,亦言取桐門亭而著目焉,然不知亭之所在,未之詳也。洧水又東南逕桐丘城,《春秋左傳》莊公二十八年,楚伐鄭,鄭人將奔桐丘,即此城也。杜預《春秋釋地》曰:潁川許昌城東北。京相璠曰:鄭地也。今圖無而城見存,西南去許昌故城可三十五里,俗名之曰堤。其城南即長堤,固洧水之北防也。西面桐丘,其城邪長而不方,蓋憑丘之稱,即城之名矣。洧水又東逕新汲縣故城北,漢宣帝神雀二年置于許之汲鄉曲洧城,以河內有汲縣,故加新也。城在洧水南堤上,又東,洧水右迆爲蔇陂。洧水又逕匡城南,扶溝之匡亭也。又東,洧水左迆爲鴨子陂,謂之大穴口也。

又東南過茅城邑之東北,

11　洧水自大穴口東南逕洧陽城西,南逕茅城東北,又南,左合甲庚溝,溝水上承洧水,于大穴口東北枝分,東逕洧陽故城南,俗謂之復陽城,非也。蓋洧、復字類音讀變。漢建安中,封司空祭酒郭奉孝爲侯國。其水又東南爲鴨子陂,陂廣十五里,餘波南

入甲庚溝,西注洧,東北瀉沙。洧水又南逕一故城西,世謂之思鄉城,西去洧水十
五里。洧水又右合潩陂水,水上承洧水于新汲縣,南逕新汲縣故城東,又南積而爲
陂,陂之西北即長社城。陂水東翼洧堤,西面茅邑,自城北門列築堤道,迄于此岡。
世尚謂之茅岡,即《經》所謂茅城邑也。陂水北出東入洧津,西納北異流⑥。

又東過習陽城西,折入于潁。

12　　洧水又東南逕辰亭東,俗謂之田城,非也。蓋田、辰聲相近,城、亭音韻聯故也。
《經》書:魯宣公十一年,楚子、陳侯、鄭伯盟于辰陵也。京相璠曰:潁川長平有故辰
亭。杜預曰:長平縣東南有辰亭。今此城在長平城西北,長平城在東南,或杜氏之
謬,《傳》書之誤耳。長平東南淋陂北畔有一阜,東西減里,南北五十許步,俗謂之
新亭臺,又疑是杜氏所謂辰亭而未之詳也。洧水又南逕長平縣故城西,王莽之長
正也。洧水又南分爲二水,枝分東出,謂之五梁溝,逕習陽城北,又東逕赭丘南,丘
上有故城。《郡國志》曰:長平故屬汝南,縣有赭丘城。即此城也。又東逕長平城
南,東注澇陂。洧水南出,謂之雞籠水,故水會有籠口之名矣。洧水又東逕習陽城
西,西南折入潁。《地理志》曰:洧水東南至長平縣入潁者也。

【注　釋】　①王孫士安二句　王孫,指漢楊王孫。臨終前交代欲裸葬,以身親土。士安,指晉皇甫
謐,字士安。亦主張薄葬,遺命死後僅需以竹席裹屍。這裡展現出酈道元對薄葬思想的表彰,對比上
文對張伯雅的嚴詞批判,更顯意義深長。②晉居參之分四句　高帝氏有閼伯、實沈兩個兒子,彼此間
不能相和,日動干戈,相互征伐。後堯遷閼伯於商丘,主祀辰星;遷實沈於大夏,主祀參星。③京杜地
名　指杜預和京相璠有關地名的著作。杜預撰《春秋釋地》一書,是解釋《春秋》地名的常用書籍。
酈氏引及此書時,常用《杜預釋地》、《杜元凱釋地》等別名。京相璠撰《春秋土地名》一書,性質與杜
書相似,故"京杜《地名》"實為酈氏合《春秋釋地》與《春秋土地名》二書的簡稱。④春秋佐助期　書
名。不見歷來公私著錄,不知撰者和撰述年代,是《春秋》緯書的一種。已亡佚,無輯本。⑤邸閣
《水經注》全書記及邸閣多處,唯此處有解。《水經注疏》熊會貞按:"《河水》五、《淇水》、《濁漳水》、
《贛水》等篇,並言邸閣。此以洧水邸閣釋汶倉,是邸閣即倉之殊目矣。"⑥西納北異流　殿本在此處
有戴震案語:"此句有脫誤,未詳。"語譯從略。

【語　譯】

洧水出河南密縣西南馬領山,

1　　洧水發源於馬領山下,也有說發源於潁川陽城山。陽城山在陽城縣東北,是包括
馬領山在內的總名。洧水東南流,流經一座舊臺南,民間稱陽子臺。又東流經馬
領塢北,此塢在山上,塢下的山泉北流,有人說這是洧水的另一個源頭,注入洧水。
洧水東流,與綏水匯合。綏水發源於方山綏溪,就是《山海經》所說的浮戲山。水

往東南流,經漢時弘農太守張伯雅墓,墓地四周用石塊砌成圍牆,牆角層層下降,坐落在綏水南岸。西門有兩座石闕,石闕兩邊有兩隻石獸,墓前有石廟,排著三塊石碑。碑文上說:張德字伯雅,河南密縣人。碑旁立著兩座石人,還有幾根石柱和一些石獸。從前引了綏水往南流入墓園,蓄水造成池沼,池在墓園東北角,池上有蛤蟆吐水的石雕,瀉入石池中。池沼南,又建石樓、石廟,前兩旁排列著各種石獸,但因年代久遠,物換星移,差不多都已風化剝蝕了。不義而來的富貴,正如煙雲過眼,好景不常,更何況這些東西呢? 楊王孫裸葬,皇甫士安以竹席裹屍,可說曠達了。綏水又東南流經上郭亭南,往東南注入洧水。

2　洧水又東流,襄荷水注入。襄荷水發源於北山子節溪,也稱子節水,東南流,注入洧水。洧水又東流,匯合了瀝滴泉水。瀝滴泉水從深溪旁流出,從一丈多高的巖頭散流而下,所以文人把它稱為瀝滴泉,南流注入洧水。

東南過其縣南,

3　洧水又東南流,與承雲山流出的兩條山泉匯合,這兩條山泉都向東南流,注入洧水,世人稱為東承雲水與西承雲水。洧水又東流,微水注入。微水發源於微山,東北流,注入洧水。洧水又東流經密縣老城南。密縣,《春秋》稱為新城。《左傳》僖公六年(公元前六五四年),諸侯會師討伐鄭國,圍困了新密,因鄭國興工築城不得其時,所以興師討伐。現在縣城東門南側,有漢時密縣縣令卓茂祠。卓茂字子康,南陽宛人,為人溫良寬厚,待人謙恭有禮。一次,有個人誤認卓茂的馬是他的,卓茂就把馬給他,說:這馬如果不是您的,請您送到丞相府還我。說罷拉著車就走了。後來那個人找回了自己的馬,就把馬送還卓茂,並向他道歉。卓茂曾任漢朝黃門郎,調任密縣縣令,他以美德來教育人,口裡不出惡言,於是社會風氣大大改善了,路上不撿別人丟失的東西,連蝗蟲也不侵入境內。百姓為他立祠,享受祭祀年年不斷。洧水又在左岸與璅泉水匯合。璅泉水發源於玉亭西,北流注入洧水。

4　洧水又東南流與馬關水匯合。馬關水發源於玉亭下,東北流經馬關,稱為馬關水。又東北流,注入洧水。洧水又東流與武定水匯合。武定水發源於北方的武定岡,西南流,又轉向東南,流經零鳥塢西,沿著塢側東南流。塢旁有一掛瀑布,凌空飛瀉而下,高達四丈餘,直注山澗下,積成一個大深潭。遊人眺望,無不稱為奇觀;當地百姓見此水掛在塢側,就把它稱為零鳥水,東南流,注入洧水。洧水又東流與虎牘山水匯合。虎牘山水發源於南山的虎牘溪,東北流注入洧水。洧水又東南流,赤澗水注入。赤澗水發源於武定岡,東南流經皇臺岡下,又流經岡東,東南流注入洧水。洧水又東南流,潧水注入。

5　洧水又東南流經鄶城南。《世本》說:陸終娶了鬼方氏的妹妹女嬇為妻,女嬇懷孕三年,生了六個兒子:打開她的左腋,生出三個嬰孩;打開右腋,又生出三個嬰孩。第四個兒子名萊言,就是鄶人的祖先,鄶人的居地就是鄭。鄭桓公問史伯:王室多患難,我能到哪裡去逃命呢? 史伯說:虢、鄶兩地都是您的百姓,您可以遷到那邊去。於是鄭氏東遷,虢、鄶獻出了十座城。劉楨說:鄶在豫州外方以北,北面與虢相鄰,都城在滎澤南,左有濟水,右是洛水,居於兩水之間,以溱、洧為封地。徐廣說:鄶在密縣,鄶人姓妘,不可能在外方以北。洧水又東流經陰坂北,水上有橋,民間稱這渡口為參辰口。《左傳》襄公九年(公元前五六四年),晉攻鄭,在陰坂渡水,在陰口駐紮了幾天退回。杜預說:陰坂是洧水上的渡口。服虔說:水的南面稱陰,口指水口,參、陰讀音相近,是口頭相傳造成的錯誤。此外,晉國地處商宿和參宿的分野,屬於實沈之地;鄭國地處大辰星的分野,是閼伯之地。晉軍在這裡駐紮過,渡口因此得名。

又東過鄭縣南,潧水從西北來注之。

6　洧水又東流經新鄭縣舊城中。《左傳》襄公元年(公元前五七二年),晉國的韓厥、荀偃率領諸侯軍攻打鄭國,攻入城中,在洧水上打敗了鄭國的步兵。《竹書紀年》:晉文侯二年(公元前七七九年),周惠王的兒子多父伐鄶,攻克後就定居在鄭父之丘,取名為鄭,這就是鄭桓公。皇甫士安《帝王世紀》說:有人說該縣是從前的有熊氏之墟,是黃帝的都城,鄭氏移居到那裡,所以稱為新鄭。城內還留有一座祠廟,名叫章乘。洧水又東流,稱為洧淵水。《春秋左氏傳》說:龍在時門外的洧淵相鬥,就是指這個水潭。今天洧水從鄭城西北流入後東南流,流經鄭城南城之南門內,此處曾有外蛇與內蛇相鬥,內蛇鬥死。六年,大夫傅瑕殺了鄭子,接納了厲公,蛇鬥就是這個事件的徵兆。

7　洧水南有鄭莊公的望母臺。莊姜十分討厭莊公,因為莊姜生莊公時難產。她與段一起居住在京城裡。段對待長兄莊公不敬,姜氏又不管教,於是莊公把夫人遷往城潁去居住,發誓說:不到黃泉,決不與她相見。後來莊公悔悟,所以築臺望母,表示內心的思念。他聽了潁考叔一席話,於是在隧道中與母親相見。母子作賦,表達了融融泄泄的慈母之情和孝子之心,母子關係得以恢復,值得稱頌。

8　洧水又東流與黃水匯合,《水經》說是潧水,其實不對。黃水發源於太山南麓的黃泉,往東南流經華城西。史伯對鄭桓公說:華城原是您的土地。韋昭說:華,是國名。《史記》:秦昭王三十三年(公元前二七四年),白起進攻魏國,攻克華陽,直趨芒卯,殺了十五萬人。司馬彪說:華陽是亭名,在密縣。嵇叔夜常在山間和澤地採藥,曾在這個亭裡向古人的神靈學琴。黃水東南流,又與一水匯合。此水發源於華城南岡,一個源頭分為兩條,分道而流,東邊一條叫七虎澗水,西邊的就是這條水了。此水西南流,注入黃水。黃,就是《春秋》所說的黃崖。所以杜預說:苑陵縣西有一條黃水。黃水又東南流,水旁有兩座臺,稱為積粟臺,臺東就是這兩條水的匯流處。接著,捕獐山水又注入。捕獐山水發源於東方的捕獐山,西流注入黃水。黃水又南流到鄭城北,向東轉,在鄭城東北與黃溝匯合。黃溝發源於捕獐山東,南流到鄭城,東北流注入黃水。黃水又東南流經龍淵東南,七里溝水注入。七里溝水出自隙候亭東南的平地,先是東流,繼而又轉彎南流,經升城東,又南流經爥城西,就是鄭國大夫爥之武的封邑。又南流注入洧水。

又東南過長社縣北,

9　洧水東南流,南濮、北濮兩水注入。濮音僕。洧水又東南流與龍淵水匯合。龍淵水發源於長社縣西北。有一條舊溝,上流承接洧水,水大時就與龍淵相通,水淺時溝渠就斷流。這條舊溝中間有一條滲泉,往南流注,東轉形成一片深潭,綠水平波,澄潔深沉,俯視游魚,有如在空中游動,所謂深潭裡沒有深藏不露的魚,正是指此。龍淵水又東流經長社縣舊城北,這裡原是鄭國的長葛邑。《春秋》隱公五年(公元前七一八年),宋人攻打鄭國,圍困長葛,就指這裡。後來社廟前有一株樹突然長高了,所以稱為長社。魏時,這裡是潁川郡的治所。我於景明年間(公元五〇〇—五〇三年),出任該郡太守,在南城西側修建賓館,正當興工挖土築牆時,從地下挖出一條樹根,十分粗大,想來可能就是過去社廟前那棵暴長的怪樹的根。查考舊時的有關記載,該縣沒有龍淵的水名,那是近代才出現的。京相璠《春秋土地名》說:長社北界有稟水,但這條水流過深溝之中,並不是在北界。又京、杜《地名》都說,長社縣北有長葛鄉,這表明縣是向南遷移了。這樣看來,這條水就是稟水了。稟水又往東南流經棘城北,《左傳》說:楚子伐鄭救齊,駐兵於棘澤,指的就是這裡。稟水又東流,向左注入洧水。洧水又東南流分為兩條:支流東北流,注入沙水;另一條東流經許昌縣。許昌從前是男爵的封國,姓姜,是四岳的後代。《穆天子傳》說:天子在洧上會見許男,即是指此。漢章帝建初四年(公元七九年),把許昌封給馬光為侯國。《春秋佐助期》說:漢因為許失了天下,到了魏繼漢而立,就改名為許昌。城內有景福殿舊基,殿建於魏明帝太和年間(公元二二七—二三三年),造價達八百多萬。洧水又東流入汶倉城內,民間以為這條水是汶水,所以取名汶倉,其實不對。那是洧水的倉儲城。洧水又東流經鄢陵縣舊城南。李奇說:六國時稱安陵,昔日秦國要求調換土地,唐且接受使命曾到過這裡。漢高帝十二年(公元前一九五年),將鄢陵封給都尉朱濞為侯國。王莽改名為左亭。洧水又東流,鄢陵陂水注入。鄢陵陂水出自鄢陵南陂東,西南流注入洧水。

又東南過新汲縣東北,

10　洧水從鄢陵東流經桐丘南，民間稱為天井陵，又稱天井岡，都不對。洧水又轉彎南流，水上有橋，稱為桐門橋，是據桐丘取名的，也有人說是因桐門亭得名，但此亭在什麼地方，也弄不清楚了。洧水又東南流經桐丘城。《春秋左傳》莊公二十八年（公元前六六六年），楚國攻打鄭國，鄭人打算逃奔到桐丘，就是指此城。杜預《春秋釋地》說：桐丘城在潁川郡許昌城東北。京相璠說：桐丘是鄭國的疆域。今天地圖上沒有標出此城，但實際上卻還在，西南距許昌舊城約三十五里，民間叫堤。城南就是長堤，是原來洧水北岸的堤防。西對桐丘，城就是按此丘而取名的，城形呈斜長狀，而不方正。洧水又東流經新汲縣舊城北。漢宣帝神雀二年（公元前六〇年），在許縣的汲鄉曲洧城設縣，因為河內郡已有汲縣，所以稱新汲。城座落在洧水的南堤上。洧水又東流，右岸分支流出，形成濩陂。洧水又流經匡城南，就是扶溝的匡亭。又東流，洧水左岸分支流出，形成鴨子陂。出水口稱為大穴口。

又東南過茅城邑之東北，

11　洧水從大穴口東南流經洧陽城西，南流經茅城東北；又南流，左岸與甲庚溝匯合。溝水上流承接洧水，在大穴口往東北分出支流，東流經洧陽舊城南。洧陽城民間叫復陽城，其實不是。因為洧、復兩字形近致誤，讀音也就隨著字而改變了。漢朝建安年間（公元一九六—二二〇年），把洧陽封給司空祭酒郭奉孝為侯國。溝水支流又東南流，形成了鴨子陂，陂寬廣十五里，末流往南注入甲庚溝，西流注入洧水，然後往東北流瀉入沙水。洧水又南流經一座舊城西，世人稱為思鄉城，西距洧水十五里。洧水又在右岸與濩陂水匯合。濩陂水上流在新汲縣承接洧水，南流經新汲縣舊城東，又南流，積水成為陂塘，陂塘西北就是長社城。陂水東有洧水堤防翼護，西與茅邑相對。從城北門開始修築堤道，直到這道山岡，人們還稱為茅岡。茅邑就是《水經》裡所說的茅城邑。陂水從北面流出，東流注入洧水……。

又東過習陽城西，折入于潁。

12　洧水又東南流經辰亭東，民間稱為田城，這不對。大概田、辰音近，城、亭韻同，而致音訛的緣故。《春秋經》載，魯宣公十一年（公元前五九八年），楚子、陳侯、鄭伯在辰陵會盟。京相璠說：潁川長平有舊辰亭。杜預說：長平縣東南有辰亭。今天此城在長平城西北，長平城在東南，也許杜氏的差錯是因《左傳》裡記載失誤引起的吧。長平東南淋陂北岸有一座土丘，東西長不到一里，南北寬五十來步，民間稱新亭臺，也許就是杜氏所說的辰亭了，但也弄不清楚。洧水又南流經長平縣舊城西，王莽時稱為長正。洧水又南流分為兩條，向東分流的稱為五梁溝，流經習陽城北，又東流經赭丘南，丘上有舊城。《郡國志》說：長平從前屬汝南郡，縣裡有赭丘城，就指此城。洧水又東流經長平城南，東流注入澇陂。洧水南流，稱為雞籠水，所以匯流處地名叫籠口。洧水又東流經習陽城西，轉向西南注入潁水。《地理志》說：
洧水東南流，到長平縣注入潁水。

潩　水

潩水出河南密縣大騩山，

大騩，即具茨山也。黃帝登具茨之山，升于洪堤上，受《神芝圖》①于華蓋童子，即
是山也②。潩水出其阿，流而爲陂，俗謂之玉女池。東逕陘山北，《史記》：魏襄王
六年，敗楚于陘山者也。山上有鄭祭仲冢，冢西有子產墓，累石爲方墳。墳東有
廟，立東北向鄭城。杜元凱言不忘本。際廟舊有一枯柏樹，其塵根故株之上，多生
稚柏成林，列秀青青，望之奇可嘉矣。潩水又東南逕長社城西北，南潩、北潩二水
出焉。劉澄之著《永初記》云：《水經》濮水，源出大騩山，東北流注泗，衛靈聞音于
水上，殊爲乖矣。余按《水經》爲潩水不爲濮也。是水首受潩水，川渠雙引，俱東注
洧。洧與之過沙，枝流派亂，互得通稱。是以《春秋》昭公九年，遷城父人于陳，以
夷濮西田益之。京相璠曰：以夷之濮西田益也。杜預亦言，以夷田在濮水西者與
城父人。服虔曰：濮，水名也。且字類音同，津瀾邈別，不得爲北潩上源，師氏傳音
于其上矣。

潩水又南逕鐘亭西，又東南逕皇臺西，又東南逕關亭西，又東南逕宛亭西，鄭大夫
宛射犬之故邑也。潩水又南分爲二水，一水南出逕胡城東，故潁陰縣之狐人亭也。
其水南結爲陂，謂之胡城陂。潩水自枝渠東逕曲强城東，皇陂水注之，水出西北皇
臺七女岡北，皇陂即古長社縣之濁澤也。《史記》：魏惠王元年，韓懿侯與趙成侯合
軍伐魏，戰于濁澤是也。其陂北對雞鳴城，即長社縣之濁城也。陂水東南流逕胡
泉城北，故潁陰縣之狐宗鄉也。又東合狐城陂水，水上承皇陂，而東南流注于黃
水，謂之合作口，而東逕曲强城北，東流入潩水。時人謂之勑水，非也。勑、潩音相
類，故字從聲變耳。潩水又逕東、西武亭間，兩城相對，疑是古之岸門，史遷所謂走
犀首于岸門者也。徐廣曰：潁陰有岸亭。未知是否？

潩水又南逕射犬城東，即鄭公孫射犬城也。蓋俗謬耳。潩水又南逕潁陰縣故城
西，魏明帝封司空陳羣爲侯國。其水又東南逕許昌城南，又東南與宣梁陂水合，陂
上承狼陂于潁陰城西南，陂南北二十里，東西十里。《春秋左傳》曰：楚子伐鄭師于
狼淵是也。其水東南入許昌縣，逕巨陵城北，鄭地也。《春秋左氏傳》莊公十四年，
鄭厲公獲傅瑕于大陵。京相璠曰：潁川臨潁縣東北二十五里有故巨陵亭，古大陵
也。其水又東積而爲陂，謂之宣梁陂也。陂水又東南入潩水。潩水又西南流逕陶

城西,又東南逕陶陂東。

東南入于潁。

【注　釋】　①神芝圖　此圖實際並不存在,僅是一種傳說,與本書卷一《河水》之《龍馬圖》相似。
②即是山也　此處有佚文一條。嘉靖《許州志》卷一《山川·襄城縣·具茨山》引《水經注》:"其山有
軒轅避暑洞。"當是此句下佚文。

【語　譯】

洧水出河南密縣大騩山,

　　大騩山就是具茨山。黃帝登上具茨山,爬到洪堤上,從華蓋童子手裡接受了《神芝
圖》,就在這座山上。洧水發源於山彎裡,流出後積聚成陂,民間稱玉女池。池水
東流經陘山以北。《史記》載,魏襄王六年(公元前三一三年),在陘山打敗了楚軍。
山上有鄭祭仲墓,墓西有子產墓,用石塊壘砌成方墳,墳東有一座廟,都面向東北,
朝著鄭城。杜元凱說這是不忘本的意思。廟旁原來有一棵枯死的柏樹,在它的舊
根殘株上,長出許多小柏樹,郁然成叢,青翠欲滴,可稱是奇妙的美景。洧水又東
南流經長社城西北,南濮、北濮兩條水都從這裡流出。劉澄之著的《永初記》說:
《水經》載,濮水發源於大騩山,東北流,注入泗水。衛靈公曾在水上聽音樂。這是
完全搞錯了。我查考過《水經》,發源於大騩山的是洧水而不是濮水。南、北濮水
的上流都承接洧水,二渠並流,都東注於洧水。洧水與濮水並流,又都注入沙水,
支流凌亂交錯,所以可相互通稱。《春秋》昭公九年(公元前五三三年),把城父人遷
到陳,把夷在濮水以西的田畝添補給他們。京相璠說:以夷在濮水以西的田畝添
補給他們。杜預也說:把夷在濮水西的田地劃給城父人。服虔說:濮是水名。師
氏作靡靡之音的濮水與這條濮水,雖然字合音同,但此濮與彼濮互不相涉,它不是
北濮的上源。
　　洧水又南流經鐘亭西,又東南流經皇臺西,又東南流經關亭西,又東南流經宛亭
西,這是鄭國大夫宛射犬的舊邑。洧水又南流分為兩條。一條南流經胡城東,就
是舊時潁陰縣的狐人亭。水南流,積聚成陂,稱為胡城陂。洧水從支渠東流經曲
強城東,皇陂水注入。皇陂水發源於西北的皇臺七女岡北麓,皇陂就是古時長社
縣的濁澤。《史記》載,魏惠王元年(公元前三六九年),韓懿侯和趙成侯合兵進攻魏
國,在濁澤開戰,即指此地。此陂北面直對雞鳴城,就是長社縣的濁城。陂水東南
流經胡泉城北,這裡是舊潁陰縣的狐宗鄉。又東流與狐城陂水匯合。陂水上流承
接皇陂,東南流,注入黃水,匯流處稱合作口。匯合後東流經曲強城北,東流注入
洧水。當時人稱為勑水,這不對。勑、洧二字音近,因此字就隨讀音而改變了。洧

水又流經東武亭和西武亭之間，兩城相對，這裡可能就是古時的岸門，即司馬遷所說的，犀首在岸門敗走的地方。徐廣說：潁陰有岸亭，不知是否就是此處？

潩水又南流經射犬城東，就是鄭公孫的射犬城，稱犬城是民間的誤傳。潩水又南流經潁陰縣舊城西，魏明帝把潁陰封給司空陳群為侯國。潩水又東南流經許昌城南；又東南流與宣梁陂水匯合。陂水上游在潁陰城西南承接狼陂，狼陂南北二十里，東西十里。《春秋左傳》說：楚子在狼淵攻打鄭軍。宣梁陂水東南流入許昌縣，流經巨陵城北，這是鄭國地域。《春秋左氏傳》莊公十四年(公元前六八○年)，鄭厲公在大陵俘獲傅瑕。京相璠說：潁川郡臨潁縣東北二十五里有舊巨陵亭，就是古時的大陵。宣梁陂水又東流，積水成陂，稱為宣梁陂。陂水又東南流，注入潩水。潩水又西南流經陶城西，又東南流經陶陂東。

東南入于潁。

潧　水

潧水出鄭縣西北平地，

潧水出鄶城西北雞絡塢下，東南流逕賈復城西，東南流，左合濠水，水出賈復城，東南流注于潧。潧水又南，左會承雲山水，水出西北承雲山，東南歷渾子岡東注，世謂岡峽為五鳴口，東南流注于潧。潧水又東南流，歷下田川，逕鄶城西，謂之為柳泉水也。故史伯答桓公曰：君以成周之眾，奉辭伐罪，若克虢、鄶君之土也，如前華後河，右洛左濟，主芣騩而食溱、洧，脩典刑以守之，可以少固。即謂此矣。潧水又南，懸流奔壑，崩注丈餘，其下積水成潭，廣四十許步，淵深難測。又南注于洧。《詩》[1]所謂溱與洧者也。世亦謂之為鄶水也[2]。

東過其縣北，又東南過其縣東，又南入于洧水。

自鄶、潧東南，更無別瀆，不得逕新鄭而會洧也。鄭城東入洧者，黃崖水也，蓋《經》誤證耳。

【注　釋】　①詩　指《詩經·鄭風·溱洧》。②謂之為鄶水也　此處有佚文一條：嘉靖《鄢陵志》卷一《地理志·山川》引《水經注》：“鄶水注于潧。”當是此句下佚文。

【語　譯】

潧水出鄭縣西北平地，

潧水發源於鄶城西北雞絡塢下，東南流經賈復城西，東南流，左岸與濠水匯合。濠水發源於賈復城,東南流注入溍水。溍水又南流,左岸與承雲山水匯合。承雲山水發源於西北方的承雲山,往東南流經渾子岡,東流而去。人們把此岡的峽谷叫五鳴口,東南流注入溍水。溍水又東南流,流經下田川,流過鄟城西,稱為柳泉水。史伯回答桓公道:您就憑著成周的兵力,伸張正義,討伐有罪者,如果攻克虢、鄶,那地方就是您的土地了。到那時前有華山,後有河水,左據濟水,右擁洛水,掌管著芣騩山,靠溍水、洧水養活;制訂典章刑律來治理,國家就鞏固了。說的就是這地方。溍水又南流,從懸崖上奔瀉入巖墅,崖高丈餘,水聲轟鳴,下面積水成潭,寬約四十步,水深莫測。溍水又南流注入洧水。這就是《詩經》所說的溱水與洧水。世人也稱為鄶水。

東過其縣北,又東南過其縣東,又南入于洧水。

鄶水、溍水的東南方,再也沒有別的河流了,溍水不可能流經新鄭再與洧水匯合的。在鄭城東注入洧水的是黃崖水,《水經》引證錯了。

渠_{沙水}

渠出滎陽北河,東南過中牟縣之北,

1　《風俗通》曰:渠者,水所居也①。渠水自河與濟亂流,東逕滎澤北,東南分濟,歷中牟縣之圃田澤,北與陽武分水。澤多麻黃草,故《述征記》曰:踐縣境便覩斯卉,窮則知踰界。今雖不能,然諒亦非謬。《詩》②所謂東有圃草也。皇武子曰:鄭之有原圃,猶秦之有具囿。澤在中牟縣西,西限長城,東極官渡,北佩渠水,東西四十許里,南北二十許里,中有沙岡,上下二十四浦,津流徑通,淵潭相接。各有名焉:有大漸、小漸、大灰、小灰、義魯、練秋、大白楊、小白楊、散嚇、禹中、羊圈、大鵠、小鵠、龍澤、蜜羅、大哀、小哀、大長、小長、大縮、小縮、伯丘、大蓋、牛眼等。浦水盛則北注,渠溢則南播。故《竹書紀年》,梁惠成王十年,入河水于甫田,又為大溝而引甫水者也。又有一瀆,自酸棗受河,導自濮瀆,歷酸棗逕陽武縣南出,世謂之十字溝而屬于渠,或謂是瀆為梁惠之年所開,而不能詳也。斯浦乃水澤之所鍾,為鄭隰之淵藪矣。

2　渠水右合五池溝,溝上承澤水,下流注渠,謂之五池口。魏嘉平三年,司馬懿帥中軍討太尉王凌于壽春,自彼而還,帝使侍中韋誕勞軍于五池者也。今其地為五池鄉矣。渠水又東,不家溝水注之,水出京縣東南梅山北溪,《春秋》襄公十八年,楚蔿子馮、公子格率銳師侵費,右迴梅山。杜預曰:在密東北。即是山也。

3　其水自溪東北流逕管城西,故管國也,周武王以封管叔矣。成王幼弱,周公攝政。

管叔流言曰：公將不利于孺子。公賦《鴟鴞》以伐之，即東山之師是也。《左傳》宣公十二年，晉師救鄭，楚次管以待之。杜預曰：京縣東北有管城者是也。俗謂之爲管水。

4　又東北，分爲二水，一水東北流注黃雀溝，謂之黃淵，淵周百步。其一水東越長城，東北流，水積爲淵，南北二里，東西百步，謂之百尺水，北入圃田澤，分爲二水，一水東北逕東武强城北。《漢書・曹參傳》：擊羽嬰于昆陽，追至葉，還攻武强，因至滎陽。薛瓚云：按武强城在陽武縣，即斯城也。漢高帝六年，封騎將莊不識爲侯國。又東北流，左注于渠，爲不家水口也。一水東流，又屈而南，轉東南注白溝也。

5　渠水又東，清池水注之，水出清陽亭西南平地，東北流逕清陽亭南，東流，即故清人城也。《詩》[③]所謂清人在彭。彭爲高克邑也。故杜預《春秋釋地》云：中牟縣西有清陽亭是也。清水又屈而北流至清口澤，七虎澗水注之，水出華城南岡，一源兩派，津川趣別，西入黃雀溝[④]，東爲七虎溪，亦謂之爲華水也。又東北流，紫光溝水注之，水出華陽城東北而東流，俗名曰紫光澗，又東北注華水。華水又東逕棐城北，即北林亭也。《春秋》：文公與鄭伯宴于棐林，子家賦《鴻雁》者也。《春秋》宣公元年，諸侯會于棐林以伐鄭，楚救鄭，遇于北林。服虔曰：北林，鄭南地也。京相璠曰：今滎陽苑陵縣有故林鄉，在新鄭北，故曰北林也。余按林鄉故城在新鄭東如北七十許里，苑陵故城在東南五十許里，不得在新鄭北也。考京、服之説，竝爲疎矣。杜預云：滎陽中牟縣西南有林亭，在鄭北，今是亭南去新鄭縣故城四十許里，蓋以南有林鄉亭，故杜預據是爲北林，最爲密矣。又以林鄉爲棐，亦或疑焉。諸侯會棐，楚遇于此，寧得知不在是而更指他處也。積古之傳，事或不謬矣。

6　又東北逕鹿臺南岡北，出爲七虎澗，東流，期水注之。水出期城西北平地，世號龍淵水。東北流，又北逕期城西，又北與七虎澗合，謂之虎溪水，亂流東注逕期城北，東會清口水。司馬彪《郡國志》曰：中牟有清口水。即是水也。清水又東北，白溝水注之，水有二源，北水出密之梅山東南，而東逕靖城南，與南水合。南水出太山，西北流至靖城南，左注北水，即承水也。《山海經》曰：承水出太山之陰，東北流注于役水者也。世亦謂之靖澗水。又東北流，太水注之，水出太山東平地，《山海經》曰：太水出于太山之陽，而東南流注于役水。世謂之禮水也。東北逕武陵城西，東北流注于承水。承水又東北入黃瓮澗，北逕中陽城西，城内有舊臺甚秀，臺側有陂池，池水清深。澗水又東屈逕其城北，《竹書紀年》：梁惠成王十七年，鄭釐侯來朝中陽者也。其水東北流爲白溝，又東北逕伯禽城北，蓋伯禽之魯，往逕所由也。屈而南流，東注于清水，即潘岳《都鄉碑》所謂自中牟故縣以西，西至于清溝。指是水也。

7　亂流東逕中牟宰魯恭祠南，漢和帝時，右扶風魯恭，字仲康，以太尉掾遷中牟令，政專德化，不任刑罰，吏民敬信，蝗不入境。河南尹袁安疑不實，使部掾肥親按行之，恭隨親行阡陌，坐桑樹下，雉止其旁，有小兒，親曰：兒何不擊雉？曰：將雛。親起曰：蟲不入境，一異；化及鳥獸，二異；豎子懷仁，三異。久留非優賢，請還。是年嘉禾生縣庭，安美其治，以狀上之，徵博士侍中。車駕每出，恭常陪乘，上顧問民政，無所隱諱，故能遺愛自古，祠享來今矣。

8　清溝水又東北逕沈清亭，疑即博浪亭也。服虔曰：博浪，陽武南地名也，今有亭。所未詳也。歷博浪澤，昔張良爲韓報仇于秦，以金椎擊秦始皇不中，中其副車于此。

9　又北分爲二水，枝津東注清水。清水自枝流北注渠，謂之清溝口。渠水又左逕陽武縣故城南，東爲官渡水，又逕曹太祖壘北，有高臺，謂之官渡臺，渡在中牟，故世又謂之中牟臺。建安五年，太祖營官渡，袁紹保陽武，紹連營稍前，依沙堆爲屯，東西數十里，公亦分營相禦，合戰不利，紹進臨官渡，起土山地道以逼壘，公亦起高臺以捍之，即中牟臺也。今臺北土山猶在，山之東悉紹舊營，遺基竝存。渠水又東逕田豐祠北，袁本初懃不納其言，害之。時人嘉其誠謀，無辜見戮，故立祠于是，用表袁氏覆滅之宜矣。

10　又東，役水注之，水出苑陵縣西隙候亭東，世謂此亭爲郜城，非也，蓋隙、郜聲相近耳。中平陂⑤，世名之塱泉也，即古役水矣。《山海經》曰：役山，役水所出，北流注于河。疑是水也。東北流逕苑陵縣故城北，東北流逕焦城東、陽丘亭西，世謂之焦溝水。《竹書紀年》：梁惠成王十六年，秦公孫壯率師伐鄭，圍焦城不克，即此城也。俗謂之驛城，非也。役水自陽丘亭東流，逕山民城北，爲高榆淵。《竹書紀年》：梁惠成王十六年，秦公孫壯率師城上枳、安陵、山民者也。又東北爲酢溝，又東北，魯溝水出焉，役水又東北，塱溝水出焉。又東北爲八丈溝。又東，清水枝津注之，水自沈城東派，注于役水。役水又東逕曹公壘南，東與沬水合。《山海經》云：沬山，沬水所出，北流注于役。今是水出中牟城西南，疑即沬水也。

11　東北流逕中牟縣故城西，昔趙獻侯自耿都此。班固云：趙自邯鄲徙焉。趙襄子時，佛肸以中牟叛，置鼎于庭，不與己者烹之，田英將褰裳赴鼎處也。薛瓚注《漢書》云：中牟在春秋之時爲鄭之堳也，及三卿分晉，則在魏之邦土。趙自漳北不及此也。《春秋傳》曰：衛侯如晉過中牟。非衛適晉之次也。《汲郡古文》曰：齊師伐趙東鄙，圍中牟。此中牟不在趙之東也。按中牟當在潔水之上矣。按《春秋》：齊伐晉夷儀，晉車千乘在中牟，衛侯過中牟，中牟人欲伐之，衛褚師固亡在中牟，曰：衛雖小，其君在，未可勝也。齊師克城而驕，遇之必敗。乃敗齊師。服虔不列中牟所在。杜預曰：今滎陽有中牟。迴遠，疑爲非也。然地理參差，土無常域，隨其强弱，自相吞并，疆里流移，寧可一也。兵車所指，逕紆難知，自魏徙大梁，趙以中牟易魏，故趙之南界，極于浮水，匪直專漳也。趙自西取後止中牟，齊師伐其東鄙，于宜無嫌。而瓚徑指漯水，空言中牟所在，非論證也。漢高帝十一年，封單父聖爲侯國。沬水又東北注于役水。昔魏太祖之背董卓也，間行出中牟，爲亭長所録。郭長公《世語》⑥云：爲縣所拘，功曹請釋焉。

12　役水又東北逕中牟澤，即鄭太叔攻萑蒲之盜于是澤也。其水東流北屈注渠。《續述征記》⑦所謂自酱魁城到酢溝十里者也。渠水又東流而左會淵水，其水上承聖女陂，陂周二百餘步，水無耗竭，湛然清滿，而南流注于渠。渠水又東南而注大梁也。

又東至浚儀縣，

13　渠水東南逕赤城北，戴延之所謂西北有大梁亭，非也。《竹書紀年》：梁惠成王二十八年，穰疵率師及鄭孔，夜戰于梁赫，鄭師敗逋。即此城也。左則故瀆出焉。秦始皇二十年，王賁斷故渠，引水東南出以灌大梁，謂之梁溝。又東逕大梁城南，本《春秋》之陽武高陽鄉也，于戰國爲大梁。周梁伯之故居矣。梁伯好土功，大其城，號曰新里，民疲而潰，秦遂取焉。後魏惠王自安邑徙都之，故曰梁耳。《竹書紀年》：梁惠成王六年四月甲寅，徙都于大梁是也。秦滅魏以爲縣，漢文帝封孝王于梁，孝王以土地下溼，東都睢陽，又改曰梁，自是置縣。

14　以大梁城廣，居其東城夷門之東，夷門，即侯嬴抱關處也。《續述征記》以此城爲師曠城，言郭緣生曾遊此邑，踐夷門，升吹臺，終古之跡，緬焉盡在。余謂此乃梁氏之臺門，魏惠之都居，非吹臺也，當是誤證耳。《西征記》論儀封人即此縣，又非也。《竹書紀年》：梁惠成王三十一年三月，爲大溝于北郛，以行圃田之水。《陳留風俗傳》曰：縣北有浚水，像而儀之，故曰浚儀。余謂故汳沙爲陰溝矣，浚之，故曰浚，其猶《春秋》之浚洙乎？漢氏之浚儀水，無他也，皆變名矣。

15　其國多池沼，時池中出神劍，到今其民像而作之，號大梁氏之劍也。渠水又北屈，分爲二水，《續述征記》曰：汳沙到浚儀而分也。汳東注，沙南流，其水更南流，逕梁王吹臺東。《陳留風俗傳》曰：縣有蒼頡、師曠城，上有列僊之吹臺，北有牧澤，澤中出蘭蒲，上多儁髦，衿帶牧澤，方十五里，俗謂之蒲關澤。即謂此矣。梁王增築，以爲吹臺。城隍夷滅，畧存故跡，今層臺孤立于牧澤之右矣。其臺方百許步，即阮嗣宗《詠懷詩》所謂駕言發魏都，南向望吹臺，簫管有遺音，梁王安在哉？晉世喪亂，乞活憑居，削墮故基，遂成二層，上基猶方四五十步，高一丈餘，世謂之乞活臺，又謂之繁臺城。渠水于此，有陰溝、鴻溝之稱焉。項羽與漢高分王，指是水以爲東西之別。蘇秦説魏襄王曰：大王之地，南有鴻溝是也。故尉氏縣有波鄉、波亭、鴻溝鄉、鴻溝亭,皆藉水以立稱也。今蕭縣西亦有鴻溝亭,梁國睢陽縣東有鴻口亭,先後談者,亦指此以爲楚、漢之分王,非也。蓋《春秋》之所謂紅澤者矣。渠水右與汜水合,水上承役水于苑陵縣,縣,故鄭都也,王莽之左亭縣也。役水枝津東派爲汜水者也,而世俗謂之堲溝水也。《春秋左傳》僖公三十年,晉侯、秦伯圍鄭,晉軍函陵,秦軍汜南,所謂東汜者也。其水又東北逕中牟縣南,又東北逕中牟澤與淵水合,水出中牟縣故城北,城有層臺。按郭長公《世語》及干寶《晉紀》[8],竝言中牟縣故魏任城玉臺下池中,有漢時鐵錐,長六尺,入地三尺,頭西南指不可動。正月朔自正,以爲晉氏中興之瑞。而今不知所在,或言在中陽城池臺,未知焉是?淵水自池西出,屈逕其城西,而東南流注于汜。汜水又東逕大梁亭南,又東逕梁臺南,東注渠。

16　渠水又東南流逕開封縣,睢、渙二水出焉。右則新溝注之,其水出逢池,池上承役水于苑陵縣,別爲魯溝水。東南流逕開封縣故城北,漢高帝十一年,封陶舍爲侯國也。《陳留志》[9]稱,阮簡字茂弘,爲開封令,縣側有劫賊,外白甚急數,簡方圍棊長嘯。吏云:劫急。簡曰:局上有劫亦甚急。其耽樂如是。故《語林》曰:王中郎以圍棊爲坐隱,或亦謂之爲手談,又謂之爲棊聖。

17　魯溝南際富城,東南入百尺陂,即古之逢澤也。徐廣《史記音義》曰:秦使公子少官率師會諸侯逢澤。汲郡冢《竹書紀年》作秦孝公會諸侯于逢澤。斯其處也。故應德璉《西征賦》[10]曰:鷖衡東指,弭節逢澤。其水東北流爲新溝,新溝又東北流逕牛首鄉北,謂之牛建城,又東北注渠,即沙水也。音蔡,許慎正作沙音,言水散石也,從水少,水少沙見矣。楚東有沙水,謂此水也。

又屈南至扶溝縣北,

18　沙水又東南逕牛首鄉東南,魯溝水出焉,亦謂之宋溝也。又逕陳留縣故城南,孟康曰:留,鄭邑也,後爲陳所并,故曰陳留矣。魯溝水又東南逕圉縣故城北,縣苦楚難,脩其干戈以圉其患,故曰圉也,或曰邊陲之號矣。歷萬人散。王莽之篡也,東郡太守翟義興兵討莽,莽遣奮威將軍孫建擊之于圉北,義師大敗,尸積萬數,血流溢道,號其處爲萬人散,百姓哀而祠之。

19　又歷魯溝亭,又東南至陽夏縣故城西,漢高祖六年,封陳豨爲侯國。魯溝又南入渦,今無水也。沙水又東南逕斗城西。《左傳》襄公三十年,子産殯伯有尸,其臣葬之于是也。沙水又東南逕牛首亭東,《左傳》桓公十四年,宋人與諸侯伐鄭東郊,取牛首者也,俗謂之車牛城矣。沙水又東南,八里溝水出焉。又東南逕陳留縣裘氏鄉裘氏亭西,又逕澹臺子羽冢東,與八里溝合。按《陳留風俗傳》曰:陳留縣裘氏鄉有澹臺子羽冢,又有子羽祠,民祈禱焉。京相璠曰:今泰山南武城縣有澹臺子羽冢,縣人也。未知孰是。因其方志所叙,就記纏絡焉。

20　溝水上承沙河而西南流,逕牛首亭南,與百尺陂水合,其水自陂南逕開封城東三里岡,左屈而西流南轉,注八里溝。又南得野兔水口,水上承西南兔氏亭北野兔陂,鄭地也。《春秋傳》云:鄭伯勞屈生于兔氏者也。陂水東北入八里溝。八里溝水又南逕石倉城西,又南逕兔氏亭東,又南逕召陵亭西,東入沙水。沙水南逕扶溝縣故城東,縣即潁川之穀平鄉也。有扶亭,又有洧水溝,故縣有扶溝之名焉。建武元年,漢光武封平狄將軍朱鮪爲侯國。沙水又東與康溝水合,水首受洧水于長社縣東,東北逕向岡西,即鄭之向鄉也。後人遏其上口,今水盛則北注,水耗則輟流。又有長明溝水注之,水出苑陵縣故城西北,縣有二城,此則西城也。二城以東,悉多陂澤,即古制澤也。京相璠曰:鄭地。杜預曰:澤在滎陽苑陵縣東,即《春秋》之制田也。故城西北平地出泉,謂之龍淵泉,泉水流逕陵丘亭西,又西,重泉水注之,水出城西北平地,泉湧南流,逕陵丘亭西,西南注龍淵水。龍淵水又東南逕凡陽亭西,而南入白鴈陂。陂在長社縣東北,東西七里,南北十里,在林鄉之西南,司馬彪《郡國志》曰:苑陵有林鄉亭。白鴈陂又引瀆南流,謂之長明溝,東轉北屈,又東逕向城北,城側有向岡,《左傳》襄公十一年,諸侯伐鄭,師于向者也。又東,右迆爲染澤陂,而東注于蔡澤陂。長明溝水又東逕尉氏縣故城南,圈稱云:尉氏,鄭國之東鄙,弊獄官名也,鄭大夫尉氏之邑。故樂盈曰:盈將歸死于尉氏也。

21　溝瀆自是三分,北分爲康溝,東逕平陸縣故城北,高后元年,封楚元王子禮爲侯國。建武元年,以户不滿三千,罷爲尉氏縣之陵樹鄉。又有陵樹亭,漢建安中,封尚書荀攸爲陵樹鄉侯。故《陳留風俗傳》曰:陵樹鄉,故平陸縣也。北有大澤,名曰長樂廐。康溝又東逕扶溝縣之白亭北,《陳留風俗傳》曰:扶溝縣有帛鄉、帛亭,名在七鄉十二亭中。康溝又東逕少曲亭,《陳留風俗傳》曰:尉氏縣有少曲亭,俗謂之小城也。又東南逕扶溝縣故城東,而東南注沙水。沙水又南會南水,其水南流,又分爲二水,一水南逕關亭東,又東南流,與左水合,其水自枝瀆南逕召陵亭西,疑即扶溝之亭也,而東南合右水。世以是水與鄢陵陂水雙導,亦謂之雙溝。又東南入沙水。沙水南與蔡澤陂水合,水出鄢陵城西北,《春秋》成公十六年,晉、楚相遇于鄢陵,呂錡射中共王目,王召養由基,使射殺之,亦子反醉酒自斃處也。陂東西五里,南北十里,陂水東逕匡城北,城在新汲縣之東,北即扶溝之匡亭也。亭在匡城鄉,《春秋》文公元年,諸侯朝晉,衛成公不朝,使孔達侵鄭,伐綿訾及匡,即此邑也。今陳留長垣縣南有匡城,即平丘之匡亭也。襄邑又有承匡城,然匡居陳、衛之間,亦往往有異邑矣。陂水又東南至扶溝城北,又東南入沙水。沙水又南逕小扶城西,而東南流也。城即扶溝縣之平周亭,東漢和帝永元中,封陳敬王子參爲侯國。沙水又東南逕大扶城西,城即扶樂故城也。城北二里有《袁良碑》,云良,陳國扶樂人。後漢世祖建武十七年,更封劉隆爲扶樂侯,即此城也。渦水于是分焉,不得在扶溝北便分爲二水也。

其一者,東南過陳縣北,

22　沙水又東南逕東華城西,又東南,沙水枝瀆西南達洧,謂之甲庚溝,今無水。沙水又南與廣漕渠合,上承龐官陂,云鄧艾所開也。雖水流廢興,溝瀆尚夥。昔賈逵爲魏豫州刺史,通運渠二百里餘,亦所謂賈侯渠也。而川渠逕復,交錯畛陌,無以辨之。沙水又東逕長平縣故城北,又東南逕陳城北,故陳國也。伏羲、神農竝都之。城東北三十許里,猶有羲城實中,舜後嬀滿,爲周陶正,武王賴其器用,妻以元女太姬而封諸陳,以備三恪⑪。太姬好祭祀,故《詩》⑫所謂坎其擊鼓,宛丘之下。宛丘在陳城南道東,王隱云:漸欲平。今不知所在矣。楚討陳,殺夏徵舒于栗門,以爲夏州。後城之東門內有池,池水東西七十步,南北八十許步,水至清潔,而不耗竭,不生魚草,水中有故臺處,《詩》⑬所謂東門之池也。城內有漢相王君造《四縣邸碑》,文字剝缺,不可悉識,其畧曰:惟兹陳國,故曰淮陽郡云云。清惠著聞,爲百姓畏愛,求賢養士,千有餘人,賜與田宅吏舍,自損俸錢,助之成邸。五官掾西華陳騅等二百五人,以延熹二年云云。故其頌曰:脩德立功,四縣回附。今碑之左右,遺墉尚存,基礎猶在,時人不復尋其碑證,云孔子廟學,非也。後楚襄王爲秦所滅,徙都于此。文穎曰:西楚矣。三楚,斯其一焉。城南郭裏,又有一城,名曰淮陽城,子産所置也。漢高祖十一年以爲淮陽國,王莽更名,郡爲新平,縣曰陳陵。故豫州治。王隱《晉書·地道記》云:城北有故沙,名之爲死沙,而今水流津通,漕運所由矣。沙水又東而南屈,逕陳城東,謂之百尺溝,又南分爲二水,新溝水出焉。溝水東南流,谷水注之,水源上承澇陂,陂在陳城西北,南暨挙城,皆爲陂矣。陂水東流謂之谷水,東逕澇城北,王隱曰:挙北有谷水是也。挙即檉矣。《經》書:公會齊、宋于檉者也。杜預曰:檉即挙也。在陳縣西北爲非,檉,小城也,在陳郡西南。谷水又東逕陳城南,又東流入于新溝水,又東南注于潁,謂之交口。水次有大堰,即古百尺堰也。《魏書·國志》曰:司馬宣王討太尉王凌,大軍掩至百尺堨,即此堨也。今俗呼之爲山陽堰,非也。蓋新水首受潁于百尺溝,故堰兼有新陽之名也。以是推之,悟故俗謂之非矣。

又東南至汝南新陽縣北,

23　沙水自百尺溝東逕寧平縣之故城南,《晉陽秋》稱晉太傅東海王越之東奔也,石勒追之,燔尸于此。數十萬衆,斂手受害,勒縱騎圍射,尸積如山,王夷甫死焉。余謂俊者所以智勝羣情,辨者所以文身祛惑,夷甫雖體荷儔令,口擅雌黃,汙辱君親,獲罪羯勒,史官方之華、王、諒爲褒矣。

24　沙水又東,積而爲陂,謂之陽都陂,明水注之。水上承沙水枝津,東出逕汝南郡之宜禄縣故城北,王莽之賞都亭也。明水又東北流注于陂,陂水東南流,謂之細水。又東逕新陽縣北,又東,高陂水東出焉。沙水又東分爲二水,即《春秋》所謂夷濮之水也。枝津北逕譙縣故城西,側城入渦。沙水東南逕城父縣西南,枝津出焉,俗謂之章水。一水東注,即濮水也,俗謂之艾水。東逕城父縣之故城南,東流注也。

又東南過山桑縣北,

25　山桑故城在渦水北,沙水不得逕其北明矣。《經》言過北,誤也。

又東南過龍亢縣南,

26　沙水逕故城北,又東南逕白鹿城北而東注也。

又東南過義成縣西,南入于淮。

27　義成縣故屬沛,後隸九江。沙水東流注于淮,謂之沙汭。京相璠曰:楚東地也。《春秋左傳》昭公二十七年,楚令尹子常以舟師及沙汭而還。杜預曰:沙,水名也。

【注　釋】　①水所居也　此處有佚文二條。《禹貢山川地理圖》卷下《莨蕩渠口辨》引《水經注》:"渠水即莨蕩渠也。"又《方輿紀要》卷四十六《河南》一《潁水》引《水經注》:"莨蕩渠自中牟東流,至浚儀縣分爲二水,南流曰沙水,東注曰汴水。"當均是此段下佚文。②詩　指《詩經·小雅·車攻》。③詩　指《詩經·鄭風·清人》。④黃雀溝　《水經注疏》作"黃崖溝"。《疏》:"全改'崖'作'雀',云:此即《濟水注》之黃雀溝,鄭國別有黃崖溝,非此溝也。趙、戴改同。會貞按:《洧水》篇敘黃水,謂黃爲《春秋》之黃崖,即此所入之水。若《濟水》篇之黃雀溝,不得與此通也。全說謬,戴、趙並依改,脈水之功疏矣。"⑤中平陂　趙一清在此處按:"'中平陂'上有脫文。"⑥世語　書名。即郭頒《世語》。《隋書·經籍志》著錄作《魏晉世語》十卷。此處作郭長公,長公是郭頒字,晉襄陽令。《河水》五已有注釋。⑦續述征記　書名。隋唐三志俱著錄《述征記》二卷,但未及《續述征記》。而卷二十六《巨洋水注》引及郭緣生《續述征記》,故此書亦是南朝宋郭緣生所撰,已亡佚。無輯本。⑧晉紀　書名。《隋書·經籍志》著錄二十三卷,晉干寶撰,訖愍帝。《舊唐志》作二十二卷,《新唐志》作干寶《晉書》二十二卷,已亡佚。輯本收入於《漢學堂叢書》、《叢書集成初編》等,均一卷。⑨陳留志　書名。《隋書·經籍志》著錄十五卷,東晉剡令江敞撰。《舊唐志》作江澂,《新唐志》作《陳留人物志》十五卷,江敞撰。或疑此書即圈稱《陳留風俗傳》。已亡佚。輯本收入於《說郛》卷六。⑩西征賦　詩賦名。三國魏應德璉撰。《隋書·經籍志》著錄《魏太子文學應瑒集》一卷,此賦當在集中,今賦隨集亡。歷來唯《水經注》引及,清嚴可均即據此《注》文輯入《全後漢文》。⑪以備三恪　周武王封黃帝之後於薊、封帝堯之後於祝、封帝舜之後於陳謂之三恪。見《禮記》孔疏。杜注則以封虞、夏、商之後爲三恪。恪,誠敬。⑫詩　指《詩經·陳風·宛丘》。⑬詩　指《詩經·陳風·東門之池》。

【語　譯】

渠出滎陽北河,東南過中牟縣之北,

1　《風俗通》說:渠是水所存積的地方。渠水從河水分出,與濟水亂流,東經滎澤北,東南從濟水分支而出,流經中牟縣圃田澤,北與陽武縣以水為分界。澤中多麻黃草,所以《述征記》說:一踏進縣境,到處都可以看見這種草,待到走完草地時,就知道過了縣界了。今天雖然沒有這樣一目了然的區分,但想來也不是隨口亂說的。《詩經》裡說的東有圃草,就指這種麻黃草。皇武子說:鄭國有原圃,就像秦國有具囿一樣。圃田澤在中牟縣西,西止於長城,東到官渡,北連渠水,東西約四十里,南北約二十里。澤中有沙岡,上下有二十四處水口,河渠相通,深潭相接,各有各的名稱:有大漸、小漸、大灰、小灰、義魯、練秋、大白楊、小白楊、散嚇、禹中、羊圈、大鵠、小鵠、龍澤、蜜羅、大哀、小哀、大長、小長、大縮、小縮、伯丘、大蓋、牛眼等等。港灣水漲時就北流,渠水滿溢時就向南宣洩。所以《竹書紀年》載,梁惠成王十年(公元前三六〇年),把河水引入甫田,又開鑿大溝引入甫水。另有一條渠道,通過濮瀆從酸棗引入河水,穿過酸棗,經陽武縣南流而出,世人稱為十字溝,而與渠水相連。有人說這條渠是梁惠王時開鑿的,但也弄不清楚。此水口是水澤匯聚的地方,是鄭國低窪的叢林沼澤地帶。

2　渠水又在右岸與五池溝匯合。五池溝上流承接澤水,往下流注入渠水,匯流處稱為五池口。魏嘉平三年(公元二五一年),司馬懿率中軍在壽春討伐太尉王凌,回師途中,皇帝派侍中韋誕在五池慰勞軍隊。今天這裡已成為五池鄉了。渠水又東流,不家溝水注入。不家溝水發源於京縣東南的梅山北溪。《春秋》襄公十八年(公元前五二四年),楚國蔿子馮、公子格率領精兵侵費,從右邊繞過梅山。杜預說:梅山在密縣東北,指的就是這座山。

3　不家溝水從溪中往東北流經管城西,這裡是從前的管國,周武王封管叔於此。當時成王年幼,周公攝政,管叔散布流言道:周公掌政將不利於幼王。周公作《鴟鴞》討伐管叔,他率領的就是東山的軍隊。《左傳》宣公十二年(公元前五九七年),晉軍救鄭,楚軍屯駐於管,嚴陣以待。杜預說:京縣東北有管城,就指此城。民間稱這條水為管水。

4　管水又東北流,分為兩條:一條東北流,注入黃雀溝,稱為黃淵,淵潭周圍百步;另一條東流,越過長城,東北流,積聚成淵,南北二里,東西百步,稱為百尺水。北流注入圃田澤,又分為兩條:一條東北流經東武強城北。《漢書·曹參傳》說:曹參在昆陽攻打羽嬰,追到葉,又折回攻打武強,因而到滎陽。薛瓚說:武強城在陽武縣,指的就是此城。漢高帝六年(公元前二〇一年),把陽武封給騎將莊不識為侯國。水又東北流,向左注入渠水,匯流處稱為不家水口。另一條東流,又折而南轉,往東南注入白溝。

5　渠水又東流,清池水注入。清池水發源於清陽亭西南平地上,往東北流經清陽亭南,東流就到從前的清人城。《詩經》說到清人在彭。彭就是高克的城邑。因此杜預《春秋釋地》說:中牟縣西有清陽亭。清水又轉彎北流,到清口澤,七虎澗水注入。七虎澗水發源於華城南岡,源頭一分為二,各自朝著不同的方向,西流的注入黃雀溝,東流的叫七虎溪,也稱華水。華水又東北流,紫光溝水注入。紫光溝水出自華陽城東北而東流,民間稱為紫光澗。又東北流,注入華水。華水又東流經棐城北,就是北林亭。《春秋》:文公與鄭伯在棐林會宴,子家誦《鴻雁》一詩,就是在這地方。《春秋》宣公元年(公元前六〇八年),諸侯為伐鄭在棐林會合;楚國去援救鄭,在北林與諸侯軍相遇。服虔說:北林是鄭國南部地區。京相璠說:今天滎陽郡苑陵縣有舊時的林鄉,因地處新鄭以北,所以稱北林。我查考過,林鄉舊城在新鄭東偏北七十來里,苑陵舊城在東南五十來里,不可能在新鄭以北的。這樣看來,京相璠、服虔的說法都有錯誤。杜預說:滎陽郡中牟縣西南有林亭,在鄭以北。今天此亭南距新鄭縣舊城四十來里,因為南有林鄉亭,所以杜預根據這一點以為是北林,這說法最為確切。又認為林鄉就是棐,這又值得懷疑了。諸侯在棐會師,楚軍在此與諸侯軍相遇,哪裡知道不在這裡而另指別處呢。自古流傳下來的記載,也許是不錯的。

6　華水又東北流經鹿臺南岡北,流出後稱為七虎澗;東流有期水注入。期水發源於期城西北的平地,世人稱為龍淵水。東北流,又北流經期城西,又北流與七虎澗水匯合,稱為虎溪水,亂流奔向東方,經期城北,東流與清口水匯合。司馬彪《郡國志》說:中牟縣有清口水,指的就是這條水。清水又東北流,白溝水注入。白溝水有兩個源頭:北水發源於密縣的梅山東南,東流經靖城南與南水匯合;南水發源於太山,西北流到靖城南,向左注入北水,就是承水。《山海經》說:承水發源於太山北麓,東北流,注入役水,世人也稱為靖澗水。又東北流,太水注入。太水發源於太山東的平地。《山海經》說:太水發源於太山南麓,東南流注入役水,世人稱為禮水。東北流經武陵城西,東北流注入承水。承水又東北流,注入黃瓮澗,北流經中陽城西。城內有一座舊臺,十分突出,臺旁有池,池水清澈淵深。澗水又東流,轉彎流經城北。《竹書紀年》:梁惠成王十七年(公元前三五三年),鄭釐侯來中陽城朝見。此水東北流,稱為白溝。又東北流經伯禽城北,那是伯禽赴魯時所經過的地方。白溝水拐彎南流,東注清水。潘岳"都鄉碑"所說的,從中牟舊縣以西,西行到清溝。指的就是這條水。

7 清溝水亂流東經中牟縣縣令魯恭祠南。漢和帝時,右扶風人魯恭,字仲康,從太尉掾調任中牟令,他致力於政事,以德教化人民,不輕易施行刑罰,官吏百姓都十分尊敬信任他,連蝗蟲都不飛入縣境。河南府尹袁安懷疑所聞不實,派部屬肥親去巡察,魯恭跟著肥親走過田間小路,坐在一棵桑樹下,這時有一隻雉雞停息在樹旁,還有一個小孩也在。肥親問小孩道:你為什麼不去打這隻雉雞呢? 小孩回答道:牠正帶著一群小雉呢。肥親站起來說:蝗蟲不入縣境,是一奇;教化及於鳥獸,是二奇;兒童懷有仁心,是三奇。久留並非優待賢人,讓我回去吧。那年縣府庭院裡長出一棵莖壯穗長的嘉禾,袁安讚賞他的政績,寫了奏狀上呈朝廷,魯恭被徵聘為博士、侍中。皇上每次車駕出門,魯恭常在旁陪伴,皇上問及民政諸事,他都直言不諱。所以自古以來,一直受到民間的愛戴,立祠享祭,至今從未中斷過。

8 清溝水又東北流經沈清亭,可能就是博浪亭。服虔說:博浪是陽武以南的地名。今日也確有其亭,但詳情還是不得而知。清溝水流經博浪澤,從前張良為韓國向秦報仇,投鐵錘擊秦始皇,沒有擊中,卻擊中了侍從的車,此事就發生在這裡。

9 清溝水又北流,分為兩條,支流東注入清水。清水從支流分出處北注渠水,匯流處稱清溝口。渠水左岸流經陽武縣舊城南,東流稱為官渡水;又流經曹太祖營壘北,這裡有一座高臺,稱為官渡臺,渡口在中牟,所以人們又稱為中牟臺。建安五年(公元二〇〇年),太祖在官渡紮營,袁紹守在陽武,連營結寨逐漸向前推進,依傍沙堆為營地,東西連營達數十里。曹操也分兵抵禦,交戰失利。袁紹兵向東推進逼近官渡,築土山,挖地道進逼曹操營壘;曹操也築起高臺來捍衛,這就是中牟臺。今天臺北的土山還在,土山以東都是袁紹的舊營壘,遺基也都還留著。渠水又東流經田豐祠北。袁本初不聽田豐意見,以致戰敗,羞憤交加,竟把田豐殺了。當時人們讚賞田豐真心為袁紹謀劃,卻無辜被殺,特在此為他立祠,用以表示袁氏的覆滅是咎由自取。

10 渠水又東流,役水注入。役水發源於苑陵縣以西、隙候亭以東,世人稱此亭為郤城,是弄錯了,那是由於隙、郤兩字讀音相近而致誤。中平陂,世人稱為埿泉,就是古時的役水。《山海經》說:役水發源於役山,北流注入河水。指的可能就是這條水。役水東北流經苑陵縣舊城北,東北流經焦城東、陽丘亭西,世人稱為焦溝水。《竹書紀年》:梁惠成王十六年(公元前三五四年),秦國公孫壯率領軍隊攻鄭,包圍了焦城,卻沒有攻下,指的就是此城。民間稱為驛城,是弄錯了。役水從陽丘亭東流,流經山民城北,就到高榆淵。《竹書紀年》:梁惠成王十六年,秦公孫壯率軍修築了上枳、安陵、山民等城。役水又東北流是酢溝。又東北流,魯溝水分支流出;役水又東北流,分出埿溝水;又東北流是八丈溝;又東流,清水支流注入。這條支流從沈城往東分出,注入役水。役水又東流經曹公壘南,東流與沫水匯合。《山海經》說:沫水發源於沫山,北流注入役水。現在這條水發源於中牟城西南,可能就是沫水。

11　沫水東北流經中牟縣舊城西,從前趙獻侯從耿遷都到這裡。班固說:趙從邯鄲遷到這裡。趙襄子的時候,佛肸在中牟反叛,把大鍋放在庭院中,不跟他走的就投入大鍋裡煮死,這裡就是田英提起衣襟走向大鍋的地方。薛瓚注《漢書》說:中牟在春秋時是鄭國的疆域,到三卿分晉時,則在魏的國境內;趙在漳水以北,國界不到這裡。《春秋傳》說:衛侯去晉,經過中牟,但這不代表中牟在從衛去晉的路上。《汲郡古文》說:齊國軍隊攻打趙國東部邊境,圍困中牟。這裡的中牟不在趙國東邊。中牟應在潔水上。據《春秋》:齊國攻打晉國夷儀,晉軍千餘輛兵車聚集在中牟。衛侯經過中牟的時候,中牟人想攻擊他。衛國有個褚師固早先逃亡到中牟,他對中牟人說:衛國雖然是小國,但君主在,是不能取勝的。齊軍攻克城邑,已經驕傲起來了,一交戰就要打敗仗。後來果然打敗齊軍。服虔沒有指出中牟在什麼地方。杜預說:今天滎陽有個中牟,路途迂迴遙遠,想來不是那個中牟。但地理狀況很不一致,地域的範圍又變化無常,隨著各國力量的強弱消長,自相吞併,疆界也變動不定,怎麼可以看作一成不變呢。當年兵車開往何處,故意迂迴曲折地繞道走,也很難說。自從魏遷移到大梁後,趙用中牟與魏交換土地,所以趙的南疆直到浮水為止,而不止到漳水。趙國自從向西擴張後,到中牟為止,齊軍侵犯它的東部邊境,該是無可懷疑的。而薛瓚卻立即推定是在潔水,憑空斷言中牟所在之處,這不是論證的正確方法。漢高帝十一年(公元前一九六年),把中牟封給單父聖為侯國。沫水又東北流,注入役水。從前魏太祖背離董卓,抄小路逃出中牟,被亭長捉住。郭長公《世語》說:被縣官拘捕,功曹請求釋放他。

12　役水又東北流經中牟澤,鄭太叔就在這片澤地中進攻萑蒲的盜賊。此水東流,折向北方,注入渠水。《續述征記》所說:從醬魁城到酢溝路程十里,這裡的酢溝就指渠水。渠水又東流,在左岸與淵水匯合。淵水上流承接聖女陂,此陂周圍二百餘步,陂水從不乾涸,常是清泉滿池。池水南流注入渠水。渠水又往東南向著大梁流去。

又東至浚儀縣,

13　渠水東南流經赤城北,戴延之以為西北的大梁亭就是赤城,其實不是。《竹書紀年》:梁惠成王二十八年(公元前三四二年),魏將穰疵率兵與鄭孔在梁、赫進行夜戰,鄭軍敗逃。就指此城。左邊有舊渠道從這裡流出。秦始皇二十年(公元前二二七年),王賁截斷這條舊渠道,引水流向東南,去淹沒大梁城,形成的渠道叫梁溝。渠水又東流經大梁城南。這裡原是《春秋》中的陽武高陽鄉，到戰國時稱為大梁，是周朝梁伯的故居。梁伯喜歡大興土木，擴大此城的範圍，稱為新里。百姓不勝勞苦，紛紛逃亡，於是秦國就乘機奪取了此城。後來魏惠王從安邑遷都到這裡，所以叫梁。《竹書紀年》載：梁惠成王六年(公元前三六四年)四月甲寅日，遷都到大梁。秦滅魏後設立為縣。漢文帝把梁封給孝王，孝王因為這裡地勢低窪潮溼，把都城移到東面的睢陽，又改稱梁。自此以後，就在這裡立縣。

14　因為大梁城範圍很大，就把縣治設在東城夷門以東。夷門就是當年侯嬴守關的地方。《續述征記》以為此城就是師曠城，說郭緣生曾經遊歷過此城，到過夷門，登上吹臺，這些從遙遠的古代留下的遺跡，今天都還在。我認為這是梁氏的臺門，魏惠王居住的地方，並不是吹臺，郭氏是弄錯了。《西征記》提到儀城封人，以為儀城就是此縣，也不對。《竹書紀年》載：梁惠成王三十一年(公元前三三九年)三月，在北邊外城開鑿了大溝，以引圃田舊澤的水。《陳留風俗傳》說：縣北有浚水，以儀象測定位置，因此稱為浚儀。我認為從前的汳沙水就是陰溝，因為疏浚過，所以稱為浚水，這也許就像《春秋》說的浚洙吧？漢朝的浚儀水，沒有什麼特別的意思，不過都是異名罷了。

15　這一帶地方遍布池塘沼澤，當時池中撈出一把神劍，到今天當地人還仿它的式樣製劍，稱為大梁氏之劍。渠水又北轉，分為二水。《續述征記》說：汳沙到浚儀而分流，汳水東注，沙水南流。渠水更南流，經梁王吹臺東。《陳留風俗傳》說：縣有蒼頡、師曠二城，城上有仙人們的吹臺，北有牧澤，澤中多蘭草和香蒲，這一帶人才輩出。牧澤方圓十五里，民間稱蒲關澤，就是指這裡。梁王擴建了吹臺。城牆和護城河都已平毀了，只留下一點遺跡。現在那座層臺還孤零零地聳立在牧澤右邊。層臺方圓約一百步，就是阮嗣宗《詠懷詩》裡所寫的：從魏都乘車出發，向南眺望著吹臺。簫管依然還有遺音，可是梁王如今何在？晉朝戰禍頻仍，流民聚居在這裡，臺基被挖掘破壞，於是就成為兩層了，上層還有四五十步見方，高一丈多，民間稱為乞活臺，又叫繁臺城。渠水到這裡，有陰溝、鴻溝之稱。項羽與漢高祖劃地稱王，就以這條水作為東西的分界。蘇秦遊說魏襄王說：大王的土地南面有鴻溝，指的就是此水。舊尉氏縣有波鄉、波亭、鴻溝鄉、鴻溝亭，都是以水命名的。今天蕭縣西也有鴻溝亭，梁國睢陽縣東有鴻口亭，古今許多談及鴻溝的人，也有認為此水是楚漢的分界，是搞錯了的。實際上這是《春秋》所說的紅澤。渠水在右岸與汜水匯合，汜水上流在苑陵縣承接役水。苑陵縣是從前鄭國的都城，就是王莽時的左亭縣。役水支流向東分出稱為汜水，民間則稱為堲溝水。《春秋左傳》僖公三十年(公元前六三〇年)，晉侯、秦伯包圍了鄭，晉軍駐紮在函陵，秦軍駐紮在汜南就是所

謂的東汜。此水又東北流經中牟縣南,又東北流經中牟澤與淵水匯合。淵水發源
於中牟縣舊城北,城裡有層臺。據郭長公《世語》和干寶《晉紀》,都說中牟縣從前
魏時任城玉臺下的池中,有一把漢時的鐵錐,長六尺,陷入地下三尺,錐頭指向西
南,扳也扳不動,但到正月初一,錐頭卻自動指正了方向。人們認為這是晉朝中興
的吉兆。但今天不知道這鐵錐在什麼地方了。有人說在中陽城池臺,不知道是不
是真的?淵水從池西流出,拐彎流經城西,往東南注入汜水。汜水又往東流經大
梁亭南,又東流經梁臺南,東流注入渠水。

16　渠水又東南流經開封縣,睢水和渙水在這裡分出。右岸有新溝水注入。新溝水從
逢池流出,池水上源在苑陵縣承接役水,分支流出,叫魯溝水。往東南流經開封縣
舊城北。漢高帝十一年(公元前一九六年),把開封封給陶舍為侯國。《陳留志》說:
阮簡,字茂弘,當開封縣令的時候,縣旁有強盜搶劫,外面多次報告情況十分緊急,
阮簡正在下圍棋,一邊長聲吟嘯。縣吏說:強盜搶劫十分緊急啊。阮簡回答說:棋
局上有劫,也很緊急啊。這位縣令沉溺於娛樂竟到了如此地步。所以《語林》說:
王中郎把下圍棋稱為坐隱。也有人把它叫做手談,又稱善弈者為棋聖。

17　魯溝南緊靠富城,魯溝東南流,注入百尺陂,就是古時的逢澤。徐廣《史記音義》
說:秦國派公子少官率領軍隊在逢澤與諸侯相會。汲郡墳墓裡發掘出來的《竹書
紀年》載:秦孝公在逢澤與諸侯相會。說的就是這地方。所以應德璉的《西征賦》
說:皇上車駕東行,停車逗留於逢澤。此水東北流,稱為新溝,新溝又東北流經牛
首鄉北,有城叫牛建城;又往東北注入渠水,也就是沙水。沙,音蔡,許慎正音讀作
沙,意思是說中流沖散石子,偏旁從水,從少,水少沙也露出來了。楚國東部有沙
水,就指這條水。

又屈南至扶溝縣北,

18　沙水又東南流經牛首鄉東南,魯溝水從這裡分出,魯溝也稱宋溝。又流經陳留縣
舊城南。孟康說:留是鄭國城邑,後來被陳國兼併,所以叫陳留。魯溝水又東南流
經圉縣舊城北。圉縣人民深受楚國侵擾之苦,打造兵器以防禦入侵,因此取名為
圉。也有人說圉就是邊陲的意思。魯溝水又流經萬人散。王莽篡位時,東郡太守
翟義興兵討伐王莽,王莽派遣奮威將軍孫建在圉縣北攔擊翟義。翟義的軍隊大
敗,被殺了萬餘人,道路上血流成河,因而把那地方叫萬人散。百姓哀悼死難者,
就為他們立祠。

19　魯溝水又流經魯溝亭,又東南流到陽夏縣舊城西。漢高祖六年(公元前二〇一年),
把陽夏縣封給陳豨為侯國。魯溝又往南注入渦水,今天已經枯涸無水了。沙水又
東南流經斗城西。《左傳》襄公三十年(公元前五四三年),子產停放好伯有的屍體,

又把伯有的臣僚葬在這裡。沙水又東南流經牛首亭東。《左傳》桓公十四年(公元前六九八年),宋人與諸侯攻打鄭國東郊,攻占牛首,民間稱為車牛城。沙水又東南流,八里溝水在這裡分出;又東南流經陳留縣裘氏鄉裘氏亭西,又流經澹臺子羽墓東,與八里溝水匯合。據《陳留風俗傳》說:陳留縣裘氏鄉有澹臺子羽墓,又有子羽祠,百姓都到祠裡祈禱。京相璠說:現在泰山南的武城縣有澹臺子羽墓,子羽是本縣人。不知哪一說法正確。這裡只是根據地方誌上的記載,把糾纏不清之處摘錄下來罷了。

20　溝水上流承接沙河,西南流經牛首亭南,與百尺陂水匯合。百尺陂水從陂南流經開封城東的三里岡,向左拐彎而西流南轉,注入八里溝。八里溝水又南流,在野兔水口接納了一條水。這條水上源承接西南方兔氏亭以北的野兔陂,那是在鄭國境內。《春秋傳》說:鄭伯在兔氏慰勞屈生。陂水往東北注入八里溝。八里溝水又南流經石倉城西,又南流經兔氏亭東,又南流經召陵亭西,東流注入沙水。沙水南流經扶溝縣舊城東。扶溝縣就是潁川的穀平鄉,有扶亭,又有洧水溝,所以名為扶溝縣。建武元年(公元二五年),漢光武帝把扶溝縣封給平狄將軍朱鮪為侯國。沙水又東流與康溝水匯合。康溝水上流在長社縣東引入洧水,東北流經向岡西,就是鄭的向鄉。後人堵塞了這條水的上流,現在水漲時就北流,水淺時就斷流。又有長明溝水注入。長明溝水發源於苑陵縣舊城西北。苑陵縣有兩座城,舊城是西城。兩座城以東一帶,有很多沼澤,這就是古時的制澤。京相璠說:這是在鄭國境內。杜預說:沼澤在滎陽郡苑陵縣東,就是《春秋》中說的制田。舊城西北平地湧出泉水,稱為龍淵泉。泉水流經陵丘亭西,又西流,重泉水注入。重泉水發源於舊城西北的平地,泉水湧出,南流經陵丘亭西,往西南注入龍淵水。龍淵水又東南流經凡陽亭西,然後往南注入白鷹陂。白鷹陂在長社縣東北,東西七里,南北十里,在林鄉西南。司馬彪《郡國志》說:苑陵有林鄉亭。白鷹陂又有一條渠道引水南流,稱為長明溝,溝水向東拐彎,又向北轉,然後東流經向城北。城旁有向岡。《左傳》襄公十一年(公元前五六二年),諸侯討伐鄭國,兵臨於向。長明溝又東流,右岸分流積成染澤陂,往東注入蔡澤陂。長明溝水又東流經尉氏縣舊城南。圈稱說:尉氏縣是鄭國東部邊境。尉氏是執掌刑獄的官名,是鄭大夫尉氏的封邑。所以欒盈說:我回去將死於尉氏之手了。

21　長明溝在這裡分為三條,北支叫康溝,東流經平陸縣舊城北。高后元年(公元前一八七年),把平陸封給楚元王的兒子劉禮為侯國。建武元年(公元二五年),因平陸縣人口不滿三千戶,撤縣改為尉氏縣的陵樹鄉。又有陵樹亭。漢朝建安年間(公元一九六—二二〇年),封尚書荀攸為陵樹鄉侯。因此《陳留風俗傳》說:陵樹鄉是過去的平陸縣。北有大澤，名為長樂廄。康溝水又東流經扶溝縣白亭北。《陳留風俗傳》說：扶溝縣有帛鄉、帛亭。地名在七鄉十二亭之列。康溝水又東流經少曲亭。《陳留風俗傳》說：尉氏縣有少曲亭，民間稱為小城。又東南流經扶溝縣舊城東，往東南注入沙水。沙水又南流，與南水匯合。此水南流又分為兩條。一條南流經關亭東，又東南流，與左水匯合。此水從支渠南流經召陵亭西，召陵亭可能就是扶溝亭。此水東南流，與右水匯合。世人因此水與鄢陵陂水並流，所以也稱雙溝。又往東南注入沙水。沙水南流與蔡澤陂水匯合。陂水出自鄢陵城西北。《春秋》成公十六年（公元前五七五年），晉、楚兩軍在鄢陵相遇，呂錡射中共王的眼睛，共王把養由基召來，要他將呂錡射死。這裡也是子反醉酒而死的地方。蔡澤陂東西五里，南北十里。陂水東流經匡城北；城在新汲縣東，北邊就是扶溝的匡亭。亭在匡城鄉。《春秋》文公元年（公元前六二六年），諸侯到晉國朝見，衛成公卻不去，還派遣孔達入侵鄭國，攻打緜訾和匡匡，就是匡城。現在陳留郡長垣縣南有匡城，就是平丘的匡亭。襄邑又有承匡城。然而匡在陳、衛之間，又往往有好幾個不同的城。陂水又東南流到扶溝城北，又往東南注入沙水。沙水又南流經小扶城西，然後轉向東南。小扶城就是扶溝縣的平周亭，東漢和帝永元年間（公元八九——一〇五年），把平周亭封給陳敬王的兒子劉參為侯國。沙水又東南流經大扶城西，這座城就是扶樂舊城。城北二里有"袁良碑"，碑文說：袁良，陳國扶樂人。後漢世祖建武十七年（公元四一年），改封劉隆為扶樂侯，就是這座城。渦水在這裡分出，不可能在扶溝以北就分為兩條支流的。

其一者，東南過陳縣北，

22　沙水又東南流經東華城西；又東南流，沙水支流西南流到洧水，稱為甲庚溝，現在已經乾涸無水了。沙水又南流與廣漕渠匯合。廣漕渠上流承接龐官陂，據說是鄧艾開鑿的。雖然水流時斷時通，溝渠還是很多的。從前賈逵當魏豫州刺史，疏通了這條渠道二百餘里，於是就稱為賈侯渠。然而河渠像田間阡陌似的縱橫交錯，很難辨別哪些是他疏浚過的。沙水又東流經長平縣舊城北，又東南流經陳城北，這裡就是從前的陳國。伏羲、神農都在這裡建都過。城東北三十來里，還有一座羲城，十分堅固。舜的後代媯滿，在周朝當陶正，武王需要他所做的陶器，因而把自己的長女太姬嫁給他為妻，並把陳封給他，這樣，武王分封前三朝帝王後裔，即所謂的三恪，就都辦妥了。太姬喜歡祭祀，所以《詩經》裡寫道：宛丘之下，鼓聲咚咚。宛丘在陳城南的路東。王隱說：宛丘逐漸被削平。今天已不知在什麼地方了。楚國攻陳，在栗門殺了夏徵舒，在陳設置夏州。陳城東門內有個水池，池水東西七十步，南北約八十步，池水十分清淨，從不乾涸，而且也不生魚蝦水草，池心留有舊時亭臺的遺址這就是《詩經》裡所說的東門之池。城內有漢相王君所造的"四縣邸碑",碑上文字已剝落殘缺,有些已看不清楚,大致意思是:現在的陳國,過去叫淮陽郡。又說:王君以清廉仁愛著稱,受到百姓的敬畏愛戴。他求賢養士千餘人,賜給他們田地住宅。他自己削減薪俸,幫助吏屬修建房舍。五官掾西華陳騏等二百零五人,於延熹二年(公元一五九年)等等。所以頌詞說:他修仁德,立功勳,四方各縣百姓都來歸附。今天碑的左右還遺留著斷垣殘壁,基礎還在。當今人們不去尋遺碑為證,卻說這是孔子廟的學舍,這是弄錯了。後來楚襄王時國都被秦國攻破,於是遷都到這裡來。文穎說:這就是西楚。所謂的三楚,這就是其中之一。城南外城裡面,又有一座城,名叫淮陽城,是子產修築的。漢高祖十一年(公元前一九六年),立為淮陽國,王莽改名叫新平,縣叫陳陵,是先前豫州的治所。王隱《晉書·地道記》說:城北有從前的沙水舊道,名叫死沙,但今天水流暢通,是漕運經過的地方。沙水又東流南轉,流經陳城東,稱為百尺溝,又南流分為兩條,新溝水就在這裡流出。溝水東南流,谷水注入。谷水上流承接澇陂,陂在陳城西北,南達犖城,這一片都是湖澤。陂水東流稱為谷水,東流經澇城北。王隱說:犖城北有谷水。犖水就是檉水。《春秋》載,僖公在檉與齊、宋會盟。杜預說:檉就是犖,說在陳縣西北,卻弄錯了。檉是小城,在陳郡西南。谷水又東流經陳城南,又東流注入新溝水,又往東南注入潁水,匯流處稱為交口。水旁有一條大堤堰,就是古時的百尺堰。《魏書·國志》說:司馬宣王討伐太尉王凌,大軍出其不意來到百尺堨,指的就是這條堤堰。現在民間稱為山陽堰,其實不是。因新溝水上流在百尺溝接納了潁水,所以這條堰又兼稱新陽堰。根據這一點推斷,可知民間的稱呼是錯誤的。

又東南至汝南新陽縣北,

23　沙水從百尺溝東流經寧平縣舊城南。《晉陽秋》說:晉朝太傅東海王司馬越逃往東方,石勒在後追擊,在這裡焚燒了他的屍體,部下數十萬人都被圍困在此,束手受戮。石勒縱馬圍射,屍積如山,王夷甫也死在這裡。我想,才智出眾的人是憑著機智勝過普通人,能言善辯的人長於文飾自己,祛除迷惑。王夷甫雖然身負英才俊士的美名,說話長於顛倒黑白,汙辱自己的君王,得罪了石勒,史官把他與華歆、王朗相比,實在還是抬高了他。

24　沙水又東流,積水成陂,稱為陽都陂,明水注入。明水上流承接沙水支流,東流經汝南郡宜祿縣舊城北。宜祿縣就是王莽時的賞都亭。明水又東北流注入陂中。陂水東南流,稱為細水。又東流經新陽縣北,又東流,高陂水往東分流而出。沙水又東流,分為兩條,就是《春秋》所說的夷濮水。支流北流經譙縣舊城西,在城旁流過,注入渦水。沙水東南流經城父縣西南,又有一條支流在此分出,民間稱為章水。另一條東流,就是濮水,民間稱為艾水。東流經城父縣舊城南,往東流去。

又東南過山桑縣北,

25　山桑縣舊城在渦水以北,沙水不可能流經城北,這是明明白白的。《水經》卻說流
　　過縣北,是搞錯了。

又東南過龍亢縣南,

26　沙水流經舊城北,又東南流經白鹿城北,然後往東流去。

又東南過義成縣西,南入于淮。

27　義成縣原先屬於沛郡,後來屬於九江郡。沙水東流,注入淮水,稱為沙汭。京相璠
　　說:這裡是楚國東部地區。《春秋左傳》昭公二十七年(公元前五一五年),楚國令尹
　　子常把水軍開到沙汭後又退了回去。杜預說:沙,是水名。

【研　析】　酈道元的寫作技巧,素為學者所折服。其中尤以描寫自然風景,歷來多獲
讚賞。如明楊慎在《丹鉛雜錄》卷七中說:"予嘗欲抄出其山水佳勝為一帙,以洗宋人
《臥遊錄》之陋,未暇也。"特別是明末清初的張岱,他在《跋寓山注二則》(《瑯嬛文集》
卷五)一文中寫道:"古人記山水,太上酈道元,其次柳子厚,近時則袁中郎。"張岱以酈、
柳、袁三人作比,說明三人都是寫景能手。袁中郎即袁宏道,是明末"公安體"的代表人
物,畢生寫過不少遊記,收入於《袁中郎全集》卷十四。以後又有人把他的遊記抽出來,
單獨出版了《袁中郎遊記》。張岱和袁宏道差不多是同時代人,所以完全有資格對袁作
評價,並把他列入三人中的末位,這種評價是公允的。但張在酈、柳二人中進行評比,
稱酈為"太上",而柳列為"其次"。柳子厚就是柳宗元,是著名的唐宋八大家之一,在
文學上聲名遠過於酈道元,張岱讓柳屈居酈下,是否有失公平? 不過細細咀嚼張文,他
所說的"太上"、"其次",指的是"古人記山水"。柳宗元畢生文章雖多,但山水文章主
要以《永州八記》出名。以此而論,酈、柳之間的高下就可以對比了。此卷《洧水注》
中,酈氏文章:"泉南注,東轉為淵,綠水平潭,清潔澄深,俯視游魚,類若乘空矣,所謂淵
無潛鱗也。"酈氏書中類似於此的描寫頗不少,如卷三十七《夷水注》:"其水虛映,俯視
游魚,如乘空也。"同卷《澧水注》:"澧水又東,茹水注之,水出龍茹山,水色清澈,漏石
分沙。"柳宗元在《永州八記》中的一篇《至小丘西小石潭記》中,也有這樣的描寫:"潭
中魚可百許頭,皆若空游而無所依。"足見柳文取法酈文,或許也就是張岱議論的依據。
當然,人類的一切學問和經驗,後代總是繼承前代而不斷發展的。柳在寫景技巧上吸
取了酈之長,這是很自然和正常的事,而張岱所評的在"記山水"方面的"太上"和"其
次",也並無不當之處。

卷二十三　陰溝水　汳水　獲水

【題　解】　陰溝水是古代淮河水系的河流，《經》文說：“陰溝水出河南陽武縣蒗蕩渠。”蒗蕩渠即卷二十二的渠水，說明它是從渠水分流出來的。但《經》文後來又說：“東南至沛，為渦水。”則它的下流注入渦水。從這一句《經》文以下，一直寫到渦水入淮，從此不再提及陰溝水。這一帶歷史上河流變遷很大，現在已經不再存在這條河流。只能在歷史地圖上找到，如譚其驤《中國歷史地圖集》第四册和鄭德坤《重編水經注圖·總圖部分》都繪有此水，在原武（今河南原陽）和浚儀（今開封）之間。

　　汳水也是古代鴻溝水系中的河流之一。從《水經》來看：“汳水出陰溝于浚儀縣北。”說明三國時代的汳水是從陰溝水分出來的一支，酈道元解釋這一句《經》文：“陰溝，即蒗蕩渠也，亦言汳受旃然水，又云丹、沁亂流，于武德絕河，南入滎陽合汳，故汳兼丹水之稱。”說明在北魏時代，儘管浚儀、滎陽都在他可以親自考察的北魏疆域之內，但是由於河道播遷，別名眾多，他在當時就分辨不清楚了。晉代以後，人們把汳水作為汴水的下流，汳水之名已經廢棄不用，甚至有人認為“汳”字是“汴”字的古字，魏晉人怕反，所以把“反”改成“卞”。這種傳說並不可靠，卻也反映了這個地區水道複雜多變的情況。

　　獲水據《水經》原文：“（汳水）又東至梁郡蒙縣，為獲水，餘波南入睢陽城中。”又說：“獲水出汳水于梁郡蒙縣北。”由此看來，古代獲水是汳水的下流。獲水最後注入泗水，這是《經》文與《注》文都一致的，但《注》文在最後記敍彭城縣的彭祖樓時說：“其樓之側，襟汳帶泗，東北為二水之會也。"說明即使在獲水會泗之處，古時仍有稱汳水的。

陰溝水

陰溝水出河南陽武縣蒗蕩渠，

1　陰溝首受大河于卷縣，故瀆東南逕卷縣故城南，又東逕蒙城北，《史記》：秦莊襄王元年，蒙驁擊取成皋、滎陽，初置三川郡。疑即驁所築也，于事未詳。故瀆東分爲二，世謂之陰溝水。京相璠以爲出河之濟，又非所究，俱東絕濟隧。右瀆東南逕陽武城北，東南絕長城，逕安亭北，又東北會左瀆。左瀆又東絕長城，逕垣雍城南，昔晉文公戰勝于楚，周襄王勞之于此。故《春秋》書：甲午至于衡雍，作王宮于踐土。《呂氏春秋》曰：尊天子于衡雍者也。《郡國志》曰：卷縣有垣雍城，即《史記》所記韓獻秦垣雍是也。又東逕開光亭南，又東逕清陽亭南，又東合右瀆。又東南逕封丘縣，絕濟瀆。東南至大梁，合蒗蕩渠。梁溝既開，蒗蕩渠故瀆寔兼陰溝浚儀之稱，故云出陽武矣。東南逕大梁城北，左屈與梁溝合。俱東南流，同受鴻溝、沙水之目。其川流之會左瀆東導者，即汳水也，蓋津源之變名矣。故《經》云：陰溝出蒗蕩渠也。

東南至沛，爲渦水，

2　陰溝始亂蒗蕩，終別于沙，而渦水出焉。渦水受沙水于扶溝縣，許慎又曰：渦水首受淮陽扶溝縣蒗蕩渠，不得至沛方爲渦水也。《爾雅》曰：渦爲洵。郭景純曰：大水泆爲小水也。呂忱曰：洵，渦水也。渦水逕大扶城西，城之東北，悉諸袁舊墓，碑宇傾低，羊虎碎折，惟司徒滂、蜀郡太守騰、博平令光。碑字所存惟此，自餘殆不可尋。

3　渦水又東南逕陽夏縣西，又東逕邈城北，城寔中而西，有隙郭。渦水又東逕大棘城南，故鄢之大棘鄉也。《春秋》宣公二年，宋華元與鄭公子歸生戰于大棘，獲華元。《左傳》曰：華元殺羊食士，不及其御，將戰，羊斟曰：疇昔之羊，子爲政；今日之事，我爲政。遂御入鄭，故見獲焉。後其地爲楚莊所并。故圈稱[1]曰：大棘，楚地，有楚太子建之墳及伍員釣臺。池沼具存。

4　渦水又東逕安平縣故城北，《陳留風俗傳》曰：大棘鄉，故安平縣也。士人敦愨，易以統御。渦水又東逕鹿邑城北，世謂之虎鄉城，非也，《春秋》之鳴鹿矣。杜預曰：陳國武平西南有鹿邑亭是也。城南十里有《晉中散大夫胡均碑》，元康八年立。渦水之北有《漢溫令許續碑》，續字嗣公，陳國人也，舉賢良，拜議郎，遷溫令，延熹中立。渦水又東逕武平縣故城北,城之西南七里許有《漢尚書令虞詡碑》,碑題云:虞君之碑。諱詡,字定安,虞仲之後,爲朝歌令、武都太守。文字多缺,不復可尋。按范曄《漢書》[②],詡字升卿,陳國武平人,祖爲縣獄吏,治存寬恕,嘗曰:于公爲里門,子爲丞相,吾雖不及于公,子孫不必不爲九卿。故字詡曰升卿。定安,蓋其幼字也。魏武王初封于此,終以武平華夏矣。

5　渦水又東逕廣鄉城北,圈稱曰:襄邑有蛇丘亭,故廣鄉矣。改曰廣世,後漢順帝陽嘉四年,封侍中摯瑱爲侯國。即廣鄉也。渦水又東逕苦縣西南,分爲二水,枝流東北注,于賴城入谷,謂死渦也。渦水又東南屈,逕苦縣故城南,《郡國志》曰:《春秋》之相也,王莽更名之曰賴陵矣。城之四門列築馳道,東起賴鄉,南自南門,越水直指故臺西面;南門列道,徑趣廣鄉道;西門馳道,西屈武平;北門馳道,暨于北臺。渦水又東北屈,至賴鄉西,谷水注之。谷水首受渙水于襄邑縣東,東逕承匡城東。《春秋經》書:夏叔仲彭生會晉郤缺于承匡。《左傳》曰:謀諸侯之從楚者。京相璠曰:今陳留襄邑西三十里有故承匡城。谷水又東南逕己吾縣故城西。《陳留風俗傳》曰:縣,故宋也,雜以陳、楚之地,故梁國寧陵縣之徙[③]種龍鄉也。以成、哀之世,戶至八九千,冠帶之徒求置縣矣。永元十一年,陳王削地,以大棘鄉、直陽鄉十二年自鄢隸之,命以嘉名曰己吾,猶有陳、楚之俗焉。

6　谷水又東逕柘縣故城東,《地理志》:淮陽之屬縣也。城内有《柘令許君清德頌》,石碎字紊,惟此文見碑。城西南里許,有《漢陽臺令許叔種碑》,光和中立;又有《漢故樂成陵令太尉掾許嬰碑》,嬰字虞卿,司隸校尉之子,建寧元年立。餘碑文字碎滅,不復可觀,當似司隸諸碑也。谷水又東逕苦縣故城中,水泛則四周隍塹,耗則孤津獨逝。谷水又東逕賴鄉城南,其城實中,東北隅有臺偏高,俗以是臺在谷水北,其城又謂之谷陽臺,非也。谷水自此東入渦水。

7　渦水又北逕老子廟東,廟前有二碑,在南門外。漢桓帝遣中官管霸祠老子,命陳相邊韶撰文,碑北有雙石闕甚整頓,石闕南側,魏文帝黃初三年經譙所勒,闕北東側,有孔子廟,廟前有一碑,西面是陳相魯國孔疇建和三年立,北則老君廟,廟東院中有九井焉。又北,渦水之側又有李母廟,廟在老子廟北,廟前有李母冢,冢東有碑,是永興元年譙令長沙王阜所立。碑云:老子生于曲、渦間。渦水又屈東逕相縣故城南,其城卑小實中,邊韶《老子碑》文云:老子,楚相縣人也,相縣虛荒,今屬苦,故城猶存,在賴鄉之東,渦水處其陽。疑即此城也,自是無郭以應之。

8　渦水又東逕譙縣故城北,《春秋左傳》僖公二十二年[④],楚成得臣帥師伐陳,遂取譙,城頓而還是也。王莽之延成亭也,魏立譙郡,沇州治。沙水自南枝分,北逕譙城西,而北注渦。渦水四周城側,城南有曹嵩冢,冢北有碑,碑北有廟堂,餘基尚存,柱礎仍在。廟北有二石闕雙峙,高一丈六尺,榱櫨及柱皆雕鏤雲矩,上罘罳⑤已碎,闕北有圭碑,題云:《漢故中常侍長樂太僕特進費亭侯曹君之碑》,延熹三年立。碑陰又刊詔策二,碑文同。夾碑東西,列對兩石馬,高八尺五寸,石作麤拙,不匹光武隧道所表象馬也。有騰兄冢,冢東有碑,題云:漢故潁川太守曹君墓,延熹九年卒。而不刊樹碑歲月。墳北有其元子熾冢,冢東有碑,題云:《漢故長水校尉曹君之碑》。歷大中大夫、司馬長史、侍中,遷長水,年三十九卒,熹平六年造。熾弟胤冢,冢東有碑,題云:《漢謁者曹君之碑》,熹平六年立。城東有曹太祖舊宅,所在負郭對廛,側隍臨水。《魏書》曰:太祖作議郎,告疾歸鄉里,築室城外,春夏習讀書傳,秋冬射獵以自娛樂。文帝以漢中平四年生于此,上有青雲如車蓋,終日乃解。即是處也。後文帝以延康元年幸譙,大饗父老,立壇于故宅,壇前樹碑,碑題云:《大饗之碑》。

9　碑之東北,渦水南,有譙定王司馬士會冢。冢前有碑,晉永嘉三年立。碑南二百許步有兩石柱,高丈餘,半下爲束竹交文,作制極工。石榜云:晉故使持節散騎常侍都督揚州江州諸軍事、安東大將軍譙定王河內溫司馬公墓之神道⑥。

10　渦水又東逕朱龜墓北,東南流,冢南枕道有碑,碑題云:《漢故幽州刺史朱君之碑》。龜字伯靈,光和六年卒官,故吏別駕從事史,右北平無終年化⑦,中平二年造。碑陰刊故吏姓名,悉薊、涿及上谷、北平等人。

11　渦水東南逕層丘北,丘阜獨秀,巍然介立,故壁壘所在也。渦水又東南逕城父縣故城北,沙水枝分注之,水上承沙水于思善縣,世謂之章水,故有章頭之名也。東北流逕城父縣故城西,側城東北流入于渦。渦水又東逕下城父北,《郡國志》曰:山桑縣有下城父聚者也。渦水又屈逕其聚東郎山西,又東南屈逕郎山南,山東有垂惠聚,世謂之禮城。袁山松《郡國志》曰:山桑縣有垂惠聚。即此城也。渦水又東南逕渦陽城北,臨側渦水,魏太和中爲渦州治,以蓋表爲刺史,後罷州立郡,衿帶遏戍。渦水又東南逕龍亢縣故城南,漢建武十三年,世祖封傅昌爲侯國,故語曰:沛國龍亢至山桑者也。渦水又屈而南流出石梁,梁石崩褫,夾岸積石高二丈,水歷其間,又東南流,逕荊山北而東流注也。

又東南至下邳淮陵縣,入于淮。

12　渦水又東,左合北肥水。北肥水出山桑縣西北澤藪,東南流,左右翼佩數源,異出同歸,蓋微脈涓注耳。東南流逕山桑邑南,俗謂之北平城。昔文欽之封山桑侯,疑食邑于此城。東南有一碑,碑文悉破無驗,惟碑背故吏姓名尚存,熹平元年義士門生沛國蕭劉定興立。北肥水又東逕山桑縣故城南,俗謂之都亭,非也。今城內東側猶有山亭桀立,陵阜高峻,非洪臺所擬。《十三州志》所謂山生于邑,其亭有桑,因以氏縣者也。郭城東有《文穆冢碑》,三世二千石,穆郡户曹史,徵試博士太常丞,以明氣候,擢拜侍中右中郎將,遷九江、彭城、陳留三郡,光和中卒,故吏涿郡太守彭城吕虔等立。

13　北肥水又東積而爲陂,謂之瑕陂。陂水又東南逕瑕城南,《春秋左傳》成公十六年,楚師還及瑕。即此城也。故京相璠曰:瑕,楚地。北肥水又東南逕向縣故城南,《地理志》曰:故向國也。《世本》曰:許、州、向、申,姜姓也,炎帝後。京相璠曰:向,沛國縣,今并屬譙國龍亢也。杜預曰:龍亢縣東有向城,漢世祖建武十三年,更封富波侯王霸爲侯國。即此城也。俗謂之圓城,非。又東南逕義成南,世謂之楮城,非。又東入于渦,渦水又東注淮。《經》言下邳淮陵入淮,誤矣。

【注　釋】　①圈稱　此是人姓名。後漢末人,字幼舉。撰《陳留風俗傳》,前已有注解。稱著者姓名而不錄書名,亦酈氏常有習慣。如圈稱因其所著僅有《陳留風俗傳》,故所指必是此書。另外有些稱著者,所著僅酈《注》引用者就有幾種,需要讀者分辨。②范曄漢書　應作范曄《後漢書》。酈氏常常隨意簡略,全書例子甚多,讀者需要自己留意。③徙　熊會貞引《陳留風俗傳》曰無"徙"字,《初學記》二十六引同。又云,今其都印文曰種龍。足徵此"徙"字衍。④僖公二十二年　《水經注疏》作"僖公二十三年"。《疏》:"朱訛作'二十二年',戴同,趙改'二十三年'。守敬按:《左傳》在二十三年。"⑤罦罳　古代設在門外或城角上的網狀建築,用以守望和防禦。⑥神道　指墓前的道路。《後漢書·中山簡王焉》李賢注:"墓前開道,建石柱以為標,謂之神道。"⑦年化　《水經注疏》疏:"朱《箋》曰:當作'牟化'。即造碑故吏姓名也。趙云:《隸釋》引此作'年化','年'亦姓也。戴作'年'同。守敬按:《隸釋》作'牟'。明抄本原作'牟',則'年'字非也。"⑧俗謂之圓城　此處有佚文一條。雍正《江南通志》卷三十五《輿地志·古迹》六《鳳陽府·向城》引《水經注》:"北肥水逕向縣故城南,俗謂之圓城,或謂團城。""或謂團城"四字,當是此句下佚文。

【語　譯】

陰溝水出河南陽武縣蒗蕩渠,

1　陰溝水上流在卷縣承接大河,老渠道東南流經卷縣老城南,又東流經蒙城北。據《史記》載,秦莊襄王元年(公元前二四九年)蒙驁攻占成皋、滎陽,首先設置了三川郡。蒙城大概就是蒙驁修築的,但史實還不大清楚。老渠道東流,分為兩條,民間稱為陰溝水。京相璠認為是從河水分出的濟水,也沒有細究,這兩條支渠都向東穿過濟隧。右渠往東南流經陽武城北,東南流,穿過長城,流經安亭北,又東北流與左渠匯合。左渠又東流,穿過長城,流經垣雍城南。從前晉文公戰勝楚國,周襄王就在這裡慰勞晉軍。所以《春秋》記載:甲午年晉文公到了衡雍,在踐土修建了王宮。《吕氏春秋》說:在衡雍尊奉周天子。《郡國志》說:卷縣有垣雍城,就是《史記》所說韓國獻給秦國的垣雍城。左渠又東流經開光亭南,又東流經清陽亭南,又

東流與右渠匯合。陰溝水又東南流經封丘縣,橫穿過濟水。東南流到大梁,與滇
蕩渠匯合。梁溝開鑿後,滇蕩渠老渠道實際上兼有陰溝和浚儀水兩個名稱,因此,
《水經》說陰溝水發源於陽武縣。陰溝水東南流經大梁城北,左轉與梁溝匯合。兩
條水都往東南流,也都兼有鴻溝和沙水的名稱。那條東流與左渠相匯合的,就是
汳水,這是這條支流源頭的異名。因此《水經》說:陰溝水源出滇蕩渠。

東南至沛,為渦水,

2　陰溝水先亂流入滇蕩渠,最後又從沙水分出,成為渦水。渦水在扶溝縣承接沙水。
許慎又說:渦水上流承接了淮陽郡扶溝縣的滇蕩渠,不可能到沛縣才成為渦水的。
《爾雅》說:渦水就是洵水。郭景純說:這是大水溢出而形成的支流。呂忱說:洵
水,就是渦水。渦水流經大扶城西,此城的東北,全是袁氏的古墓,不少墓室都塌
陷了,墓碑傾倒了,石羊石虎也破碎斷折了,只有司徒袁滂、蜀郡太守袁騰、博平縣
令袁光的墓碑還在。除此之外,就都不知是誰的墓了。

3　渦水又往東南流經陽夏縣西,又往東流經邊城北,城牆十分堅實,但西頭,城郭卻
有裂隙。渦水又東流經大棘城南,這是從前鄢縣的大棘鄉。《春秋》宣公二年(公
元前六○七年),宋國華元與鄭國公子歸生在大棘會戰,華元被俘。《左傳》說:華元
在出陣前殺羊慰勞將士,但沒有把羊肉分給他的駕車人。將要開戰時,駕車人羊
斟說:過去的羊肉由您做主,今天的事情要由我做主了。就駕車闖入鄭軍陣中,所
以華元被俘。後來這一帶被楚莊王所兼併了。因而圈稱說:大棘是楚國地方,有
楚太子建的墳墓及伍員的釣臺、池塘,如今都還在。

4　渦水又東流經安平縣老城北。《陳留風俗傳》說:大棘鄉就是從前的安平縣。人民
敦厚愚拙,容易統治。渦水又東流經鹿邑城北,人們稱為虎鄉城,其實不是,這裡
是《春秋》記載的鳴鹿。杜預說:陳國武平西南有個鹿邑亭,就指這地方。城南十
里有"晉中散大夫胡均碑",元康八年(公元二九八年)立。渦水以北有"漢溫令許續
碑"。許續字嗣公,陳國人,被推舉為賢良,授官議郎,以後調到溫縣當縣令。墓碑
是延熹年間(公元一五八—一六七年)所立。渦水又東流經武平縣老城北,城西南約
七里有"漢尚書令虞詡碑",碑上題字道:虞君之碑。虞君名詡,字定安,是虞仲的
後代,當過朝歌令和武都太守。碑上文字殘缺很多,不能辨認了。據范曄《後漢
書》,虞詡,字升卿,陳國武平人,祖父在縣裡當獄吏,管理犯人較為寬厚,他曾說:
于公當里門小吏,但他的兒子卻做了丞相。我雖比不上于公,但子孫未必不能當
九卿。因此給虞詡取字叫升卿。定安是他的小名。魏武王最初被封在這裡,終於
以武力平定了華夏。

5　渦水又東流經廣鄉城北。圈稱說:襄邑有個蛇丘亭,就是從前的廣鄉,後來改稱廣

世。後漢順帝陽嘉四年(公元一三五年),將這地方封給侍中摯瑱為侯國,就是廣鄉。渦水又東流經苦縣西南,分為兩條,支流東北流,在賴城流入山谷,稱為死渦。渦水又轉向東南,流經苦縣老城南。《郡國志》說:這裡就是《春秋》記載的相。王莽改名為賴陵。苦縣老城四面的城門,都修築了寬闊的馳道,東從賴鄉開始,南從南門穿過渦水,直通舊臺西面;南門各條道路,直通廣鄉道;西門的馳道,西到武平;北門的馳道,直到北臺。渦水又轉向東北,流到賴鄉西,谷水注入。谷水上流在襄邑縣東承接渙水,東流經承匡城東。《春秋經》記載:夏天,叔仲、彭生在承匡會見晉國郤缺。《左傳》說:商議對付投靠楚國的諸侯。京相璠說:今天,在陳留襄邑西三十里有舊時的承匡城。谷水又東南流經己吾縣老城西。《陳留風俗傳》說:己吾縣從前屬於宋國,兼有陳、楚的部分土地,是從前梁國寧陵縣的種龍鄉。成帝、哀帝時,這裡的居民發展到八九千戶,於是當地的士族、官吏要求設縣。永元十一年(公元九九年),陳王封地被削,十二年(公元一○○年)自鄢劃出大棘鄉、直陽鄉隸屬於該縣,取了個美名叫己吾,並且還保留了陳、楚的舊習俗。

6　谷水又東流經柘縣老城東。據《地理志》,這是淮陽的屬縣。城內有《柘令許君清德頌》,別的石碑都已破碎,碑文也已模糊不清了,只有此文的碑刻還看得出。城西南約一里左右,有"漢陽臺令許叔種碑",是光和年間(公元一七八——一八四年)所立;又有"漢故樂成陵令太尉掾許嬰碑",許嬰,字虞卿,是司隸校尉的兒子。碑是建寧元年(公元一六八年)所立。其餘的石碑,文字都剝蝕不清,無可辨認,看來也和司隸等碑差不多了。谷水又東流經苦縣老城中,水大氾濫時,就流遍四周的護城河;水小時,就只有一水獨流了。谷水又東流經賴鄉城南。這座城很堅實,東北角有臺較高。民間以為此臺在谷水北,因此又稱此城為谷陽臺,其實不對。谷水在這裡東流注入渦水。

7　渦水又北流經老子廟東。廟前有兩塊石碑,在南門外。漢桓帝派遣宦官管霸為老子建祠,命陳國丞相邊韶撰寫碑文。石碑北面有兩座很整齊的石闕,石闕南側,是魏文帝黃初三年(公元二二二年)經過譙縣時刻的,石闕北邊東側,有孔子廟,廟前有一塊石碑,石碑朝西,是陳國丞相魯國的孔疇在建和三年(公元一四九年)所立。北面就是老君廟,廟東的院子裡有九口井。又往北,在渦水的旁邊又有李母廟,在老子廟北,廟前有李母墓,墓東有石碑,是永興元年(公元三○六年)譙縣令長沙王司馬阜所立。碑文說:老子生在曲水、渦水之間。渦水又東轉,流經相縣老城南,此城雖很小卻很堅固,邊韶撰的《老子碑》說:老子是楚國相縣人。相縣虛空荒涼,今天屬於苦縣,老城至今還在,在賴鄉東,渦水流過城南。說的可能就是此城,但從這裡起卻沒有相應的城郭。

8　過水又東流經譙縣老城北。《春秋左傳》僖公二十二年(公元前六三八年)，楚國成得
臣率領軍隊討伐陳國，結果攻取了譙，在頓築城，然後班師而還。王莽時叫延成
亭，魏時設立了譙郡，是沇州的治所。沙水從南面分出支流，北流經譙城西，然後
北流注入過水。過水四面環繞著城邊，城南有曹嵩墓，墓北有石碑，碑北有廟堂，
今天在遺址上還能看到石柱和石礎。廟北有兩座石闕，互相對峙，高一丈六尺，頂
椽、斗拱及立柱都雕刻著雲紋，上面的罘罳已經破碎，石闕北邊有一塊圭形碑，碑
上題著：漢故中常侍長樂太僕特進費亭侯曹君之碑，延熹三年(公元一六〇年)立。
背面又刻著詔書，兩塊碑的碑文相同。石碑東西兩邊，相對立著兩匹石馬，高八尺
五寸，石雕粗糙拙劣，比不上光武帝墓道上的石像石馬。附近有曹騰兄墓，墓東有
石碑，題著：漢故潁川太守曹君墓，延熹九年(公元一六六年)卒，但未刻立碑年月。
墓北有他的長子曹熾墓，墓東有石碑，題著：漢故長水校尉曹君之碑。曹君歷任大
中大夫、司馬、長史、侍中等職，調任長水，三十九歲亡故，熹平六年(公元一七七年)
立。曹熾弟曹胤墓也在這裡。墓東有碑，題著：漢謁者曹君之碑，熹平六年立。城
東有曹太祖故居故址，故居背靠城牆，面對民宅，旁邊是城壕臨水。《魏書》說：太
祖當過議郎，後因病辭官還鄉，在城外建了房屋，春夏研讀詩書經傳，秋冬到郊外
射獵娛樂。文帝於漢中平四年(公元一八七年)出生在這裡，當時天上青雲像車蓋一
樣籠罩著，直到天晚才散去，指的就是此處。後來文帝在延康元年(公元二二〇年)
駕臨譙縣，大擺筵席宴請鄉里父老，並在故居設立祭壇，壇前立碑，碑題叫大饗
之碑。

9　石碑東北、過水南岸，有譙定王司馬士會墓。墓前有塊石碑，是晉永嘉三年(公元三
〇九年)所立。碑南約二百來步，有兩根石柱，高一丈多，下半部雕有成束的竹子互
相交叉的花紋，雕刻非常精緻。石碑上刻著：晉故使持節散騎常侍都督揚州、江州
諸軍事、安東大將軍、譙定王河內郡溫縣司馬公墓之神道。

10　過水又東流經朱龜墓北，東南流。墓南路旁，有塊石碑，碑上題著：漢故幽州刺史
朱君之碑。朱龜字伯靈，光和六年(公元一八三年)死於在任期間，舊屬別駕從事史
右北平郡無終縣年化，中平二年(公元一八五年)造。碑的背面刻著舊時屬吏的姓
名，都是薊、涿及上谷、北平等地人。

11　過水東南流經層丘北，丘岡特別秀美，巍然獨立，這是從前軍營的所在地。過水又
東南流經城父縣老城北，沙水的支流在這裡注入。此水上流在思善縣承接沙水，
世人稱為章水，因此有章頭的地名。章水東北流經城父縣老城西，沿著城旁往東
北流入過水。過水又東流經下城父北。就是《郡國志》所說的：山桑縣有下城父
村。過水又折而流經村東的郎山西，又向東南轉，流經郎山南，郎山東有個垂惠

村,人們稱為禮城。袁山松《郡國志》說:山桑縣有垂惠村,指的就是此城。渦水又東南流經渦陽城北,城瀕渦水,北魏太和年間(公元四七七—四九九年)是渦州的治所,以蓋表為刺史。後來撤州立郡,有渦水天險為屏障。渦水又東南流經龍亢縣老城南,漢建武十三年(公元三七年),光武帝把該縣封給傅昌為侯國。所以俗語說:沛國龍亢到山桑,龍亢指的就是這裡。渦水又轉而向南,流出石橋,石橋已毀,崩塌下來的石塊堆積在兩岸,高達二丈,水從其間流過。又東南流經荊山北,往東流去。

又東南至下邳淮陵縣,入于淮。

12　渦水又東流,在左岸與北肥水匯合。北肥水發源於山桑縣西北的大澤,東南流,左右兩岸引來了好幾條水流,都是從不同的地方匯合於一處的,不過是些細流而已。北肥水東南流經山桑邑南,民間稱為北平城。從前文欽受封為山桑侯,食邑大概就在這裡。城東南有一塊石碑,碑文已經完全剝蝕得無法辨認了,只有石碑背面所刻的屬吏姓名還能看清:熹平元年(公元一七二年)義士門生沛國蕭縣劉定興立。北肥水又東流經山桑縣老城南,民間稱為都亭,這不對。現在城內東側小山岡上還有一座亭子高高地矗立著,山岡很高峻,不是一般大臺所能相比。《十三州志》說:城內有座山,山上亭旁有桑樹,因此取名山桑縣。外城東有"文穆冢碑",大意說:文穆祖上三代都官至二千石,文穆初任郡戶曹史,召試為博士、太常丞,因善於觀測雲氣來占卜吉凶,升任侍中、右中郎將,調任九江、彭城、陳留三郡太守,光和年間(公元一七八—一八四年)亡故。前屬吏涿郡太守彭城呂虔等人立碑。

13　北肥水又東流,積聚成陂塘,叫瑕陂。塘水又東南流經瑕城南。《春秋左傳》成公十六年(公元前五七五年),楚軍回返到瑕,就指此城。所以京相璠說:瑕是楚國疆域。北肥水又東南流經向縣老城南。《地理志》說:向縣是從前的向國。《世本》說:許、州、向、申,都姓姜,是炎帝的後代。京相璠說:向是沛國的一個縣,今天已併入譙國龍亢縣了。杜預說:龍亢縣東有向城,漢世祖建武十三年(公元三七年),將向城改封給富波侯王霸為侯國,就是此城。民間稱為圓城,不對。北肥水又東南流,流經義成南,人們稱為楮城,也不對。北肥水又東流注入渦水,渦水又東流注入淮水。《水經》說渦水到下邳淮陵縣注入淮水,是搞錯了。

汳　水

汳水出陰溝于浚儀縣北,

1　陰溝,即蒗蕩渠也,亦言汳受旃然水,又云丹、沁亂流,于武德絕河,南入滎陽合汳,故汳兼丹水之稱。河、濟水斷，汳承旃然而東，自王賁灌大梁，水出縣南而不逕其北，夏水洪泛，則是瀆津通，故渠即陰溝也，于大梁北又曰浚水矣。故圈稱著《陳留風俗傳》曰：浚水逕其北者也。又東，汳水出焉。故《經》云汳出陰溝于浚儀縣北也。汳水東逕倉垣城南，即浚儀縣之倉垣亭也。城臨汳水，陳留相畢邈治此。征東將軍苟晞之西也，邈走歸京，晞使司馬東萊王讚代據倉垣，斷留運漕。

2　汳水又東逕陳留縣之鈖鄉亭北，《陳留風俗傳》所謂縣有鈖鄉亭。即斯亭也。汳水又逕小黃縣故城南，《神仙傳》稱靈壽光，扶風人，死于江陵胡罔家，罔殯埋之。後百餘日，人有見光于此縣，寄書與罔，罔發視之，惟有履存。

3　汳水又東逕鳴鴈亭南，《春秋左傳》成公十六年，衛侯伐鄭，至于鳴鴈者也。杜預《釋地》云：在雍丘縣西北，今俗人尚謂之爲白鴈亭。汳水又東逕雍丘縣故城北，逕陽樂城南。《西征記》曰：城在汳北一里，周五里，雍丘縣界。汳水又東，有故渠出焉，南通睢水，謂之董生決，或言董氏作亂，引水南通睢水，故斯水受名焉。今無水。汳水又東，枝津出焉，俗名之爲落架口。《西征記》曰：落架，水名也。《續述征記》曰：在董生決下二里。汳水又逕外黃縣南，又東逕莠倉城北。《續述征記》曰：莠倉城去大游墓二十里。又東逕大齊城南，《陳留風俗傳》曰：外黃縣有大齊亭。又東逕科城北。《陳留風俗傳》曰：縣有科稟亭，是則科稟亭也。

4　汳水又東逕小齊城南，汳水又南逕利望亭南。《風俗傳》曰：故成安也。《地理志》：陳留縣名，漢武帝以封韓延年爲侯國。汳水又東，龍門故瀆出焉，瀆舊通睢水，故《西征記》曰：龍門，水名也。門北有土臺，高三丈餘，上方數十步。汳水又東逕濟陽考城縣故城南，爲葘獲渠。考城縣，周之采邑也，于《春秋》爲戴國矣。《左傳》隱公十年，秋，宋、衛、蔡伐戴是也。漢高帝十一年秋，封彭祖爲侯國。《陳留風俗傳》曰：秦之穀縣也。後遭漢兵起，邑多災年，故改曰葘縣，王莽更名嘉穀。章帝東巡過縣，詔曰：陳留葘縣，其名不善，高祖鄗柏人之邑，世宗休聞喜而顯獲嘉應，亨吉元符，嘉皇靈之顧，賜越有光，列考武皇，其改葘縣曰考城。是瀆蓋因縣以獲名矣。

5　汳水又東逕寧陵縣之沙陽亭北，故沙隨國矣。《春秋左傳》成公十六年，秋，會于沙隨，謀伐鄭也。杜預《釋地》曰：在梁國寧陵縣北沙陽亭是也。世以爲堂城，非也。汳水又東逕黃蒿塢北，《續述征記》曰：堂城至黃蒿二十里。汳水又東逕斜城下，《續述征記》曰：黃蒿到斜城五里。《陳留風俗傳》曰：考城縣有斜亭。汳水又東逕周塢側，《續述征記》曰：斜城東三里。晉義熙中，劉公遣周超之自彭城緣汳故溝，斬樹穿道七百餘里，以開水路，停泊于此。故茲塢流稱矣。

6　汳水又東逕葛城北，故葛伯之國也。孟子曰：葛伯不祀。湯問曰：何爲不祀？稱無以供祠祭。遺葛伯，葛伯又不祀。湯又問之，曰：無以供犧牲。湯又遺之，又不祀。湯又問之，曰：無以供粢盛。湯使亳衆往，爲之耕，老弱饋食。葛伯又率民奪之，不授者則殺之，湯乃伐葛。葛于六國屬魏，魏安釐王以封公子無忌，號信陵君，其地葛鄉，即是城也，在寧陵縣西十里。

7　汳水又東逕神坑塢，又東逕夏侯長塢。《續述征記》曰：夏侯塢至周塢，各相距五里。汳水又東逕梁國睢陽縣故城北，而東歷襄鄉塢南。《續述征記》曰：西去夏侯塢二十里，東一里，即襄鄉浮圖也。汳水逕其南，漢熹平中某君所立。死因葬之，其弟刻石樹碑，以旌厥德。隧前有獅子、天鹿，累塼作百達柱八所，荒蕪頹毀，彫落略盡矣。

又東至梁郡蒙縣，爲獲水，餘波南入睢陽城中，

8　汳水又東逕貫城南，俗謂之薄城，非也。闞駰《十三州志》以爲貫城也，在蒙縣西北。《春秋》僖公二年，齊侯、宋公、江、黃盟于貫。杜預以爲貫也。云貫、貫字相似。貫在齊，謂貫澤也，是矣。非此也，今于此地更無他城，在蒙西北惟是邑耳。考文準地，貫邑明矣，非亳可知。

9　汳水又東逕蒙縣故城北，俗謂之小蒙城也。《西征記》：城在汳水南十五六里，即莊周之本邑也，爲蒙之漆園吏。郭景純所謂漆園有傲吏者也。悼惠施之没，杜門于此邑矣。汳水自縣南出，今無復有水。惟睢陽城南側有小水，南流入于睢城。南二里有《漢太傅掾橋載墓碑》，載字元賓，梁國睢陽人也，睢陽公子，熹平五年立。城東百步有石室，刊云：漢鴻臚橋仁祠。城北五里有石虎、石柱，而無碑誌，不知何時建也。汳水又東逕大蒙城北，自古不聞有二蒙，疑即蒙亳也，所謂景薄爲北亳矣。椒舉云：商湯有景亳之命者也。闞駰曰：湯都也。亳本帝嚳之墟，在《禹貢》豫州河、洛之間，今河南偃師城西二十里尸鄉亭是也。皇甫謐以爲考之事實，學者失之，如孟子之言湯居亳，與葛爲鄰，是即亳與葛比也。湯地七十里，葛又伯耳，封域有限，而寧陵去偃師八百里，不得童子饋餉而爲之耕。今梁國自有二亳，南亳在穀熟，北亳在蒙，非偃師也。古文《仲虺之誥》曰：葛伯仇餉，征自葛始。即孟子之言是也。崔駰曰：湯冢在濟陰薄縣北。《皇覽》曰：薄城北郭東三里平地有湯冢，冢四方，方各十步，高七尺，上平也。漢哀帝建平元年，大司空使郃長卿按行水災，因行湯冢，在漢屬扶風，今徵之迴渠亭有湯池、徵陌是也。然不經見，難得而詳。按《秦寧公本紀》云：二年伐湯，三年與亳戰，亳王奔戎，遂滅湯。然則周桓王時自有亳王號湯，爲秦所滅，乃西戎之國，葬于徵者也，非殷湯矣。

10　劉向言，殷湯無葬處爲疑。杜預曰：梁國蒙縣北有薄伐城，城中有成湯冢，其西有箕子冢。今城內有故冢方墳，疑即杜元凱之所謂湯冢者也。而世謂之王子喬冢。

冢側有碑,題云:《仙人王子喬碑》。曰:王子喬者,蓋上世之真人,聞其仙,不知興
何代也。博問道家,或言潁川,或言產蒙,初建此城,則有斯丘,傳承先民曰:王氏
墓暨于永和之元年冬十二月,當臘之時。夜,上有哭聲,其音甚哀,附居者王伯怪
之,明則祭而察焉。時天鴻雪下,無人徑,有大鳥跡在祭祀處,左右咸以為神。其
後有人著大冠,絳單衣,杖竹立冢前,呼採薪孺子伊永昌曰:我王子喬也,勿得取吾
墳上樹也。忽然不見。時令泰山萬熹,稽故老之言,感精瑞之應,乃造靈廟,以休
厥神。于是好道之儔自遠方集,或絃琴以歌太一,或覃思以歷丹丘,知至德之宅
兆,實真人之祖先。延熹八年秋八月,皇帝遣使者奉犧牲,致禮祠,濯之,敬肅如
也。國相東萊王璋,字伯儀,以為神聖所興,必有銘表,乃與長史邊乾遂樹之玄石,
紀頌遺烈,觀其碑文,意似非遠,既在迺見,不能不書存耳。

【語　譯】

汳水出陰溝于浚儀縣北,

1　陰溝就是蒗蕩渠,有的說汳水承接莆然水,又說丹水與沁水亂流,在武德橫穿河
　　水,向南流入滎陽,與汳水匯合,因此汳水又兼有丹水的名稱。後來,河水、濟水斷
　　流,汳水就承接莆然水東流。自從王賁引水淹大梁城後,汳水就從縣南流出去,而
　　不經縣北。夏天洪水氾濫時,這條河就和老渠道相通,老渠道就是陰溝,在大梁北
　　又叫浚水。因此圈稱著的《陳留風俗傳》說:浚水流經大梁北。又東流,汳水就從
　　這裡分出。所以《水經》說:汳水是從浚儀縣北的陰溝分出來的。汳水東流經倉垣
　　城南,這就是浚儀縣的倉垣亭。此城瀕汳水,陳留丞相畢邈的治所就在這裡。當
　　時,征東將軍苟晞西進,畢邈逃回京城,苟晞派司馬東萊王讚代為據守倉垣,並斷
　　絕了陳留運糧的水路。

2　汳水又東流經陳留縣鉼鄉亭北。《陳留風俗傳》提到陳留縣有鉼鄉亭,就是此亭。
　　汳水又流經小黃縣老城南。《神仙傳》說:靈壽光,扶風人,死於江陵胡岡家,胡岡
　　把他安葬了。過了一百多天,卻有人在小黃縣看見靈壽光,就寫信告訴胡岡。胡
　　岡掘開墳墓一看,只留下一雙鞋子。

3　汳水又東流經鳴鴈亭南。《春秋左傳》成公十六年(公元前五七五年),衛侯討伐鄭
　　國,到了鳴鴈。杜預《釋地》說:鳴鴈亭在雍丘縣西北,現在民間還稱作白鴈亭。汳
　　水又東流經雍丘縣老城北,又流經陽樂城南。《西征記》說:陽樂城在汳水北一里,
　　城牆周長五里,在雍丘縣邊界。汳水又東流,有一條老渠道從這裡分出,南通睢
　　水,叫作董生決。有人說董氏作亂時,引汳水南流與睢水相通,水就因此得名。今
　　天已乾涸無水了。汳水又東流,有支流分出,分水口民間稱落架口。《西征記》說:

落架是水名。《續述征記》說：在董生決下流二里。汳水又流經外黃縣南，又東流
經蒡倉城北。《續述征記》說：蒡倉城離大游墓二十里。又東流經大齊城南。《陳
留風俗傳》說：外黃縣有個大齊亭。又東流經科城北。《陳留風俗傳》說：縣裡有個
科橐亭，那麼這就是科橐亭了。

4　汳水又東流經小齊城南。汳水又南流經利望亭南。《風俗傳》說：這就是從前的成
安。《地理志》說，陳留是縣名，漢武帝把陳留封給韓延年為侯國。汳水又東流，龍
門老河道在這裡分出。河道以前與睢水相通，因此《西征記》說：龍門是水名。龍
門北有個土臺，高三丈餘，頂上面積數十步見方。汳水又東流，經濟陽考城縣老城
南，稱菑獲渠。考城縣是周朝的采邑，《春秋》叫戴國。《左傳》隱公十年（公元前七
一三年）秋，宋、衛、蔡三國討伐戴國，指的就是考城。漢高帝十一年（公元前一九六
年）秋，將該縣封給彭祖為侯國。《陳留風俗傳》說：這是秦時的穀縣。後來漢兵起
事，遭到戰禍，縣裡連年災荒，因而改名為菑縣。王莽又改名嘉穀。漢章帝東巡時
經過此縣，下詔說：陳留菑縣，縣名不好。高祖討厭柏人這惡劣的縣名，世宗因獲
致捷報而將他巡幸之處改名為聞喜，以紀念吉慶的喜事。為感激先皇英靈的眷
顧，把榮耀歸於歷代武功顯赫的先皇，特此把菑縣改為考城。這條渠道大概是因
菑縣而得名的。

5　汳水又東流經寧陵縣沙陽亭北，這就是從前的沙隨國。《春秋左傳》成公十六年
（公元前五七五年）秋，在沙隨會盟，策劃討伐鄭國。杜預《釋地》說：梁國寧陵縣北有
沙陽亭，民間稱為堂城，是搞錯了。汳水又東流經黃蒿塢北。《續述征記》說：堂城
到黃蒿二十里。汳水又東流經斜城下。《續述征記》說：黃蒿到斜城五里。《陳留
風俗傳》說：考城縣有斜亭。汳水又東流經周塢旁。《續述征記》說：周塢在斜城東
三里。晉朝義熙年間（公元四〇五—四一八年），劉裕派遣周超之從彭城沿著汳水老
渠道，砍樹開路七百多里，開通了水路，船隻停泊在這裡，因此這個船塢留下了周
塢的名稱。

6　汳水又東流經葛城北，這是從前葛伯的封國。孟子說：葛伯不祭祀。湯問道：為什
麼不祭祀？葛伯回答說：沒有供品可以祭祀。湯給葛伯送去供品，葛伯又不祭祀。
湯又問他。葛伯回答說：沒有牛羊供祭。湯又送給他牛羊，葛伯還是不祭祀。湯
又問他。葛伯答道：沒有穀物供祭。湯就派了亳的民眾去為他耕種，讓老弱的人
去送飯。葛伯又帶人去奪取飯食，不肯給他的人，就把他們殺掉。於是湯才出兵
伐葛。葛在六國時屬於魏國。魏安釐王把這裡封給公子無忌，號為信陵君，封地
在葛鄉，就是此城。位於寧陵縣西十里。

7　汳水又東流經神坑塢，又東流經夏侯長塢。《續述征記》說：從夏侯塢到周塢，相距

五里。汳水又東流經梁國睢陽縣舊城北,然後又東流經襄鄉塢南。《續述征記》
說:襄鄉塢西距夏侯塢二十里,向東一里就是襄鄉塔。汳水流經塔南,這座塔是漢
朝熹平年間(公元一七二─一七八年)某君所建。他死後葬在這裡,他的弟弟刻石立
碑,表彰他的功德。墓道前有獅子、天鹿,用磚砌築了百達柱八處,現在大多荒廢
頹敗,崩塌毀壞得差不多了。

又東至梁郡蒙縣,為獲水,餘波南入睢陽城中,

8　汳水又東流經貰城南,此城民間稱為薄城,其實不是。闞駰《十三州志》說是貫城,
位於蒙縣西北。《春秋》僖公二年(公元前六五八年),齊侯、宋公、江、黃在貫會盟。
杜預卻說是貰。他說:貰、貫二字,字形相似。貫在齊,指的是貫澤,他說得不錯。
所以不是這裡。現在,這一帶沒有別的城,只有這座在蒙縣西北的城。考察文獻,
與實地核對,可知這分明是貰邑,而不是亳城了。

9　汳水又東流經蒙縣老城北,民間稱為小蒙城。據《西征記》:城在汳水南十五六里,
就是莊周的家鄉,他曾當過蒙的漆園吏。郭景純所說的漆園有個高傲的小吏就是
指他。他為悼念惠施之死,在此城閉門不出。汳水從縣南流出來,今天已經乾涸
無水了。只有睢陽城南有一條小水,南流注入睢城。城南二里有"漢太傅掾橋載
墓碑"。橋載字元賓,梁國睢陽人,睢陽公子於熹平五年(公元一七六年)立。城東百
步有石室,門口刻著:漢鴻臚橋仁祠。城北五里有石虎、石柱,卻沒有石碑,不知是
什麼時候修建的。汳水又東流經大蒙城北,自古以來,從未聽說過有兩個蒙城,這
裡也許就是蒙亳了,而所謂的景薄則是北亳。椒舉說:商湯曾在景亳發布詔令。
闞駰說:景亳是商的都城。亳原本是帝嚳的故都,在《禹貢》所載豫州境內的黃河
與洛水之間,就是今天河南偃師城西二十里的尸鄉亭。皇甫謐以為考證起史實
來,學者都常常弄錯。例如孟子說,湯住在亳,與葛相鄰,那麼亳與葛就是近鄰了。
湯的領地七十里,葛的爵位又不過是伯,封地有限,而寧陵與偃師相距卻遠達八百
里,不可能讓兒童送飯、青壯年替他們耕田的。現在梁國有兩個叫亳的地方,南亳
在穀熟,北亳在蒙,而不是偃師。古文《仲虺之誥》說:因為葛伯殺人奪取飯食,於
是征伐就從葛開始。這是孟子的說法。崔駰說:湯墓在濟陰薄縣北。《皇覽》說:
薄城北郭以東三里,平地上有湯墓。墓呈方形,每邊各長十步,高七尺,墓頂平。
漢哀帝建平元年(公元前六年),大司空使郤長卿巡視水災,也去視察了湯墓。漢朝
時屬於扶風;現在考察迴渠亭還有湯池,就是徵陌。但沒有親眼看到,難以知道詳
情。據《秦寧公本紀》說:二年(公元前七一四年)伐湯,三年與亳打仗,亳王逃到戎
國,就滅了湯。那麼周桓王時也有個亳王名湯,被秦所滅的了。這是西戎一個小
國的國王,死後葬於徵,並不是指殷湯。

10　劉向說:殷湯沒有葬處使人懷疑。杜預說:梁國蒙縣北有薄伐城,城中有成湯墓,
墓西還有箕子墓。現在城中有一座方形古墓,可能就是杜元凱所說的湯墓了,但
人們卻叫它王子喬墓。墓旁有碑,題著:仙人王子喬碑;碑文說:王子喬是上古時
代的真人,只聽說他成了仙,但不知生在哪個朝代。問了許多道人,有人說他是潁
川人,有人說他生於蒙縣。初時修建此城時,就已有了這座墳墓了,據老人相傳:
說是王氏墓在永和元年(公元一三六年)冬十二月,正值祭祖的日子,夜裡,墳上竟傳
來哭聲,哭得很悲哀,住在旁邊的王伯覺得很奇怪,天明去祭祀時,仔細地察看。
當時天下大雪,沒有人行走,在祭祀處只看到大鳥的足跡,鄰近的人都認為這是神
靈留下的。以後有人戴著一頂大帽,穿著紅袍,手持竹杖站在墓前,對著砍柴的孩
子伊永昌說:我是王子喬,你不可砍我墳上的樹呀。說完忽然不見。當時的縣令
泰山人萬熹,考究了先前老人的話,又看到有神靈顯應的吉兆,於是修建了靈廟,
使神靈可以在此止息。於是喜歡學道的人紛紛從遠方而來,有的彈琴歌頌太一,
有的沉思冥想,神遊於奇幻的丹丘仙境,知道這神聖的墓地,葬的實在就是真人的
祖先。延熹八年(公元一六五年)秋八月,皇帝派遣使者帶著牲禮,前來獻祭,齋沐
後,懷著敬畏的心情,祭禮非常莊嚴肅穆。宰相東萊人王璋,字伯儀,認為神靈和
聖人所出的地方,必須有銘刻加以表彰,於是就和長史邊乾遂一同樹碑立石,來頌
揚仙人的事跡。讀這篇碑文,內容似乎也並不怎麼深刻,但我既然親目所睹,也不
能不記錄下來,留作參考罷了。

獲　水

獲水出汳水于梁郡蒙縣北,

1　《漢書·地理志》曰:獲水首受甾穫渠,亦兼丹水之稱也。《竹書紀年》曰:宋殺其
大夫皇瑗于丹水之上,又曰宋大水。丹水壅不流,蓋汳水之變名也。獲水自蒙東
出,水南有《漢故繹幕令匡碑》,匡字公輔,魯府君之少子也。碑字碎落,不可尋識,
竟不知所立歲月也。獲水又東逕長樂固北、己氏縣南,東南流逕于蒙澤。《十三州
志》曰:蒙澤在縣東。《春秋》莊公十二年,宋萬與公爭博,殺閔公于斯澤矣。

2　獲水又東逕虞縣故城北,古虞國也。昔夏少康逃奔有虞,爲之庖正,虞思于是妻之
以二姚者也。王莽之陳定亭也。城東有《漢司徒盛允墓碑》。允字伯世,梁國虞人
也。其先奭氏,至漢中葉,避孝元皇帝諱,改姓曰盛。世濟其美,以迄于公,察孝
廉,除郎,累遷司空、司徒。延熹中立墓,中有石廟,廟宇傾頹,基構可尋。

3　獲水又東南逕空桐澤北,澤在虞城東南,《春秋》哀公二十六年,冬,宋景公遊于空

澤;辛巳,卒于連中。大尹、左師興空澤之士千甲,奉公自空桐入如沃宮者矣。獲水又東逕龍譙固,又東合黃水口,水上承黃陂,下注獲水。獲水又東入櫟林,世謂之九里柞。獲水又東南逕下邑縣故城北,楚考烈王滅魯,頃公亡遷下邑。又楚、漢彭城之戰,呂后兄澤軍于下邑,高祖敗還從澤軍。子房肇捐地之策,收垓下之師,陸機所謂即下邑[1]者也,王莽更名下治矣。

4　獲水又東逕碭縣故城北,應劭曰:縣有碭山,山在東,出文石,秦立碭郡,蓋取山之名也。王莽之節碭縣也。山有梁孝王墓,其冢斬山作郭,穿石爲藏,行一里到藏中,有數尺水,水有大鯉魚。黎民謂藏有神,不敢犯神,凡到藏,皆潔齋而進,不齋者,至藏輒有獸噬其足。獸難得見,見者云似狗,所未詳也。山上有梁孝王祠。

5　獲水又東,穀水注之,上承碭陂。陂中有香城,城在四水之中,承諸陂散流,爲零水、溛水、清水也。積而成潭,謂之碭水。趙人有琴高者,以善鼓琴,爲康王舍人,行彭、涓之術,浮遊碭郡間二百餘年,後入碭水中取龍子,與弟子期曰:皆潔齋待于水旁,設屋祠。果乘赤鯉魚出,入坐祠中,碭中有可萬人觀之,留月餘,復入水也。

6　陂水東注,謂之穀水,東逕安山北,即碭北山也。山有陳勝墓,秦亂,首兵伐秦,弗終厥謀,死,葬于碭,諡曰隱王也。穀水又東北注于獲水。獲水又東歷藍田鄉郭,又東逕梁國杼秋縣故城南,王莽之予秋也。獲水又東歷洪溝東注,南北各一溝,溝首對獲,世謂之鴻溝,非也。《春秋》昭公八年,秋,蒐于紅。杜預曰:沛國蕭縣西有紅亭,即《地理志》之虹縣也。景帝三年,封楚元王子富爲侯國,王莽之所謂貢矣。蓋溝名音同,非楚、漢所分也。

又東過蕭縣南,睢水北流注之[2]。

7　蕭縣南對山,世謂之蕭城南山也。戴延之謂之同孝山,云取漢陽城侯劉德所居里名目山也。劉澄之云:縣南有冒山。未詳孰是也。山有箕谷,谷水北流注獲,世謂之西流水,言水上承梧桐陂,陂水西流,因以爲名也。余嘗逕蕭邑,城右惟是水北注獲水,更無別水,疑即《經》所謂睢水也。城東、西及南三面臨側獲水,故沛郡治縣亦同居矣。城南舊有石橋耗處,積石爲梁,高二丈,今荒毀殆盡,亦不具誰所造也。縣本蕭叔國,宋附庸,楚滅之。《春秋》宣公十二年,楚伐蕭,蕭潰,申公巫臣曰:師人多寒,王巡三軍撫之,士同挾纊。蓋恩使之然矣。蕭女聘齊爲頃公之母,郤克所謂蕭同叔子也。獲水又東歷龍城,不知誰所創築也。獲水又東逕同孝山北,山陰有楚元王冢,上圓下方,累石爲之,高十餘丈,廣百許步,經十餘墳,悉結石也。獲水又東,淨淨溝水注之。水上承梧桐陂,西北流,即劉中書澄之所謂白溝水也。又北入于獲,俗名之曰淨淨溝也。

又東至彭城縣北,東入于泗。

8　獲水自淨淨溝東逕阿育王寺北,或言楚王英所造,非所詳也。蓋遵育王之遺法,因以名焉。與安陂水合,水上承安陂餘波,北逕阿育王寺,側水上有梁,謂之玄注橋。水旁有石墓,宿經開發,石作工奇,殊爲壯構,而不知誰冢,疑即澄之所謂凌冢也。水北流注于獲。獲水又東逕彌黎城北,劉澄之《永初記》所謂城之西南有彌黎城者也。

9　獲水于彭城西南迴而北流,逕彭城,城西北舊有楚大夫龔勝宅,即楚老哭勝處也。獲水又東轉逕城北而東注泗水,北三里有石冢被開,傳言楚元王之孫劉向冢,未詳是否。城即殷大夫老彭之國也。于《春秋》爲宋地,楚伐宋并之,以封魚石。崔子季珪《述初賦》③曰:想黃公于邳圯,勤魚石于彭城④。即是縣也。孟康曰:舊名江陵爲南楚,陳爲東楚,彭城爲西楚。文穎曰:彭城,故東楚也。項羽都焉,謂之西楚。漢祖定天下,以爲楚郡,封弟交爲楚王,都之。宣帝地節元年,更爲彭城郡,王莽更之曰和樂郡也,徐州治。城內有漢司徒袁安、魏中郎將徐庶等數碑,並列植于街右,咸曾爲楚相也。大城之內有金城⑤,東北小城,劉公更開廣之,皆壘石高四丈,列塹環之。小城西又有一城,是大司馬琅邪王所脩,因項羽故臺,經始即構,宮觀門閣,惟新厥制。義熙十二年,霖雨驟澍,汳水暴長,城遂崩壞,冠軍將軍彭城劉公之子也,登更築之。悉以博壘,宏壯堅峻,樓櫓赫奕,南北所無。宋平北將軍徐州刺史河東薛安都舉城歸魏,魏遣博陵公尉苟仁、城陽公孔伯恭援之,邑閭如初,觀不異昔。自後毀撤,一時俱盡,間遺工雕鏤,尚存龍雲逞勢,奇爲精妙矣。城之東北角起層樓于其上,號曰彭祖樓。《地理志》曰:彭城縣,古彭祖國也。《世本》曰:陸終之子,其三曰籛,是爲彭祖。彭祖城是也,下曰彭祖冢。彭祖長年八百,綿壽永世,于此有冢,蓋亦元極之化矣。其樓之側,襟汳帶泗,東北爲二水之會也。聳望川原,極目清野,斯爲佳處矣。

【注　釋】　①即下邑　《疏》本作"即謀下邑",此按《疏》語譯於後。②又東過蕭縣南二句　此條《經》文《水經注疏》無"又"字。《疏》:"朱'東'上有'又'字,戴、趙同。守敬按:依例不當有'又'字,今刪。"③述初賦　詩賦名。三國魏崔季珪撰。此賦已亡佚,僅見《藝文類聚》卷二十七引及。季珪名琰,《三國志·魏書》有傳。④勤魚石于彭城　《水經注疏》作"封魚石于彭城"。《疏》:"朱'封'訛'勒'。趙云:依孫潛校改'勤'。事在《春秋》襄公九年。戴改同。會貞按:'勤'字亦不可通。《左傳》襄公元年,圍宋彭城,爲宋討魚石。'討'與'勒'形近,似'討'之誤。然'封'與'勒'亦形近,作'封'爲勝。"⑤金城　守敬按:《名勝志》:徐州外城,爲楚元王交築,此書《沔水注》、《肥水注》亦言金城。《方輿紀要》引《荊州記》:江陵城中有金城,故牙城也。晉、宋時凡城內牙城,皆謂之金城。

【語　譯】

獲水出汳水于梁郡蒙縣北,

1　《漢書‧地理志》說：獲水上流承接甾獲渠，又兼有丹水之稱。《竹書紀年》說：宋國在丹水上殺了它的大夫皇瑗。又說，宋國發大水，使丹水壅塞不通，丹水大概就是汳水的異名。獲水從蒙縣向東流出，水南有"漢故繹幕令匡碑"。匡字公輔，是魯府君的小兒子。墓碑上的字跡已破損剝落，不能辨識，看不出立碑的年月了。獲水又東流經長樂固北、已氏縣南，往東南流經蒙澤。《十三州志》說：蒙澤在縣東，《春秋》莊公十二年（公元前六八二年），宋萬與閔公賭博時相爭，在蒙澤殺了閔公。

2　獲水又東流經虞縣老城北，虞縣是古時的虞國。從前夏朝少康逃奔到有虞氏那裡，做了管理膳食的小官，於是虞思把自己的兩位女兒嫁給他。虞縣就是王莽時的陳定亭。城東有"漢司徒盛允墓碑"。盛允字伯世，梁國虞人。他的祖上姓奭，到了漢朝中期，為避孝元皇帝諱，改為姓盛。盛氏世代繼承祖上的美德，到了盛允，被舉薦為孝廉，授官為郎，歷任司空、司徒。墓碑立於延熹年間（公元一五八—一六七年），墓地還建有一座石廟，廟宇已經倒塌了，但廟基還可以找到。

3　獲水又東南流經空桐澤北，空桐澤座落在虞城東南，《春秋》哀公二十六年（公元前四六九年）冬天，宋景公在空澤遊覽，辛巳日，在連中逝世。大尹、左師組織了空澤的千名甲士，將景公的靈柩從空桐護送到沃宮。獲水又東流經龍譙固，又東流與黃水匯合於黃水口。黃水上流承接黃陂，下流注入獲水。獲水又東流入櫟林，世人稱為九里柞。獲水又東南流經下邑縣老城北，楚考烈王滅了魯國，頃公逃走，遷居到下邑。又，楚、漢彭城之戰時，呂后的哥哥呂澤，把軍隊駐紮在下邑，高祖戰敗退回，來到呂澤的軍中。張子房首創捐地的策略，招收了垓下的軍隊，陸機所說的在下邑謀劃，就指這件事。下邑，王莽改名為下治。

4　獲水又東流經碭縣老城北。應劭說：碭縣有碭山，山在縣東，出產紋石，秦朝時設立碭郡，就是以山來命名的。王莽改名為節碭縣。山上有梁孝王墓。這座墳墓，開山作棺槨，鑿石為貯存葬品的墓室。行走一里路，才到墓室裡：那裡有積水，深數尺，水中有大鯉魚。民眾都說墓室裡有神明，不敢觸犯牠。到墓室裡來的人都要齋戒沐浴才敢進來，如果不舉行齋戒，一到這裡就有野獸出來咬他的腳，這野獸不易看見，見過的人都說形狀像狗，也不知究竟怎樣。山上有梁孝王祠。

5　獲水又東流，穀水注入。穀水上流承接碭陂，陂中有座香城，此城四面環水，陂塘接納了幾條散流的水，有零水、澮水、清水，積聚成深潭，叫碭水。趙國有個人名叫琴高，因擅長彈琴，成為康王的門客，他掌握了仙人彭祖、涓子的仙術，在碭郡漫遊了二百餘年，後來要潛入碭水中取龍子，與弟子們約定說：大家都齋戒沐浴，設立屋祠，在水旁等待。不久，他果然乘坐紅鯉魚從水中出來，進入祠中坐著。碭郡一帶約有上萬人來觀看,他在祠中逗留了一個多月,後又重新潛入水中。

6　陂水東流,稱為穀水,東流經安山北,這就是碭北山。山上有陳勝墓。秦朝末年大亂,陳勝最先起兵伐秦,結果卻先敗身死,葬於碭縣,諡號稱隱王。穀水又東北流注入獲水。獲水又東流經藍田鄉的城郭,又東流經梁國杼秋縣老城南。這就是王莽時的予秋。獲水又東流經洪溝往東流去。洪溝南北各有一條,溝的上端與獲水相對,人們稱為鴻溝,其實不是。《春秋》昭公八年(公元前五三四年)秋,在紅打獵。杜預說:沛國蕭縣西有紅亭,就是《地理志》裡說的虹縣。景帝三年(公元前一五四年),把該縣封給楚元王的兒子富為侯國。就是王莽時所稱呼的貢。原來溝名讀音相同,實則並非指楚、漢分界的那條鴻溝。

又東過蕭縣南,睢水北流注之。

7　蕭縣南對山丘,人們稱它為蕭城南山。戴延之稱它為同孝山,說是以漢陽城侯劉德居住的鄉里名為山命名的。劉澄之說:縣南有冒山。不知道哪種說法正確。山裡有箕谷,谷水北流注入獲水,世人叫它西流水,說此水上流承接梧桐陂,是因陂水西流而得名的。我曾途經蕭邑,城的西邊只有這條水北流注入獲水,再沒有其他的水了,推想起來就是《水經》裡所說的睢水。蕭城東、西、南三面臨獲水之濱,舊時的沛郡治所及縣治都同在此城。城南從前有一座石橋,橋墩上有水位降低的痕跡,石橋用石塊壘砌而成,高二丈,也未署建造者的名字,現在已荒廢毀壞得差不多了。蕭縣原來是蕭叔國,是宋國的附庸,被楚國所滅。《春秋》宣公十二年(公元前五九七年),楚國征伐蕭國,蕭國被擊潰,申公巫臣說:戰士大多衣單身寒,請君王巡視三軍,撫慰將士,他們就像穿上棉衣一樣溫暖了。這是統帥施恩於部下的結果。蕭女嫁往齊國,後來成為頃公的母親,就是郤克所說的蕭同叔子。獲水又東流經龍城,這座城不知是誰首先修築的。獲水又東流經同孝山北,山的北麓有楚元王墓,上圓下方,用石塊壘砌而成,高十餘丈,寬約百來步,南北向並列有十幾座墳墓,都是石塊壘結的。獲水又東流,淨淨溝水注入。溝水上流承接梧桐陂,西北流,就是中書劉澄之所說的白溝水。又北流注入獲水,民間稱為淨淨溝。

又東至彭城縣北,東入于泗。

8　獲水從淨淨溝東流經阿育王寺北,有人說這座寺院是楚王英建造的,這也弄不清楚。因為寺裡取阿育王的遺法,寺也因而得名。獲水與安陂水匯合。安陂水上流承接安陂流出的水,北流經阿育王寺旁。水上有一座橋,叫做玄注橋。岸邊有一座石墓,早年被開掘過,墓石雕砌得很精緻奇巧,是一座十分壯觀的建築,但不知是誰的墳墓,也許就是劉澄之所說的凌冢吧。安陂水北流注入獲水。獲水又東流經彌黎城北,劉澄之《永初記》提到,城的西南有彌黎城,即指此城。

9　獲水在彭城西南轉而北流，流經彭城。城西北從前有楚大夫龔勝故居，就是楚國父老哭弔龔勝的地方。獲水又東轉流經城北，東流注入泗水。城北三里有座石墓被盜掘過，傳說是楚元王孫劉向墓，不知確否。彭城就是殷大夫老彭的封國。《春秋》說是宋國的疆域。楚國攻打宋國，兼併了此城，把它封給魚石。崔季珪《述初賦》說：在下邳坯橋懷想黃石公，封魚石於彭城。指的就是此縣。孟康說：過去稱江陵為南楚，陳為東楚，彭城為西楚。文穎說：彭城，從前屬東楚。項羽在這裡建都後稱為西楚。漢高祖平定天下，把這裡立為楚郡，封他的弟弟劉交為楚王，建都彭城。宣帝地節元年（公元前六九年），改為彭城郡。王莽時又改名為和樂郡，是徐州的治所。城內有漢朝司徒袁安、魏中郎將徐庶等幾座石碑，在街道西面排成一行，他們都曾當過楚國的丞相。大城裡有牙城，東北有一座小城，劉公改建擴大了範圍，城牆都用石塊壘砌，高四丈，周圍城濠環繞。小城西又有一座城，是大司馬琅邪王所修建，此城利用從前項羽的老臺經營構築，建造了宮觀和門閣，重新恢復建築的規模。義熙十二年（公元四一六年），忽然下了一場大雨，汳水暴漲，城也崩塌毀壞了。彭城劉公的兒子冠軍將軍也登，又重新修築了城牆。新修的城牆全都用磚壘砌，宏偉壯觀，十分堅固，城頭的瞭望臺瑰麗堂皇，無論南方北方都沒有看到過。宋平北將軍、徐州刺史河東薛安都，率全城軍民歸降於魏，魏派遣博陵公尉苟仁、城陽公孔伯恭援助他，全城完好無損，和先前一樣壯麗。但以後卻被拆毀，昔日的雄姿，也一旦化為烏有，只有局部地方留下一些精緻的雕刻，龍騰雲飛氣勢不凡，雕得十分精妙。城的東北角建造了一座城樓，叫彭祖樓。《地理志》說：彭城縣就是古時彭祖的封國。《世本》說：陸終的第三個兒子名叫籛，就是彭祖。他之所以稱為彭祖，是因為封於彭城的緣故。城樓下是彭祖墓。彭祖活到八百歲，是極為長壽的了，這裡有他的墳墓，大概也是無窮天地間的一種物化現象。汳水和泗水流過彭祖樓旁，樓的東北，就是兩水匯合的地方。登樓眺望山川，原野一望無際，是一個登高攬勝的好地方。

【研　析】　酈道元為《水經》作《注》，必須以《禹貢》為宗。甚至連太史公“不敢言之”的《山海經》，也得因地參用。這些古籍中記載的河川在酈氏撰述時已經很有變遷（其中有的原來就屬於司馬遷所“不敢言之”的一類），酈書的書名就隸《水經》，且不說《水經》也以《禹貢》為宗，即《水經》與《水經注》之間，相去不到三百年，其間的河川變遷已有不少。都為酈氏作《注》增加了難度。此卷記敘的三條河川，均在古老的鴻溝水系之中，有的在三國人撰《水經》之時已經不同於古，有的在《經》、《注》三百年間頻有變遷。加上歷代名稱的改易和別名的混淆，所以酈氏雖身履其境，撰述仍非易事。酈氏作《注》，除親自考察以外，也很重視地方文獻，但此卷除《續述征記》和《陳留風俗傳》兩種為他頻用以外,其他地方文獻也付缺如。為此,他不得不借重於碑碣。但在他的實地考察中,又常苦於所見碑碣的破損。在《注》文中表述的如"石碎字紊"、"餘碑文字碎滅,不復可觀"、"碑文悉破無驗"等,都道出了他的困難。儘管如此,此卷《注》文仍然大量引用碑碣,拙撰《水經注金石錄》(《水經注研究二集》,山西人民出版社,一九八七年出版)錄入了他在此卷中引及碑碣達三十三種。施蟄存所撰《水經注碑錄》(天津古籍出版社,一九八七年出版)亦收錄此卷所引碑碣二十七種。為全書各卷引用碑碣之最。而拙錄與施錄中均未採入的古文《仲虺之誥》,很可能也是一種碑碣。酈氏撰述之不易,於此可見一斑。

卷二十四　睢水　瓠子河　汶水

【題　解】　睢水今稱睢河，但河道與《水經注》記敍的已有很大變化。僅在《水經》與《水經注》的三百年間，變化也已不小。《經》文說："（睢水）又東過相縣南，屈從城北東流，當蕭縣南，入于陂。"但《注》文卻說："睢水又左合白溝水，水上承梧桐陂，陂側有梧桐山，陂水西南流，逕相城東而南流注于睢。睢盛則北流入于陂，陂溢則西北注于睢。"這裡《經》文和《注》文的差別，不一定是《經》文的錯誤，很可能是河流和水文的變化。《水經注》記載的睢水，最後是"東南流入于泗，謂之睢口"。由於人為的改造，睢河下游現在有偏北的老睢河與偏南的新睢河兩條水道，均在江蘇泗洪縣附近注入洪澤湖。

瓠子河是古代在濮陽（今河南濮陽南）從黃河分出的一條小河，循黃河往東南流，經今山東梁山北折，注入濟水。漢元光三年（公元前一三二年），黃河決於濮陽瓠子口，從決口處東南漫注鉅野澤（今山東鉅野附近），造成黃淮一帶的嚴重水患。元封二年（公元前一〇九年），漢武帝親臨瓠子河督促堵口。據《史記·河渠書》記載："令群臣從官自將軍以下皆負薪填決河。"司馬遷當時也是參加負薪堵口的從官之一，感受甚深，所以在其《史記》中專寫《河渠書》一篇，建立了中國正史"河渠志"的傳統。而且在此篇中寫下了"甚哉！水之為利害也"的水利名言。這次堵口使黃河納入故道，瓠子河就逐漸枯竭。《水經注》時代已經成為一條小河，以後就不復存在。

汶水在《水經》和《水經注》中各有兩條。此卷中的汶水是古代濟水的支流（另一條收入於本書卷二十六，在今山東半島，是濰水的支流），《經》文說"入于濟"，《注》文

也說"汶水又西流入濟"。所以在古代是濟水支流無疑。濟水湮廢後,水道發生很大變
化。現在,這條汶水稱為大汶河,其下流分成兩條,北支叫大清河,經東平湖注入黃河;
南支從南旺附近注入運河,但一九六〇年已築壩堵塞。所以大汶河已成為一條黃河水
系的河流。

《水經注》記敘的今山東省境內諸水,包括本卷及卷二十五、二十六在內,河流多而
變遷大,與《水經注》時代已有很大的差異。

睢　水

睢水出梁郡鄢縣,

1　睢水出陳留縣西蒗蕩渠,東北流,《地理志》曰:睢水首受陳留浚儀狼湯水也。
《經》言出鄢,非矣。又東逕高陽故亭北,俗謂之陳留北城,非也。蘇林曰:高陽者,
陳留北縣也。按在留,故鄉聚名也。有《漢廣野君[①]廟碑》,延熹六年十二月,雍丘
令董生,仰餘徽于千載,遵茂美于絕代,命縣人長照爲文,用章不朽之德。其略云:
輟洗分餐[②],諮謀帝猷,陳、鄭有涿鹿之功,海岱無牧野之戰,大康華夏,綏靜黎物,
生民以來,功盛莫崇。今故宇無聞,而單碑介立矣。《陳留風俗傳》曰:酈氏居于高
陽,沛公攻陳留縣,酈食其有功,封高陽侯。有酈峻,字文山,官至公府掾,大將軍
商,有功,食邑于涿,故自陳留徙涿。縣有鉼亭、鉼鄉,建武二年,世祖封王常爲侯
國也。

2　睢水又東逕雍丘縣故城北,縣,舊杞國也。殷湯、周武以封夏后,繼禹之嗣。楚滅
杞,秦以爲縣。圈稱曰:縣有五陵之名[③],故以氏縣矣。城內有夏后祠。昔在二代,
享祀不輟。秦始皇因築其表爲大城,而以縣焉。睢水又東,水積成湖,俗謂之白羊
陂,陂方四十里,右則姦梁陂水注之,其水上承陂水,東北逕雍丘城北,又東分爲兩
瀆,謂之雙溝,俱入白羊陂。陂水東合洛架口,水上承汳水,謂之洛架水,東南流入
于睢水。睢水又東逕襄邑縣故城北,又東逕雍丘城北,睢水又東逕寧陵縣故城南,
故葛伯國也,王莽改曰康善矣。歷鄢縣北,二城南北相去五十里,故《經》有出鄢之
文。城東七里,水次有單父令楊彥、尚書郎楊禪字文節兄弟二碑,漢光和中立也。

東過睢陽縣南,

3　睢水又東逕橫城北,《春秋左傳》昭公二十一年,樂大心禦華向于橫。杜預曰:梁國
睢陽縣南有橫亭。今在睢陽縣西南,世謂之光城,蓋光、橫聲相近,習傳之非也。
睢水又逕新城北,即宋之新城亭也。《春秋左傳》文公十四年,公會宋公、陳侯、衛

侯、鄭伯、許男、曹伯、晉趙盾，盟于新城者也。睢水又東逕高鄉亭北，又東逕亳城北，南亳也，即湯所都矣。

4　睢水又東逕睢陽縣故城南，周成王封微子啟于宋以嗣殷後，爲宋都也。昔宋元君夢江使乘輜車，被繡衣，而謁于元君，元君感衛平之言而求之于泉陽，男子余且獻神龜于此矣。秦始皇二十二年以爲碭郡，漢高祖嘗以沛公爲碭郡長，天下既定，五年爲梁國。文帝十二年，封少子武爲梁王，太后之愛子、景帝寵弟也。是以警衛貂侍，飾同天子，藏珍積寶，多擬京師，招延豪傑，士咸歸之，長卿之徒，免官來遊。廣睢陽城七十里，大治宮觀、臺苑、屏樹，勢並皇居。其所經構也，役夫流唱，必曰《睢陽曲》④，創傳由此始也。城西門即寇先鼓琴處也。先好釣，居睢水旁，宋景公問道不告，殺之。後十年，止此門鼓琴而去，宋人家家奉事之。

5　南門曰盧門也。《春秋》：華氏居盧門里叛。杜預曰：盧門，宋城南門也。司馬彪《郡國志》曰：睢陽縣有盧門亭，城內有高臺，甚秀廣，巍然介立，超焉獨上，謂之蠡臺，亦曰升臺焉。當昔全盛之時，故與雲霞競遠矣。《續述征記》曰：迴道似蠡⑤，故謂之蠡臺，非也。余按《闕子》⑥，稱宋景公使工人爲弓，九年乃成。公曰：何其遲也？對曰：臣不復見君矣，臣之精盡于弓矣。獻弓而歸，三日而死。景公登虎圈之臺，援弓東面而射之，矢踰于孟霜之山，集于彭城之東，餘勢逸勁，猶飲羽于石梁。然則蠡臺即是虎圈臺也，蓋宋世牢虎所在矣。

6　晉太和中，大司馬桓溫入河，命豫州刺史袁真開石門，鮮卑堅戍此臺，真頓甲堅城之下，不果而還。蠡臺如西，又有一臺，俗謂之女郎臺。臺之西北城中有涼馬臺，臺東有曲池，池北列兩釣臺，水周六七百步。蠡臺直東，又有一臺，世謂之雀臺也。城內東西道北，有晉梁王妃王氏陵表，並列二碑，碑云：妃諱粲，字女儀，東萊曲城人也。齊北海府君之孫，司空東武景侯之季女，咸熙元年嬪于司馬氏，泰始二年妃于國，太康五年薨，營陵于新蒙之⑦，太康九年立碑。東即梁王之吹臺也。基陛階礎尚在，今建追明寺。故宮東即安梁之舊地也，齊周五六百步，水列釣臺。池東又有一臺，世謂之清泠臺。北城憑隅，又結一池臺。晉灼曰：或說平臺在城中東北角，亦或言兔園在平臺側。如淳曰：平臺，離宮所在，今城東二十里有臺，寬廣而不甚極高，俗謂之平臺。余按《漢書·梁孝王傳》稱：王以功親爲大國，築東苑，方三百里，廣睢陽城七十里，大治宮室，爲複道，自宮連屬于平臺三十餘里，複道自宮東出楊之門，左陽門，即睢陽東門也。連屬于平臺則近矣，屬之城隅則不能，是知平臺不在城中也。梁王與鄒枚、司馬相如之徒，極遊于其上，故齊隨郡王《山居序》⑧所謂西園多士，平臺盛賓，鄒、馬之客咸在，《伐木之歌》屢陳，是用追芳昔娛，神遊千古，故亦一時之盛事。謝氏賦雪⑨亦曰：梁王不悅，遊于兔園。今也歌堂淪宇,律管埋音,孤基塊立,無復曩日之望矣。

7　城北五六里,便得漢太尉橋玄墓,冢東有廟,即曹氏孟德親酹處。操本微素,嘗候于玄。玄曰:天下將亂,能安之者,其在君乎。操感知己,後經玄墓,祭云:操以頑質,見納君子,士死知己,懷此無忘。又承約言,徂没之後,路有經由,不以斗酒隻雞,過相沃酹,車過三步,腹痛勿怨,雖臨時戲言,非至親篤好,胡肯爲此辭哉。悽愴致祭,以申宿懷。冢列數碑,一是漢朝羣儒、英才、哲士感橋氏德行之美,乃共刊石立碑,以示後世。一碑是故吏司徒博陵崔列、廷尉河南吳整等,以爲至德在己,揚之由人,苟不皦述,夫何考焉。乃共勒嘉石,昭明芳烈。一碑是隴西枹罕北次陌碭守長騭爲左尉漢陽豲道趙馮孝高[10],以橋公嘗牧涼州,感三綱之義,慕將順之節,以爲公之勳美,宜宣舊邦,乃樹碑頌,以昭令德。光和七年,主記掾李友字仲僚作碑文,碑陰有《右鼎文》建寧三年拜司空,又有《中鼎文》建寧四年拜司徒,又有《左鼎文》光和元年拜太尉。鼎銘文曰:故臣門人,相與述公之行咨度體,則文德銘于三鼎,武功勒于征鉞,書于碑陰,以昭光懿。又有《鉞文》,稱是用鏤石假象,作茲征鉞軍鼓,陳之于東階,亦以昭公之文武之勳焉。廟南列二柱,柱東有二石羊,羊北有二石虎,廟前東北有石駝,駝西北有二石馬,皆高大,亦不甚彫毀。惟廟頹搆,麤傳遺堳,石鼓仍存,鉞今不知所在。

8　睢水于城之陽,積而爲逢洪陂,陂之西南有陂,又東合明水,水上承城南大池,池周千步,南流會睢,謂之明水,絕睢注渙。睢水又東南流,歷于竹圃,水次綠竹蔭渚,菁菁實望,世人言梁王竹園也。睢水又東逕穀熟縣故城北,睢水又東,蘄水出焉。睢水又東逕粟縣[11]故城北,《地理志》曰:侯國也,王莽曰成富。睢水又東逕太丘縣故城北,《地理志》曰:故敬丘也。漢武帝元朔三年,封魯恭王子節侯劉政爲侯國,漢明帝更從今名。《列仙傳》曰:仙人文賓,邑人,賣鞾履爲業,以正月朔日會故嫗于鄉亭西社,教令服食不老,即此處矣。

9　睢水又東逕芒縣故城北,漢高帝六年,封耏跖爲侯國,王莽之傳治,世祖改曰臨睢。城西二里,水南有《豫州從事皇毓碑》,殞身州牧,陰君之罪,時年二十五。臨睢長平輿李君,二千石丞綸氏夏文則,高其行而悼其殞,州國咨嗟,旌閭表墓,昭叙令德,式示後人。城內有《臨睢長左馮翊王君碑》,善有治功,累遷廣漢屬國都尉,吏民思德,縣人公府掾陳盛孫,郎中兒定興、劉伯鄜等,共立石表政,以刊遠績。

10　縣北與碭縣分水,有碭山。芒、碭二縣之間,山澤深固,多懷神智,有仙者涓子、主柱,竝隱碭山得道。漢高祖隱之,呂后望氣知之,即于是處也。京房《易候》[12]曰:何以知賢人隱。師曰:視四方常有大雲,五色具而不雨,其下賢人隱矣。

又東過相縣南,屈從城北東流,當蕭縣南,入于陂。

11　相縣,故宋地也。秦始皇二十三年,以爲泗水郡,漢高帝四年,改曰沛郡,治此。漢武帝元狩六年,封南越桂林監居翁爲侯國,曰湘成也。王莽更名,郡曰吾符,縣曰吾符亭。睢水東逕石馬亭,亭西有漢故伏波將軍馬援墓。睢水又東逕相縣故城南,宋共公之所都也。國府園中,猶有伯姬黃堂[13]基。堂夜被火,左右曰:夫人少避。伯姬曰:婦人之義,保傅不具,夜不下堂,遂遇火而死。斯堂即伯姬燔死處也。城西有伯姬冢。昔鄭渾爲沛郡太守,于蕭、相二縣興陂堰,民賴其利,刻石頌之,號曰鄭陂。

12　睢水又左合白溝水,水上承梧桐陂,陂側有梧桐山,陂水西南流,逕相城東而南流注于睢。睢盛則北流入于陂,陂溢則西北注于睢,出入迴環,更相通注,故《經》有入陂之文。睢水又東逕彭城郡之靈壁東,東南流,《漢書》:項羽敗漢王于靈壁東。即此處也。又云:東通穀泗。服虔曰:水名也,在沛國相界。未詳。睢水逕穀熟,兩分睢水而爲蘄水。故二水所在枝分,通謂兼稱,穀水之名,蓋因地變,然則穀水即睢水也。又云,漢軍之敗也,睢水爲之不流。睢水又東南逕竹縣故城南,《地理志》曰:王莽之篤亭也。李奇曰:今竹邑縣也。睢水又東與渾湖水合,水上承甾丘縣之渒陂,南北百餘里,東西四十里,東至朝解[14]亭,西屆彭城甾丘縣之故城東,王莽更名之曰善丘矣。其水自陂南系于睢水,又東,睢水南[15],八丈故溝水注之,水上承蘄水而北會睢水。又東逕符離縣故城北,漢武帝元狩四年,封路博德爲侯國,王莽之符合也。

13　睢水又東逕臨淮郡之取慮縣故城北,昔汝南步遊張少失其母,及爲縣令,遇母于此,乃使良馬跼躅,輕軒罔進,顧訪病姬[16],乃其母也。誠願宿憑,而冥感昭徵矣。

14　睢水又東合烏慈水,水出縣西南烏慈渚,潭漲東北流,與長直故瀆合,瀆舊上承蘄水,北流八十五里,注烏慈水。烏慈水又東逕取慮縣南,又東屈逕其城東,而北流注于睢。睢水又東逕睢陵縣故城北,漢武帝元朔元年,封江都易王子劉楚爲侯國,王莽之睢陸也。睢水又東與潼水故瀆會,舊上承潼縣西南潼陂,東北流逕潼縣故城北,又東北逕睢陵縣,下會睢水。睢水又東南流,逕下相縣故城南,高祖十二年,封莊侯泠耳爲侯國。應劭曰:相水出沛國相縣,故此加下也。然則相又是睢水之別名也。東南流入于泗,謂之睢口,《經》止蕭縣,非也。所謂得其一而亡其二矣。

【注　釋】　①廣野君　即酈食其,漢陳留高陽(今河南杞縣西)人。有辯才,劉邦因其獻計而得到陳留,故封他爲廣野君。後爲齊王田廣所殺。②輟洗分餐　相傳周公求賢殷切,以至"一沐三握髮,一飯三吐哺",迫不及待地前去接待賢才。後因以"輟洗分餐"指殷勤地求取賢士。③五陵之名　《水經注疏》作"五陵之丘",釋雍丘縣名似較合適。此按《疏》本語譯於後。④睢陽曲　歌曲名。無公私著錄,亦不知曲詞,《注》文既稱"役夫流唱",當是一種民歌。已亡佚。⑤蠡　即螺。特指螺殼、螺號。⑥闕子　書名。《漢書·藝文志》著錄一篇。《後漢書·獻帝紀》注引應劭《風俗通》說:"闕,姓也,縱橫家有闕子著書。"已亡佚。輯本收入於《玉函山房輯佚書》。⑦營陵于新蒙之　朱謀㙔《水經注箋》說:"此下疑有脫誤。"殿本在此處有戴震案語:"此下有脫文。"按此句句讀明顯未斷,必有脫文。但各本均如此,無從查考。⑧山居序　書序名。不見歷來公私著錄。《水經注疏》楊守敬按:"《齊書·武十七王傳》,隨郡王子隆,武王第八子,有文才,文集行於世,今佚。此序,他書亦未引。"鄭德坤《水經注引書考》作《齊隨郡王山居序》。⑨賦雪　指南朝宋謝惠連撰的《雪賦》,收入於《文選》卷十三。⑩隴西枹罕句　《水經注疏》熊會貞按:"此碑是梁州人官梁國者所立。而二語多誤。碭、隔並梁國縣,'隔'誤'驚',又衍'為'字,'碭長'當在'隴西枹偈'上,與'左尉'對,'北次陌守'當是人姓名及字,與'趙馮孝高'對,而文有誤也。"⑪粟縣　粟,《疏》本作"栗"。郭守敬按:"《漢志》作'栗',《高帝紀》《周勃傳》同。則'粟'為'栗'無疑。"栗縣,漢屬沛郡,後漢廢。今夏邑縣治。⑫易候　書名。《隋書·經籍志》著錄《周易飛候》九卷,京房撰。按此書如同《河水》篇內京房《易妖占》、《易傳》等,均為讖緯之書。京房,漢代人,本姓李,字君明,受《易》於焦延壽,元帝時,以言災異得幸。《漢書》有傳。⑬黃堂　古代太守衙中之正堂。《後漢書·郭丹傳》李賢注:"黃堂,太守之廳事。"⑭朝解　《水經注疏》熊會貞按:"今本《舊唐志》亦作'朝解城',而《方輿紀要》、《一統志》引《舊唐志》並作'朝斛',知本作'朝斛'。《寰宇記》'虹縣'下,亦作'朝斛'。考《地形志》,睢南郡有斛城縣,即此。則'解'為'斛'之誤無疑。⑮又東二句　《疏》本改為"睢水又東南"。譯文按《疏》本。⑯顧訪病姬　王國維校明抄本作"顧訪病嫗"。王國維《明抄本水經注跋》:"顧訪病嫗,即其母也,諸本'嫗'並作'姬'。"

【語　譯】

睢水出梁郡鄢縣,

1　睢水發源於陳留縣西的蒗蕩渠,東北流。《地理志》說:睢水上流承接陳留縣浚儀的狼湯水。《水經》說發源於鄢縣,顯然是錯誤的。睢水又東流經高陽舊亭北,民間稱為陳留北城,其實不對。蘇林說:高陽是陳留以北的縣份。按高陽在留,是從前的鄉村名。那裡有"漢廣野君廟碑"。延熹六年(公元一六三年)十二月,雍丘縣令董生仰慕廣野君長留千載的高風,尊崇他優美的典範於萬世之後,因此囑縣人長照撰文,以表彰他不朽的美德。文中大意說:高祖禮賢下士,廣野君也盡心為他出謀劃策。襲陳留,得秦積粟,建立了卓著的功勳;青、徐等地,不戰而定,使國家大大地富盛起來,人民也得以安居樂業。自古以來,沒有更高的功勳了。現在原來的祠廟已不再有人知道了,只有這塊廟碑還孤零零地樹立著。《陳留風俗傳》說:酈氏居住在高陽,沛公攻陳留時,酈食其因獻計有功,封為高陽侯。族人酈峻,字文山,曾任公府掾。大將軍酈商有功,受封以涿為食邑,因此他從陳留遷往涿。陳留縣有餅亭、餅鄉。建武二年(公元二六年),世祖把陳留封給王常為侯國。

2　睢水又東流經雍丘縣舊城北。雍丘縣是舊時的杞國。殷湯和周武王曾把該縣封給夏的子孫,以維續禹的後嗣。後來楚滅了杞,秦時設置為縣。圈稱說:縣裡有五陵之丘,所以縣名叫雍丘。城內有夏后祠。從前商周二代,從未停止過祭祀。到了秦始皇時,在周邊修築了大城牆,並設置為縣。睢水又東流,水流積蓄成湖,民間稱為白羊陂,方圓四十里。睢水右岸有姦梁陂水注入。這條水上流承接陂水,東北流經雍丘城北,又東流,分為兩條,稱為雙溝,都注入白羊陂。白羊陂水東流到洛架口匯合一水。此水上流承接汳水,稱為洛架水,東南流注入睢水。睢水又東流經襄邑縣老城北,又東流經雍丘城北。睢水又東流經寧陵縣老城南,這裡是從前的葛伯國。王莽改名為康善。睢水流經鄢縣北,鄢縣與寧陵縣兩城南北相距五十里,所以《水經》裡有睢水發源於鄢縣的記載。鄢縣城東七里,水邊有單父縣令楊彥、尚書郎楊禪字文節兄弟的兩塊墓碑,是漢光和年間(公元一七八—一八四年)所立。

東過睢陽縣南,

3　睢水又東流經橫城北。《春秋左傳》昭公二十一年(公元前五二一年),樂大心在橫抵抗華向的進攻。杜預說:梁國睢陽縣南有橫亭。現在橫亭在睢陽縣西南,世人稱為光城,大概是光、橫兩字讀音相近,口頭相傳成習,因而造成錯誤的。睢水又流經新城北,這就是宋國的新城亭。《春秋左傳》文公十四年(公元前六一三年),文公在新城與宋公、陳侯、衛侯、鄭伯、許男、曹伯、晉趙盾等會盟。睢水又東流經高鄉亭北,又東流經亳城北,就是南亳,是商湯的都城。

4　睢水又東流經睢陽縣舊城南,周成王把微子啟封於宋,讓他維續殷的後嗣,睢陽縣就是宋的都城。從前宋元君夢見江國使者坐著有帷蓋的車、穿著繡衣前來拜見。元君聽了衛平王的一席話,就去泉陽尋求,男子余且在這裡獻上神龜。秦始皇二十二年(公元前二二五年),在此設置碭郡。漢高祖為沛公時曾當過碭郡長,天下平定後,到五年(公元前二〇二年)立為梁國。漢文帝十二年(公元前一六八年),封小兒子劉武為梁王。劉武是太后的愛子、景帝的寵弟。梁王有警衛和太監,他自己的穿戴與裝飾同天子一樣,儲藏的金銀珠寶多得可與京師相比。他招收天下豪傑,四方賢士紛至遝來,甚至司馬長卿之輩也棄官來投奔他。他擴建睢陽城七十里,在城內大興土木,修建宮觀園囿、亭臺屏榭,建得就像帝王的居處一樣富麗堂皇。營建宮苑時,民夫們都傳唱著《睢陽曲》,這首曲子就是從那時開始流傳下來的。城西門就是寇先彈琴的地方。寇先喜歡釣魚,住在睢水岸邊。宋景公向他詢問道術,他不肯說,宋景公就把他殺了。十年後,他來到這座城門前,停下來彈了一會琴,方才離開。宋人家家戶戶都奉祀他。

5 南門叫盧門。《春秋》記載，華氏居住在盧門里，後來反叛了。杜預說：盧門是宋城南門。司馬彪《郡國志》說：睢陽縣有盧門亭，城內有一座高臺，十分出色而寬廣，高高地矗立著，超然獨上，稱為蠡臺，又叫升臺。從前在它極盛的時期，真可與雲霞爭高呢。《續述征記》說：登臺的梯級迴旋而上，像田螺一樣，因而稱為蠡臺。其實不是如此。我查考過，《闕子》說：宋景公叫工人為他製弓，九年才製成。景公問：為什麼做得那麼久？工人回答道：臣不能再見到您了，臣把自己的全部精力都花在這張弓上了。那工人獻了弓回家去，三天後就死了。景公登上虎圈臺，拉弓搭箭向東方射去，箭飛過孟霜山，最後都集中在彭城東，餘勢仍很強勁，箭頭深深穿進石橋中。那麼蠡臺就是虎圈臺了，這是宋時關虎的地方。

6 晉太和年間（公元三六六—三七一年），大司馬桓溫擬以水師進入大河，命令豫州刺史袁真去鑿開石門。鮮卑人堅守此臺，袁真屯兵於堅城之下，沒有達到目的，最後只好撤兵而回。蠡臺偏西，又有一臺，俗稱女郎臺。女郎臺西北的城內有涼馬臺。臺東有曲池。池北有兩個並列的釣臺，池周圍約六七百步。蠡臺正東，又有一臺，世人稱為雀臺。在城內一條東西向大道的北端，有晉朝梁王妃王氏的墓碑，二碑並立於墓前，碑上刻著：王妃名粲，字女儀，東萊曲城人。齊北海府君的孫女，司空東武景侯的小女兒。咸熙元年（公元二六四年），嫁給司馬氏，泰始二年（公元二六六年），立為妃，太康五年（公元二八四年）逝世。在新蒙營建陵墓，太康九年（公元二八八年）立碑。墓碑以東就是梁王的吹臺，基址和臺階柱礎還在，今天已建造了追明寺。故宮東即是安梁舊地，周圍五六百步，池邊有釣臺。池東又有一臺，世人稱為清泠臺。北城靠城角，又建有一處池臺。晉灼說：有人說平臺在城中東北角，也有人說兔園在平臺旁邊。如淳說：平臺是梁王離宮所在的地方，現在城東二十里處有一座臺，相當寬廣，但不很高，民間叫平臺。我查考過，《漢書·梁孝王傳》說：梁王憑著功勞和皇親關係受封大國，他修建的東苑方圓三百里，擴建睢陽城七十里，大興土木，建造宮室，修築天橋，從王宮與平臺相連，長達三十餘里，這條天橋從王宮東出楊門。左陽門，就是睢陽東門。說天橋與平臺相連大致上差不多，說與城角相連就不可能了，由此可知平臺不在城中。梁王與鄒枚、司馬相如等人常在平臺上盡情遊樂。正如齊時隨郡王《山居序》中所說的：西園有很多士人，平臺則常大會賓客，鄒、馬等名流都在，他們常唱《伐木》之歌，藉以追思昔日的歡娛，神遊於千古，所以也是一時的盛事。謝惠連《雪賦》也說：梁王不高興時，常到兔園散心。今天當年歌舞之地已經湮滅，管弦之聲已成絕響，只留下一片寂寞荒涼的遺址，不再有昔日燈紅酒綠的盛況了。

7 城北五六里處，有漢朝太尉橋玄墓，墓東有一座廟宇，就是當年曹孟德親自灑酒的

地方。曹操本來地位低微,曾在橋玄手下做小官。有一次橋玄對他說:天下將要
大亂,能定國安邦的人也許就是您吧。曹操感激知遇之恩,後來經過橋玄墓時,親
自祭奠他說:我本來愚頑,卻蒙您接納;士為知己者死,我心裡一直記念著您的恩
遇,從未忘記。您曾和我有約。您說:我死之後,您路過我墓地,如不用斗酒隻雞
相祭,車過三步,肚子痛可不要埋怨我呀。當時雖是玩笑,但如果不是親密的知己
朋友,哪肯說這些話呢。我滿懷著悽愴悲涼之情向您致祭,以表達我平素的懷念
之情。墓前排著幾塊石碑,一塊是漢朝一群儒生和有才學的賢能人士,仰慕橋玄
高尚的德行,共同刻石所立,用以昭示後人的。另一塊是橋玄舊日的屬吏,如司徒
博陵崔列、廷尉河南吳整等所立。他們認為極崇高的美德雖然靠自己的修養,但
褒揚這種美德卻要靠別人;如不明確地記述下來,公之於世,後人怎會知道呢。於
是共同刻石立碑,表彰他光輝的事跡。還有一碑是隴西枹罕北次陌碭守長騭為左
尉漢陽獂道縣趙馮孝高所立。他們想到橋公曾當過涼州牧,有感於三綱的義理,
仰慕他順應時勢的明智之舉,認為橋公的功業和美德應在他家鄉發揚光大,於是
樹碑稱頌。光和七年(公元一八四年),主記掾李友,字仲僚,撰寫碑文。墓碑背面刻
著《右鼎文》:建寧三年(公元一七〇年)授官司空;又有《中鼎文》:建寧四年(公元一
七一年)授官司徒;又有《左鼎文》:光和元年(公元一七八年)授官太尉。銘中說:舊
時的下屬和門人,相互講述橋公的事跡,商討如何用合宜的規格來紀念他,決定把
他的文德刻在三隻鼎上,武功刻在斧鉞上,並寫在碑的背面,以昭示他光輝的美
德。又有《鉞文》說:憑這石頭雕琢的形狀,製成斧鉞、軍鼓,陳列於東階,也是用以
昭示橋公的文武功勳的。廟南置有二柱,柱東有兩頭石羊,石羊北有兩隻石虎,廟
前東北有石駝,石駝西北有兩匹石馬,都很高大,也沒有怎麼損毀。只是廟宇已經
頹圮,留下一些斷壁殘垣,石鼓現在也還在,但鉞卻已不知去向了。

8　睢水在城南積成逢洪陂,陂塘的西南又有一個陂塘。睢水又東流與明水匯合。明
水上源承接城南的大池,大池周圍千步,池水南流與睢水匯合,稱為明水;明水橫
穿過睢水,注入渙水。睢水又東南流,流經竹圃,水邊是一片茂密青翠的竹林,綠
蔭籠罩著水濱,滿眼一片鬱鬱蔥蔥,人們說這是梁王的竹園。睢水又東流經穀熟
縣舊城北。睢水又東流,分出蘄水。睢水又東流經栗縣舊城北。《地理志》說:這
是個侯國,王莽稱為成富。睢水又東流經太丘縣舊城北。《地理志》說:這就是過
去的敬丘。漢武帝元朔三年(公元前一二六年),把該縣封給魯恭王的兒子節侯劉政
為侯國,漢明帝時改為今名。《列仙傳》說:仙人文賓是本縣人,以賣靴為業,正月
初一在鄉亭西社與其妻相會,教她服食不老之法,就在這裡。

9　睢水又東流經芒縣舊城北。漢高帝六年(公元前二〇一年),把該縣封給耏跖為侯

國。這就是王莽時的傅治。世祖改名為臨睢。城西二里,睢水南岸有"豫州從事
皇毓碑",皇毓為了州牧,獲罪於陰間之主而死亡,當時只有二十五歲。臨睢長平
興縣李君,二千石丞綸氏縣夏文則,敬佩他的崇高精神,對他的死深表哀悼,州國
上下也嘆息不已,於是在他的家鄉旌表他,並在墓前立碑表揚他的美德,為後人樹
立榜樣。城內有"臨睢長左馮翊王君碑",王君善於治理,功績卓著,多次遷升,官
至廣漢屬國都尉。官吏、百姓都思念他的恩德,同縣人公府掾陳盛孫、郎中兒定興
及劉伯郎等,共同立碑表彰他的政績。

10 縣北與碭縣以睢水為分界,有碭山。芒縣與碭縣之間,有很多高山大澤,鍾毓神靈
才智。仙人涓子、主柱都是隱居在碭山修煉得道的。漢高祖也曾在山上隱居,呂
后觀望雲氣就知道他的行蹤,也是在這裡。京房《易候》說:怎麼知道賢人的隱居
之地呢。大師說:看到四方常有五色大雲出現,但不下雨,就可以知道下面必有賢
人隱居了。

又東過相縣南,屈從城北東流,當蕭縣南,入于陂。

11 相縣是舊時宋國的疆域。秦始皇二十三年(公元前二二四年),立為泗水郡;漢高帝
四年(公元前二〇三年),改為沛郡,郡治就在這裡。漢武帝元狩六年(公元前一一七
年),把相縣封給南越桂林監居翁為侯國,稱為湘成。王莽改郡名為吾符,縣名為
吾符亭。睢水東流經石馬亭,亭西有漢朝伏波將軍馬援墓。睢水又東流經相縣舊
城南,宋共公曾建都於此。國府園中,還留著伯姬黃堂的遺址。廳堂夜裡失火,身
邊侍者對伯姬說:夫人請稍避一避。伯姬說:做婦女的規矩是,太保太傅如果不
在,夜裡就不能離開廳堂。於是就被火燒死。這廳堂就是伯姬被燒死的地方。城
西有伯姬墓。從前鄭渾任沛郡太守,在蕭、相二縣興建堰壩,百姓深受其利,刻石
稱頌,稱為鄭陂。

12 睢水又在左岸匯合了白溝水。白溝水上源承接梧桐陂,陂旁有梧桐山,陂水向西
南流經相城東,然後南流注入睢水。睢水盛漲時,就北流注入陂塘,陂水滿溢時就
西北流,注入睢水,迴環出入,交互流通,因此《水經》有睢水入陂的說法。睢水又
東流經彭城郡靈壁東,東南流。《漢書》記載,項羽在靈壁東打敗漢王,就是此處。
又說:睢水東通穀水、泗水。服虔說:穀、泗都是水名,大概在沛國相縣邊界,但也
不很清楚。睢水流經穀熟,分為兩條,一條就是蘄水。兩水分流各兼通稱,穀水的
名稱是因地而變的,那麼穀水也就是睢水了。又說:漢軍打了敗仗,睢水因積屍而
不流。睢水又東南流經竹縣舊城南。《地理志》說:這就是王莽時的篤亭。李奇
說:就是今天的竹邑縣。睢水又東流與潿湖水匯合。潿湖水上源承接甾丘縣的潿
陂,潿陂南北長百餘里,東西寬四十里。東到朝解亭,西到彭城甾丘縣舊城東。王

莽改名為善丘。渾湖水從碑陂南與睢水相通。睢水又東南流,八丈故溝水注入。八丈故溝水上源承接蘄水,北流與睢水匯合。睢水又東流經符離縣舊城北。漢武帝元狩四年(公元前一一九年),把符離封給路博德為侯國。這就是王莽時的符合。

13　睢水又東流經臨淮郡取慮縣舊城北,從前汝南郡步遊張少年時與母親失散了,當了縣令後,在此與母親相遇。當時他乘馬車經過這裡,駿馬忽然停步,躊躇不進,他下車訪問路旁有病的老婦人,竟就是他的母親。平素他思母心誠,冥冥之中似乎有一種預感在向他召喚。

14　睢水又東流與烏慈水匯合。烏慈水發源於縣城西南的烏慈渚,潭水上漲時東北流,與長直舊河道匯合,這條河道從前上源承接蘄水,北流八十五里,注入烏慈水。烏慈水又東流經取慮縣南,又東流,轉而流經城東,然後北流注入睢水。睢水又東流經睢陵縣舊城北。漢武帝元朔元年(公元前一二八年),把睢陵縣封給江都易王的兒子劉楚為侯國。就是王莽時的睢陸。睢水又東流與潼水舊河道匯合。舊時此水上源承接潼縣西南的潼陂,東北流經潼縣舊城北,又東北流經睢陵縣,下流與睢水匯合。睢水又東南流,流經下相縣舊城南。高祖十二年(公元前一九五年),把下相封給莊侯冷耳為侯國。應劭說:相水發源於沛國相縣,所以此處稱下相。那麼相水又是睢水的異名了。睢水東南流注入泗水,匯流處稱為睢口。《水經》說睢水流到蕭縣為止,其實不是的。真是所謂得其一而失其二了。

瓠子河

瓠子河出東郡濮陽縣北河,

1　縣北十里,即瓠河口也。《尚書·禹貢》:雷夏既澤,灉沮會同。《爾雅》曰:水自河出為灉。許慎曰:灉者,河灉水也。暨漢武帝元光三年,河水南決,漂害民居。元封二年,上使汲仁、郭昌發卒數萬人,塞瓠子決河。于是上自萬里沙還,臨決河,沈白馬玉璧,令羣臣將軍以下皆負薪填決河,上悼功之不成,乃作歌曰:瓠子決兮將奈何? 浩浩洋洋慮殫為河,殫為河兮地不寧,功無已時兮吾山平,吾山平兮巨野溢,魚沸鬱兮柏冬日,正道弛兮離常流,蛟龍騁兮放遠遊,歸舊川兮神哉沛,不封禪兮安知外,皇謂河公兮何不仁,泛濫不止兮愁吾人,齧桑浮兮淮、泗滿,久不返兮水維緩。

2　一曰:河湯湯兮激潺湲,北渡迴兮迅流難,搴長茭兮湛美玉,河公許兮薪不屬,薪不屬兮衛人罪,燒蕭條兮噫乎何以禦水? 隤竹林兮楗石菑[①],宣防塞[②]兮萬福來。于是卒塞瓠子口,築宮于其上,名曰宣房宮,故亦謂瓠子堰為宣房堰,而水亦以瓠子受名焉。

3　平帝已後,未及脩理,河水東浸,日月彌廣。永平十二年,顯宗詔樂浪人王景治渠築堤,起自滎陽,東至千乘,一千餘里。景乃防遏衝要,疏決壅積,瓠子之水,絶而不通,惟溝瀆存焉。河水舊東決,逕濮陽城東北,故衛也,帝顓頊之墟。昔顓頊自窮桑徙此,號曰商丘,或謂之帝丘,本陶唐氏火正閼伯之所居,亦夏伯昆吾之都,殷相土又都之。故《春秋傳》曰:閼伯居商丘。相土因之是也。衛成公自楚丘遷此,秦始皇徙衛君角于野王,置東郡,治濮陽縣。濮水逕其南,故曰濮陽也。章邯守濮陽,環之以水。張晏曰:依河水自固。又東逕鹹城南,《春秋》僖公十三年,夏,會于鹹。杜預曰:東郡濮陽縣東南,有鹹城者是也。瓠子故瀆又東逕桃城南,《春秋傳》曰:分曹地,自洮以南,東傅于濟,盡曹地也。今鄄城西南五十里有姚城,或謂之洮也。瓠瀆又東南逕清丘北,《春秋》宣公十二年,《經》書楚滅蕭,晉人、宋、衛、曹同盟于清丘。京相璠曰:在今東郡濮陽縣東南三十里,魏東都尉治。

東至濟陰句陽縣爲新溝,

4　瓠河故瀆又東逕句陽縣之小成陽,城北側瀆。《帝王世紀》曰:堯葬濟陰成陽西北四十里,是爲穀林。墨子以爲堯堂高三尺,土階三等,北教八狄,道死,葬蛩山之陰。《山海經》曰:堯葬狄山之陽,一名崇山。二説各殊,以爲成陽近是堯冢也。余按小成陽在成陽西北半里許,實中,俗嗒以爲囚堯城,士安蓋以是爲堯冢也。瓠子北有都關縣故城,縣有羊里亭,瓠河逕其南,爲羊里水,蓋資城地而變名,猶《經》有新溝之異稱矣。黄初中,賈逵爲豫州刺史,與諸將征吳于洞浦有功,魏封逵爲羊里亭侯,邑四百户,即斯亭也。俗名之羊子城,非也。蓋韻近字轉耳。

5　又東,右會濮水枝津,水上承濮渠,東逕沮丘城南,京相璠曰:今濮陽城西南十五里有沮丘城,六國時,沮、楚同音,以爲楚丘。非也。又東逕浚城南,西北去濮陽三十五里,城側有寒泉岡,即《詩》[3]所謂爰有寒泉,在浚之下。世謂之高平渠,非也。京相璠曰:濮水故道在濮陽南者也。又東逕句陽縣西,句瀆出焉。濮水枝渠又東北逕句陽縣之小成陽東垂亭西,而北入瓠河。《地理志》曰:濮水首受沛于封丘縣東北,至都關入羊里水者也。又按《地理志》,山陽郡有都關縣。今其城在廩丘城西,考《地志》,句陽、廩丘,俱屬濟陰,則都關無隸山陽理。又按《地理志》,鄑都亦是山陽之屬縣矣。而京、杜考地驗城,又竝言在廩丘城南,推此而論,似《地理志》之誤矣。或亦疆理參差,所未詳。瓠瀆又東逕垂亭北,《春秋》隱公八年,宋公、衛侯遇于犬丘。《經》書垂也。京相璠曰:今濟陰句陽縣小成陽東五里,有故垂亭者也。

又東北過廩丘縣爲濮水,

6　瓠河又左逕雷澤北,其澤藪在大成陽縣故城西北十餘里,昔華胥履大跡處也。其
　陂東西二十餘里,南北十五里,即舜所漁也。澤之東南即成陽縣,故《史記》曰:武
　王封弟叔武于成。應劭曰:其後乃遷于成之陽,故曰成陽也。《地理志》曰:成陽有
　堯冢、靈臺。今成陽城西二里有堯陵,陵南一里有堯母慶都陵,于城爲西南,稱曰
　靈臺。鄉曰崇仁,邑號脩義,皆立廟,四周列水,潭而不流。水澤通泉,泉不耗竭,
　至豐魚筍,不敢採捕。前竝列數碑,栝柏數株,檀馬成林。二陵南北,列馳道逕通,
　皆以磚砌之,尚脩整。堯陵東城西五十餘步中山夫人祠,堯妃也。石壁階墀仍舊,
　南、西、北三面,長櫟聯蔭,扶疎里餘。中山夫人祠南有仲山甫冢,冢西有石廟,羊
　虎傾低,破碎略盡,于城爲西南,在靈臺之東北。按郭緣生《述征記》,自漢迄晉,二
　千石及丞尉多刊石,述叙堯即位至永嘉三年,二千七百二十有一載,記于堯妃祠,
　見漢建寧五年五月,成陽令管遵所立碑文云。堯陵北仲山甫墓南,二冢間有伍員
　祠,晉大安中立。一碑是永興中建,今碑祠竝無處所。又言堯陵在城南九里,中山
　夫人祠在城南二里,東南六里,堯母慶都冢,堯陵北二里有仲山甫墓。考地驗狀,
　咸爲疎僻,蓋聞疑書疑耳。

7　雷澤西南十許里有小山,孤立峻上,亭亭傑峙,謂之歷山。山北有小阜,南屬迤澤
　之東北。有陶墟,緣生言:舜耕陶所在。墟阜聯屬,濱帶瓠河也。鄭玄言:歷山在
　河東,今有舜井。皇甫謐或言今濟陰歷山是也。與雷澤相比,余謂鄭玄之言爲然。
　故揚雄《河水賦》[④]曰:登歷觀而遥望兮,聊浮游于河之巖。今雷首山西枕大河,校
　之圖緯,于事爲允。士安又云:定陶西南陶丘,舜所陶處也。不言在此,緣生爲失。

8　瓠河之北即廩丘縣也。王隱《晉書・地道記》曰:廩丘者,《春秋》之所謂齊邑矣,
　寔表東海者也。《竹書紀年》:晉烈公十一年,田悼子卒,田布殺其大夫公孫孫,公
　孫會以廩丘叛于趙,田布圍廩丘,翟角、趙孔屑、韓師救廩丘,及田布戰于龍澤,田
　師敗逋是也。瓠河與濮水俱東流,《經》所謂過廩丘爲濮水者也。縣南瓠北有羊角
　城,《春秋傳》曰:烏餘取衛羊角,遂襲我高魚,有大雨自竇入,介于其庫,登其城,克
　而取之者也。京相璠曰:衛邑也。今東郡廩丘縣南有羊角城。高魚,魯邑也。今
　廩丘東北有故高魚城,俗謂之交魚城,謂羊角爲角逐城,皆非也。

9　瓠河又逕陽晉城南,《史記》:蘇秦說齊曰:過衛陽晉之道,逕于亢父之險者也。今
　陽晉城在廩丘城東南十餘里,與都關爲左右也。張儀曰:秦下甲攻衛陽晉,大關天
　下之匈。徐廣《史記音義》云:關一作開,東之亢父,則其道矣。瓠河之北又有郕都
　城。《春秋》隱公五年,郕侵衛。京相璠曰:東郡廩丘縣南三十里有郕都故城。褚
　先生曰:漢封金安上爲侯國,王莽更名之曰城穀者也。瓠河又東逕黎縣故城南,王
　莽改曰黎治矣。孟康曰:今黎陽也。薛瓚言:按黎陽在魏郡,非黎縣也。世謂之黎

侯城。昔黎侯寓于衛,《詩》⑤所謂胡爲乎泥中?毛云:泥中,邑名,疑此城也。土地汙下,城居小阜,魏濮陽郡治也。瓠河又東逕庇縣故城南,《地理志》:濟陰之屬縣也。褚先生曰:漢武帝封金日磾爲侯國,王莽之萬歲矣。世猶謂之爲萬歲亭也。瓠河又東逕鄆城南,《春秋左傳》成公十六年,公自沙隨還,待于鄆。京相璠曰:《公羊》作運字。今東郡廩丘縣東八十里有故運城,即此城也。

又北過東郡范縣東北,爲濟渠,與將渠合。

10　瓠河自運城東北,逕范縣與濟濮枝渠合,故渠上承濟瀆于乘氏縣,北逕范縣,左納瓠瀆,故《經》有濟渠之稱。又北與將渠合,渠受河于范縣西北,東南逕秦亭南,杜預《釋地》曰:東平范縣西北有秦亭者也。又東南逕范縣故城南,王莽更名建睦也。漢興平中,靳允爲范令,曹太祖東征陶謙于徐州,張邈迎呂布,郡縣響應。程昱說允曰:君必固范,我守東阿,田單之功可立。即斯邑也。將渠又東會濟渠,自下通謂之將渠,北逕范城東,俗又謂之趙溝,非也。

又東北過東阿縣東,

11　瓠河故瀆又東北,左合將渠枝瀆。枝瀆上承將渠于范縣,東北逕范縣北,又東北逕東阿城南,而東入瓠河故瀆。又北逕東阿縣故城東,《春秋經》書:冬,及齊侯盟于柯。《左傳》曰:冬,盟于柯,始及齊平。杜預曰:東阿即柯邑也。按《國語》:曹沫挾匕首刼齊桓公返,遂邑于此矣。

又東北過臨邑縣西,又東北過茌平縣東,爲鄧里渠,

12　自宣防已下,將渠已上,無復有水。將渠下水,首受河,自北爲鄧里渠。

又東北過祝阿縣,爲濟渠,

13　河水自四瀆口出爲濟水。濟水二瀆合而東注于祝阿也。

又東北至梁鄒縣西,分爲二:

14　脈水尋梁鄒⑥,濟無二流,蓋《經》之誤。

其東北者爲濟河,其東者爲時水,又東北至濟西,濟河東北入于海,時水東至臨淄縣西,屈南過太山華縣東,又南至費縣,東入于沂。

15　時,即耏水也,音而。《春秋》襄公三年,齊、晉盟于耏者也。京相璠曰:今臨淄惟有澅水,西北入濟。即《地理志》之如水矣。耏、如聲相似,然則澅水即耏水也。蓋以澅與時合,得通稱矣。時水自西安城西南分爲二水,枝津別出,西流,德會水注之,水出昌國縣黃山,西北流逕昌國縣故城南,昔樂毅攻齊,有功,燕昭王以是縣封之,爲昌國君。德會水又西北,五里泉水注之,水出縣南黃阜,北流逕城西,北入德會,

又西北,世謂之滄浪溝,又北流注時水。《地理志》曰:德會水出昌國西北,至西安入如是也。時水又西逕東高苑城中而西注也。俗人遏令側城南注,又屈逕其城南,《史記》:漢文帝十五年,分齊爲膠西王國,都高苑,徐廣《音義》曰:樂安有高苑城,故俗謂之東高苑也。其水又北注故瀆,又西,蓋野溝水注之。源導延鄉城東北,平地出泉,西北逕延鄉城北。《地理志》:千乘有延鄉縣,世人謂故城爲從城,延、從字相似,讀隨字改,所未詳也。西北流,世謂之蓋野溝,又西北流,逕高苑縣北注時水。時水又西逕西高苑縣故城南,漢高帝六年,封丙倩爲侯國,王莽之常鄉也。其水側城西注,京相璠曰:今樂安博昌縣南界有時水,西通濟,其源上出盤陽,北至高苑,下有死時⑦,中無水。杜預亦云:時水于樂安枝流,旱則竭涸,爲《春秋》之乾時也。《左傳》莊公九年,齊、魯戰地,魯師敗處也。時水西北至梁鄒城入于濟,非濟入時,蓋時來注濟,若濟分東流,明不得以時爲名,尋時、濟更無別流南延華、費之所,斯爲謬矣。

【注　釋】　①楗石菑　以竹木草石來填堵決口。楗,填塞決口所用的竹木草石。石菑,堵塞決口立楗時所用的插石。《漢書·溝洫志》顏師古注:“石菑者謂臿石立之,然後以土就填塞也。”②宣防塞　“宣防”如解爲“宣房宮”,則“塞”字不可解。且下文又提及宣房宮。故此處“宣防”宜解爲“泛指防河治水”。③詩　指《詩經·邶風·凱風》。④河水賦　詩賦名。《水經注釋》及《水經注疏》均作《河東賦》。《疏》:“宋‘東’訛作‘水’,戴同,趙改。守敬按:明鈔本作‘東’。賦載《漢書·雄傳》。”王國維《明鈔本水經注跋》:“《瓠子水注》,揚雄《河東賦》,諸‘東’並作‘水’。”⑤詩　指《詩經·邶風·式微》。⑥脈水尋梁鄒　《疏》本作“脈水尋梁”。注云:“朱‘梁’下有‘鄒’字,戴趙同。會貞按:‘鄒’字衍。……《滴水》篇‘尋梁脈水’,《沇水注》‘脈水尋梁’,皆其辭例足徵。此本無‘鄒’字,蓋後人見《經》有‘梁鄒’之文,遂妄增‘鄒’字以合《經》耳。”此依《疏》語譯於後。⑦死時　地名。在今山東桓臺南。因時水於此旱時乾涸,故稱死時。

【語　譯】

瓠子河出東郡濮陽縣北河,

1　濮陽縣北十里處,就是瓠河口。《尚書·禹貢》說,雷夏已積成大澤,雝水、沮水匯合在一起。《爾雅》說:從河水分流出來的是雝水。許慎說:雝,就是大河雝水,即河水阻塞的意思。到了漢武帝元光三年(公元前一三二年),河水南岸泛濫,沖毀民房。元封二年(公元前一〇九年),武帝派遣汲仁、郭昌徵發役卒數萬人,堵塞了瓠子河的決口。於是武帝從萬里沙回來,親臨決河的地點,把白馬、玉璧沉入水中,並令群臣自將軍以下都去背木柴堵塞決口。武帝悲嘆堵塞決口沒有成功,於是作歌道:瓠子決口呵,怎奈何？滾滾洪濤,遍地全成江河。全成江河呵,大地不得安寧,治河永無盡時呵,洪水升漲已與吾山平。吾山漲平呵,巨野澤也已洪流橫溢,魚群不安地翻騰呵,冬近水天仍相接。河道已廢呵,水也無羈地亂流,蛟龍馳騁呵,恣意遠遊。神靈的大水呵,快回舊道來,不登山祭天呵,怎能知關外的巨災。河伯呵,你怎麼如此不仁,你無休無止地泛濫呵,真愁煞人。齧桑漂沒呵,淮、泗也水滿,大水不回故道呵,治水實在太遲緩。

2　另一首歌是:大河滾滾奔騰呵,激起一片狂濤,北道太迂遠呵,疏導難奏效。拉起長竹纜呵,沉下美玉,怎奈河伯如許呵,柴薪又不足。柴薪不足呵,是衛人的罪,草木都燒光了呵,拿什麼來抵擋洪水?砍盡竹林呵,再以竹木草石來填塞,堤防都填好了呵,幸福就來臨。於是終於堵塞了瓠子口,並在口上建了一座宮殿,稱為宣房宮,因此,也稱瓠子堰為宣房堰,水也就以瓠子命名了。

3　平帝以後,未及時修理河堰,河水向東漫淹,受淹的範圍愈來愈大。永平十二年(公元六九年),顯宗命令樂浪人王景,從滎陽開始,向東直至千乘,在一千多里的範圍內,築堤治理河渠。於是王景在那些水道要衝作了嚴密的防範措施,並疏通壅塞的河道,瓠子河的水從此就不通了,只留下溝渠。河水過去決口東流時,流經濮陽城東北,這地方就是從前的衛國,也是古代帝王顓頊的舊城。從前,顓頊從窮桑遷移到這裡,稱為商丘,也有人稱為帝丘,本來是陶唐氏掌火官閼伯所居住的地方,也是夏伯昆吾的都邑,殷朝相土也定都於此。因此《春秋傳》說:閼伯居住在商丘,後來相土也接著在這裡居住。衛成公從楚丘遷到這裡,秦始皇把衛君角遷徙到野王,設置了東郡,治所在濮陽縣。濮水在縣南流過,所以稱為濮陽。章邯守濮陽時,開了護城河,使城周環水。張晏說:依靠河水使城防鞏固。舊河道又東經鹹城南。《春秋》僖公十三年(公元前六四七年)夏,在鹹會盟。杜預說:東郡濮陽縣東南,有鹹城,即此城。瓠子河舊道又東經桃城南。《春秋傳》說:把曹國的土地分掉,從洮水以南,東到濟水,都是曹國的土地。現在鄄城西南五十里有姚城,有人稱為洮城。瓠子河又東南流經清丘北。《春秋》宣公十二年(公元前五九七年),《經》中提到楚滅蕭,晉人、宋、衛、曹等在清丘會盟。京相璠說:清丘在今東郡濮陽縣東南三十里,是魏東都尉治所。

東至濟陰句陽縣為新溝,

4　瓠子河舊道又東流經句陽縣的小成陽,城北臨近河邊。《帝王世紀》說:堯葬在濟陰郡成陽縣西北四十里,就是穀林。墨子認為堯的堂基高三尺,有三級土階。堯曾去北方教導八狄,死於途中,葬在蛩山的北坡。《山海經》說:堯葬在狄山的南坡,狄山又名崇山。兩種說法互不相同,認為成陽是堯墓所在地較接近事實。我查考過,小成陽在成陽西北約半里,很堅固,民間稱為囚堯城,士安認為大概就是

堯墓。瓠子河北有都關縣舊城,該縣有羊里亭,瓠子河流經亭南,稱羊里水,這是
隨水流所經的城邑或地址的變名,猶如《水經》有新溝的異名一樣。黃初年間(公
元二二〇—二二六年),賈逵任豫州刺史,與諸將在洞浦征吳有功,魏封他為羊里亭
侯,食邑四百戶,就是這個羊里亭。民間稱為羊子城,其實不對。這是由於字音相
近字也隨著寫錯的緣故。

5　瓠子河又東流,右岸與濮水支流匯合,支流的上流承接濮渠,東流經沮丘城南。京
相璠說:現在濮陽城西南十五里有沮丘城,六國時沮、楚二字同音,以為這是楚丘,
其實不是。濮水支流又東流經浚城南,浚城西北距濮陽三十五里,城旁有寒泉岡。
《詩經》說:於是有寒泉,在浚邑城下,就指此泉。人們將這條支流稱為高平渠,其
實不是的。京相璠說:濮水舊河道在濮陽南。濮水支流又東流經句陽縣西,句瀆
在這裡分出。濮水支渠又東北流經句陽縣小成陽東垂亭西,北流注入瓠子河。
《地理志》說:濮水上游在封丘縣東北承接沛水,流到都關,注入羊里水。又據《地
理志》,山陽郡有都關縣。現在此城在廩丘城西,查考《地志》,句陽、廩丘都屬濟陰
郡,那麼都關決無屬於山陽郡的道理。又據《地理志》,郈都也是山陽郡的屬縣。
而京相璠、杜預對地域和城邑作了一番考證後,都說郈都在廩丘城南,據此推論,
似乎《地理志》記載有誤。或者是疆界地域不一致,這就不清楚了。瓠子河又東流
經垂亭北。《春秋》隱公八年(公元前七一五年),宋公、衛侯在犬丘相會。犬丘在
《春秋經》裡寫作垂。京相璠說:今天,濟陰郡句陽縣小成陽以東五里舊時有垂亭,
即指此處。

又東北流過廩丘縣為濮水,

6　瓠子河又東流經雷澤北,這個大澤在大成陽縣舊城西北十餘里,就是從前華胥踩
著巨人足跡而受孕的地方。這一片大澤東西二十餘里,南北十五里,就是舜捕過
魚的地方。大澤東南,就是成陽縣,因此《史記》說:武王把成封給他的弟弟叔武。
應劭說:他的後裔就遷到成國的南方,所以稱為成陽。《地理志》說:成陽有堯墓和
靈臺。現在成陽城西二里有堯陵,陵南一里處有堯母慶都陵,對成陽城說來,是在
西南方,稱為靈臺。鄉叫崇仁,城名脩義,都建了廟,四周環水,水靜不流,與澤水
相通,泉水從不枯竭。這一帶魚類和竹筍很豐富,但人們不敢去採捕。廟前並列
著幾塊石碑,還有幾株檜樹和柏樹,檀木梓榆成林。兩座陵墓一南一北,有馳道相
通,路面都用磚砌成,至今還平整完好。堯陵東城西五十餘步,有堯妃中山夫人
祠,石壁石階仍然如舊。南、西、北三面,高大的麻櫟樹綠蔭綿延里餘。中山夫人
祠南有仲山甫墓,墓西有一座石廟,石羊石虎已經沉陷,差不多都破碎了。石廟在
成陽城西南,靈臺東北。據郭緣生《述征記》,從漢朝到晉朝,俸祿二千石一級的官

吏及丞尉,大多有刻石記述,從堯即位直至永嘉三年(公元三〇九年),共二千七百二十一年,都記於堯妃祠,這從漢朝建寧五年(公元一七二年)五月成陽縣令管遵所立的碑文中可以看到。堯陵北,仲山甫墓南,兩墓間有伍員祠,是晉朝太安年間(公元三〇二—三〇三年)所建。還有一塊碑是永興年間(公元三〇四—三〇六年)所立。今天碑、祠都無處可尋了。又說:堯陵在成陽城南九里,中山夫人祠在城南二里,城東南六里是堯母慶都墓,堯陵北二里有仲山甫墓。考察地址及實際情況,都不相合,上述諸說大概都是不可靠的傳聞和記述吧。

7　雷澤西南約十來里有一座小山,這是一座孤山,山峰高峻,亭亭屹立,稱為歷山。山北有一座小丘,南連雷澤東北,那裡有陶墟。郭緣生說:這是舜耕種和製陶的地方。陶墟和小丘連在一起,座落在瓠子河岸邊。鄭玄說:歷山在河東,現在那裡還有舜井。皇甫謐又說:這是現在濟陰的歷山,與雷澤相近。我認為鄭玄的說法是對的。因而揚雄的《河水賦》說:登上歷觀縱目遠眺,姑且在大河崖岸漫遊。現在雷首山西靠大河,對照地圖,陶墟在此較為可信。士安又說:定陶西南陶丘,是舜製陶的地方。他們都不說陶墟在此處,可見緣生是弄錯了。

8　瓠子河以北就是廩丘縣。王隱的《晉書·地道記》說:廩丘就是《春秋》所說的齊邑,是東海各國的表率。《竹書紀年》說:晉烈公十一年(公元前四〇五年),田悼子死了,田布殺了大夫公孫孫,公孫會占據廩丘,叛齊投趙,田布於是包圍了廩丘。翟角、趙國孔屑和韓的軍隊援救廩丘,與田布的軍隊在龍澤作戰,田軍被擊敗潰逃。瓠子河與濮水都往東流,就是《水經》所說的,瓠子河流過廩丘稱濮水。縣城以南瓠子河以北有羊角城。《春秋傳》說:烏餘攻取了衛國的羊角城,就襲擊我國的高魚城,此時天下大雨,他便率眾從水道中偷偷進來,從武器庫中取出甲冑,給士兵穿上,登上城頭,攻取了高魚。京相璠說:高魚是衛國城邑。現在東郡廩丘縣南有羊角城。高魚是魯國城邑。現在廩丘東北有舊時的高魚城,民間稱為交魚城,而把羊角城稱為角逐城,這都不對。

9　瓠子河又流經陽晉城南。據《史記》,蘇秦去遊說齊國說:過了衛國陽晉這條路,行經亢父的險要之地,就是指這個陽晉。現在陽晉城在廩丘城東南十餘里,與都關左右相對。張儀說:秦出兵攻打衛國陽晉,把天下的要道封鎖起來。徐廣《史記音義》說:關字也有寫作開字的,東到亢父就是那條路。瓠子河之北又有郕都城。《春秋》隱公五年(公元前七一八年),郕入侵衛國。京相璠說:東郡廩丘縣南三十里有郕都舊城。褚先生說:漢時把這郕都封給金安上為侯國,王莽改名為城穀。瓠子河又東流經黎縣舊城南。王莽改名為黎治。孟康說:今天叫黎陽。薛瓚說:按黎陽在魏郡,不是黎縣。人們稱為黎侯城。從前黎侯寄寓於衛,《詩經》所說為什麼在泥中？毛亨說：泥中，是城名，可能就是指此城。土地低窪，城建在小土丘上，是魏濮陽郡的治所。瓠子河又東流經庇縣舊城南，據《地理志》，這是濟陰郡的屬縣。褚先生說：漢武帝將該縣封給金日磾為侯國。王莽改名為萬歲，人們現在還稱萬歲亭。瓠子河又東流經鄆城南。《春秋左傳》成公十六年（公元前五七五年），成公從沙隨回來，逗留在鄆城。京相璠說：《公羊傳》寫作運字。現在東郡廩丘縣東八十里有舊時的運城，就是此城。

又北過東郡范縣東北，為濟渠，與將渠合。

10　瓠子河從運城開始向東北流，流經范縣，與濟水、濮水支渠匯合。舊渠道上流在乘氏縣承接濟水，北流經范縣，左岸匯合了瓠子河，因此《水經》裡有濟渠的名稱。瓠子河又北流與將渠匯合。將渠上流在范縣西北引入河水，東南流經秦亭南。杜預《釋地》說：東平范縣西北有秦亭，即指此亭。將渠又東南流經范縣舊城南。王莽改名為建睦。漢朝興平年間（公元一九四——一九五年），靳允任范縣縣令，曹太祖東征，在徐州攻打陶謙，張邈去迎接呂布，郡縣都起來回應。程昱勸靳允說：您必須固守范縣，我守東阿，那麼我們就可以建立像田單那樣的功業了。指的就是此城。將渠又東流與濟渠匯合。自此以下，渠道通稱將渠，北流經范城東，民間又稱趙溝，其實是不對的。

又東北過東阿縣東，

11　瓠子河舊道又東北流，左岸與將渠支流匯合。支流上源在范縣承接將渠，東北流經范縣北，又東北流經東阿城南，然後東流注入瓠子河舊道。舊河道又北流經東阿縣舊城東。《春秋經》載：冬，和齊侯在柯會盟。《左傳》說：冬，在柯會盟才與齊議和。杜預說：東阿就是柯邑。據《國語》，曹沫手持匕首，要挾齊桓公，就在這裡收回遂邑。

又東北過臨邑縣西，又東北過荏平縣東，為鄧里渠，

12　從宣防以下，將渠以上，不再有水。將渠以下的水，上口由河水導入，從此以北，稱鄧里渠。

又東北過祝阿縣，為濟渠，

13　河水從四瀆口分支流出，叫濟水。濟水二條水道匯合，然後東流注入祝阿縣。

又東北至梁鄒縣西，分為二：

14　探尋水脈，濟水並沒有兩條水流，這是《水經》的錯誤。

其東北者為濟河，其東者為時水。又東北至濟西，濟河東北入于海。時水東至臨淄縣西，屈南過太山華縣東，又南至費縣，東入于沂。

15 時水就是耏水，耏音而。《春秋》襄公三年(公元前五七〇年)，齊、晉在耏會盟。京相
    璠說：現在臨淄只有溜水，西北流注入濟水，就是《地理志》的如水。耏、如讀音相
    似，那麼溜水就是耏水了。因溜水和時水相匯合，所以也都得到通稱了。時水從
    西安城西南流，分為兩條，支流分出後西流，德會水注入。德會水發源於昌國縣黃
    山，西北流經昌國縣舊城南。從前樂毅進攻齊國，對燕昭王有功，昭王就把此縣封
    給他，號為昌國君。德會水又西北流，五里泉水注入。五里泉水發源於縣南的黃
    阜，北流經城西，北注德會水。德會水又西北流，民間稱為滄浪溝，又北流注入時
    水。《地理志》說：德會水發源於昌國西北，流到西安注入如水。時水又西流經東
    高苑城中而後繼續西流。民間堵截水道，使水沿城南流，於是又拐彎流經城南。
    《史記》載：漢文帝十五年(公元前一六五年)，從齊國分設膠西王國，建都高苑。徐廣
    《音義》說：樂安有高苑城，因此俗稱東高苑。時水又北流注入舊河道，又西流，蓋
    野溝水注入。蓋野溝水源出自延鄉城東北，平地湧出泉水，西北流經延鄉城北。
    據《地理志》，千乘郡有延鄉縣，世人稱舊城為從城，也許因為延、從字形相近，讀音
    也隨著字而改變的緣故吧，這也不得而知。水又西北流，世人稱為蓋野溝，又西北
    流，流經高苑縣北注入時水。時水又西流經高苑縣舊城南。漢高帝六年(公元前二
    〇一年)，把該縣封給丙倩為侯國。王莽改名常鄉。時水沿著城旁西流。京相璠
    說：現在樂安博昌縣南界有時水，西與濟水相通，源頭出自盤陽，北流到高苑，下游
    有死時，河道無水。杜預也說：時水流到樂安分出支流，天旱時就枯涸，就是《春
    秋》裡提到的乾時。《左傳》莊公九年(公元前六八五年)，齊、魯交戰，魯軍在此處戰
    敗。時水西北流到梁鄒城注入濟水。不是濟水注入時水，而是時水注入濟水。如
    果濟水分支東流，顯然不會以時水為名了。探究時水和濟水，再沒有別的水流向
    南延伸到華縣和費縣地界了。這是《經》文的錯誤。

汶　水

汶水出泰山萊蕪縣原山，西南過其縣南，

1 萊蕪縣在齊城西南，原山又在縣西南六十許里。《地理志》：汶水與淄水俱出原山，
   西南入濟。故不得過其縣南也。《從征記》[①]曰：汶水出縣西南流，又言自入萊蕪
   谷，夾路連山百數里，水隍多行石澗中，出藥草，饒松柏，林藿綿濛，崖壁相望，或傾
   岑阻徑，或迴巖絕谷，清風鳴條，山壑俱響，凌高降深，兼惴慄之懼，危蹊斷徑，過懸
   度之艱。

2 未出谷十餘里，有別谷在孤山，谷有清泉，泉上數丈有石穴二口，容人行，入穴丈

餘,高九尺許,廣四五丈,言是昔人居山之處,薪爨煙墨猶存。谷中林木緻密,行人鮮有能至矣。又有少許山田,引灌之蹤尚存。出谷有平丘,面山傍水,土人悉以種麥,云此丘不宜殖稷黍而宜麥,齊人相承以殖之。意謂麥丘所栖愚公谷也。何其深沈幽翳,可以託業怡生如此也。余時迳此,爲之躊躕,爲之屢眷矣。余按麥丘愚公在齊川谷猶傳其名,不在魯,蓋誌者之謬耳。汶水又西南迳嬴縣故城南,《春秋左傳》桓公三年,公會齊侯于嬴,成婚于齊也。

又西南過奉高縣北,

3　奉高縣,漢武帝元封元年立,以奉泰山之祀,泰山郡治也。縣北有吳季札子墓,在汶水南曲中。季札之聘上國也,喪子于嬴、博之間,即此處也。《從征記》曰:嬴縣西六十里有季札兒冢,冢圓,其高可隱也。前有石銘一所,漢末奉高令所立,無所述叙,標誌而已。自昔恒蠲民戶灑掃之,今不能,然碑石糜碎,靡有遺矣,惟故趺存焉。

屈從縣西南流,

4　汶出牟縣故城西南阜下,俗謂之胡盧堆。《淮南子》曰:汶出弗其。高誘曰:山名也。或斯阜矣。牟縣故城在東北,古牟國也。春秋時,牟人朝魯,故應劭曰:魯附庸也。俗謂是水爲牟汶也。又西南迳奉高縣故城西,西南流注于汶。汶水又南,右合北汶水,水出分水溪,源與中川分水,東南流迳泰山東,右合天門下溪水,水出泰山天門下谷,東流。古者,帝王升封,咸憩此水,水上往往有石竅存焉,蓋古設舍所跨處也。

5　《馬第伯書》[2]云:光武封泰山,第伯從登山,去平地二十里,南向極望,無不覩,其爲高也,如視浮雲,其峻也,石壁窅窱,如無道徑。遙望其人,或爲白石,或雪,久之,白者移過,乃知是人。仰視巖石松樹,鬱鬱蒼蒼,如在雲中,俯視溪谷,碌碌不可見丈尺。直上七里天門,仰視天門,如從穴中視天矣。應劭《漢官儀》云:泰山東南山頂,名曰日觀。日觀者,雞一鳴時見日,始欲出,長三丈許,故以名焉。其水自溪而東,潨波注壑,東南流,迳龜陰之田,龜山在博縣北十五里,昔夫子傷政道之陵遲,望山而懷操,故《琴操》有《龜山操》[3]焉。山北即龜陰之田也。《春秋》定公十年,齊人來歸龜陰之田是也。

6　又合環水,水出泰山南溪,南流歷中、下兩廟間,《從征記》曰:泰山有下、中、上三廟,牆闕嚴整,廟中柏樹夾兩階,大二十餘圍,蓋漢武所植也。赤眉嘗斫一樹,見血而止,今斧創猶存。門閣三重,樓榭四所,三層壇一所,高丈餘,廣八尺,樹前有大井,極香冷,異于凡水,不知何代所掘,不常浚渫而水旱不減。庫中有漢時故樂器及神車、木偶,皆靡密巧麗。又有石虎建武十三年永貴侯張余上金馬一匹,高二尺餘,形制甚精。中廟去下廟五里,屋宇又崇麗于下廟,廟東西夾澗。上廟在山頂,即封禪處也。

7　其水又屈而東流,又東南逕明堂下,漢武帝元封元年,封泰山降,坐明堂于山之東北阯,武帝以古處險狹而不顯也,欲治明堂于奉高傍而未曉其制。濟南人公玉帶上黃帝時《明堂圖》,圖中有一殿,四面無壁,以茅蓋之,通水,圜宮垣爲複道,上有樓從西南入,名曰崑崙,天子從之入,以拜祀上帝焉。于是上令奉高作明堂于汶上,如帶圖也。古引水爲辟雍處,基瀆存焉,世謂此水爲石汶。

8　《山海經》曰:環水出泰山,東流注于汶。即此水也。環水又左入于汶水,汶水數川合注④,又西南流逕徂徠山西,山多松柏,《詩》⑤所謂徂徠之松也。《廣雅》曰:道梓松也。《抱朴子》⑥稱《玉策記》⑦曰:千歲之松,中有物,或如青牛,或如青犬,或如人,皆壽萬歲。又稱天陵有偃蓋之松也,所謂樓松也。《魯連子》⑧曰:松樅高十仞而無枝,非憂正室之無柱也。《爾雅》曰:松葉柏身曰樅。《鄒山記》⑨曰:徂徠山在梁甫、奉高、博三縣界,猶有美松,亦曰尤徠之山也。赤眉渠帥樊崇所保,故崇自號尤徠三老矣。山東有巢父廟,山高十里,山下有陂,水方百許步,三道流注。一水東北沿溪而下,屈逕縣南,西北流入于汶;一水北流歷澗,西流入于汶;一水南流逕陽關亭南,《春秋》襄公十七年,逆臧紇自陽關者也。又西流入于汶水也。

過博縣西北,

9　汶水南逕博縣故城東,《春秋》哀公十一年,會吳伐齊取博者也。灌嬰破田橫于城下,屈從其城南西流,不在西北也。汶水又西南逕龍鄉故城南,《春秋》成公二年,齊侯圍龍,龍囚頃公嬖人盧蒲就魁,殺而膊諸城上,齊侯親鼓取龍者也。漢高帝八年,封謁者陳署爲侯國。汶水又西南逕亭亭山東,黃帝所禪也。山有神廟,水上有石門,舊分水下溉處也。汶水又西南逕陽關故城西,本鉅平縣之陽關亭矣。陽虎據之以叛,伐之,虎焚萊門而奔齊者也。汶水又南,左會淄水,水出泰山梁父縣東,西南流逕菟裘城北,《春秋》隱公十一年營之,公謂羽父曰:吾將歸老焉。故《郡國志》曰:梁父有菟裘聚。淄水又逕梁父縣故城南,縣北有梁父山。《開山圖》曰:泰山在左,亢父在右,亢父知生,梁父主死。王者封泰山,禪梁父,故縣取名焉。淄水又西南逕柴縣故城北,《地理志》:泰山之屬縣也。世謂之柴汶矣。淄水又逕郕縣北,漢高帝六年,封董渫爲侯國。《春秋》:齊師圍郕,郕人伐齊,飲馬于斯水也。昔孔子行于郕之野,遇榮啟期于是,衣鹿裘,被髮,琴歌,三樂之歡,夫子善其能寬矣。淄水又西逕陽關城南,西流注于汶水。汶水又南逕鉅平縣故城東,而西南流,城東有魯道,《詩》⑩所謂魯道有蕩,齊子由歸者也。今汶上夾水有文姜臺。汶水又西南流,《詩》⑪云汶水滔滔矣。《淮南子》曰:貉渡汶則死。天地之性,倚伏難尋,固不可以情理窮也。汶水又西南逕魯國汶陽縣北,王莽之汶亭也。縣北有曲水亭,《春秋》桓公十二年,《經》書公會杞侯、莒子,盟于曲池。《左傳》曰:平杞、莒也。故杜預曰:魯國汶陽縣北有曲水亭。漢章帝元和二年,東巡泰山,立行宮于汶陽,執金吾耿恭屯于汶上,城門基墶存焉,世謂之闕陵城也。汶水又西逕汶陽縣故城北而西注。

又西南過蛇丘縣南,

10　汶水又西,洸水注焉。又西逕蛇丘縣南,縣有鑄鄉城,《春秋左傳》,宣叔娶于鑄。杜預曰:濟北蛇丘縣所治鑄鄉城者也。

又西南過剛縣北,

11　《地理志》:剛,故闡也,王莽更之曰柔。應劭曰;《春秋經》書,齊人取讙及闡。今闡亭是也。杜預《春秋釋地》曰:闡在剛縣北,剛城東有一小亭,今剛縣治,俗人又謂之闡亭。京相璠曰:剛縣西四十里有闡亭。未知孰是。汶水又西,蛇水注之⑫,水出縣東北泰山,西南流逕汶陽之田,齊所侵也。自汶之北,平暢極目,僖公以賜季友。蛇水又西南逕鑄城西,《左傳》所謂蛇淵囿也。故京相璠曰:今濟北有蛇丘城,城下有水,魯囿也。俗謂之濁須水,非矣。蛇水又西南逕夏暉城南,《經》書公會齊侯于下讙是也。今俗謂之夏暉城,蓋《春秋左傳》桓公三年,公子翬如齊,齊侯送姜氏于下讙,非禮也。世有夏暉之名矣。蛇水又西南入汶。汶水又西,溝水注之,水出東北馬山,西南流逕棘亭南。《春秋》成公三年,《經》書,秋,叔孫僑如帥師圍棘。《左傳》曰:取汶陽之田,棘不服,圍之。南去汶水八十里。又西南逕遂城東,《地理志》曰:蛇丘遂鄉,故遂國也。《春秋》莊公十三年,齊滅遂而戍之者也。京相璠曰:遂在蛇丘東北十里。杜預亦以爲然。然縣東北無城以擬之,今城在蛇丘西北,蓋杜預傳疑之非也。又西逕下讙城西而入汶水。汶水又西逕春亭北,考古無春名,惟平陸縣有崇陽亭,然是亭東去剛城四十里,推璠所注則符,竝所未詳也。

又西南過東平章縣南,

12　《地理志》曰:東平國,故梁也。景帝中六年,別爲濟東國,武帝元鼎元年,爲大河郡,宣帝甘露二年,爲東平國,王莽之有鹽也。章縣,按《世本》任姓之國也,齊人降章者也。故城在無鹽縣東北五十里。汶水又西南,有泌水注之,水出肥成縣東白原,西南流逕肥成縣故城南。樂正子春謂其弟子曰:子適齊過肥,肥有君子焉。左逕句窳亭北,章帝元和二年,鳳凰集肥成句窳亭,復其租而巡泰山,即是亭也。泌水又西南逕富成縣故城西,王莽之成富也。其水又西南流注于汶。汶水又西南逕桃鄉縣故城西,王莽之鄍亭也。世以此爲鄍城,非,蓋因巨新之故目耳。

又西南過無鹽縣南,又西南過壽張縣北,又西南至安民亭,入于濟。

13　汶水自桃鄉四分,當其派別之處,謂之四汶口。其左,二水雙流,西南至無鹽縣之鄍鄉城南,鄍昭伯之故邑也。禍起鬥雞矣。《春秋左傳》定公十二年,叔孫氏墮鄍。今其城無南面。汶水又西南逕東平陸縣故城北,應劭曰:古厥國也。今有厥亭。

14　汶水又西逕危山南,世謂之龍山也。《漢書·宣元六王傳》曰:哀帝時,無鹽危山土自起,覆草如馳道狀,又瓠山石轉立。晉灼曰:《漢注》作報山,山脅石一枚,轉側起立,高九尺六寸,旁行一丈,廣四尺。東平王雲及后謁曰:漢世石立,宣帝起之表也。自之石所祭,治石象報山立石,束倍草,并祠之。建平三年,息夫躬告之,王自殺,后謁棄市,國除。

15　汶水又西,合爲一水,西南入茂都淀,淀,陂水之異名也。淀水西南出,謂之巨野溝,又西南逕致密城南,《郡國志》曰:須昌縣有致密城,古中都也。即夫子所宰之邑矣。制養生送死之節,長幼男女之禮,路不拾遺,器不彫僞矣。

16　巨野溝又西南入桓公河北,水西出淀,謂之巨良水,西南逕致密城北,西南流注洪瀆。次一汶西逕鄍亭北,又西至壽張故城東,瀦爲澤渚。初平三年,曹公擊黃巾于壽張東,鮑信戰死于此。其右一汶,西流逕無鹽縣之故城南,舊宿國也。齊宣后之故邑,所謂無鹽醜女也。漢武帝元朔四年,封城陽共王子劉慶爲東平侯,即此邑也,王莽更名之曰有鹽亭。汶水又西逕鄍鄉城南,《地理志》所謂無鹽有鄍鄉者也。汶水西南流,逕壽張縣故城北,《春秋》之良縣也。縣有壽聚,漢曰壽良。應劭曰,世祖叔父名良,故光武改曰壽張也。建武十二年,世祖封樊宏爲侯國。汶水又西南,長直溝水注之,水出須昌城東北穀陽山南,逕須昌城東,又南,漆溝水注焉。水出無鹽城東北五里阜山下,西逕無鹽縣故城北,水側有東平憲王倉冢,碑闕存焉。元和二年,章帝幸東平,祀以太牢,親拜祠坐,賜御劍于陵前。其水又西流注長直溝。溝水奇分爲二,一水西逕須昌城南入濟,一水南流注于汶。汶水又西流入濟,故《淮南子》曰:汶出弗其,西流合濟。高誘云:弗其,山名,在朱虛縣東。余按誘説是,乃東汶,非《經》所謂入濟者也。蓋其誤證耳。

【注　釋】　①從征記　書名。即《從劉武王西征記》。②馬第伯書　此書不見。楊守敬《水經注疏要刪》認爲此即馬第伯《封禪儀記》,見《續漢書·祭祀志注》。從《注》文揣摩,楊氏所言可信。③龜山操　此文已亡佚。《注》文所敍,應爲孔子所作。《樂府詩集》卷五十八收有唐韓愈《龜山操》,

故《龜山操》似成一種韻文體裁,與後之詞牌、曲牌相類。④數川合注　《水經注疏》無此四字。《疏》:"戴'水'下增'數川合注'四字,全增同。會貞按:此敘汶水經流,不必增此四字。戴誤刪上'入于汶水'四字,故臆增,謂北汶、汶水合注耳。"⑤詩　指《詩經·魯頌·閟宮》。⑥抱朴子　書名。《隋書·經籍志》著錄內篇二十一卷,外篇三十卷,晉葛洪撰。《兩唐志》著錄篇數有不同。今此書內外篇共二十卷,收入於《道藏太清部》、《諸子集成》、《四部叢刊》等。⑦玉策記　書名。隋唐諸志均不著錄,不知撰者與撰述年代,僅見《抱朴子》引及,已亡佚。⑧魯連子　書名。《漢書·藝文志》著錄《魯仲連子》十四篇,已亡佚。輯本收入於《問津堂叢書》、《經典集林》等。魯連,齊人,畢生不仕。⑨鄒山記　書名。此書歷來不見公私著錄,不知撰者和撰述年代。除此卷外,僅見《史記·夏本紀·正義》引及一條,亦不著撰者。已亡佚,亦無輯本。⑩詩　指《詩經·齊風·南山》。⑪詩　指《詩經·齊風·載驅》。⑫汶水注之　此處有佚文一條。《輿地廣記》卷七《京東西路·龔丘縣》引《水經注》:"蛇水,即謹水也。"當是此句下佚文。

【語　譯】

汶水出泰山萊蕪縣原山,西南過其縣南,

1　萊蕪縣在齊城西南,原山又在縣西南約六十里。據《地理志》,汶水與淄水都發源於原山,西南流注入濟水,因此不可能流經萊蕪縣南的。《從征記》說:汶水發源於萊蕪縣,西南流;又說:流入萊蕪谷後,道路兩邊山巒連綿百餘里,水道大都經過亂石嶙峋的山澗。這一帶盛產藥草,遍地松柏,林莽茂密,斷崖峭壁,遙相對望。有的地方,有險峻的小山擋住去路;有的地方,巖壁迴環,通入深谷,山風吹動,枝梢鳴聲響徹幽谷。攀登高峻的山峰,爬下幽深的山谷,令人心驚膽戰;有時路絕崖斷,就只能靠繩索引渡,真是艱險極了。

2　離出谷還有十餘里,在一座孤峰下另有一處山谷。山谷裡有清泉,泉上數丈有個石洞,有兩個洞口,能容人行走。進入洞口丈餘,洞內高約九尺,寬廣四五丈,據說是古人穴居之處,洞裡還留有柴灶、殘灰和煙痕。山谷中樹木茂密,行人很少能到這裡來。還能見到少許山田,留有引水灌溉的痕跡。出了山谷有一片平緩的丘陵,面山傍水,當地土人都在那裡種麥。人們說,這丘陵地不宜種植高粱,只適於種麥。齊人世代相承,都在這裡種麥。想來這就是麥丘愚公所住的山谷了。谷裡怎麼會這樣深幽,這樣蓊蓊鬱鬱;人們在這裡又怎麼會這樣安居樂業,怡然自得地生活呀。我當時經過這裡,看到這麼遠離塵俗的好地方,真是徘徊不捨,離去時還屢屢回頭呢。我查考麥丘愚公在齊境,川谷至今還流傳著這個地名,而不是在魯,這是著作家記述時弄錯的。汶水又西南流經嬴縣老城南。《春秋左傳》桓公三年(公元前七○九年),桓公在嬴會見齊侯,在齊結了婚。

又西南過奉高縣北,

3　奉高縣是漢武帝元封元年(公元前一一○年)所置,以供祭祀泰山之需,是泰山郡的

治所。縣北有吳季札兒子的墳墓,座落在汶水南的水灣裡。吳季札出訪中原上國,他的兒子在嬴縣、博縣之間死了,就是這地方。《從征記》說:嬴縣西六十里,有季札兒子的墳,呈圓形,墓高約四尺,相當於以手據地的高度。墓前有一座石銘,是漢末奉高縣令所立,也沒有什麼記載,只不過作為標誌而已。從前都指派民戶去掃墓,現在已不能這樣做了;石碑都已剝蝕破碎,沒有留下什麼了,只有石碑的基座還在。

屈從縣西南流,

4 汶水發源於牟縣舊城西南的山岡下,俗稱胡盧堆。《淮南子》說:汶水發源於弗其。高誘說:弗其是山名。也許就是這座小山吧。牟縣舊城在東北,古代這裡是牟國。春秋時,牟國人要去朝覲魯國,因此應劭說:牟國是魯國的附庸。民間稱這條水為牟汶。又西南流經奉高縣舊城西,西南流注入汶水。汶水又南流,在右岸匯合了北汶水。北汶水發源於分水溪,源頭又分出中川水,東南流經泰山東,右岸與天門下溪水匯合。下溪水發源於泰山天門下谷,往東流。古時,帝王登山封禪,都在這條水邊歇息。水上隨處有石洞,那是古時人們搭棚架舍時留下的。

5 《馬第伯書》:光武帝來泰山封禪,第伯跟隨著一起登山。離平地二十里時,向南極目望去,山下景物一覽無遺。泰山確實很高,可與浮雲相比;泰山也很險峻,懸崖絕壁,深不見底,像是沒有山路可通似的。遙望那些登山的人,有的像白石,有的像雪,看得久了,那白的在移動,才知道是人。仰視山上的巖石松樹,鬱鬱蒼蒼,彷彿是在雲中;俯視底下的溪谷,都是大大小小的亂石,卻看不到丈尺的溪流。一直登上七里,到了天門,抬頭仰視天門,就好像在石洞中觀天似的。應劭《漢官儀》說:泰山東南的山頂,名叫日觀。日觀這地方,第一遍雞啼時,就可以來看日出,太陽剛出來時,長約三丈,因而稱為日觀。下溪水沿溪東流,翻著滾滾的波浪,注入巖壑,接著往東南流經龜陰之田。龜山在博縣北十五里,從前孔夫子哀嘆時政世道的衰落,望龜山有感而賦詩作曲,所以後來的《琴操》中有《龜山操》。龜山北就是龜陰之田。《春秋》定公十年(公元前五○○年),齊人交還龜陰之田,即指此地。

6 下溪水又與環水匯合。環水發源於泰山南溪,南流經中、下兩廟之間。《從征記》說:泰山有下、中、上三座廟,廟牆和殿宇非常嚴整,廟中臺階兩邊,古柏參天,大的有二十多圍,是漢武帝手植的。赤眉軍曾砍過一棵樹,看見樹中有血流出,因而停止,今天那樹上還留有斧痕。廟門三重,樓榭四所,還有一座三層壇,高一丈餘,寬廣八尺。大樹前有一口大井,井水極香冷,與普通井水不同,不知是哪個朝代掘的。這口大井並不常常挖泥除淤,但大旱時井水不減。廟中倉庫裡有漢朝的舊樂器和神車、木偶等物,製作都十分精巧華麗。還有石虎建武十三年(公元三四七年),

永貴侯張余貢獻的一匹金馬,高二尺餘,製作極其精美。中廟離下廟五里,廟宇比下廟還要高大壯麗,東西兩側都有山澗。上廟在山頂,就是帝王封禪祭天的地方。

7　環水又轉而東流,又東南流經明堂下。漢武帝元封元年(公元前一一〇年),來泰山築壇祭天,祭畢下山,坐於東北山麓的明堂。漢武帝覺得古時所建明堂的處所狹隘而不開敞,想在奉高縣旁重建一座明堂,但不知這種建築的格局和形式。濟南人公玉帶獻上了黃帝時的《明堂圖》,圖中有一座殿宇,四面都沒有牆壁,用茅草蓋頂,引水流過;環繞著四面宮牆外又建了天橋,上面有樓,名叫崑崙,入口在西南;天子從這裡進入,就在裡面祭祀禮拜上帝。於是武帝就命令奉高縣按照公玉帶《明堂圖》的樣式,在汶上修建明堂。古時引水作辟雍的地方,牆基和環形水道的遺跡都還在,人們稱此水為石汶水。

8　《山海經》說:環水發源於泰山,東流注入汶水。指的就是這條水。環水又從左邊注入汶水。汶水有幾條水流一起注入。又西南流經徂徠山西。山上松柏很多,就是《詩經》裡所謂的徂徠之松。《廣雅》說:就是梓松。《抱朴子》提到《玉策記》的話,說:千年的老松,裡面有種怪物,形狀或是像青牛,或是像青狗,或是像人,壽長都達一萬歲。又說:天子陵墓上有斜敧的老松,就是所謂的樓松。《魯連子》說:松樹樅樹高達十仞,但沒有樹枝,並不是怕正室沒有柱子。《爾雅》也說:葉子如松,枝幹如柏,這種樹叫樅樹。《鄒山記》說:徂徠山又稱尤徠之山,在梁甫、奉高、博三縣邊境,現在還有美松。赤眉軍的頭目樊崇曾據守此山,所以他自稱尤徠三老。徂徠山東有巢父廟,山高十里,山下有個池塘,方圓百步左右,有三條溪澗注入。一條從東北沿溪流下,轉彎流經縣南,西北流注入汶水;一條北流經溪澗,西流注入汶水;又一條南流經陽關亭南。《春秋》襄公十七年(公元前五五六年),迎臧紇於陽關。又西流注入汶水。

過博縣西北,

9　汶水南流經博縣老城東。《春秋》哀公十一年(公元前四八四年),與吳聯合伐齊,奪取了博,即指此地。灌嬰在城下大敗了田橫。汶水轉彎從城南西流,並不從西北流。汶水又西南流經龍鄉舊城南。《春秋》成公二年(公元前五八九年),齊侯圍龍,龍人把頃公的寵臣盧蒲就魁關了起來,處死後在城上把他肢解。齊侯親自擊鼓,攻占了龍。漢高帝八年(公元前一九九年),把這地方封給謁者陳署為侯國。汶水又西南流經亭亭山東,那就是黃帝祭地的地方。山上有神廟,水上有石門,從前是放水灌溉的地方。汶水又西南流經陽關舊城西,這裡原來是鉅平縣的陽關亭,陽虎占據此亭反叛,遭到討伐,就燒掉萊門投奔齊國。汶水又南流,在左岸匯合了淄水。淄水發源於泰山梁父縣東,西南流經菟裘城北。《春秋》隱公十一年(公元前七

一二年），營建此城。隱公對羽父說：我將到這裡來安度晚年。所以《郡國志》說：梁
父有菟裘聚。淄水又流經梁父縣舊城南，縣北有梁父山。《開山圖》說：泰山在東，
亢父在西；亢父管出生，梁父管死亡。皇帝來泰山祭天，來梁父祭地，所以縣就取
名梁父。淄水又西南流經柴縣舊城北。據《地理志》，柴縣是泰山郡的屬縣，人們
稱為柴汶。淄水又流經郕縣北。漢高帝六年（公元前二〇一年），把郕縣封給董渫為
侯國。《春秋》：齊軍包圍郕，郕人攻打齊國，就在這條水邊放馬飲水。從前孔子在
郕的曠野走路，就在這裡碰到榮啟期。榮啟期身穿鹿皮衣，披散著頭髮，彈琴唱
歌，以這三件樂事自喜，孔夫子稱讚他的樂觀自得。淄水又西流經陽關城南，西流
注入汶水。汶水又南流經鉅平縣舊城東，然後西南流。城東有魯道，就是《詩經》
所說的魯道寬闊平坦，齊子由此歸來。現在汶上水邊有文姜臺。汶水又西南流。
《詩經》說：汶水滔滔。《淮南子》說：狢渡過汶水就會死。天地萬物的生性，禍福
的相互關係探究起來相當困難，原來就不可能按普通的情理搞得清楚的。汶水又
西南流經魯國汶陽縣北。這就是王莽時的汶亭。縣北有曲水亭。《春秋》桓公十
二年（公元前七〇〇年），《經》載，桓公與杞侯、莒子在曲池會盟。《左傳》說：這是與
杞、莒媾和。所以杜預說：魯國汶陽縣北有曲水亭。漢章帝元和二年（公元八五
年），東巡泰山，在汶陽建立行宮，執金吾耿恭駐紮在汶上，城門遺址和城壕至今還
在，人們稱為闕陵城。汶水又西流經汶陽縣舊城北，然後西流而去。

又西南過蛇丘縣南，

10　汶水又西流，洸水注入。又西流經蛇丘縣南，縣裡有個鑄鄉城。《春秋左傳》：宣叔
在鑄娶親。杜預說：鑄，就是濟北蛇丘縣所屬的鑄鄉城。

又西南過剛縣北，

11　據《地理志》，剛，就是從前的闡；王莽改名為柔。應劭說：《春秋經》載，齊人侵占
了讙和闡。闡就是現在的闡亭。杜預《春秋釋地》說：闡在剛縣北，剛城東有個小
亭。現在是剛縣的治所，民間又叫闡亭。京相璠說：剛縣西四十里有闡亭。諸說
不同，不知哪個正確。汶水又西流，蛇水注入。蛇水發源於剛縣東北的泰山，西南
流經汶陽之田，這是被齊侵占的地方。汶水以北，極目望去，是一片曠闊的平原，
僖公把它賜給季友。蛇水又西南流經鑄城西，這就是《左傳》所說的蛇淵囿。所以
京相璠說：現在濟北有蛇丘城，城下有水，這就是魯囿。民間稱為濁須水，這不對。
蛇水又西南流經夏暉城南。《春秋經》載，桓公在下讙與齊侯會見。現在民間稱為
夏暉城。《春秋左傳》桓公三年（公元前七〇九年），公子翬到齊，齊侯送姜氏到下讙，
這是不合禮法的。這就有了夏暉這個地名了。蛇水又西南流注入汶水。汶水又
西流，溝水注入。溝水發源於東北方的馬山，西南流經棘亭南。《春秋》成公三年

(公元前五八八年),《經》載,秋天,叔孫僑如率兵包圍棘。《左傳》說:齊侵占了汶陽之田,棘不服,於是就把它包圍起來。棘亭南離汶水八十里。溝水又西南流經遂城東。《地理志》說:遂城是蛇丘遂鄉,就是從前的遂國。《春秋》莊公十三年(公元前六八一年),齊滅了遂,就在那裡設城堡屯兵駐防。京相璠說:遂在蛇丘東北十里。杜預也認為這說法正確。可是縣城東北沒有一座城符合此說,現在的城是在蛇丘西北,這是杜預存疑造成的錯誤。溝水又西流經下讙城西,然後注入汶水。汶水又西流經春亭北。據考,古時沒有春這個地名,只有平陸縣有個崇陽亭,但此亭東距剛城四十里,以京相璠所注來推斷倒是符合的,但實際如何卻不清楚。

又西南過東平章縣南,

12　《地理志》說:東平國,就是從前的梁。景帝中元六年(公元前一四四年),又分出濟東國。武帝元鼎元年(公元前一一六年),這裡是大河郡。宣帝甘露二年(公元前五二年),是東平國。王莽時叫有鹽。章縣,據《世本》,是任姓的國家,是齊人投降於章的居地。舊城在無鹽縣東北五十里。汶水又西南流,有泌水注入。泌水發源於肥成縣東的白原,西南流經肥成縣舊城南。樂正子春對他的弟子說:你去齊國要經過肥,肥這地方有一些賢能的人。泌水左邊流經句窳亭北。章帝元和二年(公元八五年),鳳凰飛集到肥成的句窳亭,於是豁免了當地的地租,並去巡遊泰山,說的就是此亭。泌水又西南流經富成縣舊城西。就是王莽時的成富。泌水又西南流注入汶水。汶水又西南流經桃鄉縣舊城西。這就是王莽時的鄅亭。人們以為這是鄅城,是搞錯了,那只是把新朝的舊地名加以擴大罷了。

又西南過無鹽縣南,又西南過壽張縣北,又西南至安民亭,入于濟。

13　汶水自桃鄉分為四條,四水分流處,稱為四汶口。左岸分出兩條,西南流到無鹽縣的郈鄉城南。那是郈昭伯的封邑,禍事起於鬥雞。《春秋左傳》定公十二年(公元前四九八年),叔孫氏毀去郈城。現在郈城南仍沒有城牆。汶水又西南流經東平陸縣舊城北。應劭說:這是古時的厥國。現在有厥亭。

14　汶水又西流經危山南,人們稱為龍山。《漢書·宣元六王傳》說:哀帝時,無鹽危山的泥土自行隆起,上面蓋了草,好像馳道的樣子;此外瓠山的巖石也轉了方向。晉灼說:《漢書注》瓠山作報山,說山邊有一塊巨石,轉身立起,高九尺六寸,寬四尺,旁移了一丈。東平王雲及王后謁說:漢朝巖石立起,這是表明有新皇帝將興起的徵兆。於是親自到巖石所在之處致祭,又造了一塊類似於報山石的巖石,捆了一把祭祀用的黃倍草,還為它立祠。建平三年(公元前四年),息夫躬告發了他,東平王於是自殺,王后謁被殺頭示眾,封國也被撤除了。

15　汶水又西流,匯合為一條水,向西南流入茂都淀。茂都淀是陂水的異名。淀水向西南流出,稱為巨野溝。又西南流經致密城南。《郡國志》說:須昌縣有致密城,就是古時的中都,也就是孔夫子當過宰的城邑。孔夫子制定了養生送死的儀式,長幼男女之間的禮度,於是路上丟了東西沒有人撿,器物也不作虛浮的雕飾。

16　巨野溝又往西南注入桓公河北,桓公河西流出茂都淀,叫巨良水;西南流經致密城北;西南流注入洪瀆。另一條汶水西流經郈亭北,又西流到壽張舊城東,積聚成為沼澤。初平三年(公元一九二年),曹操在壽張東攻打黃巾,鮑信就在這裡戰死。右邊一條汶水,西流經無鹽縣舊城南,這裡從前是宿國。這裡也是齊宣后的故都,她就是所謂的無鹽醜女。漢武帝元朔四年(公元前一二五年),封城陽共王的兒子劉慶為東平侯,就是此城。王莽改名為有鹽亭。汶水又西流經郈鄉城南。《地理志》所說的無鹽有郈鄉,就指這地方。汶水西南流,流經壽張縣舊城北,就是《春秋》中的良縣。縣裡有壽聚,漢時叫壽良。應劭說:世祖的叔父叫劉良,所以光武帝把地名改為壽張。建武十二年(公元三六年),世祖把壽張封給樊宏為侯國。汶水又西南流,長直溝水注入。長直溝水發源於須昌城東北的穀陽山南,流經須昌城東;又南流,漆溝水注入。漆溝水發源於無鹽城東北五里的阜山下,西流經無鹽縣舊城北。水邊有東平憲王劉倉墓,墓碑和墓闕都還在。元和二年(公元八五年),章帝臨幸東平,以太牢致祭,親自在祠座上跪拜,並在陵前賜贈御劍。漆溝水又西流注入長直溝。溝水分成兩條:一條西流經須昌城南,注入濟水;一條南流注入汶水。汶水又西流注入濟水。所以《淮南子》說:汶水發源於弗其,西流與濟水匯合。高誘說:弗其是山名,在朱虛縣東。我以為高誘的說法是正確的,這是東汶,並不是《水經》所說注入濟水的那一條。《水經》的引證是錯誤的。

【研　析】　本卷三水,都在酈氏足跡可到之地,《注》文中顯然有其親自考察的成果在內,所以雖然以後水系河道變遷甚巨,但作為歷史河川水利研究的依據,價值無疑很高。其中特別重要的是在《瓠子河》篇中,《注》文著重記敘了漢武帝元光三年的黃河決口改道和元封二年的堵復故事。這是正史記載的國君親臨主持的大規模治河工程,不僅是"發卒數萬人",而且"令群臣將軍以下皆負薪填決河"。是國君親臨指揮黃河堵決的信史。酈氏在《濟水注》中已經引及漢武帝的《瓠子之歌》,此篇中則全錄此歌(此歌原載於《史記·河渠書》),說明他對黃河決溢堵復的高度重視。《河渠書》篇末"太史公曰",他說:"甚哉!水之為利害也。余從負薪塞宣房悲瓠子之詩而作《河渠書》。"說明在《史記》中之所以有《河渠書》,是他自己在堵決現場的切身感受。中國古代文獻中曾有《孟子·離婁下》的"水哉,水哉!"之言,而且這還是孔子的原話。但"水利"這個詞彙,卻是司馬遷第一次提出來的。當然,他的原話是"水之為利害也"。即水有利的一面,也有害的一面。現在我們對"水利"這個詞彙,實在也應作這樣的看法。
《水經注》全書中有大量水利和水害的記敍,說明酈氏雖然沒有在宣房現場"負薪",但
對於這個故事,他是拳拳服膺的。

卷二十五 泗水 沂水 洙水

【題　解】　此卷所記三水原來都是淮河水系的河流。泗水原是淮河下游最長的支流，發源於今山東省中部，沿途接納洙水、睢水、沭水、沂水等，在今江蘇淮安以東注入淮水，全長達一千數百公里。金章宗明昌五年(南宋紹熙五年，公元一一九四年)，黃河決口於陽武，奪泗水注淮出海，泗水流路受阻，水流長期被阻滯在今濟寧與徐州之間，逐漸形成了南北長達一百二十餘公里的南四湖(南陽、獨山、昭陽、微山)，所以古代的泗水，現在已經不復存在。

沂水原是泗水支流，匯注泗水後入淮。由於泗水湮廢，故水道流注今江蘇北部的駱馬湖，在下游疏鑿了一條新沂河，從燕尾港獨流注入黃海，與《水經注》記敍的已經大不相同。

洙水也是泗水支流，古時由於此水流經魯縣(今曲阜)，所以古人常以“洙泗”一詞稱頌孔子。因為水道改變，現在地圖上僅有泗河名稱，注入南四湖，即古代泗水的上流，洙水已經不復存在。

泗　水

泗水出魯卞縣北山，

1 《地理志》曰：出濟陰乘氏縣。又云：出卞縣北。《經》言北山，皆爲非矣。《山海經》曰：泗水出魯東北。余昔因公事，沿歷徐、沇，路逕洙、泗，因令尋其源流。水出卞縣故城東南，桃墟西北。《春秋》昭公七年，謝息納季孫之言，以孟氏成邑與晉而遷于桃。杜預曰：魯國卞縣東南有桃墟，世謂之曰陶墟，舜所陶處也。井曰舜井，皆爲非也。墟有漏澤，方十五里，渌水澄渟，三丈如減，澤西際阜，俗謂之嫣亭山，蓋有陶墟、舜井之言，因復有嫣亭之名矣。

2　阜側有三石穴，廣圓三四尺，穴有通否，水有盈漏，漏則數夕之中，傾陂竭澤矣。左右民居，識其將漏，預以木爲曲洑，約障穴口，魚鼈暴鱗，不可勝載矣。自此連岡通阜，西北四十許里。岡之西際，便得泗水之源也。《博物志》曰：泗出陪尾。蓋斯阜者矣。石穴吐水，五泉俱導，泉穴各徑尺餘，水源南側有一廟，栝柏成林，時人謂之原泉祠，非所究也。泗水西逕其縣故城南，《春秋》襄公二十九年，季武子取卞，曰：聞守卞者將叛，臣率徒以討之是也。南有姑蔑城，《春秋》隱公元年，公及邾儀父盟于蔑者也。水出二邑之間，西逕郿城北，《春秋》文公七年，《經》書公伐邾。三月甲戌取須句，遂城郿。杜預曰：魯邑也。卞縣南有郿城，備邾難也。泗水自卞而會于洙水也。

西南過魯縣北[①]，

3　泗水又西南流，逕魯縣分爲二流，水側有一城，爲二水之分會也，北爲洙瀆。《春秋》莊公九年，《經》書，冬，浚洙。京相璠、服虔、杜預，並言洙水在魯城北，浚深之爲齊備也。南則泗水。夫子教于洙、泗之間，今于城北二水之中，即夫子領徒之所也。《從征記》曰：洙、泗二水交于魯城東北十七里，闕里背洙面泗，南北百二十步，東西六十步，四門各有石閫，北門去洙水百步餘。後漢初，闕里荊棘自闢，從講堂至九里。鮑永爲相，因脩饗祠，以誅魯賊彭豐等。郭緣生言：泗水在城南，非也。余按《國語》，宣公夏濫于泗淵，里革斷罟棄之。韋昭云：泗在魯城北。《史記》、《冢記》[②]、王隱《地道記》，咸言葬孔子于魯城北泗水上，今泗水南有夫子冢。《春秋孔演圖》[③]曰：鳥化爲書，孔子奉以告天，赤爵銜書，上化爲黃玉。刻曰：孔提命，作應法，爲赤制。《說題辭》[④]曰：孔子卒，以所受黃玉葬魯城北，即子貢廬墓處也。

4　譙周云：孔子死後，魯人就冢次而居者，百有餘家，命曰孔里。《孔叢》曰：夫子墓塋方一里，在魯城北六里泗水上，諸孔氏封五十餘所，人名昭穆，不可復識，有銘碑三所，獸碣具存。《皇覽》曰：弟子各以四方奇木來植，故多諸異樹，不生棘木刺草。今則無復遺條矣。泗水自城北南逕魯城，西南合沂水。沂水出魯城東南尼丘山西北，山即顏母所祈而生孔子也。山東十里有顏母廟，山南數里，孔子父葬處。《禮》所謂防墓崩者也。

5　平地發泉，流逕魯縣故城南，水北東門外，即爰居所止處也。《國語》曰：海鳥曰爰

居,止于魯城東門之外三日,臧文仲祭之,展禽譏焉。故《莊子》曰:海鳥止郊,魯侯
觴之,奏以廣樂,具以太牢,三日而死,此養非所養矣。

6　門郭之外,亦戎夷死處,《呂氏春秋》曰:昔戎夷違齊如魯,天大寒而後門,與弟子宿
　　于郭門外,寒愈甚,謂弟子曰:子與我衣,我活;我與子衣,子活。我國士也,爲天下
　　惜,子不肖人,不足愛。弟子曰:不肖人惡能與國士并衣哉? 戎歎曰:不濟夫。解
　　衣與弟子,半夜而死。

7　沂水北對稷門,昔園人擧有力,能投蓋于此門。服虔曰:能投千鈞之重,過門之上
　　也。杜預謂走接屋之桷,反覆門上也。《春秋》僖公二十年,《經》書:春,新作南
　　門。《左傳》曰:書不時也。杜預曰:本名稷門,僖公更高大之,今猶不與諸門同,改
　　名高門也。其遺基猶在地八丈餘矣,亦曰雩門。《春秋左傳》莊公十年,公子偃請
　　擊宋師,竊從雩門蒙皋比而出者也。門南隔水,有雩壇,壇高三丈,曾點所欲風舞
　　處也。高門一里餘道西,有《道兒君碑》,是魯相陳君立。昔曾參居此,梟不入郭。
　　縣,即曲阜之地,少昊之墟,有大庭氏之庫,《春秋》豎牛之所攻也。故劉公幹《魯都
　　賦》⑤曰:戢武器于有炎之庫,放戎馬于巨野之坰。周成王封姬旦于曲阜,曰魯。秦
　　始皇二十三年,以爲薛郡,漢高后元年,爲魯國。

8　阜上有季氏宅,宅有武子臺,今雖崩夷,猶高數丈。臺西百步有大井,廣三丈,深十
　　餘丈,以石壘之,石似磬制。《春秋》定公十二年,公山不狃帥費人攻魯,公入季氏
　　之宮,登武子之臺也。臺之西北二里有周公臺,高五丈,周五十步,臺南四里許則
　　孔廟,即夫子之故宅也。宅大一頃,所居之堂,後世以爲廟。漢高祖十三年過魯,
　　以太牢祀孔子。自秦燒《詩》、《書》,經典淪缺,漢武帝時魯恭王壞孔子舊宅,得
　　《尚書》、《春秋》、《論語》⑥、《孝經》⑦。時人已不復知有古文,謂之科斗書,漢世秘
　　之,希有見者。于時聞堂上有金石絲竹之音,乃不壞。廟屋三間,夫子在西間,東
　　向;顏母在中間,南面;夫人隔東一間,東向。夫子牀前有石硯一枚,作甚朴,云平
　　生時物也。魯人藏孔子所乘車于廟中,是顏路所請者也。獻帝時,廟遇火燒之。

9　永平中,鍾離意爲魯相,到官,出私錢萬三千文,付户曹孔訢,治夫子車,身入廟,拭
　　几席、劍履。男子張伯除堂下草,土中得玉璧七枚,伯懷其一,以六枚白意。意令
　　主簿安置几前。孔子寢堂牀首有懸甕,意召孔訢問:何等甕也? 對曰:夫子甕也,
　　背有丹書,人勿敢發也。意曰:夫子聖人,所以遺甕,欲以懸示後賢耳。發之,中得
　　素書。文曰:後世脩吾書,董仲舒;護吾車、拭吾履、發吾筒,會稽鍾離意;璧有七,
　　張伯藏其一。意即召問伯,果服焉。

10　魏黄初元年,文帝令郡國脩起孔子舊廟,置百石吏卒,廟有夫子像,列二弟子,執卷
　　立侍,穆穆有詢仰之容。漢魏以來,廟列七碑,二碑無字,栝柏猶茂。廟之西北二

里，有顏母廟，廟像猶嚴，有脩栝五株。孔廟東南五百步，有雙石闕，即靈光之南闕，北百餘步即靈光殿基，東西二十四丈[8]，南北十二丈，高丈餘，東西廊廡別舍，中間方七百餘步，闕之東北有浴池，方四十許步，池中有釣臺，方十步，臺之基岸，悉石也，遺基尚整。故王延壽《賦》曰：周行數里，仰不見日者也。是漢景帝程姬子魯恭王之所造也。殿之東南，即泮宮也，在高門直北道西，宮中有臺，高八十尺，臺南水東西百步，南北六十步，臺西水南北四百步，東西六十步，臺池咸結石爲之，《詩》[9]所謂思樂泮水也。

11　沂水又西逕圜丘北，丘高四丈餘。沂水又西流，昔韓雉射龍于斯水之上。《尸子》[10]曰：韓雉見申羊于魯，有龍飲于沂。韓雉曰：吾聞之，出見虎搏之，見龍射之，今弗射，是不得行吾聞也。遂射之。沂水又西，右注泗水也。

又西過瑕丘縣東，屈從縣東南流，漷水從東來注之。

12　瑕丘，魯邑，《春秋》之負瑕矣。哀公七年，季康子伐邾，囚諸負瑕是也。應劭曰：瑕丘在縣西南。昔衛大夫公叔文子升于瑕丘，蘧伯玉從。文子曰：樂哉斯丘，死則我欲葬焉。伯玉曰：吾子樂之，則瑗請前。刺其欲害民良田也。瑕丘之名，蓋因斯以表稱矣。

13　曾子弔諸負夏，鄭玄、皇甫謐竝言衛地。魯、衛雖殊，土則一也。漷水出東海合鄉縣，漢安帝永初七年，封馬光子朗爲侯國。其水西南流入邾。《春秋》哀公二年，季孫斯伐邾取漷東田及沂西田是也。漷水又逕魯國鄒山東南而西南流，《春秋左傳》所謂嶧山也。邾文公之所遷，今城在鄒山之陽，依巖阻以墉固，故邾婁之國，曹姓也，叔梁紇之邑也。孔子生于此，後乃縣之，因鄒山之名以氏縣也，王莽之鄒亭矣。京相璠曰：《地理志》，嶧山在鄒縣北，繹邑之所依以爲名也。山東西二十里，高秀獨出，積石相臨，殆無土壤，石間多孔穴，洞達相通，往往有如數間屋處，其俗謂之“嶧孔”，遭亂輒將家入嶧，外寇雖衆，無所施害。晉永嘉中，太尉郗鑒將鄉曲保此山，胡賊攻守不能得。今山南有大嶧，名曰郗公嶧，山北有絶巖。秦始皇觀禮于魯，登于嶧山之上，命丞相李斯以大篆勒銘山嶺，名曰晝門，《詩》[11]所謂保有鳬嶧者也。

14　漷水又西南逕蕃縣故城南，又西逕薛縣故城北，《地理志》曰：夏車正奚仲之國也。《竹書紀年》梁惠成王三十一年，邳遷于薛，改名徐州。城南山上有奚仲冢。《晉太康地記》曰：奚仲冢在城南二十五里山上，百姓謂之神靈也。齊封田文于此，號孟嘗君，有惠喻，今郭側猶有文冢，結石爲郭，作制嚴固，瑩麗可尋，行人往還，莫不逕觀，以爲異見矣。

15　漷水又西逕仲虺城北，《晉太康地記》曰：奚仲遷于邳，仲虺居之以爲湯左相，其後當周爵稱侯,後見侵削,霸者所絀爲伯,任姓也。應劭曰:邳在薛。徐廣《史記音義》曰:楚元王子郢客,以呂后二年封上邳侯也。有下,故此爲上矣。《晉書·地道記》曰:仲虺城在薛城西三十里,漷水又西至湖陸縣入于泗。故京相璠曰:薛縣漷水首受蕃縣,西注山陽湖陸是也。《經》言瑕丘東,誤耳。

又南過平陽縣西,

16　縣,即山陽郡之南平陽縣也。《竹書紀年》曰:梁惠成王二十九年,齊田肸及宋人伐我東鄙,圍平陽者也。王莽改之曰黽平矣。泗水又南逕故城西,世謂之漆鄉。應劭《十三州記》曰:漆鄉,邾邑也。杜預曰:平陽東北有漆鄉。今見有故城西南,方二里,所未詳也。

又南過高平縣西,洸水從西北來流注之。

17　泗水南逕高平山,山東西十里,南北五里,高四里,與衆山相連。其山最高,頂上方平,故謂之高平山,縣亦取名焉。泗水又南逕高平縣故城西,漢宣帝地節三年,封丞相魏相爲侯國。高帝七年,封將軍陳鍇爲橐侯。《地理志》:山陽之屬縣也。王莽改曰高平。應劭曰:章帝改。按本《志》曰:王莽改名,章帝因之矣。所謂洸水者,洙水也。蓋洸、洙相入,互受通稱矣。

又南過方與縣東,

18　漢哀帝建平四年,縣女子田無嗇生子,先未生二月,兒啼腹中,及生,不舉,葬之陌上,三日,人過聞啼聲,母掘養之。

菏水從西來注之。

19　菏水即濟水之所苞注以成湖澤也。而東與泗水合于湖陵縣西六十里穀庭城下,俗謂之黃水口。黃水西北通巨野澤,蓋以黃水沿注于菏,故因以名焉。

又屈東南,過湖陸縣南,涓涓水從東北來流注之。

20　《地理志》:故湖陵縣也。菏水在南,王莽改曰湖陸。應劭曰:一名湖陵,章帝封東平王蒼子爲湖陸侯,更名湖陸也[12]。泗水又東逕郜鄨所築城北,又東逕湖陵城東南,昔桓溫之北入也,范懽擒慕容忠于此,城東有《度尚碑》。泗水又左會南梁水,《地理志》曰:水出蕃縣。今縣之東北,平澤出泉若輪焉。發源成川,西南流分爲二水,北水枝出,西逕蕃縣北,西逕滕城北。

21　《春秋左傳》隱公十一年,滕侯、薛侯來朝,爭長。薛侯曰:我先封。滕侯曰:我周之卜正也。薛庶姓也,我不可以後。公使羽父請薛侯曰:君辱在寡人,周諺有之,曰:山有木,工則度之;賓有禮,主則擇之。周之宗盟,異姓爲後,寡人若朝于薛,不敢與諸任齒,君若辱貺寡人,則願以滕君爲請。薛侯許之,乃長滕侯者也。漢高祖封夏侯嬰爲侯國,號曰滕公。鄧晨曰:今沛郡公丘也。其水又溉于丘焉。縣故城在滕西北,城周二十里,內有子城,按《地理志》,即滕也。周懿王子錯叔繡文公所封也。齊滅之,秦以爲縣,漢武帝元朔三年,封魯恭王子劉順爲侯國。世以此水溉我良田,遂及百秭,故有兩溝之名焉。

22　南梁水自枝渠西南逕魯國蕃縣故城東,俗以南鄰于漷,亦謂之西漷水。南梁水又屈逕城南,應劭曰:縣,古小邾邑也。《地理志》曰:其水西流注于濟渠。濟在湖陸西而左注泗,泗、濟合流,故地記或言濟入泗,泗亦言入濟,互受通稱,故有入濟之文。闞駰《十三州志》曰:西至湖陸入泗是也。《經》無南梁之名,而有涓涓之稱,疑即是水也。戴延之《西征記》亦言湖陸縣之東南有涓涓水,亦無記于南梁,謂是吳王所道之瀆也。余按湖陸西南止有是水,延之蓋以《國語》云,吳王夫差起師,將北會黃池,掘溝于商、魯之間,北屬之沂,西屬于濟,以是言之,故謂是水爲吳王所掘,非也。余以水路求之,止有泗川耳。蓋北達沂,西北逕于商、魯,而接于濟矣。吳所浚廣耳,非謂起自東北受沂西南注濟也。假之有通,非吳所趣,年載誠眇,人情則近,以今忖古,益知延之之不通情理矣。泗水又南,漷水注之,又逕薛之上邳城西,而南注者也。

又東過沛縣東[13],

23　昔許由隱于沛澤,即是縣也,縣蓋取澤爲名。宋滅屬楚,在泗水之濱,于秦爲泗水郡治。黃水注之。黃水出小黃縣黃鄉黃溝,《國語》曰:吳子會諸侯于黃池者也。黃水東流逕外黃縣故城南,張晏曰:魏郡有內黃縣,故加外也。薛瓚曰:縣有黃溝,故縣氏焉。圈稱《陳留風俗傳》曰:縣南有渠水,于春秋爲宋之曲棘里,故宋之別都矣。《春秋》昭公二十五年,宋元公卒于曲棘是也。宋華元居于稷里,宣公十五年,楚、鄭圍宋,晉解揚違楚,致命于此。宋人懼,使華元乘闉夜入楚師,登子反之牀曰:寡君使元以病告,弊邑易子而食,析骸以爨,城下之盟,所不能也。子反退一舍,宋、楚乃平。今城東闉上猶有華元祠,祀之不輟。城北有華元冢。

24　黃溝自城南東逕葵丘下,《春秋》僖公九年,齊桓公會諸侯于葵丘,宰孔曰:齊侯不務德而勤遠略,北伐山戎,南伐楚,西爲此會,東略之不知,西則否矣,其在亂乎?君務靖亂,無勤于行。晉侯乃還,即此地也。黃溝又東注大澤,兼葭菼葦生焉,即世所謂大薺陂也。陂水東北流逕定陶縣南,又東逕山陽郡成武縣之楚丘亭北,黃溝又東逕成武縣故城南,王莽更之曰成安也。黃溝又東北逕郜城北,《春秋》桓公二年,《經》書,取郜大鼎于宋,戊申,納于太廟。《左傳》曰:宋督攻孔父而取其妻,殺殤公而立公子馮,以郜大鼎賂公,臧哀伯諫爲非禮。《十三州志》曰:今成武縣東南有郜城,俗謂之北郜者也。

25　黃溝又東逕平樂縣故城南，又東，右合泡水，即豐水之上源也。水上承大薺陂，東
逕貫城北，又東逕已氏縣故城北，王莽之已善也。縣有伊尹冢。崔駰曰：殷帝沃丁
之時，伊尹卒，葬于薄。《皇覽》曰：伊尹冢在濟陰已氏平利鄉。皇甫謐曰：伊尹年
百餘歲而卒，大霧三日，沃丁葬以天子之禮，親自臨喪，以報大德焉。又東逕孟諸
澤，杜預曰：澤在梁國睢陽縣東北，又東逕郜成縣故城南，《地理志》：山陽縣也，王
莽更名之曰告成矣。故世有南郜、北郜之論也。

26　又東逕單父縣故城南，昔宓子賤之治也。孔子使巫馬期觀政，入其境，見夜漁者，
問曰：子得魚輒放何也？曰：小者，吾大夫欲長育之故也。子聞之曰：誠彼形此，子
賤得之，善矣。惜哉！不齊所治者小也。王莽更名斯縣爲利父矣。世祖建武十三
年，封劉茂爲侯國。

27　又東逕平樂縣，右合泡水，水上承睢水于下邑縣界，東北注一水，上承睢水于杼秋
縣界北流，世又謂之瓠盧溝，水積爲渚，渚水東北流，二渠雙引，左合灃水，俗謂之
二泡也。自下，灃、泡竝得通稱矣。故《地理志》曰：平樂，侯國也，泡水所出。又逕
豐西澤，謂之豐水，《漢書》稱高祖送徒麗山，徒多亡，到豐西澤，有大蛇當徑，拔劍
斬之。此即漢高祖斬蛇處也。又東逕大堰，水分爲二，又東逕豐縣故城南，王莽之
吾豐也。水側城東北流，右合枝水[14]，上承豐西大堰，派流東北逕豐城北，東注灃
水。灃水又東合黃水，時人謂之狂水，蓋狂、黃聲相近，俗傳失實也。自下黃水又
兼通稱矣。

28　水上舊有梁，謂之泡橋。王智深《宋史》云：宋太尉劉義恭于彭城遣軍主嵇玄敬北
至城，覘候魏軍，魏軍于清西望見玄敬士衆，魏南康侯杜道儁引趣泡橋，沛縣民逆
燒泡橋，又于林中打鼓，儁謂宋軍大至，爭渡泡水，水深酷寒，凍溺死者殆半。清水
即泡水之別名也。沈約《宋書》稱魏軍欲渡清西，非也。

29　泡水又東逕沛縣故城南，秦末兵起，蕭何、曹參迎漢祖于此城。高帝十一年，封合
陽侯劉仲子爲侯國。城內有漢高祖廟，廟前有三碑，後漢立。廟基以青石爲之，階
陛尚存。劉備之爲徐州也，治此。袁術遣紀靈攻備，備求救呂布，布救之，屯小沛，
招靈請備共飲，布謂靈曰：玄德，布弟也，布性不喜合鬭，但喜解鬭。乃植戟于門，
布彎弓曰：觀布射戟小枝，中者，當各解兵；不中，可留決鬭。一發中之，遂解。此
即布射戟枝處也。《述征記》曰：城極大，四周瀦通豐水，豐水于城南東注泗，即泡
水也。《地理志》曰：泡水自平樂縣東北至沛入泗者也。

30　泗水南逕小沛縣東，縣治故城南垞上。東岸有泗水亭，漢祖爲泗水亭長，即此亭
也。故亭今有高祖廟，廟前有碑，延熹十年立。廟闕崩褫，略無全者。水中有故石
梁處，遺石尚存。高祖之破黥布也，過之，置酒沛宮，酒酣歌舞，慷慨傷懷曰：遊子

思故鄉也。泗水又東南流逕廣戚縣故城南，漢武帝元朔元年，封劉擇爲侯國，王莽更之曰力聚也。泗水又逕留縣而南逕垞城東，城西南有崇侯虎廟，道淪遺愛，不知何因而遠有此圖。泗水又南逕宋大夫桓魋冢西，山枕泗水，西上盡石，鑿而爲冢，今人謂之石郭者也。郭有二重，石作工巧。夫子以爲不如死之速朽也。

又東南過彭城縣東北，

31　泗水西有龍華寺，是沙門釋法顯遠出西域，浮海東還，持《龍華圖》，首創此制。法流中夏，自法顯始也。其所持天竺二石，仍在南陸東基堪中，其石尚光潔可愛。泗水又南，獲水入焉，而南逕彭城縣故城東。周顯王四十二年，九鼎淪没泗淵，秦始皇時而鼎見于斯水。始皇自以德合三代，大喜，使數千人没水求之，不得，所謂鼎伏也。亦云系而行之，未出，龍齒齧斷其系。故語曰：稱樂大早絶鼎系。當是孟浪之傳耳。泗水又逕龔勝墓南，墓碣尚存。又經亞父冢東，《皇覽》曰：亞父冢在廬江縣郭東居巢亭中，有亞父井，吏民親事，皆祭亞父于居巢廳上，後更造祠于郭東，至今祠之。按《漢書·項羽傳》，歷陽人范增，未至彭城而發疽死，不言之居巢，今彭城南有項羽涼馬臺，臺之西南山麓上，即其冢也。增不慕范蠡之舉，而自絶于斯，可謂褊矣。推考書事，墓近于此也。

又東南過呂縣南，

32　呂，宋邑也。《春秋》襄公元年，晉師伐鄭及陳，楚子辛救鄭，侵宋呂、留是也。縣對泗水，漢景帝三年，有白頸烏與黑烏，羣鬭于縣，白頸烏不勝，墮泗水中，死者數千。京房《易傳》曰：逆親親，厥妖白黑烏鬭。時有吳、楚之反。

33　泗水之上有石梁焉，故曰呂梁也。昔宋景公以弓工之弓，彎弧東射，矢集彭城之東，飲羽于石梁，即斯梁也。懸濤漰渀，寔爲泗險，孔子所謂魚鼈不能游。又云：懸水三十仞，流沫九十里。今則不能也。蓋惟嶽之喻，未便極天明矣。《晉太康地記》曰：水出磐石，《書》所謂泗濱浮磬者也。

34　泗水又東南流，丁溪水注之，溪水上承泗水于呂縣，東南流，北帶廣隰，山高而注于泗川。泗水冬春淺澀，常排沙通道，是以行者多從此溪。即陸機《行思賦》[15]所云：乘丁水之捷岸，排泗川之積沙者也。晉太元九年，左將軍謝玄于呂梁遣督護聞人奭用工九萬，擁水立七拕[16]，以利漕運者。

又東南過下邳縣西，

35　泗水歷縣逕葛嶧山東，即奚仲所遷邳嶧者也。泗水又東南逕下邳縣故城西，東南流，沂水流注焉，故東海屬縣也。應劭曰：奚仲自薛徙居之，故曰下邳也。漢徙齊王韓信爲楚王，都之。後乃縣焉，王莽之閏儉矣，東陽郡治。文穎曰：秦嘉，東陽郡人，今下邳是也。晉灼曰：東陽縣，本屬臨淮郡，明帝分屬下邳，後分屬廣陵。故張晏曰：東陽郡，今廣陵郡也，漢明帝置下邳郡矣。城有三重，其大城中有大司馬石苞、鎮東將軍胡質、司徒王渾、監軍石崇四碑。南門謂之白門，魏武擒陳宮于此處矣。中城，呂布所守也。小城，晉中興北中郎將荀羨、郗曇所治也。昔泰山吳伯武，少孤，與弟文章相失二十餘年，遇于縣市，文章欲毆伯武，心神悲慟，因相尋問，乃兄弟也。縣爲沂、泗之會也。又有武原水注之，水出彭城武原縣西北，會注陂南，逕其城西，王莽之和樂亭也。縣東有徐廟山，山因徐徙，即以名之也。山上有石室，徐廟也。武原水又南合武水，謂之泇水，南逕剛亭城，又南至下邳入泗，謂之武原水口也。又有桐水出西北東海容丘縣，東南至下邳入泗。

36　泗水東南逕下相縣故城東，王莽之從德也。城之西北有漢太尉陳球墓，墓前有三碑，是弟子管寧、華歆等所造。初平四年，曹操攻徐州，破之，拔取慮、睢陵、夏丘等縣，以其父避難被害于此，屠其男女十萬，泗水爲之不流，自是數縣人無行跡，亦爲暴矣。泗水又東南得睢水口，泗水又逕宿預城之西，又逕其城南，故下邳之宿留縣也，王莽更名之曰康義矣。晉元皇之爲安東也，督運軍儲，而爲邸閣也。魏太和中，南徐州治，後省爲戍。梁將張惠紹北入，水軍所次，憑固斯城，更增脩郭壍，其四面引水環之，今城在泗水之中也。

又東南入于淮。

37　泗水又東逕陵柵南，《西征記》曰：舊陵縣之治也。泗水又東南逕淮陽城北，城臨泗水，昔蓄丘訴飲馬斬蛟，眇目于此處也。泗水又東南逕魏陽城北，城枕泗川，陸機《行思賦》曰：行魏陽之枉渚。故無魏陽，疑即泗陽縣故城也，王莽之所謂淮平亭矣。蓋魏文帝幸廣陵所由，或因變之，未詳也。泗水又東逕角城北，而東南流注于淮。考諸地説，或言泗水于睢陵入淮，亦云于下相入淮，皆非實錄也。

【注　釋】　①西南過魯縣北　此處有佚文一條。《方輿紀要》卷三十二《山東》三《兗州府·曲阜縣·五父衢》引《水經注》："（五父衢）在魯東門外二里，襄十一年，季子將作三軍，盟諸僖閎，詛諸五父之衢，八年，陽貨取寶玉大弓以出，舍于五父之衢。"當是此《經》文下佚文。②冢記　書名。全祖望以爲應作《冢墓記》，《水經注釋》作《冢墓記》。《新唐書·藝文志》著錄有《聖賢冢墓記》一卷，李彤撰，或是此書。已亡佚，無輯本。③春秋孔演圖　書名。《春秋》緯書的一種，已亡佚。輯本作《春秋演孔圖》，收入於宛委山堂《說郛》五、《玉函山房輯佚書》、《叢書集成初編》等。④說題辭　書名。即《春秋說題辭》。⑤魯都賦　詩賦名。《隋書·經籍志》著錄魏太子文學《劉楨集》四卷，錄一卷。此賦當在集中，今賦與集均已亡佚，僅見宋王應麟《詩地理考》引及，又輯存於清嚴可均《全後漢文》。劉楨字公幹，三國魏人，《三國志·魏書》有傳。⑥論語　書名。《四書》之一，《漢書·藝文志》著錄二十一卷,子夏等撰。《漢書》說:"《論語》者,孔子應答弟子、時人、及弟子相與言而接聞於夫子之語也。當時弟子各有所記,夫子既卒,門人相與輯而論纂,故謂之《論語》。"今存,合《孟子》、《大學》、《中庸》,謂之《四書》。⑦孝經　書名。《漢書・藝文志》著錄《孝經古孔氏》一篇,二十二章。《隋書・經籍志》著錄古文《孝經》與古文《尚書》同出,孔安國為之傳,亡於梁亂。隋祕書監王劭於京師訪得孔傳,送至河間劉炫,炫因序其得喪,述其議疏。今《十三經注疏》本,共十八章,題唐玄宗注。⑧東西二十四丈　《水經注疏》熊會貞按:"《御覽》一百七十五、《天中記》十三引此,並無'四'字,《後漢書・東海恭王傳注》亦無此'四'字,當衍。"⑨詩　指《詩經・魯頌・泮水》。⑩尸子　書名。《漢書・藝文志》著錄二十篇。《隋書・經籍志》著錄二十卷,目一卷,秦相衛鞅上客尸佼撰。尸子名佼,魯人,秦相商君師之,鞅死,佼逃入蜀。已亡佚。輯本收入於《問津堂叢書》、《平津館叢書》、《四部備要》等,均作二卷。⑪詩　指《詩經・魯頌・閟宮》。⑫更名湖陸也　殿本在此處有戴震長篇案語:"原本及近刻并訛作:'為湖陵侯,更名湖陵也。'考《後漢書・郡國志》:'山陽郡湖陸,故湖陵,章帝更名。'劉昭注云:'《前漢志》:王莽改曰湖陸,章帝復其號。'又《郡國志》:'高平侯國,故橐,章帝更名。'劉昭注云:'《前漢志》:王莽改曰高平,章帝復莽此號。'蓋光武中興,凡莽所改,即不行用,至章帝改湖陵為湖陸,改橐為高平,偶與莽同,以莽不足道,故直曰章帝更名耳。光武永平二年,以橐、湖陵益東平國,見《光武十王列傳》。注云:'橐縣一名高平。'其正文及注兩橐字,皆橐之訛。是光武時仍前漢之舊,稱橐、湖陵,章帝後則稱高平、湖陸也。今《漢書・地理志・山陽郡・湖陵》下云:'《禹貢》:浮于泗、淮,通于河。水在南,莽曰湖陸。'應劭曰:'《尚書》一名湖,章帝封東平王倉子為湖陵侯,更名湖陵。'此條舛誤者八:泗、淮當作淮、泗,一也;通于河,當作通于菏,二也;水在南,當作菏水在南,三也;《尚書》二字,當在《禹貢》二字上,不當在應劭下,四也;應劭時稱湖陸已久,所引應劭語,宜為《地理風俗記》湖陸縣之文,一名湖,當是一名湖陵,校《漢書》者妄刪陵字,以起下文之有陵字為更名耳,五也;倉,當作蒼,六也;為湖陵侯當作為湖陸侯,七也;更名湖陵,當作更名湖陸,八也。道元此注亦有《尚書》二字,蓋校是書者據《漢志》訛本增入,《說文》菏字下云:菏澤水出山陽湖陵。引《禹貢》浮于淮、泗,達于菏,而《水經・濟水》內敘菏水云,又東南過湖陸縣南,東入于泗水。道元注亦引《尚書》浮於淮、泗,達於菏。今《尚書》本皆訛作達于河,以《尚書》及《前》、《後漢書》、《水經注》互有舛誤,彼此紛糾,僅就一處訂正,終難了徹,故備論之。"⑬又東過沛縣東　此條《經》文《水經注疏》作"又南過沛縣東"。《疏》:"戴作'又東',與鍾、譚、黃晟等本同。會貞按:黃本(此'黃本'當指黃省曾本)作'又南',證以水道適合,則作'東'者誤也。"⑭右合枝水　《水經注疏》作"左合枝水"。《疏》:"朱左訛作'右',戴、趙同。會貞按:豐水東逕豐城南,枝水東北逕豐城北,則枝水在豐水之左,此當作'左合'無疑,今訂。"⑮行思賦　詩賦名。《隋書・經籍志》著錄晉平原內史《陸機集》十四卷。宋慶元間,華亭知縣徐民瞻曾刻《二陸文集》,《陸士衡集》十卷、《陸士龍集》十卷即由此而傳。機字士衡,雲字士龍,陸機、陸雲兄弟,當時以文著名,合稱"二陸",西晉華亭人。此賦今存《陸士衡集》。⑯七抌　《水經注釋》作"七埭"。《水經注疏》亦作"七埭"。《疏》:"朱'埭'作'拖',《箋》曰:當作'埭'。《晉書》,謝玄堰呂梁水,植柵,立七埭為派,擁二岸之流,以利漕運。"

【語　譯】

泗水出魯卞縣北山，

1　《地理志》說：泗水發源於濟陰郡乘氏縣。又說：發源於卞縣北。《水經》則說發源於北山，這些說法都不對。《山海經》說：泗水發源於魯東北。我過去因公事，曾沿徐水、沇水走過，又曾路經洙水、泗水。當時我派人去探尋過泗水的源頭，查明泗水發源於卞縣老城東南，桃墟西北。《春秋》昭公七年(公元前五三五年)，謝息採納了季孫的建議，把孟孫氏的成邑給晉，把居民遷移到桃。杜預說：魯國卞縣東南有個桃墟，世人稱為陶墟，說是舜製陶的地方。那裡有個井叫舜井，其實都不是。桃墟有個漏澤，方圓十五里，澤水清澈澄碧，平靜如鏡，水深近三丈，澤西緊靠一座小土山，民間稱媯亭山，大概是因為有了陶墟、舜井這些說法，因而又有了媯亭的名稱的。

2　小山旁有三個石洞，洞口大小約三四尺，石洞有通有塞，澤水有時積得滿滿的，有時又漏掉，一漏水幾天之間就會澤底朝天。附近民眾看出將要漏水了，就預先用木料做成魚罶，擋在洞口，水涸之後，澤底魚鱉全都暴露出來，運也運不完了。從此處的小丘向西北方，山岡綿延四十餘里，山岡西便是泗水的源頭。《博物志》說：泗水發源於陪尾山。就指這座小丘。這裡有五個石洞向外淌水，各洞口直徑大約都有一尺餘，五股泉水出洞後就匯合同流。水源南側有一座廟，那裡有成片的檜樹和柏樹林，當時人們稱它為原泉祠，也不知其來由。泗水西流經卞縣舊城南，《春秋》襄公二十九年(公元前五四四年)，季武子攻取了卞，說：聽說守卞的軍隊要反叛，我率兵前去討伐。卞縣南有姑蔑城，《春秋》隱公元年(公元前七二二年)，隱公和邾儀父在蔑會盟，即指此地。泗水發源於卞縣舊城和姑蔑城之間，西流經郚城北。《春秋》文公七年(公元前六二〇年)，《經》記載，文公討伐邾。三月甲戌日攻取須句，於是就在郚築城。杜預說：這是魯國的城邑。卞縣南有郚城，是為防備邾有外患而修築的。泗水在卞縣與洙水匯合。

西南過魯縣北，

3　泗水又西南流，經魯縣分為兩條，水旁有一座城，是兩水分流之處。北面的一條就是洙水。《春秋》莊公九年(公元前六八五年)，《經》記載，那年冬天，疏浚洙水。京相璠、服虔、杜預都說洙水在魯城北，疏浚河道是為防備齊國。南支叫泗水。孔夫子在洙水和泗水之間執教，今天城北兩水中間，就是當年孔夫子帶領學生的地方。《從征記》說：洙水和泗水在魯城東北十七里處相匯，闕里背靠洙水，面臨泗水，南北一百二十步，東西六十步，四面城門都有石門檻，北門離洙水百餘步。後漢初期，闕里的荊棘開始被清除，從孔夫子的講堂到九里。當時鮑永任宰相，於是在闕里修建了饗祠,將魯賊彭豐等人處死。郭緣生說:泗水在城南,他弄錯了。我查考過《國語》,夏,宣公在泗淵撒網捕魚,里革割斷魚網,把它丟了。韋昭說:泗水在魯城北。《史記》、《冢記》、王隱《地道記》都說孔子安葬在魯城北的泗水上。今天泗水南有孔子墓。《春秋孔演圖》說:鳥變成了書,孔子捧著書向上天禱告,有紅雀銜書而來,於其上變成一塊黃玉,上面刻著:孔子受命於天,創制法規,確定制度。《說題辭》說:孔子死後,人們把他得到的那塊黃玉陪葬於魯城北,就是子貢守墓的小屋所在的地方。

4　譙周說:孔子死後,魯國人在孔子墓旁居住的有百餘家,這地方就稱為孔里。《孔叢》說:孔夫子的墓地方圓一里,在魯城北六里的泗水畔。孔氏宗族的墳墓共五十餘座,人名輩分已辨別不清了,有墓碑三塊,各種石獸石碣還在。《皇覽》說:孔子的弟子們從各地把珍奇的樹苗帶來種植,因而墓地上有許多異樹,不生荊棘和刺草,但今天,那些樹木一棵也沒有了。泗水從城北南流經魯城,西南流與沂水匯合。沂水發源於魯城東南,尼丘山西北,顏母曾在此山祈禱,於是生了孔子。山以東十里,有顏母廟,山南數里,是孔子父親安葬處。《禮記》所說的防山之墓已崩塌,就指這地方。

5　這裡平地冒出泉水,流經魯縣舊城南。溪水北岸、舊城東門外,就是爰居停息過的地方。《國語》說:海鳥名為爰居,停息在魯城東門外三天,臧文仲去祭牠,被展禽所譏諷。所以《莊子》說:海鳥停息在郊外,魯侯以酒款待,準備了三牲,奏起廣樂,三日後海鳥死了,這是因為奉養的方式不適合所奉養的對象。

6　城門外是戎夷凍死處。《呂氏春秋》說:昔日戎夷離開齊國去魯國,當時天氣十分寒冷,到魯時,城門已經關閉了,就與弟子宿在城門外。夜裡越來越冷了,戎夷對弟子說:你把衣服給我穿,我活;我把衣服給你穿,你活。我是國家的人才,受到天下人的珍惜;你是沒有用的人,不值得憐愛。弟子說:沒用的人怎能與國家的人才共穿衣服呢?戎夷嘆道:哎,不成了。就解下衣服給弟子穿,自己在半夜裡凍死了。

7　沂水北對稷門。從前有個養馬人名犖,力氣很大,能把車蓋投過此門。服虔說:能把千斤重物從門上投過。杜預說:能把架屋頂的木椽反覆從城門上擲過。《春秋》僖公二十年(公元前六四〇年),《經》記載,春,新建了南門。《左傳》說:記載這件事,是因為興工不合時宜。杜預說:原名叫稷門,僖公把門改造得更高大,今天此門還是與各門都不相同,改名高門。城門的遺址還在,占地八丈餘,也稱雩門。《春秋左傳》莊公十年(公元前六八四年),公子偃要求攻擊宋軍,蒙著虎皮偷偷從雩門出城,即指此門。雩門南隔著水的地方,有個祭壇,高三丈,就是曾點想乘涼的

地方。距高門一里餘的大路西邊,有"道兒君碑",是魯國宰相陳君所立。從前曾
參住在這裡,壞人都不入城了。魯縣就在曲阜一帶,是少昊都城所在之處,有大庭
氏的倉庫,是《春秋》豎牛進攻的地方。所以劉公幹《魯都賦》說:收起武器藏在炎
帝之庫,放牧戰馬在巨野之郊。周成王把曲阜封給姬旦,稱為魯。秦始皇二十三
年(公元前二二四年),立為薛郡。漢高后元年(公元前一八七年),這裡是魯國。

8　小丘上有季氏的住宅,宅裡有一個武子臺,今天雖已崩塌,但還高數丈。臺西一百
步有一口大井,寬三丈,深十餘丈,用石塊壘砌,石塊形狀都像磬。《春秋》定公十
二年(公元前四九八年):公山不狃率領費人進攻魯國,定公進入季氏之宮,登上武子
之臺。臺西北二里處有周公臺,高五丈,周圍五十步,臺南約四里為孔廟,就是孔
夫子的故居。故居範圍約一頃,他住過的廳堂後世改建成廟。漢高祖十三年(公元
前一九四年),經過魯,用三牲祭祀孔子。自從秦始皇焚燒《詩經》、《尚書》後,經典
散失殘缺,漢武帝時,魯恭王拆毀孔子舊宅,獲得《尚書》、《春秋》、《論語》、《孝經》
等書。當時人們已不再知道從前有過古文,稱為蝌蚪書。漢時把它們祕藏起來,
很少有人見過這種文字。當時從堂上傳來鐘磬管弦之音,於是就停止拆屋。廟屋
有三間:孔夫子住在西間,朝東;顏母在中間,朝南;夫人在東面隔一間,朝東。孔
夫子床前有石硯一枚,製作很簡樸,據說是他生時常用之物。魯人把孔子乘過的
車藏在廟中,顏路曾請求將它給顏回做棺材。漢獻帝時,廟遭火災燒毀了。

9　永平年間(公元二九一年),鍾離意當魯國宰相,上任時,拿出自己的錢一萬三千文,
付給戶曹孔訢,要他整修孔子的車。他親自入廟,擦拭孔夫子的几、席、佩劍和鞋
子等舊物。有個叫張伯的漢子在堂下割草時,在土中發現玉璧七枚,他把一枚藏
在懷裡,拿了六枚去稟告鍾離意。鍾離意叫主簿把玉璧放在几前。孔子臥室床頭
掛著一隻甕。鍾離意叫來孔訢問道:這甕是做什麼的? 孔訢回答:這是夫子的甕,
背後有朱砂寫的紅字,人們都不敢打開。鍾離意說:夫子是聖人,他之所以留下這
個甕,是想啟示後世的賢人的。於是便把甕打開,裡面有一塊白絹,上面寫著:後
世編纂我的書的,是董仲舒;保護我的車、擦我的鞋、開我的箱的,是會稽鍾離意;
玉璧有七枚,張伯藏了一枚。鍾離意立即叫來張伯詢問,張伯果然供認了。

10　魏黃初元年(公元二二〇年),文帝令郡國修建孔子舊廟,設置年俸百石的吏卒,專門
負責管理。廟裡有孔夫子像,旁邊有兩個弟子,手執書卷,站著侍候他,神色肅穆
恭敬,似乎在向他請教的樣子。漢、魏以來,廟裡立有七塊碑,兩塊碑無字,廟旁檜
樹柏樹至今還很茂盛。孔廟西北二里處,有顏母廟,廟像還很嚴整,廟裡有五株長
長的檜樹。孔子廟東南五百步,有一對石闕,就是靈光殿的南闕,廟北百餘步就是
靈光殿舊址,東西二十四丈,南北十二丈,高一丈餘;東西兩邊是廊屋,中間方七百

餘步;石闕東北有個浴池,方約四十步;池中有釣臺,方十步,臺基和岸邊都是用石頭砌成,遺基還較完整。所以王延壽《魯靈光殿賦》說:繞行數里,仰頭不見天日。這是漢景帝程姬的兒子魯恭王所築。靈光殿東南,就是泮宮,在高門正北的大路西。宮中有臺,高八十尺,臺南水池東西一百步,南北六十步,臺西水池南北四百步,東西六十步,臺池都用石塊結砌,這就是《詩經》所說的,在泮水之畔多麼快樂。

11　沂水又西流經圜丘北,丘高四丈餘。沂水又西流,從前韓雉在這條水上射過龍。《尸子》說:韓雉在魯與申羊見面,有一條龍在沂水上飲水。韓雉說:我聽人們說過,出外見到虎,就打死牠;見到龍,就用箭射,今天如果不射,就是聽到了不照辦。說著就用箭射龍。沂水又西流,從右岸注入泗水。

又西過瑕丘縣東,屈從縣東南流,漷水從東來注之。

12　瑕丘是魯國的城邑,也就是《春秋》的負瑕。哀公七年(公元前四八八年),季康子攻打邾國,把邾的國君囚禁在負瑕。應劭說:瑕丘在縣西南。從前衛國大夫公叔文子登上瑕丘,蘧伯玉同他一起。文子說:在這裡多麼快樂呀,我死後真想葬在這裡。伯玉說:您喜歡葬在這裡,那還是讓我先葬吧。伯玉是諷刺他想糟蹋百姓的良田。瑕丘的名稱,就是因這件事而來的。

13　曾子到負夏弔慰,鄭玄、皇甫謐都說那是衛國的疆域。魯、衛雖然是不同的國家,但土地卻還是同一塊土地。漷水發源於東海合鄉縣,漢安帝永初七年(公元一一三年),把合鄉封給馬光的兒子馬朗為侯國。漷水西南流入邾國境內。《春秋》哀公二年(公元前四九三年),季孫斯攻打邾國,奪取了漷水東岸的田和沂水西岸的田。漷水又流經魯國鄒山東南,然後轉向西南流。鄒山就是《春秋左傳》所說的嶧山。邾文公遷到這裡,今天城建在鄒山以南,依山傍巖築城,非常堅固。從前是邾婁國,姓曹,也是叔梁紇的封邑,孔子就出生在這裡。後來在這裡立縣,用鄒山的山名給縣取名。也就是王莽時的鄒亭。京相璠說:據《地理志》,嶧山在鄒縣北,繹邑就是以山命名的。嶧山東西二十里,山很高峻,孤峰獨起,全由巖石堆積而成,幾乎沒有土壤;巖石間有許多洞穴,互相連通,有的洞穴有數間房屋那麼大,民間稱為嶧孔,遇上亂世兵禍,就帶全家進入山洞,敵寇雖然眾多,也無法加害了。晉朝永嘉年間(公元三〇七一三一三年),太尉郗鑒率領鄉民保衛這座山,胡賊進攻未能得手。今天山南有一座相連的大山,稱為郗公嶧,山北有絕壁。秦始皇到魯國觀禮,登上嶧山。命丞相李斯用大篆字體在山嶺上刻寫銘文,名叫書門。《詩經》所說的保有鳧嶧,就指這裡。

14　漷水又西南流經蕃縣舊城南,又西流經薛縣舊城北。《地理志》說:這是夏朝車正奚仲的封國。《竹書紀年》載,梁惠成王三十一年(公元前三三九年),邳人遷徙到薛,改名徐州。城南山上有奚仲墓。《晉太康地記》說:奚仲墓在城南二十五里的山上,百姓認為很有神靈。齊國封田文於此。田文號孟嘗君,以仁愛聞名,今天城旁還有田文墓,四面用石塊砌成,製作嚴密堅固,光潔美觀,過往行人沒有不來此觀看的,認為這是世上罕見的建築。

15　漷水又西流經仲虺城北,《晉太康地記》說:奚仲遷到邳去,仲虺則居住在這裡,做了商湯的左丞相,到了周朝,他的後裔封爵稱侯。後來封地被侵占縮小,稱霸的諸侯將他貶降為伯,姓任。應劭說:邳就在薛。徐廣《史記音義》說:楚元王的兒子郢客,在呂后二年(公元前一八六年)時被封為上邳侯。因為有下邳,所以這裡稱上邳。《晉書·地道記》說:仲虺城在薛城西三十里。漷水又西流到湖陸縣注入泗水。所以京相璠說:薛縣的漷水,上流在蕃縣承接了水流,西流注於山陽湖陸。《水經》說流經瑕丘東,是弄錯了。

又南過平陽縣西,

16　平陽縣就是山陽郡的南平陽縣。《竹書紀年》說:梁惠成王二十九年(公元前三四一年),齊國田盼和宋人進攻我國東部邊境,包圍平陽。王莽改名為黽平。泗水又南流經舊城西,世人稱為漆鄉。應劭《十三州記》說:漆鄉是邾的城邑。杜預說:平陽東北有漆鄉。今天在平陽西南,也有舊城,方圓二里。到底是否為漆鄉故城,那就不清楚了。

又南過高平縣西,洸水從西北來流注之。

17　泗水南流經高平山,此山東西十里,南北五里,高四里,與眾山相連,而以這座山為最高,山頂呈方形而平坦,所以稱為高平山。縣也取名為高平縣。泗水又南流經高平縣舊城西。漢宣帝地節三年(公元前六七年),把高平封給丞相魏相為侯國。高帝七年(公元前二〇〇年),封將軍陳鍇為囊侯。據《地理志》,高平縣是山陽郡的屬縣。王莽改稱高平郡。應劭說:是章帝改的。據《地理志》,王莽改名,章帝沿用。所謂洸水,其實就是洙水,因為洸水、洙水互相匯合,也就可互相通稱了。

又南過方與縣東,

18　漢哀帝建平四年(公元前四年),縣裡有個名叫田無嗇的女子要臨產了,孩子出生前兩個月,就已在腹中啼哭,等到生下來,卻不能活了,她把孩子葬在田間小路上。過了三天,有人經過,聽見哭聲,田無嗇又把他掘出來撫養。

菏水從西來注之。

19　菏水就是由濟水流注、積聚成的湖澤。往東流,在湖陵縣西六十里的穀庭城下與泗水匯合,民間稱為黃水口。黃水西北通巨野澤,因為黃水注入菏水,可相通稱,所以水口也叫黃水口。

又屈東南,過湖陸縣南,涓涓水從東北來流注之。

20 據《地理志》,湖陸縣就是從前的湖陵縣。菏水在南,王莽改名為湖陸。應劭說:又
名湖陵,章帝封東平王劉蒼的兒子為湖陸侯,改名湖陸。泗水又東流經郗鑒所築
的城北,又東流經湖陵城東南。從前桓溫北上,范懽在這裡俘獲了慕容忠。城東
有"度尚碑"。泗水又在左岸匯合了南梁水。《地理志》說:南梁水發源於蕃縣。
今天該縣東北平澤裡冒出泉水,有車輪那般大小。發源後成為河流,西南流分為
二條,北支西流經蕃縣北,又西流經滕城北。

21 《春秋左傳》隱公十一年(公元前七一二年):滕侯、薛侯來朝見,兩人互爭尊長。薛侯
說:我薛國是在你滕國之先受封的。滕侯說:我滕國的先人是周朝的卜正;你薛
國,是異姓國,我不能落在非姬姓諸侯的後面。隱公派遣羽父向薛侯勸導說:承蒙
您前來問候我,周人有這樣的俗語說:山上有樹木,工匠就度量它的用處。賓客來
訪,主人就選擇合適的禮儀。周朝的會盟制度規定,異姓的在後面。我如果到薛
國去朝見您,是不敢和各位任姓諸侯並列爭先後的。如果承蒙您加惠於我,那麼
就希望您允許滕君的請求。薛侯接受了魯隱公的勸告,於是以滕侯為長而先行
禮。滕國就是指這個地方。漢高祖把此地封給夏侯嬰,立為侯國,夏侯嬰就稱滕
公。鄧晨說:滕城就是今天沛郡的公丘。南梁水灌溉這一帶的土地。該縣舊城在
滕城西北,城周圍二十里,城內有子城。據《地理志》,這座舊城就是滕城,是周懿
王兒子錯叔繡文公的封邑。後來被齊滅掉,秦時立為縣,漢武帝元朔三年(公元前
一二六年),把該縣封給魯恭王兒子劉順為侯國。世人因為此水灌溉良田,到達百
秭,所以有兩溝的名稱。

22 南梁水從支渠西南流經魯國蕃縣舊城東,因為舊城南與漷水相鄰,民間也稱為西
漷水。南梁水又拐彎流經城南,應劭說:蕃縣就是舊時的小邾邑。《地理志》說:此
水西流注入濟渠。濟水在湖陸西,向東注入泗水,泗水和濟水合流,所以記述地理
一類的書中,有的說濟水注入泗水,也有的說泗水注入濟水,因為相互可以通稱,
所以有注入濟水的說法。闞駰《十三州志》說:西流到湖陸注入泗水。《水經》裡
沒有南梁水,卻有涓涓水,大概就是這條水。戴延之《西征記》也說,湖陸縣的東南
有涓涓水,也沒有記載南梁水,說涓涓水是吳王所開的渠道。我查考過,湖陸西南
只有這條水,戴延之大概是根據《國語》所說,吳王夫差起兵,將北上黃池,在商、魯
之間開掘渠道,北與沂水連接,西通濟水。憑這點記載,所以說這條水是吳王開掘
的,但其實不是如此。我根據水路探察,此處只有泗水。北通沂水,西北流經商、
魯,而與濟水相接的就是泗水。吳王只是疏浚過,並拓寬了原水道,不能說從東北

起開掘,引入沂水,西南流注入濟水。涓涓水只是利用原有水道開成,並不是吳一氣鑿通的。此事年代確實已很久遠了,但人情物理卻還是相近的。以今天來推想古代,就可以更清楚地看出戴延之實在不通情理了。泗水又南流,漷水注入,又流經薛的上邳城西,然後向南流去。

又東過沛縣東,

23 從前許由隱居在沛澤,就在沛縣,沛縣是按沛澤命名的。宋國被滅後屬楚,秦時是泗水郡的治所。沛縣在泗水之濱,黄水注入。黄水出自小黄縣黄鄉的黄溝。《國語》說:吳子與諸侯在黄池會盟,就是這地方。黄水東流經外黄縣舊城南。張晏說:魏郡有內黄縣,所以這裡叫外黄。薛瓚說:縣裡有黄溝,所以縣稱黄縣。圈稱《陳留風俗傳》說:縣南有渠水,春秋時,這裡是宋國的曲棘里,是從前宋國的別都。《春秋》昭公二十五年(公元前五一七年),宋元公死於曲棘。宋華元住在稷里。宣公十五年(公元前五九四年),楚、鄭圍攻宋國,晉國解揚違背楚國之約,在此向宋人傳達了國君的話。宋人十分懼怕,就派華元連夜登越城門外的曲城,潛入楚軍營地,坐在子反床上說:君王派我來向你說明我們的困難,我方城內糧食告罄,已經到要交換子女來吃,用人骨來燒飯的地步了,但要逼我們結城下之盟,這是辦不到的。子反退兵三十里,宋、楚就講和了。現在城東門外曲城上,還有華元祠,祭祀從沒間斷。城北有華元墓。

24 黄溝從城南東流經葵丘下。《春秋》僖公九年(公元前六五一年),齊桓公在葵丘與諸侯會盟,宰孔說:齊侯不致力於改良內政,卻熱衷於侵略遠鄰,北方攻打山戎,南方攻楚,西方舉行了此次盟會,東方要入侵哪個國家呢,現在還不得而知,西方看來不會去打了,恐怕國內就要亂了吧?您要以平亂為己任,不要匆匆前去了。於是晉侯就回去了。這裡提到的葵丘就是這地方。黄溝又東流注入大澤,澤裡長滿蘆葦,即人們所說的大薺陂。陂水東北流經定陶縣南,又東流經山陽郡成武縣楚丘亭北。黄溝又東流經成武縣舊城南。王莽改名為成安。黄溝又東北流經郜城北。《春秋》桓公二年(公元前七一〇年)《經》載,從宋拿來郜城的大鼎,戊申日送進太廟。《左傳》說:宋督進攻孔父,奪了他的妻子,又殺了殤公,而立了公子馮,用郜的大鼎賄賂桓公,臧哀伯譴責這種違反禮法的行為。《十三州志》說:現在成武縣東南有郜城,民間稱為北郜。

25 黄溝又東流經平樂縣舊城南,又東流,在右岸匯合了泡水,泡水即豐水的上源。豐水上流承接大薺陂,東流經貰城北,又東流經巳氏縣舊城北。王莽時叫巳善。該縣有伊尹墓。崔駰說:殷帝沃丁的時候,伊尹死了,葬在薄。《皇覽》說:伊尹墓在濟陰郡巳氏縣平利鄉。皇甫謐說:伊尹活到百餘歲而死,死後發了三天大霧,沃丁以天子之禮安葬他，親自治喪，來報答他的大恩大德。豐水又東流經孟諸澤。杜預說：孟諸澤在梁國睢陽縣東北，又東流經郜成縣舊城南。據《地理志》，郜成就是山陽縣。王莽改名為告成縣。所以世間有南郜、北郜的說法。

26　豐水又東流經單父縣舊城南，從前這裡是宓子賤管轄的。孔子派巫馬期到各地視察政事，巫馬期進入宓子賤的轄區，看見一個漁夫夜裡還在捕魚，問道：你捕到魚為什麼馬上又放了？ 漁夫回答道：因為那是小魚，我們大夫要使牠們長大後再捕。孔子聽到這件事後說：以至誠施治於近鄉，則教化推行於遠地，子賤已經掌握要領了。這太好了。可惜呵！不齊所管轄的地方太小了。王莽把該縣改名為利父。世祖建武十三年（公元三七年），把該縣封給劉茂為侯國。

27　豐水又東流經平樂縣，在右岸與泡水匯合。泡水上流在下邑縣邊界承接睢水，往東北流注入一條水；此水上流在杼秋縣邊界承接睢水，向北流，世人又稱作瓠盧溝，積水成湖沼。沼水東北流，二渠同流，左岸與澧水匯合，民間稱為二泡。自此以下，澧水、泡水都可互相通稱了。所以《地理志》說：平樂是個侯國，泡水發源於這裡。又流經豐西澤，稱為豐水。《漢書》說：高祖送囚徒去麗山，囚徒很多逃跑了，到了豐西澤，有一條大蛇擋住去路，高祖拔劍斬了牠。這裡就是漢高祖斬蛇的地方。豐水又東流經大堰，分為二條，又東流經豐縣老城南，王莽改名為吾豐。豐水經過城旁東北流，右岸與枝水匯合，枝水上流承接豐西大堰，分支東北流經豐城北，東流注入澧水。澧水又東流與黃水匯合，當時人們稱黃水為狂水。那是因為狂、黃讀音相近，以致民間流傳失實的緣故。自此以下，這條水又有黃水的通稱了。

28　黃水上過去有橋，稱為泡橋。王智深《宋史》說：宋太尉劉義恭在彭城派遣主將嵇玄敬北上到了豐城，偵察魏軍，魏軍在清水西望見玄敬的軍隊眾多，魏南康侯杜道儁引軍直奔泡橋，沛縣百姓縱火焚燒泡橋，又在樹林裡擊鼓助威，杜道儁以為宋軍大隊人馬到了，就爭先恐後地搶渡泡水，水又深，天氣又極冷，杜道儁的兵幾乎半數凍死溺死。清水就是泡水的別名。沈約《宋書》說，魏軍想渡水到清水西岸去，其實並非如此。

29　泡水又東流經沛縣舊城南，秦末四方起兵，蕭何、曹參在此城迎接漢高祖。高帝十一年（公元前一九六年），把沛縣封給合陽侯劉仲子為侯國。城內有漢高祖廟，廟前有三座碑，後漢時立。廟基用青石壘砌，臺階還在。劉備當徐州牧時，治所也在此城。袁術派遣紀靈進攻劉備，劉備向呂布求救，呂布趕來援助，駐紮在小沛，邀了紀靈，又請劉備一起飲酒。呂布對紀靈說：玄德是我的義弟，我生性不喜歡相鬥，只喜歡解鬥。說完就把戟插在門口，然後拉弓搭箭，說道：看我射戟的小枝。射中,你們就收兵;射不中,你們可留下來決戰。說完一箭射中,於是雙方收兵。這裡就是呂布當年射戟的地方。《述征記》說:城很大,四周城壕通豐水,豐水從城南東流注入泗水,也就是泡水。《地理志》說:泡水從平樂縣東北流到沛縣注入泗水,說的就是這裡。

30　泗水南流經小沛縣東,縣治舊城在南丘上。東岸有泗水亭,漢高祖曾當泗水亭長,就是指此亭。所以今天這裡有高祖廟,廟前有碑,延熹十年(公元一六七年)立。廟宇門闕現在都已崩塌,沒有完整的建築了。水中有舊石橋的遺跡,只留下些石塊還在。高祖打敗黥布後,經過這裡,在沛宮擺酒設宴,歌舞暢飲,慷慨傷懷,嘆道:遊子思念故鄉呵。泗水又東南流經廣戚縣舊城南。漢武帝元朔元年(公元前一二八年),把該縣封給劉擇為侯國。王莽改名為力聚。泗水又流經留縣,而後南流經垞城東,城西南有崇侯虎廟,世道淪喪,此人竟會受後人紀念,不知為何會遠遠在這裡立廟。泗水又南流經宋大夫桓魋墓西。山緊臨泗水,西面上去都是巖石,鑿成墳墓,今天人們稱為石郭。郭有兩重,石匠的製作十分細緻精巧。孔夫子認為,人死了還是迅速腐朽為好。

又東南過彭城縣東北,

31　泗水西岸有龍華寺。僧人法顯遠赴西域,渡海東歸,手持《龍華圖》,首創了佛寺的形制。建立佛寺形制之法傳遍中國,就是從法顯開始的。當時他帶來的兩塊天竺石,今天還在南面那片高地東邊的基墟中,這兩塊天竺石還十分光潔可愛。泗水又南流,獲水注入,而後南流經彭城縣舊城東。周顯王四十二年(公元前三二七年),九鼎沉沒於泗水的深潭中,秦始皇時鼎在此水出現。始皇以為自己的賢德已可與三代媲美了,非常高興,就派了數千人去水下打撈,結果沒有撈到,這就是所謂的鼎伏鼎沉沒隱藏起來了。也有人說是用繩索繫住鼎往上拉,但還沒有拉上來,繩索就被龍齒咬斷了。所以諺語說:高興得太早,拉鼎斷了繩。這是荒唐的傳說。泗水又流經龔勝墓南,墓碑今天還在;又流經亞父墓東。《皇覽》說:亞父墓在廬江縣城東居巢亭中,那裡有亞父井。官吏任職辦公事,都在居巢廳上祭祀亞父。後來又在城東建祠,人們至今還在祭祀他。據《漢書·項羽傳》載,歷陽人范增,還沒有到彭城,就患毒瘡而死,沒有說他到居巢。今天彭城南有項羽的涼馬臺,臺西南的山麓上,就是范增的墓地。范增不仰慕范蠡的行為,卻離開項羽來到這裡,可說胸懷太褊狹了。根據記載推想起來,他的墓以在這裡較合情理。

又東南過呂縣南,

32　呂縣原是宋國的城邑。《春秋》襄公元年(公元前五七二年),晉軍進攻鄭及陳,楚子辛去援救鄭,侵入宋國的呂、留。呂縣正對泗水。漢景帝三年(公元前一五四年),有白頸烏鴉及黑烏鴉在該縣相鬥,白頸烏鴉鬥敗,墜入泗水而死達數千隻。京房《易傳》說:違反了親屬相親之理,於是出現了黑烏鴉與白烏鴉相鬥的妖異。當時有吳、楚謀反事件。

33　泗水上有石橋,所以稱呂梁,從前宋景公拉開弓匠製作的弓,搭箭向東射去,箭都聚集在彭城之東,深深射進石橋裡,說的就是這座橋。這裡狂濤急流奔騰澎湃,是泗水上的險地,正像孔子所說的,連魚鱉也不能游。又說:飛瀑三十丈,浪花飛迸九十里。今天已看不見古時的情景了。但這些說法也有點誇張,正像以插天描寫山高,並不是山真的就高到天上了。《晉太康地記》說:泗水上有磬石山拔起,就是《尚書》所說的泗水岸邊有浮磬。

34　泗水又東南流,丁溪水注入。丁溪水上流在呂縣承接泗水,東南流,從一片遼闊的低地北面繞過,又流經高山腳下而注入泗水。泗水冬春兩季水淺流滯,常常須排去積沙以保持水道暢通,所以旅人大多從此溪過往。正如陸機《行思賦》所說的:利用丁水近捷的水岸,來排除泗水的積沙。晉太元九年(公元三八四年),左將軍謝玄派遣督護聞人奭,在呂梁動用民工九萬,在水上築了七條壩,以利於運糧船隻的通航。

又東南過下邳縣西,

35　泗水經過下邳縣,流經葛嶧山東,就是奚仲遷居的邳嶧。泗水又東南流經下邳縣舊城西,東南流,沂水流來注入。舊時下邳是東海郡的屬縣。應劭說:奚仲從薛遷居到這裡,所以稱為下邳。漢時把齊王韓信遷到這裡為楚王,建都在下邳,後來設立為縣。王莽時改名為閏儉,是東陽郡的治所。文穎說:秦嘉,東陽郡人,指的就是今天的下邳。晉灼說:東陽縣本屬臨淮郡,明帝時把它劃歸下邳,後來又劃歸廣陵。因此張晏說:東陽郡就是今天的廣陵郡,漢明帝時設置了下邳郡。城有三重,大城中有大司馬石苞、鎮東將軍胡質、司徒王渾、監軍石崇四座碑。南門稱為白門,魏武帝就在這裡俘獲了陳宮。中城是呂布守衛的。小城是晉中興時,北中郎將苟羨、郗曇治理的地方。從前泰山的吳伯武,少年時成了孤兒,與弟弟文章失散二十多年,後來在該縣市上相遇。文章當時正想毆打伯武,但卻感到心情悲痛,因此互相詢問,才知道兩人原是兄弟。該縣是沂水和泗水的匯流處。又有武原水注入。武原水發源於彭城武原縣西北,注入陂南,流經城西,此城就是王莽時的和樂亭。縣東有徐廟山,是因為徐人遷徙到這裡而得名。山上有個石室,就是徐廟。武原水又南流與武水匯合,稱為洳水,南流經剛亭城,又南流到下邳注入泗水,匯流處稱為武原水口。又有桐水發源於西北方東海容丘縣,東南流到下邳匯入泗水。

36　泗水東南流經下相縣舊城東,王莽改名為從德。城西北有漢朝太尉陳球墓,墓前有三塊碑,是他的弟子管寧、華歆等人修造的。初平四年(公元一九三年),曹操進攻徐州,破城後又連克取慮、睢陵、夏丘等縣。因曹操父親曾在此避難被害,他就屠殺了男女十萬餘人洩憤,泗水因此堵塞不流,從此以後,這幾縣行人絕跡,這也太殘暴了。泗水又東南流到睢水口。泗水又流經宿預城西,又流經城南。宿預原是下邳的宿留縣,王莽時改名為康義。晉元帝任安東將軍的時候,在此督運軍用物資,將這裡做為屯積軍糧的場所。魏太和年間(公元四七七—四九九年),這裡是南徐州的治所,後來撤銷州治改設邊防城堡。梁將張惠紹北侵,利用此城的險固,就把水軍駐紮在這裡,又增修外城,挖掘城壕,引水環繞城的四面,今天城已在泗水之中了。

又東南入于淮。

37　泗水又東流經陵柵南。《西征記》說:這裡是舊時陵縣的治所。泗水又東南流經淮陽城北。淮陽城傍著泗水,昔日蓄丘訢放馬飲水、入水斬蛟,被雷劈瞎了眼,就是此處。泗水又東南流經魏陽城北。城瀕泗水,陸機《行思賦》說:到了魏陽的水彎邊。從前沒有魏陽,可能就是指泗陽縣的舊城。王莽時叫淮平亭。也許因為魏文帝視察廣陵時經過這裡,因此改變了地名也說不定。泗水又東流經角城北,然後東南流注入淮水。查閱各種地理書,有的說泗水在睢陵注入淮水,也有說在下相注入淮水,都不是實地考察的記錄。

沂　水

沂水出泰山蓋縣艾山,

鄭玄云:出沂山,亦或云臨樂山。水有二源:南源所導,世謂之柞泉;北水所發,俗謂之魚窮泉。俱東南流合成一川,右會洛預水,水出洛預山,東北流注之。沂水東南流,左合桑預水,水北出桑預山,東注于沂水。沂水又東南,螳螂水入焉。水出魯山,東南流,右注沂水。沂水又東逕蓋縣故城南,東會連綿之水,水發連綿山,南流逕蓋城東而南入沂。沂水又東逕浮來之山,《春秋經》書:公及莒人盟于浮來者也。即公來山也。在邳鄉西,故號曰邳來之間也。浮來之水注之,其水左控三川,右會甘水而注于沂。沂水又南逕爆山西,山有二峰,相去一里,雙巒齊秀,圓崿若一。沂水又東南逕東莞縣故城西,與小沂水合。孟康曰:縣,故鄆邑,今鄆亭是也。漢武帝元朔二年,封城陽共王子吉為東莞侯。魏文帝黃初中立為東莞郡。《東燕

録》[①]謂之團城。劉武帝北伐廣固,登之以望王難[②]。魏南青州治。《左氏傳》曰:
莒、魯爭鄆,爲日久矣。今城北鄆亭是也。京相璠曰:琅邪姑幕縣南四十里員亭,
故魯鄆邑,世變其字,非也。《郡國志》:東莞有鄆亭。今在團城東北四十里,猶謂
之故東莞城矣。小沂水出黃孤山,西南流逕其城北,西南注于沂。沂水又南與閭
山水合,水出閭山,東南流,右佩二水,總歸于沂。沂水南逕東安縣故城東,而南合
時密水,水出時密山,春秋時莒地。《左傳》:莒人歸共仲于魯,及密而死是也。時
密水東流,逕東安城南,漢封魯孝王子強爲東安侯。時密水又東南流入沂。沂水
又南,桑泉水北出五女山,東南流,巨圍水注之,水出巨圍之山,東南注于桑泉水。
桑泉水又東南,堂阜水入焉。其水導源堂阜,《春秋》莊公九年,管仲請囚,鮑叔受
之,及堂阜而稅之。杜預曰:東莞蒙陰縣西北有夷吾亭者是也。堂阜水又東南注
桑泉水,桑泉水又東南逕蒙陰縣故城北,王莽之蒙恩也。又東南與夐崮水合,水有
二源雙會,東導一川,俗謂之汶水也。東逕蒙陰縣注桑泉水。又東南,盧川水注
之,水出鹿嶺山,東南流,左則二川臻湊,右則諸葛泉源。斯奔亂流,逕城陽之盧
縣,故蓋縣之盧上里也。漢武帝元朔二年,封城陽共王子劉豨爲侯國,王莽更名之
曰著善矣。又東南注于桑泉水。桑泉水又東南,右合蒙陰水,水出蒙山之陰,東北
流,昔琅邪承宫,避亂此山,立性好仁,不與物競,人有認其黍者,捨之而去。其水
東北流入于沂。沂水又南逕陽都縣故城東,縣,故陽國也。齊同盟,齊利其地而遷
之者也。漢高帝六年,封將軍丁復爲侯國。沂水又南與蒙山水合,水出蒙山之陰,
東流逕陽都縣南,東注沂水。沂水又左合溫水,水上承溫泉陂,而西南入于沂水
者也。

南過琅邪臨沂縣東,又南過開陽縣東,

　　沂水南逕中丘城西,《春秋》隱公七年,夏,城中丘。《左傳》曰:書不時也。沂水又
南逕臨沂縣故城東,《郡國志》曰:琅邪有臨沂縣,故屬東海郡,有治水注之,水出泰
山南武陽縣之冠石山。《地理志》曰:冠石山,治水所出。應劭《地理風俗記》曰:
武水出焉。蓋水異名也。東流逕蒙山下,有祠。治水又東南逕顓臾城北,《郡國
志》曰:縣有顓臾城。季氏將伐之,孔子曰:昔者,先王以爲東蒙主,社稷之臣,何以
伐之爲? 冉有曰:今夫顓臾固而便,近于費[③]者也。治水又東南流,逕費縣故城南,
《地理志》:東海之屬縣也。爲魯季孫之邑,子路將墮之,公山弗擾師襲魯,弗克,後
季氏爲陽虎所執,弗擾以費畔,即是邑也。漢高帝六年,封陳賀爲侯國。王莽更名
之曰順從也。許慎《説文》云:沂水出東海費縣東,西入泗,從水,斤聲。呂忱《字
林》亦言是矣。斯水東南所注者,沂水在西,不得言東南趣也,皆爲謬矣,故世俗謂
此水爲小沂水。治水又東南逕祊城南。《春秋》隱公八年,鄭伯請釋泰山之祀,而

祀周公,使宛歸泰山之祊而易許田。杜預《釋地》曰:祊,鄭祀泰山之邑也,在琅邪費縣東南。治水又東南流注于沂。沂水又南逕開陽縣故城東,縣,故鄅國也。《春秋左傳》昭公十八年,邾人襲鄅,盡俘以歸,鄅子曰:余無歸矣。從孥于邾是也。後更名開陽矣。《春秋》哀公三年,《經》書:季孫斯、叔孫州仇帥師城啟陽者是矣。縣,故琅邪郡治也。

又東過襄賁縣東,屈從縣南西流,又屈南過郯縣西,

《魯連子》稱,陸子謂齊湣王曰:魯費之衆,臣甲舍于襄賁者也。王莽更名章信也。郯,故國也,少昊之後。《春秋》昭公十七年,郯子朝魯,公與之宴,昭子叔孫婼問曰:少昊,鳥名官,何也?郯子曰:吾祖也,我知之矣。黃帝、炎帝以雲火紀官,太皡以龍紀,少皞瑞鳳鳥,統歷鳥官之司,議政斯在,孔子從而學焉。既而告人曰:天子失官,學在四夷者也。《竹書紀年》晉烈公四年,越子末句滅郯,以郯子鴟歸。縣,故舊魯也,東海郡治,秦始皇以爲郯郡,漢高帝二年,更從今名,即王莽之沂平者也。

又南過良城縣西,又南過下邳縣西,南入于泗。

《春秋左傳》曰:昭公十三年,秋,晉侯會吳子于良,吳子辭水道不可以行,晉乃還是也。《地理志》曰:良城,王莽更名承翰矣。沂水于下邳縣北西流,分爲二水,一水于城北西南入泗,一水逕城東屈從縣南,亦注泗,謂之小沂水。水上有橋,徐、泗間以爲圮,昔張子房遇黃石公于圮上,即此處也。建安二年,曹操圍呂布于此,引沂、泗灌城而擒之。

【注　釋】　①東燕錄　書名。此書不見隋唐諸志著錄,亦不知撰者和撰述年代。《水經注疏》熊會貞按:"《十六國春秋》作《南燕錄》。"疑此書是《南燕錄》。按隋唐三志均著錄《南燕錄》其書,但撰者有張詮、王景暉、游覽先生三名之異,均記燕慕容德事。已亡佚,亦無輯本。②王難　殿本在此處有戴震案語:"此二字有訛誤,朱謀㙔云:當作'五龍',廣固有五龍口,見二十六卷。"《水經注釋》、《水經注疏》均作"五龍"。楊守敬按:"《名勝志》作'五龍',趙依《箋》(按指朱謀㙔)改,至確。"③季氏九句　此事載於《論語·季氏》。原文此處冉有所云"近于費"句下,尚有"今不取,後世必爲子孫憂"二句,酈氏未全引,也許以爲當時人皆熟讀《論語》,但今人則否,不補上此語,則上下文意義不明。今於語譯補之,無損譯文之忠實。

【語　譯】

沂水出泰山蓋縣艾山,

鄭玄說:沂水發源於沂山,也有說發源於臨樂山。沂水有兩個源頭:南源民間稱為柞泉,北源民間稱為魚窮泉。兩條水都東南流,匯合成一條,在右岸與洛預水匯

合。洛預水發源於洛預山,東北流注入沂水。沂水東南流,左岸匯合了桑預水。
桑預水發源於北方的桑預山,東流注入沂水。沂水又東南流,螳蜋水注入。螳蜋
水發源於魯山,東南流,向右注入沂水。沂水又東流經蓋縣舊城南,東流與連綿水
匯合。連綿水發源於連綿山,南流經蓋城東,而後南流注入沂水。沂水又東流經
浮來山。《春秋經》載,公和莒人在浮來會盟。浮來山就是公來山,在邳鄉西,所以
稱邳來之間。浮來水又注入沂水,此水左岸匯合了三條水,右岸匯合甘水,然後注
入沂水。沂水又南流經爆山西,爆山有兩座山峰,相距一里,雙峰都很秀美,渾圓
的山形看來一模一樣。沂水又東南流經東莞縣舊城西,與小沂水匯合。孟康說:
東莞縣是舊時的鄆邑,也就是今天的鄆亭。漢武帝元朔二年(公元前一二七年),封
城陽共王的兒子劉吉為東莞侯。魏文帝黃初年間(公元二二〇—二二六年),立為東
莞郡。《東燕錄》稱為團城。劉武帝北伐廣固時,登上城頭遙望五龍。魏時,這裡
是南青州的治所。《左氏傳》說:莒、魯爭鄆,由來已久。今天城北的鄆亭就是當時
的鄆。京相璠說:琅邪姑幕縣南四十里有員亭,就是過去魯國的鄆邑。世人把字
改了,是寫錯的。據《郡國志》,東莞有鄆亭。今天在團城東北四十里,還把它稱為
舊東莞城。小沂水發源於黃孤山,西南流經城北,往西南注入沂水。沂水又南流
與閭山水匯合。閭山水發源於閭山,東南流,右邊引入兩條水,一起匯合於沂水。
沂水南流經東安縣舊城東,又南流與時密水匯合。時密水發源於時密山,春秋時
屬莒地。《左傳》:莒人把共仲送回魯國,到密時卻死了。時密水東流,經東安城
南,漢封魯孝王的兒子劉強為東安侯。時密水又東南流入沂水。沂水又南流,桑
泉水發源於北方的五女山,東南流,巨圍水注入。巨圍水發源於巨圍山,東南流注
入桑泉水。桑泉水又東南流,堂阜水注入。堂阜水發源於堂阜。《春秋》莊公九年
(公元前六八五年),管仲請求鮑叔把他關起來,鮑叔也同意了,但到堂阜就把他釋放
了。杜預說:東莞蒙陰縣西北有夷吾亭,就是這地方。堂阜水又東南流注入桑泉
水。桑泉水又東南流經蒙陰縣舊城北,就是王莽時的蒙恩。桑泉水又東南流與蔞
崮水匯合,蔞崮水有兩條源流,東流合為一條,民間稱為汶水。東流經蒙陰縣後注
入桑泉水。桑泉水又東南流,盧川水注入。盧川水發源於鹿嶺山,東南流,左岸有
兩條水匯入,右岸有諸葛泉流來,亂流經城陽的盧縣,這裡是從前蓋縣的盧上里。
漢武帝元朔二年(公元前一二七年),把盧縣封給城陽共王的兒子劉豨為侯國。王莽
時改名為著善。盧川水又東南流,注入桑泉水。桑泉水又東南流,右岸與蒙陰水
匯合。蒙陰水發源於蒙山北麓,東北流。從前琅邪人承宮在此避亂,他生性仁厚,
不和人相爭,有人冒認他所種的黍,他也就丟掉離開了。蒙陰水東北流注入沂水。
沂水又南流經陽都縣舊城東,陽都縣就是從前的陽國。陽國是齊國的盟國,齊國

貪圖那片土地肥美,就把陽人遷走。漢高帝六年(公元前二〇一年),把該縣封給將軍丁復為侯國。沂水又南流與蒙山水匯合。蒙山水發源於蒙山北麓,東流經陽都縣南,又東注於沂水。沂水又在左岸與溫水匯合。溫水上流承接溫泉陂,西南注入沂水。

南過琅邪臨沂縣東,又南過開陽縣東,

沂水南流經中丘城西。《春秋》隱公七年(公元前七一六年),夏天,修築中丘城。《左傳》說:記錄這件事是因為這項工程不合時宜。沂水又南流經臨沂縣舊城東。《郡國志》說:琅邪有臨沂縣,從前屬於東海郡,有治水在此注入沂水。治水發源於泰山南武陽縣的冠石山。《地理志》說:冠石山是治水的發源地。應劭《地理風俗記》說:武水發源於冠石山。那大概是治水的異名吧。治水東流經蒙山下,那裡有一個祠廟。治水又東南流經顓臾城北。《郡國志》說:臨沂縣有顓臾城。季孫氏打算征伐顓臾,孔子說:昔日先王封他為東蒙主,是國家的重臣,為什麼要征伐他呢?冉有說:因為顓臾城堅兵利,而且又與費相鄰近,不攻下它,恐有後患。治水又東南流,經費縣舊城南。據《地理志》,費縣是東海郡的屬縣,是魯國季孫氏的封邑。子路要毀掉它。公山弗擾的軍隊襲魯,沒有攻克,後來季孫氏被陽虎拘捕,公山弗擾在費反叛,說的就是這座城。漢高帝六年(公元前二〇一年),把費縣封給陳賀為侯國。王莽改名為順從。許慎《說文》說:沂水發源於東海費縣東,西流注入泗水。沂字偏旁從水,音斤。呂忱《字林》也這樣說。治水往東南流注,因為沂水在西,故而不能說向東南流注入沂水,兩人說得都不對。所以民間稱這條水為小沂水。治水又東南流經祊城南。《春秋》隱公八年(公元前七一五年),鄭伯要求廢除祭泰山而祭周公,讓宛交還泰山的祊城,而以許地的田作為交換。杜預《釋地》說:祊是鄭國祭祀泰山的城邑,在琅邪費縣東南。治水又東南流注入沂水。沂水又南流經開陽縣舊城東。開陽縣是從前的郚國。《春秋左傳》昭公十八年(公元前五二四年),邾人襲擊郚,把郚人全都抓起來帶回,郚子說:我已無處可歸了。於是就隨著妻子兒女去邾。後來改名為開陽。《春秋》哀公三年(公元前四九二年),《經》載,季孫斯、叔孫州仇率軍修築啟陽城,就是指這座城。開陽縣是過去琅邪郡的治所。

又東過襄賁縣東,屈從縣南西流,又屈南過郯縣西,

《魯連子》說:陸子對齊湣王說:魯國費的家臣們,在襄賁建造宅第。襄賁,王莽改名為章信。這裡是從前郯的封國,少昊的後代住在這裡。《春秋》昭公十七年(公元前五二五年),郯子朝覲魯國,魯公宴請他。昭公的兒子叔孫婼問他:少昊以鳥為官名,那是什麼緣故? 郯子答道:少昊是我的祖先,我知道這件事。黃帝、炎帝以雲、火為官名,太皞以龍為官名。少皞立時有鳳鳥出現的祥瑞,就以鳳鳥掌管曆

法,並規定了各種鳥官的職司,商議政事都靠他們。孔子也在這裡向郯子學習。不久他對人說:天子把典章制度都丟了,關於職官的學問現在反而向四夷學習了。《竹書紀年》晉烈公四年(公元前四一二年),越子末句滅掉郯國,俘虜了郯子鴣回來。襄賁縣是從前魯國地方,是東海郡的治所,秦始皇立為郯郡,漢高帝二年(公元前二〇五年),改為今名,就是王莽時的沂平。

又南過良城縣西,又南過下邳縣西,南入于泗。

《春秋左傳》說:昭公十三年(公元前五二九年)秋,晉侯在良與吳子會晤,吳子以水路不通為藉口推辭,晉侯就回去了。《地理志》說:良城,王莽時改名為承翰。沂水在下邳縣北向西流,分為兩條:一條在城北向西南注入泗水;另一條流經城東又轉而流過縣南,也注入泗水,稱為小沂水。水上有一座橋,徐、泗一帶稱橋為圯,從前張子房在圯上遇黃石公,就是指這地方。建安二年(公元一九七年),曹操在這裡圍困呂布,引沂、泗之水灌城,於是俘虜了他。

洙　水

洙水出泰山蓋縣臨樂山,

《地理志》曰:臨樂山,洙水所出,西北至蓋入泗水。或作池字,蓋字誤也。洙水自山西北逕蓋縣,漢景帝中五年,封后兄王信為侯國。又西逕泰山東平陽縣。《春秋》宣公八年,冬,城平陽。杜預曰:今泰山平陽縣是也。河東有平陽,故此加東矣。晉武帝元康九年,改為新泰縣也。

西南至卞縣,入于泗。

洙水西南流,盜泉水注之,泉出卞城東北卞山之陰。《尸子》曰:孔子至于暮矣,而不宿于盜泉,渴矣而不飲[①],惡其名也。故《論語・比考讖》曰:水名盜泉,仲尼不漱。即斯泉矣。西北流注于洙水。

洙水又西南流于卞城西,西南入泗水,亂流西南至魯縣東北,又分為二水,水側有故城,兩水之分會也。洙水西北流逕孔里北,是謂洙、泗之間矣。《春秋》之浚洙,非謂始導矣,蓋深廣之耳。洙水又西南,枝津出焉,又南逕瑕丘城東,而南入石門,古結石為水門,跨于水上也。西南流,世謂之杜武溝。洙水又西南逕南平陽縣之顯閭亭西,邾邑也。《春秋》襄公二十一年,《經》書,邾庶其以漆、閭丘來奔者也。杜預曰:平陽北有顯閭亭。《十三州記》曰:山陽南平陽縣又有閭丘鄉。《從征記》曰:杜謂顯閭,閭丘也。今按漆鄉在縣東北,漆鄉東北十里,見有閭丘鄉,顯閭非也，然則顯間自是別亭，未知孰是。又南，洸水注之。吕忱曰：洸水出東平陽，上承汶水于剛縣西闡亭東。《爾雅》曰：汶別爲闡，其猶洛之有波矣。洸水西南流逕盛鄉城西，京相璠曰：剛縣西南有盛鄉城者也。又南逕泰山寧陽縣故城西，漢武帝元朔三年，封魯共王子劉恬爲侯國，王莽改之曰寧順也。又南，洙水枝津注之，水首受洙，西南流逕瑕丘城北，又西逕寧陽城南，又西南入于洸水。洸水又西南逕泰山郡乘丘縣故城東，趙肅侯二十年，韓將舉與齊、魏戰于乘丘，即此縣也。漢武帝元朔五年，封中山靖王子劉將夜爲侯國也。洸水又東南流注于洙。洙水又南至高平縣，南入于泗水。西有茅鄉城，東去高平三十里，京相璠曰：今高平縣西三十里有故茅鄉城者也。

【注　釋】　①孔子至于暮矣三句　《疏》本作："孔子至于勝母，暮矣而不宿；過盜泉，渴矣而不飲。"此依《疏》語譯於後。

【語　譯】

洙水出泰山蓋縣臨樂山，

《地理志》說：臨樂山是洙水的發源地，洙水西北流到蓋縣注入泗水。有人把泗字寫作池字，把字寫錯了。洙水從山間往西北流經蓋縣。漢景帝中元五年（公元前一四五年），把該縣封給皇后之兄王信為侯國。洙水又西流經泰山東平陽縣。《春秋》宣公八年（公元前六○一年），冬，修築平陽城。杜預說：平陽就是今天泰山郡的平陽縣。河東也有平陽縣，所以此處加東字稱東平陽縣。晉武帝元康九年（公元二九九年），改名為新泰縣。

西南至卞縣，入于泗。

洙水西南流，盜泉水注入。泉水發源於卞城東北、卞山北麓。《尸子》說：孔子走到勝母縣，天晚了，卻不願住宿；經過盜泉，口渴了，卻不肯飲水，那是因為他討厭這兩個名字的緣故。所以《論語比考讖》說：水名盜泉，仲尼不漱，指的就是這泉水。盜泉水西北流注入洙水。

洙水又西南流到卞城西，往西南注入泗水，往西南亂流到魯縣東北，又分為兩條。水旁有舊城，是兩條水的分水處。洙水西北流經孔里北，這就是所謂的洙、泗之間。《春秋》說的浚洙，不是說那時開始開鑿，而是說進行了加深拓寬的疏浚工程。洙水又西南流，分出了支流，又南流經瑕丘城東，而後南流進入石門。古時用石塊結成水門，橫跨在水上。洙水西南流，世人稱為杜武溝。洙水又西南流經南平陽縣的顯間亭西，那就是邾邑。《春秋》襄公二十一年（公元前五五二年），《經》載，邾庶其帶了漆和閭丘二城前來投奔。杜預說：平陽以北有顯間亭。《十三州記》說：

山陽南平陽縣又有闒丘鄉。《從征記》說：杜預所說的顯閭，就是闒丘。現在查考漆鄉在該縣東北，漆鄉東北十里，有闒丘鄉，不是顯閭，那麼顯閭自然該是另外的亭了。但不知哪個說法正確。洙水又南流，洸水注入。呂忱說：洸水發源於東平陽縣，上流在剛縣西、闞亭東承接汶水。《爾雅》說：汶水的分支稱闞水，正如洛水有波水一樣。洸水西南流經盛鄉城西。京相璠說：剛縣西南有盛鄉城。洸水又南流經泰山寧陽縣舊城西。漢武帝元朔三年（公元前一二六年），把寧陽封給魯共王的兒子劉恬為侯國。王莽改名為寧順。洸水又南流，洙水支流注入。此水上流承接洙水，西南流經瑕丘城北，又西流經寧陽城南，又西南流注入洸水。洸水又西南流經泰山郡乘丘縣舊城東。趙肅侯二十年（公元前三三〇年），韓國大將舉與齊國、魏國在乘丘大戰，就是此縣。漢武帝元朔五年（公元前一二四年），把乘丘封給中山靖王的兒子劉將夜為侯國。洸水又東南流注入洙水。洙水又南流到高平縣，往南注入泗水。這裡西有茅鄉城，東距高平三十里。京相璠說：今高平縣西三十里有舊茅鄉城。

【研　析】　此卷共《泗水》等三篇，按篇幅，泗水占了其中七成。除了此水當時是淮河下游最大的支流以外，主要是為了表達酈道元的尊孔重儒思想。酈道元自己出身於儒學門第，而拓跋鮮卑入境以後，這個來自草原的游牧民族，在漢族文化的影響之下，不斷地漢化。到了孝文帝元宏從平城遷都到洛陽以後，這位年輕的國君，加速了漢化的措施，他下令改變服式，定漢語為朝廷語言，並且廢拓跋舊姓，改姓為元。同時也要臣民尊孔重儒。這些都是酈道元可以在其著作中自由表達思想的基礎。《泗水》一篇，在《經》文"西南過魯縣北"之下，他寫了近二千言的《注》文，其重點就是"夫子教于洙、泗之間"。全文記敘了孔子的墓塋"孔里"，孔子的故宅"孔廟"以及其他許多有關孔子的故事。他表彰了歷史上不少尊孔重儒的人物和作為，其中特別是鍾離意。因為此人在尊孔重儒方面作出了許多貢獻。"懸甕"之事，不過是一種傳說，但由於鍾離意所說"夫子聖人，所以遺甕，欲以懸示後賢"的話正中其意，所以著意渲染，而《泗水》一篇成了此卷的重點。

卷二十六　沭水　巨洋水　淄水
汶水　濰水　膠水

【題　解】　此卷共六篇,所敍六水,除了沭水在古代屬於淮河水系外,其餘五水,都是今山東半島北流注入渤海的小河,其中淄水是小清河的支流,汶水是濰水的支流,其餘各水均獨流入海。

　　沭水今稱沭河,在山東省境內與沂水平行,南流進入江蘇省境內,水道紊亂,水災頻仍,今已在山東省境內曹莊開鑿新沭河,引沭河東流經石梁河水庫,從江蘇連雲港以北的臨洪口注入黃海。

　　其餘流入渤海諸水,巨洋水今稱彌河,發源於沂山,在昌平縣附近注入萊州灣,全長約一百八十公里,流域面積約二千二百公里。淄水今稱淄河,是小清河的支流,發源於萊蕪市魯山,東流在廣饒縣注入小清河,全長約一百四十餘公里,流域面積約四千三百餘平方公里。汶水今稱汶河,是濰河的支流,發源於臨沂市沂山,東流至壽光、昌邑一帶注入濰河,全長約一百一十餘公里。濰水今稱濰河,發源於山東半島南部五蓮縣五蓮山,北流注入萊州灣,全長二百四十餘公里,流域面積約六千三百平方公里。膠水今稱膠河,發源於山東半島南部膠南縣鐵鑊山,北流注入渤海,全長約一百七十公里,流域面積約六千三百平方公里。此河的下流河道,在元代已經作過人工開鑿,即今膠萊河,當時希望在此鑿成一條膠萊運河,因元朝南糧北運多藉海運,為了在海運中避開成山角之險,故有開鑿此運河之議,工程從至元十七年到二十二年(公元一二八〇——一二八五年），但仍未能通航，今常稱此河為膠萊河。

沭　水

沭水出琅邪東莞縣西北山，

1　大弁山與小泰山連麓而異名也。引控眾流，積以成川，東南流逕邳鄉南，南去縣八十許里，城有三面而不周于南，故俗謂之半城。沭水又東南流，左合峴水，水北出大峴山，東南流逕邳鄉東，東南流注于沭水也。

東南過其縣東，

2　沭水左與箕山之水合，水東出諸縣西箕山。劉澄之以爲許由之所隱也，更爲巨謬矣。其水西南流，注于沭水也。

又東南過莒縣東，

3　《地理志》曰：莒子之國，盈姓也，少昊後。《列女傳》①曰：齊人杞梁殖，襲莒戰死，其妻將赴之，道逢齊莊公，公將弔之。杞梁妻曰：如殖死有罪，君何辱命焉；如殖無罪，有先人之敝廬在，下妾不敢與郊弔。公旋車弔諸室，妻乃哭于城下，七日而城崩。故《琴操》云：殖死，妻援琴作歌曰：“樂莫樂兮新相知，悲莫悲兮生別離。”哀感皇天，城爲之墮。即是城也。其城三重，竝悉崇峻，惟南開一門。內城方十二里，郭周四十許里。

4　《尸子》曰：莒君好鬼巫而國亡，無知之難，小白奔焉。樂毅攻齊，守險全國，秦始皇縣之，漢興以爲城陽國，封朱虛侯章，治莒，王莽之莒陵也。光武合城陽國爲琅邪國，以封皇子京，雅好宮室，窮極伎巧，壁帶飾以金銀。明帝時，京不安莒，移治開陽矣。沭水又南，袁公水東出清山，遵坤維而注沭。

5　沭水又南，潯水注之，水出于巨公之山②，西南流，舊堨以溉田，東西二十里，南北十五里。潯水又西南流入沭。沭水又南與葛陂水會，水發三柱山，西南流逕辟土城南，世謂之辟陽城。《史記・建元以來王子侯者年表》曰：漢武帝元朔二年，封城陽共王子節侯劉壯爲侯國也。其水于邑，積以爲陂，謂之辟陽湖，西南流注于沭水也。

又南過陽都縣，東入于沂③。

6　沭水自陽都縣又南會武陽溝水，水東出倉山，山上有故城，世謂之監官城，非也，即古有利城矣。漢武帝元朔四年，封城陽共王子劉釘爲侯國也。其城因山爲基，水導山下，西北流，謂之武陽溝，又西至即丘縣，注于沭。沭水又南逕東海郡即丘縣，故《春秋》之祝丘也。桓公五年,《經》書:齊侯、鄭伯,如紀城祝丘。《左傳》曰:齊、鄭朝紀,欲襲之。漢立爲縣,王莽更之曰就信也。《郡國志》曰:自東海分屬琅邪。闞駰曰:即、祝,魯之音,蓋字承讀變矣。

7　　沭水又南逕東海厚丘縣,王莽更之曰祝其亭也。分爲二瀆:一瀆西南出,今無水,世謂之枯沭;一瀆南逕建陵縣故城東。漢景帝六年,封衛綰爲侯國,王莽更之曰付亭也。沭水又南逕建陵山西,魏正光中,齊王之鎮徐州也,立大堨,遏水西流,兩瀆之會,置城防之,曰曲沭戍。自堨流三十里,西注沭水舊瀆,謂之新渠。舊瀆自厚丘西南出,左會新渠,南入淮陽宿預縣注泗水,《地理志》所謂至下邳注泗者也。《經》言于陽都入沂,非矣。沭水左瀆自大堰水斷,故瀆東南出,桑堰水注之,水出襄賁縣,泉流東注。沭瀆又南,左合橫溝水④,水發瀆右,東入沭之⑤。故瀆又南暨于遏。其水西南流,逕司吾山東,又逕司吾縣故城西,《春秋左傳》:楚執鍾吾子以爲司吾。縣,王莽更之曰息吾也。又西南至宿預注泗水也。

8　　沭水故瀆自下堰東南逕司吾城東,又東南歷租口城中,租水出于楚之租地。《春秋》襄公十年,《經》書:公與晉及諸侯,會吳于租。京相璠曰:宋地。今彭城偪陽縣西北有租水溝,去偪陽八十里。東南流逕傅陽縣故城東北,《地理志》曰:故偪陽國也。《春秋左傳》襄公十年,夏四月戊午,會于租,晉荀偃、士匄請伐偪陽而封宋向戌焉。荀罃曰:城小而固,勝之不武,弗勝爲笑。固請,丙寅圍之,弗克。

9　　孟氏之臣秦堇父,輦重如役,偪陽人啟門,諸侯之士門焉。縣門發,鄹人紇抉之以出門者,狄虒彌建大車之輪而蒙之以甲,以爲櫓,左執之,右拔戟,以成一隊,孟獻子曰:《詩》⑥所謂有力如虎者也。主人縣布,堇父登之,及堞而絕之,墜,則又縣之,蘇而復上者三,主人辭焉。乃退,帶其斷以徇于軍三日。

10　　諸侯之師久于偪陽,請歸,智伯怒曰:七日不克,爾乎取之,以謝罪也。荀偃、士匄攻之,親受矢石,遂滅之,以偪陽子歸,獻于武宮,謂之夷俘。偪陽,妘姓也,漢以爲縣,漢武帝元朔三年,封齊孝王子劉就爲侯國,王莽更之曰輔陽也。《郡國志》曰:偪陽有租水。租水又東南,亂于沂而注于沭,謂之租口,城得其名矣。東南至胊縣,入游注海也。

【注　釋】　①列女傳　書名。《隋書·經籍志》著錄《列女傳》多種:劉向撰,曹大家注,一十五卷;趙母注,七卷;高氏撰,八卷;皇甫謐撰,六卷;綦毋邃撰,七卷。《兩唐志》著錄亦有多種。今各本多有輯本流傳,如宛委山堂《說郛》、《五朝小說大觀》、《四部叢刊》、《叢書集成初編》等。《注》文"《列女傳》曰:齊人杞梁殖,襲莒戰死"事,今各輯本多有載及,故不能確定《沭水注》引自何本。②水出于巨公之山　此處有佚文一條。乾隆《忻州府志》卷二《山川·莒州·尋水》引《水經注》:"尋水出巨公山,逯馬髻山、陰纏山右出西南,髻水入焉。"當是此段下佚文。③東入于沂　此處有佚文一條。《寰宇記》卷二十二《河南道》二十二《海州·沭陽縣》引《水經注》:"梁天監二年三月,土人張高等五百餘人,相率開鑿此谿,引水溉田二百餘頃,俗名為紅花水,東流入泗州漣水界。"《御覽》卷六十三《地部》二十八《沭水》引《水經注》亦有此文,當是此《經》文下佚文。④左合橫溝水　《水經注疏》作"右合橫溝水"。《疏》:"朱'右'訛作'左',戴、趙同。會貞按:沭水左瀆南流,橫溝自瀆右東入之,則是右合,非左合也,今訂。"⑤東入沭之　趙一清《水經注釋》作"東入沭水"。從文字與句讀而論,"之"字以改"水"字為好。⑥詩　指《詩經·邶風·簡兮》。

【語　譯】

沭水出琅邪東莞縣西北山,

1　大弁山與小泰山山麓相連而山名不同。山間許多小澗匯集起來,成為一條,往東南流經邳鄉南。邳鄉南距縣城八十來里。縣城三面築了城牆,但南面沒有圍起來,所以民間稱為半城。沭水又東南流,左岸與峴水匯合。峴水發源於北方的大峴山,東南流經邳鄉東,往東南注入沭水。

東南過其縣東,

2　沭水向左流與箕山水匯合。箕山水發源於東方諸縣以西的箕山。劉澄之認為許由曾隱居在這裡,這更是大錯特錯了。箕山水西南流,注入沭水。

又東南過莒縣東,

3　《地理志》說:莒縣從前是莒子的封國,姓盈,是少昊的後代。《列女傳》說:齊國人杞梁殖襲擊莒城時戰死,他的妻子前去迎喪,路上碰到齊莊公,莊公正要去為杞梁殖弔喪。杞梁妻說:如果殖死得有罪,怎敢勞駕您來弔唁呢?如果他死得無罪,他還有祖先留給他的舊宅在,我不敢在郊外為他弔喪。齊莊公立即回車,在他家裡舉行了喪禮。杞梁妻在莒城下哀哭,哭了七日,把城牆都哭塌了。所以《琴操》說:杞梁殖死後,他的妻子抱琴歌唱道:人間的歡樂呀,哪有勝過相逢新知;人間的悲痛呀,哪有甚於死別生離。她深沉的悲哀感動了上天,城也因此而崩塌了。說的就是此城。城有三重,城牆都很高峻,只有南面開了一座城門,內城方圓十二里,外城周圍四十里。

4　《尸子》說:莒君喜歡神鬼巫術之事因而亡國。公孫無知作亂,小白投奔莒城。樂毅進攻齊國時,齊軍據險守住莒城而保住了國家。秦始皇時把莒設立為縣,漢朝興起後,把此地立為城陽國,封給朱虛侯劉章,治所在莒城。這就是王莽時的莒陵。光武帝把城陽國合併為琅邪國,封給皇子劉京,劉京很喜歡修建宮室,把百工的技藝和巧思發揮到了極致,連牆壁的橫木上都裝飾著金銀。明帝時,劉京在莒城感到不能安心,就把都城遷到開陽。沭水又南流,有袁公水發源於東方的清山,西南流注入沭水。

5 沭水又南流,潯水注入。潯水發源於巨公山,西南流。過去在水上築堰,東西二十里,南北十五里内的田地,都由此堰灌溉。潯水又西南流注入沭水。沭水又南流與葛陂水匯合。葛陂水發源於三柱山,西南流經辟土城南,世人稱為辟陽城。《史記・建元已來王子侯者年表》說:漢武帝元朔二年(公元前一二七年),把此城封給城陽共王的兒子節侯劉壯為侯國。葛陂水在城旁積聚成陂湖,稱為辟陽湖,西南流注入沭水。

又南過陽都縣,東入于沂。

6 沭水從陽都縣又南流與武陽溝水匯合。武陽溝水發源於東方的倉山,山上有一座舊城,世人稱為監官城,這不對,那是從前的有利城。漢武帝元朔四年(公元前一二五年),把此城封給城陽共王的兒子劉釘為侯國。城以山為城基,水就發源於山下,西北流,稱為武陽溝,又西流到即丘縣,注入沭水。沭水又南流經東海郡即丘縣,這裡原是《春秋》說的祝丘。桓公五年(公元前七〇七年),《經》載:齊侯、鄭伯到紀,修築了祝丘城。《左傳》說:齊、鄭去會見紀國國君,想襲擊紀國。漢時把祝丘設立為縣。王莽改名為就信。《郡國志》說:祝丘從東海郡分出,改屬琅邪郡。闞駰說:即、祝二字,魯地方言讀音相同,所以字也跟著變了。

7 沭水又南流經東海郡厚丘縣。王莽改名為祝其亭。沭水在這裡分為兩條:一條西南流,今天已經乾涸無水了,人們稱為枯沭;另一條南流經建陵縣舊城東。漢景帝六年(公元前一五一年),把建陵封給衛綰為侯國,王莽改名為付亭。沭水又南流經建陵山西。魏正光年間(公元五二〇—五二五年),齊王鎮守徐州時,修築了一條大堰,攔截沭水使它西流,在這兩條水的匯流處築城防守,稱為曲沭戍。沭水從堰壩流了三十里,西流注入沭水舊河道,稱為新渠。舊河道從厚丘向西南流出,左岸與新渠匯合,南流入淮陽宿預縣,注入泗水。這就是《地理志》所說的,到下邳注入泗水。《水經》說在陽都注入沂水,這是弄錯了。沭水左邊那條河道,從大堰起水就斷流了,舊河道伸向東南,桑堰水注入。桑堰水發源於襄賁縣,東流注入沭水。沭水又南流,左岸與橫溝水匯合。橫溝水發源於沭水西,東流注入沭水。舊河道又南流到大堰,轉向西南,流經司吾山東,又流經司吾縣舊城西。《春秋左傳》說:楚國拘捕了鍾吾子,把他的封國改設為司吾縣,王莽改名為息吾。水又西南流到宿預注入泗水。

8 沭水的另一條舊水道從下堰東南流經司吾城東,又東南流經梎口城中。梎水發源於楚國梎這個地區。《春秋》襄公十年(公元前五六三年),《經》載:襄公和晉及諸侯在梎與吳會晤。京相璠說:梎是宋國地方。現在彭城偪陽縣西北有一條梎水溝,離偪陽八十里,東南流經傅陽縣舊城東北。《地理志》說:這裡從前是偪陽國。《春秋左傳》襄公十年(公元前五六三年)夏,四月戊午日,諸侯在柤會合。晉國的荀偃、士匄要求攻打偪陽。攻克以後,將偪陽封給宋國的賢臣向戌。荀罃說:這座城雖小但很堅固,打勝了不足以顯示威武,打敗了卻會被人恥笑。荀偃、士匄一再請求攻城,於是就在丙寅日包圍了偪陽,但卻打不下來。

9　孟氏的家臣秦堇父拉著輜重車隨從作戰。偪陽人打開城門,諸侯的兵士就乘機攻門。城上驟然放下閘門,鄹人紇使勁托起閘門,把被關在裡面的人放出來。狄虒彌豎起大車的輪盤,蒙上堅甲,當作大盾牌,左手執盾,右手持戟,組成一隊。孟獻子說:他們就像《詩經》裡所說的,有力如虎的人。守城的主將從城上把布放下,堇父拉著布登城,快攀到城頭的矮牆時,守將割斷了布,堇父掉了下去。上面又放下布,堇父蘇醒過來,重又攀登,這樣連登了三次。守將向堇父道歉,他才回去,接連三日帶著斷布在軍中巡行示人。

10　諸侯的軍隊圍困偪陽時間已久,都要求回去,智伯發怒道:七天攻不下偪陽,你們拿腦袋來謝罪。荀偃、士匄又發起進攻,親自冒著箭雨擂石指揮攻城,終於滅了偪陽國。他們俘虜了偪陽子帶回,把他獻到武宮,稱為夷俘。偪陽人都是姓妘的。漢時將偪陽設置為縣,漢武帝元朔三年(公元前一二六年),把該縣封給齊孝王的兒子劉就為侯國。王莽改名為輔陽。《郡國志》說:偪陽有柤水。柤水又東南流,橫穿沂水後又注入沭水,匯流處稱為柤口。城也因而得名。沭水往東南流到胊縣,匯合游水後注入大海。

巨洋水

巨洋水出朱虛縣泰山,北過其縣西,

1　泰山,即東小泰山也。巨洋水,即《國語》所謂具水矣。袁宏謂之巨昧,王韶之以爲巨蔑,亦或曰胊瀰,皆一水也,而廣其目焉。其水北流逕朱虛縣故城西,漢惠帝二年,封齊悼惠王子劉章爲侯國。《地理風俗記》曰:丹山在西南,丹水所出,東入海。丹水由朱虛丘阜矣。故言朱虛城西有長坂遠峻,名爲破車峴。城東北二十里有丹山,世謂之凡山。縣在西南,非山也。丹、凡字相類,音從字變也。丹水有二源,各導一山,世謂之東丹、西丹水也。西丹水自凡山北流,逕劇縣故城東,東丹水注之。水出方山,山有二水,一水即東丹水也。北逕縣合西丹水,而亂流又東北出,逕淄薄澗北。淄水亦出方山,流入平壽縣,積而爲渚,水盛則北注,東南流,屈而東北流,逕平壽縣故城西,而北入丹水,謂之魚合口。丹水又東北逕望海臺東,東北注海,蓋亦縣所氏者也。

又北過臨朐縣東,

2 巨洋水自朱虛北入臨朐縣,熏冶泉水注之。水出西溪,飛泉側瀨于窮坎之下,泉溪之上,源麓之側有一祠,目之爲冶泉祠。按《廣雅》,金神謂之清明。斯地蓋古冶官所在,故水取稱焉。水色澄明而清泠特異,淵無潛石,淺鏤沙文,中有古壇,參差相對,後人微加功飾,以爲嬉遊之處。南北遙岸凌空,疎木交合。

3 先公以太和中,作鎮海岱。余總角之年,侍節東州。至若炎夏火流,閒居倦想,提琴命友,嬉娛永日,桂笱尋波,輕林委浪,琴歌既洽,歡情亦暢,是焉棲寄,寔可憑衿。小東有一湖,佳饒鮮筍,匪直芳齊芍藥,寔亦潔竝飛鱗。

4 其水東北流入巨洋,謂之熏冶泉。又逕臨朐縣故城東,城,古伯氏駢邑也。漢武帝元朔元年[1],封菑川懿王子劉奴爲侯國。應劭曰:臨朐,山名也,故縣氏之。朐亦水名,其城側臨朐川,是以王莽用表厥稱焉。城上下,沿水悉是劉武皇北伐廣固,營壘所在矣。巨洋又東北逕委粟山東,孤阜秀立,形若委粟。又東北,洋水注之,水西出石膏山西北石澗口,東南逕逢山祠西。洋水又東南,歷逢山下,即石膏山也。山麓三成,壁立直上。山上有石鼓,鳴則年凶。郭緣生《續述征記》曰:逢山在廣固南三十里,有祠并石鼓,齊地將亂,石人輒打石鼓,聲聞數十里。洋水歷其陰而東北流,世謂之石溝水。東北流出于委粟山北,而東注于巨洋,謂之石溝口。然是水下流,亦有時通塞,及其春夏水泛,川瀾無輟,亦或謂之爲龍泉水。《地理志》:石膏山,洋水所出是也。今于此縣,惟是濆當之,似符羣證矣。巨洋水又東北得邳泉口,泉源西出平地,東流注于巨洋水。巨洋水又北會建德水,水西發逢山阜而東流入巨洋水也。

又北過劇縣西,

5 巨洋水又東北合康浪水,水發縣西南峱山,無事樹木而圓峭孤峙,巑岏分立。左思《齊都賦》[2]曰:峱嶺鎮其左是也。康浪水北流注于巨洋。巨洋又東北逕劇縣故城西,古紀國也。《春秋》莊公四年,紀侯不能下齊,以與弟季,大去其國,違齊難也。後改曰劇。故《魯連子》曰:朐劇之人,辯者也。漢文帝十八年,別爲菑川國,後并北海。漢武帝元朔二年,封菑川懿王子劉錯爲侯國,王莽更之曰俞縣也。城之北側有故臺,臺西有方池,晏謨曰:西去齊城九十七里。耿弇破張步于臨淄,追至巨洋水上,僵尸相屬,即是水也。巨洋又東北逕晉龍驤將軍、幽州刺史辟閭渾墓東而東北流,墓側有一墳甚高大,時人咸謂之爲馬陵,而不知誰之丘壟也。巨洋水又東北逕益縣故城東,王莽更之曰滌蕩也。晏謨曰:南去齊城五十里。司馬宣王伐公孫淵,北徙豐人,住于此城,遂改名爲南豐城也。又東北,積而爲潭,枝津出焉,謂之百尺溝。西北流逕北益都城,漢武帝元朔二年,封菑川懿王子劉胡爲侯國。又西北流而注于巨淀矣。

又東北過壽光縣西,

5　巨洋水自巨淀湖東北流,逕縣故城西,王莽之翼平亭也。漢光武建武二年,封更始子鯉爲侯國。城之西南,水東有孔子石室,故廟堂也。中有孔子像,弟子問經。既無碑誌,未詳所立。巨洋又東北流,堯水注之,水出劇縣南角崩山,即故義山也。俗人以此山角若崩,因名爲角崩山,亦名爲角林山,皆世俗音譌也。水即蕤水矣。《地理志》曰:劇縣有義山,蕤水所出也。北逕嶮山東,俗亦名之爲青山矣[3]。堯水又東北逕東、西壽光二城間。應劭曰:壽光縣有灌亭。杜預曰:在縣東南斟灌國也。又言斟亭在平壽縣東南,平壽故城在白狼水西,今北海郡治。水上承營陵縣之下流,東北逕城東,西入別畫湖,亦曰朕懷湖。湖東西二十里,南北三十里,東北入海。斟亭在溉水東,水出桑犢亭東覆甑山。亭,故高密郡治,世謂之故郡城,山謂之塔山,水曰鹿孟水,亦曰戾孟水,皆非也。

7　《地理志》:桑犢,北海之屬縣矣,有覆甑山,溉水所出。北逕斟亭,西北合白狼水。按《地理志》,北海有斟縣。京相璠曰:故斟尋國,禹後,西北去灌亭九十里。溉水又北逕寒亭西而入別畫湖。《郡國志》曰:平壽有斟城,有寒亭。薛瓚《漢書集注》云:按《汲郡古文》,相居斟灌。東郡灌是也。明帝以封周後,改曰衛。斟尋在河南,非平壽也。又云:太康居斟尋,羿亦居之,桀又居之。《尚書序》曰:太康失國,兄弟五人徯于河汭。此即太康之居爲近洛也。余考瓚所據,今河南有尋地,衛國有觀土。《國語》曰:啓有五觀,謂之姦子。五觀蓋其名也。所處之邑,其名曰觀。皇甫謐曰:衛地。又云:夏相徙帝丘,依同姓之諸侯于斟尋氏,即《汲冢書》云相居斟灌也。既依斟尋,明斟尋非一居矣。

8　窮后既仗善射篡相,寒浞亦因逢蒙弑羿,即其居以生澆,因其室而有豷。故《春秋》襄公四年,魏絳曰:澆用師滅斟灌,及斟尋氏處澆于過,處豷于戈,是以伍員言于吳子曰:過澆殺斟灌以伐斟尋是也。有夏之遺臣曰:靡事羿,羿之死也,逃于鬲氏。今鬲縣也。收斟灌、斟尋二國之餘燼,殺寒浞而立,少康滅之,有窮遂亡也。是蓋寓其居而生其稱,宅其業而表其邑。縱遺文沿襲,亭郭有傳,未可以彼有灌目。謂專此爲非,捨此尋名,而專彼爲是。以土推傳,應氏之據亦可按矣。

9　堯水又東北注巨洋。伏琛、晏謨,竝言堯嘗頓駕于此,故受名焉,非也。《地理志》曰:蕤水自劇東北至壽光入海。沿其逕趣,即是水也。

又東北入于海。

10　巨洋水東北逕望海臺西,東北流。伏琛、晏謨竝以爲平望亭在平壽縣故城西北八
　　十里古縣,又或言秦始皇升以望海,因曰望海臺,未詳也。按《史記》,漢武帝元朔
　　二年,封菑川懿王子劉賞爲侯國④。又東北注于海也。

【注　釋】　①漢武帝元朔元年　《水經注疏》作"漢武帝元朔二年"。《疏》:"戴以'二'為訛,改作
'元'。守敬按:《史》、《漢》《表》俱是二年。"②齊都賦　詩賦名。晉左思撰。左思,西晉文學家,字
太沖。《隋書·經籍志》著錄《左思集》二卷。據《晉書·左思傳》,左思造《齊都賦》一年乃成,復欲賦
三都,遂構思十年,門庭藩溷皆著紙筆,遇得一句,即便記入,賦成,張華歎為班張之流。於是豪富之
家競相傳寫,洛陽為之紙貴。此賦收入《文選》卷六及清嚴可均《全晉文》。③北逕嶧山二句　《疏》
本作:"北逕嶧山東,俗亦名之為青山矣。"今依此語譯於後。④封菑川懿王子句　《水經注疏》熊會
貞按:"《史》、《漢》《表》,賞封平望侯。"則應為"平望"而非"平壽"。

【語　譯】

巨洋水出朱虛縣泰山,北過其縣西,

1　泰山,就是東小泰山。巨洋水,就是《國語》所說的具水。袁宏把它稱為巨昧,王韶
　　之把它叫做巨蔑,也有人叫朐瀰,說的都是同一條水,只不過名稱不一罷了。巨洋
　　水北流經朱虛縣舊城西。漢惠帝二年(公元前一九三年),把該縣封給齊悼惠王的兒
　　子劉章為侯國。《地理風俗記》說:丹山在西南,丹水從此山發源,東流入海。丹水
　　由朱虛縣流過之處都是丘陵地帶。所以有人說到朱虛城西有一條漫長高峻的山
　　坡,名叫破車峴。城東北二十里有丹山,世人稱為凡山。縣城在丹山西南,而不是
　　山在城的西南。丹、凡字形相近,於是讀音也隨字而變了。丹水有兩個源頭,各發
　　源於一山,世人稱為東丹水和西丹水。西丹水從凡山北流,流經劇縣舊城東,東丹
　　水注入。東丹水發源於方山,山上有兩條水,東丹水就是其中的一條。東丹水北
　　流經劇縣與西丹水匯合,成為亂流,又往東北流去,流經渻薄澗北。渻水也發源於
　　方山,流入平壽縣,積聚成水灣。水大時就北注,轉向東南流,又折向東北,流經平
　　壽縣舊城西,然後北流注入丹水,匯流處稱為魚合口。丹水又東北流經望海臺東,
　　往東北注入大海,縣就是以臺命名的。

又北過臨朐縣東,

2　巨洋水從朱虛縣北流入臨朐縣,熏冶泉水注入。熏冶泉水源出西溪,飛奔的泉水
　　在深坑下流瀉,在溪岸上,源頭的山麓近旁,有一座祠廟,名為冶泉祠。據《廣雅》,
　　金屬之神名叫清明。此處是古時冶官的駐地,水就因此取名。熏冶泉水色澄清透
　　明,而且特別清涼,深淵底下石塊歷歷可數,淺處的沙上,清波蕩出水紋,宛如鏤成
　　似的。中間有古壇,與祠廟參差相對,後人稍加修飾,把它作為嬉遊的處所。南北

兩側高岸凌空而起,古樹枝柯交錯。

3　太和年間(公元四七七—四九九年),先父鎮守海岱,當時我還年幼,跟著父親到東方來。每當驕陽如火的炎夏,困倦無聊時,就攜了弦琴,邀了好友,整天盡情嬉遊。我們蕩著一葉扁舟,逐浪漂流,穿過低垂拂水的柔枝,琴聲伴著歌唱,彼此都十分愉快。寄身在這清幽可愛的林泉間,我們真是樂而忘返了。稍東有一口湖,湖邊出產鮮美的竹筍,不但氣味芳香可與芍藥相比,而且也像魚兒一般潔白清淨。

4　溪水往東北流入巨洋水,稱為熏冶泉。巨洋水又流經臨朐縣舊城東,此城是古時伯氏的駢邑。漢武帝元朔元年(公元前一二八年),把該縣封給菑川懿王的兒子劉奴為侯國。應劭說:臨朐原是山名,縣也以山命名。朐又是水名。城瀕朐水,所以王莽就用作縣名。城外沿江上下,都是劉武皇北伐廣固時,營壘所在的地方。巨洋水又東北流經委粟山東,這是一座秀美的孤丘,形狀像一堆倒在地上的穀子。巨洋水又東北流,洋水注入。洋水發源於西方石膏山西北的石澗口,往東南流經逢山祠西。洋水又往東南流經逢山下,逢山就是石膏山。山麓有三重,峭壁陡峻直上。山上有石鼓,鼓響就預兆著那年有災禍。郭緣生《續述征記》說:逢山座落在廣固南三十里。山上有祠廟和石鼓,齊地將亂時,石人就敲起石鼓,數十里內都能聽到。洋水流經山北,轉向東北流,世人稱為石溝水。往東北流出委粟山北,然後東流注入巨洋水,匯流處稱為石溝口。然而這條水下游,有時暢通有時阻塞。到了每年春夏水漲時,浪濤滾滾奔流不息,也有人稱為龍泉水。《地理志》說:石膏山是洋水的發源地。今天在臨朐縣可與之相應的,只有這條水了,似乎與各書的記載相符。巨洋水又東北流到邳泉口。邳泉的源頭出自西方的平地,東流注入巨洋水。巨洋水又北流與建德水匯合。建德水發源於西方逢山的丘岡下,東流注入巨洋水。

又北過劇縣西,

5　巨洋水又東北流與康浪水匯合。康浪水發源於劇縣西南的嶬山,山上不長樹木,渾圓而峻峭的山峰互相分開,相對屹立著。左思《齊都賦》說:嶬嶺雄踞於齊都之東。康浪水北流注入巨洋水。巨洋水又東北流經劇縣舊城西,這裡是古代的紀國。《春秋》莊公四年(公元前六九○年):紀侯不願降服於齊國,把紀國交給弟弟季,為躲避齊國入侵的災難,就離開紀國出走。後來紀改名為劇。所以《魯連子》說:朐劇的人都能言善辯。漢文帝十八年(公元前一六二年),把它分出來另立為菑川國,後來又併入北海國。漢武帝元朔二年(公元前一二七年),封給菑川懿王的兒子劉錯為侯國。王莽則改名為俞縣。城北有古臺,臺西有方池。晏謨說:這裡西離齊城九十七里。耿弇在臨淄打敗了張步,一直追擊到巨洋水,水上浮屍連綿不絕,說的就是這條水。巨洋水又東北流經晉龍驤將軍、幽州刺史辟閭渾墓東,然後又東北流。墓旁又有一座墳,非常高大,當時人們都稱為馬陵,但不知道是誰的墳墓。巨洋水又東北流經益縣舊城東。王莽改名為滌蕩。晏謨說:益縣南距齊城五十里。司馬宣王攻打公孫淵,從北方遷來豐人居於此城,於是就改名為南豐城。巨洋水又東北流,積水成潭,支流從這裡分出,稱為百尺溝。往西北流經北益都城。漢武帝元朔二年(公元前一二七年),封給菑川懿王的兒子劉胡為侯國。又西北流,注入巨淀湖。

又東北過壽光縣西,

6　巨洋水從巨淀湖東北流,流經壽光縣舊城西,就是王莽時的翼平亭。漢光武帝建武二年(公元二六年),把該縣封給更始帝的兒子劉鯉為侯國。縣城西南角、巨洋水以東,有孔子石室,是舊時的廟堂。廟中有孔子像及弟子問經像,但沒有碑文,不知是什麼時候建立的。巨洋水又東北流,堯水注入。堯水發源於劇縣南的角崩山,就是從前的義山。因為山角看去像崩塌了似的,因此當地鄉人稱為角崩山,也稱角林山,這都是民間音訛造成的。堯水就是蕤水。《地理志》說:劇縣有義山,蕤水就發源於此山。水北流經嶧山東,民間又稱為青山。堯水又東北流經東壽光城和西壽光城之間。應劭說:壽光縣有灌亭。杜預說:灌亭在壽光縣東南,是古代的斟灌國。又說:斟亭在平壽縣東南。平壽舊城在白狼水西,現在是北海郡的治所。白狼水上源承接營陵縣的下流,東北流經平壽城東,西流注入別畫湖,也稱朕懷湖。湖東西二十里,南北三十里,往東北流入大海。斟亭在溉水東。溉水發源於桑犢亭東的覆甑山。此亭是從前高密郡的治所,人們稱為老郡城,把山稱為塔山,把水稱為鹿孟水,也稱戾孟水,這都不對。

7　《地理志》:桑犢,是北海郡的屬縣,有覆甑山,是溉水的發源地。溉水北流經斟亭西北與白狼水匯合。據《地理志》,北海有斟縣。京相璠說:斟縣是古代的斟尋國,是大禹的後代,西北距灌亭九十里。溉水又北流經寒亭西然後注入別畫湖。《郡國志》說:平壽有斟城,有寒亭。薛瓚《漢書集注》說:據《汲郡古文》,相居於斟灌,就是東郡的灌縣。明帝把該縣封給周的後裔,改稱為衛斟。尋在河南,不在平壽。又說:太康居住在斟尋,羿也住過,後來桀又住在那裡。《尚書·序》說:太康失國,兄弟五人在河汭等待著。這裡就是太康居住的地方,與洛水相距不遠。我查考過薛瓚所依據的典籍,現在河南還有叫尋的地方,衛國還有叫觀的舊地。《國語》說:啟有個兒子叫五觀,被稱為逆子。五觀是他的名字,他所居的城叫觀。皇甫謐說:觀是衛國地方。又說:夏相遷到帝丘,依附同姓諸侯斟尋氏。就是《汲冢書》所說的,相居住在斟灌。相既然依附於斟尋,那麼斟灌、斟尋顯然不是同一地方了。

8　有窮氏的首領羿依仗善射的本領篡奪相的帝位。寒浞也利用逢蒙殺了羿,占了羿
　　的住所和妻妾生了澆和殪。《春秋》襄公四年(公元前五六九年),魏絳說:寒浞命澆
　　率軍滅了斟灌和斟尋氏,把澆遷於過,把殪遷於戈。所以伍員對吳子說:過澆殺斟
　　灌又攻斟尋。夏朝有一位遺臣叫靡,為羿效勞,羿死後投奔鬲氏,就是今天的鬲
　　縣。他召集了斟灌、斟尋兩國的殘餘力量,殺了寒浞,擁立少康,有窮就此滅亡了。
　　寒浞寓居於有窮氏的住宅,也就承襲了有窮的稱號;占有他的產業,就以他的城邑
　　為名。縱使留下來的文字記載,長期以來逐漸散佚,但亭和城郭還有留傳至今的,
　　不可因為那地方帶有灌的地名,就以為這地方不是;也不可拋棄這裡尋的地名,而
　　以為只有那地方才對。按實地來推斷文字記載,應劭的說法也就可以驗證了。

9　巰水又向東北注入巨洋水。伏琛、晏謨都說堯曾在此處逗留過,水就因此得名,其
　　實不是如此。《地理志》說:巰水從劇縣東北流到壽光注入大海。探求巰水的流程
　　和流向,這就是堯水了。

又東北入于海。

10　巨洋水東北流經望海臺西,東北流。伏琛、晏謨都認為平望亭在平壽縣舊城西北
　　八十里,是個古縣城。又有人說秦始皇登臺望海,因此稱為望海臺,事實如何不得
　　而知。據《史記》載,漢武帝元朔二年(公元前一二七年),把平望縣封給菑川懿王的
　　兒子劉賞為侯國。巨洋水又東北流,注入大海。

淄　水

淄水出泰山萊蕪縣原山,

1　淄水出縣西南山下,世謂之原泉。《地理志》曰:原山,淄水所出。故《經》有原山
　　之論矣。《淮南子》曰:水出自飴山。蓋山別名也。東北流逕萊蕪谷,屈而西北流,
　　逕其縣故城南。《從征記》曰:城在萊蕪谷,當路阻絕,兩山間道由南北門。漢末,
　　有范史雲為萊蕪令,言萊蕪在齊,非魯所得引。舊說云,齊靈公滅萊,萊民播流此
　　谷,邑落荒蕪,故曰萊蕪。《禹貢》所謂萊夷也。夾谷之會,齊侯使萊人以兵劫魯
　　侯,宣尼稱夷不亂華是也。余按泰無、萊柞,竝山名也,郡縣取目焉。漢高祖置。
　　《左傳》曰:與之無山及萊柞是也。應劭《十三州記》曰:太山萊蕪縣,魯之萊柞邑。

2　淄水又西北轉逕城西,又東北流與一水合,水出縣東南,俗謂之家桑谷水,《從征
　　記》名曰聖水。《列仙傳》曰:鹿皮公者,淄川人也。少為府小史,才巧,舉手成器。
　　山岑上有神泉,人不能到,小史白府君,請木工斤斧三十人,作轉輪,造縣閣,意思
　　橫生。數十日,梯道成,上其巔作祠屋,留止其旁,其二間以自固,食芝草,飲神泉,

七十餘年。淄水來山下,呼宗族,得六十餘人,命上山半,水出,盡漂一郡,没者萬計。小史辭遣家室令下山,著鹿皮衣,升閣而去。後百餘年,下賣藥齊市也。其水西北流注淄水,淄水又北出山,謂之萊蕪口,東北流者也。

東北過臨淄縣東,

5　淄水自山東北流,逕牛山西,又東逕臨淄縣故城南,東得天齊水口,水出南郊山下,謂之天齊淵。五泉竝出,南北三百步,廣十步,山即牛山也。左思《齊都賦》曰:牛嶺鎮其南者也。水在齊八祠中,齊之爲名,起于此矣。《地理風俗記》曰:齊所以爲齊者,即天齊淵名也。其水北流注于淄水。淄水又東逕四豪冢北,水南山下有四冢,方基圓墳,咸高七尺,東西直列,是田氏四王冢也。

4　淄水又東北逕蕩陰里西,水東有冢,一基三墳,東西八十步,是列士公孫接、田開疆、古冶子之墳也。晏子惡其勇而無禮,投桃以斃之,死葬陽里,即此也。淄水又北逕其城東,城臨淄水,故曰臨淄,王莽之齊陵縣也。《爾雅》曰:水出其前左爲營丘。武王以其地封太公望,賜之以四履,都營丘爲齊,或以爲都營陵。《史記》:周成王封師尚父于營丘,東就國,道宿行遲,萊侯與之爭營丘,逆旅之人曰:吾聞時難得而易失,客寢安,殆非就封者也。太公聞之,夜衣而行,至營丘。

5　陵亦丘也。獻公自營丘徙臨淄。余按營陵城南無水,惟城北有一水,世謂之白狼水,西出丹山,俗謂凡山也。東北流,由《爾雅》出前左之文,不得以爲營丘矣。營丘者,山名也,《詩》[①]所謂子之營兮,遭我乎猇之間兮。作者多以丘陵號同,緣陵又去萊差近,咸言太公所封,考之《春秋經》書:諸侯城緣陵。《左傳》曰:遷杞也。《毛詩》鄭《注》竝無營字,瓚以爲非近之。今臨淄城中有丘,在小城内,周迴三百步,高九丈,北降丈五,淄水出其前,故有營丘之名,與《爾雅》相符。城對天齊淵,故城有齊城之稱。是以《晏子》[②]言:始爽鳩氏居之,逢伯陵居之,太公居之。又曰:先君太公,築營之丘。

6　季札觀風,聞齊音曰:泱泱乎大風也哉。表東海者,其太公乎? 田巴入齊,過淄自鏡。郭景純言,齊之營丘,淄水逕其南及東也。非營陵明矣。獻公之徙,其猶晉氏深翼名絳,非謂自營陵而之也。其外郭,即獻公所徙臨淄城也,世謂之虜城。言齊湣王伐燕,燕王噲死,虜其民實諸郭,因以名之。秦始皇三十四年,滅齊爲郡,治臨淄。漢高帝六年,封子肥于齊爲王國,王莽更名濟南也。《戰國策》曰:田單爲齊相,過淄水,有老人涉淄而出,不能行,坐沙中,單乃解裘于斯水之上也。

又東過利縣東,

7　淄水自縣東北流,逕東安平城北,又東逕巨淀縣故城南,征和四年,漢武帝幸東萊,

臨大海,三月耕巨淀。即此也。縣東南則巨淀湖,蓋以水受名也。淄水又東北逕
廣饒縣故城南,漢武帝元鼎中,封菑川靖王子劉國爲侯國。淄水又東北,馬車瀆水
注之,受巨淀,淀即濁水所注也。呂忱曰:濁水一名溷水,出廣縣爲山。世謂之冶
嶺山,東北流逕廣固城西,城在廣縣西北四里,四周絶澗,阻水深隍,晉永嘉中,東
萊人曹嶷所造也。

8　水側山際有五龍口,義熙五年,劉武帝伐慕容超于廣固也。以藉險難攻,兵力勞弊,
河間人玄文説裕云,昔趙攻曹嶷,望氣者以爲澠水帶城,非可攻拔,若塞五龍口,城
當必陷。石虎從之,嶷請降。降後五日大雨,雷電震開。後慕容恪之攻段龕,十旬
不拔,塞口而龕降,降後無幾,又震開之。今舊基猶存,宜試脩築。裕塞之,超及城
内男女,皆悉腳弱[3],病者大半,超遂出奔,爲晉所擒也。然城之所跨,寔憑地險,其
不可固城者在此。

9　濁水東北流逕堯山東,《從征記》曰:廣固城北三里有堯山祠,堯因巡狩登此山,後
人遂以名山。廟在山之左麓,廟像東面,華宇脩整,帝圖嚴飾,軒冕之容穆然。山
之上頂,舊有上祠,今也毀廢,無復遺式。盤石上尚有人馬之跡,徒黃石而已,惟刀
劍之蹤逼真矣。至于燕鋒代鍔,魏鋏齊鋌,與今劍莫殊,以密模寫,知人功所制矣。
西望胡公陵,孫暢之所云,青州刺史傅弘仁言得銅棺隸書處。濁水又東北流逕東
陽城北,東北流合長沙水,水出逢山北阜,世謂之陽水也。東北流逕廣縣故城西,
舊青州刺史治,亦曰青州城。陽水又東北流,石井水注之,水出南山,山頂洞開,望
若門焉,俗謂是山爲礓頭山。其水北流注井,井際廣城東側,三面積石,高深一匹
有餘,長津激浪,瀑布而下,澎贔之音,驚川聒谷,漰渀之勢,狀同洪河,北流入
陽水。

10　余生長東齊,極遊其下,于中闊絶,乃積綿載,後因王事,復出海岱,郭金、紫惠同石
井,賦詩言意,彌日嬉娛,尤慰羈心,但恨此水時有通塞耳。

11　陽水東逕故七級寺禪房南,水北則長廡偏駕,迴閣承阿。林之際,則繩坐疏班,錫
鉢閒設。所謂脩脩釋子,眇眇禪棲者也。陽水又東逕東陽城東南,義熙中,晉青州
刺史羊穆之築此,以在陽水之陽,即謂之東陽城。世以濁水爲西陽水故也,水流亦
有時窮通,信爲靈矣。昔在宋世,是水絶而復流,劉晃賦《通津》[4]焉。魏太和中,
此水復竭,輟流積年,先公除州,即任未朞,是水復通,澄映盈川,所謂幽谷枯而更
溢,窮泉輟而復流矣。海岱之士,又頌通津焉。平昌龙民孫道相頌曰:惟彼澠泉,
竭踰三齡,祈盡珪璧,謁窮斯牲,道從隆替,降由聖明。鏊民河間趙嶷頌云:敷化未
朞,元澤潛施,枯源揚瀾,涸川滌陂。北海郭欽曰:先政輟津,我後通洋。但頌廣文
煩,難以具載。

12　陽水又北屈逕漢城陽景王劉章廟東，東注于巨洋。後人堨斷令北注濁水，時人通
謂濁水爲陽水，故有南陽、北陽水之論。二水渾流，世謂之爲長沙水也。亦或通名
之爲澠水，故晏謨、伏琛爲《齊記》，竝云東陽城既在澠水之陽，宜爲澠陽城，非也。
世又謂陽水爲洋水，余按羣書，盛言洋水出臨朐縣，而陽水導源廣縣，兩縣雖鄰，川
土不同，于事疑焉。

13　濁水又北逕臧氏臺西，又北逕益城西，又北流注巨淀。《地理志》曰：廣縣爲山，濁
水所出，東北至廣饒入巨淀。巨淀之右，又有女水注之⑤，水出東安平縣之蛇頭山，
《從征記》曰：水西有桓公冢，甚高大，墓方七十餘丈，高四丈，圓墳圍二十餘丈，高
七丈餘，一墓方七丈。二墳，晏謨曰：依《陵記》⑥，非葬禮，如承世，故與其母同墓
而異墳，伏琛所未詳也。冢東山下女水原有桓公祠，侍其衡奏魏武王所立。曰：近
日路次齊郊，瞻望桓公墳壟，在南山之阿，請爲立祀，爲塊然之主。郭緣生《述征
記》曰：齊桓公冢在齊城南二十里，因山爲墳。大冢東有女水，或云齊桓公女冢在
其上，故以名水也。女水導川東北流，甚有神焉。化隆則水生，政薄則津竭。燕建
平六年，水忽暴竭，玄明惡之，寢病而亡。燕太上四年，女水又竭，慕容超惡之，燕
祚遂淪。

14　女水東北流逕東安平縣故城南，《續述征記》曰：女水至安平城南伏流十五里，然後
更流，北注陽水。城，故酅亭也。《春秋》魯莊公三年，紀季以酅入齊。《公羊傳》
曰：季者何？紀侯弟也。賢其服罪，請酅以奉五祀。田成子單之故邑也。後以爲
縣，博陵有安平，故此加東也。世祖建武七年，封菑川王子劉茂爲侯國。又逕東安
平城東，東北逕壟丘東，東北入巨淀。《地理志》曰：菀頭山，女水所出，東北至臨淄
入巨淀。又北爲馬車瀆，北合淄水，又北，時澠之水注之。

15　時水出齊城西北二十五里，平地出泉，即如水也。亦謂之源水，因水色黑，俗又目
之爲黑水。西北逕黃山東，又北歷愚山東，有愚公冢。時水又屈而逕杜山北，有愚
公谷。齊桓公時，公隱于谷，鄰有認其駒者，公以與之。山，即杜山之通阜，以其人
狀愚，故謂之愚公。水有石梁，亦謂之爲石梁水。又有澅水注之，水出時水，東去
臨淄城十八里，所謂澅中也。俗以澅水爲宿留水，西北入于時水。孟子去齊，三宿
而後出澅，故世以此而變水名也。水南山西有王歜墓，昔樂毅伐齊，賢而封之，歜
不受，自縊而死。水側有田引水，溉跡尚存。

16　時水又西北逕西安縣故城南，本渠丘也。齊大夫雝廩之邑矣，王莽更之曰東寧。
時水又西至石洋堰，分爲二水，謂之石洋口，枝津西北至梁鄒入濟。時水又北逕西
安城西，又北，京水、系水注之，水出齊城西南，世謂之寒泉也。東北流直申門西，
京相璠、杜預竝言：申門即齊城南面西第一門矣。爲申池，昔齊懿公遊申池，邴歜、

閭職二人,害公于竹中,今池無復髴髯,然水側尚有小小竹木,以時遺生也。

17　左思《齊都賦》注,申池在海濱,齊藪也。余按《春秋》襄公十八年,晉伐齊,戊戌,伐雍門之萩,己亥,焚雍門,壬寅,焚東北二郭,甲辰,東侵及濰南及沂。而不言北掠于海。且晉獻子尚不辭死以逞志,何容對讎敵而不懲,暴草木于海嵎乎? 又炎夏火流,非遠遊之辰,懿公見弒,蓋是白龍魚服,見困近郊矣。左氏捨近舉遠,考古非矣。杜預之言,有推據耳。

18　系水傍城北流,逕陽門西,水次有故封處,所謂齊之稷下也。當戰國之時,以齊宣王喜文學,遊說之士鄒衍、淳于髡、田駢、接子、慎到之徒七十六人,皆賜列第,爲上大夫,不治而論議,是以齊稷下學士復盛,且數百十人。劉向《別錄》[7]以稷爲齊城門名也。談說之士,期會于稷門下,故曰稷下也。《鄭志》[8]:張逸問《書贊》[9]云,我先師棘下生,何時人? 鄭玄答云,齊田氏時,善學者所會處也。齊人號之棘下生,無常人也。余按《左傳》昭公二十二年,莒子如齊,盟于稷門之外。漢以叔孫通爲博士,號稷嗣君。《史記音義》曰:欲以繼蹤齊稷下之風矣。然棘下又是魯城內地名,《左傳》定公八年,陽虎劫公伐孟氏,入自上東門,戰于南門之內,又戰于棘下者也。蓋亦儒者之所萃焉。故張逸疑而發問,鄭玄釋而辯之。雖異名互見,大歸一也。

19　城內有故臺,有營丘,有故景王祠,即朱虛侯章廟矣。《晉起居注》[10]云:齊有大蛇長三百步,負小蛇長百餘步,逕于市中,市人悉觀,自北門所入處也。北門外東北二百步,有齊相晏嬰冢宅。《左傳》:晏子之宅近市,景公欲易之,而嬰弗更。爲誡曰:吾生則近市,死豈易志。乃葬故宅,後人名之曰清節里。

20　系水又北逕臨淄城西門北,而西流逕梧宮南,昔楚使聘齊,齊王饗之梧宮,即是宮矣。其地猶名梧臺里,臺甚層秀,東西百餘步,南北如減,即古梧宮之臺。臺東即闞子所謂宋愚人得燕石處。臺西有《石社碑》,猶存,漢靈帝熹平五年立。其題云:梧臺里。

21　系水又西逕葵丘北,《春秋》莊公八年,襄公使連稱、管至父戍葵丘。京相璠曰:齊西五十里有葵丘地。若是,無庸戍之。僖公九年,齊桓會諸侯于葵丘。宰孔曰:齊侯不務脩德而勤遠略。明葵丘不在齊也。引河東汾陰葵丘,山陽西北葵城宜在此,非也。余原《左傳》,連稱、管至父之戍葵丘,以瓜時爲往還之期,請代弗許,將爲齊亂,故令無寵之妹候公于宮,因無知之紲,遂害襄公。若出遠無代,寧得謀及婦人,而爲公室之亂乎? 是以杜預稽《春秋》之旨,即《傳》安之,注于臨淄西[11],不得捨近託遠,苟成已[12]異,于異可殊,即義爲負,然則葵丘之戍,即此地也。

22　系水西,左迤爲潭,又西,逕高陽僑郡南,魏所立也。又西北流,注于時。時水又東北流,澠水注之,水出營城東,世謂之漢溱水也。西北流逕營城北,漢景帝四年^⑬,封齊悼惠王子劉信都爲侯國。澠水又西逕樂安博昌縣故城南,應劭曰:昌水出東萊昌陽縣,道遠不至,取其嘉名。闞駰曰:縣處勢平,故曰博昌。澠水西歷貝丘,京相璠曰:博昌縣南近澠水,有地名貝丘,在齊城西北四十里。《春秋》莊公八年,齊侯田于貝丘,見公子彭生豕立而泣,齊侯墜車傷足于是處也。

23 澠水又西北入時水。《從征記》又曰:水出臨淄縣,北逕樂安博昌南界,西入時水者也。自下通謂之爲澠也。昔晉侯與齊侯宴,齊侯曰:有酒如澠。指喻此水也。時水又屈而東北,逕博昌城北,時水又東北逕齊利縣故城北,又東北逕巨淀縣故城北,又東北逕廣饒縣故城北,東北入淄水。《地理風俗記》曰:淄入濡。《淮南子》曰:白公問微言曰:若以水投水,如何?孔子曰:淄、澠之水合,易牙嘗而知之。謂斯水矣。

又東北入于海。

24 淄水入馬車瀆,亂流東北逕琅槐故城南,又東北逕馬井城北,與時澠之水互受通稱,故邑流其號。又東北至皮丘坈,入于海。故晏謨、伏琛竝言:淄、澠之水合于皮丘坈西。《地理志》曰:馬車瀆至琅槐入于海。蓋舉縣言也。

【注　釋】　①詩　指《詩經·齊風·還》。②晏子　書名。即《晏子春秋》。參見《河水》四《晏子春秋》注解。③皆悉腳弱　《水經注疏》作"皆患腳病"。《疏》:"朱'患'作'悉',戴、趙同。會貞按:《元和志》、《寰宇記》作'患',是也。今據訂。"④通津　指《通津賦》。詩賦名。南朝宋劉晃撰。不見歷來公私著錄,亦不見他書引及,已亡佚。撰者事跡附見於《宋書·劉道憐傳》。⑤又有女水注之　此處有佚文一條。嘉靖《青州府志》卷六《地理志》一《女水》引《水經注》:"女水又東北入澱,城東二十里淄河鋪東南,澱,即清水泊也。"當是此段下佚文。⑥陵記　或是書名。未見歷來公私著錄,亦未見他書引及。《注》文說:"伏琛所未詳也。"則或是伏琛《齊記》中的一篇。⑦別錄　書名。《隋書·經籍志》著錄《七略別錄》二十卷,劉向撰。此書是中國最早的圖書目錄。《漢書·藝文志》說:"至成帝時,以書頗散亡,使謁者陳農求遺書於天下,詔光祿大夫劉向校經傳諸子詩賦,……每一書已,向輒條其篇目,撮其旨意,錄而奏之。會向卒,哀帝復使向子侍中奉車都尉歆卒父業。歆於是總群書而奏其《七略》,故有《輯略》,有《六藝略》,有《諸子略》,有《詩賦略》,有《兵書略》,有《術數略》,有《方技略》。今刪其要,以備篇籍。"說明《漢書·藝文志》是根據劉向、劉歆父子的目錄而編撰的。今書已亡佚,輯本收入於《經典集林》、《問經堂叢書》等,均作《別錄》一卷。《玉函山房輯佚書續編》並有《別錄補遺》一卷。⑧鄭志　書名。《水經注疏》作"《鄭志》曰"。《疏》:"戴刪'曰'字。守敬按:《簡明目錄·五經總義類》,《鄭志》三卷,補遺一卷,魏鄭小同撰。"⑨書贊　書名。漢鄭玄撰。但歷來未見公私著錄,已亡佚。《水經注疏》在"張逸問《書贊》云"下疏:"朱脫'書'字,趙據何焯校增,戴增同。守敬按:《困學紀聞》一引《鄭志》,'贊'上亦無'書'字,故王伯厚誤以為《易贊》,考

《書·堯典·正義》引康成《書贊》云,我先師棘下生云云,何氏據增是也。"⑩晉起居注　書名。《隋書·經籍志》著錄三百一十七卷,南北朝宋徐州主簿劉道會撰。《通志·藝文略》著錄《晉起居注》二十四卷,故知此書以後亡佚甚多。今輯本收入於《漢學堂叢書》、《黃氏逸書考》等。⑪注于臨淄西殿本在此處有戴震案語:"此句有舛誤。"⑫己　《疏》本作"己"。今依此語譯於後。⑬漢景帝四年《水經注疏》作"漢文帝四年"。《疏》:"朱'文'訛作'景',戴同。趙云:按《王子侯表》是文帝四年封。守敬按:《史》、《漢》《表》俱文帝四年封。"

【語　譯】

淄水出泰山萊蕪縣原山,

1　淄水發源於萊蕪縣西南山下,世人稱為原泉。《地理志》說:原山是淄水的發源地。因此《水經》有淄水出自原山的說法。《淮南子》說:淄水發源於飴山。飴山是原山的別名。淄水東北流經萊蕪谷,轉向西北流,經萊蕪縣舊城南。《從征記》說:縣城座落在萊蕪谷,擋住過往大道,兩山之間的小路,經由南北門出入。漢朝末年,范史雲任萊蕪縣令,說萊蕪屬齊國,魯國是不能引為己有的。從前有個說法:齊靈公滅掉了萊,萊的百姓流散到這個山谷,城鎮村落都荒蕪了,所以稱為萊蕪。《禹貢》所說的萊夷就指這裡。齊、魯在夾谷相會,齊侯叫萊人以兵力來威逼魯侯。孔子說:夷人是不到華夏中原來作亂的。我查考過,泰無、萊柞,都是山名,郡縣都按這些山來取名,是漢高祖時所置。《左傳》說:把無山及萊柞山給他,就是指這些山。應劭《十三州記》說:太山萊蕪縣就是魯國的萊柞邑。

2　淄水又西北轉彎流經城西,又東北流與一條水匯合。這條水發源於萊蕪縣東南,民間稱為家桑谷水。《從征記》稱為聖水。《列仙傳》說:鹿皮公是淄川人。年輕時在府裡當小史,他才能出眾,技藝高超,一動手就能製成用具。附近山崖上有神泉,人們都爬不上去。小史去報告府君,要求派給他三十個木工。他們製作了轉車、懸閣,別出心裁。幾十天後做好了梯道,他們登上崖頂建造祠屋,小史就在祠旁住下,以其中的兩間作為自己的住處,每天吃山上的靈芝草,喝崖邊的神泉水,住了七十多年。淄水流到山下,小史召集宗族六十多人,叫他們上山,到了半山,水忽然急湧而出,淹沒了全郡,被溺死的人數以萬計。小史遣散家室,叫他們下山,自己穿上鹿皮衣,登上懸閣而去。百餘年後,他下山在齊市賣藥。家桑谷水西北流,注入淄水。淄水又北流出山,山口稱為萊蕪口,出山後水向東北流去。

東北過臨淄縣東,

3　淄水從山裡往東北流,流經牛山西,又東流經臨淄縣舊城南,東流到天齊水口。此口的水發源於南郊山下,稱為天齊淵。淵裡有五處源泉同流而出,南北三百步,寬十步。這座山就是牛山。左思《齊都賦》說:牛嶺雄踞於南方。淵水流經齊地八處神祠之間,齊這個國名,就起源於此。《地理風俗記》說:齊國之所以名齊,就是以天齊淵取名的。淵水北流注入淄水。淄水又東流經四豪墓北。水南山下有四座墳墓,墓基方形,墳壟卻呈圓形,都有七尺來高,四座墓東西方向一字排列,這是田氏四王的墳墓。

4　淄水又東北流經蕩陰里西,東岸有墓,一片墓基上築了三座墳,東西約八十步,這就是公孫接、田開疆、古冶子三位壯士的墳墓。晏子討厭他們蠻勇而無禮,送給他們兩個桃子,讓他們自相殘殺,三人死後葬在陽里,就是這地方。淄水又北流經臨淄縣城東,城因面臨淄水,所以名叫臨淄。王莽改名為齊陵縣。《爾雅》說:水從山丘左前方流出,就是營丘。武王把臨淄封給太公望,賜予四至疆界,建都營丘,稱為齊,有的說建都營陵。《史記》載,周成王把營丘封給師尚父,師尚父東行前往自己的封國,因路上歇宿,所以到達遲了,萊侯就和他爭營丘。客店裡的人說:我聽說機會難得而易失,這位客人睡得很安寧,大概不是去接受封地的吧。太公聽到了,就連夜起來趕路,到了營丘。

5　陵也就是丘。獻公從營丘遷移到臨淄。我查考過,營陵城南沒有河流,只在城北有一條水,世人稱為白狼水,發源於西方的丹山,俗稱凡山。白狼水往東北流,從《爾雅》中水從左前方流出那句話看,就不能認為這就是營丘了。營丘,其實是山名。《詩經》所說的:你到營丘來,和我在峱山之間相遇。作者大多以為丘、陵同名,緣陵又與萊相距較近。這些地方據說都是太公的封地。據《春秋經》記載:諸侯修築緣陵城。《左傳》說:後來把杞國遷過去。《毛詩》鄭玄注也都沒有營字,薛瓚認為不是,他說得較為正確。今天臨淄城中有一座小丘,座落在小城內,周圍三百步,高九丈,北邊稍低一丈五尺,淄水在丘前流出,因此有營丘這名稱,與《爾雅》所記相符。此城面對天齊淵,所以有齊城之稱,因此《晏子》記載:最初爽鳩氏住在這裡,逢伯陵住在這裡,太公也住在這裡。又說:先君太公,修築了營丘。

6　季札來齊考察民情風俗,聽到齊國的音樂,不禁讚美道:多麼沉雄壯美啊,真像是一陣大風。能作為東海諸國的表率的,大概就是太公了吧? 田巴到了齊國,經過淄水時,從水中照見自己的面影。郭景純說,齊國的營丘,淄水流經它的東、南兩面。由此可見營丘分明不是營陵了。獻公遷都,也正如晉遷到翼後又改名絳一樣,並不是說從營陵遷到這裡來。現在的臨淄外城,就是獻公當年所遷的臨淄城,世人稱為虜城。據說齊湣王攻燕,燕王噲死,湣王俘虜了燕的百姓,讓他們居住在外城,因此名為虜城。秦始皇三十四年(公元前二一三年),滅了齊國,設立為郡,郡治在臨淄。漢高帝六年(公元前二〇一年),把齊封給王子劉肥為王國。王莽改名為濟南。《戰國策》說:田單當齊國宰相,經過淄水時,有個老人蹚過淄水,出水後凍僵了不能行走,坐在沙中,田單就在水邊脫下自己的皮衣給他穿。

又東過利縣東,

7　淄水從利縣往東北流,經東安平城北,又東流經巨淀縣舊城南。征和四年(公元前八九年),漢武帝臨幸東萊,來到海邊;三月,親自在巨淀耕田,指的就是這地方。縣城東南是巨淀湖,該縣就是以水來命名的。淄水又東北流經廣饒縣舊城南。漢武帝元鼎年間(公元前一一六—前一一一年),把該縣封給菑川靖王的兒子劉國為侯國。淄水又東北流,馬車瀆水注入。馬車瀆水上口承接巨淀,巨淀就是由濁水注入形成的。呂忱說:濁水又名溷水,發源於廣縣的為山,世人稱為冶嶺山,東北流經廣固城西。廣固城在廣縣西北四里處,四周有山澗深壕環繞。此城是晉朝永嘉年間(公元三〇七—三一三年),東萊人曹嶷所築。

8　濁水旁的山邊有個五龍口。義熙五年(公元四〇九年),劉武帝在廣固討伐慕容超,因敵方憑險據守,難以攻克,弄得兵士勞頓不堪。河間人玄文向劉裕建議:從前趙國進攻曹嶷,有個望氣的人認為溷水流過此城,城是攻不下的,如果堵塞了五龍口,城就一定可以攻陷了。石虎聽從了這個建議,曹嶷就求降了。投降後五天,大雨傾盆,雷電交加,堵塞的水口又被震開了。後來慕容恪進攻段龕,攻城一百天仍未攻下,堵塞了五龍口後,段龕就投降了。投降後不久,堵塞的水口又被震開了。今天舊基還在,應當嘗試重新修築。劉裕堵塞了五龍口,慕容超及城內男女老少都雙腳無力,大半患病,慕容超就出城逃走,被晉人擒獲。然而城所築的地方,完全是憑著地勢之險,城不能固守,原因就在於腳弱之病。

9　濁水東北流經堯山東。《從征記》說:廣固城北三里有堯山祠。堯巡察四方路過這裡,登過此山,後人因而稱為堯山。廟建在山的東麓,廟內神像朝東,殿宇華麗整飾,帝堯的畫像裝束整齊,戴著冠冕,儀容顯得莊嚴肅穆。山頂上從前有座堯祠,現在已毀廢了,原來的格局再也看不到了。一塊巨石上還留有人馬的痕跡,但也不過是黃石而已,只有刀劍的痕跡還十分逼真。至於天子之劍,所謂以燕國為劍鋒,以代國為刀刃,以魏國為劍柄,以齊國為刀尖,其實與今天的劍並沒有什麼不同,用蠟把劍痕印下來,一看就知道是人工製作的。西望胡公陵,就是孫暢之所說的,青州刺史傅弘仁聲稱發現銅棺隸書的地方。濁水又東北流經東陽城北,東北流與長沙水匯合。長沙水發源於逢山北的小土山上,世人稱為陽水。東北流經廣縣舊城西,這裡是舊時青州刺史的治所,也稱青州城。陽水又東北流,石井水注入。石井水發源於南山,山頂敞開,望去像是門戶,民間稱此山為礓頭山。水北流,注入一口大井,此井靠近廣城東側,三面石塊堆壘,深達四丈有餘。水流洶湧成為瀑布,一瀉而下,轟隆之聲震撼山谷。這種驚天動地的水勢,如同大河一樣,北流注入陽水。

10　我生長在東齊,曾遠遊於瀑布下,中間闊別多年,後來又因公事重到海岱,與郭金、紫惠同遊石井,賦詩抒懷,整日嬉遊。作客他鄉,能偕好友暢遊,真是莫大的慰藉了。只是此水時通時斷,令人遺憾而已。

11　陽水東流經舊七級寺禪房南,水北佛殿周圍遍布長廊,樓閣彎彎曲曲地相連接。林邊疏疏落落地排列著些蒲團,擺著些錫杖缽盂。這就是所謂嚴謹持重的僧人,遠遁山林的禪棲生活了。陽水又東流經東陽城東南。此城是義熙年間(公元四〇五—四一八年),晉朝青州刺史羊穆之所築。因為城在陽水之北,所以稱為東陽城。這是因為人們把濁水稱為西陽水的緣故。水流也時常有斷有通,確實很靈。從前宋時,這條水斷後重又通了,劉晃為此作了《通津賦》。魏太和年間(公元四七七—四九九年),陽水又乾涸了,斷流了好幾年。先父升任青州刺史,上任不到一年,陽水又暢通了,一江碧水映著倒影,真是所謂幽谷水涸又滿,枯泉斷而再流了。海岱的文士又讚頌起水流復通了。平昌老人孫道相作頌詞說:那條灅泉水呀,枯竭已超過三年。獻盡璧玉祈禱,供盡牛羊祭天,水因聖明天子而來,天道隨盛衰而變。又有一位河間的老人趙巍也作頌詞說:推行教化還不滿一年,恩澤已遍及四方,枯竭的源流把波瀾揚起,乾涸的死河把陂塘滌蕩。北海郭欽說:前朝暴政河斷流,我皇英明水滿江。但頌詞很多,文字煩冗,難以一一抄錄。

12　陽水又轉而北流經漢朝城陽景王劉章廟東,東注巨洋水。後來人們把水堵斷,使它北流注入濁水,當時人們通稱濁水為陽水,所以又有南陽水、北陽水的說法。兩條水混流後,世人稱為長沙水,也有人通稱為灅水的。所以晏謨、伏琛寫的《齊記》都說:東陽城既然在灅水之北,那就應稱灅陽城了,這說法是不對的。世人又稱陽水為洋水,我查考過許多典籍,都說洋水發源於臨朐縣,而陽水卻發源於廣縣,兩縣雖然相鄰,但山川土地是不同的,實際如何,還是個疑問。

13　濁水又北流經臧氏臺西,又北流經益城西,最後往北注入巨淀。《地理志》說:廣縣的為山是濁水的發源地,東北流到廣饒注入巨淀。巨淀右邊,又有女水注入。女水發源於東安平縣的蛇頭山。《從征記》說:女水西有桓公墓,非常高大,周圍七十餘丈,高四丈,中間的圓形墳壟,周圍二十餘丈,高七丈餘;另一座小墓周圍七丈。晏謨說:根據《陵記》規定,這兩座墳是不合葬禮的。如果按照傳統禮儀安葬,那麼齊桓公與他母親同葬於一個墓地,但有各自不同的墳壟,伏琛也不清楚。墓東山下的女水原有桓公祠,是侍其衡奏請魏武王而修建的。他說:近日路過齊國城郊,瞻仰桓公墳墓,墓在南山的山坡上,請為他立祠,讓孤魂有所依託。郭緣生《述征記》說:齊桓公墓在齊城南二十里,墳墓順山勢而築。大墓東有女水,有人說齊桓公女兒的墳墓在此水上,因此有女水之名。女水引水往東北流,非常神靈。教化大興就會有水,政治苛酷水源就枯竭。南燕建平六年(公元四〇五年),水突然乾涸,慕容玄明很厭惡這不吉之兆,臥病而死。南燕太上四年(公元四〇八年),女水又枯竭了,慕容超也很感厭惡,燕於是亡國。

14　女水東北流經東安平縣舊城南。《續述征記》說:女水流到安平城南,潛入地下流了十五里,然後又流出,向北注入陽水。安平城是從前的酅亭。《春秋》魯莊公三年(公元前六九一年):紀季帶了酅邑投靠齊國作為附庸。《公羊傳》說:紀季是什麼人? 是紀侯的弟弟。因他能坦誠認罪被視為賢德,請求以酅供奉五座祠廟的祭祀。這裡是田成子單的舊城。後來立為縣。因博陵有個安平縣,所以把這裡稱東安平。世祖建武七年(公元三一年),把該縣封給菑川王的兒子劉茂為侯國。女水又流經東安平城東,往東北流經酁丘東,往東北注入巨淀。《地理志》說:菀頭山是女水的發源地,東北流到臨淄注入巨淀。又北流,叫馬車瀆,北流與淄水匯合,又北流,時水、溡水注入。

15　時水發源於齊城西北二十五里,平地湧出泉水,就是如水,也稱源水。因水色黑,民間又稱為黑水。時水西北流經黃山東,又北流經愚山東,有愚公墓。時水又轉而流經杜山北,有愚公谷。齊桓公時,愚公隱居在這山谷中,有個鄰居誤認他的馬是自己的,愚公就把馬給了他。這座山就是與杜山相連的山岡,因為這人樣子傻乎乎的,所以稱他為愚公。時水上有一座石橋,因而也稱水為石梁水。這裡又有溡水注入。溡水出自時水,東距臨淄城十八里,這地方就是所謂的溡中。民間稱溡水為宿留水,西北流注入時水。孟子離開齊國時,住宿三夜後才走出溡這地方,因此民間改名為宿留水。時水以南、愚山以西,有王歜墓,從前樂毅攻打齊國,因王歜有德而封他,王歜不肯接受,自縊而死。水旁有一片農田,引水灌溉的痕跡還看得出來。

16　時水又西北流經西安縣舊城南。這裡原是渠丘,是齊國大夫雍廩的封邑。王莽改名為東寧。時水又西流到石洋堰,分為兩條,分水口稱為石洋口,支流西北流到梁鄒注入濟水。時水又北流經西安城西,又北流,京水、系水注入。系水發源於齊城西南,民間稱為寒泉,東北流過申門西。京相璠、杜預都說:申門就是齊城南面西頭的第一座城門。那裡有個申池。從前齊懿公遊申池,邴歜、閻職兩人在竹林中殺害了他,今天的申池已不像當年的樣子了,但水旁還有一小片竹木林,是當年留下來的遺跡。

17　左思《齊都賦》注說:申池在海濱,是齊國的大澤。我查考《春秋》襄公十八年(公元前五五五年),晉國進攻齊國,戊戌日,砍掉雍門外的荻樹;己亥日,燒掉雍門;壬寅日,焚毀東、北兩邊的外城;甲辰日,向東侵入到濰水,向南侵入到沂水,卻未提及向北攻掠到大海。況且晉獻子是個逞強鬥勇而不怕死的人,怎麼可能只在海灣糟蹋一片草木,卻不去懲罰仇敵呢? 此外當時正值炎夏酷暑,不是遠遊的時節,懿公被殺,是由於他微服出行在近郊遇害。左氏捨近舉遠,沒有真正的查考史實。杜預的話卻有依據。

18 系水沿著城旁北流,流經陽門西,水岸上有一處從前築土隆起的地方,就是所謂齊國的稷下。戰國時,因為齊宣王喜愛文學,遊說之士如鄒衍、淳于髡、田駢、接子、慎到等七十六人,都被賜給宅第,並封為上大夫。他們不管政事,而專事著作立論,因此齊國稷下學士重又興盛起來,人數達幾百人。劉向《別錄》認為,稷是齊都城門名,高談闊論的文士定期會聚在稷門下,所以稱稷下。《鄭志》說:張逸讀了《書贊》問鄭玄道:我們的先師棘下生是什麼時候人? 鄭玄答道:棘下是齊國田氏時有學問的人會聚的地方。齊國人所稱的棘下生,並不是專指某一個人的。我查考過,《左傳》昭公二十二年(公元前五二〇年),莒子到了齊國,在稷門外會盟。漢朝把叔孫通封為博士,稱為稷嗣君。《史記音義》說:想讓他繼承齊國稷下的遺風。然而,棘下又是魯國城內的地名。《左傳》定公八年(公元前五〇二年),陽虎威逼定公征伐孟氏,從上東門攻入城內,兩軍在南門內交戰,又在棘下交戰。棘下也是儒生聚集的地方。因此,張逸疑惑發問,鄭玄作了解釋,辨清了這個問題。雖然史籍中可以看到互用稷、棘兩個不同的地名,但指的都是同一處。

19 城內有古臺,有營丘,有古景王祠,就是朱虛侯劉章的祠廟。《晉起居注》說:齊國有一條大蛇長三百步,背負著一條小蛇長一百餘步,爬過市中,市上的人都去觀看,廟就在蛇從北門爬入城中的地方。北門外東北二百步,有齊國宰相晏嬰的墳墓和住宅。《左傳》載:晏子的住宅靠近街市,景公想給他換個地方,晏子卻不肯換。他囑咐說:我在世時居住在街市附近,死後難道就改變心意嗎。於是他死後就葬在自己的故居,後人稱為清節里。

20 系水又北流經臨淄城西門北,又西流經梧宮南。從前楚國派使者訪問齊國,齊王在梧宮設宴接待他,就是此宮。那地方現在還叫梧臺里。臺有好幾層,十分壯觀,東西一百餘步,南北略減幾步,這就是古時的梧宮臺。臺東就是闞子所說宋國愚人得到燕石的地方。臺西有"石社碑",現在還在,是漢靈帝熹平五年(公元一七六年)所立。碑上題著:梧臺里。

21 系水又西流經葵丘北。《春秋》莊公八年(公元前六八六年),襄公派連稱、管至父駐守葵丘。京相璠說:齊城以西五十里有葵丘。如果這麼近,那就用不著駐守了。僖公九年(公元前六五一年),齊桓公在葵丘與諸侯會盟。宰孔說:齊侯不致力於施行德政,卻大肆遠侵鄰國。很明顯,葵丘不在齊國境內。援引河東汾陰葵丘,山陽西北葵城應在這裡,這是錯誤的。我查考《左傳》原文,連稱、管至父駐防於葵丘,以瓜熟為往返的約期。到期請求派人接替,齊襄公卻不批准,於是二人就準備作亂。連稱的妹妹在宮中不受寵愛,於是叫她去偵察襄公。因為襄公廢逐無知,無知就把襄公謀害了。如果派遣到遠方去而無人接替,怎麼能找女人同謀,而釀成公侯宗族內部的禍亂呢? 所以杜預查考了《春秋》之後,就根據《左傳》來推定,在注中指出是在臨淄西。不能捨近就遠,輕率地提出自己的異說;標新立異雖可顯得與眾不同,但按《左傳》文義來看,卻又不合。那麼二人所駐守的葵丘,就是這地方了。

22　系水西流,左岸分出支流,積水成潭;系水又西流,經高陽僑郡南,該郡是魏時所立。系水又西北流,注入時水。時水又東北流,澠水注入。澠水發源於營城以東,世人稱為漢溱水。水向西北流經營城北。漢景帝四年(公元前一五三年),把此城封給齊悼惠王的兒子劉信都為侯國。澠水又西流經樂安郡博昌縣舊城南。應劭說:昌水發源於東萊郡昌陽縣,因昌陽縣路遠不易到達,取了這個美名。闞駰說:博昌縣地勢平曠,所以稱博昌。澠水西流經貝丘。京相璠說:博昌縣南臨近澠水,有個地方叫貝丘,在齊城西北四十里。《春秋》莊公八年(公元前六八六年),齊侯在貝丘打獵,看見公子彭生變成一頭野豬,直立起來啼哭,齊侯嚇得從車上掉下來,跌傷了腳,就在這地方。

23　澠水又西北流注入時水。《從征記》又說:澠水發源於臨淄縣,北流經樂安、博昌南面邊界,西流注入時水。從這裡至下游也通稱為澠水了。從前晉侯和齊侯會宴,齊侯說:有酒如澠水。比喻中指的就是這條水。時水又折向東北,流經博昌城北。時水又東北流經齊利縣舊城北,又東北流經巨淀縣舊城北,又東北流經廣饒縣舊城北,往東北注入淄水。《地理風俗記》說:淄水注入濡水。《淮南子》說:白公問孔子對陰謀密事的看法,說道:如果把水倒入水中,會怎麼樣? 孔子說:淄水、澠水混合起來,易牙只要嘗一口就會知道。說的就是這條水。

又東北入于海。

24　淄水注入馬車瀆,往東北亂流經琅槐舊城南,又東北流經馬井城北,與時水、澠水互相通稱,所以城就以水為名傳下來了。淄水又東北流到皮丘坑,注入大海。因此晏謨、伏琛都說:淄水、澠水在皮丘坑西匯合。《地理志》說:馬車瀆流到琅槐注入大海,這是指縣而言。

汶　水

汶水出朱虛縣泰山，

山上有長城，西接岱山，東連琅邪巨海，千有餘里，蓋田氏之所造也。《竹書紀年》梁惠成王二十年，齊築防以爲長城。《竹書》又云：晉烈公十二年，王命韓景子、趙烈子、翟員伐齊，入長城。《史記》所謂齊威王越趙侵我，伐長城者也。伏琛、晏謨竝言：水出縣東南崵山，山在小泰山東者也。

北過其縣東，

汶水自縣東北逕部城北，《地理風俗記》曰：朱虛縣東四十里有部城亭，故縣也。又東北逕管寧冢東，故晏謨言，柴阜西南有魏獨行君子管寧墓，墓前有碑。又東北逕柴阜山北，山之東有徵士邴原冢，碑誌存焉。汶水又東北逕漢青州刺史孫嵩墓西，有碑碣。汶水又東逕安丘縣故城北，漢高帝八年，封將軍張説爲侯國。《地理志》曰：王莽之誅郅也。孟康曰：今渠丘亭是也。伏琛、晏謨《齊記》竝言：莒渠丘亭在安丘城東北十里。非矣。城對牟山，山之西南有孫賓碩兄弟墓，碑誌竝在也。

又北過淳于縣西，又東北入于濰。

故夏后氏之斟灌國也。周武王以封淳于公，號曰淳于國。《春秋》桓公六年，冬，州公如曹。《傳》曰：淳于公如曹，度其國危，遂不復也。其城東北，則兩川交會也。

【語　譯】

汶水出朱虛縣泰山，

泰山上有長城，西與岱山相接，東與琅邪大海相連，全長千餘里，是田氏所築。《竹書紀年》載：梁惠成王二十年（公元前三五〇年），齊國修築防禦工事，造了長城。《竹書》又說：晉烈公十二年（公元前四〇四年），威烈王命令韓景子、趙烈子、翟員討伐齊國，侵入長城。《史記》所說的，齊威王通過趙國侵犯我國，攻打長城，就指此事。伏琛、晏謨都說：汶水發源於朱虛縣東南的崵山，崵山在小泰山東。

北過其縣東，

汶水從朱虛縣東北流經部城北。《地理風俗記》說：朱虛縣東四十里有個部城亭，是舊縣城。又往東北流經管寧墓東，所以晏謨說：柴阜西南有魏管寧墓。管寧是一位品德高尚不隨俗浮沉的人。墓前有一座石碑。汶水又東北流經柴阜山北，山的東面有邴原墓，邴原是個有才德而不受徵聘的人，墓前的碑記還在。汶水又東

北流經漢朝青州刺史孫嵩墓西,有墓碑。汶水又東流經安丘縣舊城北。漢高帝八
年(公元前一九九年),把該縣封給將軍張說為侯國。《地理志》說:這就是王莽時的
誅郅。孟康說:就是今天的渠丘亭。伏琛、晏謨的《齊記》都說:莒縣的渠丘亭在安
丘城東北十里。都弄錯了。城面對牟山,山的西南面有孫賓碩兄弟墓。碑文都
還在。

又北過淳于縣西,又東北入于濰。

淳于縣是古時夏后氏的斟灌國。周武王把它封給淳于公,稱為淳于國。《春秋》桓
公六年(公元前七〇六年)冬,州公到曹。《左傳》說:淳于公到了曹,估計國内形勢危
險,就沒有回去。城的東北,是汶水與濰水的匯流處。

濰　水

濰水出琅邪箕縣濰山,

1　琅邪,山名也。越王句踐之故國也。句踐并吳,欲霸中國,徙都琅邪。秦始皇二十
六年,滅齊以爲郡。城即秦皇之所築也。遂登琅邪大樂之山,作層臺于其上,謂之
琅邪臺。臺在城東南十里,孤立特顯,出于衆山,上下周二十里餘,傍濱巨海。秦
王樂之,因留三月,乃徙黔首三萬戶于琅邪山下,復十二年。所作臺基三層,層高
三丈,上級平敞,方二百餘步,廣五里。刊石立碑,紀秦功德。臺上有神淵,淵至靈
焉,人汙之則竭,齋潔則通。神廟在齊八祠中,漢武帝亦嘗登之。漢高帝呂后七
年,以爲王國,文帝三年,更名爲郡,王莽改曰填夷矣。濰水導源濰山,許慎、呂忱
云:濰水出箕屋山。《淮南子》曰:濰水出覆舟山。蓋廣異名也。

2　東北逕箕縣故城西,又西,析泉水注之,水出析泉縣北松山,東南流逕析泉縣東,又
東南逕仲固山東,北流入于濰。《地理志》曰:至箕縣北入濰者也。濰水又東北逕
諸縣故城西,《春秋》文公十二年,季孫行父城諸及鄆。《傳》曰:城其下邑也。王
莽更名諸并矣。濰水又東北,涓水注之,水出馬耳山,山高百丈,上有二石竝舉,望
齊馬耳,故世取名焉。東去常山三十里,涓水發于其陰,北逕婁鄉城東,《春秋》昭
公五年,《經》書:夏,莒牟夷以牟婁、防、茲來奔者也。又分諸縣之東爲海曲縣,故
俗人謂此城爲東諸城,涓水又北注于濰水。

東北過東武縣西,

3　縣因岡爲城,城周三十里。漢高帝六年,封郭蒙爲侯國。王莽更名之曰祥善矣。
又北,左合扶淇之水,水出西南常山,東北流注濰。晏、伏竝以濰水爲扶淇之水,以

扶淇之水爲濰水,非也。按《經》脈誌,濰自箕縣北逕東武縣西北流,合扶淇之水。晏謨、伏琛云:東武城西北二里濰水者,即扶淇之水也。濰水又北,右合盧水,即久台水也。《地理志》曰:水出琅邪橫縣故山,王莽之令丘也。山在東武縣故城東南,世謂之盧山也。西北流逕昌縣故城西東北流。《齊地記》^①曰:東武城東南有盧水,水側有勝火木。方俗音曰樻子,其木經野火燒死,炭不滅,故東方朔云不灰之木者也。其水又東北流逕東武縣故城東,而西北入濰。《地理志》曰:久台水東南至東武入濰者也。《尚書》所謂濰、淄其道矣。

又北過平昌縣東,

4　濰水又北逕石泉縣故城西,王莽之養信也。《地理風俗記》曰:平昌縣東南四十里有石泉亭,故縣也。濰水又北逕平昌縣故城東,荆水注之,水出縣南荆山阜,東北流逕平昌縣故城東,漢文帝封齊悼惠王肥子卬爲侯國。城之東南角有臺,臺下有井,與荆水通,物墜于井,則取之荆水。昔常有龍出入于其中,故世亦謂之龍臺城也^②。荆水又東北流注于濰。濰水又北,浯水注之,水出浯山,世謂之巨平山也。《地理志》曰:靈門縣有高柔山、壺山,浯水所出,東北入濰。今是山西接浯山。許慎《説文》言,水出靈門山,世謂之浯汶矣。其水東北逕姑幕縣故城東,縣有五色土,王者封建諸侯,隨方受之,故薄姑氏之國也。闞駰曰:周成王時,薄姑與四國作亂,周公滅之,以封太公。是以《地理志》曰:或言薄姑也,王莽曰季睦矣。應劭曰:《左傳》曰,薄姑氏國,太公封焉。薛瓚《漢書注》云:博昌有薄姑城。未知孰是?浯水又東北逕平昌縣故城北,古塌此水以溉漑田,南注荆水。浯水又東北流,而注于濰水也。

又北過高密縣西,

5　應劭曰:縣有密水,故有高密之名也。然今世所謂百尺水者,蓋密水也。水有二源,西源出奕山,亦曰鄣日山,山勢高峻,隔絶陽曦。晏謨曰:山狀鄣日,是有此名。伏琛曰:山上鄣日,故名鄣日山也。其水東北流。東源出五弩山,西北流同瀉一壑,俗謂之百尺水。古人塌以溉田數十頃,北流逕高密縣西,下注濰水,自下亦兼通稱焉。

6　亂流歷縣西碑産山西,又東北,水有故堰,舊鑿石豎柱斷濰水,廣六十許步,掘東岍,激通長渠。東北逕高密縣故城南,明帝永平中,封鄧震爲侯國。縣南十里,蓄以爲塘,方二十餘里,古所謂高密之南都也,溉田一頃許。陂水散流,下注夷安澤。濰水自堰北逕高密縣故城西,漢文帝十六年,別爲膠西國,宣帝本始元年,更爲高密國,王莽之章牟也。

7　濰水又北,昔韓信與楚將龍且夾濰水而陣于此。信夜令爲萬餘囊,盛沙以遏濰水,
　　引軍擊且僞退,且追北,信決水,水大至,且軍半不得渡,遂斬龍且于是水。水西有
　　厲阜,阜上有漢司農卿鄭康成冢,石碑猶存。又北逕昌安縣故城東,漢明帝永平
　　中,封鄧襲爲侯國也。《郡國志》曰:漢安帝延光元年復也。

又北過淳于縣東,

8　濰水又北,左會汶水,北逕平城亭西,又東北逕密鄉亭西,《郡國志》曰:淳于縣有密
　　鄉。《地理志》:皆北海之屬縣也。應劭曰:淳于縣東北六十里有平城亭,又四十里
　　有密鄉亭,故縣也。濰水又東北逕下密縣故城西,城東有密阜。《地理志》曰:有三
　　户山祠。余按應劭曰:密者,水名,是有下密之稱。俗以之名阜,非也。

又東北過都昌縣東,

9　濰水東北逕逢萌墓,萌,縣人也,少有大節,恥給事縣亭,遂浮海至遼東,復還,在不
　　其山隱學。明帝安車徵,萌以佯狂免。又北逕都昌縣故城東,漢高帝六年,封朱軫
　　爲侯國。北海相孔融爲黃巾賊管亥所圍于都昌也,太史慈爲融求救劉備,持的突
　　圍其處也。

又東北入于海。

【注　釋】　①齊地記　書名。不見歷來公私著錄,或即伏琛、晏謨的《齊記》,酈氏敘寫書名,常有
這類隨意之例。②故世亦謂之龍臺城也　此處有佚文一條。《方輿紀要》卷三十五《山東》六《青州
府·安邱縣·平昌城》引《水經注》:“荊水經其下,亦謂之龍臺水。”當是此句下佚文。

【語　譯】

濰水出琅邪箕縣濰山,

1　琅邪是山名,原屬越王句踐的國土。句踐吞併吳國後,想稱霸中國,就遷都到琅
　　邪。秦始皇二十六年(公元前二二一年),滅了齊國,就把琅邪設立爲郡。城是秦始
　　皇所築。秦始皇築城後,就登上琅邪的大樂山,在山上修築了層臺,稱爲琅邪臺。
　　臺在城東南十里,亭亭獨立,在眾山之中顯得格外突出。山周圍二十里有餘,靠近
　　海濱。秦始皇很高興,因此在這裡逗留了三個月,他把三萬戶平民遷移到琅邪山
　　下,豁免賦稅十二年。他修築的高臺,臺基高三層,每層高三丈。上層平坦寬敞,
　　二百餘步見方,寬廣五里。又刻石立碑,記載秦始皇的功德。臺上有個神淵,非常
　　靈驗,如有人將水弄髒,它就會枯竭;如誠心誠意,保持潔淨,水就暢通。這裡的神
　　廟是齊地八祠之一,漢武帝也曾登臨。漢高帝呂后七年(公元前一八一年),把這裡
　　立爲王國,文帝三年(公元前一七七年),改名爲郡。王莽又改稱填夷。濰水發源於

濰山。許慎、呂忱都說:濰水發源於箕屋山。《淮南子》說:濰水發源於覆舟山。這
些都是此山的異名。

2 濰水東北流經箕縣舊城西,又西流,析泉水注入。析泉水發源於析泉縣北的松山,
東南流經析泉縣東,又東南流經仲固山東,往北注入濰水。《地理志》說:析泉水流
到箕縣,往北注入濰水。濰水又東北流經諸縣舊城西。《春秋》文公十二年(公元前
六一五年),季孫行父修築了諸城和鄆城。《左傳》說:在諸邑和鄆邑築城。王莽改
名為諸并。濰水又東北流,涓水注入。涓水發源於馬耳山,山高百丈,山頂有兩塊
巖石相對並峙,望去像馬耳一樣,因此世人取名為馬耳山。此山東距常山三十里,
涓水發源於山的北麓,北流經婁鄉城東。《春秋》昭公五年(公元前五三七年),《經》
載:夏,莒牟夷帶了牟婁、防、茲諸亭前來投奔。又把諸縣的東部劃分出來立為海
曲縣,所以民間稱此城為東諸城。涓水又往北注入濰水。

東北過東武縣西,

3 東武縣利用山岡地勢築城,周圍三十里。漢高帝六年(公元前二〇一年),把該縣封
給郭蒙為侯國。王莽改名為祥善。濰水又北流,左岸與扶淇水匯合,扶淇水發源
於西南方的常山,東北流注入濰水。晏謨、伏琛都以為濰水就是扶淇水。二人把
扶淇水當作濰水,都弄錯了。根據《水經》的水脈記載,濰水從箕縣北流經東武縣
後西北流,與扶淇水匯合。晏謨、伏琛說:東武城西北二里的濰水,就是扶淇水。
濰水又北流,右岸與盧水匯合,盧水就是久台水。《地理志》說:盧水發源於琅邪橫
縣故山。橫縣就是王莽時的令丘。山在東武縣舊城東南,世人稱為盧山。盧水往
西北流經昌縣舊城西再轉而東北流。《齊地記》說:東武城東南有盧水,水旁有勝
火木,當地方言稱樨子。這些樹木經野火燒死,成了炭仍不會消滅,因此東方朔稱
為不灰之木。盧水又東北流經東武縣舊城東,往西北注入濰水。《地理志》說:久
台水東南流到東武注入濰水,指的就是這條濰水。此即《尚書》所說的濰水、淄水
都已疏通。

又北過平昌縣東,

4 濰水又北流經石泉縣舊城西,就是王莽時的養信。《地理風俗記》說:平昌縣東南
四十里有石泉亭,是個舊縣城。濰水又北流經平昌縣舊城東,荊水注入。荊水發
源於縣南的荊山阜,東北流經平昌縣舊城東。漢文帝把該縣封給齊悼惠王劉肥的
兒子劉卬為侯國。城的東南角有一座臺,臺下有井,與荊水相通,有什麼掉到井
裡,可在荊水取回。從前常有龍出入其中,所以民間又稱為龍臺城。荊水又東北
流注入濰水。濰水又北流,浯水注入。浯水發源於浯山,世人稱為巨平山。《地理
志》說:靈門縣有高屎山、壺山,是浯水的發源地,東北流,注入濰水。今天此山西

與浯山相連接。許慎《說文》說:浯水發源於靈門山,世人稱為浯汶水。浯水東北流經姑幕縣舊城東,該縣有五色土,帝王分封諸侯時,包起不同顏色的土,按方位授給諸侯。這是從前薄姑氏的國家。闞駰說:周成王時,薄姑和四國叛亂。周公滅了它,封給太公。因此《地理志》說:也有人叫它薄姑。王莽則稱它為季睦。應劭說:《左傳》說:薄姑氏國,太公即封於此。薛瓚《漢書注》說:博昌有薄姑城。不知誰是誰非?浯水又東北流經平昌縣舊城北,古時在此築堰截流,用來灌溉農田,南流注入荊水。浯水又東北流,注入濰水。

又北過高密縣西,

5　應劭說:縣裡有密水,因此有高密之名。現在所說的百尺水就是密水。密水有兩個源頭。西源出自奕山,也稱鄣日山,山勢高峻,擋住了陽光。晏謨說:山形蔽障了日光,因有此名。伏琛說:山峰蔽障了太陽,所以稱鄣日山。西源水往東北流。東源水出自五弩山,西北流,與西源水一同流瀉入一條山谷,民間稱為百尺水。古人在此攔河築堰,灌溉田地數十頃。百尺水北流經高密縣西。下流注入濰水,自此以下,濰水與百尺水也互兼通稱了。

6　濰水亂流經過縣西碑產山西,又東北流,水上有舊堰,從前鑿石豎柱阻斷濰水,堰寬六十多步,掘開東岸,引水通長渠。濰水東北流經高密縣舊城南。明帝永平年間(公元五八—七五年),把高密縣封給鄧震為侯國。縣南十里,蓄水為塘,方圓二十餘里,就是古時所說的高密南都,灌溉農田約一頃。塘水散流,向下注入夷安澤。濰水從堤堰北流經高密縣舊城西,漢文帝十六年(公元前一六四年),分該縣另立膠西國。宣帝本始元年(公元前七三年),又改名為高密國,就是王莽時的章牟。

7　濰水又北流,從前韓信與楚將龍且在此處隔著濰水列陣。夜裡韓信命部下準備了一萬多只袋子,裝滿沙子堵住濰水,然後率軍攻擊龍且,假裝敗退。龍且向北追擊,韓信決水,大水突然沖下,龍且的部隊一半渡不過來,於是就在此水上殺了龍且。水的西岸有厲阜,這座小山上有漢朝司農卿鄭康成墓,石碑還在。濰水又北流經昌安縣舊城東。漢明帝永平年間,把該縣封給鄧襲為侯國。《郡國志》說:漢安帝延光元年(公元一二二年)恢復為縣。

又北過淳于縣東,

8　濰水又北流,左岸與汶水匯合,北流經平城亭西,又東北流經密鄉亭西。《郡國志》說:淳于縣有密鄉。《地理志》說:都是北海郡的屬縣。應劭說:淳于縣東北六十里有平城亭,又四十里有密鄉亭,從前是縣。濰水又往東北流經下密縣舊城西,城東有密阜。《地理志》說:有三戶山祠。我查考過,應劭說:密是水名,確有下密之稱。但民間用這名字來稱呼小山岡,這就不對了。

又東北過都昌縣東，

9　濰水東北流經逄萌墓。逄萌，都昌縣人，少年時就很有志操，以在縣亭供職為恥，就渡海到遼東，回來後在不其山隱居讀書。明帝備車徵聘，逄萌假裝癲狂，沒有應聘。濰水又北流經都昌縣舊城東。漢高帝六年（公元前二○一年），把該縣封給朱軫為侯國。北海宰相孔融曾被黃巾賊管亥圍困在都昌。太史慈替孔融去向劉備求救，手持擋箭牌突圍，就是這地方。

又東北入于海。

膠　水

膠水出黔陬縣膠山，北過其縣西，

《齊記》曰：膠水出五弩山。蓋膠山之殊名也。北逕祝茲縣故城東，漢武帝元鼎中，封膠東康王子延爲侯國。又逕扶縣故城西，《地理志》：琅邪之屬縣也。漢文帝元年，封呂平爲侯國。膠水又北逕黔陬故城西，袁山松《郡國志》曰：縣有介亭。《地理志》曰：故介國也。《春秋》僖公九年[①]，介葛盧來朝，聞牛鳴，曰：是生三犧皆用之。問之果然。晏謨、伏琛竝云：縣有東、西二城，相去四十里，有膠水。非也，斯乃拒艾水也。水出縣西南拒艾山，即《齊記》所謂黔艾山也。東北流逕柜縣故城西，王莽之袚同也。世謂之王城，又謂是水爲洋水矣。又東北流，晏、伏所謂黔陬城西四十里有膠水者也。又東入海。《地理志》：琅邪有柜縣，根艾水出焉，東入海。即斯水也。今膠水北流，逕西黔陬城東，晏、伏所謂高密郡側有黔陬縣。《地理志》曰：膠水出邦縣，王莽更之純德矣，疑即是縣，所未詳也。

又北過夷安縣東，

縣，故王莽更名之原亭也。應劭曰：故萊夷維邑也。太史公曰：晏平仲，萊之夷維之人也。漢明帝永平中，封鄧珍爲侯國，西去濰水四十里。膠水又北逕膠陽縣東，晏、伏竝謂之東亭。自亭結路，南通夷安。《地理風俗記》曰：淳于縣東南五十里有膠陽亭，故縣也。又東北流，左會一水，世謂之張奴水，水發夷安縣東南阜下，西北流歷膠陽縣注于膠。膠水之左爲澤渚，東北百許里，謂之夷安潭，潭周四十里，亦濰水枝津之所注也。膠水又東北逕下密縣故城東，又東北逕膠東縣故城西，漢高帝元年，別爲國，景帝封子寄爲王國，王莽更之郁秩也，今長廣郡治。伏琛、晏謨言，膠水東北迴達于膠東城北百里，流注于海。

又北過當利縣西，北入于海。

縣,故王莽更名之爲東萊亭也。又北逕平度縣,漢武帝元朔二年,封菑川懿王子劉衍爲侯國,王莽更名之曰利盧也。縣有土山,膠水北歷土山注于海。海南,土山以北悉鹽坑,相承脩煮不輟。北眺巨海,杳冥無極,天際兩分,白黑方別,所謂溟海者也。故《地理志》曰:膠水北至平度入海也。

【注　釋】　①春秋僖公九年　《水經注釋》作"《春秋》僖公二十九年",《水經注疏》與趙本同。《疏》:"朱脱'二十'二字,戴同,趙增。"其事確在僖公二十九年,殿本誤。今依此語譯於後。

【語　譯】

膠水出黔陬縣膠山,北過其縣西,

　　《齊記》說:膠水發源於五弩山,就是膠山的別名。膠水北流經祝茲縣舊城東。漢武帝元鼎年間(公元前一一六—前一一一年),把該縣封給膠東康王的兒子劉延爲侯國。又流經扶縣舊城西。據《地理志》,這是琅邪的屬縣。漢文帝元年(公元前一七九年),把該縣封給呂平爲侯國。膠水又北流經黔陬縣舊城西,袁山松《郡國志》說:黔陬縣有介亭。《地理志》說:這裡是從前的介國。《春秋》僖公二十九年(公元前六三一年),介國葛盧來朝見,聽到牛鳴聲,說:這頭牛生了三頭純色的牛犢,都已用來祭祀了,經查問果然如此。晏謨、伏琛都說:黔陬縣有東西兩座城,相距四十里,有膠水。這話不對,那是拒艾水。拒艾水發源於黔陬縣西南的拒艾山,就是《齊記》所說的黔艾山。東北流經柜縣舊城西,這就是王莽時的袚同,人們稱爲王城,又稱這條水爲洋水。拒艾水又東北流,晏謨、伏琛說黔陬城西四十里有膠水,就指此水。拒艾水又東流入海。《地理志》:琅邪郡有柜縣,根艾水發源於此,東流入海。指的就是此水。現在膠水北流經西黔陬城東,晏謨、伏琛說高密郡城旁有黔陬縣。《地理志》說:膠水發源於邘縣。王莽改名爲純德。可能就是黔陬縣,但還弄不清楚。

又北過夷安縣東,

　　夷安縣,從前王莽曾改名爲原亭。應劭說:夷安縣是從前萊國的夷維邑。太史公說:晏平仲是萊國夷維人。漢明帝永平年間(公元五八—七五年),把這裡封給鄧珍爲侯國,這裡西距濰水四十里。膠水又北流經膠陽縣東,晏謨、伏琛都稱此地爲東亭。此亭有路南通夷安。《地理風俗記》說:淳于縣東南五十里有膠陽亭,是個舊縣城。膠水又東北流,左岸與一條水匯合,世人稱此水爲張奴水。張奴水發源於夷安縣東南的山岡下,西北流經膠陽縣後注入膠水。膠水的左邊是澤渚,東北方一百來里,稱爲夷安潭,潭周圍四十里,濰水支流也注入此潭。膠水又東北流經下密縣舊城東,又東北流經膠東縣舊城西。漢高帝元年(公元前二〇六年),另立爲國,景帝把它封給兒子劉寄為王國。王莽改名為郁秩。今天是長廣郡的治所。伏琛、晏謨說:膠水向東北迂迴流到膠東城北一百里,注入大海。

又北過當利縣西,北入于海。

當利縣,從前王莽曾改名為東萊亭。膠水又北流經平度縣。漢武帝元朔二年(公元前一二七年),把該縣封給菑川懿王的兒子劉衍為侯國。王莽改名為利盧。縣裡有土山,膠水北流經土山,注入大海。大海以南、土山以北,都是鹽場,鹽民在此世世代代煮鹽,從未中斷。在這裡向北眺望,大海渺遠蒼茫,無邊無際,水天相接,界線分明,這就是所謂的溟海。因此《地理志》說:膠水北流到平度注入大海。

【研　析】《水經注》對今山東半島河流置卷立篇,這些實在都是小河,但酈道元卻寫得生動細膩,顯然和他的經歷有關。因為這個地區是他少年時代隨父遊居之處,讓他畢生都值得回憶。他父親酈範,曾兩度出任青州刺史,此州正在今山東半島北部,州治在今濰坊以西的益都一帶,卷中立篇的巨洋水就在這裡。《注》文對於此水的一條小支流熏冶泉,寫出一篇絕妙文章:"水色澄明而清冷特異,淵無潛石,淺鏤沙文,中有古壇,參差相對,後人微加功飾,以為嬉遊之處。南北遼岸凌空,疎木交合。先公以太和中,作鎮海岱。余總角之年,侍節東州。至若炎夏火流,閑居倦想,提琴命友,嬉娛永日。桂筍尋波,輕林委浪,琴歌既洽,歡情亦暢。是焉棲寄,寔可憑衿。小東有一湖,佳饒鮮筍,匪直芳齊芍藥,寔亦潔竝飛鱗。其水東北流入巨洋,謂之熏冶泉。"文章不到二百言,既是一種回憶,又是一篇遊記,令人百讀不厭。此外,《淄水》篇中,又在一條名為石井水的小支流上,回憶了他的少年故事:"陽水又東北流,石井水注之。水出南山,山頂洞開,望若門焉,俗謂是山為礜頭山。其水北流注井,井際廣城東側,三面積石,高深一匹有餘。長津激浪,瀑布而下,澎贔之音,驚川聒谷,漰渀之勢,狀同洪河,北流入陽水。余生長東齊,極遊其下,于中闊絕,乃積綿載,后因王事,復出海岱,郭金、紫惠同石井,賦詩言意,彌日嬉娛,尤慰羈心,但恨此水時有通塞耳。"說明他曾經再次來到此處,回憶舊日,文章情意更深。上述兩段短文,與卷十二《巨馬水》篇中描敘他的家鄉酈亭溝水一樣,都寫他的童年和少年的回憶,文筆雋永,感情至深,在《水經注》全書中都是難得的篇章。

卷二十七　沔水

【題　解】　卷二十七、二十八、二十九等三卷為《沔水》（卷二十九除沔水外還有其他幾條小水）。《沔水》是全書中占三卷篇幅的大河之一，即今漢江，是長江的重要支流。漢江是一條大河，全長一千五百公里，流域面積達十六萬平方公里，在長江的許多支流中位居第一。中國的最早地理書之一《禹貢》說："浮于潛，逾于沔。"所以今漢江很早就稱為沔水，在古代也有稱為漢水的。《漢書・地理志》說："漢水受氐道水，一名沔。"所以"沔"、"漢"是同水異名。但《水經》只稱沔水，不稱漢水，《水經注》則沔、漢並見。此卷是三卷中的首卷，《注》文按《經》文從此水發源的武都郡沮縣寫起。沮縣是西漢所置縣，在今陝西略陽東。全篇記敘的均為今漢江上游。

沔水出武都沮縣東狼谷中，

1　沔水一名沮水。闞駰曰：以其初出沮洳①然，故曰沮水也，縣亦受名焉。導源南流，泉街水注之，水出河池縣，東南流入沮縣，會于沔。沔水又東南逕沮水戍，而東南流注漢，曰沮口，所謂沔漢者也。《尚書》曰：嶓冢導漾，東流為漢。《山海經》所謂漢出鮒嵎山也。東北流得獻水口。庾仲雍云：是水南至關城合西漢水。漢水又東北合沮口，同為漢水之源也。故如淳曰：此方人謂漢水為沔水。孔安國曰：漾水東流為沔。蓋與沔合也。至漢中為漢水，是互相通稱矣。

2　沔水又東逕白馬戍南，濜水入焉。水北發武都氐中，南逕張魯城東。魯，沛國張陵孫,陵學道于蜀鶴鳴山,傳業衡,衡傳于魯,魯至行寬惠,百姓親附,供道之費,米限五斗,故世號五斗米道。初平中,劉焉以魯爲督義司馬,住漢中,斷絕谷道,用遠城治,因即崤嶺,周迴五里,東臨濬谷,杳然百尋,西北二面,連峯接崖,莫究其極,從南爲盤道,登陟二里有餘。瀘水又南逕張魯治東,水西山上有張天師堂,于今民事之。庾仲雍[②]謂山爲白馬塞,堂爲張魯治。東對白馬城,一名陽平關。瀘水南流入沔,謂之瀘口。其城西帶瀘水,南面沔川,城側二水之交,故亦曰瀘口城矣。

3　沔水又東逕武侯壘南,諸葛武侯所居也。南枕沔水,水南有亮壘,背山向水,中有小城,迴隔難解。沔水又東逕沔陽縣故城南,城,舊言漢祖在漢中,蕭何所築也。漢建安二十四年,劉備并劉璋,北定漢中,始立壇,即漢中王位于此。其城南臨漢水,北帶通逵,南面崩水三分之一,觀其遺略,厥狀時傳。南對定軍山,曹公南征漢中,張魯降,乃命夏侯淵等守之。劉備自陽平關南渡沔水,遂斬淵首,保有漢中。諸葛亮之死也,遺令葬于其山,因即地勢,不起墳壟,惟深松茂柏,攢蔚川阜,莫知墓塋所在。

4　山東名高平,是亮宿營處,有亮廟。亮薨,百姓野祭,步兵校尉習隆、中書郎向充共表云:臣聞周人思召伯之德,甘棠爲之不伐;越王懷范蠡之功,鑄金以存其像[③]。亮德軌遐邇,勳蓋來世,王室之不壞,寔賴斯人,而使百姓巷祭,戎夷野祀,非所以存德念功,追述在昔者也。今若盡順民心,則瀆而無典,建之京師,又逼宗廟,此聖懷所以惟疑也。臣謂宜近其墓,立之沔陽,斷其私祀,以崇正禮。始聽立祀斯廟,蓋所啓置也。鍾士季征蜀,枉駕設祠。壘東,即八陣圖也,遺基略在,崩褫難識。

5　沔水又東逕西樂城北,城在山上,周三十里,甚險固,城側有谷,謂之容裘谷。道通益州,山多羣獠,諸葛亮築以防遏。梁州刺史楊亮,以即險之固,保而居之,爲苻堅所敗,後刺史姜守、潘猛,亦相仍守此城。城東,容裘溪水注之,俗謂之洛水也。水南導巴嶺山,東北流,水左有故城,憑山即險,四面阻絕,昔先主遣黃忠據之,以拒曹公。溪水又北逕西樂城東,而北流注于漢[④]。漢水又左得度口水,出陽平北山,水有二源:一曰清檢,出佳鱖;一曰濁檢,出好鮒。常以二月、八月取之,美珍常味。度水南逕陽平縣故城東,又南逕沔陽縣故城東,西南流注于漢水。

6　漢水又東,右會溫泉水口,水發山北平地,方數十步,泉源沸湧,冬夏湯湯,望之則白氣浩然,言能瘥百病云。洗浴者皆有硫黃氣,赴集者常有百數。池水通注漢水,漢水又東,黃沙水左注之,水北出遠山,山谷遼險,人跡罕交。溪曰五丈溪,水側有黃沙屯,諸葛亮所開也。其水南注漢水,南有女郎山,山下有女郎冢,遠望山墳,嵬嵬狀高,及即其所,裁有墳形。山上直路下出,不生草木,世人謂之女郎道。下有女郎廟及擣衣石,言張魯女也。有小水北流入漢,謂之女郎水。

7　漢水又東合褒水,水西北出衙嶺山,東南逕大石門,歷故棧道下谷,俗謂千梁無柱
也。諸葛亮《與兄瑾書》⑤云:前趙子龍退軍,燒壞赤崖以北閣道,緣谷百餘里,其
閣梁一頭入山腹,其一頭立柱于水中。今水大而急,不得安柱,此其窮極,不可強
也。又云:頃大水暴出,赤崖以南橋閣悉壞,時趙子龍與鄧伯苗,一戍赤崖屯田,一
戍赤崖口,但得緣崖與伯苗相聞而已。後諸葛亮死于五丈原,魏延先退而焚之,謂
是道也。自後按舊脩路者,悉無復水中柱,逕涉者浮梁振動,無不搖心眩目也。

8　褒水又東南逕三交城,城在三水之會故也。一水北出長安,一水西北出仇池,一水
東北出太白山,是城之所以取名矣。褒水又東南得丙水口,水上承丙穴,穴出嘉
魚,常以三月出,十月入地。穴口廣五六尺,去平地七八尺,有泉懸注,魚自穴下透
入水。穴口向丙,故曰丙穴,下注褒水。故左思稱嘉魚出于丙穴,良木攢于褒
谷矣。

9　褒水又東南歷小石門,門穿山通道,六丈有餘。刻石言:漢明帝永平中,司隸校尉
犍爲楊厥之所開。逮桓帝建和二年,漢中太守同郡王升,嘉厥開鑿之功,琢石頌
德,以爲石牛道。來敏《本蜀論》⑥云:秦惠王欲伐蜀而不知道,作五石牛,以金置
尾下,言能屎金。蜀王負力,令五丁引之成道。秦使張儀、司馬錯尋路滅蜀,因曰
石牛道。厥蓋因而廣之矣。《蜀都賦》⑦曰:阻以石門。其斯之謂也。門在漢中之
西,褒中之北。

10　褒水又東南歷褒口,即褒谷之南口也。北口曰斜,所謂北出褒斜。褒水又南逕褒
縣故城東,褒中縣也,本褒國矣。漢昭帝元鳳六年置。褒水又南流入于漢。漢水
又東逕萬石城下,城在高原上,原高十餘丈,四面臨平,形若覆瓮。水南遏水爲阻,
西北臤帶漢水。其城宿是流雜聚居,故世亦謂之流雜城。漢水又東逕漢廟堆下,
昔漢女所遊。側水爲釣臺,後人立廟于臺上,世人覩其頹基崇廣,因謂之漢廟堆。
傳呼乖實,又名之爲漢武堆。非也。

東過南鄭縣南,

11　縣,故褒之附庸也。周顯王之世,蜀有褒漢之地,至六國,楚人兼之。懷王衰弱,秦
略取焉。周赧王二年,秦惠王置漢中郡,因水名也。《耆舊傳》云:南鄭之號,始于
鄭桓公。桓公死于犬戎,其民南奔,故以南鄭爲稱。即漢中郡治也。漢高祖入秦,
項羽封爲漢王。蕭何曰:天漢,美名也。遂都南鄭。大城周四十二里,城內有小
城,南憑津流,北結環雉,金墉漆井,皆漢所脩築,地沃川險,魏武方之雞肋。曰:釋
騏驥而不乘焉。皇皇而更求,遂留杜子緒鎮南鄭而還。

12　晉咸康中,梁州刺史司馬勳斷小城東面三分之一,以爲梁州漢中郡南鄭縣治也。
自齊、宋、魏,咸相仍焉。水南即漢陰城也,相承言呂后所居也。有廉水出巴嶺山,

北流逕廉川，故水得其名矣。廉水又北注漢水。漢水右合池水，水出旱山，山下有祠，列石十二，不辨其由，蓋社主之流，百姓四時祈禱焉。俗謂之獠子水，夾溉諸田，散流左注漢水。

13　漢水又東得長柳渡，長柳，村名也。漢太尉李固墓，碑銘尚存，文字剝落，不可復識。漢水又東逕胡城南，義熙十五年[8]，城上有密雲細雨，五色昭彰，人相與謂之慶雲休符。當出曉而雲霽，乃覺城崩，半許淪水，出銅鐘十二枚，刺史索邈奉送洛陽，歸之宋公府。南對扁鵲城，當是越人舊所逕涉，故邑流其名耳。

14　漢水出于二城之間，右會磐余水，水出南山巴嶺上，泉流兩分，飛清派注，南入蜀水，北注漢津，謂之磐余口。庾仲雍曰：磐余去胡城二十里。漢水又左會文水，水，即門水也，出胡城北山石穴中。長老云：杜陽有仙人宮，石穴宮之前門。故號其川爲門川，水爲門水。東南流逕胡城北，三城奇對，隔谷羅布，深溝固壘，高臺相距。門水右注漢水，謂之高橋溪口。漢水又東，黑水注之，水出北山，南流入漢。庾仲雍曰：黑水去高橋三十里。《諸葛亮牋》[9]云：朝發南鄭，暮宿黑水，四五十里。指謂是水也，道則百里也[10]。

又東過成固縣南，又東過魏興安陽縣南，涔水出自旱山北注之。

15　常璩《華陽國志》曰：蜀以成固爲樂城縣也。安陽縣故隸漢中，魏分漢中立魏興郡，安陽隸焉。涔水出西南[11]而東北入漢，左谷水出西北，即壻水也。北發聽山，山下有穴水，穴水東南流歷平川中，謂之壻鄉，水曰壻水。川有唐公祠，唐君字公房，成固人也，學道得仙，入雲臺山，合丹服之，白日升天，雞鳴天上，狗吠雲中，惟以鼠惡留之，鼠乃感激，以月晦日，吐腸胃更生，故時人謂之唐鼠也。公房升仙之日，壻行未還，不獲同階雲路，約以此川爲居，言無繁霜蛟虎之患，其俗以爲信然，因號爲壻鄉，故水亦即名焉。百姓爲之立廟于其處也，刊石立碑，表述靈異。

16　壻水南歷壻鄉溪，出山東南流，逕通關勢南，山高百餘丈，上有匈奴城，方五里，濬塹三重，高祖北定三秦，蕭何守漢中，欲脩北道通關中，故名爲通關勢。

17　壻水又東逕七女冢，冢夾水，羅布如七星，高十餘丈，周迴數畝。元嘉六年，大水破塚，塚崩，出銅不可稱計。得一塼，刻云：項氏伯無子，七女造塾。世人疑是項伯冢。水北有七女池，池東有明月池，狀如偃月，皆相通注，謂之張良渠，蓋良所開也。壻水逕樊噲臺南，臺高五六丈，上容百許人。又東南逕大成固北，城乘高勢，北臨壻水。水北有韓信臺，高十餘丈，上容百許人，相傳高祖齋七日，置壇設九賓禮，以禮拜信也。壻水東迴南轉，又逕其城東而南入漢水，謂之三水口也。漢水又東會益口水，出北山益谷，東南流注于漢水。漢水又東至灙城南，與洛谷水合。水北出洛谷，谷北通長安，其水南流，右則灙水注之，水發西溪，東南流合爲一水，亂流南出際其城,西南注漢水。

18　漢水又東逕小成固南,州治大成固,移縣北⑫,故曰小成固。城北百二十里有興勢坂,諸葛亮出洛谷,戍興勢,置烽火樓處,通照漢水。東歷上濤,而逕于龍下,蓋伏石驚湍,流屯激怒,故有上、下二濤之名。龍下,地名也。有丘櫪墟墟,舊謂此館爲龍下亭。自白馬迄此,則平川夾勢,水豐壤沃,利方三蜀矣。度此溯洄從漢,爲山行之始。

19　漢水又東逕石門灘,山峽也。東會酉水,水北出秦嶺西谷,南歷重山與寒泉合。水東出寒泉嶺,泉湧山頂,望之交橫,似若瀑布,頹波激石,散若雨灑,勢同厭原風雨之池。其水西流入于酉水。酉水又南注漢,謂之酉口。漢水又東逕娥虛灘,《世本》曰:舜居娥汭,在漢中西城縣。或言娥虛⑬在西北,舜所居也。或作姚虛,故後或姓姚,或姓娥,娥、姚之異是妄,未知所從。余按應劭之言,是地于西城爲西北也。

20　漢水又東逕猴徑灘,山多猴猿,好乘危綴飲,故灘受斯名焉。漢水又東逕小、大黃金南,山有黃金峭,水北對黃金谷,有黃金戍,傍山依峭,險折七里,氐掠漢中,阻此爲戍,與鐵城相對。一城在山上,容百餘人;一城在山下,可置百許人。言其險峻,故以金鐵制名矣。昔楊難當令魏興太守薛健據黃金,姜寶據鐵城,宋遣秦州刺史蕭思話西討,話令陰平太守蕭垣⑭攻拔之。賊退酉水矣。

21　漢水又東合蘧蒢溪口,水北出就谷,在長安西南,其水南流逕巴溪戍西,又南逕陽都坂東,坂自上及下,盤折十九曲,西連寒泉嶺。《漢中記》曰:自西城涉黃金峭、寒泉嶺、陽都坂,峻崿百重,絕壁萬尋,既造其峰,謂已踰嵩、岱,復瞻前嶺,又倍過之。言陟羊腸,超煙雲之際,顧看向塗,杳然有不測之險。山豐野牛、野羊,騰巖越嶺,馳走若飛,觸突樹木,十圍皆倒,山殫艮阻,地窮坎勢矣。

22　其水南歷蘧蒢溪,謂之蘧蒢水,而南流注于漢,謂之蒢口。漢水又東,右會洋水,川流漫闊,廣幾里許。洋水導源巴山⑮,東北流逕平陽城,《漢中記》曰:本西鄉縣治也。自成固南入三百八十里,距南鄭四百八十里。洋川者,漢戚夫人之所生處也。高祖得而寵之,夫人思慕本鄉,追求洋川米,帝爲驛致長安,蠲復其鄉,更名曰縣。故又目其地爲祥川,用表夫人載誕之休祥也。城即定遠矣。漢順帝永光七年⑯,封班超以漢中郡南鄭縣之西鄉,爲定遠侯,即此也。洋水又東北流入漢,謂之城陽水口也。

23　漢水又東歷敖頭,舊立倉儲之所,傍山通道,水陸險湊,魏興安康縣治,有戍,統領流雜。漢水又東合直水,水北出子午谷巖嶺下,又南枝分,東注旬水。又南逕蓆閣下,山上有戍,置于崇阜之上,下臨深淵,張子房燒絕棧閣,示無還也。又東南歷直

谷,逕直城西,而南流注漢。漢水又東逕直城南,又東逕千渡而至蝦蟇頡,歷漢陽、
潕口而屆于彭溪、龍竈矣。竝溪澗灘磧之名也。漢水又東逕晉昌郡之寧都縣南,
縣治松溪口。又東逕魏興郡廣城縣,縣治王谷。谷道南出巴獠,有鹽井,食之令人
癭疾。漢水又東逕魚脯谷口,舊西城、廣城二縣,指此谷而分界也。

又東過西城縣南,

24 漢水又東逕鱉池南鯨灘[17]。鯨,大也。《蜀都賦》曰:流漢湯湯,驚浪雷奔,望之天
迴,即之雲昏者也。漢水又東逕嵐谷北口,嶂遠溪深,澗峽險邃,氣蕭蕭以瑟瑟,風
颸颸而飀飀。故川谷擅其目矣。漢水又東,右得大勢,勢阻急溪,故亦曰急勢也。
依山爲城,城周二里,在峻山上,梁州督護吉挹所治,苻堅遣偏軍韋鍾伐挹,挹固守
二年,不能下,無援遂陷。漢水右對月谷口,山有坂月川[18],于中黃壤沃衍,而桑麻
列植,佳饒水田。故孟達《與諸葛亮書》[19],善其川土沃美也。

25 漢水又東逕西城縣故城南,《地理志》:漢中郡之屬縣也。漢末爲西城郡。建安二
十四年,劉備以申儀爲西城太守。儀據郡降魏,魏文帝改爲魏興郡治,故西城縣之
故城也。氏略漢川,梁州移治于此。城內有舜祠、漢高帝廟,置民九户,歲時奉祠
焉。漢水又東爲鱣湍,洪波渀盪,漰浪雲頽。古耆舊言,有鱣魚奮鰭遡流,望濤直
上,至此則暴鰓失濟,故因名湍矣。漢水又東合旬水,水北出旬山,東南流逕平陽
戍下,與直水枝分東注。逕平陽戍入旬水[20]。旬水又東南逕旬陽縣與柞水合,水西
出柞溪,南流逕重巖堡,西屈而東流逕其堡南,東南注于旬水。旬水又東南逕旬陽
縣南,縣北山有懸書崖,高五十丈,刻石作字,人不能上,不知所道。山下有石壇,
上有馬跡五所,名曰馬跡山。旬水東南注漢,謂之旬口。漢水又東逕木蘭寨南,右
岸有城,名伎陵城,周迴數里,左岸壘石數十行,重壘數十里,中謂是處爲木蘭寨
云。吳朝遣軍救孟達于此矣。

26 漢水又東,左得育溪,興晉、旬陽二縣,分界于是谷。漢水又東合甲水口,水出秦嶺
山,東南流逕金井城南,又東逕上庸郡北,與關袱水合。水出上洛陽亭縣北青泥西
山,南逕陽亭聚西,俗謂之平陽水。南合豐鄉川水,水出弘農豐鄉東山,西南流逕
豐鄉故城南。京相璠曰:南鄉淅縣有故豐鄉,《春秋》所謂豐淅也。于《地理志》屬
弘農。今屬南鄉。又西南合關袱水。關袱水又南入上津注甲水。甲水又東南逕
魏興郡之興晉縣南,晉武帝太康中立。甲水又東,右入漢水。漢水又東爲龍淵,淵
上有胡鼻山,石類胡人鼻故也。下臨龍井渚,淵深數丈。

27 漢水又東逕魏興郡之錫縣故城北,爲白石灘。縣,故《春秋》之錫穴地也,故屬漢
中,王莽之錫治也。縣有錫義山,方圓百里,形如城。四面有門,上有石壇,長數十
丈[21],世傳列仙所居,今有道士被髮餌术,恒數十人。山高谷深,多生薇蘅草,其草

有風不偃，無風獨搖。漢水又東逕長利谷南，入谷有長利故城，舊縣也。漢水又東歷姚方，蓋舜後枝居是處，故地留姚稱也。

【注　釋】　①沮洳　水邊低濕之地。②庾仲雍　此指其所撰《漢水記》。《隋書·經籍志》著錄五卷，晉庾仲雍撰，《兩唐志》著錄同。《初學記》、《藝文類聚》等均有引及。已亡佚，無輯本。③越王懷范蠡之功二句　酈道元在其書中多處推崇范蠡。如卷六《涑水》、卷七《濟水》、卷三十一《淯水》、卷三十二《夏水》、卷四十《漸江水》等篇，包括此卷"越王懷范蠡之功，鑄金以存其像"，各卷引及達十一次之多。全書引及人物，除夏禹外，以范蠡為多。④而北流注于漢　殿本此處有戴震按語："《注》內自此以下稱漢。"⑤與兄瑾書　書信名。據下文所引，則所述並非一書內之言，當有二書，故清張澍所輯《諸葛忠武侯集》文集卷一中，此卷所敘作為二書收入。其一題為《與兄瑾言趙雲燒赤崖閣道書》，其二題為《與兄瑾言大水赤崖橋閣盡壞書》。張澍案云："《蜀志·趙雲傳》云：亮據漢中，出軍，揚聲由斜谷道。令趙雲與鄧芝往拒曹真，身攻祁山。云：芝兵弱敵強，失利于箕谷。又案《趙雲別傳》云：雲敗退，有軍資餘絹，亮欲分賜將士，雲云：軍事無利，為何有賞賜？其物請悉入赤崖府庫，須十月為冬賜。與瑾二書，即其事也。"⑥本蜀論　書名。隋唐諸志無著錄，已亡佚。撰者來敏，字敬達，義陽新野人，漢末世亂入蜀，《三國志·蜀書》有傳。⑦蜀都賦　詩賦名。此賦為晉左思所撰，非揚雄《蜀都賦》。收入於《文選》卷四、《七十家賦抄》及清嚴可均《全晉文》等。⑧義熙十五年　《水經注疏》作"義熙十三年"。《疏》："朱作'十五年'，戴、趙同。守敬按：《初學記》七、《御覽》六十二引孫巖《宋書》，言漢中城固縣，岸崩出銅鐘事，不云在何年。《書鈔》一百八引《晉起居注》稱咸熙十年，誤，晉紀年無咸熙之號也。此作義熙十五年亦誤。義熙十四年十二月，安帝崩，則義熙無十五年。據《宋書·五行志下》、《符瑞志上》，事在十三年七月，則此'十五年'當作'十三年'無疑，今訂。"⑨諸葛亮牋　書信名。據《注》文，則此牒確有，但《諸葛忠武侯集》未收。⑩道則百里也　此處《水經注疏》有熊會貞按語："句有脫文。"⑪澇水出西南　原文此句下無"而東北入漢"五字，其下又脫"左谷水出西北"六字，此按《疏》本加上。⑫移縣北　熊會貞以為此句疑有脫誤，當作"移縣治此"。今依此語譯於後。⑬或言媯虛　此處有佚文一條。《初學記》卷八《山南道》第七《媯墟》引《水經注》："在金牛縣界。"當是此段下佚文。⑭蕭垣　人名。《水經注疏》作"蕭坦"。《疏》："朱'坦'作'祖'，趙據《蕭思話傳》改，戴又改'垣'。會貞按：戴改非也。"⑮洋水導源巴山　此處有佚文一條。《寰宇記》卷一三八《山西南道》六《洋川·西鄉縣》引《水經注》："經縣東八里，北流入黃金縣界，郡因此水為名。"當是此句下佚文。⑯順帝永光七年　楊守敬以為此句當作"和帝永元七年"。今依此語譯於後。⑰漢水又東逕鱉池南鯨灘　《水經注疏》作"漢水而東逕鱉池而為鯨灘"。《疏》："朱無'為'字，趙改'而'作'為'，戴改'而'作'南'。守敬按：《初學記》七引此，'而'下有'為'字，是也。戴、趙所勘均未審。在今西城縣西。"⑱山有坂月川　《水經注疏》與殿本同，但《疏》："孫星衍據《初學記》七引此，刪上'口'字，以'山'字屬'月'合讀，改'有坂月川'作'有月坂，有月川'。會貞按：《輿地紀勝》引《元和志》，月川水出漢陰縣東梁門山，水出鈇金。《陝西通志》謂之月河，東南流，至今安康縣西入漢。"⑲與諸葛亮書　書信名。今《諸葛忠武侯集》附錄卷一收入孟達《與諸葛丞相書》及《又與諸葛丞相書》

各一,但均不涉及《注》文所引。⑳逕平陽戍入旬水　《水經注疏》熊會貞按:"此即上文敘直水所云枝分東注旬水也。當作與直水枝津合,便明。《注》文欠簡明。"語譯省去本句,以順文理。㉑長數十丈　《水經注疏》作"長十數丈"。《疏》:"戴乙作數十丈。會貞按:《道書福地志》作十餘丈,與十數丈合。戴乙誤矣。"

【語　譯】

沔水出武都沮縣東狼谷中,

1　沔水又名沮水。闞駰說:因為開始發源處是一片淫漉漉的窪地,所以稱為沮水,縣也跟著叫沮縣。發源後南流,泉街水注入。泉街水發源於河池縣,東南流入沮縣,與沔水匯合。沔水又東南流經沮水戍,又往東南注入漢水,匯流處叫沮口,這就是所謂的沔漢水。《尚書》說:漾水發源於嶓冢山,東流稱漢水。《山海經》說:漢水發源於鮒嵎山。東北流到獻水口。庾仲雍說:此水南流至關城與西漢水匯合。漢水又東北流與沮水匯合於沮口,這都是漢水的上源。如淳說:這一帶地方的人稱漢水為沔水。孔安國說:漾水東流稱為沔水。因為它與沔水匯合。流到漢中又稱漢水,水名都互相通稱了。

2　沔水又東流經白馬戍南,濜水注入。濜水發源於北方的武都郡氐中,南流經張魯城東。張魯,是沛國人張陵的孫子。張陵曾在蜀郡鶴鳴山學道,把他的道術傳給張衡,張衡又傳給張魯。張魯到了這裡,待人仁厚,四方百姓都來歸附他。學道所需的費用,以五斗米為限,所以稱為五斗米道。初平年間(公元一九〇—一九三年),劉焉封張魯為督義司馬。張魯深居漢中,斷絕了閣道,靠近嶮嶺修建城邑,周圍五里,東臨深谷,谷深百丈,西、北兩面都是連綿的山峰和崖壁,無窮無盡地向遠方伸展;往南是盤旋的山徑,上登約二里有餘。濜水又南流經張魯治東,濜水西側的山上有張天師堂,至今百姓仍然信奉。庾仲雍稱此山為白馬塞,稱此堂為張魯治。東對白馬城,又名陽平關。濜水南流注入沔水,匯流處叫濜口。此城西邊圍繞著濜水,南邊濱臨著沔水,城旁兩水交匯,因而又稱為濜口城。

3　沔水又東流經武侯壘南,是昔日諸葛武侯屯駐過的地方。南臨沔水,南岸有諸葛亮的營壘,背山面水;其中有個小城,有山川迂迴阻隔,很難到達。沔水又東流經沔陽縣老城南。舊時傳說,此城是漢高祖在漢中時蕭何修築的。漢建安二十四年(公元二一九年),劉備兼併了劉璋,在北方平定了漢中,然後設立祭壇,在此登上漢中王之位。此城南臨漢水,北依通衢大道,南城至今已有三分之一崩塌於水中了。就從這殘留下來的部分看,此城當時的風貌大體上還看得出來。此城南對定軍山。曹操南征漢中時,張魯投降,於是命令夏侯淵等人守城。劉備從陽平關南渡沔水,殺了夏侯淵,占有了漢中。諸葛亮死後,遺令把他葬在定軍山上,安葬時依山形地勢,而不高築墳壟,現在那裡唯有一片蓊鬱的松柏,在山野間長得繁茂成叢,而他的墳墓卻不知究竟在何處。

4　此山以東是高平,是當年諸葛亮宿營的地點,建有諸葛亮廟。諸葛亮死後,百姓在野外致祭。步兵校尉習隆、中書郎向充共同上表說:我們聽說周朝人民思念召伯的恩德,就不砍伐那棵他曾在下面休息過的甘棠樹;越王為了懷念范蠡的功績,就鑄了銅像紀念他。諸葛亮品德為天下典範,功勳垂於後世,王室沒有敗亡,完全是靠著他。現在讓百姓在街巷裡祭奠,戎夷在野外祭祀,這不是紀念他的德行和功勳、追思他往日事跡的妥善辦法。今天若要完全順應民心,那麼就會流於淫濫而違反典章制度;如將祠廟建於京城,又勢必侵逼宗廟,這正是聖上心裡猶疑不決的原因。我們以為最好是在墓地近旁,就在沔陽立祠,這樣就可以斷絕民間的私祭,尊崇正規的禮儀了。這座祠廟就是在習隆、向充啟奏後修建的。鍾士季征伐蜀國時,也曾親自來此祭祀。墳地東,就是諸葛亮擺八陣圖的地方,遺址還在,但崩塌荒廢,很難辨認了。

5　沔水又東流經西樂城北。城在山上,周圍三十里,十分險要堅固,城側有個山谷,叫容裘谷,有道路通益州。山上住著很多獠人,諸葛亮修築此城以防他們騷擾。梁州刺史楊亮,憑藉這天險和堅固的城防,想要守城安居,卻被苻堅攻破。後任刺史姜守、潘猛也相繼守衛此城。城東,容裘溪水注入沔水,民間稱為洛水。此水發源於南方的巴嶺山,東北流,左岸有一座老城,利用山勢險峻處而建,四面阻絕,從前劉備派遣黃忠據守於此,以抗拒曹操。溪水又北流經西樂城東,北流注入漢水。漢水在左岸匯合了度口水。度口水發源於陽平北山,有兩個源頭:一條叫清檢,出產鮮美的鮎魚;另一條叫濁檢,出產肥美的鯽魚。通常在二月、八月釣捕,比平常的山珍海味更加鮮美。度口水南流經陽平縣老城東,又南流經沔陽縣老城東,然後往西南流注入漢水。

6　漢水繼續東流,右岸在溫泉水口匯合了溫泉水。溫泉水發源於山北的平地,溫泉方圓數十步,泉源沸騰洶湧,冬夏都是滔滔滾滾,看上去一片白茫茫的水汽瀰漫四周,據說能治百病。人們沐浴後,身上都留有硫磺氣味,趕去沐浴的人常以百數。池水流注入漢水。漢水又東流,黃沙水從左岸注入。黃沙水發源於北方遠處的山間,那裡山谷深幽險阻,人跡罕至。有溪叫五丈溪,水邊有個黃沙屯,諸葛亮曾在此屯田耕種。溪水南流注入漢水。南岸有女郎山,山下有女郎墓,遠望那座山墳,只見巍然高聳,走近那裡,才看出墳墓的形狀。山上有一條直路通往山下,路旁草木不生,世人稱為女郎道。山下有女郎廟和擣衣石,據說葬在這裡的女郎就是張魯的女兒。有一條小溪澗北流注入漢水,叫女郎水。

7   漢水又東流與褒水匯合。褒水發源於西北的衙嶺山,往東南流經大石門,流過舊
時的棧道下谷,俗稱千梁無柱。諸葛亮《與兄瑾書》說:先前趙子龍退兵時,燒壞了
赤崖以北沿著山谷的棧道百餘里,棧道一頭通入山中,另一頭在水中立柱。現在
山水又大又急,已無法立柱,困難至極,不能勉強了。又說:近時山洪暴發,赤崖以
南的橋梁棧道全都沖毀了,當時趙子龍與鄧伯苗,一個在赤崖駐防屯田,一個駐於
赤崖口,子龍只能攀緣崖壁與伯苗互通情報罷了。後來諸葛亮死於五丈原,魏延
率先撤退時所焚毀的,就是這條棧道。自此以後,那些按照舊道修路的人,都不再
在水中立柱了。過往行人在搖搖晃晃的浮橋上經過,沒有不捏著一把冷汗,頭暈
目眩的。

8   褒水又東南流經三交城,因為此城位於三條水的匯合處,所以叫三交城。這三條
水,一條發源於北方的長安,一條發源於西北方的仇池,一條發源於東北方的太白
山,城就是因此而取名的。褒水又東南流到丙水口。丙水上源承接丙穴,穴中出
產嘉魚,通常在三月出穴,十月入穴。穴口寬五六尺,離平地七八尺處,有一條泉
水流瀉而下,魚從穴下鑽出,游入這條水中。穴口向南,丙屬南,因而叫丙穴,穴水
流下注入褒水。所以左思說:嘉魚出於丙穴,良木集於褒谷。

9   褒水又東南流過小石門。小石門是開山鑿石闢出的一條通道,長六丈餘,石上題
刻道:漢明帝永平年間(公元五八—七五年),司隸校尉犍為楊厥所開。到了桓帝建
和二年(公元一四八年),楊厥的同郡老鄉、漢中太守王升為了表彰楊厥開山鑿路之
功,刻石頌揚他的功德,成為石牛道。來敏《本蜀論》說:秦惠王想攻打蜀國,但不
知路怎麼走,於是做了五頭石牛,把黃金放在尾巴下,揚言石牛能拉出金子。蜀王
自恃其力量,命令五位壯士一路將石牛拖到蜀國,就成為一條道路了。秦國派遣
張儀、司馬錯循著這條道路滅了蜀國,因而把它叫石牛道。這條路大概就是楊厥
由石牛道拓寬而成的。《蜀都賦》說:為石門所阻。就指這地方。石門在漢中之
西,褒中之北。

10   褒水又往東南流經褒口,就是褒谷南端的山口。北端的山口叫斜谷,所謂北出褒
斜,就指這地方。褒水又南流經褒縣老城東,就是褒中縣,古時原是褒國。褒中縣
置於漢昭帝元鳳六年(公元前七五年)。褒水又南流注入漢水。漢水又東流經萬石
城下,城在高地上,高地高十餘丈,四周鄰接平原,形狀好像倒置的甕。南面有水
阻隔,西北兩邊都瀕臨漢水。此城向來是流民雜戶所居的地方,因此人們又稱為
流雜城。漢水又東流經漢廟堆下,是從前女神漢女遊覽過的地方。水旁有個釣
臺,後人在臺上建廟,人們見那倒塌的廟基又高又大,就稱它為漢廟堆。以後因傳
呼失實,又叫漢武堆,其實不對。

東過南鄭縣南，

11　南鄭縣是從前褒國的附庸。周顯王時，蜀國據有褒漢之地，到了六國時，楚國兼併了褒漢。楚懷王時國力衰弱，褒就被秦奪取了。周赧王二年(公元前三一三年)，秦惠王在此設置漢中郡，是以漢水來命名的。《耆舊傳》說：南鄭這名稱，始於鄭桓公。桓公被犬戎所殺，他的百姓向南逃奔，因此稱為南鄭。南鄭也是漢中郡的治所。漢高祖入秦後，項羽封他為漢王，蕭何說：天漢，是美好的名稱。於是就建都於南鄭。南鄭大城周圍四十二里，城內有小城，南面臨水，北面圍築城牆雉堞，堅固的城牆和深井，都是漢時修建的。漢中土地肥沃，江流險惡，魏武帝把它比作雞肋。他說：拋下了良馬不去騎，還慌慌張張去另找什麼呢？於是留下杜子緒鎮守南鄭，自己就回去了。

12　晉咸康年間(公元三三五—三四二年)，梁州刺史司馬勳把小城東部三分之一隔斷，作為梁州漢中郡南鄭縣的治所。自此以後，齊、宋、魏也都相承不改。漢水南岸就是漢陰城，相傳呂后居住在這裡。有一條廉水，發源於巴嶺山，北流經過廉川，所以就得了廉水之名。廉水又北流注入漢水。漢水在右岸匯合了池水。池水發源於旱山，山下有祠，羅列著十二座石雕，也不知道它們的來歷，大概是社神之類吧，老百姓四時都到這裡來祈禱。民間把池水稱為獠子水，它灌溉著兩岸田地，散流從左岸注入漢水。

13　漢水又東流經長柳渡，長柳是村名。這裡有漢朝太尉李固墓，碑銘還在，但文字剝落，不能辨認了。漢水又東流經胡城南，義熙十三年(公元四一七年)，胡城上空密雲滿布，細雨綿綿，出現一派祥光，五彩分明，人們相互談論，說這是祥雲，應當會出現吉兆。天明雲散以後，只覺城崩地陷，半個城已沉沒在水中了。崩陷處出現銅鐘十二口，刺史索邈將鐘送到洛陽，為宋公府所有。胡城南與扁鵲城相望。扁鵲從前一定來過這裡，所以這座城就以他的名字流傳下來了。

14　漢水從兩城之間流出，在右岸匯合了磐余水。磐余水發源於南山巴嶺上，分作兩條，清泉帶著晶瑩的浪花飛流，南流的一條注入蜀水，北流的一條流入漢水，分流處叫作磐余口。庾仲雍說：磐余距胡城二十里。漢水又在左岸匯合文水。文水就是門水，發源於胡城北山的石洞中。老人說：杜陽有仙人宮，石洞就在宮的前門，所以稱那裡的平川為門川，流水為門水。門水東南流經胡城北，那一帶有三座城隔著山谷相對分布著，都有很深的護城河和堅固的城牆，高臺相望。門水向右注入漢水，匯流處稱高橋溪口。漢水又東流，黑水注入。黑水發源於北山，南流注入漢水。庾仲雍說：黑水離高橋三十里。《諸葛亮牋》說：早晨從南鄭出發，晚上到黑水投宿，水路約四五十里。指的就是這條水；陸路則有百里。

又東過成固縣南,又東過魏興安陽縣南,涔水出自旱山北注之。

15　常璩《華陽國志》說:蜀國以成固為樂城縣。安陽縣從前隸屬於漢中郡,魏把漢中的土地分出來,設置了魏興郡,安陽縣於是隸屬於魏興郡。涔水發源於西南,東北流注入漢水。左谷水發源於西北,就是壻水。壻水發源於北方的聽山,山下有穴水。穴水東南流經過一片平川,稱為壻鄉,水叫壻水。平川中有唐公祠。唐君字公房,成固人,得道成仙,進入雲臺山,煉丹服食,白日升天。跟著他上天的雞在天上啼,狗在雲中吠,只有老鼠因為可惡,被留在地上。老鼠憤恨極了,在月光晦暗的夜晚,氣得把腸胃都吐了出來,但隨後又會生出新的腸胃,所以當時人們稱為唐鼠。唐公房升仙那天,他女壻遠行尚未回來,不能一同登上雲頭,來往於天上,便讓他在這片平原居住,說是無須擔心老是降霜和蛟龍老虎之害。當地百姓以為確實如此,因而稱這地方為壻鄉,把水也稱為壻水了。百姓在此處為他建廟,刻石立碑,敘述靈異的事跡。

16　壻水南流經壻鄉溪,出山後往東南流,經通關勢南。通關勢山高百餘丈,山上有一座匈奴城,周圍五里,環城有三道深溝。漢高祖北定三秦後,蕭何據守漢中,他想往北修一條通往關中的道路,因而名為通關勢。

17　壻水又東流經七女墓,七座墳墓散布於壻水兩岸,羅列有如七星。墓高十餘丈,墓地周圍數畝。元嘉六年(公元四二九年),洪水沖破了墳墓,墳中取出來的銅不計其數,還發現一塊磚,上面刻著:項氏伯無子,七女造棺槨等字,當時人們猜測這是項伯的墳墓。壻水北有七女池,池東有個明月池,形狀彷彿半弦月,水流都可相通,通水渠道稱為張良渠,是張良所鑿。壻水又流經樊噲臺南,此臺高五六丈,臺上能容納百餘人。壻水又東南流經大成固北,此城地勢很高,北臨壻水。壻水北有韓信臺,高十餘丈,頂上能容納百餘人,相傳漢高祖齋戒七日,在這裡築壇設九賓禮,隆重地任命韓信為大將軍。壻水東彎南轉,又流經城東,南流注入漢水,匯流處叫三水口。漢水又東流與益口水匯合。益口水發源於北山益谷,東南流注入漢水。漢水又東流到灙城南,與洛谷水匯合。洛谷水發源於北方的洛谷,洛谷北通長安,水往南流,右岸有灙水注入。灙水發源於西溪,東南流與洛谷水匯合後,往南沿著城邊亂流,往西南注入漢水。

18　漢水又東流經小成固南,州治是大成固;以後把縣治移到這裡,所以叫小成固。城以北一百二十里,有興勢坂。諸葛亮率兵出洛谷,在興勢駐軍防守,置烽火樓,點燃烽火,把漢水照得一片通明。漢水又東流經上濤,又流經龍下,這一段溪中多亂石,水流湍急,驚濤怒吼,因此有上濤、下濤的名稱。龍下是地名,那裡有許多墳墓,從前稱此處的館舍為龍下亭。從白馬到這裡,漢水兩岸平川,水源豐富,土地肥沃,三蜀受益。過了這裡,從漢水逆流而上,就開始走山路了。

19　漢水又東流經石門灘,這是一條山峽,東流與西水匯合。西水發源於秦嶺西谷,南流經重重的山嶺與寒泉匯合。寒泉發源於東方的寒泉嶺,源頭的泉水從山頂上湧出,望去相互交錯,彷彿瀑布一般,水流急瀉而下,沖激巖石,水花飛濺,像雨點似的灑落,此種情景很像厭原的風雨池。寒泉西流注入西水。西水又南流注入漢水,匯流處稱為酉口。漢水又東流經媯虛灘。《世本》說:舜居住在媯汭,在漢中西城縣。有人說:媯墟在西北,是舜居住的地方。也稱姚墟,因此舜的後代有姓姚的,也有姓媯的,媯、姚二姓之異,事屬虛妄,令人不知所從。我依據應劭的說法,認為媯墟在西城西北。

20　漢水又東流經猴徑灘,山上有許多猿猴,牠們喜歡從險處下來飲水,溪灘就是因此而得名的。漢水又東流經小黃金和大黃金南,山上有個黃金峭,與水北的黃金谷隔江相望,那裡有個黃金戍,背倚山邊的峭壁,憑險曲折長達七里。因氏族攻掠漢中,所以在此據險駐防,建立堡壘,與鐵城相對。一城建在山上,可容百餘人,一城築在山下,能駐百來人。為表示地勢的險峻,所以用金、鐵命名。從前楊難當命令魏興太守薛健據守黃金戍,姜寶據守鐵城,宋派秦州刺史蕭思話西征。蕭思話命令陰平太守蕭垣攻克兩城,敵兵退到西水。

21　漢水又東流與蘧蒢水匯合於蘧蒢溪口。蘧蒢水發源於北方的就谷,谷在長安西南。此水南流經巴溪戍西,又南流經陽都坂東。陽都坂從上到下,東迴西轉,共有十九道彎,西邊連接寒泉嶺。《漢中記》說:從西城翻越黃金峭、寒泉嶺、陽都坂,高山峻嶺,層沓百重,懸崖絕壁,高達萬仞,攀上一座山峰,以為已經翻過嵩山、泰山那樣的高峰了,可是抬頭再看前面的山嶺,都比過來的山還要加倍高峻。攀登在山間的羊腸小徑之間,置身於縹緲的雲霧之上,回頭瞻望走過來的路,迷濛深邃,到處隱伏著不可預測的兇險。山上有很多野牛、野羊,翻崖越嶺,奔跑如飛,那些巨獸一撞到樹上,十抱粗的大樹也會被撞倒。山勢的險峻,地形的起伏,真到了極點。

22　水往南流經蘧蒢溪,稱為蘧蒢水,南流注入漢水,匯流處稱為蒢口。漢水又東流,右岸與洋水匯合,這裡河面寬闊,差不多一里左右。洋水源出巴山,東北流經平陽城。《漢中記》說:平陽城原是西鄉縣的治所。從成固南行有三百八十里,距南鄭四百八十里。洋川是漢朝戚夫人的誕生地。漢高祖得了她,對她十分寵愛。戚夫人思念家鄉,想吃洋川米,漢高祖特設驛站,從洋川運米到長安。並免除當地的賦稅和徭役,改名為縣。為了紀念戚夫人誕生的這件祥瑞喜事,又把那地方改名為祥川。此城就是定遠城。漢和帝永元七年(公元九五年),封班超為定遠侯,把漢中郡南鄭縣的西鄉作為他的封地，就是這地方。洋水又東北流注入漢水，匯流處稱為城陽水口。

23 漢水又東流經敖頭，從前這是建立過糧倉的地方，沿山築路，是險要的水陸交通樞紐，魏興郡安康縣的治所就在這裡。有駐防堡壘，管理流民雜戶。漢水又東流與直水匯合。直水發源於北方的子午谷巖嶺下，又南流分出支水，東流注入旬水。又南流經莄閣下，山上有一座邊防城堡，築在高高的山頭上，下臨深淵。張子房把山上的棧道全部燒毀，以表示不再東還。直水又東南流經直谷，經過直城西，而後南流注入漢水。漢水又東流經直城南，又東流經千渡到蝦蟇頷，流過漢陽、潕口直到彭溪、龍竈，這都是溪澗沙灘的名字。漢水又東流經晉昌郡的寧都縣南，縣治在松溪口。又東流經魏興郡廣城縣，縣治王谷。山谷道路南通巴獠，有鹽井，吃了會使人頸部生瘤。漢水又東流經魚脯谷口，從前西城、廣城兩縣以此谷為分界。

又東過西城縣南，

24 漢水又東流經鱉池南的鯨灘。鯨，是大的意思。《蜀都賦》說：奔流不息的漢水浪濤滾滾，發出驚雷似的轟鳴，遠望水天相接，無邊無際；近觀雲霧迷茫，昏昏濛濛。漢水又東流經嵐谷北口，這一帶重巒疊嶂，溪澗幽深，斷崖峽谷，深杳險峻；山風颼颼，山嵐繚繞，所以峽谷得了這個名字。漢水又東流，右岸有大勢，因急流阻隔，所以又稱為急勢。這裡依山築了一座小城，周圍二里，城在高山峻嶺上面，屬梁州督護吉挹所管轄。苻堅派遣偏軍韋鍾進攻吉挹，吉挹堅守了二年，攻不下來；最後由於沒有援軍，才被攻陷。漢水右岸正對月谷口，山裡有坂月川，這片黃土川原，肥沃而平坦，水田很多，到處種滿桑麻。所以孟達在《與諸葛亮書》裡，讚美這片平川土壤的肥美。

25 漢水又東流經西城縣舊城南。《地理志》說：西城是漢中郡的屬縣。漢末則是西城郡。建安二十四年（公元二一九年），劉備任命申儀為西城太守，後來申儀以該郡投降了魏國。魏文帝把它改為魏興郡，郡治就設在西城縣舊城。氏族攻略漢川時，梁州把治所移到這裡。城內有舜祠、漢高帝廟，安排了九戶百姓，負責每年按時祭祀。漢水又東流到了鱣湍，急流奔騰，水浪滔天。古時老人們傳說，有鯉魚迎著浪濤奮力逆流而上，游到此處魚鰓破裂，力竭而不能上，因而名為鱣湍。漢水又東流與旬水匯合。旬水發源於北方的旬山，東南流經平陽戍下，與直水的支流匯合。旬水又東南流經旬陽縣與柞水匯合。柞水發源於西方的柞溪，南流經重巖堡西，又轉而東流經堡南，往東南注入旬水。旬水又東南流經旬陽縣南，該縣北山有懸書崖，高五十丈，崖壁上刻著字，但人無法攀上，不知刻的是什麼字。山下有石壇，壇上有五處馬蹄印，所以把山叫馬跡山。旬水又東南流注入漢水，匯流處叫旬口。

漢水又東流經木蘭寨南,右岸有一座城,名叫伎陵城,周圍數里;左岸有幾十道用石塊堆砌成的壁壘,重重疊疊的營壘延綿幾十里,人們叫木蘭寨。吳國曾派軍隊到這裡援救孟達。

26　漢水又東流,左岸匯合了育溪,興晉、旬陽兩縣,就以這條溪谷為分界。漢水又東流與甲水匯合於甲水口。甲水發源於秦嶺山,東南流經金井城南,又東流經上庸郡北,與關衶水匯合。關衶水發源於上洛郡陽亭縣北的青泥西山,南流經陽亭聚西,民間把這條水稱為平陽水。南流與豐鄉川水匯合。豐鄉川水發源於弘農縣豐鄉東山,西南流經豐鄉舊城南。京相璠說:南鄉淅縣有舊時的豐鄉,就是《春秋》所說的豐淅。在《地理志》裡,屬於弘農郡,現在屬於南鄉郡。豐鄉川水又西南流與關衶水匯合。關衶水又南流到上津注入甲水。甲水又東南流經魏興郡興晉縣南,該縣是在晉武帝太康年間(公元二八〇—二八九年)設置。甲水又東流,向右注入漢水。漢水又東流到龍淵,淵上有胡鼻山,山上巖石像胡人的鼻子,所以稱為胡鼻山。下臨龍井渚,水深數丈。

27　漢水又東流經魏興郡錫縣舊城北,就到白石灘。錫縣從前是《春秋》所說的錫穴地方,過去屬漢中。就是王莽時的錫治。該縣有錫義山,方圓百里,山形如城,四面有門,山上有石壇,長數十丈,民間傳說,這是眾仙居住的地方。現在常有道士數十人住在那裡,他們披散著頭髮,以尤為食。這座山很高峻,峽谷深幽,遍地長著薇蘅草。這種草風吹不倒伏,無風卻會自行搖擺。漢水又東流經長利谷南,進入山谷,有一座舊縣城,就是長利舊城。漢水又東流經姚方,虞舜後裔的一個分支曾居住在這裡,因而地名中帶有姚字。

【研　析】　酈道元在《水經注》的撰寫中引用了許多文獻,其中不少文獻是知名度很大的流行文獻,如《四書》《五經》和正史之類,這類文獻,即使在當時尚無雕板印刷之時,也是容易獲致的。但是在他引用的近五百種文獻之中,還包括了不少當時就已不易獲致的稀見文獻。其中書信就屬於此類。此卷之中,就引及事關諸葛亮的書信四種(其實是五種)。此外,在本書《渭水注》也引及諸葛亮書信。蜀、魏在這個地區長期作戰對峙,諸葛亮的書信確是記敘這些卷篇的極好資料。諸葛亮是一位集政務和軍務於一身的領袖人物,卻居然能寫出許多敘事詳細的書信,而且從書信的內容來看,顯然不像當前的這些達官要人們由祕書代庖的作品,而是出於他自己之手。現在確實很難想像,他用什麼時間寫這樣的書信,這些書信又是怎樣寄遞出去的。受信者如他的兄弟諸葛瑾,當時服官於東吳,需要遠程投遞。此外,這些書信,其中有關軍事機密,又是怎樣地讓人傳鈔並保存下來的。酈道元又是如何獲致這些在幾百年前傳鈔下來的書信的,真是不可思議。酈氏著述在搜羅文獻資料方面,確實費了極大功夫。

卷二十八　沔水

【題　解】　此卷是沔水的第二篇,內容從此水的上游一直寫到此水注入長江,實際上結束了今漢江的全部流程。

又東過堵陽縣,堵水出自上粉縣,北流注之。

1　堵水出建平郡界故亭谷,東歷新城郡。郡,故漢中之房陵縣也。世祖建武元年,封鄧晨爲侯國。漢末以爲房陵郡,魏文帝合房陵、上庸、西城,立以爲新城郡,以孟達爲太守,治房陵故縣。有粉水,縣居其上,故曰上粉縣也。堵水之旁有別溪,岸側土色鮮黃,乃云可噉;有言飲此水者,令人無病而壽,豈其信乎?又有白馬山,山石似馬,望之逼真。側水謂之白馬塞,孟達爲守,登之而歎曰:劉封、申耽據金城千里,而更失之乎!爲《上堵吟》[①],音韻哀切,有惻人心,今水次尚歌之。堵水又東北逕上庸郡,故庸國也。《春秋》文公十六年,楚人、秦人、巴人滅庸。庸小國,附楚。楚有災不救,舉羣蠻以叛,故滅之以爲縣,屬漢中郡,漢末又分爲上庸郡,城三面際水。堵水又東逕方城亭南,東北歷嵂山下,而北逕堵陽縣南,北流注于漢,謂之堵口。漢水又東,謂之澇灘,冬則水淺而下多大石。又東爲淨灘,夏水急盛,川多湍洑,行旅苦之。故諺曰:冬澇夏淨,斷官使命。言二灘阻礙。

又東過郾鄉南,

2　漢水又東逕鄖鄉縣南之西山,上有石蝦蟇,倉卒看之,與真不別。漢水又東逕鄖鄉
縣故城南,謂之鄖鄉灘。縣,故黎也,即長利之鄖鄉矣。《地理志》曰:有鄖關。李
奇以爲鄖子國。晉太康五年,立以爲縣。漢水又東逕琵琶谷口,梁、益二州分境于
此,故謂之琵琶界也。

又東北流,又屈東南,過武當縣東北,

3　縣西北四十里,漢水中有洲,名滄浪洲。庾仲雍《漢水記》謂之千齡洲。非也,是世
俗語訛,音與字變矣。《地説》曰:水出荊山,東南流爲滄浪之水,是近楚都。故《漁
父歌》[2]曰:滄浪之水清兮,可以濯我纓;滄浪之水濁兮,可以濯我足。余按《尚
書・禹貢》言:導漾水,東流爲漢,又東爲滄浪之水。不言過而言爲者,明非他水決
入也。蓋漢沔水自下有滄浪通稱耳。纏絡鄢、郢,地連紀、鄀,咸楚都矣。漁父歌
之,不違水地,考按經傳,宜以《尚書》爲正耳。

4　漢水又東爲偃子潭,潭中有石磧洲,長六十丈,廣十八丈,世亦以此洲爲偃子葬父
于斯,故潭得厥目焉,所未詳也。漢水又東南逕武當縣故城北,世祖封鄧晨子棠爲
侯國。内有一碑,文字磨滅,不可復識,俗相傳言,是《華君銘》,亦不詳華君何代之
士。漢水又東,平陽川水注之,水出縣北伏親山,南歷平陽川,逕平陽故城下,又南
流注于沔。沔水又東南逕武當縣故城東,又東,曾水注之。水導源縣南武當山,一
曰太和山,亦曰嵾上山,山形特秀,又曰仙室。《荆州圖副記》[3]曰:山形特秀,異于
衆嶽,峯首狀博山香爐,亭亭遠出,藥食延年者萃焉。晉咸和中,歷陽謝允,舍羅邑
宰隱遁斯山,故亦曰謝羅山焉。曾水發源山麓,逕越山陰,東北流注于沔,謂之曾
口。沔水又東逕龍巢山下,山在沔水中,高十五丈,廣員一里二百三十步,山形峻
峭,其上秀林茂木,隆冬不凋。

又東南過涉都城東北,

5　故鄉名也。按《郡國志》,筑陽縣有涉都鄉者也。漢武帝元封元年,封南海守降侯
子嘉爲侯國。均水于縣入沔,謂之均口也。

又東南過酇縣之西南,

6　縣治故城,南臨沔水,謂之酇頭。漢高帝五年[4],封蕭何爲侯國也。薛瓚曰:今南鄉
酇頭是也。《茂陵書》[5]曰:在南陽。王莽更名南庚者也。

又南過穀城東,又南過陰縣之西,

7　沔水東逕穀城南而不逕其東矣。城在穀城山上[6],春秋穀伯綏之邑也。墉闉頹毀,
基墌亦存。沔水又東南逕陰縣故城西,故下陰也。《春秋》昭公十九年,楚工尹赤
遷陰于下陰是也。縣東有冢。縣令濟南劉熹,字德怡,魏時宰縣,雅好博古,教學

立碑,載生徒百有餘人,不終業而夭者,因葬其地,號曰"生墳"。沔水又東南得洛溪口,水出縣西北集池陂,東南流逕洛陽城,北枕洛溪,溪水東南注沔水也。

又南過筑陽縣東,筑水出自房陵縣,東過其縣南流注之。

8 沔水又南,汎水注之,水出梁州閬陽縣。魏遣夏侯淵與張郃下巴西,進軍宕渠,劉備軍汎口,即是水所出也。張飛自別道襲張郃于此水,郃敗,棄馬升山,走還漢中。汎水又東逕巴西,歷巴渠北新城、上庸,東逕汎陽縣故城南,晉分筑陽立。自縣以上,山深水急,枉渚崩湍,水陸徑絕。又東逕學城南,梁州大路所由也。舊説昔者有人立學都于此,值世荒亂,生徒罔依,遂共立城以禦難,故城得厥名矣。汎水又東流注于沔,謂之汎口也。

9 沔水又南逕闕林山東,本郡陸道之所由,山東有二碑,其一即記闕林山。文曰:君國者不躋高埋下。先時,或斷山岡以通平道,民多病,守長冠軍張仲瑜乃與邦人築斷故山道,作此銘。其一《郭先生碑》,先生名輔,字甫成,有孝友悅學之美,其女為立碑于此,竝無年號,皆不知何代人也。沔水又南逕筑陽縣東,又南,筑水注之,杜預以為彭水也。水出梁州新城郡魏昌縣界,縣以黃初中分房陵立,筑水東南流逕筑陽縣,水中有孤石挺出,其下澄潭,時有見此石根如竹根而黃色,見者多凶,相與號為承受石,所未詳也。筑水又東逕筑陽縣故城南,縣,故楚附庸也。秦平鄀、郢,立以為縣,王莽更名之曰宜禾也。建武二十八年,世祖封吳肸為侯國。筑水又東流注于沔,謂之筑口。沔水又南逕高亭山東,山有靈焉,士民奉之,所請有驗。沔水又東為漆灘,新野郡山都縣與順陽、筑陽,分界于斯灘矣。

又東過山都縣東北,

10 沔南有固城,城側沔川,即新野山都縣治也,舊南陽之赤鄉矣。秦以為縣,漢高后四年,封衛將軍王恬啓為侯國。沔北有和城,即《郡國志》所謂武當縣之和城聚,山都縣舊嘗治此,故亦謂是處為故縣灘。

11 沔水北岸數里有大石激,名曰五女激,或言女父為人所害,居固城,五女思復父怨,故立激以攻城。城北今淪于水。亦云有人葬沔北,墓宅將為水毀,其人五女無男,皆悉巨富,共脩此激以全墳宅。然激作甚工。又云女嫁為陰縣佷子婦,家貲萬金,而自少小不從父語,父臨亡,意欲葬山上,恐兒不從,故倒言葬我著渚下石磧上。佷子曰:我由來不奉教,今從語,遂盡散家財作石冢,積土繞之成一洲,長數百步,元康中始為水所壞,今石皆如半榻許,數百枚聚在水中。佷子是前漢人。襄陽太守胡烈有惠化,補塞堤決,民賴其利,景元四年九月,百姓刊石銘之,樹碑于此。

12 沔水又東,偏淺,冬月可涉渡,謂之交湖,兵戎之交,多自此濟。晉太康中得鳴石于此,水撞之聲聞數里。沔水又東逕樂山北,昔諸葛亮好爲《梁甫吟》[7],每所登遊,故俗以樂山爲名。沔水又東逕隆中,歷孔明舊宅北[8],亮語劉禪云:先帝三顧臣于草廬之中,咨臣以當世之事。即此宅也。車騎沛國劉季和之鎮襄陽也,與犍爲人李安共觀此宅,命安作《宅銘》云:天子命我于沔之陽,聽鼓鞞而永思,庶先哲之遺光。後六十餘年,永平之五年[9],習鑿齒又爲其宅銘焉。

又東過襄陽縣北,

13　沔水又東逕萬山北,山上有《鄒恢碑》,魯宗之所立也。山下潭中有《杜元凱碑》,元凱好尚後名,作兩碑竝述己功,一碑沈之峴山水中,一碑下之于此潭,曰:百年之後,何知不深谷爲陵也。山下水曲之隈,云漢女昔遊處也。故張衡《南都賦》[10]曰:遊女弄珠于漢臯之曲。漢臯,即萬山之異名也。

14　沔水又東合檀溪水,水出縣西柳子山下,東爲鴨湖,湖在馬牽山東北,武陵王愛其峯秀,改曰望楚山[11]。溪水自湖兩分,北渠即溪水所導也。北逕漢陰臺西,臨流望遠,按眺農圃,情邈灌蔬,意寄漢陰,故因名臺矣。又北逕檀溪,謂之檀溪水,水側有沙門釋道安寺,即溪之名,以表寺目也。溪之陽有徐元直、崔州平故宅,悉人居,故習鑿齒《與謝安書》[12]云:每省家舅,縱目檀溪,念崔、徐之交,未嘗不撫膺躊躇,惆悵終日矣。溪水傍城北注,昔劉備爲景升所謀,乘的顱馬西走,墜于斯溪。西去城里餘,北流注于沔。

15　一水東南出,應劭曰:城在襄水之陽,故曰襄陽。是水當即襄水也。城北枕沔水,即襄陽縣之故城也,王莽之相陽矣。楚之北津戍也,今大城西壘是也。其土古鄾、鄀、盧、羅之地,秦滅楚,置南郡,號此爲北部。建安十三年,魏武平荆州,分南郡立爲襄陽郡,荆州刺史治。邑居殷賑,冠蓋相望,一都之會也。城南門道東有三碑:一碑是《晉太傅羊祜碑》,一碑是《鎮南將軍杜預碑》,一碑是《安南將軍劉儼碑》,竝是學生所立。城東門外兩百步劉表墓,太康中爲人所發見,表夫妻其屍儼然,顏色不異,猶如平生。墓中香氣遠聞三四里中,經月不歇。今墳冢及祠堂猶高顯整頓。城北枕沔水,水中常苦蛟害,襄陽太守鄧遐負其氣果,拔劍入水,蛟繞其足,遐揮劍斬蛟,流血丹水,自後患除,無復蛟難矣。昔張公遇害,亦亡劍于是水。後雷氏爲建安從事,逕踐瀨溪,所留之劍,忽于其懷躍出落水,初猶是劍,後變爲龍。故吳均《劍騎詩》[13]云:劍是兩蛟龍。張華之言不孤爲驗矣。

16　沔水又逕平魯城南,城,魯宗之所築也,故城得厥名矣。東對樊城,樊,仲山甫所封也。《漢晉春秋》稱,桓帝幸樊城,百姓莫不觀,有一老父獨耕不輟,議郎張溫使問焉,父笑而不答,溫因與之言,問其姓名,不告而去。城周四里,南半淪水,建安中,關羽圍于禁于此城,會沔水泛溢,三丈有餘,城陷禁降,龐德奮劍,乘舟投命于東岡。魏武曰:吾知于禁三十餘載,至臨危授命,更不如龐德矣。城西南有曹仁《記水碑》,杜元凱重刊,其後書伐吳之事也。

又從縣東屈西南,淯水從北來注之。

17　襄陽城東有東白沙,白沙北有三洲,東北有宛口,即淯水所入也。沔水中有魚梁洲,龐德公所居,士元居漢之陰,在南白沙,世故謂是地爲白沙曲矣。司馬德操宅洲之陽[14],望衡對宇,歡情自接,泛舟褰裳,率爾休暢,豈待還桂柁于千里,貢深心于永思哉!水南有層臺,號曰景升臺,蓋劉表治襄陽之所築也。言表盛遊于此,常所止憩,表性好鷹,嘗登此臺,歌《野鷹來曲》[15],其聲韻似孟達《上堵吟》矣。沔水又逕桃林亭東,又逕峴山東,山上有桓宣所築城,孫堅死于此。又有《桓宣碑》。羊祜之鎮襄陽也,與鄒潤甫嘗登之,及祜薨,後人立碑于故處,望者悲感,杜元凱謂之《墮淚碑》。山上又有《征南將軍胡羆碑》,又有《征西將軍周訪碑》,山下水中,杜元凱沉碑處。

18　沔水又東南逕蔡洲,漢長水校尉蔡瑁居之,故名蔡洲。洲東岸西,有洄湖,停水數十畮,長數里,廣減百步,水色常綠。楊儀居上洄,楊顒居下洄,與蔡洲相對。在峴山南廣昌里,又與襄陽湖水合,水上承鴨湖,東南流逕峴山西,又東南流注白馬陂,水又東入侍中襄陽侯習郁魚池。郁依范蠡《養魚法》[16]作大陂,陂長六十步,廣四十步,池中起釣臺,池北亭,郁墓所在也。列植松篁于池側沔水上,郁所居也。又作石洑逗引大池水于宅北作小魚池,池長七十步,廣二十步。西枕大道,東北二邊限以高堤,楸竹夾植,蓮芡覆水,是遊宴之名處也。山季倫之鎮襄陽,每臨此池,未嘗不大醉而還,恒言此是我高陽池。故時人爲之歌曰:山公出何去?往至高陽池,日暮倒載歸,酩酊無所知。其水下入沔。

19　沔水西又有孝子墓,河南秦氏性至孝,事親無倦,親没之後,負土成墳,常泣血墓側,人有咏《蓼莪》者,氏爲泣涕,悲不自勝。于墓所得病,不能食,虎常乳之,百餘日卒。今林木幽茂,號曰孝子墓也。其南有蔡瑁冢,冢前刻石爲大鹿狀,甚大,頭高九尺,製作甚工。沔水又東南逕邑城北,習郁襄陽侯之封邑也,故曰邑城矣。

20　沔水又東合洞口,水出安昌縣故城東北大父山,西南流謂之白水。又南逕安昌故城東,屈逕其縣南。縣,故蔡陽之白水鄉也。漢元帝以長沙卑溼,分白水、上唐二鄉爲春陵縣,光武即帝位,改爲章陵縣,置園廟焉。魏黄初二年,更從今名,故義陽郡治也。白水又西南流而左會昆水,水導源城東南小山,西流逕金山北,又西南流逕縣南,西流注于白水。

21　水北有白水陂,其陽有漢光武故宅,基址存焉。所謂白水鄉也,蘇伯阿望氣處也。光武之征秦豐,幸舊邑,置酒極懽,張平子以爲真人,南巡觀舊里焉。《東觀漢記》

曰:明帝幸南陽,祀舊宅,召校官子弟作雅樂,奏《鹿鳴》,上自御塤篪和之,以娛賓客,又于此宅矣。

22　白水又西合瀘水,水出于襄鄉縣東北陽中山,西逕襄鄉縣之故城北,按《郡國志》,是南陽之屬縣也。瀘水又西逕蔡陽縣故城東,西南流注于白水。又西逕其城南,建武十三年,世祖封城陽王祉世子本爲侯國。應劭曰:蔡水出蔡陽,東入淮。今于此城南更無別水,惟是水可以當之。川流西注,苦其不東,且淮源阻礙,山河無相入之理,蓋應氏之誤耳。洞水又西南流注于沔水。

又東過中廬縣東,維水自房陵縣維山,東流注之。

23　縣,即《春秋》廬戎之國也。縣故城南有水出西山,山有石穴出馬,謂之馬穴山。漢時有數百匹馬出其中,馬形小,似巴滇馬。三國時,陸遜攻襄陽,于此穴又得馬數十匹送建業。蜀使至,有家在滇池者,識其馬毛色,云其父所乘馬,對之流涕。其水東流百四十里逕城南,名曰浴馬港,言初得此馬,洗之于此,因以名之。亦云乘出沔次浴之,又曰洗馬廄,渡沔宿處,名之曰騎亭。然候水諸蠻北遏是水,南壅維川,以周田溉,下流入沔。

24　沔水東南流逕犁丘故城西,其城下對繕州,秦豐居之,故更名秦洲。王莽之敗也,秦豐阻兵于犁丘。犁丘城在觀城西二里,建武三年,光武遣征南岑彭擊豐;四年,朱祐自觀城擒豐于犁丘是也。沔水又南與疎水合,水出中廬縣西南,東流至邔縣北界,東入沔水,謂之疎口也。水中有物如三四歲小兒,鱗甲如鯪鯉,射之不可入。七八月中,好在磧上自曝,頭似虎,掌爪常沒水中,出頭,小兒不知,欲取弄戲,便殺人。或曰,人有生得者,摘其鼻厭,可小小使,名爲水虎者也。

又南過邔縣東北,

25　沔水之左有騎城,周迴二里,餘高一丈六尺,即騎亭也。縣,故楚邑也,秦以爲縣,漢高帝十一年,封黃極忠爲侯國。縣南有黃家墓,墓前有雙石闕,彫制甚工,俗謂之黃公闕。黃公名尚,爲漢司徒。沔水又東逕豬蘭橋,橋本名木蘭橋,橋之左右豐蒿荻。于橋東,劉季和大養豬,襄陽太守曰:此中作豬屎臭,可易名豬蘭橋,百姓遂以爲名矣。橋北有習郁宅,宅側有魚池,池不假功,自然通洫,長六七十步,廣十丈,常出名魚。沔水又南得木里水會,楚時于宜城東穿渠,上口去城三里,漢南郡太守王寵又鑿之,引蠻水灌田,謂之木里溝。逕宜城東而東北入于沔,謂之木里水口也。

又南過宜城縣東,夷水出自房陵,東流注之。

26　夷水[⑰],蠻水也。桓溫父名夷,改曰蠻水。夷水導源中廬縣界康狼山,山與荆山相鄉。其水東南流歷宜城西山,謂之夷溪,又東南逕羅川城,故羅國也。又謂之鄢水,《春秋》所謂楚人伐羅渡鄢者也。夷水又東南流與零水合,零水即潓水也。上通梁州没陽縣之默城山,司馬懿出沮之所由。其水東逕新城郡之潓鄉縣,縣分房陵立,謂之潓水。又東歷轑鄉,謂之轑水,晉武帝平吳,割臨沮之北鄉、中廬之南鄉立上黃縣,治轑鄉,潓水又東歷宜城西山,謂之潓溪,東流合于夷水,謂之潓口也。與夷水亂流東出,謂之淇水,逕蠻城南,城在宜城南三十里。《春秋》莫敖自羅敗退及鄢,亂次以濟淇水是也。

27 夷水又東注于沔。昔白起攻楚,引西山長谷水,即是水也。舊堨去城百許里,水從城西灌城東,入注爲淵,今熨斗陂是也。水潰城東北角,百姓隨水流,死于城東者數十萬,城東皆臭,因名其陂爲臭池。後人因其渠流,以結陂田城西,陂,謂之新陂,覆地數十頃。西北又爲土門陂,從平路渠以北、木蘭橋以南,西極土門山,東跨大道,水流周通,其水自新陂東入城。城,故鄢郢之舊都,秦以爲縣,漢惠帝三年,改曰宜城。

28 其水歷大城中,逕漢南陽太守秦頡墓北。墓前有二碑,頡,都人也,以江夏都尉出爲南陽太守,逕宜城中,見一家東向,頡住車視之,曰:此居處可作冢。後卒于南陽,喪還,至昔住車處,車不肯進,故吏爲市此宅葬之,孤墳尚整。城南有宋玉宅。玉,邑人,儁才辯給,善屬文而識音也。其水又逕金城前,縣南門有古碑猶存。其水又東出城,東注臭池。臭池漑田,陂水散流,又入朱湖陂。朱湖陂亦下灌諸田。餘水又下入木里溝,木里溝是漢南郡太守王寵所鑿故渠,引鄢水也,灌田七百頃。白起渠漑三千頃,膏良肥美,更爲沃壤也。

29 縣有太山,山下有廟,漢末名士居其中。刺史、二千石卿長數十人[18],朱軒華蓋,同會于廟下。荊州刺史行部見之,雅歎其盛,號爲冠蓋里而刻石銘之。此碑于永嘉中始爲人所毀,其餘文尚有可傳者,其辭曰:峨峨南岳,烈烈離明,寔敷儁乂,君子以生,惟此君子,作漢之英,德爲龍光,聲化鶴鳴。此山以建安三年崩,聲聞五六十里,雉皆屋雊,縣人惡之,以問侍中龐季。季云:山崩川竭,國土將亡之占也。十三年,魏武平荊州,沔南彫散。

30 沔水又逕鄀縣故城南,古鄀子之國也。秦、楚之間,自商密遷此,爲楚附庸,楚滅之以爲邑。縣南臨沔津,津南有石山,上有古烽火臺,縣北有大城,楚昭王爲吳所迫,自紀郢徙都之。即所謂鄢、鄀、盧、羅之地也。秦以爲縣。沔水又東,敖水注之,水出新市縣東北,又西南逕太陽山西,南流逕新市縣北,又西南而右合枝水。水出大洪山,而西南流逕襄陽鄀縣界,西南逕狄城東南,左注敖水。敖水又西南流注于沔,寔曰敖口。沔水又南逕石城西,城因山爲固,晉太傅羊祜鎮荊州立,晉惠帝元康九年,分江夏西部置竟陵郡,治此。沔水又東南與臼水合,水出竟陵縣東北聊屈山,一名盧屈山,西流注于沔。魯定公四年,吳師入郢,昭王奔隨,濟于成臼,謂是水者也。

又東過荆城東,

31　沔水自荆城東南流,逕當陽縣之章山東,山上有故城,太尉陶侃伐杜曾所築也。《禹貢》所謂内方至于大別者也。既濱帶沔流,寔會《尚書》之文矣。沔水又東,右會權口,水出章山,東南流逕權城北,古之權國也。《春秋》魯莊公十八年,楚武王克權,權叛,圍而殺之,遷權于那處是也。東南有那口城。權水又東入于沔。

32　沔水又東南與揚口合,水上承江陵縣赤湖。江陵西北有紀南城,楚文王自丹陽徙此,平王城之。班固言:楚之郢都也。城西南有赤坂岡,岡下有瀆水,東北流入城,名曰子胥瀆。蓋吳師入郢所開也,謂之西京湖。又東北出城,西南注于龍陂。陂,古天井水也,廣圓二百餘步,在靈溪東江堤内,水至淵深,有龍見于其中,故曰龍陂。陂北有楚莊王釣臺,高三丈四尺,南北六丈,東西九丈。陂水又逕郢城南,東北流謂之揚水。又東北,路白湖水注之,湖在大港北,港南曰中湖,南堤下曰昏官湖,三湖合爲一水,東通荒谷,荒谷東岸有冶父城,《春秋傳》曰:莫敖縊于荒谷,羣帥囚于冶父。謂此處也。春夏水盛,則南通大江,否則南迄江堤,北逕方城西。方城,即南蠻府也。又北與三湖會,故盛弘之曰:南蠻府東有三湖,源同一水。蓋徙治西府也。宋元嘉中,通路白湖,下注揚水,以廣運漕。

33　揚水又東歷天井北,井在方城北里餘,廣圓二里,其深不測,井有潛室,見輒兵。西岸有天井臺,因基舊堤,臨際水湄,遊憩之佳處也。揚水又東北流,東得赤湖水口,湖周五十里,城下陂池,皆來會同。湖東北有大暑臺,高六丈餘,縱廣八尺,一名清暑臺,秀宇層明,通望周博,遊者登之,以暢遠情。

34　揚水又東入華容縣,有靈溪水,西通赤湖水口,已下多湖,周五十里,城下陂池,皆來會同。又有子胥瀆,蓋入郢所開也。水東入離湖,湖在縣東七十五里,《國語》所謂楚靈王闕爲石郭陂,漢以象帝舜者也。湖側有章華臺,臺高十丈,基廣十五丈。左丘明曰:楚築臺于章華之上。韋昭以爲章華亦地名也。王與伍舉登之,舉曰:臺高不過望國之氛祥,大不過容宴之俎豆。蓋譏其奢而諫其失也。言此瀆靈王立臺之日,漕運所由也。其水北流注于揚水。

35　揚水又東北與柞溪水合,水出江陵縣北,蓋諸池散流咸所會合,積以成川。東流逕魯宗之壘,南當驛路,水上有大橋,隆安三年,桓玄襲殷仲堪于江陵,仲堪北奔,縊于此橋。柞溪又東注船官湖,湖水又東北入女觀湖,湖水又東,入于揚水。揚水又北逕竟陵縣西,又北,納巾吐柘,柘水,即下揚水也。巾水出縣東百九十里,西逕巾

城,城下置巾水戍。晉元熙二年,竟陵郡巾水戍得銅鐘七口,言之上府。巾水又西
逕竟陵縣北,西注揚水,謂之巾口。水西有古竟陵大城,古鄖國也。鄖公辛所治,
所謂鄖鄉矣。昔白起拔郢,東至竟陵,即此也。秦以爲縣,王莽之守平矣,世祖建
武十三年,更封劉隆爲侯國。城旁有甘魚陂,《左傳》昭公十三年,公子黑肱爲令
尹,次于魚陂者也。揚水又北注于沔,謂之揚口,中夏口也。曹太祖之追劉備于當
陽也,張飛按矛于長坂,備得與數騎斜趨漢津,遂濟夏口是也。沔水又東得涍口,
其水承大涍、馬骨諸湖水,周三四百里,及其夏水來同,渺若滄海,洪潭巨浪,縈連
江沔,故郭景純《江賦》云:其旁則有朱、涍、丹、漅是也。

又東南過江夏雲杜縣東,夏水從西來注之。

36　即堵口也,爲中夏水。縣,故邔亭。《左傳》:若敖娶于邔是也。《禹貢》所謂雲土
夢作乂。故縣取名焉。縣有雲夢城,城在東北。沔水又東逕左桑。昔周昭王南
征,船人膠舟以進之,昭王渡沔,中流而没,死于是水。齊、楚之會,齊侯曰:昭王南
征而不復,寡人是問。屈完曰:君其問諸水濱。庾仲雍言:村老云,百姓佐昭王喪
事于此,成禮而行,故曰佐喪。左桑,字失體耳。沔水又東合巨亮水口,水北承巨
亮湖,南達于沔。沔水又東得合驛口。庾仲雍言:須導村耆舊云,朝廷驛使合王喪
于是,因以名焉。今須導村正有大斂口,言昭王于此殯斂矣。

37　沔水又東,謂之横桑,言得昭王喪處也。沔水又東謂之鄭公潭,言鄭武公與王同溺
水于是。余謂世數既懸,爲不近情矣。斯乃楚之鄭鄉,守邑大夫僭言公,故世以爲
鄭公潭耳。沔水又東得死沔,言昭王濟沔自是死,故有死沔之稱。王尸豈逆流乎?
但千古茫昧,難以昭知,推其事類,似是而非矣。沔水又東與力口合,有漣水出竟
陵郡新陽縣西南池河山,東流逕新陽縣南,縣治雲杜故城,分雲杜立。漣水又東南
流注宵城縣南大湖,又南入于沔水,是曰力口。沔水又東南,潰水入焉。沔水又東
逕沌水口,水南通縣之太白湖[⑩],湖水東南通江,又謂之沌口。沔水又東逕沌陽縣
北,處沌水之陽也。沔水又東逕臨嶂故城北,晉建興二年,太尉陶侃爲荆州,鎮
此也。

又南至江夏沙羨縣北,南入于江。

38　庾仲雍曰:夏口亦曰沔口矣。《尚書·禹貢》云:漢水南至大別入江。《春秋左傳》
定公四年,吳師伐郢,楚子常濟漢而陳,自小别至于大别。京相璠《春秋土地名》
曰:大别,漢東山名也。在安豐縣南。杜預《釋地》曰:二别近漢之名,無緣乃在安
豐也。案《地說》言,漢水東行觸大别之阪,南與江合。則與《尚書》、杜預相符,但
今不知所在矣。

【注　釋】　①上堵吟　詩歌名。按《注》文，為三國魏孟達所作。已亡佚，無輯本。②漁父歌　詩歌名。不知何代何人所作。按《注》文所敘歌辭，則與《離騷·漁父》篇同。③荊州圖副記　圖名。隋唐諸志不著錄，不知撰者和撰繪年代。章宗源《隋書經籍志考證》卷六：“《荊州圖副記》，卷亡，不著錄。”圖已久佚，輯本收入於《漢唐地理書鈔》及《麓山精舍叢書》第二集，均作《荊州圖副》。④漢高帝五年　《水經注疏》作“漢高帝六年”。《疏》：“朱訛作‘五年’，戴、趙同。守敬按：《史》、《漢》《表》是六年封，今訂。”⑤茂陵書　書名。已亡佚，不知撰者和撰述年代。《漢書·高帝紀注》曾引及此書。⑥城在穀城山上　此處有佚文一條。《方輿紀要》卷七十九《湖廣》五《襄陽府·穀城縣·穀山》引《水經注》：“古穀國城在穀城山上。”當是此段中佚文。⑦梁甫吟　詩歌名。三國蜀諸葛亮作，收入於清張澍輯《諸葛忠武侯集》文集卷二十。梁甫，泰山下小山名。⑧歷孔明舊宅北　此處有佚文一條。《諸葛忠武侯故事》卷五《遺蹟》篇引《水經注》：“隆中諸葛亮故宅有舊井一，今涸無水。”當是此句下佚文。⑨永平之五年　《水經注疏》楊守敬按：“李安撰《宅銘》，據《蜀記》在永興中，後六十餘年，當太和時，或是太和五年。如因‘平’字，謂是升平五年，則當云後五十餘年。若永平，惠帝年號，僅一年，前於永興十餘年，必誤也。”年號無法確定，故語譯省去西元年號。⑩南都賦　詩賦名。《隋書·經籍志》著錄後漢河間相《張衡集》十一卷。今集已不存，賦收入於《文選》卷四及清嚴可均輯《全後漢文》。⑪改曰望楚山　此處有佚文一條。《方輿紀要》卷七十九《湖廣》五《襄陽府·襄陽縣·峴山》引《水經注》：“（望楚山，）劉宋武陵王駿屢登陟，望見鄢城，故名。”當是此段中佚文。⑫習鑿齒與謝安書　習鑿齒，字彥威，襄陽人，東晉文學家，曾任榮陽太守等官。與謝安書，書信名。《隋書·經籍志》著錄榮陽太守《習鑿齒集》五卷。今存清嚴可均輯本。下文所引《與謝安書》即嚴輯所據。⑬劍騎詩　詩名。南朝梁吳均撰。此詩收入於丁福保《全梁詩》卷八。《古詩鈔》卷五亦收入。吳均，《梁書》有傳。⑭司馬德操宅洲之陽　於水言，水北為陽，水南為陰；於山言，山南為陽，山北為陰。洲則非山非水，何以定陰陽？觀下文言：“望衡對宇，……泛舟褰裳。”則司馬宅與在漢水南岸的龐宅相距甚近，故而此句之“洲之陽”，當指洲的南面。⑮野鷹來曲　歌曲名。漢劉表撰。篇名僅見於此《注》文，已亡佚。⑯養魚法　書名。春秋范蠡撰。清姚振宗《隋書經籍志考證》卷三十一：“梁有陶朱公《養魚經》一卷，亡。”但此《注》記及“（習）郁依范蠡《養魚法》作陂”。習郁是東漢初年人，則《養魚法》其書在漢時已流行，姚振宗《考證》有訛。此書除《沔水注》外，《文選》卷三十五及張景陽《七命注》均引及，但亡佚已久，唯《齊民要術》卷六《養魚》第六十一輯存。宋高似孫《剡錄》卷十引此書作范蠡《魚經》。⑰夷水　此處有佚文一條。清魏源《釋道山南條陽列》（《魏源集》下集）黃象離按引《水經注》：“夷水入漢，俗名蠻河口。”當是此段中佚文。⑱山下有廟三句　“山下有廟”下，《水經注疏》作：“漢末多士，其中刺史二千石鄉長數十人。”《疏》：“趙據何焯校改‘多’作‘名’，‘士’下增‘居’字。戴改、增同。守敬按：非也。上句云，‘山下有廟’，名士何以居廟中乎？此當以‘漢末多士’為句，‘其中’二字，連‘刺史’讀，原文不誤，乃憑臆改增，是以不狂為狂矣，謬甚！”今依《疏》語譯於後。⑲水南通縣之太白湖　《水經注疏》作：“水南通沌陽縣之太白湖。”《疏》：“朱縣上有脫文，戴同，趙增‘沔陽’二字。云：以《江水注》參校增。守敬按：《通鑑》晉永嘉六年，注引此作‘南通沔陽縣之太白湖’。則增‘沔陽’字似是。不知胡氏作‘沔陽’，誤，當作‘沌陽’。趙氏于《江水》篇誤以‘沌陽’為‘沔陽’，此又據作佐證，則一誤而再誤也，今訂。”

【語　譯】

又東過堵陽縣，堵水出自上粉縣，北流注之。

1　　堵水發源於建平郡邊界的故亭谷，東流經新城郡。新城郡從前是漢中郡的房陵縣。世祖建武元年（公元二五年）把該縣封給鄧晨為侯國。漢朝末年立為房陵郡，魏文帝把房陵、上庸、西城合併起來，立為新城郡，任孟達為太守，郡治設在房陵縣舊城。有粉水，縣城就在它的上游，所以稱為上粉縣。堵水旁另有一條溪，岸邊的泥土顏色鮮黃，據說可以吃；有人說飲了溪裡的水，能使人無病而且長壽，難道這是真的嗎？附近又有白馬山，山上有塊巖石，形狀像馬，遠遠望去非常逼真。水旁有個白馬塞，孟達當太守時，曾登臨塞上慨嘆道：劉封、申耽據有堅城，地方千里，難道又把它丟失嗎！於是作《上堵吟》，音韻哀婉淒切，聽了使人愴然。現在水旁還有人傳唱。堵水又東北流經上庸郡，是古時的庸國。《春秋》文公十六年（公元前六一一年），楚人、秦人、巴人滅掉庸國。庸是小國，原來依附於楚國；楚有災難，它不但不去援救，反而率領各蠻族反叛，因此被滅，設立為縣，屬漢中郡。漢朝末年，又從漢中郡分出，立為上庸郡。郡城三面臨水。堵水又東流經方城亭南，東北流經嵫山下，而後北流經堵陽縣南，北流注入漢水，匯流處稱為堵口。漢水又東流，稱為澇灘，這裡冬天水淺，河床裡有很多大石塊。又東流，就是淨灘，夏天溪水盛漲，水流湍急，激流中有很多漩渦，這就苦了過往行人了。因此諺語說：冬天澇灘，夏天淨灘，官差完成使命難上難。這是說兩灘對交通的阻礙。

又東過郇鄉南，

2　　漢水又東流經郇鄉縣南的西山，山上有石蝦蟇，乍看之下，與真的沒有什麼區別。漢水又東流經郇鄉縣舊城南，有灘稱郇鄉灘。郇鄉縣是古時的黎國，就是長利縣的郇鄉。《地理志》說：有郇關。李奇認為就是古時的郇子國。晉太康五年（公元二八四年），設立為縣。漢水又東流經琵琶谷口，這是梁州、益州的分界，因而又稱為琵琶界。

又東北流，又屈東南，過武當縣東北，

3　　武當縣西北四十里，漢水中有個沙洲，名叫滄浪洲。庾仲雍《漢水記》稱為千齡洲。不是的，這是由於民間語訛，致使音與字都變了。《地說》說：水發源於荊山，東南流，稱為滄浪水，與楚國都城臨近，因此《漁夫歌》：滄浪之水清又清，可以給我洗帽纓；滄浪之水濁又濁，可以給我洗雙腳。我查考《尚書·禹貢》說：疏導漾水，東流稱為漢水，再東流稱為滄浪水。這裡不說經過而說稱為，說明不是別的水流入，而是漢沔水從這裡到下游，有滄浪水的通稱。此水迂迴曲折地流過鄢、郢，地域又與紀、郝相連，都是楚國的都城。漁夫唱的歌，與河流和地點都無不合之處，查考經傳,我認為應當以《尚書》為準。

4　漢水又東流到了佷子潭,潭裡有石磧洲,長六十丈,寬十八丈,世人都認為這是佷
子葬父的地方,因此潭就得了佷子的名稱,但也弄不清楚。漢水又東南流經武當
縣老城北,世祖把該縣封給鄧晨的兒子鄧棠為侯國。城内有一塊石碑,文字已模
糊不清,不能辨認了。民間相傳是《華君銘》,卻不知華君是哪個朝代的人士。漢
水又東流,平陽川水注入。平陽川水發源於縣北的伏親山,南流經平陽川,流過平
陽老城下,又南流注入沔水。沔水又東南流經過武當縣老城東,又東流,曾水注
入。曾水發源於縣南的武當山,又名太和山,或叫嶵上山,山形獨特而秀美,又有
仙室之稱。《荊州圖副記》說:山形獨特而秀美,不同於群峰,峰頂形狀像博山香
爐,亭亭遠出眾山之上,那些希望服藥以延年益壽的人,都聚集在山上。晉朝咸和
年間(公元三二六—三三四年),歷陽謝允,辭去羅邑宰的官職,隱居此山,因此又稱謝
羅山。曾水發源於山麓,流過山北,東北流注入沔水,匯流處稱為曾口。沔水又東
流經龍巢山下,山在沔水之中,高十五丈,方圓一里二百三十步,山形峻峭,山上林
木茂密青翠,即使嚴冬也不凋落。

又東南過涉都城東北,

5　涉都是從前的鄉名。據《郡國志》,筑陽縣有個涉都鄉。漢武帝元封元年(公元前一
一〇年)把該縣封給南海太守降侯的兒子嘉為侯國。均水在該縣注入沔水,匯流處
稱為均口。

又東南過酇縣之西南,

6　舊縣城南瀕沔水,稱為酇頭,漢高帝五年(公元前二〇二年),把這裡封給蕭何為侯
國。薛瓚說:就是今天南鄉的酇頭。《茂陵書》說:酇縣在南陽。王莽改名為南庚。

又南過穀城東,又南過陰縣之西,

7　沔水東流經穀城南,而不是流經城東。城築在穀城山上,是春秋時期穀伯綏的封
邑。現在城牆城門都已傾倒塌毀,但牆基和護城河仍然存在。沔水又東南流經陰
縣舊城西,這是古時的下陰。《春秋》昭公十九年(公元前五二三年),楚國的工尹赤
把陰的戎人遷到下陰。該縣東有座墳墓。縣令劉熹,字德怡,濟南人,魏時治理此
縣。他很喜歡博通古代文史,教學立碑,碑上載著百餘學生的姓名,他們都是未完
成學業而夭折的,安葬在這裡,稱為生墳。沔水又東南流到洛溪口。洛溪水發源
於該縣西北的集池陂,東南流經洛陽城。洛陽城北瀕洛溪,溪水東南流注入沔水。

又南過筑陽縣東,筑水出自房陵縣,東過其縣南流注之。

8　沔水又南流,汎水注入。汎水發源於梁州閻陽縣。魏國派遣夏侯淵和張郃南下巴

西,進軍宕渠,劉備軍駐紮在汎口,就是這條水的出口。張飛走了另一條路,就在
這條水上襲擊張郃;張部戰敗,拋棄了戰馬,爬山逃回漢中。汎水又東流經巴西,
經巴渠北的新城、上庸,又東流經汎陽縣老城南。該縣是晉時從筑陽分出設立的。
汎水從汎陽縣起,上游山深水急,水岸曲折,激流奔瀉,水路陸路都斷了。又東流
經學城南,這是梁州的通衢大道所經之地。舊時傳說,從前有人在此設立學府,當
時正遇上兵荒馬亂,學生無依無靠,就共築此城來防禦盜寇,因此名為學城。汎水
又東流注入沔水,匯流處稱為汎口。

9　沔水又南流經闕林山東,這裡本來是郡中陸路所經的地方。山以東有兩塊石碑,
其中一塊就是記述闕林山的。碑文說:身負治國重任的君主,不登高,也不履深。
從前,有人挖斷山岡以通平路,當地很多百姓因此得病,地方長官冠軍張仲瑜和當
地人一起把山岡缺口重新填築起來,堵斷了先前的山路,作了這篇銘文。另一塊
是“郭先生碑”。郭先生名輔,字甫成,有孝敬父母、友愛兄弟和喜好學習的美德,
他女兒為他在此處立碑。這兩塊碑都沒有年號,也都不知是哪個朝代人。沔水又
南流經筑陽縣東,又南流,筑水注入。杜預以為這是彭水。筑水發源於梁州新城
郡魏昌縣邊界。該縣是黃初年間(公元二二〇—二二六年)從房陵分出來設立的。筑
水東南流經筑陽縣,水中有一塊孤石突兀拔起,下面是個清澈的水潭,有時會看見
這石,根像黃色的竹根一樣,看到的人大都有災禍,就把它稱為承受石,也不知底
細。筑水又東流經筑縣舊城南,該縣從前原是楚國的附庸。秦國平定鄢、郢後,把
它設立為縣,王莽改名為宜禾。建武二十八年(公元五二年),世祖把該縣封給吳盱
為侯國。筑水又東流注入沔水,匯流處稱為筑口。沔水又南流經高亭山東。此山
有神靈,士人和庶民都敬奉它,向山神祈禱都很靈驗。沔水又東流到了漆灘,新野
郡山都縣和順陽郡筑陽縣,就以此灘為分界。

又東過山都縣東北,

10　沔水南有固城,城在沔水旁,是新野郡山都縣的治所,從前是南陽縣的赤鄉。秦朝
時設立為縣,漢高后四年(公元前一八四年),把該縣封給衛將軍王恬啟為侯國。沔
水北岸有和城,就是《郡國志》所說的武當縣和城聚,山都縣從前也曾設過治所,因
此又稱故縣灘。

11　沔水北岸數里處有一條大石堤,名叫五女激。有人說,五女的父親被人謀害,仇人
住在固城。五女一心想報父仇,因此修築了這條石堤以導水攻城。現在城北已沉
陷於水中。又傳說有人葬在沔水北岸,墓地將要被水沖毀,此人沒有兒子,只有五
個女兒,卻都是巨富,她們共同築了這條石堤來保護墓地。石堤的製作十分精細。
還有一種說法,說有人把女兒嫁給陰縣佷子為妻,佷子家財巨萬,但從小就一直不

聽父親的話。父親臨死前希望自己葬在山上,又怕兒子不聽從,故意反而說希望兒子把他葬在水岸下的石灘上。佷子說:我從來不聽父親的話,今天一定聽。於是就散盡家財,用以修建石墓。他在石墓四周積土築成一個洲渚,長數百步。元康年間(公元二九一—二九九年)才被水沖壞。現在還能看到數百塊巨石堆積在水中,都有半張床那麼大。佷子是前漢人。襄陽太守胡烈有德政,推行教化,他堵塞了石堤的缺口,百姓都賴以受益。景元四年(公元二六三年)九月,百姓為紀念他,在此立碑,刻石頌德。

12　沔水又東流,水漸變淺,冬季這裡可以涉水過河,稱為交湖,作戰時軍隊大多從這裡過河。晉朝太康年間(公元二八〇—二八九年),在這條水裡撿到一塊響石,擊石發聲,數里外都能聽到。沔水又東流經樂山北。從前諸葛亮喜歡唱《梁甫吟》,常來此登山遊樂,所以民間稱為樂山。沔水又東流經隆中,流過孔明故居北。諸葛亮曾對劉禪說:先帝三次到我的草舍來探望我,向我詢問當時的天下大事。指的就是這座房子。車騎將軍劉季和,沛國人,他鎮守襄陽時,與犍為人李安一起來參觀孔明的故居,他叫李安作《宅銘》,文中說:天子在沔水之北告誡我:聽到戰鼓的聲音,心中要永遠思慮,幸能發揚先哲遺下的榮光。過了六十多年,到永平五年,習鑿齒又為該宅作銘。

又東過襄陽縣北,

13　沔水又東流經萬山北,山上有魯宗之所立的“鄒恢碑”。山下水潭中有“杜元凱碑”。杜元凱重視身後留名,刻了兩塊石碑,記述自己的功績,一塊石碑沉在峴山水中,另一塊沉在這個水潭中。他說:百年以後,怎麼知道低谷不會變成山陵呢。山下水邊,據說是從前女神漢女嬉遊過的地方。因此張衡《南都賦》說:出遊的仙女在漢皋山的流水彎曲處玩珠子。漢皋山就是萬山的別名。

14　沔水又東流與檀溪水匯合。檀溪水發源於縣西柳子山下,東為鴨湖,湖在馬鞏山東北。武陵王喜愛此山峰巒秀麗,改名為望楚山。溪水從鴨湖分成兩條,北支就是溪水的源頭。此水北流經漢陰臺西。臺在水邊,登臺遠望,俯視眼下那一片片園圃,神往於種瓜澆菜的田園生活,心也飛到漢陰了,因此名為漢陰臺。又北流經檀溪,稱為檀溪水。水邊有僧人釋道安的寺院,就用溪名來作寺名。溪水北有徐元直、崔州平的故居,現在都住著人,所以習鑿齒在《與謝安書》中說:每次去探望家舅,縱目眺望檀溪,想起崔、徐二人的交情,都情不自禁地躊躇不進,感慨萬端,甚至終日惆悵不已。溪水經城旁往北流去,昔日劉備被劉景升暗算,乘的顱馬西逃,跌落在這條溪中。這裡西距襄陽城一里餘。溪水北流注入沔水。

15　另一條往東南流逝。應劭說:城在襄水之北,所以叫襄陽。這條水該就是襄水了。

城北瀕沔水,就是襄陽縣的舊城。就是王莽時的相陽。這也是楚國北津的駐防城,也就是今天大城西的堡壘。襄陽的範圍,包括了古代鄀、鄦、盧、羅等小國之地,秦滅楚後,設置了南郡,把這一帶稱為北部。建安十三年(公元二〇八年),魏武帝平定荊州,分出南郡部分土地設立襄陽郡,做為荊州刺史的治所。襄陽居民非常殷富,車馬絡繹不絕,是整個州郡的中心。城南門的路東有三塊石碑,一塊是"晉太傅羊祜碑",另一塊是"鎮南將軍杜預碑",還有一塊是"安南將軍劉儼碑",都是他們的學生所立。城東門外約二百步處有劉表墓,太康年間(公元二八〇—二八九年)被盜掘,劉表夫妻倆的屍體仍完好無損,容顏膚色與生時無異。墓中香氣襲人,三四里外都能聞到,接連一整個月,還是餘香不斷。今天墳墓祠堂還完好地高高聳立著。城北瀕沔水,常苦於水中蛟龍為害。襄陽太守鄧遐自恃膽氣和剛勇,拔劍跳入水中,蛟龍把他的腳緊緊纏住,鄧遐揮劍斬蛟,流血染紅了沔水,從此以後再也沒有蛟龍為害了。從前張華遇害,也是在這條水中失去寶劍的。後來雷華當建安從事,涉水經過一片淺灘時,所帶的寶劍忽然從他懷裡跳出,落入水中,剛掉到水裡時還是劍,過了一會兒忽然變成龍。因此吳均的《劍騎詩》說:劍是兩蛟龍。張華的預言果然應驗了。

16　沔水又流經平魯城南,此城是魯宗之所築,所以有這個城名。平魯城東與樊城相對,樊城是仲山甫的封邑。《漢晉春秋》說:桓帝臨幸樊城,全城百姓沒有不來觀看的,只有一個老頭子獨自耕田不歇。議郎張溫派人問他,老頭子笑而不答。張溫因此與他攀談,問他姓名,老頭子不告訴他就走了。此城周圍四里,南邊一半已沉入水中。建安年間(公元一九六—二二〇年),關羽把于禁圍困在這座城中,當時正逢沔水氾濫外溢,水深三丈餘,城被攻陷,于禁也投降了;龐德卻揮劍奮戰,乘船至東岡不屈而死。魏武帝說:我認識于禁三十多年,到了生死關頭,他卻遠不如龐德啊。城西南有曹仁"記水碑",是杜元凱重刻的,碑中記載有關攻打吳國的事。

又從縣東屈西南,淯水從北來注之。

17　襄陽城東有東白沙,白沙北有三洲,東北有宛口,就是淯水的入口處。沔水中有魚梁洲,是龐德公居住的地方,龐士元住在漢水南岸,在南白沙,所以世人稱這地方為白沙曲。司馬德操居住在洲南。屋宇隔水相望,自然常常歡聚,蕩舟或涉水相訪,無牽無掛地自得安閒之樂,哪裡會想遠道奔走於千里之外,殫精竭慮為君主盡忠效命呢!南岸有層臺,稱為景升臺,是劉表治理襄陽時修築的。據說劉表很喜歡到這裡遊覽,常在這裡逗留休息。劉表生性愛鷹,曾登上此臺,高歌《野鷹來曲》。這首曲子聲韻與孟達的《上堵吟》相似。沔水又流經桃林亭東,又流經峴山東,山上有一座桓宣修築的城,孫堅就死在這裡。又有一塊"桓宣碑"。羊祜鎮守

襄陽時,曾與鄒潤甫登臨山上。羊祜死後,後人在他舊遊之處立了一塊石碑,遊人
看到石碑,往往會感慨悲思,所以杜元凱稱它為“墮淚碑”。山上還有“征南將軍胡
罷碑”及“征西將軍周訪碑”。山下的水中,就是杜元凱沉碑處。

18　沔水又東南流經蔡洲,漢長水校尉蔡瑁住在這裡,所以取名蔡洲。洲東岸西,有個
洄湖,積水面積數十畝,長數里,寬不到百步,水色常綠。楊儀住在上洄,楊顒住在
下洄,與蔡洲相對。沔水在峴山南的廣昌里,又與襄陽湖水匯合。襄陽湖水上流
承接鴨湖,東南流經峴山西,又東南流注入白馬陂水。又東流注入侍中襄陽侯習
郁的魚池。習郁根據范蠡的《養魚法》,造了個大池塘,塘長六十步,寬四十步,池
中築了釣臺。池北的亭子,就是習郁墓地所在的地方。在池邊的沔水岸邊種了一
片松林和竹林,這就是習郁的住處。他用石塊砌了一條彎曲的暗溝,把大池中的
水引到住宅北,造了個小魚池。小魚池長七十步,寬二十步,西邊緊靠大路,東北
兩邊築了高堤,堤岸兩邊種遍楸樹和翠竹,池中蓮茨覆蓋著水面,真是遊樂宴飲的
好去處。山季倫鎮守襄陽時,每次來到這裡遊樂,沒有不喝得酩酊大醉才回去的,
並且還經常說:這是我的高陽池。因此當時人作歌說:山公出門哪裡去? 去到高
陽池。天晚倒載著回來,醉得什麼也不知。池水下流注入沔水。

19　沔水西岸,又有孝子墓。河南秦氏生性極為孝順,侍奉雙親從不知厭倦。父母亡
故後,親自背土築墳,經常在墓旁悲哭。有人吟詠《蓼莪》,秦氏聽了涕淚交流,悲
傷不已。他在墓地得了病,吃不下東西,有一隻老虎常用乳來餵他,一百多天後他
就死了。現在墓地林木幽深茂盛,人們稱它為孝子墓。墓南有蔡瑁墓,墓前有一
頭石刻巨鹿像,石像很大,頭高九尺,製作極其精緻。沔水又往東南流經邑城北,
是習郁襄陽侯的封邑,因此稱邑城。

20　沔水又東流,在洞口匯合一水。此水發源於安昌縣舊城東北的大父山,西南流,稱
為白水。又南流經安昌舊城東,轉而流經縣南。安昌縣是從前蔡陽的白水鄉。漢
元帝認為長沙土地低窪潮溼,於是劃分出白水、上唐二鄉,設立了舂陵縣。光武帝
即位後,改名為章陵縣,在那裡修築了園囿廟宇,魏黃初二年(公元二二一年),又改
為今天的名字,這裡是從前義陽郡的治所。白水又西南流,在左岸匯合了昆水。
昆水發源於縣城東南的小山,西流經金山北,又西南流經縣南,西流注入白水。

21　白水北有白水陂,陂北有漢光武帝故居,今天遺址還在。這就是所謂的白水鄉,是
蘇伯阿望氣的地方。光武帝征討秦豐的時候,回到故鄉,大擺酒宴,款待鄉親,極
其高興。張平子把他寫成真命天子,南巡來訪問故鄉。《東觀漢記》說:明帝巡幸
南陽,祭祀舊宅,召集地方學校子弟來助雅樂,演奏《鹿鳴》,皇上親自吹塤篪伴奏,
以娛賓客,也是在這舊宅裡。

22　白水又西流與瀘水匯合。瀘水發源於襄鄉縣東北的陽中山,西流經襄鄉縣舊城北。據《郡國志》,這是南陽的屬縣。瀘水又西流經蔡陽縣舊城東,西南流注入白水。白水又西流經蔡陽城南。建武十三年(公元三七年),世祖把此城封給城陽王劉祉的嫡長子劉本為侯國。應劭說:蔡水發源於蔡陽,東流注入淮水。今天,此城以南沒有別的水,只有這條水勉強可以相符。可是水卻是西流的,硬是不肯東流,況且淮水的源流受地形的阻礙,山脈和河流也沒有互相穿透的道理,這是應氏弄錯了。洞水又西南流注入沔水。

又東過中廬縣東,維水自房陵縣維山,東流注之。

23　中廬縣就是《春秋》裡說的廬戎國。該縣舊城南有一條水,發源於西山,山裡有個石洞曾有馬跑出,稱為馬穴山。漢朝時洞裡跑出數百匹馬,這些馬體型小,很像巴、滇的馬。三國時,陸遜進攻襄陽,在這個石洞中又得了數十匹馬送到建業。後來蜀使到了建業,其中有個家住滇池的人,認得他家那匹馬的毛色,說這是他父親所騎的馬,因而對馬落淚。此水東流一百四十里經過城南,叫做浴馬港,據說剛得到這些馬時,在這裡洗馬,因此得名。也有人說,騎馬到沔水岸邊洗馬,又名為洗馬廄。渡過沔水住宿的地方叫騎亭。但等候放水的當地蠻族在北面堵了這條水,在南面又截斷維水,引水灌溉田畝,下流注入沔水。

24　沔水東南流經犁丘舊城西,舊城下對繕州,秦豐居住在這裡,所以又改名為秦洲。王莽戰敗,秦豐擁兵於犁丘。犁丘城在觀城西二里。建武三年(公元二七年),光武帝派遣征南將軍岑彭攻打秦豐。四年(公元二八年)朱祐從觀城進兵,在犁丘俘獲了秦豐。沔水又南流與疎水匯合。疎水發源於中廬縣西南,東流到邔縣北界,東流注入沔水,匯流處稱為疎口。水中有一種動物,像三四歲的小孩,身上有類似穿山甲的鱗,箭也射不進去。七八月間,喜歡在沙灘上曬太陽,膝頭像虎,腳掌和爪子常沒在水中,只露出膝頭。小孩子不知道,想去捉來玩,牠便會把人咬死。有人說,如果能捉住一隻活的,把牠的鼻子割下,就可以馴服牠。這種動物叫水虎。

又南過邔縣東北,

25　沔水左岸有騎城,周圍二里餘,高一丈六尺,就是騎亭。該縣是從前楚國的城,秦時立為縣。漢高帝十一年(公元前一九六年),把該縣封給黃極忠為侯國。縣南有黃家墓,墓前有一對石闕,雕刻極其精緻,俗稱黃公闕。黃公名尚,是漢朝的司徒。沔水又東流經豬蘭橋,原名木蘭橋,橋的左右兩邊青蒿、蘆荻很多。劉季和在橋東養了很多豬。襄陽太守說:這裡豬屎很臭,可改名為豬蘭橋,於是百姓也就這麼叫了。橋北有習郁故居,屋旁有個魚池,這口池沒有耗費人工,溝水自然流通。池長六七十步,寬十丈,常出產名魚。沔水又南流與木里水匯合,楚時在宜城東開鑿了一條水渠,水渠上口距離宜城三里。漢朝南郡太守王寵又繼續開鑿,引了蠻水來灌溉農田,這條水渠叫木里溝。溝水流經宜城東,而後往東北注入沔水,匯流處叫木里水口。

又南過宜城縣東,夷水出自房陵,東流注之。

26　夷水,就是蠻水。桓溫的父親名夷,為避諱改名為蠻水。夷水發源於中廬縣邊界的康狼山,山與荊山相鄰。夷水東南流經宜城西山,稱為夷溪,又東南流經羅川城,就是古時的羅國。夷水又名鄢水,《春秋》裡所說的楚人伐羅,渡過鄢水,就是指這條水。夷水又東南流與零水匯合,零水就是沶水。上源通梁州沒陽縣的默城山,司馬懿出兵沮水就取道於此山。沶水東流經新城郡的沶鄉縣,該縣是自房陵縣劃分出來而設立的,因而稱此水為沶水。沶水又東流經軑鄉,稱為軑水。晉武帝平定吳國,劃出臨沮的北鄉、中廬的南鄉設立上黃縣,縣治在軑鄉。沶水又東經宜城西山,稱為沶溪;又東流與夷水匯合,匯流處稱為沶口。與夷水匯合後亂流東出,稱為淇水,流經蠻城南,蠻城在宜城南三十里。《春秋》說,莫敖在羅打了敗仗,退到了鄢,隊伍混亂,渡過淇水。

27　夷水又東流注入沔水。從前白起進攻楚國,引西山長谷水灌城,就是指這條水。舊堰離城約百里,當時水從城西向東灌入城中,流注形成深潭,就是今天的熨斗陂。水沖毀了城東北角,百姓隨水漂流,淹死在城東的達數十萬。城東一帶臭氣熏天,因此把這片陂塘稱為臭池。後人就沿用這條渠道,築塘來澆灌城西的田畝。這個陂塘稱為新陂,占地數十頃;西北又形成土門陂。從平路渠以北、木蘭橋以南,西到土門山,東跨大路,水流四通八達,水從新陂東流入城。此城是從前鄢郢的舊都,秦時立為縣。漢惠帝三年(公元前一九二年)改名為宜城。

28　新陂水從大城中流過,經漢朝南陽太守秦頡墓北。墓前有兩塊石碑。秦頡是郡人,從江夏都尉出任南陽太守,上任時經過宜城城內,看見一家朝東的房子,他停車觀看,說:這家人住的地方可以築墓。後來他死於南陽,運送靈柩回鄉,到了昔日停車處,車子無法前進。他的屬吏就購買了那所住宅,把他安葬了,現在那座孤墳還很完整。城南有宋玉的住宅。宋玉是本城人,才智出眾,能言善辯,擅長寫作而又精通音樂。新陂水又流經金城前,縣南門有一塊古碑還在。新陂水又東流,出城後注入臭池。臭池灌溉農田,陂水散流,又注入朱湖陂。朱湖陂又引水灌溉下游的農田,多餘的水又排入木里溝。木里溝是漢朝南郡太守王寵開鑿的舊渠道,引鄢水灌溉農田七百頃。白起渠灌溉三千頃,都是良田沃野,土壤更加肥美。

29　該縣有座太山,山下有廟。漢朝末年有很多著名人士,其中刺史、二千石卿長數十人,乘坐著豪華的車馬,紛紛來廟下會聚。荊州刺史巡行時看到這種情景,對當時的盛況讚嘆不已,就把這地方取名為冠蓋里,而且刻石紀念。這塊石碑到永嘉年間(公元三〇七—三一三年)才被人毀壞,但殘留的碑文還有能夠傳誦的。碑文說:那巍峨的南山,在南天浮起巨影。這裡英才濟濟,人傑應運而生。只有這些人傑呵,是大漢的精英,德行受君王寵遇,聲音化作九霄鶴鳴。太山於建安三年(公元一九八年)崩塌,轟鳴聲傳到五六十里以外,雄雞都飛到屋上驚叫,當地百姓以為不祥而感到討厭,就去詢問侍中龐季。龐季說:山崩河乾,這是國家將亡的徵兆。十三年(公元二〇八年)魏武帝平定了荊州,沔南衰落下去,人民也逃散了。

30　沔水又流經鄀縣舊城南,這裡是古時的鄀子國。鄀子國在秦、楚之間,是從商密遷到這裡的,起初是楚國的附庸,後來楚滅了它,成為楚邑。鄀縣南臨沔水,水南有一座石山,山上有古時的烽火臺,縣北有大城,楚昭王被吳所迫,從紀郢遷都到這裡。這裡就是所謂的鄢、鄀、盧、羅之地,秦朝時設立為縣。沔水又東流,敖水注入。敖水發源於新市縣東北,又西南流經太陽山西,南流經新市縣北。又西南流,在右岸匯合了一條支流。這條支流發源於大洪山,西南流經襄陽鄀縣邊界,西南流經狄城東南,向左注入敖水。敖水又西南流注入沔水,匯流處稱為敖口。沔水又南流經石城西,石城依山而築,非常堅固,是晉太傅羊祜鎮守荊州時所築。晉惠帝元康九年(公元二九九年),劃分出江夏西部設置竟陵郡,郡治就在此城。沔水又東南流,與臼水匯合。臼水發源於竟陵縣東北的聊屈山,又名盧屈山,西流注於沔水。魯定公四年(公元前五〇六年),吳國軍隊攻入郢都,楚昭王逃奔到隨,渡過成臼,就指此水。

又東過荊城東,

31　沔水從荊城東南流,流經當陽縣章山東,山上有舊城,是太尉陶侃征伐杜曾時所築。《禹貢》所說的內方山至大別山,這內方山就是章山。沔水既流經章山,那麼與《尚書》的記載是相符的了。沔水又東流,右岸在權口匯合權水。權水發源於章山,東南流經權城北,這就是古時的權國。《春秋》魯莊公十八年(公元前六七六年),楚武王攻克權國,權國反叛,武王包圍了權國,殺了反叛者,並把權人遷到那處。東南有那口城。權水又東流注入沔水。

32　沔水又東南流於揚口匯合揚水。揚水上流承接江陵縣赤湖。江陵縣西北有紀南城,楚文王從丹陽遷到這裡,平王修築了這座城。班固說:這是楚國的郢都。城西南有赤坂岡,岡下有一條水渠,往東北流入城內,名叫子胥瀆。是吳國軍隊入郢時開鑿的,稱為西京湖。渠水又向東北流出城外,向西南注入龍陂。龍陂是古時的天井水,周圍二百餘步,在靈溪東的江堤內,水極深,有龍出現在陂塘中,因此稱為龍陂。陂塘北有楚莊王的釣臺,高三丈四尺,南北六丈,東西九丈。陂水又流經郢城南，東北流，叫揚水。又東北流，路白湖水注入。湖在大港北，港南叫中湖，南堤下叫昬官湖，三湖匯合成一條水，東通荒谷。荒谷東岸有座冶父城。《春秋傳》說：莫敖縊死於荒谷，諸將帥被囚禁在冶父，說的就是此處。春夏水盛時，水就與南面的大江相通，否則，南邊水就到江堤為止，北邊則流經方城以西。方城就是南蠻府。又北流與三湖匯合，因此盛弘之說：南蠻府東有三湖，水源屬同一條水，這是因為治所遷到西府的緣故。宋元嘉年間(公元四二四—四五三年)，開通了路白湖，湖水流注入揚水，擴大了運糧河道。

33　揚水又東流經天井北，井在方城北一里餘，周圍二里，深不可測，井水底下有房屋，出現時就有戰禍。西岸有天井臺，以舊堤作臺基築成，臺臨水岸，是遊樂休息的佳勝之處。揚水又東北流，東有赤湖水口。湖周圍五十里，城下的陂池，都匯合到這裡。湖東北有大暑臺，高六丈餘，長寬各八尺，又名清暑臺，樓臺秀麗明亮，視野開闊，遊人登臺縱目，邈遠的情懷為之一暢。

34　揚水又東流入華容縣境，有一條靈溪水，西通赤湖水口，下流湖泊很多，周圍五十里，城下的陂池都匯合到這裡。又有子胥瀆，是伍子胥入郢時開鑿的。瀆水東流注入離湖，湖在縣東七十五里。《國語》說：楚靈王為自己開鑿石城，堵漢水，使水環繞石城，仿舜墓的格局，指的就是此湖。離湖旁有章華臺，高十丈，臺基寬十五丈。左丘明說：楚國在章華上建築了一座高臺。韋昭認為章華也是地名。有一次，楚靈王與伍舉一起登上章華臺，伍舉說：臺高不過可望國家的凶吉之氣，大小不過可放宴會的禮器就好。他這樣說，實際上是諷刺楚靈王的奢侈，規諫他的過失。據說這條渠道，在楚靈王造臺時，是運糧所經的航道。渠水北流注入揚水。

35　揚水又東北流與柞溪水匯合。柞溪水發源於江陵縣北，是由各陂塘散流的水匯合起來，才成為一條溪流的。此水東流經魯宗之堡壘南，這裡正好是驛路所經，水上有大橋。隆安三年(公元三九九年)，桓玄在江陵襲擊殷仲堪，殷仲堪向北逃奔，最後在這座橋上自縊。柞溪又東流注入船官湖，湖水又往東北注入女觀湖；湖水又東流注入揚水。揚水又北流經竟陵縣西，又北流，匯入巾水，然後分出柘水，柘水就是下揚水。巾水發源於竟陵縣東一百九十里，西流經巾城，城下設巾水戍。晉朝元熙二年(公元四二〇年)，在竟陵郡的巾水戍得到七口銅鐘，報告了朝廷的府庫。巾水又西流經竟陵縣北，西流注入揚水，匯流處稱為巾口。揚水西有古時的竟陵大城，這是古代的鄖國，是鄖公辛所管轄的地方，就是所謂的鄖鄉。從前白起攻克郢都，東方直打到竟陵，就是這裡。秦時立為縣，就是王莽時的守平。世祖建武十三年(公元三七年)，把該縣改封給劉隆為侯國。城旁有個甘魚陂。《左傳》昭公十三年(公元前五二九年)：公子黑肱當令尹，在魚陂留宿，就指此陂。揚水又北流注入沔水,匯流處稱為揚口,也就是中夏口。曹操在當陽追劉備,張飛橫矛立馬於長坂坡,劉備才得以和幾個隨從騎馬斜插到漢津,渡過了夏口。沔水又東流與漼水匯合於漼口。漼水承接大漼、馬骨等湖水,周圍三四百里,待到夏水匯流進來,就變得像大海似的一片浩淼,水深浪闊,與江水、沔水縈迴曲折地連在一起了。所以郭景純《江賦》說:旁近則有朱、漼、丹、漅諸水。

又東南過江夏雲杜縣東,夏水從西來注之。

36 夏水注入處就是堵口,這條水也叫中夏水。雲杜縣就是從前的邶亭。《左傳》說:若敖在邶娶妻。《禹貢》說:雲夢澤一帶也都可耕種了。所以取名為雲杜縣。該縣東北有雲夢城。沔水又東流經左桑。從前周昭王南征,船夫把用膠粘合起來的船進獻給他,昭王乘船渡沔水,船到中流就沉沒了,於是死於水中。齊、楚會盟時,齊侯說:昭王南征卻沒有回來,我要追查這件事的。屈完說:您還是去追查水濱吧。庾仲雍說:村裡的老人說,當地百姓在這裡幫助料理昭王的喪事,喪禮完成後就啟程,因此稱為佐喪。左桑,無非是別字罷了。沔水又東流到巨亮水口匯合一水。這條水承接北方的巨亮湖,南流到沔水。沔水又東流到合驛口。庾仲雍說:須導村的老人說,朝廷驛使到這裡會合,參加昭王的喪事,因此得了合驛的地名。今天須導村有大斂口,據說昭王就是在這裡殯斂的。

37 沔水又東流,有一處叫橫桑,據說是找到昭王遺體的地方。沔水又東流到鄭公潭,據說鄭武公與昭王一同溺死在這裡。我想武公與昭王的時代相距很遠,這說法太不近情理了。這裡是楚國的鄭鄉,守城大夫自封為公,所以世人把這地方稱為鄭公潭了。沔水又東流匯合死沔,據說昭王渡沔水時在這裡溺死,所以有死沔的名稱。難道昭王的屍體會逆流而上嗎? 遠古的事渺茫得很,也很難弄得清楚;如果根據事理來推斷,就令人覺得似是而非了。沔水又東流與力口匯合,有溠水發源於竟陵新陽縣西南的池河山,東流經新陽縣南,縣治在雲杜舊城,是從雲杜縣分出設置的。溠水又東南流注入宵城縣南的大湖,又南流注入沔水,匯流處叫力口。沔水又東南流,湨水注入。沔水又東流經沌水口,沌水南通縣內的太白湖,湖水東南流與江水相通,水口又稱沌口。沔水又東流經沌陽縣北,沌陽縣坐落在沌水北。沔水又東流經臨嶂舊城北。晉朝建興二年(公元三一四年),太尉陶侃任荊州刺史,鎮守此城。

又南至江夏沙羡縣北,南入于江。

38 庾仲雍說:夏口又名沔口。《尚書·禹貢》說:漢水南流到大別山注入江水。《春秋左傳》定公四年(公元前五○六年),吳國軍隊攻郢,楚子常渡過漢水布陣,從小別山到大別山。京相璠《春秋土地名》說:大別是漢水東的山名,在安豐縣南。杜預《釋

地》說:大、小二別是由於靠近漢水而來的山名,不可能在安豐。據《地說》的說法,
漢水東流,觸到大別山的山坡,南流與江水匯合。這和《尚書》、杜預的說法是相符
的。但今天卻不知道它在什麼地方了。

【研　析】　此卷從沔水上游寫到此水注入長江,其記敘方法與寫作技巧都與其他卷篇
相似,由於北魏轄境在這一帶僅到魏興郡(今河南山陽附近),所以《注》文所敘,都不
是酈道元足跡可達之地,他的寫作與南方的其他河川一樣,全賴文獻。只是這個地區
與北魏在地域上比較接近,不像南方其他河川的完全陌生而已。但是對於後人的研
究,此篇與其他各篇一樣,仍有許多值得我們發掘研究的東西。舉個例子,就是篇中寫
到的一種稱為“水虎”的奇異動物。《注》文說:“沔水又南與疎水合。水出中廬縣西
南,東流至邔縣北界,東入沔水,謂之疎口也。水中有物如三四歲小兒,鱗甲如鯪鯉,射
之不可入。七八月中,好在磧上自曝,似頭似虎,掌爪常沒水中,出似頭,小兒不知,欲
取弄戲,便殺人。或曰,人有生得者,摘其皋厭,可小小使,名為水虎者也。”在這段《注》
文中,按地區說,這個所謂“水虎”的產地,在今漢江襄樊和宜城之間的河段中,疎口當
在今小河鎮附近,所以《注》文記載的地域範圍是很明確的,有助於我們的考察分析。
從“如三四歲小兒”,到“掌爪常沒水中,出似頭”一段,所記分明是揚子鱷(Alligator
sinensis),這就是中國古書上稱為鼉,俗語稱為豬婆龍的動物。今日牠們生活的地區,
一年中有三個月是月平均氣溫在攝氏五度的冬天,所以牠們每年至少有半年的蟄伏休
眠期,長期過著穴居生活。這是全世界唯我獨有的珍稀動物,是國家公布的一類保護
動物。揚子鱷雖然是食肉爬行類動物,但牠絕不同於馬來鱷(Crocodilus porosus),並非
猛獸,平日只以魚、蛙、鼠等小動物為食物。所以《注》文說“小兒不知,欲取弄戲,便殺
人”。可能是小兒在沙灘上戲弄牠而失足落水,因而使牠得這個“殺人”的罪名。至於
當時稱牠為“水虎”,究竟是因為牠的形狀可怕,抑是由於“殺人”的傳說所致,就不得
而知了。此卷“水虎”,不過是個例子,說明《水經注》一書,各行各業都有值得研究的
內容,此書之所以能夠稱為酈學這樣一種專門的學問,原因也就在此。

卷二十九　沔水　潛水　湍水　均水
粉水　白水　比水

【題　解】　此卷七篇,但仍以《沔水》為第一篇。而卷二十八《沔水》,《經》文說沔水"南入于江",《注》文說沔水"南與江合"。此卷《沔水》,一開頭《經》文就說:"沔水與江合流。"《注》文說:"漢與江鬬。"所以此卷的《沔水》篇,實在就是卷三十五《江水》篇的延續。而《注》文其實已極少有漢水之名,而常用江水、北江、南江、大江等名稱。雖然其中有許多錯誤,但其水已非沔水或漢水,這一點酈道元是並不含糊的。

此卷中的《潛水》一篇,《經》文與《注》文所指的並非同一條河流。《禹貢·荊州》有"九江孔殷,沱、潛既道"的話,但《禹貢·梁州》又有"岷、嶓既藝,沱、潛既道"的話。則在今湖北省和四川省都各有一條沱水和潛水。《水經》說:"潛水出巴郡宕渠縣。"宕渠在今渠縣東北,則此潛水當然在今四川,為嘉陵江的支流之一。但《水經》與《水經注》的潛水又有所不同,因為既說"潛水出巴郡宕渠縣",則此水當是古代的宕渠水,是嘉陵江的東支,今稱南江。《水經注》則說:"劉澄之稱白水入潛。然白水與羌水合入漢,是猶漢水也。"《注》文所說的白水是西漢水的支流,在今廣元縣以西入西漢水;而《注》所謂漢水,即西漢水。所以《注》文的潛水,是今嘉陵江的幹流。鄭德坤在二十世紀三十年代就注意了這個問題,所以他在《重編水經注圖·總圖部分》繪上兩條潛水,一條作"經潛水",另一條作"注潛水"。

湍水今稱湍河,是白河支流,發源於河南省南陽盆地以北的伏牛山,在鄧縣以東注入白河，全長二百餘公里，流域面積約五千平方公里。

均水今不知是何水。《水經注疏》在此篇下按云：“《漢志》析縣下無鈞水，而丹水下有水東至析入鈞之文，知本有鈞水也。然診其川流，除盧氏之育水外，別無可以當鈞水者。故《水經》於淅縣變稱均（鈞、均古通）水以通之，而酈氏因於下文顯揭之。淅縣詳《丹水》篇。”楊、熊所謂“酈氏遂於下文顯揭之”，指《均水》篇《經》“又南當涉都邑北，南入于沔”《注》云：“均水又南流注于沔水，謂之均口者也。故《地理志》謂之育水，言熊耳之山，育水出焉。”此說明酈氏與楊、熊均同意《漢書·地理志》之說，認為《水經》均水就是育（育）水。

粉水是漢水一條很小的支流，今稱粉青河，發源於湖北省神農架，有南北二源，匯合後稱為南河，東流在穀城縣附近注入漢江。

白水是今何水，不能論定。《經》文說：“白水出朝陽縣西，東流過其縣南。”又說：“又東至新野縣南，東入于育。”所以按《水經》，白水也是育水的支流之一。三國魏朝陽縣，在今河南新野西南，酈道元在《水經注》中已經說不清這條河流，只是說：“邑郭淪移，川渠狀改，故名舊傳，遺稱在今也。”從今天的地圖上看，在新野縣附近西面注入白河（《水經注·育水》）的支流不少，例如習河即是其中之一，但無法肯定哪一條是白水。今各圖僅鄭德坤圖在湍水以西，繪有白水，則鄭氏當以習河為白水。

比水今稱唐河，按今天的地圖核對，《經》文和《注》文都無不符之處。但《經》文中有一句“泄水從南來注之”的話。酈道元在《注》文中指出並無此水，是《經》文誤引了壽春的沘泄。酈氏曾於北魏延昌四年（公元五一五年）出任過東荊州刺史，在這個地區作過實地考察，所以不致有誤。

沔　水

沔水與江合流，又東過彭蠡澤，

1　《尚書·禹貢》，匯澤也。鄭玄曰：匯，回也。漢與江鬭，轉東成其澤矣。

又東北出居巢縣南，

2　古巢國也，湯伐桀，桀奔南巢，即巢澤也。《尚書》，周有巢伯來朝。《春秋》文公十二年，夏，楚人圍巢。巢，羣舒國也。舒叛，故圍之。永平元年，漢明帝更封菑丘侯劉般爲侯國也。江水自濡須口又東，左會柵口，水導巢湖①，東逕烏上城北，又東逕南譙僑郡城南，又東絕塘，逕附農山北，又東，左會清溪水。水出東北馬子硯之清溪也，東逕清溪城南屈而西南，歷山西南流注柵水，謂之清溪口。柵水又東，左會

白石山水,水發白石山,西逕李鵲城南,西南注柵水。柵水又東南積而爲賁湖,中
有洲,湖東有韓綜山,山上有城,山北湖水東出,爲後塘北湖,湖南即塘也。塘上有
潁川僑郡故城也。賁湖水東出,謂之賁湖口,東逕刺史山北,歷韓綜山南,逕流二
山之間,出王武子城北,城在刺史山上。

3　湖水又東逕右塘穴北爲中塘,塘在四水中,水出格虎山北,山上有虎山城,有郭僧
坎城,水北有趙祖悦城,竝故東關城也。昔諸葛恪帥師作東興堤以遏巢湖,傍山築
城,使將軍全端、留畧等,各以千人守之。魏遣司馬昭督鎮東諸葛誕,率衆攻東關
三城,將毁堤遏,諸軍作浮梁,陳于堤上,分兵攻城,恪遣冠軍丁奉等登塘鼓譟奮
擊,朱異等以水軍攻浮梁,魏征東胡遵軍士爭渡,梁壞,投水而死者數千。塘即東
興堤,城亦關城也。柵水又東南逕高江産城南,胡景畧城北,又東南逕張祖禧城
南,東南流屈而北,逕鄭衛尉城西,魏事已久,難用取悉,推舊訪新,畧究如此。又
北委折,蒲浦出焉,柵水又東南流注于大江,謂之柵口。

又東過牛渚縣南[②],又東至石城縣,

4　《經》所謂石城縣者,即宣城郡之石城縣也。牛渚在姑熟、烏江兩縣界中,于石城東
北減五百許里,安得逕牛渚而方屆石城也。蓋《經》之謬誤也。

分爲二:其一東北流,其一又過毗陵縣北,爲北江。

5　《地理志》,毗陵縣,會稽之屬縣也。丹徒縣北二百步有故城,本毗陵郡治也。舊去
江三里,岸稍毁,遂至城下。城北有揚州刺史劉繇墓,淪于江,江即北江也。《經》
書爲北江則可,又言東至餘姚則非。考其逕流,知《經》之誤矣。《地理志》曰:江
水自石城東出逕吳國南爲南江。江水自石城東入爲貴口,東逕石城縣北,晉太康
元年立,隸宣城郡。東合大溪,溪水首受江,北逕其縣故城東,又北入南江。南江
又東與貴長池水合,水出縣南郎山,北流爲貴長池,池水又北注于南江。南江又東
逕宣城之臨城縣南,又東合涇水。南江又東與桐水合,又東逕安吳縣,號曰安吳
溪。又東,旋溪水注之,水出陵陽山下,逕陵陽縣西爲旋溪水。

6　昔縣人陽子明釣得白龍處。後三年,龍迎子明上陵陽山,山去地千餘丈。後百餘
年,呼山下人,令上山半與語溪中。子安問子明釣車所在。後二十年,子安死,山
下有黃鶴栖其冢樹,鳴常呼子安,故縣取名焉。

7　晉咸康四年,改曰廣陽縣。溪水又北合東溪水,水出南里山,北逕其縣東,桑欽曰:
淮水出縣之東南,北入大江。其水又北歷蜀由山,又北,左合旋溪,北逕安吳縣東,
晉太康元年,分宛陵立。縣南有落星山,山有懸水五十餘丈,下爲深潭,潭水東北
流,左入旋溪,而同注南江。南江之北,即宛陵縣界也。南江又東逕寧國縣南,晉

太康元年分宛陵置。南江又東逕故鄣縣南、安吉縣北,光和之末,天下大亂,此鄉
保險守節,漢朝嘉之。中平二年,分故鄣之南鄉以爲安吉縣,縣南有釣頭泉,懸湧
一仞,乃流于川,川水下合南江。

8　南江又東北爲長瀆,歷湖口,南江東注于具區,謂之五湖口。五湖:謂長蕩湖、太
湖、射湖、貴湖、滆湖也。郭景純《江賦》③曰:注五湖以漫漭。蓋言江水經緯五湖
而苞注太湖也。是以左丘明述《國語》曰:越伐吳,戰于五湖是也。又云:范蠡滅
吳,返至五湖而辭越。斯乃太湖之兼攝通稱也。虞翻曰:是湖有五道,故曰五湖。
韋昭曰:五湖,今太湖也。《尚書》謂之震澤。《爾雅》以爲具區。方圓五百里。

9　湖有苞山,《春秋》謂之夫椒山,有洞室入地潛行,北通琅邪東武縣,俗謂之洞庭。
旁有青山,一名夏架山,山有洞穴,潛通洞庭。山上有石鼓,長丈餘,鳴則有兵。故
《吳記》曰:太湖有苞山,在國西百餘里,居者數百家,出弓弩材,旁有小山,山有石
穴,南通洞庭,深遠莫知所極。三苗之國,左洞庭,右彭蠡,今宮亭湖也。以太湖之
洞庭對彭蠡,則左右可知也。余按二湖俱以洞庭爲目者,亦分爲左右也。但以趣
矚爲方耳。既據三苗,宜以湘江爲正。是以郭景純之《江賦》云:爰有包山洞庭,巴
陵地道,潛達旁通,幽岫窈窕。《山海經》曰:浮玉之山,北望具區,苕水出于其陰,
北流注于具區。謝康樂云:《山海經》浮玉之山在句餘東五百里,便是句餘縣④之
東山,乃應入海。句餘今在餘姚鳥道山西北,何由北望具區也。以爲郭于地理甚
昧矣。

10　言洞庭南口有羅浮山,高三千六百丈,浮山東石樓下有兩石鼓,叩之清越,所謂神
鉦者也。事備《羅浮山記》⑤。會稽山宜直湖南,又有山陰溪水入焉。山陰西四十
里有二溪,東溪廣一丈九尺,冬煖夏冷;西溪廣三丈五尺,冬冷夏煖。二溪北出行
三里,至徐村合成一溪,廣五丈餘而溫涼又雜,蓋《山海經》所謂苕水也。北逕羅浮
山而下注于太湖,故言出其陰,入于具區也。湖中有大雷、小雷三山,亦謂之三山
湖,又謂之洞庭湖。楊泉《五湖賦》⑥曰:頭首無錫,足蹠松江,負烏程于背上,懷太
吳以當胷,峩嶺崔嵬,穹隆紆曲,大雷、小雷,湍波相逐。用言湖之苞極也。

11　太湖之東,吳國西十八里有笮嶺山,俗説此山本在太湖中,禹治水移進近吳。又東
及西南有兩小山,皆有石如卷笮,俗云禹所用牽山也。太湖中有淺地,長老云:是
笮嶺山蹟,自此以東差深,言是牽山之溝,此山去太湖三十餘里,東則松江出焉。

12　上承太湖,更逕笠澤,在吳南松江左右也。《國語》曰:越伐吳,吳禦之笠澤,越軍江
南,吳軍江北者也。虞氏曰:松江北去吳國五十里,江側有丞、胥二山,山各有廟。
魯哀公十三年,越使二大夫疇無餘、謳陽等伐吳,吳人敗之,獲二大夫,大夫死,故
立廟于山上,號丞、胥二王也。胥山上今有壇石,長老云:胥神所治也。下有九折

路,南出太湖,闔閭造以遊姑胥之臺,以望太湖也。松江自湖東北流逕七十里,江水歧分,謂之三江口。

13　《吳越春秋》稱范蠡去越,乘舟出三江之口,入五湖之中者也。此亦別爲三江、五湖,雖名稱相亂,不與《職方》同。庾仲初《揚都賦·注》⑦曰:今太湖東注爲松江,下七十里有水口,分流東北入海爲婁江,東南入海爲東江,與松江而三也。《吳記》⑧曰:一江東南行七十里入小湖爲次溪,自湖東南出謂之谷水。

14　谷水出吳小湖,逕由卷縣故城下,《神異傳》曰:由卷縣,秦時長水縣也。始皇時,縣有童謠曰:城門當有血,城陷没爲湖。有老嫗聞之憂懼,旦往窺城門,門侍欲縛之,嫗言其故。嫗去後,門侍殺犬以血塗門,嫗又往,見血,走去不敢顧,忽有大水長欲没縣,主簿令幹入白令,令見幹曰:何忽作魚? 幹又曰:明府亦作魚。遂乃淪陷爲谷矣。因目長水城水曰谷水也。

15　《吳記》曰:谷中有城,故由卷縣治也。即吳之柴辟亭,故就李鄉檇李之地。秦始皇惡其勢王,令囚徒十餘萬人汙其土表,以汙惡名,改曰囚卷,亦曰由卷也。吳黃龍三年,有嘉禾生卷縣,改曰禾興,後太子諱和,改爲嘉興。《春秋》之檇李城也。谷水又東南逕嘉興縣城西,谷水又東南逕鹽官縣故城南,舊吳海昌都尉治,晉太康中,分嘉興立。《太康地道記》:吳有鹽官縣。樂資《九州志》⑨曰:縣有秦延山。秦始皇逕此,美人死,葬于山上,山下有美人廟。谷水之右有馬皋城,故司鹽都尉城,吳王濞煮海爲鹽于此縣也。是以《漢書·地理志》曰:縣有鹽官。東出五十里有武原鄉,故越地也。秦于其地置海鹽縣。《地理志》曰:縣,故武原鄉也。後縣淪爲柘湖,又徙治武原鄉,改曰武原縣,王莽名之展武。漢安帝時,武原之地又淪爲湖,今之當湖也,後乃移此。縣南有秦望山,秦始皇所登以望東海,故山得其名焉。谷水于縣出爲澉浦,以通鉅海。光熙元年,有毛民三人集于縣,蓋汎于風也。

又東至會稽餘姚縣,東入于海。

16　謝靈運云:具區在餘暨。然則餘暨是餘姚之別名也。今餘暨之南,餘姚西北,浙江與浦陽江同會歸海,但水名已殊,非班固所謂南江也。郭景純曰:三江者,岷江、松江、浙江也。然浙江出南蠻中,不與岷江同,作者述志,多言江水至山陰爲浙江。今江南枝分,歷烏程縣,南通餘杭縣,則與浙江合,故闞駰《十三州志》曰:江水至會稽與浙江合。浙江自臨平湖南通浦陽江,又于餘暨東合浦陽江,自秦望分派,東至餘姚縣,又爲江也。

17　東與車箱水合,水出車箱山,乘高瀑布,四十餘丈。雖有水旱而澍無增減。江水又東逕黃橋下,臨江有漢蜀郡太守黃昌宅,橋本昌創建也。昌爲州書佐,妻遇賊相失,後會于蜀,復脩舊好。

18　江水又東逕赭山南，虞翻嘗登此山四望，誡子孫可居江北，世有禄位，居江南則不
　　昌也。然住江北者，相繼代興；時在江南者，輒多淪替。仲翔之言爲有徵矣。江水
　　又經官倉，倉即日南太守虞國舊宅，號曰西虞，以其兄光居縣東故也。是地即其雙
　　鴈送故處。江水又東逕餘姚縣故城南，縣城是吳將朱然所築，南臨江津，北背鉅
　　海，夫子所謂滄海浩浩，萬里之淵也。縣西去會稽百四十里，因句餘山以名縣。山
　　在餘姚之南，句章之北也。

19　江水又東逕穴湖塘，湖水沃其一縣，竝爲良疇矣。江水又東注于海。是所謂三江
　　者也。故子胥曰：吳、越之國，三江環之，民無所移矣。但東南地卑，萬流所湊，濤
　　湖泛決，觸地成川，枝津交渠，世家分夥，故川舊瀆，難以取悉，雖鸁依縣地，緝綜所
　　纏，亦未必一得其實也。

【注　釋】　①水導巢湖　此處有佚文一條。《文選》卷十二《江賦》"珠、潹、丹、濼"宋六臣注引《水
經注》："沔水又東得潹湖，水周圍二三百里。"當是此段中佚文。②又東過牛渚縣南　殿本在此處有
戴震案語："牛渚乃山名，非縣名，大江過其北，非過其南。'縣南'二字上有脫文。"趙一清《水經注
釋》說："按牛渚圻名，漢未嘗置縣也。"此外如清王鳴盛《尚書後案》及《水經注疏》等，在這方面都附
和戴案，認爲牛渚非縣，而主要理由即趙一清所謂"漢未嘗置縣也"。因爲《漢書·地理志》無牛渚
縣，而《續漢書·郡國志》並晉、宋、齊各志也均無牛渚縣。但綜觀《水經注》全書，《經》文如有錯誤，
《注》文都隨即加以糾正。今《經》文稱牛渚縣，《注》文不僅未予糾正，而卻說"牛渚在姑熟、烏江兩縣
界中"。此處，《注》文提及的姑熟縣，同樣不見於《兩漢志》及晉、宋、齊諸志。由此可知，由於縣的數
量極大，而且存廢無常，正史《地理志》遺漏的縣名爲數不少。在《水經注》記及的縣名中，不見於正
史《地理志》的甚多，例如卷十七《渭水》篇的武城縣，《漢書·地理志》及《魏書·地形志》都不見記
載。但《注》文明說："渭水又東逕武城縣西，武城川水入焉。"此外如卷二十八《沔水》篇和卷二十九
《粉水》篇中的上粉縣，卷三十二《夏水》篇中的西戎縣，也都不見於兩漢及晉、宋、齊諸志。又如卷三
十六《沫水》篇的靈道縣，卷三十七《澧水》篇的溧陽縣，卷三十九《贛水》篇的豫寧縣，《水經注》都記
及各該縣的建置年代，但這些在晉代建置的縣，都不見於《晉書·地理志》，更足以說明正史《地理
志》遺漏縣名的例子。《晉書·陶侃傳》中言陶侃"領樅陽令"，但《地理志》中卻無樅陽縣名。從牛渚
來說，《水經注疏》雖然認定"漢未嘗置縣"之說，但已經引《淮南記》："吳初以周瑜屯牛渚，晉鎮西將
軍謝尚亦鎮此城。而牛渚山上有采石戍，然則雖未立縣，而未嘗無城也。"據《通鑑地理通釋》卷十
三："孫皓時，以牛植爲牛渚督。"又《通鑑》卷一百，《晉紀》二十二穆帝永和十一年，"鎮壽春"下胡三
省注："南渡初，祖狄以豫州刺史治譙城。永昌元年，祖約退屯壽春。成帝咸和四年，庾亮以豫州刺史
治蕪湖。永和元年，趙胤以豫州刺史治牛渚。"則牛渚在永和元年（公元三四五年）已經成爲一個僑
州的州治，在南北朝時建縣實理所當然，所以戴震、趙一清等人之說都不足信。③江賦　詩賦名。
《隋書·經籍志》著錄晉弘農太守《郭璞集》十七卷，《兩唐志》著錄僅十卷，亡佚殆半。《宋史·藝文
志》著錄僅餘六卷。今集已亡佚，賦尚存，收入於《文選》卷二十及清嚴可均《全晉文》。郭璞字景純，

是晉代的著名地理學家,《晉書》有傳。④句餘縣　會稽郡無句餘縣,但有句餘山,《水經注疏》以為此句餘縣是句章縣之誤。⑤羅浮山記　書名。隋唐諸志均不著錄。《元和郡縣志·嶺南道》引袁彥伯《羅浮山記》,已亡佚,無輯本。彥伯是袁宏字,《晉書》有傳。又《寰宇記·博羅縣》下引徐道覆《羅浮山記》,徐道覆亦晉人,《晉書·盧循傳》附見。此《注》所引《羅浮山記》是袁撰抑徐撰,因書均亡佚,無可核實。⑥五湖賦　詩賦名。《隋書·經籍志》著錄晉處士《楊泉集》二卷,錄一卷。此賦當在集中,今集與賦俱佚。《初學記》卷七、《藝文類聚》卷九,尚有引及此賦,嚴可均《全晉文》據以輯存。⑦揚都賦　詩賦名。隋唐諸志均不著錄。已亡佚,清嚴可均《全上古三代秦漢三國六朝文》輯存。撰者庾仲初,名闡,《晉書》有傳。⑧吳記　書名。《隋書·經籍志》著錄九卷,晉太學博士環濟撰。《兩唐志》著錄作十卷,《世說新語》在《政事》、《雅量》、《品藻》等多篇中引及,亦見於《初學記》、《御覽》等類書。已亡佚,無輯本。⑨九州志　書名。又作《九州記》。隋唐諸志不著錄。章宗源《隋書經籍志考證》卷六:"《九州記》,卷亡,不著錄。"已亡佚,輯本收入於《漢唐地理書鈔》、《玉函山房輯佚書》等。

【語　譯】

沔水與江合流,又東過彭蠡澤,

1　彭蠡澤就是《尚書·禹貢》裡的匯澤。鄭玄說:匯就是回的意思。漢水與江水相遇,轉向東邊形成沼澤。

又東北出居巢縣南,

2　居巢縣是古代的巢國,商湯討伐夏桀,夏桀逃到南巢,就是巢澤。《尚書》記載,周朝有巢伯前來朝覲。《春秋》文公十二年(公元前六一五年),夏,楚人圍困了巢國。巢是一群舒人的國家,因為舒人反叛,所以包圍了它。永平元年(公元五八年),漢明帝把巢封給蓇丘侯劉般為侯國。江水從濡須口又東流,左岸在柵口匯合柵水。柵水源出巢湖,東流經烏上城北,又東流經南譙僑郡城南,接著東流穿過堤塘,流經附農山北,又東流,左岸匯合了清溪水。清溪水發源於東北方馬子硯的清溪,東流經清溪城南,然後轉向西南,穿過山間西南流注入柵水,匯流處稱為清溪口。柵水又東流,左岸匯合了白石山水。白石山水發源於白石山,西流經李鵲城南,往西南注入柵水。柵水又東南流積聚成為竇湖,湖中有小洲,湖東有韓綜山,山上有城。山北的湖水東流而出,形成後塘北湖,湖南就是塘。塘上有潁川僑郡舊城。竇湖水東流而出,水口稱為竇湖口,東流經刺史山北、韓綜山南,流過兩山之間,從王武子城以北流過。此城建在刺史山上。

3　湖水又東流經右塘穴北到了中塘,中塘四面環水。此水發源於格虎山北,山上有虎山城和郭僧坎城,水北有趙祖悅城,這幾座城都是舊時的東關城。從前諸葛恪率軍修築了東興堤,以防巢湖溢水,又依山築城,派將軍全端、留略等各率軍千人把守。魏派司馬昭督戰,由鎮東將軍諸葛誕,率眾軍攻打東關三城。將要毀堤時,各軍製造浮橋,排列在堤上,分兵攻城。諸葛恪派冠軍將軍丁奉等登上堤岸,吶喊著奮力進攻;朱異等率水軍進攻浮橋。魏征東將軍胡遵的士兵爭先恐後地過橋,浮橋毀壞,落水而死的有數千人。這條堤塘就是東興堤,被攻的城就是關城。柵水又東南流經高江產城南、胡景略城北;又東南流經張祖禧城南,往東南流,轉而向北,流經鄭衛尉城西。魏時的史跡,已很久遠,現在很難弄得清楚了,但查考前朝歷史資料,研究當代近事,情況大致如此。柵水又曲折北流,蒲浦分支流出;柵水又東南流,注入大江,匯流處稱為柵口。

又東過牛渚縣南,又東至石城縣,

4　《水經》所說的石城縣,就是宣城郡的石城縣。牛渚在姑熟、烏江兩縣邊界上,距石城東北不到五百里,怎麼會流經牛渚然後才流到石城呢。《水經》是搞錯了。

分為二:其一東北流,其一又過毗陵縣北,為北江。

5　據《地理志》,毗陵縣是會稽郡的屬縣。丹徒縣城北二百步有一座舊城,本來是毗陵郡的治所,過去距江岸約三里,江岸逐漸崩塌,江流就移到城下了。城北有揚州刺史劉繇墓,現在已沉在江中了,這條江就是北江。《水經》說北江是可以的,又說江水東流到餘姚,這卻不對了。考察江流所經的地方,就可知《水經》的錯誤了。《地理志》說:江水從石城東流而出,經吳國南,稱為南江。江水從石城東流而入,入口處叫貴口,東流經石城縣北。石城縣置於晉太康元年(公元二八○年),屬宣城郡。江水往東流與大溪匯合。溪水上流引入江水,北流經石城縣舊城東,又北流注入南江。南江又東流與貴長池水匯合。貴長池水發源於縣南的郎山,北流形成貴長池,池水又北流注入南江。南江又東流經宣城郡臨城縣南,又東流匯合涇水。南江又東流與桐水匯合,又東流經安吳縣,稱為安吳溪。又東流,旋溪水注入。旋溪水發源於陵陽山下,流經陵陽縣西,稱為旋溪水。

6　從前縣人陽子明釣得一條白龍,就在這地方。三年後,白龍迎接子明上了陵陽山,山離地面千餘丈。過了一百多年,子明叫山下人上半山來,在溪水中與他們談話。子安問子明當年的釣車在什麼地方。又過了二十年,子安死了,葬在山下,他墳頭的樹上棲著一隻黃鶴,鳴時常呼子安的名字,該縣因此得名。

7　晉咸康四年(公元三三八年),改稱廣陽縣。溪水又北流與東溪水匯合。東溪水發源於南里山,北流經該縣東。桑欽說:淮水發源於該縣東南,北流注入大江。溪水又北流經蜀由山,又北流,左岸與旋溪水匯合,北流經安吳縣東,該縣是晉太康元年(公元二八○年),分宛陵而設立的。縣南有落星山,山上有一條瀑布,高五十餘丈,下面是一個深潭,潭水東北流,向左流入旋溪,一同注入南江。南江以北,就是宛陵縣邊界。南江又東流經寧國縣南,該縣是晉太康元年分宛陵而設立的。南江又東流經故鄣縣南、安吉縣北。光和(公元一七八—一八四年)末年,天下大亂,此鄉憑險固守,保持氣節,受到漢朝廷的表彰。中平二年(公元一八五年),劃分故鄣縣的南鄉立為安吉縣,縣南有釣頭泉,泉水凌空流瀉一仞,然後流到溪裡,溪水下流與南江匯合。

8　南江又東北流,稱為長瀆,流經湖口。南江又往東注入具區,水口稱為五湖口。五湖是指:長蕩湖、太湖、射湖、貴湖、滆湖。郭景純《江賦》說:注入五湖,一片茫茫。說的是江水連接五湖而後注入太湖。因此左丘明撰述《國語》說:越國進攻吳國,在五湖交戰。又說:范蠡滅掉吳國後,回來到了五湖,就離開越國。這表明太湖兼有五湖的通稱。虞翻說:這個湖有五個水灣,所以稱五湖。韋昭說:五湖就是今天的太湖。《尚書》稱為震澤,《爾雅》叫做具區,方圓五百里。

9　湖裡有苞山,《春秋》稱為夫椒山。有個洞穴,入洞經地下行走,北通琅邪東武縣,民間稱為洞庭。旁邊有青山,又名夏架山,山上有洞穴,暗通洞庭山。山上有石鼓,長一丈多,鼓響就有戰事。所以《吳記》說:太湖有苞山,在國都西百餘里,居民有幾百家,那裡出產製造弓弩的材料。旁邊有座小山,山上有個石洞,南通洞庭,極深,不知盡頭在哪裡。三苗之國,左面有洞庭湖,右面有彭蠡湖,就是今天的宮亭湖。如果把太湖的洞庭與彭蠡對照起來看,那麼它們位置的左右就可知道了。我據二湖都以洞庭為名,也可分出左方右方,這完全由你面朝哪個方向看而定。既然以三苗作為基點,那就應該以湘江為準了。因此郭景純的《江賦》說:有包山洞庭,巴陵地道,暗經地下旁通,洞穴幽遠深杳。《山海經》說:浮玉山北望具區,苕水發源於山北,北流注入具區。謝康樂說:《山海經》浮玉山在句餘東五百里,就是句餘縣的東山,這麼遠就該在大海裡了。句餘今天在餘姚鳥道山西北,怎麼可能北望具區呢。他認為郭景純對於地理情況是很無知的。

10　據說洞庭湖南口有羅浮山,高三千六百丈,浮山東的石樓下有兩個石鼓,敲擊時,聲音清脆激越,這就是所謂的神鉦。這件事在《羅浮山記》裡有詳細記載。會稽山應在太湖正南,又有山陰溪水流入太湖。山陰西四十里有兩條溪,東溪寬一丈九尺,溪水冬暖夏冷;西溪寬三丈五尺,溪水冬冷夏暖。兩條溪北流三里,到徐村匯合成一條,寬五丈餘,溪水冷暖不相混合,這就是《山海經》裡所說的苕水。北流經羅浮山然後下注太湖,所以說引苕水流過山陰,注入具區。湖中有大雷、小雷等三座山,也稱為三山湖,又叫洞庭湖。楊泉《五湖賦》說:頭對無錫,腳踏松江,把烏程馱在背上,把太吳抱在懷裡,岞嶺山巍峨聳立,穿隆山迂迴曲折,大雷、小雷洶湧流急。極言太湖範圍的遼闊。

11　太湖以東、吳國西十八里,有一座岞嶺山。民間傳說,這座山本來在太湖中,大禹治水時把它移進來靠近吳國。太湖東面和西南面,有兩座小山,山上都有像絞成竹索似的巖石,民間傳說,這是大禹用來牽山的大纜。太湖中有一片低窪地,老人們說:從笁嶺山腳開始,這片低地向東逐漸加深,據說是牽山時留下的地溝。這座山離太湖三十餘里,松江就發源於此山東面。

12　松江上口承接太湖水,東流經笠澤,澤在吳國南部的松江左右兩岸。《國語》說:越國進攻吳國,吳國在笠澤抵抗,越軍駐紮在江南,吳軍駐紮在江北。虞氏說:松江北距吳國五十里,江邊有丞山和胥山,山上各有一座廟。魯哀公十三年(公元前四八二年),越國派遣疇無餘、謳陽兩位大夫去攻打吳國,吳軍打敗了他們,俘虜了兩位大夫,兩位大夫死後,人們在山上給他們立廟,稱為丞、胥二王。胥山上今有一塊壇石,老人說:這是胥神管理的。下面有一條九曲路,南通太湖,是闔閭所築,以便遊覽姑胥臺,眺望太湖。松江從太湖往東北流了七十里後,江水分流,稱為三江口。

13　《吳越春秋》說,范蠡離開越國,乘船從三江口出去,進入五湖。這裡又另外提出三江、五湖,雖然名稱混淆,但與《職方》的三江則不同。庾仲初《揚都賦注》說:現在從太湖東流而出的稱松江,下游七十里處有水口,水分流向東北入海的稱婁江,向東南入海的稱東江,加上松江就有三條。《吳記》說:一江東南流七十里,注入小湖,稱為次溪,從湖東南流出的稱為谷水。

14　谷水從吳小湖流出後,經由卷縣舊城下。《神異傳》說:由卷縣就是秦時的長水縣。秦始皇時,縣裡有童謠道:城門當有血,城陷沒為湖。有一個老太婆聽了很害怕,大清早就偷偷去觀看城門,城門衛兵要把她綁起來,老太婆說明了緣由也就被放走了。老太婆去後,城門衛兵殺了一隻狗,把狗血塗在城門上。老太婆又來了,一見有血就頭也不回地逃走了,忽然大水上漲,眼看要淹沒縣城了,有個名叫幹的主簿令進府去稟告縣令,縣令看見幹說:你為什麼忽然變成魚了?幹說:大人您也變成魚了。於是城就陷落變為深谷了。因此就把長水城的水稱為谷水了。

15　《吳記》說:谷中有一座城,是從前由卷縣的縣治,就是吳的柴辟亭,從前屬於就李鄉橋李地方。秦始皇憎惡這裡有王氣,命令十多萬囚徒來此掘土,並給這地方取了個醜名,改稱為囚卷,也叫由卷。吳黃龍三年(公元二三一年),由卷縣長出穗長粒粗的嘉禾,因此,改縣名為禾興。後因太子名和,為避諱,又改為嘉興,就是《春秋》裡的橋李城。谷水又東南流經嘉興縣城西,又東南流經鹽官縣舊城南,過去這是吳郡海昌都尉治。鹽官縣是晉朝太康年間(公元二八〇—二八九年),從嘉興劃分出來設立的。《太康地道記》:吳郡有鹽官縣。樂資《九州志》說:縣裡有秦延山。秦始皇經過這裡,美人死了,安葬在山上,山下有美人廟。谷水右有馬皋城,過去是司鹽都尉城,吳王濞在該縣煮海水製鹽。因此《漢書·地理志》說:縣裡有鹽官,往東出城五十里有武原鄉,是從前越國地方。秦在這裡設置了海鹽縣。《地理志》說:海鹽縣是從前的武原鄉。後來縣城沉陷為柘湖,又把縣治遷到武原鄉,改名為武原縣。王莽改名為展武。漢安帝時,武原的地面又沉陷為湖了,這就是今天的當湖,後來就把縣治移到這裡。縣南有秦望山,秦始皇在這裡登山觀望東海,山就因此得名。谷水流出該縣後稱為澉浦,通到大海。光熙元年(公元三〇六年),有三個滿身生毛的所謂毛民一起來到該縣,他們是乘船從海上被風吹來的。

又東至會稽餘姚縣,東入于海。

16　謝靈運說:具區在餘暨。那麼餘暨就是餘姚的別名了。今天餘暨以南,餘姚西北,浙江與浦陽江匯合同歸大海,但水名已不同,不是班固所說的南江了。郭景純說:三江就是岷江、松江、浙江。然而浙江發源於南蠻中,不同於岷江,作者著述的方志,都說江水流到山陰縣稱為浙江。今天江水南面的分支,流經烏程縣,南面通餘杭縣,就與浙江相符合了。所以闞駰《十三州志》說:江水流到會稽與浙江匯合。浙江從臨平湖南通浦陽江,又在餘暨東與浦陽江匯合,從秦望山分流後,東流到餘姚縣,又是一條江了。

17　江水東流與車箱水匯合。車箱水發源於車箱山,山上瀑布乘高而下,四十餘丈。雖然有雨季或旱季,流量卻不會增減。江水又東流經黃橋下,臨江有漢朝蜀郡太守黃昌的故居,黃橋本是黃昌創建的。黃昌任職州書佐,妻子遇盜賊與他失散,後來在蜀相逢,又重新團聚了。

18　江水又東流經赭山南,虞翻曾登上此山觀望四方,告誡子孫要住在江北,那麼世世代代都會享有俸祿爵位;如果住在江南,家族就不會昌盛。於是住江北的,一代接一代興旺發達;住在江南的,就大多沒落衰敗。仲翔的預言確是應驗了。江水又流經官倉,官倉靠近日南太守虞國的故居,稱為西虞,因為他的哥哥虞光住在縣東的緣故。這地方就是他的兩隻雁為他送葬的地方。江水又東流經餘姚縣舊城南,縣城是吳將朱然所築,南臨江水,北背大海,就是孔夫子所說的:滄海浩浩茫茫,是遼闊萬里的深淵。縣西距會稽一百四十里,以句餘山為縣名,山在餘姚以南,句章以北。

19　江水又東流經穴湖塘。湖水灌溉全縣,都成為一片良田。江水又東流匯入大海。這就是所謂的三江。所以伍子胥說:吳、越兩國有三江環繞,百姓無處遷移了。但東南方地勢較低,成千成萬條河流都匯集到這裡,江湖氾濫決口,流到哪裡都會變成河流,支流渠道縱橫交錯,豪門大族夥同分割,因此原來的舊河道很難認得清楚了。雖然大致上按照縣的範圍來理清河網,也未必能反映實況。

潛　水

潛水出巴郡宕渠縣，

潛水，蓋漢水枝分潛出，故受其稱耳。今爰有大穴，潛水入焉。通岡山下，西南潛
出謂之伏水，或以爲古之潛水。鄭玄曰：漢別爲潛，其穴本小，水積成澤，流與漢
合。大禹自導漢疏通，即爲西漢水也。故《書》曰：沱、潛既道。劉澄之稱白水入
潛。然白水與羌水合入漢，是猶漢水也。縣以延熙中分巴立宕渠，郡，蓋古賨國
也，今有賨城。縣有渝水，夾水上下，皆賨民所居。漢祖入關，從定三秦，其人勇健
好歌儛，高祖愛習之，今巴渝儛是也。縣西北有餘曹水，南逕其縣下注潛水。縣有
車騎將軍馮緄、桂陽太守李溫冢，二子之靈，常以三月還鄉，漢水暴長，郡縣吏民，
莫不于水上祭之，今所謂馮、李也。

又南入于江。

庾仲雍云：墊江有別江出晉壽縣，即潛水也。其南源取道巴西，是西漢水也。

【語　譯】

潛水出巴郡宕渠縣，

潛水是漢水的分支，通過地下潛流而出，所以叫潛水。現在因為有個大水洞，潛水
流入洞內，通過岡山下，向西南潛流而出，稱為伏水，有人認為就是古代的潛水。
鄭玄說：漢水的分支叫潛水。潛水原來的洞穴較小，水流積成一個大澤，澤水外流
與漢水匯合。自從大禹把漢水疏通後，這條水就稱為西漢水了。所以《尚書》說：
沱水、潛水都疏通了。劉澄之說白水注入潛水。然而白水與羌水匯合後注入漢
水，那麼也還是漢水。宕渠縣於延熙年間(公元二三八—二五七年)，從巴郡分出立為
宕渠郡，這裡是古代的賨國，現在還有賨城。縣裡有渝水，渝水上下流兩岸都是賨
民所居。漢高祖入關時，賨民跟隨他去平定三秦，這個民族勇敢健壯，愛好歌舞，
漢高祖也喜歡學習，這也就是今天流傳下來的巴渝舞。宕渠縣西北有一條餘曹
水，南流經縣城注入潛水。縣內有車騎將軍馮緄、桂陽太守李溫的墳墓。他們兩
人的魂魄，常在每年三月還鄉，那時漢水暴漲，郡縣官民無不在水上祭祀他們。這
兩座墳就是今天所說的馮李墓。

又南入于江。

庾仲雍說：墊江在晉壽縣分出一條支流，就是潛水。潛水南源流經巴郡以西，這就

是西漢水。

淯　水

淯水出酈縣北芬山,南流過其縣東,又南過冠軍縣東[①],

1　淯水出弘農界翼望山,水甚清澈,東南流逕南陽酈縣故城東,《史記》所謂下酈析也。漢武帝元朔元年,封左將黃同爲侯國。淯水又南,菊水注之,水出西北石澗山芳菊溪,亦言出析谷,蓋溪澗之異名也。源旁悉生菊草,潭澗滋液,極成甘美。云此谷之水土,餐挹長年。司空王暢、太傅袁隗、太尉胡廣,竝汲飲此水,以自綏養。是以君子留心,甘其臭尚矣。菊水東南流入于淯。

2　淯水又逕其縣東南,歷冠軍縣西,北有楚堨,高下相承八重,周十里,方塘蓄水,澤潤不窮。淯水又逕冠軍縣故城東,縣,本穰縣之盧陽鄉,宛之臨駣聚,漢武帝以霍去病功冠諸軍,故立冠軍縣以封之。水西有《漢太尉長史邑人張敏碑》,碑之西有魏征南軍司張詹墓,墓有碑,碑背刊云:白楸之棺,易朽之裳,銅鐵不入,丹器不藏,嗟矣後人,幸勿我傷。自後古墳舊冢,莫不夷毀,而是墓至元嘉初尚不見發。六年大水,蠻饑,始被發掘。説者言:初開,金銀銅錫之器,朱漆雕刻之飾爛然,有二朱漆棺,棺前垂竹簾,隱以金釘。墓不甚高,而内極寬大。虚設白楸之言,空負黃金之實,雖意錮南山,寧同壽乎?

3　淯水又逕穰縣爲六門陂。漢孝元之世,南陽太守邵信臣以建昭五年斷淯水,立穰西石堨。至元始五年,更開三門爲六石門,故號六門堨也。溉穰、新野、昆陽三縣五千餘頃,漢末毀廢,遂不脩理。晉太康三年,鎮南將軍杜預復更開廣,利加于民,今廢不脩矣。六門側又有《六門碑》,是部曲主安陽亭侯鄧達等以太康五年立。淯水又逕穰縣故城北,又東南逕魏武故城之西南,是建安三年,曹公攻張繡之所築也。

又東過白牛邑南,

4　淯水自白牛邑南,建武中,世祖封劉嵩爲侯國,東南逕安衆縣故城南。縣,本宛之西鄉,漢長沙定王子康侯丹之邑也。淯水東南流,涅水注之,水出涅陽縣西北岐棘山東南,逕涅陽縣故城西,漢武帝元朔四年,封路最爲侯國,王莽之所謂前亭也。應劭曰:在涅水之陽矣。縣南有二碑,碑字紊滅,不可復識,云是《左伯豪碑》。涅水又東南逕安衆縣,堨而爲陂,謂之安衆港。魏太祖破張繡于是處。《與荀彧書》[②]曰:繡遏吾歸師,迫我死地。蓋于二水之間,以爲沿涉之艱阻也。涅水又東南流，注于湍水。

又東南至新野縣，

5　湍水至縣西北，東分爲鄧氏陂。漢太傅鄧禹故宅，與奉朝請西華侯鄧晨故宅隔陂，鄧颺謂晨宅畧存焉。

東入于淯。

【注　釋】　①又南過冠軍縣東　此處有佚文一條。《魏武帝集》卷三引《水經注》：“微足下之相難，所失多矣。”當是此篇中佚文。②與荀彧書　書信名。據《注》文是魏武帝所撰。清嚴可均輯存作《報荀彧》。荀彧，東漢末曹操謀士。

【語　譯】

湍水出酈縣北芬山，南流過其縣東，又南過冠軍縣東，

1　湍水發源於弘農縣邊界的翼望山，水流異常清澈，東南流經南陽郡酈縣舊城東，就是《史記》所說的下酈析。漢武帝元朔元年（公元前一二四年），把該縣封給左將黃同爲侯國。湍水又南流，菊水注入。菊水發源於西北石澗山芳菊溪，也有人說它發源於析谷，這或許只是溪澗的不同名稱而已。源頭旁邊長滿了菊草，由於澗水的滋潤，菊花長得非常茂盛甘美。據說這山谷中的水，長年飲用可以延年益壽，於是司空王暢、太傅袁隗、太尉胡廣都汲飲此水以養生。因此上流人士都很關注此水，喜愛它的氣味，這種風氣也流傳已久了。菊水東南流注入湍水。

2　湍水又流經酈縣東南，流經冠軍縣西。縣北有楚堰，八道堰壩由高而低一道道互相連接，蓄水於方塘裡，可源源不絕地灌溉方圓十里的土地。湍水又流經冠軍縣舊城東，該縣原是穰縣的盧陽鄉，宛縣的臨駣聚，漢武帝因爲霍去病功勞冠於諸軍，所以設立冠軍縣封給他。湍水西岸有“漢太尉長史邑人張敏碑”，此碑西有魏征南軍司張詹墓，墓前有碑，墓碑背面刻著：沒上油漆的楸木棺材，容易腐朽的衣裳，銅器鐵器都不放入，紅漆的器皿也不入藏。哎喲，後世的人們啊，請別把我毀傷。自此以後，古墳舊墓沒有不遭到盜掘平毀的，而這座墓到元嘉（公元四二四—四五三年）初年還沒有被盜過。元嘉六年（公元四二九年）發大水，蠻夷鬧饑荒，才被發掘出來。據人們說：墳墓剛打開時，金銀銅錫之類的器具，塗著紅漆，雕著各種花紋，光彩燦爛奪目。有兩口紅漆棺材，棺前掛著竹簾，棺上釘著金釘。墳墓不很高，但墓內極其寬敞。墓碑上寫了所葬之棺以未上漆之楸木所造之類的虛言，來掩飾以金銀財寶厚葬的事實，雖然用意是希望墓塚能密封得像南山似的牢固，難道就能和南山一樣久長了嗎？

3　湍水又流經穰縣,積水成為六門陂。漢朝孝元帝時,南陽太守邵信臣在建昭五年(公元前三四年)堵斷了湍水,修築了穰西石堰。到了元始五年(公元五年),又開了三道水門,成為六道石門,所以稱為六門堨。這項水利工程灌溉著穰、新野、昆陽三縣五千餘頃農田。漢朝末年石堰毀廢,就沒有再修築了。晉太康三年(公元二八二年),鎮南將軍杜預又重新擴建,百姓受益更大;現在又荒廢不修了。六門旁邊又有"六門碑",是太康五年(公元二八四年)部曲主安陽亭侯鄧達等人所立。湍水又流經穰縣舊城北,又東南流經魏武舊城西南,這是建安三年(公元一九八年),曹操攻張繡時修築的。

又東過白牛邑南,

4　湍水從白牛邑南流。建武年間(公元二五—五六年),世祖將此城封給劉嵩為侯國。東南流經安眾縣老城南。該縣原來是宛縣西鄉,是漢朝長沙定王的兒子康侯劉丹的封邑。湍水東南流,涅水注入。涅水發源於涅陽縣西北的岐棘山東南,再流經涅陽縣舊城西。漢武帝元朔四年(公元前一二五年),把該縣封給路最為侯國。就是王莽時所稱呼的前亭。應劭說:此城在涅水北岸。縣南有兩塊碑,碑上文字剝蝕,已經不可辨認了,據說是"左伯豪碑"。涅水又東南流經安眾縣,築堰蓄水成陂,稱為安眾港。魏太祖在這裡大敗張繡,他在《與荀彧書》中說:張繡阻擋我軍歸路,想迫我於死地。因為有兩條水阻隔著,過河涉水十分困難。涅水又東南流,注入湍水。

又東南至新野縣,

5　湍水流到新野縣西北,東分形成鄧氏陂。漢朝太傅鄧禹的故居,和奉朝請西華侯鄧晨的故居隔陂相對。鄧颺說,鄧晨故居還保存著。

東入于淯。

均　水

均水出析縣北山,南流過其縣之東,

均水發源弘農郡之盧氏縣熊耳山,山南即脩陽、葛陽二縣界也。雙峯齊秀,望若熊耳,因以為名。齊桓公召陵之會,西望熊耳,即此山也。太史公司馬遷皆嘗登之。縣即析縣之北鄉,故言出析縣北山也。均水又東南流逕其縣下,南越南鄉縣,又南流與丹水合。

又南當涉都邑北,南入于沔。

均水南逕順陽縣西,漢哀帝更爲博山縣,明帝復曰順陽。應劭曰:縣在順水之陽。
今于是縣,則無聞于順水矣。章帝建初四年,封衛尉馬廖爲侯國。晉太康中立爲
順陽郡縣。西有石山,南臨均水。均水又南流注于沔水,謂之均口者也。故《地理
志》謂之淯水,言熊耳之山,淯水出焉。又東南至順陽入于沔。

【語　譯】

均水出析縣北山,南流過其縣之東,

　　均水發源於弘農郡盧氏縣的熊耳山,山南就是脩陽、葛陽二縣的邊界。熊耳山上
　　雙峰並峙,遠遠望去很像一對熊耳,因而得名。齊桓公會盟於召陵,向西遙望熊
　　耳,就是此山。太史公司馬遷也曾登臨過。盧氏縣就是析縣的北鄉,所以《經》文
　　說均水發源析縣北山。均水又往東南流經該縣,往南流經南鄉縣,又南流與丹水
　　匯合。

又南當涉都邑北,南入于沔。

　　均水南流經順陽縣西,漢哀帝改名為博山縣,明帝又重新稱為順陽。應劭說:順陽
　　縣在順水北岸。今天卻沒聽說過順陽縣有順水。章帝建初四年(公元七九年),把
　　該縣封給衛尉馬廖為侯國。晉太康年間(公元二八○—二八九年),立為順陽郡。順
　　陽縣西有石山,南臨均水。均水又南流注入沔水,匯流處稱為均口。《地理志》稱
　　均水為淯水,說熊耳山是淯水的發源地。又往東南流到順陽,注入沔水。

粉　水

粉水出房陵縣,東流過郢邑南,

　　粉水導源東流,逕上粉縣,取此水以漬粉,則皓耀鮮潔,有異衆流,故縣、水皆取
　　名焉。

又東過穀邑南,東入于沔。

　　粉水至筑陽縣西,而下注于沔水,謂之粉口。粉水旁有文將軍冢,墓隧前有石虎、
　　石柱,甚脩麗。閭丘羨之爲南陽,葬婦墓側,將平其域,夕忽夢文諫止,羨之不從。
　　後羨之爲楊佺期所害。論者以爲文將軍之祟也。

【語　譯】

粉水出房陵縣,東流過郢邑南,

粉水發源後東流,流經上粉縣,用此溪的水來浸麥磨粉,就雪白光亮,鮮潔耀眼,與用別的水浸出的完全不同,所以縣、水都以粉取名。

又東過穀邑南,東入于沔。

粉水流到筑陽縣西,注入沔水,匯流處稱為粉口。粉水旁邊有文將軍墓,墓道前有石虎、石柱,裝飾華美。閭丘羨之在南陽做太守時,為了把妻子葬在文將軍墓側,就要把文將軍的墓地剷平。夜裡忽然夢見文將軍勸阻他,羨之不聽。後來羨之被楊佺期謀害,人們議論紛紛,認為這是文將軍的鬼魂在作祟。

白　水

白水出朝陽縣西,東流過其縣南,

王莽更名朝陽為厲信縣。應劭曰:縣在朝水之陽。今朝水逕其北,而不出其南也。蓋邑郭淪移,川渠狀改,故名舊傳,遺稱在今也。

又東至新野縣南,東入于淯。

【語　譯】

白水出朝陽縣西,東流過其縣南,

王莽把朝陽縣改名為厲信縣。應劭說:朝陽縣在朝水北岸。但今天朝水流經縣北,並不是流過縣南。那大概是城郭遷移,河流改道,而舊名卻留傳至今的緣故吧。

又東至新野縣南,東入于淯。

比　水

比水出比陽東北太胡山,東南流過其縣南,泄水從南來注之。

1　太胡山在比陽北如東三十餘里,廣圓五六十里。張衡賦《南都》,所謂天封、太狐者也。應劭曰:比水出比陽縣,東入蔡。《經》云:泄水從南來注之。然比陽無泄水,蓋誤引壽春之氾泄耳。余以延昌四年,蒙除東荊州刺史,州治比陽縣故城,城南有蔡水,出南磐石山,故亦曰磐石川,西北流注于比,非泄水也。

2　《呂氏春秋》曰:齊令章子與韓、魏攻荊,荊使唐蔑應之,夾比而軍,欲視水之深淺,荊人射之而莫知也。有芻者曰:兵盛則水淺矣。章子夜襲之,斬蔑于是水之上也。

3　比水又西,澳水注之,水北出茈丘山,東流屈而南轉,又南入于比水。按《山海經》
云:澳水又北入視,不注比水。余按呂忱《字林》及《難字》①、《爾雅》並言:藻水在
比陽。脈其川流所會,診其水土津注,宜是藻水,音藥也。比水又西南歷長岡舊月
城北。比水右會馬仁陂水,水出潕陰北山,泉流競湊,水積成湖,蓋地百頃,謂之馬
仁陂。陂水歷其縣下,西南堨之以溉田疇,公私引裂,水流遂斷,故瀆尚存。

4　比水又南逕會口,與堵水枝津合。比水又南與澧水會,澧水源出于桐柏山,與淮同
源而別流西注,故亦謂水爲派水。澧水西北流逕平氏縣故城東北,王莽更名其縣
曰平善。城内有《南陽都鄉正衛彈勸碑》。澧水又西北合溲水,水出湖陽北山,西
流北屈,逕平氏城西而北入澧水。澧水又西注比水。比水自下亦通謂之爲派水。
昔漢光武破甄阜、梁丘賜于比水西,斬之于斯水也。比水又南,趙、醴二渠出焉。
比水又西南流,謝水注之,水出謝城北,其源微小,至城漸大,城周迴側水,申伯之
都邑,《詩》②所謂申伯番番,既入于謝者也。世祖建武十三年,封樊重少子丹爲謝
陽侯,即其國也。然則是水即謝水也。高岸下深,浚流徐平,時人目之爲淳瀯水,
城、戍又以淳瀯爲目,非也。其城之西,舊棘陽縣治,故亦謂之棘陽城也。謝水又
東南逕新都縣,左注比水。比水又西南流逕新都縣故城西,王莽更之曰新林。《郡
國志》以爲新野之東鄉,故新都者也。

又西至新野縣,南入于淯。

5　比水于岡南西南流,戍在岡上。比水又西南與南長、坂門二水合。其水東北出湖
陽東隆山,山之西側有《漢日南太守胡著碑》。子珍,騎都尉,尚湖陽長公主,即光
武之伯姊也。廟堂皆以青石爲階陛,廟北有石堂。珍之玄孫桂陽太守瑒,以延熹
四年遭母憂,于墓次立石祠,勒銘于梁,石宇傾頹,而梁字無毀。盛弘之以爲樊重
之母畏雷室,蓋傳疑之謬也。隆山南有一小山,山坂有兩石虎,相對夾隧道,雖處
蠻荒,全無破毀,作制甚工,信爲妙矣,世人因謂之爲石虎山。其水西南流逕湖陽
縣故城南,《地理志》曰:故廖國也。《竹書紀年》曰:楚共王會宋平公于湖陽者矣。

6　東城中有二碑,似是《樊重碑》,悉載故吏人名。司馬彪曰:仲山甫封于樊,因氏國
焉。爰自宅陽徙居湖陽,能治田殖,至三百頃,廣起廬舍,高樓連閣,波陂灌注,竹
木成林,六畜放牧,魚蠃梨果,檀棘桑麻,閉門成市。兵弩器械,貲至百萬。其興工
造作,爲無窮之功,巧不可言,富擬封君。

7　世祖之少,數歸外氏,及之長安受業,齎送甚至。世祖即位,追爵敬侯,詔湖陽爲重
立廟,置吏奉祠。巡祠章陵,常幸重墓。其水四周城溉,城之東南,有"若令樊萌、
中常侍樊安碑"。城南有數碑,無字。又有石廟數間,依于墓側,棟宇崩毀,惟石壁
而已,亦不知誰之冑族矣。其水南入大湖,湖陽之名縣,藉兹而納稱也。

8　湖水西南流,又與湖陽諸陂散水合,謂之板橋水。又西南與醴渠合,又有趙渠注之。二水上承派水,南逕新都縣故城東,兩瀆雙引,南合板橋水。板橋水又西南與南長水會,水上承唐子、襄鄉諸陂散流也。唐子陂在唐子山西南,有唐子亭。漢光武自新野屠唐子鄉,殺湖陽尉于是地。陂水清深,光武後以爲神淵。西南流于新野縣,與板橋水合,西南注于比水。比水又西南流,注于淯水也。

【注　釋】　①難字　書名。《隋書·經籍志》著錄一卷,三國魏張揖撰。唐玄應《一切經音義》常引魏周成《難字》。因書均已亡佚,故《注》文所引是張書抑周書,已不可論定。②詩　指《詩經·大雅·崧高》。

【語　譯】

比水出比陽東北太胡山,東南流過其縣南,泄水從南來注之。

1　太胡山在比陽縣北偏東三十多里處,周圍五六十里。張衡作《南都賦》,所謂天封、太狐,即指此山。應劭說:比水發源於比陽縣,東流注入蔡水。《水經》說:泄水從南方流來注入。但比陽沒有泄水,大概是誤引了壽春的沘泄吧。我在延昌四年(公元五一五年),受任為東荊州刺史,州治在比陽縣舊城。城南有蔡水,發源於南磐石山,所以也稱磐石川,往西北流注入比水,而不是泄水。

2　《呂氏春秋》說:齊國命令章子和韓、魏一起攻打楚國,楚國派唐蔑應戰,雙方軍隊在比水兩岸隔水對陣,章子派人探察水位的深淺,卻因為楚軍連番射箭阻擋而無法測知。有個在水邊放牧的人說:楚軍防守嚴密的地方就表示該處水淺。於是章子夜襲楚軍,就在比水岸邊斬了唐蔑。

3　比水又西流,澳水注入。澳水發源於北方的茈丘山,東流又折而南轉,又往南注入比水。據《山海經》說:澳水又北流注入視水,而不是注入比水。我查考呂忱的《字林》及《難字》、《爾雅》,都說瀙水在比陽。考察當地諸水匯合、水道流注的狀況,應是瀙水;瀙,音藥。比水又西南流經長岡舊月城北。比水在右岸與馬仁陂水匯合。馬仁陂水發源於潕陰北山,泉流競相匯集,水積成湖,面積百頃,稱為馬仁陂。陂水流經比陽縣境,人們在西南築了堤壩以灌溉農田,但公家和私人爭相引水灌田,水就因此斷流了,不過舊河道還在。

4　比水又南流經會口,與堵水支流匯合。比水又南流與澧水匯合。澧水發源於桐柏山,與淮水同源而分道西流,所以也稱為派水。澧水西北流經平氏縣老城東北。王莽把縣名改為平善。城內有"南陽都鄉正衛彈勸碑"。澧水又西北流與溲水匯合。溲水發源於湖陽北山,西流北轉,流經平氏城西而後北注澧水。澧水又西流注入比水。比水從此到下游也通稱派水了。從前東漢光武帝在比水西大破甄阜、梁丘賜,並在比水上殺了他們。比水又南流,趙渠、醴渠就在這裡分出。比水又西南流,謝水注入。謝水從謝城北方流出,源頭水流細小,流到謝城水流方才漸大。城四周傍水,過去是申伯的都城。《詩經》裡所謂:勇武的申伯,來到了謝,就指這地方。世祖建武十三年(公元三七年),封樊重的小兒子樊丹為謝陽侯,這裡就是他的封國。那麼這條水也就是謝水了。謝水岸高水深,水流平緩,當時人們稱為淳瀅水,邊防城堡又以淳瀅為名,都是不對的。謝城西,是舊棘陽縣治所,所以也稱為棘陽城。謝水又東南流經新都縣,向左注入比水。比水又西南流經新都縣舊城西,王莽改名為新林。《郡國志》認為這是新野縣的東鄉,也就是舊時的新都。

又西至新野縣,南入于淯。

5　比水在岡南,往西南流,邊防城堡就築在岡上。比水又西南流與南長水和坂門水匯合。這兩條水發源於東北方湖陽縣東的隆山,隆山以西有“漢日南太守胡著碑”。他的兒子騎都尉胡珍,娶湖陽長公主,即光武帝的大姐。廟堂裡的臺階都用青石砌成,廟北有石堂。胡珍的玄孫桂陽太守胡瑒,延熹四年(公元一六一年)母亡居喪,在墓旁立了一個石祠,在石梁上刻了銘文。石祠現在已經頹圮,而石梁上的字還完好無損。盛弘之認為這是樊重母親因怕雷而修的石室,這是把可疑的事傳下而造成的謬誤。隆山南有一座小山,山坡上有兩隻石虎,面對面地站在墓道兩側,雖處於蠻荒之地,卻完好無損,而且製作十分精緻,確實可稱絕妙,世人因而稱此山為石虎山。此水西南流經湖陽縣舊城南。《地理志》說:這裡是古時的廖國。《竹書紀年》說:楚共王與宋平公在湖陽會盟。

6　東城中有兩塊石碑,好像是“樊重碑”,碑上記著許多舊時官吏的姓名。司馬彪說:仲山甫封於樊,就以國為姓氏。於是從宅陽遷居到湖陽,耕種農田三百多頃,擴建了許多房屋,高樓連閣,有湖池灌溉之利,竹木成林,放牧六畜,又盛產魚蚌梨果,檀棗桑麻,即使與世隔絕,也可自成一個市場。就連兵器弓箭也是無所不有,資產積聚到百餘萬。他大興建設,後效無窮,製作的東西都極精巧,財富可與封王相比。

7　世祖少年時,屢次去投靠外祖父家,直到在長安就學,外祖父還大量地接濟他。世祖即位後,追封他為敬侯,下詔湖陽為外祖父樊重立廟,並設官吏專管祭祀。每當世祖巡視章陵祖祠,總要親自去看看樊重的墓。此水灌溉湖陽城四周田地。城的東南面,有“若令樊萌、中常侍樊安碑”,城南也有幾塊沒有字的碑。又有幾間石廟,建在墓側,廟宇棟梁都已塌毀,只留下空蕩蕩的石壁了,也不知是哪位公侯世族後裔的祠廟。此水南流注入大湖,湖陽這縣名就是因此湖而來的。

8　湖水西南流,又與湖陽各陂池散流出來的水匯合,稱為板橋水。板橋水又西南流與醴渠匯合,又有趙渠注入。這兩條水的上流承接派水,南流經新都縣舊城東,兩條水渠並流,南與板橋水匯合。板橋水又西南流與南長水匯合。南長水上流承接唐子、襄鄉各陂池散流的水。唐子陂在唐子山西南,有唐子亭。漢光武帝從新野打過來,在唐子鄉殺了很多人,湖陽尉也是在這裡被殺的。陂水又清又深,光武帝後來認為這是個神淵。南長水往西南流到新野縣,與板橋水匯合,往西南注入比水。比水又西南流,注入淯水。

【研　析】　此卷首篇《沔水》其實是卷三十五《江水》之續。酈道元足跡所未到,雖然已經改正了諸如《漢書·地理志》之類的北人著作的錯誤,但《注》文仍有許多錯誤。清初黃宗羲在其《今水經序》中指出:"以曹娥江為浦陽江,以姚江為大江之奇分,若水出山陰縣,具區在餘姚縣,沔水至餘姚入海,皆錯誤之大者。"這類錯誤其實是由《水經》造成的。《水經》的最後一句:"(沔水)又東至會稽餘姚縣,東入于海。"這就是黃宗羲指出的"以姚江為大江之奇分","沔水至餘姚入海"。其餘錯誤則由《注》文鑄成。當時,北人對南方的河川地理所知甚疏,包括《漢書·地理志》在內,都是這樣。酈道元自知其記敍必有許多錯誤,所以在全篇最後指出:"但東南地卑,萬流所湊,濤湖泛決,觸地成川,枝津交渠,世家分夥,故川舊瀆,難以取悉,雖纍依縣地,緝綜所纏,亦未必一得其實也。"酈道元的這一番議論,倒是寫出了這個水鄉澤國的地理面貌。

卷二十九附錄　補滁水①

【題　解】　滁水是長江下游的支流。此水入江處,已在長江三角洲的西翼,自此以東,一片水鄉澤國,注入長江的支流極多,但除了南北運河以外,沒有一條著名的較大支流。所以趙一清在《水經注釋》加入《補滁水》一篇,其考慮是不錯的。但問題是,酈氏疏於南方山川,《水經注》記及滁水的實在很少,按趙氏所補,也不過從《寰宇記》檢得二句而已。此外,今本《水經注》記敘長江,從贛、皖開始,均在《沔水》篇中,趙氏將滁水補入於卷三十二之中,於河川地理殊不相符。為此移此篇於卷二十九《沔水》篇以下,或較順理成章。滁水今稱滁河,發源於安徽肥東以東,南流匯巢湖,入今江蘇省境,在六合縣界內注入長江,全長約二百五十公里,流域面積近八千平方公里。

《唐六典②·淮南道》:大川曰滁肥之水,巢湖在焉。《寰宇記·廬州·慎縣》下云:滁水源出縣西,暴禿古塘。酈元注《水經》云:滁水出浚遒縣也。又《和州·含山縣》下引《水經注》云:滁水東經大峴,西北流逕大峴亭,即此山也。《方輿紀要》云:滁河源出廬州府合肥縣東北七十里廢梁縣界,東流過滁州全椒縣南六十里,又東至滁州東南三汊河,又東至江寧府六合縣為瓦梁河,東南流至瓜埠口而入大江。《三國志》吳赤烏三年,作堂邑③涂塘以淹北道,今滁州古曰涂中,其地實南北扼要之區,猶脫落無聞,則濱江來會之水,大要失亡矣。

【注　釋】　①補滁水　據趙一清《水經注釋》補入。王先謙《合校水經注》中收錄趙氏所補各篇，唯獨此篇不收。②唐六典　書名。署唐玄宗撰，李林甫等注，是唐初官書，共三十卷，實為張九齡等所撰。宋初散佚的《水經注》，《唐六典》也記及散佚前的規模，此書卷七："桑欽《水經》所引天下之水百三十七，江河在焉。酈善長注《水經》，引其枝流一千二百五十二。"③堂邑　縣名。秦置，屬東海郡，治所在今江蘇六合北。隋開皇四年廢，併入六合縣。

【語　譯】

　　《唐六典·淮南道》說：此道的大河流有滁水和肥水，還有巢湖。《寰宇記》在《廬州·慎縣》下說：滁水發源於慎縣西部，是一條沒有植被覆蓋的古塘。酈道元《水經注》說：滁水發源於浚遒縣。又(《寰宇記》)《和州·含山縣》下說：滁水向東經過大峴，向西北流經過大峴亭，就是這座山。《方輿紀要》說：滁河發源於廬州府合肥縣東北七十里的舊梁縣縣界，向東流經過滁州全椒縣以南六十里，又向東流到滁州東南的三汊河，又向東流到江寧府六合縣，稱為瓦梁河，再向東南流到瓜埠口注入長江。據《三國志》記載，吳赤烏三年，在堂邑縣築涂塘以水淹北邊的道路，所以今天的滁州，古時稱為涂中。這個地方實在是南北的要衝，尚且缺佚不為人知，說明長江的支流，大多數都亡佚了。

【研　析】　滁水是長江下游的最大支流，趙一清在《水經注釋》補入此水是應該的。問題在補的卷篇不適當。滁水按河川地理在今本《水經注》中的卷二十九《沔水》之中，而他卻補在長江中上游諸支流的卷三十二之中。此外，《水經注釋》所補亡佚之篇不少，均補於卷末，而滁水在卷三十二卻補在《施水》篇下，《沮水》篇上，補篇而插入正篇之中，似乎是自亂體例。王先謙《合校水經注》對於趙補各篇，唯獨不收此篇，不知是否與此有關。

卷三十　淮水

【題　解】　《淮水》在《水經注》獨立置為一卷。江、河、淮、濟為四瀆。《河水》有五卷，《江水》有三卷，《濟水》有二卷，唯獨《淮水》僅有一卷。《水經》記《淮水》有一百九十四字，而《水經注》只立一卷，《水經》記《渭水》僅一百三十字，而《水經注》立為三卷，這也是後人分析湊合的一證。但從全書的總的卷篇來看，卷二十一《汝水》，卷二十二《潁水》等五篇，卷二十三《陰溝水》等三篇，卷二十四《睢水》，卷二十五《泗水》等三篇，卷二十六《沭水》，都是古代淮水的支流，故涉及淮水的卷篇仍甚多。

　　《水經》與《水經注》的淮水，即今淮河。但幹支流情況，古今已有較大變化。淮水各支流情況，已見以上各卷篇題解，對於淮河幹流，古今也很不同。《水經》說："又東至廣陵淮浦縣，入于海。"三國魏淮浦縣，即今江蘇漣水縣，淮水當時由此入海。《水經注》記述與《水經》同，另外又加述了一條入海處的北支游水。《經》、《注》所述，與今淮河有很大不同。今淮河從源地到豫、皖二省的洪河口為上游，從洪河口到洪澤湖為中游，洪澤湖以下，淮河的大部分水量通過洪澤湖大堤南端的三河閘，經高郵、邵伯二湖，從揚州市以南的三江營注入長江，此段為淮河下游。另一部分水量從洪澤湖大堤北端的高良閘，循蘇北灌溉總渠，從扁擔港注入黃海。

淮水出南陽平氏縣胎簪山，東北過桐柏山，

　1　《山海經》曰：淮出餘山。在朝陽東，義鄉西。《尚書》：導淮自桐柏。《地理志》曰：

南陽平氏縣,王莽之平善也。《風俗通》曰:南陽平氏縣桐柏,大復山在東南,淮水所出也。淮,均也。《春秋説題辭》曰:淮者,均其勢也。《釋名》曰:淮,韋也,韋繞揚州北界,東至于海也。《爾雅》曰:淮爲滸。然淮水與醴水同源俱導,西流爲醴,東流爲淮。潛流地下[①]三十許里,東出桐柏之大復山南,謂之陽口,水南即復陽縣也。闞駰言:復陽縣,胡陽之樂鄉也。元帝元延二年[②]置,在桐柏大復山之陽,故曰復陽也。《東觀漢記》曰:朱祐少孤,歸外家復陽劉氏。山南有淮源廟,廟前有碑,是南陽郭苞立。又二碑,竝是漢延熹中守令所造,文辭鄙拙,殆不可觀。故《經》云:東北過桐柏也。

2　淮水又東逕義陽縣,縣南對固成山,山有水注流數丈,洪濤灌山,遂成巨井,謂之石泉水,北流注于淮。淮水又逕義陽縣故城南,義陽郡治也。世謂之白茅城,其城圓而不方。闞駰言:晉太始中,割南陽東鄙之安昌、平林、平氏、義陽四縣,置義陽郡于安昌城。又《太康記》、《晉書·地道記》竝有義陽郡,以南陽屬縣爲名。漢武帝元狩四年,封地都尉衛山爲侯國也。有九渡水注之,水出雞翅山,溪澗縈委,沿遡九渡矣。其猶零陽之九渡水,故亦謂之爲九渡焉。于溪之東山有一水發自山椒下,數丈素湍,直注頹波,委壑可數百丈,望之若霏幅練矣。下注九渡水,九渡水又北流注于淮。

東過江夏平春縣北,

3　淮水又東,油水注之,水出縣西南油溪,東北流逕平春縣故城南,漢章帝建初四年,封子全爲王國。油水又東曲,岸北有一土穴,徑尺,泉流下注,沿波三丈,入于油水。亂流南屈,又東北注于淮。淮水又東北逕城陽縣故城南,漢高帝十二年,封定侯奚意爲侯國,王莽之新利也。魏城陽郡治。淮水又東北與大木水合,水西出大木山,山即晉車騎將軍祖逖自陳留將家避難所居也。其水東逕城陽縣北,而東入于淮。

4　淮水又東北流,左會湖水,傍川西南出窮溪,得其源也。淮水又東逕安陽縣故城南,江國也,嬴姓矣。今其地有江亭,《春秋》文公四年,楚人滅江,秦伯降服出次,曰:同盟滅,雖不能救,敢不矜乎? 漢乃縣之。文帝八年,封淮南厲王子劉勃爲侯國,王莽之均夏也。

5　淮水又東得溮口,水源南出大潰山,東北流,翼帶三川,亂流北注溮水。又北逕賢首山西。又北出東南,屈逕仁順城南,故義陽郡治,分南陽置也。晉太始初,以封安平獻王孚長子望。本治在石城山上,因梁希侵逼,徙治此城。梁司州刺史馬仙琕不守,魏置郢州也。昔常珍奇自懸瓠遣三千騎援義陽,行事龐定光屯于溮水者也。溮水東南流歷金山北,山無樹木,峻峭層峙。溮水又東逕義陽故城北,城在山上,因倚陵嶺,周迴三里,是郡昔所舊治城,城南十五步,對門有天井,周百餘步,深一丈。東逕鍾武縣故城南,本江夏之屬縣也,王莽之當利縣矣。又東逕石城山北,山甚高峻。《史記》曰:魏攻冥阨。《音義》曰:冥阨,或言在鄳縣萯山也。按《呂氏春秋》,九塞其一也。溮水逕鄳縣故城南,建武中,世祖封鄧邯爲鄳侯。按蘇林曰:音盲。溮水又東逕七井岡南,又東北注于淮。

6　淮水又東至谷口,谷水南出鮮金山,北流,瑟水注之,水出西南具山,東北逕光淹城東,而北逕青山東、羅山西,俗謂之仙居水③,東北流注于谷水。谷水東北入于淮。

又東過新息縣南,

7　淮水東逕故息城南,《春秋左傳》隱公十一年,鄭、息有違,言息侯伐鄭,鄭伯敗之者也。淮水又東逕浮光山北,亦曰扶光山,即弋陽山也,出名玉及黑石,堪爲碁。其山俯映長淮,每有光輝。淮水又東,逕新息縣故城南,應劭曰:息後徙東,故加新也。王莽之新德也。光武十九年,封馬援爲侯國。外城北門内有新息長賈彪廟,廟前有碑。面南又有《魏汝南太守程曉碑》。魏太和中,蠻田益宗劾誠,立東豫州,以益宗爲刺史。

8　淮水又東合慎水,水出慎陽縣西,而東逕慎陽縣故城南,縣取名焉。漢高帝十一年,封樂説爲侯國。潁陰劉陶爲縣長,政化大行,道不拾遺,以病去官。童謠歌曰:悒然不樂,思我劉君,何時復來,安此下民。見思如此。應劭曰:慎水所出,東北入淮。

9　慎水又東流,積爲燋陂,陂水又東南流爲上慎陂,又東爲中慎陂,又東南爲下慎陂,皆與鴻郤陂水散流。其陂首受淮川,左結鴻陂。漢成帝時,翟方進奏毁之。建武中,汝南太守鄧晨欲脩復之,知許偉君曉知水脈,召與議之。偉君言:成帝用方進言毁之,尋而夢上天,天帝怒曰:何敢敗我濯龍淵? 是後民失其利。時有童謠曰:敗我陂,翟子威,反乎覆,陂當復,明府興,復廢業。童謠之言,將有徵矣。遂署都水掾,起塘四百餘里,百姓得其利。陂水散流,下合慎水,而東南逕息城北,又東南入淮,謂之慎口。

10　淮水又東與申陂水合,水上承申陂于新息縣北,東南流,分爲二水,一水逕深丘西,又屈逕其南,南派爲蓮湖水,南流注于淮。淮水又左迆,流結兩湖,謂之東、西蓮湖矣。淮水又東,右合壑水,水出白沙山,東北逕柴亭西,俗謂之柴水。又東北流與潭溪水合,水發潭谷,東北流,右會柴水。柴水又東逕黃城西,故弋陽縣也。城内有二城,西即黃城也。柴水又東北入于淮,謂之柴口也。淮水又東北,申陂枝水注之,水首受陂水于深丘北,東逕釣臺南,臺在水曲之中,臺北有琴臺。又東逕陽亭南,東南合淮。淮水又東逕淮陰亭北,又東逕白城南,楚白公勝之邑也。東北去白亭十里。淮水又東逕長陵戌南,又東,青陂水注之。分青陂東瀆,東南逕白亭西,又南于長陵戌東,東南入于淮。淮水又東北合黃水,水出黃武山,東北流,木陵關水注之,水導源木陵山,西北流注于黃水。黃水又東逕晉西陽城南,又東逕光城南,光城左郡治。又東北逕高城南,故弦國也。又東北逕弋陽郡東,有虞丘,郭南有子胥廟。黃水又東北入于淮,謂之黃口。淮水又東北逕襃信縣故城南,而東流注也。

又東過期思縣北,

11 縣,故蔣國,周公之後也。《春秋》文公十年,楚王田于孟諸,期思公復遂爲右司馬。楚滅之以爲縣,漢高帝十二年,以封賁赫爲侯國。城之西北隅有楚相孫叔敖廟,廟前有碑。淮水又東北,淠水注之,水出弋陽縣南垂山,西北流歷陰山關,逕二城間,舊有賊難,軍所頓防。西北出山,又東北流逕新城戌東,又東北得詔虞水口,西北去弋陽虞丘郭二十五里。水出南山,東北流逕詔虞亭東,而北入淠水。又東北注淮,俗曰白鷺水。

又東過原鹿縣南,汝水從西北來注之。

12 縣,即《春秋》之鹿上也。《左傳》僖公二十一年,宋人爲鹿上之盟,以求諸侯于楚。建武十五年,世祖更封侍中執金吾陰鄉侯陰識爲侯國者也。

又東過廬江安豐縣④東北,決水從北來注之。

13 廬江,故淮南也。漢文帝十六年,別以爲國。應劭曰:故廬子國也。決水自舒蓼北注,不于北來也。安豐東北注淮者,窮水矣,又非決水,皆誤耳。淮水又東,谷水入焉,水上承富水,東南流,世謂之谷水也。東逕原鹿縣故城北,城側水南,谷水又東逕富陂縣故城北,俗謂之成閭亭,非也。《地理志》,汝南郡有富陂縣。建武二年,世祖改封平鄉侯王霸爲富陂侯。《十三州志》曰:漢和帝永元九年,分汝陰置。多陂塘以溉稻,故曰富陂縣也。谷水又東于汝陰城東南注淮。

14 淮水又東北,左會潤水。水首受富陂,東南流爲高塘陂,又東,積而爲陂水,東注焦陵陂。陂水北出爲銅陂。陂水潭漲,引瀆北注汝陰。四周隍墅,下注潁水。焦湖東注,謂之潤水,逕汝陰縣東,逕荆亭北而東入淮。淮水又東北,窮水入焉。水出六安國安風縣窮谷。《春秋左傳》:楚救灊,司馬沈尹戍與吳師遇于窮者也。川流泄注于決水之右,北灌安風之左,世謂之安風水,亦曰窮水,音戎,竝聲相近,字隨讀轉。流結爲陂,謂之窮陂,塘堰雖淪,猶用不輟,陂水四分,農事用康,北流注于淮。京相璠曰:今安風有窮水,北入淮。

15 淮水又東爲安風津,水南有城,故安風都尉治,後立霍丘戌。淮中有洲,俗號關洲,蓋津關所在,故斯洲納稱焉。《魏書國志》有曰:司馬景王征毌丘儉,使鎮東將軍⑤、豫州刺史諸葛誕從安風津先至壽春。儉敗,與小弟秀藏水草中,安風津都尉部民張屬斬之,傳首京都,即斯津也。

又東北至九江壽春縣西,淝水、泄水合北注之。又東,潁水從西北來流注之。

16　淮水又東,左合淝口,又東逕中陽亭北爲中陽渡,水流淺磧,可以厲也⑥。淮水又東流與潁口會,東南逕蒼陵城北,又東北流逕壽春縣故城西。縣,即楚考烈王自陳徙此,秦始皇立九江郡,治此,兼得廬江、豫章之地,故以九江名郡。漢高帝四年,爲淮南國,孝武元狩六年,復爲九江焉。文穎曰:《史記・貨殖列傳》曰:淮以北,沛、陳、汝南、南郡爲西楚;彭城以東,東海、吳、廣陵爲東楚;衡山、九江、江南、豫章、長沙爲南楚;是爲三楚者也。淮水又北,左合椒水,水上承淮水,東北流逕虵城南,又歷其城東,亦謂之清水,東北流,注于淮水,謂之清水口者,是此水焉。

又東過壽春縣北,肥水從縣東北流注之。

17　淮水于壽陽縣西北,肥水從城西而北入于淮⑦,謂之肥口。淮水又北,夏肥水注之,水上承沙水,于城父縣右出,東南流逕城父縣故城南,王莽之思善也。縣,故焦夷之地,《春秋左傳》昭公九年,楚公子棄疾遷許于夷,寔城父矣。取州來淮北之田以益之,伍舉授許男田。杜預曰:此時改城父爲夷,故《傳》寔之者也。然丹遷城父人于陳,以夷濮西田益之。言夷田在濮水西者也。然則濮水即沙水之兼稱,得夏肥之通目矣。漢桓帝永壽元年,封大將軍梁冀孫桃爲侯國也。夏肥水自縣又東逕思善縣之故城南,漢章帝章和三年⑧,分城父立。夏肥水又東爲高陂,又東爲大漴陂,水出分爲二流:南爲夏肥水,北爲雞陂。夏肥水東流,左合雞水,水出雞陂,東流爲黃陂,又東南流積爲茅陂,又東爲雞水。《呂氏春秋》曰:宋人有取道者,其馬不進,投之雞水是也。雞水右會夏肥水,而亂流東注,俱入于淮。

18　淮水又北逕山硤中,謂之硤石,對岸山上結二城以防津要,西岸山上有馬跡,世傳淮南王乘馬昇僊所在也。今山之東南,石上有大小馬跡十餘所,仍今存焉。淮水又北逕下蔡縣故城東,本州來之城也。吳季札始封延陵,後邑州來,故曰延州來矣。《春秋》哀公二年,蔡昭侯自新蔡遷于州來,謂之下蔡也。淮之東岸又有一城,即下蔡新城也。二城對據,翼帶淮濆。淮水東逕八公山北,山上有老子廟。淮水歷潘城南,置潘溪戍,戍東側潘溪,吐川納淮,更相引注。又東逕梁城,臨側淮川,川左有湄城,淮水左迆爲湄湖。淮水又右納洛川于西曲陽縣北,水分閜溪,北絕橫塘,又北逕蕭亭東。又北,鵲甫溪水入焉,水出東鵲甫谷,西北流逕鵲甫亭南,西北流注于洛水。北逕西曲陽縣故城東,王莽之延平亭也。應劭曰:縣在淮曲之陽,下邳有曲陽,故是加西也。洛澗北歷秦墟,下注淮,謂之洛口。《經》所謂淮水逕壽春縣,北肥水從縣東北注者也。蓋《經》之謬矣。考川定土,即實爲非,是曰洛澗,非肥水也。

19　淮水又北逕莫邪山西,山南有陰陵縣故城。漢高祖五年,項羽自垓下從數百騎,夜馳渡淮至陰陵迷失道,左陷大澤,漢令騎將灌嬰以五千騎追及之于斯縣者也。按《地理志》,王莽之陰陸也。後漢九江郡治。時多虎災,百姓苦之,南陽宗均爲守,退貪殘,進忠良,虎悉東渡江。

又東過當塗縣北,渦水從西北來注之。

20　淮水自莫邪山東北逕馬頭城北,魏馬頭郡治也,故當塗縣之故城也。《呂氏春秋》曰:禹娶塗山氏女,不以私害公,自辛至甲四日,復往治水。故江、淮之俗,以辛、壬、癸、甲爲嫁娶日也。禹墟在山西南,縣即其地也。《地理志》曰:當塗,侯國也。魏不害以圍守尉,捕淮陽反者公孫勇等,漢以封之,王莽更名山聚也。淮水又東北,濠水注之,水出莫邪山東北溪,溪水西北引瀆逕禹墟北,又西流注于淮。淮水又北,沙水注之,《經》所謂濊蕩渠也。淮之西有平阿縣故城,王莽之平寧也。建武十三年,世祖更封耿阜爲侯國。

21　《郡國志》曰:平阿縣有塗山,淮出于荆山之左,當塗之右,奔流二山之間,而揚濤北注也。《春秋左傳》哀公十年,大夫對孟孫曰:禹會諸侯于塗山,執玉帛者萬國。杜預曰:塗山在壽春東北。非也。余按《國語》曰:吳伐楚[9],墮會稽,獲骨焉,節專車。吳子使來聘,且問之,客執骨而問曰:敢問骨何爲大?仲尼曰:丘聞之,昔禹致羣神于會稽之山,防風氏後至,禹殺之,其骨專車,此爲大也。蓋丘明親承聖旨,録爲實證矣。

22　又按劉向《説苑·辨物》,王肅之叙孔子廿二世孫孔猛所出先人書《家語》,竝出此事。故塗山有會稽之名。考校羣書及方土之目,疑非此矣。蓋周穆之所會矣。淮水于荆山北,渦水東南注之,又東北逕沛郡義城縣東,司馬彪曰:後隸九江也。

又東過鍾離縣北,

23　《世本》曰:鍾離,嬴姓也。應劭曰:縣,故鍾離子國也,楚滅之以爲縣。《春秋左傳》所謂吳公子光伐楚,拔鍾離者也。王莽之鹽富也。豪水出陰陵縣之陽亭北,小屈有石穴,不測所窮,言穴出鍾乳,所未詳也。豪水東北流逕其縣西,又屈而南轉,東逕其城南,又北歷其城東,逕小城而北流注于淮。淮水又東逕夏丘縣南。又東,渙水入焉,水首受濊蕩渠于開封縣。《史記》韓釐王二十一年,使暴鳶救魏,爲秦所

敗,戴走開封者也。東南流逕陳留北,又東南,西入九里注之⑩。渙水又東南流逕
雍丘縣故城南,又東逕承匡城,又東逕襄邑縣故城南。故宋之承匡、襄牛之地,宋
襄公之所葬,故號襄陵矣。

24　《竹書紀年》:梁惠成王十七年,宋景𢢼、衛公孫倉會齊師,圍我襄陵。十八年,惠成
王以韓師敗諸侯師于襄陵,齊侯使楚景舍來求成,即于此也。西有承匡城,《春秋》
會于承匡者也。秦始皇以承匡卑溼,徙縣于襄陵,更爲襄邑,王莽以爲襄平也。漢
桓帝建和元年,封梁冀子胡狗爲侯國。

25　《陳留風俗傳》曰:縣南有渙水,故《傳》曰:睢、渙之間出文章,天子郊廟御服出焉。
《尚書》所謂厥篚織文者也。

26　渙水又東南逕已吾縣故城南,又東逕酇城北,《春秋》襄公元年,《經》書晉韓厥帥
師伐鄭,魯仲孫蔑會齊、曹、邾、杞,次于酇。杜預曰:陳留襄邑縣東南有酇城。渙
水又東南逕鄢城北、新城南,又東南,左合明溝,溝水自蓬洪陂東南流,謂之明溝,
下入渙水。又逕亳城北,《帝王世紀》曰:穀熟爲南亳,即湯都也。《十三州志》曰:
漢武帝分穀熟置。《春秋》莊公十二年,宋公子御説奔亳者也。

27　渙水東逕穀熟城南,漢光武建武二年,封更始子歆爲侯國。又東逕楊亭北,《春秋
左氏傳》襄公十二年,楚子囊、秦庶長無地,伐宋師于楊梁,以報晉之取鄭也。京相
璠曰:宋地矣。今睢陽東南三十里有故楊梁城,今曰陽亭也。俗名之曰緣城,非
矣。西北去梁國八十里。

28　渙水又東逕沛郡之建平縣故城南,漢武帝⑪元鳳元年,封杜延年爲侯國,王莽之田
平也。又東逕鄲縣故城南,《春秋》襄公十年,公會諸侯及齊世子光于鄲。今其地
鄲聚是也。王莽之鄲治矣。渙水又東南逕費亭南,漢建和元年,封中常侍沛國曹
騰爲侯國。騰字季興,譙人也。永初中,定桓帝策,封亭侯,此城即其所食之邑也。
渙水又東逕銍縣故城南,昔吳廣之起兵也,使葛嬰下之。

29　渙水又東,苞水注之,水出譙城北白汀陂,陂水東流逕鄲縣南,又東逕酇縣故城南,
漢景帝中元年,封周應爲侯國,王莽更之曰單城也。音多。又東逕嵇山北,嵇氏故
居,嵇康本姓奚,會稽人也。先人自會稽遷于譙之銍縣,改爲嵇氏,取稽字之上以
爲姓,蓋志本也。《嵇氏譜》⑫曰:譙有嵇山,家于其側,遂以爲氏。縣,魏黄初中,
文帝以酇、城父、山桑、銍置譙郡,故隸譙焉。

30　苞水東流入渙。渙水又東南逕蘄縣故城南,《地理志》曰:故甄鄉也。漢高帝破黥
布于此,縣,舊都尉治,王莽之蘄城也。水上有故石梁處,遺基尚存。渙水又東逕
穀陽縣,左會八丈故瀆,瀆上承洨水,南流注于渙。渙水又東逕穀陽戌南,又東南
逕穀陽故城東北,右與解水會。水上承縣西南解塘,東北流逕穀陽城南,即穀水

也。應劭曰：城在穀水之陽。又東北流注于渙。

31 渙水又東南逕白石戍南，又逕虹城南，洨水注之，水首受蘄水于蘄縣，東南流逕穀陽縣，八丈故瀆出焉。又東合長直故溝，溝上承蘄水，南會于洨。洨水又東南流逕洨縣故城北，縣有垓下聚，漢高祖破項羽所在也。王莽更名其縣曰育城。應劭曰：洨水所出，音絞，《經》之絞也。洨水又東南與渙水亂流而入于淮。故應劭曰：洨水南入淮。

32 淮水又東至嶔石山，潼水注之[13]，水首受潼縣西南潼陂，縣，故臨淮郡之屬縣，王莽改曰成信矣。南逕沛國夏丘縣絕蘄水。又南逕夏丘縣故城西，王莽改曰歸思也。又東南流逕臨潼戍西，又東南至嶔石西，南入淮。淮水又東逕浮山，山北對嶔石山，梁氏天監中，立堰于二山之間，逆天地之心，乖民神之望，自然水潰壞矣。淮水又東逕徐縣南，歷澗水注之，導徐城西北徐陂，陂水南流絕蘄水，逕歷澗戍西，東南流注于淮。淮水又東，池水注之。水出東城縣東北，流逕東城縣故城南，漢以數千騎追羽，羽帥二十八騎引東城，因四隤山，斬將而去，即此處也。《史記》，孝文帝八年，封淮南厲王子劉良爲侯國。《地理志》，王莽更名之曰武城也。池水又東北流歷二山間，東北入于淮，謂之池河口也。

33 淮水又東，蘄水注之，水首受睢水于穀熟城東北，東逕建城縣故城北，漢武帝元朔四年，封長沙定王子劉拾爲侯國，王莽之多聚也。蘄水又東南逕蘄縣，縣有大澤鄉，陳涉起兵于此，篝火爲狐鳴處也。南則洨水出焉。蘄水又東南，北八丈故瀆出焉，又東流，長直故溝出焉，又東入夏丘縣，東絕潼水，逕夏丘縣故城北，又東南逕潼縣南，又東流入徐縣，東絕歷澗，又東逕大徐縣故城南，又東注于淮。淮水又東歷客山，逕盱眙縣故城南，《地理志》曰：都尉治。漢武帝元朔元年，封江都易王子劉蒙之爲侯國，王莽更命之曰匡武。淮水又東逕廣陵淮陽城南，城北臨泗水，阻于二水之間。《述征記》，淮陽太守治。自後置戍，縣亦有時廢興也。

又東北至下邳淮陰縣西，泗水從西北來流注之。

34 淮、泗之會，即角城也。左右兩川，翼夾二水，決入之所，所謂泗口也。

又東過淮陰縣北，中瀆水出白馬湖，東北注之。

35 淮水右岸即淮陰也，城西二里有公路浦，昔袁術向九江，將東奔袁譚，路出斯浦，因以爲名焉。又東逕淮陰縣故城北，北臨淮水，漢高帝六年，封韓信爲侯國，王莽之嘉信也。昔韓信去下鄉而釣于此處也。城東有兩冢，西者即漂母冢也。周迴數百步，高十餘丈，昔漂母食信于淮陰，信王下邳，蓋投金增陵以報母矣。東一陵即信母冢也。

36　縣有中瀆水，首受江于廣陵郡之江都縣，縣城臨江，應劭《地理風俗記》曰：縣爲一都之會，故曰江都也。縣有江水祠，俗謂之伍相廟也。子胥但配食耳，歲三祭，與五嶽同。舊江水道也。昔吳將伐齊，北霸中國，自廣陵城東南築邗城，城下掘深溝，謂之韓江，亦曰邗溟溝，自江東北通射陽湖。《地理志》所謂渠水也。西北至末口入淮。自永和中，江都水斷，其水上承歐陽埭，引江入埭，六十里至廣陵城，楚、漢之間爲東陽郡，高祖六年爲荆國，十一年爲吳城，即吳王濞所築也。景帝四年更名江都，武帝元狩三年，更曰廣陵，王莽更名，郡曰江平，縣曰定安。城東水上有梁，謂之洛橋。

37　中瀆水自廣陵北出武廣湖東、陸陽湖西，二湖東西相直五里，水出其間，下注樊梁湖。舊道東北出，至博芝、射陽二湖，西北出夾邪，乃至山陽矣。至永和中，患湖道多風，陳敏因穿樊梁湖北口，下注津湖逕渡，渡十二里方達北口，直至夾邪。興寧中，復以津湖多風，又自湖之南口，沿東岸二十里，穿渠入北口，自後行者不復由湖。故蔣濟《三州論》曰：淮湖紆遠，水陸異路，山陽不通，陳敏穿溝，更鑿馬瀨，百里渡湖者也。自廣陵出山陽白馬湖，逕山陽城西，即射陽縣之故城也。應劭曰：在射水之陽。漢高祖六年，封楚左令尹項纏爲侯國也。王莽更之曰監淮亭，世祖建武十五年，封子荆爲山陽公，治此，十七年爲王國。城，本北中郎將庾希所鎮。中瀆水又東，謂之山陽浦，又東入淮，謂之山陽口者也。

又東，兩小水流注之。

38　淮水左逕泗水國南，故東海郡也。徐廣《史記音義》曰：泗水，國名，漢武帝元鼎四年，初置都凌，封常山憲王子思王商爲國。《地理志》曰：王莽更泗水郡爲水順，凌縣爲生凌。凌水注之，水出凌縣，東流逕其縣故城東，而東南流注于淮，寔曰凌口也。應劭曰：凌水出縣西南入淮，即《經》之所謂小水者也。

又東至廣陵淮浦縣，入于海。

39　應劭曰：淮崖也。蓋臨側淮瀆，故受此名。淮水逕縣故城東，王莽更名之曰淮敬。淮水于縣枝分，北爲游水，歷朐縣與沭合，又逕朐山西，山側有朐縣故城，秦始皇三十五年，于朐縣立石海上，以爲秦之東門。崔琰《述初賦》曰：倚高艫以周眄分，觀秦門之將將者也。東北海中有大洲，謂之郁洲⑭。《山海經》所謂郁山在海中者也。言是山自蒼梧徙此云。山上猶有南方草木，今郁州治。故崔季珪之叙《述初賦》，言郁洲者，故蒼梧之山也。心悅而怪之，聞其上有僊士石室也，乃往觀焉。見一道人獨處，休休然不談不對，顧非已及也。即其賦所云：吾夕濟于郁洲者也。

40　游水又北逕東海利成縣故城東，故利鄉也。漢武帝元朔四年，封城陽共王子嬰爲侯國,王莽更之曰流泉。游水又北歷羽山西,《地理志》曰:羽山在祝其縣東南。《尚書》曰:堯疇咨四岳得舜,進十六族,殛鯀于羽山,是爲檮杌,與驩兜、三苗、共工同其罪,故世謂之四凶。鯀既死,其神化爲黄熊,入于羽淵,是爲夏郊,三代祀之。故《連山易》曰:有崇伯鯀,伏于羽山之野者是也。

41　游水又北逕祝其縣故城西,《春秋經》書,夏,公會齊侯于夾谷。《左傳》定公十年,公及齊平,會于祝其,寔夾谷也。服虔曰:地二名。王莽更之曰猶亭。縣之東有夾口浦。游水左逕琅邪計斤縣故城之西,《地理志》曰:莒子始起于此。後徙莒,有鹽官,故世謂之南莒也。游水又東北逕贛榆縣北,東側巨海,有《秦始皇碑》,在山上,去海百五十步,潮水至,加其上三丈,去則三尺,所見東北傾石,長一丈八尺,廣五尺,厚三尺八寸,一行十二字。

42　游水又東北逕紀鄣故城南,《春秋》昭公十九年,齊伐莒,莒子奔紀鄣,莒之婦人怒莒子之害其夫,老而託紡焉,取其繻而夜縋,縋絶鼓譟,城上人亦譟,莒共公懼,啟西門而出,齊遂入紀。故紀子帛之國。《穀梁傳》曰:吾伯姬歸于紀者也。杜預曰:紀鄣,地二名。東海贛榆縣東北有故紀城,即此城也。

43　游水東北入海,舊吴之燕岱,常泛巨海,憚其濤險,更沿溯是瀆,由是出。《地理志》曰:游水自淮浦北入海。《爾雅》曰:淮別爲滸。游水亦枝稱者也。

【注　釋】　①潛流地下　《水經注釋》作"自潛流地下"。趙一清按:"下有脱文。"②元帝元延二年　此處有誤,元延爲成帝年號。據《水經注疏》考證,應作"宣帝元康元年"。語譯時據此。③俗謂之仙居水　《水經注疏》無此一句。會貞按:"《地形志》,保城西有羅山廟。《元和志》,羅山在羅山縣西南九里,在今羅山縣南十里。趙據《名勝志》'羅山西'下增'俗謂之仙居水'句,戴增同。守敬按:非也。《寰宇記·仙居縣》下谷河水在縣西八里。注《水經》云,其水南出鮮金山,北流合瑟水,東北合淮水,俗謂之鮮居水。考唐天寶中,勅改樂安縣爲仙居縣,樂安山爲仙居山,仙居水乃因此得名。則酈氏時尚無仙居水之目,俗謂句蓋樂氏語,《名勝志》亦沿按樂氏文,趙遂據增,戴從之,皆失于不考。"④安豐縣　《水經注疏》作"安風縣"。《疏》:"朱'安風'作'安豐',下同,各本皆同。會貞按:《決水》篇,安豐在決水西,安豐之東北爲陽泉縣。陽泉之東爲安風縣。酈氏準以地望,知《經》之決水,當爲窮水,窮水出安風。必是謂安風東北注淮者窮水。由此知所見《經》必作'安風'。自校此書者習見安豐,少見安風,改《經》、《注》并作'安豐',而傳刻者亦皆沿之,不知其地望不合也,今訂。"⑤鎮東將軍　《水經注疏》作"鎮南將軍"。《疏》:"朱'南'訛作'西',趙改'東',戴改同。會貞按:《諸葛誕傳》是'鎮南',今訂。"⑥可以屬也　此處有佚文一條。《後漢書·樊宏傳注》引《水經注》:"沘水西南流,射水注之,水出射城北,建武十三年,封樊重少子丹爲射陽侯,即其國也。"當是此段中佚文。⑦肥水從城西句　《水經注疏》作"肥水從城北西入于淮"。《疏》:"朱作'從城而北入于淮',趙'而'改'西',戴'而'上增'西'字。會貞按:皆非也。《肥水注》,肥水從西逕壽春城北,西北注淮,是逕城北，不逕城西也。又《寰宇記·壽春縣》下，肥水經縣北二里，又西入淮。亦一證。此當本作‘從城北西入于淮’。傳鈔訛‘西’為‘二’，又錯入‘北’字下耳，今訂。”⑧章帝章和三年　經查章和僅有二年。⑨吳伐楚　據《水經注疏》考證，此處當作“吳伐越”。⑩西入九里注之　殿本此處有戴震案語：“此六字脫誤，未詳。”故語譯時以“……”代之。⑪漢武帝　下文“元鳳”為昭帝年號，據《水經注疏》當作“漢昭帝”。語譯時據此。⑫嵇氏譜　據《注》文，當是嵇康家族族譜。《隋書·經籍志》著錄魏中散大夫《嵇康集》十三卷，錄一卷。《兩唐志》著錄同。清嚴可均有輯存，但未見此譜。⑬潼水注之　此處有佚文一條。《寰宇記》卷十七《河南道》十七《宿州·虹縣》引《水經注》：“潼水自萬安湖南流。”當是此段中佚文。⑭謂之郁洲　此處有佚文一條。《寰宇記》卷二十二《河南道》二十二《海州·東海縣》引《水經注》：“朐縣東北海中有大洲，謂之郁洲，有道者學徒十人，游于蒼梧郁洲之上，數百年，皆得至道，其山自蒼梧徙至東海上，今猶有南方草木生焉。故崔琰《述初賦》曰：郁州者，故蒼梧之山也。古老傳言，此島人皆是麋家之隸，今存牛欄一村，舊是麋家莊牧猶枯，祭之呼曰麋郎，否則為祟。”當是此句下佚文。

【語　譯】

淮水出南陽平氏縣胎簪山，東北過桐柏山，

1　《山海經》說：淮水發源於餘山，在朝陽東、義鄉西。《尚書》：從桐柏山疏導淮水。《地理志》說：南陽平氏縣，就是王莽時的平善。《風俗通》說：南陽平氏縣的桐柏山，有支峰大復山在它的東南方，是淮水的發源地。淮，是均衡的意思。《春秋說題辭》說：淮，就是使水勢保持均衡。《釋名》說：淮，意思是圍，就是說圍繞揚州北界，往東直到大海。《爾雅》說：淮，就是水濱。但淮水和醴水都從同一個源頭流出，西流就是醴水，東流就是淮水。水在地下潛流了三十餘里，從桐柏山支峰大復山的南麓東流而出，山口就叫陽口，水南就是復陽縣。闞駰說：復陽縣就是胡陽縣的樂鄉，宣帝元康元年（公元前六五年）設縣，因位於桐柏山、大復山之南，所以稱為復陽。《東觀漢記》說：朱祐少時是孤兒，被送回復陽劉氏外公家撫養。山南有淮源廟，廟前有石碑，是南陽郭苞所立。此外還有兩塊碑，都是漢延熹年間（公元一五八—一六七年）的太守和縣令所立，文辭粗鄙拙劣，幾乎令人無法卒讀。所以《水經》說：往東北流過桐柏山。

2　淮水又東流經義陽縣。縣城南對固成山，山上有水，奔瀉直下數丈，波濤滾滾，傾注於山塢間，形成一口巨井，稱為石泉水，北流注入淮水。淮水又流經義陽縣老城南，這是義陽郡的治所。世人稱為白茅城，城呈圓形而不方正。闞駰說：晉太始年間（公元二六五—二七四年），劃出南陽郡東部邊邑安昌、平林、平氏、義陽四縣，設置了以安昌城為郡治的義陽郡。《太康記》、《晉書·地道記》也都有義陽郡，就以南陽屬縣義陽為郡名。漢武帝元狩四年（公元前一一九年），把該縣封給北地都尉衛山為侯國。有九渡水注入。九渡水發源於雞翅山，溪澗彎彎曲曲，沿溪有九個渡口。

正像零陽的九渡水，所以這裡也叫九渡。在溪流的東山上有一條水，從山頂下流出，寬約數丈的急流，從幾百丈的高崖一瀉而下，注入深淵，遠望像是飛動的白絹。澗水下注九渡水；九渡水又北流注入淮水。

東過江夏平春縣北，

3　淮水又東流，匯合了油水。油水發源於縣境西南的油溪，東北流經平春縣老城南。漢章帝建初四年（公元七九年），把該縣封給他的兒子劉全為王國。油水又轉而東流，岸北有個土洞，口徑約一尺，泉流滔滔下瀉了三丈，流入油水。亂流折向南方，然後又往東北注入淮水。淮水又東北流經城陽縣老城南。漢高帝十二年（公元前一九五年），把城陽縣封給定侯奚意為侯國。這就是王莽時的新利，也是魏城陽郡的治所。淮水又東北流與大木水匯合。大木水發源於西北的大木山，晉車騎將軍祖逖從陳留攜帶家眷來避難，就住在這裡。此水東流經城陽縣北，東流注入淮水。

4　淮水又東北流，在左岸匯合湖水。沿著水邊溯流往西南走，到山溪盡處，就是源頭了。淮水又東流經安陽縣老城南。這是古時的江國，姓嬴，現在那裡還有個江亭。《春秋》文公四年（公元前六二三年），楚人滅了江國，秦伯穿上白衣，搬出宮室住到郊外去，說道：盟國滅亡了，雖然不能相救，怎敢不起憐憫之心呢？到了漢時才設縣。文帝八年（公元前一七二年），把安陽縣封給淮南厲王的兒子劉勃為侯國，就是王莽時的均夏。

5　淮水又東流到溮口匯合了溮水。溮水發源於南方的大潰山，東北流，兩邊匯合三條支流，亂流往北注入溮水。溮水又北流經賢首山西，又北再向東南流，轉而流經仁順城南，此城舊時是義陽郡的治所。該郡是從南陽郡分出來的。晉太始（公元二六五—二七四年）初年，把該縣封給安平獻王司馬孚的長子司馬望。原治所在石城山上，因為梁希侵犯進逼，才遷到此城。梁司州刺史馬仙琕沒有守住，被魏奪取，置為郢州。從前常珍奇從懸瓠派了三千兵馬來援救義陽行事龐定光，屯兵於溮水。溮水東南流經金山北。金山上樹木不生，峰巒峻峭，層沓聳峙。溮水又東流經義陽老城北，城在山上，憑倚山嶺而建，周圍三里，是該郡從前的治所。城南十五步，城門對面有一泓天然井泉，周圍百餘步，深一丈。溮水東流經鍾武縣老城南，這原是江夏郡的屬縣，就是王莽時的當利縣。又東流經石城山北，山極高峻。《史記》說：魏進攻冥阨。《音義》說：冥阨，有人說在鄳縣柏山。按《呂氏春秋》，冥阨是九塞之一。溮水流經鄳縣老城南。建武年間（公元二五—五六年），世祖封鄧邯為鄳侯。據蘇林說：鄳，音盲。溮水又東流經七井岡南，又東北流注入淮水。

6　淮水又東流到了谷口。谷水發源於南方的鮮金山，北流，有瑟水注入。瑟水發源於西南方的具山，東北流經光淹城東，然後北流經青山東、羅山西，民間叫仙居水。

東北流注入谷水。谷水東北流注入淮水。

又東過新息縣南，

7　淮水東流經舊時的息城南。《春秋左傳》隱公十一年(公元前七一二年)，鄭、息不睦，
息侯伐鄭，被鄭伯打敗。淮水又東流經浮光山北。浮光山又名扶光山，就是弋陽
山，出產名貴的寶玉及黑石，可以做棋子。山峰倒映於淮水，常有光輝。淮水又東
流，流經新息縣老城南。應劭說：息後來向東方遷徙，所以叫新息。就是王莽時的
新德。光武帝十九年(公元四三年)，把該縣封給馬援為侯國。外城北門內，有新息
縣令賈彪廟，廟前有石碑。朝南還有"魏汝南太守程曉碑"。魏太和年間(公元四七
七—四九九年)，蠻人田益宗歸順效忠，於是就設置東豫州，任命田益宗為刺史。

8　淮水又東流匯合了慎水。慎水發源於慎陽縣西，東流經慎陽縣老城南，慎陽就是
因水而得名的。漢高帝十一年(公元前一九六年)，將慎陽封給樂說為侯國。潁陰人
劉陶當縣長時，大力推行仁政，致力教化，因而道不拾遺。後來劉陶因病辭官，童
謠唱道：心裡鬱鬱不樂，懷念我們的劉君。他什麼時候再來呵，使我們百姓安寧。
他是如此受到人民的懷念。應劭說：慎水發源於此，往東北注入淮水。

9　慎水又東流，匯聚成燋陂。陂水又東南流就是上慎陂；又東流是中慎陂；又東南流
是下慎陂，都和鴻郤陂的水一起散流。這片陂塘上流承接淮水，左邊連結鴻郤陂。
漢成帝時，翟方進上奏朝廷毀去此陂。建武年間(公元二五—五六年)，汝南太守鄧
晨決意修復，因為知道許偉君熟悉水脈，就請他來商議。許偉君說：成帝採納翟方
進的建議毀堤後，不久就夢見自己上了天，天帝發怒道：你怎敢毀壞我的洗龍潭！
從此老百姓就得不到水利的好處了。當時童謠說：有個翟子威，毀壞我湖陂。一
反又一覆，湖陂該修復。賢明的知府興工，修復廢棄的陂塘。童謠裡的話就要應
驗了。於是指派了都水掾，築塘四百餘里，百姓都受到水利之益。陂水散流，往下
與慎水匯合，然後東南流經息城北，又往東南注入淮水，匯流處叫慎口。

10　淮水又東流與申陂水匯合。申陂水上游在新息縣北承接申陂，東南流，分成兩條：
一條流經深丘西，然後轉而流經丘南；南支即蓮湖水，南流注入淮水。淮水又向左
岸分支流出，把兩口湖連結起來，稱為東蓮湖和西蓮湖。淮水又東流，在右岸匯合
了壑水。壑水發源於白沙山，東北流經柴亭西，民間稱為柴水。又東北流與潭溪
水匯合。潭溪水發源於潭谷，東北流，在右岸與柴水匯合。柴水又東流經黃城西，
黃城就是舊時的弋陽縣。城內又有二城，西邊的就是黃城。柴水又東北流注入淮
水，匯流處叫柴口。淮水又東北流，申陂支流注入。這條支流上游在深丘以北承
接陂水，東流經釣臺南，釣臺就在水灣中間，臺北就是琴臺。又東流經陽亭南，東
南流與淮水匯合。淮水又東流經淮陰亭北；又東流經白城南，這裡原是楚國白公

勝的食邑,東北距白亭十里。淮水又東流經長陵戍南,又東流,青陂水注入。陂水分出青陂東瀆,往東南流經白亭西,又南流到長陵戍東,往東南注入淮水。淮水又東北流匯合了黃水。黃水發源於黃武山,東北流,木陵關水注入。木陵關水發源於木陵山,西北流注入黃水。黃水又東流經晉西陽城南,又東流經光城南,這是光城左郡的治所。又東北流經高城南,這裡是古時的弦國。又東北流經弋陽郡東,這裡有虞丘,城南有子胥廟。黃水又東北流注入淮水,匯流處叫黃口。淮水又東北流經襃信縣舊城南,然後往東方流去。

又東過期思縣北,

11　期思縣,就是古代的蔣國,是周公後裔的居地。《春秋》文公十年(公元前六一七年),楚王在孟諸打獵,期思公復遂當右司馬。楚國併吞了蔣國,設置為縣。漢高帝十二年(公元前一九五年),把該縣封給賁赫為侯國。城內西北角,有楚國宰相孫叔敖廟,廟前有碑。淮水又東北流,湄水注入。湄水發源於弋陽縣南垂山,西北流經陰山關,流經二城之間。從前因盜匪為患,有軍隊在這裡駐防。溪澗往西北流出山間,然後轉向東北流經新城戍東,又東北流到詔虞水口,水口西北距弋陽虞丘郭二十五里。詔虞水發源於南山,東北流經詔虞亭東,北流注入湄水。又東北流注入淮水,民間叫白鷺水。

又東過原鹿縣南,汝水從西北來注之。

12　原鹿縣,就是《春秋》所說的鹿上。《左傳》僖公二十一年(公元前六三九年),宋人召集鹿上之盟,要求楚國同意諸侯奉宋國為盟主。建武十五年(公元三九年),世祖將該縣改封給侍中、執金吾陰鄉侯陰識為侯國。

又東過廬江安豐縣東北,決水從北來注之。

13　廬江,就是舊時的淮南。漢文帝十六年(公元前一六四年),劃分出來另立為封國。應劭說:就是舊時的廬子國。決水從舒蓼北流,而不是從北方流來的。從安豐往東北注入淮水的是窮水,也不是決水,《水經》都弄錯了。淮水又東流,谷水注入。谷水上流承接富水,東南流,世人稱為谷水。東流經原鹿縣老城北,城在南岸水濱。谷水又東流經富陂縣老城北,民間稱為成聞亭,其實不是。據《地理志》,汝南郡有富陂縣。建武二年(公元二六年),世祖改封平鄉侯王霸為富陂侯。《十三州志》說:富陂縣是漢和帝永元九年(公元九七年),從汝陰分出設置的。因為陂塘很多,可以灌溉水稻,所以稱為富陂縣。谷水又東流,在汝陰城東南注入淮水。

14　淮水又東北流,在左岸匯合潤水。潤水上流承接富陂,東南流就是高塘陂,又東流,積聚成陂塘,水流東注焦陵陂。陂水向北流出就是銅陂。陂水上漲時,循著水渠往北流向汝陰。流經四周的護城河,然後注入潁水。焦湖湖水東流,稱為潤水,

流經汝陰縣東,流過荊亭北,東流注入淮水。淮水又東北流,窮水注入。窮水發源
於六安國安風縣的窮谷。《春秋左傳》:楚國援救潛,司馬沈尹戍與吳軍在窮相遇,
指的就是窮谷。水流排入決水右岸,北流灌溉安風縣東部,世人稱為安風水,又叫
窮水。窮,音戎,讀音相近,於是字也隨讀音而變了。水流積聚成陂塘,稱為窮陂。
堤塘雖然湮沒了,但水仍在不斷使用。陂水分流四方,農業因而得到豐收。陂水
往北流注入淮水。京相璠說:現在安風有窮水,北流注入淮水。

15　淮水又東流就是安風津。水南有城,是舊時安風都尉的治所,後來建立了霍丘戍。
淮水中央有個沙洲,民間稱為關洲,因為設有水路關口,洲也因而得名。《魏書
·國志》有一段話說:司馬景王征討毌丘儉,派遣鎮東將軍、豫州刺史諸葛誕從安風
津先到壽春。毌丘儉戰敗,和小弟毌丘秀躲藏在水草裡。安風津都尉管區平民張
屬殺了他,把首級傳送到京城。就是在這個渡口。

又東北至九江壽春縣西,泄水、泄水合北注之。又東,潁水從西北來流注之。

16　淮水又東流,左岸匯合於泄口;又東流經中陽亭北,就是中陽渡。石灘水淺,可以
涉水過河。淮水又東流匯合於潁口,東南流經蒼陵城北,又東北流經壽春縣老城
西。楚考烈王就是從陳遷到該縣的。秦始皇設置九江郡,治所就在壽春縣,並把
廬江、豫章等縣劃入該郡,因而以九江為郡名。漢高帝四年(公元前二〇三年),這裡
是淮南國;孝武帝元狩六年(公元前一一七年),又恢復為九江郡。文穎說:《史記·
貨殖列傳》說:淮水以北,沛、陳、汝南、南郡是西楚;彭城以東,東海、吳、廣陵是東
楚;衡山、九江、江南、豫章、長沙是南楚;這就是三楚。淮水又北流,在左岸匯合了
椒水。椒水上流承接淮水,東北流經虵城南,又流過城東,也叫清水,然後東北流,
注入淮水。清水口就是因此水而得名的。

又東過壽春縣北,肥水從縣東北流注之。

17　淮水流到壽陽縣西北,肥水從城西而北流注入淮水,匯流處叫肥口。淮水又北流,
夏肥水注入。夏肥水上流承接沙水,在城父縣自右岸而出,往東南流經城父縣老
城南。這就是王莽時的思善縣,也是古代焦、夷的領域。《春秋左傳》昭公九年(公
元前五三三年),楚公子棄疾把許人遷徙到夷,以充實城父的人口。他劃分州來、淮
北的田來補給許人,由伍舉把田分給許男。杜預說:那時把城父改名為夷,所以
《左傳》要補充說明一下。然丹把城父人遷到陳,劃分夷、濮西的田來添補給他們。
這裡指的是夷地在濮水以西的田畝。照此看來,濮水也就是沙水的別名,而夏肥
水則是通稱了。漢桓帝永壽元年(公元一五五年),將城父封給大將軍梁冀的孫子梁
桃為侯國。夏肥水又從城父縣東流經思善縣老城南。思善縣是漢章帝章和三年,
從城父分出設縣的。夏肥水又東流就是高陂,又東流就是大漴陂,出陂後水流分

為兩條:南流的是夏肥水,北流的是雞陂。夏肥水東流,左岸匯合雞水。雞水發源自雞陂,東流就是黃陂,又東南流積聚成為茅陂,又東流就是雞水。《呂氏春秋》說:宋人有個過路的,所乘的馬不肯前進,就把牠投入雞水。雞水右岸與夏肥水匯合,亂流往東奔瀉,都注入淮水。

18　淮水又北流穿過山峽,稱為硤石。兩邊對岸山上,築了兩座城來防守這條重要的水道。西岸山上有馬蹄印跡,民間傳說這是淮南王乘馬升仙的地方。山嶺東南巖上,有大大小小的馬蹄印跡十多處,如今還在。淮水又北流經下蔡縣老城東,這本是州來的城。吳季札初封於延陵,以後又封於州來,所以叫延州來。《春秋》哀公二年(公元前四九三年),蔡昭侯自新蔡遷到州來,於是又叫下蔡。淮水東岸還有一座城,就是下蔡新城。這兩座城隔岸相對,各據於淮水的水濱。淮水東流經八公山北,山上有老子廟。淮水流經潘城南,設有潘溪戍。這個邊防城堡東瀕潘溪,潘溪下注淮水,淮水升漲則倒灌,順逆互相流通。又東流經梁城,城在淮水旁,左岸有湄城;淮水從左岸分流而出,形成湄湖。到西曲陽縣北,淮水又在右岸匯合了洛川。川流分出閻溪,北流穿過橫塘,又北流經蕭亭東。又北流,鵲甫溪水注入。鵲甫溪水發源於東鵲甫谷,西北流經鵲甫亭南,西北流注入洛水。洛水又北流經西曲陽縣老城東,就是王莽時的延平亭。應劭說:西曲陽縣是在淮水轉彎處之北;因為下邳也有曲陽,所以這裡稱為西曲陽。洛澗北流經秦墟,下注淮水,匯流處叫洛口。《水經》說淮水流經壽春縣北,肥水從縣城東北注入。這是《水經》弄錯了。核查河流及其所經的地域,與實地相對照並非如此,這是洛澗,不是肥水。

19　淮水又北流經莫邪山西,山南有陰陵縣老城。漢高祖五年(公元前二〇二年),項羽從垓下帶了幾百人馬連夜奔馳渡淮,到陰陵迷了路,東行陷入大澤。漢王命令騎兵將領灌嬰帶了五千人馬追趕,直到該縣方才追上。據《地理志》,這就是王莽時的陰陸,也是後漢九江郡的治所。當時多虎災,百姓深以為患。南陽人宗均當太守,把貪官暴吏撤職,任用忠良之士,於是老虎全都渡江東去了。

又東過當塗縣北,渦水從西北來注之。

20　淮水從莫邪山東北流經馬頭城北,這是魏馬頭郡的治所,也是舊時當塗縣的老城。《呂氏春秋》說:禹娶了塗山氏的女兒,不以私事妨礙公事,自辛日至甲日一連四天,都為了治水而往來奔走。所以江、淮一帶的風俗,以辛、壬、癸、甲這四日作為嫁女娶親的日子。禹墟在莫邪山西南,當塗縣就在那裡。《地理志》說:當塗,是侯國。魏不害在圍當守尉,追捕淮陽謀反的公孫勇等人,漢就把這地方封給他;王莽改名為山聚。淮水又東北流,濠水注入。濠水發源於莫邪山東北的溪澗,溪水西北流引入溝水流經禹墟北,又西流注入淮水。淮水又北流,沙水注入,就是《水經》

所說的浪蕩渠。淮水西岸有平阿縣老城,就是王莽時的平寧。建武十三年(公元六
一年),世祖把該縣改封給耿阜為侯國。

21 《郡國志》說:平阿縣有塗山,淮水從荊山以東、當塗以西出來,流經兩山之間,激起
滾滾波濤北流而去。《春秋左傳》哀公十年(公元前四八五年),大夫對孟孫說:禹在
塗山大會諸侯,手執玉帛的與會者多達萬國。杜預說:塗山在壽春東北。他弄錯
了。我查考《國語》說:吳攻越,掘毀會稽山,獲得大骨,骨節可以裝滿一輛車子。
吳子的使者前來修好和問候,客人握著骨頭問道:請問哪種骨頭最大? 仲尼說:我
聽說古時禹在會稽山召集群神,防風氏遲到,禹把他殺了,他的骨頭可以裝滿一輛
車子,這骨頭算是很大了。左丘明親耳聽到聖人的話,他的記載是確鑿的證據。

22 又查考劉向《說苑‧辨物》,王肅敘述孔子廿二世孫孔猛出示祖先所著書《家語》,
也提到這件事。所以塗山也有會稽這名字。但考證各種典籍及各地土名,又懷疑
並非此地。這可能是周穆王會盟的地方。淮水流到荊山北,過水往東南注入淮
水。又東北流經沛郡義城縣東。司馬彪說:義城縣以後隸屬九江郡。

又東過鍾離縣北,

23 《世本》說:鍾離,姓嬴。應劭說:鍾離縣,是古時鍾離子的封國,楚滅了該國,設置
為縣。《春秋左傳》就說到吳公子光伐楚,攻下鍾離。鍾離也就是王莽時的蠶富。
豪水發源於陰陵縣陽亭北,小彎處有個石洞,深不可測,聽說洞中有鐘乳,詳情不
大清楚。豪水東北流經鍾離縣西,又轉而向南,東流經城南,又北流經城東,經過
小城而北流注入淮水。淮水又東流經夏丘縣南;又東流,渙水注入。渙水上流在
開封縣承接浪蕩渠。《史記》韓釐王二十一年(公元前二七五年),派遣暴鳶去援魏,
被秦打敗,暴鳶逃向開封。渙水往東南流經陳留北,又東南流……。渙水又東南
流經雍丘縣老城南,又東流經承匡城,又東流經襄邑縣老城南。從前這是宋國承
匡、襄牛一帶地方,宋襄公就葬在這裡,所以叫襄陵。

24 《竹書紀年》:梁惠成王十七年(公元前三五三年),宋國景敔、衛國公孫倉聯合齊軍包
圍我國襄陵。十八年(公元前三五二年),惠成王因韓軍在襄陵打敗諸侯軍,齊侯派
遣楚景舍來求和,就在這地方。西有承匡城,就是《春秋》所說的在承匡會盟。秦
始皇因承匡地勢低窪潮溼,把縣治遷到襄陵,改名為襄邑。王莽時稱為襄平。漢
桓帝建和元年(公元一四七年),把襄陵封給梁冀的兒子胡狗為侯國。

25 《陳留風俗傳》說:縣南有渙水。所以該書又說:睢水、渙水之間是創制禮樂法度的
地方,皇帝的郊壇、宗廟、御服都是在這裡制定出來的。就是《尚書》裡所說的:竹
籃裡裝的綾綿編織成花紋入貢。

26 渙水又東南流經己吾縣老城南,又東流經鄜城北。《春秋》襄公元年(公元前五七二

年),《經》文裡記載,晉國韓厥率兵征討鄭國,魯國仲孫蔑與齊、曹、邾、杞諸侯軍相
會合,就駐紮於鄭。杜預說:陳留襄邑縣東南有鄭城。渙水又東南流經鄭城北、新
城南,又東南流,左岸與明溝相匯合。溝水從蓬洪陂往東南流,稱為明溝,下流注
入渙水。又流經亳城北。《帝王世紀》說:穀熟即南亳,是商湯的國都。《十三州
志》說:漢武帝分穀熟而設置。《春秋》莊公十二年(公元前六八二年),宋公子御說
逃奔到亳。

27 渙水東流經穀熟城南。漢光武帝建武二年(公元二六年),把穀熟封給更始帝之子
劉歆為侯國。又東流經楊亭北。《春秋左氏傳》襄公十二年(公元前五六一年):楚國
令尹子囊、秦國庶長無地伐宋,軍隊駐紮在楊梁,以報復晉國攻取鄭國。京相璠
說:這是宋國地方。現在睢陽東南三十里還有楊梁舊城,現在叫陽亭。民間稱為
緣城是不對的。此城西北距梁國八十里。

28 渙水又東流經沛郡建平縣老城南。漢昭帝元鳳元年(公元前八○年),把建平封給杜
延年為侯國,就是王莽時的田平。又東流經鄲縣老城南。《春秋》襄公十年(公元
前五六三年),襄公在鄲會見諸侯和齊世子光。那地方就是今天的鄲聚,也就是王
莽時的鄲治。渙水又東南流經費亭南。漢建和元年(公元一四七年),把費亭封給中
常侍沛國人曹騰為侯國。曹騰字季興,譙縣人。永初年間(公元一○七──一一三年),
確定桓帝的政策,封亭侯,此城就是他的食邑。渙水又東流經銍縣老城南。從前
吳廣起兵,派遣葛嬰攻下此城。

29 渙水又東流,苞水注入。苞水發源於譙城北的白汀陂。陂水東流經鄲縣南,又東
流經郟縣老城南。漢景帝中元元年(公元前一四九年),將該縣封給周應為侯國,王
莽時改名為單城。單,讀作多。又東流經嵇山北,這裡是嵇氏的故居。嵇康本姓
奚,會稽人。嵇氏祖先從會稽遷居到譙郡的銍縣,改姓為嵇,取稽字上部作為姓
氏,以表示其原籍。《嵇氏譜》說:譙郡有嵇山,在山邊定居下來,就以山為姓氏。
魏黃初年間(公元二二○──二二六年),文帝以鄲、城父、山桑、銍等縣設置譙郡,所以
銍縣隸屬於譙郡。

30 苞水東流注入渙水。渙水又東南流經蘄縣老城南。蘄縣,《地理志》說:就是舊時
的甀鄉。漢高帝在這裡打敗了黥布。蘄縣,從前是都尉治所,就是王莽時的蘄城。
古時水上有石橋,遺址還在。渙水又東流經穀陽縣,在左岸匯合了八丈故瀆。八
丈故瀆上承洨水,南流注入渙水。渙水又東流經穀陽戍南,又東南流經穀陽老城
東北,在右岸與解水匯合。解水上流承接穀陽縣西南的解塘,東北流經穀陽城南,
就是穀水。應劭說:城在穀水北岸。又東北流注入渙水。

31 渙水又東南流經白石戍南,又流經虹城南,洨水注入。洨水上流在蘄縣承接蘄水,

東南流經穀陽縣,八丈故瀆就從這裡分支流出。又東流匯合了長直故溝。故溝上承蘄水,南流與洨水匯合。洨水又東南流經洨縣老城北。縣內有垓下聚,就是漢高祖大敗項羽的地方。王莽改縣名為肴城。應劭說:這是洨水的發源地。洨,音絞,即《春秋經》裡的絞。洨水又東南流與澮水一同亂流注入淮水。所以應劭說:洨水南流注入淮水。

32　淮水又東流到巉石山,潼水注入。潼水上流承接潼縣西南的潼陂。潼縣,舊時是臨淮郡的屬縣,王莽改名為成信。潼水南流經沛國的夏丘縣,橫穿過蘄水,又南流經夏丘縣老城西,王莽改名為歸思。又東南流經臨潼戍西;又東南流到巉石西,然後南流注入淮水。淮水又東流經浮山。浮山北對巉石山。梁氏天監年間(公元五〇二—五一九年),在兩山間築堰,違逆了天地的心意,背離了人神的願望,當然要被洪水沖垮了。淮水又東流經徐縣南,歷澗水注入。歷澗水導源於徐城西北的徐陂,南流橫穿過蘄水,經歷澗戍西,東南流注入淮水。淮水又東流,池水注入。池水發源於東城縣東北,流經東城縣老城南。漢軍以騎兵數千追擊項羽,項羽率領二十八名騎兵退守東城,利用四隤山地勢,殺了幾名漢將突圍而出,就是這地方。《史記》孝文帝八年(公元前一七二年),將該縣封給淮南屬王的兒子劉良為侯國。《地理志》說:王莽改名為武城。池水又東北流經二山間,往東北注入淮水,匯流處叫池河口。

33　淮水又東流,蘄水注入。蘄水上流在穀熟城東北承接睢水,東流經建城縣老城北。漢武帝元朔四年(公元前一二五年),將該縣封給長沙定王的兒子劉拾為侯國。就是王莽時的多聚。蘄水又東南流經蘄縣,縣內有大澤鄉,陳涉在這裡起兵,就是篝火發出狐鳴的地方。洨水就發源於南方。蘄水又東南流,北八丈故瀆從這裡流出。又東流,長直故溝從這裡流出;又東流進入夏丘縣,東流穿過潼水,流過夏丘縣老城北,又東南流經潼縣南,又東流進入徐縣,東穿歷澗,然後東流經大徐縣老城南,又東流注入淮水。淮水又東流經客山,流經盱眙縣老城南。《地理志》說:盱眙是都尉治所。漢武帝元朔元年(公元前一二八年),封給江都易王的兒子劉蒙之為侯國,王莽改名為匡武。淮水又東流經廣陵郡淮陽城南。此城北頻泗水,被阻隔於二水之間。《述征記》說:這是淮陽太守治所。以後設置邊防城堡,縣也時立時廢。

又東北至下邳淮陰縣西,泗水從西北來流注之。

34　淮水與泗水匯合的地方,就是角城。川流在角城左右兩側流過,城在兩水中間;泗水入淮的地方,就是所謂泗口。

又東過淮陰縣北,中瀆水出白馬湖,東北注之。

35　淮陰坐落在淮水右岸,城西二里有公路浦。從前袁術前去九江,即將往東投奔袁譚,途經此浦,因而得名。又東流經淮陰縣老城北。此城北瀕淮水。漢高帝六年(公元前二〇一年),將淮陰封給韓信為侯國,就是王莽時的嘉信。從前韓信去下鄉縣時,曾在這裡釣魚。城東有兩座墳,西面那座就是漂母墳,周圍幾百步,高十餘丈。從前漂母在淮陰送飯給韓信吃,韓信封王於下邳時,贈金給漂母,又擴建她的墳墓,以報她的一飯之恩。東邊那座是韓信母親墓。

36　縣內有中瀆水,上流在廣陵郡江都縣承接江水。縣城瀕江。應劭《地理風俗記》說:江都縣是一都中人文薈萃之地,所以叫江都。縣內有江水祠,民間稱伍相廟。不過伍子胥在廟中只是處於附帶享祭的地位,每年祭祀三次,與五嶽相同。這是大江的舊水道。從前吳將伐齊,在北方稱霸中國,就從廣陵城東南築邗城,在城下掘深溝,稱為韓江,又叫邗溟溝,從大江往東北通射陽湖,就是《地理志》所說的渠水。此溝西北流到末口注入淮水。永和(公元三四五—三五六年)以後,江都水斷流了。此水上流承接歐陽埭,把江水引入堰中,由此去廣陵城六十里。廣陵在楚、漢對峙時是東陽郡,高祖六年(公元前二〇一年)是荊國,十一年(公元前一九六年)是吳城,城是吳王濞所築。景帝四年(公元前一五三年)改名江都,武帝元狩三年(公元前一二〇年)又改為廣陵,王莽再改名,郡稱江平,縣名定安。城東水上有橋,叫洛橋。

37　中瀆水從廣陵北流到武廣湖東、陸陽湖西,兩湖東西相距五里,水從其間流出,下注樊梁湖。舊水道向東北伸展,到博芝、射陽二湖,往西北從夾邪直通到山陽。到了永和年間,苦於湖中水路多風,因此陳敏鑿穿樊梁湖北口,往下注入津湖過渡,渡湖十二里才到津湖北口,由此可直達夾邪。興寧年間(公元三六三—三六五年),又因津湖多風,又從津湖南口沿東岸二十里鑿渠通北口,自此以後,行旅就不再從湖裡通航了。所以蔣濟《三州論》說:淮水到津湖曲折而遙遠,水行陸行道路不同,不能到達山陽,陳敏因而開鑿運河,又鑿馬瀨,百里渡湖。從廣陵取道山陽白馬湖,經過山陽城西,就是射陽縣老城。應劭說:城在射水北岸。漢高祖六年(公元前二〇一年),將該縣封給楚左令尹項纏為侯國。王莽改名為監淮亭。世祖建武十五年(公元三九年),封他的兒子劉荊為山陽公,治所就在這裡,十七年(公元四一年)升格為王國。此城原由北中郎將庾希鎮守。中瀆水又東流,稱為山陽浦,又東流注入淮水,匯流處叫山陽口。

又東,兩小水流注之。

38　淮水左岸流經泗水國南,就是舊時的東海郡。徐廣《史記音義》說:泗水,是國名,漢武帝元鼎四年(公元前一一三年)開始設置,定都於凌,封給常山憲王的兒子思王劉商為王國。《地理志》說:王莽把泗水郡改名為水順。把凌縣改名為生凌,凌水在這裡注入。凌水發源於凌縣,東流經該縣老城東,然後東南流注入淮水,匯流處叫淩口。應劭說：淩水經淩縣西南注入淮水，就是《水經》裡說的小水。

又東至廣陵淮浦縣，入于海。

39　應劭說：淮浦就是淮水岸邊，因為瀕臨淮水，所以叫淮浦。淮水流經淮浦縣老城東，王莽改名為淮敬。淮水在該縣分出支流，北流的是游水，流經朐縣與沭水匯合，又流經朐山西，山旁有朐縣老城。秦始皇三十五年（公元前二一二年），在朐縣海上立石，作為秦的東門。崔琰《述初賦》說：憑倚著高高的船頭環顧四方，眺望著巍峨雄偉的秦門。東北海中有個大島，稱為郁洲。《山海經》說郁山坐落在大海之中，是從蒼梧移到這裡來的，山上還有南方的草木。現在是郁州的治所，所以崔季珪在《述初賦》序中說：郁洲從前是蒼梧的山峰，心裡喜歡它又感到好奇，聞說山上有修仙者的石室，於是就前往參觀。看到有個道人悠然獨處，不開口也不答話，看來是無法接近他的。這就是賦中所說的：晚間我渡海到郁洲。

40　游水又北流經東海郡利成縣老城東，就是舊時的利鄉。漢武帝元朔四年（公元前一二五年），將該縣封給城陽共王的兒子劉嬰為侯國，王莽改名為流泉。游水又北流經羽山西。《地理志》說：羽山在祝其縣東南。《尚書》說：從前堯諮詢四岳才得到舜，他起用十六族，在羽山殺了鯀，就是檮杌。鯀與驩兜、三苗、共工罪狀相同，所以世人稱他們為四凶。鯀死後靈魂化作黃熊，投入羽淵，為夏朝所郊祭，三代都祭祀他。所以《連山易》說：有崇伯鯀潛伏在羽山的荒野。

41　游水又北流經祝其縣老城西。《春秋經》載：夏天，定公在夾谷會見齊侯。《左傳》定公十年（公元前五〇〇年），定公與齊議和，在祝其相會晤，祝其就是夾谷。服虔說：這地方有兩個地名。王莽改名為猶亭。縣東有夾口浦。游水左岸流經琅邪郡計斤縣老城西。《地理志》說：莒子開始時是在這裡興起的，後來遷到莒。那裡駐有鹽官。所以世人稱為南莒。游水又東北流經贛榆縣北，縣城東瀕大海。山上有"秦始皇碑"，離海一百五十步。潮水來時，漲到石碑以上三丈，潮退時降為三尺左右。看得見一塊向東北傾斜的石碑，長一丈八尺，寬五尺，厚三尺八寸，碑上刻有一行共十二字。

42　游水又東北流經紀鄣老城南。《春秋》昭公十九年（公元前五二三年），齊伐莒，莒子逃奔到紀鄣。莒有個女人憤恨莒子害了她的丈夫，到了老年，寄寓於紀鄣從事紡織，此時拿了麻繩，乘夜從城頭放下。齊軍攀繩登城，繩子斷了，城外軍隊就擊鼓吶喊，城上的人也跟著吶喊。莒共公嚇得打開西門逃走，於是齊軍就進入紀鄣城內。紀鄣就是舊時紀子帛的封國。《穀梁傳》說：我們的伯姬出嫁於紀。杜預說：紀鄣，這地方有兩個地名。東海贛榆縣東北有紀的舊城，指的就是這座城。

43　游水東北流注入大海。從前吳國的燕岱常在大海划船，害怕波濤險惡，轉而沿此水來往,就是從這裡出發的。《地理志》說:游水從淮浦以北入海。《爾雅》說:淮水分支流出是濟水。游水也是支流名。

【研　析】　四瀆之一的淮水只立一卷,"題解"中已經指出,這是此書在宋初散佚以後,後人分析湊合的一證。按《水經》與《水經注》的卷篇設置,從今本揣摩考究,當時的排列次序,顯然有"先北後南"和"先幹後支"兩原則。其中先北後南在今本中仍然照存。但先幹後支卻變得混淆不堪。而從今本《河水》卷和其後的幾卷來看,這個排列原則在宋初散佚以前還是存在的。清光緒十四年(公元一八八八年),全祖望的《七校水經注》刊行。全氏第七次校勘此書在乾隆十七年(公元一七五二年),其稿由王梓材收藏整理而在全氏故世以後百餘年刊行的。其書卷首有《序目》和《題辭》,而《序目》和當時戴、趙等各本很不相同。胡適曾寫了幾篇文章,斷言七校本的《序目》和《題辭》是王梓材所偽造(《胡適手稿》二集上冊)。但後來他讀到了天津圖書館所藏的全氏《五校鈔本》,於是又撰文承認他過去的判斷是錯誤的。七校本的《序目》和《題辭》均出於全氏,並非王梓材所偽造(《胡適手稿》三集上冊)。全氏諸校本的《序目》與其他諸本不同之處,就是他在立卷置篇方面,仍然重視先幹後支的原則。從五校到七校,他都把《淮水》列為卷二十五,而卷二十六是汝、潁、濯、潩、潕五水,卷二十七是潁、洧、渠、潧、濦五水,卷二十八是泗、荷(應作菏)、沂、洙、泗五水。這個《序目》,不管是以何種古本為依據,比今本都要合理得多。而且從全氏的《序目》進一步揣摩,按今本作比較研究,《淮水》似應列為卷二十,而今本卷二十是漾、丹二水,在酈道元時代,漾水是被誤作沔(漢)水上流的。所以今本卷二十應置於《淮水》各支流卷篇之後,《沔水》各卷之前。當然,這是一種按情理的推論,宋初以前的本子是否如此,還值得繼續研究。

卷三十一　潕水　淯水　灈水　溜水　瀙水　滶水　涓水

【題　解】　此卷記敘潕水、淯水等七條河流，分屬兩個水系。淯水與涓水為今漢江水系，其餘潕水等五水為今淮河水系。

潕水今稱沙河，是潁河的支流，發源於河南省伏牛山與外方山之間，東流經漯河市注入潁河，稱為沙潁河。幹流全長三百二十餘公里，流域面積約一萬二千餘平方公里，今一般地圖上仍繪有此河。

淯水今稱白河，在卷二十九《均水》篇"題解"中已有說明。此河是唐白河支流，發源於河南省伏牛山，南流入湖北省，在襄樊市匯合唐河，全長約三百公里，流域面積約一萬二千平方公里。《經》文說："南過鄧縣東，南入于沔。"三國時魏荊州鄧縣在今襄樊市之北，所以古今河道尚無較大變遷。

溜水是潁水的支流。《水經》說它發源於溜強縣南澤中，三國溜強縣在今河南臨潁以東的瓦店一帶，與今潁河相去甚遠。酈道元在《注》文中糾正《水經》："溜水出潁川陽城縣少室山。"這是正確的。溜水實際上就是今潁河的正源。

灈水屬於汝河水系，是瀙水的北支，原來在灈陽（今河南遂平以東）與瀙水匯合，但現在這裡建有宿鴨湖水庫，河道已經發生了較大變化，除譚其驤、鄭德坤諸氏的專門地圖外，一般地圖已經不繪此河。

瀙水原是汝水的支流，現在已成為汝河的正源。一般地圖雖繪此河，但已無此河名稱。

　　瀙水是汝河支流,現在稱為洪河,在安徽新蔡附近與南汝河匯合,全長約三百六十公里,流域面積約一萬二千平方公里。

　　溳水今仍稱溳水,自鄂北大洪山源地南流,在劉家隔附近匯合北河,在新溝注入漢江。《水經》說它"又東南入于夏",並不直接入漢。這個地區的河湖,古今變化甚大,夏水到底是什麼河流也存在問題,所以古代的情況已經無法論證。

滍　水

滍水出南陽魯陽縣西之堯山,

1　堯之末孫劉累,以龍食帝孔甲,孔甲又求之,不得,累懼而遷于魯縣,立堯祠于西山,謂之堯山。故張衡《南都賦》曰:奉先帝而追孝,立唐祠于堯山。堯山在太和川太和城東北,滍水出焉。張衡《南都賦》曰:其川瀆則滍、澧、𤄷、濜,發源巖穴,布濩漫汗,漭沆洋溢,總括急趣[①],箭馳風疾者也。滍水又歷太和川,東逕小和川,又東,溫泉水注之,水出北山阜,七源奇發,炎熱特甚。闞駰曰:縣有湯水,可以療疾。湯側又有寒泉焉,地勢不殊,而炎涼異致,雖隆火盛日,肅若冰谷矣。渾流同溪,南注滍水。

2　滍水又東逕胡木山,東流又會溫泉口,水出北山阜,炎勢奇毒,痾疾之徒,無能澡其衝漂,救癢者咸去湯十許步別池,然後可入。湯側有石銘云:皇女湯,可以療萬疾者也。故杜彥達云:然如沸湯,可以熟米,飲之愈百病。道士清身沐浴,一日三飲,多少自在,四十日後,身中萬病愈,三蟲死,學道遭難逢危,終無悔心,可以牢神存志,即《南都賦》所謂湯谷湧其後者也。然宛縣有紫山,山東有一水,東西十五里,南北二百步[②],湛然沖滿,無所通會,冬夏常溫,世亦謂之湯谷也。非魯陽及南陽之縣故也[③]。張平子廣言土地所苞,明非此矣。

3　滍水又東,房陽川水注之,水出南陽雉縣西房陽川,北流注于滍。滍水之北,有積石焉,世謂女靈山。其山平地介立,不連岡以成高;峻石孤峙,不託勢以自遠。四面壁絕,極能靈峚,遠望亭亭,狀若單楹插霄矣。北面有如頹落,劣得通步,好事者時有扳陟耳。

4　滍水又與波水合,水出霍陽西川大嶺東谷,俗謂之歇馬嶺,川曰廣陽川。非也。即應劭所謂孤山,波水所出也。馬融《廣成頌》曰:浸以波、溠。其水又南逕蠻城下,蓋蠻別邑也,俗謂之麻城。非也。波水又南,分三川于白亭東,而俱南入滍水。滍水自下,兼波水之通稱也。是故闞駰有東北至定陵入汝之文。

5　潕水又東逕魯陽縣故城南，城即劉累之故邑也。有魯山，縣居其陽，故因名焉，王莽之魯山也。昔在于楚，文子守之，與韓遘戰，有返景之誠。內有《南陽都鄉正衞爲碑》。潕水右合魯陽關水，水出魯陽關外分頭山橫嶺下夾谷，東北出入潕。潕水又東北合牛蘭水，水發縣北牛蘭山，東南逕魯陽城東，水側有《漢陽侯焦立碑》。牛蘭水又東南與柏樹溪水合，水出魯山北峽谷中，東南流逕魯山西，而南合牛蘭水。又東南逕魯山南，闞駰曰：魯陽縣，今其地魯山是也。水南注于潕。

6　潕水東逕應城南，故應鄉也，應侯之國。《詩》①所謂應侯順德者也。彭水注之，俗謂之小潕水，水出魯陽縣南彭山蟻塢東麓，北流逕彭山西，下有彭山廟，廟前有《彭山碑》，漢桓帝元嘉三年，杜仲長立。彭水逕其西北，漢安邑長尹儉墓東，冢西有石廟，廟前有兩石闕，闕東有碑，闕南有二獅子相對，南有石碣二枚，石柱西南有兩石羊，中平四年立。彭水又東北流直應城南而入潕。潕水又左合橋水，水出魯陽縣北恃山東南，逕應山北，又南逕應城西，《地理志》曰：故父城縣之應鄉也，周武王封其弟爲侯國。應劭曰：《韓詩外傳》稱周成王與弟戲，以桐葉爲圭曰：吾以封汝。周公曰：天子無戲言。王乃應時而封，故曰應侯，鄉亦曰應鄉。按《呂氏春秋》云：成王以桐葉爲圭封叔虞，非應侯也。《汲郡古文》，殷時已有應國，非成王矣。戰國范睢所封邑也，謂之應水。

7　潕水又東逕犨縣故城北。《左傳》昭公元年，冬，楚公子圍使伯州犂城犨是也。出于魚齒山下。《春秋》襄公十八年，楚伐鄭，次于魚陵，涉于魚齒之下，甚雨，楚師多凍，役徒幾盡。晉人聞有楚師，師曠曰：不害，吾驟歌北風⑤，又歌南風，南風不競，多死聲⑥，楚必無功矣。所涉即潕水也。

8　水南有漢中常侍長樂太僕吉成侯州苞冢，冢前有碑，基西枕岡城，開四門，門有兩石獸，墳傾墓毀，碑獸淪移，人有掘出一獸，猶全不破，甚高壯，頭去地減一丈許，作制甚工，左膊上刻作“辟邪”字，門表墊上起石橋，歷時不毀。其碑⑦云：六帝四后，是諮是諏。蓋仕自安帝，没于桓后。于時閹閹擅權，五侯暴世，割剝公私，以事生死。夫封者表有德，碑者頌有功，自非此徒，何用許爲？石至千春，不若速朽，苞墓萬古，祇彰誚辱。嗚呼，愚亦甚矣。

9　潕水又東，犨水注之，俗謂之秋水，非也。水有二源，東源出其縣西南踐犢山東崖下，水方五十許步，不測其深。東北流逕犨縣南，又東北屈逕其縣東，而北合西源水。西源出縣西南頗山北阜下，東北逕犨城西，又屈逕其縣北，東合右水。亂流北注于潕。漢高祖入關，破南陽太守呂齮于犨東，即于是地，潕水之陰也。潕水又東南逕昆陽縣故城北，昔漢光武與王尋、王邑戰于昆陽，敗之，走者相騰踐，奔殪百餘里間。會大雨如注，潕川盛溢，虎豹皆股戰，士卒爭赴，溺死者以萬數，水爲不流。

王邑、嚴尤、陳茂輕騎，皆乘尸而度矣。

東北過潁川定陵縣西北，又東過郾縣南，東入于汝。

10 滍水東逕西不羹亭南，亭北背汝水于定陵城北，東入汝。郾縣在南，不得過。

【注　釋】 ①總括急趣　此句很不可解。《水經注疏》楊守敬按："黃本作'總激急趣'，《御覽》六十三引同。《文選》作'總括趨欲'。"②南北二百步　《水經注疏》作"南北二十步"。《疏》："朱'十'作'百'，戴、趙同，黃本作'步'，與下複，明為訛字。吳臆改作'百'，朱從之，亦非。守敬按：明抄本作'十'是也，今訂。"③非魯陽句　此句原文有舛誤，語譯從略。④詩　指《詩經・大雅・下武》。⑤驟歌北風　屢次唱北方的歌曲。風，樂曲。《詩經》有十五國風，即是此風字之義。⑥南風不競二句　南方的樂曲不剛強，象徵死亡的哀樂聲很多。競，強。古人迷信，常用樂律卜出兵之吉凶。⑦其碑　此碑為《金石錄》所收。趙明誠說："名字殘缺，蓋榻本未善耳。"故此碑宋時尚殘存，或僅存榻本，未詳。

【語　譯】

滍水出南陽魯陽縣西之堯山，

1 堯的後代子孫劉累，拿了龍肉給帝孔甲吃，孔甲又向他索要，但他卻無法再供應了；劉累害怕，就遷避到魯縣去。他在西山建立堯祠，山就叫堯山。所以張衡《南都賦》說：遵循孝道，奉祀先帝，在堯山建立唐祠。堯山在太和川太和城東北，滍水就發源在這裡。張衡《南都賦》說：堯山有滍、澧、藻、瀘等水，發源於巖穴之間，分布很廣，河闊水盛，匯成巨流，湍急奔騰，勢如疾風飛箭。滍水又流過太和川，東經小和川；又東流，有溫泉水注入。溫泉水出自北山阜，水源很奇特，共有七個泉眼，汩汩地噴湧而出，熱不可擋。闞駰說：縣裡有湯水，可以治病。溫泉旁又有寒泉，地勢並無不同，而一熱一冷卻迥然互異，雖在赤日炎炎的酷暑，卻寒氣森然，有如冰谷一般。二泉混合同流於一溪，南流注入滍水。

2 滍水又東流經胡木山，東流，又在溫泉口匯合一水。此水發源於北山阜，初出時奇熱，有皮膚病的人去洗澡治瘡，在這裡是受不了的，醫治瘡癢的人須到離溫泉十來步的另一口池中，才能入浴。溫泉旁有碑文說：皇女湯，可治百病。所以杜彥達說：像燒得沸騰的湯，煮得熟米飯，喝了能治癒百病。道士來沐浴潔身，一日喝三次水，喝多少隨各人心意，四十日後，身上百病俱癒，三蟲死盡。溫泉還能堅定人們的精神和意志，學道時碰到種種危難，都不會後悔了。這就是《南都賦》中說的：後面有溫泉在谷中騰湧。但宛縣有紫山，紫山東有一條水，東西十五里，南北二百步，水流清澈而盈滿，沒有別的水流匯合相通，溫度冬夏不變，人們也稱為湯谷。……張平子是浮泛地描述這地區所見的事物，顯然不是指這裡的溫泉。

3　潕水又東流,有房陽川水注入。房陽川水發源於南陽雉縣西的房陽川,北流注入潕水。潕水以北有一座山,巖石層層疊疊,人們稱為女靈山。這座山在平地上孤峰屹立,不憑藉相連岡巒的鋪墊而助成其高;峭峻的石峰孑然聳峙,不依託山勢而獨自遠上重霄。石山四面都是絕壁,姿態極其輕靈地拔起,遠望亭亭玉立,宛如一根擎天巨柱。北面好像要崩塌似的,勉強才可側足,喜歡冒險的人常有去攀登的。

4　潕水又與波水匯合。波水發源於霍陽西川大嶺東谷,民間稱此嶺為歇馬嶺,稱此川為廣陽川,這都不對。這座山即應劭所說的孤山,是波水的發源地。馬融《廣成頌》說:以波水的小港汊來浸灌。波水又南流經蠻城下,這是蠻人的別邑,民間稱為麻城是不對的。波水又南流,在白亭以東分為三條,都南流注入潕水。潕水自此到下游,也兼有波水的通稱了。所以闞駰有東北到定陵注入汝水這樣的文句。

5　潕水又東流經魯陽縣老城南。這就是從前劉累所居的舊城。有魯山,魯陽縣就在山南,所以叫魯陽,也就是王莽時的魯山縣。魯陽從前在楚國境內,文子守城,與韓國交戰,鬥志昂揚,他揮舞干戈,竟使西斜的太陽返回中天。城內有"南陽都鄉正衛為碑"。潕水右岸匯合了魯陽關水。魯陽關水發源於魯陽關外分頭山橫嶺下的峽谷,往東北流出山谷,注入潕水。潕水又東北流匯合了牛蘭水。牛蘭水發源於縣北的牛蘭山,東南流經魯陽城東,水邊有"漢陽侯焦立碑"。牛蘭水又東南流與柏樹溪水匯合。柏樹溪水發源於魯山北的峽谷中,東南流經魯山西,然後南流與牛蘭水匯合。牛蘭水又東南流經魯山南。闞駰說:魯陽縣,地點就在今天的魯山。牛蘭水南流注入潕水。

6　潕水東流經應城南,就是舊時的應鄉,是應侯的封國。《詩經》說:應侯依順祖德。彭水注入潕水,俗稱小潕水,發源於魯陽縣以南彭山蟻塢東麓,北流經彭山西,山下有彭山廟,廟前有"彭山碑",是漢桓帝元嘉三年(公元一五三年),杜仲長所立。彭水流經彭山廟西北、漢安邑長尹儉墓東。墓西有石廟,廟前有兩座石闕,闕東有碑,闕南有兩隻石獅在兩旁相對而坐,南有兩塊石碣,石柱西南有兩隻石羊,是中平四年(公元一八七年)所立。彭水又東北流,流經應城南後注入潕水。潕水左岸又匯合了橋水。橋水發源於魯陽縣北的恃山東南,流經應山北,又南流經應城西。《地理志》說:這裡就是從前父城縣的應鄉,周武王把它封給他的弟弟為侯國。應劭說:《韓詩外傳》裡談到周成王和弟弟玩遊戲,用桐葉當作是代表符信的玉版,說:我把它封給你。周公說:天子說話不能開玩笑。於是周成王就即時冊封了他的弟弟,所以其封號為應侯,他所受封的地方也稱為應鄉。據《呂氏春秋》說:成王以桐葉作為代表符信的玉版,所封的人是叔虞,而不是應侯。《汲郡古文》載,殷時就已有應國,那就不是成王時才有的了。戰國時此處是范雎的封邑,水稱應水。

7　潩水又東流經犨縣老城北。《左傳》昭公元年(公元前五四一年)冬，楚公子圍派伯州犁在犨築城，就是犨城。水從魚齒山下流出。《春秋》襄公十八年(公元前五五五年)，楚國討伐鄭國，駐軍於魚陵，在魚齒山下涉水過河。當時正下大雨，楚軍很多人都凍壞了，民伕幾乎死盡。晉人聽說楚軍來了，師曠說：沒關係，我屢次唱起北方的曲調，接著又唱南方的曲調，南方的曲調不強勁，多帶有死聲，楚軍必定不會得手的。當時楚軍所涉的就是潩水。

8　水南有漢中常侍長樂太僕吉成侯州苞墓，墓前還留有墓碑，墓基西依岡城，開了四座門，門口有兩頭石獸。墓已坍毀，墓碑和石獸也已沉埋或流失了。有人曾掘出一頭石獸，還完好無損，樣子十分高大雄壯，頭部離地大約不到一丈，雕得十分精緻，石獸左前腿上刻了辟邪字樣。墓門外壕塹上建了石橋，經歷漫長的歲月而未曾毀壞。墓碑上說：六位皇帝，四位皇后，都來諮詢，聽取意見。州苞從安帝時開始任職，到桓帝皇后時亡故。當時宦官專權，五侯凌虐百姓，掠奪公私財物來滿足自己在生或死後的貪欲。封侯為的是表彰有德，立碑是頌揚有功，如果不是這樣的人，又哪裡用得著這樣做？這樣的墓碑與其千載長存，倒不如早點毀掉的好。州苞墓保存到千秋萬代，只不過更顯得可笑可恥罷了。啊，真也太愚蠢了。

9　潩水又東流，犨水注入，民間稱為秋水是不對的。犨水有兩個源頭：東源出自縣城西南踐犢山東崖下，水源方圓五十餘步，深不可測。從源頭往東北流經犨縣南，又往東北轉彎流經縣東，北流與西源水匯合。西源則出自縣城西南頗山以北的丘陵下，東北流經犨城西，又轉彎流經縣北，東流與右邊的水匯合。亂流北注潩水。漢高祖入關，在犨城東打敗南陽太守呂齮，就是在這裡，地點在潩水南岸。潩水又東南流經昆陽縣老城北。從前漢光武帝在昆陽與王尋、王邑作戰，打敗了他們；敗兵奔逃時互相踐踏，百餘里間盡是倒斃的兵卒。這時適逢傾盆大雨，潩水猛漲氾濫，連虎豹都怕得發抖，士兵爭先恐後地奔向河裡渡水，溺死了好幾萬人，把河水都堵塞了。王邑、嚴尤、陳茂都是騎馬踏著屍體過河的。

東北過潁川定陵縣西北，又東過郾縣南，東入于汝。

10　潩水東流經西不羹亭南，亭北瀕汝水，在定陵城北，東流注入汝水。郾縣在南，不可能從那裡流過。

淯　水

淯水出弘農盧氏縣支離山，東南過南陽西鄂縣西北，又東過宛縣南，

1　淯水導源東流，逕酈縣故城北。郭仲產曰：酈縣故城在支離山東南。酈，舊縣也。

《三倉》[1]曰：樊、鄧、鄾。鄾有二城，北鄾也。漢祖入關，下淅、鄾，即此縣也。淯水又東南流歷雉縣之衡山，東逕百章郭北，又東，魯陽關水注之，水出魯陽縣南分水嶺，南水自嶺南流，北水從嶺北注，故世俗謂此嶺爲分頭也。其水南流逕魯陽關，左右連山插漢，秀木干雲，是以張景陽《詩》云：朝登魯陽關，峽路峭且深。亦司馬芝與母遇賊處也。關水歷雉衡山西南，逕皇后城西，建武元年，世祖遣侍中傅俊持節迎光烈皇后于淯陽，俊發兵三百餘人，宿衞皇后道路，歸京師，蓋稅舍所在，故城得其名矣。山有石室甚飾潔，相傳名“皇后浴室”，又所幸也。

2　關水又西南逕雉縣故城南，昔秦文公之世，有伯陽者，逢二童，曰舀，曰被。二童，二雉也。得雌者霸，雄者王。二童翻飛化爲雙雉，光武獲雉于此山，以爲中興之祥，故置縣以名焉。關水又屈而東南流，注于淯。

3　淯水又東南流逕博望縣故城東，郭仲產曰：在郡東北百二十里，漢武帝置。校尉張騫隨大將軍衞青西征，爲軍前導，相望水草，得以不乏。元光六年，封騫爲侯國。《地理志》南陽有博望縣，王莽改之曰宜樂也。淯水又東南逕西鄂故城東，應劭曰：江夏有鄂，故加西也。昔劉表之攻杜子緒于西鄂也，功曹柏孝長聞戰鼓之音，懼而閉户，蒙被自覆，漸登城而觀，言勇可習也。

4　淯水又南，洱水注之，水出弘農郡盧氏縣之熊耳山，東南逕鄾縣北，東南逕房陽城北，漢哀帝四年，封南陽太守孫寵爲侯國，俗謂之房陽川。又逕西鄂縣南，水北有張平子墓，墓之東，側墳有《平子碑》，文字悉是古文，篆額是崔瑗之辭。盛弘之、郭仲產竝云：夏侯孝若爲郡，薄其文，復刊碑陰爲銘。然碑陰二銘乃是崔子玉及陳翁耳，而非孝若，悉是隸字，二首竝存，嘗無毀壞。又言墓次有二碑，今惟見一碑，或是余夏景驛途，疲而莫究矣。水南道側有二石樓，相去六七丈，雙跱齊竦，高可丈七八，柱圓圍二丈有餘，石質青緑，光可以鑒，其上欒櫨承栱；雕簷四注，窮巧綺刻，妙絶人工。題言：蜀郡太守姓王，字子雅，南陽西鄂人，有三女無男，而家累千金，父没當葬，女自相謂曰：先君生我姊妹，無男兄弟，今當安神玄宅，翳靈后土，冥冥絶後，何以彰吾君之德？各出錢五百萬，一女築墓，二女建樓，以表孝思。銘云：墓樓東，平林下，近墳墓，而不能測其處所矣。

5　洱水又東南流注于淯水，世謂之肆水。肆、洱聲相近，非也。《地理志》曰：熊耳之山出三水，洱水其一焉，東南至魯陽入沔是也。淯水又南逕預山東，山上有神廟，俗名之爲獨山也。山南有魏車騎將軍黄權夫妻二冢，地道潛通，其冢前有四碑，其二魏明帝立，二是其子及臣吏所樹者也。淯水又西南逕《史定伯碑》南，又西爲瓜里津，水上有三梁，謂之瓜里渡。自宛道途東出堵陽，西道方城。建武三年，世祖自堵陽西入，破虜將軍鄧奉怨漢掠新野，拒瓜里，上親搏戰，降之夕陽下，遂斬奉。

《郡國志》所謂宛有瓜里津、夕陽聚者也。阻橋即桓温故壘處,温以升平五年與范汪衆軍北討所營。

6　淯水又西南逕晉蜀郡太守鄧義山墓南,又南逕宛城東,其城,故申伯之都,楚文王滅申以爲縣也。秦昭襄王使白起爲將,伐楚取郢,即以此地爲南陽郡,改縣曰宛,王莽更名,郡曰前隊,縣曰南陽。劉善曰:在中國之南而居陽地,故以爲名。大城西南隅即古宛城也,荆州刺史治,故亦謂之荆州城。今南陽郡,治大城。其東城内有舊殿基,周二百步,高八尺,陛階皆砌以青石,大城西北隅有殿基,周百步,高五尺,蓋更始所起也。城西三里,有古臺高三丈餘,文帝黄初中,南巡行所築也。

7　淯水又屈而逕其縣南,故《南都賦》所言,淯水蕩其胸者也。王莽地皇二年,朱鮪等共于城南會諸將,設壇燔燎,立聖公爲天子于斯水上。《世語》曰:張繡反,公與戰,敗,子昂不能騎,進馬于公,而昂遇害。《魏書》曰:公南征至宛,臨淯水,祠陣亡將士,歔欷流涕,衆皆哀慟。

8　淯水又南,梅溪水注之,水出縣北紫山南,逕百里奚故宅。奚,宛人也,于秦爲賢大夫,所謂迷虞智秦[②]者也。梅溪又逕宛西呂城東,《史記》曰:呂尚先祖爲四岳,佐禹治水有功,虞、夏之際,受封于呂,故因氏爲呂尚也。徐廣《史記音義》曰:呂在宛縣,高后四年,封昆弟子呂忿爲呂城侯,疑即此也。又按新蔡縣有大呂、小呂亭,而未知所是也。

9　梅溪又南逕杜衍縣東,故城在西,漢高帝七年,封郎中王翳爲侯國,王莽更之曰閏衍矣。土地墊下,湍溪是注,古人于安衆堨之,令遊水是潴,謂之安衆港。世祖建武三年,上自宛遣潁陽侯祭遵西擊鄧奉弟終,破之于杜衍,進兵涅陽者也。

10　梅溪又南,謂之石橋水,又謂之女溪,南流而左注淯水。淯水之南,又有南就聚,《郡國志》所謂南陽宛縣有南就聚者也。郭仲産言:宛城南三十里有一城,甚卑小,相承名三公城,漢時鄧禹等歸鄉餞離處也。盛弘之著《荆州記》[③],以爲三公置。余按淯水左右舊有二瀯,所謂南瀯、北瀯者,水側之漬。聚在淯陽之東北,考古推地則近矣。城側有范蠡祠。蠡,宛人,祠即故宅也。後漢末有范曾,字子閔,爲大將軍司馬,討黄巾賊,至此祠,爲蠡立碑,文勒可尋。夏侯湛之爲南陽,又爲立廟焉。城東有大將軍何進故宅,城西有孔嵩舊居。嵩字仲山,宛人,與山陽范式有斷金契,貧無養親,賃爲阿街卒,遣迎式,式下車把臂曰:子懷道卒伍,不亦痛乎。嵩曰:侯嬴賤役,晨門,卑下之位,古人所不恥,何痛之有?故其讚曰:仲山通達,卷舒無方,屈身厮役,挺秀含芳。

又屈南過淯陽縣東,

11　淯水又南入縣,逕小長安。司馬彪《郡國志》曰:縣有小長安聚。謝沈《漢書》稱,光武攻淯陽不下,引兵欲攻宛,至小長安,與甄阜戰,敗于此。淯水又西南逕其縣故城南,桓帝延熹七年,封鄧秉爲侯國。縣,故南陽典農治,後以爲淯陽郡,省郡復縣,避晉簡文諱,更名雲陽焉④。淯水又逕安樂郡北,漢桓帝建和元年,封司徒胡廣爲淯陽縣安樂鄉侯。今于其國立樂宅戍。郭仲産《襄陽記》⑤曰:南陽城南九十里有晉尚書令樂廣故宅,廣字彥輔,善清言,見重當時。成都王,廣女壻,長沙王猜之。廣曰:寧以一女而易五男。猶疑之,終以憂殞。其故居,今置戍,因以爲名。

又南過新野縣西,

12　淯水又南入新野縣,枝津分派東南出,隱衍苞注,左積爲陂,東西九里,南北十五里,陂水所溉,咸爲良沃。淯水又南與湍水會,又南逕新野縣故城西,世祖之敗小長安也,姊元遇害,上即位,感悼姊没,追謚元爲新野節義長公主,即此邑也。晉咸寧二年,封大司馬扶風武王少子歆爲新野郡公,割南陽五屬棘陽、蔡陽、穰、鄧、山都封焉。王文舒更立中隔⑥,西即郡治,東則民居,城西傍淯水,又東與朝水合,水出西北赤石山,而東南逕冠軍縣界,地名沙渠。又東南逕穰縣故城南,楚别邑也,秦拔鄢郢,即以爲縣。秦昭王封相魏冉爲侯邑,王莽更名曰農穰也。魏荆州刺史治。朝水又東南分爲二水,一水枝分東北,爲樊氏陂,陂東西十里,南北五里,俗謂之凡亭陂。陂東有樊氏故宅,樊氏既滅,庾氏取其陂。故諺曰:陂汪汪,下田良,樊子失業庾公昌。昔在晉世,杜預繼信臣之業,復六門陂,過六門之水,下結二十九陂,諸陂散流,咸入朝水,事見《六門碑》。六門既陂,諸陂遂斷。朝水又東逕朝陽縣故城北,而東南注于淯水。

13　又東南與棘水合,水上承堵水,堵水出棘陽縣北山,數源竝發,南流逕小堵鄉,謂之小堵水。世祖建武二年,成安侯臧宮從上擊堵鄉。東源方七八步,騰湧若沸,故世名之騰沸水,南流逕于堵鄉,謂之堵水。建武三年,祭遵引兵南擊董訢于堵鄉,以水氏縣,故有堵陽之名也。《地理志》曰:縣有堵水,王莽曰陽城也。漢哀帝改爲順陽,建武二年,更封安陽侯朱祐爲堵陽侯。堵水于縣,竭以爲陂,東西夾岡,水相去五六里,古今斷岡兩舌⑦。都水潭漲,南北十餘里,水決南潰,下注爲灣,灣分爲二:西爲堵水,東爲滎源。堵水參差,流結兩湖。故有東陂、西陂之名。二陂所導,其水枝分,東南至會口入比。是以《地理志》,比水、堵水,皆言入蔡,互受通稱故也。二湖流注,合爲黃水,惟所受焉。逕棘陽縣之黃淳聚,又謂之爲黃淳水者也。謝沈《後漢書》,甄阜等敗光武于小長安東,乘勝南渡黃淳水,前營背阻兩川,謂臨比水,絶後橋,示無還心。漢兵擊之,三軍潰,溺死黃淳水者二萬人。又南逕棘陽縣故城西,應劭曰:縣在棘水之陽,是知斯水爲棘水也。漢高帝七年,封杜得臣爲侯國。後漢兵起,擊唐子鄉,殺湖陽尉,進拔棘陽。鄧晨將賓客,會光武于此縣也。棘水又南逕新野縣,歷黃郵聚,世祖建武三年,傅俊、岑彭進擊秦豐,先拔黃郵者也。謂之黃郵水,大司馬吳漢破秦豐于斯水之上。其聚落悉爲蠻居,猶名之爲黃郵蠻。棘水自新野縣東而南流,入于淯水,謂之爲力口也。棘、力聲相近,當爲棘口也。又是方俗之音,故字從讀變,若世以棘子木爲力子木是也。淯水又東南逕士林東,戍名也。戍有邸閣。水左有豫章大陂,下灌良疇三千許頃也。

南過鄧縣東,

14　縣,故鄧侯吾離之國也。楚文王滅之,秦以爲縣。淯水右合濁水,俗謂之弱溝水。上承白水于朝陽縣,東南流逕鄧縣故城南,習鑿齒《襄陽記》[8]曰:楚王至鄧之濁水,去襄陽二十里。即此水也。濁水又東逕鄧塞北,即鄧城東南小山也,方俗名之爲鄧塞,昔孫文臺破黃祖于其下。濁水東流注于淯。淯水又南逕鄧塞東,又逕鄾城東,古鄾子國也,蓋鄧之南鄙也。昔巴子請楚與鄧爲好,鄾人奪其幣,即是邑也。司馬彪以爲鄧之鄾聚矣。

南入于沔。

【注　釋】　①三倉　書名。《隋書·經籍志》著錄三卷。秦相李斯作《倉頡篇》,漢揚雄作《訓纂篇》,後漢賈訪作《滂喜篇》,合稱《三倉》。②迷虞智秦　百里奚曾在虞國任大夫,見虞君昏庸無能,難納忠言,便不爲其設計獻謀。到了秦國後,受穆公重用,於是竭心盡力輔佐穆公,使秦國開地千里,稱霸西戎。③荊州記　書名。《隋書·經籍志》著錄三卷,宋臨川王侍郎盛弘之撰。盛弘之其名,卷二十八《沔水》已提及,但未及其書,此處名與書俱全。此書,《藝文類聚》、《初學記》、《御覽》、《文選注》均引及,輯本收入於《筆經室叢書》、《麓山精舍叢書》、《五朝小說》等。④更名雲陽焉　《水經注疏》作"更名云陽焉"。《疏》:"戴改'雲'。守敬按:簡文帝諱昱,蓋諱嫌名。《宋志》晉孝武帝改云陽,《齊志》、《地形志》並作'云',則此云字不誤,戴改'雲',失考。"⑤郭仲產襄陽記　襄陽記,書名。隋唐諸志未見著錄,但有習鑿齒《襄陽耆舊記》。郭書已亡佚,亦無輯本。《水經注疏》楊守敬按:"郭仲產有《南雍州記》,其《襄陽記》少見,恐有誤。"⑥王文舒更立中隔　殿本在此處有戴震案語:"此句上下有脫誤。《三國志》,王昶,字文舒。朱謀㙔以'王'字屬上句,作'封爲王',非也。"趙一清《水經注釋》說:"下有脫文。《三國志·魏書·王昶傳》,昶以爲國有常衆,戰無常勝,地有常險,守無常勢。今屯宛,去襄陽三百餘里,諸軍散屯,船在宣池,有急不足相赴,乃表徙治新野。文舒,昶字,此即更立之事也。"《水經注疏》熊會貞按:"《滍水注》盧奴城下云,後燕更築隔城,此謂文舒于新野城中更立隔城也。故隨以'西即郡治,東則民居'釋之,趙氏似未見及。"⑦古今斷岡兩舌　殿本在此處有戴震案語:"朱謀㙔云,當作'左右斷岡兩舌'。岡外下垂陂陀而出者謂之舌。"趙一清《水經注箋刊誤》說:"'古今'當是'右合'之誤。"《水經注疏》楊守敬按:"'古今'從朱作'左右'爲勝。"⑧習鑿齒襄陽記　此篇一引郭仲產《襄陽記》,再引習鑿齒《襄陽記》。郭書不見隋唐諸志著錄,習書《隋書·經籍志》著錄作《襄陽耆舊記》五卷,《兩唐志》則作《襄陽耆舊傳》。此書名《襄陽記》,是酈氏的隨意簡稱。此書除酈《注》外,尚有《初學記》、《藝文類聚》、《御覽》、《寰宇記》等引及,《漢唐地理書鈔》輯本即從上列各書所引輯出。

【語　譯】

淯水出弘農盧氏縣支離山,東南過南陽西鄂縣西北,又東過宛縣南,

1　淯水發源後東流,流經酈縣老城北。郭仲產說:酈縣老城在支離山東南,是個舊縣址。《三倉》說:樊、鄧、酈。酈有二城,這裡說的是北酈。漢高祖入關攻下淅酈,指的就是此縣。淯水又東南流經雉縣的衡山,東流經百章郭北。又東流,魯陽關水注入。魯陽關水發源於魯陽縣以南的分水嶺,南邊的水從嶺南流,北邊的水從嶺北流,所以民間把此嶺稱為分頭。南流的水經過魯陽關,兩邊峰巒連綿高聳於天際,蘢蔥的樹木上接雲霄,所以張景陽的詩寫道:清晨攀登魯陽關,山峽小徑陡又深。這也是司馬芝和他的母親碰到強盜的地方。關水流過雉衡山西南,流經皇后城西。建武元年(公元二五年),世祖派遣侍中傅俊,持著符節在淯陽迎接光烈皇后,傅俊調兵三百餘,一路為皇后警衛,送她回到京城。皇后途中曾在這裡歇息過,城也因而得名。山上有個石室,非常整潔,相傳稱為皇后浴室,也是她曾到過的地方。

2　關水又西南流經雉縣老城南。從前秦文公時,有個叫伯陽的人,碰到兩個小孩,一個叫䧮,一個叫被。這兩個孩子其實是兩隻雉雞,得到雌的可以稱霸,得到雄的可以稱王。兩個孩子驀然化作兩隻雉雞,飛了起來。光武帝在這山上獲得雉雞,以為是中興的吉兆,所以在這裡設縣,名為雉縣。關水又轉向東南流,注入淯水。

3　淯水又東南流經博望縣老城東。郭仲產說:博望縣在郡城東北一百二十里,是漢武帝所置。校尉張騫隨大將軍衛青西征,在前面為大軍引路,察看泉水和牧草,因而大軍飲食得無匱乏。元光六年(公元前一二九年),把博望封給張騫為侯國。據《地理志》,南陽有博望縣,王莽改名為宜樂。淯水又東南流經西鄂老城東。應劭說:江夏也有鄂城,所以這裡稱西鄂。從前劉表在西鄂攻打杜子緒,功曹柏孝長聽到戰鼓聲,害怕得關上門,用被子把自己蒙起來,但慢慢地也敢上城觀戰了,他說:勇氣也是可以培養出來的。

4　淯水又南流,洱水注入。洱水發源於弘農郡盧氏縣的熊耳山,往東南流經酈縣北;往東南流經房陽城北。漢哀帝四年(公元前三年),把房陽封給南陽太守孫寵為侯國,民間稱此水為房陽川。洱水又流經西鄂縣南,北岸有張平子墓,墓東墳邊有"平子碑",碑上刻的都是古文,篆文碑額是崔瑗的題辭。盛弘之、郭仲產都說:夏侯孝若當太守,瞧不起碑文,又在背面刻上銘文。但背面兩篇銘文的作者卻是崔子玉和陳翕,而不是夏侯孝若,字體都是隸書。兩面的碑文都還在,並未毀壞。又

說墓旁有兩塊碑,現在卻只見到一塊,也許是因我炎夏長途跋涉,勞頓不堪,所以沒有深入調查之故吧。洱水南岸路旁有兩座石樓,相距六七丈,並肩聳峙,高約一丈七八尺,柱子環繞成圓周,長二丈餘。石質青綠,光澤照人。石柱上端的承托支著斗栱,雕簷向四方傾斜,繁雕盛飾,雕工美妙絕倫。題記說:蜀郡太守姓王,字子雅,南陽西鄂人,沒有兒子,只有三個女兒,而家裡擁有千金的財富。父親亡故要安葬時,女兒們商量道:父親只生了我們三姐妹,沒有兄弟。現在他的靈魂要在墓室裡安息,靠后土來庇護了,身後冥冥,子嗣斷絕,用什麼來表彰先父的德行呢?因此每人出錢五百萬,一個築墓,兩個建樓,來表示孝心。碑銘說:墓樓東,樹林下,鄰近墳墓。但墓址所在之處已無法探尋了。

5　洱水又東南流注入淯水,人們稱為肆水。肆、洱音近,但字卻不對。《地理志》說:有三條水發源於熊耳山,洱水就是其中之一,東南流到魯陽注入沔水。淯水又南流經預山東,預山民間稱為獨山。山上有神廟,山南有魏車騎將軍黃權夫妻的兩座墳,地下有地道暗通,墳前有四座墓碑,其中兩座是魏明帝所立,另外兩座是他的兒子及下屬官吏所立。淯水又西南流經"史定伯碑"南,又西流就是瓜里津。水上有三座古橋,稱為瓜里渡。道路從宛東去堵陽,西通方城。建武三年(公元二七年),世祖從堵陽西入,破虜將軍鄧奉,怨恨漢軍掠奪新野,而在瓜里渡抗拒。光武帝親自出戰,終於在夕陽聚打敗鄧奉,並殺了他。這就是《郡國志》中說的,宛有瓜里津、夕陽聚。阻橋就是從前桓溫營壘的所在地,是升平五年(公元三六一年)桓溫與范汪等人的軍隊北征時駐紮過的地方。

6　淯水又西南流經晉蜀郡太守鄧義山墓南,又南流經宛城東。宛城是古時申伯的都城,楚文王滅申後設立為縣。秦昭襄王任命白起為大將,進攻楚國,奪取了郢都,就把這地方設立為南陽郡,改縣名為宛。王莽改名,郡稱前隊,縣名南陽。劉善說:這地區在中原南部,地理上屬陽,所以叫南陽。大城西南角,就是古時的宛城,是荊州刺史的治所,所以也叫荊州城。今天的南陽郡,治所在大城。東城內有舊時的大殿遺址,周圍二百步,高八尺,臺階都用青石砌成;大城西北角也有大殿遺址,周圍一百步,高五尺,是更始帝所造。城西三里有一座古臺,高三丈餘,是魏文帝黃初年間(公元二二〇—二二六年)南巡時所築的行宮。

7　淯水又轉彎流經縣南,所以《南都賦》說:淯水奔騰於南邊。王莽地皇二年(公元二一年),朱鮪等人同在城南會見諸將,設壇焚柴祭天,在淯水上,立聖公為天子。《世語》說:張繡背叛,曹操和他作戰,打了敗仗。他的兒子曹昂不能騎馬,把馬獻給曹操,曹昂於是被殺。《魏書》說:曹公南征至宛,到了淯水邊,祭奠陣亡將士,嗚咽涕泣,眾人也都很悲慟。

8　淯水又南流,匯合了梅溪水。梅溪水發源於縣北紫山南,流經百里奚故居。百里
　　奚,宛人,在秦國是一位賢良的大夫,所謂在虞糊塗,在秦賢明,指的就是他。梅溪
　　又流經宛西呂城東。《史記》說:呂尚的祖先曾擔任四岳一職,輔佐大禹治水有功,
　　在虞、夏時受封於呂,因而作為姓氏,名叫呂尚。徐廣《史記音義》說:呂在宛縣。
　　高后四年(公元前一八四年),封她兄弟的兒子呂忿為呂城侯,可能就是在這地方。
　　又查考新蔡縣有大呂亭和小呂亭,不知究竟該是哪一處。

9　梅溪又南流經杜衍縣東,老城在西。漢高帝七年(公元前二〇〇年),以杜衍封給郎
　　中王翳為侯國。王莽改名為閏衍。這一帶土地低窪,湍急的溪水向這裡奔流而
　　來。古人在安眾築堰截流,使流水在這裡蓄積起來,稱為安眾港。世祖建武三年
　　(公元二七年),皇上從宛派遣潁陽侯祭遵西征,攻打鄧奉的弟弟鄧終,在杜衍把他
　　打得大敗,於是向涅陽進軍。

10　梅溪又南流,稱為石橋水,又叫女溪,南流,在左岸注入淯水。淯水以南,又有南就
　　聚,《郡國志》裡所說的:南陽宛縣有南就聚,就是這地方。郭仲產說:宛城南三十
　　里有座非常卑陋的小城,相沿稱為三公城,是漢時鄧禹等回鄉時餞別的地方。盛
　　弘之著《荊州記》認為是三公所置。我查考淯水兩岸舊時有二澨,即所謂南澨和北
　　澨,都是水濱的涯岸。南就聚在淯陽東北,查考古籍,推定地址,大致上相近。城
　　邊有范蠡祠。范蠡,宛人,祠就是他的故居。後漢末年,有個范曾,字子閔,任大將
　　軍司馬,他征討黃巾賊時曾到過此祠,並為范蠡立碑,文字還依稀可辨。夏侯湛當
　　南陽太守時,又為他立廟。城東有大將軍何進故宅,城西有孔嵩舊居。孔嵩字仲
　　山,宛人,和山陽人范式交誼很深。孔嵩很窮,無力供養父母,被雇用為喝道的兵
　　丁,派去迎接范式。范式下車挽著他的胳膊說:你心懷大道,卻淪落與兵卒為伍,
　　多麼令人痛惜啊。孔嵩說:侯嬴曾當監門的賤役,對於卑下的職位,古人不以為
　　恥,有什麼可痛惜的呢? 所以對孔嵩的贊詞說:仲山豁達不拘,為人能屈能伸;屈
　　身甘當僕役,高風卓異不群。

又屈南過淯陽縣東,

11　淯水又南流進入縣境,流經小長安。司馬彪《郡國志》說:縣裡有小長安聚。謝沈
　　《漢書》說:光武帝攻不下淯陽,領兵想去攻宛,到了小長安,與甄阜交戰,卻打了敗
　　仗。淯水又西南流經淯陽縣老城南。桓帝延熹七年(公元一六四年),把淯陽封給鄧
　　秉為侯國。淯陽縣是舊時南陽典農的治所,後來改為淯陽郡,接著又廢郡復縣,因
　　避晉簡文帝諱,改名雲陽。淯水又流經安樂郡北。漢桓帝建和元年(公元一四七
　　年),封司徒胡廣為淯陽縣安樂鄉侯,現在就在當時的侯國設立了樂宅戍。郭仲產
　　《襄陽記》說:南陽城南九十里,有晉尚書令樂廣故居。樂廣字彥輔,善於清談,當

時很受人尊重。成都王是樂廣女婿,長沙王對他頗為猜忌。樂廣說:難道我會用
五個兒子來換一個女兒嗎。長沙王還是猜忌他,樂廣終於在他的故居裡愁憂而
死。現在於其故居設置邊防城堡,因而就以樂宅命名。

又南過新野縣西,

12　　淯水又南流進入新野縣境,往東南分出一條支流,流入平坦的低地,在東岸蓄積成
陂塘,東西寬九里,南北長十五里。陂水灌溉得到的田畝,都成為肥沃的良田。淯
水又南流與湍水匯合;又南流經新野縣老城西。世祖在小長安打了敗仗,他的姐
姐劉元被殺害了。他即位後,悼念姐姐的死,追諡她為新野節義長公主;就是此
城。晉咸寧二年(公元二七六年),封大司馬扶風武王的小兒子司馬歆為新野郡公,
劃出南陽的五個屬縣,即棘陽、蔡陽、穰、鄧、山都封給他。王文舒又在中間另築了
一道隔城,把城中分成兩部分:西部是郡治,東部是居民區;郡城西瀕淯水。淯水
又東流與朝水匯合。朝水發源於西北方的赤石山,東南流經冠軍縣邊界,地名叫
沙渠。又東南流經穰縣老城南,這裡原來是楚國的陪都。秦攻下鄢郢,就設置為
縣。秦昭王把該縣封給他的宰相魏冉為侯邑,王莽改名為農穰,是魏荊州刺史的
治所。朝水又東南流,分成兩條:一條向東北分出支流,成為樊氏陂。這片陂塘東
西長十里,南北寬五里,民間稱為凡亭陂。陂東有樊氏故居,樊氏滅絕後,庾氏取
得他們的陂塘。所以民諺說:陂塘一片汪洋,下邊土肥田良。樊子丟了產業,庾公
於是興旺。從前在晉時,杜預繼承了召信臣的產業,恢復了六門陂。他堵住六門
的水,在下游蓄積成二十九個陂塘,這些陂塘的水分散流泄,都注入朝水。這些情
況在“六門碑”上都有記載。六門湮廢之後,諸陂就都斷水了。朝水又東流經朝陽
縣老城北,往東南注入淯水。

13　　淯水又東南流與棘水匯合。棘水上流承接堵水。堵水發源於棘陽縣北山,幾個源
頭同時併發,南流經小堵鄉,叫小堵水。世祖建武二年(公元二六年),成安侯臧宮
跟隨皇上攻擊堵鄉,指的就是這裡。東源方圓七八步,泉水翻騰洶湧好像沸水一
般,所以人們稱為騰沸水,南流經堵鄉,名叫堵水。建武三年(公元二七年),祭遵率
兵南下,在堵鄉進攻董訢。縣以水命名,所以叫堵陽。《地理志》說:縣裡有堵水,
王莽時稱為陽城。漢哀帝時改名順陽。建武二年,改封安陽侯朱祐為堵陽侯。堵
水在縣境內築堰造陂,陂水東西兩邊都是山岡,兩岸相距五六里;截斷山岡兩邊的
山舌,積水漲滿以後,南北長十餘里。陂水沖出堤塘向南潰決,下注成為水灣,水
灣又分成兩部分:西邊就是堵水,東邊是滎源。堵水水道凌亂不齊,水流匯聚成兩
個湖泊,所以有東陂、西陂的名稱。從兩個陂塘引出的水流分成幾條,往東南流到
會口,注入比水。所以《地理志》提到比水和堵水,都說注入蔡水,那是相互通稱的

緣故。二湖湖水外流,匯成黃水,此水是受湖給水的。黃水流經棘陽縣的黃淳聚,
又叫黃淳水。謝沈《後漢書》:甄阜等在小長安東打敗光武帝後,就乘勝南渡黃淳
水,先頭部隊背後隔了兩條水,以為到了比水,斷去背後的橋梁,表示決心死戰,就
可以取勝。漢兵發動進攻,甄阜三軍潰敗,溺死於黃淳水的達兩萬人。水又南流
經棘陽縣老城西。應劭說:縣在棘水之北。由此可見這條水就是棘水。漢高帝七
年(公元前二〇〇年),把棘陽封給杜得臣為侯國。後漢起兵進攻唐子鄉,殺了湖陽
尉,往前推進,攻下棘陽。鄧晨率領賓客,就在此縣會見光武帝。棘水又南流經新
野縣,流過黃郵聚。世祖建武三年,傅俊、岑彭進攻秦豐,首先攻下的就是黃郵。
這條水就叫黃郵水。大司馬吳漢也在這條水上大敗秦豐。那個地區的聚落都是
蠻人所居,現在還叫黃郵蠻。棘水從新野縣東而南流,注入淯水,匯流處叫力口。
棘、力二字因音近,原當稱為棘口才對。民間照方言的讀音,所以字也隨音而變
了,正像民間把棘子木叫做力子木一樣。淯水又東南流經士林東。這是邊防城堡
名,內有倉庫。淯水左岸有豫章大陂,能灌溉下游良田三千餘頃。

南過鄧縣東,

14　鄧縣,從前是鄧侯吾離的封國。楚文王滅鄧,秦時設縣。淯水右岸匯合濁水,民間
稱為弱溝水。弱溝水上流在朝陽縣承接白水,東南流經鄧縣老城南。習鑿齒《襄
陽記》說:楚王到了鄧的濁水,距襄陽二十里,說的就是這條水。濁水又東流經鄧
塞北。鄧塞是當地的土名,就是鄧城東南的小山。從前孫文臺曾在山下擊潰黃
祖。濁水東流注入淯水。淯水又南流經鄧塞東,又流經鄾城東,這是古代的鄾子
國,在鄧縣南部邊境。從前巴國國君派使者向楚國報告,欲與鄧國修好,鄾人奪取
了使者的聘問禮物,就是在此城。司馬彪則認為這就是鄧縣的鄾聚。

南入于沔。

瀙　水

瀙水出瀙強縣南澤中,東入潁。

瀙水出潁川陽城縣少室山,東流注于潁水。而亂流東南,逕臨潁縣西北,小瀙水出
焉。東逕臨潁縣故城北,瀙水又東逕瀙陽城北,又東逕瀙強縣故城南。建武二
年[1],世祖封揚化將軍堅鐔為侯國。瀙水東為陶樞陂。余按瀙陽城在瀙水南,然則
此城正應為瀙陰城而有瀙陽之名者,明在南,猶有瀙水,故此城以陽為名矣。潁水
之南有二潧,其南潧東南流,歷臨潁亭西,東南入汝,今無水也,疑即瀙水之故瀆

矣。汝水于奇雒城西別東派,時人謂之大㶏水。東北流,枝瀆右出,世謂之死汝也。別汝又東北逕召陵城北,練溝出焉。別汝又東,汾溝出焉。別汝又東逕征羌城北,水南有汾陂,俗音糞。汾水自別汝東注而爲此陂,水積征羌城北四五里,方三十里許。瀆左合小㶏水,水上承狼陂,南流名曰鞏水。青陵陂水自陂東注之,東迴又謂之小㶏水,而南流注于大㶏水。大㶏水取稱,蓋藉㶏沿注而總受其目矣。又東逕西華縣故城南,又東逕汝陽縣故城北,東注于潁。

【注　釋】　①建武二年　《水經注疏》作"建武元年"。《疏》:"沈炳巽曰(按指《水經注集釋訂譌》):據本傳是'二年'。戴、趙改'二'。守敬按:《注》不誤,沈說反誤,戴、趙皆爲所惑,失于不考。"

【語　譯】

㶏水出㶏強縣南澤中,東入潁。

㶏水發源於潁川郡陽城縣少室山,東流注入潁水。往東南亂流,經臨潁縣西北,小㶏水發源在這裡,東流經臨潁縣老城北。㶏水又東流經㶏陽城北,又東流經㶏強縣老城南。建武二年(公元二六年),世祖把該縣封給揚化將軍堅鐔爲侯國。㶏水東流就是陶樞陂。我考察㶏陽城在㶏水以南,那麼此城就應當叫㶏陰才對,可是卻得了㶏陽之名,這說明在南邊還有一條㶏水,所以此城就以㶏陽爲名了。潁水以南有兩條渠:南渠東南流經潁亭西,東南流注入汝水,現在已乾涸無水了,想來可能就是㶏水的舊渠道。汝水在奇雒城西分出東支,當時人們稱爲大㶏水。大㶏水東北流,在右岸分出一條支渠,人們稱爲死汝。別汝又東北流經召陵城北,練溝由此分出。別汝又東流,分出汾溝。別汝又東流經征羌城北,水南有汾陂。汾,俗語讀作糞。汾水從別汝東流,形成這個陂塘。水在征羌城北四五里處蓄積成陂,方圓三十餘里。水渠左岸匯合了小㶏水。小㶏水上流承接狼陂,南流名爲鞏水。青陵陂水從陂東注入。水又東轉,又稱爲小㶏水了,然後南流注入大㶏水。大㶏水的取名,大概是依㶏水沿途流注,給它冠以這個總名的。又東流經西華縣老城南,又東流經汝陽縣老城北,東流注入潁水。

瀙　水

瀙水出汝南吳房縣西北奧山,東過其縣北,入于汝。

縣西北有棠谿城,故房子國。《春秋》定公五年,吳王闔閭弟夫槩奔楚,封之于棠谿,故曰吳房也。漢高帝八年,封莊侯楊武爲侯國。建武中,世祖封泗水王歙子燀爲棠谿侯。山溪有白羊淵,淵水舊出山羊,漢武帝元封二年,白羊出此淵,畜牧者禱祀之。俗禁拍手,嘗有羊出水,野母驚拍①,自此絕焉。淵水下合灈水,灈水東逕灈陽縣故城西,東流入瀙水。亂流逕其縣南,世祖建武二十八年,封吳漢孫旦爲侯國。其水又東入于汝水。

【注　釋】　①野母驚拍　胡適《野母驚扑》(《跋趙氏硃墨校本《水經注箋》》,載《胡適手稿》三集下冊)說:"《永樂大典》與黃省曾本皆作'驚扑',吳琯本改作'驚仆',朱謀㙔從之。以後項絪、黃晟兩本也從朱本作'驚仆'。戴氏兩本(按指殿本及微波榭孔刻本)都作'驚拍'。是依上文'俗禁拍手'的'拍'字,文義較明順。官本校云:案近刻訛作'扑'。此是'仆'字誤排作'扑',近刻無一本作'扑'。趙氏刻本與庫本同作'驚扑'。《刊誤》云:一清按,'仆'當作'扑'。《楚辭·天問》注:'手拍曰扑,上云"俗禁拍手"是也。'我檢趙氏硃墨校本,始知庫本與刻本皆誤。硃墨校本此條上有硃校云:孫潛夫本改'仆'曰'扑',《楚辭·天問》注:'手兮,黿鼉扑而不傾。'王逸此注,一本作'手拍曰扑'。《康熙字典》引《天問》注即作'手拍曰扑'。趙氏原校如此,底稿寫定時,鈔寫者偶誤作'扑',並改《楚辭》注文作'扑',實無根據。《說文》:拊,拊手也。拍,拊也。拍、拊,古音同。《釋名》:拍,搏也。戴震《屈原賦注·天問》篇此句作'黿戴山拚',引《玉海》注作'擊手曰拚'。'扑'即'拚'字,古書所謂'扑舞',即是拍手而舞。《水經注》此條當作'扑',作'拍'亦通,作'扑'則誤。'拍'曰'扑'。觀上文'俗禁拍手'之說,'扑'字爲是。"

【語　譯】

灈水出汝南吳房縣西北奧山,東過其縣北,入于汝。

　　吳房縣西北有棠谿城,就是古時的房子國。《春秋》定公五年(公元前五〇五年),吳王闔閭的弟弟夫槩逃往楚國,楚把棠谿封給他,所以叫吳房。漢高祖八年(公元前一九九年),把棠谿封給莊侯楊武爲侯國。建武年間(公元二五—五六年),世祖封泗水王劉歙的兒子劉煇爲棠谿侯。山溪裡有個白羊淵,淵水裡從前出現過山羊。漢武帝元封二年(公元前一〇九年),白羊從淵裡出來,牧人都來向牠祈禱和祭祀。這裡的風俗禁止拍手,一次有羊從淵水中出現,有個鄉下老太婆吃驚地拍手,從此白羊就絕跡了。淵水下流與灈水匯合,灈水東流經灈陽縣老城西,東流注入瀙水,從縣南亂流而過。世祖建武二十八年(公元五二年),把灈陽封給吳漢的孫子吳旦爲侯國。水又東流注入汝水。

瀙　水

瀙水出潕陰縣東上界山,

　　《山海經》謂之視水也。郭景純《注》,或曰視宜爲瀙,出蔵山。許慎云:出中陽山。

皆山之殊目也。而東與泌水合,水出潕陰縣旱山,東北流注瀙。瀙水又東北,殺水出西南大熟之山,東北流入于瀙。瀙水又東,淪水注之,水出宣山,東南流注瀙水。瀙水又東得奧水口,水西出奧山,東入于瀙水也。

東過吳房縣南,又東過灈陽縣南,

應劭曰:灈水出吳房縣,東入瀙。縣之西北,即兩川之交會也。

又東過上蔡縣南,東入汝。

【語　譯】

瀙水出潕陰縣東上界山,

瀙水,《山海經》叫視水。郭景純注,有人說視水應當是瀙水,發源於蔵山。許慎卻說發源於中陽山。這都是山的異名。瀙水東流與泌水匯合。泌水發源於潕陰縣的旱山,東北流注入瀙水。瀙水又東北流,殺水發源於西南的大熟山,東北流注入瀙水。瀙水又東流,淪水注入。淪水發源於宣山,東南流注入瀙水。瀙水又東流到奧水口。奧水發源於西方的奧山,東流注入瀙水。

東過吳房縣南,又東過灈陽縣南,

應劭說:灈水發源於吳房縣,東流注入瀙水。吳房縣西北,就是兩水匯合的地方。

又東過上蔡縣南,東入汝。

潕　水

潕水出潕陰縣西北扶予山,東過其縣南,

1　《山海經》曰:朝歌之山,潕水出焉。東南流,注于滎。《經》書扶予者,其山之異名乎?滎水上承堵水,東流,左與西遼水合,又東,東遼水注之,俱導北山,而南流注于滎。滎水又東北,于潕陰縣北,左會潕水,其道稍西,不出其縣南,其故城在山之陽,漢光武建武中,封岑彭爲侯國,漢以爲陽山縣。魏武與張繡戰于宛,馬名絶景,爲流矢所中,公傷右臂,引還潕陰,即是地也。城之東有馬仁陂,郭仲産曰:陂在比陽縣西五十里,蓋地百頃,其所周溉田萬頃,隨年變種,境無儉歲,陂水三周其隍,故瀆自隍西南而會于比,潕水不得復逕其南也。且邑號潕陰,故無出南之理,出南則爲陽也。非直不究,又不思矣。

2　潕水又東北,澧水注之,水出雉衡山,東南逕建城東。建,當爲卷,字讀誤耳。《郡國志》云:葉縣有卷城。其水又東流入于潕。潕水東北逕于東山西,西流入潕①。

潕水之左即黃城山也,有溪水出黃城山,東北逕方城。《郡國志》曰:葉縣有方城。郭仲產曰:苦菜、于東之間有小城,名方城,東臨溪水,尋此城致號之由,當因山以表名也。苦菜即黃城也,及于東,通爲方城矣。世謂之方城山水,東流注潕水。故《聖賢冢墓記》曰:南陽葉邑方城西,有黃城山,是長沮、桀溺耦耕之所,有東流水,則子路問津處。《尸子》曰:楚狂接輿耕于方城,蓋于此也。盛弘之云:葉東界有故城,始犨縣東,至瀙水,達比陽界,南北聯聯數百里,號爲方城,一謂之長城。云酈縣有故城一面,未詳里數,號爲長城,即此城之西隅,其間相去六百里,北面雖無基築,皆連山相接,而漢水流其南,故屈完答齊桓公云:楚國,方城以爲城,漢水以爲池。《郡國志》曰:葉縣有長山曰方城,指此城也。潕水又東北歷舞陽縣故城南,漢高祖六年,封樊噲爲侯國也。

又東過西平縣北,

3　縣,故柏國也,《春秋左傳》所謂江、黃、道、柏,方睦于齊也。漢曰西平,其西呂墟,即西陵亭也。西陵平夷,故曰西平。漢宣帝甘露三年,封丞相于定國爲侯國,王莽更之曰新亭。《晉太康地記》曰:縣有龍泉水,可以砥礪刀劍,特堅利。故有堅白之論矣。是以龍泉之劍,爲楚寶也。縣出名金,古有鐵官。

又東過郾縣南,

4　郾縣故城,去此遠矣,不得過。

又東過定潁縣北,東入于汝。

5　漢安帝永初二年,分汝南郡之上蔡縣置定潁縣,順帝永建元年,以陽翟郭鎮爲尚書令,封定潁侯。即此邑也。

【注　釋】　①西流入潕　殿本在此處有戴震案語:"此四字,上有脫文。"《水經注疏》楊守敬按:"戴謂'西流'上有脫文,是也。尋繹文義,當是言有水出于東山,山在今葉縣東南六十里。"今以此語譯於後。

【語　譯】

潕水出潕陰縣西北扶予山,東過其縣南,

1　《山海經》說:朝歌山是潕水的發源地,東南流,注入滎水。《水經》寫作扶予,也許是山的別名吧? 滎水上流承接堵水,東流,左岸與西遼水匯合;又東流,東遼水注入。這兩條水都出自北山,南流注入滎水。滎水又東北流,左岸在潕陰縣以北匯合了潕水;水道稍偏西,並不流經縣南,老城則在山南。東漢光武帝建武年間(公元二五─五六年),把潕陰封給岑彭爲侯國,漢時稱爲陽山縣。魏武帝在宛與張繡作戰,武帝的坐騎名叫絕景,被亂箭射中,武帝的右臂也受了傷,他只得率兵退回潕陰,就是指這地方。城東有馬仁陂。郭仲產說:陂塘在比陽縣以西五十里,占地百頃,周圍受到灌溉的田畝達萬頃,按年輪種,境內沒有荒年。陂水三面圍繞護城河,舊渠從護城河西南流,匯合於比水。潕水是不可能又從它南面流過的。而且城名潕陰,所以也沒有從南邊流過的道理;如果從南邊流過,那就該叫潕陽了。《水經》不但沒有研究,而且也不去思考。

2　潕水又東北流,澧水注入。澧水發源於雉衡山,往東南流經建城東。建字應當是卷字,是由於讀音錯誤造成的。《郡國志》說:葉縣有卷城。澧水又東流,注入潕水。潕水東北流經于東山西,一水從山中來,西流注入潕水。潕水左邊是黃城山,有溪水發源於此山,往東北流經方城。《郡國志》說:葉縣有方城。郭仲產說:在苦菜、于東之間有個小城,名叫方城,東瀕溪水。探究這個小城得名的緣由,想當是根據山來命名的。苦菜山就是黃城山,由此直到于東,通稱方城山。水就叫方城山水,東流注入潕水。所以《聖賢冢墓記》說:南陽葉邑方城西有黃城山,是長沮、桀溺兩人一起耕田的地方。有東流水,則是子路問津之處。《尸子》說:楚狂接輿在方城耕田,大概就是這裡。盛弘之說:葉縣東部邊界有一道舊城,起於犨縣東邊,延至瀙水,直達比陽邊界,南北連綿數百里,稱為方城,又叫長城。酈縣有一道老城,號稱長城,但里數不詳,就是此城西端的一角。中間相距六百里,北面雖然沒有築城,但都連山相接為屏,漢水就在南面流過。所以屈完回答齊桓公說:楚國以方城為城牆,以漢水為護城河。《郡國志》說:葉縣有長山,稱為方城,就指這道城牆。潕水又東北流經舞陽縣老城南。漢高祖六年(公元前二○一年),把舞陽封給樊噲為侯國。

又東過西平縣北,

3　西平縣就是古代的柏國。《春秋左傳》所謂江、黃、道、柏,正與齊交好,就指這個柏國。漢時叫西平,西有呂墟,就是西陵亭。西陵地勢平坦,所以叫西平。漢宣帝甘露三年(公元前五一年),把西平封給丞相于定國為侯國,王莽改名為新亭。《晉太康地記》說:縣裡有龍泉水,用來磨刀劍,刀劍就特別堅硬鋒利。因此有堅白的說法。因此龍泉的劍是楚國的寶物。縣裡出產優質的鐵礦,所以古時在此設置了鐵官。

又東過郾縣南,

4　郾縣老城離這裡很遠,不可能經過。

又東過定潁縣北,東入于汝。

5　漢安帝永初二年(公元一○八年),分汝南郡上蔡縣置定潁縣。順帝永建元年(公元一二六年),任命陽翟人郭鎮為尚書令,封他為定潁侯,就是在此城。

涢　水

涢水出蔡陽縣，

1　涢水出縣東南大洪山，山在隨郡之西南，竟陵之東北，槃基所跨，廣圓百餘里，峰曰懸鈎，處平原衆阜之中，爲諸嶺之秀。山下有石門，夾鄘層峻，巖高皆數百許仞。入石門，又得鍾乳穴，穴上素崖壁立，非人跡所及，穴中多鍾乳，凝膏下垂，望齊冰雪，微津細液，滴瀝不斷，幽穴潛遠，行者不極窮深。以穴内常有風熱，無能經久故也。涢水出于其陰，初流淺狹，遠乃廣厚，可以浮舟栿，巨川矣。時人以涢水所導，故亦謂之爲涢山矣。涢水東北流合石水，石水出大洪山，東北流注于涢，謂之小涢水，而亂流東北，逕上唐縣故城南，本蔡陽之上唐鄉，舊唐侯國。《春秋》定公三年，唐成公如楚，有兩肅霜馬，子常欲之，弗與，止之三年，唐人竊馬而獻之子常，歸唐侯是也。涢水又東，均水注之，水出大洪山，東北流逕土山北，又東北流入于涢水。涢水又屈而東南流。

東南過隨縣西，

2　縣，故隨國矣，《春秋左傳》所謂漢東之國，隨爲大者也。楚滅之以爲縣，晉武帝太康中，立爲郡。有溠水出縣西北黃山，南逕溠西縣西，又東南，㵍水入焉。㵍水出桐柏山之陽，呂忱曰：水在義陽。㵍水東南逕溠西縣西，又東南注于溠。溠水又東南逕隨縣故城西，《春秋》魯莊公四年，楚武王伐隨，令尹鬬祁、莫敖屈重，除道梁溠，軍臨于隨，謂此水也。水側有斷蛇丘，隨侯出而見大蛇中斷，因舉而藥之，故謂之斷蛇丘。後蛇銜明珠報德，世謂之“隨侯珠”，亦曰“靈蛇珠”。丘南有隨季梁大夫池，其水又南與義井水合，水出隨城東南，井泉嘗湧溢而津注，冬夏不異，相承謂之義井，下流合溠。溠水又南流注于涢，涢水又會于支水，水源亦出大洪山，而東流注于涢。涢水又逕隨縣南隨城山北而東南注。

又南過江夏安陸縣西，

3　隨水出隨郡永陽縣東石龍山，西北流，南迴逕永陽縣西，歷橫尾山，即《禹貢》之陪尾山也。隨水又西南至安陸縣故城西，入于涢，故鄖城也。因岡爲墉，峻不假築。涢水又南逕石巖山北，昔張昌作亂于其下，籠彩鳳以惑衆。晉太安二年，鎮南將軍劉弘遣牙門皮初，與張昌戰于清水，昌敗，追斬于江浹。即《春秋左傳》定公四年，吳敗楚于柏舉，從之，及于清發。蓋涢水兼清水之目矣。

4　又東南流而右會富水，水出竟陵郡新市縣東北大陽山。水有二源，大富水出山之陽,南流而左合小富水,水出山之東,而南逕三王城東。前漢末,王匡、王鳳、王常所屯,故謂之三王城。城中有故碑,文字闕落,不可復識。其水屈而西南流,右合大富水,俗謂之大泌水也。又西南流逕杜城西,新市縣治也。《郡國志》以爲南新市也,中山有新市,故此加南,分安陸縣立。又王匡中興初舉兵于縣,號曰新市兵者也。富水又東南流于安陸界,左合土山水,世謂之章水,水出土山,南逕隨郡平林縣故城西,俗謂之將陂城,與新市接界,故中興之始,兵有新市、平林之號。又南流,右入富水,富水又東入于溳。

5 溳水又逕新城南,永和五年,晉大司馬桓溫築。溳水又會溫水,溫水出竟陵之新陽縣東澤中,口徑二丈五尺,垠岸重沙,端淨可愛,靖以察之,則淵泉如鏡,聞人聲則揚湯奮發,無所復見矣。其熱可以燖雞,洪瀾百餘步,冷若寒泉。東南流注于溳水。又右得潼水,水出江夏郡之曲陵縣西北潼山,東南流逕其縣南,縣治石潼故城,城圓而不方,東入安陸,注于溳水。

又東南入于夏。

6 溳水又南分爲二水,東通灄水,西入于沔,謂之溳口也。

【注　釋】　①無能經久　原文無"火"字,此依《疏》本加於句首,語譯於後。

【語　譯】

溳水出蔡陽縣,

1 溳水發源於蔡陽縣東南的大洪山。此山在隨郡西南、竟陵東北,山腳盤踞的地面,方圓百餘里。有一座高峰叫懸鉤峰,在平原上許多丘陵中,顯得分外高峻凸出。山下有石門,兩邊山崖層沓,極其險峻,巖高都有數百仞。進了石門,又有個鐘乳石溶洞。溶洞上方,白色的崖壁極其陡峭,不是人能到達的。洞中鐘乳石很多,如膏汁凝結而成,自洞頂下垂,望去就像雪白的冰錐;巖中滲出的水,滴滴答答地滴個不停。洞穴極深邃,沒有人曾走到盡頭,因為洞裡常有強風,火把不久就會熄滅。溳水發源於山北,開頭水流淺而狹,流遠後才漸闊漸深,可以撐船放筏,成為一條大河了。當時人們因溳水發源在這裡,所以稱山為溳山。溳水東北流與石水匯合。石水發源於大洪山,東北流注入溳水,稱為小溳水,亂流往東北奔瀉,經上唐縣老城南。上唐縣本來是蔡陽的上唐鄉,即舊時唐侯的封國。《春秋》定公三年(公元前五〇七年),唐成公到楚國,他有兩匹蕭霜馬,楚國令尹子常想要,但唐成公不肯給他,因而被扣留了三年。後來唐人偷了馬獻給子常,才放唐侯回去。溳水又東流,均水注入。均水發源於大洪山,東北流經土山北,又東北流注入溳水。溳水又折向東南流去。

東南過隨縣西，

2　隨縣就是古時的隨國。《春秋左傳》說：漢水以東各國，以隨國為最大。楚滅隨，設
　　立為縣。晉武帝太康年間(公元二八〇—二八九年)，又設立為郡。有溠水發源於隨
　　縣西北的黃山，南流經溾西縣西，又東南流，溾水注入。溾水發源於桐柏山南麓。
　　呂忱說：水在義陽。溾水東南流經溾西縣西，又東南流注入溠水。溠水又東南流
　　經隨縣老城西。《春秋》魯莊公四年(公元前六九〇年)，楚武王攻打隨國，令尹鬪祁
　　和莫敖屈重修築道路，架橋於溠水上，把軍隊開到隨，說的就是此水。水邊有斷蛇
　　丘。隨侯出門，看見一條大蛇被攔腰砍斷，就把牠捧起來，給牠敷藥，所以叫斷蛇
　　丘。後來蛇銜了明珠來報恩，世人稱為隨侯珠，又叫靈蛇珠。丘南有隨季梁大夫
　　池，池水南流與義井水匯合。義井水發源於隨城東南，井泉上湧泛溢，源源不斷地
　　外流，冬夏無異；世代相傳稱為義井，下流與溠水匯合。溠水又南流注入溳水。溳
　　水又匯合了一條支水，水源也出自大洪山，東流注入溳水。溳水又流經隨縣以南
　　的隨城山北，往東南流去。

又南過江夏安陸縣西，

3　隨水發源於隨郡永陽縣東的石龍山，西北流，然後南轉流經永陽縣西，流經橫尾
　　山，就是《禹貢》的陪尾山。隨水又西南流到安陸縣老城西，注入溳水，安陸縣老城
　　就是古時的鄖城。鄖城利用山岡作城牆，山極陡峻，不需要再築城了。溳水又南
　　流經石巖山北，從前張昌在山下作亂，用籠子關了一隻彩鳳矇騙民眾。晉太安二
　　年(公元三〇三年)，鎮南將軍劉弘派遣牙門皮初在清水與張昌作戰，打敗了張昌，追
　　到江邊把他殺了。也就是《春秋左傳》定公四年(公元前五〇六年)所載，吳國在柏舉
　　打敗了楚國，緊跟在楚軍後面直追到清發這條水。看來溳水大概又兼有清水之
　　名了。

4　溳水又東南流，在右岸匯合了富水。富水發源於竟陵郡新市縣東北的大陽山。有
　　兩個源頭：大富水發源於山南，南流，在左岸匯合了小富水；小富水發源於山東，南
　　流經三王城東。西漢末年，王匡、王鳳、王常屯兵於此，所以叫三王城。城中有古
　　碑，文字缺損剝落，不能辨認了。小富水折向西南流，在右岸匯合了大富水，民間
　　稱為大泌水，又西南流經杜城西，這是新市縣的治所。《郡國志》裡叫南新市，因為
　　中山也有新市，所以稱此城為南新市。該縣是從安陸縣劃分出來設立的。此外，
　　王匡中興初期，也曾在此縣起兵，號新市兵。富水又東南流到了安陸邊界，左岸匯
　　合了土山水，世人稱為章水。章水發源於土山，南流經隨郡平林縣老城西，民間稱
　　為將陂城，與新市接界。所以中興初期，軍隊有新市兵、平林兵之稱。又南流，向
　　右注入富水。富水又東流注入溳水。

5　溳水又流經新城南。此城是永和五年(公元三九四年)，晉大司馬桓溫所築。溳水又匯合了溫水。溫水發源於竟陵郡新陽縣東的沼澤中，出口處寬二丈五尺，水岸是一層層的沙，明淨可愛；靜立在岸邊細看，深沉的泉水就像一面鏡子似的；但一聽到人聲就翻騰起浪，倒影一點也看不到了。泉水極熱，甚至可以把雞煮熟，而百餘步外的清泉，卻冷得像冰水一樣。東南流注入溳水。溳水又在右岸匯合了潼水。潼水發源於江夏郡曲陵縣西北的潼山，往東南流經縣南。縣治在石潼舊城，城牆呈圓形而不方正。潼水東流進入安陸境，注入溳水。

又東南入于夏。

6　溳水又南流，分成兩條：東邊的一條通灄水，西邊的一條注入沔水，匯流處叫溳口。

【研　析】　此卷記敘七水，都是酈氏在原《序》中所說的"輕流細漾"。其中有不少為他當時足跡所不及。但是他仍然盡其可能，詳敘細述。例如在《注》文不過三百言的澨水，他仍然糾正了《經》文的錯誤。以後的治酈學者，也都對這些微川小水作了許多研究考證。例如《濯水》篇，《注》文不及二百言，但胡適在"野母驚拍"一語下的考證，實在是考據學上一項值得稱讚和學習的榜樣。實際上，趙一清在其原來的硃墨校本上，已經考定了"驚拍"應從孫潛校本改為"驚抙"。但因後來的校勘者，功夫不深，校閱不細，以致想當然地從上句"俗禁拍手"改為"驚拍"。而胡適則查索版本，考定"'抙'字為是"的結論。除了胡氏在《野母驚抙》文中所議論的這番道理外，按照酈道元行文辭藻多變的特點，上句既言"拍手"，下句當是"驚抙"為是。胡適是考據名家，他在《孟森先生審判水經注案的錯誤》(《胡適手稿》五集下冊)一文中曾經指出："所見的版本越多，解答的問題越多。"我們並不議論他關於孟森一文的得失，但版本之語在考據學上是正確的。正是由於他見了趙一清的硃墨校本，並加以細勘廣證，所以獲得了令人信服的結論，這是校酈者和所有古籍校勘者都值得學習的。

卷三十二　潕水　蘄水　決水　沘水
泄水　肥水　施水　沮水
漳水　夏水　羌水　涪水
梓潼水　涔水

【題　解】　此卷記敍的河流,包括潕水、蘄水、決水等十四水,是《水經注》全書中篇名最多的一卷。但這十四水均是小河,其中有些河流,現在已經很難考實。此十四水共分四個水系:羌水、梓潼水、涪水屬於今嘉陵江水系;涔水與潕水屬於今漢江水系;漳水、沮水、夏水、蘄水、施水屬於長江水系;決水、沘水、泄水、肥水屬於今淮河水系。

潕水是溳水的支流,發源於鄂、豫二省邊境的桐柏山,上游已建成先覺廟水庫,下游在今隨州市以南的淅河注入溳水。除專門地圖外,一般地圖已經不標注此河名稱。

蘄水今仍稱蘄水,又名蘄河,是長江支流。發源於鄂、皖邊境英山縣大浮山,西南流在蘄春縣附近注入長江,全長一百餘公里,流域面積約二千平方公里。

決水今稱史河,發源於皖、鄂邊境大別山,上游在安徽金寨建有梅山水庫,北流進入河南省,在固始縣以北與灌河匯合,稱為史灌河,北流注入淮河,全長一百二十餘公里,流域面積約二千餘平方公里。

沘水今稱淠河,發源於大別山,北流在正陽關附近注入淮河,全長二百五十餘公里,流域面積約六千平方公里。

泄水今稱汲河,發源於安徽金寨東南,東流至霍邱縣入城東湖與淮河匯合,全長一百一十餘公里。

肥水今稱東肥河,發源於肥西縣北大潛山,北流至壽縣入瓦埠湖,在八公山附近注入淮河,東晉與符秦的肥水之戰即發生於此水。

施水發源於今合肥市以西,上游已建成董鋪水庫,東流經合肥市而南折,注入巢湖。《注》文說:"施水又東逕湖口戍,東注巢湖,謂之施口也。"現在施口這個地名仍然不變。巢湖因通過裕溪河與長江交匯,所以施水也是長江的支流。

沮水今稱沮河,是長江支流,發源於湖北保康西南,南流在當陽縣南與漳河匯合,稱為沮漳河,在江陵市附近注入長江。全長約二百三十公里,流域面積約三千三百餘平方公里。

漳水今仍稱漳水,也名漳河。發源於湖北南漳西南,南流至當陽縣南與沮河匯合,稱為沮漳河,注入長江。全長約二百公里。

夏水據《水經》也是沔水支流。現在地圖上可以與夏水相當的河流有大富水和溳水兩條,都是北河支流。北河東流與溳水合,然後注入漢江。但酈道元的說法與《水經》不同,他說:"夫夏之為名,始于分江,冬竭夏流,故納厥稱。既有中夏之目,亦苞大夏之名矣。當其決入之所,謂之堵口焉。"又說:"自堵口下,沔水通兼夏目,而會于江,謂之夏汭也。"按照酈氏的說法,夏水只不過是沔水入江的若干汊道中的一條而已。譚其驤主編的《中國歷史地圖集》第四冊繪有夏水,在雲夢澤北緣,在今沔陽注入漢江。

羌水今稱白龍江,是嘉陵江上游支流之一。發源於四川、甘肅兩省邊境,到四川廣元注入嘉陵江。全長五百七十餘公里,流域面積三萬餘平方公里。

涪水今稱涪江,是嘉陵江的南支,發源於松潘縣雪寶頂,南流到合川注入嘉陵江。全長約七百公里,流域面積三萬餘平方公里。

梓潼水今稱梓潼江,是涪江的支流,發源於川北江油縣龍門山,南流到射洪縣注入涪江,全長約三百四十公里,流域面積約五千平方公里。

涔水在卷二十七《沔水》篇中已見於《經》文:"(沔水)又東過成固縣南,又東過魏興安陽縣南,涔水出自旱山北注之。"這條《經》文之下,《注》文長達一千五百餘字,但對於涔水,酈道元除"涔水出自西南而東北入漢"一句外,沒有其他任何解釋。現在,涔水在此卷專立一篇,《經》文仍說:"涔水出漢中南鄭縣東南旱山,北至安陽縣,南入于沔。"酈道元對它的解釋比《沔水》篇為多,如"涔水,即黃水也","(城固)城北水舊有桁,北渡涔水","黃水右岸有悅歸館,涔水歷其北","(涔水)北至安陽,左入沔,為涔水口也"。魏晉的安陽縣,在今陝西右泉南,在這一帶卻找不到可以和涔水或黃水相當的河流。酈道元在《沔水》和《涔水》篇中,隻字不提《水經》兩度指出的涔水發源地旱山。

熊會貞在《水經注疏》的《淯水》篇中作了一條按語："酈氏置旱山不論,隱有不從《經》文之意,正其矜慎處。"所以酈道元對《水經》淯水可能是存著懷疑的。現在的地圖上,在西鄉、石泉兩縣間,漢江的較大支流有牧馬河和涇洋河,是否為《水經》淯水,不得而知。鄭德坤《重編水經注圖·總圖部分》繪有淯水,按其位置,或許就是今牧馬河或涇洋河。

溳　水

溳水出江夏平春縣西,

溳水北出大義山,南至厲鄉西,賜水入焉。水源東出大紫山,分爲二水,一水西逕厲鄉南,水南有重山,即烈山也。山下有一穴,父老相傳,云是神農所生處也,故《禮》謂之烈山氏①。水北有九井,子書所謂神農既誕,九井自穿,謂斯水也。又言汲一井則衆水動。井今埋塞,遺跡髣髴存焉。亦云,賴鄉,故賴國也,有神農社。賜水西南流入于溳,即厲水也。賜、厲聲相近,宜爲厲水矣。一水出義鄉西,南入隨,又注溳。溳水又南逕隨縣,注安陸也。

南過安陸,入于溳。

【注　釋】　①故禮謂之烈山氏　此處"禮"當指《禮記》,但《禮記·祭法》作厲山氏,不作烈山氏。《水經注疏》熊會貞按引鄭玄:"炎帝起于厲山,或曰有烈山氏。《元和志》,厲山亦名烈山,在隨縣北百里。"

【語　譯】

溳水出江夏平春縣西,

溳水發源於北方的大義山,南流到厲鄉西,賜水注入。賜水源出東方的大紫山,分為兩條:一條西流經厲鄉南,水南有重山,就是烈山。山下有個洞穴,據父老相傳,都說這是神農出生的地方,所以《禮記》稱他為烈山氏。水北有九口井,諸子百家的書中說,神農出生後,九井不藉人力而自然穿通,說的就是這條水。又說在一口井中汲水,諸井的水也都會動盪起來。現在井已埋塞,但遺跡仍依稀可辨。又說賴鄉就是古時的賴國,有神農社。賜水往西南流注入溳水,就是厲水。賜、厲音近,無怪賜水成為厲水了。另一條從義鄉西流出,南流進入隨縣,又注入溳水。溳水又南經隨縣,往安陸流去。

南過安陸,入于溳。

蘄　水

蘄水出江夏蘄春縣北山，

山，即蘄柳[1]也。水首受希水枝津，西南流歷蘄山，出蠻中，故以此蠻爲五水蠻。五水，謂巴水、希水、赤亭水、西歸水，蘄水其一焉。蠻左憑居，阻藉山川，世爲抄暴。宋世沈慶之于西陽上下誅伐蠻夷，即五水蠻也。

南過其縣西，

晉改爲蘄陽縣，縣徙江洲，置大陽戍，後齊齊昌郡移治于此也。

又南至蘄口，南入于江。

蘄水南對蘄陽洲，入于大江，謂之蘄口。洲上有蘄陽縣徙。

【注　釋】　①蘄柳　《水經注疏》作"蘄山"。《疏》："朱作'近柳'，《箋》曰：宋本作'蘄柳'。趙、戴依改。守敬按：作'近柳'固非，作'蘄柳'亦有誤。《後漢書·袁術傳注》引此云：即蘄山也。《通鑑》漢建安二年、魏黃初四年注引並同。觀下'歷蘄山'緊承此句，故知當作'蘄山'。"至確。

【語　譯】

蘄水出江夏蘄春縣北山，

北山就是蘄柳山。蘄水上流承接希水支流，往西南流經蘄山，從蠻中流出，所以把這個地區的蠻族稱爲五水蠻。五水指的是巴水、希水、赤亭水、西歸水，蘄水也是其中之一。蠻族惡徒恃著他們居處山川的險阻，世世代代幹著搶劫的勾當。宋代時沈慶之在西陽一帶討伐的蠻夷，就是五水蠻。

南過其縣西，

晉時改蘄春縣爲蘄陽縣，把縣治遷到江洲，並設置大陽戍。後齊時齊昌郡的郡治也遷到這裡。

又南至蘄口，南入于江。

蘄水南對蘄陽洲，流入大江，匯流處叫蘄口。洲上有遷移過來的蘄陽縣。

決　水

決水出廬江雩婁縣南大別山，

俗謂之爲檀公峴，蓋大別之異名也。其水歷山委注而絡其縣矣。

北過其縣東，

縣，故吳也。《春秋左傳》襄公二十六年，楚子、秦人侵吳及雩婁，聞吳有備而還是也。《晉書·地道記》云：在安豐縣之西南，即其界也。故《地理志》曰：決水出雩婁。

又北過安豐縣東，

決水自雩婁縣北逕雞備亭。《春秋》昭公二十三年，吳敗諸侯之師于雞父者也。安豐縣故城，今邊城郡治也，王莽之美豐也。世祖建武八年，封大將軍涼州牧竇融為侯國，晉立安豐郡。決水自縣西北流，逕蓼縣故城東，又逕其北，漢高帝六年，封孔藂為侯國，世謂之史水。決水又西北，灌水注之，其水導源廬江金蘭縣[1]西北東陵鄉大蘇山，即淮水也。許慎曰：出雩婁縣，俗謂之澮水。褚先生所謂神龜出于江、灌之間，嘉林之中。蓋謂此水也。灌水東北逕蓼縣故城西，而北注決水。故《地理志》曰：決水北至蓼入淮。灌水亦至蓼入決。《春秋》宣公八年，冬，楚公子滅舒蓼，臧文仲聞之曰：皋陶庭堅，不祀忽諸，德之不逮，民之無援，哀哉。決水又北，右會陽泉水，水受決水，東北流逕陽泉縣故城東，故陽泉鄉也。漢獻帝中，封太尉黃琬為侯國。又西北流，左入決水，謂之陽泉口也。

又北入于淮。

俗謂之澮口，非也，斯決、灌之口矣。余往因公，至于淮津，舟車所屆，次于決水，訪其民宰，與古名全違，脈水尋《經》，方知決口。蓋灌、澮聲相倫，習俗害真耳。

【注　釋】　①金蘭縣　《兩漢志》及晉、宋、齊諸志均不見記載，但此處明說此縣隸廬江郡，又卷四十《禹貢山水澤地所在》篇又提及此金蘭縣。故廬江郡金蘭縣確有其縣，為正史地理志所失記。

【語　譯】

決水出廬江雩婁縣南大別山，

大別山民間稱為檀公峴，是大別山的異名。決水經大別山流出，在雩婁縣兜了一個大彎。

北過其縣東，

雩婁縣古時是吳國地方。《春秋左傳》襄公二十六年（公元前五四七年），楚子、秦人入侵吳國，到了雩婁，聽說吳國已作好準備，就退了回去。《晉書·地道記》說：雩婁在安豐縣西南，與安豐縣接境。所以《地理志》說：決水發源於雩婁。

又北過安豐縣東，

決水從雩婁縣北流經雞備亭。《春秋》昭公二十三年（公元前五一九年），吳在雞父打敗諸侯軍隊,指的就是雞備亭。安豐縣老城,現在是邊城郡的治所,就是王莽時的美豐。世祖建武八年(公元三二年),把安豐封給大將軍涼州牧竇融為侯國;晉時設立安豐郡。決水從該縣西北流,流經蓼縣老城東,又流經老城北。漢高帝六年(公元前二〇一年),把蓼縣封給孔藂為侯國,人們稱為史水縣。決水又西北流,灌水注入。灌水發源於廬江金蘭縣西北的東陵鄉大蘇山,也就是淮水。許慎說:灌水發源於雩婁縣,民間稱為澮水。褚先生所說的神龜出產於江、灌之間,秀美的樹林之中,就是指這條水。灌水東北流經蓼縣老城西,然後北流注入決水。所以《地理志》說:決水北流到蓼縣注入淮水。灌水也是到蓼縣注入決水的。《春秋》宣公八年(公元前六〇一年)冬,楚公子滅舒蓼。臧文仲聽到這消息,說道:對皋陶、庭堅的祭祀,完全不當一回事。對百姓不施恩惠,使他們無援無助,這多麼可悲呀。決水又北流,右岸匯合了陽泉水。陽泉水上流承接決水,往東北流經陽泉縣老城東。陽泉縣就是舊時的陽泉鄉。漢獻帝時,封給太尉黃琬為侯國。陽泉水又西北流,往左邊注入決水,匯流處叫陽泉口。

又北入于淮。

決水入淮處,民間稱為澮口,是弄錯了,這是決水、灌水的入口。從前我曾因公到過淮水,舟車到後,就在決水邊歇宿。我走訪老百姓和地方官,地名與古名全不一致;探究水脈,查考《水經》,才知道這是決口。只因灌、澮二字讀音相同,民間沿用成習,反而把真名給埋沒了。

泚　水

泚水出廬江灊縣西南霍山東北,

灊者,山、水名也。《開山圖》,灊山圍遶大山為霍山。郭景純曰:灊水出焉,縣即其稱矣。《春秋》昭公二十七年,吳因楚喪,圍灊是也。《地理志》曰:泚水出泚山,不言霍山,泚字或作渒。渒水又東北逕博安縣,泄水出焉。

東北過六縣東,

渒水東北,右會蹋鼓川水,水出東南蹋鼓川,西北流,左注渒水。渒水又西北逕馬亭城西,又西北逕六安縣故城西,縣,故皋陶國也。夏禹封其少子,奉其祀,今縣都陂中有大冢,民傳曰公琴者,即皋陶冢也。楚人謂冢為琴矣。漢高帝元年,別為衡山國,五年屬淮南,文帝十六年,復為衡山國,武帝元狩二年,別為六安國,王莽之安風也。《漢書》所謂以舒屠六。晉太康三年,廬江郡治。渒水又西北分為二水,芍陂出焉。又北逕五門亭西,西北流逕安豐縣故城西,《晉書·地道記》,安豐郡之屬縣也,俗名之曰安城矣。又北會濡水,亂流西北注也。

北入于淮。

水之決會謂之沘口也。

【語　譯】

沘水出廬江灊縣西南霍山東北,

灊是山名和水名。據《開山圖》,灊山圍繞的大山是霍山。郭景純說:灊水發源於此,縣也按水命名。《春秋》昭公二十七年(公元前五一五年),吳國乘楚國有喪事而包圍了灊。《地理志》說:沘水發源於沘山,而不說霍山;沘字也有寫作淠字的。淠水又東北流經博安縣,泄水在這裡分支流出。

東北過六縣東,

淠水東北流,右岸匯合蹹鼓川水。蹹鼓川水發源於東南方的蹹鼓川,西北流,向左邊注入淠水。淠水又西北流經馬亨城西,又西北流經六安縣老城西。六安縣,就是古代的皋陶國。夏禹把這地方封給他的小兒子,料理對他的祭祀。現在陂塘中有一座大墓,民間相傳叫公琴,就是皋陶墓。楚人稱墓為琴。漢高帝元年(公元前二○六年),把六安分出立為衡山國。五年(公元前二○二年),改屬淮南。文帝十六年(公元前一六四年),又恢復為衡山國。武帝元狩二年(公元前一二一年),立為六安國。就是王莽時的安風。《漢書》中說以舒人屠殺六人,六,即指六安。晉太康三年(公元二八二年),改為廬江郡的治所。淠水又西北流,分為兩條,芍陂就由此分出。又北流經五門亭西,西北流經安豐縣老城西。據《晉書·地道記》,安豐縣是安豐郡的屬縣,民間稱為安城。又北流匯合了濡水,然後亂流向西北奔去。

北入于淮。

沘水與淮水匯合的地方,叫沘口。

泄　水

泄水出博安縣,

博安縣,《地理志》之博鄉縣也,王莽以為揚陸矣。泄水自縣上承沘水于麻步川,西北出,歷濡溪,謂之濡水也。

北過芍陂,西與沘水合。

泄水自濡溪逕安豐縣,北流注于淝,亦謂之濡須口。

西北入于淮。

亂流同歸也。

【語　譯】

泄水出博安縣,

博安縣,就是《地理志》裡的博鄉縣,王莽時稱為揚陸。泄水上流在博安縣麻步川
承接沘水,西北經濡溪流出,稱為濡水。

北過芍陂,西與沘水合。

泄水從濡溪流經安豐縣,北流注入淝水,匯流處稱為濡須口。

西北入于淮。

此後水就分散亂流,一同注入淮水。

肥　水

肥水出九江成德縣廣陽鄉西,

1　呂忱《字林》曰:肥水出良餘山,俗謂之連枷山,亦或以爲獨山也。北流分爲二水,
施水出焉。肥水又北逕荻城東,又北逕荻丘東,右會施水枝津,水首受施水于合肥
縣城東,西流逕成德縣,注于肥水也。

北過其縣西,北入芍陂。

2　肥水自荻丘北逕成德縣故城西,王莽更之曰平阿也。又北逕芍陂東,又北逕死虎
塘東,芍陂瀆上承井門,與芍陂更相通注,故《經》言入芍陂矣。肥水又北,右合閻
澗水,上承施水于合肥縣,北流逕浚遒縣西,水積爲陽湖。陽湖水自塘西北逕死虎
亭南,夾橫塘西注,宋泰始初,豫州司馬劉順,帥衆八千據其城地,以拒劉勔。趙叔
寶以精兵五千,送糧死虎,劉勔破之此塘。水分爲二,洛澗出焉[①]。閻漿水注之,水
受芍陂,陂水上承澗水于五門亭南,別爲斷神水,又東北逕五門亭東,亭爲二水之
會也。斷神水又東北逕神跡亭東,又北,謂之豪水。雖廣異名,事寔一水。

3　又東北逕白芍亭東,積而爲湖,謂之芍陂。陂周百二十許里,在壽春縣南八十里,
言楚相孫叔敖所造。魏太尉王淩與吳將張休戰于芍陂,即此處也。陂有五門,吐
納川流。西北爲香門陂,陂水北逕孫叔敖祠下,謂之芍陂瀆,又北分爲二水,一水
東注黎漿水,黎漿水東逕黎將亭南,文欽之叛,吳軍北入,諸葛緒拒之于黎漿,即此

水也。東注肥水，謂之黎漿水口。

又北過壽春縣東，

4　肥水自黎漿北逕壽春縣故城東爲長瀨津，津側有謝堂北亭，迎送所薄，水陸舟車是焉萃止。又西北，右合東溪，溪水引瀆北出，西南流逕導公寺西，寺側因溪建刹五層，屋宇閒敞，崇虛攜覺②也。又西南流注于肥。肥水又西逕東臺下，臺即壽春外郭東北隅阿之樹也。東側有一湖，三春九夏③，紅荷覆水，引瀆城隍，水積成潭，謂之東臺湖，亦肥南播也。

5　肥水西逕壽春縣故城北，右合北溪，水導北山，泉源下注，漱石頹隍，水上長林插天，高柯負日，出于山林。精舍右，山淵寺左，道俗嬉遊，多萃其下，内外引汲，泉同七淨，溪水沿注，西南逕陸道士解南精廬，臨側川溪，大不爲廣，小足閒居，亦勝境也。溪水西南注于肥水。

北入于淮。

6　肥水又西分爲二水，右即肥之故瀆，遏爲船官湖，以置舟艦也。肥水左瀆又西逕石門橋北，亦曰草市門，外有石梁渡北洲，洲上有西昌寺，寺三面阻水，佛堂設三像，真容妙相，相服精煒，是蕭武帝所立也。寺西，即船官坊，蒼兕都水，是營是作。

7　湖北對八公山，山無樹木，惟童阜耳。山上有淮南王劉安廟，劉安是漢高帝之孫，厲王長子也。折節下士，篤好儒學，養方術之徒數十人④，皆爲俊異焉。多神仙秘法鴻寶之道。忽有八公，皆鬚眉皓素，詣門希見，門者曰：吾王好長生，今先生無住衰之術，未敢相聞。八公咸變成童，王甚敬之。八士竝能鍊金化丹，出入無閒，乃與安登山薶金于地，白日昇天，餘藥在器，雞犬舐之者，俱得上昇。其所昇之處，踐石皆陷，人馬跡存焉。故山即以八公爲目。余登其上，人馬之跡無聞矣，惟廟像存焉。廟中圖安及八士像，皆坐牀帳如平生，被服纖麗，咸羽扇裙帔，巾壺枕物，一如常居。廟前有碑，齊永明十年所建也。山有隱室石井，即崔琰所謂：余下壽春，登北嶺淮南之道室，八公石井在焉。亦云：左吳與王春、傅生等尋安，同詣玄洲，還爲著記，號曰《八公記》，都不列其雞犬昇空之事矣。按《漢書》，安反伏誅，葛洪明其得道，事備《抱朴子》及《神仙傳》。

8　肥水又左納芍陂瀆，瀆水自黎漿分水，引瀆壽春城北，逕芍陂門右，北入城。昔鉅鹿時苗爲縣長，是其留犢處也。瀆東有東都街，街之左道北，有宋司空劉勔廟，宋元徽二年建于東鄉孝義里，廟前有碑，時年碑功方創，齊永明元年方立。沈約《宋書》言，泰始元年，豫州刺史殷琰反，明帝假勔輔國將軍，討之。琰降，不犯秋毫，百姓來蘇，生爲立碑，文過其實。建元四年，故吏顏幼明爲其廟銘，故佐龐珽爲廟讚，夏侯敬友爲廟頌,竝附刊于碑側。澮水又北逕相國城東,劉武帝伐長安所築也。堂宇廳館,仍故以相國爲名。又北出城注肥水。

9　又西逕金城北,又西,左合羊頭溪水,水受芍陂,西北歷羊頭溪,謂之羊頭澗水。北逕熨湖,左會烽水澮,澮受淮于烽村南,下注羊頭溪,側逕壽春城西,又北歷象門,自沙門北出金城西門逍遥樓下,北注肥澮。肥水北注舊澮之横塘,爲玄康南路馳道,左通船官坊也。肥水逕玄康城,西北流,北出,水際有曲水堂,亦嬉遊所集也。又西北流,昔在晉世,謝玄北禦苻堅,祈八公山,及置陣于肥水之濱,堅望山上草木,咸爲人狀,此即堅戰敗處。非八公之靈有助,蓋苻氏將亡之惑也。肥水又西北注于淮,是曰肥口也。

【注　釋】　①洛澗出焉　此處有佚文一條。《方輿紀要》卷二十一《江南》二《鳳陽府·定遠縣·洛河》引《水經注》:"洛水上承苑馬塘。"當是此句下佚文。②崇虛攜覺　《水經注疏》作"從虛譙巇"。《疏》:"朱作'攜覺'也。戴同,全、趙改。《箋》曰:'攜覺'字誤,當作'譙巇'。"③三春九夏　三春,指春天。九夏,指夏天。古文裡有時為了讀來琅琅上口,可取詞語之偏義,如"父兄"僅指父或兄。因下文所提之荷花是夏季的花,故譯文捨"三春"而未譯。④數十人　《水經注疏》作"數千人"。《疏》:"朱'千'作'十',戴、趙同。會貞按:《神仙傳》作'千',《御覽》引此亦作'千',今訂。"

【語　譯】

肥水出九江成德縣廣陽鄉西,

1　呂忱《字林》說:肥水發源於良餘山,民間稱為連枷山,也有人叫獨山。北流分為兩條,施水於是分出。肥水又北流經荻城東,又北流經荻丘東,右岸匯合了施水的支流。此水上流在合肥縣城東承接施水,西流經成德縣,注入肥水。

北過其縣西,北入芍陂。

2　肥水從荻丘北流經成德縣老城西,王莽改名為平阿。又北流經芍陂東,又北流經死虎塘東。芍陂澮上流承接井門,與芍陂水相互流通,所以《水經》說注入芍陂。肥水又北流,右岸匯合了閻澗水。閻澗水上流在合肥縣承接施水,北流經浚遒縣西,水流蓄積成為陽湖。陽湖水從堤塘西北流經死虎亭南,夾著橫塘西流。宋泰始(公元四六五—四七一年)初,豫州司馬劉順率兵八千,占據了縣城和周圍一帶地方,抗拒劉勔;趙叔寶帶了五千精兵,送糧到死虎,被劉勔打得大敗。塘水分成兩條,洛澗就由此分出。閻漿水注入。閻漿水來自芍陂。陂水上流在五門亭南承接澗水,分出斷神水;又東北流經五門亭東,五門亭在兩水的匯合處。斷神水又東北流經神跡亭東,又北流,稱為豪水。雖然名稱不同,但實際上是同一條水。

3　又東北流經白芍亭東,蓄積成湖,稱為芍陂。芍陂周圍約一百二十里,在壽春縣南八十里,據說是楚國宰相孫叔敖所造。魏太尉王淩與吳將張休在芍陂作戰,就是這地方。芍陂有五道閘門,以調節水流;西北有香門陂,陂水北流經孫叔敖祠下,叫芍陂瀆;又北流,分成兩條,一條東流注入黎漿水。黎漿水東流經黎漿亭南。文欽反叛,吳軍北進,諸葛緒在黎漿據守抗拒,說的就是此水。黎漿水東流注入肥水,匯流處叫黎漿水口。

又北過壽春縣東,

4　肥水從黎漿北流經壽春縣老城東,就到長瀨津。旁邊有謝堂北亭,迎賓送友都要來到亭裡;無論是水路陸路,過往舟車都要聚集在這裡歇宿。肥水又西北流,右岸匯合了東溪。溪水向北分出一條水渠,西南流經導公寺西。寺旁臨溪建塔,高五層;寺院屋宇閒靜寬敞,溪邊丘岡高峻陡峭,溪水又西南流注入肥水。肥水又西流經東臺下,此臺就是壽春外城東北角的水榭。東邊有湖,夏日裡紅豔的荷花蓋滿湖面。流水經溝渠引入護城河,積成水潭,叫東臺湖,也是肥水南流形成的。

5　肥水西流經壽春縣老城北,右岸匯合了北溪。北溪水發源於北山,泉水從山上奔瀉而下,沖刷著溪石,流瀉於山澗中。山澗上面,密林插天,高枝上掛著太陽。澗水流出山林,流過僧舍右邊、山淵寺左邊,僧道和世俗男女常聚集在那邊嬉遊;寺內寺外的人都從溪裡汲水,泉水十分清淨。溪水西南流經陸道士屋南,僧舍就建在溪澗旁。雖不算大,但平日閒居,盡夠容身了,也是一處勝境。溪水西南流注入肥水。

北入于淮。

6　肥水又西流,分為兩條:右邊的一條就是肥水的舊河道,截流蓄水形成船官湖,用以停泊大小船隻。左邊的一條繼續西流經石橋門北。石橋門又叫草市門,外面有石橋渡過北洲,洲上有西昌寺。寺院三面臨水;佛殿裡有三尊佛像,佛像的真容,神態莊嚴,服飾華美豔麗,是蕭武帝所造。寺西就是船官坊,掌管舟楫的蒼兜和管理水利的都水等官,都在那裡營造製作。

7　船官湖北對八公山,童山濯濯,林木不生。山上有淮南王劉安廟,劉安是漢高帝的孫子,屬王的長子。他禮賢下士,十分愛好儒家之學,招致了幾十個擅長方術的人,個個都是出眾的英才,有奇能異術,掌握著許多神仙祕法和道術寶典。一天忽然來了八位鬚眉皆白的老者,到門前求見。守門人說:我們大王喜歡研究長生之術,現在各位先生並沒有防止衰老的祕訣,我們也不敢去稟報。八位老者就都變成童子,淮南王十分敬重他們。八位術士都能煉金化丹,他們出入都和劉安一起,過從十分親密;於是他們和劉安一起登山,把黃金埋在地裡,白日升天而去。器皿裡還留下仙藥,雞犬舔過的,也都升天了。在他們升天的地方,踏過的巖石都下陷了，留下人馬的足跡，所以這座山就得了八公山的名稱。我曾攀登到山上，但人馬的足跡已沒有了，只有廟裡的畫像還在。廟中繪了劉安和八位術士的像，都坐在掛了帷幔的坐榻上，就和他們在生時一樣；被服都非常華麗，手執羽毛扇，身穿衣裙，手巾、水壺、枕頭等什物，都同日常生活一樣。廟前有碑，是齊永明十年（公元四九二年）所立。山上有暗室和石井，就如崔琰所說：我到壽春，登臨北嶺淮南王修道的靜室，八公石井還在。又說：左吳和王春、傅生等一起去玄洲尋找劉安。崔琰回來後寫了一篇記，題目叫《八公記》，其中都沒有提到雞犬升天的事。根據《漢書》，劉安是謀反被殺的，葛洪卻說他得道，在《抱朴子》和《神仙傳》中都有詳細的記載。

8　肥水左岸又匯合了芍陂瀆。渠水自黎漿分出，引水流向壽春城北，經芍陂門右側，北流入城。從前鉅鹿人時苗當縣官，這裡就是他留下小牛的地方。芍陂瀆東有東都街，大街左邊一條路北面，有宋司空劉勔廟，是宋元徽二年（公元四七四年）在東鄉孝義里修建的。廟前有碑，那年開始刻碑，但直到齊永明元年（公元四八三年）方才把碑立在廟前。沈約《宋書》說：泰始元年（公元四六五年），豫州刺史殷琰造反，明帝授予劉勔以輔國將軍的封號，前去討伐。殷琰只得投降。劉勔軍令嚴明，秋毫無犯，百姓得到休養生息，他生時百姓就為他立碑了，碑文將他美化得言過其實。建元四年（公元四八二年），原屬吏顏幼明作廟銘，原僚佐龐珽作廟讚，夏侯敬友作廟頌，都附刻在石碑側面。芍陂瀆水又北流經相國城東，相國城是劉武帝攻長安時所築。廳堂館舍，仍舊以相國為名。瀆水北流出城注入肥水。

9　肥水又西流經金城北，又西流，左岸匯合了羊頭溪水。羊頭溪水上流承接芍陂，西北流經羊頭溪，稱為羊頭澗水。北經熨湖，左岸匯合了烽水瀆。烽水瀆在烽村南承接淮水，下流注入羊頭溪。羊頭溪水旁經壽春城西，又北流經象門，從沙門北流經金城西門逍遙樓下，北流注入肥水。肥水北流注入舊渠的橫塘，這條堤塘是玄康南路的馳道，東通船官坊。肥水經玄康城西北流，從北邊流出，水邊有個曲水堂，是遊人紛集的地方。又西北流，從前晉時，謝玄抗擊苻堅南侵，在八公山祈禱，在肥水之濱布置戰陣。苻堅遙望山上草木，彷彿都成人形，這裡就是苻堅戰敗的地方。這不是什麼八公的神靈在保佑晉軍，實際上是苻堅將亡，神志迷亂之故。肥水又西北流注入淮水，匯流處叫肥口。

施　水

施水亦從廣陽鄉肥水別，東南入于湖。

施水受肥于廣陽鄉,東南流逕合肥縣。應劭曰:夏水出城父東南,至此與肥合,故曰合肥。闞駰亦言,出沛國城父東,至此合爲肥。余按川殊派別,無沿注之理。方知應、闞二説,非實證也。蓋夏水暴長,施合于肥,故曰合肥也。非謂夏水。施水自成德東逕合肥縣城南①,城居四水中,又東有逍遥津,水上舊有梁,孫權之攻合肥也,張遼敗之于津北,橋不撤者兩版,權與甘寧蹴馬趨津,谷利自後著鞭助勢,遂得渡梁。凌統被鎧落水,後到追亡,流涕津渚。

施水又東分爲二水,枝水北出焉,下注陽淵。施水又東逕湖口戍,東注巢湖,謂之施口也。

【注　釋】　①施水自成德東句　《水經注疏》作"施水又東逕合肥縣城南",無"自成德"三字,有"又"字。《疏》:"朱首三字作'自城父',戴據歸有光本增'施水'二字,改'自城父'作'自成德'。全增改同,趙增,辨'城父'當作'成德'。會貞按:增'施水'字,是也。作'自成德',亦非酈書之例。凡言某水至某地者,必先敘某水逕某地,中雜敘他水,後重敘某水,乃言自某地,以遥接前文。如最近《肥水》篇,敘肥水北逕獲邱東,隨敘施水枝津,後重敘肥水,自獲邱云云是也。此《注》上無施水逕成德文,則不得突言自成德。且廣陽鄉在成德,上文稱受肥于廣陽東南逕合肥,則已至合肥縣,亦非成德地也,今訂。"

【語　譯】

施水亦從廣陽鄉肥水別,東南入于湖。

施水在廣陽鄉承接肥水,東南流經合肥縣。應劭說:夏水發源於城父東南,到這裡與肥水匯合,所以地名叫合肥。闞駰也說:夏水發源於沛國城父東,到這裡匯合了肥水。我查考這兩條水的水脈、流向完全不同,夏水決無注入肥水的道理。可知應、闞二人的說法都不是實地查證的。原來夏月河渠流水暴漲,於是施水匯合於肥水,所以地名叫合肥,並不是說夏水匯合肥水。施水自成德東流經合肥縣城南。縣城四面環水,施水又東流有逍遙津,從前水上原來有橋。孫權攻合肥時,張遼在橋北打敗他,木橋橋板只留著兩截沒有拆去,孫權和甘寧用腳猛踢著馬奔向橋頭,谷利在後面揚鞭助勢,於是才衝過橋梁。凌統穿著鎧甲就跳水逃生,趕上隊伍後,他悼念陣亡的親從,在渡頭水邊痛哭流涕。

施水又東流,分為兩條,向北分出支流,注入陽淵。施水又東流經湖口戍,往東注入巢湖,匯流處叫施口。

沮　水

沮水出漢中房陵縣淮水,東南過臨沮縣界,

沮水出東汶陽郡沮陽縣西北景山,即荊山首也,高峰霞舉,峻嶺層雲。《山海經》云:金玉是出。亦沮水之所導。故《淮南子》曰:沮出荊山。高誘云:荊山在左馮翊懷德縣。蓋以洛水有漆沮之名故也,斯謬證耳。杜預云:水出新城郡之西南發阿山,蓋山異名也。沮水東南流逕沮陽縣東南,縣有潼水,東逕其縣南,下入沮水。

沮水又東南逕汶陽郡北,即高安縣界,郡治錫城,縣居郡下城,故新城之下邑,義熙初,分新城立。西表悉重山也。沮水南逕臨沮縣西,青溪水注之,水出縣西青山,山之東有濫泉,即青溪之源也。口徑數丈,其深不測,其泉甚靈潔,至于炎陽有亢,陰雨無時,以穢物投之,輒能暴雨。其水導源東流,以源出青山,故以青溪爲名,尋源浮溪,奇爲深峭。盛弘之云:稠木傍生,凌空交合,危樓傾崖,恒有落勢,風泉傳響于青林之下,巖猿流聲于白雲之上,遊者常若目不周翫,情不給賞,是以林徒棲托,雲客宅心,泉側多結道士精廬焉。青溪又東流入于沮水。

沮水又屈逕其縣南,晉咸和中爲沮陽郡治也。沮水又東南逕當陽縣故城北,城因岡爲阻,北枕沮川。其故城在東百四十里,謂之東城,在綠林長坂南,長坂,即張翼德橫矛處也。沮水又東南逕驢城西、磨城東,又南逕麥城西,昔關雲長詐降處,自此遂叛。《傳》云:子胥造驢、磨二城以攻麥邑。即諺所云:東驢西磨,麥城自破者也。沮水又南逕楚昭王墓,東對麥城,故王仲宣之賦《登樓》①云:西接昭丘是也。沮水又南與漳水合焉。

又東南過枝江縣東,南入于江。

沮水又東南逕長城東,又東南流注于江,謂之沮口也。

【注　釋】　①登樓　詞賦名。漢王粲撰,仲宣是王粲字。《隋書·經籍志》著錄《王粲集》十一卷。《三國志》本傳:"粲著詩賦論議垂六十篇。"此賦當在集中。今集已亡佚,賦收入於《文選》卷十一,清嚴可均亦有輯本。

【語　譯】

沮水出漢中房陵縣淮水,東南過臨沮縣界,

沮水發源於東汶陽郡沮陽縣西北的景山,就是荊山的前緣。景山峰巒峻峭高聳,上接層雲。《山海經》說:這裡出產金玉,也是沮水的發源地。所以《淮南子》說:沮水發源於荊山。高誘說:荊山在左馮翊懷德縣。這是因為洛水有漆沮一名的緣故,這裡的引證卻是錯誤的。杜預說:沮水發源於新城郡西南的發阿山,這是山的異名。沮水東南流經沮陽縣東南,縣裡有潼水,潼水東流經縣南,注入沮水。

沮水又東南流經汶陽郡北,接近高安縣邊界。汶陽郡治所在錫城,高安縣治所在郡治下,城即舊時新城郡的下邑。汶陽郡是義熙(公元四〇五—四一八年)初年分新城郡而設的。郡城西都是重沓的山嶺。沮水南流經臨沮縣西,青溪水注入。青溪水發源於縣西的青山,青山東有濫泉,就是青溪的源頭。源頭口徑數丈,深不可測,泉水潔淨而靈異,一到盛夏驕陽如火,久旱無雨時,如果投入穢物,就會降下暴雨。水自源頭東流,因發源於青山,所以叫青溪。盪著輕舟溯流尋源,溪谷幽深峻峭,景色奇麗。盛弘之說:兩旁林木茂密,枝葉凌空相接,懸崖峭壁上建造危樓,看去常有搖搖欲墜之勢。風聲水聲迴盪於青林底下,巖上猿鳴流漾於白雲上面,遊人常感目不暇接,情不及賞。所以山林隱逸之士喜歡在這裡棲身,水邊修建了不少道士的廬舍。青溪又東流注入沮水。

沮水又轉彎流經臨沮縣南。晉咸和年間(公元三二六—三三四年),這裡是沮陽郡的治所。沮水又東南流經當陽縣老城北。老城利用山岡險阻之勢而築,北瀕沮水。老城在東邊一百四十里,所以叫東城,在綠林長坂以南。長坂,就是張翼德橫矛卻敵的地方。沮水又東南流經驢城西、磨城東,又南流經麥城西,這就是從前關雲長詐降的地方,接著又在這裡反叛。《左傳》說:伍子胥築驢、磨二城來進攻麥城。就是諺語所說的:東驢西磨,麥城自破。沮水又南流經楚昭王墓,陵墓東對麥城,所以王仲宣《登樓賦》說:西接昭丘。沮水又南流與漳水匯合。

又東南過枝江縣東,南入于江。

沮水又東南流經長城東;又東南流注入大江,匯流處叫沮口。

漳　水

漳水出臨沮縣東荆山,東南過蓼亭,又東過章鄉南。

荆山在景山東百餘里新城沶鄉縣界。雖羣峯競舉,而荆山獨秀。漳水東南流,又屈西南,逕編縣南,縣舊城之東北百四十里也。西南高陽城,移治許茂故城。城南臨漳水,又南歷臨沮縣之章鄉南,昔關羽保麥城,詐降而遁,潘璋斬之于此。漳水又南逕當陽縣,又南逕麥城東,王仲宣登其東南隅,臨漳水而賦之曰:夾清漳之通浦,倚曲沮之長洲是也。漳水又南,沱水注之。《山海經》曰:沱水出東北宜諸之山,南流注于漳水。

又南至枝江縣北烏扶邑,入于沮。

《地理志》曰:《禹貢》,南條荆山,在臨沮縣之東北,漳水所出,東至江陵入陽水,注于沔。非也。今漳水于當陽縣之東南百餘里而右會沮水也。

【語　譯】

漳水出臨沮縣東荊山,東南過蓼亭,又東過章鄉南。

　　荊山在景山東百餘里新城郡沶鄉縣邊界上。雖然群峰競高,但荊山卻獨出眾峰之上。漳水東南流,又折向西南,流經編縣城南,城在舊縣城東北一百四十里。西南有高陽城,後來把治所遷移到許茂舊城,城南臨漳水。漳水又南流經臨沮縣章鄉南。從前關羽走保麥城,詐降而逃,潘璋就在這裡殺了他。漳水又南流經當陽縣,又南流經麥城東。王仲宣在東南角登樓,面對漳水作賦,寫道:傍著澄清的漳水崖岸,憑依彎曲的沮水長洲。漳水又南流,沼水注入。《山海經》說:沼水發源於東北的宜諸山,南流注入漳水。

又南至枝江縣北烏扶邑,入于沮。

　　《地理志》說:根據《禹貢》,南條荊山在臨沮縣東北,漳水就發源在這裡,東流到江陵匯合於陽水,注入沔水。這個記載有誤。現在漳水在當陽縣東南百餘里處,在右岸匯合於沮水。

夏　水

夏水出江津于江陵縣東南,

1　江津豫章口東有中夏口,是夏水之首,江之汜也。屈原所謂過夏首而西浮,顧龍門而不見也。龍門,即郢城之東門也。

又東過華容縣南[①],

2　縣,故容城矣。《春秋》魯定公四年,許遷于容城是也。北臨中夏水,自縣東北逕成都郡故城南,晉永嘉中,西蜀阻亂,割華容諸城爲成都王穎國。夏水又逕交趾太守胡寵墓北,漢太傅廣身陪陵,而此墓側有《廣碑》,故世謂廣冢,非也。其文言是蔡伯喈之辭。

3　歷范西戎墓南,王隱《晉書·地道記》曰:陶朱冢在華容縣,樹碑云是越之范蠡。《晉太康地記》、盛弘之《荊州記》、劉澄之《記》[②],竝言在縣之西南,郭仲產言在縣東十里。檢其碑,題云:故西戎[③]令范君之墓。碑文缺落,不詳其人,稱蠡是其先也。碑是永嘉二年立,觀其所述,最爲究悉,以親逕其地,故違眾說,從而正之。

4　夏水又東逕監利縣南,晉武帝太康五年立。縣土卑下,澤多陂池。西南自州陵東界,逕于雲杜、沌陽,爲雲夢之藪矣。韋昭曰:雲夢在華容縣。按《春秋》魯昭公三年,鄭伯如楚,子產備田具以田江南之夢。郭景純言,華容縣東南巴丘湖是也。杜預云:枝江縣、安陸縣有雲夢,蓋跨川亙隰,兼苞勢廣矣。夏水又東,夏楊水注之,水上承楊水于竟陵縣之柘口,東南流與中夏水合,謂之夏楊水,又東北逕江夏惠懷縣北而東北注。

又東至江夏雲杜縣,入于沔。

5　應劭《十三州記》曰:江別入沔爲夏水源。夫夏之爲名,始于分江,冬竭夏流,故納厥稱。既有中夏之目,亦苞大夏之名矣。當其決入之所,謂之堵口焉。鄭玄注《尚書》,滄浪之水,言今謂之夏水。來同,故世變名焉。劉澄之著《永初山川記》云:夏水,《古文》以爲滄浪,漁父所歌也。因此言之,水應由沔。今按夏水是江流沔,非沔入夏。假使沔注夏,其勢西南,非《尚書》又東之文。余亦以爲非也。自堵口下,沔水通兼夏目,而會于江,謂之夏汭也。故《春秋左傳》稱,吳伐楚,沈尹射奔命夏汭也。杜預曰:漢水曲入江,即夏口矣。

【注　釋】　①又東過華容縣南　《水經注疏》無“又”字。《疏》:“朱‘東’上有‘又’字,戴、趙同。守敬按:不當有‘又’字,今刪。”②劉澄之記　指劉撰《永初山川記》。③西戎　縣名。晉、宋、齊諸志均不見有此縣建置,但碑文記敘甚明。如《注》文所敘:“以親逕其地(按當指郭仲產《襄陽記》),故違眾說,從而正之。”碑既立於永嘉二年,則西戎當為晉所置縣,為正史所失記。

【語　譯】

夏水出江津于江陵縣東南,

1　江津豫章口東有中夏口,這是夏水上流的水口,在這裡從江水分出。屈原說:經過夏首向西航行,回望卻看不見龍門。龍門,也就是郢城的東門。

又東過華容縣南,

2　華容縣,就是舊時的容城。《春秋》魯定公四年(公元前六五○年),許人遷移到容城,就是此城。容城北瀕中夏水。水從華容縣東北流經成都郡舊城南。晉永嘉年間(公元三○七—三一三年),西蜀因變亂與外界阻絕,把華容諸城劃為成都王司馬穎的封國。夏水又流經交趾太守胡寵墓北。漢太傅胡廣是陪葬於皇陵的,但此墓旁卻有“胡廣碑”,所以世人就以為是他的墓了,但實際上不是。碑文據說是蔡伯喈寫的。

3　夏水流經范西戎墓南。王隱《晉書·地道記》說:陶朱公墓在華容縣,立碑稱這是越國范蠡的墳墓。《晉太康地記》、盛弘之《荊州記》、劉澄之《永初山川記》,都說墓在華容縣西南,郭仲產說在縣東十里。細看墓碑,題的字說:已故西戎令范君之墓。碑文已剝蝕殘缺,無法了解其人的生平了,大意是說范蠡是他的祖先。墓碑立於永嘉二年(公元三○八年),我曾親自到過那裡,看過碑文中的記述,了解得也最清楚,所以這裡應對諸說的錯誤加以糾正。

4　夏水又東流經監利縣南。監利縣在晉武帝太康五年(公元二八四年)立縣。那裡地勢低窪,陂塘池沼很多。西南從州陵東部邊界經雲杜、沌陽,就是雲夢澤地帶。韋昭說:雲夢在華容縣。據《春秋》魯昭公三年(公元前五三九年),鄭伯赴楚,子產準備了農具來耕耘江南的雲夢。郭景純說:雲夢就是華容縣東南的巴丘湖。杜預說:枝江縣、安陸縣有雲夢,連片的窪地跨於江河兩岸,所包括的地區十分廣闊。夏水又東流,夏楊水注入。夏楊水上流在竟陵縣的柘口承接楊水,東南流與中夏水匯合,稱為夏楊水;又東北流經江夏惠懷縣北,向東北流去。

又東至江夏雲杜縣,入于沔。

5　應劭《十三州記》說:從江水分支流入沔水的,是夏水的源頭。夏水一名,是由於此水自江水分流出後,冬天水涸斷流,到了夏天才有水流通,所以稱為夏水。此水既有中夏的稱呼,也就包含了大夏一名了。水流注入處,稱為堵口。鄭玄注《尚書》,釋滄浪之水時說,現在叫夏水。來源相同,只是年代久遠,名稱也變了。劉澄之著《永初山川記》說:夏水,《古文》以為就是滄浪,漁父曾在歌中提到它。照此說來,夏水應當是從沔水流過來的。但現在看來,夏水是江水分支流入沔水,而不是從沔水注入夏水的。若是沔水注入夏水,那麼水就勢必往西南流,不會有《尚書》中又往東流的說法了。我也以為不是如此。從堵口下流起,沔水統兼夏水之名,與江水匯合,稱為夏沔。所以《春秋左傳》說:吳攻楚,沈尹射逃命到夏沔。杜預說:漢水曲折長流入江,匯流處就是夏口。

羌　水

羌水出羌中參狼谷,

彼俗謂之天池白水矣。《地理志》曰:出隴西羌道。東南流逕宕昌城東,西北去天池五百餘里。羌水又東南逕宕婆川城東而東南注。昔姜維之寇隴右也,聞鍾會入漢中,引還,知雍州刺史諸葛緒屯橋頭,從孔函谷將出北道,緒邀之此路,維更從北道。渡橋頭入劍閣,緒追之不及。

羌水又東南,陽部水注之,水發東北陽部溪,西南逕安民戍,又西南注羌水。又東南逕武街城西南,又東南逕葭蘆城西,羊湯水入焉。水出西北陰平北界湯溪,東南逕北部城北,又東南逕五部城南,東南右合妾水,傍西南出即水源所發也。羌水又逕葭蘆城南,逕餘城南,又東南,左會五部水。水有二源,出南、北五部溪,西南流合為一水,屈而東南注羌水。羌水又東南流至橋頭合白水,東南去白水縣故城九十里。

又東南至廣魏白水縣，與漢水合。又東南過巴郡閬中縣，又南至墊江縣東，南入于江。

【語　譯】

羌水出羌中參狼谷，

根據羌人風俗，羌水叫天池白水。《地理志》說：羌水發源於隴西郡羌道，東南流經宕昌城東，宕昌城西北距天池五百餘里。羌水又東南流經宕婆川城東，向東南流去。從前姜維進犯隴右，聽說鍾會已進入漢中，就領兵退回。姜維知道雍州刺史諸葛緒駐兵於陰平橋頭，便作出要從孔函谷往北道進軍的樣子，引諸葛緒在這條路上攔截他，但姜維進入北道後便改道回軍了。於是姜維渡過橋頭，進入劍閣，諸葛緒要追趕也已來不及了。

羌水又東南流，陽部水注入。陽部水發源於東北方的陽部溪，西南流經安民戍，又西南流注入羌水。羌水又東南流經武街城西南，又東南流經葭蘆城西，羊湯水注入。羊湯水發源於西北方陰平北境的湯溪，東南流經北部城北，又東南流經五部城南，東南流，右岸匯合了姜水。沿著水岸往西南走，就是水源所出之處了。羌水又流經葭蘆城南，流經餘城南，又東南流，左岸匯合了五部水。五部水有兩個源頭，出自南五部溪和北五部溪，往西南流，合成一條，然後轉向東南，注入羌水。羌水又東南流，到橋頭匯合了白水。橋頭東南距白水縣老城九十里。

又東南至廣魏白水縣，與漢水合。又東南過巴郡閬中縣，又南至墊江縣東，南入于江。

涪　水

涪水①出廣魏涪縣西北，

涪水出廣漢屬國剛氐道徼外，東南流逕涪縣西，王莽之統睦矣。臧宮進破涪城，斬公孫恢于涪，自此水上。縣有潺水，出潺山②，水源有金銀礦，洗取火合之，以成金銀。潺水歷潺亭而下注涪水。涪水又東南逕綿竹縣北，臧宮溯涪至平陽，公孫述將王元降，遂拔綿竹。涪水又東南與建始水合，水發平洛郡西溪，西南流屈而東南流，入于涪。涪水又東南逕江油戍北，鄧艾自陰平景谷步道，懸兵束馬入蜀，逕江油、廣漢者也。涪水又東南逕南安郡南，又南與金堂水會，水出廣漢新都縣，東南流入涪。涪水又南,枝津出焉③,西逕廣漢五城縣爲五城水,又西至成都入于江。

南至小廣魏,與梓潼水合。

小廣魏,即廣漢縣地,王莽更名曰廣信也。

【注　釋】　①涪水　《辭海》(一九七九年版)在《水經注疏》條下認爲《涪水》篇漏抄酈《注》本文達九十餘字。其實是《辭海》此條撰者的疏忽。詳見本卷"研析"。②出潺山　此處有佚文一條。《寰宇記》卷八十三《劍南東道》二《綿州‧羅江縣》引《水經注》:"潺石山下有泉,曰潺水。"當是此段中佚文。③涪水又南二句　此處有佚文二條。《輿地紀勝》卷一五四《潼州府‧景物上‧射江》引《水經注》:"涪江水東南合射江。"(《名勝志‧四川》卷十四《潼川州‧射洪縣》引《水經注》略同)又《方輿紀要》卷六十九《四川》四《重慶府‧合州‧定遠縣‧平曲城》引《水經注》:"平曲,即潼川州之平陽鄉。"均是此段中佚文。

【語　譯】

涪水出廣魏涪縣西北,

涪水發源於廣漢屬國剛氏道境外,東南流經涪縣西,就是王莽時的統睦。臧宮進軍攻破涪城,就在此城殺了公孫恢。從這裡溯流而上,縣境內有潺水發源於潺山,水源有金銀礦。以水來淘取礦砂,用火來熔冶,就可以製成金銀。潺水流經潺亭,注入涪水。涪水又東南流經綿竹縣北。臧宮從涪江逆流而上,直到平陽,公孫述的部將王元投降,於是攻取了綿竹。涪水又東南流與建始水匯合。建始水發源於平洛郡的西溪,先往西南流,然後轉向東南,注入涪水。涪水又東南流經江油戍北。鄧艾從陰平景谷小路,跋山歷險奇襲蜀國,就是經過江油、廣漢的。涪水又東南流經南安郡南,又南流與金堂水匯合。金堂水發源於廣漢新都縣,東南流注入涪水。涪水又南流,分出一條支水,西流經廣漢郡五城縣,叫五城水,又西流到成都注入江水。

南至小廣魏,與梓潼水合。

小廣魏,就是廣漢縣,王莽改名為廣信。

梓潼水

梓潼水出其縣北界,西南入于涪。

故廣漢郡,公孫述改爲梓潼郡,劉備嘉霍峻守葭萌之功,又分廣漢以北,別爲梓潼郡,以峻爲守。縣有五女,蜀王遣五丁迎之,至此見大蛇入山穴,五丁引之,山崩,壓五丁及五女,因氏山爲五婦山,又曰五婦候。馳水所出,一曰五婦水,亦曰潼水也。其水導源山中，南逕梓潼縣，王莽改曰子同矣。自縣南逕涪城東，又南入于涪水，謂之五婦水口也。

又西南至小廣魏南，入于墊江。

亦言涪水至此入漢水，亦謂之爲內水也。北逕墊江。昔岑彭與臧宮自江州從涪水上，公孫述令延岑盛兵于沈水，宮左步右騎，夾船而進，勢動山谷，大破岑軍，斬首、溺水者萬餘人，水爲濁流。沈水出廣漢縣，下入涪水也。

【語　譯】

梓潼水出其縣北界，西南入于涪。

小廣魏，就是從前的廣漢郡，公孫述改名為梓潼郡。劉備嘉獎霍峻守葭萌有功，又劃廣漢北部另立梓潼郡，任霍峻為太守。縣裡有五位姑娘，蜀王派遣五個兵丁去迎接她們，到了這裡，看見一條大蛇爬進山洞，五個兵丁去拖牠，拉崩了山，五個兵丁和五位姑娘都被壓在下面，因此稱此山為五婦山，又叫五婦候。馳水就發源在這裡，又名五婦水，也叫潼水。這條水發源於山中，南流經梓潼縣，王莽改名為子同。水從縣城南流經涪城東，又南流注入涪水，匯流處叫五婦水口。

又西南至小廣魏南，入于墊江。

也有人說，涪水到這裡注入漢水，又稱內水，北流經墊江。從前岑彭和臧宮從江州出發，循涪水而上，公孫述命令延岑在沈水部署強大的兵力。臧宮左翼為步兵，右翼為騎兵，在兩邊擁著船隻前進，聲勢震動山谷，大敗延岑軍，斬首和落水淹死的多達萬餘人，把整條江水都弄渾濁了。沈水發源於廣漢縣，下注於涪水。

涔　水

涔水出漢中南鄭縣東南旱山，北至安陽縣，南入于沔。

涔水，即黃水也。東北流逕成固南城北，城在山上，或言韓信始立，或言張良創築，未知定所制矣。義熙九年，索邈爲果州①刺史，自成固治此，故謂之南城。城周七里，衿澗帶谷，絕壁百尋，北谷口造城東門，傍山尋澗，五里有餘，盤道登陟，方得城治。城北水舊有桁，北渡涔水。水北有趙軍城，城北又有桁，渡沔取北城，城，即大成固縣治也。黃水右岸有悅歸館，涔水歷其北，北至安陽，左入沔，爲涔水口也。

【注　釋】　①果州　孫星衍校本云："錢竹汀曰：六朝無果州之名，必是梁州之訛。是年索邈為梁州刺史,邈與遐字形相涉,其為梁州無疑。"

【語　譯】

涔水出漢中南鄭縣東南旱山,北至安陽縣,南入于沔。

　　涔水,就是黃水,東北流經成固縣南城北。城在山上,有人說是韓信所修築,也有人說是張良創建,不知建城者到底是誰。義熙九年(公元四一三年),索邈任果州刺史,身在成固而設治於此,所以叫南城。城周長七里,前臨山澗,四周山谷環繞,懸崖絕壁高達百丈。從北邊谷口造城到城東門,沿山邊循著溪澗走,從盤旋曲折的山路登山,約五里餘,才到城裡。城北水上舊時有浮橋,可通涔水北岸;水北有趙軍城,城北又有一道浮橋跨過沔水,可到北城;這座城就是大成固縣的治所。黃水右岸有悅歸館,涔水流經館北,北流到安陽,向左邊注入沔水,匯流處叫涔水口。

【研　析】

此卷設篇居全書之首,以其均為"輕流細漾",故歷來一般人士包括若干學術界人士,對此多不甚關注,也缺乏了解。這個地區又多為酈氏足跡所未及,故《注》文也常有昧於地理之處。清末民初酈學界中的地理學派,尤以楊守敬、熊會貞師生,常按地理脈絡,移動《注》文字句。此卷《涪水》篇中,《經》文"涪水出廣魏涪縣西北"下一段僅二百餘言的《注》文,如前面注釋中所簡述,一九七九年版《辭海》在《水經注疏》條下說:"因未經審閱,錯別字及脫漏之處甚多,如《涪水》抄漏酈《注》本文竟達九十餘字。"當年,段熙仲教授邀我合作點校整理此書,並由我在卷首撰寫作為序言的《說明》萬餘言,我在此《說明》中即指出楊、熊無非按地理實況移動了《注》文的前後字句,絕未改動《注》文文字。全篇二百餘言,並未增損一字。是《辭海》此條作者不察之誤(點校本《水經注疏》出版後,《辭海》此條已經改正)。《水經注疏》在此段文字移動處,《疏》語說明甚詳。而《辭海》作為一種權威的辭書,竟也不加細察,鑄成如此大錯。酈學是一門專業性很深的大學問,巨川大水,固需精讀,輕流細漾,亦不能掉以輕心。治學之道,如此而已。

卷三十三　江水

【題　解】　卷三十三、三十四、三十五三卷是《江水》，因為長江是著名的大河，在前面《河水》卷的"題解"中已經說明，在古代，"河"是黃河的專名，"江"是長江的專名。江水是古代對長江的正規名稱，簡稱就作"江"。《水經注》全書中約有近二十篇都提及"江"，指的就是長江。另外，如同黃河稱為"大河"一樣，長江也被稱為"大江"。《水經注》全書中約有十餘卷篇提到"大江"這個名稱。但包括《經》文和《注》文，《水經注》全書沒有出現"長江"這個名稱。不過從現存的古籍來看，"長江"一名在三國時代已經出現。《三國志·吳書·周瑜傳》："且將軍大勢可以拒操者，長江也。"又《魯肅傳》："竟長江所及，據而有之。"但大概由於這個名稱尚未廣泛流行，所以《水經》和《水經注》都沒有使用。

《水經》記敘長江江源是："岷山在蜀郡氐道縣，大江所出，東南過其縣北。"這是因為《禹貢》說："岷山導江，東別為沱。"《禹貢》是經書，在古代受到極大的尊重，大家都不敢背離它，所以酈道元也只好順著《水經》說："岷山，即瀆山也，水曰瀆水矣。又謂之汶阜山，在徼外，江水所導也。"

其實，古人很早就知道，長江還有比岷江更長的源流。《山海經·海內經》說："有巴遂山，繩水出焉。"這個"繩水"，就是長江的正源金沙江。《海內經》一般認為是西漢初期的作品，說明人們對於江源的認識，到西漢初期，已比《禹貢》成書的年代，即戰國末期，前進了一步。到了《漢書·地理志》，情況就更為清楚："繩水出徼外，東至僰道入江。"僰道即今四川宜賓,正是金沙江和岷江的匯合之處。

《水經注》記敍的長江上游,又大大地超過了《漢書‧地理志》。卷三十六《若水》篇說:"繩水出徼外。《山海經》曰:巴遂之山,繩水出焉。東南流,分為二水:其一水枝流東出,逕廣柔縣,東流注于江;其一水南逕旄牛道,至大莋與若水合。自下亦通謂之為繩水矣。"若水即今雅礱江,若水與繩水匯合,其下仍稱繩水,這條繩水,當然就是金沙江。《若水》篇最後說:"若水至僰道,又謂之馬湖江。繩水、瀘水、孫水、淹水、大渡水,隨決入而納通稱。是以諸書錄記群水,或言入若,又言注繩,亦咸言至僰道入江。正是異水沿注,通為一津,更無別川可以當之。"從這段《注》文中,可見酈道元對當時長江上游的幹支流情況,已經清楚了。《注》文中的繩水,即今金沙江的通稱,淹水即今金沙江的上流,瀘水是今金沙江的中流,馬湖江即是今金沙江的下流,孫水就是今安寧河,大渡水就是今康定西的壩拉河。儘管他沒有突破《禹貢》的教條,仍把岷江作為長江的正源,但實際上已把長江上游幹支流的分布記敍清楚了。

岷山在蜀郡氏道縣,大江所出[①],東南過其縣北。

1　岷山,即瀆山也,水曰瀆水矣。又謂之汶阜山,在徼外,江水所導也。《益州記》[②]曰:大江泉源,即今所聞,始發羊膊嶺下,緣崖散漫,小水百數,殆未濫觴矣。東南下百餘里至白馬嶺,而歷天彭闕,亦謂之為天彭谷也。秦昭王以李冰為蜀守,冰見氏道縣有天彭山,兩山相對,其形如闕,謂之天彭門,亦曰天彭闕。江水自此已上至微弱,所謂發源濫觴者也。漢元延中,岷山崩,壅江水,三日不流。揚雄《反離騷》[③]云:自岷山投諸江流,以弔屈原,名曰《反騷》也。

2　江水自天彭闕東逕汶關,而歷氏道縣北。漢武帝元鼎六年,分蜀郡北部置汶山郡以統之,縣,本秦始皇置,後為昇遷縣也。《益州記》曰:自白馬嶺回行二十餘里至龍涸,又八十里至鹽陵縣,又南下六十里至石鏡,又六十餘里而至北部,始百許步;又西百二十餘里至汶山故郡,乃廣二百餘步;又西南百八十里至湮坂,江稍大矣。故其精則井絡瀍曜,江、漢昞靈。《河圖括地象》[④]曰:岷山之精,上為井絡,帝以會昌,神以建福。故《書》曰:岷山導江。泉流深遠,盛為四瀆之首。《廣雅》曰:江,貢也。《風俗通》曰:出珍物,可貢獻。《釋名》曰:江,共也,小水流入其中,所公共也。

3　東北百四十里曰崍山,中江所出,東注于大江。崍山,邛崍山也,在漢嘉嚴道縣,一曰新道南山。有九折坂,夏則凝冰,冬則毒寒,王陽按轡處也。平恒言:是中江所出矣。郭景純《江賦》曰:流二江于崌、崍。又東百五十里曰崌山,北江所出,東注于大江。《山海經》曰:崌山,江水出焉,東注大江,其中多怪蛇。

4　江水又逕汶江道，汶出徼外崏山西玉輪坂下而南行，又東逕其縣而東注于大江。故蘇代告楚曰：蜀地之甲，浮船于汶，乘夏水而下江，五日而至郢。謂是水也。又有湔水入焉，水出綿虒道，亦曰綿虒縣之玉壘山。呂忱云：一曰半浣水也，下注江。江水又東別爲沱，開明之所鑿也。郭景純所謂玉壘作東別之標者也。縣，即汶山郡治，劉備之所置也。渡江有笮橋。

5　江水又歷都安縣，縣有桃關、漢武帝祠，李冰作大堰于此⑤，雍江作堋，堋有左右口，謂之湔堋。江入郫江、撿江以行舟。《益州記》曰：江至都安，堰其右，撿其左，其正流遂東，郫江之右也。因山頹水，坐致竹木，以溉諸郡。又穿羊摩江、灌江，西于玉女房下白沙郵，作三石人立水中，刻要江神，水竭不至足，盛不没肩。是以蜀人旱則藉以爲溉，雨則不遏其流。故《記》⑥曰：水旱從人，不知饑饉，沃野千里，世號陸海，謂之天府也。郵在堰上，俗謂之都安大堰，亦曰湔堰，又謂之金堤。左思《蜀都賦》云：西踰金堤者也。諸葛亮北征，以此堰農本，國之所資，以征丁千二百人主護之，有堰官。益州刺史皇甫晏至都安，屯觀坂，從事何旅曰：今所安營，地名觀坂，上觀下反，其徵不祥，不從，果爲牙門張和所殺。

6　江水又逕臨邛縣，王莽之監邛也。縣有火井、鹽水，昏夜之時，光興上照。江水又逕江原縣，王莽更名邛原也。鄨江水出焉。江水又東北逕郫縣下，縣民有姚精⑦者，爲叛夷所殺，掠其二女，二女見夢其兄，當以明日自沈江中，喪後日當至，可伺候之，果如所夢，得二女之屍于水，郡縣表異焉。

7　江水又東逕成都縣，縣以漢武帝元鼎二年立。縣有二江，雙流郡下，故揚子雲《蜀都賦》曰：兩江珥其前者也。《風俗通》曰：秦昭王使李冰爲蜀守，開成都兩江，溉田萬頃。江神歲取童女二人爲婦，冰以其女與神爲婚，徑至神祠勸神酒，酒杯恒澹澹，冰厲聲以責之，因忽不見，良久，有兩牛鬪于江岸旁，有間，冰還，流汗謂官屬曰：吾鬪大亟，當相助也。南向腰中正白者，我綬也。主簿刺殺北面者，江神遂死，蜀人慕其氣決，凡壯健者，因名冰兒也。

8　秦惠王二十七年，遣張儀與司馬錯等滅蜀，遂置蜀郡焉，王莽改之曰導江也。儀築成都，以象咸陽。晉太康中，蜀郡爲王國，更爲成都內史，益州刺史治。《地理風俗記》曰：華陽黑水惟梁州。漢武帝元朔二年，改梁曰益州，以新啓犍爲、牂柯、越嶲，州之疆壤益廣，故稱益云。初治廣漢之雒縣，後乃徙此。故李固《與弟圖書》⑧曰：固今年五十七，鬢髮已白，所謂容身而遊，滿腹而去，周觀天下，獨未見益州耳。昔嚴夫子常言：經有五，涉其四；州有九，遊其八。欲類此子矣。

9　初，張儀築城取土處，去城十里，因以養魚，今萬頃池是也。城北又有龍堤池，城東有千秋池，西有柳池，西北有天井池，津流徑通，冬夏不竭。西南兩江有七橋，直西門郫江上曰沖治橋⑨,西南石牛門曰市橋,吳漢入蜀,自廣都令輕騎先往焚之,橋下謂之石犀淵。李冰昔作石犀五頭以厭水精,穿石犀,渠于南江,命之曰犀牛里。後轉犀牛二頭,一頭在府市市橋門,一頭沈之于淵也。大城南門曰江橋⑩,橋南曰萬里橋,西上曰夷星橋,下曰笮橋。南岸道東有文學,始,文翁爲蜀守,立講堂,作石室于南城。永初後,學堂遇火,後守更增二石室,後州奪郡學,移夷星橋南岸道東。道西城,故錦官也。言錦工織錦,則濯之江流,而錦至鮮明,濯以他江,則錦色弱矣。遂命之爲錦里也。蜀有迴復水,江神嘗溺殺人,文翁爲守,祠之,勸酒不盡,拔劍擊之,遂不爲害。

10 江水東逕廣都縣,漢武帝元朔二年置,王莽之就都亭也。李冰識察水脈,穿縣鹽井。江西有望川原,鑿山崖度水,結諸陂池,故盛養生之饒,即南江也。

11 又從沖治橋北折,曰長昇橋,城北十里曰昇僊橋,有送客觀,司馬相如將入長安,題其門曰:不乘高車駟馬,不過汝下也。後入邛蜀,果如志焉。李冰沿水造橋,上應七宿。故世祖謂吳漢曰:安軍宜在七橋連星間。漢自廣都乘勝進逼成都,與其副劉尚南北相望,夾江爲營,浮橋相對。公孫述使謝豐揚軍市橋,出漢後襲破,漢墜馬落水,緣馬尾得出入壁,命將夜潛渡江,就尚擊豐,斬之于是水之陰。江北則左對繁田,文翁又穿湔渠以漑灌繁田千七百頃。湔水又東絕綿洛,逕五城界至廣都北岸,南入于江,謂之五城水口,斯爲北江。江水又東至南安爲璧玉津,故左思云:東越玉津也。

又東南過犍爲武陽縣,青衣水、沫水從西南來,合而注之⑪。

12 縣,故大夜郎國,漢武帝建元六年開置郡縣。太初四年,益州刺史任安城武陽,王莽更名,郡曰西順,縣曰戢成,光武謂之士大夫郡。有鄨江入焉,出江原縣,首受大江,東南流至武陽縣注于江。縣下江上,舊有大橋,廣一里半,謂之安漢橋。水盛歲壞,民苦治功,後太守李嚴鑿天社山,尋江通道,此橋遂廢。縣有赤水,下注江。建安二十九年⑫,有黃龍見此水,九日方去。此縣藉江爲大堰,開六水門,用灌郡下。北山,昔者王喬所升之山也。

13 江水又與文井江會,李冰所導也。自莋道與濛溪分水,至蜀郡臨邛縣與布濮水合,水出徼外成都西沈黎郡,漢武帝元封四年,以蜀都西部邛莋邛⑬,理旄牛道,天漢四年置都尉,主外羌,在邛崍山表。自蜀西度邛莋,其道至險,有弄棟八渡之難,揚母閣路之阻。水從縣西布濮來,分爲二流,一水逕其道,又東逕臨邛縣,入文井水。文井水又東逕江原縣,縣濱文井江,江上有常氏堤,跨四十里。有朱亭,亭南有青城山,山上有嘉穀,山下有蹲鴟,即芋也。所謂下有蹲鴟,至老不饑,卓氏之所以樂遠徙也。文井江又東至武陽縣天社山下入江。其一水南逕越巂邛都縣西,東南至雲南郡之青蛉縣,入于僕。郡本雲川地也,蜀建興三年置。僕水又南逕永昌郡邪龍縣,而與貪水合。水出青蛉縣,上承青蛉水,逕葉榆縣,又東南至邪龍入于僕。僕水又逕寧州建寧郡。州,故庲降都督屯,故南人謂之屯下,劉禪建興三年,分益州郡置。歷雙柏縣,即水入焉。水出秦臧縣牛蘭山,南流至雙柏縣,東注僕水。又東至來唯縣入勞水,水出徼外,東逕其縣與僕水合。僕水東至交州交趾郡耄泠縣,南流入于海。

14　江水自武陽東至彭亡聚,昔岑彭與吳漢游江水入蜀,軍次是地,知而惡之,會日暮不移,遂爲刺客所害。謂之平模水,亦曰外水。此地有彭冢,言彭祖冢焉。江水又東南逕南安縣西,有熊耳峽,連山競險,接嶺爭高,漢河平中,山崩地震,江水逆流,懸溉有灘,名壘坻,亦曰鹽溉,李冰所平也。縣治青衣江會,衿帶二水矣,即蜀王開明故治也。來敏《本蜀論》[14]曰:荆人鼈令死,其屍隨水上,荆人求之不得,令至汶山下復生,起,見望帝,望帝者,杜宇也。從天下。女子朱利,自江源出爲宇妻,遂王于蜀,號曰望帝,望帝立以爲相。時巫山峽而蜀水不流。帝使令鼈巫峽通水,蜀得陸處。望帝自以德不若,遂以國禪,號曰開明。縣南有峨眉山,有濛水,即大渡水也。水發蒙溪,東南流與洩水合,水出徼外,逕汶江道。吕忱曰:洩水出蜀。許慎以爲洩水也,出蜀汶江徼外,從水,我聲。南至南安入大渡水,大渡水又東入江。故《山海經》曰:濛水出漢陽,西入江灞陽西。

又東南過僰道縣北[15],若水、淹水合從西來注之;又東,渚水北流注之。

15　縣,本僰人居之。《地理風俗記》曰:夷中最仁,有仁道,故字從人。《秦紀》[16]所謂僰僮之富者也。其邑,高后六年城之。漢武帝感相如之言,使縣令南通僰道,費功無成。唐蒙南入斬之,乃鑿石開閣,以通南中,迄于建寧,二千餘里,山道廣丈餘,深三四丈,其鑿鏨之迹猶存,王莽更曰僰治也。山多猶㹭,似猴而短足,好遊巖樹,一騰百步,或三百丈,順往倒返,乘空若飛。縣有蜀王兵蘭,其神作大難,江中崖峻阻險,不可穿鑿,李冰乃積薪燒之,故其處懸巖,猶有五色焉[17]。赤白照水玄黃,魚從僰來,至此而止,言畏崖嶼,不更上也。《益部耆舊傳》[18]曰:張真妻,黃氏女也,名帛。真乘船覆没,求尸不得,帛至没處灘頭,仰天而歎,遂自沉淵,積十四日,帛持真手于灘下出。時人爲説曰:符有先絡,僰道有張帛者也。

16　江水又與符黑水合,水出寧州南廣郡南廣縣,縣,故犍爲之屬縣也。漢武帝太初元年置,劉禪延熙中,分以爲郡。導源汾關山,北流,有大涉水注之,水出南廣縣,北流注符黑水,又北逕僰道入江,謂之南廣口。渚水則未聞也。

又東過江陽縣南，洛水從三危山，東過廣魏洛縣南，東南注之。

17　洛水出洛縣漳山，亦言出梓潼縣柏山。《山海經》曰：三危在燉煌南，與岷山相接，山南帶黑水。又《山海經》不言洛水所導，《經》曰出三危山，所未詳。常璩云：李冰導洛通山水，流發瀑口，逕什邡縣，漢高帝六年，封雍齒爲侯國，王莽更名曰美信也。洛水又南逕洛縣故城南，廣漢郡治也。漢高祖之爲漢王也，發巴渝之士，北定三秦，六年乃分巴蜀，置廣漢郡于乘鄉，王莽之就都，縣曰吾雒也。漢安帝永初二年[19]，移治涪城，後治洛縣。先是洛縣城南，每陰雨常有哭聲，聞于府中，積數十年，沛國陳寵爲守，以亂世多死亡，暴骸不葬故也，乃悉收葬之，哭聲遂絕。劉備自將攻洛，龐士元中流矢死于此。益州舊以蜀郡、廣漢、犍爲爲三蜀，土地沃美，人士儁乂，一州稱望。

18　縣有沈鄉，去江七里，姜士遊之所居。詩至孝，母好飲江水，嗜魚膾，常以雞鳴遡流汲江，子坐取水溺死，婦恐姑知，稱託遊學，冬夏衣服，寔投江流。于是至孝上通，涌泉出其舍側，而有江之甘焉。詩有田，濱江澤鹵，泉流所溉，盡爲沃野。又湧泉之中，旦旦常出鯉魚一雙，以膳焉。可謂孝悌發于方寸，徽美著于無窮者也。

19　洛水又南逕新都縣，蜀有三都：謂成都、廣都，此其一焉[20]。與綿水合，水西出綿竹縣，又與湔水合，亦謂之郫江也，又言是涪水。呂忱曰：一曰湔。然此二水俱與洛會矣。又逕犍爲牛鞞縣爲牛鞞水，昔羅尚乘牛鞞水東征李雄，謂此水也。縣以漢武帝元封二年置。又東逕資中縣，又逕漢安縣，謂之綿水也。自上諸縣，咸以漑灌。故語曰：綿洛爲没沃也。綿水至江陽縣方山下入江，謂之綿水口，亦曰中水。江陽縣枕帶雙流，據江、洛會也。漢景帝六年，封趙相蘇嘉爲侯國，江陽郡治也。故犍爲枝江都尉，建安十八年，劉璋立。江中有大闕、小闕焉。季春之月，則黄龍堆没，闕乃平也。昔世祖微時，過江陽縣，有一子，望氣者言，江陽有貴兒象，王莽求之而獠殺之。後世祖怨，爲子立祠于縣，謫其民，罰布數世。

20　揚雄《琴清英》[21]曰：尹吉甫子伯奇至孝，後母譖之，自投江中，衣苔帶藻，忽夢見水仙，賜其美藥，思惟養親，揚聲悲歌，船人聞之而學之，吉甫聞船人之聲，疑似伯奇，援琴作《子安之操》[22]。江水逕漢安縣北，縣雖迫山川，土地特美，鹽桑魚鹽家有焉。江水東逕樊石灘，又逕大附灘，頻歷二險也。

又東過符縣北邪東南，鱣部水從符關東北注之。

21　縣，故巴夷之地也。漢武帝建元六年，以唐蒙爲中郎將，從萬人出巴符關者也。元鼎二年立，王莽之符信矣。縣治安樂水會，水源南通寧州平夷郡鼈縣，北逕安樂縣界之東，又逕符縣下，北入江。縣長趙祉遣吏先尼和，以永建元年十二月，詣巴郡，没死成湍灘,子賢求喪不得,女絡年二十五歲,有二子,五歲以還,至二年二月十五日,尚不得喪,絡乃乘小船至父没處,哀哭自沈,見夢告賢曰:至二十一日與父俱出。至日,父子果浮出江上。郡縣上言,爲之立碑,以旌孝誠也。其鰡部之水,所未聞矣。或是水之殊目,非所究也。

又東北至巴郡江州縣東,强水、涪水、漢水、白水、宕渠水,五水合,南流注之。

22　强水,即羌水也。宕渠水,即潛水、渝水矣。巴水出晉昌郡宣漢縣巴嶺山,郡隸梁州,晉太康中立,治漢中。縣南去郡八百餘里,故屬巴渠。西南流歷巴中,逕巴郡故城南、李嚴所築大城北,西南入江。庾仲雍所謂江州縣對二水口,右則涪内水,左則蜀外水。即是水也。江州縣,故巴子之都也。《春秋》桓公九年,巴子使韓服告楚,請與鄧好是也。及七國稱王,巴亦王焉。秦惠王遣張儀等救苴侯于巴,儀貪巴、苴之富,因執其王以歸,而置巴郡焉,治江州。漢獻帝初平元年,分巴爲三郡,于江州,則永寧郡治也。至建安六年,劉璋納蹇胤之訟,復爲巴郡,以嚴顏爲守。顏見先主入蜀,歎曰:獨坐窮山,放虎自衛,此即拊心處也。漢世郡治江州,巴水北,北府城是也。後乃徙南城。劉備初以江夏費觀爲太守,領江州都督。後都護李嚴更城,周十六里,造蒼龍、白虎門,求以五郡爲巴州治,丞相諸葛亮不許,竟不果。

23　地勢側險,皆重屋累居,數有火害,又不相容,結舫水居者五百餘家。承二江之會,夏水增盛,壞散顛没,死者無數。縣有官橘、官荔枝園,夏至則熟,二千石常設廚膳,命士大夫共會樹下食之。縣北有稻田,出御米也。縣下又有清水穴,巴人以此水爲粉,則皜曜鮮芳,貢粉京師,因名粉水,故世謂之爲江州墮林粉,粉水亦謂之爲粒水矣。江之北岸,有塗山,南有夏禹廟、塗君祠,廟銘存焉。常璩、庾仲雍竝言禹娶于此。余按羣書,咸言禹娶在壽春當塗,不于此也。

又東至枳縣西,延江水從牂柯郡北流西屈注之。

24　江水東逕陽關巴子梁,江之兩岸,舊有梁處,巴之三關,斯爲一也。延熙中,蜀車騎將軍鄧芝爲江州都督,治此。江水又東,右逕黄葛峽,山高險,全無人居。江水又左逕明月峽,東至梨鄉,歷雞鳴峽。江之南岸,有枳縣治。《華陽記》[22]曰:枳縣在江州巴郡東四百里,治涪陵水會。庾仲雍所謂有別江出武陵者也。水乃延江之枝津,分水北注,逕涪陵入江,故亦云涪陵水也。其水南導武陵郡,昔司馬錯泝舟此水,取楚黔中地。延熙中,鄧芝伐徐巨,射玄猨于是縣,猨自拔矢,卷木葉塞射創。芝歎曰:傷物之生,吾其死矣。江水又東逕涪陵故郡北,後乃并巴郡,遂罷省。江水又東逕文陽灘,灘險難上。

25 江水又東逕漢平縣二百餘里,左自涪陵東出百餘里,而屆于黃石,東爲桐柱灘。又逕東望峽,東歷平都。峽對豐民洲,舊巴子別都也。《華陽記》曰:巴子雖都江州,又治平都。即此處也。有平都縣,爲巴郡之隸邑矣。縣有天師治,兼建佛寺,甚清靈。縣有市肆,四日一會。江水右逕虎鬚灘,灘水廣大,夏斷行旅。江水又東逕臨江縣南,王莽之監江縣也。《華陽記》曰:縣在枳東四百里,東接朐忍縣,有鹽官。自縣北入鹽井溪,有鹽井營户,溪水沿注江。江水又東得黃華水口,江浦也。左逕石城南。庾仲雍曰:臨江至石城黃華口一百里。又東至平洲,洲上多居民。又東逕壤塗而歷和灘,又東逕界壇,是地,巴東之西界,益州之東境,故得是名也。

又東過魚復縣南,夷水出焉。

26 江水又東,右得將龜溪口,《華陽記》曰:朐忍縣出靈龜。咸熙元年,獻龜于相府,言出自此溪也。江水又東會南、北集渠,南水出涪陵縣界,謂之陽溪,北流逕巴東郡之南浦僑縣西,溪硤側,鹽井三口,相去各數十步,以木爲桶,徑五尺,脩煮不絕。溪水北流注于江,謂之南集渠口,亦曰于陽溪口。北水出新浦縣北高梁山分溪,南流逕其縣西,又南百里至朐忍縣,南入于江,謂之北集渠口,別名班口,又曰分水口,朐忍尉治此。

27 江水又東,右逕汜溪口,蓋江汜決入也。江水又東逕石龍而至于博陽二村之間,有盤石,廣四百丈,長六里,阻塞江川,夏沒冬出,基亘通渚。又東逕羊腸虎臂灘。楊亮爲益州,至此舟覆,懲其波瀾,蜀人至今猶名之爲使君灘。江水又東,彭水注之,水出巴渠郡獠中,東南流逕漢豐縣東,清水注之,水源出西北巴渠縣東北巴嶺南獠中,即巴渠水也。西南流至其縣,又西入峽,檀井溪水出焉。又西出峽,至漢豐縣東而西注彭溪,謂之清水口。彭溪水又南,逕朐忍縣西六十里,南流注于江,謂之彭溪口。

28 江水又東,右逕朐忍縣故城南,常璩曰:縣在巴東郡西二百九十里,縣治故城,跨其山阪,南臨大江,江之南岸有方山,山形方峭,枕側江濆。江水又東逕瞿巫灘,即下瞿灘也,又謂之博望灘。左則湯溪水注之,水源出縣北六百餘里上庸界,南流歷縣,翼帶鹽井一百所,巴、川資以自給。粒大者方寸,中央隆起,形如張繖,故因名之曰繖子鹽。有不成者,形亦必方,異于常鹽矣。王隱《晉書·地道記》曰:入湯口四十三里,有石煮以爲鹽,石大者如升,小者如拳,煮之水竭鹽成。蓋蜀火井之倫,水火相得,乃佳矣。湯水下與檀溪水合,水上承巴渠水,南歷檀井溪,謂之檀井水,下入湯水,湯水又南入于江,名曰湯口。

29 江水又逕東陽灘。江上有破石,故亦通謂之破石灘,苟延光没處也。常璩曰:水道有東陽、下瞿數灘，山有大、小石城勢，靈壽木及橘圃也。故《地理志》曰：縣有橘官，有民市。江水又逕魚復縣之故陵，舊郡治故陵溪西二里故陵村。溪即永谷也。地多木瓜樹，有子，大如甀，白黃，實甚芬香，《爾雅》之所謂楙也。

30　江水又東爲落牛灘，逕故陵北，江側有六大墳，庾仲雍曰：楚都丹陽所葬，亦猶枳之巴陵矣。故以故陵爲名也。有魚復尉戍此。江之左岸有巴鄉村，村人善釀，故俗稱巴鄉清，郡出名酒。村側有溪，溪中多靈壽木。中有魚，其頭似羊，豐肉少骨，美于餘魚。溪水伏流逕平頭山，內通南浦故縣陂湖，其地平曠有湖澤，中有菱、芡、鯽、鴈，不異外江，凡此等物，皆入峽所無。地密惡蠻，不可輕至。

31　江水又東，右逕夜清而東歷朝陽道口，有縣治，治下有市，十日一會。江水又東，左逕新市里南，常璩曰：巴舊立市于江上，今新市里是也。江水又東，右合陽元水，水出陽口縣西南高陽山東，東北流逕其縣南，東北流，丙水注之。水發縣東南柏枝山，山下有丙穴，穴方數丈，中有嘉魚，常以春末遊渚，冬初入穴，抑亦褒漢丙穴之類也。其水北流入高陽溪。溪水又東北流，注于江，謂之陽元口。

32　江水又東逕南鄉峽，東逕永安宮南，劉備終于此。諸葛亮受遺處也。其間平地可二十許里，江山迴闊，入峽所無，城周十餘里，背山面江，頹墉四毀，荊棘成林，左右民居，多墾其中。江水又東逕諸葛亮圖壘南，石磧平曠，望兼川陸，有亮所造八陣圖，東跨故壘，皆累細石爲之。自壘西去，聚石八行，行間相去二丈，因曰：八陣既成，自今行師，庶不覆敗。皆圖兵勢行藏之權，自後深識者所不能了。今夏水漂蕩，歲月消損，高處可二三尺，下處磨滅殆盡。

33　江水又東逕赤岬城西，是公孫述所造，因山據勢，周迴七里一百四十步，東高二百丈，西北高千丈。南連基白帝山，甚高大，不生樹木，其石悉赤，土人云：如人袒胛，故謂之赤岬山。《淮南子》曰：傍徨于山岬之旁。《注》曰：岬，山脅也。郭仲產曰：斯名將因此而興矣。

34　江水又東逕魚復縣故城南，故魚國也。《春秋左傳》文公十六年，庸與羣蠻叛，楚莊王伐之，七遇皆北，惟裨、鯈、魚人逐之是也。《地理志》，江關都尉治。公孫述名之爲白帝，取其王色。蜀章武二年，劉備爲吳所破，改白帝爲永安，巴東郡治也。漢獻帝興平元年，分巴爲二郡，以魚復爲故陵郡，蹇胤訴劉璋，改爲巴東郡，治白帝山城，周迴二百八十步，北緣馬嶺，接赤岬山。其間平處，南北相去八十五丈，東西七十丈。又東旁東瀼溪，即以爲隍，西南臨大江，闚之眩目，惟馬嶺小差委迤，猶斬山爲路，羊腸數四，然後得上。益州刺史鮑陋鎮此，爲譙道福所圍，城裏無泉，乃南開水門，鑿石爲函道，上施木天公，直下至江中，有似援臂相牽引汲，然後得水。水門之西，江中有孤石，爲淫預石，冬出水二十餘丈，夏則沒，亦有裁出處矣[24]。縣有夷溪,即佷山清江也,《經》所謂夷水出焉。

35　江水又東逕廣溪峽,斯乃三峽之首㉟也。其間三十里,頹巖倚木,厥勢殆交。北岸
山上有神淵,淵北有白鹽崖,高可千餘丈,俯臨神淵。土人見其高白,故因名之。
天旱,燃木岸上,推其灰燼,下穢淵中,尋即降雨。常璩曰:縣有山澤水神,旱時鳴
鼓請雨,則必應嘉澤。《蜀都賦》所謂應鳴鼓而興雨也。峽中有瞿塘、黃龕二灘,夏
水迴復,沿泝所忌。瞿塘灘上有神廟,尤至靈驗,刺史二千石徑過,皆不得鳴角伐
鼓,商旅上水,恐觸石有聲,乃以布裹篙足,今則不能爾,猶饗薦不輟。此峽多猨,
猨不生北岸,非惟一處,或有取之放著北山中,初不聞聲,將同狢獸渡汶而不生矣。
其峽蓋自昔禹鑿以通江。郭景純所謂巴東之峽,夏后疏鑿者。

【注　釋】　①大江所出　此處有佚文一條。《方輿紀要》卷一二八《川瀆》五《大江》引《水經注》:
"岷江東流深遠,為四瀆者。"當是此《經》文下佚文。②益州記　書名。《隋書·經籍志》著錄三卷,
李氏撰。章宗源《隋書經籍志考證》卷六:"《益州記》,卷亡,任預撰,不著錄。"又嘉慶《四川通志》卷
一八八史部附錄《益州記》,無卷數,劉欣期撰。今三書俱佚,但書有輯本,收入於宛委山堂《說郛》弓
六十一及《說郛》卷四。此卷所引《益州記》不著撰人名氏,無法論定是三本中的何本。③反離騷
詩賦名。《漢書·藝文志》著錄《揚雄賦》十二篇。《漢書》本傳稱:"賦莫深於《離騷》,反而廣之。辭
莫麗於相如,作四賦。"本傳中有《反離騷》,篇名。今收入於《古書叢刊》第二輯丁集及《擇是居叢書》
初集等。④河圖括地象　書名。《漢志》及隋唐諸志均不著錄,亦無輯本流傳,當為《河圖》之一種,
已亡佚。⑤李冰作大堰于此　此處有佚文一條。《名勝志·四川》卷六《成都府》六《灌縣》引《水經
注》:"李冰作大堰于此,立碑六字曰:深淘灘,淺包隄。隄者,于江作埳,埳有左右口。"此"深淘灘,淺
包隄。隄者"八字,當為此句中佚文。⑥記　當指《益州記》。⑦姚精　人名,各本同。《水經注疏》
楊守敬按:"《華陽國志》十,廣柔羌反,寇殺長姚超。又云,廣柔長郫姚超二女姚妣饒,未許嫁,隨父
在官,值九種夷反,殺超,獲二女,欲使牧羊。二女誓不辱,乃以衣連腰,自沉水中死,見夢告兄慰,曰:
姊妹之喪,當以某日至澯下。慰寤,哀愕,如夢日得喪。郡國圖像付庭。又《華陽國志》十二《目錄》
亦稱廣柔長姚超。則《注》'姚精'為'姚超'之誤。"⑧與弟圖書　書信名。《隋書·經籍志》著錄後
漢司空《李固集》十二卷。但恐非此《與弟圖書》之李固,此李固乃在後漢興平初為左中郎將之李固,
清嚴可均輯存者亦即此條。⑨沖治橋　各本多作"沖里橋",《華陽國志》也作"沖治橋"。"治"與
"里"之異,說明宋本及以後各本所據,都從唐時完本而來。趙一清《水經注釋》:"《華陽國志》作'沖
治橋',此云'沖里',是唐時寫本避高宗諱耳,章懷注《後漢書》作'沖里橋'可證也。"從此一橋名中,
可以窺及《水經注》流傳的脈絡。⑩大城南門曰江橋　此處有佚文一條。《名勝志·四川》卷一《川
西道·成都府·成都縣》引《水經注》:"南江橋亦曰安樂橋,在城南二十五步,宋孝武以橋為安樂寺,
改名安樂橋。"當是此段中佚文。⑪合而注之　此處有佚文一條。《寰宇記》卷七十五《劍南西道》四
《蜀州·晉原縣》引《水經注》:"汝江井,李冰所導。"或是此《經》文下佚文。⑫建安二十九年　各本
均同。《水經注疏》楊守敬按:"《蜀志·先主傳》,建安二十五年,群臣上言,聞黃龍見武陽、赤水,九

日乃去。《華陽國志》三繫此事於建安二十四年，考先主即位，在建安二十六年，黃龍見在其先，則當是二十四年，《注》作二十九年，誤也。"⑬漢武帝元封四年二句　殿本在此處有戴震案語："此十五字，舛誤不可解，當作'漢武帝元鼎六年，以蜀郡西部莋都置'。《漢書·武帝本紀》可證，不能繫之元封四年也。又：越嶲郡治邛都，沈黎郡治莋都，不得兼言邛莋明矣。莋都即旄牛縣，亦曰旄牛道，天漢四年罷沈黎郡置，都尉仍治旄牛，其縣隸蜀郡，故城在今雅州府清溪縣南。"又，原文作"邛莋邛"不可通，此依《水經注疏》本譯。⑭本蜀論　書名。三國蜀來敏撰。此書不見隋唐諸志著錄，侯康《補三國藝文志》卷三及姚振宗《三國藝文志》卷二均有著錄，已亡佚，無輯本。來敏，字敬達。《三國志·蜀書》有傳。⑮又東南過墊江縣北　此處有佚文一條。《佩文韻府》卷十四，十四寒《灘·伏犀灘》引《水經注》："昔有黃牛從墊溪而出，上此崖乃化為石，是名伏犀灘。"當是此《經》文下佚文。⑯秦紀書名。《隋書·經籍志》著錄十一卷，宋殿中將軍裴景仁撰。又十卷，記姚萇事，魏左民尚書姚和都撰。丁國鈞《補晉書藝文志》卷二云："《秦紀》，阮籍。"此書除酈《注》外，僅見《御覽》卷四七四引及。因各書均佚，《江水注》所引為何人所撰，無可核實。《水經注疏》熊會貞按，認為《注》文中所記，"亦《華陽國志》文"。則上述裴、姚、阮三書，或均據《華陽國志》。⑰猶有五色焉　此處，黃本、吳本、練湖書院鈔本、《水經注箋》、《水經注刪》、何焯校《水經注》、王國維校《水經注》、《水經注集釋訂譌》、《名勝志》引《水經注》等多本，均作"猶有赤白玄黃五色焉"。《水經注疏》亦作"赤白玄黃"。《疏》："戴刪'赤白玄黃'四字，全又以下'赤白玄黃'四字為衍，刪之，趙依刪而移'焉'字于'照水'下。守敬按：自'縣有蜀王兵蘭'，至下'畏崖'句，皆本《華陽國志》，此以上為一條，今本無'玄黃'二字，蓋脫。以下為一條，酈氏綴合運用，連言赤白玄黃，語意相生相足，非複也。全、趙、戴刪、移，皆非。"⑱益部耆舊傳　書名。《隋書·經籍志》著錄十四卷，陳長壽撰。《兩唐志》均作陳壽撰。已亡佚，輯本收入於宛委山堂《說郛》㝷五十八、《五朝小說大觀》、《說郛》卷七、《玉函山房輯佚書》等。⑲永初二年　《水經注疏》作"元初二年"。《疏》："朱'元初'作'永初'，戴、趙同，又後脫'治'字，戴據歸有光本增，趙增同。云：《方輿紀要》，廣漢本治雒縣之乘鄉，安帝時移治浮城，後更治雒縣，劉焉徙治綿竹也。會貞按：《華陽國志》，廣漢郡本治繩鄉，永初中，陰平漢中羌反。元初二年，移治涪，後治雒城。則此《注》'永初'為'元初'之誤，今訂。"⑳此其一焉　此處有佚文一條。《名勝志·四川》卷八《成都府》八《金堂縣》引《水經注》："新都縣有金臺山，水通于巴漢，因水出金沙，因以名山。"當是此句下佚文。㉑琴清英　書名。《漢書·藝文志》著錄揚雄所序三十八篇，但《隋書·經籍志》與《兩唐志》均不著錄，則亡佚已久。《初學記》、《藝文類聚》等引及，《玉函山房輯佚書》有輯本，凡六條。㉒子安之操　樂曲名。據《注》文是漢尹吉甫撰。從未見歷來公私著錄。已亡佚，亦無輯本。㉓華陽記　書名。即《華陽國志》。酈氏隨意錄寫書名，此亦其一。㉔亦有裁出處矣　此處有佚文二條。《方輿勝覽》卷五十七《夔州·山川》引《水經注》："舟子取途不決，名曰猶預。"又《寰宇通志》卷六十五《夔州·山川·灩澦堆》引《水經注》："秋時方出，諺云：灩澦大如象，瞿唐不可上；灩澦大如馬，瞿唐不可下，峽人以此為水候。"此二句，當是此句下佚文。㉕斯乃三峽之首　《水經注疏》楊守敬按："此云廣溪峽為三峽之首，下云江水東逕巫峽，自三峽七百里中，兩岸連天，略無闕處。又云，江水東逕西陵峽，所謂三峽，此其一也。是酈氏以廣溪、巫峽、西陵為三峽。而有謂明月、廣德、東突者，庾仲雍《記》也。謂西峽、巴峽、歸峽者，《寰宇記》也。謂西陵、巫峽、歸峽者，宋肇《記》也。《蜀輶日記》云：惟王沫瞿唐、巫山、黃牛之說近似。今自夔府東至宜昌,將六百里,奇險盡在其間,蓋自灧澦堆至虎鬚灘,統名瞿塘峽,一名廣溪峽,即夔峽也。自空亡沱至門扇峽,統名巫峽,其峽起于歸州而尾於黃牛,訖于扇子,故又曰歸鄉峽、黃牛峽、扇子峽也。諸說紛紛,斷以夔峽、巫峽、西陵峽為三峽,因親歷其境目擊其阻且長者,有此三處,《陶》記與酈氏合,蓋知酈說不可易矣。"

【語　譯】

岷山在蜀郡氐道縣,大江所出,東南過其縣北。

1　岷山就是瀆山,水叫瀆水。岷山又叫汶阜山,遠在邊塞以外,江水就發源於此。《益州記》說:大江的源泉,按現今所知,開頭是從羊膊嶺下流出來的:一條條涓涓細流,數以百計,沿著山崖分散於各處,淺得幾乎連酒杯也浮不起來。水向東南流瀉了百餘里,到達白馬嶺,經過天彭闕,又叫天彭谷。秦昭王派李冰任蜀郡太守,李冰見氐道縣有天彭山,兩山相對,形狀如門,稱其為天彭門,又叫天彭闕。江水從這裡起,上流十分細弱,所謂的發源時只能浮得起酒杯,就是形容這裡。漢元延年間(公元前一二—前九年),岷山崩塌,堵塞了江水,以致江水三日不流。揚雄在《反離騷》中說:從岷山投入江流,以弔屈原,名為《反騷》。

2　江水從天彭闕東流經汶關,又流經氐道縣北。漢武帝元鼎六年(公元前一一一年),劃出蜀郡北部設置汶山郡,以管轄該縣。氐道縣原是秦始皇所置,後來改為昇遷縣。《益州記》說:江水從白馬嶺縈紆流奔二十餘里,到龍涸;又八十里,到鹽陵縣;又南下六十里,到石鏡;又六十餘里,到北部都尉治,江寬才有百餘步。江水又西流一百二十餘里,到達舊汶山郡時,寬度才有兩百餘步;又向西南奔流了一百八十里,到湿坂,江才稍大了一點。有了岷山的精氣,天上井宿就燁燁生輝,大江、漢水,靈光照耀。《河圖括地象》說:岷山的精氣,天上應井宿星座,帝王會當興隆昌盛,神明賴以為人類造福。所以《尚書》說:岷山是江水所出處。泉流既深且遠,流量之大,在四瀆之中首屈一指。《廣雅》說:江,就是貢的意思。《風俗通》說:江裡出產稀珍之物,可以朝貢。《釋名》說:江,就是共的意思,小水流進江中,因而是諸水所公共的。

3　東北一百四十里有峽山,是中江的發源地;中江東流注入大江。峽山就是邛峽山,在漢嘉郡嚴道縣,又名新道南山。有九折坂,夏天都會結冰,冬天更是酷寒,是王陽勒馬的地方。平恒說:這就是中江的發源地。郭景純《江賦》說:在崌山、峽山流奔著兩條江。又東流一百五十里,有崌山,北江發源於此,東流注入大江。《山海經》說:崌山是江水的發源地,東流注入大江。江中怪蛇很多。

4　江水又流經汶江道,汶水發源於邊塞外嶹山西的玉輪坂下,先南流,然後東流經該縣,東流注入大江。所以蘇代對楚王說:蜀地的軍隊在汶水上船,趁著夏季水漲下江,五日就能到楚國郢都。他說的就是這條水。又有湔水注入。湔水發源於綿虒道,也就是綿虒縣的玉壘山。呂忱說:湔水又叫半浣水,流注入江。江水東流,又分出沱江,是開明所鑿。就是郭景純所說的:玉壘山可作為東流分水的標誌。綿虒縣是汶山郡的治所,是劉備所置。有竹索橋可以渡江。

5　江水又東流經都安縣,縣裡有桃關和漢武帝祠,李冰在這裡造了一座大堰,截住江流。堰壩左右兩邊都有出水口,稱為湔堋。大江流入郫江、撿江,以便通航。《益州記》說:大江流到都安,在右岸築堰堵水,在左岸造堤控流,江的幹流於是東移,位於郫江右面。利用山勢滑放竹木入江,不用費力就可以運到;水還可以灌溉諸郡。李冰又鑿穿羊摩江和灌江,在西邊玉女房下的白沙郵,造了三個石人,立在水中,以鎮伏江神。枯水時不露腳,漲水時不沒肩。因而蜀人天旱時可藉以灌溉,多雨時不堵塞水流。所以《益州記》說:水旱都任人安排,饑荒絕跡,沃野千里,因此世人把它稱為陸海,又叫天府。郵亭就在堰上,民間稱此堰為都安大堰,也叫湔堰,又稱金堤。左思《蜀都賦》說:向西越過金堤,即指此堤。諸葛亮北征時,將此堰視為農業的命脈,國家賴以給養。他徵召了一千二百名兵丁負責護堰,並設堰官。益州刺史皇甫晏來到都安,屯兵於觀坂。從事何旅說:現在紮營的地方名叫觀坂,上觀下反,是不祥的徵兆。皇甫晏不聽他的話,果然被牙門張和所殺。

6　江水又流經臨邛縣,就是王莽時的監邛縣。縣裡有火井、鹽水,黑夜時分,就會升起一片火光。江水又流經江原縣,王莽改名為邛原。𨛬江水就發源在該縣。江水又東北流經郫縣境。縣裡有個叫姚精的人,夷人叛亂,把他殺了,兩個女兒也被擄去。姑娘們託夢給她們的哥哥,明天她們將投江自盡,屍體後天當可漂到,叫他等候著。果然他在江水中撈到兩個姑娘的屍體,就和夢中所說的一樣。郡縣都旌表這件異事。

7　江水又東流經成都縣,該縣設置於漢武帝元鼎二年(公元前一一五年)。縣裡有兩條江,都流經郡城下,所以揚子雲《蜀都賦》說:兩江從前面流過。《風俗通》說:秦昭王派李冰去當蜀郡太守,在成都開鑿了兩條河渠,可以灌溉萬頃田畝。江神每年需要兩個小姑娘做妻子,李冰把自己的女兒送去與江神成親,自己也直入神祠,向江神勸酒。但杯裡的酒卻寂然不動。李冰厲聲斥責,於是他們就忽然消失了。過了許久,江岸旁出現了兩條相鬥的牛。又過了一會兒,李冰回來了,滿身大汗,對下屬說:我鬥得精疲力竭了,你們該幫我一下。南面那頭牛腰間純白色的東西,就是我的綬帶。主簿刺殺了北面那頭牛,江神於是就死了。蜀人敬佩他的膽略和果決,因而把身強力壯的孩子都稱為冰兒。

8　秦惠王二十七年(公元前三一一年),派張儀和司馬錯等人去滅蜀,設置了蜀郡。王莽改名為導江。張儀按咸陽的格局修築了成都城。晉太康年間(公元二八○—二八九年),蜀郡立為王國,改為成都內史,是益州刺史的治所。《地理風俗記》說:華陽黑水一帶屬梁州地區。漢武帝元朔二年(公元前一二七年),把梁州改為益州,因為新開發了犍為、牂柯、越巂三地,州郡的疆域更加遼闊了,所以稱為益州。開始時治所在廣漢的雒縣,以後才遷到這裡來。所以李固《與弟圖書》說:我今年五十七歲,鬢髮都白了。正像人們所說的:有了安身之所就去遊歷,心滿意足了就離開。我周遊天下,只是還沒有看到過益州。從前嚴夫子常說:經有五部,已讀過四部;州有九個,已遊過八個。我是很想能像這位先生一樣。

9　當初張儀築城時取土的地方,離城十里,後來就用來養魚,這就是現在的萬頃池。城北又有龍堤池,城東有千秋池,城西有柳池,西北有天井池,都有水渠相通,冬夏不涸。西南兩江上有七座橋梁。郫江上通西門的叫沖治橋。西南在石牛門的叫市橋,吳漢入蜀時,從廣都派遣了一支輕騎兵先去燒了它;橋下的水潭叫石犀淵。從前李冰造了五頭石犀,用以鎮壓水妖。他通過石犀,在南江開了一條渠道,並把那地方命名為犀牛里。後來又把兩頭犀牛移掉;一頭移到府城市場的市橋門,一頭就沉在淵裡。在大城南門的叫江橋,在橋南的是萬里橋,向西走是夷星橋,下面是笮橋。南岸路東有一所學堂。起初,文翁當蜀郡太守,創立講堂,又在南城修築石室。永初(公元一○七—一一三年)以後,學堂失火焚毀,後任太守又增加了兩所石室。後來州衙門侵占郡學基址,就把郡學移到夷星橋南岸的路東去。路西有城,就是舊時的錦官城。據說織錦工人織成錦緞後,在江水裡洗濯,錦緞就色澤鮮豔;如在別的江河裡洗濯,錦緞就會褪色,於是取名為錦里。蜀郡有迴復水,江神曾溺死人。文翁做了太守後,立祠奉祀,為江神斟酒勸飲而神不飲盡,文翁拔劍刺他,江神就不再害人了。

10　江水東流經廣都縣。廣都縣置於漢武帝元朔二年(公元前一二七年),就是王莽時的就都亭。李冰能察看水脈,他開鑿了縣裡的鹽井。江水西岸有望川原,開鑿山崖引水流過,蓄積在陂塘裡,所以人民生活所需的物產非常豐富。這就是南江。

11　江水又從沖治橋北轉,有橋叫長昇橋。城北十里,叫昇僊橋,有送客觀。司馬相如將去長安時,在門上題字說:我不乘高車駟馬,決不從你下面走過。後來到了邛蜀,果然如願以償。李冰沿江造了七座橋,與天上的北斗七星相對應。所以世祖對吳漢說:部署軍隊應當選在連成七星的七座橋梁之間。吳漢從廣都乘勝進逼成都,和他的副將劉尚南北相呼應,隔江在兩岸建立軍營,其間以浮橋相連。公孫述派遣謝豐在市橋逞兵,卻另遣軍隊迂迴到吳漢背後攻破他的陣地,吳漢落馬跌入水中,幸而拉著馬尾才得以爬出水來。他進入軍營,命令部將連夜偷偷渡江,與劉尚合兵進攻謝豐,終於在江水南岸殺了他。大江北岸,左邊與繁田相對,文翁又鑿通湔洴水來灌溉繁田一千七百頃的田畝。湔水又東流穿過綿洛,經五城邊界到廣都北岸,南流注入江水,匯流處叫五城水口。這就是北江。江水又東流到南安就是璧玉津,所以左思說:向東越過玉津。

又東南過犍為武陽縣,青衣水、沫水從西南來,合而注之。

12　武陽縣就是從前的大夜郎國,漢武帝建元六年(公元前一三五年)開拓了那個地區,設置了郡縣。太初四年(公元前一○一年),益州刺史任安築武陽城,王莽改名,郡稱西順,縣名戢成;光武帝稱為士大夫郡。有鄳江流入。鄳江發源於江原縣;上流承接大江,東南流到武陽縣注入江水。武陽縣下游的江上,江面寬一里半,原有大橋,叫安漢橋。江水盛大,年年被沖毀,百姓苦於修橋。後來太守李嚴在天社山開山,找了另一條過江通道,此橋也就廢棄了。武陽縣有赤水,流注入江。建安二十九年(公元二二四年),此水出現黃龍,盤旋九日方才離去。縣裡在江上造了一座大堰,開了六處水門,以灌溉郡內的田畝。北山就是從前王喬升仙的地方。

13　江水又與李冰疏導的文井江匯合。文井江從笮道與濛溪分水,到蜀郡臨邛縣與布僕水匯合。布僕水發源於邊塞外成都西的沈黎郡。漢武帝元封四年(公元前一○七年),以蜀郡西部的邛笮置沈黎郡,管轄旄牛道;天漢四年(公元前九七年),在邛崍山設置都尉,掌管外羌。從蜀郡西行經過邛笮,道路極險,有弄棟八渡的難關,有揚母棧道的險阻。布僕水來自縣西的布僕,分為兩條:一條流經此道,又東流經臨邛縣,注入文井水。文井水又東流經江原縣。縣城瀕文井江,江上有常氏堤,綿延四十里。還有朱亭,亭南有青城山,山上有嘉禾,山下有蹲鴟,蹲鴟即芋頭,所謂山下有蹲鴟,到老都不飢,這就是卓氏之所以樂於遠道遷徙到這裡來的緣故。文井江又東流到武陽縣天社山下注入江水。另一條南流經越巂郡邛都縣西,東南流到雲南郡青蛉縣注入僕水。雲南郡本來是雲川地方,置於蜀建興三年(公元二二五年)。僕水又南流經永昌郡邪龍縣,與貪水匯合。貪水發源於青蛉縣,上流承接青蛉水,流經葉榆縣,然後東南流到邪龍注入僕水。僕水又流經寧州建寧郡。寧州原來是庲降都督駐兵的地方,所以南方人稱為屯下。劉禪建興三年,分益州郡而設置。僕水流經雙柏縣,匯合了即水。即水發源於秦臧縣牛蘭山,南流到雙柏縣,東流注入僕水。僕水又東流到來唯縣注入勞水。勞水發源於邊塞外,東流經來唯縣與僕水匯合。僕水東流到交州交趾郡麊泠縣,南流入大海。

14　江水從武陽東流到彭亡聚。從前岑彭與吳漢溯江進入蜀境,隊伍駐紮在這裡。岑彭聽到這個地名感到很討厭,但當時天色已晚,也就沒有轉移營地,於是就被刺客暗殺。這段江流稱為平模水,也叫外水。這裡有個彭冢,據說就是彭祖的墳。江水又東南流經南安縣西,該處有熊耳峽,連綿不斷的峰巒,比鄰相接的山嶺,似乎在競相比險爭高。漢河平年間(公元前二八—前二五年),發生地震山崩,江水倒流。有個急灘,名叫壘坻,又叫鹽溉,是李冰把它鑿平的。南安縣的治所在青衣江匯流處,夾在二水之間,這裡也就是蜀王開明原來的治所。來敏《本蜀論》說:荊人鱉令死後,屍體隨水漂向上流,因此荊人找不到他。鱉令漂到汶山下卻復活了,他起來去見望帝,望帝就任命他為宰相。望帝就是杜宇,他是從天上落下來的。有個叫朱利的姑娘,從江水的源頭出來,做了杜宇的妻子。於是杜宇就在蜀稱王,號稱望帝。當時因巫山山峽太窄,蜀水不能暢通,望帝派鱉令去開鑿巫峽,以疏通水流,於是蜀人才得以在陸地上居處。望帝自以為德政比不上他,就讓國給他,號為開明。南安縣南有峨眉山,有濛水,就是大渡水。濛水源出蒙溪,東南流與洟水匯合。洟水源出邊塞以外,流經汶江道。呂忱說:渽水發源於蜀。許慎認為這是洟水,發源於蜀郡汶江邊塞以外。洟字偏旁從水,讀作我。洟水南流到南安注入大渡水;大渡水又東流注入江水。所以《山海經》說:濛水發源於漢陽,西流在灊陽西注入江水。

又東南過僰道縣北,若水、淹水合從西來注之;又東,渚水北流注之。

15　僰道縣,原是僰人的居地。《地理風俗記》說:僰人在夷人中最善良,有仁愛之風,所以僰字偏旁從人;《秦紀》也說:以販賣僰人僮僕致富。僰道縣在高后六年(公元前一八二年)築城。漢武帝聽了司馬相如的話,派遣縣令開路南通僰道,但枉費人力,沒有開成。唐蒙南下來到這裡斬了縣令,於是鑿石開闢棧道,以通南中,直到建寧為止;其間二千餘里的山路,寬一丈有餘,深三四丈,鑿鑿的痕跡都還存在。王莽改名,稱為僰治。山中多猶猢,形狀像猴子,但腳稍短,喜歡在巖頭和樹上嬉戲,一躍遠達百步,甚至三百丈,不論向上向下,凌空往返矯捷如飛。僰道縣有蜀王放置兵器的欄架,山神大肆作祟,江中崖壁險阻,無法開鑿。於是李冰堆柴猛燒,所以那裡的懸崖還留有斑斕的色彩,或紅或白,或黃或黑,映照著江水;魚從僰道游來,到這裡就停下了,據說是害怕崖壁和險礁,不敢再向上游了。《益部耆舊傳》說:張真妻是黃家女兒,名帛。張真乘船覆沒,找不到屍體。黃帛到沉船處的灘頭,仰天長嘆,投水沉入深淵。十四日後,黃帛抓著張真的手在灘下浮上來。當時人們有句諺語說:符縣有先絡沉水求其父,僰道有張帛沉水求其夫。

16　江水又與符黑水匯合。符黑水源出寧州南廣郡南廣縣。該縣原是犍為郡的屬縣,置於漢武帝太初元年(公元前一〇四年),到劉禪延熙年間(公元二三八—二五七年)分設為郡。符黑水發源於汾關山,北流,有大涉水注入。大涉水發源於南廣縣,北流注入符黑水;又北經僰道入江,匯流處叫南廣口。渚水卻沒有聽說過。

又東過江陽縣南,洛水從三危山,東過廣魏洛縣南,東南注之。

17　洛水發源於洛縣漳山,也有人說發源於梓潼縣柏山。《山海經》說:三危在敦煌南,與峸山相連接,山南流過黑水。此外,《山海經》不提洛水發源地,而《水經》則說洛水發源於三危山,不知有何根據。常璩說:李冰疏導洛水流過山間,水從瀑口流出,流經什邡縣。漢高帝六年(公元前二〇一年),將該縣封給雍齒為侯國。王莽改名為美信。洛水又南流經洛縣老城南,這是廣漢郡的治所。漢高祖登上漢王之位,派巴渝兵士北征平定三秦,六年(公元前二〇一年),才分巴、蜀之地,在乘鄉設置廣漢郡。乘鄉就是王莽時的就都,縣名吾雒。漢安帝永初二年(公元一〇八年),把治所遷到涪城,以後又設在洛縣。先前洛縣城南,每逢陰雨,衙門中常常聽到哭聲,接連數十年之久。沛國陳寵當太守時,認為這是因為亂世死人很多,屍骨暴露於野外不得安葬之故,便將屍骨全都加以收葬,哭聲也就斷絕了。劉備親自率兵攻洛,龐士元被流矢射中,就死在這裡。益州舊時把蜀郡、廣漢、犍為稱為三蜀,土地肥沃,士人才智出眾,在一州之中負有聲望。

18　縣裡有沈鄉,離江七里,是姜詩的住處。姜詩字士遊,十分孝敬母親,他的母親喜歡喝江水,吃魚片;於是他常常聽到雞啼就早起到上流去汲水。他的兒子打水時失足淹死,妻子怕婆婆知道悲痛,就瞞著她說是出外讀書去了;每年冬夏給他縫衣,實際上卻投到江裡。他們這種極端的孝心感動了上天,於是他們屋邊地下湧出泉水,和江水一樣甘洌。姜詩有塊田,是坐落在江邊的鹽鹼地,經此泉澆灌,竟成為一片沃野。此外,湧泉之中天天出現一對鯉魚,以供食用。真是孝敬之情發自心靈深處,美德的典範萬世流芳了。

19　洛水又南流經新都縣。蜀有三都:指成都、廣都,新都也是其中之一。洛水與綿水匯合。綿水發源於西方的綿竹縣;又與湔水匯合,湔水也叫郫江,又稱涪水。呂忱說:又叫湔水。那麼二水都與洛水相匯合了。洛水又流經犍為郡牛鞞縣,稱為牛鞞水。從前羅尚乘牛鞞水東征李雄,說的就是此水。牛鞞縣置於漢武帝元封二年(公元前一〇九年)。牛鞞水又東流經資中縣,又流經漢安縣,稱為綿水。以上各縣都利用這條水來灌溉。所以俗話說:綿水、洛水可以淹灌。綿水又稱中水,到江陽縣方山腳下入江,匯流處叫綿水口。江陽縣瀕二江,位於江水和洛水的匯流處。漢景帝六年(公元前一五一年),將該縣封給趙國宰相蘇嘉為侯國,是江陽郡的治所。從前江陽郡是犍為枝江都尉治所,是建安十八年(公元二一三年)劉璋所設。江中有大闕和小闕,暮春時節水漲,黃龍堆淹沒,二闕也就平了。從前世祖寒微時候,經過江陽縣。他有個兒子,因為望氣者說江陽有出貴兒的氣象,王莽派人去尋找,結果遭到捕殺。後來世祖怨恨,在縣城為他立祠,並譴責當地百姓,接連幾代要罰他們繳納布匹。

20　揚雄《琴清英》說：尹吉甫的兒子伯奇極其孝順，因受後母誣陷而投江，身上纏滿了
　　青苔和水草。他忽然夢見水仙贈送良藥，心中想拿回去奉養父母，於是就高聲唱
　　起悲歌來，船夫聽到，也學著唱。尹吉甫聽到船夫的歌聲，覺得很像伯奇，就捧琴
　　來彈了一曲《子安之操》。江水流經漢安縣北。漢安縣雖然地近江河和山陵之間，
　　地勢局促，但土壤特別肥沃，蠶桑魚鹽家家戶戶都有。江水東流經樊石灘，又流經
　　大附灘，接連經過兩處險地。

又東過符縣北邪東南，鰼部水從符關東北注之。

21　符縣從前是巴夷地區。漢武帝建元六年（公元前一三五年），任唐蒙為中郎將，帶領
　　了萬人出巴符關，指的就是這裡。符縣設置於元鼎二年（公元前一一五年），就是王
　　莽時的符信。縣治在安樂水匯合處。安樂水的源頭南通寧州平夷郡鼈縣，北流經
　　安樂縣邊界以東，又流經符縣，北注江水。縣官趙祉派遣下屬先尼和，於永建元年
　　（公元一二六年）十二月去巴郡，結果在成湍灘覆舟淹死。他的兒子先賢找不到他的
　　屍體。女兒先絡二十五歲，有兩個兒子，都還不到五歲。到二年二月十五日，仍沒
　　有找到屍體。於是先絡就乘小船到父親溺死的地方悲哭，自己也投水了，並託夢
　　先賢說：到二十一日我會和父親一起出來的。到了那天，父女果然一起浮出江面。
　　郡縣上報，為她立碑，以表揚她的孝心。至於鰼部水，卻沒有聽到過，也許是水的
　　別名吧，但不清楚。

又東北至巴郡江州縣東，強水、涪水、漢水、白水、宕渠水，五水合，南流注之。

22　強水，就是羌水。宕渠水，就是潛水、渝水。巴水發源於晉昌郡宣漢縣巴嶺山。晉
　　昌郡屬梁州，置於晉太康年間（公元二八〇—二八九年），州治在漢中。宣漢縣南距晉
　　昌郡八百餘里，從前屬巴渠郡。巴水西南流經巴中，又經巴郡老城南、李嚴所築大
　　城北，往西南注入江水。庾仲雍所說的，江州縣與兩處水口相望，右邊是涪內水，
　　左邊是蜀外水，指的就是這條水。江州縣，從前是巴子的國都。《春秋》桓公九年
　　（公元前七〇三年），巴子遣韓服向楚國報告，請求與鄧修好。到了七國稱王時，巴也
　　稱王了。秦惠王派遣張儀等去巴援救苴侯，張儀貪圖巴、苴的財富，於是就俘虜了
　　他們的國王回來，並在那裡設置巴郡，以江州為郡治。漢獻帝初平元年（公元一九
　　〇年），分巴郡為三郡，江州則是永寧郡的治所。到了建安六年（公元二〇一年），劉
　　璋接受龔胤的意見，又恢復了巴郡，派嚴顏當太守。嚴顏見先主入蜀，嘆道：獨坐
　　在深山裡，卻放老虎出來保衛自己，在這裡有一天該要搥胸頓足，痛悔無及了。漢
　　時郡治是江州，就是巴水北岸的北府城，以後才遷到南城。劉備起初派江夏人費
　　觀當太守，兼任江州都督。後來都護李嚴改建城垣，周長十六里，建造了蒼龍、白

虎等城門，要求把五郡交給巴州管轄；但丞相諸葛亮不答應，終於沒有實現。

23　江州地勢傾斜而峻險，山坡建屋，都是層層相疊，因此經常發生火災；人們又互不相容，造船住在水上的達五百餘家。這裡地處兩江的匯合處，夏季江水猛漲，船隻被沖毀沉沒，淹死的人不計其數。縣裡有官府的橘園和荔枝園，到了夏天，果實成熟，太守常常備了飯菜，招士大夫到樹下來設宴會聚同食。縣北有稻田，出產專供皇室食用的稻米。縣府下又有清水穴，巴人用此穴的水來磨粉，磨出的粉潔白照眼，鮮美芳香，用以進貢京城，因此稱呼此水為粉水，所以人們把這種粉叫做江州墮林粉，粉水又叫做粒水。江水北岸有塗山，南岸有夏禹廟、塗君祠，廟銘還在。常璩、庾仲雍都說禹就是在這裡娶妻的。我查過許多書，都說禹在壽春當塗娶妻，不是在這裡。

又東至枳縣西，延江水從牂柯郡北流西屈注之。

24　江水東流經陽關的巴子梁。江水的兩岸現在還有橋梁遺址，陽關是巴郡三關之一。延熙年間（公元二三八—二五七年），蜀國車騎將軍鄧芝任江州都督，治所就在這裡。江水又東流，右岸流經黃葛峽。這裡山峰又高又險，完全無人居住。江水又在左岸流經明月峽，東流到梨鄉，流過雞鳴峽。江水南岸，有枳縣治所。《華陽國志》說：枳縣在江州巴郡東四百里，治所在涪陵水的匯流處。這就是庾仲雍所說的，有支江自武陵郡分出。此水是延江的支派，分流北注，經涪陵入江，所以也叫涪陵水。涪陵水導源於南方的武陵郡，從前司馬錯沿此江逆流而上，奪取了楚國的黔中地區。延熙年間（公元二三八—二五七年），鄧芝征討徐巨，在枳縣射黑猿；黑猿自己拔掉箭，捲起樹葉塞住傷口。鄧芝嘆道：殘害動物的生命，我恐怕要死了。江水又東流經涪陵舊郡北，涪陵以後併入巴郡，於是撤廢。江水又東流經文陽灘；此灘水勢險惡，上行十分困難。

25　江水又東流經漢平縣二百餘里，左邊從涪陵水東出百餘里，流到黃石，東邊是桐柱灘。又流經東望峽，東流經平都。東望峽與豐民洲相望，從前是巴子的陪都。《華陽國志》說：巴子雖然建都於江州，但也以平都為治所，指的就是這地方。有平都縣，是巴郡的屬縣。縣裡有天師治，還兼建佛寺，十分清淨靈驗。還有個市場，每四日開市一次。江水右岸流經虎鬚灘，灘闊水盛，夏季行旅斷絕。江水又東流經臨江縣南，這就是王莽時的監江縣。《華陽國志》說：縣在枳東四百里，東與胸忍縣接壤，駐有鹽官。從縣城北行到鹽井溪，有經營鹽井的民戶。溪水流注入江。江水又東流到黃華水口，這是個牛軛湖，左岸流經石城南。庾仲雍說：從臨江到石城黃華口一百里。又東流到了平洲，洲上居民很多。又東流經壞塗，流過和灘；又東流經界壇，這是巴東的西界，益州的東境，因有此名。

又東過魚復縣南,夷水出焉。

26　江水又東流,右岸有將龜溪口。《華陽國志》說:朐忍縣出產靈龜。咸熙元年(公元二六四年),有人到宰相府裡獻龜,說是此溪所出。江水又東流匯合了南集渠和北集渠。南邊的一條源出涪陵縣界,稱為陽溪,北流經巴東郡的南浦僑縣西。溪流所經的山峽旁有鹽井三口,相距各數十步,用直徑五尺的大木桶來裝,煮鹽從不中斷。溪水北流注入江水,匯流處稱為南集渠口,又叫于陽溪口。北邊的一條源出新浦縣北高梁山的分溪,南流經該縣西,又南流了一百里,到了朐忍縣,南流注入江水;匯流處稱為北集渠口,別名班口,又叫分水口,朐忍縣縣尉的治所就在這裡。

27　江水又東流,右岸流經汜溪口,是江水分流後重又注入處。江水又東流經石龍,流到博陽二村之間。江中有巨石,寬四百丈,長六里,阻塞江流,夏季沒入水中,冬季露出水面,基巖綿亙,與江心的洲渚相連。又東流經羊腸虎臂灘。楊亮當益州刺史時,在這裡翻了船。蜀人苦於灘中波瀾險惡,至今還把它叫做使君灘。江水又東流,彭水注入。彭水發源於巴渠郡獠中,東南流經漢豐縣東,清水注入。清水發源於西北方巴渠縣東北巴嶺以南的獠中,就是巴渠水。西南流到該縣,又西流進入山峽,檀井溪水就在這裡分出;又西流出峽,到漢豐縣東後往西注入彭溪,匯流處叫清水口。彭溪水又南流,經朐忍縣西六十里,南流注入江水,匯流處叫彭溪口。

28　江水又東流,右岸流經朐忍縣老城南。常璩說:朐忍縣在巴東郡西二百九十里,縣治老城坐落在山坡上,南瀕大江。大江南岸有方山,山呈方形,十分陡峭,一側瀕江。江水又東流經瞿巫灘,就是下瞿灘,又叫博望灘;左岸有湯溪水注入。湯溪水源出縣北六百餘里的上庸邊界,南流經縣城,兩岸有鹽井一百餘處,巴、川就靠這些鹽井來自給。鹽粒大的一寸見方,中央隆起,形狀就像一把張開的傘,所以叫繖子鹽。有的雖然不呈傘狀,但也一定是方形的,和普通的鹽不同。王隱《晉書·地道記》說:從湯口進去四十三里,石塊可以煮出鹽來。石塊大的像升,小的像拳頭,煮到水都乾盡,鹽也就結成了。這大概也是蜀地的天然氣井一類,水火互相配合,才能煮出好鹽來。湯水下流與檀溪水匯合。檀溪水上流承接巴渠水,南流經檀井溪,叫檀井水,下流注入湯水。湯水又南流注入江水,匯流處叫湯口。

29　江水又流經東陽灘。江中有破石,所以也通稱為破石灘,就是苟延光淹死的地方。常璩說:水道中有東陽、下瞿等幾個溪灘,山有大石城勢和小石城勢,有靈壽樹和橘園。所以《地理志》說:縣裡有橘官,有民間市場。江水又流經魚復縣的故陵。從前故陵郡的治所在故陵溪西二里的故陵村。故陵溪靠近永谷。當地木瓜樹很多,木瓜樹結的果實大得像酒壺,呈黃白色,十分芳香,就是《爾雅》所說的楙。

30　江水又東流就到了落牛灘;流經故陵北,江邊有六大墳。庾仲雍說:這是楚建都於
丹陽時所葬,正像枳的巴陵一樣,所以用故陵作為地名。有魚復尉駐守在這裡。
江水左岸有個巴鄉村,村人善於釀酒,所以民間把那裡釀的酒稱為巴鄉清,郡中出
產名酒。村邊有溪,溪裡靈壽樹很多。水中有魚,魚頭像羊,肉多骨少,比別的魚
滋味更鮮美。溪水潛流經平頭山底下,與南浦舊縣的湖塘相通。這一帶土地平
曠,有湖泊沼澤,生長菱芡等水生植物,還有鯽魚和大雁,與外江沒有兩樣;這些東
西都是進峽之後所看不到的。但這地方很冷僻,有很多兇惡的蠻人,不可輕率
前往。

31　江水又東流,右岸流經夜清,又東流經朝陽道口,這裡有縣治,縣治下有市場,十日
一次集市。江水又東流,左岸流經新市里南。常璩說:先前巴地在江上立市,就是
現今的新市里。江水又東流,右岸匯合了陽元水。陽元水發源於陽口縣西南的高
陽山東,東北流經該縣南,東北流,有丙水注入。丙水發源於縣城東南的柏枝山。
山下有丙穴,洞寬數丈,洞中有嘉魚,常常在暮春時節游到沙洲旁,初冬時進入洞
內,或許就像褒漢、丙穴之地的情形吧。丙水北流注入高陽溪。溪水又東北流,注
入江水,匯流處叫陽元口。

32　江水又東流經南鄉峽,東經永安宮南。這裡就是劉備身亡、諸葛亮接受遺詔的地
方。其間平地約二十餘里,江山曠闊,是入峽後所沒有的地方。城牆周長十餘里,
背後倚山,面前臨江,四面都是廢毀的城牆,成林的荊棘,附近居民不少在其間墾
種。江水又東流經諸葛亮八陣圖石堆南。石灘平坦開闊,河流和田野一覽無遺。
這裡有諸葛亮所造的八陣圖,向東跨越軍營遺址,都用細石堆砌而成。從遺址向
西,堆疊了八行石頭,行距二丈,於是他說:八陣排成了,從今天起,用兵大概可以
不致打敗仗了吧。八陣圖所表示的都是用兵虛虛實實,隨機應變的戰術,後世對
兵法有高深研究的人也看不懂。現在因夏季大水的沖激,歲月的侵蝕消磨,高處
還留下二三尺,低處差不多把痕跡都蕩盡了。

33　江水又東流經赤岬城西。公孫述依據山勢築成此城,周長七里一百四十步,東高
二百丈,西北高達千丈;南面的城基則與白帝山相連。白帝山極其高大,山上不生
樹木,巖石都呈赭紅色。當地人說,此山就像一個人袒露著肩胛,所以叫赤岬山。
《淮南子》說:徬徨在山岬旁邊。《注》說:岬就是山的脅下。郭仲產說:這個名稱
將因此而流行。

34　江水又東流經魚復縣老城南。魚復縣就是古時的魚國。《春秋左傳》文公十六年
(公元前六一一年),庸和群蠻反叛,楚莊王出兵征討,連打了七次敗仗,實際上是禈、
鯈、魚各族人民把他們趕走的。據《地理志》載,這是江關都尉的治所,公孫述稱它

為白帝,是以在殿前井裡出現的白龍取名的。蜀國章武二年(公元二二二年),劉備被東吳打敗,把白帝改名為永安,是巴東郡的治所。漢獻帝興平元年(公元一九四年),將巴分為二郡,以魚復為故陵郡;蹇胤向劉璋建議改為巴東郡,設治所於白帝山城。城周長二百八十步,北城沿著馬嶺,與赤岬山相接;山間平坦的地方,南北相距八十五丈,東西七十丈。東瀕東瀼溪,就作為護城河;西南俯臨大江,下望令人頭暈目眩。唯有馬嶺只是稍稍有點綿延曲折,但也鑿山築路,羊腸小徑七轉八彎,然後才能上去。益州刺史鮑陋鎮守在這裡,被譙道福所包圍。城裡沒有水,於是在南面開了水門,在巖壁上鑿出函道,上面裝了木天公,一直放到江裡,好像猴子手牽著手那樣來汲水,方才弄到了水。水門西,江中有一塊孤石,就是淫預石;冬天露出水面二十餘丈,夏天沉沒在水下,也有一些地方只露出一點點。縣裡有夷溪,就是很山的清江;《水經》裡說夷水發源在這裡,指的就是此水。

35 江水又東流經廣溪峽,這是三峽的上端。其間三十里,驚險的危巖,斜出的樹木,看來幾乎兩邊要互相交接似的。北岸山上有神淵,淵北有白鹽崖,高達千餘丈,俯臨神淵。當地人看到它又高又白,所以取了這個名字。天旱時在岸上焚燒樹木,把灰燼推到深潭裡,弄髒潭水,不久就會下雨。常璩說:縣裡有山澤水神,天旱時擊鼓求雨,就一定應驗,會有甘霖喜降。這就是《蜀都賦》所說的:聽到敲鼓就會下雨。峽中有瞿塘、黃龕兩處險灘,夏天洪水激起漩渦,上灘下灘都要提心吊膽。瞿塘灘上有個神廟,尤其靈驗,刺史二千石一級官員經過這裡,都不可吹號打鼓。商旅上下水時,怕碰到石頭發出聲響,就用布包起撐竿的下端。現在雖不這樣做了,但祭祀水神還是沒有中斷過。峽中猿猴很多,但北岸卻沒有,這也不是僅僅一處如此。有人捕捉了猿猴放到北山去,卻一點也聽不到牠的叫聲了。也許就像貉那樣,過了汶水就不能生存了。這條山峽大概是從前大禹開鑿出來疏導江水的吧。郭景純也說過:巴東山峽是夏禹王開鑿,以疏通水流的。

【研　析】　此卷記敍江源,酈氏遵循《禹貢》,所敍實為岷江之源。岷江是川中大川,全書未有專篇,而尤以都安大堰(都江堰)為中國最早和設計最精的水利工程之一,此篇所敍,實足珍貴。而以此作例,也說明後人輯佚的重要。李冰作此堰,立有"深淘潭(灘),低作隁(堰)"的六字歲修法則,淘潭務深,俾使河床不致淤高;作隁求低,促使淘潭不得不深。淘潭功大而作隁事易。若無此六字法則,則後人貪圖省力,必以高作隁應付歲修,於是積年久而必致河床淤高,工程難免廢弛。此六字酈《注》原已收入,卻因傳鈔而缺佚,直至《元史·河渠志·蜀堰》中才見記載:"又書深淘灘,高(必是低字之訛)作堰六字,其旁為治水之法,皆李冰所為也。"《元史》之文,不僅較《水經注》晚出了七百多年,而且把至關重要的"低作隁"誤刊作"高作堰"。而《大明輿地名勝志》(《名勝志》)能保留酈書原文,功在不淺。《水經注》從宋初以後就成為一部殘籍,所以對於此書的輯佚,雖然前輩學者已經搜羅殆遍,所剩甚微,但治古籍學者,仍宜留意,偶有片語隻字之獲,仍是至寶。

卷三十四　江水

【題　解】　上卷從岷江江源記敍到岷江與長江匯合處焚道（今宜賓市），然後順江東下，直到"江水又東逕廣溪峽，斯乃三峽之首也"。此卷則記長江入峽以後，即三峽江段，所以長江勝景，盡在此卷之中："兩岸連山，略無闕處。""自非停午夜分，不見曦月。"酈道元雖未身歷其境，但全卷無疑是一篇描寫風景的千古文章。《注》文循《經》文最後寫到江陵，即今湖北沙市一帶，長江從峽谷進入平原，又是另外一番景色了。

又東出江關，入南郡界，

1　江水自關東逕弱關、捍關。捍關，廩君浮夷水所置也。弱關在建平秭歸界，昔巴、楚數相攻伐，藉險置關，以相防捍。秦兼天下，置立南郡，自巫東上，皆其域也①。

又東過巫縣南，鹽水從縣東南流注之。

2　江水又東，烏飛水注之，水出天門郡漊中縣界，北流逕建平郡沙渠縣南，又北流逕巫縣南，西北歷山道三百七十里，注于江，謂之烏飛口。江水又東逕巫縣故城南，縣，故楚之巫郡也，秦省郡立縣，以隸南郡，吳孫休分爲建平郡，治巫城，城緣山爲墉，周十二里一百一十步，東、西、北三面皆帶傍深谷，南臨大江，故夔國也。

3　江水又東，巫溪水注之，溪水導源梁州晉興郡之宣漢縣東，又南逕建平郡泰昌縣南，又逕北井縣西，東轉歷其縣北，水南有鹽井，井在縣北，故縣名北井，建平一郡之所資也。鹽水下通巫溪,溪水是兼鹽水之稱矣。溪水又南屈逕巫縣東,縣之東北三百步有聖泉,謂之孔子泉,其水飛清石穴,潔竝高泉,下注溪水,溪水又南入于大江。

4　江水又東逕巫峽,杜宇所鑿,以通江水也。郭仲產云:按《地理志》,巫山在縣西南,而今縣東有巫山,將郡、縣居治無恒故也。江水歷峽東逕新崩灘,此山,漢和帝永元十二年崩,晉太元二年又崩,當崩之日,水逆流百餘里,湧起數十丈。今灘上有石,或圓如簞,或方似屋②,若此者甚衆,皆崩崖所隕,致怒湍流,故謂之新崩灘。其頹巖所餘,比之諸嶺,尚爲竦桀。

5　其下十餘里有大巫山,非惟三峽所無,乃當抗峯岷、峨,偕嶺衡、疑,其翼附羣山,竝槩青雲,更就霄漢,辨其優劣耳。神孟涂所處,《山海經》曰:夏后啓之臣孟涂,是司神于巴,巴人訟于孟涂之所,其衣有血者執之。是請生居山上,在丹山西。郭景純云:丹山在丹陽,屬巴。丹山西即巫山者也。

6　又帝女居焉,宋玉所謂天帝之季女,名曰瑤姬,未行而亡,封于巫山之陽,精魂爲草,寔爲靈芝。所謂巫山之女,高唐之阻,旦爲行雲,暮爲行雨,朝朝暮暮,陽臺之下。旦早視之,果如其言。故爲立廟,號朝雲焉。其間首尾百六十里,謂之巫峽,蓋因山爲名也。

7　自三峽七百里中,兩岸連山,略無闕處。重巖疊嶂,隱天蔽日,自非停午夜分,不見曦月。至于夏水襄陵,沿泝阻絕,或王命急宣,有時朝發白帝,暮到江陵,其間千二百里,雖乘奔御風,不以疾也。春冬之時,則素湍綠潭,迴清倒影,絕巘多生怪柏,懸泉瀑布,飛漱其間,清榮峻茂,良多趣味。每至晴初霜旦,林寒澗肅,常有高猿長嘯,屬引淒異,空谷傳響,哀轉久絕。故漁者歌曰:巴東三峽巫峽長,猿鳴三聲淚沾裳③。

8　江水又東逕石門灘,灘北岸有山,山上合下開,洞達東西,緣江步路所由。劉備爲陸遜所破,走逕此門,追者甚急,備乃燒鎧斷道。孫桓爲遜前驅,奮不顧命,斬上夔道,截其要徑。備踰山越險,僅乃得免。忿恚而歎曰:吾昔至京,桓尚小兒,而今迫孤,乃至于此。遂發憤而薨矣。

又東過秭歸縣之南,

9　縣,故歸鄉。《地理志》曰:歸子國也。《樂緯》④曰:昔歸典叶聲律。宋忠曰:歸即夔,歸鄉,蓋夔鄉矣。古楚之嫡嗣有熊摯者,以廢疾不立,而居于夔,爲楚附庸,後王命爲夔子。《春秋》僖公二十六年,楚以其不祀,滅之者也。袁山松曰:屈原有賢姊,聞原放逐,亦來歸,喻令自寬。全鄉人冀其見從,因名曰秭歸,即《離騷》所謂女嬃嬋媛以詈余也。縣城東北依山即坂,周迴二里,高一丈五尺,南臨大江,古老相傳,謂之劉備城,蓋備征吳所築也。縣東北數十里有屈原舊田宅,雖畦堰糜漫,猶保屈田之稱也。縣北一百六十里有屈原故宅,累石爲室基,名其地曰樂平里,宅之東北六十里有女嬃廟,擣衣石猶存。故《宜都記》⑤曰:秭歸蓋楚子熊繹之始國,而屈原之鄉里也。原田宅于今具存。指謂此也。

10　江水又東逕一城北,其城憑嶺作固,二百一十步,夾溪臨谷,據山枕江,北對丹陽城,城據山跨阜,周八里二百八十步,東北兩面,悉臨絕澗,西帶亭下溪,南枕大江,險峭壁立,信天固也。楚子熊繹始封丹陽之所都也。《地理志》以爲吳之丹陽,論者云:尋吳、楚悠隔,繼縷荊山,無容遠在吳境,是爲非也。又楚之先王陵墓在其間,蓋爲徵矣。

11　江水又東南逕變城南,跨據川阜,周迴一里百一十八步,西北背枕深谷,東帶鄉口溪,南側大江,城內西北角有金城,東北角有圓土獄,西南角有石井,口徑五尺。熊摯始治巫城,後疾移此,蓋變徙也。《春秋左傳》僖公二十六年,楚令尹子玉城變者也。服虔曰:在巫之陽,秭歸歸鄉矣。江水又東逕歸鄉縣故城北,袁山松曰:父老傳言,原既流放,忽然蹔歸,鄉人喜悦,因名曰歸鄉。抑其山秀水清,故出儁異,地險流疾,故其性亦隘。《詩》⑥云:惟岳降神,生甫及申。信與。余謂山松此言可謂因事而立證,恐非名縣之本旨矣。縣城南面重嶺,北背大江,東帶鄉口溪,溪源出縣東南數百里,西北入縣,逕狗峽西,峽崖龕中,石隱起有狗形,形狀具足,故以狗名峽。鄉口溪又西北逕縣下入江,謂之鄉口也。江水又東逕信陵縣,南臨大江,東傍深溪,溪源北發梁州上庸縣界,南流逕縣下而注于大江也。

又東過夷陵縣南,

12　江水自建平至東界峽,盛弘之⑦謂之空泠峽,峽甚高峻,即宜都、建平二郡界也。其間遠望,勢交嶺表,有五六峯參差互出,上有奇石如二人像,攘袂相對,俗傳兩郡督郵爭界于此,宜都督郵厥勢小東傾,議者以爲不如也。

13　江水歷峽,東逕宜昌縣之插竈下,江之左岸,絕岸壁立數百丈,飛鳥所不能棲。有一火爐,插在崖間,望見可長數尺。父老傳言,昔洪水之時,人薄舟崖側,以餘爐插之巖側,至今猶存,故先後相承,謂之插竈也。

14　江水又東逕流頭灘,其水竝峻激奔暴,魚鼈所不能游,行者常苦之。其歌曰:灘頭白勃堅相持,倏忽淪没別無期。袁山松曰:自蜀至此五千餘里,下水五日,上水百日也⑧。江水又東逕宜昌縣北,分夷道、佷山所立也。縣治江之南岸,北枕大江,與夷陵對界。《宜都記》曰:渡流頭灘十里,便得宜昌縣。

15　江水又東逕狼尾灘而歷人灘,袁山松曰:二灘相去二里,人灘水至峻峭,南岸有青石,夏没冬出,其石嶔崟,數十步中悉作人面形,或大或小,其分明者,鬚髮皆具,因名曰人灘也。

16　江水又東逕黃牛山，下有灘，名曰黃牛灘，南岸重嶺疊起，最外高崖間有石，色如人負刀牽牛，人黑牛黃，成就分明，既人跡所絕，莫得究焉。此巖既高，加以江湍紆迴，雖途逕信宿，猶望見此物，故行者謠曰：朝發黃牛，暮宿黃牛，三朝三暮，黃牛如故。言水路紆深，迴望如一矣[9]。

17　江水又東逕西陵峽，《宜都記》曰：自黃牛灘東入西陵界，至峽口百許里，山水紆曲，而兩岸高山重障，非日中夜半，不見日月，絕壁或千許丈，其石彩色，形容多所像類，林木高茂，略盡冬春，猿鳴至清，山谷傳響，泠泠不絕。所謂三峽，此其一也。山松言：常聞峽中水疾，書記及口傳，悉以臨懼相戒，曾無稱有山水之美也。及余來踐躋此境[10]，既至欣然，始信耳聞之不如親見矣。其疊崿秀峰，奇構異形，固難以辭叙，林木蕭森，離離蔚蔚，乃在霞氣之表，仰矚俯映，彌習彌佳，流連信宿，不覺忘返，目所履歷，未嘗有也。既自欣得此奇觀，山水有靈，亦當驚知己于千古矣。

18　江水歷禹斷江南，峽北有七谷村，兩山間有水清深，潭而不流。又耆舊傳言：昔是大江，及禹治水，此江小不足瀉水，禹更開今峽口，水勢并衝，此江遂絕，于今謂之斷江也。江水出峽東南流，逕故城洲，洲附北岸，洲頭曰郭洲，長二里，廣一里，上有步闡故城，方圓稱洲，周迴略滿。故城洲上，城周五里，吳西陵督步騭所築也。孫皓鳳凰元年，騭息闡復爲西陵督，據此城降晉，晉遣太傅羊祜接援，未至，爲陸抗所陷也。

19　江水又東逕故城北，所謂陸抗城也，城即山爲墉，四面天險，江南岸有山孤秀，從江中仰望，壁立峻絕。袁山松爲郡，嘗登之矚望焉。故其《記》[11]云：今自山南上至其嶺，嶺容十許人，四面望諸山，略盡其勢，俯臨大江，如縈帶焉，視舟如鳧鴈矣。北對夷陵縣之故城，城南臨大江。秦令白起伐楚，三戰而燒夷陵者也。應劭曰：夷山在西北，蓋因山以名縣也。王莽改曰居利，吳黃武元年，更名西陵也。後復曰夷陵。縣北三十里有石穴，名曰馬穿，嘗有白馬出穴，人逐之，入穴潛行出漢中，漢中人失馬亦嘗出此穴，相去數千里。袁山松言：江北多連山，登之望江南諸山，數十百重，莫識其名，高者千仞，多奇形異勢，自非煙塞雨霽，不辨見此遠山矣。余嘗往返十許過，正可再見遠峯耳。

20　江水又東逕白鹿巖，沿江有峻壁百餘丈，猨所不能遊，有一白鹿，陵峭登崿，乘巖而上，故世名此巖爲白鹿巖。江水又東歷荊門、虎牙之間，荊門在南，上合下開，闇徹山南，有門像，虎牙[12]在北，石壁色紅，間有白文，類牙形，竝以物像受名。此二山，楚之西塞也。水勢急峻，故郭景純《江賦》曰：虎牙桀豎以屹崒，荊門闕竦而盤薄，圓淵九迴以懸騰，溢流雷响而電激者也。漢建武十一年，公孫述遣其大司徒任滿、翼江王田戎,將兵數萬,據險爲浮橋,橫江以絶水路,營壘跨山,以塞陸道。光武遣吳漢、岑彭將六萬人擊荊門,漢等率舟師攻之,直衝浮橋,因風縱火,遂斬滿等矣。

又東南過夷道縣北,夷水從佷山縣南,東北注之。

21　夷道縣,漢武帝伐西南夷,路由此出,故曰夷道矣。王莽更名江南,桓温父名彝,改曰西道,魏武分南郡置臨江郡,劉備改曰宜都。郡治在縣東四百步故城,吳丞相陸遜所築也。爲二江之會也。北有湖里淵,淵上橘柚蔽野,桑麻闇日,西望佷山諸嶺,重峯疊秀,青翠相臨,時有丹霞白雲,遊曳其上。城東北有望堂,地特峻,下臨清江,遊矚之名處也。縣北有女觀山,厥處高顯,回眺極目。古老傳言,昔有思婦,夫官于蜀,屢衍秋期,登此山絶望,憂感而死,山木枯悴,鞠爲童枯,鄉人哀之,因名此山爲女觀焉。葬之山頂,今孤墳尚存矣。

又東過枝江縣南,沮水從北來注之。

22　江水又東逕上明城北,晉大元中,苻堅之寇荊州也,刺史桓沖徙渡江南,使劉波築之,移州治此城。其地夷敞,北據大江,江氾枝分,東入大江,縣治洲上,故以枝江爲稱。《地理志》曰:江沱出西,東入江是也。其地,故羅國,蓋羅徙也。羅故居宜城西山,楚文王又徙之于長沙,今羅縣是矣。縣西三里有津鄉,津鄉,里名也。《春秋》《莊公十九年》,巴人伐楚,楚子禦之,大敗于津。應劭曰:南郡江陵有津鄉,今則無聞矣。郭仲產云:尋楚禦巴人,枝江是其塗。便此津鄉,殆即其地也。

23　盛弘之曰:縣舊治沮中,後移出百里洲,西去郡百六十里,縣左右有數十洲,槃布江中,其百里洲最爲大也。中有桑田甘果,映江依洲,自縣西至上明,東及江津,其中有九十九洲。楚諺云:洲不百,故不出王者。桓玄有問鼎之志,乃增一洲以充百數,僭號數旬,宗滅身屠,及其傾敗,洲亦消毀。今上在西,忽有一洲自生,沙流迴薄,成不淹時,其後未幾,龍飛江漢矣。

24　縣東二里有縣人劉凝之故宅,凝之字志安,兄盛公高尚不仕,凝之慕老萊、嚴子陵之爲人,立屋江湖,非力不食。妻梁州刺史郭詮[13]女,亦能安貧。宋元嘉中,夫妻隱于衡山,終焉不返矣。

25　縣東北十里土臺北岸有地洲,長十餘里,義熙初,烈武王斬桓謙處。縣東南二十里富城洲上有道士范儕精廬,自言巴東人,少遊荊土,而多盤桓縣界,惡衣糲食,蕭散自得。言來事多驗,而辭不可詳,人心欲見,欻然而對,貌言尋求,終弗遇也。雖逕跨諸洲,而舟人未嘗見其濟涉也。後東遊廣陵,卒于彼土。儕本無定止處,宿憩一小菴而已,弟子慕之,于其昔遊,共立精舍,以存其人。

26　縣有陳留王子香廟,頌稱子香于漢和帝之時,出爲荊州刺史,有惠政,天子徵之,道卒枝江亭中，常有三白虎出入人間，送喪踰境。百姓追美甘棠，以永元十八年⑭立廟設祠，刻石銘德，號曰枝江白虎王君，其子孫至今猶謂之爲白虎王。江水又東會沮口，楚昭王所謂江、漢、沮、漳，楚之望⑮也。

又南過江陵縣南，

27　縣北有洲，號曰枚迴洲，江水自此兩分，而爲南、北江也，北江有故鄉洲，元興之末，桓玄西奔，毛祐之與參軍費恬射玄于此洲。玄子昇年六歲，輒拔去之。王韶之云：玄之初奔也，經日不得食，左右進麤粥咽不下，昇抱玄胷撫之，玄悲不自勝。至此，益州都護⑯馮遷斬玄于此洲，斬昇于江陵矣。

28　下有龍洲，洲東有寵洲，二洲之間，世擅多魚矣。漁者投罟歷網，往往絓絕，有潛客泳而視之，見水下有兩石牛，嘗爲晉害矣。故漁者莫不擊浪浮舟，鼓枻而去矣。其下謂之邴里洲，洲有高沙湖，湖東北有小水通江，名曰曾口。江水又東逕燕尾洲北，合靈溪水，水無泉源，上承散水，合承大溪，南流注江。江溪之會有靈溪戍，背阿面江，西帶靈溪，故戍得其名矣。

29　江水東得馬牧口，江水斷洲通會。江水又東逕江陵縣故城南，《禹貢》：荊及衡陽惟荊州。蓋即荊山之稱⑰，而制州名矣，故楚也。子革曰：我先君僻處荊山，以供王事，遂遷紀郢⑱。今城，楚船官地也，《春秋》之渚宮矣。秦昭襄王二十九年，使白起拔鄀郢，以漢南地而置南郡焉。《周書》曰：南，國名也。南氏有二臣，力鈞勢敵，競進爭權，君弗能制，南氏用分爲二南國也。按韓嬰叙《詩》⑲云：其地在南郡、南陽之間。《呂氏春秋》所謂禹自塗山巡省南土者也。是郡取名焉。後漢景帝以爲臨江王榮國，王坐侵廟壖地爲宮，被徵，升車出北門而軸折，父老竊流涕曰：吾王不還矣。自後北門不開，蓋由榮非理終也。漢景帝二年，改爲江陵縣，王莽更名，郡曰南順，縣曰江陸。舊城，關羽所築，羽北圍曹仁，呂蒙襲而據之。羽曰：此城吾所築，不可攻也，乃引而退。杜元凱之攻江陵也，城上人以瓠繫狗頸示之，元凱病瘻故也。及城陷，殺城中老小，血流沾足，論者以此薄之。

30　江陵城地東南傾，故緣以金堤，自靈溪始，桓溫令陳遵造。遵善于方功，使人打鼓，遠聽之，知地勢高下，依傍創築，曾無差矣。城西有栖霞樓，俯臨通隍，吐納江流。城南有馬牧城，西側馬徑。此洲始自枚迴，下迄于此，長七十餘里。洲上有奉城，故江津長所治。舊主度州郡，貢于洛陽，因謂之奉城，亦曰江津戍也。戍南對馬頭岸，昔陸抗屯此與羊祜相對，大宏信義，談者以爲華元、子反，復見于今矣。北對大岸，謂之江津口，故洲亦取名焉。江大自此始也。《家語》⑳曰：江水至江津，非方舟避風，不可涉也。故郭景純云：濟江津以起漲。言其深廣也。

31　江水又東逕郢城南，子囊遺言所築城也。《地理志》曰：楚別邑。故郢矣。王莽以爲郎亭。城中有趙臺卿冢，岐平生自所營也。冢圖賓主之容，用存情好，叙其宿尚矣。江水又東得豫章口，夏水所通也。西北有豫章岡，蓋因岡而得名矣。或言因楚王豫章臺名，所未詳也。

【注　釋】　①自巫東上二句　《水經注疏》作“自巫下皆其域也”。《疏》：“朱訛作‘自巫上皆其城也’。趙、戴增作‘東上’，改‘城’作‘域’。戴云：此乃注釋《經》文‘入南郡界’句。守敬按：《漢志》南郡西至巫縣而止，再上則爲魚復，屬巴郡矣。當作‘自巫下皆其域也’，今訂。”②或方似屋　《水經注疏》作“或方似筥”。《疏》：“朱‘筥’訛作‘屋’，戴、趙同。會貞按：屋與筥不類，不得對舉，考鄭玄《曲禮·注》，圓曰簞，方曰筥，酈氏蓋本以爲說。則‘屋’當作‘筥’，今訂。”③自三峽七百里中三十二句　是全書寫景的極佳段落，以前常爲中學國文教科書所選入。④樂緯　書名。《隋書·經籍志》著錄三卷，宋均注，已亡佚。宋均曾有《論語讖》十卷，今《玉函山房輯佚書》輯存八卷，但《樂緯》無輯本。⑤宜都記　書名。亦作《宜都山水記》、《宜都山川記》，晉袁山松撰（亦有作袁崧者），隋唐諸志俱不著錄。章宗源《隋書經籍志考證》卷六：“《宜都記》，卷亡，袁山松撰，不著錄。”輯本收入於宛委山堂《說郛》弓六十一、《五朝小說大觀》、《說郛》卷四等。⑥詩　引詩出自《詩經·大雅·崧高》。⑦盛弘之　此指其所撰《荆州記》。此卷多引盛書，其生動描寫，不少出於此書。但酈氏引書，往往以撰者名氏代替書名，卷三十一《淯水》篇曾直書盛弘之其名並《荆州記》其書。盛弘之，南北朝宋人，參閱卷三十一注釋。⑧上水百日也　《水經注疏》楊守敬按：“唐人詩，‘朝辭白帝彩雲間，千里江陵一日還’。則下水一日千里，與山松說同。”楊氏此按嫌贅。此“唐人詩”是李白《下江陵》。李白當然見過《水經注》，是取酈意而作詩，以此證“同”，多此一舉。⑨迴望如一矣　此處有佚文一條。《諸葛忠武侯集》卷五《遺蹟》篇引《水經注》：“黃陵廟在夷陵州，面對黃牛峽，相傳神常佐禹治水，諸葛武侯建廟，一名黃牛廟。”當是此句下佚文。⑩及余來踐蹟此境　此處“余”字之上有“山松言”，是袁氏《宜都記》文字。“余”是袁自稱，“踐蹟此境”，則袁曾任宜都太守之言。已有數種近人寫作有關《水經注》文章，誤此“余”爲酈道元。酈氏畢生絕未到此，甚誤。⑪記　指袁山松《宜都記》。⑫虎牙　此處有佚文一條。《蜀鑑》卷一《建武九年》引《水經注》：“公孫述依二山作浮橋拒漢師，下有急灘，名虎牙灘。”《輿地紀勝》卷七十三《荆湖北路·峽州·景物下·虎牙山》引《水經注》：“下有急灘，名虎牙灘，一名武牙。”《元一統志》卷三《河南江北等行中書省·峽州路·山川·虎牙山》引《水經注》：“荆門在南山之半，虎牙在北山之間，公孫述遣二將依山作浮橋，拒漢師，下有急灘，名虎牙灘，一名武牙。”據上列三書所引：“下有急灘，名虎牙灘，一名武牙。”當是此段中佚文。⑬郭詮　《水經注疏》作“郭銓”。《疏》：“朱‘銓’作‘詮’，戴、趙同。守敬按：《宋書·劉凝之傳》作‘銓’，《御覽》五百四引《傳》亦作‘銓’，《晉書·楊佺期》、《桓石民》、《桓玄傳》並同，則‘詮’字之誤無疑。《宋書·劉道規傳》作‘鈴’，亦誤，今訂。”⑭永元十八年　永元年號只有十七年。按《水經注疏》應爲十六年。譯文據改。⑮望　望祭。指祭祀山川。⑯都護　《水經注疏》作“督護”。《疏》：“朱‘督’作‘都’，戴、趙同。會貞按：《晉書·安帝紀》、《桓玄傳》、《魏書·烏夷桓玄傳》並作‘督’，《御覽》三百二十三引《晉中興書》亦作‘督’，則‘都’字之誤無疑，今訂。”⑰蓋即荆山之稱　此處有佚文一條。《春秋地名考略》卷八“楚・國于丹陽”注引《水經注》：“荊山以西，岡嶺相接，皆謂之西山。”當是此段中佚文。⑱
遂遷紀郢　此處有佚文一條。《樂府詩集》卷七十二劉禹錫《紀南歌》郭茂倩引《水經注》：“楚之先，
僻處荊山，後還紀郢，即紀南城也。”此處，“即紀南城也”，當是此句下佚文。⑲韓嬰敘詩　指《韓
詩》。《隋書・經籍志》著錄《韓詩》二十二卷。《隋志》說：“《韓詩》雖存，無傳之者。”《韓詩》除《詩》
外，又有《內》、《外傳》。《內傳》至南宋與《韓詩》俱亡佚，獨存《外傳》，今有《玉函山房輯佚書》輯本
一卷。⑳家語　書名。即《孔子家語》。見卷八《濟水》篇注釋。此處所引，見《家語・三恕》。

【語　譯】

又東出江關，入南郡界，

1　江水從關東流經弱關、捍關。捍關是廩君乘船下夷水時所設。弱關在建平、秭歸
二縣邊界上。從前巴、楚二國常常打仗，所以在險要處設關互相防禦。秦統一天
下後，設置南郡，於是從巫縣東上，就都是秦的領土了。

又東過巫縣南，鹽水從縣東南流注之。

2　江水又東流，有烏飛水注入。烏飛水發源於天門郡漊中縣邊界，北流經建平郡沙
渠縣南，又北流經巫縣南，往西北流經山間三百七十里的水路，注入江水，匯流處
叫烏飛口。江水又東流經巫縣老城南。巫縣就是古時楚國的巫郡，秦廢巫郡而改
置為縣，劃歸南郡管轄。東吳的孫休分設為建平郡，以巫城為治所。巫城倚山築
城，周圍十二里一百一十步，東、西、北三面都依傍深谷，南臨大江，就是古時的
夔國。

3　江水又東流，巫溪水注入。巫溪水發源於梁州晉興郡宣漢縣東，又南流經建平郡
泰昌縣南，又流經北井縣西，轉而東流經縣城北。南岸有鹽井，都在縣城以北，所
以縣名叫北井，建平全郡食鹽都是仰給於這些鹽井的。鹽水下通巫溪，溪水於是
也兼有鹽水之名了。溪水又南流，折而流經巫縣東。縣城東北三百步有聖泉，叫
孔子泉，清泉從石洞中飛流而出，瑩潔可與名泉媲美，泉流下注溪水，溪水又南流
注入大江。

4　江水又東流穿過巫峽。巫峽是杜宇所鑿，藉以疏通江水。郭仲產說：依據《地理
志》，巫山在巫縣縣城西南，但現在縣城東卻有巫山，或許是郡縣治所常有遷移變
動的緣故吧。江水穿過山峽東流經新崩灘。漢和帝永元十二年（公元一〇〇年），此
處山崩，晉太元二年（公元三七七年）再次山崩，山崩那天，江水倒流百餘里，騰湧高
達數十丈。現在灘上有巨石累累，圓的如飯籮，方的如房屋，這樣的石塊不計其
數，都是從山崖上塌下的。急流受阻，奔騰怒吼，所以叫新崩灘。崩塌後留下的石
峰，與諸嶺相比起來，顯得還是相當高峻的。

5　下流十餘里有大巫山，山勢之高不但是三峽所沒有的，而且可以與岷山和峨眉山

一爭上下,與衡山和九疑山互比高低;周圍相連的群山,都是高入青雲,只有攀登
到天上,才分辨得出它們的高下。大巫山是司法之神孟涂所居之處。《山海經》
說:夏啟的臣子孟涂,在巴做了司法之神,巴人到孟涂的住所來告狀,他只把衣服
上有血跡的人抓起來,決不濫殺無辜,而有好生之德。他住在丹山西面的山上。
郭景純說:丹山在丹陽,屬巴郡。丹山西面的山就是巫山。

6　此外,赤帝的女兒也住在這裡,就是宋玉所說的天帝的小女兒,名叫瑤姬。她還沒
有出嫁就死了,葬在巫山南,精魂化成草,結成靈芝。這就是所謂的:巫山的神女
居於高唐的險阻之處,早上她是飄蕩的流雲,向晚她是遊移的陣雨,每天早晚,都
在陽臺之下。次日一早,楚王起來一看,果然像神女所說的一樣,於是就為她修建
廟宇,號為朝雲。此峽從頭到尾長一百六十里,稱為巫峽,就是因巫山而得名的。

7　三峽七百里的水路間,兩岸山脈連綿不絕,其間沒有一點空缺的地方。層沓的巖
石和峰巒,把天空和陽光都遮住了,不到中午和夜半,看不到太陽和月亮。到了夏
天,大水升漲,漫到了丘陵上,不論上水或下水通航就都阻斷了。如果朝廷頒發詔
令須火急傳達,有時早上從白帝城出發,晚間就可到江陵了,其間航程一千二百
里,雖然騎著快馬,乘著疾風,也沒有這般迅速。春天和冬天時節,又另是一番景
象:白浪輕揚,澄潭泛綠,清波間映著倒影,陡峻的峰巒上長滿姿態奇詭的柏樹,懸
崖上的瀑布飛奔直下。這種林泉山石的奇秀風光,真是引人入勝。每逢初晴的日
子和凝霜的清晨,山林寒寂、澗水無聲,高處卻常常傳來猿猴的長嘯,聲音十分悽
楚,空谷裡迴盪著餘音,久久方才消失。所以漁夫唱道:巴東三峽巫峽長,猿鳴三
聲淚沾裳。

8　江水又東流經石門灘,石門灘北岸有一座山,上合下開,東西暢通,沿江行路,都要
經過這裡。劉備被陸遜打得大敗,逃經這道門戶。追兵逼得很緊,於是劉備燒掉
鎧甲,破壞了棧道。孫桓充當陸遜的前鋒,他奮不顧身地追擊,披荊斬棘,爬山登
上夔州的通道,截斷劉備重要的退路。劉備爬山越嶺,克服重重險阻,僅僅逃回一
命。他氣憤地嘆息道:從前我到京城時,孫桓不過是個小鬼,如今追逼我,竟一至
於此。他一氣就氣死了。

又東過秭歸縣之南,

9　秭歸縣就是舊時的歸鄉。《地理志》說:就是歸子國。《樂緯》說:古時歸是掌管音
樂的。宋忠說:歸就是夔,歸鄉該就是夔鄉了。古時楚王的嫡子有個叫熊摯的,因
為殘疾不能繼承王位,因而在夔居住,作為楚國的附庸國,以後楚王稱他為夔子。
《春秋》僖公二十六年(公元前六三四年),楚因夔子不祭祀,就滅了夔國。袁山松說:
屈原有個賢慧的姐姐,聽說屈原被放逐,也來和他一起,勸他想開些。全鄉的人也

都希望他能聽姐姐的話,因此稱那地方為秭歸;就是《離騷》中所說的:女嬃繫念著
我依依不捨,一邊又責罵我。縣城東北背依山坡,城牆周圍長二里,高一丈五尺,
南瀕大江。據老人們相傳,稱為劉備城,大概是劉備征吳時所築。縣城東北數十
里,有屈原過去的田地和住宅,雖然田埂已經紊亂崩壞,可是仍保留著屈田的名
稱。縣城以北一百六十里有屈原故居,用石頭砌築成屋基,把那地方名為樂平里。
故居東北六十里有女嬃廟,擣衣石也還在。所以《宜都記》說:秭歸是楚子熊繹最
初的封國,也是屈原的故鄉。屈原的田園住宅至今還在。指的就是這地方。

10　江水又東流經一座城北,此城憑依山嶺建築得很堅固,長二百一十步。城在兩溪
之間,下臨山谷,據山瀕江,北對丹陽城。丹陽城依山跨岡而築,周圍八里二百八
十步;東北兩面都是下臨深澗,西瀕亭下溪,南傍大江,陡崖險峻如壁,實在是天然
的險要之地。這是楚子熊繹初封於丹陽時的都邑。《地理志》以為那是吳的丹陽。
有人辯駁道:推想起來,吳楚兩地相距遙遠,熊繹在荊山艱苦經營,丹陽不可能遠
在吳的境內,《地理志》的說法是錯誤的。而且楚國前代帝王的陵墓也在那裡,這
也可作為證據。

11　江水又東南流經㶏城南。㶏城據山川形勢而修築,周圍一里一百一十八步,西北
背依深谷,東瀕鄉口溪,南臨大江邊;城內西北角有金城,東北角有圓形土牢,西南
角有石井,口徑五尺。熊摯起初把治所設在巫城,後來因病遷移到這裡,其遷徙之
地就是㶏。《春秋左傳》僖公二十六年(公元前六三四年),楚國的令尹子玉在㶏築
城。服虔說:㶏在巫山南,就是秭歸的歸鄉。江水又東流經歸鄉縣舊城北。袁山
松說:據老人相傳,屈原被流放後,忽然又回來暫住,鄉人們很高興,因而稱為歸
鄉。或許因為那裡山明水秀,所以才會孕育出傑出人物;但地勢險要,水流迅疾,
所以性格也顯得褊狹急躁。《詩經》說:四岳的神靈下降,仲山甫和申伯於是誕生。
確實如此。我以為,袁山松這番話可說是因史事而設證,恐怕不是該縣命名的原
意。縣城南朝重沓的山嶺,北依滔滔的大江,東有迴環流過的鄉口溪。鄉口溪源
出該縣東南數百里,西北流進入縣境,流經狗峽西。這裡山峽崖壁的凹處,有一塊
巖石隆起如狗,形狀齊全,所以稱為狗峽。鄉口溪又西北流經縣城下注入大江,匯
流處叫鄉口。江水又東流經信陵縣。信陵縣南臨大江,東傍深溪。溪水發源於北
方的梁州上庸縣邊界,南流經縣城下注入大江。

又東過夷陵縣南,

12　江水從建平到東界峽,盛弘之稱為空泠峽。山峽極其高峻,是宜都、建平二郡的分
界。從峽中遠望,兩岸山嶺似乎有互相交接之勢。有五六座山峰參差錯落地聳立
著,峰頂有奇石,狀如二人奮臂相向。按民間傳說,宜都、建平兩郡的督郵在這裡

爭界,宜都督郵力稍小,向東傾斜,人們指點議論,認為宜都督郵不如建平督郵。

13　江水穿過東界峽,東流經宜昌縣的插竈下。左岸是懸崖削壁,高達數百丈,連飛鳥也不能棲息。崖岸間插著一根未曾燃盡的木頭,望去長約數尺。父老相傳,從前發洪水時,人們停船於崖旁,把一根燒過的柴火插在巖邊,直到如今還在,所以世代相傳,稱為插竈。

14　江水又東流經流頭灘,這裡也是急流奔騰,勢極兇猛,連魚鱉也不能游過,旅人常視為畏途。有一首歌謠說:在灘頭洶湧的白浪中,大夥要奮力堅持,霎時沉沒了,告別就太遲。袁山松說:從蜀地到這裡行程五千餘里,順流而下只消五日就到,逆流而上卻要一百日。江水又東流經宜昌縣北,該縣是劃出夷道、佷山二縣部分地方設立的。縣治在江流南岸,北瀕大江,就以江為界與夷陵相對。《宜都記》說:過了流頭灘十里,就到宜昌縣。

15　江水又東流經狼尾灘後又流過人灘。袁山松說:二灘相距二里,人灘水流極其險急,南岸有青石,夏天沒在水中,冬天露出水面;這塊高大的怪石,數十步內看去都是人面的樣子,或大或小,從有的角度看去更加清楚,甚至鬚髮齊全,所以叫人灘。

16　江水又東流經過黃牛山,山下有灘,叫黃牛灘。南岸峰嶺層沓而起,最外層的高崖間有一塊巖石,外形像一個人背著刀,牽著牛;人色黑,牛色黃,完全是天然形成,形象十分清晰。但那是人跡不到的地方,也就無法去看個究竟了。這塊巖石很高,又加上有湍急的江流迴環曲折,因而雖然經過兩天的航程,還能看得到這塊奇巖。所以行人編了一首歌謠說:清晨從黃牛啟程,晚上在黃牛棲身;三個清晨又三個晚上,黃牛還是這般模樣。歌謠的意思是說水路迂迴深曲,回頭眺望時,彷彿總是一樣的景色。

17　江水又東流經西陵峽。《宜都記》說:從黃牛灘往東進入西陵縣境,到峽口的百里左右航程中,山水縈紆曲折。兩岸高山峻嶺層層疊疊,不到正午或夜半,看不見太陽和月亮。絕壁有的高達千丈,巖石色彩和形狀常常很像某種事物。樹高林密,經冬常綠不凋;猿啼聲極其清越,山谷裡回聲蕩漾,久久不絕。所謂的三峽,這就是其中之一。袁山松說:常聽人說,峽中水流湍急,書中記載和口頭傳聞,都是講述身臨險境時的可怕情景,以此來相告誡,卻沒有人談到這裡的山水之美。待到我親身踏上這片土地,一到這裡就滿懷欣喜,這才相信耳聞不如目見了。那層沓的崖壁,秀麗的峰巒,奇形怪狀,姿態萬千,實在難以筆墨形容;林木參差,鬱鬱蔥蔥,高出雲霞之上。仰觀山色,俯視倒影,愈看愈感美妙,流連遊賞了兩天,不覺樂而忘返;平生親眼所見的景物,沒有像這樣壯麗的了。我一邊為自己能一睹這樣的奇觀而高興,一邊又想,山水如果有靈,那麼千秋萬代之中能得一知己,也該感到驚喜了。

18　江水流經禹斷江以南,山峽北岸有七谷村,兩山間有一灣清泉,澄澈深沉,靜止不流。又據老人們傳說:古時這裡是大江,到了大禹治水時,因此江太小,泄水不暢,於是禹又另開了今天這道峽口。水勢全從這裡直沖而下,此江於是就斷了,現在稱為斷江。江水出峽後,東南流經故城洲,洲與北岸相連,洲頭叫郭洲,長二里,寬一里,洲上有步闡舊城,方圓大致與洲相稱,只是周圍稍留有餘地。故城洲上的城牆周圍五里,是吳西陵都督步騭所築。孫皓鳳凰元年(公元二七二年),步騭的兒子步闡又當了西陵都督。他據守此城向晉投降,晉派太傅羊祜去接應,沒等羊祜趕到,就被陸抗攻陷了。

19　江水又東流經一座老城北,這就是所謂的陸抗城。此城依山為城牆,四面都是天險。大江南岸有山孤峰獨秀,從江中仰望,削壁依天,險峻之極。袁山松當郡守時,曾攀登此峰,臨高憑眺。所以他在《宜都記》中說:現在從山南攀登,爬上嶺頭,上面可以容納十來個人。放眼眺望群峰,山川形勝,歷歷在目;俯瞰大江,縈迴如帶,至於船隻,更小得像鵝鴨一般了。此山北與夷陵縣老城相望,老城南臨大江。秦命令白起攻楚,打了三仗,把夷陵燒了。應劭說:夷山在西北,夷陵縣就是以山來取名的。王莽改名,稱為居利,吳黃武元年(公元二二二年)改名西陵。以後又恢復夷陵一名。縣北三十里有個石洞,名叫馬穿。從前曾有白馬從洞中出來,人們去追逐牠,牠又逃進洞裡,在洞內直走到漢中才出來。漢中人有馬不見了,也曾從這個洞口重新出現,而二地相距遠達數千里。袁山松說:江北多連綿不絕的山嶺,登山遙望江南群山,層層疊疊,多達數十或上百重,都不知道山名;高的上千丈,山形千奇百怪,山勢也迥異尋常。不是煙散雨收的好天氣,是分辨不出這樣的遠山的。我曾往來行走過十來次,但看清這些遠峰,也不過兩次罷了。

20　江水又東流經白鹿巖。沿江有峻峭的石壁,高達百餘丈,連猿猴也不能上去嬉遊,但有一頭白鹿竟乘巖而上,登上險峻的高崖,所以世人把此巖稱為白鹿巖。江水又東流經荊門山、虎牙山之間。荊門山在南,上合下開,暗通山南,樣子有點像門,虎牙山在北,石壁呈赭紅色,間有白色的花紋,形狀像牙齒,都是以事物形象命名的。這兩座山是楚國西部的邊塞。這裡水勢湍急,所以郭景純的《江賦》說:虎牙山沖天聳立,高峻而險峭;荊門山屹若城闕,宏大而雄偉;深淵渦流迴旋,駭浪奔騰;洪濤聲如巨雷,勢若閃電。漢建武十一年(公元三五年),公孫述派大司徒任滿、翼江王田戎,率兵數萬,憑險建造浮橋,橫跨江上截斷航道,又跨山修築營壘,堵死陸上通路。光武帝派遣吳漢、岑彭帶領六萬人去襲擊荊門山,吳漢等率水兵向浮橋直衝過來,乘風勢放火,於是殺了任滿等。

又東南過夷道縣北，夷水從佷山縣南，東北注之。

21　夷道縣，漢武帝征伐西南夷時，行軍路線是從這裡走的，所以叫夷道。王莽改名為
江南。桓溫父親名彝，夷、彝同音，為避諱改名西道。魏武帝把南郡分開，另設臨
江郡。劉備改名為宜都，郡治設在縣治東四百步處。老城是吳丞相陸遜所築，地
點在兩江的匯合處。北有湖里淵，淵上橘柚綠蔭蔽野，桑麻密得不透陽光。西望
佷山群峰，層巒疊嶂，青蒼的翠色一重接著一重，常有紅霞白雲在山巔飄蕩。城中
東北有望堂，地勢高峻，下臨澄碧的江流，是一處有名的遊覽勝地。縣北有女觀
山，地勢高曠，眼界開闊，可以極目遠眺。老人們相傳，從前有個女人，丈夫在蜀地
做官，屢次延誤歸期，她登臨此山，望眼欲穿，終於憂傷而死。山上的樹木也都枯
死了，成了一座禿嶺。鄉人哀悼她，因而稱此山為女觀山。那位不幸的女人就葬
在山頂，至今孤墳仍在。

又東過枝江縣南，沮水從北來注之。

22　江水又東流經上明城北。晉太元年間（公元三七六—三九六年），苻堅侵犯荊州，刺史
桓沖渡江遷徙到江南，命劉波修築上明城，把州治遷到這裡。這一帶地勢平曠，北
據大江，江水分支流出後，又東流注入大江，縣治就在洲上，因而以枝江為名。《地
理志》說：江水分支西出，東流入江。這地方古時屬羅國，羅人曾遷徙至此。他們
原來居住在宜城西山，楚文王又把他們遷往長沙，就是現在的羅縣。縣西三里有
津鄉，津鄉是個鄉里地名。《春秋》莊公十九年（公元前六七五年），巴人攻楚，楚子出
兵抵抗，在津被巴人打得大敗。應劭說：南郡江陵縣有津鄉，現在不再聽說有這個
地名了。郭仲產說：楚國立即起來抵抗巴人，枝江就是他們必經之路。這個津鄉
大概就是當時的地點了。

23　盛弘之說：江陵縣舊時的治所在沮中，後來遷出百里洲，西距郡治一百六十里。縣
城左右有數十個沙洲散布在江中，百里洲是最大的一個。洲上有桑田柑橘，在岸
邊與碧水相映。從縣城西至上明，東至江津，其間有九十九個洲。楚地民諺說：洲
數不滿百，所以出不了帝王。桓玄懷有稱帝野心，於是增築一洲，以湊足百數，但
只稱王了幾十日，終至殺身滅族；他敗亡之後，洲也被毀了。當今皇上就在西邊，
江中忽又自然形成一個沙洲，流沙逐水上湧，經過了一段時間就沖積成洲。後來
不久，就有飛龍現於江漢之間。

24　縣城以東二里有縣人劉凝之的故居。劉凝之，字志安，他的哥哥盛公清高而不肯
做官；劉凝之愛慕老萊子、嚴子陵的為人，在江湖上蓋起小屋，完全靠自己勞動來
生活。他的妻子是梁州刺史郭銓的女兒，也能安於貧困。宋元嘉年間（公元四二
四—四五三年），夫妻二人隱居在衡山，就在那裡終老，沒有再回來。

25 縣城東北十里的土臺北岸有迤洲,長十餘里,是義熙(公元四〇五—四一八年)初年,烈武王殺桓謙之處。縣城東南二十里,富城洲上有道士范儕的道院。范儕自稱是巴東人,少年時期遊歷荊州地區,大部分時間都往來於該縣邊境一帶,他衣服破爛,食物粗劣,但閒散自在,自得其樂。他預言未來的事,常常應驗,但言辭隱晦難解;人們真心想見他,一忽兒就在眼前了,但如虛言要找他,卻總碰不到。雖然他來往於各處沙洲之間,但船夫卻從未見他過渡和涉水。以後他東遊廣陵,就死在那邊。范儕本來沒有固定的住所,住宿安息,不過一個小庵罷了。他的弟子思慕他,就在他從前遊歷過的地方修建道院來紀念他。

26 縣裡有陳留王子香廟,人們還傳頌著,王子香在漢和帝時出任荊州刺史,有利民的政績,皇帝徵召他,他在旅途死於枝江亭中。當他的靈柩運送還鄉時,常有三隻白虎出入於人間,為他送喪,一直送出縣境。百姓追思他的恩德,於永元十六年(公元一〇四年)為他建廟立祠,刻碑記載他的德政,並號為枝江白虎王君,他的子孫後代直到現在還把他稱為白虎王。江水又東流匯合了沮口,就是楚昭王所說的:江、漢、沮、漳,都是楚國祭祀河川的地方。

又南過江陵縣南,

27 江陵縣北有沙洲,稱為枚迴洲,江水在這裡分為兩條,就是南江和北江。北江有故鄉洲,元興(公元四〇二—四〇四年)末年,桓玄西逃,毛祐之和參軍費恬就在此洲箭射桓玄。桓玄的兒子桓昇,只有六歲,立即把箭拔掉。王韶之說:桓玄開始逃亡時,整日沒東西吃;侍從送了粗米粥給他,他又不能下嚥。小桓昇抱住桓玄的胸愛撫著,桓玄不禁悲痛欲絕。到了這裡,益州都護馮遷就在洲上殺了桓玄,又在江陵殺了小桓昇。

28 下游有龍洲,洲東有寵洲,兩個沙洲之間,世代以多魚著稱。漁人撒網,常被什麼東西鉤住以致拉破漁網。有個會潛水的人游到水下去看,見有兩頭石牛,原來就是這東西弄破漁網的。所以漁船到了這裡無不使勁盪槳,破浪而去。下游有洲,叫邴里洲,洲中有高沙湖,湖東北有一條細流與江水相通,水口叫曾口。江水又東流經燕尾洲北,匯合了靈溪水。靈溪水沒有主源,上流承接一些散流的水,合為大溪,南流注入江水。江水與大溪匯合的地方有靈溪戍,背依山陵,前朝江水,靈溪就在西邊流過,城堡也就因此得名了。

29 江水東流到馬牧口,水流切斷沙洲,兩邊水道便相通了。江水又東流經江陵縣老城南。《禹貢》說:荊及衡陽都屬荊州。大概就是以荊山之名來取州名的,從前這是楚國地方。子革說:我們的祖先居住在偏僻的荊山,因為要為王室服務,就遷移到紀郢。今天這座城就是楚國船官地方,也就是《春秋》裡說到的渚宮。秦昭襄王二十九年(公元前二七八年)，派白起去攻取鄢郢，在漢水以南地區置南郡。《周書》說：南是國名。南氏有兩個大臣，勢均力敵，彼此奪位爭權，連君主都不能制止，因而南氏就分裂為兩個南國。韓嬰為《詩》作序說：那地方在南郡、南陽之間。《呂氏春秋》所說的禹自塗山巡察南方，指的也是這裡。於是郡也因此得名。後來漢景帝將它作為臨江王劉榮的封國。臨江王因侵占廟牆旁邊的空地來修建宮室，被徵召赴京；上車出北門後，車軸忽然折斷，父老暗中流淚道：我們的君王不會回來了。因為劉榮結局不幸，此後北門就關閉了。漢景帝二年(公元前一五五年)，改為江陵縣。王莽改名，郡稱南順，縣名江陸。老城是關羽所修築。關羽北上圍攻曹仁，呂蒙趁虛進襲，占據了江陵。關羽說：這座城是我修築的，是難以攻破的，於是就引兵退卻。杜元凱進攻江陵，城上的人把葫蘆縛在狗頭頸上揶揄他，因為他頸上長了個瘤。城被攻破後，他把城中老小都殺了，血流遍地，走過時腳都浸溼了，人們評論此事，都鄙薄其人。

30　江陵城地勢向東南傾斜，因而從靈溪開始沿岸築了金堤。這道堤防是桓溫命令陳遵建造的。陳遵善於土方工程，他叫人去打鼓，自己遠遠聽著，就能知道地勢的高低，於是修築起來的堤岸，也就分毫不差了。城西有栖霞樓，下面就是護城河，引江流從河裡流過。城南有馬牧城。西傍馬徑。這個沙洲上自枚迴，下迄於此，長七十餘里。洲上有奉城，舊時屬江津長管轄。州郡官員前往洛陽朝貢會經過這裡，因此稱為奉城，也叫江津戍。江津戍南對馬頭岸。從前陸抗駐紮在這裡，與羊祜相對抗。兩人都很講信義，人們談論到他們，都稱讚他們真是華元、子反再現於今世了。江津戍北與大岸相對的地方，稱為江津口，所以洲也以江津取名。江面從這裡開始變得寬闊了。《家語》說：江水到了江津，如果不把船連在一起抵擋風浪，是不能渡江的。所以郭景純說：渡江津時水勢高漲。這是說江水又深又闊。

31　江水又東流經郢城南，此城是按子囊的遺囑修築起來的。《地理志》說：這是楚國的陪都，古時的郢。王莽名為郢亭。城中有趙岐墓，此墓是他生時親自建造的。墓上刻繪有主人和賓客的形像，以紀念他們之間的情誼，表現他平素所看重的事物。江水又東流到了豫章口，水口通夏水。西北有豫章岡，大概這地方就是因岡而得名的。也有人說是因楚王豫章臺而得名，這就不大清楚了。

【研　析】《水經注》寫景文字的生動感人，前已論述。清劉獻廷在《廣陽雜記》卷四中譽為"片言隻字，妙絕古今"。但除了"片言隻字"以外，酈氏在《注》文中對某一景區作大段記敘描寫，其文字功夫，就更有講究。當年，凡他足跡所及之處，如《河水》篇中的孟門瀑布和砥柱峽谷，都是他親眼目擊的第一手文章，當然可以流傳千古。而長江三峽他未能親履，卻能寫出大段文章，永傳歷史文壇，讓代代後人，百讀不厭。其中關鍵，就在於他能精選他人著作。長江在當時已經是國人皆知的神州巨川，以大江為題材的文章與詩詞歌賦，可謂汗牛充棟。酈氏當然普查細讀，最後選定以袁山松和盛弘之二人作品即《宜都記》、《荆州記》為其撰寫此卷的主要依據，而全卷確實藉此二文，把這一奇異江段和盤托出，寫得栩栩如生。語云：“文章本天成，妙手自得之。”袁、盛二文確實“天成”，而通過酈氏妙手，中國文學史上才閃爍著這樣一種長傳不朽光彩。酈氏之功，而亦袁山松、盛弘之之幸。

卷三十五　江水

【題　解】　此卷是長江流經今所謂江漢平原一段，除了範圍很大的雲夢澤以外，湖泊棋布，支流紛歧。雖然古今水系變化不小，但湖北省至今仍稱“千湖之省”。對於這個河湖錯雜的地區，酈氏於地理當然生疏，但他能廣搜文獻，在《經》文所及的如華容縣下、下儁縣下、沙羨縣下、邾縣下、鄂縣下以及蘄春縣下和下雉縣下，都盡其可能，記敍得相當細緻，雖然難免有些錯訛，但全篇仍能順流成章。可惜由於全書在宋初以後散佚，如全祖望在《水經江水篇跋》（《鮚埼亭集》外編卷二十二）中所說：“《江水》失去第四篇，而青林湖以下竟無考。”萬里長江，但《注》文只寫到今湖北與江西之間，就混入《沔水》篇，而且錯訛疊出。《江水》篇的結局，實在令人惋惜。

又東至華容縣西，夏水出焉。

1　江水左迆爲中夏水，右則中郎浦出焉。江浦右迆，南派屈西，極水曲之勢，世謂之江曲者也。

又東南當華容縣南，涌水入焉。

2　江水又東，涌水注之，水自夏水南通于江，謂之涌口。二水之間，《春秋》[①]所謂閻敖游涌而逸者也。江水又逕南平郡孱陵縣之樂鄉城北，吳陸抗所築，後王濬攻之，獲吳水軍督陸景于此渚也。

又東南，油水從東南來注之[②]。

3　又東，右合油口，又東逕公安縣[③]北，劉備之奔江陵，使築而鎮之。曹公聞孫權以荊州借備，臨書落筆。杜預克定江南，罷華容置之，謂之江安縣，南郡治。吳以華容之南鄉爲南郡，晉太康元年，改曰南平也。縣有油水，水東有景口，口即武陵郡界。景口東有淪口，淪水南與景水合，又東通澧水及諸陂湖。自此淵潭相接，悉是南蠻府屯也。故側江有大城，相承云倉儲城，即邸閣也。江水左會高口，江浦也。右對黃州，江水又東得故市口，水與高水通也。江水又右逕陽岐山北，山枕大江，山東有城，故華容縣尉舊治也。

4　大江又東，左合子夏口，江水左迤北出，通于夏水，故曰子夏也。大江又東，左得侯臺水口，江浦也。大江右得龍穴水口，江浦右迤也。北對虎洲，又洲北有龍巢，地名也。昔禹南濟江，黃龍夾舟，舟人五色無主，禹笑曰：吾受命于天，竭力養民，生，性也；死，命也。何憂龍哉？于是二龍弭鱗掉尾而去焉。故水地取名矣。

5　江水自龍巢而東得俞口，夏水泛盛則有，冬無之。江之北岸上有小城，故監利縣尉治也。又東得清陽、土塢二口，江浦也。大江右逕石首山北，又東逕赭要。赭要，洲名，在大江中次北湖洲下。江水左得飯筐上口，秋夏水通下口，上下口間，相距三十餘里。赭要下即楊子洲，在大江中，二洲之間，常苦蛟害，昔荊佽飛濟此，遇兩蛟，斬之。自後罕有所患矣。江之右岸，則清水口，口上即錢官也。水自牛皮山東北通江，北對清水洲，洲下接生江洲，南即生江口，水南通澧浦。江水左會飯筐下口，江浦所入也。江水又右得上檀浦，江溠也。江水又東逕竹町南，江中有觀詳溠，溠東有大洲，洲東分爲爵洲，洲南對湘江口也。

又東至長沙下雋縣北，澧水、沅水、資水合，東流注之。

6　凡此諸水，皆注于洞庭之陂，是乃湘水，非江川。

湘水從南來注之。

7　江水右會湘水，所謂江水會者也。江水又東，左得二夏浦，俗謂之西江口。又東逕忌置山南，山東即隱口浦矣。江之右岸有城陵山，山有故城，東接微落山，亦曰暉落磯。江之南畔名黃金瀨，瀨東有黃金浦、良父口，夏浦也。又東逕彭城口，水東有彭城磯，故水受其名，即玉潤水，出巴丘縣東玉山玉溪，北流注于江。

8　江水自彭城磯東逕如山北，北對隱磯，二磯之間，有獨石孤立大江中，山東江浦，世謂之白馬口。江水又左逕白螺山南，右歷鴨蘭磯北，江中山也。東得鴨蘭、治浦二口，夏浦也。江水左逕上烏林南，村居地名也。又東逕烏黎口，江浦也，即中烏林矣。又東逕下烏林南，吳黃蓋敗魏武于烏林，即是處也。

9　江水又東,左得子練口。北通練浦,又東合練口,江浦也。南直練洲,練名所以生也。江之右岸得蒲磯口,即陸口也。水出下雋縣西三山溪,其水東逕陸城北,又東逕下雋縣南,故長沙舊縣,王莽之閏雋也。宋元嘉十六年,割隸巴陵郡。陸水又屈而西北流,逕其縣北,北對金城,吳將陸渙所屯也。陸水又入蒲圻縣,北逕呂蒙城④西,昔孫權征長沙、零、桂所鎮也。陸水又逕蒲磯山,北入大江,謂之刀環口。又東逕蒲磯山北,北對蒲圻洲,亦曰擎洲,又曰南洲。洲頭,即蒲圻縣治也,晉太康元年置。洲上有白面洲,洲南又有漻口,水出豫章艾縣,東入蒲圻縣,至沙陽西北魚嶽山入江。山在大江中揚子洲南,孤峙中洲。江水左得中陽水口,又東得白沙口,一名沙屯,即麻屯口也,本名蔑默口,江浦矣。南直蒲圻洲,水北入百餘里,吳所屯也。又逕魚嶽山北,下得金梁洲,洲東北對淵洲,一名淵步洲,江瀆。從洲頭以上,悉壁立無岸,歷蒲圻至白沙方有浦,上甚難。江中有沙陽洲,沙陽縣治也。縣,本江夏之沙羨矣,晉太康中改曰沙陽縣,宋元嘉十六年,割隸巴陵郡,江之右岸有雍口,亦謂之港口。東北流爲長洋港。又東北逕石子岡,岡上有故城,即州陵縣之故城也。莊辛所言,左州侯國矣。又東逕州陵新治南,王莽之江夏也。港水東南流注于江,謂之洋口。南對龍穴洲,沙陽洲之下尾也。洲裏有駕部口,宋景平二年,迎文帝于江陵,法駕頓此,因以爲名。文帝車駕發江陵,至此,黑龍躍出,負帝所乘舟,左右失色,上謂長史王曇首曰:乃夏禹所以受天命矣,我何德以堪之。故有龍穴之名焉。

10　江水又東右得聶口,江浦也。左對聶洲,江水左逕百人山南,右逕赤壁山北,昔周瑜與黃蓋詐魏武大軍處所也。江水東逕大軍山南,山東有山屯,夏浦,江水左迤也。江中有石浮出,謂之節度石。右則塗水注之,水出江州武昌郡武昌縣金山,西北流逕汝南僑郡故城南。咸和中,寇難南逼,户口南渡,因置斯郡,治于塗口。塗水歷縣西又西北流,注于江。江水又東逕小軍山南,臨側江津,東有小軍浦。江水又東逕雞翅山北,山東即土城浦也。

又東北至江夏沙羨縣西北,沔水從北來注之。

11　沌水上承沌陽縣之太白湖,東南流爲沌水,逕沌陽縣南,注于江,謂之沌口,有沌陽都尉治。晉永嘉六年,王敦以陶侃爲荆州,鎮此,明年徙林鄣。江水又東逕歇父山,南對歇州,亦曰歇步矣。江之右岸當鸚鵡洲南,有江水右迤,謂之驛渚。三月之末,水下通樊口水。江水又東逕魯山南,古翼際山也。《地説》曰:漢與江合于衡北翼際山旁者也。山上有吳江夏太守陸渙所治城,蓋取二水之名。《地理志》曰:夏水過郡入江,故曰江夏也。舊治安陸,漢高帝六年置。吳乃徙此城,中有《晉征南將軍荆州刺史胡奮碑》,又有平南將軍王世將刻石,記征杜曾事,有劉琦墓及廟也。山左即沔水口矣。沔左有郤月城，亦曰偃月壘，戴監軍築，故曲陵縣也，後乃沙羨縣治。昔魏將黃祖所守，遣董襲、凌統攻而擒之。禰衡亦遇害于此。衡恃才倜儻，肆狂狷于無妄之世，保身不足，遇非其死，可謂咎悔之深矣。

12　江之右岸有船官浦，歷黃鵠磯西而南矣。直鸚鵡洲之下尾，江水滐曰洑浦，是曰黃軍浦。昔吳將黃蓋軍師所屯，故浦得其名，亦商舟之所會矣。船官浦東即黃鵠山，林澗甚美，譙郡戴仲若野服居之。山下謂之黃鵠岸，岸下有灣，目之爲黃鵠灣。黃鵠山東北對夏口城，魏黃初二年[5]，孫權所築也。依山傍江，開勢明遠，憑墉藉阻，高觀枕流[6]。上則遊目流川，下則激浪崎嶇，寔舟人之所艱也。對岸則入沔津，故城以夏口爲名，亦沙羨縣治也。江水左得湖口，水通太白湖，又東合灄口，水上承涓水于安陸縣，而東逕灄陽縣北，東流注于江。

13　江水又東，湖水自北南注，謂之嘉吳江[7]。右岸頻得二夏浦，北對東城洲西，浦側有雍伏戍，江之右岸，東會龍驤水口，水出北山蠻中，江之左有武口，水上通安陸之延頭。宋元嘉二年[8]，衛將軍荊州刺史謝晦阻兵上流，爲征北檀道濟所敗，走奔于此，爲戍主光順之所執處也。南至武城，俱入大江，南直武洲，洲南對楊桂水口，江水南出也，通金女、大文、桃班三治[9]，吳舊屯所，在荊州界盡此。江水東逕若城南，庾仲雍《江水記》曰：若城至武城口三十里者也。南對郭口，夏浦，而不常泛矣。東得苦菜夏浦，浦東有苦菜山。江逕其北，故浦有苦菜之名焉。山上有苦菜，可食。江水左得廣武口，江浦也。江之右岸有李姥浦，浦中偏無蚊蚋之患矣。北對岷嵷洲，冠軍將軍劉毅破桓玄于此洲。玄乃挾天子西走江陵矣。

又東過邾縣南，

14　江水東逕白虎磯北，山臨側江濆，又東會赤溪，夏浦浦口，江水右迆也。又東逕貝磯北，庾仲雍謂之沛岸矣。江右岸有秋口，江浦也。又東得烏石水，出烏石山，南流注于江。江水右得黎磯，磯北亦曰黎岸也。山東有夏浦，又東逕上磧北，山名也。仲雍謂之大、小竹磧也。北岸烽火洲，即舉洲也，北對舉口，仲雍作莒字，得其音而忘其字，非也。舉水出龜頭山，西北流逕蒙龍戍南，梁定州治，蠻田秀超爲刺史。舉水又西流，左合垂山之水[10]，水北出垂山之陽，與弋陽澌水同發一山，故是水合之。水之東有南口戍，又南逕方山戍西，西流注于舉水。又西南逕梁司、豫二州東，蠻田魯生爲刺史，治湖陂城，亦謂之水城也。舉水又西南逕顔城南，又西南逕齊安郡西，倒水注之。水出黃武山，南流逕白沙戍西，又東南逕梁達城戍西，東南合舉水。舉水又東南歷赤亭下，謂之赤亭水。又分爲二水，南流注于江，謂之舉口，南對舉洲。《春秋左傳》定公四年，吳、楚陳于柏舉，京相璠曰：漢東地矣。江夏有洰水，或作舉，疑即此也。左水東南流入于江，江濆曰文方口。江之右岸有鳳鳴口,江浦也,浦側有鳳鳴戍。江水又東逕邾縣故城南,楚宣王滅邾,徙居于此,故曰邾也。漢高帝元年,項羽封吳芮爲衡山王,都此。晉咸和中,庾翼爲西陽太守,分江夏立,四年,豫州刺史毛寶、西陽太守樊俊共鎮之,爲石虎將張格度所陷,自爾丘墟焉。城南對蘆洲,舊吳時築客舍于洲上,方便惟所止焉,亦謂之羅洲矣。

鄂縣北,

15　江水右得樊口,庾仲雍《江水記》云:谷里袁口。江津南入,歷樊山[11]上下三百里,通新興、馬頭二治[12]。

16　樊口之北有灣,昔孫權裝大船,名之曰長安,亦曰大舶,載坐直之士三千人,與羣臣泛舟江津,屬值風起,權欲西取蘆洲,谷利不從,乃拔刀急上,令取樊口薄,舶船至岸而敗,故名其處爲敗舶灣。因鑿樊山爲路以上,人即名其處爲吳造峴,在樊口上一里,今厥處尚存。

17　江水又左逕赤鼻山南,山臨側江川,又東逕西陽郡南,郡治即西陽縣也。《晉書·地道記》以爲弦子國也。江之右岸有鄂縣故城,舊樊楚地。《世本》稱熊渠封其中子紅爲鄂王。《晉太康地記》以爲東鄂矣。《九州記》[13]曰:鄂,今武昌也。孫權以魏黃初元年[14],自公安徙此,改曰武昌縣。鄂縣徙治于袁山東,又以其年立爲江夏郡,分建業之民千家以益之。至黃龍元年,權遷都建業,以陸遜輔太子鎮武昌,孫皓亦都之,皓還東,令滕牧守之。晉惠帝永平中,始置江州,傅綜爲刺史,治此城,後太尉庾亮之所鎮也,今武昌郡治。

18　城南有袁山,即樊山也。《武昌記》[15]曰:樊口南有大姥廟,孫權常獵于山下。依夕,見一姥問權:獵何所得?曰:正得一豹。母曰:何不豎豹尾。忽然不見。應劭《漢官·序》曰:豹尾過後,執金吾罷屯,解圍。天子鹵簿中,後屬車施豹尾。于道路,豹尾之內爲省中。蓋權事應在此,故爲立廟也。又孫皓亦嘗登之,使將害常侍王蕃,而以其首虎爭之[16]。

19　北背大江,江上有釣臺,權常極飲其上,曰:墮臺醉乃已。張昭盡言處。城西有郊壇,權告天即位于此,顧謂公卿曰:魯子敬嘗言此,可謂明于事勢矣。

20　城東故城,言漢將灌嬰所築也。江中有節度石三段,廣百步,高五六丈,是西陽、武昌界,分江于斯石也。又東得次浦[17],江浦也。東逕五磯北,有五山,沿次江陰,故得是名矣。仲雍謂之五圻[18]。江水左則巴水注之,水出零婁縣之下靈山,即大別山也。與決水同出一山,故世謂之分水山,亦或曰巴山。南歷蠻中,吳時舊立屯于水側,引巴水以溉野。又南逕巴水戍,南流注于江,謂之巴口。

21　又東逕軑縣故城南,故弦國也。《春秋》僖公五年,秋,楚滅弦,弦子奔黃者也。漢惠帝元年[19],封長沙相利倉爲侯國。城在山之陽,南對五洲也。江中有五洲相接,故以五洲爲名。宋孝武帝舉兵江州,建牙洲上,有紫雲蔭之,即是洲也。東會希水口,水出灊縣霍山西麓,山北有灊縣故城。《地理志》曰:縣南有天柱山。即霍山也。有祠南嶽廟,音潛,齊立霍州治此[20]。西南流分爲二水,枝津出焉。希水又南,積而爲湖,謂之希湖。湖水又南流逕軑縣東而南流注于江,是曰希水口者也。然水流急濬,霖雨暴漲,漂濫無常,行者難之。大江右岸有厭里口、安樂浦,從此至武昌,尚方作部諸屯相接,枕帶長江,又東得桑步,步下有章浦,本西陽郡治,今悉荒蕪。江水左得赤水浦,夏浦也。江水又東逕南陽山南,又曰芍磯,亦曰南陽磯,仲雍謂之南陽圻,一名洛至圻,一名石姥,水勢迅急。江水又東逕西陵縣故城南,《史記》秦昭王遣白起伐楚,取西陵者也。漢章帝建初二年,封陰堂爲侯國。江水東歷孟家溠,江之右岸有黃石山,水逕其北,即黃石磯也。一名石茨圻,有西陵縣,縣北則三洲也。山連延江側,東山偏高,謂之西塞,東對黃公九磯,所謂九圻者也。于行、小難兩山之間,爲關塞,從此濟于土復,土復者,北岸地名也。

又東過蘄春縣南,蘄水從北東注之。

22　江水又得葦口,江浦也。浦東有葦山。江水東逕山北,北崖有東湖口,江波左迤,流結成湖,故謂之湖口矣。江水又東得空石口,江浦在右,臨江有空石山,南對石穴洲,洲上有蘄陽縣治。又東,蘄水注之。江水又東逕蘄春縣故城南,世祖建武三十年,封陳俊子浮爲侯國。江水又東得銅零口,江浦也。大江右逕蝦蟆山北,而東會海口,水南通大湖,北達于江,左右翼山。江水逕其北,東合臧口,江浦也。江水又左逕長風山南,得長風口,江浦也。江水又東逕積布山南,俗謂之積布磯,又曰積布圻,庾仲雍所謂高山也。此即西陽、尋陽二郡界也。右岸有土復口,江浦也。夾浦有江山,山東有護口,江浦也,庾仲雍謂之朝二浦[21]也。

又東過下雉縣北,利水從東陵西南注之。

23　江水東逕琵琶山南,山下有琵琶灣,又東逕望夫山南,又東得苦菜水口,夏浦也。江之右岸,富水注之,水出陽新縣之青溢山,西北流逕陽新縣,故豫章之屬縣矣。地多女鳥,《玄中記》曰:陽新男子于水次得之,遂與共居,生二女,悉衣羽而去。豫章間養兒不露其衣,言是鳥落塵于兒衣中,則令兒病,故亦謂之夜飛遊女矣。

24　又西北逕下雉縣,王莽更名之潤光矣,後併陽新。水之左右,公私裂溉,咸成沃壤,舊吳屯所在也。江水又東,右得蘭溪水口,竝江浦也。又東,左得青林口,水出廬江郡之東陵鄉。江夏有西陵縣,故是言東矣。《尚書》云:江水過九江至于東陵者也。西南流,水積爲湖,湖西有青林山。宋太始元年,明帝遣沈攸之西伐子勛,伐柵青山,覩一童子甚麗,問伐者曰:取此何爲? 答:欲討賊。童子曰:下旬當平,何勞伐此。在衆人之中，忽不復見，故謂之青林湖。湖有鯽魚，食之肥美，辟寒暑。湖水西流，謂之青林水。又西南歷尋陽，分爲二水：一水東流通大雷，一水西南流注于江，《經》所謂利水也。右對馬頭岸，自富口迄此五十餘里，岸阻江山。

【注　釋】 ①春秋　《水經注疏》作《春秋左氏傳》。《疏》：“朱無‘左氏傳’三字，趙據《通鑑注》（晉義熙六年）引此增。守敬按：見《左傳》莊十八年。”②油水從東南來注之　《水經注疏》作“油水從西南來注之”。《疏》：“朱‘西’作‘東’，戴、趙同。會貞按：《名勝志》引此作‘西’，是也。油水在江之西，安得云東南來耶？今訂。”③又東逕公安縣　此處有佚文一條。《名勝志》卷八《荊州府・公安縣》引《水經注》：“以左公之所安，故曰公安。”當是此句下佚文，五校鈔本已加入此句。④北逕呂蒙城　此處有佚文一條。《輿地紀勝》卷六十六《荊湖北路・鄂州》上《古迹・呂蒙城》引《水經注》：“呂蒙城有呂蒙墓在其中。”當是此句下佚文。⑤魏黃初二年　《水經注疏》作“魏黃初四年”。《疏》：“朱作‘二年’，戴、趙同。會貞按：《吳志・孫權傳》：黃武二年正月，城江夏山。《元和志》，鄂州城本夏口城，吳黃武二年城江夏，以安屯戍地也。考吳黃武二年，當魏黃初四年，則此‘二’爲‘四’之誤，今訂。”⑥高觀枕流　《水經注疏》疏：“趙云：按高觀，山名也，亦曰高冠山，在武昌縣城東南五里。守敬按：此謂夏口城據高枕江耳。趙氏乃以方志之高觀山釋之，非也。江夏縣作武昌縣，尤謬。”⑦謂之嘉吳江　此處有佚文一條。《廣博物志》卷六《地形》引《水經注》作“嘉靡江”。《廣博物志》引：“嘉靡江亦九江之一也。”其中“九江之一也”一句，當是此句下佚文。⑧宋元嘉二年　《水經注疏》作“宋元嘉三年”。《疏》：“朱‘元’作‘永’，戴、趙改。又‘三’作‘二’，戴、趙同。會貞按：《宋書・文帝紀》在元嘉三年，《謝晦傳》同，則‘二’爲‘三’之誤審矣，今訂。”⑨金女大文桃班三治　此“治”字，《水經注疏》作“冶”。楊守敬按：“《隋志》：江夏縣有鐵。《寰宇記》，冶唐山在江夏縣南二十六里。《舊記》云：宋時依山作冶，故名。疑即《注》所指之冶。”⑩左合垂山之水　《水經注疏》作“右合垂山之水”。《疏》：“朱作‘左合’，戴、趙同。會貞按：舉水西流，垂山水自北來注，則在舉水之右，是右合，非左合也，今訂。”⑪歷樊山　此處有佚文一條。《通鑑》卷六十五《漢紀》五十七（獻帝建安十三年）“進住鄂縣之樊口”胡注引《水經注》：“樊山下寒溪水所在也。”當是此句下佚文。⑫新興馬頭二治　此“治”字，《水經注疏》作“冶”字，熊會貞按：“《晉志》，武昌縣有新興、馬頭鐵官。《唐志》，武昌有鐵。《御覽》八百三十三引《武昌記》，北濟湖當是新興冶塘湖，元嘉發今水治。……《一統志》：新興冶在大冶縣南。”又“馬頭”，《水經注疏》作“馬願”。此據《疏》譯“治”爲“冶鐵場”於後。⑬九州記　書名。晉樂資撰，隋唐諸志不著錄。章宗源《隋書經籍志考證》卷六：“《九州記》，卷亡，樂資撰，不著錄。”此書又作《九州要記》、《九州志》等，輯本收入於《漢唐地理書鈔》、《玉函山房輯佚書》等。⑭魏黃初元年　《水經注疏》作“魏黃初中”。《疏》：“朱訛作‘黃初元年中’，戴、趙刪‘中’字。會貞按：《吳志・孫權傳》，自公安都鄂，改名武昌，在黃初二年，例以下稱晉惠帝永平中。此當作‘魏黃初中’。蓋校者注‘二年’二字于旁，後混入正文，又訛‘二’爲‘元’也，今訂。”⑮武昌記　書名。隋唐諸志不著錄，章宗源《隋書經籍志考證》卷六：“《武昌記》，卷亡，史筌撰，不著錄。”此書撰者，《北堂書鈔》卷一五一引作史筌，《御覽》卷一一二引作史荃，恐是劉宋時人。又《太平御覽經史圖書綱目》有皮零《武昌記》一種,嘉慶《湖廣圖志》志書卷二又引雷氏《武昌記》一條,故《武昌記》恐有數種,因均已亡佚,故此篇所引為何者所撰,無可核實。⑯而以其首虎爭之 殿本在此處有戴震案語:"此句有脫誤,裴松之引《江表傳》云:使親近將蕃首作虎跳狼爭咋食之。"⑰又東得次浦 《水經注疏》在此句前有"又東得五丈浦"一句。《疏》:"朱訛作'又東得五丈又東得次浦'。全、趙上句'得東'二字乙轉,'丈'下增'浦'字,下句增'東'字。戴刪上句,但作'又東得次浦'。守敬按:戴刪,非也。《寰宇記》:五丈湖在武昌縣東,有長湖通江南,冬即乾涸。陶侃築塘以遏水,于是水不竭。永嘉年初頹破,太守褚翕之重修復。《輿地紀勝》,五丈湖在武昌縣東八里,舊名南湖。《名勝志》,五丈湖今名羊欄湖。《一統志》,五丈口在武昌縣東,即江通五丈湖之浦也。戴不知有五丈湖,遂不知有五丈浦,故誤刪,當以趙訂為是。《名勝志》引此,'次浦'作'沙浦',未知孰是,浦在今武昌縣東。"⑱仲雍謂之五圻 此處有佚文一條。雍正《湖廣通志》卷七《山川志·武昌縣·五磯》引《水經注》:"江水又東得五丈口,又東得沙浦逕五磯。"或是此段中佚文。⑲漢惠帝元年 《水經注疏》作"漢惠帝二年"。《疏》:"朱作'元年',各本皆同。沈氏曰:《漢表》作黎朱倉,此從《史表》。會貞按:《史》、《漢》《表》并在二年,則'元'字之誤無疑,今訂。"⑳齊立霍州治此 《水經注疏》作"齊立梁州治此也"。《疏》:"朱梁作'齊',戴、趙同。守敬按:《梁書·武帝紀》,天監六年,分豫州置霍州。《寰宇記》,天監四年,于灊縣改置霍州,兼作別城。《地形志》,霍州,蕭衍置,魏因之。《隋志》,霍山縣,梁置霍州。而無言齊置此州者,《注》文'齊'為'梁'字之誤無疑,今訂。"又此處有佚文一條。《通鑑》卷一五四《梁紀》一(武帝天監二)"魏人拔關要、潁川、大峴三城"胡注引《水經注》:"梁立霍州,治灊縣天柱山。"當是此句下佚文。㉑朝二浦 何焯校本此處何焯注:"朝二疑有訛。"五校鈔本、七校本、戴本(微波榭孔刻本)均作"朝江浦"。五校鈔本全祖望云:"先宗伯以所見宋本校。"故當以"朝二浦"為妥。

【語 譯】

又東至華容縣西,夏水出焉。

1 江水左岸分出支流是中夏水,右岸則有中郎浦分出。江浦右岸分支南流西轉,流勢極度彎曲,世人稱為江曲。

又東南當華容縣南,涌水入焉。

2 江水又東流,涌水注入。涌水從夏水分派南流與江水相通,匯流處叫涌口。二水之間就是《春秋》所說的:閻敖在涌水中游泳而遁逃的地方。江水又流經南平郡屖陵縣樂鄉城北,此城是孫吳陸抗所築。以後王濬攻城,就在渚上俘虜了吳水軍都督陸景。

又東南,油水從東南來注之。

3 江水又東流,右岸匯合於油口;又東流經公安縣北。劉備逃到江陵時,派人築城鎮守。當曹操聽說孫權把荊州借給劉備時,正在寫字,手中的筆不覺掉在地上。杜預平定江南後,撤廢華容,另行設縣,叫江安縣,是南郡的治所。吳把華容南鄉設為南郡,晉太康元年(公元二八○年),改名南平。縣裡有油水,水東有景口,靠近武陵郡邊界。景口東有淪口，淪水南流與景水匯合，又東流與灃水和各湖塘相通。從這裡開始，深潭接連不斷，岸上全都是南蠻府駐軍的地方。舊時江邊有大城，相傳是倉儲城，就是存放軍糧、軍需物資的倉庫。江水左岸匯合於高口，高口是個牛軛湖，與右岸的黃州相望。江水又東流到故市口，與高水相通。江水右岸又流經陽岐山北。陽岐山靠近大江，東邊有城，是舊時華容縣尉的治所。

4　大江又東流，左岸匯合於子夏口。江水左岸分出支流，向北方流去，與夏水相通，所以叫子夏。大江又東流，左岸有侯臺水口，是個牛軛湖。右岸有龍穴水口，也是江水在右岸形成的牛軛湖。水口北對虎洲。又洲北有龍巢，是個地名。古時禹南下渡江，游來兩條黃龍，把船夾在中間，船夫嚇得喪魂落魄，禹笑道：我受上天之命，竭盡全力為百姓謀福利。求生是天性，死是天命，又何必怕龍呢？於是二龍收斂起鱗甲，搖擺著尾巴游去了。水名和地名就是因此而來的。

5　江水從龍巢東流到了俞口，夏天水大時才有這個水口，冬天水涸就沒有這個水口了。江水北岸有個小城，先前是監利縣尉的治所。又東流，有清陽、土塢兩個水口，都是牛軛湖。大江右岸流經石首山北，又東流經赭要。赭要，是個洲名，在大江中接近北湖洲下游。江水左岸有飯筐上口，夏秋間水通下口，上下口之間，相距三十餘里。赭要以下就是楊子洲，位於大江中央，在兩洲之間，常常苦於蛟龍為害。從前荊伏飛在這裡過渡，碰到兩條蛟龍，他揮劍斬了牠們，從此以後，就很少再有蛟害了。大江右岸有清水口，口上就是錢官的駐地。清水從牛皮山東北流，通大江；水口北對清水洲，洲的下端與生江洲相接，南邊就是生江口，生江水南通灃浦。江水左岸又匯合飯筐下口，是牛軛湖的入口。江水右岸又有上檀浦，是一條小港汊。江水又東流經竹町南，江中有觀詳渋。這條港汊以東有大洲，大洲東頭又分隔成爵洲；洲南與湘江口相望。

又東至長沙下雋縣北，灃水、沅水、資水合，東流注之。

6　以上諸水都注入洞庭湖的陂澤。這些都是湘地的江河，不是江水的支流。

湘水從南來注之。

7　江水右岸匯合湘水，就是所謂的江水會。江水又東流，左岸有兩處夏季牛軛湖，民間稱為西江口。又東流經忌置山南，忌置山東就是隱口浦。江水右岸有城陵山，山上有老城，東與微落山相接，微落山又稱暉落磯。大江南岸邊叫黃金瀨，瀨東有黃金浦、良父口，都是夏季牛軛湖。又東流經彭城口，水東有彭城磯，所以水也因磯而得名。這條水就是玉潤水。玉潤水發源於巴丘縣東玉山的玉溪，北流注入江水。

8　江水從彭城磯東流經如山北。如山北對隱磯，二磯之間有一整塊巨石，孤零零地

屹立在大江中。如山東有牛軛湖,世人稱為白馬口。江水左岸又流經白螺山南,
右岸流經鴨蘭磯北,這是一座江中的山。東流有鴨蘭、治浦兩個水口,都是夏季牛
軛湖。江水左岸流經上烏林南,是個村落地名。又東流經烏黎口,是個牛軛湖,即
中烏林。又東流經下烏林南。吳將黃蓋在烏林打敗魏武帝,就是這地方。

9　江水又東流,左岸有子練口。北與練浦相通,又東流匯合於練口,是個牛軛湖。練
口南正對練洲,練口一名就是由此而來的。江水右岸有蒲磯口,就是陸口。陸水
發源於下雋縣西方的三山溪,溪水東流經陸城北,又東流經下雋縣南,即從前長沙
的老縣城,就是王莽時的閏雋。宋元嘉十六年(公元四三九年),把該縣劃歸巴陵郡
管轄。陸水又折向西北流,流經下雋縣北,縣城與北岸的金城相望,吳將陸渙在這
裡屯過兵。陸水又流入蒲圻縣,北流經呂蒙城西。從前孫權出征長沙、零陵、桂陽
等地,曾鎮守在這裡。陸水又流經蒲磯山,北流注入大江,匯流處叫刀環口。又東
流經蒲磯山北,此山北對蒲圻洲,一名擎洲,又稱南洲。洲頭就是蒲圻縣的治所,
是晉太康元年(公元二八〇年)所置。此洲上游有白面洲,洲南又有濜口。濜口的水
發源於豫章郡艾縣,東流入蒲圻縣境,到沙陽西北魚嶽山注入大江。魚嶽山在大
江中揚子洲南,孤峰屹立於洲上。江水左岸有中陽水口,又東有白沙口,又名沙
屯,就是麻屯口,原名蔑默口,是個牛軛湖。白沙口南正對蒲圻洲,水口有水北流
百餘里,是吳屯過兵的地方。又流經魚嶽山北,下流有金梁洲。金梁洲東北與淵
洲相望,淵洲又名淵步洲,在江邊。從洲頭開始,一直向上游,全是峻高的削壁,沒
有低岸;過了蒲圻到白沙以後,才有牛軛湖,逆流而上十分困難。江中有沙陽洲,
是沙陽縣治的所在地。沙陽縣本來是江夏的沙羨,晉太康年間(公元二八〇—二八九
年),改名沙陽縣;宋元嘉十六年(公元四三九年),被劃歸巴陵郡。江水右岸有雍口,
也叫港口。東北流就是長洋港。又東北流經石子岡,岡上有老城,即州陵縣的老
城。莊辛所說的左有州侯國,就是這地方。又東流經州陵縣新治所南,就是王莽
時的江夏。港水東南流注入江水,匯流處稱為洋口。洋口南對龍穴洲,是沙陽洲
的下端。洲裡有駕部口。宋景平二年(公元四二四年),在江陵迎接文帝,車駕曾在
這裡歇宿,因此得名。文帝車駕從江陵出發,到了這裡,騰躍出一條黑龍,把文帝
所乘的船背負起來。旁邊的侍臣都嚇壞了。文帝對長史王曇首說:夏禹就是這樣
受命於天的,我有什麼恩德擔當得起呢。因此有龍穴的地名。

10　江水又東流,右岸有矗口,是個牛軛湖。矗口左對矗洲。江水左岸流經百人山南,
右岸流經赤壁山北,這就是從前周瑜和黃蓋詐降,矇騙魏武帝大軍的地方。江水
東流經大軍山南,山東有駐防區,還有個夏季牛軛湖,是江水左岸分流形成的。江
中有巖石露出水面,叫節度石。右岸有塗水注入。塗水發源於江州武昌郡武昌縣

的金山,西北流經汝南僑郡老城南。咸和年間(公元三二六—三三四年),敵寇向南進逼,家家戶戶渡江南下避難,因此設置僑郡,治所在塗口。塗水經縣西又西北流,注入江水。江水又東流經小軍山南,近旁有個渡口,東邊有小軍浦。江水又東流經雞翅山北,山東就是土城浦。

又東北至江夏沙羨縣西北,沔水從北來注之。

11　沌水上流承接沌陽縣的太白湖,東南流就是沌水,流經沌陽縣南,注入江水,匯流處叫沌口,沌陽都尉治所就在這裡。晉永嘉六年(公元三一二年),王敦以陶侃為荊州刺史,駐守在這裡,次年就遷往林鄣。江水又東流經歙父山,南對歙州,又稱歙步。江水右岸正對鸚鵡洲南端處,江水有港汊通往右岸,形成小灣,稱為驛渚。到了三月底,春水升漲,下與樊口水相通。江水又東流經魯山南,就是古時的翼際山。《地說》說:漢水和江水在衡北翼際山旁匯合。山上有吳時江夏太守陸渙所築的城,江夏就是以這兩條水取名的。《地理志》說:夏水流經郡城注入江水,所以叫江夏。舊治所在安陸,置於漢高帝六年(公元前二〇一年),吳時才把治所遷到這裡來。城內有"晉征南將軍荊州刺史胡奮碑",又有平南將軍王世將刻石記載征討杜曾的事跡,還有劉琦的墳墓和祠廟。山的左邊就是沔水口。沔水左岸有郤月城,又稱偃月壘,是戴監軍所築,舊時是曲陵縣城,以後才成為沙羨縣治所的。從前魏將黃祖駐守在這裡,吳派遣董襲、凌統去攻城,俘獲了黃祖。禰衡也是在這裡被殺的。禰衡恃才倨傲,灑脫不羈,在這容易匿禍的世上,對言行不自檢點,恣意以偏激為快,因而不能保全自身,無辜而遭慘殺,可說太不幸了。

12　江水右岸有船官浦,經黃鵠磯西而南流。在鸚鵡洲下端,江水彎進一條港汊,叫㳅浦,就是黃軍浦。從前吳將黃蓋曾在這裡屯過兵,因而得名;這也是商船集中的地方。船官浦東就是黃鵠山,山林溪澗十分優美,譙郡戴仲若身穿山野村夫的衣服住在這裡。山下叫黃鵠岸,岸下有灣,名為黃鵠灣。黃鵠山東北與夏口城相望。夏口城是魏黃初二年(公元二二一年)孫權所築。倚山臨江,憑險建城,視野開闊,城樓俯臨江流。登樓可以遠眺奔流的大江,城下是洶湧的激浪,船夫在這裡航行實在非常艱苦。對岸可通沔水,所以城以夏口為名,也是沙羨縣的治所。江水左岸有湖口,水通太白湖;又東流匯合於瀟口。瀟水上流在安陸縣承接溳水,東流經瀟陽縣北,東流注入江水。

13　江水又東流,湖水自北而南流注,稱為嘉吳江。江水右岸接連有兩處夏季牛軛湖,北面正對東城洲西側,旁有雍伏戍。江水右岸,東流匯合於龍驥水口。龍驥水發源於北山蠻中。左岸有武口,水的上流通安陸的延頭。宋元嘉二年(公元四二五年),衛將軍荊州刺史謝晦擁兵於上流,被征北大將軍檀道濟打敗,逃到這裡,被駐防主將光順之捕獲。兩水南流到武城,都注入大江。武城南對武洲,武洲南對楊桂水口,這是江水經港汉南流的出口,與金女、大文、桃班三處治所相通。從前吳軍屯墾區在荊州的疆域,就到此為止了。江水東流經若城南。庾仲雍《江水記》說:若城到武城口三十里。若城南對郭口,是個夏季牛軛湖,不是常年都有水的。東流到苦菜夏季牛軛湖,東有苦菜山。江水流經山北,所以湖有苦菜之名。山上有苦菜,可以食用。江水左岸有廣武口,是個牛軛湖;江水右岸有李姥浦,這裡沒有蚊子為患。李姥浦北對崢嶸洲。冠軍將軍劉毅就在洲上大敗桓玄,於是桓玄就劫持皇帝向西逃到江陵去。

又東過邾縣南,

14　江水東流經白虎磯北,白虎磯就靠著江邊;又東流與赤溪夏季牛軛湖水口匯合,溪水是從江水右岸分支流出來的。又東流經貝磯北,就是庾仲雍所謂的沛岸。江水右岸有秋口,是個牛軛湖。又東流匯合了烏石水。烏石水發源於烏石山,南流注入江水。江水右岸流經黎磯,磯北也叫黎岸。黎磯東有個夏季牛軛湖。又東流經上磧北,上磧是山名,庾仲雍稱為大竹磧和小竹磧。北岸是烽火洲,就是舉洲,北與舉口相望。庾仲雍把舉字寫作莒字,讀音雖對,但卻忽略了字的寫法,所以寫錯字了。舉水發源於龜頭山,西北流經蒙蘢戍南,這裡是梁朝定州的治所,蠻族人田秀超任刺史。舉水又西流,左岸匯合了垂山水。垂山水發源於北方的垂山南麓,與弋陽潕水發源於同一座山,所以與潕水匯合。垂山水東岸有南口戍;又南流經方山戍西,西流注入舉水。舉水又西南流經梁司、豫二州東,蠻族人田魯生任刺史,治所在湖陂城,也叫水城。舉水又西南流經顏城南,又西南流經齊安郡西,倒水注入。倒水發源於黃武山,南流經白沙戍西,又東南流經梁達城戍西,東南流與舉水匯合。舉水又東南流經赤亭下,叫赤亭水。以下分成兩條,一條南流注入江水,匯流處叫舉口,南與舉洲相對。《春秋左傳》定公四年(公元前五〇六年),吳、楚兩軍在柏舉列陣。京相璠說:這是漢東疆域。江夏有洰水,也有把洰字寫作舉字的,可能就是這條水。左邊一條東南流注入江水,此處江邊叫文方口。江水右岸有鳳鳴口,是個牛軛湖,旁邊有鳳鳴戍。江水又東流經邾縣老城南。楚宣王滅邾,把邾人遷到這裡居住,所以命名叫邾。漢高帝元年(公元前二〇六年),項羽封吳芮為衡山王,建都在這裡。晉咸和年間(公元三二六─三三四年),庾翼當西陽太守,分江夏另設邾縣。咸和四年(公元三二九年),豫州刺史毛寶、西陽太守樊俊共同鎮守此城,被石虎部將張格度攻陷,自此以後,這裡就成為一片廢墟。老城南對蘆洲,從前孫吳時在洲上建造客棧,方便行旅歇宿。蘆洲也叫羅洲。

鄂縣北,

15 江水右岸有樊口。庾仲雍《江水記》說:谷里有袁口。江水支流從這裡南流而入,
經樊山上下三百里,與新興、馬願兩個冶鐵場相通。

16 樊口北有港灣,從前孫權造了一艘大船,名叫長安,又名大舶,載了值勤兵士三千
人,與群臣在江上暢遊。不巧大風驟起,孫權想西航去蘆洲,谷利卻不聽從,於是
孫權拔刀急忙上前,下令開到樊口埠頭停泊,可是船到岸時卻撞毀了,所以把這地
方取名為敗舶灣。船毀後,他們就在樊山開路上去,於是人們就把這地方叫做吳
造峴,地點就在樊口上流一里,現在那地方還在。

17 江水左岸又流經赤鼻山南,山在江邊。又東流經西陽郡南,郡治就在西陽縣城。
《晉書·地道記》認為那就是弦子國。江水右岸有鄂縣老城,舊時是樊楚疆域。
《世本》說,熊渠封他排行居中的兒子熊紅為鄂王。《晉太康地記》認為那地方就
是東鄂。《九州記》說:鄂,就是現在的武昌。孫權在魏黃初元年(公元二二○年)從
公安遷到這裡,改為武昌縣。把鄂縣的治所遷到袁山以東去,又在那年設置江夏
郡,從建業居民中分出一千戶人家來補充它的人口。到了黃龍元年(公元二二九
年),孫權遷都建業,派陸遜去輔佐太子鎮守武昌;孫皓也曾在那裡建都,他以後又
回到東方,命令滕牧駐守。晉惠帝永平年間(公元二九一年),才設置江州,以傅綜為
刺史,治所就在武昌城;以後太尉庾亮也鎮守過,現在是武昌郡治。

18 武昌城南有袁山,就是樊山。《武昌記》說:樊口南有大姥廟。孫權常常在山下打
獵。一天傍晚,碰到一個老太婆,問孫權道:今天打到什麼呀? 孫權說:只打到一
隻豹子。老太婆說:為什麼不把豹尾豎起來呢。說完忽然就消失不見。應劭《漢
官·序》說:豹尾車過去之後,執金吾就撤去禁衛,解除戒嚴。皇帝儀仗隊中,最後
一輛車裝了一條豹尾,一路招展,豹尾車內坐的是王公。因孫權稱帝的事在這裡
應驗,所以為神立廟。此外,孫皓也曾來這裡登山,他叫一個將軍殺了常侍王蕃,
又叫近侍裝作虎跳狼爭的樣子把王蕃的頭吃掉。

19 袁山北背大江,江上有釣臺,孫權常在臺上痛飲,說:今天要直喝到在臺上醉倒才
罷。這也是張昭向他苦口婆心地進諫的地方。城西有郊壇,孫權就是在這裡祭天
即帝位的。他環顧著公卿們說:魯子敬曾提及此事,可說對世情時勢看得很清楚了。

20 武昌城東有座老城,據說是漢將灌嬰所築。江中有節度石三段,寬百步,高五六
丈,是西陽、武昌的界石,二郡就憑此石劃定江中的分界線。又東流到了次浦,是
個牛軛湖;東流經五磯北,這裡有五座山丘,沿江水南岸依次排列,所以得名。庾
仲雍稱為五圻。江水左岸有巴水注入,巴水發源於零婁縣的下靈山,即大別山。
因為巴水與決水發源於同一座山,所以世人稱大別山為分水山,或者叫巴山。巴
水南流經蠻中,吳時曾在水濱設立屯墾區,引巴水來灌溉田地。又南流經巴水戍,

南流注入江水,匯流處叫巴口。

21　江水又東流經軑縣老城南,這是古時的弦國。《春秋》僖公五年(公元前六五五年)秋,楚國滅弦國,弦子逃到黃國去。漢惠帝元年(公元前一九四年),把該縣封給長沙相利倉為侯國。城在山南,南對五洲。江中有五個相連的沙洲,所以叫五洲。宋孝武帝在江州起兵,在洲上豎起牙旗,有紫雲罩在旗上,說的就是此洲。江水東流在希水口匯合希水。希水發源於灊縣霍山西麓,山北有灊縣老城。《地理志》說:灊縣南有天柱山,就是霍山,那裡有個南嶽廟。灊,音潛,南齊設置霍州,治所就在灊縣。希水西南流分成兩條,支流在這裡分出。希水又南流,蓄積成湖,稱為希湖。湖水又南流經軑縣東,南流注入大江,匯流處叫希水口。但水流湍急深沉,每逢大雨連綿,水流暴漲,氾濫難測,行人往來就很感困難了。大江右岸有厭里口、安樂浦,從這裡起直到武昌,都是囚犯服役製作兵器的屯駐地,頭尾相接地散布在沿江一帶。江水又東流到了桑步埠頭,下流有章浦,原來是西陽郡的治所,現在已經完全荒蕪了。江水左岸有赤水浦,是個夏季牛軛湖。江水又東流經南陽山南。南陽山又名芍磯,也叫南陽磯,庾仲雍稱為南陽圻,又名洛至圻,又叫石姥,磯下水勢湍急。江水又東流經西陵縣老城南。《史記》載,秦昭王派遣白起去攻楚,占領了西陵,就是此城。漢章帝建初二年(公元七七年),把西陵封給陰堂為侯國。江水東流經孟家溠,右岸有黃石山,就是黃石磯,又名石茨圻,江水就流經山北。西陵縣縣城就在這裡,縣北是三洲。江邊山嶺連綿,東山偏高,稱為西塞,東對黃公九磯,就是所謂的九圻。在于行、小難兩山之間,是個闕塞,從這裡過渡,可到土復。土復是北岸的地名。

又東過蘄春縣南,蘄水從北東注之。

22　江水又流到葦口,是個牛軛湖。牛軛湖東有葦山。江水東流經山北,北崖有東湖口,江水左岸有港汊分出,積聚成湖,所以叫湖口。江水又東流到空石口,牛軛湖在右岸;瀕江有空石山,南與石穴洲相對,洲上有蘄陽縣縣城。又東流,蘄水注入。江水又東流經蘄春縣老城南。世祖建武三十年(公元五四年),把該縣封給陳俊的兒子陳浮為侯國。江水又東流到銅零口,是個牛軛湖。大江右岸流經蝦蟆山北,東流匯合於海口。此口有水南通大湖,北到大江,左右兩岸都是山嶺。江水流經海口以北,東流與臧口匯合,是個牛軛湖。江水左岸又流經長風山南,有長風口,是個牛軛湖。江水又東流經積布山南,民間稱積布磯,又叫積布圻,庾仲雍則稱為高山,是西陽和尋陽二郡間的分界。右岸有土復口,是個牛軛湖。牛軛湖臨江有山,山東有護口,是個牛軛湖,庾仲雍稱為朝二浦。

又東過下雉縣北,利水從東陵西南注之。

23　江水東流經琵琶山南,山下有琵琶灣;又東流經望夫山南,又東有苦菜水口,是個
　　夏季牛軛湖。江水右岸,富水注入。富水發源於陽新縣的青溢山,西北流經陽新
　　縣,該縣是從前豫章郡的屬縣。那一帶地方女鳥很多。《玄中記》說:陽新有個男
　　人,在水邊碰到了女鳥,就和她同居,生了兩個女兒,都長了羽毛飛去了。豫章一
　　帶居民撫養孩子,都不讓孩子的衣服暴露在外面,說是這種鳥把塵土落在孩子的
　　衣服上,就會使孩子得病,所以也稱女鳥為夜飛遊女。

24　富水又西北流經下雉縣,王莽改名為潤光,後來併入陽新縣。富水左右兩岸,無論
　　公田私田,只要有水灌溉,就都成為良田沃土,從前是吳屯田所在的地方。江水又
　　東流,右岸有蘭溪水口,也是牛軛湖。又東流,左岸在青林口匯合青林水。青林水
　　發源於廬江郡東陵鄉。江夏有西陵縣,所以這裡稱為東陵,就是《尚書》說的:江水
　　經過九江流到東陵。江水西南流,積聚成為湖泊,湖西有青林山。宋太始元年(公
　　元四六五年),明帝派沈攸之西征,討伐子勛,在青山伐木作欄。他看到一個十分清
　　秀的孩子問伐木人道:你們砍這些樹做什麼用? 答道:用來打叛賊。孩子說:下旬
　　該就可以平賊了,何必麻煩砍樹呢。說罷在人群中忽然一閃就不見了。山名青林
　　山,所以湖就叫青林湖。湖中有鯽魚,又肥又鮮,吃了還可以不怕寒暑。湖水西
　　流,稱為青林水。又西南流經尋陽,分成兩條:一條東流通大雷;一條西南流注入
　　江水,就是《水經》裡所說的利水。尋陽右邊與馬頭岸相對。自富口到這裡五十餘
　　里,兩岸山重水複,路途多險阻。

【研　析】　此卷殘佚至顯,在酈《注》全書中,也可稱其為有頭無尾之篇。《校上案語》
中所指今本亡佚之篇如溤沱水、涇水、洛水等,當然令人惋惜,而此是大江,其缺佚實在
非同小可。但前輩治酈學者,明知此卷之殘佚而仍悉心校勘,獲得卓越成果。其中楊
守敬、熊會貞師生尤可表率。按清著名沿革地理學家李兆洛,他以十餘年之功,於清道
光間編成了《歷代地理志韻編今釋》一書計二十卷。取當時正史之有地理志者十四部,
析其郡縣之名,以韻隸之,分敘其歷代沿革遞變,並考以今地。此書至今仍是研究歷史
地理學之要籍。此書付刊前,李鴻章於同治十年為其作序。李氏碩學,其序甚得要領,
並且參閱了《水經注》。序中言及:"金女、大文、桃班、陽口、歷口之類,皆不見于諸
志,……亦不能無疑焉。"此卷《經》文"又東北至江夏沙羨縣西北,沔水從北來注之"
下,《注》文有"通金女、大文、桃班三治"之語。"治"按地名學屬於地名之通名,凡通名
作州、郡、府、治等者,多為通都大邑。所以李序所謂"亦不能無疑焉"之語非謬。此卷
《經》文"鄂縣北"下,《注》文又有"新興、馬頭二治"。凡此五治,酈《注》各本皆同,除
李序外,無家置疑,無可據校。而楊、熊校此五治,"治"字實為"冶"字之誤,證據確鑿,
令人信服。一字之校,釋千載之訛。楊、熊之功,實在是值得欽佩的。

卷三十五附錄　補江水

【說　明】　前已引及全祖望所謂:"《江水》失去第四篇,而青林湖以下竟無考。"殿本在此卷卷末"右對馬頭岸,自富口迄此五十餘里,岸阻江山"下,有戴震案語:"《水經》于《沔水》內敘其入江之後所過,蓋與江水合沔之後,詳略兩見。今江水止于下雉縣,而沔水內訂其錯簡,又東過彭蠡澤,又東過皖縣南,又東至石城分為二,其一東北流,又東出居巢縣南,又東過牛渚,又過毗陵縣為北江,參以末記《禹貢山水澤地》,北江在毗陵北界;東入于海。下雉縣以下大江入海之大略固具,在道元于江水敘次必詳悉,自宋時已闕逸矣。"

《校上案語》所列缺佚各篇,趙一清等多已作了輯補,並收入於《水經注釋》及《合校水經注》等本中。而《江水》缺佚甚多,未見學者輯補。我於一九八三年應日本關西大學之邀,於是年暑期後到該校大學院(即研究生院)講授"水經注研究"課程,曾在"水經·江水注研究"專題下,輯錄古籍中引及酈《注》有關江水文字,略加整理,按次排列。今重錄當年所輯,作為卷三十五《江水》的"附錄",俾讀者稍知宋初以後《江水》篇缺佚概況。所補甚不完整,聊作參考而已。

隆慶《岳州府志》卷七《職方考》三《湘浦》引《水經注》:"城陵山有景侯港,乃景泊舟之處,疑即其地也。"

《文選》卷二十七"樂府"上謝玄暉《之宣城出新林浦向版橋》李善注引《水經注》:

"江水逕三山,又湘浦出焉。水上南北結浮橋渡水,故曰版橋,浦江又北逕新林浦。"

《方輿紀要》卷八十五《江西》三《湖口縣·石鐘山》引《水經注》:"石鐘山西枕彭蠡,連峰疊嶂,壁立峭削,其西、南、北皆水,四時如一,白波撼山,響如洪鐘,因名。"案此條《寰宇記》卷一一一《江南西道》九《南康軍·都昌縣》引《水經注》、《蘇東坡全集》卷三十七《石鐘山記》引《水經注》、《名勝志》"江西"卷五《九江府·湖口縣》引《水經注》、明羅洪先《遊石鐘記》(《古今名山遊記》卷十一上)引《水經注》、明李齡《遊石鐘山記》(《古今天下名山勝概記》卷二十五)引《水經注》、嘉靖《九江府志》卷二《山川·湖口縣·石鐘山》引《水經注》、康熙《江西通志》卷六《山川》上《九江府·石鐘山》引《水經注》、雍正《江西通志》卷十二《山川·九江府·石鐘山》引《水經注》等均有錄入,文字小有差異,但大體相似。《蘇東坡全集》卷三十七《石鐘山記》引文作:"下臨深潭,微風鼓浪,水石相搏,聲如洪鐘。"

《事類賦》卷六《地部·江》(流九派于潯陽)注引《水經注》:"江至潯陽,分為九道。"案楊守敬《水經注圖》第一冊"凡例"云:"《禹貢山水澤地》謂九江在下雋西北,酈氏無注而《水經》不出九江,據《事類賦》引酈《注》繫九江于潯陽,與《漢志》合,豈酈氏有詳說在《江水》篇中耶?"

《寰宇記》卷一二四《淮南道》二《和州·歷陽縣》引《水經注》:"江水左列洞口。"案《名勝志》卷二十《和州》引《水經注》與《寰宇記》同。

《名勝志》卷七《安慶府·桐城縣》引《水經注》:"樅陽湖水繞圍亭,與江水合而東流。"

《寰宇記》卷一二五《淮南道》三《舒州·桐城縣》引《水經注》:"此水東南流盛唐戍,俗謂之小益唐,即此也。"

《初學記》卷八《淮南道》第九《豐浦》引《水經注》:"江水北合烏江縣之豐浦,上通湖也。"

《史記》卷七《本紀》七《項羽本紀》"于是項王乃欲東渡烏江"《正義》引《水經注》:"水又北,《左傳》黃律口,《漢書》所謂烏江亭長檥船以待項羽,即此也。"

《文選》卷二十二殷仲《南州桓公九井作》李善注引《水經注》:"淮南郡之湖縣南,所謂姑熟,即南洲矣。"

《初學記》卷八《淮南道》第九《包湖》引《水經注》:"次得陰塘水,同受皇后湖,湖水連接包湖,西翼潭湖。"

《初學記》卷八《淮南道》第九《趙屯城》引《水經注》:"破虜磯東有趙屯城,內有倉。"

《名勝志》卷七《安慶府·太湖縣》引《水經注》:"太湖縣,晉泰始二年置,縣在龍山太湖水邊,水出縣西積稻山,東南流入大江。"案全祖望五校鈔本已錄入此文。

　　《文選》卷十二郭景純《江賦》"躋江津而起漲"宋六臣注引《水經注》:"馬頭崖北對大岸,謂之江津。"

　　《初學記》卷八《淮南道》第九《周喻廟》引《水經注》:"江水對雷州之北側,有周喻廟。"案《寰宇記》卷一二五《淮南道》三《舒州·望江縣》亦引《水經注》此條,但文字小有出入,云:"江水對雷州水之地,側有周瑜廟,亦呼為大雷神。"

　　《輿地紀勝》卷四十五《淮南西路·廬州·古迹·古滁州城》引《水經注》:"滁水出于浚道縣。"案《名勝志》卷十三《廬州府·合肥縣》引《水經注》、雍正《江南通志》卷十八《山川》八《穎州府·滁河》引《水經注》、道光《安徽通志》卷十六《輿地志·山川》六《滁水》引《水經注》均與《輿地紀勝》同。

　　《寰宇記》卷一二四《淮南道》二《和州·含山縣》引《水經注》:"滁水東逕大峴山,西北流大峴亭,即此山也。齊東昏侯之末,裴叔業據壽春叛附元氏,東昏遣蕭懿往大峴拒之,是其所也。"

　　《書敘指南》卷十四《州郡地理》下引《水經注》和州地名:"桐浦。"

　　《文選》卷十二《江賦》"其旁則有雲夢、雷池、彭蠡、青草、具區、洮、滆、珠、漅、丹、漅"宋六臣注引《水經注》:"漅湖在居巢。"

　　景定《建康志》卷十九《山川志》三《州浦·白鷺洲》引《水經注》:"江寧之新林浦,西對白鷺洲。"

　　《玉海》卷一七一《宮室·苑囿·漢樂遊苑》引《水經注》:"舊樂遊苑,宋元嘉十一年,以其為曲水,武帝引流轉酌賦詩。"景定《建康志》卷十九《山川志》三《曲水》引《水經注》與《玉海》同。

　　景定《建康志》卷十六《疆域志》二《埭堰考證》引《水經注》:"中江在丹陽蕪湖縣南,東至會稽陽羨縣入海。"

　　《文選》卷十二《江賦》"其旁則有雲夢、雷池、彭蠡、青草、具區、洮、滆、珠、漅、丹、漅"宋六臣注引《水經注》:"中江東南,左合滆湖。"

　　《事類賦》卷六《地部·江》(嘉靡瓜步之名)注引《水經注》:"瓜步在揚州六合縣界。"

　　《文選》卷十二《江賦》"其旁則有雲夢、雷池、彭蠡、青草、具區、洮、滆、珠、漅、丹、漅"宋六臣注引《水經注》:"朱湖在溧陽。"

　　《文選》卷十二《江賦》"其旁則有雲夢、雷池、彭蠡、青草、具區、洮、滆、珠、漅、丹、漅"宋六臣注引《水經注》:"丹湖在丹陽。"

　　《方輿紀要》卷二十四《江南》六《蘇州府·常熟縣·尚湖》引《水經注》:"昆承湖

廣長各十八里。"

《廣博物志》卷五《地形·總地·山》引《水經注》:"太湖中穹窿山有銅闕。"

《名勝志》卷九《蘇州府·長洲縣》引《水經注》:"吳西有岑嶺山,右有土阜曰鈴山,左曰索山,皆以獅子名山,南頂上有巨石二如樓,云是獅子兩耳。"

《後漢書》卷四十四《列傳》三十四《張禹傳》"皆以江有子胥之神,難以濟涉"注引《水經注》:"吳王賜子胥死,浮尸于江,夫差悔,與群臣臨江設祭,修道塘及壇,吳人因為立廟而祭焉。"

《名勝志》卷九《蘇州府·胥山》引《水經注》:"胥山上有壇,長老以為胥人所治,下有九折洛,南出太湖,闔閭以遊姑蘇臺而望太湖。"

《文選》卷五《京都》下左太沖《吳都賦》"徑路絕,風雲通,洪桃屈盤"宋六臣注引《水經注》:"東海中有山焉,名曰度索,上有大桃,屈盤三千里。"

卷三十六　青衣水　桓水　若水　沫水
延江水　存水　溫水

【題　解】　此卷記敘了青衣水等七水,其中青衣、桓、若、沫、延江五水都是長江水系河流,而存、溫二水則是珠江水系河流。

青衣水今稱青衣江,是岷江支流,發源於邛崍山,在四川樂山以西與大渡河匯合,注入岷江。全長約二百八十公里,流域面積約一萬三千平方公里。

桓水是嘉陵江上流,即今白龍江支流。在古代,此水是羌水支流,參閱本書卷三十二《羌水》篇。

若水即今雅礱江。但《經》、《注》都說若水至僰道入江,僰道即今四川宜賓,所以《水經注》若水包括雅礱江及雅礱江注入金沙江後直至今宜賓的這一段金沙江在內。

沫水即今大渡河,源出青海省,長約一千公里,流域面積八萬餘平方公里。

延江水是今貴州省境內的大河烏江,發源於省境西部烏蒙山,東流貫通貴州全境,長約一千公里,流域面積近九萬平方公里。

存水是今貴州省境內北盤江的一段,但《經》、《注》記敘都有錯誤。《經》文說:“東南至鬱林定周縣,為周水。”《注》文說:“存水又東逕鬱林定周縣為周水,蓋水變名也。”其實,存水與周水並非一水。周水是貴州省獨山附近的龍江,今稱打狗河,是柳江的支流。此河在柳州注入柳江,到來賓以後與紅水河(北盤江下流)匯合,同入西江。

溫水按《注》文當是今南盤江,但《經》、《注》都提及鬱水,《經》“東北入于鬱”下,

《注》文長達五千五百餘言,是全書中的長注之一。鬱水實為今西江上源的右江,下流包括今西江,《注》文也常稱鬱水,其間錯誤很多,河流混雜,名稱參差。《水經注》記敘的西南諸水,大率類此。

青衣水

青衣水出青衣縣西蒙山,東與沫水合也。

縣,故青衣羌國也。《竹書紀年》梁惠成王十年,瑕陽人自秦道岷山青衣水來歸。漢武帝天漢四年,罷沈黎郡,分兩部都尉,一治青衣,主漢民。公孫述之有蜀也,青衣不服,世祖嘉之。建武十九年以爲郡,安帝延光元年,置蜀郡屬國都尉。青衣王子心慕漢制,上求內附。順帝陽嘉二年,改曰漢嘉,嘉得此良臣也。縣有蒙山,青衣水所發,東逕其縣,與沫水會于越巂郡之靈關道。青衣水又東,邛水注之,水出漢嘉嚴道邛來山,東至蜀郡臨邛縣,東入青衣水。

至犍爲南安縣,入于江。

青衣水逕平鄉,謂之平鄉江。《益州記》曰:平鄉江東逕峨眉山,在南安縣界,去成都南千里。然秋日清澄,望見兩山,相峙如峨眉焉。青衣水又東流,注于大江。

【語　譯】

青衣水出青衣縣西蒙山,東與沫水合也。

青衣縣,就是從前的青衣羌國。據《竹書紀年》,梁惠成王十年(公元前三六〇年),瑕陽人經過岷山和青衣水,從秦國前來投奔。漢武帝天漢四年(公元前九七年),撤廢沈黎郡,分設兩部都尉,其中一處治所就在青衣,管理漢族人民。公孫述割據蜀地時,青衣人不肯降服,受到世祖的嘉獎。建武十九年(公元四三年),設置為郡。安帝延光元年(公元一二二年),設置蜀郡屬國都尉。青衣王子仰慕漢朝制度,請求歸附。順帝陽嘉二年(公元一三三年),改名為漢嘉,慶賀得到一位賢臣。縣裡有蒙山,是青衣水的發源地,東流經縣城,在越巂郡的靈關道和沫水匯合。青衣水又東流,邛水注入。邛水發源於漢嘉郡嚴道縣的邛崍山,東流到蜀郡臨邛縣,東注青衣水。

至犍為南安縣,入于江。

青衣水流經平鄉,叫平鄉江。《益州記》說:平鄉江東流經峨眉山,山在南安縣邊界,南距成都一千里。但在秋高氣爽的日子,遠遠可以望見兩峰對峙,狀如峨眉。青衣水又東流,注入大江。

桓　水

桓水出蜀郡岷山，西南行羌中，入于南海。

《尚書·禹貢》：岷、嶓既藝，沱、潛既道，蔡、蒙旅平，和夷底績。鄭玄曰：和上，夷所居之地也。和，讀曰桓。《地理志》曰：桓水出蜀郡蜀山，西南行羌中者也。《尚書》又曰：西傾因桓是來。馬融、王肅云：西治傾山，惟因桓水自來，言無他道也。余按《經》據《書》，岷山、西傾，俱有桓水，桓水出西傾山，更無別流，所導者惟斯水耳。浮于潛、漢而達江、沔，故《晉地道記》曰：梁州南至桓水，西抵黑水，東限扞關。今漢中、巴郡、汶山、蜀郡、漢嘉、江陽、朱提、涪陵、陰平、廣漢、新都、梓潼、犍爲、武都、上庸、魏興、新城，皆古梁州之地。自桓水以南爲夷，《書》所謂和夷底績也。然所可當者，惟斯水與江耳。桓水，蓋二水之別名，爲兩川之通稱矣。鄭玄注《尚書》言：織皮，謂西戎之國也；西傾，雍州之山也。雍、戎二野之間，人有事于京師者，道當由此州而來。桓是隴坂名，其道盤桓，旋曲而上，故名曰桓是。今其下民謂是坂曲爲盤也，斯乃玄之別致，恐乖《尚書》因桓之義，非浮潛入渭之文。

余攷校諸書，以具聞見，今略輯綜川流沿注之緒，雖今古異容，本其流俗，麤陳所由。然自西傾至葭萌入于西漢，即鄭玄之所謂潛水者也。自西漢遡流而屆于晉壽界，沮、漾枝津，南歷岡穴，迤邐而接漢，沿此入漾，《書》所謂浮潛而逾沔矣。歷漢川至南鄭縣，屬于褒水，遡褒暨于衙嶺之南，溪水枝灌于斜川，屆于武功而北達于渭水，此乃水陸之相關，川流之所經復，不乖《禹貢》入渭之宗，寔符《尚書》亂河之義也。

【語　譯】

桓水出蜀郡岷山，西南行羌中，入于南海。

《尚書·禹貢》：岷山、嶓冢山都可以耕種了；沱水、潛水經疏導後都暢通了；蔡山、蒙山治水工程已經完竣；對和上一帶夷民的治理也已取得成績了。鄭玄說：和上，是夷人所居的地方。和，讀作桓。《地理志》說：桓水發源於蜀郡的蜀山，西南流經羌中。《尚書》又說：從西傾山可由桓水過來。馬融、王肅說：西部都尉治所在傾山，只能由桓水過來，這是說再沒有別的道路了。我依據《水經》和《尚書》來看，岷山、西傾山都有桓水，桓水發源於西傾山，山間再也沒有別的河流，所通的也只有這條水。由潛水、漢水乘船可到達江水、沔水，所以《晉書·地道記》說：梁州疆域南到桓水，西到黑水，東以扞關爲界。現在的漢中、巴郡、汶山、蜀郡、漢嘉、江陽、朱提、涪陵、陰平、廣漢、新都、梓潼、犍為、武都、上庸、魏興、新城,都是古時梁州的疆域。桓水以南是夷人地區。就是《尚書》裡說的,對和上一帶夷民的治理也已取得成績。但可視為相應的水,只有此水和江水了。桓水大概就是這兩條水的別名,也是它們的通稱。鄭玄給《尚書》加注時說:織皮,是指西戎之國。西傾,是雍州的山。雍州、西戎兩個地區之間,人們有事要去京師,所走的路應當從此州而來。桓是,這是隴地山坡名,那裡道路盤桓曲折上行,所以稱為桓是。現在那裡的百姓把山坡叫是,曲折叫盤。這是鄭玄的一家之說,恐怕違背《尚書》由桓水前來之說的本義,也是不符由潛水乘船入渭水這句話的含義的。

我翻閱了各種典籍以廣見聞,現在大略綜述一下河流的來龍去脈,雖然古今地貌有所不同,但按水流的習性,還是可以大致敘述一下諸水所經的地方的。那麼從西傾到葭萌注入西漢水的,就是鄭玄所說的潛水了。從西漢水溯流到達晉壽邊界,沮水、漾水等支流,南流經山岡下的洞穴,透迤流奔與漢水相接,又沿漢水而進入漾水,這就是《尚書》所說的,從潛水乘船可以到達沔水。經漢水到達南鄭縣,連接褒水;從褒水溯流而上,到達衙嶺以南,沿溪水支流注入斜川,抵達武功,往北直到渭水,這是有水路陸路相互銜接,有河流所經的路線可循的,並不違背《禹貢》中入渭的說法,實際上也是符合《尚書》直渡河水的意思的。

若　水

若水出蜀郡旄牛徼外,東南至故關,爲若水也。

1　《山海經》曰:南海之內,黑水之間,有木名曰若木,若水出焉。又云:灰野之山有樹焉,青葉赤華,厥名若木,生崑崙山西,附西極也。《淮南子》曰:若木在建木西,木有十華,其光照下地。故屈原《離騷・天問》曰:羲和未陽,若華何光是也。然若木之生非一所也,黑水之間,厥木所植,水出其下,故水受其稱焉。

2　若水沿流,間關蜀土,黃帝長子昌意,德劣不足紹承大位,降居斯水,爲諸侯焉。娶蜀山氏女,生顓頊于若水之野,有聖德,二十登帝位,承少暭金官之政,以水德寶歷矣。若水東南流,鮮水注之,一名州江。大度水出徼外,至旄牛道,南流入于若水。又逕越巂大莋縣入繩。繩水出徼外,《山海經》曰:巴遂之山,繩水出焉。東南流,分爲二水:其一水枝流東出,逕廣柔縣,東流注于江;其一水南逕旄牛道,至大莋與若水合。自下亦通謂之爲繩水矣。莋,夷也,汶山曰夷,南中曰昆彌,蜀曰邛,漢嘉、越巂曰莋。皆夷種也。

南過越巂邛都縣西,直南至會無縣,淹水東南流注之。

3　邛都縣,漢武帝開邛莋置之。縣陷爲池,今因名爲邛池,南人謂之邛河。河中有蜳
　　裿山,應劭曰:有裿水,言越此水以章休盛也。後復反叛。元鼎六年,漢兵自越裿
　　水伐之,以爲越裿郡,治邛都縣。王莽遣任貴爲領戎大尹,守之,更名爲集裿也。
　　縣,故邛都國也。越裿水即繩、若矣,似隨水地而更名矣。又有溫水,冬夏常熱,其
　　源可熿雞豚,下湯沐洗,能治宿疾。昔李驤敗李流于溫水是也。

4　若水又逕會無縣,縣有駿馬河,水出縣東高山,山有天馬徑,厥跡存焉。馬日行千
　　里,民家馬牧之山下,或産駿駒,言是天馬子。河中有貝子胎銅,以羊祠之,則可取
　　也。又有孫水焉,水出臺高縣,即臺登縣也。孫水一名白沙江,南流逕邛都縣,司
　　馬相如定西南夷,橋孫水,即是水也。又南至會無入若水。

5　若水又南逕雲南郡之遂久縣,青蛉水入焉。水出青蛉縣西,東逕其縣下,縣以氏
　　焉。有石豬坼,長谷中有石豬,子母數千頭。長老傳言,夷昔牧此,一朝化爲石,迄
　　今夷人不敢往牧。貪水出焉。青蛉水又東注于繩水。繩水又逕三絳縣西,又逕姑
　　復縣,北對三絳縣,淹水注之。三絳一曰小會無,故《經》曰:淹至會無注若水。

6　若水又與母血水合,水出益州郡弄棟縣東農山母血谷,北流逕三絳縣南,北入繩。
　　繩水又東,涂水注之,水出建寧郡之牧靡南山,縣、山竝即草以立名。山在縣東北
　　烏句山南五百里,山生牧靡,可以解毒,百卉方盛,鳥多誤食烏喙,口中毒,必急飛
　　往牧靡山,啄牧靡以解毒也。涂水導源臘谷,西北流至越裿入繩。繩水又逕越裿
　　郡之馬湖縣,謂之馬湖江,又左合卑水,水出卑水縣,而東流注馬湖江也。

又東北至犍爲朱提縣西,爲瀘江水,

7　朱提,山名也。應劭曰:在縣西南,縣以氏焉。犍爲屬國也,在郡南千八百許里。
　　建安二十年立朱提郡,郡治縣故城。郡西南二百里得所綰堂琅縣,西北行,上高
　　山,羊腸繩屈八十餘里,或攀木而升,或繩索相牽而上,緣陟者若將階天。故袁休
　　明《巴蜀志》①云:高山嵯峨,巖石磊落,傾側縈迴,下臨峭壑,行者扳緣,牽援繩索。
　　三蜀之人,及南中諸郡,以爲至險。

8　有瀘津,東去縣八十里,水廣六七百步,深十數丈,多瘴氣,鮮有行者。晉明帝太寧
　　二年,李驤等侵越裿,攻臺登縣,寧州刺史王遜遣將軍姚岳擊之,戰于堂琅,驤軍大
　　敗,岳追之至瀘水,赴水死者千餘人,遜以岳等不窮追,怒甚,髮上衝冠,帕裂而卒。
　　按永昌郡有蘭倉水,出西南博南縣,漢明帝永平二年置。博南,山名也,縣以氏之。
　　其水東北流逕博南山,漢武帝時通博南山道,渡蘭倉津,土地絕遠,行者苦之。歌
　　曰:漢德廣,開不賓,渡博南,越倉津,渡蘭倉,爲作人。

9　山高四十里。蘭倉水出金沙,越人收以爲黃金。又有珠光穴,穴出光珠。又有琥
　　珀、珊瑚,黃、白、青珠也。蘭倉水又東北逕不韋縣與類水合,水出裿唐縣,漢武帝

置。類水西南流,曲折又北流,東至不韋縣注蘭倉水。又東與禁水合,水自永昌縣而北逕其郡西,水左右甚饒犀象,山有鈎蛇,長七八丈,尾末有岐,蛇在山澗水中,以尾鈎岸上人、牛食之。此水傍瘴氣特惡,氣中有物,不見其形,其作有聲,中木則折,中人則害,名曰鬼彈。惟十一月、十二月差可渡,正月至十月逕之,無不害人,故郡有罪人,徙之禁旁,不過十日皆死也。

10　禁水又北注瀘津水,又東逕不韋縣北而東北流,兩岸皆高山數百丈,瀘峰最爲傑秀,孤高三千餘丈。是山于晉太康中崩,震動郡邑。水之左右,馬步之徑裁通,而時有瘴氣,三月、四月逕之必死,非此時猶令人悶吐。五月以後,行者差得無害。故諸葛亮《表》[2]言:五月渡瀘,并日而食,臣非不自惜也,顧王業不可偏安于蜀故也[3]。《益州記》曰:瀘水源出曲羅嶲,下三百里曰瀘水。兩峰有殺氣,暑月舊不行,故武侯以夏渡爲艱。

11　瀘水又下合諸水,而總其目焉,故有瀘江之名矣。自朱提至僰道有水步道,水道有黑水、羊官水,至險難。三津之阻,行者苦之。故俗爲之語曰:楢溪、赤水,盤蛇七曲,盤羊烏櫳,氣與天通,看都濩泚,住柱呼伊[4],庲降賈子,左擔七里[5]。又有牛叩頭、馬搏頰坂,其艱險如此也。

又東北至僰道縣,入于江。

12　若水至僰道,又謂之馬湖江。繩水、瀘水、孫水、淹水、大渡水,隨決入而納通稱。是以諸書録記羣水,或言入若,又言注繩,亦咸言至僰道入江。正是異水沿注,通爲一津,更無別川,可以當之。水有孝子石,昔縣人有隗叔通者,性至孝,爲母給江膂水,天爲出平石至江膂中,今猶謂之孝子石,可謂至誠發中,而休應自天矣。

【注　釋】　①巴蜀志　書名。《隋書·經籍志》著録作《巴蜀記》一卷,不著撰者。章宗源《隋書經籍志考證》卷六:"《巴蜀志》,卷亡,(晉)袁休明撰,不著録。"則章宗源以《巴蜀記》與《巴蜀志》爲二書,因書已亡佚,又不見他書徵引,無可核實。②表　指諸葛亮《後出師表》。全文載《三國志·蜀書·諸葛亮傳》。③顧王業不可偏安于蜀故也　此處有佚文一條。《諸葛忠武侯故事》卷五《遺蹟》篇引《水經注》:"邛州西百里有石盤戍,俗呼爲望軍頂,昔諸葛武侯駐軍于此。"當是此段中佚文。④楢溪赤水六句　民諺。數處詞義難解,部分語譯姑憑猜想。⑤庲降賈子二句　左擔七里,楊希閔《水經注匯校》引李克《蜀記》:"蜀山自綿谷葭萌,道陘險窄,北來負擔者,不容息肩,謂之左擔道。"此處《注》文說"庲降賈子",庲降是當時的建寧郡治,約在今雲南曲靖附近,從此北行入蜀,山道險窄,肩挑者不能在行進中換肩以讓雙肩有休息機會。

【語　譯】

若水出蜀郡旄牛徼外,東南至故關,爲若水也。

1　《山海經》說：南海以內，黑水之間，有一棵樹叫若木，若水就發源在這裡。又說：灰野山上有一棵樹，青葉紅花，名叫若木。它生在崑崙山西邊，依傍著西極。《淮南子》說：若木在建木西，樹上有十朵花，光芒照耀著下界的大地，所以屈原《離騷·天問》說：日神羲和沒有上升到中天，若木的花是什麼光芒。但若木生長的地方不止一處，在黑水之間，也生有若木，有條水從樹下流出，所以此水便因木而得名了。

2　若水在蜀地崎嶇的山嶺間輾轉奔流，黃帝的長子昌意品德惡劣，不配繼承王位，因而被貶，謫居於若水，成為諸侯。他娶了蜀山氏的女兒，就在若水之野生了顓頊。顓頊有聖人的德望，二十歲就登上帝位，承繼少皞的金德之政，以水德而為王。若水東南流，鮮水注入，又名州江；大度水發源於邊塞以外，到旄牛道，南流注入若水。若水又流經越巂大莋縣注入繩水。繩水發源於邊塞以外。《山海經》說：巴遂山是繩水的發源地，東南流，分為兩條：其中一條分支東出，流經廣柔縣，東流注入江水；另一條南流經旄牛道，到大莋與若水匯合。自此到下游，也就通稱繩水了。莋是夷族。住在汶山的叫夷，住在南中的叫昆彌，住在蜀的叫邛，住在漢嘉、越巂的叫莋，都是夷族。

南過越巂邛都縣西，直南至會無縣，淹水東南流注之。

3　邛都縣是漢武帝開闢邛莋時所設。縣城地面沉降，成為池沼，因而現在名為邛池，南方人叫邛河。河中有蟆巂山。應劭說：有巂水，意思是說，越過此水以發揚美善興盛。後來夷人又反叛了。元鼎六年（公元前一一一年），漢朝從越巂水出兵討伐，設置越巂郡，治所在邛都縣。王莽派任貴為領戎大尹，以鎮守這個地區，改名為集巂。邛都縣從前是邛都國。越巂水就是繩水、若水，似乎是隨水流所經之地而更名的。又有溫水，冬夏常熱不變，源頭溫度很高，可以煮熟雞肉和豬肉；在溫泉裡洗澡，能治癒多年頑疾。從前李驤曾在溫水打敗李流，就是這地方。

4　若水又流經會無縣，縣裡有駿馬河。駿馬河發源於縣東的高山，山上有天馬徑，馬的蹄印還在。馬日行千里，居民的馬在山下放牧，如果生了苗壯的小馬，都說是天馬之子。河中有貝子、自然銅，用羊祭祀就可以撈到。又有孫水，發源於臺高縣，就是臺登縣。孫水又叫白沙江，南流經邛都縣。司馬相如安撫了西南夷，在孫水架橋，就是這條水。孫水南流到會無縣注入若水。

5　若水又南流經雲南郡的遂久縣，青蛉水注入。青蛉水發源於青蛉縣西，東流過縣城下，縣就是因水而得名的。縣裡有石豬圻，深長的山谷中有許多石豬，母豬、小豬多達數千頭。據老人們相傳，從前夷人在這裡牧豬，一天忽然都變成了石頭；因此至今夷人仍不敢到那裡去牧豬。貪水發源在這裡。青蛉水又東流注入繩水。繩水又流經三絳縣西，又流經姑復縣，姑復縣北對三絳縣，淹水注入。三絳又名小會無,所以《水經》說:淹水到會無注入若水。

6　若水又與母血水匯合。母血水發源於益州郡弄棟縣東農山母血谷,北流經三絳縣
南,北流注入繩水。繩水又東流,涂水注入。涂水發源於建寧郡牧靡縣的南山,縣
和山都以草取名。牧靡山在該縣東北烏句山以南五百里。山上長著牧靡草,可以
解毒。當百草生長旺盛時,鳥常誤食毒草,喙口中毒,就必定會急急忙忙地飛往牧
靡山,啄食牧靡草來解毒。涂水發源於臘谷,西北流到越巂注入繩水。繩水又流
經越巂郡的馬湖縣,稱為馬湖江,又在左岸匯合了卑水。卑水發源於卑水縣,東流
注入馬湖江。

又東北至犍為朱提縣西,為瀘江水,

7　朱提是山名。應劭說:山在朱提縣西南,縣就是因山而得名的。朱提縣原是犍為
屬國,在郡治南約一千八百里。建安二十年(公元二一五年)置朱提郡,郡治就設在
舊縣城。郡城西南二百里有該郡所轄的堂琅縣,往西北走,羊腸小徑彎彎曲曲盤
旋登上高山,路程八十餘里,有的地方要攀著樹木上登,有的地方要用繩索互相牽
挽著往上爬,登山真難如登天。所以袁休明《巴蜀志》說:高山險峻巍峨,巨石參差
錯落;山徑曲折傾斜,下臨陡峭絕壑。行人攀援登山,還須牽挽繩索。三蜀以及南
中諸郡的人,都認為這條路極險。

8　縣城東八十里,有瀘津,那裡水面寬達六七百步,深十幾丈,而且多瘴氣,很少有人
行走。晉明帝太寧二年(公元三二四年),李驤等侵犯越巂,進攻臺登縣,寧州刺史王
遜派將軍姚岳去進剿,在堂琅打了一仗,李驤軍大敗,姚岳追到瀘水,落水而死的
有千餘人。王遜因姚岳等人沒有窮追到底,勃然大怒,氣得頭髮直豎,頂起帽子,
頭巾破裂,一下子就氣死了。我考察永昌郡有蘭倉水,發源於西南的博南縣,該縣
設置於漢明帝永平二年(公元五九年)。博南是山名,縣就因山而得名。蘭倉水東
北流經博南山,漢武帝時開通了博南的山路,在蘭倉津過渡,地偏路遠,往來行人
深以為苦。有一首歌謠說:漢朝恩德廣,教化不服夷民。翻過博南山,越過蘭倉
津,渡過蘭倉江,全是服役人。

9　山高四十里。蘭倉水出產金沙,越人淘沙製成黃金;又有珠光穴,洞穴裡出產光
珠,還有琥珀、珊瑚和黃珠、白珠、青珠。蘭倉水又東北流經不韋縣與類水相匯合。
類水發源於巂唐縣,巂唐縣在漢武帝時設置。類水西南流,彎彎曲曲地又轉向北
流,東到不韋縣注入蘭倉水。蘭倉水又東流與禁水相匯合。禁水從永昌縣北流經
郡城西,兩岸犀牛、大象很多;山上有鉤蛇,長七八丈,尾端分叉。蛇躲在山澗的水
中,用尾巴來鉤岸上行人和牛羊吞食。這條水邊瘴氣特別厲害,氣中有個怪物,雖
然看不到它的形狀,但它行動時卻有聲音,打著樹木,樹木就折斷,打著行人,行人

就喪命,名叫鬼彈。只有十一月或十二月還勉強可以渡河,如在正月到十月之間經過,無人不受其害的。所以郡裡有犯人,就把他們流放到禁水旁,不出十日就都死了。

10　禁水又北流注入瀘津水,瀘津水又東流經不韋縣北後東北流。兩岸都是幾百丈的高山,其中以瀘峰最為高峻秀麗,孤峰拔起,高三千餘丈。此山在晉太康年間(公元二八○—二八九年)崩塌,震得整個郡城都搖動了起來。瀘津水左右兩岸,僅有小徑相通,可步行或騎馬;但時常有瘴氣,三月、四月間經過這裡,必死無疑,即使不在這個時候,也還會使人胸悶或嘔吐。五月以後危害才較小。所以諸葛亮《後出師表》說:五月渡瀘,兩天只吃一天的食糧,臣不是不珍惜自己,只是因為王業不可能偏處蜀地一隅而保持安定的緣故。《益州記》說:瀘水的源頭出自曲羅嶲,下流三百里叫瀘水。兩峰有殺氣,過去在酷暑季節是不能行走的,所以武侯把夏天渡瀘水看作一件難事。

11　瀘水下流又匯合了諸水,但都以此水為總稱,所以有瀘江這水名。從朱提到僰道有水路和步行小路,水路有黑水、羊官水,極其艱險難行,要過三處險渡,行人深以為苦,所以民間諺語說:楢溪赤水曲又彎,東流西轉像蛇盤。盤角羊關黑檻中,瘴氣直與天相通。大汗淋漓爬山苦,柱杖小憩呼伴侶。康降小販多辛勞,七里挑擔左肩熬。又有牛叩頭、馬搏頰等山坡,道路是這樣艱險難行。

又東北至僰道縣,入于江。

12　若水流到僰道,又叫馬湖江。繩水、瀘水、孫水、淹水、大渡水,隨著諸水相匯流,於是也得到了通稱。所以各種書籍記述諸水,有的說注入若水,也有說注入繩水,又有說到僰道入江的。這正是因為各水流注相通,成為一水之故,除卻此水,再也沒有別的可相應的河流了。水上有孝子石,從前縣裡有個叫隗叔通的人,生性非常孝順,天天為母親從江心汲水;於是上天為他把一片平坦的巖石伸到江心,現在還叫孝子石。這真可說內心出於至誠,上天也會降福了。

沫　水

沫水出廣柔徼外,

縣有石紐鄉,禹所生也。今夷人共營之,地方百里,不敢居牧,有罪逃野,捕之者不逼,能藏三年,不為人得,則共原之,言大禹之神所祐之也。

東南過旄牛縣北,又東至越嶲靈道縣[1],出蒙山南,

靈道縣,一名靈關道。漢制,夷狄曰道。縣有銅山,又有利慈渚。晉太始九年,黃龍二見于利慈池。縣令董玄之率吏民觀之,以白刺史王濬,濬表上之,晉朝改護龍縣也。沫水出岷山西,東流過漢嘉郡,南流衝一高山,山上合下開,水逕其間,山,即蒙山也。

東北與青衣水合,

《華陽國志》曰:二水于漢嘉青衣縣東,合為一川,自下亦謂之為青衣水。沫水又東,逕開刊縣,故平鄉也,晉初置。沫水又東逕臨邛南,而東出于江原縣也。

東入于江。

昔沫水自蒙山至南安西溷崖,水脈漂疾,破害舟船,歷代為患。蜀郡太守李冰發卒鑿平溷崖,河神蘁怒,冰乃操刀入水與神鬭,遂平溷崖。通正水路,開處,即冰所穿也。

【注　釋】　①靈道縣　《兩漢志》及晉、宋、齊諸志均不見有此縣的建置,但《經》、《注》記載分明,如上述牛渚、如孰、金蘭等例,是正史失載的縣名。

【語　譯】

沫水出廣柔徼外,

廣柔縣有石紐鄉,是大禹誕生的地方。此鄉方圓百里,現在夷人聚居在這裡,卻不敢定居放牧;有罪的人逃到野外,要抓他的人如不逼得很緊,能夠藏身三年,抓他不到,大家也就寬宥了他,以為他得到大禹的神靈保佑。

東南過旄牛縣北,又東至越巂靈道縣,出蒙山南,

靈道縣又名靈關道。按漢朝的制度,夷狄地區的行政區劃叫道。縣裡有銅山,又有利慈渚。晉太始九年(公元二七三年),利慈池兩次出現黃龍。縣令董玄之帶領官吏和百姓前去觀看,報告刺史王濬,王濬向皇帝上表,於是晉朝將它改名為護龍縣。沫水發源於岷山西,東流經漢嘉郡,然後往南向一座高山疾奔而去,這座山頂上合攏,山下卻洞開,水就從中間流過。這就是蒙山。

東北與青衣水合,

《華陽國志》說:這兩條水在漢嘉郡青衣縣東匯合成一條,自此到下游也叫做青衣水。沫水又東流經開刊縣,就是舊時的平鄉縣,晉初所置。沫水又東流經臨邛縣南,然後從江原縣東流而去。

東入于江。

從前沫水從蒙山到南安西的溷崖,水流湍急,常沖毀船隻,是歷代的大患。蜀郡太

守李冰調遣兵卒要鑿平滷崖。河神暴怒起來，李冰持刀跳進水裡與河神搏鬥，終於制伏了河神，鑿平了滷崖，水路也暢通了。如今崖上的水口，就是李冰打通的。

延江水

延江水出犍爲南廣縣，東至牂柯鱉縣，又東屈北流，

鱉縣，故犍爲郡治也。縣有犍山，晉建興元年①置平夷郡，縣有鱉水，出鱉邑西不狼山，東與溫水合。溫水一曰煖水，出犍爲符縣而南入黚水。黚水亦出符縣，南與溫水會。闞駰謂之闞水，俱南入鱉水。鱉水于其縣而東注延江水。延江水又與漢水合，水出犍爲漢陽道山闞谷，王莽之新通也。東至鱉邑入延江水也。

至巴郡涪陵縣，注更始水，

更始水，即延江枝分之始也。延江水北入涪陵水，涪陵水出縣東，故巴郡之南鄙，王莽更名巴亭，魏武分邑②，立爲涪陵郡。張堪爲縣③，會公孫述擊堪，同心義士，選習水者筏渡堪于小別江，即此水也。其水北至枳縣入江。更始水東入巴東之南浦縣，其水注引瀆口石門。空岫陰深，邃澗闇密，傾崖上合，恒有落勢，行旅避瘴，時有經之，無不危心于其下，又謂之西鄉水，亦謂之西鄉溪。溪水間關二百許里，方得出山，又通波注遠，復二百餘里，東南入遷陵縣也。

又東南至武陵酉陽縣，入于酉水。

《武陵先賢傳》曰：潘京世長爲郡主簿，太守趙偉甚器之。問京：貴郡何以名武陵？京答曰：鄙郡本名義陵，在辰陽縣界，與夷相接，數爲所破。光武時，移治東山之上，遂爾易號。《傳》曰：止戈爲武。《詩》④云：高平曰陵。于是名焉。酉水北岸有黚陽縣，許慎曰：溫水南入黚，蓋鱉水以下，津流沿注之通稱也。故縣受名焉。西鄉溪口在遷陵縣故城上五十里，左合酉水。酉水又東際其故城北，又東逕酉陽故縣南，而東出也。兩縣相去，水道可四百許里，于酉陽合也。

酉水東南至沅陵縣，入于沅。

【注　釋】　①晉建興元年　《水經注疏》熊會貞按：“《華陽國志》平夷郡，晉元帝建興元年置。考建興爲愍帝年號，元帝年號則建武也。《華陽國志》‘建興’爲‘建武’之誤，此《注》亦沿其誤。”②邑　《水經注疏》“邑”字作“巴”，語譯按《注疏》本。③張堪爲縣　《水經注疏》楊守敬按：“張堪，范書（按指范曄《後漢書》）有傳，不載此事。稱以謁者詣大司馬吳漢，伐公孫述，在道追拜蜀郡太守。中間不得有爲涪陵縣事。此當本他家《後漢書》。疑‘爲縣’是‘爲郡’之誤，蓋以蜀郡太守攝巴郡事

也。"④詩　此語《水經注疏》楊守敬按:"《文選·長楊賦·注》引《韓詩章句》:四平曰陵,當即此所稱,而'四'為'高'之誤。"

【語　譯】

延江水出犍為南廣縣,東至牂柯鱉縣,又東屈北流,

　　鱉縣從前是犍為郡的治所。縣裡有犍山。晉建興元年(公元三一三年)設置平夷郡。縣裡有鱉水,發源於鱉邑西的不狼山,東流與溫水匯合。溫水又名煖水,發源於犍為郡符縣,南流注入黚水。黚水也發源於符縣,南流與溫水匯合。闞駰稱溫水為闞水,二水都南流注入鱉水。鱉水在鱉縣東流注入延江水。延江水又與漢水匯合。漢水發源於犍為郡漢陽道山闔谷。漢陽道就是王莽時的新通。漢水東流到鱉邑注入延江水。

至巴郡涪陵縣,注更始水,

　　更始水,就是延江分出支流的上游。延江水北流注入涪陵水。涪陵水發源於涪陵縣東,該縣是舊時巴郡的南疆,王莽改名為巴亭。魏武帝把巴地加以劃分,立為涪陵郡。張堪當縣令,適逢公孫述來攻打他,有個忠心的義士挑選了熟悉水性的人,用竹筏送張堪渡過小別江,就是此水。水北流到枳縣入江。更始水東流入巴東郡南浦縣,水流注入渠口的石門。空谷沉浸在林木的濃蔭裡,深邃的山澗幽暗而寂靜,傾斜的懸崖頂上合攏,望去像是就要崩塌下來的樣子。往返行人為躲避瘴氣,時常從這裡經過,到了崖下,無人不感到提心吊膽的。此水又叫西鄉水,也稱西鄉溪。溪水輾轉奔流約二百里,方才出山,輕波逐流又向遠方奔流了二百餘里,就往東南進入遷陵縣。

又東南至武陵酉陽縣,入于酉水。

　　《武陵先賢傳》說:潘京世世代代都在郡裡做主簿,太守趙偉非常器重他。趙偉問潘京道:貴郡為什麼叫武陵呢? 潘京答道:鄙郡本來叫義陵,在辰陽縣邊境與夷人地區鄰接,屢次被夷人攻破。光武帝時,把郡治遷移到東山上,就把郡名改了。《左傳》說:止戈為武。《韓詩》說:高而且平叫陵。於是就叫武陵。酉水北岸有黚陽縣,許慎說:溫水南流注入黚水。黚水大概是鱉水以下各支流的通稱,所以縣也得名了。西鄉溪口在遷陵縣老城上游五十里,左岸與酉水匯合。酉水又傍著老城北東流,又東流經酉陽縣老城南,然後往東流去。兩縣縣城之間,水路相距四百里左右,在酉陽匯合。

酉水東南至沅陵縣,入于沅。

存　水

存水出犍爲郁鄢縣，

王莽之屛鄢也。益州大姓雍闓反，結壘于山，繫馬栁柱，柱生成林，今夷人名曰雍無梁林。梁，夷言馬也。存水自縣東南流，逕牧靡縣北，又東逕且蘭縣北，而東南出也。

東南至鬱林定周縣，爲周水，

存水又東，逕牂柯郡之毋斂縣北，而東南與毋斂水合。水首受牂柯水，東逕毋斂縣爲毋斂水，又東注于存水。存水又東逕鬱林定周縣爲周水，蓋水變名也。

又東北至潭中縣，注于潭。

【語　譯】

存水出犍爲郁鄢縣，

郁鄢就是王莽時的屛鄢。益州大姓雍闓造反，在山上構築堡壘，在木椿上拴馬。木椿後來長成樹林，現在夷人把它叫做雍無梁林。梁，夷語指馬。存水從該縣東南流，流經牧靡縣北，又東經且蘭縣北，然後向東南流去。

東南至鬱林定周縣，爲周水，

存水又東流經牂柯郡的毋斂縣北，然後東南流與毋斂水匯合。毋斂水上流承接牂柯水，東流經毋斂縣叫毋斂水，又東流注入存水。存水又東流經鬱林郡定周縣，稱爲周水，是此水的變名。

又東北至潭中縣，注于潭。

溫　水

溫水出牂柯夜郎縣，

1　縣，故夜郎侯國也。唐蒙開以爲縣，王莽名曰同亭矣。溫水自縣西北流，逕談蒙與迷水合，水西出益州郡之銅瀨縣談虜山，東逕談蒙縣，右注溫水。溫水又西逕昆澤縣南，又逕味縣，縣，故滇國都也。諸葛亮討平南中，劉禪建興三年，分益州郡置建寧郡于此。水側皆是高山，山水之間，悉是木耳夷居，語言不同，嗜慾亦異。雖曰山居，土差平和，而無瘴毒。

2　温水又西南逕滇池城,池在縣西,周三百許里,上源深廣,下流淺狹,似如倒流,故曰滇池也。長老傳言,池中有神馬,家馬交之則生駿駒,日行五百里。晉太元十四年,寧州刺史費統言:晉寧郡滇池縣兩神馬,一白一黑,盤戲河水之上。有滇州,元封三年①立益州郡,治滇池城,劉禪建寧郡也。

3　温水又西會大澤,與葉榆僕水合。温水又東南逕牂柯之毋單縣,建興中,劉禪割屬建寧郡。橋水注之,水上承俞元之池,縣治龍池洲,周四十七里,一名河水,與邪龍分浦。後立河陽郡,治河陽縣,縣在河源洲上。又有雲平縣,竝在洲中。橋水東流至毋單縣,注于温。

4　温水又東南逕興古郡之毋椴縣東,王莽更名有椴也。與南橋水合,水出縣之橋山,東流,梁水注之。梁水上承河水于俞元縣,而東南逕興古之勝休縣,王莽更名勝僰縣。梁水又東逕毋椴縣,左注橋水,橋水又東注于温。温水又東南逕律高縣南。劉禪建興三年,分牂柯置興古郡,治温縣。《晉書·地道記》,治此。温水又東南逕梁水郡南,温水上合梁水,故自下通得梁水之稱,是以劉禪分興古之盤南,置郡于梁水縣也。温水東南逕鐔封縣北,又逕來惟縣東,而僕水右出焉。

又東至鬱林廣鬱縣,爲鬱水,

5　秦桂林郡也,漢武帝元鼎六年,更名鬱林郡,王莽以爲鬱平郡矣。應劭《地理風俗記》曰:《周禮》,鬱人掌祼器,凡祭酹賓客之祼事,和鬱鬯以實樽彝。鬱,芳草也,百草之華,煮以合釀黑黍,以降神者也。或説今鬱金香是也。一曰:鬱人所貢,因氏郡矣。温水又東逕增食縣,有文象水注之。其水導源牂柯句町縣。應劭曰:故句町國也。王莽以爲從化。文象水、蒙水與盧惟水、來細水、伐水,竝自縣東歷廣鬱至增食縣,注于鬱水也。

又東至領方縣東,與斤南水合。

6　縣有朱涯水,出臨塵縣,東北流,驪水注之。水源上承牂柯水,東逕增食縣而下注朱涯水。朱涯水又東北逕臨塵縣,王莽之監塵也。縣有斤南水、侵離水,竝逕臨塵,東入領方縣,流注鬱水。

東北入于鬱。

7　鬱水,即夜郎豚水也。漢武帝時,有竹王興于豚水,有一女子浣于水濱,有三節大竹流入女子足間,推之不去,聞有聲,持歸破之,得一男兒,遂雄夷濮,氏竹爲姓,所捐破竹,于野成林,今竹王祠竹林是也。王嘗從人止大石上,命作羹,從者白無水。王以劍擊石出水,今竹王水是也。後唐蒙開牂柯,斬竹王首,夷獠咸怨,以竹王非血氣所生,求爲立祠,帝封三子爲侯,及死,配父廟,今竹王三郎祠,其神也。

8　豚水東北流逕談藁縣,東逕牂柯郡且蘭縣,謂之牂柯水。水廣數里,縣臨江上,故且蘭侯國也,一名頭蘭,牂柯郡治也。楚將莊蹻,泝沅伐夜郎,柤牂柯繫船,因名且蘭為牂柯矣。漢武帝元鼎六年開,王莽更名同亭,有柱浦關。牂柯,亦江中兩山名也。左思《吳都賦》[②]云:吐浪牂柯者也。元鼎五年,武帝伐南越,發夜郎精兵下牂柯江,同會番禺是也。牂柯水又東南逕毋斂縣西,毋斂水出焉。又東,驪水出焉。又逕鬱林廣鬱縣為鬱水。又東北逕領方縣北,又東逕布山縣北,鬱林郡治也。吳陸績曰:從今以去六十年,車同軌,書同文。至太康元年,晉果平吳。又逕中留縣南與溫水合。又東入阿林縣,潭水注之,水出武陵郡鐔成縣玉山,東流逕鬱林郡潭中縣,周水自西南來注之。潭水又東南流與剛水合,水西出牂柯毋斂縣,王莽之有斂也。東至潭中入潭。潭水又逕中留縣東、阿林縣西,右入鬱水。《地理志》曰:橋水東至中留入潭。又云:領方縣又有橋水。余診其川流,更無殊津,正是橋、溫亂流,故兼通稱。作者咸言至中留入潭,潭水又得鬱之兼稱,而字當為溫,非橋水也。蓋書字誤矣。

9　鬱水右則留水注之,水南出布山縣,下逕中留入鬱。鬱水東逕阿林縣,又東逕猛陵縣,浪水注之。又東逕蒼梧廣信縣,灕水注之。鬱水又東,封水注之,水出臨賀郡馮乘縣西,謝沐縣東界牛屯山,亦謂之臨水。東南流逕萌渚嶠西,又東南,左合嶠水。庾仲初云:水出萌渚嶠,南流入于臨。臨水又逕臨賀縣東,又南至郡,左會賀水,水出東北興安縣西北羅山,東南流逕興安縣西。盛弘之《荊州記》云:興安縣水邊有平石,上有石履,言越王渡溪脫履于此。賀水又西南流至臨賀郡東,右注臨水。郡對二水之交會,故郡縣取名焉。臨水又西南流逕郡南,又西南逕封陽縣東,為封溪水。故《地理志》曰:縣有封水。又西南流入廣信縣,南流注于鬱水,謂之封溪水口者也。

10　鬱水又東逕高要縣,牢水注之,水南出交州合浦郡,治合浦縣,漢武帝元鼎六年,平越所置也。王莽更名曰桓合,縣曰桓亭。孫權黃武七年,改曰珠官郡。郡不產穀,多採珠寶,前政煩苛,珠徙交趾,會稽孟伯周為守,有惠化,去珠復還[③]。郡統臨允縣,王莽之大允也。牢水自縣北流,逕高要縣入于鬱水。

11　鬱水南逕廣州南海郡西,浪水出焉。又南,右納西隨三水,又南逕四會浦,水上承日南郡盧容縣西古郎究,浦內漕口,馬援所漕。水東南曲屈通郎湖,湖水承金山郎究,究水北流,左會盧容、壽泠二水。盧容水出西南區粟城南高山,山南長嶺,連接天障。嶺西盧容水湊,隱山遶西衛北,而東逕區粟城北,又東,右與壽泠水合,水出壽泠縣界。魏正始九年,林邑進侵,至壽泠縣以為疆界,即此縣也。壽泠縣以水湊,故水得其名。東逕區粟故城南,攷古志,竝無區粟之名。應劭《地理風俗記》

曰:日南,故秦象郡。漢武帝元鼎六年開日南郡,治西捲縣。《林邑記》④曰:城去
林邑,步道四百餘里。《交州外域記》⑤曰:從日南郡南,去到林邑國,四百餘里。
準逕相符,然則城故西捲縣也。《地理志》曰:水入海,有竹可爲杖。王莽更之曰日
南亭。《林邑記》曰:其城治二水之間,三方際山,南北瞰水,東西澗浦,流湊城下,
城西折十角⑥,周圍六里一百七十步,東西度六百五十步,甑城二丈,上起甑牆一
丈,開方隙孔。甑上倚板,板上五重層閣,閣上架屋,屋上架樓,樓高者七八丈,下
者五六丈。城開十三門,凡宮殿南向,屋宇二千一百餘間。市居周繞,阻峭地險,
故林邑兵器戰具,悉在區粟。多城壘,自林邑王范胡達始,秦餘徙民,染同夷化,日
南舊風,變易俱盡。巢棲樹宿,負郭接山,榛棘蒲薄,騰林拂雲,幽煙冥緬,非生人
所安。

12　　區粟建八尺表,日影度南八寸。自此影以南在日之南,故以名郡。望北辰星,落在
天際。日在北,故開北戶以向日。此其大較也。范泰《古今善言》⑦曰:日南張重,
舉計入洛,正旦大會。明帝問:日南郡北向視日邪⑧?重曰:今郡有雲中、金城者,
不必皆有其實,日亦俱出于東耳。至于風氣暄暖,日影仰當,官民居止隨情,面向
東西南北,迴背無定,人性凶悍,果于戰鬭,便山習水,不閑平地。古人云:五嶺⑨
者,天地以隔內外。況綿途于海表,顧九嶺而彌邈,非復行路之逕阻,信幽荒之冥
域者矣。

13　　壽泠水自城南,東與盧容水合,東注郎究,究水所積,下潭爲湖,謂之郎湖。浦口有
秦時象郡,墟域猶存。自湖南望,外通壽泠,從郎湖入四會浦。元嘉二十年,以林
邑頑凶,歷代難化,恃遠負衆,慢威背德。北寶既臻,南金闕貢,乃命偏將與龍驤將
軍交州刺史檀和之陳兵日南,脩文服遠。二十三年,揚旌從四會浦口入郎湖。軍
次區粟,進逼圍城,以飛梯雲橋,懸樓登壘,鉦鼓大作,虎士電怒,風烈火揚,城摧衆
陷。斬區粟王范扶龍首,十五以上,坑截無赦,樓閣雨血,填屍成觀。

14　　自四會南入,得盧容浦口。晉太康三年,省日南郡屬國都尉,以其所統盧容縣置日
南郡及象林縣之故治。《晉書·地道記》曰:郡去盧容浦口二百里,故秦象郡象林
縣治也。永和五年,征西桓溫遣督護滕畯率交廣兵伐范文于舊日南之盧容縣,爲
文所敗,即是處也。退次九真,更治兵,文被創死,子佛代立。七年,畯與交州刺史
楊平復進軍壽泠浦,入頓郎湖,討佛于日南故治佛蟻聚,連壘五十餘里,畯、平破
之,佛逃竄川藪,遣大帥面縛,請罪軍門。遣武士陳延勞佛,與盟而還。

15　　康泰《扶南記》曰:從林邑至日南盧容浦口可二百餘里,從口南發往扶南諸國,常從
此口出也。故《林邑記》曰:盡紘滄之徼遠,極流服之無外。地濱滄海,衆國津逕。

16　　鬱水南通壽泠,即一浦也。浦上承交趾郡南都官塞浦。《林邑記》曰:浦通銅鼓、外

越、安定、黃岡心口，蓋藉度銅鼓，即駱越也。有銅鼓，因得其名。馬援取其鼓以鑄銅馬。至鑿口，馬援所鑿，內通九眞、浦陽，《晉書·地道記》，九德郡有浦陽縣。《交州記》曰：鑿南塘者，九眞路之所經也，去州五百里，建武十九年，馬援所開。《林邑記》曰：外越、紀粟、望都。紀粟出浦陽，渡便州，至典由，渡故縣，至咸驩。咸驩屬九眞。咸驩已南，麏鹿滿岡，鳴咆命疇，警嘯聑野，孔雀飛翔，蔽日籠山。

17　渡治口，至九德。按《晉書·地道記》有九德縣。《交州外域記》曰：九德縣屬九眞郡，在郡之南，與日南接。蠻盧驋居其地，死，子寶綱代，孫黨，服從吳化，定爲九德郡，又爲隸之。《林邑記》曰：九德，九夷所極，故以名郡。郡名所置，周越裳氏之夷國。《周禮》，九夷遠極越裳。白雉、象牙，重九譯而來。

18　自九德通類口，水源從西北遠荒，逕寧州界來也。九德浦內逕越裳究、九德究、南陵究。按《晉書·地道記》，九德郡有南陵縣，晉置也。竺枝《扶南記》：山溪瀨中謂之究。《地理志》曰：郡有小水五十二，并行大川，皆究之謂也。

19　《林邑記》曰：義熙九年，交趾太守杜慧度造九眞水口，與林邑王范胡達戰，擒斬胡達二子，虜獲百餘人，胡達遁。五月，慧度自九眞水歷都粟浦，復襲九眞，長圍跨山，重柵斷浦，驅象前鋒，接刃城下，連日交戰，殺傷乃退。《地理志》曰：九眞郡，漢武帝元鼎六年開，治胥浦縣，王莽更之曰驩成也。《晉書·地道記》曰：九眞郡有松原縣。《林邑記》曰：松原以西，鳥獸馴良，不知畏弓，寡婦孤居，散髮至老，南移之嶺，崒不踰仞，倉庚懷春于其北，翡翠熙景乎其南。雖嚶嚶讙接響，城隔殊非，獨步難遊，俗姓塗分故也。

20　自南陵究出于南界蠻，進得橫山。太和三年，范文侵交州，于橫山分界，度比景廟，由門浦至古戰灣。吳赤烏十一年，魏正始九年，交州與林邑于灣大戰，初失區粟也。渡盧容縣，日南郡之屬縣也。自盧容縣至無變，越烽火至比景縣，日中頭上，景當身下，與景爲比。如淳曰：故以比景名縣。闞駰曰：比，讀蔭庇之庇。景在己下，言爲身所庇也。《林邑記》曰：渡比景至朱吾。朱吾縣浦，今之封界，朱吾以南，有文狼人，野居無室宅，依樹止宿，食生魚肉，採香爲業，與人交市，若上皇之民矣。縣南有文狼究，下流逕通。《晉書·地道記》：朱吾縣屬日南郡，去郡二百里。此縣民，漢時不堪二千石長吏調求，引屈都乾爲國。

21　《林邑記》曰：屈都，夷也。朱吾浦內通無勞湖，無勞究水通壽泠浦。元嘉元年，交州刺史阮彌之征林邑，陽邁出婚不在，奮威將軍阮謙之領七千人，先襲區粟，已過四會，未入壽泠，三日三夜無頓止處，凝海直岸，遇風大敗。陽邁攜婚，都部伍三百許船來相救援，謙之遭風，餘數船艦，夜于壽泠浦裏相遇，闇中大戰，謙之手射陽邁柁工，船敗縱橫，崑崙單舸^⑩，接得陽邁。謙之以風溺之餘，制勝理難，自此還渡壽泠,至温公浦。

22　升平三年,温放之征范佛于灣分界陰陽圻,入新羅灣,至焉下,一名阿貢浦,入彭龍灣隱避風波,即林邑之海渚。元嘉二十三年,交州刺史檀和之破區粟已,飛旐蓋海,將指典沖,于彭龍灣上鬼塔,與林邑大戰,還渡典沖、林邑入浦,令軍大進[11],持重故也。浦西,即林邑都也。治典沖,去海岸四十里,處荒流之徼表,國越裳之疆南,秦漢象郡之象林縣也。東濱滄海,西際徐狼,南接扶南,北連九德。後去象林,林邑之號[12],建國起自漢末,初平之亂,人懷異心,象林功曹姓區,有子名逵,攻其縣殺令,自號爲王。值世亂離,林邑遂立。後乃襲代,傳位子孫,三國鼎爭,未有所附。吳有交土,與之鄰接,進侵壽泠,以爲疆界。

23　自區逵以後,國無文史,失其纂代,世數難詳,宗胤滅絶,無復種裔。外孫范熊代立,人情樂推。後熊死,子逸立。

24　有范文,日南西捲縣夷帥范椎奴也。文爲奴時,山澗牧羊,于澗水中得兩鯉魚,隱藏挾歸,規欲私食。郎知檢求,文大惶懼,起託云:將礪石還,非爲魚也。郎至魚所,見是兩石,信之而去,文始異之。石有鐵,文入山中,就石冶鐵,鍛作兩刀,舉刀向鄣,因祝曰:鯉魚變化,冶石成刀,斫石鄣破者是有神靈,文當得此,爲國君王。斫不入者,是刀無神靈。進斫石鄣,如龍淵、干將之斬蘆藁,由是人情漸附。今斫石尚在,魚刀猶存,傳國子孫,如斬蛇之劍也。

25　椎嘗使文遠行商賈,北到上國,多所聞見。以晉愍帝建興中,南至林邑,教王范逸制造城池,繕治戎甲,經始廓略。王愛信之,使爲將帥,能得衆心。文讒王諸子,或徙或奔,王乃獨立,成帝咸和六年死,無胤嗣。文迎王子于外國,海行取水,置毒椰子中,飲而殺之。遂脅國人,自立爲王。取前王妻妾置高樓上,有從己者,取而納之;不從己者,絶其飲食而死。

26　《江東舊事》[13]云:范文本揚州人,少被掠爲奴,賣墮交州,年十五六,遇罪當得杖,畏怖因逃,隨林邑賈人渡海遠去,没入于王,大被幸愛。經十餘年,王死,文害王二子,詐殺侯將,自立爲王,威加諸國。或夷椎蠻語,口食鼻飲,或雕面鏤身,狼膝裸種。漢、魏流赭,咸爲其用。建元二年,攻日南、九德、九真,百姓奔迸,千里無煙,乃還林邑。

27　林邑西去廣州二千五百里[14],城西南角,高山長嶺,連接天郭,嶺北接澗,大源淮水出郁郁遠界,三重長洲,隱山遠西,衛北迴東,其嶺南開澗;小源淮水出松根界,上山墾流,隱山遶南,曲街迴東,合淮流以注典沖。

28　其城西南際山,東北瞰水,重壍流浦,周繞城下,東南壍外,因傍薄城,東西橫長,南北縱狹,北邊西端,迴折曲入。城周圍八里一百步,甎城二丈,上起甎牆一丈,開方隙孔,甑上倚板,板上層閣,閣上架屋,屋上構樓,高者六七丈,下者四五丈。飛觀鴟尾,迎風拂雲,緣山瞰水,騫翥嵬峉。但制造壯拙,稽古夷俗。城開四門:東爲前門,當兩淮渚濱,于曲路有古碑,夷書銘讚前王胡達之德。西門當兩重壍,北迴上山,山西即淮流也。南門度兩重壍,對溫公壘。

29　升平二年,交州刺史溫放之殺交趾太守杜寶、別駕阮朗,遂征林邑,水陸累戰,佛保城自守,重求請服,聽之。今林邑東城南五里有溫公二壘是也。北門濱淮,路斷不通。城內小城,周圍三百二十步,合堂瓦殿,南壁不開,兩頭長屋,脊出南北,南擬背日。西區城內,石山順淮面陽,開東向殿,飛檐鴟尾,青瑣丹墀,榱題桷橑,多諸古法。閣殿上柱,高城丈餘五,牛屎爲堊。牆壁青光迴度,曲被綺牖,紫竇椒房,嬪媵無別,宮觀、路寢、永巷,共在殿上,臨踞東軒,徑與下語,子弟臣侍,皆不得上。屋有五十餘區,連甍接棟,檐宇相承。神祠鬼塔,小大八廟,層臺重樹,狀似佛刹。郭無市里,邑寡人居,海岸蕭條,非生民所處,而首渠以永安,養國十世,豈久存哉。

30　元嘉中,檀和之征林邑,其王陽邁,舉國夜奔竄山藪。據其城邑,收寶巨億,軍還之後,陽邁歸國,家國荒殄,時人靡存,躊躕崩摒,憤絕復蘇,即以元嘉二十三年死。

31　初,陽邁母懷身,夢人鋪陽邁金席,與其兒落席上,金光色起,昭晰豔曜。華俗謂上金爲紫磨金,夷俗謂上金爲陽邁金。父胡達死,襲王位,能得人情,自以靈夢,爲國祥慶。其太子初名咄,後陽邁死,咄年十九代立,慕先君之德,復改名陽邁。昭穆二世,父子共名,知林邑之將亡矣。

32　其城,隍壍之外,林棘荒蔓,榛梗冥鬱,藤盤筀秀,參錯際天。其中香桂成林,氣清煙澄。桂父,縣人也,棲居此林,服桂得道。時禽異羽,翔集間關,兼比翼鳥,不比不飛,鳥名歸飛,鳴聲自呼。此戀鄉之思孔悲,桑梓之敬成俗也。

33　豫章俞益期,性氣剛直,不下曲俗,容身無所,遠適在南,《與韓康伯書》[15]曰:惟檳榔樹,最南遊之可觀,但性不耐霜,不得北植,不遇長者之目,令人恨深。嘗對飛鳥戀土,增思寄意,謂此鳥其背青,其腹赤,丹心外露,鳴情未達,終日歸飛,飛不十千,路餘萬里,何由歸哉?

34　九真太守任延,始教耕犁,俗化交土,風行象林。知耕以來,六百餘年,火耨耕藝,法與華同。名白田,種白穀,七月火作,十月登熟;名赤田,種赤穀,十二月作,四月登熟。所謂兩熟之稻也。至于草甲萌芽,穀月代種,穜稑早晚,無月不秀,耕耘功重,收穫利輕,熟速故也。米不外散,恒爲豐國。桑蠶年八熟繭,《三都賦》[16]所謂八蠶之綿者矣。

35　其崖小水冪壢,常吐飛溜,或雪霏沙漲,清寒無底,分溪別壑,津濟相通。其水自城東北角流,水上懸起高橋,渡淮北岸,即彭龍、區粟之通逵也。檀和之東橋大戰,陽邁被創落象,即是處也。其水又東南流逕船官口,船官川源徐狼,外夷皆裸身,男以竹筒掩體,女以樹葉蔽形,外名狼䑞,所謂裸國者也。雖習俗裸袒,猶恥無蔽,惟依暝夜,與人交市。闇中臭金,便知好惡,明朝曉看,皆如其言。

36　自此外行,得至扶南。按竺枝《扶南記》曰:扶南去林邑四千里,水步道通。檀和之令軍入邑浦,據船官口城六里者也。自船官下注大浦之東湖,大水連行,潮上西流,潮水日夜長七八尺,從此以西,朔望并潮,一上七日,水長丈六七。七日之後,日夜分爲再潮,水長一二尺。春夏秋冬,屬然一限,高下定度,水無盈縮,是爲海運。

37　亦曰象水也,又兼象浦之名。《晉·功臣表》[17]所謂金潾[18]清逕,象渚澄源者也。其川浦渚,有水蟲彌微,攢木食船,數十日壞。源潭湛瀨,有鮮魚,色黑,身五丈,頭如馬首,伺人入水,便來爲害。

38　《山海經》曰:離耳國、雕題國,皆在鬱水南。《林邑記》曰:漢置九郡,儋耳與焉。民好徒跣,耳廣垂以爲飾,雖男女褻露,不以爲羞。暑褻薄日,自使人黑,積習成常,以黑爲美,《離騷》所謂玄國矣。然則儋耳即離耳也。王氏《交廣春秋》[19]曰:朱崖、儋耳二郡,與交州俱開,皆漢武帝所置。大海中,南極之外,對合浦徐聞縣。清朗無風之日,逕望朱崖州,如囷廩大,從徐聞對渡,北風舉帆,一日一夜而至。周迴二千餘里,徑度八百里,人民可十萬餘家,皆殊種異類,被髮雕身,而女多姣好,白晳、長髮、美鬢,犬羊相聚,不服德教。儋耳先廢,朱崖數叛,元帝以賈捐之議罷郡。楊氏《南裔異物志》[20]曰:儋耳、朱崖,俱在海中,分爲東蕃。故《山海經》曰:在鬱水南也。

39　鬱水又南自壽泠縣注于海。昔馬文淵積石爲塘,達于象浦,建金標爲南極之界。《俞益期牋》曰:馬文淵立兩銅柱于林邑岸北,有遺兵十餘家不反,居壽泠岸南而對銅柱。悉姓馬,自婚姻,今有二百戶。交州以其流寓,號曰馬流。言語飲食,尚與華同。山川移易,銅柱今復在海中,正賴此民,以識故處也。《林邑記》曰:建武十九年,馬援樹兩銅柱于象林南界,與西屠國分,漢之南疆也。土人以之流寓,號曰馬流,世稱漢子孫也。《山海經》曰:鬱水出象郡而西南注南海,入須陵東南者也。應劭曰:鬱水出廣信,東入海。言始或可,終則非矣。

【注　釋】　①元封三年　《水經注疏》作"元封二年"。《疏》:"朱訛作'三年',戴、趙同。守敬按:《漢志》是二年,今訂。"②吳都賦　詩賦名。晉左思撰。《隋書·經籍志》著錄《左思集》二卷(《兩唐志》作五卷),今存清嚴可均輯本,此賦在其中。③去珠復還　朱謀㙔《水經注箋》曰:"謝承《後漢書》:'孟嘗,字伯周,爲合浦太守。郡境舊採珠,以易米食。先時二千石貪穢,使民採珠,積以自入。

珠忽徙去，合浦無珠，飢死盈路。孟嘗行化，一年之間，去珠復還。’”《水經注》中常有天人感應一類故事，此處亦然。④林邑記　書名。《隋書·經籍志》及《兩唐志》均著錄《林邑國記》一卷，不著撰人。已亡佚，輯本收入於宛委山堂《說郛》弓六十一。林邑即占婆，公元二世紀末，在今越南中南部建國。⑤交州外域記　書名。《隋書·經籍志》著錄《交州以南外國傳》一卷，不著撰人。已亡佚，今有輯本收入於宛委山堂《說郛》弓六十一、《嶺南遺書》第五集、《叢書集成初編》等，書名均作《交州記》，但撰者有作晉劉欣期、姚文感、鄧中崟者，則《溫水》篇所引為何人所撰，以各書均已亡佚，不得而知。交州是漢末改交趾刺史而建，轄境在今兩廣大部及越南北部。⑥十角　《疏》本熊會貞注“一角”。⑦古今善言　書名。《隋書·經籍志》著錄三十卷，宋車騎將軍范泰撰。已亡佚，《北堂書鈔》、《藝文類聚》、《初學記》等均有引及，輯本收入於《玉函山房輯佚書》。⑧日南郡北向視日邪　日南郡位於今越南中南部，是中國歷史行政區劃中最南的一郡。古代中國疆域在北回歸線以南的，除日南郡外，尚有漢朝設置的交趾（今越南北部）、九真（今越南北部，郡治在今河內以南，順化以北）、合浦（今廣西合浦一帶）、朱崖（今海南省）、儋耳（今海南儋縣一帶）以及三國吳設置的九德郡（轄區與漢九真郡略同）。這些郡均與日南郡一樣，如《注》所說：“望北辰星，落在天際。日在北，故開北戶以向日。”⑨五嶺　此名始於《史記·張耳陳餘列傳》：“北有長城之役，南有五嶺之戍。”《集解》：“駰案，《漢書音義》曰：嶺有五，因以為名，在交趾界中也。”《索隱》：“裴氏《廣州記》云：大庾、始安、臨賀、桂陽、揭陽，斯五嶺。”到了《水經注》時代，實際上已經明確“五嶺”是分布在今湘桂、湘粵、贛粵之間的很長地帶的，《水經注》是在《湘水》、《溱水》、《鍾水》、《耒水》四篇中，才把這五座山嶺的具體名稱記載在《注》文中的，《水經注》的“五嶺”在上述各篇中為：越城、萌渚、大庾、都龐、騎田。與現在的“五嶺”名稱已經相同。⑩崑崙單舸　“崑崙”是外來語的音譯，岑仲勉在《南海崑崙與崑崙山之最初譯名及其附近諸國》（《中外史地考證》上冊）已有詳細論證。從此“崑崙單舸”一語中，可證“崑崙”不僅出現於西域，而且也出現於南海。西域崑崙是山名，南海崑崙是國族名。⑪大進　《疏》本改“不進”。譯文據此。⑫後去象林二句　王國維《明抄本水經注跋》（《觀堂集林》第十二卷）說：“《溫水注》，林邑都治典沖，秦漢象郡之象林邑也，後去象，有林邑之號。諸本並作‘後去象林，林邑之號’。案酈意謂林邑國號本出象林，後省‘象’字，故為‘林邑’。若如諸本，則不辭矣。”原文作“後去象林，林邑之號”，《疏》本於林邑上加“復”字。此按《疏》本語譯於後。⑬江東舊事　書名。不見歷來公私著錄，不知撰者和撰述年代。亡佚已久，亦無輯本流傳。⑭林邑西去廣州二千五百里　各本同。《水經注疏》熊會貞按：“林邑去廣州甚遠，何止二千五百里，且中隔交州，亦不得舍交州而別舉廣州。據《寰宇記》漢于交趾郡南三千里，置日南郡，林邑在日南郡南界四百里，交州治交趾郡，計林邑去交州三千四百里，此‘廣州’當作‘交州’，二千五百里，‘二’當‘三’之誤。”⑮與韓康伯書　書信名。已亡佚。作書人俞益期，按《注》文僅知其為豫章人，生平行歷不詳。受書人韓康伯，見於《世說新語》《言語》、《方正》、《雅量》、《品藻》、《捷悟》、《賢媛》各篇，《隋書·經籍志》著錄有晉太常卿《韓康伯集》十六卷，足見其為知名人士，集中或有致俞益期覆書，因集已亡佚，無可查考。⑯三都賦　詩賦名。《隋書·經籍志》著錄《五都賦》六卷，張衡及左思撰。《舊唐書·經籍志》著錄《三都賦》三卷。三都指齊都、吳都、蜀都，收入於《文選》卷四、卷五及清嚴可均《全晉文》。卷十《濁漳水》篇《魏都賦》已有注釋。⑰晉功臣表　書名。隋唐諸志均不著錄，不知撰者和撰述年代。今本《晉書》並無此表，當出於別家

《晉書》,因書多亡佚,不可核實。⑱金潾　崑崙的別譯。岑仲勉在《南海崑崙與崑崙山之最初譯名及其附近諸國》文中已有考證。此"金潾"亦有作"金鄰"或"金麟",明田藝蘅《留青日札》卷十引張籍《蠻中詩》:"銅柱南邊毒草深,行人幾日到金麟。"此金麟既在銅柱以南,當然是南海崑崙。⑲交廣春秋　書名。晉王範撰。《新唐書·藝文志》著錄王範《交廣二州記》一卷。按《三國志·吳書·孫策傳注》:"太康八年,廣州大中正王範,上《交廣二州春秋》。"當就是此書。《御覽》引黃義仲《交廣二州記》,鄭德坤《水經注引書考》認為義仲疑即範字,黃、王音近易訛,未知孰是。《藝文類聚》又引苗恭《交廣記》,《三國志·吳書注》又引王隱《交廣記》,書名和撰者參差,因各書均已亡佚,無可核實。⑳南裔異物志　書名。《隋書·經籍志》著錄《異物志》一卷,後漢議郎楊孚撰。《兩唐志》著錄《交州異物志》一卷,楊孚撰。姚振宗《後漢·藝文志》卷二:"楊孚《南裔異物志》一卷。"則姚氏認為《隋志》著錄《異物志》即是此書。章宗源《隋書·經籍志考證》卷六:"《南裔異物志》,卷亡,楊氏撰,不著錄。"則章氏認為《隋志》著錄的《異物志》與《南裔異物志》不是同書。已亡佚,輯本收入於《嶺南遺書》第五集。

【語　譯】

溫水出牂柯夜郎縣,

1　夜郎縣,就是從前的夜郎侯國。唐蒙開拓夜郎,設置為縣,王莽時稱為同亭。溫水從夜郎縣西北流,經談藁與迷水匯合。迷水發源於西方益州郡銅瀨縣虜山,東流過談藁縣,向右注入溫水。溫水又西流經過昆澤縣南,又流經味縣,味縣是從前滇國的都城。諸葛亮平定南中,劉禪建興三年(公元二二五年),分益州郡另立建寧郡,治所就設在這裡。水邊都是高山,山水之間都是木耳夷的居住區,夷人語言不同,生活習慣也互異。他們雖說是居住在山上,但那地區氣候比較平和,沒有瘴氣之毒。

2　溫水又西南流經滇池城,池在縣城西,周圍約三百里,上流的源頭又深又闊,下流卻又淺又狹,看來就像倒流似的,所以叫滇池。據老人們相傳,說是池中有神馬,與家馬相交配,就產下駿駒,能日行五百里。晉太元十四年(公元三八九年),寧州刺史費統說:晉寧郡滇池縣有兩匹神馬,一匹是白馬,一匹是黑馬,在河水上嬉戲。有滇州,元封三年(公元前一〇八年)設益州郡,治所在滇池城,就是劉禪時的建寧郡。

3　溫水又西流匯入大澤,與葉榆僕水匯合。溫水又東南流經牂柯郡的毋單縣。建興年間(公元二二三—二三七年),劉禪把毋單縣劃入建寧郡,橋水在這裡注入溫水。橋水又名河水,上流承接俞元縣的南池,縣治在龍池洲上,這片沙洲周長四十七里,俞元縣與邪龍縣以水口為分界。後來設置河陽郡,治所在河陽縣。縣城在河源洲上。還有雲平縣也在洲上。橋水東流到毋單縣,注入溫水。

4　溫水又東南流經興古郡毋棳縣東,王莽改名為有棳。溫水又與南橋水匯合。南橋水發源於縣內的橋山,往東流,有梁水注入。梁水上流在俞元縣承接河水,東南流經興古郡勝休縣,王莽改名為勝僰縣。梁水又東流經毋棳縣,向左注入橋水。橋水又東流注入溫水。溫水又東南流經律高縣南。劉禪建興三年,分牂柯設置興古郡,治所在溫縣。據《晉書·地道記》,治所在此。溫水又東南流經梁水郡南,溫水上流與梁水匯合,所以自此以下也就有了梁水的通稱了。劉禪劃出興古郡的濫南,就在梁水縣設立郡治。溫水東南流經鐔封縣北,又經來惟縣東,僕水從右岸分出。

又東至鬱林廣鬱縣,為鬱水,

5　鬱林,就是秦時的桂林郡。漢武帝元鼎六年(公元前一一一年),改名為鬱林郡,王莽時稱為鬱平郡。應劭《地理風俗記》說:據《周禮》,鬱人掌管祭祀的酒器,凡是祭祀和敬客之類事務,就由他把香酒注入酒樽。鬱,是香草,是百草中的精華,煮鬱草與黑黍一起釀酒,用以祭神,求神降福。有人說那就是現在的鬱金香。又說,因為這是鬱人所貢,所以就作為郡名了。溫水又東流經增食縣,有文象水注入。文象水發源於牂柯郡句町縣。應劭說:那是從前的句町國。王莽改為從化。文象水、蒙水和盧惟水、來細水、伐水,都從句町縣東流經廣鬱到增食縣,注入鬱水。

又東至領方縣東,與斤南水合。

6　領方縣有朱涯水,發源於臨塵縣,東北流,驪水注入。驪水源頭在上流承接牂柯水,東流經增食縣,下注朱涯水。朱涯水又東北流經臨塵縣,就是王莽時的監塵。縣內有斤南水、侵離水,都流經臨塵,東流進入領方縣,注入鬱水。

東北入于鬱。

7　鬱水,就是夜郎的豚水。漢武帝時,有竹王曾在豚水上興起。有個女人在水邊洗衣服,忽然漂來三節大竹,漂到她的兩腳之間,推也推不開。她聽到裡面有聲音。就把大竹拿回家中,剖了開來,裡面竟有一個男孩子。以後他就在夷濮稱雄,以竹為姓,丟棄的破竹在田野間長成了竹林,就是現在竹王祠周圍的那片竹林。竹王曾與侍從一起在大石上歇息,叫他們做羹;侍從稟告說沒有水。竹王用劍向巖石捅了一下,巖石裡就流出水來,這就是現在的竹王水。後來唐蒙開拓牂柯,砍了竹王的頭,夷獠各族都懷恨在心,因竹王不是人的血氣所生,要求給他立祠。皇帝封他三個兒子為侯,死後也附於他們父親的祠廟,同享祭祀。現在的竹王三郎祠,祀奉的就是他們的神靈。

8　豚水東北流經談藳縣,東流經牂柯郡且蘭縣,稱為牂柯水。水闊好幾里,縣城在江邊,就是從前的且蘭侯國,又名頭蘭,是牂柯郡的治所。楚國將軍莊蹻,溯沅水而上,去討伐夜郎,敲下木樁來繫船,夜郎稱木樁為牂柯,因此就把且蘭稱為牂柯了。

牂柯是漢武帝元鼎六年(公元前一一一年)開發的,王莽改名為同亭,有柱浦關。牂柯也是江中的兩座山名。左思《吳都賦》說:在牂柯激揚波浪。元鼎五年(公元前一一二年),武帝征南越,調發夜郎精兵下牂柯江,會師於番禺。牂柯水又東南流經母斂縣西,母斂水就發源在那裡。又東流,分出驪水。又流經鬱林郡廣鬱縣,稱為鬱水。又東北流經領方縣北,又東流經布山縣北,這是鬱林郡的治所。吳國陸績說:從今以後六十年,車輛要用同樣的輪距,書寫要用同樣的文字,重歸統一。到了太康元年(公元二八〇年),晉果然平定了吳國。又流經中留縣南與溫水匯合。又東流入阿林縣境,潭水注入。潭水發源於武陵郡鐔成縣的玉山,東流經鬱林郡潭中縣,周水從西南流來注入。潭水又東南流與剛水匯合。剛水發源於西方的牂柯郡母斂縣,就是王莽時的有斂,東流到潭中注入潭水。潭水又流經中留縣東、阿林縣西,向右注入鬱水。《地理志》說:橋水東流到中留縣,注入潭水。又說:領方縣也有橋水。我考察這條河流,再也沒有別的水流了,正是因為橋水與溫水亂流,所以就兼有通稱了。各書作者又都說橋水到中留注入潭水,潭水又兼有鬱水的名稱,其實應當寫作溫字,而不是橋水。這大概是書寫造成的錯誤。

9　鬱水右岸有留水注入。留水發源於南方的布山縣,下流經中留注入鬱水。鬱水東流經阿林縣,又東流經猛陵縣,有浪水注入。又東流經蒼梧郡廣信縣,有灘水注入。鬱水又東流,有封水注入。封水發源於臨賀郡馮乘縣以西,謝沭縣東部邊界的牛屯山,也叫臨水。臨水東南流經萌渚嶠西,又東南流,在左岸匯合嶠水。庾仲初說:嶠水發源於萌渚嶠,南流注入臨水。臨水又流經臨賀縣東,又南流到郡城,在左岸匯合了賀水。賀水發源於東北方興安縣西北的羅山,東南流經興安縣西,盛弘之《荊州記》說:興安縣水邊有一塊平坦的巖石,上面有石鞋,傳說是越王渡溪時脫下放在這裡的。賀水又西南流到了臨賀縣東,向右注入臨水。郡城對著兩水交匯之處,郡縣都因此得名。臨水又西南流經郡南,又西南流經封陽縣東,就是封溪水。所以《地理志》說:縣裡有封水。又西南流入廣信縣,南流注入鬱水,匯流處叫封溪水口。

10　鬱水又東流經高要縣,牢水注入。牢水發源於南方的交州合浦郡,郡治在合浦縣,是漢武帝元鼎六年(公元前一一一年),平定南越後所置。王莽改郡名為桓合,縣名為桓亭。孫權黃武七年(公元二二八年),改名為珠官郡。郡裡不產稻穀,人民多從事採珠。從前政府苛徵暴斂,珠也就流徙到交趾去了,會稽孟伯周來做太守,推行仁政和教化,流走的珠又返回了。合浦郡管轄臨允縣,就是王莽時的大允。牢水從臨允縣北流,經高要縣注入鬱水。

11　鬱水南流經廣州南海郡西,浪水發源於此。又南流,在右岸匯合了西隨水的三條

支流,又南流經四會浦。四會浦的水,上流承接日南郡盧容縣西的古郎究,浦內有
個漕口,馬援曾運糧經此。水流折向東南,屈曲與郎湖相通;湖水承接金山郎究,
究水北流,左岸匯合了盧容、壽泠兩條水。盧容水發源於西南區粟城南的高山,山
南為綿長的山嶺,連接成一道高聳雲天的壁障。盧容水在山嶺以西匯聚了諸澗的
水,潛流於深山之間,繞過山西和山北,東流經區粟城北,又東流,在右岸與壽泠水
匯合。壽泠水發源於壽泠縣界。魏正始九年(公元二四八年),林邑入侵,直到壽泠
縣,就以壽泠縣作為疆界,就是此縣。水流經壽泠縣,於是水也就因縣而得名了。
壽泠水東流經區粟老城南。查考古志,並無區粟這個地名。應劭《地理風俗記》
說:日南原是秦時的象郡。漢武帝元鼎六年開發日南郡,治所在西捲縣。《林邑
記》說:由郡城到林邑,陸路四百餘里。《交州外域記》說:從日南郡南到林邑國四
百餘里。路程相符,那麼區粟就是從前的西捲縣了。《地理志》說:水流入海,有竹
可製手杖。王莽改名為日南亭。《林邑記》說:城治在二水之間,三面依山,南北臨
水,東西兩面是溪澗和水口,流到城下相匯合。城牆西面一角開裂,周圍六里一百
七十步,東西長六百五十步;磚城高二丈,城上築了高一丈的磚牆,牆上開方孔。
磚上鋪板,板上造了高五層的城樓。城樓下層建有隔板的樓閣,上層架屋建樓,城
樓高的七八丈,低的五六丈。城牆周圍開了十三座城門,宮殿都朝南,有屋宇二千
一百餘間。四周是市場和住宅區,懸崖峭壁,地勢險要,所以林邑的兵器和作戰武
器,都貯存在區粟。林邑各地所建城堡很多,是從林邑王范胡達時開始的。自秦
遷徙過去的移民,都與夷族同化了,日南的舊風俗也全都改變了。人們在樹上搭
巢居住,傍著山邊的城郭,長滿了荊榛亂草,原始森林上拂青雲,陰霾的遠方飄散
著一縷縷幽荒的野煙。這一片荒涼的土地,實在不是人類所能棲身的。

12　區粟立了一根測量日影的標杆,高達八尺,日影南移了八寸。因為此影以南都在
太陽以南了,所以就以日南為郡名。在這裡遙望北斗星,已沉落到天邊了。太陽
在北方,所以房屋都開北窗,朝向太陽。這是大略的情況。范泰《古今善言》說:日
南人張重帶了計簿去洛陽呈報朝廷,在元旦朝會時,明帝問道:日南郡是不是朝北
望太陽的? 張重說:現在郡有雲中、金城之名,不一定都是名如其實,太陽也都是
從東方升起的。至於那裡的風,總是溫煦的,日影位置正在腳下,官民住宅則隨環
境不同而選擇朝向,或朝東西,或向南北,並無一定。人民生性兇悍,勇於戰鬥,上
山下水,習以為常,但不慣於平地生活。古人說:五嶺是天地間分隔內外的壁障,
何況路途迢迢,遠在天涯海角呢。回望九嶺,渺渺茫茫,非但行路艱難險阻,實在
也是個窮荒絕域的邊遠地區啊。

13　壽泠水自城南流過,東流與盧容水匯合,東流注於郎究的究水,在下潭積瀦成湖,

稱為郎湖。浦口有秦時的象郡,廢址仍然存在。從湖邊南望,湖水外與壽泠相通,從郎湖流入四會浦。元嘉二十年(公元四四三年),因林邑兇惡頑固,歷代以來難以教化,又自恃地遠人多,侮慢中國的國威,背棄中國的恩德。而中國朝廷已經積聚了許多北地的寶物,只是欠缺南方進貢的金銀,於是就命令偏將和龍驤將軍交州刺史檀和之陳兵日南,修明文教,使遠方小國心悅誠服。二十三年(公元四四六年),旌旗飄揚,大軍從四會浦口進入郎湖,屯駐於區粟,進逼圍城,用飛梯、雲橋等攻城器具,攀登上城頭,鉦鼓之聲震天動地,猛士震怒如雷霆,風勢猛烈,火焰沖天,守兵潰敗,城也被攻破了。這一戰砍了區粟王范扶龍的頭,十五歲以上的人,殺的殺,埋的埋,一個也不饒恕。城閣上滴血如雨,屍體堆積如高臺。

14　從四會浦到南方,有盧容浦口。晉太康三年(公元二八二年),撤廢日南郡屬國都尉,將所轄的盧容縣設立為日南郡及象林縣的治所。《晉書·地道記》說:郡城離盧容浦口二百里,原是秦時象郡象林縣的治所。永和五年(公元三四九年),征西大將軍桓溫調派督護滕畯,率領交、廣二州軍隊去舊日南郡盧容縣討伐范文,被范文打敗,就在這地方。滕畯退兵駐於九真,重新練兵。范文受傷而死,其子范佛即位。七年(公元三五一年),滕畯和交州刺史楊平又向壽泠浦進軍,進駐郎湖,在日南舊治所討伐范佛。范佛的軍隊像螞蟻似的結集在一起,營壘相連,綿延五十餘里。滕畯、楊平大敗范佛軍,范佛逃到山林裡,派大帥反綁了自己,到軍門去請罪。滕畯等派武士陳延去安撫范佛,和他締結盟約而返。

15　康泰《扶南記》說:從林邑到日南盧容浦口約二百餘里,從浦口南行,去扶南諸國,常從這浦口出發。所以《林邑記》說:在域外茫茫滄海的盡頭,天涯海角,沒有更遙遠的去處了。那裡地瀕大海,是水路通往各國的必經之地。

16　鬱水南通壽泠,是個水口。上流與交趾郡南的都官塞浦相接。《林邑記》說:水口通銅鼓、外越、安定、黃岡心口等地,那是說取道銅鼓,往前就到駱越。那裡有一面銅鼓,因而得名。馬援拿了銅鼓來鑄銅馬。到了馬援所開的鑿口,可通內地的九真、浦陽。據《晉書·地道記》,九德郡有浦陽縣。《交州記》說:開鑿南塘之所以必要,是因為這是去九真的必經之路。此處離州城五百里,是建武十九年(公元四三年)時,馬援所開。《林邑記》說:去外越、紀粟、望都,從紀粟取道浦陽,經過便州,可到典由;渡過舊縣城,可到咸驩。咸驩隸屬於九真郡。咸驩以南,山岡上全是獐麂,呦呦地叫喚著伴侶,荒野裡響徹一片驚叫聲;孔雀也極多,成群飛翔時,會遮蔽整個山岡和太陽。

17　渡過治口,就到九德。據《晉書·地道記》,有九德縣。《交州外域記》說:九德縣隸屬於九真郡,在九真郡南與日南接界。蠻王盧舉統治著那個地區,他死後,兒子寶綱代之而立;孫子盧黨服從吳國教化,立為九德郡,隸屬於吳。《林邑記》說:九德是九夷的盡頭,所以作為郡名。該郡的轄境,就是周代越裳氏的夷國。據《周禮》,九夷以越裳為最遠。他們通過多次轉折的翻譯,帶了白雉、象牙前來朝貢。

18　從九德通類口的那條水,源頭在西北邊遠地區,經寧州邊界而來。九德浦經過越裳究、九德究、南陵究通往內地。據《晉書・地道記》,九德郡有南陵縣,晉時所置。據竺枝《扶南記》,山溪的礁灘稱為究。《地理志》說:郡中有小溪流五十二條,合併成大川,這些溪流都可稱為究。

19　《林邑記》說:義熙九年(公元四一三年),交趾太守杜慧度到九真水口,與林邑王范胡達打仗,把范胡達的兩個兒子抓住殺了,還俘虜了百餘人,范胡達則逃走了。五月,杜慧度自九真水通過都粟浦,再次襲擊了九真,長長的包圍圈跨過山岡,重重的柵欄切斷水口,驅趕大象作前鋒,在城下短兵相接,連日交戰,殺傷了不少人方才退去。《地理志》說:九真郡是漢武帝元鼎六年(公元前一一一年)開拓的,治所在胥浦縣,王莽改名為驩成。《晉書・地道記》說:九真郡有松原縣。《林邑記》說:松原以西,鳥獸都很馴良,不知害怕弓箭;寡婦單身居住,活到老都披頭散髮。到了南方,都是低丘矮岡,黃鶯鳥在山北唱著情歌,翡翠鳥在山南曬著太陽。雖然歡樂的囀囀一聲接一聲,但隔著一座城牆景物卻全然兩樣,人們很難單獨一人出來行走,這是因為當地風俗各部族分別聚居,分道行走的緣故。

20　從南陵究途經南部邊界的蠻族地區,進去就可到達橫山。太和三年(公元二二九年),范文在橫山的分界處侵入交州,過了比景廟,由門浦直到古戰灣。吳赤烏十一年(公元二四八年),即魏正始九年(公元二四八年),交州和林邑在海灣大戰,區粟第一次失陷。過了日南郡的屬縣盧容縣,從盧容縣到無變,再越過烽火到比景縣,正午太陽在頭上,影子正在腳下,身子與影子緊密相合。如淳說:所以用比景作縣名。闞駰說:比,讀作蔭庇的庇。影子在自己腳下,就是說被自己的身體所蔽。《林邑記》說:過了比景,就到朱吾。朱吾是水口,就是現在的疆界。朱吾以南,有文狼人,他們在荒野居住,沒有房屋,歇宿時就背靠樹木;生魚生肉,拿到就吃;他們以採香為職業,與人做買賣,就好像上古聖皇時的人民一樣。縣南有文狼究,與下流相通。《晉書・地道記》說:朱吾縣屬於日南郡,離郡城二百里。漢時該縣百姓因受不了二千石長吏的苛徵暴斂,叛漢而認屈都乾為宗主國。

21　《林邑記》說:屈都,是夷族。朱吾浦內通無勞湖,無勞究水通壽泠浦。元嘉元年(公元四二四年),交州刺史阮彌之出征林邑,陽邁因外出結婚不在。奮威將軍阮謙之率領七千人,先去襲擊區粟。過了四會,還沒有進入壽泠,三日三夜沒有屯駐歇息的地方,只得聚集在海岸上,不巧遇到颱風於是大敗。陽邁帶著迎娶新娘的部

隊三百餘條船,前來救援。阮謙之遭風災之後所餘的戰船,夜間與敵軍相遇於壽
泠浦。兩軍在黑暗中大戰,阮謙之親手射倒陽邁船上的舵手,戰船就像癱了似的
隨風轉動,幸虧左右大臣搖了小船把陽邁接走。阮謙之遭風災之後的殘餘兵力,
按理也難以取勝,就從這裡渡回壽泠,到溫公浦去了。

22　升平三年(公元三五九年),溫放之在海灣分界的陰陽圻討伐范佛,他進入新羅灣,來
到焉下,此地又名阿貴浦;駛進彭龍灣避風浪,這就是林邑的海濱。元嘉二十三年
(公元四四六年),交州刺史檀和之攻破區粟後,就統率水軍船隻直指典沖,飄揚的旌
旗籠罩了海面。他在彭龍灣的鬼塔,與林邑進行了一場激烈的戰鬥,就駛回典沖。
林邑軍進入河口,下令軍隊不得前進,打算慎重固守。浦西,就是林邑的國都,都
城是典沖,離海岸四十里,位於僻遠的塞外,建國於越裳疆界以南,就是秦漢時象
郡的象林縣。典沖東瀕大海,西臨徐狼,南接扶南,北連九德。後來廢除了象林一
名,恢復林邑之號,在漢朝末年開始立國。初平(公元一九○—一九三年)之亂時,人
們都懷著野心,象林一位姓區的功曹,有個兒子名逵,攻入縣城,殺了縣令,自號為
王。當時正值天下大亂,林邑於是建國,以後世代傳位子孫,在三國鼎立時期,沒
有歸附任何一國。吳所領屬的交州,與林邑相鄰;林邑入侵壽泠,即以此為界。

23　自從區逵以後,國家不修文史,帝位傳承的世系也沒有記錄,究竟傳了幾代也不清
楚,而且宗族也滅絕,不再有人可以傳宗接代了。於是外孫范熊代之而立,人民也
樂於擁戴他登位。范熊死後,兒子范逸即位。

24　當時有個范文,是日南西捲縣夷人頭目范椎的奴隸。范文做奴隸時,在山澗牧羊,
在澗水中捕到兩條鯉魚,藏起來帶回家中,想私自燒了吃。主人知道了,向他要
魚,范文非常羞慚害怕,就撒謊說:我只拿了磨石回來,不是魚呀。主人到藏魚的
地方,看見真是兩塊石頭,就相信他,回頭走了。范文這才覺得奇怪。石頭中含有
鐵質,范文到山裡去用石來冶鐵,打了兩把刀。他舉刀對著擋在前面的巖石,祝禱
道:鯉魚會變化,冶石煉成刀,如果一刀砍破巖石,就是有神靈相護了,我范文應當
得刀,做國中君王。如果砍不進去,就是刀沒有神靈。他上前向巖石一刀劈了下
去,就像用龍淵、干將這樣的寶劍斫蘆葦枯枝一般,因此民心漸漸歸附他了。現在
他當年劈過的巖石和魚刀都還在。傳國給子孫時,對這把魚刀,就看得像漢高祖
斬蛇的寶劍一樣珍貴。

25　范椎曾派范文去遠地做生意,到了北方的朝廷,增長了很多見識。晉愍帝建興年
間(公元三一三—三一七年),他到了南方的林邑,指導國王范逸建築城池,製造甲冑
兵器,著手擴張勢力。國王很寵信他,封他為將帥,他也能得人心。范文對國王屢
進讒言,誣謗他的兒子們,使得他們被放逐的被放逐,逃走的逃走。於是國王就被

孤立起來了。成帝咸和六年(公元三三一年)，國王死了，沒有後嗣，范文把國王在國外的兒子迎接回來，在海上航行途中，去打水時，暗地把毒藥放進椰子裡，毒死了王子。於是就脅迫國人，自己當了國王。他把已故國王的妻妾安置在高樓上，肯跟從他的，就娶了過來；不肯從他的，就不給飯吃，讓她們餓死。

26　《江東舊事》說：范文原來是揚州人，小時被搶去做奴隸，販賣流落到交州。他十五六歲時，有罪要受杖刑，心裡害怕，就逃走了，跟著林邑商人渡海遠去，於是被國王收為奴僕，很受寵信。十餘年後，國王死了，范文謀害了國王的兩個兒子，嫁禍於公侯大將，把他們殺了，於是自立為王，用武力壓服各國。這些國家的人民，有的束著夷人的髮髻，說著蠻人的話語，用口吃東西，用鼻子吸水；有的刺面紋身，都是裸體的狼部族。漢魏時期被流放的囚徒，都被他收留利用。建元二年(公元三四四年)，他進攻日南、九德、九真，百姓都逃散了，千里之地荒無人煙，這才回到林邑。

27　林邑西距廣州二千五百里，城的西南角是高山長嶺，連成一道接天的壁障。山嶺以北連接著山澗。大源淮水發源於遙遠的郁郁邊界，從萬山深處流出，水中有三道狹長的沙洲；水從山中流出繞到城西，又流向城北轉到城東嶺南的山澗；小源淮水發源於松根邊界，水從山上的深澗流瀉而下，在山間繞到南方，曲折東流與淮水匯合，流向典沖。

28　林邑城西南依山，東北臨水，城下環繞著兩重護城河，東南的護城河迫近城牆。城的形狀東西長而南北狹，北邊西頭城牆曲折地向內彎；城周圍長八里一百步，磚城高二丈，城上築磚牆，高一丈，上開方孔。磚上鋪板，板上建起層閣；城樓下層閣上架屋，屋上建樓，高的六七丈，低的四五丈。宮闕高聳，頂上兩端的鴟尾，迎風拂雲，依山面水，巍峨雄偉；但按夷人風俗，雖然建築粗大，卻仿古拙劣。城上開城門四座：東門是前門，瀕臨兩條淮水的岸邊；彎曲的道路上有古碑，用夷文刻著稱頌前國王范胡達的恩德。西門前臨兩重護城河，城牆向北迴轉上山，山以西就是淮水。南門隔著兩道護城河，朝向溫公壘。

29　升平二年(公元三五八年)，交州刺史溫放之殺了交趾太守杜寶、別駕阮朗，於是就出征林邑。經過多次水上和陸上的戰鬥，范佛守城自保，不久又請求歸順。溫放之也答應了他。現在林邑東城南五里有兩座溫公壘，就是當時的遺跡。北門瀕淮水，道路已截斷不通了。城內又有小城，周圍長三百二十步，合堂瓦殿，南面的牆壁不開窗戶，兩頭的長屋，屋脊取南北向，南背太陽。西區城內，沿河石山向陽一面，建築了一座朝東的宮殿，飛簷鴟尾，青瑣紋的門飾，紅色的臺階，出簷的方椽，大多依照古法。閣殿上層的柱子，比城高一丈五尺，以牛屎作泥塗牆，牆壁迴繞，帶著青色的光澤。曲折的披庭，雕飾精美的窗戶，後宮裡的嬪妃都沒有區別；宗廟臺榭、國王遊憩的宮館、正殿和後宮的長巷,都在宮殿上面。國王憑依著長廊的窗子,可直接與下面的人說話,子弟和大臣侍從都不許上登。房屋五十多幢,屋棟連著屋棟,屋簷接著屋簷。神祠鬼塔,大大小小共八座廟宇;層臺重榭,就像佛寺一樣。城裡沒有市場和居民區的劃分,都城裡居民很少,海岸冷落蕭條,不是能住人的地方,而首領卻以為這樣天下就永遠太平了。國家只延續了十代,哪裡說得上久長呢。

30　元嘉年間(公元四二四—四五三年),檀和之出征林邑,林邑國王陽邁帶著全城人民連夜逃奔到山林裡去,檀和之占領了林邑都城,繳獲了無數財寶,部隊回去之後,陽邁也回到都城。只見家園和都城都已殘破荒蕪,人民也都背井離鄉了。他欲行又止,不禁頓足捶胸,悲憤得死去活來。到元嘉二十三年(公元四四六年)他就死了。

31　當初陽邁母親懷孕時,曾夢見有人鋪了一條陽邁金席,生下的孩子落在席上,升起輝煌照眼的金光。中國風俗,稱上等黃金為紫磨金,夷人風俗稱上等黃金為陽邁金。他父親胡達死後,他繼承了王位,能得民心,自以為那個神奇的夢是國家吉慶的預兆。他的太子一開始取名為咄,以後陽邁死了,咄繼位時方才十九歲,他仰慕先君的德望,也改名為陽邁。前後兩代,父子共名,可知林邑就將亡國了。

32　林邑城的護城河外面,都是樹林荊棘,蔓草荒藤;叢莽茂密而幽暗,盤繞的古藤,秀美的篁竹,參差交錯,高入雲天。其中香桂成林,空氣清新,明淨無煙。桂父,本縣人,隱居在這座樹林裡,服用香桂,因而得道。形形色色的鳥類,飛集而來,林中響徹了一片喞啾聲。還有比翼鳥,不與伴侶一同展翅就不肯飛,此鳥名歸飛,啼時就喚自己的名字。這裡流露出懷戀鄉土的心情極其悲淒,對桑梓之愛已成風俗了。

33　豫章人俞益期性情剛直,不肯迎合流俗,因而無處可以容身,於是遠去南方。他在《與韓康伯書》中說:南遊中最值得觀賞的是檳榔樹,但性不耐霜,不能移植到北方,讓您老人家看看,這是非常令人抱憾的。看到飛鳥留戀鄉土,更增添了一分懷鄉之情,因而在此寄託我的情意。這種鳥背青腹紅,一片丹心都流露在外面。啼鳴表達不出牠的感情,一天到晚只是叫著:歸飛、歸飛,可是卻飛不了幾千里,而路途卻是萬里迢迢,又怎能歸去呢?

34　九真郡太守任延開始教百姓耕犁,在交州已歷久成俗,並風行到象林。自從人民知道耕田以來,六百餘年間,刀耕火種的方法,都和中華相同。叫白田的都種白穀,七月間下種,十月成熟;叫赤田的都種赤穀,十二月間耕作,次年四月成熟,這就是所謂的雙季稻。至於種子萌芽,播種季節輪作,下種和成熟的早晚各有不同,但沒有一個月是沒有作物抽穗開花的。耕耘費力多,而收穫所得少,這是因為作物成熟快的緣故。稻米從不外流,國家經常豐足。養蠶一年收繭八次,就是《三都

《賦》所說的八蠶之綿。

35　那裡崖壁上布滿細小的水流,常有瀑布瀉下,有如雪花紛飛,白沙翻湧;下面的潭水清澈寒冷,深不見底,分流入各條溪澗和溝壑,水流都可相通。水從城東北角流過,水上架起高橋。渡過淮水北岸,就是彭龍、區粟的通衢大道。檀和之在東橋大戰,陽邁受傷落象,就在這地方。淮水又東南流經船官口。船官川發源於徐狼,外族夷人都裸體無衣,男的用竹筒掩體,女的用樹葉蔽身,外號叫狼㹟,就是所謂的裸國。雖然赤身露體已成習俗,但還是因無衣蔽體感到羞恥,因而只在朦朧的夜色中和別人做買賣。他們在黑暗中只要聞一聞錢幣,便能知道是好是壞,天明後去看,都和他們所說的一般無二。

36　從這裡向外走,可到扶南。據竺枝《扶南記》說:扶南離林邑四千里,水路陸路都通。檀和之命令部隊進入邑浦,占據船官口,這裡離城六里。水從船官流下,注入大浦的東湖,大水時魚類成群相隨而游,漲潮時水向西流。潮水一晝夜升漲七八尺,從此以西,朔望時潮水相併合,一上就是七日,水漲一丈六七尺;七日之後,漲潮一晝夜分為二次,水漲一二尺。無論春夏秋冬,都是界限分明。潮水的高低,都一成不變,海水沒有增減,這就是海洋潮汐的規律。

37　此水也稱象水,又兼有象浦之名。《晉書·功臣表》所說的:金潾水流清淨,象渚源頭澄澈,就指這裡。河川的水濱,有一種極細的水蟲,能鑽進木船裡吃船,幾十日船就壞了。深潭和礁灘裡有一種黑色的鮮魚,身長五丈,頭像馬頭,一旦有人落水,便來傷害他。

38　《山海經》說:離耳國、雕題國,都在鬱水以南。《林邑記》說:漢朝設置九郡,儋耳也是其中之一。人民喜歡赤腳走路,兩耳戴著大耳墜作裝飾,男女雖然都赤身露體,但並不害羞。暑天光著身子任陽光曝曬,自然把人曬黑了,久而久之,成了習俗,就以黑為美了。這就是《離騷》中所說的玄國。如此說來,儋耳就是離耳了。王氏《交廣春秋》說:朱崖、儋耳二郡,是和交州同時開拓的,都是漢武帝所置。二郡都在大海中,在大陸南端的海外,與合浦、徐聞隔海相望。在晴朗無風的日子,遙望朱崖州,大如糧倉,從徐聞渡海到對岸,刮北風一晝夜可到。周圍二千餘里,兩頭相距八百里,人民約十餘萬家,都是異族。他們披散著頭髮,身上刺著花紋,但女的俊俏秀麗的頗為不少,她們膚色白淨,鬢髮又長又美。人們像牲口一樣群居在一起,不遵從什麼倫理教化。儋耳先被撤廢,朱崖則多次反叛,元帝採用賈捐之的建議,廢除郡制。楊氏《南裔異物志》說:儋耳、朱崖都在海中,都是東部藩屬。所以《山海經》說:在鬱水南。

39　鬱水又南流,從壽泠縣注入海中。從前馬文淵用石頭修築海塘,直達象浦,並立了銅柱作為南疆的邊界。《俞益期牋》中說：馬文淵在林邑岸北立了兩根銅柱，兵士十餘家留下不回去，定居在壽泠水南岸與銅柱對面的地方。他們全都姓馬，族內自相通婚，現在已有二百餘戶。交州人因為他們是流寓在這裡的，所以稱他們為馬流，言語飲食也還和中國相同。由於山川的滄桑變化，今天銅柱已沒入海中了，正是靠著這些移民，才使人還可辨認原來的地方。《林邑記》說：建武十九年（公元四三年），馬援在象林南部邊界樹立了兩根銅柱，與西屠國分界，這是漢朝的南疆。土人因為他們流寓於此，稱他們為馬流，世人稱為漢子孫。《山海經》說：鬱水發源於象郡，往西南注入南海。這就是流入須陵東南的那條水。應劭說：鬱水發源於廣信，東流入海。他這句話說到鬱水的起點倒還可以，說到它的終點就不對了。

【研　析】　此卷所敍均是國境西南諸水，不僅酈氏足跡所未履，諸水所在地區，當時還是一片蠻貊之地。酈氏賴流傳甚稀的文獻資料作《注》，雖然錯誤很多，但記敍仍甚可貴。例如在當時稀缺的文獻中，他引用了現在早已亡佚的《林邑記》，在《經》文"東北入于鬱"下，引及達十一次之多（在卷三十七《葉榆河》篇中又引及二次）。《林邑記》是研究古代西南和南方（今中南半島）的重要文獻，例如對於越族流散後的百越中，至關重要的"外越"一名，除現存的《越絕書》外，只有此書也有記敍。酈《注》引及的《林邑記》，實際上就是現存《林邑記》輯本的來源。以後有學者以《林邑記》記敍作繼續研究，因而獲得成績的也不無其例。如此書所記的"馬流"，《林邑記》稱："土人以之流寓，號曰馬流，世稱漢子孫也。"後來丁謙在《新唐書南蠻列傳考證》（《浙江圖書館叢書》第一集）一文中的考證，就是以《林邑記》提供的資料為基礎的（丁氏把"馬流"稱作"馬留"），他說："馬留為南洋黑人種族之名，或作馬來，亦作巫來由，皆音譯之轉。"這就說明，酈道元當時悉心搜羅的資料，雖然都已亡佚，但藉《水經注》其書，為我們留下了珍貴的吉光片羽。

卷三十七　淹水　葉榆河　夷水　油水　澧水　沅水　浪水

【題　解】　此卷記敍了淹水等七條河流，其中油、澧、沅三水是古代雲夢澤水系的河流，此三水與淹水、夷水，同為長江支流。浪水是珠江水系河流。葉榆河則是一條記敍錯誤的河流，無法指出一條與之相稱的現代河流。

淹水在《經》、《注》記敍中並不是同一條河流，所以鄭德坤《重編水經注圖·總圖部分》繪有兩條淹水，即"《經》淹水"、"《注》淹水"。"《經》淹水"為今金沙江，是長江的上源；"《注》淹水"為今普渡河，此河源出洱海，北流在祿勸縣以北注入金沙江。

葉榆河一名，可能是《水經》的錯誤，南方諸水，古代從來沒有稱河的。《漢書·地理志·益州·葉榆縣》說："葉榆澤在東。"葉榆縣在今雲南大理以北洱海沿岸的喜州附近，所以漢葉榆就是今洱海。但《水經注》葉榆河，其一部分流程似乎與今元江和越南的紅河相合，卻又與滇池、溫水等相糾纏，所以錯誤極多，陳澧在《水經注西南諸水考》中已有論及。

夷水今稱清江，是長江支流，發源於湖北西南利川市以西，東流在宜都附近注入長江，全長四百餘公里，流域面積一萬六千餘平方公里。

油水在《經》、《注》中都相當明確，記及此水流經孱陵縣。三國吳孱陵縣在今湖北松滋南，這一帶河湖錯雜，水道變遷甚大，松滋以西，古代油水或即今界溪河，但松滋以東，由於水道紛歧，已經無法考實。

澧水今仍稱澧水,為注入洞庭湖的四大水之一,發源於湖南、湖北二省邊境,下流從津市進入河湖水網區,在安鄉縣附近匯合沅江,注入洞庭湖,全長近四百公里,流域面積一萬八千餘平方公里。

沅水今稱沅江,是洞庭湖四大水之一,發源於貴州苗嶺,在天柱縣以東流入湖南,東北流注入洞庭湖,全長一千餘公里,流域面積近九萬平方公里。

《浪水》篇的《經》文和《注》文都有許多錯誤,《水經注》對此水的記敘,顯然是由幾種不同資料拼湊起來的。按《注》文,此水上流指今廣西東北部的洛清江,中下流則接柳江、黔江和西江,最後有一段即在《經》文"其一又東過縣東,南入于海"下,比較詳細地記敘了今珠江三角洲。

淹　水

淹水出越巂遂久縣徼外,

呂忱曰:淹水一曰復水也。

東南至青蛉縣,

縣有禺同山,其山神有金馬、碧雞,光景儵忽,民多見之。漢宣帝遣諫大夫王褒祭之,欲致其雞、馬,褒道病而卒,是不果焉。王褒《碧雞頌》[1]曰:敬移金精神馬,縹縹碧雞。故左太沖《蜀都賦》曰:金馬騁光而絕影,碧雞儵忽而耀儀。

又東過姑復縣南,東入于若水。

淹水逕縣之臨池澤[2]而東北,逕雲南縣西,東北注若水也。

【注　釋】　①碧雞頌　漢王褒撰。《隋書·經籍志》著錄漢諫議大夫《王褒集》五卷,此頌當在集中。今集已亡佚,頌收入於《後漢書·西南夷傳注》,《水經注箋》錄其全文。王褒,《漢書》有傳。②臨池澤　即今雲南永勝西南的程海,是《水經注》全書中記及江源最北之處。

【語　譯】

淹水出越巂遂久縣徼外,

呂忱說:淹水又叫復水。

東南至青蛉縣,

青蛉縣有禺同山,此山的山神擁有金馬和碧雞,祥光異彩一閃而過,人們常常看見。漢宣帝派遣諫大夫王褒去祭山神,想得到山神的碧雞和金馬,但王褒在路上病死了,因而沒有成功。王褒的《碧雞頌》說:我們懷著敬意來取西方的神馬,飄飄

飛舉的碧雞。所以左太沖《蜀都賦》說：金馬在陽光下馳騁卻沒有影子，碧雞在瞬
息間炫耀牠的美麗。

又東過姑復縣南，東入于若水。

淹水流經姑復縣的臨池澤後往東北流，經雲南縣西，往東北注入若水。

葉榆河

益州葉榆河，出其縣北界，屈從縣東北流^①，

1　縣，故滇池葉榆之國也。漢武帝元封二年，使唐蒙開之，以爲益州郡。郡有葉榆
縣，縣西北八十里，有弔鳥山^②，衆鳥千百爲羣，其會，嗚呼啁哳，每歲七八月至，十
六七日則止，一歲六至。雉雀來弔，夜燃火伺取之。其無嗉不食，似特悲者，以爲
義則不取也。俗言，鳳凰死于此山，故衆鳥來弔，因名“弔鳥”。縣之東有葉榆
澤^③，葉榆水所鍾而爲此川藪也。

過不韋縣，

2　縣，故九隆哀牢之國也。有牢山，其先有婦人名沙壹，居于牢山，捕魚水中，觸沈木
若有感，因懷孕，產十子。後沈木化爲龍，出水，九子驚走，小子不能去，背龍而坐，
龍因舐之。其母鳥語，謂背爲九，謂坐爲隆，因名爲九隆。及長，諸兄遂相共推九
隆爲王。後牢山下有一夫一婦，生十女，九隆皆以爲妻，遂因孳育，皆畫身像龍文，
衣皆著尾。九隆死，世世不與中國通。

3　漢建武二十三年，王遣兵來，乘革船南下，攻漢鹿茤民，鹿茤民弱小，將爲所擒。于
是天大震雷，疾雨，南風漂起，水爲逆流，波湧二百餘里，革船沈没，溺死數千人。
後數年，復遣六王，將萬許人攻鹿茤，鹿茤王與戰，殺六王，哀牢耆老共埋之。其
夜，虎掘而食之。明旦但見骸骨。驚怖引去，乃懼，謂其耆老小王曰：哀牢犯徼，自
古有之，今此攻鹿茤，輒被天誅，中國有受命之王乎？何天祐之明也？即遣使詣越
巂奉獻，求乞内附，長保塞徼。漢明帝永平十二年，置爲永昌郡，郡治不韋縣。蓋
秦始皇徙呂不韋子孫于此，故以不韋名縣。北去葉榆六百餘里，葉榆水不逕其縣，
自不韋北注者，盧倉禁水耳。葉榆水自縣南逕遂久縣東，又逕姑復縣西，與淹水
合。又東南逕永昌邪龍縣，縣以建興三年劉禪分隸雲南，于不韋縣爲東北。

東南出益州界，

4　葉榆水自邪龍縣東南逕秦臧縣，南與濮水同注滇池澤于連然、雙柏縣也。葉榆水
自澤又東北逕滇池縣南，又東逕同竝縣南，又東逕漏江縣，伏流山下，復出蝮口，謂

之漏江。左思《蜀都賦》曰:漏江洑流潰其阿,泪若湯谷之揚濤,沛若濛汜之湧波。諸葛亮之平南中也,戰于是水之南。

5　葉榆水又逕賁古縣北,東與盤江合。盤水出律高縣東南監町山,東逕梁水郡北、賁古縣南,水廣百餘步,深處十丈,甚有瘴氣,朱褒之反,李恢追至盤江者也。建武十九年,伏波將軍馬援上言:從麊泠出賁古,擊益州,臣所將駱越萬餘人,便習戰鬥者二千兵以上,弦毒矢利,以數發,矢注如雨,所中輒死。愚以行兵此道最便,蓋承藉水利,用爲神捷也。

6　盤水又東逕漢興縣。山溪之中,多生邛竹、桃榔樹,樹出麪,而夷人資以自給。故《蜀都賦》曰:邛竹緣嶺。又曰:麪有桃榔。盤水北入葉榆水,諸葛亮入南,戰于盤東是也。

入牂柯郡西隨縣北爲西隨水,又東出進桑關,

7　進桑縣,牂柯之南部都尉治也。水上有關,故曰進桑關也。故馬援言,從麊泠水道出進桑王國,至益州賁古縣,轉輸通利,蓋兵車資運所由矣。自西隨至交趾,崇山接險,水路三千里。葉榆水又東南絕溫水而東南注于交趾。

過交趾麊泠縣北,分爲五水,絡交趾郡中,至南界,復合爲三水,東入海。

8　《尚書大傳》曰:堯南撫交趾于《禹貢》荊州之南垂。幽荒之外,故越也。《周禮》,南八蠻,雕題、交趾,有不粒食者焉。《春秋》不見于傳,不通于華夏,在海島,人民鳥語。秦始皇開越嶺南,立蒼梧、南海、交趾、象郡。漢武帝元鼎二年,始并百越,啓七郡。于是乃置交趾刺史,以督領之,初治廣信,所以獨不稱州。時又建朔方,明已始開北垂。遂辟交趾于南,爲子孫基址也。麊泠縣,漢武帝元鼎六年開,都尉治。《交州外域記》曰:越王令二使者典主交趾、九真二郡民,後漢遣伏波將軍路博德討越王,路將軍到合浦,越王令二使者,齎牛百頭,酒千鍾,及二郡民戶口簿,詣路將軍,乃拜二使者爲交趾、九真太守,諸雒將主民如故。交趾郡及州本治于此也。州名爲交州。

9　後朱䳒雒將子名詩,索麊泠雒將女名徵側爲妻,側爲人有膽勇,將詩起賊,攻破州郡,服諸雒將皆屬徵側爲王,治麊泠縣,復交趾、九真二郡民二歲調賦。後漢遣伏波將軍馬援將兵討側,詩走入金溪究,三歲乃得。爾時西蜀竝遣兵共討側等,悉定郡縣,爲令長也。

10　山多大蛇,名曰髯蛇,長十丈,圍七八尺,常在樹上伺鹿獸,鹿獸過,便低頭繞之,有頃鹿死,先濡令濕訖,便吞,頭角骨皆鑽皮出。山夷始見蛇不動時,便以大竹籤籤

蛇頭至尾,殺而食之,以爲珍異。故楊氏《南裔異物志》曰:髯惟大蛇,既洪且長,采色駮犖,其文錦章,食豕吞鹿,腴成養創,賓享嘉宴,是豆是鷯。言其養創之時,肪腴甚肥,搏之以婦人衣投之,則蟠而不起,走便可得也。

11　北二水,左水東北逕望海縣南,建武十九年,馬援征徵側置。又東逕龍淵縣北,又東合南水,水自麊泠縣東逕封溪縣北。《交州外域記》曰:交趾昔未有郡縣之時,土地有雒田,其田從潮水上下,民墾食其田,因名爲雒民,設雒王、雒侯,主諸郡縣。縣多爲雒將,雒將銅印青綬。後蜀王子將兵三萬來討雒王、雒侯,服諸雒將,蜀王子因稱爲安陽王。後南越王尉佗舉衆攻安陽王,安陽王有神人名皋通,下輔佐,爲安陽王治神弩一張,一發殺三百人,南越王知不可戰,却軍住武寧縣。按《晉太康記》,縣屬交趾。越遣太子名始,降服安陽王,稱臣事之。

12　安陽王不知通神人,遇之無道,通便去,語王曰:能持此弩王天下,不能持此弩者亡天下。通去,安陽王有女名曰媚珠,見始端正,珠與始交通,始問珠,令取父弩視之,始見弩,便盜以鋸截弩訖,便逃歸報南越王。南越進兵攻之,安陽王發弩,弩折遂敗。安陽王下船逕出于海,今平道縣後王宮城見有故處。《晉太康地記》,縣屬交趾,越遂服諸雒將。馬援以西南治遠④,路逕千里,分置斯縣,治城郭,穿渠通導溉灌,以利其民。

13　縣有猩猩獸,形若黃狗,又狀貊㹶,人面,頭顏端正,善與人言,音聲麗妙,如婦人好女,對語交言,聞之無不酸楚。其肉甘美,可以斷穀,窮年不厭。又東逕浪泊,馬援以其地高,自西里進屯此。

14　又東逕龍淵縣故城南,又東,左合北水。建安二十三年立州之始,蛟龍蟠編于南、北二津,故改龍淵以龍編爲名也。盧循之寇交州也,交州刺史杜慧度率水步晨出南津,以火箭攻之,燒其船艦,一時潰散。循亦中矢赴水而死,于是斬之,傳首京師。慧度以斬循勳,封龍編侯。

15　劉欣期《交州記》曰:龍編縣功曹左飛,曾化爲虎,數月,還作吏。既言其化,亦化無不在,牛哀易虎,不識厥兄,當其革狀,安知其譌變哉。

16　其水又東逕曲易縣,東流注于浪鬱。《經》言,于郡東界復合爲三水,此其二也。其次一水,東逕封溪縣南,又西南逕西于縣南,又東逕羸陵縣北,又東逕北帶縣南,又東逕稽徐縣,涇水注之。水出龍編縣高山,東南流入稽徐縣,注于中水。中水又東逕羸陵縣南,《交州外域記》曰:縣,本交趾郡治也。《林邑記》曰:自交趾南行,都官塞浦出焉。其水自縣東逕安定縣,北帶長江,江中有越王所鑄銅船,潮水退時,人有見之者。其水又東流,隔水有泥黎城,言阿育王所築也。又東南合南水,南水又東南逕九德郡北,《交州外域記》曰:交趾郡界有扶嚴究,在郡之北,隔渡一江,即是水也。

17 江水對交趾朱䴔縣⑤,又東逕浦陽縣北,又東逕無切縣北。建武十九年九月,馬援上言:臣謹與交趾精兵萬二千人,與大兵合二萬人,船車大小二千艘,自入交趾,于今爲盛。十月,援南入九真,至無切縣,賊渠降,進入餘發,渠帥朱伯棄郡亡入深林巨藪,犀象所聚,羊牛數千頭,時見象數十百爲羣。援又分兵入無編縣,王莽之九真亭,至居風縣,帥不降,竝斬級數十百,九真乃靖。其水又東逕句漏縣,縣帶江水,江水對安定縣。《林邑記》所謂外越、安定、紀粟者也。縣江中有潛牛,形似水牛,上岸鬭,角軟還入江水,角堅復出。又東與北水合,又東注鬱,亂流而逝矣。此其三也。平撮通稱,同歸鬱海。故《經》有入海之文矣。

【注　釋】　①屈從縣東北流　此處有佚文二條。明李元陽《西洱海志》(《古今天下名山勝概記》卷四十七年)引《水經注》:"注罷谷山,洱水出焉。"《滇繫》卷五之一《山川繫・大理府・浪穹縣・罷谷山》引《水經注》與《西洱海志》同。又《名勝志・雲南》卷十五《大理府・太和縣》引《水經注》:"葉榆河水罷谷山數泉湧起如珠樹,世傳黑水伏流,別派自西北來,匯于縣東爲巨澤。"當是此段中佚文。②弔鳥山　《注》文記敘的弔鳥山,在明《徐霞客遊記・滇游日記》中,也有記載,情況基本相同,山名作"鳥弔山"。至今這種群鳥集聚的現象仍然存在。這種延續一千多年的鳥會現象,今人楊圭臬在《鳥弔山》(《民族文化》一九八六年第六期,雲南民族出版社出版)一文中有較詳說明:"一位特地從昆明動物研究所趕來參加'鳥會'的科學工作者告訴我,這些鳥中,大部分是從青海湖的鳥島飛來的。像領鸕這種鳥,就只有青海湖才有。我感到很驚奇,他慢慢地跟我說,這些都是候鳥,每年冬天都要飛到孟加拉灣一帶過冬,到第二年春天返回,鳥弔山剛好是候鳥南遷的中途站,於是就有這麼多鳥雀了。"③縣之東有葉榆澤　此處有佚文一條。《禹貢》:"導黑水至于三危,入于南海。"《蔡傳》引《水經注》:"葉榆澤以榆葉所積得名。"當是此句下佚文。《尚書通考》卷七《黑水》引《水經注》、明吳國輔《古今輿地圖》卷下引《水經注》、《禹貢水道考異・南條水道考異》卷五引《水經注》、《禹貢論》卷下四十一引《水經注》均與《蔡傳》同。④馬援以西南治遠　王國維《明抄本水經注跋》(《觀堂集林》第十二卷):"《葉榆水注》,《晉太康地記》封溪縣屬交阯,馬援以西于治遠,路逕千里,分置斯縣。諸本'西于'并作'西南'。案《漢書・地理志》、《續漢書・郡國志》,交趾郡皆有西于縣。下《注》亦云,其次一水東逕封溪縣南,又西南逕西于縣南。則上《注》亦當作'西于'明矣。"⑤江水對交趾朱䴔縣　王國維《明抄本水經注跋》:"《葉榆水注》,江北對交阯朱䴔縣。諸本'北'并作'水',均以此本爲長。而戴校并不從,不識《大典》本與此本有異同,抑由戴氏校勘未密,或竟舍《大典》本而從他本。要之宋本與《大典》本既殘闕,益感此本之可貴矣。"

【語　譯】

益州葉榆河,出其縣北界,屈從縣東北流,

1 葉榆縣,就是從前滇池的葉榆國。漢武帝元封二年(公元前一〇九年),派唐蒙去開拓那個地區,設為益州郡。郡裡有葉榆縣,葉榆縣西北八十里有弔鳥山,成千成百的鳥聚集成群,會聚時啾啾唧唧,一片嘈雜。鳥群每年七八月來到,十六七日就停止,一年來六次。當雉雀來弔喪時,人們就在夜間點火守候捕捉。有的嗉囊裡空空的,卻不肯吃東西,好像特別悲哀似的,人們認為這是義鳥,就不捉牠。民間相傳,鳳凰死在山上,所以百鳥都來弔喪,因此叫弔鳥。縣東有葉榆澤,是由葉榆水匯聚而成的大沼澤。

過不韋縣,

2　不韋縣,就是從前九隆山的哀牢國。有牢山,哀牢國人的祖先是一個叫沙壹的女人,她就住在牢山。她在水中捕魚時,觸到沉在水下的樹,心中似乎動了一下,因而就懷孕了,生了十個兒子。後來那棵沉在水裡的樹化成了龍,從水中出來,九個兒子都嚇得跑開了,小兒子不及逃開,以背朝著龍坐著,龍就去舐他。他母親是講夷語的,把背叫九,坐叫隆,因此把他命名為九隆。九隆長大後,哥哥們都推他為王。後來牢山下有一對夫妻,生了十個女兒,九隆兄弟都娶過來做妻子,於是養了許多兒女。他們身上都畫了龍紋,衣服都帶著尾巴。九隆死後,世世代代都不與中國來往了。

3　漢建武二十三年(公元四七年),哀牢國王派兵乘皮船南下,進攻漢朝的鹿茤人,鹿茤人弱小,將軍也被俘了。於是天上響起震天動地的霹靂,暴雨南風刮得水都倒流了。波濤洶湧二百餘里,皮船都沉沒了,溺死了好幾千人。幾年以後,哀牢國又派了六個王侯率領一萬餘人來進攻鹿茤,鹿茤王和他們作戰,殺了那六個王侯,哀牢的父老們一同把他們埋葬了。那天晚上,老虎把屍體都刨出來吃掉,天明後只見一堆白骨。人們看到都嚇得逃開了,害怕地對他們的父老和小王說:哀牢進犯邊疆,古來就有,此次進攻鹿茤,立即遭受上天的懲罰,難道中國有真命天子了嗎? 為什麼上天明顯地保佑他們呢? 於是就派遣使者到越巂郡去貢獻禮物,請求歸附,永遠維護邊境。漢明帝永平十二年(公元六九年),在那裡設置永昌郡,郡治不韋縣。因為秦始皇把呂不韋的子孫流徙到這裡,所以用不韋作縣名。不韋縣北距葉榆六百餘里,葉榆水並不流經不韋縣;從不韋往北流的是盧倉水和禁水。葉榆水從縣南流經遂久縣東,又流經姑復縣西,與淹水匯合。淹水又東南流經永昌邪龍縣。邪龍縣於建興三年(公元二二五年),被劉禪劃歸雲南郡,對不韋縣來說,是在東北方。

東南出益州界,

4　葉榆水從邪龍縣東南流經秦臧縣,南流在連然、雙柏二縣與濮水一同注入滇池澤。葉榆水從滇池澤又東北流經滇池縣南,又東流經同竝縣南,又東流經漏江縣,在山麓潛入地下,又在蝮口流出,叫漏江。左思《蜀都賦》說:漏江地下河沖破陵皁汩汩湧出,有如湯谷波浪激揚;水盛勢強,有如濛汜水的洪濤洶湧。諸葛亮平定南中時,就是在此水以南作戰的。

5 葉榆水又流經賁古縣北,東流與盤江匯合。盤水發源於律高縣東南的監町山,東經梁水郡北、賁古縣南,水闊百餘步,深處十丈,瘴氣很盛。朱褒謀反時,李恢直追到盤江,指的就是這裡。建武十九年(公元四三年),伏波將軍馬援上奏說:從羗泠取道賁古進攻益州,臣率領駱越萬餘人,熟習作戰的兵士二千以上,弓強箭利,接連不停地發射,箭如雨下,中箭就死。臣以為行軍走這條路最便捷,因為利用水路,進軍就很神速。

6 盤水又東流經漢興縣,山溪裡不少地方長著邛竹和桃榔樹,這種樹可以用來製作麵粉,夷人賴以自給。所以《蜀都賦》說:邛竹沿著山嶺。又說:桃榔樹裡出麵粉。盤水北流注入葉榆水,諸葛亮南征,在盤東作戰,即指此水。

入牂柯郡西隨縣北為西隨水,又東出進桑關,

7 進桑縣,就是牂柯的南部都尉治所。水上有個關口,叫進桑關。所以馬援說:從羗泠水經進桑王國到益州賁古縣,轉運暢通便利,兵車補給運輸都走這條路。從西隨到交趾水路三千里,其間高山峻嶺,險阻連接不斷。葉榆水又東南流,橫穿過溫水,往東南注入交趾。

過交趾羗泠縣北,分為五水,絡交趾郡中,至南界,復合為三水,東入海。

8 《尚書大傳》說:堯在《禹貢》裡所說的荊州的南疆安撫交趾。該處在邊遠荒涼的塞外,就是從前的越國。《周禮》記載的南八蠻,如雕題、交趾等民族,有的是不吃五穀的。在《春秋》的經傳中,沒有關於他們的記載。他們住在海島上,和華夏不相往來,人民說話嘰嘰喳喳,就像鳥叫一樣。秦始皇在嶺南開拓百越,設置了蒼梧、南海、交趾、象郡等郡。漢武帝元鼎二年(公元前一一五年),才合併百越,開拓了七個郡。於是設置了交趾刺史來管轄這些地方。最初,治所在廣信,所以只有這個地區是不稱州的。這時又建立了朔方郡,說明已開始開拓北方邊疆了。於是又在南方開闢交趾,作為子孫的基業。羗泠縣開發於武帝元鼎六年(公元前一一一年),是個都尉治所。《交州外域記》說:越王命令兩個使者管理交趾、九真二郡人民,後漢派遣伏波將軍路博德討伐越王,路博德率領部隊到了合浦,越王派遣兩位使者送了牛一百頭、酒一千鍾,還帶了兩郡百姓的戶口清冊去見路將軍,於是路將軍就分別任命兩位使者為交趾、九真太守,諸雒將所管的百姓仍照舊不變。交趾郡和州原來的治所就在這裡,州名交州。

9 後來朱羗的雒將有個兒子叫詩,娶羗泠雒將的女兒徵側為妻。徵側為人頗有膽略和勇氣,她與詩起來作亂,攻破州郡,壓服諸雒將,令他們都成為徵側的部屬,奉她為女王,以麊泠縣作為治所,並免除交趾、九真二郡人民兩年的賦稅。後漢派遣伏波將軍馬援率兵去討伐徵側,詩逃到金溪究,三年以後方才被捕獲。這時西蜀也派兵來討伐徵側等,完全平定了各郡縣,就任命他們當地方官。

10 山上大蛇很多,名叫髯蛇,長十丈,身圍七八尺,常常躲在樹上守候鹿一類的野獸,待有鹿經過時,就垂下頭把牠纏住,一會兒鹿死了,先用舌頭把牠舔得全身溼透,然後一口吞下,鹿角和骨頭都穿透蛇皮排出來。山區夷民初見蛇不動時,就用大竹籤把蛇從頭到尾釘住殺死,當作佳餚美饌來吃。所以楊氏《南裔異物志》說:髯是巨蛇,既大且長,紋如錦緞,斑斕輝煌。吃豬吞鹿,吃胖養傷。有酒有肉,嘉賓共享。這是說蛇在養傷時,肚子是胖胖的。捕蛇時把女人的衣服投過去,蛇就盤著不動,任人捕捉了。

11 北方有兩條水,左邊的水向東北流經望海縣南,該縣是建武十九年(公元四三年),馬援討伐徵側時所置。又東流經龍淵縣北,又東流與南水相匯合。南水從麊泠縣東流經封溪縣北。《交州外域記》說:從前交趾沒有郡縣時,土地有雒田,田能開到哪裡,依潮水高低而定;百姓靠墾種這些田畝吃飯,因此叫雒民。這裡設有雒王、雒侯來掌管各郡縣。縣裡的主官大都是雒將,雒將有銅印青帶。後來蜀王的兒子率兵三萬來討伐雒王、雒侯,征服了諸雒將,蜀王的兒子於是就稱為安陽王。後來南越王尉佗起兵攻打安陽王,安陽王得到一個名叫皋通的仙人,下凡來輔助他,為他製了一把神弩,一發就可射殺三百人。南越王知道沒法打仗了,就退兵屯駐於武寧縣。據《晉太康記》,武寧縣屬交趾郡。南越王派了名叫始的太子去投降安陽王,向他稱臣,為他效勞。

12 安陽王不知道皋通是仙人,待他粗暴無禮,皋通就離開了。臨走前對安陽王說:能保住這把弩,可以稱王於天下;不能保住這把弩,就要亡天下。皋通離去後,安陽王有個女兒叫媚珠,她看到始長得眉清目秀,就和他私通。始向媚珠探問,並叫她把她父親的弩拿來看。他看見了弩,就偷來用鋸子鋸過,逃回告訴南越王。南越王進兵攻打安陽王,安陽王一開弩,弩就斷了,仗也因此打敗,他只得下船出海。現在平道縣後面還可以看到安陽王的宮城遺址。據《晉太康地記》,平道縣隸屬於交趾。於是南越就征服了諸雒將。馬援因西南治所遙遠,路途千里,就分設此縣,築城開渠,引水灌溉,以利於百姓。

13 縣裡有猩猩,形狀就像黃狗,又有點像貉,顏面像人,五官端正,善於和人談話,聲音柔麗妙曼,有如姣好的女子,和牠交談,聽到牠的話,人們無不感到心酸。猩猩的肉很鮮美,可以代替穀物,一年到頭也吃不厭。南水又東流經浪泊,馬援因那裡地勢高曠,從西里進駐於此。

14　又東流經龍淵縣老城南,又東流,左岸匯合北水。建安二十三年(公元二一八年)剛
立州時,蛟龍在南北兩處渡口盤纏糾結在一起,所以把龍淵改名為龍編。盧循進
入交州劫掠時,交州刺史杜慧度率領了水兵和步兵,一早就從南津出擊,用火箭進
攻,把盧循的大船燒毀,寇兵就潰散了。盧循也中箭投水而死,於是砍下他的頭,
派人送到京城裡去。杜慧度因殺盧循有功,被封為龍編侯。

15　劉欣期《交州記》說:龍編縣功曹左飛曾變成老虎,幾個月後,又回來做小吏。就是
說他變成了老虎,而變虎後他自己也已不在了;牛哀變虎,連自己的哥哥也不認識
了,在他變虎之後,又怎能知道自己的變化呢。

16　水又東流經曲易縣,東流注入浪鬱。《水經》說:在郡東邊界上又匯成三條水,這是
其中的兩條。還有一條水,東流經封溪縣南,又西南流經西于縣南,又東流經贏陵
縣北,又東流經北帶縣南,又東流經稽徐縣,涇水注入。涇水發源於龍編縣的高
山,往東南流進稽徐縣,注入中水。中水又東流經贏陵縣南。《交州外域記》說:贏
陵縣原來是交趾郡的治所。《林邑記》說:從交趾南行,有官塞浦流出。水從縣東
流經安定縣,該縣北瀕長江,江中有越王鑄造的銅船,退潮時有人曾看見過。水又
東流,岸上有泥黎城,據說是阿育王所築。又東南流與南水匯合。南水又東南流
經九德郡北。《交州外域記》說:交趾郡邊界有扶嚴究,在郡城北,渡過一條江,就
是此水了。

17　江水以北是交趾朱陵縣,又東流經浦陽縣北,又東流經無切縣北。建武十九年(公
元四三年)九月,馬援上書說:臣帶領交趾精兵一萬二千人,連同大軍共二萬人,車
船大小二千艘,自從進入交趾以來,規模要算現在最盛大了。十月,馬援南下進入
九真,直到無切縣,敵方首領投降了;又進入餘發,敵軍主帥朱伯放棄了郡城,逃入
深林裡,那是犀象群集之地,有牛羊數千頭,還時常可以看到大象數十或數百頭
結集成群。馬援又分兵攻入無編縣,這就是王莽時的九真亭。他一直打到居風
縣,敵酋不肯投降,殺了數十數百人以後,九真方才平定。南水又東流經句漏
縣,縣城瀕江水,對岸就是安定縣。《林邑記》所說的外越、安定、紀粟,安定指的
就是這裡。縣裡江水中有潛牛,形狀像水牛,上岸相鬥,角軟以後又潛入江水
中,待到角硬後再出來。又東流與北水匯合,又東流注入鬱水,然後亂流而去。
這是第三條。取其通稱,又以諸水最後都流入鬱海,所以《水經》中有東流入海
這樣的文句。

夷　水

夷水出巴郡魚復縣江，

1　夷水，即偎山清江也。水色清照十丈，分沙石。蜀人見其澄清，因名清江也。昔廩君浮土舟于夷水，據捍關而王巴，是以法孝直有言，魚復捍關，臨江據水，寔益州禍福之門。夷水又東逕建平沙渠縣，縣有巫城水，南岸山道五百里，其水歷縣東出焉。

東南過偎山縣南，

2　夷水自沙渠縣入，水流淺狹，裁得通船。東逕難留城南，城即山也。獨立峻絕，西面上里餘得石穴，把火行百許步，得二大石磧，竝立穴中，相去一丈，俗名"陰陽石"。陰石常濕，陽石常燥。每水旱不調，居民作威儀服飾，往入穴中，旱則鞭陰石，應時雨多；雨則鞭陽石，俄而天晴。相承所説，往往有效。但捉鞭者不壽，人頗惡之，故不爲也。東北面又有石室，可容數百人，每亂，民入室避賊，無可攻理，因名難留城也。

3　昔巴蠻有五姓，未有君長，俱事鬼神，乃共擲劍于石穴，約能中者，奉以爲君。巴氏子務相乃中之，又令各乘土舟，約浮者，當以爲君，惟務相獨浮，因共立之，是爲廩君。乃乘土舟從夷水下至鹽陽。鹽水有神女，謂廩君曰：此地廣大，魚鹽所出，願留共居。廩君不許，鹽神暮輒來宿，且化爲蟲，羣飛蔽日，天地晦暝，積十餘日。廩君因伺便射殺之，天乃開明。

4　廩君乘土舟下及夷城，夷城石岸險曲，其水亦曲。廩君望之而歎，山崖爲崩。廩君登之，上有平石方二丈五尺，因立城其傍而居之。四姓臣之。死，精魂化而爲白虎，故巴氏以虎飲人血，遂以人祀。鹽水，即夷水也。又有鹽石，即陽石也。盛弘之以是推之，疑即廩君所射鹽神處也。將知陰石，是對陽石立名矣。事既鴻古，難爲明徵。

5　夷水又東逕石室，在層巖之上，石室南向，水出其下，懸崖千仞，自水上徑望見，每有陟山嶺者，扳木側足而行，莫知其誰。村人駱都，小時到此室邊採蜜，見一仙人坐石牀上，見都，凝矚不轉，都還，招村人重往，則不復見，鄉人今名爲仙人室。袁山松云：都孫息尚存。

6　夷水又東與溫泉三水合，大溪南北夾岸，有溫泉對注，夏煖冬熱，上常有霧氣，瘍痍百病，浴者多愈。父老傳此泉先出鹽，于今水有鹽氣。夷水有鹽水之名，此亦其一也。夷水又東逕佷山縣故城南,縣即山名也。孟康曰:音恒,出藥草。恒山今世以銀爲音也,舊武陵之屬縣。

7　南一里即清江東注矣。南對長楊溪,溪水西南潛穴,穴在射堂村東六七里。谷中有石穴,清泉潰流三十許步,復入穴,即長楊之源也。水中有神魚,大者二尺,小者一尺,居民釣魚,先陳所須多少,拜而請之,拜訖投鉤餌,得魚過數者,水輒波湧,暴風卒起,樹木摧折。水側生異花,路人欲摘者,皆當先請,不得輒取。水源東北之風井山,迴曲有異勢,穴口大如盆。袁山松云:夏則風出,冬則風入,春秋分則静。余往觀之,其時四月中,去穴數丈,須臾寒飄。卒至六月中尤不可當。往人有冬過者,置笠穴中,風吸之,經月還步楊溪得其笠,則知潛通矣。

8　其水重源顯發,北流注于夷水。此水清泠,甚于大溪,縱暑伏之辰,尚無能澡其津流也。縣北十餘里有神穴,平居無水,時有渴者,誠啟請乞,輒得水;或戲求者,水終不出。縣東十許里至平樂村,又有石穴出清泉中,有潛龍。每至大旱,平樂左近村居,輦草穢著穴中。龍怒,須臾水出,蕩其草穢,傍側之田,皆得澆灌。從平樂順流五六里,東亭村北山甚高峻,上合下空,空竅東西,廣二丈許,起高如屋,中有石牀,甚整頓,傍生野韭,人往乞者,神許則風吹別分,隨偃而輸,不得過越,不偃而輸輒凶,往觀者去時特平,暨處自然恭肅矣。

又東過夷道縣北,

9　夷水又東逕虎灘,岸石有虎像,故因以名灘也。夷水又東逕釜瀨,其石大者如釜,小者如刁斗,形色亂真,惟實中耳。夷水又東北,有水注之,其源百里,與丹水出西南望州山。山形竦峻,峯秀甚高。東北白巖壁立,西南小演通行。登其頂,平可有三畮許,上有故城,城中有水,登城望見一州之境,故名望州山,俗語訛,今名武鍾山。山根東有湧泉成溪,即丹水所發也。下注丹水,天陰欲雨,輒有赤氣,故名曰丹水矣。

10　丹水又逕亭下,有石穴甚深,未嘗測其遠近。穴中蝙蝠大如烏,多倒懸。《玄中記》曰:蝙蝠百歲者倒懸,得而服之,使人神仙。穴口有泉,冬温夏冷,秋則入藏,春則出遊①。民至秋闌斷水口,得魚,大者長四五尺,骨軟肉美,異于餘魚。丹水又逕其下,積而爲淵,淵有神龍,每旱,村人以芮草投淵上流,魚則多死,龍怒,當時大雨。丹水又東北流,兩岸石上有虎跡甚多,或深或淺,皆悉成就自然,咸非人工。丹水又北注于夷水,水色清澈,與大溪同。夷水又東北逕夷道縣北而東注。

東入于江。

11　夷水又逕宜都北,東入大江,有涇、渭之比,亦謂之佷山北溪。水所經皆石山,略無土岸。其水虛映,俯視游魚,如乘空也。淺處多五色石,冬夏激素飛清,傍多茂木空岫,靜夜聽之,恒有清響。百鳥翔禽,哀鳴相和,巡頹浪者,不覺疲而忘歸矣。

【注　釋】　①秋則入藏二句　殿本在此處有戴震案語:"二語言魚之出入,此上當有脫文。"
【語　譯】

夷水出巴郡魚復縣江,

1　夷水,就是佷山清江。水清見底,十來丈深處的沙石都看得清清楚楚。蜀人看到江水這樣澄清,因此取名叫清江。從前廩君曾在夷水上泛著泥船,據有捍關,而在巴稱王,所以法孝直曾說:魚復的捍關臨江據水,實在是益州禍福的門戶。夷水又東流經建平郡沙渠縣,縣裡有巫城,南岸山路五百里,夷水就經縣東奔流出境。

東南過佷山縣南,

2　夷水從沙渠縣流入,水流又淺又狹,僅能通船。東流經難留城南。所謂的難留城,實際上是一座山。此山孤峰獨上,極其高峻。由西面上山里餘,有個石洞,舉著火把行走百餘步,有兩塊大石在洞中並立著,相距一丈,俗名陰陽石。陰石常是溼漉漉的,陽石則常乾燥,每遇水旱不調時,居民就穿戴起舉行儀式的服飾,走進洞中。天旱就鞭打陰石,立即就會降雨;多雨就鞭打陽石,一會兒天就晴了。照傳說的話做,往往會有效驗。但執鞭的人不長壽,所以人們都厭惡這件差使,不願去做。東北又有一個石洞,可以容納數百人,每逢亂世,人們就躲進石洞避難,敵寇是無法打進來的。因此名為難留城。

3　從前巴蠻有五個部族,但沒有一位君主。他們都敬奉鬼神,於是一同在石洞中擲劍,約定誰能擲中,就推他為君主,結果巴氏的兒子務相擲中了。又叫人們各自乘坐泥船,約定船浮的就當君主,結果只有務相一人能浮。因此諸部族都一致推舉他為君,就是廩君。於是廩君就乘著泥船從夷水順流而下,來到鹽陽。鹽水有個神女,對廩君說:這裡土地遼闊,是出產魚鹽的地方,希望你留下來和我同居。廩君不肯,鹽神每晚來和他同宿,白天化為飛蟲,成群地飛起,把太陽都遮蔽了,弄得天昏地暗,如此接連十餘日。廩君於是伺機把她射死,天才晴朗了。

4　廩君乘著泥船來到夷城,夷城巖岸險峻而彎曲,水也彎彎曲曲。廩君望著嘆了口氣,他這一嘆,把山崖也嘆崩了。廩君登上崖岸,上面有一塊平石,方圓二丈五尺,於是就在石旁建城居住。另外四個部族都向他稱臣。他死後,精魂化為白虎。從前巴氏以為虎要喝人血,於是就用人來祭祀他。鹽水,就是夷水。又有鹽石,就是陽石。盛弘之照此推論,以為可能這就是廩君射鹽神的地方。可想而知,陰石是相對於陽石而立名的。不過傳說中的事跡既極遠古,也就難以驗證了。

5　夷水又東流經一個石洞,石洞朝南,在層巖上面,水從洞下流過。懸崖千仞,從水
上直對望去,常可看到爬山越嶺的人,手攀樹木,側足而行,但不知是什麼人。村
人駱都小時到山洞旁邊採蜜,看見一個仙人坐在石床上,他見了駱都,目不轉睛地
凝視著他。駱都回村邀了村人一同再去,仙人卻不見了。現在鄉人把石洞稱為仙
人室。袁山松說:駱都子孫後代如今還在。

6　夷水又東流與溫泉三水匯合,大溪南北兩岸,有溫泉相對注入,夏天水溫,冬天水
熱,水上常有霧氣,癰瘡百病,沐浴後多能痊癒。老人相傳,此泉先前出鹽,現在還
有鹽氣。夷水之所以有鹽水一名,這也是原因之一。夷水又東流經佷山縣老城
南,該縣就是因山而得名的。孟康說:佷,音恆,山上出產藥草。恆山的恆,今讀如
銀;佷山縣是從前武陵郡的屬縣。

7　南一里,就是向東流逝的清江。清江南對長楊溪,溪水西南流潛入一處山洞中,洞
在射堂村東六七里。山谷中有個巖洞,清泉湧出約三十來步,重又流入巖洞,這就
是長楊溪的源頭。水中有神魚,大的二尺,小的一尺。居民去釣魚,要先祝告所需
魚數,然後跪拜請求,拜過之後,放下魚鉤釣餌。釣得的魚如果超過所報的尾數,
水面就會波濤洶湧,霎時間狂風大作,把樹木都刮倒。水邊開著一種奇異的花,人
想要摘花,都要先向神靈祈求,不可立即去摘。水源東北有風井山,迴環曲折,山
勢奇異,有一個洞穴,其大如盆。袁山松說:夏天風從洞口吹出,冬天風從洞口吹
入,春分秋分時節風靜。我曾去看過,當時正是四月中旬,離洞口還有好幾丈,就
有一股冷氣襲來,到了六月中尤其冷不可擋。過去有人在冬天經過這裡,把笠帽
放在洞中,被風吸了進去,月餘之後回來,沿著長楊溪步行,又撿回那頂笠帽,可知
洞與溪是暗通的。

8　長楊溪源頭隱而復現,北流注入夷水。水比大溪更為清涼,即使是三伏時節的酷
暑天氣,人們還不能在水中洗澡。縣北十餘里,有個神奇的洞穴,平時無水,遇有
口渴的人虔誠地乞求,就可得水;如果是求著玩的,水卻始終不出。縣東十里左
右,到了平樂村,又有個巖洞流出清泉。洞中有龍潛伏。每逢大旱,平樂附近各村
就把穢物倒入洞中。龍發起怒來,不久就有水湧出,把穢物滌蕩淨盡,傍近的田
畝,就都得到灌溉了。從平樂順流而下五六里,就是東亭村,有北山極其高峻,山
頂閉合,底下卻是洞開的。洞穴東西寬約二丈,像屋一般高起,中間有石床,十分
整齊,旁邊長著野韭。人們前去求韭,神如應允,就會有風吹來,把韭分開,人們可
以把被風吹倒的那部分割下來,但不可超越;如果把沒有吹倒的也割下,那就會有
禍事了。參觀的人去時並不經意,但一到那地方,自然就會肅穆恭敬起來。

又東過夷道縣北,

9　夷水又東流經虎灘，岸邊有塊巖石形狀像虎，因而名為虎灘。夷水又東流經釜瀨，
　　灘裡的巖石大的像大鐵鍋，小的如刁斗，形狀和顏色都和真的一模一樣，只不過是
　　實心的罷了。夷水又東北流，有水注入，水源遠在百里外，與丹水一同發源於西南
　　的望州山。望州山山形險峻，秀麗的峰巒很高。東北是陡壁似的白巖，西南稍平，
　　可以通行。攀登上山，山頂平坦，寬約三畝，山上有一座老城，城中有水，登城遠
　　望，一州境域歷歷在目，所以叫望州山。民間語訛，現在叫武鍾山。山腳東邊有泉
　　水湧出，成為溪流，這就是丹水的源頭。溪流下注丹水，天陰將雨的時候，就有赤
　　氣升起，所以名為丹水。

10　丹水又流經亭下，有個巖洞，極為幽深，沒有人探測過盡頭有多遠；洞中蝙蝠大如
　　烏鴉，很多都是倒掛在洞頂上。《玄中記》說：蝙蝠百歲的倒掛，能得到這樣的蝙蝠
　　服食，就可以成仙。洞口有泉水，冬溫夏冷，水中有魚，秋天入洞潛藏，春天出洞嬉
　　遊。人們到秋盡時截斷水口，捕到的魚大的四五尺，骨軟肉鮮，與普通的魚不同。
　　丹水又流經洞下，積水成為深潭，潭中有神龍，每逢天旱，村人就用芮草投入深潭
　　上流，魚很多被毒死，龍怒，當即下起大雨。丹水又東北流，兩岸巖石上有許多老
　　虎的腳跡，有的深，有的淺，但都是天然形成，不是人工鑿出來的。丹水又往北流
　　注入夷水，水色清澈，和大溪相同。夷水又東北流經夷道縣北，然後向東流去。

東入于江。

11　夷水又流經宜都北，東注大江，二水一清一濁，有如涇水和渭水一樣界線分明。夷
　　水也叫佷山北溪，水流所經都是石山，一點都沒有土岸。溪水澄清，彷彿虛空無
　　物，俯視游魚，就像在空中游動似的。淺處多五色石子，不論冬夏，清流奔瀉，飛濺
　　起白雪似的浪花；溪旁是茂密的林木，空寂的山谷，靜夜諦聽，常常傳來清脆的水
　　聲，各種鳥類哀鳴相和。人們逐浪暢遊，不但不感到疲倦，而且還樂而忘歸了。

油　水

油水出武陵孱陵縣西界，

　　縣有白石山，油水所出，東逕其縣西，與洈水合，水出高城縣洈山，東逕其縣下，東
　　至孱陵縣，入油水也。

東過其縣北，

　　縣治故城，王莽更名孱陸也。劉備孫夫人，權妹也，又脩之。其城背油向澤。

又東北入于江。

油水自屏陵縣之東北逕公安縣西,又北流注于大江。

【語　譯】

油水出武陵屏陵縣西界,

縣裡有白石山,油水就發源在那裡,東流經屏陵縣西,與澺水相匯合。澺水發源於高城縣的澺山,東流經縣城下,東流到屏陵縣,注入油水。

東過其縣北,

油水流過屏陵縣舊縣城,王莽改縣名為屏陸。劉備的孫夫人是孫權的妹妹,又改築此城。城背油水,面向沼澤。

又東北入于江。

油水從屏陵縣東北流經公安縣西,又北流注入大江。

澧　水

澧水出武陵充縣西,歷山東過其縣南,

1　澧水自縣東逕臨澧、零陽二縣故界,水之南岸,白石雙立,厥狀類人,高各三十丈,周四十丈。古老傳言,昔充縣尉與零陽尉共論封境,因相傷害,化而為石,東標零陽,西揭充縣。充縣廢省,臨澧即其地,縣,即充縣之故治,臨側澧水,故為縣名,晉太康四年置。澧水又東,茹水注之,水出龍茹山,水色清澈,漏石分沙。莊辛說楚襄王,所謂飲茹溪之流者也。茹水東注澧水。

又東過零陽縣之北,

2　澧水東與溫泉水會,水發北山石穴中,長三十丈,冬夏沸湧,常若湯焉。溫水南流,注于澧水。澧水又東合零溪水,源南出零陽之山,歷溪北注澧水。澧水又東,九渡水注之,水南出九渡山,山下有溪,又以九渡為名。山獸咸飲此水,而逕越他津,皆不飲之。九渡水北逕仙人樓下,傍有石,形極方峭,世名之為仙樓。水自下歷溪,曲折逶迤傾注。行者間關,每所寋泝,山水之號,蓋亦因事生焉。九渡水又北流注于澧水。

3　澧水又東,婁水入焉,水源出巴東界,東逕天門郡婁中縣北,又東逕零陽縣,注于澧水。澧水又東逕零陽縣南,縣即零溪以著稱矣。澧水又逕溇陽縣[①],右會溇水。水出建平郡,東逕溇陽縣南,晉太康中置。溇水又左合黃水,黃水出零陽縣西,北連巫山溪,出雄黃,頗有神異,採常以冬月,祭祀鑿石,深數丈,方得佳黃,故溪水取名

焉。黃水北流注于溇水,溇水又東注澧水,謂之溇口。

4　澧水又東逕澧陽縣南,南臨澧水,晉太康四年立,天門郡治也。吳永安六年,武陵郡嵩梁山,高峯孤竦,素壁千尋,望之苕亭,有似香爐。其山洞開,玄朗如門,高三百丈,廣二百丈,門角上各生一竹,倒垂下拂,謂之天帚。孫休以爲嘉祥,分武陵置天門郡。澧水又東歷層步山,高秀特出,山下有峭澗,泉流所發,南流注于澧水。

又東過作唐縣北,

5　作唐縣,後漢分孱陵縣置。澧水入縣,左合涔水,水出西北天門郡界,南流逕涔坪屯,屯竭涔水,溉田數千頃。又東南流,注于澧水。澧水又東,澹水出焉。澧水又南逕故郡城東,東轉逕作唐縣南。澧水又東逕南安縣南,晉太康元年,分孱陵立。澹水注之,水上承澧水于作唐縣,東逕其縣北,又東注于澧,謂之澹口。王仲宣《贈士孫文始詩》[2]曰:悠悠澹澧者也。澧水又東與赤沙湖水會,湖水北通江而南注澧,謂之沙口。澧水又東南注于沅水,曰澧口。蓋其枝瀆耳。《離騷》[3]曰:沅有芷兮澧有蘭。

又東至長沙下雋縣西北,東入于江。

6　澧水流注于洞庭湖,俗謂之曰澧江口也。

【注　釋】　①溇陽縣　《水經注箋》、《水經注釋》並其他多本均作澧陽縣。當因晉、宋、齊諸志均不載此縣之故,或因《注》文“澧水又逕”之故。此實與以前牛渚、金蘭等諸例同,是正史失載所致。《水經注疏》作“溇陽縣”,楊守敬按:“《晉志》脫溇陽縣,畢氏(按指清畢沅)亦失載,《宋志》無此縣,蓋晉置後省,在今石門縣西北。”②贈士孫文始詩　《隋書·經籍志》著錄後漢侍中《王粲集》十一卷。《注》文“仲宣”是王粲字。《三國志》本傳說“粲著詩賦論議垂六十篇”。今集已亡佚,此詩收入於《文選》卷二十三。《文選》說:“《三輔決錄》趙岐注曰,士孫孺子,名萌,字文始,少有才學,年十五能屬文。初,董卓之誅也,父瑞知王久必敗,京師不可居,乃命萌將家屬至荊州依劉表。去無幾,果為李傕所殺。及天子都許昌,追論誅董卓功,封萌為澹津高侯,與山陽王粲善,萌當就國,粲等各作詩以贈萌。”③離騷　按《注》文,此是《楚辭·九歌》。

【語　譯】

澧水出武陵充縣西,歷山東過其縣南,

1　澧水從充縣東流經臨澧、零陽二縣舊界。南岸有兩塊白石,成雙並立,形狀像人,各高三十丈,周圍四十丈。據老人相傳,從前充縣縣尉和零陽縣尉互爭疆界,因為互相傷害,就化成了巖石。東面標明是零陽,西面就是充縣。充縣撤廢後,其地即今臨澧,縣城就是充縣原來的治所。城瀕澧水,所以名為臨澧,設置於晉太康四年(公元二八三年)。澧水又東流,茹水注入。茹水發源於龍茹山,水色澄清,水底的沙石都看得清清楚楚。莊辛遊說楚襄王,所謂飲茹溪的清流,即指此溪。茹水東流注入澧水。

又東過零陽縣之北,

2　澧水東流與溫泉水匯合。溫泉水發源於北山巖洞中,洞深三十丈,溫泉冬夏都在沸騰,常常像湯一樣熱。溫水南流,注入澧水。澧水又東流與零溪水匯合。零溪水發源於南方的零陽山,流經溪澗,北流注入澧水。澧水又東流,九渡水注入。九渡水發源於南方的九渡山,山下有溪,也以九渡為名。山獸都飲這裡的水,走到別處溪邊,都不飲水。九渡水北流經仙人樓下,旁邊有一塊巖石,形狀極其方正而陡峭,世人取名為仙樓。水從巖下流經溪澗,彎彎曲曲地流動,行人歷盡崎嶇險阻,往往要提起衣襟溯流涉水,山水的名稱,大概就是因此而來的。九渡水又北流注入澧水。

3　澧水又東流,婁水注入。婁水發源於巴東邊界,東流經天門郡婁中縣北,又東流經零陽縣,注入澧水。澧水又東流經零陽縣南,該縣就是因零溪而得名的。澧水又流經漊陽縣,在右岸匯合了漊水。漊水發源於建平郡,東流經漊陽縣南,該縣是晉太康年間(公元二八○—二八九年)所置。漊水又在左岸匯合黃水。黃水發源於零陽縣西,北與巫山溪相連,溪邊出產雄黃,頗多神靈怪異之事。採雄黃常在冬季,祭祀後鑿開巖石達數丈,才能得到優質的雄黃,所以溪水取名黃水。黃水北流注入漊水,漊水又東流注入澧水,匯流處叫漊口。

4　澧水又東流經澧陽縣南,縣城南瀕澧水,該縣置於晉太康四年(公元二八三年),是天門郡的治所。吳永安六年(公元二六三年),武陵郡嵩梁山孤峰屹立,削壁千仞,遠望高聳如香爐。那座山中間大開,深遠明亮有如門戶,高三百丈,闊二百丈,門角上各長著一竿翠竹,倒垂拂動,稱為天帚。孫休認為這是祥瑞,就劃出武陵,另設天門郡。澧水又東流經層步山,此山高峻秀麗,山下有陡峭的山澗,山泉就發源在那裡,南流注入澧水。

又東過作唐縣北,

5　作唐縣,是後漢時從屚陵縣分出來的。澧水流入作唐縣,左岸匯合了涔水。涔水發源於西北天門郡邊界,南流經涔坪屯,人們築堰攔截涔水,灌溉田畝數千頃。又東南流,注入澧水。澧水又東流,澹水分支流出。澧水又南流經舊郡城東,向東轉彎流經作唐縣南。澧水又東流經南安縣南。該縣是晉太康元年(公元二八○年),從屚陵分出設置的。澹水在此注入澧水。澹水上流在作唐縣承接澧水,東流經作唐縣北,又東注入澧水,匯流處叫澹口。王仲宣《贈士孫文始詩》說的悠悠澹澧,指的就是這條水。澧水又東流與赤沙湖水匯合,湖水北與江通,南流注入澧水,匯流處叫沙口。澧水又往東南注入沅水，匯流處叫澧口。這條水其實是澧水的一條支流。《離騷》說：沅水有白芷，澧水有蘭花。

又東至長沙下雋縣西北，東入于江。

6　澧水流注於洞庭湖，入口民間稱為澧江口。

沅　水

沅水出牂柯且蘭縣，爲旁溝水，又東至鐔成縣，爲沅水，東過無陽縣，

1　無水出故且蘭，南流至無陽故縣，縣對無水，因以氏縣。無水又東南入沅，謂之無口。沅水東逕無陽縣，南臨運水，水源出東南岸許山西北，逕其縣南流，注于熊溪。熊溪南帶移山，山本在水北，夕中風雨，旦而山移水南，故山以移爲名，蓋亦蒼梧郁州、東武怪山之類也。熊溪下注沅水，沅水又東逕辰陽縣，縣有龍溪水，南出于龍嶠之山，北流入于沅。沅水又東，溁水注之，水南出扶陽之山，北流會于沅。沅水又東與序溪合，水出武陵郡義陵縣鄜梁山，西北流逕義陵縣，王莽之建平縣也，治序溪。其城，劉備之秭歸。馬良出五溪，綏撫蠻夷，良率諸蠻所築也。所治序溪，最爲沃壤，良田數百頃，特宜稻，脩作無廢，又西北入于沅。沅水又東合淑水，水導源淑溪，北流注沅。沅水又東逕辰陽縣南，東合辰水，水出縣三山谷，東南流，獨母水注之，水源南出龍門山，歷獨母溪，北入辰水。辰水又逕其縣北，舊治在辰水之陽，故即名焉。《楚辭》[1]所謂夕宿辰陽者也，王莽更名會亭矣。辰水又右會沅水，名之爲辰溪口。武陵有五溪，謂雄溪、樠溪、無溪、酉溪，辰溪其一焉。夾溪悉是蠻左所居，故謂此蠻五溪蠻也。

2　水又逕沅陵縣西，有武溪，源出武山，與酉陽分山，水源石上有盤瓠跡猶存矣。盤瓠者，高辛氏之畜狗也。其毛五色，高辛氏患犬戎之暴，乃募天下有能得犬戎之將軍吳將軍頭者，妻以少女。下令之後，盤瓠遂銜吳將軍之首于闕下，帝大喜，未知所報。女聞之，以爲信不可違，請行，乃以配之。盤瓠負女入南山，上石室中。所處險絶，人跡不至。帝悲思之，遣使不得進。經二年，生六男六女。盤瓠死，因自相夫妻，織績木皮，染以草實，好五色衣，裁制皆有尾。其母白帝，賜以名山，其後滋蔓，號曰蠻夷。今武陵郡夷，即盤瓠之種落也。其狗皮毛，嫡孫世實録之。

3　武水南流注于沅。沅水又東，施水注之，水南出施山溪，源有陽欺崖，崖色純素，望同積雪。下有二石室，先有人居處其間，細泉輕流，望川競注，故不可得以言也[2]。

施水北流會于沅,沅水又東逕沅陵縣北,漢故頃侯吳陽之邑也,王莽改曰沅陸。縣北枕沅水。沅水又東逕縣故治北,移縣治,縣之舊城置都尉府,因岡傍阿,勢盡川陸,臨沅對西,二川之交會也。酉水導源益州巴郡臨江縣,故武陵之充縣酉源山,東南流逕無陽故縣南,又東逕遷陵故縣界,與西鄉溪合,即延江之枝津,更始之下流,謂之西鄉溪口。酉水又東逕遷陵縣故城北,王莽更名曰遷陸也。酉水東逕酉陽故縣南,縣,故酉陵也。酉水又東逕沅陵縣北,又東南逕潘承明壘西,承明討五溪蠻,營軍所築也。其城跨山枕谷。酉水又南注沅水,闞駰謂之受水,其水所決入,名曰酉口。沅水又逕寶應明城側,應明以元嘉初伐蠻所築也。沅水又東,溪水南出茗山,山深迴險,人獸阻絕,溪水北瀉沅川。沅水又東與諸魚溪水合,水北出諸魚山,山與天門郡之澧陽縣分嶺,溪水南流會于沅。沅水又東,夷水入焉,水南出夷山,北流注沅。夷山東接壺頭山,山高一百里,廣圓三百里。山下水際,有新息侯馬援征武溪蠻停軍處。壺頭徑曲多險,其中紆折千灘。援就壺頭,希效早成,道遇瘴毒,終没于此。忠公獲謗,信可悲矣。劉澄之曰:沅水自壺頭枝分,跨三十三渡,逕交趾龍編縣,東北入于海。脈水尋梁,乃非關究[③],但古人許以傳疑,聊書所聞耳。

又東北過臨沅縣南,

4　臨沅縣與沅南縣分水。沅南縣西有夷望山,孤竦中流,浮險四絕,昔有蠻民避寇居之,故謂之夷望也。南有夷望溪水,南出重山,遠注沅。沅水又東得關下山,東帶關溪,瀉注沅瀆。沅水又東歷臨沅縣西,為明月池、白璧灣。灣狀半月,清潭鏡澈,上則風籟空傳,下則泉響不斷。行者莫不擁楫嬉遊,徘迴愛玩。沅水又東歷三石澗,鼎足均跱,秀若削成。其側茂竹便娟,致可玩也。又東帶綠蘿山[④],綠蘿蒙冪,頹巖臨水,寔釣渚漁詠之勝地,其迭響若鍾音,信為神仙之所居。沅水又東逕平山西,南臨沅水,寒松上蔭,清泉下注,栖託者不能自絕于其側。

5　沅水又東逕臨沅縣南,縣南臨沅水,因以為名,王莽更之曰監沅也。縣南有晉徵士漢壽人襲玄之墓,銘,太元中車武子立。縣治武陵郡下,本楚之黔中郡矣。秦昭襄王二十七年,使司馬錯以隴蜀軍攻楚,楚割漢北與秦。至三十年,秦又取楚巫黔及江南地,以為黔中郡。漢高祖二年,割黔中故治為武陵郡,王莽更之曰建平也。南對沅南縣,後漢建武中所置也。縣在沅水之陰,因以沅南為名。縣治故城,昔馬援討臨鄉所築也。

6　沅水又東歷小灣,謂之枉渚。渚東里許,便得枉人山。山西帶脩溪一百餘里,茂竹便娟,披溪蔭渚,長川逕引,遠注于沅。沅水又東入龍陽縣,有澹水出漢壽縣西楊山,南流東折,逕其縣南。縣治索城,即索縣之故城也。漢順帝陽嘉中,改從今名。

闞駰以爲興水所出，東入沅。而是水又東歷諸湖，方南注沅，亦曰漸水也。水所入之處，謂之鼎口。

7　沅水又東歷龍陽縣之氾洲，洲長二十里，吳丹楊太守李衡，植柑于其上，臨死勑其子曰：吾州里有木奴千頭，不責衣食，歲絹千匹。太史公曰⑤：江陵千樹橘，可當封君。此之謂矣。吳末，衡柑成，歲絹千匹。今洲上猶有陳根餘柹，蓋其遺也。沅水又東逕龍陽縣北，城側沅水。沅水又東合壽溪，内通大溪口，有木連理，根各一岸而凌空交合。其上承諸湖，下注沅水。

又東至長沙下雋縣西，北入于江。

8　沅水下注洞庭湖，方會于江。

【注　釋】　①楚辭　下文出自《楚辭·九章》。②故不可得以言也　此處原文有脱誤，語譯時暫不譯出。③乃非關究　《水經注疏》熊會貞按：“壺頭在今湖南境。龍編見《葉榆水》篇，在今越南境，中隔廣西省，且五嶺以北，水皆北流，安有自壺頭枝分，南逕龍編縣入海之道？劉說謬極，故酈氏駁之。”④又東帶綠蘿山　此處有佚文一條。《廣博物志》卷五《地形》一《山》引《水經注》：“武陵綠蘿山，素巖若雪，松如插翠，流風叩阿，有絲桐之韻，土人歌曰：仰茲山兮迢迢，層石構兮嵯峨，朝日麗兮陽巖，落景梁兮陰阿，鄲壑兮生音，吟籟兮相和，敷芳兮綠林，恬淡兮潤波，樂茲潭兮安流，緩爾枻兮詠歌。”當是此句下佚文。清杜文瀾《古謠諺》卷二十九《武陵綠蘿山土人歌》及王仁俊《經籍佚文·水經注佚文》引《水經注》均與《廣博物志》同。⑤太史公曰　指《史記·貨殖列傳》。

【語　譯】

沅水出牂柯且蘭縣，為旁溝水，又東至鐔成縣，為沅水，東過無陽縣，

1　無水發源於舊時的且蘭，南流到無陽舊縣城，縣城臨無水，因以水為縣名。無水又東南流注入沅水，匯流處稱無口。沅水東流經無陽縣，縣城南臨運水。運水源出東南岸的許山西北，流經無陽縣南，注入熊溪。熊溪南流繞過移山。移山原在北岸，夜間風雨大作，天明以後，山就移到水南了，因而名為移山。這也是蒼梧郁州、東武怪山一類怪事。熊溪下注沅水，沅水又東流經辰陽縣，該縣有龍溪，發源於南方的龍嶠山，北流注入沅水。沅水又東流，溢水注入。溢水發源於南方的扶陽山，北流匯合於沅水。沅水又東流與序溪匯合，序溪發源於武陵郡義陵縣的鄲梁山，西北流經義陵縣，就是王莽時的建平縣，治所在序溪。此城是劉備前往秭歸時所築。他派馬良取道五溪，安撫蠻夷，馬良率領蠻族諸部落築了此城。所轄序溪一帶，土壤最肥沃，良田數百頃，特別適宜種稻，長期以來耕作不廢。序溪又西北流注入沅水。沅水又東流匯合了激水。激水發源於激溪，北流注入沅水。沅水又東流經辰陽縣南，東流與辰水匯合。辰水發源於辰陽縣三山谷，東南流，獨母水注

入。獨母水水源來自南方的龍門山,流經獨母溪,北注辰水。辰水又流經縣北,舊
治所在辰水以北,因名辰陽,《楚辭》所說的夕宿辰陽,即指此地。王莽改名為會
亭。辰水又向右流匯合於沅水,匯流處稱為辰溪口。武陵有五溪:即雄溪、橫溪、
無溪、酉溪,辰溪是其中之一。溪水兩岸全是蠻族所居,所以稱這一帶的蠻人為五
溪蠻。

2　沅水又流經沅陵縣西,有武溪,發源於武山,沅陵縣與西陽縣以山為分界,水源的
巖石上,盤瓠的遺跡還在。盤瓠是高辛氏所養的狗,毛有五色。高辛氏對犬戎的
殘暴感到憂慮,就招募天下勇士,說是如有人能取得犬戎吳將軍的頭,就把小女兒
嫁給他。下令之後,盤瓠把吳將軍的頭銜到宮闕之下,帝嚳大喜,卻不知怎樣酬謝
牠。女兒聽到這件事,認為不可失信,請高辛氏實踐諾言,於是高辛氏便將女兒嫁
給了盤瓠。盤瓠把姑娘背到南山,登山進入石洞裡面。那地方極為險要,人跡不
至。帝嚳思女心悲,可是派遣使者也進不去。二年後,生了六個兒子和六個女兒。
盤瓠死後,他們兄弟姐妹就互相結為夫妻,以木皮織布,以野草的果實染色。他們
都愛好五色衣服,裁縫製作的衣服都有尾巴。他們的母親請求帝嚳把名山賜給他
們,後裔逐漸蕃衍,號稱蠻夷。今天武陵郡的夷人,就是盤瓠種群的部落。牠的狗
皮毛,由嫡孫世代珍藏。

3　武水南流注入沅水。沅水又東流,施水注入。施水發源於南方的施山溪,源頭有
陽欺崖;崖色純白,望去如同積雪。下面有兩個石洞,先前有人居住在裡面,涓涓
的泉水輕輕地流淌著,競向山溪奔流……。施水北流匯合於沅水。沅水又東流經
沅陵縣北,這是漢朝頃侯吳陽的食邑,王莽改名為沅陸。縣城北瀕沅水。沅水又
東流經舊縣城北,後來縣治遷移,而在舊縣城設置都尉府。都尉府傍著山岡,倚著
山彎,地勢盡得水陸之利,一邊是沅水,一邊是酉水,位於兩水匯流之處。酉水發
源於益州巴郡的臨江縣,舊時武陵郡充縣的酉源山,東南流經無陽縣老城南,又東
流經舊時遷陵縣的邊界,與西鄉溪匯合,匯流處稱為西鄉溪口。西鄉溪是延江的
一條支流,也是更始水的下流。酉水又東流經遷陵縣舊城北,王莽改名為遷陸。
酉水東流經酉陽縣舊城南,這就是舊時的酉陵。酉水又東流經沅陵縣北,又東南
流經潘承明壘西,這座堡壘是潘承明征討五溪蠻時為駐軍所築。城堡建在臨谷的
山岡上。酉水又南流注入沅水。闞駰稱為受水,入江處叫酉口。沅水又流經寶應
明城側,元嘉(公元四二四—四五三年)初年,寶應明討伐蠻人時築了此城。沅水又東
流,溪水發源於南方的茗山,山深而險,人跡不至,連野獸都難以進來。溪水北流
瀉入沅水。沅水又東流與諸魚溪水匯合。諸魚溪水發源於北方的諸魚山,此山是
沅陵縣與天門郡澧陽縣的分界。溪水南流與沅水匯合。沅水又東流,夷水注入。

夷水發源於南方的夷山,北流注入沅水。夷山東與壺頭山相接,山高一百里,方圓三百里。山下水邊,有新息侯馬援征伐武溪蠻人時的軍隊停息處。壺頭道路曲折崎嶇,險阻很多,其間溪流縈紆,有成千的險灘。馬援去壺頭,希望早日功成,不幸路上遭到瘴氣之毒,終於死在這裡。他對朝廷忠心耿耿,卻受人譭謗,實在太可悲了。劉澄之說:沅水到壺頭分出支流,跨水有三十三處渡口,流經交趾龍編縣,往東北注入大海。細究水脈所經,卻是牛頭不對馬嘴的。但古人容許存疑,所以姑且記下我所聽到的事罷了。

又東北過臨沅縣南,

4　臨沅縣與沅南縣以沅水為分界。沅南縣西有夷望山,孤峰聳峙於江心,四面無依,如在險流中漂浮。從前有蠻民避亂於此山,所以稱為夷望。南有夷望溪水,發源於南方重疊的山嶺間,遠流注入沅水。沅水又東流到了關下山,關溪在山東流過,瀉注於沅水。沅水又東流經臨沅縣西,就到明月池、白璧灣。灣呈半月形,澄清的潭水明澈如鏡,頭上風聲在空中迴盪,腳下流泉淙淙不絕,經過這裡的人無不來盤桓嬉遊,留連忘返。沅水又東流經三石澗,澗中有三石鼎足而立,距離勻稱,彷彿是妙手斧削而成。旁邊翠竹嫋嫋婷婷,風姿妙曼,可供玩賞。沅水又東流繞過綠蘿山。綠油油的松蘿宛如紗帳垂披,危聳的山巖憑依著水邊,真是釣魚吟詠的勝地。水擊山巖,回音蕩漾,有如鐘聲一般,真是神仙居住的地方了。沅水又東流經平山西。平山南臨沅水,寒松垂蔭於岡巒之上,清泉流注於山崖之下,隱居者一到這裡,就再也不願離開了。

5　沅水又東流經臨沅縣城南。縣城南臨沅水,因此得名。王莽把臨沅改名為監沅。縣南有襲玄墓。襲玄,晉時漢壽人,是一位學行並高而不出仕的隱士。墓銘是太元年間(公元三七六—三九六年)車武子所立。縣治在武陵郡下。武陵郡本來是楚時的黔中郡。秦昭襄王二十七年(公元前二八〇年),派司馬錯率隴、蜀軍隊攻楚,楚把漢北割讓給秦國;到三十年(公元前二七七年),秦又奪取楚巫黔及江南等地,設為黔中郡。漢高祖二年(公元前二〇五年),在黔中原轄地劃出武陵郡,王莽改名為建平。武陵郡南對沅南縣,該縣置於後漢建武年間(公元二五—五六年),位於沅水南岸,因此名為沅南。縣治舊城,是從前馬援討伐臨鄉時所築。

6　沅水又東流經一處小灣,稱為枉渚。渚東一里左右,就是枉人山。枉人山西傍脩溪,綿延一百餘里,翠竹亭亭搖曳,沿溪披拂,蔭蔽著水灣;漫長的溪流,從遠處流來,注入沅水。沅水又東流入龍陽縣,有澹水發源於漢壽縣西的楊山,南流東轉,流經縣南。縣治索城,就是索縣的老城。漢順帝陽嘉年間(公元一三二—一三五年),才改為今名。闞駰以為興水發源在那裡,東流注入沅水。而澹水又東流經過諸湖,方才往南注入沅水,又名漸水,水流匯合處叫鼎口。

7 沅水又東流經龍陽縣的汜洲,洲長二十里。吳丹楊太守李衡在洲上種植柑橘,臨死時囑咐他的兒子說:我在鄉里有一千個木奴,不要你供給衣食,每年可為你賺得一千匹絹。太史公說:江陵一千棵橘樹,抵得上封侯。這話說得不錯。吳國末年,李衡柑橘長成,每年收入可抵絹一千匹的價值。現在洲上還有樹根和殘存的樹椿,就是當年留下的。沅水又東流經龍陽縣北,縣城就在沅水邊上。沅水又東流與壽溪匯合,壽溪可通大溪口,那裡有兩棵枝葉連生在一起的樹,樹根各在溪的一岸,枝椏則在水上凌空交合。壽溪上流承接諸湖,下注沅水。

又東至長沙下雋縣西,北入于江。

8 沅水下流注入洞庭湖,方才與江水相匯合。

浪 水

浪水出武陵鐔成縣北界沅水谷,

1 《山海經》曰:禱過之山,浪水出焉,而南流注于海是也。

南至鬱林潭中縣,與鄰水合,

2 水出無陽縣,縣,故鐔成也。晉義熙中,改從今名。俗謂之移溪,溪水南歷潭中,注于浪水。

又東至蒼梧猛陵縣,爲鬱溪;又東至高要縣,爲大水。

3 鬱水出鬱林之阿林縣,東逕猛陵縣。猛陵縣在廣信之西南,王莽之猛陸也。浪水于縣,左合鬱溪,亂流逕廣信縣。《地理志》,蒼梧郡治,武帝元鼎六年開,王莽之新廣郡,縣曰廣信亭。王氏《交廣春秋》曰:元封五年,交州自贏陵縣移治于此。

4 建安十六年,吳遣臨淮步騭爲交州刺史,將武吏四百人之交州,道路不通。蒼梧太守長沙吳巨,擁衆五千,騭有疑于巨,先使諭巨,巨迎之于零陵,遂得進州。巨既納騭而後有悔,騭以兵少,恐不存立。巨有都督區景,勇畧與巨同,士爲用,騭惡之,陰使人請巨,巨往告景勿詣騭。騭請不已,景又往,乃于廳事前中庭俱斬,以首徇衆,即此也。

5 鬱水又逕高要縣,《晉書·地理志》曰:縣東去郡五百里,刺史夏避毒,徙縣水居也。縣有鵁奔亭,廣信蘇施妻始珠,鬼訟于交州刺史何敞處,事與鵹亭女鬼同。王氏《交廣春秋》曰:步騭殺吳巨、區景,使嚴舟船,合兵二萬,下取南海。蒼梧人衡毅、錢博,宿巨部伍,興軍逆騭于蒼梧高要峽口,兩軍相逢于是,遂交戰,毅與衆投水死者千有餘人。

又東至南海番禺縣西，分爲二，其一南入于海；

6　鬱水分浪南注。

其一又東過縣東，南入于海。

7　浪水東別逕番禺，《山海經》謂之賁禺者也。交州治中合浦姚文式問云：何以名爲番禺？答曰：南海郡昔治在今州城中，與番禺縣連接，今入城東南偏有水坭陵，城倚其上，聞此縣人名之爲番山，縣名番禺，儻謂番山之禺也。《漢書》所謂浮牂柯，下離津，同會番禺。蓋乘斯水而入越也。

8　秦并天下，略定揚、越，置東南一尉，西北一候，開南海以謫徙民。至二世時，南海尉任囂，召龍川令趙佗曰：聞陳勝作亂，豪傑叛秦，吾欲起兵，阻絶新道，番禺負險，可以爲國。會病綿篤，無人與言，故召公來告以大謀。囂卒，佗行南海尉事，則拒關門設守，以法誅秦所置吏，以其黨爲守，自立爲王。高帝定天下，使陸賈就立佗爲南越王，剖符通使。至武帝元鼎五年，遣伏波將軍路博德等攻南越，王五世九十二歲而亡。以其地爲南海、蒼梧、鬱林、合浦、交趾、九真、日南也。

9　建安中，吳遣步騭爲交州。騭到南海，見土地形勢，觀尉佗舊治處，負山帶海，博敞渺目，高則桑土，下則沃衍，林麓鳥獸，于何不有。海怪魚鼈，黿鼉鮮鰐[①]，珍怪異物，千種萬類，不可勝記。佗因岡作臺，北面朝漢，圓基千步，直峭百丈，頂上三畮，復道迴環，透迤曲折，朔望升拜，名曰朝臺。前後刺史郡守，遷除新至，未嘗不乘車升履，于焉逍遙。騭登高遠望，觀巨海之浩茫，觀原藪之殷阜，乃曰：斯誠海島膏腴之地，宜爲都邑。建安二十二年，遷州番禺，築立城郭，綏和百越，遂用寧集。

10　交州治中姚文式《問答》[②]云：朝臺在州城東北三十里。裴淵《廣州記》[③]曰：城北有尉佗墓，墓後有大岡，謂之馬鞍岡。秦時占氣者言：南方有天子氣。始皇發民，鑿破此岡，地中出血。今鑿處猶存，以狀取目，故岡受厥稱焉。王氏《交廣春秋》曰：越王趙佗，生有奉制稱藩之節，死有秘奧神密之墓。佗之葬也，因山爲墳，其壟塋可謂奢大，葬積珍玩。吳時遣使發掘其墓，求索棺柩，鑿山破石，費日損力，卒無所獲。佗雖奢僭，慎終其身，乃令後人不知其處，有似松、喬遷景，牧豎固無所殘矣。

11　鄧德明《南康記》曰：昔有盧耽，仕州爲治中，少棲仙術，善解雲飛，每夕輒凌虛歸家，曉則還州，嘗于元會至朝，不及朝列，化爲白鵠至闕前，迴翔欲下，威儀以石擲之，得一隻履，耽驚還就列，內外左右，莫不駭異。時步騭爲廣州，意甚惡之，便以狀列聞，遂至誅滅。

12　《廣州記》稱吳平，晉滕脩爲刺史，脩鄉人語脩，鰕鬚長一赤④。脩責以爲虛。其人乃至東海，取鰕鬚長四赤，速送示脩，脩始服謝，厚爲遣。其一水南入者，鬱川分派，逕四會入海也。其一即川東別逕番禺城下，《漢書》所謂浮牂柯，下離津，同會番禺。蓋乘斯水而入于越也。浪水又東逕懷化縣入于海。

13　水有鯌魚，裴淵《廣州記》曰：鯌魚長二丈，大數圍，皮皆鑢物，生子，子小隨母覗食，驚則還入母腹。《吳録·地理志》⑤曰：鯌魚子，朝索食，暮入母腹。《南越志》⑥曰：暮從臍入，旦從口出，腹裏兩洞，腸貯水以養子，腸容二子，兩則四焉。

其餘水又東至龍川，爲涅水，屈北入員水。

14　浪水枝津衍注，自番禺東歷增城縣。《南越志》曰：縣多鷄䴵。鷄䴵，山雞也，光采鮮明，五色炫耀，利距善鬭，世以家雞鬭之，則可擒也。又逕博羅縣西界龍川。左思所謂目龍川而帶坰者也。趙佗乘此縣而跨據南越矣。

員水又東南一千五百里，入南海。

15　東歷揭陽縣，王莽之南海亭，而注于海也。

【注　釋】　①黿鼉鮮鰐　中國古人所稱的鼉指今揚子鰐（Alligator sinensis）。晉張華《博物志》卷九說："南海有鰐魚，形如鼉。"張華所說的南海鰐魚，指馬來鰐（Crocodilus porosus）。這是一種凶猛動物，唐韓愈在《祭鰐魚文》中說："而鰐魚睅然不安溪潭，據處食民畜、熊、豕、鹿、獐，以肥其身。"《浪水》篇所記是今珠江三角洲，當然就是馬來鰐。但此物在唐代雖然很多，現在在這一帶早已絕跡。②姚文式問答　未見歷來著錄。《水經注疏》在這條《經》文下《注》文"交州治中合浦姚文式問云"下有熊會貞按語："《寰宇記》'南海縣'引姚文感《交州記》，式、感形近，蓋一人也。然則《注》引及此下條，皆姚氏《交州記》中語，其書之體，乃設爲問答耳。"③廣州記　書名。隋唐諸志均不著錄，章宗源《隋書經籍志考證》卷六："《廣州記》，卷亡，裴淵撰，不著錄。"此書有《嶺南遺書》及《漢唐地理書鈔》輯本。但同條《經》文下《注》文又引及無撰人名氏《廣州記》。章宗源《隋書經籍志考證》卷六尚有晉顧微《廣州記》及宋劉澄之《廣州記》，俱已亡佚。故《注》文所引無名氏《廣州記》是何人所撰者，不得而知。④鬚長一赤　殿本此處有戴震案語："古字，'尺'通用'赤'。"⑤吳録地理志　吳録，書名。《隋書·經籍志》著錄晉有張勃《吳録》三十卷，亡。《漢唐地理書鈔》輯本王謨云："《史記索隱》曰，張勃，晉人，吳鴻臚儼之子，作《吳録》故裴氏《史記注》引之。按此《吳地記》乃張勃《吳録》中所記三國吳時州郡。……書本三十卷，由全書已亡，《隋志》故不著錄。後人或得其《地志》一卷，遂以傳世，非別有《吳地記》也。諸書引入地理，或只稱《吳録》，或兼稱《吳録·地理志》，今故仍據以爲本，并采而輯之。"此書除上述王謨輯本外，尚有宛委山堂《說郛》弓五十九、《說郛》卷三、《玉函山房輯佚書補編》等輯本。⑥南越志　書名。《隋書·經籍志》著錄八卷，沈氏撰。《兩唐志》著錄作五卷，沈懷遠撰。按《宋書·沈懷文傳》："懷文弟懷遠撰《南越志》。"已亡佚，輯本收入於宛委山堂《說郛》弓六十一、《五朝小說大觀》、《玉函山房輯佚書補編》等。

【語　譯】

浪水出武陵鐔成縣北界沅水谷,

1　《山海經》說:禱過山是浪水的發源地,南流注於海。

南至鬱林潭中縣,與鄰水合,

2　鄰水發源於無陽縣,就是舊時的鐔成縣。晉義熙年間(公元四〇五—四一八年),改為
　　今名。民間稱為移溪。溪水南流經潭中,注入浪水。

又東至蒼梧猛陵縣,為鬱溪;又東至高要縣,為大水。

3　鬱水發源於鬱林的阿林縣,東流經猛陵縣。猛陵縣在廣信西南,就是王莽時的猛
　　陸。浪水在猛陵縣東匯合鬱溪,亂流經廣信縣。據《地理志》,廣信縣即蒼梧郡的
　　治所,蒼梧是武帝元鼎六年(公元前一一一年)開拓的。王莽稱郡為新廣郡,縣為廣
　　信亭。王氏《交廣春秋》說:元封五年(公元前一〇六年),交州從贏陵縣把州治遷移
　　到這裡。

4　建安十六年(公元二一一年),吳派臨淮人步騭為交州刺史,他率領武官四百人前往
　　交州,可是道路不通。蒼梧太守長沙人吳巨,擁有一支五千人的部隊,步騭疑忌吳
　　巨,先派人去知會吳巨,吳巨在零陵迎接步騭,於是才得以進州。吳巨迎接了步騭
　　後,又有點後悔,步騭因為兵少,只怕自己不能立足。吳巨有個叫區景的都督,也
　　和吳巨一樣勇武而富有謀略,士人都能為他效勞,因而受到步騭的嫉忌。他暗裡
　　差人去邀請吳巨,吳巨之前就警告過區景,叫他不要去見步騭,但步騭三番五次地
　　邀請他,區景也就去了。於是兩人在大堂前的中庭裡都被殺頭示眾,事情就發生
　　在這裡。

5　鬱水又流經高要縣。《晉書‧地理志》說:縣城東距郡城五百里,夏天時刺史為避
　　毒蟲,就把縣治遷移到水邊居住。縣裡有鵠奔亭。廣信縣蘇施的妻子始珠,冤魂
　　向交州刺史何敞告狀,事跡與鬊亭女鬼相同。王氏《交廣春秋》說:步騭殺吳巨、區
　　景,命令嚴格管束船隻,結集了兩萬兵力,去進攻南海。蒼梧人衡毅、錢博,都是吳
　　巨的舊部屬,他們起兵在蒼梧郡的高要峽口迎擊步騭,兩軍在這裡相遇交戰,衡毅
　　與兵士一千餘人投水而死。

又東至南海番禺縣西,分為二,其一南入于海;

6　鬱水分出浪水,流向南方。

其一又東過縣東,南入于海。

7　浪水的東支流過番禺,就是《山海經》裡所說的賁禺。交州治中合浦人姚文式問
　　道:為什麼名叫番禺呢? 答道:南海郡從前的治所在現在的州城中,與番禺縣治

鄰接。現在進城東南有水坑陵,城在陵上。聽說縣裡人把此陵命名為番山,縣名番禺,也許就是番山之隅的意思。《漢書》說航行於牂柯,順流直下離津,一同匯合於番禺。這裡就是沿此水入越的路徑。

8　秦統一天下,平定揚州和越州,在東南設都尉,在西北設關侯,開發南海,把罪人遷徙到那邊去。到二世時,南海尉任囂把龍川令趙佗叫來,對他說:聽說陳勝作亂,豪傑都起來反秦了,我也想起兵把新開的道路截斷。番禺有險可恃,可以立國。我不幸病重,無人可以商量,所以請你來把這件大事告知你。任囂死後,趙佗執掌南海尉的職權,就緊閉關口設防堅守,用計謀殺掉秦所設的官吏,派親信守關,自立為王。高帝平定天下,派遣陸賈立趙佗為南越王,持有符信互通使節。到武帝元鼎五年(公元前一一二年),派伏波將軍路博德等攻打南越,南越王傳了五代,共九十二年亡國。於是就在那個地區設立南海、蒼梧、鬱林、合浦、交趾、九真、日南等郡。

9　建安年間(公元一九六—二二〇年),孫吳派步騭為交州刺史。步騭到了南海,縱覽那個地區的形勢,觀看尉佗時的治所。那地方依山面海,平曠開闊,一望無際;高處是桑園,低處是沃野;林莽山麓間,鳥獸應有盡有,還有海怪魚鱉、黿鼉、鱷魚、珍寶異物,種類萬千,不勝枚舉。尉佗憑倚山岡修建高臺,高臺向北,朝著漢朝一方,臺基方圓千步,石壁陡峭,高達百丈,頂上面積約三畝,在四周建了迴旋曲折的複道,每逢初一、十五,都要登臺遙拜,名為朝臺。前後各任刺史、郡守,新來上任時,無不乘車而來,登臺暢遊。步騭登高望遠,看到大海一片茫茫,俯視原野湖澤,殷富豐盛,於是說道:這裡真是海島上的肥沃之地,適宜於建都。建安二十二年(公元二一七年),把州城遷到番禺,修築城牆,安撫百越,因而地方也平安無事。

10　交州治中姚文式《問答》說:朝臺在州城東北三十里。裴淵《廣州記》說:城北有尉佗墓,墓後有大山岡,叫馬鞍岡。秦時有望氣者說:南方有天子氣。秦始皇調派民伕把山岡掘破,地裡竟流出血來。現在掘過的地方還在,按形狀取名,所以把山岡叫馬鞍岡。王氏《交廣春秋》說:越王趙佗生時克盡臣節,尊奉王命,自稱藩屬;死後墳墓修築得十分嚴密,隱祕深藏,無人知曉。尉佗安葬時,以山為墳,墓地可說奢華宏大了,隨葬的珍寶古玩堆積如山。吳時派使者去發掘他的墳墓,尋覓他的棺柩,掘山劈石,耗費了大量時間和人力,結果卻一無所獲。尉佗雖然奢侈僭越,但能慎重行事得以善終,致使後人不知他所葬之處,這有點像赤松子、王子喬的遷化升仙而去一樣,牧人豎子之流也不能破壞了。

11　鄧德明《南康記》說:從前有個盧耽,在州裡當治中的官職,年少時學過仙術,善於騰雲駕霧,每晚就凌空騰飛回家,天明又回到州署。一次元旦朝會時,他上朝來不及就位,就化為白鵠來到宮門前。當他盤旋飛翔著想下來時,儀仗隊用石頭去打,結果掉下的是一隻鞋子。盧耽受驚就位,在場的人沒有不感到駭異的。當時步騭任廣州刺史,心裡十分憎惡他,就呈遞了一份狀紙揭發他,於是盧耽就被殺害了。

12　《廣州記》說吳被平定後,晉朝的滕脩擔任刺史,他的鄉人告訴他說:有的蝦鬚長達一尺,滕脩批評他吹牛。於是那人去東海,帶了長四尺的蝦鬚,趕忙送給他看,滕脩這才相信了,向他道歉,並贈以厚禮送他回去。有一條南流的水,是鬱水的分支,經四會入海。另一條從川流向東分支流出,經番禺城下,就是《漢書》所說的,航行於牂柯,順流直下離津,一同匯合於番禺。這是沿此水入越的路徑。浪水又東流經懷化縣入海。

13　水中有鰡魚,裴淵《廣州記》說:鰡魚長二丈,大數圍,皮上遍布砂皮紙一樣的東西,生出小魚後,小魚就隨母魚覓食,受驚時又鑽進母魚腹內。《吳錄·地理志》說:鰡魚的幼魚白天覓食,晚間又鑽進母魚腹內。《南越志》說:晚間從臍孔進去,早晨從口中出來,肚裡有兩孔,腸中貯水來養小魚,一條腸子可以容納兩條小魚,兩條腸子就可以容納四條小魚了。

其餘水又東至龍川,為涅水,屈北入員水。

14　浪水支流伸展長流,從番禺東經增城縣。《南越志》說:增城縣多鸂鶒。鸂鶒,就是山雞,牠的羽毛光彩鮮豔,色澤耀眼;爪子鋒利,善於相鬥。人們用家雞和牠對鬥,就可以捕獲。這條支流又流經博羅縣,西與龍川接界。這就是左思所說的:望著龍川繞過遙遠的野外。趙佗就是利用該縣為基地,擴張領土,直至占有整個南越的。

員水又東南一千五百里,入南海。

15　員水東流經揭陽縣,就是王莽時的南海亭,然後注入大海。

【研　析】　此卷七水,不僅酈氏所未曾經歷,當時南人對此也言人人殊,《注》文錯誤實不足怪。而版本參錯,益增讀者迷惘。殿本雖佳,但據江南數卷而言,續校實頗必要。此卷"注釋"引王國維《明抄本水經注跋》二條(卷三十六亦引一條),仔細咀嚼,確較殿本及清代其他各本為勝。《水經注》其書,明人的刊本和抄本甚多,優劣互見。被清初人譽為"三百年來一部書"的《水經注箋》當然是一代的代表作,但錯訛亦在不少,所以趙一清有《水經注箋刊誤》之作。《王國維校明抄本》就其整體而論,當然不及《水經注箋》。但在王氏精心校勘中,也頗有足以校正殿本之處。古書版本之優劣,在某種程度上,是一種相對概念。校書者和讀書者都值得注意。

卷三十八　資水　漣水　湘水
灘水　溱水

【題　解】　此卷所記敘的共有資水、漣水等五條河流,其中資、湘、漣三水屬於古雲夢澤水系,溱水與灘水屬於珠江水系。

資水今仍稱資水,發源於廣西西北越城嶺,從資源縣以北流入湖南省,東北流在益陽市附近注入洞庭湖,為洞庭湖四大水之一,全長六百七十餘公里,流域面積二萬八千餘平方公里。

漣水今仍稱漣水,是湘江支流,發源於邵陽市附近,在湘潭境內注入湘江,全長二百餘公里,流域面積七千餘平方公里。

湘水今稱湘江,為洞庭湖四大水中的最大河流,全長八百餘公里,流域面積九萬六千平方公里。

灘水今稱灘江,發源於廣西興安苗兒山,是桂江的上流,從桂林到陽朔一段,長八十二公里,以風景絕勝著名。

溱水屬於珠江的北江,上源在《注》文中提出的武溪,現稱武水,中下流就是今北江。《經》文最後說:"南入于海。"《注》作了修改:"溱水又南注于鬱而入于海。"現在的河道仍然如此,北江是先注入西江而後入海的。

資　水

資水出零陵都梁縣路山，

1　資水出武陵郡無陽縣界唐紃山，蓋路山之別名也。謂之大溪水。東北逕邵陵郡武岡縣南，縣分都梁之所置也。縣左右二岡對峙，重阻齊秀，間可二里，舊傳後漢伐五溪蠻，蠻保此岡，故曰武岡，縣即其稱焉。大溪逕建興縣南，又逕都梁縣南，漢武帝元朔五年，以封長沙定王子敬侯遂之邑也。縣西有小山，山上有淳水，既清且淺，其中悉生蘭草，綠葉紫莖，芳風藻川，蘭馨遠馥，俗謂蘭爲都梁，山因以號，縣受名焉。

東北過夫夷縣，

2　夫水出縣西南零陵縣界少延山，東北流逕扶縣南，本零陵之夫夷縣也。漢武帝元朔五年，以封長沙定王子敬侯義之邑也。夫水又東注邵陵水，謂之邵陵浦，水口也。

東北過邵陵縣之北，

3　縣治郡下，南臨大溪，水逕其北，謂之邵陵水。魏咸熙二年，吳寶鼎元年[①]，孫皓分零陵北部，立邵陵郡于邵陵縣，縣，故昭陵也。溪水東得高平水口，水出武陵郡沅陵縣首望山，西南逕高平縣南，又東入邵陵縣界，南入于邵水。邵水又東會雲泉水，水出零陵永昌縣雲泉山，西北流逕邵陽南，縣，故昭陽也。雲泉水又北注邵陵水，謂之邵陽水口。自下東北出益陽縣，其間逕流山峽，名之爲茱萸江，蓋水變名也。

又東北過益陽縣北，

4　縣有關羽瀨，所謂關侯灘也。南對甘寧故壘。昔關羽屯軍水北，孫權令魯肅、甘寧拒之于是水。寧謂肅曰：羽聞吾咳唾之聲，不敢渡也，渡則成擒矣。羽夜聞寧處分，曰：興霸聲也，遂不渡。茱萸江又東逕益陽縣北，又謂之資水。應劭曰：縣在益水之陽。今無益水，亦或資水之殊目矣。然此縣之左右，處處有深潭，漁者咸輕舟委浪，謠詠相和，羅君章所謂其聲綿邈者也。水南十里有井數百口，淺者四五尺，或三五丈，深者亦不測其深。古老相傳，昔人以杖撞地，輒便成井。或云古人采金沙處，莫詳其實也。

又東與沅水合于湖中，東北入于江也。

5　湖，即洞庭湖也。所入之處，謂之益陽江口。

【注　釋】　①寶鼎元年　寶鼎元年是公元二六六年,和咸熙二年(公元二六五年)不合,當以甘露元年(公元二六五年)為是。後語譯按此譯出。

【語　譯】

資水出零陵都梁縣路山,

1　資水發源於武陵郡無陽縣邊界的唐紃山,叫大溪水。唐紃山是路山的別名。資水東北流經邵陵郡武岡縣南。該縣是從都梁劃分出來設立的。縣城左右有兩座山岡相互對峙,形成兩道秀麗的屏障,其間相距約二里。舊時傳說,後漢討伐五溪蠻,蠻人保住了這兩座山岡,所以叫武岡,縣也就以武岡為名了。大溪流經建興縣南,又流經都梁縣南。漢武帝元朔五年(公元前一二四年),把都梁封給長沙定王的兒子敬侯劉遂為食邑。縣西有小山,山上有一窪靜水,水清而淺,澗中長滿蘭草,綠葉紫莖,水草滿溪,幽蘭馥郁的芳香,直飄散到遠方。土人方言稱蘭為都梁,山就因而以都梁為號,縣也因而得名了。

東北過夫夷縣,

2　夫水發源於夫夷縣西南與零陵縣接境的少延山,東北流經扶縣南,就是原來零陵的夫夷縣。漢武帝元朔五年,將夫夷封給長沙定王的兒子敬侯劉義為食邑。夫水又東注邵陵水,水口叫邵陵浦。

東北過邵陵縣之北,

3　縣治在郡治下,南臨大溪,水從縣城北流過,稱為邵陵水。魏咸熙二年(公元二六五年),吳甘露元年(公元二六五年),孫皓把零陵北部劃出,另於邵陵縣設置邵陵郡。邵陵縣,就是舊時的昭陵。溪水東流到了高平水口。高平水發源於武陵郡沅陵縣的首望山,西南流經高平縣南,又東流入邵陵縣界,往南注入邵水。邵水又東流匯合了雲泉水。雲泉水發源於零陵郡永昌縣雲泉山,往西北流經邵陽縣南,這就是舊時的昭陽。雲泉水又北流注入邵陵水,匯流處叫邵陽水口。從此起到下游,水往東北流,從益陽縣出境。水流經過山峽的一段,名為茱萸江,是此水的異名。

又東北過益陽縣北,

4　益陽縣有關羽瀨,就是所謂的關侯灘。南與甘寧營壘遺址相對。從前關羽在水北屯兵,孫權命令魯肅、甘寧在這條水上阻擋他。甘寧對魯肅說:關羽聽到我咳唾的聲音,就不敢渡江了,渡江就要當俘虜了。關羽夜裡聽到甘寧在發號施令,說:這是興霸的聲音,於是就不渡水了。茱萸江又東流經益陽縣北,又叫資水了。應劭說:益陽縣在益水北岸。可是現在卻沒有益水,或者也是資水的別名吧。但該縣附近,處處有深潭,漁人在水上搖著小船,唱著歌謠,互相應和。羅君章所說的歌聲悠遠,就是指這種漁歌。水南十里有數百口井,淺的四五尺,或三五丈,深的就無法測量了。老人相傳,從前有人用杖去捅地面,立即就成了水井。也有人說是古人採金沙的地方,實際如何就不得而知了。

又東與沅水合于湖中,東北入于江也。

5　這裡所說的湖,就是洞庭湖。資水入湖的地方稱為益陽江口。

漣　水

漣水出連道縣西,資水之別。

水出邵陵縣界,南逕連道縣,縣故城在湘鄉縣西百六十里。控引眾流,合成一溪。東入衡陽湘鄉縣,歷石魚山下[1],多玄石,山高八十餘丈,廣十里,石色黑而理若雲母。開發一重,輒有魚形,鱗鬐首尾,宛若刻畫,長數寸,魚形備足[2]。燒之作魚膏腥,因以名之。漣水又逕湘鄉縣,南臨漣水,本屬零陵,長沙定王子昌邑。漣水又屈逕其縣東,而入湘南縣也。

東北過湘南縣南,又東北至臨湘縣西南,東入于湘。

漣水自湘南縣東流,至衡陽湘西縣界,入于湘水也。于臨湘縣為西南者矣。

【注　釋】　①歷石魚山下　此處有佚文一條。《廣博物志》卷五《地形·總地·山》引《水經注》:"石魚山本名立石山。"當是此句下佚文。②輒有魚形五句　此幾句是記敘魚類化石的文字,而且描述得十分清楚,一讀便知。

【語　譯】

漣水出連道縣西,資水之別。

漣水發源於邵陵縣邊界,南流經連道縣,舊縣城在湘鄉縣西一百六十里。漣水併入許多水流,合成一條溪澗。東流入衡陽郡湘鄉縣,流經石魚山下。山下多黑石,山高八十餘丈,方圓十里,巖石呈黑色,紋理好像雲母。開採出一層,就有魚形出現,有鱗有鰭,頭尾齊全,彷彿刻畫出來一般,魚長數寸,形態完備,用火來燒,就發出魚膏的腥氣,因此名叫石魚山。漣水又流經湘鄉縣,該縣原屬零陵郡,縣城南臨漣水,是長沙定王的兒子劉昌的食邑。漣水又轉彎流經湘鄉縣東,向著湘南縣流去。

東北過湘南縣南,又東北至臨湘縣西南,東入于湘。

漣水從湘南縣東流,到衡陽郡湘西縣邊界,注入湘水。對臨湘縣來說,是在西南方了。

湘 水

湘水出零陵始安縣陽海山,

1　即陽朔山也。應劭曰:湘出零山。蓋山之殊名也。山在始安縣北,縣,故零陵之南部也[①]。魏咸熙二年,孫皓之甘露元年,立始安郡。湘、灕同源,分爲二水。南爲灕水,北則湘川,東北流。羅君章《湘中記》[②]曰:湘水之出于陽朔,則觴爲之舟;至洞庭,日月若出入于其中也。

東北過零陵縣東,

2　越城嶠水南出越城之嶠,嶠即五嶺之西嶺也。秦置五嶺之戍,是其一焉。北至零陵縣,下注湘水。湘水又逕零陵縣南,又東北逕觀陽縣,與觀水合。水出臨賀郡之謝沐縣界,西北逕觀陽縣西,縣,蓋即水爲名也。又西北流,注于湘川,謂之觀口也。

又東北過洮陽縣東,

3　洮水出縣西南大山,東北逕其縣南,即洮水以立稱矣。漢武帝元朔五年,封長沙定王子節侯拘爲侯國[③],王莽更名之曰洮治也。其水東流,注于湘水。

又東北過泉陵縣西,

4　營水出營陽泠道縣南山,西流逕九疑山下,蟠基蒼梧之野,峯秀數郡之間。羅巖九舉,各導一溪,岫壑負阻,異嶺同勢,遊者疑焉,故曰九疑山。大舜窆其陽,商均葬其陰。山南有舜廟,前有石碑,文字缺落,不可復識。自廟仰山極高,直上可百餘里。古老相傳,言未有登其峯者。山之東北泠道縣界,又有舜廟,縣南有《舜碑》,碑是零陵太守徐儉立。

5　營水又西逕營道縣,馮水注之,水出臨賀郡馮乘縣東北馮岡,其水導源馮溪,西北流,縣以託名焉。馮水帶約衆流,渾成一川,謂之北渚,歷縣北西至關下。關下,地名也,是商舟改裝之始。馮水又左合萌渚之水,水南出于萌渚之嶠,五嶺之第四嶺也。其山多錫,亦謂之錫方矣。渚水北逕馮乘縣西,而北注馮水,馮水又逕營道縣而右會營水。營水又西北屈而逕營道縣西,王莽之九疑亭也。營水又東北逕營浦縣南,營陽郡治也。魏咸熙二年,吳孫皓分零陵置,在營水之陽,故以名郡矣。營水又北,都溪水注之。水出春陵縣北二十里仰山,南逕其縣西。縣,本泠道縣之春陵鄉,蓋因春溪爲名矣。漢長沙定王分以爲縣。武帝元朔五年,封王中子買爲春陵侯。縣故城東又有一城,東西相對,各方百步。古老相傳,言漢家舊城,漢稱猶存，知是節侯故邑也。城東角有一碑，文字缺落，不可復識。東南三十里，尚有節侯廟。

6　都溪水又南逕新寧縣東，縣東傍都溪。溪水又西逕縣南，左與五溪俱會，縣有五山，山有一溪，五水會于縣門，故曰都溪也。都溪水自縣又西北流，逕泠道縣北與泠水合，水南出九疑山，北流逕其縣西南，縣指泠溪以即名，王莽之泠陵縣也。泠水又北流注于都溪水，又西北入于營水。

7　營水又北流入營陽峽。又北至觀陽縣而出于峽。大、小二峽之間，爲沿游之極艱矣。營水又西北逕泉陵縣西，漢武帝元朔五年，以封長沙定王子節侯賢之邑也。王莽名之曰溥潤，零陵郡治，故楚矣。漢武帝元鼎六年，分桂陽置。太史公曰：舜葬九疑，寔惟零陵。郡取名焉，王莽之九疑郡也。下邳陳球爲零陵太守，桂陽賊胡蘭攻零陵，激流灌城，球輒于内因地勢，反決水淹賊，相拒不能下。

8　縣有白土鄉，《零陵先賢傳》④曰：鄭産字景載，泉陵人也，爲白土嗇夫。漢末多事，國用不足，産子一歲，輒出口錢。民多不舉子，産乃勑民勿得殺子，口錢當自代出。産言其郡縣，爲表上言，錢得除，更名白土爲更生鄉也。《晉書・地道記》曰：縣有香茅，氣甚芬香，言貢之以縮酒也。營水又北流注于湘水。

9　湘水又東北與應水合，水出邵陵縣歷山，嵯嶝險阻，峻嶒萬尋，澄源湛于下，應水湧于上。東南流逕應陽縣南，晉分觀陽縣立，蓋即應水爲名也。應水又東南流逕有鼻墟南，王隱曰：應陽縣，本泉陵之北部，東五里有鼻墟，言象所封也。山下有象廟，言甚有靈，能興雲雨。余所聞也，聖人之神曰靈，賢人之精氣爲鬼，象生不慧，死靈何寄乎？應水又東南流而注于湘水。

10　湘水又東北得洮口，水出永昌縣北羅山，東南流逕石燕山東，其山有石，紺而狀燕，因以名山。其石或大或小，若母子焉，及其雷風相薄，則石燕羣飛，頡頏如真燕矣。羅君章云：今燕不必復飛也。其水又東南逕永昌縣南，又東流注于湘水。又東北逕祁陽縣南，又有餘溪水注之。水出西北邵陵郡邵陵縣，東南流注于湘。其水揚清汎濁，水色兩分。湘水又北與宜溪水合，水出湘東郡之新寧縣西南、新平故縣東，新寧，故新平也。衆川瀉浪，共成一津，西北流，東岸山下有龍穴，宜水逕其下，天旱則擁水注之，便有雨降。宜水又西北注于湘。湘水又西北得春水口。水上承營陽春陵縣西北潭山，又北逕新寧縣東，又西北流，注于湘水也。

又東北過重安縣東，又東北過鄠縣西，承水從東南來注之。

11　承水出衡陽重安縣西邵陵縣界邪薑山，東北流至重安縣，逕舜廟下，廟在承水之陰。又東合略塘，相傳云，此塘中有銅神，今猶時聞銅聲于水，水輒變緑作銅腥，魚爲之死。承水又東北逕重安縣南，漢長沙頃王子度邑也。故零陵之鍾武縣，王莽更名曰鍾桓也。武水入焉,水出鍾武縣西南表山,東流至鍾武縣故城南,而東北流,至重安縣注于承水,至湘東臨承縣北,東注于湘,謂之承口。臨承即故鄳縣也。縣,即湘東郡治也,郡舊治在湘水東,故以名郡。魏正元二年,吳主孫亮分長沙東部立。縣有石鼓,高六尺,湘水所逕,鼓鳴則土有兵革之事。羅君章云:扣之聲聞數十里。此鼓今無復聲。觀陽縣東有裴巖,其下有石鼓,形如覆船,扣之清響遠徹,其類也。

12　湘水又北歷印石,石在衡山縣南湘水右側,盤石或大或小,臨水,石悉有跡,其方如印,纍然行列,無文字,如此可二里許,因名爲印石也。湘水又北逕衡山縣東,山在西南,有三峯:一名紫蓋,一名石囷,一名芙容。芙容峯最爲竦傑,自遠望之,蒼蒼隱天。故羅含云:望若陣雲,非清霽素朝,不見其峯。丹水湧其左,澧泉流其右。《山經》謂之岣嶁,爲南嶽也。山下有舜廟,南有祝融冢。楚靈王之世,山崩毀其墳,得《營丘九頭圖》[⑤]。禹治洪水,血馬祭山,得《金簡玉字之書》[⑥]。芙容峯之東有仙人石室,學者經過,往往聞諷誦之音矣。衡山東南二面臨映湘川,自長沙至此,江湘七百里中,有九向九背。故漁者歌曰:帆隨湘轉,望衡九面。山上有飛泉下注,下映青林,直注山下,望之若幅練在山矣。

13　湘水又東北逕湘南縣東,又歷湘西縣南,分湘南置也,衡陽郡治。魏甘露二年,吳孫亮分長沙西部立治,晉[⑦]湘南太守何承天,徙治湘西矣。《十三州志》曰:日華水出桂陽郴縣日華山,西至湘南縣入湘。《地理志》曰:郴縣有耒水,出耒山,西至湘南西入湘。湘水又北逕麓山東,其山東臨湘川,西旁原隰,息心之士,多所萃焉。

又東北過陰山縣西,洣水從東南來注之;又北過醴陵縣西,漉水從東南來注之。

14　《續漢書‧五行志》曰:建安八年,長沙醴陵縣有大山,常鳴如牛呴聲。積數年,後豫章賊攻没縣亭,殺掠吏民,因以爲候。湘水又北逕建寧縣,有空泠峽,驚浪雷奔,潛同三峽。湘水又北逕建寧縣故城下,晉太始中立。

又北過臨湘縣西,瀏水從縣西北流注。

15　縣南有石潭山,湘水逕其西,山有石室、石牀,臨對清流。湘水又北逕昭山西,山下有旋泉,深不可測,故言昭潭無底也,亦謂之曰湘州潭。湘水又北逕南津城西,西對橘洲,或作吉字。爲南津洲尾。水西有橘洲子戍,故郭尚存。湘水又北,左會瓦官水口,湘浦也。又逕船官西,湘洲商舟之所次也。北對長沙郡,郡在水東州城南,舊治在城中,後乃移此。

16　湘水左逕麓山東,上有故城。山北有白露水口,湘浦也。又右逕臨湘縣故城西縣治,湘水濱臨川側,故即名焉。王莽改號撫陸,故楚南境之地也。秦滅楚,立長沙郡,即青陽之地也。秦始皇二十六年,令曰:荊王獻青陽以西。《漢書·鄒陽傳》曰:越水長沙,還舟青陽。《注》張晏曰:青陽,地名也。蘇林曰:青陽,長沙縣也。漢高祖五年,以封吳芮爲長沙王。是城即芮築也。漢景帝二年,封唐姬子發爲王,都此。王莽之鎮蠻郡也。于《禹貢》則荊州之域。晉懷帝以永嘉元年,分荊州、湘中諸郡立湘州,治此。

17 城之內,郡廨西有陶侃廟,云舊是賈誼宅地。中有一井,是誼所鑿,極小而深,上斂下大,其狀似壺。傍有一腳石牀,纔容一人坐形^⑧,流俗相承云,誼宿所坐牀。又有大柑樹,亦云誼所植也。

18 城之西北有故市,北對臨湘縣之新治。縣治西北有北津城,縣北有吳芮冢,廣踰六十八丈,登臨寫目,爲廛郭之佳憩也。郭頒《世語》云:魏黃初末,吳人發芮冢取木,于縣立孫堅廟,見芮尸容貌衣服竝如故。吳平後,與發冢人于壽春見南蠻校尉吳綱,曰:君形貌何類長沙王吳芮乎?但君微短耳。綱瞿然曰:是先祖也。自芮卒至冢發四百年,至見綱又四十餘年矣。

19 湘水左合誓口,又北得石樐口,竝湘浦也。右合麻溪水口,湘浦也。湘水又北逕三石山東,山枕側湘川北,即三石水口也,湘浦矣。水北有三石戍,戍城爲二水之會也。湘水又逕瀏口戍西,北對瀏水。

又北,溈水從西南來注之。

20 溈水出益陽縣馬頭山,東逕新陽縣南,晉太康元年,改曰新康矣。溈水又東入臨湘縣,歷溈口戍東,南注湘水。湘水又北合斷口,又北,則下營口,湘浦也。湘水之左岸有高口水,出益陽縣西,北逕高口戍南,又西北,上鼻水自鼻洲上口受湘西入焉,謂之上鼻浦。高水西北與下鼻浦合,水自鼻洲下口首受湘川,西通高水,謂之下鼻口。高水又西北有屈爲陵子潭,東北流注湘爲陵子口。湘水自高口戍東,又北,右會鼻洲,左合上鼻口,又北,右對下鼻口^⑨,又北得陵子口。湘水右岸,銅官浦出焉。湘水又北逕銅官山,西臨湘水,山土紫色,內含雲母,故亦謂之雲母山也^⑩。

又北過羅縣西,淥水從東來流注。

21 湘水又北逕錫口戍東,又北,左派謂之錫水,西北流逕錫口戍北,又西北流,屈而東北,注玉水焉。水出西北玉池,東南流注于錫浦,謂之玉池口。錫水又東北,東湖水注之,水上承玉池之東湖也。南注于錫,謂之三陽涇,水南有三戍,又東北注于湘。

22 湘水自錫口北出,又得望屯浦,湘浦也。湘水又北,枝津北出,謂之門涇也。湘水紆流西北，東北合門水，謂之門涇口。又北得三溪水口，水東承大湖，西通湘浦，三水之會，故得三溪之目耳。又北，東會大對水口，西接三津涇。湘水又北逕黃陵亭西，右合黃陵水口，其水上承大湖，湖水西流，逕二妃廟南，世謂之黃陵廟也。言大舜之陟方也，二妃從征，溺于湘江，神遊洞庭之淵，出入瀟湘之浦。瀟者，水清深也[11]。《湘中記》曰：湘川清照五六丈，下見底石如擗蒲矢，五色鮮明，白沙如霜雪，赤崖若朝霞，是納瀟湘之名矣。故民爲立祠于水側焉，荊州牧劉表刊石立碑，樹之于廟，以旌不朽之傳矣。

23　黃水又西流入于湘，謂之黃陵口。昔王子少[12]有異才，年二十而得惡夢，作《夢賦》[13]，二十一溺死于湘浦，即斯川矣。湘水又北逕白沙戍西，又北，右會東町口，潰水也。湘水又左合決湖口，水出西陂，東通湘渚。湘水又北，汩水注之。水東出豫章艾縣桓山，西南逕吳昌縣北，與純水合。水源出其縣東南純山，西北流，又東逕其縣南，又北逕其縣故城下。縣是吳主孫權立。純水又右會汩水，汩水又西逕羅縣北，本羅子國也。故在襄陽宜城縣西，楚文王移之于此，秦立長沙郡，因以爲縣，水亦謂之羅水。汩水又西逕玉笥山，羅含《湘中記》云：屈潭之左有玉笥山，道士遺言，此福地也。一曰地腳山。

24　汩水又西爲屈潭，即汩羅淵也。屈原懷沙，自沈于此，故淵潭以屈爲名。昔賈誼、史遷，皆嘗逕此，弭檝江波，投弔于淵。淵北有屈原廟，廟前有碑，又有《漢南太守程堅碑》，寄在原廟。汩水又西逕汩羅戍南，西流注于湘。《春秋》之羅汭矣，世謂之汩羅口。

25　湘水又北，枝分北出，逕汩羅戍西，又北逕磊石山東，又北逕磊石戍西，謂之苟導涇矣，而北合湘水。湘水自汩羅口西北逕磊石山西，而北對青草湖，亦或謂之爲青草山也。西對懸城口，湘水又北得九口，竝湘浦也。湘水又東北爲青草湖口，右會苟導涇北口，與勞口合，又北得同拌口，皆湘浦右迆者也。

又北過下雋縣西，微水從東來流注。

26　湘水左會清水口，資水也，世謂之益陽江。湘水之左，逕鹿角山東，右逕謹亭戍西，又北合查浦，又北得萬石浦，咸湘浦也。側湘浦北有萬石戍。湘水左則沅水注之，謂之橫房口，東對微湖，世或謂之麋湖也。右屬微水，即《經》所謂微水經下雋者也。西流注于江，謂之麋湖口。

27　湘水又北逕金浦戍，北帶金浦水，湖溠也。湘水左則澧水注之，世謂之武陵江。凡此四水，同注洞庭，北會大江，名之五渚。《戰國策》曰：秦與荊戰，大破之，取洞庭五渚者也。湖水廣圓五百餘里，日月若出沒于其中。

28　《山海經》云：洞庭之山，帝之二女居焉。沅、澧之風，交瀟、湘之浦，出入多飄風暴雨。湖中有君山、編山,君山有石穴,潛通吳之包山,郭景純所謂巴陵地道者也。是山,湘君之所遊處,故曰君山矣。昔秦始皇遭風于此,而問其故博士。曰:湘君出入則多風。秦王乃赭其山。漢武帝亦登之,射蛟于是山。東北對編山,山多篠竹。兩山相次,去數十里,迴崎相望,孤影若浮。湖之右岸有山,世謂之笛烏頭石,石北右會翁湖口,水上承翁湖,左合洞浦,所謂三苗之國,左洞庭者也。

又北至巴丘山,入于江。

29　山在湘水右岸,山有巴陵故城,本吳之巴丘邸閣城也。晉太康元年立巴陵縣于此,後置建昌郡。宋元嘉十六年,立巴陵郡,城跨岡嶺,濱阻三江。巴陵西對長洲,其洲南分湘浦,北屆大江,故曰三江也。三水所會,亦或謂之三江口矣。夾山列關,謂之射獵,又北對養口,咸湘浦也。水色青異,東北入于大江,有清濁之別,謂之江會也。

【注　釋】　①故零陵之南部也　此處有佚文一條。《方輿紀要》卷一〇七《廣西》二《桂林府·興安縣·靈渠》引《水經注》:"湘水自零陵西南,謂之澪渠。"當是此段中佚文。②湘中記　書名。隋唐諸志均不著錄,《宋史·藝文志》著錄羅含《湘中山水記》三卷,當是此書,羅含當是羅君章名,《晉書》有傳。已亡佚,輯本收入於宛委山堂《說郛》弓六十一、《說郛》卷四、《玉函山房輯佚書補編》等。③封長沙定王子節侯拘為侯國　《水經注疏》作"封長沙定王子靖侯狗巇為侯國"。《疏》:"朱《箋》曰,舊本作'洮陽侯拘'。案《漢書·表》作'狩燕',而《史記·年表》作'狗巇',恐《史記》譌也。孫案,《索隱》引《漢表》作'將燕',戴作'節侯拘',云有脫誤。"④零陵先賢傳　書名。《隋書·經籍志》著錄一卷,不著撰人與撰述年代,《兩唐志》著錄同。已亡佚,輯本收入於宛委山堂《說郛》弓五十八、《五朝小說大觀》、《麓山精舍叢書》第一集等。輯本多題晉司馬彪撰。⑤營丘九頭圖　圖名。此圖實際並不存在,只是一種傳說,與《河水》篇中的《龍馬圖》之類相似。其傳說出於《後漢書·張衡傳注》。⑥金簡玉字之書　書名。與上述《營丘九頭圖》同,其實並無此書,其傳說出於《吳越春秋》卷四:"三月庚子,登宛委山,發金簡之書,按金簡玉字,得通水理。"⑦晉　按《疏》本無"晉"字。語譯據此。⑧一人坐形　按《疏》本下增"制甚古"三字。後語譯按此譯出。⑨右對下鼻口　《水經注疏》作"左對下鼻口"。《疏》:"朱作'右對',戴、趙同。守敬按:下鼻口在湘水之左,是左對,非右也,此為'左'之誤無疑,今訂。"⑩謂之雲母山也　此處有佚文一條。《寰宇記》卷一一四《江南道》十二《潭州·長沙縣》引《水經注》:"西臨銅水,山土紫色,內含雲母,服之不朽。"當是此句下佚文。⑪水清深也　此處有佚文一條。康熙《湖廣通志》卷九《堤防·永州府》引《水經注》:"瀟水出九疑三分石,自夏陽至寧遠城下,過大洋,出青口入瀧。"當是此句下佚文。⑫王子中　此處殿本戴震有案語:"中,近刻訛作'山'。"《水經注疏》作"王子山"。《疏》:"戴以'山'為訛改作'中'。守敬按:《後漢書·文苑傳》,王延壽,字文考。《注》,一字子山,以文義求之,周王壽考,如南山之壽,兩字皆應與名相應。是作'中'乃《大典》本之訛,戴氏不能訂正,反以'山'為訛,疏矣。"⑬夢賦　詩賦名。此賦收入於《藝文

類聚》卷七十九,清嚴可均《全後漢文》卷三十八亦收入此賦,作王延壽撰。王別,字之山,則上條《水
經注疏》改殿本"子中"為"子山"為是。

【語　譯】

湘水出零陵始安縣陽海山,

1　陽海山就是陽朔山。應劭說:湘水發源於零山。零山是此山的別名。山在始安縣
北,始安縣從前是零陵郡的南部。魏咸熙二年(公元二六五年),即孫皓甘露元年,建
立始安郡。湘水、灕水同源,卻分流成為二水:南邊的一條是灕水,北邊的一條是
湘川,往東北流。羅君章《湘中記》說:湘水發源於陽朔時,小得用酒杯當船,但流
到洞庭時,卻一片汪洋,連太陽月亮都好像從水中升起似的。

東北過零陵縣東,

2　越城嶠水發源於南方越城的山嶺間,這就是五嶺中的西嶺。秦在五嶺設置邊防城
堡,這就是其中之一。北流到零陵縣,注入湘水。湘水又流經零陵縣南,又東北流
經觀陽縣,與觀水匯合。觀水發源於臨賀郡的謝沭縣邊界,往西北流經觀陽縣西,
該縣就是依水命名的。又西北流,注入湘川,匯流處叫觀口。

又東北過洮陽縣東,

3　洮水發源於洮陽縣西南的大山中,往東北流經縣南,該縣就是依水命名的。漢武
帝元朔五年(公元前一二四年),把洮陽封給長沙定王的兒子節侯劉拘為侯國,王莽
改名為洮治。洮水東流,注入湘水。

又東北過泉陵縣西,

4　營水發源於營陽郡泠道縣的南山,西流經九疑山下。九疑山在蒼梧的原野伸展開
屈曲的山麓,相鄰各郡都看得到此山峰巒的秀色。九座石峰高高聳立,每一座山
峰都有一條溪水流出。山峰巖壑險阻重重,而眾嶺形態撲朔迷離,難分難辨,遊人
看來都很相似,所以稱為九疑山。大舜埋骨於南麓,商均葬身於北坡。山南有舜
廟,廟前有石碑,但碑文已剝蝕殘缺,不能辨認了。從廟前仰望山峰,極其雄偉高
峻,凌霄直上,高達百餘里。據老人相傳,從來沒有人登上峰頂。九疑山東北泠道
縣邊界上,又有一座舜廟,縣南有"舜碑",是零陵太守徐儉所立。

5　營水又西流經營道縣,馮水注入。馮水發源於臨賀郡馮乘縣東北的馮岡,水源經
馮溪西北流,馮乘縣就是因此溪而得名的。馮水匯合了眾多的支流,渾然成為一
水,稱為北渚,流經縣北,西流到關下。關下,是個地名,是商船改裝貨物轉運的埠
頭。馮水又在左岸匯合了萌渚水。萌渚水發源於南方的萌渚嶠,這是五嶺中的第
四嶺。山上錫礦很多,也稱錫方山。渚水北流經馮乘縣西,北流注入馮水。馮水
又流經營道縣,在右岸匯合了營水。營水又西北流,轉彎流經營道縣西,就是王莽

時的九疑亭。營水又東北流經營浦縣南,這裡也是營陽郡治的所在地。魏咸熙二年(公元二六五年),吳孫皓分零陵另設營陽郡,郡城在營水北岸,因而以營陽為郡名。營水又北流,都溪水注入。都溪水發源於春陵縣北二十里的仰山,南流經縣西。春陵縣原來是泠道縣的春陵鄉,因春溪而得名。漢長沙定王劃出該鄉,改立為縣。武帝元朔五年(公元前一二四年),封定王排行居中的兒子劉買為春陵侯。老縣城東又有一城,二城東西相對,周圍都有百步,據老人相傳,這是漢代舊城,至今還保持著漢時的名稱,可知就是節侯原來的食邑了。城的東角有一塊碑,文字剝蝕殘缺,已經難以辨認了;東南三十里還有節侯廟。

6　都溪水又南流經新寧縣東,縣城東傍都溪。溪水又西流經縣南,左岸與五條溪流匯合。縣裡有五座山,每山各有一溪,五條水在縣城門外匯合。水流匯集叫都,所以稱為都溪。都溪水又從縣城西北流,流經泠道縣北與泠水匯合。泠水發源於南方的九疑山,北流經縣城西南。泠道縣即王莽時的泠陵縣,是按泠溪命名的。泠水又北流注入都溪水,都溪水又西北流注入營水。

7　營水又北流入營陽峽。又北流到觀陽縣出峽。大、小二峽之間,是航行最艱險的一段。營水又西北流經泉陵縣西。漢武帝元朔五年,把泉陵封給長沙定王的兒子節侯劉賢為食邑。泉陵是零陵郡的治所,王莽改名為溥潤,原是楚國的舊地。零陵郡是漢武帝元鼎六年(公元前一一一年)從桂陽郡分置的。太史公說:舜葬於九疑,其實就是零陵。郡依此取名,就是王莽時的九疑郡。下邳人陳球當零陵太守時,桂陽盜寇胡蘭來進攻零陵,以大水淹城;陳球卻在城內利用地勢,反過來決水去淹賊兵,雙方相持不下。

8　縣裡有白土鄉,《零陵先賢傳》說:鄭產字景載,泉陵人,在白土鄉當鄉官。漢朝末年天下多難,國家支用不足,孩子出生滿一歲就要繳人頭稅,因此百姓都不肯撫養孩子。鄭產於是告誡百姓不可殺子,人頭稅由他代交。鄭產要求郡守縣令上表呈報朝廷,終於廢除了人頭稅,於是把白土鄉改名為更生鄉。《晉書·地道記》說:縣裡有香茅,氣味很芳香,說是進貢朝廷作為祭祀時濾酒之用。營水又北流注入湘水。

9　湘水又東北流與應水匯合。應水發源於邵陵縣的歷山。崖坡險阻,削壁萬丈,底下是澄清的源泉,上面是洶湧的應水。應水東南流經應陽縣南。應陽縣是晉時分觀陽縣而立,是以應水命名的。應水又東南流經有鼻墟南。王隱說:應陽縣原是泉陵縣的北部。縣東五里有鼻墟,據說是象的封地。山下有象廟,據說很靈驗,能興雲作雨。我曾聽說,聖人的魂魄叫靈,賢人的精氣是鬼;象生時既不賢慧,死後靈魂又寄託於何處呢?應水又東南流注入湘水。

10　湘水又東北流到了口。流入水口的水發源於永昌縣的北羅山,東南流經石燕山
東。山上有青色的石頭,形狀像燕子,因此名為石燕山。石塊有大有小,有如母
子。當雷電交加,狂風驟起時,石燕也被刮得漫天亂飛,或高或低,有如真燕一般。
羅君章說:現在石燕不一定會飛了。水又東南流經永昌縣南;又東流注入湘水。
湘水又東北流經祁陽縣南,又有餘溪水注入。餘溪水發源於西北方邵陵郡的邵陵
縣,東南流注入湘水。湘水一邊是清流漾漾,一邊是濁流滾滾,兩邊水色界線分
明。湘水又北流與宜溪水匯合。宜溪水發源於湘東郡新寧縣西南、新平舊縣城
東,新寧就是舊時的新平。眾溪波浪滔滔,匯成一水,奔向西北。東岸山下有龍
穴,宜水流經其下,天旱時堵水引流注入洞內,就會下雨。宜水又西北流注入湘
水。湘水又西北流到了春水口。春水上源來自營陽郡春陵縣西北的潭山,又北流
經新寧縣東;又西北流,注入湘水。

又東北過重安縣東,又東北過酃縣西,承水從東南來注之。

11　承水發源於衡陽重安縣西邵陵縣邊界的邪薑山,往東北流到重安縣,流經舜廟下。
廟在承水南岸。又東流與略塘匯合。相傳此塘中有銅神,現在水中還時常能聽到
銅的響聲,這時水就變成綠色,發出銅臭,魚也死了。承水又東北流經重安縣南,
這是漢長沙頃王的兒子劉度的食邑,也就是從前零陵的鍾武縣,王莽改名為鍾桓。
武水在這裡注入承水。武水發源於鍾武縣西南的表山,東流到鍾武縣老城南,然
後轉向東北,到重安縣注入承水。承水流到湘東臨承縣北,東注湘水,匯流處叫承
口。臨承就是舊時的酃縣,臨承縣城也是湘東郡的治所,因老郡治在湘水以東,所
以名為湘東郡,是魏正元二年(公元二五五年)吳國君主孫亮分出長沙郡東部設立
的。臨承縣有石鼓,高六尺,湘水從那裡流過。石鼓發聲,那個地區就有戰事了。
羅君章說:敲擊石鼓,方圓數十里都可聽到鼓聲。但今天石鼓不再能發響了。觀
陽縣東有裴巖,巖下有石鼓,形狀就像翻過來的船,敲擊時清越的聲音傳得很遠,
也是屬於同一類的情形。

12　湘水又北流經印石。印石在衡山縣南,湘水的右側,大大小小的巨石,方正有如印
章,石上都有痕跡,但無文字,在水邊羅列成行,散布長達二里左右,因而名為印
石。湘水又北流經衡山縣東。山在西南,共有三座高峰:一座名叫紫蓋,一座名叫
石囷,一座名叫芙容。芙容峰最高峻雄豪,從遠處望去,蒼茫的山影隱沒於天際。
所以羅含說:遙望衡山有如陣雲,不是雨後放晴,或清晨明朗的時候,就看不見山
峰。丹水在左邊騰湧,澧泉在右邊流奔。衡山,《山經》稱為岣嶁,就是南嶽。山下
有舜廟,南有祝融墓。楚靈王時,山崩墓毀,卻得到《營丘九頭圖》。禹治洪水時,
殺馬祭山,得到《金簡玉字之書》。芙容峰東有仙人石室,讀書人經過時,常常可以

聽到琅琅的讀書聲。衡山東南兩面瀕水,倒映於湘川之中;從長沙到這裡,沿湘水的七百里航程中,有九次面山,九次背山。所以漁夫唱道:風帆隨著湘水轉,眺望衡山有九面。山上有飛瀑下瀉,與山下的青林相映,一直流瀉到山下,望去宛如掛在山間的白絹。

13　湘水又東北流經湘南縣東,又流經湘西縣南,該縣是從湘南分出來的,衡陽郡的治所就在這裡。魏甘露二年(公元二五七年),吳主孫亮分出長沙西部設置衡陽郡,治所在湘南;後來太守何承天把治所遷到湘西。《十三州志》說:日華水發源於桂陽郡郴縣的日華山,西流到湘南縣注入湘水。《地理志》說:郴縣有耒水,發源於耒山,西到湘南以西注入湘水。湘水又北流經麓山東。麓山東瀕湘川,西鄰低窪的平原,看破功名利祿的人,不少都薈萃於此。

又東北過陰山縣西,洣水從東南來注之;又北過醴陵縣西,漉水從東南來注之。

14　《續漢書·五行志》說:建安八年(公元二○三年),長沙醴陵縣有一座大山,接連幾年,常發出牛噓氣一樣的聲音。後來豫章的盜寇攻陷縣亭,殺死官吏百姓,因此之前的現象被視為是預兆。湘水又北流經建寧縣,縣內有空泠峽,狂濤駭浪奔騰有如雷鳴,水深可與三峽相比。湘水又北流經建寧縣老城下,該縣於晉泰始年間(公元二六五—二七四年)設立。

又北過臨湘縣西,瀏水從縣西北流注。

15　縣南有石潭山,湘水流經山西,山上有石室、石床,面對澄清的江流。湘水又北流經昭山西。山下有旋泉,深不可測,所以人們說昭潭無底。昭潭也叫湘州潭。湘水又北流經南津城西,此城西對橘洲,橘,有時也寫作吉字,是南津洲的尾端。水西有橘洲子戍,舊城還在。湘水又北流,左岸匯合於瓦官水口,是個牛軛湖。又流經船官西,這是湘州商船停靠的埠頭,北對長沙郡。長沙郡城在水東,州城以南,舊郡治原在城中,後來才遷到這裡。

16　湘水左岸流經麓山東,山上有老城。山北有白露水口,是個牛軛湖。右岸又流經臨湘縣舊城西的縣治,因濱臨湘水邊,所以叫臨湘。王莽改名叫撫陸。這裡原是楚國南部邊境地區。秦滅楚,設立長沙郡,就是青陽地區。秦始皇二十六年(公元前二二一年)詔令:荊王獻出青陽以西的土地。《漢書·鄒陽傳》說:渡水到長沙,乘船回青陽。《注》張晏說:青陽是地名。蘇林說:青陽是長沙的屬縣。漢高祖五年(公元前二○二年),封吳芮為長沙王,此城就是吳芮所築。漢景帝二年(公元前一五五年),封唐姬的兒子劉發為王,建都於此。這就是王莽時的鎮蠻郡。在《禹貢》中,這是荊州的境域。晉懷帝永嘉元年(公元三○七年),分荊州、湘中諸郡之地設置湘州,治所就在這裡。

17　城內郡署西有陶侃廟,據說從前是賈誼的宅邸,裡面有井,是賈誼所鑿,井極小,但很深,上面收攏,下面卻很大,形狀像壺;旁邊有一張石凳,只能坐一個人,樣式很古老。民間相傳,說是賈誼平素所用的坐榻。還有大柑樹,據說也是賈誼所植。

18　城內西北角有個老市集,北對臨湘縣新治所。縣治西北有北津城,縣北有吳芮墓,寬廣在六十八丈以上。登臨遠眺,是城內遊憩的好地方。郭頒《世語》說:魏黃初(公元二二○—二二六年)末年,吳人發掘吳芮墓的木材,要在縣裡修建孫堅廟。發墓後,看到吳芮屍體的面貌和衣服都和生前一樣。吳平後,參加掘墓的人在壽春看到南蠻校尉吳綱,說:你的相貌怎麼這樣像長沙王吳芮呀? 不過你的個子矮了一點。吳綱吃驚地說:那是我的先祖呀。從吳芮死到墳墓被掘,其間已有四百年,到看見吳綱時又有四十多年了。

19　湘水左岸匯合於誓口,又北流到了石欄口,都是牛軛湖;右岸匯合於麻溪水口,也是個牛軛湖。湘水又北流經三石山東,此山就在湘川旁邊,北面就是三石水口,是個牛軛湖。水北有三石戍,這個邊防城堡坐落在二水的匯合處。湘水又流到瀏口戍西,城堡北朝瀏水。

又北,潙水從西南來注之。

20　潙水發源於益陽縣馬頭山,東流經新陽縣南。晉太康元年(公元二八○年),改名為新康。潙水又東流進入臨湘縣,經潙口戍東,南流注入湘水。湘水又北流匯合於斷口;又北流,就到下營口,是個牛軛湖。湘水左岸有高口水,發源於益陽縣西,北流經高口戍南;又西北流,上鼻水從鼻洲上口導入湘水,西流又注入湘水,水口稱為上鼻浦。高水西北流與下鼻浦匯合。浦內的水從鼻洲下口導入湘水,西與高水相通,稱為下鼻口。高水又西北流,右轉就是陵子潭,東北流,注入湘水,匯流處叫陵子口。湘水從高口戍東又北流,右岸流經鼻洲,左岸匯合上鼻口;又北流,右岸與下鼻口相對。又北流到陵子口。湘水右岸,有銅官浦流出。湘水又北流經銅官山,此山西瀕湘水,山上泥土呈紫色,含有雲母,所以又叫雲母山。

又北過羅縣西,潰水從東來流注。

21　湘水又北流經錫口戍東;又北流,左岸分出一條支流,叫錫水,西北流經錫口戍北;又西北流,轉向東北,玉水注入。玉水發源於西北方的玉池,東南流注入錫浦,出口叫玉池口。錫水又東北流東湖水注入。東湖水上流承接玉池的東湖,南流注入錫水,稱為三陽涇。水南有三處駐防城堡。又東北流注入湘水。

22　湘水從錫口北流而出,又到望屯浦,是個牛軛湖。湘水又北流,有支流往北分出,稱為門涇。湘水縈紆地往西北流,轉向東北,匯合了門水,匯流處叫門涇口。又北

流到三溪水口,此口的水在東方承接大湖,西與湘浦相通,三條水相匯合,所以有
三溪之名。又北流,東邊匯合了大對水口,西邊與三津涇相接。湘水又北流經黃
陵亭西,右岸匯合黃陵水口,此口的水上流承接大湖。湖水西流經二妃廟南,人們
稱為黃陵廟。傳說大舜出外視察,兩位妃子隨行,在湘水溺死。她們的神靈漫遊
於洞庭的深淵,出入瀟湘水口。瀟,水清而深的意思。《湘中記》說:湘川極其澄
清,能看到五六丈的深處,水底的石塊看來就像骰子一樣,色彩鮮明,歷歷可辨;白
色的沙灘皎如霜雪,紅色的崖岸豔若朝霞,於是得到瀟湘之名。二妃死於此,所以
人們在水邊為她們立祠。荊州牧劉表在廟內刻石立碑旌表,使她們的事跡傳之
不朽。

23　黃水又西流注入湘水,匯流處稱為黃陵口。從前王子中有奇才,二十歲時做了個
惡夢,寫了一篇《夢賦》,二十一歲就在湘水裡淹死,那地方就在這條水上。湘水又
北流經白沙戍西;又北流,右岸在東町口匯合潙水。湘水又在左岸匯合決湖口,此
口的水源出西陵,東通湘渚。湘水又北流,有汨水注入。汨水發源於東方豫章郡
艾縣的桓山,西南流經吳昌縣北,與純水匯合。純水源出吳昌縣東南的純山,西北
流,又東流經縣南;又北流經該縣老城下。吳昌縣是吳主孫權所立。純水又在右
岸匯合汨水。汨水又西流經羅縣北。羅縣原是羅子國,先前在襄陽郡宜城縣西,
楚文王把它遷到這裡。秦立長沙郡,於是也把羅設立為縣,水也就叫羅水了。汨
水又西流經玉笥山。羅含《湘中記》說:屈潭東是玉笥山,有個道士遺言說,這是一
處福地;又名地腳山。

24　汨水又西流到屈潭,就是汨羅淵。屈原懷抱沙石自沉於此,所以潭也名為屈潭了。
從前賈誼、司馬遷都曾經過這裡,他們在中流停下船,向潭中投下弔屈原文。深潭
北有屈原廟,廟前有碑,還有一塊"漢南太守程堅碑",也寄存在屈原廟內。汨水又
西流經汨羅戍南,西流注入湘水。匯流處就是《春秋》所說的羅汭,世人稱為汨
羅口。

25　湘水又北流,往北分出一條支流,流經汨羅戍西,又北流經磊石山東,又北流經磊
石戍西,稱為苟導涇,然後北流與湘水匯合。湘水從汨羅口西北流經磊石山西,此
山北對青草湖,有人也叫青草山,西對懸城口。湘水又北流,先後有九個水口,都
是牛軛湖。湘水又東北流到青草湖口,右岸匯合苟導涇北口,並與勞口匯合,又北
流到同拌口,都是牛軛湖有港汊與右岸相通的地方。

又北過下雋縣西,微水從東來流注。

26　湘水左岸匯合清水口,這就是資水,世人稱為益陽江。湘水左岸流經鹿角山東,右
岸流經謹亭戍西,又北流與查浦匯合;又北流到萬石浦,都是牛軛湖。傍著牛軛湖

北有萬石戍。湘水左岸有沅水注入,匯流處叫橫房口。橫房口東對微湖,也有人稱此湖為麋湖。微湖右邊與微水相連,《水經》所說的微水流經下雋,就指此水。微水西流注入大江,匯流處叫麋湖口。

27　湘水又北流經金浦戍。這個城堡北瀕金浦水,是與湖相通的一條小港汊。湘水左岸有澧水注入,人們稱為武陵江。這四條水,都一同注入洞庭湖,北與大江匯合,合稱五渚。《戰國策》說:秦與楚交戰,把楚打得大敗,占領了洞庭五渚。湖水方圓五百餘里,太陽和月亮好像就從湖中升起和沉落似的。

28　《山海經》說:洞庭之山,是帝堯的兩個女兒居住的地方。從沅水、澧水吹來的風,在瀟湘之濱相交會,常常帶來狂風暴雨。湖中有君山、編山。君山有個巖洞,經水下暗通吳縣太湖的包山,就是郭景純所說的巴陵地道。這座山是湘君所遊的地方,所以叫君山。從前秦始皇在這裡遭遇暴風,向博士詢問是什麼緣故。博士答道:湘君來時就多風。於是秦始皇就下令砍光山上的樹木。漢武帝也登過此山,並在這裡射過蛟龍。君山東北對編山,山上多篾竹。兩山相臨近,其間相距數十里,對峙相望,從遠處看去,一片孤影,就像漂浮在湖上似的。湖的右岸有山,人們稱為笛烏頭石,石山北面,右岸匯合翁湖口。此口的水上流承接翁湖;左岸與洞浦匯合。所謂三苗之國左邊是洞庭湖,就指這一帶地方。

又北至巴丘山,入于江。

29　巴丘山在湘水右岸,山上有巴陵老城,原來是吳在巴丘貯存糧食軍需物資的城。晉太康元年(公元二八〇年),在這裡設立巴陵縣,後來設立建昌郡。宋元嘉十六年(公元四三九年),設立巴陵郡,城建在山岡上,有三江阻隔。巴陵西對長洲,此洲南端分隔牛軛湖,北端伸到大江,所以叫三江。這是三水匯合的地方,也叫三江口。三江口兩岸山峰夾峙,其間設置關口,稱為射獵;又北對養口,都是牛軛湖。湖水翠綠極了,東北流注入大江。二水清濁截然不同,匯合之處稱為江會。

灕　水

灕水亦出陽海山,

灕水與湘水,出一山而分源也。湘、灕之間,陸地廣百餘步,謂之始安嶠。嶠,即越城嶠也。嶠水自嶠之陽南流注灕,名曰始安水,故庾仲初之賦《揚都》云:判五嶺而分流者也。灕水又南與漓水合,水出西北邵陵縣界,而東南流至零陵縣,西南迤越城西。建安十六年,交州刺史賴恭,自廣信合兵小零陵越城迎步騭,即是地也。漓水又東南流注于灕水,《漢書》所謂出零陵下灕水者也。

灕水又南合彈丸溪，水出于彈丸山，山有湧泉，奔流衝激，山嵁及溪中，有石若丸，自然珠圓，狀彈丸矣，故山水即名焉。驗其山有石竇，下深數丈，洞穴深遠，莫究其極。溪水東流注于灕水，灕水又南逕始興縣東，魏元帝咸熙二年，吳孫皓分零陵南部立始興縣。灕水又南，右會洛溪，溪水出永豐縣西北洛溪山，東流逕其縣北。縣，本蒼梧之北鄉，孫皓割以爲縣。洛溪水又東南逕始安縣而東注灕水。

灕水又東南流入熙平縣，逕羊瀨山，山臨灕水，石間有色類羊。又東南逕雞瀨山，山帶灕水，石色狀雞。故二山以物象受名矣。灕水又南得熙平水口，水源出縣東龍山，西南流逕其縣南，又西與北鄉溪水合，水出縣東北北鄉山，西流逕其縣北，又西流南轉，逕其縣西。縣，本始安之扶鄉也，孫皓割以爲縣。溪水又南注熙平水，熙平水又西注于灕水。縣南有朝夕塘，水出東山西南，有水從山下注，塘一日再增再減，盈縮以時，未嘗愆期，同于潮水，因名此塘爲朝夕塘矣。灕水又西逕平樂縣界，左合平樂溪口，水出臨賀郡之謝沐縣南，歷山西北流，逕謝沐縣西南，西南流至平樂縣東南，左會謝沐衆溪，派流湊合，西逕平樂南，孫皓割蒼梧之境立以爲縣，北隸始安。溪水又西南流注于灕水，謂之平樂水。

南過蒼梧荔浦縣，

瀨水出縣西北魯山之東，逕其縣西與濡水合，水出永豐縣西北濡山，東南逕其縣西，又東南流入荔浦縣，注于瀨溪，又注于灕水。灕水之上有關。灕水又南，左合靈溪水口，水出臨賀富川縣北符靈岡，南流逕其縣東，又南注于灕水也。

又南至廣信縣，入于鬱水。

【語　譯】

灕水亦出陽海山，

灕水和湘水發源於同一座山，而源頭分隔於山的兩邊。湘水與灕水之間，只隔著一片寬約百餘步的陸地，稱為始安嶠。這道山嶺也就是越城嶠。嶠水從山南南流注入灕水，名為始安水。所以庾仲初作《揚都賦》說：以五嶺為分界，二水分向而流。灕水又南流與溈水匯合。溈水發源於西北方的邵陵縣邊界，東南流到零陵縣，然後西南流經越城西。建安十六年（公元二一一年），交州刺史賴恭，從廣信合兵於小零陵的越城迎擊步騭，就是這地方。溈水又東南流注入灕水。《漢書》中所說的：取道零陵，從灕水順流而下，就指這條水。

灕水又南流與彈丸溪匯合。溪水發源於彈丸山，山上有泉水湧出，從山澗奔流直沖而下；巖穴和溪澗中有些石子，光潔渾圓，完全是天然形成，形狀就像彈丸一樣，所以山水都以彈丸為名了。考察此山,山上有石洞,下深數丈,洞穴深遠,不知盡頭在何處。溪水東流注入灘水,灘水又南流經始興縣東。魏元帝咸熙二年(公元二六五年),吳孫皓分零陵南部置始興縣。灘水又南流,右岸與洛溪匯合。溪水發源於永豐縣西北的洛溪山,東流經縣北。始興縣原是蒼梧的北鄉,孫皓把它分出另設為縣。洛溪水又東南流經始安縣,東流注入灘水。

灘水又東南流入熙平縣境,流經羊瀨山。山瀕灘水,巖石有些色斑形狀很像羊。又東南流經雞瀨山,灘水繞山流過。山上巖石有些色斑形狀很像雞。所以這兩座山都是按照巖石斑紋的形象來命名的。灘水又南流到熙平水口。熙平水源出縣東的龍山,西南流經縣南,又西流與北鄉溪水匯合。北鄉溪水發源於熙平縣東北的北鄉山,西流經縣北,又西流南轉,流經縣西。熙平縣,原來是始安的扶鄉,孫皓劃出另立為縣。溪水又南流注入熙平水。熙平水又西注灘水。縣南有朝夕塘,水源出自東山西南,水從山上流下,注入塘中,塘水每日增減各兩次,漲落都有定時,從不誤期,就像潮水一般,因此稱為朝夕塘。灘水又西流經平樂縣邊界,左岸匯合平樂溪口。溪水發源於臨賀郡謝沐縣南,流過山後往西北流,經謝沐縣西南,往西南流到平樂縣東南,左岸匯合謝沐縣的許多溪水,這些溪流匯合起來,西流經平樂縣南。孫皓從蒼梧郡轄境內劃出一片土地,設置平樂縣,隸屬於北邊的始安郡。溪水又西南流注入灘水,稱為平樂水。

南過蒼梧荔浦縣,

瀨水發源於荔浦縣西北的魯山以東,流經荔浦縣西與濡水匯合。濡水發源於永豐縣西北的濡山,東南流經縣西,又東南流入荔浦縣,注入瀨溪,瀨溪又注入灘水。灘水上流有關口。灘水又南流,左岸匯合靈溪水口。靈溪水發源於臨賀富川縣北符靈岡,南流經縣東,又南流注入灘水。

又南至廣信縣,入于鬱水。

溱 水

溱水出桂陽臨武縣南,繞城西北屈東流[①],

1　溱水導源縣西南,北流逕縣西,而北與武溪合。《山海經》曰:肄水出臨武西南,而東南注于海。入番禺西,肄水,蓋溱水之別名也。武溪水出臨武縣西北桐柏山,東南流,右合溱水,亂流東南逕臨武縣西,謂之武溪。縣側臨溪東,因曰臨武縣,王莽更名大武也。溪又東南流,左會黃岑溪水。水出郴縣黃岑山,西南流,右合武溪水。武溪水又南入重山，山名藍豪，廣圓五百里，悉曲江縣界，崖峻險阻，巖嶺干天，交柯雲蔚，霾天晦景，謂之瀧中。懸湍迴注，崩浪震山，名之瀧水。

東至曲江縣安聶邑東，屈西南流，

2　瀧水又南出峽，謂之瀧口，西岸有任將軍城，南海都尉任囂所築也。囂死，尉佗自龍川始居之。東岸有任將軍廟。瀧水又南合泠水，泠水東出泠君山，山，疊峯之孤秀也。晉太元十八年，崩十餘丈，于是懸澗瀑挂，傾流注壑，頹波所入，灌于瀧水。

3　瀧水又右合林水，林水出縣東北洹山。王歆之《始興記》[2]曰：林水源裏有石室，室前磐石上，行羅十瓮，中悉是餅銀，采伐遇之不得取，取必迷悶。晉太元初，民封驅之家僕，密竊三餅歸，發看，有大蛇螫之而死。《湘州記》曰：其夜，驅之夢神語曰：君奴不謹，盜銀三餅，即日顯戮，以銀相償。覺視，則奴死銀在矣。林水自源西注于瀧水。

4　又與雲水合，水出縣北湯泉，泉源沸湧，浩氣雲浮，以腥物投之，俄頃即熱[3]。其中時有細赤魚游之，不爲灼也。西北合瀧水。又有藉水，上承滄海水，有島嶼焉。其水吐納衆流，西北注于瀧水。瀧水又南歷靈鷲山，山，本名虎郡山，亦曰虎市山，以虎多暴故也。晉義熙中，沙門釋僧律，葺宇巖阿，猛虎遠跡，蓋律仁感所致，因改曰靈鷲山。

5　瀧水又南逕曲江縣東，云縣昔號曲紅。曲紅，山名也，東連岡是矣。瀧中有碑，文曰：按《地理志》[4]，曲江舊縣也。王莽以爲除虜，始興郡治，魏元帝咸熙二年，孫皓分桂陽南部立。縣東傍瀧溪，號曰北瀧水。水左即東溪口也。水出始興東江州南康縣界石閤山，西流而與連水合。水出南康縣涼熱山連溪。山，即大庾嶺也，五嶺之最東矣，故曰東嶠山。斯則改裝之次，其下船路名漣溪。漣水南流，注于東溪，謂之漣口。庾仲初謂之大庾嶠水也。東溪亦名東江，又曰始興水。又西，邪階水注之，水出縣東南邪階山，水有別源，曰巢頭。重嶺衿瀧，湍奔相屬，祖源雙注，合爲一川。水側有鼻天子城，鼻天子，所未聞也。邪階水又西北注于東江。

6　江水又西逕始興縣南，又西入曲江縣，邸水注之，水出浮岳山，山蹸一處，則百餘步動，若在水也，因名浮岳山。南流注于東江。東江又西與利水合，水出縣之韶石北山，南流逕韶石下，其高百仞，廣圓五里，兩石對峙，相去一里，小大略均似雙闕，名曰韶石。古老言，昔有二仙，分而憩之，自爾年豐，彌歷一紀。利水又南逕靈石下，靈石，一名逃石，高三十丈，廣圓五百丈。耆舊傳言，石本桂林武城縣[5]，因夜迅雷之變，忽然遷此，彼人來見歎曰：石乃逃來。因名逃石，以其有靈運徙，又曰靈石。其傑處，臨江壁立，霞駮有若績焉。水石驚瀨，傳響不絕，商舟淹留，聆翫不已。利水南注東江，東江又西注于北江，謂之東江口。溱水自此，有始興大庾之名，而南

　　　　　入湞陽縣也。

過湞陽縣,出洭浦關,與桂水合,

　7　溱水南逕湞陽縣西,舊漢縣也,王莽之𥠇武矣。縣東有湞石山,廣圓三十里,挺崿
大江之北,盤址長川之際,其陽有石室,漁叟所憩。昔欲于山北開達郡之路,輒有
大蛇斷道,不果。是以今行者,必于石室前汎舟而濟也。溱水又西南歷皋口、太尉
二山之間,是曰湞陽峽。兩岸傑秀,壁立虧天,昔嘗鑿石架閣,令兩岸相接,以拒徐
道覆。溱水出峽,左則湞水注之。水出南海龍川縣西,逕湞陽縣南,右注溱水。故
應劭曰:湞水西入溱是也。溱水又西南,洭水入焉。《山海經》所謂湟水出桂陽西
北山,東南注肆,入敦浦西者也。溱水又西南,逕中宿縣會一里水,其處隘,名之爲
觀岐⑥。連山交枕,絶崖壁竦,下有神廟,背阿面流,壇宇虛肅,廟渚攢石巉巖,亂峙
中川,時水洊至,鼓怒沸騰,流木淪没,必無出者,世人以爲河伯下材。

　8　晉中朝時,縣人有使者至洛,事訖將還,忽有一人寄其書云:吾家在觀岐前,石間懸
藤,即其處也,但叩藤,自當有人取之。使者謹依其言,果有二人出外,取書并延入
水府,衣不霑濡。言此似不近情,然造化之中,無所不有,穆滿西遊,與河宗論寶。
以此推之,亦爲類矣。溱水又西南逕中宿縣南,吴孫皓分四會之北鄉立焉。

南入于海。

　9　溱水又南注于鬱,而入于海。

【注　釋】　①繞城西北屈東流　此處有佚文一條。《名勝志・廣東》卷二《南雄府・保昌縣》引
《水經注》:“即修仁水也,南齊建三楓亭臨其下流,謂之五渡水。”當是此篇中佚文。②始興記　書
名。南朝宋王歆之撰。此書,隋唐諸志均不著錄,章宗源《隋書經籍志考證》卷六說:“《始興記》,卷
亡,王歆之撰,不著錄。”已亡佚,輯本收入於《嶺南遺書》第五集、宛委山堂《說郛》弓六十一、《說郛》
卷四、《叢書集成初編》等。撰者姓名各本頗有不同,《溱水》篇作王歆之,《洭水》篇作王歆,《水經注
釋》及《水經注疏》俱作王韶之。③俄頃即熱　殿本此處有戴震案語:“近刻訛作‘熟’。”《大典》本、
黃省曾本、吳琯本、《水經注釋》、《水經注疏》等多本,均作“俄頃即熟”。按《御覽》引《幽明錄》:“始
興雲水,源有湯泉,每至霜雪,見其上蒸氣數十丈,生物投之,須臾便熟。”從《幽明錄》的記載來看,今
各本的“腥物”,可能是“生物”的音訛。上文如作“生物”,下文自然應該作“熟”。所以《大典》本等
各本作“熟”,顯然比殿本的“熱”爲好。④按地理志　此句之前,《疏》本有“瀑亭到曲紅”句。語譯時
補上。⑤武城縣　王國維《宋刊水經注殘本跋》(《觀堂集林》第十二卷):“卷三十八《溱水注》,石本
桂陽汝城縣,諸本‘汝城’並作‘武城’,惟明抄本與此本同。案桂陽無武城縣,故朱《箋》疑爲臨武之
訛,而沈炳巽則改‘桂陽’爲‘桂林’,趙、戴從之。不知武城乃汝城之訛,晉、宋桂陽郡固有汝城縣
也。”⑥觀岐　《疏》本作“觀峽”。

【語　譯】

溱水出桂陽臨武縣南，繞城西北屈東流，

1　溱水發源於臨武縣西南，北流經縣西，然後北流與武溪匯合。《山海經》說：肆水發源於臨武西南，東南流注入大海。溱水進入番禺西部，肆水就是溱水的別名。武溪水發源於臨武縣西北的桐柏山，東南流，右岸與溱水匯合，往東南亂流經臨武縣西，稱為武溪。臨武縣城瀕臨溪東，因此名為臨武，王莽改名為大武。武溪又東南流，左岸匯合了黃岑溪水。黃岑溪水發源於郴縣黃岑山，西南流，右岸與武溪水匯合。武溪水又南流進入重山，山名藍豪，方圓五百里，都在曲江縣境內。山上懸崖削壁險阻難行，山嶺高入雲天，密林繁枝交錯，綠蔭如雲，蔭天蔽日，稱為瀧中。瀑布縈紆流瀉，激起崩裂的浪花，聲震山谷，稱為瀧水。

東至曲江縣安聶邑東，屈西南流，

2　瀧水又南流出峽，峽口叫瀧口。西岸有任將軍城，是南海都尉任囂所築。任囂死後，尉佗才從龍川進駐於此。東岸有任將軍廟。瀧水又南流與泠水匯合。泠水發源於東方的泠君山。此山雄偉高峻，獨出群峰之上。晉太元十八年（公元三九三年），山崩塌了十餘丈，於是形成懸崖飛瀑，水流傾瀉入深壑，滔滔滾滾地注入瀧水。

3　瀧水又在右岸匯合林水。林水發源於曲江縣東北的洹山。王歆之《始興記》說：林水的源頭有個石洞，在洞前的巨石上，排著十隻罈子，罈內全是銀餅。伐木砍柴的人碰到時是拿不得的，拿了一定會昏迷心悶。晉太元（公元三七六—三九六年）初，村民封驅之有個僕人，暗裡偷了三枚銀餅回來，打開一看，卻是一條大蛇，把他活活咬死。《湘州記》說：那天晚上，封驅之夢見神對他說：你的奴僕不檢點，偷了三枚銀餅。當日將他處決示眾，銀子就留給你作為賠償。他醒來去看，只見僕人已死，銀子還在那邊。林水從源頭西流注入瀧水。

4　瀧水又與雲水匯合。雲水發源於縣北湯泉，湯泉水源在不斷沸湧，上面飄浮著一股濃厚的雲氣；如果投下有腥味的東西，一會兒就會熱起來。泉水中常有紅色的小魚游來游去，卻不會燙傷。雲水西北流與瀧水匯合。還有一條藉水，上流承接滄海水，有島嶼。此水接納了許多支流，往西北注入瀧水。瀧水又南流經靈鷲山。此山原名虎郡山，又叫虎市山，因為常常有猛虎為害，故而得名。晉義熙年間（公元四〇五—四一八年），有個僧人釋僧律在巖邊修建了一座房子，於是猛虎絕跡。這大概是由於這位僧人的仁慈感化所致吧，因此改名為靈鷲山。

5　瀧水又南流經曲江縣東，據說從前縣名叫曲紅。曲紅，是山名，就是東邊那座相連的山岡。瀧中有碑，碑文說：從瀑亭到曲紅，按《地理志》，曲江是舊縣。王莽改名為除虜,是始興郡的治所。魏元帝咸熙二年(公元二六五年),孫皓劃分桂陽郡南部另設始興郡。曲江縣東傍瀧溪,號為北瀧水。左岸就是東溪口。溪水發源於始興郡東江州南康縣邊界的石閣山,西流與連水匯合。連水發源於南康縣涼熱山的連溪。涼熱山就是大庾嶺,是五嶺中最東的一座,所以叫東嶠山。這是改裝貨物轉運的埠頭,下流航道稱為漣溪。漣水南流,注入東溪,匯流處稱為漣口。東溪,庾仲初稱為大庾嶠水,又名東江,又叫始興水。又西流,邪階水注入。邪階水發源於南康縣東南的邪階山,還有另一個源頭,叫巢頭。層沓的山嶺約束住急流,後浪逐著前浪滾滾奔流,兩個源頭一同奔瀉而下,匯合成為一水。水邊有鼻天子城,但鼻天子是何許人,卻從未聽說過。邪階水又西北流注入東江。

6　江水又西流經始興縣南;又西流進入曲江縣,邸水注入。邸水發源於浮岳山,這座山只要在某一處踏一下,百餘步內都會搖動,就像浮在水上一樣,所以叫浮岳山。邸水南流注入東江。東江又西流與利水匯合。利水發源於曲江縣的韶石北山,南流經韶石腳下。石山高百仞,方圓五里,有兩座巨石大小相近,相隔一里,遙相對峙,就如石闕,名叫韶石。據老人們說,從前有兩個仙人,各分一石,在那裡棲息,此後十二年間,年年連續豐收。利水又南流經靈石腳下。靈石又名逃石,高三十丈,方圓五百丈。老人相傳,巨石本來是在桂林武城縣,夜間霹靂一聲,巨石就移到這裡來了。武城人來此見到巨石,驚呼道:巖石竟逃到這裡來了。因此名為逃石。又因巖石有靈,竟能遷徙,又名靈石。巖頭高處,臨江聳峙如壁,色彩斑爛就像繪畫一般。急流沖激著巖石,不絕地發出驚心動魄的巨響,商旅船舶行經這裡,都留下不走了,賞玩不已。利水南流注入東江,東江又西流注入北江,匯流處叫東江口。溱水從這裡起有始興大庾之名,南流進入湞陽縣。

過湞陽縣,出洭浦關,與桂水合,

7　溱水南流經湞陽縣西,這是漢時的舊縣址,就是王莽時的綦武。縣東有湞石山,方圓三十里,在大江北岸昂起雄峰,在長河邊上縶下深基。山南有巖洞,是漁人休息的地方。從前幾度有人想在山北開一條路,通到郡城,可是立即就有大蛇擋路,因而都沒有開成。所以現在行人必須在巖洞前乘船前往。溱水又西南流經皋口、太尉二山之間,稱為湞陽峽。兩岸石壁陡峭,高聳蔽天,景色非常秀麗。從前曾鑿石架設天橋,把兩岸連接起來,抵禦徐道覆的進攻。溱水出了山峽,左岸有湞水注入。湞水發源於南海龍川縣西,流經湞陽縣南,向右注入溱水。所以應劭說:湞水西流注入溱水。溱水又西南流,洭水注入。《山海經》說:湟水發源於桂陽西北山間,東南流注入肄水,流入敦浦西,就指此水。溱水又西南流經中宿縣,匯合了一里水,那裡地勢險隘,名為觀峽。連綿的山峰縱橫交錯,陡峭的危崖聳峙如壁。下有神廟,倚山面水,殿宇空寂蕭穆,廟前的洲渚中攢聚著一堆高峻的山石,零亂地屹立於江心。洪水接連而來,奔騰怒號,水上漂來的木材,到了這裡必定下沉,而且再也不會浮起來,人們都以為是水神河伯收去了。

8　晉時縣人有使者到洛陽,辦好了事將要回去了,忽然有人託他帶信,說:我家在觀峽前,就是巖石間有藤垂下的地方。你只要敲一敲野藤,自然會有人來拿的。使者照他的話去做,果然有兩人出來,接過了信,並邀請他到水府去,衣裳卻一點也不沾溼。這故事似乎不近情理,但天地之間無奇不有,周穆王西遊與河神論寶就是一例。照此推想起來,這也是相類似的事了。溱水又西南流經中宿縣南,該縣是吳孫皓分四會北鄉而設立的。

南入于海。

9　溱水又南流注入鬱水,然後流入大海。

【研　析】　此卷所記敘,都由酈氏搜羅當時所見文獻湊合而成,所以僅從河流水道言,錯誤當然不少,但其間也有後來亡佚而藉酈氏保留的可貴記敘。例如對於今稱湘桂運河(古稱靈渠或湋渠)的記載。湘桂運河是世界上最早記載通航的運河,秦始皇南征,命史祿開鑿。此事雖然在《史記·主父偃傳》、《漢書·嚴助傳》以及《淮南子·人間訓》等中均有記及,但是從南嶺南北的地形作出記載的,酈《注》顯然更有價值。《水經》對此僅有《湘水》和《灕水》的兩條簡單文字:"湘水出零陵始安縣陽海山","灕水亦出陽海山"。《水經注》在《灕水》篇中指出:"灕水與湘水,出一山而分源也。湘、灕之間,陸地廣百餘步,謂之始安嶠。""湘、灕之間,陸地廣百餘步"一語,其實就說明了其間是史祿開鑿的運河溝通了這南嶺南北的兩條河流的。讀《水經注》南方諸水,這類記敘都是很有價值的。

卷三十九　洭水　深水　鍾水　耒水
泟水　溧水　瀏水　澅水
贛水　廬江水

【題　解】　此卷自洭水至廬江水共十篇，以篇數論，在《水經注》全書中僅次於卷三十二的十四篇。十篇中，洭水是珠江水系河流，贛水是注入彭蠡（今鄱陽湖）的長江支流，其餘深水等七水，都是湘水支流，是酈氏所說的"輕流細漾"。廬江水情況特殊，因為實際上並不存在此水。

洭水即今廣東省西北部的連江，發源於連縣以北南嶺，在英德以南的連江口注入北江，全長二百七十餘公里，流域面積約一萬平方公里。

深水即今瀟水，發源於湖南省南部藍山縣九嶷山，北流在永州市（零陵）附近注入湘江，全長三百五十餘公里，流域面積約一萬二千平方公里。

鍾水今稱春陵水，發源於藍山縣南部的南嶺北麓，北流在常寧縣附近注入湘江，全長三百餘公里，流域面積約六千六百平方公里。

耒水今仍稱耒水，發源於湖南桂東，北流在衡陽市附近注入湘江。

泟水今仍稱泟水，發源於湖南桂東與郴縣的分水嶺，北流在衡東縣注入湘江，全長約三百公里，流域面積約一萬平方公里。

溧水今稱淥水，發源於江西萬載，北流入湖南瀏陽境，至株州市淥口注入湘江，全長一百六十餘公里,流域面積約五千六百平方公里。

瀏水今稱瀏陽河,發源於瀏陽縣以東湘、贛二省邊界,北流至長沙注入湘江,全長二百餘公里,流域面積約六千平方公里。

㵲水是湘江支流,但究係當今何水,尚可研究。《經》文說:“㵲水出豫章艾縣,西過長沙羅縣西,又西至累石山,入于湘水。”《注》文對此無所發揮。若按《經》所記查索,㵲水很可能就是今汩羅江。但在卷三十八《湘水》篇中,《經》文已有“(湘水)又北過(汩)羅縣西,㵲水從東來流注”一句,《注》文在此下長達八百言,其中提及:“湘水又北逕白沙戍西,又北,右會東町口,㵲水也。湘水又左合決湖口,水出西陂,東通湘渚。湘水又北,汩水注之。”從這條《注》文來看,似乎今汩羅江在㵲水之北,但《注》文最後又說:“汩水又西逕汩羅戍南,西流注于湘。《春秋》之羅汭矣,世謂之汩羅口。湘水又北,枝分北出,逕汩羅戍西,又北逕磊石山東,又北逕磊石戍西,謂之苟導涇矣,而北合湘水。”這裡,《注》文的磊石山,其實就是本卷《㵲水》篇中《經》文和《注》文都提及的累石山,所以這樣看來,㵲水很可能就是汩羅江入湘時所分成的汊道。現在,由於洞庭湖和湘江下游的變遷,汩羅江已經徑注洞庭湖,不再注湘水了。

贛水今稱贛江,是江西省的最大河流,上源分章、貢二水,發源於贛南南嶺北麓,到贛州匯合始稱贛江,北流注入鄱陽湖,全長八百餘公里,流域面積超過八萬平方公里。

最後是廬江水,對此,《水經》只有一句話:“廬江水出三天子都,北過彭澤縣西,北入于江。”說明廬江水與卷四十的漸江水同源,都發源自三天子都。但流向完全不同,漸江水東流入海,廬江水在彭澤縣以西入江。酈道元在廬江水的唯一一句《經》文下寫了一千五百字左右的《注》文,但除了提到《山海經》“廬江出三天子都,入江彭澤西”一句外,絕不提及廬江水。而《山海經》彭澤與《水經》的彭澤縣又大不相同,前者指今鄱陽湖,後者指三國吳彭澤縣,位於今彭澤縣西南,湖口縣以東,即今鄱陽湖東北一帶。現在無法找到與《水經》記述相當的廬江水。楊守敬曾撰《山海經·漢志·水經注廬江異同答問》(《晦明軒稿》上冊),認為廬江水即今安徽清弋江,實在牽強附會,熊會貞在《水經注疏》已經批評了這種說法:“後人但知有歙縣之三天子都,改《漢志》潯陽為陵陽。後因宛陵有彭澤聚,而以今清弋江當廬江,若與《山海經》適合。不知廬江郡因廬江得名,陵陽郡秦為鄣郡地,漢為丹陽郡地,與廬江郡無涉。”又按:“廬江之名,山水相依,互舉殊稱。是知廬山、廬江,其號相應,不可移易。”但對於廬江水究為何水,熊氏以為是祁門之南河與婺源之婺溪,也是牽強附會。其實,酈道元的這段《注》文雖不短,但寫的全是廬山風景,對此水流路不著一字。說明他當時就不知道有此一水。但由於他足跡未至,不敢輕率否定。而以他的地理素養,水既以“廬”為名,而又“北過彭澤縣西”,所以就在廬山風景上作文章,而對此水不涉一語。在這方面,他實在高出一千多年以後的楊、熊師生。

洭　水

洭水出桂陽縣盧聚，

1　水出桂陽縣西北上驛山盧溪，爲盧溪水，東南流逕桂陽縣故城，謂之洭水。《地理志》曰：洭水出桂陽，南至四會是也。洭水又東南流，嶠水注之，水出都嶠之溪，溪水下流歷峽，南出是峽，謂之貞女峽。峽西岸高巖名貞女山，山下際有石如人，形高七尺，狀如女子，故名貞女峽。古來相傳，有數女取螺于此，遇風雨晝晦，忽化爲石。斯誠巨異，難以聞信。但啟生石中，摯呱空桑，抑斯類矣。物之變化，寧以理求乎？

2　溪水又合洭水，洭水又東南入陽山縣，右合漣口水，源出縣西北百一十里石塘村，東南流。水側有豫章木，本徑可二丈，其株根猶存，伐之積載，而斧跡若新。羽族飛翔不息，其旁衆枝飛散遠集，鄉亦不測所如，惟見一枝，獨在含洭水矣[1]。漣水東南流注于洭。

3　洭水又東南流而右與斟水合[2]，水導源近出東巖下，穴口若井，一日之中，十溢十竭，信若潮流，而注洭水。洭水又南逕陽山縣故城西，耆舊傳曰，往昔縣長臨縣，輒遷擢超級，大史逕觀，言勢使然。掘斷連岡，流血成川，城因傾阤，遂即傾敗。閣下大鼓，飛上臨武，乃之桂陽，追號"聖鼓"。自陽山達乎桂陽之武步驛，所至循聖鼓道也，其道如塹，迄于鼓城矣。洭水又逕陽山縣南，縣，故含洭縣之桃鄉，孫皓分立爲縣也。洭水又東南流也。

東南過含洭縣，

4　應劭曰：洭水東北入沅。瓚注《漢書》：沅在武陵，去洭遠，又隔湘水，不得入沅。洭水東南，左合翁水。水出東北利山湖，湖水廣圓五里，潔踰凡水，西南流注于洭，謂之翁水口。口已下東岸有聖鼓杖，即陽山之鼓杖也。橫在川側，雖衝波所激，未嘗移動。百鳥翔鳴，莫有萃者。船人上下以篙撞者，輒有瘧疾。

5　洭水又東南，左合陶水，水東出堯山。山盤紆數百里，有赭嵒迭起，冠以青林，與雲霞亂采。山上有白石英，山下有平陵，有大堂基。耆舊云：堯行宮所。陶水西逕縣北，右注洭水。洭水又逕含洭縣西。王歆《始興記》曰：縣有白鹿城，城南有白鹿岡。咸康中，郡民張魴爲縣，有善政，白鹿來遊，故城及岡立即名焉。

南出洭浦關，爲桂水。

6　關在中宿縣，洭水出關，右合溱水，謂之洭口。《山海經》謂之湟水。徐廣曰：湟水一名洭水，出桂陽，通四會，亦曰洭水也。漢武帝元鼎元年，路博德爲伏波將軍，征南越，出桂陽，下湟水，即此水矣。桂水，其別名也。

【注　釋】　①羽族飛翔不息六句　殿本在此處有戴震案語：“‘眾枝飛散’已下，舛誤未詳。”譯文姑憑揣度，補上脫略文字，使意義較爲明白完整。②右與斟水合　《水經注疏》作“左與斟水合”。《疏》：“朱‘左’訛作‘又’，戴、趙改‘右’。守敬按：洭水東南流下言斟水出東巖下，則水在洭水之左，是‘左合’非‘右合’也，今訂。”

【語　譯】

洭水出桂陽縣盧聚，

1　洭水發源於桂陽縣西北上驛山的盧溪，叫盧溪水，東南流經桂陽縣老城，稱爲洭水。《地理志》說：洭水發源於桂陽，南流到四會。洭水又東南流，嶠水注入。嶠水發源於都嶠溪，溪水下流穿過山峽，南流出峽，這條山峽叫貞女峽。山峽西岸有高巖，名爲貞女山，山下有巖，形狀像一個女人，高七尺，所以叫貞女峽。據古來相傳，有幾個姑娘在這裡撿螺蜅，遇上了暴風雨，白晝天昏地暗，姑娘們忽然都變成了石頭。這實在是天大的奇聞，聽來難以置信。但啟在巖石中降生，摯在空心桑樹中呱呱出世，或許也是類似的事吧。世上的事物千變萬化，怎能都按常理來解釋呢？

2　溪水又與洭水匯合，洭水又往東南流入陽山縣，右岸在漣口匯合漣水。漣水的源頭出自陽山縣西北一百一十里的石塘村，東南流。水邊有豫章樹，樹根直徑約二丈，至今株根還在，砍伐已經多年，但斧痕仍像新砍的一樣。據說伐木時群鳥不停地繞樹飛翔，樹倒之後，眾枝忽然遠飛而去，也不知道落到哪裡，以後只見到一枝，還孤零零地攔在含洭水上。漣水東南流注入洭水。

3　洭水又東南流於右岸匯合了斟水。斟水的源頭就在近處的東巖下，洞口如井，一日之中，泉水十次溢出，十次枯竭，就像潮汐一樣準時，水流注入洭水。洭水又南流經陽山縣老城西。老人們傳說：從前縣官一到縣裡來，就會越級升官，太史經過這裡察看後，說這是地勢風水所造成的。就把相連的山岡掘斷，於是流血成河，城也就崩壞，立即倒塌了，同時閣下的大鼓也飛上了臨武，直到桂陽，以後追加了聖鼓的稱號。從陽山通到桂陽武步驛的路，就是循著聖鼓的路徑開成的。這條路好像壕溝一樣，直到鼓城爲止。洭水又流經陽山縣南。陽山縣就是從前含洭縣的桃鄉，是孫皓把它分出另立爲縣的。洭水又往東南流逝。

東南過含洭縣，

4　應劭說：洭水東北流注入沅水。薛瓚注《漢書》，說沅水在武陵，離洭水很遠，又隔著湘水，是不可能注入沅水的。洭水東南流，左岸與翁水匯合。翁水發源於東北方的利山湖，湖水方圓五里，比一般的水要潔淨得多，西南流注入洭水，匯流處稱為翁水口。翁水口下流，東岸有聖鼓杖，就是陽山之鼓的鼓杖，橫攔在川流旁邊，雖然受到水浪的沖擊，但卻絲毫沒有移動。百鳥在這裡飛鳴，卻並不聚集於杖上。船夫撐船往來經過這裡，如用篙去戳杖，就會得瘧疾。

5　洭水又東南流，在左岸匯合了陶水。陶水發源於東方的堯山。堯山盤曲綿亙數百里，山上有赭紅色的巖石層疊而起，巖頂林木青蔥，相映豔如朝霞。山上有白石英，山下有平緩的丘陵，還有大堂遺址。據老人相傳，這是堯行宮的所在地。陶水西流經縣北，向右邊注入洭水。洭水又流經含洭縣西。王歆《始興記》說：縣裡有白鹿城，城南有白鹿岡。咸康年間(公元三三五—三四二年)，郡人張魴當縣令，有利民的政績，於是白鹿來遊，城和山岡都因而得名了。

南出洭浦關，為桂水。

6　洭浦關在中宿縣，洭水流出洭浦關，右岸與溱水匯合，匯流處叫洭口。《山海經》稱為湟水。徐廣說：湟水又名洭水，發源於桂陽，通四會，也叫灌水。漢武帝元鼎元年(公元前一一六年)，路博德為伏波將軍，遠征南越，從桂陽出兵，由湟水順流而下，即指此水。桂水，是湟水的別名。

深　水

深水出桂陽盧聚，

呂忱曰：深水一名邃水，導源盧溪，西入營水，亂流營波，同注湘津。許慎云：深水出桂陽南平縣也。《經》書桂陽者，縣本隸桂陽郡，後割屬始興。縣有盧溪、盧聚，山在南平縣之南，九疑山東也。

西北過零陵營道縣南，又西北過營浦縣南，又西北過泉陵縣，西北七里至燕室邪，入于湘。

水上有燕室丘，亦因爲聚名也。其下水深不測，號曰龍淵。

【語　譯】

深水出桂陽盧聚，

呂忱說：深水又名邃水，發源於盧溪；西流注入營水，與營水亂流，一同注入湘水。

許慎說：深水發源於桂陽郡南平縣。《水經》之所以說桂陽，是因為南平縣本來隸屬於桂陽郡，後來才割給始興郡的緣故。縣裡有盧溪、盧聚山，山在南平縣以南、九疑山以東。

西北過零陵營道縣南，又西北過營浦縣南，又西北過泉陵縣，西北七里至燕室邪，入于湘。

深水上有燕室丘，也就用以作為聚落名了。燕室丘下水深不可測，號稱龍淵。

鍾　水

鍾水出桂陽南平縣都山，北過其縣東，又東北過宋渚亭，又北過鍾亭，與灈水合。

都山，即都龐之嶠，五嶺之第三嶺也。鍾水即嶠水也。庾仲初曰：嶠水南入始興溱水，注于海。北入桂陽，湘水注于江是也。灈水，即桂水也。灈、桂聲相近，故字隨讀變，《經》仍其非矣。桂水出桂陽縣北界山，山壁高聳，三面特峻，石泉懸注，瀑布而下。北逕南平縣而東北流屆鍾亭，右會鍾水，通爲桂水也。故應劭曰：桂水出桂陽，東北入湘。

又北過魏寧縣之東，

魏寧，故陽安也。晉太康元年，改曰晉寧。縣在桂陽郡東百二十里，縣南、西二面，阻帶清溪，桂水無出縣東理，蓋縣邑流移，今古不同故也。

又北入于湘。

【語　譯】

鍾水出桂陽南平縣都山，北過其縣東，又東北過宋渚亭，又北過鍾亭，與灈水合。

都山就是都龐嶠，是五嶺中的第三嶺。鍾水就是嶠水。庾仲初說：嶠水南流入始興溱水，注入大海。北流入桂陽，匯合湘水注入大江。灈水就是桂水，灈、桂讀音相近，所以字也跟讀音而變，《水經》也就跟著錯了。桂水發源於桂陽縣北界山，山上崖壁高聳，三面異常峻峭，泉水從山石間奔瀉而下，成為瀑布。北流經南平縣，然後東北流到鍾亭，右岸與鍾水匯合，通稱桂水。所以應劭說：桂水發源於桂陽，東北流注入湘水。

又北過魏寧縣之東，

魏寧就是舊時的陽安。晉太康元年(公元二八〇年),改名晉寧。縣城在桂陽郡東一
百二十里,清溪繞過縣城南面和西面,因此桂水絕無從縣東流出去的道理。這是
因為縣城遷移,古今地點不同的緣故。

又北入于湘。

耒　水

耒水出桂陽郴縣南山,

1　耒水發源出汝城縣東烏龍白騎山,西北流逕其縣北,西流三十里,中有十四瀨,各
數百步,濬流奔急,竹節相次,亦爲行旅游涉之艱難也。又西北逕晉寧縣北,又西,
左合清溪水口。水出縣東黄皮山,西南流歷縣南,又西北注于耒水。汝城縣在郡
東三百餘里,山又在縣東,耒水無出南山理也。

又北過其縣之西,

2　縣有淥水,出縣東俠公山,西北流,而南屈注于耒,謂之程鄉溪。郡置酒官,醞于山
下,名曰程酒,獻同鄳也。耒水又西,黄水注之。水出縣西黄岑山,山則騎田之嶠,
五嶺之第二嶺也。黄水東北流,按盛弘之云:衆山水出注于大溪,號曰横流溪。溪
水甚小,冬夏不乾,俗亦謂之爲貪泉,飲者輒冒于財賄,同于廣州石門貪流矣。廉
介爲二千石,則不飲之。昔吳隱之挹而不亂,貪豈謂能渝其貞乎? 蓋亦惡其名也。
劉澄之謂爲一涯溪,通四會殊爲孟浪而不悉也。庾仲初云:嶠水南入始興,溱水注
海,即黄岑水入武溪者也。北水入桂陽湘水,注于大江,即是水也。右則千秋水注
之[1],水出西南萬歲山,山有石室,室中有鍾乳,山上悉生靈壽木,溪下即千秋水也。
水側民居,號萬歲村。其水下合黄水,黄水又東北,逕其縣東,右合除泉水,水出縣
南湘陂村。村有圓水,廣圓可二百步,一邊暖,一邊冷。冷處極清綠,淺則見石,深
則見底。暖處水白且濁,玄素既殊,涼暖亦異,厥名除泉,其猶江乘之半湯泉也。
水盛則瀉黄溪,水耗則津徑輟流。郴舊縣也,桂陽郡治也,漢高帝二年,分長沙
置。《地理志》曰:桂水所出。因以名也。王莽更名南平,縣曰宣風,項羽遷義帝
所築也。縣南有義帝冢,内有石虎,因呼爲白虎郡。《東觀漢記》曰:茨充字子
河,爲桂陽太守,民惰嬾,少屩履,足多剖裂,茨教作履。今江南知織履,皆充之
教也。

3　黄溪東有馬嶺山,高六百餘丈,廣圓四十許里,漢末有郡民蘇耽栖遊此山。《桂陽
列仙傳》[2]云:耽,郴縣人,少孤,養母至孝。言語虛無,時人謂之癡。常與衆兒共牧

牛,更直爲帥,録牛無散。每至耽爲帥,牛輒徘徊左右,不逐自還。衆兒曰:汝直,
牛何道不走耶? 耽曰:非汝曹所知。即面辭母云:受性應仙,當違供養。涕泗又
説:年將大疫,死者略半,穿一井飲水,可得無恙。如是有哭聲甚哀[3]。後見耽乘白
馬還此山中,百姓爲立壇祠,民安歲登,民因名爲馬嶺山。

4　黄水又北流注于耒水,謂之郴口。耒水又西逕華山之陰,亦曰華石山,孤峯特聳,
　　枕帶雙流,東則黄溪、耒水之交會也。耒水東流沿注,不得北過其縣西也。兩岸連
　　山,石泉懸溜,行者輒徘徊留念,情不極已也。

又北過便縣之西,

5　縣,故惠帝封長沙王子吴淺爲侯國,王莽之便屏也。縣界有温泉水,在郴縣之西
　　北,左右有田數千畮[4],資之以溉。常以十二月下種,明年三月穀熟。度此水冷,不
　　能生苗,温水所溉,年可三登。其餘波散流,入于耒水也。

又西北過耒陽縣之東,

6　耒陽舊縣也,蓋因水以制名,王莽更名南平亭。東傍耒水,水東肥南,有郡故城。
　　縣有溪水,東出侯計山,其水清澈,冬温夏冷,西流,謂之肥川。川之北有盧塘,塘
　　池八頃,其深不測。有大魚常至,五月輒一奮躍,水湧數丈,波襄四陸,細魚奔迸,
　　隨水登岸,不可勝計。又云:大魚將欲鼓作,諸魚皆浮聚。水側注[5]西北,逕蔡洲。
　　洲西,即蔡倫故宅,傍有蔡子池。倫,漢黄門,順帝之世,擣故魚網爲紙,用代簡素,
　　自其始也。

又北過酃縣東,

7　縣有酃湖,湖中有洲,洲上民居,彼人資以給釀,酒甚醇美,謂之酃酒,歲常貢之。
　　湖邊尚有酃縣故治,西北去臨承縣十五里,從省隸[6]。《十三州志》曰:大別水南出
　　耒陽縣太山,北至酃縣入湖也。

北入于湘。

8　耒水西北至臨承縣而右注湘水,謂之耒口也。

【注　釋】　①右則千秋水注之　《水經注疏》作“左則千秋水注之”。《疏》:“朱‘左則’作‘又則’,
戴、趙改‘右則’。守敬按:《湖南通志圖》,此水在郴江之左,則‘右’字誤,今訂。”②桂陽列仙傳　書
名。此書隋唐諸志均不著録,不知撰者和撰述年代。已亡佚,無輯本。③如是有哭聲甚哀　此處原
文當有脱漏,語譯時視前後文意補足。④左右有田數千畮　《水經注疏》作“左右有田數十畝”。
《疏》:“戴改‘十’作‘千’。”會貞按:《續漢志·郴縣注》引《荆州記》,縣西北有温泉,其下有數十畝
田,常十二月下種,明年三月,新穀便登,一年三熟。又《御覽》八百二十一引盛弘之《荆州記》,下流

有田,恆資以浸灌,溫液所周,正可數畝。過此水氣輒冷,不復生苗。合觀之,是此《注》全本《荊州記》、《續漢志·注》亦作'數十畝',則此'十'字不誤。"⑤水側注 《疏》本在此處有注:"戴云:'按此三字有脫誤。'守敬按:'此蓋謂肥水注末水也。'"譯文據此補"注入末水"一句。⑥從省隸 殿本在此處有戴震案語:"宋太元二十年省郴縣入臨承,此三字上,當有脫文。"語譯時據戴震注補上。

【語　譯】

末水出桂陽郴縣南山,

1　末水發源於汝城縣東的烏龍白騎山,西北流經該縣北,西流三十里,其間有十四處礁灘,各長數百步,水流又深又急,礁灘如竹節相間,旅人逆水行舟或涉水渡河,都極其艱難。末水又西北流經晉寧縣北,又西流,左岸匯合於清溪水水口。清溪水發源於縣東黃皮山,西南流經縣南,又西北流注入末水。汝城縣在桂陽郡城東三百餘里,山又在縣東,末水絕無發源於南山的道理。

又北過其縣之西,

2　郴縣有淥水,發源於縣東俠公山,西北流,然後南轉注入末水,稱為程鄉溪。桂陽郡設酒官,在山下釀酒,稱為程酒,也和酃酒一樣,是用來進貢的。末水又西流,有黃水注入。黃水發源於縣西的黃岑山,此山即騎田嶠,是五嶺中的第二嶺。黃水東北流,據盛弘之說:從諸山流出的水注入大溪,名為橫流溪。溪水很小,但冬夏不涸,民間也稱之為貪泉,喝了這水,就會變得貪財,和廣州石門的貪流一樣。清廉的太守是不喝這水的。從前吳隱之飲了貪泉,卻並未受到誘惑,貪泉難道能改變他的清節嗎? 不飲這水,不過是因為討厭它的名字罷了。劉澄之說是同一條溪,通四會,實在太輕率無知了。庾仲初說:嶠水南流入始興,匯合溱水注入大海,這就是注入武溪的黃岑水。北水匯合桂陽的湘水,注入大江,就是這條水。右岸有千秋水注入。千秋水發源於西南的萬歲山。山上有巖洞,洞中有鐘乳,山上長遍靈壽樹,溪的下流就是千秋水。水邊民眾居住的地方,叫萬歲村。千秋水下流與黃水匯合。黃水又東北流經縣東,右岸匯合了除泉水。除泉水發源於縣南的湘陂村,村中有圓水,方圓約二百步,一邊水暖,一邊水冷。冷的地方極其澄清,水色翠綠,淺的地方看得到石子,深的地方看得到底。暖的地方水色乳白而渾濁。水色既不相同,冷暖也是互異,名為除泉,正如江乘的半湯泉一般。水大時流瀉入黃溪,水小時就會斷流。郴縣是舊縣,桂陽郡治所就在這裡。桂陽郡是漢高帝二年(公元前二〇五年),分長沙郡而設。《地理志》說:桂水發源在這裡,因此稱為桂陽。王莽改郡名為南平,縣名為宣風,城是項羽遷義帝時所築。縣南有義帝墓,內有石虎,因此叫白虎郡。《東觀漢記》說:茨充字子河,他當桂陽太守時,看到老百姓很懶惰,連粗劣的鞋子也很少穿,腳上常有破傷,於是就教他們做鞋子。現在江南知道做鞋,都是茨充教會的。

3　黃溪東有馬嶺山,高六百餘丈,方圓約四十里。漢末郡裡有個叫蘇耽的人,曾在這座山上居住和遨遊。《桂陽列仙傳》說:蘇耽,郴縣人,小時父親就死了,他奉養母親極其孝順,但說的都是些虛無縹緲的事,人們都說他是個傻子。他常常和孩子們一起放牛,大家輪流看管,把牛群趕到一起,以免散失。每次輪到蘇耽值班時,牛就只在近傍走動,不必去趕,都會自行返回的。孩子們問:你值班時,有什麼辦法使牛不走開呢?蘇耽說:這一點你們是不會知道的。他就辭別母親,說:我生性應當成仙,不能再供養您了。又流著淚說:今年將有一場大疫病,人要死掉一半。鑿一口井飲水,可以不得病。蘇耽母親去世安葬後,人們聽到山上傳來非常悲哀的哭聲。後來看到蘇耽騎著一匹白馬回到山中,百姓為他立祠,於是人民安寧,年成豐足,因此把山叫做馬嶺山。

4　黃水又北流注入耒水,匯流處稱為郴口。耒水又西流經華山北。華山也叫華石山,孤峰屹立高聳,山旁有兩條溪水流過,東邊是黃溪與耒水的匯合處。耒水一路向東奔流,是不可能往北流經縣西的。兩岸山巒連綿起伏,山巖間懸掛著下瀉的流泉,行人到這裡就盤桓不去,流連忘返了。

又北過便縣之西,

5　便縣,從前漢惠帝曾封給長沙王的兒子吳淺為侯國,也就是王莽時的便屏。便縣邊界上有溫泉水,在郴縣西北,兩岸有田數千畝,全都靠此水灌溉。常常在十二月下種,次年三月稻子成熟;過了這裡,水都是冷的,就不能長稻苗了。溫水灌溉得到的地方,每年三熟。灌溉剩餘下來的水,就散流注入耒水。

又西北過耒陽縣之東,

6　耒陽是舊縣,是按水命名的。王莽改名為南平亭。縣城東瀕耒水。在耒水以東、肥川以南,有一座老郡城。耒陽縣有一條溪水,發源於東方的侯計山,水很清澈,冬溫夏冷,西流叫肥川。肥川北有盧塘,面積八頃,深不可測。塘裡有大魚,常常到了五月間,魚就在水面騰躍,激起高達數丈的水浪,向四岸橫溢,小魚紛紛逃散,隨水被沖到岸上的多得數不清。又說:大魚將要鼓動水浪時,魚群就浮上水面,聚集在一起。肥水從旁流過注入耒水,耒水西北流經蔡洲,蔡洲西邊就是蔡倫的故居,旁有蔡子池。蔡倫是漢時的太監,順帝時,他把破魚網搗爛造紙,用以代替竹簡和帛。造紙就是蔡倫創始的。

又北過酃縣東,

7　酃縣有酃湖,湖中有個沙洲,洲上居民就用湖水來釀酒,這種酒的味道極其醇美,稱為酃酒,每年常用來進貢。湖邊還有酃縣老縣城,西北距臨承縣十五里。太元

二十年(公元三九五年),撤廢酈縣,併入臨承縣。《十三州志》說:大別水發源於南
方耒陽縣的太山,北流到酈縣注入酈湖。

北入于湘。

8　耒水西北流到了臨承縣後再向右注入湘水,匯流處叫耒口。

洣　水

洣水出荼陵縣上鄉,西北過其縣西,

1　水出江州安成郡廣興縣太平山,西北流逕荼陵縣之南①。漢武帝元朔四年,封長沙
定王子節侯訢之邑也,王莽更名聲鄉矣。洣水又屈而過其縣,西北流注也。《地理
志》謂之泥水者也。

又西北過攸縣南,

2　攸水出東南安成郡安復縣封侯山,西北流逕其縣北。縣北帶攸溪,蓋即溪以名縣
也。漢武帝元朔四年,封長沙定王子則爲攸輿侯,即《地理志》所謂攸縣者也。攸
水又西南流入荼陵縣,入于洣水也。

又西北過陰山縣南,

3　縣,本陽山縣也,縣東北猶有陽山故城,即長沙孝王子宗之邑也。言其勢王,故塹
山堙谷,改曰陰山縣。縣上有容水自侯曇山下注洣水,謂之容口。水有大穴,容一
百石,水出于此,因以名焉。

4　洣水又西北逕其縣東,又西逕歷口,縣有歷水,下注洣,謂之歷口。洣水又西北與
洋湖水會,水出縣西北樂藪岡下洋湖,湖去岡七里,湖水下注洣,謂之洋湖口。

5　洣水東北有羨山,縣東北又有武陽龍尾山,竝仙者羽化之處。上有仙人及龍馬跡,
于其處得遺詠。雖神栖白雲,屬想芳流,藉念泉鄉,遺詠在茲。覽其餘誦,依然息
遠,匪直邈想霞蹤,愛其文詠可念,故端牘抽札,以詮其詠。其略曰:登武陽,觀樂
藪,羨嶺千菴洋湖口,命蜚螭,駕白駒,臨天水,心踟躕,千載後,不知如。蓋勝賞神
鄉,秀情超拔矣。

又西北入于湘。

【注　釋】　①逕荼陵縣之南　此處有佚文一條。《名勝志·湖廣》十二《衡州府·酃縣》引《水經
注》:"泉不常見,遇邑政清明,年穀豐稔,其泉湔然,如米泔暴湧,耆舊相傳,疾者飲此多愈。"當是此
句下佚文。乾隆《衡州府志》卷六《山川·酃縣·洣泉》引《水經注》與《名勝志》同。五校鈔本、戴本

（指微波榭孔刻本）均已錄入此文。

【語　譯】

洣水出茶陵縣上鄉，西北過其縣西，

1　洣水發源於江州安成郡廣興縣的太平山，往西北流經茶陵縣南。漢武帝元朔四年（公元前一二五年），把茶陵封給長沙定王的兒子節侯劉訢作為食邑；王莽改名為聲鄉。洣水又轉彎流過縣城，然後往西北流去。這就是《地理志》所說的泥水。

又西北過攸縣南，

2　攸水發源於東南方安成郡安復縣的封侯山，往西北流經縣北。攸縣北臨攸溪，攸縣就是按溪來命名的。漢武帝元朔四年，封長沙定王的兒子劉則為攸興侯，就是《地理志》所說的攸縣。攸水又往西南流入茶陵縣，注入洣水。

又西北過陰山縣南，

3　陰山縣，本來叫陽山縣。該縣東北還有陽山老城，就是長沙孝王的兒子劉宗的食邑。據說這裡的地勢有王氣，所以掘山填谷，並改名為陰山縣。縣裡有容水，從侯曇山流下，注入洣水，匯流處叫容口。源頭有個大洞，容得下一百石，因水發源於此，所以名為容水。

4　洣水又西北流經縣東，又西流經歷口。縣裡有歷水，注入洣水，歷口就是二水的匯流處。洣水又西北流與洋湖水匯合。洋湖水出自陰山縣西北樂藪岡底下的洋湖，洋湖離岡七里，湖水從山岡下流，注入洣水，匯流處叫洋湖口。

5　洣水東北流到了羑山；縣城東北又有武陽山和龍尾山，都是仙人升天的地方。山上有仙人和龍馬的足跡，在那裡還發現他們留下的詩歌。他們的神靈雖然棲息於白雲之上，心情嚮往著靈山秀水，但仍然懷念著故鄉，在這裡留下吟詠。讀他們的詩歌，可以感到他們十分留戀遠方的棲息之地。我不止是遙想他們駕著祥雲來往的蹤跡，還喜愛他們的歌詞琅琅上口，所以拿了紙筆加以詮釋。歌詞大略是：登上武陽山，眺望著樂藪，莪嶺千花競發在洋湖口。驅著飛龍，駕著白駒，飛臨藍天碧水。不禁心裡躊躇。千年萬代之後，世事茫茫，不知何如。仙人遊賞這迷人的神鄉，他們高雅的情懷真是超凡絕俗的了。

又西北入于湘。

漉　水

漉水出醴陵縣東漉山，西過其縣南，

醴陵縣,高后四年封長沙相侯越爲國,縣南臨淥水,水東出安城鄉翁陵山。余謂漉、淥聲相近,後人藉便以淥爲稱。雖翁陵名異,而即麓是同。

屈從縣西西北流,至漉浦,注入于湘。

【語　譯】

漉水出醴陵縣東漉山,西過其縣南,

醴陵縣,於高后四年(公元前一八四年)封給長沙相侯越為侯國。縣城南瀕淥水,水源出自東方安城鄉的翁陵山。我想漉、淥二字讀音相近,後人為圖方便,就以淥字為名了。雖然翁陵一名相異,但靠近山麓這一點卻是相同的。

屈從縣西西北流,至漉浦,注入于湘。

瀏　水

瀏水出臨湘縣東南瀏陽縣,西北過其縣,東北與潙水合。

瀏水出縣東江州豫章縣首禆山,導源西北流,逕其縣南,縣憑溪以即名也。又西北注于臨湘縣也。

西入于湘。

【語　譯】

瀏水出臨湘縣東南瀏陽縣,西北過其縣,東北與潙水合。

瀏水發源於瀏陽縣東邊江州豫章縣的首禆山,發源後西北流,流經縣南,該縣就是因此水而得名的。又西北流向臨湘縣。

西入于湘。

潰　水

潰水出豫章艾縣,

《春秋左氏傳》曰:吳公子慶忌諫夫差,不納,居于艾是也。王莽更名治翰。

西過長沙羅縣西,

羅子自枝江徙此,世猶謂之爲羅侯城也。潰水又西流積而爲陂,謂之町湖也。

又西至累石山，入于湘水。

累石山在北，亦謂之五木山，山方尖如五木狀，故俗人藉以名之。山在羅口北，瀢水又在羅水南，流注于湘，謂之東町口者也。

【語　譯】

瀢水出豫章艾縣，

《春秋左氏傳》說：吳公子慶忌向夫差進諫，夫差不聽，於是慶忌就住到艾去。王莽改名為治翰。

西過長沙羅縣西，

羅子從枝江遷移到這裡，世人至今還把它稱為羅侯城。瀢水又西流，積水成為陂塘，叫町湖。

又西至累石山，入于湘水。

累石山在北，也叫五木山，山形方而尖，像是五顆骰子，所以俗人就以此作為山名。山在羅口北。瀢水又在羅水南，流注於湘水，匯流處叫東町口。

贛　水

贛水出豫章南野縣，西北過贛縣東，

1　《山海經》曰：贛水出聶都山，東北流注于江，入彭澤西也。班固稱南野縣，彭水所發，東入湖漢水。庾仲初謂大庾嶠水北入豫章，注于江者也。《地理志》曰：豫章水出贛縣西南，而北入江。蓋控引衆流，總成一川，雖稱謂有殊，言歸一水矣。故《後漢·郡國志》[①]曰：贛有豫章水。雷次宗云：似因此水爲其地名。雖十川均流，而此源最遠，故獨受名焉。劉澄之曰：縣東南有章水，西有貢水，縣治二水之間，二水合贛字，因以名縣焉。是爲謬也。劉氏專以字說水，而不知遠失其實矣。

2　豫章水導源東北流，逕南野縣北，贛川石阻，水急行難，傾波委注，六十餘里。又北逕贛縣東，縣即南康郡治。晉太康五年，分廬江立。豫章水右會湖漢水，水出雩都縣，導源西北流，逕金雞石，其石孤竦臨川，耆老云：時見金雞出于石上，故石取名焉。湖漢水又西北逕贛縣東，西入豫章水也。

又西北過廬陵縣西，

3　廬陵縣，即王莽之桓亭也。《十三州志》稱，廬水西出長沙安成縣。武帝元光六年，封長沙定王子劉蒼爲侯國，即王莽之用成也。吳寶鼎中立以爲安成郡。東至廬陵,入湖漢水也。

又東北過石陽縣西,

4　漢和帝永平九年,分廬陵立。漢獻帝初平二年,吳長沙桓王立廬陵郡,治此。豫章
水又逕其郡南,城中有井,其水色半清半黃,黃者如灰汁,取作飲粥,悉皆金色,而
甚芬香。

又東北過漢平縣南,又東北過新淦縣西[②],

5　牽水西出宜春縣,漢武帝元光六年,封長沙定王子劉成爲侯國,王莽之脩曉也。牽
水又東逕吳平縣,舊漢平也。晉太康元年,改爲吳平矣。牽水又東逕新淦縣,即王
莽之偶亭,而注于豫章水。湖漢及贛,並通稱也。又淦水出其縣下,注于贛水。

又北過南昌縣西[③],

6　盱水出南城縣,西北流逕南昌縣南,西注贛水。又有濁水注之,水出康樂縣,故陽
樂也。濁水又東逕望蔡縣,縣因汝南上蔡民萍居此土,晉太康元年,改爲望蔡縣。
濁水又東逕建成縣,漢武帝元光四年[④],封長沙定王子劉拾爲侯國,王莽更名之曰
多聚也。縣出燃石,《異物志》[⑤]曰:石色黃白而理疏,以水灌之便熱,以鼎著其上,
炊足以熟,置之則冷,灌之則熱,如此無窮。元康中,雷孔章入洛,齎石以示張公。
張公曰:此謂燃石。于是乃知其名。濁水又東至南昌縣東,流入于贛水。

7　贛水又歷白社西,有徐孺子墓。吳嘉禾中,太守長沙徐熙于墓隧種松,太守南陽謝
景于墓側立碑。永安中,太守梁郡夏侯嵩于碑傍立思賢亭。松大合抱,亭世脩治,
至今謂之聘君亭也。贛水又北歷南塘,塘之東有孺子宅,際湖南小洲上。孺子名
穉,南昌人,高尚不仕,太尉黃瓊辟不就。桓帝問尚書令陳蕃:徐穉、袁閎,誰爲先
後?蕃答稱:袁生公族,不鏤自雕;至于徐穉,傑出薄域,故宜爲先。桓帝備禮徵
之,不至。太原郭林宗有母憂,穉往弔之,置生芻于廬前而去。衆不知其故,林宗
曰:必孺子也。《詩》[⑥]云:生芻一束,其人如玉。吾無德以堪之。年七十二卒。

8　贛水又逕谷鹿洲,即蓼子洲也,舊作大艑處。贛水又北逕南昌縣故城西,于春秋屬
楚,即令尹子蕩師于豫章者也。秦以爲廬江南部,漢高祖六年,始命陳嬰以爲豫章
郡,治此,即陳嬰所築也[⑦]。王莽更名,縣曰宜善,郡曰九江焉。劉歆云:湖漢等九
水入彭蠡,故言九江矣。陳蕃爲太守,署徐穉爲功曹,蕃在郡不接賓客,惟穉來,特
設一榻,去則懸之,此即懸榻處也。建安中,更名西安,晉又名爲豫章。城之南門
曰松陽門,門內有樟樹,高七丈五尺,大二十五圍,枝葉扶疏,垂蔭數畝。應劭《漢
官儀》曰:豫章,樟樹生庭中,故以名郡矣。此樹嘗中枯,逮晉永嘉中,一旦更茂,豐
蔚如初,咸以爲中宗之祥也。《禮·斗威儀》曰:君政訟平,豫樟常爲生。太興中,

元皇果興大業于南,故郭景純《南郊賦》⑧云:弊樟擢秀于祖邑是也。以宣王祖爲
豫章故也。

9　贛水北出,際西北歷度支步,是晉度支校尉立府處。步,即水渚也。贛水又逕郡北
爲津步,步有故守賈萌廟,萌與安侯張普爭地,爲普所害,即日靈見津渚,故民爲立
廟焉。水之西岸有盤石,謂之石頭,津步之處也。西行二十里曰散原山,疊嶂四
周,杳邃有趣。晉隆安末,沙門竺曇顯建精舍于山南,僧徒自遠而至者相繼焉。西
北五六里有洪井,飛流懸注,其深無底,舊說洪崖先生之井也。北五六里有風雨
池,言山高瀨激,激著樹木,霏散遠灑若雨。西有鸞岡,洪崖先生乘鸞所憩泊也。
岡西有鵠嶺,云王子喬控鵠所逕過也。有二崖,號曰大蕭、小蕭,言蕭史所遊萃處
也。雷次宗云:此乃繫風捕影之論,據實本所未辯,聊記奇聞,以廣井魚之聽矣。
又按謝莊詩⑨,莊常遊豫章,觀井賦詩,言鸞岡四周有水,謂之鸞陂,似非虛論矣。

10　東大湖十里二百二十六步,北與城齊,南緣迴折至南塘,本通章江,增減與江水同。
漢永元中,太守張躬築塘以通南路,兼遏此水。冬夏不增減,水至清深,魚甚肥美。
每于夏月,江水溢塘而過,民居多被水害。至宋景平元年,太守蔡君西起堤,開塘
爲水門,水盛旱則閉之,内多則洩之,自是居民少患矣。

11　贛水又東北逕王步,步側有城,云是孫奮爲齊王鎮此城之,今謂之王步,蓋齊王之
渚步也。郡東南二十餘里又有一城,號曰齊王城。築道相通,蓋其離宮也。贛水
又北逕南昌左尉廨西,漢成帝時,九江梅福爲南昌尉居此,後福一旦捨妻子,去九
江,傳云得仙。

12　贛水又北逕龍沙西,沙甚潔白,高峻而阤,有龍形,連亘五里中,舊俗九月九日升高
處也。昔有人于此沙得故冢,刻塼題云:西去江七里半,筮言其吉,卜言其凶。而
今此冢垂没于水,所謂筮短龜長也。

13　贛水又逕椒丘城下,建安四年,孫策所築也。贛水又歷釣圻邸閣下,度支校尉治,
太尉陶侃移置此也。舊夏月,邸閣前洲没,去浦遠。景平元年,校尉豫章,因運出
之力,于渚次聚石爲洲,長六十餘丈,洲裏可容數十舫。

14　贛水又北逕鄡陽縣,王莽之豫章縣也。餘水注之,水東出餘汗縣,王莽名之曰治干
也。餘水北至鄡陽縣注贛水。贛水又與鄱水合,水出鄱陽縣東,西逕其縣南,武陽
鄉也。地有黃金采,王莽改曰鄉亭。孫權以建安十五年,分爲鄱陽郡。鄱水又西
流注于贛。又有繚水入焉,其水導源建昌縣,漢元帝永光二年,分海昏立。繚水東
逕新吳縣,漢中平中立。繚水又逕海昏縣,王莽更名宜生,謂之上繚水,又謂之海
昏江。分爲二水,縣東津上有亭,爲濟渡之要。其水東北逕昌邑城,而東出豫章大
江,謂之慨口。昔漢昌邑王之封海昏也,每乘流東望,輒憤慨而還,世因名焉。其

一水枝分別注,入于循水也。

又北過彭澤縣西,

15　循水出艾縣西,東北逕豫寧縣[⑩],故西安也,晉太康元年更從今名。循水又東北逕
永循縣,漢靈帝中平二年立。循水又東北注贛水。其水總納十川,同臻一瀆,俱注
于彭蠡也。

北入于江。

16　大江南,贛水總納洪流,東西四十里,清潭遠漲,緑波凝淨,而會注于江川。

【注　釋】　①後漢郡國志　應作《續漢書·郡國志》,此酈氏所明知,是其書寫隨意所致。②又東
北過新淦縣西　此處有佚文一條。《輿地紀勝》卷三十四《江南西路·臨江軍·景物》上《秀水》引
《水經注》:"南水過新淦縣,注于豫章,名秀水。"當是此段中佚文。③又北過南昌縣西　此以下有佚
文數條。雍正《江西通志》卷三十八《古迹·南昌府·劉繇城》引《水經注》:"贛水又東逕劉繇城。"
《方輿勝覽》卷十九《江西路·隆興府·山川·西山》引《水經注》:"有天寶洞天。"康熙《江西通
志》卷七《山川》下《撫州府·小皐水》引《水經注》:"瀘溪水合小皐逕袁州。"《寰宇記》卷一〇八
《江南西道》四《洪州·分寧縣》引《水經注》:"東流曲六百三十八里,出建昌城一百二十八里,入彭
蠡湖。"④漢武帝元光四年　《水經注疏》作"漢武帝元朔四年"。《疏》:"朱作'元光'。沈氏曰:按
《史表》是'元朔'。守敬按:《史記》原是'元朔',則'光'字之誤無疑,戴氏亦沿其誤。"⑤異物志
書名。《隋書·經籍志》著錄一卷,後漢議郎楊孚撰。此書與楊撰《交州異物志》與《南裔異物志》
是否同書,參見卷三十六《溫水》篇《南裔異物志》注釋。已亡佚,輯本收入於《嶺南遺書》第五集及
《叢書集成初編》。⑥詩　指《詩經·小雅·白駒》。其文在《後漢書·徐穉傳》。⑦始命陳嬰以為
豫章郡三句　《水經注疏》作:"始命灌嬰定豫章置南昌縣,以為豫章郡治,此即灌嬰所築也。"
《疏》:"戴以'灌嬰'為訛,並改作'陳嬰',云:按《史記·高祖功臣侯年表》稱堂邑侯陳嬰定豫章,
《漢書》同。守敬按:非也。《寰宇記》引《豫章記》,漢高六年,大將軍灌嬰築城,又《元和志》宜春溢
口等城,俱云灌嬰築。並云,南壄縣,灌嬰築,其城當亦嬰築,然則灌嬰雖與陳嬰共定豫章,而築諸
城者,當灌嬰也。"⑧南郊賦　詩賦名。晉郭景純撰,已亡佚。今有清嚴可均《全晉文》輯本。⑨謝
莊詩　《隋書·經籍志》著錄宋紫金光祿大夫《謝莊集》十九卷,今集已不存,詩收入於《藝文類聚》
卷二十八,題為謝莊《游豫章西山觀洪崖井詩》,又收入於丁福保《全宋詩》。謝莊,《宋書》有傳。
⑩豫寧縣　此縣,《大典》本、黃省曾本、《水經注箋》及其他多本多作"寧縣",當是由於晉、宋、齊諸
志均不載此縣之故。而《注》文記敘甚明:"故西安也,晉太康元年更從今名。"當是正史失載,如前
所舉,例子甚多。

【語　譯】

贛水出豫章南野縣,西北過贛縣東,

1　《山海經》說:贛水發源於羸都山,東北流注入江水,流入彭澤縣西部。班固說:南

野縣,彭水發源在這裡,東流注入湖漢水。庾仲初說:大庾嶠水北流進入豫章,注入江水。《地理志》說:豫章水發源於贛縣西南,北流入江。它接納了許多支流,合成一條大川。以上諸說中雖然名稱不同,但說的都是同一條水。所以《後漢書·郡國志》說:贛縣有豫章水。雷次宗說:豫章似乎就是以此水為名的。雖然水有十條,流量差不多一樣大,但以贛水源流最遠,所以唯獨以此水而得名。劉澄之說:贛縣東南有章水,西有貢水,縣治在兩水之間,兩字相合,成為贛字,因此就作為縣名了。這說法很荒唐。劉氏專門以字來釋水,卻不知這一來便遠遠失實了。

2　豫章水發源後東北流,流經南野縣北。贛水因亂石梗阻,水流湍急,行船困難,滾滾的波濤一瀉六十里。又北流經贛縣東,南康郡的治所就設在縣城中。南康郡是晉太康五年(公元二八四年),從廬江郡分出設立的。豫章水右岸匯合了湖漢水。湖漢水發源於雩都縣,西北流經金雞石。這塊巨石獨自臨江聳峙著,據老人們說:時常見有金雞出現於石上,所以取名為金雞石。湖漢水又西北流經贛縣東,西流注入豫章水。

又西北過廬陵縣西,

3　廬陵縣就是王莽時的桓亭。《十三州志》說:廬水發源於西方的長沙郡安成縣。漢武帝元光六年(公元前一二九年),把安成封給長沙定王的兒子劉蒼為侯國。就是王莽時的用成。吳寶鼎年間(公元二六六—二六九年)設立為安成郡。廬水東流到廬陵,注入湖漢水。

又東北過石陽縣西,

4　石陽縣是漢和帝永平九年,從廬陵分設的。漢獻帝初平二年(公元一九一年),吳長沙桓王設立廬陵郡,治所就在這裡。豫章水又流經郡南,城中有井,井水顏色半清半黃,黃的像灰汁,汲水煮粥,就成金色,非常芳香。

又東北過漢平縣南,又東北過新淦縣西,

5　牽水發源於西方的宜春縣。漢武帝元光六年,把宜春封給長沙定王的兒子劉成為侯國,就是王莽時的脩曉。牽水又東流經吳平縣,就是舊時的漢平。晉太康元年(公元二八〇年)改為吳平。牽水又東流經新淦縣,就是王莽時的偶亭,注入豫章水。湖漢水和贛水都是通稱。此外,還有淦水發源於縣中,注入贛水。

又北過南昌縣西,

6　盱水發源於南城縣,西北流經南昌縣南,西流注入贛水。又有濁水注入。濁水發源於康樂縣,就是從前的陽樂。濁水又東流經望蔡縣。因為汝南上蔡的人民流寓於此,所以在晉太康元年改為望蔡縣。濁水又東流經建成縣。漢武帝元光四年

(公元前一三一年),將該縣封給長沙定王的兒子劉拾為侯國,王莽改名為多聚。該縣出產燃石,《異物志》說:燃石呈黃白色,質地疏鬆,澆水就會發熱,把鍋子擱在上面,就可以把生的食物燒熟。放著就冷,澆水就發熱,可以無窮無盡地用下去。元康年間(公元二九一—二九九年),雷孔章去洛陽,帶了這種石頭給張公看。張公說:這叫燃石。這才知道它的名稱。濁水又東流到南昌縣東,注入贛水。

7 贛水又流經白社西,有徐孺子墓。吳嘉禾年間(公元二三二—二三八年),太守長沙人徐熙在墓道旁植松,太守南陽人謝景在墓旁立碑。永安年間(公元三○四年),太守梁郡人夏侯嵩在碑旁造思賢亭。松樹徑大可合抱,亭子世代修繕,現在稱為聘君亭。贛水又北流經南塘,塘東有孺子故居,在湖南小洲邊。孺子名穉,南昌人,品格高尚,不肯做官;太尉黃瓊徵召他,他不去。桓帝問尚書令陳蕃:將徐穉、袁閬二人相比,誰該居先,誰該在後? 陳蕃答道:袁生是王侯的宗族,不必別人抬舉,自己早已出人頭地了;至於徐穉,是在窮鄉僻壤脫穎而出的,所以相比起來應當居先。桓帝準備了禮品徵召他,他不肯去。太原郭林宗母親去世,徐穉去悼弔,在墓旁守喪的小屋前放了一束新割的青草後離去,人們都不知道這是什麼意思,郭林宗說:那一定是孺子了。《詩經》說:雖然只有青草一束,但賢人像美玉一般純潔溫潤。我沒有這麼高的德望,哪裡擔當得起呀。徐穉到七十二歲去世。

8 贛水又流經谷鹿洲,就是蓼子洲。從前是建造大船的地方。贛水又北流經南昌縣老城西,南昌縣在春秋時屬楚國,令尹子蕩的軍隊駐紮在豫章,即指此處。秦時作為廬江郡的南部都尉治;漢高祖六年(公元前二○一年),才命令陳嬰設置豫章郡,治所就在這裡。城就是陳嬰築的。王莽改名,縣稱宜善,郡名九江。劉歆說:湖漢等九條水都注入彭蠡,所以叫九江。陳蕃做太守,任徐穉為功曹,陳蕃在郡裡從不接待賓客,只有徐穉來,才特地為他擺了一張坐榻,他離去後就掛起來,這裡就是懸榻的地方。建安年間(公元一九六—二二○年),改名西安,晉時又名豫章。豫章城的南門叫松陽門,門內有樟樹,高七丈五尺,大二十五圍,枝葉扶疏,樹蔭掩蔽的地面廣達數畝。應劭《漢官儀》說:豫章,因為有樟樹生在庭院中,所以以此作為郡名。此樹一度枯凋,到晉永嘉年間(公元三○七—三一三年)忽又旺盛起來,枝葉繁茂猶如當年,人們都以為是中宗的吉祥徵兆。《禮斗威儀》說:君王政治修明,訴訟平息,豫樟就會長生。太興年間(公元三一八—三二一年),元帝果然在南方振興起大業。所以郭景純《南郊賦》說:在祖先的城邑裡,凋萎了的樟樹又長出一片綠蔭。這是因為宣帝的祖先來自豫章之故。

9 贛水北流,在郡城西北流過度支步,這是晉度支校尉設立官署的地方。步,就是水邊。贛水又流經郡北的渡頭,渡頭上有從前的郡守賈萌的祠廟。賈萌與安侯張普爭地盤,被張普謀害,當日鬼魂就在渡頭水邊顯靈。所以百姓為他立廟。贛水西岸有巨石,叫石頭,是渡頭的所在地。西行二十里,有散原山,四周峰巒層沓,山深谷遠,別有幽趣。晉隆安(公元三九七—四〇一年)末年,僧人竺曇顯在山南修建寺院,僧徒從遠方來這裡的絡繹不絕。西北五六里處有洪井,上有瀑布,飛瀉直下,注入井中,深不可測。舊時傳說這是仙人洪崖先生的井。往北五六里有風雨池,說是因山高灘急,飛流沖激到樹木,水花就飄散遠灑,像下雨一樣。西有鸞岡,是洪崖先生騎鸞停下休息的地方。山岡西有鵠嶺,傳說是仙人王子喬乘鵠經過的地方。有兩座石崖,稱為大蕭、小蕭,傳說是蕭史遊憩之處。雷次宗說:這都是捕風捉影的話。我本來就沒有對那些事跡作過鑑別,只是聊以記下奇聞異事,以增廣見聞罷了。又根據謝莊的詩,謝莊常遊豫章,見過此井,又寫過詩。他的詩說,鸞岡四周有水,叫鸞陂,好像這些說法又不是毫無根據的。

10　東大湖十里二百二十六步,北與城相平,南面彎彎曲曲,通到南塘,此湖本來與章江相通,湖水的漲落與江水相同。漢永元年間(公元八九—一〇五年),太守張躬築塘以通南路,同時又攔截章江的水,使江水無論冬夏都不增不減。水極清深,魚極肥美。但每到夏天,江水升漲,從塘上氾濫溢出,居民的房屋常遭水災。到了南朝宋景平元年(公元四二三年),太守蔡君在西邊築堤,在塘上開了水閘,天旱時關閉閘門;水大就開閘排泄,從此以後,居民很少再遭受水災了。

11　贛水又東北流經王步,埠頭旁邊有城,據說孫奮做齊王鎮守這裡時,築了這座城。現在稱為王步,因為這是齊王時水邊的埠頭。郡城東南二十餘里還有一座城,稱為齊王城,築路相通,這是齊王的行宮。贛水又北流經南昌左尉官署西。漢成帝時,九江人梅福當南昌尉時曾住在這裡。後來有一天梅福拋下妻子兒女,前往到九江,傳說他成仙了。

12　贛水又北流經龍沙西,沙很潔白,堆成沙丘,高峻傾斜,連綿長達五里,形狀像龍,照舊有的習俗,這是九月九日登高的地方。從前有人在這沙地中找到一座古墓,磚上刻的字說:西邊離江七里半,用蓍草占,說吉利;用龜甲卜,說不祥。現在墓已沒入水中,這就是所謂的蓍草占卜之數不如龜甲占卜的兆象靈驗吧。

13　贛水又流經椒丘城下,這座城是建安四年(公元一九九年)時,孫策所築。贛水又流經釣圻倉儲城下,這裡原是度支校尉的治所,是太尉陶侃遷到這裡來的。從前夏天時,倉儲城前的洲渚被水淹沒,離水邊較遠。景平元年(公元四二三年),豫章校尉利用運輸的人力,在渚旁用石頭結集成洲,長六十餘丈,洲裡可以容納數十隻船。

14　贛水又北流經鄡陽縣,就是王莽時的豫章縣。有餘水注入。餘水發源於東方的餘汗縣,王莽改名為治干。餘水北流到鄡陽縣注入贛水。贛水又與鄱水匯合。鄱水發源於鄱陽縣東,西流經縣南,就是武陽鄉。那地方有個黃金采縣,王莽改名為鄉亭。建安十五年(公元二一〇年),孫權分豫章另立鄱陽郡。鄱水又西流注入贛水。又有繚水注入。繚水源出建昌縣,該縣是漢元帝永光二年(公元前四二年)從海昏分出設立的。繚水東流經新吳縣,該縣是漢中平年間(公元一八四—一八九年)所立。繚水又流經海昏縣,王莽改名為宜生,稱此水為上繚水,又叫海昏江此水分為兩條,縣東渡頭上有個亭子,是過渡的要道。一條分支向東北流經昌邑城,東流從豫章注入大江,匯流處叫慨口。從前漢昌邑王封於海昏,每次在江上泛舟東望,就滿懷憤慨而回,因此世人稱為慨口。另一條分支往他處流,注入循水。

又北過彭澤縣西,

15　循水發源於艾縣西,往東北流經豫寧縣,就是舊時的西安,晉太康元年(公元二八〇年)改為現在的名稱。循水又東北流經永循縣,該縣是漢靈帝中平二年(公元一八五年)所立。循水又東北流注入贛水。贛水總共納入十水,匯合為一條大川,注入彭蠡澤。

北入于江。

16　大江以南,贛水匯合了各條大川,東西四十里間,澄碧的潭水伸向遠方,綠波明淨如鏡,注於江水。

廬江水

廬江水[①]出三天子都,北過彭澤縣西,北入于江。

1　《山海經》,三天子都,一曰天子鄣。王彪之《廬山賦叙》[②]曰:廬山,彭澤之山也,雖非五嶽之數,穹隆嵯峨,寔峻極之名山也。孫放《廬山賦》[③]曰:尋陽郡南有廬山,九江之鎮也。臨彭蠡之澤,接平敞之原。《開山圖》曰:山四方,周四百餘里,疊鄣之巖萬仞,懷靈抱異,苞諸仙迹。《豫章舊志》[④]曰:廬俗,字君孝,本姓匡,父東野王,共鄱陽令吳芮佐漢定天下而亡。漢封俗于鄡陽,曰越廬君。俗兄弟七人,皆好道術,遂寓精于宮亭之山,故世謂之廬山。漢武帝南巡,覩山以為神靈,封俗大明公。

2　遠法師《廬山記》[⑤]曰:殷、周之際,匡俗先生受道仙人,共遊此山,時人謂其所止為神仙之廬,因以名山矣。又按周景式曰:廬山匡俗,字子孝,本東里子,出周武王時,生而神靈,屢逃徵聘,廬于此山,時人敬事之。俗後仙化,空廬猶存,弟子覩室悲哀,哭之旦暮,事同烏號。世稱廬君,故山取號焉。

3　斯耳傳之談,非實證也。故《豫章記》⑥以廬爲姓,因廬以氏,周氏遠師,或託廬慕爲辭,假憑廬以託稱。二證既違,二情互爽,按《山海經》創之大禹,記錄遠矣。故《海內東經》曰:廬江出三天子都,入江彭澤西。是曰廬江之名,山水相依,互舉殊稱,明不因匡俗始。正是好事君子,強引此類,用成章句耳。又按張華《博物志‧曹著傳》,其神自云姓徐,受封廬山,後吳猛經過,山神迎猛。猛語曰:君王此山近六百年,符命已盡,不宜久居非據。猛又贈詩云:仰瞩列仙館,俯察王神宅;曠載暢幽懷,傾蓋付三益。此乃神道之事,亦有換轉,理難詳矣。

4　吳猛,隱山得道者也。《尋陽記》⑦曰:廬山上有三石梁,長數十丈,廣不盈尺,杳然無底。吳猛將弟子登山,過此梁,見一翁坐桂樹下,以玉杯承甘露漿與猛。又至一處,見數人爲猛設玉膏。猛弟子竊一寶,欲以來示世人,梁即化如指。猛使送寶還,手牽弟子,令閉眼相引而過。

5　其山川明淨,風澤清曠,氣爽節和,土沃民逸,嘉遯之士,繼響窟巖,龍潛鳳采之賢,往者忘歸矣。秦始皇、漢武帝及太史公司馬遷,咸升其巖,望九江而眺鍾、彭焉。廬山之北有石門水,水出嶺端,有雙石高竦,其狀若門,因有石門之目焉。水導雙石之中,懸流飛瀑,近三百許步,下散漫十許步,上望之連天,若曳飛練于霄中矣。下有磐石,可坐數十人,冠軍將軍劉敬宣,每登陟焉。

6　其水歷澗,逕龍泉精舍南,太元中,沙門釋慧遠所建也。其水下入江南嶺,即彭蠡澤西天子鄣也。峯隥險峻,人跡罕及。嶺南有大道,順山而下,有若畫焉。傳云:匡先生所通至江道。巖上有宮殿故基者三,以次而上,最上者極于山峯,山下又有神廟,號曰宮亭廟,故彭湖亦有宮亭之稱焉。余按《爾雅》云:大山曰宮。宮之爲名,蓋起于此,不必一由三宮也。

7　山廟甚神,能分風擘流,住舟遣使,行旅之人,過必敬祀,而後得去。故曹毗詠云:分風爲貳,擘流爲兩。

8　昔吳郡太守張公直,自守徵還,道由廬山,子女觀祠,婢指女戲妃像人,其妻夜夢致聘,怖而遽發,明引中流,而船不行。合船驚懼,曰:愛一女而合門受禍也。公直不忍,遂令妻下女于江。其妻布席水上,以其亡兄女代之,而船得進。公直方知兄女,怒妻曰:吾何面目于當世也。復下己女于水中。將渡,遙見二女于岸側,傍有一吏立曰:吾廬君主簿,敬君之義,悉還二女。故干寶書之于《感應》焉。

9　山東有石鏡,照水之所出。有一圓石,懸崖明淨,照見人形,晨光初散,則延曜入石,豪細必察,故名石鏡焉。又有二泉常懸注,若白雲帶山。《廬山記》曰:白水在黃龍南,即瀑布也。水出山腹,挂流三四百丈,飛湍林表,望若懸素,注處悉成巨井,其深不測。其水下入江淵。廬山之南有上霄石,高壁緬然,與霄漢連接。秦始皇三十六年，歎斯岳遠，遂記爲上霄焉。上霄之南，大禹刻石誌其丈尺里數，今猶得刻石之號焉。湖中有落星石，周迴百餘步，高五丈，上生竹木。傳曰：有星墜此，因以名焉。又有孤石，介立大湖中，周迴一里，竦立百丈，矗然高峻，特爲瓌異。上生林木，而飛禽罕集，言其上有玉膏可採，所未詳也。耆舊云：昔禹治洪水至此，刻石紀功，或言秦始皇所勒，然歲月已久，莫能合辨之也。

【注　釋】　①廬江水　實無此水，爲《山海經》之訛，參見本卷"題解"。②廬山賦敘　詩賦名。《隋書·經籍志》著錄晉左光祿《王彪之集》二十卷。此賦當在集中，今集已亡佚，賦引存於《北堂書鈔》卷一五八，作《廬山賦》，無"敘"字。清嚴可均《全晉文》所輯敘，即從《廬江水》篇鈔入。王彪之字叔武，行歷附見於《晉書·王廙傳》。③廬山賦　詩賦名。《隋書·經籍志》著錄晉國子博士《孫放集》一卷，殘闕。此賦當在其中，今集、賦俱佚，僅見嚴可均《全晉文》輯本。孫放字齊莊，行歷附見於《晉書·孫盛傳》。④豫章舊志　書名。《隋書·經籍志》著錄《豫章舊志》三卷，晉會稽太守熊默撰。《續漢書·郡國志注》、《世說新語·規箴篇注》、《藝文類聚》、《文選》等均有引存。⑤廬山記　書名。晉慧遠法師撰，隋唐諸志均不著錄，已亡佚。輯本收入於《守山閣叢書》及《叢書集成初編》等，書名作《廬山記略》。⑥豫章記　書名。南朝宋雷次宗撰。《隋書·經籍志》及《兩唐志》均著錄一卷，已亡佚。輯本收入於宛委山堂《說郛》弓六十七、《說郛》卷四、《玉函山房輯佚書補編》等。《宋史·藝文志》著錄雷次宗《豫章古今記》三卷，知宋時又有此書三卷，與隋唐諸志著錄者是否同書，因各書均已亡佚，無可核實。⑦尋陽記　書名。《隋書·經籍志》不著錄，但按其他引述，此書有三種。其一，《新唐書·藝文志》著錄張僧監《尋陽記》二卷，已亡佚，有宛委山堂《說郛》弓六十一及《說郛》卷四等輯本，撰者作晉張僧鑒。其二見《御覽》卷七一七引宋山謙之《尋陽記》。其三見《永樂大典》卷六八三〇，《十八陽》引王鎮之《尋陽記》，各書均已亡佚。

【語　譯】
廬江水出三天子都，北過彭澤縣西，北入于江。

1　按《山海經》，三天子都又稱天子鄣。王彪之《廬山賦敘》說：廬山，是彭澤的高山，雖然不在五嶽之內，但峰巒嵯峨雄偉，實在也是極其高峻的名山。孫放《廬山賦》說：尋陽郡南有廬山，是九江的主峰，此山俯臨彭蠡的大澤，鄰接平曠的原野。《開山圖》說：廬山伸展向四方，周圍四百餘里，層巒疊嶂，山巖高達萬仞，其間潛藏著許多靈異的事物，留著許多仙人的遺跡。《豫章舊志》說：廬俗，字君孝，本姓匡，他的父親東野王與鄱陽縣令吳芮爲輔佐漢室平定天下而死。漢封廬俗於鄡陽，號稱越廬君。廬俗兄弟七人，都喜好道術，就在宮亭山上修煉，所以世人稱爲廬山。漢武帝南巡時看到此山，覺得有點神異，就封廬俗爲大明公。

2　慧遠法師的《廬山記》說：殷、周之交，匡俗先生得到仙人傳授的道術，同遊此山，當時人們以為他所棲止的地方是神仙的廬舍,因而就以此作為山名。又按周景式說:廬山匡俗,字子孝,本來是東里子,周武王時人,因他生來就有神靈之性,屢次逃避朝廷的徵聘,在此山修建廬舍而居,當時人們都很敬仰他,奉他為師。匡俗後來升仙了,只留一間空屋。弟子看到他的居室都很悲哀,早晚號哭,就像黃帝登仙時小臣們抱著他的烏號弓哀哭一般。世人稱他為廬君,山就因而取名為廬山了。

3　這些不過是民間的口頭傳說,並無史實可證。所以《豫章記》以廬為姓,按廬字作山名;周景式和慧遠法師或者是仰慕廬山,就編造了這些故事,憑藉廬俗來假託山名。這兩條記載既相矛盾,兩件事情又互不一致。據《山海經》,關於廬山的記載還是始於大禹時,如此記錄就更遙遠了。所以《海內東經》說:廬江發源於三天子都,在彭澤以西入江。這就是說,廬江的名稱是山水相依的,兩者互舉,分明不是由匡俗開始的。這都是好事者硬把這類傳聞拿來編造故事罷了。又據張華《博物志·曹著傳》,山神自稱姓徐,受封於廬山,後來吳猛經過這裡,山神去迎接他。吳猛說:你在這山裡為王已近六百年,現在你受命為王的期限已到頭了,此地已非你所應占有,不宜再在這裡久居了。吳猛又贈詩說:仰望眾仙的樓臺館舍,俯視大王的仙宮靈府;千秋萬代享盡了快暢的情懷,逢摯友當把真情傾吐。這是神道之類事情,卻也有氣運的更變,按事理就很難說得清楚了。

4　吳猛是隱居深山得道的人。《尋陽記》說:廬山上有個三石梁,長數十丈,但寬不到一尺,下面深杳無底。吳猛帶子弟登山,走過這道石梁,看見一個老人坐在桂樹底下,用玉杯承接了甘露漿遞給吳猛。又到一處,看到有幾個人給吳猛擺了玉膏。吳猛弟子偷了一件寶物,想拿來給世人看看,石梁立即變得和手指一般細了。吳猛叫他把寶物送回去,手牽著弟子,叫他閉上眼睛,牽著他的手走過石梁回來。

5　廬山山明水秀,風清氣爽,氣候溫和,土壤肥沃,而人民安樂,山林隱逸的人士,到巖穴中來隱居的從未中斷;胸懷大才大志隱居於此的人士,一到這裡也會樂而忘歸了。秦始皇、漢武帝和太史公司馬遷,都曾登臨這裡的巖峰,遙望九江,憑眺石鍾山和彭蠡澤。廬山北有石門水。石門水發源於嶺端,那裡有兩塊高聳的巨石,形狀像門,因此有石門之名。水從這兩塊巨石之間流出,從懸崖上飛瀉而下,高近三百步,到了底下,飄散開來約十多步。從下面仰望,瀑布似乎高與天連,彷彿是從雲端垂下的一幅飄曳的白絹。下面有巨石,可坐數十人,冠軍將軍劉敬宣常常來此攀登。

6　石門水流過山間,流經龍泉精舍南,此精舍是太元年間(公元三七六—三九六年)僧人釋慧遠所建。石門水下瀉流入大江南面的山嶺,就是彭蠡澤西的天子鄣。這裡峰巒陡峭,山徑艱險,人跡罕至。嶺南有大路,沿山下行,風景如畫。據傳說,這是匡先生開闢通往江邊的道路。巖上有三處宮殿遺址,依次上山,最上面的遺址在峰頂;山下又有神廟,稱為宮亭廟,所以彭湖也有宮亭湖之稱。我查考過,《爾雅》說:大山叫宮。宮這名稱大概就起源於此,未必就是由三宮而來的。

7　山下的神廟十分靈驗,能使江湖中的風分向而吹,水分道而流;能把船隻固定在水上不動,也能使它開航。往來行人經過這裡,定要恭敬地祭祀,才可以離開。所以曹毗歌詠道:把風分成兩股,把水裂為兩道。

8　從前吳郡太守張公直,從任上被召返回,途經廬山。兒女們去參觀祠廟,一個丫鬟和他女兒開玩笑,指著妃子們的神像說是像她;那天晚上張公直的妻子夢見神來聘娶,感到十分害怕,立即就開船離開。天明時船航行到中流,就不能前進了。一船人都驚惶起來,說道:你捨不得一個女兒,卻讓全家都遭殃了。張公直心裡不忍,就讓妻子把女兒放到江中去。妻子先把席子攤開,放在水上,然後讓張公直已故哥哥的女兒去頂替,於是船又能前進了。這時候張公直才發覺放下去的是哥哥的女兒,他對妻子發怒道:你這麼做叫我還有什麼面目見人。於是又把自己的女兒放到水中。將抵對岸時,遠遠看到兩個姑娘在岸邊,旁邊站著的一個官吏說道:我是廬君的主簿,他敬佩你的義氣,特此把兩位姑娘送還。所以干寶把這件事寫入他書中的《感應》篇內。

9　山東有石鏡,是照水的發源地。有一塊圓石懸於崖上,光潔明淨,能照見人的身形;晨光中霧靄初散,陽光照射在石上時,周圍事物照映得纖毫畢露,所以叫石鏡。又有兩道泉水常在流瀉,猶如白雲在山間繚繞。《廬山記》說:黃龍南有白水,是一條瀑布。水從山腰流出,飛掛三四百丈,急流從林際奔瀉而下,浪花飛濺,望去宛如高懸的白絹。瀑布下注的地方,都成為巨井,深不可測。水流向山下注入江水中的深潭。廬山南有上霄石。峭壁望去十分高遠,與雲霄相接。秦始皇三十六年(公元前二一一年)驚嘆此山的高遠,於是就以上霄為名記載下來。上霄以南,大禹刻石記載它的丈尺里數,所以現在還有刻石之稱。湖中有落星石,周圍百餘步,高五丈,上面長著竹木。據傳說,有星墜落在這裡,所以叫落星石。又有一塊孤石,獨立在大湖中,周圍一里,高聳屹立百丈,瑰奇卓絕;頂上雖有林木叢生,但飛禽卻極少聚集到這裡來。傳說上面有玉膏可採,但實際如何不得而知。老人們說:從前大禹治水到過這裡,刻石紀功;也有人說碑是秦始皇所立。但年代久遠,無從考辨了。

【研　析】《水經注》描寫自然風景的技巧之一是運用歌謠諺語。因為這些歌謠諺語都是在當地長期流傳,是經過千錘百鍊的作品。例如《江水》篇中的黃牛山:"朝發黃牛,暮宿黃牛,三朝三暮,黃牛如故。"這首歌謠顯然是出於當地舟人之口,短短十六字,用以描寫黃牛山的高聳特異和江道的迂迴曲折，實在勝過千百字的描寫。在此卷之中，酈氏《沅水》篇中引用了一首描寫綠蘿山的歌謠（今本遺佚，為《廣博物志》所收錄），文字確實瑰麗，令人百讀不厭。特別是《洣水》篇的一首遺詠。歌詞說：「登武陽，觀樂藪，莪嶺千藗洋湖口，命蜚螭，駕白駒，臨天水，心踟躕，千載後，不知如。」「千載後，不知如」，現在這個地方的自然風景是否還和當年地那樣逗人？而這首文字精練，音韻動人的遺詠，是否還在當地傳誦，令人懷念？這是值得珍貴的古人文化遺產，是這個地區的寶貴文學財富。藉酈氏的搜羅，得以保存下來，這也是《水經注》其書所以能流傳不朽的原因。

卷四十　漸江水　斤江水
江以南至日南郡二十水
禹貢山水澤地所在

【題　解】　此卷包括《漸江水》、《斤江水》、《江以南至日南郡二十水》、《禹貢山水澤地所在》四篇,其中最主要的和篇幅最大的是《漸江水》,是全卷的重點。

　　漸江水即今錢塘江,古稱浙江(浙江省名即因此而得),《莊子·外物》篇稱浙河,漸(古音斬)、浙、浙,均是一音之轉。因為這個地區原是越人居住之地,通行越語,至今還保留著不少越語地名,如餘姚、餘杭、諸暨、上虞之類。漸、浙、浙顯然是越音的不同漢譯。《山海經》原稱此水為浙江,大部分古籍也稱浙江。而《漢書·地理志》、《說文解字》、《水經》則稱為漸江。酈道元在《注》文中不說漸江而只說浙江,大概他不贊成漸江這個名稱。按《經》文和《注》文一致的說法,今新安江是此水的幹流。但最近數十年來,不知是什麼原因,從教科書到辭書,都說錢塘江發源於馬金溪上流的蓮花尖(蓮花尖在浙江省境內,後來又從馬金溪上溯,把江源定在安徽省境內的青芝埭尖),這就是《注》文中所說的定陽溪水。這樣,新安江就成了錢塘江的支流。從公元一九八三年起,浙江省地理學會、水利學會、林學會、測繪學會等幾個學會,聯合組成了錢塘江河源河口考察隊,進行了兩年的實地考察,考察的結果,以大量數據證明了《水經注》把新安江作為此水幹流是正確的,並且查實了此水發源於安徽休寧的六股尖。並已於公元一九八五年舉行了全國水利、地理界的考察成果論證會，得到了一致的公認，且通過新華社發了電訊。按考察的結果，錢塘江全長六百零五公里，流域面積約四萬八千八百平方公里。

斤江水，殿本戴震案語：“《漢書》作斤貟水。”其實可能是斤南水之誤。卷三十六《溫水》篇中《經》文說：“又東至領方縣東，與斤南水合。”《注》文說：“（臨塵）縣有斤南水、侵離水，竝逕臨塵，東入領方縣，流注鬱水。”既然酈氏在《溫水》篇已經作了記敘，而在此篇中，酈氏所注與《溫水》篇同，則斤江水當是後來傳鈔之誤，原作斤南水，斤南水即今西江上游之一的左江。

《江以南至日南郡二十水》篇中，僅侵離、勇外二水之下有酈氏《注》文，侵離水當為斤南水，即今左江的一條支流，或是今廣西的明江。“侵離”、“斤南”，當是一名二譯。故此二十水原名都非漢語。對於此二十水，酈道元也甚疏昧，故僅能在《經》文“勇外”下說：“此皆出日南郡西，東入于海。”現在也已無法考實。

《禹貢山水澤地所在》篇中，《水經》列舉了六十處地名，包括山四十座，澤八處，地五處（流沙地、九江地、東陵地、大邳地、三澨地）、水三條（菏水、益州沱水、荊州沱水），又敷淺原與陶丘。其中有許多與以前的《經》、《注》重複。酈道元在六十條中僅作《注》二十二條，有三十八條不著一字。

此篇之中，《經》文“流沙地在張掖居延縣東北”下，《注》文說：“弱水入流沙，流沙，沙與水流行也。”此處酈氏提及弱水之名。又《史記》卷二《本紀》二《夏本紀》：“弱水既西。”《索隱》引《水經注》云：“弱水出張掖刪丹縣西北，至酒泉會水縣入合黎山腹。”又《尚書正義》卷六：“導黑水至于三危，入于南海。”唐孔穎達疏引《水經注》云：“黑水出張掖雞山，南流至燉煌，過三危山，南流入于南海。”此處《史記索隱》弱水，《尚書孔疏》黑水，均為今本酈《注》所佚。趙一清曾廣輯此二水佚文，參以他書，作了《補弱水》、《補黑水》二篇。

漸江水

漸江水出三天子都，

《山海經》謂之浙江也。《地理志》云：水出丹陽黟縣南蠻中，北逕其縣，南有博山，山上有石，特起十丈，上峯若劍杪。時有靈鼓潛發，正長臨縣，以山鼓為候，一鳴官長一年，若長雷發聲，則官長不吉。浙江又北歷黟山，縣居山之陽，故縣氏之。漢成帝鴻嘉二年，以為廣德國，封中山憲王孫雲客王于此。晉太康中以為廣德縣，分隸宣城郡。會稽陳業，潔身清行，遁跡此山。浙江又北逕歙縣，東與一小溪合。水出縣東北翁山,西逕故城南,又西南入浙江。又東逕遂安縣南,溪廣二百步,上立杭以相通,水甚清深,潭不掩鱗,故名新定,分歙縣立之。晉太康中,又改從今名。浙江又左合絕溪,溪水出始新縣西,東逕縣故城南,爲東、西長溪。溪有四十七瀨,瀒流驚急,奔波聒天。孫權使賀齊討黟、歙山賊,賊固黟之林歷山,山甚峻絕,又工禁五兵,齊以鐵杙椓山,升出不意,又以白棓擊之,氣禁不行,遂用奇功平賊。于是立始新之府于歙之華鄉,令齊守之,後移出新亭,晉太康元年,改曰新安郡。溪水東注浙江,浙江又東北逕建德縣南。縣北有烏山,山下有廟,廟在縣東七里。廟渚有大石,高十丈,圍五尺,水瀨瀒激,而能致雲雨。浙江又東逕壽昌縣南,自建德至此八十里中,有十二瀨,瀨皆峻險,行旅所難。縣南有孝子夏先墓,先少喪二親,負土成墓,數年不勝哀,卒。浙江又北逕新城縣,桐溪水注之,水出吳興郡於潛縣北天目山。山極高峻,崖嶺竦疊,西臨峻澗。山上有霜木,皆是數百年樹,謂之翔鳳林。東面有瀑布,下注數畮深沼,名曰浣龍池。池水南流逕縣西,爲縣之西溪。溪水又東南與紫溪合,水出縣西百丈山,即潛山也。山水東南流,名爲紫溪,中道夾水,有紫色磐石,石長百餘丈,望之如朝霞,又名此水爲赤瀨,蓋以倒影在水故也。紫溪又東南流逕白石山之陰,山甚峻極,北臨紫溪。又東南,連山夾水,兩峯交峙,反項對石,往往相捍。十餘里中,積石磊砢,相挾而上。澗下白沙細石,狀若霜雪,水木相映,泉石爭暉,名曰樓林。紫溪東南流逕桐廬縣東爲桐溪,孫權藉溪之名以爲縣目,割富春之地立桐廬縣。自縣至於潛,凡十有六瀨。第二是嚴陵瀨,瀨帶山,山下有一石室,漢光武帝時,嚴子陵之所居也。故山及瀨皆即人姓名之。山下有磐石,周迴十數丈,交枕潭際,蓋陵所遊也。桐溪又東北逕新城縣入浙江。縣,故富春地,孫權置,後省并桐廬,咸和九年,復立爲縣。浙江又東北入富陽縣,故富春也。晉后名春,改曰富陽也。東分爲湖浦。浙江又東北逕富春縣南。縣,故王莽之誅歲也。江南有山,孫武皇之先所葬也。漢末,墓上有光,如雲氣屬天。黃武五年[1],孫權以富春爲東安郡,分置諸郡,以討士宗[2]。浙江又東北逕亭山西,山上有孫權父冢。

北過餘杭,東入于海。

浙江逕縣,左合餘干大溪。江北即臨安縣界。水北對郭文宅,宅傍山面溪,宅東有郭文墓。晉建武元年,驃騎王導迎文,置之西園,文逃此而終,臨安令改葬之。建武十六年,縣民郎稚作亂[3],賀齊討之。孫權分餘杭立臨水縣,晉改曰臨安縣。因岡爲城,南門尤高。謝安蒞郡遊縣,逕此門,以爲難爲亭長。浙江又東逕餘杭故縣南、新縣北,秦始皇南遊會稽,途出是地,因立爲縣,王莽之進睦也。漢末陳渾移築南城,縣後溪南大塘,即渾立以防水也[4]。縣南有三碑,是顧颺、范寧等碑。縣南有大壁山,郭文自陸渾遷居也。浙江又東逕烏傷縣北,王莽改曰烏孝,《郡國志》謂之烏傷。《異苑》⑤曰:東陽顏烏,以淳孝著聞,後有羣烏助銜土塊爲墳,烏口皆傷。一境以爲顏烏至孝,故致慈烏,欲令孝聲遠聞,又名其縣曰烏傷矣。浙江又東北流至錢塘縣,穀水入焉,水源西出太末縣,縣是越之西鄙,姑蔑之地也。秦以爲縣,王莽之末理也。吳寶鼎中,分會稽立,隸東陽郡。穀水東逕獨松故冢下,冢爲水毀,其塼文:筮言吉,龜言凶,百年墮水中。今則同龜繇矣。穀水又東逕長山縣南,與永康溪水合,縣,即東陽郡治也。縣,漢獻帝分烏傷立;郡,吳寶鼎中分會稽置。城居山之陽,或謂之長仙縣也。言赤松采藥此山,因而居之⑥,故以爲名。後傳呼乖謬,字亦因改。溪水南出永康縣,縣,赤烏中分烏傷上浦立。劉敬叔《異苑》曰:孫權時,永康縣有人入山,遇一大龜,即束之以歸。龜便言曰:遊不量時,爲君所得。擔者怪之,載出欲上吳王。夜宿越里,纜船于大桑樹。宵中,樹忽呼龜曰:元緒,奚事爾也? 龜曰:行不擇日,今方見烹,雖盡南山之樵,不能潰我。樹曰:諸葛元遜識性淵長,必致相困,令求如我之徒,計將安治? 龜曰:子明無多辭。既至建業,權將煮之,燒柴萬車,龜猶如故。諸葛恪曰:燃以老桑乃熟。獻人仍説龜言,權使伐桑取煮之,即爛。故野人呼龜曰元緒。其水飛湍北注,至縣南門入穀水。穀水又東,定陽溪水注之,水上承信安縣之蘇姥布。縣,本新安縣⑦,晉武帝太康三年,改曰信安。水懸百餘丈,瀨勢飛注,狀如瀑布。瀨邊有石如牀,牀上有石牒,長三尺許,有似雜采帖也。《東陽記》⑧云:信安縣有懸室坂,晉中朝時,有民王質,伐木至石室中,見童子四人彈琴而歌,質因留,倚柯聽之。童子以一物如棗核與質,質含之便不復饑。俄頃,童子曰:其歸。承聲而去,斧柯漼然爛盡。既歸,質去家已數十年,親情凋落,無復向時比矣。其水分納衆流,混波東逝,逕定陽縣。夾岸緣溪,悉生支竹,及芳枳、木連,雜以霜菊、金橙。白沙細石,狀如凝雪,石溜湍波,浮響無輟,山水之趣,尤深人情。縣,漢獻帝分信安立,溪亦取名焉。溪水又東逕長山縣北,北對高山,山下水際,是赤松羽化之處也。炎帝少女追之,亦俱仙矣,後人立廟于山下。溪水又東入于穀水,穀水又東逕烏傷縣之雲黃山,山下臨溪水,水際石壁傑立,高百許丈。又與吳寧溪水合,水出吳寧縣下,逕烏傷縣入穀,謂之烏傷溪水。閩中有徐登者,女子化爲丈夫,與東陽趙昞竝善越方。時遭兵亂,相遇于溪,各示所能。登先禁溪水爲不流,昞次禁枯柳,柳爲生荑。二人相示而笑。登年長,昞師事之。後登身故,昞東入章安,百姓未知,昞乃升茅屋,梧鼎而爨。主人驚怪,昞笑而不應,屋亦不損。又嘗臨水求渡,船人不許,昞乃張蓋坐中,長嘯呼風,亂流而濟。于是百姓神服,從者如歸。章安令惡而殺之,民立祠于永寧,而蚊蚋不能入。昞秉道懷術,而不能全身避害,事同萇弘、宋元之龜,厄運之來,故難救矣。穀水又東入錢唐縣,而左入浙江。故《地理志》曰:穀水自太末東北至錢唐入浙江是也。浙江又東逕靈隱山。山在四山之中,有高崖洞穴,左右有石室三所。又有孤石壁立,大三十圍,其上開散,狀如蓮花。昔有道士,長往不歸,或因以稽留爲山號。山下有錢唐故縣,浙江逕其南,王莽更名之曰泉亭。《地理志》曰:會稽西部都尉治。《錢唐記》[9]曰:防海大塘在縣東一里許,郡議曹華信家議立此塘,以防海水。始開募有能致一斛土者,即與錢一千。旬月之間,來者雲集,塘未成而不復取,于是載土石者,皆棄而去,塘以之成,故改名錢塘焉[10]。縣南江側有明聖湖,父老傳言,湖有金牛,古見之,神化不測,湖取名焉。縣有武林山,武林水所出也。闞駰云:山出錢水,東入海。《吳地記》[11]言,縣惟浙江,今無此水。縣東有定、包諸山,皆西臨浙江。水流于兩山之間,江川急濬,兼濤水晝夜再來,來應時刻,常以月晦及望尤大,至二月、八月最高,峨峨二丈有餘。《吳越春秋》以爲子胥、文種之神也。昔子胥亮于吳,而浮尸于江,吳人憐之,立祠于江上,名曰胥山。《吳錄》[12]云:胥山在太湖邊,去江不百里,故曰江上。文種誠于越,而伏劍于山陰,越人哀之,葬于重山。文種既葬一年,子胥從海上負種俱去,游夫江海。故潮水之前揚波者,伍子胥;後重水者,大夫種。是以枚乘曰:濤無記焉,然海水上潮,江水逆流,似神而非,于是處焉。秦始皇三十七年,將遊會稽,至錢唐,臨浙江,所不能渡,故道餘杭之西津也。浙江北合詔息湖,湖本名陌湖,因秦始皇帝巡狩所憩,故有詔息之名也。浙江又東合臨平湖。《異苑》曰,晉武時,吳郡臨平岸崩,出一石鼓,打之無聲,以問張華,華云:可取蜀中桐材,刻作魚形,扣之則鳴矣。于是如言,聲聞數十里。劉道民詩[13]曰:事有遠而合,蜀桐鳴吳石。傳言此湖草薉壅塞,天下亂;是湖開,天下平。孫皓天璽元年,吳郡上言:臨平湖自漢末穢塞,今更開通。又于湖邊得石函,函中有小石,青白色,長四寸,廣二寸餘,刻作皇帝字,于是改天册爲天璽元年。孫盛以爲元皇中興之符徵,五湖之石瑞也。《錢唐記》曰:桓玄之難,湖水色赤,熒熒如丹。湖水上通浦陽江,下注浙江,名曰東江,行旅所從,以出浙江也。浙江又逕固陵城北,昔范蠡築城于浙江之濱,言可以固守,謂之固陵,今之西陵也。浙江又東逕柤塘,謂之柤瀆。昔太守王朗拒孫策,數戰不利。孫靜説策曰:朗負阻城守,難可卒拔,柤瀆去此數十里,是要道也。若從此出,攻其無備,破之必矣。策從之,破朗于固陵。有西陵湖,亦謂之西城湖。湖西有湖城山,東有夏架山,湖水上承妖皋溪,而下注浙江。又逕會稽山陰縣,有苦竹里。里有舊城,言句踐封范蠡子之邑也。浙江又東與蘭溪合,湖南有天柱山,湖口有亭,號曰蘭亭[14],亦曰蘭上里。太守王羲之、謝安兄弟,數往造焉。吳郡太守謝勗封蘭亭侯,蓋取此亭以爲封號也。太守王廙之,移亭在水中,晉司空何無忌之臨郡也,起亭于山椒,極高盡眺矣。亭宇

雖壞，基陛尚存。浙江又逕越王允常冢北，冢在木客村，耆彥云：句踐使工人伐榮
楯，欲以獻吳，久不得歸，工人憂思，作《木客吟》[15]。後人因以名地。句踐都琅邪，
欲移允常冢。冢中生分風，飛沙射人，人不得近，句踐謂不欲，遂止。浙江又東北
得長湖口[16]，湖廣五里，東西百三十里。沿湖開水門六十九所，下溉田萬頃，北瀉長
江。湖南有覆斗山，周五百里，北連鼓吹山，山西枕長溪，溪水下注長湖。山之西
嶺有賀臺，越入吳，還而成之，故號曰賀臺矣。又有秦望山，在州城正南，爲眾峯之
傑，陟境便見。《史記》云：秦始皇登之，以望南海。自平地以取山頂七里，懸磴孤
危，徑路險絕。《記》[17]云：扳蘿捫葛，然後能升，山上無甚高木，當由地迴多風所
致。山南有嶕峴，峴裏有大城，越王無餘之舊都也。故《吳越春秋》云：句踐語范蠡
曰：先君無餘，國在南山之陽，社稷宗廟在湖之南。又有會稽之山，古防山也，亦謂
之爲茅山，又曰棟山。《越絕》云：棟猶鎮也。蓋《周禮》所謂揚州之鎮矣。山形四
方，上多金玉，下多玦石。《山海經》曰：夕水出焉，南流注于湖。《吳越春秋》稱，
覆釜山之中有《金簡玉字之書》，黃帝之遺讖也。山下有禹廟，廟有聖姑像。《禮樂
緯》[18]云：禹治水畢，天賜神女聖姑，即其像也。山上有禹冢，昔大禹即位十年，東巡
狩，崩于會稽，因而葬之。有鳥來，爲之耘，春拔艸根，秋啄其穢，是以縣官禁民，不
得妄害此鳥，犯則刑無赦[19]。山東有湮井，去廟七里，深不見底，謂之禹井，云東遊
者多探其穴也。秦始皇登會稽山，刻石紀功，尚存山側。孫暢之《述書》[20]云，丞相
李斯所篆也。又有石匱山，石形似匱，上有《金簡玉字之書》，言夏禹發之，得百川
之理也。又有射的山，遠望山的，狀若射侯，故謂射的。射的之西有石室，名之爲
射堂。年登否，常占射的，以爲貴賤之準。的明則米賤，的闇則米貴。故諺云：射
的白，斛米百；射的玄，斛米千。北則石帆山，山東北有孤石，高二十餘丈，廣八丈，
望之如帆，因以爲名。北臨大湖，水深不測，傳與海通。何次道作郡，常于此水中
得烏賊魚。南對精廬，上蔭脩木，下瞰寒泉，西連會稽山，皆一山也。東帶若邪溪，
《吳越春秋》所謂歐冶涸而出銅，以成五劍。溪水上承嶕峴麻溪，溪之下，孤潭周數
畮，甚清深。有孤石臨潭，乘崖俯視，援狄驚心，寒木被潭，森沈駭觀。上有一櫟
樹，謝靈運與從弟惠連常遊之，作連句，題刻樹側。麻潭下注若邪溪，水至清照，眾
山倒影，窺之如畫。漢世劉寵作郡，有政績，將解任去治，此溪父老，人持百錢出
送，寵各受一文。然山栖遯逸之士，谷隱不羈之民，有道則見，物以感遠爲貴，荷錢
致意，故受者以一錢爲榮，豈藉費也，義重故耳。溪水下注大湖。邪溪之東，又有
寒溪。溪之北有鄭公泉，泉方數丈，冬溫夏涼，漢太尉鄭弘宿居潭側，因以名泉。
弘少以苦節自居，恒躬采伐，用貿糧膳，每出入溪津，常感神風送之，雖憑舟自運，
無杖楫之勞。村人貪藉風勢，常依隨往還。有淹留者，徒輩相謂，汝不欲及鄭風

邪？其感致如此。湖水自東，亦注江通海。水側有白鹿山，山北湖塘上舊有亭，吳黃門郎楊哀明居于弘訓里，太守張景數往造焉。使開瀆作埭，埭之西作亭，亭、埭皆以楊爲名。孫恩作賊，從海來，楊亭被燒，後復脩立，厥名猶在。東有銅牛山，山有銅穴三十許丈，穴中有大樹神廟。山上有冶官，山北湖下有練塘里，《吳越春秋》云：句踐練冶銅錫之處。采炭于南山，故其間有炭瀆。句踐臣吳，吳王封句踐於越百里之地，東至炭瀆是也。縣南九里有侯山，山孤立長湖中。晉車騎將軍孔敬康，少時遯世，栖跡此山。湖北有三小山，謂之鹿野山，在縣南六里。按《吳越春秋》，越之麋苑也。山有石室，言越王所遊息處矣。縣南湖北有陳音山。楚之善射者曰陳音，越王問以射道，又善其說，乃使簡士習射北郊之外。按《吳越春秋》，音死，葬于國西山上。今陳音山乃在國南五里，湖北有射堂及諸邸舍，連衍相屬，又于湖中築塘，直指南山。北即大越之國，秦改爲山陰縣㉑，會稽郡治也。太史公曰：禹會諸侯，計于此，命曰會稽。會稽者，會計也。始以山名，因爲地號。夏后少康封少子杼以奉禹祠爲越，世歷殷周，至于允常，列于《春秋》。允常卒，句踐稱王，都于會稽。《吳越春秋》所謂越王都埤中㉒，在諸暨北界。山陰康樂里有地名邑中者，是越事吳處。故北其門，以東爲右，西爲左，故雙闕在北門外，闕北百步有雷門，門樓兩層，句踐所造，時有越之舊木矣。州郡館宇，屋之大瓦，亦多是越時故物。句踐霸世，徙都瑯邪，後爲楚伐，始還浙東。城東郭外有靈汜，下水甚深，舊傳下有地道，通于震澤。又有句踐所立宗廟，在城東明里中甘滂南。又有玉笥、竹林、雲門、天柱精舍，竝疏山創基，架林裁宇，割澗延流，盡泉石之好，水流逕通。浙江又北逕山陰縣西，西門外百餘步有怪山，本瑯邪郡之東武縣山也，飛來徙此，壓殺數百家。《吳越春秋》稱：怪山者，東武海中山也。一名自來山，百姓怪之，號曰怪山。亦云：越王無疆爲楚所伐，去瑯邪，止東武，人隨居山下。遠望此山，其形似龜，故亦有龜山之稱也。越起靈臺于山上，又作三層樓以望雲物，川土明秀，亦爲勝地。故王逸少云：從山陰道上，猶如鏡中行也。浙江之上，又有大吳王、小吳王邨，竝是闔閭、夫差伐越所舍處也。今悉民居，然猶存故目。昔越王爲吳所敗，以五千餘衆，栖于稽山，卑身待士，施必及下。《呂氏春秋》曰：越王之栖于會稽也，有酒投江，民飲其流，而戰氣自倍。所投，即浙江也。許慎、晉灼竝言：江水至山陰爲浙江。江之西岸有朱室塢。句踐百里之封，西至朱室，謂此也。浙江又東北逕重山西，大夫文種之所葬也。山上有白樓亭，亭本在山下，縣令殷朗移置今處。沛國桓儼，避地會稽，聞陳業履行高潔，往候不見。儼後浮海，南入交州。臨去，遺書與業，不因行李，繫白樓亭柱而去。升陟遠望，山湖滿目也。永建中，陽羨周嘉上書，以縣遠，赴會至難，求得分置，遂以浙江西爲吳，以東爲會稽。漢高帝十二年㉓，一吳也，後分爲三,世號三吳:吳興、吳郡、會稽其一焉。浙江又東逕禦兒鄉。《萬善歷》[24]曰:吳黃武六年正月,獲彭綺。是歲,由拳西鄉有產兒,墮地便能語,云:天方明,河欲清,鼎腳折,金乃生。因是詔爲語兒鄉。非也,禦兒之名遠矣,蓋無智之徒,因藉地名,生情穿鑿耳。《國語》曰:句踐之地,北至禦兒是也。安得引黃武證地哉?韋昭曰:越北鄙在嘉興。浙江又東逕柴辟南,舊吳、楚之戰地矣。備候于此,故謂之辟塞。是以《越絕》稱,吳故從由拳、辟塞渡會稽,湊山陰是也。又逕永興縣北,縣在會稽東北百二十里,故餘暨縣也。應劭曰:闔閭弟夫槩之所邑,王莽之餘衍也。漢末童謠云:天子當興東南三餘之間。故孫權改曰永興。縣濱浙江,又東合浦陽江。江水導源烏傷縣,東逕諸暨縣,與洩溪合。溪廣數丈,中道有兩高山夾溪,造雲壁立,凡有五洩。下洩懸三十餘丈,廣十丈;中三洩不可得至,登山遠望,乃得見之,懸百餘丈,水勢高急,聲震水外;上洩懸二百餘丈,望若雲垂。此是瀑布,土人號爲洩也[25]。江水又東逕諸暨縣南,縣臨對江流。江南有射堂,縣北帶烏山,故越地也。先名上諸暨,亦曰句無矣。故《國語》曰:句踐之地,南至句無。王莽之疎虜也。夾水多浦,浦中有大湖,春夏多水,秋冬涸淺。江水又東南逕剡縣與白石山水會。山上有瀑布,懸水三十丈,下注浦陽江。浦陽江水又東流南屈,又東迴北轉,逕剡縣東,王莽之盡忠也。縣開東門向江,江廣二百餘步,自昔耆舊傳,縣不得開南門,開南門則有賊盜。江水翼縣轉注,故有東渡、西渡焉。東、南二渡通臨海,並汎單船爲浮航,西渡通東陽,併二十五船爲橋航。江邊有查浦,浦東行二百餘里,與句章接界。浦裏有六里,有五百家,竝夾浦居,列門向水,甚有良田。有青溪、餘洪溪、大發溪、小發溪,江上有溪六,溪列溉散入江。夾溪上下,崩崖若傾。東有簟山,南有黃山,與白石三山,爲縣之秀峯。山下眾流泉導,湍石激波,浮險四注。浦陽江又東逕石橋,廣八丈,高四丈。下有石井,口徑七尺。橋上有方石,長七尺,廣一丈二尺。橋頭有磐石,可容二十人坐。溪水兩旁悉高山,山有石壁二十許丈。溪中相攻,晶響外發,未至橋數里,便聞其聲。江水北逕嵊山,山下有亭,亭帶山臨江,松嶺森蔚,沙渚平靜。浦陽江又東北逕始寧縣嶀山之成功嶠,嶠壁立臨江,歇路峻狹,不得併行,行者牽木稍進,不敢俯視。嶠西有山,孤峯特上,飛禽罕至。嘗有採藥者,沿山見通溪,尋上于山頂,樹下有十二方石,地甚光潔。還復更尋,遂迷前路。言諸仙之所憩讌,故以壇讌名山。嶠北有嶀浦,浦口有廟,廟甚靈驗,行人及樵伐者,皆先敬焉,若相侵竊,必爲蛇虎所傷。北則嶀山,與嵊山接,二山雖曰異縣,而峯嶺相連。其間傾澗懷煙,泉溪引霧,吹畦風馨,觸岫延賞。是以王元琳謂之神明境。事備謝康樂《山居記》[26]。浦陽江自嶀山東北逕太康湖,車騎將軍謝玄田居所在。右濱長江,左傍連山,平陵脩通,澄湖遠鏡。于江曲起樓,樓側悉是桐

[]

梓,森聳可愛,居民號爲桐亭樓。樓兩面臨江,盡升眺之趣,蘆人漁子,汎濫滿焉。湖中築路,東出趨山,路甚平直。山中有三精舍,高甍凌虛,垂簷帶空,俯眺平林,煙杳在下,水陸寧晏,足爲避地之鄉矣。江有琵琶圻,圻有古冢墮水,甓有隱起字云:筮吉龜凶,八百年落江中。謝靈運取甓詣京,咸傳觀焉。乃如龜繇,故知冢已八百年矣。浦陽江又東北逕始寧縣西,本上虞之南鄉也。漢順帝永建四年,陽羨周嘉上書,始分之舊治。水西常有波潮之患,晉中興之初,治今處。縣下有小江,源出峴山,謂之峴浦。逕縣下西流注,于浦陽茮山下注此浦。浦西通山陰浦而達于江。江廣百丈,狹處二百步。高山帶江,重蔭被水,江閱漁商,川交樵隱,故桂棹蘭橈,望景爭途。江南有故城,太尉劉牢之討孫恩所築也。江水東逕上虞縣南,王莽之會稽也。本司鹽都尉治,地名虞賓。《晉太康地記》曰:舜避丹朱于此,故以名縣,百官從之,故縣北有百官橋[27]。亦云:禹與諸侯會事訖,因相虞樂,故曰上虞。二說不同,未詳孰是。縣南有蘭風山,山少木多石,驛路帶山傍江,路邊皆作欄干。山有三嶺,枕帶長江,苕苕孤危,望之若傾。緣山之路,下臨大川,皆作飛閣欄干,乘之而渡,謂此三嶺爲三石頭。丹陽葛洪,遁世居之,基井存焉。琅邪王方平,性好山水,又爱宅蘭風,垂釣于此,以永終朝。行者過之不識,問曰:賣魚師得魚賣否? 方平答曰:釣亦不得,得復不賣。亦謂是水爲上虞江。縣之東郭外有漁浦,湖中有大獨、小獨二山。又有覆舟山,覆舟山下有漁浦王廟,廟今移入裏山。此三山孤立水中,湖外有青山、黃山、澤蘭山,重岫疊嶺,參差入雲。澤蘭山頭有深潭,山影臨水,水色青綠。山中有諸塢,有石槨一所,右臨白馬潭,潭之深無底。傳云:創湖之始,邊塘屢崩,百姓以白馬祭之,因以名水。湖之南即江津也。江南有上塘、陽中二里,隔在湖南,常有水患。太守孔靈符遏蜂山前湖以爲埭,埭下開瀆,直指南津。又作水槽二所,以舍此江,得無淹潰之害。縣東有龍頭山,山崖之間,有石井,冬夏常冽清泉,南帶長江,東連上陂。江之道南,有《曹娥碑》,娥父旴,迎濤溺死。娥時年十四,哀父尸不得,乃號踊江介,因解衣投水,祝曰:若值父尸,衣當沈;若不值,衣當浮。裁落便沈,娥遂于沈處赴水而死。縣令度尚,使外甥邯鄲子禮爲碑文,以彰孝烈。江濱有馬目山[28],洪濤一上,波隱是山,勢淪嶕亭,間歷數縣,行者難之。縣東北上亦有孝子楊威母墓。威少失父,事母至孝,常與母入山採薪[29],爲虎所逼,自計不能禦,于是抱母,且號且行,虎見其情,遂弭耳而去。自非誠貫精微,孰能理感于英獸矣。又有吳瀆,破山導源,注于胥江。上虞江東逕周市而注永興。《地理志》云:縣有仇亭,柯水東入海。仇亭在縣之東北十里,江北柯水,疑即江也。又東北逕永興縣東,與浙江合,謂之浦陽江。《地理志》又云:縣有蕭山,潘水所出,東入海。又疑是浦陽江之別名也,自外無水以應之[30]。浙江又東注于海。

故《山海經》曰：浙江在閩西北入海。韋昭以松江、浙江、浦陽江爲三江。

【注　釋】　①黃武五年　《水經注疏》作“黃武四年”。《疏》：“趙云：按《吳志·孫權傳》，事在五年秋七月。戴改‘四’作‘五’，又改‘縣’作‘郡’。守敬按：殘宋本、黃本作‘四年’。錢大昕曰：《宋志》亦云‘黃武四年’，以富春爲東安郡。蓋分郡之議在四年，以全琮爲首在五年也。郡治富春縣，其九縣無考。《寰宇記》，建德、桐廬二縣俱在黃武四年分富春置，當是東安屬縣也，則‘縣’字不誤。”②以討士宗　《水經注疏》作“以討山越”。《疏》：“朱作‘以討士宗’。《箋》曰：《吳志》云，黃武五年秋，分三郡惡地十縣，置東安郡，治富春，以全琮爲太守，平討山越。又《全琮傳》云，是時，丹陽、吳、會山民復爲寇賊，攻沒屬縣，權分三郡險地爲東安郡，琮領太守，招誘降附。此云‘討士琮’，疑是字誤。全云：當作‘以討山越命全琮’于文義方合。趙依改。”③建武十六年二句　此處殿本有戴震案語：“稚，近刻訛作‘雅’，脫‘作’字。”《水經注釋》作“建安十六年，縣民郎稚作亂”。《水經箋刊誤》說：“‘建武’當作‘建安’，‘郎雅’當作‘郎稚’。”《水經注疏》作“建安十六年，縣民郎雅作亂”。《疏》：“朱‘安’訛作‘武’，脫‘作’字。趙據《吳志·賀齊傳》改，增‘作’字，并依改‘雅’爲‘稚’。守敬按：殘宋本、黃本并作‘雅’，稚、雅形近，未知孰是，當兩存之。”④即渾立以防水也　此處有佚文一條。雍正《浙江通志》卷五十三《水利》二《餘杭縣·南下湖》引《水經注》：“縣後溪南大塘，陳渾立以防水，在後漢熹平二年。”“在後漢熹平二年”一句，當是此處佚文。⑤異苑　書名。《隋書·經籍志》著錄十卷，宋給事中劉敬叔撰。《四庫提要·子部·小說家類》云：“其書皆言神怪之事。”今此書仍存十卷，收入於《津逮祕書》、《學津討原》、宛委山堂《說郛》弓一一七、《五朝小說大觀》等。清王仁俊輯有《異苑佚文》一卷。⑥因而居之　此處有佚文一條。《御覽》卷六十九《地部》三十四《澗》引《水經注》：“赤松澗在東陽，赤松子遊金華山，以火自燒而化，故山上有赤松子之祠，澗自山出，故曰赤松澗。”當是此段中佚文。⑦本新安縣　此處有佚文一條。《吳越春秋·越王無餘外傳》第六《南逾赤岸》徐天祐注引《水經注》：“新安縣南白石山，名廣陽山，水曰赤岸水。”當是此句下佚文。五校鈔本已錄入此句。⑧東陽記　書名。南朝宋鄭緝之撰，《兩唐志》著錄一卷，書已亡佚，亦無輯本。⑨錢唐記　書名。南朝宋劉道真撰，隋唐諸志俱不著錄。章宗源《隋書經籍志考證》卷六：“《錢塘記》，卷亡，不著錄。”案劉宋時“錢唐”不作“錢塘”，章宗源似誤。書已亡佚，輯本收入於《玉函山房輯佚書補編》。⑩故改名錢塘焉　五校鈔本此處有施廷樞手寫校語：“錢塘得名以錢水也。《國語》：陂唐汙庫，以成其美。蓋‘唐’即後世之‘塘’字，《說文》無‘塘’字，可按也。則錢塘者，錢水之塘，非如所傳華信千錢誑眾之陋也。”⑪吳地記　書名。南朝齊陸道瞻撰，隋唐諸志俱不著錄。《崇文總目》及《通志·藝文略》著錄一卷。《太平御覽經史圖書綱目》作陸道瞻《吳郡記》，當是同書。已亡佚，無輯本。⑫吳錄　書名。《隋書·經籍志》著錄作《吳記》。《注》：晉有張勃《吳錄》三十卷，亡。《舊唐書·經籍志》著錄，《吳錄》三十卷，張勃撰。《新唐書·藝文志》著錄同。則《隋志》著錄之《吳記》當是《吳錄》無疑。據《晉書·索靖傳》，知勃是敦煌人。書已亡佚，《北堂書鈔》、《初學記》、《藝文類聚》等均引及。但《隋志》著錄尚有晉太學博士環濟撰《吳記》九卷，《兩唐志》著錄同，則《吳錄》與《吳記》又不是同書。因書均已亡佚，無可查核。⑬劉道民詩　《注》文僅引及二句：“事有遠而合，蜀桐鳴吳石。”何焯校本說：“道民,宋武帝小字也。"《隋書·經籍志》著錄有晉柴桑令《劉遺民集》五卷、錄一卷。鄭德坤《水經注引書考》亦作《劉遺民集》,鄭氏認為:"此《注》引劉遺民詩,'遺'誤為'道',形近之訛。"今存清嚴可均《全晉文》輯本《劉遺民集》十卷,但此詩不在集中。⑭蘭亭　蘭亭修禊事在東晉永和九年(公元三五三年)三月上巳,參與者有王羲之與謝安、謝萬等名流四十二人,《晉書·王羲之傳》載其事。但王自書《蘭亭詩序》中僅有"崇山峻嶺,茂林修竹",並不及蘭亭的具體地址。《漸江水》篇是唯一記及蘭亭所在的文獻。故東晉蘭亭與今蘭亭實全不相涉。清全祖望在《宋蘭亭石柱銘》(《鮚埼亭集》卷二十四)一文中說:"自劉宋至趙宋,其興廢不知又幾度,顧不可考。若以天柱山之道案之,其去今亭三十里。"⑮木客吟　此篇當是歌謠之類。按《吳越春秋》卷五:"吳王好越宮室,用工不輟,王選名山神材,奉而獻之,越王乃使木工千餘人,入山伐木一年,師無所幸,作士思歸,皆有怨望之心,而歌《木客吟》。"《越絕書》卷八:"木客大冢者,句踐父允常冢也。初徙瑯琊,使樓船卒二千八百人,伐松柏以為椁,故云木客,去縣十五里。一曰句踐伐善材刻獻于吳,故曰木客。"故《木客吟》當為伐木人思家之歌謠。已失傳。⑯浙江又東北二句　此處有佚文一條。雍正《浙江通志》卷十五《山川》七"鏡湖"引《水經注》:"浙江又東北得長湖口,湖廣東西百三十里,北瀉長江,又名太湖。""又名太湖"一句,當是此處佚文。案此湖為東漢會稽郡守馬臻於永和五年(公元一四〇年)所創,初創時不知何名,酈《注》稱長湖,唐時稱鏡湖,宋時稱鑒湖。南朝宋孔靈符《會稽記》有記載,但此書亡佚,故《漸江水》篇是現存有關此湖的最早文獻。⑰記　當指《會稽記》。南朝宋孔靈符撰,隋唐諸志不著錄。章宗源《隋書經籍志考證》卷六:"《會稽記》,卷亡,孔靈符撰,不著錄。"已亡佚,輯本收入於宛委山堂《說郛》弖六十一、《說郛》卷四、魯迅《會稽郡故書雜集》等。⑱禮樂緯　書名。《隋書·經籍志》著錄《禮緯》三卷,鄭玄注,亡。《樂緯》三卷,宋均注,亡。故《漸江水》篇所引,當是《禮緯》與《樂緯》二書,酈氏合言之為一書。二書均已亡佚,《禮緯》輯存於《漢學堂叢書》及《黃氏逸書考》等,均作一卷。《樂緯》已在《江水》篇注釋。⑲有鳥來七句　此是古代傳說的"會稽鳥耘"故事。《水經注》曾幾次記敘。《河水》一:"若蒼梧、會稽,象耕、鳥耘矣。"《灢水》篇:"若會稽之耘鳥也。"《漸江水》篇記敘得最詳細。蒼梧象耕、會稽鳥耘的現象是存在的,王充在《論衡》中已經作了科學的解釋。《偶會》篇說:"傳曰:舜葬蒼梧,象為之耕;禹葬會稽,鳥為之田。失事之實,虛妄之言也。"他在《書虛》篇解釋了這種現象的道理:"實者,蒼梧多象之土,會稽眾鳥所居。《禹貢》曰:彭蠡既瀦,陽鳥悠居,天地之情,鳥獸所行也。象自蹈土,鳥自食苹,土蹶草盡,若耕田狀,壤靡泥易,人隨種之。"至於這些"耘鳥"是什麼鳥,從何處來,王充也有解釋。《偶會》篇說:"雁鵠集於會稽,去避碣石之寒。來遭民田之畢,蹈履民田,啄食草糧。糧盡食索,春雨適作,避熱北去,復至碣石。象耕靈陵,亦如是焉。"這裡,王充所說的"雁鵠",就是現在學名稱為綠頭鴨(Anas platyrhynehos),俗稱野鴨的候鳥。王充的時代,今錢塘口和曹娥江沿岸,還是大片沼澤地,是這種候鳥越冬的極好環境,王充顯然是目擊的。直到今天,這種候鳥仍然到這一帶越冬,但數量和棲息地域都比古代要小得多了。《漸江水》篇的記載中,有幾句話很有價值:"是以縣官禁民,不得妄害此鳥,犯則刑無赦。"這種鳥類既然為民耘田,當然是益鳥,因此縣官明令保護,否則就加以處罰。這或許是中國歷史上有關動物保護的最早記載。⑳述書　書名。孫暢之撰。隋唐諸志均不著錄,除《漸江水》篇外,自來只見《御覽》卷四十七引及,書已亡佚,亦無輯本。參見《巨馬水》篇《述畫》注釋。㉑秦改為山陰縣　此處有佚文一條。乾隆《紹興府志》卷六《地理志》六

《川·山陰縣·新河》引《水經注》："山陰縣北五里有新河,西北十里有運迒塘。"當是此段中佚文。㉒越王都坤中 《注》文此句引自《吳越春秋》,但今本《吳越春秋》無此文,說明此書在酈氏以後傳鈔中缺佚不少。但"坤中"之事至關重要,自來亦唯《漸江水》篇記及此語,對越史與越文化研究極有價值。㉓漢高帝十二年 此句以後接"一吳也",今各本均如此,但字句與文義均不衍接,其中當有脫句。㉔萬善歷 書名。隋唐諸志均不著錄,不知撰者與撰述年代。已亡佚,亦無輯本。但《隋書·經籍志》著錄有太史公《萬歲曆》一卷,《舊唐書·經籍志》著錄作司馬談撰。又《隋志》及《舊唐志》著錄有《萬歲曆祠》二卷。《漸江水》篇所引此書,是否即隋唐諸志著錄之《萬歲曆》或《萬歲曆祠》,以各書均已亡佚,無可核實。㉕此是瀑布二句 越人流散,越語消亡,今所知越語主要是人名、地名,如句踐、夫差、由拳、無錫等等,即所謂專有名詞。越語普通名詞,僅《越絕書》中尚有少量遺留,如"越人謂船為須慮"、"越人謂鹽曰餘"之類。此篇所記,土人稱瀑布為"洩",或許是《越絕書》以外,唯一記及越語普通名詞的文獻。㉖山居記 南朝宋謝靈運撰。《隋書·經籍志》著錄《遊名山志》一卷,謝靈運撰;又《居名山志》一卷,謝靈運撰。後者或即是此。按《宋書·謝靈運傳》:"靈運父祖并葬始寧縣,并有故宅及墅,遂移籍會稽,修營別業,傍山帶江,盡幽居之美,與隱士王弘之、孔淳之等縱放為娛,有終焉之志,每有一詩至都邑,貴賤莫不競寫,宿昔之間,士庶皆瑒。遠近欽慕,名動京師,作《山居賦》并自注。"全文收入於《宋書》本傳,並收入於明張溥編《漢魏六朝一百三家集》及清嚴可均編《全上古三代秦漢三國六朝文》,文題作《山居志》、《山居記》、《山居賦》等。按始寧縣始置於後漢末,南北朝後即不存在,位於今上虞、嵊縣、紹興三縣間的曹娥江東岸。據《嘉泰會稽志》卷九:"東山在縣西南四十五里,晉太傅謝安所居也。……山西一里始寧園,乃謝靈運別墅。"此《記》近四千言,是中國最早的韻文地方志之一,也是六朝方志的少數至今僅存者之一。㉗故縣北有百官橋 此處有佚文一條。乾隆《紹興府志》卷七《建置志》一《上虞縣城》引《水經注》:"江水又東逕縣南,蓋今百官地也。"當是此段中佚文。㉘江濱有馬目山 此處有佚文一條。《浙江山川古蹟記》卷四《紹興府·馬目山》引《水經注》:"曹娥江濱有馬目山。""曹娥"二字當是此句中佚文。康熙《紹興府志》(王志、俞志)卷五《山川志》二《山》下《馬目山》引《水經注》、雍正《浙江通志》卷十五《山川》七《馬目山》引《水經注》均與《浙江山川古蹟記》同。㉙入山採薪 王國維《宋刊水經注殘本跋》(《觀堂集林》第十二卷):"入山採'旅',諸本皆作'薪'。案《後漢書·光武紀》,野穀旅生,注:旅,寄也,不因播種而生,故曰旅。今字書作稆,音呂。又《獻帝紀》:尚書郎以下,自出採稆。注引《埤蒼》曰:稆,自生也,稆與稆同。酈云'採旅',正與范書合,諸本改作'薪',蓋緣不知'採旅'為何語耳。"拙著《王國維與水經注》(《中華文史論叢》一九八九年第二期,又收入於《酈學新論水經注研究之三》,山西人民出版社,一九九二年出版)說:"這個'薪'字,顯然是某一個自以為是的校勘者所輕率臆改的。因為'旅'字字形熟悉,他一見之下,全然不想到小學書上對此還有其他訓詁,而肯定它是一個錯字,一筆就改成'薪'字。從此以訛傳訛,流傳至今。其實這一臆改,顯然失去了酈書原意。因為'採旅'和'採薪'大不相同,'旅'是野生食物,'薪'是燃料。前者需要識別何者可食,何者不可食,但採集的勞動量不大;後者無須識別,但採集的勞動量甚大。因此,孝子攜母上山,當然是'採旅'而不是'採薪'。"㉚自外無水以應之 此處有佚文一條。康熙《紹興府志》(王志)卷七《山川志》四《海》引《水經注》:"又東逕槎瀆,注于海。"當是此段中佚文。

【語　譯】

浙江水出三天子都，

《山海經》稱為浙江。《地理志》說：它發源於丹陽黟縣的南蠻地區。北流經過此
縣，縣南有一座博山，山上有一塊巖石，高聳達十丈，石的頂端像劍鋒。山中常有
靈鼓隱隱發聲。這裡的縣官任期，可以按山鼓預卜，山鼓一鳴，縣官任期一年；若
山鼓長鳴，那麼縣官任期雖長而於事不吉。浙江又北流經過黟山，縣在山的南面，
所以稱為黟縣。漢成帝鴻嘉二年（公元前一九年），封中山憲王的孫子劉雲客於此為
王，稱為廣德國。晉太康年間（公元二八○—二八九年），置為廣德縣，隸屬於宣城郡。
有一位名叫陳業的會稽人，清高廉潔，隱遁在這山中。浙江又北流經過歙縣，在縣
東與一條小溪匯合。這條小溪發源於縣東北的翁山，西流經過歙縣舊城以南，又
西南流注入浙江。浙江又東流經過遂安縣南，江面在此寬達二百步，江上建浮橋
以往來。江水又清又深，潭中游魚，清晰可見，所以縣名叫新定，是從歙縣分地而
置的。晉太康年間，又改名為現在的遂安。浙江又東與絕溪匯合。絕溪發源於始
新縣西，東流經過舊縣城南，稱為東、西長溪。溪中有四十七處礁灘，水勢湍急，波
濤震天。孫權派賀齊討伐黟、歙一帶的山賊，山賊固守黟縣的林歷山，山很險峻，
山賊又有刀槍不入的法術。賀齊用鐵鉤攀懸登山，出其不意。又用木棍攻擊，山
賊的法術雖能抗禦金鐵兵器，卻擋不住木棍，賀齊就這樣用奇功平定了山賊。於
是就在歙縣的華鄉置始新縣，作為新都郡郡治，要賀齊做郡守。以後郡治移到新
亭。晉太康元年（公元二八○年），新都郡改為新安郡。絕溪東流注入浙江。浙江又
東北流經建德縣以南。縣北有一座烏山，山下有廟，位於縣東七里。廟前小洲上
有一塊大石，高達十丈，周圍五尺，水勢奔騰和礁石沖激，能興雲作雨。浙江又東
流經壽昌縣南，從建德到此八十里中，江上有十二處礁灘，都很險峻，造成航行的
困難。壽昌縣南有孝子夏先墓，夏先年少時雙親去世，他親自運土作墳，因為經不
起悲哀，幾年後他也死了。浙江又北流經新城縣，桐溪水在此注入。桐溪水發源
於吳興郡於潛縣北的天目山。此山十分高峻，懸崖絕嶺，重重疊疊，其西峻峭，下
有深澗。山上有霜木，都有幾百年樹齡，稱為翔鳳林。東面有瀑布，注入廣達數畝
的深沼，稱為浣龍池。池水南流經過於潛縣西，成為縣的西溪。西溪又東南流與
紫溪匯合，紫溪發源於縣西的百丈山，即潛山。山水東南流，稱為紫溪。溪兩岸有
紫色磐石，石長百餘丈，望去像朝霞一般。因為倒影映入水中，所以又稱此水為赤
瀨。紫溪又東南流經白石山北，山勢十分高峻，北臨紫溪，又東南流，兩岸山岳連
綿，雙峰夾水而峙，巖崖石壁，項背相對。十餘里中，礁石纍纍，相互夾峙。溪底是
白沙細石，好像霜雪。溪水與林木相映，泉流與山石爭暉。這一段溪流稱為樓林。

紫溪東南流經桐廬縣東,稱為桐溪,孫權分富春縣地立桐廬縣,以溪水之名作為縣名。從此到於潛共有十六處礁灘,第二處是嚴陵瀨。這處礁灘邊上有山,山下有一處石室,是漢光武帝時嚴子陵所住的地方。所以山和石都以人名相稱。山下有巨石,周圍十多丈,交錯在潭邊。是嚴子陵遊憩的地方。桐溪又東北流經新城縣注入浙江。新城縣原是富春縣所屬地,孫權建此縣,後來又撤廢併入桐廬縣。晉咸和九年(公元三三四年),重新建縣。浙江又東北流進入富陽縣,就是原來的富春。因為晉朝有一個皇后名春,所以改為富陽。這裡,浙江以東,分汊成為湖泊。浙江又東北流經富春縣南。富春縣,王莽曾改名為誅歲。江南有山,是孫武皇祖先的葬地。漢代末期墳墓上有光,像雲氣一般與天相連。黃武五年(公元二二六年),孫權以富春縣為東安郡,又建置了其他幾郡,以討伐士宗。浙江又東北流經亭山西,山上有孫權父親的墳。

北過餘杭,東入于海。

浙江流經餘杭縣,東和餘干大溪匯合。浙江以北,就是臨安縣界。浙江北對郭文的住宅,住宅依山面溪,以東有郭文墓。晉建武元年(公元三一七年),驃騎將軍王導把郭文迎來,讓他住在西園之中,郭文卻逃到這裡終老,臨安縣令將他改葬於此。建安十六年(公元二一一年),縣民郎稚作亂,賀齊前往討伐。孫權把餘杭縣的土地分出來,另外建立一個臨水縣,到晉朝改為臨安縣。臨安縣在山岡上建城,南門特別高。謝安到此郡縣遊歷,經過這座城門,他認為在這裡當亭長是很困難的。浙江又東流經餘杭舊縣南、新縣北。秦始皇南遊到會稽,途中經過這裡,因此在這裡立縣。王莽把縣名改為淮睦。漢朝末年,陳渾改築了南城,縣城後面溪南的大塘,就是陳渾為了防水而修建的。縣城南面有三塊石碑,是顧颺、范寧等人的碑。縣以南有大壁山,郭文從陸渾遷到這裡居住。浙江又東流經烏傷縣北,王莽把縣名改為烏孝。《郡國志》稱為烏傷。《異苑》說:東陽有個名叫顏烏的人,他的純潔孝心,聞名於鄉里,後來有一大群烏鴉銜了泥土幫他修墳,以致烏鴉的口都受了傷。鄉里都認為這是由於顏烏的無比孝心,所以才能招來慈祥的烏鴉。為了使他的孝心遠聞,所以把縣名改為烏傷。浙江又東北流到錢塘縣接納榖水。榖水發源於西部的太末縣,這是越國的西部小邑,屬於姑蔑的地方。秦時才建為縣,王莽改縣名為末理。三國吳寶鼎年間(公元二六六—二六九年),從會稽郡分出來立縣,隸屬於東陽郡。榖水東流經獨松故冢下,這座墳墓被大水所沖毀,磚上有文字說:筮言吉,龜言凶,百年墮水中。這龜卜所得到的文辭現在已經應驗了。榖水又東流經長山縣南,接納永康溪水。長山縣就是東陽郡的郡治。漢獻帝分出烏傷縣建立此縣。至於東陽郡,則是三國吳寶鼎年間從會稽郡分出來的。縣城位於山南,縣名或又稱長仙,據說赤松子到此山採藥,就住在這裡,所以有長仙這個縣名。後來因為把仙字錯念成山字,縣名也就改為長山了。永康溪水從南面的永康縣發源,這個縣是三國吳赤烏年間(公元二三八—二五一年)分烏傷縣上浦之地而建立的。劉敬叔《異苑》說:孫權時,永康縣有人進入山裡,遇見一隻大龜,就把牠捆回家。烏龜說了話:我出門沒挑日子,所以為你所得。肩挑烏龜的人極為駭怪,於是就想把牠獻給吳王。晚上,在越里地方歇宿,把船繫在大桑樹下。半夜,大桑樹忽然和烏龜說話:元緒,你遇著什麼事了? 烏龜說:我出門沒挑日子,眼看就要被烹煮了。但是即使砍光南山的柴,卻也燒不爛我。桑樹說:那裡有個諸葛元遜,他知識淵博,一定會使你遇上災難,假使他使用像我這樣的東西,你將怎麼辦? 烏龜說:子明不要再多說了。到了建業,孫權就要烹煮牠,但燒了萬車柴火,卻對烏龜毫無影響。諸葛恪說:用老桑樹燒就能燒熟。於是獻龜者說出了老桑樹和烏龜的對話。孫權派人砍伐了桑樹來,一燒就爛。所以人們稱烏龜為元緒。永康溪水飛流北注,到縣南門注入穀水。穀水又東流,接納定陽溪水。定陽溪水上游接信安縣的蘇姥布。信安縣原名新安縣,晉武帝太康三年(公元二八二年)改名信安。這裡,溪水成為懸流,高達百丈,飛注而下,形同瀑布。懸流邊有一塊如床的巖石,床上有三尺光景石床板,顏色如攤著的絢麗綢緞一樣。《東陽記》說:信安縣有懸室坂,晉朝中葉,有一個名叫王質的居民,因為伐木而到此室中,看到有四個童子邊彈琴邊唱歌,王質就留下來,倚靠在斧柄上聽他們彈唱。童子拿一顆好像棗核般的東西給王質,王質含在口裡,就不再飢餓了。過了一忽兒,童子說:歸去吧。王質就應聲而歸,此時發現斧柄已經腐爛殆盡。歸去後,才知道他離家已經數十年,親人去世,與他離家時完全不同了。定陽溪水接納許多支流,匯合東流,經過定陽縣。沿溪兩岸都生著支竹、香枏、薜荔,並且夾雜著白色的菊花和黃色的橙橘。溪灘上則是白沙和細石,看去宛如積雪。急流刷石,潺潺不息。遊山玩水的樂趣,遠勝於人情的交往。定陽縣是漢獻帝分信安縣而建立的,溪也隨縣而得名。定陽溪水又東流經長山縣北,北有高山屹立,山下水邊,就是赤松子羽化登仙的地方。炎帝的小女兒追趕他,也一起成了仙。後來有人在這山下建造了廟宇。定陽溪水又東流注入穀水。穀水又東流經烏傷縣的雲黃山,山下就是溪水,水邊有石壁巍然聳立,高達百餘丈。穀水又接納吳寧溪水。吳寧溪水發源於吳寧縣境,經過烏傷縣注入穀水,稱為烏傷溪水。閩中有一個叫做徐登的人,由女子變成男人,他和東陽趙昞,都善於巫術。因為當時遭到戰亂,二人在烏傷溪水相遇,各人顯示他們的本領。徐登先阻遏溪水,使它不流;接著趙昞使枯萎的柳樹長出嫩芽,兩人相對而笑。徐登年長,趙昞就以徐登為師長。以後徐登去世,趙昞東行去到章安,百姓不知道,趙昞就升到茅屋上，架起鼎鑊燒飯，主人驚駭，趙昞笑而不答，茅屋也不受損害。他又到河邊求渡，撐船的不答應，趙昞就張開傘子坐在其中，長嘯呼風，在奔騰的河水中過渡。於是百姓敬服他的神通，許多人都歸附於他。章安縣令厭惡他，將他殺掉。人民為他在永寧縣建立了祠廟，這個祠廟蚊蠅是不飛入的。趙昞身有道術，卻不能避開災禍，保全生命。這件事和周朝的萇弘及宋元公的神龜一樣，惡運來時，拯救為難。穀水又東流進入錢唐縣，而東入浙江。所以《地理志》說：穀水從太末東北到錢唐注入浙江。穀水又東流經過靈隱山，山在四面叢山包圍之中，有高峻的巖崖和洞穴，左右有石室三所，還有孤石直立，大三十圍，上面開散，形狀像蓮花。從前有道士，長期住此不歸，這或許就是此山所以稱為靈隱的原因。山下有錢唐縣舊址，浙江流過它南面，王莽改錢唐為泉亭。《地理志》說：這裡是會稽西部都尉治。《錢唐記》說：防海大塘約在縣東一里，郡議曹華信家建議建立此塘，以防禦海水。於是開始徵募民工，凡挑來一斛土的，給錢一千。十天到一月之間，挑土而來的人雲集，但卻以塘沒有築成為由而不給錢，人們只好拋掉土石回去，土石成堆，塘因而修成，所以改名為錢塘。錢唐縣南江邊有明聖湖，據父老相傳，古時曾見湖中有金牛，神奇莫測，所以稱為金牛湖。錢唐縣有武林山，武林水從此發源。闞駰說：從武林山發源的錢水，東流入海。《吳地記》說：現在沒有錢水，錢唐縣只有浙江。縣東有定山、包山等山，都在浙江以西，江水流經兩山之間，江水湍急，加上晝夜兩度的海濤。海濤是按時刻來到的，月初和月半常常特別大，而二月和八月最高，高達兩丈多。《吳越春秋》認為這是伍子胥和文種之神。從前伍子胥盡忠於吳國，最後卻落得浮屍江中。吳人憐憫他，在江上為他立祠，稱為胥山。《吳錄》說：胥山在太湖邊，離江不到百里，所以稱為江上。文種盡忠於越，卻在山陰飲劍而亡，越人憐憫他，把他葬在重山。文種葬後一年，伍子胥從海上來，帶文種一起奔游在江海之中。所以在潮水前面揚波的是伍子胥，在潮後面翻浪的是文種。枚乘說：潮水的這種故事並不見於記載。不過海潮上漲時，江水為之逆流，看起來似有神明驅使，但其實並非如此。所說就在這裡。秦始皇三十七年（公元前二一〇年），將要到會稽去，抵達錢唐後，面對浙江，不敢渡越，才改從餘杭以西的渡口渡越。浙江又北和詔息湖會合，此湖原名鮓湖，因秦始皇巡狩時曾在此休息，所以得到詔息的名稱。浙江又東和臨平湖會合。《異苑》說：晉武帝時，吳郡的臨平湖湖岸崩塌，出現一個石鼓，擊打它卻發不出聲音。去問張華，張華說：可取四川桐木，把它雕刻成魚形，用來擊打此石鼓，就會發出聲音。按照張華的話做，石鼓果然發聲。聲聞數十里。劉道民詩說：事有遠而合，蜀桐鳴吳石。根據傳說：若此湖被葑草淤塞，天下就要亂；若湖水開通，天下就太平。三國吳孫皓天璽元年（公元二七六年),吳郡的地方官上書說:臨平湖從漢末淤塞,如今已經開通,並在湖邊得到一個石盒,盒內有青白色的小石,長四寸,寬二寸多,石上刻有皇帝字樣。於是把原來的年號天冊,改為天璽元年。孫盛認為這是元皇中興的徵兆,是五湖的石瑞。《錢唐記》說:當桓玄發難的時期,湖水變成紅色,晶晶發光像丹砂一樣。湖水上與浦陽江相通,下流注入浙江,稱為東江,是旅客去到浙江的通道。浙江又東過固陵城北,從前范蠡在浙江沿岸修築城堡,稱此城可以固守,所以叫做固陵,也就是今天的西陵。浙江又東流經過粗塘,又稱為粗瀆。從前,太守王朗在固陵抵抗孫策的進攻,孫策好幾次作戰都不利。孫靜對孫策說,王朗憑險守城,難以攻克,粗瀆離這裡數十里,是一條要道,如果從那裡進攻,是他所不及防備的,一定可以攻破他。孫策聽從此話而行,在固陵攻破了王朗。這裡有西陵湖,也稱西城湖。湖以西有湖城山,湖以東有夏架山,湖上承妖皋溪水,下與浙江會合。浙江又經過會稽郡山陰縣,這裡有苦竹里,里中有舊城,據說是句踐封范蠡兒子的封邑。浙江又東流與蘭溪匯合,湖以南有天柱山,湖口有亭,稱為蘭亭,也叫蘭上里。太守王羲之與謝安兄弟曾多次到那裡。吳郡太守謝勗被封為蘭亭侯,即以此亭作為封號。太守王廙之把亭移到湖中。晉朝的司空何無忌到此郡做官,把亭修在天柱山之頂,登亭遠望,一望無餘。現在亭宇雖已塌廢,但基礎仍然存在。浙江又流經越王允常墓北,墓在木客村。老人們說,句踐派工人砍製華美的欄杆,以奉獻給吳國,工人長久不得歸家,心中憂悶,於是作了歌謠《木客吟》。後來人們便把這裡稱為木客村。句踐遷都到琅邪時,想把允常墓遷走。墓中起風,飛沙射人,人不能走近,句踐認為這表示允常不願他遷,就沒有再遷。浙江又東北流和長湖口匯合,此湖寬五里,東西長一百三十里,沿湖開水門六十九所,可以灌溉湖下農田萬頃,向北注入長江。湖以南有覆斝山,周圍五百里,此山北連鼓吹山,山西有長溪流出,注入長湖。此山的西嶺有賀臺,越人攻入吳國後,凱旋而建,所以稱為賀臺。又有秦望山,在州城正南,是群峰中最高的一座,一入此州境內就可望見。《史記》說:秦始皇曾登此山以望南海。從平地攀登山頂達七里,孤峰天梯,山路險絕。《會稽記》說:必須排除藤蘿荊棘,才能升登,但山上沒有什麼高大的樹木,這是因為地高多風的緣故。山的南面有嶕峴,嶕峴內有一座大城,這是越王無餘的舊都。所以《吳越春秋》說:句踐告訴范蠡,先王無餘的故國在南山的南面,社稷和宗廟在湖的南面。又有會稽之山,即古時的防山,也稱為茅山,又名棟山。《越絕書》說:棟就是鎮的意思,即《周禮》所說的揚州之鎮。會稽山山形四方,上多金玉,下多玦石。《山海經》說:夕水發源於此,南流注入湖中。《吳越春秋》說:覆釜山中有《金簡玉字之書》,這是黃帝所遺的讖書。山下有禹廟,廟中有聖姑像。《禮樂緯》說:禹治水完

畢,天賜給他神女聖姑,這就是神女的畫像。覆釜山上有禹墓,從前,大禹即帝位
十年,到東方巡狩,死於會稽,就葬在這裡。從此,就有鳥飛來耕耘,春天拔除草
根,秋天又啄除雜草。因此,縣官禁止百姓捕殺此鳥,否則就加刑不赦。覆釜山東
有潭井,離禹廟七里,深不見底,稱為禹井。到東部遊歷的人,多要去探看這個洞
穴。秦始皇登會稽山,曾刻石記載他的功績,此石還存在山側。孫暢之《述書》說,
這是丞相李斯所寫的篆書。又有石匱山,因山的形狀像石匱而得名。內有《金簡
玉字之書》,說是夏禹打開石匱而得到,所以他懂得了治水的道理。又有射的山,
遠望此山,宛如一個射手引弓射靶,所以山名射的。此山以西有石室,稱為射堂。
人們常以射的山占年景豐歉,作為米價貴賤的標準。射的山明朗則米價賤,射的
山昏暗則米價貴。所以俗諺說:射的白,斛米百;射的玄,斛米千。射的山以北有
石帆山,此山東北有孤石,高二十餘丈,寬八丈,看去宛如船帆,所以得名。石帆山
北瀕大湖,水深不測,相傳與海連通。何次道做郡守時,曾在此湖中捕得烏賊魚。
石帆山南對精廬,仰望有美麗的樹林,俯視有清冷的泉水,西和會稽山相連,這些
山,其實都是互相連接的一片山岳。山東面靠若邪溪,《吳越春秋》說:歐冶子汲乾
此溪而得到銅,鑄成了五劍。若邪溪上承嶕峴麻溪,麻溪下有孤潭,周圍數畝。水
很清而潭極深。潭邊有孤石,登上此石下望,連猿猴也感到吃驚。濃蔭森鬱的樹
木,遮蓋了麻潭,看起來陰森可怕。上面有一棵櫟樹,謝靈運和他的堂弟謝惠連常
到此遊覽,並作連句,在樹側題刻。麻潭向下流注於若邪溪,溪水極清,群山倒影
映入溪中,看去猶如圖畫。漢朝時,劉寵在這裡當郡守,政績很好,解任離郡之時,
若邪溪一帶的父老,每人拿了一百大錢去送行,劉寵只各接受一文。隱居深山野
谷的人民,當政治清明的時候就帶了錢出來遠道相送,以表敬意。情誼可貴,所以
接受者雖僅取一文,就深感光榮。情義深重,不必計較餽贈的多少。溪水下流注
入大湖。若邪溪以東,又有寒溪。溪北有鄭公泉,泉廣數丈,冬溫夏涼。漢太尉鄭
弘在此泉邊居住,所以泉水得到此名。鄭弘幼年時,生活艱苦,行為高尚,常常賴
採樵換取口糧。每次入山採樵,從此溪往返,常感到有神風推送,船隻自己行駛,
沒有杖楫之勞。村民貪圖往返的順風,常常隨同鄭弘行駛。對於那些在往返途中
因故滯留的人,人們往往相告:你不想借鄭風的方便嗎? 大家就是如此感激鄭弘
的。湖水向東也注入江中,並且通海。水邊有白鹿山,山以北的湖塘上,舊時有
亭。三國吳黃門侍郎楊哀明居住在弘訓里,太守張景曾多次訪問他,並在此開渠
修防水的土壩,土壩以西建亭,亭和土壩都以楊為名。孫恩造反,從海上侵入,楊
亭被燒毀,後來又重修,楊亭之名仍然存在。楊亭以東有銅牛山,山上有一個三十
多丈的銅穴,穴中有一座大樹神廟。銅牛山上有冶官,山北湖邊有練塘里,《吳越

春秋》說:這是句踐冶煉銅錫的地方。當時在南山伐薪燒炭,所以這中間有一條稱為炭瀆的河渠。句踐稱臣於吳,吳王以越地一百里的土地封給句踐,東到炭瀆,指的就是這條河渠。山陰縣南九里有侯山,此山孤立於長湖之中,晉朝的車騎將軍孔敬康,年輕時曾在此山隱居。長湖以北有三座小山,稱為鹿野山,位於山陰縣南六里,根據《吳越春秋》記載,這是越國時的鹿苑。山上有石室,據說是越王遊憩的地方。山陰縣南、長湖以北有陳音山,楚國有一位神箭手名叫陳音,越王問他關於射箭的方法,並且加以讚賞,於是派遣士兵在北郊外練習射箭。據《吳越春秋》記載,陳音死後,葬在國都大越城的西山上。現在的陳音山在大越城南五里。湖北有射堂和許多邸舍,互相連接,又在湖中築塘,直到南山。以北就是大越之國,秦改為山陰縣,是會稽郡的郡治。太史公說:禹召集諸侯,聚會計議於此,所以稱這裡為會稽,會稽就是會計的意思。會稽起初作為山名,後來就成為地方名稱。夏朝帝王少康,封他的少子杼去祭祀禹祠,這就是越,經過殷、周各代,直到春秋的越王允常,都記載在《春秋》中。允常死後,句踐稱王建都會稽。即是《吳越春秋》所說的,越王國都在埤中,位於諸暨北界。山陰縣康樂里有地名稱為邑中的,是越國事奉吳國的地方,所以這裡的城門向北敞開,以東邊為右,西邊為左,而雙闕在北門以外。雙闕以北百步有雷門,設有兩層門樓,這是句踐建造的,所以有越國時代的舊木料。州郡的館堂建築,所用的大瓦,也是越國時代的舊物。句踐稱霸的時代國都遷到琅邪,後因被楚所伐,才回到浙東。城東郭以外有一座稱為靈汜的橋梁,橋下河水極深,從前傳說,下面有地道通於震澤。又有句踐所立的宗廟,在此城東明里的甘滂以南。還有玉笥、竹林、雲門、天柱四座寺院,都是開山劈石,獲得地基,架設木材,建造屋宇,斬斷溪澗,連接川流而建成的。泉清石美,河渠溝通。浙江又北流經山陰縣西,西門外百餘步有一座怪山,此山原在琅邪郡東武縣,飛到這裡,壓死了數百家。《吳越春秋》說:怪山是東武縣海中的一座山,一名自來山,百姓對此感到很奇怪,所以稱為怪山。又說,越王無疆被楚國所攻伐,放棄了琅邪而去到東武,跟他去的人都住在山下。遠望此山,形狀像烏龜,所以也叫龜山。越國在山上起一座靈臺,並修築一座三層樓臺以仰觀天象。這裡山青水秀,也是一處勝地。所以王逸少說:到了山陰道上,就像在鏡中旅行。浙江沿岸,又有大吳王村和小吳王村,均是吳王闔閭和夫差伐越時所駐的地方,現在都成了民居,但地名仍然存在。從前越王為吳所敗,五千多人,棲息在會稽山。越王很恭謙地對待士民,有什麼給施,都惠及下級。《呂氏春秋》說:越王棲息在會稽的時候,把酒倒入江中,士民飲江水,士氣倍增。越王倒酒的這條河就是浙江。許慎和晉灼都說,江水流到山陰就是浙江。江的西岸有朱室塢,句踐受封百里之地,西到朱室,就在這

裡。浙江又東北流經重山之西,這是大夫文種所葬的地方。山上有一座白樓亭,
此亭原來在山下,縣令殷朗把它移到現在的地方。沛國人桓儼隱退會稽,聞知陳
業品行高潔,前往問候,陳業不接見。以後桓儼乘海船南去交州,臨行時留信給陳
業,信不用使者專送,而是把它繫在白樓亭柱上。升登白樓亭遠眺,湖山一覽無
遺。永建年間(公元一二六—一三二年),陽羨人周嘉向上級寫信,說因他的縣境距郡
治太遠,到郡治開會困難,請求把郡境分成兩郡,於是在浙江以西建立吳郡,浙江
以東建立會稽郡。此地在漢高帝十二年時,只一個吳的稱號,後來一分為三,稱為
三吳:吳興、吳郡,會稽是其中之一。浙江又東流經禦兒鄉。《萬善歷》說:三國吳
黃武六年(公元二二七年)正月,擒獲了魏的彭綺。這一年,由拳縣西鄉發生了新生
兒落地就能說話的事。新生兒的話說:天方明,河欲清,鼎腳折,金乃生。於是此
地得詔,稱為語兒鄉。這種傳說是錯誤的。禦兒這個地名,很早就有了。這是沒
有知識的人,用地名來牽強附會罷了。《國語》就已經說:句踐之地,北至禦兒。哪
能用黃武年間的這種傳說來證明地名的來源呢? 韋昭說:越國的北部邊境在嘉
興。浙江又東流經柴辟以南,這是從前吳、楚兩國作戰的地方。由於這裡有軍事
設備,所以稱為辟塞。因此,《越絕書》說:從前吳國從由拳、辟塞通過會稽,直抵山
陰。浙江又經過永興縣以北,此縣在會稽東北一百二十里,即從前的餘暨縣。應
劭說:這是闔閭弟弟夫槩的封邑,王莽把它改成餘衍。漢朝末年,有童謠說:天子
當興東南三餘之間。所以孫權把它改名永興。此縣在浙江江邊。浙江又東流與
浦陽江會合。浦陽江發源於烏傷縣,東流經過諸暨與洩溪匯合。洩溪寬達數丈,
沿岸兩旁有陡峭的高山聳入雲表。共有五洩,下洩高懸三十多丈,寬十丈。其中
有三洩不能到達,攀登到山上遠望,才能看見,水懸掛達百餘丈,山高水急,水聲震
耳,響絕溪外。上洩懸流二百多丈,看去好像是白雲下垂,這其實就是瀑布,當地
土著稱為洩。江水又東流經諸暨縣以南,縣面對江流。江以南有射堂,縣北面是
烏山,從前是越國之地。這裡過去名為上諸暨,也稱句無。所以《國語》說:句踐之
地,南至句無。王莽改名為疎虜。夾岸多支流,支流上有大湖,春夏季水量豐沛,
秋冬季河乾水淺。江水又東南流經剡縣與白石山水會合。山上有瀑布,水懸流下
達三十丈,注入浦陽江。浦陽江又東流南轉,又東流折北,輾轉經過剡縣以東,剡
縣即是王莽時的盡忠縣。縣城東門面對浦陽江,江寬二百餘步。從前,老年人說,
縣城不能開南門,開南門就有盜賊。浦陽江轉流經過縣城的東、西兩側,所以有東
渡和西渡。東、南二渡通臨海,都有渡船;西渡通東陽,用二十五條船併合成為浮
橋。江邊有查浦,從查浦東行二百多里和句章交界。查浦浦內有六里村,有居民
五百家,都在浦的兩岸居住,民房門面朝水。在水邊有許多良田,沿江有青溪、餘

洪溪、大發溪、小發溪等六條溪流,各溪灌溉良田,然後注入江中。溪兩岸,巖崖夾
立,好像要傾倒一樣。東有簟山,南有黃山和白石三山,是這個縣內的美麗山峰。
山下有許多由泉水發源的溪流,在巖崖上激起波浪,河道甚險,向四面流注。浦陽
江又東流經過石橋,此橋寬八丈,高四丈,橋下有石井,口徑七尺,橋上有方石,長
七尺,寬一丈二尺。橋頭有一塊坐得下二十人的磐石。溪水兩旁,都是高山,山上
有二十多丈的石壁,溪水沖激石壁,發出宏亮的聲音,離橋數里,就可以聽到。浦
陽江北流經過嶀山,山下有亭,依山臨江,山上有茂密的松林,河心有平靜的沙洲。
浦陽江又向東北流經始寧縣嶀山的成功嶠。此嶠在江邊上壁立,沿江有羊腸小
道,只容一人攀援前進,江深路狹,令人不敢下視。此嶠以西,有一座極高的孤峰,
連飛鳥都很少到達。曾經有採藥的人,沿山循溪而行,竟到達山頂。山頂有樹,樹
下有十二塊方石,其地很平整光潔。回來以後再次前去,就找不到先前的路了。
據說這是許多神仙休息宴集之處,所以稱為壇嶕山。成功嶠北有嶀浦,浦口有廟,
非常靈驗,行人和樵夫到此都先敬拜。若不尊敬,必要為毒蛇猛虎所傷。成功嶠
的北側是嶀山,和嶀山相接,兩山雖然在不同的縣內,但峰嶺是互相連接的。這一
帶山間溪泉,浪花飛濺,引起一片霧露,山壟中吹來香風,峰巒相接,令人嘆賞,所
以王元琳稱這裡是神仙境界。此事在謝康樂的《山居記》中有詳細記載。浦陽江
從嶀山向東北流經太康湖,這是車騎將軍謝玄田園隱居之地。其地右瀕江而左依
山,有一條修長的坦道與如鏡的湖泊相通。在江道的曲折之處修建樓臺,樓邊都
是桐樹和梓樹,高大茂盛,非常可愛,居民稱此為桐亭樓。此樓兩面臨江,登樓遠
眺,極盡情趣。滿湖都是採伐蘆葦的樵夫和捕魚的漁夫。從湖中有一條平直道路
向東和山相接。山中有三座精舍,屋宇高敞,屋簷垂空,在此俯視樹林,煙霧濛濛,
伏在山下,水陸兩界,都顯得安寧平靜,真是一個隱居避世的地方。江邊有琵琶
圻,圻上有陷入水中的古墓,墓磚上隱約有字說:筮吉龜凶,八百年落江中。謝靈
運把磚拿到京城,讓大家傳觀。從這首龜卜所得的文辭中可知,這座古墓已有八
百多年了。浦陽江又東北流經過始寧縣西,此境原是上虞縣的南鄉。漢順帝永建
四年(公元一二九年),陽羨人周嘉上書建議,才分出此縣。浦陽江以西,常常有波濤
的禍害。晉朝中興的初期,縣治設在這裡。縣內有一條小江,發源於姚山,稱為姚
浦。姚浦經過縣境西流,注入浦陽江。小江江源從莁山注入姚浦,姚浦西通山陰
浦而注入江中。江面寬一百丈,狹窄處為二百步。夾岸高山圍繞著江水,樹蔭遮
蔽了江面。江中有漁船、商船和採樵人的各種船隻,在沿江美景中趕程。江南有
一座舊城,是太尉劉牢之討伐孫恩時所修築。浦陽江又東流經過上虞縣以南,即
是王莽時的會稽縣。這裡原是司鹽都尉治,地名稱為虞賓。《晉太康地記》說,堯

不傳位給他自己的兒子丹朱而給舜,舜為了躲避丹朱而到了這裡,所以稱為上虞。當時有百官跟他到這裡,所以縣北有百官橋。但也有另外一種說法,說夏禹與諸侯議事完畢,相互娛樂,所以稱為上虞。兩種說法不同,不知誰是誰非。上虞縣南有蘭風山,其山巖石裸露而少樹木。有驛路依山築於江邊。路上都有欄干。有山嶺三座,孤峰高聳在漫長的江流之上,看去彷彿要倒下來似的。沿山道路之下就是大江,所以沿路都建有用欄干護圍的閣道,才能通過這條道路。上面所說的三嶺,人們稱為三石頭。丹陽人葛洪,避世在此隱居,他用過的井仍然存在。琅邪人王方平,性情喜歡山水,在蘭風建立住宅,在這裡垂釣,以度一生。過路人不認識他,問他說:賣魚佬,有沒有魚出賣? 方平說:我沒有釣到魚,釣到了也不賣。這條河流也叫上虞江。在縣東邊的外城之外有一個叫做漁浦的湖,湖中有大獨山和小獨山二座山,還有一座覆舟山。覆舟山下有漁浦王廟,此廟現在已經移到山中。這三座山,孤立在湖水之中,湖以外有青山、黃山、澤蘭山,山岳重疊,一座又一座地高入雲天。澤蘭山上有一個深潭,山峰倒映在深綠色的潭水之中,山中有諸塢,並有石閘一所。右邊是白馬潭,潭極深無底。傳說,此湖形成之初,湖塘多次崩塌,百姓用白馬祭祀,所以得名。湖的南面,即是江的渡口,江以南,有上塘、陽中二里,分隔在湖南,常常發生水災。太守孔靈符,在蜂山前修築防水壩攔水,防水壩以下開渠,直到南津。又建水閘二所,此江從此沒有潰決淹沒的災害。縣的東面有一座龍頭山,山崖之間有一口石井,不論冬夏,井內都有清泉。南面是漫長的江流,東面則連接高處的陂湖。沿江道路的南邊有"曹娥碑",曹娥的父親曹旰,在江中迎潮而溺死,當時曹娥還只有十四歲,因為找不到父親的屍體而哀傷欲絕,在江岸上號哭奔走,並解衣投入水中,祝禱說:假使父親屍體在此,衣就下沉;若不在此,衣就浮在水面。她把衣服投入水中,衣服立刻下沉,曹娥就在這裡投水而死。縣令度尚,叫他的外甥邯鄲子禮撰寫碑文,以表彰她的孝烈。此江邊上有馬目山,江潮來到之時,波濤把此山隱沒在江中,其勢甚至要把嵊亭也吞沒,而且涉及數縣,使行旅之人感到十分為難。縣的東北有一座孝子楊威母親的墳墓。楊威年幼喪父,事奉母親極孝,常常和母親到山中採柴。有一次遇著老虎追趕,楊威自己知道無力抵抗,於是抱著母親,一邊哭,一邊逃。老虎見到這種情況,就垂著耳朵顧自走了。假使不是至誠之心深入精微,哪能使獸類也受感動呢。又有一條吳瀆,從山中發源注入胥江。上虞江向東經過周市而注入永興。《地理志》說:縣境有仇亭,柯水東入海。仇亭在縣東北十里,江北的柯水或許就是上虞江。又東北經過永興縣東和浙江匯合,稱為浦陽江。《地理志》說:縣有蕭山,潘水所出,東入海。潘水或許就是浦陽江的別名,因為另外就沒有什麼河流可以相對應了。浙江又東流注入海中。所以《山海經》說:浙江在閩西北入海。韋昭把松江、浙江、浦陽江稱為三江。

斤江水

斤江水出交阯龍編縣,東北至鬱林領方縣,東注于鬱。

《地理志》云:逕臨塵縣,至領方縣注于鬱。

【語　譯】

斤江水出交阯龍編縣,東北至鬱林領方縣,東注于鬱。

《地理志》說:經過臨塵縣,到領方縣注入鬱水。

江以南至日南郡二十水

容容,

夜,

繡,

湛,

乘,

牛渚,

須無,

無濡,

營進,

皇無,

地零,

侵離,

侵離水出廣州晉興郡,郡以太康中分鬱林置,東至臨塵入鬱。

無會,

重瀨,

夫省，

無變，

由蒲，

王都，

融，

勇外，

　　此皆出日南郡西，東入于海。容容水在南垂，名之以次轉北也。

右二十水，從江已南至日南郡也。

【語　譯】

容容，

　夜，

　繩，

　湛，

　乘，

　牛渚，

　須無，

　無濡，

　營進，

　皇無，

　地零，

　侵離，

　　侵離水發源於廣州晉興郡，此郡是晉太康年間（公元二八〇—二八九年）從鬱林郡分
　　置的，東流到臨塵縣注入鬱水。

無會，

重瀨，

夫省，

無變，

由蒲，

王都，

融，

勇外，

　　上列各水，均發源於日南郡西，東流入海。容容水在南部邊疆，其餘各水均按次排
　　列於此水之北。

右二十水，從江已南至日南郡也。

禹貢山水澤地所在

嵩高爲中嶽，在潁川陽城縣西北，

1　《春秋説題辭》曰：陰含陽，故石凝爲山。《國語》曰：禹封九山，山，土之聚也。《爾
　　雅》曰：山大而高曰崧，合而言之爲崧高，分而名之爲二室。西南有少室，東北有太
　　室。《嵩高山記》①曰：山下巖中有一石室，云有自然經書，自然飲食。又云：山有
　　玉女臺，言漢武帝見，因以名臺。

泰山爲東嶽，在泰山博縣西北，

2　岱宗也。王者封禪于其山，示增高也。有金策玉檢之事焉。

霍山爲南嶽，在廬江灊縣西南，

3　天柱山也。《爾雅》云：大山宮，小山爲霍。《開山圖》曰：其山上侵神氣，下固
　　窮泉。

華山爲西嶽，在弘農華陰縣西南，

4　《古文》之惇物山也②。

雷首山在河東蒲坂縣東南，

砥柱山在河東大陽縣東河中，

王屋山在河東垣縣東北也，

5　昔黄帝受丹訣于是山也。

太行山在河内野王縣西北，

6　王烈得石髓處也。

恒山爲北嶽，在中山上曲陽縣西北，

碣石山在遼西臨渝縣南水中也，

7　大禹鑿其石，夾右而納河。秦始皇、漢武帝皆嘗登之，海水西侵，歲月逾甚，而苞其

山,故言水中矣。

析城山在河東濩澤縣西南,

太嶽山在河東永安縣,

壺口山在河東北屈縣東南,

龍門山在河東皮氏縣西,

梁山在馮翊夏陽縣西北河上,

荊山在馮翊懷德縣南,

岐山在扶風美陽縣西北,

汧山在扶風汧縣之西也,

隴山、終南山、惇物山,在扶風武功縣西南也,

西傾山在隴西臨洮縣西南,

8　《禹貢》中條山也。

嶓冢山在隴西氏道縣之南,

9　南條山也。

鳥鼠同穴山在隴西首陽縣西南,

10　鄭玄曰:鳥鼠之山,有鳥焉,與鼠飛行而處之。又有止而同穴之山焉,是二山也。鳥名爲䳚,似雞而黃黑色,鼠如家鼠而短尾,穿地而共處,鼠內而鳥外。孔安國曰:共爲雌雄。杜彥達曰:同穴止宿,養子互相哺食,長大乃止。張晏言:不相爲牝牡,故因以名山。

積石在隴西河關縣西南,

11　《山海經》云:山在鄧林東,河所入也。

都野澤在武威縣東北,

12　縣在姑臧城北三百里,東北即休屠澤也。《古文》以爲豬野也。其水上承姑臧武始澤。澤水二源,東北流爲一水,逕姑臧縣故城西,東北流,水側有靈淵池。王隱《晉書》曰:漢末,博士燉煌侯瑾,善內學,語弟子曰:涼州城西泉水當竭,有雙闕起其上。至魏嘉平中,武威太守條茂起學舍,築闕于此泉。太守填水,造起門樓,與學闕相望。泉源徙發,重導于斯,故有靈淵之名也。澤水又東北流逕馬城東,城即休屠縣之故城也,本匈奴休屠王都,謂之馬城河。又東北與橫水合,水出姑臧城下,武威郡,涼州治。《地理風俗記》曰:漢武帝元朔三年,改雍曰涼州,以其金行,土地

寒涼故也。遷于冀,晉徙治此。王隱《晉書》曰:涼州有龍形,故曰臥龍城,南北七
里,東西三里,本匈奴所築也。及張氏之世居也,又增築四城箱各千步。東城殖園
果,命曰講武場;北城殖園果,命曰玄武圃,皆有宮殿。中城内作四時宮,隨節遊
幸。并舊城爲五,街衢相通,二十二門,大繕宮殿觀閣,采綺妝飾,擬中夏也。其水
側城北流,注馬城河。河水又東北,清潤水入焉,俗亦謂之爲五澗水也。水出姑臧
城東,而西北流注馬城河。河水又與長泉水合,水出姑臧東揩次縣,王莽之播德
也,西北歷黃沙阜,而東北流注馬城河。又東北逕宣威縣故城南,又東北逕平澤、
晏然二亭東,又東北逕武威縣故城東。漢武帝太初四年,匈奴渾邪王殺休屠王,以
其衆置武威縣,武威郡治,王莽更名張掖。《地理志》曰:谷水出姑臧南山,北至武
威入海。屆此水流兩分,一水北入休屠澤,俗謂之爲西海;一水又東逕百五十里,
入豬野,世謂之東海。通謂之都野矣。

合離山在酒泉會水縣東北,

13　合黎山也。

流沙地在張掖居延縣東北,

14　居延澤在其縣故城東北,《尚書》所謂流沙者也。形如月生五日也。弱水入流沙,
流沙,沙與水流行也。亦言出鍾山,西行極崦嵫之山,在西海郡北。山有石赤白
色,以兩石相打,則水潤,打之不已,潤盡則火出,山石皆然,炎起數丈,逕日不滅。
有大黑風,自流沙出,奄之乃滅,其石如初。言動火之事,發疾經年,故不敢輕近
耳。流沙又逕浮渚,歷壑市之國。又逕于鳥山之東、朝雲國西,歷崑山西南,出于
過瀛之山。《大荒西經》云:西南海之外,流沙出焉。逕夏后開之東,開上三嬪于
天,得《九辯》與《九歌》焉。又歷員丘不死山之西,入于南海。

三危山在燉煌縣南,

15　《山海經》曰:三危之山,三青鳥居之。是山也,廣圓百里,在鳥鼠山西,即《尚書》
所謂竄三苗于三危也。《春秋傳》曰:允姓之姦,居于瓜州。瓜州,地名也。杜林
曰:燉煌,古瓜州也。州之貢物,地出好瓜,民因氏之。瓜州之戎,并于月氏者也。
漢武帝元鼎六年,分酒泉置。南七里有鳴沙山,故亦曰沙州也。

朱圉山在天水北、冀城南,

16　即冀縣山,有石鼓,《開山圖》謂之天鼓山。九州害起則鳴,有常應。又云:石鼓山
有石鼓,于星爲河鼓,星動則石鼓鳴,石鼓鳴則秦土有殃。鳴淺殃萬物,鳴深則殃
君王矣。

岷山在蜀郡湔氏道西,

17　《漢書》以爲瀆山者也。

熊耳山在弘農盧氏縣東，

18　是山也，穀水出其北林也。

荆山在南郡臨沮縣東北，

19　東條山也。卞和得玉璞于是山，楚王不理，懷璧哭于其下，王後使玉人理之，所謂
　　和氏之玉焉。

内方山在江夏竟陵縣東北，

20　《禹貢》注，章山也。

大別山在廬江安豐縣西南，

外方山，崈高是也。

桐柏山在南陽平氏縣東南，

陪尾山在江夏安陸縣東北，

衡山在長沙湘南縣南，

21　禹治洪水，血馬祭衡山，于是得《金簡玉字之書》。按省《玉字》，得通水理也。

九江地在長沙下雋縣西北，

雲夢澤在南郡華容縣之東，

東陵地在廬江金蘭縣西北，

敷淺原地在豫章歷陵縣西，

彭蠡澤在豫章彭澤縣西北，

22　《尚書》所謂彭蠡既豬，陽鳥攸居也。

中江在丹陽蕪湖縣西南，東至會稽陽羨縣入于海，

震澤在吳縣南五十里，

北江在毗陵北界，東入于海，

嶧陽山在下邳縣之西，

羽山在東海祝其縣南也，

23　縣，即王莽之猶亭也。《尚書》，殛鯀于羽山，謂是山也。山西有羽淵，禹父之所化，
　　其神爲黃熊，以入淵矣。故《山海經》曰：洪水滔天，鯀竊帝之息壤以堙水，不待帝
　　命。帝令祝融殺鯀羽郊者也。

陶丘在濟陰定陶縣之西南，

24　陶丘，丘再成也。

菏澤在定陶縣東，

雷澤在濟陰成陽縣西北，

菏水在山陽湖陸縣南，

蒙山在太山蒙陰縣西南，

大野澤在山陽鉅野縣東北，

大邳地在河南成臯縣北，

25　《爾雅》曰：山一成謂之邳。然則大邳山名，非地之名也。

明都澤在梁郡睢陽縣東北，

益州沱水在蜀郡汶江縣西南，其一在郫縣西南，

皆還入江，

荆州沱水在南郡枝江縣，

三澨地在南郡邵縣北沱。

26　《尚書》曰：導漢水，過三澨。《地説》曰：沔水東行，過三澨合流，觸大別山阪。故馬融、鄭玄、王蕭、孔安國等，咸以爲三澨水名也。許慎言：澨者，埤增水邊土，人所止也。按《春秋左傳》文公十有六年，楚軍止于句澨，以伐諸庸。宣公四年，楚令尹子越師于漳澨。定公四年，左司馬戌，敗吳師于雍澨。昭公二十三年，司馬薳越縊于薳澨。服虔或謂之邑，又謂之地。京相璠、杜預亦云水際及邊地名也。今南陽、淯陽二縣之間，淯水之濱，有南澨、北澨矣。而諸儒之論，水陸相半，又無山源出處之所，津途關路，惟鄭玄及劉澄之言在竟陵縣界。《經》云：邵縣北沱。然沱流多矣，論者疑焉，而不能辨其所在。

右《禹貢》山水澤地所在，凡六十。

【注　釋】　①嵩高山記　書名。隋唐諸志均不著錄，不知撰者和撰述年代。已亡佚，亦無輯本。《寰宇記·河南道》引盧元明《嵩山記》，不知是否此書，《文選·洛神賦》亦引《嵩高山記》，不著撰人姓氏，與此《注》同。故疑《寰宇記》所引漏"高"字，則此書爲盧元明所撰。盧何許人，亦不得而知。②古文之惇物山也　《水經注疏》作"《古文》之敦物山也"。《疏》："朱'敦'作'惇'，《箋》曰：《漢書》云，惇物山，垂山也。豈'垂'、'華'字相亂耶？趙云：按《漢志》'右扶風武功縣'下云，垂山，《古文》以為惇物，非華山也，道元誤引。會貞按：當作'敦物'，説見下：《經》明言敦物在扶風武功縣西南，酈

氏安得以華山為敦物？此《注》當是後人因《漢志》訛文而妄加。《史記·夏本紀·索隱》引《志》作華山,《古文》以為敦物可證。"

【語　譯】

嵩高為中嶽,在潁川陽城縣西北,

1　《春秋說題辭》說:陰中含陽,所以巖石凝結成山。《國語》說:禹封九山,山,就是土的堆積。《爾雅》說:大而高的山稱為嵩,合起來稱為嵩高,分開來稱為二室。西南有少室,東北有太室。《嵩高山記》說:山下巖石中有一所石室,據說裡面有自然形成的經書,有自然形成的飲食。又說:山中有玉女臺,漢武帝見過,所以稱為玉女臺。

泰山為東嶽,在泰山博縣西北,

2　五嶽中的正宗。帝王在此山封禪,以增高其地位。這裡有金的書冊和玉的印章。

霍山為南嶽,在盧江灊縣西南,

3　霍山就是天柱山。《爾雅》說:大山稱為宮,小山稱為霍。《開山圖》說:此山上通神明,下達地府。

華山為西嶽,在弘農華陰縣西南,

4　華山就是《古文尚書》中的惇物山。

雷首山在河東蒲坂縣東南,

砥柱山在河東大陽縣東河中,

王屋山在河東垣縣東北也,

5　從前黃帝在此山接受丹訣。

太行山在河內野王縣西北,

6　這是王烈獲得石髓的地方。

恒山為北嶽,在中山上曲陽縣西北,

碣石山在遼西臨渝縣南水中也,

7　大禹開鑿此石,阻其右側而接納河水。秦始皇和漢武帝都曾經登臨。海水向西侵入,長期以後而全山淪入海中,所以說山在海中。

析城山在河東濩澤縣西南,

太嶽山在河東永安縣,

壺口山在河東北屈縣東南,

龍門山在河東皮氏縣西,

梁山在馮翊夏陽縣西北河上,

荆山在馮翊懷德縣南，

岐山在扶風美陽縣西北，

汧山在扶風汧縣之西也，

隴山、終南山、惇物山，在扶風武功縣西南也，

西頃山在隴西臨洮縣西南，

8　西頃山就是《禹貢》中的中條山。

嶓冢山在隴西氐道縣之南，

9　嶓冢山就是南條山。

鳥鼠同穴山在隴西首陽縣西南，

10　鄭玄說：鳥鼠之山有鳥，與鼠共同飛行。牠們共同居住之處則是同穴之山，這是兩
座山。鳥的名稱叫鵌，和鵙相像而顏色黃黑，鼠像家鼠而尾巴短小，牠們穿地共
居，鼠在內而鳥在外。孔安國說：雌雄共居。杜彥達說：同穴居住，產養以後就互
相哺育，長大後才中止。張晏說：雌雄不相混雜，所以稱此山為鳥鼠同穴山。

積石在隴西河關縣西南，

11　《山海經》說：積石山在鄧林以東，是黃河流入的地方。

都野澤在武威縣東北，

12　武威縣在姑臧城北三百里，其東北就是休屠澤。《古文尚書》稱為豬野。此水上流
接姑臧武始澤。澤水有兩個源頭，向東北流合成一條河流，經過姑臧縣舊城以西
向東北流，水邊有一個靈淵池。王隱《晉書》說：漢朝末年，博士燉煌人侯瑾善於佛
學，他對其弟子說，涼州城以西的泉水行將枯竭，當有雙闕在此處興建。到了魏嘉
平年間(公元二四九—二五四年)，武威太守條茂在此興建學校房舍，在此泉上修築雙
闕，太守把泉水填平，造起門樓，和學校房舍及雙闕相對。泉水的源頭遷移到此重
發，所以有靈淵這個名稱。澤水又東北流經過馬城以東，這就是休屠縣的舊城，是
原來匈奴休屠王的都城。澤水到此稱為馬城河。又東北流與橫水匯合，橫水發源
於姑臧城下，姑臧城就是武威郡治和涼州州治。《地理風俗記》說：漢武帝元朔三
年(公元前一二六年)，把雍州改成涼州，因其五行屬金，而土地寒涼的緣故。州治遷
到冀，晉朝又把州治遷到這裡。王隱《晉書》說：涼州形狀像龍，所以叫做臥龍城。
此城南北七里，東西三里，原是匈奴所修築的。等到張氏到這裡世居，又增築了各
為一千步的四個靠近城的地區，東西種植果樹，名為講武場；北城種植果樹，稱為
玄武圃，兩處都有宮殿。中城內修建了一座四時宮，按時按節地供其遊賞。把舊
城併成五區，二十二門，大街小巷互相通連。大加修繕宮殿樓閣，裝飾得五彩繽

紛,和京城皇宮比美。橫水從城側北流,注入馬城河。馬城河又東北流,與清澗水匯合,世俗也稱它為五澗水。發源於姑臧城東,西北流注入馬城河。馬城河又與長泉水會合。長泉水發源於姑臧城東的揟次縣,就是王莽時的播德縣,西北流經過黃沙阜,再東北流注入馬城河。馬城河又東北流經過宣威縣舊城南,又東北流經過平澤、晏然二亭以東,又東北流經過武威縣舊城以東。漢武帝太初四年(公元前一〇一年),匈奴的渾邪王殺掉了休屠王,他的士民眾人就建置了武威縣,是武威郡的郡治,王莽改名為張掖。《地理志》說:谷水發源於姑臧南山,北到武威注入海中。到了這裡,河流分成兩條,一條北流注入休屠澤,通常叫做西海;一條東流一百五十里,注入豬野,通常稱為東海,一般也稱為都野。

合離山在酒泉會水縣東北,

13　合離山就是合黎山。

流沙地在張掖居延縣東北,

14　居延澤在居延縣舊城東北,即《尚書》所說的流沙。其形狀像五日的新月。弱水注入流沙。所謂的流沙,就是河流與沙一起漫流。也有說流沙發源於鍾山的,西流遠達西海郡以北的崦嵫之山。山上有紅色和白色的石頭,用兩石互相打擊,石上就生水而潤滑。若繼續不斷打擊,水乾以後就發火,山上的石頭都燒起來,火勢高達數丈,整日不滅,並發生大黑風。用流沙掩蓋,才能使火熄滅,石頭就恢復原狀。此山發火的情形,多年來都是如此,所以常人不敢輕易接近它。流沙又經過浮渚和墊市之國,又經過鳥山以東、朝雲國以西,經過崑山西南,從過瀛之山流出來。《大荒西經》說:流沙從西南海外出來,經過夏后開以東。夏后開將三個美女獻給天帝,獲得了《九辯》和《九歌》。流沙又經過員丘不死山以西,注入南海。

三危山在燉煌縣南,

15　《山海經》說:三危之山,有三隻青鳥住在那裡。這座山,在鳥鼠山以西,廣圓達百里。《尚書》所說的把三苗放逐到三危,指的就是此山。《春秋傳》說:有允姓的奸邪之人,居住在瓜州。瓜州是地名。杜林說:古時的瓜州就是燉煌。瓜州的土地出好瓜,是這裡的貢物,所以人們稱這裡為瓜州。瓜州之戎,為月氏所併,也就是指這個瓜州。漢武帝元鼎六年(公元前一一一年),分出酒泉縣設置了燉煌縣。縣南七里有鳴沙山,所以也叫沙州。

朱圉山在天水北、冀城南,

16　朱圉山就是冀縣山,山上有石鼓,所以《開山圖》稱它為天鼓山。中國有災禍時石鼓就發出響聲,常常得到應驗。又說:石鼓山有石鼓,與星宿對應,星宿動的時候

石鼓就發出響聲,石鼓發出響聲的時候中國就有災殃。石鼓聲輕,災殃及於萬物;
石鼓聲重,災殃及於君主。

岷山在蜀郡湔氐道西,

17　岷山就是《漢書》所說的瀆山。

熊耳山在弘農盧氏縣東,

18　穀水從此山以北的森林發源。

荊山在南郡臨沮縣東北,

19　荊山就是東條山。卞和在此山得到一塊美玉,但楚王不加以琢治,卞和抱著美玉
在山下哭。楚王後來命玉匠琢冶此玉,稱為和氏之玉。

內方山在江夏竟陵縣東北,

20　《禹貢》稱為章山。

大別山在盧江安豐縣西南,

外方山,崧高是也。

桐柏山在南陽平氏縣東南,

陪尾山在江夏安陸縣東北,

衡山在長沙湘南縣南,

21　禹治理洪水時,殺了馬在衡山祭祀,因而得到《金簡玉字之書》。他對此書進行研
究,懂得了治水的道理。

九江地在長沙下雋縣西北,

雲夢澤在南郡華容縣之東,

東陵地在盧江金蘭縣西北,

敷淺原地在豫章歷陵縣西,

彭蠡澤在豫章彭澤縣西北,

22　《尚書》所說:彭蠡澤已經形成,鴻雁就到這裡居住。

中江在丹陽蕪湖縣西南,東至會稽陽羨縣入于海,

震澤在吳縣南五十里,

北江在毗陵北界,東入于海,

嶧陽山在下邳縣之西,

羽山在東海祝其縣南也,

23　祝其縣,就是王莽時的猶亭。《尚書》說:鯀在羽山被處死刑,就是此山。山的西面

有羽淵,是禹的父親鯀所變化的,他的神魂成為一隻黃熊,進入了此淵。所以《山海經》說:洪水滔天,鯀沒有得到天帝的允許,盜竊了天帝傳說中能生長不已的土壤來築堤障水。天帝命令火神祝融在羽山的郊野殺死了鯀。

陶丘在濟陰定陶縣之西南,

24　陶丘是再次形成的丘阜。

菏澤在定陶縣東,

雷澤在濟陰成陽縣西北,

菏水在山陽湖陸縣南,

蒙山在太山蒙陰縣西南,

大野澤在山陽鉅野縣東北,

大邳地在河南成皋縣北,

25　《爾雅》說:山一重稱為邳,所以大邳是山名而不是地名。

明都澤在梁郡睢陽縣東北,

益州沱水在蜀郡汶江縣西南,其一在郫縣西南,

皆還入江,

荊州沱水在南郡枝江縣,

三澨地在南郡邔縣北沱。

26　《尚書》說:疏導漢水,經過三澨。《地說》說:沔水向東,經過三澨而會合,與大別山山坡接近。所以馬融、鄭玄、王肅、孔安國等,都把三澨作為水名。許慎說:所謂澨,就是在水邊加土作岸,以讓人止息。根據《春秋左傳》文公十六年(公元前六一一年),楚軍駐紮在句澨,以討伐庸國。宣公四年(公元前六〇五年),楚國的令尹子越帶領部隊到漳澨。定公四年(公元前五〇六年),左司馬沈尹戌,在雍澨打敗吳國的部隊。昭公二十三年(公元前五一九年),司馬薳越在薳澨自殺。對於這個澨,服虔說是城邑,又說是地方。京相璠和杜預也都說是水中和水邊的地名。現在南陽和淯陽二縣之間,淯水沿岸有南澨和北澨。對於這個三澨,各學者的說法,在水中和在陸上各居其半,又沒有說它發源於何山以及經過的路程,只有鄭玄和劉澄之說它在竟陵縣界。《水經》說:是邔縣以北的長江支流。但長江的支流很多,卻不能辨明它的位置,論證這個問題的人對此是有懷疑的。

以上是《禹貢》山水澤地所在,共六十。

【研　析】　此卷顯然以《漸江水》篇為主。此篇《注》文,篇幅超過全卷的百分之七十。《水經注》全書有四條長注,酈氏足跡親履的北方有兩條:即卷十三《漯水》篇,《經》文

"灅水出鴈門陰館縣,東北過代郡桑乾縣南"下及卷十六《穀水》篇,《經》文"又東過河南縣北,東南入于洛"下,各居其一。而酈道元足跡未及的南方,依靠其搜羅精選文獻資料,也有兩條長注,即卷三十六《溫水》篇《經》文"東北入于鬱"下及卷四十《漸江水》篇《經》文"北過餘杭,東入于海"下,亦各居其一。《漸江水》篇此條《注》文長逾六千言,是南方第一長注。《注》文所敘的如五洩、靈隱山、防海大塘等,均尚未知其所引為何種原始文獻,如今酈《注》已成為這類事物的第一手記載。此外如山陰長湖、越都埤中等,則因原始文獻已經亡佚或殘缺,酈《注》此篇,都成為當今能見的最早資料。所以酈氏著述,不僅其實地考察方法,值得後人遵循學習;其在文獻資料上所下的功夫,也為後世留下了大量文化財富。

卷四十附錄　補弱水　補黑水

【題　解】　中國古籍中提及弱水的主要是《禹貢》和《山海經》。《禹貢·雍州》下說：
"弱水既西。"又《導水》下說："導弱水至于合黎，餘波入于流沙。"《山海經·西山經》
說："勞山，弱水出焉，而西流注于洛。"《大荒西經》說："西海之南，流沙之濱，赤水之
後，黑水之前，有大山，名曰崑崙之邱。……其下有弱水之淵環之。"今本《水經》未及弱
水。卷四十《禹貢山水澤地所在》篇中，《經》文"流沙地在張掖居延縣東北"下，《注》文
有"弱水入流沙"一句。也是酈《注》全書中唯一提及弱水之文。此弱水，即《禹貢》"弱
水既西"和"導弱水至于合黎，餘波入于流沙"語中的弱水，其實是一條內陸河，《補弱
水》篇所補的就是此水。

　　《補黑水》篇與《補弱水》篇一樣，也是清趙一清的作品，收入於他的《水經注
釋》，後來王先謙編《合校水經注》，再次把此篇收入其中。黑水與弱水的最大不同
是，弱水雖然在其所補的文字中有許多錯誤和牽強之處，但此水不管其原始狀況和
變遷過程如何，歷史上畢竟是在這個地區存在的一條內陸河，而且至今仍然存在。
但黑水卻不是這樣，黑水作為一條河流的名稱，在全國或許很多，但如此篇所敘，是
一條發源於西北而南流注入南海的河流，這實在是一個神話。神話之所以出現，仍
然是由於古人對經書的尊崇。《禹貢》中曾經三處提及黑水："黑水西河惟雍州"、
"華陽黑水惟梁州"、"導黑水，至于三危，入于南海"。黑水就是這樣從雍州南流至
梁州，然後再遠程南流注入南海的。歷來治《禹貢》學者，對此議論紛紜，而趙一清則

按《水經注》的思路補成此篇，全篇只是從唐孔穎達《尚書正義》疏語中所引的一句酈《注》佚文，參以許多別家著述而成。所以此篇議論《禹貢》黑水之文，酈書無非是趙氏參議所據之一而已。

補弱水

《禹貢錐指》曰：弱水《經》不言所出[1]，桑欽以為出張掖刪丹縣。鄭康成曰：眾水東流，此獨西流。而《水經注》無之，其所經入，不可得而詳也。一清按，《史記索隱》曰：《水經》曰：弱水出張掖刪丹縣西北，至酒泉會水縣入合黎山腹。《漢志》張掖郡刪丹縣，桑欽以為導弱水自此，西至酒泉合黎，即是小司馬[2]所引之文，是唐時尚有《弱水》篇，今本盡失之耳。張守節《正義》亦云，合黎水出臨松縣東而北流逕張掖故城下，又北流至縣北二十三里合弱水。弱水自合黎山折而北流，逕沙磧之西入居延澤[3]，行千五百里。又《漢志》金城郡臨羌縣下云：有弱水。《說文》曰：弱水自張掖刪丹西至酒泉合黎，餘波入于流沙[4]。觀此，則弱水之源委約略可得矣。又曰：軵山也，或曰弱水之所出。《十六國春秋》[5]，乞伏乣子擊吐谷渾，覓地于弱水西。《元和志》：弱水在刪丹縣南山下。《括地志》：蘭門山一名窮石，在刪丹縣西南七十里。《離騷》：夕次于窮石。《淮南子》：弱水出窮石山是也。《隋書·地理志》：刪丹縣有祁山、弱水。胡渭曰：疑即軵字之誤。《寰宇記》曰：合黎水一名羌谷鮮水，一名覆袁水，亦名張掖河，南自吐谷渾界流入。《禹貢》：導弱水至于合黎。孔安國云：合黎，水名，在流沙東。即謂此也。詳《河水》篇第二卷注中[6]。

【注　釋】　①經不言所出　此"經"當指《禹貢》。因為《禹貢》只說"弱水既西"，沒有說此水從何處發源。②小司馬　指唐司馬貞，字子正，河內（今河南沁陽）人。唐玄宗時曾任朝散大夫，因其撰寫《史記索隱》，故得"小司馬"之稱。③居延澤　《漢書·地理志·張掖郡·居延縣》："居延澤在東北。"今稱居延海，在內蒙古額濟旗北境。④流沙　指居延海一帶的沙漠。現在稱為巴丹吉林沙漠。所以稱"流沙"，即《注》所說："沙與水流行也。"⑤十六國春秋　書名。《隋書·經籍志》著錄一百卷，北魏崔鴻撰。書述晉代北方十六國史。原書在北宋已散佚，今通行本是明人屠喬孫等取《晉書》所載十六國及《十六國春秋》原書佚文編集而成。⑥詳河水篇第二卷注中　《河水》二並未載及弱水、合黎等事，不知是否已為今本所缺佚。

【語　譯】

《禹貢錐指》說：對於這條弱水，《禹貢》沒有記下它的發源，漢朝的桑欽以為此水發源于張掖郡刪丹縣。鄭康成說：一切河川都是自西向東流的，唯有此河西流。

但《水經注》沒有記載此水，所以它的流程，不能詳細知道。趙一清按，《史記索隱》說：《水經》說：弱水發源于張掖郡刪丹縣西北，到酒泉郡會水縣流入合黎山中。《漢書·地理志》張掖郡刪丹縣下引用桑欽的文章，以為禹疏導弱水就從這裡開始，向西到酒泉郡合黎縣。這是有小司馬之稱的司馬貞所引用的文章，說明在唐朝時，《水經注》還有《弱水》篇，而今本完全亡佚了。張守節的《史記正義》也說，合黎水發源於臨松縣東面而向北流經張掖故城下，又向北流到縣北二十三里處與弱水匯合。弱水從合黎山折向北流，經過沙磧以西注入居延澤，流程達一千五百里。又《漢書·地理志》金城郡臨羌縣下說：有一條名叫弱水的河流。《說文》說：弱水從張掖郡刪丹縣向西流到酒泉郡合黎縣，尾閭注入流沙。以此觀之，則弱水的源頭便大略可以推得了。又說：岵山，或可說是弱水發源之地。《十六國春秋》記載，乞伏札子攻擊吐谷渾，尋查到弱水以西。《元和郡縣志》記載：弱水在刪丹縣南的南山之下。《括地志》說：蘭門山又名窮石，在刪丹縣西南七十里。《離騷》說：晚上息宿于窮石。《淮南子》說：弱水發源于窮石山。《隋書·地理志》說：刪丹縣有岵山和弱水。胡渭說：岵字可能是岵字的誤寫。《寰宇記》說：合黎水又名羌谷鮮水，一名叫覆袁水，另名張掖河，從南面的吐谷渾界內流來。《禹貢》記：疏導弱水，到達合黎。孔安國說：合黎是河流名稱，在流沙以東。他說的也就是弱水。這些都詳細地記載在《河水》篇卷二的《注》文中。

補黑水

《禹貢錐指》曰：傳云：黑水自北而南，經三危，過梁州，入南海。《正義》云：《地理志》益州郡，計在蜀郡西南三千餘里，故滇王國也。武帝元封二年，始開為郡，郡內有滇池縣，縣有黑水池。止言有池，不如水之所在。鄭云：今中國無也。傳之此言，順《經》文耳。案酈道元《水經》，黑水出張掖雞山，南流至燉煌，過三危山，南流入于南海。然張掖、燉煌，竝在河北，所以黑水得越河入南海者，自積石以西，皆多伏流，故黑水得越而南也。今案滇池所祠之黑水，即金沙江，與雍州無涉。《山海經》曰：灌湘之山，又東五百里曰雞山，黑水出焉。而南流注于海。雞山不知在何郡，郭璞無注[1]，而孔疏[2]引《水經》，以為出張掖之雞山。檢今本無此文，蓋其書有散逸耳。《太平御覽》引《張掖記》[3]曰：黑水出縣界雞山，亦名元圃，昔有娥氏女簡狄，浴于元邱之水，即黑水也。據此，則雞山當在甘州張掖縣界，漢為觻得縣地。今陝西甘州衛西有張掖河，即古羌谷水，出羌中，北流至衛西為張掖河。合弱水，東北入居延海，俗謂之黑河。此水竝不經三危入南海，安得以此為《禹貢》之黑水耶。《山海經》明言南流注于海，必非東北入居延之張掖河，其雞山，恐亦不在縣界也。又曰：夏殷之衰，雍州西北境皆為戎翟所據，及周室東遷，舊都八百里地悉棄以予秦。秦染夷俗，諸侯擯之，不與中國會盟，輶軒之使，莫有過而問焉。況三危西裔之區乎。故屈原《天問》曰：黑水元趾，三危安在？蓋自戰國時，此地之山川，已與崑崙、北水，同其渺茫，僅得之傳聞而無從目驗矣。秦火之後，載籍淪亡。漢興，治《尚書》者不能言黑水、三危之所在。武帝通西域，玉門陽關之外，使者往來數十輩，不聞涉大川而西可以當古之黑水者，故班志張掖、酒泉、燉煌郡下，竝無其文，司馬彪④亦無可言，至酈道元，始云黑水出張掖雞山，而其所謂南流至燉煌，過三危入南海，亦不過順《經》為義，與他水歷敘所過之郡縣者，詳略相去遠矣。故杜佑⑤云：道元注《水經》，銳意尋討，亦不能知黑水所經之處。唐初魏王泰《括地志》云：黑水出伊吾縣北。此與張掖雞山，未知孰是。然其所謂南流絕三危者，竟亦不可復尋。禹治黑水，不若治河之詳，自屈原已不能知，而況伏生⑥輩乎。自《古文尚書》家已不能知，而況班固、司馬彪、酈道元、魏王泰諸人乎。至若樊綽⑦、程大昌⑧、金履祥⑨、李元陽⑩等，紛紛辨論，繫風捕影，了無所得，徒獻笑于後人而憶。

【注　釋】　①郭璞無注　此指郭璞《山海經注》中不注及雞山。②孔疏　此指《尚書正義》唐孔穎達疏。孔疏是最早提及《水經注》關於黑水與雞山的這條記敘的。以後就成為酈書佚文。③張掖記　書名。《隋書·經籍志》未著錄，不知撰者和撰述年代。已亡佚，亦無輯本。④司馬彪　指《續漢書·郡國志》。⑤杜佑　指《通典》。⑥伏生　即伏勝，指《今文尚書》的最早傳授者。⑦樊綽　唐末人，撰有《蠻書》十卷。他認為黑水即麗水。麗水是今西江上流的一條支流。⑧程大昌　南宋人，撰有《禹貢論》五卷、《後論》一卷、《山川地理圖》二卷。他認為黑水即西洱河。⑨金履祥　宋末元初人，有《通鑑前編》等著述。他認為黑水即瀘水。⑩李元陽　明代人，撰有《黑水辯》。他認為黑水即瀾滄江。

【語　譯】
《禹貢錐指》說：據傳說，黑水從北向南流，經過三危山，經過梁州，注入南海。《史記正義》說：《漢書·地理志》益州郡，計在蜀郡西南三千多里，就是以前的滇王國，漢武帝元封二年（公元前一○九年），開始有郡的建置，郡內有滇池縣，縣內有黑水池。只說有池，卻不知黑水在哪裡。鄭康成說，當今的中國沒有黑水。傳說中的話，不過是根據《尚書》經文而來。酈道元的《水經注》說：黑水發源於張掖郡的雞山，向南流到燉煌，經過三危山，向南流注入南海。但張掖和燉煌都在黃河以北，黑水之所以能越過黃河而注入南海，這是因為在積石以西，黃河有很多伏流的緣故，所以黑水才能越過而流到南方。但現在滇池縣所崇祀的黑水是金沙江，和雍州黑水沒有關係。《山海經》說：在灌湘之山以東五百里的雞山，黑水在此發源，向南流入海。雞山不知在什麼郡，郭璞沒有在《山海經》作注，孔穎達的疏文引用《水經》，說是發源於張掖郡的雞山。但今本《水經注》沒有這條文字，這是因為此書已有散佚。《太平御覽》引《張掖記》說：黑水發源於縣內的雞山，也叫元圃，從前有娀氏之女簡狄，在元邱之水洗浴，這就是黑水。按這樣的說法，雞山當在甘州張掖縣境內，在漢朝是觻得縣地方。現在陝西省甘州衛以西有張掖河，就是古時的羌谷水，發源於羌族境內，北流到甘州衛以西叫張掖河，與弱水匯合，向東北流入居延海，世人稱為黑河。這條河流並不經過三危山注入南海，怎能把它當作《禹貢》的黑水。《山海經》明明說它向南流入海，必然不是向東北流注入居延海的張掖河，而雞山恐怕也不在張掖縣境中才是。又說，夏朝和殷商衰落以後，雍州的西北境域都被戎翟占據。等到周朝向東播遷，舊時作為都城的八百里地方都放棄讓給了秦。秦因為沾染了夷狄的習俗，周朝的諸侯都看不起它，不讓它和中國聚會結盟，用專車往來的使者，也不去與秦交往。而何況更為西邊的三危山西陲之地呢。所以屈原的《天問》說：黑水原來所在地方的三危山在何處？說明到了戰國時代，這裡的山川，已和崑崙山與弱水一樣地虛無茫昧，只能從傳說裡聽到而沒有辦法親眼查驗了。秦始皇焚書以後，文獻消亡。漢朝興起之時，研究《尚書》的人都說不上黑水和三危山在什麼地方。漢武帝與西域溝通，出玉門關和陽關的使者有幾十人，也都不曾聽說西方有可以與古代黑水相當的大河，所以班固的《漢書·地理志》在張掖、酒泉、燉煌郡下，並沒記敘這方面的文字。司馬彪的《續漢書》中也沒有說這方面的話。到酈道元時，才有黑水發源於張掖郡雞山的記敘，但他所說南流到燉煌，經過三危山而注入南海的話，也無非隨和《尚書》經文而已，與他對其他各水經過郡縣的詳細記敘相比，對黑水的記敘實在太粗略了。所以杜佑說，酈道元為《水經》作注，悉心考察研究，也無法知道黑水經過哪些地方。唐初魏王泰寫的《括地志》說，黑水發源于伊吾縣以北。此說和張掖郡的雞山，兩者不知誰是正確的。但他說此水南流所經過的三危山，現在也無法找到。《尚書》記載的禹治黑水之事，不像治黃河那樣詳細，所以在屈原的時代已不能知道，何況是如伏生等傳授《尚書》的人呢。而治《古文尚書》者既已無法得知詳情，又何況是班固、司馬彪、酈道元、魏王泰等人呢。至於像樊綽、程大昌、金履祥、李元陽等，他們議論紛紛，捕風捉影，實在一點都沒有見識，不過是作為後人的笑料而已。

【研　析】《補弱水》此篇所補弱水，其實現在仍然存在，它是下篇所補的黑水下流。黑水至今仍是河西走廊的一條較大內陸河，發源於青海祁連，現名黑河，流入甘肅省後稱為弱水,最後流入內蒙,下游分為東河與西河兩條,東河流入蘇古諾爾,西河注入嘎順諾爾,古代是一片湖泊沼澤,即居延澤。現在下游東西二河與兩個諾爾(蒙古語"湖")都已逐漸乾涸,成為季節性河湖。古籍雖有許多牽強附會,但古今對比,在研究古今氣候與水系的變化方面,仍然不無意義。

《補黑水》因為《禹貢》在雍州、梁州和導水中都言及黑水,而唐朝的孔穎達又在他編撰《尚書正義》時引到了《水經注》涉及黑水的一句話,趙一清編《水經注釋》才寫了這《補黑水》的文章。其實,從趙氏自己來說,他恐怕也不相信中國古代曾經有這樣一條從北方流到南方的大河。其流程要從今河西走廊,經過青海、四川,然後到雲南,最後從今中南半島注入南海。他在文中開頭就引用經學權威鄭玄的話:"今中國無也。傳之此言,順《經》文耳。"趙一清不相信這條流貫中國南北的大河,從他引用鄭玄的話中就已經充分表達了出來。現在看來,名為黑水的這條河流,從古代到近代,各地都有存在。雍州有黑水,顯然是與弱水一樣,是注入居延海的內陸河之一。梁州有黑水,當然是長江或長江的幾條支流的支流。益州也有黑水,無疑是今雲南的某些湖泊或河流的支流。趙氏文中也說:"今案滇池所祠之黑水,即金沙江,與雍州無涉。"追本溯源,問題仍然由古人崇敬的《禹貢》引起,因為此書說過"導黑水,至于三危,入于南海"的話。酈道元的話,如鄭玄所說:"順《經》文耳。"而趙一清所補,同樣也是"順《經》文耳"。這類事,我們實在不必駭怪,因為古今都是一樣,直到上世紀八十年代以前,我們仍然有"天天讀"的經歷,讀現代的"經",因為這種現代"經",具有"一句頂一萬句","句句是真理"的神通。年長一點的人,大概不會健忘吧。

後　記

　　本書沒有在卷首寫一篇《序》，而是以我往年所寫並且已經發表的《〈水經注〉評介》一文作為《導讀》。因為對於許多聽到過《水經注》書名，或者對此書僅僅稍有涉獵的讀者，這篇《導讀》可以幫助他們對《水經注》有比較全面的了解。《水經注》是一部歷史名著，有不少人慕名，有不少人在學校教科書上讀到過節選的若干篇章，也有不少人在其他文學書上讀到過被學者引用的此書文字。但對此書的淵源來歷和學術地位以及學者們的研究等概況，所知或許不多，所以用《評介》作為卷首《導讀》，是我經過反覆考慮後決定的，並非我貪圖省事。因為假使在卷首專門寫一篇《序》，而我們眼前的這本書，讀者對象實在並不熟諳酈學，則《序》中仍然必須對酈書作一番評介。所以不如將往年所撰的《評介》置於卷首，而其他與本書有關的話，都留在卷末《後記》之中，比較順理成章。

　　《後記》需要交代的是下列幾件事：

　　首先是本書採用的版本。前面《導讀》已經敘明《水經注》是一種版本極多的古籍。自從明代以來，有些學者專門從事各種版本（包括鈔本）的研究，由此校勘出他們自己的版本。朱謀㙔的《水經注箋》就是最好的例子。到了清代，這類學者很多，其中最著名和具有代表性的是《導讀》提出的全（祖望）、趙（一清）、戴（震）三家。戴氏在三人中年齒最幼，特別是他獲得了參與修纂《四庫全書》的幸遇，在四庫館內看到了外界稀見的如《永樂大典》、趙一清《水經注釋》等版本（包括鈔本），彙這些本子之優點，修纂成四庫本。而此書隨即在武英殿用木活字排印,即所謂"武英殿聚珍本"("聚珍"是木活字的雅稱)。與以前流行的各本相比,此本顯然鶴立雞群。而且由於其書出於《四庫》,武英殿又是清朝的皇家出版機構,所以此書一出,各地紛紛摹刻翻印,流行極廣,成為此書歷來最為通行的本子,而事實上也是校勘最佳的本子。自此以後,酈學家校勘《水經注》,也多以此本作為底本。此外,清末民初,楊守敬與其門人熊會貞以他們的深厚功底和多年耕耘校勘成《水經注疏》巨構,是此書歷來注釋量最大的版本。但其書直到楊、熊謝世後多年,才先後在北京和臺北出版①。以上是酈學家通過對各種版本的研究,校勘成他們的新的版本的例子。

也應該指出,另外還有一些酈學家,他們研究酈書,也校勘酈書,但他們研究和校勘的目的,有的在於對酈書的某些著名版本的再加工,有的在於考證酈學研究史上的某種特殊問題,並不在於校勘出一種新的本子。例如王國維,他畢生曾經校勘過酈書多種,其中校勘以後寫了《跋》的達八種②。但並無他自己的校本③。另一位是胡適,他是因為研究酈學史中的"趙、戴相襲案",以他一生中的最後二十年光陰,傾注於此書之中。他不僅撰寫酈學考據文章,並且收錄前人的許多治酈文章。《胡適手稿》一至六集共十八冊,全是他自撰或收錄的這個課題的文章,字數超過百萬④。他畢生過目的酈書版本甚多,前面《導讀》已經提及,他於民國三十七年(公元一九四八年)在北京大學校長任上,曾經展出過各種《水經注》的刊本和鈔本達四十一種。但並無他自己校勘的本子。和前述王國維一樣,他們兩人的研究成果,對以後的治酈學者,都有重要的價值。

現在要說我們此書的底本淵源了。我曾於上世紀八十年代應上海古籍出版社之約,點校過一種武英殿本《水經注》⑤。當年我之所以接受這項任務,因為在我過目的

① 一九五七年北京科學出版社影印出版《水經注疏》;一九七一年臺北中華書局影印出版《楊熊合撰水經注疏》。
② 其中六篇發表於民國十四年(公元一九二五年)《清華學報》二卷一期,並收入於《觀堂集林》第十二卷,史林四。此外尚有《黃省曾刻本水經注跋》(《胡適手稿》六集下冊錄入,原書藏臺北國家圖書館)。又趙萬里所收錄的石印本《海寧王靜安先生遺書》中的《觀堂別集》四卷內,第三卷收有《水經注箋跋》一篇。故共有八篇。
③ 上海人民出版社曾於一九八四年將王氏所校勘的朱謀《水經注箋》易名為《水經注校》排印出版。由於整理標點者並無治酈學歷,以致錯誤百出,引起學者們撰文批評,我也撰有《關于《水經注校》》一文,議論此書有損於王氏校勘酈書功績。拙文載《水經研究三集》,山西人民出版社,一九九二年出版。
④ 《手稿》中尚有一篇未曾收入,題為《乾隆酈學全、趙、戴三家札記三家研究《水經注》獨立而同稿探討》,此係胡適在民國三十三年(公元一九四四年)於紐約為美國漢學家恒慕義(A. W. Hummel)《清代中國名人傳略》一書所寫的《序言》。我曾為此撰寫一篇《胡適研究《水經注》的第一篇文章》拙文,並請葉光庭先生把此文漢譯,作為拙文附錄,發表於《杭州大學學報》(哲社版)一九九四年第一期,並收入於《水經注研究四集》,杭州出版社,二〇〇三年出版。
⑤ 此書於一九八六年點校完成,由顧廷龍先生題寫書名,一九九九年出版。

不少版本中,作為一種通行本,殿本無疑是值得點校的佳本。但經過費時幾年的工作,讓我對殿本有了一種新的體會。此書卷首有一篇簡短的《案語》,這是《四庫》的統一格局,目的是為了讓當時的皇上乾隆過目,所以我稱其為《校上案語》。此書正文之中,也有許多戴震案語,我稱其為"注內案語",總字數約在十萬左右,用雙行夾寫的形式插在正文之中。其內容主要是殿本與別本的字句差別以及別本的《經》、《注》混淆,實在為了向讀者顯示他的校勘功夫。當然也有讀者需要的,但只占很少數。對於治酈學者來說,字句差異與《經》、《注》混淆,大家多已洞悉,屬於多此一舉。而為了其他需要而查閱此書的學者以及慕此書之名而瀏覽欣賞的讀者,這類"案語"反而成為一種閱讀的累贅。所以當時我就有意點校一種以殿本作底而刪去書內雙行夾寫的全部"注內案語"的本子。其中少數確實有裨於讀者的,可以移至篇末,作為腳注。在上世紀八十年代以前,我所過目的此書版本不多,但一九八〇年以後,由於多次應邀出國講學,湊合國內外所見,我在版本方面的見聞和積累就不斷增加。到了上世紀九十年代之初,我所見過的此書刊本和鈔本,已經超過了當年胡適在北京大學展覽的。從這個時候起,我就動手《水經注校釋》的撰寫,此本出版於一九九九年,也就是我們現在這個本子的底本。

　　《水經注校釋》的正文全據殿本,凡別本勝於殿本的,包括殿本"注內案語"中少數有用的,全在篇末出注。每卷之末均加釋數語,旨在說明該卷所列各水當今何水及其他某些必須解釋的問題。《校釋》除了供一般讀者閱讀外,也供學術界及專門從事酈書研究者之用,所以篇末的出注,數量頗大的一類是其他版本與殿本在地名上的差異。這是因為各本在地名上的分歧甚多,而地名最難以校勘對證。有時,殿本的某一個地名,可能與其他十幾種版本存在差異,孰是孰非很難作出定論,而我的出注可以算作一種備考。

　　對於《校釋》還需要說明幾句的是,我素來反對現行的圖書評獎。時至二〇〇六年歲尾,據《光明日報》①的報導,我已經出版專著、譯著、點校、主編等書達六十七種。另一種也是北京出版的期刊《史學史研究》②則把我往年出版的書進行分類統計,其中以"《水經注》研究"為主的學術著作為二十八種。我自己對這類報導實在並不在意,但我的研究生們或許因好事而作了核對,認為基本無訛。這裡就涉及評獎之事。在這個各行各業(包括出版界)熱衷於評獎的年代中,我當然不會拿自己的書去評獎,但是因為過"爬格子"生涯的人,出書較多,就有別人為你評獎。記得拙著《酈道元評傳》③出

---

　　① 葉輝,《陳橋驛:尋山問津治酈學》,《光明日報》二〇〇六年十月二十九日。
　　② 顏越虎,《陳橋驛教授訪談錄》,《史學史研究》(季刊)二〇〇六年第四期。
　　③ 南京大學出版社一九九四年出版,一九九七年再版。

版後的次年,消息傳來,此書竟在兩個不同的評獎場合,獲得了優秀學術專著的"一等獎"和"優秀獎"。於是我隨即撰文說:"對於這類'獎',我實在毫無興趣,而且相當反感。撇開這類玩意中的湊熱鬧、走過場、流弊甚至腐敗等等以外,從情理上說,也是荒唐的。一本書出版了不過一年,憑什麼判斷它的'一等'和'優秀'呢?"①我所以在此節外生枝,提出這一瑣屑,因為《水經注校釋》也獲得二〇〇三年全國高校社會科學優秀成果一等獎。由於這是一次全國性的評獎,結果隨即公布於《光明日報》,引來了不少朋友們的電話,我才知道了這件事。所以必須在此聲明:做學問的人只顧做學問,不會左顧右盼,《水經注校釋》也並非完善,以此書作為我們這本書的底本,與這個"一等獎"絕無牽連。

　　其次要交代的是本書的體例。在這方面,我基本上遵循書局的要求,只是在次序上稍有變動而已。《水經注》全書共四十卷。卷首有酈氏自撰的《序》。此外,由於底本《水經注校釋》是以殿本為依據的,殿本出於《四庫》,按例都有一篇前已述及的《校上案語》。此《案語》雖然由總纂官和總修官署名,但無疑是總修官戴震的作品。我往年曾寫過《戴震校武英殿本〈水經注〉的功過》②一文,曾經指出:"整篇《校上案語》中也包括了許多虛構之言,閃爍之詞,阿諛之語。"但全文對酈學史和《經》、《注》文字的規則以及釐清其間的混淆等方面,還是很有價值的。所以按《校釋》例,本書也將此《校上案語》置於卷首,並且按體例作了處理。

　　本書的體例是:

【題　解】

　　《水經注》全書四十卷,其中《河水》、《濟水》、《渭水》、《沔水》、《江水》,一水分成數卷。也有如《㶟水》、《汝水》、《淮水》,一水自成一卷。此外都是一卷合敘數水,其中如卷三十二,一卷中合敘了十四水。本書"題解"採用按卷而作的形式,內容是說明卷中所記之水,屬於當今何水。一水分析成數卷的大水,則針對該卷記敘說明一些問題。在《水經注》各卷中,特別是江南河川,《注》文常常存在錯誤,也在"題解"中說明。"題解"文字有一部分採用了《校釋》卷末的《釋》文,但增加了其他新的內容,如在古今對比中,寫入了當今河流的長度和流域面積等資料。

【原　文】

　　除了《序》和《校上案語》已說明如上外,所有《經》、《注》原文均按酈書四十卷的卷次從《校釋》錄入。除了極個別的錯字(屬於《校釋》排校之訛)和標點外,並無任何改

---

① 《探索"酈道元思想"的初步想法》,《水經注研究四集》。
② 《中華文史論叢》一九八七年第二、三合輯,又收入於《水經注研究三集》。

易,所以這一項毋需再作說明。

【注　釋】

這是本書除了“原文”和“語譯”以外篇幅最大的部分,或許也是本書編撰花費精力和時間最多的部分。我曾經作過校注的《水經注》有好幾種,“注釋”中或許有與其他幾種拙校相同的,但由於考慮到本書讀者對象的某些特殊性,所以還是煞費揣摩,下了較大的功夫,與以往拙校各本相比,此本“注釋”具有不同於前的若干特色。不過由於酈書內容涉及面很廣,其記敘重點和描寫方法各卷也不盡相同,因而無法細述。可以說明的幾個方面:一類是糾謬,殿本雖然是當前通行諸本中最佳的本子,但明顯的錯誤其實仍然不少。在這方面,後來的楊、熊《水經注疏》頗有居上的優勢,我由於也校注過楊、熊巨構,對此頗有所得。所以本書“注釋”中引用《水經注疏》的成果頗為不少。此外,往年我曾在國內外不少古籍中輯錄今本酈書佚文,並且撰成專文①,在本書“注釋”中,盡可能對號入座,把這些佚文納入相關的卷篇之中。

【語　譯】

《水經注》是一部著名古籍。前面已經提及,直到今天,在學校教科書以及其他文學作品常有節選或引用,所以許多人都知道此書。由於此書記敘的內容涉及面極廣,許多人文科學者和自然科學者,在他們的研究寫作中都具有價值,而當前的年輕一輩學者,對古代文字又多較生疏,所以把這部古籍進行語譯,不僅有裨於一般讀者的披閱欣賞,而且也便於學術界的參考研究。所以我們編撰此書,既是應書局的約請,其實也是我們自己的心願。因而“語譯”占了本書的最大篇幅。自從民國肇始,語體文的教學普及於各級學校,懂得古文的人日趨減少,於是,“言文對照”的書籍就開始流行,時至今日,大多數著名的古代文獻,都有語譯本可以對照閱讀。古籍語譯的事,已經司空見慣。不過《水經注》的語譯,其中有兩個方面與一般的“言文對照”書有所不同,必須稍作說明:第一,《水經注》不僅是一種用古文撰寫的文獻,而且,酈道元的文章,在前面《導讀》中已經提及了古人稱讚的話:“古人記山水,太上酈道元,其次柳子厚,近時則袁中郎。”所以酈道元的文章,除了語言的表達,還醞藉更為奧祕的感情傾注。我們的語譯,遵循其語言,已經煞費推敲;要融合其感情,實在力不從心。所以我們認為,對於酈書的“言文對照”,任何一位高手,都很難譯出古人稱頌的“太上”之意。第二,卷首《導讀》中也已經簡敘了酈書流傳過程中的滄桑。此書經過清初幾位酈學大家的悉心校勘,雖然成就斐然,但至今仍是一部殘籍。當然,對於整卷整篇的缺佚,我們的語譯並不蒙受影響。而現存版本中,缺句佚字的也所在多有。看似未缺而其實無法解釋的為

---

① 　《論〈水經注〉的佚文》;《水經注佚文》。《水經注研究》,天津古籍出版社,一九八五年版。

數也在不少。戴震在殿本"注內案語"中認為無法解釋的就達數十處①。《水經注校釋》原文全據殿本,戴震可以用一句案語排解的事,語譯本卻不能如法炮製。對於那些原義實在難解,其中包括明顯的缺詞少字,連句讀也無法判斷的,語譯時只好勉為其難,明知有失酈意,卻不得不湊合算數。這一點必須在此提出,並請讀者予以諒解。

【研　析】

　　這個項目是按照書局的要求加入的。我學酈多年,但對酈書的"研析"實在不多。現在要按卷加上這個項目,《水經注》各卷情況很不相同,要按統一的規格對每卷進行"研析",顯然是有困難的。所以只能以自己讀此書的心得,對各卷寫點性質近乎導讀的文字。由於現行殿本的四十卷,如上所述,有一水數卷,一水一卷和多水合卷的。其中特別是多水合卷的,有的卷內各水都在一個流域,甚至屬於幹支流關係,"研析"就比較容易入手。但也有同卷諸水,並非一個流域,一卷其實是一個大拼盤。遇到這樣的情況,我當然也得寫上一篇。總之,"研析"這一項,對我來說還是一種嘗試。或許對讀者有點啟發,也或許是畫蛇添足。

　　以上對版本和體例的說明,是這篇《後記》必須交代的主要問題。附帶還要說的是,這個本子如前所述是以拙校《水經注校釋》作為底本的。這裡需要說明的是,《校釋》除了殿本的《校上案語》、《序》和正文四十卷以外,還從王先謙的《合校水經注》中錄入了趙一清等所撰的如《補滏水》、《補洛水》等十四種補篇。《水經注》從宋初以後就缺佚五卷多篇,所以趙氏等才通過輯佚增補了這十四篇。所補當然與酈書原文有頗大差距。關於這方面,由於我曾經作過較長時間的酈書輯佚工作,所以較有體會。因為古人引書並不像現時學者寫論文,必須字字準扣原文,而是有很大的隨意性。同一句酈文,在幾種不同的古籍中,常有添枝加葉或斬頭去尾的引述。在我所輯獲的幾百條佚文中,可以確認是酈氏原文並能準確地插入今本的,實在百不及一。所以趙氏等所補各篇,雖然花了大量功夫,但其實與酈氏原文相去甚大。在補輯酈佚的各家之間,也互有很不相同的意見。例如可以肯定的酈書佚篇《涇水》,趙一清和謝鍾英都寫了補篇,謝鍾英在其補篇正文以前就批評了趙補的不足和錯誤②。所以從酈書全局來說,這十四種補篇價值不大。但從另一方面說,補篇所輯酈佚,雖然各有文字上的不同,但基本上都是酈語。所以補篇雖然已無酈氏創作的感情,但用這種形式保留酈書語言,對後世的慕酈及治酈者屬於有益無害。前面已經敘及,在此書的"注釋"中,我已經以往

① 《水經注校釋》均出注。
② 見本書錄入謝鍾英《補涇水》篇前無題評述。

年輯獲的酈佚，在有關卷篇中出注，而此十四篇所列佚文，由於四十卷中沒有這些卷篇，我雖然也多輯得，但在此書各卷中實無安置之處。所以收錄此十四篇，也有為今本缺佚卷篇保留各家輯佚成果的意義。讀者當然不會把這些補篇視作正篇，但我仍須在此作個提醒。

最後把本書的成書過程略作簡介。雖然我治酈已有多年，但是為了對學術和讀者負責，自從三民書局的兩位先生越峽誠懇面約後，憑我在酈學上的多年積累，大概仍然用了近兩年時間才編撰完成。由於本書占篇幅最大的是"語譯"，所以對這部分還得贅述幾句。全書中除了卷四十和十四種補篇的語譯出於我手以外，其餘三十九卷及《校上案語》和《序》，都是葉光庭先生的耕耘成果。前面已經說過了此書語譯的困難，為此必須物色一位有才能和負責任的譯者。這本來絕非易得，但對我或許是一種天賜機遇。因為我於一九七八年結識了葉先生。他與我同庚，卒業於一所著名國立大學外語系，精通中、英兩種文字，而且處世誠懇厚道，為事篤實負責。不幸在一九五七年身罹許多知識分子都被折磨的無妄災禍，從此經歷坎坷。當時我正主持著一個外國地理翻譯組，事詳前已提及的那篇沒有經過"訪談"的《陳橋驛教授訪談錄》，而全國十多個省市奉命建立這種翻譯組的事，在商務印書館陳江先生所撰《"文革"中地理書籍的出版情況》和拙撰《回憶〈中國自然地理·歷史自然地理〉的編寫》兩文中①均有記及。主持翻譯組的事是我以"牛鬼蛇神"的身分奉命而無奈承擔的。在上峰給我的翻譯組成員名單中，也有幾位外語系教師，但我一經接觸就甚不滿意。好在此事由省出版局領導，有關經費與介紹文件之類，都由出版局負責，和所在學校無涉。我樂得暫時離開"文革派"當權的學校，隻身在各處奔走，找尋版本進行翻譯，由於這類書都絕非深奧，把這類書上的英文字改寫成方塊字的工作，我一個人在旅館裡就做得到。而且原來有規定，譯本出版時以"翻譯組"名稱署名，如"尼泊爾翻譯組譯"、"不丹翻譯組譯"（因為他們知道我略懂一點梵語，所以在全國分工中我們分得南亞諸國）等，而且不給稿費，所以翻譯組成員對此也並不介意。

不過事態隨即發生變化，由於眾所周知的原因，在一九七六年以後，我開始因其他學術上的事務而忙碌起來。起初是國內的各種學術會議，接著是若干國外漢學家主動來信與我聯絡，並且又跟隨著國外學術會議的邀請信和聘請我到國外講學和擔任客座教授的預約。到了一九七八年，我自知已經無法獨力支撐這個翻譯組，必須謹慎而從速地物色一位確實可以承擔這件事務的人。當時，懷才被貶的葉先生，尚在艱難的處境之中，但我已經獲得了他可以為我分勞的確鑿證據和充分把握。在這樣一所規模頗

---

① 兩文均收入吳傳鈞、施雅風主編《中國地理學九十年發展回憶錄》，學苑出版社，一九九九年出版。

大的學校裡,我又擔任了教師職稱評審的工作,對於與我的專業有關而可以頂替我的差使的人選,我應該心中有數,所以我敦請了葉先生,從此比肩為學,結成摯友。此中經過,他曾在一著名媒體中撰寫長文回憶①。該文除了文題由於他的謙遜而我實不贊同,文內所敍基本屬實。他原來已經有過語譯此書的經歷,而這次重作馮婦,他又一次作了字字句句的斟酌推敲。且不問讀者的評價如何,至少是我,對於他的語譯感到相當滿意。

原著署　陳橋驛、葉光庭注譯

臺北三民書局股份有限公司二○一一年出版發行

承臺北三民書局股份有限公司授權使用

---

① 《中華讀書報》二○○四年二月十八日。